通志

第三册

〔宋〕鄭樵撰

中華書局

宋右迪功郎鄭樵漁仲撰

列傳第四十九

宋

沈慶之弟子文秀　沈攸之臧寅邊榮程邕之宗儼之　宗慤　柳元景　殷孝祖族子琰　劉勔　魯爽弟秀　薛安都　鄧琬劉胡　宗越譚金童太一　吳喜　黃回王宜興高道慶

沈慶之字弘先吳興武康人也少有志力晉末孫恩作亂使其眾寇武康慶之未冠隨鄉族擊之屢捷由是以勇聞荒擾之後鄉邑離散慶之躬耕壟畝勤苦自立年三十未知名兄敞之爲趙倫之征虜參軍監南陽郡擊蠻有功遂卽眞慶之往襄陽省兄倫之見而賞之倫之子伯符爲竟陵太守倫之命伯符版爲寧遠中兵參軍時竟陵蠻屢爲寇慶之爲設規略每擊破之伯符由此致將帥之稱永初二年慶之除殿中員外將軍又隨伯符隸到彥之北侵伯符病歸慶之仍隸檀道濟道濟北伐還白文帝稱慶之忠謹曉兵上使領隊防東掖門稍得引接出入禁省領軍劉湛知之欲相引接謂之曰卿在省年月久比當相論慶之正色曰下官在省十年自應得轉不復以此仰累尋爲正員將軍及湛被收之夕上開門召慶之慶之戎服履韎縛袴入上見而驚曰卿何意乃爾急裝慶之曰夜半喚隊主不容緩服乃遣收吳郡太守劉斌殺之元嘉十九年雍州刺史劉道產卒羣蠻大動征西司馬朱修之討蠻失利以慶之爲建威將軍率眾助修之修之失律下獄慶之專軍進討大破緣沔諸蠻擒生口七千人後爲孝武撫軍中兵參軍孝武以本號爲雍州隨府西上時蠻寇大甚水陸梗阻孝武不得進遣慶之掩討大破之降二萬口孝武至鎭而驛道蠻反慶之又討之平定諸山獲七萬餘口又蒻定郎山蠻擒三萬餘口還都復爲廣陵王誕北中郎中兵參軍加建威將軍南濟陰太守雍州蠻又爲寇慶之以將軍太守復隨誕入沔及至襄陽率後軍中兵參軍柳元景隨郡太守宗慤等伐沔北諸山蠻大破之威震諸山羣蠻皆稽顙歸順慶之患頭風常好著狐皮帽羣蠻惡之號曰蒼頭公每見慶之軍輒畏懼曰蒼頭公已復來矣慶之引軍出前後破降甚眾又討犬羊諸山蠻蠻緣險築重城施門櫓甚峻慶之連營山下營中開門相通又令諸軍各穿池於營內朝夕不外汲兼以防蠻之火頃之風甚蠻夜下山人提一炬燒營火至輒以池水灌滅之蠻被圍守日久竝飢乏自後稍出歸附慶之前後所獲之蠻竝移京邑以爲營戶二十七年遷太子步兵校尉其年文帝將北侵慶之諫曰馬步不敵爲日已久請舍遠事且以到彥之檀道濟言之道濟再行無功彥之失利而反今料王玄謨等未踰兩將六軍之盛不過往時恐重辱王師難以得志上曰王師再屈別有所由道濟養寇自資彥之中途疾動虜所恃唯馬夏水浩大泛舟濟河碻磝必走滑臺小戍易可覆拔剋此二戍館穀弔民虎牢洛陽自然不固比及冬間城守相接胡馬過河便成禽也慶之又固陳不可時丹陽尹徐湛之吏部尚書江湛竝在坐上使湛之等難慶之慶之曰爲國譬如治家耕當問奴織當訪婢陛下今欲伐國而與白面書生輩謀之事何由濟上大笑及軍行慶之副玄謨玄謨進圍滑臺慶之與蕭斌留守碻磝仍領斌輔國司馬玄謨攻滑臺積旬不拔魏太武大軍南向斌遣慶之將五千人救玄謨慶之曰少軍輕往必無益也會玄謨退還碻磝斌欲斬之慶之固諫乃止文帝後問何故諫殺玄謨對曰諸將奔退莫不懼罪自歸而死將至逃散大敵方至未宜自弱是以諫耳帝嘉之蕭斌以前驅敗績欲死固碻磝慶之曰深入寇境規求所欲退敗如此何可久住會詔使至不許退斌復問計於慶之慶之曰閫外之事將軍所專詔從遠來事勢已異節下有一范增而不能用空議何施斌及坐者竝笑曰沈公乃更學問慶之厲聲曰眾人雖見古今不如下官耳學也玄謨自以退敗求戍碻磝斌乃還歷城申坦垣護之共據清口慶之奔驛馳歸二十九年師復行慶之固諫不從以立議不同不使北出是時亾命司馬黑石廬江叛吏夏侯方進在西陽五水誑動羣蠻自淮汝閒至江沔咸離其患乃遣慶之督諸將討之制江豫荆雍竝遣軍受慶之節度三十年孝武出次五洲總統羣帥慶之從巴水出至五洲諮受軍略會孝武典籤董元嗣自建鄴還陳元凶弒逆孝武遣慶之料諸軍慶之謂腹心曰蕭斌婦人不足數其餘將帥竝易與耳今輔順討逆不憂不濟也時元凶密與慶之書令殺孝武慶之入求見孝武稱疾不敢見慶之突前以元凶手書呈簡孝武泣求入內與母辭慶之曰下官受先帝厚恩常願報德今日之事唯力是視殿下何見疑之深帝起再拜曰國家安危在於將軍慶之卽勒內外處分府主簿顏竣聞慶之至馳入見帝曰今西方尙未知義師之舉而劭據有天府首尾不相應赴此危道也宜待諸鎭脣齒然後舉事慶之厲聲曰今方與大事而黃頭小兒皆參預此禍至矣宜斬以徇眾帝曰竣何不拜謝竣起再拜慶之曰君但

當知筆札之事於是處分旬日內外整辦時皆謂神兵百姓欣悅衆軍既集假慶之爲武昌內史領府司馬孝武還至尋陽慶之及柳元景並以天下無主勸孝武即位不許賊劭遣慶之門生錢無忌齎書說慶之解甲慶之執無忌白之孝武踐阼以慶之爲領軍將軍尋出爲南兗州刺史加都督鎭盱台封南昌縣公孝建元年正月魯爽等反遣慶之與薛安都等往討之安都臨陣斬爽進慶之鎭北大將軍尋與柳元景俱開府儀同三司固辭改封始興郡公慶之以年滿七十固請辭事上嘉其意許之以爲侍中左光祿大夫開府儀同三司又固讓乃至稽顙自陳言輒涕泣上不能奪聽以郡公罷就第月給錢十萬米百斛衛史五十人大明三年司空竟陵王誕據廣陵反復以慶之都督南兗徐三州諸軍事車騎大將軍開府儀同三司率衆討之誕遣客沈道愍齎書說慶之餉以玉環刀慶之遣道愍反數以罪惡慶之至城下誕登城謂曰沈公君白首之年何爲來此慶之曰朝廷以君狂愚不足勞少壯故使僕來耳慶之塞塹造攻道立行樓土山并諸攻具時夏雨不得攻城上使御史中丞庾徽之奏免慶之官以激之制無所問誕餉慶之食提挈者百餘人慶之不開悉焚之誕於城上投函表令慶之爲送慶之曰我奉制討賊不能爲汝送表每攻城慶之輒身先士卒上戒之曰卿爲督帥當令處分有方何須身受矢石邪自四月至七月乃屠城斬誕進慶之司空又固讓爵於是與柳元景並依晉密陵侯鄭袤故事朝會慶之位次司空元景在從公之上給卹吏五十人門施行馬初慶之嘗夢引鹵簿入廁中慶之甚惡入廁之鄙時有善占夢者爲解之曰君必大富貴然未在旦夕問其故答云鹵簿故是富貴容廁中所謂後帝也知始富貴不在今主及中興之功自五校至是而登三事四年西陽五水蠻復爲寇慶之以郡公統諸軍討平之慶之居清明門外有宅四所室宇甚麗又有園舍在婁湖慶之一夜攜子孫徙居之以宅還官悉移親戚中表於婁湖列門同閈焉廣開田園之業每指地語人曰錢盡在此慶之中興初身享大國家素富厚產業累萬金奴僮千計再獻錢千萬穀萬斛以始興封優近求改封南海郡不許妓妾十數人並美容工藝慶之優游無事盡意歡愉自非朝賀不出門每從遊幸及校獵據鞍陵厲不異少壯太子妃上孝武金鏤匕筯及杅杓上以賜慶之曰觴爵之賜宜以大夫爲先也上嘗歡飲普令羣臣賦詩慶之粗有口辯手不知書眼不識字上逼令作詩慶之曰臣不知書請口授師伯上即令顏師伯執筆慶之口授曰微生値多幸得逢時運昌朽老筋力盡徒步還南岡辭榮此聖世何愧張子房上甚悅衆坐稱其詞意之美孝武晏駕慶之與柳元景等並受顧命遺詔若有大軍旅及征討悉委慶之前廢帝立加慶之几杖給三望車一乘慶之每朝賀常乘猪鼻無幰車左右從者不過三五騎履行園田政一人視馬而已每農桑劇日無人從行遇之者不知三公也及加三望車謂人曰我每遊履園田有人時則與馬成三無人時則與馬成二今乘此車安所之乎及賜几杖並固讓柳元景顏師伯嘗詣慶之會其遊田元景等鳴笳列卒滿道慶之獨與左右一人在田見之悄然改容曰夫貧賤不可居富貴亦難守吾與諸公並出貧賤因時際會榮貴至此唯當共思損挹之事老子八十之年目見成敗者已多諸君炫此車服欲何爲乎於是插杖而耘不爲之顧元景等徹侍褰裳從之慶之乃與相對爲歡慶之既通貴鄉里老舊素輕慶之者後見皆膝行而前慶之歎曰故是昔時沈公時諸沈爲劫者數十人士民悉患之慶之詭爲置酒大會於坐一時殺之於是合境肅清人皆喜悅廢帝狂悖無道衆咸勸慶之廢立及柳元景等連謀以告慶之慶之與江夏王義恭不厚發其事帝誅義恭元景等以慶之爲侍中太尉及義陽王昶反慶之從帝渡江總統衆軍帝凶暴日甚慶之猶盡言諫諍帝意稍不悅及誅何邁慮慶之不同量其必至乃閉青溪諸橋以絕之慶之果往不得度而歸帝又忌慶之乃遣其從子攸之齎藥賜慶之死時年八十是歲旦慶之夢有人以兩疋絹與之謂曰此絹足度慶之寤而謂人曰老子今年不免兩疋八十尺也足度無盈餘矣乃死贈賻甚厚追贈侍中太尉如故給鸞輅轀輬車前後羽葆鼓吹謚曰忠武公未及葬帝敗明帝即位追贈侍中司空謚曰襄公泰始七年改封蒼梧郡公慶之羣從姻戚由慶之在列位者數十人長子文叔位侍中慶之之死也不肯飲藥攸之以被揜殺之文叔密取藥藏錄或勸文叔逃避文叔見帝斷截江夏王義恭支體慮奔亡之日帝怒容致義恭之變乃飲藥自殺文叔子昭明位祕書郎聞父死曰何忍獨生亦自縊死元徽元年還復先封時改始興爲廣興昭明子曇亮襲廣興郡公齊受禪國除慶之次子文季與昭明昭略列在齊史慶之弟邵之南中郎行參軍邵之子文秀字仲遠前廢帝時累遷青州刺史將之鎭部曲出次白下文秀說慶之以帝狂悖禍在難測欲以見衆圖之慶之不從及行慶之果見害

帝又遣直閤將軍江方興領兵誅文秀未至而明帝已定亂時晉安王子勛據尋陽文秀與徐州刺史薛安都等並同子勛反尋陽平定明帝遣其弟文景喻之文秀即歸命請罪詔即安本任泰始四年封新城縣侯先是冀州刺史崔道固亦據城同反與文秀遣使引魏魏遣慕容白曜援之及白曜至而文秀已受朝命遂嬰城固守文秀善於撫馭被圍三載無叛者五年竟爲白曜所剋城陷文秀取所持節衣冠儼然坐齋內亂兵入曰文秀何在文秀厲聲曰身是兵人執而裸送于白曜左右令拜文秀曰各二國大臣無相拜禮白曜忿之因至撾撻後還其衣爲之設饌與長史房天樂司馬沈嵩等鎖送代京面縛數罪宥死待爲下客給以麤衣蔬食魏獻文重其節稍亦嘉禮之拜外都下大夫孝文帝初遷外都大官孝文嘉其忠於國賜絹綵二百匹後爲南征都將臨發賜以戎服除懷州刺史假吳郡公文秀在州政尙清簡不能禁止盜賊然大興水田於公私頗有利益卒官子保沖後爲徐州冠軍長史坐據清口退敗有司處之死刑孝文詔保沖文秀之子可特原命配洛陽作部終身宣武時卒於下邳太守房天樂者清河人滑稽多智文秀拔爲長史督齊郡州事一以委之卒于洛陽弟子嘉慶漁陽太守

沈攸之字仲達司空慶之之從父兄子也父叔仁爲衡陽王義季征西府長史兼行參軍領隊攸之少孤貧元嘉二十七年魏軍南攻朝廷發三吳民丁攸之亦被發及至建鄴詣領軍將軍劉遵考求補白下隊主遵考以爲形陋不堪攸之歎曰昔孟嘗身長六尺爲齊相今求士取肥大者哉因隨慶之征討二十九年征西陽蠻始補隊主巴口建義授南中郎將版長兼行參軍新亭之戰身被重創事寧爲太尉行參軍封平洛縣五等侯隨府轉大司馬行參軍晉世京邑二岸揚州舊置都部從事分掌二縣非違永初以後罷省孝建三年復置其職攸之掌北岸會稽孔璪掌南岸後又罷攸之遷員外散騎侍郎又隨慶之征廣陵屢有功被箭破骨孝武以其善戰配以仇池步矟事平當加厚賞爲慶之所抑遷太子旅賁中郎攸之甚恨之前廢帝景和元年除豫章王子尙車騎中兵參軍直閤與宋越譚金等並廢帝所寵誅戮羣公攸之等皆爲之用命封東興縣侯明帝即位以例削封尋告宋越譚金等謀反復召爲直閤會四方反叛南賊已次近道以攸之爲寧朔將軍尋陽太守率軍據虎檻時王玄謨爲大統未發前鋒有五軍在虎檻五軍又駱驛繼至每夜各立姓號不相稟受攸之謂軍吏曰今衆軍同舉而姓號不同若有耕夫漁婦夜相呵叱便致駭亂此敗道也請就一軍取號衆咸從之殷孝祖爲前鋒都督大失人情攸之內撫將士外諧羣帥衆並安之時殷孝祖中流矢死軍主范潛率五百人投賊人情震駭並謂攸之宜代孝祖爲統時建安王休仁屯虎檻總統衆軍聞孝祖死遣寧朔將軍江方興龍驤將軍劉靈遺各率三千人赴赭圻攸之以爲孝祖既死賊有乘勝之心明日若不更攻則示之以弱方興名位相亞必不爲己下軍政不一致敗之由乃率諸軍主詣方興推重并慰勉之方興甚悅攸之既出諸軍主並尤之攸之曰卿忘廉藺賈寇事邪吾本以濟國活家豈計此之升降明旦進戰自寅訖午大破賊於赭圻尋進號輔國將軍代孝祖督前鋒諸軍事薛常保等在赭圻食盡南賊大帥劉胡屯濃湖以囊盛米繫流査及船腹陽覆船順風而下以餉赭圻攸之疑其有異遣人取船及流査大得囊米尋剋赭圻遷寧蠻校尉雍州刺史加都督袁顗復率大衆來入鵲尾相持既久軍主張興世越鵲尾上據錢溪劉胡自攻之攸之率諸將攻濃湖錢溪信至大破賊攸之悉以錢溪所送胡軍耳鼻示之顗駭懼急追胡還攸之諸軍悉力進攻多所斬獲胡於是棄衆而奔顗亦奔走赭圻濃湖之平也賊軍委棄資財珍貨山積諸軍各競收斂以彊弱爲少多唯攸之與張興世約勒所部不犯秋毫諸將以此多之攸之進平尋陽還中領軍封貞陽縣公時劉遵考爲光祿大夫攸之在御坐謂遵考曰形陋之人今何如帝問之攸之依實對帝大笑累遷郢州刺史爲政刻暴或鞭士大夫上佐以下忤意輒面加詈辱而曉達吏事自彊不息士民畏憚人莫敢欺聞有虎輒自圍捕往無不得一日或得兩三或逼暮不禽則宿昔圍守賦斂嚴苦徵發無度繕治船舸營造器甲自至夏口便有異圖進監豫司之二郡軍事進號領軍將軍泰豫元年明帝崩攸之與蔡興宗並在外藩同豫顧命會巴西人李承明反蜀土騷擾時荆州刺史建平王景素被徵新除荆州刺史蔡興宗未之鎭乃遣攸之權行荆州事會承明已平乃以攸之都督荆湘雍益梁寧南北秦八州諸軍事鎭西將軍荆州刺史至荆州聚斂兵力養馬至二千餘疋皆分賦邏將士使耕田而食廩財悉充倉儲荆州作部歲送數千人仗攸之割留之簿上云供討四山蠻裝戰艦數百千艘沈之靈溪裏錢帛器械山積時幼主在位羣公當朝攸之漸懷不臣之迹朝廷制度無復遵奉富貴擬於王者夜中

諸廂廝然燭達且後房服珠玉者數百人皆一時絕貌江州刺史桂陽王休範密有異志欲以微旨動攸之使道士陳公昭作天公書一函題云沈丞相送付攸之門者攸之不開書推檢得公昭送之朝廷後廢帝元徽二年休範舉兵襲京邑攸之謂僚佐曰桂陽今逼朝廷必聲言吾與之同若不顛沛勤王必增朝野之惑於是遣使受郢州刺史晉熙王燮節度會休範平使乃還進攸之號征西大將軍開府儀同三司固辭開府攸之自擅閫外朝廷疑憚之累欲徵入慮不受命乃止四年建平王景素據京城反攸之復應朝廷景素尋卒時有臺直閤高道慶家在江陵因休在家騰其親戚十餘人求州從事西曹攸之唯用三人道慶大怒自入州取教毀之而去道慶素便馬攸之與宴飲於廳事前合馬槊道慶槊中攸之馬鞍攸之怒索刃槊道慶馳馬而出還都說攸之反狀請三千人襲之朝議慮其難濟齊高帝又保持不許楊運長等常相疑畏乃與道慶密遣刺客齎廢帝手詔以金餅賜攸之州府佐吏進其階級時有象三頭至江陵城北數里攸之自出格殺之忽有流矢集攸之馬鄣泥其後刺客事發廢帝亦殞順帝即位進攸之號車騎大將軍開府儀同三司齊高帝遣攸之長子司徒長史元琰齎廢帝刳斮之具以示攸之元琰至江陵攸之大怒曰吾寧爲王陵死不作賈充生何未得即起兵乃上表稱慶并與齊高帝書云少帝昏狂宜與諸公密議共白太后下令廢之柰何交結左右親行弒逆移易朝舊布置親黨宮閤管籥悉關他人吾不知子孟孔明遺訓固如是乎足下既有賊宋之心吾敢捐包胥之節書至朝廷恒懼攸之有素書十數行常韜兩襠角云是明帝與己約誓又皇太后使至賜攸之燭十挺割之得太后手令曰國家之事一以委公其年十一月便舉兵其妾崔氏許氏諫曰官年已老那不爲百口作計攸之指兩襠角以示之攸之素畜士馬資用豐積至是戰士十萬鐵馬三千遣使要雍州刺史張敬兒梁州刺史范柏年司州刺史姚道和湘州行事庾珮玉巴陵內史王文和等敬兒文和斬其使馳表以聞柏年道和珮玉懷兩端密相應和十二月十二日攸之遣軍相繼下攸之自率大衆至夏口攸之將發江陵使沙門釋僧粲筮之云不至京邑當自郢州回還意甚不悅初發江津有氣狀如塵霧從西北來正蓋車上攸之聞齊高帝世子據盆口震懾不敢下因盡銳攻郢城齊高帝遣衆軍西討尚書符征西府募得攸之有重賞并聲其罪惡齊高帝出頓新亭攸之攻郢城日久屢爲郢州行事柳世隆所破衆於是離散不可復制昇明二年還向江陵聞城已爲張敬兒所據無所歸乃與第三子中書侍郎文和至華容之鱣頭林投州吏家此吏嘗爲攸之所鞭至是待攸之甚厚不以往罰爲怨殺豘薦食既而村人欲取之攸之於櫟林與文和俱自經死村人斬首送都或割其腹心有五竅征西主簿荀昭先以家財葬攸之攸之晚好讀書手不釋卷史漢事多所記憶常嘆曰早知窮達有命悔不十年讀書及攻郢城夜嘗風浪米船沈沒倉曹參軍崔靈鳳女先適柳世隆子攸之正色謂曰當今軍糧要急而卿不以在意由與城內婚姻邪靈鳳荅曰樂廣有言下官豈以五男易一女攸之懽然意解攸之招集才力之士隨郡人雙泰眞有幹力召不肯來攸之遣二十人被甲追之泰眞射殺數人欲過家將母去事迫不獲單身走入蠻追者既失之錄其母去泰眞既失母乃自歸攸之不之罪曰此孝子也賜錢一萬轉補隊主其抑情待士如此初攸之賤時與吳郡孫超之全景文共乘一小船出京都三人共上引埭有人止之而相之曰君三人皆當至方伯攸之曰豈有三人而俱有此事相者曰骨法如此若有不驗便是相書誤耳其後攸之爲郢荆二州刺史超之廣州刺史景文南豫州刺史景文字弘達齊永明中卒於光祿大夫攸之初至郢州有順流之志府主簿宗儼之勸攻郢城功曹臧寅以爲攻守勢異非旬日所拔若不時舉挫銳損威攸之不從既敗諸將帥皆奔散唯寅曰我委質事人豈可幸其成而責其敗乃投水死攸之在荆州倉曹金城邊榮爲府錄事所辱攸之爲榮鞭殺錄事攸之自江陵下以榮爲留府司馬守城敬兒將至人或說之使詣敬兒降榮曰受沈公厚恩一朝緩急便改易本心不能也城敗見敬兒敬兒問曰邊公何爲同人作賊何不早來榮曰沈荆州舉義兵匡社稷身雖可滅要是宋世忠臣天下尙有直言之士不可謂之爲賊身本不斷生何須見問敬兒曰死不難得命斬之榮歡笑而去容無異色太山程邕之素依隨榮至是抱持榮謂敬兒曰君入人國不聞仁惠之聲而先戮義士三楚之人盡蹈江漢而死豈肯與將軍同日而生敬兒曰求死甚易何爲不許先殺邕之然後及榮三軍莫不垂泣曰柰何一日殺二義士比之臧洪及陳容廢帝之殞也攸之欲起兵問其知星人葛珂之珂之曰自古起兵皆候太白太白見則成伏則敗昔桂陽以太白伏時舉兵一戰授首此近世明驗今蕭公廢昏立明正值太白伏時此與天合也且太白尋

出東方東方利用兵西方不利故攸之止不下及後舉兵珂之又曰今歲星守南斗其國不可伐攸之不從果敗攸之表檄文疏皆其記室南陽宗儼之辭也事敗有司詰責之荅曰士爲知己用豈爲君輩所識遂伏誅景和中攸之與齊高帝同直殿省申以歡好帝以長女義興憲公主妻攸之第三子文和生二女竝養之宮中恩禮甚厚及嫁皆得素舊公家嘗遺焉齊武帝制以攸之弟雍之孫僧昭爲義興公主後僧昭別名法朗有道術在藝術傳中

宗慤字元幹南陽涅陽人也叔父炳高尚不仕慤年少時炳問其所志慤荅曰願乘長風破萬里浪炳曰汝若不富貴必破我門戶兄泌娶妻始入門夜被劫慤年十四挺身與劫相拒十餘人皆披散不得入室時天下無事士人竝以文義爲業炳既高尚諸子羣從皆愛好墳典而慤獨任氣好武故不爲鄉曲所知江夏王義恭爲征北將軍南兗州刺史慤隨鎭廣陵引以爲客時從兄綺爲府主簿與慤同住綺妾與給吏牛泰私通綺嘗入直而泰潛來就妾慤知之操刃入門殺泰然後白綺義恭壯其意不罪也後以補國上軍將軍元嘉二十三年伐林邑慤自奮願行義恭舉慤有膽勇乃除振武將軍爲安西參軍蕭景憲軍副隨交州刺史檀和之圍區粟城林邑遣將范毗沙達來救區粟和之遣偏軍拒之爲賊所敗又遣慤慤乃分軍爲數道偃旗潛進令曰聽鼓譟乃出山路榛深賊不爲防卒見軍至驚走慤拔區粟乘勝泛海逕入象浦林邑王范陽邁傾國來逆以具裝被象前後無際諸將欲待後軍集然後進慤曰吾已屠堅城我氣方厲彼膽已破一戰可定然吾聞外國有師子威服百獸乃制爲其形與象相禦象果驚奔衆因潰亂慤乃奮擊陽邁逆走遂克林邑收其珍異皆是未名之寶金銀各六萬兩其餘雜物不可勝計慤部領還臺一無所取既至唯有被梳枕刷此外蕭然文帝甚嘉之以爲征北中兵參軍詔隨沈慶之討蠻慤與諸將攻之羣蠻大潰由是畏服三十年孝武伐逆召慤爲南中郎諮議參軍領中兵新亭之戰與柳元景守北柵事平功次元景孝武卽位以爲左衛將軍封洮陽侯孝建中遷豫州刺史監五州諸軍事先是鄉人庾業家甚富豪侈侯服玉食與賓客相對膳必方丈而爲慤設粟飯菜葅謂賓客曰宗軍人串噉麤食慤致飽而退初無異辭至是業爲慤長史帶梁郡太守慤待之甚厚不以昔事爲嫌大明三年竟陵王誕據廣陵反慤表求赴討乘驛詣都面受節度時車駕出白下會慤至上停輿慰勉慤聳躍數十左右顧盼上壯之初誕誑其衆云宗慤率衆助我及慤至躍馬繞城呼曰我宗慤也隸車騎大將軍沈慶之自當攻道事平入爲左衛將軍五年從獵墮馬腳折不堪朝直以爲光祿大夫加金章紫綬有佳牛堪進御官買不肯賣坐免官明年復先職廢帝卽位爲寧蠻校尉雍州刺史加都督卒贈征西將軍謚曰肅侯配食孝武廟庭子羅雲卒子元寶嗣

柳元景字孝仁河東解人也高祖純位平陽太守不拜曾祖卓自本郡遷於襄陽官至汝南太守祖恬西河太守父憑馮翊太守元景少便弓馬數隨父伐蠻以勇稱寡言語有器質荊州刺史謝晦聞其名要之未及往而晦敗雍州刺史劉道產深愛其能會荊州刺史江夏王義恭復召之道產謂曰久規相屈今貴王有召難輒相留殊爲罔罔丁父憂服闋累遷義恭司徒太尉城局參軍文帝見而又知之先是劉道產在雍州有惠化遠蠻歸懷皆出緣沔爲村落戶口殷盛及道產死羣蠻大爲寇暴孝武西鎭襄陽義恭薦元景乃以爲虎威將軍隨郡太守及至廣設方略斬其渠帥數百人郡境肅然隨王誕鎭襄陽元景復爲後軍中兵參軍及朝廷大舉北討使諸鎭各出軍二十七年八月誕遣尹顯祖出貲谷魯方平薛安都龐法起入盧氏田義仁出魯陽加元景建威將軍總統羣帥後軍外兵參軍龐季明年七十三秦冠族羌人多附之求入長安招懷關陝乃自貲谷入盧氏盧氏人趙難納之法起方平安都諸軍遂入盧氏以趙難爲盧氏令難驅率義徒爲衆軍鄉導法起等度鐵嶺山次關方口季明出木城與法起相會元景大軍次臼口以前鋒深入懸軍無繼馳遣尹顯祖入盧氏以爲諸軍聲援元景以軍食不足難可曠日相持乃束馬懸車引軍上百丈崖出溫谷以入盧氏法起諸軍進次方伯堆去弘農五里遂進圍弘農城生擒太守李初古以下百姓安堵元景引軍度熊耳山安都頓軍弘農法起進據潼關季明率方平趙難諸軍向陝十一月元景率衆至弘農營於關方口誕以元景爲弘農太守初安都留住弘農而諸軍已進陝元景既到謂安都曰卿無坐守空城而令龐公孤軍深入宜急進軍衆軍竝造陝下列營以逼之竝大造攻具魏城臨河爲固恃險自守季明安都方平顯祖趙難諸軍頻三攻未拔而魏洛州刺史張是提率二萬衆度崤救之安都方平列陣於城東南以待之魏兵大合輕騎挑戰安都瞋目橫矛單騎突陣四向奮擊左右皆辟易殺傷不可勝計於是衆兵

鼓譟俱前士皆殊死戰魏多縱突騎衆軍患之安都怒甚乃脫兜鍪解所帶鎧唯著絳納兩襠衫馬亦去具裝馳奔入賊陣猛氣咆勃所向無前當其鋒者無不應刃而倒如是者數四每入衆無不披靡魏軍奔入城詰朝魏軍又出列陣於城外方平諸軍並成列安都并領馬軍方平悉勒步卒左右掎角之餘諸義軍方於城西南列陣方平謂安都曰今勍敵在前堅城在後是吾取死之日卿若不進我當斬卿我若不進卿當斬我也安都曰善我豈惜身命乎遂列陣合戰初魏軍之將至也方平遣驛馳告元景時諸軍糧盡各餘數日食元景方督義租并上驢馬以爲糧運之計遣軍副柳元怙勒衆從城南門函道直出北向結陣鼓譟而前魏衆大駭安都方平一時齊奮安都不勝其憤橫矛直前出入魏陣殺傷甚多流血凝肘矛折易之復入軍副譚金率騎從而奔之自詰旦戰至日晏魏衆大潰斬張是提元景輕騎晨至面縛軍門者二千餘人諸將欲盡殺之元景以爲不可乃釋而遣之皆稱萬歲而去法起長驅入關關中義徒蜂起元景進軍弘農入湖關口時北討諸軍王玄謨等敗退魏兵深入文帝以元景不宜獨進且令班師元景乃率諸軍自狐關度白楊嶺出于長洲安都斷後宋越副之法起自潼關向商城與元景會季明亦從胡谷南歸諸將並有功而入誕登城望之以鞍下馬迎元景除元景寧朔將軍時魯爽向虎牢復使元景率安都等北出爽退乃還再出北侵威信著於境外孝武入討元凶以爲諮議參軍配萬人爲前鋒宗慤安都等十三軍皆隸焉時義軍船乘小陋慮水戰不敵元景至蕪湖大喜倍道兼行潛至新亭依山建壘柵東西據險勁自登朱雀門督軍以元景壘塹未立遂攻之元景令軍中曰鼓繁氣易衰叫數力易竭但各銜枚疾戰一聽吾營鼓音元景察賊氣衰竭乃命開壘鼓譟以奔之賊衆大潰劭更率餘衆自來攻壘復大破之劭僅以身免上至新亭卽位以元景爲侍中領左衛將軍尋轉寧蠻校尉雍州刺史監雍梁南北秦四州荆之竟陵隨二郡諸軍事始上在巴口問元景事平何所欲對曰若有過恩願還鄉里故有此授初臧質起義以南譙王義宣闇弱易制欲相推奉潛報元景使率所領西還元景卽以質書呈孝武語其信曰臧冠軍當是未知殿下舉義耳方應伐逆不容西還質以此恨之及元景爲雍州質慮其爲荆州後患稱爪牙不宜遠出上重違其言更以元景爲領軍將軍加散騎常侍領石頭戍封枝江縣公孝建元年魯爽反遣左衛將軍王玄謨討之加元景撫軍將軍假節置佐繼玄謨後以爲領南蠻校尉雍州刺史加都督臧質義宣並反王玄謨南據梁山垣護之薛安都度據歷陽元景出屯采石玄謨求益兵上使元景進屯姑孰元景悉遣精兵助王玄謨以羸弱居守所遣軍多張旗幟梁山望之如數萬人皆謂京師兵悉至由是克捷與沈慶之俱以本號開府儀同三司改封晉安郡公固讓開府復爲領軍太子詹事加侍中大明三年爲尚書令太子詹事侍中中正如故以封在嶺南改封巴東郡公又命左光祿大夫開府儀同三司侍中中正如故又讓開府乃與沈慶之俱依晉密陵侯鄭袤不受司空故事六年進司空侍中中書令中正如故又固讓乃受驃騎大將軍南兗州刺史留衛京都孝武晏駕與太宰江夏王義恭僕射顏師伯並受遺詔輔幼主遷尚書令領丹陽尹侍中將軍如故加開府儀同三司給班劒二十人固辭班劒元景少時貧苦嘗下都至大雷日暮寒甚頗有羈旅之嘆岸側有一老父自稱善相謂元景曰君方大富貴位至三公元景以爲戲之曰人生免飢寒幸甚豈望富貴老父曰後當相憶及貴求之不知所在元景起自將帥及當朝理務雖非所長而有宏雅之美時在朝勳要多事產業唯元景獨無所營南岸有數十畝菜園守園人賣菜得錢三萬送還宅元景怒曰我立此園種菜以供家中噉耳乃復賣以取錢奪百姓之利邪以錢乞守園人孝武嚴暴無常元景雖荷寵遇常慮及禍太宰江夏王義恭及諸大臣莫不重足屏息未嘗敢私相往來孝武崩義恭元景等並相謂曰今日始免橫死義恭與義陽等諸王元景與顏師伯等常相馳逐聲樂酣飲以夜繼晝前廢帝少有凶德內不能平殺戴法興後悖情轉露義恭元景等並憂懼無計乃與師伯等謀廢帝立義恭持疑不能速決發覺帝親率宿衛兵自出討之稱詔召元景左右奔告兵刃非常元景知禍至整朝服乘車應召出門逢弟車騎司馬叔仁戎服左右壯士數十人欲拒命元景苦禁之及出巷軍士大至元景下車受戮容色恬然年六十長子慶宗有幹力而情性不倫孝武使元景送還襄陽於道賜死次子嗣宗紹宗茂宗孝宗文宗仲宗成宗秀宗至是並遇禍元景六弟僧景僧珍叔宗叔政叔珍叔仁僧珍叔仁及子姪在都下襄陽死者數十人元景少子承宗嗣宗子纂並在孕獲全明帝卽位贈太尉班劒三十人羽葆鼓吹一部諡曰忠烈公元景從父兄元怙大明末同晉安王子勛爲逆事敗歸降元景從祖弟光世留鄉里在魏爲河北

太守封西陵男與司徒崔浩親浩被誅光世南奔明帝時位右衛將軍順陽太守子欣慰謀反光世賜死叔宗子世隆叔珍子慶遠齊史並有傳

殷孝祖陳郡長平人也曾祖羨晉光祿勳父祖官並不達孝祖少誕節好酒色有氣幹孝武帝時以軍功仕至積射將軍前廢帝景和元年爲兗州刺史明帝即位四方反叛孝祖外甥司徒參軍潁川荀僧韶建議銜命徵孝祖入朝上遣之時徐州刺史薛安都遣薛索兒等屯據津徑僧韶間行得至說孝祖曰景和凶狂開闢未有朝野憂危假命刻漏主上曾不浹辰夷凶翦暴國亂朝危宜立長主公卿百辟人無異議而羣迷相扇構造無端貪利幼弱競懷希幸舅少有立功之志長以氣節成名若能控濟河義勇還奉朝廷非惟匡主靜亂乃可以垂名竹帛孝祖即日棄妻子率文武二千人隨僧韶還都時普天同逆朝廷惟保丹陽一郡而永世縣尋又反叛內外憂危咸欲奔散孝祖忽至人情乃安進號冠軍將軍假節督前鋒諸軍事遣向虎檻拒對南賊御仗先有諸葛亮筩袖鎧鐵帽二十五石弩射之不能入上悉以賜孝祖孝祖負其誠節陵轢諸將臺軍有父子兄弟在南者孝祖並欲推治由是人情乖離莫樂爲用時賊據赭圻孝祖將進攻之與大將王玄謨別悲不自勝眾並駭怪泰始二年三月三日孝祖與賊合戰每戰常以鼓蓋自隨軍中相謂曰殷統軍可謂死將矣與賊交鋒而以羽儀自標顯若射者十手攢射欲不斃得乎是日於陣中流矢死追贈建安縣侯諡曰忠孝祖族子琰字敬琰父道鸞位衡陽王義季右軍長史琰少爲文帝所知見遇與琅邪王景文相埒前廢帝永光元年累遷黃門侍郎出爲山陽王休祐右軍長史南梁郡太守休祐入朝琰乃行府州事明帝泰始元年以休祐爲荊州會晉安王子勛反即以琰爲豫州刺史土人前右軍杜叔寶等並勸琰同逆琰素無部曲無以自立受制於叔寶二年正月帝遣輔國將軍劉勔西討之築長圍創攻道於東南角并作大蝦蟇車載土以牛皮蒙之三百人推以塞塹十二月琰乃始降時琰有疾以版輿自詣將帥面縛請罪勔琰撫宥之無所誅戮後除少府加給事中卒官琰性和雅靜素寡嗜慾諳前世舊事事兄甚謹少以名行見稱在壽陽被攻圍積時爲城內所懷附揚州刺史王景文征西將軍蔡興宗司空褚淵並相與友善

劉勔字伯猷彭城上里人也祖懷義父穎之位並郡守勔少有志節兼好文義家貧仕宋初爲廣州增城令稍遷鬱林太守大明初還都徐州刺史劉道隆請爲寧朔司馬竟陵王誕據廣陵爲逆勔隨道隆受沈慶之節度事平封金城縣五等侯除西陽王子尚撫軍參軍入直閤先是費沈伐陳檀不剋乃除勔龍驤將軍西江督護鬱林太守勔既至隨宜翦定大致名馬并獻珊瑚連樹上甚悅前廢帝即位爲屯騎校尉又入直閤明帝即位江州刺史晉安王子勛爲逆四方響應勔以本官領建平王景素輔國司馬進據梁山會豫州刺史殷琰反叛召勔還都復兼山陽王休祐驃騎司馬致討破琰將劉順於宛唐杜叔寶於橫唐琰嬰城固守自始春至于末冬勔內攻外禦戰無不捷善撫將帥以寬厚爲眾所依將軍王廣之求勔所自乘馬諸將並忿廣之叨冒勸勔以法裁之勔歡笑即時解馬與廣之及琰開門請降勔約令三軍不得妄動城內士民秋毫無所失百姓感悅咸曰來蘇百姓生爲立碑還京都拜太子右衛率封都陽侯遷右衛將軍行豫州刺史加都督後徵拜散騎常侍中領軍勔以世路糾紛有懷止足求東陽郡上以勔啟徧示羣臣自尚書僕射袁粲以下莫不稱賀或謂其辭宜許上曰巴陵建平二王並有獨往之志若世道寧晏皆當申其所請勔經始鍾嶺之南以爲栖息聚石蓄水髣髴邱中朝士雅素者多往游之明帝臨崩顧命以爲守尚書右僕射中領軍廢帝即位加兵五百人元徽初月犯右執法太白犯上將或勸勔解職勔曰吾執心行己無愧幽明若才輕任重災眚必及天道密微避豈能免桂陽王休範爲亂奄至建鄴加勔使持節鎮將軍軍置佐鎮扞石頭既而賊眾屯朱雀航南右軍將軍王道隆率宿衛向朱雀聞賊已至急信召勔勔戰敗死之事平贈司空諡曰昭公子悛齊史有傳

魯爽小字女生扶風郿人也祖宗之字彥仁晉太元末自鄉里出襄陽歷官至南陽太守義熙元年起義以功爲雍州刺史武帝討劉毅與宗之同會江陵進號鎮北將軍封南陽公自以非武帝舊隸屢建大功有自疑之志會司馬休之見討猜懼因與休之北奔盡室入姚氏頃之病卒父軌一名象齒便弓馬膂力絕人爲竟陵太守隨父入姚氏及武帝定長安軌與休之北奔魏魏以軌爲荊州刺史襄陽公鎮長社孝武鎮襄陽軌遣親人程整奉書規欲南歸拔髮致誠以昔殺劉康祖及徐湛之父故不敢歸文帝累遣招納許以爲司州軌史爽少有武藝魏太武知之常置左右元嘉二十六年軌死爽代爲荊州刺史襄陽公鎮長社幼染殊俗無復華風嬴中使酒數有過失太武怒將誅之爽懼密懷歸南計爽

有七弟次弟秀小字天念頗有意略仕魏以軍功爲中書郎封廣陵侯或告太武鄴人欲反復遣秀檢察幷燒石虎時餘殘宮殿秀常乘驛往返是時病還遲爲太武所詰秀復恐懼太武尋南攻因從渡河先是廣平人程天祚爲殿中將軍有武力元嘉二十七年助戍彭城爲魏所獲善鍼術深被太武賞愛封南安公常引置左右恆勸秀令南歸及太武至瓜步爽始得與秀定歸南之謀及太武還至湖陸爽等請曰奴與南國有讎每兵來常慮禍及墳墓乞共迎喪還葬國都北方羣下言於其主稱奴如中國稱臣也太武許之爽率腹心馳入虎牢爽唯第三弟在北餘家屬悉自隨部曲及願從合千家奔汝南遣秀詣壽陽奉牋於南平王鑠曰爽秀得罪晉朝負釁三世生長絕域遠身朔漠兄弟闔門淪沒僞朝殞命不可還國無因延係南雲傾屬東日蓋猶痿人思步盲者願明遄迫丹心仰希懷遠鑠馳驛以聞上大悅下詔以爽爲督司州五郡諸軍事征虜將軍司州刺史秀輔國將軍滎陽潁川二郡守其諸子弟及同契士庶委征虜府以時中言詳加酬敘爽至汝南加領義陽內史秀仍參右將軍南平王鑠軍事爽北鎮義陽是歲元嘉二十八年也魏人毀其墳墓明年四月入朝時太武已崩上更謀經略五月遣爽秀及程天祚等出許洛王玄謨攻碻磝不拔敗退爽亦收衆南還三十年元凶弒逆南郡王義宣起兵入討爽即受命率部曲至襄陽與雍州刺史臧質俱詣江陵義宣留爽江陵事平以爽爲左將軍豫州刺史加都督爽至壽陽便曲意賓客爵命士人蓄仗聚馬如寇將至元凶之爲逆也秀在建鄴元凶謂秀曰我爲卿誅徐湛之矣方相秀任以秀爲右軍將軍配精兵使攻新亭壘將戰秀命打退軍鼓因此歸順孝武即位以爲左將軍司州刺史加都督領汝南太守爽與義宣及質相結已久義宣等亦欲資其勇力情契甚至孝建元年二月義宣與爽謀反報爽候秋同舉爽狂酒乖謬即日便起兵使其衆戴黃標稱建平元年便竊造法服義宣質聞爽已處分便狼狽同反爽於是送所造輿服詣江陵版義宣及臧質等文曰丞相劉今補天子名義宣車騎臧今補丞相名質平西朱今補車騎名修之皆版到奉行義宣駭愕爽所送法物並留竟陵縣不聽進使爽直至歷陽自采石濟軍與質水陸俱下孝武遣左軍將軍薛安都步騎爲前驅鎮軍將軍沈慶之後進安都進軍與爽遇於小峴爽親戰而飲酒過醉安都刺爽馬倒左右斬首傳送京師進平壽陽子弟並伏誅初義宣舉兵也召秀假節進號征虜將軍及義宣敗還江陵與秀北走衆叛且盡斬首傳京師

薛安都字休達河東汾陰人也世爲彊族族衆有三千家父廣爲宗豪武帝定關河以廣爲上黨太守安都少驍勇身長七尺八寸便弓馬頗結輕俠諸兄患之安都乃求以一身分出不取片資兄許之居於別廄遠近交游者爭有送遺馬牛衣服什物充滿其庭仕魏以軍功爲雍秦二州都統元嘉二十一年來奔求北還構扇河陝招聚義衆文帝許之孝武鎮襄陽版爲揚武將軍北弘農太守以北軍彊盛乃歸襄陽二十七年隨王誕版安都爲建武將軍隨柳元景向關陝率步騎居前所向克捷二十九年魯爽向虎牢安都復隨元景北出即據關城期俱濟河取蒲坂會爽退乃還孝武伐逆加寧朔將軍與元景俱發至朱雀航橫矛瞋目叱賊將皇甫安民等曰賊弒君父何心事之孝武踐阼除右軍將軍率所領騎馬爲前鋒直入殿庭賊尚有數百人一時奔散以功封南鄉男安都初征關陝至白口夢仰頭見天正見天門開謂左右曰汝等見天門開否至是嘆曰夢天門開乃中興之象邪從弟道生亦以軍功爲大司馬參軍犯罪爲秣陵令庾淑之所鞭安都大怒即日乘馬從數十人令左右執稍欲往殺淑之行至朱雀航逢柳元景遙問曰薛公何之安都躍馬至元景車後曰小子庾淑之鞭我從弟今指往刺殺之元景慮其不可駐車給之曰小子無宜適卿往與手甚快安都既回馬元景復呼之令下馬入車因責之曰卿從弟服章言論與寒細不異且人身犯罪理應加罰卿爲朝廷勳臣宜崇奉法憲云何放恣輒於都邑殺人非惟科律所不容主上亦無辭以相宥載與俱歸安都乃止其年以憚直免官孝建元年除左軍將軍及魯爽反叛上遣安都率步騎據歷陽爽以衆阻大峴食少引還沈慶之使安都率輕騎追之及爽於小峴爽自與腹心壯騎斷後安都望見爽便躍馬大呼直往刺之應手而倒斬爽首爽累世梟猛生習戰陣咸云萬人敵安都單騎直入斬之而反時人皆謂關羽斬顏良不是過也進爵爲侯時王玄謨拒南郡王義宣臧質於梁山安都復領騎爲支軍義宣遣將劉堪及臧質攻玄謨玄謨命衆軍擊之使安都引騎出賊陣右橫擊陷之賊遂大潰轉太子右衞率大明元年魏軍向無鹽遣安都領馬軍東陽太守沈法系統水軍並授徐州刺史申坦節度時魏軍已去坦求回軍討任榛見許會天旱水泉多竭人馬疲困不能遠追安都法系坐白衣領職坦繫尚方任榛大城在任城界積世逋

叛所聚赫榛深密難爲用師故能久自保藏屢爲人患安都明年復職改封武昌縣侯景和元年爲平北將軍徐州刺史加都督明帝卽位進號安北將軍安都不受命舉兵同晉安王子勛初安都從子索兒前廢帝景和中以爲前軍直閤明帝以爲左將軍直閤如故安都將爲逆密信報之又遣人至瓜步迎接時右衛將軍柳光世亦與安都通謀二人俱逃攜安都諸子及家累席卷北奔青州刺史沈文秀冀州刺史崔道固並皆同反明帝遣齊高帝率前將軍張永等北討所至奔散斬薛索兒子勛平定安都遣別駕從事史畢衆愛下邳太守王煥等奏啟事詣明帝歸款薛索兒之死也安都使柳光世守下邳至是亦率所領歸降明帝以四方已平欲示威於淮外遣張永沈攸之以重軍迎安都安都謂旣已歸順不應遣重軍懼不免罪乃遣信投誠於魏以第四子道次爲質魏獻文乃遣鎮東大將軍尉元等赴之拜安都鎮南大將軍徐州刺史賜爵河東公元等旣入彭城安都中悔謀圖元等元知之遂不果發安都因重貨元等委罪於女壻裴祖隆元乃殺祖隆而隱安都謀魏皇興二年與畢衆敬朝于代甚見禮重子姪羣從並處上客皆封侯至於門生無不收敘又爲起第宅館宇崇麗資給甚厚明年卒時年六十贈黃鉞秦州刺史河東王謚曰康子道摽襲爵位平州刺史政有聲稱歷相秦二州刺史卒道摽弟道異亦以勳爲第一客早卒贈秦州刺史安邑侯道異弟道次旣質京師賜爵安邑侯位秦州刺史進河南公

鄧琬字元琰豫章南昌人也父允之孝武征虜長史光祿勳孝武起義初琬爲南海太守以弟璝與臧質同逆遠徙仍停廣州久之得還歷位丹陽郡丞大明七年車駕幸歷陽追思在藩之舊擢琬爲給事黃門侍郎明年出爲晉安王子勛鎮軍長史尋陽內史行江州事前廢帝狂悖無道以文帝孝武帝並次居第三以登極位子勛次第旣同深致嫌疑因何邁之謀乃遣使齎藥賜子勛死使至子勛典籤謝道邁主帥潘欣之侍書褚靈嗣等馳以告琬泣涕請計琬曰身南土寒士蒙先帝殊恩以愛子見託豈得惜門戶百口當以死報效景和元年冬子勛戎服出聽事宣旨欲舉兵四座未荅錄事參軍陶亮曰請效死前驅衆並奉旨會明帝定亂進子勛號車騎將軍開府儀同三司令書至諸佐史並喜造琬曰暴亂旣除殿下又開黃閤實爲公私大慶琬取令書投地曰殿下當開端門黃閤是吾徒事耳衆並駭愕琬與陶亮等繕治器甲徵兵四方郢州刺史安陸王子綏荆州刺史臨海王子頊會稽太守尋陽王子房雍州刺史袁顗梁州刺史柳元怙益州刺史蕭惠開廣州刺史袁曇遠徐州刺史薛安都青州刺史沈文秀冀州刺史崔道固湘州行事何惠文吳郡太守顧琛吳興太守王曇生晉陵太守袁摽義興太守劉延熙並同叛逆琬乃建牙於桑尾傳檄建鄴購明帝萬戶侯布絹二萬疋金銀三百斤其餘各有差明帝遣荆州典籤邵宰乘驛詣江陵經過襄陽袁顗馳書報琬勸勿解甲幷奉勸子勛卽僞位琬乃稱說符瑞令顧昭撰爲瑞命記造乘輿御服立宗廟設壇場矯作崇憲太后璽令羣僚上僞號於子勛泰始三年正月七日卽位於尋陽城改景和三年爲義嘉元年其日雲雨晦合行禮忘稱萬歲取子勛所乘車除腳以爲輦置僞殿之西其夕有鵂集其中鴞集其幰又有禿鶖鳥集城上拜安陸王子綏爲司徒因雷電晦冥震其黃閤柱鴟尾墮地又有鴟集其帳上琬性鄙闇貪吝過甚財貨酒食皆身自量校至是父子並賣官鬻爵使婢僕出市道販賣酣歌博弈日夜不休賓客到門者歷旬不得前內事悉委褚靈嗣等三人羣小覩爲威福士庶忿怨內外離心矣明帝遣領軍將軍王玄謨領水軍南討吳興太守張永爲糧尚書下符奉詔以四王幼弱不幸陷難兵交之日不得妄加侵犯若有過損誅翦無貸琬遣孫沖之等前鋒一萬據赭圻沖之於道與子勛書欲沿流挂帆直取白下請速遣陶亮衆軍相接分據新亭亮大無幹略聞建安王休仁自上殷孝祖又至不敢進及孝祖中流矢死沈攸之代爲前鋒沖之謂陶亮曰孝祖梟將一戰便死天下事定矣不須復戰便當直取京師亮不從明帝遣員外散騎侍郎王道隆至赭圻督戰衆軍奮擊大破之琬遣豫州刺史劉胡來屯鵲尾胡宿將攸之等甚憚之胡鄉人蔡那佼長生張敬兒各領軍隸攸之在赭圻胡因要那等共語那等說令歸順胡回軍入鵲尾無他權略建安王休仁自虎檻進據赭圻時胡等兵衆彊盛遠近疑惑明帝欲綏慰人情遣吏部尚書褚淵至虎檻選用將帥以下申謙杜幼文因此求黃門沈懷明劉亮求中書郎建安王休仁卽使淵擬選上不許曰忠臣殉國不謀其報臨難以干朝典豈爲下之節沈攸之等與劉胡相持久不決上又遣彊弩將軍任農夫等領兵繼至攸之藉修船艑板材不周計無所出會琬送五千片榜供胡軍用俄而風潮奔迅榜突柵出江胡等力不能制趣流而下泊攸之等營於是材板大足琬進袁顗都督征討諸軍事率樓船千

艘來入鵲尾張興世建議越鵲尾上據錢溪斷其糧道胡累攻之不能克乃遣龍驤將軍陳慶領三百舸向錢溪戒慶不須戰陳慶至錢溪不敢攻越溪於梅根立砦胡別遣將王起領百舸攻興世興世擊大破之胡率其餘舸馳還顗更使胡攻興世休仁因此命沈攸之吳喜佼長生劉靈遺劉伯符等進攻濃湖遣皮艦千乘拔其營柵苦戰移日大破之顗被攻急馳信召胡令還張興世既據錢溪江路阻斷胡軍乏食琬大送資糧畏興世不敢下胡遣將迎之爲錢溪所破夜走徑趣梅根顗聞胡走亦棄衆西奔至青林見殺琬惶擾無計初子勛建僞號以吳郡張悅與琬共輔僞政悅見事敗稱疾呼琬計事令左右伏甲戒之若聞索酒便出琬至謀斬晉安王封府庫以謝罪悅曰寧可賣殿下求活邪因呼求酒再呼左右震懾不能應第二子詢提刀出餘人續至郎斬琬悅因齎琬首詣建安王休仁降蔡那子道深以父爲明帝效力被繫作部因亂脫鏁入城執子勛因之沈攸之諸軍至江州斬子勛於桑尾牙下傳首建鄴劉胡走入沔竟陵郡丞陳懷直斷道邀之胡人馬既疲困因隨懷直入城告渴得酒飲畢引佩刀自刺不死斬首送建鄴張興世弟僧彥追殺懷直取胡首竊有其功荆州聞濃湖平更議奉子項奔益州就蕭惠開典籤阮道預邵宰不同曰雖復欲西豈可得至遣使歸罪荆州中從事宗景士人姚儉等勒兵入城執子項以降劉胡南陽涅陽人也本以面坳黑似胡故名坳胡及長單名胡焉出身郡將稍至隊主討伐諸蠻往無不捷明帝即位除越騎校尉蠻甚畏憚之小兒啼輒怖云劉胡來便止

宗越南陽葉人也本爲南陽次門安北將軍趙倫之鎮襄陽襄陽多雜姓越更被黜爲役門出身補郡吏父爲蠻所殺越於市中刺殺讎人太守夏侯穆嘉其意擢爲隊主蠻有爲寇盜者常使越討伐往輒有功家貧無以市馬刀楯步出單身挺戰衆莫能當每一捷郡輒賞錢五千因此得買馬元嘉二十四年啟文帝求復次門移戶屬冠軍縣許之二十七年隨柳元景伐魏領馬幢隸柳元怙有戰功還補後軍參軍督護隨王誕戲之曰汝何人遂得我府資四字越荅曰佛狸未死不憂不得諮議參軍誕大笑孝武即位以爲江夏王義恭大司馬行參軍濟陽太守臧質魯爽反朝廷致討越戰功居多追奔至江陵時荆州刺史朱修之未至越多所誅戮又逼略南郡王義宣子女坐免官繫尙方尋被宥追論前功封范陽縣子大明三年爲長水校尉竟陵王誕據廣陵反越領馬軍隸沈慶之攻誕及城陷孝武使悉殺城內男丁越受旨行誅躬臨其事莫不先加捶撻或有鞭其面者欣欣然若有所得凡殺數千人改封始安縣子前廢帝景和元年進爵爲侯召爲游擊將軍直閤領南濟陰太守改領南東海太守帝凶暴無道而越譚金童太一竝爲之用命誅戮羣公及何邁等莫不盡心竭力故帝憑其爪牙無所忌憚賜與越等美女金帛充牣其家越等武人麤彊識不及遠咸一往意氣皆無復二心帝時南巡明旦便發其夕悉聽越等出外宿明帝因此定亂明晨越等竝入被撫接甚厚越改領南濟陰太守本官如故越等既爲廢帝盡心慮明帝不能容之上接待雖厚內竝懷懼上意亦不欲使其居中從容謂曰卿遭罹暴朝勤勞日久兵馬大郡隨卿等所擇越等素已自疑及聞此旨皆相顧失色因謀作難以告沈攸之攸之具白帝即日下獄死越善立營陣每數萬人止頓自騎馬前行使軍人隨其後馬止營合未嘗參差及沈攸之代殷孝祖爲南討前鋒時孝祖新死衆心竝懼攸之歎曰宗公可惜故有勝人處而性嚴酷好行刑誅時王玄謨御下亦少恩將士爲之語曰寧作五年徒不逐王玄謨玄謨猶尙可宗越更殺我譚金在魏時與薛安都有舊後出新野居牛門村及安都歸國金常隨征討副安都排堅陷陣氣力兼人孝建三年爲屯騎校尉直閤領南清河太守景和元年前廢帝誅羣公金等爲之用封金平都縣男童太一宜陽縣男沈攸之東興縣男越州里又有武念佼長生曹欣之蔡那竝以將帥顯武念位至南陽太守長生盪蠻校尉曹欣之驍騎將軍蔡那見子道恭傳

吳喜吳興臨安人也本名喜公明帝減爲喜出身爲領軍府白衣吏少知書領軍將軍沈演之使寫起居注寫既畢闇誦略皆上口演之嘗作讓表未奏失本喜經一見卽寫無所漏脫演之甚知之因此涉獵史漢頗見古今演之門生朱重民入爲主書薦喜爲主書吏進爲主圖令史文帝嘗求圖書喜開卷倒進之帝怒遣出會太子步兵校尉沈慶之征蠻啟文帝請喜自隨爲孝武所知稍遷至河東太守殿中御史明帝卽位四方反叛喜請得精兵三百致死於東帝大悅卽假建武將軍簡羽林勇士配之議者以喜刀筆吏不嘗爲將不可遣中書舍人巢尙之以喜隨沈慶之屢經軍旅性既勇決又習戰陣若能任之必有成績喜乃東討喜在孝武世既見驅使性寬厚所至人竝懷之及東討百姓聞吳河東來便望風降散故喜所至克捷遷步兵校尉封竟陵縣侯

東土平定又率所領南討遷尋陽太守泰始四年改封東興縣侯除右軍將軍淮陽太守兼太子左衞率三年轉驍騎將軍太守兼率如故其年大破魏軍於荊亭六年又率軍向豫州拒魏軍加都督豫州諸軍事明年還建鄴初喜東征白明帝得尋陽王子房及諸賊帥卽於東梟斬東土既平喜見南賊方熾慮後釁獲受禍乃生送子房還都凡諸大帥顧琛王曇生之徒皆被全活上以喜新立大功不問而心銜之及平荊州恣意剽虜贓私萬計又嘗對客言漢高魏武本是何人上聞之益不悅後壽寂之死喜內懼因乞中散大夫上尤疑之及上有疾爲身後之患疑其將來不能事幼主乃賜死上召入內殿與言謔酬接甚款賜以名饌並金銀御器敕將命者勿使食器宿喜家上素多忌諱不欲令食器停凶禍之室故也及喜死發詔賻贈子嶷人襲

黃回竟陵郡軍人也出身充郡府雜使稍至傳教臧質爲郡轉爲齋帥及去職以回自隨質討元凶回隨從有功免軍戶後隨質於梁山敗走被錄遇赦因下都於宣陽門與人相競詐稱江夏王義恭馬客被鞭二百付右尚方會中書舍人戴明寶被繫差回爲戶伯奉事明寶竭心盡力明寶尋得原散委任如初啟免回以領隨身隊統知宅及江西墅事性巧觸類多能明寶甚寵任之回拳捷果勁勇力兼人在江西與諸楚子相結屢爲劫盜會明帝初卽位四方反叛明寶啟帝使回募江西楚人得快手八百隸劉勔西討累遷至將校以功封葛陽縣男元徽初桂楊王休範爲逆回以屯騎校尉領軍隸齊高帝於新亭創詐降之計回見休範可乘謂張敬兒曰卿可取之我誓不殺諸王敬兒卽日斬休範事平進爵爲侯改封聞喜縣四年遷冠軍將軍南瑯邪濟陽二郡太守建平王景素反回又率軍前討城平日回軍先入又以景素功讓張敬兒奴倪奴明年遷右軍將軍沈攸之反以回爲平西將軍郢州刺史率眾出新亭爲前鋒未發而袁粲據於石頭不從齊高帝回與新亭諸將任候伯彭文之王宜興等謀應粲攻高帝於朝堂事既不果高帝撫之如舊回與宜興素不協斬之宜興吳興人也形狀短小而果勁有膽力少年時爲劫不須伴郡縣討逐圍繞數十重終莫能擒嘗舞刀楯回使十餘人以水交灑不能著明帝泰始中爲將在壽陽聞與魏戰每以少制多挺身深入以平建平王景素功封長樂縣男至是爲屯騎校尉見殺回進軍未至郢州而沈攸之敗走回不樂停郢州固求南兗遂率部曲輒還改封安陸郡公徙南兗州刺史加都督齊高帝以回專殺終不附己乃使召之及上車愛妾見赤光冠其頭至足苦止不肯住及至見誅回既貴祇事戴明寶甚謹言必自名未嘗敢坐躬至帳下及入內料檢有無隨乏供送以此爲常回同時爲將有南郡高道慶凶險暴横求欲無已有失其意輒加捶拉往往有死者朝廷畏之如虎狼齊高帝與袁粲等議收付廷尉賜死

通志卷一百三十六

通志卷一百三十七

宋右迪功郎鄭樵漁仲撰

列傳第五十

齊

褚淵長子賁 賁弟蓁 淵弟澄 淵從父弟炤 炤弟炫 王儉儉弟遜 儉叔父僧虔 僧虔子慈 僧虔從子僧祐 僧祐從子融 柳世隆 王晏子德元 晏弟詡 晏從父弟思遠 徐孝嗣 王琨 張敬兒 王敬則 陳顯達 庾弘遠 崔慧景宗人恭祖 東陽女子婁逞 李安民子元履 戴僧靜 桓康 焦度 曹虎 呂安國 周山圖 周盤龍子奉叔 王廣之 垣崇祖夏侯恭叔 崇祖從父兄榮祖 榮祖從父閎 閎子憘伯 閎弟子曇深 曇深妻鄭氏 邱景賓 沈文季兄子昭略 昭略弟昭光 昭光兄子曇亮 劉懷珍子靈哲 從子懷慰 族弟善明 善明從弟僧副 薛深 張欣泰 王奐從父兄績 績弟約

褚淵字彥回河南陽翟人也祖秀之宋太常父湛之尚書左僕射附載叔父祠部尚書裕之傳淵少有清譽宋元嘉末魏軍逼瓜步百姓咸負擔而立湛之時爲丹陽尹使其子弟竝著芒屩於齋前習行或譏之湛之曰安不忘危也淵時年十餘歲甚有慙色湛之有一牛至所愛無故墮聽事前井湛之率左右躬自營救之郡中諠擾淵下簾不視也又有門生盜其衣淵遇見謂曰可密藏之勿使人見此門生慙而去不敢復還後貴乃歸罪待之如初淵尚文帝女南郡獻公主姑姪二世相繼拜駙馬都尉除著作佐郎累遷祕書丞湛之卒淵悉推財與弟澄唯取書數千卷湛之有兩廚寶物在淵所生郭氏間嫡母吳縣公主求之郭欲不與淵曰但令淵在何患無物猶不許淵流涕固請乃從之襲爵都鄉侯歷位尚書吏部郎景和中山陰公主淫恣窺見淵而悅之以白帝召淵西上閤宿十日公主夜就之備見逼迫淵整身而立從夕至曉不爲移志公主謂曰君鬚髯如戟何無丈夫意淵曰淵雖不敏何敢首爲亂階宋明帝即位累遷吏部尚書有人求官密於袖中將一餅金因求請間出金示之曰人無知者淵曰卿自應得官無假此物若必見與不得不相告此人大懼收金而去淵敘其事而不言其名時人莫之知也帝之在藩也與淵以風素相善至是深相委寄陳事皆見從改封雩都伯歷侍中領尚書右衞將軍淵美儀貌善容止俯仰進退咸有風則每朝會百僚及遠國使莫不延首目送之明帝嘗歎曰褚淵能遲行緩步便得宰相矣時人以方何平叔嘗聚袁粲舍初秋涼夕風月甚美淵援琴奏別鵠之曲宮商既調風神諧暢王彧謝莊竝在粲坐撫節而歎曰以無累之神合有道之器宮商暫離不可得已時傖人常珍奇與薛安都爲逆降叛非一後又求降明帝加以重位淵謂全其首領於事已弘不足大加寵異帝不從珍奇尋又叛淵後爲吳郡太守帝寢疾危殆馳使召之欲託後事及至召入帝自帳中流涕曰吾近危篤故召卿欲使著黃羅襬耳指牀頭大函曰文書皆函內冀此函不得復開淵亦悲不自勝黃羅襬乳母服也帝雖小間猶懷身後慮建安王休仁人才令美物情宗尚帝與淵謀誅之淵以爲不可帝怒曰卿癡不足與議事淵懼而奉旨復爲吏部尚書衞尉卿尚書右僕射淵以母年高羸疾晨昏須侍養辭衞尉不許明帝崩遺詔以爲中書令護軍將軍與尚書令袁粲受顧命輔幼主粲等雖同見託而意在淵淵同心理事當奢侈之後務弘儉約百姓賴之既而王道隆阮佃夫用事姦賂公行淵不能禁也遭庶母郭氏喪數日中毀頓不復可識朞年不盥櫛唯泣淚處乃見其本質焉詔斷哭禁弔客葬畢起爲中軍將軍本官如故元徽三年桂陽王休範反淵與衞將軍袁粲入衞宮省鎭集衆心淵初爲丹陽與從弟炤同載出道逢高帝淵舉手指高帝車謂炤曰此非常人也出爲吳興高帝餉物別淵又語人曰此人才貌非常將來不可測也及顧命之際引高帝與焉高帝既平桂陽遷中領軍南兗州高帝固讓與淵及衞軍袁粲以書陳情淵粲答書不從高帝乃受命其年加淵尚書令侍中給班劒二十人固讓令三年進爵爲侯服闋改受中書監侍中護軍如故給鼓吹一部時淮地屬北江南無復鰒魚或有間關得至者一枚直數千錢人有餉淵鰒魚三十枚淵時雖貴而貧薄過甚門生有獻計賣之云可得十萬錢淵變色曰我謂此是食物非曰財貨且不知堪賣錢聊爾受之雖復儉乏寧可賣餉取錢也悉與親游噉之少日便盡明年嫡母吳郡公主薨毀瘠如初葬畢詔攝職固辭又以朞祭禮及表解職竝不許蒼梧暴虐稍甚高帝與淵及袁粲言世事粲曰主上幼年微過易改伊霍之事非季世所行縱使功成亦終無全地淵默然歸心高帝及廢蒼梧羣公集議袁粲劉秉既不受任淵曰非蕭公無以了此手取事授高帝曰相與不肯我安得辭事乃定順帝立改號將軍開府儀同三司侍中如故甲仗五十人入殿袁粲雖與淵勠力常疑淵有異志曰褚公眼睛多白所謂白虹貫日亡宋者終此人也他日又謂淵曰國家所倚惟公與劉丹陽及粲耳願各自勉無使竹帛所笑淵曰願以鄙心寄公之腹則可矣然竟不能貞固及高帝輔政王儉議加黃鉞任

遐曰此大事應報褚公帝曰褚脫不與卿將何計遐曰彥回保妻子愛性命非有奇才異節遐能制之果無違異及沈攸之事起高帝召淵謀之淵曰西夏釁難事必無成公當先備其內耳蓋謂袁粲之徒也高帝密爲其備事平進中書監司空齊臺建淵白高帝引何曾自魏司徒爲晉丞相求爲齊官高帝嫌而不許建元元年進位司徒侍中中書監如故改封南康郡公淵讓司徒乃與僕射王儉書欲依蔡謨事例儉以爲非所宜言勸淵受命終不就尋加尚書令二年重申前命爲司徒又固讓魏軍動高帝欲發王公以下無官者從軍淵諫以爲無益實用空致擾動上乃止三年七月帝親嘗酎盛暑欲夜出淵與左僕射王儉諫以爲自漢宣帝以來不夜入廟所以誡非常人君之重所宜克慎從之時朝廷機密事淵多與議謀每見從納禮遇甚重上嘗大宴集酒後謂朝臣曰卿等並宋時公卿亦當不言我應得天子王儉等未及荅淵斂版曰陛下不得言臣不早識龍顏上笑曰吾有愧文叔知公爲朱祐久矣淵涉獵文義善彈琵琶武帝在東宮宴集賜淵金鏤柄銀柱琵琶淵性和雅有器度不妄舉動宅嘗失火煙焰甚逼左右驚擾淵神色恬然索輿徐去然世頗以名節譏之于時百姓語曰可憐石頭城寧爲袁粲死不作褚淵生高帝崩遺詔以淵爲錄尚書事江左以來無單拜錄者有司疑立優策尚書令王儉議以爲見居本官別拜錄應有策書而舊事不載中朝以來三公王侯則優策並設官品第二策而不優優者襃美策者兼明委寄尚書職居天官政化之本故尚書令品雖第三拜必有策錄尚書品秩不見而總任彌重前代多與本官同拜故不別有策即事緣情不容均之凡僚宜有策書用申隆寄既異王侯不假優文從之尋增淵班劒爲三十人五日一朝頃之寢疾淵少時嘗疾篤夢人以卜蓍一具與之遂差其一至是年四十八矣歲初便寢疾而太白熒惑相繼犯上將淵慮不起表遜位武帝不許乃改授司空驃騎將軍侍中錄尚書如故上遣侍中問疾無何薨年四十八家無餘財負債至數十萬詔給東園祕器時司空掾屬以淵未拜疑應爲吏敬不王儉議依禮婦在塗聞夫家喪改服而入今掾屬雖未服勤而吏節稟於天朝宜申禮敬司徒府史又以淵既解職而未參後授府猶應上服以不儉又議依中朝士孫德祖從樂陵遷爲陳留未入境樂陵郡吏依見君之禮陳留迎吏依娶女有吉日齊衰弔司徒府宜依居官制服贈太宰侍中錄尚書公如故增班劒爲六十人給節加羽葆鼓吹葬送之禮悉依宋太保王弘故事謚曰文簡先是庶姓三公轜車未有定格王儉議官品第一皆加幢絡自淵始也又詔淵妻宋故巴西公主埏墟暫啓宜贈南康郡公夫人長子賁字蔚先少耿介父背袁粲等附高帝賁深執不同終身愧恨之故有栖退之志位侍中淵薨服闋見武帝賁流涕不自勝上甚嘉之以爲侍中領步兵校尉左民尚書常謝病在外上以此望之遂諷令辭爵讓與弟蓁仍居墓下及王儉薨乃騎水牛出弔以繫門外柱入哭盡哀而退家人不知也會疾篤其子霽載以歸疾小間知非故處大怒不肯復飲食內外閤悉釘塞之不與人相聞數日裁餘氣息謝藹聞其弊往候之排閤不可開以杵槌破進見賁曰事之不可得者身也身之不可全者名也名與身俱滅者君也豈不全之哉賁曰吾少無人間志豈身名之可慕但願啓手歸全必在舊壠兒輩不才未達余趣移尸徙殯失吾素心以此更爲恨耳永明七年卒蓁字茂緒位義興太守改封巴東郡侯明年表讓封還賁子霽詔許之建武末蓁位太子詹事度支尚書領前軍將軍永元元年卒贈太常謚穆子蓁子向向子翔翔列在梁史淵弟澄字彥道初湛之尚宋孝武女始安公主薨納側室郭氏生淵後尚吳郡主生澄淵事主孝謹主愛之湛之亡主表淵爲嫡澄尚宋文帝女廬江公主拜駙馬都尉歷官清顯善醫術建元中爲吳郡太守百姓李道念以公事到郡澄見謂曰汝有重疾荅曰舊有冷疾至今五年衆醫不差澄爲診脈謂曰汝病非冷非熱當是食白瀹雞子過多所致令取蒜一升煮服之始一服乃吐出一物如升涎裹之能動開看乃是雞雛羽翅爪距具足能行走澄曰此未盡更服所餘藥又吐得如向者雞十三頭而病都差當時稱妙豫章王感病高帝召澄爲療立愈尋遷左戶尚書淵薨澄以錢一萬一千就招提寺贖高帝所賜淵白貂坐褥壞作裘及纓又贖淵介幘犀導及淵常所乘黃牛永明元年爲御史中丞袁彖所奏免官禁錮見原遷侍中領右軍將軍以勤謹見知澄女爲東昏后永元元年卒贈金紫光祿大夫淵從父弟炤字彥宣父法顯鄱陽太守炤少有高節王儉嘗稱才堪保傅爲成安郡還以一目眇召爲國子博士不拜常非淵身事二代淵子賁往問訊炤炤問曰司空今日何在賁曰奉璽紱在齊大司馬門炤正色曰不知汝家司空將一家物與一家亦復何謂淵拜司徒賓客滿坐炤歎曰彥回少立名行何意披猖至此門戶不幸乃復有今日之拜使彥回作中書郎而死不當

是一名士邪名德不昌遂有期頤之壽淵性好戲以軺車給之炤大怒曰著此辱門戶那可令人見索火燒之馭人奔車乃得免弟炫字彥緒少淸簡爲從舅王景文所知從兄淵謂人曰從弟廉勝獨立乃十倍於我也累遷正員外郎從宋明帝射雉至日中無所得帝甚猜羞召問侍臣曰吾旦來如皋遂空行可笑坐者莫荅炫獨曰今節候雖適而雲霧尙凝故斯翬之禽驕心未警但得神駕遊豫羣情便可載懽帝意解乃於雉場置酒遷中書侍郎司徒右長史昇明初炫以淸尙與彭城劉悛陳郡謝朏濟陽江斆入殿內侍文義號爲四友齊臺建爲侍中領步兵校尉以家貧建元初出補東陽太守前後三爲侍中與從兄淵操行不同故淵之世不至大官永明元年爲吏部尙書炫居身淸立非弔問不雜交游論者以爲美及在選部門庭蕭索賓客罕至出行左右常捧一黃紙帽箱風吹紙剝殆盡罷江都郡還得錢十七萬於石頭幷分與親族病無以市藥以冠劍爲質表自陳解改授散騎常侍領安成王師國學建以本官領博士未拜卒無以殯殮時年四十一贈太常謚貞子子澐附其孫玠傳在陳史

王儉字仲寶琅邪臨沂人也祖曇首宋光祿大夫父僧綽侍中曇首自有傳儉生而僧綽爲元凶劭所害養於叔父僧虔數歲襲爵豫寧侯拜受流涕嗚咽幼有神彩專心篤學手不釋卷賓客或相稱美僧虔曰我不患此兒無名政恐太盛耳乃手書崔子玉座右銘以貽之丹陽尹袁粲聞其名及見之曰栝柏豫章雖小已有棟梁姿矣終當任人家國事乃言之於宋明帝選尙陽羨公主拜駙馬都尉帝以儉嫡母武康公主同太初巫蠱事不可以爲婦姑欲開冢離葬儉因人自陳密以死請故事不行年十八解褐祕書郎太子舍人超遷祕書丞典校墳籍依七略撰七志四十卷表獻之又撰定元徽四部書目母憂服闋爲司徒右長史晉令公府長史著朝服宋大明以來著朱衣儉上言宜復舊制時議不許及蒼梧暴虐儉懼告袁粲求外出引晉新安主壻王獻之任吳興爲例補義興太守昇明二年爲長兼侍中以父終此職固讓先是高帝爲相欲引時賢參讚大業時謝朏爲長史帝夜召朏卻人與語久之朏無言唯有二小兒捉燭帝慮朏難之仍取燭遣兒朏又無言帝乃呼左右儉素知帝雄異後請間言於帝曰功高不賞古來非一以公今日位地欲北面居人臣可乎帝初正色裁之而神采內和儉因又曰儉蒙公殊眄是以吐所難吐公何賜拒之探誠以景和元徽之淫虐非公豈復寍濟但人情澆薄不能持久公若小復推遷則人望去矣豈唯大業永淪七尺之軀豈可得保帝笑曰卿言不爲無理儉又曰公今名位故是經常宰相宜禮絕羣后微示變革當先令褚公知之儉請銜命帝曰我當自往經少日帝自造淵款言移晷乃謂曰我夢應得官淵曰今授始爾恐一二年間未容便移且吉夢未必便在旦夕帝還告儉儉曰褚是未達理虞整時爲中書舍人甚閑辭翰儉乃自報整使作詔及高帝爲太尉引儉爲右長史尋轉爲左專見任用及大典將行儉爲佐命禮儀詔策皆出於儉褚淵唯爲禪詔又使儉參懷定之齊臺建遷尙書右僕射領吏部時年二十八多所引進客有姓譚者詣儉求官儉曰齊侯滅譚那得有君客曰譚子奔莒是以有僕儉賞其善據卒得職焉高帝嘗從容謂儉曰我今日當以淸溪爲鴻溝對曰天應人順庶無楚漢之事時朝儀草創衣服制則未有定準儉議曰漢景六年梁王入朝中郎謁者金貂出入殿門左思魏都賦云藹藹列侍金貂齊光此藩國侍臣有貂之明文晉百官表云太尉參軍四人朝服武冠此又宰府之明文又疑百僚敬齊公之禮儉又曰晉王受命勸進云沖等拳拳稱名則應盡禮明矣又世子禮秩未定儉復曰春秋曹世子來朝待以上卿之禮下其君一等今齊公九命禮冠列蕃世子亦宜異數竝從之世子鎭石頭城仍以爲世子宮儉又曰魯有靈光殿漢之前例也由是以聽事爲崇光殿外齋爲宣德殿以散騎常侍張緒爲世子詹事車服悉依東宮制度高帝踐阼與儉議佐命功臣從容謂曰卿謀謨之功莫與爲二卿止二千戶意以爲少超充國猶能自奉西零之任況卿與我情期異常儉曰昔宋祖創業佐命諸公開國不過二千以臣比之惟覺超越上笑曰張良辭侯何以過此建元元年改封南昌縣公時都丁外雜且多姦盜上欲立符伍家家以相檢括儉諫曰京師翼翼四方是湊必也持符於事既煩理成不曠謝安所謂不爾何以爲京師乃止是歲有司奏定郊殷之禮儉以爲宜以今年十月殷祭宗廟自此以後五年再殷祭二年正月上辛有事于南郊卽以其日還祭明堂又用次辛饗祀北郊而竝無配從之明年轉左僕射領選如故宋明帝紫極殿珠簾綺柱飾以金玉江左所未有高帝欲以其材起宣陽門儉與褚淵及叔父僧虔連名表諫上手詔酬納宋世宮門外六門城設竹籬是年初有發白虎樽言白門三重門竹籬穿不完上感其言改立都牆儉又諫上荅曰吾欲後世無以加也朝

廷初基制度草創儉問無不決上歎曰維岳降神生甫及申今天爲我生儉也其年固請解還見許帝幸樂游苑宴集謂儉曰卿好音樂孰與朕同儉曰沐浴唐風事兼比屋亦既在齊不知肉味帝稱善帝後幸華林園曲宴羣臣數人使各效伎藝褚淵彈琵琶王僧虔柳世隆彈琴沈文季歌子夜來張敬兒舞儉曰臣無所解唯知誦書因跪上前誦相如封禪書上笑曰此盛德之事吾何以堪之後上使陸澄誦孝經起自仲尼居儉曰澄所謂博而寡要臣請誦之乃誦君子之事上章上曰善張子布更覺非奇也於是王敬則脫朝服袒以絳糾髻奮臂拍張叫動左右上不悅曰豈聞三公如此荅曰臣以拍張故得三公不可忘拍張時以爲名荅儉尋以本官領太子詹事加兵三百人時皇太子妃薨左衛將軍沈文季經爲宮臣未詳服以不儉議曰漢魏以來宮僚先備臣隸之節且體在三存既盡敬亾豈無服昔庾翼喪妻王允滕含猶謂府吏宜有小君之服況臣節之重宜依舊君之妻齊衰三月而除上崩遺詔以儉爲侍中尙書令鎭軍每上朝令史恆有三五十人隨上諮事辯析未嘗壅滯褚淵時爲司徒錄尙書笑謂儉曰觀令判斷甚樂儉曰所以得厝私懷實由稟明公不言之化武帝即位給班劒二十人進號衞將軍掌選事時有司以前代嗣位或仍前郊或別爲郊始晉宋以來未有畫一儉議曰晉明帝太寧三年南郊其年九月崩成帝即位明年改元亦郊簡文咸安三年南郊其年七月崩孝武即位明年改元亦郊宋元嘉三十年正月南郊二月崩孝武嗣位明年亦郊此二代明例差可依放今聖明繼業幽顯宅心言化則頻郊非嫌語事則元號初改禋燎登

配孝敬兼遂謂明年正月宜饗禮二郊虞祭明堂自茲以後依舊間歲有司又以明年正月上辛應南郊而立春在上辛後郊在立春前爲疑儉曰宋景平元年正月三日辛丑南郊其月十一日立春元嘉十六年正月六日辛未南郊其月八日立春此近世明例也並從之永明二年領丹陽尹三年領國子祭酒又領太子少傅舊太子敬二傅同至是朝議接少傅以賓友禮宋時國學頹廢未暇修復宋明帝泰始六年置總明觀以集學士或謂之東觀置東觀祭酒一人總明訪舉郎二人儒元文史四科科置學士十人其餘令史以下各有差是歲以國學既立省總明觀於儉宅開學士館以總明四部書充之又詔儉以家爲府四年以本官領吏部先是宋孝武好文章天下悉以文采相尙莫以專經爲業儉幼年留意三禮尤善春秋發言吐論造次必於儒教由是衣冠翕然並尙經學儒教於此大興何承天禮論三百卷儉抄爲八帙又別抄條目十三卷朝儀舊典晉宋以來施行故事撰次諳憶無遺漏者所以當朝理事斷決如流每變議引證先儒罕有其例八坐丞郎無能異者令史諮事賓客燕席儉應接銓序傍無留滯十日一還監試諸生巾冠在庭宿衞令史儀容甚盛作解散幘斜插簪朝野慕之相與倣效儉常謂人曰江左風流宰相唯有謝安蓋自況也武帝深委仗之士流選用奏無不可五年儉卽本號開府儀同三司固讓六年重申前命先是詔儉三日一還朝尙書令史出諮事上以往來煩數詔儉還尙書下省月聽十日出外儉啓求解選上不許六年乃上表固請見許改領中書監參選選事其年疾上親臨視薨年四十八詔衞軍文武及臺所給兵仗

悉停待葬又詔追贈太尉加羽葆鼓吹增班劒爲六十人葬禮依太宰文簡公褚淵故事謚文憲公儉寡嗜慾唯以經國爲務車服麤素家無餘財手筆典裁爲當時所重少便有宰臣之志賦詩云稷契匡虞夏伊呂翼商周及生子字曰玄成取仍世作相之義儉撰古今喪服集記并文集行於世梁武受禪詔爲儉立碑降爵爲侯儉弟遜宋昇明中爲丹陽丞告劉秉事不蒙封賞建元初爲晉陵守有怨言儉慮爲禍因褚淵啓聞中丞陸澄依事舉奏詔以儉竭誠佐命特降刑書宥遜徙永嘉於道伏誅儉長子騫嗣列在梁史儉叔父僧虔幼時父曇首嘗與兄弟集會諸子孫任其戲適僧達跳下地作彪子僧虔累十二博碁既不墜落亦不重作僧綽採蠟燭珠爲鳳凰僧達奪取打壞亦不復惜伯父弘歎曰僧達俊爽當不減人然亾吾家者終此子也僧虔必至公僧綽當以名義見美或云僧虔採燭珠爲鳳凰弘稱其長者云僧虔弱冠善隸書宋文帝見其書素扇歎曰非唯迹逾子敬方當器過之除祕書郎遷太子舍人性退默少交接與袁淑謝莊善淑每歎之曰卿文情鴻麗學解深拔而韜光潛實物莫之窺雖魏陽元之射王汝南之騎無以加焉遷司徒左西屬初兄僧綽之遇害也其親賓咸勸僧虔逃隱僧虔泣曰吾兄奉國以忠貞撫我以慈愛今日之事苦不見及耳若同歸九泉猶羽化也孝武初出爲武陵太守攜諸子姪兄子儉於中途得病僧虔爲廢寢食同行客慰喻之僧虔曰昔馬援處子姪之間一情不異鄧攸於弟子更逾所生吾實懷其心誠未異古亾兄之胤不宜忽諸若此兒不救便當迴舟謝職無復遊宦之情矣還爲中書郎再遷太子中庶子孝武

欲擅書名僧虔不敢顯迹大明世常用掘筆書以此見容遷御史中丞領驍騎將軍甲族向來多不居憲臺王氏以分枝居烏衣者位宦微減僧虔爲此官乃曰此是烏衣諸郎坐處我可試爲耳泰始中爲輔國將軍吳興太守始王獻之善書爲吳興郡手迹尤工及僧虔爲郡時書又多合論者稱之徙爲會稽太守中書舍人阮佃夫家在東請假歸客勸僧虔以佃夫要幸宜加禮接僧虔曰我立身有素豈能曲意此輩彼若見惡正當拂衣而去耳佃夫言於明帝使御史中丞孫敻奏僧虔前蒞吳興多有諐命坐免官尋以白衣領侍中元徽中爲吏部尚書尋加散騎常侍轉右僕射昇明二年爲尚書令嘗爲飛白書題尚書省壁曰圓行方止物之定質修之不已則溢高之不已則慄馳之不已則躓引之不已則迭是故去之宜疾當時嗟賞以比坐右銘兄子儉每覲見輒勸以前言往行忠貞止足之道雅好文史解聲樂以朝廷禮樂多違正典民間競造新聲雜曲時高帝輔政僧虔上表請正聲樂高帝乃使侍中蕭惠基調正清商音律齊受命轉侍中丹陽尹郡縣獄相承有上湯殺囚僧虔上言湯本救疾而實行冤暴若罪必入重自有正刑若去惡宜疾則應先啟豈有死生大命而潛制下邑上納其言而止文惠太子鎭雍州有盜發古冢者相傳云是楚王冢大獲寶物有玉屐玉屏風竹簡書青絲綸簡廣數分長二尺皮節如新有得十餘簡以示僧虔僧虔乃云是科斗書考工記周官之所闕文也高帝素善書篤好不已與僧虔賭書畢謂曰誰爲第一對曰臣書第一陛下亦第一上笑曰卿可爲善自爲謀矣或云帝問我書何如卿荅曰臣正書第一草書第二陛下草書第二正書第三臣無第三陛下無第一帝大笑曰卿善爲辭然天下有道丘不與易也帝示僧虔古迹十一卷就求能書人名僧虔得民間所有卷中所無者吳大皇帝景帝歸命侯書桓玄書及王丞相導領軍洽中書令珉張芝索靖衞伯儒張翼十一卷奏之又上羊欣所撰能書人名一卷其年遷征南將軍湘州刺史侍中如故清簡無所欲不營財產百姓安之武帝即位僧虔以風疾欲陳解會遷侍中左光祿大夫開府儀同三司僧虔少時羣從宗族竝會客有相之者云僧虔年位最高仕當至公餘人莫及及此授僧虔謂兄子儉曰汝任重於朝行當有八命之禮我若復此授則一門有二台司實可畏懼乃固辭不拜上優而許之改授侍中特進光祿大夫客問僧虔固辭之意僧虔曰君子所憂無德不憂無寵吾衣食周身榮位已過所慙庸薄無以報國豈容更受高爵方貽官謗邪儉既爲朝宰起長梁齋制度小過僧虔視之不悅竟不入戶儉即日毀之永明三年薨時年六十贈司空侍中如故謚簡穆僧虔頗解星文夜坐見豫章分野當有事故時僧虔子慈爲豫章內史慮其有公事少時而僧虔薨慈棄郡奔赴時有前將軍陳天福坐討唐㝢之於錢唐掠奪百姓財物棄市先是天福將行令家人豫作壽冢未至東又信催速就冢成而得罪因以葬焉又宋世光祿大夫劉鎭之年三十許病篤已辦凶具既而疾愈因畜棺爲器壽至九十餘乃亾此器方用因此而言天道未易知也僧虔論書云宋文帝書自言可比王子敬時議者云天然勝羊欣功夫少於欣王平南廙右軍叔過江之前以爲最亾曾祖領軍右軍云弟書遂不減吾變古制今唯右軍領軍不爾至今猶法鍾張亾從祖中書令書子敬云弟書如騎騾駸駸恆欲度驊騮前庾征西翼書少時與右軍齊名右軍後進庾猶不分在荆州與都下人書云小兒輩厭家雞愛野鶩皆學逸少書須吾下當比之張翼王右軍自書表晉穆帝令翼寫題後荅右軍當時不別久後方悟云小人幾欲亂眞張芝索靖韋誕鍾會二衞竝得名前代無以辨其優劣唯見其筆力驚異耳張澄當時亦呼有意郗愔章草亞於右軍郗嘉賓草亞於二王緊媚其父桓玄自謂右軍之流論者以比孔琳之謝安亦入能書錄亦自重爲子敬書嵇康詩羊欣書見重一時親受子敬行書尤甚正乃不稱名孔琳之書天然縱放極有筆力規矩恐在羊欣後邱道護與羊欣俱面受子敬故當欣後范曄與蕭思話同師羊欣後小叛既失故步爲復小有意耳蕭思話書羊欣之影風流趨好殆當不減筆力恨弱謝綜書其舅去緊生起是得賞也恨少媚好謝靈運書乃不倫遇其合時亦得入流賀道力書亞邱道護庾昕學右軍亦欲亂眞矣僧虔嘗自書讓尚書令表辭制既雅筆迹又麗時人以比子敬崇賢吳郡顧寶先卓越多奇自以伎能僧虔乃作飛白以示之寶先曰下官今爲飛白屈矣僧虔著書賦儉爲注序甚工僧虔宋世嘗有書誡子曰知汝恨吾未許汝學欲自悔厲或以闔棺自欺或更擇美業且得有慨亦慰窮生但亟聞斯唱未覩其實吾未信汝非徒然也往年有意於史取三國志聚牀頭百日許復徙業就玄汝曾未窺其題目未辨其指歸而終日自欺人不受汝欺也由吾不學無以爲訓然重華無嚴父放勛無令子亦各由己耳汝輩竊議亦當云阿越不學何忽自課汝見其一耳不全爾

也設令吾學如馬鄭亦復甚勝復倍不如今亦必大減致之有由從身上來也汝今壯年自勤數倍許勝劣及吾耳吾在世雖乏德素要復推排人間十許年故是一舊物人或以比數汝耳卽化之後若自無調度誰復知汝事者舍中亦有少負令譽弱冠越超清級者于時王家門中優者龍鳳劣猶虎豹失蔭之後豈龍虎之議況吾不能爲汝蔭政應各自努力耳或有身經三公蔑爾無聞布衣寒素卿相屈體父子貴賤殊兄弟聲名異何也體盡讀數百卷書耳吾今悔無所及欲以前車誡爾後乘也汝年入立境方應從宦兼有室累何處復得下帷如王郎時邪各在爾身己切豈復關吾邪鬼唯知愛深松茂柏寍知子弟毀譽事因汝有感故略敘胸懷子慈字伯寶年八歲外祖宋太宰江夏王義恭迎之內齋施寶物恣所取慈取素琴石硯及孝子圖而已義恭善之袁淑見其幼時撫其背曰叔慈內潤也少與從弟儉共書學謝鳳子超宗嘗候僧虔仍往東齋詣慈慈正學書未卽放筆超宗曰卿書何如虔公慈曰慈書比大人如雞之比鳳超宗狼狽而退十歲時與蔡興宗子約入寺大佛正遇沙門懺約戲慈曰眾僧今日可謂虔虔慈應聲曰卿如此何以興蔡氏之宗歷位吳郡太守大司馬長史侍中領步兵校尉司徒左長史慈患腳武帝敕王晏慈有微疾不能騎聽乘車在仗後江左以來少例也慈妻劉秉女子觀尚武帝長女吳縣公主修婦禮姑未嘗交荅江夏王鋒爲南徐州王妃慈女也以慈爲東海太守行徐州府州事還爲冠軍將軍廬陵王中軍長史未拜永明九年卒贈太常諡懿子子泰附慈弟志傳列在梁史僧虔從子僧祐字允宗祖孺宋光祿大夫父遠光祿勳時人謂遠如屛風屈曲從俗能蔽風露言能不乖物理也僧祐幼聰悟叔父微撫其首曰兒神明意用當不作率爾人雅爲從兄儉所重每鳴笳列騶到其門候之僧祐輒稱疾不前儉曰此吾之所望若人也世皆推儉之愛明德而重僧祐之不趨勢也未弱冠頻經憂居喪至孝服闋鬢落略盡殆不立冠幘舉秀才爲驃騎法曹羸瘠不堪受命雅好博古善老莊不尙繁華工草隸書善鼓琴亭然獨立不交當世沛國劉瓛聞風而悅上書薦之爲著作佐郎遷司空祭酒謝病不與公卿游高帝謂王儉曰卿從可謂朝隱荅曰臣從非敢妄同高人直是愛閑多病耳經贈儉詩云汝家在市門我家在南郭汝家饒賓侶我家多鳥雀儉時聲高一代賓客塡門僧祐不爲之屈時人嘉之稍遷晉安王文學而陳郡袁利爲友時人以爲妙選武帝數閱武僧祐獻武賦王儉借觀不與竟陵王子良聞其工琴於坐取琴進之不從命永明末爲太子中舍人在直屬疾不待對人輒去中丞沈約彈之云肆情運氣不顧朝典揚眉闊步直轡高驅坐贖論時何點王思遠之徒請交並不降意自天子至于侯伯未嘗與一人游卒於黃門郎子藉別有傳祐族子融字元長曾祖弘宋太保自有傳祖僧達中書舍人父道琰廬陵內史母臨川太守謝惠連女性敦敏教融書學融少而警慧博涉有文才從叔儉謂人曰此兒年四十名位自然及祖舉秀才晉安王南中郎版行參軍累遷太子舍人融以父宦不達弱年便欲紹興家業啓武帝求自試遷祕書丞從叔儉初有儀同之授贈儉詩及書儉甚奇之笑謂人曰穰侯印詎可便解尋遷丹陽丞中書郎永明末武帝欲北伐使毛惠秀畫漢武北伐圖融好功名因此上疏開張北侵之議圖成上置琅邪城射堂壁上遊幸輒觀焉九年上幸華林園禊宴朝臣使融爲曲水詩序文藻富麗當世稱之上以融才辯十一年使兼主客接魏使房景高宋弁弁見融年少問主客年幾融曰五十之年久踰其半景高云在本朝聞主客作曲水詩序勝於顏延年實願一見融乃示之後日弁於瑤池堂謂融曰觀相如封禪以知漢武之德今覽王生詩序用見齊主之盛融曰皇家盛明豈直比蹤漢武更慙鄙製無以遠匹相如上以魏所獻馬不稱使融問曰秦西冀北實多駿驥而魏主所送之馬駑駘之不若將旦旦信誓有時而爽駉駉之牧不能復嗣弁曰當是不習地土融曰周穆馬跡遍於天下若騏騮之性因地而遷則造父之策有時而躓弁曰王主客何爲勤勤於千里融曰卿國既異其優劣聊復相訪若千里斯至聖上當駕鼓車弁曰向意既須必不能駕鼓車也融曰買死馬之骨亦以郭隗之故弁不能荅融躁於名利自恃人地三十內便望爲公輔初爲司徒法曹詣從叔僧祐因遇沈昭略未相識昭略屢顧盼謂主人曰是何年少融殊不平謂曰僕出於扶桑入於暘谷照曜天下誰云不知而卿此問昭略云不知許事且食蛤蜊融曰物以羣分方以類聚君長東隅居然應嗜此族其高自標置如此及爲中書郎入直中書省夜常撫案歎曰爲爾寂寂鄧禹笑人行逢朱雀桁開路人喧湫不能得進又槌車壁歎曰大丈夫車中乃可無七尺車前豈可乏八騶會魏軍動竟陵王子良於東府募人版融寧朔將軍軍主融文辭捷速有所造作援筆可待子良特相友好情分殊常晚節大習騎馬才地既華兼藉子良之

勢傾意賓客勞問周款文武輻湊之招集江西傖楚數百人竝有幹用融特爲謀主武帝病篤暫絕子良在殿內太孫未入融戎服絳衫於中書省閤口斷東宮仗不得進欲矯詔立子良詔草巳立上重蘇朝事委西昌侯鸞梁武謂范雲曰左手據天下之圖右手刎其喉愚夫不爲主上大漸國家自有故事道路藉藉將有非常之舉卿聞之乎雲不敢荅俄而帝崩融乃處分以子良兵禁諸門西昌侯聞急馳到雲龍門不得進乃曰有敕召我仍排而入奉太孫登殿命左右扶出子良指麾音響如鐘殿內無不從命融知子良不得立乃釋服還省歎曰公誤我鬱林深忿融即位十餘日收下廷尉使中丞孔稚珪爲奏數其罪惡使融依條據荅融頗自辯析不肯引咎自融被收朋友部曲參問北寺相繼於道請救於子良子良不敢救西昌侯固爭不得詔於獄賜死時年二十七臨死歎曰我若不爲百歲老母當吐一言融意欲斥帝在東宮時過失也先是太學生會稽魏準以才學爲融所知既欲奉子良而準鼓成其事太學生虞義邱國賓竊相謂曰竟陵才弱王中書無斷敗在眼中矣及融誅召準入舍人省詰問遂懼而死舉體皆青時人以爲準膽破融有文集行於時

柳世隆字彥緒河東解人也伯父元景宋尚書令自有傳父叔宗字雙鱗位建威參軍早卒世隆幼孤挺然自立不與衆同雖門勢子弟獨修布衣之業及長好讀書折節善彈琴涉獵文史音吐溫潤元景愛賞異於諸子言於宋孝武得召見帝謂元景曰此兒將來復是三公一人爲西陽王撫軍法曹行參軍出爲武威將軍上庸太守帝謂元景曰卿昔以武威之號爲隨郡今復以授世隆使卿門世不乏三公也元景爲前廢帝所殺世隆以在遠得免泰始初四方反叛世隆於上庸起兵以應宋明帝爲孔道存所敗衆散逃隱道存購之甚急軍人有貌相似者斬送之時世隆母郭妻閻竝見繫襄陽獄道存以所送首示之母見首悲情小歇而妻閻號叫方甚竊謂郭曰今見不悲爲人所覺唯當大慟以滅之世隆竟以免後爲太子洗馬與張緒王延之沈琰爲君子之交累遷晉熙王安西司馬加寧朔將軍時武帝爲長史與世隆相遇甚懽高帝之謀度廣陵也令武帝率衆同會都下世隆與長流參軍蕭景先等戒嚴待期事不行時朝廷疑憚沈攸之密爲之防府州器械皆有素蓄武帝將下都劉懷珍白高帝曰夏口是兵衝要地宜得其人高帝納之與武帝書曰汝入朝當須文武兼資人與汝意合者委以後事世隆其人也武帝乃舉世隆自代轉爲武陵王前軍長史江夏內史行郢州事昇明元年冬攸之反遣輔國將軍中兵參軍孫同等以三萬人爲前驅又遣司馬冠軍劉攘兵等二萬人次之又遣輔國將軍中兵參軍王靈秀等分兵出夏口據魯山攸之乘輕舸從數百人先大軍下住白螺洲坐胡牀以望其軍有自驕色既至郢以郢城弱小不足攻攸之將去世隆遣軍於西渚挑戰攸之果怒晝夜攻戰世隆隨宜拒應衆皆披卻武帝初下與世隆別曰攸之一旦爲變雖留攻城不可卒拔卿爲其內我爲其外乃無憂耳至是武帝遣軍主桓敬陳允叔苟元賓等八軍據西塞令堅壁以待賊疲慮世隆危急遣腹心胡元迨潛使入郢城通援軍消息內外竝喜郢城既不可攻而平西將軍黃回軍至西陽乘五層艦作羌胡伎泝流而進攸之素失人情本逼以威力初發江陵已有叛者至此稍多攸之大怒於是一人叛遣十人追竝去不返劉攘兵射書與世隆請降開門納之攸之怒銜鬚咀之收攘兵兄子天賜女壻張平虜斬之軍旅大散世隆乃遣軍副劉僧驥緣道追之攸之已死徵爲侍中仍遷尚書右僕射封貞陽縣侯出爲吳郡太守居母憂寒不衣絮高帝踐阼起爲南豫州刺史加都督進爵爲公上手詔司徒褚淵甚傷美之淵曰世隆事陛下在危盡忠居憂杖而後起立人之本二理同極加榮增寵足以厲風俗建元二年授右僕射不拜性愛涉獵啟高帝借祕閣書上給二千卷三年出爲南兗州刺史加都督武帝即位加散騎常侍世隆善卜別龜甲價至一萬永明初世隆曰永明九年我亾亾後三年邱山崩齊亦於此季矣屏人命典籤李黨取筆及高齒屐題簾箔旌曰永明十一年因流涕謂黨曰汝當見吾不見也遷護軍而衛軍王儉修下官敬甚謹世隆止之儉曰將軍雖存弘眷其如王典何其見重如此性清廉唯盛事墳典張緒問曰觀君舉措當以清名遺子孫邪荅曰一身之外亦復何須子孫不才將爲爭府如其才也不如一經光祿大夫韋祖征州里宿德世隆雖已貴重每爲之拜人或勸祖征止之荅曰司馬公所爲後生楷法吾豈能止之哉後授尚書左僕射湘州蠻動遣世隆以本官總督伐蠻仍爲湘州刺史加都督至鎭以方略討平之立邸治生爲御史中丞庾杲之所奏詔不問復入爲尚書左僕射不拜乃轉尚書令世隆少立功名晚專以談義自業善彈琴世稱柳公雙瑣爲士品第一常自云馬矟第一清談第二彈琴第三在朝不干世務垂簾鼓琴風韻清遠甚獲世譽以疾遜

位拜左光祿大夫侍中丞明九年卒詔給東園祕器贈司空班劍二十人謚曰忠武世隆曉數術於倪塘創墓與賓客踐履十往五往常坐一處及卒墓工圖墓正取其坐處焉所著書葬祕要二十卷行於世長子悅字文殊少有清致位中書郎早卒謚曰恭世隆次子恢知名梁代有傳

王晏字休默一字士彥琅邪臨沂人也伯祖鎭之宋宣訓衛尉祖弘之仕晉爲桓謙衛軍參軍棄官嘉遁宋初徵辟並不就名附鎭之傳父普曜祕書監晏仕宋爲建安國左常侍稍至車騎晉熙王燮版安西主簿武帝時爲長史與晏相遇府轉鎭西版晏爲記室沈攸之事難晏隨武帝鎭湓城時高帝威權雖重而衆情猶有疑惑晏便專心奉事軍旅書翰皆見委任性便僻漸見親待還從事中郎常在二府參議機密建元初轉太子中庶子武帝在東宮專斷朝事多不聞啟晏慮及罪稱疾自疏武帝即位轉長史兼侍中意任如舊遷侍中祭酒遭母喪起爲司徒左長史晏父普曜藉晏勢多歷通官普曜卒晏居喪有禮永明六年起爲丹陽尹晏位任親重朝夕進見言論政事自豫章王嶷尚書令王儉皆降意以接之而晏每以疏漏被上呵責連稱疾久之上以晏初須祿養轉爲江州刺史晏固辭涕泣不願出留爲吏部尚書太子右率終以舊恩見寵時尚書令王儉雖貴而疏晏既領選權行臺閣與儉頗不平儉卒禮官欲依王導謚爲文獻晏啟上曰導乃得此謚但宋來不加素族出謂親人曰平頭憲事已行矣十一年爲右僕射領太孫右衛率武帝崩遺旨以尚書事付晏及徐孝嗣變林即位轉左僕射及明帝議廢立晏便響應接奉延興元年轉尚書令封曲江縣侯給鼓吹一部甲仗五十人入殿時明帝形勢已布而莫敢先言蕭諶兄弟握兵權遲疑未決晏頻三夜微步詣諶議時人以此窺之明帝與晏於東府語及時事晏抵掌曰公常言晏怯今定何如建武元年進號驃騎大將軍給班劍二十人又加兵百人領太子少傅進爵爲公以魏軍動給兵千人晏爲人篤於親舊爲世所稱至是自謂佐命惟新言論常非武帝故事衆始怪之明帝雖以事際須晏而心相疑後料簡武帝中詔得與晏手敕三百紙皆是論國家事永明中武帝欲以明帝代晏領選晏答曰鸞清幹有餘然不諳百氏恐不可居此職乃止及見此詔愈猜薄之帝初即位始安王遙光便勸誅晏帝曰晏於我有勳且未有罪遙光曰晏尚不能爲武帝安能爲陛下帝默然變色時帝常遣心腹左右陳世範等出塗巷採聽異言由是以晏爲事晏性浮動志欲無厭自謂旦夕開府又望錄尚書每謂人曰徐公應爲令又和徐詩云槐序候方調晏名位在徐前徐若三槐則晏不言自顯人或譏之晏人望未重又與上素疏延興初雖以事計委任而內相疑阻晏無防意既居朝端事多專決內外要職並用周旋門義每與上爭用人數呼相工自視云當大貴與客語好屏人上聞之疑晏欲反遂有誅晏之意有傖人鮮于文粲與晏子德元往來密探朝旨告晏有異志又左右單景儁陳世範等采巫覡言啟上云晏懷異圖是時南郊應親奉景儁等告晏因此與武帝故主帥於道中竊發會虎犯郊壇帝愈懼未郊前一日上乃停行先報晏及徐孝嗣孝嗣奉旨而晏陳郊祀事大必宜自力上以景儁言似可信元會畢乃召晏於華林省誅之下詔顯其罪稱以河東王鉉識用微弱欲令守以虛器並令收付廷尉晏之爲員外郎也父普曜齋前柏樹忽變成梧桐論者以爲梧桐雖有棲鳳之美而失後凋之節及晏敗果如之又未敗前見屋桷子悉是大蛇就視之猶木也晏惡之乃以紙裹桷子猶紙內摇動蔌蔌有聲又於北山廟荅賽夜還晏醉部伍人亦飲酒羽儀錯亂前後十餘里中不復禁制識者云此不復久也未幾而敗晏子德元有意尚位車騎長史德元初名湛武帝曰劉湛江湛並不善終此非佳名也晏乃改之至是及誅晏弟詡位少府卿敕未登黃門郎不得畜女伎詡與射聲校尉陰元智坐畜妓俱免官禁錮十年餘敕特原詡久之拜廣州刺史晏誅上遣殺之晏從父弟思遠父羅雲平西長史思遠八歲而孤祖弘之及外祖新安太守羊敬元並棲退高尚故思遠少無仕心宋建平王景素辟爲南徐州主簿深見禮遇景素被誅左右離散思遠親視殯葬手種松柏與廬江何昌寓沛郡劉璡上表理之事感朝廷景素女廢爲庶人思遠分衣食以相資贍年長爲備笄總訪求素對傾家送遣建元初歷竟陵王司徒錄事參軍太子中舍人文惠太子與竟陵王子良素好士並蒙賞接思遠求出爲遠郡除建安內史長兄思元卒思遠友于甚至表乞自解不許及祥日又固陳武帝乃許之仍除中書郎大司馬諮議詔舉士竟陵王子良遷思遠及吳郡顧暠之陳郡殷叡時邵陵王子貞爲吳郡除思遠爲郡丞以本官行郡事論者以爲得人後拜御史中丞臨海太守沈昭略贓私思遠依事劾奏明帝及思遠從兄晏昭略叔父文季並請止之思遠不從案事如故建武中遷吏部郎思遠以從兄晏爲尚書

令不欲竝居內臺樞要之職上表固辭乃改授司徒左長史初明帝廢立之際思遠謂晏曰兄荷武帝厚恩今一旦贊人如此事彼或可以權計相須未知兄將來何以自立若及此引決猶可保全門戶不失後名晏曰方啖粥未暇此事及拜驃騎會子弟謂思遠兄思徵曰隆昌之末阿戎勸吾自裁若從其語豈有今日思遠遽應曰如阿戎所見猶未晚也晏既不能謙退位處朝端事多專斷內外要職竝用門生帝外迹甚美內相疑異思遠謂曰時事稍異兄覺不凡人多拙於自謀而巧於謀人晏不荅思遠退晏方歎曰天下人遂勸人自殺旬日而晏及禍明帝後知思遠有此言謂江祏曰王晏早用思遠語當不至此思遠立身簡潔諸客有詣己者輒使人先密覘視衣服垢穢方便不前形儀新楚乃與促膝雖然及去之後又令二人交帚拂其坐處明帝從祖弟季敞性甚豪縱使詣思遠令見禮度都水使者季珪之常曰見王思遠終日匡坐不妄言笑簪帽衣領無不整潔便憶邱明士見明士蓬頭散帶終日酣醉吐論縱橫唐突卿宰便復憶見思遠言其兩反也上旣誅晏遷思遠爲侍中掌優策及起居注卒年四十九贈太常謚曰貞子思遠與顧暠之友善暠之卒後家貧思遠迎其妻兒經卹甚至暠之字士明少孤好學有義信位太子中舍人兼尚書左丞

徐孝嗣字始昌東海郯人也祖湛之宋尚書僕射父聿之著作郎竝爲元凶所殺湛之附載其伯祖司空羨之傳孝嗣在孕而祖父被害母年少欲更行不願有子自牀投地者無算又以擣衣杵舂其腰并服墮胎藥而胎愈堅及生故小字遺奴幼而挺立風儀端雅八歲襲祖爵枝江縣公見宋孝武升階流涕迄于就席帝甚愛之尚康樂公主拜駙馬都尉泰始中以登殿不著韈爲書侍御史蔡準所奏罰金二兩孝嗣姑適東莞劉舍舍兄藏爲尚書左丞孝嗣往詣之藏退謂舍曰徐郎是令僕人三十餘可知汝宜善自結昇明中爲高帝驃騎從事中郎帶南彭城太守轉太尉諮議參軍建元初國除累遷長史兼侍中善趨步閑容止與太宰褚淵相埒尚書令王儉謂人曰徐孝嗣將來必爲宰相轉御史中丞武帝謂儉曰誰可繼卿者儉曰臣東都之日其在徐孝嗣乎出爲吳興太守儉贈孝嗣四言詩曰方軌叔茂追清彥輔柔亦不茹剛亦不吐時人以比蔡子尼之行狀也在郡有能名會王儉亾上徵孝嗣爲五兵尚書其年上敕儀曹令史陳淑等撰江左以來儀典令諮受孝嗣明年遷太子詹事從武帝幸方山上曰朕經始此山之南爲離宮之所應有邁靈邱靈邱山湖新林苑也孝嗣荅曰繞黃山款牛首乃盛漢之事今江南未廣民亦勞止願陛下少更留神上乃止竟陵王子良甚善之歷吏部尚書右軍將軍領太子左衛率臺閣事多以委之武帝崩遺詔轉尚書右僕射隆昌元年爲丹陽尹明帝謀廢鬱林遣左右莫智明以告孝嗣孝嗣奉旨無所釐替卽遷家草太后令明帝入殿孝嗣戎服隨後鬱林既死明帝須太后令孝嗣於袖中出而奏之帝大悅時議悉誅高武子孫孝嗣堅保持之故得無恙以廢立功封枝江縣後甲仗五十人入殿轉左僕射明帝卽位加中軍大將軍以定策勳進爵爲公給班劍二十人加兵百人舊拜三公乃臨軒至是帝特詔與陳顯達王晏竝臨軒拜受時王晏爲令人情物望不及孝嗣晏誅轉尚書令孝嗣愛好文學器量弘雅不以權勢自居建武之世恭己自保朝野以此稱之初孝嗣在率府晝臥齋北壁下夢兩童子遽云移公牀孝嗣驚起聞壁有聲行數步而壁崩壓牀建武四年卽本號開府儀同三司孝嗣聞有詔斂容謂左右曰吾德慙古人位登袞職將何以堪之明君可以理奪必當死請若不獲命正當角巾邱園待罪家巷耳固讓不受命時連年魏軍動國用虛乏孝嗣表立屯田帝已寢疾兵事未已竟不行帝疾甚孝嗣入居禁中臨崩受遺託重申開府之命加中書監永元初輔政自尚書下省出住宮城南宅不得還家帝失德稍彰孝嗣不敢諫諍及江祏見誅內懷憂恐然未嘗表色始安王遙光反衆懷惶惑見孝嗣入宮乃安然羣小用事不能制也時孝嗣以帝終亂天常與沈文季俱在南掖門欲要文季以門爲應四五目之文季輒亂以他語孝嗣乃止進位司空固讓求解丹陽尹不許孝嗣文人不顯同異名位雖大故得未及禍虎賁中郎將許進有膽智陳說事機勸行廢立孝嗣遲疑久之謂必無用干戈理須少主出遊閉城門召百僚集議廢之雖有此懷終不能決羣小亦稍憎孝嗣勸帝除之其冬召孝嗣入華林省遣茹法珍賜藥孝嗣容色不異謂沈昭略曰始安事吾欲以門應之賢叔若同無今日之恨少能飲酒藥至斗餘方卒時年四十七乃下詔言誅之于時凡被殺者皆取其蟬冕剝其衣服衆情素敬孝嗣得無所侵長子演尚武帝女武康公主位太子中庶子第三子況尚明帝女山陰公主并拜駙馬都尉俱見殺孝嗣之誅衆人懼無敢至者唯會稽魏溫仁奔赴以私財營喪事當時稱之初孝嗣之復故封也使故吏吳興邱叡筮之當

傳義世卦成叙曰恐不終尊身孝嗣容色甚惡徐曰緣有此慮故令卿洪之耳中興元年和帝詔贈太尉二年改葬宜德太后詔增班劒四十人加羽葆鼓吹謚曰文忠改封餘干縣公子緄緄子君倩列在梁史

王琨琅邪臨沂人宋侍中護軍將軍華之從父弟也父懌不辨菽麥時以爲殷道矜之流人無肯與婚以獠婢恭心侍之遂生琨初名崐崘懌後娶南陽樂元女無子故仰以琨爲名立以爲嗣琨少謹篤爲從伯司徒謐所愛宋武帝初爲桓修參軍修待帝厚後帝以事計圖修猶懷昔顧使王華訪案門族其二女華爲琨娶大女以小女適潁州庾敬虔亦是舊族除琨郎中駙馬都尉奉朝請先是琨伯父歆得罪晉世諸子並從誅唯華得免華宋世貴盛以門戶衰弱提攜琨恩若同生爲之延譽歷位宣城義熙太守皆以廉約稱華終又託之宋文帝故琨屢居清顯孝建中爲尚書吏部郎吏曹選局貴要多所屬請琨自公卿下至士大夫例爲用兩門生江夏王義恭嘗屬琨用二人後復遣屬琨不從出爲建威將軍平越中郎將廣州刺史南土沃實在任者常致巨富世云廣州刺史但經城門一過便得三千萬也琨無所取納表獻祿俸之半州鎮舊有鼓吹又啟輸還及罷任孝武知其清問還資多少琨曰臣買宅百三十萬餘物稱之帝悅其對後爲歷陽內史上以琨忠實徙爲寵子新安王北中郎長史再歷度支尚書加光祿大夫初華孫長襲華爵新建縣侯嗜酒多愆失琨表以長將傾基緒請以長小弟佟嗣庶不墜素風從之琨後出爲吳郡太守遷中領軍坐在郡用朝舍錢三十六萬營餉二宮諸王及作絳襖奉獻軍用左遷光祿大夫尋加太常及金紫加散騎常侍廷尉虞龢議社稷合一神琨案舊糾駮不爲屈時龢見寵朝廷歎琨彊正明帝臨崩出爲會稽太守加都督坐誤竟四峰爲冠軍順帝即位進右光祿大夫順帝遜位百僚陪列琨在晉世已爲郎中至是攀畫輪獺尾慟泣曰人以壽爲懽老臣以壽爲戚既不能先驅螻蟻頻見此事百官人人雨淚高帝即位領武陵王師加侍中時王儉爲宰相屬琨用東海郡吏琨使人謂曰語郎三臺五省皆是郎用人外方小郡當乞寒賤省官何容復奪之遂不過其事尋解王師及高帝崩琨聞國諱牛不在宅去臺數里遂步行入宮朝士皆曰故宜待車有損國體琨曰今日奔赴皆自應爾遂得病卒時年八十四贈金紫光祿大夫琨謙恭謹慎老而不渝家人雜事皆手自操執公事朝會必夙夜早起簡閱衣裳料數冠幘如此數四輕薄子以此笑之大明中尚書僕射顏師伯豪貴下省設女樂琨時爲度支尚書要琨同聽傳酒行炙皆悉內妓琨以男女無親授之禮傳行每至令置牀上回面避之然後取畢又如此坐上莫不撫手嗤笑琨容色自若師伯後爲設樂邀琨琨不往以下莫不贊美之琨曰永初景平唯謝晦殷景仁爲中中領軍劉勔晚節有棲退志表求東陽郡尚書令袁粲領軍元嘉有到彥之若以爲人望才譽勔不及也近聞加侍中已爲怏怏便求東陽臣恐赤松子房未易輕擬其鯁直如此然性儉於財用設酒不過兩盌輒云此酒難遇鹽豉薑蒜之屬並挂屏風殽悉置牀下內外有求琨手自賦之景和中討義陽王昶六軍戒嚴應須紫樹左右欲營辨琨曰元嘉初征謝晦有紫樹在匣中不須更作檢取果得焉而避諱過甚父名懌母名恭心並不得犯焉時咸謂矯枉過正

張敬兒南陽冠軍人也父醜爲郡將軍官至節府參軍敬兒少便弓馬有膽氣好射虎發無不中南陽新野風俗出騎射而敬兒尤多膂力稍官至盜蠻行參軍隨郡人劉胡伐襄陽諸山蠻深入險阻所向皆破又擊胡陽蠻官軍引退敬兒單馬在後賊不能抗山陽王休祐鎮襄陽求善騎射士敬兒及襄陽俞湛應選敬兒善事人遂見寵爲長兼行參軍泰始初隨府轉驃騎參軍署中兵參軍領軍討義嘉賊與劉胡相拒於鵲尾洲啟明帝乞本郡事平除南陽太守敬兒之爲襄陽府將也家貧每休暇傭賃自給嘗爲城東吳泰家擔水通泰家所愛婢事發將被泰殺逃買人棺材中以蓋加上乃免及在鵲尾洲啟明帝云泰以絲助雍州刺史袁顗爲弩弦黨同爲逆若事平之日乞其家財帝許之至是收籍吳氏唯家人倮身得出僮役財貨直數千萬敬兒皆有之先所通婢即以爲妾後爲越騎校尉桂陽王休範事起隸高帝頓新亭賊矢石既交休範白服乘輿往勞樓下敬兒與黃回白高帝求詐降以取之高帝曰卿若能辦事當以本州相賞敬兒相與出城南放仗走大叫稱降休範喜召至輿側回陽致高帝密意休範信之回目敬兒敬兒奪休範防身刀斬之左右數百人皆散敬兒馳馬持首歸新亭除驍騎將軍加輔國將軍高帝置酒謂敬兒曰非卿之功無今日安高帝以敬兒人位既輕不欲便使爲襄陽重鎮敬兒求之不已乃微動高帝曰沈攸之在荆州公知其欲何所作不出敬兒以防之恐非公之利也帝笑而無言乃以爲雍州刺史加都督驍騎將軍如故封襄陽侯部泊沔口敬兒乘舴艋過江詣晉熙

王燮中江遇風船覆左右丁壯者各泅走餘二小史沒輪下求救敬兒敬兒兩腋挾之隨船仰得在水上如此翻覆行數十里方得迎接失所持節更給之沈攸之聞敬兒上遣人伺覘見雍州迎軍儀甚盛慮見掩襲密自爲備敬兒至鎭厚結攸之信饋不絕得其事迹密白高帝攸之得高帝書翰論還用方伯密事輒示敬兒以爲反間敬兒終無二心敬兒又與攸之司馬劉攘兵情款及蒼梧廢敬兒疑攸之當因此起兵密以問攘兵攘兵無所言唯寄馬鐙一隻敬兒乃爲之備昇明元年冬攸之乃遣使報敬兒敬兒勞接周至爲設食訖列仗於廳事前斬之遂集部曲頭攸之下當襲江陵敬兒告變使至高帝大喜進號鎭軍將軍改督時攸之至郢城敗走其子元琰與兼長史江乂別駕傅宣等還江陵敬兒軍至白水元琰聞城外鶴唳謂是叫聲恐懼欲走其夜乂宣開門出奔城潰元琰奔寵洲見殺敬兒至江陵誅攸之親黨沒入其財數千萬善者悉以入私送臺省者百不一焉攸之於湯渚村自經死居人送首荊州敬兒使楯擎之蓋以青繖徇諸市郭乃送建鄴進爵爲公敬兒在雍州貪殘人間一物堪用莫不奪取於襄陽城西起宅聚物貨宅大小殆侔襄陽又欲移羊叔子墮淚碑於其處置臺綱紀諫曰此羊太傅遺德不宜遷動敬兒曰羊太傅是誰我不識及齊受禪轉侍中中軍將軍遷散騎常侍車騎將軍置佐史高帝崩遺詔加開府儀同三司於家敬兒竊泣曰官家大老天子可惜太子年少向我所不及也及拜王敬則戲之呼爲褚淵敬兒曰我馬上所得終不能作華林閤勳也敬則甚恨焉初敬兒微時有妻毛氏生子道門而鄉里尙氏女有色貌敬兒悅之遂棄毛氏而納尙氏爲室及居三司尙氏猶居襄陽宅慮不復外出乃迎家口悉下至都啓武帝不蒙勞問敬兒心自疑及袁崇祖死愈恐懼性好卜術信夢尤甚初征荊州每見諸將帥不遑有餘計唯敘夢云未貴時夢居村中社樹歘高數十丈及在雍州又夢社樹直上至天以此誘說部曲自云貴不可當由是不自測量無知又使於鄉里爲謠言使千兒輩歌曰天子在何處宅在赤谷口天子是阿誰非猪如是狗敬兒家在冠軍宅前有地名赤谷旣得開府又望班劒語人曰我車邊少班蘭物敬兒長自荒遠少習武事旣從容都下又四方寧靖益不得志其妻尙氏亦曰吾昔夢一手熱如火而君得南陽郡元徽中夢一髀熱如火君得本州建元中夢半體熱尋得開府今復舉體熱矣以告所親言其妻初夢次夢又言今舉體熱矣閹人聞其言說之事達武帝敬兒又遣使與蠻中交關武帝疑有異志永明九年敕朝臣華林八關齋於坐收敬兒初左右雷仲顯常以盈滿誡敬兒不能從至知有變抱敬兒泣敬兒脫冠貂投地曰用此物誤我及子道門道暢道休並伏誅少子道慶見宥後數年上與豫章王嶷三日曲水內宴有舴艋船流至御坐前覆沒上由是言及敬兒悔殺之敬兒始不識書及爲方伯乃習學讀孝經論語初徵爲護軍乃潛於密室中屛人學揖讓荅對空中俯仰妾侍竊窺笑焉將拜三司謂其妻嫂曰我拜後府開黃閤因口自爲鼓聲初得鼓吹羞便奏之又於新林姥廟爲妾祈子祝神口自稱三公其鄙俚如此始其母於田中臥夢犬子有角舐之已而有娠生敬兒故初名苟兒又生一子因苟兒之名復名猪兒宋明帝嫌苟兒名鄙改爲敬兒故猪兒亦改爲恭兒位正員外郎謝罪歸本縣常居上保村不肯出仕與居人不異與敬兒愛友甚篤及聞敬兒敗走入蠻後首出原其罪

王敬則臨淮陽人也僑居晉陵南沙縣父縣小吏母爲女巫常語人云敬則生而胞衣紫色應得鳴鼓角人笑之曰得吹角可矣敬則年長兩腋下生乳各長數寸嘗夢騎五色師子年二十餘善拍張補刀戟左右宋前廢帝使之跳刀高出白虎幢五六尺接無不中仍撫髀拍張補俠轂隊主領細鎧左右與壽寂之弒前廢帝明帝卽位以爲直閤將軍封重安縣子敬則少時於草中射獵有蟲如烏豆集其身摘去乃脫脫處皆流血詣道士卜之云此封侯之瑞也敬則喜故出都自效補暨陽令初敬則行至暨陽陸主山下宗侶十餘船同發敬則船獨不進乃令人入水推之見一烏漆棺敬則祝曰爾非凡器若是吉徵使船速進吾富貴當改葬爾船乃去須臾入縣收棺葬之縣有一部劫居山中爲民患敬則遣人致意劫帥令出首當相申論郭下廟神甚酷烈百姓信之敬則引神爲誓必不相負帥出敬則於廟中設酒會劫帥於坐收縛之曰吾啓神若負誓還神十牛今不得違誓卽殺十牛解神遂斬諸劫百姓悅之元徽初隨高帝拒桂陽賊於新亭敬則與陳顯達高道慶乘舸艑於江中迎戰大破賊水軍焚其舟艦事寧帶南泰山太守右俠轂主安成王參軍蒼梧狂虐左右不自保敬則以高帝有威名歸誠奉事每下直輒往領軍府夜著靑衣扶匐道路爲高帝聽察蒼梧去來高帝令於殿內伺機旣而楊玉夫等將蒼梧首投敬則敬則馳謁高帝帝乃戎服入宮至承明門門郎疑之不開門高帝呼之急

乃開數則隨帝入殿門明日西貴集議敬則拔白刃在高帝側跳躍曰誰敢作同異者昇明元年遷輔國將軍領臨淮太守知殿內宿衛兵事沈攸之事起進敬則冠軍將軍高帝入守朝堂袁粲起兵召領軍劉韞直閤將軍卜伯興等於宮內相應戒嚴將發敬則開關掩襲皆殺之殿內竊發盡平敬則之力也政事無大小帝並以委之敬則不識書但能下名然善決斷齊臺建爲中領軍高帝將受禪材官薦易太極殿柱順帝避土不肯出宮遜位明日當臨軒順帝又逃宮內敬則將輿入迎帝啟譬令出引令升車順帝不肯即上收淚謂敬則曰欲見殺乎敬則荅曰出居別宮爾官先取司馬家亦復如此順帝泣而彈指曰唯願後身生生世世不復與天王作因緣宮內盡哭聲徹於外順帝拍敬則手曰必無過慮當餉輔國十萬錢建元元年出爲都督南兗州刺史封尋陽郡公加妻懷氏爵爲尋陽國夫人二年魏軍攻淮泗敬則恐委鎮還都百姓皆驚散奔走上以其功臣不問以爲都官尚書遷吳興太守郡舊多剽掠有十數歲小兒於路取遺物敬則殺之以徇自此路不拾遺郡無劫盜又嘗得一偷召至前鞭之使偷身長掃街路久之乃令偷舉他偷自代諸偷恐爲所識皆逃走境內以清仍入烏程市過見屠肉枅歎曰吳興昔無枅是我少時在此所作也召故人飲酒說平生不以爲屑也遷護軍以家爲府三年以改葬去職詔贈其母尋陽國太夫人改授侍中撫軍高帝崩遺詔敬則以本官領丹陽尹尋遷會稽太守加都督永明二年給鼓吹一部會土邊帶湖海人丁無士庶皆保塘役敬則以功力有餘悉評斂爲錢送臺庫以爲便宜上許之三年進號征東將軍宋廣州刺史王翼之子妾路氏酷暴殺婢媵翼之子法朗告之敬則付山陰獄殺之路氏家訴爲有司所奏山陰令劉岱坐棄市刑敬則入朝上責之曰人命至重誰下意殺之都不啟聞敬則曰是臣愚意臣知何物科法見背後有節便言應得殺人劉岱亦引罪上赦之敬則免官以公領郡後與王儉俱即本號開府儀同三司時徐孝嗣於崇禮門候儉因嘲之曰今日可謂連璧矣儉曰不意老子遂與韓非同傳人以告敬則敬則欣然曰我本南沙縣吏徼幸得細鎧左右遭風雲以至於此遂與王衞軍同日拜三公復何恨了無恨色朝士以此多之十一年授司空敬則名位雖達不以富貴自遇初爲散騎使魏於北館種楊柳後員外郎虞長曜使北還敬則問我昔種楊柳今若大小長曜曰虜中以爲甘棠武帝令羣臣賦詩敬則曰臣幾落此奴度上問之對曰臣若解書不過作尚書都令史耳那得今日敬則雖不大識書而性甚警黠臨郡令省事讀辭下教判決皆不失理明帝輔政密有廢立意隆昌元年出敬則爲會稽太守加都督海陵王立進位太尉明帝即位爲大司馬臺使拜授日雨大洪注敬則文武皆失色一客旁曰公由來如此昔拜丹陽尹吳興時亦然敬則大悅曰我宿命應得雨乃引羽儀備朝服導引出聽事拜受意猶不自得吐舌久之帝既多殺害敬則自以高武舊臣心懷憂懼帝雖外厚爲其禮而內相疑備數訪問敬則飲食體幹聞其衰老且以居內地故得少安後遣蕭坦之將齋仗五百人行晉陵敬則諸子在都憂怖無計上知之問計於梁武梁武曰敬則豎夫易爲感唯應錫以子女玉帛厚其使人如斯而已上納之吳人張思祖敬則謀主也爲府司馬頻銜使上偶傾意待之以爲游擊將軍遣敬則子仲雄入東安慰之仲雄善彈琴江左有蔡邕焦尾琴在主衣庫上敕五日一給仲雄仲雄於御前鼓琴作懊儂曲歌曰常歎負情儂郎今果行許又曰君行不淨心那得惡人處帝愈猜愧永泰元年帝疾屢經危殆以張瓌爲平東將軍吳郡太守置兵佐密防敬則內外傳言當有異處分敬則聞之竊曰東今有誰秪是欲平我耳東亦何易可平吾終不受金甖金甖謂鴆酒也諸子怖懼第五子幼隆遣正員將軍徐嶽以情告徐州行事謝朓爲計若同者當走報敬則朓執嶽馳啟之敬則承局參軍徐庶家在京口其子密以報庶庶以告敬則五官王公林公林敬則族子常所委信公林勸敬則急送啟賜兒死單舟星夜還都敬則曰若爾諸郎要應有信且忍一夕其夜呼僚佐文武摴蒱賭錢謂眾曰卿諸人欲令我作何計莫敢先荅防閤丁興懷曰官秪應作爾敬則不語明旦召山陰令王詢臺侍御史鍾離祖願敬則橫刀跂坐問詢等發丁可得幾人庫見有幾錢物詢祖願對並乖旨敬則怒將出斬之王公林又諫敬則曰官詎不更思敬則唾其面曰小子我作事何關汝小子乃起兵招集配衣一二日便發欲劫前中書令何胤還爲尚書令長史王弄璋司馬張思祖止之曰何令高蹈必不從不從便應殺之舉大事先殺朝賢事必不濟乃率實甲萬人過浙江謂曰應須作檄思祖曰公今自還朝何用作此乃上朝廷遣輔國將軍前軍司馬左興盛直閤將軍馬軍主胡松三千餘人築壘於曲阿長岡尚書左僕射沈文季爲持節都督屯湖頭備京口路敬則以舊將舉事百姓擔篙荷鍤隨逐之十餘萬眾至武

進陵口慟哭乘肩輿而前遇興盛山陽二砦盡力攻之官軍不敢欲退而閤不開各死戰胡松領馬軍突其後白丁無器仗皆驚散敬則大叫索馬再上不得上興盛軍容袁文曠斬之傳首京師是時上疾已篤敬則倉卒東起朝廷震懼東昏侯在東宮議欲叛使人上屋望見征虜亭失火謂敬則至急裝欲走有告敬則者敬則曰檀公三十六策走是上計汝父子唯應急走耳蓋誚議檀道濟避魏時事也敬則之來聲勢甚盛凡十日而敗時年六十四朝廷漆其首藏在武庫至梁天監元年其故吏夏侯亶始表請收葬許之

陳顯達南彭城人也宋景和中以軍功封彭澤子位羽林監濮陽太守隸高帝討桂陽賊於新亭壘劉勔大桁敗賊乘勝進至杜姥宅高帝遣顯達自査浦渡淮緣石頭北道入屯東堂宮中乃安顯達出杜姥宅大戰於宣陽津陽門大破之賊矢中左目拔箭而鏃不出地黃村潘嫗善禁先以釘釘柱嫗禹步作氣釘即時出乃禁顯達目中鏃出之事平封彭城侯再遷平越中郎將廣州刺史加都督沈攸之事起顯達遣軍援臺長史到遁司馬諸葛導勸顯達保境蓄眾密通彼此顯達於坐手斬之遣表疏歸心高帝事平拜大司馬高帝即位拜護軍將軍帝後御膳不宰牲顯達上蒸熊一盤上即以充飯後拜都督益州刺史武帝即位進號鎮西將軍益部山險多不賓服大度村獠前後刺史不能制顯達遣使責其租賧獠帥曰兩眼刺史尙不敢調我遂殺其使顯達分部將吏聲將出獵夜往襲之男女無少長皆斬之自此山夷震服永明二年徵爲侍中護軍將軍顯達累任在外經高帝之憂及見武帝流涕悲咽上亦泣心甚嘉之八年爲征南大將軍江州刺史給鼓吹顯達謙厚有智計自以人微位重每遷官常有愧懼之色有子十餘人誡之曰我本志不及此汝等勿以富貴陵人家既豪富諸子與王敬則諸兒並精車牛麗服飾當世快牛稱陳世子青王三郎烏呂文顯折角江瞿曇白鼻而皆集陳舍顯達知此不悅及子休尙爲郢府主簿過九江拜別顯達曰凡奢侈者鮮有不敗麈尾蠅拂是王謝家許汝不須捉此自遂即取於前毀燒之其靜退如此豫廢鬱林之勳延興元年爲司空進爵爲公明帝即位進太尉封鄱陽郡公加兵二百人給油絡車後以太尉封鄱陽公爲三公事而職典連率人以爲格外三公上欲悉除高武諸孫微言問顯達答曰此等豈足介慮上乃止顯達建武世心懷不安深自貶匿車乘朽敗導從鹵簿皆用羸小不過十人侍宴酒後啟上借枕帝令與之顯達撫枕曰臣年已老富貴已足唯少枕枕死特就陛下乞之上失色曰公醉矣以年老告退不許永泰元年魏寇雍州乃遣顯達北討永元元年顯達督平北將軍崔慧景眾軍四萬圍南鄉界馬圈城去襄陽三百里攻之四十日魏軍食盡噉死人肉及樹皮魏軍突走斬獲千計顯達入據其城遣軍主莊丘黑進取南鄉縣魏孝文帝自領十餘萬騎奄至兵甚急軍主崔恭祖胡松以烏布幔盛顯達數人擔之出均水口臺車緣道奔追死者三萬人顯達素有威聲著於蠻虜至是大損喪焉御史中丞范岫奏免顯達官顯達又表解職不許求降號又不許以爲江州刺史鎮盆城初王敬則事起始安王遙光啟明帝慮顯達爲變欲追軍還事平乃寢顯達亦懷危怖及東昏立彌不樂還都得此授甚喜尋加領征南大將軍給三望車顯達聞京師大相殺戮徐孝嗣等皆死傳聞當遣兵襲江州顯達懼禍十一月十五日舉兵欲直襲建鄴以掩不備又遙指郢州刺史建安王寶寅爲主朝廷遣後軍將軍胡松等據梁山顯達率眾數千人發尋陽與戰於釆石大破松等京邑震恐十二月潛軍渡取石頭北上襲宮城宮掖大駭閉門守備遇風失曉顯達馬矟從步軍數百人於西州前與臺軍戰再合大勝矟折手猶殺十餘人官軍繼至顯達不能抗退走至西州後烏榜村騎官趙潭注矟刺落馬斬之於籬側血涌湔籬似湻于伯之被刑也時年七十三顯達在江州遇疾不療尋而差意甚不悅是冬連大雪梟首於朱雀而雪不集諸子皆伏誅顯達長史庾弘遠字士操潁川鄢陵人宋吏部尙書炳之之子也清實有士譽顯達敗斬於朱雀航將刑索帽著之曰子路結纓吾不可以不冠而死謂看者曰吾非賊乃是義兵爲諸君請命爾陳公舉事太輕若用吾言天下將免塗炭弘遠子子曜年十四抱持父乞代命遂幷斬之

崔慧景字君山清河東武城人也祖構奉朝請父系之州別駕慧景少有志業仕宋爲長水校尉高帝在淮陰慧景與宗人祖思同時自結及高帝受禪封安樂縣子爲都督梁南秦二州刺史永明四年爲司州刺史母喪詔起復本任慧景每罷州輒傾貲奉獻動數百萬武帝以此嘉之十年爲都督豫州刺史鬱林即位慧景以少主新立密與魏通朝廷疑之明帝輔政遣梁武帝至壽春安慰之慧景密啟送誠勸進建武四年爲度支尙書領太子左率東昏即位爲護軍時輔國將軍徐世標專權號令慧景備員而已帝既誅戮將相舊臣皆盡慧景

自以年宿位重轉不自安及裴叔業以壽陽降魏卽授慧景平西將軍假節侍中護軍如故率軍水路征壽陽軍頓白下將發帝長圍屏除出琅邪城送之帝戎服坐樓上召慧景騎進圍內無一人自隨裁交數言拜辭而去慧景出至白下甚喜曰此頸非復小豎等所折也子覺爲直閤將軍慧景密與之期時江夏王寶元鎭京口聞慧景北行遣左右余文興說之曰朝廷任用羣小猜害忠賢江劉徐沈君之所見身雖魯衞亦不知滅亾何時君今日之舉有功亦死無功亦死欲何求所免機不可失今擁彊兵北取廣陵收吳楚勁卒身舉州以相應取大功如反掌耳慧景常不自安聞言響應于時廣陵王長史蕭寅司馬崔恭祖守廣陵城慧景以寶元事告恭祖恭祖先無宿契口雖相和心實不同還以事告寅共爲閉城計寅心謂恭祖與慧景同謂曰廢昏立明人情所樂寧可違拒恭祖猶執不同俄而慧景至恭祖閉門不敢出慧景知其異也泣數行而去中兵參軍張慶延明嚴卿等勸慧景襲取廣陵及密遣軍主劉靈運閉行突入慧景俄纔至遂據其城子覺至仍使領兵襲京口寶元本謂大軍并來及見人少極失所望拒覺擊走之恭祖及覺精兵八千濟江恭祖心本不同反至蒜山欲斬覺以軍降京口事既不果而止覺等軍器精嚴柳燈沈佚等謂寶元曰崔護軍威名既重乃誠可見既巳脣齒忽中道立異彼以樂歸之衆亂江而濟誰能拒之於是登北固樓竝千蠟燭爲烽火舉以應覺帝聞變以右衞將軍左興盛假節都督下水陸衆軍慧景停二日便率大衆一時俱濟江趨京口寶元仍以覺爲前鋒恭祖次之慧景領大都督爲衆軍節廣東府石頭白下新亭諸城皆潰左興盛走不得入宮逃淮渚荻船中慧景禽殺之慧景稱宣德皇后令廢帝爲吳王時柳燈別推寶元崔恭祖爲寶元羽翼不復承奉慧景嫌之巴陵王昭胄先逃人間出投慧景意欲向之故猶豫未知所立此聲頗泄燈恭祖始貳於慧景又恭祖勸慧景射火箭燒北掖樓慧景以大事垂定後若更造費用功多不從其計性好談義兼解佛理頓法輪寺對客高談恭祖深懷怨望先是衞尉蕭懿爲豫州刺史自歷陽步道征壽陽帝遣密使告之懿率軍主胡松李居士等自采石濟岸頓越城舉火臺城中鼓叫稱慶恭祖先勸慧景遣二千人斷西岸軍令不得度慧景以城旦夕降外救自然應散不許恭祖請擊義師又不許乃遣子覺將精甲數千人度南岸義師昧旦進戰覺大敗慧景人情離沮恭祖頓軍興皇寺於東宮掠得女妓覺來逼奪由是忿恨其夜崔恭祖與驍將劉靈運詣城降慧景乃將腹心數人潛去欲北渡江城北諸軍不知猶以爲拒戰城內出盪殺數百人慧景餘衆皆奔慧景圍城凡十二日軍旅散在都下不爲營壘及走衆於道稍散單馬至蟹浦投漁人太叔榮之榮之故爲慧景門人時爲蟹浦戍謂之曰吾以樂賜汝汝爲吾覓酒既而爲榮之所斬以頭內鰌鮐中擔送都恭祖者慧景宗人驍果便馬稍氣力絕人頻經軍陣討王敬則與左興盛軍容袁文曠爭敬則首訴明帝曰恭祖禿馬絳衫手刺倒敬則故文曠得斬其首以死易勳而見枉奪若失此勳當刺殺左興盛帝以其勇健謂興盛曰何容令恭祖與文曠爭功慧景平後恭祖繫尚方少時殺之覺亾命爲道人見執伏法覺弟偃年十八便身長八尺博涉書記善蟲篆爲始安內史藏竄得免和帝西臺立以爲寧朔將軍中興元年詣公車尙書申冤言多指斥尋下獄死先是東陽女子婁逞變服詐爲丈夫粗知圍碁解文義徧游公卿仕至揚州議曹從事事發明帝驅令還東逞始作婦人服而去歎曰如此之伎還爲老嫗豈不惜哉此人妖也陰而欲爲陽事不果故泄敬則遙光顯達慧景之應也

李安民蘭陵承人也祖疑衞軍將軍父欽之薛令安民少有大志嘗拊髀歎曰大丈夫處世富貴不可希取三將五校何難之有隨父在縣宋元嘉中縣被魏克父沒于魏安民尋率部曲自拔南歸明帝時稍遷武衞將軍晉安王子勛反遣領水軍拒之累戰皆捷又擊鵲尾洲大破之事平明帝大會新亭樓勞諸軍主摴蒱其賭安民五擲皆盧帝大驚因謂安民曰卿面方如田封侯狀也安民少時貧窶有一人從門過相之曰君後當與天子交手共戲至是安民尋此人不知所在遷廣陵太守行南兗州事高帝在淮陰安民遙相結事元徽初除司州刺史領義陽太守及桂陽王休範反安民遣軍援京師建平王景素作難安民破其軍於葛橋景素誅安民行南徐州事城局參軍王回素爲安民所親盜絹二疋安民流涕謂之曰我於卿契闊備嘗今日犯王法此乃卿負我於軍門斬之厚爲斂祭軍府皆震服轉東中郞司馬行會稽郡事安民將東高帝與別晏語淹留終日時蒼梧縱虐高帝憂迫無計安民白高帝欲於東奉江夏王躋起兵高帝不許乃止高帝卽位爲中領軍封康樂侯自宋泰始以來內外頻有賊寇將帥以下各募部曲屯聚京師安民表陳之以爲自非淮北常備其外餘軍悉皆輸遣若親近宜立隨身者聽限人數上納之故

詔斷眾募時王敬則以勳誠見親至於家國密事上唯與安民論議謂安民曰署事有卿名我便不細覽也尋爲領軍將軍魏攻壽春至馬頭詔安民禦之魏軍退安民沿淮進至壽春先是宋時亾命王元初聚黨六合山僭大號自云垂手過膝州郡討之不能禽積十餘年安民生禽之斬建康市高帝崩遺詔加侍中武帝即位爲丹陽尹遷尚書左僕射安民時屢啟密謀見賞又善結尚書令王儉故世傳儉啟有此授尋上表以年疾求退爲吳興太守於家載米往郡時服其清吳興有項羽神護郡聽事太守至郡不得先上必須祀以軛下牛安民奉佛法不與神牛著屐上聽事又請倌像於聽上八關齋俄而牛死葬廟側今呼爲李公牛冢安民尋卒世以神爲祟謚肅侯子元履幼有操業甚閑政體爲司徒竟陵王子良法曹參軍與王融游狎及王融誅鬱林敕元履隨右衛將軍王廣之北征密令征北殺之廣之先爲安民所厚又知元履無過甚擁護之會鬱林敗死元履拜謝廣之曰二十二載父母之年自此以外丈人之賜也仕梁爲吳郡太守度支尚書衡廣青冀四州刺史

戴倌靜會稽永興人也少有膽力便弓馬事刺史沈文秀俱沒魏後將家屬叛還淮陰高帝撫畜之常在左右後於都私齎錦出事發繫南兖州獄高帝遣薛深餉倌靜酒食以刀子置魚腹中倌靜與獄吏飲既醉以刀刻械手自折鎖發屋而出歸高帝匿之齋內以其家貧年給穀千斛會魏軍至倌靜應募出戰單刀直前魏軍奔退又追斬三級時天寒甚乃脫衣口銜三頭拍浮而還以功補軍主沈攸之事起袁粲據石頭高帝入朝堂遣倌靜將腹心先至石頭經略袁粲時蘇烈據倉城門倌靜射書與烈夜縋入城粲登城西南門列燭火處分臺軍至射之火乃滅回登東門其將軍孫曇瓘驍勇善戰每盪一合輒大殺傷官軍死者百餘人軍主王天生殊死拒戰故得相持自亥至丑有流星赤色照地墜城中倌靜率力攻倉門身先士卒手斬粲於東門外軍燒門入遂破石頭以功除前將軍加寧朔將軍高帝即位封建昌縣侯位太子左衛率武帝踐阼出爲北徐州刺史買牛給貧人耕種甚得荒情後除南中郎司馬淮南太守永明八年巴東王子響殺僚佐武帝召倌靜使領軍向江陵倌靜面啟上曰巴東王年少長史司馬捉之太急忿不思難故耳天子兒過誤殺人有何大罪官忽遣軍西上人情惶懼無所不至臣不敢奉敕上不荅而心善之徙爲廬陵王中軍司馬高平太守卒謚壯侯

桓康北蘭陵承人也勇果驍悍宋大明中隨高帝爲軍容從武帝在贛縣泰始初武帝起義爲郡所縶眾皆散康裝擔一頭貯穆后一頭貯文惠太子及竟陵王子良自負置山中與門客蕭欣祖等四十餘人相結破郡獄出武帝郡追兵急康等死戰破之隨武帝起兵摧堅陷陣膂力絕人所經村邑恣行暴害江南人畏之以其名怖小兒畫其形於寺中病瘧者寫形帖著牀壁無不立愈後除襄賁令桂陽王休範事起康棄縣還都就高帝會事已平除員外郎元徽五年七月六日夜少帝微行至領軍府帝左右人曰一府皆眠何不緣牆入帝曰我今夕欲向一處作適待明日夜康與高帝所養健兒盧荒向黑於門間聽得其語明旦王敬則將帝首至扣府門康謂是變與荒黑拔白刃欲出仍隨高帝入宮高帝鎮東府除武陵王中兵除寧朔將軍帶蘭陵太守常衛左右高帝誅黃回回時爲南兖州部曲數千欲收之恐爲亂召入東府停外齋使康數回罪而殺之回初與屯騎校尉王宜興同爲石頭之謀高帝隱其事猶以重兵付回而配腹心時人爲之語曰欲侮張問桓康除後軍將軍直閤將軍南濮陽太守建元元年封吳平縣伯高帝謂康曰卿隨我日久未得方伯亦當未解我意正欲與卿先共滅虜耳三年魏軍動遣康於淮陽與戰大破之進陷魏樊城高帝喜明年以康爲持節都督青冀二州刺史武帝即位卒於驍騎將軍

焦度字文積南安氐人也祖文珪避難居仇池宋元嘉中裴方明平楊難當度父明與千餘家隨居襄陽乃立天水郡略陽縣以居之度少有氣幹便弓馬以歸國補北館客孝武初青州刺史顏師伯出鎮滑臺度領幢主送之師伯版爲己輔國府參軍魏寇清口度領軍救援與魏騎將豹皮公遇交槊鬬豹皮公墮馬獲其具裝馬手殺數十人師伯啟孝武稱度氣力弓馬並絕人帝召還充左右見度形狀謂師伯曰真健人也補晉安王子勛夾轂隊主隨鎮江州子勛起兵以度爲龍驤將軍領三千人爲前鋒屯赭圻每與臺軍戰輒不勝事敗逃宮亭湖中爲寇朝廷甚憂之使江州刺史王景文誘降之景文以爲己鎮南參軍領中軍直兵厚待之隨景文還都常在府州內景文被害夕度大怒勸景文拒命景文不從明帝不知也以度武勇補晉熙王燮防閤隨鎮夏口武陵王贊代燮爲郢州以度爲贊前軍參軍沈攸之事起轉度中直兵高帝又使假度輔國將軍屯騎校尉轉右將軍度容貌壯醜皮膚若漆質直木訥口不能出言晉熙王夾轂王周彥與度俱在郢州彥有左右人與

度父同名彥常呼其名使役之度嗔怒呵責彥曰汝知我諱明而恆呼明何也及在郢城尤爲攸之所忿攸之大衆至夏口將直下都留偏兵守郢而已度於城樓上肆言罵辱攸之至自發露形體穢辱之故攸之怒改計攻城甚急度親力戰攸之衆蒙楯將登度令投以穢器賊衆不能冒至今呼此樓爲焦度樓事寧度功居多轉後軍將軍封東昌縣子東宮直閤將軍還都爲貴戚追欽郢城褰露穢褻之事其戇如此爲人朴澁欲就高帝求州比及見竟不涉一語高帝以其不閑政事竟不用之後求竟陵郡不知所以置辭親人授之辭百餘言度習誦數日皆得上口會帝履行石頭城度於衆中自陳臨時卒忘其所教乃大言曰度啟公度啟公度無食帝笑曰卿何憂無食卽賜米百斛建元四年乃除淮陽太守性好酒醉輒暴怒上常使人節之度年雖老而氣力如故除游擊將軍卒

曹虎字士威下邳人也本名虎頭高帝鎭東府使虎與戴僧靜各領白直三百人後爲屯騎校尉帶南城令石頭平封羅江縣男及高帝受禪改封監利縣武帝卽位累遷驍騎將軍帝以虎頭名鄙故改之鬱林卽位進號前將軍隆昌元年爲雍州刺史建武二年進爵爲侯東昏卽位爲前將軍鎭軍司馬永元元年始安王遙光反虎領軍屯青溪大橋事寧轉散騎常侍右衞將軍虎形幹甚毅善於誘納晚節在雍州致見錢七千萬皆厚輪大郭他物稱是馬八百匹僕妾蔬食膳無膏腴嗇爲梅蟲兒茹法珍設女妓金翠曜眼器服精華蟲兒等因是欲誣而奪之人傳虎每好風景輒開庫招拍張武戲帝疑虎舊將領兼利其財新除未及拜遇誅及收兵至數日諸人知我無異意所以殺我政欲取吾財貨伎女耳恨令衆輩見之諸子長成者並見誅唯子世宗兄弟三人未冠繫尙方梁武帝兵至得免虎雖武士頗有知人鑒梁武帝及崔慧景之在襄陽時崔方貴盛虎性儉嗇無所餉遺獨饋梁武帝謂曰卿必大貴我當不及見今以弱子相託每密送錢物并好馬時帝在戎多乏就虎換借未嘗不得遂至十七萬及帝卽位思其惠天監二年帝忽夢如田膝下行兩邊水深無底夢中甚懼忽見虎來負帝得過曰卿今爲天下主乃爾忘我顧託之言邪我兒飢寒無衣昔所換十七萬可還其市宅帝覺卽使主書送錢還之使用市宅子世澄世宗蘊蒙拔擢三二年間皆迭爲大郡世宗性嚴明頗識兵勢末遂封侯富顯歷位太子左衞率贈左散騎常侍左衞將軍謚曰壯侯

呂安國廣陵人也宋大明末以將領見任隱重有幹局爲劉勔所稱泰始二年爲勔軍副征殷琰以功封鍾武縣男累遷兗州刺史及沈攸之事發高帝以安國爲湘州刺史建元元年進爵爲侯轉右衞將軍加給事中後改封湘鄉侯武帝卽位累遷光祿大夫加散騎常侍安國欣有文授謂其子曰汝後勿袴褶驅使單衣猶恨不稱當爲朱衣官也歷都官尙書太子左率領軍將軍安國累居將率在朝以宿舊見遇尋遷散騎常侍金紫光祿大夫給扶永明八年卒謚肅侯

周山圖字季寂義興義鄉人也家世寒賤年十五六氣力已絕衆噉食恆兼數人鄉里獵戲集聚嘗爲主帥指麾處分皆見從不事產業恆願爲將雖勇健而不閑弓馬於書題甚拙謹直少言未嘗說人短長與人周旋皆白首不異宋元嘉二十七年魏軍至瓜步臺符取健兒山圖應募領白衣隊主以軍功除員外郎加鎭武將軍及鎭軍將軍張永侵魏山圖領二千人迎運至武原爲魏軍所追合戰多傷殺魏軍稱其勇呼爲武原將及永軍大敗山圖收散卒守下邳城還除給事中冗從僕射直閤將軍山圖好酒多失明帝數加怒誚後遂自改累遷淮南太守時盜發桓温冢大獲寶物客竊取以遺山圖山圖不受簿以還官遷左中郎將高帝輔政山圖密啟沈攸之久有異圖宜爲之備帝笑而納之攸之事起武帝爲西討都督啟山圖爲軍副攸之攻郢城武帝令山圖量其形勢山圖曰攸之爲人性度險刻無以結固士心如頓兵堅城之下適所以爲離散之漸耳及攸之敗高帝謂曰周公前言可謂明於見事矣建元元年封晉興縣男武帝踐阼遷竟陵王鎭北司馬帶南平昌太守以湓城之舊出入殿省甚見親信義鄉縣長風廟神姓鄧先經爲縣令死遂發靈山圖啟乞加神位輔國將軍上答曰足狗肉便了事何用階級爲轉黃門郎領羽林監四廂直衞山圖於新林立墅舍晨夜往還上謂曰卿罷萬人都督而輕行郊外自今往野可以仗身自隨以備不虞及疾上手敕問疾尋卒年六十四

周盤龍北蘭陵人宋世土斷屬東平盤龍膽氣過人尤便弓馬隨軍討擊陷陣先登以軍功累遷龍驤將軍封晉安子元徽二年桂陽構難盤龍時爲冗從僕射隨高帝出頓新亭稍至驍騎將軍改封沌陽侯高帝卽位進號右將軍建元元年魏攻壽春以盤龍爲軍主假節助豫州刺史垣崇祖拒魏盤龍率馬步於西澤中奮擊殺傷數萬上聞之喜下詔稱美送金釵十二枚與其愛妾

杜氏手敕曰餉周公阿杜轉太子左衛率明年魏攻淮陽圍角城先是上遣軍主成買戍角城買辭於王儉曰今段之行必以死報衛門蓬戶不朱斯白小人弱息當得一子儉問其故答曰若不殁虜則必破虜兒不作孝子當作世子也孝子則門加素堊世子則門施丹堊至是魏圍買數重上遣領軍將軍李安民救之敕盤龍率馬步下淮陰就李安民買與魏拒戰手所傷殺無數買晨起手中忽有數升血其日戰死首見斬猶尸據鞍奔還軍然後僵盤龍子奉叔單馬率二百餘人陷陣魏軍萬餘騎張左右翼圍繞之一騎走還報奉叔已沒盤龍方食棄筯馳馬奮矟直奔魏陣自稱周公來魏人素畏盤龍莫不披靡時奉叔已大殺魏軍得出在外盤龍不知乃東西衝擊魏軍莫敢當奉叔見其父久不出復躍馬入陣父子兩騎縈攪數萬人魏眾大敗盤龍父子由是名播北國形甚羸而臨軍勇果諸將莫逮永明五年為大司馬加征虜將軍濟陽太守武帝數講武常令盤龍領馬軍校尉騎矟後以疾為光祿大夫尋出為兗州刺史進爵為侯角城戍將張蒲與魏潛通因大霧乘船入清中採樵載魏人直向城東門盤龍坐為有司所奏詔白衣領職八坐尋奏復位加領東平太守盤龍表年老才弱不可鎮邊求解職見許還為散騎常侍光祿大夫武帝戲之曰卿著貂蟬何如兜鍪盤龍曰此貂蟬從兜鍪中生耳尋病卒年七十九子奉叔勇力絕人少隨盤龍征討所在暴掠為東宮直閤將軍鬱林在西州奉叔密得自進及即位與直閤將軍曹道剛為心膂奉叔善騎馬帝從其學騎尤見親寵得入內無所忌憚陵轢朝士就司空王敬則換米二百斛敬則以百斛與之不受敬則大懼乃更餉二百斛并金鈴等物敬則有一內妓帝令奉叔求奉叔不通徑前從者執單刀皆半拔敬則跣走入內既而自計不免乃出遙呼奉叔曰弟那忽能顧奉叔宣旨求妓意乃釋與棊母珍曹道剛朱隆之共相脣齒婸弄威權奉叔常翼單刀二十口出入禁闈既無別詔門衛莫敢訶每語人云周郎刀不識君求武帝御角及輿并求御仗以給左右事無不從又求黃門郎明帝作輔固執不能得乃令蕭諶蕭坦之說帝出奉叔為外鎮樹腹心又說奉叔以方伯之重奉叔納其言隆昌元年出為青冀二州刺史奉叔就帝求千戶侯帝許之明帝以為不可忽謂蕭諶曰若不能見與千戶侯不復應減五百戶不爾周郎當就刀頭取辦耳既而封曲江縣男奉叔大怒於眾中攘刀厲目切齒明帝說諭乃受及將之鎮明帝慮其不可復制因其早入引往後堂執送廷尉盡之

王廣之字士林一字林之沛郡相人也少好弓馬便捷有勇力初為馬隊主隨劉勔征殷琰琰兵既盛而合肥戍又阻兵為寇勔宣令軍中求征合肥者以大郡賞之廣之曰若得將軍所乘馬則能制之勔幢主皇甫肅謂勔曰廣之敢奪節下馬可斬勔曰觀其意必能立功即推鞍下馬與之及行合肥果拔勔大賞之即擢為軍主廣之於勔前謂肅曰節下若從卿言非唯斬壯士亦自無以平賊卿不賞才乃至此邪廣之由此知名初封蒲圻子肅有學術善舉止廣之亦雅相推慕勔亡後肅更依廣之廣之盛相賞接啟武帝以為東海太守其不念舊惡如此廣之後以征伐功位給事中冠軍將軍改封盧都縣子高帝廢蒼梧出廣之為徐州刺史鍾離太守沈攸之事起廣之留都下據平石頭仍從高帝頓新亭高帝誅黃回回弟驅及從弟馬兒子奴亡逸高帝與廣之書曰黃回雖有微勳而罪過轉不可容近遂啟請御大小二輿為刺史服飾吾乃不惜為其啟聞政恐得輿復求畫輪車此外罪不可勝數弟自悉之今啟依法令廣之於江西搜捕驅等建元元年進爵為侯武帝即位累遷右衛將軍散騎常侍前軍將軍延興元年為豫州刺史豫廢鬱林後拜為鎮南將軍江州刺史進應城縣公建武中位侍中鎮軍將軍給扶後卒贈車騎將軍謚壯公子珍國梁史有傳

垣崇祖字敬遠一字僧寶略陽垣道人也伯父護之宋豫州刺史自有傳父詢之驍敢有氣力元凶弒逆隸輔國將軍張柬時張超手行大逆亦領軍隸柬詢之規殺之慮柬不同柬宿有此志又未測詢之同否互相覩察會超來論事柬色動詢之覺之即其定謀遣召超超疑之不至收宿他所詢之不知徑往斫之殺其僕於牀因與柬南奔時孝武已即位以為積射將軍梁山之役力戰中流矢卒贈冀州刺史崇祖年十四有幹略伯父護之謂門宗曰此兒必大吾門汝等不及也後隨徐州刺史薛安都入魏尋又率門宗據朐山歸宋求淮北立功明帝以為北琅邪蘭陵二郡太守封下邳子及高帝鎮淮陰崇祖時戍朐山既受都督蒞奉甚至帝以其武勇善待之崇祖謂其妹夫皇甫肅曰此真吾君也吾今逢主矣所謂千載一時遂密布誠節高帝威名已著宋明帝尤所忌疾徵為黃門郎規害高帝崇祖建策以免由是甚見親行參豫密謀元徽末高帝懼禍令崇祖入魏即以家口託皇甫肅勒數百人將入魏界更聽後旨會

蒼梧廢高帝召崇祖領部還都從平沈攸之累遷冠軍將軍兗州刺史及高帝踐阼謂崇祖曰我新有天下夷虜不識運命必當重其蟻衆以送劉昶爲辭以爲軍衝必在壽春能制此寇非卿莫可爲捍徙爲豫州刺史監豫司二州諸軍事封望蔡侯建元元年魏遣劉昶馬步號三十萬攻壽春崇祖於城西北立堰塞淝水堰北起小城周爲深塹使數千人守之謂長史封延伯曰虜必悉力攻小城若破此堰放水一激急逾三峽自然沈溺豈非小勞而大制邪及魏兵由西道集堰南分軍東路肉薄攻小城崇祖著白紗帽肩輿上城手自轉式日晡時決小史埭水勢奔下魏攻城之衆溺死以千數大衆退走初崇祖於淮陰見高帝便自比韓白衆咸不信唯帝獨許之及破魏軍啟至上謂朝臣曰崇祖嘗擬韓白今眞其人也進號都督崇祖聞陳顯達李安人皆增給軍儀乃啟求鼓吹上敕曰韓白何可不與衆異給鼓吹一部崇祖慮魏後攻淮北啟徙下蔡戍於淮東其冬魏果欲攻下蔡既聞內徙乃揚聲平除故城衆疑魏當於故城立戍崇祖曰下蔡去鎮咫尺魏豈敢置戍實是欲除此城正恐奔走殺之不盡耳魏果夷掘下蔡城崇祖大破之武帝即位爲五兵尚書領驍騎將軍初豫章王有盛寵武帝在東宮崇祖不自附結及破魏軍詔使還朝與共密議武帝疑之曲加禮待酒後謂曰世間流言我已豁諸懷抱自今已後富貴見付也崇祖拜謝及去高帝復遣荀伯玉敕以邊事受旨夜發不得辭東宮武帝以爲不盡誠心銜之永明元年召爲五兵尚書至京師詔稱其與荀伯玉構扇邊荒誅之時年四十四故人無敢至者獨有前豫州主簿夏侯恭叔出家財爲殯時人以比欒布恭叔讓國人崇祖爲豫州聞其才義辟爲主簿兼掌書翰高帝即位方鎮皆有賀表王儉見崇祖表咨嗟良久曰此恭叔辭也時宋氏封爵隨運遷改恭叔以柳元景中興元勳劉勔殞身王事不宜見廢上表論之甚有義理事雖不從優詔見答後爲竟陵令惠化大行木連理上有光如燭咸以爲善政所致崇祖從父兄榮祖字華先父諒之宋北中郎府參軍榮祖少學騎射或曰何不學書榮祖曰曹操曹丕上馬橫槊下馬談論此可不負飲食矣吾輩無自全之伎何異犬羊乎宋孝建中爲後軍參軍伯父護之子襲祖爲淮陽太守孝武以事徙之嶺南護之不食而死帝疾篤又使殺襲祖襲祖臨死與榮祖書曰弟嘗勸我危行言遜今果敗矣明帝初即位四方反叛除榮祖冗從僕射還徐州說刺史薛安都曰天之所廢誰能興之使君今不同八百諸侯如下官所見非計中也安都曰今京都無百里地莫論攻圍取勝自可相拍手笑殺且我不欲負孝武榮祖曰孝武之行足致餘殃今雖天下雷同正是速死無能爲也安都曰不知諸人云何我不畏此大蹄馬在近急便作計榮祖被拘不得還因爲安都將領安都引魏軍入彭城榮祖攜家屬南奔朐出高帝在淮陰榮祖歸附高帝保持之及宋明帝崩高帝書送榮祖詣僕射褚淵除東海太守淵謂曰蕭公稱卿幹略故以郡相處榮祖善彈登西樓見翔鵠雲中謂左右當生取之於是彈其兩翅毛脫盡墜地無傷養毛生後飛去其妙如此元徽末蒼梧凶狂恆欲害高帝帝欲奔廣陵起事荀伯玉等皆贊成之榮祖諫曰領軍府去臺百步公走人豈不知若單騎輕行廣陵人一旦閉門不相受公欲何之公今動足下牀恐便有叩臺兩者公事去矣蒼梧明夕自至領軍府扣門欲害帝帝嘗以書案下安鼻爲楯以鐵爲書鎮如意甚壯大以備不虞欲以代杖蒼梧至府而曰且申今夕須至一處作適還當取奴尋遇弒高帝謂榮祖曰不用卿言幾無所成豫佐命勳封將樂縣子永明二年爲尋陽相南新蔡太守被告作大形棺材盛仗使鄉人載度江北案驗無實見原後拜兗州刺史初巴東王子響事方鎮皆啟稱子響爲逆榮祖曰此非宜言政應云劉寅等孤負恩獎逼迫巴東使至於此時諸啟皆不得通事平後上乃省視以榮祖爲知言九年從弟歷主亦爲驍將位太子右率性苛暴與始安王遙光同反伏誅榮祖從父閎字叔通父遵位員外常侍閎爲宋孝武帝南中郎參軍孝武帝即位以爲交州刺史時交土全實閎罷州還資財鉅萬孝武末年貪恣刺史二千石罷任還都必限使奉獻又以蒱戲取之要令罄盡乃止閎還至南州而孝武晏駕擁南資爲富人明帝初爲司州刺史北破薛道摽封樂鄉縣男出爲益州刺史蜀還之資亦數千金先送獻物傾西資之半明帝猶嫌其少及閎至都詣廷尉自簿先詔獄官留閎於是悉送資財然後被遣凡蠻夷不受鞭罰輸財贖罪謂之賧時人謂閎爲被賧刺史歷度支尚書衞尉高帝輔政使褚淵爲子晃求閎女閎辭以齊大非偶帝雖嘉其退讓而心不能歡即以晃婚王伷女謂豫章王嶷曰前欲以白象與垣公婚者重其夷澹事雖不遂心常怏然白象晃小字也及高帝即位以有誠心封爵如故卒於金紫光祿大夫諡曰定子憘伯襲爵憘伯少負氣豪俠妙解射雉尤爲武帝所重以爲直閤將軍與王文和俱任頗以地勢

陵之後出爲巴西梓潼二郡太守時文和爲益州刺史曰每憶昔日俱在閤下卿時視我如我今日見卿因誣其罪馳信敕之又輒遣蕭寅代憘伯爲郡憘伯亦別遣敕臺待報寅以兵圍之明帝輔政知其無罪不欲乖文和乃敕憘伯解郡還爲寅軍所躡束手受害閎弟子曇深以行義稱爲臨城縣罷歸得錢十萬以買宅奉兄退無私畜先是劉楷爲交州謂王儉曰欲一人爲南土所聞者同行儉良久曰得之矣昔垣閎爲交州閎弟閱又爲九眞郡皆著信南中羽林監曇深者閎之子也雅有學行當令同行及隨楷未至交州而卒儉惆悵良久曇深妻鄭氏字獻英滎陽人時年二十子文凝始生仍隨楷到鎭晝夜紡績傍無親援年既盛美甚有容德自屬冰霜無敢望其門者居一年私裝了乃告楷求還楷大驚曰去鄉萬里固非孀婦所濟遂不許鄭又曰垣氏羈魂而不反而其孤藐幼妾若一同灰壤則何面目以見先姑因大悲泣楷愴然許之厚爲之送於是間關危險遂得至鄉畢葬乃曰可以下見先姑矣時文凝年甫四歲親敎經禮訓以義方州里稱美又有吳興邱景賓字彥先亦以節義聞父康祖無錫令亾後僮僕數十人及宅宇產畜景賓悉讓與兄鎭之鎭之又推齋屋三門與之亦不肯受太守孔山士歎曰聞柳下惠之風貪夫廉懦夫有立志復見之矣終於奉朝請

沈文季字伯達吳興武康人也父慶之宋司空自有傳孝建二年文季起家辟州主簿以寬雅正直見知尤善博塞及彈碁以慶之勳重封文季爲山陽縣五等伯位中書郎父慶之爲景和所殺兵仗圍宅收捕諸子文季長兄文叔謂文季曰我能死爾能報遂自殺文季揮刀馳馬去收者不敢追遂免明帝立爲黃門郎領長水校尉明帝宴會朝臣以南臺御史賀咸爲柱下史糾不醉者文季不肯飲酒被驅下殿晉平王休祐爲南徐州帝就褚淵求幹事人爲上佐淵舉文季轉驃騎長史南東海太守休祐被殺雖用薨禮僚佐皆不敢至文季獨往墓展哀元徽初自祕書監出爲吳興太守文季飲酒至五斗妻王氏飲亦至三斗文季常與對飲竟日而視事不廢昇明元年沈攸之反高帝加文季爲冠軍將軍督吳興錢塘軍事攸之先爲景和銜命殺慶之至是文季收殺攸之弟新安太守登之誅其宗族以復舊怨親黨無吹火焉君子以文季能報先恥齊國建爲侍中領祕書監建元元年轉太子右衛率侍中如故改封西豐縣侯文季風采稜岸善於進止司徒褚淵當世貴望頗以門戶裁之文季不爲之屈武帝在東宮於元圃宴朝臣文季數舉酒勸淵淵甚不平啟武帝曰沈文季謂淵經爲其郡依然猶有故情文季曰惟桑與梓必恭敬止豈如明府亾國失土不識枌榆遂言及魏軍動事淵曰陳顯達沈文季當今將略足委以邊事文季諱稱將門因是發怒啟武帝曰褚淵品藻人流臣未知其身死之日何面目見宋明帝武帝笑曰沈率醉也中丞劉休舉其事見原後豫章王北宅後堂集會文季與褚淵並善琵琶酒闌淵取樂器爲明君曲文季便下席大唱曰沈文季不能作伎兒豫章王嶷又解之曰此故當不損仲容之德淵顏色無異終曲而止永明中累遷領軍將軍文季雖不學發言必有辭采武帝謂文季曰南土無僕射多歷年所文季對曰南風不競非復一日當世善其對明帝輔政欲以文季爲江州遣左右單景儁宣旨文季陳讓稱老不願出外因問右執法有人未景儁還具言之延興元年以爲尚書右僕射明帝即位加領太子詹事尚書令王晏嘗戲文季爲吳興僕射文季答曰瑯邪執法似不出卿門建武二年魏軍南伐明帝以爲憂勅文季鎭壽春文季入城門嚴加備守魏軍尋退百姓無所損永元元年轉侍中左僕射始安王遙光反其夜遣三百人於宅掩取文季欲以爲都督而文季已還臺明日與尚書令徐孝嗣守宮城戎服坐南掖門上時東昏已行殺戮孝嗣深懷憂慮欲與文季論當世事文季輒引他辭終不得及事寧加鎭軍將軍置府史文季以時方昏亂託以老病不豫朝機兄子昭略謂文季曰阿父年六十爲員外僕射欲求自免豈可得乎文季笑而不荅見孝嗣被害其日先被召文季便知敗舉動如常登車顧曰此行恐往而不返也於華林省死時年五十八朝野冤之中興元年贈司空謚忠憲公昭略字茂隆文叔之子也文叔附載慶之傳昭略性狂儁不事公卿使酒仗氣無所推下嘗醉晚日負杖擕家賓子弟至婁湖宅逢王景文子約張目視之曰汝是王約邪何乃肥而癡約曰汝沈昭略邪何乃瘦而狂昭略撫掌大笑曰瘦已勝肥狂又勝癡奈何王約奈汝癡何昇明末爲相國西曹掾高帝賞之及即位謂王儉曰南士中有沈昭略何職處之儉以擬前軍將軍上不欲違乃可其奏尋爲中書郎累遷侍中王晏嘗戲昭略曰賢叔可謂吳興僕射昭略曰家叔晚登僕射猶賢於尊君以卿爲初蔭丞元中與叔父文季俱被召入華林省茹法珍等進藥酒昭略怒罵徐孝嗣曰廢昏立明古今令典宰相無才致有今日以甌投其面曰使爲破面鬼死時言笑自若了

無懼容孝嗣謂曰見卿使人想夏侯泰初答曰明府猶億太初便是方寸不能都豁下官見龍逢比干欣然相對霍光脫間明府今日之事何辭答之邪死時年三十餘昭略弟昭光聞收兵至家人勸逃去昭光不忍舍母入執母手悲泣遂見殺時昭明子曇亮已得逃去聞昭光死乃曰家門屠滅獨用生何爲又絕吭而死時人歎其累世孝義中興元年贈昭略太常昭光廷尉

劉懷珍字道玉平原人漢膠東康王寄之後也其先劉植爲平原太守因家焉祖昶從慕容德南渡因家于北海都昌宋武帝平齊以爲青州中從事位至員外常侍伯父奉伯宋世位至陳南頓二郡太守懷珍幼隨奉伯至壽陽豫州刺史趙伯符出獵百姓聚觀懷珍獨避不視奉伯異之曰此兒方興吾宗本州辟主簿元嘉二十八年亾命司馬順則聚黨東陽州遣懷珍將千人討之宋文帝召問破賊事懷珍讓功不肯當親人怪問焉懷珍曰昔國子尼恥陳河間之級吾豈能論邦域之捷哉時人稱之江夏王義恭出鎮盱眙道遇懷珍以應對見重取爲驃騎長史兼墨曹行參軍孝建初爲義恭大司馬參軍直閤將軍隨府轉太宰參軍大明二年以軍功拜樂陵河間二郡太守賜爵廣晉縣侯司空竟陵王誕反郡人王弼門族甚盛勸懷珍起兵助誕懷珍殺之帝嘉其誠除豫章王子尚車騎參軍母憂去職服闋見江夏王義恭義恭曰別子多年那得不老對曰公恩未報何敢便老義恭善其對累遷黃門郎領虎賁中郎將桂陽王休範反加懷珍前將軍守石頭出爲豫州刺史加都督建平王景素反懷珍遣子靈哲領兵赴建鄴沈攸之在荆楚遣使人許天保說結懷珍懷珍斬之送首於高帝帝送示攸之封中宿縣侯攸之圍郢懷珍遣兵萬人破賊前鋒收其器甲進平南將軍增督二州初宋孝武世高帝爲舍人懷珍爲直閤相遇早舊懷珍假還青州高帝有驄馬誇人不可騎送與懷珍別懷珍還報上百疋絹或謂懷珍曰蕭君此馬不可騎是以相與君報百疋亦不多乎懷珍曰蕭君局量堂堂寧應負人此絹吾方欲以身名託之豈復計錢物多少高帝輔政以懷珍內資未多二年冬徵爲都官尚書領前將軍以第四子晃代爲豫州刺史或疑懷珍不受代高帝曰我布衣時懷珍便推懷投款況在今日寧當有異晃發經日疑論不止上乃遣軍主房靈人領百騎進送晃謂靈人曰論者謂懷珍必有異同我期之有素必不應爾卿是其鄉里故遣卿行非惟衛新亦以迎故懷珍還仍授相國右司馬及齊臺建朝士人人爭爲臣吏以懷珍爲宋臺右衛懷珍謂帝曰人皆迎新臣獨送故豈以臣篤於本乎建元元年轉左衛將軍加給事中改封霄城侯懷珍年老以禁旅辛勤求爲閑職轉光祿大夫卒遺言薄葬贈雍州刺史謚敬侯子靈哲字文明位齊郡太守前將軍靈哲所生母嘗病靈哲躬自祈禱夢見黃衣老公與藥曰可取此食之疾可立愈靈哲驚覺於枕間得之如言而疾瘳藥似竹根於齋前種葉似鳧茈嫡母崔氏及兄子景焕泰始中没于魏靈哲爲布衣不聽樂及懷珍卒當襲爵因辭以兄子在魏存亾未測無容越當茅土朝廷義之靈哲傾產私贖嫡母及景焕累年不能得武帝哀之令北使者請之魏人送以還南襲懷珍封爵靈哲歷兗州刺史隆昌元年卒懷珍從子懷慰字彥泰祖奉伯宋元嘉中爲冠軍長史父乘人冀州刺史死於義嘉事懷慰持喪不食醯漿冬日不用絮衣養孤弟妹事寡叔母皆有恩義仕宋爲尚書駕部郎懷慰宗從善明等爲高帝心腹懷慰亦預焉齊國建上欲置齊郡於都下議者以江右土沃流人所歸乃置於瓜步以懷慰爲輔國將軍齊郡太守上謂懷慰曰齊邦是王業所基吾方欲以爲顯任經理之事一以委卿有手敕曰有文事必有武備今賜卿玉環刀一口懷慰至郡修城郭安集居人墾廢田二百頃決沈湖灌溉不受禮謁人有餉其新米一斛者懷慰出所食麥飯示之曰食有餘幸不煩此因著廉吏論以達其意高帝聞之手敕褒賞進督秦沛二郡妻子在都賜米三百石兗州刺史柳世隆與懷慰書曰膠東流化潁川致美以今方古曾何足云懷慰本名聞慰武帝即位以與舅氏名同敕改之後兼安陸王北中郎司馬卒明帝即位謂僕射徐孝嗣曰劉懷慰若在朝廷不憂無清吏也子霽杳歊俱知名梁世杳自有傳霽列在孝友歊列在隱逸懷珍族弟善明父懷人宋世爲齊北海二郡太守元嘉末青州饑荒人相食善明家有積粟躬食饘粥開倉以救鄉里多獲全濟百姓呼其家田爲續命田善明少而靜處好讀書刺史杜驥聞其名候之辭不相見年四十刺史劉道隆辟爲中從事不就懷人謂善明曰我已知汝立身復欲見汝立官也善明乃應辟仍舉秀才宋孝武見其射策彊直甚異之泰始初徐州刺史薛安都反青州刺史沈文秀應之時州居東陽城善明家在郭內不能自拔伯父彌之誘說文秀求自效文秀使領軍主張靈慶等五千人援安都彌之出門密謂部曲曰始免禍坑矣行至下邳乃背文秀善明從伯懷恭爲北海太守據郡相應善明密契

收集門宗部曲得三千人夜斬關奔北海族兄乘人又聚衆勃海以應朝廷而彌之尋爲薛安都所殺明帝贈彌之青州刺史以乘人爲寍朔將軍冀州刺史善明爲寍朔長史北海太守除尙書金部郎乘人病卒仍以善明爲冀州刺史文秀旣降除善明海陵太守郡境邊海無樹木善明課人種楡檟雜果遂獲其利還爲直閤將軍五年魏克靑州善明母在焉魏人移置桑乾善明布衣蔬食哀戚如持喪明帝每見爲之歎息轉巴西梓潼二郡太守善明以母在魏不願西行泣涕固請見許朝廷多哀善明心事元徽初遣北使朝議令善明舉人善明舉州鄉北平田惠紹使魏贖得母還時宋後廢帝新立羣公秉政善明獨結事高帝委身歸誠出爲西海太守行靑冀二州刺史善明從弟僧副與善明俱知名於鄉里泰始初魏攻淮北僧副將部曲二千人東依海島高帝在淮陰壯其所爲召與相見引爲安成王撫軍參軍後廢帝肆暴高帝憂恐嘗令僧副微行伺察聲論使密告善明及東海太守垣榮祖曰人多見勸北固廣陵恐一旦動足非爲長算今秋風行起卿若能與垣東海微動魏兵則我情計可立善明曰宋氏將亾愚智所辨胡虜若動反爲公患公神武不世出唯當靜以待之因機奮發功業自定不可遠去根本自貽猖獗僧副還導其言高帝納之廢帝見殺召善明爲高帝驃騎諮議行南徐州事沈攸之反高帝深以爲憂善明獻計曰沈攸之控引八州縱情蓄斂包藏賊志於焉十年性旣險躁才非持重起逆而累自遲回不進應有所待也一則暗於兵機二則人情離怨三則有掣肘之患四則天奪其魄本疑其剽勇長於一戰輕速掩襲未備今六師齊奮諸侯同舉此已籠之鳥耳事平高帝召善明還都謂曰卿策沈攸之雖張良陳平適如此耳仍遷太尉右司馬齊臺建爲右衞將軍辭疾不拜司空褚淵謂之曰高尙之事乃卿從來素志今朝廷方相委待詎得學松喬邪善明荅曰我本無宦情旣逢知己所以戮力驅馳今天地廓淸朝廷濟濟鄙吝旣申不敢昧於富貴矣高帝踐阼以善明勳誠欲與之祿召謂曰淮南近畿國之形勝自非親賢不使居之卿爲我臥治也乃代明帝爲淮南宣城二郡太守遣使拜授封新淦伯善明至郡上表陳事凡十一條其一以爲天地開創宜存問遠方宣廣慈澤其二以爲京都遠近所歸宜遣醫藥問其疾苦年九十以上及六疾不能自存者隨宜量賜其三以爲宋氏赦令蒙原者寡愚謂今下赦書宜令事實相副其四以爲劉昶猶存容能送死境上諸城宜應嚴備其五以爲宜除宋氏大明以來苛政細制以崇簡易其六以爲凡諸土木之費且可權停其七以爲帝子王女宜崇儉約其八以爲宜詔百官及府州郡縣各貢讜言以弘廣唐虞之美其九以爲忠貞孝悌宜擢以殊階淸儉苦節應授以政務其十以爲革命惟始宜擇才北使其十一以爲交州險夐要荒之表宋末政苛遂至怨叛今宜懷以恩德未應遠勞將士搖動邊甿又撰賢聖雜語奏之託以諷諫上優詔荅之又諫起宣陽門表陳宜明守宰賞罰立學校制齊禮開賓館以接鄰國上荅曰夫賞罰以懲守宰飾館以待遐荒皆古之善政吾所宜勉更撰新禮或非易制國學之美已敕公卿宜陽門今敕停寡德多闕思復有聞善明身長七尺九寸質素不好聲色所居茅齋斧木而已牀榻几案不加劖削少立節行常云在家當孝爲吏當淸子孫楷式足矣及累爲州郡頗黷財賄崔祖思怪而問之荅曰管子云鮑叔知我因流涕曰方寸亂矣豈暇爲廉所得金錢爲贖母計及母還淸節方峻所歷之職廉簡不煩俸祿散之親友與崔祖思友善祖思出爲靑冀二州善明遺書敘舊因相勖以忠槩及聞祖思死慟哭乃得病建元二年卒遺命薄殯贈左將軍豫州刺史謚烈伯子滌嗣善明家無遺儲唯有書八千卷高帝聞其淸貧賜滌家葛塘屯穀五百斛曰葛屯亦吾之垣下令後世知其見異善明從弟僧副字士雲位前將軍封豐陽男卒於巴西梓潼二郡太守上圖功臣像讚僧副亦在焉兄法護字士伯有學業位濟陰太守

薛深河東汾陰人宋徐州刺史安都之從子也本名道深避高帝偏諱改焉安都以彭城降魏親族皆入北高帝鎭淮陰深遁來委身自結於高帝果幹有氣力宋元徽末以軍功至驃騎將軍軍主封竟陵侯沈攸之之難高帝入朝堂豫章王嶷代守東府使深領軍屯司徒右府分備建鄴袁粲據石頭豫章王嶷夜登門遙呼深深驚起率軍赴難高帝卽位除淮陰太守尋爲直閤將軍轉太子左率武帝卽位遷左衞將軍隆昌元年爲司州刺史右將軍卒

張欣泰字義亨竟陵人也父興世宋代名將歷位雍州刺史自有傳欣泰生將門不以武業自居好隸書都子史年十餘詣吏部尙書褚淵淵問張郎弓馬多少荅曰性怯畏馬無力牽弓淵甚異之歷諸王府佐宋元徽中興世在家擁雍州還資見錢三千萬蒼梧王自領人劫之一夜垂盡興世憂懼病卒欣泰兄欣華時爲安成郡

欣泰悉封餘財以待之建元初爲尚書都官郎武帝與欣泰早經款遇及卽位以爲直閤將軍領禁旅除豫章王太尉參軍出爲安遠護軍武陵內史還復爲直閤步兵校尉領羽林監欣泰通涉雅俗交結多是名素下直輒著鹿皮冠納衣錫杖挾素琴有以啟武帝帝曰將家兒何敢作此舉止後從駕出新林敕欣泰廉察欣泰停仗松樹下飲酒賦詩制局監呂文度以啟武帝帝大怒遣出數日意釋召謂曰卿不樂武職當處卿淸貴除正員郎出爲鎭軍南中兵參軍南平內史巴東王子響殺僚佐上遣中庶子胡諧之西討使欣泰爲副欣泰謂諧之曰今太歲在西南逆歲行軍兵家深忌若且頓軍夏口宣示禍福可不戰而禽也諧之不從進江津尹略等見殺事平欣泰從爲隨王子隆鎭西中兵改領河東內史子隆深相愛重數與談宴意遇與謝朓相次典籤密啟之武帝怒召還都屛居家巷置宅南岡下西接松山欣泰負弩射雉恣情閑放聲伎雜藝頗多閑解明帝卽位爲領軍長史遷諮議參軍上書陳便宜二十條其一條言宜毀廢塔寺帝竝優詔報答建武二年魏圍鍾離欣泰爲軍主隨崔慧景救援及魏軍退而邵陽洲上餘兵萬人求輸馬五百匹假道慧景欲斷路攻之欣泰說慧景曰歸師勿遏古人畏之死地兵不可輕也慧景乃聽過時領軍蕭坦之亦援鍾離還啟明帝曰邵陽洲有死賊萬人慧景欣泰放而不取帝以此皆不加賞四年出爲永陽太守永元初還都崔慧景圍城欣泰入城守備事寧除廬陵王安東司馬梁武帝起兵東昏以欣泰爲雍州刺史欣泰與弟前始安內史欣時密謀結太子右率胡松前南譙太守王靈秀直閤將軍鴻選含德主帥苟勵直後劉靈運等竝同契會帝遣中書舍人馮元嗣監軍救郢茹法珍梅蟲兒及太子右率李居士制局監楊明泰等十餘人相送中興堂欣泰等使人懷刀於坐斫元嗣頭墜果柈中又斫明泰破其腹蟲兒傷數創手指皆墜居士踰牆得出茹法珍亦散走還臺靈秀仍往石頭迎建安王寶夤率文武數百唱警蹕至杜姥宅欣泰初聞事發馳馬入宮冀法珍等在城內處分必盡見委因行廢立旣而法珍得返處分關門上仗不配欣泰兵鴻選在殿內亦不敢發城外衆尋散少日事覺欣泰胡松等皆伏誅欣泰少時有人相其當得三公而年裁三十後瓦屋墜傷額又問相者云無復公相年壽更增亦可得方伯耳死時年三十六

王奐字道明琅邪臨沂人宋中書監彧之兄子也彧自有傳父粹字景深黃門侍郎奐出繼從祖球故小字彥孫年數歲常侍球許甚見愛奐諸兄出身諸王國常侍而奐起家著作佐郎琅邪顏延之與球情款稍異常撫奐背曰阿奴始免寒士奐少而强濟叔父彧常以其家事委之仕宋歷侍中祠部尚書轉掌吏部昇明初遷丹陽尹初王晏父普曜爲沈攸之長史常懼攸之擧事不得還奐爲吏部轉普曜爲內職晏深德之及晏仕齊武帝以奐宋氏外戚而從弟蘊又同逆疑有異志晏叩頭保奐無異志時晏父母在都請以爲質武帝乃止累遷尚書右僕射王儉卒上欲用奐爲尚書令以問晏晏位遇已重意不推奐荅曰柳世隆有勳望恐不宜在奐後乃轉左僕射加給事中出爲雍州刺史加都督與寧蠻長史劉興祖不睦十一年奐遣軍主朱公恩征蠻失利興祖欲以啟聞奐大怒收付獄興祖於獄以針畫漆合盤爲書報家稱枉令啟聞而奐亦馳信啟上誣興祖扇動荒蠻上知其枉敕送興祖還都奐恐辭情翻背輒殺之上大怒遣中書舍人呂文顯直閤將軍曹道剛領兵收奐又別詔梁州刺史曹虎自江陵步出襄陽奐子彪凶愚頗干時政士人咸切齒時文顯以漆匣匣箜篌在船中因相誣云臺使封刀斬王彪及道剛曹虎文顯俱至衆力旣盛又懼漆匣之言於是議閉門拒命長史殷叡奐女壻也諫曰今開城門白服接臺使不過檻車徵還墮官免爵耳彪堅執不同叡又曰宜遣典籤關道送啟自申亦不患不被宥乃令叡書啟遣典籤關道出城便爲文顯所執叡又曰忠不背國勇不逃死百世門戶宜思後計孰與仰藥自全則身名俱泰叡請先驅螻蟻又不從奐門生鄭羽叩頭啟奐乞出城迎臺使奐曰我不作賊欲先遣啟自申政恐曹呂輩小人相陵藉故且閉門自守耳彪遂出戰敗走歸士人起義攻州西門彪登門拒戰劫之司馬黃瑤起寧蠻長史裴叔業於城內起兵攻奐奐聞兵入禮佛未起軍人斬之彪及弟爽弼殷叡皆伏誅奐長子太子中庶子融融弟司徒從事中郎琛於都棄市餘孫皆原宥琛弟肅秉竝奔魏後得黃瑤起臠食之弟伷女爲長沙王晃妃以男女竝長且又出繼特不離絕奐旣誅故舊無敢至者汝南許明達先爲奐參軍躬爲殯斂經理甚厚當時高其節奐弟份列在梁史奐從父兄繢字叔素中書監彧之子也弱冠爲祕書郎太子舍人轉中書舍人父彧以此授超階令繢經年乃受或封曲安侯繢襲其本爵爲始平縣五等男元徽末爲黃門郎東陽太守武帝爲撫軍吏部尚書張岱選繢爲長史呈選牒高帝笑曰此可謂素望再遷義

熙太守輒錄郡吏陳伯喜付陽羨獄欲殺之縣令孔逭不知何罪不受績教爲有司奏坐白衣領職後長兼侍中武帝出射雉績信佛法稱疾不從永元元年卒於太常謚靖子績女適武帝寵子安陸王子敬永明二年子敬納妃修外舅姑之敬武帝遣文惠太子相隨往績家置酒設樂公卿皆冠冕而去當世榮之績弟約明帝世數年廢錮梁武帝時爲太子中庶子嘗謂約曰卿方當富貴必不容久滯屈及梁武作輔謂曰我嘗相卿當富貴不言今日富貴便當見由歷侍中左戶尙書廷尉績長子脩不慧位止建安太守

通志卷一百三十七

宋右迪功郎鄭樵漁仲撰

列傳第五十一

齊

劉悛弟繪 繪弟瑱 崔祖思叔父景眞 景眞子元 祖思宗人文仲 荀伯玉 蘇侃 虞悰 胡諧之 范百年 虞玩之 劉休 江祏劉暄 蕭惠基弟惠休 惠朗 張岱兄子緒 江謐 謝超宗 謝朓 謝顥弟瀹 到撝 沈憲 沈沖 張融融弟寶稱 王秀之從父弟延之 阮韜 延之子綸之 綸之子昕 秀之子峻 王瞻從叔元載 元載弟元邈 房叔安 袁彖宗人廓之 劉祥 陸澄 王諶從叔摛 何憲 孔逷 劉瓛瓛弟璡 蔡仲熊 婁幼瑜 陸慧曉兄子閑 閑子厥 絳 絳弟王斌 孔稚珪父靈產 周顒 庾杲之 江斅 何戢從叔昌寓 蔡約 裴昭明 顧憲之 孔琇之 王逡之

劉悛字士操彭城安上里人也彭城劉同出楚元王分爲三里以別宋氏帝族悛父勔宋鎮軍將軍自有傳悛少隨父征竟陵王於廣陵以功拜駙馬都尉後爲桂陽王征北中兵參軍與武帝同直殿內深相欵好並爲宋明帝所親待悛本名忱宋明帝多忌反語劉忱爲臨讐改名悛焉武帝常至悛宅晝臥覺悛自捧金澡罐受四升水以沃盥因以與帝前後所納稱此後遷安遠護軍武陵內史郡南古江隄久廢悛修未畢而江水忽至百姓棄役奔走悛親率厲之於是乃立漢壽人邵榮興六世同爨悛表其門閭悛疆濟有世調善於流俗蠻王田僮在山中年垂百餘歲南譙王義宣爲荆州僮出謁至是又謁悛明帝崩表求奔赴勅帶郡還都吏民送者數千萬人悛人人執手繼以涕泣百姓感之贈送甚厚桂陽之難加寧朔將軍助守石頭父勔於大航戰死悛時遇疾扶伏路次號哭求勔屍勔屍項後傷缺悛割髮補之持喪墓側冬月不衣絮高帝代勔爲領軍素與勔善以書譬悛殷勤抑勉建平王景素反高帝總眾軍出頓元武湖悛初免喪高帝召悛及其弟愷入省欲使領支軍及見皆羸削改貌於是而止霸業初建悛先致誠節沈攸之事起加輔國將軍後爲廣州刺史襲爵鄀陽縣侯武帝自尋陽還遇悛於舟渚懽宴敘舊停十餘日乃下遣文惠太子及竟陵王子良攝衣履修父友之敬齊受禪國除平西記室參軍夏侯恭叔上書以柳元景中興功臣劉勔殞身王事宜存封爵詔以興運隆替不容復厝意也初蒼梧廢高帝集議中華門見悛謂曰君昨直邪悛曰僕昨正直而言急在外至是上謂悛曰功名之際人所不忘卿昔於中華門答我何其欲謝世事悛曰臣世受宋恩門荷齊眷非常之勳非臣所及進不遠怨前代退不孤負聖明敢不以實迎答遷太子中庶子領越騎校尉時武帝在東宮每幸悛坊閑言至夕賜屛風帷帳武帝即位改領軍將軍後拜司州刺史悛父勔討殷琰平壽陽無所犯害百姓德之爲立碑記悛步道從壽陽之鎮過勔碑下再拜泣涕悛於州治下立學校得古禮器銅罍甑卣山銅罍罇銅豆鍾各二口獻之遷長兼侍中車駕數幸悛宅宅盛修山池造甕牖武帝著鹿皮冠披悛菟皮衾於牖中宴樂以冠賜悛至夜乃去後從駕登蔣山帝數歎曰貧賤之交不可忘糟糠之妻不下堂顧謂悛曰此況卿也世言富貴好改其素情吾雖有四海今日與卿盡布衣之適悛起拜謝累遷始興王前軍長史平蠻校尉蜀郡太守行益州府州事初高帝輔政有意欲鑄錢以禪讓之際未及施行建元四年奉朝請孔顗上鑄錢均貨議辭證甚博其畧以爲食貨相通理勢自然李悝曰糴甚貴傷人甚賤傷農人傷則離散農傷則國貧甚賤與甚貴其傷一也三吳國之關奧比歲時被水潦而糴不貴是天下錢少非穀穰賤此不可不察也鑄錢之弊在輕重屢變重錢患難用而難用爲累輕輕錢弊盜鑄而盜鑄爲禍深人所盜鑄嚴法不禁者由上鑄錢惜銅愛工也惜銅愛工謂錢無用之器以通交易務欲令輕而數多使省工而易成不詳慮其爲患也自漢鑄五銖錢至宋文帝歷五百餘年制度世有廢興而不變五銖錢者明其輕重可法得貨之宜以爲開置泉府方牧貢金大與鎔鑄錢重五銖一依漢法若官鑄已布於人使嚴斷翦鑿輕小破缺無周郭者悉不得行官錢細小者稱合銖兩銷以爲大利貧良之人塞姦巧之路錢貨既均遠近若一百姓樂業市道無爭衣食滋殖矣時議者多以錢貨輕轉少宜更廣鑄重其銖兩以防人姦高帝使諸州郡大市銅炭會晏駕事寢永明八年悛啟武帝曰南廣郡界蒙山下有城名蒙城可二頃地有燒鑪四所高一丈廣一丈五尺從蒙城渡水南百許步平地掘土深二尺得銅又有古掘銅坑深二丈并居宅處猶存鄧通南安人漢文帝賜通嚴道縣銅山鑄錢今蒙山近在青衣水南青衣左側並是故秦之嚴道地青衣縣文帝改名漢嘉且蒙山去南安二百里案此必是通所鑄處近喚蒙山獠出云甚可經畧此議若立潤利無極并獻蒙山銅一片又銅石一片平州鑄鐵刀一口上從之遣使入蜀鑄錢得千餘萬工費多乃止悛仍代始興王鑑爲益州刺史監益寧二州諸

軍事悛既藉舊恩尤能文附人主承迎權貴賓客闐房供費奢廣罷廣司二州傾資貢獻家無留儲在蜀作金浴盆餘金物稱是罷任以本號還都欲獻之而武帝晏駕鬱林新立悛奉獻減少鬱林知之諷有司收悛付廷尉將加誅戮明帝啓救之見原禁錮終身雖見廢黜而賓客日至海陵即位以白衣除兼左戶尚書尋除正明帝立加領驍騎將軍復故官駙馬都尉悛歷朝皆見恩遇高帝爲鄱陽王鏘納悛妹爲妃明帝又爲晉安王寶義納悛女爲妃自此連姻帝室王敬則反悛出守瑯邪城轉五兵尚書初宋桂陽王休範舉兵犯闕悛父勔領兵鎮扞石頭兵敗死之悛兄弟以父死朱雀航終身不行此路明帝崩文昏即位改授散騎常侍領驍騎將軍尚書如故衛送山陵路經朱雀航感慟至曲阿而卒贈太常常侍都尉如故謚曰敬子三子孺覽遵俱知名悛弟愃位太子中庶子子苞與孺覽遵皆列在梁史愃弟繪字士章解褐著作佐郎爲高帝行參軍帝見而歎之曰劉公爲不亾也及豫章王嶷鎮江陵以繪爲鎮西外兵參軍繪聰警有文義善隸書數被賞召進對華敏僚吏之中見遇莫及時瑯邪王錮爲功曹以吏能自進嶷謂僚佐曰吾雖不能得應嗣陳蕃然閤下自有二驥也性通悟出爲南康相郡人有姓賴者所居名穢里刺謁繪繪戲嘲之曰君有何穢而居穢里此人應聲曰未審孔丘何闕而居闕里繪嘿然不答亦無忤意歎其辯速繪在郡專意講說上左右陳洪請假南還問繪在郡何似既而聞之曰南康是三州喉舌應須治幹豈可以年少講學處之邪召爲中書郎掌詔誥勅助國子祭酒何允撰修禮儀永明末都下人士盛爲文章談議皆湊竟陵王西邸繪爲後進領袖機悟多能時張融以言辭辯捷周顒彌爲清綺而繪音采不贍麗雅有風則時人爲之語曰三人共宅夾清漳張南周北劉中央言其處二人間也魚復侯子響誅後豫章王嶷欲求葬之召繪爲表言其事繪求紙筆須臾便成嶷歎曰禰衡何以過此唯足八字云提攜鞠養甫見成人後魏使至繪以辭辯被勅接使事畢當撰語辭繪謂人曰無論潤色未易但得我語亦難矣事兄悛恭謹與語呼爲使君隆昌中悛坐事將見誅繪伏闕請代兄死明帝輔政救解之乃免死引爲錄事筆翰明帝即位爲太子中庶子安陸王寶晊爲湘州以繪爲冠軍長史長沙內史行湘州事寶晊妃悛女也寶晊愛其侍婢繪奪取具以啓聞寶晊以爲恨與繪不協遭母喪去官有至性服闋爲晉安王征北長史南東海太守行南徐州事及梁武起兵以繪爲雍州刺史固讓不就衆以朝廷昏亂爲之寒心繪終不受乃改用張欣泰轉繪建安王車騎長史行府國事及東昏見殺城內遣繪及國子博士范雲等齎其首詣梁武帝於石頭轉大司馬從事中郎卒子孝綽梁史有傳繪弟瑱字士溫少有行業文藻篆隸丹青並爲當世所稱時有滎陽毛惠遠善畫馬瑱善畫婦人並爲當世第一瑱妹爲鄱陽王妃伉儷甚篤王爲明帝所誅妃追傷遂成痼疾醫所不療有陳郡殷蒨善寫人面與眞不別瑱令蒨畫王形像并圖王平生所寵姬共照鏡狀如欲偶寢瑱乃密使媼嬭示妃妃視畫竟仍唾之因罵云故宜其早死於是恩情即歇病亦除差此姬亦被廢苦因即以此畫焚之瑱仕歷尚書吏部郎義興太守先繪卒

崔祖思字敬元清河東武城人魏中尉琰七世孫也祖諲宋冀州刺史父僧護州秀才祖思少有志氣好讀書史年一十八爲都昌令隨青州刺史垣護之入堯廟廟有蘇侯神偶坐護之曰唐堯聖人而與蘇侯神爲列今欲正之何如祖思曰蘇峻今日便爲四凶之五使君若清此坐則是堯廟重去四凶也由是諸雜神並除高帝在淮陰祖思聞風自結爲上輔國主簿甚見親待參預謀議宋朝初議封高帝爲梁公祖思啓曰讖云金刀利刃齊刈之今宜稱齊實應天命高帝從之自相國從東中郎還齊內史高帝既爲齊王置酒爲樂羹膾既至祖思曰此味故爲南北所推侍中沈文季曰羹膾吳食非祖思所解祖思曰炰鼈膾鯉似非句吳之詩文季曰千里蓴羹豈關魯衛帝甚悅曰蓴羹故應還沈高帝輔政衆議將加九錫內外皆贊成之祖思獨曰公以仁恕匡社稷執股肱之義君子愛人以德不宜如此帝聞之曰祖思還同荀令豈孤所望也由此不復處任職之官而禮見甚重垣崇祖受密旨參訪朝臣光祿大夫垣閎曰身受宋氏厚恩復蒙明公接眷進不敢同退不敢異祖思又曰公退讓誠節故宜受之以禮亦問冠軍將軍崔文仲文仲問崇祖曰卿意云何對曰聖人云知幾其神又云見幾而作文仲撫髀曰政與吾意同崇祖具說之及帝受禪閎存故爵文仲崇祖皆封侯祖思加官而已除給事中黃門侍郎武帝即位祖思啓陳政事以自古開物成務必以教學爲先宜於太廟之南弘修文序司農以北廣開武校又曰漢文集上書囊以爲殿帷劉備取帳構銅鑄錢以充國用魏武遣女皂帳婢十人東阿婦以繡衣賜死王景興以折米見誚宋武節儉過人張妃房唯碧綃紋幬三齊茵席五盞盤桃花米飯殷文仲

勸令畜伎答云我不解聲仲文曰但畜自解又答曰畏解故不畜歷觀帝王未嘗不以約素興侈麗亡也伏惟陛下體唐成儉踵虞爲樸寢殿則素木卑構膳器則陶瓢充御瓊簪玉笏碎以爲塵珍裘繡服焚之如草宜察朝士有柴車蓬館高以殊等馳禽荒色長違清編如此則調風變俗不俟終日又曰憲律之重由來尚矣實宜清置廷尉茂簡三官漢來習律有家子孫並傳其業今廷尉律生乃令史門戸刑之不措抑此之由又曰秦前漢編戸千萬太樂伶官才八百二十九人孔光等奏罷不合經法者四百四十一人正樂定員唯置三百八十八人而編戸千萬今戸口不能百萬而太樂雅鄭元徽時校試千有餘人後堂雜伎不在其數糜費既多又傷敗風俗今欲撥邪聲歸正道莫如罷雜伎王庭惟置鐘簴羽戚登歌而已上詔報答後爲青冀二州刺史在政清簡而謙卑下士言議未嘗及時事上更以敬重之未幾卒上深加歎息祖思叔父景眞位平昌太守有惠政嘗懸一清鞭而未嘗用去任之日人士思之爲立祠子元祖有學行好屬文仕至射聲校尉武帝取爲延昌主帥從駕至何美人墓上爲悼亡詩特詔元祖使和稱以爲善永明九年魏使李道固及蔣少游至元祖言少游臣甥有班倕之工今來必令模寫宮掖未可令反上不從少游果圖畫而歸元祖歷位驍騎將軍出爲東海太守上每思之時節常賜手勅賞賜有加時青州刺史張沖啓淮北頻歲不熟今秋始稔此境鄰接戎寇彌須沃實乞權斷販過淮南而徐兗豫司諸州又各斷穀米不聽出境自是江北荒儉有流亡之弊元祖乃上書謂宜豐儉均之書奏見從祖思宗人文仲立徐州刺史封建陽縣子在政爲百姓所懷除黃門侍郎領越騎校尉徙封隨縣嘗獻高帝纏鬚繩一枚上納受之後卒於汝陰太守贈徐州刺史謚襄子

荀伯玉字弄璋廣陵人也祖永南譙太守父闡之給事中伯玉仕宋爲晉安王子勛鎭軍行參軍泰始初隨子勛舉事及事敗還都賣卜自業高帝鎭淮陰伯玉爲高帝冠軍刑獄參軍高帝爲宋明帝所疑被徵爲黃門郎深懷憂慮見平澤有群鶴仍命筆詠之曰八風儛遙翮九野弄清音一摧雲間翅爲君苑中禽以示伯玉深旨伯玉勸高帝命數十騎入魏界安置標榜魏果遣游騎數百履行界上高帝以聞猶懼不得留令伯玉占伯玉言不成行而帝卒復本任由是見親待高帝有故吏東莞竺景秀嘗以過繫作部高帝謂伯玉曰卿比看景秀不答曰數往候之備加責誚云若許某自新當呑刀刮腸飲灰洗胃帝善其答即釋之卒爲忠信士後隨高帝還都除奉朝請高帝使主家事武帝罷廣興還立別宅遣人於大宅掘樹數株伯玉不與馳以聞高帝善之高帝爲南兗州伯玉從轉鎭軍中兵參軍帶廣陵令初高帝在淮陰伯玉假還廣陵夢上廣陵城南樓上有二青衣小兒語伯玉云草下肅九五相追逐伯玉視城下人頭皆有草泰始七年又夢高帝乘船在廣陵北渚兩腋下有翅不舒伯玉問何時當舒帝曰卻後三年伯玉夢中自謂是呪師凡六唾呪之有六龍出兩腋下翅皆舒還復斂元徽二年而高帝破桂陽威名大震五年而廢蒼梧謂伯玉曰卿夢今且效矣昇明初仍爲高帝驃騎中兵參軍帶濟陽太守霸業既建伯玉忠勤盡心常衛左右加前將軍大見委任建元元年封南豐縣子爲豫章王司空諮議太守如故時武帝在東宮自以年長與高帝同創大業朝事大小悉皆專斷多違制度左右張景眞偏見任遇又多僭侈武帝拜陵還景眞白服乘畫舴艋坐胡牀觀者咸疑是太子內外祇畏莫敢有言者驍騎將軍陳允叔先已陳景眞及太子前後得失伯玉因武帝拜陵之後密啓之上大怒豫章王嶷素有寵政以武帝長嫡又南郡王兄弟並列故武帝爲太子至是有改立之意武帝東還高帝遣文惠太子聞喜公子良宣勅詰責并示以景眞罪狀使以太子令收景眞殺之允叔因白武帝皆言伯玉以聞武帝憂懼稱疾月餘日上怒不解晝臥太陽殿王敬則直入叩頭啓請往東宮以慰太子高帝無言敬則因大聲宣旨往東宮命裝束又勅太官設饌密遣人報武帝令奉迎因呼左右索輿高帝了無動意敬則索衣以衣高帝仍牽上輿遂幸東宮召諸王宴飲因游元圃園長沙王晃捉華蓋臨川王映執雉尾扇聞喜公子良持酒鎗南郡王行酒武帝與豫章王嶷及敬則自捧肴饌高帝大飲賜武帝以下酒並大醉盡歡日暮乃去是日微敬則則東宮殆廢高帝重伯玉盡心愈見信任使掌軍國密事權動朝右每暫休出外軒蓋塡門嘗遭母憂成服日左率蕭景先侍中王晏共載弔之五更便巾車未到伯玉宅二里許王侯朝士已盈巷至下鼓尙未得前司徒褚淵衛軍王儉俱進繼後方得前又倚聽事久之中詔遣中書舍人徐希秀斷哭止客久方得弔比出二人饑之氣息惙然切齒形於聲貌明日入宮便言云臣等所見二宮門及齋閤方荀伯玉宅政可設雀羅也績復言外論云千勅萬令不如荀公一命武帝深怨伯玉高帝臨崩指伯玉以屬

武帝武帝卽位伯玉憂懼上聞之以其與垣崇祖善崇祖田業在江西慮相扇爲亂加意撫之伯玉乃安永明元年與崇祖並見誣伏誅而允叔爲太子左率呂文顯歎曰伯玉能謀太祖而不能自謀豈非天哉初伯王徽時有善相墓者謂其父曰君墓當出暴貴者但不得久耳又出失行女子伯玉聞之曰朝聞道夕死可矣頃之伯玉姊當嫁明日應行今夕逃隨人去其家尋求不能得後出家爲尼伯玉卒致敗亾云

蘇侃字休烈武邑人也祖護本郡太守父端州中從事侃涉獵書傳出身補長城令薛安都反引侃爲其府參軍使掌書記侃自拔南歸高帝在淮上便自委結帝用爲冠軍錄事參軍是時新失淮北高帝北戍鎭淮陰不滿千人每歲秋冬間邊淮騷動常恐虜至帝乃作塞客吟以喻志侃達上之旨更自勤厲遂見委以府事深被知待桂陽之難帝以侃爲平南錄事領軍主從頓新亭使分金銀賦賜將士帝每遷隨府轉復爲帝太尉諮議侃事帝既久備悉起居乃與邱巨源撰蕭太尉記載帝征伐之功封新建縣侯齊臺建爲黃門侍郞領射聲校尉任以心膂帝卽位撰聖皇瑞命記一卷奏之建元元年卒上惜之甚至謚質侯

虞悰字景豫會稽餘姚人也祖嘯父晉左戶尙書父秀之黃門郞悰少以孝聞父病不欲見人雖子弟亦不得前時悰年十二三晝夜伏戶外問內豎消息問未知轉嗚咽流涕如此者百餘日及亾終喪日唯食麥餅二枚仕宋位黃門郞宋明帝誅山陽王休祐至葬日寒雪厚三尺故人無至者唯悰一人來赴初武帝始從宦家貧薄悰數相分遺每行必呼帝同載帝甚德之建元初爲太子中庶子累遷豫章內史悰家富於財而善爲滋味豫章王嶷盛饌享賓謂悰曰肴羞有所遺不悰曰何曾食蔬有黃頷臛恨無之累遷太子右率永明八年大水百官戎服救太廟悰朱衣乘車鹵簿於宣陽門外入行馬內馳逐人被奏見原上以悰布衣之舊從容謂悰曰我當令卿復祖業轉侍中朝廷咸驚其驟遷祠部尙書武帝幸華林園就悰求味悰獻粣及雜肴數十輿太官鼎味不及也上就悰求諸飮食方悰祕不出上醉後體不快悰乃獻醒酒鯖鮓一方而已鬱林王立兼大匠卿起休安陵於陵所受局下牛酒坐免官隆昌元年以白衣領職鬱林廢悰竊歎曰王徐遂縛袴廢天子天下豈有此理邪延興元年領右軍明帝立悰稱疾不陪位帝使尙書令王晏齎廢立事示悰以悰舊人引參佐命悰謂晏曰主上聖明公卿勠力寧假朽老以匡贊惟新乎不敢聞命因慟不自勝朝議欲糾之僕射徐孝嗣曰此亦古之遺直眾議乃止悰稱疾篤還東詔賜假百日轉給事中光祿大夫尋加正員常侍卒悰性敦實與人知識必相存訪親疏皆有終始世以此稱之

胡諧之豫章南昌人也祖廉之書侍御史父翼之州辟不就諧之仕宋爲邵陵王左軍諮議武帝爲江州以諧之爲別駕委以事任建元二年爲給事中驍騎將軍上方欲獎以貴族盛姻以諧之家人語傒音不正乃遣宮內四五人往諧之家教子女語二年後帝問曰卿家人語音正未諧之答曰宮人少臣家人多非唯不能得正音遂使宮人頓成傒語帝大笑徧向朝臣說之永明五年爲左衞將軍加給事中諧之風采瓌潤善自居處兼以舊恩見遇朝士多與交遊六年遷都官尙書上欲遷諧之嘗從容謂曰江州有幾侍中邪答曰近世唯程道惠一人而已上曰當令有二後以語尙書令王儉儉意更異乃以爲太子中庶子領左衞率諧之有識具每朝廷官缺及應遷代密量上所用人皆如其言虞悰以此稱服之既居權要多所徵求就梁州刺史范栢年求佳馬栢年患之謂使曰馬非狗子那可得爲應無極之求接使人薄使人致恨歸謂諧之曰栢年云胡諧是何傒狗無厭之求諧之切齒致忿時王元邈代栢年栢年稱疾推遷不時還諧之言於帝曰栢年恃其山川險固聚眾欲擅一州及栢年下帝欲不問諧之又言見虎格得而放上山於是賜死十年諧之轉度支尙書領衞尉明年卒謚肅侯栢年本梓潼人土斷屬梁州華陽郡初爲州將劉亮使出都諮事見宋明帝帝言次及廣州貪泉因問栢年卿州復有此不答曰梁州唯有文川武鄉廉泉讓水又問卿宅在何處曰臣所居廉讓之間帝嗟其善答因見知歷位內外終於梁州刺史

虞玩之字茂瑤會稽餘姚人也祖宗晉尙書庫部郞父玫通直常侍玩之少閑刀筆汎涉書史仕宋爲烏程令路太后外親朱仁彌犯罪玩之依法案之太后怨訴孝武坐免官元徽中爲尙書右丞高帝參政與玩之書曰張華爲度支尙書事不徒然今漕藏有闕吾賢居右丞已覺金粟可積也玩之上表陳府庫錢帛器械役力州縣轉多興用漸廣慮不支歲月朝議優報之轉少府高帝鎭東府朝廷致敬玩之爲少府猶躡屐造席高帝取屐親視之訛黑斜銳蔈斷以芒接之問曰卿此屐已幾載玩之曰初釋褐拜征北行佐買之着已三十年貧士竟不辦易帝咨嗟因賜以新屐玩之不受帝問其故答

曰今日之賜恩華俱重但耆舊弊席復不可遺所以不敢當帝善之引爲驃騎諮議參軍霸府初開賓客輻湊高帝留意簡接玩之與樂安任遐俱以應對席上之美齊名見遇遷黃門郎領本郡中正先是宋世人籍欺巧及高帝卽位勅玩之與驃騎將軍傅堅意檢定簿籍建元二年詔輔臣曰黃籍民之大綱國之政端自頃氓俗欺巧乃至竊注爵位盜易年月增損三狀貿襲萬端或戶存而文書已絕或人在而反託死叛停私而云隸役身彊而稱六疾編戶齊家少不如此皆政之巨蠹敎之深疵若約之以刑則人僞已遠若綏之以德則勝殘未易諸賢並深明治體各獻嘉謀以振澆化玩之表言便宜多見采納於是朝廷乃別置校籍官置令史限人一日得數巧以防懈怠於是貨賂因緣籍注雖正猶彊推卻以充程限既連年不已又謫巧者戍緣淮各十年百姓怨望富陽人唐寓之僑居桐廬父祖相傳圖墓爲業寓之自云其家墓有王氣山中得金印轉相誑惑永明二年冬寓之聚黨遂陷富陽至錢唐僭號置太子賊遂據郡又遣僞會稽太守孫泓取山陰時會稽太守王敬則朝正故寓之謂可乘虛而襲泓至浦陽江而郡丞張思祖遣峽口戍主楊休武拒戰大破之朝廷遣禁兵東討至錢唐一戰便散禽斬寓之進平諸郡縣臺軍乘勝百姓頗被彊奪軍還上聞之收軍主前軍將軍陳天福棄市天福善馬矟爲諸將法上寵將也既伏誅內外莫不震肅由是乃詔讁役邊疆各許還本土玩之以久宦年老衰疾上表告退許之玩之於人物好臧否宋末王儉舉員外郎孔逷使魏玩之言論不相饒儉逷並恨之至是玩之東歸儉不出送朝廷無祖餞者中丞劉休與親知書曰虞公散髮海隅同古人之美而東都之送殊不藹藹玩之歸家起大宅數年卒其後員外郎孔瓊就儉求會稽五官儉方盥投皁莢於地曰卿鄉俗惡虞玩之至死煩人

劉休字弘明沛郡相人也父超九眞太守休初爲駙馬都尉宋明帝居藩休爲湘東國常侍不爲帝所知襲祖爵南鄉侯友人陳郡謝儼同丞相義宣反休坐匿之被繫尙方孝武崩乃得出泰始初諸州反休素能筮知明帝當勝靜處不預異謀休之繫尙方也尙方令吳喜愛其才後投吳喜爲喜輔師府錄事參軍喜薦之於明帝得在左右版桂陽王征北參軍帝頗有好尙尤嗜飲食休多藝能爰至鼎味無不閑解遂見親賞長直殿內後宮孕者帝使筮其男女無不如占帝素肥瘻不能御內諸王妓妾懷孕使密獻入宮皆使休筮之以故得親密爲帝憎婦人妬尙書右丞羅彥遠以善碁見親婦妬傷其面帝曰我爲卿治之何如彥遠率爾從旨其夕遂賜藥殺其妻休妻王氏亦妬帝聞之賜休妾勅與王氏二十杖令休於宅後開小店使王氏賣掃帚皁莢以此辱之其見親如此尋除員外郎領輔國司馬中書通事舍人帶南城令後爲都水使者南康相休善談政體而在郡無異績建元初爲御史中丞頃之啓言宋世載祀六十歷斯任者五十有三校其年月不過盈歲於臣叨濫宜請骸骨上曰卿職當國司以威爲本而忽憚世誚卿便應辭之如事可獲何情踠節邪四年出爲豫章內史卒宋末造指南車高帝以休有思理使與王僧虔對共監試又元嘉中羊欣重王子敬正隸書世共宗之而右軍之體微古不復見貴及休始好右軍法因此大行云

江祏字弘業濟陽考城人也祖遵寧朔參軍父德驎司徒右長史祏姑爲高帝兄始安貞王道生妃追謚景皇后生明帝祏少爲明帝所親恩如兄弟明帝爲吳興以祏爲郡丞後除通直郎補南徐州別駕明帝輔政委以腹心引爲驃騎諮議參軍領南平昌太守時新立海陵人情未服祏每說明帝以君臣大節明帝轉顧而不言明帝髀上有赤誌常祕不傳既而祏勸帝出以示人晉壽太守王洪範罷任還上袒示之曰人皆謂此是日月相卿幸無泄之洪範曰公日月在軀如何可隱轉當言之公卿上大悅會直後張伯尹瓚等屢謀竊發祏憂虞無計每夕輒託事外出及明帝入纂議定加祏寧朔將軍明帝爲宣城王太史密奏圖緯云一號當得十四年祏入帝喜以示祏曰得此復何所望及卽位遷守衞尉安陸縣侯祏祖遵以后父贈金紫光祿大夫父德驎以帝舅亦贈光祿大夫建武二年遷左衞將軍掌甲仗廉察四年轉太子詹事祏以外戚親要權冠當時魏軍南伐明帝欲以劉暄爲雍州暄時方希內職不願遠役投於祏祏謂明帝曰昔人相暄得一州便躓今爲雍州儻相中乎上默然俄召梁武帝謂曰今使卿爲雍州閫外一以相委祏既見任遂遠致餉遺或取諸王名書好物然家行甚睦待子姪有恩永泰元年明帝寢疾轉祏侍中中書令出入殿省及崩遺詔轉尙書左僕射祏弟衞尉祀爲侍中皇后弟劉暄爲衞尉與始安王遙光徐孝嗣蕭坦之等輔政誡東昏曰五年中汝勿厝意過此自覽勿復委人及卽位祏參掌選事明帝雖顧命羣臣而意寄多在祏兄弟至是更直殿內動止關諮永元元年領太子詹事劉暄遷散騎常侍右衞將軍帝稍欲行意

徐孝嗣不能奪蕭坦之雖時有異同而祏堅意執制帝深忌之孝嗣謂祏曰主上稍有異同詎可爲相乖反祏曰但以見付必無所憂左右小人會稽茹法珍吳興梅蟲兒東海祝靈勇東冶軍人俞靈韻右衞軍人豐勇之等並爲帝所委任祏常裁抑之羣小切齒帝失德旣彰祏議欲立江夏王寶元劉暄初爲寶元郢州行事執事過刻有人獻馬寶元欲看之暄曰馬何用看妃索煮肫帳下諸暄暄曰旦已煮鵝不煩復此寶元恚曰舅殊無渭陽之情暄聞之亦不悅至是不同祏議欲立建安王寶夤密謀於遙光遙光自以年長屬當鼎命微旨動祏祏弟祀以少主難保勸祏立遙光暄以遙光若立己失元舅之望不肯同故祏遲疑久不決遙光大怒遣左右黃曇慶於青溪橋道中刺殺暄曇慶見暄部伍人多不敢發事覺暄告祏謀帝處分收祏兄弟祀時直在殿內疑有異遣信報祏曰劉暄似有謀今作何計祏曰政當靜以鎭之俄而召祏入見停中書省先是直齋袁文曠以王敬則勳當封祏執不與帝使文曠取祏以刀環築其心曰復能奪我封不祀祏同日見殺祏任寄雖重而不忘財利論者以此少之祏等旣誅帝恣意游走單騎奔馳謂左右曰祏常禁吾乘馬小子若在吾豈能得此因問祏親親餘誰答曰江祥今猶在冶乃於馬上作勑賜祥死祀字景昌位晉安王鎭北長史南東海太守行府州事祀弟禧早卒有子廞字偉卿年十二聞收至謂家人曰伯旣如此無心獨存赴井死劉暄字士穆彭城人及聞祏等戮眠中大驚投出戶外問左右收至未良久意定還坐大悲曰不念江行自痛也遙光事起以討劉暄爲名事平暄還領軍將軍封平都縣侯其年茹法珍梅蟲兒徐世摽構暄有異志帝曰領軍是我舅豈應有此世摽曰明帝是武帝同堂恩遇如此尙滅害都盡舅復焉可信乃誅之暄爲人性軟弱當軸居政每事讓江祏羣弟不得進官死之日皆怒之和帝中興元年贈祏衞將軍暄散騎常侍撫軍將軍並開府儀同三司祀散騎常侍太常卿

蕭惠基南蘭陵人也父思話宋贈征西將軍儀同三司自有傳惠基幼以外戚見宋江夏王義恭義恭歎其詳審以女結婚除車騎主簿泰始初兄益州刺史惠開拒命明帝遣惠基使蜀宣旨慰勞惠開降而益州土酋反引氐賊圍州城惠基於外宣示朝廷威賞於是氐人斬賊帥降還爲太子中舍人惠基西使部曲並欲論功惠基毀除勳簿或問其意惠基曰我若論其此勞則驅馳而已豈吾懷素之本邪還黃門郞惠基善隸書及奕棊高帝與之情好相得早相器遇桂陽王休範妃惠基姊也帝謂之曰卿家桂陽遂復作賊帝頓新亭壘以惠基爲軍副惠基弟惠朗親爲休範攻戰惠基在城內了不自疑後爲長兼侍中袁粲劉秉起兵之夕高帝以秉是惠基姊夫惠基時直在侍中省遣王敬則觀其指趣見惠基安靜不與秉相知由是益加恩信高帝卽位爲都官尙書掌吏部永明中爲侍中領驍騎將軍尙書令王儉朝宗貴望惠基同在禮閣非公事不私覿焉還太常加給事中自宋大明以來聲伎所尙多鄭衞淫俗而雅樂正聲鮮有好者惠基解音律尤好魏三祖曲及相和歌每奏輒賞悅不能已當時能棊人琅邪王抗第一品吳郡褚思莊會稽夏赤松第二品赤松思速善於大行思莊戲遲巧於鬬棊宋文帝世羊元保爲會稽帝遣思莊入東與元保戲因制局圖還於帝前覆之高帝使思莊與王抗交賭自食時至日暮一局始畢上倦遣還省至五更方決抗睡於局後寢思莊達旦不寐世或云思莊所以品第致高緣其用思深久人不能對也抗思莊並至給事中永明中勑使抗品棊竟陵王子良使惠基掌其事初思話先於曲阿起宅有閑曠之致惠基常謂所親曰須婚嫁畢當歸老舊廬立身退素朝廷稱爲善士明年卒贈金紫光祿大夫子洽附載從兄眎素傳列在梁史惠基弟惠休永明四年爲廣州刺史罷任獻奉傾資上勑中書舍人茹法亮曰可問蕭惠休故當不復私邪吾欲分受之也後封建安縣子永元元年從吳興太守徵爲尙書右僕射吳興郡項羽神舊酷烈人云惠休事神謹故得美遷于時朝士多見殺二年惠休還至平望帝令服藥而卒贈金紫光祿大夫惠休弟惠朗同桂陽賊高帝赦之後爲西陽王征虜長史行南兗州事坐法免官惠朗弟惠蒨位左戶尙書子介亦附眎素傳

張岱字景山吳郡吳人也父裕宋會稽太守自有傳岱仕宋州辟從事累遷東遷令時殷沖爲吳興太守謂人曰張東遷親貧須養所以栖遲下邑然名器方顯終當大至後爲司徒左西曹掾母年八十籍注未滿岱便去官從實還養有司以岱違制將欲糾舉孝武曰觀過可以知仁不須案也累遷山陰令職事閑理巴陵王休若爲北徐州未親政事以岱爲冠軍諮議參軍領彭城太守行府州國事後臨海王爲征虜將軍鎭廣州豫章王爲車騎將軍鎭揚州晉安王爲征虜將軍鎭南兗州岱歷爲三府諮議三王行事與典籤主帥共事事舉而情得或謂岱曰主王旣幼執事多門而每能緝和公私云

何致此岱曰古人言一心可以事百君我爲政端平待物以禮悔吝之事無由而及明闇短長更是才用多少耳入爲黃門郎新安王子鸞以盛寵爲南徐州割吳郡屬焉高選佐吏孝武召岱謂曰卿美效夙著兼資宦已多今欲用卿爲子鸞別駕總刺史之任無謂小屈終當大申也帝崩累遷吏部郎泰始末爲吳興太守元徽中爲益州刺史加都督數年益土安其政累遷吏部尙書王儉爲吏部郎時專斷曹事岱每相違執及儉爲宰相以此頗不相善岱兄子瓌與弟恕其誅吳郡太守劉遐高帝欲以恕爲晉陵郡岱曰恕未閑從政美錦不宜濫裁高帝曰恕爲人我所悉且又與瓌同勳自應有賞岱曰若以家貧賜祿此所不論若語功推事臣門之恥加散騎常侍建元元年中詔序朝臣欲以右僕射擬岱褚淵謂得此過優若別有忠誠特宜升引者別是一理詔更量出爲吳郡太守高帝知岱歷任清直至郡未幾手勑曰大郡任重乃未欲回換但總戎務殷宜須望實今用卿爲護軍加給事岱拜竟中詔以家爲府武帝卽位復爲吳興太守岱晚節在吳興更以寬恕著名遷南兗州刺史未拜卒岱初作遺命分張家財封置箱中家業張減隨復改易如此十數年謚曰貞子岱兄演仕宋位太子中舍人演子緒字思曼緒少知名清簡寡欲從伯敷及叔父鏡從叔暢並皆貴異之鏡比之樂廣敷云是我輩人暢言於孝武帝用爲尙書倉部郎都令史諮詳郡縣米事緒蕭然直視不以經懷宋明帝每見緒輒歎其清談轉太子中庶子本州大中正遷司徒左長史吏部尙書袁粲言於帝曰臣觀張緒有正始遺風宜爲宮職復轉中庶子後爲侍中遷吏部郞參掌大選元徽初東宮官罷選曹擬舍人王儉爲格外記室緒以儉人地兼美宜轉祕書丞從之緒又遷侍中嘗私謂客曰一生不解作諾有以告袁粲褚淵者由是出爲吳郡太守緒初不知也昇明二年自祠部尙書爲高帝太傅長史建元元年爲中書令緒善談元深見敬異僕射王儉嘗云緒過江來所未有北士可求之耳不知陳仲弓黃叔度能過之不駕幸莊嚴寺聽僧達道人講維摩經緒坐遠不聞僧達言上難移緒乃遣僧達以近之時帝欲用緒爲右僕射以問王儉儉曰緒少有清望誠美選也然南士由來少居此職褚淵曰儉少年或未憶耳江左用陸玩顧和皆南人也儉曰晉氏衰政不可爲則先是緒諸子皆輕俠中子充少時又不護細行儉又以爲言乃止及立國學以緒爲太常外領國子祭酒以王延之代緒爲中書令何點歎曰晉以子敬季琰爲此職今以王延之張緒爲之可謂清官後接之者實爲未易緒長於周易言精理奧見宗一時常云何平叔不解易中七事武帝卽位轉吏部尙書祭酒如故永明二年領南郡王師加給事中三年轉太子詹事師給事如故緒每朝見武帝目送之謂王儉曰緒以位尊我我以德貴緒遷散騎常侍金紫光祿大夫師如故給親信二十人復領中正長沙王晃屬選用吳郡聞人邕爲州議曹緒以資籍不當執不許晃遣書固請之緒正色謂晃信曰此是身家州郡殿下何得見逼乃止緒吐納風流聽者皆忘飢疲見者肅然如在宗廟雖終日與居莫能測焉劉悛之爲益州獻柳數株枝條甚長狀若絲縷時舊宮芳林苑始成武帝以植於太昌靈和殿前常賞玩咨嗟曰此楊柳風流可愛似張緒當年時其見賞愛如此王儉爲尙書令丹陽尹時諸令史來問迅有一令史善俯仰進止可觀儉賞異之問曰經與誰共事答云十餘歲在張令門下儉目送之時尹丞殷瀰在坐曰是康成門人也七年竟陵王子良領國子祭酒武帝勑王晏曰吾欲令司徒辭祭酒以授張緒物議以爲如何子良竟不拜以緒領國子祭酒緒口不言利有財輒散之清談端坐或終日無食門生見緒飢爲之辦餐然未嘗求也死之日無宅以殯遺命凶事不設柳翣止以蘆葭輤車引柩靈上置盃水香火不設祭從弟融敬緒事之如親兄齎酒於緒靈前酌飲慟哭曰阿兄風流頓盡追贈散騎常侍特進光祿大夫謚簡子子完宋後廢帝時爲正員郎以險行見寵坐廢錮完弟允永明中安西功曹淫通殺人伏法允兄充知名列在梁史

江謐字令和濟陽考城人祖秉之宋臨海太守自有傳父徽尙書都官郎吳令元凶弒立殺徐湛之徽以黨與見誅謐坐繫尙方宋孝武平建鄴乃得出爲于湖令彊濟稱職宋明帝爲兗州謐傾身奉事爲帝所待及卽位以爲驃騎參軍弟蒙貌醜帝嘗召見狎侮之謐再遷右丞兼比部郎泰始四年江夏王義恭第十五女卒年十九未笄禮官議從成人服諸王服大功左丞孫夐重奏禮記女子十五而笄鄭元云應年許嫁者也其未許嫁者則二十而笄射義云十九猶爲殤禮官違越經典於理無據太常以下結免贖論謐坐杖督五十奪勞百日謐又奏夐先不研辯混同謬議準以事例亦宜及咎夐又結免贖論詔可出爲建平王景素冠軍長史長沙內史行湘州事政敎苛刻僧遵道人與謐情欵隨謐莅郡犯小事餓繫郡獄遵道裂衣食之盡而死爲有司奏徵

還明帝崩遇赦免高帝領南兗州謐爲鎭軍長史廣陵太守入爲遊擊將軍性疏俗善趨時利元徽末朝野咸屬意建平王景素謐深自委結景素敗僅得免禍蒼梧王廢後物情尙懷疑惑謐獨竭誠歸事高帝昇明元年爲黃門侍郎領尙書左丞沈攸之事起議加高帝黃鉞謐所建也事寧遷吏部郎建元元年位侍中旣而驃騎豫章王嶷領湘州以謐爲長史封永新縣伯三年爲左戶尙書諸王子出閤用文武主帥皆悉以委謐尋勑選曰江謐寒士誠當不得競等華儕然甚有才幹可遷掌吏部謐才長刀筆所在幹職高帝崩謐稱疾不入眾頗疑其怨不預顧命也武帝卽位謐又不遷官以此怨望時武帝不豫謐詣豫章王嶷請閒曰至尊非起疾東宮又非才公今欲何計武帝知之出爲鎭北長史南東海太守未發憂甚乃以弈碁占卦云有客南來金椀玉杯上使御史中丞沈沖奏謐前後罪惡請收送廷尉詔賜死果以金甖盛藥鴆之子介建武中爲吳令政亦深苛人門牓死人髑髏爲謐首介棄官而去

謝超宗陳郡陽夏人也祖靈運宋臨川內史自有傳父鳳與超宗坐靈運事徙嶺南鳳卒徙所超宗元嘉末得還與慧休道人來往好學有文辭盛得名譽新安王子鸞孝武帝寵子超宗以選補王國常侍王母殷淑儀卒超宗作誄奏之帝大嗟賞謂謝莊曰超宗殊有鳳毛恐靈運復出時右衛將軍劉道隆在御坐出候超宗曰聞君有異物可見乎超宗曰懸磬之室復有異物邪道隆武人無識正觸其父名曰旦侍宴至尊說君有鳳毛超宗徒跣還內道隆謂檢覓毛至闇待不得乃去泰始中爲尙書殿中郎三年都令史駱宰議策秀孝格五問並得爲上四三爲中二爲下一不第超宗議不同詔從宰議高帝爲領軍數與超宗共屬文愛其才翰左衛將軍袁粲聞之謂高帝曰超宗開亮可與語取爲長史臨淮太守粲誅高帝以超宗爲義興太守昇明二年坐公事免詣東府門自通其日風寒慘厲高帝謂四坐曰此客至使人不衣自暖矣超宗旣坐飲酒數杯辭氣橫出高帝對之甚歡拔爲驃騎諮議及齊受禪轉黃門郎有司奏撰立郊廟歌上勑司徒褚淵侍中謝朏散騎侍郎孔稚圭太學博士王咺之總明學士劉融何法圖何曇秀作者凡十人超宗辭獨見用爲人恃才使酒多所陵忽在直省常醉上召見語及北方事超宗曰虜動來二十年矣佛出亦無如之何以失儀出爲南郡王中軍司馬人間曰承有朝命定是何府超宗怨望答曰不知是司馬爲是司驢旣是驢府政應爲司驢爲有司奏以怨望免官禁錮十年後司徒褚淵因送湘州刺史王僧虔閣道壞墜水僕射王儉嘗爲牛驚跣下車超宗撫掌笑曰落水三公墜車僕射淵出水霑濕狼籍超宗先在僧虔舫抗聲曰有天道焉天所不容地所不受投畀河伯河伯不受淵大怒曰寒士不遜超宗曰不能賣袁劉得富貴爲免寒士前後言誚稍布朝野武帝卽位使掌國史除竟陵王征北諮議領記室愈不得志超宗爲子娶張敬兒女爲婦上甚疑之永明元年敬兒誅超宗謂丹陽尹李安人曰往年殺韓信今年殺彭越君欲何計安人具啓之上積懷超宗輕慢使兼中丞袁彖奏超宗請付廷尉武帝雖可其奏以彖言辭依違使左丞王逡之奏彖輕文畧奏撓法容非請免彖所居官詔彖匿情欺國愛朋罔主免官禁錮十年超宗下廷尉一宿髮白皓首詔徙越嶲行至豫章上勑內史虞悰賜自盡勿傷其形骸明年超宗門生王永又告超宗子才卿死罪二十餘條上疑其妄以才卿付廷尉辯以不實見原永先於獄盡之才卿弟幾卿列在梁史

謝朓字元暉超宗之族父而宋左僕射裕之姪子也祖述吳興太守附載裕傳父緯散騎侍郎朓少好學有美名文章清麗爲隨王子隆鎭西功曹轉文學子隆在荆州好辭賦數集僚友元暉尤被賞遇流連晤對不捨日夕長史王秀之以元暉年少相動欲以啓聞武帝嘗勑令還都朓道中爲詩寄西府曰常恐鷹隼擊秋菊委嚴霜寄言罻羅者寥廓已高翔仍除新安王中軍記室朓爲牋辭子隆時荆州信去倚待朓執筆便成文無點易以本官兼尙書殿中郎隆昌初勑朓接北使朓自以口訥啓辭見許明帝輔政以爲驃騎諮議領記室掌霸府文筆又掌中書詔誥轉中書郎出爲晉安王鎭北諮議南東海太守行南徐州事啓王敬則反謀上甚賞之遷尙書吏部郎朓上表三讓中書疑朓官未及讓以問國子祭酒沈約約曰宋元嘉中范曄讓吏部朱修之讓黃門蔡興宗讓中書並三表詔答其事宛然近世小官不讓遂成常俗王藍田劉安西並貴重初自不讓今豈可慕此不讓邪孫興公孔顗並讓記室今豈可三署皆讓邪謝吏部今授超階所讓別有意豈關官之大小撝讓之美本出人情若大官必讓便與詣闕章表不異例旣如此謂都非疑朓又啓讓上優答不許朓善草隸長五言詩沈約常云二百年來無此詩也敬皇后遷祔山陵朓撰哀策文齊世莫有及者東昏失德江祏欲立江夏王寶玄末更回惑與弟祀密謂朓曰江夏年少脫不堪

負荷神器不可復行廢立始安年長入纂不乖物望非以此要富貴政是求安國家爾遙光又遣親人劉渢密致意於朓欲以爲肺腑朓自以受恩明帝非渢所言不肯答少日遙光以朓兼知衛尉事朓懼見引卽以祏等謀告左興盛興盛不敢發言又說劉暄曰始安一旦南面則劉渢劉晏居卿今地但以卿爲反覆人爾暄陽驚馳告始安王及江祏始安欲出朓爲東陽郡祏固執不與先是朓常輕祏爲人祏嘗詣朓朓因言有一詩呼左右取既而便停祏問其故云定復不佳祏以爲輕己後祏及弟祀劉渢劉晏俱候朓朓謂祏曰可謂帶二江之雙流以嘲弄之祏轉不堪至是構而害之詔暴其過惡收付廷尉又使御史中丞范岫奏收朓下獄死時年三十六臨終謂門賓曰寄語沈公君方爲三代史亦不得見沒初朓告王敬則反敬則女爲朓妻常懷刀欲報朓朓不敢相見及當拜吏部謙挹尤甚尚書郎范縝嘲之曰卿人地之美無慙小選但恨今自不可刑于寡妻朓有愧色及臨誅歎曰天道其不可昧乎我雖不殺王公王公因我而死朓好奬人才會稽孔闓粗有文筆未爲時知孔稚珪嘗令草讓表以示朓朓嗟吟良久手自折簡寫之謂稚珪曰士子聲名未立應共奬成無惜齒牙餘論其好善如此朓及殷濬素與梁武以文章相得帝以大女永興公主適濬子鈞第二女永世公主適朓子謨及帝爲雍州二女並暫隨母向州及梁武卽位二主始隨內還梁武意薄謨又以門單欲更適張弘策子弘策卒又以與王志子諲而謨不堪歎恨爲書狀如詩贈主主以呈帝甚蒙矜歎而婦終不得還尋用謨爲信安縣稍遷王府諸議時以爲沈約早與朓善爲制此書云

謝顥字仁悠朓之族子也祖密宋侍中父莊中書令散騎常侍金紫光祿大夫莊附載密傳顥少簡靜宋末爲豫章太守至石頭遂白服登烽火樓坐免官詣高帝自占謝言辭清麗容儀端雅左右爲之傾目宥而不問永明初高選文學以顥爲竟陵王友歷吏部郎有簡秀之目卒於北中郎長史顥弟瀹字義潔年七歲王彧見而異之言於宋孝武召見於人衆中瀹舉止閑詳應對合旨帝悅詔尚公主景和敗事寢僕射褚淵以女妻之厚爲資送性甚敏贍嘗與劉悛飲推讓久之悛曰謝莊兒不可云不能飲瀹曰苟得其人自可湛湎千日悛甚慙無言仕齊累遷中書侍郎衛軍王儉引爲長史雅相禮遇後拜吏部尚書明帝廢鬱林領兵入殿左右驚走報瀹瀹與客圍碁每下子輒云其當有意竟局乃還齋臥竟不問外事明帝卽位瀹又屬疾不知公事蕭諶以兵臨起之瀹曰天下事公卿處之足矣且死者命也何足以此懼人後宴會功臣上酒尚書令王晏等與席瀹獨不起曰陛下受命應天王晏以爲己力獻觴遂不見報上大笑解之坐罷晏呼瀹其載欲相撫悅瀹又正色曰君巢窟在何處晏初得班劒瀹謂曰身家太傅裁得六人若何事頓得二十晏甚憚之謂江祏曰彼上人者難爲詶對加領右軍將軍兄朏在吳興論啟公事稽晚瀹輒代朏爲啟上知非朏手迹被問見原永泰元年卒於太子詹事贈金紫光祿大夫謚簡子初朏爲吳興瀹於征虜渚送別朏指瀹口曰此中唯宜飲酒瀹建武之朝專以長酣爲事與劉瑱沈昭畧交飲各至數斗武帝問王儉當今誰能爲五言儉曰朏得父膏腴江淹有意上起禪靈寺勑瀹撰碑文其辭甚佳子覽附載兄朏傳列在梁史

到撝字茂謙彭城武原人也祖彥之宋護軍將軍自有傳父仲度驃騎從事中郎撝襲爵建昌公宋明帝立欲收物情以撝功臣之後自長兼左戶郎中擢爲太子洗馬撝資藉豪富厚自奉養供一身一月千萬宅宇山池妓妾姿藝皆窮上品才調流贍善納交游愛妓陳玉珠明帝遣求不與逼奪之撝頗怨帝令有司誣奏將殺之撝入獄數宿鬚鬢皆白免死繫尚方奪封與弟賁撝由是更以貶素自立明帝崩弟賁讓封還撝朝議許之弟遁元徽中爲南海太守在廣州昇明元年沈攸之反刺史陳顯達起兵應朝廷遁猶豫見殺遁家人在都從野夜歸見兩三人持堊刷其家門須臾而滅明日而遁死問至撝懼請高帝謝卽拔撝武帝中軍諮議參軍建元初國除武帝卽位累遷司徒左長史宋時武帝與撝同從宋明帝射雉郊野渴倦撝得早青瓜與上對剖食之上又數遊撝家懷其舊德至是一歲三遷永明元年爲御史中丞車駕幸丹陽郡宴飲撝侍舊酒後狎侮同列謂庾杲之曰蠢爾蠻荆其俗鄙復謂虞悰曰斷髮文身其風陋王晏既貴雅步從容又問曰王散騎復何故爾晏先爲國常侍轉員外散騎郎此二職清華所不爲故以此嘲之王敬則執槙查以刀子削之又曰此非元徽頭何事自契之爲左丞庾杲之所糾以贖論再遷左衛將軍隨王子隆帶彭城郡撝問訊不脩部下敬爲有司舉免官後爲五兵尚書廬陵王中軍長史卒子沆嗣列在梁史

沈憲字彥璋吳興武康人也祖說道巴西梓潼二郡太守父璞之北中郎行參軍憲少有幹局爲駕部郎宋明

帝與憲圍碁謂曰卿廣州刺史材也補烏程令甚著政績太守褚淵歎美以爲方圓可施少府管掌煩冗材幹者並更其職憲以吏能累遷少府卿武陵王贊爲會稽以憲爲左軍司馬高帝以山陰戶衆難御欲分爲兩縣武帝啓曰縣豈不可御但用不得人耳乃以憲帶山陰令政績大著孔珪請假東歸謂人曰沈令料事特有天才後爲晉安王後軍長史廣陵太守西陽王子明代爲南兗州憲仍留爲冠軍長史太守如故永明八年子明典籤劉道濟贓私百萬爲有司所奏賜死憲坐不糾免官後除散騎常侍未拜卒當時稱爲良吏憲同郡邱仲起先是爲晉平郡清廉自立褚淵歎曰目見可欲心能不亂此楊公所以遺子孫也仲起字子震位至廷尉卒

沈沖字景綽吳興武康人也父懷文宋廣陵太守爲孝武帝所忌收付廷尉賜死自有傳沖涉獵文義仕宋歷位撫軍正佐兼記室及父懷文得罪被繫沖與兄淡深行謝情哀貌苦見者傷之柳元景欲救懷文言於孝武曰沈懷文三子塗炭不可見願陛下速正其罪帝曰宜急殺之使其意分竟殺之元景爲之歎息沖兄弟以此知名累遷司徒錄事武帝爲江州沖爲征虜長史尋陽太守建元中累遷太子中庶子武帝在東宮待以恩舊及卽位轉御史中丞侍中永明四年爲五兵尙書沖與兄淡深名譽有優劣世號爲腰鼓兄弟淡深並歷御史中丞兄弟三人皆爲司直晉宋所未有也中丞案裁之職被惡者多結怨永明中深彈吳興太守袁彖建武中彖從弟昂爲中丞到官數日奏彈深子繢父在儭白幰車免官禁錮沖母孔氏在東鄰家失火疑爲人所焚爇大呼曰我三兒皆作御史中丞與人豈有善者方恐肌分骨散何但焚如兄弟後並歷侍中武帝方欲任沖尋卒追贈太常謚曰恭子

張融字思光吳郡吳人也父暢宋會稽太守附載其叔父南蠻校尉邵傳融弱冠有名道士陸修靜以白鷺羽麈尾扇遺之曰此旣異物以奉異人解褐爲宋新安王子鸞行參軍王母殷淑儀薨後四月八日建齋并灌佛僚佐儭者多至一萬少不減五千融獨注儭百錢帝不悅曰融殊貧當序以佳祿出爲封溪令從叔永出後渚送之曰似聞朝旨汝尋當還融曰不患不還正恐還而復去及行路經嶂嶮獠賊執融將殺而食之融神色不動方作洛生詠賊異之而不害也浮海至交州於海中遇風終無懼色方詠曰乾魚自可還其本鄉肉脯復何爲者哉又作海賦文辭詭激獨與衆異後以示鎭軍將軍顧覬之覬之曰卿此賦實超元虛但恨不道鹽耳融卽求筆注曰漉沙構白熬波出素積雪中春飛霜暑路此四句後所足也覬之與融兄有恩好覬之卒融身負墳土在南與交阯太守卞展善展於嶺南爲人所殺融挺身奔赴舉後秀才射策中第爲尙書殿中郞不就改爲儀曹郞尋請假奔叔父喪道中罰幹錢敬道鞭杖五十寄繫延陵獄大明五年制二品清官行僮幹杖不得出十爲左丞孫緬所奏免官復位攝祠部倉部二曹時領軍劉勔戰死融以祠部議上應哭勔帝納之又俗人忌以正月開太倉融議不宜拘束小忌尋兼掌正廚見宰殺迴車徑去自表解職再遷南陽王友融父暢爲丞相義宣長史義宣敗暢幾爲王元謨所殺時元謨子瞻爲南陽王長史暢啓求去官不許融家貧欲祿乃與從叔征北將軍永書曰融昔幼學早訓家風雖則不敏率以成性布衣韋帶弱年所安簞食瓢飲不覺自樂但人生多待榛栗棗修女贄旣長束帛禽鳥男禮已大勉身就官十年七仕不欲代耕何至此事昔求三吳一丞雖屬舛錯今聞南康缺守願爲得之融不知階級階級亦可不知融政以求丞不得所以求郡求郡不得亦可復求丞又與吏部尙書王僧虔書曰融天地之逸人也進不辯貴退不知賤實以家貧累積孤寡傷心八姪俱孤二弟頓弱豈能以山海陋祿申融情累阮籍愛東平土風融亦欣晉平閑外時議以融非御人才竟不果用辟齊太傅掾稍遷中書郞非其所好乞爲中散大夫不許張氏自敷以來並以理音辭脩儀範爲事至融風止詭越坐常危膝行則曳步翹身仰首意制甚多見者驚異聚觀成市而融了無慙色隨例同行常稽遲不進高帝素愛融爲太尉時與融欵接見融常笑曰此人不可無一不可有二卽位後手詔賜融衣曰見卿衣服麤故誠乃素懷有本然過爾藍縷亦虧朝望今送一通故衣意謂雖故乃勝新也是吾所著已令裁減稱卿之體并履一量高帝出太極殿西室融入問訊彌時方登階及就席上曰何乃遲爲對曰自地升天理不得速時魏主至淮而退帝問羣臣彼何意忽來忽去未有答者融時在下坐抗聲曰以無道而來見有道而去公卿咸以爲捷融善草書常自美其能帝曰卿書殊有骨力但恨無二王法答曰非恨臣無二王法亦恨二王無臣法融請假還鄉詣王儉別儉立地舉袂不前融亦舉手呼儉曰前儉不得已趨就之融曰使融爲不慕勢而令君爲趨士豈不善乎常歎云不恨我不見古人所恨古人又不見我融與吏部尙書何戢善往詣戢誤通尙書劉澄下車

入門乃曰非是𡍲澄又曰非是旣造席視澄曰都自非是乃去其爲異如此入爲長沙王鎭軍參軍竟陵王征北諮議並領記室司徒從事中郞永明二年總明觀講勑朝臣集聽融扶入就榻私索酒飲之事畢乃長歎曰嗚呼仲尼獨何人哉爲御史中丞到撝所奏免官尋復職融容貌短醜精神清徹王敬則見融革帶寬殆將至髀謂曰革帶太急融曰旣非步吏急帶何爲融以假東出武帝問融住在何處答曰臣陸處無屋舟居無水後上問其兄緖緖曰融近東出未有居止權遣小船於岸上住上大笑後使融接對北使李道固道固顧而言曰張融是宋彭城長史張暢子不融嚬蹙久之曰先君不幸名達六夷豫章王大會賓僚融食炙始行畢行炙人便去融欲求鹽蒜口終不言方搖食指半日每出入朝廷皆拭目驚觀之八年朝臣賀衆瑞公事融扶入拜起復爲有司所奏見原遷司徒兼右長史竟陵張欣時爲諸暨令坐罪當死欣時父興世討宋南譙王義宣時官軍欲殺融父暢興世以袍覆暢而坐之得免興世卒融著高屐爲負土成墳至是融啓竟陵王子良乞代欣時死子良答曰此乃是長史美事恐朝有常典不得如長史所懷還黃門郞太子中庶子司徒左長史融有孝義忌月三旬不聽樂事嫂甚謹父暢臨終謂諸子曰昔丞相事難吾以不同將見殺濬司馬竺超民得活爾等必報其子後超民孫微冬月遭母喪居貧融弔之悉脫衣以爲賻披牛被而反常以兄事微豫章王嶷竟陵王子良薨自以身經佐吏哭輒盡慟建武四年病卒遺令建白旐無旒不設祭令人捉麈尾登屋復魂曰吾平生所善自當陵雲一笑三千買棺無製新衾左手執孝經老子右手執小品法華經妾二人事哀畢各遣還家曰以吾生平之風調何至使婦人行哭失聲不須暫停閨閤融元義無師法而神解過人高談鮮能抗拒永明中遇疾爲門律自序云吾文章之體多爲世人所驚汝可師耳以心不可使耳爲心師也夫文豈有常體但以有體爲常正當有其體丈夫當刪詩書制禮樂何至因循寄人籬下臨卒又誡其子曰手澤存焉父書不讀況文音情婉在其韻吾意不然別遺爾旨吾文體英變變而屢奇豈吾天挺蓋不隤家聲汝可號哭而看之融文集十卷行於世自名其集爲玉海司徒褚淵問其故融云蓋玉以比德海崇上善耳張氏前有敷演鏡暢後有充融卷稷融第六弟寶稱建武中出爲廬陵太守時名流謝瀹何點陸慧曉孔稚珪至融弟鐵之舍點造坐便曰今日可謂盛集二五我兄弟之流阿六張氏保家之子顧見王思遠曰卿詐作善非實得也二五謂稚珪及融並第五寶稱永元中爲湘州行事蕭穎冑在江陵乘腰輿詣穎冑舉動自若穎冑問何至之晩答曰本朝危亂四海橫流旣不能爲比干之死實未忍爲微子之去是以至晩穎冑深以爲善卽用爲相府諮議參軍後位御史中丞

王秀之字伯奮瑯邪臨沂人祖裕之宋特進左光祿大夫自有傳父瓚之金紫光祿大夫秀之始仕宋爲太子舍人父卒爲庵舍於墓下持喪服闋復職吏部尚書褚淵見秀之貞潔欲與結婚秀之不肯以此頻轉兩府外兵曹參軍後爲晉平太守至郡朞年求還或問其故答曰此郡沃壤珍阜日至人所昧者財財生則禍逐智者不昧財亦不逐禍吾山資已足豈可久留以妨賢路乃上表請代時人謂王晉平恐富求歸齊受命爲豫章王嶷驃騎長史嶷於荆州立學以秀之爲儒林祭酒武帝卽位累遷侍中祭酒轉都官尚書初秀之祖裕之有特操徐羨之傅亮當朝裕之不與往來及致仕隱吳興與秀之父瓚之書深勗以靜退瓚之歷官至五兵尚書未嘗詣一朝貴江湛謂何偃曰王瓚之今便是朝隱及柳元景顏師伯貴要瓚之終不詣之至秀之爲尚書又不與王儉欵接三世不事權貴時人稱之轉侍中領射聲校尉出爲隨王鎭西長史南郡內史後爲輔國將軍吳興太守秀之先爲諸王長史行事便歎曰仲祖之識已見於今可以止足便無復仕進志止營理舍亭山宅有終焉之志及除吳興郡隱業所在心願爲之到郡修舊山移置輜重隆昌元年卒遺令朱服不得入棺祭則酒脯而已世人以僕妾直靈助哭當由喪主不能淯至以多聲相亂魂而有靈吾當笑之諡曰簡子秀之從父弟延之字希季父昇之位都官尚書延之少而靜默不交人事舉秀才累遷司徒左長史延之清貧居宇穿漏褚淵往候之具啓宋明帝卽勑材官爲起三間齋屋出爲吳郡太守罷還家產無所增益遷吏部尚書尚書左僕射宋德旣衰高帝輔政朝野之情人懷彼此延之與尚書令王僧虔中立無所去就時人爲之語曰二王持平不送不迎高帝以此善之宋昇明三年出爲安南將軍江州刺史建元元年進號鎭南將軍延之與金紫光祿大夫阮韜俱宋領軍劉湛外甥並有早譽湛甚愛之曰韜後當爲第一延之爲次也延之甚不平每致餉下都韜與朝士同例高帝聞其如此與延之書曰韜云卿未嘗有別意當由劉家月旦故邪韜字長明陳留人晉金

紫光祿大夫裕元孫也爲南兗州別駕刺史江夏王義恭逆求資費錢韜曰此朝廷物執不與韜少歷清官宋孝武選侍中四人並以風貌王彧謝莊爲一雙韜與何偃爲一雙常充兼假官至散騎常侍金紫光祿大夫領始興王師卒延之居身簡素清靜寡慾凡所經歷務存不擾在江州祿俸外一無所納獨處齋內未嘗出戶吏人罕得見焉雖子弟亦不得妄前時時見親舊未嘗及世事從容談詠而已後爲尚書左僕射尋領竟陵王師卒謚曰簡子綸之字元章爲安成王記室參軍嘗預召會退居僚末司徒袁粲聞而歎曰格外之官便今日爲重貴遊居此位者遂以不掌文記爲高自綸之始也永明中歷位侍中出爲豫章太守下車祭徐孺子許子將墓圖畫陳蕃華歆謝鯤像於郡朝堂爲政寬簡稱良二千石武帝幸琅邪城綸之與光祿大夫金景文等二十一人坐不參承爲有司奏免官後位侍中都官尚書卒自裕之至綸之並方嚴皆兢日乃見子孫蓋家風也綸之子昕有業行居父憂過禮謝瀹欲遣參之孔稚珪曰何假參此豈有全理竟以憂卒秀之子峻字茂遠少美風姿善容止位桂陽內史梁天監初爲中書侍郎梁武帝甚悅其風采與陳郡謝覽同見賞識累遷侍中吏部尚書處選甚得名譽峻性詳雅無趨競心嘗與謝覽約官至侍中不復謀仕進覽自吏部尚書出爲吳興太守平心不畏彊禦亦由處俗情薄故也峻爲侍中已後雖不退身亦淡然自守無所營務遷金紫光祿大夫未拜卒謚曰惠子子琮爲國子生尚始興王女繁昌主琮不慧爲學生所嗤遂離婚峻謝王王曰此自上意僕極不願如此峻曰下官曾祖是謝仁祖外孫亦不藉殿下姻媾爲門戶耳

王曠字明遠一字叔鸞太原祁人也父元謨宋護軍將軍豫州刺史自有傳曠負氣傲俗好貶裁人物仕宋爲王府參軍嘗詣劉秉直登榻曰君侯是公孫僕是公子引滿促膝唯餘二人秉外跡雖酬之意甚不悅豫章王嶷少時早與曠友曠嘗候嶷高論武帝在大牀寢曠謂嶷曰帳中人物亦復隨人寢興嶷言次忽問王彧兄楷賢愚何如殷道矜曠曰卿遂復言他人兄邪武帝稱嶷小名曰多汝兄愚邪得忽來問王參軍此句曠曰直恐如卿來談武帝銜之未嘗形之於色後歷黃門侍郎及建元初曠爲永嘉太守詣闕跪拜不如儀武帝知之召入東宮仍送付廷尉殺之命左右啓高帝曰父辱子死王曠傲朝廷臣輒已收之高帝曰此何足計及聞曠已死乃默然無言曠從叔元載字彥休父猆東莞太守元載仕宋位益州刺史沈攸之之難元載起義送誠於高帝封鄂縣子建元元年爲左戶尚書永明四年位兗州刺史卒官謚烈子元載弟元邈字彥遠仕宋位青州刺史高帝之鎭淮陰爲宋明帝所疑欲北親魏遣書結元邈元邈長史房叔安進曰布衣韋帶之士銜一餐而不忘義使之然也今將軍居方州之重託君臣之義無故舉忠孝而棄之三齊之士寧蹈東海死耳不敢隨將軍也元邈意乃定仍使叔安使建鄴發高帝謀高帝於路執之并求元邈表叔安答曰寡君使表上天子不上將軍且僕之所言利國家而不利將軍無所應問荀伯玉勸殺之高帝曰物各爲主無所責也元邈罷州還高帝塗中要之元邈嚴軍直過還都啓宋明帝稱高帝有異謀高帝不恨也昇明中高帝引爲驃騎司馬泰山太守元邈甚懼高帝待之如初再遷西戎校尉梁南秦二州刺史封河陽縣侯兄弟同時爲方伯建元初亾命李烏奴作亂梁部元邈使人僞降烏奴告之曰王使君兵弱攜愛妾二人已去矣烏奴喜輕兵襲州城元邈出奇兵破之高帝聞之曰元邈果不負吾延興元年爲中護軍明帝使元邈往江州殺晉安王子懋元邈苦辭不行及遣王廣之往廣陵取安陸王子敬元邈不得已奉旨建武中卒於護軍贈雍州刺史謚壯侯叔安字子仁淸河人高帝卽位懷其中正時爲益州司馬寧蜀太守就拜前將軍方用爲梁州會病卒帝歎曰叔安節義古人中求之耳恨不至方伯而終子長瑜亦有義行永明中爲州中從事

袁彖字緯才陳郡陽夏人宋贈侍中湛之從曾孫也湛自有傳祖洵吳郡太守父覬好學美才早有清譽位武陵內史彖少有風氣善屬文及談元舉秀才歷王府參軍不就覬臨終與兄雍州刺史顗書曰史公才識可喜足懋先基矣史公彖小字也及顗在雍州舉兵事敗爲宋明帝所誅投尸於江不許斂葬彖與舊奴一人微服求尸四十餘日乃得密瘞石頭後岡身自負上懷其文集未嘗離身明帝崩後乃改葬顗從叔司徒粲祖舅征西將軍蔡興宗並器之仕宋爲高帝太傅相國主簿祕書丞入齊爲中書郎兼太子中庶子又以中書郎兼御史中丞坐彈謝超宗簡奏依違免官後拜廬陵王諮議時南郡江陵縣人苟蔣之弟胡之婦爲曾口寺沙門所淫夜入苟家蔣之殺沙門爲官司所檢蔣之列家門穢行欲告則恥欲忍則不可實己所殺胡之列又如此兄弟爭死江陵令宗躬啓州荊州刺史廬江王求博議彖

曰夫迅寒急節乃見松筠之操危機迴構方識貞孤之風竊以蔣之胡之殺人原心非暴辯讞之日友于讓生事憐左右義哀行路昔文舉引謗獲漏疏網蔣之心迹同符古人若陷以深刑實傷爲善由是蔣之兄弟免死累遷太子中庶子出爲冠軍將軍監吳興郡事彖性剛固以微言忤武帝又薄王晏爲人晏請交不答武帝在便殿用金柄刀子翦爪晏在側曰外聞有金刀之言恐不宜用此物帝窮問所以晏曰袁彖爲臣說之上銜怒良久彖到郡坐逆用祿錢免官付東冶彖妹爲竟陵王子良妃子良世子昭胄時年八歲見武帝而形容慘悴帝問其故昭胄流涕曰臣舅負罪今在尚方臣母悲泣不食已積日臣所以不盜帝曰特爲兒赦之既而帝遊孫陵望東冶曰冶中有一好貴囚數日與朝臣幸冶履行庫藏因晏飲賜囚徒酒肉勑見彖與語明日釋之後爲侍中彖充腴異眾每從射雉郊野數推扶乃能徒步幼而母卒養於伯母王氏事之如親閨門孝義隆昌元年卒謚靖子彖宗人廓之字思度宏之曾孫也父景雋宋世爲淮南太守以非罪見誅廓之終身不聽音樂布衣蔬食足不出門示不臣於宋時又以比晉之王裒顏延之見其幼時歎曰有子如袁廓足矣齊國建方出仕稍至殿中郎王儉柳世隆傾心待之爲太子洗馬于時何僩亦稱才子爲文惠太子作楊畔歌辭甚惻麗太子甚悅廓之諫之曰夫楊畔既非典雅而聲甚哀思殿下當降意籥韶柰何聽亾國之音太子改容謝之

劉祥字顯徵東莞莒人也曾祖穆之宋佐命元勳贈侍中司徒自有傳祖式之宣城淮南二郡太守俱有傳父敳大宰從事中郎祥宋世解褐爲巴陵王征西行軍參軍少好文學性韻剛疎輕言肆行不避高下建元中爲正員郎司徒褚淵入朝以腰扇鄣日祥從側過曰作如是舉止羞面見人扇鄣何益淵曰寒士不遜祥曰不能殺袁劉安得免寒士永明初撰宋書譏斥禪代尚書令王儉密以啓聞武帝銜而不問歷臨川王驃騎從事中郎祥兄整爲廣州卒官祥就整妻求還資事聞朝廷祥於朝士多所貶忽王奐爲僕射祥與奐子融同載行至中堂見路人驅驢祥曰驢汝好爲之如汝人才皆已爲令僕矣其侮慢如此著連珠十五首以寄其懷其譏議者云希世之寶違時必賤偉俗之器無聖則淪是以明玉黜於楚岫章甫窮於越人有以祥連珠啓武帝帝令御史中丞任遐奏其過惡付廷尉上別遣勑祥曰卿素無行檢朝野所悉輕棄骨肉侮蔑兄嫂此是卿家行不足乃無關他人見卿擬連珠寄意悖慢彌不可長當原卿性命令卿萬里思愆卿若能改革當令卿得還乃徙廣州不得意終日縱酒少時病卒

陸澄字彥深吳郡吳人也祖劭臨海太守父瑗州從事澄少好學博覽無所不知行坐眠食手不釋卷起家太學博士宋太始初爲尚書殿中郎議皇后諱班下應依舊稱姓左丞徐爰案司馬孚議皇后春秋逆王后于齊並不言姓澄以意立議坐免官白衣領職郎官舊坐杖有名無實澄在官積前後罰凡至千數後兼左丞泰始六年詔皇太子朝服袞冕九章澄與儀曹郎邱仲起議服冕以朝實著經文秦除六冕漢明還備魏晉以來不欲令臣下服袞冕故位公者加侍官今皇太子禮絕羣后宜遵聖王盛典革近代之制累遷御史中丞建元元年驃騎諮議沈憲等家奴客爲劫子弟被劾憲等晏然左丞任遐奏澄不糾請免澄官上表自理言舊例無左丞糾中丞之儀詔外詳議尚書令褚淵檢宋以來左丞糾正而中丞不糾免官者甚眾奏澄謏聞膚見貽撓後昆上掩皇明下籠朝議請以見事免所居官詔澄以白衣領職永明元年累遷度支尚書尋領國子博士尚書令王儉謂之曰昔曹志繆悅爲此官以君繼之始無慙德儉嘗問澄曰崇禮門有鼓而未嘗鳴其事安在答曰江左草創崇禮闥皆是茅茨故設鼓有火則扣以集眾相傳至今又與王儉書陳王弼注易元學之所宗今若弘儒鄭注不可廢并言左氏杜學之長穀梁舊有麋信近益以范甯不足兩立世有一孝經題爲鄭元注觀其用辭不與注書相類案元自序所注眾書亦無孝經且爲小學之類不宜列在帝典儉答曰易體微遠實貫羣籍豈可傳據小王便爲該備依舊存鄭高尚來說元凱注傳超邁前儒穀梁小書無俟兩注存麋略范率由舊式凡此諸議並同雅論疑孝經非鄭所注僕以此書明百行之首實人論所先七畧藝文並陳之六藝不與蒼頡凡將之流也鄭注虛實前代不嫌意謂可安仍舊立置儉自以博聞多識讀書過澄澄謂曰僕少來無事唯以讀書爲業且年位已高今君少便鞅掌王務雖復一覽便諳然見卷軸未必多僕儉集學士何憲等盛自商畧澄待儉語畢然後談所遺漏數百十條皆儉所未覩儉乃歎服儉在尚書省出巾箱几案雜服飾令學士隸事事多者與之人人各得一兩物澄後來更出諸人所不知事復各數條并奪物將去轉散騎常侍祕書監吳郡中正光祿大夫加給事中尋領國子祭酒竟陵王子良得古器小口方腹而底平可容七八升以問澄澄

日此名服匿單于以與蘇武子良後詳視器底有字髣髴可識如澄所說隆昌元年以老疾轉光祿大夫加散騎常侍未拜卒謚靜子年七十澄當世稱爲碩學讀易三年不解文義欲撰宋書竟不成王儉戲之曰陸公書廚也家多墳籍人所罕見撰地理書及雜傳死後乃出初澄弟鮮得罪宋世當死澄於路見舍人王道隆叩頭流血以此見原揚州主簿顧測以兩奴就鮮質錢鮮死子暉誣爲買券澄爲中丞測遂爲澄所抑世以此少之

王諶字仲和東海郯人晉少傅雅元孫也祖慶員外常侍父元閔護軍司馬宋大明中沈曇慶爲徐州辟諶爲迎主簿又爲州迎從事湘東王彧國常侍鎮北行參軍及彧即帝位是爲明帝除司徒參軍帶薛令兼中書舍人諶有學義甚見親遇常在左右帝所行慘僻諶屢諫不從請退坐此繫尚方後拜中書侍郎明帝好圍棊置圍棊州邑以建安王休仁爲圍棊州都大中正諶與太子右率沈勃尚書水部郎庾珪之彭城丞王抗四人爲小中正朝請褚思莊傅楚之爲清定訪問後爲尚書左丞領東觀祭酒即明帝所置總明觀也遷黃門郎永明初累遷豫章王太尉司馬武帝與諶相遇於宋明之世甚委任之歷黃門郎領驍騎將軍太子中庶子諶貞正和謹朝廷稱爲善人多與之厚八年轉冠軍將軍長沙王車騎長史徙廬江王中軍長史又徙西陽王子明征虜長史行南兖府州事諶少貧常自紡績及通貴後每爲人說之世稱其達九年卒諶從叔摛以博學見知尚書令王儉嘗集才學之士總校虛實類物隸之謂之隸事自此始也儉嘗使賓客隸事多者賞之事皆窮唯廬江何憲爲勝乃賞以五花簟白團扇坐簟執扇容氣甚自得摛後至儉以所隸示之曰卿能奪之乎摛操筆便成文章既奧辭亦華美舉坐擊掌摛乃命左右抽憲簟手自掣取扇登車而去儉笑曰所謂大力者負之而趨竟陵王子良校試諸學士唯摛問無不對爲秣陵令清直請謁不行羽林隊主潘敞有寵勢傾人主婦弟犯法敞爲之請摛投書於地更鞭四十敞怒譖之明日而見代永明八年天忽黃色照地衆莫能解司徒法曹王融上金天頌摛曰是非金天所謂榮光武帝大悅用爲永陽郡後卒於尚書左丞時有何憲者字子思廬江灊人博涉該通畢覽羣籍天閣寶祕人間散逸無遺漏焉任昉劉渢共執祕閣四部書試問其所知自甲至丁書說一事并敘述作之體連日累夜莫見所遺宗人何遁退讓士也見而美之願與爲友憲位本州別駕國子博士永明十年使于魏時又有孔逷者字世逸會稽山陰人也好典故學與王儉至交昇明中爲齊臺尚書儀曹郎屢箴闕禮多見信納上謂王儉曰孔逷眞所謂儀曹不忝厥職也儉爲宰相逷常謀議帷幄每及選用頗失鄉曲情儉從容啓上曰臣有孔逷猶陛下之有臣也永明中爲太子家令卒時人呼孔逷何憲爲王儉三公及卒儉惜之爲撰祭文

劉瓛字子珪沛郡相人晉丹陽尹琰六世孫也祖弘之給事中父惠臨賀太守瓛篤志好學博通訓義年五歲聞舅孔熙先讀管甯傳欣然欲讀舅更爲說之精意聽受曰此可及也宋大明四年舉秀才兄璲亦有名先應州舉至是別駕東海王元曾與瓛父惠書曰此歲賢子充秀州閭可謂得人除奉朝請不就兄弟三人共處蓬室一間爲風所倒無以葺之怡然自樂習業不廢聚徒教授常有數十丹陽尹袁粲於後堂夜集聞而請之指聽事前古柳樹謂瓛曰人謂此是劉尹時樹每想高風今復見卿清德可謂不衰矣薦爲祕書郎不見用後拜安成王撫軍行參軍以公事免瓛素無宦情自此不復仕袁粲誅瓛微服往哭并致賻助高帝踐阼召瓛入華林園談論問以政道答曰政在孝經宋氏所以亡陛下所以得之是也帝咨嗟曰儒者之言可寶萬世又謂瓛曰吾應天革命物議以爲何如瓛對曰陛下誠前軌之失加之以寬厚雖危可安若循其覆轍雖安必危矣及出帝顧謂司徒褚淵曰方直乃爾學士故自過人敕瓛使數入而瓛自非詔見未常到宮門上欲用瓛爲中書郎使吏部尚書何戢喻旨戢謂瓛曰上意欲以鳳池相處恨君資輕可且就前除少日當轉國子博士便即所授瓛曰平生無榮進意今聞得中書郎而拜記室豈本心哉後以母老闕養重拜彭城郡丞司徒褚淵宣旨喻之答曰自省無廊廟才所願唯保彭城丞耳上又以瓛兼總明觀祭酒除豫章王驃騎記室參軍丞如故瓛終不就武陵王曄爲會稽太守上欲令瓛爲曄講除會稽郡丞學徒從之者轉衆永明初竟陵王子良請爲征北司徒記室瓛與張融王思遠書言情固辭不受除步兵校尉又不拜瓛姿狀纖小儒學冠於當時都下士子貴遊莫不下席受業當世推其大儒以比古之曹鄭瓛謙率通美不以高名自居遊詣故人唯一門生持胡牀隨後主人未通便坐門待答住在檀橋瓦屋數間皆上穿漏學徒景慕不敢指斥呼爲青溪焉竟陵王子良親往修謁十年表武帝爲瓛立館以楊烈橋故主第給之生徒皆賀瓛曰室美豈爲人哉此華宇豈吾宅邪幸可詔

作講堂猶恐見害也未及徙居遇疾子良遣從瓛學者彭城劉繪順陽范縝將廚於瓛宅營齋及卒門人受學並弔服臨送時年六十六瓛有至性祖母病疽經年手持膏藥糊指爲爛母孔氏甚嚴明嘗謂親戚曰阿稱便是今世曾子阿稱瓛小名也年四十餘未有婚對建元中高帝與司徒褚淵爲瓛娶王氏女王氏因穿壁掛履土落孔氏牀上孔氏不悅瓛怒即出其妻及居母憂不出廬足爲之屈杖不能起此山常有鴝鵒鳥瓛在山三年不敢來服釋還家此鳥乃至梁武帝少時嘗經伏膺及天監元年下詔爲瓛立碑謚曰貞簡先生所著文集行於世初瓛講月令畢謂學生嚴桓之曰江右以來陰陽曆數之學廢矣吾今講此曾不得其彷彿學者美其退讓時濟陽蔡仲熊禮學博聞謂人曰五音本在中土故氣韻調平今既東南土氣偏詖故不能感動木石瓛亦以爲然仲熊執經議論往往與時宰不合亦終不改操求同故坎壈不進曆年方至尚書左丞當時恨其不遇又東陽婁幼瑜字季玉著禮捃拾三十卷瓛弟璡字子敬方軌正直儒雅不及瓛而文采過之宋泰豫中爲明帝挽郎建元初爲武陵王曅冠軍征虜參軍曅與僚佐飲自割鵝炙璡曰應刃落俎是宰夫之事殿下親執鸞刀下官未敢安席因起請退與友人會稽孔逷同舟入東於塘上遇一女子逷目送曰美而豔璡曰斯豈君子所宜言乎非吾友也於是解裳自隔或曰與友孔徹同舟入東徹留目觀岸上女子璡舉席自隔不復同坐兄瓛夜隔壁呼璡共語不答方下牀著衣立然後應瓛怪其久璡曰向來束帶未竟其立操如此文惠太子召璡入侍東宮每上事輒削草尋署射聲校尉卒於官時濟陽江重欣亦清介雖處闇室如對嚴賓而不及璡也重欣位至射聲校尉

陸慧曉字叔明吳郡吳人晉太尉玩之元孫也自玩至慧曉祖萬載世爲侍中皆有名行伯父仲元又爲侍中時人方之金張二族父子真仕宋爲海陵太守時中書舍人狄當見幸家在海陵假還葬父子真不與相聞當請發人脩橋又以妨農不許彭城王義康聞而賞之王僧達貴公子孫以才傲物爲吳郡太守入昌門曰彼有人焉顧琛一公兩掾英英門戶陸子真五世內侍我之流亞子真自臨海太守眼疾歸爲中散大夫卒慧曉清介正立不雜交遊會稽內史同郡張緒稱之曰江東裴樂也初應州郡辟舉秀才曆諸府行參軍以母老還家侍養十餘年不仕高帝輔政除爲尚書殿中郎隣族來相賀慧曉舉酒曰陸慧曉年踰三十婦父領選始作尚書郎卿輩乃復以爲慶邪高帝表禁奢侈慧曉撰答詔草爲帝所賞引爲太傅東閤祭酒建元初仍遷太子洗馬廬江何點常稱慧曉心如照鏡遇形觸物無不朗然王思遠常如懷冰暑月亦有霜氣當時以爲實錄慧曉與張融並宅其間有池池上有二株楊柳何點歎曰此水便是醴泉此木便是交讓及武陵王曅出守會稽上爲精選僚吏以慧曉爲征虜功曹與府參軍沛國劉璡同從述職璡清介士也行至吳璡謂人曰吾聞張融與陸慧曉並宅其間有水必有異味遂命駕往酌而飲之曰飲此水則鄙吝之萌盡矣何點薦慧曉於豫章王嶷補司空掾加以恩禮累遷安西諮議領冠軍錄事參軍武帝第三子廬陵王子卿爲南豫州刺史帝稱其小名謂司徒竟陵王子良曰烏熊癡如熊不得天下第一人爲行事無以壓一州既而曰吾思得人矣乃使慧曉爲長史行事臨別帝問曰卿何以輔持廬陵答曰靜以脩身儉以養性靜則人不擾儉則人不煩上大悅後爲司徒右長史時陳郡謝朏爲左長史府公竟陵王子良謂王融曰我府二上佐求之前代誰比融曰明公二上佐天下英奇少見其比子良西邸鈔書令慧曉參知其事尋遷西陽王征虜巴陵王後軍臨汝公輔國三府長史行府州事復爲西陽王左軍長史領會稽郡丞行郡事隆昌元年徙爲晉熙王冠軍長史江夏內史行郢州事慧曉曆輔五政治身清肅僚佐以下造詣必起送之或謂慧曉曰長史貴重不宜妄自謙屈答曰我性惡人無禮不容不以禮處人未嘗卿士大夫或問其故慧曉曰貴人不可卿而賤者乃可卿人生何容立輕重於懷抱終身常呼人位建武初除西中郎長史行事內史如故俄徵黃門郎未拜遷吏部郎尚書令王晏選門生補內外要局慧曉爲用數人而止晏恨之送女伎一人欲與申好慧曉不納吏曹都令史曆政以來諮執選事慧曉任己獨行未嘗與語帝遣主書單景儁以事詰問慧曉仍謂曰都令史諳悉舊貫可共參懷慧曉謂景儁曰六十之年不能復諮都令史爲吏部郎也上若謂身不堪便當拂衣而退帝甚憚之後欲用爲侍中以形短小乃止出爲晉安王鎭北司馬征北長史東海太守行府州事入爲五兵尚書行揚州事崔慧景事平領右軍將軍出監南徐州朝議復欲以爲侍中王亮曰濟河須人今且就朝廷借之以鎭南兗州王瑩王志皆曰侍中彌須英華方鎭猶應有選者亮曰角其二者則貂璫緩拒寇切當今朝廷甚弱宜從其切者乃以爲輔國將軍南兗

州刺史加都督至鎭俄爾以疾卒贈太常三子僚任倕並有聲時人謂之三陸初授慧曉兗州三子依次第作一讓表辭並雅麗時人歎伏僚學涉子史長於徵言美姿容鬚眉如畫位西昌侯長史蜀郡太守倕梁史有傳慧曉兄子閑字退業有風槩與人交不苟合少爲同郡張緒所知仕至揚州別駕明帝崩閑謂所親人曰宮車晏駕百司將聽冢宰主上地重才弱必不能振難將至矣乃感心疾不復預州事永元末刺史始安王遙光據東府作亂或勸去之閑曰吾爲人吏何可逃死臺軍攻陷城閑以綱佐被收至杜姥宅尙書令徐孝嗣啓閑不預逆謀未及報徐世摽命殺之閑四子厥絳完襄絳字魏卿時隨閑抱頸求代死不遂以身蔽刀刃行刑者俱害之厥字韓卿少有風槩雅好屬文永明元年詔百官舉士同郡司徒左西曹掾顧暠之表薦厥州舉秀才時盛爲文章吳興沈約陳郡謝朓瑯邪王融以氣類相推轂汝南周顒善識聲韻約等文皆用宮商將平上去入四聲以此制韻有平頭上尾蠭腰鶴膝五字之中音韻悉異兩句之內角徵不同不可增減世呼爲永明體沈約宋書謝靈運傳後又論其事厥與約書曰范詹事自序性別宮商識清濁特能適輕重濟艱難古今文人多不全了斯處縱有會此者不必從根本中來尙書亦云自靈均以來此祕未覩或聞與理合匪由思至張蔡曹王曾無先覺潘陸顏謝去之彌遠大旨與宮羽相變低昻舛節若前有浮聲則後須切響一簡之內音韻盡殊兩句之中輕重悉異辭既美矣理又善焉但觀曆代衆賢似不都諳此處而云此祕未覩近於誣乎案范云不從根本中來尙書云匪由思至斯則揣情謬於元黃擿句著其音律也范又云時有會此者尙書云或闇與理合則美韻清謳有辭章調韻者雖有差謬亦有會合推此以往可得而言夫思有合離前哲同所不免文有開塞卽事不得無之子建所以好人譏彈士衡所以遺恨終篇既曰遺恨非盡美之作理可詆訶君子執其詆訶便謂合理爲闇豈如指其合理而寄詆訶爲遺恨邪自魏文屬論深以清濁爲言劉楨奏書大明體勢之致齟齬妥帖之談操末續顚之說興元黃於律呂比五色之相宣苟此祕未覩玆論爲何所指邪愚謂前英已早識宮徵但未屈曲指的若今論所申至於掩瑕藏疾合少謬多則臨淄所云人之著述不能無病者也非知之而不改謂不改則不知斯曹陸又稱竭情多悔不可力彊者也今許以有病有悔爲言則必自知無悔無病之地引其不了不合爲闇何獨誣其一合一了之地乎意者亦質文時異今古好殊將急在情物而緩於章句情物文之所急美惡猶且相半章句意之所緩故合少而謬多義兼於斯必非不知明矣長門上林殆非一家之賦洛神池鴈便是二體之作孟堅精正詠史無虧於東主平子恢富羽獵不累於憑虛王粲初征他文未能稱是楊脩敏捷暑賦彌日不獻率意寡尤則事促乎一日翳翳愈伏而理賖於七步一人之思遲速天懸一家之文工拙壤隔何獨宮商律呂必責其如一邪論者乃可言未窮其致不得言曾無先覺也約答曰宮商之聲有五文字之別累萬以累萬之繁配五聲之約高下低昻非思力所學又非止若思而已十字之文顚倒相配字不過十巧曆已不能盡何況復過於此者乎靈均以來未經用之於懷抱固無從得其髣髴矣若斯之妙而聖人不尙何邪此蓋曲折聲韻之巧無當於訓義非聖哲元言之所急也是以子雲譬之雕蟲篆刻云壯夫不爲自古辭人豈不知宮羽之殊商徵之別雖知五音之異而其才參差變動所昧實多故鄙意所謂此祕未覩者也以此而推則知前世文士便未悟此處若以文章之音韻同弦管之聲曲美惡妍蚩不得頓相乖反譬猶子野操曲安得忽有闡緩失調之聲以洛神比陳思他賦有似異手之作故知天機啓則律呂自調六情滯則音律頓舛也士衡雖云煥若縟錦寧有濯色江波其中復有一片是衞文之服此則陸生之言卽復不盡者矣韻與不韻復有精麤輪扁不能言之老夫亦不辯盡此約論四聲妙有銓辯而諸賦亦往往與聲韻乖時有王斌者不知何許人著四聲論行於時斌初爲道人博涉經籍雅有才辯善屬文能唱導而不脩容儀嘗弊衣於瓦官寺聽雲法師講成實論無復坐處唯僧正慧超尙空席斌直坐其側慧超不能平乃罵曰那得此道人祿蔌似隊父唐突人因命驅之斌笑曰既有敘勳僧正何爲無隊父道人不爲之動而撫機問難辭理清舉四坐皆屬目後還俗以詩樂自樂人莫能名之永元元年始安王遙光事難厥父閑被誅厥坐繫尙方尋有赦厥感慟而卒年二十八文集行於世時又有會稽虞炎以文學與沈約俱爲文惠太子所遇意眄殊常官至驍騎將軍厥弟襄附載倕傳

孔稚珪字德璋會稽山陰人也祖道隆位侍中父靈產泰始中罷晉安太守有隱遁之志於禹井山立館事道精篤吉日於靜屋四面朝拜涕泗滂沲東出過錢塘北郭輒於舟中遙拜杜子恭墓自此至都東向坐不敢背

側元徽中爲中散大夫頗解天文好術數高帝輔政沈攸之起兵靈產密白高帝曰沈攸之兵衆雖彊以天時冥數而觀無能爲也高帝驗其言擢遷光祿大夫以簏盛靈產上靈臺令其占候餉靈產白羽扇素隱几曰君有古人之風故遺君古人之服當世榮之稚珪少學涉有美譽太守王僧虔見而重之引爲主簿州舉秀才再遷殿中郎高帝爲驃騎以稚珪有文翰取爲記室參軍與江淹對掌辭筆爲尚書左丞父憂去官與兄仲智還居父山舍仲智妾李氏驕妬無禮稚珪白太守王敬則殺之永明中歷位黃門郎太子中庶子廷尉江左相承用晉世張裴杜預注律二十卷曰張杜律武帝留心法令數訊囚徒詔獄官詳正舊注先是尚書刪定郎王植撰定律奏之刪其煩害錄其允衷取張裴注七百三十一條杜預注七百九十一條或二家兩釋於義乃備者又取一百十條其注相同者取一百三條集爲一書凡一千五百三十二條爲二十卷請付外詳校擿其違謬詔從之於是公卿八座參議考正舊注有輕重處竟陵王子良下意多使從輕其中朝議不能斷者則制旨平決至九年成書稚珪表上律文二十卷錄序一卷所奏獲允者宜寫律上國學置律助敎依五經例國子有欲讀者策試上過第卽擢用使處法職以勸士流詔報從之事竟不行轉御史中丞建武初爲平西長史南郡太守稚珪以魏連歲南伐百姓死傷乃上表陳通和之策帝不從徵侍中不行留本任稚珪風韻清疎好文詠飮酒七八斗與外兄張融情趣相得又與琅邪王思遠廬江何點點弟允並款交不樂世務居宅盛營山水憑几獨酌傍無雜事門庭之內草萊不翦中有蛙鳴或問之曰欲爲陳蕃乎稚珪笑答曰我以此當兩部鼓吹何必效蕃王晏嘗鳴鼓吹候之聞羣蛙鳴曰此殊聒人耳稚珪曰我聽鼓吹殆不及此晏甚有慙色永元元年爲都官尚書遷太子詹事加騎常侍三年稚珪疾東昏屏除以牀舁之走因此疾甚遂卒贈金紫光祿大夫

周顒字彥倫汝南安成人晉左光祿大夫顗七世孫也祖虎頭員外常侍父恂歸鄉相顒少爲族祖朗所知解褐海陵國侍郎益州刺史蕭惠開賞異顒攜入蜀爲厲鋒將軍帶肥鄉成都二縣令仍爲府主簿嘗謂惠開性太險每致諫惠開不悅答顒曰天險地險王侯設險但問用險何如耳隨惠開還都宋明帝頗好元理以顒有辭義引入殿內親近宿直帝所爲慘毒之事顒不敢顯諫輒誦經中因緣罪福事帝亦爲之小止元徽中詔爲剡令有恩惠百姓思之高帝輔政引接顒顒善尺牘沈攸之送絕交書高帝口授令顒裁答轉齊臺殿中郎建元初爲長沙王後軍參軍山陰令還爲文惠太子中軍錄事參軍文惠在東宮顒還正員郎始與王前軍諮議直侍殿省深見賞遇顒音辭辯麗出言不窮宮商朱紫發口成句汎涉百家長於佛理著三宗論言空假義西涼州智林道人遺顒書深相贊美言捉麈尾來四十餘載頗見宗錄唯此塗白黑無一人得者爲之發病非意此音猥來入耳其論見重如此顒於鍾山西立隱舍休沐則歸之轉太子僕射兼著作撰起居注遷中書郎兼著作常游侍東宮少從外氏車騎將軍臧質家得衞恒散隸書法學之甚工文惠太子使顒書元圃茅齋壁國子祭酒何允以倒薤書來就顒換之顒笑而答曰天下有道丘不與易也每賓友會問顒虛席晤語辭韻如流聽號者忘倦兼善老易與張融相遇輒以元言相滯彌日不解清貧寡欲終日長蔬雖有妻子獨處山舍衞將軍王儉謂顒曰卿山中何所食顒曰赤米白鹽綠葵紫蓼文惠太子問顒菜食何味最勝顒曰春初早韭秋末晚菘時何允亦精言佛法無妻妾太子又問顒卿精進何如何允顒曰三塗八難其所未免然各有其累太子曰所累伊何對曰周妻何肉其言辭應變皆如此也轉國子博士兼著作郎如故太學諸生慕其風爭事華辯始著四聲切韻行於世後卒於官子捨列在陳史

庾杲之字景行新野人也祖深之位義興太守雍州刺史以善政聞父粲爲宋南郡王義宣丞相城局參軍王舉兵見殺杲之幼有孝行宋司空劉勔見而奇之謂曰見卿足使江漢崇望杞梓發聲解褐奉朝請稍遷駕部郎清貧自業食唯有韭葅瀹韭生韭雜菜任昉戲之曰誰謂庾郎貧食鮭常有二十七種言三九也累遷尚書左丞衞軍王儉謂人曰昔袁公作衞軍欲用我爲長史雖不獲就要是意向如此今應須如我輩人也乃用杲之爲衞軍長史安陸侯蕭緬與儉書曰盛府元僚實難其選庾景行汎綠水依芙蓉何其麗也時人以入儉府爲蓮花池故緬書美之歷位黃門吏部郎御史中丞參掌大選杲之風範和潤善音吐武帝令對魏使兼侍中上每歎其風姿之美柳世隆在御坐謂武帝曰庾杲之爲蟬冕所映彌有華采陛下故當與其卽眞上甚悅王儉乃曰國家以杲之清美所以許其假職若以其卽眞當在胡諧之後武帝嘗與朝臣商略酒後謂羣臣曰我後當得何謚羣臣莫有答者王儉因目杲之杲之從容曰陛下壽等南山方與日月齊明千載之後豈是臣子

輕所仰量時人雅歎其辯答杲之嘗兼主客郎對魏使使問杲之曰百姓那得家家題門帖賣宅答曰朝廷既欲掃蕩京洛尅復神州所以家家賣宅耳魏使縮鼻而不答時諸王年少不得妄稱接人敕杲之及濟陽江淹五日一詣諸王使申遊好再遷吏部郎參大選事太子右衛率加通直常侍九年卒上甚惜之謚曰貞子

江斆字叔文濟陽考城人也曾祖夷宋湘州刺史自有傳祖湛吏部尚書父任著作佐郎斆母宋文帝女淮陽長公主幼以戚屬召見孝武謂謝莊曰此小兒方當爲名器少有美譽尚孝武女臨汝公主拜駙馬都尉爲丹陽丞時袁粲爲尹見斆歎曰風流不墜政在江郎數與宴賞留連日夜遷中書郎斆庶祖母王氏老疾斆視膳嘗藥七十餘日不解衣及累居內官每以侍奉陳請朝廷優其朝直初湛娶褚秀之女大義不終褚淵爲衛軍重斆爲人先通意引爲長史隨府轉司空長史領臨淮太守轉高帝太尉從事中郎齊臺建爲吏部郎高帝卽位斆以祖母久疾連年臺閣之職永廢溫凊啓求自解初宋明帝敕斆出繼其叔愻爲從祖淳後於是僕射王儉啓禮無後小宗之文近世緣情皆由父祖之命未有既孤之後出繼宗族也雖復臣子一揆而義非天屬江忠簡允嗣所寄唯斆一人傍無朞屬斆宜還本若不欲江愻絕後可以斆小兒繼愻爲孫尚書參議以間世立後禮無其文荀顗無子立孫墜禮之始何琦又立此論義無所據於是斆還本家詔使自量立後者出爲豫章內史還除太子中庶子未拜門客通贓利武帝遣使檢覆斆藏此客而躬自引咎上甚有怪色王儉從容啓上曰江斆若能臨郡此便是具美耳上意乃釋永明中爲竟陵王司馬斆好文辭圍碁第五品爲朝貴中最遷侍中領五兵尚書東陽吳二郡太守復爲侍中尋轉都官尚書領驍騎將軍王晏啓武帝曰江斆今重登禮閣兼掌六軍慈渥所覃實有優忝但語其事任殆同閑輩天旨既欲升其名位愚謂以侍中領驍騎望實清顯有殊納言上曰斆常啓吾爲其鼻中惡今既以何允王瑩還門下故有此回換耳先是中書舍人紀僧眞得幸於武帝稍歷軍校容表有士風謂帝曰臣小人出自本縣武吏邀逢聖時階榮至此爲兒婚得荀昭光女卽時無復所須唯就陛下乞作士大夫帝曰由江斆謝瀹我不得厝此意可自詣之僧眞承旨詣斆登榻坐定斆便命左右曰移吾牀讓客僧眞喪氣而退告武帝曰士大夫故非天子所命時人重斆風格不爲權倖降意隆昌元年爲侍中領國子祭酒鬱林廢朝臣皆被召入宮斆至雲龍門方知廢立託散動醉吐車中而去明帝卽位改領祕書監又改領晉安王師卒年四十四遺令不受賻贈詔賻錢三萬布百疋子蒨啓遵斆命不受詔嘉美之從其所請贈散騎常侍太常卿謚曰敬子子蒨列在梁史

何戢字惠景廬江灊人也祖尚之宋中書令自有傳父偃吏部尚書被遇於孝武帝戢以選尚山陰公主拜駙馬都尉累遷中書郎景和世山陰主就帝求吏部郎褚淵入內侍己淵雖見拘逼終不肯從與戢同居止月餘由是特申情好元徽初淵參朝政引戢爲侍中時年二十九戢以年未三十苦辭內侍改授司徒左長史高帝爲領軍與戢來往數申歡宴上好水引𩝐戢令婦女躬自執事以設上焉久之復爲侍中累遷高帝相國長史建元元年遷散騎常侍太子詹事尋改侍中詹事如故上欲轉戢領選問尚書令褚淵以戢資重欲加散騎常侍淵曰宋世王球從侍中中書令單作吏部尚書資與戢相似領選職方昔少輕不容頓加常侍聖旨每以蟬冕不宜過多臣與王儉既已左珥若復加戢則八座便有三蟬若帖以驍騎亦不爲少乃以戢爲吏部尚書加驍騎將軍戢美容儀動止與褚淵相慕時人呼爲小褚公家業富盛性又華侈衣被服飾極爲奢麗出爲左衛將軍吳興太守上頗好畫扇宋孝武曾賜戢蟬雀扇乃顧景秀所畫時吳郡陸探微顧彥先皆能畫歎其巧絕戢因王晏獻之上令晏厚酬其意明年卒時年三十六謚懿子女爲鬱林王后以后父追贈侍中右光祿大夫

戢從叔昌寓字儼望父佟之位侍中昌寓少而清靖獨立不羣所交者必當世清名是以風流籍甚仕宋爲尚書儀曹郎建平王景素征北南徐州府主簿以風素見重母老求祿出爲湘東太守還爲高帝驃騎功曹昌寓在郡景素被誅昌寓痛之至是啓高帝理其冤又與司空褚淵書極言之高帝嘉其義歷位中書郎王儉衛軍長史儉謂昌寓曰後任朝事者非卿而誰臨海王昭秀爲荊州以昌寓爲西中郎長史南郡太守行荊州事明帝將踐阼先使裴叔業齎旨詣昌寓令以便宜從事昌寓拒之曰國家委身以上流之重付身以萬里之事臨海王未有失德得從君單詔邪卽時自有啓聞須反更議叔業曰若爾便是拒詔拒詔軍法行事耳答曰能見殺者君也能拒詔者僕也君不能見殺政有沿流之計耳昌寓素有名德叔業不敢逼而退上聞而嘉之昭秀由此得還都昌寓後爲吏部尚書嘗有一客姓閔求官昌寓謂曰君是誰後答曰子騫後昌寓以團扇掩口而

笑謂坐客曰遥遥華胄昌寓不雜交游通和汎愛歷郡皆以清白稱後卒於侍中領驍騎將軍贈太常謚曰簡子子敬容後史有傳

蔡約字景撝濟陽考城人也祖廓宋祠部尚書自有傳父興宗光祿大夫約少尙宋孝武帝女安吉公主拜駙馬都尉仕齊累遷太子中庶子領屯騎校尉永明八年八月合朔約旣武冠解劒於省眠至下鼓不起爲有司所奏贖論出爲宜都王冠軍長史淮南太守行府州事武帝謂曰今用卿爲近藩上佐想副我所期約曰南豫密邇京師不化自理臣亦何人爝火不息時諸王行事多相裁割約居右任主佐之間穆如也遷司徒左長史明帝爲錄尙書輔政百僚脫屐到席約躡屐不改帝謂江祏曰蔡氏是禮度之門故自可悅祏曰大將軍有揖客復見於今約好飮酒夷淡不與世雜永元二年卒於太子詹事年四十四贈太常弟撙列在梁史

裴昭明河東聞喜人祖松之宋光祿大夫自有傳父駰南中郞外兵參軍昭明少傳儒史之業宋泰始中爲太學博士有司奏太子婚納徵用玉璧虎皮未詳何所準擬昭明議曰禮納徵儷皮鄭云皮爲庭實鹿皮也晉太子納妃注以虎皮二太元中公主納徵虎豹皮各一此豈謂婚禮不詳王公之差故取虎豹文蔚以尊其事虎豹雖文而徵禮所不言熊羆雖古而婚禮所不及珪璋雖美或爲用各異今宜準經誥凡諸僻謬一皆詳正於是有司參議加珪璋豹熊羆皮各二元徽中出爲長沙郡丞罷任刺史王蘊之謂曰卿清貧必無還資湘中人士有須一禮之命者我不愛也昭明曰下官忝爲郡佐不能光益上府豈以鴻都之事仰累清風歷祠部通直郞永明三年使魏武帝謂之曰以卿有將命之才使還當以一郡相賞還爲始安內史郡人龔元宣云神人與其玉印玉版書不須筆吹紙便成字自稱龔聖人以此惑衆前後郡太守敬事之昭明付獄案罪及還甚貧罄武帝曰裴昭明罷郡還遂無宅居我不讀書不知古人中誰可比之遷射聲校尉九年復北使建武初爲王元邈安北長史廣陵太守明帝以其在事無啓奏代還責之昭明曰臣不欲競執關鍵故耳昭明歷郡皆清勤常謂人曰人生何事須聚畜一身之外亦復何須子孫若不才我聚彼散若能自立則不如一經故終身不治產業中興二年卒子子野列在梁史

顧憲之字士思吳郡吳人宋湘州刺史覬之之孫也覬之自有傳憲之性清直宋元徽中爲建康令時有盜牛者與本主爭牛各稱己物二家辭證等前後令莫能決憲之至覆其狀乃令解牛任其所去牛徑還本宅盜者始伏其罪時人號曰神明至於權要請託長史貪殘據法直繩無所阿縱性又清儉彊力爲政甚得人和故都下飮酒者醕旨輒號爲顧建康謂其清且美焉仕齊爲衡陽內史先是郡境連歲疾疫死者大半棺槨尤貴悉裹以葦席棄之路傍憲之下敎分告屬縣求其親黨悉令殯葬其家人絕滅者憲之出公祿使綱紀營護之又土俗山人有病輒云先亾爲禍皆開冢剖棺水洗枯骨名爲除祟憲之曉喻爲陳死生之別事不相由風俗遂改時刺史王奐初至唯衡陽獨無訟者乃歎曰顧衡陽之化至矣若九郡率然吾將何事後爲東中郞長史行會稽郡事山陰人呂文度有寵於武帝於餘姚立邸頗縱橫憲之至郡卽日除之文度後還葬郡縣爭赴弔憲之不與相聞文度甚銜之亦卒不能傷也時西陵戍主杜元懿以吳興歲儉會稽年登商旅往來倍於他歲西陵牛埭稅官格日三千五百求加至一倍計年長百萬浦陽南北津及柳浦四埭乞爲官領攝一年格外長四百許萬武帝以示會稽使陳得失憲之議曰尋始立牛埭非苟逼僦以納稅也當以風濤迅險人力不捷立此濟急以利物耳旣公私是樂故輸直無怨京師航渡卽其例也而後之監領各務己功或禁遏別道又生理外凡如此類不經埭煩牛者上詳被報蒙停格外十條從來喧訴始得暫弭案吳興頻歲失稔今茲尤饉去乏從豐良由飢餒舊格新減尙未議登格外加倍將以何術皇慈恤隱振廩蠲調而元懿幸災摧利重增困瘼人而不仁古今共疾且比見加格置市者前後相屬非唯新加無贏並皆舊格有闕愚恐元懿今啓亦當不殊若事不副言懼貽譴詰便百方侵苦爲公買怨爲害不小又言民間利病數事武帝並從之由是深以方直見知遷南中郞巴陵王長史南兗南豫二州事典籤諮事未嘗接以顏色動遵法制時司徒竟陵王於宣城臨成定陵三縣界立屯封山澤數百里禁人樵採憲之固陳不可言甚切直王曰非君無以聞此德音卽命罷屯禁遷給事黃門郞兼尙書吏部郞中宋時其祖覬之嘗爲吏部於庭列植嘉樹謂人曰吾爲憲之植耳至是憲之果爲此職永明中爲豫章內史在任清簡務存寬惠有貞婦萬晞者少孀居無子事舅姑尤孝父母欲奪而嫁之誓死不許憲之賜以束帛表其節義梁武平建鄴爲揚州牧徵憲之爲別駕從事史比至而已受禪憲之風疾漸篤因求還吳就加太中大夫憲之雖累經宰郡資無儋

石及歸蕭然環堵不免飢寒天監八年卒於家臨終爲制敕其子薄葬務從儉素所著詩賦銘讚并衡陽郡記數十篇

孔琇之會稽山陰人宋侍中特進左光祿大夫靖之孫也靖自有傳父靈運著作郎琇之幼爲國子生舉孝廉補吳令有小兒年十歲偷刈鄰家稻一束琇之付獄案罪或諫之答曰十歲便能爲盜長大何所不爲縣中皆震肅遷尚書左丞又以職事知名後兼左戶尚書廷尉卿出爲臨海太守在任清約罷郡獻乾薑二十斤武帝嫌其少及知琇之清乃歎息出監吳興郡尋拜太守政稱清嚴明帝輔政防備諸藩致密旨於上佐使便宜從事隆昌元年遷晉熙王冠軍長史江夏內史行郢州事欲令殺晉熙琇之辭不許欲自引決友人陸閑諫之琇之不從遂不食而死子臻至太子舍人尚書三公郎臻子幼孫槃螽遠枝江公主纔無錫令幼孫子奐奐列在陳史

王逡之字宣約瑯邪臨沂人晉尚書僕射彬之元孫也曾祖彪之位尚書令祖臨之御史中丞父環之司空諮議參軍從兄准之宋丹陽尹贈太常逡之少好學博聞仕宋位吳令昇明末尚書左僕射王儉重儒術逡之以著作郎兼尚書左丞參定齊國儀禮初儉撰古今喪服集記逡之難儉十一條更撰世行五卷時國學久廢建元二年逡之先上表立學轉國子博士又兼著作郎永明起居注後位南康相光祿大夫加給事中逡之率素衣裳不澣几案塵黑年老手不釋卷建武二年卒從弟珪之位長水校尉撰齊儀職永明九年其子中軍參軍顥啓上其書凡五十卷詔付祕閣

通志卷一百三十八

通志卷一百三十九

宋右迪功郎鄭樵漁仲撰

列傳第五十二

梁

王茂 曹景宗 王珍國張齊 席闡文 夏侯詳子亶

夔魚弘吉士瞻 蔡道恭 楊公則 鄧元起羅研

李膺張惠紹 馮道根 康絢 昌義之 張弘策

子緬纘綰 庾域子子輿 鄭紹叔 呂僧珍 樂藹子法才

法藏 法 藏子子雲

王茂字休遠一字茂先太原祁人也祖深北中郎司馬父天生宋末爲列將於石頭克司徒袁粲以勳至巴西梓潼二郡太守封上黃縣男茂年數歲爲大父深所異常謂親識曰此吾家千里駒成門戸者必此兒也及長好讀兵書究其大指性沉隱不妄交遊身長八尺潔白美容儀齊武帝布衣時嘗見之歎曰王茂先年少堂堂如此必爲公輔之器宋昇明末起家奉朝請祕書郎歷參軍校尉累年不調茂亦知齊之將亡求爲邊職久之爲雍州長史襄陽太守武帝一見便以王佐許之事無大小皆詢焉人或譖茂反帝弗之信譖者懼言之遺視其甲矟則蟲網焉乃誅言者或云茂與帝不睦帝諸腹心並勸除之而茂少有驍名帝又惜其用曰將舉大事便害健將此非上策乃令腹心鄭紹叔往候之遇其卧因問疾茂曰我病可耳紹叔曰都下殺害日甚使君家門塗炭今欲起義長史那得猶卧茂因擲枕起即袴褶隨紹叔入見武帝大喜下牀迎因結兄弟被推赤心遂得盡力義師起茂與張弘策勸帝迎和帝不從武帝發雍部每遣茂爲前驅師次郢城茂進平加湖破光子衿吳子陽等斬馘萬計從武帝東下復爲軍鋒師次秣陵東昏遣大將軍王珍國盛陳兵於朱雀門衆號二十萬遣使度航請戰及戰茂與曹景宗等不利引卻茂下馬單刀直前外生韋欣慶勇力絕人執鐵纏矟翼茂而進遂大破之縱兵追奔積屍與航欄等其赴淮死者不可勝算長驅至宣陽門是役也茂勳第一亦欣慶之力也建康城平以茂爲護軍將軍遷侍中領軍將軍時東昏妃潘玉兒有國色武帝將留之以問茂茂曰亡齊者此物留之恐貽外議帝乃出之軍主田安啓求爲婦玉兒泣曰昔者見遇時主今豈下匹非類死而後已義不受辱及見縊潔美如生輿出尉吏俱行非禮乃以余妃賜茂亦潘之亞也羣盜之燒神虎門也茂率所領到東掖門應赴爲盜所射茂躍馬而進羣盜反走茂以不能式遏姦盜自表解職優制不許加鎮軍將軍封望蔡縣公是歲江州刺史陳伯之叛茂出爲江州刺史南討之伯之奔魏時九江新經軍寇茂務農省役百姓安之四年魏攻漢中茂受詔西禦魏軍退乃班師還侍中中衞將軍太子詹事車騎將軍八年以本號開府儀同三司丹陽尹時天下無事武帝方敦文雅茂心頗怏怏侍宴醉後每見言色帝嘗宥之而不責也十一年進位司空茂辭京尹改領中衞將軍茂性寬厚居官雖無美譽亦爲吏民所安居處方正在一室中衣冠儼然僕妾莫見其惰容姿表瓌麗鬚眉如畫出入朝會每爲衆所瞻望明年出爲使持節散騎常侍驃騎將軍開府同三司之儀都督江州諸軍事江州刺史在州不取奉獄無滯囚居處被服同於儒者視事三年薨于州年六十武帝甚悼惜之贈侍中太尉加班劒二十人鼓吹一部謚曰忠烈初茂以元勳賜鐘磬之樂茂在州夢鐘磬在格無故自墮心甚惡之既覺命奏樂既成列鐘磬在格果無故編皆斷絕墮地茂謂長史江詮曰此樂天子所賜以惠勞臣也樂既極矣能無憂乎俄而病卒子貞秀嗣以居喪無禮爲有司所奏徙越州後詔留廣州與魏降人杜景欲襲州城長史蕭昂斬之

曹景宗字子震新野人也父欣之仕宋位至徐州刺史景宗幼善騎射好畋獵常與少年數十人於澤中逐麞鹿每衆騎赴鹿鹿馬相亂景宗於衆中射之人皆懼中馬足鹿應弦輒斃以此爲樂年未弱冠欣之於新野遣出州以匹馬將數人於中路卒遇蠻賊數百圍之景宗帶百餘箭乃馳騎四射每箭殺一蠻蠻遂散走因是以膽勇知名頗愛史書每讀穰苴樂毅傳輒放卷歎息曰大丈夫當如是少與州里張道門善道門車騎將軍敬兒少子也爲武陵太守敬兒誅道門於郡伏法親屬故吏莫敢收景宗自襄陽遣船到武陵收其屍迎還殯葬鄉里以此義之齊建武二年魏攻壽春赭陽景宗爲偏將以衝堅陷陣功除游擊將軍四年太尉陳顯達督衆軍北圍馬圈景宗從之以甲士二千設伏破魏援軍中山王英四萬人及克馬圈顯達論功以景宗爲後景宗退無怨言魏孝文率衆大至顯達宵奔景宗導入山道故顯達父子獲全武帝爲雍州刺史景宗深自結附數請帝臨其宅時天下方亂帝亦厚加意焉永元初表爲竟陵太守及武帝起兵景宗亦聚衆并率五服內子弟三百人從軍道親人杜思沖勸先迎南康王於襄陽即帝位然後出師爲萬全之計武帝不從以景宗爲前鋒軍及漢口命景宗與王茂濟江圍郢城自二月至於七

月郢城降復率衆前驅取建康路次江寧東昏遣將軍李居士以重兵屯新亭景宗始至營柵未立居士望而輕之因鼓譟前薄景宗被甲馳戰短兵纔接居士棄甲奔走景宗皆獲之因鼓譟而前徑至皂莢橋築壘景宗又與王茂呂僧珍犄角破王珍國於大航景宗軍士皆桀黠無賴御道左右莫非富室鈔掠財物虜奪子女景宗不能禁及武帝入頓新城嚴申號令然後稍息復與衆軍長圍六門城平拜右衛將軍封湘西縣侯除郢州刺史加都督天監元年進號平西將軍改封竟陵縣侯景宗在州鬻貨聚斂於城南起宅長堤以東夏口以北開街列門東西數里而部曲殘橫人頗厭之二年十月魏攻司州圍刺史蔡道恭城中負板而汲景宗望關門不出但耀軍遊獵而已及司州城陷爲御史中丞任昉所奏帝以功臣不問徵爲右衛將軍五年魏中山王英攻鍾離圍徐州刺史昌義之武帝詔景宗督衆軍援義之豫州刺史韋叡亦援焉而受景宗節度詔景宗頓道人洲待衆軍齊集俱進景宗欲專其功乃違敕而進遇暴風卒起頗有沈溺復還守先頓帝聞之曰此所以破也景宗不進豈天意乎若孤軍獨往城不時立必見狼狽今得待軍同進始可大捷矣及韋叡至與景宗進頓邵陽洲立壘與魏城相去百餘步魏連戰不能卻傷殺者十二三自是魏軍不敢逼景宗等器甲精新軍儀甚盛魏人望之奪氣魏大將軍楊大眼對橋北岸立城以通糧運每牧人過岸伐蒭藁輒爲大眼所略景宗乃募勇敢士千餘人徑度大眼城南數里築壘親自舉築大眼來攻景宗破之因得壘成使別將趙草守之因謂爲趙草城是後恣芻牧焉大眼遣鈔略輒爲趙草所獲先是詔景宗等預裝高艦使與魏橋等爲火攻計令景宗與叡各攻一橋叡攻其南景宗攻其北六年三月因春水生淮水暴長六七尺叡遣所督將馮道根李文釗裴邃韋寂等乘艦登岸擊魏洲上軍盡殪景宗使衆軍復鼓譟亂登諸城呼聲震天地大眼於西岸燒營而奔英自東岸棄城走諸壘相次土崩悉棄其器甲爭投水死淮水爲之不流景宗令軍主馬廣躡大眼至濊水上四十餘里伏屍相枕義之出逐英至洛口英以匹馬入梁城緣淮百餘里屍骸相藉生擒五萬餘人收其軍糧器械積如山岳牛馬驢騾不可稱計景宗乃搜所得生口萬餘人馬千匹遣獻捷于京師先是旱甚詔祈蔣帝神求雨十旬不降帝怒命載荻欲焚蔣廟并神影爾日開朗欲起火當神上忽有雲如繖倏忽驟雨如瀉臺中宮殿皆自振動帝懼馳詔追停少時還靜自此帝畏信遂深自踐阼以來未嘗躬自到廟於是備法駕將朝臣修謁是時魏軍攻圍鍾離蔣帝神報敕必許扶助既而無雨水長遂挫敵人亦神之力焉凱旋之後廟中人馬腳盡有泥濕當時並目覩焉景宗振旅凱入帝於華光殿宴飲連句令左僕射沈約賦韻景宗不得韻意色不平啓求賦詩帝曰卿伎能甚多人才英拔何必止在一詩景宗已醉求作不已詔令約賦韻時韻已盡惟餘競病二字景宗便操筆須斯而成曰去時兒女悲歸來笳鼓競借問行路人何如霍去病帝歎不已約及朝賢驚嗟竟日詔令上左史於是增封進爵爲公拜侍中鎭軍將軍給鼓吹一部景宗爲人自恃尙勝每作書字有所不解不以問人皆以意造焉雖公卿無所推揖唯以韋叡年長且州里勝流特相敬重同宴御筵亦曲躬謙遜武帝以此嘉之景宗妓妾至數百人窮極錦繡性躁動不能沈默出行常欲褰車帷幔左右輒諫以位望隆重人所具瞻不宜然景宗謂所親曰我昔在鄉里騎快馬如龍與年少輩數十騎拓弓弦作霹靂聲箭發如餓鴟叫平澤中逐麞鹿數肋而射之渴飲其血飢食其胃甜如甘露漿覺耳後生風鼻頭出火此樂使人忘死不知老之將至今來揚州作貴人轉動不得路行開車幔小人輒言不可閉置車中如三日新婦遭此邑邑使人氣盡景宗爲人嗜酒好樂臘月於宅中使人作邪呼逐除徧往人家丐酒食本以爲戲而部下多輕剽因弄人婦女奪人財物帝頗知之景宗懼乃止武帝數宴見功臣共道故舊事景宗酒後謬妄或誤稱下官帝故縱之以爲笑樂七年遷安南將軍江州刺史赴任卒於道贈雍州刺史開府儀同三司謚曰壯子皎嗣景宗齊永元初任竟陵郡其第九弟義宗年少未有位官居在雍州旣方伯之弟又是豪彊之門市邊富人姓向以見錢百萬欲壻義宗以妹適之義宗遣人送書竟陵諮景宗景宗題書後答曰買猶未得云何已賣義宗貪鏹遂成後隨武帝西下歷位梁秦二州刺史向家兄弟憑附曹氏位登列卿後義宗爲都督征穰城軍敗見獲於魏卒

王珍國字德重沛郡相人也父廣之齊鎭軍將軍自有傳珍國仕齊爲南譙太守有能名時郡境苦飢珍國乃發米散財以振窮乏高帝手勑云卿愛人活國甚副吾意永明初遷桂陽內史討捕賊盜境內肅清罷任還都路經江州刺史柳世隆臨渚餞別見珍國還裝輕素歎曰此眞良二千石也還爲大司馬中兵參軍武帝雅相知賞謂其父廣之曰珍國應堪大用卿可謂老蚌也廣

之曰臣不敢辭帝大笑帝每嘆曰晚代將家子弟如珍國者少矣累遷游擊將軍父憂去職建武末魏軍圍司州明帝使徐州刺史裴叔業攻拔渦陽以爲聲援起珍國爲輔國將軍助焉魏將楊大眼大衆奄至叔業懼棄軍走珍國率其衆殿故不至大敗及會稽太守王敬則反珍國又率衆拒之永元中爲北徐州刺史將軍如故武帝起兵東昏召珍國以衆還都使出屯朱雀門爲王茂所敗乃入城密遣郄纂奉明鏡獻誠於武帝帝斷金以報之時侍中衞尉張稷都督衆軍珍國潛結稷腹心張齊要稷稷許之十二月丙寅旦珍國引稷於衞尉府勒兵入自雲龍門殺東昏於內殿與稷會尚書僕射王亮等於西鍾下使國子博士范雲等奉東昏首歸武帝後因侍宴帝曰卿明鏡尚存朕昔金何在珍國曰黃金謹在臣肘不敢失墜歷位左衞將軍加散騎常侍封灄陽侯遷都官尚書初珍國自以廢殺東昏意望台鼎先是出爲梁秦二州刺史心常鬱怏酒後於坐啓云臣近入梁山便哭帝大驚曰卿若哭東昏則已晚若哭我我復未死珍國起拜謝竟不答坐卽散因此疏退久方有此進天監五年魏任城王澄攻鍾離帝遣珍國爲援因問討賊方略對曰臣常患魏衆少不苦其多武帝壯其言乃假節與衆軍同赴魏軍退班師又出爲南秦梁二州刺史會梁州長史夏侯道遷以州降魏珍國步道出魏興將襲之不果遂留鎭焉改封宜陽縣侯累遷丹陽尹卒贈車騎將軍謚曰威子僧度嗣張齊字子齊馮翊郡人少有膽氣初事荆府司馬垣歷生歷生酗酒遇下嚴酷不禮之及吳郡張稷爲荆府司馬齊復從之甚見重以爲腹心齊盡心事稷稷爲南兗州擢爲府中兵參軍武帝起兵東昏徵稷歸都督宮城諸軍事齊夜引珍國就稷齊手自執燭定謀明旦與稷珍國卽東昏於殿內齊手殺焉武帝受禪封齊安昌侯位歷陽太守齊手不知書目不識字在郡清整吏事甚修天監四年魏將王足攻蜀圍巴西帝以齊爲輔國將軍救蜀未至足退齊進戍南安遷巴郡太守初南鄭沒于魏乃於益州西置南梁州州鎭草創皆仰益州取足齊上夷獠義租得米二十萬斛十一年進假節督益州外水諸軍齊在益部累年討擊蠻獠身無寧歲其居軍中能身親勞辱與士卒同勤苦自頓舍城壘皆委曲得其便調給衣糧資用人無困乏既爲物情所歸蠻獠亦不敢犯是以威名行於庸蜀巴西郡居益州之半又當東道衝要刺史經過軍府遠涉多窮匱齊緣路聚糧食種蔬菜行者皆取給焉歷南梁州刺史遷信武將軍征西鄱陽王司馬新興永寧二郡太守未發卒謚曰壯

席闡文安定臨涇人也孤貧涉獵書史齊初爲雍州刺史蕭赤斧中兵參軍由是與其子穎胄善復歷西中郎中兵參軍領城局武帝之將起兵闡文勸穎胄同焉仍遣客田祖恭私報帝并獻銀裝刀帝報以金如意和帝稱尊號爲衞尉卿穎胄暴卒州府騷擾闡文以和帝幼弱中流任重時始興王憺留鎭雍部乃與西朝羣臣迎憺總州事故賴以寧輯帝受禪除都官尚書封山陽縣伯出爲東陽太守在郡有能名冬至悉放獄中囚依期而至改封湘西侯卒官謚曰威

夏侯詳字叔業譙郡人也年十六遭父艱居喪哀毀三年廬于墓側常有三足雀飛來集其廬戶衆咸異焉服闋刺史殷琰召爲主簿宋太始初琰舉豫州叛宋明帝遣劉勔討之攻守連月人情危懼將請救於魏詳說琰曰今日之舉本思效節若社稷有奉便歸朝廷何可屈身北面異域若謂不然詳願充一介琰許之詳出見勔曰將軍嚴圍峭壘矢刃如霜城內愚迷實同困戰士庶懼誅咸欲投魏僕所以踰城歸德敢布腹心願將軍施宏曠之恩垂霈然之惠解圍退舍皆相率而降矣勔許之卽日琰及衆俱出降一州以全後爲新汲令政有異績豫州刺史段佛榮班下境內爲屬城表轉中從事史仍遷別駕歷事八將州部稱之齊明帝爲刺史雅相器遇及輔政引詳及裴叔業日夜與語詳輒不酬帝以問叔業叔業以告詳詳曰不爲福始不爲禍先由此徵有忤出爲征虜長史義陽太守及南康王爲荆州詳遷西中郎司馬新興太守武帝起兵與南康王長史蕭穎胄同創大舉慮詳不同以告柳忱忱曰易耳近詳求昏未之許今許之令成昏而告之不憂立異於是以女適其子夔及西臺建以詳爲中領軍加散騎常侍南郡太守凡軍國大事穎胄多決於詳及帝圍郢城未下穎胄遣衞尉席闡文如武帝軍詳獻議曰窮壁易守攻取勢難若使賊人衆而食少故宜計日而守之若食多而力寡故宜悉衆而攻之若使糧力俱足非攻守所屈便宜散金寶縱反間使彼智者不用愚者懷猜此魏武之所以定大業也欲所言者難以紙宣輒口布於席衞尉特願垂採武帝加納焉頃之穎胄卒時武帝弟始興王憺留守襄陽詳乃遣使迎憺共參軍國遷侍中尚書左僕射尋授荆州刺史詳固讓于憺和帝詔加詳禁兵出入殿省又固讓不受天監元年徵爲侍中車騎將軍封寧都縣侯詳累讓乃更授右光祿大夫侍中如故給親信二

十人改封豐城縣公二年抗表致仕詔解侍中特進三年遷湘州刺史詳善吏事在州四載爲百姓所稱州城南臨水有峻峰耆老相傳云刺史登此山輒被代因是歷政莫敢至者詳於其地起臺榭延僚屬以表損挹之志六年徵爲尚書左僕射金紫光祿大夫卒時年七十四上爲素服舉哀贈開府儀同三司謚曰景子亶嗣亶字世龍齊永元末父詳爲南康王司馬隨府鎭荆州亶留京師爲東昏聽政主帥及慧景作亂亶以捍禦功除驍騎將軍武帝起兵詳與長史蕭穎胄協同密遣人往都下迎亶亶乃齎宣德皇后令令南康王纂承大統建康城平以亶爲尚書吏部郎俄遷侍中奉璽於武帝天監六年累遷南郡太守父憂解職居喪盡禮廬于墓側遺財悉推諸弟八年起爲司州刺史領安陸太守服闋襲封豐城縣公居州甚有威惠爲邊人悅服歷都官尚書遷給事中右衞將軍累遷吳興太守在郡復有惠政吏民圖其像立碑頌美焉普通五年爲中護軍六年大舉北伐帝先遣豫州刺史裴邃帥譙州刺史湛僧智及明紹世魚弘張澄等自南道攻壽陽未克而邃卒乃加亶使持節以代邃與魏將河間王琛臨淮王彧等相距頻戰克捷尋敕班師合肥須堰成復進七年夏淮堰水盛壽陽城將沒武帝復遣北道軍元樹帥彭寶孫陳慶等稍進亶帥湛僧智魚弘張澄等通清流澗將入淮肥魏軍夾肥築城出亶後亶與僧智還襲破之進攻黎漿貞威將軍韋放自北道會焉兩軍既合所向皆降下凡降城五十二獲男女口七萬五千人米二十萬石詔以壽陽依前代置豫州合肥鎭改爲南豫州以亶爲豫南豫二州刺史加都督壽春久罹兵荒百姓多流散亶輕刑薄賦務農省役頃之民戶充復卒于州鎭帝聞之卽日素服舉哀贈車騎將軍謚曰襄州人夏侯簡等表請爲亶立碑置祠詔許之亶美風儀寬厚有器度獵涉文史辯給能專對宗人夏侯溢爲衡陽內史辭日亶侍御坐帝謂亶曰夏侯溢於卿疏遠亶答云是臣從弟帝知溢於亶已疏乃曰卿傖人如何不辯族從亶對曰臣聞服屬易疏所以不忍言族時以爲能對亶歷六郡三州不治產業祿賜所得隨散親故性儉素居處服用充足而已不事華侈晩年頗好音樂有妓妾十數人並無被服姿容每有客常隔簾奏之時謂簾爲夏侯妓衣子誼襲封豐城縣公亶弟夔字季龍位大匠卿累遷信武將軍司州刺史領安陸太守帥壯武將軍裴之禮直閤將軍任思祖出義陽道攻平靜穆陵陰山三關克之是時譙州刺史湛僧智圍魏東豫州刺史元慶和於廣陵入其郛魏將元顯伯率軍赴援僧智逆擊破之夔自武陽出會僧智斷魏軍歸路慶和於內築柵自固及夔至慶和遂請降夔乃登城拔魏幟建梁軍旗鼓衆莫敢妄動凡降男女四萬口收粟六十萬石元顯伯聞之夜遁追禽二萬餘人斬獲不可勝數由是義陽北道遂與魏絕及魏郢州刺史元顯達降詔改爲北司州以夔爲刺史兼督司州封保城縣侯中大通六年遷豫州刺史加都督豫州積歲連兵民頗失業夔乃率軍人於蒼陵立堰漑田千餘頃歲收穀百餘萬石以充儲備兼贍貧人境內賴之夔兄亶先經此任至是夔又居焉兄弟並有恩惠於鄉里百姓歌之曰我之有州頻得夏侯前兄後弟布政優優在州七年遠近多附之有部曲萬人馬二千匹並服習精强爲當時之盛性奢豪後房妓妾曳羅縠飾金翠者百數愛好人士不以貴勢自高文武賓客恆滿坐時亦以此稱之卒于州謚曰桓子譔嗣官至太僕卿譔弟譒少麤險薄行常停鄉里領其父部曲爲州助防刺史貞陽侯淵明引爲府長史淵明被魏囚復爲侯景長史景反譒前驅濟江頓兵士林館破邸第及居人富室子女財貨盡略有之淵明在州有四妾章施王阮並有國色淵明被魏囚其妾並還都譒至破第納焉

魚弘襄陽人身長八尺白皙美姿容累從征討常爲軍鋒歷南譙盱台竟陵太守嘗語人曰我爲郡有四盡水中魚鼈盡山中麞鹿盡田中米穀盡村里人民盡丈夫生世如輕塵棲弱草白駒之過隙人生但懽樂富貴在何時於是恣意酣賞侍妾百餘人不勝金翠服玩車馬皆窮一時之驚絕有眠牀一張皆是蹙柏四面周匝無一有異通用銀鏤金花壽福兩重爲腳爲湘東王鎭西司馬述職西上道中乏食緣路採菱作菱米飯以給所部弘度之所後人覓一菱不得又於窮洲之上捕得數百獼猴膊以爲脯以供酒食比及江陵資食復振逢敕迎瑞像王令送像下都弘率部曲數百悉衣錦袍赫奕滿道頗爲人所慕羨經夏首李抗斅其爲人抗舅元法僧聞之杖抗三百後爲新興永寧太守卒官

吉士瞻字梁容馮翊蓮勺人也少有志氣不事生業時徵士吳苞見其姿容勸以經學因誦鮑照詩云豎儒守遺經未足識行藏拂衣不顧年逾四十忽忽不得志乃就江陵卜者王生計祿命王生曰君擁旄仗節非一州後一年當得戎馬大都及武帝起兵義陽太守王撫之天門太守王智遠武陵太守蕭彊等並不從命鎭軍蕭穎胄遣士瞻討平之齊和帝卽位以爲領軍司馬士瞻

少時嘗於南蠻國中擲博無褌褰露爲儕輩所侮及平魯休烈軍得絹三萬疋乃作百襌其外並賜軍士不以入室以軍功除輔國將軍步兵校尉建康平爲巴東相建平太守初士瞻爲荆府城局參軍役萬人浚仗庫防火池得一金革鉤隱起鏤甚精巧篆文曰錫爾金鉤且公且侯士瞻娶夏侯詳兄女女竊以與詳詳喜佩之及是革命詳果封侯而士瞻不錫茅土天監二年入爲直閤將軍歷位梁秦二州刺史加都督後爲太子右衞軍又出爲西陽武昌二郡太守在郡清約家無私積始士瞻夢得一積鹿皮從而數之有十一領及覺喜曰鹿者祿也吾當居十一祿乎自其仕進所蒞己九及除二郡心甚惡之遇疾不肯療普通七年卒於郡贈左衞將軍謚曰胡子子琨時在戎役聞問一踊而絕良久乃蘇不顧軍制輒離所部遂以孝聞詔下旌異

蔡道恭字懷儉南陽冠軍人也父那宋益州刺史道恭少寬厚有大量仕齊累有戰功遷西中郎南康王中兵參軍加輔國將軍武帝起兵南康王長史蕭穎冑以道恭舊將素著威略專相委任齊和帝即位遷右衞將軍巴西太守魯休烈等自巴蜀連兵寇上明以道恭爲西討都督諸軍事大破之休烈等降于軍門遷司州刺史天監初論功封漢壽縣伯進號平北將軍三年魏圍司州時城中衆不滿五千人食裁支半歲魏軍攻之晝夜不息乃作大車載土四面俱前欲以塡塹道恭輒於塹內列艨艟鬬艦以待之魏人不得進又潛作伏道以決塹水道恭復載土䢅塞之相持百餘日前後斬獲不可勝計魏造大梯衝車攻圍日急道恭用四石烏漆大弓射所中皆洞甲飲羽一發或貫兩人敵人望弓皆靡又於城內作土山厚二十餘丈多作大矟長二丈五尺施長刃使壯士執以刺魏人魏軍甚憚之將退會道恭疾篤乃呼兄子僧勰從弟靈恩及諸帥謂曰吾受國厚恩不能滅寇今所苦轉篤勢不支久汝等當以死固節無令吾沒有遺恨又令取所持節受僧勰曰稟命出疆憑此而已既不得奉以還朝方欲攜之同逝可與棺柩相隨衆皆流涕其年五月卒魏人知道恭死攻之轉急先是朝廷遣郢州刺史曹景宗赴援景宗不前至八月城內糧盡城乃陷詔贈鎭西將軍并尋購其喪櫬八年魏人許還道恭喪其家以女樂易之乃得歸葬于襄陽子潛嗣傳國至孫固早卒國除

楊公則字君翼天水西縣人也父仲懷爲宋豫州刺史殷琰將琰叛輔國將軍劉勔討琰仲懷力戰死於橫塘公則隨父在軍年未弱冠冒陣抱父尸號哭氣絕良久勔命還仲懷首公則斂畢徒步負喪歸里由此著名後梁州刺史范栢年版爲宋熙太守領白馬戍主時氐賊李烏奴攻白馬公則固守經時矢盡糧竭陷于寇抗聲罵賊烏奴壯之更厚待焉要與同事公則僞許而圖之謀洩單馬逃歸梁州刺史王元邈以事表聞齊高帝下詔褒美之除晉壽太守在仕清潔自守遷扶風太守母憂去官雍州刺史陳顯達起爲甯朔將軍領襄陽太守荆州刺史巴東王子響構亂公則進討事平還武甯太守百姓便之入爲前軍將軍和帝爲荆州刺史公則爲西中郎中兵參軍及蕭穎冑協同武帝起兵以公則爲輔國將軍領西中郎諮議參軍率衆東下時湘州行事張寶積發兵自守未知所附公則回師南討寶積懼釋甲以俟命焉公則撫納之湘境遂定和帝即位授湘州刺史武帝軍次沔口公則率湘府之衆會帝于夏口時荆州諸軍悉受公則節度雖蕭穎達宗室之貴亦隸焉郢城平武帝命諸軍即日俱下公則受命先驅徑掩柴桑江州既定連旌東下直造京邑公則號令嚴明秋毫不犯所在莫不賴焉大軍至新林公則自越城移屯領軍府壘北樓與南掖門相對嘗登樓望戰城中遙見麾蓋縱神鋒弩射之矢貫胡牀左右皆失色公則曰虜幾中吾腳談笑如初東昏夜選勇士攻公則柵軍中驚擾公則堅卧不起徐命擊之東昏軍乃退公則所領多是湘溪人性怯懦城內輕之以爲易與每出盪戰輒先犯公則壘公則奬厲軍士克獲更多及城平城內出者或被剝奪公則親率麾下列陣東掖門衞送公卿士庶故出者多由公則營焉進號左將軍還鎭南藩初公則東下湘部諸郡多未賓從及公則還州然後諸屯聚並散天監元年進號平南將軍封甯都縣侯湘州寇亂累年人多流散公則輕刑薄斂頃之戶口充復公則爲政雖無威嚴然勵己廉愼爲吏民所悅湘俗單門多以賂求州職公則至悉斷之所辟引皆州郡著姓武帝班下諸州以法爲則四年徵爲中護軍代至乘二舸便發送故一無所取遷衞尉卿時朝廷始議北伐以公則功名素著至京師詔假節先屯洛口公則受命將發遘疾謂親友曰昔廉頗馬援以年老見遺猶自力請用今國家不以吾朽懦任以前驅方於古人見知重矣雖臨途疾苦豈可僶俛辭事若以馬革裹屍還葬此吾志也遂彊起登舟至洛口壽春士女歸降者數千人魏豫州刺史薛恭度遣長史石榮等前鋒接戰公則即斬石榮等逐北至壽春去城數十里而返疾篤卒于師時年六十一武

帝深痛惜之卽日舉哀謚烈侯公則爲人敦厚慈愛居家篤睦視兄子過於己子家財悉委焉性好學雖居軍旅手不輟卷士大夫以此稱之子瞟嗣有罪國除帝以公則勳臣特聽庶長子朓嗣朓固讓歷年乃受

鄧元起字仲居南郡當陽人也少有膽幹旅力過人性任俠好賑施鄉里年少多附之齊世以軍功還武甯太守永元末魏軍逼義陽元起自郡赴援蠻帥田孔明附于魏寇掠三關規襲夏口元起率銳卒攻之旬月之間頻陷六城斬獲萬計餘黨悉皆散走仍戍三關每戰必捷勇冠當時敢死之士樂爲用命者萬餘人武帝起兵蕭穎胄以書招之部曲多勸其還郢元起言於衆曰朝廷暴虐誅戮宰臣羣小用事衣冠道盡荆雍二州同舉大事何患不克且我老母在西豈容背本若事不成正當受戮昬朝幸免不孝之罪卽日治嚴上道至江陵爲西中郎中兵參軍率衆與武帝會于夏口帝命王茂曹景宗及元起等圍郢和帝卽位授廣州刺史平越中郎將中興元年七月郢州降以本號爲益州刺史仍爲前軍先定尋陽及大軍進至京邑元起築壘於建陽門與王茂曹景宗等合兵長圍身當鋒鏑建康平還征虜將軍天監初封當陽縣侯進號左將軍刺史如故始述職焉武帝之起益州刺史劉季連持兩端及聞元起將至遂發兵拒守元起至巴西巴西太守朱士略開門以待先時蜀人多逃亾至是競出投元起皆稱起義應朝廷師人新故三萬餘元起在道日久軍糧乏絕或說之曰蜀郡政慢若檢巴西一郡籍注因而罰之所獲必厚元起然之涪令李膺諫曰使君前有嚴敵後無繼援山人始附於我觀德若料以刻薄人必不堪衆心一離雖悔無及膺請出圖之不患資糧不足也元起曰善一以委卿膺退率富人上軍資米俄得三萬斛元起進屯西平季連始嬰城自守元起乃圍城柵其三面而塹焉益州兵亂日久人廢耕農內外苦饑進路斷絕季連計窮會武帝使赦其罪季連卽日開城納元起元起送季連于京師武帝論平蜀功復進元起號平西將軍元起以鄉人庾黔婁爲錄事參軍又得荆州刺史蕭遙欣故客蔣光濟並厚待之任以州事黔婁甚清潔光濟多計謀相率爲善政元起之克季連也城內財寶無所私勤恤人事口不論財色性能飲酒至一斛不亂及是絕之蜀土翕然稱焉元起舅子梁矜孫性輕脫與庾黔婁志行不同乃言於元起曰城中稱有三刺史節下何以堪之元起由此遂疏黔婁光濟而政迹稍減在州二年以母老乞歸供養詔許焉徵爲右衞將軍以西昌侯蕭藻代之是時梁州刺史夏侯道遷以南鄭叛引魏將王景允孔陵攻東西晉壽並遣使告急衆勸元起救之元起曰朝廷萬里軍不卒至若寇賊侵淫方須撲討董督之任非我而誰何事忩忩便相催督黔婁等苦諫之皆不從其言武帝尋亦假元起節征討諸軍將救漢中比至魏已攻陷兩晉壽蕭藻將至元起頗營還裝糧儲器械略無遺者藻入城甚怨望之復求其良馬元起曰年少郎子何用馬爲藻恚怒因表其逗留不憂軍事收付州獄元起於獄中自縊而死其麾下圍城哭且問其故藻懼曰天子有詔衆乃散遂誣以反帝疑焉有司追刻削爵土詔減邑之半封松滋縣侯故吏廣漢羅研詣闕訟之帝曰果如我所量也使讓藻曰元起爲汝報讐汝爲讐報讐忠孝之道如何乃貶藻號爲冠軍將軍贈元起征西將軍給鼓吹謚忠侯羅研字深微少有材辯元起平蜀辟爲主簿後爲信安令故事置勸農謁者圍桑度田勞擾百姓研請除其弊帝從之鄱陽忠烈王恢臨蜀聞其名請爲別駕及西昌侯藻重爲刺史州人爲之懼研舉止自若侯謂曰非我無以容卿非卿無以事我齊苟兒之役臨汝侯嘲之曰卿蜀人樂禍貪亂一至於此對曰蜀中積弊實非一朝百家爲村不過數家有食窮逼之人十有八九束縛之使旬有二三貪亂樂禍無足多怪若令家畜五母之雞一母之豕牀上有百錢布被甑中有數升麥飯雖蘇張巧說於前韓白按劍於後將不能使一夫爲盜況貪亂乎大通二年爲散騎侍郎鄱陽嗣王範將西忠烈王恢謂曰吾昔在蜀每事委羅研汝遵而勿失範至復以爲別駕升堂拜母蜀人榮之數年卒官蜀土以文達者唯研與同郡李膺膺字公允有才辯西昌侯藻爲益州以爲主簿使至都武帝悅之謂曰今李膺何如昔李膺對曰今當勝昔帝問其故對曰昔李膺事桓靈之主今李膺逢堯舜之君帝嘉其對以如意擊席者久之乃以爲益州別駕著益州記三卷行於世

初元起在荆州刺史隨王欲版元起爲從事別駕庾蓽堅執不可元起恨之大軍既至京師蓽在城內甚懼及城平元起先遣人迎蓽語人曰庾別駕若爲亂兵所殺我無以自明因厚遺之少時又嘗至其西沮田舍有沙門造之乞米元起問曰今日有稻幾何對曰二千斛元起悉以施之時人稱其二者有大度元起初爲益州過江陵迎其母母事道方居館中不肯出元起拜請同行母曰汝貧賤家兒忽得富貴詎可久保我甯死此不能與汝共入禍敗元起之至巴東聞蜀亂使蔣光濟筮之

遇蹇因喟然嘆曰吾豈鄧艾而及此乎後果如筮子鏗嗣

張惠紹字德繼義陽人也少有武幹仕齊為竟陵橫桑戍主母喪歸鄉里聞武帝起兵乃自歸累有戰功及帝踐阼封石陽縣侯位驍騎將軍直閤左細仗主時東昏餘黨四百人竊入南北掖門夜燒神虎門害衛尉張弘策惠紹馳率所領赴戰賊乃散走遷太子右衛率以軍功累增爵邑歷位衛尉卿左衛將軍司州刺史領安陸太守在州和理吏民親愛之徵還為左衛將軍加通直散騎常侍甲仗百人直衛殿中卒謚曰忠子登嗣累有戰功與湛僧智胡紹世魚弘並為當時驍將歷官衛尉卿太子左衛率卒官謚曰愍

馮道根字巨基廣平酇人也少孤家貧傭賃以養母行得甘肥不敢先食必遽還以遺母年十三以孝聞於鄉里郡召為主簿不就曰吾當封侯廟食安能為儒吏邪年十六鄉人蔡道班為湖陽戍主攻蠻錫城反為蠻所困道根救之匹馬轉戰提雙劍左右擊殺傷甚多道班獲免由是知名齊建武末魏孝文攻陷南陽等五郡明帝遣太尉陳顯達等爭之師入汋均口道根說顯達曰汋均水急不如悉船於酇城方道步進顯達不聽道根猶以私屬從軍及顯達敗夜走賴道根指路以全尋為汋均口戍副以母喪還家聞武帝起兵乃謂所親曰金革奪禮古人不避揚名後世豈非孝乎時不可失吾其行矣其率鄉人子弟勝兵者悉歸武帝隸於王茂常為前鋒陷陣於朱雀航大戰斬獲尤多武帝即位以為驍騎將軍封增城縣男天監二年為南梁太守領阜陵戍初到阜陵修城隍遠斥候如敵將至者衆頗笑之道根曰怯防勇戰此之謂也修城未畢會魏將党法宗傅豎眼等率衆二萬奄至城下道根塹壘未固城中衆少莫不失色道根命開城門緩服登城選精銳二百人出與魏軍戰大破之魏軍因退遷輔國將軍六年魏攻鍾離詔豫州刺史韋叡救之道根為叡前驅至徐州建計據邵陽洲築壘掘塹以逼魏城道根能走馬步地計馬足以賦功城隍立辦及淮水長道根乘戰艦斷魏連橋魏軍敗績進爵豫寧伯八年拜豫州刺史領汝陰太守為政清簡境內安之累遷右衛將軍道根性謹厚木訥少言為將能檢御部曲所過村陌將士不敢虜掠每征伐終不言功諸將讙譁爭競道根默然而已其部曲或怨非之道根喻之曰明主自鑒功夫多少吾將何事武帝嘗指道根示尚書令沈約曰此人口不論勳約曰此陛下之大樹將軍也歷處州郡和理清靜為下所懷在朝廷雖貴顯而性儉約所居宅不治牆屋無器服侍衛入其室則蕭然如素士之貧賤者當世服其清退帝亦雅重之微時不學既貴粗讀書自謂少文常慕周勃之器量十六年復假節信武將軍豫州刺史將行帝引朝臣宴別道根於武德殿召畫工使圖其形道根踧踖謝曰臣所可報國家者唯餘一死耳今天下太平臣恨無可死之地豫部重得道根民皆喜悅武帝每稱曰馮道根所在能使朝廷不復憶有一州居少時遇疾乞還朝廷徵為散騎常侍左軍將軍既至以疾卒於官是日輿駕春祠二廟及出宮有司以聞帝問中書舍人朱异曰吉凶同日今可行乎异對曰昔柳莊寢疾衛獻公當祭請於尸曰有臣柳莊非寡人之臣社稷之臣也聞其死請往不釋祭服而往遂以襚之道根雖未為社稷之臣亦有勞於王室臨之禮也駕即幸其宅哭之甚慟謚曰威子懷嗣

康絢字長明華山藍田人也其先出自康居漢初置都護府盡臣西域康居亦遣侍子待詔於河西因留為居人其後即以康為氏晉時隴右亂遷于藍田絢曾祖因為苻堅太子詹事生穆穆為姚萇河南尹宋永初中穆率鄉族三千餘家入襄陽之峴南宋為置華山郡藍田縣寄治于襄陽以穆為秦梁二州刺史未拜卒絢世父元隆父元撫並為流人所推相繼為華山太守絢少倜儻有志氣齊武帝為雍州刺史所辟皆使名家絢特以才力召為西曹書佐永明二年除奉朝請後再遷為華山太守推誠撫循荒餘悅服永元二年武帝兵起絢舉郡以應之身率敢勇三千人私馬二百五十匹以從自是常領遊兵有急應赴斬獲居多天監元年封南陽縣男除竟陵太守十三年遷太子右衛率甲仗百人與領軍蕭景入直殿內絢身長八尺容貌絕倫雖居貴顯猶習武藝帝幸德陽殿戲馬敕絢馬射撫弦貫的觀者悅之其日上使畫工圖絢形遣中使持以問絢曰卿識此圖否其見親如此時魏降人王足陳計求堰淮水以灌壽陽足引北方童謠曰荆山為上格浮山為下格潼沱為激溝并灌鉅野澤帝以為然使水工陳承伯材官將軍祖暅視地形咸謂淮內沙土漂輕不堅實其功必不可就帝弗納發徐揚人率二千戶取五丁以築之假絢節都督淮上諸軍事并護堰作役人及戰士有衆二十萬於鍾離南起浮山北抵巉石依岸以築土合脊於中流十四年四月堰將合淮水漂疾輒復決潰衆患之或謂江淮多有蛟龍乘風雨決壞崖岸其性惡鐵因是引

東西二冶鐵器大則釜鬲小則鋘鋤數千萬斤沈于堰所猶不能合乃伐樹爲井幹塡以巨石加土其上緣淮百里內岡陵木石無巨細必盡負擔者肩上皆穿夏日疾疫死者相枕蠅蟲晝夜聲相混合帝愍之遣尙書右僕射袁昂侍中謝舉假節慰勞之并加蠲復是冬寒甚淮泗盡凍士卒死者十七八帝遣賜以衣袴十一月魏遣將楊大眼揚聲決堰絢命諸軍撤營露次以待之遣其子悅拒戰斬魏咸陽王府司馬徐方興魏軍小卻十五年四月堰乃成其長九里下闊一百四十丈上廣四十五丈高二十丈深十九丈五寸夾之以堤并樹杞柳軍人安堵列居其上其水淸潔俯視邑居墳墓了然皆在其下或謂絢曰四瀆者天地所以節宣其氣不可久塞若鑿湫東注則游波寬緩堰得不壞絢然之開湫東注又縱反間於魏曰梁所懼開湫魏人信之果鑿山深五丈開湫北注水日夜分流湫猶不減其月魏軍竟潰而歸水之所及夾淮方數百里地魏壽陽城戍稍徙頓八公山北南居人散就岡壠初堰起徐州界刺史張豹子謂己必尸其事既而絢以他官來監作豹子甚慚由是譖絢與魏交通帝雖不納猶以事畢徵絢除司州刺史領安陸太守絢既徵還豹子不修堰其秋淮水暴長堰壞奔流于海殺數萬人其聲若雷聞三百里水中怪物隨流而下或人頭魚身或龍形馬首殊類詭狀不可勝名祖暅坐下獄絢在州三年大修城隍號爲嚴整普通元年除衞尉卿未拜卒輿駕卽日臨哭諡曰壯絢寬和少喜慍在朝廷見人如不能言號爲長厚在省每寒見省官有繿縷者輒遺遺以襦衣其好施如此子悅嗣

昌義之歷陽烏江人也少有武幹爲馮翊戍主武帝爲雍州因事帝帝亦厚遇之及起兵版爲輔國將軍軍主每戰必捷天監元年封永豐侯累遷北徐州刺史鎭鍾離四年大舉北侵臨川王宏督衆軍向洛口義之爲前將軍攻魏梁城戍尅之五年冬武帝以征役久詔班師魏中山王元英乘勢追躡攻沒馬頭等城城內糧貯魏悉移歸北議者咸謂無復南向帝曰此必進兵非其實也乃遣修鍾離城敕義之爲戰守備是冬英果率衆數十萬圍鍾離衝中毀西墉時城中之衆纔三千義之督率隨方抗禦前後殺傷萬計魏軍死者與城平六年帝遣曹景宗韋叡率衆二十萬救焉大破魏軍義之率輕兵追至洛口而還以功進號軍師將軍遷都督南兗州刺史坐以禁物出蕃爲有司所奏免十三年累遷左衞將軍是冬帝遣太子右衞率康絢督衆軍作荆山堰魏將李曇定大衆逼荆山揚聲決堰詔假義之節救絢軍未至絢等已破魏軍魏又遣大將軍李平攻硤石義之又率朱衣直閤王神念救之魏克硤石義之班師爲有司所奏帝以其功臣不問十五年授北徐州刺史義之不知書所識不過十字性寬厚爲將能得人死力及居藩任吏民安之改封營道縣侯徵爲護軍將軍卒於官帝深痛惜之諡曰烈子寶景嗣

張弘策字眞簡范陽方城人文獻皇后之從父弟也父安之靑州主簿南蠻行參軍弘策幼以孝聞母常有疾五日不食弘策亦不食母强爲之進粥弘策乃食母所餘後遭母憂三年不食鹽菜幾至滅性兄弟友愛不忍暫離雖各有室常同臥起時比之姜肱兄弟弘策與武帝年相輩幼見親狎常隨帝遊處每入室常覺有雲氣體輒肅然弘策由此特加敬異建武末與兄弘胄從武帝宿酒酣徙席星下語及時事弘策因問帝曰緯象云何國家故當無恙乎帝曰天下方亂舅知之乎漢北有失地氣浙東有急兵祥今冬初魏軍必動動則亾漢北王敬則猜嫌已久當乘間而作弘策曰敬則張兩赤眼安能立事帝曰敬則庸才爲天下唱先耳主上運祚盡於來年國權當歸江劉而江甚隘劉又闇弱帝今久疾外多異議萬一伺釁稽部且乘機而作是亦無成徒自驅除耳明年都邑有大亂死人過於亂麻齊之歷數自茲亾矣梁楚漢當有英雄者興弘策曰贍烏爰止于誰之屋武帝笑曰光武有云安知非僕弘策起曰今夜之言是天意也請定君臣之分武帝曰舅欲斆鄧晨乎是冬魏軍寇新野齊明帝命武帝將兵爲援且授以密旨仍代曹虎監雍州事弘策聞之心喜謂武帝曰夜中言當驗武帝笑曰且勿多言弘策從武帝西行仍參帷幄身親勞役不憚辛苦五年秋明帝崩遺制以武帝爲雍州刺史乃表弘策爲錄事參軍帶襄陽令武帝覩海內方亂有匡濟之心密爲儲備謀猷所及唯弘策而已時帝長兄長沙宣武王懿罷益州還仍爲西中郎長史行郢州事武帝使弘策到郢陳大計於懿曰昔晉惠庸主諸王爭權遂內難九興外寇三作方今喪亂有甚於此六貴爭權人握王憲制主畫敕各欲專權且嗣主在宮本無令譽媟近左右蜂目忍人一居萬機恣其所欲豈肯虛坐主諾委政朝臣積相嫌貳必大誅戮始安欲爲趙倫形迹已露蹇人上天信無此理且性猜狹徒取禍機所可當軸江劉而已祏怯而無斷暄弱而不才折鼎覆餗跂足可待蕭坦胸懷猜忌動言相傷徐孝嗣材非柱石聽人穿鼻若隙開釁起必中外土崩今得外藩幸

圖身計及今猜防未生宜召諸弟以時聚集郢州控帶荆湘西注漢沔雍州士馬呼吸數萬時安則竭誠本朝時亂則爲國翦暴如不早圖悔無及也懿聞之變色而心未之許及懿遇禍帝將起兵夜召弘策呂僧珍入定議旦乃發兵以弘策爲輔國將軍主領萬人督後部事及郢城平蕭頴達楊公則諸將皆欲頓軍夏口武帝以爲宜乘勢長驅直指京邑惟弘策與帝意合又訪寧朔將軍庾域域又同卽日上道遂緣江至建康凡磯浦村落軍行宿次立頓處所弘策預爲圖皆在目中城平武帝遣弘策與呂僧珍先入淸宮封檢府庫于時城中珍寶委積弘策申勒部曲秋毫無犯遷衛尉卿加給事中天監初加散騎常侍封洮陽縣侯弘策盡忠奉上知無不爲交友故舊隨才薦拔縉紳皆趨焉時東昏餘黨孫文明等初逢赦令多未自安文明又嘗夢乘馬至雲龍門心惑其夢遂作亂帥數百人因運荻炬束仗得入南北掖門至夜作亂燒神虎門總章觀入衛尉府弘策踰垣匿于龍廐遇賊見害時年四十七賊又進燒尙書省及閤道雲龍門前軍司馬呂僧珍直殿省帥羽林兵邀擊不能御上戎服御前殿謂僧珍曰賊夜來是衆少曉則走矣命打五鼓賊謂已曉乃散官軍捕文明斬于東市張氏親屬臠肉之帝哭之慟曰痛哉衛尉天下事當復與誰論詔給弘策宅一區衣一襲錢十萬布百疋蠟二百斤贈車騎將軍謚曰愍侯弘策爲人寬厚通率篤舊故及居隆重不以貴地自高故人賓客接之如布衣祿賜皆散之親友及遇害莫不痛惜焉子緬嗣緬字元長年數歲外祖中山劉仲德異之曰此兒非常器非止爲張氏寶方當爲海內令名也齊永元末武帝師起弘策從武帝向都留緬襄陽年始十歲每聞軍有勝負憂喜形於顏色天監元年弘策遇害緬痛父之酷喪過於禮武帝每遣喻之服闋襲封洮陽縣侯召補國子生起家祕書郎出爲淮南太守時年十八帝疑其年少未閑吏事乃遣主書封取郡曹文案見其斷決允愜甚稱賞之再遷雲麾外兵參軍緬少勤學自課讀書手不輟卷尤明後漢及晉代衆家客有執卷質緬者隨問便對略無遺失殿中郎缺帝謂徐勉曰此曹舊用文學且居鵷行之首宜詳擇其人勉舉緬充選頃之爲武陵太守還拜太子洗馬中舍人緬母劉氏以父沒家貧葬禮有闕遂終身不居正室不隨子入官府緬在郡所得祿俸不敢用乃至妻子不易衣裳及還都並供其母賑贍親屬雖累載所蓄一朝隨盡緬私室常閴然如貧素者累遷豫章內史緬爲政任恩不設鉤鉅吏民化其德亦不敢欺故老咸云數十年未有也後爲御史中丞坐收捕人與外國使鬭左降黃門郎兼領先職俄復舊任居憲司推繩無所顧望號爲勁直武帝乃遣畫工圖其形於臺省以勵當官中大通二年遷侍中未拜卒詔便舉哀昭明太子亦往臨哭緬愛墳籍聚書至萬餘卷鈔後漢紀四十卷晉書三十卷又鈔江左集未及成文集五卷子傳嗣緬弟纘字伯緒緬第三弟也出繼從伯弘籍弘籍武帝舅也梁初贈廷尉卿纘年十一尙帝第四女富陽公主拜駙馬都尉封利亭侯召補國子生起家祕書郎時年十七身長七尺四寸眉目疏朗神采爽發武帝異之常曰張壯武云後八世有逮吾者其此子乎纘好學兄緬有書萬餘卷晝夜披讀殆不輟手祕書郎有四員宋齊以來爲甲族起家之選待次入補其居職例不數十日便遷任纘固求不徙欲徧觀閣內書籍帝執四部書目曰君讀此畢乃可言優仕矣如此三載方遷太子舍人轉洗馬中舍人並掌管記纘與瑯邪王錫齊名普通初魏使彭城人劉善明通和求詣纘與錫纘時年二十三善明見而嗟服累遷尙書吏部俄而長兼侍中時人以爲早達河東裴子野曰張吏部有喉脣之任已恨其晚矣子野性曠達自云年出三十不復詣人初未與纘相遇便虛相推重因爲忘年之交大通中爲吳興太守居郡省煩苛務在淸靜吏民便之大同二年徵爲吏部尙書纘居選後門寒素有一介之善者皆見引拔不爲貴門屈意人士翕然稱之負其才氣無所與讓定襄侯祗無學術頗有文性與兄衡山侯恭俱爲皇太子愛賞時纘從兄諡聿並不學問性又凡愚恭祗嘗預東宮盛集太子戲纘曰丈人諡聿皆何在纘從容曰纘有諡聿亦殿下之衡定也太子色慙或云纘從兄聿及弼愚短湘東王在坐問纘曰丈人二從聿弼藝業何如纘曰下官從弟雖並無多學猶賢殿下之有衡定舉坐愕然其忤物如此五年武帝詔曰纘外氏英華朝中領袖司空已後名冠范陽可尙書僕射纘本寒門以外戚顯重高自擬倫而詔有司空范陽之言深用爲狹以朱异草詔與异不平初纘與參軍何敬容意趣不協敬容居權軸賓客輻湊有過詣纘纘輒距不前曰吾不能對何敬容殘客及是還爲讓表曰自出守肱股入居衡尺可以仰首伸眉論列是非者矣而寸衿所滯近蔽耳目深淺淸濁豈能有預加以矯心飾貌酷非所閑不喜俗人與之共事此言以指敬容也在職議南郊御乘素輦適古今之衷又議印綬官若備朝服宜並着綬時並施行

改爲湘州刺史述職經塗作南征賦初吳興吳規頗有才學邵陵王綸引爲賓客深相禮遇及綸作牧郢蕃規隨從江夏遇纘出之湘鎭路經郢服綸餞之南浦纘見規在坐意不能平忽舉杯屬吳規曰此酒慶汝得陪今宴規尋起還其子翁孺見父不悅問而知之翁孺因氣結爾夜便卒規恨纘慟兒憤哭兼至信次之間又致殞規妻深痛父子翌日又亾時人謂張纘一杯酒殺吳氏三人其輕傲皆此類也至州務公平遣使十郡慰勞解放老疾吏役及關市戍邏先所防人一皆省併州界零陵衡陽等郡有莫徭戶者依山險爲居歷政不賓服因此向化益陽縣人作田二頃皆異畝同穎在政四年流人自歸戶口增十餘萬州境大寧晩頗好積聚多寫圖書數萬卷有油二百斛米四千石他物稱是太淸二年徙授領軍俄改雍州刺史初聞邵陵王綸當代己爲湘州其後更用河東王譽纘素輕少王州府候迎及資待甚薄譽深銜之及至州譽遂託疾不見纘仍檢括州府付度事留纘不遣會聞侯景寇京師譽理裝當下援荆州刺史湘東王繹與纘素有舊纘將因之以斃譽兄弟時譽及信州刺史桂陽王慥各率所領入援臺下慥至江津譽次江口湘東王屆郢州之武城屬侯景已請和武帝詔罷援軍譽自江口將還湘鎭欲待湘東至謁督府方還纘乃貽湘東王書曰河東戴檣上水欲襲江陵岳陽在雍共謀不逞江陵游軍主朱榮又遣使報云桂陽住此欲應譽督湘東信之乃鑿船沈米斬纜而歸至江陵收慥殺之荆湘因構嫌隙纘尋棄其部曲攜其二女單舸赴江陵湘東遣使責讓譽索纘部下仍遣纘向襄陽前刺史岳陽王詧推遷未去鎭但以城西白馬寺處之會聞賊陷臺城詧不受代州助防杜岸紿纘曰觀岳陽不容使君使君素得物情若走入西山招集義舉事無不濟纘以爲然因與岸兄弟盟乃要雍州人席引等於西山聚衆纘服婦人衣乘青布輿與親信十餘人奔引等杜岸馳告詧詧令中兵參軍尹正追討纘以爲赴期大喜及至並禽之纘懼不免請爲沙門名法緒詧襲江陵常載纘隨後逼使爲檄固辭以疾及軍敗退行至湕水南防守纘者慮追兵至遂害之棄尸而去元帝承制贈開府儀同三司謚簡憲公元帝少時纘便推誠委結及卽位追思之嘗爲詩序云簡憲之爲人也不事王侯負才任氣見余則申旦達夕不能已已懷夫人之德何日忘之纘著鴻寶一百卷文集二十卷初纘往雍州資產悉留江陵性旣貪婪南中貲賄塡積及死湘東王皆使收之書二萬卷並攆還齋珍寶財物悉付庫以糟鹽之屬還其家次子希字子顏早知名尙簡文第九女海鹽公主承聖初位侍中纘弟四弟綰字孝卿少與兄纘齊名湘東王嘗策之百事綰對闕其六號爲百六公位員外散騎常侍中軍宣城王長史俄徙御史中丞武帝遣綰弟中書舍人絢宣旨曰爲國之急惟在執憲直繩用人之本不限升降晉宋之世周閔蔡廓並以侍中爲之卿勿疑是左遷也時宣城王府望重故有此旨焉大同四年元日舊制僕射中丞坐位東西廂時綰兄纘爲僕射及百司就列兄弟並導騶分趨兩陛前代未有也時人榮之出爲豫章內史在郡述制旨禮記正言義四姓衣冠士子聽者常數百人八年安城人劉敬宮挾妖道遂聚黨破郡縣進寇豫州刺史湘東王遣司馬王僧辯討賊受綰節度旬月閒賊黨悉平十年復爲御史中丞綰再爲憲司彈糾無所迴避豪右憚之時城西開士林館聚學者綰與右衞朱异太府卿賀琛遞述制旨禮記中庸義太淸三年爲吏部尙書侯景陷宮城綰奔江陵湘東王承制授尙書右僕射江陵陷朝士皆俘入關綰以疾免卒於江陵次子交字少游尙簡文第十一女定陽公主承聖二年官至祕書丞掌東宮管記

庾域字司大新野人也少沈靜有名鄉曲文帝爲郢州辟爲主簿嘆美其才曰荆南杞梓其在斯乎加以恩禮長沙宣武王爲梁州以爲錄事參軍帶華陽太守時魏軍攻圍南鄭州有空倉數十所域手自封題指示將士云此中粟皆滿足支二年但努力堅守衆心以安軍退以功拜羽林監及長沙王爲益州域隨爲南中郎記室懷寧太守罷任還家妻子猶事井臼而域所衣大布餘奉專充供養母好鶴唳域在任營求孜孜不怠一旦雙鶴來下論者以爲孝感所致永元初南康王版西中郎諮議參軍母憂去職武帝起兵遣使以書招域西臺建以爲寧朔將軍領行選從武帝東下師次陽口和帝遣御史中丞宗夬勞軍域乃諷夬曰黃鉞未加非所以總率侯伯夬反西臺卽授武帝黃鉞蕭穎胄旣都督中外諸軍事論者謂武帝應致牋域爭不聽乃止郢城平域及張弘策議與武帝同卽命衆軍便下域每獻謀畫多被納用霸府初開以爲諮議參軍天監初封廣牧縣子後軍司馬出爲寧朔將軍巴西梓潼二郡太守梁州長史夏侯道遷降魏魏遣騎進襲巴西域固守百餘日城中糧盡將士皆齕草食土死者大半無有離心軍退詔增封進爵爲伯于時兵後大飢域上表振貸不待報輒開倉爲有司所糾上遷域西中郎司馬輔國將軍寧蜀

太守卒于官子子輿字孝卿幼而岐嶷五歲讀孝經手不釋卷或曰此書文句不多何用自苦答曰孝德之本何謂不多齊永明末除州主簿時父在梁州遇疾子輿奔侍醫藥言淚恆并長沙宣武王省疾見之顧曰庾錄事雖危殆可憂更在子輿尋丁母憂哀至輒嘔血父戒以滅性乃禁其哭泣梁初爲尙書郎天監三年父出守巴西子輿以蜀路險難啓求侍從以孝養獲許父遷蠻蜀子輿亦相隨父於路感心疾每痛至必叫子輿亦悶絕及父卒哀慟將絕者再奉喪還鄕秋水猶壯巴東有淫預石高出二十許丈及秋至則纔見如馬亦有瞿塘大灘行旅忌之部伍至此石猶不見子輿撫心長叫其夜五更水忽退減安流南下及度水復舊行人爲之語曰滛預如幞本不通瞿塘水退爲庾公初發蜀有雙鳩巢舟中及至又栖廬側每聞哭泣之聲必飛翔簷宇悲鳴激切欲爲父立佛寺未有定處夢有僧謂曰將修勝業嶺南原即可營造明往履歷果見標度處所若有人功因立精舍居墓所以終喪服闋手足拘攣待人而起仍布衣蔬食志守墳墓叔該謂曰汝若固志吾亦抽簪於是始仕雖以嫡長襲爵國秩盡推諸弟累遷兼中郎司馬大通二年除巴陵內史便道之官路中遇疾或勸上郡就醫子輿曰吾疾患危重理難全濟豈可貪官陳尸公廨因勒門生不得輒入城市即於渚次卒遺令單衣帢履以歛酒脯施靈而已

鄭紹叔字仲明滎陽開封人也累世居壽陽祖琨宋高平太守紹叔年二十餘爲安豐令有能名後爲本州治中從事史時刺史蕭誕弟諶被誅臺遣收誕兵使卒至左右驚散紹叔獨馳赴焉誕死侍送喪柩衆咸稱之既到京師司空徐孝嗣見而異之曰祖逖之流也武帝臨司州命爲中兵參軍領長流因是厚自結附帝罷州還京師謝遣賓客紹叔獨固請願留帝曰卿才用幸自有餘我今未能相益宜更思他塗紹叔曰委質有日義無二心帝固不許於是乃還壽陽刺史蕭遙昌苦要引紹叔終不受命遙昌將囚之鄕人救解得免及帝爲雍州刺史紹叔閒道西歸補甯蠻長史扶風太守東昏既害朝宰頗疑武帝紹叔兄植爲東昏直後東昏遣至雍州託候紹叔潛使爲刺客至州紹叔知之密以白武帝帝於紹叔處置酒宴之戲植曰朝廷遣卿見圖今日閑宴是見取良會也賓主大笑令植登臨城隍周觀府署士卒器械舟艫戎馬莫不富實植退謂紹叔曰雍州實力未易圖也紹叔曰兄還爲天子言之兄若取雍州紹叔請以此衆一戰送兄於南峴相持慟哭而別東昏續遣主帥杜伯符亦欲爲刺客詐言作使帝亦先知宴接如常伯符懼不敢發帝後即位作五字詩具及之帝初起兵紹叔爲冠軍將軍改驃騎將軍從帝東下江州平留紹叔監州事謂曰蕭何鎭關中漢祖得成山東之業寇恂守河內光武建河北之基今之九江昔之河內我故留卿以爲羽翼前途不捷我當其咎糧運不繼卿任其責紹叔流涕拜辭於是督江湘糧運事無闕乏天監初入爲衞尉卿紹叔少失父家貧事母及祖母以孝聞奉兄恭謹及居顯要祿賜所得及四方饋遺悉歸之兄室忠於事上所聞纖毫無隱每爲帝言事善則曰臣愚不及此皆聖主之策不善則曰臣智慮淺短以爲其事當如是殆以此誤朝廷也臣之罪深矣帝甚親信之母憂去職紹叔有至性帝常使人節其哭頃之封營道縣侯復爲衞尉卿以營道縣戶凋弊改封東興縣侯三年魏圍合肥紹叔以本號督衆軍鎭東關事平復爲衞尉既而義陽爲魏所陷司州移鎭關南以紹叔爲征虜將軍司州刺史紹叔至州創立城隍修治兵器廣田積穀招納流民百姓安之性頗矜躁以權勢自居然能傾心接物多所薦舉士類亦以此歸之六年徵爲左衞將軍司豫州大中正紹叔至家疾篤詔於宅拜授輿載還府中使醫藥一日數至卒於府舍帝將臨其殯以紹叔宅巷狹陋不容輿駕乃止詔贈散騎常侍護軍將軍賜東園祕器衣一襲朝服一具謚曰忠紹叔卒後帝嘗潸然謂朝臣曰鄭紹叔立志忠烈善必稱君過即歸己當今殆無其比其見賞惜如此子貞嗣

呂僧珍字元瑜東海范陽人也世居廣陵家甚寒賤童兒時從師受學有相工歷觀諸生指僧珍曰此兒有奇聲封侯相也年二十餘事文帝爲門下書佐身長七尺七寸容貌甚偉在同類中少所褻狎曹輩皆憚之文帝爲豫州刺史以爲典籤帶蒙令文帝還領軍補主簿袄賊唐寓之寇東陽文帝率衆東討使僧珍知諸軍衆局事僧珍宅在建陽門東自受命當行每日由建陽門道不過私室文帝以此益知之雍州王奐反敕遣僧珍隸將軍曹虎西討魏軍寇沔北司空陳顯達出討一見僧珍甚異之因屛人呼上坐謂曰卿有貴相後當不見滅於我努力爲之建武二年魏軍南攻五道並進武帝率師援義陽僧珍從在軍中長沙宣武王時爲梁州刺史被魏圍守連月義陽與雍州路斷閒諜不通武帝欲遣使至襄陽求梁州問衆皆憚行僧珍固請充使因即日單舸上道及至襄陽督遣援軍且獲宣武王書而反帝

甚嘉之東昏卽位司空徐孝嗣管朝政欲要僧珍與共事僧珍揣非久安竟弗往時武帝已臨雍州僧珍固求西歸得補邛令及至帝命爲中兵參軍委以心膂僧珍陰養死士歸之者甚眾帝頗招武猛士庶響從會者萬餘人因命按行城西空地將起數千間屋以爲止舍多伐竹木沈於檀溪積茅蓋若山阜皆未之用僧珍獨悟其旨亦私具櫓數百張及兵起帝夜召僧珍及張弘策定議明旦乃會眾發兵悉取檀溪竹木裝爲樓艦葺之以茅並皆立辦眾軍將發諸將果爭櫓僧珍乃出先所具每船賦二張爭者乃息帝以僧珍爲輔國將軍步兵校尉出入臥內宣通意旨郢州平帝進軍以僧珍爲前鋒大軍次江寧僧珍與王茂率精兵先登赤鼻邏其日東昏將李居士來戰僧珍大破之乃與茂進白板橋立壘茂移頓越城僧珍守白板李居士知城中眾少直來薄城僧珍謂將士曰今力不敵不可戰亦勿遙射須至壍裏當併力破之俄而皆越壍僧珍分人上城自率馬步三百人出其後內外齊擊居士等應時奔散建康城平帝命僧珍率所領先入淸宮與張弘策封檢府庫武帝受禪以爲冠軍將軍前軍司馬封平固縣侯再遷左衛將軍加散騎常侍入直祕書省總知宿衛天監四年冬大舉北伐自是軍機多事僧珍晝直中書省夜還祕書省五年旋軍以本官領太子中庶子僧珍去家久表求拜墓帝欲榮之使爲本州乃授使持節平北將軍南兗州刺史僧珍在任見士大夫迎送過禮平心率下不私親戚兄弟皆在外堂並不得坐指客位謂曰此兗州刺史坐非呂僧珍牀及至別室促膝如故從父兄子先以販葱爲業僧珍旣至乃棄業求州官僧珍曰吾荷國重恩無以報效汝等自有常分豈可妄求叨越但當速歸葱肆耳僧珍舊宅在市北前有督郵廨鄉人咸勸徙廨以益其宅僧珍怒曰督郵官廨也豈可徙之以益吾私宅乎姊適于氏住市西小屋臨路與列肆雜處僧珍常導從鹵簿到其宅不以爲恥在州百日徵爲領軍將軍直祕書省如先常以私車輦水灑御路僧珍旣有大勳任總心膂恩遇隆密時莫與爲比性甚恭愼當直禁中盛暑不敢解衣每侍御坐屏氣鞠躬對果食未嘗舉箸因醉後取一甘食武帝笑謂曰卿今日便是大有所進祿俸外又月給錢十萬其餘賜賚不絕於時初從帝攻郢州久不下咸欲走北僧珍獨不肯累日乃見從一夜僧珍忽頭痛壯熱及明而顙骨益大其骨法蓋有異焉十年疾病車駕臨幸中使醫藥日有數四僧珍語親舊曰吾昔在蒙縣嘗病熱發黃時心謂必不濟矣主上見語云卿有富貴相必當不死俄而果愈吾今已富貴而復發黃所苦與昔正同必不復起矣竟如言卒于領軍府舍時年五十八帝卽日臨殯贈驃騎將軍開府儀同三司常侍鼓吹如故給東園祕器朝服一具衣一襲喪事所須隨由備辦謚曰忠敬武帝痛惜之言爲流涕子淡嗣初宋季雅罷南康郡市宅居僧珍宅側僧珍問宅價曰一千一百萬僧珍怪其貴季雅曰一百萬買宅一千萬買隣及僧珍生子季雅往賀署函曰錢一千閽人少之弗爲通彊之乃進僧珍疑其故親自發乃金錢也遂言於帝陳其才能以爲壯武將軍衡州刺史將行謂所親曰不可以負呂公在州大有政績

臣謹按姚思廉之史謂呂僧珍爲宋文帝門下書佐文帝爲豫州以僧珍爲典籤帶蒙令及文帝爲丹陽尹又令僧珍爲督郵僧珍以天監十年卒李延壽之史亦如此云而以宋文帝爲梁文帝蓋誤也按宋史文帝永初中爲荊州刺史未嘗爲豫州據自宋初至天監十年凡九十餘年矣又姚史云僧珍年二十餘依宋丹陽尹劉秉秉誅後事太祖文皇帝如此則僧珍當時是一百幾二十歲矣而云年五十八史家訛謬頗多舉僧珍傳可以知其他不必盡信也今無所考據但從其舊

樂藹字蔚遠南陽淯陽人晉尙書令廣之六世孫也世居江陵方頤隆準舉重醞藉其舅雍州刺史宗慤嘗陳器物試諸甥姪藹時尙幼無所取慤由此奇之又取史傳各一卷授藹等使讀畢言所記藹略讀具舉慤益善之齊豫章王嶷爲荊州刺史以藹爲驃騎行參軍領州主簿參知州事嶷嘗問藹風土舊俗城隍山川險易藹隨問立對若按圖牒嶷益重焉州人嫉之或譖藹廨門如市嶷遣覘之方見藹閉閤讀書後爲大司馬記室永明八年荊州刺史巴東王子響稱兵反旣敗焚燒府舍官曹文書一時蕩盡齊武帝引見藹問以西事藹占對詳敏帝悅焉用爲荊州治中從事敕付以修復府州事藹還州繕治廨署數百區頃之咸畢而役不及民荊部之爲壯觀自晉王悅移鎭以來府舍未之有也豫章王嶷薨藹解官赴喪率荊湘二州故吏建碑墓所南康王爲西中郎以藹爲諮議參軍武帝起兵蕭穎胄引藹及宗夬劉坦任以經略梁臺建遷尙書左丞時營造器甲船艦軍糧及朝廷儀憲悉資於藹焉天監初累遷御史中丞領本州大中正初藹發江陵無故於船中得八車輻如中丞健步避道者至是果遷焉藹性公彊居憲臺

甚稱職時長沙宣武王將葬而車府忽於庫失油絡欲推主者藹曰昔晉武庫失火張華以為積油萬匹必然今庫若有灰非吏罪也既而檢之果有積灰時稱其博物弘恕二年出為冠軍將軍平越中郎將廣州刺史前刺史徐元瑜罷歸遇始興人士反逐內史崔睦舒因掠元瑜財產元瑜走歸廣州借兵於藹託欲討賊而實謀襲藹藹覺誅之尋卒於官藹姊適微士同郡劉虯亦明識有禮訓藹為州迎姊居官舍三分秩祿以供焉西土稱之子法才字元備幼與弟法藏俱有美名沈約見之曰法才實才子為建康令不受俸秩比去將至百金縣曹啓輸臺庫武帝嘉其清節曰居職若斯可為百城表矣還太舟卿尋除南康內史法才恥以讓不受名辭不拜歷位少府卿江夏太守因被代表求便道還鄉至家割宅為寺栖心物表尋卒法藏位征西錄事參軍早亡子子雲美容貌善舉止位江陵令元帝承制除光祿卿魏克江陵衆奔散呼子雲子雲曰豨為虜矣不如守以死節遂仆地卒于馬蹄之下

通志卷一百三十九

通志卷一百四十

宋右迪功郎鄭樵漁仲撰

列傳第五十三

梁

沈約子旋　范雲孫伯驎　從父兄縝　雲　韋叡叡兄纂　叡子放　正　稜　黯
裴邃子之禮　兄子之高　之高弟之悌　之悌弟之橫　江淹　任昉　柳
惔惔弟惲　惲子偃　惲弟憕　憕弟忱　忱從叔慶遠　慶遠子津　津子仲禮　敬禮　王
志兄子泰　泰弟子筠　筠子祥　志弟彬　彬弟寂　志從子鶱　鶱子規　鶱弟暕　暕子承
承弟訓　志從父兄瞻　瞻從子籍　王瑩子寶　瑩從父弟亮　王進之子淸　王
份子琳　琳子銓　銓弟錫　錫弟僉　份從孫克

沈約字休文吳興武康人也伯祖田子晉龍驤將軍始平太守祖林子宋贈征虜將軍父璞淮南太守林子璞附田子傳元凶弒立璞以奉迎之晚見殺約時年十三潛竄山谷會赦乃免既而流寓孤貧篤志好學晝夜不釋卷母恐其以勞生疾常遣減油滅火而晝之所讀夜輒誦之遂博通羣籍善屬文濟陽蔡興宗聞其才而善之及爲郢州引爲安西外兵參軍兼記室興宗常謂其諸子曰沈記室人倫師表宜善師之及爲荊州又爲征西記室帶關西令齊初爲征虜記室帶襄陽令所奉主卽齊文惠太子太子入居東宮爲步兵校尉管書記直永壽省校四部圖書時東宮多士約時被親遇每旦入見景斜方出時王侯到宮或不得進約每以爲言太子曰吾生平懶起是卿所悉得卿談論然後忘寢卿欲我夙興可恒早入遷太子家令後爲司徒右長史黃門侍郎時竟陵王招士約與蘭陵蕭琛琅邪王融陳郡謝朓南郡范雲樂安任昉等皆游焉當世號爲得人隆昌元年除吏部郎出爲東陽太守齊明帝卽位徵爲五兵尚書遷國子祭酒明帝崩政歸冢宰尚書令徐孝嗣使約撰定遺詔永元中復爲司徒左長史進號征虜將軍南清河太守初武帝在西邸與約舊游建康城平引爲驃騎司馬時帝勳業既就天人允屬約嘗扣其端帝默然不應他日又進曰今與古異不可以淳風期萬物士大夫攀龍附鳳者皆望有尺寸之功以保其福祿今童兒牧豎悉知齊祚之終且天文人事表革運之徵永元以來尤爲彰著讖云行中水作天子此又歷然在記天心不可違人情不可失帝曰吾方思之約曰公初起兵樊沔此時應思今日王業已就何所復思昔武王伐紂始入人便曰吾君武王不違人意亦無所思公自至京邑已移氣序比於周武遲速不同若不早定大業稽天人之望脫一人立異便損威德且人非金石時事難保豈可以建安之封遺之子孫若天子還都公卿在位則君臣分定無復異圖君明於上臣忠於下豈復有人方更同公作賊帝然之約出召范雲告之雲對略同約旨帝曰智者乃爾暗同卿明早將休文更來雲出語約約曰卿必待我雲許諾而約先期入帝令草其事約乃出懷中詔書并諸選置帝初無所改俄而雲自外來至殿門不得入徘徊壽光閣外但云咄咄約出雲問曰何以見處約舉手向左雲笑曰不乖所望有頃帝召雲謂曰生平與沈休文羣居不覺有異人處今日才智縱橫可謂明識雲曰公今知約不異約今知公帝曰我起兵於今三年矣功臣諸將寔有其勞然成帝業者乃卿二人也梁臺建爲散騎常侍吏部尚書兼右僕射及受禪爲尚書僕射封建昌縣侯又拜約母謝爲建昌國太夫人奉策之日吏部尚書范雲等二十餘人咸來致拜朝野以爲榮俄遷右僕射天監二年遭母憂輿駕親出臨弔以約年衰不宜致毀遣中書舍人斷客節哭起爲鎭軍將軍丹陽尹置佐史服闋遷侍中右光祿大夫領太子詹事奏尚書八條事遷尚書令累表陳讓改授左僕射領中書令尋遷尚書令領太子少傅九年轉左光祿大夫初約久處端揆有志台司論者咸謂爲宜而帝終不用乃求外出又不見許與徐勉素善遂以書陳情於勉言已老病百日數旬革帶常應移孔以手握臂率計月小半分欲謝事求歸老之秩勉爲言於帝請三司之儀弗許但加鼓吹而已約性不飲酒少嗜慾雖時遇隆重而居處儉素立宅東田矚望郊阜嘗爲郊居賦以序其事尋加特進遷中軍將軍丹陽尹侍中特進如故十二年卒官年七十三諡曰隱約左目重瞳子腰有紫志聰明過人好墳籍聚書至二萬卷都下無比少孤貧約于宗黨得米數百斛爲宗人所侮覆米而去及貴不以爲憾用爲郡部傳嘗侍宴有妓婢師是齊文惠宮人帝問識坐中客不曰唯識沈家令約伏地流涕帝亦悲焉爲之罷酒約歷仕三代該悉舊章博物洽聞當世取則謝元暉善爲詩任彥昇工於筆約兼而有之然不能過也自負高才昧以榮利乘時射勢頗累淸談及居端揆稍弘止足每進一官輒殷勤請退而終不能去論者方之山濤用事十餘年未嘗有所薦達政之得失唯唯而已初武帝有憾於張稷及卒因與約言之約曰左僕射出作邊州刺史已往之事何足復論帝以爲約昏家相爲怒約曰卿言如此是忠臣邪乃輦歸內殿約懼不覺帝起猶坐如初及還未及牀憑空頓於戶下因病夢齊和帝劒斷其舌召巫視之巫言如夢乃呼道士奏赤章於天

穪禪代之事不由己出先是約嘗侍宴會豫州獻栗徑寸半帝奇之問栗事多少與約各疏所憶少帝三事約出謂人曰此公護前不讓卽羞死帝以其言不遜欲抵其罪徐勉固諫乃止及疾上遣主書黃穆之專知省視穆之夕還增損不卽啓聞懼罪竊以赤章事因上省醫徐奘以聞又積前失帝大怒中使譴責者數焉約懼遂卒有司謚曰文帝曰懷情不盡曰隱故改爲隱約少時常以晉氏一代竟無全書年二十許便有撰述之意宋泰始初征西將軍蔡興宗爲啓明帝有勅許焉自此踰二十年所撰之書方就凡一百餘卷條流雖舉而採綴未周永明初遇盜失第五帙又齊建元四年被勅撰國史永明二年又兼著作郎撰次起居注五年春又被勅撰宋書六年二月畢功表上之其所撰國史爲齊紀二十卷天監中又撰梁武紀十四卷又撰邇言十卷謚例十卷文章志三十卷文集一百卷皆行於世又撰四聲譜以爲在昔詞人累千載而不悟而獨得胸襟窮其妙旨自謂入神之作武帝雅不好焉嘗以問周捨曰何謂四聲捨曰天子聖哲是也然帝竟不甚遵用也約子旋字士規襲爵位司徒右長史太子僕以母憂去官因蔬食辟穀服除猶絕粳粱終於南康內史謚曰恭集注邇言行於世旋弟趍字孝鯉亦知名位黃門郎旋卒子寔嗣寔弟眾列在陳史

范雲字彥龍南鄉舞陰人晉平北將軍汪六世孫也祖璩之宋中書侍郎雲六歲就其姑夫袁叔明讀毛詩日誦九紙陳郡殷琰名知人候叔明見之曰公輔才也雲性機警有識且善屬文下筆輒成時人每疑其宿構父抗爲郢府參軍雲隨在郢時吳興沈約新野庾杲之與抗同府見而友之起家郢州西曹書佐轉法曹行參軍俄而沈攸之舉兵圍郢城抗時爲府長流入城固守留家屬居外雲爲軍人所得攸之召與語聲色甚厲雲容貌不變徐自陳說攸之笑曰卿定可兒且出就舍明旦又召雲令送書入城內餉武陵王酒一石犢一頭餉長史柳世隆鱠魚二十頭皆去其首城內或欲誅雲雲曰老母弱弟懸命沈氏若其違命禍必及親今日就戮甘心如薺世隆素與雲善乃免之後除員外散騎郎齊建元初竟陵王子良爲會稽太守雲爲府主簿王未之知後剋日祭秦望山乃命雲雲以山上有秦始皇刻石此文三句一韻人多作兩句讀之並不得韻又皆大篆人多不識乃夜取史記讀之令上口明日登山子良令賓僚讀之皆茫然不識末問雲雲曰下官嘗讀史記見此刻石文進乃讀之如流子良大悅因以爲上賓自是寵冠府朝子良爲丹陽尹雲復爲主簿深相親任時進見齊高帝會有獻白烏帝問此何瑞雲位卑最後答曰臣聞王者敬宗廟則白烏至時謁廟始畢帝曰卿言是也感應之理一至此乎子良爲南徐州南兗州雲並隨府遷每陳朝政得失於子良尋除尚書殿中郎子良爲雲求祿齊武帝曰聞范雲諂事汝政當流之子良對曰雲之事臣動相箴諫諫書存者百有餘紙帝索視之言皆切至咨嗟良久曰不意范雲乃爾方令弼汝子良爲司徒又補記室時巴東王子響在荊州殺上佐都下匈匈人多異志而豫章王嶷鎭東府多還私邸動移旬日子良築第西郊游戲而已武帝時爲南郡王文學與雲俱爲子良所禮武帝勸子良還石頭并言大司馬宜還東府子良不納武帝以告雲時廷尉平王植爲齊武帝所狎雲謂植曰西夏不靜人情甚惡大司馬詎得久還私第司徒亦宜鎭石頭卿入旣數言之差易植因求雲作啓自呈之俄而二王各鎭一城文惠太子嘗幸東田觀穫稻雲時從文惠顧雲曰此刈甚快雲曰三時之務亦甚勤勞願殿中知稼穡之艱難無徇一朝之宴逸也文惠改容謝之及出侍中蕭緬先不相識就車握雲手曰不謂今日復見讜言永明十年使魏魏人李彪宣命至雲所甚見稱美彪爲設甘蔗黃甘粽隨盡絕益彪笑謂曰范散騎小復儉之一盡不可復得使還再遷零陵內史初零陵舊政公田奉米之外別雜調四千石及雲至郡上其半百姓悅之深爲齊明帝所知還除正員郎時高武王侯並懼大禍雲因帝召次曰昔太宰文宣王語臣言嘗夢在一高山上上有一深阬見文惠太子先墜次武帝次文宣望見僕射在室坐御牀備王者羽儀不知此是何夢卿勿向人道明帝流涕曰文宣此惠亦難負於是處昭胄兄弟異於餘宗室雲之幸於子良江祏求雲女婚酒酣巾箱中取翦刀與雲曰且以爲聘雲笑受之至是祏貴雲又因酣曰昔與將軍俱爲黃鵠今將軍化爲鳳凰荊布之室理隔華盛因出翦刀還之祏亦更姻他族及祏敗妻子流離每相經理又爲始興內史舊郡界得亾奴婢悉付作部曲卽貨去買銀輸官雲乃先聽百姓誌之若百日無主依判送臺又郡相承後堂有雜工作雲悉省還役並爲明帝所賞郡多豪猾大姓二千石有不善者輒共殺害不則逐之邊帶蠻俚尤多盜賊前內史皆以兵刃自衛雲入境撫以恩德罷亭候商賈露宿郡中稱爲神明遷廣州刺史平越中郎將至任遣使祭孝子南海羅威唐頌蒼梧丁密頓琦等墓

時江祏姨弟徐藝爲曲江令祏深以託雲有譚儼者縣之豪族藝鞭之儼以爲恥至都訴雲雲坐徵還下獄會赦免初武帝爲司徒祭酒與雲俱在竟陵王西邸情好歘甚永明末武帝與兄懿卜居東郊之外雲亦築室相依武帝每至雲所其妻嘗聞蹕聲又常與武帝同宿顧暠之舍暠之妻方產有鬼在外曰此中有王有相雲起曰王當仰屬相以見歸因是盡心推事及帝起兵將至都雲雖無官自以與帝素欵慮爲昏主所疑將求入城先以車迎太原孫伯翳謀之伯翳曰今天文顯於上災變應於下蕭征東以濟世雄武挾天子而令諸侯天時人事寧俟多說雲曰此政會吾心今羽翮未備不得不就籠檻希足下善聽之及入城除國子博士未拜而東昏遇弒侍中張稷使雲銜命至石頭武帝恩待如舊遂參讚謨謀毗佐大業仍拜黃門侍郎與沈約同心翊贊俄遷大司馬諮議參軍領錄事梁臺建遷侍中武帝時納齊東昏余妃頗妨政事雲嘗以爲言未之納後與王茂同入卧內雲又諫王茂因起拜曰范雲言是公必以天下爲念無宜留惜帝默然雲便疏令以余氏賚茂帝賢其意而許之明日賜雲茂錢各百萬及帝受禪柴燎南郊雲以侍中參乘禮畢帝升輦謂雲曰朕之今日所謂懍乎若朽索之馭六馬雲對曰亦願陛下日愼一日帝善其言卽日遷散騎常侍吏部尚書以佐命功封霄城縣侯雲以舊恩超居佐命盡誠翊亮知無不爲帝亦推心仗之所奏多允雲本大武帝十三歲嘗侍宴帝謂臨川王宏鄱陽王恢曰我與范尚書少親善申四海之敬今爲天下主此禮旣革汝宜代我呼范爲兄二王下席拜與雲同車還尚書下省時人榮之帝嘗與雲言及

舊事云朕司州還在三橋宅門生王道牽衣云聞外述圖讖云齊祚不久別應有王者宜應取富貴朕齋中坐讀書內感其言而外迹不得無怪欲呼人縛之道叩頭求哀乃不復敢言今道爲羽林監文德主帥知管籥雲曰此乃天意令道發耳帝又云布衣時嘗夢拜兩舊妾爲六宮今有天下此嫗已卒所拜非復其人恆以爲恨其年雲以本官領太子中庶子二年遷尚書右僕射猶領吏部頃之坐違詔用人免吏部猶爲右僕射雲性篤睦事寡嫂盡禮家事必先諮而後行好節尚奇專趨人之急少與領軍長史王畡善雲起宅新成移家始畢畡亾於官舍屍無所歸雲以東箱給之移屍自門入躬自營含招復如禮時人以爲難及居選官任寄隆重書牘盈案賓客滿門雲應答如流無所壅滯官曹文墨發擿若神時人咸服其明贍性頗激厲少威重有所是非形於造次士或以此少之初雲爲郡號廉潔及貴重頗通饋遺然家無蓄積隨散之親友武帝九錫之出雲忽中疾居二日半召醫徐文伯視之文伯曰緩之一月乃復欲速卽時愈政恐二年不復可救雲曰朝聞夕死而況二年文伯乃下火而壯焉重衣以覆之有頃流汗於此卽起二年果卒帝爲流涕卽日輿駕臨殯詔贈侍中衞將軍禮官請謚曰宣勑賜謚曰文有集三十卷子孝才嗣孫伯翳太原人晉祕書監盛之元孫曾祖放晉國子博士長沙太守父康起部郎常映雪讀書者伯翳位終驃騎鄱陽王參軍事雲從父兄縝字子眞父濛奉朝請早卒縝少孤貧事母孝謹年未弱冠從沛國劉瓛學瓛甚奇之親爲之冠在瓛門下積年恆芒屩布衣徒行於路瓛門下多車馬貴游縝在其間聊無恥愧及長博通

經術尤精三禮性質直好危言高論不爲士友所安唯與外弟蕭琛善琛名曰口辯每服縝簡詣年二十九髮白皤然乃作傷暮詩白髮詠以自嗟仕齊位尚書殿中郎永明中與魏氏和親簡才學之士以爲行人縝及從弟雲蕭琛瑯邪顏幼明河東裴昭明相繼將命皆著名鄰國時竟陵王子良盛招賓客縝亦預焉嘗侍子良子良精信釋教而縝盛稱無佛子良問曰君不信因果何得富貴貧賤縝答曰人生如樹花同發隨風而墮自有拂簾幌墜於茵席之上自有關籬牆落於糞溷之中墜茵席者殿下是也落糞溷者下官是也貴賤雖復殊途因果竟在何處子良不能屈然深怪之退論其理著神滅論以爲神卽形也形卽神也形存則神存形謝則神滅形者神之質神者形之用是則形稱其質神言其用形之與神不得相異神之於質猶利之於刀形之於用猶刀之於利利之名非刀也刀之名非利也然而捨利無刀捨刀無利未聞刀沒而利存豈容形亾而神在此論出朝野諠譁子良集僧難之而不能屈太原王琰乃著論譏縝曰嗚呼范子曾不知其先祖神靈所在欲杜縝後對縝又對曰嗚呼王子知其祖先神靈所在而不能殺身以從之其險詣皆此類也子良使王融謂之曰神滅旣自非理而卿堅執之恐傷名教以卿之才美何患不至中書郎而故乖刺爲此可便毀棄之縝大笑曰使范縝賣論取官已至令僕矣何但中書郎邪後爲宜都太守性不信神鬼時夷陵有伍相廟唐漢三神廟胡里神廟縝乃下敎斷不祠後以母憂去職居于南州武帝至縝墨縗來迎武帝與縝有西邸之舊見之甚悅及建康城平以縝爲晉安太守在郡清約資公祿而已遷

尙書左丞及還雖親戚無所遺唯餉前尙書令王亮縑在齊時與亮同臺爲郎舊相友愛至是亮擯棄在家縝自以首迎武帝志在權軸而所懷未滿亦怏怏故私相親結以矯於時竟坐亮徙廣州在南累年追爲中書郎國子博士卒文集十五卷子胥字長才傳父業位國子博士有口辯大同中常兼主客郎應接北使卒於鄱陽內史

韋叡字懷文京兆杜陵人也世爲三輔著姓祖元避吏隱長安南山宋武帝入關以太尉掾徵不至伯父祖征宋末爲光祿勳父祖歸寧遠長史叡事繼母以孝聞祖征累爲郡守每攜叡之職視之如子時叡內兄王憕姨弟杜惲並有鄉里盛名祖征謂叡曰汝自謂何如憕惲叡謙不敢對祖征曰汝文章或小減學識當過之然幹國家成功業皆莫汝逮也外兄杜幼文爲梁州刺史要叡俱行梁土富饒往者多以賄敗叡雖幼猶以廉聞宋永元初袁顗爲雍州刺史見而異之引爲主簿顗到州與鄧琬起兵叡求出爲義成郡故免顗之禍累遷齊興太守本州別駕長水校尉右軍將軍齊末多故欲還鄉里求爲上庸太守俄而太尉陳顯達護軍將軍崔慧景頻逼建鄴人心惶駭西土人謀之叡曰陳雖舊將非高人才崔頗更事懦而不武天下眞人殆興吾州矣乃遣其二子自結於武帝及兵起檄至叡率郡人伐竹爲筏倍道來赴有眾二千馬二百匹帝見叡甚悅撫几曰他日見君之面今日見君之心吾事就矣師克郢魯平茄湖叡多建策皆見用大軍發郢謀留守將上難其人久之顧叡曰棄騏驥而不乘焉遑遑而更索即日以爲江夏太守行郢州府事初郢城之拒守也男女垂十萬閉壘經年疾疫死者十七八皆積屍於牀下而生者寢處其上每屋盈滿叡料簡隱卹咸爲營理百姓賴之梁臺建徵爲大理武帝即位遷廷尉封梁都子天監二年改封永昌再遷豫州刺史領歷陽太守魏遣眾來伐叡率州兵擊走之四年侵魏詔叡都督眾軍叡遣長史王超宗梁郡太守馮道根攻魏小峴城未能拔叡巡行圍柵魏城中忽出數百人陳於門外叡欲擊之諸將皆曰向本輕來請還授甲而後戰叡曰魏城中二千餘人閉門堅守足以自保今無故出人於外必其驍勇若能挫之其城自拔眾猶遲疑叡指其節曰朝廷授此非以爲飾韋叡之法不可犯也乃進兵魏軍敗因急攻之中宿而城拔遂進討合肥先是右軍司馬胡景略至合肥久未能下叡案行山川曰吾聞汾水可以灌平陽即此是也乃堰肥水頃之堰成水通舟艦繼至魏初分築東西小城夾肥叡先攻二城既而魏援將楊靈允帥軍五萬奄至眾懼不敵請表益兵叡曰賊已至城下方復求軍且吾求濟師彼亦徵眾師克在和古人之義也因戰破之軍人少安初肥水堰立使軍主王懷靜築城於岸守之魏攻陷城乘勝至叡堤下軍監潘靈祐勸叡退還巢湖諸將入請走保三叉叡怒曰將軍死綏有前無卻因令取繖扇麾幢樹之堤下示無動志叡素羸每戰未嘗騎馬以板輿自載督厲眾軍魏兵鑿堤叡親與爭魏軍卻因築壘於堤以自固起鬬艦高與合肥城等四面臨之城潰俘獲萬餘所獲軍實無所私焉初胡景略與前軍趙祖悅同軍交惡志相陷害景略一怒自齧其齒齒皆流血叡以將帥不和將致患禍酌酒自勸景略曰且願兩虎勿復私鬬故終於此役得無害焉叡每晝接客旅夜算軍書三更起張燈達曙撫循其眾常如不及故投募之士爭歸之所至郡舍修立館宇藩籬墉壁皆應準繩合肥既平有詔班師去魏軍既近懼爲所躡叡悉遣輜重居前身乘小輿殿後魏人服叡威名望之不敢逼全軍而還於是遷豫州於合肥五年魏中山王元英攻北徐州圍刺史昌義之於鍾離眾兵百萬連城四十餘武帝遣征北將軍曹景宗拒之次邵陽洲築壘相守未敢進帝怒詔叡會焉賜以龍環御刀曰諸將有不用命者斬之叡自合肥徑陰陵大澤過澗谷輒飛橋以濟師人畏魏軍盛多勸叡緩行叡曰鍾離今鑿穴而處負戶而汲車馳卒奔猶恐其後而況緩乎旬日而至邵陽初帝勅景宗曰韋叡卿鄉望宜善敬之景宗見叡甚謹帝聞曰二將和師必濟矣叡於景宗營前二十里夜掘長塹樹鹿角截洲爲城比曉而營立元英大驚以杖擊地曰是何神也景宗慮城中危懼乃募軍士言文達洪騏驎等齎敕入城使固城守潛行水底得達東城城中戰守日苦始知有援於是人百其勇魏將楊大眼將萬餘騎來戰大眼勇冠三軍所向披靡叡結車爲陣大眼聚騎圍之叡以強弩二千一時俱發洞甲穿中殺傷甚眾大眼矢貫右臂而走明旦元英自率眾來戰叡乘素木輿執白角如意以麾軍一日數合元英甚憚其彊魏軍中驚叡於城上厲聲呵之乃定魏人先於邵陽洲兩岸爲兩橋樹柵數百步跨淮通道叡裝大艦使梁郡太守馮道根廬江太守裴邃秦郡太守李文釗等爲水軍會淮水暴長叡即遣之鬬艦競發皆臨賊壘以小船載草灌之以膏從而焚其橋風怒火盛敢死之士拔柵斫橋

水又漂疾倏忽之閒橋栅盡壞道根等皆身自搏戰軍人奮勇呼聲動天地無不一當百魏人大潰元英脫身遁去魏軍趨水死者十餘萬斬首亦如之其餘釋甲降者尚數十萬叡遣報昌義之義之且悲且喜不暇答但叫曰更生更生帝遣中書郎周捨勞軍於淮上叡積所獲於軍門捨觀之謂叡曰君此獲復與熊耳山等矣以功進爵爲侯七年遷左衛將軍俄爲安西長史南郡太守會司州刺史馬仙琕自北還軍爲魏人所躡三關擾動詔叡督眾軍援焉叡至安陸增築城二丈餘更開大塹起高樓眾頗譏其示弱叡曰不然爲將當有怯時是時元英復追仙琕將復邵陽之恥聞叡至乃退帝亦詔罷軍十三年爲丹陽尹以公事免十四年爲雍州刺史初叡起兵鄉中客陰雙光泣止叡叡還爲州雙光道候叡笑曰若從公言乞食於路矣餉耕牛十頭叡於故舊無所惜士大夫年七十以上多與假板縣令鄉里甚懷之十五年拜表致仕優詔不許徵拜護軍給鼓吹一部入直殿省居朝廷恂恂未嘗忤視武帝甚禮敬之性慈愛撫孤兄子過於己子歷官所得祿賜皆散之親故家無餘財後爲護軍居家無事慕萬石陸賈之爲人因畫之於壁以自玩時年雖老暇日猶課諸兒以學第三子稜尤明經史世稱其洽聞叡每坐使稜說書其所發擿稜猶弗之逮武帝方銳意釋氏天下咸從風而化叡自以信受素薄位居大臣不欲與眾俯仰所行略如他日普通元年遷侍中車騎將軍未拜卒於家年七十九遺令薄葬斂以時服武帝即日臨哭甚慟贈車騎將軍開府儀同三司諡曰嚴叡雅有曠世之度涖人以愛惠爲本所居必有政績將兵仁愛士卒營幕未立終不肯舍井竈未成亦不先食被服必於儒者雖臨陣交鋒常緩服乘輿執竹如意以麾進止與裴邃俱爲梁世名將餘人莫及初邵陽之役昌義之甚德叡請曹景宗與叡會因設錢二千萬官賭之景宗擲得雉叡徐擲得盧遽取一子反之曰異事遂作塞景宗時與羣帥爭先告捷叡獨居後其不尚勝率多如是世尤以此賢之叡兄纂闡並早知名纂仕齊位司徒記室特進沈約嘗稱纂於上曰恨陛下不與此人同時其學非臣輩也闡爲建寧縣所得俸祿百餘萬還家悉委伯父處分鄉里宗事之位通直郎叡子放字元直身長七尺七寸腰帶八圍容貌甚偉襲封永昌縣侯位竟陵太守在郡和理爲吏人所稱大通元年武帝遣兼領軍曹仲宗等攻渦陽又以放爲明威將軍總兵會之魏大將軍費穆師眾奄至放軍營未立麾下止有二百餘人放從弟洵驍果有勇力單騎擊刺屢折魏軍洵馬亦被傷不能進放冑又三貫矢眾皆失色請放突出放厲聲叱之曰今日唯有死爾乃免冑下馬據胡牀處分士卒皆殊死戰莫不一當百遂北至渦陽魏又遣常山王元昭大將軍李獎乞伏寶費穆等五萬人來援放大破之渦陽城主王偉以城降魏人棄諸營壘一時奔潰眾軍乘之斬獲略盡禽穆弟超并王偉送建鄴還爲太子右衛率中大通二年徙北徐州刺史卒於鎮諡曰宣侯放性弘厚篤實輕財好施於諸弟尤雍穆每將遠別及行役初還常同一室臥起時比之三姜初放與吳郡張率皆有側室懷孕因指腹爲婚其後各產男女未及成長而率亾遺嗣孤弱放常贍卹之及爲北徐州時有貴族請昏者放曰吾不失信於故友乃以息岐娶率女又以女適率子時稱放能篤舊爲子粲死於侯景之難列在忠義傳中放弟正字敬直位襄陽太守初正與東海王僧孺善及僧孺爲吏部郎參掌大選賓友故人無不傾意正獨澹然及僧孺擯廢正復篤素分有踰曩日論者稱焉卒於給事黃門侍郎子載仕陳爲太子右衛率載弟鼎歷陳入隋位光州刺史載鼎俱列在陳史正弟稜字威直性恬素以書史爲業博物彊記當世士咸就質疑位終光祿卿著漢書續訓二卷稜弟黯字務直性彊正少習經史位太府卿侯景濟江黯屯六門尋改爲都督城西南諸軍時景於城外起東西二土山城內亦應之簡文親自負土哀太子以下躬執畚鍤黯守西土山晝夜苦戰以功授輕車將軍加持節卒於城內初黯爲太僕卿而兄子粲爲左衛率黯以故常怏怏謂人曰韋粲已落驊騮前朝廷是能用才不識者頗以此譏之

裴邃字深明河東聞喜人魏冀州刺史徽之後也祖壽孫寓居壽陽爲宋武帝前軍長史父仲穆驍騎將軍邃十歲能屬文善左氏春秋齊東昏踐阼始安王蕭遙光爲揚州刺史引邃爲參軍遙光敗邃還壽陽會刺史裴叔業以壽陽降魏邃隨眾北徙魏宣武帝雅重之仕魏爲魏郡太守魏遣王肅鎮壽陽邃固求隨肅密圖南歸天監初自拔南還除後軍諮議參軍邃求邊境自効以爲廬江太守五年征邵陽洲魏人爲長橋斷淮以濟邃築壘逼橋每戰輒克於是密作沒突艦會甚雨淮水暴溢邃乘艦徑造橋側進擊大破之以功封夷陵縣子遷廣陵太守與鄉人共入魏武廟因論帝王功業其妻甥王篆之密啓武帝云裴邃多大言有不臣跡由是左遷始安太守邃志立功邊垂不願閑退乃致書於呂僧

珍曰昔阮咸顔延有二始之歎吾才不逮古人今爲三始非其願也後爲竟陵太守開置屯田公私便之再遷西戎校尉北梁秦二州刺史復開創屯田數千頃省息邊運人吏獲安乃相率餉絹千餘疋邃不欲逆其意納二疋而已入爲大匠卿普通二年義州刺史文僧明以州入魏魏軍來援以邃爲信武將軍督衆軍討焉邃深入魏境出其不意魏所署義州刺史封壽據檀公峴邃擊破之遂圍其城壽請降義州平除豫州刺史加督鎮合肥四年大軍北侵以邃督征討諸軍事先襲壽陽攻其郛斬門而入一日戰九合爲後軍蔡秀成失道不至邃以援絕拔還於是邃復整兵收集士卒令諸將各以服色相別邃自爲黃袍騎先攻狄邱甓城黎漿又屠安成馬頭沙陵等戍明年略地至汝潁間所在響應魏壽陽守將長孫承業河間王元琛出城挑戰邃臨淮歎曰今日不破河間方爲謝元所笑乃爲四甄以待之令直閤將軍李祖憐僞遁以引承業承業等悉衆追之四甄競發魏軍大敗斬首萬餘級承業奔走閉門不敢復出在軍疾篤命衆軍守備身還合肥尋卒贈侍中左衛將軍進爵爲侯謚曰烈邃沈深有思略爲政寬明能得士心居身方正有威重將吏憚之少敢犯法及卒淮肥間莫不流涕以爲邃不死當大關土宇云子之禮字子義美容儀能言元理爲西豫州刺史母憂居喪唯食麥飯邃廟在光宅寺西堂宇弘敞松柏鬱茂范雲廟在三橋蓬蒿不翦武帝南郊道經二廟顧而歎曰范爲已死裴爲更生大同初都下旱蝗四籬門外桐柏彫盡唯邃墓犬牙不入當時異之歷位黃門侍郎武帝設無遮會僻象驚奔突陛衛王公皆散唯之禮與散騎常侍臧盾不動帝壯之以之禮爲壯勇將軍北徐州刺史盾兼中領軍將軍之禮卒於少府卿謚曰壯子政承聖中位給事黃門侍郎魏克江陵隨例入長安邃兄髦位中散大夫髦子之高字如山頗讀書少負意氣隨叔父邃征討所在立功甚爲邃所器重戎政咸以委焉壽陽之役邃卒於軍所之高隸夏侯夔平壽陽仍除梁郡太守封都城縣男時魏汝陰來附勑之高應接仍除潁州刺史父憂還郡起爲光遠將軍令討平陰陵盜以爲譙州刺史侯景之亂之高爲西豫州刺史率衆入援南豫州刺史鄱陽嗣王範命之高總督江右援軍諸軍事頓張公洲柳仲禮至橫江之高遣船艫迎致仲禮與韋粲等俱會靑塘及城陷之高還合肥與鄱陽王範西上元帝遣召之以爲侍中護軍將軍到江陵時之高第六弟之悌在侯景中或傳之悌斬侯景元帝使兼中書舍人黃羅漢報之高之高竟無言直云賊自殺賊非之高所聞元帝深嗟其介直承制除特進金紫光祿大夫卒謚曰恭子畿官至太子右衛率魏克江陵力戰死之之高第十二弟之橫字如岳少好賓游重氣俠不事產業之高以其縱誕乃爲狹被蔬食以激厲之之橫歎曰大丈夫富貴必作百幅被遂與僮屬數百人於芍陂大營田墅遂致殷積簡文在東宮聞而要之以爲河東王常侍遷直閤將軍侯景之亂隸鄱陽王範討景景濟江仍與範世子嗣入援臺城城陷退還合肥侯景遣任約逼晉熙範令之橫下援未及至範薨之橫乃還時尋陽王大心在江州範副梅思立密要大心襲湓城之橫斬思立而拒大心大心以州降侯景之橫與兄之高歸元帝位廷尉卿河東內史隨王僧辯拒侯景景退還東徐州刺史封豫寧侯又隨僧辯破景景東奔僧辯命之橫與杜崱入守臺城及陸納據湘州叛又隸僧辯南討斬納將李賢明平之又破武陵王於峽口還除吳興太守乃作百幅被以成其志魏克江陵齊遣上黨王高渙挾貞陽侯明攻東關晉安王承制以之橫爲徐州刺史都督衆軍出守蘄城之橫營壘未周而齊軍大至兵盡矢窮遂於陣沒贈司空謚曰忠壯子鳳寶嗣

江淹字文通濟陽考城人也父康之南沙令雅有才思淹少孤貧常慕司馬長卿梁伯鸞之爲人不事章句之學留情於文章早爲高平檀超所知常升以上席甚加禮焉起家南徐州從事轉奉朝請宋建平王景素好士淹隨景素在南兗州廣陵令郭彥文得罪辭連淹言受金淹被繫獄自獄中上書曰昔者賤臣叩心飛霜擊於燕地庶女告天振風襲於齊臺下官每讀其書未嘗不廢卷流涕何者士有一定之論女有不易之行信而見疑貞而爲戮是以壯夫義士伏死而不顧者以此也下官聞仁不可恃善不可依謂徒虛語乃今知之伏願大王暫停左右少加矜察下官本蓬戶桑樞之人布衣韋帶之士退不飾詩書以驚愚進不買聲名於天下日者謬得升降承明之闕出入金華之殿何嘗不局影凝嚴側身扃禁者乎竊慕大王之義復爲門下之賓備鳴盜淺術之餘豫三五賤伎之末大王惠以恩光顧以顏色實佩荆卿黃金之賜竊感豫讓國士之分矣常欲結纓伏劍少謝萬一剖心摩踵以報所天不圖小人固陋坐貽謗缺迹墜昭憲身限幽圄履影弔心酸鼻痛骨下官聞虧名爲辱虧形次之是以每一念來忽若有遺加以涉旬月迫季秋天光沈陰左右無色身非木石與獄吏

爲伍此少卿所以仰天槌心泣盡而繼之以血者也下官雖乏鄉曲之譽然嘗聞君子之行矣其上則隱於簾肆之間卧於巖石之下次則結綬金馬之庭高議雲臺之上退則虜南越之君係單于之頸俱啓丹册並圖青史寧爭分寸之末競錐刀之利哉下官聞積毀銷金積讒摩骨遠則直生取疑於盜金近則伯魚被名於不義彼之二才猶或如是況在下官焉能自免昔上將之恥絳侯幽獄名臣之羞史遷下室至如下官當何言哉夫以魯連之智辭祿而不反接輿之賢行歌而忘歸子陵閉關於東越仲蔚杜門於西秦亦良可知也若使下官事非其虛罪得其實亦當鉗口吞舌伏匕首以殞命何以見齊魯奇節之人燕趙悲歌之士乎方今聖曆欽明天下樂業青雲浮洛榮光塞河西泊臨洮狄道北距飛狐陽原莫不寖仁沐義照景飲醴而已下官抱痛闔門含憤獄戶一物之微有足悲者仰惟大王少垂明白則梧邱之魂不愧於沈首鵠亭之鬼無恨於灰骨景素覽書即日出之尋舉南徐州秀才對策上第再遷府主簿景素爲荆州淹從之鎮少帝即位多失德景素專據上流咸勸因此舉事淹每從容進諫景素不納及鎮京口淹爲鎮軍參軍領南東海郡丞景素與腹心日夜謀議淹知禍機將發乃贈詩十五首以諷焉會東海太守陸澄丁艱淹自謂郡丞應行郡事景素用司馬柳世隆淹固求之景素大怒言於選部黜爲建安吳興令及齊高帝輔政聞其才召爲尚書駕部郎驃騎參軍事俄而荆州刺史沈攸之作亂高帝謂淹曰天下紛紛若是君謂何如淹曰昔項彊而劉弱袁衆而曹寡羽卒受一劒之辱紹終爲奔北之虜此所謂在德不在鼎公何疑哉帝曰試爲我言之淹曰公雄武有奇略一勝也寬容而仁恕二勝也賢能畢力三勝也人望所歸四勝也奉天子而伐叛逆五勝也彼志鋭而器小一敗也有威無恩二敗也士卒解體三敗也搢紳不懷四敗也懸兵數千里而無同惡相濟五敗也雖豺狼十萬而終爲我獲焉帝笑曰君談過矣桂陽之役朝廷周章詔檄久之未就齊高帝引淹入中書省先賜酒食淹素能飲啖食鵝炙垂盡進酒數升訖文誥亦辦相府建補記室參軍高帝讓九錫及諸章表皆淹製也齊受禪復爲驃騎豫章王嶷記室參軍建元二年始置史官淹與司徒左長史檀超共掌其任所爲條例並爲王儉所駮其言皆不行淹任性文雅不以著述在懷所撰十三篇竟無次序又領東武令參掌詔策後拜中書侍郎王儉嘗謂曰卿年三十五已爲中書侍郎才學如此何憂不至尚書金紫所謂富貴卿自取之但問年壽何如爾淹曰不悟明公見眷之重永明三年兼尚書左丞時襄陽人開古冢得玉鏡及竹簡古書字不可識王僧虔善識字體亦不能諳直云似是科斗書淹以科斗字推之則周宣王之前也簡殆如新少帝初兼御史中丞明帝作相謂淹曰君昔在尚書中非公事不妄行在官寬猛能折衷今爲南司足以振肅百僚也淹曰今日之事可謂當官而行更恐不足仰稱明旨爾於是彈中書令謝朏司徒左長史王績護軍長史庾弘遠並以託疾不豫山陵公事又奏收前益州刺史劉悛梁州刺史陰智伯並贓貨巨萬輒收付廷尉臨海太守沈昭略永嘉太守庾曇隆及諸郡二千石并大縣官長多被劾內外肅然明帝謂曰自宋以來不復有嚴明中丞君今日可謂近世獨步也累遷祕書監侍中衛尉卿初淹年十三時孤貧常采薪以養母曾於樵所得貂蟬一具將鬻以供養其母曰此故汝之休徵也汝才行如此豈長貧賤也可留待得侍中著之至是果如母言永元中崔慧景舉兵圍都衣冠悉投名刺淹稱疾不往及事平時人服其先見東昏末淹以祕書監兼衛尉又副領軍王瑩及武帝至新林淹微服來奔位相國右長史天監元年爲散騎常侍左衛將軍封臨沮縣伯淹乃謂子弟曰吾本素宦不求富貴今之忝竊遂至於此平生言止足之事亦以備矣人生行樂須富貴何時吾功名既立正欲歸身草萊耳以疾遷金紫光祿大夫改封醴陵侯卒武帝爲素服舉哀謚曰憲淹少以文章顯晚節才思微退云爲宣城太守時罷歸始泊禪靈寺渚夜夢一人自稱張景陽謂曰前以一疋錦相寄今可見還淹探懷中得數尺與之此人大恚曰那得割截都盡顧見邱遲謂曰餘此數尺既無所用以遺君自爾淹文章躓矣又常宿於冶亭夢一丈夫自稱郭璞謂淹曰吾有筆在卿處多年可以見還淹乃探懷中得五色筆一以授之爾後爲詩絕無美句時人謂之才盡凡所著述自撰爲前後集并齊史十志並行於世嘗欲爲赤縣經以補山海之闕竟不成子蒍嗣

任昉字彥升樂安博昌人也父遙齊中散大夫遙兄遐字景遠少敦學業家行甚謹位御史中丞金紫光祿大夫永明中遐以罪將徙荒裔遙懷名請訴言淚交下齊武帝聞而哀之竟得免遙妻河東裴氏高明有德行嘗晝卧夢有五色采旗蓋四角懸鈴自天而墜其一鈴落入懷中心悸因而有娠占者曰必生才子及生昉身長七尺五寸幼而聰敏早稱神悟四歲誦詩數十篇八歲

能屬文自製月儀辭義甚美褚淵嘗謂遙曰聞卿有令子相爲喜之所謂百不爲多一不爲少由是聞聲藉甚年十二從叔暠有知人之量見而稱其小名曰阿堆吾家千里駒也昉孝友純至每侍親疾衣不解帶言與淚并湯藥飲食必先經口初爲奉朝請舉兗州秀才拜太學博士永明初衞將軍王儉領丹陽尹復引爲主簿儉每見其文必三復殷勤以爲當時無輩曰自傅季友以來始復見於任子若孔門是用其入室升堂於是令昉作一文及見曰正得吾腹中之欲乃出自作文令昉點正昉因定數字儉拊几歎曰後世誰知子定吾文其見知如此後爲司徒竟陵王記室參軍時琅邪王融有才儁自謂無對當時見昉之文怳然自失以父喪去官泣血三年杖而後起齊武帝謂昉伯遐曰聞昉哀瘠過禮使人憂之非直亡卿之寶亦時才可惜宜深相全譬遐使進飲食當時勉勵回即嘔出昉父遙本性重檳榔以爲常餌臨終嘗求之剖百許口不得好者昉亦所嗜好深以爲恨遂終身不嘗檳榔遭繼母憂昉先以毀瘠每一慟絕良久乃蘇因廬於墓側以終喪禮哭泣之地草爲不生昉素强壯腰帶甚充服闋後不復可識齊明帝深加器異欲大相擢引爲愛憎所白乃除太子步兵校尉掌東宮書記齊明帝廢鬱林王始爲侍中中書監驃騎大將軍開府儀同三司揚州刺史錄尙書事封宣城郡公使昉具草帝惡其辭斥甚慍昉亦由是終建武中位不過列校昉尤長爲筆頗慕傅亮才思無窮當時王公表奏無不請焉昉起草即成不加點竄沈約一代辭宗深所推挹永元中紆意於梅虫兒東昏中旨用爲中書郎謝尙書令王亮亮曰卿宜謝梅那忽謝我昉慙而退末爲司徒右長史武帝克建鄴霸府初開以爲驃騎記室參軍專主文翰每制書草沈約輒求同署嘗被急召昉出而約在是後文筆約參製焉始武帝與昉遇竟陵王西邸從容謂昉曰我登三府當以卿爲記室昉亦戲帝曰我若登三事當以卿爲騎兵以帝善騎也至是引昉符昔言焉昉奉牋云昔承清宴屬有緒言提挈之旨形乎善謔豈謂多幸斯言不渝蓋爲此也梁臺建禪讓文誥多昉所具奉世叔父母不異嚴親事兄嫂恭謹外氏貧闕恆營奉供養祿奉所收四方餉遺皆頒之親戚即日便盡性通脫不事儀形喜怒未嘗形於色車服亦不鮮明武帝踐阼歷給事黃門侍郎吏部郎出爲義興太守歲荒民散以私奉米豆爲粥活三千餘人時產子者不舉昉嚴其制罪同殺人孕者供其資費濟者千室在郡所得公田奉秩八百餘石昉五分督一餘者悉原兒妾食麥而已友人彭城到溉溉弟洽從昉共爲山澤游及被代登舟止有絹七疋米五石至都無衣鎮軍將軍沈約遣裙衫迎之重除吏部郎參掌大選居職不稱尋轉御史中丞祕書監自齊永元以來祕閣四部篇卷紛雜昉手自讎校由是篇目定焉出爲新安太守在郡不事邊幅率然曳杖徒行邑郭人通辭訟者就路決焉爲政清省吏人便之卒於官唯有桃花米二十石無以爲斂遺言不許以新安一物還都雜木爲棺浣衣爲斂闔境痛惜百姓共立祠堂於城南歲時祠之武帝聞問方食西苑綠沈瓜投之於盤悲不自勝因屈指曰昉少時常恐不滿五十今四十九可謂知命即日舉哀哭之甚慟追贈太常謚曰敬子昉好交結獎進士友不附之者亦不稱述得其延譽者多見升擢故衣冠貴游莫不多與交好坐上客恆有數十時人慕之號曰任君言如漢之三君也在郡尤以清潔著名百姓年八十以上者遣戶曹掾訪其寒溫嘗欲營佛齋調楓香二石始入三斗便出教長斷曰與奪自已不欲貽之後人郡有蜜嶺及楊梅舊爲太守所采昉以冒險多物故即時停絕吏人咸以百餘年未之有也爲家誡殷勤甚有條貫陳郡殷芸與建安太守到溉書曰哲人云亡儀表長謝元龜何寄指南何託其爲士友所推如此昉不事生產至乃居無室宅時或譏其多乞貸亦隨復散之親故常自歎曰知我者亦以叔則不知我者亦以叔則旣以文才見知時人云任筆沈詩昉聞甚以爲病晚節轉好著詩欲以傾沈用事過多屬辭不得流便自爾都下士子慕之轉爲穿鑿於是有才盡之談矣博學於書無所不見家雖貧聚書至萬餘卷率多異本及卒後武帝使學士賀縱共沈約勘其書目官無者就其家取之所著文章數十萬言盛行於時東海王僧孺嘗論之以爲過於董生揚子昉樂人之樂憂人之憂虛往實歸忘貧去吝行可以厲風俗義可以厚人倫能使貪夫不取懦夫有立其見重如此有子東里西華南容北叟並無術業墜其家聲兄弟流離不能自振生平舊交莫有收恤西華冬月著葛帔練裙道逢平原劉孝標泫然矜之曰我當爲卿作計乃著廣絕交論以譏其舊交曰客問主人曰朱公叔絕交論爲是乎爲非乎主人曰客奚此之問客曰夫草蟲鳴則阜螽躍雕虎嘯而清風起故氤氳相感霧涌雲蒸嚶鳴相召星流電激是以王陽登則貢公喜罕生逝而國子悲且心同琴瑟言鬱郁於蘭茝道叶膠漆志婉孌於塤篪聖賢以此鏤金版而鐫盤盂書玉牒而

刻鐘鼎若乃匠石輟成風之妙巧伯牙息流波之雅引范張款款於下泉尹班陶陶於永夕駱驛從橫煙霏雨散巧歷所不知心計莫能測而朱益州汨彝叙粤謨訓捶直切絕交游視黔首以鷹鸇媿人靈於豺虎蒙有猜爲請辯其惑主人听然曰客所謂撫弦徽音未達燥溼變響張羅沮澤不睹鴻鴈高飛蓋聖人握金鏡闡風烈龍驤蠖屈從道汙隆日月連璧贊亹亹之宏致雲飛雷薄顯棣華之微旨若五音之變化濟九成之妙曲此朱生得元珠於赤水謨神睿以爲言至夫組織仁義琢磨道德懽其愉樂恤其陵夷寄通靈臺之下遺跡江湖之上風雨急而不輟其音霜雪零而不渝其色斯賢達之素交歷萬古而一遇逮叔世人訛狙詐飈起谿谷不能踰其險鬼神無以究其變競毛羽之輕趨錐刀之末於是素交盡利交興天下蚩蚩鳥驚雷駭然利交同源派流則異較言其略有五術焉若其寵均董石權壓梁竇雕刻百工鑪錘萬物吐嗽興雲雨呼噏下霜露九域聳其風塵四海疊其熏灼靡不望影星奔藉響川鶩雞人始唱鶴蓋成陰高門旦開流水接軫皆願摩頂至踵隳膽抽腸約同要離焚妻子誓殉荊卿湛七族是曰勢交其流一也富埒陶白貲巨程羅山擅銅陵家藏金穴出平原而聯騎居里閈而鳴鐘則有窮巷之賓繩樞之士冀宵燭之末光邀潤屋之微澤魚貫鳧躍颯沓鱗萃分鴈鶩之稻粱霑玉斝之餘瀝銜恩遇進款誠援青松以示心指白水而旌信是曰賄交其流二也陸大夫宴喜西都郭有道人倫東國公卿貴其籍甚搢紳羨其登仙加以顩頤蹙頞涕唾流沫騁黃馬之劇談縱碧雞之雄辯叙溫燠則寒谷成暄論嚴枯則春叢零葉飛沈出其願指榮辱定其一言於是有弱冠王孫綺紈公子道不挂於通人聲未遒於雲閣攀其鱗翼丐其餘論附騏驥之旄端軼歸鴻於碣石是曰談交其流三也陽舒陰慘生靈大情憂合歡離品物恆性故魚以泉涸而呴沫鳥因將死而鳴哀同病相憐綴河上之悲曲恐懼寘懷昭谷風之盛典斯則斷金由於湫隘刎頸起於苫蓋是以伍員濯溉於宰嚭張王撫翼於陳相是曰窮交其流四也馳騖之俗澆薄之倫無不操權衡執纖纊衡所以揣其輕重纊所以屬其鼻息若衡不能舉纊不能飛雖顏冉龍翰鳳雛曾史蘭薰雪白舒向金玉泉海卿雲黼黻河漢視若游塵遇同土梗莫肯費其半菽罕有落其一毛若衡重錙銖纊微影撇雖共工之蒐慝驩兜之掩義南荊之跋扈東陵之巨猾皆爲匍匐委蛇折支舐痔金膏翠羽將其意脂韋便辟導其誠故輪蓋所游必非夷惠之室苞苴所入實行張霍之家謀而後動芒毫寡忒是曰量交其流五也凡斯五交義同賈鬻故桓譚譬之於闤闠林回喻之於甘醴夫寒暑遞進盛衰相襲或前榮而後悴或始富而終貧或初存而末亾或古約而今泰循環反覆迅若波瀾此則徇利之情未嘗異變化之道不得一由是觀之張陳所以凶終蕭朱所以隙末斷焉可知矣而翟公方規規然勒門以箴客何所視之晚乎然因此五交是生三釁敗德殄義禽獸相若一釁也難固易攜讎訟所聚二釁也名陷饕餮貞介所羞三釁也古人知三釁之爲梗懼五交之速尤故王丹威子以檟楚朱穆昌言而示絕有旨哉近世有樂安任昉海內髦傑早綰銀黃夙昭人譽遒文麗藻方駕曹王英跱俊邁聯橫許郭類田文之愛客同鄭莊之好賢見一善則盱衡扼腕遇一才則揚眉抵掌雌黃出其脣吻朱紫由其月旦於是冠蓋輻湊衣裳雲合輜軿擊轊坐客恆滿蹈其閫閾若升闕里之堂入其隩隅謂登龍門之坂至於顧眄增其倍價翦拂使其長鳴彯組雲臺者摩肩趍走丹墀者疊跡莫不締恩狎結綢繆思惠莊之清塵庶羊左之徽烈及瞑目東粵歸骸洛浦繐帳猶懸門空漬酒之彥墳草未宿野絕動輪之賓藐爾諸孤朝不謀夕流離大海之南寄命瘴癘之地自昔把臂之英金蘭之友曾無羊舌下泣之仁甯慕郈成分宅之德嗚呼世路之嶮巇一至於此也太行孟門豈云嶄絕是以耿介之士疾其若斯裂裳裹足棄之長騖獨立高山之頂懽與麋鹿同羣皦皦然絕其雰濁誠耻之也誠畏之也到溉見其論抵几於地終身恨之昉撰雜傳二百四十七卷地記二百五十二卷文章三十三卷東里位尙書外兵郎

柳惔字文通河東解人也伯祖元景宋贈太尉父世隆齊左光祿大夫侍中元景世隆俱有傳惔好學工製文尤曉音律少與長兄中書郎悅齊名琅邪王儉謂人曰柳氏二龍可謂一日千里儉爲尙書左僕射嘗造世隆宅世隆謂爲詣己徘徊久之及至門唯求悅及惔遣謂世隆曰賢子俱有盛才一日見顧今故報禮若仍相造似非本意恐年少窺人嘗豫齊武烽火樓宴帝善其詩謂豫章王嶷曰惔非徒風韻精爽亦屬文遒麗後爲巴東王子響友子響爲荊州惔隨之鎭響昵近小人惔知將爲禍稱疾還都及難作以免累遷新安太守居郡以無政績免建武末爲梁南秦二州刺史及武帝起兵惔舉漢中以應武帝帝受命爲太子詹事加散騎常侍武

帝之鎮襄陽惔祖道帝解茅土玉環贈之天監二年元會帝謂曰卿所佩玉環是新亭所贈邪對曰既而瑞感神衷臣謹服之無斁帝因勸之酒惔時未卒爵帝曰吾常比卿劉越石近辭厄酒邪罷會封曲江縣侯帝因宴爲詩貽惔曰爾實冠羣后惟余實念功帝又嘗謂曰徐元瑜違命嶺南周書父子兄弟罪不相及朕已放其諸子何如惔曰罰不及嗣賞延於後今復見之聖朝時以爲知言尋還尙書左僕射年六十卒於湘州刺史謚曰穆惔度量寬博家人未嘗見其喜慍甚重其婦頗成畏憚性愛音樂女妓精麗略不敢視僕射張稷與惔狎密而爲惔妻賞敬稷每詣惔必先相問夫人惔每欲見妓恤因稷請奏其妻隔幔坐妓然後出惔因得留目惔著仁政傳及諸詩賦粗有辭義子昭位中書郎襲爵曲江侯惔弟惲字文暢小有志行好學善尺牘與陳郡謝瀹鄰居深見友愛瀹曰宅南柳郎可爲儀表初宋時有嵇元榮羊蓋者並善琴云傳戴安道法惲從之學惲特窮其妙齊竟陵王子良聞而引爲法曹行參軍唯與王暕陸杲善每歎曰暕雖名家猶恐累我也雅被子良賞狎子良嘗置酒後園有晉太傅謝安鳴琴在側援以授惲惲彈爲雅弄子良曰卿巧越嵇心妙臻羊體良質美手信在今夜豈止當今稱奇亦可追蹤古烈爲太子洗馬父憂去官著述先頌申其罔極之心文甚哀麗後試守鄱陽相聽吏屬得盡三年喪禮署之文教百姓稱焉還除驃騎從事中郎武帝至建鄴惲候謁石頭以爲征東府司馬上牋請城平之日先收圖籍及遵漢高寬大之義帝從之徙爲相國右司馬天監元年除長兼侍中與僕射沈約等共定新律惲立性貞素以貴公子早有令名少工篇什爲詩云亭皐木葉下隴首秋雲飛琅邪王融見而嗟賞因書齋壁及所執白團扇武帝與宴必詔惲賦詩嘗和武帝登景陽樓篇云太液滄波起長楊高樹秋翠華承漢遠雕輦逐風游深見賞美當時咸其稱傳歷平越中郎將廣州刺史祕書監右衞將軍再爲吳興太守爲政清靜人吏懷之於郡感疾自陳解任父老千餘人拜表陳請事未施行卒初惲父世隆彈琴爲士流第一惲每奏其父曲常感思復變體備寫古曲嘗賦詩未就以筆捶琴坐客過以筯和之惲驚其哀韻乃製爲雅音後傳擊琴自於此惲常以今聲轉棄古法乃著清調論具有條流齊竟陵王嘗宿宴明旦將朝見惲投壺聲不絕停輦久之進見遂晚齊武帝遲之王以實對武帝復使爲之賜絹二十疋嘗與琅邪王瞻博射嫌其皮闊乃摘梅帖烏珠之上發必命中觀者驚駭武帝好弈棊使惲品定棊譜集能者二百七十八人第其優劣爲棊品三卷惲爲第二焉帝謂庾楷曰吾聞君子不可求備至如柳惲可謂具美分其才藝足了十人惲著卜杖龜經性好醫術盡其精妙少子偃字彥游年十二武帝引見詔問讀何書對曰尙書又問有何美句對曰德惟善政政在養民衆咸異之詔尙武帝女長城公主拜駙馬都尉都亭侯位鄱陽內史卒子昐尙陳文帝女富陽公主拜駙馬都尉加散騎常侍愚戇使酒因醉乘馬入殿門爲有司所劾卒於家贈侍中中護軍惲弟憕字文深少有大意好元言通老易武帝舉兵至姑熟憕與兄惲及諸友朋於小郊候接時道路猶梗憕與諸人同憩逆旅食俱去行里餘憕曰盜我負人無人負我若復有追堪憩此客舍命左右燒逆旅舍以絕後追當時服其善斷歷位給事黃門侍郎與琅邪王峻齊名俱爲中庶子時人號爲方正後爲鎮北始興王長史王移鎮益州復請憕帝曰柳憕風標才氣恐不能久爲少王臣王祈請數四不得已以爲鎮西長史蜀郡太守在蜀廉恪爲政益部懷之憕弟忱字文若年數歲父世隆及母閻氏並疾忱不解帶經年及居喪以毀聞仕齊爲西中郎主簿東昏遣巴西太守劉山陽由荆州襲武帝于雍州西中郎長史蕭穎胄計未定召忱及其所親席闡文等夜入議之忱及闡文並勸同武帝穎胄從之以忱爲寧朔將軍累遷侍中郢州平穎胄議遷都夏口忱以巴峽未賓不宜輕捨根本搖動人心不從俄而巴東兵至峽口遷都之議乃息論者以爲見機及武帝受命封州陵伯歷五兵尙書祕書監散騎常侍改授給事中光祿大夫疾篤不拜卒謚曰穆忱兄弟十五人多少亾唯第二兄惔第三兄惲第四兄憕及忱三兩年間迭爲侍中復居方伯當世罕比子範嗣忱從父慶遠字文和父叔珍義陽內史慶遠仕齊爲魏興太守郡遭暴水人欲移於杞城慶遠曰吾聞江河長不過三日命築土而已俄而水退百姓服之後爲襄陽令武帝之臨雍州問京兆人杜惲求州綱紀惲言慶遠武帝曰文和吾已知之所問未知者耳因辟爲別駕慶遠謂所親曰天下方亂定霸者其吾君乎因盡誠協贊及起兵慶遠常居帷幄爲謀主從軍東下身先士卒武帝行營見慶遠頓舍嚴整每嘆曰人人若是吾又何憂建康城平爲侍中帶淮陵齊昌二郡太守城內嘗夜火衆並驚懼武帝時居宮中悉斂諸門鑰問柳侍中何在慶遠至悉付之其見任如此霸府建爲從事中郎武帝受禪封重安侯位散騎常侍

改封雲杜侯出爲雍州刺史加都督帝餞於新亭謂曰卿衣錦還鄉朕無西顧憂矣始武帝爲雍州慶遠爲別駕謂曰昔羊公語劉弘卿後當居吾處今相觀亦復如是曾未十年而慶遠督府談者以爲逾於魏詠之累遷侍中領軍將軍給扶出爲雍州刺史慶遠重爲本州頗厲清節士庶懷之卒官贈開府儀同三司諡曰忠惠侯喪還都武帝親出臨之初慶遠從父兄世隆嘗謂慶遠曰吾昔夢太尉以褥席見賜吾遂亞台司適又夢以吾褥席與汝汝必光我門族至是慶遠亦繼世隆焉慶遠子津字元舉雖乏風華性甚彊直人或勸之聚書津曰吾嘗請道士上章驅鬼安用此鬼名邪歷散騎常侍太子詹事襲封雲杜侯侯景圍城既急帝召津問策對曰陛下有邵陵臣有仲禮不忠不孝賊何由可平太清三年城陷卒子仲禮勇力兼人少有膽氣身長八尺眉目踈朗初簡文帝爲雍州刺史津爲長史及簡文入居儲宮津亦得侍從仲禮留在襄陽馬仗軍人悉付之撫循故舊甚得衆和起家著作佐郎稍遷電威將軍陽泉縣侯中大通中西魏將賀拔勝來逼樊鄧仲禮出擊破之除黃門郎稍遷司州刺史武帝思見其面使畫工圖之初侯景潛圖反噬仲禮先知之屢啓求以精兵三萬討景朝廷不許及景濟江朝野便望其至仲禮率雍司精卒赴援諸藩推爲總督景素聞其名甚憚之仲禮亦自謂當世英雄諸將莫已若也韋粲見攻仲禮方食投箸被練馳之騎能屬七十比至粲已敗仲禮因與景戰於青塘大敗之景與仲禮交戰各不相知仲禮稍將及景而賊將支伯仁自後斫仲禮中肩馬陷於淖賊知爲仲禮聚稍刺之騎將郭山石救之以免自此壯氣外衰不復言戰神情傲佷陵蔑將帥邵陵王綸亦鞭策軍門每日必至累刻移時仲禮亦弗見也綸既忿難怨隙遂成而仲禮常置酒高會日作優倡毒掠百姓汙辱妃主父津登城謂曰汝君父在難不能盡心竭力百代之後謂汝爲何仲禮聞之言笑自若晚又與臨城公大連不協景嘗登朱雀樓與語遺以金鐶是後閉營不戰衆軍日往固請皆悉拒焉南安侯駿謂曰城急如此都督不復處分如脫不守何面以見天下義士仲禮無以應之及臺城陷侯景矯詔使石城公大款以白虎幡解諸軍仲禮召諸將軍會議邵陵王以下畢集王曰今日之命委之將軍仲禮熟視不對裴之高王僧辯曰將軍擁衆百萬致宮闕淪沒正當悉力決戰何所多言仲禮竟無一言諸軍乃隨方各散時湘東王繹遣王琳送米二十萬石以餽軍至姑熟聞臺城陷乃沈米於江而退仲禮及弟敬禮羊鴉仁王僧辯趙伯超並開營降賊時城雖淪陷援軍甚衆軍士咸欲盡力及聞降莫不歎憤論者以爲梁禍始於朱异成於仲禮仲禮等入城並先拜景而後見帝帝不與言既而景留其弟敬禮羊鴉仁遣仲禮僧辯西上各復本位餞於後渚景執仲禮手曰天下之事在將軍耳郢州已西並以相付及至江陵會岳陽王詧南寇湘東王以仲禮爲雍州刺史襲襄陽仲禮方觀成敗未發及南陽圍急杜岸請救仲禮乃以別將夏侯彊爲司州刺史守義陽自帥衆如安陸使司馬康昭如竟陵討孫暠暠執魏戍人以降仲禮命其將王叔孫爲竟陵太守副軍馬岫爲安陸太守置孥於安陸而以輕兵師於漴頭將侵襄陽岳陽王詧告急於魏魏遣大將楊忠援之仲禮與戰於漴頭大敗并弟子禮沒於魏魏相安定公宇文泰待仲禮以客禮西魏於是盡得漢東敬禮少以勇烈聞麤暴無行檢恆略賣人爲百姓所苦故襄陽有柳四郎歌起家著作佐郎稍遷扶風太守侯景度江敬禮率馬步三千赴援至都與景頻戰甚著威名臺城陷景與仲禮經略上流留敬禮爲質以爲護軍將軍景餞仲禮於後渚敬禮謂仲禮曰景今來會敬禮抱之兄便可殺雖死無恨仲禮壯其言許之及酒數行敬禮目仲禮仲禮見備衛嚴不敢動遂不果會景征晉熙敬禮與南康王會理謀襲其城剋期將發建安侯蕭賁告之遂遇害臨死曰我兄老婢也國敗家亾實余之責今日就死豈非天乎

王志字次道琅邪臨沂人齊侍中僧虔之子也志九歲居所生母憂哀容毀瘠爲中表所異弱冠選尚宋孝武女安固公主拜駙馬都尉褚淵時爲司徒引志爲主簿謂其父僧虔曰朝廷之恩本爲殊特所可光榮在屈賢子累遷宣城內史清謹有恩惠郡人張倪吳慶爭田經年不決志到官父老相謂曰王府君有德政吾鄉里乃有如此爭倪慶因相攜請罪所訟地遂成閒田後爲東陽太守郡獄有重囚十餘冬至日悉遣還家過節皆反唯一人失期志曰此自太守事主者勿憂明旦果至稱爲婦孕吏人益歎服之爲吏部尚書在選以和理稱崔慧景平以例加右軍將軍封臨汝侯固讓改領右衛將軍及武帝軍至城內弒東昏百僚署名送首志歎曰冠雖弊可加足乎因取庭樹葉挼服之僞悶不署名武帝覽牋無志署心嘉之弗以讓也霸府開爲驃騎大將軍長史梁臺建位散騎常侍中書令天監初爲丹陽尹爲政清靜都下有寡婦無子姑亾舉責以斂葬既而無以

還之志愍其義以奉錢償焉時年饑每旦爲粥於郡門以賑百姓衆悉稱惠常懷止足謂諸子姪曰謝莊在宋孝武時位止中書令吾自視豈可過之三年爲散騎常侍中書令因多謝病簡通賓客九年還爲散騎常侍金紫光祿大夫卒志善藁隸當時以爲楷法齊游擊將軍徐希秀亦號能書常謂志爲書聖志家居建康禁中里馬糞巷父僧虔門風寬恕志尤惇厚所歷不以罪咎劾人門下客嘗盜脫志車幰賣之志知而不問待之如初賓客遊其門者專蓋其過而稱其善兄弟子姪皆篤實謙和時人號馬糞諸王爲長者普通四年志改葬武帝厚賻贈之謚曰安有五子緝休諲操素志兄慈仕齊爲冠軍將軍卒贈太常慈子泰字仲通幼敏悟年數歲時祖母集諸孫姪散棗栗於牀羣兒競之泰獨不取問其故對曰不取自當得賜由是中表異之少好學手所抄寫二千許卷及長通和溫雅家人不見喜慍之色姊夫齊江夏王鋒爲齊明帝所害外甥蕭子友並孤弱泰資給撫訓逾於子姪天監元年爲祕書丞自齊永元之末後宮火延燒祕書圖書散亂殆盡泰表校定繕寫武帝從之歷中書侍郎掌吏部仍郎眞自過江吏部郎不復典大選令史以下小人求競者輻湊前後少能稱職泰爲之不爲貴賤請屬易意天下稱平轉黃門侍郎每讌朝宴刻燭賦詩文不加點帝深賞歎沈約常曰王有養炬謝有覽舉養泰小字炬筠小字也始革大理以泰爲廷尉卿再歷侍中後爲都官尚書泰能接人士故每願其居選官頃之爲吏部尚書衣冠屬望未及選舉乃疾改除散騎常侍左驍騎將軍未拜卒謚曰夷子廓志弟揖位太中大夫揖子筠字元禮一字德柔幼而警悟七歲能屬文年十六爲芍藥賦其辭甚美及長清靜好學與從兄泰齊名沈約見筠以爲似外祖袁粲謂僕射張稷曰王郎非唯顏類袁公風韻都欲相似稷曰袁公見人輒矜嚴王郎見人必娛笑唯此一條不能酷似仕爲尚書殿中郎王氏過江以來未有居郎署或勸不就筠曰陸平原東南之秀王文度獨步江東吾得比蹤昔人何所多恨乃欣然就職沈約每見筠文咨嗟嘗謂曰昔蔡伯喈見王仲宣稱曰王公之孫吾家書籍悉當相與僕雖不敏請附斯言自謝朓諸賢零落平生意好殆絕不謂疲暮復逢於君約於郊居宅閣齋請筠爲草木十詠書之壁皆直寫文辭不加篇題約謂人曰此詩指物程形無假題署約製郊居賦構思積時猶未都畢示筠草筠讀至雌霓（五的反）連蜷約撫掌欣抃曰僕常恐人呼爲霓（五兮反）次至墜石磓星及冰懸埳而帶坻筠皆擊節稱贊約曰知音者希眞奇殆絕所以相要政在此數句耳筠又嘗爲詩呈約約即報書歎詠以爲後進擅美筠又能用彊韻每公宴並作辭必研靡約嘗啓上言晚來名家無先筠者又於御筵謂王志曰賢弟子文章之美可謂後來獨步謝朓常見語云好詩圓美流轉如彈丸近見其數首方知此言爲實累遷太子洗馬中舍人並掌東宮管記昭明太子愛文學士常與筠及劉孝綽陸倕到洽殷鈞等遊宴元圃太子獨執筠袖撫孝綽肩曰所謂左把浮邱袖右拍洪崖肩其見重如此筠又與殷鈞以方雅見禮後爲中書郎奉勅製開善寺寶誌法師碑文辭甚麗逸又勅撰中書表奏三十卷及所上賦頌都爲一集後爲太子家令復掌管記普通元年以母憂去職筠有孝性毀瘠過禮大通二年爲司徒左長史三年昭明太子薨勅製哀策文復見嗟賞尋出爲臨海太守在郡侵刻還資有芒屩兩船他物稱是爲有司所奏不調累年後歷祕書監太府卿度支尚書司徒左長史及簡文即位爲太子詹事筠家累千金性儉嗇外物麤弊所乘牛嘗飼以青草及遇亂舊宅先爲賊焚乃寓居國子祭酒蕭子雲宅夜忽有盜攻懼墜井卒時年六十九家人十三口同遇害人棄尸積於空井中筠狀貌寢小長不滿六尺性弘厚不以藝能高人而少擅才名與劉孝綽見重當時其自序云余少好抄書老而彌篤雖遇見瞥觀皆即疏記後重省覽懽興彌深習與性成不覺筆倦自年十三四齊建武二年乙亥至梁大同六年四十載矣初年讀五經皆七八十遍愛左氏春秋吟諷常爲口實廣略去取凡三過五抄餘經及周官儀禮國語爾雅山海經本草並再抄子史諸集皆一遍未嘗倩人假手並躬自抄錄大小百餘卷不足傳之好事蓋以備遺忘而已又與諸兒書論家門集云史傳稱安平崔氏及汝南應氏並累葉有文才所以范蔚宗云崔氏雕龍然不過父子兩三世耳非有七葉之中名德重光爵位相繼人人有集如吾門者也沈少傅約常語人云吾少好百家之言身爲四代之史自開闢以來未有爵位蟬聯文才相繼如王氏之盛也汝等仰觀堂構思各努力筠自撰其文章以一官爲一集自洗馬中書中庶吏部左佐臨海太府各十卷尚書三十卷凡一百卷行於世子祥仕陳位黃門侍郎揖弟彬字思文好文章習篆隸與志齊名時人爲之語曰三眞六草爲天下寶齊武帝起舊宮彬獻賦文辭典麗尚齊高帝女臨海長公主拜駙馬都尉仕齊歷太子中庶子徒永嘉太守卜室於

積穀山有終焉之志天監中歷吏部尚書祕書監卒謚
曰惠彬立身清白推賢接士有士君子風彬弟寂字子
元性迅動好文章讀范滂傳未嘗不歎悒王融敗後賓
客多歸之齊建武初欲獻中興頌兄志謂曰汝膏粱年
少何患不達不鎮之以靜將恐貽譏寂乃止位祕書郎
卒年二十一志從子騫字思寂本字元成與齊高帝偏
諱同故改焉太尉儉之子也騫性凝簡慕樂廣之爲人
未嘗言人之短諸女子姪皆嬪王尚主朔望來歸輜軿
塡咽非所欲也敕歲中不過一再見嘗從容謂諸子曰
吾家本素族自可依流平進不須苟求也歷黃門郎司
徒右長史不事產業有舊墅在鍾山八十餘頃與諸宅
及故舊共佃之常謂人曰我不如鄭公業有田四百頃
而食常不周以此爲愧永元末召爲侍中不拜三年春
枉矢晝見西方長十餘丈騫曰此除舊布新之象也及
武帝起兵騫曰天時人事其在此乎武帝霸府建引爲
大司馬諮議參軍還侍中及帝受禪降封爲侯歷位度
支尚書中書令武帝於鍾山西造大愛敬寺騫舊墅在
寺側者即王導賜田也帝遣主書宣旨就騫市之欲以
施寺答云此田不賣若勑取所不敢言酬對又脫略帝
怒遂付市評田價以直逼還之由是忤旨出爲吳興太
守騫性侈於味而儉於服頗以多忌爲累又惰於接物
雖王書宣勑或過時不見才望不及弟暕特以儉之嫡
故不棄於時暕爲尚書左丞僕射當朝用事騫自中書
令爲郡邑邑不樂在郡卧不視事徵復爲度支尚書加
給事中領射聲校尉以母憂去職普通三年卒年四十
九贈侍中金紫光祿大夫謚曰安子規字威明八歲丁
所生母憂居喪有至性齊太尉徐孝嗣每見必爲流涕

稱曰孝童叔父暕亦深器重之常曰此兒吾家千里駒
也年十二略通五經大義及長遂博涉有口辯爲本州
迎主簿起家祕書郎累遷太子洗馬天監十二年改造
太極殿畢規獻新殿賦其辭甚工後爲晉安王綱雲麾
諮議參軍久之爲新安太守父憂去職服闋襲封南昌
縣侯除中書黃門侍郎勑與陳郡殷芸琅邪王錫范陽
張緬同侍東宮俱爲昭明太子所禮湘東王繹時爲丹
陽尹與朝士宴集屬規爲酒令規從容曰江左以來未
有茲舉特進蕭琛金紫光祿大夫傅昭在坐並謂知言
朱异嘗因酒卿規規責以無禮普通初陳慶之北侵陷
洛陽百僚稱慶規退曰可弔也又何賀焉道家有云非
爲功難成功難也昔桓溫得而復失宋武竟無成功我
孤軍無援深入寇境將爲亂階俄見覆沒六年武帝於
文德殿餞廣州刺史元景隆詔羣臣賦詩同用五十韻
規援筆立奏其文又美武帝嘉焉即日授侍中後爲晉
安王長史王立爲太子仍爲散騎常侍太子中庶子侍
東宮太子賜以所服貂蟬并降令書悅是舉也尋爲吳
郡太守主書芮珍宗家在吳前守宰皆傾意附之至是
珍宗假還規遇之甚薄珍宗還都密奏規不理郡事俄
徵爲左戶尚書郡境千餘人詣闕請留表三奏不許求
於郡樹碑許之規常以門宗貴盛恆思減退後爲太子
中庶子領部兵校尉辭疾不拜遂於鍾山宋熙寺築室
居焉卒贈光祿大夫謚曰文皇太子出臨哭與湘東王
繹令曰王威明風韻遒上神峯標映千里絕迹百尺無
枝實俊人也一爾過隙永歸長夜金刀掩芒長淮絕涸
去歲冬中已傷劉子今茲寒孟復悼王生俱往之傷信
非虛說規集後漢衆家異同注續漢書二百卷文卷二

十卷子褒魏克江陵入長安騫弟暕字思晦年數歲而
風神警拔有成人之度時父儉作宰相賓客盈門見暕
曰公才公望復在此矣弱冠選尚淮南長公主拜駙馬
都尉歷祕書丞齊明帝詔求異士始安王遙光薦暕及
東海王僧孺除暕驃騎從事中郎天監中歷位侍中吏部
尚書領國子祭酒門貴與物隔不能留心寒素頗稱刻
薄後爲尚書左僕射領國子祭酒卒謚曰靖子承幼訓
並通顯承字安期初爲祕書郎累遷中書黃門侍郎兼
國子博士時膏腴貴遊咸以文學相尚罕以經術爲業
唯承獨好儒業遷長兼侍中俄轉國子祭酒承祖儉父
暕皆爲此職三世爲國師前代未之有久之出爲東陽
太守政存寬惠吏人悅之卒郡謚曰章承性簡貴有風
格右衞朱异當朝用事每休下車馬塡門有魏郡申英
者門寒才俊好危言高論以忤權右嘗詣异門曰此中
輻湊皆爲利往能不至者唯大小王東陽耳小東陽即
承弟幼也時唯承兄弟及褚翔不至异門世並稱之訓
字懷範生而紫胞師嫗云法當貴幼聰警有識量僧正
惠超見而奇之謂門人羅智闕曰四郎眉目疎朗舉動
和韻此是興門戶者智闕以白暕暕亦曰不墜基業其
在文殊文殊訓小字也年十三暕亾憂毀家人莫識十
六召見文德殿應對爽徹上目送之久謂朱异曰可謂
相門有相初補國子生問說師袁昂昂曰久籍高名有
勞虛想及觀容止若披雲霧俄而諸袁子弟來昂謂諸
助教曰我兒出十數若有一子如此實無所恨射策除
祕書郎累遷祕書丞嘗賦詩云旦奭匡世功蕭曹佐甿
俗追祖儉之志也後拜侍中入見武帝帝問何敬容曰
褚翔年幾爲宰相敬容曰少過三十上曰今之王訓無

謝褚淵訓美容儀善進止文章爲後進領袖年二十六卒謚溫子志從父兄瞻字思饒祖柳字休季宋太保弘之兄也柳仕宋位光祿大夫東亭侯父遒字世倫位侍中光祿大夫瞻年六歲從師時有伎經門過同業皆出觀瞻獨不視習業如初從父僧達聞而異之謂其父猷曰大宗不衰寄之此子年十二居父憂以孝聞服闋襲封東亭侯後頗好遨遊爲閭里患以輕薄稱及長折節修士操涉獵書記善碁工射歷位驃騎將軍王晏長史晏誅出爲晉陵太守絜己爲政妻子不免饑寒時號廉平王敬則作亂瞻赴都敬則經晉陵郡人多附之敬則敗臺軍討賊黨瞻言愚人易動不足窮法齊明帝從之所全萬數遷御史中丞梁臺建爲侍中起部尚書性率亮居選所舉用意而行頗嗜酒每飲輒彌月而精神朗贍不廢簿領武帝每稱瞻有三術射碁酒及卒謚康侯子長元早卒瞻從子籍字文海父僧祐齊太子中舍人僧祐附其從祖弟太尉儉傳列在齊史籍始仕爲餘杭令政化如神善於擿伏自下莫能欺也俄爲百姓所訟轉錢唐令下車布政咸謂數十年來未之有也籍好學有才氣爲詩慕謝靈運至其合也殆無愧色時人咸謂康樂之有王籍如仲尼之有邱明老聃之有莊周天監中爲輕車湘東王諮議參軍隨府會稽郡至若邪溪賦詩云蟬噪林逾靜鳥鳴山更幽劉摛見之擊節不能已已以公事免及爲中散大夫彌忽忽不樂乃至徒行市道不擇交遊有時塗中見相識輒以笠傘覆面後爲作唐侯相小邑窮僻彌不樂不理縣事人有訟者鞭而遣之未幾而卒籍甚工草書筆勢遒放蓋孔琳之流亞也湘東人士集其文爲十卷云

王瑩字奉光琅邪臨沂人也晉中軍將軍恬之後父懋字昌業宋光祿大夫封南鄉侯瑩選尚宋臨淮公主拜駙馬都尉累遷義興太守代謝超宗超宗去郡與瑩交惡還都就懋求書屬瑩求一吏曰丈人一旨如湯澆雪耳及至瑩答旨以公吏不可超宗往懋處對諸賓謂懋曰湯定不可澆雪懋面洞赤唯大耻愧懋後往超宗處設精白䱇美鮓麞肶懋問那得此味超宗詭言義興始見餉陽驚曰丈人豈應不得邪懋大忿言於朝廷稱瑩供養不足坐失郡廢棄久之後歷侍中東陽太守以居郡有惠政還吳興太守齊明帝勤憂庶政瑩頻處二郡皆有能名還爲中領軍隨王長史意不平改爲太子詹事中領軍永元初政由羣小瑩守職而已不能有所是非及尚書令徐孝嗣誅瑩頗綜朝政啟取孝嗣所居宅及取孝嗣封名枝江縣侯以爲己封從弟亮謂曰此非盛德也瑩怒曰我昔從東度爲吳興束身登岸徐時爲宰相不能見知相用爲領軍長史今住其宅差無多慙時人咸謂失德亮既當朝於瑩素雖不善時欲引與同事還尚書左僕射未拜會護軍崔慧景自京口奉江夏王內向瑩拒慧景於湖頭眾敗瑩赴水乘艕入樂遊因得還臺城慧景敗瑩還居領軍府武帝兵至復假節都督宮城諸軍事建康平瑩乃以宅還徐氏初爲武帝相國左長史及踐阼封建城縣公累遷尚書令瑩性清慎帝深善之時有虎入郭上意不悅以問羣臣羣臣莫對瑩在御筵乃斂版答曰帝舜擊石拊石百獸率舞陛下膺籙御圖虎豹來格帝大悅眾咸服焉十五年位左光祿大夫開府儀同三司丹陽尹既爲公須開黃閤宅前促欲買南鄰朱侃半宅侃懼見侵貨得錢百萬瑩乃回閣向東時人爲之語曰欲向南錢可貪遂向東爲黃銅及將拜印工鑄印六鑄而龜六毀及成頭空不實補而用之居職六日暴疾薨謚曰靜恭少子實嗣起家祕書郎尚武帝女安吉公主襲爵建城縣公爲新安太守實從兄來郡就求告實與銅錢五十萬不聽於郡及道散用從兄密於郡市貨還都求利及去郡數十里實乃知命追之呼從兄上岸盤頭令卒與杖搏頰從兄乞原劣得免後爲南康嗣王湘州長史長沙郡以三月三日出禊實衣冠傾崎王性方嚴見之意殊惡實稱主上謂王曰蕭王誌念實殿下何見憎王驚赧卽起後密啟之因此禁錮瑩從父弟亮字奉叔父攸字昌達仕宋位太宰中郎贈給事黃門侍郎亮以名家宋末選尚公主拜駙馬都尉歷任祕書丞齊竟陵王子良開西邸延才俊以爲士林使工圖其像亮亦豫焉累遷晉陵太守在職清公有美政時有晉陵令沈巑之性麤疏好犯亮諱亮不悅遂啟代之巑之怏怏乃進坐云下官以犯諱被代未知明府諱若爲攸字當作無骹尊傍犬爲大傍無骹尊若是有心攸無心攸乞告示亮不履下牀跣而走巑之撫掌大笑而去建武末累遷吏部尚書時右僕射江祏管朝政多所進拔爲士所歸亮自以身居選部每持異議始亮未爲吏部郎時以祏帝之內弟故深友祏祏爲之延譽益爲帝所器重至是與祏情好攜薄祏昵之如初及祏遇誅羣小放命凡所除拜悉由內降亮弗能止外若詳審內無明鑒所選用拘資次而已當時不謂爲能後爲尚書左僕射及東昏肆虐亮取容以免武帝至新林內外百僚皆道迎其不能拔者亦間路送誠款亮獨不遣及東昏遇弒張稷仍集亮等於太極殿前西鍾

下坐議欲立齊湘東嗣王寶晊領軍瑩曰城閉已久人情離解征東在近何不諮問張稷又曰桀有昬德鼎遷于殷今寶徵予去殷項伯歸漢之日亮默然朝士相次下牀乃遣國子博士范雲齎東昬首送石頭推亮爲首城平朝士畢至亮獨後褰履見武帝帝謂曰顚而不扶安用彼相亮曰若其可扶明公豈有今日之舉因泣而去覇府開以爲大司馬長史梁臺建授侍中尚書令固讓乃爲侍中中書監兼尚書令及受禪遷侍中尚書令中軍將軍封豫寧縣公天監二年轉光祿大夫元日朝會亮辭疾不登殿設饌別省語笑自若數日詔公卿問訊亮無病色御史中丞樂藹奏亮大不敬論棄市詔削爵廢爲庶人四年帝宴華光殿求讜言尚書左丞范縝起曰司徒謝朏本有虛名陛下擢之如此前尚書令王亮頗有政體陛下棄之如彼愚臣所不知帝變色曰卿可更餘言縝固執不已帝不悅御史中丞任昉因奏縝妄陳褒貶請免縝官詔可亮因屏居閉埽不通賓客遭母憂居喪盡禮後爲中書監加散騎常侍卒謚煬子

王進之琅邪臨沂人晉尚書僕射彬之後也祖准之宋丹陽尹自有傳父輿之征虜主簿進之仕齊位給事黃門侍郎扶風太守武帝之舉兵也所在響應隣郡多請進之同造修謁進之曰非吾志也竟不行武帝嘉之梁臺建歷尚書左丞廣平天門二郡太守左衞將軍封建寧公進之子清位散騎常侍金紫光祿大夫鎮東府長史新野東陽二郡太守安南將軍封中盧公承聖末陳武帝殺太尉王僧辯遺兄子蒨攻僧辯壻杜龕龕告難於清清往援龕大敗蒨於吳興追奔至晉陵時廣州刺史歐陽頠亦同清援龕中更改異殺清而歸武帝清子猛歷陳入隋位開府儀同三司列在陳史

王份字季文琅邪臨沂人晉丞相導之後宋中書監常侍僕射揚州刺史彧之兄子也父粹字景深位黃門侍郎份始仕宋位始安內史袁粲之誅親故無敢視者份獨往致慟由是顯名累遷大司農份兄奐齊雍州刺史永明末於州舉兵拒命事敗被害事具奐本傳奐誅後其子肅奔魏份自拘請　武帝宥之肅屢引魏人至邊份嘗因侍坐武帝謂曰比有北信不份改容對曰肅既近忘墳柏寧遠憶有臣帝亦以此亮焉後位祕書監仕梁位散騎常侍領步兵校尉兼起部尚書武帝嘗於宴席問羣臣曰朕爲有爲無份曰陛下應萬物爲有體至理爲無帝稱善後累遷尚書左僕射歷侍中特進左光祿大夫監丹陽尹卒謚曰胡子長子琳字孝璋位司徒左長史琳齊代取武帝妹義興長公主有子九人並知名長子銓字公衡美風儀善占吐尚武帝女永嘉公主拜駙馬都尉銓雖學業不及弟錫而孝行齊焉時人以爲銓錫二王可謂玉昆金友母長公主疾銓形貌瘠毀人不復識及居喪哭泣無常因得氣疾位侍中丹陽尹卒於衞尉卿子溥字伯雅尚簡文帝女餘姚公主錫字公嘏幼警悟與兄弟受業至應休散輒獨留不起精力不倦致損右目十二爲國子生十四舉清茂除祕書郎再遷太子洗馬時昭明太子尚幼武帝勑錫與祕書郎張纘使入宮不限日數與太子游狎情兼師友又勑陸倕張率謝舉王規王筠劉孝綽到洽張緬爲學士十人盡一時之選錫以戚屬封永安侯普通初魏始連和使劉善明來聘勑中書舍人朱异接之善明彭城舊友氣調甚高負其才氣酒酣謂异曰南國辯學如中書者幾人异曰异所以得接賓宴乃分職是司若以才辯相尚則不容見使善明乃曰王錫張纘北間所聞云何可見异具啟聞勑即使南苑設宴錫與張纘朱异四人而已善明造席徧論經史兼以嘲謔錫纘隨方酬對無所稽疑善明甚相歎挹他日謂异曰一日見二賢實副所期不有君子安能爲國引宴之日勑使左右徐僧權於坐後言則書之累遷吏部郎中時年二十四謂親友曰吾以外戚謬被時知兼比羸病庶務雜擁安能捨其所好而徇其不能乃稱疾不拜便謝遣胥徒拒絕賓客掩扉覃思室宇蕭然諸子溫凊隔簾趨倚公主乃命穿壁使子涉提觀之卒年三十六贈侍中謚曰貞子錫弟僉字公會八歲丁父憂哀毀過禮初補國子生祭酒袁昂稱爲通理累遷始興內史丁所生母憂固辭不拜又除南康內史在郡義與主薨詔起復郡後爲太子中庶子掌東宮管記卒贈侍中元帝詔賢而不伐曰恭追謚曰恭子份從孫克彧之曾孫也祖續齊太常父儁不慧位止建安太守克美容貌善容止歷位司徒右長史尚書僕射臺城陷仕侯景爲太宰侍中錄尚書事景敗克迎候王僧辯僧辯問克曰勞事夷狄之君克不能對次問璽紱何在克默然良久曰趙平原將去平原名思賢景腹心也景授平原太守故克呼爲僧辯乃誚克曰王氏百世卿族便是一朝而墜克後仕陳位尚書右僕射份弟通勵列在陳史

通志卷一百四十

宋右迪功郎鄭樵漁仲撰

列傳第五十四

梁

孔休源　裴子野　劉孝綽子諒孝綽弟潛潛弟孝勝孝勝弟
孝威孝威弟孝先孝綽從弟孺孺弟覽覽弟遵遵從弟苞　劉峻兄孝慶劉沼
峻從孫杳　何遜　劉顯從弟瑴　劉之遴子三達弟之亨從叔坦
明山賓弟少遐　張充從叔瓌瓌子率率弟盾瓌弟稷　褚翔族父球　宗
夬　袁昂昂子君正　馬仙琕　庾蓽子喬喬子夐　庾於陵弟肩吾　蔡
撙　江蒨弟曇曇弟祿　周捨　王僧孺　謝朏子諼諼弟譓
譓子哲朏弟子覽覽弟舉舉子嘏舉兄子僑　謝幾卿　謝徵　陸
倕從子襄襄兄子雲公　到沆從弟溉溉子鏡鏡子藎溉弟洽　蕭琛　陸
杲子罩　庾仲容　蕭眎素從弟洽洽弟介　臧嚴從叔未甄未甄子盾
盾弟厥　徐君蒨

孔休源字慶緒會稽山陰人晉尚書沖之八世孫沖郎開府儀同三司愉之世父也曾祖遜之宋尚書水部郎父佩齊通直郎廬陵王府記室休源年十一而孤居喪盡禮每見父手所寫書必哀慟流涕不能自勝見者莫不爲之垂泣後就吳興沈驎士受經畧通大義州舉秀才太尉徐孝嗣省其策深善之謂同坐曰董仲舒華令思何以尚此可謂後生之準的也觀其此對足稱王佐之才琅邪王融雅相友善乃薦之於司徒竟陵王以爲西邸學士梁臺建與南陽劉之遴同爲太學博士當時以爲美選休源初到都寓於宗人少府孔登宅曾以祠事入廟中侍中范雲一與相遇深加褒賞曰不期忽覯清顏頓祛鄙吝觀天披霧驗之今日後雲命駕到少府門登便拂席整帶謂當詣己備水陸之品雲駐筯命休源及至命取其常膳正有赤倉米飯蒸鮑魚雲食休源食不舉主人之饌高談盡日同載還家登深以爲愧尚書令沈約當朝貴顯軒蓋盈門休源或時後來必虛襟引接處之坐右商畧文義其爲通人所推如此武帝嘗問吏部尚書徐勉曰今帝業初基須一人有學藝解朝儀者爲尚書儀曹郎誰堪其選勉曰孔休源識見清通詳練故實自晉宋起居注誦畧上口帝亦素聞之即日除兼尚書儀曹郎是時多所改作每逮訪前事休源即以所誦記隨機斷決曾無疑滯吏部郎任昉謂之爲孔獨誦還建康獄正平反辯析時罕冤人後有選人爲獄司者帝嘗引休源以厲之除中書舍人後爲尚書左丞彈肅禮闈雅允朝望時周捨撰禮疑義自漢魏至于齊梁並皆搜采休源所有奏議咸彖編錄再遷長兼御史中丞正色直繩無所回避百僚憚之後爲晉安王府長史南郡太守行荊州府州事武帝謂曰荊州總上流衝要義高分陝今以十歲兒委卿當善匡翼之勿憚周昌之舉也乃敕晉安王曰孔休源人倫儀表汝年尚幼當每事師之尋始興王憺代鎮荊州復以休源爲憺府長史太守行府事如故在州累政甚有政績平心決斷請託弗行帝深嘉之歷祕書監復爲晉安王府長史南蘭陵太守別敕專行南徐州事休源累佐名藩甚得人譽王深相倚仗軍民機務動必諮謀常於齋中別施一榻云此是孔長史坐人莫得預焉其見敬如此歷都官尚書普通七年揚州刺史臨川王宏薨帝與羣臣議可代居州任者于時貴戚王公咸望遷授帝曰朕已得人孔休源才識明敏寔應此選乃授宣惠將軍監揚州事休源初爲臨川王行佐及王薨而管州任時論榮之神州都會簿領殷繁休源剖斷如流傍無私謁中大通二年加金紫光祿大夫在州晝決詞訟夜覽墳籍每車駕巡幸常以軍國事委之昭明太子薨有敕夜召休源入宴居殿與羣公參定謀議立晉安王綱爲皇太子自公卿珥貂插筆奏決於休源前休源怡然無愧時人名爲兼天子四年遇疾敕中使候問并給醫藥日有十數及卒遺令薄葬節朔薦蔬菲而已帝爲之流涕顧謝舉曰孔休源居職清正方欲共匡政道奄至隕沒朕甚痛之舉曰此人清介彊直臣竊爲陛下惜之謚貞子休源風範彊正明練治體持身儉約學窮文藝當官理務不憚彊禦常以天下爲己任武帝深委仗之累居顯職纖毫無犯性慎密寡嗜好出入帷幄未嘗言禁中事世以此重之聚書盈七千卷手自校理凡奏議彈文勒成十五卷長子雲童頗有父風位東揚州别駕少子宗範聰敏有識度位中書郎

裴子野字幾原河東聞喜人也曾祖松之宋光祿大夫祖駰南中郎外兵參軍父昭明齊通直散騎常侍各有傳子野生而母魏氏亡爲祖母殷氏所養殷柔明有文義以章句授之年九歲祖母亡泣血哀慟家人異之少好學善屬文起家齊武陵王國左常侍江夏王行參軍遭父憂去職初父寢疾彌年子野禱請備至涕泗霑濡父夜夢見其容且召視如夢俄而疾間以爲至孝所感命著孝感傳固辭乃止及居喪盡禮每之墓所哭泣處草爲之枯有白兔白鳩馴擾其側天監初尚書僕射范雲嘉其至行將表奏之會雲卒不果樂安任昉有盛名爲後進所慕遊其間者昉必推薦子野於昉爲從中表獨不至昉亦恨焉故不之善久之除右軍參軍兼廷尉

正時三官通署獄子野嘗不在其同僚輒署其名奏有不允子野從坐免職或勸言請有司可無咎子野笑而答曰雖慙柳季之道豈因訟以受服自此免黜久之終無恨意時中書郎范縝與子野未遇聞其學行而善焉會遷國子博士乃上表讓之有司以資歷非次不爲通後爲諸暨令在縣不行鞭罰人有爭訟者示之以理百姓稱悅合境無訟初子野曾祖松之宋元嘉中受詔續修何承天宋史未成而卒子野常欲繼成先業及齊永明末沈約所撰宋書稱松之巳後無聞焉子野更刪撰爲宋畧二十卷其敘事評論多善而云戮淮南太守沈璞以其不從義師故也約懼徒跣謝之請兩釋焉約常歎其述作曰吾弗逮也蘭陵蕭琛言其評論可與過秦王命分路揚鑣於是吏部尚書徐勉言之於武帝以爲著作郎掌修國史及起居注頃之兼中書通事舍人尋除通直著作舍人如故又勑掌中書詔誥是時西北徼外有白題及滑國遣使由岷山道入貢此二國歷世弗賓莫知所出子野曰漢頴陰侯斬胡白題將一人服虔注云白題胡名也又漢定遠侯擊虜入滑此其後乎時人服其博識勑仍使撰方國使圖廣述懷來之盛自要服至于海表凡二十國子野與沛國劉顯南陽劉之遴陳郡殷芸陳留阮孝緒吳郡顧協京兆韋稜皆博極羣書深相賞好顯尤推重之時長平侯蕭勤范陽張纘每討論墳籍咸折衷於子野繼母曹氏亾居喪過禮服闋再遷員外郎普通七年大舉北侵勑子野爲後魏文受詔立成武帝以其事體大召尚書僕射徐勉太子詹事周捨鴻臚卿劉之遴中書侍郎朱异集壽光殿以觀之時並歎服帝目子野曰其形雖弱其文甚壯俄又勑爲書喻魏相元乂其夜受旨子野謂可待旦方奏未之爲也及五鼓勑催令速上子野徐起操筆昧爽便就及奏帝深嘉焉自是凡諸符檄皆令具草子野爲文典而速不尚麗靡其制作多法古與今文體異當時或有詆訶者及其末翕然重之或問其爲文速者子野答云人皆成於手我獨成於心還中書侍郎轉鴻臚卿領步兵校尉子野在禁省十餘年靜默自守未嘗有所請謁外家及中表貧乏所得公奉悉分給之無宅借官地二畝起茅屋數間妻子常苦饑寒唯以教誨爲本子姪祗畏若奉嚴君劉顯常以師道推高之末年深信釋氏持其教戒終身飯麥食蔬中大通二年卒時年六十二遺命務存儉約武帝悼惜爲之流涕贈散騎常侍謚貞子先是五等君及侍中以上乃有謚及子野特以令望見嘉故賜謚焉先是子野自占死期不過戊戌歲是年自省移疾謂同官劉之亨曰吾其逝矣子野少時集註喪服續裴氏家傳各三卷抄合後漢事四十餘卷又勑撰衆僧傳二十卷百官九品二卷附益謚法一卷方國使圖一卷文集二十卷並行於世又勑撰齊梁春秋始草創未就而卒及葬湘東王爲之墓誌銘陳于藏內邵陵王又立墓誌堙于羨道羨道列誌自此始焉子謩官至通直郎

劉孝綽字孝綽彭城人也本名冉祖勔宋司空父繪武帝霸府從事中郎繪附其兄太常悛傳列在齊史孝綽幼聰敏七歲能屬文舅齊中書郎王融深賞異之常與同載以適親友號曰神童融每言曰天下文章若無我當歸阿士阿士卽孝綽小字也父繪齊世掌詔誥孝綽時年十四繪嘗使代草之父黨沈約任昉范雲等聞其名並命駕先造焉昉尤相賞好范雲年長繪十餘歲其子孝才與孝綽年並十四五及雲遇孝綽便申伯季乃命孝才拜之孝綽兼善草隸自以書似父乃變爲別體天監初起家著作佐郎爲歸沐詩贈任昉昉報曰彼美洛陽子投我懷秋作詎慰臺嗟人徒深老夫託直史兼褒貶轄司專疾惡九折多美疹匪報庶良藥其爲名流所重如此俄以本官兼尙書水部郎奉啓陳謝手勑答曰美錦未可便製簿領亦宜稍習頃之卽眞武帝雅好雕蟲時因宴幸令沈約任昉等言志賦詩孝綽亦見引嘗侍宴於坐作詩七首帝覽其文篇篇嗟賞由是朝野改觀後除祕書丞帝謂舍人周捨曰第一官當知用第一人故以孝綽居此職累遷太子僕掌東宮管記時昭明太子好士愛文孝綽與陳郡殷芸吳郡陸倕琅邪王筠彭城到洽等同見禮太子起樂賢堂乃使畫工先圖孝綽焉太子文章繁富羣才咸欲撰錄太子獨使孝綽集而序之遷員外散騎常侍兼廷尉卿頃之卽眞初孝綽與到漑兄弟甚狎漑少孤宅近僧寺孝綽往漑許適見黃臥具孝綽謂僧物色也撫手笑漑知其旨奮拳擊之傷口而去又與洽同遊東宮孝綽自以才優於洽每於宴坐嗤鄙其文洽深銜之及孝綽爲廷尉正攜妾入官府其母猶停私宅洽尋爲御史中丞遣令史案其事遂劾奏之云攜少妹於華省棄老母於下宅武帝爲隱其惡改妹爲姝字孝綽坐免官孝綽諸弟時隨藩皆在荊雍乃與書論共洽不平者十事其辭皆鄙到氏又爲別本封至東宮昭明太子命焚之不開視也孝綽免職後武帝數使僕射徐勉宣旨撫慰之每朝宴常預焉及武帝爲籍田詩又使徐勉先示孝綽時奉詔作者數十

人帝以孝綽詩工即日起爲西中郎湘東王諮議參軍遷黃門侍郎尚書吏部郎坐受人絹一束爲餉者所訟左遷信威臨賀王長史晚年忽忽不得志後爲祕書監初孝綽居母憂冬月飲冷水因得冷癖以大同五年卒官年五十九孝綽少有盛名而仗氣負才多所陵忽有不合意者必極言詆訾領軍臧盾太府卿沈僧旻等並被時遇孝綽尤輕之每於朝集會同處公卿間無所與語唯呼騶卒訪道塗閒事由此多忤於物前後凡五免孝綽辭藻爲後進所宗時重其文每作一篇朝成暮徧好事者咸傳寫流聞河朔亭苑柱壁莫不題之文集數十萬言行於世孝綽兄弟及羣從子姪當時有七十人並能屬文近古未之有比其三女一適琅邪王叔英一適吳郡張嵊一適東海徐悱並有才學悱妻文尤清致所謂劉三娘者也悱僕射勉之子爲晉安郡卒喪還京師妻爲祭文辭甚悽愴勉本欲爲哀辭既覩之乃閣筆孝綽子諒字永信小名春少好學有文才尤博悉晉氏故事時人號曰皮裏晉書位中軍宣城王記室爲湘東王所善王嘗游江濱歎秋望之美諒對曰今日可謂帝子降於北渚王有目疾以爲刺己應曰卿言目眇眇以愁予邪從此嫌之孝綽弟潛字孝儀幼孤與諸兄弟相勗以學並工屬文孝綽嘗云三筆六詩三即孝儀六謂孝威也天監五年舉秀才累遷尚書殿中郎敕令製雍州平等寺金像碑文甚宏麗晉安王綱鎭襄陽引爲安北功曹史及王爲皇太子仍補洗馬遷中舍人出爲陽羨令甚有稱績後爲中書郎以公事左遷安西諮議參軍兼散騎常侍使魏還除中書郎累遷尚書左丞長兼御史中丞在職多所彈糾無所顧望當時稱之出爲臨海太守時政網疎闊百姓多不遵禁孝儀下車宣下條制勵精綏撫境內翕然風俗大變入遷都官尚書太清元年出爲豫州刺史侯景寇建鄴孝儀遣子勵帥郡兵三千隨前衡州刺史韋粲入援及宮城不守孝儀爲前歷陽太守莊鐵所逼失郡卒孝儀爲人寬厚內行尤篤第二兄孝熊早卒孝儀奉寡嫂甚謹家內巨細必先諮決與妻子朝夕供事未嘗失禮時人以此稱之有文集二十卷行於世第五弟孝勝位尚書右丞兼散騎常侍聘魏還爲安西武陵王紀長史蜀郡太守紀僭號於蜀以爲尚書僕射隨紀出峽口兵罷被執元帝宥之以爲司徒右長史第六弟孝威氣調爽逸風儀俊舉初爲安北晉安王法曹後爲太子洗馬中舍人庶子率更令並掌管記大同中白雀集東宮孝威上頌甚美太清中遷中庶子兼通事舍人及侯景寇亂隨司州刺史柳仲禮至安陸卒第七弟孝先位武陵王主簿與兄孝勝俱隨紀軍出峽口兵敗元帝以爲黃門郎遷侍中孝綽從弟孺字孝稚世父悛子也孺幼聰敏七歲能屬文年十四居喪毀瘠骨立宗黨咸異之叔父瑱爲義興郡攜以之官嘗置坐側謂賓客曰此吾家明珠也及長美風采性通和雖家人不見其喜愠本州召迎主簿起家中軍法曹行參軍時鎭軍沈約聞其名引爲主簿恆與游宴賦詩大爲約所嗟賞累遷太子中舍人孺少好文章性又敏速嘗在御坐爲李賦受詔便成文不加點武帝甚稱賞之後侍宴壽光殿詔羣臣賦詩時孺與張率並醉未及成帝取孺手版題戲之曰張率東南美劉孺洛陽才攬筆便應就何事久遲回其見親愛如此遷中書郎兼中書通事舍人歷太子中庶子尚書吏部郎累遷散騎常侍左戶尚書大同五年守吏部尚書出爲晉陵太守在郡和理爲吏民所稱入爲侍中後復爲吏部尚書母憂以毀卒謚曰孝子孺少與從兄苞孝綽齊名苞早卒孝綽數坐免黜位並不高唯孺貴顯有文集二十卷孺弟覽字孝智年十六精通老易位中書郎以所生母憂廬于墓嘗再朞不嘗鹽酪食麥粥而已降冬止著單布衣家人慮不勝喪中夜竊置炭於牀下覽因暖得寐及覺知之號慟歐血武帝聞其至性數使省視服闋除尚書左丞性聰敏尚書令史七百人一見並記名姓當官清正無所私孝綽爲吏部郎在職頗通贓貨覽劾奏免官孝綽怨之常謂人曰犬嚙行路覽嚙家人出爲始興內史居郡尤勵清節復爲左丞卒官覽弟遵字孝陵有學行工屬文爲晉安王綱宣惠雲麾二府記室甚見賓禮王立爲太子仍除中庶子遵自隨蕃及在東宮以舊恩偏蒙寵遇時輩莫及卒官皇太子深悼惜之與遵從兄陽羨令孝儀令曰賢從弟中庶奄至殞逝痛可言乎其孝友湻深立身貞固內含玉潤外表瀾清言行相符終始如一文史該富琬琰爲心辭章博贍元黃成采既以鳴謙表性又以難進自居吾昔在漢南連翩書記及忝朱方從容坐首鷁舟乍動朱鷺徐鳴未嘗一日而不追隨一時而不會遇益者三友此實其人及弘道下邑未申善政而能使人結去思野多馴翟此亦威鳳一羽足以驗其五德其見愛賞如此遵從弟苞字孝嘗一字孟嘗父愃悛之弟也位太子中庶子苞三歲而孤至六七歲見諸父常泣時伯父悛繪等並顯貴其母謂其畏憚怒之苞曰早孤不及有識聞諸父多相似故心中悲耳因而歔欷母亦悲慟初苞父母及兩兄相繼亾悉假

瘞焉苞年十六始移墓所經營改葬不資諸父奉嫡母朱夫人及所生陳氏並扇席溫枕叔父繪常歎伏之少好學能屬文家有舊書例皆殘蠹手自編緝筐篋盈滿梁初以臨川王妃弟故自征虜主簿遷右軍功曹累遷太子洗馬掌書記侍講壽安殿及從兄孝綽等並以文藻見知多預宴坐受詔詠天泉池荷及採菱調下筆卽成天監十年卒臨終呼友人南陽劉之遴託以喪事從儉苞居官有能名性和直與人交面折其非退稱其美士友咸以此歎惜之

劉峻字孝標本名法武其先平原人祖玨從慕容德入齊因家于北海父璇之宋始興內史從父兄懷珍宋齊世知名位終光祿大夫自有傳峻生朞月而璇之卒其母許氏攜峻及其兄法鳳還歸鄉里宋泰始初靑州陷魏峻年八歲爲人所畧爲奴至中山中山富人劉寶愍峻以束帛贖之敎以書學魏人聞其江南有戚屬更徙之桑乾峻居貧不能自立與母並出家爲尼僧旣而還俗峻好學家貧寄人廡下自課讀書常燎麻炬從夕達旦時或昏睡爇其髮旣覺復讀終夜不寐其精力如此時魏孝文選物望河南人士才學之徒咸見申擢峻兄弟不蒙選擢齊永明中俱奔江南更改名峻字孝標自以少時未開悟晚更厲精明慧過人苦所見不博聞有異書必往祈借淸河崔慰祖謂之書淫於是博極羣書文藻秀出故其自序云黌中濟濟皆升堂亦有愚者解衣袞言其少年魯鈍也時竟陵王子良招學士峻因人求爲子良國職吏部尚書徐孝嗣抑而不許因爲南海王侍郎不就至齊明帝時蕭遙欣爲豫州引爲府刑獄參軍禮遇甚厚遙欣尋卒久不調天監初召入西省與學士賀蹤典校祕閣峻兄孝慶時爲靑州刺史峻請假省之坐私載禁物爲有司所奏免官安成王秀雅重峻及安成王遷荊州引爲戶曹參軍給其書籍使抄錄事類名曰類苑未及就復以疾去職因遊東陽紫巖山築室居焉爲山栖志其文甚美初武帝招文學之士有高才者多被引進擢以不次峻率性而動不能隨眾沈浮武帝每集文士策經史事時范雲沈約之徒皆引短推長帝乃悅加其賞賚曾策錦被事咸言已罄帝試呼問峻峻時貧悴冗散忽請紙筆疏十餘事坐客皆驚帝不覺失色自是惡之不復引見及峻類苑成凡一百二十卷帝卽命諸學士撰華林徧畧以高之峻竟不見用乃著辯命論以寄其懷論成中山劉沼致書以難之凡再反峻並爲申析以答之會沼卒不見峻後報者峻乃爲書以序其事其文論並多不載峻又嘗爲自序其畧云余自比馮敬通而有同之者三異之者四何則敬通雄才冠世志剛金石余雖不及之而節亮慷慨此一同也敬通逢中興明君而終不試用余逢命世英主亦擯斥當年此二同也敬通有忌妻至於身操井臼余有悍室亦令家道轗軻此三同也敬通當更始世手握兵符躍馬肉食余自少迄長戚戚無懽此一異也敬通有子仲文官成名立余禍同伯道永無血允此二異也敬通旅力剛彊老而益壯余有犬馬之疾溘死無時此三異也敬通雖芝殘蕙焚終塡溝壑而爲名賢所慕其風流郁烈芬芳久而彌盛余聲塵寂寞世不吾知還魄一去將同秋草此四異也所以力自爲序遺之好事云峻本將門兄法鳳自北歸改名孝慶字仲昌早有幹略齊末爲兗州刺史舉兵應武帝封餘干男歷官顯重峻獨篤志好學居東陽吳會士人多從其學普通三年卒年六十門人謚曰元靖先生劉沼字明信中山魏昌人六世祖輿晉驃騎將軍沼幼善屬文及長博學位終秣陵令峻從孫杳字士深父懷慰齊世爲齊郡太守附載懷珍傳中杳年數歲徵士明僧紹見之撫而言曰此兒實千里之駒十三丁父憂哀感行路天監中爲宣惠豫章王行參軍杳博綜羣書沈約任昉以下每有遺忘皆訪問焉嘗於約坐語及宗廟犧樽約云鄭元答張逸謂爲畫鳳凰尾婆娑然今無復此器有則不依古杳曰此言未必可安古者樽彝皆刻木爲鳥獸形鑿頂及背以出內酒魏世魯郡地中得齊大夫子尾送女器有犧樽作犧牛形又晉永嘉中賊曹嶷於靑州發齊景公冢又得二樽形亦爲牛象二處皆古之遺器知非虛也約大以爲然約又云何承天纂文奇博其書載張仲師及長頸王事此何所出杳曰仲師長尺二寸唯出論衡長頸是毗騫王朱建安扶南以南記云古來至今不死約卽取二書尋檢一如杳言約郊居宅時新構閣齋杳遂爲贊二首并以所撰文章呈約約卽命工書人題其贊于壁仍報杳書其歎美之又在任昉坐有人餉昉楉酒而作榐字昉問杳此字是不杳對曰葛洪字苑作木旁若昉又曰酒有千日醉當是虛言杳云桂陽程鄉有千里酒飲之至家而醉亦其例也昉大驚曰吾自當遺忘實不憶此杳云楊元鳳所撰置郡事元鳳是魏代人此書仍載其賦云三重五品商溪摖里昉卽檢楊記言皆不差王僧孺被敕撰譜訪杳血脈所因杳云桓譚新論云太史公三代世表旁行邪上並效周譜以此而推當起周代僧孺歎曰可謂得所未聞周捨又問杳尚書官著紫

荷橐相傳云挈囊竟何所出沓答曰張安世傳云持橐簪筆事孝武皇帝數十年韋昭張晏注並云橐囊也近臣簪筆以待顧問范岫撰字書音訓又訪沓爲尋佐周捨撰國史出爲臨津令有善績秩滿縣三百人詣闕請留勑許焉後除晉安王府參軍詹事徐勉舉沓及顧協等五人入華林撰徧畧書成以本官兼廷尉正以足疾解職因著林庭賦王僧孺見而歎曰郊居以後無復此作累遷尚書儀曹郎僕射徐勉以臺閣文議專委沓焉出爲餘姚令在縣清潔湘東王繹發教褒美之大通元年爲步兵校尉兼東宮通事舍人昭明太子謂沓曰酒非卿所好而爲酒府之職政爲卿不愧古人耳太子有瓠食器因以賜焉曰卿有古人之風故遺卿古人之器俄有勑代裴子野知著作郎事昭明太子薨新宮建舊人例無停者勑特留沓爲僕射何敬容奏轉沓王府諮議武帝曰劉沓須先經中書仍除中書侍郎尋爲平西湘東王諮議參軍兼舍人著作如故遷尚書左丞大同二年卒年五十沓治身清儉無所嗜好不自伐不論人短長及覩釋氏經常行慈忍居母憂後便長斷腥羶持齋蔬食及臨終遺命斂以法服載以露車還葬舊墓隨得一地容棺而已不得設靈筵及祭醊其子遵而行之撰要雅五卷楚辭草木疏一卷高士傳二卷東宮新舊記三十卷古今四部書目五卷文集十五卷並行於世沓與兄霽弟歊俱知名霽有至性列在孝友傳歊不娶不仕隱居求志在隱逸傳

何遜字仲言東海郯人也曾祖承天宋御史中丞自有傳父詢齊太尉中兵參軍遜八歲能賦詩弱冠州舉秀才南郡范雲見其對策大相稱賞因結忘年交自是一文一詠雲輒嗟賞謂所親曰頃觀文人質則過儒麗則傷俗其能含清濁中今古見之何生矣沈約亦愛其文嘗謂遜曰吾每讀卿詩一日三復猶不能已其爲名流所稱如此天監中起家奉朝請除安成王記室王愛之隨府江州還兼尚書水部郎南平王復引爲賓客掌記室事後薦之武帝與吳均俱進倖後稍失意帝曰吳均不均何遜不遜若吾有朱异信則異矣自是疎隔希復得見卒於仁威廬陵王記室初遜爲南平王所知深被恩禮及聞遜卒命迎其柩而殯藏焉并餼其妻子東海王僧孺集其文爲八卷初遜文章與劉孝綽並見重於世謂之何劉元帝著論論之云詩多而能者沈約少而能者謝朓何遜遜從叔僴字彥夷亦以文才著聞宦遊不達作拍張賦以喻意末曰東方曼倩發憤於侏儒遂與火頭食子稟賜不殊位至臺郎時有會稽虞騫工爲五言名與遜相埒官至王國侍郎後又有會稽孔翁歸濟陽江避並爲南平王大司馬府記室翁歸工爲詩避博學有思理注論語孝經二人並有文集

劉顯字嗣芳沛國相人也父鬷字仲翔博識彊正以名行自居幼爲外祖臧質所鞠養質既富盛恒有音樂質亾後母沒十許年鬷每聞絲竹之聲未嘗不歔欷流涕天監初終於晉安內史顯幼而聰敏六歲能誦呂相絕秦賈誼過秦琅邪王思遠吳國張融見而稱賞號曰神童族父瓛儒學有重名官至尚書左丞齊史有傳瓛卒無嗣齊武帝詔顯爲後時年十八歲本名頵齊武以字難識改名顯天監初舉秀才解褐中軍臨川王行參軍俄署法曹顯好學博涉多通任昉嘗得一篇缺簡文字零落莫能識者顯云是古文尚書所刪逸篇昉檢周書果如其說昉因大相賞異丁母憂服闋尚書令沈約時領太子少傅引爲少傅五官約爲丹陽尹命駕造焉於坐策顯經史十事顯對其九約曰老夫昏忘不可受策雖然聊試數事不可至十顯問其五約對其二陸倕聞之擊席喜曰劉郎可謂差人雖吾家平原詣張壯武王粲謁蔡伯喈必無此對其爲名流推賞如此五兵尚書傅昭掌著作撰國史顯自兼廷尉正被引爲佐及革選尚書五都顯以本官兼吏部郎遷儀曹郎嘗爲上朝詩沈約見而美之時郊居宅新成因命工書人題之於壁後兼中書通事舍人再遷驃騎鄱陽王記室兼中書舍人後爲中書郎舍人如故顯與江東裴子野南陽劉之遴吳郡顧協連職禁中遞相師友時人莫不慕之顯博聞彊識過於裴顧時波斯國獻生師子帝問曰師子有何色顯曰黃師子超不及白師子超魏人獻古器有隱起字莫能識者顯案文讀之無有滯礙考校年月一字不差武帝甚嘉焉遷尚書左丞除國子博士時有沙門訟田帝大署曰貞有司未辯徧問莫知顯曰貞字文爲與上人帝因忌其能出之後爲雲麾邵陵王長史尋陽太守魏使李諧至聞之恨不相識歎曰梁德衰矣善人國之紀也而出之無乃不可乎王遷鎮郢州除平西府諮議參軍久在府不得志大同九年終于夏口時年六十三凡佐兩府並事驕王人爲之憂而反見禮重友人劉之遴啓皇太子曰嘗聞夷叔柳惠不逢仲尼一言則西山餓夫東國黜士名豈施於後世不朽之事寄之題目顯今卜宅有日須鐫墓板畧撰其事行今輒上呈太子乃爲之製銘誌葬於秣陵縣劉真長舊塋子臻臻早有名列在隋文苑傳顯從弟瑴字仲寶形貌短

小儒雅博洽善辭翰隨湘東王在蕃十餘年寵寄甚深當時文檄皆其所爲位吏部尚書國子祭酒魏尅江陵入長安

劉之遴字思貞南陽涅陽人也父虯高尙不仕列在齊隱逸傳之遴八歲能屬文虯曰此兒必以文興吾宗常謂諸子曰若比之顏氏之遴得吾之文由是州里稱之時有沙門僧惠有異識每詣虯必呼之遴小字曰僧伽福德兒握手而進之年十五舉茂才明經對策沈約任昉見而異之吏部尚書王瞻嘗候任昉値之遴在坐昉謂瞻曰此南陽劉之遴學優未仕水鏡所宜甄擢瞻郎調爲太學博士昉曰爲之美談不如面試時張稷新除尙書僕射託昉爲讓表昉令之遴代作操筆立成昉曰荊南秀氣果有異才後仕必當過僕御史中丞樂藹郎之遴之舅憲臺奏彈皆令之遴草焉爲荊州中從事簡文臨荊州仍遷宣惠記室之遴篤學明審博覽羣籍時劉顯韋稜並稱彊記之遴每與討論咸不過也累遷中書侍郎鴻臚卿出爲南郡太守武帝謂曰卿母年德並高故令卿衣錦還鄉盡榮養之理轉西中郎湘東王繹長史太守如故初之遴在荊府常寄居南郡廨忽夢前太守袁彖謂曰卿後當爲折臂太守即居此中之遴後牛奔墮車折臂右手偏直不復得屈伸書則以手就筆歎曰豈黥而王乎周捨嘗戲之曰雖復並坐可橫肱政恐陋巷無枕後連相兩王再爲此郡歷祕書監出爲郢州行事之遴意不願出固辭曰去歲命絕離巽不敢東下今年所忌又在西方武帝手敕曰朕聞妻子具孝衰於親爵祿具忠衰於君卿旣內足理忘奉公之節遂爲有司奏免後爲都官尚書之遴好古愛奇在荊州聚古器數十百種有一器似甌可容一斛上有金錯字時人無能知者又獻古器四種於東宮其第一種鏤銅鴟夷榼二枚兩耳有銀鏤銘云建平二年造其第二種金銀錯鏤古鐏二枚有篆銘云秦容成侯適楚之歲造其第三種外國澡灌一口有銘云元封二年龜茲國獻其第四種古製澡盤一枚銘云初平二年造時鄱陽嗣王範得班固所上漢書眞本獻之東宮皇太子令之遴與張纘到溉陸襄等參校同異之遴錄其異狀數十事其大略云案古本漢書稱永平十六年五月二十一日已酉郎班固上而今本無上書年月日子又案古文叙傳號爲中篇今本稱爲敘傳載班彪事行而古本云彪自有傳又今本紀及表志不相合爲次而古本相合爲次總成三十八卷又今本外戚在西域後古本外戚次帝紀下又今本高五子文三王景十三王孝武六子宣元六王雜在諸傳秩中古本諸王悉次外戚下在陳項傳上又今本韓彭英盧吳述云信惟餓隸布實黥徒越亦狗盜芮尹江湖雲起龍驤化爲侯王古本述云淮陰毅毅伏劍周章邦之傑子寔惟彭英仕爲侯王雲起龍驤又古本第三十七卷解音釋義以助雅詁而今本無此卷也之遴好屬文多學古體與河東裴子野沛國劉顯恆共討論古籍因爲交好時周易尚書禮記毛詩並有武帝義疏唯左氏傳尙闕之遴乃著春秋大意十科左氏一科三傳同異十科合三十事上之帝大悅優詔褒焉始武帝於齊代爲荊府諮議時之遴父虯隱在百里洲早相知聞帝偶匱乏遣就虯換穀百斛時之遴在父側曰蕭諮議躓士云何能得舂願與其米虯從之及帝即位常懷之侯景初以蕭正德爲帝之遴時落景所將使授璽紱之遴預知仍剃髮披法服乃免先是平昌伏挺出家之遴爲詩嘲之曰傳聞伏不鬭化爲支道林及之遴遇亂遂披染服時人笑之尋避難還鄉湘東王繹嘗嫉其才學聞其西上至夏口乃密送藥殺之不欲使人知乃自製誌銘厚其賻贈前後文集五十卷子三達字三善數歲能清言及屬文州將湘東王繹聞之盛集賓客召而試之說義屬詩皆有理致年十二聽江陵令賀革講禮還仍覆述不遺一句年十八卒之遴深懷悼恨乃題墓曰梁妙士以旌之之遴弟之亨字嘉會年四歲出後叔父蒿及長好學美風姿善占對武帝之臨荊州唯與虯談虯見之遴之亨帝曰之遴必以文章顯之亨當以功名著後州舉秀才除太學博士仍代兄之遴爲中書通事舍人累遷步兵校尉湘東王繹諮議參軍敕賜金策并賜詩焉大通六年出師南鄭詔湘東王節度諸軍之亨以司農卿爲行臺承制逐出本州北界總督衆軍杖節而西樓船戈甲甚盛老小緣岸觀曰是前舉秀才者鄉部偉之是行也大致尅復軍士有功皆錄唯之亨爲蘭欽所訟執政因而陷之故封賞不行但復本位而已久之帝讀陳湯傳恨其立功絕域而爲文吏所詆宦者張僧允曰外間論者謂劉之亨類之帝感悟乃封爲臨江子固辭不拜之亨美績嘉聲在朱异之右旣不協懽爲所害故美出之以代之遴爲安西湘東王繹長史南郡太守上問朱异曰之亨代兄喜不兄弟因循登直大馮小馮而已又謂尚書令何敬容曰荊州長史南郡太守皆是僕射出入今者之亨便是九轉在郡有異績吏民稱之卒官荊土懷之不復稱名號爲大南郡小南郡子廣德亦好學負才任氣承聖中位湘東太守

魏平荆州依于王琳琳平陳太建中歷河東太守卒官之亨弟之遲位荆州中從事史子仲威少有志氣頗涉文史承聖中爲中書侍郎蕭莊稱尊號以爲御史中丞隨莊終鄴中之遴從叔坦字德度仕齊歷孱陵令南中郎録事參軍所居以幹濟稱武帝起兵時輔國將軍楊公則爲湘州刺史帥師赴夏口西朝議行州事者坦求行仍除輔國長史長沙太守行湘州刺史坦嘗在湘州多舊恩道迎者甚衆齊東昏遣安成太守劉希祖破西臺所選太守范僧簡於平都希祖移檄湘部於是始興内史王僧粲應之湘部諸郡悉皆蜂起州人咸欲汎舟逃走坦悉聚船焚之前湘州鎮軍鍾元紹潛應僧粲坦聞其謀僞爲不知因理訟至夜城門遂不閉以疑之元紹未及發明旦詣坦問其故久留與語密遣親兵收其家元紹在坐未起而收兵已報具得其文書本末元紹即首伏於坐斬之焚其文書餘黨悉無所問天監初論功封荔浦子三年還西中郎長史蜀郡太守行益州事未至蜀道卒

明山賓字孝若平原鬲人也父僧紹高尚不仕列在隱逸傳山賓七歲能言名理十三博通經傳起家奉朝請兄仲璋痼疾家道屢空山賓乃行千祿後爲廣陽令頃之去官會詔使公卿舉士左衛將軍江祏上書薦山賓才堪理劇齊明帝不重學謂祏曰聞山賓談書不輟何堪官邪遂不用梁臺建遷右軍記室參軍掌吉禮時初置五經博士山賓首膺其選歷中書侍郎國子博士太子率更令中庶子天監十五年出爲持節都督緣淮諸軍事北兗州刺史普通二年徵爲太子右衛率加給事中還御史中丞以公事左遷黃門侍郎四年遷散騎常侍領青冀二州大中正東宮新置學士又以山賓居之俄以本官兼國子祭酒初山賓爲州時所部平陸縣不稔啓出倉米以贍貧民後刺史檢州曹失簿書以山賓爲耗損有司追責籍其宅入官山賓不自理更市地造宅昭明太子聞築室不就有令曰明祭酒雖出撫大蕃擁旄推轂珥金拖紫而常事屢空聞構宇未成今送薄助并貽之詩曰平仲古稱奇夷齊昔擅美令則挺伊賢東秦固多士築室非道傍置宅歸仁里庚桑方有繼原生今易擬必來三逕人將招五經士山賓性篤實家中常乏困貨所乘牛既售受錢乃謂買主曰此牛經患漏蹄療差已久恐後脫發無容不相語買主遽追取錢處士阮孝緒聞之歎曰此言足使還湻反朴激薄停澆矣五年又以本官假節攝北兗州事後卒官贈侍中謚曰質子山賓累居學官甚有訓導之益然性頗疎通接於諸生多狎比人皆愛之所著吉禮儀注一百二十四卷禮儀二十卷孝經喪服義十五卷子震字興道亦傳父業位太子舍人尚書祠部郎餘姚令山賓弟少遐字處默亦知名位都官尚書簡文謂人曰我不喜得尚書更喜朝廷得人後拜青州刺史太淸之亂奔魏仕於太子中庶子子罕司空記室明氏南渡雖晚並有名位自宋至梁爲刺史者六人

張充字延符吳郡吳人也祖演宋太子中舍人父緒齊國子祭酒緒附載其叔父南兗州刺史岱傳充好逸遊緒嘗告歸至吳始入西郭逢充出獵右臂鷹左牽狗遇緒船至便放紲脫韝拜於水次緒曰一身兩役無乃勞乎充跪曰充聞三十而立今充二十九矣請至來歲緒曰過而能改顏氏子有焉及明年便脩改多所該通尤明老易能淸言與從叔稷俱有令譽歷尚書殿中郎武陵王友時尚書令王儉當朝用事武帝皆取決焉儉方聚親賓充穀巾葛帔至便求酒言論放逸一坐盡傾及聞武帝欲以緒爲尚書僕射儉執不可充以爲恨因與儉書曰頃者路長霖霰韜晦涼暑未平想無虧攝充幸以漁釣之閑鎌採之暇時復引輔以自娛逍遙乎前史從横萬古動默之路多端紛綸百年升降之塗不一故金剛水柔性之別也圓行方止器之異也善御性者不違金水之質善爲器者不易方圓之用充生平少長偶不以利欲干懷三十六年差得以棲貧自濟介然之志峭聳霜崖確乎之情峯横海岸至如影纓天閣既謝廊廟之華綴組雲臺終愧衣冠之秀寔由氣岸踈凝情塗狷隔獨師懷抱不見許於俗人孤秀神崖每邅回於在世長羣魚鳥畢景松阿雖復玉沒於訪珪之辰桂掩於搜芳之日汎濫於漁父之遊偃息於卜居之會如此而已充何識哉若夫驚巖罩日吐海逢天竦石崩尋分危落仞桂蘭綺靡叢雜於山幽松柏陰森相繚於澗側元卿於是乎不歸伯休亦以兹長往至於飛竿釣渚濯足滄洲獨浪煙霞高卧風月悠悠琴酒岫遠誰來灼灼文言空擬方寸不覺鬱然千里路隔江川每至西風何嘗不歎丈人歲路未彊學優而仕道佐蒼生功横海望可謂德盛當時孤松獨秀者也而茂陵之彥望冠蓋而長懷渭川之甿佇簪裾而竦歎得無惜乎充崌西百姓岱表一人蠶而衣耕而食不能事王侯覓知己造時人騁游說容與於屠博之間其懽甚矣然舉世皆謂充爲狂充亦何能與諸君道之哉是以披聞見埽心胸述平生論語默所可通夢交魂推襟送抱者唯丈人而已關廷

貧阻書莫能因儻遇樵夫妄塵執事倫以爲脫屣弗之重也仍以書示緒緒杖之一百沈約見其書嘆曰充始爲之敗終爲之成久之爲司徒諮議參軍與琅邪王思遠同郡陸惠曉等並爲司徒竟陵王賓客累遷義興太守爲政清淨吏民便之後爲侍中武帝兵至建鄴東昏遇殺百官集西鍾下召充充不至武帝霸府建以充爲大司馬諮議參軍天監初歷太常卿吏部尚書居選以平允稱再遷散騎常侍國子祭酒登堂講說皇太子已下皆至時王侯多在學執經以拜充朝服而立不敢當再遷尚書僕射出爲吳郡太守下車郵貧老延故舊莫不欣悅卒於吳郡謚曰穆子子最嗣充從叔瓌字祖逸宋征北將軍南兗州刺史永之子也仕宋累遷桂陽內史不欲先兄瑋處祿自免不拜後爲司徒右長史通直散騎常侍驍騎將軍初瓌父永拒桂陽王休範於白下敗績阮佃夫等欲加罪齊高帝固申明之瓌由此感恩自結後遭父母喪還吳持服昇明元年劉秉有異圖弟遐爲吳郡潛相影響齊高帝密遺殿中將軍卞白龍令瓌取遐諸張世有豪氣瓌宅中常有父時舊部曲數百遐召瓌委以軍事瓌僞受命與叔恕領兵十八人入郡斬之郡內莫敢動事捷高帝以告左軍張沖沖曰瓌以百口一擲出手得盧矣即受吳郡太守錫以嘉名封義城縣侯從弟融聞之與瓌書曰吳郡何晚何須王反聞之嗟驚乃是阿兄郡人顧暠陸閑並少年未知名瓌並引爲綱紀後並立名世以爲知人齊建元元年改封平都侯遷侍中與侍中沈文季俱在門下高帝常謂曰卿雖我臣我視卿不異賾嶷等文季每還直器物皆遷瓌止朝服而已時集書每兼門下東省實多清貧有不識瓌者常呼爲散騎出爲吳興太守瓌以既有國秩不取郡奉高帝勅上庫別藏其奉以表其清武帝即位爲寧蠻校尉雍州刺史加都督徵拜左戶尚書加右軍將軍還後安陸王緬臨雍州行部登蔓山有野老求乞緬問何不事產業而行乞耶答曰張使君臨州理物百姓家得相保後人政嚴故至行乞緬由是深加嗟賞後拜太常自謂閑職輒歸家武帝曰卿輩未富貴謂人不與既富貴那復欲委去瓌曰陛下御臣等若養馬無事就閑厩有事復牽來帝猶怒遂以爲散騎常侍光祿大夫鬱林之廢朝臣列宮門參承明帝瓌託脚疾不至海陵立明帝疑外藩起兵以瓌鎮石頭督衆軍事瓌見朝廷多難遂常臥疾建武末屢啓求還吳見許居室豪富妓妾盈房或有譏其衰暮畜妓瓌曰我少好音律老而方解平生嗜欲無復一存唯未能遣此耳明帝疾甚防疑大司馬王敬則授瓌平東將軍吳郡太守以爲之備及敬則反瓌遣兵迎拒於松江聞敬則軍鼓聲一時散走瓌棄郡逃人間事平乃還郡有司奏免官削爵永元初爲光祿大夫三年武帝起兵東昏假瓌節戍石頭尋棄城還宮天監元年拜給事中右光祿大夫以脚疾拜於家四年卒瓌有子十二人常云中應有好者子率知名率字士簡性寬雅十二能屬文常日限爲詩一篇或數日不作則追補之稍進作賦頌至年十六向作二千餘首有虞訥者見而詆之率乃一旦焚毀更爲詩示焉託云沈約訥便句句嗟稱無字不善率曰此吾作也訥慙而退時陸少元家有父澄書萬餘卷率與少元善遂通書籍盡讀其書齊建武三年舉秀才除太子舍人與同郡陸倕陸厥幼相友狎嘗同載詣左衛將軍沈約遇任昉在爲約謂昉曰此二子後進才秀皆南金也卿可識之由此與昉友天監中爲司徒謝朏掾直文德待詔省勅使抄乙部書又使撰古婦人事使工書人琅邪王琛吳郡范懷約等寫給後宮率取假東歸論者以爲傲世率懼乃爲待詔賦奏之甚見稱賞手勅答曰相如工而不敏枚皋速而不工卿可謂兼二子於金馬矣又侍宴賦詩武帝別賜率詩曰東南有才子故能服官政余雖慙古昔得人斯爲盛率奏詩往反六首後引見於玉衡殿謂曰卿東南物望朕宿昔所聞卿言宰相是何人不從天下不由地出卿名家奇才若復以禮律爲意便是其人祕書丞天下清官東南望胄未有爲之者今以相處爲卿定名譽尋以爲祕書丞掌集書詔策四年禊飲華光殿其日河南國獻赤龍駒能拜伏善舞詔率與到溉周興嗣爲賦武帝以率及興嗣爲工其年父憂去職有父時妓數十人其善謳者有色貌邑子儀曹郎顧琥之從率求妓謳者不願遂爲尼嘗因齋會率宅琥之乃飛書言尼與率姦南司以事聞武帝惜其才寢其奏然猶致時論服闋久之不仕七年除中權建安王中記室參軍俄直壽光省脩丙丁部書抄累遷晉安王宣惠諮議參軍率在府十年恩禮甚篤後爲揚州別駕率雖歷居職務未嘗留心簿領及爲別駕奏事武帝覽牒問之並無對但答云事在牒中帝不悅後歷黃門侍郎出爲新安太守丁所生母憂卒率嗜酒不事事於家務尤忘懷在新安遣家僮載米三千石還北及至遂耗太半率問其故答曰雀鼠耗率笑而言曰壯哉雀鼠竟不研問自少屬文七略及藝文志所載詩賦今亡其文者並補作之所著文衡十五卷文集四十卷行於世子長公率弟

盾字士宣以謹重稱爲無錫令遇刧問刧何須刧以刀斫其頰盾曰咄咄不易餘無所言於是生資皆盡不以介懷爲湘東王記室出監富陽令廓然獨處無所用心身死之日家無遺財唯有文集并書千餘卷酒米數甕而已瓌弟稷字公喬幼有孝性所生母劉無寵遘疾時稷年十一侍養衣不解帶每劇則累夜不寢及終毀瘠過於成人杖而後起見年輩幼童輒哽咽泣淚州里謂之純孝長兄瑋善彈箏稷以劉氏先執此伎聞瑋爲清調便悲感頓絶遂終身不聽之性疎率朗悟有才畧起家著作佐郎不拜父永及嫡母邱相繼殂逝六年廬于墓側齊永明中爲豫章王嶷主簿與彭城劉繪俱見禮接未嘗被呼名每呼爲劉四張五以貧求爲剡令畧不視事多爲小山之遊會山賊唐寓之作亂稷率厲部民保全縣境所生母劉先假葬於琅邪黃山建武中改申葬禮賻助委積於時雖不拒絶事畢隨以還之自幼及長數十年中嘗設劉氏神座出告反面如事生焉歷給事中黃門侍郎新興永寧二郡太守郡犯私諱改永寧爲長寧永元末爲侍中宿衞宮城武帝師至兼衞尉江淹出奔稷兼衞尉卿副王瑩都督城內諸軍事時東昏淫虐北徐州刺史王珍國就稷謀乃使直閤張齊行弑于含德殿稷乃召右僕射王亮等列坐殿前西鍾下議遣國子博士范雲中書舍人裴長穆等使石頭城詣武帝帝以稷爲侍中左衞將軍遷大司馬左司馬梁朝建爲散騎常侍中書令及上卽位封江安縣子位領軍將軍武帝嘗於樂壽殿內宴稷醉後多怨辭形於色帝時亦醉謂曰卿兄殺郡守弟弑其君袖提帝首衣染天血如卿兄弟有何名稱稷曰臣乃無名稱至於陛下不得言無勳東昏暴虐義師亦來伐之豈在臣而已帝捋其鬚曰張公可畏人中丞陸杲彈稷云領軍張稷門無忠貞官必險達弑君害主業以爲常武帝留中竟不問累遷尚書左僕射帝將幸稷宅以盛暑留幸僕射省舊臨幸供具皆酬太官饌直帝以稷清貧手詔不受宋時武帝經造張永至稷三世並降萬乘論者榮之稷雖居朝右每慙口實乃名其子伊字懷尹霍字希光峻字農人同字不見字不同以旌其志既懼且恨乃求出許之出爲青冀二州刺史不得志常閉閤讀佛經禁防寬弛僚吏頗致侵擾州人徐道角等夜襲州城乃害之有司奏削爵土稷性明烈善與人交歷官無畜積奉祿皆頒之親故家無餘財爲吳興太守下車存問遺老引其子孫置之右職政稱寬恕初去郡就僕射徵道由吳鄉人候稷者滿水陸稷單裝徑還都下人莫之識其率素如此長女楚媛適會稽孔氏無子歸至家逢稷見害以身蔽刃先父而卒稷與族兄充融卷俱知名時人見云充融卷稷爲四張卷字令遠少以和理著稱能清言位都官尚書天監初卒稷子嵊爲侯景所害列在忠義傳

褚翔字世舉河南陽翟人曾祖淵齊太宰佐命功臣自有傳祖蓁贈太常父向字景政年數歲父母相繼亾沒哀毀若成人親表異之及長淹雅有器量位長兼侍中向風儀端正眉目如畫每公庭就列爲衆所瞻望仕梁卒於北中郎廬陵王長史翔初爲國子生舉高第累遷宣城王主簿中大通五年武帝宴羣臣樂游苑別詔翔與王訓爲二十韻詩限三刻成翔於坐立奏帝異焉卽日轉宣城王文學俄遷友特宣城王友文學加正王二等翔超爲之時論美焉出爲義[illegible] 守翔在政潔己省繁苛去捋費百姓安之郡之西亭有古樹積年枯死翔至郡忽更生枝葉百姓咸以爲善政所感及秩滿吏民詣闕請之勑許焉尋徵爲吏部郞百姓無老少追送出境涕泣拜辭翔居小選公清不爲請屬易意號爲平允遷侍中太清二年遷守吏部尚書侯景圍宮城翔於圍內丁母憂以毀卒翔少有孝性爲侍中時母疾篤請沙門祈福中夜忽見戶外有異光又聞空中彈指及曉疾遂愈咸以翔精誠所致云翔族父球字仲寶宋散騎常侍裕之元孫也祖曖太宰參軍父績太子舍人球少孤貧篤志好學有才思宋建平王景素元徽中誅滅唯有一女存故吏何昌寓王思遠聞球清立以此女妻之仕齊爲溧陽令在縣清白資公奉而已仕梁歷都官尚書通直散騎常侍祕書監領著作司徒右長史常侍著作如故自魏孫禮晉荀組以後台司加貂始自球也後爲散騎常侍光祿大夫加給事中 十

宗夬字明揚南陽涅陽人也祖炳名列隱逸傳父繁西中郞諮議參軍夬少勤學有局幹仕齊爲驃騎行參軍時竟陵王子良集學士於西邸並見圖畫夬亦預焉齊鬱林之爲南郡王爲西州使夬管書記以筆札貞正見許故任焉時與魏和通勑夬與尚書殿中郞任昉同接魏使皆時選也及文惠太子薨王爲皇太孫夬仍管書記太孫卽位多失德夬頗自疎得爲秣陵令遷尚書都官郞少帝見誅舊寵多被其災唯夬與傅昭以清正免齊明帝以爲郢州中從事以父老去官南康王爲荆州刺史引爲別駕武帝起兵遷西中郞諮議時西士位望唯夬與同郡樂藹劉坦爲州人所推服故領軍蕭穎冑深相委仗武帝受禪歷太子右衞率五兵尚書參掌大

選天監三年卒子曬卿

袁昂字千里陳郡陽夏人也父顗宋雍州刺史顗附載其伯祖光祿大夫湛傳泰始初顗自雍州舉兵奉尋陽王子勛爲帝軍敗身死家滅昂藏於沙門沙門將以出關關吏疑非常人沙門杖而語之遂免或云顗敗時昂年五歲乳媼攜抱匿于廬山州郡於野求之於乳媼匿所見一虎因去遂免會赦得出猶徙晉安在南唯以勤學爲事至元徽中聽還時年十五初顗敗傳首建鄴藏於武庫以漆題顗名以爲誌至是始還之昂號慟嘔血絕而復蘇以淚洗所題漆字皆滅人以爲孝感葬訖更制服廬于墓次從兄彖常撫視抑譬之昂容質脩偉冠絕人倫以父亾不以理終身不聽音樂後與彖同見從叔司徒粲粲謂彖曰昂幼孤而能至此故知名器自有所在起家太子舍人爲王儉鎮軍府功曹史儉後爲丹陽尹於後堂獨引見昂儉指北堂謂昂曰卿必居此累遷黃門郎昂本名千里齊永明中武帝謂曰昂昂千里之駒在卿有之今改卿名爲昂即字千里後爲衛軍武陵王長史丁母憂哀毀過禮服未朞而從兄彖卒昂幼孤爲彖所養昂乃制朞服人有怪而問之昂致書喻之曰昔馬稜與從弟毅同居毅亾稜爲心服三年雖禮無明據而事有先例由是人始服之後爲御史中丞時尚書令王晏弟詡爲廣州多納賕貨昂依事奏劾不憚權要當時號爲正直初昂爲太子洗馬齊明帝爲領軍欽昂風素頻降駕焉及踐阼奏事多留與語謂曰我昔以卿有美名親經相詣昂答曰陛下在田之日遂蒙三顧草廬帝甚悅尋遷豫章內史丁所生母憂去職以喪還江路風潮暴駭昂乃縛衣著柩誓同沈溺及風止餘船皆溺唯昂船獲全咸謂精誠所致葬訖起爲吳興太守齊永元末武帝兵起州郡守宰皆望風降款昂獨拒境不受命帝手書喻之使降昂不從建康平昂舉哀慟哭時帝使豫州刺史李元履巡撫東土勑元履曰袁昂道素之門世有忠節天下須其容之勿以兵威陵辱元履至宣旨昂亦不請降開門徹備而已及至都帝亦不問其故天監二年以爲臨川王後軍參軍昂奉啓謝恩陳誠帝答曰朕遺射鉤卿無自外尋爲侍中遷吏部尚書固讓徙左民尚書帝謂曰齊明帝用卿爲黑頭尚書我用卿爲白頭尚書良以多愧對曰臣生四十七年于茲矣四十以前臣之自有七年以後陛下所養七歲尚書未爲晚達帝曰士固不妄有名十五年爲尚書左僕射尋爲尚書令時僕射徐勉勢傾天下在昂處宴賓主甚歡勉求昂出內人傳盃昂良久不出勉苦求之昂不獲已命出五六人始至齋閤昂謂勉曰我無少年妾老嫗並是兒母非王妃母便是主大家今令問訊卿勉聞大驚求止方知昂爲貴昂在朝謇諤世號宗臣昭明太子薨立晉安王綱爲皇太子昂獨表言宜立昭明長息歡爲皇太孫雖不見用擅聲朝野自是告老乞骸骨不干時務昂雅有知人之鑒游處不雜入其門者號爲登龍門大通中位司空大同六年薨時年八十詔即日舉哀初昂臨終遺疏不受贈謚勑諸子不得言上行狀及立銘誌凡有所須悉皆停省脫有贈官愼勿祇奉諸子累表陳奏詔不許贈本官賜東園祕器朝服錢帛謚曰穆正公有集二十卷初昂之歸粱有馬仙琕者亦以義烈著名仙琕字靈馥扶風郿人父伯鸞宋冠軍司馬仙琕少以果敢聞遭父喪毀瘠過禮負土成墳手植松柏起家郢州主簿累功爲龍驤將軍南汝陰譙二郡太守齊明帝永明中魏將王肅侵邊仙琕力戰以寡克衆還甯朔將軍豫州刺史武帝起兵四方響應帝使仙琕故人姚仲賓說之仙琕先爲設酒乃斬於軍門以徇帝又遣其族叔懷遠說之仙琕曰大義滅親又命斬之懷遠號泣軍中爲請乃免武帝至新林仙琕猶持兵於江西口抄糧運建康城陷仙琕舉哀號哭謂衆曰我受人任寄義不容降今衆寡不侔勢必屠戮公等雖無二心其如親老何我爲忠臣君爲孝子各盡其道不亦可乎於是悉遣城內兵出降餘留數十壯士閉門獨守俄而兵入圍之數十重仙琕令士皆持滿兵不敢近日晚乃投弓曰諸君但來見取我義不降乃檻送建康至石頭而脫之帝使待袁昂至俱入曰使天下見二義士帝勞之曰射鉤斬袪昔人所忌卿勿以戮使斷運苟自嫌絕也仙琕謝曰小人如失主犬後主飼之便復爲用帝笑而美之俄而喪母帝知其貧給賻甚厚仙琕號泣謂弟仲艾曰蒙大造之恩未獲上報今復荷殊澤當與爾以心力自效耳天監四年王師北討仙琕每戰勇冠三軍當其衝者莫不摧破與諸將論議口未嘗言功人問其故仙琕曰大丈夫爲時所知當進不求名退不逃罪乃平生願也何功可論爲南義陽太守累破山蠻郡境淸謐以功封浛洭縣伯遷司州刺史進號貞威將軍魏豫州人白早生殺刺史以懸瓠來降武帝使仙琕赴之又遣直閤將軍武會超馬廣率衆爲援仙琕進頓楚王城遣副將齊苟兒助守懸瓠魏中山王英攻懸瓠執齊苟兒進禽馬廣送洛陽仙琕不能救會超等亦相次退散魏軍進據三關仙琕坐徵還爲雲騎將軍十年朐山民殺琅

邪太守劉晣以城降魏詔假仙琕節討之魏徐州刺史盧昶以眾十萬赴焉仙琕累戰破之昶走仙琕縱兵乘之魏眾免者十一二收其兵糧牛馬器械不可勝數振旅還京師進爵浛洭縣侯十一年遷持節督豫北豫霍三州諸軍事信武將軍豫州刺史領南汝陰太守仙琕自爲將及居州郡能與士卒同勞逸身衣不過布帛所居無幃幕衾屏行則飲食與廝養最下者同兵在邊境常單身潛入敵境伺知壁壘村落險要處故所攻戰多剋捷士卒亦甘心爲用帝雅愛仗之卒於州贈左衞將軍謚曰剛初仙琕幼名仙婢及長以婢名不典乃以玉代女云子巖夫嗣昂子君正字世忠少聰敏年數歲父疾晝夜不眠專侍左右家人勸令暫卧答曰官既未差眠亦不安歷位太子庶子君正美風儀善自居處以貴公子早得時譽爲豫章內史性不信巫邪有師萬世榮稱道術爲一郡巫長君正在郡小疾主簿熊岳薦之師云須疾者衣爲信命君正以所著襦與之事竟取襦云神將送與北斗君君正使檢諸身於衣裹獲之以爲亂政卽刑於市而焚神宇一郡無敢行巫遷吳郡太守侯景亂率數百人隨邵陵王綸赴援及臺城陷還郡君正當官莅事有名稱而畜聚財產服玩靡麗賊遣張大墨攻之新城戍主戴僧易勸令拒守己以戍兵自外擊之君正不能決吳人陸映公等懼不濟賊種族其家勸之迎賊君正性怯懦乃送米及牛酒郊迎賊賊掠奪其財物子女因是感疾卒子樞列在陳史

庾華字休野新野人也父琛之宋雍州刺史華弱冠爲州主簿舉秀才仕齊爲驃騎功曹史博涉羣書有口辯永明中與魏和親以華兼散騎常侍報使還拜散騎侍郎知東宮管記事後遷荆州別駕前後紀綱皆致富饒華再爲之清身率下杜絕請託布被蔬食妻子不免饑寒明帝聞而嘉焉手詔褒美州里榮之初梁州人益州刺史鄧元起功勳甚著名地卑瑣願名挂士流時始興忠武王憺爲州將元起位已高而解巾不先州官則不爲鄉里所悉元起乞上籍出身州從事憺命華用之華不從憺大怒召華責之曰元起已經我府卿何爲苟惜從事華曰府是尊府州是華州宜須品藻憺不能折遂止武帝平京邑霸府建爲會稽郡丞行郡府事時承彫弊之後百姓凶荒米斗至數千民多流散華撫循甚有理唯守公祿清節愈勵至有經日不舉火太守永陽王聞而饋之華謝不受天監元年卒停尸無以斂柩不能歸武帝聞之詔賜絹百疋穀五百斛初華爲西楚望族兄子杲之又有寵於齊武帝華早歷顯官鄉人樂藹有幹用素與華不平互相陵競藹事齊豫章王嶷嶷薨藹仕不得志自步兵校尉求助戍歸荆州時華爲州別駕益忽藹及武帝踐阼藹以西朝勳爲御史中丞華始得會稽行事既恥之矣會職事微有譴帝以藹其鄉人也使宣旨誨之華更大憤遂發病卒子喬復仕爲荆州別駕時元帝爲荆州刺史而州人范興話以寒賤仕叨九流選爲主簿又皇太子令及之故元帝勒喬聽興話到職及屬元日府州朝賀喬不肯就列曰庾喬忝爲端右不能與范興話爲鴈行元帝聞之乃進喬而停興話興話羞慙還家憤卒世以喬爲不墜家風喬子覓少聰慧家富於財好賓客食必列鼎又狀貌豐美頤頰開張人皆謂覓必爲方伯無餒乏之慮及魏尅江陵卒致餓死時又有水軍都督褚羅面甚尖危有從理入口竟保衣食而終

庾於陵字子介南陽新野人也後徙居江陵遂爲江陵人父易高尚不仕當世名在齊隱逸傳兄黔婁有至性列在孝友卷中於陵幼而聰慧七歲能言元理及長清警博學有才思齊隨王子隆爲荆州召爲主簿使與謝朓宗夬抄撰羣書子隆代還又以爲送主簿子隆爲明帝所害僚吏畏避莫至於陵獨留經理喪事永元末除東陽遂安令爲民吏所稱天監初爲建康獄平遷尚書功論郎待詔文德殿後兼中書通事舍人拜太子洗馬舊事東宮官屬通爲清選洗馬掌文翰尤其清者近代用人皆取甲族有才望者時於陵與周捨並擢充此職武帝曰官以人清豈限甲族時論以爲美累遷中書黃門侍郎舍人如故後終於鴻臚卿領荆州大中正卒有文集十卷弟肩吾字慎之八歲能賦詩特爲兄於陵所友愛初爲晉安王國常侍王每徙鎭肩吾常隨府在雍州被命與劉孝威江伯搖孔敬通申子悅徐防徐摛王囿孔鑠鮑至等十人抄撰眾籍號高齋學士王爲皇太子兼東宮通事舍人後爲安西湘東王府錄事諮議參軍太子率更令中庶子簡文開文德省置學士肩吾子信摛子陵吳郡張長公北地傅弘東海鮑至等並充其選齊永明中王融謝朓沈約等文章始用四聲以爲新變至是轉拘聲韻彌尚麗靡復踰於往時簡文與湘東王書論之曰比見京師文體懦鈍殊常競學浮疎爭事闡緩既殊比興正背風騷若夫六典三禮所施則有地吉凶嘉賓用之則有所未聞吟詠情性反擬內則之篇操筆捨志更模酒誥之作遲遲春日翻學歸藏湛湛江水遂同大傳吾既拙於爲文不敢輕有掎摭但以當

世之作歷萬古之才人遠則揚馬曹王近則潘陸顏謝觀其遺辭用心了不相似若以今文爲是則昔賢爲非若以昔賢可稱則今體可棄俱爲盡合則未之敢許又時有效謝康樂裴鴻臚文者亦頗有惑焉何者謝客兒吐言天拔出於自然時有不拘是其糟粕裴氏乃是良吏之才了無篇什之美是爲學謝則不屆其精華但得其冗長師裴則義絕其所長唯得其所短謝故巧不可階裴亦質不宜慕故胷馳臆斷之侶好名忘實之類沒羽謝生豈三千之可及伏膺裴氏懼兩唐之不傳故玉暉金銑反爲拙目所嗤巴人下俚更合郢中之聽陽春高而不和妙聲絕而不尋竟不精討錙銖覈量文質有異巧心終愧妍耳是以握瑜懷玉之士瞻鄭邦而知退章甫翠履之人望閩鄉而歎息詩既若此筆又如之徒以煙墨不言受其驅染紙楮無情在其搖襞甚矣哉文章橫流一至於此至如近世謝朓沈約之詩任昉陸倕之筆斯文章之冠冕述作之楷模張士簡之賦周昇逸之辯亦成佳手難可復遇文章未墜必有英絕領袖之者非弟而誰每欲論之無可與晤思吾子建一共商搉辨茲清濁使如涇渭論玆月旦類彼汝南朱白既定雌黃有別使夫懷鼠知慙濫竽自恥相思不見我勞如何及簡文即位以肩吾爲度支尚書時上流藩鎮並據州拒侯景景矯詔遣肩吾使江州喻當陽公大心大心乃降賊肩吾因逃入東後賊宋子仙破會稽購得肩吾欲殺之先謂曰吾聞汝能作詩今可即作若能將貸汝命肩吾操筆便成辭采甚美子仙乃釋以爲建昌令仍間道奔江陵歷江州刺史領義陽太守封武康縣侯卒贈散騎常侍中書令子信後周有傳在文苑目中

蔡撙字景節濟陽考城人也父興宗宋光祿大夫附載祖尚書廓傳撙少方雅退默與第四兄寅俱知名仕齊位給事黃門侍郎丁母憂廬于墓側齊末多難服闋因居墓所除太子中庶子太尉長史並不就梁臺建爲侍中遷臨海太守公事左遷太子中庶子復爲侍中出爲吳興太守初撙在臨海百姓楊元孫以婢采蘭貼與同里黃權約生子酬乳哺直權死後元孫就權妻吳贖婢母子五人吳背約不還元孫訴郡撙判還本主吳能爲巫出入撙內以金釧賂撙妾遂改判與吳元孫撾登聞鼓訟之爲有司所劾時撙已去郡雖不坐而常以爲恥撙口不言錢在吳興不飲郡井齋前自種白莧紫茄以爲常餌詔褒其清加信武將軍武帝將爲昭明太子納妃意在謝氏袁昂曰當今貞素簡勝惟有蔡撙乃遣吏部尚書徐勉詣之停車三通不報勉笑曰當須我召也遂納授刺乃入天監九年宣城郡吏吳承伯挾祆道聚衆攻宣城殺太守朱僧勇轉寇吳興吏民並請避之撙堅守不動命衆出戰遂破賊斬承伯餘黨悉平累遷吏部尚書居選弘簡有名稱又爲侍中領祕書監武帝嘗謂曰卿門舊尚有堪事者多少撙曰臣門客沈約范岫各已被升擢此外無人約時爲太子少傅岫爲右衞將軍撙風骨梗正氣調英嶷當朝無所屈讓嘗奏用琅邪王錡爲殿中郎武帝嫌不取參掌通署乃推白牒於香橙地下曰卿殊不了事撙正色俯身拾牒起曰臣謂舉爾所知許允已有前事既是所知而用無煩參掌署名臣撙少而仕宦未嘗有不了事之目因捧牒直出便命駕而去仍欲抗表自解帝尋悔取事爲畫勑帝嘗設大臣麪撙在坐帝頻呼姓名撙竟不答食麪如故帝覺其負氣乃改喚蔡尚書撙始放筯執笏曰爾帝曰卿向何聾今何聰對曰臣預爲右戚且職在納言陛下不應以名垂喚帝有慙色性甚疑隔幕自居遇女爲昭明太子妃自詹事以下咸來造謁往往稱疾謝遣之及其引進但寒暄而已此外無復餘言後爲中書令卒於吳郡太守謚曰康子司空袁昂嘗謂諸賓曰自蔡侯卒不復更見此人其爲名輩所知如此子彥深宣城內史彥深弟彥高給事黃門侍郎彥高子凝列在陳史

江蒨字彥標濟陽考城人也曾祖湛宋左光祿大夫父斆齊贈散騎常侍太常卿自有傳蒨幼聰警讀書過口便能諷誦選爲國子生通尚書舉高第起家祕書郎累遷廬陵王主簿居父憂以孝聞廬于墓側齊明帝遣齋仗二十人防之墓所服闋累遷建安內史武帝起兵遣甯朔將軍劉諓之爲郡蒨拒之及建鄴平蒨坐禁錮俄被原歷太尉臨川王長史尚書吏部郎領右軍蒨方雅有風格僕射徐勉以重權自處在位者莫不爲之屈惟蒨及王規與抗禮勉因蒨門客翟景爲子繇求蒨女昏蒨不答景再言之乃杖景四十由是與勉忤除散騎常侍不拜是時勉又爲子求蒨弟葺及王泰女二人又拒之葺爲吏部郎坐杖曹中幹免官泰以疾假出宅乃遷散騎常侍皆勉意也初天監六年詔以侍中常侍並侍帷幄分門下一局入集書其官品視侍中而非華胄所悅故勉斥泰爲之蒨尋遷司徒左長史初王泰出閤武帝謂勉云江蒨資歷應居選部勉曰蒨有眼患又不悉人物乃止遷光祿大夫卒謚曰肅蒨好學尤悉朝儀故事撰江左遺典三十卷未就卒文集十五卷蒨弟曇字彥德少學涉有器度位侍中太子詹事承聖初卒曇弟

緣字彥遐幼篤學有文章工書善琴形貌短小神明俊發仕太子洗馬湘東王錄事參軍以氣陵府王王深憾焉後廬陵威王續代爲荆州留爲驃騎諮議參軍獻書告別王答書乃致恨緣先爲武寧郡頗有資產積錢於壁壁爲之倒迮銅物皆鳴人戲之曰所謂銅山西傾洪鐘東應者也湘東王恨之旣深以其名緣改字曰槃財以志其忿後爲唐侯相卒撰列仙傳十卷行於世及并挈皐木人賦敗船詠並以自喻子徽亦有文采而淸狂不羇常以父爲戲徧子紘有至性名在孝友傳紘子總陳尚書令列在陳史

周捨字昇逸汝南安成人也父顒齊國子博士兼著作自有傳捨幼聰穎顒異之臨卒謂曰汝不患不富貴但當持之以道德旣長博學多通尤精義理善誦詩書音韻淸辯臨文諷說其言如注弱冠舉秀才起家齊太學博士從兄綿爲剡縣贓汙不少籍沒資財捨乃推宅助焉建武中魏人吳苞南歸有儒學尚書僕射江祏招苞講捨造坐折苞辭理遒逸由是名爲口辯王亮爲丹陽尹聞而悅之辟爲主簿政事多委焉遷太常丞武帝即位博求異能之士吏部尚書范雲與顒素善重捨才器言之於帝召拜尚書祠部郎時天下草創禮儀損益多自捨出先是帝與諸王及吳平侯書皆云弟捨立議引武王周公故事皆曰汝從之累遷鴻臚卿時王亮得罪歸家故人莫至捨獨敦恩舊及亮卒身營殯葬時人稱之遷尚書吏部郎太子右衛率右衛將軍雖居職屢徙而常留省內罕得休下國史詔誥禮儀法律軍旅謀謨皆兼掌之日夜侍上預機密二十餘年未嘗暫離左右帝以爲有公輔器初范雲卒僉以沈約允當樞管帝以約輕易不如徐勉於是勉捨同參國政勉小嫌中廢捨專掌權轄雅量不及勉而淸簡過之兩人俱稱賢相時議國史疑文帝紀傳之名捨以爲帝紀之籠百事如乾象之包六爻今若追而爲紀則事無所包若直書功德則傳而非紀應於上紀之前畧有仰述從之捨占對辯捷嘗居直廬語及嗜好裴子野言從來不嘗食薑捨應聲曰孔稱不徹裴乃不嘗一坐皆悅捨與人汎論談謔終日不絕而無一言漏泄機事衆尤服之性儉素衣服器用居處牀席如布衣之貧者每入官府雖廣廈華堂閨閤重邃捨居之則塵埃滿積以荻爲障壞亦不治歷侍中太子詹事普通五年南津校尉郭祖深獲始興相白渦書餉捨衣履及婢以聞坐免官以右驍衛將軍知詹事卒上臨哭哀動左右追贈侍中護軍將軍諡曰簡子初帝銳意中原羣臣咸言不可唯捨贊成之大通中累獻捷帝思其功下詔述其德美以爲往者南司白渦之劾恐外議謂朕有私致此黜免追愧若人一介之善可量加褒異以旌善人捨文集二十卷二子弘義弘信弟子弘正弘讓弘直皆知名列在陳史

王僧孺字僧孺東海郯人魏衛將軍肅八世孫也曾祖雅晉左光祿大夫儀同三司祖準之宋司徒左長史父延任員外常侍未拜卒僧孺幼聰慧年五歲便機警初讀孝經問授者曰此書何所述曰論忠孝二事僧孺曰若爾願常讀之又有饋其父冬李先以一與之僧孺不受曰大人未見不容先嘗七歲能讀十萬言及長篤愛墳籍家貧常傭書以養母所寫旣畢諷誦亦通仕齊爲太學博士尚書僕射王晏深相賞好晏爲丹陽尹召補功曹使撰東宮新記司徒竟陵王子良開西邸招文學僧孺與太學生虞羲邱國賓蕭文琰邱令楷江洪劉孝孫並以善辭藻游焉而僧孺與高平徐夤俱爲學林文惠太子聞其名欲以爲宮僚乃召入直崇明殿文惠薨出爲晉安郡丞仍除候官令建武初有詔舉士始安王遙光表薦之曰前候官令王僧孺年三十五理尚棲約知思悟敏旣筆耕爲養亦傭書成學至乃照螢瑩雪編蒲緝柳先言往行人物雅俗甘泉遺儀南宮故事畫地成圖抵掌可述豈直鼷鼠有必對之辯竹書無落簡之謬訪對不休質疑斯在於是除尚書儀曹郎遷書侍御史出爲錢塘令初僧孺與樂安任昉遇於竟陵王西邸以文學會友及將之縣昉贈詩曰唯子見知唯余知子觀行視言要終猶始敬之重之如蘭如芷形應影隨曩行今止百行之首立人斯著子之有之誰毀誰譽修名旣立老至可遠誰其執鞭吾爲子御劉畧班藝虞志荀錄伊昔有懷交相欣勗下帷無倦并高有屬嘉爾晨登惜余夜燭其爲士友推重如此天監初除臨川王後軍記室待詔文德省出爲南海太守南海俗殺牛曾無限忌僧孺至便禁斷又外國舶物高涼生口及海舶每歲數至皆外國賈人以通貿易舊時州郡以半價就市回買而即賣其利數倍歷政以爲常僧孺歎曰昔人爲蜀郡長史終身無蜀物吾欲遺子孫者不在越裝並無所取視事朞月聲績有聞詔徵將還郡中道俗六百人詣闕請留不許至拜中書侍郎領著作復直文德省撰中表簿及起居注遷尚書左丞俄兼御史中丞頃之即眞僧孺幼貧其母鬻紗布以自業嘗攜僧孺出至市道遇中丞鹵簿驅迫墜于溝中及是拜日前騶淸道僧孺悲感不自勝是時武帝製春景明志詩五百字勑在朝詞

人沈約以下同作帝以僧孺詩爲工歷少府卿尚書吏部郎參大選請謁不行出爲仁威南康王長史蘭陵太守行府州國事初帝問僧孺妾媵之數對曰臣室無傾視及在南徐州友人以妾寓之行還妾遂懷孕爲王典籤湯道愍所糾僧孺遂被逮詣建康南司奉牋辭府坐免官久之不調友人廬江何炯猶爲王府記室僧孺乃與炯書以見其意後爲安成王參軍事鎭西中記室參軍僧孺工屬文善楷隷多識古事侍郎金元起欲注素問訪以砭石僧孺答曰古人當以石爲鍼必不用鐵說文有此砭字許愼云以石刺病也東山經高氏之山多鍼石郭璞云可以爲砭鍼春秋美疢不如惡石服子愼注云石砭石也季世無復佳石故以鐵代之爾轉北中郎諮議參軍入直西省知撰譜事先是尚書令沈約以爲晉咸和初蘇峻作亂文籍無遺後起咸和二年以至于宋所書並皆詳實並在下省左戶曹前廂謂之晉籍有東西二庫此籍既並精詳寔可寶惜位宦高卑皆可依案宋元嘉二十七年始以七條徵發既立此科人姦互起僞狀巧籍歲月滋廣以至于齊患其不實於是東堂校籍置郎令史以掌之競行姦貨以新換故昨日卑細今日便成士流凡此姦巧並在愚下不辨年號不識官階或注隆安在元興之後或以義熙在寧康之前此時無此府此時無此國元興唯有三年而猥稱四五詔書甲子不與長曆相應校籍諸郎亦所不覺不才令史固自忘言臣謂宋齊二代士庶不分雜役減闕職由於此竊以晉籍所餘宜加寶愛武帝以是留意譜籍州郡多離其罪因詔僧孺改定百家譜始晉太元中員外散騎侍郎平陽賈弼篤好簿狀乃廣集衆家大搜羣族所撰十八州一百一十六郡合七百一十二卷凡諸大品略無遺闕藏在祕閣副在左戶及弼子太宰參軍匪之匪之子長水校尉深世傳其業太保王弘領軍將軍劉湛並好其書弘日對千客不犯一人之諱湛爲選曹始撰百家以助銓序而傷於寡略齊衛將軍王儉復加去取得繁省之衷僧孺之撰通范陽張等九族以代鴈門解等九姓其東南諸族別爲一部不在百家之數焉普通二年卒年五十八僧孺好墳籍聚書至萬餘卷率多異本與沈約任昉家書相埒少篤志精力於書無所不覩其文麗逸多用新事人所未見者世重其富博僧孺集十八州譜七百一十卷百家譜集抄十五卷東南譜集抄十卷文集三十卷兩臺彈事不入集內別爲五卷及東宮新記並行於世虞羲字士光會稽餘姚人盛有才藻卒於晉安王侍郎邱國賓吳興人以才志不遇著書以譏揚雄蕭文琰蘭陵人邱令楷吳興人江洪濟陽人竟陵王子良嘗夜集學士刻燭爲詩四韻者則刻一寸以此爲率文琰曰頓燒一寸燭而成四韻詩何難之有乃與令楷江洪等共打銅鉢立韻響滅則詩成皆可觀覽劉孝孫彭城人博學通敏而仕多不遂常歎曰古人或開一說而致卿相立談間而降白璧書籍妄耳徐賁高平人有學行父榮祖位祕書監嘗有罪繫獄且日原之而髮皓白齊武問其故曰臣思愆於內而髮變於外當時稱之

謝胐字敬沖陳郡陽夏人也祖弘微宋太常卿父莊右光祿大夫莊附弘微傳胐幼聰慧莊常器之年十歲能屬文莊游土山賦詩使胐命篇胐攬筆便成琅邪王景文謂莊曰賢子足稱神童復爲後來特達莊笑撫胐背曰眞吾家千金宋孝武帝遊姑孰勅莊攜胐從駕詔爲洞井讚於坐上奏之帝曰雖小重器也仕宋爲衞將軍袁粲長史粲性簡峻時人方之李膺胐退粲曰謝令爲不死矣宋明帝嘗勅胐與謝鳳子超宗從鳳莊門入二人俱至超宗曰君命不可以不往乃趨而入胐曰君處臣以禮遂退不入時人兩稱之以比王尊王陽後爲臨川內史以賄見劾袁粲寢其事齊高帝爲驃騎將軍輔政選胐爲長史勅與河南褚炫濟陽江斅彭城劉俁俱入侍宋帝時號天子四友高帝方圖禪代欲以胐佐命遷左長史每夕置酒獨與胐論魏晉故事言石苞不早勸晉文死方慟哭方之馮異非知幾也胐曰昔魏臣有勸魏武即帝位魏武曰有用我者其周文王乎晉文世事魏氏將必終身北面假使魏早依唐虞故事亦當三讓彌高帝不悅更引王儉爲左長史以胐爲侍中領祕書監及齊受禪胐當日在直百僚陪位侍中當解璽胐佯不知曰有何公事傳詔云解璽授齊王胐曰齊自應有侍中乃引枕臥傳詔懼乃使稱疾欲取兼人胐曰我無疾何所道遂朝服出東掖門乃得車仍還宅是日遂以王儉爲侍中解璽既而武帝請誅胐高帝曰殺之則成其名正應容之度外又以家貧乞郡辭旨抑揚詔免官錮禁五年永明中爲義興太守在郡不省雜事悉付綱紀曰吾不能作主者吏但能作太守耳歷都官尚書中書令侍中領新安王師求出仍爲吳興太守明帝謀入嗣位引朝廷舊臣胐內圖止足且實避事弟瀹時爲吏部尚書胐至郡致瀹數斛酒遺書曰可力飲此勿豫人事胐居郡不理常務聚斂衆頗譏之亦不屑也建武四年徵爲侍中中書令不應遣諸子還都獨與母留築

室郡之西郭明帝詔加優禮旌其素榮賜牀帳褥席奉以卿祿時國子祭酒廬江何允亦抗表還會稽永元中詔徵胤允並不屈東昏皆命迫遣會武帝起兵及建鄴平召胤允並補軍諮祭酒皆不至及即位詔徵胤爲侍中左光祿大夫開府儀同三司允散騎常侍特進右光祿大夫又並不屈仍遣領軍司馬王果敦譬胤胤謀於何允允欲獨高其節紿曰興王之世安可久處明年六月胤輕出詣闕自陳帝笑曰子陵遂能屈志詔以爲侍中司徒尚書令胤辭腳疾不堪拜謁乃角巾自輿詣雲龍門謝詔見於華林園乘小車就席明旦乘輿出幸胤宅宴語盡歡胤固陳本志不許又固請自還迎母許之臨發輿駕臨幸賦詩餞别王人送迎相望於道到都勑材官起府於舊宅武帝臨軒遣謁者於府拜授詔停諸公事及朔望朝謁三年元會詔胤乘小輿升殿胤素憚煩及居台鉉兼掌內臺職事多不覽以此頗失眾望其年母憂尋有詔攝職如故五年改授中書監司徒衛將軍固讓不受遣謁者敦授留府門及春至於經春夏八月乃拜受焉是冬鑾車駕出臨哭諡曰靖初胤於宋孝武世爲吳興以鷄卵賦人收鷄數千及遁節不全爲清談所少著書及文章行於世子護位司徒右長史坐殺牛廢黜爲東陽內史及還五官送錢一萬止留一百答曰數多劉寵更以爲愧次子謙不妄交游門無雜賓有時獨醉曰入吾室者但有清風對吾飲者唯當明月位光祿大夫子哲字穎豫美風儀舉止醞藉襟情豁朗爲士君子所重累遷至廣陵大守侯景之亂因寓居爲仕陳歷吏部尚書中書令侍中司徒左長史胤弟子覽字景滌父瀹太子詹事瀹與兄顥列在齊史覽以選尚齊錢唐公主拜駙馬都尉武帝平建鄴朝士唯王亮王瑩等數人揖自餘皆拜覽時年二十餘爲太子舍人亦長揖而已意氣閑雅視瞻聰明武帝目送良久謂徐勉曰覺此生芳蘭竟體想謝莊正當如此自此仍被賞味天監元年爲中書侍郎掌吏部事頃之即眞嘗侍坐受勑與侍中王暕爲詩答贈其文甚工仍使重作復合旨帝賜詩云雙文既後進二少實名家豈伊爾棟隆信乃俱國華爲侍中頗樂酒因宴席與散騎常侍蕭琛辭相詆毀爲有司所奏武帝以覽年少不直出爲中權長史後拜吏部尚書出爲吳興太守中書舍人黃睦之家居烏程子弟專橫前太守皆折節事之覽未到郡睦之弟迎覽覽逐去其船杖吏爲通者自是睦之家杜門不出郡境多劫爲東道患覽下車肅然初齊明帝及覽父瀹東海徐孝嗣並爲吳興號爲名守覽皆過之覽昔在新安頗聚斂至是遂稱廉潔時人方之王述卒於官贈中書令覽弟舉字言揚幼好學與覽齊名年十四嘗贈沈約詩爲約所賞弱冠丁父憂幾致毀滅服闋爲太常博士與兄覽俱預元會江淹一見並相欽挹曰所謂馭二龍於長途者也爲太子家令掌管記深爲昭明太子賞接祕書監任昉出爲新安郡別舉詩云詎念耋嗟人方深老夫託其屬意如此武帝嘗訪舉於覽覽曰識藝過臣甚遠唯飲酒不及於臣帝大悅尋除安成郡守母往於郡喪辭不赴歷位左戶尚書遷掌吏部尚書舉祖莊父瀹兄覽並歷此職前代少比舉尤長元理及釋氏義爲晉陵郡時嘗與義學僧遞講經論徵士何允自虎邱山出赴之其名盛如此先是北度人盧廣有儒術爲國子博士於學發講僕射徐勉以下畢至舉造坐屢折廣辭理遒邁廣深歎服仍以所執麈尾斑竹杖滑石書格薦之以況重席焉加侍中遷尚書右僕射大同三年出爲吳郡太守先是何敬容居郡有美績世稱爲何吳郡及舉爲政聲迹畧相比習要何徵君講中論何難以巾褐入南門乃從東園進致詩往復爲虎邱山賦題于寺入爲侍中太子詹事翊左將軍舉父瀹齊時終此官累表乞改勑不許後遷尚書僕射侍中將軍如故舉雖屢居端揆未嘗肯預時政保身固寵不能有所發明因疾陳解勑賜假并勑處方加給上藥其恩遇如此侯景來降帝詢訪朝臣舉及朝士皆請拒之帝從朱异言納之以爲景能立功趙魏舉等不敢復言太清二年遷尚書令卒于內臺上曰舉非止歷官已多亦人倫儀表久著公望悵恨未授之可贈侍中衛將軍開府儀同三司舉宅內山齋捨以爲寺泉石之美殆若自然臨川始興諸王常所游踐邵陵王綸於婁湖立園廣讌酒後好聚賓冠手自裂破投之唾壺皆莫敢言舉嘗預宴王欲取舉幘舉正色曰裂冠毀冕下官弗敢聞命拂衣而退王屢召不反甚有慙色舉託情元勝尤長佛理注淨名經常自講說有文集二十卷子嘏字含茂風神清雅頗善屬文爲太子中庶子建安太守侯景之亂之廣州依蕭勃勃敗在周迪門後依陳寶應寶應平方詣闕歷侍中中書令都官尚書卒諡曰光子有文集行於世子儼位侍中御史中丞太常卿伷位尚書僕射舉兄子儁字國美父元大位侍中儁素貴嘗一朝無食其子啓欲以班史質錢答曰寧餓死豈可以此充食乎太清元年卒集十卷長子禕儁弟札字世高亦博涉文史位湘東王諮議先儁卒

謝幾卿朏之族子也曾祖靈運宋臨川內史父超宗齊黃門郎並有傳幾卿幼淸辯當世號爲神童超宗坐事徙越嶲詔家人不得相隨幾卿年八歲別父於新亭不勝其慟遂投於江超宗命估客數人入水救之良久涌出得就岸瀝耳目口鼻出水數斗十餘日乃裁能言居父憂哀毀過禮年十一召補國子生齊文惠太子自臨策試謂祭酒王儉曰幾卿本長元理今可以經義訪之儉承旨發問幾卿隨事辯釋辭無滯者文惠大稱賞焉儉謂人曰謝超宗爲不死矣既長好學博涉有文彩累遷爲太尉晉安王府主簿天監初自尙書三公郎爲書侍御史舊郎官轉爲此職者世謂之爲南奔幾卿頗失志多陳疾臺事略不復理累遷尙書左丞幾卿詳悉故實僕射徐勉每有疑滯多詢訪之然性通脫會意便行不拘朝憲嘗預樂遊苑宴不得醉而還因詣道邊酒壚停車褰幔與車前三騶對飲時觀者如堵幾卿處之自若後以在省署夜著犢鼻褌與門生登閤道飲酒酣呼爲有司糾奏坐免官普通六年詔西昌侯藻督衆軍北侵幾卿啓求行擢爲藻軍司長史將行與僕射徐勉別勉云淮肥之役前謝已著奇功未知今謝何如幾卿應聲曰已見今徐勝於前徐後謝何必愧於前謝勉默然軍至渦陽退敗幾卿坐免官居宅在白楊石井朝中交好者載酒從之賓客常滿坐時左丞庾仲容亦免官歸二人意相得並肆情誕縱或乘露車歷遊郊野既醉則執鐸挽歌不屑物議湘東王繹在鎭與書慰勉之後爲太子率更令放達不事儀容性不容非與物多忤有班己者輒肆意罵之退無所言還左丞僕射省嘗議集公卿幾卿外還宿醉未醒取枕高卧傍若無人又嘗於閤省裸袒酣飲及醉小遺下霑令史爲南司所彈幾卿亦不介意轉左光祿長史幾卿雖不持檢操然於家門篤睦兄才卿早卒其子藻幼孤幾卿撫養甚至及藻成立歷淸途皆幾卿獎訓之力也世以此稱之病卒文集行於世

謝徵字元度幾卿之宗從而宋左僕射裕之元孫也父璟少與從叔朓俱知名齊竟陵王子良開西邸招文學璟亦預焉位中書郎天監中爲左戶尙書再遷侍中固辭年老求金紫帝不悅未敘會卒徵美風采好學善屬文位兼中書舍人與河東裴子野沛國劉顯同官友善時魏中山王元略還北武帝餞於武德殿賦詩三十韻限三刻成徵二刻便就文甚美帝再覽焉又爲臨汝侯猷製放生文亦見賞於世後除尙書左丞及昭明太子薨帝立晉安王綱爲皇太子將出詔唯召尙書右僕射何敬容宣惠將軍孔休源及徵三人與議徵時年位尙輕而任遇已重後卒於北中郎豫章王長史南蘭陵太守文集二十卷

陸倕字佐公吳郡吳人也父慧曉齊南兗州刺史贈太常自有傳倕少勤學善屬文於宅內起兩茅屋杜絕往來晝夜讀書如此者數載所讀一遍必誦於口嘗借人漢書失五行志四卷乃暗寫還之略無遺脫幼爲外祖張岱所異岱常謂諸子曰此兒汝家陽元也十七州舉秀才刺史竟陵王開西邸延英俊倕預焉天監初爲右軍安成王主簿倕與樂安任昉友善爲感知己賦以贈昉昉因此名以報之及昉爲中丞簪裾輻湊預其讌者殷芸到溉劉苞劉孺劉顯劉孝綽及倕而已號曰龍門之遊雖貴公子孫不得預也遷臨川王東曹掾是時禮樂制度多所創革武帝雅愛其才乃勑撰新漏刻銘其文甚美累遷太子中舍人管東宮書記又詔爲石闕銘奏之勑曰倕之所製辭義典雅足爲佳作昔虞邱辨物邯鄲獻賦賞以金帛前史美談可賜絹三十疋累遷太常卿卒文集二十卷子纘早慧七歲通經爲童子師卒次緬有似於倕一看殆不能別倕從子襄字師卿襄父閑齊始安王遙光揚州治中永元末遙光據東府作亂閑坐誅閑事具慧曉傳中閑有四子襄其季也本名衰字趙卿有奏事者誤字爲襄武帝乃改爲襄字師卿天監三年都官尙書范岫表薦襄起家擢拜著作佐郎昭明太子統聞襄行業啓武帝引與遊處自廬陵王記室除太子洗馬遷中書舍人並掌管記出爲揚州治中從事襄以父終此官固辭職帝不許聽與府司馬換廨居之昭明太子敬耆老襄母年將八十與蕭琛傅昭陸杲每月常遣存問加賜珍羞衣服襄母嘗卒患心痛醫方須三升粟漿是時冬月日又逼暮求索無所忽有老人詣門貨漿量如方剛始欲酬直無何失之時以襄孝感所致也累遷太子家令復掌管記母憂去職襄年已五十毀頓過禮太子憂之日遣使誡喻昭明太子薨官屬悉罷妃蔡氏別居金華宮以襄爲步兵校尉金華宮家令知金華宮事大通七年出爲鄱陽內史先是郡民鮮于琮服食修道法常入山採藥拾得五色幡眊又於地中得石璽竊怪之琮先與妻別室妻望琮所處常有異氣益以爲神大同元年遂結其門徒殺廣晉令王筠號上願元年署置官屬其黨轉相誑惑有衆萬餘人將出攻郡襄先已率吏民修城隍爲備及賊至破之生獲琮餘衆逃散時鄰郡豫章安成等守宰案治黨與因求賄

路不得其實或有善人盡室罹禍者唯襄郡枉直無濫
人作歌曰鮮于平後善惡分人無橫死賴陸君又有彭
李二家先因忿爭遂相誣告襄引入內室不加責誚但
和言解喻之二人感恩深自悔咎乃爲設酒食令其盡
歡酒罷同載而還因相親厚又歌曰陸君政無怨家鬭
旣罷讎共車在政六年郡中大寧郡人李睍等四百二
十人詣闕拜表陳襄德化求於郡立碑降勑許之又表
乞留襄固乞還太淸元年爲度支尚書侯景圍臺城以
襄直侍中省城陷襄逃還吳景將宋子仙進攻錢唐會
海鹽人陸黯舉義襲郡殺僞太守蘇單于推襄行郡事
時淮南太守文成侯蕭寧逃賊入吳襄遣迎寧爲盟主
遣黯及兄子映公帥衆躡子仙與戰黯敗走吳下軍鬭
之亦散襄匿于墓下一夜憂憤卒襄弱冠遭家禍釋服
猶若居憂終身蔬食布衣不聽音樂口不言殺害五十
年侯景平元帝贈侍中追封餘干縣侯襄兄完位寧遠
長史琅邪彭城二郡丞完子雲公字子龍年五歲誦論
語毛詩九歲讀漢書畧能記憶從祖倕與沛國劉顯質
問十事雲公對無所失顯歎異之及長好學有才思爲
平西湘東王繹行參軍雲公先製太伯廟碑吳興太守
張纘罷郡經途讀其文歎曰今之蔡伯喈也纘至都掌
選言之武帝召爲尚書儀曹郎入直壽光省以本官知
著作郎事累遷中書黃門郎兼掌著作雲公善弈碁嘗
夜侍坐冠武觸燭文帝笑謂曰燭燒卿貂帝將用爲侍
中故以此戲之時天泉池新製鯿魚舟形狹而短帝暇
日常泛此舟朝中唯引太常劉之遴國子祭酒到溉右
衞朱异雲公時年位尚輕亦預焉太淸元年卒張纘時
爲湘州與雲公叔襄兄寔子書曰都信至承賢兄子賢
弟黃門殞逝非惟貴門喪寶實有識同悲其爲士流稱
重如此雲公從父兄才子亦有才名位太子中庶子廷
尉與雲公並有文集行於世雲公子瓊列在陳史

到沆字茂瀣彭城武原人曾祖彥之宋護軍將軍祖仲
度驃騎從事中郎父撝齊五兵尚書彥之撝俱有傳沆
幼聰敏五歲時撝於屏風抄古詩沆請教讀一遍便能
諷誦無所遺失旣長勤學善屬文工篆隸美風神容止
可悅武帝初臨天下收拔賢俊愛其才天監初以爲征
虜主簿東宮建選爲太子洗馬時文德殿置學士省召
高才碩學者待詔其中使校定墳史詔沆通籍焉帝讌
華光殿命羣臣賦詩獨詔沆爲二百字三刻便成沆於
坐立奏其文甚美俄以洗馬管東宮書記及散騎省沆
優於策文三年詔尚書郎在職淸能或人才高妙者爲
侍郎以沆爲殿中曹侍郎此曹以文才選沆從父兄溉
洽並有才名時皆相代爲殿中當世榮之遷太子中舍
人沆爲人謙敬口不論人短任昉范雲皆與友善後卒
於北中郎諮議參軍所著詩賦百餘篇行於世溉字茂
灌父坦齊中書郎溉少孤貧與兄沼弟洽俱知名起家
王國左常侍樂安任昉大相賞好恒提攜溉洽二人廣
爲聲價所生母魏本寒家悉越中之資爲二兒推奉昉
天監初昉出守義興要溉洽之郡爲山澤之遊昉還爲
御史中丞後進皆宗之時有彭城劉孝綽劉苞劉孺吳
郡陸倕張率陳郡殷芸沛國劉顯及溉洽車軌日至號
曰蘭臺聚陸倕贈昉詩云和風雜美氣下有眞人遊壯
矣荀文若賢哉陳太邱今則蘭臺聚萬古信爲儔任君
本達識張子復淸修旣有絕塵到復見黃中劉時謂昉
爲任君比漢之三君到則溉兄弟也除尚書殿中郎後
爲建安太守昉以詩贈之求二衫段云鐵錢兩當一百
代易名實爲惠當及時無待深秋日溉答云余衣本百
結閩中徒八蠶假令金如粟詎使廉夫貪還爲太子中
舍人溉長八尺眉目如點白皙美鬚髯舉動風華善於
應答上用爲通事舍人中書郎兼吏部太子中庶子湘
東王繹爲會稽太守以溉爲輕車長史行府郡事武帝
勑繹曰到溉非直爲汝行事足爲汝師溉嘗夢武帝徧
見諸子至湘東而脫帽與之於是密敬事焉遭母憂居
喪盡禮所處廬開方四尺毀瘠過人服闋猶蔬食布衣
者累載歷御史中丞都官左戶二尚書掌吏部尚書時
何敬容以令參選事有不允溉輒相執敬容謂人曰到
溉尚有餘臭遂學作貴人敬容時方貴寵人皆下之溉
忤之如初溉祖彥之初以擔糞自給故世以爲譏云後
省門鴟尾被震溉左遷光祿大夫所莅以淸白自修性
又率儉不好聲色虛室單牀傍無姬侍車服不事鮮華
冠履十年一易朝服或至穿補傳呼淸路示有朝章而
已後爲散騎常侍侍中國子祭酒表求列武帝所撰正
言於學請置正言助教二人學生二十人尚書左丞賀
琛又請加置博士一人溉特被武帝賞接每與對碁從
夕達旦或復失寢加以低睡帝詩嘲之曰狀若喪家狗
又似懸風槌當時以爲笑樂溉第居近淮水齋前山池
有奇礓石長一丈六尺帝戲與賭之并禮記一部溉並
輸焉未進帝謂朱异曰卿謂到溉所輸可以送未溉斂
版對曰臣旣事君安敢失禮帝大笑其見親愛如此石
卽迎置華林園宴殿前移石之日都下傾城縱觀所謂
到公石也溉弈碁入第六品常與朱异韋黯於御坐校
碁比勢覆局不差一道後因疾失明詔以金紫光祿大

夫散騎常侍就第養疾溉少有美名遂不爲僕射人爲之恨溉濟如也家門雍睦兄弟特相友愛與弟洽常共居一齋洽卒後便捨爲寺莊山有延賢寺溉家世所立溉所得奉祿皆充二寺因斷腥羶終身蔬食別營小室朝夕從僧徒禮誦武帝每月三置淨饌恩禮甚篤性不妄交游唯與朱异劉之遴張綰同志友密及卧疾家園門可羅雀唯三人每歲時常鳴騶枉道以相存問置酒極歡而去以太淸二年卒臨終託張劉勒子孫薄葬之禮曰氣絕便斂斂以法服先有冢籍斂畢便葬不須擇日凶事必存儉約孫姪不得違言便屏家人請僧讀經贊唄及卒顏色如常手屈二指卽佛道所云得果也時朝廷多故遂無贈謚有集二十卷梁以溉洽兄弟比之二陸故元帝贈詩曰魏世重雙丁 丁儀丁廙也 晉朝稱二陸何如今兩到復似凌寒竹子鏡字圓照初在孕其母夢懷鏡及生因以爲名鏡五歲便口授爲詩婉有辭況位太子舍人作七悟文甚美先溉卒鏡子藎早聰慧歷尚書殿中郎嘗從武帝幸京口登北顧樓顧舊作固帝曰以理而推宜作顧望之顧因令羣臣賦詩藎受詔便就上覽以示溉曰藎定是才子翻恐卿從來文章假手於藎因賜絹二十疋後溉每和御詩上輒手詔戲溉曰得無貽厥之力乎又賜溉連珠曰硯磨墨以騰文筆飛毫而書信如飛蛾之赴火豈焚身之可吝必耄年其已及可假之於少藎其見知賞如此後除丹陽尹丞太淸之亂赴江陵卒洽字茂沿淸警有才學父坦以洽無外家乃求娶於羊元保以爲外氏洽年十八爲南徐州迎西曹行事謝朓文章盛於一時見洽深相賞好日與談論每謂洽曰君非直名人乃亦兼資文武朓後爲吏部欲薦之洽覩世方亂深相拒絕遂築室巖阿幽居積歲時人號曰居士樂安任昉有知人之鑒與洽兄沼溉並善嘗訪洽於田舍歎曰此子日下無雙遂申拜親之禮天監初沼溉俱蒙顯擢洽尤見知賞從弟沆亦相與齊名武帝問待詔邱遲曰到洽何如沆溉遲對曰正情過於沆文章不減溉加以淸言殆將難及卽召爲太子舍人御幸華光殿詔洽及沆蕭琛任昉侍讌賦二十韻詩以洽辭爲工賜絹二十疋上謂昉曰諸到可謂才子昉對曰臣常竊議宋得其武梁得其文二年遷司徒主簿直待詔省勑使抄甲部書爲十二卷五年遷尚書殿中郎洽兄弟羣從遞居此職時人榮之七年遷太子中舍人與庶子陸倕對掌東宮管記俄爲侍讀侍讀省仍置學士二人洽復充其選遷國子博士奉勑撰太學碑普通中爲尚書吏部郎請託一無所行徙尚書左丞準繩不避貴戚賄賂莫敢通時鑾輿欲親戎軍國禮容多自洽出六年遷御史中丞糾彈無所顧望號爲勁直少與劉孝綽善下車便以名教隱穢首彈之孝綽記與諸弟書實欲聞之湘東王公事左降猶居職舊制中丞不得入尚書下舍洽兄溉爲左戶尚書洽引服親不應有礙刺省詳決左丞蕭子雲議許入溉省亦以其兄弟素篤不能相別也出爲尋陽太守卒贈侍中謚理子昭明太子與晉安王令悼之其辭甚悽切洽美容質善言吐弱年聽伏曼容講未嘗傍膝伏深歎之文集行於世子仲舉列在陳史

蕭琛字彥瑜蘭陵人也祖僧珍宋廷尉卿父惠訓齊末爲巴東相武帝起兵齊和帝於荊州卽位惠訓與巴西太守魯休烈並以郡相抗惠訓使子璸據上明建康城平始歸降武帝宥之以爲太中大夫卒官琛少明悟有才辯數歲時從伯惠開見而奇之撫其背曰必興吾宗起家齊太學博士時王儉當朝琛年少未爲儉所識負其才氣欲候儉時儉宴于樂遊苑琛乃着虎皮靴策桃枝杖直造儉坐儉與語大悅儉時爲丹陽尹辟爲主簿舉南徐州秀才永明九年魏始通好琛再銜命北使還爲通直散騎侍郎時魏遣李彪來使齊武帝讌之琛於御筵舉酒勸彪彪不受曰公庭無私禮不容受勸琛答曰詩所謂雨我公田遂及我私坐者皆悅服彪乃受琛酒累遷尚書左丞齊明帝用法嚴峻尚書郎坐杖罰者皆卽科行琛乃密啓曰郎之有杖起自後漢爾時郎官位卑親主文案與令史不異故郎三十五人令史二十人是以古人多恥爲此職自魏晉以來郎官稍重今方參用高華吏部又近於通貴不應官高昔品而罰遵曩科所以從來彈舉雖在空文而許以推遷或逢赦恩或入春令便得息停宋元嘉大明中經有被廢者別由犯忤主心非關當準自泰始建元以來未經施行事廢已久人情未習自奉勑之後已行倉部郎江重欣杖督五十皆無不人懷慚懼兼有子弟成長彌復難爲儀適其應行罰可特賜輸贖使與令史有異以彰優緩之澤帝納之自是應受罰者依舊不行東昏初嗣立時議無廟見文琛議據周頌烈文閔予小子皆爲卽位朝廟之典於是從之武帝在西邸與琛有舊梁臺建以爲御史中丞天監元年累遷平西長史江夏太守始琛爲宣城太守有北僧南度惟齎一瓠蘆中有漢書序傳僧云三輔舊老相傳以爲班固眞本琛固求得之其書多有異今者而紙墨亦古文字多如龍舉之例非隸非篆琛甚祕

之及是以書餉鄱陽王範範乃獻于東宮後爲吳興太守郡有項羽廟土民名爲憤王甚有靈驗遂於郡廳事安施牀幕爲神座公私請禱前後二千石皆於廳拜祠以軛下牛充祭而避居他室琛至著履登廳事聞室中有叱聲琛厲色曰生不能與漢祖爭中原死據此廳事何也因遷之於廟又禁殺牛解祀以脯代肉琛頻莅大郡不治產業有闕則取不以爲嫌歷左戶度支二尚書侍中帝每朝讌接以舊恩嘗犯武帝偏諱帝斂容琛從容啓曰二名不偏諱陛下不應諱順上曰各有家風琛曰其如禮何又經預御筵醉伏上以棗投琛琛仍取栗擲上正中面御史中丞在坐帝動色曰此中有人不得如此豈有說邪琛即答曰陛下投臣以赤心臣敢不報以戰栗上笑悅上嘗呼琛爲宗老琛亦奉陳昔恩以早遊中陽夙忝同閈雖迷興運猶荷弘慈上答曰雖云早契闊乃自非同志勿談興運初且道狂奴異琛嘗言少壯三好音律書酒年長以來二事都廢唯書籍不衰琛性通脫常自解籠事畢餕餘必陶然致醉中大通元年爲晉陵太守以疾改授侍中特進金紫光祿大夫卒遺令諸子與妻同墳異藏祭以蔬菜葬止車十乘事存率素乘輿臨哭甚哀詔贈本官加雲麾將軍謚曰平子琛所撰漢書文府齊梁拾遺并諸文集數十萬言子遊位少府卿遊子密字士幾幼聰敏博學有文詞位黃門侍郎太子中庶子散騎常侍

陸杲字明霞吳郡吳人也祖徽字休猷宋世補建康令清平無私爲文帝所善元嘉十五年除平越中郎將廣州加都督清名亞王鎮之爲士庶所愛詠二十三年爲益州刺史亦加都督郵隱有方威惠兼著寇盜靜息人物殷阜蜀土安之卒於官身亾之日家無餘財文帝甚褒借之謚曰簡子父叡揚州中從事杲少好學工書畫舅張融有高名杲風韻舉止頗類之當時稱其舅甥曰下無對除尚書殿中曹郎拜日八坐丞郎並到上省交禮而杲至晚不及時刻坐免官後爲司徒從事中郎梁臺建爲相國西曹掾天監五年位御史中丞性婞直無所顧望時山陰令虞肩在任贓汚數百萬杲奏收劾之中書舍人王睦之以肩事託杲杲不答武帝聞之以問杲杲答曰有之帝曰識睦之不答曰臣不識其人時睦之在御側上指示曰此人也杲謂曰君小人何敢以罪人屬南司睦之失色領軍將軍張稷杲從舅也杲嘗以公事彈稷稷因侍宴訴帝曰陸杲是臣通親小事彈臣不貸帝曰杲職司其事卿何得爲嫌杲在臺號不畏彊禦爲義興太守在郡寬惠爲下所稱歷左戶尚書太常卿普通二年出爲臨川內史將發辭武帝於坐通啓求募部曲帝問何不付所由杲答所由不爲受帝頗怪之以其臨路不咎問後入爲金紫光祿大夫特進卒謚靖子杲素信佛法持戒甚精著沙門傳三十卷弟煦學涉有思理位太子家令撰晉書未就又著陸史十五卷陸氏驪泉志一卷並行於時子罩字洞元少篤學多所該覽善屬文簡文居蕃爲記室參軍撰帝集序稍遷太子中庶子掌管記禮遇甚厚大同七年以母老求去公卿以下祖道於征虜亭皇太子賜黃金五十斤時人方之疎廣母終後位終光祿卿初簡文在雍州撰法寶聯璧罩與羣賢並抄撮區分者數歲中大通六年而書成命湘東王爲序其作者有侍中國子祭酒南蘭陵蕭子顯等三十人以比王象劉邵之皇覽焉

庾仲容字子仲潁川鄢陵人也祖徽之宋御史中丞父漪齊邵陵王記室仲容幼孤爲叔父泳所養及長杜絕人事專精篤學晝夜手不輟卷初爲安西法曹行參軍泳時貴顯吏部尚書徐勉擬泳子晏嬰爲宮僚泳泣曰兄子幼孤人才粗可願以晏嬰所忝回用授之勉許焉轉仲容爲太子舍人遷安成王主簿時平原劉峻亦爲府佐並以彊學爲王所禮接後爲永康錢塘武康令並無功績多被推劾久之除安成王中記室當出隨府皇太子以舊恩降餞賜詩曰孫生陟陽道吳子朝歌縣未若樊林舉置酒臨華殿時輩榮之後爲尚書左丞坐糾察不直免官仲容博學少有盛名頗任氣使酒好危言高論士友以此少之唯與王籍謝幾卿情好相得二人時亦不調遂相追隨誕縱酣飲不持檢操遇太清亂遊會稽卒年七十四仲容抄諸子書三十卷諸集三十卷眾家地理書二十卷列女傳三卷文集二十卷並行於世

蕭眎素南蘭陵人也祖思話宋贈征西將軍開府父惠明吳興太守惠明附載思話傳眎素天監中位丹陽尹丞初拜日武帝賜錢八萬眎素一朝散之親友遷司徒左司屬南徐州中從事性靜退少嗜慾好學能清言榮利不關於中喜怒不形於色在人間及居職並任情通率不自矜尚天然簡素及在京口便有終焉之志後爲中書侍郎在位少時求爲諸暨令到縣十餘日挂衣冠於縣門而去獨居屏事非親戚不得至其籬門妻即齊太尉王儉女久與別居遂無子卒親故迹其事行謚曰貞文先生眎素從弟洽字宏稱父惠基齊給事中贈金紫光祿大夫洽幼敏悟年七歲誦楚辭略皆上口及長

好學博涉善屬文爲南徐州中從事近畿重鎮職吏數十人前後居者皆致巨富洽清身率職饋遺一無所受妻子不免饑寒累遷臨海太守爲政清平不尙威猛民俗便之還拜司徒左長史勑撰當塗堰碑辭甚贍麗卒於官文集二十卷行於世洽從弟介字茂鏡父惠蒨齊左戶尙書介少穎悟有器識博涉經史兼善屬文大同中武陵王紀爲揚州刺史以介爲府長史在職以清白稱武帝謂何敬容曰蕭介甚貧可以處一郡復曰始興郡頻無良守可以介爲之由是出爲始興太守及至甚著威德徵爲少府卿尋加散騎常侍會侍中闕選司舉王筠等四人並不稱旨帝曰我門中久無此職宜用蕭介爲之介應對左右多所匡正帝甚重之遷都官尙書每軍國大事必先訪介帝謂朱异曰端右材也中大同二年辭疾致仕帝優詔不許終不肯起乃遣謁者僕射魏祥就拜光祿大夫太淸中侯景於渦陽敗走入壽陽帝勑助防韋黯納之介聞而上表致諫曰昔呂布殺丁原以事董卓終誅董而爲賊劉牢之反王恭以歸晉還背晉以興妖狠子野心終無馴狎之性帝覽表爲之歎息卒不能用介性高潔少交游唯與族兄琛從兄昕素及洽從弟淑等文酒賞會時人以比謝氏烏衣之游初武帝總延後進二十餘人置酒賦詩臧盾以詩不成罰酒一斗盾飮盡顏色不變言笑自若介染翰便成文無加點帝兩美之曰臧盾之飮蕭介之文卽席之美也年七十三卒於家介第三子允最知名允弟引亦有器度陳史皆有傳

臧嚴字彥威東莞莒人也高祖燾宋光祿大夫自有傳燾生遂宜都太守遂生凝之尙書左丞凝之生稜齊後軍參軍稜生嚴嚴幼有孝性居父憂以毀聞孤貧勤學行止書卷不離手從叔未甄爲江夏郡攜嚴之官於中作屯遊賦又作七算辭並典麗性孤介未嘗造請僕射徐勉欲識之嚴終不詣累遷湘東王宣惠輕車府參軍兼記室嚴於學多所諳記尤精漢書諷誦略皆上口王嘗自執四部書目試之嚴自甲至丁卷中各對一事并作者姓名遂無遺失王遷荊州隨府轉西中郎安西錄事參軍歷義陽武寧郡守郡界蠻左前郡守常選武人以兵鎭之嚴獨以數門生單車入境羣蠻悅服後卒於鎭南諮議參軍有文集十卷未甄燾曾孫也父潭左戶尙書未甄有才幹少爲外兄汝南周顒所知仕梁爲太尉長史丁所生母憂三年廬于墓側歷廷尉卿江夏太守卒未甄子盾字宣卿幼從徵士諸葛璩受五經通章句璩學徒常有數十百人盾處其間無所狎比璩異之歎曰此生重器王佐才也爲尙書中兵郞盾美風姿善容止每趨奏武帝甚悅焉入兼中書通事舍人盾有孝性嘗隨父宿直廷尉府母劉氏在宅夜暴亾盾左手中指忽痛不得寢及旦宅信果報凶問其感通如此服未終父卒居喪五年不出廬戶形骸枯悴家人不識武帝嘉之累勑抑譬服闋累遷御史中丞性公彊甚稱職中大通五年帝幸同泰寺開講設四部大會衆數萬人南越所獻馴象忽於衆中狂逸衆皆駭散唯盾與散騎侍郎裴之禮嶷然自若帝甚嘉焉大同二年爲中領軍領軍管天下兵要監局事多盾爲人敏贍有風力長於撥繁職事甚理天監中吳平侯蕭景居職著聲至是盾復繼之後卒於領軍將軍謚曰忠盾弟厥字獻卿亦以幹局稱累遷晉安太守郡居山海常結聚逋逃前後二千石討捕不能止厥下車宣化諸凶黨皆襁負而出自是居民復業然爲政嚴酷少恩百姓謂之臧虎前後再兼中書通事舍人卒於兼司農卿厥前後居職所掌之局大事及蘭臺廷尉所不能決者勑並付厥厥辯斷精微咸得其理厥卒後有撾登聞鼓訴者求付淸直舍人武帝曰臧厥既亾此時便無可付其見知如此子操尙書三公郞

徐君蒨字懷簡東海郯人也祖孝嗣齊司空自有傳父緄入梁位侍中太常信武將軍君蒨幼聰朗好學尤長丁部書問無不對善絃歌爲湘東王鎭西諮議參軍頗好聲色侍妾數十皆佩金翠曳羅綺服玩悉以金銀飮酒數升便醉而閉門盡日酣歌每遇歡讌則飮至斗有時載妓肆意游行荊楚山川靡不畢踐朋從游好莫得見之時襄陽魚弘亦以豪侈稱於是府中謠曰北路魚南路徐然其服玩次於弘也君蒨辯於辭令湘東王嘗出軍有人將婦從者王曰才愧李陵未能先誅女子將非孫武遂欲驅戰婦人君蒨應聲曰項籍壯士猶有虞兮之愛紀信成功亦資姬人之力君蒨文冠一府特有輕豔之才新聲巧變人多諷習竟卒於官

宋右迪功郎鄭樵漁仲撰

列傳第五十五

梁

徐勉　何敬容　范岫　傅昭弟映　傅岐　江革弟觀革子德藻　許懋　殷鈞父叡宗人芸　陳伯之　陳慶之子陳昕　蘭欽　賀瑒子革弟子琛　司馬褧　朱异　顧協　徐摛　鮑泉鮑行卿卿弟子正行　王神念楊華僧辯神念子徐嗣徽　羊侃子鷗　羊鴉仁　胡僧祐　杜崱嶷父懷寶岸崱兄崱弟幼安　徐文盛　陰子春　王琳　張彪

徐勉字修仁東海郯人也祖長宗宋武帝霸府參軍父融南昌相勉幼孤貧早厲清節年六歲屬霖雨家人祈霽勉率爾為文見稱耆宿及長好學宗人孝嗣見之歎曰此所謂人中之騏驥必能致千里又嘗謂諸子曰此人師也爾等則而行之年十八召為國子生便下帷專學精力無怠同時儕輩肅而敬之祭酒王儉每見常目送之曰此子非常器也每稱有宰輔之量射策甲科起家三國侍郎補太學博士時每有議定勉理證明允莫能貶奪司官咸取則焉遷臨海王西中郎田曹行參軍俄徙署都曹時琅邪王融一時才儁特相慕悅嘗請交焉勉謂所親曰王郎名高望促難可輕獘衣裾融後果陷於法以此見推識鑒累遷領軍長史初與長沙宣武王游武帝深器賞之及武帝兵至建鄴勉於新林謁見帝甚加恩禮使管書記及帝即位拜中書侍郎進領中書通事舍人直內省遷臨川王後軍諮議尚書左丞自掌樞憲多所糾舉時論以為稱職天監三年除給事黃門侍郎尚書吏部郎參掌大選遷侍中時王師方侵魏候驛塡委勉參掌軍書劬勞夙夜動經數旬乃一還家羣犬驚吠勉歎曰吾憂國忘家乃至於此若吾亡後亦是傳中一事六年除給事中五兵尚書遷吏部尚書勉居選曹彝倫有序既閑尺牘兼善辭令雖文案塡積坐客充滿應對如流手不停筆又該綜百氏皆為避諱嘗與門人夜集客有虞暠求詹事五官勉正色答云今夕止可談風月不宜及公事故時人服其無私天監初官名互有省置勉撰立選簿奏之有詔施用其制開九品為十八班自是貪冒苟進者以財貨取通守道淪退者以貧弱見沒矣遷左衛將軍領太子中庶子侍東宮昭明太子尚幼勑知宮事太子禮之甚重每事詢謀嘗於殿內講孝經臨川王宏尚書令沈約備二傅勉與國子祭酒張充為執經王瑩張稷柳憕王暕為侍講時選極親賢妙盡人譽勉陳讓數四又與沈約書求換侍講詔弗許然後就焉舊揚徐首迎主簿盡選國華中正取勉子崧為南徐選首帝勑之曰卿寒士而子與王志子同迎偃王以來未之有也勉阯以其先為戲答旨不恭由是左遷散騎常侍領游擊將軍後為太子詹事又遷尚書左僕射詹事如故時民間喪事多不遵禮朝終夕殯相尚以速勉上疏言之宜依古三日大斂詔可其奏又除尚書僕射中衛將軍勉以舊恩繼升重位盡心奉上知無不為爰自小選迄于此職常參掌衡石甚得士心禁省中事未嘗漏泄每有表奏輒焚藁草博通經史多識前載齊世王儉居職以後莫有逮者朝儀國典昏冠吉凶勉皆豫圖議初勉受詔知撰五禮普通六年功畢表上之曰夫禮以安上化民弘風訓俗經國家利後嗣者也唐虞三代咸必由之在乎有周憲章尤備因殷革夏損益可知雖復經禮三百曲禮三千經文三百威儀三千其大歸有五即宗伯所掌典禮吉為上凶次之賓次之軍次之嘉為下也故祠祭不以禮則不齊不莊喪紀不以禮則背死忘生者眾賓客不以禮則朝覲失其儀軍旅不以禮則致亂於師律冠昏不以禮則男女失其時為國修身於斯攸急洎周室大壞王道既衰官守斯文日失其序暴秦滅學埽地無餘漢氏鬱興日不暇給猶命叔孫於外野方知帝王之為貴末葉紛綸遞有興毀及東京曹褒南宮制述集其散略百有餘篇雖寫以尺簡而終闕平奏其後兵革相尋異端互起章句既淪俎豆斯輟方領矩步之容事滅於旌鼓蘭臺石室之典用盡於帷蓋至于晉氏爰定新禮荀顗制之於前摯虞刪之於末既而中原喪亂罕有所遺江左草創因循而已釐革之風是則未暇伏惟陛下睿明啓運光天改物撥亂惟武經俗以文作樂在乎功成制禮弘於業定伏尋所定五禮起齊永明二年太子步兵校尉伏曼容表求制一代禮樂于時參議置新舊學士十人止修五禮諮禀衛將軍丹陽尹王儉學士分任郡中制作歷年猶未克就及文憲薨遺文散逸又以事付國子祭酒何允經涉九載猶復未畢建武四年允還東山齊明帝勑委尚書令徐孝嗣舊事本末隨在南第永元中孝嗣於此遇禍又多零落當時鳩集所餘權付尚書左丞蔡仲熊驍騎將軍何佟之共掌其事時禮局住在國子學中門外東昏之時頻有軍火其所散失又踰大半天監元年佟之啓審省置之宜勑使外詳時尚書參詳以天地初革庶務權輿宜俟隆平徐議刪撰欲且省禮局併還尚書儀曹詔旨云禮壞樂闕故國異家殊實宜以時修

定以爲永準於是尚書僕射沈約等參議請五禮各置舊學士一人人各自舉學士二人相助抄撰其中有疑者依前漢石渠後漢白虎隨源以聞請旨斷決乃以舊學士右軍記室參軍明山賓掌吉禮中軍騎兵參軍嚴植之掌凶禮中軍田曹行參軍賀瑒掌賓禮征虜記室參軍陸璉掌軍禮右軍參軍事司馬褧掌嘉禮尚書右丞何佟之總參其事佟之亡後以鎮北諮議參軍伏暅代之又以暅代嚴植之掌凶禮暅尋遷官以五經博士繆昭掌凶禮復以禮儀深廣記載殘缺宜須博論共盡其致更使鎮軍將軍丹陽尹沈約太常卿張充及臣三人同參厥務臣又奉勑總知其事末又使中書侍郎周捨庾於陵復豫參知若有疑義所掌學士當職先立議通諮五禮舊學士及參知各言同異條牒啓聞決之制旨疑事既多歲時又積制旨裁斷其數不少莫不網羅經誥玉振金聲凡諸奏決皆載篇首具列聖旨爲不刊之則盛孝宣之能擬豈孝章之足云五禮之職事有繁簡及其列畢不得同時嘉禮儀注以天監六年五月七日上尚書合十有二帙一百一十六卷五百三十六條賓禮儀注以天監六年五月二十日上尚書合十有七帙一百三十三卷五百四十五條軍禮儀注以天監九年十月二十九日上尚書合十有八帙一百八十九卷二百四十條吉禮儀注以天監十一年十一月十日上尚書合二十有六帙二百二十四卷一千五條凶禮儀注以天監十一年十一月十七日上尚書合四十有七帙五百一十四卷五千六百九十三條大凡一百二十帙一千一百七十六卷八千一十九條又列副祕閣及五經典書各一通繕寫校定以普通五年二月始獲完畢竊以撰正履禮歷代罕就皇明在運厥功克成周代三千舉其盈數今之八千隨事附益質文相變故其數兼倍猶如八卦之爻因而重之錯綜成六十四也臣以庸識謬司其任淹留歷稔允當斯責兼勤成之初未遑表上寔由才輕務廣思力不周永言慙惕無忘寤寐自今春輿駕將親六師搜尋軍禮閱其條章靡不該備可以縣諸日月頒之天下者矣詔有司案以遵行尋加中書令勉以脚疾求解內任詔不許乃令停下省三日一朝有事遣主書論決勉患脚轉劇久闕朝覲固求陳解詔許疾差還省勉雖居顯位不營產業家無積蓄奉祿分贍親族之窮乏者門人故舊或從容致言勉乃答曰人遺子孫以財我遺之清白子孫才也則自致輜軿如其不才終爲他有嘗爲書誡其子崧曰吾家世清廉故常居貧素至於產業之事所未嘗言非直不經營而已薄躬遭逢遂致今日尊官厚祿可謂備之每念叨竊若斯豈由才致仰藉先門風範及以福慶故臻此耳古人所謂以清白遺子孫不亦厚乎又曰遺子黃金滿籝不如一經詳求此言非徒謂也吾雖不敏實有本志庶得遵奉斯義不敢墜失所以顯貴以來將三十載門人故舊悉薦便宜或使創開田園或勸興立邸店又欲舳艫運致亦令貨殖聚斂若此衆事皆拒而不納非謂拔葵去織且欲省息紛紜中年聊於東田開營小園者非存播藝以要利入正欲穿池種樹少寄情賞又以郊際閑曠終可爲宅儻獲懸車致仕實欲歌哭於斯慧日十住等既應營婚又須住止吾清明門宅無相容處所以爾者亦復有以前割西邊施宣武寺既失西廂不復方幅意亦謂此爲逆旅舍爾何事須華常恨世人謂是我宅古往今來豪富繼踵高門甲第連闥洞房宛其死矣定是誰室但不能不爲培塿之山聚石移果雜以花卉以娛休沐用託性靈隨便架立不存廣大唯功德處小以爲好所以內中逼促無復房宇近修東邊兒孫二宅乃藉十住南還之資其中所須猶爲不少既牽挽不至又不可中塗而輟郊間之園遂不辦保貨與韋黯乃獲百金成就兩宅已消其半尋園價所得何以至此由吾經始歷年粗已成立桃李茂密桐竹成陰塍陌交通渠畎相屬華樓迥榭頗有登眺之美孤峯叢薄不無糾紛之興瀆中並饒菰蒲湖裏殊富芰蓮雖云人外城闕密邇韋生欲之亦雅有情趣追述此事非有吝心蓋是事意所至爾憶謝靈運山家詩云中爲天地物今成鄙夫有至此園有之二十載矣今爲天地物物之與我相校幾何哉此吾所餘今以分汝營小田舍親累既多理亦須此且釋氏之教以財物謂之外命聖典亦稱何以聚人曰財況世常情安得忘此聞汝所買湖熟田地甚爲舄鹵彌復可安所以如此非物競故也雖事異寢丘聊可髣髴孔子曰居家理故治可移於官既已營之宜使成立進退兩亡更貽恥笑若有所收獲汝可自分贍內外小大宜令得所非吾所知又復應需之諸女耳汝既居長故有此及凡爲人長殊復不易當使中外諧緝人無間言先物後己然後可貴老生云後其身而身先若能爾者便招巨利汝當自勗見賢思齊不宜忽略以棄日也棄日乃是棄身身名美惡豈不大哉可不慎歟今之所勅略言此意政謂爲家以來不事資產暨立墅舍似乖舊業陳其始末無愧懷抱兼吾年時朽暮心力稍殫牽課奉公略不克舉其中餘暇纔可自休或復冬日之

陽夏日之陰良辰美景文案閒隙負杖躡屩逍遥陋館
臨池觀魚披林聽鳥濁酒一杯彈琴一曲求數刻之暫
樂庶居常以待終不宜復勞家間細務汝交關既定此
書又行凡所資須付給如別自茲以後吾不復言及田
事汝亦勿復與吾言之假使堯水湯旱豈如之何若其
滿庾盈箱爾之幸遇如斯之事過並無俟令吾知也記
云夫孝者善繼人之志善述人之事今且望汝全吾此
志則無所恨矣勉第二子悱卒痛悼甚至不欲久廢王
務乃爲答客以自喻焉普通末武帝自算擇後宮吳聲
西曲女妓各一部並華少賚勉勉因此頗好聲酒祿奉
之外月別給十萬信遇之深故無與匹中大通三年以
疾自陳移授特進右光祿大夫侍中中衛將軍置佐史
扶如故增親信四十人兩宮參問冠蓋結轍服膳醫藥
皆資天府有勅每欲臨幸勉以拜伏有虧頻啓停出詔
許之遂停輿駕大同元年卒時年七十武帝流涕卽日
車駕臨殯詔贈特進右光祿大夫開府儀同三司皇太
子亦舉哀朝堂有司奏謚居敬行簡曰簡帝爲執心決
斷曰肅故謚簡肅公勉雖骨鯁不及范雲亦不阿意苟
合後知政事者莫及梁世之言相者稱范徐云勉善屬
文勤著述雖當機務下筆不休嘗以起居注煩雜乃撰
爲流別起居六百卷左丞彈事五卷在選曹撰選品五
卷齊時撰太廟祝文二卷以孔釋二教殊途同歸撰會
林五十卷凡所著前後二集四十五卷又爲人章表集
十卷皆行於世大同三年故佐史尚書左丞劉覽等詣
闕陳勉行狀請刊石紀德卽降詔立碑於墓焉悱字敬
業幼聰敏能屬文位太子舍人掌書記累遷洗馬中舍
人猶管書記出入宮坊者歷稔以足疾出爲湘東王友
俄還晉安內史

何敬容字國禮廬江灊人也祖攸之宋侍中父昌㝢齊
侍中領驍騎將軍並有名前代敬容以名家子弱冠選
尚齊武帝女長城公主拜駙馬都尉天監中爲建安內
史清公有美績吏民稱之普通中累遷守吏部尚書銓
序明審號爲稱職出爲吳郡太守爲政勤卹民隱辯訟
如神視事四年政爲天下第一吏民詣闕請樹碑詔許
之大通二年復爲吏部尚書領侍中太子中庶子敬容
身長八尺白晳美鬚眉性矜莊衣冠尤事鮮麗武帝雖
衣浣衣而左右衣必須潔嘗有侍臣衣帶卷摺帝怒曰
卿衣帶如繩欲何所縛敬容希旨故益鮮明常以膠清
刷鬚衣裳不整伏牀熨之或暑月背爲之焦每公庭就
列容止出人爲尚書右僕射參掌選事遷左僕射丹陽
尹並參掌大選如故時僕射徐勉參掌機密以疾陳解
因舉敬容自代故有此授敬容接對賓朋言辭若訥酬
答二宮則音韻調暢大同中朱雀門災武帝謂羣臣曰
此門制度卑狹我始欲改構之遂遭天災並相顧未有
答敬容獨曰此所謂先天而天不違時以爲名對五年
改爲尚書令參選事如故敬容久處臺閣詳悉晉魏以
來舊事且聰明識達勤於簿領詰朝理事日旰不休職
隆任重專預機密而拙於草隸淺於學術通苞苴餉餽
無賄則略不交語自晉宋以來宰相皆以文義自逸敬
容獨勤庶務貪恡爲時所嗤鄙其署名敬字則大作苟
小爲文容字大爲父小爲口陸倕戲之曰公家苟既奇
大父亦不小敬容遂不能答又多漏禁中語故嘲誚日
至嘗有客姓吉敬容問卿與邴吉遠近答曰如明公之
與蕭何時蕭琛子巡頗有輕薄才因製卦名離合等詩
嘲之亦不屑也帝嘗夢具朝服入太廟拜伏悲感旦於
延務殿說所夢敬容對曰臣聞孝悌之至通於神明陛
下性與天通故感應斯至上極然之便有拜陵之議十
一年坐妾弟費慧明爲導倉丞夜盜官米爲禁司所執
送領軍府時河東王譽爲領軍敬容以書解慧明譽前
經屬事不行因此譽卽封書以奏帝大怒付南司推劾
中丞張綰奏敬容挾私罔上合棄市詔特免職到溉謂
朱异曰天時便覺開霽其見嫉如此初天監中有沙門
釋寶誌常謂敬容曰君後必貴然終是何敗耳及敬容
爲宰相謂何姓爲其禍故抑没宗族無仕進者至是爲
河東所敗中大同元年三月武帝幸同泰寺講金字三
慧經敬容啓預聽勅許之又有勅朔望問訊尋起爲金
紫光祿大夫未拜又加侍中敬容舊時賓客門生諠譁
如昔冀其復用會稽謝郁致書戒之曰草萊之人聞諸
道路君侯已得瞻望朝夕出入禁門醉尉將不敢呵灰
然不無其漸甚休甚休敢賀於前又將弔也昔流言裁
至公旦東奔燕書始來子孟不入夫聖賢被虛過以自
斥未有釁時斆而求親者也且暴鰓之魚不念杯杓之
水雲霄之翼豈顧籠樊之糧何者所託已盛也昔君侯
納言加首鳴玉在腰回豐貂以步文昌聳高蟬而趨武
帳可謂盛矣不以此時薦才拔士少報聖朝之恩今卒
如爰絲之說受責見過方復欲更窺朝廷觖望萬分竊
不爲左右取也昔竇嬰楊惲亦得罪明時不能謝絕賓
客猶交黨援卒無後福終益前禍僕之所弔實在於斯
人人所以頗猶有踵君侯之門者未必皆感惠懷仁有
灌夫任安之義乃戒翟公之大署冀君侯之復用也夫
在思過之日而挾復用之意未可爲智者說矣夫君侯

宜杜門念失無有所通築茅茨於鍾阜聊優游以卒歲見可憐之意著待終之情復仲尼能改之言惟士貞吏也之譬少戢言於衆曰徽自救於竹帛所謂失之東隅收之桑榆如此令明主聞知倘有冀也僕東皐鄙人入穴幸無銜櫜恥天下之士不爲執事道之故披肝膽示情素君侯豈能鑒焉太淸元年遷太子詹事侍中如故二年侯景襲建鄴敬容自府移家臺內初景於渦陽退敗未得審實傳者乃云其將暴顯反景身與衆並沒朝廷爲憂敬容朝東宮簡文謂曰淮北始更有信侯景定得身免不如所傳敬容曰得景死深是朝廷福簡文失色問其故敬容曰景翻覆叛臣終當亂國是年簡文頻於元圃講老莊二書學士吳孜時寄詹事府每日入聽敬容謂孜曰昔晉氏喪亂頗由祖尚元虛胡賊遂覆中夏今東宮復襲此殆非人事其將爲戎乎俄而侯景難作其言有徵也二年卒於圍內何氏自晉司空充宋司馬尚之奉佛法並建立塔寺至敬容又捨宅東爲伽藍趨權者因助財造構敬容並不拒故寺堂宇頗爲宏麗時輕薄者因呼爲衆建寺及敬容免職出宅止有常用器物及襲衣而已竟無餘財貨時亦以此稱之敬容時爲從兄允所親愛允在若邪山嘗疾篤有書云田疇館宇悉奉衆僧書經並歸從弟敬容其見知如此敬容唯有一子年始八歲在吳臨還與允別允問名敬容曰仍欲就兄求名允即命紙筆名曰瑴曰昔云兩玉曰瑴吾與弟二家共此一子所謂瑴也位祕書丞早卒陳吏部尚書姚察曰魏正始及晉之中朝時俗尚於沖虛貴爲放誕尚書丞郎以上簿領文案不復經懷皆成於令史逮於江左此道彌扇唯卞壼以臺閣之務頗欲綜理阮孚謂之曰卿常無閑暇不乃勞乎宋世王景弘身居端右未嘗省牒風流相尚其流遂遠望白題空是稱貴賞恪勤匪懈終滯鄙俗是使朝務廢於上職事隳於下小人道長抑此之由嗚呼傷風敗俗曾莫之悟永嘉不競戎馬生郊宜其然矣何國禮之識治見譏薄俗惜哉

范岫字懋賓濟陽考城人也高祖宣晉徵士父羲宋尚書殿中郎本州別駕竟陵王誕反羲在城中事平遇誅岫幼而好學早孤事母以孝聞外祖顏延之早相題目以爲中外之寶蔡興宗臨荆州引爲主簿及蔡將卒以岫貧乏遺旨賜錢二十萬固辭拒之仕齊爲太子家令文惠太子之在東宮沈約之徒以文才見引岫亦預焉岫文雖不逮約而名行爲時輩所與博涉多通尤悉魏晉以來吉凶故事約嘗稱曰范公故事該博胡廣無以加焉南郡范雲謂人曰諸君進止威儀當問范長頭以岫多識前代舊事也遷國子博士岫長七尺八寸姿容奇偉永明中魏使至詔妙選朝士有辭辯者接使於界首故以岫兼淮陰長史迎焉入爲尚書左丞丁母憂居喪過禮朝廷頻起並不拜朝廷亮其哀款得終喪制出爲安城內史創立鈞折行倉公私弘益徵黃門侍郎兼御史中丞吏將送一無所納永元末爲輔國將軍冠軍晉安王長史行南徐州事武帝平建鄴承制徵爲尚書吏部郎參大選天監五年爲散騎常侍光祿大夫侍中太子給扶累遷祠部尚書金紫光祿大夫卒官岫恭敬儼恪進止以禮自親喪後蔬食布衣以終身每所居官恒以廉潔著稱爲長城令時有梓材巾箱至數十年經貴遂不改易在晉陵唯作牙管筆一雙猶以爲費所著文集禮論雜儀字訓行於世二子褒偉

傅昭字茂遠北地靈州人晉司隸校尉咸七世孫也祖和之父淡善三禮知名宋世淡事宋竟陵王誕誕反坐誅昭六歲而孤哀毀如成人爲外祖所養十歲於朱雀航賣歷日雍州刺史袁顗見而奇之顗嘗來昭所昭讀書自若神色不改顗歎曰此兒神情不凡必成佳器司徒建安王休仁聞而悅之固欲致昭昭以宋氏多故遂不往或有稱昭於廷尉虞愿愿遣車迎昭時愿宗人通之在坐並當時名流通之貽昭詩曰英妙擅山東才子傾洛陽淸塵誰能嗣及爾遘遺芳太原王延秀薦昭於丹陽尹袁粲深爲所禮辟爲郡主簿使諸子從昭受學明帝崩粲造哀冊文乃引昭定其所製昭有其半焉粲每經昭戶輒歎曰經其戶寂若無人披其帷其人斯在豈非名賢尋爲總明學士奉朝請齊永明中累遷尚書儀曹郎先是御史中丞劉休薦昭於齊武帝永明初以昭爲南郡王侍讀王嗣帝位故時臣隸爭求權寵唯昭及南陽宗夬保身而已守正無所參入竟不罹禍明帝踐阼引昭爲中書舍人時居此職者皆權傾天下昭獨廉靜無所干預器服率陋身安粗糲常插燭於版牀明帝聞之賜漆合燭盤等勅曰卿有古人之風故賜卿古人之物累遷尚書左丞本州大中正武帝素重昭梁臺建以爲給事黃門侍郎領著作兼御史中丞天監三年兼五兵尚書參選事四年即眞歷位左戶尚書安成內史郡自宋來兵亂相接府舍稱凶皆旦聞人鬼相觸在任者鮮以吉終及昭爲郡郡人夜夢見兵甲甚盛而出又聞有人云傅公善人不可侵犯乃相與騰虛而逝夢者驚起俄而疾風暴雨數間屋俱倒即夢者所見軍馬踐蹈之所也自是郡舍遂安咸以昭貞正所致郡溪無

魚或有暑月薦昭魚者昭既不納又不欲拒之遂餒于門側郡多虎爲害常設檻穽昭曰人不害虎虎亦不害人乃命去檻穽虎竟不爲害歷祕書監太常卿遷臨海太守郡有蜜巖前後太守皆自封固專收其利昭以周文之囿與百姓共之大小可喻乃教勿封縣令甞餉栗寘絹于薄下昭笑而還之普通二年入爲通直散騎常侍金紫光祿大夫領本州大中正五年遷散騎常侍昭所涖官常以清靜爲政不尙嚴肅居朝廷無所請謁不畜私門生不交私利終日端居以書記爲樂雖老不衰博極古今尤善人物魏晉以來官宦簿閥姻通內外舉而論之無所遺失世稱爲學府性尤篤愼子婦常得家餉牛肉以進昭昭召其子曰食之則犯法告之則不可取而埋之其居身行己不負闇室類皆如此京師後進宗其學重其道人人自以爲不逮大通二年卒年七十五謚曰貞長子請位尙書郞湘東王外兵參軍諸子準有文才陳宣帝時位度支尙書昭弟映字徽遠三歲而孤兄弟友睦修身勵行非禮不動始昭之守臨海也陸倕餞之賓主俱懽日暮不反映以昭年高不可連夜極樂乃自往候接同乘而歸兄弟並已斑白時人美而服焉及昭卒映喪之如父年踰七十哀戚過禮服制雖除每言輒感慟映泛涉記傳有文才而不以篇什自命褚淵聞而悅之乃屈與子賁等游處年未弱冠淵欲令仕映以昭未解褐固辭須昭宦乃仕永元元年爲武康令武帝師次建康吳興太守袁昂自謂門世忠貞固守誠節乃訪於映曰卿謂時事云何映答曰元嘉之末開闢未有故太尉殺身以明節司徒當寄託之重理無茍全所以不顧夷險以列名義今嗣主昏虐狎近群小親賢誅戮君子道消外難屢作曾無悛改今荆雍協舉乘據上流背昏向明勢無不濟百姓思治天下之意可知既明且哲忠孝之途無爽願明府更當雅慮無祇悔也天監中爲烏程令所受俸祿悉歸于兄果遷中散大夫光祿卿大同五年卒年八十三子弘

傅岐字景平北地靈州人也祖琰齊南郡內史父翽天監中爲建康令俱列良吏傳岐起家爲南康王左常侍後兼尙書金部郞母憂去職居喪盡禮服闋後疾廢久之復除始興令縣人有因鬬相毆而死死家訴郡郡錄其仇人考掠備至終不引咎郡乃移獄於縣岐卽令脫械以和問之便卽首服法當償死會冬節至岐乃放其還家獄曹掾固爭曰古者有此今不可行岐曰其若負信縣令當坐竟如期而反太守深相歎異遽以狀聞岐後去縣人無老少皆出境拜送號哭聞數十里至都除廷尉正入兼中書通事舍人累遷安西中記室兼舍人如故岐美容止博涉能占對大同中與魏和親其使歲中再至常遣岐接對焉太清元年累遷太僕司農卿舍人如故岐在禁省中十餘年機事密勿亞於朱异此年冬貞陽侯蕭淵明伐彭城兵敗因於魏三年淵明遣使還述魏欲通和勅有司及近臣定議左衛朱异曰邊境且得靜寇息民於事爲便議者並然之岐獨曰高澄既新得志何事須和必是設間故令貞陽遣使令侯景自疑當以貞陽易景景意不安必圖禍亂若許通好政是墮其計中且彭城去歲喪師渦陽復新敗退今使就和益示國家之弱和不可許异等固執帝遂從之及遣使景果有此疑遂舉兵入寇請誅朱异三年遷中領軍舍人如故二月侯景於闕前通表乞割江右四州安置部下當解圍還鎭勅許之乃於城西立盟求遣召宣城王出送岐固執宣城王嫡嗣之重不宜許之乃遣石城公大款送之及與景盟訖城中文武喜躍冀得解圍岐獨言於衆曰賊舉兵爲逆豈有求和之理及景背盟莫不歎服尋有詔以岐勤勞封南豐縣侯固辭不受宮城失守岐帶疾出圍卒於宅

江革字休映濟陽考城人也祖齊之宋都水使者尙書金部郞父柔之齊尙書倉部郞有孝行以母憂毀卒革幼而聰敏早有才思六歲便解屬文柔之深加賞器曰此兒必興吾門九歲丁父艱與第四弟觀同生少孤家貧傍無師友兄弟自相訓勗讀書精力不倦十六喪母以孝聞服闋與觀俱詣太學補國子生舉高第齊中書郞王融吏部郞謝朓雅相欽重常宿衛還候革時大寒雪見革弊絮單席而耽學不倦嗟嘆久之乃脫所著襦并手割半氈與革充卧具而去司徒竟陵王聞其名引爲西邸學士弱冠舉南徐州秀才時豫章胡諧之行州事王融與諧之書令薦革諧之方貢琅邪王泯便以革代之解褐奉朝請僕射江祏深相引接祏爲太子詹事啓革爲丞祏時權傾朝右以革才堪經國令參掌機務詔誥文檄皆具以委革防杜形迹外人不知祏誅賓客皆罹其罪革獨以智免除尙書駕部郞中興元年武帝入石頭時吳興太守袁昂據郡拒義不從迺使革製書與昂於坐立成辭義典雅帝深賞歎之因令與徐勉同掌書記建安王爲雍州刺史表求革管記以爲征北記室參軍帶中廬令革與弟觀少長共居不忍離別苦求同行乃以觀爲征北行參軍兼記室時吳興沈約樂安任昉與革書云此段雍府妙選英才文房之職總卿昆

季可謂馭二龍於長途騁騏驥於千里遂次江夏觀遇疾而卒革在雍爲府主所禮款若布衣後爲建康正頻遷秣陵建康令爲政明肅豪彊憚之歴中書舍人尚書左丞晉安王長史尋陽太守行江州府事徙廬陵王長史太守行事如故以清嚴爲屬城所憚時少王行事多傾意於籤帥革以正直自居不與典籤趙道智坐道智因還都啓事而陳革墮事好酒以瑯邪王曇聰代爲行事南州士庶爲之語曰故人不道智新人佞散騎莫知度不度新人不如故還御史中丞彈奏權豪一無所避後爲鎮北豫章王長史廣陵太守時魏徐州刺史元法僧降附革被勅隨府王鎮彭城城既失守革素不便馬乃泛舟而還途經下邳爲魏人所執魏徐州刺史安豐王元延明聞革才名厚加接待革稱脚疾不拜延明將害之見革辭色嚴正更加敬重時祖暅同被拘縶延明使暅作欹器漏刻銘革唾罵暅曰卿荷國厚恩已無報答今乃爲虜立銘孤負朝廷延明聞之乃令革作丈八寺碑并祭彭祖文革辭以囚執既久無復心思延明逼之愈苦將加箠朴革厲色而言曰江革行年六十不能殺身報主今日得死爲幸誓不爲人執筆延明知不可乃止日給革脫粟三升僅餘性命值魏主詔中山王元略反北乃放革及祖暅還朝上大宴舉酒勸革曰卿那不畏延明害對曰臣行年六十死不爲夭豈畏延明帝曰今日始見蘇武之節於是以爲太尉臨川王長史時帝惑於佛教朝賢多啓求受戒革精信因果而帝未知謂革不奉佛法乃賜革覺意詩五百字末云唯當勤精進自彊行勝修豈可作底突如彼必死囚以此告革及諸貴游又手勅曰果報不可不信豈得底突如對元延明邪革因乞受菩薩戒時武陵王紀在東州頗驕縱上召革面勅曰武陵王年少臧盾性弱不能規正欲以卿代爲行事不得有辭乃除折衝將軍東中郎武陵王長史會稽郡丞行府州事革門生故吏家多在東聞革應至並齎持緣道迎候革曰我通不受餉不容獨當故人筐篚至鎮唯資公奉食不兼味郡境殷廣辭訟日數百革分判辯析曾無疑滯民安吏畏百城震恐瑯邪王騫爲山陰令贓賄狼籍望風自解府王憚之每至侍讌言論必以詩書王因此耽學好文典籤沈熾文以王所製詩呈武帝帝謂僕射徐勉曰江革果能稱職乃除都官尚書將還民皆戀之贈遺一無所受送故依舊資遣革並不納唯乘臺所給一舸舸艚偏欹不得安卧或謂革曰船既不平濟江甚險當移徙重物以正輕艚革既無物乃於西陵岸取石十餘片以實之其清貧如此尋監吳郡時境內荒儉劫盜公行革至郡唯有公給仗身二十人百姓皆懼不能靜寇革乃省游軍尉百姓遑恐革乃廣施恩惠盜賊靜息武陵王出鎮江州乃曰我得江革文華清麗豈能一日忘之當與其同飽乃表革同行又除明威將軍南中郎長史尋陽太守徵入爲度支尚書好獎進閭閻爲後生延譽由是衣冠士子翕然歸之時尚書令何敬容掌選序用多非其人革性彊直每至朝宴常有褒貶以此爲權貴所疾乃謝病還家除光祿大夫優遊閑放以文酒自娛卒謚曰彊子有集二十卷革歴官八府長史四王行事三爲二千石傍無姬侍家徒壁立世以此高之子行敏早卒次子德藻好學美風儀身長七尺四寸性至孝事親盡禮與異產昆弟居恩惠甚篤涉獵經籍善屬文爲尚書比部郎以父憂去職服闋後容貌毀瘠如居喪時及陳武帝受禪爲秘書監兼尚書左丞尋以本官兼中書舍人天嘉中兼散騎常侍與中書郎劉師知使齊著北征道里記三卷還除太子中庶子遷御史中丞坐公事免官後自求宰縣補新渝令政尚恩惠頗有異績卒於官文帝贈散騎常侍文筆十五卷子椿亦善屬文位尚書右丞德藻弟從簡少有文情年十七作采荷調以刺何敬容爲當時所賞侯景亂爲任約所害子兼叩頭流血乞代父命以身蔽刃遂俱見殺天下痛之

許懋字昭哲高陽新城人魏鎮北將軍允九世孫也五世祖詢晉徵士祖珪宋給事著作郎桂陽太守父勇慧齊太子家令冗從僕射懋少孤性至孝居父憂執喪過禮篤志好學爲州黨所稱年十四入太學受毛詩旦領師說晚而覆講座下聽者常數十百人因撰風雅比興義十五卷盛行於世尤明故事稱爲儀注之學起家後軍豫章王行參軍轉法曹舉秀才遷驃騎大將軍儀同中記室文惠太子聞而召之侍講于崇明殿後兼國子博士與司馬褧同志友善僕射江祏甚雅重之號爲經史笥天監初吏部尚書范雲舉懋參詳五禮除征西鄱陽王諮議參軍兼著作郎待詔文德省時有請封會稽禪國山者武帝雅好禮因集諸儒學士草封禪儀將行焉懋建議獨以爲不可帝見其議嘉納之由是遂停天監七年請造大裘以祀昊天上帝又議雩祭燔柴非禮詔並從之十年轉太子家令凡諸禮儀多所刊正以足疾出爲始平太守政有能名加散騎常侍轉天門太守中大通三年皇太子召與諸儒錄長春義記四年拜中庶子是歲卒撰述行記四卷有集十五卷子亨列在陳

殷鈞字季和陳郡長平人晉荊州刺史仲堪五世孫也曾祖元素宋南康相坐元凶事誅元素娶尙書僕射琅邪王僧朗女生子盛早卒盛遺腹子叡亦當從戮僧朗啓孝武救之得免叡有口辯司徒褚淵甚重之謂曰諸殷自荊州已來無出卿叡斂容答曰殷族衰悴誠不如昔若此旨爲虛故不足降此旨爲實彌不可聞仕齊司徒從事中郞叡妻王奐女奐爲雍州刺史啓叡爲府長史奐誅叡亦見害鈞時年九歲以孝聞及長恬靜簡交游好學有思理善隸書爲當時楷法南郡范雲樂安任昉並稱賞之武帝與叡少故舊故以女永興公主妻鈞拜駙馬都尉歷祕書丞鈞在職啓校定祕閣四部書更爲目錄又受詔料檢西省法書古迹別爲品目遷太子家令掌東宮書記自宋齊以來公主多驕淫無行永興主加以險虐鈞形貌短小爲主所憎每被召入先滿壁爲殷叡字鈞輙流涕以出主命婢束而反之鈞不勝怒而言於帝帝以犀如意擊主碎於背然猶恨鈞自侍中出爲王府諮議後爲明威將軍臨川內史鈞體羸多疾閉閤卧理而百姓化其德刼盜皆奔出他境常擒刼帥不加考掠但和言誚責刼帥稽顙乞改過鈞便命遣之後遂爲善人郡舊多山瘧更暑必動自鈞在郡境內無復瘧疾毋憂去職居喪過禮昭明太子憂之手書誡喻服闋爲散騎常侍領步兵校尉侍東宮改領中庶子後爲國子祭酒卒謚曰貞二子構渥鈞宗人芸芸字灌蔬倜儻不拘細行然不妄交游門無雜客勵精勤學博洽羣書幼而廬江何憲見之深相嘆賞天監中稍遷後直東宮學士省卒

陳伯之濟陰睢陵人也年十三四好著獺皮冠帶刺刀候鄰里稻熟輙偷刈之嘗爲田主所見呵之曰楚子莫動伯之曰君稻幸多取一擔何苦田主將執之因拔刀而進曰楚子定何如田主皆反走徐擔稻而歸及年長在鍾離數爲刼盜嘗援面覘人船船人斫之獲其左耳後隨鄉人車騎將軍王廣之廣之愛其勇每夜卧下榻征伐常將自隨頻以戰功累遷驃騎司馬封魚復縣伯武帝起兵東昏假伯之節督前驅諸軍事豫州刺史轉江州據尋陽以拒武帝郢城平武帝使說伯之即以爲江州刺史子虎牙爲徐州刺史伯之雖受命猶懷兩端帝及其猶豫逼之伯之退保南湖然後歸附與衆軍俱下建康城未平每降人出伯之輙喚與耳語帝疑其復懷翻覆會東昏將鄭伯倫降帝使過伯之謂曰城中甚忿卿欲遣信誘卿須卿降先斷卿手足卿若不降復欲遣刺客殺卿伯之大懼自是無異志矣城平封豐城縣公遣之鎭伯之不識書及還江州得文牒辭訟唯作大諾而已有事典籤傳口語與奪決於主者伯之與豫章人鄧繕永興人戴承忠並有舊繕經藏伯之息免禍伯之尤德之及在州用繕爲別駕承忠爲記室參軍河南褚緭都下之薄行者武帝即位頻造尙書范雲雲不好緭堅拒之緭益怒私語所知曰建武以後草澤底下悉成貴人吾何罪而見棄今天下草創喪亂未可知陳伯之擁彊兵在江州非代來臣有自疑之意且復熒惑守南斗詎非爲我出今者一行事若無成入魏何減作河南郡公於是投伯之書佐王思穆因事伯之大見親狎及伯之鄉人朱龍符爲長流參軍並乘伯之愚闇恣行姦險伯之子虎牙時爲直閤將軍武帝手疏龍符罪親付虎牙虎牙封示伯之帝又遣代江州別駕鄧繕伯之並不受命曰龍符健兒鄧繕在事有績臺所遣別駕請以爲中從事繕於是日夜說伯之云臺家府庫空竭無復器仗三倉無米此萬世一時機不可失緭承忠等每贊成之伯之謂繕今段啓卿若復不得便與卿共下使反武帝勑部內一郡處繕伯之於是集府州佐史謂曰奉齊建安王教率江北義勇十萬已次六合見使以江州見力運糧速下我荷明帝厚恩誓以死報使緭詐爲蕭寶寅書以示僚佐於聽事前爲壇殺牲以盟伯之先歃長史以下次第歃緭說伯之今舉大事宜引人望程元沖不與人同心臨川內史王觀僧虔之孫人身不惡可召爲長史以代元沖伯之從之仍以緭爲尋陽太守承忠輔義將軍龍符豫州刺史豫章太守鄭伯倫起郡兵拒守程元沖既失職於家合率數百人使伯之典籤呂孝通戴元則爲內應伯之每旦常作伎日晡輙臥左右仗身皆休息元沖因其解弛從北門入徑至聽事前伯之聞叫自率出盪元沖力不能敵走逃廬山伯之遣使還都報虎牙兄弟虎牙等走盱台盱台人徐文安莊興紹張顯明邀擊之不能禦反見殺武帝遣王茂討之伯之敗走閒道亡命出江北與子虎牙及褚緭俱入魏魏以伯之爲使持節散騎常侍都督淮南諸軍事平南將軍光祿大夫曲江縣侯天監四年詔太尉臨川王宏北侵宏記室邱遲私與伯之書曰陳將軍足下無恙幸甚幸甚將軍勇冠三軍才爲世出棄燕雀之毛羽慕鴻鵠以高翔昔因機變化遭遇時主立功立事開國稱孤朱輪華轂擁旄萬里何其壯邪如何一旦爲奔亡之虜聞鳴鏑而股戰對穹廬以屈膝又何劣邪尋君去就之

際非有他故直以不能內審諸己外受流言沈迷猖蹶以至於此聖朝赦罪責功棄瑕錄用推赤心於天下安反側於萬物此將軍之所知非假僕一二談也昔朱鮪涉血於友于張繡倳刃於愛子漢主不以爲疑魏君待之若舊況將軍無昔人之罪而勳重當代夫迷塗知反往哲是與不遠而復先典攸高主上屈法申恩吞舟是漏將軍松柏不翦親戚安居高堂未傾愛妾尚在悠悠爾心亦何可言當今功臣名將鴈行有序佩紫懷黃讚帷幄之謀乘軺建節奉疆埸之任並刑馬作誓傳之子孫將軍獨靦顏借命驅馳氈裘之長寧不哀哉以慕容超之彊身送東市姚泓之盛面縛西都故知霜露所均不育異類姬漢舊邦無取雜種北虜僭號中原多歷年所惡積禍盈理至焦爛況僞孽昏狡自相夷戮部落攜離酋豪懷貳方當繫頸蠻邸縣首藁街而將軍魚游於沸鼎之中燕巢於飛幕之上不亦惑乎暮春三月江南草長雜花生樹羣鸎亂飛見故國之旗鼓感平生於疇日撫弦登陴豈不愴悢所以廉公之思趙將吳子之泣西河人之情也將軍獨無情哉想早勵良規自求多福當今皇帝盛明天下安樂白環西獻楛矢東來夜郎滇池解辮請職朝鮮昌海蹶角受化唯北狄野心掘強沙塞之間欲延歲月之命耳中軍臨川殿下明德茂親總茲戎重弔民洛汭伐罪秦中若遂不改方思僕言聊布往懷君其詳之伯之得書乃於壽陽擁衆八千歸降虜牙爲魏人所殺伯之既至以爲平朔將軍西豫州刺史永新縣侯未之任復爲驍騎將軍又爲太中大夫久之卒於家其子猶有在魏者褚緭在魏魏人欲用之魏元會緭戲爲詩曰帽上著籠冠袴上著朱衣不知是今是不知非昔非魏人怒出爲始平太守日日行獵墮馬而死

陳慶之字子雲義興國山人也幼隨從武帝帝性好碁每夜達旦不輟等輩皆倦寐唯慶之不寢聞呼即至甚見親賞從平建鄴稍爲主書散財聚士常思效用除奉朝請普通中魏徐州刺史元法僧於彭城求入內附以慶之爲威武將軍與胡龍牙成景儁率諸軍應接還除宣猛將軍文德主帥仍率軍送豫章王綜入鎮徐州魏遣安豐王元延明臨淮王元彧率衆十萬來拒延明先遣其別將邱大千觀兵近境慶之擊破之後豫章王棄軍奔魏慶之乃斬關夜退軍士獲全普通七年安西將軍元樹出鎮壽春除慶之假節總知軍事魏豫州刺史李憲遣其子長鈞別築兩城相拒慶之攻拔之憲力屈遂降慶之入據其城轉東宮直閤大通元年隸領軍曹仲宗伐渦陽魏遣恒山王元昭等率馬步十五萬來援前軍至駝澗去渦陽四十里韋放曰賊鋒必是輕銳戰捷不足爲功如不利沮我軍勢不如勿擊慶之曰魏人遠來皆已疲倦須挫其氣必無不敗之理於是慶之與麾下五百騎奔擊破其前軍魏人震懼還與諸將連營西進據渦陽城與魏相持自春至冬各數十百戰師老氣衰魏之援兵復欲築壘於軍後仲宗等恐腹背受敵謀退慶之杖節軍門曰須虜圍合然後與戰若欲班師慶之別有密勑仲宗壯其計乃從之魏人掎角作十三城慶之銜枚夜出陷其四壘渦陽城主王緯乞降餘九城兵甲猶盛乃陳其俘馘鼓譟攻之遂奔潰斬獲略盡渦水咽流降城中男女三萬餘口詔以渦陽之地置西徐州衆軍乘勝前頓城父武帝嘉之賜慶之手詔曰本非將種又非豪家觖望風雲以至於此可深思奇略善克令終開朱門而待賓揚聲名於竹帛豈非大丈夫哉大通初魏北海王元顥以本朝大亂自拔來降求立爲魏主帝納之以慶之爲假節飈勇將軍送元顥還北顥於渙水即魏帝號授慶之使持節鎮北將軍大都督發自銍縣進攻滎陽遂至睢陽魏將邱大千有衆七萬分築九壘以相拒慶之自旦至申陷其二壘大千乃降魏濟陰王元暉業率羽林庶子二萬人來救梁宋進屯考城慶之攻陷其城生擒暉業仍趣大梁顥進慶之徐州刺史武都郡王仍率衆而西魏左僕射楊昱等率御仗羽林宗子庶子衆七萬據滎陽距元顥兵精城固魏將元天穆大軍復將至先遣其驃騎將軍爾朱兆騎將魯安等援楊昱又遣右僕射爾朱世隆西荊州刺史王羆統萬騎據虎牢前後旗鼓相望時滎陽未拔士衆皆恐慶之乃解鞍秣馬宣喻衆曰吾至此以來屠城略地實爲不少君等殺人父兄掠人子女又爲無算天穆之衆並是仇讎我等纔有七千賊衆七十餘萬今日之事義不圖存吾以虜騎不可爭力平原及未盡至前須平其城壘一鼓悉使登城使壯士東陽宋景休義興魚天愍踰堞而入遂克之俄而魏軍外合慶之率精騎三千背城逆戰大破之魯安於陣乞降天穆兆單騎獲免收滎陽儲實牛馬穀帛不可勝計進赴虎牢世隆棄城而走魏孝莊出奔并州其臨淮王元彧安豐王元延明率百僚封府庫備法駕迎顥入洛陽宮御前殿改元大赦元顥以慶之爲侍中車騎大將軍元天穆又攻大梁分遣王老生費穆據虎牢刁宣刁雙入梁宋慶之隨方掩擊並降天穆奔潰與數十騎北度河慶之麾下悉著白袍

所向披靡先是洛中童謡曰名師大將莫自牢千兵萬馬避白袍自發銍縣至洛陽十四旬平三十二城四十七戰所向無前初魏孝莊帝單騎度河宮衛嬪侍無改於常元顥既得志荒于酒色乃日夜宴樂不復視事與安豐臨淮共計背梁絶賓饋之禮以時事未安且資慶之之力因外同內異慶之心知之亦密爲其計乃說顥曰今遠來至此未伏尙多宜啟天子更請精兵并勑諸州有南人没此者悉須部送顥欲從之元延明說顥曰陳慶之兵不出數千已自難制今更增兵寧肯爲用魏之宗社於斯而滅顥由是疑慶之乃密啟武帝停軍洛下南人不出一萬魏人十倍軍副馬佛念言於慶之曰勳高不賞震主身危二事既有將軍豈得無慮自古以來廢昏立明扶危定難鮮有終者今將軍威震中原聲動河塞屠顥據洛則千載一時也慶之不從顥前以慶之爲徐州刺史因求之鎭顥心憚之遂不遣魏將爾朱榮爾朱世隆元天穆爾朱兆長史高歡鮮卑茹茹勒衆號百萬挾魏帝來攻元顥顥據洛陽六十五日凡所得城一時歸魏慶之度河守北中郎城三日中十一戰傷殺甚衆榮將退還時有劉靈助者善天文乃謂榮曰不出十日河南大定榮乃縛木爲栰濟自硤石與顥戰於河橋顥大敗走至臨潁被禽洛陽復入魏慶之馬步數千結陣東返榮親自來追値嵩高山水洪溢軍人死散慶之乃落鬚髮爲沙門間行至豫州州人程道雍等潛送出汝陰至京都仍以功除右衛將軍封永興縣侯出爲北兗州刺史都督緣淮諸軍事會有妖賊沙門僧彊自稱爲帝土豪蔡伯寵舉兵應之攻陷北徐州詔慶之討焉慶之斬伯寵僧彊傳其首中大通二年除南北司二州刺史加都督慶之至鎭遂圍縣瓠破魏頳州刺史婁起揚州刺史夏元寶於溱水又破行臺孫騰豫州刺史堯雄梁州刺史司馬恭於楚城罷義陽鎭兵停水陸轉運江湘諸州並得休息開田六千頃二年之後倉廩充實又表省南司州復安陸郡置上明郡大同二年魏遣將侯景攻下楚州執刺史桓和景仍進軍淮上慶之破之時大寒雪景棄輜重走是歲豫州饑慶之開倉振給多所全濟州人李昇等八百人表求樹碑頌德詔許焉五年卒謚曰武慶之性祗慎每奉詔勅必洗沐拜受儉素不衣紈綺不好絲竹射不穿札馬非所便而善撫軍士能得其死力長子昭嗣梁世寒門達者惟慶之與俞藥藥初爲武帝左右帝謂曰俞氏無先賢世人云俞錢非君子所宜改姓喻藥曰當令姓自於臣歷位雲騎將軍安州刺史慶之第五子昕字君章七歲能騎射十二隨父入洛還都詣鴻臚卿朱异异訪北間事昕聚土畫城指麾分別异甚奇之慶之在縣瓠魏驍將堯雄子寶樂特爲敢勇求單騎校戰昕躍馬直趣寶樂雄即潰散後爲臨川太守太清二年侯景圍歷陽勑召昕還昕啟云采石急須重鎭王質水軍輕弱恐虜必濟乃版昕爲雲騎將軍代質未及下渚景已渡江爲景所禽令收集部曲將用之昕誓而不許景使其儀同范桃棒嚴禁之昕因說桃棒令率所領歸降襲殺王偉宋子仙桃棒許之遂立盟射城中遺昕夜縋而入武帝大喜勑即受降僩文遲疑累日不決外事泄昕弗之知猶依期而下景邀得之逼昕令更射書城中云桃棒且輕將數十人先入景欲衷甲隨之昕不從遂見害昕弟暄列在陳史

蘭欽字休明中昌魏人也幼而果決趫捷過人宋末隨父子雲在洛陽恒於市騎橐駞後子雲還南天監中以軍功至冀州刺史欽兼慶德主帥征南中五郡諸洞反者所至皆平欽有謀略勇決善戰步行日二百里勇武過人善撫馭得人死力以軍功封懷安縣男累遷都督梁南秦二州刺史進爵爲侯征梁漢事平進號智武將軍改授都督衡州刺史未及述職會西魏攻圍南鄭梁州刺史杜懷寶來請救欽乃大破魏軍追入斜谷斬獲略盡魏相安定公遺欽馬二千匹請結鄰好欽百日之中再破魏軍威振鄰國詔加散騎常侍仍令述職經廣州因破俚帥陳文徹兄弟並禽之至衡州進號平南將軍改封曲江縣公在州有惠政吏民詣闕請立碑頌德詔許焉後爲廣州刺史前刺史新渝侯映之薨南安侯恬權行州事冀得即眞及聞欽至嶺厚貨廚人塗刀以毒飼瓜進之欽及愛妾俱死帝聞之怒檻車收恬削爵士欽子夏禮侯景至歷陽率其部曲邀景兵敗死之

賀瑒字德璉會稽山陰人也祖道力善三禮仕宋爲尙書三公郎建康令父損亦傳家瑒少傳家業齊時沛國劉瓛爲會稽府丞見瑒深器異之嘗與俱造吳郡張融指瑒謂融曰此生將來爲儒者宗矣薦之爲國子生舉明經後爲太學博士天監初爲太常丞有司舉修賓禮召見說禮義武帝異之詔朝朔望預華林講四年開五館以瑒兼三經博士別詔爲皇太子定禮撰五經義時武帝方創定禮樂瑒所建議多見施行七年拜步兵校尉領五經博士卒于館所著禮易老莊講疏朝廷博士議數百篇賓禮儀注一百四十五卷瑒於禮尤精館中生徒常百數弟子明經對策至數十人二子革季弟子琛並傳瑒業革字文明少以家貧躬耕供養年二十始

瓛未就父業精力不怠有六尺方牀思義未達則橫卧其上不盡其義終不肯食通三禮及長徧修孝經論語毛詩左傳爲兼太學博士長七尺八寸雍容都雅吐納蘊藉勑於永福省爲邵陵湘東武陵三王講禮後爲國子博士於學講授生徒常數百人出爲西中郎湘東王諮議參軍帶江陵令王於州置學以革領儒林祭酒講三禮荆楚衣冠聽者甚衆前後再監南平郡爲民吏所懷尋兼平西長史南郡太守革至孝常恨食祿代耕不及爲養在荆州歷爲郡縣所得俸秩不及妻孥專擬還鄉造寺以申感思子徽美少能傳家業最爲革愛先革卒革哭之因得疾而卒季亦能明三禮位中書黃門郎兼著作郎早卒琛幼孤瑒授以經業一聞便通義理瑒異之曰此兒當以明經致貴瑒卒後琛家貧常往還諸暨販粟以自給躬自執舟楫閑則習業尤精三禮年二十餘瑒之門徒往從問道初瑒於鄉里聚徒教授四方受業者數百餘人瑒天監中亡至是復集琛乃築室郊郭之際茅茨數椽年將三十便事講授既世習禮學究其精微又祖述先儒吐言辯潔聽者終日不疲湘東王幼年臨郡彭城到溉爲行事聞琛美名命駕相造會琛正講學侶滿筵既聞上佐忽來莫不傾動琛說經無輟曾不降意溉下車欣然就席便申問難往復從容義理該贍溉歎曰通儒實學復見賀生今且還城尋當相屈琛了不酬答神用頹然溉言之王請補郡功曹史琛辭以母老終於固執俄遭母憂廬於墓所服闋猶未還舍生徒從之琛哀毀積年骨立而已未堪講授諸生營救稍稍習業普通中太尉臨川王宏臨州召補祭酒從事琛年已四十餘始應辟命武帝聞其有學術召見文德殿與語悅之謂僕射徐勉曰琛殊有門業仍補王國侍郎稍遷兼中書通事舍人令參禮儀事累遷通直正員郎兼尚書右丞滿歲爲眞詔琛撰新謚法便即施用時皇太子議大功之末可以冠子嫁女琛駁議曰令旨以大功之末可得冠子嫁女不自冠自嫁推以記文竊猶致惑按嫁冠之禮本是父之所成無父之人乃可自冠故記稱大功小功並以冠子嫁女爲文非關唯得爲子己身不得也小功之末既得自娶而亦云冠子娶婦其義益明故先列二服每明冠子嫁女結於後句方顯自娶之義既明小功自娶即知大功自冠矣蓋是約言而見旨若謂緣父服大功子服小功小功服輕故得爲子冠嫁大功服重故不得自嫁自冠者則小功之末非明父子服殊不應復云冠子嫁女也若謂小功之文言已可娶大功之文不言已冠故知身有大功不得自行嘉禮但得爲子冠嫁竊謂有服不行嘉禮本爲吉凶不得相干子雖小功之末可得行冠嫁猶應須父得爲其冠嫁若父於大功之末可以冠子嫁女是於吉凶禮無礙吉凶禮無礙豈不得自冠自嫁若自冠自嫁於事有礙則冠子嫁女寧獨可通今許其冠子而塞其自冠是琛之所惑也又令旨推下殤小功不可娶婦則降服大功亦不得爲子冠嫁伏尋此旨若爲降服大功不可冠子嫁女則降服小功亦不可自冠自嫁是爲凡厭降服大功小功皆不得冠娶矣記文應云降服則不可寧得唯稱下殤今不言降服的舉下殤實有其義夫出嫁出後或有再降出後之身於本姊妹降爲大功若是大夫服父士又以尊降則成小功其於冠嫁義無所異所以然者出嫁則有受我出後則有傳重並欲使薄於此而厚於彼此服雖降彼服則隆昔實期親雖復再降猶依小功之禮可冠可娶若夫期降大功大功降爲小功止是一等降殺有倫服末冠嫁故無有異唯下殤之服特明不娶之義者蓋緣以幼弱之故夭喪情深既無受厚他姓又異傳重彼宗嫌其年幼頓成殺降故特明不娶以示本重之恩是以凡厭降服冠嫁不殊唯在下殤乃明不娶其義若此則不得言大功之降服皆不冠嫁也且記云下殤小功言下殤則不通於中上語小功又不兼於大功若實大功小功降服皆不冠嫁上中二殤亦不冠嫁者記不得直云下殤小功則不可恐非文意此又琛之所疑也遂從琛議加員外散騎常侍舊尚書南坐無貂貂自琛始也遷御史中丞參禮儀如先琛性貪嗇多受賕賂家產既豐買主第爲宅爲有司所奏坐免官俄復爲尚書左丞兼通直散騎常侍並參禮儀事琛前後居職凡郊廟諸儀多所創定每進見帝與語常移晷刻故省中爲之語曰上殿不下有賀雅琛容止都雅故呼之遷散騎常侍參禮儀如故是時武帝年高任職者緣飾姦諂深害時政琛啟陳事條封奏其大略一曰今北邊稽服政是生聚教訓之時而天下戶口減落誠當今之急務國家之於關外賦稅蓋微乃至年常租調動致逋積而人失安居寧非牧守之過其二事曰今天下宰守所以皆尚貪殘罕有廉白者良由風俗侈靡使之然也欲使人守廉隅吏尚清白安可得邪今誠宜嚴爲禁制導之以節儉貶黜雕飾糾奏浮華使衆皆知變其耳目改其好惡則易於反掌其三事曰斗筲之人詭競求進運挈瓶之智徼分外之求以深刻爲能以繩逐爲務長弊增姦實由於此今誠願責其公平之效

黜其讒慝之心則下安上謐無徼倖之患矣其四事曰自征伐北境帑藏空虛今天下無事而猶日不暇給良有以也夫國弊則省其事而息其費事省則養人費息則財聚若言小費不足害財則終年不息矣以小役不足妨人則終年不止矣書奏武帝大怒召主書於前口授勑責琛曰朕有天下四十餘年公車讜言日聞聽覽所陳之事與卿不異每苦倥偬更增惛惑卿珥貂紆組博問洽聞不宜同於闒茸止取名字宣之行路言我能上事明言得失恨朝廷不能用或誦離騷蕩蕩無其人遂不御乎千里或誦老子知我者希如是獻替莫不能言正旦獻樽皆其人也卿可分別言事堯為聖主四凶在朝況乎朕也能無惡人卿云今北邊稽服正是生聚教訓之時而人失安居牧守之過未為不是但大澤之中有龍有蛇縱不盡善不容皆惡卿可分頭顯出其人某州刺史橫暴某郡太守貪殘某官長恣虐尚書蘭臺主書舍人某人奸猾某人取與明言其事得以黜陟向令舜但聽公車上書四凶終自不知堯亦永為闇主宜速條聞當更擢用卿云宜導之以節儉又云至道者必以淸素為先此言大善夫子言其身正不令而行其身不正雖令不從朕絕房室三十餘年不與女人同屋而寢亦三十餘年至於居處不過一牀之地雕飾之物不入於宮此亦人所共知受生不飲酒受生不好音聲所以朝中曲宴未嘗奏樂三更出理事隨事多少事或少則午前得竟事多至日昃方得就食既常一食若晝若夜無有定時疾苦之日或亦再食昔腰腹過於十圍今之瘦削裁二尺餘舊帶猶存非為妄說為誰為之救物故也書云股肱惟人良臣惟聖向使朕有股肱可得中主今乃不免居九品之下不令而行徒虛言耳卿又云百司莫不奏事詭競求進今不許外人呈事於義可否以噎廢飡此之謂也若斷呈事誰尸其任專委之人云何可得是故古人云專聽生姦獨任成亂何者是宜計卿不應欺朝廷弄頰舌佗聞重奏當復省覽付之尚書班下海內庶亂羊永除害馬良息琛奉勑但謝過而已不敢復有指斥久之遷太府卿太淸二年遷中軍宣城王長史侯景陷臺城放兵殺害琛被創未死賊求得之輿至闕下求見僕射王克領軍朱异勸開城納賊克等讓之涕泣而去賊復輿送莊嚴寺療之明年臺城不守琛逃歸鄉里其年冬賊寇會稽復執琛送出都以為金紫光祿大夫卒琛所撰三禮講疏五經滯義及諸儀注凡百餘篇子翊位巴山太守

司馬褧字元表河內溫人也曾祖純之晉大司農高密敬王祖讓之員外常侍父燮善三禮仕齊官至國子博士褧少傳家業彊力精專手不釋卷沛國劉瓛深相賞好少與樂安任昉善昉亦推重之初為國子生起家奉朝請稍遷步兵校尉天監初詔定五禮有舉褧脩嘉禮除尚書祠部郎褧所建議禮樂事多見施用兼中書通事舍人褧尤精於事數國家吉凶禮自名儒明山賓賀瑒等疑不能斷者咸取決焉遷御史中丞十六年出為宣毅南康王長史行府國并石頭戍軍事褧雖居外官有勑預文德武德二殿長名問訊不限日明年遷晉安王長史卒王命記室庾肩吾集其文十卷所撰嘉禮儀注一百一十二卷

朱异字彥和吳郡錢塘人也祖昭之以學解稱於鄉叔父謙之字處光以義烈知名年數歲所生母亡昭之假葬於田側為族人朱幼方燎火所焚同產姊密語之謙之雖小便哀感如持喪長不婚娶齊永明中手刃殺幼方詣獄自繫縣令申靈勗表上之齊武帝嘉其義慮相報復乃遣謙之隨曹虎西行將發幼方子懌於津陽門殺謙之謙之兄巽之卽异父也又刺殺懌有司以聞武帝曰此皆是義事不可問悉赦之吳興沈顗聞而歎曰弟死於孝兄徇於義孝友之節萃此一門巽之字處休有志節著辯相論幼時顧歡見而異之以女妻焉仕齊官至吳平令异年數歲外祖顧歡撫之謂异祖昭之曰此兒非常器當成卿門戸年十餘歲好羣聚蒱博頗為鄉黨所患既長乃折節從師梁初開五館异服膺於博士明山賓居貧以傭書自業寫畢便讀徧覽五經尤明禮易涉獵文史兼通雜藝博弈書算皆其所長年二十出都詣尚書令沈約約面試之因戲异曰卿年少何乃不廉异逡巡未達其旨約乃曰天下唯有文義棊書卿一時將去可謂不廉也其年上書言建康宜置獄司比廷尉勑付尚書議從之舊制年二十五方得釋褐時异年適二十一特勑為揚州議曹從事史尋有詔求異能之士五經博士明山賓表薦异武帝召見使說孝經周易義甚悅之謂左右曰朱异實異後見明山賓曰卿所舉殊得人仍召直西省俄兼太學博士其年帝自講孝經使异執讀遷尚書儀曹郎入兼中書通事舍人後除中書郎時秋日始拜有飛蟬正集异冠武上時人咸謂蟬珥之兆遷太子右衛率普通五年大舉北伐魏徐州刺史元法僧遣使舉地內屬詔有司議其虛實异曰自王師北討克復相繼徐州地轉削弱咸願歸罪法僧懼禍其降必非僞也帝乃遣异報法僧并勑衆軍應接受

异節度及至法僧遵承朝旨如异策焉中大通元年遷散騎常侍异容貌魁梧能舉止雖出自諸生甚閑軍國故實自周捨卒後异代掌機密其軍旅謀謨方鎮改換朝儀國典詔誥勑書並典掌之四方表疏當局簿領諮詳請斷塡委於前异屬辭落紙覽事下議縱橫敏贍不暫停筆頃刻之間諸事便了大同四年遷右衛將軍异敢於儀賢堂奉述武帝老子義勑許之及就講朝士及道俗聽者千餘人爲一時之盛城西又開士林館以延學士异與左丞賀琛遞日述武帝禮記中庸義皇太子又召异於元圃講易大同八年改加侍中异博解多藝圍棊上品而貪財冒賄欺罔視聽以伺候人主之意不肯進賢黜惡四方餉饋曾無推拒故遠近莫不忿疾起宅東陂窮其美麗晚日來下酣飲其中每迫曛黃慮臺門將闔乃引其鹵簿自宅至城使促城門停留管籥既而聲勢所驅熏灼內外產與羊侃相埒好飲食極滋味聲色之娛子鵝炰鰌不輟於口雖朝謁從車中必賫飴餌而輕傲朝賢不避貴戚人或誨之异曰我寒士也遭逢以至今日諸貴皆恃枯骨見輕我下之則爲蔑尤甚我是以先之自徐勉周捨卒後外朝則何敬容內省則异敬容質慤無文以綱維爲己任异文華敏洽曲營世譽二人行異而俱見倖异在內省十餘年未嘗被譴司農卿傅岐謂异曰今聖上委政於君安得每事從旨頃者外聞殊有異論异曰政言我不能諫諍耳當今天子聖明吾豈可以其所聞干忤天聽太清二年爲中領軍舍人如故初武帝夢中原盡平舉朝盡慶甚悅旦以語异曰吾平生少夢夢必有實异對曰此字內方一之兆及侯景歸降勑召羣臣廷議僕射謝舉等以爲不可許帝欲納之未決嘗夙興至武德閤口獨言我國家猶若金甌無一傷缺承平若此今便受地詎是事宜脫致紛紜悔無所及异探帝微旨應聲答曰聖朝御宇上應蒼元北土遺黎誰不仰慕爲無機會未達其心今侯景分魏國太半遠歸聖朝若不容受恐絕後來之望帝深納异言又感前夢遂納之及貞陽侯敗沒帝憂曰今日勿作晉家事乎尋而貞陽自魏遣使還述魏相高澄欲申和睦勑有司定議异又議以和爲允帝從之其年六月遣建康令謝挺通直徐陵使北通好時侯景鎭壽春累啟絕和又致書與异并送金二百兩又致書於制局監周石珍令具申聞异納其金而不停北使八月侯景遂舉兵反募兵得三千人合州刺史鄱陽王範司州刺史羊鴉仁並累表啟聞异以景孤立寄命事必不應爾乃謂使者曰鄱陽王遂不許國家有一客並抑不奏故朝廷不爲之備及賊至板橋使前壽州司馬徐思玉先至求見於上上召問之思玉紿稱反賊請間陳事上將屏左右舍人高善寶曰思玉從賊中來情僞難測安可使其獨在殿上時异侍坐乃曰徐思玉豈是刺客邪何言之僻善寶曰思玉已將臨賀入北詎可輕信言未卒思玉果出賊啟异大慙賊遂以討异及陸驗爲名及景至城下又射啟言朱异等蔑弄朝權輕作威福臣爲讒臣所陷欲加屠戮陛下誅异等臣斂轡北歸帝問簡文曰有是乎對曰然帝召有司將誅之簡文曰賊特以异爲名耳今日殺异無救於急適足貽笑將來若妖氛既息誅之未晚帝乃止异之方倖在朝莫不側目雖皇太子亦不能平至是城內咸尤异簡文爲四言愍亂詩曰愍彼阪田嗟斯氛霧謀之不臧褰我王度又製圍城賦末章云彼高冠及厚履並鼎食而乘肥升紫霄之丹地排玉殿之金扉陳謀謨之啟沃宣政刑之福威四郊以之多壘萬邦以之未綏問豺狼其何者訪虺蜴之爲誰並以指异又帝登南樓望賊顧謂异曰四郊多壘誰之罪歟异流汗不能對慙憤發病卒時年六十七詔贈尚書右僕射舊尚書官不以爲贈及异卒武帝悼惜之方議贈事有善异者乃啟曰异忝歷雖多然平生所懷願得執法帝因其宿志特有此贈异居權要三十餘年曲能阿諛以承上旨故特被寵任歷官自員外常侍至侍中四官皆拜珥貂自右衛率至領軍四職並驅鹵簿近代未之有也异及諸子自潮溝列宅至青溪其中甚有臺池翫好每暇日與賓客游焉四方饋遺財貨充積性慳嗇未嘗有散施廚下珍羞恒腐爛每月常棄數十車雖諸子別房亦不分贍所撰禮易講疏及儀注文集百餘篇子肅位國子博士次閏司徒掾並遇亂卒

顧協字正禮吳郡吳人晉司空和六世孫也幼孤隨養於外氏外從祖右光祿大夫張永嘗攜內外孫姪游虎邱山協年數歲永撫之曰兒欲何戲對曰兒止欲枕石漱流永歎息曰顧氏興於此子及長好學以精力稱外氏諸張多賢達有識鑒內弟率尤推重焉初爲揚州議曹從事史舉秀才尚書令沈約覽其策而歎曰江左以來未有此作爲兼廷尉正太尉臨川王聞其名召掌書記仍侍西豐侯正德讀正德爲巴西梓潼郡協除所部新安令未至縣遭父憂刺史始興王厚資遣之送喪還於峽江遇風同旅盡皆漂溺唯協一舫觸石得泊焉咸謂精誠所致張率嘗薦之於武帝帝問協年率言三十有五帝曰北方高涼四十强仕南方卑濕三十已衰如

協便爲已老但其事親孝與友信亦不可遺於草澤卿便稱敕喚出於是以協爲兼太學博士普通中有詔舉士湘東王表薦之即召拜通直散騎常侍兼中書通事舍人大通三年霆擊大航華表然盡建康縣馳啟協以爲非吉祥未即呈聞後帝知之曰霆之所擊一本罰惡龍二彰朕之有過協掩惡揚善非曰忠公由是見免後守鴻臚卿員外散騎常侍卿舍人並如故自爲近臣便繁機密每有述製勑前示協時輩榮之卒於官無衾以斂爲士子所歎武帝悼惜之爲舉哀贈散騎常侍謚曰溫子協少清介有志操初爲廷尉正冬服單薄寺卿蔡法度欲解襦以與之憚其清嚴不敢發口謂人曰我願解身上襦與顧郎恐顧郎難衣食者竟不敢以遺之及爲舍人同官者皆潤屋協在省一十六載器服飲食不改於常有門生始來事協知其廉潔不敢厚餉止送錢二千協發怒杖二十因此事者絕於饋遺自丁艱憂遂終身布衣蔬食少時將聘從舅息女未成婚而協母亡免喪後不復娶年六十餘此女猶未他適協義而迎之晚雖判合卒無允嗣協博極羣書於文字及禽獸草木尤稱精詳撰異姓苑五卷瑣語十卷文集十卷並行於世

徐摛字士秀一字士績東海郯人也祖憑道宋海陵太守父超之天監初位員外散騎常侍摛幼而好學及長徧覽經史屬文好爲新變不拘舊體起家爲太學博士會晉安王綱出戍石頭武帝謂周捨曰爲我求一人文學俱長兼有德行者欲令與晉安王游處捨曰臣外弟徐摛形質陋小若不勝衣而堪此選帝曰必有仲宣之才亦不簡其容貌乃以摛爲侍讀普通四年王出鎮襄陽遷諮議參軍大通初王總戎北伐以摛兼寧蠻府長史參贊戎政教命軍書多自摛出王入爲皇太子轉家令兼管記尋帶領直摛文體既別春坊盡學之宮體之號自斯而起帝聞之怒召摛將加誚責及見應對明敏辭義可觀帝意乃釋因問五經大義次問歷代史及百家雜記末又論釋教摛商較縱橫應答如響帝甚加歎異更被親狎寵遇日隆領軍朱异不悅謂所親曰徐叟出入兩宮漸來逼我須早爲之所遂承間白帝曰摛年老又愛泉石意在一郡以自頤養帝謂摛欲之乃召摛曰新安大好山水任昉等並經爲之卿爲我臥治此郡中大通三年遂出爲新安太守爲政清靜教人禮義勸課農桑朞月風俗便改秩滿還爲中庶子是時臨城公納夫人王氏即簡文妃之姪女也晉宋已來初婚三日婦見舅姑衆賓皆列觀引春秋義云丁丑夫人姜氏至戊寅公使大夫宗婦覿用幣戊寅即丁丑之明日故禮官據此皆云宜依舊觀簡文以問摛摛議曰儀禮云質明贊見婦於舅姑雜記又云婦見舅姑兄弟姊妹皆立于堂下政言婦是外宗未審嫺令所以停坐三朝觀其四德舅延外客姑率內賓堂下之儀以備盛禮近代於舅姑本有戚屬不相瞻者夫人乃妃姪女有異他姻覿見之儀謂應可略簡文從其議除太子左衛率太清三年侯景攻陷臺城時簡文居永福省賊衆奔入舉兵上殿侍衛奔散莫有存者摛獨侍立不動徐謂景曰侯公當以禮見何得如此凶威遂折景乃拜由是常憚摛簡文嗣位進授左衛將軍固辭不拜簡文被幽閉摛不獲朝謁因感氣疾而卒贈侍中太子詹事謚貞子年七十八長子陵最知名列在陳史

鮑泉字潤岳東海人也父幾字景元家貧以母老詣吏部尚書王亮干祿亮一見嗟賞舉爲春陵令後爲明山賓所薦爲太常丞以外兄傅昭爲太常依制緦服不得相臨改爲尚書郎終於湘東王諮議參軍泉美鬚髯善舉止身長八尺性甚警悟博涉史傳兼有文筆少事元帝爲國常侍早見擢任謂曰我文之外無出卿者後爲通直侍郎常乘高幰車從數十左右繖蓋服玩甚精逢國子祭酒王承承疑非舊貴遣訪之泉從者答曰鮑通直承怪焉復欲辱之遣副車問鮑通直復是何許人而得如此都下少年遂爲口實見尚豪華人相戲曰鮑通直是何許人而得如此以爲笑謔及元帝承制累遷至信州刺史方等之敗元帝大怒命泉與王僧辯討之僧辯曰計將安出泉曰事等沃雪何所多慮僧辯曰君言文士常談耳江東少有武幹非精兵一萬不可以往竟陵甲卒不久當至猶可重申欲與卿入言之泉許諾及僧辯如向言泉默然不繼元帝大怒於是械僧辯時人比爲鄺寄泉既專征長沙久而不克元帝乃數泉二十罪爲書責之云而如冠玉還疑木偶鬚似蝟毛徒勞繞喙乃從獄中起王僧辯代泉爲都督使舍人羅重歡領齋仗三百人與僧辯往及至長沙遣通泉曰羅舍人被令送王竟陵來泉愕然顧左右曰得王竟陵助我經略賊不足平矣乃拂席坐而待之僧辯入背泉而坐曰鮑郎卿有罪令旨使我鎖卿卿勿以故意見期命重歡出令示泉鎖之牀下泉顏色自若了無懼容曰稽緩王師甘罪是分但恐後人更思鮑泉之憒憒耳僧辯色甚不平泉乃啟陳淹遲之罪元帝尋復其任令與僧辯等逼郢州郢州平元帝以世子方諸爲刺史泉爲長

史行府州事方諸見泉和弱每有諮陳未嘗用使泉伏牀騎背爲馬書其衣作其姓名由是府州盡相欺侯景密遣將宋子仙任約襲之方諸與泉不恤軍政唯蒲酒自樂云賊何由得至既而傳告者衆始命閉門城陷賊執方諸及泉送之景所後景攻王僧辯於巴陵不克敗還乃殺泉於江夏沈其屍於黃鶴磯初泉夢着朱行水及死舉身帶血而沈于江如其夢泉於儀禮尤明撰新儀三十卷於是時又有鮑行卿以博學大才稱位後軍臨川王錄事兼中書舍人遷步兵校尉上玉璧銘武帝發詔襃賞好韻語及拜步兵而謝帝曰作舍人不免貧得五校實大較例皆如此有文集二十卷撰皇室儀十三卷乘輿龍飛記二卷弟客卿位南康太守客卿三子檢正至並才藝知名俱爲湘東王佐正好交游無日不適人人爲之語曰無處不逢烏噪無處不逢鮑五正不爲湘東王所知獻書告退王恨之及建鄴城陷正爲尙書外兵郎病不能起侯景雜於死屍焚之王聞之曰忠非紀信利非象齒焚如棄如於是乎得君子於此知湘東王之不仁檢爲湘東鎭西府中記室使蜀不屈於武陵王見害

王神念太原祁人也少好儒術尤明內典仕魏位穎川太守與子僧辯據郡歸梁封南成縣侯歷安成武陽宣城內史皆著政績後爲靑冀二州刺史神念性剛正所更州郡必禁止淫祠時靑州東北有石鹿山臨海有神廟祇巫欺惑百姓遠近祈禱糜費極多及神念至便令毀撤風俗遂改後徵爲右衛軍卒於官諡曰壯及元帝初追贈侍中中書令改諡忠公神念少善騎射及老不衰嘗於武帝前手執二刀楯左右交度馳馬往來冠絕羣伍時復有楊華者能作驚軍騎亦一時妙捷帝深賞之華本名白花武都仇池人父大眼爲魏名將華少有勇力容貌瓌偉魏胡太后逼幸之華懼禍及大眼死擁部曲載父屍改名華來降胡太后追思不已爲作楊白花歌辭使宮人晝夜連臂蹋蹄歌之聲甚悽斷華後位太子左衛率卒於侯景中神念長子遵業位太僕卿次子僧辯字君才學涉該博尤明左氏春秋言辭辯捷器宇肅然雖射不穿札而有陵雲之氣元帝後爲江州刺史僧辯隨府爲中兵參軍時有安成望族劉敬躬者田間得白蛆化爲金龜將銷之龜生光照室敬躬以爲神而禱之所請多驗無賴者多依之平生有德有怨者必報遂謀作亂遠近響應元帝命中直兵參軍曹子郢討之使僧辯襲安成子郢既破其軍敬躬走安成僧辯禽之又討平安州反蠻由是以勇略稱元帝除荆州僧辯爲貞毅府諮議參軍代柳仲禮爲竟陵太守號雄信將軍屬侯景反元帝命僧辯督舟師一萬兼糧饋赴援裁至京師臺城陷沒天子蒙塵僧辯與仲禮兄弟及趙伯超等先屈膝於景然後入朝景悉收其軍實厚加綏撫而遣僧辯歸于竟陵於是倍道兼行西就元帝元帝承制以僧辯爲領軍將軍及荆湘疑貳軍師失律元帝命僧辯及鮑泉討之時僧辯以竟陵間部下皆勁卒猶未盡來與泉謀待衆集然後東上及入見元帝帝迎問曰卿已辦乎何日當發僧辯具對所以元帝性忌以爲遷延不去大怒案劒厲聲曰卿憚行拒命欲同賊今唯有死耳僧辯對曰今日就戮甘心但恨不見老母元帝斫之中其髀流血至地僧辯悶絕久之方蘇卽送付廷尉收其子姪並繫之會岳陽王軍襲江陵人情擾擾元帝遣就獄出僧辯以爲城內都督俄而岳陽奔退鮑泉力不能克長沙帝乃命僧辯代之僧辯仍部分將帥并力攻圍遂平湘土還復領軍將軍侯景浮江西寇軍次夏首僧辯爲大都督率淳于量杜龕王琳裴之橫四州刺史俱赴西陽因據巴陵帝又命羅州刺史徐嗣徽武州刺史杜崱會之景既陷郢城進寇荆州宋子仙前驅一萬造巴陵景悉遣凶徒水步繼進於是緣江屯戍望風請服僧辯悉上江渚並沈公私船於水及賊前鋒至僧辯分命衆軍乘城固守偃旗卧鼓示若無人翌日賊衆濟江輕騎至城下謂城中曰語王領軍何不早降僧辯使人答曰大軍但向荆州此城自當非礙僧辯百口在人掌握豈得降賊既而景師船艦並集登岸治道攡軍城東隴上除開八道向城遣五千兕頭肉薄苦攻城內同時鼓譟矢石雨下賊乃引退元帝又命平北將軍胡僧祐率兵援僧辯是日賊復攻城不克又爲火艦燒柵風不便自焚而退有流星墮其營中賊大駭相顧失色賊既頻戰挫衂而賊帥任約又爲陸法和所擒景乃燒營夜遁旋軍夏首元帝策勳行賞以僧辯爲征東將軍開府儀同三司江州刺史封長寧縣公帝乃命僧辯率巴陵諸軍沿流討景攻拔魯山仍攻郢卽入羅城又有大星如車輪墜賊營去地十丈變成火一時碎散有龍自城出五色光曜入城前鸚鵡洲水中景聞之倍道歸建鄴賊帥宋子仙等困蹙求諭郢城身還就景僧辯僞許之子仙謂爲信然浮舟將發僧辯命杜龕鼓譟掩至大破之禽子仙丁和等送江陵元帝命生釘和舌臠殺之郢州既平僧辯進師尋陽軍人多夢周何二廟神云吾已助天子討賊自稱征討大將軍並乘朱航俄而反

曰已殺景同夢者數十百焉元帝乃加僧辯侍中尚書令征東大將軍給鼓吹一部僧辯乃表皇帝凶問告于江陵仍率大將百餘人連名勸元帝即位雖未見從並蒙優答僧辯於是發自江州直指建鄴緣江州郡鎮戍背降先是陳武帝率衆五萬出自南江前軍五千行至湓口武帝性倜儻多謀策名蓋僧辯僧辯畏之既至湓口與僧辯會于白茅洲爲盟登壇歃血共讀盟文皆淚下霑襟辭色慷慨及發鵲頭中江而風浪師人咸懼僧辯再拜告天曰僧辯忠臣奉辭伐罪社稷中興當使風息若鼎命中淪請從此逝言訖風止自此遂泛安流有羣魚躍水飛空引導賊望官軍上有五色雲雙龍挾艦行甚迅疾及王師次南洲賊帥侯子鑒等率步騎萬餘人出戰僧辯大破之賊衆赴水僧辯即督諸軍沿流而下進軍于石頭之斗城作連營以逼賊景自出大戰於石頭城北陳武帝謂僧辯曰醜虜游魂貫盈已稔逋誅送死欲爲一決我衆賊寡宜分其勢即遣彊弩二千張攻城西面兩城仍使結陣以當賊僧辯在後麾軍而進復大破之盧暉略聞景戰敗乃以石頭城降僧辯引軍入據之景北走朱方僧辯命衆將入據臺城其夜軍人失火燒太極殿及東西堂僧辯雖有滅賊之功而馭下無法軍人鹵掠京邑被執縛者男女裸露衵衣不免盡驅迫居民以求贖金自石頭至東城緣淮號叫之聲震響京邑百姓失望翻思侯景焉僧辯命侯瑱裴之橫東追景僧辯收賊黨王偉等二十餘人送于江陵僞行臺趙伯超自吳松江降於侯瑱瑱送至僧辯僧辯謂曰卿荷國厚恩乃復同逆今日之事將欲何如因命送江陵伯超既出僧辯顧坐客曰朝廷昔唯知趙伯超耳豈識王僧辯乎社稷既傾爲我所復人之興廢亦復何如賓客皆前稱歎功德僧辯愯然乃謬答曰此乃聖上威德羣帥之用命老夫雖濫居戎首何力之有焉於是逆寇悉平京邑克定元帝即位以僧辯功進授鎮軍衛將軍司徒加班劒二十人改封永寧郡公侍中尚書令如故先是天監中沙門釋寶誌爲讖云太歲龍將無理蕭經霜草應死餘人散十八子時言蕭氏當滅李氏代興及湘州賊陸納等攻破衡州刺史丁道貴而李洪雅又自零陵稱助討納既而朝廷未達其心詔徵僧辯就宜豐侯修南征爲都督東上諸軍事以陳武帝爲都督西下諸軍事先是陳武帝讓都督於僧辯僧辯不受故元帝分爲東西都督而俱南討焉尋而洪雅降納納以爲應符於是共議拜洪雅爲大將軍尊事爲主洪雅乘平肩大輿徹蓋鼓吹羽儀悉備翼從入長沙城時納等據車輪夾岸爲城士卒皆百戰之餘戈甲精嚴徒黨勇鋭蒙衝鬭艦亘水陵山時天日清明初無雲霧軍發之際忽然風雨時人謂爲泣軍百姓竊言知其敗也三月庚寅有兩龍自城西江中騰躍升天五色分明遙映江水百姓咸仰面目之父老或聚而悲竊相謂曰地龍已去國其亡乎初納造大艦一名曰三王艦者邵陵王河東王桂陽嗣王三人並爲元帝所害故立其像於艦祭以太牢加其節蓋羽儀鼓吹每戰輒祭之以求福又造二艦一曰青龍艦二曰白虎艦皆衣以牛皮並高十五丈選其中尤勇健者乘之僧辯憚之稍作連城以逼焉賊不敢交鋒並懷懈怠僧辯因其無備親執旗鼓以誡進止羣賊大敗歸保長沙僧辯命築壘圍之而自出臨視賊知不設備其黨吳藏李賢明等蒙楯直進僧辯尚據胡牀不爲之動指麾勇敢遂斬賢明賊乃退歸初陸納作逆以王琳爲辭云若放王琳自當降服時衆軍未之許會武陵王紀擁衆上流內外駭懼帝乃遣琳和解之湘州乃平因被詔會衆軍西討俄而武陵敗績僧辯班師是時齊文宣帝遣郭元建帥衆大治舟艦於合肥將謀襲建鄴又遣其大將東方老等繼之時陳武帝鎮建康馳報江陵元帝即詔僧辯急下赴援僧辯次姑孰即留鎮焉先命豫州刺史侯瑱築壘於東關以拒北軍徵吳郡太守張彪吳興太守裴之橫擊之大敗北軍僧辯率衆軍振旅歸于建鄴承聖三年二月詔以僧辯爲太尉車騎大將軍頃之丁母憂母太夫人魏氏王神念據合肥日娶爲繼室生僧辯僧辯下獄夫人流淚徒行將入謝罪元帝不與相見時貞惠太子有寵母詣閤自陳無訓涕泗嗚咽衆並憐之及僧辯免夫人深相責勵辭色俱嚴雖克復舊都功蓋宇內夫人常自謙損不以富貴驕物朝野稱之謂爲明哲婦人及亡元帝甚見愍悼且以僧辯勳業隆重喪禮有加焉命侍中謁者監護喪事謚曰貞敬夫人靈柩將歸建康又遣謁者至舟渚弔祭其年十月西魏相宇文黑獺遣兵及岳陽王詧衆合五萬將襲江陵元帝召僧辯於建鄴爲大都督荊州刺史俄而荊州已滅宮車晏駕及敬帝初即梁王位僧辯預援立功承制進驃騎大將軍中書監都督中外諸軍事錄尚書與陳武帝參謀討伐時齊文宣帝又納貞陽侯蕭淵明爲梁嗣因與僧辯書并淵明亦頻與僧辯書論還國繼統之事僧辯不納及淵明與齊上黨王高渙至于東關散騎常侍裴之橫所率之衆敗績僧辯遂謀納淵明仍書定君臣之禮因遣第七子顯顯所生劉并弟

子珍往充質遣左戶尚書周弘正至歷陽迎淵明又遣吏部尚書王通送啟因求以敬帝爲皇太子淵明報書許之僧辯遣使送質于鄴淵明求度衞士三千僧辯慮其爲變授散卒千人而已并遣龍舟法駕往迎淵明濟江之日僧辯擁檝中流不敢就岸後乃同會於江寧浦淵明既踐位授僧辯大司馬領太子太傅揚州牧如故陳武帝時爲司空南徐州刺史惡其翻覆與諸將議因自京口舉兵十萬水陸俱至襲建康僧辯常處于石頭城是日視事軍人已踰城北而入南門又馳白有兵來僧辯與其第三子頠遽走出閤衆軍總至僧辯計無所出乃據南門樓拜請求哀陳武帝因縱火焚之方共頠下樓就執陳武帝謂曰我有何辜公欲與齊師賜討又曰何意全無防備僧辯曰委公北門何謂無備是夜及子頠俱被絞殺初僧辯平建鄴遣陳武帝守京口推以赤心結廉藺之分且爲第三子頠許娶陳武帝章后所生女未婚而僧辯母亡雖然情好甚密其長子顗屢諫不聽至是江淮人報云齊兵大舉至壽春僧辯謂齊軍必出江表因遣記室參軍江旰以事報陳武帝仍使整舟艦器械陳武帝宿有圖僧辯志及聞命留旰城中銜枚而進知謀者唯侯安都周文育而已外人但謂江旰徵兵扞北安都舟艦將次石頭陳武帝控馬未進安都大懼乃追陳武帝罵曰今日作賊事勢已成生死須決在後欲何所望若敗俱死後期得免斫頭邪陳武帝曰安都嗔我乃敢進遂克之時壽春竟無齊軍又非陳武帝之譎殆天授也顗承聖初位侍中魏克江陵隨王琳入齊爲竟陵郡守齊遣王琳鎭壽春將圖江左及陳平淮南殺琳顗聞之乃出郡城南登高冢上號哭一慟而絕顗弟頒少有志節恒隨元帝及荊州覆滅入于魏僧辯既亡弟僧智得就任約約敗走僧智肥不能行又遇害僧智弟僧愔位譙州刺史征蕭勃及聞兄死引軍還時吳州刺史羊亮隸在僧愔下與僧愔不平密召侯瑱見禽僧愔以名義責瑱瑱乃委罪於將羊鯤斬之僧愔復得奔齊與徐嗣徽等挾齊軍攻陳軍敗竄逸荒野莫知所之仰天嘆曰讐恥不雪未欲身膏草野若精誠有感當得道路誓不受辱人手拔刀將自刎聞空中催令急去僧愔異之勉力馳進行一里許顧向處已有陳人踰越江山僅得歸齊徐嗣徽高平人父雲伯自青部南歸位終新蔡太守侯景之亂嗣徽歸荊州元帝以爲羅州刺史及弟嗣產嗣宗並有武用嗣徽從征巴邱以功爲太子右衞率監南荊州徐州之亡任秦州刺史嗣產先在建鄴嗣宗自荊州滅亡中逃得至都從弟嗣先郎僧辯之甥復爲比邱慧暹藏得脫俱還及僧辯見害兄弟抽刀裂眦志在立功俱逃就兄嗣徽密結南豫州刺史任約與僧辯故舊圖陳武帝帝遣江旰說之嗣徽執旰送鄴乞師焉齊文宣帝授爲儀同命將應赴及石頭敗退復請兵於齊與任約王曄席皐同心渡江及戰敗嗣徽墜馬嗣宗援兄見害嗣產爲陳武軍所禽辭色不撓而死任約王曄得北歸

羊侃字祖忻泰山鉅平人晉太僕卿琇之七世孫也祖規之宋任城令魏太武南伐至鄒山規之與魯郡太守崔邪利等降太武官至營州刺史父祉歷位牧守累遷平南將軍天性酷虐列在魏酷吏傳侃少而瑰偉身長七尺八寸雅愛文史博涉書記尤好左氏春秋及孫吳兵法弱冠隨父在梁州立功初爲尚書郎以力聞魏帝嘗謂曰郎官謂卿爲虎豈羊質虎皮乎試作虎狀侃因伏以手抉殿沒指魏帝壯之賜以珠劍正光中秦州羌莫折念生據州反乃遣其弟天生攻陷岐州寇雍州侃爲偏將隸蕭寶夤往討之射殺天生其衆即潰以功爲征東大將軍東道行臺領太山太守進爵鉅平侯初其父祉有南歸之志常謂諸子曰人生安可久淪異域汝等可歸奉東朝侃至是將舉衆濟河以成先志其從兄兗州刺史敦密知之據州拒侃侃乃率精兵三萬襲之不克仍築十餘城以守之梁朝賞授一與元法僧同魏帝聞之使授侃驃騎大將軍司徒太山郡公長爲兗州刺史侃斬其使魏人大駭令僕射于暉率衆十萬及高歡爾朱陽都等相繼而至圍侃十餘重殺傷甚衆柵中矢盡南軍不進乃夜潰圍而出一日一夜乃出魏境至渣口衆尚萬餘人馬二千匹將入南士卒竟夜悲歌侃乃謝曰卿等懷土理不能見隨幸適去留於此各拜辭去侃以大通三年至建鄴授徐州刺史并其兄默及三弟忱給元皆拜刺史侃封高昌縣侯累遷太子左衞率侍中車駕幸樂游苑侃預宴時少府奏新造兩刃矟成長二丈四尺圍一尺三寸帝因賜侃河南國紫騮馬令試之侃執矟上馬左右擊刺特盡其妙觀者登樹帝曰此樹必爲侍中折矣俄而果折故號此矟爲折樹矟北人降者唯侃是衣冠餘緒帝寵之踰於他者謂曰朕少時捉矟形勢似卿今失其舊體殊覺不奇上乃製武宴詩三十韻示侃侃即席上應詔帝覽曰吾聞仁者有勇今見勇者有仁可謂鄒魯遺風英賢不絕是日詔入直殿省敢向方仗不堪用上大怒坐者非一及侯景作逆果弊於仗蠱後遷都官尚書時尚書令何敬容用事與

之並省未嘗游造左衛蘭欽同侍宮宴辭色少交侃於坐折之曰小子汝以銅鼓買朱异作父韋粲作兄何敢無宜適朱時在席後華林法會欽拜謝於省中王銓謂欽曰卿能屈膝廉公彌見盡美然羊公意猶未釋容能更置一拜欽從之宦者張僧允嘗候侃侃曰我牀非閹人所坐竟不前之時論美其貞正太清元年爲侍中會大舉北侵以侃爲冠軍將軍監作寒山堰事堰立侃勸元帥貞陽侯淵明乘水攻彭城不見納既而魏援大至侃頻言乘其遠來可擊明日又勸出戰並不從侃乃率所領頓堰上及衆軍敗侃結陣徐還二年復爲都官尚書侯景反攻陷歷陽帝問侃討景之策侃求以二千人急據采石令邵陵王襲取壽春使景進不得前退失巢窟烏合之衆自然瓦解議者謂景未敢逼都遂寢其策令王質往侃曰今玆敗矣仍令侃率千餘騎拒之頓望國門景至新林追侃入副宣城王都督城內諸軍事時景既卒至百姓競入公私混亂無復次序侃乃區分防擬皆以宗室間之軍人爭入武庫自取器甲所司不能禁侃命斬數人方得止是時梁興四十七年境內無事公卿在位及閭里士大夫莫見兵甲賊至卒逼公私駭震時夙將已盡後進少年並出在外城中唯有侃及柳津韋黯津年老且疾黯懦而無謀軍旅指撝一決於侃侃膽力俱壯僩文深仗之及賊逼城衆皆恟懼侃僞稱得外射書云邵陵西昌侯已至近路衆乃少安賊攻東掖門縱火甚盛侃以水沃滅火射殺數人賊乃退加侍中軍師將軍有詔送金五千兩銀萬兩絹萬疋賜戰士侃辭不受部曲千餘人並私加賞賚賊又爲尖項木驢攻城矢石所不能制侃作雉尾炬施鐵鏃以油灌之擲驢上焚之俄盡賊又東西兩面起土山以臨城城中震駭侃命爲地道潛引其土山不能立賊又作登城樓高十餘丈欲臨射城中侃曰車高塹虛彼來必倒可臥而觀之及車動果倒衆皆服焉賊既頻攻不捷乃築長圍朱异張綰議出擊之帝以問侃侃曰不可賊多日攻城既不能下故立長圍欲引城中降者耳今擊之出人若少不足破賊若多則一旦失利自相騰踐門隘橋小必大致挫衄此乃示弱非耀王威也不從遂使千餘人出戰未及交鋒望風退走以爭橋赴水死者大半初侃長子鷟爲景所獲執來城下謂曰我傾宗報主猶恨不足豈復計此一子幸早殺之數日復持來侃謂鷟曰久以汝爲死今尙在邪吾以身許國誓死行陣終不以爾而生進退因引弓射之賊感其忠義亦弗之害景遣儀同傅士哲呼侃與語曰侯王遠來問訊天子何爲閉拒不時進納尙書國家大臣宜啟朝廷侃曰侯將軍奔亡之後歸命國家重鎭方城懸相任寄何所患苦忽致稱兵廣馬飲淮矢集帝室豈有人臣而至於此吾不能妄受浮說開門揖盜士哲無以應乃曰在北之日久挹風猷願去戎服得一相見侃爲免胄士哲瞻望久之而去其爲北人所欽慕如此後大雨城內土山崩賊乘之垂入苦戰不能禁侃乃令多擲火爲火城以斷其路徐於城內築城賊不能進十二月遇疾卒于城內贈侍中護軍將軍子球嗣侃少而雄勇旅力絕人用弓至二十餘石馬上用六石常於兖州堯廟蹋壁直上至五尋橫行得七跡泗橋有數石人長八尺大十圍侃執以相擊悉皆破碎侃性豪侈善音律自造採蓮棹歌兩曲甚有新致姬妾列侍窮極奢靡有彈箏人陸大喜著鹿角爪長七寸舞人張淨琬腰圍一尺六寸時人咸推能掌上舞又有孫荊玉能反腰貼地啣得席上玉簪勑賚歌人王娥兒東宮亦賚歌者屈偶之並妙盡奇曲一時無對初赴衡州於兩艖䑲起三間通梁水齋飾以珠玉加之錦績盛設帷屏陳列女樂乘潮解纜臨波置酒緣塘傍水觀者塡咽大同中魏使陽斐與侃在北嘗同學有詔令侃延斐同宴賓客三百餘人食器皆金玉雜寶奏三部女樂至夕侍婢百餘人俱執金花燭侃不飲酒而好賓游終日獻酬同其醉醒嘗南還至漣口置酒有客張孺才者醉於船中失火延燒七十餘艘所燔金帛不可勝數侃聊不挂意命酒不輟孺才慙懼逃匿侃慰諭使還待之如舊侃第二子鶤字子鵬隨侃臺內城陷竄於陽平侯景以其妹爲小妻故呼還待之甚厚及景敗鶤密圖之乃隨其東走景於松江戰敗唯餘三舸下海欲向蒙山會景晝寢鶤語海師此中何處有蒙山汝但聽我處分遂直向京口至胡豆洲景覺大驚問岸上云郭元建猶在廣陵景大憙將依之鶤拔刀叱海師使向京口鶤與王元禮謝答仁弟葳蕤並景之昵也三人謂景曰我等爲王百戰百勝自謂無敵卒至於此豈非天乎今就王乞頭以取富貴景欲透水鶤抽刀斫之景走入船中以小刀抉船鶤以矟入刺殺之景僕射索超世在別船葳蕤以景命召之斬于京口元帝以鶤爲通直散騎常侍都督靑冀二州刺史封昌國縣侯賜錢伍伯萬米伍千石布絹各千疋又領東陽太守征陸納加散騎常侍除西晉州刺史破郭元建於東關遷東晉州刺史承聖三年西魏圍江陵鶤赴援不及從王僧愔征蕭勃於嶺表聞僧辯敗乃還爲侯瑱所破遇害年二十八

羊鴉仁字孝穆太山鉅平人也少驍勇仕郡為主簿普通中率兄弟自魏歸梁封廣晉侯征伐青齊間累有功績位至都督北司州刺史及侯景降詔鴉仁督和州刺史桓和之仁州刺史湛海珍等趣懸瓠應接景至仍為都督司豫二州刺史鎮懸瓠會侯景敗於渦陽魏軍漸逼鴉仁恐糧運不繼遂還北司州上表陳謝帝大怒鴉仁懼頓軍入淮上及侯景反鴉仁率所部入援太清二年景既背盟鴉仁乃與趙伯超及南康王會理共攻賊於東府城反為賊所敗臺城陷景以為五兵尚書鴉仁常思奮發謂所親曰吾以凡流受寵朝廷竟無報效以答重恩今若以此終沒有餘責因泣下見者傷焉三年出奔江西將赴江陵至東莞為故徐州刺史荀伯道子晷所害臨死以報效不終因而泣下後鴉仁兄子海珍知之掘晷父伯道并祖及所生母合五喪各分其半骨共棺焚之半骨雜他骨作五袋盛之銘袋上曰荀晷祖父母某之骨鴉仁子亮侯景亂後移至吳州刺史隨王琳以名將子見禮甚隆為人多酒無賴醉後為閹豎所殺

胡僧祐字顯果南陽冠軍人也少勇決有武幹仕魏至銀青光祿大夫以大通二年避爾朱氏之難歸梁頻上封事武帝器之拜文德主帥歸使戍項城魏克項城因入魏中大通元年陳慶之送魏北海王元顥入洛陽僧祐又歸梁除天水天門二郡太守有善政性好讀書不解綴文然每在公宴必彊賦詩文辭鄙野多被嘲謔僧祐恬然自若謂已實工矜伐彌甚晚事元帝為鎮西錄事參軍屬侯景之亂西沮蠻叛悉反元帝遣僧祐往討之使盡誅其渠帥僧祐諫忤旨下獄大寶二年侯景寇荆峽遂圍王僧辯於巴陵元帝乃引僧祐於獄拜假節武猛將軍封新市縣侯令赴援僧祐將發泣下謂其子玘曰汝可開兩門一擬朱一擬白吉則由朱門凶則由白門吾不捷不歸也元帝聞而壯之前至赤沙亭景遣其將任約率銳卒五千據白塉遙以待之會陸法和至僧祐乃與并軍擊大破之禽約送江陵侯景聞之遂遁元帝以僧祐為侍中領軍將軍召還荆州厚自封植以所加鼓吹恒置齋宇對之自娛人曰此是羽儀公名望隆重不宜若此答曰我性愛之恒須見耳或出遊亦以自隨人士笑之承聖二年為車騎將軍開府儀同三司及西魏兵至以僧祐為都督城東諸軍事魏軍四面起攻百道齊發僧祐親當矢石晝夜督戰所向摧破賊莫敢前俄中流矢卒年六十三元帝聞之馳往臨哭於是內外惶駭城遂陷

杜崱京兆杜陵人也其先自北歸南居於雍州之襄陽子孫因家焉父懷寶少有志節天監中累有軍功後又立功南鄭位梁秦二州刺史大同初魏軍復圍南鄭懷寶命第三子嶷帥二百人迎魏前鋒戰於光道寺流矢中其目失馬敵人交矟將至嶷斬其一騎而上馳以歸嶷膂力絕人便馬善射一日中戰七八合所佩霜明朱弓四石餘力斑絲纏矟長二丈五同心敢死士百七十人每出殺傷數百人敵人憚之號為杜虎懷寶卒於州謚曰桓侯嶷位西荆州刺史時讖言獨梁之下有瞎天子元帝以嶷其人也會嶷改葬父祖帝勑圖墓者惡為之逾年而嶷卒崱嶷弟也幼有志氣居鄉里以膽勇稱後為新興太守太清二年隨岳陽王來襲荆州元帝與崱兄岸有舊密以書邀之崱乃與兄岸弟幼安兄子龕等夜歸元帝帝以為武州刺史封枝江縣侯仍隨領軍王僧辯東討侯景至巴陵景遁加侍中進爵為公仍隨僧辯追景至石頭與賊相持於橫嶺及戰景親率精銳左右衝突崱從嶺後橫截之景乃敗崱入據臺城景平加散騎常侍江州刺史是月齊將郭元建攻秦州刺史嚴超達於秦郡王僧辯令崱赴援時陳武帝亦自歐陽來會元建眾却崱因縱兵大破之元建遁時元帝執王琳於江陵其長史陸納等於長沙反元帝召崱與王僧辯討之及納等戰於車輪大破之納等走保長沙崱等圍之後納等降崱又與僧辯西討武陵王於硤口至即破平之於是旋鎮遇病而卒謚曰武崱兄弟九人兄嵩岑嵷岌嶷巘岸及弟幼安並知名岸字公衡太清中與崱隨岳陽王詧攻荆州同歸元帝帝以為北梁州刺史封江陵縣侯岸請以五百騎襲襄陽去城三十里城中覺之詧夜知其師掩襄陽以岸等襄陽豪帥於是夜遁歸襄陽岸等知詧至遂奔其兄南陽太守巘於廣平詧遣將尹正薛暉等攻拔之獲巘岸等并其母妻子女並斬於襄陽北門詧母龔保林數岸於眾岸曰老婢教汝兒殺叔乃枉害忠良詧命拔其舌鬻而烹之盡誅諸杜宗族親者幼弱下蠶室又發其墳墓燒其骸骨灰而揚之并以為漆椀及建鄴平崱兄弟發安寧陵焚之以報漆椀之酷元帝亦不責也幼安性至孝寬厚雄勇過人與兄崱同歸元帝帝以為荆州刺史封華陽縣侯與王僧辯討河東王譽於長沙平之又令助徐文盛東討侯景至貝磯大破景將任約斬其儀同叱羅子通湘州刺史趙威方等仍進軍人舉漢口別攻拔武昌景度蘆洲上流以壓文盛幼安與眾軍大敗之會景密遣騎襲陷

郢州執刺史方諸人情大駭文盛由漢口遁歸衆軍大敗幼安降景景以其多反覆殺之

徐文盛字道茂彭城人也家本魏將父慶之天監初自北歸南未至道卒文盛仍統其衆稍立功績大同末爲寧州刺史州在僻遠羣蠻刼竊相尋前後刺史莫能制文盛推心撫慰夷人感之風俗遂改太清二年聞國難乃召募得數萬人來赴元帝以爲秦州刺史加都督授以東討之略東下至武昌遇侯景將任約遂與相持元帝又命護軍將軍尹悅平東將軍杜幼安巴州刺史王珣等會之並受文盛節度大敗約於貝磯約退保西陽文盛進據蘆洲又與相持景聞之率大衆西援約至西陽諸將咸曰景水軍輕進又甚饑疲擊之必大捷文盛不許文盛妻石氏先在建鄴至是景載以還之文盛深德景遂密通信使都無戰心衆咸憤怨杜幼安宋簉等乃率所領獨進大破景獲其舟艦以歸會景密遣騎間道陷郢州軍中懼遂大潰文盛奔還荊州元帝仍以爲城北面大都督又聚斂贓汙甚多元帝下令數其十罪除其官爵文盛多懷怨望元帝聞之乃以下獄時任約被禽與文盛同禁文盛謂約曰何不早降令我至此約曰門外不見卿馬跡使我何處得降文盛無以答遂死獄中

陰子春字幼文武威姑臧人也晉義熙末曾祖襲隨宋武帝南遷至南平因家焉父智伯與武帝隣居少相友善嘗入武帝卧內見有異光成五色因握帝手曰公後必大貴非人臣也天下方亂安蒼生者其在君乎帝曰幸勿多言於是情好轉密帝每有求如外府焉及帝踐阼拜梁秦二州刺史子春仕歷位朐山戍主東莞太守時青州石鹿山臨海先有神廟刺史王神念以百姓祈禱糜費毀神影壞屋舍當坐棟上有一大蛇長丈餘役夫打撲不禽得入海水爾夜子春夢見人通名詣子春云有人見苦破壞宅舍既無所託欽君厚德欲憩此境子春心密記之經二日而知之甚驚以爲前所夢神因辦牲醑請召安置一處數日復夢一朱衣人相聞辭謝云得君厚恩當以一州相報子春心喜供事彌勤經月餘魏欲襲朐山間諜前知子春設伏摧破之詔授南青州刺史鎮朐山又遷都督梁秦二州刺史子春雖無他才行臨人以廉潔稱閨門混雜而身服垢汙脚數年一洗言每洗則失財敗事云在梁州以洗足致梁州敗大清二年徵爲左衞將軍遷侍中屬侯景亂元帝令子春隨王僧辯攻邵陵王於郢州平之又與左衞將軍徐文盛東討侯景至貝磯與景遇子春力戰常冠諸軍値郢州陷没軍遂敗退大寶二年卒於江陵子鏗列在陳史

王琳字子珩會稽山陰人也本兵家元帝居蕃琳姊妹並入後庭見幸琳由此未弱冠得在左右少好武遂爲將帥太清二年帝遣琳獻米萬石未至都城陷乃中江沈米輕舸還京稍遷岳陽內史以軍功封建寧縣侯侯景遣將宋子仙據郢州琳攻克之禽子仙又隨王僧辯破景後拜湘州刺史琳果勁絶人又能傾身下士所得賞物不以入家麾下萬人多是江淮羣盜平景之勳與杜龕俱爲第一由是恃寵縱暴於建鄴王僧辯禁之不可懼將爲亂啟請誅之琳亦疑禍及令長史陸納率部曲前赴湘州身輕上江陵陳謝將行謂納等曰吾若不反子將安之咸曰請死相泣而別及至帝以下吏而使廷尉卿黄羅漢太舟卿張載宣喻琳軍陸納等及軍人並哭對使者莫肯受命乃絷黄羅漢殺張載載性刻爲帝所信荊州人疾之如讎故納等因人之欲抽其腸繫馬脚使繞而走腸盡氣絶又臠割備五刑而斬之元帝遣王僧辯討納納等敗走長沙是時湘州未平武陵王紀兵下又甚盛江陵公私恐懼人有異圖納啟申琳無罪請復本位求爲奴婢元帝乃鎖琳送之時納出兵方戰會琳至僧辯升諸樓車以示之納等投戈俱拜舉兵皆哭曰乞王郎入城卽出及放琳入納乃降湘州平仍復琳本位使拒武陵王紀紀平授衡州刺史元帝性多忌以琳所部甚盛又得衆心故出之嶺外又授都督廣州刺史其友人主書李膺帝所任遇琳告之曰琳蒙拔擢常思畢命以報國恩今天下未平遷琳嶺外如有萬一不虞安得琳力忖官正疑琳耳琳分望有限可得與官爭爲帝乎何不以琳爲雍州刺史使鎮武寧琳自放兵作田爲國禦捍若警急動靜相知孰若遠棄嶺南相去萬里一日有變將欲如何琳非願長坐荊南正以國計如此耳膺然其言而不敢啟故遂率其衆鎮嶺南元帝爲魏圍逼乃徵琳赴援除湘州刺史琳師次長沙知魏平江陵立梁王詧乃爲元帝舉哀三軍縞素遣別將侯平率舟師攻梁琳屯兵長沙傳檄諸方爲進趣之計時長沙蕃王蕭韶及上流諸將推琳主盟侯平雖不能渡江頻破梁軍又以琳兵威不接翻更不授指麾琳遣將討之不克又師老兵不能進乃遣使奉表詣齊并獻馴象又使獻款于魏求其妻子亦稱臣于梁陳武帝既殺王僧辯推立敬帝以侍中司空徵琳琳不從命乃大營樓艦將圖義舉琳將軍張平他乘一艦每將戰勝艦則有聲如野猪故琳戰艦以千數皆以野猪爲名陳武

帝遣將侯安都周文育等討琳仍受梁禪安都嘆曰我其敗乎師無名矣逆戰於沌口琳乘平肩輿執鉞而指之禽安都文育其餘無所脫漏惟以周鐵虎一人背恩斬之鎖安都文育置琳所坐艦中令一閹豎監守之琳乃移湘州府就郢城帶甲十萬練兵於泉浦琳徇軍而言曰可以爲勤王之師矣溫太眞何人哉南江渠帥熊曇朗周迪懷貳琳遣李孝欽樊猛與余孝頃同討之三將軍敗並爲迪所囚安都文育等盡逃還建鄴初魏克江陵之時永嘉王莊年甫七歲逃匿人家後琳迎還湘中衞送東下及敬帝立出質于齊請納莊爲梁主齊文宣遣兵援送仍遣兼中書令李騊駼册拜琳爲梁丞相都督中外諸軍事錄尙書事又遣中書舍人辛慤游詮之等齎璽書江表宣勞自琳以下皆有頒賜琳乃遣兄子叔寶率所部十州刺史子弟赴鄴奉莊纂梁祚於郢州莊授琳侍中使持節大將軍中書監改封安成郡公其餘並依齊朝前命及陳文帝立琳乃輔莊次于濡須口齊遣揚州道行臺慕容儼率衆臨江爲其聲援陳遣安州刺史吳明徹江中夜上將襲盆城琳遣巴陵太守任忠大敗之明徹竟以身免琳兵東下陳遣太尉侯瑱司空侯安都等拒之瑱等以琳軍方盛引軍入蕪湖避之時西南風至琳謂得天道將直取揚州侯瑱等徐出蕪湖躡其後比及兵交西風翻爲瑱用琳兵放火燧以擲瑱船者皆反燒其船琳船艦潰亂兵士透水死者十二三其餘皆棄船上岸爲陳軍所殺殆盡初琳命其長史袁泌御史中丞劉仲威同典兵侍衞莊及軍敗泌遂降陳仲威以莊投歷陽又送壽陽琳尋與莊同入齊齊孝昭帝遣琳出合肥鳩集義故更圖進取琳乃繕艦分遣招募淮南傖楚皆願勠力陳合州刺史裴景暉琳兄珉之壻也請以私屬導引齊師孝昭委琳與行臺左丞盧潛率兵應赴沈吟不決景暉懼事泄挺身歸齊齊孝昭賜琳璽書令鎭壽陽其部下將帥悉聽以從乃除琳驃騎大將軍開府儀同三司揚州刺史封會稽郡公仍增兵秩兼給鐃吹琳水陸戒嚴將觀釁而動屬陳氏結好於齊使琳更聽後圖琳在壽陽與行臺尙書盧潛不協更相是非被召還鄴齊武成弛而不問除滄州刺史後以琳爲特進侍中所居屋脊無故剝破出赤蛆數升汁落地化爲血蠕動有龍出於門外之池雲霧起晝晦會陳將吳明徹伐齊齊帝勅領軍將軍尉破胡等出援秦州令琳共爲經略琳謂所親曰今太歲在東南歲星居斗牛分太白已高皆利爲客我將有喪又謂破胡曰吳兵甚銳宜長策制之愼勿輕鬬破胡不從與戰軍大敗琳單馬突圍僅而獲免還至彭城齊令便赴壽陽并許召募又進封琳巴陵郡王陳將吳明徹進兵圍之堰肥水灌城而齊將皮景和等屯於淮西竟不赴救明徹晝夜攻擊城內水氣轉侵人皆患腫死病相枕從七月至十月城陷被執百姓泣而從之吳明徹恐其爲變殺之城東北二十里時年四十八哭者聲如雷有一叟以酒脯來至號酹盡哀收其血懷之而去傳首建康懸之於市琳故吏梁驃騎府倉曹參軍朱瑒致書陳尙書僕射徐陵求琳首辭甚悽愴陵嘉其志節又明徹亦數夢琳求首并爲啟陳主而許之仍與開府主簿劉韶慧等持其首還于淮南權瘞八公山側義故會葬者數千人瑒等乃閒道北歸別議迎接尋有揚州人茅智勝等五人密送喪柩達于鄴贈十五州諸軍事揚州刺史侍中特進開府錄尙書事謚曰忠武王葬給轀輬車琳體貌閑雅垂髮委地喜怒不形於色雖無學業而彊記內敏軍府佐吏千數皆識其姓名刑罰不濫輕財愛士得將卒之心少爲將帥屬經喪亂雅有忠義之節雖本圖不遂齊人亦以此重之待遇甚厚及敗爲陳軍所執吳明徹欲全之而其下將領多琳故吏爭來致請并相資給明徹由此忌之故及於難當時田夫野老知與不知莫不爲之歔欷流泣觀其誠信感物雖李將軍之恂恂善誘殆無以加焉琳十七子長子敬在齊襲王爵武平末通直常侍第九子衍隋開皇中開府儀同三司大業初卒於渝州刺史

張彪不知何許人自云家本襄陽城云左衞將軍衡州刺史蘭欽外弟也少亡命在若耶山爲盜頗有部曲臨城公大連出牧東揚州彪率所領客焉始爲防閤後爲中兵參軍禮遇甚厚及侯景將宋子仙攻下東揚州復爲子仙所知後去子仙還入若邪舉義征子仙不捷乃走向剡趙伯超兄子稜爲侯景山陰令去職從彪後懷異心僞就彪計請酒爲盟引刀子披心出血自歃彪信之亦取刀刺血報之刀始至心稜便以手案之望入彪心刀斜傷不得深稜重取刀刺彪面被傷頓絕稜謂已死因出外告彪諸將言已殺訖欲與求富貴彪左右韓武入視彪已蘇細聲謂曰我尙活可與手於是武遂誅稜彪不死復奉表元帝帝甚嘉之及侯景平王僧辯遇之甚厚引爲爪牙與杜龕相似世謂之張杜貞陽侯踐位爲東揚州刺史并給鼓吹室富於財晝夜聲樂不息剡令王懷之不從彪自征之留長史謝岐居守會僧辯見害彪不自展拔時陳文帝已據震澤將及會稽彪乃

遣沈泰吳寶眞還州助岐保城彪後至泰等反與岐迎陳文帝入城彪因其未定踰城而入陳文帝遂走山陰彪復城守沈泰說陳文帝曰彪部曲家口並在香巖寺可往收取遂往盡獲之彪將申進密與泰相知因又叛彪彪復敗走不敢還城據城之西山樓子及暗得與弟崑崙妻楊氏去猶左右數人追隨彪疑之皆發遣唯常所養一犬名黃蒼在彪前後未曾捨離乃還入若邪山中沈泰說陳文帝遣章昭達領千兵重購之并圖其妻彪眠未覺黃蒼驚吠劫來便嚙一人中喉即死彪拔刀逐之映火識之曰何忍舉惡卿須我但可取頭誓不生見陳蒨劫曰官不肯去請就平地彪知不免謂妻楊呼爲鄉里曰我不忍令鄉里落他處今當先殺鄉里然後就死楊引頸受刀曾不辭憚彪不下刀便相隨下嶺到平處謂劫曰卿須我頭我身不去也呼妻與訣曰生死從此而別若見沈泰申進等爲語曰功名未立猶望鬼道相逢劫不能生得遂殺彪并弟致二首於昭達黃蒼號叫彪屍側宛轉血中若有哀狀昭達進軍迎彪妻便拜稱陳文帝敎迎爲家主楊便改啼爲笑欣然意悅請昭達殯彪屍墳冢既畢黃蒼又俯伏冢間叫號不肯離楊還經彪宅謂昭達曰婦人本在容貌辛苦日久請暫過宅粧飾昭達許之楊入屋便以刀割髮毁面哀哭慟絕誓不更行陳文帝聞之歎息不已遂許爲尼後陳武帝軍人求取之楊投井決命時寒比出之垂死積大溫燎乃蘇復起投於火彪始起於若邪興於若邪終於若邪及妻犬皆爲時所重吳楊氏天水人散騎常侍皦之女也有容貌先爲河東裴仁林妻因亂爲彪所納彪友人吳中陸山才嗟泰等翻背刋吳昌門爲詩一絕曰田橫感義士韓王報主臣若爲留意氣持寄禹川人

通志卷一百四十二終

宋右迪功郎鄭樵漁仲撰

列傳第五十六

梁

侯景王偉

侯景字萬景魏之懷朔鎮人也或云鴈門人少不羈見憚鄉里及長驍勇有膂力善騎射以選爲北鎮戍兵稍立功劾爲鎮功曹史魏末北方大亂乃事邊將爾朱榮甚見器重卽委以軍事初學兵法於榮部將慕容紹宗未幾紹宗每詢問焉會懷朔鎮將葛榮南逼榮自討之命景先驅至河內生禽葛榮以功擢定州刺史始魏相高歡微時與景甚相友好及歡誅爾朱氏景復以衆降之仍爲歡所用景性殘忍酷虐馭軍嚴整然破掠所得財寶皆班賜將士故咸爲之用所向多捷總攬兵權與歡相亞稍至吏部尙書非其好也每獨曰何當離此反故紙邪尋封濮陽縣公歡之敗於沙苑景謂歡曰宇文泰恃於戰勝今必致殆請以數千勁騎至關中取之歡以告其妃婁氏婁氏曰彼若得泰亦將不歸得泰失景於事奚益歡乃止後爲河南道大行臺位司徒又言於歡曰恨不得泰請兵三萬橫行天下要須濟江縛取蕭衍老公以作太平寺主歡壯其言使擁兵十萬專制河南杖任若己之半體景右足短弓馬非其所長所在唯以智謀時歡部將高昻彭樂皆雄勇冠時唯景常輕之言似豕突並勢何所至及將鎮河南請于歡曰今握兵在遠姦人易生詐僞大王若賜以書請異於他者許之每賜景書別加微點雖子弟弗之知及歡疾篤謂其子澄曰侯景姦猾多計反覆難知我死後必不爲汝用澄乃矯書召之景知僞懼禍因用王偉計乃以太淸元年二月遣其行臺郎中丁和來上表求降武帝召羣臣廷議尙書僕射謝舉及百辟等皆議納景非便帝不從初帝以是歲正月乙卯於善言殿讀佛經因謂左右黃慧彌曰我昨夜夢天下太平爾其識之及和至校景實以正月乙卯日定計焉帝由是納之於是封景河南王大將軍使持節督河南北諸軍事大行臺承制如鄧禹故事給鼓吹一部魏新喪元帥景又舉河南內附高澄嗣事爲渤海王遣其將慕容紹宗圍景於長社景急乃求割魯陽長社東荆北兗請救于西魏魏遣五城王元慶等率兵救之紹宗乃退景復請兵於司州刺史羊鴉仁鴉仁遣長史鄧鴻率兵至汝水元慶軍夜遁鴉仁乃據懸瓠時景將蔡道遵北歸言景有悔過志高澄以爲信然乃以書喩景若還許以豫州刺史終其身所部文武更不追攝闔門無恙幷還寵妻愛子景報書不從澄知景無歸志乃遣軍相繼討景帝聞鴉仁已據懸瓠遂命羣帥指授方畧大舉攻東魏以貞陽侯蕭淵明爲都督淵明軍敗見俘經宗攻潼州刺史郭鳳棄城走景乃遣其行臺左丞王偉左戶郎中王則詣闕獻策請求元氏子弟立爲魏主輔以北伐詔許之以太子舍人元貞爲咸陽王須渡江許卽位以乘輿之副資給之高澄又遣慕容紹宗追景景退保渦陽使謂紹宗曰欲送客邪將定雌雄邪紹宗曰將決戰遂順風以陳景閉壘頃之乃出紹宗曰景多詭好乘人背使備之果如其言景命戰士皆被短甲短刀但低視斫人脛馬足遂敗紹宗軍裨將斛律光尤之紹宗曰吾戰多矣未見此賊之難也爾其當之光被甲將出紹宗戒之曰勿渡渦水旣而又爲景敗紹宗謂曰定何如也相持連月景食盡誑其衆以爲家口並見殺衆皆信之紹宗遙謂曰爾等家並完乃被髮向北斗以誓之景士卒並北人不樂南渡其將暴顯等各率所部降紹宗景軍潰散喪甲士四萬人馬四千疋輜重萬餘兩乃與腹心數騎自硤石濟淮稍收散卒得馬步八百人南過小城人登陴詬之曰跛脚奴何爲邪景怒破城殺言者而去晝夜兼行追軍不敢逼使謂紹宗曰景若就禽公復何用紹宗乃縱之旣而莫適所歸馬頭戍主劉神茂者爲韋黯所不容因是踣馬乃馳謂景曰壽陽去此不遠城池險固韋黯是監州耳王若次近郊必郊迎因而執之可以集事得城之後徐以啓聞朝廷喜王南歸必不責也景執其手曰天敎也及至而黯授甲登陴景謂神茂曰事不諧矣對曰黯懦而寡智可說下也乃遣豫州司馬徐思玉夜入說之黯乃開門納景景執黯數將斬之久而見釋乃遣于子悅馳以敗聞自求貶削優詔不許復求資給卽授南豫州刺史本官如故帝以景兵新破未忍移易故以鄱陽王範爲合州刺史卽鎭合肥魏人攻懸瓠懸瓠糧少羊鴉仁去懸瓠歸義陽魏人入懸瓠更求和親帝召公卿謀之張綰朱异咸請許之景聞未之信乃僞作鄴人書求以貞陽侯換景帝將許之舍人傅岐曰侯景以窮歸義棄之不祥且百戰之餘寧肯束手受縶謝舉朱异曰景奔敗之將一使之力耳帝從之復書曰貞陽旦至則景夕反景謂左右曰我固知吳兒老公薄心腸又請婚於王謝帝曰王謝門高非偶可於朱張以下訪之景怒曰會將吳兒女以配奴王偉曰今坐聽亦死舉大事亦死王其圖之於是遂懷反計屬城居民悉占募爲軍士輒停

責市估及田租百姓子女悉以配將士又啟求錦萬疋爲軍人袍中領軍朱异議以御府錦署止充頒賜不容以供邊用請送靑布以給之又以臺所給仗多不能精啟請東冶鍛工欲更營造勑並給之景自渦陽敗後多所須求朝廷舍弘未嘗拒絶先是貞陽侯淵明督衆軍圍彭城沒于魏至是遣使述魏人請追前好許彼之還武帝覽之流涕乃報淵明啟當別遣行人帝亦願息兵乃與魏和通景聞之懼馳啟固諫帝不從爾後上䟽跋扈言辭不遜又聞遣伏挺徐陵使魏不知所爲元貞知景異志累啟還朝景謂曰將定江南何不少忍貞益懼奔還建鄴具以事聞景又招司州刺史羊鴉仁同逆鴉仁錄州縣使鄱陽王範鎭合肥及鴉仁俱累啟稱景有異志朱异曰侯景數百叛虜何能爲役並抑不奏聞愈加賞賜景所以姦謀益果乃上言曰高澄狡猾寧可全信陛下納其詭語求與連和臣亦竊所笑也臣行年四十有六初未聞江左有佞邪之臣一旦入朝乃致躙躪甯堪粉骨投命讐門請乞江西一境受臣控督如其不許即領甲臨江上向閩越非唯朝廷自恥亦是三公旰食帝使朱异宣語答景使曰譬如貧家畜十客五客尚能得意朕唯有一客致有忿言亦是朕之失也景又知臨賀王正德怨望朝廷密令要結正德許爲內應二年八月景遂發兵反於豫州城南集其將帥登壇歃血是日地大震於是以誅中領軍朱异少府卿徐驎太子左率陸驗制局監周石珍爲辭以爲姦臣亂政請帶甲入朝先攻馬頭木柵執太守劉神茂戍主曹璆等武帝聞之笑曰是何能爲吾以折箠笞之乃勑購斬景者不問南北人同賞封二千戶公一州刺史其人士帥欲還北不須州者賞以絹布二萬以禮發遣於是詔合州刺史鄱陽王範爲南道都督北徐州刺史封山侯正表爲北道都督司州刺史柳仲禮爲西道都督通直散騎常侍裴之高爲東道都督同討景濟自歷陽又命侍中開府儀同三司邵陵王綸持節董督衆軍景聞之謀於王偉偉曰莫若直掩揚都臨賀反其內大王攻其外天下不足定也兵聞拙速不聞工遲今便須進路不然邵陵及人九月景發壽春聲云游獵人不覺也留僞中軍大都督王貴顯守壽春城出軍僞向合肥遂襲譙州助防董紹先降之執刺史豐城侯泰武帝聞之遣太子家令王質率兵三千巡江遏防景進攻歷陽太守莊鐵鐵遣弟昕夜斫景營戰沒鐵母愛其子勸鐵降景拜其母鐵乃勸景曰急則應機緩必致禍景乃使鐵爲導是時鎭戍相次啟聞朱异尙曰景必無渡江志蕭正德先遣大船數十艘僞稱載荻實擬濟景景至江口將渡江慮王質爲梗俄而質被追爲丹陽尹無故自退景聞之未信乃密遣覘之謂使者曰質審退可折江東樹枝爲驗覘人如言而返景大喜曰吾事辦矣乃自採石濟馬數百疋兵八千人都下不之覺景即分兵襲姑熟執淮南太守文成侯寧遂至慈湖南津校尉江子一奔還建鄴皇太子見事急入面啟武帝曰請以事垂付願不勞聖心帝曰此自汝事何更問爲太子仍停中書省指授內外擾亂相劫不復通於是詔以揚州刺史宣城王大器爲都督內外諸軍事都官尙書羊侃爲軍師將軍以副焉遣南浦侯推守東府城西豐公大春守石頭城輕車長史謝禧守白下既而景至朱雀航遣徐思玉入啟乞帶甲入朝除君側之惡請遣了事舍人出相領解實欲觀城中虛實帝遣中書舍人賀季主書郭寶亮隨思玉往勞之于版橋景北面受勅季曰今者之舉何以爲名景曰欲爲帝也王偉進曰朱异徐驎諂黷亂政欲除姦臣耳景既出惡言留季不遣寶亮還宮先是大同中童謠曰靑絲白馬壽陽來景渦陽之敗求錦朝廷所給靑布及是皆用爲袍采色尙靑景乘白馬靑絲爲轡欲以應謠蕭正德先屯丹陽郡至是率所部與景合建康令庾信率兵千人屯航北及景至撤航始除一舶見賊軍皆著鐵面遂棄軍走南塘游軍復閉航度景皇太子以所乘馬授王質配精兵三千使援庾信質至領軍府與賊相遇未陣而奔景乘勝至闕下西豐公大春棄石頭城走景遣其儀同于子悅據之謝禧亦棄白下城走景於是遣百道攻城縱火燒大司馬東西華諸門城中倉卒未有備乃鑿門樓下水沃火久之方滅賊又斫東掖門將入羊侃鑿門扇刺射殺人賊乃退又登東宮牆射城內至夜簡文募人出燒東宮東宮臺殿遂盡所聚數百廚圖籍一皆灰燼先是簡文夢有人畫作秦始皇云此人復焚書至是而驗景又燒城西馬廐士林館太府寺明日景又作木驢數百攻城城上擲以石所值皆碎賊又作尖項木驢狀似槥石不能破乃作雉尾炬灌以膏蠟叢下焚之賊既不尅士卒來者甚多乃止攻築長圍以絶內外又啟求誅朱异陸驗徐驎周石珍等城內亦射賞格出外有能斬景首授以景位并錢一億萬布絹各萬疋女樂二部莊鐵乃奔歷陽紿言景已梟首景城守郭駱懼棄城走壽陽鐵得入城遂奔尋陽十一月景立蕭正德爲帝即僞位於儀賢堂改年曰正平初童謠有正平之言故立號以應之識者以爲正德卒當平殄

也景自爲相國天柱將軍正德以女妻之景又攻東府城設百尺樓車鉤城堞盡落城遂陷景使其儀同盧暉畧率數十人持長刀夾城門悉驅城內文武裸身而出使交兵殺之死者三千餘人南浦侯推是日遇害景使正德子見理及暉畧守東府城初景至都便唱云武帝已晏駕雖城內亦以爲然簡文慮人情有變乃請上輿駕巡城上將登城陸驗諫曰陛下萬乘之重豈可輕脫因泣下帝深感其言乃幸大司馬門城上聞蹕聲皆鼓譟軍人莫不屑涕百姓乃安景又於城東西各起一土山以臨城城中亦作兩土山以應之簡文以下皆親畚鍤初景至便望剋定建鄴號令甚明不犯百姓既攻城不下人心離沮又恐援軍總集衆必潰散乃縱兵殺掠交尸塞路富室豪家恣意裒剝子女妻妾悉入軍營又募北人先爲奴者並令自拔賞以不次朱异家黥奴乃與其儕踰城投賊景以爲儀同使至闕下以誘城內乘馬披錦袍詬曰朱异五十年仕宦方得中領軍我始事侯王已爲儀同於是奴僮競出盡皆得志景食石頭常平倉既盡便掠居民爾後米一升七八萬錢人相食有食其子者又築土山不限貴賤晝夜不息亂加毆捶疲羸者因殺之以塡山號哭之聲動天地百姓不敢藏隱並出從之旬日閒衆至數萬景儀同范桃棒密貪重賞求以甲士二千人來降以景首應購遣文德主帥前白馬游軍主陳昕夜踰城入密啟言狀簡文以啟上上大悅使報桃棒事定許封河南王鐫銀券以與之簡文恐其詐猶豫不決上怒曰受降常理何忽致疑朱异傅岐同請納之簡文曰吾卽堅城自守所望外援外援若至賊豈足平今若開門以納桃棒桃棒之意尙且難知一旦傾危悔無及矣桃棒又曰今止將所領五百餘人若至城門自皆脫甲乞朝廷賜容事濟之時保禽侯景簡文見其言愈疑之朱异以手搥胷曰今年社稷去矣俄而桃棒軍人魯伯和告景並烹之至是邵陵王綸率西豐公大春新塗公大成永安侯確南安鄉侯駿前譙州刺史趙伯超武州刺史蕭弄璋步兵校尉尹思合等馬步二萬發自京口直據鍾山景黨大駭具舟船咸欲逃散分遣萬餘人距戰綸大破之於愛敬寺下斬首千餘級景初聞綸至懼形於色及敗軍還尤言其盛愈恐命具舟石頭將北濟任約曰去鄉萬里走欲何之戰若不捷君臣同死草閒乞活約所不爲景乃留宋子仙守壁自將銳卒拒綸陣於覆舟山北與綸相持會暮景退還南安侯駿帥數十騎挑之景回軍與戰駿退時趙伯超陳於元武湖北見駿急不赴乃率軍前走衆軍因亂遂敗績綸奔回京口賊盡獲其輜重生俘千餘人獲西豐公大春及綸司馬邸慧達直閤將軍胡子約廣陵令霍儁等來送城下逼令云已禽邵陵王儁獨云王小小失利已全軍還京口城中但堅守援軍尋至語未卒賊以刀傷其口儁辭色如舊景義而釋焉正德乃收而害之是日鄱陽世子嗣裴之高至後渚結營于蔡洲景分軍屯南岸十二月景造諸攻具及飛樓撞車登城車鉤堞車階道車火車並高數丈車至二十輪陳於闕前百道攻城以火焚城東南隅大樓因火勢以攻城城上縱火悉焚其攻具賊乃退是時景土山成城內土山亦成以太府卿韋黯守西土山左衞將軍柳津守東土山山起芙蓉層樓高四丈飾以錦罽捍以烏笙山峯相近募敢死士厚衣袍鎧名曰僧騰客配二山交稍以戰鼓叫沸騰昏旦不息土山攻戰既苦人不堪命柳津命作地道毀外山擲雉尾炬燒其櫓堞外山崩壓賊且盡賊又作蝦蟇車運土石塡塹戰士升之樓車四面並至城內飛石碎其車賊死積於城下賊又掘城東南角城內作迂城形如卻月以捍之賊乃退材官將軍宋嶷降賊因爲立計引元武湖水灌臺城城外水起數尺闕前御街並爲洪波又燒南津居民營寺莫不咸盡司州刺史李仲禮衡州刺史韋粲南陵太守陳文徹宣猛將軍李孝欽等皆來赴援鄱陽世子嗣裴之高又濟江柳仲禮營朱雀航南裴之高營南苑韋粲營青塘陳文徹李欽屯丹陽郡鄱陽世子嗣營小航南並緣淮造柵及旦景方覺乃登禪靈寺門樓以望之見韋粲營壘未合渡兵擊之斬粲首徇城下仲禮聞粲敗不遑貫甲與數十人赴之遇賊斬首數百仍投水死者千餘人仲禮深入馬陷泥亦被重創自是賊不敢濟岸邵陵王綸又與臨城公大連等自東道集于南岸荊州刺史湘東王繹遣世子方等兼司馬吳曄天門太守樊文皎下赴京師營于洲子岸前高州刺史李遷仕前司州刺史羊鴉仁又率兵繼至既而鄱陽世子嗣永安侯確羊鴉仁李遷仕樊文皎率衆渡淮攻破賊東府城前柵遂營于青溪水東景遣其儀同宋子仙緣水西立柵以相拒景食稍盡人相食者十五六於是援軍四方雲合至于北岸衆號百萬百姓扶老攜幼以候王師纔過淮便競剝掠徵責金銀列營而立互相疑貳邵陵王綸柳仲禮甚於讐敵臨城公大連永安侯確逾於水火無有鬭心賊黨有欲自拔者聞之或止賊之始至城中纔得固守平蕩之事期望援軍既而中外斷絕有羊車兒獻計作紙鴉繫以長繩藏

勑於中簡文出太極殿前因西北風而放冀得書遠羣賊駭之謂是厭勝之術又射下之其危急如此是時城中圍逼旣久膎味頓絕簡文上厨僅有一肉之膳軍士煑弩燻鼠捕雀食之殿堂舊多鴿羣聚至是殲焉初宮門之閉公卿以食爲念男女貴賤並出負米得四十萬斛收諸府藏錢帛五十億萬並聚德陽堂魚鹽樵採所取蓋寡至是乃壞尙書省爲薪撤薦剉以飼馬盡又食飯焉御甘露厨有乾苔味酸鹹分給戰士軍人屠馬於殿省間鬻之雜以人肉食者必病賊又置毒於水竇於是稍行腫滿之疾城中疫死者大半初景之未渡江魏人遺檄極言景反覆猜忍又言帝飾智驚愚將爲景欺至是禍敗之狀皆如所陳南人或以爲讖時景軍亦饑不能復戰東城有積粟其路爲援軍所斷且聞湘東王下荊州兵彭城劉邈乃說景曰大軍頓兵已久攻城不拔今衆軍雲集未易可破如聞軍糧不支一月運漕路絕野無所掠嬰兒掌上信在於今未若乞和全師而反景乃與王偉計遣任約在城北拜表僞降以河南自效帝曰吾有死而已寧復是議且賊凶逆多詐此言云何可信旣而城中日蹙簡文乃請武帝曰侯景圍逼旣無勤王之師今欲許和更思後計帝大怒曰和不如死簡文曰城下之盟乃是深恥白刃交前流矢不顧上遲回久之曰爾自圖之無令取笑千載乃聽焉景請割江右四州地并求宣城王大器出送然後解圍濟江仍許遣其儀同于子悅右丞王偉入城爲質中領軍傅岐議以宣城王嫡嗣子重有輕言者請劒擊之乃請石城公大款出送詔許焉遂於西華門外設壇遣尙書僕射王克兼侍中上甲鄉侯韶兼散騎常侍蕭瑳與于子悅王偉等登壇共盟右衛將軍柳津出西華門下景出其柵門與津遙相對刑牲歃血南兗州刺史南康嗣王會理前青冀二州刺史湘潭侯退西昌侯世子彧率衆三萬至于馬卬洲景慮北軍自白下而上斷其江路請悉勒衆南岸勑乃遣北軍並進江潭苑景又啟稱永安侯趙威方頻隔柵詬臣云天子自與爾盟我終當逐汝乞召入城卽進發勑並召之景遂運東城米于石頭食乃足又啟云西岸信至高澄已得壽春鍾離便無處安足權備廣陵譙州須征得壽春鍾離卽以奉還朝廷時荊州刺史湘東王繹師于武成河東王譽次巴陵前信州刺史桂陽王慥頓江津並未之進旣而有勑班師湘東王欲旋中記室參軍蕭賁曰景以人臣舉兵向闕今若放兵未及渡江童子能斬之必不爲也大王以十萬之師未見賊而退若何湘東王不悅賁骨鯁士也每恨湘東王不入援嘗與王雙六食子未下賁曰殿下都無下意王深爲憾遂因事害之景旣知援軍號令不一終無勤王之効又聞城中死疾轉多當有應之者旣卻湘東王等又得城東之米王偉且說景曰王以人臣舉兵背叛圍守宮闕已盈十旬逼辱妃主淩穢宗廟今日持此何處容身願且觀變景然之乃抗表於武帝陳帝十失言辭甚悖三年三月丙辰朔城內於太極殿前設壇使兼太宰尙書僕射王克等告天地神祇以景違盟舉烽鼓譟初城圍之日男女十餘萬貫甲者三萬至是疾疫且盡守陴者止二三千人並悉羸懦橫屍滿路無人埋瘞臭氣熏數里爛汁滿溝洫於是羊鴉仁柳敬理鄱陽世子嗣進軍於東府城北柵壘未立爲景將宋子仙所敗送首級於闕下景又遣于子悅乞相帝遣御史中丞沈浚至景營景無去意浚因責之景大怒決石闕前水百道攻城晝夜不息丁卯城遂陷邵陵王世子堅帳內白雲朗董勛華於城西北樓納賊五鼓賊四面飛梯衆悉上永安侯確與其兄堅力戰不能卻乃還見文德殿言狀須臾景乃先使王偉儀同陳慶入殿陳謝曰臣旣與高氏有隙所以歸投每啟不蒙爲奏所以入朝而姦佞懼誅深見推拒連兵多日罪合萬誅武帝曰景今何在卿可召來時武帝坐文德殿景乃入朝以甲士五百自衞帶劒升殿拜訖帝神色不變使引向三公榻坐謂曰卿在戎日久無乃爲勞景默然又問曰卿何州人而來至此乎景又不能對其從者任約代對又問初渡江有幾千人景曰千人圍臺城有幾人曰十萬今有幾人曰率土之內莫非己有帝俛首不言景出謂其廂公王僧貴曰吾嘗據鞍對敵矢刃交下而意氣安緩了無怖心今日見蕭公使人自慴豈非天威難犯吾不可以再見之矣出見簡文于永福省簡文坐與相見亦無懼色初簡文寒夕詩云雪花無有蔕冰鏡不安臺又詠月云飛輪了無轍冰鏡不安臺後人以爲詩讖謂無蔕者足無帝不安臺者臺城不安輪無轍者以邵陵名綸空有赴援名也旣而景屯兵西州使僞儀同陳慶以甲防太極殿悉鹵掠乘輿服玩後宮嬪妾收王侯朝士送永福省撤二宮侍衞使王偉守武德殿于子悅屯太極東堂矯詔大赦天下自爲大都督都督中外諸軍錄尙書事其侍中使持節大丞相王如故先是城中積屍不暇埋瘞又有已死而未斂或將死而未絕景悉命聚而焚之臭氣聞十餘里尙書外兵郎鮑正疾篤曳出焚之宛轉火中久而方絕景又矯詔令征鎭守將各復本任於是諸

軍並散降蕭正德爲侍中大司馬百官皆復其職帝雖外迹不屈而意猶怨憤景欲以宋子仙爲司空帝曰調和陰陽豈在此物景又請以文德主帥鄧仲爲城門校尉帝曰不置此官簡文重入奏帝怒曰誰令汝來景聞亦不敢逼後每徵求多不稱旨至於御膳亦被裁抑遂懷憂憤五月感疾餒崩于文德殿景祕不發喪權殯于昭陽殿自外文武咸莫之知二十餘日然後升梓宮於太極前殿迎簡文即位及葬修陵使衞士以大釘於要地釘之欲令後世絕滅矯詔赦北人爲奴婢者冀收其力用焉時東揚州刺史臨城公大連據州吳興太守張嵊據郡自南陵以上並各據守景制命所行唯吳郡以西南陵以北而已六月景乃殺蕭正德於永福省封元羅爲西秦王元景襲爲陳留王諸元子弟封王者十餘人以柳仲禮爲使持節大都督隸大丞相參戎事十一月百濟使至見城邑邱墟於端門外號泣行路見者莫不灑泣景聞大怒收小莊嚴寺禁不聽出入大寶元年正月景矯詔自加班劍四十人給前後部羽葆鼓吹置左右長史從事中郎四人三月甲申景請簡文禊宴於樂游苑帳飲二日其逆黨悉以妻子自隨皇太子以下並令馬射箭中者賞以金錢翌日向晨簡文還宮景拜伏苦請簡文不從及發景即與溧陽主共據御牀南面並坐羣臣文武列坐侍宴四月辛卯景又召簡文幸西州簡文御素輦侍衞四百人景衆數千浴鐵翼衞簡文至西州景等逆拜上冠下屋白紗帽服白布裘襦景服紫袖褶上加金帶與其僞儀同陳慶索超世等西向坐溧陽主與其母范淑妃東向坐上聞絲竹悽然下泣景起謝曰陛下何不樂上爲笑曰丞相言索超世聞此聲以爲何聲景曰臣且不知豈獨超世上乃命景起舞景即下席應絃而歌上顧命淑妃淑妃固辭乃止景又上禮遂逼上起舞酒闌坐散上抱景于牀曰我念丞相景曰陛下如不念臣臣何以至此上索筌蹄曰我爲公講命景離席使其唱經景問超世何經最小超世曰唯觀世音小景即唱爾時無盡意菩薩上大笑夜乃罷時江南大饑江揚彌甚旱蝗相繼年穀不登百姓流亡死者塗地父子攜手共入江湖或兄弟相要俱緣山岳菱實荇花所在皆罄草根木葉爲之彫殘雖假命須臾終死山澤其絕粒久者鳥面鵠立俯伏牀帷不出戶牖者莫不依羅綺懷金玉交相枕藉待命聽終於是千里絕煙人跡罕見白骨成聚如邱隴焉而景虐於用刑酷忍無道於石頭立大舂碓有犯法者擣殺之東陽人李瞻起兵爲賊所執送詣建鄴景先出之市中斷其手足刻析心腹破出肝腸瞻正色整容言笑自若見其膽者乃如升焉又禁人偶語不許大酺有犯則刑及外族其官人任兼閫外者位必行臺入附凶徒者並稱開府其親寄隆重則號曰左右廂公勇力兼人名爲庫真部督七月景遣任約寇江州刺史尋陽王大心以州降之景遂矯詔自進位相國封太山等二十郡爲漢王入朝不趨贊拜不名劍履上殿依漢蕭何故事十月景又矯詔自加宇宙大將軍都督六合諸軍事以詔文呈簡文簡文大驚曰將軍乃有宇宙之號乎初武帝既崩景立簡文升重雲殿禮佛爲盟曰臣乞自今兩無疑貳臣固不負陛下陛下亦不得負臣及南康王會理之事景稍猜懼謂簡文欲謀之王偉因構扇遂懷逆謀矣二年正月景以王克爲太宰宋子仙爲太保元羅爲太傅郭元建爲太尉張化仁爲司徒任約爲司空于慶爲太師紇奚斤爲太子太傅時靈護爲太子太保王偉爲尚書左僕射索超世爲右僕射於大航跨水築城名曰捍國初元帝聞江州失守乃遣都督秦州刺史徐文盛率軍下武昌拒約相持既久至是元帝又遣巴州刺史王珣率兵助文盛任約以西臺益兵告急於景三月景自率衆二萬西上援約次西陽文盛率水軍邀戰大破之會景遣宋子仙襲陷郢州盡獲武昌軍人家口故文盛之衆大潰奔歸江陵景乘勝西上號三十萬聯旗千里江左以來水軍之盛未有也帝聞之謂御史中丞宗懍曰賊若分守巴陵鼓行西上荊郢危殆此上策也身頓長沙徇地零桂運糧以至洞庭湘郢非吾有此中策也擁衆江口連攻巴陵銳意盡於攻城士卒饑於半菽此下策也吾安枕而固無所多憂於是元帝遣領軍將軍王僧辯率衆東下次于巴陵會景至僧辯沈船卧鼓若將已遁景遂圍城元帝遣平北將軍胡僧祐與居士陸法和救巴陵景遣任約逆擊之僧祐與法和退據赤亭景至與戰大破之禽其將任約景乃夜遁還都左右有泣者景命斬之王僧辯乃率衆軍東下次漢口攻魯山及郢城皆陷之自是衆軍所至皆捷先是景每出師戒諸將曰若破城邑淨殺卻使天下知吾威名故諸將以殺人爲戲而百姓雖死不從之是年四月景乃廢簡文幽于永福省詔草成逼簡文寫之至先皇念神器之重思社稷之固歔欷嗚咽不能自止是日景迎豫章王棟即皇帝位升太極前殿大赦改元爲天正元年有回風自永福省吹其文物皆倒折見者莫不驚駭初景既平京邑便有篡奪之志以四方須定故未自立既而巴陵失守江郢喪

師猛將外殲雄心內沮便欲速僭大號遂其姦心又王偉云自古移鼎必須廢立故景從之其太尉郭元建聞之自秦郡馳還諫曰主上仁明何得廢之四方之師所不動者正爲二宮萬福若遂行弒逆結怨海內事機一去雖悔無及景曰王偉勸吾元建固陳不可景意遂回欲復帝位以棟爲太孫王偉固執不可乃禪位于棟景以哀太子妃賜郭元建元建曰豈有皇太子妃而降爲人妾竟不與相見十月壬寅夜遣彭雋王修纂害簡文是月景東道行臺劉神茂儀同尹思合劉歸義王曄及雲麾將軍元頵等據東陽歸順十一月景以趙伯超鎮錢塘遣田遷謝答仁東征神茂等景乃矯蕭棟詔自加九錫之禮漢國置丞相以下百官陳備物於庭忽有野鳥翔于景冊書上赤足丹觜形如山鵲都下左右所無賊徒悉駭競射之不能中南兗獲白麞建康獲白鼠以獻蕭棟棟歸之于景景又矯蕭棟詔追崇其祖爲大將軍父爲大丞相自加冕十有二旒建天子旌旗出警入蹕乘金根車駕六馬備五時副車置旄頭雲罕樂儛八佾鐘簴宮懸之樂一如舊儀尋又矯蕭棟詔禪位使僞太宰王克奉璽紱于巳先夕景宿大莊嚴寺即南郊柴燎于天升壇受禪大風折木旗蓋盡偃文物並失舊儀既倡警蹕識者以爲名景而言警蹕非久祥也景聞惡之改爲備蹕人又曰備於此便畢矣有司乃奏改云永蹕乃以廣柳車載鼓吹橐駝負犧牲輦上置垂腳坐焉景所帶劒水精標無故墮落手自拾取甚惡之將登壇有兔自前而走俄失所在又白虹貫日三重日青無色還將登太極殿醜徒數萬同共吹脣唱吼而上及升御牀牀腳自陷大赦改元爲大始元年方饗羣臣中會而起觸牀墜地封蕭棟爲淮陰王幽之改梁律爲漢律改左戶尚書爲殿中尚書五兵尚書爲七兵尚書直殿主帥爲直寢景三公之官動置十數儀同尤多或走馬孤行自執羈紲以宋子仙郭元建張化仁任約爲佐命元功並加三公之位王偉索超世爲謀主于子悅彭雋主擊斷陳慶吕季略盧暉略丁和史安和爲爪牙斯皆尤毒於百姓者其餘如于伯醜任延和等復有十數人梁人而爲景用者則故將軍趙伯超前制局監姬石珍內監嚴亶邵陵王記室伏知命此四人盡心竭力者若太宰王克太傅元羅侍中殷不害太常姬弘正等雖官尊止從人望非腹心任也景祖名乙羽周及篡以周爲廟諱故改周弘正周石珍姓姬也其左僕射王偉請立七廟景曰何謂七廟偉曰天子祭七世祖考故置七廟並請七世諱勅太常具祭祀之禮景曰前世吾不復憶惟阿爺名標且在朔州伊那得來噉是衆聞咸竊笑之景黨有知景祖名乙羽周者自外悉是王偉制其名位以漢司徒侯霸爲始祖晉徵士侯瑾爲七世祖於是追尊其祖周爲大丞相父標爲元皇帝于時景修飾臺城及朱雀宣陽等門童謠曰的脰馬拂朱雀還與吳又曰脫青袍著芒屩荊州天子挺應著時都下王侯庶姓五等廟樹咸見殘毀唯文宣太后廟四周柏樹獨鬱茂及景篡修南郊路僞都官尚書吕季略說景令伐此樹以立三橋始斫南面十餘株再宿悉栟生便長數尺時既冬月翠茂若春賊乃大驚惡之使悉斫殺識者以爲僵柳起於上林乃表漢宣之興今廟樹重青必彰陝西之瑞又景牀東邊香爐無故墮地景呼東西南北皆謂爲廂景曰此東廂香爐那忽下地議者以爲湘東軍下之徵十二月謝荅仁李慶等軍至建德攻元頵李占柵大破之執頵占送京口截其手足殉之經日乃死二年正月朔景臨朝會王僧辯軍至蕪湖景遣兵助侯子鑒等守姑熟是月朔馬駒生角謝荅仁攻東陽劉神茂降以送建鄴景爲大剉碓先進其腳寸寸斬之至頭方止使衆觀之以示威三月景自往姑熟巡視壘柵又誡子鑒曰西人善水戰不可爭鋒往年任約敗績良爲此也若得馬步一交必當可破汝但堅壁以觀其變子鑒乃率步騎萬餘人渡洲并水軍俱進僧辯逆擊大破之子鑒僅以身免景聞子鑒敗大懼涕下覆面引衾而卧良久方起歎曰咄叱咄叱誤殺乃公初景之爲丞相居于西州將率謀臣朝必集行列門外謂之牙門以次引進與以酒食言笑談論善惡必同及篡恆坐內不出舊將稀見面咸有怨心至是登烽火樓望西師看一人以爲千人大懼僧辯及諸將遂於石頭城西步上連營立柵至于落星墩景大恐自率侯子鑒等於石頭東北立柵拒守遣掘王僧辯父墓剖棺焚尸僧辯等進營於石頭城北景列陣挑戰僧辯率衆奮擊大破之景既退敗不敢入宮收其散兵屯于闕下遂將逃竄王偉攬轡諫曰自古豈有叛天子今宮中衛士尚足一戰寧可便走棄此欲何之景曰我在北攻賀拔勝敗葛榮揚名河朔與高王一種人今來直渡大江取臺城如反掌打邵陵王於北山破柳仲禮於南岸皆乃所親見今日之事恐是天亡乃好守城我當復一決爾仰觀石闕逡巡歎息久之乃以皮囊盛二子挂馬鞍與其儀同田遷范希榮等百餘騎東奔王偉遂委臺城竄逸侯子鑒等奔廣陵王克開臺城門引裴之横入宮縱兵攻掠是夜遺燼燒太極殿

及東西堂延閣祕署皆盡羽儀輦輅莫有孑遺王僧辯命武州刺史杜崱救火僅而得滅故武德五明重雲殿及門下中書尚書省得免僧辯迎簡文梓宮升於朝堂三軍縞素踊於哀次命侯瑱裴之横追賊於東焚僞神主於宣陽門作神主於太廟收圖書八萬卷歸江陵杜崱守臺城都下戸口百遺一二大航南岸極目無煙老小相扶競出纔渡淮王琳杜龕軍人掠之甚於寇賊號叫徹于石頭僧辯謂爲有變登城門故亦不禁也僉以王師之酷甚於侯景君子以是知僧辯之不終也初景之圍臺城援軍三十萬兵士望青袍則氣消膽奪及赤亭之役胡僧祐以羸卒一千破任約精甲二萬轉戰而東前無横陣既而侯瑱率軍追景景至嘉興趙伯超據錢塘距之軍退還吳郡達松江而侯瑱軍奄至景衆未陣皆舉幡乞降景不能制乃與腹心數十人單舸而走推墮二子於水自滬瀆入海至胡豆洲前太子舍人羊鯤殺之送尸于僧辯景長不滿七尺長上短下眉目疎秀廣顙高權色赤少鬢低視屢顧聲散識者曰此豺狼之聲故能食人亦當爲人所食既南奔魏相高澄悉命先剝景妻子面皮以大鐵鑊盛油煎殺之女以入宮爲婢男三歲者並下蠶室後齊文宣夢彌猴坐御牀乃並煑景子於鑊其子之在北者殲焉景性猜忌好殺戮恆以手刃爲戲方食斬人於前言笑自若口不輟飡或先斬手足割舌劓鼻經日乃殺之自篡立後時著白紗帽而尙披青袍或以牙梳插髻牀上常設胡牀及筌蹄著靴垂腳坐或跂戸限或走馬遨遊於宮內及華林園彈射鴉鳥自爲天子王偉不許輕出於是鬱怏更成失志曰吾無事爲帝與受擯不殊及聞義師轉近猜忌彌深牀前蘭錡自遶然後見客每登武帝所常幸殿若有芒刺在身恆聞咄叱者又處宴居殿一夜驚起若有物扣其心自是凡武帝所常居處並不敢處多在昭陽殿廊下所居殿屋常有鵂鶹鳥鳴呼景惡之每使人窮山野捕鳥景所乘白馬每戰將勝輒躑躅嘶鳴意氣駿逸其有奔衂必低頭不前及石頭之役精神沮喪卧不肯動景使左右拜請或加箠策終不肯進始景左足上有肉瘤狀似龜戰應剋捷瘤則隱起分明如不勝瘤則低至是瘤隱陷肉中天監中有釋寶誌曰掘尾狗子自發狂當死未死嚙人傷須臾之間自滅亡起自汝陰死三湘又曰山家小兒果攘臂太極殿前作虎視狗子景小字山家小兒皆猴狀景遂覆陷都邑毒害皇家起自懸瓠卽昔之汝南巴陵有地名三湘景奔敗處其言皆驗景常謂人曰侯字人邊作主下作人此明是人主也臺城既陷武帝嘗語人曰侯景必得爲帝但不久耳破侯景字成小人百日天子爲帝當得百日案景以辛未年十一月十九日篡位壬申年三月十九日敗得一百二十日而景以三月一日便往姑孰計在宮殿足滿十旬其言竟驗又大同中太醫令朱耽嘗直禁省無何夢犬羊各一在御座覺而告人曰犬羊非佳物也今在御座將有變乎既而天子蒙塵景登正殿焉及景將敗有僧通道人者意性若狂飲酒噉肉不異凡等游行世間已數十載姓名鄉里人莫能知初言隱伏久乃方驗人並呼爲闍梨景甚信敬之景常於後堂與其徒共射時僧通在坐奪景弓射景陽山大呼云得奴已景後宴集其黨又召僧通僧通取肉揾鹽以進景問曰好不景答所恨太鹹僧通曰不鹹則爛及景死僧辯截其二手送齊文宣傳首江陵果以鹽五斗置腹中送于建康暴之于市百姓爭取屠膾羮食皆盡并溧陽主亦預食例又焚景骨揚灰曾罹其禍者仍以灰和酒飲之首至江陵元帝命梟於市三日然後煑而漆之以付武庫先是江陵謠言苦竹町市南有好井荆州軍殺侯景及景首至元帝付諮議參軍李季長宅宅東卽苦竹町也既加鼎鑊卽用市南井水焉景儀同謝荅仁行臺趙伯超降于侯瑱生禽賊行臺田遷儀同房世貴蔡壽樂領軍王伯醜凶黨悉平斬房世貴于建康市餘黨送江陵初郭元建以有禮於皇太子妃將降侯子鑒曰此小惠也不足自全乃奔齊

臣謹按李延壽史於侯景傳中同異頗多據梁武再問景景皆不能對令從者代對景退而自歎懾於天威是也今延壽之史於又不能對之後又問初渡江有幾人景曰千人圍臺城有幾人曰十萬今有幾人曰率土之內莫非己有武帝俛首不言如此則景爲辯士矣何因有天威難犯吾不可以再見之語乎又以簡文寒夕詩與詠月詩爲詩讖復無成言徒費箋註讖語殆不如是武帝葬修陵侯景正當朝得免蘗痤足矣何因相地以取佳城仍更使衞士以大釘於要地釘之欲令後世絕滅乎此皆取於稗官小說不典之言延壽之史似此爲多故知南北朝之行事當得識者裁正之爾

王偉其先畧陽人父畧仕魏爲許昌令因居潁川偉學通周易雅高辭采仕魏爲行臺郎景叛後高澄以書招之偉爲景報澄書其文辭甚美澄覽書曰誰所作也左右稱偉之文澄曰才如此何由不早使知邪偉既協景

謀謨其文檄並偉所製及行纂逆皆偉創謀也景敗與侯子鑒俱走相失潛匿草中直瀆戍主黃公喜禽送之見王僧辯長揖不拜執者促之偉曰各爲人臣何事相敬僧辯曰卿爲賊相不能死節而求活草間顚而不扶焉用彼相偉曰廢興時也工拙在人向使侯氏早從偉言明公豈有今日之勢僧辯大笑意甚異之命出以徇偉曰昨及朝行八十里願借一驢代步僧辯曰汝頭方行萬里何八十里哉偉曰今日之事乃吾心也前尚書左丞虞隲嘗見辱於偉遇之而唾其面曰死虜庸復能爲惡乎偉曰君不讀書不足與語隲慙而退及呂季畧周石珍嚴亶俱送江陵偉尚望見全於獄爲詩贈元帝下要人曰趙壹能爲賦鄒陽解獻書可惜西江水不救轍中魚又上五百字詩於帝帝愛其才將捨之朝士多忌乃請曰前日偉作檄文有異辭句元帝求而視之檄云項羽重瞳尚有烏江之敗湘東一目寧爲四海所歸帝大怒使以釘釘其舌於柱剜其腸顏色自若仇家臠其肉俄而視之至骨方刑之石珍及亶並夷三族趙伯超趙革子也初至建康王僧辯謂曰卿荷國重恩遂復同逆對曰當今禍福恩在明公僧辯又顧謝答仁曰聞卿是侯景梟將恨不與卿交兵答仁曰公英武蓋世答仁安能仰敵僧辯大笑答仁以不失禮於簡文見宥伯超及伏知命俱餓死江陵獄中彭雋亦生獲破腹抽出其肝臟雋猶不死然後斬之

宋右迪功郎鄭樵漁仲撰

列傳第五十七

陳

杜僧明　周文育子寶安　侯瑱　侯安都　歐陽頠
子紇　黃法𣰰　淳于量　章昭達　吳明徹　胡穎
徐度子敬成　杜稜　周鐵虎　程靈洗子文季　沈恪
陸子隆子之武弟子才　錢道戢　駱牙　孫瑒　徐世
譜　周敷　荀朗　周炅　魯悉達　蕭摩訶子世
廉智深　陳　任忠　樊毅弟猛　裴忌父之平　韓子高　華皎
孔奐　王沖子瑒瑜　王通弟勱質　固　王猛　到仲舉
庾持　許亨　褚玠

杜僧明字弘照廣陵臨澤人也形貌眇小而膽氣過人有勇力善騎射梁大同中盧安興爲廣州刺史南江督護僧明與兄天合及周文育並爲安興所啟請與俱行頻征俚獠有功爲新州助防天合亦有才幹預在征伐安興死僧明復副其子子雄及交州豪士李賁反於交州逐刺史蕭諮諮奔廣州臺遣子雄與高州刺史孫冏討賁時春草巳生瘴癘方起子雄請待秋討之廣州刺史新喻侯蕭映不聽子雄等不得已遂行至合浦死者十六七衆並憚役潰散禁之不可乃引其餘兵退還蕭諮啟子雄及冏與賊交通逗遛不進梁武帝勅於廣州賜死子雄弟子畧子烈並豪俠家屬在南江天合謀於衆曰盧公累葉立功待遇我等亦甚厚矣今見枉而不能爲報非丈夫也我弟僧明萬人之敵若圍州城召百姓誰敢不從城破斬二侯然後待臺使至束手詣廷尉死猶勝生縱其不捷亦無恨矣衆咸慷慨曰是所願也惟足下命之乃與周文育等率衆結盟奉子雄弟子畧爲主以攻刺史蕭映子畧頓城南天合頓城北僧明文育分據城東西吏民並應之一日之中衆至數萬高祖時在高要聞事起率衆來討大破之殺天合禽僧明及文育等奇其才並釋之引爲主帥從高祖征交阯及討元景仲僧明文育皆爲前鋒所向尅捷侯景之亂俱隨高祖入援京師高祖於始興破蘭裕僧明爲前鋒斬裕及與蔡路養戰於南野僧明馬被傷高祖馳救之以所乘馬授僧明僧明得馬復進殺數十人因而乘之大敗路養高州刺史李遷仕又據大皐入灨石以逼高祖高祖遣周文育爲前鋒與僧明擊走之遷仕與甯都人劉孝尚并力將襲南康高祖又令僧明與文育等拒之相持連戰百餘日卒禽遷仕送于高祖及高祖下南康留僧明頓西昌督安成廬陵二郡軍事梁元帝承制授假節清野將軍新州刺史封新野縣子侯景遣于慶等寇南江高祖頓豫章命僧明爲前驅大破之高祖表爲長史仍隨東討軍至蔡洲率麾下燒賊水門大艦及景平以功除明威將軍南兗州刺史進爵臨江縣侯邑五百戶仍領晉陵太守及荊州陷高祖使僧明率吳明徹等隨侯瑱西援江州病卒贈散騎常侍謚曰威年四十六文帝即位追贈開府儀同三司配享高祖廟庭子晉嗣

周文育字景德義興陽羨人也少孤貧本居新安壽昌縣姓項氏名猛奴年十一能反覆游水中數里跳高五六尺與羣兒聚戲衆莫能及義興人周薈爲壽昌浦口戍主見而奇之因召與語文育對曰母老家貧兄弟姊並長大困於賤役薈哀之乃隨文育至家就其母請文育養爲己子母遂與之後薈秩滿與文育還都見太子詹事周捨請製名字捨因爲立名爲文育字景德命兄子弘讓教之書計弘讓善隸書寫蔡邕勸學及古詩以遺之文育不之省謂弘讓曰誰能學此取富貴但有大槊耳弘讓壯之教之騎射文育大悅司州刺史陳慶之與薈同郡素相善啟薈爲前軍軍主慶之使薈將五百人往新蔡懸瓠慰勞白水蠻蠻謀執薈以入魏事覺薈與文育拒之賊徒甚盛一日之中戰數十合文育前鋒陷陣勇冠軍中薈於陣戰死文育馳取其尸賊不敢逼及夕各引去文育身被九創創愈辭請還葬薈慶之壯其節厚加賻遺而遣之葬訖會盧安興爲南江督護啟文育同行累征有功除南海令安興死後文育與杜僧明攻廣州爲高祖所獲宥之後監州王勱以文育爲長流遂深被委任及勱被代文育欲與之俱下至大庾嶺詣卜者卜者曰君北下不過作令長南入則爲公侯文育曰足錢便可誰望公侯卜人又曰君須臾當暴得銀二千兩若不見信以此爲驗其夕宿逆旅有賈人求與文育博文育勝之得銀二千兩旦辭勱勱問其故文育以告勱乃遣之高祖聞其還大喜遣人迎之厚加賞賜分麾下配焉高祖之討侯景文育與杜僧明爲前軍尅蘭裕援歐陽頠皆有功高祖破蔡路養於南野文育爲賊所圍四面數重矢石雨下所乘馬死文育右手搏戰左手解鞍潰圍而出遂與杜僧明相得并力復進大敗之高祖乃表文育爲府司馬李遷仕之據大皐遣其將軍杜平虜入灨石魚梁作城高祖命文育擊之平虜棄城走文育據其城遷仕聞平虜敗留老弱於大皐悉選精兵自將以攻文育文育與戰遷仕稍卻相持未解會高祖遣杜僧明來援別破遷仕水軍遷仕衆潰不敢還

大皐直走新淦梁元帝授文育義州刺史還仕又與劉孝尙謀拒義軍高祖遣文育與侯安都杜僧明徐度杜稜築城於白口拒之文育頻出與戰遂禽遷仕高祖發自南康遣文育將兵五千開通江路侯景將王伯醜據豫章文育擊走之遂據其城累功封東遷縣侯高祖軍至白茅灣命文育與杜僧明常爲軍鋒及至姑熟與侯景將侯子鑒戰破之景平改封南移縣侯累遷散騎常侍高祖誅王僧辯令文育督衆軍會文帝於吳興圍尅杜龕又濟江襲會稽太守張彪得其郡城及文帝爲彪所襲文育時頓城北香巖寺文帝夜往趣之彪又來攻文育苦戰遂破平彪高祖以侯瑱擁據江州命文育討之仍除南豫州刺史率兵襲盆城未克徐嗣徽引齊人渡江據蕪湖詔徵文育還都嗣徽等乃列艦於靑墩至于七磯以斷文育歸路及夕文育鼓譟而發嗣徽等不能制至旦反攻嗣徽嗣徽驍將鮑砰獨以小艦殿軍文育乘單舴艋跳入砰艦斬砰仍牽其艦而還賊衆大駭因留船蕪湖自丹陽步上時高祖拒嗣徽於白城適與文育相會將戰風急高祖曰矢不逆風文育曰事急矣當決之何用古法抽槊上馬馳而進衆軍從之風亦尋轉殺傷數百人嗣徽等移營莫府山文育徙頓對之以頻戰功最加平西將軍進爵壽昌縣公給鼓吹一部及廣州刺史蕭勃舉兵踰嶺詔文育督衆軍討之時新吳洞主余孝頃舉兵應勃遣其弟孝勱守郡城自出豫章據于石頭勃使其子孜將兵與孝頃相會又遣其別將歐陽頠頓軍苦竹灘傅泰據墌口城以拒官軍官軍船少孝頃有舴艋三百艘艎百餘乘在上牢文育遣軍主焦僧度羊柬潛軍襲之悉取而歸仍於豫章立柵時官軍食盡欲退還文育不許乃使人間行遺周迪書約爲兄弟并陳利害迪得書喜甚許饋以糧於是文育分遣老小乘故船舫沿流俱下燒豫章所立柵僞退孝頃望之大喜因不設備文育由間道信宿達芉韶芉韶上流則歐陽頠蕭勃下流則傅泰余孝頃文育據其中間築城饗士賊徒大駭歐陽頠乃退入泥溪作城自守文育遣嚴威將軍周鐵虎與長史陸山才襲頠禽之於是盛陳兵甲與頠乘舟而宴以巡傅泰城下因攻泰尅之蕭勃在南康聞之衆皆股慄其將譚世遠斬勃欲降爲人所害世遠軍主夏侯明徹持勃首以降蕭孜余孝嗣猶據石頭高祖遣侯安都助文育攻之孜降文育孝頃退走新吳廣州平文育還頓豫章以功詔授鎭南將軍開府儀同三司都督江廣衡交州諸軍事時王琳擁據上流詔侯安都爲西道都督文育爲南道都督同會武昌與琳戰於沌口爲琳所執後得逃歸請罪詔不問復其官爵及周迪破余孝頃孝頃子公颺弟孝勱猶據舊柵擾動南土高祖復令文育及周迪黃法𣰰等討之豫章內史熊曇朗亦率衆來會文育遣吳明徹爲水軍配周迪運糧自率衆軍入象牙江築城於金口公颺僞降謀執文育事覺文育囚之送都以其部曲分隸衆軍乃捨舟爲步軍進據三陂王琳遣將曹慶救孝勱分遣主帥常衆愛與文育相拒自率所領攻周迪吳明徹軍迪等敗文育退據金口熊曇朗因失其利謀害文育以應衆愛文育監軍孫白象頗知其事勸令先之文育曰不可我舊兵少客軍多若取曇朗人人驚懼亡立至矣不如推心以撫之初周迪之敗也棄船走莫知所在及得迪書文育喜齎示曇朗遂於坐中爲曇朗所害年五十一高祖聞之即日舉哀贈侍中司空諡曰忠愍初文育之據三陂有流星墜地其聲如雷地陷方一丈中有碎炭數斗又軍市中忽聞小兒啼一市皆驚聽之在土下軍人掘焉得棺長三尺文育惡之俄而迪敗文育見殺天嘉二年詔配享高祖廟庭子寶安嗣文育本族兄景曜因文育官至新安太守寶安字安人年十餘歲便習騎射以貴公子驕蹇游逸好狗馬樂騙馳靡衣媮食文育之爲晉陵以征討不遑之郡令寶安監知郡事尤喜聚惡少年高祖患之及文育西北敗績縶於王琳寶安便折節讀書與士君子游綏御文育士卒甚有威惠文育歸復除吳興太守文育爲熊曇朗所害徵寶安還起爲猛烈將軍領其舊兵仍令南討文帝即位深器重之寄以心膂精卒多配焉及平王琳頗有功周迪之破熊曇朗寶安南入窮其餘燼天嘉二年重拜吳興太守襲封壽昌縣公三年征留異爲侯安都前軍異平除給事黃門侍郎衞尉卿再遷左衞將軍領衞尉卿卒諡曰成子晷嗣位晉陵定遠二郡太守

侯瑱字伯玉巴西充國人也父弘遠世爲西蜀酋豪蜀賊張文蕚據白崖山有衆萬人梁益州刺史鄱陽王蕭範命弘遠討之弘遠戰死瑱固請復讎每戰必先陷陣遂斬文蕚由是知名因事範範委以將帥之任山谷夷獠不附者並遣瑱征之累功授輕車府中兵參軍晉康太守範爲雍州刺史瑱除馮翊太守範遷鎭合肥瑱又隨之侯景圍臺城範乃遣瑱輔其世子嗣入援都城及城陷瑱與嗣退還合肥仍隨範徙鎭湓城俄而範及嗣皆卒瑱領其衆依于豫章太守莊鐵鐵疑之瑱懼不自安詐引鐵謀事因刃之據豫章之地後降於侯景將于

慶慶送瑱於景景以瑱與已同姓託爲宗族相待甚厚留其妻子及弟爲質遣瑱隨于慶平蠡南諸郡及景敗巴陵景將宋子仙任約等並爲西軍所獲瑱乃誅景黨以應義師景亦盡誅其弟及妻子梁元帝授瑱南兗州刺史郫縣侯仍隨都督王僧辯討景常爲前鋒旣復臺城景奔吳郡僧辯遣瑱率兵追之與景戰於吳松江大敗景盡獲其軍實景將皆降以功除南豫州刺史鎭姑熟及齊遣郭元建帥師出濡須僧辯遣瑱於東關拒之大敗元建魏攻荆州王僧辯以瑱爲前軍赴援未至而魏尅荆州瑱頓九江因衛晉安王還都僧辯承制以瑱爲侍中車騎將軍江州刺史加都督改封康樂縣公及司徒陸法和據郢州引齊兵來寇乃使瑱西討未至而法和入齊齊遣慕容恃德鎭夏首瑱攻之恃德食盡請和瑱還鎭豫章僧辯使其弟僧愔與瑱共討蕭勃及高祖之誅僧辯僧愔陰欲圖瑱而奪其軍瑱知之盡收僧愔徒黨僧愔奔齊是時瑱據中流兵甚彊盛又以本事僧辯雖外示臣節未肯入朝初余孝頃爲豫章太守及瑱鎭豫章乃於新吳縣別立城柵與瑱相拒瑱留軍人妻子於豫章令從弟瑒知後事悉衆以攻孝頃自夏迄冬不能克瑒與其部下侯方兒不協方兒下攻殺瑒虜瑱軍府妓妾金玉歸于高祖瑱旣失根本兵衆俱潰輕身歸豫章豫章人拒之乃趣湓城就其將焦僧度僧度勸令投齊瑱以高祖有大量必能容已乃詣闕請罪高祖復其爵位永定二年進位司空王琳至沌口周文育侯安都並沒乃以瑱爲都督西討諸軍事頓于梁山文帝卽位進授太尉王琳至柵口又以瑱爲都督侯安都等並隸焉瑱與琳相持百餘日未決天嘉元年二月東關春水稍長舟艦得通琳引合肥漅湖之衆舳艫相次而下其勢甚盛瑱率軍進虎檻洲琳亦出船列于江西隔洲而泊明日合戰琳軍少卻退保西岸及夕東北風大起吹其舟艦並壞沒于沙中溺死者數千浪大不得還浦夜中有流星墜于賊營及旦風靜琳入浦治船以荻塞於浦口又以鹿角繞岸不敢復出時西魏將史寧躡其上流瑱聞之知琳不能持久收軍卻據湖浦以待其弊及史寧至圍郢州琳恐衆潰乃率船東下去蕪湖十里而泊明日齊遣儀同劉伯球率萬人助琳水戰行臺慕容德會領鐵騎二千在蕪湖西岸博望山南爲其聲勢瑱令軍中晨炊蓐食頓蕪湖洲尾以待之將戰有微風至自東南衆軍施拍縱火定州刺史章昭達乘平虜大艦中江而進琳軍大敗其步軍在西岸者自相蹂踐馬騎並淖于蘆荻中盡獲其舟艦器械并禽劉伯球慕容德會俘馘萬計琳與其將潘純陁乘單舴艋冒陣走湓城與妻妾左右十餘人入齊詔以瑱爲都督湘巴郢江吳等五州諸軍事鎭湓城周將賀若敦獨孤盛等來攻巴湘又以鎭爲西討都督大敗盛軍以功授湘州刺史改封零陵郡公邑七千戶二年以疾表求還朝三月於道薨時年五十二贈大司馬諡曰壯肅加羽葆鼓吹班劍給東園祕器配享高祖廟庭子淨藏嗣尙文帝女富陽公主

侯安都字師成始興曲江人也爲郡著姓父捍少仕州郡以忠謹稱安都貴後官至光祿大夫始興內史安都工隸書能鼓琴涉獵書傳爲五言詩頗清靡兼善騎射爲邑里雄豪侯景之亂招集兵甲至三千人高祖入援臺城安都引兵從高祖攻蔡路養破李遷仕平侯景皆力戰有功梁元帝授猛烈將軍封富春縣子隨高祖鎭京口除蘭陵太守高祖謀襲王僧辯諸人莫知唯與安都定計乃使率水軍自京口趣石頭城高祖自率馬步從江乘羅落會之安都至石頭北棄舟登岸僧辯不之覺也石頭城北接崗阜雉堞不甚危峻安都被甲帶長刀軍人捧之投於女垣內衆隨而入進逼僧辯卧室高祖大軍亦至與僧辯戰于廳事前安都自內閤出腹背擊之遂禽僧辯以功除仁威將軍南徐州刺史高祖東征杜龕安都留臺居守徐嗣徽任約等引齊兵入據石頭游騎至于闕下安都閉門偃旗示之以弱令城中曰有登陴看賊者斬及夕賊收軍還石頭安都夜令士卒密營禦敵之具將旦賊騎至安都率五百人開東西掖門與戰大敗之賊乃退據石頭不敢逼臺城及高祖至以安都爲水軍於中流斷賊糧運又襲秦郡破嗣徽柵收其家口并馬驢輜重得嗣徽所彈琵琶及所養鷹遣信餉之曰昨至弟處得此今以相還嗣徽等見之大懼乃請和高祖聽其還北及嗣徽等濟江齊之餘軍猶據採石守備甚嚴又遣安都攻之多所俘獲明年春詔安都率兵鎭梁山以備齊徐嗣徽等復入丹陽至湖熟高祖遣安都拒之戰于耕壇南安都率十二騎突其陣破之生禽齊儀同乞伏無勞又刺齊將東方老墮馬會賊騎至救老得免賊北度蔣山安都又與齊將王敬寶戰于龍尾使從弟曉軍主張纂前犯其陣曉被創墜馬張纂死之安都馳往救曉斬其騎士十二人取纂尸而還齊軍不敢逼高祖與齊軍戰于莫府山命安都領步騎千餘自白下橫擊其後齊軍大敗以功進爵爲侯又進號平南將軍改封西江縣公仍督水軍至豫章助豫州

刺史周文育討蕭勃安都未至文育已所勃并禽其將歐陽頠傅泰等唯余孝頃與勃子孜猶於豫章之石頭作兩城孝頃與孜各據其一又多設船艦夾水而陣安都至乃銜枚夜燒其艦文育率水軍安都領步騎登岸結陣孝頃俄斷後路安都乃令軍士豎柵引營漸進頻致尅獲孜乃降孝頃奔歸新吳請入子爲質許之以功加開府儀同三司仍率衆會武昌與周文育西討王琳將發公卿餞於新林安都躍馬度橋人馬俱墜水中又坐䑰內墜於櫓井時以爲不祥至武昌琳將樊猛棄船走文育亦自豫章至時兩將俱行不相統攝因部下交爭稍不平軍至郢州琳將潘純於城中遙射官軍安都怒圍之未克而王琳至弇口安都乃釋郢州悉衆往沌口以禦之遇風不得進琳據東岸官軍據西岸相持數日乃合戰安都等敗績安都與文育徐敬成並爲琳所囚琳總以一長鎖繫之置于䑰下令宦者王子晉掌視之湫下至湓城白水浦安都等甘言許厚賂子晉子晉乃僞以小船依䑰而釣夜載安都文育敬成上岸入深草步投官軍還都自劾詔並赦之復其官爵尋爲丹陽尹出爲南豫州刺史令繼周文育攻余孝勱及王琳將曹慶常愛衆等安都自宮亭湖出松門躡愛衆後文育爲熊曇朗所害安都回取大艦遇琳將周炅周協南歸與戰破之禽炅協孝勱弟孝猷率部下四千家欲就王琳遇炅乃詣安都降安都又進軍於禽奇州破曹慶常愛衆等焚其船艦愛衆奔廬山爲村人所殺餘衆悉平還軍至南皖而高祖崩安都隨文帝還朝乃與羣臣議翼奉文帝時帝謙讓不敢當太后又以衡陽王故未肯下令羣臣不能決安都曰今四方未定何暇及遠臨川王有功天下須共立之今日之事後應者斬便按劒上殿白太后出璽又手解文帝髮推就喪次文帝即位遷司空仍授南徐州刺史給扶王琳下至柵口大軍出頓蕪湖時侯瑱爲大都督而指麾經畧多出安都及王琳入齊安都進軍湓城討琳餘黨所向皆下仍別奉中旨迎衡陽王昌初昌之將入也致書於文帝辭甚不遜文帝不懌乃召安都從容而言曰太子將至須別求一藩吾其老焉安都對曰自古豈有被代天子臣愚不敢奉詔因自迎昌濟漢中流而殺之以功進清遠郡公邑五千戶自是威名甚重羣臣無出其右安都父捍爲始興內史卒於官文帝徵安都爲發喪尋起復本官贈其父散騎常侍金紫光祿大夫拜其母爲清遠國太夫人仍迎赴都母固求停鄉里上乃下詔改封郡之汝城縣爲廬陽郡分衡州之始興安遠二郡合三郡爲東衡州以安都從弟曉爲刺史安都第三子祕年九歲上以爲始興內史並令在鄉侍奉改封安都桂陽郡公王琳敗後周兵入據巴湘安都奉詔西捍及留異據東陽安都又奉詔東討異本謂臺軍自錢唐江上安都乃步由會稽之諸暨出永康異大恐奔桃枝嶺處巖谷間豎柵以自守安都躬自接戰爲流矢所中血流至踝安都乘輿麾軍容止不變因其山壟爲堰屬夏潦水漲安都引船入堰接艦與異城等放拍碎其樓異與第二子忠臣脫身奔晉安安都虜其妻子振旅而還加侍中征北大將軍仍還本鎮吏民詣闕表請立碑頌美安都功績詔許之自王琳平後安都勳庸轉大又自以功安社稷漸用驕矜數招聚文武之士或射馭馳騁或命以詩筆第其高下以差次賞賜之文士則褚玠馬樞陰鏗張正見徐伯陽劉删祖孫登武士則蕭摩訶裴子烈等爲之賓客齋內動至千人部下將帥多不遵法度檢問收攝則奔歸安都文帝性嚴察深銜之安都不之改日益驕橫表啟封訖有事未盡乃開封自書之云又啟某事及侍醼酒酣或箕踞傾倚嘗陪樂遊禊飲乃白帝曰何如作臨川王時帝不應安都再三言之帝曰此雖天命抑亦明公之力醼訖又啟便借供帳水飾將載妻妾於御堂歡會文帝雖許其請甚不懌明日安都坐於御坐列賓客居羣臣位稱觴上壽初重雲殿災安都率將士帶甲入殿帝甚惡之自是陰爲之備又周迪之反朝望當使安都討之帝乃使吳明徹往又頻遣臺使按問安都部下檢括亡叛安都內不自安天嘉三年冬遣其別駕周弘實自託於舍人蔡景歷并問省中事景歷錄其狀奏之稱安都謀反帝慮其不受召明年春乃除安都爲征南大將軍江州刺史自京口還都部伍入於石頭帝引安都讌於嘉德殿又集其部下將帥會于尚書朝堂於坐收安都囚于西省又收其將帥盡奪馬仗而釋之因出景歷表以示於朝乃下詔暴其罪明日於西省賜死時年四十四尋有詔宥其妻子家口葬以士禮初高祖嘗與諸將讌杜僧明周文育侯安都爲壽各稱功伐帝曰卿等悉良將也而並有所短杜公志大而識闇狎於下而驕於尊矜其功不收其拙周侯交不擇人而推心過差居危履險猜防不設侯郎傲誕而無厭輕佻而肆志並非全身之道卒皆如言太建三年宣帝追封安都陳集縣侯子亶爲嗣

歐陽頠字靖世長沙臨湘人也爲郡豪族少質直有思理以言行著於嶺表父喪哀毀甚至家產累積悉讓與

諸兄州郡頻辟不應乃廬於麓山寺傍專精習業博通經史年三十其兄逼令從宦梁左衞將軍蘭欽少與頠相善頠常隨欽征討南征夷獠禽陳文徹所獲不可勝計大獻銅鼓累代所無頠預其功還爲直閤將軍除天門太守欽征交州復啟頠同行欽度嶺而卒頠除臨賀內史啟乞送欽喪然後之任時湘衡之界五十餘洞不賓勅衡州刺史韋粲討之粲委頠爲都督悉皆平珍粲啟梁武帝加頠超武將軍討廣衡二州山賊侯景構逆粲自解還都征景以頠監衡州臺城陷後嶺南互相吞併蘭欽弟前高州刺史裕攻始興內史蕭昭基奪其郡以兄欽與頠舊遣招之頠不從謂其使曰高州昆季隆顯莫非國恩今應赴難援都豈可自爲跋扈及高祖入援都將至始興頠乃深自結託裕遣兵攻頠高祖援之裕敗高祖以王懷明爲衡州刺史遷頠爲始興內史高祖之討蔡路養李遷仕也頠助帝平之梁元帝承制以始興郡爲東衡州授頠持節雲麾將軍東衡州刺史封新豐縣伯侯景既平元帝徧問朝宰今天下始定極須良才卿等各舉所知羣臣未對帝曰吾已得一人矣歐陽頠是也公正有濟世之才恐蕭廣州不肯致之乃授武州刺史尋授郢州欲令出嶺蕭勃留之不獲拜命尋授衡州刺史進封始興縣侯時蕭勃在廣州兵彊位重元帝深患之遣王琳代爲刺史琳已至小桂嶺勃遣其將孫瑒監州盡率部下至始興避琳兵鋒頠別據一城不往謁勃勃閉門高壘亦不拒戰勃怒遣兵襲頠盡收其貲財馬仗尋赦之還復其所復與結盟魏平荆州頠委質於勃及勃度嶺出南康以頠爲前軍都督周文育破之禽頠送于高祖高祖釋之深加禮接蕭勃死後嶺南擾亂頠有聲南土且與高祖有舊乃授頠安南將軍衡州刺史封始興縣侯未至嶺頠子紇已尅定始興及頠至嶺南皆懾伏乃進廣州盡有越地改授都督交廣等十九州諸軍事鎮南將軍平越中郎將廣州刺史王琳據有中流頠自海道及東嶺奉使不絕永定三年卽本號開府儀同三司文帝嗣位進號征南將軍改封陽山郡公邑二千戶給鼓吹初交州刺史袁曇緩密以金五百兩寄頠令以百兩還合浦太守龔蔿四百兩付兒智矩餘人不知也頠尋爲蕭勃所破貲財並盡唯所寄金獨存曇緩亦尋卒至是頠並依信還之時人莫不歎伏之時頠弟盛爲交州刺史次弟邃爲衡州刺史合門貴顯威振南土又多致銅鼓生口獻奉珍異前後委積頗有助軍國天嘉四年薨於廣州年六十六贈司空謚曰穆子紇嗣紇字奉聖頗有幹畧襲父官爵在州十餘年威惠著於百越宣帝以紇久在南服頗疑之太建元年徵爲左衞將軍其下多勸之反紇遂舉兵攻衡州刺史錢道戢詔儀同章昭達討禽之送至都伏誅子詢以年幼免

黃法氍字仲昭巴山新建人也少勁捷有膽力日步行二百里能距躍三丈頗便書疏閑明簿領出入州郡中爲鄉里所憚侯景之亂於鄉里合徒衆太守賀詡下江州法氍監知郡事高祖將踰嶺入援建鄴李遷仕作梗中途高祖命周文育屯西昌法氍遣兵助文育時法氍出頓新淦縣景遣行臺于慶來襲新淦法氍敗之梁元帝承制授交州刺史資領新淦縣令封巴山縣子敬帝卽位改封新建縣侯太平元年割江西四郡置高州以法氍爲刺史鎮巴山蕭勃歐陽頠來攻法氍破之永定三年王琳遣李孝欽樊猛余孝頃攻周迪且謀法氍法氍援迪禽孝頃等三將以功授平南將軍開府儀同三司熊曇朗於金口害周文育法氍共周迪討平之天嘉三年周迪反法氍與吳明徹討平迪法氍功居多廢帝卽位進爵爲公大建五年大舉北侵法氍爲都督出歷陽於是爲拋車及步艦豎拍以逼之砲加其樓堞尅之盡誅其戍卒進兵合肥望旗降款法氍禁侵掠躬自勞撫而與之盟並放還北以功加侍中改封義陽郡公七年爲豫州刺史鎮壽陽薨贈司空謚曰威子玩嗣

淳于量字思明其先濟北人也世居建鄴父文成仕梁爲將帥位梁州刺史量少善自居處偉姿容有幹畧便弓馬梁元帝爲荆州刺史文成分量人馬令往事焉以軍功封廣晉縣男侯景之亂梁元帝凡遣五軍入援臺量預其一臺城陷量還荆州元帝承制以爲巴州刺史侯景西上攻巴州元帝使都督王僧辯入據巴陵量與僧辯幷力拒景大敗之禽其將任約進攻郢州獲宋子仙仍隨僧辯平侯景封謝沐縣侯尋出爲都督桂州刺史及魏尅荆州量保桂州王琳擁割湘郢累遣召量量外雖與琳往來而別遣使歸高祖高祖受禪進位鎮西大將軍開府儀同三司天嘉五年徵爲中撫軍大將軍量所部將率多戀本土欲並逃入山谷不願入朝文帝使湘州刺史華皎征衡州且以兵迎量天康元年至都以在郡淹留爲有司奏免儀同餘如故華皎構逆以量爲征南大將軍西討大都督總率大艦自郢州樊浦拒之皎平并降周將長湖公元定等以功授侍中中軍大將軍開府儀同三司進封醴陵縣公未拜出爲南徐州刺史太建元年進號征北大將軍給扶三年就江陰王

蕭季卿買梁陵中樹季卿坐免量免侍中尋復侍中吳明徹之北侵也量讚成其事又遣第六子岑率所領從軍淮南尅定量改封始安郡公及周獲吳明徹乃以量爲都督水陸諸軍事車騎將軍都督南兗州刺史十四年薨贈司空

章昭達字伯通吳興武康人也家世冠族性倜儻輕財尚氣少時遇相者謂曰卿容貌甚善須小虧則當富貴梁大同中昭達爲東宮直後因醉墮馬鬢角小傷昭達喜之相者曰未也及侯景之亂昭達率鄉人援臺城爲流矢所中眇其一目相者見之曰卿相善矣不久當富貴臺城陷昭達還鄉里與文帝遊因結君臣之分侯景平文帝爲吳興太守昭達杖策來謁文帝見之大喜因委以將帥恩寵優渥超於儕等高祖謀討王僧辯令文帝還長城招聚兵衆以備杜龕頻使昭達往京口稟承計畫僧辯誅後杜龕遣其將杜泰來攻長城昭達因從文帝進軍吳興以討龕龕平又從討張彪於會稽尅之累功除定州刺史時留異擁據東陽高祖患之乃使昭達爲長山令居其心腹天嘉元年追論長城功封昭達欣樂縣侯尋隨侯安都拒王琳戰於蕪湖昭達乘平虜大艦中流而進先鋒發拍中賊艦王琳平昭達冊勳第一二年除都督郢州刺史周迪據臨川反詔昭達便道征之迪敗走徵爲護軍將軍給鼓吹改封邵武縣侯四年陳寶應納周迪共寇臨川又以昭達爲都督討迪迪走昭達乃踰嶺討陳寶應與戰不利因據上流爲筏施拍其上壞其水柵又出兵攻其步軍方大合戰會文帝遣余孝頃出海道適至因幷力乘之遂定閩中盡禽留異寶應以功授鎮軍將軍開府儀同三司初文帝常夢昭達升於台鉉及旦以告之至是侍宴酒酣文帝顧昭達曰卿憶夢不何以償夢昭達對曰當効犬馬之用以盡臣節自餘無以奉償尋授鎮南大將軍都督江州刺史廢帝即位改封邵陵郡公華皎之反其移文並假以昭達爲辭又頻遣使招之昭達盡執其使送都秩滿徵爲中撫軍大將軍宣帝即位進號車騎大將軍以還朝遲留爲有司所劾降號車騎將軍歐陽紇據嶺南反詔昭達都督衆軍討之紇聞昭達奄至恇擾不知所爲乃出頓洭口多聚沙石盛以竹籠置于水柵之外用遏舟艦昭達居其上流裝艦造拍以臨賊柵又令軍人銜刀潛行水中以斫竹籠籠篾解因縱大艦隨流突之賊大敗禽紇送京師廣州平以功進位司空太建二年率師征梁明帝於江陵是時明帝與周軍大蓄舟艦於青泥中昭達分遣偏將錢道戢程文季乘輕舟焚之周又於峽口南岸築壘名曰安蜀城於江上橫引大索編葦爲橋以度軍糧昭達乃命軍士爲長戟施於樓船上仰割其索索斷糧絶因縱兵攻其城降之三年於軍中病薨贈大將軍昭達性嚴刻每奉命出征必盡夜倍道然其尅捷必歸功將帥廚膳飮食並同於羣下將士亦以此附之每飮食必盛設女伎雜樂備羌胡之聲音律姿容並一時之妙雖臨敵不之廢也四年詔配享文帝廟庭子大寶襲邵陵郡公位豐州刺史在州貪縱百姓怨酷後主以太僕卿李暈代之乃襲殺暈而反尋被禽梟首朱雀航夷三族

吳明徹字通炤秦郡人也父樹梁右軍將軍明徹幼孤性至孝年十四感墳塋未備家貧無以取給乃勤力耕種時天下亢旱苗稼焦枯明徹哀憤每之田中號哭仰天自訴居數日有自田還者云苗已更生明徹疑其紿已及往如言秋以大獲足充葬用時有伊氏者善占墓謂其兄昱君葬之日必有乘白馬逐鹿者經墳所此是最小孝子大貴之徵至時果有此應明徹即樹之小子也及侯景寇京師天下大亂明徹有粟麥三千餘斛而鄰里饑餧乃白諸兄曰今世亂如此人不圖久柰何不與鄉里共此於是計口平分同其豐儉羣盜聞而避焉賴以存者甚衆高祖出鎮京口深相要結明徹乃詣高祖高祖爲之降階執手即席與論當世之務明徹亦微涉書史經傳就汝南周弘正學天文孤虛遁甲略通其術頗以英雄自許高祖亦深奇之紹泰初隨周文育討擊功高授東兗州刺史高祖受禪授安南將軍與侯安都周文育將兵討王琳及衆軍敗沒明徹自拔還都文帝即位以本官加右衛將軍及周迪反詔以明徹爲江州刺史領豫章太守總衆軍以討迪明徹雅性剛直統內不甚和文帝聞之遣安成王頊代明徹令以本號還朝天嘉五年遷鎮東將軍吳興太守及引辭之郡文帝謂曰吳興雖郡帝鄉之重故以相授君其勉之及廢帝即位拜領軍將軍丹陽尹仍詔以甲仗四十人出入殿省到仲舉之矯令出宣帝也毛喜知其詐宣帝疑懼遣喜與明徹籌焉明徹曰嗣君諒闇萬機多闕外隣彊敵內有大喪殿下親實周召德冠伊霍社稷至重願留中深計愼勿致疑及湘州刺史華皎陰有異志詔授明徹都督湘州刺史仍與征南大將軍淳于量等討皎皎平授開府儀同三司進爵爲公宣帝太建五年朝議北伐公卿互有同異明徹決策請行詔加侍中都督征討諸軍事賜女樂一部明徹總統諸軍十餘萬發自京師緣

江城鎭相續降款軍至秦郡齊大將軍尉破胡將兵爲援明徹破走之秦郡降宣帝以秦郡爲明徹舊邑詔具太牢令拜祠上冢文武羽儀甚盛鄉里榮之進剋仁州授征北大將軍改封南平郡公進逼壽陽齊遣王琳拒守王貴顯保其外郭明徹以琳初入衆心未附乘夜攻之中宵而潰齊兵退據相國城及金城明徹令軍中益脩攻具又遏肥水以灌城城中苦濕多腹疾手足皆腫死者十六七會齊又遣大將皮景和率兵數十萬來援去壽春三十里頓軍不進諸將咸曰堅城未拔大援在近不審明公計將安出明徹曰兵貴在速而彼結營不進自挫其鋒吾知其不敢戰明矣於是躬擐甲冑四面疾攻城中震恐一鼓而禽王琳琳之獲也其舊部曲多在明徹軍琳素得士卒心見者皆歔欷不能仰視明徹慮其有變卽斬琳傳其首於建鄴景和懼而遁走詔以明徹都督豫合等六州諸軍事車騎大將軍豫州刺史增封幷前三千五百戶詔遣謁者蕭淯就壽陽授冊明徹於城南設壇列卒二十萬陳旗鼓戈甲登壇拜受成禮而退將校莫不踴躍焉六年自壽陽入朝輿駕幸其第賜賞萬計七年進攻彭城軍至呂梁齊遣援兵前後至者數萬明徹皆大破之八年進位司空詔給大都督鈇鉞龍麾尋授都督南兗州刺史其次將校除授各有差會周氏滅齊宣帝將事徐兗九年詔明徹進軍北伐令其世子慧覺攝行州事軍至呂梁周徐州總管梁士彥率衆拒戰明徹頻破之士彥守城不出明徹仍迮淸水以灌其城環列舟艦於城下攻之甚急周遣上大將軍王軌救之輕行自淸水入灌口橫流樹木以鐵鎖貫車輪遏斷船路諸將聞之甚恐議欲破堰拔軍以舫載馬馬明戍主裴子烈曰君若決堰下船船必傾倒豈可得乎不如前遣馬出適會明徹苦背疾甚篤知事不濟遂從之乃遣蕭摩訶率馬軍數千前還明徹乃自決其堰乘水勢以追軍至淸水口水勢漸微舟艦並不得渡衆軍皆潰明徹窮蹙乃就執周封懷德郡公位大將軍以憂遘疾卒於長安後故吏盜其柩歸至德元年詔追封邵陵侯以其息慧覺嗣裴子烈字大士河東聞喜人梁員外散騎常侍猗之子少孤有志氣以驍勇聞位北譙太守岳陽內史封海安伯

胡穎字方秀吳興人也偉姿容性寬厚梁末高祖時在廣州穎深自結託從克元景平蔡路養李遷仕皆有功高祖進軍頓西昌以穎爲巴邱令鎭大皐督糧運下至豫章以穎監豫章郡高祖率衆與王僧辯會白茅灣同討侯景以穎知留府事梁承聖初元帝授穎羅州刺史封漢陽縣侯尋除豫章內史隨高祖鎭京口齊遣郭元建出東關高祖令穎率府內驍勇隨侯瑱於東關大破之後從高祖襲王僧辯又隨周文育於吳興討杜龕高祖受禪兼左衞將軍天嘉元年除散騎常侍吳興太守卒官謚曰壯二年配享高祖廟庭子六同嗣

徐度字孝節安陸人也世居京師少倜儻不拘小節姿貌瓌偉嗜酒好博常使僮僕屠酤爲事梁始興內史蕭介之郡度從之將領士卒征諸山洞以驍勇聞高祖時征交阯厚禮招之度乃委質侯景之亂高祖剋廣州平蔡路養破李遷仕計畫多出於度兼統兵甲每戰有功歸自白茅灣梁元帝授寧朔將軍合州刺史侯景平後追錄前後戰功加通直散騎常侍封廣德縣侯高祖鎭朱方除度蘭陵太守高祖遣衡陽獻王往荆州度率所領從焉江陵陷閒行東歸高祖平王僧辯度與侯安都爲水軍紹泰元年高祖東討杜龕奉敬帝幸京口以度領宿衞幷知留府事徐嗣徽任約等來寇高祖與敬帝還都時賊已據石頭城市廛居民並在其路去臺遙遠恐爲賊所乘乃使度將兵鎭于冶城寺築壘以斷之明年嗣徽等又引齊寇濟江度隨衆軍破之於北郊壇以功除信威將軍郢州刺史兼領吳興太守文帝卽位遷侍中中撫軍將軍開府儀同三司進爵爲公重出爲吳郡太守天嘉元年以平王琳功改封湘東郡公及太尉侯瑱薨于湘州乃以度代瑱爲湘州刺史秩滿復爲侍中中軍大將軍文帝崩度豫顧命許以甲仗五十人入殿省廢帝卽位進司空華皎據湘州反引周兵下至沌口與王師相持乃加度使持節車騎將軍督步軍自安成郡由嶺路出于湘東以襲湘州盡獲其所留軍人家口以歸光大二年薨時年六十贈太尉謚曰忠肅太建四年配享高祖廟庭子敬成嗣敬成幼聰慧好讀書起家著作佐郞永定元年領度所部士卒隨周文育侯安都征王琳於沌口敗績爲琳所縶二年隨文育安都得歸父度爲吳郡太守以敬成監郡光大元年爲巴州刺史尋爲水軍隨吳明徹平華皎太建二年以父憂去職尋起爲南豫州刺史襲爵湘東郡公太建五年除吳興太守隨都督吳明徹北討出秦郡別遣敬成爲都督乘金翅自歐陽引埭泝江由廣陵齊人皆城守弗敢出自繁梁湖下淮剋淮陰山陽鹽城三郡仍進剋鬱洲進號壯武將軍鎭朐山坐於軍中輒科訂幷誅新附者免官尋除安州刺史鎭宿豫卒謚曰思子敞嗣

杜稜字雄盛吳郡錢唐人也世爲縣著姓稜頗涉書傳

少落泊不爲當世所知遂遊嶺南事梁廣州刺史新渝侯蕭映映卒爲高祖府典書記從高祖平蔡路養李遷仕皆有功梁元帝承制授仁威將軍石州刺史上陌縣侯侯景平高祖鎭朱方以稜監義興瑯邪二郡高祖謀誅王僧辯引稜與侯安都等共議稜難之高祖懼其泄已乃以手巾絞稜稜悶絶于地因閉於別室軍發召與同行及僧辯平後高祖東征杜龕等留稜與安都居守徐嗣徽任約引齊兵濟江攻臺城安都與稜隨方抗拒稜晝夜巡警綏撫士卒未嘗解滯賊平以功除通直散騎常侍右衛將軍丹陽尹永定元年位侍中中領軍三年高祖崩文帝在南皖時內無嫡嗣外有彊敵侯瑱侯安都徐度並在軍中朝廷宿將唯稜在都獨典禁兵乃與蔡景歷等祕不發喪奉迎文帝文帝卽位遷領軍將軍天嘉元年以預建立之功改封永成縣侯出爲雲麾將軍晉陵太守加秩中二千石二年召爲侍中丹陽尹廢帝卽位加特進侍中光大元年解尹量置佐史給扶太建元年出爲吳興太守二年徵爲侍中尋加特進護軍將軍三年以公事免侍中護軍四年復爲侍中右光祿大夫將軍佐史扶並如故稜歷事三帝並見寵遇末年不預征役優遊京師賞賜優洽卒于官年七十贈開府儀同三司喪事所須並令官給謚曰成配享高祖廟庭子安世嗣

周鐵虎不知何許人也語音傖重膂力過人便馬槊仕梁河東王蕭譽以勇敢聞譽爲湘州以爲臨蒸令侯景之亂元帝遣世子方等伐譽譽拒戰大捷方等死鐵虎功最及王僧辯討譽於陣獲之將烹焉鐵虎呼曰侯景未滅柰何殺壯士僧辯奇其言宥之還其麾下及侯景西上鐵虎從僧辯尅任約獲宋子仙每戰有功元帝承制授潼州刺史封沌陽縣子又從僧辯定建鄴降謝答仁平陸納於湘州錄前後功進爵爲侯高祖旣誅僧辯鐵虎率所部降因復其本職徐嗣徽引齊寇度江鐵虎破其水軍嗣徽平遷太子左衛率尋隨周文育拒蕭勃文育命鐵虎偏軍襲勃禽勃前軍歐陽頠又隨文育西征王琳於沌口敗績與文育侯安都並爲琳所禽琳見諸將與語唯鐵虎辭氣不屈故琳盡宥文育之徒獨鐵虎見害贈侍中護軍天嘉二年文帝又詔配食高祖廟庭子瑜嗣

程靈洗字元滌新安海寧人也少以勇力聞步行日二百里便騎善遊素爲鄉里畏伏侯景之亂據黟歙聚徒黨以拒景景軍據有新安新安太守湘西鄉侯蕭隱奔依靈洗靈洗奉以主盟梁元帝授靈洗譙州刺史資領新安太守封巴邱縣侯後助王僧辯鎭防及高祖誅僧辯靈洗率所領來援其夜力戰於石頭西門高祖軍不利遣使招諭久之乃降高祖義之授蘭陵太守仍助防京口及平徐嗣徽靈洗有功除南丹陽太守封遂安縣侯隨周文育西討王琳軍敗爲琳所拘尋與侯安都等逃歸累遷太子左衛率高祖崩王琳前軍東下靈洗於南陵破之虜其兵士并獲靑龍十餘乘以功授都督南豫州刺史侯瑱等敗王琳于柵口靈洗逐北據有魯山徵爲左衛將軍天嘉四年周迪重寇臨川以靈洗爲都督自鄱陽別道擊之迪又走出谷閒還中護軍出爲都督郢州刺史廢帝卽位進號雲麾將軍華皎之反遣使招靈洗靈洗斬皎使以聞朝廷深嘉其忠因推心待之使其子文季領水軍助防時周將元定率步騎二萬助皎圍靈洗靈洗嬰城固守及皎敗乃出軍躡定定不獲濟江以其衆降因進攻尅沔州禽其刺史裴寬以功改封重安縣公靈洗性嚴急御下甚苛刻士卒有小罪必以軍法誅之號令分明與士卒同甘苦衆亦以此德之性好播植躬勤耕稼至於水陸所宜刈穫早晚雖老農不能及也妓妾無游手並督之紡績至於散用資財亦弗儉吝卒贈鎭西將軍開府儀同三司謚曰忠壯太建四年配享高祖廟庭子文季嗣文季字少卿幼習騎射多幹略果決有父風靈洗與周文育侯安都等敗於沌口爲王琳所執高祖召陷賊諸子弟厚遇之文季最有禮容深見賞文帝嗣位除宣惠始興王府限內中直兵參軍累遷臨海太守後乘金翅助父鎭郢城華皎平靈洗及文季並有扞禦之功及靈洗卒文季盡領其衆起爲超武將軍仍助防郢州文季性至孝雖軍旅奪禮而毀瘠甚至服闋襲封重安縣公隨都督章昭達率軍往荆州征梁梁人與周軍多造舟艦置于青泥水中昭達遣文季與錢道戢盡焚其舟艦旣而周兵大出文季僅以身免以功加通直散騎常侍太建五年都督吳明徹北討至秦郡秦郡前江浦通涂水齊人並下大柱爲杙柵水中文季乃前領驍勇拔開其柵明徹率大軍自後而至攻尅秦郡又別遣文季攻涇州屠其城進拔盱眙乃隨明徹圍壽陽文季臨事謹飭御下嚴整前後所尅城壘率皆迮水爲堰土木之工動踰數萬置陣役人文季必先於諸將夜則早起迄暮不休軍中莫不服其勤幹每戰爲前鋒齊軍深憚之謂爲程虎以功除散騎常侍帶新安內史累遷北徐州刺史加都督後隨明徹北侵軍敗爲周所囚仍授開府儀同三司十一年自周逃

歸至渦陽爲邊吏執送長安死于獄是時朝廷與周絕不之知至德元年後主知之贈散騎常侍又下詔傷其廢絕降封重安縣侯以子譽襲封

沈恪字子恭吳興武康人也深沈有幹局初從梁新渝侯蕭暎之廣州討伐俚洞有功除中兵參軍高祖與恪同郡情好甚暱蕭暎卒後武帝南討李賁仍遣妻子附恪還鄉尋補東宮直後以嶺南勳除員外散騎侍郎仍令招集宗從子弟侯景圍臺城起東西二土山以逼城城內亦作土山以應之恪爲東土山主晝夜拒戰以功封東興縣侯京城陷恪間行歸鄉里高祖之討侯景遣使報恪恪乃於東起兵相應賊平謁高祖於京口即日授都軍副及高祖謀討王僧辯恪預其謀高祖使文帝還長城立柵備杜龕使恪還武康招集兵衆及僧辯誅龕果遣副將杜泰襲文帝於長城恪時已出縣誅龕黨與高祖尋遣周文育來援長城文育至泰乃走及龕平文帝襲東揚州刺史張彪以恪監吳興郡高祖受禪時恪自吳興入朝高祖使中書舍人劉師知引恪令勒兵入因衛敬帝如別宮恪乃排闥入見高祖叩頭謝曰恪身經事蕭家來今日不忍見此事分受死耳決不奉命高祖嘉其意乃不復逼更以盪主王僧志代之高祖踐阼除吳興太守永定二年除散騎常侍會稽太守歷事文帝及廢帝累遷護軍將軍至宣帝即位遷平越中郎將都督廣州刺史恪未至嶺前刺史歐陽紇舉兵拒險恪不得進朝廷遣司空章昭達討紇紇平乃得入州州罹兵荒所在殘毀恪綏懷安輯被以恩惠嶺表賴之及代還以途遠不時至爲有司所奏免太建十三年遷護軍將軍後主即位以疾拜特進金紫光祿大夫卒時年七十四贈翊左將軍詔給東園祕器後主仍出舉哀葬事所須並令資給謚曰元子法興嗣

陸子隆字興世吳郡人也祖敞之梁嘉興令父悛封氏令子隆少慷慨有志功名侯景之亂於鄉里招聚徒黨時張彪爲吳郡太守引爲將帥仍隨彪徙鎮會稽及文帝討彪彪將沈泰吳寶眞申縉等皆降而子隆力戰敗績文帝義之復使領其部曲及文帝嗣位徵子隆領甲仗宿衛封益陽縣子累遷廬陵太守周迪據臨川反子隆隨章昭達討迪迪退走因隨昭達討陳應寶晉安平子隆功最遷武州刺史改封潮陽縣伯華皎據湘州反以子隆居其心腹皎深患之頻遣使招子隆不從攻又不尅及皎敗於郢州子隆出兵襲其後因與大軍相會進爵爲侯尋遷都督荊州刺史荊州新置居公安城池未固子隆脩立城郭綏集夷夏甚得人和號爲稱職吏民詣闕求立碑頌美功績詔許之卒謚曰威子之武嗣之武年十六領其舊軍後爲弘農太守乃隸吳明徹於呂梁軍敗逃歸爲人所害子隆弟子才亦有幹畧從子隆征討有功除始平太守封始康縣子卒於信州刺史

錢道戢字子韜吳興長城人也父景深梁漢壽令道戢少以孝行著聞及長頗有才幹高祖微時以從妹妻焉高祖輔政道戢隨文帝平張彪于會稽以功拜東徐州刺史封永安縣侯天嘉元年爲臨海太守侯安都之討留異道戢帥軍出松陽以斷其後異平以功拜都督衡州刺史領始興內史後與章昭達討歐陽紇紇平除左衛將軍太建二年又隨昭達征江陵以功加散騎常侍後爲都督郢州刺史與儀同黃法氍攻下歷陽因以道戢鎮之卒官謚曰肅子邈嗣

駱牙字旗門吳興臨安人也父裕梁鄱陽嗣王中兵參軍事牙年十二宗人有善相者云此郎容貌非常必將遠致梁太清末文帝避地臨安牙母陵覩帝儀表知非常人賓待甚厚及帝爲吳興太守引牙爲將帥從平杜龕張彪勇冠衆軍文帝即位封臨安縣侯位越州刺史初牙母卒時兵荒至是始葬詔贈臨安國太夫人謚曰恭太建八年牙累遷散騎常侍入直殿省十年授豐州刺史至德二年卒贈廣州刺史子義嗣

孫瑒字德璉吳郡吳人也世爲冠族父脩道梁中散大夫以雅素知名瑒少倜儻好謀畧博涉經史尤便書翰仕梁爲邵陵王中兵參軍太清之難授假節宣猛將軍軍主王僧辯之討侯景也王琳爲前軍琳與瑒親婭乃表薦爲宜都太守後以軍功封富陽侯敬帝立累遷巴州刺史及高祖受禪王琳立梁永嘉王蕭莊於郢州徵瑒爲少府卿尋以瑒爲安西將軍都督郢州刺史總留府之任周遣大將軍史甯乘虛而至起土山高梯日夜攻逼因風縱火燒其城樓瑒兵不滿千人乘城拒守親自撫巡行酒賦食士卒皆爲之用周人苦攻不能尅及王琳乘勝而進周兵乃解瑒於是盡有中流之地王僧辯誅瑒集其將士而謂之曰吾與王公陳力協義同奬梁室亦已勤矣今時如此天可違乎乃奉表歸陳天嘉元年授安南將軍湘州刺史封定襄縣侯瑒懷不自安乃固請入朝徵爲侍中領軍將軍未拜而文帝謂瑒曰昔朱買臣願爲本郡卿豈有意乎乃改授安東將軍吳郡太守給鼓吹一部將之鎮乘輿幸近畿餞送鄉里榮之秩滿徵拜散騎常侍中護軍及留異反據東陽詔瑒督舟師進討異平遷鎮右將軍頃之出爲建安太守

太建四年爲都督荆州刺史出鎭公安瑒增浚浚城壞服邊遠爲隣境所憚居職六年以公事免及吳明徹軍敗呂梁詔授都督緣江水陸諸軍事尋授都督郢州刺史十二年坐疆埸交通抵罪後主嗣位復爵邑歷位度支尙書侍中祠部尙書後主頻幸其宅賦詩述勳德之美展君臣之意焉遷五兵尙書領左軍將軍侍中如故禎明元年卒官後主臨哭盡哀謚曰桓瑒事親以孝聞於諸弟甚篤睦性通泰有財散之親友其自居處頗失於奢家庭穿築極林泉之致歌童舞女當世罕儔賓客塡門軒蓋不絕及出鎭郢州乃合十餘船爲大舫於中立亭池植荷芰每良辰美景賓僚並集泛長江而置酒亦一時之勝賞焉常於山齋設講肆集賢儒之士冬夏資奉爲學者所稱而處已率易不以名位驕物時輿皇寺朗法師該通釋典瑒每造講筵時有抗論法侶莫不傾心又巧思過人爲起部尙書軍國器械多所創立有鑒識男女婚姻皆擇素貴及卒尙書令江總爲之銘誌後主又題銘後四十字遣左戶尙書蔡徵宣敕就宅鐫之其詞曰秋風動竹烟水驚波幾人樵徑何處山阿今時日月宿昔綺羅天長路遠地久靈多功臣未勒此意如何時論以爲榮瑒二十一子咸有父風第二子訓頗知名位高唐太守陳亡入隋

徐世譜字興宗巴東魚復人也世居荆州爲主帥征伐蠻蜑至世譜尤勇敢有膂力善水戰梁元帝之爲荆州世譜將領鄕人事焉侯景之亂因預征討累遷至員外散騎常侍尋領水軍從司徒陸法和與景戰於赤亭湖時景軍盛世譜乃別造樓船拍艦火舫水車以益軍勢將戰又乘大艦居前大敗景軍生禽景將任約景退走因隨王僧辯攻郢州世譜復乘大艦臨其倉門賊將宋子仙據城降以功除信州刺史封魚復縣侯邑五百戶仍隨僧辯東下常爲軍鋒侯景平以功除通直散騎常侍衡州刺史資領河東太守增邑并前一千戶西魏攻荆門世譜鎭馬頭岸據有龍洲梁元帝授侍中使持節都督江南諸軍事鎭南將軍護軍將軍給鼓吹一部江陵陷沒世譜東下依侯瑱紹泰元年徵爲侍中左衞將軍高祖之拒王琳其水戰之具悉委世譜世譜性機巧解舊法所造器械並隨機損益妙思出人永定二年遷護軍將軍文帝嗣位加特進右光祿大夫尋以疾失明謝病不朝卒謚曰桓

周敷字仲遠臨川人也爲郡豪族敷形貌眇小如不勝衣膽力勁果超出時輩性豪俠輕財重士鄕黨少年任氣者皆歸之侯景之亂鄕人周續合眾以討賊爲事梁內史始興藩王蕭毅以郡讓續續所部有欲侵掠毅者敷擁護之親率其黨捍送至豫章時梁觀甯侯蕭永長樂侯蕭基豐城侯蕭泰避難流寓聞敷信義皆往依之敷愍其危懼屈體崇敬厚加給卹送之西上俄而續部下將帥爭權殺續以降周迪迪素無簿閥又失眾心倚敷族望深求交結敷未能自固事迪甚恭迪大憑仗之迪據臨川之土塘敷鎭臨川故郡侯景平梁元帝授敷寍州刺史封西豐縣侯高祖受禪王琳據有上流余孝頃與琳黨李孝欽等共圍周迪敷助於迪迪禽孝頃等敷功最多熊曇朗之殺周文育據豫章將兵襲敷敷大破之曇朗走巴山郡敷與周迪黃法氍進兵擊之王琳平授散騎常侍豫章太守時江南酋帥並顧戀巢窟唯敷獨先入朝天嘉二年詣闕進號安西將軍令還鎭豫章周迪以敷素出己下超致顯達深不平乃舉兵反遣弟方興襲敷敷大破之仍從都督吳明徹攻破迪禽方興再遷都督南豫州刺史迪又收餘眾襲東興文帝遣都督章昭達征迪敷又從軍至定川縣與迪相對迪紿敷求還朝欲立盟敷許之方登壇爲迪所害謚曰脫子智安嗣位至太僕卿

荀朗字深明潁川潁陰人也祖延祖梁潁川太守父伯通衞尉卿朗少慷慨有將帥大畧侯景之亂據巢湖無所屬臺城陷沒後梁簡文帝密詔授朗豫州刺史令與外蕃討侯景景使其儀同宋子仙任約等頻征之不能尅時都下饑朗更招致部曲眾至數萬侯景敗於巴陵朗截破其後軍景平後又別破齊將郭元建於踟躕山及魏尅荆州高祖入輔齊遣蕭軌東方老等來寇據石頭朗自宣城來赴與侯安都大破之高祖受禪賜爵興寍縣侯以朗兄昂爲左衞將軍弟晷爲太子右衞率高祖崩宜太后與舍人蔡景歷祕不發喪朗弟曉在都微知之謀率其家兵襲臺事覺景歷殺曉仍繫其兄弟文帝卽位並釋之因厚撫朗令與侯安都等拒王琳琳平遷都督合州刺史卒謚曰壯子法尙嗣法尙少倜儻有文武幹畧禎明中爲都督郢州刺史及隋軍濟江法尙降入隋歷邵觀綿豐四州刺史巴東敦煌二郡太守

周炅字文昭汝南安成人也祖彊齊梁州刺史父靈起梁廬桂二州刺史保城縣侯炅少豪俠任氣有將帥才梁太清元年爲弋陽太守侯景之亂元帝承制改授西陽太守封西陵縣伯以軍功累遷都督江州刺史進爵爲侯高祖踐阼王琳擁據上流炅以江州從之後爲安都所禽送都文帝釋之授定州刺史帶西陽武昌二郡

太守太建五年爲都督安州刺史改封龍源縣侯其年
隨都督吳明徹北討所向尅捷一月之中獲十二城敗
齊尚書左丞陸騫軍進攻巴州尅之於是江北諸城及
穀陽士人並誅其渠帥以城降進號和戎將軍仍敕追
炅入朝後梁定州刺史田龍昇以城降詔以爲定州刺
史封赤土亭王及炅入朝龍昇以江北六州七鎮叛入
于齊齊遣歷陽王高景安應之於是令炅爲江北道大
都督總統衆軍以討龍昇斬之盡復江北之地進號平
北將軍卒於官贈司州刺史改封武昌郡公謚曰壯
魯悉達字志通扶風郿人也祖斐齊衡州刺史陽塘侯
父益之梁雲麾將軍新蔡義陽二郡太守悉達幼以孝
聞起家爲梁南平嗣王中兵參軍侯景之亂悉達糾合
鄉人保新蔡力田蓄穀時兵荒京都及上川餓死者十
八九有得存者皆攜老幼以歸焉悉達分給糧廩濟活
甚衆仍於新蔡置頓以居之招集晉熙等五郡盡有其
地使其弟廣達領兵隨王僧辯平侯景梁元帝授持節
仁威將軍北江州刺史敬帝即位王琳據有上流留異
余孝頃周迪等所在鋒起悉達撫綏五郡甚得民和士
卒樂爲之用琳授悉達鎮北將軍高祖時亦遣趙知禮
授征西將軍江州刺史各送鼓吹女樂悉達兩授之遷
延顧望高祖遣安西將軍沈泰潛謀襲之不克齊遣行
臺慕容紹宗以衆三萬來攻鬱口諸鎮兵甲甚盛悉達
與戰大敗齊軍紹宗僅以身免王琳欲圖東下以悉達
制其中流遣使招誘悉達終不從琳不得下乃連結於
齊共爲表裏齊遣淸河王高岳助之相持歲餘會裨將
梅天養等懼罪乃引齊軍入城悉達勒麾下數千人濟
江而歸高祖高祖見之甚喜曰來何遲也對曰臣鎮撫
上流願爲藩屏陛下授臣以官恩至厚矣沈泰襲臣威
亦深矣然臣所以自歸於陛下者誠以陛下豁達大度
同符漢祖故也高祖笑曰卿言得之矣授平南將軍北
江州刺史封彭澤縣侯悉達仗氣任俠不以富貴驕人
雅好詞賦招禮才賢與之賞會文帝即位遷安南將軍
吳州刺史遭母憂哀毀過禮因遘疾卒時年三十八贈
安左將軍謚曰孝侯子覽嗣悉達弟廣達臺城陷戰敗
被執以憂憤卒列在忠義傳
蕭摩訶字元允蘭陵人也父諒梁始興郡丞摩訶隨父
之郡年數歲而父卒其姊夫蔡路養時在南康乃收養
之稍長果毅有勇力侯景之亂高祖赴援京師路養起
兵拒高祖摩訶時年十三單騎出戰軍中莫有當者及
路養敗摩訶歸侯安都常從征討安都遇之甚厚及任
約徐嗣徽等引齊兵爲寇高祖遣安都北拒齊軍於鍾
山龍尾及北郊壇安都謂摩訶曰卿驍勇有名千聞不
如一見摩訶對曰今日令公見之及戰安都墜馬被圍
摩訶獨騎大呼直衝齊軍齊軍稍解去安都乃免以平
留異歐陽紇功累遷巴山太守太建五年衆軍北伐摩
訶隨都督吳明徹濟江攻秦郡時齊遣大將尉破胡等
率衆十萬來援其前隊有蒼頭犀角大力之號皆身長
八尺膂力絶倫其鋒甚鋭又有西域胡妙於弓矢弦無
虛發衆軍憚之及將戰明徹謂摩訶曰若殪此胡則彼
軍奪氣君有關張之名可斬顏良矣摩訶曰願得識其
形狀當爲公取之明徹乃召降人有識胡者云胡著絳
衣樺皮裝弓兩端骨弭明徹遣人覘伺知胡在陣乃自
酌酒以飲摩訶摩訶飲訖馳馬衝齊軍胡挺身出陣前
十餘步彀弓未發摩訶遥擲銑鋧正中其額應手而仆
齊軍大力十餘人出戰摩訶又斬之於是齊軍退走以
功授明毅將軍封廉平縣伯尋進爲侯位太僕卿又隨
明徹進圍宿豫擊走齊將王康德以功除晉熙太守九
年明徹進軍呂梁與齊人大戰摩訶帥七騎先入手奪
齊軍大旗齊衆大潰以功授譙州刺史及周武帝滅齊
遣其大將軍宇文忻率衆爭呂梁忻有精騎數千摩訶
以十二騎深入周軍縱橫奮擊斬馘甚衆周又遣大將
王軌來赴結長圍連鎖於呂梁下流斷大軍還路摩訶
謂明徹曰聞王軌始鎖下流其兩頭築城今尚未立公
若見遣擊之彼必不敢相拒水路未斷賊勢不堅彼城
若立則吾屬虜矣明徹乃奮髯曰搴旗陷陣將軍事也
長算遠畧老夫事也摩訶失色而退一旬之間水路遂
斷周兵益至摩訶又謂明徹曰今求戰不得進退無路
若潛軍突圍未足爲恥願公率步卒乘馬輿徐行摩訶
領鐵騎數千驅馳前後必使公達京邑明徹曰弟計乃
良圖也然老夫受脤專征不能戰勝攻取今被圍逼蹙
慙無地且步軍既多吾爲總督必須身居其後相率兼
行弟馬軍宜須在前不可遲緩摩訶因率馬軍夜發先
是周長圍既合又於要路下伏數重摩訶選精騎八千
衝突自後衆騎繼之比旦達淮南宣帝徵還詔授摩訶
右衛將軍及宣帝崩始興王叔陵於殿內手刃後主遂
奔東府摩訶入受敕乃率馬步數百趣東府城斬之以
功授車騎大將軍封綏建郡公叔陵素所蓄聚金帛累
巨萬後主悉以賜之改授侍中驃騎大將軍左光祿大
夫舊制三公黃閤聽事置鴟尾後主特詔摩訶開黃閤
門施行馬聽事寢堂並置鴟尾仍以其女爲皇太子妃
會隋遣總管賀若弼鎭廣陵窺江左後主委摩訶備禦

之援徐州刺史禎明三年元會徵摩訶還朝賀若弼乘虛濟江襲京口摩訶請率兵逆戰後主不許及弼進鍾山摩訶又曰弼懸軍深入聲援猶遠且其壘壍未堅人情惶懼出兵掩襲必大尅之後主又不許及隋軍大至後主謂曰公可爲我一決摩訶曰從來行陣爲國爲身今日之事兼爲妻子後主多出金帛賦諸軍以充賞賜令中領軍魯廣達陳兵白土岡居衆軍之南鎮東大將軍任忠次之護軍將軍樊毅都官尚書孔範又次之摩訶軍最居北衆軍南北亘二十里首尾進退各不相知賀若弼初謂未戰將輕騎登山望見衆軍因馳下置陣後主通於摩訶之妻故摩訶雖領勁兵八千初無戰意唯魯廣達田端以其徒力戰賀若弼及所部行軍七總管楊牙韓洪員明黃昕張默言達奚隆張辯等甲士凡八千各各勒陣以待之弼躬當魯廣達麾下戰死者二百七十三人弼縱烟以自隱窘而復振陳兵得人頭皆走獻後主求賞金銀弼更趣孔範範兵暫交便敗走陳軍盡潰死者五千人諸門衛皆走黃昕馳燒北掖門而入員明禽摩訶以送弼以刀臨頸詞色不撓乃釋而禮之及京城陷賀若弼置後主於德教殿令兵衛守摩訶請於弼曰今爲囚虜命在斯須得一見舊主死無所恨弼哀而許之摩訶入見後主俯伏號泣仍於舊廚取食而進之辭訣而出守衛者皆不能仰視隋文帝聞摩訶抗答賀若弼曰壯士也此亦人之所難其年入隋授爲開府儀同三司尋從漢王諒向并州同諒作逆伏誅年七十三摩訶訥於言恂恂然若長者至於臨戎對寇志氣奮發所向無前年未弱冠隨侯安都在京口性好獵無日不畋游及安都征伐摩訶功常居多子世廉有父風性至孝及摩訶凶終服闋後追慕彌切其父時賓故脫有所言及世廉對之哀慟不自勝言者爲之歔欷終身不執刀斧時人嘉焉摩訶有騎士陳智深者勇力過人以平叔陵功爲巴陵內史摩訶之戮也其子先已籍沒智深收摩訶尸手自殯斂哀感行路君子義之穎川陳禹亦隨摩訶征討有識量涉獵經史解風角兵書頗能屬文便騎射官至王府諮議

任忠字奉誠小名蠻奴汝陰人也少孤微不爲鄉黨所齒及長譎詭多計畧膂力過人尤善騎射州里少年皆附之梁鄱陽王蕭範爲合州刺史聞其名引置左右侯景之亂忠率鄉黨數百人隨晉熙太守梅伯龍討景將王貴顯於壽春每戰卻敵會土人胡通聚衆寇抄範命忠與主帥梅思立并軍討平之仍隨範世子嗣率衆入援會京城陷旋戍晉熙侯景平授蕩寇將軍王琳立蕭莊署忠爲巴陵太守琳敗還朝授明毅將軍安湘太守仍隨侯瑱進討巴湘累遷豫章太守衡陽內史華皎之舉兵也忠豫其謀及皎平宣帝以忠先有密啟於朝廷釋而不問太建初隨章昭達討歐陽紇於廣州以功授直閤將軍遷武毅將軍廬陵內史秩滿入爲右軍將軍五年衆軍北伐忠將出西道擊走齊歷陽王高景安於大峴逐北至東關仍尅其東西一城進軍攻蘄譙並拔之徑襲合肥入其郛進尅霍州以功授員外散騎常侍封安樂縣侯呂梁之喪師也忠全軍而還尋授忠都督壽陽新蔡霍州緣淮衆軍霍州刺史入爲左衛將軍遷平南將軍西豫州刺史加都督率步騎趣歷陽周遣王延貴爲援忠大破之生禽延貴後主嗣位進號征南將軍給鼓吹一部入爲領軍將軍加侍中改封梁信郡公出爲吳興內史及隋兵濟江忠自吳興入赴屯軍朱雀門後主召蕭摩訶以下於內殿定議忠曰兵法客貴速戰主貴持重今國家足食足兵固宜守臺城緣江立柵北軍雖來勿與交戰分兵斷江路無令彼信得通給臣精兵一萬金翅三百艘下江徑掩六合彼大軍必言其渡江將士已被獲自然挫氣淮南土人與臣舊相知悉今聞臣往必皆景從臣復揚聲欲往徐州斷彼歸路則諸軍不擊而自去待春水長上江周羅睺等衆軍必沿流赴援此良計也後主不能從明日欻然曰腹煩殺人喚蕭郎作一打忠叩頭苦請勿戰後主從孔範言乃戰於是赴白土岡陣及軍敗忠馳入臺見後主言敗狀啟云官好住無所用力後主與之金兩縢曰爲我於南岸收募人猶可一戰忠曰陛下唯當具舟檝就上流衆軍臣以死奉衛後主信之敕忠出部分忠辭云臣處分訖卽當奉迎後主令宮人裝束以待忠久望不至時隋將韓擒虎自新林進軍忠率數騎往石子岡降之仍引擒虎軍共入南掖門臺城陷隨例入長安授開府儀同三司卒年七十七隋文帝後以散騎常侍袁元友能直言於後主擢拜主爵侍郎謂羣臣曰平陳之初我悔不殺任蠻奴受人榮祿兼當重寄不能橫尸云無所用力與弘演納肝何其遠也子幼武位儀同三司

樊毅字智烈南陽湖陽人也祖方興梁散騎常侍司州刺史魚復縣侯父文熾梁散騎常侍東益州刺史新蔡縣侯毅家本將門少習武善騎射侯景之亂率部曲隨叔父文皎援臺城文皎於青溪戰死毅赴江陵乃隸王僧辯討河東王蕭譽以功除右中郎將代兄俊爲梁興太守領三州游軍隨宜豐侯蕭脩討陸納於湘州軍次

巴陵營頓未立納潛軍夜至薄營大譟軍中將士皆驚擾毅獨與左右數十人當營門力戰斬十餘級擊鼓申令衆乃定焉以功封夷道縣伯尋除天門太守進爵爲侯及西魏圍江陵毅率郡兵赴援會魏尅江陵爲後梁所俘久之逃歸高祖受禪毅與弟猛舉兵應王琳琳敗奔齊太尉侯瑱遣使招毅毅率子弟部曲還朝太建初爲豐州刺史封高昌縣侯入爲左衛將軍五年衆軍北伐毅攻廣陵楚子城拔之擊走周軍及吕梁喪師詔以毅爲大都督率衆度淮對淸口築城與周人相抗霖雨城壞毅全軍自拔尋遷中領軍十一年周將梁士彥圍壽陽詔以毅爲都督北討前軍事十三年爲荆州刺史後主卽位改封逍遙郡公入爲侍中護軍將軍及隋師濟江毅謂僕射袁憲曰京口採石俱是要所宜各領卒數千金翅二百都下江中上下防捍如其不然大事去矣諸將咸從其議會施文慶等寢隋兵消息毅計不行臺城不隨例入關卒毅弟猛字智武幼俶儻有幹略及長便弓馬膽氣過人靑溪之戰猛自旦訖暮與侯景軍短兵接戰殺傷甚衆臺城平隨兄毅西上梁南安侯方矩爲湘州以猛爲司馬會武陵王紀舉兵自漢江東下方矩遣猛隨都督陸法和進軍拒之猛手禽紀父子三人斬於䑼中盡收其船艦器械以功封安山縣伯進軍撫定梁益還遷司州刺史進爵爲侯永定二年周文育等敗於沌口爲王琳所獲琳乘勝將爭南中諸郡遣猛與李孝欽等將兵攻豫章進逼周迪軍敗爲迪所執尋遁歸王琳琳敗還朝天嘉二年授永陽太守太建中以軍功封富川縣侯歷散騎常侍荆州刺史入爲左衛將軍後主卽位爲南豫州刺史隋將韓擒虎之濟江猛在都下第六子巡攝行州事擒虎進軍攻陷之巡及家口並見執時猛與左衛將軍蔣元遜領靑龍八十艘爲水軍於白下游弈以禦隋六合兵後主知猛妻子在隋懼有異志欲使任忠代之令蕭摩訶徐喻毅毅不悅摩訶以聞後主重傷其意乃止禎明三年入隋

裴忌字無畏河東聞喜人也祖髦梁中散大夫叔祖邃梁豫州刺史邃自有傳父之平字如原少倜儻有志略以軍功封費縣侯承聖中累遷散騎常侍太子詹事文帝初除光祿大夫慈訓宮衞尉並不就天康元年卒於家謚曰僖忌少而聰敏有識量頗涉史傳爲當時所稱侯景之亂招集勇力乃隨高祖征討及高祖誅王僧辯僧辯弟僧智舉兵據吳郡高祖遣黃他攻之不能尅命忌勒部下精兵自錢唐直趣吳郡夜至城下鼓譟薄之僧智疑大軍至輕舟奔杜龕忌入據吳郡高祖嘉之表授吳郡太守天嘉五年累遷衞尉卿封東興縣侯及華皎稱兵上流宣帝時爲錄尚書輔政盡命衆軍出討委忌總知中外城防諸軍事宣帝卽位改封安樂縣侯歷位都官尚書及吳明徹督衆北伐詔忌以本官監明徹軍淮南平授豫州刺史忌善於撫綏甚得人和及明徹進軍彭汴以明徹爲都督忌與明徹俱進吕梁軍敗見囚于周授上開府隋開皇十四年卒於長安

韓子高會稽山陰人也家世微賤侯景之亂寓都下景平文帝出守吳興子高年十六尚總角容貌美麗狀似婦人於淮渚附部伍寄載欲還鄉里文帝見而問曰能事我乎子高許諾子高本名蠻子帝改名之性恭謹恆執備身刀及傳酒炙帝性急子高恆會意旨稍長習騎射頗有膽決願爲將帥及平杜龕配以士卒文帝甚愛之未嘗離左右帝嘗夢騎馬登山路危欲墮子高推捧而升文帝之討張彪也沈泰等先降帝據有州城周文育鎭北郭香巖寺張彪自剡縣夜還襲城文帝自北門出倉卒闇夕軍人擾亂唯子高在側文帝乃遣子高自亂兵中往見文育反命酬答於闇中又往慰勞衆軍文帝散兵稍集子高引入文育營因共立柵明日敗彪彪奔松山浙東平文帝乃分麾下多配子高子高亦輕財禮士歸之者甚衆文帝嗣位除右軍將軍封文招縣子及王琳平子高所統益多將士依附之其有所論進帝皆任使焉天嘉六年爲右衞將軍文帝不豫入侍醫藥廢帝卽位加散騎常侍宣帝入輔子高兵權過重深不自安好參訪臺閣又求出爲衡廣諸鎭光大二年八月前上虞縣令陸昉及子高軍主告其謀反宣帝在尚書省因召文武在位議立皇太子子高預焉執送廷尉其夕與到仲舉同賜死父延慶及子弟並原宥

華皎晉陵暨陽人也世爲小吏皎梁代爲尚書比部令史侯景之亂事景之黨王偉高祖南下文帝爲景所囚皎遇文帝甚厚及景平文帝爲吳興太守以皎爲都錄事深見委任及文帝平杜龕仍配以甲具御下分明善於撫接解衣推食多少必均天嘉元年封懷仁縣伯王琳東下皎隨侯瑱拒之琳平知江州事後隨都督吳明徹征周迪迪平以功進爵爲侯仍授都督湘州刺史皎起自下吏善營產業又征川洞多致銅鼓及生口並送都下廢帝卽位改封重安縣公韓子高誅後皎內不自安光大元年密啓求廣州以觀時主意宣帝僞許之而詔書未出皎亦遣使引周兵又崇奉梁明帝士馬甚盛詔乃以吳明徹爲湘州刺史實欲以輕兵襲之慮皎先

發乃前遣明徹衆三萬乘金翅直趣郢州又遣撫軍大將軍淯于量率衆五萬乘大艦繼之時梁明帝遣水軍爲皎聲援周武帝遣衞公宇文直頓魯山又遣柱國長湖公元定攻圍郢州梁明帝授皎司空巴州刺史戴僧朔衡陽内史任蠻奴巴陵内史潘智虔岳陽太守章昭裕桂陽太守曹宣湘東太守錢明並隸皎又長沙太守曹慶等本隸皎下因爲之用帝恐上流宰守並爲皎扇惑乃下詔曲赦湘巴二州其賊主帥節將並許開恩出首皎以大艦載薪因風放火俄而風轉自焚皎大敗乃與戴僧朔奔江陵元定等無復船渡步趣巴陵巴陵城已爲官軍所據乃降送于建鄴皎遂終於江陵其黨並誅唯任蠻奴章昭裕曹宣劉廣業獲免

孔奐字休文會稽人也世爲冠族六世祖靖宋開府儀同三司祖琇齊太子舍人三公郎父幼孫梁寧遠枝江公主簿無錫令奐數歲而孤爲叔父虔孫所養好學善屬文經史百家莫不通涉沛國劉顯以博學稱每共奐談論深相歎美乃執奐手曰昔伯喈墳素悉與仲宣吾當希彼蔡君足下無媿王氏所保書籍尋以相付仕梁州舉秀才射策高第起家揚州主簿不就後遷尙書儀曹侍郎時左戶郎沈炯爲飛書所謗將陷重辟連官臺閣人懷憂懼奐廷議理之竟得明白侯景陷建鄴朝士並被拘縶或薦奐於賊帥侯子鑒乃脫桎梏厚遇之令掌書記子鑒景之腹心朝士莫不卑屈奐獨無所下或諫奐曰不宜高抗奐曰吾性命有在豈可取媚凶醜以求全乎時賊徒剝掠子女拘逼士庶奐保持得全者甚衆尋遭母憂時天下喪亂皆不能終三年之喪唯奐及吳國張種在寇亂中守法度並以孝聞及景平司徒王僧辯先下辟書引奐爲左西掾梁元帝於荆州即位徵奐及沈炯並令西上僧辯累表請留之帝手敕報曰孔沈二士今且借公其爲朝廷所重如此僧辯爲揚州刺史又補從事史時景新平每事草創憲章故事無復存者奐博物彊識甄明故實問無不知儀注體式牋表書翰皆出於奐高祖作相除司徒左長史遷給事黄門侍郎齊遣東方老蕭軌來寇軍至後湖都邑搔擾四方來隔糧運不繼三軍取給唯在都下乃除奐爲建康令時累歲兵荒戶口流散勍敵忽至征求無所高祖尅日決戰乃令奐多營麥飯以荷葉裹之一宿之間得數萬裹軍人旦食訖決戰大破賊高祖受禪遷太子中庶子二年除晉陵太守晉陵自宋齊已來爲大郡雖經寇擾猶爲全實前後二千石多行侵暴奐清白自守妻子並不之官唯以單船臨郡所得秩俸隨即分贍孤寡郡中號曰神君曲阿富人殷綺見奐居處儉素乃餉以衣氈一具奐曰太守身居美祿何爲不能辦此但百姓未周不容獨享溫飽勞卿厚意幸勿爲煩文帝即位徵爲御史中丞奐性剛直善持理多所糾劾朝廷甚敬憚之又達於政體每所奏未嘗不稱善百司滯事皆付奐決遷散騎常侍領步兵校尉中書舍人重除御史中丞尋爲五兵尙書掌詔誥時文帝不豫臺閣衆事並令僕射到仲舉共奐決之及帝疾篤奐與宣帝及到仲舉并吏部尙書袁樞中書舍人劉師知等入侍醫藥文帝嘗謂奐等曰今三方鼎峙生民未輯四海事重宜須長君朕欲近則晉成遠隆殷法卿等須遵此意奐乃流涕歔欷跪而對曰陛下御膳違和痊復非久皇太子春秋鼎盛聖德日躋安成王介弟之尊足爲周旦廢立之事臣不敢聞文帝曰古之遺直復見於卿矣乃用奐爲太子詹事文帝崩廢帝即位除散騎常侍國子祭酒出爲南中郎康樂侯長史尋陽太守行江州事宣帝即位爲始興王長史奐在職清儉多所規正宣帝嘉之賜米五百斛并累降敕書殷勤勞問太建六年爲吏部尙書八年加侍中時有事北邊尅復淮泗徐豫守長降附相繼封賞選敘紛紜重疊奐應接引進門無停賓加以鑒識人物詳練百氏凡所甄拔衣冠搢紳莫不悅服性耿介絕請託雖儲副之尊公侯之重溺情相及終不爲屈始興王叔陵之在湘州累諷有司固求台鉉奐曰袞章之職本以德舉未必皇枝因抗言於宣帝曰始興郍忽望公且朕兒爲公須在鄱陽王後奐曰臣之所見亦如聖旨後主時在東宮欲以江總爲太子詹事令管記陸瑜言之於奐奐謂瑜曰江有潘陸之華而無園綺之實輔弼儲貳竊謂非才瑜具以白後主後主深以爲恨乃自言於宣帝帝許之奐乃奏曰江總文華之人今太子文華不少無藉於總如臣愚見願選敦重之才以居輔導帝曰即如卿言誰當居此奐曰都官尙書王廓世有懿德識性敦敏可以居之後主時亦在側乃曰廓王泰之子不可居太子詹事奐又奏曰宋朝范曄即范泰之子亦爲太子詹事後主固爭之帝以總爲詹事由是忤旨其正直如此初後主欲官其私寵微諷於奐奐不從及左僕射陸繕遷職宣帝欲用奐代繕已草詔訖爲後主所抑遂不行十四年爲散騎常侍金紫光祿大夫領前軍將軍未行改領弘範宮衞尉至德元年卒年七十餘有集十五卷彈文四卷子紹安紹新紹忠紹忠字孝揚亦有才學位太子洗馬鄱陽王東曹掾

王冲字長深琅邪臨沂人宋太保弘元孫也祖僧衍位侍中父茂璋字允光仕梁位給事黄門侍郎尚梁武帝妹新安公主卒於齊世梁武深鍾愛冲賜爵東安亭侯尋遷侍中南郡太守習於法令政號平理雖無赫赫之譽久而見思喜聽音樂習歌舞善與人交貴游之中聲名籍甚侯景之亂元帝承制冲求解南郡讓王僧辯并獻女妓十人以助軍賞侯景平授丹陽尹魏平江陵敬帝爲太宰承制以冲爲左長史紹泰中累遷光祿大夫尚書左僕射開府儀同三司給扶高祖受禪領太子少傅加特進左光祿大夫領丹陽尹參撰律令帝以冲前代舊臣特申長幼之敬文帝即位益加尊重嘗從幸司空徐度宅宴筵之上賜以几光大元年薨年七十六贈司空謚曰元簡冲有子三十人並致通官第十二子瑒字子璵沈静有器局美風儀梁元帝時位太子中庶子高祖入輔以爲司徒左長史文帝即位累遷太子中庶子散騎常侍侍中父冲嘗爲瑒辭領中庶子文帝顧冲曰所以久留瑒於承華正欲使太子微有瑒風法耳宣帝即位歷中書令吏部尚書瑒性寛和務清静無所抑揚還尚書左僕射加侍中參選事瑒居家篤睦每歲時饋遺徧及近親敦誘諸弟稟其規訓卒贈特進謚曰光子瑒弟瑜字子珪亦知名美容儀年三十官至侍中永定元年使齊以陳郡袁憲爲副齊以王琳故囚之齊文宣每行載死囚以從齊人呼曰供御囚每盛怒則召殺之瑜及憲並危殆者數矣齊僕射楊遵彦每救護之天嘉二年還朝復爲侍中卒謚曰貞子

王通字公遠琅邪臨沂人也祖份梁侍中特進父琳司徒左長史母梁武帝妹義興公主通兄弟九人並知名兄銓錫僉前史俱有傳通仕梁爲黄門侍郎敬帝承制以爲尚書右僕射高祖受禪遷右僕射太建元年位左光祿大夫六年加特進侍中將軍光祿佐吏扶並如故未拜卒謚曰成通弟勱字公齊美風儀博涉書史恬然清簡未嘗以利欲干懷仕梁爲輕車河東王功曹史王出鎮京口勱將隨之蕃范陽張纘時典選舉勱造纘言別纘嘉其風采乃曰王生才地豈可游外府乎奏爲太子洗馬後爲南徐州別駕從事史大同末梁武謁園陵道出朱方勱隨例迎候敕令從輦側所經山川莫不顧問勱隨事應對咸有故實又從登北顧樓賦詩辭義清典帝甚嘉之時河東王爲廣州刺史乃以勱爲冠軍河東王長史南海太守王至嶺南多所侵掠因懼罪稱疾委州還朝勱行府州事越中饒沃前後守宰例多貪縱勱獨以清白著聞入爲給事黄門侍郎侯景之亂奔江陵歷位晉陵太守時兵饑之後郡中凋弊勱爲政清簡吏民便安之徵爲侍中遷五兵尚書會魏軍至元帝徵湘州刺史宜豐侯蕭修入援以勱監湘州及魏平江陵敬帝承制以爲中書令加侍中歷高祖司空丞相長史侍中中書令並如故及蕭勃平以勱爲廣州刺史未行改爲衡州刺史王琳據有上流衡廣攜貳勱不得之鎮留于大庾嶺太建元年累還尚書右僕射時東境大水以勱爲晉陵太守在郡甚有威惠郡人表請立碑頌勱政德詔許之徵爲中書監重授尚書左僕射領右軍將軍卒謚曰温子勱弟質字子貞少慷慨涉獵書史梁世以武帝甥封甲口亭侯位太子中舍人庶子侯景濟江質領步騎頓于宣陽門外景軍至都質不戰而潰爲桑門潛匿人間城陷後西奔荆州元帝承制歷位侍中吳州刺史領鄱陽内史魏平荆州侯瑱鎮盆城與質不協質率所部依于留異永定二年高祖命質率所部隨都督周文育討王琳質與琳素善或譖云於軍中潛信交通高祖命文育殺質文育啟救之獲免文帝嗣位以爲五兵尚書宣帝輔政爲司徒左長史坐招聚博徒免官後爲都官尚書卒謚曰安子質弟固字子堅少清正頗涉文史梁時以武帝甥封莫口亭侯位丹陽丞梁元帝承制以爲相國戸曹屬掌管記尋聘魏魏人以其梁氏外戚待之甚厚承聖元年爲太子中庶子遷尋陽太守魏尅荆州固之鄱陽隨兄質度東嶺居信安縣永定中移居吳郡文帝以固清静且欲申以婚姻天嘉中歷位中書令散騎常侍國子祭酒以其女爲皇太子妃禮遇甚重廢帝即位授侍中金紫光祿大夫宣帝輔政固以廢帝外戚妳媪恒來往禁中頗宣密旨事洩比黨皆誅宣帝以固本無兵權且居處清素止免所居官禁錮太建中卒於太常卿謚恭子固清静寡欲居喪以孝聞又信佛法及丁所生母憂終身蔬食夜則坐禪晝誦佛經嘗聘魏因宴饗際請停殺一羊羊於固前跪拜又宴昆明池魏人以南人嗜魚大設罟網固以佛法咒之遂一鱗不獲子寛位侍中

王猛字世雄本夕勇琅邪臨沂人宋贈太常准之元孫也祖進之梁左衛將軍父清鎮東府長史新野東陽二郡太守承聖末爲歐陽頠所殺事具清本傳清之遇害也猛時年五歲文帝渡浙江訪之將加夷滅母韋氏攜之遁于會稽遂免及長勤學不倦博涉經史兼習孫吳兵法以父遇酷終文帝之世不聽音樂蔬食布衣以喪禮自處宣帝立乃始求位太建初釋褐鄱陽王府中兵

參軍再遷永陽王府錄事參軍猛慷慨常慕功名先是上疏陳安邊拓境之策甚見嘉納至是詔隨大都督吳明徹畧地以軍功封應陽縣子累遷太子右衞率徙晉陵太守威惠兼舉姦盜屏跡富商野次云以付王府君郡人歌之以比漢之趙廣漢至德初徵爲左驍騎將軍加散騎常侍深見信重時孔範施文慶等並相比周害其梗直議將出之而未有便會廣州刺史馬靖不受徵乃除猛都督東衡州刺史領始興內史與廣州刺史陳方慶共取靖猛至卽禽靖送建鄴進爵爲公加先勝將軍平越中郎將大都督發廣桂等二十州兵討嶺外荒梗所至皆平禎明二年招授鎭南大將軍都督二十四州諸軍事尋命徙鎭廣州未之鎭而隋師濟江猛總督所部赴援時廣州刺史臨汝侯方慶西衡州刺史衡陽王伯信並隸猛督府各觀望不至猛使高州刺史戴智烈清遠太守曾孝遠各以輕兵就斬之而發其兵及聞臺城不守乃舉哀素服藉藁不食歎曰申包胥獨何人哉因勒兵緣江拒守以固誠節及審後主不死乃遣其部將辛昉馳驛赴京師歸款隋文帝大悅謂昉曰猛懷其舊主送故情深卽是我之誠臣保守一方不勞兵甲又是我之功臣卽日拜昉開府儀同三司仍詔猛與行軍總管韋洸便留嶺表經畧猛母妻子先留建鄴因隨後主入京詔賜宅及什物甚厚別賚物一千段又遣璽書勞猛仍討平山越馳驛奏聞時文帝幸河東會猛使至大悅楊素賀因曰昔漢武此地聞喜用改縣名王猛今者告捷違符前事於是又降璽書褒賞以其長子繕爲開府儀同三司猛尋卒於廣州文帝聞而痛之遣使弔祭贈上開府儀同三司封歸仁縣公命其子繕襲仍授晉州刺史仁壽元年繕弟續表陳猛志求葬關中詔許之仍贈使持節大將軍宋州刺史三州軍事謚曰成

到仲舉字德言彭城武原人宋護軍將軍彥之元孫也父洽梁贈侍中仲舉無他藝業而立身耿正仕梁爲長城令政號廉平文帝居鄉里嘗詣仲舉時天陰雨仲舉獨坐齋內聞城外有簫鼓聲俄而文帝至仲舉異之乃深自結納帝又嘗因飲夜宿仲舉帳中忽有神光五采照于室內由是祇事益恭及侯景平文帝爲吳興太守以仲舉爲郡丞與潁川庾持俱爲文帝賓客文帝嗣位授侍中參掌選事天嘉元年守都官尚書封寶安縣侯三年遷尚書左僕射丹陽尹參掌如故改封建昌縣侯仲舉既無學術朝章非其所長選舉引用皆出自袁樞性疎簡不干時務與朝士無所親狎但聚財酣飲而已文帝積年寢疾不親萬機尚書中書事皆使仲舉斷決天康元年遷侍中尚書僕射文帝疾甚入侍醫藥及帝崩宣帝受遺詔爲尚書令入輔仲舉與左丞王暹中書舍人劉師知殷不佞以朝望有歸仍遣不佞宣旨遣宣帝還東府事發師知下獄賜死暹不佞並付推乃以仲舉爲貞毅將軍金紫光祿大夫初仲舉子郁尚文帝妹信義長公主官至中書侍郎出爲宣城太守文帝配以士馬是年遷南康內史以國哀未之任仲舉既廢居私宅與郁皆不自安時韓子高在都人馬素盛郁每乘小輿蒙婦人衣與子高謀子高軍主告其事宣帝收子高仲舉及郁並於獄賜死郁諸男女以帝甥獲免

庾持字元德潁陰人也父沙彌梁邵陵王參軍沙彌有至性列在孝友傳持少孤性亦至孝父憂居喪過禮篤志好學仕梁爲尚書左丞戶郞後兼建康監文帝爲吳興太守以爲郡丞兼掌書翰天嘉初爲尚書左丞封崇德縣子拜封之日請令史爲客受其餉遺文帝怒之因坐免後爲臨安令坐杖殺人免還爲給事黃門侍郎歷鹽官令祕書監知國史事又爲少府卿遷太中大夫領步兵校尉卒持善字書每屬辭好爲奇字文士亦以此譏之有集十卷子自直在文苑傳

許亨字亨道高陽新城人也父懋梁太子中庶子自有傳亨少傳家業孤介有節行博通羣書多識前代舊事甚爲南陽劉之遴所重梁太清初爲西中郎記室兼太常丞侯景之亂避地郢州會梁邵陵王自東至引爲諮議參軍王僧辯之襲郢州素聞其名召爲儀同從事中郎遷太尉從事中郎與吳興沈炯對掌書記府政朝務一以委之晉安王承制授給事黃門侍郎高祖受禪爲太中大夫領大著作知梁史事初高祖之誅王僧辯也以僧辯及其子顗屍於方山掘坎埋瘞至是無敢言改葬之者亨乃表請葬之與故義徐陵張種孔奐等相率以家財營葬凡七柩皆改窆焉光大中宣帝入輔以亨貞正有古人風甚相欽重常以師禮事之及到仲舉之謀出宣帝宣帝問亨亨勸勿奉詔宣帝卽位拜衞尉卿卒於官亨初撰齊書并志五十卷遇亂亾失後撰梁史成者五十八卷梁太清之後所製文筆六卷子善心位尚書度支侍郎入隋位終通議大夫行給事中列在文苑傳

褚玠字温理河南陽翟人也祖澐字士洋仕梁爲曲阿令歷晉安王中錄事正員郞烏程令兄遊亾棄縣還爲太尉屬延陵令中書侍郎太子率更令御史中丞湘東王府諮議參軍卒澐之爲縣令清愼可紀好學解音律

重賓客雅爲湘東王所親愛湮生蒙蒙位太子舍人蒙生玠玠九歲而孤爲叔父驃騎從事中郎隨所養早有令譽先達多以才器許之及長美風儀善占對博學能屬文詞義典實不尙淫靡起家王府記室天嘉中兼通直散騎常侍聘齊還遷中書侍郎大建中山陰縣多豪猾前後令皆以贓汙免宣帝謂中書舍人蔡景歷曰稽陰大邑久無良宰卿於文士之內試思其人景歷曰褚玠廉儉有幹用未審堪其選不帝曰善卿言與朕意同乃除戎昭將軍山陰令縣人張次的王休達等與諸猾吏賄賂通姦全丁亾戶類多隱沒玠鎖次的等具狀啟臺宣帝手勑慰勞并遣使助玠搜括所出軍人八百餘戶時舍人曹義達爲宣帝所寵縣人陳信家富諂事義達父顯文恃勢橫暴玠乃遣使執顯文鞭之一百於是吏民股慄莫敢犯者帝手勑慰勞後爲義達所譖坐免官玠在任歲餘守祿俸而已去官之日不堪自致因留縣境種蔬菜以自給或嗤玠非百里才玠答曰吾委輸課最不後列城除害去暴姦吏跼蹐若謂其不能自潤脂膏則如來命以爲不達從政吾未服也時人以爲信然皇太子知玠無還裝手書賜米二百斛於是勑還都太子愛其文辭令入直殿省掌東宮管記遷御史中丞卒玠剛毅有膽決善騎射嘗從司空侯安都於徐州出獵遇虎玠射之載發皆中口入腹俄而虎斃及爲御史中丞甚有繩糾之稱自梁末喪亂朝章廢弛司憲因循守而勿革玠方欲改張大爲條例綱維略舉而卒皇太子親製誌銘以表惟舊至德二年贈祕書監玠所製雜文二百餘篇皆切事理由是見重於世子亮位尙書殿中侍郎

通志卷一百四十四

通志卷第一百四十五

宋右迪功郎鄭樵漁仲撰

列傳第五十八

陳

袁樞 弟憲 憲叔父 敬 敬弟泌 蔡凝 沈眾 蕭允 弟引 韋載
弟鼎 趙知禮 蔡景歷 子徵 宗元饒 劉師知 謝岐
毛喜 沈君理 弟君高 君公 陸山才 沈炯 虞荔
弟寄 傅縡 章華 沈客卿 施文慶 顧野王 蕭濟 姚察 江總 徐
陵 子儉 份 儀 陵弟孝克 周弘正 弟弘讓 弘直 陸繕 從祖孫瓊 瓊子從
典 瓊從父弟琇 琇弟瑜 瑜從父兄玢 瑜從父弟琛 張種 陰鏗 陳
暄 杜龕 熊曇朗 周迪 留異 陳寶應

袁樞字踐言陳郡陽夏人也祖昂梁司空自有傳父君
正吳郡太守樞美容儀性沈靜好學手不釋卷家本顯
貴貲產充積而樞獨處率素傍無交往非公事未嘗出
游榮利之懷淡如也侯景之亂樞往吳郡省父父卒於
官時四方擾亂人求苟免樞居喪以至孝聞王僧辯平
侯景鎮建鄴衣冠爭往造請樞杜門靜居不求聞達紹
泰中歷吏部尚書吳興郡太守永定中徵爲侍中掌選
遷都官尚書掌選如故樞博學明悉舊章初高祖長女
永嗣公主先適陳留太守錢蒧生子岊主及岊並卒于
梁時高祖受命唯主追封至是將葬尚書請議加蒧駙
馬都尉並贈岊官樞議曰昔王姬下嫁必適諸侯同姓
爲主聞於公羊之說車服不繫顯於詩人之篇漢氏初
興列侯尚主自斯以後降嬪素族駙馬都尉置由漢武
或以假諸功臣或以加於戚屬是以魏曹植表駙馬奉
車取爲一號齊職儀曰凡尚公主必拜駙馬都尉魏晉
已來因爲瞻準蓋以王姬之重庶姓之輕若不加其等
級甯可合巹而酳所以假駙馬之位乃宗於皇女也今
公主早薨伉儷已絕既無禮數致疑何須駙馬之授案
杜預尚晉宣帝第二女晉武踐阼而主已亡泰始中追
贈公主元凱無復駙馬之號梁文帝女新安穆公主早
薨天監初王氏無追拜之事遠近二例足以校明無勞
此授今宜追贈亭侯時議以爲當天嘉三年爲吏部尚
書領丹陽尹以葬父拜表自解詔令葬訖停宅視郡事
服闋還職時僕射到仲舉雖參掌選事銓衡汲引並出
於樞舉薦多會上旨謹愼周密清白自居文武職司鮮
有遊其門者廢帝卽位遷尚書左僕射卒謚曰簡懿有
集十卷行於世弟憲字德章幼聰敏好學有雅量梁武
帝修建庠序別開五館其一館在憲宅西憲常招引諸
生與之談論每有新義出人意表同輩咸嗟賞焉大同
八年武帝撰孔子正言章句詔下國學宣制旨義憲時
年十四被詔爲國子正言生謁祭酒到溉溉目送之愛
其神彩在學一歲國子博士周弘正謂憲父君正曰賢
子今茲欲策試不君正曰經義猶淺未敢令試居數日
君正遣門下客岑文豪與憲候弘正會弘正將升講坐
弟子畢集乃延憲入室授以麈尾令憲豎義時謝岐何
妥在坐弘正謂曰二賢雖窮奧賾得無憚此後生邪何
謝於是乃遞起義端深極理致憲與往復數番酬對閑
敏弘正謂妥曰恣卿所問勿以童幼期之時學眾滿堂
觀者重沓而憲神色自若辯論有餘弘正亦起數難終
不能屈因告文豪曰卿還諮袁吳郡此郎已堪見代爲
博士矣時生徒對策多行賄賂文豪請具束修君正曰
我豈能用錢爲兒買第邪學司銜之及憲試爭起劇難
憲隨問隨對剖析如流到溉顧憲曰袁君正其有後矣
及君正將之吳郡溉祖道於征虜亭謂君正曰昨策生
蕭敏孫徐孝克非不解義至於風神器局去賢子遠矣
尋舉高第以貴公子選尚南沙公主梁簡文帝女也大
同元年釋褐祕書郎遷太子舍人侯景寇逆憲東之吳
郡尋丁父憂哀毀過禮高祖作相除司徒戶曹初謁遂
抗禮長揖中書令王勱謂憲曰卿何矯眾不拜錄公憲
曰於理不應致拜衛尉趙知禮曰袁生舉止詳中故有
陳汝之風陳受命授中書侍郎兼散騎常侍與黃門郎
王瑜使齊數年不遣天嘉初乃還太建三年累遷御史
中丞羽林監文帝時豫章王叔英不奉法度逼取人馬
憲劾奏免叔英自是朝野嚴憚憲詳練朝章尤明聽斷
至有獄情未盡而有司具法者卽伺閑爲帝言之所申
理甚眾嘗陪醼承香閤賓退之後宣帝留憲與衛尉樊
俊徙席山亭談宴終日帝目憲而謂俊曰袁家故爲有
人其見重如此自侍中遷吳郡太守以父任固辭改授
南康內史遷吏部尚書憲以久居清顯累表自求解任
帝曰諸人在職屢有謗書卿處事已多可謂清白別相
甄錄且勿致辭遷右僕射參掌選事先是憲長兄樞爲
左僕射至是憲爲右僕射故臺省目樞爲大僕射憲爲
小僕射朝廷榮之及宣帝不豫憲與吏部尚書毛喜俱
受顧命始興王叔陵之肆逆也憲指麾部分預有力焉
後主被創病篤執憲手曰我兒尚幼後事委卿憲曰羣
情喁喁冀聖躬康復後事之旨未敢奉詔以功封建安
縣伯領太子中庶子尋除侍中太子詹事及太子加元
服行釋奠禮憲表請解職不許尋給扶二人皇太子頗
不率典訓憲手表陳諫十條皆援引古今言辭切直太
子雖外示容納心無悛改後主欲立寵姬張貴妃子始

安王爲嗣嘗從容言之吏部尚書蔡徵順旨稱贊憲厲色折之曰皇太子國家儲副億兆宅心卿是何人輕言廢立然竟廢太子爲吳興王後主知憲有規諫之事歎曰袁德章骨鯁之臣即日詔爲尚書僕射禎明三年隋軍來伐隋將賀若弼進燒宮城北掖門兵衞皆散朝士各藏匿唯憲侍左右後主謂憲曰我從來待卿不先餘人今日見卿可謂歲寒知松柏後凋也非惟由我無德亦是江東衣冠道盡後主遑遽將避匿憲正色曰北兵之入必無所犯大事如此陛下安之臣願陛下正衣冠御前殿依梁武帝見侯景故事以待之不從因下榻馳去憲從出後堂景陽殿後主投井中憲拜哭而出及至長安隋文帝重其雅操下詔以爲江表稱首授開府儀同三司昌州刺史開皇十四年授晉王廣府長史十八年卒時年七十贈大將軍安成郡公謚曰簡長子承家仕隋至祕書丞國子司業憲叔父敬字子恭純素有風格幼便好學老而無倦仕梁位太子中舍人魏尅江陵流寓嶺表高祖受禪敬在廣州依歐陽頠頠卒其子紇擁州將有異志敬累諫不從宣帝即位遣章昭達討紇紇將敗恨不納敬言朝廷義之徵爲太子中庶子歷左戸都官二尚書太常卿散騎常侍金紫光祿大夫加特進至德三年卒謚靖德子子元友嗣敬弟泌字文洋清正有幹局容體魁岸志行修謹仕梁歷諸王府佐侯景之亂泌兄君正爲吳郡太守梁簡文帝在東宮版泌爲東宮領直令往吳中召募士卒及景圍臺城泌率所領赴援城陷依鄱陽嗣王範範卒泌降景景平王僧辯表泌爲富春太守兼丹陽尹貞陽侯蕭淵明僭位以爲侍中使於齊高祖受禪泌自齊從梁永嘉王莊往王琳所及莊稱尊號以泌爲侍中丞相長史琳敗衆皆散唯泌輕舟送達于北境屬莊於御史中丞劉仲威然後拜辭歸陳請罪文帝深義之累遷通直散騎常侍兼侍中聘周及宣帝入輔以泌爲司徒左長史卒于官臨終戒其子芳華曰吾於朝廷素無功績瞑目之後斂手足還葬無得受贈謚其子述泌遺意朝廷不許贈金紫光祿大夫謚曰質

蔡凝字子居濟陽考城人也祖撙梁吳郡太守自有傳父彥高給事黃門侍郎凝美容止及長博涉經傳有文詞尤工草隸太建元年累遷太子中舍人以名公子選尚信義公主拜駙馬都尉中書侍郎遷晉陵太守及將之郡更令左右修中書解宇謂賓友曰庶來者無勞葺授吏部侍郎凝年位未高而才地爲時所重常端坐西齋自非素貴名流罕所交接趣時者多譏焉宣帝嘗謂凝曰我欲用義興主壻錢肅爲黃門侍郎卿意如何凝正色曰帝鄉舊戚恩由聖旨則無所復問若格以僉議黃散之職故須人門兼美帝默然而止肅聞而不平義興公主日譖之尋免官遷交阯頃之追還後主嗣位爲給事黃門侍郎後主嘗置酒歡甚將移宴弘範宮衆人咸從唯凝與袁憲不行後主曰何爲凝曰長樂尊嚴非酒後所過臣不敢奉詔衆人失色後主曰卿醉矣令引出他日後主謂吏部尚書蔡徵曰蔡凝負地矜才無所用也尋遷信威晉熙王府長史鬱鬱不得志乃喟然歎曰天道有廢興夫子云樂天知命斯理庶幾可達因著小室賦以見志陳亡入隋道病卒年四十七子君知頗知名

沈衆字仲興吳興武康人梁尚書令約之孫也父旋南康內史衆好學頗有文詞仕梁爲太子舍人時梁武帝制千文詩衆爲之注解與陳郡謝景同時召見于文德殿帝令衆爲竹賦賦成奏之手勑答曰卿文體翩翩可謂無忝爾祖累遷太子中舍人兼散騎常侍聘魏還爲驃騎廬陵王諮議參軍侯景之亂表求還吳興召募故義部曲以討賊梁武許之及景圍臺城衆率宗族及義附五千餘人入援都軍容甚整景深憚之梁武於城內遙授太子右衛率臺城陷衆乃降景景平元帝以爲司徒左長史魏尅江陵見虜尋而逃歸高祖受命位中書令帝以衆州里知名甚敬重之賞賜超於時輩性吝嗇財帛億計無所分遺自奉甚薄每朝會中衣裳破裂或躬提冠履永定二年兼起部尚書監起太極殿恆著布袍芒屩以麻繩爲帶又囊麥飯餅以噉之朝士咸共誚其所爲衆性猾急因忿恨遂歷詆公卿非毀朝廷高祖大怒以衆素有令望不欲顯誅因其休假還武康遂於吳中賜死

蕭允字叔佐蘭陵人也祖惠蒨齊左戸尚書父介梁光祿大夫附從兄昞素傳允少知名風神凝遠通達有識鑒容止醞藉動合規矩仕梁累遷太子洗馬侯景攻陷臺城百僚奔散允獨整衣冠坐于宮坊景軍人敬焉弗之逼也尋出居京口時寇賊縱橫百姓波駭衣冠士族四出奔散允獨不行人問其故允答曰性命有常分豈可逃而獲免但患難皆生於利苟不求利禍從何生方今百姓爭欲奮臂而論大功一言而取卿相亦何事於一書生哉莊周所謂畏影避迹吾弗爲也乃閉門靜處併日而食卒免於患侯景平後高祖以書召之辭以疾永定中侯安都爲南徐州刺史躬造其廬以申長幼之

敬宣帝即位爲黃門侍郞晉安王爲南豫州以爲長史時王尙少未親民務故委允行府事入爲光祿卿允性敎重未嘗以榮利干懷及晉安王出鎭湘州又苦攜允允少與蔡景歷善景歷子徵修父黨之敬聞允將行乃詣允曰公年德並高國之元老從容坐鎭旦夕自爲列曹何爲方辛苦蕃外答曰已許晉安豈可忘信其恬退類如此鄱陽王出鎭會稽允又爲長史帶會稽郡丞行經延陵季子廟設蘋藻之薦託異代之交爲詩以敘意詞理淸典後主嘗問蔡徵允之爲人徵曰允淸虛元遠殆不可測至於文章可得而言因誦允詩以對後主嗟賞久之拜光祿大夫及隋師濟江允遷于關右是時南士至長安者例皆授官唯允與尙書僕射謝伷辭以老病隋文帝義之並厚賜帛尋卒年八十四弟引字叔休方正有器度望之儼然雖造次之閒必修法度性聰敏博學善屬文仕梁釋褐著作佐郞西昌侯儀同府主簿侯景之亂元帝爲荆州朝士多歸之引曰諸王力爭禍患方始今日逃難未是擇君之秋吾家再世爲始興郡遺愛在民可南行以存家門耳於是乃與弟彤及宗親等百餘人南奔嶺表時始興人歐陽頠爲衡州刺史引往依焉頠遷廣州病死子紇領其衆引疑紇異圖因事規正由是情禮漸疎及紇反時都下士人岑之敬公孫挺等並惶駭唯引徐謂之曰管幼安袁曜卿亦但安坐耳君子正身以明道直已以行義亦何憂乎及番禺平引始北還宣帝召引問嶺表事引具陳之帝甚悅拜金部侍郞引善隸書爲當時所重宣帝嘗披奏事指引署名曰此字筆勢翩翩似鳥之欲飛引謝曰此乃陛下假其毛羽耳帝又謂引曰我每有所忿見卿輒意解何也引曰此陛下不遷怒臣何預此恩引性抗直不事權貴宣帝每欲遷用輒爲用事者所裁及呂梁覆師戎儲空匱轉引爲庫部郞掌知營造引在職一年而器械充足歷中書黃門吏部侍郞時廣州刺史馬靖甚得嶺表人心而兵甲精練每年深入俚峒又數有戰功朝野頗生異議宣帝以引悉嶺外物情且遣引觀靖審其舉措諷令送質引奉密旨南行外託收督賧物既至番禺靖即悟旨遣兒弟爲質還至贛水而帝崩後主即位轉引爲中庶子以疾去官復起爲建康令時殿內隊主吳璡及宦者李善度蔡脫兒等多所請屬引一皆不許引始族子密時爲黃門侍郞諫引曰李蔡之勢在朝皆憚之宜亦少爲身計引曰吾之立身自有本末亦安能爲李蔡致屈就令不平不過免職耳吳璡竟作飛書李蔡譖之坐免卒於家子德言最知名引弟彤位太子中庶子南康王長史

韋載字德基京兆杜陵人梁侍中車騎將軍叡之孫也叡自有傳父正給事黃門侍郞載少聰慧篤志好學年十二隨叔父稜見沛國劉顯顯問漢書十事載隨問應無疑滯及長博涉文史沈敏有器局仕梁爲尙書三公郞侯景之亂元帝承制以爲中書侍郞尋爲尋陽太守隨都督王僧辯東討侯景景平歷位琅邪義興太守高祖誅王僧辯乃遣周文育襲載載嬰城自守載所屬縣並高祖舊兵多善用弩載收得數十人繫以長鎖令所親監之使射文育軍約曰十發不兩中者死每發輒中所中皆斃相持數旬高祖聞文育不利以書喻載以誅王僧辯意并奉梁敬帝勑勑載解兵載得書乃以衆降高祖恆引置左右與之謀議徐嗣徽任約等引齊軍濟江據石頭城帝問計於載載曰齊軍若分兵先據三吳之路略地東境則時事去矣今可急於淮南即侯景故壘築城以通東道轉輸別令輕兵絕其糧運使進無所虜退無所資則齊將之首旬日可致帝從之永定中位散騎常侍太子右衞率天嘉元年以疾去官載有田十餘頃在江乘縣之白山至是遂築室而居屛絕人事吉凶慶弔無所往來不出籬門者幾十載卒於家載弟鼎字超盛少通曉博涉經史明陰陽逆刺尤善相術仕梁起家湘東王法曹參軍遭父憂水漿不入口者五日哀毀過禮殆將滅性服闋爲邵陵王主簿侯景之亂鼎兄昂於京口戰死鼎負屍出寄于中興寺求棺無所得鼎哀憤慟哭忽見江中有物流至鼎所竊異之往視乃一新棺也因以充斂元帝聞之以爲精誠所感侯景平司徒王僧辯以爲戶曹屬累遷中書侍郞高祖在南徐州鼎望氣知其當王遂寄孥焉因謂高祖曰明年有大臣誅死後四歲梁其代興天之歷數當歸舜後昔周滅殷氏封嬀汭于宛邱其裔子孫因爲陳氏僕觀明公天縱神武繼絕統者無乃是乎帝陰有圖僧辯意聞其言大喜因而定策及受禪拜黃門侍郞太建中以廷尉卿爲使聘周加散騎常侍後爲太府卿至德初鼎盡貨田宅寓居僧寺友人大匠卿毛彪問其故答曰江東王氣盡於此矣吾與爾當葬長安期運將及故破產爾初鼎之聘周也嘗遇隋文帝謂曰觀君容貌不久必大貴貴則天下一家歲一周天老夫將委質願深自愛及陳亡驛召入京授上儀同三司待遇甚厚每公宴鼎恆預焉性簡貴雖爲亡國之臣未嘗俯仰當世時吏部尙書韋世康兄弟顯貴隋文帝從容謂鼎曰世康與公遠近對曰

臣宗族南徙昭穆非臣所知帝曰卿百代卿族豈忘本也命官給酒肴遣世康請鼎還杜陵乃自楚太傅孟以下二十餘世並考論昭穆作韋氏七卷示之歡飲十餘日乃還時蘭陵公主寡上爲之求夫選親衛柳述及蕭瑒等以示鼎鼎曰瑒當封侯而無貴妻之相述亦通顯而守位不終上曰位由我爾遂以主降述上又問鼎諸兒誰得嗣位答曰至尊皇后所最愛者當與之非臣敢預知也上笑曰不肯顯言乎開皇十三年除光州刺史以仁義教導務引清靜州中有土豪外修邊幅而內行不軌常爲劫盜鼎於都會時謂之曰卿是好人那忽作賊因條其徒黨姦謀逗遛其人驚懼即自首伏又有人客游通主家之妾及其還去妾盜珍物於夜逃亡尋於草中爲人所殺主家知客與妾通因告客殺之縣司鞫問具得姦狀因斷客死獄成上於鼎鼎覽之曰此客實姦而不殺也乃某寺僧詃妾盜物令奴殺之贓在某處即放此客遣人掩僧并獲其贓物自是部內肅然咸稱其神道無拾遺尋追入京頃之卒于長安年七十九

趙知禮字齊旦天水隴西人父孝穆梁候官令知禮涉獵文史善書翰高祖之討元景仲也或薦之引爲記室知禮爲文贍速每占授軍書下筆便就率皆稱旨由是常侍左右深被委任當時計畫莫不預焉知禮亦多所獻替高祖平侯景軍至白茅灣上表於梁元帝及與王僧辯論述軍事其文並知禮所製侯景平授中書侍郎封始平縣子陳受命授通直散騎常侍直殿省遷太府卿權知領軍事天嘉元年進爵爲伯王琳平授吳州刺史知禮沈靜有謀謨每軍國大事文帝輒令璽書問之再遷右將軍領前軍將軍卒贈侍中謚曰忠子元恭嗣

蔡景歷字茂世濟陽考城人也祖點梁尚書左民侍郎父大同輕車岳陽王記室參軍景歷少俊爽有孝行家貧好學善尺牘工草隸解褐諸王府佐出爲海陽令爲政有能名梁簡文帝爲侯景所幽景歷與南康嗣王蕭會理謀欲挾簡文出奔事泄見執賊黨王偉保護之獲免因客遊京口高祖鎮朱方素聞其名以書要之景歷對使人答書筆不停輟文不重改高祖得書甚加歎賞即日版授征北府中兵參軍仍領記室衡陽獻王昌爲吳興太守帝以鄉里父老尊卑有數恐昌年少接對乖禮乃遣景歷輔之承聖中還掌記室高祖將討王僧辯獨與侯安都等數人謀之景歷弗之知部分既畢召令草檄景歷援筆立成辭義感激事皆稱旨及帝受禪遷祕書監中書通事舍人掌詔誥永定二年坐妻弟劉淹詐受周寶安餉馬爲御史中丞沈炯所劾降爲中書侍郎舍人如故三年高祖崩時外有彊寇文帝鎮南皖朝無重臣宣后呼景歷及江大權杜稜定議祕不發喪疾呼文帝景歷躬共宦者及內人密營斂服時既暑熱須治梓宮恐斤斧之聲或聞于外仍以蠟爲祕器文書詔誥依舊宣行文帝即位復爲祕書監舍人如故以定策功封新豐縣子累遷散騎常侍文帝誅侯安都景歷勸成其事以功遷太子左衛率進爵爲侯常侍舍人如故六年坐妻兄劉洽依倚景歷權勢前後姦詭并受歐陽威餉絹百疋免官華皎反以景歷爲武勝將軍吳明徹軍司皎平明徹於軍中輙戮安成內史楊文通又受降人馬仗有不分明景歷又坐不能匡正被收久之獲宥宣帝即位累遷通直散騎常侍中書通事舍人掌詔誥仍復封邑太建五年都督吳明徹北侵所向克捷與周將梁士彥戰於呂梁斬獲萬計方欲進圖彭城時宣帝鋭意河南以爲指麾可定景歷稱師老將驕不宜過窮遠略帝惡其沮衆大怒猶以朝廷舊臣不深罪之出爲豫章內史未行爲飛章所劾以在省之日贓汙狼籍帝令有司按問景歷但承其半於是御史中丞宗元饒奏免景歷所居官徙居會稽下鴻臚削爵土及吳明徹敗帝追思景歷前言即日追還復以爲征南鄱陽王諮議參軍數日遷員外散騎常侍兼御史中丞復本爵封入守度支尚書舊式拜官在午後景歷拜日適值輿駕幸元武觀在位皆侍宴帝恐景歷不豫特令早拜其見重如此卒官年六十贈太常卿謚曰敬十三年改葬重贈中領軍禎明元年配享高祖廟庭二年車駕幸其宅重贈景歷侍中撫軍將軍謚曰忠敬給鼓吹一部勅於墓所立碑景歷屬文不尚雕靡而長於敘事應機敏速爲當世所稱有文集三十卷子徵嗣江大權字伯謀濟陽考城人位少府封四會縣伯太建二年卒於通直散騎常侍徵字希祥幼聰敏精識彊記年六歲詣梁吏部尚書褚翔翔嗟其穎悟七歲丁母憂居喪如成人禮繼母劉氏性悍視之不以道徵供侍益謹初無怨色徵本名覽景歷以爲有王祥之性故爲之更名字焉高祖爲南徐州召補迎主簿尋授太學博士太建中累遷太子中舍人兼東宮領直襲封新豐侯至德中位太子中庶子中書舍人掌制誥尋授左戶尚書與僕射江總知撰五禮事後主器其材幹任寄日隆遷吏部尚書每十日一往東宮於皇太子前論述古今得喪及當時政務又勅以廷尉寺獄事無大小取徵議決俄有勑遣收募兵士自爲部曲徵善撫恤得物情旬月之間有衆近一萬徵

位望既重聲位熏灼物議咸忌憚之尋徙中書令中書淸簡無事或云徵有怨言後主聞之大怒收奪人馬將誅之左右致諫獲免禎明二年隋軍濟江後主以徵有幹用令權知中領軍事徵日夜勤苦備盡心力後主嘉焉謂曰事甯有以相報及決戰於鍾山南岡勅徵守宮城西北大營尋令督衆軍戰事京城陷入長安徵美容儀有口辯多所詳究至於士流官宦皇家戚屬及當朝制度憲章儀範戶口風俗山川土地問無不對然頗便佞進取不能以退素自業初拜吏部尚書啓後主借鼓吹後主謂所司曰鼓吹軍樂有功乃授蔡徵不自量揆忝我朝章然以其父景歷有締構之功宜且如所啓拜訖卽追還徵不修廉隅皆此類也隋文帝聞其敏贍召見顧問言輒會旨然累年不調久之除太常丞歷尚書戶部儀曹郎轉給事郎卒子翼位司徒屬入隋爲東宮學士

宗元饒南郡江陵人也少好學以孝謹聞解褐仕梁爲征南府外兵參軍及司徒王僧辯幕府初建元饒與沛南劉師知同爲主簿高祖受禪稍遷廷尉尚書左丞中書通事舍人宣帝初卽位遷左丞軍國務廣事無巨細一以責之臺省號爲稱職遷御史中丞知五禮事時合州刺史陳襃贓汚狼籍遣使就渚斂魚又令人於六郡乞米百姓甚苦之元饒劾奏免之吳興太守武陵王伯禮豫章內史南康嗣王方泰等驕蹇放橫元饒案奏皆見黜削元饒性公平善持法諳曉故事明練政體吏有犯法政不便民及於名教不足者隨事糾正多所裨益遷南康內史以秩米三千餘斛助民租課存問高年拯救之絕百姓甚賴焉以課最入朝詔加散騎常侍後爲吏部尚書卒

劉師知沛國相人也家本素族祖奚之齊淮南太守以善政聞父景彥梁司農卿師知本名思智以與敬帝諱同改焉好學有當務才博涉書史工文筆善儀禮臺閣故事多所詳悉紹泰初高祖入輔以師知爲中書舍人掌詔誥是時兵亂之後朝儀多闕高祖爲丞相及加九錫并受禪其儀注並師知所定梁敬帝在內殿師知常侍左右及將加害師知許帝令出帝覺遶牀走曰師知負我陳霸先反我本不須作天子何意見殺師知執帝衣行事者加刃焉既而報高祖曰事已了高祖曰卿乃忠於我後莫復爾師知不對高祖受命仍兼舍人性疎簡與物多忤雖位宦不遷而任遇甚重其所獻替皆有弘益及高祖崩六日成服時朝臣共議大行皇帝靈坐俠御人衣服吉凶之制博士沈文阿議宜服吉服師知議云既稱成服本備喪禮靈筵服物皆悉縞素按梁昭明太子薨成服俠侍之官悉著縗斬唯著鎧不異此即可擬愚謂六日成服俠靈坐須服縗絰中書舍人蔡景歷江德藻謝岐等與師知同議時以二議不同乃啓取左丞徐陵決斷陵云梓宮祔山陵靈筵祔宗廟有此分判便驗吉凶按山陵鹵簿吉部伍中公卿已下導引者爰及虎賁鼓吹執蓋奉車並是吉服豈容俠御獨爲縗絰若言公卿胥吏並服縗絰此與梓宮部伍有何差別若言文物並吉司事者凶豈容衽絰而奉華蓋縗衣而升玉路邪博士謝岐議曰靈筵祔宗廟梓宮還山陵實如左丞議但山陵鹵簿備有吉凶從靈輿者儀服無變從梓宮者皆服苴縗爰至士禮悉同此制此自是山陵之儀非關成服今謂梓宮靈扆共在西階稱爲成服亦無鹵簿直是爰自胥吏上至王公四海之內必備縗絰案梁昭明太子薨略是成例豈容凡百士庶悉此日服重而侍中至於武衞最是近官反鳴玉紆青與平吉不異左丞既推以山陵事愚意或謂與成服有殊陵重答云老病屬纊不能多說古人爭議多成怨府傅元見尤於晉代王商取陷於漢朝謹自三緘敬同高命若萬一不死猶得展言庶與羣賢更申揚搉文阿猶執所見衆議不能決乃具錄二議奏聞上從師知議遷鴻臚卿舍人如故天嘉元年坐事免尋起爲中書舍人復掌詔誥天康元年文帝不豫師知與僕射到仲舉等入侍醫藥帝崩豫受顧命及宣帝入輔師知與仲舉等遣舍人殷不佞矯詔令宣帝還東府事覺於北獄賜死初文帝勅師知撰起居注自永定二年秋至天嘉元年爲十卷

謝岐會稽山陰人也父達梁太學博士岐少機警好學仕梁爲山陰令侯景亂流寓東陽景平依于張彪彪在吳郡及會稽庶事委之彪每征討恆留岐監郡知後事彪敗高祖引參機密爲兼尚書右丞時軍旅屢興糧儲多闕岐所在幹理深被知遇永定元年爲給事黃門侍郎中書舍人兼右丞如故天嘉二年卒贈通直散騎常侍弟嶠篤學爲通儒

毛喜字伯武滎陽陽武人也祖稱梁散騎侍郎父栖忠中權司馬喜少好學善草隸起家王府參軍高祖素知之及鎭京口命與宣帝往江陵仍敕宣帝諮稟之及梁元帝卽位以宣帝爲領直喜爲尚書功論侍郎及魏平江陵喜與宣帝俱遷關右文帝卽位喜自周還進和好之策朝廷乃遣周弘正等通聘及宣帝反國又遣喜入關以家屬爲請周冢宰宇文護執喜手曰能結二國之

好者鄉也仍迎柳皇后及後主還天嘉三年至都宣帝時爲驃騎將軍仍以喜爲府記室諮議參軍府朝文翰皆喜詞也文帝嘗謂宣帝曰我諸子皆以伯爲名汝諸兒宜以叔爲稱宣帝以訪于喜喜卽條自古名賢杜叔英虞叔卿等二十餘人以啓之文帝稱善文帝崩廢帝沖昧宣帝錄尚書輔政僕射到仲舉等知朝望有歸乃矯太后令遣宣帝還東府當時疑懼無敢措言喜卽馳入謂宣帝曰今日之言必非太后之意宗社至重願加三思須臾聞奏果如其策右衞將軍韓子高始與仲舉通謀其事未發喜請宣帝曰宜簡人馬配與子高并賜鐵炭使修器甲宣帝曰子高卽欲收執何更如是喜曰山陵始畢邊寇尚多而子高受委前朝名爲杖順宜推心安誘使不自疑徐而圖之一壯士之力耳宣帝卒行其計及帝卽位除給事黃門侍郎兼中書舍人典軍國機密宣帝將議北侵敕喜撰軍制十三條詔頒天下文多不載論定策功封東昌縣侯以太子右衞率右將軍行江夏武陵桂陽三王府國事母憂去職詔贈其母庾氏東昌國太夫人賜錢布三十萬遣員外散騎常侍杜緬圖其墓田上親與緬按圖指畫其見重如此歷位御史中丞五兵尚書參掌選事及衆軍北伐得淮南之地喜陳安邊之術宣帝納之卽日施行宣帝又問喜曰我欲進兵彭汴如何對曰淮左新平邊民未乂周氏始吞齊國難與爭鋒且棄舟檝之工踐車騎之地去長就短非吳人所便臣愚以爲未若安民保境順時而動斯久長之術也宣帝不從吳明徹卒俘于周喜後歷丹陽尹吏部尚書及宣帝崩叔陵搆逆敕中庶子陸瑜宣旨令南北諸軍皆取喜處分賊平加侍中初宣帝委政於喜喜亦勤心納忠數有諫爭事並見從由是十餘年間江東狹小遂稱全盛自淮北敗不用喜謀帝深悔之謂袁憲曰一不用毛喜計遂令至此由是益見親重言無迴避而皇太子好酒德每共親幸人爲長夜之宴喜嘗言之宣帝故太子銜之後主卽位遂見疏遠及被始興王所傷創愈置酒於後殿引江總以下展樂賦詩醉酣而命喜于時山陵初畢未及踰年喜見之不懌欲諫之而後主已醉喜升階陽爲心疾仆于階下移出省中後主醒乃疑之謂江總曰我悔召毛喜知其無病但欲阻我懽宴非我所爲耳乃與司馬申謀曰此人負氣吾欲將乞鄱陽兄弟聽其報讎可乎對曰喜終不爲官用願如聖旨傅縡爭之曰不然若許報讎欲置先皇何地後主曰當乞一小郡勿令見人事耳至德元年乃以喜爲永嘉內史喜至郡不受俸秩政弘清靜民吏安之遇豐州刺史章大寶舉兵反郡與豐州接而素無備喜乃修城隍器械又遣兵援建安賊平授南安內史禎明元年徵爲光祿大夫領左驍騎將軍道卒有集十卷子處沖嗣

沈君理字仲倫吳興人也祖僧畟梁左戶尚書父巡元帝時位少府卿魏平荆州梁宣帝署金紫光祿大夫君理美風儀博涉有識鑒高祖鎭南徐州巡遣君理致謁深見器重命尚會稽長公主及帝受禪拜駙馬都尉封永安亭侯爲吳郡太守時兵革未寧百姓荒弊君理緫集士卒修飾器械深以幹理見稱文帝嗣位累遷左戶尚書天嘉六年爲東陽太守天康元年以父憂云職自請往荆州迎柩朝議以在位重臣難令出境乃遣長兄君嚴往焉及還將葬詔贈巡侍中領軍將軍謚曰敬子太建中歷位太子詹事吏部尚書宣帝以君理女爲皇太子妃賜爵望蔡縣侯位侍中尚書右僕射卒贈翊左將軍開府儀同三司謚曰貞憲君理弟君高君公君高字季高少知名性剛直有吏能作衞尉卿平越中郎將都督廣州刺史甚得人和卒謚祁子君公自梁元帝敗後常在江陵禎明中與蕭瓛蕭巖叛隋歸陳後主擢爲太子詹事君公博學有才辯善談論後主深器之陳亡入隋文帝以其叛亡命斬于建康君理弟叔邁方正有幹局位通直散騎常侍侍東宮

陸山才字孔章吳郡吳人也祖翁寶梁尚書水部郎父汎中散大夫山才倜儻好尚文史范陽張纘纘弟湏並欽重之紹泰中都督周文育出鎭南豫州不知書疏以山才爲長史政事悉以委之文育南討尅蕭勃禽歐陽頠計畫多出山才後文育重鎭豫章金口山才復爲鎭南長史豫章太守文育爲熊曇朗所害曇朗囚山才等送于王琳未至而侯安都敗琳將常衆愛由是山才獲反累遷度支尚書坐侍宴與蔡景歷言語過差爲有司所奏免官尋授散騎常侍遷西陽武昌二郡太守謚曰簡子

沈炯字初明吳興武康人也祖瑀梁尋陽太守父續王府記室參軍炯少有儁才爲當時所重仕梁釋褐王國常侍累遷尚書左戶郎吳令侯景之難吳郡太守袁君正入援建鄴以炯監吳郡臺城陷景將宋子仙據吳興遣使召炯委以書記之任炯固辭以疾子仙怒命斬之炯解衣就戮礙於路間桑樹乃更牽往他所或救之僅而獲免子仙愛其才卒逼令掌書記及子仙爲僧辯所敗僧辯素聞其名於軍中購得之酬所獲者錢十萬自是羽檄軍書皆出於炯及簡文遇害四方岳牧皆上表

於江陵勸進僧辯令烱製表其文甚工當時莫有逮者高祖南下與僧辯會于白茅灣登壇設盟烱爲其文及侯景東奔至吳郡獲烱妻虞氏及子行簡並殺之烱弟攜其母逃免侯景平梁元帝愍其妻子嬰戮特封原鄉侯僧辯爲司徒以烱爲從事中郎梁元帝徵爲給事黃門侍郎領尚書左丞魏尅荆州爲西魏所虜魏人甚禮之授以儀同三司烱以母在東恆思歸國恐魏人愛其文才留之閉門卻埽無所交接時有文章隨卽毀棄不令流布嘗獨行經漢武通天臺爲表奏之陳已思鄉之意曰臣聞橋山雖掩鼎湖之竈可祠有魯遂荒大庭之跡無泯伏惟陛下降德猗蘭纂靈豐谷漢道旣登神仙可望射之罘於海浦禮日觀而稱功橫中流於汾河指柏梁而高宴何其甚樂豈不然歟旣而運屬上僊道窮晏駕甲帳珠簾一朝零落茂陵玉盌遂出人間凌雲故基與原田而膴膴別風餘跡帶陵阜而芒芒羈旅縲臣豈不落淚昔承明見厭嚴助冬歸駟馬可乘長卿西反恭聞故實竊有愚心黍稷非馨敢望徵福但雀臺之弔空愴魏君雍邱之祠未光夏后瞻仰煙霞伏增悽戀奏訖其夜夢有宮禁之所兵衛甚嚴烱便以情事陳訴聞有人言甚不惜放卿還幾時可至少日便與王克等並放東歸紹泰二年至都歷司農卿御史中丞高祖受禪加通直散騎常侍表求歸養詔不許文帝嗣位又表求去詔答曰當敕所由相迎尊累使卿公私無廢也初高祖嘗稱烱宜居王佐軍國大政多預謀謨文帝又重其才欲寵貴之會王琳入寇大雷留異擴東境帝欲使烱因是立功乃解中丞加明威將軍遣還鄉里收合徒眾以疾卒于吳中年五十九贈侍中謚曰恭子有集二十卷行於世

虞荔字山披會稽餘姚人也祖權梁廷尉卿永嘉太守父檢平北始興王諮議參軍荔幼聰敏有志操年九歲隨從伯闡候太常陸倕倕問五經十事荔隨問輒應無有遺失倕甚異之又嘗詣徵士何允時太守衡陽王亦造焉允言於王王欲見荔荔辭曰未有版刺無容拜謁王以荔有高尚之志雅相欽重還郡卽辟爲主簿荔又辭以年小不就及長美風儀博覽墳籍善屬文仕梁釋褐爲西中郎法曹外兵參軍兼丹陽詔獄正梁武帝於城西置士林館荔乃製碑奏上帝命勒之于館仍用荔爲士林學士尋爲司文郎遷通直散騎侍郎兼中書舍人時左右之任多參權軸內外機務互有帶掌惟荔與顧協泊然靖退居于西省俱以文史見知號爲清白尋領大著作及侯景之亂荔率親屬入臺除鎮西諮議參軍舍人如故臺城陷逃歸鄉里侯景平元帝徵爲中書侍郎不就貞陽侯僭位授揚州別駕並不就張彪之據會稽荔時在焉及文帝平彪高祖及文帝並以書招之迫切不得已乃應命至都而高祖崩文帝嗣位除太子中庶子仍侍太子讀尋領大著作揚州大中正初荔母隨荔入臺卒於臺內尋而城陷情禮不申由是終身蔬食布衣不聽音樂雖任遇隆重而居止儉素澹然無營文帝深器之常引在左右朝夕顧訪荔性沈密少言論凡所獻替莫有見其際者時荔第二弟寄寓于閩中依陳寶應荔每言之輒流涕文帝哀之而謂曰我亦有弟在遠此情甚切他人豈知乃敕寶應求寄寶應終不遣荔因以感疾帝欲數往臨視令將家口入省荔以禁中非私居之所乞停城外帝不許乃令住蘭臺乘輿再三臨問手敕中使相望於道又以荔蔬食積久非羸疾所堪乃手敕曰卿年事已多氣力衰減方欲委仗良須克壯今給卿魚肉不得固從所執荔終不從卒贈侍中謚曰德子及喪柩還鄉里帝親出臨送當時榮之子世基世南並少知名寄字次安少聰敏年數歲有客造其父遇寄於門因嘲之曰郞子姓虞必當無智寄應聲曰文字不辨豈得非愚客大慙入謂其父曰此子非常人文舉之對不是過也及長好學善屬文性沖靜有栖遁之志弱冠舉秀才對策高第起家梁宣城王國左常侍大同中嘗驟雨殿前往往有雜色寶珠梁武觀之甚有喜色寄因上瑞雨頌帝謂寄兄荔曰此頌典裁清拔卿之士龍也將如何擢用寄聞之歎曰美盛德之形容以申擊壤之情耳吾豈買名求仕者乎乃閉門稱疾唯以書籍自娛岳陽王詧爲會稽太守以寄爲中記室領郡五官掾在職簡略煩苛務存大體曹局之內終日寂然侯景之亂隨兄荔入臺除正威將軍城陷遁還鄉里張彪往臨川彊寄俱行寄與彪將鄭瑋同舟而載瑋嘗忤彪意乃劫寄奔晉安時陳寶應據有閩中得寄甚喜高祖平侯景寄勸令自結寶應從之乃遣使歸誠承聖元年除中書侍郎寶應愛其才託以道阻不遣每欲引寄爲僚屬委以文翰固辭獲免及寶應結婚留異潛有逆謀寄微知其意言說之際每陳逆順之理微以諷諫寶應輒引他事以拒之又嘗令左右讀漢書卧而聽之至蒯通說韓信曰相君之背貴不可言寶應蹶然起曰可謂智士寄正色曰覆酈驕韓未足稱智豈若班彪王命識所歸乎寄知寶應不可諫慮禍及己乃爲居士服以拒絕之常居東山寺稱東山居士僞以腳疾不復起寶應

以爲假託遣人燒寄所卧屋寄安卧不動親近將扶寄出寄曰吾命有所懸避欲安往所縱火者旋自救之寶應自此乃信及留異稱兵寶應資其部曲寄乃因書極諫爲陳禍福凡有十事言甚激切寶應覽書大怒或謂寶應曰虞公病篤言多錯謬寶應乃小釋亦以寄人望且優容之及寶應敗走夜至蒲田顧謂其子扞秦曰早從虞公計不至今日扞秦但泣而已寶應既禽凡諸賓客微有交涉者皆誅唯寄以先識免禍初沙門慧標涉獵有才思及寶應起兵作五言詩以送之曰送馬猶臨水離旗稍引風好看今夜月當照紫微宮寶應得之甚悅慧標以示寄寄一覽便止正色無言慧標退寄謂所親曰標公既以此始必以此終後竟坐是誅文帝尋敕章昭達發遣寄還朝及至引寄曰管甯無恙甚慰勞懷頃之帝謂到仲舉曰衡陽王既出閤雖未置府僚然須得一人旦夕游處兼掌書記宜求宿士有行業者仲舉未知所對帝曰吾自得之乃手敕用寄寄入謝帝曰所以蹔屈游藩者非止以文翰相煩乃令以師表相事也頃之表求解職歸鄉里優詔答之許其東還後除東中郎諮議加戎昭將軍寄又辭以疾不堪旦夕陪列上於是令長停公事其有疑議就以決之但旦夕朧修而已太建八年加太中大夫後卒寄少篤行造次必於仁厚雖僮豎未嘗加以聲色至臨危執節則辭氣懍然白刃不憚也自流寓南土與兄荔隔絕因感氣疾每得荔書氣輒奔劇前後所居官未嘗至秩滿裁期年數月便自求解常曰知足不辱吾知足矣及謝病私庭每諸王爲州將下車必造門致禮命釋鞭版授以几杖侍坐嘗出遊近寺閭里傳相告語老幼羅列望拜道左或言誓爲約者但指寄便不欺其至行所感如此所製文筆遭亂多散失

傅縡字宜事北地靈州人也父彝梁臨沂令縡幼聰敏七歲誦古詩賦至十餘萬言長好學能屬文梁太淸末丁母憂在兵亂中居喪盡禮哀毀骨立士友以此稱之後依湘州刺史蕭修修頗好士廣集墳籍縡肆志尋閱因博通羣書王琳引爲記室參軍琳敗隨琳將孫瑒還都時文帝使顏晃賜瑒雜物瑒託縡啓謝詞理周洽文無加點晃還言之文帝召爲撰史學士再遷驃騎安成王中記室撰史如故縡篤信佛教從興皇寺慧朗法師受三論盡通其學尋以本官兼通直散騎侍郎使齊還累遷太子庶子後主卽位遷祕書監右衞將軍兼中書通事舍人掌詔誥縡爲文典麗性又敏速雖軍國大事下筆輒成未嘗起草沈思者亦無以加焉甚爲後主所重然性木彊不持檢操負材使氣陵侮人物朝士多銜之會施文慶沈客卿以便佞親幸專制衡軸而縡益疏文慶等共譖縡受高麗使金後主收縡下獄縡素剛烈因憤恚乃於獄中上書曰夫人君者恭事上帝子愛黔黎省嗜慾遠諂佞未明求衣日旰忘食是以澤被區宇慶流子孫陛下頃來酒色過度不虔郊廟大神專媚淫昬之鬼小人在側宦豎弄權惡忠直若仇讎視百姓如草芥後宮曳綺繡廐馬餘菽粟兆庶流離轉尸蔽野貨賄公行帑藏損耗神怒人怨衆叛親離恐東南王氣自斯而盡書奏後主大怒頃之意解遣使謂縡曰我欲赦卿卿能改過不縡曰臣心如面臣面可改則臣心可改後主於是益怒令宦者李善度窮其事賜死獄中時年五十有集十卷縡雖強直有才而毒惡傲慢爲當世所疾及死有惡蛇屈尾來上靈牀當前受祭醊去而復來者百餘日時時有彈指聲時有吳興章華字仲宗家世農夫華獨好學與士君子游處頗通經史善屬文遭侯景之亂遊嶺南居羅浮山寺專精習業歐陽頠爲廣州署爲南海太守頠子紇敗乃還京師後主卽位朝臣以華素無閥閱乃除太市令非其所好乃辭疾不拜鬱鬱不得志禎明初上書極諫其大畧曰昔高祖南平百越北誅逆虜世祖東定吳會西破王琳高宗克復淮南辟地千里三祖之功亦云勤矣陛下卽位于今五年不思先帝之艱難不知天命之可畏溺於嬖寵惑於酒色祠七廟而不出拜妃嬪而臨軒老臣宿將棄之草莽諂佞讒邪升之朝廷今疆埸日蹙隋軍壓境陛下如不改絃易張臣見麋鹿復遊於姑蘇矣書奏後主大怒卽日斬之沈客卿吳興人性便佞忍酷爲中書舍人每持異端唯以刻削百姓爲事施文慶烏程人起自微賤有吏才後主拔爲中書舍人俄擢湘州刺史未及之官會隋軍來伐四方州鎭相繼以聞文慶與客卿俱掌機密外有表啓皆由其呈奏文慶心悅湘州重鎭冀欲早行遂與客卿共爲表裏抑而不言後主不之知也遂以無備至于敗國寔一人之罪隋軍既入並斬之闕前

顧野王字希馮吳郡吳人也祖子喬梁東中武陵王府參軍事父烜信威臨賀王記室兼本郡五官掾以儒術知名野王幼好學七歲讀五經畧知大指九歲能屬文常制日賦領軍朱异見而奇之年十二隨父之建安撰建安地記二篇長而徧觀經史精記嘿識天文地理蓍龜占候蟲篆奇字無所不通梁世爲臨賀王府記室宣城王爲揚州刺史野王及琅邪王褒並爲賓客王甚愛

其才野王又好丹青善圖寫王於東府起閣命野王畫古賢命王褒書贊時人稱爲二絕及侯景作亂野王丁父憂歸本郡乃召募鄉黨隨義軍援都城野王體素淸羸裁長六尺又居喪過毀殆不勝衣及杖戈被甲陳君臣之義逆順之理抗辭作色見者莫不壯之城陷逃會稽天嘉中敕補撰史學士太建中爲太子率更令尋領大著作掌國史知梁史事兼東宮通事舍人時宮僚有濟陽江總吳國陸瓊北地傅縡吳興姚察並以才學顯著論者推重之後爲黃門侍郎光祿卿知五禮事卒贈祕書監右衛將軍野王少以篤學至性知名在物無過辭失色觀其容貌似不能言及其厲精力行皆人所莫及其所撰著玉篇三十卷輿地志三十卷符瑞圖十卷顧氏譜傳十卷分野樞要一卷續洞冥記一卷乾象表一卷並行於時又撰通史要畧一百卷國史記傳二百卷未就而卒文集二十卷時有蕭濟者字孝康東海蘭陵人也少好學博通經史解褐梁祕書郎爲太子舍人預平侯景功封松陽縣侯高祖出鎭徐方以濟爲長史文帝守會稽以濟爲宣毅府長史及即位授侍中濟毗佐二主恩遇甚篤歷守蘭陵陽羨臨安郡所在著績遷仁威將軍揚州長史宣帝嘗敕取揚州曹事躬自省覽見濟條制詳悉乃顧謂左右曰我本爲蕭長史長於經傳不言精練繁劇乃至此太建中歷位五兵度支祠部三尚書卒

姚察字伯審吳興武康人吳太常卿信之九世孫也父僧坦梁太醫正及元帝在荊州爲晉安王諮議參軍後入周位遇甚重察幼有至性事親以孝聞六歲誦書萬餘言不好戲弄厲精學業年十二能屬文父僧坦精醫術知名梁代每得二宮所行供賜皆回給察兄弟爲遊學之資察並用聚蓄圖書由是聞見日博年十三梁簡文帝在東宮盛修文義即引於宣猷堂聽講論難爲儒者所稱及簡文嗣位尤加禮接起家南海王國左常侍兼司文侍郎後兼尚書駕部郎遇梁室喪亂隨二親還鄉里在喪亂閒篤學不廢元帝於荊州即位授察原鄉令著作杜偉表用察爲佐著作撰史永定中吏部尚書徐陵領大著作復引爲史佐太建初補宣明殿學士尋爲通直散騎常侍報聘于周江左耆舊先在關右者咸相傾慕沛國劉臻竊於公館訪漢書疑事十餘條並爲剖析皆有經據臻謂所親曰名下定無虛士及還察著西聘道里記使還補東宮學士遷尚書祠部侍郎于時濟陽江總吳國顧野王陸瓊瓊從弟瑜河南褚玠北地傅縡等皆以才學之美晨夕娛侍察每言論製述咸爲諸人宗重遷尚書祠部侍郎此曹職司郊廟舊魏王肅奏祀天地設宮懸之樂八佾之舞爾後因循不革梁武帝以爲事人禮縟事神禮簡古無宮懸之文陳初承用莫有損益宣帝欲設備樂付有司立議以梁武爲非時碩學名儒朝端在位者咸希上旨並即注同察乃博引經籍獨違羣議據梁樂爲是當時驚駭莫不慙服僕射徐陵因改同察議其不順時隨俗皆此類也後歷仁威淮南王平南建安王二王府諮議參軍丁內憂去職俄起爲戎昭將軍知撰梁史又敕專知優冊謚議等文筆後主立兼東宮通事舍人知撰史至德元年除中書侍郎轉太子僕餘並如故初梁室淪沒父僧坦入長安察蔬食布衣不聽音樂至是凶問因聘使到江南時察母韋氏喪制適除後主以察羸瘠慮加毀頓乃密遣中書舍人司馬申就宅發哀仍敕專加譬抑曰卿孿然一身宗奠是寄毀而滅性聖教所不許宜微自遣割以存禮制尋以忠毅將軍起兼東宮通事舍人察頻表不許俄敕知著作郎事服闋除給事黃門侍郎領著作察既累居憂戚齋素日久因加氣疾後主常別召見爲之動容命停持長齋可從晚食又詔授祕書監領著作如故察在祕書大加刪正又奏撰中書表集旬月遷度支吏部二尚書仍領著作察既博極墳素尤善人物至於姓氏所起枝葉所分官職姻娶興衰高下舉而論之無所遺失銓衡之職久無梓匠後主方擇其人尚書令江總等咸共薦察敕召入論選事察垂涕拜曰臣東皐賤族忝竊逾分銓衡之重必知不可後志曰選衆之舉僉議所歸昔毛玠雅量淸恪盧毓心平體正王蘊銓量得地山濤舉不失才就卿而求兼此衆美察自居顯要甚勵淸潔自廩俸以外一不交通嘗有私門生不敢厚餉止送南布一端花練一疋察曰吾所衣著止是麻布蒲練此物於吾無用既欲相款接幸不煩爾此人遜請猶冀受納察厲色驅出因此人莫敢饋遺陳滅入隋詔授祕書丞別敕成梁陳二代史又敕於朱華閣長參隋文帝知察蔬非別日獨召入內殿賜果菜乃指察謂朝臣曰聞姚察學行當今無比我平陳唯得此一人開皇十三年襲封北絳郡公察在陳時聘周因得與父僧坦相見將別之際絕而復蘇至是承襲愈更悲感見者莫不爲之歔欷丁後母杜氏喪解職在服制之中有白鳩巢于戶上仁壽二年詔奪情禮除員外散騎常侍侍晉王侍讀煬帝即位授太子內舍人改易衣冠刪正朝式參預對問察一人而已大業二年終于東都時年七十四遺命

薄葬以松板薄棺纔可容身土周於棺而已葬日止鹿車卽送厝舊塋北不須立靈置一小牀每日設清水六齋日設齋食菜果任家有無不須別經營也初察嘗願讀一藏經並已究竟將終曾無痛惱但向西坐正念云一切空寂其後身體柔軟顏色如恆兩宮悼惜贈賵甚厚察至孝有人倫鑒識沖虛謙遜不以所長矜人專志著書白首不倦初後主所製文筆卷軸甚多付察悉令刊定察所著漢書訓纂三十卷說林十卷西聘玉璽建康三鐘等記各一卷文集二十卷並傳於世所撰梁陳史雖未畢功隋文帝遣內史舍人虞世基索本且進藏在內殿梁陳二史本多是察之所撰其中序論及紀傳有所闕者臨亡之時仍以體例誡約子思廉撰續思廉流涕奉行思廉在陳爲衡陽王府法曹參軍會稽王主簿入隋爲河間郡司法內史侍郎虞世基奏之踵成梁陳二代史自爾以來稍就

江總字總持濟陽考城人也六世祖湛宋領軍湛生恁著作佐郎恁生斆齊祕書監斆生蒨司徒左長史蒨生紑紑有至性列梁孝友傳紑生總總七歲而孤依于外氏幼聰敏亦有至性元舅吳平侯蕭勱名重當時特所鍾愛嘗謂總曰爾操行殊異風采英拔後之知名當出吾右及長篤學有文辭家傳賜書數千卷總晝夜尋讀未嘗輟手年十八解褐王府參佐遷尚書殿中郎梁武帝撰正言始畢制述懷詩總預同此作帝覽總詩深見嗟賞仍轉侍郎尚書僕射范陽張纘度支尚書瑯邪王筠都官尚書南陽劉之遴並高才碩學總時年少有名纘等雅相推重爲忘年友會之遴嘗酬總詩深相欽挹累遷太子中舍人侯景寇建鄴詔以總權兼太常卿守小廟臺城陷總避難崎嶇累年至會稽憇龍華寺乃制修心賦畧序時事其詞甚清拔總第九舅蕭勃先據廣州總又自會稽往依焉及元帝平侯景徵爲始興內史會魏尅江陵不行自此流寓嶺南積歲天嘉四年以中書侍郎徵還朝直侍中省掌東宮管記累遷左戶尚書轉太子詹事總性寬和溫裕尤工五言七言溺於浮靡及爲宮端與太子爲長夜之飲養良娣陳氏爲女太子亟微行遊總家宣帝怒免之後又歷左戶尚書後主卽位除吏部尚書參掌選事遷尚書僕射參掌如故尋策詔授尚書令加扶給鼓吹既當權任宰不持政務但日與後主遊宴後庭多爲豔詩好事者相傳諷翫不絕唯與陳暄孔範王瑳等十餘人當時謂之狎客由是國政日頹綱紀不立有言之者輒以罪斥之君臣昏亂以至于滅禎明三年陳亡入隋拜上開府開皇十四年卒於江都時年七十六總嘗自敘云太建之時權移羣小諂嫉作威屢被摧黜奈何命也識者譏其言迹之乖有文集三十卷傳於世長子溢字深源頗有文詞性傲誕恃勢驕物雖近屬故友不免詆欺歷官中書黃門侍郎太子中庶子入隋爲秦王文學卒

徐陵字孝穆東海郯人也祖超之梁員外散騎常侍父摛梁末贈侍中太子詹事自有傳陵母臧氏嘗夢五色雲化爲鳳集左肩上已而誕陵沙門釋寶誌者有道術陵年數歲家人攜以候之寶誌摩其頂曰天上石麒麟也光宅寺慧雲法師每嗟陵早就謂之顏回八歲能屬文十三通莊老義既長博涉史籍縱橫有口辯父摛爲晉安王諮議王又引陵參甯蠻府軍事王立爲皇太子東宮置學士陵充其選稍遷尚書度支郎出爲上虞令御史中丞劉孝儀與陵先有隙風聞劾陵在縣贓汙因坐免久之爲通直散騎侍郎簡文在東宮撰長春殿義記使陵爲序又令於少傅府述巳所製莊子義太清二年爲通直散騎常侍使魏魏人授館宴賓是日甚熱其主客魏收嘲陵曰今日之熱當由徐常侍來陵卽答曰昔王肅至此爲魏始制禮儀今我來聘使卿復知寒暑收大慙齊文襄爲相以收失言囚之累日及侯景寇京師陵父摛先在圍城之內陵不奉家信便蔬食布衣若居憂恤會齊受魏禪梁元帝承制於江陵復通使於齊陵累求復命終拘留不遣陵乃致書於僕射楊遵彥情理梗切遵彥不報及江陵陷齊送貞陽侯淵明爲梁嗣乃遣陵隨還太尉王僧辯初拒境不納淵明往復致書皆陵辭也及淵明入僧辯得陵大喜以爲尚書吏部郎兼掌詔誥其年高祖誅僧辯仍進討韋載而任約徐嗣徽承虛襲石頭陵感僧辯舊恩往赴任約約平高祖釋陵不問以爲尚書左丞紹泰二年又使齊還除給事黃門侍郎祕書監陳受禪加散騎常侍天嘉四年爲五兵尚書領大著作六年除散騎常侍御史中丞時安成王頊爲司空以帝弟之尊勢傾朝野直兵鮑僧叡假王威風抑塞辭訟大臣莫敢言者陵乃爲奏彈之文帝見陵服章嚴肅若不可犯爲斂容正坐陵進讀奏狀時安成王殿上侍立仰視文帝流汗失色陵遣殿中御史引王下殿遂劾免自此朝廷肅然遷吏部尚書領大著作陵以梁末以來選授多失其所於是提舉綱維綜覈名實時有冒進求官諠競不已者陵乃爲書宣示之曰永定之時聖朝草創干戈未息尚無條序府庫空虛賞賜懸乏白銀難得黃札易營權以官階代於錢絹義在撫接

無計多少致令員外常侍路上比肩諮議參軍市中無數豈是朝章應其如此今衣冠禮樂日富年華何可猶作舊意非理望也所見諸君多踰本分猶言大屈未諭高懷若問梁朝朱領軍异亦爲卿相此不踰其本分邪此是天子所拔非關選序梁武帝云世間人言有目色我特不目色范悌宋文帝亦云人豈無運命每有好官缺輙憶羊元保此則清階顯職不由選也既忝衡流諸賢深明鄙意自是衆咸服焉時論比之毛玠及宣帝入輔謀黜異志者引陵預其議廢帝卽位封建昌縣侯太建中遷尚書左僕射陵抗表推周弘正王勱等帝召入內殿曰卿何爲固辭此職而舉人乎陵曰周弘正從殿下西還舊藩長史王勱太平中相府長史張種帝鄉賢戚若選賢與舊臣宜居後帝苦屬之乃奉詔及朝議北伐宣帝曰朕意已決卿可舉元帥衆議咸在中衛將軍湻于量獨陵曰不然吳明徹家在淮左悉彼風俗將畧人才當今亦無過者於是爭論累日不能決都官尚書裴忌曰臣同徐僕射陵應聲曰非但明徹良將裴忌卽良副也是日詔明徹爲都督令忌監軍事遂尅淮南數十州之地帝因置酒舉杯屬陵曰賞卿知人陵避席對曰定策皆出聖衷非臣之力也領國子祭酒七年以公事免侍中僕射尋加侍中給扶十二年爲中書監領太子詹事陵以年老累表求致仕帝亦優禮之乃詔將作爲造大齋令陵就第攝事後主卽位遷左光祿大夫太子少傅至德元年卒年七十七詔贈特進初後主爲文示陵云他人所作陵嗤之曰都不成辭句後主銜之至是謚曰章僞侯陵器局弘遠容止可觀性又清簡無所營樹祿俸與親故共之太建中食建昌戶戶送米至水次親戚有貧匱者皆召令取焉數日便盡陵家尋致乏絕府寮怪問其故陵云我有車牛衣裳可賣餘家有可賣不其周給如此少而崇信釋教經綸多所釋解後主在東宮令陵講大品經義學名僧自遠雲集每講筵商較四座莫能與抗目有青精時人以爲聰慧之相自陳創業文檄軍書及受禪詔策皆陵所製而九錫尤美爲一代文宗亦不以此矜物未嘗詆訶作者其於後進接引無倦文宣之世國家有大手筆皆陵草之其文頗變舊體緝裁巧密多有新意每一文出手好事者已傳寫成誦遂被之華夷家有其本後逢喪亂多散失存者三十卷有四子儉份儀傅儉一名報幼而脩立勤學有志操汝南周弘直重其爲人妻之以女梁元帝召爲尚書金部郎中嘗侍宴賦詩元帝歎賞之曰徐氏之子復有文矣魏平江陵還建鄴累遷中書侍郎太建初廣州刺史歐陽紇舉兵反宣帝令儉持節喻旨紇見儉盛列仗衛言辭不恭儉曰呂嘉之事誠爲已遠將軍獨不見周迪陳寶應乎紇默然不答懼儉沮衆不許入城置儉於祇園寺紇嘗出見儉儉曰將軍業已舉事儉須還報天子儉之性命雖在將軍將軍成敗不在於儉幸不見留紇於是遣儉儉從間道馳還宣帝乃命章昭達討紇以儉監昭達軍紇平爲兼中書通事舍人後主立再遷尋陽內史爲政嚴明盜賊靜息遷散騎常侍襲封建昌侯入爲御史中丞儉公平無所阿附尚書令江總望重一時爲儉所劾後主深委任焉禎明二年卒份少有父風九歲爲夢賦陵見之謂所親曰吾幼屬文亦不加此爲海鹽令有政績入爲太子洗馬性孝悌陵嘗疾篤份燒香泣涕跪誦孝經日夜不息如是者三日陵疾豁然而愈親黨皆謂份孝感所致先陵卒儀少聰警仕爲尚書殿中郎陳亡隱于錢唐之赭山隋煬帝召爲學士尋除著作佐郎大業四年卒陵弟孝克少爲周易生有口辯能談元理既長徧通五經博覽史籍亦能屬文起家爲太學博士性至孝遭父憂殆不勝喪事所生母陳氏盡就養之道梁末侯景寇亂大饑死者十七八孝克養母饘粥不能給妻臧氏領軍將軍盾之女也甚有容色孝克乃謂之曰今饑荒如此供養交闕欲嫁卿與富人望彼此俱濟於卿意如何臧氏不之許時有孔景行者爲侯景將頗富於財孝克密因媒者陳意景行多從左右遂逼而迎之臧氏涕泣而去所得穀帛悉以遺母孝克又剃髮爲沙門改名法整兼乞食以充給焉臧氏亦深念舊恩數饋餉故不乏絕後景行戰死臧氏伺孝克於途中累日乃見謂孝克曰往日之事非爲相負今既得脫當歸供養孝克嘿然無答於是歸俗更爲夫妻後東游居錢唐之佳義里與諸僧討論釋典遂通三論每日二時講旦講佛經晩講禮傳道俗受業者數百人天嘉中除剡令非其好尋去職太建四年徵爲祕書丞不就乃蔬食長齋持菩薩戒晝夜講誦法華經宣帝甚嘉其操行除國子祭酒孝克每侍宴無所食噉至席散當其前膳羞損減帝密記以問中書舍人管斌斌曰每見孝克取珍果內紳帶中莫識其意後尋訪方知其還以遺母帝嗟歎乃敕所司自今宴享孝克前饌並遣將還以餉其母時論美之至德中皇太子入學釋奠百司陪列孝克發孝經題後主詔皇太子北面致敬禎明元年入爲都官尚書自晉以來尚書官僚皆攜家屬居省省在臺城內下舍門中有閣道東西跨路通于朝堂其第

一卽都官之省西抵閣道年代久遠多有鬼怪每昏夜之際無故有聲光或見人著衣冠從井中出須臾復沒或門閤自然開閉居省者多死亡尙書周確卒於此省孝克代確便卽居之經涉兩載妖變皆息時人以爲貞正所致孝克性淸素好施惠故不免饑寒後主敕以石頭津稅給之孝克悉用設齋寫經隨盡二年爲散騎常侍侍東宮陳亡隨例入長安家道壁立所生母患欲粳米爲粥不能常辦母亡後孝克遂常噉麥有遺粳米者孝克對而悲泣終身不復食之開皇十二年長安疾疫隋文帝聞其名行召令於尙書都堂講金剛般若經尋授國子博士後侍東宮講禮傳十九年以疾卒年七十三臨終正坐念佛室內有非常香氣鄰里皆驚異之子萬載位太子洗馬

周弘正字思行汝南安成人也祖顒齊中書郞自有傳父寶始梁司徒祭酒弘正幼孤及弟弘讓弘直俱爲伯父侍中捨所養年十歲通老子周易捨每與談論輒異之曰觀汝神情穎悟淸理警發後世知名當出吾右河南裴子野深相賞納請以女妻之十五召補國子生仍於國學講周易諸生傳習其義以季春入學孟冬應舉學司以其日淺不之許焉博士到洽曰周郞年未弱冠便自講經雖曰諸生實堪師表無俟策試普通中初置司文義郞直壽光省以弘正爲司義侍郞弘正醜而不陋吃而能談俳諧似優剛腸似直善元理爲當世所宗藏法師於開善寺講說門徒數百弘正年少未知名著紅褌錦絞髻踞門而聽衆人蔑之弗譴也旣而乘閒進難擧坐盡傾法師疑非世間人覘知大相賞狎劉顯將之尋陽朝賢畢祖道顯縣帛十疋約曰險衣來者以賞之衆人競改常服不過長短之間顯曰將有甚於此矣旣而弘正綠絲布袴繡假種軒昂而至折標取帛大通三年昭明太子薨其嗣華容公不得立乃以晉安王綱爲皇太子弘正奏記請抗目夷上仁之義執子臧之節其抗直守正如此常自稱有才無相僕射徐勉掌選以其陋不堪爲尙書郞乃獻書於勉其言甚切稍遷國子博士學中有宋元凶講孝經碑歷代不敢弘正始到官卽表刊除時於城西立士林館弘正居以講授聽者傾朝野焉弘正啓梁武周易疑義凡五十條又請釋乾坤二繫帝優詔答之後爲平西邵陵王府諮議參軍有罪應流徙敕以賜于隨利國未去寄繫尙方於獄上武帝講武詩降敕原罪仍復本位弘正博物知乾象善占候大同末嘗謂弟弘讓曰國家厄運數年當有兵起吾與汝不知何所逃之及梁武帝納侯景弘正謂弘讓曰亂階此矣臺城陷弘正諂附王偉避景諱又與周石珍合族改正姬氏侯景拜爲太常景將篡之際使掌禮儀及王僧辯東討元帝謂僧辯曰王師近次朝士孰當先來王僧辯曰其周弘正乎弘正智不及機體能制勝無妻子之顧有獨決之明其餘皆不逮也俄而前部傳云弘正至僧辯飛騎迎之及見歎恨曰吾固知王僧達非後機者公可坐吾膝上對曰可謂進而若加諸膝老夫何足以當僧辯卽日啓元帝帝手書與弘正仍遣使迎之謂朝士曰晉氏平吳喜獲二陸今我破賊亦得兩周今古一時足爲連類及至禮數甚優朝臣無比授黃門侍郞直侍中省俄遷左戶尙書加散騎常侍夏月著犢鼻褌衣朱衣爲有司所彈其任達如此元帝嘗著金樓子曰余於諸僧重招提琰法師隱士重華陽陶貞白士大夫重汝南周弘正其於義理情轉無窮亦一時之名士也弘正善淸談梁末爲元宗之冠及侯景平王僧辯啓送祕府圖籍敕弘正讎校時朝議遷都但元帝再臨荆峽前後二十餘年情所安戀不欲歸建鄴兼故府臣僚皆楚人並欲卽都江陵云建康蓋是舊都彫荒已極且王氣已盡兼與北止隔一江若有不虞悔無所及且臣等又聞荆南有天子氣今其應矣元帝無去意時尙書左僕射王褒及弘正咸侍帝顧曰卿意何如褒等以帝猜忌弗敢衆中公言唯唯而已褒後因請閒密諫還丹陽甚切帝雖納之色不悅及明日衆中謂褒曰卿昨勸還建鄴不爲無理吾昨夜思之猶懷疑惑褒知不引納乃止他日弘正乃正色諫至于再三曰若如士大夫知聖主所都本無定處至如黔首未見入建鄴城便謂未是天子猶列國諸王今日赴百姓之心不可不歸建鄴當時頗相酬許弘正退後黃羅漢宗懍乃言弘正王褒並東人仰勸東下非爲國計弘正竊知其言他日乃復上前面折二人曰若東人勸下東謂之私計西人勸住西亦是私計不衆人默然而人情並勸遷都上又曾以後堂大集文武其預會者四五百人常欲偏試人情曰勸吾去者左袒於是左袒者過半武昌太守朱買臣上舊左右閹人也頗有幹用故上擢之及是勸上遷曰買臣家在荆州豈不願官長住但恐是買臣富貴非官富貴邪上深感其言卒不能用及魏平江陵弘正遁歸建鄴太平元年授侍中領國子祭酒遷太常卿都官尙書高祖受禪授太子詹事天嘉元年遷侍中國子祭酒往長安迎宣帝三年自周還廢帝嗣位領都官尙書總知五禮事宣帝卽位遷特進領國子祭酒加秩太建二年

授尙書右僕射尋勑侍東宮講論語孝經太子以弘正德望素重有師資之敬焉弘正特善元言兼明釋典雖碩德名僧莫不請質疑滯六年卒官年七十九贈侍中中書監謚曰簡子所著周易講疏十六卷論語疏十一卷莊子疏八卷老子疏五卷孝經疏二卷集二十卷行于世子豫元年十四與俱載入車乘小航度淮見藤花弘正挽之船覆俱溺弘正僅免豫元遂得心驚疾次子墳尙書吏部郎弘讓性簡潔博學多通始仕不得志隱於句容之茅山頻徵不出晚仕侯景爲中書侍郎人問其故對曰昔王道正直得以禮進退今乾坤易位不至將害於人吾畏死耳始彭城劉孝先亦辭辟命隨兄孝勝在蜀武陵王建號仕爲世子府諮議參軍二際並獲譏於世弘讓承聖初爲國子祭酒二年爲仁威將軍城句容以居之命曰仁威壘天嘉初以白衣領太常卿光祿大夫加金章紫綬弘讓弟弘直字思方幼而聰敏仕梁爲西中郎湘東王外兵記室參軍與東海鮑泉南陽宗懍平原劉緩沛國劉穀同掌書記王出鎭江荊二州累除諮議參軍及承制封湘濱縣侯累遷昌州刺史王琳之舉兵弘直在湘州琳敗乃入陳位太常卿光祿大夫加金章紫綬弘直方雅敦厚氣調高於次昆或問三周孰賢曰若蜂腰矣太建七年卒遺疏絕氣之後便買市中材小形者斂以時服古人通制但下見先人必須備禮可著單衣裙衫故履既應侍養宜備紛帨或逢善友又須香爐棺內唯安白布手巾麤香爐而已此外無所用卒於家年七十六有集二十卷子確字士潛美容儀寬大有行檢博涉經史篤好元言位都官尙書禎明初卒

陸繕字士繻吳郡吳人也祖慧曉齊南兗州刺史自有傳父任御史中丞繕幼自志尙以雅正知名梁承聖中爲中書侍郎掌東宮管記魏平江陵繕微服遁還建鄴紹泰元年除司徒右長史御史中丞以父所終固辭高祖作輔以繕爲司徒司馬及受命爲侍中出爲新安太守文帝嗣位徵爲中庶子領步兵校尉掌東宮管記繕儀表端麗進退閑雅趨步躡履文帝使太子諸王咸取則焉後復拜御史中丞猶以父所終固辭不許乃權換廨宇徙以居之太建中歷度支尙書侍中太子詹事尙書右僕射尋遷左僕射參掌選事別勑與徐陵等七人參議政事卒贈特進謚曰安子以繕東宮舊臣特賜祖奠繕子辯慧年數歲詔引入殿內進止有父風宣帝因賜名辯慧字敬仁繕兄子見賢亦方雅位少府卿卒繕從祖孫瓊字伯玉瓊祖完梁甯遠長史琅邪彭城二郡丞父雲公給事黃門掌著作瓊幼聰慧有思理六歲爲五言詩頗有詞彩梁大同末雲公受梁武詔校定碁品到漑朱异以下並集瓊時年八歲於客前覆局由是京師號曰神童异言之武帝有勑召見瓊風神警亮進退詳審帝甚異之十一丁父憂毀瘠有至性從祖襄歎曰此兒必荷門基所謂一不爲少及侯景作逆攜母避地于縣之西鄉勤苦讀書晝夜無怠遂博學善屬文天嘉中以文學累遷尙書殿中郎瓊素有令名深爲文帝所賞及討周迪陳寶應等都官符及諸大手筆並中勑付瓊爲新安王文學掌東宮管記及宣帝爲司徒妙簡僚佐吏部尙書徐陵薦瓊於宣帝言瓊識具優敏文史足用進居郎署歲月過淹左西掾缺允膺茲選雖階次小踰其屈滯已積乃除司徒左西掾尋兼通直散騎常侍聘齊太建中爲給事黃門侍郎轉中庶子領大著作撰國史後主即位直中書省掌詔誥至德元年除度支尙書參選事掌詔誥并判廷尉建康二獄事初瓊父雲公奉梁武帝撰嘉瑞記瓊述其旨而續焉自永定迄于至德勒成一家之言遷吏部尙書著作如故瓊詳練譜牒雅有識鑒先是吏部尙書宗元饒卒尙書左僕射袁憲舉瓊宣帝未之用至是居之時號爲稱職瓊性謙素不自封植雖位望日隆而執志逾下園池室宇無所改作車馬衣服不尙鮮華四時俸祿皆散之宗族家無餘財暮年深懷止足思避權要常謝病不視事俄丁母憂初瓊之侍東宮母隨在官舍及喪還鄉詔加賻贈後主自製誌銘朝野榮之瓊哀慕過毀以至德四年卒有文集二十卷行於世子從典字由儀幼而聰敏年八歲讀沈約集見回文碑銘援筆擬之便有佳致十二作柳賦其詞甚美瓊時爲東宮管記宮僚並一時俊偉瓊示以此賦咸奇其異才從父瑜特所賞愛及瑜將卒命家中墳籍皆付從典從典乃集瑜文爲十卷仍製集序其文甚工從典篤好學業博涉羣書於班史尤所屬意年十五州舉秀才遷太子舍人時後主賜僕射江總并其父詩總命從典爲謝啓援筆便就文華理暢總甚異焉金陵淪沒入隋爲東宮學士尙書右僕射楊素奏從典續司馬遷史記迄于隋其書未就坐弟受漢王諒職免後卒於南陽縣主簿瓊從父弟琰字溫玉父令公梁中軍宣城王記室參軍琰幼孤好學有志操州舉秀才累遷宣惠始興王外兵參軍直嘉德殿學士文帝聽覽餘暇頗留心史籍以琰博學善占誦引置左右嘗使製刀銘琰援筆即成無所點竄帝嗟賞久之賜衣一襲俄兼通直

散騎常侍副瑯邪王厚聘齊至鄴而厚卒琰爲使主時年二十餘風采韶亮占對閑敏齊士大夫甚傾心焉太建初爲武陵王明威府功曹史兼東宮管記丁母憂去官卒至德二年追賜司農卿琰寡嗜欲鮮矜競游心經籍晏如也所製文筆多不存本後主求其遺文撰成二卷琰弟瑜字幹玉少篤學美詞藻州舉秀才再遷軍師晉安王外兵參軍東宮學士兄琰時爲管記並以才學娛侍左右時人比之二應太建中累遷太子洗馬中舍人瑜聰敏彊記嘗受莊老於汝南周弘正學成實論於僧滔法師並通大旨時皇太子好學欲博覽羣書以子集繁多命瑜抄撰未就而卒太子爲之流涕親製祭文仍與詹事江總論述其美詞甚傷切至德二年追贈光祿卿有集十卷瑜有從父兄玠從父弟琛玠字潤玉梁大匠卿晏子之子弘雅有識度好學能屬文後主在東宮徵爲管記仍兼中書舍人尋以疾失明將還鄉里太子解衣贈之爲之流涕太建八年卒至德二年追贈少府卿有集十卷琛字潔玉宣毅臨川王長史邱公之子少警俊事後母以孝聞後主嗣位爲給事黃門侍郎中書舍人參掌機密琛性頗疎坐漏泄禁中語詔賜死

張種字士苗吳郡吳人也曾祖裕宋會稽太守自有傳祖辯宋大司農廣州刺史父略太子中庶子臨海太守種少恬靜居處雅正傍無造請時人語曰宋稱敷演梁則卷克清虛學尚種有其風仕梁爲中軍宣城王府主簿時已四十餘家貧求爲始豐令及武陵王紀爲益州刺史重選府僚以種爲左西曹掾種辭以母老爲有司奏坐黜免侯景之亂奉母東奔鄉里母卒種時年五十而毁瘠過甚又迫以凶荒未葬服雖畢居家飲食恆若在喪景平後司徒王僧辯以狀奏起爲中從事并爲具葬禮葬訖種方卽吉僧辯又以種年老無子賜以妾及居處之具高祖受禪爲太常卿歷位左戶尚書侍中中書令金紫光祿大夫種沈深虛靜識量宏博時以爲宰相之器僕射徐陵嘗抗表讓位於種以爲宜居左執其爲時望所推如此卒贈特進謚元子種仁恕寡欲雖歷顯位家產屢空終日晏然不以爲病太建初女爲始興王妃以居處僻陋賜宅一區又累賜無錫嘉興縣秩嘗於無錫見重囚在獄天寒呼囚暴日遂失之帝大笑而不深責有集十四卷種弟稜亦清靜有識度位司徒左長史贈光祿大夫

陰鏗字子堅武威姑臧人也父子春梁左衞將軍自有傳鏗五歲能誦詩賦日千言及長博涉史傳尤善五言詩爲當時所重釋褐梁湘東王府法曹行參軍初鏗嘗與賓友宴飲見行觴者因回酒炙以授之衆坐皆笑鏗曰吾儕終日酣飲而執爵者不知其味非人情也及侯景之亂鏗嘗爲賊所擒或救之獲免鏗問其故乃前所行觴者天嘉中爲始興王中錄事參軍文帝嘗讌羣臣賦詩徐陵言之於帝卽日召鏗預讌使賦新成安樂宮鏗援筆便就帝甚賞之累遷晉陵太守員外散騎常侍頃之卒有集三卷行於世

陳暄義興國山人也父慶之梁司州刺史自有傳暄學不師受文才俊逸尤嗜酒無節操徧歷王公門沈湎諠譊過差非度其兄子秀常憂之致書於暄友人何胥冀以諷諫暄聞之與秀書曰旦見汝書與孝典陳吾飲酒過差吾有此好五十餘年昔吳國張長公亦稱耽嗜吾見張時伊已六十自言引滿大勝少年時吾今所進亦多於往日老而彌篤唯吾與張季舒耳且吾方與此子交歡於地下汝欲夭吾此志邪昔阮咸阮籍同遊竹林宣子不聞斯言王湛能元言巧騎武子呼爲癡叔何陳留之風不嗣太原之氣歸然翻成可怪吾既寂漠當世朽病殘年產不異於顏原名未動於卿相若不日飲醇酒復欲安歸汝以飲酒爲非吾以不飲酒爲過昔周伯仁度江唯三日醒吾不以爲少鄭康成一飲三百盃吾不以爲多然洪醉之後有得有失成厮養之志是其得也使次公之狂是其失也吾嘗譬酒之猶水亦可以濟舟亦可以覆舟故江諮議有言酒猶兵也兵可千日而不用不可一日而不備酒可千日而不飲不可一飲而不醉美哉江公可與共論醉矣汝驚吾墮馬侍中之門陷池武陵之第徧布朝野自言焦悚邱也幸苟有過人必知之吾生平所願身沒之後題吾墓云陳故酒徒陳君之神道若斯志意豈避南征之不復賈誼之慟哭者哉何水曹眼不識盃鐺吾口不離瓢杓汝寧與何同日而醒與吾同日而醉乎政言其醒可及其醉不可及也速營糟邱吾將老焉爾無多言非爾所及暄以落魄不爲中正所品久不得調太康中徐陵爲吏部尚書精簡人物縉紳之士皆嚮慕焉暄以玉帽簪插髻紅絲布裹頭袍拂踝靴至膝不陳爵里直上陵坐陵不之識命吏持下暄徐步而出舉止自若竟無怍容作書謗陵陵甚病之後主之在東宮引爲學士及卽位遷通直散騎常侍與義陽王叔達尚書孔範度支尚書袁權侍中王瑳金紫光祿大夫陳褒御史中丞沈瓘散騎常侍王儀等恆入禁中陪侍游宴謂爲狎客暄素通脫以俳優自居文章諧謬語言不節後主甚親匿而輕侮之嘗倒縣于

梁臨之以刃命使作賦仍限以晷刻暄援筆即成不以爲病而傲弄轉甚後主稍不能容遂搏艾爲帽加于其首用火以爇之然及於髮垂泣求哀聲聞于外而弗之釋會衛尉卿柳莊在坐遽起撥之拜謝曰陳暄無罪臣恐陛下有翫人之失輙矯救之造次之愆伏待刑憲後主素重莊意稍解勑引暄出命莊就坐經數日暄發悸而死

杜龕京兆杜陵人也世居襄陽諸父兄弟九人皆知名伯父崱爲梁名將自有傳龕父岑龕少驍勇善用兵與諸父歸梁元帝帝以爲郢州刺史封中廬縣侯與王僧辯討平河東王譽又隨僧辯下繼徐文盛軍至巴陵間侯景陷郢州西上將至乃與僧辯等守巴陵景至圍之數旬不尅而遁遷太府卿定州刺史及衆軍至姑熟景將侯子鑒逆戰龕與高祖及王琳等擊之大敗子鑒遂至石頭景親會戰龕與衆軍大破之論功爲最授東揚州刺史又與僧辯降陸納平武陵王及魏平江陵後齊納貞陽侯淵明以紹梁嗣以龕爲震州刺史吳興太守遷南豫州刺史封溧陽縣侯又加散騎常侍鎮南大將軍龕僧辯壻也始爲吳興太守以高祖既非素貴及爲其本郡以法繩其宗門無所縱捨高祖銜之切齒及僧辯敗龕乃據吳興以拒之頻敗文帝軍龕好飲酒終日恆醉勇而無畧部將杜泰私通於文帝說龕降龕然之其妻王氏曰霸先讎隙如此何可求和因出私財賞募復大敗文帝軍後杜泰降文帝龕尙醉不覺文帝遣人負出項王寺前斬之王氏因截髮出家杜門一門覆滅

熊曇朗豫章南昌人也世爲郡著姓曇朗跅弛不羈有膂力容貌甚偉侯景之亂稍聚少年據豐城爲柵桀黠刼盜多附之梁元帝以爲巴山太守魏尅荆州曇朗兵力稍彊刼掠鄰縣縛賣居人山谷之中最爲巨患及侯瑱據豫章曇朗外不服從陰欲圖瑱侯方兒之反瑱也曇朗爲之謀主瑱敗曇朗獲瑱馬仗子女甚多及蕭勃踰嶺歐陽頠爲前軍曇朗紿頠共往巴山襲黄法𣰰又給法𣰰期共破頠且曰事捷與我馬仗乃出軍與頠掎角而進又紿頠曰余孝頃欲相掩襲須分留奇兵頠送甲三百領助之及至城下將戰曇朗僞北法𣰰乘頠頠失援狼狽退衂曇朗取其馬仗而歸時巴山陳定亦擁兵立砦曇朗僞以女妻定子又謂定曰周迪余孝頃並不願此昏必須以彊兵來迎定信之及至曇朗執之收其馬杖並論價責贖陳初以南川豪帥歷宜新豫章二郡太守抗拒王琳有功封永化縣侯位平西將軍開府儀同三司及周文育攻余孝勱於豫章曇朗出軍會之文育失利曇朗乃害文育以應王琳琳東下文帝徵南川兵江州刺史周迪高州刺史黄法𣰰欲沿流應赴曇朗乃據城列艦遏迪等及王琳敗走迪攻陷其城曇朗走入村中村人斬之傳首建鄴懸于朱雀觀宗族無少長皆棄市

周迪臨川南城人也少居山谷有膂力能挽彊弩以弋獵爲事侯景之亂迪宗人周續起兵於臨川梁始興王蕭毅以郡讓續迪占募鄉人從之每戰勇冠衆軍續所部渠帥皆郡中豪族稍驕橫續頗禁之渠帥等乃殺續推迪爲主梁元帝授迪高州刺史封臨汝縣侯紹泰二年爲衡州刺史領臨川內史周文育之討蕭勃也迪按甲保境以觀成敗及高祖受禪王琳東下迪欲自據南川乃總召所部八郡守宰結盟聲言入赴朝廷恐其爲變因厚撫之琳至盆城新吳洞主余孝頃舉兵應琳琳以爲南川諸郡可傳檄而定乃遣其將李孝欽樊猛等南徵糧餉孝欽等與余孝頃逼迪迪大敗之禽孝欽猛孝頃送建鄴以功加平南將軍開府儀同三司文帝嗣位熊曇朗反迪與周敷黄法𣰰等圍曇朗屠之王琳敗後文帝徵迪出鎮盆口又徵其子入朝迪趑趄顧望並不至豫章大守周敷本屬迪至是與法𣰰率其部詣闕文帝錄其破熊曇朗功並加官賞迪聞之不平乃陰與留異相結及王師討異迪疑懼乃使其弟方興襲周敷敷與戰破之又別使兵襲華皎於盆城事覺盡爲皎禽天嘉三年文帝乃使江州刺史吳明徹都督衆軍與高州刺史黄法𣰰豫章太守周敷討迪不能克文帝乃遣宣帝總督討之迪衆潰脫身踰嶺之晉安依陳寶應寶應以兵資迪留異又遣第二子忠臣隨之明年秋復越東興嶺文帝遣都督章昭達征迪迪又散于山谷初侯景之亂百姓皆棄本爲盜唯迪所部獨不侵擾耕作肆業各有贏儲政令嚴明徵斂必至性質朴不事威儀冬則短身布袍夏則紫紗襪履居常洗跣雖外列兵衞內有女伎挼繩破篾傍若無人然輕財好施凡所周贍毫釐必均訥於語言而衿懷信實臨川人皆德之至是並藏匿雖加誅戮無肯言者昭達仍度嶺與陳寶應相抗迪復收合出東興文帝遣都督程靈洗破之迪與十餘人竄山穴中後遣人潛出臨川郡市魚鮭臨川太守駱文牙執之令取迪自効誘迪出獵伏兵斬之傳首建鄴梟于朱雀觀三日

留異東陽長山人也世爲郡豪姓異善自居處言語醞藉爲鄉里雄豪多聚惡少陵侮貧賤守宰皆患之仕梁

晉安安固二縣令侯景之亂還鄉里召募士卒太守沈巡援臺讓郡於異異使兄子超監知郡事率兵隨巡出都及城陷異隨梁臨城公大連大連委以軍事異性殘暴無遠略私樹威福衆並患之會景將宋子仙濟浙江異奔還鄉里尋以衆降子仙子仙以爲鄉導令執大連邵陵王綸聞之曰姓作去留之留名作同異之異理當同於逆虜侯景署異爲東陽太守收其妻子爲質景行臺劉神茂建義拒景異外同神茂而密契於景及神茂敗被景誅異獨獲免景平後王僧辯使異慰勞東陽仍保據巖阻州郡憚焉魏剋荆州王僧辯以異爲東陽太守文帝平定會稽異雖有糧饋而擁擅一郡威福在已紹泰二年以應接功除縉州刺史領東陽太守封永嘉縣侯又以文帝長女豐安公主配異第三子貞臣永定三年徵異爲南徐州刺史遷延不就文帝卽位改授縉州刺史領東陽太守頻遣其長史王澌爲使入朝澌每言朝廷虛弱異信之常懷兩端與王琳潛通信使及琳敗文帝遣左衛將軍沈恪代異爲郡實以兵襲之異與恪戰敗乃表啓遜謝時朝廷方事湘郢且羈縻之異知終見討乃使兵戍下淮及建德以備江路湘州平文帝乃下詔揚其罪惡使司空侯安都討之異與第二子忠臣奔陳寶應及寶應平并禽異送都斬建康市子姪並伏誅唯第三子貞臣以倘主獲免

陳寶應晉安侯官人也世爲閩中四姓父羽有材幹爲郡雄豪寶應性反覆多變詐梁時晉安數反累殺郡將羽初並扇惑成其事後復爲官軍鄉導破之由是一郡兵權皆自已出侯景之亂晉安太守賓化侯蕭雲以郡讓羽羽年老但主郡事令寶應典兵時東境饑饉會稽尤甚死者十七八而晉安獨豐沃士衆彊盛侯景平元帝以羽爲晉安太守及高祖輔政羽請歸老求傳郡於寶應高祖許之紹泰二年封候官縣侯高祖受禪授閩州刺史領會稽太守文帝卽位加其父光祿大夫仍命宗正錄其本系編爲宗室寶應娶留異女爲妻侯安都之討異寶應遣兵助之又資周迪兵糧出寇臨川及都督章昭達破迪文帝命討寶應詔宗正絕其屬籍寶應據建安湖際逆拒昭達昭達深溝高壘不與戰但命伐木爲簰俄而水盛乘流放之突其水柵寶應衆潰執送都斬建康市

通志卷一百四十五

宋　右迪功郎鄭樵漁仲撰

列傳第五十九

後魏

衞操　莫含孫題　題子雲　劉庫仁弟頭眷　庫仁子顯　頭眷子羅辰　羅辰元
孫仁之　仁之伯父　乞歸　乞歸子嵩　尉古眞弟諾　諾子眷　子多侯　多侯弟子
慶賓　眷弟地干　古眞族元孫聿　穆崇崇元孫泰　崇子觀　子壽　壽孫羆　羆弟亮　觀
亮子紹　崇曾孫弼　崇子顗　奚斤　叔孫建子俊　安同子屈　屈弟原
原弟頡　庾業延　王建　羅結子斤　婁伏連子大拔　大拔孫寶
閭大肥　奚牧　和跋　莫題　賀狄干　李栗
奚眷　燕鳳　許謙　崔宏宏子浩　崔寬宏弟徽　寬子衡
衡子敞　敞弟鍾　張袞孫白澤　白澤子倫　鄧淵子穎　穎長孫嵩　從子道　生道
生　孫觀　觀子承業　承業子彥　長孫肥子翰　翰子栗磾　磾子洛拔　洛拔子烈　烈
子忠　烈弟勁　忠弟景　勁子暉　崔逞子頤　從子愍　逞元孫休　逞宗人模　休　王
憲子疑　疑子雲　封懿子元之　孫磨奴　磨奴繼子　同族叔軌　軌子偉伯

衞操字德元代人也少通俠有才略晉征北將軍衞瓘以操爲牙門將嘗神元時頗自結附及神元崩後與從子雄及其宗室鄉親姬澹等數十人同來歸國說桓穆二帝招納晉人於是晉人附者稍衆桓帝嘉之以爲輔國任以國事及劉石之亂勸桓帝匡助晉氏司馬騰聞而喜之表加將號稍遷至右將軍封定襄侯桓帝崩後操立碑於大邗城南以頌功德云魏軒轅之苗裔言桓穆二帝統國御衆威禁大行國無姦盜路有頌聲威武所向下無交兵招喻六狄咸來歸誠奉承晉皇扞禦邊疆王室多難天網弛綱豪心遠濟鄜離其殃歲蕃逆命姦盜豺狼永安元年歲次甲子姦黨猶逆東西狼跱敢逼天王兵甲屢起怙衆肆暴虐用將士鄴洛構隙棄親求疏乃招異類屠各匈奴交刃千里長蛇塞塗晉道應天言展艮謨使持節平北將軍并州刺史護匈奴中郎將東瀛公司馬騰才神絕世規略超遠欲求外救朝臣莫應簡賢選士命茲艮使遣參軍壺倫牙門中行嘉義賜亭侯衞謨協義亭侯衞鞬等馳奉檄書至晉陽城又稱桓穆二帝心存宸極輔相二衞對揚毗翼操展文謀雄奮武烈承命會議諮論奮發翼衞內外鎮靜四方志在竭力奉戴天王忠恕用命外勳亦攘功濟方州勳烈光延升平之日效貢充藩馮贍鑾蓋步趾三川有德無祿大命不延年三十九以永興三年六月二十四日寢疾薨殂背棄華殿雲中名都國失惠主哀感獻欷悲痛煩兔載呼載號遠近親戚奔赴梓廬仰訴造化痛延悲夫時晉光熙元年也皇興初雍州別駕鴈門段榮於大邗掘得此碑文雖非麗事宜載焉故略附於傳操以穆帝三年卒始操所與宗室鄉親入國者衞懃安樂亭侯衞崇衞清並都亭侯衞玧段繁並信義將軍都鄉侯王發建武將軍都亭侯范班折衝將軍廣武亭侯賈慶建武將軍上洛亭侯賈循都亭侯李壹關中侯郭乳關內侯皆爲桓帝所表授也六修之難存者多隨劉琨任子遵南奔衞雄姬澹莫含等名皆見碑雄字世遠澹字世雅並勇健多計桓帝並以爲將常隨征伐雄稍遷至左將軍雲中侯澹亦以勇績著名桓帝末至信義將軍樓煩侯穆帝初並見委任衞操卒後俱爲左右輔相六修之逆國內大亂雄澹並爲羣情所附乃與劉遵率烏丸晉人數萬而部刺史聞之大悅如平城撫納之欲因以滅石勒後爲勒將所害

莫含鴈門繁畤人也家世貨殖貲累鉅萬劉琨爲并州辟爲從事含居近塞常往來國中穆帝愛其才器及爲代王備置官屬求含於琨琨遣含入國含心不願琨喻之乃入代參國官甚爲穆帝所重常參軍國大議卒於左將軍關內侯其故宅在桑乾川南世稱莫含壁含音訛或謂之莫回城云子顯昭成世爲左常侍顯子題道武初爲大將以功賜爵東宛侯常與李栗侍宴栗坐不敬獲罪題亦被黜爲濟陽太守後道武欲廣宮室規度平城四方數十里將模鄴洛長安之都運材數百萬根以題機巧徵令監之召入與論興造之制題久侍頗怠賜死題弟雲好學善射道武時嘗典選曹賜爵安德侯遷執金吾參軍國謀議太武尅赫連昌詔雲與常山王素留鎮統萬進爵安定公雲撫慰新舊皆得其所卒諡敬公

劉庫仁字沒根獨孤部人劉虎之宗也少豪俠有智略母平文皇帝之女昭成皇帝復以宗女妻之爲南部大人始建國三十九年皇子寔君弒逆昭成暴崩道武時年六歲秦苻堅伐亂遂取其國乃以庫仁爲陵江將軍關內侯令與衞辰分國部衆而統之自河以西屬衞辰自河以東屬庫仁於是獻明皇后攜道武及衞秦二王自賀蘭部來依庫仁庫仁盡忠奉事不以廢興易節庫仁又竭誠事堅故堅以爲廣武將軍給幢麾鼓蓋儀比諸侯衞辰恥在庫仁之下殺堅五原太守而叛庫仁破之追至陰山西北千餘里獲其妻子盡收其衆及畜產徙其部落置之桑乾川苻堅賜庫仁妻公孫氏厚其資送加庫仁振威將軍後慕容垂圍苻丕於鄴又遣將平規攻堅幽州刺史王永于薊庫仁遣妻兄公孫希率騎三千人助永擊規大破之坑規降卒五千餘人乘勝長

驟進據唐城與垂子麟相持庫仁聞希破規復將大舉以救丕發鴈門上谷代郡兵次於繁時先是慕容文等當徙長安遁依庫仁部常思東歸是役也文等夜率三郡人攻庫仁庫仁匿於馬廐文執而殺之乘其駿馬奔慕容垂公孫希聞亂走丁零庫仁弟頭眷繼攝事頭眷第二子羅辰有智謀謂眷曰此來行兵所向無敵心腹之疾願早圖之眷曰誰也對曰從兄顯忍人也為亂非旦則夕耳眷不以為意顯果殺眷代立顯庫仁子也顯既殺眷又謀逆及道武即位討顯于馬邑追至彌澤大破之後奔慕容驎驎徙之中山羅辰即宣穆皇后兄也顯既殺眷羅辰遂奔道武顯恃彊每欲謀逆羅辰輒先聞奏拜南部大人從平中原以軍功賜爵永安公除征東將軍定州刺史卒謚曰敬子殊暉襲爵位并州刺史卒子求引位武衛將軍卒謚曰貞子尒頭位魏昌㶣陶二縣令贈鉅鹿太守子仁之字山靜少有操尚粗涉書史歷位衛將軍西兗州刺史在州有當時之譽武定二年卒贈衛大將軍吏部尚書青州刺史謚曰敬仁之外示長者內多矯詐其對賓客破牀弊席麤飯冷菜衣服故惡乃過逼下善候當塗能為詭激每於稠人廣眾中或撾一姦吏或縱一孤貧大言自眩淺識者皆稱其美公能之譽動過其實性又酷虐齊神武在晉陽曾營城雉仁之統監作役以小稽緩遂杖前殿州刺史裴瑗并州刺史王綽神武大加譴責性好文字吏書失體便加鞭撻言韻微訛亦見捶楚吏人以此苦之而愛好文史敬重人流與齊帥馮元興交款元興死後積年仁之營視其家常出隆厚時人以此尚之仁之伯父乞歸太平真君中除中散大夫性寬和與物無競未嘗言人善惡曾遇患晝寢有奴偷竊乞歸詐睡不見亦不泄之此奴走入蠕蠕方笑言之亦無嗔色獻文末除主客尚書孝文初位東雍州刺史賜爵永安侯卒子嵩字阿龍好周人之急與王仲興自平城被追赴洛仲興家貧不能自達嵩事事資遺宣武時仲興寵幸乃奏除給事請疏黃河以通船漕授龍門都將歷年功不就坐流元暉僭立授大鴻臚卿子桃湯位奉朝請

尉古眞代人也道武之在賀蘭部賀染干遣侯引乙突等詣行宮將肆逆古眞知之密以馳告侯引等不敢發染干疑古眞泄其謀乃執拷之以兩車軸柙其頭傷其一目不伏乃免之登國初從征庫莫奚及叱突鄰並有功又從平中原賜爵東州侯明元初為鴻飛將軍鎮大洛卒於定州刺史子億萬襲古眞弟諾少侍道武以忠謹著稱從道武圍中山諾先登傷一目道武歎曰諾兄弟並毀其目以建功效誠可嘉也寵待遂隆賜安樂子從平姚平還拜國部大人太武時敗封遼西公卒第八子歡襲諾長子眷忠謹有父風明元時執事左右為太官令時侍臣受斤亡入蠕蠕詔眷追之遂至虜庭禽之太檀前由是以驍烈聞太武即位命眷與散騎侍郎劉庫仁等八人分典四部綰奏機要加陳兵將軍文成時拜侍中太尉封漁陽王與太宰常英等錄尚書事文成北巡狩以寒雪方降議還眷曰今去都不遠而旋虜必疑我有內難雖方寒雪宜更進前遂度漠而還帝以眷元老賜杖履上殿薨謚曰莊子多侯襲多侯有武幹獻文時假節領護羌戎校尉敦煌侯將至鎮求率輕騎五千入于闐兼平諸國因敵取資以平定為效弗許孝文初又求北取伊吾斷蠕蠕通西域路帝善其計以東作方興難之為妻元所害多侯弟子慶賓善騎射有將畧稍遷太中大夫明帝時朝議送蠕蠕主阿那瓌還國慶賓上表固爭不從後蠕蠕遂執行臺元孚慶賓後拜肆州刺史時爾朱榮兵威漸盛曾經肆州慶賓惡之據城不納榮襲之拘還秀容呼為假父後以憂還都尋起為光祿大夫督鎮汝陰還朝卒贈司空子瑾列在齊史眷弟地干機悟有才藝馳馬立射五的時人莫能及太武時位庫部尚書加散騎常侍領侍輦郎奉上忠謹尤善嘲笑太武見其效人舉措忻悅不能自勝甚見親愛參軍國大謀時征平原試衝車以攻冢地干為索所羂折脅而卒帝親往哭慟贈中領軍燕郡公謚曰惠子長壽位右曹殿中尚書賜爵會稽公卒於涇州刺史古眞族元孫聿字成興性耿介明帝時為武衛將軍時領軍元乂執權百寮莫不加敬聿獨長揖不拜尋出為涼州刺史涼州緋色天下之最乂送白綾二千匹令聿染聿拒不受乂諷御史劾之驛徵至京覆無狀還任卒

穆崇代人也其先效節於神元桓穆之時崇機捷便辟少以盜竊為事道武之居獨孤部崇常往來奉給時人無及者劉顯之謀逆也平文皇帝外孫梁眷知之密遣崇告道武眷謂崇曰顯若知之雖刀劍刴割勿泄也因以寵妻及所乘良馬付崇曰事覺吾當以此自明崇來告難道武馳如賀蘭部顯果疑眷泄其謀將囚之崇乃唱言曰梁眷不顧恩義將顯為逆今我掠得其妻馬足以雪忿顯聞而信之窟咄之難崇外甥于植等與崇謀執道武以應之崇夜告道武道武誅植等北踰陰山復幸賀蘭部崇甚見寵待道武為魏王拜崇征虜將軍後平中原賜爵歷陽公散騎常侍後遷太尉除豫州刺史

又徙宜都公天賜三年薨先是衛王儀謀逆崇豫焉道武惜其功而祕之及有司奏謚道武親覽謚法至述義不克曰丁道武曰此當矣乃謚丁公初道武避窮咄難遣崇還察人心崇留馬與從者微服入其營會有火光爲春姿所識賊皆驚起崇求從者不得因匿坑中徐乃竊馬奔走宿於大澤有白狼向崇號崇覺悟馳隨狼奔遂免難道武異之命崇立祀子孫世奉焉太和中追進錄功臣以崇配饗崇長子遂留以功賜爵零陵侯後以罪廢子乙以功賜爵富城公卒於侍中謚曰靜子眞尚長城公主拜駙馬都尉後敕離婚納文明太后姊位南部尚書侍中卒謚曰宣孝文追思崇勳令著作郎韓顯宗與眞撰定碑文建於白登山眞子泰本名石洛孝文賜名焉以功臣子孫尚章武長公主拜駙馬都尉典羽獵四曹事後爲尚書右僕射馮翊侯出爲定州刺史初文明后幽孝文於別室將謀黜廢泰切諫乃止孝文德之故寵待隆至自陳久病乞爲恆州許之泰不願遷都潛圖叛乃與定州刺史陸叡及安樂侯元隆等謀推朔州刺史陽平王頤爲主頤密表其事帝乃遣任城王澄發并肆兵討之澄先遣書侍御史李煥單騎入代出其不意泰等驚駭計無所出煥曉諭逆徒示以禍福於是凶黨離心莫爲之用泰自度必敗乃率麾下攻煥郭門不克走出爲人所禽送孝文幸代泰等伏誅子士儒字叔賢徙涼州後得遠爲太尉參軍事子子容少好學無所不覽求天下書逢即寫錄所得萬餘卷魏末爲兼通直散騎常侍聘梁齊受禪卒於司農卿遂留弟觀字闕拔襲崇爵少以文藝知名明元中位爲左衛將軍絹門下中書出納詔命及訪舊事未嘗有遺漏尚宜陽公主拜駙馬都尉位太尉太武臨國觀爲右弼出則統攝朝政入則應對左右事無巨細皆關決焉終日怡怡無惰色勞謙善誘不以富貴驕人泰恆八年暴疾薨年三十五明元親臨其喪悲動左右賜以通身隱起金飾棺喪禮一依安成王叔孫俊故事贈宜都王謚曰文成太武即位每與羣臣談宴未嘗不歎息殷勤以爲自道武以來佐命勳臣文武兼資無及之者子壽襲爵尚樂陵公主拜駙馬都尉明敏有父風太武愛重之擢爲下大夫敷奏機辯有聲內外遷侍中中書監領南部尚書進爵宜都王加征東大將軍壽辭曰臣祖崇先皇之世屬逢艱危幸天贊梁眷誠心先告故得效功前朝流福於後昔陳平受賞歸功無知今眷元勳未錄臣獨奕世受榮豈惟仰媿古賢抑亦有虧國典太武嘉之乃求眷孫賜爵郡公輿駕征涼州命壽輔景穆總錄機要內外聽焉次雲中將濟河帝別御靜室召壽及司徒崔浩尚書李順謂壽曰蠕蠕吳提與牧犍連和今聞朕征涼州必來犯塞若伏兵漠南殄之爲易牧田訖可分伏要害以待虜至引使深入然後擊之若違朕指授爲虜侵害朕還斬卿崔浩李順爲證非虛言也壽信卜筮言謂賊不來竟不設備吳提果至京邑大駭壽不知所爲欲築西郭門請景穆避保南山惠保太后不聽乃止遣司空長孫道生等擊之太武還以無大損傷故不追咎景穆監國壽與崔浩等輔政人皆敬浩壽獨陵之又自恃位任以人莫已及謂其子師曰但令吾兒及我亦足勝人不須苦教之遇諸父兄有如僕隸夫妻並坐共食而令諸父餕餘爲時人鄙笑薨贈太尉謚曰文宣子平國襲爵尚城陽長公主拜駙馬都尉侍中中書監爲太子四輔卒子伏干襲尚濟北公主拜駙馬都尉卒謚曰康無子伏干弟羆襲爵尚新平長公主拜駙馬都尉虎牢鎮將頻以不法致罪孝文以其勳德之舊讓而赦之轉吐京鎮將深自尅勵後改吐京鎮爲汾州仍以羆爲刺史前吐京太守劉升在郡甚有威惠限滿還都胡人八百餘人詣羆請之前定陽令吳平仁亦有恩信戶增數倍羆以吏民懷之並爲表請孝文皆從焉羆既頻薦升等所部守令咸自砥礪威化大行州人李軌郭及祖七百餘人詣闕稱羆恩德孝文以羆政和人悅增秩延限後徵爲光祿勳隨例降王爲魏郡公累遷侍中中書監穆泰之反羆與潛通赦後事發削封爲編戶卒于家宣武時追贈鎮北將軍恆州刺史羆弟亮字幼輔早有風度獻文時起家侍御中散尚中山長公主拜駙馬都尉封趙郡王加侍中徙封長樂王孝文時除征南大將軍領護西戎校尉仇池鎮將宕昌王梁彌機死子彌博立爲吐谷渾所逼來奔仇池亮以彌博兇悖氐羌所棄彌機兄子彌承戎人歸樂表請納之孝文從焉於是擊走吐谷渾立彌承而還氐豪楊卜自延興以來從軍二十一戰前來鎮將抑而不聞亮表卜爲廣業太守豪右咸悅境內大安徵爲侍中尚書左僕射于時復置司州孝文曰司州始立未有寮吏須立中正以定選舉然中正之任必須德望兼資世祖時崔浩爲冀州中正長孫嵩爲司州中正可謂得人公卿等宜審推舉尚書陸叡舉亮爲司州大中正後拜司空參議律令例降爵爲公時文明太后崩已過朞月孝文毀瘠猶甚亮表請上承金冊遺訓下稱億兆之心時襲輕服數御常膳修崇郊祠垂惠咸秩詔曰苟孝悌之至無所不通今飄風亢旱時雨不降

實由誠慕未濃幽顯無感也尋領太子太傅時將建太極殿帝引見羣臣於太華殿曰將營殿宇今後徙居永樂以避囂埃土木雖復無必毀之能不悽愴今故臨對卿等與之取別此殿乃高宗所制爰歷顯祖逮朕沖年受位於此但事來奪情將有改制仰唯疇昔唯深悲感亮稽首請稽之卜筮又以去歲役作爲功甚多太廟明堂一年便就若仍歲頻興恐民力凋斃且材幹新伐顛待餘年帝曰朕遠覽前王無不與造故有周創業經營靈臺洪漢受命未央是作草創之初猶尙如此况朕承累聖之運屬太平之基欲及此時以就大功人生定分修短命也蓍蔡雖智其如命何當委之分豈假卜筮移御永樂宮後帝臨朝嘗謂亮曰三代之禮日出視朝自漢魏以降禮儀漸殺晉令有朔望集公卿於朝堂而論政事亦無天子親臨之文今因卿等日中之集中前卿等自論政事中後與卿等共議可否遂命讀奏案帝親決之及還都加武衛大將軍以本官董攝中軍事帝南伐以亮錄尙書事留鎭洛陽後帝自小平津汎舟幸石濟亮諫曰昔漢帝欲乘舟渡渭廣德欲以首血汚車輪帝乃感而就橋渭之小水猶尙若斯况洪河有不測之慮帝曰司空言是也及䝉豫穆泰反事覺亮上表自劾帝優詔還令攝事亮固請久乃許之後徙封頓邱縣公以紹崇爵宣武即位拜尙書令司空公薨宣武親臨小斂贈太尉諡曰匡子紹字永業尙琅邪長公主拜駙馬都尉歷位祕書監侍中衛將軍太常卿中書令七兵殿中二尙書遭所生憂免官居喪以孝聞又歷衛大將軍中書監侍中領本邑中正紹無他才能而資性方重罕接賓客稀造人門領軍元义當權熏灼曾往紹宅紹迎送下階而已時人歎尙之及靈太后欲黜义猶豫未決紹讚成之以功加特進侍中元順與紹同直常因醉入紹寢所紹擁被而起正色讓順曰老身二十年侍中與卿先君亟連職事縱卿後進何宜相排突也遂謝事還家詔諭乃起除侍中託疾未赴故免河陰之害莊帝立爾朱榮徵之紹以爲必死哭辭家廟及見榮捧手不拜榮亦矯意禮之顧謂人曰穆紹不虛作大家兒車駕入宮尋授尙書令司空進爵爲王給班劍四十人仍加侍中時河南尹李奬往詣紹奬以紹郡人謂必致敬紹又恃封邑是奬國王匡坐待之不爲動膝奬憚其位望致拜而還議者兩譏焉未幾降王復本爵普泰元年除驃騎大將軍開府青州刺史加都督未行而薨贈大將軍尙書令太保諡曰文獻子長嵩字子岳襲爵位光祿少卿平國弟正國尙長樂公主拜駙馬都尉正國子平城早卒孝文時始平公主薨於宮追贈平城駙馬都尉與公主冥婚壽弟多侯封長寧子位司衞監文成崩乙渾專權召司徒陸麗麗時在溫湯療疾多侯謂曰渾有無君心大王衆所望也去必危宜徐歸而圖之麗不從遂爲渾所害多侯亦見殺觀弟翰平原鎭將西海王薨子龍兒襲降爵爲公卒子弼有風格善自位置涉獵經史與長孫承業陸希道等齊名然矜己陵物頗以此損焉孝文定氏族欲以弼爲國子助教弼辭以爲屈帝曰朕欲敦勵胄子屈卿先之白玉沈泥豈能相汚弼曰既遇明時恥沈泥滓會司州牧咸陽王禧入帝曰朕與卿作州督舉一主簿即命弼謁之因爲帝所知宣武初爲廣平王懷國郎中令數有匡諫之益除中書舍人卒於華州刺史諡曰懿翰弟顗有才力以侍御郎從太武征赫連昌勇冠一時賜爵泥陽子拜司衞監從太武田崞山有虎突出顗搏而獲之帝歎曰詩云有力如虎顗乃過之後從征白龍討蠕蠕以功進爵建安公後拜殿中尙書出鎭涼州還加散騎常侍領太倉尙書文成時爲征西大將軍督諸軍西討吐谷渾坐擊賊不進免官爵徙邊文成以顗著勳前朝徵爲內都大官卒贈征西大將軍建安王諡曰康子寄生襲崇宗人醜善道武初率部歸附與崇同心勠力捍禦左右拜天部大人居東蕃子莫提從平中原位相州刺史假陵陽侯其子孫位亦通顯

奚斤代人也世典馬牧父箪有寵於昭成皇帝時國有良馬曰騧騮一夜忽逸後知南部大人劉庫仁所盜養於窟室箪聞而馳往取馬庫仁以國甥恃寵慙而逆擊箪箪捽其髮落傷其一乳及苻堅使庫仁與衞辰分領國部箪懼遂奔衞辰及道武滅衞辰箪晚乃得歸故名位後於近臣斤機辯有識度登國初與長孫肥等俱統禁兵後以爲侍郎親近左右從征慕容寶於參合皇始初拜越騎校尉典宿衞禁旅車駕還京師博陵渤海章武諸郡羣盜並起斤與略陽公元遵等討平之從征破高車諸部又破庫狄宥連部徙其別部諸落於塞南又進擊侯莫陳部至大娥谷置戍而還遷都水使者出爲晉兵將軍幽州刺史賜爵山陽侯明元即位爲鄭兵將軍詔以斤世忠孝贈其父箪長寧子明元幸雲中斤留守京師昌黎王慕容伯兒謀反斤召入天安殿東廡下誅之詔與南平公長孫嵩等俱坐朝堂錄決囚徒明元大閱于東郊講武以斤行左丞相事蒐於石會山車駕西巡詔斤先驅討越勒部於鹿那山大破之又詔斤與

長孫嵩等八人坐止車門左聽理萬機拜天部大人進爵爲公命斤出入乘軺軒備威儀導從太武之爲皇太子臨朝聽政以斤爲左輔宋廢主義符立其國內離阻乃遣斤收河南地仍假斤節都督前鋒諸軍事司空晉兵大將軍行揚州刺史率吳兵將軍公孫表等南征用表計攻滑臺不拔求濟師帝怒其不先略地切責之乃親南巡次中山斤自滑臺趨洛陽長驅至虎牢遂平兗豫諸郡還圍虎牢及虎牢平斤置守宰以撫之自魏初大將行兵唯長孫嵩拒宋武斤征河南獨給漏刻及十二牙旗太武即位進爵宜城王仍爲司空太武征赫連昌遣斤率義兵將軍封禮等襲蒲坂斤又西據長安秦雍氐羌皆來歸附與赫連定相持累戰破定定聞昌敗走上邽斤追至雍不及而還詔斤班師斤請因其危平之乃進討安定昌退保平涼斤屯軍安定以糧竭馬死深壘自固監軍侍御史安頡擊昌禽之昌眾復立昌弟定爲主守平涼斤恥以元帥而禽昌之功更不在己乃舍輜重追定於平涼定眾將出會一小校有罪亡入賊具告其實定知斤軍無糧乏水乃邀斤前後斤眾大潰斤及將娥清劉拔爲定所禽後太武尅平涼斤等得歸免爲宰人使負酒食從駕還京師以辱之尋拜安東將軍降爵爲公太延初爲衛尉改爲弘農王後爲萬騎大將軍太武議伐涼州斤等三十餘人議以爲不可帝不從涼州平以戰功賜僮隸七十戶又以斤元老賜安車平決獄訟諮訪朝政斤聰辯彊識善於談論遠說先朝故事雖未皆是時有所得聽者歎美之每議大政多見從用朝廷稱爲太平眞君九年薨時年八十九太武親臨哀慟謚曰昭王斤有數十婦子男二十餘人長子他觀襲爵太武曰斤自西土之敗國有常刑以其佐命先朝故復其爵秩將收孟明之効今斤終其天年君臣之分全矣於是降他觀爵爲公傳國至孫緒無子國除太和初孝文追錄先朝功臣以斤配饗廟庭宣武繼世以緒弟子監紹其後

叔孫建代人也父骨爲昭成母王太后所養與皇子同列建少以智勇著稱道武之幸賀蘭部常從左右登國初爲外朝大人與安同等十三人迭典庶事參軍國之謀隨秦王觚使慕容垂歷六載乃還累遷中領軍賜爵安平公出爲并州刺史後以公事免守鄴城圖明元即位念前功以爲正直將軍相州刺史飢胡劉虎等聚黨叛明元假建節前號安平公督公孫表等以討虎斬首萬餘級餘眾奔走投汾水死水爲不流晉將劉裕伐姚泓令其部將王仲德爲前鋒將逼滑臺兗州刺史尉建率所部棄城濟河仲德遂入滑臺乃宣言曰晉本意欲以布帛七萬疋假道於魏不謂魏之守將便爾棄城明元聞之詔建度河曜威斬尉建投其屍於河呼仲德軍人與語詰其侵境之狀尋遷廣阿鎮將威名甚著久之除使持節都督前鋒諸軍事楚兵將軍徐州刺史率眾自平原濟河徇下青兗諸郡遂東入青州圍宋刺史竺夔於東陽城宋遣將檀道濟王仲德救夔建不剋而還以功賜爵壽光公與汝陰公長孫道生濟河而南仲德等自清入濟東走青州太武以建威名南震爲宋所憚除平原鎮大將封丹陽王加征南大將軍先是簡幽易以南戍兵集于河上一道攻洛陽一道攻滑臺宋將檀道濟王仲德救滑臺建與汝陰公道生拒擊之建分軍挾戰縱輕騎邀其前後焚燒穀草以絕糧道道濟兵飢叛者相繼由是安頡等得攻滑臺建沈敏多智東西征伐常爲謀主容貌清整號曰嚴明又雅尙人倫禮賢愛士在平原十餘年綏懷內外甚得邊稱魏初名將鮮有及之南方憚其威略靑兗輟不爲寇太延三年薨時年七十三謚曰襄賜葬金陵長子俊字醜歸少聰敏年十五內侍左右性謹密初無過行以便弓馬轉爲獵郎道武崩清河王紹閉宮門明元在外紹拘逼俊以爲已援外雖從紹內實忠款仍與元磨渾等說紹歸明元時明元左右唯車路頭王洛兒等及得俊等大悅以爲爪牙及即位稍遷衛將軍賜爵安成公及朱提王悅懷刃入禁欲行大逆俊覺悅舉動有異乃於悅懷中得兩刃匕首遂執悅殺之明元以俊前後功重軍國大計一以委之羣官上事先由俊銓校然後奏聞性平正柔和未嘗有喜怒色忠篤愛厚不諂上抑下每奉詔宣外必告示慇懃是以上下嘉歎泰恆元年卒時年二十八明元親臨哀慟朝野無不追惜贈司空安成王謚孝元賜溫明祕器載以轀輬車衛士導從陪葬金陵子蒲襲爵後有大功及寵幸貴臣薨賵賻送終禮皆依俊故事無得踰之者初俊卒明元命其妻桓氏曰夫生既共榮沒宜同穴能殉葬者可任意桓氏乃縊遂合葬焉俊既爲安成王俊弟隣襲父爵降爲丹陽公位尙書令涼州鎮大將與鎮副將奚牧並以貴戚子弟競貪財貨遂相糾坐誅

安同遼東胡人也其先祖曰世高漢時以安息王侍子入洛歷魏至晉避亂遼東遂家焉父屈仕慕容暐爲苻堅所滅屈友人公孫眷妹沒入苻氏宮出賜劉庫仁爲妻庫仁貴寵之同隨眷商販見道武有濟世才遂留奉侍性端嚴明惠好長者之言登國初道武徵兵於慕

容垂同頻使稱旨爲外朝大人與和跋等出入禁中迭典庶事從征姚平於柴壁姚興悉衆救平同進計曰汾東有蒙阬東西三百餘里徑路不通姚興來必從汾西乘高臨下直至柴壁如此則寇內外勢接宜截汾爲南北浮橋乘西岸築圍西圍既固賊至無所施其智力矣從之興果視平屠滅而不能救以謀功賜爵北新侯明元即位命同與南平公長孫嵩並理民訟又詔同與肥如侯賀護持節循察幷定二州及諸山居雜胡丁零宣詔撫慰問其疾苦糾舉守宰不法郡國肅然同東出井陘至鉅鹿發衆修大嶺山通天門關又築城於宋子以鎮靜郡縣護嫉同得衆心使人告同築城聚衆圖大事上知其誣不問太武監國臨朝聽政以同爲左輔及即位進爵高陽公冀青二州刺史同長子屈明元時典太倉事盜官粳米數石欲以養親同大怒求戮屈自劾不能訓子帝嘉而恕之遂詔長給米同在官明察長於校閱家法修整爲世所稱及在冀州年老頗殖財貨大興寺塔爲百姓所苦卒贈高陽王謚曰恭惠屈弟原雅性矜嚴沈勇多智略明元時爲獵郎出監雲中軍事時赫連屈丐犯河西原以數十騎擊之殺十餘人帝以原輕敵違節度將加罪然知原驍勇遂任以爲將鎮雲中蠕蠕犯塞原輒破之以功賜爵武原侯加鷹兵將軍太武即位拜駕部尚書車駕征蠕蠕大檀分爲五道遷尚書左僕射進爵河間公原在朝無所比周然恃寵驕恣多所排抑爲子求襄城公盧魯元女魯元不許原告其罪狀事相連逮歷時不決原懼不勝遂謀逆事泄伏誅原兄弟外節儉而內實積畜及誅後籍其財至數萬弟頡辯慧多策略最有父風明元初爲內侍長令察舉百寮糾刺姦慝無所迴避嘗告其父陰事帝以爲忠特親寵之宜城王奚斤自長安追赫連昌至安定頡爲監軍侍御史斤以馬多疫死士衆乏糧乃築壘自固遣太僕邱堆等督租於民間爲昌所敗昌遂驕矜日來侵掠頡曰尋死當戰死甯可坐受囚乎斤以馬死爲辭頡乃陰與尉眷等謀選騎爲昌來攻壘頡出應之昌馬蹶而墜頡禽昌送京師賜爵西平公代堆統攝諸軍赫連定將復入長安詔頡鎮蒲坂以拒之宋將到彥之寇淮南以援定列守南岸至於衡關太武西征定以頡爲援軍將軍督諸軍擊彥之遂濟河攻洛陽拔之進攻虎牢虎牢潰又琅邪王司馬楚之平滑臺禽宋將朱修之李元德及東郡太守申謨乃振旅還京師進爵爲王卒謚曰襄頡爲將善綏士衆及卒宋士卒降者無不歎惜

庾業延代人也後賜名岳其父及兄和辰世典畜牧稍轉中部大人昭成崩苻氏內侮事難之間收歛畜產富擬國君劉顯謀逆道武外幸和辰奉獻明太后道武歸又得其貲用以和辰爲內侍長和辰分別公私舊畜頗不會旨道武由是恨之岳獨恭愼修謹善處危難之間道武嘉之與王建等俱爲外朝大人參預軍國從平中原拜安遠將軍官軍之警於栢肆也賀蘭部帥附力眷紇突鄰部帥匿物尼紇奚部帥叱奴根等聞之反於陰館南安公元順討之不剋詔岳討破離石叛胡帥呼延鐵西河叛胡帥張崇等以功賜爵西昌公還鄴行臺岳爲將有謀略士衆服其智勇名冠諸將及罷鄴行臺以所統六郡置相州即拜岳爲刺史秉法平當百姓稱之鄴舊有園池時果初熟丞吏送之岳不受曰果未進御吾何得先食其謹如此遷司空岳兄子路有罪諸父兄弟悉誅特赦岳父子侯官告岳父子衣服鮮麗行止風采擬儀人君遇道武不豫多所猜忌遂誅之時人咸惜爲岳葬在代西善無界後太武征赫連氏經其墓宅愴然改容遂下詔爲立廟令一州之人四時致祭求其子孫任爲帥者得其子陵從征有功聽襲爵

王建廣甯人也祖姑爲平文后生昭成皇帝伯祖豐以帝舅貴重豐子支尙昭成女甚見親待建少尙公主登國初爲外朝大人與和跋等十三人迭典庶事參預計謀道武遣使慕容垂建辭色高亢垂壯之還爲左大夫建兄迴時爲大夫諸子多不愼法建具以狀聞迴父子伏誅其訐直如此從征伐諸國破二十餘部又從征衛辰破之爲中部大人破慕容寶於參合帝乘勝將席捲南夏於是簡擇俘衆有才能者留之其餘欲悉給衣糧遣歸令中州之人咸知恩德建以爲寶覆敗於此國內空虛獲而歸之縱敵生患不如殺之帝曰若從建言非伐罪弔民之義諸將咸以建言爲然建又固執乃坑之帝既而悔焉幷州既平車駕出井陘次恆山諸郡皆降唯中山鄴信都三城不下乃遣衛王儀南攻鄴建攻信都等城建等攻城六十餘日不能剋士卒多傷帝自中山幸信都降之車駕幸鉅鹿破寶衆軍於柏肆塢遂圍中山寶棄城走和龍城內無主將夜入乘勝據守其門建貪而無謀意在虜獲恐士卒肆掠盜亂府庫請候天明帝乃止是夜徙河人共立慕容驎爲主遂閉門固守帝乃悉衆攻之使人登巢車臨城招其衆皆曰但恐如參合之衆故求延月日命耳帝聞之顧視建而唾其面中山平賜建爵濮陽公遷太僕徙眞定公加散騎常侍青冀二州刺史卒陪葬金陵

羅結代人也其先世領部落爲魏附臣劉顯之逆結從道武幸賀蘭部後以功賜爵屈蛇侯太武初累遷侍中外都大官總三十六曹事年一百七歲精爽不衰太武以其忠愨甚信待之監典後宮出入臥內因除長秋卿年一百一十詔聽歸老賜大甯東川爲私第別業并爲築城即號曰羅城朝廷每有大事驛馬詢問焉年一百二十卒贈幽州刺史謚曰貞子斤從太武討赫連昌力戰有功歷位四部尙書從平涼州以功賜爵帶方公除長安鎭都大將會蠕蠕侵境除柔元鎭都大將卒謚曰靜陪葬金陵子敢襲爵位庫部尙書卒子伊利襲

婁伏連代人也代爲酋帥伏連忠厚有器量年十三襲父位領部落道武初從破賀蘭部又平中山及征姚平於柴壁以功賜爵安邑侯明元時爲晉兵將軍并州刺史太武即位封廣陵公再遷光祿勳進爵爲王後鎭統萬薨謚恭王子眞襲降爵爲公眞弟大拔封鉅鹿子大拔孫寶字道成性淸朴好讀書明帝時仕至朔州刺史時邊事屢興民多流散及寶至稍安集之殘壞舊宅皆命葺構人歸繈路歲考爲天下最後隨大都督源子邕討擊葛榮王師敗績寶困於榮軍變姓名匿於戎伍以免害久之賊中有朔州人識寶者謂寶曰使君甯自苦至此遂將詣榮榮笑曰婁公吾方圖事何相見之晚因顧謂人曰此公行善天道報之得免亂兵即其驗也寶遇逃者密啓賊形勢規爲內應天子感其壯志召寶弟二子景賢授員外散騎常侍即葛榮滅寶始得還永定中除假員外散騎常侍使蠕蠕先是蠕蠕稱藩上表後以中州不競書爲敵國之儀寶責之蠕蠕主大驚自知羿惡謝曰此作書人誤遂更稱藩孝武立敕寶與行臺長孫子彥鎭恆農後從入關封廣甯縣伯大統元年詔領著作郎監修國史事平封平城縣子後授國子祭酒侍中進儀同三司兼太子太傅攝東宮詹事寶爲人淸簡少言頗諳舊事位歷師傅守靖謙恭以此爲人所敬後行涇州事卒於州

閭大肥蠕蠕人也道武時歸魏尙華陰公主賜爵期思子與弟並爲上賓入八議明元即位爲內都大官進爵爲侯宜城王奚斤之攻虎牢大肥與娥淸領十二軍出中道太武初復與奚斤出雲中白道討大檀破之後從討赫連昌以功授榮陽公公主薨復尙濩澤公主太武將拜大肥爲王遇疾卒

奚牧代人也重厚有智謀道武寵遇之稱曰仲兄初劉顯謀逆梁眷知之潛使牧與穆崇至七个山以告帝錄先帝舊臣又以牧告顯功使敷奏政事參與計謀從征慕容寶以功拜并州刺史賜爵任城公州與姚興接界興頗寇邊牧乃與興書稱頓首禮抗之責興侵邊不直之意興以與國和通恨之有言於道武道武戮之

和跋代人也世領部落爲魏附臣至跋以才辯知名道武擢爲外朝大人參軍國大謀雅有智算賜爵日南公從平中原以功進爲尙書鎭鄴以破慕容德軍改封定陵公與恆山王遵討賀蘭部別帥木易于破之出爲平原太守道武寵跋逾於諸將羣臣皆敦尙恭儉而跋專修虛譽炫曜於時性尤奢淫帝戒之不革後車駕北狩豺山收跋刑之路側妻劉氏自殺以從初將刑跋道武命其諸弟毗等視訣跋謂毗曰灅北地瘠可居水南就耕良田廣爲產業各相勸勵令之背已曰汝曹何忍視吾之死毗等解其微意詐稱使者奔長安道武誅其家後太武幸豺山校獵忽暴霧四塞怪問之羣下僉言跋世居此祠冢猶存或者能致斯變帝遣建興公古弼祭以三牲霧即除後太武蒐狩之日每先遣祭之

莫題代人也多智有才用初爲幢將領禁兵道武之征慕容寶寶夜犯營軍人驚駭遂有亡還京師者言官軍敗於柏肆京師不安南安公元順因欲攝國事題曰大事不可輕爾不然禍將及矣順乃止後封高邑公窟咄寇南鄙題時貳於帝遺箭於窟咄謂之曰三歲犢豈勝重載言窟咄長而帝少也帝既銜之後有告題居處倨傲擬則人主帝乃使人示之以箭告之曰三歲犢能勝重載不題奉詔父子對泣詰朝乃刑

賀狄干代人也家本小族世忠厚爲將以平當稱稍遷北部大人登國初與長孫嵩爲對明於聽察爲人愛敬道武遣狄干致馬千匹結婚於姚萇會萇死興立因止狄干而絕婚興弟平寇平陽道武討平之禽其將狄伯支唐小方等四十餘人後興以駿馬千匹贖伯支而遣狄干還帝許之狄干在長安因習讀書史通論語尙書諸經舉止風流有似儒者初帝普封功臣狄干雖爲姚興所留遙賜狄干爵襄武侯加秦兵將軍及狄干至帝見其言語衣服類中國以爲慕而習之故忿焉既而殺之

李栗鴈門人也昭成時父子入北栗少辯捷有才能兼將略初隨道武幸賀蘭部愛其藝能時王業草創爪牙心腹多任親近唯栗一介遠寄兼非戚舊數有戰功拜左軍將軍栗性簡慢矜寵不率禮每在道武前舒放倨傲不自祇肅笑唾任情道武積其宿過誅之於是威嚴始厲制勒羣下盡謙卑之禮自栗始也

奚眷代人也少有將略道武世有戰功明元時爲虎牢鎭將爲寇所憚太武時賜爵南陽公及征蠕蠕眷以部曹尚書督偏將出別道詔會鹿渾海眷與中山王辰等諸大將俱後期斬于都南爵除

燕鳳字子章代人也少好學博綜經史明習陰陽讖緯昭成素聞其名使人以禮迎致之鳳不應聘及軍圍代城謂城人曰燕鳳不來吾將屠汝代人懼遂送鳳昭成與語大悅待以賓禮後拜代王左長史參決國事又以經授獻明帝苻堅遣使牛恬朝貢令鳳報之堅問鳳代王何如人對曰寬和仁愛經略高遠一時雄主也常有并天下之志堅曰卿輩北人無剛甲利兵敵弱則進彊則退走安能并兼邪鳳曰北人壯悍上馬持三仗驅馳若飛主上雄儁率服北土控弦百萬號令若一軍無輜重樵爨之苦輕行速捷因敵取資此南方所以疲弊而北方之所以常勝也堅曰彼國人馬多少鳳曰控弦之士數十萬見馬一百萬匹堅曰卿言人衆則可說馬太多鳳曰雲中川自東山至西河二百里北山至南山二百餘里每歲孟秋馬常大集略爲滿川以此推之使人言猶未盡鳳還堅厚加贈遺及昭成崩道武將遷長安鳳以道武幼弱固請於苻堅曰代主初崩臣子亡叛遺孫沖幼莫相輔立其別部大人劉庫仁勇而有智鐵弗衞辰狡猾多變皆不可獨任宜分諸部爲二令各統之兩人素有深讐其勢莫敢先發此禦邊之良策待其孫長乃存而立之是陛下施大惠於亡國也堅從之鳳尋東還及道武即位歷吏部郎給事黃門侍郎行臺尚書甚見禮重明元世與崔宏封懿梁越等入講經傳出議朝政太武初以舊勳賜爵平舒侯加鎭遠將軍神䴥元年卒子才襲

許謙字元遜代人也少有文才善天文圖讖之學建國時將家歸附昭成嘉之擢爲代王郎中令兼掌文記與燕鳳俱授獻明帝經從征衞辰以功賜僮隸三十戶昭成崩後謙徙長安苻堅從弟行唐公洛鎭和龍請謙之鎭未幾以繼母老辭歸登國初遂歸道武道武悅以爲右司馬與張衮等參贊初基慕容寶之來寇也道武使謙告難於姚興興遣將楊佛嵩來援佛嵩稽緩道武命謙爲書遺之佛嵩乃倍道兼行道武大悅賜謙爵關內侯寶敗重遣謙與佛嵩盟明年慕容垂復來寇道武謂謙曰事急矣卿其行也謙未發而垂退及聞垂死謙上書勸進道武善之并州平以謙爲陽曲護軍賜爵平舒侯安遠將軍皇始元年卒贈平東將軍左光祿大夫幽州刺史高陽公謚曰文子洛陽襲明元追錄謙功以洛陽爲鴈門太守洛陽家田三生嘉禾皆異畝同穎太武善之進爵北地公卒謚曰恭

崔宏字元伯清河東武城人魏司空林六世孫也祖悅仕石虎位司徒左長史父潛仕慕容暐爲黃門侍郎並以才學稱宏少有儁才號曰冀州神童苻融之收冀州虛心禮敬拜陽平公侍郎冀州從事出總庶務入爲賓友衆事修理處斷無滯苻堅聞之徵爲太子舍人辭以母疾不就左遷著作佐郎太原郝軒名知人稱宏有王佐才近代所未有也堅亡避難齊魯間爲丁零翟釗及晉叛將張願所留郝軒歎曰斯人也遇斯時不用扶搖之勢而與鷃雀飛沈豈不惜哉仕慕容垂爲吏部尚書左丞高陽內史所歷著稱立身雅正雖在兵亂厲志篤學不以資產爲意妻子不免飢寒道武征慕容寶次中山宏棄郡東走海濱帝素聞其名遣騎追求執送於軍門引見與語悅之以爲黃門侍郎與張衮對掌機要草創制度時晉使來聘帝將報之詔有司博議國號宏議曰三皇五帝之立號也或因所生之土或以封國之名故虞夏商周始皆諸侯及聖德既隆萬國宗戴稱號隨本不復更立唯商人屢徙故改號曰殷然猶兼行不廢始基之號故詩云殷商之旅此其義也漢祖以漢王定三秦威彊楚故遂以漢爲國號國家雖統北方廣漠之土逮于陛下應運龍飛雖曰舊邦受命惟新是以登國之初改代曰魏又慕容永奉進魏土夫魏者大名神州之上國斯乃革命之徵驗利見之元符也臣愚以爲宜號曰魏道武從之於是稱魏及帝幸鄴歷問故事宏應對若流帝善之還次恆嶺帝親登山頂撫慰新人適遇宏扶老母登嶺賜以牛米因詔諸徙人不能自進者給以車牛遷吏部尚書時命有司制官爵撰朝儀協音樂定律令中科禁宏總而裁之以爲永式及置入部大人以擬入坐宏通置三十六曹如令僕統事深被信任勢傾朝廷而儉約自居不營產業家惟四壁出無車乘朝晡步上母年七十供養無重膳帝聞而益厚重之厚加饋遺時人亦譏過約而宏居之愈甚帝常引問古今舊事王者制度治世之則宏陳古人制作之體及明君賢臣往代廢興之由甚合上意未嘗謇愕忤旨亦不謟諛苟容及道武季年大臣多犯威怒宏獨無譴者由於此也帝曾令宏講漢書至婁敬說漢高祖欲以魯元公主妻匈奴善之嗟歎者良久是以諸公主皆釐降于賓附之國朝臣子弟雖名族美彥不得尚焉尚書職罷賜宏爵白馬侯加周兵將軍與舊功臣庾岳奚斤等同班而

信寵過之道武崩明元未即位淸河王紹因人心不安大出財帛班賜朝士宏獨不受紹財明元即位命宏居門下虛已訪問特賜帛二百疋長孫嵩已下咸愧焉詔遣使者循行郡國糾察守宰不如法者令宏與宜都公穆觀等按之帝稱其平允又詔宏與長孫嵩等於朝堂决刑獄明元以郡國豪右大人蠹害乃優詔徵之人多戀本而長吏逼遣之於是輕薄少年因相扇動所在聚結西河建興盜賊並起守宰討之不能禁帝乃引宏及北新侯安同壽光侯叔孫建元城侯元屈等問焉宏欲大赦以紓之屈等對曰不如先誅首惡赦其黨類宏曰王者臨天下以安人爲本何顧小曲直也夫赦雖非正道而可以權行若赦而不改誅之不晚明元從之神瑞初詔宏與南平公嵩等坐止車門總理機事幷州胡數萬南掠河內遣將軍公孫表等討之敗績帝問計於羣臣宏曰表等諸軍不爲不足但失於處分故使小盜假息且胡衆雖多而無猛烈主將所謂千奴共一膽也宜得大將素爲胡所服信者將數百騎就攝表軍以討之賊聞必望風震怖壽光侯建時在幷州諸將莫及帝從之遂平胡寇尋拜天部大人進爵爲公泰恆三年夏宏病篤帝遣侍中穆觀就受遺言侍臣問疾一夜數返卒追贈司空諡文貞公喪禮一依安成王叔孫俊故事詔羣臣及附國渠帥皆會葬自親王以外盡命拜送子浩襲太和中孝文追錄先朝功臣以宏配饗廟庭浩字伯深小名桃簡浩少好學博覽經史元象陰陽百家之言無不關綜研精義理時人莫及弱冠爲通直郎天興中給事祕書轉著作郎道武以其工書常置左右帝季年威嚴頗峻宮省左右多以微過得罪莫不逃隱避目下之變浩獨恭謹不怠或終日不歸帝知之輒命賜以御粥其砥直任時不爲窮通改節皆此類也明元初拜博士祭酒賜爵武城子常授帝經書每至郊祠父子並乘軺軒時人榮之帝好陰陽術數聞浩說易及洪範五行善之因命浩筮吉凶參觀天文考定疑惑浩綜覈天人之際舉其綱紀者數家諸所處決多有應驗常與軍國大謀甚爲寵密時有兔在後宮檢無從得入帝令浩推之浩謂當有鄰國貢嬪嬙者明年姚興果獻女神瑞二年秋穀不登太史令王亮蘇坦因華陰公主等言讖書云國家當治鄴應大樂五十年勸帝遷都於鄴就穀浩與特進周澹言於帝曰今國家遷都於鄴可救今年之飢非長久之策也東州之人常謂國家居廣漠之地人畜無算號稱牛毛之衆今留守舊都分家南徙恐不滿諸州之地參居郡縣處榛林之下不便水土疾疫死傷情見事露則百姓意沮四方聞之有輕侮之意屈丐及蠕蠕必提挈而來雲中平城則有危殆之事阻隔恆代千里之際須欲救援赴之甚難如此則聲實俱損矣今居北方假令山東有變輕騎南出耀威桑梓之中誰知多少百姓見之望塵振伏此是國家威制諸夏之長策也至春草生乳酪將出兼有菜果足接來秋若得中熟事則濟矣帝曰惟此二人與朕意同復使中貴人問浩澹曰今既餬口無以至來秋或復不熟將如之何浩等對曰可簡窮下之戶諸州就穀若來秋無年願更圖也但不可遷都帝從之於是分民詣山東三州就食出倉穀以廩之來年遂大熟賜浩澹妾各一人御衣一襲絹五十疋緜五十斤初姚興死之前歲也太史奏熒惑在匏瓜星中一夜忽然亡失不知所在或謂下入危亡之國將爲童謠妖言而後行其災禍帝聞之驚乃召諸碩儒十數人令與史官求其所詣浩對曰按春秋左氏傳神降于莘其至之日各以其物也請以日辰推之庚午之夕辛未之朝天有陰雲熒惑之亡當此二日之內庚之與午皆主於秦辛爲西夷今姚興據咸陽是熒惑入秦矣諸人皆作色曰天上失星人安能知其所詣而妄說無徵之言浩笑而不應後八十餘日熒惑果出於東井留守盤旋秦中大旱赤地昆明池水竭童謠訛言國內讙擾明年姚興死二子交兵三年國滅於是諸人乃服曰非所及也泰恆元年晉將劉裕伐姚泓舟師自淮泗入欲泝河西上求假道詔羣臣議之外朝公卿咸曰函谷關號曰天險一人荷戈萬夫不得進裕舟船步兵何能西入揚言伐姚意或難測其水道最不可縱宜先發兵斷河上流勿令西過又議之內朝或同外計帝將從之浩曰非上策也姚興使司馬休之輩擾其荊州裕切齒久矣今興死子幼乘其危亡而伐之臣觀其意必欲入關勁躁之人不顧後患今若塞其西路裕必上岸北侵如此則姚泓無事而我受敵矣今蠕蠕內寇民食又乏不可發軍發軍赴南則北寇進擊若其救北則南州復危未若假之水道縱裕西入然後興兵塞其東歸之路所謂卞莊刺虎兩得之勢也使裕勝也必德我假道之惠令姚氏勝也亦不失救鄰之名縱使裕得關中懸遠難守彼不能守終爲我物今不勞兵馬坐觀成敗鬬兩虎而收長久之利上策也夫爲國之計擇利而爲之豈顧婚姻酬一女子之惠也假令國家棄恆山以南裕必不能發與越之兵與官軍爭守河北也居然可知議者猶曰裕西入函谷則進退路窮腹背受敵北上岸

則姚軍必不出關助我揚聲西行意在北進其勢然也帝遂從羣議遣長孫嵩發兵拒之戰於畔城爲裕將朱超石所敗師人多傷帝始恨不用浩計二年晉齊郡太守王懿來降上書陳計稱劉裕在洛勸國家以軍絕其後路則裕軍可不戰而尅書奏帝善之會浩在前進講書傳帝問浩曰劉裕西伐前軍已至潼關以卿觀之事得濟不對曰昔姚興好養虛名而無實用子泓又病衆叛親離裕乘其危亡兵精將勇尅之必矣帝曰劉裕武能何如慕容垂浩曰裕勝夫慕容垂承父祖累世之資生便尊貴同類歸之若夜蛾之赴火少加倚仗便足立功劉裕挺出寒微不階尺土之資不因一卒之用奮臂大呼而夷滅桓元北禽慕容超南摧盧循等僭晉陵遲遂執國命裕若平泓而還必篡其主其勢然矣秦地戎夷混并虎狼之國裕亦不能守之風俗不同人情難變欲行荊揚之化於三秦之地是無翼而欲飛無足而欲走不可得也秦地當終爲國家有帝曰裕已入關不能進不能退我遣精騎南襲彭城壽春裕亦何能自立浩曰今西北二寇未殄陛下不可親御六師兵衆雖盛而將無韓白長孫嵩有治國之用無進取之能非劉裕敵也臣謂待之不晚帝笑曰卿量之已審矣浩曰臣嘗私論近世人物不敢不上聞若王猛之治國苻堅之管仲也慕容恪之輔少主慕容暐之霍光也劉裕之平逆亂司馬德宗之曹操也帝曰卿謂先帝如何浩曰小人管窺乾象何能見昊穹之廣大雖然太祖用漢北淳樸之人南入漢地變風易俗化洽四海自與羲農舜禹齊烈臣豈能仰名帝曰屈丐何如浩曰屈丐家國夷滅一身孤寄爲姚氏封殖不思樹黨彊鄰報讐雪恥乃結蠕蠕背德於姚興蹶豎小人無大經略正可殘暴終爲人所滅耳帝大悅語至中夜賜浩御縹醪酒十觚水精戎鹽一兩曰朕味卿言若此鹽酒故與卿同其味也三年彗星出天津入太微經北斗絡紫微犯天棓八十餘日至天漢而滅帝復召諸儒術士問之曰今天下未一四方岳峙災咎之應將在何國朕甚畏之浩對曰災異由人而起人無釁妖不自作臣按漢書載王莽篡位之前彗星出入正與今同國家主尊臣卑人無異望是爲僭晉將滅劉裕篡逆之應也五年裕果廢其主而自立南鎮上宋改元赦書時帝幸東南滷池射鳥聞之驛馳召浩而謂曰往年卿言彗星之占驗矣朕於今日始信天道初浩父疾篤浩乃剪髮截爪夜在庭中仰禱斗極爲父請命求以身代叩頭流血歲餘不息家人罕有知者及父終居喪盡禮時人稱之襲爵白馬公自朝廷禮儀文策詔誥軍國書記盡關於浩浩能爲雅說不長屬文而留心於制度科律及經術之言作家祭法次序五宗蒸嘗之禮豐儉之節義理可觀性不好老莊之書每讀不過數十行輒棄之曰此矯誣之說不近人情必非老子所言老聃習禮仲尼所師豈設敗法之言以亂先王之教袁生所謂家人筐篋中物不可揚於王庭也帝常有微疾而災異屢見乃使中貴人密問於浩曰春秋星孛北斗七國之君皆將有咎今茲日蝕於胃昴盡光趙代之分朕疾彌年療治無損恐一旦奄忽諸子並少將如之何其爲我設圖後之計浩曰陛下春秋富盛聖業方融德以除災幸就平愈且天道冥遠或消或應昔宋景見災修德熒惑退舍願陛下遣諸憂慮恬神保和納御嘉福無以闇昧之說致損聖思必不得已請陳瞽言自聖化龍興不崇儲貳是以永興之始社稷幾危今宜早建東宮選公卿忠賢陛下素所委仗使爲師傅左右信臣簡在聖心者以充賓友入總萬機出統戎政監國撫軍大柄在手若此則陛下可以優游無爲頤神養壽進御醫藥萬歲之後國有成主民有所歸則奸究息望旁無覬覦此乃萬代之令典塞禍之大備也今長皇子諱年漸一紀明叡溫和衆情所繫時登儲副則天下幸甚立子以長禮之大經若並待成人而擇倒錯天倫則生履霜堅冰之禍自古以來載籍所記興衰存亡鮮不由此帝納之於是使浩奉策告宗廟命太武爲國輔主居正殿臨朝司徒長孫嵩山陽公奚斤北新公安同爲左輔坐東廂西向浩與太尉穆觀散騎常侍邱堆爲右弼坐西廂東向百寮總己以聽焉明元避居西宮時隱而窺之聽其決斷大悅謂左右侍臣曰長孫嵩宿聽舊臣歷事四世功存社稷奚斤辯捷智謀名聞遐邇安同曉解俗情明於校練穆觀達政事要識吾旨趣崔浩博聞彊識精天人之會邱堆雖無大用然在公專謹以此六人輔相吾子足以經國吾與汝曹遊行四境伐叛柔服可得志於天下矣羣臣時奏事所疑明元曰此非我所知當決之汝曹國主也會聞宋武帝殂明元欲取虎牢滑臺浩曰陛下不以劉裕歘起納其使貢裕亦敬事陛下不幸今死乘喪伐之雖得之不令春秋晉士丐帥師侵齊聞齊侯卒乃還君子大其不伐喪以爲恩足以感孝子義足以動諸侯今國家亦未能一舉而定江南宜遣人弔祭存其孤弱恤其凶災布義風於天下令德之事也若此則化被荊揚南金象齒羽毛之珍可不求而自至且裕新死黨與未離兵臨其境必相率拒戰

功不可必不如緩之待其惡稔如其彊臣爭權變難必起然後命將揚威可不勞士卒而收河北之地明元旣銳意南伐語浩曰劉裕因姚興死而滅其國裕死我伐之何爲不可浩固執曰興死二子交爭裕乃伐之明元大怒不從浩言遂遣奚斤南伐議於監國之前曰先攻襄也先略地也斤曰請先攻城浩曰南人長於守城苻氏攻襄陽經年不拔今以大國之力攻其小城若不時剋挫損軍勢危道也不如分軍略地至淮爲限列置守宰收斂租穀滑臺虎牢反在軍北絕望南救必沿河東走若或不然卽是囿中之物公孫表請先圖其城斤等濟河先攻滑臺經時不拔表請濟師明元怒乃親南巡守拜浩相州刺史加左光祿大夫隨軍爲謀主及車駕之還也浩從明元幸西河太原登憩高陵之上下臨河流傍覽川域慨然有感遂與同寮論五等郡縣之是非考秦始皇漢武之違失浩好古識治體時伏其言天師寇謙之每與浩言聞其論古治亂之迹常自夜達旦竦意斂容無有懈倦旣而歎美之曰斯人言也惠皆可底行亦當今之皐繇也但世人貴遠賤近不能深察之耳因謂浩曰吾行道隱居不營世務忽受神中之訣今當兼修儒教輔助太平眞君繼千載之絕統而學不稽古臨事闇昧卿爲吾撰列王者政典并論其大要浩乃著書二十餘篇上推太初下盡秦漢變弊之迹大旨先以復五等爲本太武卽位左右忌浩正直共排毀之帝雖知其能不免羣議故出浩令以公歸第及有疑議召而問焉浩纖妍白皙如美婦人而性敏達長於謀計常自比張良而謂已稽古過之旣得歸第因欲修服食養性之術而寇謙之有神中錄圖新經浩因師事之始光中進爵東郡公拜太常卿時議討赫連昌羣臣皆以爲難唯浩曰往年以來熒惑再守羽林越鈎陳咸皆拘忌其占秦亡又今年五星併出東方利以西伐天應人和時會並集不可失也帝乃使奚斤等擊蒲坂而親率輕騎襲其都城大獲而還後帝復討昌次其城下收衆僞退昌鼓躁而昌舒陣爲兩翼會有風雨從東南來揚沙昏冥宦者趙倪進曰今風雨從賊後來我向彼背天不助人又將士飢渴願陛下攝騎避之更待後日浩叱之曰是何言歟千里制勝一日之中豈得變易賊前行不止後已離絕宜分軍隱山奄擊不意風道在人豈有恆也帝曰善分騎奮擊昌軍大潰神䴥二年議擊蠕蠕朝臣內外盡不欲行保太后亦固止帝帝皆不聽唯浩贊成策略尙書令劉絜左僕射安原等乃使黃門侍郎仇齊推赫連昌太史張淵徐辯說帝曰今年己巳三陰之歲歲星襲月太白在西方不可舉兵北伐必敗雖剋之不利於上又羣臣共贊和淵等云淵少時嘗諫苻堅不可南征堅不從而敗今天時人事都不和協何可舉動帝意不決乃召浩令與淵等辯之浩難淵曰陽者德也陰者刑也故日蝕修德月蝕修刑夫王者之用刑大則陳之原野小則肆之市朝戰伐者用刑之大者也以此言之三陰用兵蓋得其類修刑之義也歲星襲月年飢民流應在他國遠期十二年太白行蒼龍宿於天文爲東不妨北伐淵等俗生志意淺近牽於小數不達大體難與遠圖臣觀天文此年以來月行掩昴至今猶然其占三年天子大破旄頭之國蠕蠕高車旄頭之衆也天聖明御時能行非常之事古人語曰非常之原黎民懼焉及其成功天下晏然願陛下勿疑也淵等慙而言曰蠕蠕荒外無用之物得其地不可耕而食得其民不可臣而使輕疾無常難得而制有何汲汲而苦勞士馬也浩曰淵言天時是其所職若論形勢非彼所知斯乃漢世舊說常談施之於今不合事宜何以言之夫蠕蠕者舊是國家北邊叛隸今誅其元惡收其善民令復舊役非無用也漠北高涼不生蚊蚋水草美善夏則北遷田牧其地非不可耕而食也蠕蠕子弟來降貴者尙公主賤者將軍大夫居列滿朝又高車號爲名騎非不可臣而畜也夫以南人追之則患其輕疾於國兵則不然何者彼能遠走我亦能遠逐非難制也往數入塞國人驚震今夏不乘虛掩進破滅其國至秋復來不得安臥自太宗之世迄於今日無歲不警豈不汲汲乎哉世人皆謂淵辯通解數術明決成敗臣請試之問其西國未滅之前有何亡徵知而不言是其不忠若實不知是其無術時赫連昌在坐淵等自以無先言慙赧而不能對帝大悅謂公卿曰吾意決矣亡國之臣不可與謀信矣哉而保太后猶疑之復令羣臣於保太后前評議帝謂浩曰此等意猶不伏卿善曉之令寤旣罷朝或有尤浩者曰今吳賊南寇而舍之北伐行師千里其誰不知若蠕蠕遠遁前無所獲後有南賊之患此危道也浩曰不然今年不摧蠕蠕則無以禦南賊自國家并西國以來南人恐懼揚聲動衆以衞淮北彼北我南彼征我息其勢然矣北破蠕蠕往還之閒故不見其至也何以言之劉裕得關中留其愛子精兵數萬良將勁卒猶不能固守舉軍盡沒號哭之聲至今未已如何正當國家休明之世士馬彊盛之時而欲以駒犢齒虎口也設令國家與之河南彼必不能守之自量不能守是以必不來若或

有衆備邊之軍耳夫見瓶水之凍知天下之寒嘗肉一臠識鑊中之味物有其類可推而得也且蠕蠕恃其絕遠謂國家力不能至自寬來久故夏則散衆放畜秋肥乃聚背寒向溫南來寇抄今出其虜表攻其不備大軍卒至必驚駭星分望塵奔走牡馬護牧牝馬戀駒驅馳難制不得水草未過數日朋聚而困弊可一舉而滅蹔勞永逸長久之利時不可失也唯患上無此意今聖慮已決發曠世之謀如何止之陋哉公卿也諸軍遂行天師謂浩曰是行也如之何可果剋乎浩對曰天時形勢必剋無疑但恐諸將瑣瑣前後顧慮不能乘勝深入使不全舉耳及軍入其境蠕蠕先不設備民畜布野驚怖四奔於是分軍搜討東西五千里南北三千里凡所俘虜及獲畜產車廬彌漫山澤蓋數百萬高車殺蠕蠕積類降者三十餘萬落虜遂散亂矣帝沿弱水西行至涿邪山諸大將果疑深入有伏兵勸帝止天師以浩囊日之言固勸帝窮討帝不聽後有降人言蠕蠕大檀先被疾不知所爲乃焚燒穹廬科車自載將數百人入山南走民畜窘聚方六十里中無人統領相去百八十里追軍不至乃徐徐西遁惟此得免後聞涼州賈胡言若復前行二日則盡滅之矣帝深恨之大軍既還南賊終不能動如浩所量浩明識天文好觀星變常置金銀銅鋌於酢器中令青夜有所見即以鋌畫紙作字以記其異帝每幸浩第多問以異事或倉卒不及束帶奉進蔬食不暇精美帝爲舉匕箸或立嘗而旋其見寵愛如此於是引浩出入臥內加侍中特進撫軍大將軍左光祿大夫以賞謀謨之功帝從容謂浩曰卿才智深博事朕祖考忠著三世朕故延卿自近宜思盡規諫輔予弼予勿有隱懷朕雖當時遷怒若或不用久久可不深思卿言也因令歌工歷頌羣臣事在長孫道生傳又召新降高車渠帥數百人賜酒食於前帝指浩以示之曰汝曹視此人尫纖懦弱手不能彎弓持矛其胸中所懷乃踰於兵甲朕始時雖有征討之意而志慮不自決前後剋捷皆此人導吾令至此矣乃敕諸尚書曰凡軍國大計卿等所不能決皆先諮浩然後施行俄而南蕃諸將表宋師欲犯河南請兵三萬先其未發逆擊之因誅河北流民在界上者絕其鄉導足以挫其銳氣使不敢深入詔公卿議之咸言宜許浩曰此不可從也往年國家大破蠕蠕馬力有餘南賊震懼常恐輕兵奄至臥不安席故先聲動衆以備不虞非敢先發又南上下溼夏月蒸暑水潦方多草木深邃疾疫必起非行師之時且彼先嚴有備必堅城固守屯軍攻之則糧食不給分兵肆討則無以應敵未見其利就使能來待其勞倦秋涼馬肥因敵取食徐往擊之萬全之計在朝羣臣又西北守將從陛下征討西滅赫連北破蠕蠕多獲美女珍寶馬畜成羣南鎮諸將聞而生羨亦欲南鈔以取資財是以披毛求瑕妄張賊勢冀得肆心既不獲聽故數稱賊動以恐朝廷背公存私爲國生事非忠臣也帝從浩議南鎮諸將復表賊至而自陳兵少求簡幽州以南戍兵佐守就漳水造船嚴以爲備公卿議者僉然欲遣騎五千幷假署司馬楚之魯軌韓延之等令引誘邊民浩曰非上策也彼聞幽州以南精兵悉發大造舟船輕騎在後欲存立司馬誅除劉族必舉國駭擾懼於滅亡當悉發精兵銳卒來備北境後審知官軍有聲無實恃其先聚必喜而前行徑來至河肆其侵暴則我守將無以禦之若彼有見機之人善設權譎乘間深入虞我國虛生變不難非制敵之良計今公卿欲以威力攘賊乃所以招令速至也夫張虛聲而召實害此之謂矣不可不思後悔無及我使在彼期四月前還可待使至審而後發猶未晚也楚之等是彼所忌將奪其國彼安得端坐視之故楚之往則彼來楚之止則彼息其勢然也且楚之等瑣才能招合輕薄無賴而不能成就大功爲國生事使兵連禍結必此之羣矣臣嘗聞魯軌說姚興求入荊州至則散敗乃不免蠻賊掠賣爲奴使禍及姚泓已然之效浩復陳天時不利於彼曰今茲害氣在揚州不宜先舉兵一也午歲自刑先發者傷二也日蝕滅光晝昏星見飛鳥墮落宿當斗牛憂在危亡三也熒惑伏匿於翼軫戒亂及喪四也太白未出進兵者敗五也夫興國之君先修人事次盡地利後觀天時故萬舉而萬全國安而身盛今宋新國是人事未周也災變屢見是天時不協也舟行水涸是地利不盡也三事無一成自守猶或不安何得先發而攻人哉彼必聽我虛聲而嚴我亦承彼嚴而動兩推其咎皆自以爲應敵兵法當分災迎受害氣未可舉動也帝不能違衆乃從公卿議浩復固爭不從乃遣陽平王杜超鎮鄴琅邪王司馬楚之等屯潁川於是賊來遂疾到彥之自清水入河泝流西行分兵列守南岸西至潼關帝聞赫連定與宋縣分河北乃治兵欲先討赫連羣臣皆曰劉義隆猶在河中舍之西行前寇未可必剋而義隆乘虛則失東州矣帝疑焉問計於浩浩曰義隆與赫連定同惡相招連結馮跋牽引蠕蠕規逆肆心虛相唱和義隆望定進定待義隆前皆莫敢先入以臣觀之有似連雞不得俱飛無能爲害也臣始謂

義隆軍來當屯住河中兩道北上東道向冀州西道衝鄴如此則陛下當自致討不得徐行今則不然東西列兵徑二千里中一處不過數千形分勢弱以此觀之僞兒情見止望固河自守免死爲幸無北度意也赫連定殘根易摧擬之必仆剋定之後東出潼關席卷而前則威震南極江淮以北無立草矣聖策獨發非愚近所及願陛下必西行勿疑平涼既平其日宴會帝執浩手以示蒙遜使曰所云崔公此是也才略之美當今無比朕行止必問成敗決焉若合符契後冠軍將軍安頡軍還獻南俘因說南賊之言云宋敕其諸將若北國兵動先其未至徑前入河若其不動住彭城勿進如浩所量帝謂公卿曰卿輩前謂我用浩計爲謬驚怖固諫常勝之家始皆自謂踰人遠矣至於歸終乃不能及遷浩司徒時方士祁纖奏立四王以日東西南北爲名欲以致禎祥除災異詔浩與學士議之浩對曰先王建國以作藩屏不應假名以爲其福夫日月運轉周歷四方京師所居在於其內四王之稱實奄邦畿名之則逆不可承用先是纖奏改代爲萬年浩曰昔太祖道武皇帝應天受命開拓洪業諸所制置無不循古以始封代土後稱爲魏故代魏兼用猶彼殷商國家積德著在圖史當享萬億不待改名以爲益也纖之所聞皆非正義帝從之是時河西王沮渠牧犍內有貳意帝將討焉先問於浩浩對曰牧犍惡心已露不可不誅官軍往年北代雖不剋獲實無所損于時行者內外軍馬三十萬匹計在道死傷不滿八千歲常羸死恆不減萬乃不少於前而遠方乘虛便謂大損不能復振今出其不圖大軍卒至必驚懼騷擾不知所出禽之必矣牧犍幼弱諸弟驕恣爭權縱橫人心離解加以比年以來天災地變都在秦涼誠滅亡之國也帝曰善吾意亦以爲然命公卿議之弘農王奚斤等三十餘人皆表曰牧犍西垂下國雖心不爲純臣然繼父職貢朝廷接以蕃禮又王姬釐降罪未甚彰謂且羈縻而已今士馬勞止宜可小息又其地鹵斥畧無水草大軍既到不得久停彼聞軍來必完聚城守攻則難拔野無所掠於是尚書古弼李順之徒皆曰自溫圉河以西至於涼州地純枯石了無水草不見流川皆言姑臧城南天梯山上冬有積雪深一丈餘至春夏消液下流城川引以溉灌彼聞軍至決此渠口水不通流則致渴乏去城百里之內赤地無草又不任久停軍馬斤等議是也帝乃命浩以其前言與斤共相難抑諸人不復餘言唯曰彼無水草浩曰漢書地理志稱涼州之畜爲天下饒若無水草何以畜牧又漢人爲居終不於無水草之地築城郭立郡縣也雪之消液纔不斂塵何得通渠引漕溉灌數百萬頃乎此言大詃誣於人矣李順等復曰耳聞不如目見吾曹目見何可共辯浩曰汝曹受人金錢欲爲人爲辭謂我目不見便可欺也帝隱聽聞之乃出親見斤等辭旨嚴厲形於神色羣臣乃不敢復言但唯唯而已於是遂討涼州平之州饒水草如浩所言乃詔浩曰昔皇祚之興世隆北土太祖道武皇帝協順天人奄有區夏太宗承統先隆前緒朕以眇年獲奉宗廟即位之初不遑甯處揚威朔裔埽定赫連逮於神䴥始命史職注集前功以成一代之典自爾已來戎旗仍舉秦隴剋定徐兗無塵平逋寇於龍川討孽隸於涼域而史闕其職篇籍不著每懼斯事之墜焉命公留臺綜理史務述成此書務從實錄浩於是監祕書事以中書侍郎高允散騎侍郎張偉參著作續成前紀至於損益褒貶折衷潤色浩所總焉浩有鑒識以人倫爲已任明元太武之世徵海內賢才起自仄陋及所得外國遠方名士拔而用之皆浩之由也至於禮樂憲章皆歸宗於浩及景穆始總百揆浩復與宜都王穆壽輔政事時又將討蠕蠕劉絜復致異議帝愈欲討之乃召問浩浩對曰往擊蠕蠕師不多日絜等各欲迴還後獲其生口云軍還之時去賊三十里是絜等之計過矣夫北土多積雪至冬時常避寒南徙若因其時潛軍而出必與之遇既與之遇則可禽獲帝以爲然乃分軍爲四道詔諸將俱會鹿渾海期日有定而絜恨計不用沮誤諸將無功而還帝西巡詔浩與尚書順陽公蘭延都督行臺中外諸軍事帝至東雍親臨汾曲觀叛賊薛永宗壘進軍圍之永宗出兵欲戰帝問浩曰今日可擊不浩曰永宗未知陛下自來人必安閑北風迅疾宜急擊之須臾必破若待明日恐其見官軍盛大必夜遁走帝從之永宗潰滅車駕濟河前驅告賊在渭北帝至洛水橋賊已夜遁詔問浩曰蓋吳在長安北九十里渭北地空穀草不備欲度渭南西行何如浩對曰蓋吳營去此大十里賊魁所在擊蛇之法當先破頭頭破則尾豈能復動宜乘勢先擊蓋吳今軍往一日便到平蓋吳之後迴向長安亦一日而至一日之內未便損傷愚謂宜從北道若從南道則蓋吳徐入北山卒未可平帝不從乃度渭南蓋吳聞帝至盡散入北山果如浩言軍無所剋帝悔之後以浩輔東宮之勤賜繒絮布帛各千段太武蒐于河西詔浩詣行在所議軍事浩表猶如前議以謂漢武患匈奴彊盛故開涼州五郡通西域廣農積穀爲滅

賊之資東西迭擊故漢未疲而匈奴已弊今募徙豪彊大家充實涼土軍舉之日東西齊勢此計之得者浩又上五寅元歷表曰太宗即位元年敕臣解急就章孝經論語詩尚書春秋禮記周易三年成訖復詔臣學天文星歷易式九宮無不盡看三十九年晝夜無廢臣稟性弱劣力不及健婦人更無餘能是以專心思書忘寢與食至乃夢共鬼爭義遂得周公孔子之要術始知古人有虛有實妄語者多眞正者少自秦始皇焚書之後經典絕滅漢高祖以來世人妄造歷術者十餘家皆不得天道之正大誤四千小誤甚多不可言盡臣愍其如此今遭陛下太平之世除僞從眞宜改誤歷以從天道是以臣前奏造歷今始成訖謹以奏呈惟垂恩省察以臣歷術宣示中書博士然後施用非但時人天地鬼神知臣得正可以益國家萬世之名過於三皇五帝矣浩又以晉書諸家並多誤著晉後書未就傳世者五十餘卷初道武詔祕書郎鄧淵著國記十餘卷編年次事體例未成逮于明元廢而不述神䴥二年詔集諸文人摭錄國書浩及弟覽高讜鄧潁晁繼范享黃輔等共參著作敘成國書三十卷著作令史太原閔湛趙郡郄標素諂事浩乃請立石銘刊載國書以彰直筆并勒浩所注五經浩贊成之景穆善焉遂營於天郊東三里方百步用功三百萬乃訖浩所著國記盡述國事備而不典而石銘顯在衢路北人咸悉忿毒相與譖浩於帝帝大怒使有司按浩取祕書郎史及長歷生數百人意狀浩服受賕太平眞君十一年六月誅浩清河崔氏無遠近及范陽盧氏太原郭氏河東柳氏皆浩之姻親盡夷其族其祕書郎吏以下盡死浩始弱冠太原郭逸以女妻之浩晚成不曜華采故時人未之知也逸妻王氏即宋鎮北將軍王仲德姊也每奇浩才能自以爲得佳壻俄而女亡王氏深以傷恨復以少女繼婚逸及親屬以爲不可王氏固執與之逸不能違遂重結好浩非毁佛法而妻郭氏好釋典時時讀誦浩怒取而焚之捐灰於廁中及浩幽縶置之檻內送於城南使衞士數十人溲其上呼聲嗷嗷聞于行路自宰司之被戮辱未有如浩者世皆以爲報應之驗也初浩之害李順基萌已成夜夢秉火爇順寢室火作而順死浩與室家羣立而觀之俄而順弟息號哭而出曰此輩吾賊也以戈擊之悉投於河寤而惡之以告館客馮景仁景仁曰此眞不善也非復虛事夫以火爇人暴之極也且兆始惡者有終殃積不善者無餘慶厲階成矣公其圖之浩曰吾方思之而不能悛至是而族浩既工書人多託寫急就章從少至老初不憚勞所書蓋以百數必稱爲代彊以示不敢犯國其謹也如此浩書體勢及其先人而妙巧不如也世寶其迹多裁割綴連以爲模楷浩母盧諶孫女也浩著食經序曰余自少及長耳目聞見諸母諸姑所修婦功無不蘊習酒食朝夕養舅姑四時供祭祀雖有功力不任僮使常手自親焉昔遭喪亂饑饉仍臻饘蔬餬口不能具其物用十餘年間不復備設先妣慮久廢忘後生無所知見而少不習書乃占授爲九篇文辭約舉婉而成章聰辯彊記皆此類也親沒之後遇國龍興之會平暴除亂拓定四方余備位台鉉與參大謀賞獲豐厚牛羊蓋澤貲累鉅萬衣則重錦食則粱肉遠惟平生季路負米之時不可復得故序遺文垂示來世浩弟簡字仲亮一名覽好學少以善書知名道武初歷中書侍郎爵五等侯參著作事卒簡弟恬字叔元小名白位豫州刺史爵武陽侯坐浩伏誅宏祖悅與范陽盧諶並以博藝齊名諶法鍾繇悅法衞瓘而俱習索靖之草皆盡其妙諶傳子偃偃傳子邈悅傳子潛潛傳子宏世不替業故魏初重崔盧之書宏自非朝廷文誥四方書檄初不妄染故世無遺文尤善草隸爲世摹楷行法特盡精巧而不見遺迹始宏因苻氏亂欲避地江南爲張願所獲本圖不遂乃作詩以自傷而不行於世蓋懼罪也浩誅中書侍郎高允受敕收浩家書始見此詩允知其意允孫綽錄於允集初宏父潛爲兄渾誄手筆本草延昌初著作佐郎王遵業買書於市遇得之年將二百寶其書迹深藏祕之武定中遵業子松年將以遺黃門郎崔季舒人多摹搨之左光祿大夫姚元摽以工書知名於時見潛書以爲過於浩也宏弟徽字元猷少有文才與渤海高演俱知名歷位祕書監賜爵貝邱侯樂安王範鎭長安遷舊德之士與俱範以徽爲平西將軍副將行樂安王傳進爵濟南公徽爲政務存大體不親小事性好人倫引接賓客或談及平生或講論道義誨誘後進終日不止以疾徵還京師卒謚曰元公士類無不歎息始清河崔寬祖彤隨晉南陽王保避地隴右遂仕西涼及沮渠氏彤生剖字伯宗每慷慨有懷東土常歎曰風雨如晦雞鳴不已吾所庶幾及太武西巡剖乃總率同義使子寬送款太武嘉之拜寬岐陽令賜爵延水男遣使與寬俱西撫慰初附徵剖詣京師未至而卒文成以剖誠著先朝贈涼州刺史武陵公謚曰元寬字景仁還京封安國子位弘農太守初寬通款見浩浩與相齒次厚存接之及浩誅以遠來疏族獨得不坐遂家于武城居司空

林舊墟以一子繼浩與浩弟覽妻封氏相奉如親寬後襲爵武陵公陝城鎮將三崤地險人多刼寇而寬性滑稽誘接豪右宿盜魁帥與相交結傾衿待遇不逆細微莫不感其意氣時宜無祿力唯取給於人寬善撫納招致禮遺大有取受而與之者無恨又弘農出漆蠟竹木之饒路與南通貿易來往家產豐富而百姓樂之諸鎮之中號曰能政及解鎮人人追戀詣闕上疏者三百餘人卒遺言薄葬斂以時服長子衡字伯玉少以孝行著稱學崔浩書頗亦類焉天安元年擢爲內祕書中散班下詔命及御所覽書多其迹也衡舉李冲李元愷程駿等終爲名器承明元年遷內都坐令善折獄孝文嘉之太和二年襲爵武陵公衡涉獵書史頗爲文筆蠕蠕時犯塞衡上疏陳備禦之方便國利人之策凡五十餘條除秦州刺史徙爵齊郡公先是河東年饑刼盜大起衡至修龔遂法勸課農桑周年間寇盜止息卒贈冀州刺史謚惠公衡五子長子敞字公世襲爵例降爲侯爲平原相敞性狷急與刺史楊椿迭相表列敞坐免官宣武初爲鉅鹿太守弟朏之逆敞爲黃太軍主韓文殊所藏其家悉見籍沒唯敞妻李氏以公主之甥自隨奴婢田宅二百餘口得免正光中普釋禁錮敞復爵郡侯卒於趙郡太守敞弟鐘字公祿奉朝請弟朏之逆以出後被原歷司徒右長史金紫光祿大夫冀州大中正敞亡後鐘貪其財誣敞息子積等三人非兄允辭訴累世人士嫉之爾朱世隆爲尚書令奏除其官終身勿齒朏好學有文才爲京兆王愉錄事參軍與愉同逆伏法宏同郡董謐謐父京與同郡崔康時霍原等俱以碩學播名遼海謐好學傳父業中山平入朝拜儀曹郎撰朝覲饗宴郊廟社稷之儀

張袞字洪龍上谷沮陽人也祖翼遼東太守父卓昌黎太守袞篤實好學有文才初爲郡五官掾道武爲代王選爲左長史從道武征蠕蠕追之五六百里諸部帥因袞言糧盡不宜深入帝問袞若殺副馬足三日食乎皆言足也帝乃倍道追之及於廣漠赤地南林山下大破之既而帝問袞卿曹外人知我問三日糧意乎對曰皆莫知也帝曰此易知耳蠕蠕奔走數日畜產失飲至水必留計其道程三日足及輕騎卒至出其不意彼必驚散其勢然矣袞以帝言出告部帥咸曰聖策長遠非愚近所及袞常參大謀決策幃幄帝器之禮遇優厚袞每告人曰昔樂毅杖策於燕昭仲達委身於魏武蓋命世難可期千載不易遇主上天姿傑邁逸志陵霄必能囊括六合混一四海夫遭風雲之會不建騰躍之功者非人豪也遂策名委質竭誠伏事時劉顯地廣兵彊跨有朔裔會其兄弟乖離共相疑阻袞言於道武曰顯志大意高今因其內釁宜速乘之帝從之遂破走顯又從破賀訥道武登勿居山遊宴從官請聚石爲峯以記功德乃命袞爲文慕容寶之來寇也袞言於帝曰寶乘滑臺之功因長子之捷傾資竭力難與爭鋒愚以爲宜羸師卷甲以侈其心帝從之果破之參合皇始初遷給事黃門侍郎道武南伐師次中山袞言於帝曰寶憑三世之資城池之固雖皇威震赫勢必擒殄然窮兵極武非王者所宜若酈生一說田橫委質魯連飛書聊將授首臣誠德非古人略無奇策仰憑威靈庶必有感袞乃遺寶書喻以成敗寶見書大懼遂奔和龍既克中山聽入八議拜奮武將軍幽州刺史賜爵臨渭侯袞清儉寡欲勸課農桑百姓安之天興初徵還京師後與崔逞答晉將郗恢書失旨黜爲尚書令史袞遇創業之初始以才謨見任卒心奉上不顧嫌疑帝曾問南州人於袞袞與盧溥州里數稱薦之又未嘗與崔逞相見聞風稱美及中山平盧溥聚黨爲逆崔逞答書不允並乖本言故忿之袞年過七十闔門守靜手執經書刊定乖失愛好人物善誘無倦士類以此高之永興二年疾篤上疏後數日卒年七十二太武後追錄舊勳遣大鴻臚即袞墓冊贈太保謚文康公子度少有學尚襲爵臨渭侯卒於中都大官度子白澤年十一遭母憂以孝聞長而博學文成初除殿中曹給事中甚見寵任白澤本名鍾葵獻文賜名白澤納其女爲嬪出行雍州刺史清心少欲民吏安之獻文詔諸監臨官取所監羊一口酒一斛者罪至大辟與者以從坐論糾得尚書以下罪狀者各隨所糾官輕重而授之白澤以爲此法若行之不已恐姦人窺望勞臣解節請依律令舊法獻文納之太和初懷州人伊祁苟初三十餘人謀反文明皇太后欲盡誅一城人白澤諫以爲周書父子兄弟罪不相及不誣十室而況一州后從之乃止轉散騎常侍殿中尚書卒贈相州刺史廣平公謚曰簡長子倫字天念大司農少卿燕州大中正熙平中蠕蠕主醜奴遣使來朝抗敵國之禮不修臣敬朝議將依漢答匈奴故事遣使報之倫表以爲虜雖慕德亦來觀我懼之以彊儻或歸附示之以弱窺覦或起春秋所謂以我卜也高祖世宗知其若此來既莫逆去又不追必其委質玉帛之辰屈膝藩方之禮則豐其勞賄藉以珍物至於王人遠役銜命虜庭優以匹敵之尊加之想望之寵恐徒生虜慢無益聖朝不從孝莊初

卒於大司農卿袞弟恂列在循吏傳

鄧淵字彥海安定人也祖羌苻堅車騎將軍父翼河間相慕容垂之圍鄴以爲冀州刺史爵眞定縣侯翼拒對使者曰先君忠于秦室翼豈可先叛乎忠臣不事二主未敢聞命垂喻遣之曰吾與車騎結爲異姓兄弟卿亦猶吾子弟安得辭乎翼曰冀州宜任親賢翼請他役効命垂乃用爲河間太守後卒於趙郡內史淵性貞素言行可復博覽經書長於易筮道武定中原擢爲著作郞再遷尚書吏部郞淵明制度多識故事與尚書崔宏叅定朝儀律令音樂及軍國文記詔策多淵所爲從征平陽以功賜爵下博子加中壘將軍道武詔淵撰國記十餘卷唯次年月起居行事而已未有體例淵謹於朝事未嘗忤旨其從父弟暉時爲尚書郞兇俠好奇與定陵侯和跋厚跋有罪誅其子弟奔長安或告暉將送出之由是道武疑淵知情遂賜淵死既而悔之時人咸愍惜焉子頴襲爵稍遷中書侍郞太武詔太常卿崔浩集諸文學撰述國書頴與浩弟覽等俱叅著作事太武幸漠南高車莫弗庫若干率騎數萬餘驅鹿百餘萬詣行所詔頴爲文銘於漠南以記功德兼散騎常侍使宋進爵爲侯卒謚曰文恭子恰襲爵位荆州刺史賜爵南陽公卒子侍孝文賜名述位齊州刺史初改置百官始重公府元佐以述爲太傅元丕長史卒於司空長史謚曰貞

長孫嵩代人也父仁昭成時爲南部大人嵩寬雅有器度昭成賜名焉年十四代父統事昭成末年諸部乖亂苻堅使劉庫仁攝國事嵩與元他等率部衆歸之劉顯之謀難也嵩率舊人及庶師七百餘家叛顯走將至五原時寔君之子烏渥亦聚衆自立嵩欲歸之見烏渥烏渥稱逆父之子勸嵩歸道武嵩未決烏渥迴其牛首嵩黽勉從之見道武于三漢亭道武以爲南部大人累著軍功後從征中山除冀州刺史賜爵鉅鹿公歷侍中司徒相州刺史改封南平公所在著稱明元即位與山陽侯奚斤北新侯安同白馬侯崔宏等八人坐止車門右聽理萬機故世號八公晉將劉裕之伐姚泓明元假嵩節督山東諸軍事傳詣平原緣河北岸列軍次於畔城軍頗失利詔假裕道裕於舟中望嵩麾蓋遺以酃酒及江南食物嵩皆送京師詔嵩厚答之又敕簡精兵爲戰備若裕西過者便率精銳南出彭沛如不時過但引軍隨之彼至崤陝間必與姚泓相持一死一傷衆力疲弊比及秋月徐乃乘之則裕首可不戰而縣矣於是叔孫建等尋河趣洛遂入關嵩與建等自成皐南濟晉諸屯戍皆望塵奔潰裕剋長安嵩乃班師明元寢疾問後事於嵩嵩曰立長則順以德則人服今長皇子賢而世嫡天所命也請立乃定策詔太武臨朝監國嵩爲左輔太武即位進爵北平王司州中正詔問公卿赫連蠕蠕征討何先嵩與平陽王長孫翰司空奚斤等曰赫連土居未能爲患蠕蠕世爲邊害宜先討大檀及則收其畜產足以富國不及則校獵陰山多殺禽獸皮肉筋角以充軍實亦愈於破一小國太常崔浩曰大檀遷徙烏逝疾追則不足經久大衆則不能及之赫連屈丐土宇不過千里其刑政殘虐人神所棄宜先討之尚書劉絜武京侯安原請先平馮跋帝默然遂西巡狩後聞屈丐死關中大亂議欲征之嵩等曰彼若城守以逸待勞大檀聞之乘虛而寇此危道也帝乃問幽微於天師寇謙之謙之勸行杜超之贊成之崔浩又言西伐利嵩等固諫不可帝大怒責嵩在官貪污使武士頓辱尋遷太尉久之加柱國大將軍自是輿駕征伐嵩以元老多留鎮京師坐朝堂平斷刑獄薨年八十謚曰宣王後孝文追錄先朝功臣以嵩配饗廟庭子頹善騎射彎弓三百斤襲爵加侍中征南大將軍有罪黜爲戍兵後復爵薨謚曰安王子敦字孝友位北鎮都將坐黷貨降爲公孝文時自訟先世勳重帝復其王爵薨謚曰簡王子道字念僧襲爵久之隨例降爲公位右衛將軍卒謚曰愼子悅襲爵建義初復本王爵尋降爲公位光祿少卿卒贈司空嵩五世孫儉仕周知名有傳嵩從子道生忠厚廉謹道武愛其謹重使掌機密與賀毗等四人內侍左右出入詔命明元即位除南統將軍冀州刺史後取人美女以獻明元切責之以舊臣不加罪黜太武即位進爵汝陰公遷廷尉卿從征蠕蠕與尉眷等率衆出白黑兩漠間大捷而還太武征赫連昌道生與司徒長孫翰宗正娥清爲前驅遂平其國昌弟定走保平涼宋遣將到彥之王仲德寇河南以救定詔道生與丹陽王太之屯河上以禦之遂誘宋將檀道濟邀其前後追至歷城而還除司空加侍中進封上黨王薨年八十二贈太尉謚曰靖道生廉約身爲三司而衣不華飾食不兼味一熊皮障泥數十年不易時人比之晏嬰第宅卑陋出鎭後其子弟頗更修繕起堂廡道生還歎曰昔霍去病以匈奴未滅無用家爲今彊寇尚游魂漠北吾豈可安坐華美也乃切責子弟令毀其宅太武世所在著績每建大議多合時機爲將有權略善待士衆帝命歌工歷頌羣臣曰智如崔浩廉如道生及年老頗惑其妻孟氏以此見譏與從父嵩俱爲三公當世以爲榮子抗位少府卿早卒抗

子覲少以壯勇知名後襲祖爵上黨王時異姓諸王襲爵多降爲公帝以其祖道生佐命先朝故特不降以征西大將軍假司空督河西七鎭諸軍討吐谷渾部帥拾寅拾寅遁藏焚其城邑而還孝文初拜殿中尙書侍中吐谷渾又侵逼復假觀司空討降之後爲征南大將軍薨謚曰定葬禮依其祖靖王故事陪葬雲中金陵子冀歸六歲襲爵降爲公孝文以其幼承家業賜名幼字承業承業聰敏有才藝虛心愛士爲前將軍從孝文南討宣武時爲揚州刺史假鎭南大將軍都督淮南諸軍事梁將裴邃虞鴻襲據壽春承業諸子驍果邃頗難之號曰鐵小兒詔河間王琛總衆援之琛欲決戰承業以雨久更須持重琛弗從遂戰爲賊所乘承業後殿初承業旣總彊兵久不決戰議者疑有異圖朝廷重遣河間王琛及臨淮王彧尙書李憲等三都督外聲助承業內實防之會鮮于修禮反於中山以承業爲大都督北討尋以本使達鄴城詔承業解行臺罷大使遣河間王琛爲大都督酈道元爲行臺承業遣子子裕奉表稱與琛同在淮南俱當國難琛敗臣全遂生私隙且臨機奪帥非策所長書奏不納琛與承業前到呼沲承業未欲戰而琛不從行達五鹿爲修禮邀擊琛不赴之賊總至遂大敗承業與琛並除名尋而正平蜀郡反復假承業鎭西將軍討蜀都督頻戰有功除平東將軍復本爵後除尙書右僕射未幾雍州刺史蕭寶夤據州反復以承業爲行臺討之承業時背疽未愈靈太后勞之曰卿疹源如此朕欲相停更無可寄如何承業答曰死而後已敢不自力時子彥亦患脚痺扶杖入辭尙書僕射元順顧相謂曰吾等備爲大臣各居寵位危難之日病者先行無乃不可乎莫有對者時薛鳳賢反於正平薛修義屯聚河東分據鹽池攻圍蒲坂東西連結以應寶夤承業乃據河東時有詔廢鹽池稅承業上表曰鹽池天資賄貨密邇京畿唯須寶而護之均贍以理今四境多虞府庫罄竭然冀定二州且亡且亂常調之絹不可復收仰惟府庫有出無入必須經綸出入相輔略論鹽稅一年之中準絹而言猶不應減三十萬疋也便是移冀定二州置於畿甸今若廢之事同再失臣前抑違嚴旨而先討關賊徑解河東者非是閑長安而急蒲坂蒲坂陷沒失鹽池三軍口命濟贍理絕天助大魏茲計不爽昔高祖昇平之年無所乏少猶創置鹽官而加典護非爲物而競利恐曰利而亂俗也況今王公素餐百官尸祿租徵六年之粟調折來歲之資此皆出入私財奪人膂力豈是願言事不獲已臣輙符司監將尉還率所部依常收稅更聽後敕及雍州平除雍州刺史孝莊初封上黨王尋改馮翊王後降爲郡公遷司徒公加侍中兼尙書令大行臺仍鎭長安節閔立遷太尉公錄尙書事及韓陵之敗斛斯椿先據河橋謀誅爾朱使承業入洛啓節閔誅世隆兄弟之意孝武初轉太傅以定策功更封開國子承業表請迴授其姨兄廷尉卿元洪超次子惲初承業生而母亡爲洪超母所撫養是以求讓許之孝武入關承業時鎭虎牢亦隨赴長安位太師錄尙書事封上黨王大統元年薨贈假黃鉞大丞相都督三十州諸軍事雍州刺史謚曰文宣承業少輕俠鬭雞走馬力爭殺人因亡抵龍門將陳興德家會赦得免因以後妻羅前夫女呂氏妻興德兄興恩以報之羅年大承業十餘歲酷妬忌承業雅相敬愛無姬妾童侍之中在承業左右嫌疑致死者乃有數四前妻張氏二子子彥子裕羅生三子紹遠士亮季亮兄弟皆雄武子彥本名儁有膂力以累從父征討功封槐里縣子孝武帝與齊神武搆隙加子彥中軍大都督行臺僕射鎭弘農以爲心膂及從帝入關封高平郡公位儀同三司以從征竇泰戰沙苑功加開府侍中及東復舊京以子彥兼尙書令行司州牧留鎭洛陽後以不利班師大統七年拜太子太傅子彥少嘗墜馬折臂肘上起骨寸餘乃命開肉鋸骨流血數升言戲自若時以爲踰於關羽末年石發舉體生瘡雖親戚兄弟以爲惡疾子彥曰惡疾如此難以自明世無艮醫吾其死矣嘗聞惡疾蝮蛇螫之不痛試爲求之當令兄弟知我乃於南山得蛇以股觸之痛楚號叫俄而腫死文帝聞之慟哭曰失我良將贈雍州刺史子裕位衞尉少卿啓捨汎階十七級爲子義貞求官除左衞將軍加通直散騎常侍又以父勳封平原縣侯抗弟禮少以父任爲散騎侍郎與襄城公盧魯元等內侍恭敏有才志太武寵信之曰其父親近吾祖其子在我左右不亦宜乎

長孫肥代人也昭成時年十三以選內侍少有雅度果毅少言道武之在獨狐及賀蘭部常從禦侮左右帝深信仗之登國初與莫題等俱爲大將屢有軍功後從平中山以功賜爵瑯邪公遷衞尉卿改爵盧鄉時中山太守仇儒不樂內從亡匿趙郡推趙準爲主妄造祅言云燕東傾趙當續欲知其名淮水不足準喜而從之自號鉅鹿公儒爲長史據關城連引丁零殺害長吏肥討破準於九門斬仇儒禽準詔以儒肉食準傳送京師轘之於市夷其族除肥兗州刺史姚平之寇平陽道武徵肥

與毗陵王順等爲前鋒平退保柴壁帝進攻屠之遣肥還鎭兗州撫慰河南威信著於淮泗肥善策謀勇冠諸將前後征討未嘗失敗故每有大難令肥當之南平中原西摧羌寇肥功居多賞賜千計後降爵藍田侯卒謚曰武陪葬金陵子翰襲爵翰少有父風道武時以善騎射爲獵郎明元之在外翰與元磨渾等潛謀奉迎明元即位與磨渾等拾遺左右以功累遷平南將軍率衆鎭北境威名甚著太武即位封平陽王蠕蠕大檀之入寇雲中太武親征之遣翰與東平公娥清出長川討大檀大檀北遁追擊剋獲而還遷司徒從襲赫連昌破之翰清正嚴明善撫將士薨太武爲之流涕親臨其喪喪禮依安成王叔孫俊故事謚曰威陪葬金陵子成襲爵降爲公位南部尚書卒陪葬金陵翰弟陵位駕部尚書性寬厚好學愛士封吳郡公卒贈吳郡王謚曰恭陪葬金陵

于栗磾代人也少習武藝材力絕人能左右馳射登國中拜冠軍將軍假新安子與甯朔將軍公孫蘭潛自太原從韓信故道開井陘關路襲慕容寶於中山道武後至見道路修治大悅賜以名馬及趙魏平帝置酒高會謂栗磾曰卿吾之黥彭也進假新安公道武田於白登山見熊將數子顧謂栗磾曰卿勇幹如此能搏之乎對曰天地之性人爲貴若搏之不勝豈不虛斃一壯士自可驅致御前坐而制之尋皆禽獲帝顧謝之後爲河內鎭將劉裕之伐姚泓也栗磾慮裕侵擾河北築壘河上裕憚之遺栗磾書假道西主題曰黑矟公麾下栗磾以狀表聞明元因之授栗磾黑矟將軍栗磾好持黑矟裕望而異之故有其號也永興中關東羣盜大起西河反叛栗磾受命征伐所向皆平遷豫州刺史進爵新安侯洛陽雖歷代所都實爲邊界栗磾安集之甚得百姓歡心明元南幸孟津謂栗磾曰河可橋乎栗磾曰杜預造橋遺事可想乃編次大船爲橋於野坂六軍既濟帝深歎美之太武之征赫連昌勅栗磾與宋兵將軍周幾襲陝城長驅至三輔進爵爲公累遷外都大官平刑折獄甚有聲稱卒年七十五賜東園祕器朝服一具衣一襲贈太尉栗磾自少總戎迄於白首臨事善斷所向無前加以謙虛下士刑罰不濫太武甚悼惜之子洛拔有姿容善應對拜侍御中散太武甚加愛寵因賜名焉轉監御曹令景穆在東宮厚加禮遇洛拔恆畏避屏退不敢逆自結納頃之襲爵後爲侍中尚書令百僚憚之卒於官洛拔有六子長子烈善射少言有不可犯之色少拜羽林中郎累遷侍中殿中尚書于時孝文幼沖文明太后稱制烈與元丕陸叡李沖等各賜金策許以有罪不死進爵洛陽侯轉衞尉卿及遷都洛陽人情戀本多有異議帝以問烈烈曰陛下聖略深遠非愚管所測若隱心而言樂遷之與戀舊中半耳帝曰卿不倡異同朕深感不言之益勅鎭代留臺庶政一相參委車駕幸代執烈手曰宗廟至重翼衞不輕卿當祗奉靈駕時遷洛邑烈與高陽王雍奉神主於洛陽遷光祿卿十九年大選百僚子登引例求進烈表引己素無教訓請乞黜落帝曰此乃有識之言不謂烈能辦此乃引見登詔曰朕今創禮新邑明揚天下卿父乃行謙讓之表而有直士之風故進卿爲太子翊軍校尉又加烈散騎常侍封聊城縣子及穆泰陸叡謀反舊京帝幸代泰等伏法賜烈及李沖璽書述敘金策之意時代鄉舊族同惡者多唯烈一宗無所染豫帝益器重之歎曰元儼決斷威恩深自不惡然盡忠猛決不如烈也爾日烈在代都必即斬其五王元首烈之節槩不謝金日磾詔除領軍將軍以本官從征荆沔加鼓吹一部二十三年齊將陳顯達入寇馬圈帝輿疾討之執烈手以京邑爲託帝崩於行宮彭城王勰祕諱而返稱詔召宣武會駕魯陽以烈留守之重密報凶問烈處分行留神守無變宣武即位寵任如前咸陽王禧爲宰輔權重當時曾遣家僮傳言於烈求舊羽林虎賁執仗出入烈不許禧遣謂烈曰我是天子兒天子叔元輔之命與詔何異烈厲色答曰向亦不道王非天子兒叔若是詔應遣官人所由若遣私奴索官家羽林烈頭可得羽林不可得也禧惡其剛直出之爲恆州刺史烈不願藩授謂彭城王勰曰殿下忘先帝南陽之詔乎而逼老夫乃至於此遂以疾辭宣武以禧等專擅潛謀廢之景明二年正月初祭三公致齋於廟帝夜召烈子忠謂曰卿父明可早入及明烈至詔曰諸父慠慢今欲使卿以兵召之卿其行乎烈曰老臣歷奉累朝頗以幹勇賜識今日之事所不敢辭乃將直閤以下六十餘人宣旨召咸陽王禧彭城王勰北海王詳衞送至帝前諸公各稽首歸政以烈爲領軍進爵爲侯自是長直禁中機密大事皆所參焉咸陽王禧之謀反宣武從禽於野左右分散倉卒之際莫知其計乃勅烈子忠馳覘虛實烈時留守已處分有備因忠奏曰臣雖朽邁心力猶可禧等猖狂不足爲慮願緩蹕徐還以安物望帝甚以爲慰車駕還宮禧已逃詔烈追執之順后既立以世父之重彌見優禮及卒宣武舉哀於朝堂給東園第一祕器贈太尉鉅鹿郡公子祚襲祚弟忠字思賢本

字千年弱冠拜侍御中散文明太后臨朝刑政頗峻侍臣左右多以微譴得罪忠朴直少言終無過誤太和中授武騎侍郎因賜名登累遷左中郎將領直寢元禧之亂車駕在外變起倉卒忠曰臣父爲領軍計必無慮帝遣忠馳觀之烈嚴備果如所量忠還宣武撫其背曰卿差彊人意先帝賜卿名登誠爲美稱朕嘉卿忠款今改名忠既表貞固之誠亦以名實相副也以父憂去職從爲司徒長史時太傅錄尚書北海王詳親尊權重將作太匠王遇多隨詳所欲而給之忠於詳前謂遇曰殿下國之周公阿衡王室何至阿諛附勢損公惠私也遇既不衛詳亦慙謝以平元禧功封魏郡公及還散騎常侍兼武衛將軍每以鯁氣正辭爲北海所忿面責忠曰我憂在前見爾死不憂爾見我死時也忠曰人生自有定分若應死王手避亦不免不爾王不能殺詳因忠表讓之際密勸帝以忠爲列卿於是詔停其封優進太府卿正始二年詔忠以本官使持節兼侍中爲西道大使刺史鎮將贓罪顯暴者以狀聞守令以下便行決斷與尚書李崇分使二道忠劾并州刺史高聰贓罪二百餘條論以大辟除華州刺史遭繼母憂不行服闋再遷衛尉卿河南邑中正忠與吏部尚書元暉度支尚書元匡河南尹元萇等推定代方姓族高肇忌其爲人乃言於宣武稱中山要鎮作捍須才乃出忠爲定州刺史既而帝悔復授衛尉卿領左將軍恆州大中正密遣使詣忠慰勉之延昌初除都官尚書領左衛中正如故又加散騎常侍嘗因侍宴賜之劍杖舉酒屬忠曰卿世執貞節故恆以禁衛相委昔以卿行忠賜名曰忠今以卿才堪禦侮以所御劍杖相錫循名取義意在不輕出入恆以自防也遷侍中領軍將軍忠辭無學識宣武曰學識有文章者不少但心直不如卿欲使卿劬勞於下我當無憂於上及帝崩夜忠與侍中崔光遣右衛將軍侯剛迎明帝於東宮而卽位忠與門下議以帝沖年未親機政太尉高陽王雍屬尊望重宜入居西柏堂省決庶政任城王澄明德茂親可爲尚書令總攝百揆奏中宮請卽敕授御史中尉王顯欲逞姦計與中常侍給事中孫蓮等厲色不聽寢門下之奏孫蓮等密欲矯太后令以高肇錄尚書事顯與高猛爲侍中忠卽殿下收顯殺之忠既居門下又總禁衛遂執朝政權傾一時初太和中軍國多事孝文以用度不足百官祿四分減一忠既擅朝欲以惠澤自固乃悉復所減之祿職人進位一級舊制百姓絹布一疋之外各輸綿麻八兩忠悉以與之乃白高陽王雍自云宣武本許優轉雍憚忠威權便順意加忠車騎大將軍忠自謂新故之際有安社稷功諷百寮令加已賞太尉清河王懌廣平王懷難違其意封忠常山郡公忠又難於獨受乃諷朝廷同在門下者竝加封邑尚書左僕射郭祚尚書裴植以忠權勢日盛勸雍出忠忠聞之逼有司誣奏其罪祚有師傅舊恩植擁地入國忠竝矯詔殺之朝野憤忿無不切齒王公以下畏之累跡又欲殺高陽王雍侍中崔光固執乃止遂免雍太尉以王還第自此詔命生殺皆出於忠既尊靈太后爲皇太后居崇訓宮忠爲儀同三司尚書令崇訓衛尉侍中領軍如故靈太后臨朝解忠侍中領軍崇訓衛尉止爲儀同尚書令侍中忠爲令旬餘靈太后引門下侍官問忠在端右聲聽咸曰不稱厥任乃出爲冀州刺史太傅清河王等奏忠擅殺樞納輒廢宰輔朝野駭心遠近怪愕功過相除悉不合賞請悉追奪靈太后從之熙平元年御史中尉元匡奏忠以鴻勳盛德受遇累朝幸國大災專擅朝命無人臣之心裴郭受冤於既往宰輔黜辱於明世又自矯旨爲儀同三司尚書令領崇訓衛尉原其此意便欲無上自處既事在恩後宜加顯戮請遣御史一人令史二人就州行決靈太后令以忠事經肆眚遂不追罪又詔以忠歷任禁要誠節皎然賜爵靈壽縣公初宣武崩後高太后將害靈太后劉騰以告侯剛剛以告忠忠請計於崔光光曰宜置胡嬪於別所嚴兵守衛忠從之具以此意啟靈太后太后意乃安故太后深德騰等四人竝有寵授忠以毀之者多懼不免禍願還京欲自營救靈太后不許二年四月除尚書右僕射加侍中將軍如故神龜元年三月復儀同三司疾未拜見裴郭爲祟自知必死先表養亾弟第二子司徒掾永超爲子乞以爲嫡靈太后許之薨贈司空有司奏太常少卿元端議案謚法剛彊正直曰武怙威肆行曰醜宜謚武醜公太常卿元修義議忠盡心奉上翦除凶逆依謚法除僞甯眞曰武夙夜恭事曰敬宜謚武敬公二卿不同靈太后令依正卿議忠性多阻忌不交勝己唯與直閤將軍章初瓌千牛備身楊保元爲斷金之交李世哲求寵於忠私以金帛貨初瓌保元二人談之遂被賞愛引爲腹心忠擅權昧進爲崇訓之由皆世哲計也忠弟景字百年忠薨後爲武衛將軍謀廢元乂乂黜爲懷荒鎮將及蠕蠕主阿那瓌叛鎮人請糧景不給鎮人遂執縛景及其妻拘守別室皆去其衣服令景著皮裘妻著故絳旗襖毀辱如此月餘乃殺之烈弟果嚴毅直亮有父兄風歷朔華并恆四州刺史賜爵武城子果弟勁勁

字鐘葵頗有武略位沃野鎮將賜爵富昌子宣武納其女爲后封勁太原郡公妻劉氏爲章武郡君後爲征北將軍定州刺史卒贈司空謚曰恭莊公自栗磾至勁累世貴盛一皇后四贈公三領軍二尚書令三開國公勁雖以后父但以順后且崩竟不居公輔子暉字宣明后母弟也少有氣幹襲爵位汾州刺史暉善事人爲爾朱榮所親以女妻其子長儒歷侍中河南尹後兼尚書僕射東南道行臺與齊神武討平羊侃於兗州元顥入洛害之勁弟天恩位內行長遼西太守贈平東將軍燕州刺史天恩子仁生位太中大夫仁生子安定平原郡太守高平郡都將安定子子提隴西郡守茂平縣伯周保定二年以子謹著勳追贈太保建平郡公謹自有傳

崔逞字叔祖清河東武城人魏中尉琰之五世孫也曾祖諒晉中書令祖遇仕石氏爲特進父瑜黃門郎逞少好學有文才仕慕容暐補著作郎撰燕記遷黃門侍郎暐滅苻堅以爲齊郡太守堅敗仕晉歷清河平原二郡太守爲翟遼所虜以爲中書令慕容垂滅翟釗以爲祕書監慕容寶東走和龍爲留臺吏部尚書及慕容驎立逞攜妻子歸魏張袞先稱美之由是道武禮遇甚厚拜尚書錄三十六曹別給吏屬居門下省尋除御史中丞道武攻中山未剋六軍乏糧問計於逞逞曰飛鴞食葚而改音詩稱其事可取以助軍糧帝雖銜其侮慢然兵既須食乃聽人以葚當租逞又言可使軍人及時自取過時則落盡帝怒曰內賊未平兵人尚可解甲收葚乎以中山未拔故不加罪及姚興侵晉襄陽戍將郗恢馳使乞師於恆山王遵書云賢兄虎步中原道武以爲倨君臣之體敕逞與張袞爲遵書答使亦貶其主號以報之逞袞爲書乃云貴主帝怒其失旨黜袞遂賜逞死後晉荊州刺史司馬休之等數十人爲桓元所逐皆將來奔至陳留聞逞被殺分爲二輩一奔長安一奔廣固帝聞深悔自是士人有過多見優容逞子諲禕嚴頤初逞之內徙終慮不免乃使其妻張氏與四子歸慕容德於廣固獨與小子頤在代京及逞死亦以此爲譴頤字太沖位散騎常侍賜爵清河侯太武聞宋以其兄諲爲冀州刺史乃曰義隆用其兄我豈無冀州地邪乃以頤爲冀州刺史又爲大鴻臚持節策拜楊難當爲南秦王奉使數返光揚朝命太武善之後與方士韋文秀詣王屋山造金丹不就太平眞君初卒始崔浩與頤及滎陽太守模等年皆相次浩爲長次模次頤三人別祖而模頤爲親浩恃其家世魏晉公卿常侮模浩不信佛道模深所歸向雖糞壤中禮拜形像浩大笑曰持此頭顱不淨處跪是胡神也模嘗謂人曰桃簡可欺我何容輕我周兒也浩小名桃簡頤小名周兒太武頗聞之故浩誅二家獲免頤五子少子僉以交通境外伏誅自逞之死至僉之誅三世積五十餘年在北一門盡矣諲仕宋位青冀二州刺史諲子靈和宋員外散騎侍郎靈和子宗伯始還魏追贈清河太守宗伯子休字惠盛休少孤貧矯然自立舉秀才入京師與宋弁邢巒雅相知友尚書王嶷欽其人望爲長子聘休姊贍以財貨由是少振孝文納休妹爲嬪頻遷兼給事黃門侍郎休勤學公事軍旅之隙未嘗釋卷禮遇亞于宋弁郭祚孝文南伐以北海王詳爲尚書僕射統留臺事以休爲尚書左丞詔以北海年少百揆務殷便以委休轉長史兼給事黃門侍郎參定禮儀帝嘗閱故府得舊冠題曰南部尚書崔逞制顧休曰此卿家舊事也後從駕南行及還幸彭城汎舟泗水詔在侍筵觀者榮之宣武初休以祖父未葬弟夤又亡固求出爲渤海太守性嚴明雅長政體下車先戮豪猾數人姦盜莫不禽翦清身率下部內安之時大儒張吾貴名盛山東弟子恆數千人所在多不見容休招延禮接使肄業而還儒者稱爲口實入爲吏部郎中遷散騎常侍權兼選任多所拔擢廣平王懷數引談宴以與諸公交游免官後爲司徒右長史公平清潔甚得時譽歷幽青二州刺史皆以清白稱二州懷其德澤入爲度支七兵殿中三尚書休久在臺閣明習典故每朝廷疑議咸取正焉諸公咸謂崔尚書下意處不可異也卒贈尚書右僕射謚曰文貞休少而謙退事母孝謹及爲尚書子仲文娶丞相高陽王雍女女適元乂庶長子舒挾二家勢志氣微改陵藉同列尚書令李崇左僕射蕭寶夤右僕射元欽皆以此憚下之始休母房氏欲以休女妻其外孫邢氏休乃違母情以妻乂子論者非之休子悛知名列在齊史休弟夤字敬禮位太子舍人卒贈樂安太守妻樂安王長女晉甯公主也貞烈有德行子懋字長謙幼聰敏濟州刺史盧尚之欲以長女妻之悛爲長謙求尚之次女曰家道多由婦人欲令姊妹爲妯娌尚之感其義於是同日成婚休誡諸子曰汝等宜皆一體勿作同堂意若不用吾言鬼神不享汝祭祀休亡枕中有書如平生所誡諸子奉焉長謙與休第二子仲文同年而月長其家謂之大二小二長謙少與太原王延業俱爲著作佐郎監典校書後爲青州司馬賊圍城二百日長謙讀書不廢凡手抄八千餘紙天文律歷醫方卜相風角鳥言靡不閑解晚節頗以酒爲損遷司

徒諮議修起居注加金紫光祿大夫後兼散騎常侍使梁將行謂人曰我尼在吳國忌在酉年今恐不免及還未及境卒年二十八贈南青州刺史逞兄遹字甯祖亦有名於時爲慕容垂尚書左丞范陽昌黎二郡太守遹曾孫延壽冀州主簿輕財好施甚收鄉曲譽延壽子隆宗簡率友弟居喪以孝聞仕蘭陵燕二郡太守仁信待物儉復至誠故見重於時卒贈齊州刺史謚曰孝子敬保冀州儀同府中郎卒贈冀州刺史敬保子子恆位魯郡太守早卒子恆弟子安子昇武定中通元謹事伏誅逞宗人模字思範琰兄霸之後也父遵慕容垂少府卿模仕宋爲滎陽太守神䴥中平滑臺歸降後賜爵武城男模長者篤厚不營榮利雖爲崔浩輕侮而不爲浩屈與崔頤相親往來如一家始模在南妻張氏有二子仲智季柔模至京師賜妻金氏生子幼度仲智等以父隔遠乃聚貨規贖之其母張曰汝父志懷無決必不能來行人以賄至都模果顧念幼度等指謂行人曰何忍捨此輩致爲刑辱當爲爾取一人使名位不滅我乃授以申謨宋東郡太守也神䴥中被執賜妻生子靈授申謨聞變乃棄妻子走還江外靈授刑爲閹人初太平眞君末模兄協子衮利爲宋魯郡太守以郡降賜爵臨淄子拜廣甯太守卒衮利二子懷順次恩仍居宋青州懷順以父入魏故不仕及魏克青州懷順迎衮利喪還青州云

王憲字顯則北海劇人也其先姓田秦始皇滅齊田氏稱王家子孫因以爲氏仍居海岱祖猛仕苻堅位丞相父休河東太守憲幼孤隨伯父永在鄴苻丕稱尊號復以永爲丞相永爲慕容垂所殺憲奔清河匿於民家皇始中乃歸魏道武見之曰此王猛孫也厚待之以爲本州中正領選曹事兼掌門下太武即位行廷尉卿出爲上谷太守賜爵高唐子清身率下風化大行尋拜外都大官復移中都歷任二曹斷獄稱旨進爵劇縣侯出爲并州刺史加安南將軍進爵北海公境內清肅及還京師以憲元老特賜錦繡布帛珍羞禮饍天安初卒年八十九謚曰康子崇襲崇弟嶷字道長孝文初爲南部尚書在任十四年時南州多事訟者塡門嶷性儒緩不斷終日昏睡李訢鄧宗慶等號爲明察而二人終見誅戮餘十數人或出或免唯嶷卒得自保時人爲之語曰實癡實昏終得保存後封華山公入爲內都大官卒子祖念襲爵祖念弟雲字羅漢頗有風尚位南兗州刺史坐受所部荆山戍主杜虔財又取官絹因染遂有割易爲御史糾劾會赦免卒官贈豫州刺史謚文昭子昕晞皓列在齊史

封懿字處德渤海蓨人也曾祖釋晉東夷校尉父放慕容暐吏部尚書兄孚慕容超太尉懿有才器能屬文與孚雖器行有長短而名位略齊仕慕容寶位中書令戶部尚書寶敗歸魏除給事黃門侍郎都坐大官封章安子道武引見問以慕容舊事懿應對疏慢廢黜還家明元初復徵拜都坐大官進爵爲侯卒官懿撰燕書頗行於世子元之坐與司馬國璠溫楷等謀亂伏誅臨刑明元謂曰終不令汝絕種也將宥汝一子元之以弟虔之子磨奴字君明早孤乞全其性命乃殺元之四子赦磨奴刑爲宦人崔浩之誅也太武謂磨奴曰汝本應全所以致刑者由浩也後爲中曹監使張掖賜爵富城子卒於懷州刺史贈勃海公謚曰定以族子回爲後回字叔念孝文賜名焉慕容暐太尉奕之後也父鑒初磨奴旣以回爲後請於獻文贈鑒寧遠將軍滄水太守回襲磨奴爵富城子宣武時累遷安州刺史安州山民愿朴父子賓旅同寢一室回下車勸令別處其俗遂改明帝時爲瀛州刺史時大乘寇亂之後加以水潦表求賑恤免其兵調州內賴之歷度支都官二尚書冀州大中正滎陽鄭雲諂事長秋卿劉騰貨紫纈四百匹得爲安州刺史除書旦出晩往詣回坐未定問回安州與生何事爲便回曰卿荷國寵靈位至方伯不能拔園葵去織婦宜思方略以濟百姓如何見造問與生乎封回不爲商賈何以相示雲慙失色轉七兵尚書領御史中尉劾奏尚書右僕射元欽與從兄麗妻陸氏姦通時人稱之後爲殿中尚書右光祿大夫莊帝初遇害河陰贈司空謚曰孝宣長子隆之列在齊史鑒長子琳字彥寶位中書侍郎與侍中南平王馮誕等議定律令有識者稱之歷位太尉長史司宗下大夫南夏青二州刺史光祿大夫琳弟子肅列在文苑傳中懿從兄子愷字思悌奕之孫也父勸慕容垂侍中太常卿愷位給事黃門侍郎散騎常侍入代都名出懿子元之之右俱坐司馬氏事死愷妻盧元女也愷子伯達棄母及妻李氏南奔河表改婚房氏獻文末伯達子休傑內入祖母盧猶存垂百歲矣而李已死休傑位冀州咸陽王府諮議參軍回族叔軌字廣度好學通覽經傳與光祿大夫武邑孫惠蔚同志友善惠蔚每推軌曰封生之於經義吾所弗如者多矣頗自修潔儀容甚偉或曰學士不事修飾此賢何爲如此軌聞笑曰君子整其衣冠尊其瞻視何必蓬頭垢面而後爲賢言者慙退以兼員外散騎常侍銜命高麗高麗

王雲恃其偏遠稱疾不親受詔軌輒正色詰之喻以大義雲乃北面受旨使還轉考功郎中除本郡中正渤海太守崔休入爲吏部郎中以已考事干軌軌曰法者天下之事不可以舊君故虧之也休歎其守正軌在臺中稱爲儒雅除國子博士假通直散騎常侍慰勞汾州山胡司空清河王懌表修明堂辟雍詔百寮集議軌議曰周官匠人職云夏后氏世室商人重屋周人明堂五室九階四戶八牕鄭元曰或舉宗廟或舉王寢或舉明堂互文以見同制然則三代明堂其制一也案周與夏殷損益不同至於明堂因而弗革明五室之義得天數矣是以鄭元又曰五室者象五行也然則九階者法九土四戶者達四時八牕者通八風誠不易之大範有國之恆式若其上圓下方以則天地通水環宮以節觀者茅蓋白盛爲之質飾赤綴白綴爲之戶牖皆典籍所載制度之明義也秦焚滅五典變更先聖不依舊憲故呂氏月令見九室之義大戴之禮著十二堂之文漢承秦法亦未能改東西二京俱爲九室是以黃圖白虎通蔡邕應劭等咸稱九室以象九州十二堂以象十二辰夫室以祭天堂以布政依行而祭故室不過五依時布政故堂不過四州之與辰非所可法九與十二厥用安在今聖朝欲尊道超人備禮化物宜則五室以爲永制至如廟學之嫌臺沼之雜袁準之徒已論正矣後卒於廷尉少卿贈濟州刺史初軌深爲郭祚所知祚常謂子景尚曰封軌高綽二人並幹國之才必應遠至吾平生不妄進舉而每薦此二人非直爲國進賢亦爲汝等之津梁其見重如此軌既以方直自業高綽亦以風槩立名高肇拜司徒綽送迎往來軌竟不詣綽顧不見軌乃遽歸曰吾一生自爲無愆規矩今日舉措不如封生遠矣軌以務德慎言修身之本姦回讒佞世之巨害乃爲務德慎言遠佞防姦四戒文多不載長子偉伯字君良博學有才思弱冠除大學博士每朝廷大議偉伯參焉雅爲太保崔光僕射游肇所知賞太尉清河王懌辟參軍事懌親爲孝經解詁命偉伯爲難例九條皆發起隱漏偉伯又討論禮傳詩易疑事數十條儒者咸稱之時朝廷將經始明堂廣集儒學議其制度九五之論久而不定偉伯乃搜撿經籍上明堂圖說六卷又撰封氏本錄六卷正光末尚書僕射蕭寶夤爲關西行臺引爲行臺郎及寶夤爲逆偉伯與南平王冏潛結關中豪右韋子粲等謀舉義兵事發見殺永安中贈瀛州刺史聽一子出身無子轉授弟冀

通志卷一百四十六

通志卷一百四十七

宋右廸功郎鄭樵漁仲撰

列傳第六十

後魏

古弼 張黎 劉潔 邱堆 娥清 伊馛 乙
瓌子乾歸 周幾 豆代田 車伊洛 王洛兒 車
路頭 盧魯元 陳建 來大千 宿石 萬安
國稽根 周觀 尉撥 陸眞 呂洛拔 薛彪子
尉元 慕容白曜子眞安白曜弟子契 和其奴 苟頹
宇文福子延 宋隱從子愔愔孫弁弁子維紀紀子欽道弁族弟頴頴族
弟鴻貴弁族弟翻 許彥子宗之 刁雍曾孫沖孫整雍族孫雙 辛紹先
子鳳達孫祥祥弟少雍鳳達弟穆穆子子馥 韋閬孫儁儁子子粲閬從叔道
福閬從子崇閬族弟珍珍子贊贊弟彧彧子朏 杜銓 屈遵子恒恒
孫拔 張蒲 谷渾 公孫表子軌軌子叡軌弟質質子邃 張濟
李先曾孫預先子皎皎孫義徽義徽子蘭義徽曾孫昭徽 賈彝子秀 竇
瑾 李訢 袁式 唐和 寇讚子臻臻子祖禮 酈範
子道愼道約範弟子惲 韓秀子務 堯暄孫雄 柳崇 陸俟子馛馛
子琇琇弟凱凱子暐暐弟恭之馛弟麗麗子定國定國子昕之昕之子子璋定
國弟叡麗從孫操 源賀孫懷懷子子邕子邕弟子恭 劉尼 薛提
司馬楚之孫悅楚之子躍

古弼代人也少忠謹好讀書又善騎射初爲獵郎使長安稱旨轉門下奏事明元賜名曰筆取其直而有用後又名弼言其有輔佐之才也令弼典西部與劉潔等分綰機要敷奏百揆太武卽位以功拜立節將軍賜爵靈壽侯歷位侍中吏部尙書典南部奏事後征馮弘弘將奔高麗高麗救兵至弘乃隨之令婦人被甲居中其精卒及高麗陳兵於外弼部將高苟子擊賊軍弼酒醉拔刀止之故弘得東奔太武大怒黜爲廣夏門卒尋復爲侍中與尙書李順使涼州賜爵建興公鎭長安甚有威名及議征涼州弼與順咸言涼州乏水草不宜行帝不從旣克姑臧微嫌之以其有將畧弗之責宋將裴方明克仇池立楊元庶子保熾於是假弼節督隴右諸軍討仇池平之未幾諸氐復推楊文德爲主圍仇池弼攻解其圍文德走漢川東道將皮豹子問仇池圍解議欲還軍弼使謂曰若其班師寇衆復至後舉爲難不出秋冬南寇必來以逸待勞百勝之策也豹子乃止太武聞之曰弼言長策也制有南秦弼謀多矣景穆總攝萬機徵爲東宮四輔與宜都王穆壽並參政事遷尙書令弼雖事務殷湊而讀書不輟端謹愼密口不言禁中事功名等於張黎而廉不及也上谷人上書言苑囿過度民無田業宜減大半以賜貧民弼欲陳奏遇帝與給事中劉樹碁志不聽事弼侍坐良久不獲申聞乃於帝前捽樹頭掣下牀以手搏其耳以拳毆其背曰朝廷不治實爾之罪帝失容放碁曰不聽奏事過在朕躬樹何罪置之弼具狀以聞帝奇弼公直乃可其奏以與百姓弼曰爲臣而逞志於君前罪莫大焉乃詣公車免冠徒跣自劾請罪帝召之謂曰卿其冠履吾聞築社之役蹇蹶而築之端冕而事之神與之福然則卿有何罪自今以後苟利社稷益國家便人者雖復顚沛造次卿則爲之無所顧也太武大閱將校獵於河西弼留守詔以肥馬給騎人弼命給弱者太武大怒曰尖頭奴敢裁量朕也朕還臺先斬此奴弼頭尖帝常命之曰筆頭時人呼爲筆公屬官怖惶懼誅弼告之曰吾謂事君使田獵不過盤游其罪小也不備不虞使戎寇恣逸其罪大也今北狄孔熾南虜未滅狡焉之志闚何邊境是吾憂也故選肥馬備軍實爲不虞之遠慮苟使國家有利吾甯避死乎明王可以理干此自吾罪非卿等之咎帝聞而歎曰有臣如此國之寶也賜衣一襲馬二匹鹿十頭後車駕田於山北獲麋鹿數千頭詔尙書發車牛五十乘運之帝尋謂從者曰筆公必不與我汝輩不如以馬運之速遂還行百餘里而弼表曰今秋穀懸黃麻菽布野豬鹿竊食鳥鴈侵費風波所耗朝夕三倍乞賜矜緩使得收載帝謂左右曰筆公果如朕卜可謂社稷之臣初楊難當之來也詔弼悉送其子弟於京師楊元少子文德以黃金三十斤賂弼弼受金留文德而遇之無禮文德亡入宋太武以其正直又有戰功弗加罪責太武崩吳王余立以弼爲司徒文成卽位與張黎並坐議不合旨俱免有怨謗之言其家人告巫蠱俱伏法時人寃之

張黎鴈門平原人也善書計道武知待之明元器其忠亮賜爵廣平公管綜機要太武以其功舊任以輔弼除大司農卿軍國大議黎常與焉以征赫連功進號征北大將軍與樂安王範濟南公崔徽鎭長安淸約公平甚著聲稱代下之日家無餘財太武征涼州蠕蠕吳提乘虛入寇黎與長孫道生拒擊走之景穆初總百揆黎與崔浩等輔政忠於奉上非公事不言詔賜浩黎布帛各千疋以褒舊勳吳王余立以黎爲太尉後文成卽位與古弼俱誅

劉潔長樂信都人也昭成時慕容氏獻女潔祖父生爲公主家臣乃隨入魏賜以妻妾生子提位樂陵太守封信都男卒潔襲提爵數從征討進爵會稽公後與永安侯魏勤及功勞將軍元屈等擊吐京叛胡爲其所執送

赫連屈丐潔聲氣不撓呼其字而與之言神色自若屈丐壯而釋之後得還國典東部事明元寢疾太武監國潔與古弼等選侍東宮對綜機要太武卽位奇其有柱石用委以大任及議軍國朝臣咸推其能遷尚書令改爲鉅鹿公車駕西伐潔爲前鋒沮渠牧犍弟董來拒戰於城南潔信卜者之言以日辰不協擊鼓却陣故董來得入城太武微嫌之潔久在樞密恃寵自專帝心稍不平時議伐蠕蠕潔言不如廣農積穀以待其來羣臣皆從其議帝決行乃從崔浩議既出與諸將議會鹿渾谷而潔恨其計不行欲沮諸將乃矯詔更期諸將不至時虜衆大亂景穆欲擊之潔執不可停鹿渾谷六日諸將猶不集賊已遠遁追至石水不及而還師次漠中糧盡士卒多死潔陰使人驚軍勸帝棄軍輕還帝不從潔以軍行無功奏歸罪於崔浩帝曰諸將後期及賊不擊罪在諸將豈在於浩又潔矯詔事遂發輿駕至五原收潔幽之太武之征也潔私謂親人曰若軍出無功車駕不返卽吾當立樂平王潔又使右丞張嵩求圖讖問劉氏應王繼國家後我審有名姓不嵩對曰有姓而無名窮驗款引搜嵩家果得讖書潔與南康公秋鄰及嵩等皆夷三族死者百餘人潔既居勢要內外憚之側目而視籍其家財鉅萬太武追忿言則切齒

邱堆代人也美容儀初以忠謹入侍明元卽位拾遺左右稍遷散騎常侍太武監國臨朝堆與太尉穆觀等爲右弼及卽位賜爵臨淮公位太僕與宗正娥清略地關右而宜城王奚斤表留堆合軍與赫連昌相拒斤進擊赫連定留堆守輜重斤爲定禽堆聞而棄甲走長安帝大怒遣西平公安頡斬堆

娥清代人也少有將畧累著戰功稍遷給事黃門侍郎明元南廵幸鄴以清爲中領軍將軍與宋兵將軍周幾等度河畧地至湖陸以功賜爵須昌侯與幾等遂鎮枋頭太武初還京師進爲東平公後從平統萬遂與奚斤討赫連昌至安定及昌弟定西走斤追之清欲尋水往斤不從遂與斤俱爲定所禽太武克平涼乃得還後與古弼等東討馮弘以不急戰弘奔高麗檻車徵爲門卒而卒於家子延賜爵南平公

伊馛代人也少而勇健走及奔馬善射多力曳牛却行神䴥初擢爲侍郎轉三郎加振威將軍賜爵汾陽子太武之將討涼州也議者咸諫以爲無水草唯司徒崔浩勸行羣臣出後馛言於帝曰涼州若無水草何得爲國議者不可用也宜從浩言帝善之既克涼州太武大會於姑臧謂羣臣曰崔公智計有餘吾亦不復奇之吾正奇馛弓馬之士而所見能與崔公同顧謂浩曰馛智力如此終至公相浩曰何必讀書然後爲學衞青霍去病亦不讀書而能大建勳名致位公輔帝笑曰誠如公言馛性忠謹帝親待日殊賞賜優厚太平眞君初帝欲拜馛爲尚書封郡公馛辭曰尚書務繁公爵至重非臣年少愚近所宜帝問其所欲馛對曰祕書二省多諸文士若恩矜不已請參其次帝賢之遂拜中護祕書監後以頻有戰功進爵河南公後拜司空及爲三公清約自守爲政舉大綱而已不爲苛碎太安二年領太子太保三年與司徒陸麗等並平尚書事薨子蘭襲爵位庫部尚書卒子益生驍勇有膽氣累有戰功遂爲名將以勳賜爵平城子爲西道都督戰没贈雍州刺史

乙瓌代人也其先世統部落太武時瓌父匹知遣瓌入貢帝留之瓌善騎射手格猛虎尚太武女上谷公主除駙馬都尉賜爵西平公從駕南征都督前鋒諸軍事勇冠三軍後進爵爲王又爲西道都將薨年二十九贈太尉公謚曰恭子乾歸襲爵乾歸有氣幹頗習書疏尤好兵法尚景穆女安樂公主除駙馬都尉侍中獻文初爲秦州刺史有惠政孝文卽位爲中道都將卒謚曰康子海字懷仁位散騎侍郎卒謚曰孝海子瑗字雅珍尚孝文女淮陽公主除駙馬都尉累遷西兗州刺史天平元年舉兵應樊子鵠戰敗死

周幾代人也少以善射爲獵郎明元卽位爲左部尚書以軍功封交阯侯太武以幾有智勇遣鎮河南威信著于外境幾常嫌奚斤等綏撫關中失和每至言論形於聲色斤等憚焉進號宋兵將軍率洛州刺史于栗磾以爲人襲陝城卒于軍軍人無不歎惜之歸葬京師謚曰桓子步襲爵

豆代田代人也明元時以善騎射爲內細射從攻虎牢詔代田登樓射賊矢不虛發以功遷內三郎從討赫連昌乘勝追賊入其宮門門閉代田踰宮而出太武壯之拜勇武將軍後從討平涼破赫連定得奚斤等以定妻賜之詔斤膝行授酒於代田勑斤曰全爾身命者代田功也以從討和龍戰功封長廣公卒於統萬鎮大將贈長廣王謚曰恭子周求襲爵

車伊洛焉耆胡也世爲東境部落帥恒修職貢延和中授平西將軍封前部王伊洛規欲歸闕爲沮渠無諱斷路伊洛連戰破之無諱卒伊洛前後遣使招喻其子乾壽等及其戶五百餘家送之京師又率部衆二千餘人伐高昌討破焉耆東關七城正平二年伊洛朝京師拜

都官尚書將軍王如故卒諡康王葬禮依盧魯元故事
子歎襲爵
王洛兒京兆人也少善騎射明元在東宮給事帷下侍
從遊獵夙夜無怠性謹愿未嘗有過明元嘗獵于灅南
乘冰而濟冰陷沒馬洛兒投水奉帝出岸洛兒殆將凍
死明元解衣以賜之自是恩寵日隆天賜末明元避難
出居于外洛兒晨夜侍衞無須臾違離恭勤發於至誠
元紹之逆明元左右唯洛兒與車路頭晝居山嶺夜還
洛兒家洛兒隣人李道潛相奉給晨復還山衆庶頗知
喜而相告紹聞收道潛斬之洛兒猶冒難往返京都通
問大臣大臣遂出奉迎百姓奔赴明元還宮社稷獲全
洛兒有功焉明元即位拜散騎常侍賜爵新息公加直
意將軍又追賜其父爲列侯賜僮隸五十戸永興五年
卒贈太尉建平王賜溫明祕器載以輼輬車使殿中衞
士爲之導從帝親臨哀慟者數四焉乃鴆其妻周氏與
合葬子長城襲爵卒無子以其弟德成襲
車路頭代人也少以忠厚選給東宮爲帳下帥謹愼無
過天賜末明元出於外路頭隨侍竭力及即位拜散騎
常侍加忠意將軍賜爵宣城公帝性明察羣臣多以職
事遇譴至有杖罰故路頭優游不任事侍宿左右從容
談笑而已路頭性無害每至評獄處理常獻寬恕之議
以是見重於朝帝亦敬納之寵賜隆厚當時功名莫及
泰恒六年卒帝親臨哀慟贈太師宣城王諡曰忠貞喪
禮一依安城王叔孫俊故事陪葬金陵子眷襲爵
盧魯元昌黎徒河人也曾祖副鳩仕慕容氏爲尚書令
臨澤公祖父並至大官魯元寬和有雅度明元時選爲
通直郎以忠謹給侍東宮恭勤盡節太武親愛之及即
位以爲中書侍郎拾遺左右寵待彌深而魯元益加謹
肅帝愈親待之內外大臣莫不敬憚焉性多容納善與
人交好掩人之過揚人之善由是公卿咸親附之魯元
以工書有文才累遷中書監領祕書事賜爵襄城公贈
其父爲信都侯初從征赫連昌太武親追擊之入其城
門魯元隨帝出入是日微魯元幾至危殆從征平涼以
功拜征北大將軍加侍中後遷太保錄尚書事帝貴異
之常從征伐出入臥內每有平殄輙賜僮隸前後數百
人布帛以百萬計帝臨幸其第不出旬日欲其居近易
於往來乃賜甲第於宮門南衣食車馬皆乘輿之副太
平眞君三年駕幸陰山魯元以疾不從侍臣問疾醫藥
傳驛相屬於路及薨帝甚悼惜之還臨其喪哭之哀慟
二宮命太官日送奠昏晨哭臨訖則備奏鐘鼓伎樂輿
駕比葬三臨之喪禮依安成王叔孫俊故事而賵送有
加贈襄城王諡曰孝葬於崞山爲建碑闕自魏興貴臣
恩寵無與爲比子統襲爵以父任侍東宮太武以元舅
陽平王杜超女南安長公主所生妻之車駕親自臨送
太官設供具賞賚千計文成即位典選部主客二曹卒
贈襄城王諡曰景無子弟彌娥襲卒贈襄城王諡曰恭
魯元少子內給侍東宮景穆深昵之常與同臥起同衣
食父子有寵兩宮勢傾天下內性寬厚有父風而恭愼
不及正平初宮臣伏誅太武以魯元故唯殺內而厚撫
其兄弟
陳建代人也以善騎射擢爲三郎稍遷下大夫內行長
太武討山胡白龍意甚輕之單將數十騎登山臨險每
日如此白龍乃伏壯士十餘處出於不意帝墜馬幾至
不測建以身捍賊大呼奮擊殺數人身被十餘創帝壯
之賜別戸二十文成初加冠軍將軍出爲雍州刺史假
秦郡公帝以建貪暴懦弱遣使就州罰杖五十孝文初
徵爲尚書右僕射加侍中進爵趙郡公建與侍中尚書
晉陽侯元仙德殿中尚書長樂王穆亮北部尚書平原
王陸叡密表啟南伐帝嘉之遷司徒征西大將軍進爵
魏郡王帝與文明太后頻幸建第賜建妻宴於後庭太
和九年薨子念生襲有罪爵除
來大千代人也父初眞從道武避難吐候山參創業功
官至後將軍武原侯與在八議大千驍果善騎射永興
初襲爵位中散至於朝賀之日大千常著御鎧盤馬殿
庭朝臣莫不嗟歎還內三郎幢將典宿衞禁旅大千用
法嚴明上下齊肅常從明元校獵見虎在高巖上持稍
直前刺之應手而死帝嘉其勇壯太武踐阼與襄城公
盧魯元等七人俱爲常侍常持仗侍衞晝夜不離左右
累從征伐以戰功賜爵廬陵公鎭雲中兼統白道軍事
太武以其壯勇數有戰功兼悉北境險要詔使巡撫六
鎭以防寇虜經略布置甚得事宜後吐京胡反以大千
爲都將討平之在吐京卒喪還停於平城南太武出遊
還見而問之左右以對帝悼歎者良久詔聽其喪入殯
城內贈司空諡莊公子丘頹襲爵降爲晉興侯
宿石朔方人赫連屈丐弟文陳之曾孫也天興中文陳
父子歸魏道武嘉之以宗女妻焉拜上將軍祖若豆根
明先時賜姓宿氏襲上將軍父沓干從太武征平涼有
功賜爵漢安男後從討蠕蠕戰沒石年十三襲爵擢爲
中散遷內行令從於苑中游獵石走馬引前道峻馬倒
殞絕久之乃蘇由是御馬得制文成嘉之賜以綿帛駿
馬改爵義陽子又常從獵文成親欲射猛虎石叩馬諫

引帝至高原上後猛虎騰躍殺人帝褒美其忠許後有犯罪宥而勿坐賜駿馬一匹尙上谷公主拜駙馬都尉位吏部尙書進爵太山公爲北征中道都大將卒追贈太原王謚曰康葬禮依盧魯元故事太和初子倪襲爵

萬安國代人也世爲酋帥父振尙高陽長公主拜駙馬都尉位長安鎭將爵馮翊公安國少明敏以國甥復尙河南公主拜駙馬都尉獻文特親寵之與同臥起拜大司馬大將軍封安成王安國先與神部長奚買奴不平承明初矯詔殺買奴於苑中孝文聞之大怒遂賜死年二十三子翼襲王爵有嵇根者世爲紇奚部帥皇始初率部歸魏尙昭成女生子拔位尙書令拔尙華陰公主生子敬元紹之逆也主有功超授敬大司馬封長樂王薨子護襲拜外都大官根事迹遺落故畧附云

周觀代人也驍勇有膂力太武以軍功賜爵金城公位高平鎭將善撫士卒號有威名後拜內都大官出爲秦州刺史撫馭失和部人薛永宗聚衆汾曲以叛觀討永宗爲流矢所中太武幸蒲坂觀聞帝至驚怖而起創重遂卒帝怒絕其爵云

尉撥代人也父那濮陽太守撥爲大學生募從兗州刺史羅忸擊賊於陳汝有功賜爵介休男討和龍擊吐谷渾皆有軍功進爵爲子累遷杏城鎭將大得人和文成以撥淸平有惠績賜以衣服獻文卽位爲北征都將南攻懸瓠進爵安成侯位北豫州刺史卒謚敬侯

陸眞代人也父洛侯秦州刺史眞少善騎射太武以眞膂力過人拜內三郎太平眞君中從討蠕蠕以功賜爵關內侯後攻懸瓠登樓臨射城中弦不虛發從太武至江還次盱眙眞功居多文成卽位進爵都昌侯位選部尙書後拜長安鎭將時初置長蛇鎭眞率衆築城未訖而氐豪仇傉檀等反叛眞擊平之卒城長蛇而還東平王道符反于長安以眞爲長安鎭將賜爵河南公長安平兵人素服其威信及至皆帖然安靜在鎭數年甚著威稱卒謚曰烈子延字契胡提頗有氣幹襲爵河南公例降改封汝陽侯位懷朔鎭大將太僕卿受使綏慰秀容爲牧子所害

呂洛拔代人也曾祖渴侯昭成時率戶五千歸魏父四知太武時爲西部長封榮陽公洛拔以壯勇知名文成末爲平原鎭將隨尉元攻宋將張永大敗之賜爵成武侯卒長子文祖獻文以其勳臣子補龍牧曹奏事中散以牧產不滋坐徙武川鎭後文祖以舊語譯注皇誥辭義通辯爲外都曹奏事中散後坐事伏法

薛彪子代人也祖達頭自姚萇時率部落歸魏道武賜爵聊成侯待以上客禮賜妻鄭氏卒贈冀州刺史謚曰悼父野豬并太二州刺史封河東公有聲稱卒謚曰簡彪子姿貌壯偉明斷有父風爲內行長典奏諸曹事當官正直內外憚之及文明太后臨朝出爲枋頭鎭將素剛簡爲近臣所嫉因小過黜爲鎭門士及獻文南巡次山陽彪子拜訴於路復除枋頭鎭將累遷開府徐州刺史在州甚多惠政丙姓便之沛郡太守邵安下邳太守張攀咸以贓汙彪子案之於法安等遣子弟上書誣彪南通賊虜孝文曰此妄矣推案果虛卒謚曰文子敂

尉元字苟仁代人也世爲豪宗父目斤勇略聞於當時常有戰功拜中山太守元年十九以善射稱爲羽林中郎以匪解見知稍遷駕部給事中賜爵富城男和平中遷北部尙書進爵太昌侯天安元年薛安都以徐州內附請師救援獻文以元爲鎭南大將軍持節都督東道諸軍事與城陽公孔伯恭赴之宋兗州刺史畢衆敬遣東平太守章仇檦歸款元並納之遂長驅而進宋遣將張永沈攸之等率衆討安都屯于下磕安都出城見元元依朝旨授其徐州刺史遣中書侍郞高閭李璨等與安都俱還入城別令孔伯恭撫安內外然後元入彭城元以張永仍據險要攻守勢倍懼傷士卒乃命安都及璨等固守身率精銳揚兵於外分擊絕其糧運大破永於呂梁之東斬首數萬級追北六十餘里生禽宋使持節梁秦二州刺史元恭祖等永與攸之輕走收其軍資器械宋東徐州刺史張讜兗州刺史王整蘭陵太守元忻靑州刺史沈文秀等相與歸命詔拜元鎭南大將軍開府徐州刺史封淮陽公詔元曰自淮以北蕩然淸肅皆是元帥經略將士劾命之所致也太和初徵爲內都大官旣而出爲使持節鎭西大將軍開府統萬鎭將甚得夷人之心三年進爵淮陽王以舊老見禮聽乘步挽杖於朝齊高帝旣立多遣間諜扇動新民不逞之徒所在蜂起以元威名夙振召爲征南大將軍總率諸軍以討之元討五固賊元和等皆平東南淸晏遠近帖然入爲侍中都曹尙書遷尙書令進位司徒十六年例降庶姓王爵封山陽郡公其年頻表以老乞身詔許致仕元詣闕謝恩引見於庭命升殿勞宴賜元冠素服又詔曰前司徒山陽郡公尉元前大鴻臚卿新太伯游明根並元亨利貞明允誠素位顯台宿歸終私第可謂知始知卒希世之賢也公以八十之年宜處三老之重卿以七十之齡可充五更之選於是養三老五更於明堂國老庶老於階下孝文再拜三老親袒割牲執爵而饋於五

更行肅拜之禮賜國老庶老衣服有差既而元言曰自天地分判五行施則人之所崇莫重於孝順然五孝六順天下之所先願陛下重之以化四方臣既年衰不究遠趣心耳所及敢不盡誠帝曰孝順之道天地之經今承三老明言銘之於懷明根言曰夫至孝通靈至順感幽故詩云孝悌之至通於神明光於四海如此則孝順之道無所不格願陛下念之以濟黎庶臣年志朽弊識見昧然在於愚慮不敢不盡帝曰五更助三老以言至範敷展德音當克己復禮以行來授禮畢乃賜步挽一乘詔曰夫尊老尚更列聖同致欽年敬德綿哲齊軌朕雖道謝元風識昧叡則然仰禀先誨企遵猷督故推老以德立更以先有焉斯彰無焉斯顯矣前司徒公元前鴻臚卿明根並以沖德懸車懿量歸老故尊老以三事更以五雖老更非官耄耋罔祿然況事既高宜加殊養三老可給上公祿五更可食元卿俸供食之味亦同其例十七年元疾篤帝親省疾遂薨年八十二謚曰景桓公葬以殊禮給羽葆鼓吹假黃鉞班劒四十人子翊襲爵遷洛以山陽在畿內改爲博陵郡公卒於恒州刺史謚曰順

慕容白曜慕容晃之元孫也父琚歷官以廉清著稱賜爵高都侯終尚書左丞謚曰簡白曜少爲中書吏以敦直給事宮中襲爵稍遷北部尚書文成崩與乙渾共執朝政遷尚書右僕射進爵南鄉公宋徐州刺史薛安都兗州刺史畢衆敬並以城內附詔鎭南大將軍尉元鎭東將軍孔伯恭赴之而宋東平太守申纂屯無鹽并州刺史房崇吉屯斗城遏絕王使皇興初加白曜使持節督諸軍事征南大將軍進爵上黨公屯碻磝爲諸軍後繼白曜攻纂於無鹽拔其東郭纂遁遣兵追執之迴攻斗城肥城戍主聞軍至棄城遁走獲粟三十萬石又下襲破麋溝垣苗二戍得粟十餘萬斛由是軍糧充足先是淮陽公皮豹子再征苗垣不克白曜一旬內頻拔四城威震齊土獻文下詔褒美之斗城不降白曜縱兵陵城殺數百人崇吉夜遁白曜撫其人百姓懷之獲崇吉母妻待之以禮宋遣將吳喜公欲寇彭城鎭南大將軍尉元請濟師獻文詔白曜赴之白曜至瑕邱遇患因停會崇吉與從弟法壽盜宋盤陽城以贖母妻白曜遣將軍長孫觀等率騎入自馬耳關赴之觀至盤陽諸縣悉降白曜自瑕邱進攻歷城二年崔道固及兗州刺史梁鄒守將劉休賓面縛而降白曜皆釋之送道固休賓及其寮屬于京師後乃徙二城人望於下館朝廷置平齊郡懷寧歸安二縣以居之自餘悉爲奴婢分賜百官白曜雖在軍旅而接待人物寬和有禮所獲崇吉母妻申纂婦女皆別營安置不令士卒喧雜及進克東陽擒沈文秀凡獲倉粟八十五萬斛始末三年築圍攻擊雖士卒死傷無多怨叛三齊欣然安堵樂業克城之日以沈文秀抗倨不爲之拜忿而撾撻唯以此見譏以功拜開府儀同三司都督青州刺史進爵濟南王初乙渾專權白曜頗所挾附後緣此追以爲責四年見誅云謀反叛時論寃之白曜一子眞安年十一聞父被執將自殺家人止之曰輕重未可知眞安曰王位高功重若小罪終不至此我不忍見父之死遂自縊太和中著作佐郎成淹上表理白曜孝文覽表哀愍之白曜弟子契輕薄無檢太和初以名家子擢爲中散遷宰官中散南安王楨有貪暴之響遣中散閭文祖詣長安察之文祖受楨金寶之賂爲楨隱而不言事發太后引見羣臣謂曰前論貪清皆云克修文祖時亦在中後竟犯法以此言之人心信不可知孝文曰卿等自審不勝貪心者聽辭位歸第契進曰小人之心無恒而帝王之法有恒以無恒之心奉有恒之法非所克堪乞垂退免帝曰契若知心不可恒卽知貪之惡矣何爲求退遷宰官令賜爵定陶男後卒於都督朔州刺史謚曰克初慕容氏破後種族仍繁天賜末頗忌而誅之時有不免者不敢復姓皆以輿爲氏延昌末詔復舊姓而其子女先入掖庭者猶號慕容特多於他族

和其奴代人也少有操行善騎射初爲三郎文成初封平昌公累遷尚書左僕射又與河東王閭毗太宰常英等並平尚書事在官愼法不受私請遷司空加侍中文成崩乙渾與林金閭擅殺尚書楊保年等時殿中尚書元郁率殿中宿衞士欲加兵於渾渾懼歸咎於金閭執以付郁時其奴以金閭罪惡未分出之爲定州刺史皇興元年長安鎭將東平王道符反詔其奴討之未至而道符敗軍還薨內外歎惜之贈平昌王謚曰宣子受襲爵

苟頽代人也本姓若干父洛拔內行長頽厚重寡言少嚴毅清直武力過人擢爲中散小心謹敬太武至江賜爵建德男累遷司衞監洛州刺史抑強扶弱山蠻畏威不敢爲寇太和中歷位侍中都曹尚書進爵河南公頽方正好直言雖文明太后生殺不允頽亦言至懇切李惠李訢之誅頽並致諫遷司空進爵河東王以舊老聽乘步挽杖於朝大駕行幸三川頽留守京師沙門法秀謀反頽率禁旅收掩畢獲內外晏然薨謚僖王長子愷

襲爵河東王例降爲公

宇文福其先南單于之遠屬也世爲擁部大人祖活撥仕慕容垂爲唐郡內史遼東公道武之平慕容氏也活撥入魏爲第一客福少驍果有膂力拜羽林郎太和中累遷都牧給事車駕南討時乃遷洛勑福檢行牧馬之所福規石濟以西河內以東拒黃河南北千里爲牧地事尋施行今之馬場是也及從代移雜畜牧於其所福善於將養並無損耗孝文嘉之補司衞監後以勳封襄樂縣男歷位太僕卿都官尚書營州大中正瀛州刺史性忠清在公嚴毅以信御人甚得聲譽二十二年車駕南伐遣福在前軍至鄧城齊明帝遣其尚書崔慧景等率十萬來援孝文勑福領高車羽林兵出其西南奪其橋道遏絕歸路齊衆大恐六道來戰福撫鞍誓衆身先士卒齊兵遂潰帝褒歎之還爲征北將軍都督懷朔沃野武川三鎭諸軍事懷朔鎭將至鎭卒諡曰貞忠子延字慶壽體貌魁岸眉目疎朗位員外散騎侍郎以父老詔聽隨侍在瀛州屬大乘祆黨突入州城延率奴客逆戰身被重創賊縱火燒齋閤福時在內延突入抱福出外支體灼爛鬚髮盡焦於是勒衆與賊苦戰賊乃散走以此見稱累遷直寢後與万俟醜奴戰歿

宋隱字處默西河介休人也曾祖奭祖活父恭世仕慕容氏位並通顯慕容儁徙鄴恭始家於廣平列人焉隱性至孝年十二便有成人之志專精好學不以兵難易操仕慕容垂爲本州別駕歷尚書郎道武平中山拜尚書吏部郎轉行臺右丞領選屬以老病乞骸骨帝不許尋以母喪歸列人既葬被徵固辭以病而州郡切以期會隱乃棄妻子間行匿於長樂數年而卒臨終謂其子經曰苟能入順父兄出悌鄉黨仕郡幸而至功曹史以忠清奉之則足矣不勞遠詣臺閣恐汝不能富貴而徒延門戶之累若忘吾言是爲死若父也使鬼而有知吾不歸食矣隱弟宣字道茂與范陽盧元勃海高允博陵崔建從子愔俱被徵拜中書博士後拜侍郎行司徒校尉卒諡簡侯宣子謨字乾仁襲爵卒於遼西太守子鸞襲位東莞太守鸞弟瓊字普賢母病季秋思瓜瓊夢見之求而遂獲人謂孝感卒於家愔歷中書博士員外散騎常侍使江南爵列人子卒於廣平太守長子顯襲爵無子養弟叔珍子弁爲後弁字義和父叔珍娶趙郡李敷妹坐敷事而死弁才學博贍少有美名初至京師見尚書李沖因言論移日沖異之退而謂人曰此人一日千里王佐才也顯卒弁襲爵弁與李彪州里迭相祗好彪爲秘書丞請爲著作佐郎遷尚書殿中郎中孝文曾因朝會之次歷訪治道弁年少官微自下而對聲姿清晃進止可觀帝稱善者久之因是大被知遇賜名爲弁意取允和獻玉楚王不知寶之義遷中書侍郎兼員外散騎常侍使於齊齊司徒蕭子良祕書丞王融等皆稱美之以爲志意謇諤不逮李彪而體韻和雅舉止閑邃過之轉散騎侍郎時散騎位在中書之右孝文曾論江左事因問弁曰卿比南行入其隅與彼政道云何興亡之數可得知不弁對曰蕭氏父子無大功於天下既以逆取不能順守德政不理徭役滋劇以臣觀之必不能貽厥子孫保有南海若物憚其威身免爲幸後車駕南征以弁爲司徒司馬東道副將軍人有盜馬靽者斬而徇於是三軍震懼莫敢犯法黃門郎崔光薦弁自代帝不許亦賞光知人未幾以允兼司徒左長史時大選內外尋官并定四海士族弁專參銓量之任事多稱旨然好言人之陰短高門大族意所不便者弁因毀之至於舊族淪滯而人非可忌者又申達之弁又爲本州大中正姓族多所降抑頗爲時人所怨遷散騎常侍尋爲右衞將軍領黃門弁屢自陳讓孝文曰吾爲相知者卿亦不可有辭豈得專守一官不助朕爲治乎且常侍者黃門之庶兄領軍者三衞之假攝不足空存推讓以棄大委其被知遇如此孝文北都之選也李沖多所參預頗抑宋氏弁有恨於沖而與李彪相善及彪之抗沖沖謂彪曰爾如狗耳爲人所嗾及沖劾彪不至大罪弁之力也彪除名弁大相嗟慨密圖申復孝文在汝南不豫大漸旬餘日不見侍臣唯彭城王勰等數人而已小瘳乃引見門下及宗室長幼諸人入者未能皆致悲泣惟弁與司徒司馬張海歔欷流涕帝由是益重之車駕征馬圈留弁以本官兼祠部尚書攝七兵事及行執其手曰國之大事在祀與戎故令卿綰攝二曹可不自勉弁頓首辭謝弁劬勞王事恩遇亞於李沖帝亦稱弁可爲吏部尚書及崩遺詔以弁爲之與咸陽王禧等六人輔政而弁先卒年三十八贈瀛州刺史諡曰貞順弁性好自矜伐自許膏腴孝文以郭祚晉魏名門從容謂弁曰卿固當推郭祚之門弁笑曰臣家未肯推祚帝曰卿自漢魏以來既無高官又無儁秀何得不推祚弁曰臣清素自立要爾不推侍臣出後帝謂彭城王勰曰弁人身自不惡乃復欲以門戶出矜殊爲可怪長子維字伯緒襲父爵爲給事中坐詔事高肇出爲益州龍驤府長史辭疾不行太尉清河王懌輔政以維名臣子薦爲通直郎辟其弟紀行參軍靈太后臨朝委任元乂乂恃寵驕盈

懌每以公理裁斷乂甚忿恨思害懌遂與維作計以富貴許之維見乂寵勢日隆乃告司染都尉韓文殊父子謀逆欲立懌懌被錄禁中文殊父子懼而逃遁鞫無反狀以文殊亡走懸處大辟置懌於宮西別館禁兵守之維應反坐乂言於太后欲開將來告者之路乃黜爲燕州昌平郡守紀爲秦州大羌令維及紀頗涉經史而浮薄無行懌尊親懿望朝野瞻屬維受懌眷賞而無狀構間天下士人莫不怪忿而賤薄之及乂殺懌專斷朝政以維兄弟前者告懌徵維爲散騎侍郎紀爲太學博士領侍御史乂甚昵之維超遷通直散騎常侍又除洛州刺史紀超遷尚書郎紀字仲烈初弁謂族弟世景言維疎險而紀識慧不足維必敗吾業世景以爲不爾至是果然聞者以爲知子莫若父尚書令李崇左僕射郭祚右僕射游肇每云伯緒凶疎終敗宋氏幸得殺身耳論者以爲有徵後除營州刺史靈太后反政以乂黨除名遂還鄉里尋追其前誣告淸河王事於鄴賜死子春卿早亡弟紀以次子欽仁嗣欽仁武定末爲太尉祭酒紀明帝末爲北道行臺卒于晉陽子欽道仕齊歷位中山太守長於撫接然好察細事其州府佐吏使民間者先酬錢然後敢食臨涖處稱爲嚴整尋徵爲黃門侍郎乂令在東宮教太子吏事時鄭子默以文學見知亦被親寵欽道本文法吏不甚諳識古今凡有疑事必詢子默二人幸於兩宮雖諸王貴臣莫敢不敬憚欽道又還祕書監仍帶黃門侍郎乾明初遷侍中與楊愔同誅贈吏部尚書趙州刺史弁族弟穎字文賢位魏郡太守納貨劉騰騰言之以爲涼州刺史穎前妻劉氏亡後十五年穎夢見之拜曰新婦今被處分爲高崇妻故來辭君泣然涕流穎旦見崇言之崇後數日而卒穎族弟鴻貴爲定州北平府參軍送戍兵於荆州坐取兵絹四百疋兵欲告之乃斬兵十人又疏凡不達見律令有梟首罪乃生斷兵手以水澆之然後斬決尋坐伏法時人哀兵之苦笑鴻貴之愚云弁族弟翻字飛烏少有操行世人以剛斷許之孝莊時除司徒左長史河南尹初翻爲河陰令順陽公主家奴爲刼攝而不送翻將兵圍主宅執主壻馮穆步驅向縣時正炎暑立之日中流汗霑地縣舊有大枷時人號曰彌尾青及翻爲縣主吏請焚之翻曰且置南牆下以待豪右未幾有內監楊小駒詣縣請事辭色不遜翻命取彌尾青以鎖之小駒既免入訴於宣武宣武大怒勅河南尹推之翻具自陳狀詔曰卿故違朝法豈不欲作威以賣名邪翻對曰造者非臣賣名者亦宜非臣臣所以留者非敢施於百姓欲待凶暴之徒如駒者耳於是威振京師及爲洛陽令迄河南尹畏憚權勢更相承接故當世之名大致減損卒官贈侍中衞將軍相州刺史孝武初重贈驃騎大將軍開府儀同三司尚書左僕射雍州刺史謚曰貞翻弟毓字道和敦篤有志行卒於太中大夫子世良世軌齊史有傳世良長於政治列在良吏目中

許彥字道謨高陽新城人也祖茂仕慕容氏高陽太守彥少孤貧好讀書從沙門法叡受易太武徵令卜筮頻驗遂在左右參與謀議彥質厚愼密與人言不及內事帝以此益親待之賜爵武昌公拜相州刺史在州受納多違法度詔書切讓之然以彥腹心近臣弗之罪也卒謚宣公子熙襲熙卒子安仁襲安仁卒子元康襲降爵爲侯熙弟宗之歷位殿中尚書定州刺史封潁川公受勑討丁零既平宗之因循郡縣求取不節深澤人馬超毀謗宗之宗之怒毆殺超超家人告狀宗之上超謗訕朝政文成聞之曰此必宗之懼罪誣超案驗果然遂斬于都市元康弟護州主簿子恂字伯禮頗有業尚閨門雍睦三世同居吏部尚書李神儁常稱其家風位司徒諮議參軍修起居注拜太中大夫卒贈吏部尚書冀州刺史恂弟惇齊史有傳

刁廱字淑和勃海饒安人也曾祖協從晉元帝度江居京口位尚書令父暢晉右衞將軍初晉相劉裕微時貧社錢三萬違時不還暢兄逵執而徵焉及裕誅桓元以嫌先誅刁氏廱與暢故吏遂奔姚興爲太子中庶子及姚泓滅與司馬休之等歸魏上表陳誠請於南境自効明元許之假廱建威將軍廱遂於河濟之間招集流散得五千餘人建牙誓衆傳檄邊境廱弟彌時亦率衆入京口親其討裕裕遣將李嵩等討廱廱斬之於蒙山於是衆至二萬進屯固山六月廱又侵裕青州爲裕所逼遂入大鄉山明元南幸鄴問曰縛劉裕者於卿親疎廱曰伯父帝笑曰劉裕父子當應憚卿朕先遣叔孫建等攻青州民盡藏避城猶未下彼既素憚卿威名士民又相信服今欲遣卿助建等卿宜勉之於是假廱鎭東將軍青州刺史東光侯給五萬騎使別立義軍建先攻東陽廱至招集義軍平其北城三十許廱謂建曰賊畏官軍突騎今連車爲陣大峴已南處處狹隘不得方軌廱求將義兵五千要險破之建不聽曰兵人不宜水土疫病過半今不損大軍安全而返計之上也建乃引還會有勑令廱隨機立効廱於是招集譙梁彭沛民五千餘家置二十七營遷鎭濟陰延和二年立徐州於外黃城

置譙梁彭沛四郡九縣以廱爲平南將軍徐州刺史賜爵東安伯七年召還爲邊民所請復授使持節侍中都督四州諸軍事後除薄骨律鎮將廱以西土乏雨表立鑿渠溉公私田又奉詔以高平安定統萬及薄骨律等四鎮出車牛五十乘運屯穀五十萬斛付沃野以供軍糧道多深沙車牛艱阻求於牽屯山河水之次造船水運又以所綰邊表常備不虞造城儲穀置兵備守詔皆從之詔卽名此城爲刁公城以旌功焉皇興中廱與隴西王源賀及中書監高允等並以耆年特見優禮錫廱几杖劍履上殿月致珍羞焉廱性寬柔好尙文典手不釋書明敏多智凡所爲詩賦頌論幷諸雜文百有餘篇又汎施愛士怙靜寡欲篤信佛道著教誡二十餘篇以訓導子孫太和八年冬卒年九十五贈儀同三司謚曰簡子遵字奉國襲爵遵不拘小節長更修改太和中例降爲侯嘗經篤疾幾死見有神明救之言福門子當享長年後卒於洛州刺史謚曰惠侯子楷早卒楷子沖字文朗年十三而孤孝慕過人其祖母司空高允女聰明婦人也哀其早孤撫養尤篤沖免喪後便志學他方高氏泣涕留之沖終不止雖家世貴達及從師於外自同諸生于時學制諸生悉直日監厨沖雖有僕隸不令代已身自炊爨每師受之際發志精專不捨晝夜殆忘寒暑學通諸經偏修鄭說陰陽圖緯算數天文風氣之書莫不關綜當時服其精博刺史郭祚聞其盛名訪以疑義沖應機解辯無不祛其久惑後太守范陽盧尙之刺史河東裴植並徵沖爲功曹主簿非所好也受署而已不關事務唯以講學爲心四方學徒就其受業者歲有數百沖雖儒生而執心壯烈不畏彊禦延昌中帝舅司徒高肇擅恣威權沖乃抗表極言其事辭旨懇直文義忠憤太傅清河王懌覽而歎惜先是沖曾祖廱作孝行論以誡子孫稱古之葬者衣之以薪不封不樹後世聖人易之以棺槨至秦以後生則不能致養死則厚葬過度及於末世至蘧篨裹尸倮而葬者確而爲論並非折衷旣知二者之失豈宜同之當令所存者棺厚不過三寸高不過三尺弗用繒綵斂以時服轜車止用白布爲幔不加畫飾名爲清素車又去挽歌方相幷明器雜物及沖祖遵將卒勑其子孫令奉廱遺旨河南尹丞張普惠謂爲太儉貽書於沖叔整令與通學議之沖乃致書國學諸儒以論其事學官竟不能答神龜末沖以嫡傳祖爵東安侯京兆王繼之爲司空也並以高選頻辟記室參軍明帝將親釋奠於是國子助教韓神固與諸儒詣國子祭酒崔光吏部尙書甄琛舉其才學奏而徵焉及卒國子博士高涼及范陽盧道侃盧景裕等復上狀陳沖業行議奏謚曰安憲先生祭以太牢子欽字志儒早亡楷弟整字景智少有大度頗涉書史太和十五年爲奉朝請孝文都洛親自臨選除司空法曹參軍累遷黃門郎普泰初假節征東大將軍滄冀瀛三州刺史大都督尋加車騎將軍右光祿大夫遂逢本鄉賊亂奉母客於齊州旣而母卒母卽高允之女崔光崔亮皆經允接待是以涼燠之際光等每致拜焉天平四年卒於鄴贈司空公謚曰文獻整解音律輕財好施交結名勝聲酒自娛然貪而好色爲議者所貶子柔列在齊史整弟宣字季達以功封高城縣侯歷位都官尙書衛大將軍滄州刺史卒贈太尉公謚曰武才氏世有榮貴而門風不甚修潔爲時所鄙廱族孫雙字子山高祖藪晉齊郡太守因晉亂居青州之安樂至雙始歸本鄉雙少好學兼涉文史雅爲中山王英所知賞位西河太守爲政清簡吏民安悅及中山王熙起兵誅元乂事敗熙弟略投命於雙雙藏護周年時購略甚切略懼求送出境雙曰人生會有一死所難遇耳今遭知己視死如歸願不以爲慮略復苦求南轉雙乃遣子昌送達江左靈太后反政知略因雙獲濟徵拜光祿大夫時略姊饒安主刁宣妻也頻訴靈太后乞徵略還朝廷乃以徐州所獲俘江革祖暅二人易之以雙與略有舊乃令至境迎接明帝末除西兗州刺史時盜賊蜂起州人張桃弓等招聚公行劫掠雙至境先遣使喻桃弓陳示禍福桃弓卽隨使歸罪雙捨而不問後有盜發之處令桃弓追捕咸悉擒獲於是州境清肅孝莊初行濟州刺史以功封曲城鄉男孝武初還驃騎大將軍左光祿大夫興和三年卒贈車騎大將軍儀同三司齊州刺史謚曰清穆

辛紹先隴西狄道人也五世祖怡晉幽州刺史父深仕西涼爲驍騎將軍及涼後主歆與沮渠蒙遜戰於蓼泉軍敗失馬深以所乘馬授歆而身死於難以義烈見稱西土涼州平紹先內徙家於晉陽明敏有識量與廣平游明根范陽盧度世同郡李承昭等相友善有至性丁父憂三年口不甘味頭不櫛沐髮遂落盡故常著垂裙皁帽自中書博士轉神部令皇興中薛安都以彭城歸魏時朝廷欲綏安初附以紹先爲下邳太守爲政不甚皦察舉其大綱而已唯教人爲畜禦賊之備及宋將陳顯達蕭道成蕭順之來寇道成謂順之曰辛紹先未易侵也宜其愼之不歷郡境徑屯呂梁紹先卒於郡贈幷州刺史晉陽侯謚曰貞子鳳達耽道樂古有長者之名

卒於京兆王子推國常侍鳳達子祥字萬福舉司州秀才再遷司空主簿咸陽王禧妃卽祥妻之妹也及禧搆逆親知多罹塵謗祥獨蕭然不豫轉幷州平北府司馬有白壁還兵藥道顯被誣爲賊官屬咸疑之祥曰道顯面有悲色察獄以色其此之謂乎苦執申之月餘別獲眞賊後除郢州龍驤府長史帶義陽太守白早生之反也梁遣來援因此緣淮鎭戍相繼降沒唯祥堅城固守梁又遣將胡武城陶平虜於州南金山之上連營侵逼祥出其不意襲之賊大崩禽平虜斬武城以送京師州境獲全論功方有賞授而刺史婁悅恥勳出其下聞之執政事竟不行胡賊劉龍駒作逆華州除祥安定王燮征虜府長史仍爲別將與討胡使薛和滅之卒贈南青州刺史祥弟少雍字季和少聰穎有孝行尤爲祖父紹先所愛紹先性嗜羊肝常呼少雍共食及紹先卒少雍終身不食肝性仁厚有禮義門內之法爲時所重稍遷司空高陽王雍田曹參軍少雍清正不憚彊禦積年久訟遣次決之請託路絕時稱賢明正始中詔百官各舉所知高陽王雍及吏部郞中李憲俱以少雍爲舉首卒於給事中少雍妻王氏有德義少雍與從弟懷仁兄弟同居懷仁等事之甚謹閨門禮讓人無閒焉士大夫以此稱美子元桓武定中儀同府司馬元桓弟士遜太師開府功曹參軍鳳達弟穆字叔宗舉茂才東雍州別駕初隨父在下邳與彭城陳敬文友善敬文弟敬武少爲沙門從師遠學經久不返敬文病臨卒以雜綾二十疋託穆與敬武穆久不得見經二十年始於洛陽見敬武以物還之封題如故世稱廉信歷東荆州司馬轉長史帶義陽太守頗成雅有恤人之志再轉汝陽太守遇水澇人饑上表請輕租賦帝從之遂勑汝陽一郡聽以小絹爲調除平原相徵爲征虜將軍太中大夫未發卒於郡贈後將軍幽州刺史子子馥字元穎早有學行累遷平原相父子並爲此郡吏民懷安之元顥入洛子馥不從莊帝反正封三門縣男天平中除太尉府司馬白山連接三齊瑯邪數州之界多有賊盜子馥受使檢覆因辯山谷要害宜立鎭戍之所又諸州豪右在山鼓鑄姦黨多依之又得密造兵仗上表請破罷諸冶朝廷善而從之後卒於淸河太守子馥以三傳經司說異遂總爲一部傳注並出校比短長會亡未就

韋閬字友觀京兆杜陵人也世爲三輔冠族祖楷晉長樂淸河二郡太守父逵慕容垂大長秋卿閬少有器望遇慕容氏政亂避地蓟城太武初徵拜咸陽太守轉武都太守卒於郡子範試守華山郡賜爵高平男卒範子儁字穎超早有學少孤事祖母以孝聞性溫和廉讓爲州里所稱太和中襲爵歷位都水使者宣武崩領軍于忠矯擅威刑儁與左僕射郭祚昏嫁故亦同時遇害臨終訴枉於尙書元欽欽知而不敢申理儁歎曰吾一生爲善未蒙善報常不爲惡今爲惡終悠悠蒼天抱直無訴時人咸怨傷焉熙平元年追贈洛州刺史諡曰貞子子粲字暉茂齊王蕭寶夤爲雍州刺史引爲府主簿轉錄事參軍及寶夤反子粲與弟子爽執志不從相率逃免雍州平賜爵長安縣子普泰中累遷中書侍郞孝武帝入關子粲歷行臺左丞南汾州刺史少弟道諧爲鎭城都督元象中齊神武命將出討子粲及道諧俱被獲送於晉陽子粲累遷南兗州刺史齊天保初封西熨縣男後卒於豫州刺史諡曰忠子粲兄弟十三人並有孝行居父喪毁瘠過禮廬於墓側負土成墳弟榮亮最知名榮亮字子昱博學有文才德行仁孝爲時所重歷諫議大夫衞大將軍卒贈河州刺史子綱字世紀有操行才學見稱領袖本州謂爲中正開皇中位趙州刺史有子文宗文英並知名閬從叔道福父罷爲苻堅丞相王猛所器重以女妻焉仕堅爲東海太守堅滅奔江左仕宋爲秦州刺史道福有志略仕宋位盱眙南沛二郡太守領鎭北府錄事參軍與徐州刺史薛安都謀擁州內附賜爵高密侯因家彭城卒贈兗州刺史諡曰簡子欣宗以歸國勳別賜爵杜縣侯歷太中大夫行幽州事卒贈南兗州刺史諡曰簡閬從子崇字洪基父肅字道壽隨劉義眞度江位豫州刺史崇年十歲父卒母鄭氏攜以入魏因寓居河洛少爲舅兗州刺史鄭義所器賞位司徒從事中郞孝文納其女爲充華嬪除南潁川太守不好發擿細事恒云何用小察以傷大道吏民感之郡中大安帝聞而嘉賞賜帛二百疋遷洛以崇爲司州中正尋除咸陽王禧開府從事中郞復爲河南邑中正崇頻居衡品以平直見稱出爲鄕郡太守更滿應代吏民詣闕乞留復延三年後卒子猷之釋褐奉朝請轉給事中中兵校尉稍遷前後將軍太中大夫卒猷之弟休之貞和自守未嘗言行忤物歷位給事中河南邑中正安西將軍光祿大夫卒子道建道儒閬族弟珍字靈智孝文賜名焉父子尙字文叔位樂安王艮安西府從事中郞卒贈雍州刺史珍少有志操歷位尙書南部郞孝文初蠻酋桓誕歸欵朝廷思安邊之略以誕爲東荆州刺史令珍爲使與誕招慰蠻左珍至桐柏山窮淮源宣揚恩澤莫不懷附淮源舊有祠堂蠻俚常用人祭之珍乃

曉告曰天地明靈卽人之父母豈有父母甘子肉味自今宜悉以酒脯代用羣蠻從約自此而改凡所招降七萬餘戶置郡縣而還以奉使稱旨賜爵霸城子後以軍功進爵爲侯累遷顯武將軍郢州刺史所在有聲績朝廷嘉之遷龍驤將軍賜驊騮二匹帛五十疋穀三百斛珍乃召集州內孤貧者謂曰天子謂我能撫綏卿等故賜以穀帛吾何敢獨當遂以所賜悉分與之尋轉荊州刺史與尙書盧陽烏征赭陽爲齊將垣歷生蔡道恭所敗免歸鄉里臨別謂陽烏曰主上聖明志吞吳會用兵機要在於上流若有事荊楚老夫恐不得停耳後車駕征鄧沔復起珍爲中軍大將軍彭城王勰長史鄧沔旣平試守魯陽郡孝文復南伐路經珍郡加中壘將軍正太守珍從至淸水帝曰朕頃戎車再駕卿恒翼務中軍今日之舉亦欲引卿同行但三鴉嬰慕非卿無以守也因勑還及孝文崩於行宮祕匿而還至珍郡始發大諱還除中散大夫尋除鎭遠將軍太尉諮議參軍卒贈本將軍靑州刺史諡曰懿長子纘字遵彥年十二補中書學生聰敏明辯爲博士李彪所稱尋遷侍御中散孝文每與德學沙門談論往復纘常爲綴錄無所遺漏頗見知賞累遷長兼尙書左丞壽春內附尙書令王肅出鎭揚州請纘行爲州長史加平遠將軍帶梁郡太守肅薨勑纘行州事任城王澄代肅爲州復啟纘爲長史澄出征之後梁將姜慶眞乘虛攻襲遂據外郭雖尋克復纘坐免官卒纘弟彧字遵慶亦有學識解褐奉朝請稍遷平遠將軍東豫州刺史綏懷蠻左頗得其心蠻酋田益宗子魯生魯賢先叛父南入數爲寇掠自彧至州魯生等咸悅敬修敬不復爲害彧以蠻俗不識禮儀乃立太學選諸郡生徒於州總教又於城北置崇武館以習武業州境淸肅罷還遇大將軍京兆王繼西征請爲長史尋以本官兼尙書爲豳夏行臺以功封陰盤縣男卒贈撫軍將軍雍州刺史諡曰文子彪襲孝莊末爲藍田太守因仕關西彪弟融以軍功賜爵長安伯稍遷大司馬開府司馬融娶司農卿趙郡李瑾女疑其妻與章武王景哲姦通乃刺殺之懼亦自殺弟朏字遵順少有志業年十八辟州主簿時屬歲儉朏以家粟造粥以飼饑人所活甚衆解褐太學博士稍遷右軍將軍爲荊郢和糴大使南郢州刺史田夷啟稱朏祖父珍往任荊州恩洽夷夏乞朏充南道別將領荊州驍勇其爲腹背詔從之未幾行南荊州事遷東徐州刺史梁遣其郢州刺史田靈憘率衆來寇朏於石羊岡破斬之以功封杜縣子卒於侍中雍州刺史諡曰宣長子鴻字道衍頗有幹用累遷中書舍人天平三年坐漏泄賜死於家

杜銓字士衡京兆人晉征南將軍預五世孫也祖冑苻堅太尉長史父疑慕容垂祕書監仍僑居趙郡銓學涉有長者風與盧元高允等同被徵爲中書博士初密太后父豹喪在濮陽太武欲令迎葬於鄴謂司徒崔浩曰天下諸杜何處望高朕今改葬外祖意欲取諸杜中長老一人以爲宗正令營護凶事浩曰京兆爲美中書博士杜銓其家今在趙郡是杜預後於今爲諸杜最密召見銓器貌瓌雅太武感悅謂浩曰此眞吾所欲也以爲宗正令與杜超子道生送豹喪柩致葬鄴南銓遂與超如親超謂銓曰旣是宗近何緣僑居趙郡乃延引同屬魏郡再遷中書侍郎賜爵新豐侯卒贈湘州刺史魏縣侯諡曰宣子振字秀元舉秀才卒於中書博士振子遇字慶期位尙書起部郞竊官材瓦起立私宅淸論鄙之卒於河東太守贈都官尙書豫州刺史諡曰惠銓族孫景字宣明學通經史州府交辟不就景子裕字慶延雖宦非貴仕而文學相傳仕齊位上樂陵令齊亡退居教授終于家

屈遵字子度昌黎徒河人也博學多才藝名著當時爲慕容永尙書僕射永滅垂以爲博陵令道武南伐車駕將幸魯口博陵太守申永南奔河外高陽太守崔宏東走海濱屬城長吏率多逃竄遵獨告其吏民曰往年寶師大敗今茲垂征不還天之棄燕人弗支也魏帝神武命世寬仁善納御衆百萬號令若一此湯武之師吾欲歸命爾等勉之勿遇嘉運而爲禍先道武素聞其名拜中書令出納王言兼總文誥中原旣平賜爵下蔡子卒子須襲爵除長樂太守進爵信都侯卒贈昌黎公諡曰恭須長子恒字長生沈粹有局量歷位尙書右僕射加侍中以破平凉功賜爵濟北公太武委以大政車駕出征常居中留鎭與襄城公盧魯元俱賜甲第太平眞君四年墜馬卒時帝幸陰山景穆遣使乘傳奏狀帝甚悼惜之謂使人曰汝等殺朕良臣何用乘馬遂令步歸贈征西大將軍諡曰成公子道賜襲爵道賜善騎射機辯有辭氣太武甚器之位尙書右僕射加侍中卒諡曰哀公子拔襲爵帝追思其祖父拔年十四以爲南部大人時太武南伐禽守將胡盛之以付拔拔酒醉不覺盛之逃走太武令斬之將伏鑕帝愴然曰若鬼有知長生問其子孫朕將何以應之乃赦拔後獻文以其功臣子孫拜營州刺史

張蒲字元則河內修武人也本名謨漢太尉延之後父

攀仕慕容垂位兵部尚書以清方稱蒲少有父風頗涉文史以端謹見知爲慕容寶尚書左丞道武定中山寶之官司叙用者多降品秩帝旣素聞蒲名仍拜爲尚書左丞天興中以蒲清謹方正遷東部大人明元卽位爲內都大官賜爵泰昌子參決庶獄私謁不行號爲公正改爲壽張子泰恒初丁零翟猛雀驅逼吏民入白㵎山謀爲大逆詔蒲與冀州刺史長孫道生等往討之道生等欲徑擊以大兵蒲曰邊民所以從猛雀者非樂亂也皆逼凶威耳今若直以大軍臨之吏民雖欲返善其道無由又懼誅夷必并勢而拒官軍然後入山恃阻未易圖也不如遣使喻之則民必喜而俱降矣道生等以爲然具以奏聞詔蒲往慰諭丁零乃下數千家還其本屬蒲皆安集之猛雀與親黨百餘人奔逃追之斬首送京師太武卽位以蒲清貧妻子衣食不給乃出爲湘州刺史扶弱抑彊進善黜惡風教大行始光三年卒於州年七十二吏民痛惜之蒲在謀臣之列屢出爲將朝廷清論常爲稱首贈平東將軍廣平公謚曰文恭子昭襲以軍功進爵修武侯位幽州刺史以善政見稱

谷渾字元沖昌黎人也父袞膂力兼人彎弓三百斤勇冠一時仕慕容垂至廣武將軍渾少有父風任俠好氣晚乃折節授經業遂覽羣籍被服類儒者道武時以善隸書爲內侍左右太武卽位累遷侍中安南將軍領儀曹尚書賜爵濮陽公渾正直有操行性不苟合趣舍不與已同者視之蔑如也然愛重舊故不以富貴驕人時人以此稱之在官廉直爲帝所器重詔以渾子孫年十五以上悉補中書學生延和二年春卒太武悼惜之親臨其喪贈賜豐厚謚曰文宣子闓字崇基襲爵位外都大官卒謚曰簡公子洪字元孫位尚書賜爵滎陽公性貪奢僕妾衣服錦綺時獻文舅李峻等初至官給衣服洪輙截没爲有司所糾并窮其前後贓罪伏法子穎位太府少卿卒贈營州刺史謚曰貞子士恢字紹達位鴻臚少卿封元城縣侯有寵於帝太后嬖倖鄭儼懼紹達間構於帝因言次以紹達爲州紹達眷寵不願出太后誣其罪殺之渾曾孫楷性酷暴列在酷吏傳中

公孫表字元元燕郡廣陽人也爲慕容沖尚書郎慕容垂破長子從入中山慕容寶走乃歸爲博士初道武以慕容垂諸子分據勢要權柄推移遂至亡滅表詣闕上韓非書二十卷道武稱善明元初賜爵固安子河西郡饑劉武反於上黨詔表討之爲胡所敗帝深銜之泰恒七年宋武帝殂時議取河南侵地以奚斤爲都督以表爲吳兵將軍廣州刺史表旣克滑臺遂圍虎牢車騎次汲郡始昌子蘇坦太史令王亮奏表置軍虎牢東不得形便之地故令賊不得滅明元雅好術數又積前忿及攻虎牢士卒多傷乃使人夜就帳中縊殺之以賊未退祕而不宣初表與勃海封愷友善後爲子求愷從女愷不許表甚銜之及封氏爲司馬國璠所逮帝以舊族欲原之表證其罪乃誅封氏表外和內忌時人以此薄之表本與王亮同營署及其出也輕侮亮故及於死第二子軌字元慶明元時爲中書郎出從征討補諸軍司馬太武平赫連昌引將帥入其府藏各令任意取金玉諸將取之盈懷軌獨不取帝把手親探金賜之謂曰卿臨財廉朕所以增賜者欲顯廉於衆人後兼大鴻臚持節拜立氏楊元爲南秦王及境元不郊迎軌數元無蕃臣禮元懼詣郊受命使還稱旨拜尚書賜爵燕郡公出爲虎牢鎭將初太武將北征發驢以運糧使軌部調雍州軌令驢主皆加絹一疋乃與受之百姓語曰驢無彊弱輔脊自壯衆共嗤之坐徵還卒軌旣死帝謂崔浩曰吾過上黨父老皆曰公孫軌爲將受貨縱賊使至今餘姦不除軌之罪也其初來單馬執鞭及去從車百兩載物而南丁零渠帥乘山罵軌軌怒取罵軌者之母以矛刺其陰而死之曰何以生此逆子從下到劈分磔四支於山樹上是忍行不忍之事軌幸而早死至今在者吾必族誅之軌終得娶封氏生子叡字叔文位儀曹長賜爵陽平公時獻文於苑內立殿敕中祕羣官制名軌奏曰臣聞至尊至貴莫崇於帝王天人挹損莫大於謙光臣愚以爲宜曰崇光奏可卒於南部尚書謚曰宣叡妻崔浩弟女也生子良字遵伯聰明好學爲尚書左丞爲孝文所知遇良弟衡字道津良推爵讓之仕至司直良以別功賜爵昌平子子崇基襲軌弟質字元直有經義爲中書學生稍遷博士太武征涼州留宜都王穆壽輔景穆時蠕蠕乘虛犯塞京師震恐壽雅信任質爲謀主質性好卜筮卜筮者咸云必不來故不設備由質幾敗國後屢進讜言超遷尚書卒贈廣陽侯謚曰恭第二子遂字文慶位南部尚書封襄平伯出爲青州刺史以遂在公遺迹可紀下詔褒述卒官孝文在鄴宮爲之舉哀時百度唯新青州佐吏疑爲遂服詔曰專古也理與今違專今也大乖曩義當斟酌兩途商量得失民吏之情亦不可苟順也主簿云近代相承服斬過葬便可如故自餘無服大成寥落可準諸境內之人爲齊衰三月子同始襲爵卒於給事中遂叡爲從父兄叡才器小優又封氏之甥崔氏之壻遂母鴈門李氏地望懸隔鉅鹿太

守祖季眞多識北方人物每云士大夫當須好婚親二公孫同堂兄弟耳吉凶會集便有士庶之異

張濟字士度西河人也父千秋慕容永驍騎將軍永滅來奔道武善之拜建節將軍賜爵成紀侯濟涉獵書傳清辯美容儀道武愛之引侍左右與公孫表等俱爲行人拜散騎侍郎先是姚興遣將攻洛陽晉雍州刺史楊佺期遣使乞師於常山王遵遵以狀聞帝遣濟爲遵從事郎報之濟自襄陽還帝問濟江南之事濟對曰司馬昌明死子德宗代立所部州鎭迭相攻擊今雖小定君弱臣彊全無綱紀臣至襄陽佺期問臣魏初伐中山幾十萬衆臣答四十餘萬佺期曰魏被甲戎馬可有幾匹臣答中軍精騎十有餘萬外軍無數佺期曰以此討羌豈足滅也又曰魏定中山徙幾戶於北臣答七萬餘家佺期曰治在何城臣答都平城佺期曰有如許大衆亦何用城爲又曰魏帝爲欲久都平城將復遷乎臣答非所知也佺期聞朝廷不都山東貌有喜色曰晉魏通和乃在往昔非唯今日羌寇狡猾頻侵河洛夙夜憂危今此寡弱倉庫空竭與君便爲一家義無所諱洛城救援仰恃於魏若獲保全當必厚報與其爲羌所乘無寧使魏取之道武嘉其辭順乃厚賞其使許救洛陽後遷謁者僕射報使姚興以累使稱旨拜勝兵將軍頻從車駕北伐濟謀功居多賞賜奴婢百口馬牛數百羊二千餘口天賜五年卒子多羅襲爵坐事除

李先字容仁中山盧奴人少好學善占相及推步之術先仕苻堅堅國亂慕容永迎爲謀主勸永據長子城仕永位祕書監永爲垂所滅徙中山皇始初先於井陘歸道武道武問先曰卿何國人先曰臣本趙郡平棘人帝曰朕聞中山土廣民庶信爾以否先曰臣少官長安仍仕長子後乃還鄕觀其民土實自衆廣又謂曰朕聞長子中有李先者卿其是乎先曰小臣是也帝曰卿識朕不先曰陛下聖德膺符澤被八表龍顏挺特臣安敢不識帝又問曰卿祖父及身悉歷何官對曰臣大父重晉平陽太守大將軍右司馬父懋石虎樂安太守左中郎將臣苻丕尚書右主客郞慕容永祕書監高密侯帝曰慕容永時卿用兵不先曰臣蒙顯任實參兵事帝以其言無隱情故用之後爲衞王儀府左長史從儀平鄴到義臺破慕容驎軍廻定中山先每一進策所向克平車駕還代以先爲尚書右中兵郞帝問先曰今蠕蠕屢來犯塞朕欲討之何如先曰蠕蠕不識天命竄伏荒朔屢來偷竊驚動邊民陛下神武威德遐振舉兵征之必將摧殄車駕於是北伐大破蠕蠕賞先奴婢馬牛羊等轉七兵郞遷博士定州大中正帝問先曰天下何者最善可以益人神智對曰唯有經書三墳五典治化之要可以補王者神智又問曰天下書籍凡有幾何朕欲集之如何可備對曰伏羲創制帝王相承以至於今陛下誠欲集之嚴制天下搜索備送所司主之所好集亦不難帝於是班制天下經籍稍集太武之討姚興於柴壁也問先曰興屯天渡分據柴壁相爲表裏今欲殄之計將安出先對曰臣聞兵以正合戰以奇勝如聞姚興欲屯兵天渡利其糧道及未到之前遣奇兵先邀天渡柴壁左右嚴設伏兵備其表裏以陛下神策觀時而動興欲進不得退又乏糧夫高者爲敵所棲深者爲敵所因兵法所忌而興居之可不戰而取帝從其計興果敗歸明元卽位問左右曰舊臣之中爲先帝所親信者有誰時新息公王洛兒對曰有李先者爲先帝所知俄而召先問曰卿有何功行而蒙先帝所識先對曰臣無才行惟以忠直奉上於是命讀韓子連珠論二十二篇太公兵法十一事詔有司曰先所知者皆軍國大事自今常宿於內賜先綿絹雜綵及御馬一匹拜安東將軍壽春侯賜隷戶二十二詔先與上黨王長孫道生率師襲馮跋乙連城克之悉虜其衆乃進討和龍先言於道生曰宜密使兵人人備靑草一束負之以塡壍攻其西南絕其外援勤兵急攻賊必可禽道生不從遂掠民而還後出爲武邑太守有治名太武卽位召爲內都大官神䴥二年卒年九十五詔賜金縷命服一襲贈定州刺史中山公謚曰文懿子國襲爵國子鳳中書博士鳳子預字元凱少爲中書學生聰敏彊識涉獵經史太和初歷祕書令齊郡王友出爲征西大將軍長史帶馮翊太守積數年府解罷郡遂居長安每羨古人餐玉之法乃採訪藍田躬往攻掘得若環璧雜器形者大小百餘枚頗有麤黑者亦篋盛以還至而觀之皆光潤可玩預乃椎七十枚爲屑日服食之餘多惠人後預及聞者更求玉於故處皆無所見馮翊公源懷弟得其玉琢爲器佩皆鮮明可寶預服經年云有效驗而世事寢食並不禁節又加之好酒損志及疾篤謂妻子曰服玉屏居山林排棄嗜欲或當有大神力而吾酒色不絕自致於死非藥過也尸體必當有異於人勿速殯令後人知餐服之妙時七月中旬長安毒熱預停尸四宿而體色不變其妻常氏以玉珠二枚唅之口閉不開常氏謂之曰君自云餐玉有神驗何故不受唅也言訖齒啟納珠因噓屬其口都無穢氣舉斂於棺堅直不傾委時猶有遺屑數升

囊盛納諸棺中先少子皎天興中密問先曰子孫永爲魏臣將復事他姓邪先曰國家政化長遠不可紀極皎爲寇謙之弟子遂服氣絕粒數十年隱於恒山年九十餘顏如少童一旦沐浴冠帶家人異之俄而坐卒道士咸稱其得尸解仙道皎孫義徽太和中以儒學博通有才華補清河王懌府記室牋書表疏文不加點淸典贍速當世稱之又爲懌撰輿地圖及顯忠錄性好老莊甚嗤釋教靈太后臨朝屬有沙門惠憐以呪水飲人云能愈疾百姓奔湊日以千數義徽白懌稱其妖妄懌令義徽草奏以諫太后納其言元乂惡懌徒義徽都水使者俄而懌被害因棄官隱於大房山少子蘭以純孝著聞不受辟召孝昌中旌表門閭正光中文宣王亶嗣位思義徽雅正惇篤薦其孫景儒位至奉車都尉自皇始至齊受禪百五十歲先之所言有明徵焉景儒子昭徽博涉稽古脫略不羈時人稱其爲播郎因以字行於燕趙爲善談論有宏辯屬文任氣不拘常則志好隱逸慕葛洪之爲人尋師訪道不遠千里遇高尚則傾蓋如故見庸識雖王公蔑如也初爲道士中年應詔舉爲高唐尉隋大業中將妻子隱於嵩山號黃冠子有文集十卷爲學者所稱

賈彝字彥倫本武威姑臧人也六世祖敳魏幽州刺史廣川都亭侯子孫因家焉父爲苻堅鉅鹿太守坐訕謗繫獄彝年十歲詣長安訟父獲申遠近嘆之僉曰此子英英賈誼之後莫與之京弱冠爲慕容垂遼西王農記室參軍道武先聞其名遣使者求彝於垂垂彌增器重垂遣其太子寶來寇大敗於參合執彝及其從兄代郡太守潤等道武即位拜尚書左丞參預國政天賜末彝詣溫湯療疾爲叛胡所掠送於姚興積數年逝歸又爲赫連屈丐所執拜祕書監太武平赫連昌子秀迎其尸柩葬於代南秀位中庶子賜爵陽都男本州大中正獻文即位進爵陽都子時丞相乙渾妻庶姓而求公主之號屢言於秀秀默然後因公事就第見渾渾夫妻同坐厲色曰爾管攝職事我無所不從我請公主何意不應秀慷慨大言對曰公主之稱王姬之號尊寵之極非庶姓所宜秀甯就死於今朝不取笑於後日渾左右莫不失色爲之震懼秀神色自若渾夫妻默然含忿他日乃書太醫給事楊惠富臂作老奴官慳字令以示秀渾每欲伺隙陷之會渾伏誅遂免難時秀與中書令勃海高允俱以儒舊重於時皆選擬方岳以詢訪被留各聽長子出爲郡秀固讓不受許之自始至終歷奉五帝雖不至大官常當機要廉清儉約不營貲產年七十三詔給醫藥賜几杖時朝廷舉動大事不決每遣尚書高平公李敷就第訪決卒贈冀州刺史武邑公諡曰簡子儁字異隣襲爵位荊州刺史依例降爵爲伯先是上洛置荊州後改爲洛州州在重山人不知學儁表置學官在州五載清靜寡事爲吏民所安卒贈兗州刺史子叔休襲爵潤曾孫禎字叔願學涉經史居喪以孝聞太和中以中書博士副中書侍郎高聰使江左還以母老患輒在家定省坐免官後爲司徒諮議參軍通直散騎常侍加冠軍將軍卒贈齊州刺史禎兄子景儁亦以學識知名爲京兆王愉府外兵參軍愉起逆於冀州將授其官不受死之贈河東太守諡曰貞景儁弟景興淸峻鯁正爲州主簿遂栖遲不仕後葛榮陷冀州稱疾不拜景興每捫膝而言曰吾不負汝以不拜榮也

竇瑾字道瑜頓邱衞國人自云漢司空融之後也高祖成頓邱太守因家焉瑾少以文學知名自中書博士爲中書侍郎賜爵繁陽子參軍國謀屢有功進爵衞國侯轉四部尚書初定三秦人心未附拜長安鎮將毗陵公在鎮八年甚著威惠徵爲殿中都官尚書太武親待之賞賜甚厚從平蓋吳吳平留瑾鎮長安還京復爲殿中都官典左右執法太武歎曰國之良輔毗陵公之謂矣出爲冀州刺史清約沖素著稱當時還爲內都大官典光初瑾女壻鬱林公司馬彌陁以選尚臨涇公主瑾教彌陁辭託有誹謗呪詛之言與彌陁同誅唯少子遵逃匿得免遵善楷篆北京諸碑及臺殿樓觀宮門題署多遵書爲濮陽太守多所受納其子僧演姦通人婦爲部人賈邈告坐免後以善書拜庫部令卒官

李訢字元盛小名眞奴范陽人也曾祖產產子績二世知名於慕容氏父崇馮跋吏部尚書石城太守延和初車駕至和龍崇率十餘郡歸降太武甚禮之呼曰李公以崇爲北幽州刺史固安侯卒諡曰襄侯訢母賤爲諸兄所輕崇曰此子之生相者言貴吾每觀察或未可知遂使入都爲中書學生太武幸中書學見而異之指謂從者曰此小兒終効用於朕之子孫因識眄之帝舅陽平王杜超有女將許貴戚帝謂超曰李訢後必宦達益人門戶可以妻之遂勸成婚南人李哲常言訢必貴達杜超之死也帝親哭三日訢以超女壻得在喪位出入帝指謂左右曰觀此人舉動豈不有異於衆必爲朕家幹事之臣訢聰敏機辯彊記明察初李靈爲文成博士詔崔浩選中書學生器業優者爲助教浩舉其弟子箱子與盧度世李敷三人應之給事高讜子祐尚書段霸

兒姪等以告爲阿黨其親戚言於景穆景穆以浩爲不平聞之於太武太武意在訢曰云何不取幽州刺史李崇老翁兒浩遂對曰前亦言訢合選但以其先行在外故不取之帝曰可待訢還箱子等罷之遂除中書助教博士稍見任用入授文成經文成郎位訢以舊恩親寵遷儀曹尚書領中祕書賜爵扶風公賜其母孫氏爲容城君帝顧謂羣臣曰朕始學之歲情未能專既總萬機溫習靡暇是故儒道寔有闕焉豈惟予咎抑亦師傅之不勤所以爵賞仍隆者蓋不遺舊也訢免冠拜謝出爲安南將軍湘州刺史爲政清簡明於折獄姦盜止息百姓稱之訢上疏求於州郡各立學官使士望之流衣冠之胄就而受業其經藝通明者上之王府獻文從之以訢治爲諸州之最加賜衣服自是遂有驕矜自得之志乃受納民財物商胡珍寶兵人告言尚書李敷與訢少長相好每左右之或有勸敷奏聞敷不許獻文聞訢罪狀檻車徵訢拷劾抵罪時敷兄弟將見疎斥有司諷訢以中旨嫌敷兄弟之意令訢告列敷等隱罪可得自全訢深所不欲且弗之知也乃謂其女壻裴攸曰吾與李敷族世雖遠情如一家在事既有此勸昨來引簪自刺以帶自絞而不能致絕且亦不知其事攸曰何爲爲他死敷兄弟事釁可知有馮闡者先爲敷殺其家切恨之但呼闡弟問之足可知委訢從其言又趙郡范檦具條敷兄弟事狀有司以聞敷坐得罪詔列訢貪冒應死以糾李敷兄弟得降鞭百髡刑配爲廝役訢之廢也平壽侯張讜見訢與語奇之謂人曰此佳士也終不久屈未幾而復爲太倉尚書攝南部事用范檦陳策計令千里之外戶別轉運詣倉輸之使者所在委滯停延歲月百姓競以貨賄各求在前於是遠近大爲困弊道路羣議曰畜聚斂之人未若盜臣訢弟左軍將軍璞謂訢曰范檦善能降人以色假人以辭未聞德義之言但有勢利之說聽其言也甘察其行也賊所謂諛諂讒慝貪冒姦佞不早絕之後悔無及訢不從彌信之腹心之事皆以告檦訢既寵於獻文參決軍國大議兼典選舉權傾內外百寮莫不曲節事之檦以無功起家盧奴令承明元年六月獻文崩訢遷司空進爵范陽公七月以訢爲侍中鎮南大將軍開府儀同三司徐州刺史范檦知文明太后之忿訢也又知內外疾之太和元年希旨告訢外叛文明太后徵訢至京師詰其叛狀訢曰無之引檦證訢訢言爾妄云知我吾又何言雖然爾不顧子之厚德而忍爲此不仁甚矣檦曰公德於檦何若李敷之德於公公昔忍於敷檦今敢不忍公乎訢慨然曰吾不用璞言自貽伊戚萬悔於心何嗟及矣遂見誅璞字季直性敦厚多識人物賜爵宜陽侯位太常卿

袁式字季祖陳郡陽夏人漢司徒滂之後父淵晉侍中式在南歷武陵王遵諮議參軍及劉裕執權式歸姚與及姚泓滅歸魏爲上客賜爵陽夏子與司徒崔浩一面便盡國士之交時朝儀典章悉出於浩浩以式博於故事每所草創恒顧訪之性長者雖羈旅飄泊而清貧守度不失士節時人甚敬重之呼曰袁諮議至延和三年衞大將軍樂安王範爲雍州刺史詔式與中書侍郎高允俱爲從事郎中辭而獲免式沈靖樂道周覽書傳至於詁訓倉雅偏所留懷作字釋未就以天安二年卒贈豫州刺史謚簡侯子濟襲位魏郡太守政有清稱加甯遠將軍子姪遂居潁川之陽夏

唐和字稚起晉昌宜安人也父繇以涼土喪亂民無所歸推隴西李暠於敦煌以甯一州李氏爲沮渠蒙遜所滅和與兄契攜外甥李寶避難伊吾招集民衆二千餘家臣於蠕蠕蠕蠕以契爲伊吾王經二十年和與契遣使來降爲蠕蠕所逼遂擁部落至于高昌蠕蠕遣部帥阿若率騎討和至白力城和率騎五百先攻高昌契與阿若戰歿和收餘衆奔前部王國時沮渠安周屯橫截城和攻拔之斬安周兄子樹又克高寧白力二城斬其戍主遣使表狀世祖嘉其誠欵屢賜和和後與前部王車伊洛擊破安周斬首三百世祖遣成周公萬度歸討焉耆詔和與伊洛率所領赴度歸和奉詔會度歸喻下柳驢以東六城因共擊波居羅城拔之後同征龜茲度歸令和鎮焉耆時柳驢戍主乙眞伽率諸胡將據城而叛和領輕騎一百匹入其城擒乙眞伽斬之由是諸胡欵附西域克平和有力也正平元年和詣闕世祖優寵之待以上客高宗以和歸誠先朝封酒泉公太安中爲濟州刺史甚有稱績徵爲內都大官評決獄訟不加捶楚察疑獲實者甚多世以是稱之卒贈征西大將軍太常卿酒泉王謚曰宣子欽字孟直中書學生襲爵太和中拜鎮南將軍長安鎮副將轉陝州刺史降爵爲侯卒子景宣襲卒於東郡太守契子元達性果毅有父風與叔父和歸闕俱爲上客封晉昌公獻文時位華州刺史太和十六年降爲侯子崇字繼祖襲爵

寇讚字奉國上谷人也因難徙馮翊萬年父修之字延期苻堅東萊太守讚弟謙之有道術太武敬重之故追贈修之安西將軍秦州刺史馮翊公賜命服謚曰哀公詔秦雍二州爲立碑墓又贈修之母爲馮翊夫人及宗

從追贈太守縣令侯子男者十六人其臨職者七郡五縣讃少以淸潔知名身長八尺姿容嚴嶷非禮不動苻堅僕射韋華州里高達雖年時有異恒以風味相待華爲馮翊太守召爲功曹後除襄邑令姚泓滅秦雍民千餘家推讃爲主歸魏拜河南郡太守其後秦雍人來奔河南滎陽河內者戶至萬數拜讃綏遠將軍南雍州刺史軹縣侯於洛陽立雍之郡縣以撫之由是流民繦負自遠而至參倍於前賜讃爵河南公加安南將軍領南蠻校尉仍刺史分洛豫二州之僑郡以益之讃雖位高爵重而接待不倦初讃之未貴也嘗從相者唐文相文曰君額上黑子入幘位當至方伯封公及其貴也文以民禮拜謁仍曰明公頗憶疇昔之言乎讃延文坐曰往時卿言杜瓊不得官長人咸謂不然及瓊被選爲盩厔令卿猶言相中不見瓊果以暴疾未拜而終昔魏舒見主人兒死自知已必至公吾常以卿言瓊之驗亦復不息此望也乃賜文衣服良馬讃在州十七年甚獲公私之譽年老表求致仕太平眞君九年卒遺令薄葬斂以時服年八十六太武悼惜之諡曰宣穆子元寶襲爵元寶弟臻字仙勝年十二遭父憂居喪以孝稱輕財好士獻文末爲中州太守時馮熙爲洛州刺史政號貪虐仙勝微能附之甚得其意後爲弘農太守坐受納爲御史所劾遂廢卒於家子祖訓順陽太守祖訓弟祖禮並孝友敦穆白首同居父毋亡雖久猶於平生所處堂宇備設幃帳几杖以時節開堂列拜垂涕陳薦若宗廟焉吉凶之事必先啟告遠出行反亦如之祖禮宣武末爲河州刺史在任數年遇郤鐵忽反又爲城人詣都列其貪狀十六條會赦免久之兼廷尉卿又兼尙書畏避勢家承顔候色不能有所執據後蠻反於三鵶爲都督追討戰殁贈衞大將軍七兵尙書雍州刺史昌平男祖禮弟僑列在周史

酈範字世則范陽涿鹿人也祖紹慕容寶濮陽太守以郡迎降道武授兗州監軍父嵩天水太守範太武時給事東宮太武踐阼追錄先朝舊勳賜爵永甯男以奉禮郎奉遷太武景穆神主於太廟進爵爲子爲征南大將軍慕容白曜司馬及定三齊範多進策白曜皆用其謀遂表爲靑州刺史進爵爲侯加冠軍將軍還爲尙書右丞後除平東將軍靑州刺史假范陽公範前解州還京也夜夢陰毛拂踝他日說之時齊人有占夢者史武進云公豪盛於齊下矣使君臨撫東秦道光海岱必當重牧全齊再祿營邱矣範笑言曰吾將爲卿必驗此夢果如言時鎭將元伊利表範與外賊交通孝文詔範曰鎭將伊利表卿造船市玉與外賊交通規陷卿罪窺覦州任有司推驗虛實自顯有罪者今伏其辜矣卿其明爲算略勿復懷疑還朝卒于京師諡曰穆子道元知名道元爲政酷虐列在酷吏傳中道元弟道愼字善季涉歷史傳有幹局位正平太守有能名遷長樂相卒贈平州刺史道愼弟道約字善禮樸質遲鈍頗愛琴書性多造請好以榮利干謁乞丐不已多爲人所笑弄坎壈於世不免饑寒晚歷東萊魯陽二郡太守爲政淸靜吏民安之範弟道峻子惲字幼和好學有文才尤長吏幹舉秀才射策高第歷位尙書外兵郎行臺長孫承業引爲行臺郎惲頗兼武用恒以功名自許每進計於承業多見納用以功賞魏昌縣子惲在軍啟求減身官爵爲父請贈詔授征虜將軍安州刺史惲後與唐州刺史崔元珍固守平陽爾朱榮稱兵赴闕惲與元珍不從爲榮行臺郎中樊子鵠所攻城陷被害所作文章頗行於世撰慕容氏史未及成而殞子懷則司空長流參軍

韓秀字伯武昌黎人也祖宰慕容儁謁者僕射父景皇始初歸魏拜宣威將軍騎都尉秀歷位尙書郎賜爵遂昌子文成稱秀聰敏淸辯才任喉舌遂命出納王言并掌機密行幸遊獵隨侍左右獻文卽位轉給事中參征南慕容白曜軍事延興中尙書奏以敦煌一鎭介遠西北寇賊路衝慮或不固欲移就涼州羣臣會議僉以爲然秀獨曰此蹙國之事非闢土之良愚謂敦煌之立其來已久雖隣彊寇而兵民素習循常置戍足以自全若就姑臧慮人懷異意或貪留重遷情不顧從脫引寇內侵深爲國患且捨遠就近遙防有闕一旦廢罷是啟戎心則夷狄交構互相來往關右荒擾烽警不息邊役煩興艱難方甚乃從秀議後爲平東將軍靑州刺史卒子務襲爵務字道世性端謹有吏幹爲定州平北長史頗有受納爲御史中尉李平所劾付廷尉會赦免後除龍驤將軍鄴州刺史務獻七寶牀象牙席詔曰昔晉武帝焚雉頭裘朕常嘉之今務所獻亦此之流也奇麗之物有乖風素可付其家人後以詐表破賊免官久之拜太中大夫進號左將軍卒

堯暄字辟邪上黨長子人也本名鐘葵後賜名暄祖僧賴道武平中山與趙郡呂舍首來歸國暄聰了美容貌爲千人軍將太武以其恭謹擢爲中散後兼北部尙書于時始立三長暄爲東道十三州使更比戶籍賜獨車一乘廐馬四匹暄前後從征及出使檢案三十許度皆有克已奉公之稱賞賜衣服綵絹奴婢等物賜爵平陽

伯及改置百官授太僕卿轉大司農卒於平城孝文爲之舉哀贈相州刺史初暄至徐州見州城樓觀嫌其華盛乃令往往毀撤由是後更損落及孝文幸彭城聞之曰暄猶可追斬長子洪襲爵洪子傑字永壽元象中開府儀同三司樂城縣公洪弟遵位臨洮太守卒謚曰思遵弟榮位員外散騎侍郎子雄字休武少驍果輕財重氣位燕州刺史平城縣伯隨爾朱兆與齊神武戰敗於廣阿率所部據定州歸神武其從兄傑爲兆滄州刺史亦遣使降神武以其兄弟俱有誠款即用傑爲行瀛州事用雄代傑爲瀛州刺史進爵爲公時禁網疎闊官司相與聚斂唯雄義然後取接下以恩甚爲吏民所懷孝武帝入關雄爲大都督隨高昂破賀拔勝於穰城乃除豫州刺史元洪威據潁川叛叛人趙繼宗殺潁川太守邵招據洛口北應洪威雄討之繼宗敗走城內因雄之出據州引西魏雄復與行臺侯景討平之梁將李洪芝王當伯襲破平鄉城雄擊禽之又破梁司州刺史陳慶之復圍南荆州東救未至雄陷其城梁以元慶和爲魏王侵擾南境雄大破之於南頓尋與行臺侯景破梁楚城豫州人上書更乞雄爲刺史復行豫州事潁州長史賀若統執刺史田迅據州降西魏詔雄與廣州刺史趙育揚州刺史是寶隨行臺任祥攻之西魏將怡峯敗祥等育寶各還據城降敵雄收散卒保大梁周文遣其右丞韋孝寬等攻豫州雄都督程多寶降之執刺史馮邕并雄家屬及部下妻子數千口欲送長安至樂口雄外兵參軍王恒伽都尉赫連儁等從大梁邀之斬多寶收雄家口還大梁雄別破樂口遂乘勝進討懸瓠復以雄行豫州事西魏以是寶爲揚州刺史據項城義州刺史韓顯據南頓雄一日拔其二城禽顯及長史岳寶遁走加驃騎大將軍儀同三司仍遣侯景平魯陽復除豫州刺史雄雖武將性質寬厚爲政舉其大綱而已在邊十年屢有功績愛好人物多所施與人亦以此稱之興和四年卒於鄴贈司徒謚曰恭子師嗣

柳崇字僧生河東解人也七世祖軌晉廷尉卿崇方雅有器量身長八尺美鬚明目兼有學行舉秀才射策高第解褐太尉主簿轉尚書右外兵郎中于時河東河北二郡爭境其間有鹽池之饒虞坂之便守宰百姓皆恐外割公私朋競紛囂臺府孝文乃遣崇檢斷上下息訟屬荆郢新附南寇窺擾又詔崇持節與州郡經略加慰喻還遷太子洗馬本郡中正累遷河中太守崇初屆郡郡人張明失馬疑執十餘人崇見之不問賊事人別借以溫顏更問其親老存不農業多少而微察其辭色即獲眞賊呂穆等二人餘皆放遣郡中畏服境內帖然卒於官贈岐州刺史謚曰穆崇所制文章寇亂遺失長子慶和性沈靜不競於時位給事中本郡中正卒慶和弟楷字士則身長八尺善草書頗涉文史位撫軍司馬

陸俟代人也曾祖幹祖引世領部落父突道武初率部人從征伐數有戰功位離石鎮將上黨太守關內侯俟少聰慧明元踐祚襲爵關內侯位給事中典選部蘭臺事當官無所撓太武征赫連昌詔俟督諸軍鎮以備蠕蠕與西平公安頡攻克虎牢賜爵建鄴公拜冀州刺史時考州郡惟俟與河內太守邱陳爲天下第一轉虎牢鎮將平涼休屠金崖羌狄子玉等叛復轉爲安定鎮大將追討崖等皆獲之遷懷荒鎮大將未朞高車諸莫弗訟俟嚴急復請前鎮將郎孤太武許之徵俟俟至京朝見言不過周年孤身必敗高車必叛帝疑不實切責之以公歸第明年諸莫弗果殺孤以叛帝聞之大驚召俟問其故俟曰夫高車之俗上下無禮無禮之人難爲其上臣涖之以威嚴節之以憲綱欲漸加訓導使知分限而惡直醜正寔繁有徒故訟臣無恩稱孤之美孤獲還鎮欣其名譽必加恩於百姓譏臣爲失專欲以寬惠臨之仁恕待之無禮之人易生陵傲不過朞年無復上下既無上下然後收之以威則人懷怨慼怨慼既多敗亂彰矣帝嘆曰卿身乃短慮何長也即日復除散騎常侍帝征蠕蠕破涼州常隨駕別督輜重又與高涼王那復渡河南略地仍遷長安鎮大將與高涼王那擊蓋吳於杏城獲吳二叔諸將欲送京師俟獨不許曰若不斬吳恐長安之變未已一身藏竄非其親信誰能獲之若停十萬衆追一人非上策也不如私許吳叔免其妻子使自追吳諸將咸曰今獲其二叔唯吳一人何所復至俟曰諸軍不見毒蛇乎不斷其頭猶能爲害況除腹心之疾而曰必遺其類可乎遂捨吳二叔與之期及期吳叔不至諸將皆咎俟俟曰此未得其便耳必不背也後數日果斬吳以至皆如其言俟之明略獨決皆此類也遷內都大官安定盧水胡劉超等叛太武以俟威恩被關中詔以本官加都督秦雍諸軍鎮長安帝曰超等恃險不順王命朕若以重兵與卿則超等必合爲一若以輕兵與卿則不能制今使卿以方略定之於是俟單馬之鎮既至申揚威信示以成敗超猶無降意俟乃率其帳下見超超使人逆曰三百人以外當以弓馬相待三百人以內當以酒食相供乃將二百騎詣超超備甚嚴遂縱酒盡醉而還後爲僞獵詣超與士卒約曰今會發機

當以醉爲限俟乃詐醉上馬大呼斬超首士卒應聲縱擊遂平之帝大悅徵拜外都大官文成踐阼以子麗有定策勳進爵東平王薨年六十七謚成王有子十二人長子馛多智有父風文成見而悅之謂朝臣曰吾常嘆其父智過其軀是復踰於父矣少爲内都下大夫奉上接下行止取與每能逆曉人意與其從事者無不愛之興安初賜爵聊城侯出爲相州刺史假長廣公爲政清平抑彊扶弱州中有德宿老名望素重者以友禮待之詢之政事責以方略如此者十人號曰十善又簡取諸縣彊門百餘人以爲假子誘接甚勤賜以衣服令各歸家爲耳目於是發奸擿伏事無不驗百姓以爲神明無敢劫盜者在州七年家至貧約徵爲散騎常侍百姓乞留馛者千餘人獻文不許謂羣臣曰馛之善政雖古人何以加之賜絹五百疋奴婢十口馛之代還也吏民大斂布帛以遺之馛皆不受吏民亦不取於是以此物起佛寺因名長廣公寺後襲父改封建安王時宋司州刺史常珍奇以懸瓠城内附新人猶懷去就馛銜旨撫慰諸有陷軍爲奴婢者馛皆免之百姓欣悅人情乃定車駕討蠕蠕詔馛爲選部尚書錄留臺事及獻文將禪位於京兆王子推任城王雲隴西王源賀並固諫馛抗言曰皇太子聖德承基四海瞻望不可橫議干國之紀臣請刎頸殿庭有死無貳久之帝乃解詔曰馛直臣也其能保吾子乎遂以馛爲太保與太尉源賀持節奉皇帝璽紱傳位于孝文延興四年薨贈以本官謚曰貞王馛有六子琇凱知名琇字伯琳馛第五子也母赫連氏身長七尺九寸甚有婦德馛有以爵傳琇之意琇年九歲馛謂之曰汝祖東平王有十二子我爲嫡長承襲家業今已年老屬汝幼沖詎堪爲陸氏宗首乎琇對曰苟非鬭力何患童幼馛奇之遂立琇爲世子馛薨襲爵琇沈毅少言雅好讀書以功臣子孫爲侍御長累遷祠部尚書司州大中正會從兄叡事免官景明初試守河内郡咸陽王禧謀反令子翼相等先據河内琇聞禧反斬翼和首時以琇不先送翼和禧敗始斬責其通情徵詔廷尉少卿崔振窮罪狀案琇大逆陸宗大小咸見收捕會將赦先斃於獄琇弟凱仍上書訴寃宣武詔復琇爵子景祚襲凱字智君謹重好學位太子庶子給事黃門侍郎凱在樞要十餘年以忠厚見稱後遇患頻上書乞骸骨除正平太守在郡七年號爲良吏初孝文將議革變舊風大臣並有難色又每引劉芳郭祚等常與規謀共論政事而國戚謂遂疎已怏怏有不平之色帝乃令凱私喻之曰至尊但欲廣知前事直當問其古式耳終無寵彼而疎國戚舊人意乃稍解及兄琇陷罪凱亦被收遇赦乃免凱痛兄之死哭無時節目幾失明訴寃不已至正始初宣武復琇官爵凱大喜置酒集諸親曰吾所以數年中抱病忍死者顧門戶計耳今願已遂吾事畢矣頃之卒贈龍驤將軍南青州刺史謚曰惠長子暐字道暉與弟恭之並有時譽洛陽令賈禎見其兄弟嘆曰僕以老年更覩雙璧又嘗兄弟其候黃門侍郎孫惠蔚惠蔚謂諸賓曰不意二陸復在坐隅吾德謝張公無以延譽暐位尚書右戶三公郎坐事免後除伏波將軍卒贈冠軍恒州刺史暐擬急就篇爲悟蒙章及七誘十醉章表數十篇暐與恭之晚不和睦爲時所鄙子元規位尚書郎元規子攀陰陽律歷多所通解位并州長流參軍恭之字季順有操尚位東荊州刺史贈吏部尚書謚曰懿恭之所著文章詩賦凡千餘篇子曄字仁崇篤志文學齊律序則仁崇之辭也位通直散騎常侍弟寬字仁惠太子中舍人待詔文林館寬兄弟並有才品議者稱爲三虎馛弟歸位東宮舍人駕部校尉子珍夏州刺史贈太僕卿謚曰靜珍子旭性雅澹好易緯之學撰五星要訣及兩儀眞圖頗得其旨要太和中徵拜中書博士稍遷散騎常侍知天下將亂遂隱於太行山屢徵不起卒後贈并汾恒肆四州刺史子騰仕周通顯有傳馛弟麗少以忠謹入侍左右太武特親昵之舉動審愼初無僁失賜爵章安子稍遷南部尚書太武崩南安王余立既而爲常侍宗愛等所殺百寮憂懼莫知所爲麗首建大議與殿中尚書長孫渴侯尚書源賀羽林中郎劉尼奉迎文成於苑中而立之社稷獲安麗之成也由是受心膂之任在朝者無出其右興安初封平原王麗頻辭不聽乃啓讓與其父文成曰朕爲天下主豈不能得二王封卿父子也以其父俟爲東平王麗尋遷侍中撫軍大將軍司徒公復其子孫賜妻妃號麗以優寵既頻固辭不受帝益重之領太子太傅麗好學愛士常以講習爲業性孝遭父憂毀瘠過禮和平六年文林崩先是麗療疾於代郡溫泉聞問欲赴左右止之曰宮事晏駕王德望素重奸臣若疾人譽慮有不測之禍麗曰安有聞君父之喪方慮禍難便馳赴初乙弗渾悖傲每爲不法麗數諍之由是見忌害之謚曰簡王陪葬金陵孝文追錄先朝功臣以麗配饗廟廷麗二妻長曰杜氏次張氏長子定國杜氏所生次叡張氏所出定國在襁褓文成幸其第詔養宮内至於游止常與獻文同處年六歲爲中庶子及獻文踐阼拜散騎常侍賜爵東郡王定國

以承父爵辭不許又以父爵讓弟歡乃聽之儼遷侍中儀曹尚書轉殿中尚書前後大駕征巡攝爲行臺錄都曹事超遷司空定國恃恩驕恣不循法度延興五年坐事免官爵爲兵太和初復除侍中鎭南將軍秦益二州刺史復王爵八年薨於州贈以本官諡莊王子昕之字慶始風望端雅襲爵例降爲公尚獻文女常山公主拜駙馬都尉歷通直郎景明中以從叔琇罪免官尋以主壻除通直散騎常侍歷兗青二州刺史並有政績轉安北將軍湘州刺史卒贈鎭東將軍冀州刺史諡曰惠初定國娶河東柳氏生子安保後娶范陽盧度世女生昕之二室俱爲舊族而嫡妾不分定國亡後兩子爭襲父爵僕射李沖有寵於時與度世子伯源婚親相好沖遂左右助之昕之由是承爵尚主職位赫奕安保沈廢貧賤不免饑寒昕之容貌柔謹孝文以其主壻特垂眷昵宣武時年未四十頻撫三藩當世以此榮之昕之卒後母盧悼念傷過而亡公主奉姑有孝稱神龜初與穆氏琅邪長公主並爲女侍中又性不妬忌以昕之無子爲納妾媵而皆育女公主有三女無男以昕之從兄希道第四子子彰爲後子彰字明遠本名士沈年十六出後事公主盡禮丞相高陽王雍常言曰常山妹雖無男以子彰爲兒乃過於自生矣正光中襲爵東郡公累遷給事黃門侍郎子彰妻即咸陽王禧女禧誅養於彭城王第莊帝親之畧同諸姊建義初爾朱榮欲循舊事庶姓封王由是封子彰濮陽郡王尋而詔罷仍復先爵天平中拜衞將軍潁州刺史以母憂去職元象中以本將軍除齊州刺史又加驃騎將軍行懷州事轉北豫州刺史仍除徐州刺史將軍並如故一年歷三州當世榮之還朝除衞大將軍右光祿大夫行瀛州事尋拜侍中復行滄州事進號驃騎大將軍行冀州事除侍讀兼七兵尚書行青州事子彰初爲州以聚斂爲事晚節修改自行青冀滄瀛甚有時譽加以虛已納物人士敬愛之除中書監卒贈開府儀同三司諡曰文宣子彰崇好道術曾嬰重病藥中須桑螵蛸子彰不忍害物遂不服焉其仁如此教訓六子雅有法度子卬有至性列在孝友傳

中叡字思預年十餘襲爵撫軍大將軍平原王沈雅好學折節下士年未二十時人便以宰輔許之娶東徐州刺史博陵崔鑒女時孝文尚未改北人姓鑒謂所親云平原王才度不惡但恨其姓名殊爲重複叡婚自東徐還經鄴見李彪甚敬悅之仍與趣京以爲館客後爲北征都督擊蠕蠕大破之遷侍中都曹尚書時蠕蠕又犯塞詔叡討之追至石磧禽其帥赤阿突等數百人還加散騎常侍遷尚書左僕射領北部尚書十六年降五等之爵以勳著前朝封鉅鹿郡公尋爲使持節鎭北大將軍尚書令衞將軍討蠕蠕大破之而還以母憂解職孝文將有南伐之事以本官起授征南將軍叡固辭請終情禮勑有司敦喻不許復除使持節都督恒州刺史行尚書令時車駕南征叡上表諫帝不從叡又表請車駕還代親臨太師馮熙葬坐削奪都督三州諸軍事尋進號征北大將軍以有順遷之表加邑四百戶時穆泰爲定州刺史以疾病請恒州自効乃以叡爲定州刺史未發遂與泰等同謀構逆賜死獄中聽免孥戮徙其妻子於遼西叡長子希道字洪度有風貌美鬚髯歷覽經史頗有文致初拜中散遷通直郎坐父事徙遼西於後得還從征自効以軍功賜爵淮陽男拜諫議大夫累遷前將軍涇州刺史希道善於馭邊甚有威略轉平西將軍涇州刺史卒官贈撫軍將軍定州刺史希道有六子士懋字元偉天平中以其曾祖麗有翼戴之勳詔特復鉅鹿郡公令士懋襲位營州刺史士懋弟士宗字仲彥尚書左外兵郎中士宗弟士逖字幼文符璽郎中建義初並於河陰遇害士逖弟士沈出繼叔昕之士沈弟士廉字季修建州平北府長史永安末爾朱世隆攻陷州城見害士廉弟士佩字季偉武定中安東將軍司州從事希道弟希悅尚書外兵郎中麗季弟騏驎侍御中散轉侍御史太和初新平太守子高貴孝昌中兗州鎭東府法曹參軍高貴子操字仲志高簡有風格早以學業知名雅好文操爲兼散騎常侍聘梁使還遷廷尉卿齊文襄爲世子甚好色崔季舒常爲掌媒焉時薛寘妻元氏有色迎入欲通之元氏正辭且哭世子使季舒送付廷尉罪之操曰廷尉守天子法須知罪狀世子怒召操命刀環築之更令科罪操終不撓乃口責之後徙御史中丞天保中卒於殿中尚書子孔璋武平中卒於高陽太守

源賀西平樂都人私署河西王禿髮傉檀之子也傉檀爲乞伏熾磐所滅賀自樂都來奔賀偉容貌善風儀太武素聞其名及見器其機辯賜爵西平侯加龍驤將軍謂賀曰卿與朕同源因事分姓今可爲源氏自是從擊叛胡白龍又討吐京胡皆先登陷陣以功進號平西將軍太武征涼州以賀爲鄉導問攻戰之計賀曰姑臧外有四部鮮卑各爲之援然皆臣祖父舊人臣願軍前宣國威信必相率請降外援既服然後攻其城拔之如反掌耳帝曰善乃遣賀招慰下三萬餘落獲雜畜十餘萬

及圍姑臧由是無外慮故得專力攻之涼州平以功遷征西將軍進爵西平公從征蠕蠕擊五城吐京胡討蓋吳諸賊皆有功拜散騎常侍又從駕臨江爲前鋒大將善撫士卒加有料敵制勝之謀賀爲人雄果每遇彊寇輒自奮擊帝深誠之賀本名破羌是役也帝謂曰人之立名宜副其實何可濫也因賜名賀拜殿中尚書是時南安王余爲宗愛所殺賀部勒禁兵靜遏外內與南部尚書陸麗決議定策翼戴文成令麗與劉尼馳詣苑中奉迎賀營中爲內應俄而麗抱文成單騎而至及即位賀有力焉以定策勳轉給事中進爵西平郡王及班賜百僚勑賀任意取之辭以江南未賓漠北不欵府庫不宜致匱固使取之唯取戎馬一匹時斷獄多濫賀上書曰案律謀反之家其子孫雖養他族追還就戮所以絕罪人之類彰大逆之辜其爲劫賊應誅者兄弟子姪在遠道隔關津皆不坐竊惟先朝制律之意以不同謀非絕類之罪故特垂不死之詔若年十三已下家人首惡計所不及臣愚以爲可原其命沒入官帝納之出爲冀州刺史改封隴西王旣受除上書曰臣聞人之所寶莫寶於生命德之厚者莫厚於宥死然犯死之罪難以盡恕權其輕重有可矜卹今勍寇游魂於北狡賊負險於南其在疆埸猶須防戍臣愚以自非大逆赤手殺人之罪其坐贓及盜與過誤之愆應入死者皆可原命謫守邊境是則已斷之體更受生成之恩徭役之家漸蒙休息之惠刑措之化庶幾在茲帝嘉納之由是入死者皆恕死徙邊久之帝謂羣臣曰昔源賀勸朕宥諸死刑徙充北蕃諸戍自爾至今所活殊爲不少濟命之理旣多邊戍之兵有益苟人人如賀朕治天下復何憂哉羣臣咸曰非忠臣不能進此計非聖王不得納此言賀之臨州鞫獄以情徭役簡省清約寬裕甚得人心時武邑姧人石華告沙門道可與賀謀反有司以聞帝謂羣臣曰賀之誠信必不叛爲卿等保之無此明矣告者果引誣於是遣使詔慰賀帝曰賀之忠誠尚致其誣不若是者可無愼乎時考殿最賀治爲第一賜衣馬器物甚厚班宣天下賀得民情在州七年徵拜太尉蠕蠕寇邊賀從駕討破之獻文將傳位于京兆王子推時賀都督諸軍屯漠南乃馳傳徵賀賀至正色固執不可卽詔賀持節奉皇帝璽綬以授孝文是歲河西叛賀討平之又討統萬高平至于金城斬首前後八千餘級雜畜男女不可勝紀賀依古今兵法及先儒耆舊之說略採至要爲十二陳圖上之獻文覽而嘉焉以年老辭位不許又詔都督諸道軍屯漠南時每歲秋冬遣軍三道並出以備北寇至春中乃班歸賀以勞役京師又非禦邊長筴乃上言請募諸州鎭有武勇者三萬人復其徭役厚加賑卹分爲三部二鎭之間築城城置萬人給彊弩十二牀武衞三百乘弩一牀給牛六頭武衞一乘給牛二頭多造馬槍及諸器械使武略大將二人以鎭撫之冬則講武春則種植並戍並耕則兵未勞而有盈蓄矣又於白道南三處立倉運近州鎭租粟以充之足食足兵以備不虞於事爲便不可歲常舉衆事寢不報又上書稱病乞骸骨至于再三乃許之朝有大議皆就詢訪又給醫藥珍羞太和元年二月療病於溫湯文明太后遣使屢問不息太醫視疾患篤還于京師乃遺令諸子曰吾頃以老患辭事不悟天慈降恩爵逮於汝汝其毋傲恡毋荒怠毋奢越毋嫉妬疑思問言思審行思恭服思度遏惡揚善親賢遠佞目觀必眞耳屬必正忠勤以事君清儉以約己吾終之後所葬時服單櫝足申孝心芻靈明器一無用也三年秋薨年七十三贈侍中太尉隴西王印綬謚曰宣王賻雜綵賜轀輬車及命服溫明祕器陪葬于金陵長子延性謹厚少好學位侍御中散賜爵廣武子卒贈涼州刺史廣武侯謚曰簡子鱗襲延弟思禮後賜名懷謙恭寬雅有大度文成末爲侍御中散父賀辭老詔受父爵後持節督諸軍於漠南蠕蠕甚憚之還除殿中尚書出爲長安鎭將雍州刺史清儉有惠政善撫卹刼盜止息後拜殿中尚書加侍中參都曹事又督諸軍征蠕蠕六道大將咸受節度遷尚書令參議律令後例降爲公除司州刺史又從駕南征加衞大將軍領中軍事以母憂去職賜帛三百疋穀一千石車駕幸代詔使者弔慰景明二年除尚書左僕射加位特進時詔以姦吏犯罪每多逃遁肆眚乃出並皆釋然自今犯罪不問輕重藏竄者悉皆遠流若永避不出兄弟代徙懷乃奏曰謹案條制逃吏不在赦限竊惟聖朝之恩事異前宥諸流徙在路尚蒙旋返況有未發而仍遣邊戍案守宰犯罪逃走者衆祿潤旣優尚有茲失及蒙恩宥卒然得還今獨苦此等恐非均一之法書奏門下以成式旣班駮奏不許懷重奏曰臣以爲法貴經通政尚簡要刑憲之設所以網羅罪人苟理之所備不在繁典伏尋條例制勳品以下罪發逃亡遇恩不赦雖欲抑絕姦塗匪爲通式謹按事條侵官敗法專據流外豈九品以上人皆貞白也其諸州守宰職任清流至有貪濁事發逃竄而遇恩免罪勳品以下獨求斯例如此則寬縱上流刑法下切育物有差惠罰不等又謀逆滔天經恩尚免吏

犯徵罪獨不蒙赦使大宥之經不通開生之路致壅進違古典退乖今律臣少踐天官老荷樞要每見訴訟出入嗟苦輒率愚見以爲宜停書奏宣武納之其年除車騎大將軍涼州大中正懷又表曰昔世祖升遐南安在位出拜東廟爲賊臣宗愛所賊時高宗避難龍潛苑中宗愛異圖神位未立先臣賀與長孫渴侯陸麗等奉迎高宗纂徽寶命麗以扶負聖躬親所見識蒙授撫軍司徒公平原王興安二年追論定策之勳進先臣爵西平王皇興季年顯祖將傳大位於京兆王先臣時都督諸將屯於武川被徵詣京特見顧問先臣固執不可顯祖久乃許之遂命先臣持節授皇帝璽綬於高祖至太和十六年麗息叡狀秘書稱其亡父與先臣援立高宗朝廷追錄封叡鉅鹿郡開國公臣時丁艱草土不容及例至二十年除臣雍州刺史臨發奉辭面奏先帝申先臣舊勳時蒙勑旨但赴所臨尋當别判至二十一年車駕幸雍臣復陳聞時蒙勑旨征還當授自宮車晏駕遂爾不申竊惟先臣遠則援立高宗寶歷不墜近則陳力顯祖神器有歸如斯之勳超世之事也麗以父功而獲山河之賞臣有家勳不霑茅土之錫得否相懸請垂裁處詔曰宿老元臣云如所訴訪之史官頗亦言此可依授北馮翊郡開國公食邑九百戸又詔爲使持節加侍中行臺巡行北邊六鎭恒燕朔三州賑給貧乏兼採風謠考論殿最事之得失皆先決後聞自京師遷洛陽邊朔遙遠加以連年旱儉百姓困弊懷銜命撫導存卹有方便宜運轉有無通濟時后父于勁勢傾朝野勁兄子祚與懷宿昔通婚時爲沃野鎭將頗有受納懷將入鎭祚郊迎道左懷不與相聞卽劾祚免官懷朔鎭將元尼須與懷少舊亦貪穢狼籍置酒請懷曰命之長短由卿之口豈可不相寬貸懷曰今日之集乃是源懷與故人飲酒之坐非鞫獄之所也明日公庭始爲使人檢鎭將罪狀之處尼須揮淚而已無以對之既而懷表劾尼須其奉公不撓皆此類也時百姓爲豪彊陵壓積年枉滯一朝見申者日有百數所上事宜便於北邊者凡三十餘條皆見嘉納正始元年九月有告蠕蠕率十二萬騎六道並進欲直趣沃野懷朔南寇恒代詔懷以本官加使持節侍中出據北蕃指授規略隨須徵發諸所處分皆以便宜從事又詔懷子直寢徵隨懷北行詔賜馬一匹細鎧一具御矟一枚懷拜受既訖乃於其庭跨鞍執矟躍馬大呼顧謂賓客曰氣力雖衰尙得如此蠕蠕雖畏壯輕老我亦未可便欺今奉廟勝之規總驍悍之衆足以禽其酋帥獻俘闕下耳時年六十一懷至雲中蠕蠕亡遁旋至恒代乃案視諸鎭左右要害之地可以築城置戍之處皆量其高下揣其厚薄及儲糧積仗之宜犬牙相救之勢凡表五十八條宣武並從之卒贈司徒公謚曰惠懷性寬惠不好煩碎恒語人曰爲政貴當舉其大綱何必須太子細也譬如爲屋但外望高顯楹棟平正足矣斧斤不平非屋病也性不飲酒而喜以飲人好接賓客雅善音律雖在白首至宴居之暇常自操絲竹子子邕字靈和少好文雅篤志於學推誠待士士多歸之累遷夏州刺史時沃野鎭人破六韓拔陵首爲反亂統萬逆徒寇害應接子邕嬰城自守城中糧盡煮馬皮而食之子邕善綏撫無有離貳以饑饉轉切欲自出求糧留子延伯據守寮屬僉云未若棄城而去更展規略子邕泣請於衆曰吾世荷國恩此是吾死地更欲何求遂自率羸弱向東夏運糧延伯與將士送出城哭而拜辭三軍莫不嗚咽子邕爲朔方胡帥曹阿各拔所邀力屈被執乃密遣人齎書間行與城中云大軍在近汝其奉忠勿以我而移其操子邕雖被囚東雅爲胡人所敬常以百姓禮事之子邕爲陳安危禍福之端勸阿各拔令降將從之未果而死阿各拔弟桑生代總部衆竟隨子邕降時北海王顥爲大行臺子邕具陳諸賊可滅狀顥給子邕兵令其先出時東夏合境反叛所在屯結子邕轉戰而前九旬之中凡數十戰乃平東夏徵稅租粟運糧統萬於是二夏漸甯及蕭寶夤等爲賊所敗關右搔擾時子邕新平黑城遂率士馬并夏州募義人鼓行南出賊帥康維摩守鋸谷斷絕甊棠橋子邕與戰大破之禽維摩又攻破賊帥契官斤於楊氏堡出自西夏至於東夏轉戰千里至是朝廷始得委問除兼行臺尙書復破賊帥紇單步胡提於曲沃明帝璽書勞勉之子邕在白水郡破賊帥宿勤明達子阿非軍多所斬獲除給事黃門侍郎封樂平縣公以葛榮久逼信都詔子邕爲北討都督時相州刺史安樂王鑒據鄴反勑子邕與都督李神軌先討平之改封陽平縣公遂與裴衍發鄴討葛榮而信都陷除子邕冀州刺史與裴衍俱進子邕戰敗而歿贈司空謚曰莊穆子邕弟子恭字靈順聰敏好學稍遷尙書北主客郎攝南主客事時梁亡人許周自云梁給事黃門侍郎朝士咸其信待子恭奏以爲眞僞難辨請下徐揚二州密訪周果以罪歸闕詐假職位如子恭所疑河州羌卻鐵忽反詔子恭爲行臺討之子恭示以威恩兩旬間悉降朝廷嘉之正光元年爲行臺左丞巡北邊轉爲起部郎中時明堂辟雍並未建就子恭

上書求加經綜書奏從之稍遷豫州刺史頻以軍功加鎮南將軍兼尚書行臺元顥之入洛也加子恭車騎將軍子恭不敢拒之而頻遣間使參莊帝動靜未幾顥敗車駕還洛錄前後征討功封臨穎縣侯侍中爾朱榮之死也世隆度律斷據河橋詔子恭爲都督以討之尋而太府卿李苗夜燒河橋世隆退走以子恭兼尚書僕射爲大行臺大都督節閔帝初以預定策勳封臨汝縣子永熙中入爲吏部尚書以子恭前在豫州戰功追賞襄城縣男又論子恭餘効封新城縣子子恭尋表請轉授第五子文盛許之天平初除中書監三年拜魏尹又爲齊神武王軍司卒贈司空公謚曰文獻子彪列在齊史

劉尼代人也本姓獨孤氏曾祖敦有功於道武爲方面大人父婁爲冠軍將軍尼壯健善射太武見而奇之拜羽林中郎加振威將軍賜爵昌國子宗愛旣殺南安王余於東廟祕之唯尼知狀尼勸愛立文成愛自以負罪於景穆聞而驚曰君大癡人皇孫若立豈忘正平時事乎尼曰若爾今欲立誰愛曰待還宮擢諸王子賢者而立之尼懼其有變密以狀告殿中尚書源賀賀時與尼俱典兵宿衛仍共南部尚書陸麗謀曰宗愛旣立南安還復殺之今不能奉戴皇孫以順民望社稷危矣將欲如何麗曰唯有密奉皇孫耳於是賀與尚書長孫渴侯嚴兵守衞尼與麗迎文成於苑中麗抱文成於馬上入於京師尼馳還東廟大呼曰宗愛殺南安王大逆不道皇孫已登大位有詔宿衛之士皆可還宮衆咸唱萬歲賀及渴侯登執宗愛賈周等勒兵而入奉文成於宮門外入登永安殿以尼爲內行長遷散騎常侍安南將軍進爵東安公尋遷尚書右僕射加侍中進爵爲王出爲定州刺史在州清愼然率多醉酒治日甚少文成末遷司徒獻文卽位以尼有大功於先朝特加尊重賜別戶三十皇興四年車駕北征帝親誓衆而尼昏醉兵陳不整帝以其功重特恕之免官而已延興四年薨子社生襲

薛提太原人也皇始中補太學生拜侍御史累遷晉王丕衞兵參軍冀州刺史封太原郡公有政績徵拜侍中攝都曹事太武崩祕不發喪尚書左僕射蘭延侍中和延等議以皇孫幼沖宜立長君徵秦王翰置之祕室提曰皇孫有世嫡之重人望所繫春秋雖少令聞聞於天下廢所宜立而更別求必有不可延等未決中常侍宗愛知其謀矯皇后令徵提等入殺之文成卽位以提有謀立之誠詔提弟浮子先襲爵太原公有司奏降爲侯

司馬楚之字德秀晉宣帝弟太常馗之八世孫也父榮期晉梁益二州刺史爲其參軍楊承祖所殺楚之時年十七送父喪還丹陽值劉裕誅夷司馬氏叔父宣期兄貞之並遇害楚之乃亡匿諸沙門中濟江自歷陽西入義陽竟陵蠻中及從祖荊州刺史休之爲裕所敗乃亡於汝穎之間楚之少有英氣能折節待士與司馬順明道恭等所在聚黨及劉裕受禪楚之規欲報復收衆據長社歸之者常萬餘人裕深憚之遣刺客沐謙圖害楚之楚之待謙甚厚謙夜詐疾意楚之必自來因欲殺之楚之聞謙病果自齎湯藥往省之謙感其意乃出匕首於席下以狀告遂委身以事之其推誠信物得士心皆此類也明元末山陽公奚斤畧地河南楚之遣使請降於是假楚之使持節征西將軍荊州刺史奚斤旣平河南以楚之使率民戶分置汝南汝陽南頓新蔡四郡以益豫州太武初楚之遣妻子內居於鄴尋徵入朝時南藩諸將表宋欲興師乃以楚之爲使持節安南大將軍封瑯邪王屯穎州以拒之楚之渡河百姓思奮義衆雲集汝穎以南望風從之帝聞而大悅璽書勞勉賜前後部鼓吹楚之破宋將到彥之別軍於長社又與冠軍將軍安頡攻滑臺拔之禽宋將朱修之李元德及東郡太守申謨俘萬餘人上疏宜埽淸東南齊一區宇帝以兵久勞不從以散騎常侍徵還從征涼州以功賜隸戶一百宋遣將裴方明胡崇之寇仇池楚之與淮南公皮豹子等督關中諸軍從散關西入軹地破方明禽崇之仇池平而還車駕伐蠕蠕詔楚之與濟陰公盧中山等督運以繼大軍時鎮北將軍封沓亡入蠕蠕說令擊楚之等以絕糧運蠕蠕乃遣奸人覘楚之軍截驢耳而去有告失驢耳者諸將莫能察楚之曰必是覘賊截之以爲驗耳賊將至矣卽使軍人伐柳爲城灌水令凍城立而賊至冰峻城固不可攻逼賊乃走散帝聞而嘉之尋拜假節侍中鎮西大將軍開府儀同三司雲中鎮大將軍朔州刺史王如故在邊二十餘年以淸儉著聞和平五年薨年七十五文成悼惜之贈征南大將軍領護西戎校尉揚州刺史謚曰貞王陪葬金陵長子寶允與楚之同入魏拜中書博士鴈門太守卒楚之後尚諸王女河內公主生子金龍字榮則少有父風後襲爵拜侍中鎮西大將軍開府雲中鎮大將朔州刺史吏部尚書薨贈司空謚康王金龍初納太尉隴西王源賀女生子延宗次纂次悅後娶沮渠氏生子徽亮卽河西王沮渠牧犍又太武妹武威公主所生也有寵於文明太后故以徽亮襲例降爲公坐連穆泰罪失爵卒悅字慶宗歷位豫

州刺史時有汝南上蔡董毛奴者齎錢五千死於道路郡疑縣人張堤爲劫又於堤家得錢五千堤懼掠自誣言殺至州悅觀色疑其不實引見毛奴兄靈之謂曰殺人取錢當時狼狽應有所遺得何物靈之曰唯得一刀鞘悅取視之曰此非里巷所爲也乃召州內刀匠示之有郭門前曰此刀鞘門手所作去歲賣與郭人董及祖悅收及祖詰之及祖欵引靈之又於及祖身上得毛奴所衣皂襦及祖伏法悅之察獄多此類也俄與鎮南將軍元英攻克義陽詔改置司州爲郢州以悅爲刺史改爲豫州刺史論前勳封漁陽子永平元年城人白早生謀爲叛逆遂斬悅首送梁詔揚州移購悅首贈青州刺史謚曰莊子子朏襲爵尙宣武妹華陽公主拜駙馬都尉員外散騎常侍卒贈滄州刺史子鴻字慶公性麤武襲爵位都水使者坐通西魏賜死子孝政襲齊受禪例降朏弟裔周史有傳金龍弟躍字寶龍尙趙郡公主拜駙馬都尉代兄爲雲中鎮將拜朔州刺史假安北將軍河內公表求罷河西苑封丐人墾殖有司執奏此苑麋鹿所聚太官取給若以丐人懼有所闕躍固請孝文從之遷爲祠部尙書大鴻臚卿頳川王師卒楚之父子相繼鎮雲中朔土服其威德司馬氏桓元劉裕之際歸北者又有司馬景之叔璠天助位並崇顯景之字洪略晉汝南王亮之後明元時歸闕賜爵蒼梧公加征南大將軍清直有節操卒贈汝南王子師子襲爵景之兄準字巨之以泰恒初歸魏封新安公除廣甯太守改密陵侯子安國襲爵叔璠晉安平獻王孚之後父曇之晉河間王桓元劉裕之際叔璠與兄國璠奔慕容超後投姚泓泓滅奔屈丐統萬卒兄弟俱入國國璠賜爵淮南公叔璠賜爵丹陽侯國璠坐爲司馬文思所陷誅事在晉宗室傳中天助自云晉驃騎將軍元顯之子歸闕封東海公歷青兖二州刺史

通志卷一百四十七終

宋右廸功郎鄭樵漁仲撰

列傳第六十一

後魏

盧元 子度世 度世子淵 淵子道將 道將子懷仁 道將弟道虔 淵弟子義僖 淵弟
昶 昶子元明 元從祖元孫文偉 元族孫同 同兄子景裕 景裕從弟勇 元族子誕 誕
父叔仁 高允 孫綽 允弟推 推弟燮 劉模 允從祖弟祐 祐孫諒 諒從祖弟翼
崔鑒 子康 崔辯 子逸 逸子巨倫 逸弟楷 崔挺 子孝芬 孝芬子勉 孝芬弟
孝偉 孝演 孝直 孝政 挺弟振 挺族子纂 纂族子游 李靈 李璨
李順 子敷 敷弟式 式子憲 式弟冏 李孝伯 父曾 兄祥 祥子安世 安世子
瑒 瑒弟郁 李裔 族父煥 李義深 弟同軌 游雅 從祖弟明根 明根子肇
高閭 趙逸 胡方回 胡叟 張湛 段承根
父暉 宗欽 闞駰 劉昞 趙柔 索敞 陰世隆 宋繇
江式

盧元字子眞范陽涿人也曾祖諶晉司空劉琨從事中郎祖偃父邈並仕慕容氏偃爲營丘太守邈爲范陽太守皆以儒雅稱神䴥四年太武辟召天下儒儁以元爲首授中書博士遷侍郎本州大中正使馮弘令弘稱臣內附司徒崔浩元之外兄也每與元言輒歎曰對子眞使我懷古之情更深浩大欲齊整人倫分明姓族元勸之曰創制立事各有其時樂爲此者詎幾人也宜三思之浩當時雖無異言而終不納浩敗頗亦由此後賜爵固安子拜寧朔將軍兼散騎常侍使宋宋文帝與之言嘉歎良久曰中郎卿曾祖也旣還病卒贈平東將軍幽州刺史固安侯謚曰宣子度世字子遷幼而聰達有計數爲中書學生應選東宮弱冠與從兄遐俱以學行爲時流所重遐特爲崔浩所敬位至尙書光祿大夫范陽子度世後以崔浩事棄官逃於高陽鄭羆家羆匿之使者囚羆長子將加捶楚羆戒其子曰君子殺身以成仁汝雖死勿言子奉父命遂被拷掠灼爇至死卒無所言度世後令弟娶羆妹以報其恩太武臨江宋文使其殿上將軍黃延年朝貢帝問延年曰范陽盧度世坐與崔浩親通逃命江表應已至彼延年對曰都下無聞當必不至帝詔東宮赦度世宗族逃亾及籍沒者度世乃出赴京拜中書侍郎襲爵興安初兼太常卿立保太后父遼西獻王廟進爵爲侯後除散騎侍郎使宋應對宋侍中柳元景失衷還被禁劾經年乃釋除濟州刺史州接邊境將士數相侵掠度世乃禁勒所統還其俘虜二境以甯後坐事免尋除青州刺史未拜卒謚曰惠四子淵敏昶尙之初元有五子唯度世嫡餘皆別生崔浩事難其庶兄弟恆欲危之度世常深忍恨及度世有子每誡約令絕妾孽不得使長以防後患至淵兄弟婢妾生子雖形貌相類皆不舉接爲識者所非淵字伯源小名陽烏性溫雅寡欲有祖父風敦尙學業閨門和睦襲爵降爲伯累加祕書監本州大中正時孝文帝將立馮后先問淵淵請加簡卜帝曰以先后之姪朕意已定淵曰雖奉勅如此然臣心實有未盡及朝臣集議執意如前馮誕有盛寵深以爲恨淵不以介懷及孝文議伐齊淵表以爲萬乘親戎轉運難繼詔雖不從而優答之尋以齊武帝殂停師時涇州羌叛殘破城邑淵以步騎六千號三萬徐行而進未經三旬賊衆逃散降者數萬口唯梟首惡餘悉不問詔兼侍中初淵年十四嘗詣長安將還餞送者五十餘人別於渭北有相者扶風人王遠曰諸君皆不如此盧郎雖位不副實然得聲名甚盛望踰公輔後二十餘年當制命關右願不相忘此行也相者年過八十詣軍門請見言敘平生未幾守儀曹尙書及齊雍州刺史曹虎請降乃以淵爲使持節安南將軍督前鋒諸軍徑赴樊鄧辭以儒生不閑軍事帝不許淵曰臣恐曹虎爲周魴耳陛下宜審之虎果僞降淵乃進攻赭陽師敗坐免官爵尋遭母憂服闋兼太尉長史後爲徐州刺史京兆王愉兼長史愉時年少事無巨細皆決於淵淵以誠信御物甚得東南人和南徐州刺史沈陵密謀叛淵屢以表聞朝廷不納陵果逃叛陵之餘黨淵皆撫而赦之唯歸罪於陵由是衆心乃安景明初卒於祕書監年四十八贈幽州刺史復本爵固安伯謚曰懿初諶父志法鍾繇書傳業累世世有能名至邈以上兼善草迹淵習家法代京宮殿多淵所題白馬公崔宏亦善書世傳衞瓘體魏初工書者崔盧二門淵與僕射李沖特相友善沖重淵門風而淵私沖才官故結爲婚姻往來親密至於淵荷孝文意遇頗亦由沖淵有八子道將道亮道裕道虔道偘道約道和道舒道將字祖業應襲父爵而讓第八弟道舒詔不許道將引淸河王國常侍韓子熙讓弟矛魯陽男之例詔乃許之道將涉獵經史風氣謇諤頗有文才爲一家之冠諸父並敬憚之彭城王勰任城王澄皆虛襟相待勰爲中軍大將軍辟行參軍累遷燕郡太守道將下車表樂毅霍原之墓爲之立祠優禮儒生勵勸學業敦課農桑墾田歲倍卒於司徒司馬贈太常卿謚曰獻所爲文筆數十篇子懷祖太學博士員外散騎侍郎子莊少有美名位都水使者卒官懷祖弟懷仁字子友涉學有辭性恬靜蕭然有閑雅致歷太尉記室弘農郡守不之官卜居陳留界所著詩賦

銘頌二萬餘言撰中表實錄二十卷懷仁有行檢善與人交與琅邪王衍隴西李壽之情好相得常語衍云昔太邱道廣許邵知而不顧嵇生峭立鍾會遇而絕言吾處季孟之間去其太甚衍以爲然子彥卿有學尙仕隋位御史撰後魏紀三十卷唐貞觀中位石門令東宮學士道將弟道亮字仲業隱居不仕子思道列在隋史道亮弟道裕字寧祖少以學尙知名風儀兼美尙獻文女樂浪長公主拜駙馬都尉歷位中書侍郎太子中庶子幽州大中正卒於涇州刺史謚曰文道裕弟道虔字慶祖粗閑經史兼通算術尙孝文女濟南長公主拜駙馬都尉公主驕恣辱穢遐邇無疾暴薨時云道虔所害宣武祕其事不苦窮之後靈太后追主薨事黜道虔令終身不仕道虔外生李彧尙孝莊姊豐亭公主因相藉託永安中除輔國將軍通直常侍以議歷勳賜爵臨淄伯天平中歷都官尙書本州大中正幽州刺史加衞大將軍卒官贈尙書右僕射司空公瀛州刺史謚曰文恭道虔好醫學雖齊尙書令王儉喪服集記七十餘條爲尙書與同僚於草屋之下設雞黍之饌談者以爲高昧旦將上省必見其弟然後去奴於馬上彈琵琶道虔聞之杖一百公主二子昌寓昌仁昌寓不慧昌仁早卒道虔又娶司馬氏有子昌裕後司馬氏見出更聘元氏甚聰悟常升高座講老子道虔從弟元明隔紗帷以聽焉元氏生二子昌期昌衡昌衡最知名列在隋史道虔弟道偘字希祖沈雅有學尙位州主簿卒以弟道約子正達爲後道偘弟道和字叔雍兄弟之中人望最下位冀州中軍府中兵參軍卒子景猷弘農太守景猷子士彥有風槩隋開皇中爲蜀王秀屬以秀所爲不軌辭疾終於家道和弟道約字季恭位司徒屬幽州大中正與和未除衞大將軍兗州刺史在州頗得人和卒贈儀同三司幽州刺史子正通少有令譽位開府諮議卒妻謝氏與正通弟正思淫亂爲御史所劾人士疾之正思弟正山字公順早以文學見知爲符璽郎待詔文林館正思兄弟以齊太后舅氏武平中並得優贈道約弟道舒字幼安襲父爵位中書侍郎子熙裕襲熙裕淸虛守道有古人風爲親表所敬淵弟敏字仲通小字洪崖少有大量孝文器之納其女爲嬪位儀曹郎早卒贈威遠將軍范陽太守謚曰靖五子長義僖字遠慶早有學尙識度沈雅年九歲喪父便有至性少爲僕射李沖所歎美起家祕書郎累遷冠軍將軍中散大夫以母憂去職幽州刺史王誦與之交款每與故舊李神儁等書曰盧冠軍在此時復惠存輒連數日得以諮詢政道其見重若此後除征虜將軍太中大夫散秩多年澹然自得李神儁勸其干謁當塗義僖曰旣學先王之道貴行先王之志何得苟求富貴也孝昌中除散騎常侍時靈太后臨朝黃門侍郎李神軌勢傾朝野求結婚姻義僖慮其必敗拒而不許王誦謂義僖曰昔人不以一女易五男卿易之邪義僖曰所以不從正爲此耳從之恐禍大而速誦乃堅握義僖手曰我聞有命不敢以告人女遂適他族臨婚之夕靈太后遣中常侍服景就家勑停內外惶怖義僖夷然自若普泰中除都官尙書驃騎大將軍左光祿大夫義僖寬和畏愼不妄交款性淸儉不營財利少時幽州頻遭水旱先有數萬石穀貸人義僖以年穀不熟乃燔其券州閭懷其恩德雖居顯位每至困乏麥飯蔬食怡然甘之卒贈大將軍儀同三司瀛州刺史謚曰孝簡子遜之淸靖寡欲位太尉記室參軍義僖四弟並遠不逮兄也敏弟昶字叔達小字師顏學涉經史早有時譽太和初爲太子舍人兼員外散騎常侍使於齊孝文詔昶曰卿使至彼勿存彼我密邇江揚不早當晚會是朕物卿等欲言便言無相疑難又勑副使王淸石曰卿莫以南人語致疑盧昶若彼先有知識欲見但見須論卽論昶正寬柔君子無多文才或主客命卿作詩莫以昶不作便罷也凡使人之體以和爲貴勿迭相矜夸見於色貌失將命之體卿等各率所見以相規誨及昶至彼値齊明帝卽位於是孝文南伐昶兄淵爲別道將軍而齊明以朝廷加兵遂酷遇之昶等本非骨鯁聞南人云兄既作仇弟爲使者乃大恐怖淚汗交橫齊明以腐米臭魚莝豆供之而謁者張思寧辭氣謇諤曾不屈撓遂以壯烈死於館中昶還孝文責之曰銜命之禮有死無辱雖流放海隅猶宜抱節致殞卿不能長纓羈首已是可恨何乃俛首飮啄自同犬馬有生必死修短幾何卿若殺身成名貽之竹素何如甘彼芻菽以辱君父乎縱不能遠慚蘇武甯不近愧思寧昶遂見罷黜景明初除中書侍郎遷給事黃門侍郎本州大中正散騎常侍兼尙書時洛陽縣獲白鼠昶奏曰謹按瑞典外鎭刺史二千石令長不祗上命刻暴百姓人民怨嗟則白鼠至斯乃萬古千齡之鑒誡今郡闕黃霸之君縣無魯恭之宰不思所以治民止思所以潤屋故士女呼嗟相望於道伏願陛下垂叡喆之鑒察妖災之由詔曰讜言有聞朕實嘉美轉侍中又兼吏部尙書尋卽正仍侍中昶守職而已無所激揚與侍中元暉更相朋附爲宣武所寵時論鄙之出除鎭東將軍徐州刺史經畧淮南昶旣儒

生本少將晷又羊祉子爕爲昶司馬專任戎事掩昶耳目將士怨之朐山戍主傅文驥糧樵俱罄以城降于梁昶見城降先走退諸軍相尋奔遁遇大雪寒軍人凍死及落手足者三分而二自魏經略江右唯有中山王英敗於鍾離昶敗於朐山最爲甚焉宣武遣黃門甄琛馳驛鏁昶窮其敗狀詔以免官論自餘將統以下悉聽依赦復任未幾拜太常卿仍除雍州刺史進號鎭西將軍加散騎常侍卒官謚曰穆昶寬和矜恕善於綏懷其在徐州戍兵有疾親自檢䘏至番兵年滿不歸容充後役終昶一政然後始還人庶稱之子元聿字仲訓無他才能尙孝文女義陽公主拜駙馬都尉位太尉司馬光祿大夫卒贈中書監子士晟儀同開府掾元聿第五弟元明字幼章涉歷羣書兼有文義風采閑潤進退可觀永安初長兼員郞尙書令臨淮王彧善之及開府引爲兼屬仍領部曲孝武帝登阼以郞任行禮封城揚縣子遷中書侍郞永熙末居洛東緱山乃作幽居賦以見志於時元明友人王由居潁川忽夢由攜酒就之言別賦詩爲贈及明憶其詩十字云自茲一去後市朝不復游元明歎曰由性不狎俗旅寄人間乃有今夢詩復如此必有他故經三日果聞由爲亂兵所害尋其凶日乃是發夢之夜天平中兼吏部郞中副李諧使梁南人稱之還拜尙書右丞轉散騎常侍監起居積年在史館了不措意又兼黃門郞本州大中正元明善自標置不妄交游飲酒賦詩遇興忘返性好元理作史子雜論數十篇諸文別有集錄少時嘗從鄉還洛途遇相州刺史中山王熙熙博識之士見而歎曰盧郞有如此風神唯須誦離騷飲美酒自爲佳器遂留之數日贈帛及馬而別元明凡三娶次妻鄭氏與元明兄子士啟淫汚元明不能離絕又好以世地自矜時論以此貶之元明弟元緝字幼緒凶麤好酒曾於婦氏飲宴小有不平手刃其客位輔國將軍司徒司馬贈驃騎大將軍吏部尙書幽州刺史謚曰宣昶弟尙之字季儒小字羨夏亦以儒素見重位司徒左長史前將軍濟州刺史光祿大夫長子文甫字元祐涉歷文史有名譽於時位司空行參軍文甫弟文翼字仲祐少甚輕躁晚頗改節以軍功賜爵范陽子位大中大夫文翼弟文符字叔偉性通率位通直散騎侍郞子潛仕齊有傳初度世之爲濟州也魏初平升城無鹽房崇吉母傅氏度世繼外祖母兄之子婦也兗州刺史申纂妻賈氏崇吉之姑女也皆凶破老病憔悴而度世推計中表致其供恤每覲見傅氏跪問起居隨時奉送衣被食物亦存賑賈氏供其服膳青州旣陷諸崔墜落多所收贖及淵昶等竝循父風遠親疎屬凡爲尊行長者莫不畢拜致敬閨門之禮爲世所推謙退簡約不與世競父母凶後同居共財自祖至孫家內百口在洛時有饑年無以自贍然尊卑怡穆豐儉同之親從昆季常旦省諸父出坐別室暮乃歸內朝府之外不妄交游其相暠以禮如此又一門三主當世以爲榮淵兄弟凶及道將卒後家風衰替子孫多有非法幃簿混穢爲時論所鄙度世從祖弟神寶位中書博士孝文爲弟高陽王雍納其女爲妃初元從祖兄溥慕容寶之末統攝鄉部屯海濱殺其鄉姻諸祖十餘人稱征北大將軍幽州刺史攻掠郡縣天興中討禽之溥元孫洪字曾孫太和中位中書博士樂陵陽平二郡太守幽州中正洪三子長子崇少立美名有識者許之以遠大卒於驃騎府法曹參軍崇子柔周世通顯自有傳崇弟仲義字小黑知名於世位員外散騎侍郞幽州刺史崇兄弟宦雖不甚達婚姻常與元家齊等洪弟光宗位尙書郞光宗子觀觀弟仲宣皆有儁才竝列在文苑傳中仲宣弟叔彪仕齊歷官至太子詹事齊史有傳洪從弟附伯附伯弟侍伯竝有學識附伯位滄州平東府長史侍伯南岐州刺史侍伯從弟文偉字休族父敞位議郞後以文偉勳贈幽州刺史文偉少孤有志尙頗涉經史州辟主簿年三十八始舉秀才除本州平北府長流參軍說刺史裴儁案舊迹修督亢陂溉田萬餘頃人賴其利儁修立之功多以委之文偉旣善於營理兼展私力家素貧儉因此致富及北方將亂文偉積稻穀於范陽城時經荒儉多所賑贍彌爲鄉里所歸及韓樓據薊城文偉鳩率鄉閭守范陽樓平以功封大夏縣男除范陽太守孝莊崩文偉與幽州刺史劉靈助同謀起義靈助克瀛州留文偉行州事自率兵赴定州爲爾朱榮將侯深所敗文偉走還本郡仍與高乾兄弟相影響屬齊神武至信都文偉遣子懷道奉啟陳謝中興初除安州刺史不之官尋轉幽州刺史安州刺史盧胄亦從靈助舉兵靈助敗因據幽州降爾朱兆仍以爲刺史據城不下文偉不得入後除青州刺史文偉輕財愛客善於撫接好爲小惠是以所在頗得人情經紀生資常若不足致財積聚承候寵要餉遺不絕卒贈司徒公尙書右僕射謚曰孝威子恭道性溫良頗有文學位范陽太守有德惠先文偉卒贈度支尙書謚曰定子詢祖齊太子舍人司徒記室列在齊史恭道弟懷道性輕率好酒頗有慕尙旣密預義舉神武親待之卒於烏蘇鎭城都督懷道弟宗道性麤率

顒事豪俠位南營州刺史嘗於晉陽置酒賓游滿座中書舍人馬士達目其彈箜篌女妓云手甚纖素宗道即以遺之士達固辭宗道便命其家人將解其腕士達不得已而受之將赴營州於督亢城大集鄉人殺牛聚會有一舊門人醉言疎失宗道令沈之於水後坐酷濫除名元族子遥字顯光本州別駕子同字叔倫身長八尺容貌魁偉善於處世太和中起家北海王詳國常侍熙平初累遷尚書左丞時相州刺史奚康生徵百姓歲調皆長七八十尺以邀憂公之譽部內患之同於歲祿得官給長絹乃舉按康生度外徵調書奏詔科康生罪兼褒同在公之績明帝世朝政稍稀人多竊冒軍功同因閱吏部勳書深加檢覈得竊階者三百餘人乃表言吏部勳簿改換之獘又奏在軍文案尤多虛詐乃爲立格以杜姦罔詔並依行元乂之廢靈太后也相州刺史中山王熙起兵於鄴兵敗被執乂以同爲持節兼黃門侍郎慰勞使乃就州刑熙還授正黃門同善事在位爲乂所親戮熙之日深窮黨與以希乂旨論者非之同兄琇少多大言常云公侯可致至此始爲都水使者同啟求回身二階以加琇琇遂除安州刺史亦爲論者所稱營州城人就德興謀反除同度支尚書持節使營州慰勞聽以便宜從事同乃遣賊家口三十人并免家奴爲良齎書喻之德興乃降安輯其人而還德興復反詔同爲幽州刺史兼尚書行臺慰勞之同慮德興難信勒眾而往爲德興所擊大敗而還靈太后反政以同爲乂黨除名孝莊踐阼詔復本秩除都官尚書復兼七兵以前慰勞德興功封章武縣伯正除七兵轉殿中普泰初除侍中進號驃騎將軍左光祿大夫同時久病牽彊啟乞儀同初同之爲黃門也與節閔帝俱在門下同異其爲人素相款託帝以恩舊許之除儀同三司永熙初薨贈尚書右僕射四子長子斐嗣斐性殘忍齊天保中典京畿詔獄以酷稱列在酷吏傳中斐弟筠青州從事同兄靜好學有風度飲酒至數斗不亂終於太常丞大統初贈太僕卿平州刺史靜子景裕字仲孺小字白頭少聰敏專精爲學居拒馬河將一老婢作食妻子不自隨從又避地太甯山不營世事居無二業唯在注解其叔父同職居顯要而景裕止於園舍情均郊野謙恭守道貞素自得由是世號居士節閔初除國子博士參議正聲甚見親遇待以不臣之禮永熙初以例解天平中還鄉里與邢子才魏季景魏收邢昕等同徵赴鄴景裕寓託僧寺聽講不已未幾歸本郡河間邢摩納與景裕從兄仲禮據鄉作逆偪其同反以應西魏齊神武命都督賀拔仁討平之聞景裕經明行著驛馬特徵既而舍之使教諸子在館中十日一歸家隨以鼎食景裕風儀言行雅見嗟賞先是景裕注周易尚書孝經論語禮記老子其毛詩春秋左氏未訖齊文襄入相於第開講招延時儁令景裕解所注易景裕義理精微吐發閑雅時有問難或相詆訶大聲厲色言至不遜而景裕神彩儼然風調如一從容往復無際可尋由是士君子嗟美之初元顥入洛以爲中書郎普泰中復除國子博士進退其間未曾有得失之色性清靜淡於榮利獘衣麤食恬然自安終日端嚴如對賓客興和中補齊王開府屬卒於晉陽神武悼惜之景裕雖不聚徒教授所注易大行於世又好釋氏通其大義天竺胡沙門道悕每譯諸經論輒託景裕爲之敘景裕之敗也繫晉陽獄至心誦經枷鏁自脫是時又有人負罪當死夢沙門教講經覺時如所夢謂誦千遍臨刑刀折主者以聞赦之此經遂行號曰高王觀世音景裕弟辯仕周歷位大將軍自有傳景裕從弟勇字季禮父璧下邳太守勇初與景裕俱在學其叔同曰白頭必以文通季禮必以武達興吾門者二子也幽州反者僕骨邪以勇爲本郡范陽王時年十八後葛榮又以勇爲燕王齊神武起兵盧文偉召之不應爾朱氏滅乃赴晉陽神武署丞相主簿屬山西霜儉運山東租輸皆令實載違者罪之令勇典其事南鄉郡公主虛僦千餘車勇劾之公主訴於神武而勇守法不虧神武謂郭秀曰盧勇懍懍有不可犯之色眞公直人也方當委之大事豈止納租而已後行洛州事元象初官軍圍廣州未拔行臺侯景聞西魏救兵將至集諸將議之勇請進觀形勢於是率百騎各攏一馬至大騩山知西魏將李景和將至勇乃多置幡旗於樹頭分騎爲數十隊鳴角直前禽西魏儀同程華斬儀同王征蠻而還再遷揚州刺史鎭宜陽叛人韓木蘭陳忻等常爲邊患勇大破之啓求入朝神武賜勇書曰吾委卿揚州安枕高臥無西南之憂表啓宜停當使漢兒之中無在卿前者卒年三十二勇有馬五百匹私造甲仗遺啓盡獻之贈司空冀州刺史謚曰武貞元族子誕本名恭祖曾祖晏博學善隸書有名於世仕慕容氏位給事黃門侍郎營丘成周二郡守祖壽太子洗馬慕容氏滅入魏爲魯郡守父叔仁年十八州辟主簿舉秀才除員外郎以親老乃辭歸就養父母既歿哀毀六年躬營墳壠遂有終焉之志景明中被徵入洛授虎賁中郎將非其好也尋除鎭遠將軍通直散騎常侍並稱疾不朝乃出爲幽州司

馬又辭歸鄉里當時咸稱其高尚爲誕於度世爲族弟幼而通亮博學有詞彩郡辟功曹州舉秀才不行起家侍御史累遷輔國大將軍太中大夫幽州別駕北豫州都督府長史時刺史高仲密以州歸西魏西魏遣大將軍李遠率軍赴援誕與文武二千餘人奉候大軍以功授鎭東將軍金紫光祿大夫封固安縣伯尋加散騎侍郞拜給事黃門侍郞文帝詔曰經師易求人師難得朕諸兒稍長欲令卿爲師於是親幸晉王第敕晉王以下皆拜之於帝前因賜名曰誕加征東將軍散騎常侍周文又以誕儒宗學府爲當世所推乃啓拜國子祭酒進車騎大將軍儀同三司恭帝二年除祕書監後以疾卒

高允字伯恭勃海蓨人漢太傅裒之後也曾祖慶慕容垂司空祖泰吏部尚書父韜少以英朗知名同郡封懿雅相推敬亦仕慕容垂爲太尉從事中郞道武平中山以韜爲丞相參軍早卒允少孤夙成有奇度淸河崔宏見而異之歎曰高子黃中內潤文明外照必爲一代偉器但吾恐不見耳年十餘歲奉祖父泰喪還本郡推財與二弟而爲沙門名法淨未久而罷性好文學擔笈負書千里就業博通經史天文術數尤好春秋公羊曾作塞上公詩有混欣戚遺得喪之致神䴥三年太武舅陽平王杜超行征南大將軍鎭鄴以允爲從事中郞年四十餘矣超以方春而諸州囚不決表允與中郞呂熙等分詣諸州共評獄事熙等皆以貪穢得罪唯允以淸平獲賞府解還家教授受業千餘人四年與盧元等俱被徵拜中書博士遷侍郞與太原張偉並以本官領衞大將軍樂安王範從事中郞範太武寵弟西鎭長安允甚有匡益秦人稱之尋被徵還驃騎將軍樂平王丕西討上邽復以本官參丕軍事凉州平以參謀之勳賜爵汶陽子後詔允與司徒崔浩述成國記以本官領著作郞時浩集諸術士考校漢元以來日月薄食五星行度并譏前史之失別爲魏歷以示允允曰天文歷數不可空論夫善言遠者必先驗於近且漢元年冬十月五星聚於東井此乃歷術之淺事今譏漢史而不覺此謬恐後之譏今還如今之譏古浩曰所謬云何允曰按星傳金水二星常附日而行冬十月日旦在尾箕昏沒於申南而東井方出於寅北二星何因背日而行是史官欲神其事不復推之於理浩曰欲爲變者何所不可君獨不疑三星之聚而怪二星之來允曰此不可以空言爭宜更審之時坐者咸怪唯少傅游雅曰高君長於歷數當不虛言也後歲餘浩謂允曰先所論者本不經心及更考究果如君語以前三月聚於東井非十月也又謂雅曰高允之術陽源之射也衆乃歎服允雖明於歷數初不推步有所論說唯游雅數以災異問允允曰昔人有言知之甚難既知復恐漏泄不如不知也天下妙理至多何遽問此雅乃止尋以本官爲秦王翰傅後敕以經授景穆甚見禮待又詔允與侍郞公孫質李靈胡方回更定律令太武引允與論刑政言甚稱旨因問允曰萬機之務何者爲先是時多禁封良田又京師游食者衆允因言曰臣少也賤所知唯田請言農事古人云方一里則爲田三頃七十畝方百里則爲田三萬七千頃若勤之則畝益三升不勤則畝損三升方百里損益之率爲粟二百二十二萬斛況以天下之廣乎若公私有儲雖遇饑年復何憂乎帝善之遂除田禁悉以授民初崔浩薦冀定相幽并五州士數十人各起家爲郡守景穆謂浩曰先召之人亦州郡選也在職已久勤勞未答今可先補前召外任郡縣以新召者代爲郞吏又守令宰人宜使更事者浩固爭而遣之允聞之謂東宮博上管恬曰崔其不免乎苟逞其非而校勝於上何以能濟遼東公翟黑子有寵於太武奉使并州受布千疋事覺黑子請計於允謂主上問我首乎諱乎允曰公帷幄寵臣答詔宜實又自告忠誠罪必無慮中書侍郞崔鑒公孫質等咸言首實罪不測宜諱之黑子以鑒等爲親已怒允曰如君言誘我入死故不以實對爲帝所疎終獲罪戮是時著作令史閔湛郗標性巧佞爲崔浩信待見浩所注詩書論語及易遂上疏言馬鄭王賈雖注述六經並多疏謬不如浩之精微乞收境內諸書藏之祕府班浩所注令天下習業并求敕浩注禮傳令後生得觀正義浩亦表薦湛有著述之才既而湛等又勸浩刊所撰國史于石以彰直筆允聞之謂著作郞宗欽曰閔湛所營分寸之間恐爲崔門萬世之禍吾徒無類矣未幾而難作初浩之被收也允直中書省景穆使東宮侍郞吳延召允仍留宿宮內翌日命驂乘至宮門謂曰入當見至尊吾自導卿脫至尊有問但依吾所對允請曰爲何事景穆曰入自知之既入見帝景穆曰中書侍郞高允小心密愼臣所委悉雖與浩同事然允微賤制由於浩請赦其命帝召允謂曰國書皆崔浩作不允對曰太祖記前著作郞鄧淵所撰先帝記及今記臣與浩同作然浩總裁而已至於注疏臣多於浩帝大怒曰此甚於浩安有生路景穆曰天威嚴重允是小臣迷亂失次耳臣向備問皆云浩作帝問如東宮不允曰臣罪應滅族不敢虛妄殿下以臣侍講日久哀臣乞命耳實不問臣臣

不敢迷亂帝謂景穆曰直哉此亦人情所難而能臨死不移且對君以實貞臣也寧失一有罪宜宥之允竟得免於是召浩前使人詰浩浩惶惑不能對允事事申明皆有條理時帝怒甚勑允爲詔自浩已下僮吏已上一百二十八人皆夷五族允持疑不爲頻詔催切允乞更一見然後爲詔詔引前允曰浩之所坐若更有餘釁非臣敢知直以犯觸罪不至死帝怒命介士執允景穆拜請帝曰無此人忿朕當有數千口死矣浩竟族滅餘皆身死宗欽臨刑歎曰高允其殆聖乎景穆後讓允曰人當知機不知機學復何益當爾之時吾導卿端緒何故不從人言令帝怒如此每一念之使人心悸允曰臣東野凡生本無宦意屬休延之會應旌弓之舉釋褐鳳池仍參麟閣夫史籍者帝王之實錄將來之明戒今之所以觀往後之所以知今是以言行舉動莫不備載故人君愼焉然浩以蓬艾之才荷棟梁之重在朝無謇諤之節退私無透迤之稱私欲没其公廉愛憎蔽其直理此浩之責也至於書朝廷起居之跡言國家得失之事此亦爲史之大體未爲多違然臣實與浩同其事死生榮辱義無獨殊誠荷殿下大造之慈違心苟免非臣之意景穆動容稱歎允後與人言我不奉東宮導旨者恐負翟黑子也景穆季年頗親近左右營立田園以收其利允諫曰殿下國之儲貳四海屬心言行舉動萬方所則而營立私田畜養雞犬乃至販酤市廛與人爭利議聲流布不可追掩夫天下者殿下之天下富有四海何求而不獲何欲而弗從而與販夫販婦競此尺寸願殿下少察過言斥出佞邪所在田園分給貧下如此則休聲日至謗議可除景穆不納景穆之崩也允久不進見後

進見升階歔欷悲不能止太武爲之流涕乃命允出左右莫知其故相謂曰允無何悲泣令至尊哀傷也帝聞之召而謂曰汝不知高允之悲乎崔浩誅時允亦應死東宮苦請以是得免今無東宮允見朕因悲耳允表曰往年被勑令臣集天文災異使事類相從約而可觀臣謹依洪範傳天文志撮其事要略其文辭凡爲八篇帝覽而善之曰高允之明災異亦豈減崔浩乎及文成即位允頗有謀焉司徒陸麗等皆受重賞允既不蒙褒異又終身不言其忠而不伐皆此類也給事中郭善明性多機巧欲逞其能勸文成大起宮室允諫曰臣聞太祖道武皇帝既定天下始建都邑其所營立必因農隙今建國已久宮室已備永安前殿足以朝會萬國西堂溫室足以安御聖躬紫樓臨望可以周視遠近若廣修壯麗爲異觀者宜漸致之不可倉卒計斫材軍士及諸雜役須二萬丁夫充作老小供餉合四萬人半年可訖古人有言一夫不耕或受其饑一婦不織或受其寒況數萬之衆其所損費亦已多矣帝納之允以文成纂承平之業而風俗仍舊婚娶喪葬不依古式乃諫曰前朝之世屢發明詔禁諸婚娶不得作樂及葬送之日歌謠鼓舞殺牲燒瘞一切禁絕雖條旨久班而不革變將由居上者未能悛改爲下者習以成俗敎化陵遲一至於此詩云爾之敎矣民胥傚矣人君舉動不可不愼禮云嫁女之家三日不息火娶妻之家三日不舉樂今諸王納室皆樂部給伎以爲嬉戲而獨禁細人不得作樂此一異也古之婚者皆采德義之門妙簡貞閑之女先之以媒聘繼之以禮物集僚友以重其別親御輪以崇其敬今諸王十五便賜妻別居然所配者或長少差舛或罪

入掖庭而以作合宗王妃嬪藩懿失禮之甚無復此過今皇子娶妻多出宮掖令天下之人必依禮限此二異也凡萬物之生靡不有死然葬者藏也死者不可再見故深藏之昔堯葬穀林農不易畝舜葬蒼梧市不改肆秦始皇作爲地市下錮三泉死不旋踵尸焚墓掘由此推之堯舜之儉始皇之奢是非可見今國家營葬費損巨億一旦焚之以爲灰燼上爲之而不輟而禁下人之必止此三異也古者祭必立尸序其昭穆使亾者有憑致食饗之禮今之魂人直求貌類者事之如父母宴好如夫妻損敗風化黷亂情禮莫此之甚上未禁之下不改絕此四異也夫大饗者所以定禮儀訓萬國故聖王重之至乃爵盈而不飲肴乾而不食樂非雅聲則不奏物非正色則不列今之大會內外相混酒醉諠譊罔有儀式又俳優鄙褻汚辱視聽朝廷積習以爲美而責風俗之清純此五異也今陛下當百王之末踵亂晉之弊而不矯然釐革以厲頹俗臣恐天下蒼生永不聞見禮敎矣允言如此非一帝從容聽之或有觸迕帝所不忍聞者命左右扶出事有不便允輒求見帝知允意逆屛左右以待之禮敬甚重晨入暮出或積日居中朝臣莫知所論或有上事陳得失者帝省而謂羣臣曰君父一也父有是非子何爲不作書於人中陳之使人知惡而於家內隱處諫也豈不以父親恐惡彰於外也今國家善惡不能面陳而上表顯諫此豈不彰君之短明己之美至如高允者眞忠臣矣朕有是非常正言面論至朕所以不忍聞者皆侃侃論說無所避就朕聞其過而天下不知其諫豈不忠乎汝等在左右不曾聞一正言但伺朕喜時求官乞職其以弓刀侍朕左右者徒勞立耳

昔至公王此人執筆匡我國家不遑著作郎汝等不亦愧乎於是拜允中書令著作如故司徒陸麗曰高允雖蒙寵待而家貧布衣妻子不立帝怒曰何不先言今見朕用之方言其貧是日幸允第唯草屋數間布被縕袍廚中鹽菜而已帝嘆息曰古人之清貧豈有此乎即賜帛五百疋粟千斛拜長子忱爲長樂太守允頻表固讓帝不許初與允同徵游雅等多至通官封侯及允部下吏史百數十人亦至刺史二千石而允爲郎二十七年不徙官時百官無祿允常使諸子樵採自給初尚書竇瑾坐事誅瑾子遵亾在山澤遵母焦没入縣官後焦以老得免親故莫有卹者允愍焦年老保護在家積六年遵始蒙赦始得歸養其篤行如此轉太常卿本官如故允上代都賦因以規諷亦二京之流也時中書博士索敞與侍郎傅默梁祚論名字貴賤著議紛紜允遂著名字論以釋其惑甚有典證復以本官領祕書監解太常卿進爵梁城侯初允與游雅及太原張偉同業相友雅嘗論允曰夫喜怒者有生所不能無也而前史載卓公寬中文饒洪量褊心者或弗之信余與高子游處四十餘年未見是非喜愠之色不亦信哉高子內文明而外柔弱其言吶吶不能出口余常呼爲文子崔公謂余云高生豐才博學一代佳士所乏者矯矯風節耳余亦然之司徒之譴起於纖微及於詔責崔公聲嘶股戰不能一言宗欽以下伏地流汗都無人色高子敷陳事理申釋是非辭義清辯音韻高亮明主爲之動容聽者無不稱善仁及寮友保兹元吉向之所謂矯矯者更在斯乎宗愛之任勢也威振四海嘗召百司於都坐王公以下望庭畢拜高子獨升階長揖由此觀之汲長孺可卧見

衛青何抗禮之有向之所謂風節者得不謂此乎知人故不易人亦不易知吾既失之於心內崔亦漏之於形外鍾期止聽於伯牙夷吾見明於鮑叔良有以也其爲人物所推如此文成重允每不名之恒稱爲令公令公之號播於四遠文成崩獻文居諒闇乙弗渾專擅朝命謀危社稷文明太后誅之引允禁中參決大政又詔允曰朕稽之舊典欲置學官於郡國卿宗儒元老宜與中祕二省參議以聞允上表請制大郡立博士二人助教四人學生八十人中郡立博士一人助教二人學生六十人下郡立博士一人助教一人學生四十人其博士取博關經典履行忠清堪爲人師者年限四十以上助教亦與博士同年限四十以上若道業夙成才任教授不拘年齒學生取郡中清望人行修謹堪束修名教者先盡高門次及中等帝從之郡國立學自此始也後允以老疾頻上表乞骸骨詔不許於是乃著告老詩又以昔歲同徵零落將盡感逝懷人作徵士頌蓋止於應命其有命而不至則闕焉其著頌者中書侍郎固安侯范陽盧元子眞郡功曹史博陵崔綽茂祖河內太守下樂侯廣甯燕崇元略上黨太守高邑侯廣甯常陟公山征南大將軍從事中郎勃海高毗子翼征南大將軍從事中郎勃海李金道賜河西太守饒陽子博陵許堪祖根中書郎新豐侯京兆杜銓士衡征西大將軍從事中郎韋閬友規京兆太守趙郡李詵令孫太常博士鉅鹿公趙郡李靈武符中書郎中卽邱子趙郡李遐仲熙營州刺史建安公太原張偉仲業輔國大將軍從事中郎范陽祖邁征東大將軍從事中郎范陽祖侃士倫東郡太守蒱陰子中山劉策濮陽太守眞定子常山許琛行司

隸校尉中都侯西河宋宣道茂中書郎燕郡劉遐彥鑒中書郎武恒子河間邢穎宗敬滄水太守浮陽侯勃海高濟叔仁太平太守原平子鴈門李熙士元祕書監梁郡公廣平游雅伯度廷尉正安平子博陵崔建興祖廣平太守列人侯西河宋愔州主簿長樂潘符郡功曹長樂杜熙征東大將軍從事中郎中正張綱中書郎上谷張誕叔術祕書郎鴈門王道雅祕書郎鴈門閔弼衞大將軍從事中郎中山郎苗大司馬從事中郎上谷侯辯陳郡太守高邑子趙郡呂季才合三十四人其詞曰紫氣干天羣雄亂夏王與徂征戎車屢駕埽盪游氛克揃祆霸四海從風八埏漸化政教無外既甯且壹偃武櫜兵唯文是恤帝乃虛求搜賢採逸巖隱投竿異人並出亹亹盧生量遠思純鑽道據德游藝依仁旌弓既招釋褐投巾攝齊升堂嘉謀日陳自東徂南躍馬馳輪僭僞影附劉以和親茂祖煢單夙離不造克已勉躬聿隆家道敦心六經游思文藻終辭寵命以之自保燕常篤信百行靡遺仕不苟進任理栖遲居沖守約好讓善推思賢樂古如渴如饑子翼致遠道賜悟深相期以義和若瑟琴並參幕府俱發德音優游卒歲聊以寄心祖根運會克光厥猷仰緣朝恩俯因德友功雖後建爵寔先受班同舊臣位並羣后士衡孤立內省靡疚言不崇華交不遺舊以產則貧論道則富所謂伊人寔邦之秀卓矣友規稟兹淑量存彼大方擯此細讓神與理冥形隨流浪雖屈王侯莫廢其尚趙寔名區世多奇士山嶽所鍾挺生三李矯矯清風抑抑容止初九而潛望雲而起詵尹西都靈惟作傳載訓皇宮載理雲霧熙雖中天迹階郎署餘塵可挹終亦顯著仲業深長雅性清到憲章古

式綱繆典誥時逢多難當一其操納眾以仁訓下以孝化洽龍川人歸其教邁則英賢侃亦稱選聞達邦家名行素顯志在兼濟豈伊獨善繩匠弗顧功不獲展劉許履忠竭力致躬出則騁說入獻其功輶軒一舉檮燕下崇名彰魏世享業亦隆道茂夙成弱冠播名與朋以信行物以誠怡怡昆弟穆穆家庭發響九皋翰飛紫宸頻煩省闥亦司于京刑以之中政以之平猗歟彥鑒思參文雅率性任眞器成非假靡矜于高莫恥于下乃謝朱門歸迹林野宗敬延譽號爲四儁華藻雲飛金聲夙振中遇沈痾賦詩以訊忠顯于辭理出于韻高滄朗達默識該通領新悟異發自心胷質侔和璧文照雕龍燿姿天邑衣錦舊邦士元先覺介焉不惑振袂來庭始賓王國蹈方履正好是繩墨淑人君子其儀不忒孔稱游夏漢美卿雲越哉伯度出類踰羣司言祕閣作牧河汾移風易俗理亂解紛融彼滯義渙此潛文儒道以析九流以分崔宋二賢誕性英偉擢穎閶闔聞名象魏謇謇儀形邈邈風氣達而不矜素而能貴潘符劇何杜熙好和清不潔流渾不同波絕希龍津止分常科幽而逾顯損而逾多張綱柔謙叔術正直道雅洽聞弼爲兼議拔萃衡門俱漸鴻翼發憤忘餐豈要斗食率禮從仁罔愆于式失不繫心得不形色郎苗始舉用均已試智足周身言足爲誌性協於時情斂於事與今而同與古而異物以利移人以酒昏侯生潔已唯義是敦日縱醇醪逾敬逾溫其在私室如涉公門季才之性柔而執競屈彼南秦申威致命誘之以權矯之以正帝道用光邊王內慶羣賢遭世顯名有代志竭其忠才盡其槩體襲朱裳腰紉雙佩榮曜當時風高千載君臣相遇理實難階昔因

朝命與之克諧披衿散想解帶舒懷此昕猶昨存亡奄乖靜言思之衷心九摧揮毫頌德潸爾增哀皇興中詔允兼太常至兗州祭孔子廟謂允曰此簡德而行勿有辭也後允從獻文北伐大捷而還至武川鎮上北伐頌帝時有不豫以孝文沖幼欲立京兆王子推集諸大臣以次召問允進跪上前涕泣曰臣不敢多言以勞宸聽願陛下上思宗廟付託之重追念周公抱成王之事帝於是傳位於孝文賜允帛千疋以標忠亮又遷中書監加散騎常侍雖久典史事然不能專勤屬述時與校書郎劉模有所緝綴大較依續崔浩故事準春秋之體而時有刊正自文成迄於獻文軍國書檄多允作也末乃薦高閭以自代以定議之勳進爵咸陽公尋授懷州刺史允秋月巡境問人疾苦至邵縣見邵公廟廢毀不立乃歎曰邵公之德闕而不祀爲善何望乃表修葺之允時年將九十矣勸人學業風化頗行然儒者優游不以斷決爲事後正光中中書舍人河內常景追思允率郡中故老爲允立祠於野王之南樹碑紀德焉太和二年又以老乞還鄉章十餘上卒不聽許遂以疾告歸其年詔以安車徵允勑州郡發遣及至都復拜鎮軍大將軍領中祕書事固辭不許扶引就內改定皇誥又被勑論集往世酒之敗德以爲酒訓孝文覽而悅之常置左右詔允乘車上殿朝賀不拜明年又詔允議定律令雖年漸期頤而志識無損猶心存舊職披考史書又詔曰允年涉危境而家貧薄可令樂部絲竹十人五日一詣允以娛其志特賜允蜀牛一頭四望蜀車一乘素几杖各一蜀刀一口又賜珍味每春秋致之尋詔朝晡給御膳朔望致牛酒衣服綿絹每月給送允皆分之親故是時

貴臣之門皆羅列顯官而允子弟皆無官爵其廉退若此遷尚書散騎常侍時延入備几杖詢以政事十年加光祿大夫金章紫綬朝之大議皆諮訪焉其年四月有事西郊詔御馬車迎允就郊所板殿觀矚馬忽驚奔車覆傷眉三處孝文文明太后遣醫藥護療存問相望司駕將處重坐允啓陳無恙乞免其罪先是命黃門蘇興壽扶侍允嘗雪中遇犬驚倒扶者大懼允慰勉之不令聞徹興壽稱其允接事三年不嘗見其忿色恂恂善誘誨人不倦晝夜手常執書吟詠尋覽篤親念故虛已存納雖處貴重志同貧素性好音樂每至伶人絃歌鼓舞常擊節稱善又雅信佛道時設齋講好生惡殺魏初法嚴朝士多見杖罰允歷事五帝出入三省五十餘年卒無譴咎初太平眞君中以獄訟留滯始令中書以經義斷諸疑事允據律評刑三十餘載內外稱平允以獄者人命所繫常歎曰皋陶至德也其後英蓼先亡劉項之際英布黥而王經世雖久猶有刑之餘釁況凡人能無咎乎性簡至不妄交游獻文之平青齊徙其族望於代時諸士人流移遠至率皆飢寒徙人之中多允姻媾皆徒步造門允散財竭產以相賑贍慰問周至無不感其仁厚又隨其才能表奏申用時議者皆以新附致異允謂取才任能無宜抑屈先是允被召在方山作頌志氣猶不多損談說舊事了無所遺十一年正月卒年九十八初允每謂人曰吾在中書時有陰德濟救民命若陽報不差吾壽應享百年矣先卒旬外微有不適猶不寢臥呼醫請藥出入行止吟咏如常孝文文明太后聞而遺醫李修往脈視之告以無恙修入密陳允榮衛有異懼其不久於是遣使備賜御饍珍羞自酒米至於鹽醯

百有餘品皆盡時味及牀帳衣服茵被几杖羅列於庭王官往還慰問相屬允喜形於色語人曰天恩以我篤老大有所賚得以贍客矣表謝而已不有他慮如是數日夜中卒家人莫覺詔給絹千疋布二千疋綿五百斤錦五十疋雜綵百疋穀千斛以周喪用魏初以來存亾蒙賚者莫及焉朝廷榮之將葬贈侍中司空冀州刺史將軍公如故謚曰文賜命服一襲允所製詩賦詠頌箴論表讚誄左氏釋公羊釋毛詩拾遺雜解議何鄭膏肓事凡百餘篇別有集行於世允尤明算法又爲算術三卷子忱襲忱字士和位長安太守爲政寬惠百姓安之後例降爵爲侯卒子貴賓襲忱弟懷字士仁恬淡退靜位太尉東陽王丕諮議參軍子綽字僧裕少孤恭敏自立身長八尺腰帶十圍沈雅有度量博涉經史稍遷洛陽令爲政彊直不避豪右京邑憚之延昌初遷尚書右丞後爲御史中尉元匡奏高聰及綽朋附高肇詔並原罪歷豫并二州刺史卒謚文簡允弟推字仲讓早有名譽太延中以前後南使不稱妙簡行人游雅薦推應選詔兼散騎常侍使宋南人稱其才辯卒於建業贈臨邑子謚曰恭推弟燮字季和亦有文武才太武每詔徵辭疾不應恆笑允屈折久宦栖泊京邑常從容於家州辟主簿卒孫市賓永熙中開府從事中郎始神䴥中允與從叔濟族兄毗及同郡李金俱被徵濟位滄水太守浮陽子卒贈冀州刺史謚曰宣子矯襲矯弟遵有能名位官嚴酷列在酷吏傳中毗字子翼鄉邑稱爲長者位征南從事中郎初允所引劉模者長樂信都人頗涉經籍允修撰國記選爲校書郎與其緝著常令模帶持管籥每日同入史閣接膝對筵屬述時事允年已九十手目稍衰多遺模執筆而占授裁斷之如此者五六歲允所成篇卷模預有功太和中除南潁川太守王肅之歸闕路經懸瓠羈旅窮悴時人莫識模獨經給所須弔待以禮肅深感其意及肅臨豫州模猶在郡徵報復之由是爲新蔡太守在二郡積十年寬猛相濟頗有聲稱遷陳留太守時年七十餘矣而飾老隱年昧禁自效遂家於南潁川不復歸其舊鄉矣允從祖弟祐字子集小字次奴本名禱以與咸陽王同名孝文賜名焉祖展慕容寶黃門郎道武平中山從京師卒於三都大官父讜從太武滅赫連昌以功賜爵南皮子與崔浩共參著作位中書侍郎給事中冀青二州中正假散騎常侍脩縣侯使高麗卒贈冀州刺史假滄水公謚曰康祐兄祚襲爵位東青州刺史祐博涉書史好文字雜說性通放不拘小節自中書學生再遷中書侍郎賜爵建康子文成末兗州東郡吏獲一異獸送之京師時人咸無識者詔以問祐祐曰此是三吳所出厥名鮻鯉餘域率無今我獲之吳楚之地其有歸國乎又有人於靈邱得玉印一以獻詔以示祐祐曰印上有籀書二字文曰宋壽壽者命也我獲其命亦是歸我之徵獻文初宋義陽王昶來奔薛安都等以五州降附時謂祐言有驗孝文初拜祕書令後與丞李彪等奏曰尚書者記言之體春秋者錄事之辭尋覽前志斯皆司勳之實錄也惟聖朝創制上古開基長發自始祖以後至於文成其間世數久遠是以史弗能傳臣等疎漏忝當史職披覽國記竊有志焉愚謂自王業始基庶事草創皇始以降光宅中土宜依遷固大體令事類相從紀傳區別表志殊貫如此修緩事可備書自著作郎以下請取有才用者參造國書如得其人三年有成帝從之孝文嘗問祐比水旱不調五穀不熟何以止災而致豐稔祐對曰昔堯湯之運不能去陽九之會陛下道同前聖其如水旱何但當旌賢佐政敬授民時則災消穰至矣又問止盜之方祐曰昔宋均樹德害獸不過其鄉卓茂善教蝗蟲不入其境彼盜賊者人也苟訓之有方甯不易息當須宰守循良則盜賊止矣祐又上疏云今之選舉不採職治之優劣專簡年勞之多少其非盡才之謂宜停此薄藝棄彼朽勞唯才是舉則官方斯穆又勳舊之臣年勤可錄而才非撫人者則可加以爵賞不宜委以方任所謂王者可私人以財不私人以官者也帝皆善之加給事中冀州大中正時李彪專統著作祐爲令時關豫而已出爲輔國將軍西兗州刺史假東光侯鎮滑臺祐以郡國雖有太學縣黨宜有黌序乃縣立講學黨立教學村立小學又令一家之中自立一碓五家之外共造一井以給行客不聽婦人寄舂取水又設禁賊之方令五五相保若盜發則連其坐初似煩碎後風化大行寇盜止息轉宋王劉昶傅以參定律令賜帛粟馬等昶以其舊官年耆雅相祗重拜光祿大夫傅如故昶薨徵爲宗正卿而祐留連彭城久不赴僕射李沖奏祐無事稽命處刑二歲以贖論免卿任復爲光祿卒贈太常謚曰煬侯詔曰不遵上命曰靈可謚爲靈子和璧字僧壽有學尚位中書博士早卒和璧子顥字明賢學涉有時譽襲爵建康子位輔國將軍朝散大夫贈滄州刺史謚曰惠子德正仕齊列在齊史顥弟雅字興賢有風度位定州撫軍府長史天平中追贈冀州刺史子德範早有令聞位任城太守雅弟諒字修賢少好學多識彊記居喪以孝聞太和末京兆王

愉開府辟召孝文妙簡僚佐諒與隴西李仲尚趙郡李鳳起等同時應選正光中加驍騎將軍爲徐州行臺至彭城屬元法僧反逼諒同之不從見害贈滄州刺史又詔以諒臨危授命復贈使持節平北將軍幽州刺史優授一子出身諡曰忠侯諒造親表譜錄四十餘卷自五世以下內外曲盡覽者服其博記祐從父弟翼字次同豪俠有風神孝昌末葛榮作亂朝廷以翼山東豪右卽家拜勃海太守翼率合境徙居河濟閒朝議因置東冀州以翼爲刺史封樂城縣侯俄除定州刺史以賊亂不行及爾朱兆弑孝莊翼保境自守卒中興初贈使持節侍中太保錄尚書大州諸軍事冀州刺史諡曰文宣子乾愼昂季式皆齊氏元功並列在齊史

崔鑒字神具博陵安平人也六世祖贊魏尚書僕射五世祖洪晉吏部尚書曾祖懿字世茂仕燕位祕書監祖遵字景遇位鉅鹿令父綽少孤學行修明有名於世與范陽盧元勃海高允趙郡李靈等俱被徵尋以母老固辭後爲郡功曹卒鑒頗有文學自中書博士轉侍郎賜爵桐廬縣子出爲東徐州刺史鑒欲安新附人有年老者表求假以守令詔從之又於州內治銅爲農具兵人獲利卒贈青州刺史安平侯諡曰康子合字貴和少有時譽襲爵桐廬子位終常山太守合弟康少有志氣陽平王順之爲定州康爲衛軍府錄事帶毋極令時甄琛爲長史曾因公事言競之閒以拳擊琛墜牀琛以本縣長笑而不論其豪率若此彭城王勰行冀春康從行招致游俠以爲部下勰目之謂左右曰吾嘗寄膽氣於此人累遷廣平內史大納財貨爲清論所鄙後爲燕州刺史爲杜洛周攻圍堅守歷年朝廷遣都督元譚赴救譚敗康奔定州坐免官太昌中除驃騎大將軍儀同三司頻以老病求解永熙三年去職薨贈尚書令司徒公諡曰靖穆長子忻字伯悅有世幹以鄭儼之甥累遷兼尚書左丞孝莊初遇害河陰追贈殿中尚書冀州刺史忻弟仲哲早喪所生母爲祖母宋氏所養六歲宋亡啼慕不止見者悲之性慨達常以將略自許以軍功賜爵安平縣男及父康於燕被圍泣訴朝廷遂除別將與都督元譚赴援戰沒子長瑜位至開府中兵參軍長瑜子子樞列在齊史仲哲弟叔彥位撫軍將軍叔彥弟季通位司農少卿季通子德立好學愛屬文預撰御覽位濟州別駕季通弟季良風望閑雅位太學博士以征討功賜爵蒲陰縣子累遷太尉長史及康東還鄉季良亦去職歸養後位中軍將軍光祿大夫先康卒於家贈尚書右僕射諡曰簡康弟習字貴禮有世用卒於河東太守贈并州刺史鑒兄欄字洛祖行博陵太守欄子文業中書郎鉅鹿太守文業子伯謙仕齊歷濟北南鉅鹿太守有善政列在良吏傳中

崔辯字神通覽之從祖弟也祖琨字景龍行本郡太守父經贈兗州刺史辯學涉經史風儀整峻獻文徵拜中書博士武邑太守政事之餘專以勸學卒贈安南將軍定州刺史諡曰恭長子景儁鯁正有高風好古博涉以經明行修徵拜中書博士歷侍御史主文中散孝文賜名爲逸後爲員外散騎侍郎與著作郎韓興宗參定朝儀雅爲孝文所知重遷國子博士每有公事逸常被詔獨進博士特命自逸始轉通直散騎常侍廷尉少卿卒子巨倫字孝宗幼孤及長歷涉經史有文學武藝叔楷爲殷州巨倫乃爲長史北道別將在州陷賊斂恤存亡爲賊所義葛榮聞其名欲用爲黃門郎巨倫心惡之至五月五日會集官寮令巨倫賦詩巨倫乃曰五月五日時天氣已大熱狗便呀欲死牛復喘吐舌以此自晦獲免結死士夜中南走逢賊俱恐不濟巨倫曰寧南死一寸豈北死一尺便欺賊曰吾受敕而行賊爇火觀敕火未然巨倫手刃賊十餘人賊乃四潰得馬數匹夜陰失道唯看佛塔戶而行到洛陽持節別將北討初楷喪之始巨倫收殯倉卒事不周固至是遂偷路改殯并竊家口以歸尋授國子博士孝莊卽位除東濮陽太守時河北紛梗人避賊多入郡界歲儉饑乏巨倫傾資贍恤務相全濟時類高之元顥入洛據郡不從孝莊還宮封漁陽縣男後除光祿大夫卒子武襲初巨倫有姊明慧有才行因患眇一目內外親族莫有求者其家議欲下嫁之巨倫姑趙國李叔允之妻聞而悲感曰吾兄盛德不幸早世豈令此女屈事卑族乃爲子翼納之時人歎其義識逸弟模字叔軌身長八尺圍亦如之出後其叔雅有志度蕭寶夤討關隴引爲西征別將屢有戰功封槐里縣伯後行岐州事擊賊歿於陣永熙中贈驃騎大將軍儀同三司都督相州刺史模弟楷字季則爲廣平王懷文學正始中以王國官非其人多被戮唯楷與楊昱數諫諍獲免後爲太子中舍人左中郎將以黨附高肇爲中尉所劾事在高聰傳楷性嚴烈能摧挫豪彊時人語曰莫䳈都買反獬孤楷反付崔楷時冀定數州頻遭水害楷上疏導之便宜事遂施行孝昌初置殷州以楷爲刺史加後將軍楷將之州人皆勸單身述職楷曰單身赴任朝廷謂吾有進退之計將士又誰肯固志遂闔門赴州賊勢已逼或勸減少弱以避之乃遣第四女第三男

夜出旣而曰一朝送免兒女人將謂吾心不固遂命追還及賊來攻楷率力拒抗莫不奮厲稱崔公尙不惜百口吾等何愛一身力竭城陷楷執節不屈賊遂害之楷兄弟父子並死王事朝野傷歎焉贈侍中鎭軍將軍定州刺史永熙中又特贈驃騎大將軍儀同三司都督冀州刺史長子士元沈雅有學問州陷戰没贈平州刺史子育王少以器幹稱仕齊至起部郎子文豹字蔚少有文才本州大中正士元弟士謙仕周爲荆州刺史列在周史

崔挺字雙根辯之從父弟也父鬱濮陽太守挺幼孤居喪盡禮少敦學業多所覽究五世同居門有禮義於後頻年饑家始分析挺與弟振推讓田宅舊資唯守墓田而已家徒壁立兄弟怡然手不釋卷鄉人有贍遺挺辭而後受仍亦散之舉秀才射策高第拜中書博士轉侍郞以工書授勑於長安書文明太后父燕宣王碑賜爵泰昌子轉登聞令遷典屬國下大夫以參議律令賜帛穀馬牛等尙書李沖甚重之孝文以挺女爲嬪宋王劉昶南鎭彭城詔挺爲長史以疾辭免乃以王肅爲長史其被遇如此復拜昭武將軍光州刺史威恩並著風化大行及車駕幸兗州召挺赴行在所問以治邊之略因及文章帝甚悅之謂挺曰别卿以來倏焉二載吾所綴文已成一集今當給卿副本時可觀之又顧謂侍臣曰擁旄者悉皆如此吾何憂哉復還州及散騎常侍張彝巡行風俗謂曰彝受使巡方採察謠誦入境觀政實媿清使之名州舊掖城西北數里有斧山峯嶺高峻北臨滄海南望岱岳爲一邦遊觀之地挺於頂上欲營觀宇故老曰此嶺上秋夏之際常有暴雨迅風巖石盡落相傳云是龍道恐此觀不可久立挺曰人能相去何遠之有虬龍倏忽豈唯一路乎遂營之數年間果無風雨之異挺旣代郞爲風雨所毁於後作終不就衆以爲善化所感時以犯罪配邊者多有逃越遂立重制一人犯罪逋亾闔門充役挺上書以周書父子罪不相及以一人犯罪延及闔門豈不哀哉辭甚雅切帝納之先是州內少鐵器用皆求之他境挺表復鐵官公私有賴孝文將辨天下氏族仍亦訪定乃遙授挺本州大中正掖縣有人年踰九十扶輿造州自稱少曾充使林邑得一美玉方尺四寸甚有光彩藏之海島垂六十載忻逢明政今願奉之挺曰吾雖德謝古人未能以玉爲寶遣船隨取光潤果然迄不肯受乃表送都景明初見代老幼泣涕追隨縑帛送贈悉不納散騎常侍趙修得幸宣武挺雖同州壤未嘗詣門北海王詳爲司徒録尙書事以挺爲司馬挺固辭不免世人皆歎其屈挺處之夷然後詳攝選衆人競稱考第以求遷敘挺獨無言詳曰崔光州考級並未加授宜投一牒當爲申請遼伯玉恥獨爲君子亦何故默然挺曰階級是聖朝大例考課亦國之常典至於自銜求進竊以爲羞詳大相稱嘆自其爲司馬詳未曾呼名常稱州號以示優禮景明四年卒時年五十九贈輔國將軍幽州刺史謚曰景光州故吏聞凶問至莫不悲感共鑄八尺銅像於城東廣固寺起八關齋追奉冥福其遺愛如此初崔光之在貧賤也挺贍遺衣服常親敬焉又識邢巒宋弁於童稚終並遠致世稱其知人歷官二十餘年家資不益食不重味室無綺羅閨門之內雍雍如也欲諸子廉讓恭敬因皆以孝爲名及葬親故多有賻賵諸子推挺素志一無所受有子六人長子孝芬字恭梓早有才識博學好文章孝文召見甚嗟賞之李彪謂挺曰比見賢子謁帝旨喻殊優今當爲絕羣耳挺曰卿自欲善處人父子之間然斯言吾不敢聞也後襲父爵累遷司空屬定州大中正長於剖判甚有能名府主任城王澄雅重之澄奏地制八條孝芬所參定也遷廷尉少卿孝昌初梁將裴邃等寇淮南詔行臺酈道元都督河間王琛討之勑孝芬持節催令赴援賊退而還遷荆州刺史兼尙書南道行臺領軍司率諸將以援神儁因代爲孝芬遂從恆農道南入敵便奔散人還安堵明帝嘉勞之後以元乂之黨與盧同李獎等並除名徵還又除孝芬爲廷尉章武王融以贓貨被劾孝芬案以重法及融爲都督北討鮮于修禮時孝芬弟孝演率宗從在博陵爲賊攻陷遇害融密啟云孝演入賊爲逆遂見收捕全家投梁遇赦乃還後梁將成景儁逼彭城孝芬兼尙書右丞爲徐州行臺孝芬將發入辭靈太后謂曰卿女今事我兒與卿是親曾何相負而內頭元乂車內稱此嫗須了卻孝芬曰臣蒙國厚恩義無斯語假有斯語誰能得聞若有此聞卽此人於元乂親密過臣遠矣乞對之足辨虛實太后乃有媿色孝芬旣至景儁等力屈退走以孝芬兼尙書爲徐兗二州行臺建義初太山太守羊侃據郡反引南賊圍兗州行臺除孝芬散騎常侍鎭東將軍金紫光祿大夫仍兼尙書東道行臺與大都督刁宣往救援與行臺于侃時相接至便圍之侃突圍奔梁永安中授西兗州刺史孝芬倦於外役固辭不行仍爲太常卿太昌初兼殿中尙書後加儀同三司兼吏部尙書孝武帝入關齊神武至洛與尙書辛雄劉廞等並被誅没其家口天平中乃免之孝芬博

開口辯善談論愛好後進終日忻然商推古今閒以嘲謔聽者忘疲文筆數十篇有子八人長子勉字宣祖頗涉史傳普泰中兼尚書右丞勉善附會世論以浮競譏之爲尚書令爾朱世隆所親待而尚書魏季景尤爲世隆所知勉與季景內頗不睦季景於世隆求右丞奪勉所兼世隆厭用季景勉遂恨怏自失太昌初除散騎常侍征東將軍金紫光祿大夫定州大中正勑左右廂出入爾朱氏敗被收逃免後見齊神武神武勞撫之天平初遣勉送勳貴妻子赴定州因得還屬母李氏喪勉哀號過性遇病卒無子弟宣度以子龍子爲後勉弟獻周少司徒列在周史孝芬弟孝偉趙郡太守郡經葛榮離亂人皆賣鬻兒女夏椹大熟孝偉勸戶人多收之郡內乃安教其人種殖招撫遺散先恩後威一周之後流戶大至興立學校親加勸勵百姓賴之卒贈瀛州刺史謚曰簡朝議謂爲未申復贈安北將軍定州刺史子昂齊祠部尚書齊史有傳孝偉弟孝演字則伯出繼伯父性通率美鬚髯姿貌瓌傑少無宦情沈靜鄉里位瀛州安西府外兵參軍因罷歸及鮮于脩禮起逆遇害無子弟孝直以子士游爲後孝直字叔廣身長八尺眉目疏朗早有志尚稍遷直閤將軍通直散騎常侍爾朱兆入洛孝直以天下未甯去職歸里太昌中除衞將軍右光祿大夫辭不赴卒於家誡諸子曰吾才疏效薄於國無功若朝廷復加贈謚宜循吾意不得祇受若致千求則非吾意子士順位太府卿孝直弟孝政字季讓十歲挺亾號哭不絕見者爲之悲慘志尚貞立博學經史雅好詞賦喪紀特所留情衣服制度手能執造位太尉汝南王悅行參軍孝芬兄弟孝義慈厚弟孝演孝政先亾孝芬等號哭哀慟絕肉蔬食容貌毀瘠孝偉等奉孝芬盡恭順之禮坐食進退孝芬不命則不敢也雞鳴而起且溫顏色一錢尺帛不入私房吉凶有須聚對分給諸婦亦相親愛有無共之始挺兄弟同居孝芬叔振既亾後孝芬等承奉叔母李氏若事所生旦夕溫凊出入啟覲家事巨細一以諮決每兄弟出行有獲財物尺寸以上皆入李之庫四時分賚李氏自裁之如此二十餘歲撫從弟宣伯子朗如同氣焉挺弟振字延根少有學行居家孝爲宗族所稱爲祕書中散在內謹勑爲孝文所知孝文南討自高陽內史徵爲尚書左丞留京振既才幹被擢當世以爲榮遷太子庶子景明初除長兼廷尉少卿振有公斷以明察稱河內太守陸琇與咸陽王禧同謀爲逆禧敗事發振窮案之時琇內外親黨及當朝貴要咸爲言之振研覈切至終無縱緩遂斃之於獄其奉法如此除肆州刺史在任有政績卒於何東太守贈南兗州刺史謚曰定振歷官四十餘載考績恆爲稱職議者善之子子朗美容貌涉獵經史少溫厚有風尚位侍御史加平東將軍卒挺從父子瑜字仲璉少孤有學業位鴻臚少卿封高邑男贈瀛州刺史子孟舒字長才襲父爵位廣平太守卒贈殷州刺史鎮東將軍謚曰康孟舒弟仲舒位鄴令仲舒弟季舒最知名齊史有傳挺從祖弟敬邕性長者爲左中郎將以軍功賜爵臨淄男位營州刺史庫莫奚國有馬數百匹因風入境敬邕悉令送還於是夷人感附卒於太中大夫贈濟州刺史謚曰恭敬邕從弟接字顧賓容貌魁偉放邁自高不事拘檢爲中書博士樂陵內史雅爲任城王澄所禮待及澄爲本部接了無人王敬王忻然容下之後爲樂陵太守還鄉卒挺族子纂字叔則博學有文才既不爲時知乃著無談子論尊爲廷尉正每有大獄多有據明有當官之譽時太原王靜自廷尉監遷少卿纂恥居其下乃與靜書辭氣抑揚無上下禮入啟求解位後爲洛陽令卒贈司徒左長史纂兄穆字子和雅有度量州辟主簿卒穆子暹仕齊位尚書右僕射列在齊史暹從祖弟游字延叔少有風槩爲東郡太守郡有鹽戶常供州郡爲兵子孫見丁竝從役游矜其勞苦乃爲表聞請聽更代郡內感之郡學舊在城內游移置城南閑敞處親自說經當時學者無不勸勉號爲良守正光中除南秦州刺史先是州人楊松栢洛德兄弟數爲反叛游深加招慰兄弟俱至郡謝松栢既郡之豪帥感恩奬喻郡賊咸來歸款且以過在前政不復自疑游乃因宴會一時俱斬於是外人以其不信合境皆反正光五年秦州城人殺刺史李彥爲逆數日後游知必不安謀欲出外尋爲城人韓祖香等所攻游事窘登樓慷慨悲歎乃推下小女而殺之義不爲羣小所辱遂爲祖香等害永安中贈散騎常侍鎮北將軍定州刺史子伏護

李靈字武符趙郡平棘人也父勰字小同恬靜好學有聲趙魏閒道武平中原聞其已亾哀惜之贈宣威將軍蘭陵太守神䴥中太武徵天下才儁靈至拜中書博士再遷淮陽太守以學優選授文成皇帝經加中散內博士賜爵高邑子文成踐阼卒於洛州刺史贈定州刺史鉅鹿公謚曰簡子恢襲以師傅子拜長安鎮副將進爵爲侯假鉅鹿公後東平王道符謀反遇害贈定州刺史鉅鹿公謚曰貞恢弟綜行河閒郡早卒綜孫渾列在齊史恢長子悅祖襲爵高邑侯例降爲伯卒悅祖子瓊字

伯瓊襲位大司農卿瑾涓謹好學老而不倦卒贈司空悅祖弟顯甫顯甫子元忠元忠齊史有傳

李璨字世顯靈弟趙郡太守均之子也身長八尺五寸容貌魁偉受學於梁祚位中書郎雅爲高允所知初宋徐州刺史薛安都舉彭城降詔鎭南大將軍博陵公尉元鎭東將軍城陽公孔伯恭等迎之獻文復以璨參二府軍事安都率文武出迎元不加禮接安都還城遂不降宋將張永沈攸之等先屯下礚元令璨與中書郎高閭入彭城說安都卽與俱載赴軍元等入城收管籥其夜永攻南門不克退還璨勸元乘張永失據攻永米船大破之於是遂定淮北加璨甯朔將軍與張讜對爲兗州刺史安帖初附以參定徐州功賜爵始封侯卒謚曰懿子元茂襲爵元茂以寬雅著稱位司徒司馬彭城鎭副將民吏安之卒贈顯武將軍徐州刺史謚曰順子秀之字鳳起襲爵位尚書都官郎秀之弟子雲字鳳昇子雲弟子羽字鳳降子羽弟子岳字鳳跱秀之等並早孤事母孝謹兄弟容貌並魁偉風度審正而皆早卒鳳昇子道宗位直閤將軍道宗弟德林司徒中兵參軍元茂弟宣茂太和初拜中書博士後兼定州大中正受鄉人財貨爲御史所劾除名正始初除太中大夫遷光祿勳與游肇往復肇善之卒於幽州刺史遺令薄葬贈齊州刺史謚曰惠子籍之字脩遠性謹正粗涉書史位司徒諮議參軍太中大夫著忠誥一篇文多不載卒贈定州刺史子徹仕齊位尚書左丞徹子純隋開皇中爲介州長史純子德饒有至性列在孝友傳中徹弟公緒齊初以侍御史徵不就齊史有傳

李順字德正靈之從父弟也父系慕容垂散騎侍郎東武城令治有能名道武定中原以爲平棘令卒贈趙郡太守平棘男順博涉經史有計策知名於世神瑞中拜中書博士轉中書侍郎始光初從征蠕蠕以籌略之功拜後軍將軍仍賜爵平棘子加奮威將軍太武將討赫連昌謂崔浩曰朕前北征李順獻策數事實合經略大謀今欲使總攝前驅之事卿以爲何如浩對曰順智足周務實如聖旨但臣與之婚姻深知其行然性果於去就不可專委帝乃止初浩弟娶順妹又以弟子娶順女雖二門婚嫦而頗輕順順又不伏由是潛相猜忌故浩毀之至統萬大破昌軍順謀功居多右轉拜左軍將軍後征統萬遷前將軍授之以兵昌出逆戰順督勒士衆破其左軍及克統萬帝賜諸將珍寶雜物順固辭唯取書數千卷帝善之遷給事黃門侍郎賜奴婢十五戶帛千疋又從擊赫連定於平涼三秦平進爵爲侯遷四部尚書甚見寵待沮渠蒙遜以河西內附帝欲簡行人崔浩曰宜令淸德重臣奉詔褒慰尚書順卽其人也帝曰順納言大臣固不宜方爲此使若蒙遜身執玉帛而朝於朕復何以加之浩曰邢貞使吳亦魏之太常苟事是宜無嫌於重帝從之以順爲太常策拜蒙遜爲太傅涼王使還拜使持節都督秦雍梁益四州諸軍事甯西將軍長安鎭都大將軍開府進爵高平公未幾復徵爲四部尚書加散騎常侍延和初復使涼州蒙遜辭以疾堅日延順入至庭中而蒙遜箕坐隱几無起動之狀順正色大言曰不謂此叟無禮乃至於是握節而出蒙遜遽使中兵校郎楊定歸追順於庭曰太常旣雅恕衰疾又傳云朝廷有不拜之詔是以敢自安耳若太常曰爾拜爾跪而不祇命斯乃小臣之罪矣順益怒曰齊桓公九合諸侯一匡天下周王賜胙命曰伯舅無下拜而桓公奉遵臣節降而拜受今君雖功高勳厚未若齊桓之勤朝廷雖相崇重未有不拜之詔而便偃蹇自取此乃速禍之道蒙遜遂拜伏盡禮禮畢蒙遜曰夫恃德者昌恃力者亾朝廷頃來征伐屢克恐不可常勝順曰天兵四臨昭德罰罪何云恃力夫聖王之用兵也征南蠻則北狄怨討西戎則東夷恨天子安得已哉順旣使還帝問與蒙遜往復之辭及蒙遜政教得失順曰蒙遜專威河右三十許年經涉艱難粗識機變又綏集荒隩遠人頗亦畏服雖不能貽厥孫謀猶足以終其一世但前歲表許十月送西域沙門曇無讖及臣往迎便乖本意不忠不信於是而甚禮者身之輿恭者行之本未有無禮不恭而能久享福祿以臣觀之不復周歲矣帝曰若如卿言效在無遠襲世之後早晚當滅順對曰臣略見其子並非才俊如聞敦煌太守牧犍器性粗立若繼蒙遜者必此人也然比之於父兪云不逮殆天所用資聖明也帝曰朕今方事于東未暇營西如卿所言三五年間不足爲晚且停前計以爲後圖旣而蒙遜死問至帝謂順曰卿言蒙遜死今則驗矣又言牧犍立何其妙哉朕克涼州亦當不遠於是賜絹千疋廐馬一乘進號安西將軍寵待彌厚政之巨細無所不參崔浩惡之順凡使涼州十有二返太武稱其能而蒙遜數與順遊宴頗有悖慢之言恐順東還泄之尋以金寶納順懷中故蒙遜罪釁得不聞徹浩知之密言於帝帝未之信太延三年順復使涼州及還帝問以將平河右之計順對以民勞旣久不可頻動帝從之五年議征涼州順以涼州乏水草不宜遠征浩固以爲宜征帝從浩議及至姑臧甚豐水

草帝與景穆書以言其事頗銜順後謂浩曰卿昔所言今果驗矣浩曰臣之所言虛實皆如此類初纍無儀徵有方術帝詔順令蒙遜送之京邑順受蒙遜金聽其殺之帝克涼州後聞而嫌順然猶以寵舊未加其罪涼土既平詔順差次羣臣賜以爵位順頗受納品第不平涼州人徐桀發其事浩又毀之帝大怒太平眞君三年遂刑順於城西順死後數年其從父弟孝伯爲太武所知重居中用事及浩之誅帝怒甚謂孝伯曰卿從兄往雖誤國朕意亦未至此由浩遂殺卿從兄皇興初順子敷等貴顯追贈順侍中鎭西大將軍太尉高平王謚曰宣王妻邢氏曰孝妃順四子長子敷字景文太平眞君二年選入中書教學以忠謹給侍東宮又爲中散與李訢盧遐度世等竝以聰敏內參機密敷性謙恭加有文學文成寵遇之遷祕書下大夫賜爵平棘子後兼錄南部還散騎常侍南部尚書中書監領內外祕書襲爵高平公朝政大議事無不關及宋徐州刺史薛安都司州刺史常珍奇等以彭城懸瓠降于時朝議謂未必可信敷乃固執必然及遣師接援淮海甯輯敷旣見待二世兄弟親戚在朝者十餘人弟奕又有寵於文明太后李訢列其隱罪二十餘條獻文大怒皇興四年誅敷兄弟削順位號爲庶人敷從弟顯德妹夫廣平宋叔玲等皆坐關亂公私同時伏法敷兄弟敦崇孝義家門有禮至於居喪法度吉凶書記皆合典則爲北州所稱美旣致斯禍時人歎惜之敷弟式字景則以學業知名位西兗州刺史濮陽侯式自以家據權要心慮危禍常勑津吏臺有使者必先啟然後度之旣而使人卒至始云南過旣濟奕又執式赴都與兄俱死子憲字仲軌清粹善風儀好學有器度太和初襲爵又降爲伯拜祕書中散雅爲孝文知賞後拜趙郡太守趙脩與其州里脩歸葬父母也牧守以下畏之累跡憲不爲屈時人高之後以黨附高肇爲御史所劾正光五年行雍州刺史尋除七兵尚書孝昌中除征東將軍揚州刺史淮南太都督及梁平北將軍元樹等來寇憲力屈而降因求還國旣至勑付廷尉憲女壻安樂王鑒據相州反靈太后謂鑒心懷劫爵遂詔賜憲死永熙中贈儀同三司尚書令定州刺史謚曰文靜子希遠字景沖早卒希遠子祖悛襲祖爵式弟奕字景世美容貌有才藝位都官尚書安平侯與兄敷同死太和初文明太后追念奕兄弟及誅李昕存問憲等一二家歲時賜以布帛奕弟冏字道度少爲中散逃避得免後歷位度支尚書太和二十一年孝文幸長安冏以咸陽山河險固秦漢舊都勸帝去洛陽都之後孝文引見冏笑謂之曰昔婁敬一說漢祖卽日西駕尚書今以西京說朕使朕不廢東轅當是獻可理殊所以今古相反耳冏曰昔漢祖起於布衣欲藉險以自固婁敬之言符於本旨今陛下德洽四海事同隆周是以愚臣獻說不能上動帝大悅冏性鯁烈敢直言常面折孝文彈駮公卿無所迴避百寮皆憚之孝文常加優禮每車駕巡幸恆兼尚書右僕射雖才學不及諸兄然公彊當世堪濟過之卒子祐字長禧篤穆友于見稱於世歷位給事中累遷博陵太守所在亦以清幹著稱順弟脩基陳留太守卒子探幽高平太守探幽兄子洪鸞河間太守希遠弟希宗字景元性寬和儀貌雅麗有才學位金紫光祿大夫齊神武擢爲中外府長史文宣納其第二女爲皇后位上黨太守卒贈司空公殷州刺史謚曰文簡希宗長子祖昇儀容瓌麗垂手過膝文學足以自通位齊州刺史淫於從兵妻見殺祖昇弟祖勳位給事黃門侍郎齊文宣以其女爲濟南王妃除侍中封丹陽郡王尋改封公濟南卽位除趙州刺史濟南廢還除金紫光祿大夫太甯中昭信后有寵於武成除祖勳齊州刺史在州贓賄狼籍坐免官復起爲光州刺史祖勳性貪慢兼其妻崔氏驕豪干政時論鄙之女侍中陸媼母元氏卽祖勳之妻姨也由是附會又除西兗州刺史殷中尚書祖勳素無才幹自少及長居官皆無可稱述卒贈尚書右僕射武平中將封后兄君璧等爲王還復祖勳王爵其弟祖欽封竟陵王位光祿卿祖勳第三弟祖納兄弟中最有識尚以經史被知卒於散騎常侍希宗弟希仁字景山有學識卒於侍中太子詹事子公統仕齊位員外郎高歸彥之反公統爲其謀主歸彥敗伏法其母崔氏當沒入官其弟宣寶行賕改籍注老事發武成命掊殺之肝腦塗地希仁弟騫字希義博涉經史文藻富贍位散騎常侍殷州大中正尚書左丞以本官兼散騎常侍使于梁後坐事免論者以爲非罪騫嘗贈親友盧元明魏收詩云監河愛升水蘇子惜餘明益州達友趣廷尉辨交情蓋失職之志云後除給事黃門侍郎卒其文筆別有集錄齊受禪贈開府儀同三司謚曰文惠希義弟希禮字景節性敦厚容止樞機動遵禮度起家著作佐郎脩起居注歷位太常少卿兼廷尉少卿行魏尹事豫州刺史仍居議曹與邢邵等議定禮律卒於信州刺史子孝貞列在隋史

李孝伯高平公順從父弟也父曾少治鄭氏禮左氏春秋以教授爲業郡三辟功曹竝不就曰功曹之職雖曰

鄉選高第猶是郡吏耳北面事人亦何容易州辟主簿到官月餘乃歎曰梁敬叔云州郡之職徒勞人耳道之不行身之憂也遂還家講授道武時徵拜博士出爲趙郡太守令行禁止并州丁零數爲山東害知曾能得百姓死力憚不入境賊於恆山界得一死鹿謂趙郡地也賊長責之令還送鹿故處鄰郡爲之謠曰詐作趙郡鹿猶勝恆山粟其見憚如此卒贈荆州刺史栢人子謚曰懿孝伯少傳父業博綜羣言美風儀動有法則從兄順言於太武徵爲中散帝見而異之謂順曰眞卿家千里駒也遷祕書奏事中散轉散騎侍郎光祿大夫賜爵魏昌子委以軍國機密甚見親寵謀謨切祕時人莫能知也遷北部尚書以頻從征伐規略功進爵壽光侯太平眞君末車駕南伐宋安北將軍徐州刺史武陵王駿遣將馮文恭至蕭城前軍破之宋文帝又遣其弟太尉江夏王義恭率眾赴彭城太武登亞父冢以望城內遣送其俘蒯應至小市門宣詔勞問義恭等義恭等問應士馬數應曰中軍四十萬駿遣人獻酒二器甘蔗百挺并請駱駝明日太武遣孝伯至小市門駿亦使其長史張暢出對孝伯曰主上有詔詔太尉安北可暫出門欲與相見今遣賜駱駝及貂裘雜物暢曰有詔之言何得稱之於此孝伯曰卿家太尉安北是人臣不縱爲鄰國之君何爲不稱詔於鄰國之臣又何至杜門絕橋暢曰二王以魏帝營壘未立此有精甲十萬恐相陵踐故且閉城待彼休息兵士然後共修戰場剋日交戲孝伯曰令行禁止主將常事何用廢橋杜門又復何以十萬誇大我亦有良馬百萬復可以此相矜邪既開門暢屏人卻仗出受賜孝伯曰詔以貂裘賜太尉駱駝騾馬賜安北義恭獻皮袴褶一具駿奉酒二器甘蔗百挺帝又遣賜義恭駿等氈及九種鹽并胡豉義恭駿復獻蠟炬錦等語具宋張暢傳中孝伯風容閑雅應答如流暢及左右甚相嗟嘆帝大喜進爵宣城公爲使持節散騎常侍平西將軍秦州刺史卒贈征南大將軍定州刺史謚曰文昭公孝伯體度恢雅明達政事朝野貴賤咸推重之景穆曾啟太武廣徵俊秀太武曰朕有一孝伯足治天下何用多爲假復求訪此人輩復亦何可得其見貴如此性方慎忠厚每朝廷事有所不足必手自書表切言陳諫或不從者至於再三削滅藁草家人不見公廷議論常引綱紀或有言事者孝伯恕其所陳假有是非終不抑折及見帝言其所長初不隱人姓名以爲己善故衣冠之士服其雅正自崔浩誅後軍國謀謨咸出孝伯太武寵眷有亞於浩亦以宰輔遇之獻替補闕其迹不見時人莫得而知卒之日遠近哀傷焉孝伯美名聞於遐邇李彪使於江南齊武帝謂之曰北有李孝伯於卿遠近其爲遠人所知若此孝伯妻崔賾女高明婦人生一子元顯崔氏卒後納翟氏不以爲妻憎忌元顯後遇劫元顯見害世云翟氏所爲也元顯志氣甚高爲時人所傷惜翟氏二子安民安上竝有風度安民襲爵壽光侯司徒司馬無子爵除安上鉅鹿太守亦早卒安民弟豹子後追理先封卒不得襲孝伯兄祥字元善學傳家業鄉黨宗之位中書博士時尚書韓元興率眾出青州以祥爲軍司略地至陳汝淮北之人詣軍降者七千餘戶遷之兗豫之南置淮陽郡以撫之拜祥太守流人歸者萬餘家百姓安業遷河間太守有威惠之稱徵拜中書侍郎郡人有千餘上書乞留數年朝廷不許卒官追贈定州刺史平棘子謚曰憲子安世幼聰悟興安二年文成帝引見侍郎博士之子簡其秀儁者欲以爲中書學生安世年十一帝見其尚小引問之安世陳說父祖甚有次第即以爲生帝每幸國學常獨被引問詔曰汝但守此至大不慮不富貴矣天安初拜中散以謹慎爲帝所親愛累遷主客令齊武帝使劉纘朝貢安世奉詔勞之安世美姿貌善舉止纘等自相謂曰不有君子其能國乎纘呼安世爲典客安世曰三代不共禮五帝各異樂何以亾秦之官稱於上國纘曰世異之號凡有幾也安世曰周謂掌客秦改典客漢名鴻臚今曰主客君等不欲影響文武而殷勤於亾秦纘又指方山曰此山去燕然遠近安世曰亦猶石頭之於番禺耳國家每有江南使至多至出內藏珍物令都下富室好容服者貨之令使任情交易使至金玉肆問價纘曰北方金玉大賤當是山川所出安世曰聖朝不貴金玉所以價同瓦礫今皇上得通神明地不愛寶故無川無金無山無玉所以同於瓦礫纘初將大市得安世言慙而罷還主客給事中時人民饑困流散豪右多有占奪安世乃上疏陳均量之制孝文深納之後均田之制起於此矣出除安南將軍相州刺史敦勸農桑禁斷淫祀以西門豹史起有功於民者爲之修飾廟堂表薦廣平宋翻陽平路恃慶皆爲朝廷善士初廣平人李波宗族彊盛殘掠生民前刺史薛道㯹親往討之波率其宗族拒戰大破㯹軍遂爲逋逃之藪公私成患百姓爲語曰李波小妹字雍容褰裙逐馬如卷蓬左射右射必疊雙婦人尚如此男子那可逢安世設方略誘波及諸子姪三十餘人斬于鄴市州內肅然病卒官安世妻博陵崔氏生一子瑒崔

氏以妬悍見出又尙滄水公主生二子諡郁瑒字琚羅涉歷史傳頗有文才氣尙豪爽公彊當世太師高陽王雍表薦瑒爲友時人多絕戶爲沙門瑒上言三千之罪莫大於不孝不孝之大無過於絕祀安得輕縱背禮之情而肆其向法之意缺當世之禮而求將來之益棄堂堂之政而從鬼教乎沙門都統僧暹等忿瑒鬼教之言以瑒爲毀謗佛法泣訴靈太后太后責之瑒自理曰鬼神之名皆是通靈達稱佛非天非地本出於人名之爲鬼愚謂非謗靈太后雖以瑒言爲允然不免暹等意猶罰瑒金一兩轉尙書郎隨蕭寶夤西征以瑒爲統軍瑒德洽鄉閭招募雄勇其樂從者數百騎瑒傾家賑恤率之西討寶夤見瑒至撫其肩曰子遠來吾事辦矣故其下每有戰功軍中號曰李公騎寶夤啓瑒爲左丞仍爲別將軍機戎政皆與參決寶夤又啓爲中書侍郎還朝除岐州刺史坐辭不赴任免官建義初河陰遇害初贈尙書右僕射殷州刺史後又贈散騎常侍驃騎大將軍儀同三司冀州刺史瑒倜儻有大志好飲酒篤於親知每謂弟郁曰士大夫學問稽古博令而罷何用專經爲老博士也與弟謐特相友愛謐在鄉物故瑒慟哭絕氣久而方蘇不食數日朞年形骸毀悴人倫哀歎之謐高尙不就徵辟列在隱逸傳郁字永穆好學沈靖博通經史爲廣平王懷友深見禮遇時學士徐遵明教授山東生徒甚盛懷徵遵明在館令郁問其五經義例十餘條遵明所答數條而已稍遷國子博士自國學之建諸博士率不講說其朝夕教授唯郁而已謙虛寬雅甚有儒者之風再遷通直散騎常侍建義中以兄瑒卒遂撫育孤姪歸於鄉里永熙初除散騎常侍衞大將軍左光祿大夫兼都官尙書尋遷給事黃門侍郎三年於顯陽殿講禮記詔郁執經郁解說不窮羣難鋒起無廢談笑孝武及諸王凡預聽者莫不嗟善尋病卒贈散騎常侍驃騎大將軍尙書左僕射儀同三司都督定州刺史

李裔字承伯案趙郡李氏出自趙將武安君牧當楚漢之際廣武君左車則其先也左車十四世孫恢字仲興漢桓靈間高尙不仕號有道大夫恢生定字文義仕魏位漁陽太守有子四人並仕晉平字伯括爲樂平太守機字仲括位國子博士隱字叔括保字季括位並尙書郞兄弟皆以儒素著知時謂之四括機子楷字雄方位書侍御史家于平棘南有男子五人輯晃棻勁叡輯字護宗晃字仲黃棻字季黃勁字少黃叡字幼黃並以友悌著美爲當世所宗時所謂四黃者也輯位高密郡守二子愼敦晃位鎭南府長史一子義勁位書侍御史四子盛敏隆喜叡位高平太守二子勗充其後愼敦居栢人子孫甚微義南徙故壘世謂之南祖勗兄弟居巷東盛兄弟居巷西世人指其所居因以爲目蓋自此也義字敬仲位司空長史生東宮舍人吉字彥同吉生尙書郞聰字小時聰生眞字義深事列于後勗字景賢位頓丘太守勗生趙郡太守頤字彥祖頤生𢘆系曾各有令子事列于前盛位中書郞三子績夔闇績字偉業位太尉祭酒生四子誕休重苞誕字紹元假趙郡太守生四子建追確龜龜字神龜位州主簿生二子鳳林秀林秀林小名棲性溫直太和中自中書博士爲頓丘相豪右畏之景明初試守博陵郡抑彊扶弱政以嚴威爲名以母憂去職後爲司徒司馬定州大中正太中大夫卒贈齊州刺史裔秀林子也出後伯父鳳林孝昌中爲定州鎭軍長史帶博陵太守于時逆賊杜洛周侵亂州界裔潛引洛周州遂陷沒洛周殤無綱紀至于市令驛帥咸以爲王呼曰市王驛王乃封裔定州王洛周尋爲葛榮所滅裔仍事榮爾朱榮禽葛榮遂禁裔及高昂薛脩義李無爲等於晉陽從榮至洛榮死乃免天平初以齊神武大丞相諮議參軍參定策功封固安縣伯爲侯衞大將軍陝州刺史及周文攻克州城見害東魏贈尙書令司徒定州刺史子子旦襲子旦弟子雄仕周歷隋隋史有傳裔從祖詵字令世誕弟休之子也休字紹則位散騎常侍詵與族兄纂族弟熙等俱同時被徵高允爲徵士傳皆著其名詵位中書侍郞京兆太守詵從祖弟善見位趙郡太守善見子顯進位州主簿濮陽太守顯進子暎字暉道位相州中從事步兵校尉贈殷州刺史暎子普濟學涉有名性和韻位濟北太守時人語曰入麤入細李普濟武定中位北海太守暎弟育字仲遠位相州防城別將以拒葛榮之勳賜爵趙郡公後除金紫光祿大夫卒贈都官尙書諡曰貞子愔與從父兄普濟並應秀才舉時人謂其所居爲秀才村愔位太子舍人愔族叔肅字彥雝位員外常侍初諂附侍中元暉後人左道事侍中穆紹常裸身被髮畫腹銜刀於隱屛處爲紹求福故紹愛之薦爲黃門郞性淸狂從靈太后幸江陽王繼第侍飮頗醉言辭不遜抗辱太傅淸河王懌爲有司彈劾太后怒之卒於夏州刺史肅從弟曒字景林有學識位廷尉少卿贈齊州刺史諡曰宣子愼武定中位東平太守曒從弟仲旋司徒左長史恆農太守先是宮牛二姓阻險爲害仲旋示以威惠卽並歸伏累遷右光祿大夫天平初遷都於鄴以仲旋爲營構將進號衞

大將軍出爲兗州刺史還除將作大匠所歷並著聲績卒贈驃騎大將軍儀同三司青州刺史子希邕侍御史

煥字仲文小字醜瓌中書侍郎盛弟隆之後也隆字太彝位阜城令隆生幕縣令謀謀生始平太守昺昺生東郡太守伯應伯應生煥煥有幹用與鄭道元俱爲李彪所知恆州刺史穆泰據代都謀反煥以書侍御史與任城王澄推究之煥先驅至州宣旨曉喻乃執泰等景明初齊豫州刺史裴叔業以壽春歸附煥以司空從事中郎爲軍司馬與楊大眼奚康生逆接仍行揚州事賜爵容城伯及荆蠻擾動勑煥兼通直散騎常侍慰勞之降者萬餘家除梁州刺史時武興氐楊集起舉兵作逆勑假煥平西將軍都督別將大破集起軍又破秦州賊呂苟兒及斬氐王楊定還朝遇患卒贈幽州刺史謚曰昭子密字希邕少有節操母患積年名醫療之不愈乃精習經方洞閑鍼藥母疾得除由是以醫術知名屬爾朱兆弒逆與勃海高昂爲報復計後從神武封容城縣侯位襄州刺史

李義深趙郡高邑人也祖眞字令才位中書侍郎父紹字嗣宗殷州別駕義深有當世才用而心胸險峭時人語曰劒戟森森李義深初以殷州別駕歸齊神武再遷鴻臚少卿見爾朱兆兵盛叛歸之兆平神武恕其罪還齊州刺史好利多所受納轉行梁州刺史爲陽夏太守段業告其在州聚斂被禁止卒於禁所子騊駼仕周歷隋列在隋史義深弟同軌體貌魁岸腰帶十圍學綜諸經兼該釋氏又好醫術二十舉秀才再遷著作佐郎典儀注兼國子博士與和中兼通直散騎常侍使梁梁武深耽釋學遂集名僧於其愛敬同泰二寺講涅槃大品經引同軌豫席兼遣其朝士議其觀聽同軌論難久之道俗咸以爲善盧景裕卒齊神武引同軌在館教諸公子甚嘉禮之每旦入授日暮始歸緇素受業者同軌夜爲解說四時恆爾不以爲倦卒時人傷惜之神武亦嗟悼之贈瀛州刺史謚曰康同軌弟幼舉安德太守以貪汙棄市幼舉弟之良有幹用位金部郎中之良弟稚廉齊史有傳

游雅字伯度小名黃頭廣平任人也太武時與勃海高允等俱知名徵拜中書博士後使宋授散騎侍郎賜爵廣平子稍遷太子少傅領禁兵進爵爲侯受詔與中書侍郎胡方回等改定律制出爲東雍州刺史假梁郡公在任廉白甚有惠政徵爲祕書監委以國史之任竟無所成雅性剛戇好自矜誕淩獵人物高允重雅文學而雅輕允才允性柔寬不以爲恨允將婚于邢氏雅勸允娶其族允不從雅曰人貴河間邢不勝廣平游人自棄伯度我自敬黃頭其貴己賤人皆此類也允著徵士頌殊重雅雅因議論長短忿儒者陳奇遂陷奇至族議者深責之卒贈相州刺史謚曰宣侯雅從祖弟明根字志遠祖鱓慕容熙樂浪太守父幼馮跋假廣平太守明根幼年遭亂爲樂陽王氏奴主使牧羊明根以槃壺倩人書字路邊畫地學之長安鎭將竇瑾見之呼問知其姓名乃告游雅雅使人贖之教書年十六辭雅歸鄉里於白渠坎爲窟室讀書積歲雅推薦之太武擢爲中書學生性寡慾綜習經史文成踐阼爲都曹主畫帝以其敬愼每嗟美之假員外散騎常侍安樂侯使宋宋孝武稱其長者迎送之禮有加常使獻文時累遷東兗州刺史封新泰侯爲政清平孝文時爲儀曹長清約恭謹號爲稱職歷儀曹尚書加散騎常侍詔以與齊武帝絕使多年今宜通不羣臣會議尚書陸叡曰先以三吳不靖荆梁有難故權停之將觀釁而動今彼方既靖宜還通使明根曰中絕行人是朝廷之事深築醴陽侵彼境土二三之理直在蕭氏我今遣使於理爲長孝文從之後爲大鴻臚卿河南王幹師尚書如故隨例降侯爲伯又參律令屢進讜言明根以年踰七十求致仕前後頻表乃許之引入陳謝悲泣不自勝帝言別殷勤亦爲流涕賜靑紗單衣委貌冠被褥錦袍等物其年以司徒尉元爲三老明根爲五更行禮辟雍賜步輓一乘給上卿祿供食之味大官就第月送以定律令賜布帛等歸本郡又賜安車兩馬幄帳被褥車駕幸鄴明根朝于行宮詔曰游五更光素蓬簷歸終衡里可謂朝之舊德國之老成可賜以穀帛勑太官備送珍羞爲造甲第園有大政恆璽書訪之舊疾發動手詔問疾太醫送藥年八十一卒於家宣武弔祭贈賵甚厚贈光祿大夫金章紫綬謚靖侯明根歷官內外五十餘年處身以仁接物以禮時論貴之孝文初明根與高閭以儒老學業特被禮遇公私出入每相追隨而閭以才筆時侮明根世號高游焉子肇襲肇字伯始幼爲中書學生博綜經史孝文賜名焉孝文初爲內祕書侍御中散稍遷典命中大夫車駕南伐肇表諫不納尋遷太子中庶子肇謙素敦讓以文雅見任以父老求解官扶侍孝文欲令祿養出爲本州南安王楨鎭北府長史帶魏郡太守王薨復爲高陽王雍鎭北府長史太守如故爲政清簡加以匡贊歷佐二王甚有聲績以父憂解任復授黃門侍郎兼侍中爲畿內大使黜陟善惡賞罰分明歷太府廷尉卿兼御史中尉

黃門如故肇儒者動存名教直繩所舉莫非傷風敗俗持法仁平斷獄務於矜恕尚書令高肇宣武之舅百僚懾憚以肇名與己同欲令改易肇以孝文所賜執志不許高肇甚銜之宣武嘉其剛梗盧昶之在朐山也肇諫曰朐山蕞爾僻在海濱於我非急於賊爲利如聞賊將屢以宿豫求易朐山持此無用之地復彼舊有之疆兵役時解其利爲大帝將從之尋而昶敗遷侍中梁軍主徐元明斬其青冀二州刺史張稷首以鬱州內附朝議遣兵赴援肇以爲不宜勞師爭海島之地帝不納及大將軍高肇伐蜀肇又陳願俟後圖又不納明帝即位還中書令相州刺史有惠政再遷尚書右僕射肇於吏事斷決不速主者諮呈反覆至於再三必窮其理然後下筆雖寵勢干請終無迴撓方正之操時人服之及元乂廢靈太后將害太傅清河王懌乃集公卿會議其事於時羣官莫不失色順旨肇獨抗言以爲不可終不下署卒謚文貞公肇外寬柔內剛直耽好經傳手不釋書善周易毛詩尤精三禮爲易集解撰冠昏儀白珪論詩賦表啓凡七十五篇謙廉不競曾撰儒棊以表其志清貧寡慾資仰俸祿而已爲廷尉時宣武嘗勑肇有所降恕執而不從曰陛下自能恕之豈可令臣曲筆也其執意如此及明帝初近侍羣官預在奉迎者自侍中崔亮以下並加封封肇文安縣侯肇獨曰子襲父位古今之常因此獲封何以自處固辭不應論者高之子祥字宗良頗有才學襲爵新秦伯位國子博士領尚書郎中明帝以肇昔辭文安之封復欲封祥祥守其父志卒不受又追論肇前議清河守正不屈乃封祥高邑縣侯卒贈給事黃門侍郎幽州刺史謚曰文

高閭字閭士漁陽雍奴人也五世祖原晉安北將軍上谷太守關中侯有碑在薊中祖雅少有令名位州別駕父洪字季願位陳留王從事中郎閭貴乃贈幽州刺史固安貞子閭早孤少好學博綜經史下筆成章少爲車子送租至平城脩刺詣崔浩浩與語奇之使爲謝中書監表明日浩歷租車過駐馬呼閭諸車子皆驚閭本名驢浩乃改爲閭而字焉由是知名和平末爲中書侍郎文成崩乙弗渾擅權內外憂懼文明太后臨朝誅渾引閭與中書令高允入禁中參決大政賜爵安樂子與鎭南大將軍尉元南赴徐州以功進爵爲侯獻文即位徙御崇光宮閭表上至德頌高允以閭文章富逸舉以自代遂爲獻文所知參論政事永明初爲中書令給事中委以機密文明太后甚重閭詔令書檄碑銘贊頌皆其文也太和三年出師討河北閭表諫陳四疑請時速返旆文明太后曰六軍電發有若摧朽何慮四難也遷尚書中書監淮南王他奏求依舊斷祿閭表以爲若不班祿則貪者肆其姦情清者不能自保詔從閭議孝文又引見王公以下於皇信堂令辯忠佞閭曰佞者飾智以行事忠者發心以謝道如玉石皦然可知帝曰玉石同體而異名忠佞異名而同理求之於同則得其所以異尋之於異則失其所以同出處同異之間交換忠佞之境豈是皦然易明哉或有託佞以成忠或有假忠以飾佞如楚之子綦後事雖忠初非佞也閭曰子綦諫楚初雖隨述終致忠言此適欲譏諫非爲佞也子綦若不設初權後忠無由得顯帝善閭對後上表曰臣聞爲國之道其要有五一曰文德二曰武功三曰法度四曰防固五曰刑賞故遠人不服則脩文德以來之荒狡放命則播武功以威之人未知戰則脩法度以齊之暴敵輕侵則脩防固以禦之臨事制勝則明刑賞以勸之用能闢國甯方征伐四克北狄悍愚同於禽獸所長者野戰所短者攻城若以狄之所短奪其所長則雖衆不能成患雖來不能內逼又狄散居野澤隨逐水草戰則與室家並至奔則與畜牧俱逃是以古人伐北方攘其侵掠而已歷代爲邊患者良以倏忽無常故也六鎭勢分倍衆不鬭互相圍逼難以制之昔周命南仲城彼朔方趙靈秦始長城是築漢之孝武踵其前事此四代之君皆帝王之雄傑所以同此役者非智術之不長兵衆之不足乃防狄之要事理宜然也今故宜於六鎭之北築長城以禦北虜雖有暫勞之勤乃有永逸之益即於要害往往開門造小城於其側因施卻敵多置弓弩狄來有城可守有兵可捍既不攻城野掠無獲草盡則走終始必懲又宜發近州武勇四萬人及京師二萬人合六萬人爲武士於苑內立征北大將軍府選忠勇有志幹者以充其選下置官屬分爲三軍二萬人專習弓射二萬人專習刀楯二萬人專習騎矟脩立戰場十日一習採諸葛亮八陣之法爲平地禦寇之方使其解兵革之宜識旌旗之節兵器精堅必堪禦寇使將有定兵兵有常主上下相信晝夜如一七月發六郡兵萬人各備戎作之具勑臺北諸屯倉庫隨近往來俱送北鎭至八月征北部率所領與六鎭之兵直至磧南揚威漠北狄若來拒與決戰若其不來然後散分其地以築長城計六鎭東西不過千里若一夫一月之功當三步之地三百人三里三千人三十里三萬人三百里則千里之地彊弱相兼計十萬人必就軍糧一月不足爲多人懷永逸勞而

無怨計築長城其利有五罷遊防之苦其利一也北部放牧無抄掠之患其利二也登城觀敵以逸待勞其利三也省境防之虞息無時之備其利四也歲常游運永得不匱其利五也孝文詔曰比當與卿面論又詔閭爲書問蠕蠕時蠕蠕國有喪而書不叙凶事帝曰卿職典文辭不論彼之凶事若知而不作罪在灼然若情思不至應謝所任對曰昔蠕蠕主敦崇和親其子屢犯邊境如臣愚見謂不宜弔帝曰敬其父則子悅敬其君則臣悅卿云不合弔慰是何言歟閭遂免冠謝罪帝曰蠕蠕使牟提小心恭慎同行疾其敦厚恐其還北必致謗誣昔劉準使殷靈誕每禁下人不爲非禮事及還果被譖愬以致極刑今書可明牟提忠於其國使蠕蠕主知之是年冬至孝文文明太后大饗羣官孝文親舞於太后前羣臣皆舞帝乃長歌仍率羣臣皆再拜上壽閭進曰臣聞大夫行孝行合一家諸侯行孝聲著一國天子行孝德被四海今陛下躬行孝道臣等不勝慶躍謹上千萬歲壽帝大悅賜羣臣束帛又議政於皇信堂帝曰百揆多途萬機事猥未周之闕卿等宜有所陳對曰臣伏思太皇太后十八條之令及仰尋聖朝所行事周於百揆願終成其事帝曰刑法者王道之所用何者爲法何者爲刑施行之日何先何後閭對曰臣聞創制立會軌物齊衆謂之法犯違制約致之於憲謂之刑然則法必先施刑必後著自鞭已下至於死罪皆謂之刑刑者成也一成而不可改帝曰論語稱冉子退朝孔子問曰何晏也對曰有政子曰其事也如其有政雖不吾以吾其與聞之何者爲政何者爲事閭對曰臣聞政者君上所施行經國治民之屬皆謂之政臣下奉教行之謂之事然則天下大同風軌齊一政出於天子王道衰政出於諸侯君道缺政出於大夫帝善之後詔閭與太常採雅樂以營金石又領廣陵王師出除鎮南將軍相州刺史以參定律令之勤賜粟帛牛馬等還都洛陽閭表諫言遷有十損必不得已請遷於鄴帝頗嫌之雍州刺史曹虎據襄陽請降車駕親幸懸瓠閭表諫洛陽草創虎既不遣質任必非誠心帝不納虎果虛詐諸將皆無功而還車駕還幸石濟閭朝於行宮帝謂曰往年之意朕不欲決征但兵士已集恐爲幽王之失不容中止遂至淮南而彼諸將並列州鎮至無所獲實由晚一月日故耳閭曰古攻戰法倍則攻之十則圍之聖駕親征誠應大捷所以無大獲良由兵少故也今京邑甫爾庶事造創願陛下當從容伊瀍使德被四海帝曰願從容伊瀍實亦不少但未獲耳閭曰司馬相如臨終恨不封禪今雖江介不賓然中州地略以盡平豈可聖朝之時而闕盛禮帝曰荆揚未一豈得如卿言也閭以江南非中國且三代之境亦不能遠帝曰淮海惟揚州荆及衡陽惟荆州此非近中國乎及車駕至鄴孝文頻幸其州館下詔褒揚之閭每請本州以自效詔曰閭以懸車之年方求衣錦知進忘退有塵謙德可降號平北將軍然朝之老成宜遂情願徙授幽州刺史令懲勸兼行恩法並舉閭以諸州罷從事依府置參軍於政體不便表宜復舊帝不悅歲餘表求致仕優答不許徵爲太常卿頻表陳遜不聽及車駕南討漢陽閭上表諫求迴師帝不納漢陽平賜閭璽書閭上表陳謝宣武踐阼閭累表遜位詔聽之授光祿大夫金印紫綬使吏部尚書邢巒就家拜授及辭引見於東堂賜以肴羞訪之大政以其先朝儒舊告老求歸帝爲之流涕詔曰閭歷官六朝著勳五紀年禮致辭義光進退歸軒首路感悵兼懷安駟籝金漢世榮貺可賜安車几杖輿馬繒綵衣服布帛百寮餞之猶昔羣公之祖二疏也閭進陟北芒上望闕表以示戀慕之誠景明初卒于家謚文貞閭好爲文章軍國書檄詔令碑頌銘贊百有餘篇集爲四十卷其文亦高允之流後稱二高爲當時所服閭彊果敢直諫其在私室言裁聞耳及於朝廷廣衆之中則談論鋒起人莫能敵孝文以其文雅之美每優禮之然貪褊矜慢初在中書好罵辱諸博士學生百有餘人有所干求者無不受其賄及老爲二州乃更廉儉自謹有良牧之譽子元昌襲爵位遼西傅陵二郡太守閭弟悅篤志好學有美於閭早卒

趙逸字思羣天水人也父昌石勒黃門郎逸好學夙成仕姚興歷中書侍郎後爲赫連屈丐所虜拜著作郎太武平統萬見逸所著曰豎子無道安得爲此言乎作者誰也速推之司徒崔浩進曰彼之謬述亦子雲美新固宜容之帝乃止歷中書侍郎赤城鎮將頻表乞免久乃見許性好墳典白首彌勤年踰七十手不釋卷凡所著述詩賦頌五十餘篇

胡方回安定臨涇人也父義周姚泓黃門侍郎方回仕赫連屈丐爲中書侍郎涉獵史籍辭彩可觀爲屈丐統萬城銘蛇祠碑諸文頗行於世太武破赫連昌方回入魏未爲時所知後爲北鎮司馬爲鎮脩表有所稱薦帝覽其文嗟美問誰所爲既知爲方回召爲中書博士賜爵臨涇子遷侍郎與太子少傅游雅等改定律制司徒崔浩及當時朝賢並愛重之清貧守道以壽終

胡叟字倫許安定臨涇人也世爲西夏著姓叟少聰慧

年十三辯疑釋理知名鄉國與成人交論尠有屈焉學不師授披讀羣籍再閱於目皆誦爲好屬文旣善爲典雅之詞又工爲鄙俗之句以姚氏將衰遂入長安觀風化隱匿名行懼人見知時京兆韋祖思少閱典墳多茂時彥待叟不足叟聊與涼溫拂衣而出祖思固留之曰當與君論天人之際何遽返乎叟曰論天人者其亾久矣與君相知何夸言若是遂歸主人賦韋杜二族一宿而成時年十八矣其述前載無違舊美叙中世有協時事而末及鄙黷人皆奇其才而畏其筆叟孤飄坎壈未有仕路遂入漢中宋梁秦二州刺史馮翊吉翰頗相禮接授叟末佐不稱其懷未幾翰遷益州叟隨入蜀時蜀沙門法成率僧數千人鑄丈六金像宋文帝惡其聚衆將加大辟叟聞之卽赴丹陽啟申其美遂免復還蜀法成遺其珍物價直千餘匹叟一無所受後入沮渠牧犍牧犍遇之不重叟乃爲詩示所知廣平程伯達其略曰羣犬吠新客佞暗排疏賓直途旣已塞曲路非所遵望衛惋祝鮀眄楚悼靈均何用宣憂懷託翰寄輔仁伯達見詩謂曰涼州雖地居戎域然自張氏以來號有華風今則憲章無虧何祝鮀之有叟曰貴主奉正朔而弗濬慕仁義而未允吾之擇木夙在大魏與子暫違非久闊也歲餘牧犍破降叟旣先歸魏朝廷以其識機拜虎威將軍賜爵始復男家於密雲蓬室草筵唯以酒自適謂友人金城宗舒曰我此生活似勝焦先志意所棲謝其高矣文成時召叟及舒並使作檄檄宋蠕蠕舒文劣於叟叟尋歸家不治產業常苦饑貧然不以爲恥養子字螟蛉以自給養每至貴勝之門常乘一牸牛弊韋袴褶而已作布囊容三四斛飲噉醉飽便盛餘肉餅以付螟蛉見車馬榮華者視之蔑如也尙書李敷嘗遺以財物都無所取初叟一見高允曰吳鄭之交以縞紵爲美談吾之於子以韋弦爲幽贄以此言之彼可無愧也於允館中見中書侍郎趙郡李璨璨被服華靡叟貧老衣褐璨頗忽之叟謂之曰李子今若相脫體上袴褶衣帽君欲作何許也譏其唯假盛服璨惕然失色叟少孤每言及其父母則淚下若孺子號春秋當祭之時則先求旨酒美膳將其所知廣寧常順陽馮翊田文宗上谷侯法儁提壺執俎至郭外空靜處設坐奠拜盡孝思之敬時敦煌氾潛家善釀酒每節送一壺與叟著作佐郎博陵許赤虎河東裴定宗等謂潛曰再三之惠以爲過厚子惠於叟何其恆也潛曰我恆給祭者以其恆於孝思也論者以潛爲君子矣順陽等數子稟叟獎示頗涉文流高閭曾造其家遇叟短褐曳柴從田歸舍爲閭設濁酒蔬食皆手自辦然案其館宇卑陋園疇局褊而飯菜精潔醯醬調美見其二妾並年衰跛眇衣布穿弊閭見其貧約以衣物直十餘疋贈之亦無辭兗閭作宣命賦叟爲之序密雲左右皆祇仰其德歲時遺以麻布穀麥叟隨分散之家無餘財年八十卒無子無家人營主凶事胡始昌迎殯之于家葬於墓次卽令其弟繼之襲其爵始復男武威將軍叟與始昌雖宗室性氣殊詭不相附其存時往來乃簡及亾而收郵至厚議者以爲非必敦哀疏宗或緣求利品秩也

張湛字子然一字仲元敦煌酒泉人也魏執金吾恭九葉孫爲河西著姓祖質仕涼位金城太守父顯有遠量李暠據有西夏引爲功曹甚器異之常稱曰吾之臧子原也位酒泉太守湛弱冠知名涼土好學能屬文冲素有大志仕沮渠蒙遜位兵部尙書太武平涼州拜寧遠將軍賜爵南浦男司徒崔浩識而禮之浩注易叙曰國家西平河右敦煌張湛金城宋欽武威段承根三人皆儒者並有儁才見稱於西州每與余論易余以左氏傳卦解之遂相勸以爲注故爲之解其見重如此湛至京師家貧不立而操尙無虧浩常給其衣食薦爲中書侍郎湛知浩必敗固辭每贈浩詩頌多箴規之言浩亦欽敬其志每常報答極推崇之美浩誅湛懼悉焚之閉門卻埽慶弔皆絕以壽終兄銑字懷義閑粹有才幹仕沮渠蒙遜位建昌令性至孝母憂哀毀過人服制雖除而蔬糲弗改崔浩禮之與湛等卒於征西參軍懷義孫通字彥綽博通經史沈冥不預時事頓丘李彪欽其德行與之游款及彪用事言於中書令李沖沖召見甚器重之太和中徵爲中書博士中書侍郎永平中又徵爲汾州刺史皆不赴終於家通四子徹麟儉鳳皆傳家業知名於世徹字方明位侍中衛尉卿封西平縣公子敢之襲位太中大夫樂陵郡守麟字嘉應位廣平太守儉字元愼位涼州刺史鳳字孔鸞位國子博士散騎常侍著五經異同評十卷爲儒者所稱

段承根武威姑臧人自云漢太尉熲九世孫也父暉字長祚身長八尺餘師事歐陽湯湯甚器愛之有一童子與暉同志後二年童子辭歸從暉請馬暉戲作木馬與之童子甚悅謝暉曰吾太山府君子奉勑游學今將歸損子厚贈無以報德子後至常伯封侯非報也且以爲好言終乘馬騰虛而去暉乃自知必將貴仕乞伏熾盤爲輔國大將軍涼州刺史御史大夫西海侯熾盤子慕末襲位政亂暉父子奔吐谷渾慕容璝內附暉與承根

歸魏太武至長安人告暉欲南奔云置金於馬韉中帝密遣覘之果如告者言斬之於市暴尸數日時有儒生京兆林白奴欽暉德音夜竊其尸置之枯井暉女爲敦煌張氏婦聞之乃向長安收葬承根好學機辯有文思而性行疏薄有始無終司徒崔浩見而奇之與同郡陰仲逵俱被浩引以爲俱涼土文華才堪著述言之太祖竝請爲著作郞引與同事世咸重承根文而薄其行甚爲敦煌公李寶所敬待浩誅承根與宗欽俱死

宗欽字景若金城人少好學有儒者風仕沮渠蒙遜爲中書郞世子洗馬上東宮侍臣箴太武平涼州入魏賜爵臥樹男拜著作郞與高允書贈詩允答書并詩甚相褒美在河西撰蒙遜記十卷無足可稱

闞駰字元陰敦煌人也祖京父玖並有名於西土玖位會稽令駰博通經傳聰敏過人三史羣言經目則誦時人謂之宿讀注王朗易傳撰十三州志沮渠蒙遜甚重之常侍左右訪以政治損益拜祕書考課郞中給文吏三十人典校經籍刊定諸子二千餘卷牧犍待之彌重拜大行臺還尚書及姑臧平樂安王丕鎭涼州引爲從事中郞王薨後還京師家甚貧弊不免饑寒性能多食一飯至三升乃飽卒無後

劉昞字延明敦煌人也父寶字子玉以儒學稱昞年十四就博士郭瑀學瑀時弟子五百餘人通經業者八十餘人瑀有女始笄妙選良偶有心於昞遂別設一席於坐前謂諸弟子曰吾有一女向成長欲覓一快女壻誰坐此席者吾當婚焉昞遂奮衣來坐神志湛然曰昞其人也瑀遂以女妻之昞後隱居酒泉不應州郡命弟子受業者五百餘人李暠徵爲儒林祭酒從事中郞暠好尙文典書史穿落者親自補治昞時侍側前請代暠暠曰躬自執者欲人重此典籍吾與卿相值何異孔明之會元德遷撫夷護軍雖有政務手不釋卷暠曰卿注記篇籍以燭繼晝白日且然夜可休息昞曰朝聞道夕死可矣不知老之將至孔聖稱焉昞何人斯敢不如此昞以三史文繁著略記百三十篇八十四卷涼書十卷敦煌實錄二十卷方言三卷靖恭堂銘一卷注周易韓子人物志黃石公三略行於世蒙遜平酒泉拜祕書郞專管注記築陸沈觀於西苑躬往禮焉號元處先生學徒數百月致羊酒牧犍尊爲國師親自致拜命官屬以下皆北面受業時同郡索敞陰興爲助教竝以文學見稱每巾衣而入太武平涼州士民東遷夙聞其名拜樂平王從事中郞太武詔諸年七十已上聽留本鄕一子扶養昞時老矣在姑臧歲餘思鄕而返至涼州西四百里韭谷窟卒太和十四年尙書李沖奏昞河右碩儒今子孫沈屈未有祿潤賢者子孫宜蒙顯異於是除其一子爲郢州雲陽令正光三年太保崔光奏復其孫等三家河西人以爲榮

趙柔字元順金城人也少以德行才學知名河右沮渠牧犍時爲金部郞太武平涼州內徙京師歷著作郞河內太守甚著信惠柔嘗在路得人所遺金珠一貫價直數百縑柔呼主還之後有人遺柔鏵數百枚者柔與子善明鬻之市有人從柔買柔索絹二十疋有商人知其賤與柔三十疋善明欲取之柔曰與人交易一言便定豈可以利動心遂與之搢紳之流聞而敬服隴西王源賀采佛經幽旨作祇洹精舍圖偈六卷柔爲之注解爲當時俊僧所欽味又憑立銘讚頗行於世子默字沖明武威太守

索敞字巨振敦煌人也爲劉昞助教專心經籍盡能傳昞業涼州平入魏以儒學爲中書博士京師貴遊之子皆敬憚威嚴多所成益前後顯達位至尙書牧守者數十人皆受業於敞敞以喪服散於眾篇遂撰比爲喪服要記出補扶風太守在位淸貧卒官時舊同學生等爲請諡詔贈涼州刺史諡曰獻初敞在涼州與鄕人陰世隆文才相友世隆至京師被罪徙和龍屆上谷困不能前達土人徐能抑掠爲奴敞因行至上谷遇見世隆對泣而別敞爲訴理得免世隆子孟貴性至孝每向田芸耨早朝拜父來亦如之鄕人欽爲

宋繇字體業敦煌人也世仕張氏父僚張元靚武興太守繇生而僚爲張邕所誅五歲喪母事伯母張氏以孝聞八歲而張氏卒居喪過禮喟然謂妹夫張彥曰門戶傾覆負荷在繇不銜膽自勵何以承繼先業遂隨彥至酒泉追師就學閉室誦書晝夜不倦博通經史諸子羣言靡不覽綜呂光時舉秀才除郞中後奔段業爲中散騎常侍以業無遠略西奔李暠歷位通顯家無餘財雖兵革間講誦不廢每聞儒士在門常倒屣出迎引談經籍尤明斷決時事亦無滯也沮渠蒙遜平酒泉於繇室得書數千卷鹽米數十斛而已蒙遜歎曰孤不喜克李歆欣得宋繇耳拜尙書吏部郞中委以銓衡之任蒙遜之將死也以子牧犍委託之牧犍以爲左丞送其妹興平公主於京師太武拜繇爲河西王右丞相賜爵淸水公及平涼州從牧犍至京師卒諡曰恭公長子巖襲爵改爲西平侯巖子酳中書議郞樂安王範從事中郞卒贈咸陽太守酳子季預性淸儼居家如官位勃海太守

子游道仕齊位太府卿性嚴酷列在酷吏傳中
江式字法安陳留濟陽人也六世祖瓊字孟琚晉馮翊太守善蟲篆詁訓永嘉大亂瓊棄官投張軌子孫因居涼土世傳家業祖彊字文威涼州平內徙代京上書三十餘法各有體例又獻經史諸子千餘卷由是拜中書博士卒贈敦煌太守父紹興高允奏爲祕書郎掌國史二十餘年以謹厚稱卒於趙郡太守式少專家學數年中常夢兩人時相教授及寤每有記識初拜司徒長史兼行參軍檢校御史尋除符節令以書文昭太后尊號謚冊除奉朝請仍符節令篆體尤工洛京宮殿諸門板題皆式書也延昌三年三月式表曰臣聞伏羲氏作而八卦形其畫軒轅氏興而靈龜彰其彩古史倉頡覽二象之爻觀鳥獸之迹別創文字以代結繩用書契以維事宣之王迹則百工以叙載之方冊則萬品以明迄於三代厥體頗異雖依類取制未能殊倉氏矣故周禮八歲入小學保氏教國子以六書一曰指事二曰象形三曰諧聲四曰會意五曰轉注六曰假借蓋是史頡之遺法及宣王太史籀著大篆十五篇與古文或同或異時人卽謂之籀書孔子脩六經左丘明述春秋皆以古文厥意可得而言其後七國殊軌文字乖別暨秦兼天下丞相李斯乃奏蠲罷不合秦文者斯作倉頡篇車府令趙高作爰歷篇太史令胡毋敬作博學篇皆取史籀式頗有省改所謂小篆者也於是秦燒經書滌除舊典官獄繁多以趣約易始用隸書古文由此息矣隸書者始皇使下杜人程邈附於小篆所作也世人以邈徒隸卽謂之隸書故秦有八體一曰大篆二曰小篆三曰符書四曰蟲書五曰摹印六曰署書七曰殳書八曰隸書漢興有尉律學傳教以籀書又習八體試之課最以爲尙書史書省字不正輒舉劾焉又有草書莫知誰始其形書雖無厥誼亦是一時之變通也孝宣時召通倉頡讀者獨張敞從受之涼州刺史杜業沛人爰禮講學大夫秦近亦能言之孝平時徵禮等百餘人說文字於未央宮中以禮爲小學元士黃門侍郎揚雄採以作訓纂篇及亾新居攝自以運應制作使大司馬甄豐校文字之部頗改定古文時有六書一曰古文孔子壁中書也二曰奇字卽古文而異者三曰篆書云小篆也四曰佐書秦隸書也五曰繆篆所以摹印也六曰鳥蟲所以幡信也壁中書者魯恭王壞孔子宅而得尙書春秋論語孝經也又北平侯張倉獻春秋左氏傳書體與孔氏相類卽前代之古文矣後漢郎中扶風曹喜號曰工篆小異斯法而甚精巧自是後學皆其法也又詔侍中賈逵脩理舊文殊藝異術王教一端苟有可以加於國者靡不悉集逵郎汝南許愼古學之師也後愼嗟時人之好奇歎俗儒之穿鑿故撰說文解字十五篇首一終亥各有部屬可謂類聚羣分雜而不越文質彬彬最可得而論也左中郎將陳留蔡邕採李斯曹喜之法爲古今雜形詔於太學立石碑刊載五經題書楷法多是邕書也後開鴻都書畫奇能莫不雲集時諸方獻篆無出邕者魏初博士清河張揖著埤倉廣雅古今字詁究諸埤廣綴拾遺漏增長事類抑亦於文爲益者然其字詁方之許篇古今體用或得或失陳留邯鄲淳亦與揖同時開古藝特善倉雅許氏字指八體六書精究閑理有名於揖以書教諸皇子又建三字石經於漢碑西其文蔚煥三體復宣校之說文篆隸大同而古字少異又有京兆韋誕河東衞覬二家並號能篆當時臺觀牓題寶器之銘悉是誕書咸傳之子孫世稱其妙晉世義陽王典祠令任城呂忱表上字林六卷尋其況趣附託許愼說文而按偶章句隱別古籀奇惑之字文得正隸不差篆意也忱弟靜別放故左校令李登聲類之法作韻集五卷使宮商龣徵羽各爲一篇而文字與兄便是魯衞音讀楚夏時有不同皇魏承百王之季紹五運之緒世易風移文字改變篆形謬錯隸體失眞俗學鄙習復加虛造巧談辯士以意爲疑炫惑於時難以釐改乃曰追來爲歸巧言爲辯小兔爲䨲神虫爲蠶如斯甚衆皆不合孔氏古書史籀大篆許氏說文石經三字也凡所關古莫不惆悵焉嗟夫文字者六籍之宗王教之始前人所以垂今今人所以識古臣六世祖瓊家世陳留往晉之初與從父兄俱受學於衞覬古篆之法倉雅方言說文之誼當時並收善譽而祖遇洛陽之亂避地河西數世傳習斯業所以不墜也世祖太延中牧犍內附臣亾祖文威杖策歸國奉獻五世傳掌之書古篆八體之法時蒙襃錄叙列於儒林官班文省家號世業暨臣闇短識學庸薄漸漬家風有忝無顯寔籍六世之資奉遵祖考之訓竊慕古人之軌企踐儒門之轍求撰集古來文字畫以許愼說文爲主及孔氏尙書五經音注籀篇爾雅三倉凡將萬言通俗文祖文宗埤倉廣雅古今字詁三字石經字林韻集諸賦文字有六書之誼者以類編聯文無復重統爲一部其古籀奇惑俗隸諸體咸使班於篆下各有區別詁訓假借之誼僉隨文而解音讀楚夏之聲並逐字而注其所不知者則闕如也脫蒙遂許冀省百氏之觀而同文字之域典書祕書所須之書乞垂勅

給并學士五人嘗習文字者助臣披覽書生各五人專令鈔寫侍中黃門國子祭酒一月一監詳議疑隱庶無紕繆所撰名目伏聽明旨詔曰可如所請并就太常冀兼教八書史也其有所須依請給之名目待書成重聞式於是撰集字書號曰古今文字凡四十卷大體依許氏說文爲本上篆下隸正光中兼著作郎卒官贈巴州刺史其書竟未能成式兄子征虜將軍順和亦工篆書先是太和中兖州人沈法會能隸書宣武之在東宮勑法會侍書後以隸迹見知於閭里者甚眾然未有如崔浩之妙

通志卷一百四十八

通志卷一百四十九

宋右迪功郎鄭樵漁仲撰

列傳第六十二

後魏

王慧龍 子寶興 寶興子瓊 瓊子遵業 鄭羲 子懿 懿弟道昭 道昭子嚴祖
羲祖子仲禮 伯猷 羲兄孫 羲兄曾孫先護 薛辯 父疆 辯子謹 子初古拔 謹 拔子允
拔弟子驎駒 拔弟湖 驎駒子慶之 湖子聰 聰子孝通 韓茂 子均 皮豹子
子懷 喜 封敕文 呂羅漢 孔伯恭 田益宗 孟
表 奚康生 楊大眼 崔延伯 李叔仁 裴
駿 子脩 脩子詢 脩弟宣 宣子莊伯 駿從弟安祖 裴延儁 從叔子夙 從祖弟
良 良從父兄子慶孫 行祖弟仲規 仲規弟子景融 延儁子 薛眞度 子懷吉 劉休
賓 子文曄 房法壽 族子景伯 景遠 景伯弟景先 景伯子文烈 畢眾敬
子元賓 羊深 深弟偘 深叔父靈引 深子肅 韓麒麟 孫子熙 子顯宗 程駿
李彪 子志 高道悅 甄琛 子偘 從父弟密 偘弟楷 張彝 琛 高
聰

王慧龍太原晉陽人晉尚書僕射愉之孫散騎常侍郎緝之子也幼聰慧愉以爲諸孫之龍故名焉初宋武微時愉不爲之禮及得志愉合家見誅慧龍年十四爲沙門僧彬所匿因將過江津人見其行意恖恖疑爲王氏子孫彬稱爲受業者乃免既濟遂西上江陵依叔祖忱故吏荆州前中從事習辟彊時刺史魏詠之卒辟彊與江陵令羅修前別駕劉期公士人王騰等謀舉兵推慧龍爲盟主克日襲州城而宋武聞詠之卒亦慮江陵有變遣其弟道規爲荆州衆遂不果羅修等將慧龍又與僧彬北詣襄陽晉雍州刺史魯宗之資給慧龍送渡江遂奔姚興其自言也如此姚泓滅慧龍歸魏明元引見與言慧龍請効力南討言終俯而流涕天子爲之動容謂曰朕方混一車書席卷吳會卿情計如此豈不能相資以眾乎然亦未之用後拜洛陽鎮將鎮金墉會明元崩太武初即位咸謂南人不宜委以師旅之任遂停前授初崔浩弟恬聞慧龍王氏子以女妻之浩既婚姻及見慧龍曰信王家兒也王氏世齇鼻江東謂之齇王慧龍鼻漸大浩曰眞貴種矣數向諸公稱其美司徒長孫嵩聞之不悅言於太武以其嗟服南人則有訕鄙國化之意太武怒召浩責之浩免冠陳謝得釋慧龍由是不調久之除樂安王範傅領并荆揚三州大中正慧龍抗表願得南垂自効崔浩固言之乃授南蠻校尉安南大將軍左長史及宋荆州刺史謝晦起兵江陵引慧龍爲援慧龍督司馬靈壽等一萬人拔其思陵戍進圍項城晦敗乃班師後宋將王元謨寇滑臺詔假慧龍楚兵將軍與安頡等同討之相持五十餘日諸將以賊盛莫敢先慧龍設奇兵大破之太武賜以劒馬錢帛授龍驤將軍賜爵社長侯拜滎陽太守仍領長史在任十年農戰並修大著聲績招攜邊遠歸附者萬餘家號爲善政其後宋將到彥之檀道濟頻頓淮穎大相侵掠慧龍力戰屢摧其鋒彥之與友人蕭斌書曰魯軌頑鈍馬楚麤狂亡人之中唯王慧龍及韓延之可爲深憚不意儒生懦夫乃令老子訝之宋文縱反間云慧龍自以功高而位不至欲引寇入邊因執安南大將軍司馬楚之以叛太武聞曰此必不然是齊人忌樂毅耳乃賜慧龍璽書曰義隆畏將軍如虎欲相中害朕自知之風塵之言想不足介意也宋文計既不行復遣刺客呂元伯購慧龍首二百戶男絹一千疋元伯爲反間來屏人有所論慧龍疑之使人探其懷有尺刀元伯叩頭請死慧龍曰各爲其主也吾不忍害此人左右皆言義隆賊心未已不殺元伯無以制將來慧龍曰死生有命彼亦安能害我且吾方以仁義爲干鹵又何憂乎刺客遂捨之時人服其寬恕慧龍自以遭難流離常懷憂悴乃作祭伍子胥文以寄意焉生一男一女遂絕房室布衣蔬食不參吉事舉動必以禮太子少傅游雅言於朝曰慧龍古之遺孝也撰帝王制度十八篇號曰國典太平眞君初拜使持節寧南將軍虎牢鎮都副將未至鎮而卒臨沒謂功曹鄭曄曰吾羈旅南人恩非舊結蒙聖朝殊特之慈得在疆場效命誓願鞭屍吳市戮墳江陰不謂嬰此重疾有心莫遂非唯仰愧國靈實亦俯慙后土修短命也夫復何言身歿後乞葬河內州縣之東鄉依古墓而不墳足藏髮齒而已庶其魂而有知猶布結草之報時制南人入國者皆葬桑乾曄等申遺意詔許之贈安南將軍荆州刺史謚穆侯吏民及將士共於墓所起佛寺圖慧龍及僧彬像而讚之呂元伯感全宥之恩留守墓側終身不去子寶興襲爵寶興少孤事母至孝尚書盧遐妻崔浩女也初寶興母及遐妻俱孕浩謂曰汝等將來所生皆我之自出可指腹爲親及昏浩爲撰儀躬自監視謂諸客曰此家禮事宜盡其美及浩被誅盧遐後妻寶興從母也緣坐沒官寶興亦逃避未幾得出盧遐妻時官賜度斤度斤鎮高車滑骨寶興盡賣貨產自出塞贖之以歸州辟中從事別駕舉秀才皆不就閉門不交人事襲爵封長社侯龍驤將軍卒子瓊襲爵瓊字世珍孝文賜名焉太和九年爲典寺令十六年降侯爲伯帝納其長女爲嬪拜前將軍并州大中正正始中爲光州刺史有受納響爲中尉王顯所劾終得雪免神龜中除左將

單兗州刺史去州歸京多年沈滯所居在司空劉騰宅西騰雖勢傾朝野初不候之騰既權重吞并鄰宅增廣舊居唯瓊終不肯與以此久見屈抑瓊女適范陽盧道亮不聽歸其夫家女卒哀慟無已瓊仍葬之別所冢不即塞常於壙內哭泣久之乃掩當時深怪之加以聾疾每見道俗乞丐無已造次見之令人笑愕道逢太保廣平王懷據鞍抗禮自言馬瘦懷即以所乘馬并乘具與之嘗詣尚書令李崇騎馬至其黃閤見崇子世哲直問緇伯在不崇趨出瓊乃下崇好以紙帖衣領瓊哂而掣去之瓊見崇小子青肫盛服就視之崇亦不恨領軍元乂使奴遺瓊馬瓊并留奴王誦問之笑曰東海之風於茲墜矣孝昌二年除鎮東將軍金紫光祿大夫中書令時瓊子遵業爲黃門郎故有此授卒贈征北將軍中書監并州刺史自慧龍入國三世一身至瓊始有四子長子遵業風儀清秀涉歷經史位著作佐郎與司徒左長史崔鴻同撰起居注遷右軍將軍兼散騎常侍慰勞蠕蠕乃詣代京采拾遺文以補起居所闕與崔光安豐王延明等參定服章及光爲孝明講孝經遵業預講弟延業錄義並應詔作釋奠侍宴詩時人語曰英英濟濟王家兄弟轉司徒左長史黃門郎監典儀注遵業有譽當時與中書令陳郡袁翻尚書瑯邪王誦並領黃門郎號曰三哲時政歸門下世謂侍中黃門爲小宰相而遵業從容恬素若處郎園嘗著穿角履好事者多毀新履以學之以胡太后臨朝天下方亂謀避地自求徐州太后曰王誦罷幽州始作黃門卿何乃欲除州也更待一二年當有好處分遵業兄弟並交游時俊乃爲當時所美及爾朱榮入洛兄弟在父喪中以於莊帝有從姨兄弟之親相率奉迎俱見害河陰議者惜其人才而譏其躁競贈并州刺史著三晉記十卷行於世子松年仕齊位散騎常侍齊史有傳遵業弟廣業性沈雅涉歷書傳位太尉祭酒遷屬卒於太中大夫贈徐州刺史子乂有儀望以幹用見稱卒於南鉅鹿太守廣業弟延業博學名聞頗有才藻位中書郎河陰之役遂亡骸骨又無子贈齊州刺史延業弟季和位書侍御史并州大中正贈華州刺史

鄭羲字幼驎滎陽開封人魏將作大匠渾之八世孫也曾祖豁慕容垂太常卿父曄不仕娶長樂潘氏生六子粗有志氣而羲第六文學爲優弱冠舉秀才尚書李孝伯以女妻之文成末拜中書博士天安初宋司州刺史常珍奇據汝南來降獻文詔殿中尚書元石爲都將赴之遣羲參石軍事到上蔡珍奇率文武三百人來迎既相見議欲頓軍汝北未即入城羲謂石曰機事尚速今珍奇雖來意未可量不如直入其城奪其管籥據有府庫雖出珍奇非意要以全制爲勝石從羲言遂策馬徑入其城城中尚有珍奇親兵數百人在珍奇宅內石既克城意益憍怠置酒嬉戲無警防之虞羲勸嚴兵設備以待非常其夜珍奇果使人燒府欲因救火作難以石有備乃止明旦羲齎白虎幡安慰郭邑衆心乃定明年又引軍東討汝陰宋汝陰太守張超城守不下石攻之不克議欲還軍長社待秋擊之羲曰今超驅市人命不延月宜安心守之超食已盡不降當走而欲棄還長社超必修城深塹多積薪穀將來恐難圖矣石不納遂旋師長社至冬復往攻超超果設備無功而還歷年超死楊文長代戍食盡城潰乃克之竟如羲策淮北平遷中書侍郎延興初陽武人田智度年十五妖惑動衆擾亂京索以羲河南人望爲州郡所信遣乘傳慰喻羲到宣示禍福衆皆散智度尋見禽斬以功賜爵泰昌男孝文初兼員外散騎常侍寧朔將軍陽武子使於宋中山王叡寵幸當世並置王官羲爲其傅是後歷年不轉資產亦乏因請假歸遂盤桓不返及李沖貴寵與羲昏姻乃就家徵爲中書令文明太后爲父燕宣王立廟於長安初成以羲兼太常卿假滎陽侯具官屬詣長安拜廟建碑於廟門還以使功仍賜侯爵出爲西兗州刺史假南陽公羲多所受納政以賄成性又嗇恡人有禮餉者不與杯酒臠肉而西門受羊酒東門沽賣之以李沖之親法官不之糾也酸棗令鄭伯孫鄄城令董騰別駕賈儁德中從事申靈度並在任廉貞勤恤百姓羲皆申表稱薦時論多之文明太后爲孝文納其女爲嬪徵爲祕書監太和十六年卒尚書奏諡曰宣詔曰蓋棺定諡先典成式激揚清濁政道明範羲雖宿有文業而政闕廉清尚書何乃情遺至公愆違明典依諡法博聞多見曰文不勤成名曰靈可贈以本官加諡文靈長子懿字景伯涉歷經史位太子庶子襲爵滎陽伯懿閑雅有政事才爲孝文所器遇拜長兼給事黃門侍郎司徒左長史宣武初以從弟思和同咸陽王禧逆與弟通直常侍道昭俱坐緦親出禁拜太常少卿出爲齊州刺史懿好勸課善斷決雖不清潔義然後取百姓猶思之卒贈兗州刺史諡曰穆子恭業襲爵武定三年坐與房子遠謀害齊神武伏誅懿弟道昭字僖伯少好學綜覽羣言兼中書侍郎從征沔北孝文饗侍臣於縣瓠方丈竹堂道昭與兄懿俱侍坐樂作酒酣孝文歌曰白日光天兮無不曜

江左一隅獨未照彭城王勰續曰願從聖明兮登衡會萬國馳誠混日外鄭懿歌曰雲雷大振兮天門闢率土來賓一正歷邢巒歌曰舜舞干戚兮天下歸文德遠被莫不思道昭歌曰皇風一鼓兮九地帀戴日依天清六合孝文又歌曰遵彼汝墳兮昔化貞未若今日道風明宋弁歌曰文王政教暉江沼寧如大化光四表孝文謂道昭曰自此還豫雖猥與諸才儁不廢詠綴未若今日遂命邢巒記之又曰當爾之年卿頻丁艱私每眷文席常用慨然尋正除中書郎累遷國子祭酒廣平王懷爲司州牧以道昭與宗正卿元匡爲州都督道昭上表曰臣聞唐虞啟運以文德爲本殷周創業以道藝爲先然則禮樂者爲國之基不可斯須廢也伏惟大魏定鼎伊瀍惟新寶歷九服感至德之和四垠懷擊壤之慶而蠢爾閩吳阻化江湫先帝爰震武怒戎車不息而停鑾駐蹕留心典墳命故御史中尉臣李彪與吏部尚書任城王臣澄等妙選英儒以崇學校澄等依旨置四門博士四十人其國子博士大學博士及國子助教宿已簡置伏尋先旨意在速就但軍國多事未遑營立自爾迄今垂將一紀學官彫落四術寢廢遂使碩儒耆德卷經而不談俗學後生遺本而逐末進競之風實由於此矣伏惟陛下欽明文思元覽洞遠垂心經素優柔墳籍屢發中旨敦營學館房宇既修生徒未立臣往年刪定律令謬預議筵謹依準前修尋訪舊事參定學令事訖封呈請早勅施行使選授有依生徒可準詔褒美之而尙未允遂道昭又表曰臣自往年以來頻請學令並置生員前後累上未蒙一報當以臣識淺濫官無能有所感悟者也館宇既修生房粗構博士見員足可講習雖新令未班請依舊權置國子學生漸開訓業使播教有章儒風不墜至若孔廟既成釋奠告始揖讓之容請俟令出不報遷祕書監滎陽邑中正出歷兗青二州刺史復入爲祕書監卒諡曰文恭道昭好爲詩賦凡數十篇其在二州政務寬厚不任威刑爲吏人所愛子嚴祖頗有風儀粗觀文史輕躁薄行不修士業孝武時御史中尉綦儁劾嚴祖與宋氏從姊姦通人士咸恥言之而嚴祖聊無愧色孝靜初除驃騎將軍左光祿大夫鴻臚卿出爲北豫州刺史還除鴻臚卿卒贈司空公庶子仲禮少輕險有膂力齊神武嬖寵其姊火車以親戚被昵擢爲帳內都督掌神武弓矢出入隨從與任冑俱好酒不憂公事神武責之冑懼潛通西魏爲人糾告懼遂謀逆事發火車欲乞哀神武避不見賴武明皇后及文襄爭爲言故仲禮死而不及其家嚴祖更無子弟敬祖以子紹元嗣紹元小字安都位太尉諮議趙郡太守卒子虩仕齊司徒記室參軍尋遇齊亡歷周隋遂隱居不仕列在隱逸傳中虩二弟子騰天壽俱仕隋子騰位蔣州司馬天壽開府參軍並以雅素見稱敬祖起家著作郎敬祖子元禮敬祖弟述祖皆仕齊列在齊史羲長兄白驎次小白次洞林次叔夜次連山並恃豪門多行無禮鄉黨之內疾之若讎小白位中書博士子允伯有當世器幹孝文納其女爲嬪位東徐州刺史卒於鴻臚少卿諡曰簡子希儁未官而卒子道育武定中開封太守希儁弟幼儒好學修謹丞相高陽王雍以女妻之位司州別駕有當官稱卒贈散騎常侍兗州刺史諡曰肅幼儒亡後妻淫蕩兇悖肆行無禮幼儒時望甚優其從兄伯猷每謂所親曰從弟人才足爲令德不幸得如此婦今死復重死可爲悲歎幼儒子敬道敬德俱仕西魏敬道位巴郡新三州刺史敬道子正則仕周復州刺史允伯弟平城廣陵王羽納其女爲妃位東平原太守性猜狂使酒爲政貪殘卒贈南青州刺史長子伯猷博學有文才早知名舉司州秀才歷太學博士領殿中御史與當時名勝咸申游款明帝釋奠詔伯猷錄義後爲尚書外兵郎中典起居注以軍功賜爵陽武子節閔帝時以舅氏超授征東將軍金紫光祿大夫領國子祭酒轉護軍將軍賜爵武成子元象初以本官兼散騎常侍使梁前後使人梁武令其侯王於馬射之日宴對申禮伯猷之行梁武令其領軍將軍臧盾與之接議者以此貶之使還除南青州刺史在官貪惏妻安豐王元延明女專爲聚斂貨賄公行潤及親戚戶口逃散邑落空虛及誣陷良善云欲反叛籍其資財盡以入己誅其丈夫婦女配沒百姓冤苦聲聞四方爲御史糾劾死罪數十條遇赦免因以頓廢齊文襄作相每誡厲朝士常以伯猷及崔叔仁爲喻武定七年除太常卿卒贈驃騎大將軍中書監兗州刺史子蘊太子舍人陽夏太守伯猷弟仲衡武定中儀同開府中郎仲衡弟輯之司徒諮議齊大寧中以軍功賜爵成皋男位金紫光祿大夫東濟北太守肥城戍主卒贈度支尚書豫州刺史輯之弟懷孝司徒諮議齊大寧中仁州刺史洞林子敬叔滎陽邑中正濮陽太守坐貪穢除名子籍字承宗平東府長史籍弟瓊字祖珍有彊幹稱位范陽太守頗有聲卒孝昌中弟儼寵要重贈青州刺史瓊兄弟雍睦其諸婦姒亦咸相親愛閨門之內有無相通爲時人所稱美子道邕周少司空周史有傳儼得幸於靈太后列在倖佞傳中子文寬從武帝西

入關敬叔弟子恭燕郡太守孝昌中因儼勢除衞尉少卿遷衞將軍左光祿大夫卒後贈尚書右僕射謚曰貞叔夜子伯夏位東萊太守卒贈靑州刺史伯夏弟謹字仲恭琅邪太守性嚴暴撾撻僮僕酷過人理父子一時爲奴所害斷首投馬槽下乘馬北逃其第二子思明驍勇善騎射被髮率衆馳追之及河奴乘馬投水思明止所將從自射之一發而中落馬墮流禽至家臠殺之思明弟思和並以武力自効思明位直閤將軍坐弟思和同元禧逆徙邊會赦免卒後贈濟州刺史子先護少有武幹莊帝之居藩也先護得自結託及爾朱榮稱兵向洛靈太后令先護與鄭季明等守河梁先護聞莊帝郎位於河北遂開門納榮以功封平昌縣侯廣州刺史元顥入洛莊帝北巡先護據州起義兵不受命莊帝還京進爵郡公歷東雍豫二州刺史兼尚書右僕射及爾朱榮死徐州刺史爾朱仲遠擁兵向洛詔先護與都督賀拔勝行臺楊昱同討之聞京師不守先護部衆逃散因奔梁尋歸爲仲遠所害孝武初贈使持節都督四川刺史子偉周世有功歷位華州刺史有傳

薛辯字允白河東汾陰人也曾祖興晉尚書右僕射冀州刺史安邑公謚曰莊祖濤襲爵位梁州刺史謚曰忠惠京師傾覆皆以義烈著聞父彊字威明幼有大志懷軍國籌略與北海王猛同志友善及桓溫入關中猛以葛巾謁之溫曰江東無卿比也秦國定多奇士如生輩尚有幾人吾欲與之俱南猛曰公求可與撥亂濟時者友人薛威明其人也溫曰聞之久矣方致朝命彊聞之自商山來謁與猛皆署軍謀祭酒彊察溫有大志而無成功乃勸猛止俄而溫敗及苻堅立猛見委任其平陽公融爲書將以車馬聘彊猛以爲不可屈乃止及堅如河東伐張平自與數百騎馳至彊壘下求與相見彊使主簿責之因慷慨宣言曰此城終無生降之臣但有死節之將耳堅諸將請攻之堅曰須吾平晉自當面縛捨之以勸事君者後堅伐晉軍敗彊遂總宗室彊兵威振河輔破慕容永於陳川姚興聞而憚之遣使重加禮命徵拜右光祿大夫七兵尚書封馮翊郡公轉左戶尚書年九十八卒贈輔國將軍司徒公謚曰宣辯幼而儁爽俶儻多大略由是豪傑多歸慕之彊卒復襲統其營仕姚興歷太子中庶子河北太守辯知姚氏運衰遂棄歸保鄉邑及晉將劉裕平姚泓郎署相國掾尋除平陽太守委以北道鎭捍及長安失守辯遂歸魏仍立功於河際位平西將軍東雍州刺史賜爵汾陰侯其年詣闕明元深加器重明年方得旋鎭帝謂之曰朕委卿西蕃志在關右卿宜克終良算與朕爲長安主人辯旣還任務農教戰恆以數千之衆摧抗赫連氏帝甚嘉獎之又除幷州刺史徵授大羽鎭將泰恆七年卒於官帝以所圖未遂深悼惜之贈幷雍二州刺史子謹字法順容貌魁偉高才博學隨劉昶渡江位府記室參軍辯將歸魏密報謹謹遂亦來奔授河東太守後襲爵汾陰侯始光三年與宜都王奚斤共討赫連昌禽其東平公乙兜克蒲坂遂以新舊百姓幷爲一郡除平西將軍復爲太守神麚三年除使持節秦州刺史山胡白龍憑險作逆太武詔南陽公奚眷與謹並爲都將討平之封涪陵郡公太延初征吐沒骨平之謹自郡遷州威恩兼被風化大行時兵荒之後儒雅道息謹命立庠序教以詩書三農之暇悉令受業躬巡邑里親加考試河汾之地儒道更興太平眞君初徵授內都坐大官輔政深見賞重每訪以政道車駕臨幸者前後數四後從駕北討與中山王辰等後期見殺尋贈鎭西將軍秦雍二州刺史謚曰元公長子初古拔一曰車轂拔本名洪祚太武賜名焉沈毅有器識弱冠司徒崔浩見而奇之太平眞君中蓋吳擾動關右薛永宗屯據河側太武親討焉詔拔糾合宗鄉壁於河際斷二寇往來之路事平除中散賜爵永康侯太武南討以拔爲都將從駕臨江而還又共陸眞討反氐仇傉檀强免生平之皇興三年除散騎常侍尚文成女西河長公主拜駙馬都尉其年拔族叔徐州刺史安都據城歸順敕拔詣彭城勞迎除南豫州刺史延興二年除鎭西大將軍開府儀同進爵平陽公三年拔與南兗州刺史游明根南平太守許含等以善政徵詣京師獻文親自勞勉復令還州太和六年改爵河東公卒贈左光祿大夫謚曰康長子允字寵宗少有父風弱冠拜中散襲爵鎭西大將軍河東公除懸瓠鎭將尋授持節義陽道都將後除立忠將軍河北太守郡帶山河俗多盜賊有韓馬兩姓各十餘家恃彊憑險最爲狡害劫掠道路侵暴鄉閭允至郡郎收其姦魁二十餘人一時戮之於是羣盜懾氣郡中淸肅卒於郡謚曰敬子脩字豫孫襲爵性豪爽盛營園宅賓客聲妓以恣嬉游卒於洛州刺史子孝紳襲爵位太中大夫孝紳立行險薄坐事爲河南尹元世儁所劾死後贈華州刺史拔弟洪隆字菩提位河東太守長子驎駒好讀書舉秀才除中書博士齊使至詔驎駒兼主客郎以接之卒贈河東太守謚曰宣始拔尙河西主有賜田在馮翊驎駒徙居之遂家於馮翊之夏陽長子慶之字慶集頗有學業閑解几案

位廷尉丞廷尉寺鄴北城會夏日寺傍得一狐慶之與廷尉正博陵崔纂或以城狐狡害宜速殺之或以長育之月宜待秋分二卿裴延儁袁翻互有同異雖曰戲謔詞義可觀事傳於世後兼左丞爲幷肆行臺賜爵龍邱子行滄州刺史爲葛榮攻圍城陷尋患卒贈華州刺史慶之弟英集性通率隨舅李崇在揚州以軍功至治書侍御史通直散騎常侍卒英集子端仕周位基州刺史自有傳洪隆弟湖字破胡少有節操篤志於學專精講習不干時務與物無競好以德義服人或有兄弟忿鬩鄉里爭訟者恐湖聞之皆內自改悔鄉里化其風敎咸以敬讓爲先三召州都再辟主簿州將傾心致禮並不獲已而應之爲本州中從事別駕除河東太守兄弟並爲本郡當世榮之復受詔爲仇池都將後罷郡終於家有八子長子聰知名聰字延智方正有理識善自標致不妄游處雖在闇室終日矜莊見者莫不懍然加敬博覽墳籍精力過人至於前言往行多所究悉詞辯占對尤是所長遭父艱廬於墓側哭泣之聲酸感行路友于篤睦而家敎甚嚴諸弟雖曾宦恆不免杖罰對之肅如也未弱冠州辟主簿太和十五年釋褐著作佐郎于時孝文留心氏族正定官品士大夫解巾優者不過奉朝請聰起家便佐著作時論美之後遷書侍御史凡所彈劾不避彊禦孝文或欲寬貸者聰輒爭之帝每云朕見薛聰不能不憚何況諸人也自是貴戚斂手累遷直閤將軍兼終事黃門侍郎散騎常侍直閤如故聰深爲孝文所知外以德器遇之內以心膂爲寄親衞禁兵委聰管領故終太和之世恆帶直閤將軍羣臣罷朝之後聰恆陪侍帷幄言兼晝夜時政得失預以謀謨動輒匡諫事多聽允而重厚沈密外莫窺其際帝欲進以名位輒苦讓不受帝亦雅相體悉謂之曰卿天爵自高固非人爵之所榮也又除羽林監帝曾與朝臣論海內姓地人物戲謂聰曰世人謂卿諸薛是蜀人定是蜀人不聽對曰臣遠祖廣德世仕漢朝時人呼爲漢臣九世祖永隨劉備入蜀時人呼爲蜀臣今事陛下是虜非蜀也帝撫掌笑曰卿幸可自明非蜀何乃遂復苦朕聰因投戟而出帝曰薛監醉耳其見知如此二十三年從駕南征兼御史中尉及宣武卽位除都督齊州刺史政存簡靜卒於州吏民追思留其所坐榻以存遺愛贈征虜將軍華州刺史諡曰簡懿侯魏前二年重贈車騎大將軍儀同三司延州刺史子孝通最知名孝通字士達博學有儁才蕭寶夤征關中引參驃騎大將軍府事禮遇甚隆及寶夤將有異志孝通悟其萌託以拜埽求歸乃見許同寮咸怪止之但笑而不答遽歸鄉里寶夤後果逆命北海王元顥入洛宗人薛永宗修業等又聚徒作亂欲以應之孝通與所親計曰北海乘虛遠入吳兵不能久住事必無成今若與永宗等同舉滅族道也乃率其近親與河東太守元襲嬰城固守及寶夤平定元顥退走預其事者咸罹禍唯同孝通者皆免事寍入洛除員外散騎侍郎爾朱天光鎮關右表爲關西大行臺郎中深見任遇關中平定預有其功以功賜爵汾陰侯莊帝旣幽崩元曄地又疏遠更議主社稷孝通以廣陵王恭高祖猶子又在茂親夙有令望不言多載理必陽瘖奉以爲主天人允叶世隆等並以爲疑孝通密贊天光察之廣陵王曰天何言哉於是定冊卽節閔帝也以首創大義拜銀青光祿大夫散騎常侍兼中書舍人封藍田縣子孝通求以官贈亡兄景懋又言已有侯爵請轉授兄息子舒節閔覽啟傷感以侯爵旣重不容轉授乃下詔褒美特贈景懋撫軍北雍州刺史孝通尋遷中書郞深爲節閔所知重普泰二年正月乙酉中書舍人元翻獻酒肴帝因與元翌及孝通等宴兼奏絃管命翻吹笛帝亦親以和之因使元翌等嘲以酒爲韻孝通曰旣逢堯舜君願上萬年壽帝曰平生好元默慙爲萬國首帝曰卿所謂壽豈容徒然便命酌酒賜孝通仍命更嘲不得中絕孝通卽豎忠爲韻帝曰卿不忘忠臣之心翻曰聖主臨萬機享世永無窮孝通曰豈唯被草木方亦及昆蟲翌曰朝賢旣濟濟野苗又芃芃帝曰君臣體魚水書軌一華戎孝通曰微臣信慶渥何以答華嵩于時孝通內典機密外參朝政軍國動靜預以謀謨加以汲引人物知名之士多見推薦外兄裴伯茂豪俊多所輕忽唯欽賞孝通每有著述其參同異孝通以裴宏放過甚每謂之曰兄以阮籍嵇康何如管仲樂毅蓋自許經綸抑裴傲也裴笑而不答宏放自若屬齊神武起兵河朔攻鄴相州刺史劉誕爾朱天光自關中討之孝通以關中險固秦漢舊都須預謀鎮遏以爲後計縱河北失利猶足據之節閔深以爲然問誰可任者孝通與賀拔岳同事天光又與周文有舊二人並先在關右因並推薦之乃超授岳岐華秦雍諸軍事關西大行臺雍州牧周文爲左丞孝通爲右丞齎詔書馳驛入關授岳等同鎮長安岳深相器重待以師友之禮與周文結爲兄弟情寄特隆後天光敗於韓陵節閔遂不得入關爲齊神武幽廢孝武帝卽位後神武方得志徵賀拔岳爲冀州刺史岳懼欲單馬入朝孝通乃謂岳曰高王以數千鮮卑破爾

朱百萬之師其鋒誠亦難敵然公兩兄太師領軍宿在其上侯深樊子鵠賈知斛斯椿大野胡也杖吒呂延慶之徒於爾朱之世皆其夷等韓陵之役此輩前後降附皆由事危勢逼非其本心在於高王曹操之孔融馬懿之葛誕今或在京師或據州鎮除之又失人望留之爲腹心之疾雖令孫臏在閫下婁昭處鈎陳必不能如建安之時明矣以今觀之隙難未已吐萬仁雖復退遯猶在并州高王之計先須平殄今方綏撫羣雄安置內外何能去其巢穴與公事關中地也且六郡良家之子三輔禮義之人踰幽并之驍騎勝汝潁之奇士也皆繫仰於功效其智力據華山以爲城雉因黃河而爲池塹退守不失封泥進兵同於建水乃欲束手受制於人不亦鄙乎言未卒岳執孝通手曰君言是也乃遜辭爲啟而不就徵太昌元年孝通因使入朝仍被留京師重除中書侍郎永熙三年三月出爲恆山太守仍以經節閔任遇故也及孝武西遷或稱孝通與周文友密及樹置賀拔岳鎮關中之計遂見拘執將赴晉陽及引見咸爲之憂孝通神氣從容辭理切直齊神武更相欽歎即日原免然猶致疑忌不加位秩但引爲坐客時訪文典大事而已齊神武讓劍履上殿表猶使爲文曾與諸人同詣晉祠皆屈膝盡禮孝通獨捧手不拜顧而言曰此乃諸侯之國去吾何遠恭而非禮將爲神笑拜者慙焉興和二年卒於鄴魏前二年周文追彰舊好奏贈車騎將軍儀同三司青州刺史齊武平初又贈鄭州刺史文集八十卷行於時子道衡隋史有傳

韓茂字元興安定安武人也父耆字黃耆永興中自赫連屈丐來降位恆山太守假安武侯仍居恆山之九門卒贈涇州刺史諡曰成茂年十七膂力過人尤善騎射明元曾親征丁零翟猛茂爲中軍執幢時大風諸軍旌旗皆偃仆茂於馬上持幢初不傾倒帝異而問之謂左右曰記之尋徵詣行在所以爲虎賁郎將後從太武討赫連昌大破之以功賜爵蒲陰子遷侍輦郎又從破統萬平平涼當茂所衝莫不應弦而殪拜內侍長進爵九門侯後從征蠕蠕頻戰大捷與樂平王丕等伐和龍茂爲前鋒都將戰功居多遷司衞監錄前後功拜散騎常侍殿中尚書進爵安定公從破薛永宗蓋吳轉都官尚書從車駕南征拜徐州刺史還拜侍中尚書左僕射文成踐阼拜尚書令加侍中征南大將軍茂沈毅篤實雖無文學每議論合理爲將善於撫衆勇冠當世爲朝廷所稱太安二年領太子少師卒贈涇州刺史安定王諡曰桓長子備字延德賜爵行唐侯歷太子庶子寧西將軍典遊獵曹加散騎常侍襲爵安定公征南大將軍卒贈雍州刺史諡曰簡備弟均字天德少善射有將略初爲中散賜爵范陽子遷金部尚書加散騎常侍兄備卒無子均襲爵安定公征南大將軍歷定青冀三州刺史甚有清譽廣阿澤在定冀相三州界土曠人稀多有寇盜乃置鎮以靜之以均在冀州劫盜止息除大將軍廣阿鎮大將加都督三州諸軍事均清身率下禁斷姦邪於是趙郡屠各西山丁零聚黨山澤以劫害爲業者均皆誘慰追捕遠近震跼先是河外未賓人多去就故權立東青州爲招懷之本新附人咸受優復然舊人姦逃者多往投焉均表陳非便朝議罷之後均所統劫盜頗起獻文詔書讓之又以五州人戸殷多編籍不實詔均檢括出十餘萬戸復授定州刺史百姓安之卒諡康公

皮豹子漁陽人也少有武略泰恆中爲中散太武時爲散騎常侍賜爵新安侯又拜選部尚書後除開府儀同三司進爵淮陽公鎮長安坐盜官財徙於統萬太平眞君三年宋將裴方明等侵南秦王楊難當遂陷仇池太武徵豹子復其爵位尋拜使持節仇池鎮將督關中諸軍與建興公古弼等分命諸將十道並進四年正月豹子進擊樂鄉大破之宋使其秦州刺史胡崇之鎮仇池至漢中聞官軍已西懼不敢進豹子與司馬楚之至濁水擊禽崇之盡虜其衆仇池平未幾諸氐復推楊文德爲主以圍仇池古弼討平之時豹子次下辯聞圍解欲還弼使謂豹子曰賊恥其負敗必求報復不如陳兵以待之豹子以爲然尋除都督秦雍荊梁益五州諸軍事進號征西大將軍開府仇池鎮將持節公如故宋復遣楊文德姜道盛寇濁水別遣將青陽顯伯守斧山以拒豹子濁水城兵射殺道盛豹子至斧山斬顯伯悉俘其衆初南秦王楊難當歸命詔送楊氏子弟詣京師文德以行賂得留出奔漢中宋以文德爲武都王守葭蘆城招誘氐羌於是武都陰平五部氐人叛應文德詔豹子討之文德阻兵固險以拒豹子文德將楊高來降文德棄城南走收其妻子寮屬及故武都王保宗妻公主送京師宋白水太守郭啟元率衆救文德豹子大破之啟元文德走還漢中興安二年宋遣蕭道成等入漢中別令楊文德楊頭等率氐羌圍武都豹子分兵將救之聞宋人增兵益將表狀求助詔高平鎮將苟莫千率突騎二千以赴之道成等乃退徵豹子爲尚書出爲內都大官宋遣其將殷孝祖修兩當城於清東以逼南境天水公封敕文擊之不克詔豹子與給事中周邱等助擊之

宋瑯邱鎭遣步卒五千助戍兩當豹子大破之追至城下其免者千餘人而已旣而班師先是河西諸胡亡匿避命豹子討之不捷而還又坐免官尋以前後戰功復擢爲內都大官卒文成追惜之贈淮陽王諡曰襄子道明襲道明第八弟懷喜文成以其名臣子擢爲侍御中散遷侍御長孝文初吐谷渾拾寅部落饑窘侵掠澆河詔假平西將軍廣川公與上黨王孫觀討拾寅又以其父豹子昔鎭仇池有威信拜使持節侍中都督秦雍荊梁益五州諸軍事大將軍開府仇池鎭將假公如故懷喜至申布恩惠夷人大悅酋帥率戶歸附置廣業固道二郡以居之徵爲南部尚書賜爵南康侯太和元年宋葭蘆戍主楊文度遣弟鼠據仇池詔懷喜討鼠鼠棄城走進次濁水遂軍於覆津文度將强大黑固守津道懷喜部分將士擊大黑走之追奔攻拔葭蘆城斬文度傳首京師詔慰勉之又詔於駱谷築城懷喜表求待來年築城詔責之曰若不時築築而不成成而不固以軍法從之南天水人柳旂據嶮不順懷喜討滅之後爲豫州刺史詔讓其在州寬怠以飲酒廢事威不禁下遣使就州決以杖罰卒諡曰恭公子承宗襲

封敕文代人也本姓是賁祖豆開府冀青二州刺史關內侯父涅侍御長賜定州刺史章武侯諡曰隱敕文始光初爲中散稍遷西部尚書出爲使持節開府領護西夷校尉秦益二州刺史賜爵天水公鎭上邽詔敕文征吐谷渾慕利延兄子拾歸於枹罕衆少不利詔廣川公皮烏頭等二軍與敕文會隴右軍次武始拾歸夜遁敕文引軍入枹罕虜拾歸妻子及其人戶分徙千家於上邽留烏頭守枹罕金城邊冏天水梁會謀反據上邽東城南城攻逼西城敕文先已設備賊乃退冏會復攻城氐羌一萬屯南嶺休官屠各及雜戶二萬餘人屯北嶺爲冏等形援敕文設奇兵大破之斬冏衆復推梁會爲主安豐公閭根率軍助敕文敕文又表求助未及報梁會欲謀逃遁先是敕文掘重塹於東城之外斷賊走路夜半會乃飛梯騰塹而走敕文先嚴兵於塹外拒鬭從夜至旦敕文謀於衆曰困獸猶鬭而況於人乃以白虎幡宣告賊衆若能歸降原其生命應時降者六百餘人會知人心沮壞於是分道敕文縱騎騰躡死者大半略陽王元達因梁會之亂聚黨攻城招引休官屠各之衆推天水休官王官興爲秦地王敕文與臨淮公莫眞討破之天安元年卒長子萬護讓爵於弟翰于時讓者唯萬護及元氏侯趙辟惡子元伯讓其弟次興朝廷義而許之

呂羅漢本東平壽張人也其先石勒時徙居幽州祖顯字子明少好學性廉直鄉人有忿爭者皆就質焉慕容垂以爲河間太守皇始初以郡降道武賜爵魏昌男拜鉅鹿太守淸身奉公妻子不免飢寒百姓頌之曰時惟府君克淸克明緝我荒土人胥樂生願壽無疆以享長齡卒官父溫字晞陽善書好施有文武才略位上黨太守有能名卒贈豫州刺史野王侯諡曰敬羅漢仁厚篤愼弱冠以武幹知名父溫之爲秦州司馬羅漢隨侍隴右氐楊難當寇上邽鎭將元意頭知羅漢善射共登西城樓令射難當隊將及兵二十三人應弦而殪賊衆轉盛羅漢曰今不出戰示敵以弱意頭善之卽簡千餘人令羅漢出戰衆皆披靡難當大驚會太武賜難當璽書責其跋扈難當還仇池意頭具以上聞徵爲羽林郎上邽休官呂豐屠各王飛鹿等據險爲逆詔羅漢討禽之後從征懸瓠以功遷羽林中郎幢將賜爵烏程子及南安王余立羅漢猶典宿衛文成之立羅漢有力焉加龍驤將軍仍幢將進爵野王侯拜司衞監遷散騎常侍殿中尚書進爵山陽公後爲鎭西將軍秦益二州刺史時仇池氐羌反逼駱谷鎭將吳保元走登百頃請援於羅漢羅漢率步騎隨長孫觀掩擊氐羌大破之賊衆退散詔書慰勞之涇州人張羌郎聚衆千人州軍討之不能制羅漢擊禽之仇池氐羌叛逆其賊帥蛩廉苻忻等皆受宋官爵鐵券略陽公伏阿奴爲都將與羅漢赴討所在破之禽廉忻等秦益阻遠南連仇池西接赤水諸羌恃險數爲叛逆自羅漢涖州撫以威惠西戎懷德土境帖然孝文下詔褒美之徵拜內都大官聽察多得其情卒官諡莊公長子興祖襲爵山陽公後例降爲侯

孔伯恭魏郡鄴人也父昭位侍中幽州刺史魯郡公卒諡曰康伯恭以父任拜給事中後賜爵濟陽男進彭城公獻文初宋徐州刺史薛安都以彭城內附宋遣張永沈攸之等擊安都安都請援獻文進伯恭號鎭東將軍副尚書尉元救之永與攸之棄船而走伯恭以書喻下邳宿豫城內時攸之吳喜公等率衆來援下邳屯軍焦墟曲去下邳五十餘里伯恭密造火車攻其營水陸俱進攸之等旣聞將戰引軍退保樊階城宋寧朔將軍陳顯達領衆遡淸而上以迎攸之屯于睢淸合口伯恭率衆度水大破顯達攸之聞顯達軍敗順流退下伯恭從淸西與攸之合戰大破之吳喜公輕騎遁走乘勝追奔八十餘里軍資器械虜獲萬計進攻宿豫宋戍將魯僧遵棄城夜遁又遣將孔大恒等南討淮陽宋太守崔武

仲樊城南走遂據淮陽皇興二年以伯恭爲散騎常侍彭城鎭將都督徐南北兗州諸軍事假東海公卒贈鎭東大將軍東海王謚曰桓伯恭弟伯遜襲父爵魯郡公位東萊鎭將東徐州刺史坐事免官卒于家

田益宗光城蠻也身長八尺雄果有將略貌狀舉止有異常蠻世爲四山蠻帥受制於齊太和十七年遣使張超奉表歸魏十九年拜員外散騎常侍都督南司州刺史光城縣伯食蠻邑一千戶所統守宰任其銓置後以益宗既渡淮北不可仍爲司州乃於新蔡立東豫州以益宗爲刺史尋改封安昌縣伯景明初梁師寇三關益宗遣光城太守梅興之進至陰山關南據長風城逆擊大破之二十二年梁建寧太守黃天賜築城赤亭復遣其將黃公賞屯於漴城與長風相持益宗命安蠻太守梅景秀與興之掎角擊討破之獲其二城上表陳攻取之術宣武納之遣鎭南將軍元英攻義陽益宗遣其息魯生斷梁人糧運破梁戍主趙文興倉米運舟焚燒蕩盡時梁口已南郢豫二州諸縣皆沒於梁唯有義陽而已梁招益宗以車騎大將軍開府儀同三司五千戶郡公當時安危在益宗去就而益宗守節不移郢豫克平益宗力也益宗年稍衰老聚斂無厭兵人患其侵擾諸子及孫競規賄貨部內苦之咸言欲叛宣武深亦慮焉乃遣中書舍人劉桃符宣旨慰喻庶以安之桃符還啟益宗侵掠之狀詔之曰聞卿息魯生在淮南貪暴橫殺梅伏生爲爾不已損卿誠效可令魯生與使赴闕當加任使魯生久未至延昌中詔以益宗爲使持節鎭東將軍濟州刺史常侍如故帝慮其不受代遣後將軍李世哲與桃符率衆襲之奄入廣陵益宗子魯生魯賢等奔於關南招引梁兵光城已南皆爲梁所保世哲擊破之復置郡戍以益宗還授征南將軍金紫光祿大夫加散騎常侍改封曲陽縣伯益宗生長邊地不願內榮雖位秩崇重猶以爲恨表陳桃符讒毀之狀詔曰既經大宥不容方更爲獄熙平初益宗又表乞東豫以招二子靈太后令答不許卒贈征東大將軍郢州刺史謚曰莊少子纂襲位中散大夫卒贈東豫州刺史益宗長子隨興位弋陽東汝南二郡太守益宗兄興祖位江州刺史

孟表字武達濟北蛇邱人也自云本屬北地號索里諸孟靑徐內屬後表因事南渡仕齊爲馬頭太守太和十八年表據郡歸魏除南兗州刺史領馬頭太守賜爵譙縣侯鎭渦陽後齊遣其豫州刺史裴叔業攻圍六十餘日城中食盡唯以朽革及草木皮葉爲糧表撫循將士戮力固守會鎭南將軍王肅救之叔業乃退初有一南人自云姓邊字叔珍攜妻息從壽春投表未及送闕會叔業圍城表後察叔珍言色頗有異即推覈乃是叔業姑兒規爲內應所攜妻子並亦假妄於北門外斬之人情乃安孝文嘉其誠封汶陽縣伯歷濟州刺史散騎常侍光祿大夫齊州刺史卒贈兗州刺史謚曰恭

奚康生河南陽翟人其先代人也本姓達奚世爲部落大人祖眞柔元鎭將內外三都大官賜爵長進侯卒贈幽州刺史謚曰簡康生少驍勇有武藝彎弓十石矢異常箭爲當時所服太和初蠕蠕頻寇康生爲前驅軍主頻戰陷陣壯氣有聞由是爲宗子隊主從駕征鍾離駕旋濟淮五將未渡齊遣將據渚邀斷津路孝文敕曰能破中渚主賊者以爲直閤將軍康生謂人曰如其捷也得暢名績脫若不捷命也在天丈夫今日何爲不決遂應募縛筏積柴因風放火燒其船艦依煙直過飛刀亂斫投河溺死者甚衆乃假康生直閤將軍後以勳除太子三校西臺直後吐京胡反自號辛支王康生爲軍主從章武王彬討之分爲五軍四軍皆敗康生軍獨全率精騎一千追胡至車突谷康生詐爲墜馬胡皆謂死爭欲取之康生騰騎奮矛殺數十人胡遂奔北辛支輕騎退走去康生百餘步康生彎弓射之應弦而死因俘其牛羊駝馬以萬數齊置義陽郡招誘邊人康生又隨王肅圍其城齊將張伏護日升城樓言辭不遜肅令康生射之康生以彊弓大箭望樓射窻扉開即入應箭而斃彼人見箭皆以爲狂弩齊將裴叔業率衆圍渦陽欲解義陽之急詔遣高聰元衍等援之並敗退帝乃遣康生馳往一戰大破之及壽陽來降遣康生領羽林千人給龍廄馬萬匹馳赴之破走其將桓和陳伯之以功除征虜將軍封安武縣男出爲南青州刺史後梁郁州軍主徐濟寇邊遣康生破禽之時梁武帝聞康生能引彊弓力至十石故特作大弓兩張送與康生康生得弓便會集文武乃用平射猶有餘力其弓長八尺把中圍尺有二寸箭麤殆如今之長笛觀者以爲希世絕倫弓即表送置之武庫後梁遣都督臨川王蕭宏勒甲十萬規寇徐州詔授康生武衞將軍一戰敗之還京召見宴會賞帛千疋賜驊騮御胡馬一匹出爲華州刺史頗有聲績轉涇州刺史以輒用官炭瓦爲御史所劾削除官爵尋復之梁直閤將軍徐元明戍於郁州殺其刺史張稷以城內附詔遣康生迎接賜細御銀纏槊一張并棗柰果面敕曰果者果如朕心棗者早遂朕意未發聞郁州刺史復叛事停及大舉伐蜀假康生安西將軍邪趣綿

竹至隴右宣武崩班師後除相州刺史在州以天旱令人鞭石虎像復就西門豹祠求雨不獲令吏取豹舌未幾二兒暴喪身亦遇疾巫以爲虎豹之祟徵拜光祿勳領右衛將軍與元乂同謀廢靈太后遷撫軍大將軍河南尹仍右衛領左右子難娶左衛將軍侯剛女即元乂妹夫也乂以其通姻深相委託三人率多俱宿禁內時或迭出入乂以康生子難爲千牛備身康生性麤武言氣高下乂稍憚之見于顏色康生亦微懼不安正光二年二月明帝朝靈太后于西林園文武侍坐酒酣迭舞次至康生康生乃爲力士儛至於折旋每顧視太后舉手蹈足瞋目領首爲殺縛之勢太后解其意而不敢言日暮太后欲攜帝宿宣光殿侯剛曰至尊已朝訖嬪御在南何勞留宿康生曰至尊陛下兒隨陛下將東西更訪問誰攀臣莫敢應靈太后自起援帝臂下堂而去康生大呼唱萬歲於後近侍皆唱萬歲明帝引前入閤左右競相排閤不得閉康生奪其子難千牛刀斫直後元思輔乃得定明帝既上殿康生時有酒勢將出處分遂爲乂所執鎖於門下至曉乂不出令侍中黃門僕射尚書等十餘人就康生所訊其事處康生斬刑難絞刑乂與剛並在內矯詔決之康生如奏難恕死從流難哭拜辭父康生忻子免死慷慨了不悲泣語子云我不畏死汝何爲哭也有司驅逼奔走赴市時已昏闇行刑人注刀數下不死於地刻截咸言稟乂意旨過至苦痛嘗食典御奚混與康生同執刀入內亦就市絞刑康生久爲將及臨州多所殺戮而乃向信佛道每推居宅立寺塔凡歷四州皆有建置死時年五十四子難年十八以侯剛壻得停百日竟徙安州後尚書盧同爲行臺乂令殺之康生於南山立佛圖三層先死忽夢崩壞沙門有爲解云檀越當不吉利無人供養佛圖故崩耳康生稱然竟及於禍及靈太后反政贈都督冀瀛滄三州諸軍事驃騎大將軍司空冀州刺史謚曰武貞又追封壽張縣侯子剛襲

楊大眼武都氐難當之孫也少有膽氣驍捷跳走如飛然庶孽不爲宗親顧待不免飢寒太和初起家奉朝請時孝文將南伐令尚書李沖典選征官大眼往求焉沖不許大眼曰尚書不見知聽下官出一伎便出長繩三丈許繫髻而走繩直如矢馬馳不及見者無不驚歎沖曰自千載以來未有逸材若此者也遂用爲軍主大眼顧謂同僚曰吾之今日所謂蛟龍得水之秋自此一舉終不復與諸君齊列矣未幾遷統軍從車駕征宛葉穰鄧九江鍾離之間所經戰陣莫不勇冠六軍宣武初裴叔業以壽春內附大眼與奚康生率衆先入以功封安成縣子除直閤將軍出爲東荊州刺史時蠻酋樊秀安等反詔大眼爲別將隸都督李崇討平之大眼功尤多妻潘氏善騎射大眼至於攻陣遊獵之際潘亦戎裝或齊鑣戰場或並驅林壑及至還營同坐幕下對諸僚佐言笑自得大眼時指謂諸人曰此潘將軍也梁武遣其將張惠紹總率衆軍竊據宿豫又假大眼平東將軍爲別將與都督邢巒討破之遂與中山王英同圍鍾離大眼軍城東守淮橋東西道屬水汎漲大眼所綰統軍劉神武公孫祉兩軍夜中爭橋奔退大眼不能禁相尋而走坐徙營州爲兵永平中追其前勳起爲試守中山內史時高肇征蜀宣武患梁人侵軼徐揚乃徵大眼爲太尉長史持節假平南將軍東征別將隸都督元遙過樂淮肥大眼至京師時人思其雄勇喜其更用臺省門巷觀者如市後梁將康絢於浮山遏淮規浸壽春明帝加大眼光祿大夫率諸軍鎮荊山復其封邑後與蕭寶夤俱征淮堰不能克遂於堰上流鑿渠決水而還加平東將軍大眼善騎乘撫巡士卒呼爲兒子及見傷痍爲之流泣自爲將帥常身先兵士衝突堅陣出入不疑當其鋒者莫不摧焉前後江南所遣督將皆懷畏憚時傳言淮泗荊沔之間有童兒啼者恐之云楊大眼至無不即止王肅弟康之初歸國也謂大眼曰在南聞君之名以爲眼如車輪及見乃不異於人大眼曰旗鼓相望瞋眸奮發足使君目不能視何必大如車輪當世推其驍勇以爲關張弗之過也然征淮堰之役喜怒無常捶撻過度軍士頗憾焉或者以爲性移所致又以本將軍爲荊州刺史常縛蒿爲人衣以青布而射之召諸蠻渠指示之曰卿等若作賊吾正如此相殺也又北淯郡嘗有虎害人大眼搏而獲之斬其頭縣於穰市自是荊蠻相謂曰楊公惡人常作我蠻形以射之又深山之虎尚所不免遂不敢復爲寇盜在州二年卒大眼雖不學常遣人讀書而坐聽之悉皆記識令作露布皆口授之而竟不多識字也有三子長甑生次領軍次征南皆潘氏所生咸有父風初大眼徙營州潘在洛陽頗有失行及爲中山大眼側生女夫趙延寶告之於大眼大眼怒幽潘而殺之後娶繼室元氏大眼之死也甑生等問元氏印綬所在時元始懷孕自指其腹謂甑生等曰開國當我兒襲之汝等婢子勿有所望甑生等深以爲恨及大眼喪將還京出於城東七里營車而宿夜二更甑生等開大眼棺延寶怪而問焉征南射殺之元怖走入水征南又

彎弓將射之甑生曰天下豈有害母之人乃止遂取大眼屍令人馬上拖之左右扶挾以叛荆人畏甑生等不敢苦追遂奔梁

崔延伯博陵人也祖壽於彭城陷入江南延伯少以武壯聞仕齊爲緣淮游軍主帶濠口戍主太和中入魏常爲統帥膽氣絶人兼有謀略積勞稍進除征虜將軍荆州刺史賜爵定陵男荆州土險蠻左爲寇每有聚結延伯輒自討之莫不摧殄由是穰土帖然無敢爲患永平中轉幽州刺史梁遣左游擊將軍趙祖悅率衆盜據硤石詔延伯爲別將與都督崔亮討之亮令延伯守下蔡延伯與別將伊瓮生挾淮爲營延伯遂取車輪去輞削銳其輻兩兩接對揉竹爲絙貫連相屬並十餘道橫水爲橋兩頭施大鹿盧出没任情不可燒斫既斷祖悅走路又令舟舸不通由是梁軍不能赴救合軍咸見俘虜於軍拜平南將軍光祿大夫延伯與楊大眼等至自淮陽靈太后幸西林園引見延伯等太后曰卿等志尚雄烈皆國之名將北平硤石公私慶快此乃卿等之功也但淮堰仍在宜須預謀故引卿等親共量算各出一圖以爲後計大眼對曰臣輒謂水陸二道一時俱下往無不克延伯曰既對聖顔答旨宜實水南水北各有溝瀆陸地之計如何可前愚臣短見願聖心思水兵之勤若給復一年專習水戰脫有不虞召便可用靈太后曰卿之所言深是宜要當敕如請二年除幷州刺史在州貪汙聞於遠近還爲金紫光祿大夫出爲鎭南將軍行岐州刺史假征西將軍賜驊騮馬一匹正光五年秋以往在揚州建淮橋之勳封當利縣男改封新豐子時莫折念生兄天生下隴東寇征西將軍元志爲天生所禽賊衆甚盛進屯黑水詔延伯爲使持節征西將軍與西道都督行臺蕭寶夤討之寶夤與延伯結壘馬嵬南北相去百餘步延伯曰今當仰爲明公參賊勇怯延伯選精兵數千下渡黑水進向賊營寶夤率騎於水東尋原西北以示後繼於是賊衆大盛水西一里營營連接延伯徑至賊壘揚威脅之徐而遂退賊以延伯衆少開營競追衆過十倍臨水逼蹙寶夤親觀之懼有虧損延伯不與戰身自殿後抽衆東渡轉運如神須臾濟盡徐乃自渡賊徒奪氣相率還營寶夤大悅謂官屬曰崔公古之關張也今年何患不制賊延伯馳見寶夤曰此賊非老奴敵公但坐看後日延伯勒衆而出寶夤爲後拒天生悉衆來戰延伯身先士卒陷其先鋒於是驍銳競進大破之俘斬十餘萬追奔及於小隴秦賊勁彊諸將所憚初朝廷議遣將咸曰非延伯無以定之至是果能克敵詔授左衛將軍餘如故於時万俟醜奴宿勤明達等寇掠涇州先是盧祖遷伊瓮生數將皆以元志前行之始同時發雍從六陌道將取高平志敗仍停涇部延伯既破秦賊乃與寶夤率衆會於安定甲卒十二萬鐵馬八千匹軍威甚盛時醜奴置營涇州西北七十里當原城時或輕騎暫來挑戰大兵未交便示奔北延伯矜功負勝遂唱議先驅伐木別造大排內爲鎖柱教習彊兵負而趨走號爲排城戰士在外輜重居中自涇州緣原北上衆軍將出討賊未戰之間有賊數百騎詐持文書云是降簿乞緩師寶夤延伯謂其事實逡巡未闞俄而宿勤明達率衆自東北而至乞降之賊從西競下諸軍前後受敵延伯上馬突陣賊勢摧挫便爾逐北徑造其營賊本輕騎延伯軍兼步卒兵力疲怠賊乃乘閒得入排城延伯軍大敗死傷者將有二萬寶夤斂軍退保涇州延伯修繕器械購募驍勇復從涇州西進去賊彭阬合柵七里結營延伯恥前挫辱不報寶夤獨出襲賊大破之俄頃閒平其數柵賊皆逃併見兵人采掠散亂不整還來衝突遂大奔敗延伯中流矢爲賊所害士卒死者萬餘人延伯善將撫能得衆心與康生大眼爲諸將之冠延伯末年功名尤重時大寇未平而延伯死朝野歎懼焉贈使持節車騎大將軍開府儀同三司定州刺史謚曰武烈

李叔仁隴西人也驍健有武力前後數從征討以功賜爵獲城鄉男梁豫州刺史王超宗內侵叔仁時爲兼統軍隸揚州刺史薛眞度眞度遣叔仁討超宗大破之以功累遷洛州刺史假撫軍將軍後以軍功封陳郡公又除光祿大夫朔州刺史齊州廣川劉某執淸河太守邵懷聚衆反自署大行臺詔叔仁爲都督討平之除鎭西將軍金紫光祿大夫轉車騎大將軍儀同三司邢杲反於青州叔仁爲大都督出討於淮北失利而還永安三年坐事除名尋復官爵節閔帝初加散騎常侍開府後除涼州刺史遣使密通款於東魏事覺見殺叔仁所用之槊長大異於常槊時人壯之

裴駿字神駒小名皮河東聞喜人也父雙碩位恒農太守安邑子贈東雍州刺史聞喜侯駿幼而聰慧親表異之稱爲神駒因以爲字弱冠通涉經史好屬文性方檢有禮度鄉里宗敬之蓋吳作亂於關中汾陰人薛永宗聚衆應之屢破諸縣來襲聞喜縣中無兵仗人情駭動縣令憂惶計無所出駿在家聞之便率厲鄉豪奔赴賊乃退刺史嘉之以狀表聞會太武親討蓋吳引見駿駿

陳敘事宜甚會機理帝大悅顧謂崔浩曰裴駿有當世才具且忠義可嘉補中書博士浩亦深器駿目爲三河領袖轉中書侍郎宋使明僧暠來聘以駿有才學假散騎常侍於境上勞接卒贈秦州刺史聞喜侯諡曰康子修字元寄清辯好學歷位祕書中散主客令累遷中大夫兼祠部曹事職主禮樂每有疑議修斟酌故實咸有條貫卒諡曰恭伯宣武時追贈東秦州刺史修早孤居喪以孝聞二弟三妹並在幼弱撫養訓誨甚有義分次弟務早喪修哀傷之感於行路愛育孤姪同於己子及將異居奴婢田宅悉推與之時人以此稱焉子詢字敬叔美儀貌多藝能音律博弈咸所閑解位平昌太守時太原長公主寡居與詢私姦明帝仍詔詢尙馬尋以王壻特除散騎常侍時本邑中正闕司徒召詢爲之詢族叔景自陳情願此官詢遂讓焉時論善之尋監起居事遷祕書監出爲鄆州刺史詢以凡司戍主蠻酋田朴特地居險要眾踰數萬足爲邊捍遂表朴特爲西郢州刺史朝議許之梁將李國興寇邊朴特與部曲爲表裏聲援郢州獲全朴特頗有力焉徵爲七兵尙書武泰中以本官兼侍中爲關中大使未及發於河陰遇害贈司徒公諡曰貞烈無子修弟宣字叔令通辯博物早有聲譽少孤事母兄以孝友稱舉秀才至都見司空李訢與言自旦及夕訢嗟善不已孝文初徵爲尙書主客郎遷洛陽以宣爲採材副將奉使稱旨轉司州刺史別駕仍兼長史宣明敏有器幹總攝州府事無擬滯遠近稱之爲太尉長史上言曰自遷都以來凡戰陣之處及軍罷兵還之道所有骸骼無人覆藏者請悉令州郡戍邏檢行埋掩并符出兵之鄉其家有死於戎役者請使招魂復魄祔祭先靈復其年租調身被傷痍者免其兵役朝廷從之出爲征虜將軍益州刺史宣善於綏撫甚得羌戎之心後晉壽更置益州改宣所治爲南秦州刺史武興姜譔等千餘人乞延更限宣武嘉焉宣家世以儒學爲業常慕廉退每歎曰以賈誼之才仕漢文之世而不歷公卿將非運也乃謂親賓曰吾本閭閻之士素無當世之志直隨牒推移遂至於此祿厚養親道不光國曏言往哲可以言歸矣因奉表求解宣武不許乃作懷田賦以敘志焉及患篤詔遣太醫令馳驛就視并賜御藥宜素明陰陽之書始患便自尅亡日果如其言贈豫州刺史諡曰定尋改爲穆子敬憲嗣敬憲以文章著稱列在文苑傳敬憲弟莊伯字孝夏亦有文才器度閑雅喜慍不形於色博識多聞善以約言辯物司空任城王澄辟爲行參軍甚加知賞年二十一上神龜頌時人異之文筆與敬憲相亞臨淮王彧北討引爲記室參軍委以章奏之事及聞敬憲寢疾求假不許遂徑自還或亦矜而不問扶侍兄病晝夜不離於側形容憔悴因葬敬憲於鄉遇疾卒年二十八兄弟皆以才學知名同年俱喪世共嗟惜之永安三年贈通直散騎侍郎諡曰獻兄弟並無子所著詞藻莫爲集錄莊伯弟獻伯廷尉卿濟州刺史少以學尙風流有名京洛爲政嚴酷不得吏民之和但以清白流譽卒於殿中尙書駿從弟安祖少而聰慧年八九歲就師講詩至鹿鳴篇語諸兄云鹿雖禽獸得食相呼而況人乎自此之後未曾獨食州辟主簿人有兄弟爭財相訟安祖召其兄弟以禮義責讓之此人兄弟明日相率謝罪州內欽服之後有人勸其入仕安祖曰高尙之事非敢庶幾但京師遼遠憚於棲屑耳於是閑居養志不出城邑安祖嘗行值天熱舍於樹下有鷙鳥逐雉雉急投之遂觸樹而死安祖愍之乃取置陰地徐徐護視良久得蘇喜而放之後夜忽夢見一丈夫衣冠甚偉著繡衣曲領向安祖再拜安祖怪而問之此人云感君前者見放故來謝德聞者異之後孝文幸長安至河東存訪故老安祖朝於蒲坂帝與語甚悅仍拜安邑令安祖固辭老病詔給一時俸以供湯藥年八十三卒於家

裴延儁字平子河東聞喜人魏冀州刺史徽之八世孫也曾祖奣諮議參軍并州別駕祖雙彪河東太守贈雍州刺史諡曰順父崧州主簿行平陽郡事以平蜀賊丁虫功贈東雍州刺史延儁少孤事母以孝聞涉獵墳史頗有才筆舉秀才射策高第除著作佐郎累遷太子洗馬又領本邑中正及太子恂廢以宮官例免宣武即位爲中書侍郎時帝專心釋典不事墳籍延儁上疏致諫後除司州別駕及詔立明堂羣官博議延儁獨著一堂之論太傅清河王懌時典眾議讀而笑曰子故欲遠符僕射也明帝時累遷幽州刺史范陽郡有舊督亢渠徑五十里漁陽燕郡有故戾陵諸堨廣袤三十里皆廢毀多時莫能修復水旱不調延儁乃表求營造遂躬自履行相度形勢隨力分督未幾而就溉田百萬餘畝爲利十倍百姓賴之又命主簿酈惲修起學校禮教大行人歌謠之在州五年考績爲天下最拜太常卿歷七兵殿中二尙書散騎常侍御史中尉又以本官兼侍中吏部尙書延儁在臺閣守職而已不能有所裁斷直繩也莊帝初於河陰遇害贈儀同三司都督雍州刺史子元直敬猷並有學尙與父同時遇害元直贈光州刺史敬猷

妻丞相高陽王雍外孫超贈尚書僕射延儁從叔愛醜桃弓並見稱於鄉里子鳳字買輿沈雅有器識儀望甚偉孝文見而異之吏部尚書任城王澄有知人鑒每歎美鳳以遠大許之位河北太守以忠恕接下百姓感而懷之卒於郡三子範昇之鑒鑒字道徽性彊正有學涉卒於廷尉卿鑒居官清苦時論稱之贈東兖州刺史子澤列在齊史延儁從祖弟良字元賓稍遷尚書考功郎中時汾州吐京胡薛羽等作逆以良兼尚書左丞爲西北道行臺時有五城郡山胡馬宜都賀悅回成等以妖妄惑衆假稱帝號服素衣持白傘白幡率諸逆衆於雲臺郊抗王師良大破之又山胡劉蠡升自云聖術胡人信之咸相影響旬月之閒逆徒遂振以良爲汾州刺史加輔國將軍行臺如故良以城人饑窘後率衆奔西河汾州之居西河自良始也孝靜初爲衞大將軍太府卿卒於官贈吏部尚書謚曰貞又重贈侍中尚書僕射子叔祉粗涉文學居官甚著聲績仕終司空右長史良從父兄子慶孫字紹遠少孤性倜儻重然諾正光末汾州吐京羣胡薛悉公馬牒騰並自立爲王衆至數萬詔慶孫爲募人別將招率鄉豪以討之慶孫每摧其鋒進軍深入至雲臺郊大戰郊西賊衆大潰徵赴都除直後於是賊復鳩集北連蠡升南通絳蜀兇徒轉盛以慶孫爲別將從軹關入討深入二百餘里至陽胡城朝廷以此地被山帶河衿要之所明帝末遂立邵郡因以慶孫爲太守慶孫務安輯之咸來歸業爾朱榮之死也世隆擁衆北度詔慶孫爲大都督與行臺源子恭率衆追擊慶孫與世隆密通事泄追還河內斬之慶孫任俠有氣鄉曲壯士及好事者多相依附撫養咸有恩紀在郡日逢歲饑凶四方遊客恆有百餘慶孫自以家糧贍之性雖麤武愛好文流與諸才學之士咸相交結輕財重義坐客恆滿是以爲時所稱延儁從祖弟仲規少好經史頗有志節咸陽王禧爲司州牧辟爲主簿仍表行建興郡事車駕自代還洛次於郡境仲規備供帳朝於路側詔仲規曰畿郡望重卿何能自致此也仲規曰陛下棄彼元壤來宅紫縣臣方躍馬吳會冀功銘帝籍豈一郡而已孝文笑曰冀卿必副此言駕還見咸陽王曰昨得汝主簿爲南道主人六軍豐贍元弟之寄殊副所望除司徒主簿仲規父在鄉疾病棄官奔赴以違制免久之中山王英征義陽引爲統軍奏復本資於陳戰沒贈河南太守謚曰貞無子弟叔義以第二子伯茂後之伯茂以文學知名列在文苑傳伯茂亦無子兄景融以第二子孝才繼齊武平末位中書舍人叔義亦有學行累遷泰山太守爲政清靜吏民安之遷司徒從事中郎卒贈東秦州刺史謚曰宣子景融字孔明篤學好屬文舉秀才射策高第除太學博士稍遷諫議大夫領著作元象中儀同高岳以爲錄事參軍弟景龍景顏被劾廷尉獄景融入選吏部擬郡爲御史中尉崔暹所彈云其貪榮昧進遂坐免官病卒景融卑退廉謹無競於時雖才不稱學而綴緝無倦文詞汎濫理會處寡所作文章別有集錄景顏頗有學尚孝靜初爲司徒長史在官貪穢爲中尉所劾遇病死獄中延儁族兄聿字外興以操尚貞立爲孝文所知爲北中府長史時帝以聿與中書侍郎崔亮清貧欲以幹祿優之乃以亮帶野王縣事聿帶溫縣時人榮之卒於平秦郡太守贈洛州刺史子子袖入關西延儁族人瑗字珍寶太和中析屬河北郡少孤貧情苦自立爲汝南王悅郎中令孝靜初卒於雍州刺史延儁從父兄宣明位華州刺史有惠政謚曰簡二子景鸞景鴻並有逸才河東呼景鸞爲驥子景鴻爲龍文景鴻位華州刺史子文端齊行臺郎四子願安志弘振景鴻齊和夷郡守子叔卿博涉有孝行時號曰裴曾子位隋貝邱令子神舉神符而神舉最知名

薛眞度河東汾陰人鎮南大將軍徐州刺史安都之從祖弟也安都宋史有傳眞度始與安都南奔及從安都來降爲上客太和初賜爵河北侯出爲平州刺史假陽平公後降爲伯歷荆州東荆州刺史初遷洛後眞度每獻計勸先取樊鄧後攻南陽故大爲孝文帝所賞改封臨晉縣伯轉豫州刺史景明初豫州大饑眞度表輒白別出倉米五千斛爲粥救其甚者詔曰眞度所表甚有憂濟百姓之意宜在拯卹歷華荆二州刺史入爲大司農卿正始初除揚州刺史還朝除金紫光祿大夫加散騎常侍改封敷西卒贈左光祿大夫謚曰莊有子十二人嫡子懷徹襲封初眞度有女妓數十人每集賓客輒命之絲竹歌舞不輟於前盡聲色之適庶長子懷吉居喪過周以父妓十餘人并樂器獻之宣武納焉懷吉好勇有膂力雖不善書學亦解達時事卒於汾州刺史懷吉本不屬清節及爲汾州偏有聚納之響自以支庶餌誘勝已其爲婚姻多攜親戚悉令同行兼爲之彌縫恣其取受而將勞賓客曲盡物情送去迎來不避寒熱性少言每有接對但默然而返既指授先期明人馬之數左右密已記錄俄而酒饌相尋芻粟繼至遠于將別贈以錢縑下及厮傭咸過本望眞度諸子既多其母非一同產相朋因有憎愛興和中遂致訴列云以毒相害顯

在公府發揚疵釁時人恥焉
劉休賓字處幹本平原人也祖昶從慕容德南渡河家于北海都昌縣父奉伯宋北海太守休賓少好學有文才仕宋爲兗州刺史娶崔邪利女生子文曄崔氏先歸寧在魯郡邪利之降文曄母子與俱入魏及慕容白曜軍至休賓不降白曜請崔氏與文曄至以報休賓又執休賓兄延和妻子巡視城下休賓答白曜許待歷城降當即歸順密遣主簿尹文達向歷城觀魏軍形勢文達詣白曜詐祇候白曜令文達往升城見其妻子文曄哭泣以爪髮爲信文達回復經白曜誓約而還見休賓休賓撫爪髮泣復遣文達與白曜期白曜以酒灌地啓告山河誓而不負休賓文達還謂休賓可早決計休賓於是告兄子聞慰聞慰固執不可遂差本契白曜尋遣著作佐郎許赤虎夜至梁鄒南門告城士人曰休賓遺文達頻造僕射許降何得無信於是城內遂相維持欲降不得歷城降休賓乃出請命及立平齊郡乃以梁鄒人爲懷寧縣以休賓爲令延興二年卒文曄有志尚綜覽羣書輕財重義太和中坐從兄聞慰南叛徙北邊孝文特聽還代帝曾幸方山文曄大言求見申父功厚賞屈於是賜爵都昌子深見待遇拜協律中郎卒於高陽太守贈兗州刺史諡曰貞休賓族父旋之其妻許氏生二子法鳳法武而旋之早卒東陽平許氏攜二子入魏孤貧不自立母子並出家爲尼僧既而反俗俱奔江南法武後改名竣字孝標梁史有傳
房法壽小名烏頭清河東武城人也曾祖諶仕燕位太尉掾隨慕容氏遷于齊子孫因家之遂爲東清河繹幕人焉法壽幼孤少好射獵輕率勇果結諸羣小爲劫盜宗族患之弱冠州迎主簿後以母老不復應州郡命常盜殺猪牛以供母招集壯士恆有百數仕宋爲魏郡太守法壽從祖弟崇吉母妻爲慕容白曜所獲託法壽爲計法壽與崇吉歸欵於白曜詔以法壽爲平遠將軍與韓麒麟對爲冀州刺史及歷城梁鄒降法壽崇吉等與崔道固劉休賓俱至京師以法壽爲上客崇吉爲次客崔劉爲下客法壽供給亞於薛安都等以功賜爵壯武侯給以田宅奴婢性愛酒好施親舊賓客率同饑飽坎壈常不豐足畢眾敬等皆尙其通愛卒贈青州刺史諡敬侯子伯祖襲例降爲伯歷齊郡內史伯祖闇弱委事於功曹張僧皓大有受納伯祖衣食不充遷幽州輔國軍長史後坐事免官卒子翼大城戍主帶宗城太守襲爵壯武侯翼子豹仕齊歷西河博陵樂陵太守有能名列在良吏傳伯祖弟幼愍安豐新蔡二郡太守坐事奪官居家忽聞門有客聲出無所見還至庭中爲家羣犬所噬卒法壽族子景伯字良暉祖元慶仕宋歷七郡太守後爲沈文秀青州建威府司馬宋明帝之弑廢帝子業子業弟子勛起兵文秀後歸子勛元慶不同爲文秀所害父愛親獻文時三齊平隨例內徙爲平齊人以父非命蔬食終身景伯生於桑乾少喪父以孝聞家貧傭書自給養母甚謹尙書盧淵稱之於李沖沖時典選版爲奉朝請累遷齊州輔國長史會刺史亡敕行州事政存寬簡百姓安之後除清河太守郡民劉簡虎曾失禮於景伯聞其臨郡闔門逃亡景伯督切屬縣追捕禽之即署其子爲西曹掾令喻山賊賊以景伯不念舊惡以時俱下論者稱之舊制守令六年爲限限滿將代郡民韓靈和等三百餘人表訴乞留復加二載後遷司空長史以母疾去官景伯性淳和涉獵經史諸弟宗之如事嚴父及弟亡蔬食終喪期周不內御憂毀之容有如居重其次弟景先亡其幼弟景遠期年哭臨亦不內寢鄉里爲之語曰有義有禮房家兄弟廷尉卿崔光韶好標牓人物無所推尙每云景伯有士大夫之行業及母亡景伯居喪不食鹽菜因此遂爲水病積年不愈卒於家贈左將軍齊州刺史景伯子文烈位司徒左長史與從父弟遁祐並有名文烈性溫柔未嘗嗔怒爲吏部郎時經霖雨絕糧遣婢糴米因爾逃竄三四日方還文烈徐謂曰舉家無食汝從何處來竟無楚撻子山基仕隋歷戶部考功侍郎並著能名見稱於時景先字光胄幼孤貧無資從師其母自授毛詩曲禮年十二請其母曰豈可使兄傭賃以供景先也請自求衣然後就學母哀其小不許苦請乃從之遂得一羊裘欣然自足晝則樵蘇夜誦經史自是精勤遂大通贍太和中例得還鄉郡辟功曹州舉秀才解褐太學博士時太常劉芳侍中崔光當世儒宗歎其精博奏兼著作佐郎修國史侍中穆紹又啓景先撰宣武起居注累遷步兵校尉領尙書郎齊州中正所歷皆有當官稱景先沈敏方正事兄恭謹出告反面晨昏參省側立移時兄亦危坐如對賓客兄曾寢疾景先侍湯藥衣冠不解形容毀瘁親友見者莫不哀之卒贈洛州刺史諡曰文景先作五經疑問百餘篇其語典詣符璽郎王神貴益之名爲辯疑合成十卷亦有可觀節閔帝時奏上之帝親自執卷與神貴往復嘉其用心子延祐武定末太子家令後隸魏收修史景遠字叔遐重然諾好施與值頻歲凶儉以家財分贍宗親又於通衢爲粥以飼餓者存濟甚眾平原劉郁行經齊

兗之境忽遇劫賊已殺十餘人次至郁郁呼曰與君鄉近何忽見殺賊曰若言鄉里親親是誰郁曰齊州主簿房陽是我姨兄陽是景遠小字賊曰我食其粥得活何得殺其親遂還衣物蒙活者二十餘人景遠好史傳不爲章句天性小急不類家風然事二兄至謹撫養兄孤恩訓甚篤益州刺史傅豎眼慕其名義啟爲昭武府功曹參軍以母老不應豎眼頗恨之卒子家子敬道永熙中開府參軍

畢衆敬小名奈東平須昌人也少好弓馬射獵交結輕果常於疆境盜掠爲業仕宋位泰山太守湘東王彧殺其主子業而自立是爲明帝遣衆敬詣兗州募人到彭城刺史薛安都召與密謀云晉安有上流之名且孝武第三子當共卿西從晉安衆敬從之東平太守申纂據無鹽城不與之同及宋平子勛授纂兗州刺史會有人發衆敬父墓令其母骸首散落衆敬發喪行服疑纂所爲弟衆愛爲薛安都長史亦遣人密至濟陰掘纂父墓以相報答及安都以城入魏衆敬不同其謀子元賓以母并百口悉在彭城恐交致禍日夜啼泣遣請衆敬衆敬猶未從之衆敬先已遣表謝宋宋明帝授衆敬兗州刺史而以元賓有他罪獨不捨之衆敬拔刀破柱曰皓首之年唯有此子今不原貸何用獨全及尉元至乃以城降元遣將入城事定衆敬悔恚數日不食皇興初就拜散騎常侍兗州刺史賜爵東平公與中書侍郎李璨對爲刺史慕容白曜攻克無鹽獲申纂無殺纂意而城中火起纂爲所燒死衆敬聞克無鹽懼不殺纂乃與白曜書并表朝廷云家酷由纂闔纂死乃悅二年與薛安都朝京師賜甲第一區後復爲兗州刺史徵還京師衆敬善自奉養食膳豐華必致他方遠味年已七十鬢鬚皓白而氣力未衰跨鞍馳騁有若少壯篤於姻類深有國士之風張讜之亡躬自營視有若至親太和中孝文賓禮舊老衆敬與高允引至方山雖文武奢儉好尚不同然亦與允甚相愛敬接膝談款有若平生後以篤老乞還桑梓朝廷許之衆敬臨還獻眞珠璫四具銀裝劍一口刺虎矛一枚仙人文綾一百疋文明太后與帝引見於皇信堂賜以酒饌車馬絹等勞遣之卒於兗州子元賓少豪俠有武幹涉獵書史與父同建勳誠至京師俱爲上賓賜爵須昌侯後拜兗州刺史假彭城公父子相代爲本州當世榮之時衆敬以禮還鄉常呼元賓爲使君每元賓聽政時乘板輿出至元賓所先遣左右敕不起觀其斷決忻忻然喜見顏色衆敬善持家業猶能督課田產大致儲積元賓爲政清平善撫人物百姓愛樂之以父憂解任喪中遙授長兼殿中尚書卒贈衛尉卿謚曰平元賓入魏初妻東平劉氏有四子祖朽祖髦祖歸祖旋賜妻元氏生二子祖榮祖暉祖朽最長次祖暉次祖髦故事前妻雖先有子後賜之妻子皆承嫡所以劉氏先亡祖暉不服重元氏後卒祖朽等三年終禮祖榮早卒子義允襲祖爵東平公例降爲侯卒子僧安襲祖朽身長八尺腰帶十圍涉獵經史好爲文詠善與人交襲父爵須昌侯例降爲伯以本州中正爲統軍隸邢巒討梁師以功封南城縣男歷散騎侍郎中書侍郎神龜末除東豫州刺史祖朽善撫邊清平有信百姓稱之後爲瀛州刺史卒贈吏部尚書兗州刺史無子以弟祖歸子義暢爲後襲爵義暢傾巧無士業善通時要位中書侍郎兗州大中正後除散騎常侍坐事伏法祖髦以兄祖朽別封南城以須昌伯回授之位東平太守卒於本州別駕祖暉早有事幹爲幽州刺史以全守勳封新昌縣子逢蕭寶夤退敗祖暉拔城東趣華陰坐免官爵尋行幽州事建義中詔復州爵後爲賊宿勒明達所攻沒長子義䂮襲爵齊受禪例降義䂮弟義雲仕齊歷位兗州刺史性殘忍列在酷吏傳中祖歸位建寧太守子義遠平原太守義遠弟義顯義攜性並豪率天平以後梁使人還往經歷兗城前後州將以義攜兄弟善營鮭膳器物鮮華常兼長史接宴賓客祖旋太尉行參軍卒贈都官尚書齊兗二州刺史衆敬弟衆愛隨兄歸魏以勳爲第二客賜爵鉅平侯卒贈徐州刺史謚曰康子聞慰字子安有器幹襲爵例降爲伯延昌初累遷清河內史固以疾辭後試守廣平內史正光初相州刺史中山王熙起兵誅元乂聞慰斬其使發兵拒之乂以爲忠於已遷滄州刺史甚有政績後除散騎常侍東道行臺尋爲都督安樂王鑒軍司馬攻元法僧敗奔還京師被劾遇赦免卒贈散騎常侍兗州刺史伯如故謚曰恭子祖彥字修賢涉獵書傳風度閑雅爲時所知以侍御史爲元法僧監軍法僧反被逼南入後還歷中書侍郎襲爵鉅平伯卒贈尚書右僕射兗州刺史祖彥弟祖哲祕書郎諸畢當朝不乏榮貴但幃薄不修爲時所鄙申纂本魏郡人申鍾曾孫也皇始初道武平中山纂舉室南奔家于濟陰及在無鹽仕宋爲兗州刺史既敗子景義入魏

羊深字文泉泰山鉅平人也父祉贈安東將軍兗州刺史天性剛愎所歷皆以酷忍稱列在酷吏傳深早有風尚學涉經史兼長几案少與隴西李神儁同志相友自

司空記室參軍再遷尚書駕部郎中于時沙汰郎中務精才實深以才堪見留在公明斷尚書僕射崔亮吏部尚書甄琛咸敬重之明帝行釋奠之禮講孝經深儕輩中獨蒙引聽時論美之正光末北地人車金雀等率羌胡反叛高平賊宿勤明達寇豳夏諸州北海王顥爲都督行臺討之以深爲行臺右丞軍司仍領郎中顥敗還京頃之遷尚書左丞蕭寶夤反攻圍華州正平薛鳳賢等作逆敕深兼給事黃門侍郎與大行臺僕射長孫承業共會潼關規模進止事平以功賜爵新泰男靈太后曾幸芒山集僧尼齋會公卿盡在坐太后引見深欣然勞問之顧謂左右曰羊深眞忠臣也舉坐傾心莊帝踐阼除太府卿又爲二兗行臺深處分軍國損益隨機亦有時譽初爾朱榮殺害朝士深第七弟侃爲泰山太守性麤武遂率鄉人外招梁寇深在彭城忽得侃書招深同逆深慨然流涕斬使人幷書表聞莊帝乃下詔褒其忠烈令還朝受敕乃歸京師除名久之除金紫光祿大夫元顥入洛以深兼黃門侍郎顥平免官普泰初爲散騎常侍衞將軍右光祿大夫監起居注自天下多事東西二省官員委積節閔帝敕深與常侍盧道虔元晏元法壽選人補定自奉朝請以上各有沙汰尋兼侍中節閔帝甚親待之時膠序廢替名敎陵遲深乃上疏請修立國學廣延胄子帝善之孝武初除中書令永熙三年以深兼御史中尉東道軍司及帝入關深與樊子鵠不從齊神武起兵於兗州子鵠署深爲齊州刺史天平二年東魏軍討破之斬於陣深子肅武定末儀同開府東閤祭酒以學尚知名乾明初爲冀州中從事趙郡王爲巡省大使肅以遲緩不任職解朝議以肅無罪尋復之武平中入文林館撰書尋爲武德郡守祉弟靈引好法律李彪爲中丞以爲書侍御史固辭彪頗御之及爲三公郎坐兄祉事知而不糾彪劾奏免官甚爲尚書令高肇所昵京兆王愉與肇深相嫌忌及愉出鎭冀州肇舉靈引爲愉長史以相闚伺靈引私恃肇勢每折於愉及愉作逆先斬靈引於門時論云非直愉自不臣抑亦由肇及靈引所致事平贈平東將軍兗州刺史謚曰威子敦廣平太守有聲稱列在良吏傳中靈引弟瑩字靈珍兗州別駕從事瑩子烈列在齊史

韓麒麟昌黎棘城人自云漢大司馬增之後也父瑚秀容平原二郡太守麒麟幼而好學美容姿善騎射景穆監國爲東曹主書文成卽位賜爵漁陽男父亡居喪有禮後參征南慕容白曜軍事進攻升城師人多傷及城潰白曜將阬之麒麟諫曰始踐僞境方宜寬威厚惠此韓信所以降范陽也勍敵在前而便阬其衆恐自此以東各爲守禦三齊未易圖也白曜從之皆令復業齊人大悅後白曜表麒麟爲冠軍將軍與房法壽對爲冀州刺史白曜攻東陽麒麟上義租六十萬斛幷攻戰器械於是軍須無乏及白曜被誅麒麟停滯多年孝文時拜齊州刺史假魏昌侯在官寡於刑罰從事劉普慶說麒麟曰明公仗節方夏無所斬戮無以示威麒麟曰人不犯法何所戮乎若必須斬斷以立威名當以卿應之普慶慙懼而退麒麟以新附之人未階臺官士人沈抑乃表請守宰有闕宜推用豪望增置吏員廣延賢哲則華族蒙榮良才獲敘懷德安土庶或在茲朝議從之太和十年京都大饑麒麟表陳時務曰古先哲王經國立政積儲九稔謂之太平故躬籍千畒以率百姓用能衣食滋茂禮教興行逮於中代亦崇斯業入粟者與斬敵同爵力田者與孝悌均賞實百王之常軌爲政之所先今京師人庶不耕者多游食之口三分居二蓋一夫不耕或受其饑況於今者動以萬計故頃年山東遭水而人有餒終今秋京都遇旱穀價踊貴實由農人不勤素無儲積故也伏惟陛下天縱欽明道高三五上垂覆載之澤而下有凍餒之人皆由有司不爲其制長吏不䘏其本自承平日久豐穰積年競相矜夸浸成侈俗故令耕者日少田者日荒穀帛罄於府庫寶貨盈於市里衣食匱於室麗服溢於路饑寒之本實在於斯愚謂凡珍玩之物皆宜禁斷吉凶之禮備爲格式令貴賤有別人歸朴素制天下男女計口受田宰司四時巡行臺使歲一檢按勤相勸課嚴加賞罰數年之中必有盈贍雖遇凶災免於流亡矣往年校比戶貫租賦輕少臣所統齊州租粟纔可給俸略無入倉雖於人爲利而不可長久脫有戎役或遭天災恐供給之無方無所取濟請減絹布增益穀租年豐多積歲儉出振所謂私人之穀寄積於官官有宿積則人無荒年矣卒官遺敕其子殯以素棺事從儉約麒麟立性恭愼恆置律令於坐隅臨終之日唯有俸絹數十疋其清貧如此贈散騎常侍燕郡公謚曰康長子興宗字茂先好學有文才位祕書中散卒贈漁陽太守子子熙字元雍少自修整有學識弱冠未能自通侍中崔光舉爲清河王懌常侍遷郎中令初子熙父以爵讓與弟顯宗顯宗不受子熙緣父素懷卒亦不襲及顯宗卒子熙別蒙賜爵乃以先爵讓弟仲穆兄弟友愛如此母亡居喪有禮子熙爲懌所眷遇遂闕位待其畢喪後復引用及劉騰元乂害懌久不得葬子熙爲

之憔悴屏居田野每言王若不得復封以禮還葬誓以終身不仕後靈太后反政以乂爲尙書令解其領軍子熙與懌中大夫劉定興及學官令傅靈檦賓客張子愼伏闕上書訴懌之枉極言元乂劉騰誣罔書奏靈太后義之乃引子熙爲中書舍人後遂剖騰棺賜乂死尋令修國史建義初兼黃門尋爲正子熙淸白自守不交人事又少孤爲叔顯宗所撫養及顯宗卒顯宗子伯華又幼子熙愛友等於同生長猶共居車馬資財隨其費用未嘗見於言色又上書求析階與伯華於是除伯華東太原太守及伯華在郡爲刺史元彌所辱子熙乃泣訴朝廷明帝詔遣按驗元彌大見詰讓爾朱榮之禽葛榮送至京師莊帝欲面數之子熙以爲榮旣元凶自知必死或恐不遜無宜見之爾朱榮聞而大怒請罪子熙莊帝加而不責及邢杲起逆詔子熙慰勞杲詐降子熙信之還至樂陵杲復反子熙還坐付廷尉論以大辟恕死免官孝武初領著作以奉册勳封歷城縣子天平初爲侍讀除國子祭酒子熙儉素安貧常好退靜遷鄴之始百官並給兵力時以祭酒閑務止給二人或有令其陳請者子熙曰朝廷自不與祭酒兵何關韓子熙事論者高之元象中加衛大將軍先是子熙與弟聘王氏爲妻姑之女生二子子熙尙未婚後遂與寡孀李氏姦合而生三子王李不穆迭相告言子熙因此慙恨遂以發疾卒遺誡不求贈諡其子不能遵奉遂至干謁武定初贈驃騎大將軍儀同三司幽州刺史興宗弟顯宗字茂親性剛直能面折廷諍亦有才學沙門法撫三齊稱其聰悟嘗與顯宗校試鈔百餘人名各讀一遍隨卽覆呼撫猶有一二舛謬顯宗了無誤錯法撫歎曰貧道平生以

來唯服郎耳太和初舉秀才對策甲科除著作佐郎後兼中書侍郎旣定遷都顯宗上書一曰竊聞輿駕今夏若不巡三齊當幸中山竊以爲非計也何者當今徭役宜早息洛京宜速成省費則徭役可簡并功則洛京易就願且還北京以省諸州供帳之費則南州免雜徭之煩北都息分析之歎洛京可以時就遷者僉爾如歸二曰自古聖帝必以儉約爲美亂主必以奢侈貽患仰惟先朝皆卑宮室而致力於經略故能基宇開廣業祚隆泰今洛陽基趾魏明所營取譏前代伏願陛下損之頃來北都富室競以宅第相尙今因遷徙宜申禁約令貴賤有檢無得踰制端廣衢路通利溝渠使寺署有别士庶異居永垂百世不刊之範三曰竊聞輿駕還洛陽輕將數千騎臣甚爲陛下不取也夫千金之子猶坐不垂堂況萬乘之尊富有四海乎淸道而行尙恐銜橛之失況履涉山河而不加三思哉四曰竊惟陛下耳聽法音目翫墳典口對百辟心慮萬機晷昃而食夜分而寢加以孝思之至與時而深文章之業日成篇卷雖叡明所用未足爲煩然非所以嗇神養性熙無疆之祚莊周有言形有待而智無崖以有待之形役無崖之智殆矣此愚臣所不安也孝文頗納之顯宗又上言前代取士必先正名故有賢良方正之稱今州郡貢察徒有秀孝之名而無秀孝之實而朝廷但檢其門望不復彈坐如此則可令别貢門望以敍士人何假冒秀孝之名也夫門望者是其父祖之遺烈亦何益於皇家益於時者賢才而已苟有其才雖屠釣奴虜之賤聖皇不恥以爲臣苟非其才雖三后之允自墜於皁隸矣議者或云今世等無奇才不若取士於門此亦失矣豈可以世無周召便

廢宰相而不置但當校其有寸長銖重者卽先敍之則賢才無遺矣又曰夫帝王所以居尊而御下者威也兆庶所以徙惡而從善者法也是以有國有家必以刑法爲政生人之命於是而在有罪必罰罰必當克則雖以棰撻薄刑而人莫敢犯有制不行人得僥倖則雖參夷之誅不足以肅自太和以來未多坐盜棄市而遠近肅淸由此言之止姦在於防檢不在嚴刑今州郡牧守邀當時之名行一切之法臺閣百官亦咸以深酷爲無私以仁恕爲容盜迭相敦厲遂成風俗陛下居九重之內視人如赤子百司分萬務之要遇下如仇讎是則堯舜止一人而桀紂以千百和氣不至蓋由於此宜敕示百官以惠元元之命又曰昔周王爲犬戎所逐東遷河洛鎬京猶稱宗周以存本也光武雖曰中興實自草創西京尙置京尹亦不廢舊今陛下光隆先業遷宅中土稽古復禮於斯爲盛按春秋之義有宗廟謂之都無謂之邑此不刊之典也況北代宗廟在焉山陵託焉王業所以光萬葉又曰伏見洛京之制居人以官位相從不依族類然官位非常有朝榮而夕悴則衣冠淪於廝豎之邑臧獲顯於膏腴之里物之顚倒或至于斯古之聖王必令四民異居者欲其業定而志專業定則不爲僞志專則不揺故耳目所習不督而就父兄之敎不肅而成仰惟太祖道武皇帝創基撥亂日不暇給然猶分别士庶不令雜居伎作屠沽各有攸處但不設科禁買賣任情販貴易賤錯居渾雜假令一處彈箏吹笛緩舞長歌一處嚴師苦訓誦詩講禮宣令童齔任意所從其走赴

舞堂者萬數往就學館者無一此則伎作不可雜居士人不宜異處之明驗也故孔父云里仁之美孟母弘三徙之訓賢聖明誨若此之重今令伎作之家習士人風禮則百年難成令士人兒童效伎作容態則一朝可得以士人同處則禮教易興伎作雜居則風俗難改朝廷每選舉人士則校其一婚一宦以爲升降何其密也至於伎作宦途得與膏粱華望接閈連甍何其略也今稽古建極光宅中區凡所徙居皆是公地分別伎作在於一言有何爲疑而虧盛美又曰自南僞相承竊有淮北欲擅中華之稱且以招誘邊人故僑置中州郡縣自皇風南被仍而不改凡有重名其數甚眾非所以疆域物土必也正名之謂也愚以爲可依地理舊名一皆釐革小者并合大者分置及中州郡縣昔以戸少并省今人口既多亦可復舊君人者以天下爲家不得有所私也故倉庫儲貯以俟水旱之災供軍國之用至於有功德者然後加賜爰及末代乃寵之所隆賜賚無限自此以來亦爲太過在朝諸貴受祿不輕土木被綺羅僕妾厭粱肉而復厚賚屢加動以千計若分賜鰥寡賑濟實多如不悛革豈周急不繼富之謂也又曰諸宿衛內直者宜令武官習弓矢文官諷書傳無令繕其蒲博之具以成褻狎之容徒損朝儀無益事實如此之類一宜禁止帝善之孝文曾謂顯宗及程靈虯曰著作之任國書是司卿等之才朕自委悉中省之品卿等所闕若欲取況古人班馬之徒固自遼闊若求之當世文學之能卿等應推崔孝伯又謂顯宗曰見卿所撰燕志及在齊詩詠大勝比來之文然著述之功我所不見當更訪之監令校卿才能可居中第又謂程靈虯曰卿比顯宗復有差降可居下上顯宗曰臣才第短淺比於崔光實爲隆遲然臣竊謂陛下貴古而賤今臣學微才短誠不敢仰希於古然遭聖明之世陳翰勤素實錄時事亦未慙於後人昔揚雄著太元經當時不免覆盎之談二百年外則越諸子今臣之所撰雖未足光述帝載然萬祀之後仰觀祖宗巍巍之功上覩陛下明明之德亦何謝欽明於唐典愼徽於虞書帝曰假使朕無愧於虞舜卿復何如於堯臣顯宗曰陛下齊蹤堯舜公卿寧非二八之儔帝又曰卿爲著作僅名奉職未是良史也顯宗曰臣仰遭明時直筆無懼又不受金安眠美食此臣優於遷固也帝哂之後與員外郎崔逸等參定朝儀帝曾詔百官曰自近代以來高卑出身常有素分朕意所爲可復以爲不可宜相與校量之李沖對曰未審尙古以來置官列位爲欲爲膏粱兒地爲欲益治贊時帝曰俱然爲人沖曰若欲爲人何爲專崇門品不有拔才之詔帝曰苟有殊人之技不患不知然君子之門假使無當世之用者要自德行純篤是以用之沖曰傅巖呂望豈可以門見舉帝曰如此濟世者希曠代有一兩耳沖謂諸卿士曰適欲請救諸賢祕書令李彪曰師旅寡少未足爲援意有所懷敢不盡言於聖日陛下若專以門地未審魯之三卿孰若四科帝曰猶如向解顯宗進曰陛下光宅洛邑百禮惟新國之興否指此一選且以國事論之不審中祕監令之子必爲祕書郎頃來爲監令者子皆可爲不帝曰卿何不論當世膏腴爲監令者顯宗曰陛下以物不可類不應以貴承貴以賤襲賤帝曰若有高明卓爾才具儁出者朕亦不拘此例後爲本州中正二十一年車駕南伐以顯宗爲右軍府長史統軍次赭陽齊戍主成公期遣其軍主胡松高法援等并引蠻賊來擊軍營顯宗親率拒戰遂斬法援首顯宗至新野帝詔曰卿破賊斬帥何爲不作露布也顯宗曰臣頃聞鎭南將軍王肅獲賊二三驢馬數匹皆爲露布臣在東觀每私哂之近雖仰憑威靈得摧醜虜斬禽不多脫復高曳長縑虛張功捷尤而效之其罪彌甚所以斂毫卷帛解上而已帝笑曰如卿此勳誠合茅士須赭陽平定卽冀檢審相酬新野平以顯宗爲鎭南廣陵王嘉諸議參軍後顯宗上表頗自矜伐訴前征勳詔曰顯宗進退無檢虧我淸風付尙書推列以聞兼尙書張彝奏免顯宗官詔特以白衣守諮議展其後效顯宗既失意遇信向洛乃爲五言詩寄御史中尉李彪以申憤結二十三年卒顯宗撰馮氏燕志孝友傳各十卷景明初追赭陽勳賜爵章武男子伯華襲

程駿字驎駒本廣平曲安人也六世祖良晉都水使者坐事流于涼州祖父肇呂光民部尙書駿少孤貧居喪以孝稱師事劉昞性機敏好學晝夜無倦昞謂門人曰舉一隅而以三隅反者此子亞之也駿白昞曰今名教之儒咸謂老莊其言虛誕不切實要不可以經世駿謂不然夫老子著抱一之言莊生申性本之旨若斯者可謂至順矣人若乖一則煩僞生爽性則沖眞喪昞曰卿年尙幼言若老成美哉由是聲譽益播沮渠牧犍擢爲東宮侍講及涼州平遷于京師爲司徒崔浩所知文成踐阼遷著作郎皇興中除高密太守尙書李敷奏駿實史才方申直筆請留之書奏從之獻文屢引駿與論易老之義顧謂羣臣曰朕與此人言意甚開暢又問駿年對曰臣六十有一帝曰昔太公既老而遇文王卿今遇

朕豈非早乎駿曰臣雖才謝呂望而陛下尊過西伯覬天假餘年竭六韜之效延興末高麗王璉求納女於掖庭假駿散騎常侍賜爵安豐男持節如高麗迎女駿至平壤城或勸璉曰魏昔與燕婚既而伐之由行人具其夷險故也今若送女恐不異於馮氏璉遂謬言女喪駿與璉往復經年責璉以義方璉不勝其忿遂斷駿從者酒食欲逼辱之憚而不敢害會獻文崩乃還拜祕書令初遷神主于太廟有司奏舊事廟中執事之官例皆賜爵今宜依舊詔百寮評議羣臣咸以為宜依舊事駿獨以為不可表曰臣聞名器為帝王所貴山河為區夏之重是以漢祖有約非功不侯必當厲身命於戎旅之辰展心力於戰謀之日然後可以應茅土之錫未見預事於宗廟而獲賞於疆土雖復帝王制作弗相沿襲然一時恩澤豈足為長世之軌乎書奏從之文明太后謂羣臣曰言事固當正直而準古典安可附會暫時舊事乎賜駿衣一襲帛二百疋又詔曰駿歷官清慎言事每懼門無挾貨之賓室有懷道之士可賜帛六百疋旌其儉德駿悉散之親故性介直不競時榮太和九年正月病篤遺命薄葬事存儉約駿病甚孝文文明太后遣使者更問其疾敕侍御師徐謇診視賜以湯藥臨終詔以小子公稱為中散從子靈虬為著作佐郎及卒孝文文明太后傷惜之賜東園祕器朝服一稱帛三百疋贈兗州刺史曲安侯謚曰憲所作文章自有集錄

李彪字道固頓丘衞國人也孝文賜之名以有史才故擬漢之班彪晉之司馬彪也家寒微少孤貧有大志好學不倦初受業於長樂監伯陽伯陽稱美之晚與漁陽高悅北平陽尼等將隱於名山不果而罷悅兄閭博學高才家富典籍彪遂於悅家手鈔口誦不暇寢食既而還鄉里平原王陸叡年將弱冠雅有志氣娶東徐州刺史崔鑒女路由冀相聞彪名而詣之修師友之禮稱之於州郡遂舉孝廉至京師館而受業焉高閭稱之于朝貴李沖禮之甚厚彪深宗附之孝文初為中書教學博士後假散騎常侍封衞國子遷祕書丞參著作事自成帝已來至于太和崔浩高允著述國書編年敘錄為春秋之體遺落時事三無一存彪與祕書令高祐始奏從遷固之體創為紀傳表志之目焉彪又表上封事七條曰古先哲王之為制也自天子以至公卿下及抱關擊柝其宮室車服各有差品小不得僭大賤不得踰貴夫然故上下序而人志定今時浮華相競情無常守大為消功之物巨制費力之事豈不謬哉夫消功者錦繡雕文是也費力者廣宅高宇壯制麗飾是也其妨男業害女功者可勝言哉漢文帝賈誼上疏云今之王政可為長太息者六此即是其一也夫上之所好下必從之故越王好勇而士多輕死楚王好瘠而國有饑人今二聖躬行儉素詔令殷勤而百姓之奢猶未革者豈楚越之人易變如彼大魏之士難化如此此蓋朝制不宣人未見德使之然耳臣愚以為第宅車服自百官以下至於庶人宜為其等制使貴不逼賤卑不僭高不可以稱其侈意用違經典其二曰易稱主器者莫若長子傳曰太子奉冢嫡之粢盛然則祭無主則宗廟無所饗冢嫡廢則神器無所傳聖賢知其如此故垂誥以為長世之法昔姬王得斯道也故恢崇儒術以訓世嫡世嫡於是習成懿德用大協於黎烝是以世統黎元載祀八百逮嬴氏之君於秦也弗以義方教厥冢子冢子於是習成兇德肆虐以臨黔首是以祚年不永二世而亡亡之與興道在師傅故禮云冢子生因舉以禮使士負之有司齊肅端冕見于南郊明冢嫡之重見于天也過闕則下過廟則趨明孝敬之道也然古之太子自為赤子而教固以行矣此則遠世之鏡也高宗文成皇帝慨少時師不勤教嘗謂羣臣曰朕始學之日年在幼沖情未能專既臨萬機不遑溫習今而思之豈非予之咎抑亦師傅之不勤尚書李訢免冠而謝此則近日之可鑒也伏惟太皇太后翼贊高宗訓成顯祖使顯巍之功邈乎前王陛下幼蒙鞠養聖敬之躋及儲宮誕育復親撫誥日省月課實勞神慮今誠宜準古立師傅以詔導太子詔導正則太子正太子正則皇家慶皇家慶則人事幸甚矣其三曰記云國無三年之儲謂非其國光武以一畝不實罪及牧守聖人之憂世重穀殷勤如彼明君之恤人勸農相切若此頃年山東饑去歲京師儉內外人庶出入就豐既廢營產疲困乃加又於國體實有虛損若先積穀安而給之豈有驅督老弱餬口千里之外以今況古誠可懼也臣以為宜折州郡常調九分之二京都度支歲用之餘各立官司年豐糴積於倉時儉則加私之二糶之於人如此人必事田以買官絹又務貯財以取官粟年登則常積歲凶則直給又別立農官取州郡戶十分之一以為屯人相水陸之宜料頃畝之數以贓贖雜物餘財市牛科給令其肆力一夫之田歲責六十斛甄其正課并征戍雜役行此二事數年之中則穀積而人足雖災不害臣又聞前代賢主皆務懷遠人禮賢引滯故漢高過趙求樂毅之胄晉武廓定旌吳蜀之彥臣謂宜於河表七州人中擢其門才引令赴闕依中州官

比隨能序之一可以廣聖朝均新舊之義二可以懷江漢歸有道之情其四曰漢制舊斷獄報重盡季冬至孝章時改盡十月以育三微後歲旱論者以不十月斷獄陰氣微陽氣泄以故致旱事下公卿尚書陳寵曰冬至陽氣始萌故十一月有射干芸荔之應周以爲春十二月陽氣上通雉雊雞乳般以爲春十三月陽氣已至蟄蟲皆震夏以爲春三微成著以通三統三統之月斷獄流血是不稽天意也章帝善其言卒以十月斷今京師及四方斷獄報重常竟季冬不推三正以育三微寬宥之情每過於昔遵之典憲猶或闕然今豈所謂助陽發生垂奉微之仁也誠宜遠稽周典近采漢制天下斷獄起自初秋盡於孟冬不於三統之春行斬絞之刑如此則道協幽顯仁垂後昆其五曰古者大臣有坐不廉而廢者不謂之不廉乃曰簠簋不飾此君之所以禮貴臣不明言其過也臣有大譴則白冠氂纓盤水加劍造室而請死此臣之所以知罪而不敢逃刑也聖朝賓遇大臣禮崇古典自太和以降有負罪當陷大辟者多得歸第自盡遣之之日深垂隱愍言發悽淚百官莫不見四海莫不聞誠足以感將死之心慰戚屬之情然恩發於衷未著永制此愚臣所以敢陳末見者昔漢文時人有告丞相周勃謀反者逮繫長安獄頓辱之與皂隸同賈誼乃上書極陳君臣之義不宜如是夫貴臣者天子爲其改容而禮貌之吏人爲其俯伏而敬貴之其有罪過廢之可也賜之死可也若束縛之輸之司寇榜笞之小吏詈罵之殆非所以令衆庶見也及將刑也臣則北面再拜跪而自裁天子曰子大夫自有過矣吾遇子有禮矣此上不使人抑而刑之也孝文深納其言是後大臣有罪皆自殺不受刑至孝武時稍復下獄良由孝文行之當時不爲永制故耳今天下有道庶人不議之時安可陳瞽言於朝且恐萬世之後繼體之主有若漢武之事焉得行恩當時不著長世之制乎其六曰孝經稱父子之道天性蓋明一體而同氣可共而不可離者也及其有罪不相及者乃君上之厚恩也而無情之人父兄繫獄而子弟無慘惕之容子弟即刑父兄無愧恧之色宴安榮位游從自若車馬仍華衣冠猶飾寧是同體其氣分憂均戚之理也臣愚以爲父兄有犯宜令子弟素服肉袒詣闕請罪子弟有坐宜令父兄露版引咎乞解所司若職任必要不宜許者慰勉留之如此足以敦厲凡薄使人知有所恥其七曰禮云臣有大喪君三年不呼其門此聖人緣情制禮以終孝子之情也周季陵夷喪禮稍亡是以要絰即戎素冠作刺逮乎虐秦殆皆泯矣漢初軍旅屢興未能遵古至宣帝時人當從軍屯者遭大父母父母死未滿三月皆弗徭役其朝臣喪制未有定聞至後漢元初中大臣有重憂始得去官終服暨魏武孫劉之世日尋干戈前世禮制復廢不行晉時鴻臚鄭穆喪親固請終服武帝感其孝誠遂著令以爲常聖魏之初撥亂反正未遑建終喪之制今四方無虞百姓安逸誠是孝慈道洽禮教興行之日也然愚臣所懷竊有未盡伏見朝臣丁大憂者假滿赴職衣錦乘軒從郊廟之祀鳴玉垂緌同節慶之醮傷人子之道虧天地之經愚謂如有遭父母喪者皆得終服若無其人有曠官者則優旨慰喻起令視事但綜理所司出納敷奏而已國之吉慶一令無預其軍戎之警墨縗從役雖愆於禮事所宜行也帝覽而善之尋皆施行彪稍見禮遇詔曰彪雖宿非清第閥閱華資然識性嚴聰學博墳籍剛辯之才頗堪時用兼優吏職載宣朝美若不賞庸敘績將何以勸獎勤能特遷祕書令以參議律令之勤賜帛五百疋馬一匹牛二頭其年加員外散騎常侍使於齊齊武帝遣其主客郎劉繪接對并設讌樂彪辭樂及坐彪曰向辭樂者卿或未相體我皇孝性自天追慕罔極故有今者喪除之議去三月晦朝臣始除衰裳猶以素服從事裴謝在北固應具此我今辭樂想卿無怪繪曰請問魏皇喪禮竟何所依彪曰高宗三年孝文踰月今聖上追鞠育之深恩感慈訓之厚德報於殷漢之間可謂得禮之變繪復問若欲遵古何爲不終三年彪曰萬機不可久曠故割至慕俯從羣議服變不異三年而限同一期可謂亡禮之禮繪言汰哉叔氏專以禮許人彪曰聖朝自爲曠代之制何關許人繪言百官總己以聽於冢宰萬機何慮於曠彪曰我聞載籍五帝之臣臣不若君故君親攬其事三王君臣智等故共理機務五霸臣過於君故事決於下我朝官司皆五帝之臣主上親覽蓋遠軌軒唐也彪將還齊主謂彪曰卿前使還日賦阮詩云但願長閑暇後歲復來遊果如今日卿此還復有來理不彪答云使臣請重賦阮詩曰蕪衍清都中一去永矣哉齊王惘然曰清都可爾一去何事觀卿此言似成長闊當以殊禮相送遂親至瑯邪城登山臨水命羣臣賦詩以送別其見重如此彪前後六度銜命南人奇其謇博後爲御史中尉領著作郎彪既爲孝文所寵性又剛直多所劾糾遠近畏之豪右屏氣帝常呼爲李生於是從容謂羣臣曰吾之有李生猶漢之有汲黯也後除散騎常侍領御史中尉解著作事帝宴羣臣於流

化池謂僕射李沖曰崔光之博李彪之直是我國家得
賢之基車駕南伐彪兼度支尚書與僕射李沖任城王
澄等參理留臺事彪素性剛豪殊與沖等意議乖異遂
形於聲色無降下之心沖積其前後罪乃於尚書省禁
止彪而彈奏之請免所居職付廷尉獄沖又表彪罪惡
數事有司處彪大辟帝恕之除名而已彪尋歸本郡帝
北幸鄴彪野服稱草萊臣拜迎鄴南帝曰朕以卿爲已
死彪對曰子在回何敢死帝悅因謂曰朕期卿每以貞
松爲志歲寒爲心卿應報國盡心爲用近見彈文殊乖
所以卿罹此譴爲朕與卿爲宰事爲卿自取彪曰臣愆
由已至罪自身招實非陛下橫與臣罪又非宰事無辜
濫臣罪既如此宜伏東皋之下不應遠點屬車之淸塵
柤伏承聖躬不豫臣肝膽塗地是以敢至非謝罪而來
帝曰朕欲用卿憶李僕射不得帝尋納宋弁之言將復
采用會留臺表至言彪與御史賈尚往窮庶人恂事理
有誣抑奏請收彪彪自言事枉帝明彪無此遣左右慰
勉之聽以牛車散載送之洛陽會赦得免宣武踐阼彪
自託於王肅又與郭祚崔光劉芳甄琛邢巒等詩書往
來迭相稱重因論求復舊職修史官之事肅等許爲其
左右彪乃表求都下乞一靜處綜理國籍以終前志官
給事力以充所須近則期月可就遠也三年有成時司
空北海王詳尚書令王肅許之肅以其無祿頗相賑餉
遂在祕書省同晉王隱故事白衣修史宣武親政崔光
表曰臣昔爲彪所致與之同業積年其志力貞彊考述
無倦頃來契闊多所廢離近蒙收起還綜厥事老而彌
篤史才日新若克復舊職專功不怠必能昭明春秋闡
成皇籍既先帝厚委宿歷高班纖負微愆應從滌洗愚

謂宜申以常伯正綰著作宣武不許詔彪兼通直散騎
常侍行汾州事非彪好也固請不行卒於洛陽始彪爲
中尉號爲嚴酷以姦欺難得乃爲木手擊其脇腋氣絕
而復屬者時有焉又慰喻汾州叛胡得其兇渠皆鞭而
殺之及彪病體上往往創潰痛毒備極贈汾州刺史謚
曰剛憲彪在祕書歲餘史業竟未及就然區分書體皆
彪之功述春秋三傳合成十卷其餘著詩頌誄章表別
有集彪雖與宋弁結管鮑交弁爲大中正與孝文私議
猶以寒地處之殊不欲微相優假彪亦知之不以爲恨
弁卒彪痛之無已爲之哀誄備盡辛酸郭祚爲吏部彪
爲子志求官祚乃以舊第處之彪以位經常伯又兼尚
書謂祚應以貴游拔之深用忿怨形於言色時論以此
非祚祚每曰爾與義和至友豈能饒爾而怨我乎任城
王澄與彪先亦不睦及爲雍州彪詣澄爲志求其府僚
澄釋然爲啟得爲列曹行參軍時稱澄之美志字鴻道
博學有才幹年十餘便能屬文彪奇之謂崔鴻曰子宜
與鴻道爲二鴻於洛陽鴻遂與交款往來彪有女幼而
聰令彪每奇之教之書學讀誦經傳嘗竊謂所親曰此
當興我家卿曹容得其力彪亡後宣武聞其名召爲婕
妤在宮常教帝妹書誦授經史始彪奇志及婕妤特加
器愛公私坐集必自稱詠由是爲孝文所責及彪亡後
婕妤果入掖庭後宮咸師宗之宣武崩後爲比邱尼通
習經義每講說諸僧歎重之志歷官所在著績桓叔興
外叛南荆荒毀領軍元乂擧其才任撫導擢爲南荆州
刺史建義初叛入梁志弟游有才行隨兄志在南荆州
屬爾朱之亂與志俱奔江左子昶仕周有傳
高道悅字文欣遼東新昌人也曾祖策馮跋散騎常侍

新昌侯祖育馮弘建德令太武東討率部歸命授建忠
將軍齊郡建德二郡太守賜爵肥如子父元起武邑太
守遂居勃海蓨縣道悅少爲中書學生侍御主文中散
後爲諫議大夫正色當官不憚彊禦車駕南征徵兵秦
雍大期秋季閱集洛陽道悅以使者書侍御史薛聰侍
御史主文中散元志等稽違期會奏擧其罪又奏兼左
僕射吏部尚書任城王澄位總朝右任屬戎機兵使會
否曾不檢奏尚書左丞公孫良職綰樞轄蒙冒莫擧請
以見事免澄良等所居官時道悅兄觀爲外兵郎中澄
奏道悅有黨兄之負孝文詔責然以事經恩宥遂寢而
不論詔曰道悅資性忠篤稟操貞亮居法樹平肅之規
處諫著必犯之節王公憚其風鯁朕實嘉其一至謇諤
之誠何愧黯鮑也其以爲主爵下大夫諫議如故車駕
幸鄴又兼御史中尉留守洛京時宮闕初基廟庫未構
車駕將水路幸鄴已詔都水回營構之材以造舟檝道
悅表諫以爲闕居宇之功作遊嬉之用損耗殊倍又深
薄之危古今共慎於是帝遂從陸路轉道悅太子中庶
子正色立朝儼然難犯宮官上下咸畏憚之太和二十
年秋車駕幸中嶽詔太子恂入居金墉而恂潛謀還代
忿道悅前後規諫遂於禁中殺之帝甚加悲惜贈散騎
常侍營州刺史并遣王人慰其妻子又詔使者監護喪
事葬于舊塋謚曰貞侯宣武又追錄忠槩拜長子顯族
給事中顯族亦以忠厚見稱卒於右軍將軍顯族弟敬
猷有風度蕭寶夤西征引爲驃騎司馬及寶夤謀逆敬
猷與行臺郎中封偉伯等潛圖義擧謀泄見殺贈滄州
刺史聽一子出身道悅長兄嵩字崑崙魏郡太守嵩弟
雙清河太守坐贓貨將刑於市會赦免時北海王詳爲

錄尙書事雙多納金實除司空長史後爲梁州刺史專肆貪暴以罪免後貨高肇復起爲幽州刺史以貪穢被劾罪未判遇赦復任未幾而卒雙弟覲尙書左外兵郎城陽王鸞司馬南征赭陽先驅而歿謚曰閔

甄琛字思伯中山無極人漢太保邯之後也父凝州主簿琛少敏悟閨門之內兄弟戲狎不以禮法自居學覽經史頗有刀筆而形貌短陋鮮風儀舉秀才入都積歲頗以弈碁廢日至乃通夜不止手下倉頭常令執燭或時睡頓大加其杖如此非一奴復不勝楚慣乃曰郎君辭父母仕宦若爲讀書執燭不敢辭罪乃以圍碁日夜不息豈是向京之意而賜加杖罰不亦非理琛悵然慙感遂從許赤彪假書研習聞見日優太和初拜中書博士遷諫議大夫時有所陳亦爲孝文知賞宣武踐阼以琛爲中散大夫兼御史中尉琛表弛鹽稅及山澤之禁宣武從之詔琛參八坐議事尋正中尉遷侍中領中尉琛俛眉畏避不能繩糾貴游凡所劾者率多下吏於時趙脩寵貴琛傾身事之琛父凝爲中散大夫弟僧林爲本州別駕皆託脩申達至脩姦詐事露明當收考今日乃舉其罪及監決脩鞭猶相隱恤惻然告人曰趙脩小人背如土牛殊耐鞭杖有識以此非之脩死之日琛與黃門郎李憑以朋黨被召詣尙書兼尙書元英邢巒窮其阿附之狀琛曾拜官諸賓悉集巒乃晚至琛謂巒何處放蛆來今晚始顧巒以言戲巒頗變色銜忿及此大相推窮司徒錄尙書事北海王詳等奏曰謹案侍中領御史中尉甄琛身居直法糾擿是司風邪響黷猶宜劾糾況趙脩侵公害私朝野切齒而琛恆不陳奏方更往來中外影響致其談譽令布衣之父超登正四之官七品之弟越陟三階之祿虧先皇之選典塵聖朝之官人又與黃門郎李憑相爲表裏憑兄叨封知而不言及脩釁彰方加彈奏生則附其形勢死則就地排之竊天之功以爲己力仰欺朝廷俯罔百司其爲鄙詐於斯甚矣謹依律科從請以職除其父中散實爲叨越雖皇族帝孫未有此例既得不以倫請下收奪李憑明附趙脩是親是仗緇點皇風塵鄙正化此而不糾將何以肅整阿腴獎厲忠槩請免所居官以肅風軌奏可琛遂免歸本郡左右相連死黜者二十餘人琛始以父母老常求解官扶侍故孝文授以本州長史及貴達不復請歸至是乃還供養數年遭母憂母鉅鹿曹氏有孝性夫氏去家路逾百里每得魚肉菜果珍美口實者必令僮僕走奉其母乃後食焉琛母服未闋復喪父琛於塋兆內手種松柏隆冬負擲水土鄉老哀之咸助加力十餘年中墳成木茂與弟僧林誓以同居沒齒專事產業躬親農圃時以鷹犬馳逐自娛朝廷有大事猶上表陳情久之復除散騎常侍領給事黃門侍郎定州大中正大見親寵委以門下庶事出參尙書入厠帷幄始孝文時琛兼主客郎迎送齊使彭城劉纘琛欽其器貌常歎詠之纘子昕爲眴山戍主昕死家屬入洛有女年未二十琛乃納昕女爲妻婚日詔給廚費琛所好悅宣武時調戲之遷河南尹黃門中正如故琛表曰國家居代患多盜竊世祖太武皇帝親自發憤廣置主司里宰皆以下代令長及五等散男有經略者乃得爲之又多置吏士爲其羽翼崇而重之始得禁止今遷都已來天下轉廣四遠赴會事過代都寇盜公行劫害不絕此由諸坊混雜釐比不精主司闇弱不堪檢察故也今擇尹既非南金里尉鉛刀而割欲望清肅都邑不可得也里正乃流外四品職輕任碎多是下才人懷苟且不能督察故使盜得容姦百賦失理邊外小縣所領不過百戶而令長皆以將軍居之京邑諸坊大者或千戶五百戶其中王公卿尹貴勢姻戚豪猾僕隸蔭養姦徒高門邃宇不可干問比之邊縣難易不同今難彼易此實爲未愜王者立法隨時從宜先朝立品不必卽定施而觀之不便則改今閑官靜任猶聽長兼況劇煩要務不得簡能下領請取武官中八品將軍以下幹用貞濟者以本官俸恤領里尉之任各食其祿高者領六部尉中者領經途尉下者領里正不爾請少高里尉之品選下品中應選者進而爲之則督責有所聲敎可清詔曰里正可進至勳品經途從九品六部尉正九品諸職中簡取何必須武人也琛又奏以羽林爲游軍於諸坊巷司察盜賊於是京邑清靜後皆踵焉轉太子少保黃門如故及高肇死琛以肇黨不宜復參朝政出爲營州刺史還涼州刺史猶以高氏之昵不欲處之於內久之爲吏部尙書未幾除定州刺史辭曰陛下在東宮崔光爲少傅臣爲少保今光爲車騎大將軍儀同三司開國公故僕射游肇時爲侍中與臣官階相似肇在省爲僕射死贈車騎將軍儀同三司冀州刺史臣今適爲征北將軍定州刺史生師保不如死游肇詔書慰遣之琛既至郡衣錦晝游大爲稱滿政體嚴細甚無聲譽崔光辭司徒之授也琛與光書外相抑揚內實附會光亦揣知其意復書以悅之徵爲車騎將軍特進又拜侍中以其衰老詔賜御府杖朝直杖以出入卒詔給東園祕器贈司徒公尙書左僕射加後部鼓吹太常議謚文穆吏部郎袁翻駁奏改曰孝穆詔

從之琛祖載明帝親送降車就輿弔服哭之遣舍人慰其諸子琛性輕簡好嘲謔故少風望然明解有幹具在官清白自孝文宣武咸相知待明帝以師傅之義而加禮焉所著文章鄙碎無大體時有理詣磔四聲姓族廢興會通緇素三論及家誨二十篇篤學文一卷頗行於世琛長子偘字道正位祕書郎性險薄多與盜劫交通隨琛在京以酒色夜宿洛水亭舍毆擊主人爲司州牧所劾掩在州獄琛大以慙慨廣平王懷爲牧與琛先不協欲具案窮推琛託左右以聞宣武敕懷寬放懷固執之久乃特旨赦出偘自此沈廢卒於家偘弟楷字德方粗有文學頗習吏事琛啟除祕書郎宣武崩未葬楷與河南尹丞張普惠等飲戲免官後稍遷尚書儀曹郎有當官之稱明帝末丁憂在鄉定州刺史廣陽王深召楷兼長史委以州任尋屬鮮于脩禮毛普賢等率北鎮流人反於州西北之左人城屠村掠野引向州城州城內先有燕恒雲三州避難戶脩禮等聲云欲將此輩共爲舉動楷見人情不安慮有變起乃亟收三州人中麤暴者殺之以威外賊及刺史元固大都督楊津等至楷乃還家後脩禮等忿楷屠害北人遂掘其父墓載棺巡城示相報復孝莊時徵爲中書侍郎後齊文襄取爲儀同府諮議參軍卒贈驃騎將軍祕書監滄州刺史琛從父弟密字叔雍清謹少嗜慾頗涉書史疾世俗貪競乾沒榮寵曾爲風賦以見意後參中山王英軍事英鍾離敗退鄉人蘇亮沒於賊中密盡私財以贖之亮歸傾資報密密一皆不受曰濟君之日本不求貨豈相贖之意及葛榮侵擾河北詔密爲相州行臺援守鄴城莊帝以密全鄴勳賞安市縣子孝靜初爲衛尉卿在官有平直之譽出爲徐州刺史卒官贈驃騎將軍儀同三司瀛州刺史謚曰靖琛同郡張纂字伯業祖珍字文表慕容寶度支尚書道武平中山入魏卒於涼州刺史謚曰穆纂頗涉經史雅有器尚交結勝流爲樂陵太守在郡多所受納聞御史至棄郡逃走於是除名乃卒天平初贈定州刺史纂叔感字崇仁有器業不應州郡之命子宣軌少孤事母以孝聞累遷相州撫軍府司馬宣軌性通率輕財好施屬葛榮圍城與刺史李神有固守効以功賜爵中山公後坐事死鄴纂從弟元賓位奉朝請及外生高昂貴達啟贈瀛州刺史

高聰字僧智本渤海人也曾祖軌隨慕容德徙青州因居北海之劇縣父法昂少隨其舅宋車騎將軍王元謨征伐以功至員外郎早卒聰生而喪母祖母王撫育之大軍攻克東陽聰徙平城與蔣少游爲雲中兵戶窘困無所不爲族兄允視之若孫大加賙給聰涉獵經史頗有文才允嘉之數稱其美言之朝廷由是與少游同拜中書博士轉侍郎爲高陽王雍傅稍爲孝文知賞太和十七年兼員外散騎常侍使於齊後兼太子左率聰微習弓馬乃以將略自許孝文銳意南討專訪王肅以軍事聰託肅願以偏裨自効肅言之於帝故假聰輔國將軍受肅節度同援渦陽聰躁怯少威重及與賊交望風退敗孝文恕死徙平州行屆瀛州刺史王質獲白兔將獻託聰爲表帝見表顧王肅曰在下那得有此才令朕不知肅曰比高聰北徙或其所製帝悟曰必應然也宣武初聰復竊還京師說高肇廢六輔宣武親政除給事黃門侍郎後加散騎常侍及幸鄴還於河內懷界帝射矢一里五十餘步侍中高顯等奏盛事奇迹必宣表述請勒銘射宮永彰聖藝遂刊銘射所聰爲之詞趙修嬖倖聰深朋附及詔追贈修父聰爲碑文出入同載觀視碑石聰每見修迎送盡禮聰又爲修作表陳當時便宜教其自安之術由是迭相親狎修死甄琛李憑皆被黜落聰深見危慮而先以疏宗之情曲事高肇竟獲自免肇之力也修之任勢聰傾身事之及死言必毀惡茹皓之寵聰又媚附每相招命稱皓才識非修之儔乃因皓啟請田宅皆被遂許及皓見罪戮聰以爲死之晚也其薄於情義皆如此侍中高顯爲護軍聰代兼其任顯與兄肇疑聰間構而求之聰居兼十餘旬出入機要言即眞無遠慮藉貴因權耽於酒色賄納之音聞於遐邇中尉崔亮知肇微恨遂面陳聰罪出爲并州刺史聰善於去就知肇嫌之側身承奉肇遂待之如舊聰在并州數歲多不率法又與太原太守王椿有隙再爲大使御史舉奏肇每以宗私相援事得寢緩宣武末拜散騎常侍平北將軍明帝踐阼以其素附高肇出爲幽州刺史尋以高肇之黨與王世義高綽李憲崔楷蘭氛之爲中尉元匡所彈靈太后並特原之聰遂廢于家斷絕人事唯修營園果世稱高聰梨以爲珍異又唯以聲色自娛後拜光祿大夫卒靈太后聞其亡嗟惋良久贈青州刺史謚曰獻聰有妓十餘人有子無子皆主籍爲妾以悅其情及病欲不適他人並令燒指吞炭出家爲尼聰所作文筆二十卷子長雲字彥鴻位輔國將軍中散大夫河陰遇害贈兖州刺史

通志卷一百四十九

宋右迪功郎鄭樵漁仲撰

列傳第六十三上

後魏

楊播子侃 播弟椿 椿子昱 椿弟津 津子逸　王肅兄子誦 衍 翊　劉芳子懌 懌弟廞 廞子騰 芳從子懋　常爽孫景　郭祚子景尚　張彝子始均 仲瑀　邢巒子遜 巒弟晏 巒叔祖祐 祐子產 祐從子虬　李崇子世哲 神軌 崇從弟平 平子奬 奬子構 奬弟諧　崔光子勵 光弟敬友 敬友弟子鴻　崔亮從弟光韶 光韶弟光伯 從祖道固　裴叔業兄子植 植弟颺 颺弟瑜 瑜弟粲 粲弟衍　夏侯道遷子夬　李元護　席法友　王世弼　江悅之　淳于誕　張讜　李苗　劉藻　傅永　傅豎眼伯父靈慶 靈越 靈根 子敬紹 父敬仲　張烈弟僧皓　李叔彪子遜 遜子象　路恃慶　房亮　曹世表　潘永基　朱元旭　蘇亮弟湛　魏子建　魏釗子彥　魏季景

楊播字延慶弘農華陰人也高祖結仕慕容氏位中山相曾祖珍道武時歸國位上谷太守祖眞河內淸河二郡太守父懿延興末爲廣平太守有稱績孝文南巡吏民頌之徵爲選部給事中有公平譽除安南將軍洛州刺史未之任卒贈本官加弘農公謚曰簡播本字元休孝文賜改焉母王氏文明太后之外姑播少修飭奉養盡禮擢爲中散累遷衞尉少卿與陽平王頤等出漠北擊蠕蠕大致克獲遷武衞將軍復征蠕蠕至居然山而還及車駕南討假前將軍從至鍾離師迴詔播爲圖陳禦之相拒再宿軍人食盡賊圍更急播乃領精騎三百歷其船大呼曰我今欲度能戰者出遂擁而濟賊莫敢動賜爵華陰子後從駕討破崔慧景蕭衍於鄧城進號平東將軍時車駕耀威沔水上已設宴帝與中軍彭城王勰賭射左衞元遙在勰朋內而播居帝曹遙射侯正中籌限已滿帝曰左衞籌足右衞不得不解對曰仰恃聖恩庶幾心爭於是箭中正帝笑曰雖養由之妙何復過是遂舉卮以賜播曰古人酒以養病朕今賞卿之能可謂古今殊也除太府卿進爵爲伯後爲華州刺史至州借人田爲御史王基所劾除官爵卒于家子侃等停柩不葬披訴積年至熙平中乃贈鎭西將軍雍州刺史并復其爵謚曰壯侃字士業頗愛琴書尤好計畫時播一門貴滿朝廷子姪早通而侃獨不交遊公卿罕有識者親朋勸其出仕侃曰苟有良田何憂晚歲但恨無才具耳年三十一襲爵華陰伯揚州刺史長孫承業請爲錄事參軍梁豫州刺史裴邃規相掩襲密購壽春人李瓜花袁建等令爲內應邃已纂勒兵士慮壽春疑覺遂謬移云魏始於馬頭置戍如聞復欲修白捺舊城若爾便稍相侵逼此亦須營歐陽設交境之備今版卒已集唯聽信還佐寮咸欲以實答之云無修白捺意而侃曰白捺小城本非形勝邃集兵遣移虛構是言得無有別圖也承業乃云錄事可造移報移曰彼之纂兵想別有意何爲妄構白捺他人有心予忖度之勿謂秦無人也邃得移謂已覺便散兵瓜花等以期契不會便相告發伏辜者十數家邃後竟襲壽春入羅城而退遂列營於黎漿梁城日夕鈔掠承業乃奏侃爲統軍後雍州刺史蕭寶夤據州反承業討之除侃爲承業行臺左丞軍次恆農侃白承業曰今賊守潼關全據形勝須北取蒲坂飛棹西岸置兵死地人有鬬心華州之圍可不戰而解潼關之賊必望風潰散諸處既平長安自克愚計可錄請爲明公前驅承業從之令其子子產等領騎與侃於恆農北度便據石錐壁乃班告曰今且停軍於此以待步卒兼觀人情向背若送降名者各自還村候臺軍舉三烽火各亦應之以明降款其無應烽即是不降之村理須殄戮人遂傳相告報實未降者亦詐舉烽一宿之閒火光徧數百里內圍城之寇不測所以各自散歸長安平侃頗有力焉建義初除岐州刺史屬元顥內逼詔行北中郎將孝莊徙河北執侃手曰朕停卿蕃寄移任此者正爲今日但卿尊卑百口若隨朕行所累處大卿可還洛寄之後圖侃曰寍可以臣微族頓廢君臣之義固求陪從除度支尚書兼給事黃門侍郎敷西縣公及車駕南還顥令梁將陳慶之守北中城自據南岸有夏州義士爲顥守河中渚乃密信通款求破橋立效尒朱榮赴之及橋破應接不果皆爲顥屠榮將爲還計欲更圖後事侃曰若今卽還人情失望未若召發人材唯多縛筏閒以舟楫沿河廣布令數百里中皆爲度勢顥知防何處一旦得度必立大功榮大笑從之於是尒朱兆等於馬渚諸楊南度顥便南走車駕入都侃解尙書正黃門以濟河之功進爵濟北郡公復除其長子師仲爲祕書郎時所用錢人多私鑄稍就薄小乃至風飄水浮米斗幾直一千侃奏聽人與官竝鑄五銖使人樂爲而俗弊得改莊帝從之後除侍中加衞將軍右光祿大夫莊帝將圖尒朱榮侃與內弟李晞城陽王徽侍中李彧等咸預其謀尒朱兆入洛侃時休沐遂竄歸華陰普泰初天光在關西遣侃子婦父韋義遠招慰之立盟許恕其罪侃兄昱恐爲家禍令侃出應假其食言不過一人身沒冀全百口侃赴之爲天光所害太昌初贈車騎將軍儀同三司幽州刺史子純陁襲播弟椿字延壽本

字伯考孝文賜改焉性寬謹爲內給事與兄播竝侍禁闥後爲中部法曹折訟公正孝文嘉之及文明太后崩孝文五日不食椿諫曰聖人之禮毀不滅性縱陛下自賢於萬代其若宗廟何帝感其言乃一進粥轉授宮輿曹少卿加給事中出爲豫州刺史再遷梁州刺史初武興王楊集始降於齊自漢中而北規復舊土椿貽書集始開以利害集始執書對使者曰楊使君此書除我心腹疾遂來降尋以母老解還後兼太僕卿秦州羌呂苟兒涇州屠各陳瞻等反詔椿爲別將隸安西將軍元麗討之賊守峽自固或謀伏兵斷其出入待糧盡攻之或云斬山木縱火焚之椿曰竝非計也賊深竄正避死耳今宜勒三軍勿更侵掠賊必謂見嶮不前心輕我軍然後掩其不備可一舉而平乃緩師賊果出掠仍以軍中驢馬餌之銜枚夜襲斬瞻傳首轉正太僕卿初獻文世有蠕蠕萬餘戸降附居於高平薄骨律二鎭太和末叛走唯有一千餘家太中大夫王通高平鎭將郎育等求徙置淮北防其後叛詔椿徙焉椿上書以爲裔不謀夏夷不亂華是以先朝居之荒服之閒正欲悦近來遠今新附者衆若舊者見徙新者必不安愚謂不可時八坐不從遂於濟州緣河居之及冀州元愉之難果悉浮河赴賊所在鈔掠如椿所策後除朔州刺史在州爲廷尉奏椿前爲太僕卿招引百姓盜種牧田三百四十頃依律處刑五歲尚書邢巒據正始別格奏罪應除名注籍盜門同籍合門不仕宣武以新律既班不宜雜用舊制詔依斷以贖論後除定州刺史自道武平中山多置軍府以相威攝凡有八軍軍各配兵五千食祿主帥軍各四十六人自中原稍定八軍之兵漸割南戍一軍兵財千餘然主帥如故費祿不少椿表罷四軍減其主帥百八十四人椿在州因修黑山道餘功伐木私造佛寺役兵爲御史所劾除名後累遷爲雍州刺史進號車騎大將軍儀同三司尋以本官加侍中兼尚書右僕射爲行臺節度關西諸將遇暴疾頻啟乞解詔許之以蕭寶夤代爲刺史行臺椿還鄉里遇子昱將還京師使陳寶夤賞罰云爲不依常憲恐有異心昱還面啟明帝及靈太后竝不納及寶夤殺害御史中尉酈道元猶上表自理稱爲椿父子所謗建義元年爲司徒永安初進位太保加侍中給後部鼓吹元顥入洛椿子昱爲顥所擒又椿弟順順子仲宣兄子侃弟子遁竝從駕河內爲顥嫌疑以椿家世顯重恐失人望未及加罪時人助其憂或勸椿攜家避禍椿曰吾內外百口何處逃竄正當坐任運耳莊帝還宮椿上書頻請歸老詔聽服侍中服賜朝服一襲八尺牀帳几杖不朝乘安車駕駟馬給扶傳詔二人仰所在郡縣四時以禮存問安否椿奉辭於華林園帝下御座執手流涕曰公先帝舊臣實爲元老但高尚其志決意不留旣難相違深用悽切椿亦歔欷欲拜帝親執不聽賜以絹布給羽林衞送羣公百僚餞於城西張方橋行路觀者莫不稱歎椿臨行誡子孫曰我家入魏之始卽爲上客自爾至今二千石方伯不絶祿卹甚多於姻親知故吉凶之際必厚加贈襚來往賓僚必以酒肉飲食故六姻朋友無憾焉國家初丈夫好服綵色吾雖不記上谷翁時事然記清河翁時服飾恆見翁著布衣韋帶常自約敕諸父曰汝等後世若富貴於今日者愼勿積金一斤綵帛百疋已上用爲富也不聽與生求利又不聽與勢家作婚姻至吾兄弟不能遵奉今汝等服乘漸華好吾是以知恭儉之德漸不如上也又吾兄弟若在家必同盤而食若有近行不至必待其還亦有過中不食忍飢相待吾兄弟八人今存者有三是故不忍別食也又願畢吾兄弟不異居異財汝等眼見非爲虛假如聞汝等兄弟時有別齋獨食者此又不如吾一等世也吾今日不爲貧賤然居住舍宅不作壯麗華飾者正慮汝等後世不賢不能保守之將爲勢家所奪北都時朝法嚴急太和初吾兄弟三人竝居內職兄在高祖左右吾與津在文明太后左右于時口敕責諸內官十日仰密得一事不列便大嗔嫌諸人多有依勅密列者亦有太后高祖中間傳言構鬬者吾兄弟自相誡曰今忝二聖近臣居子母閒難宜深愼之又列人事亦何容易縱被嗔責勿輕言十餘年中不嘗言一人罪過時大被嫌責答曰臣等非不聞人語正恐不審仰誤聖聽以是不敢言於後終以不言蒙賞及二聖閒言語終不敢輒爾傳通太和二十一年吾從濟州來朝在清徽堂豫宴高祖謂諸貴曰北京之日太后嚴明吾每得杖左右因此有是非言和朕母子者唯楊播兄弟遂舉酹賜兄及我酒汝等脫若萬一蒙明主知遇宜深愼言語不可輕論人惡也吾自惟文武才藝門望姻援不勝他人一旦位登侍中尚書四歷九卿十爲刺史光祿大夫儀同開府司徒太保津今復爲司空者正由忠謹愼口不嘗論人之過無貴無賤待之以禮以是故至此耳聞汝等學時俗人乃有坐待客者有驅馳勢門者有輕論人惡者及見貴勝則敬重之見貧賤則慢易之此人行之大失立身之大病也汝家仕皇魏以來高祖以下乃有七郡太守三十二州刺史內外顯職時流少比汝等

若能存禮節不爲奢淫憍慢假不勝人足免尤誚足成名家吾今年始七十五自惟氣力尚堪朝覲天子所以孜孜求退者正欲使汝等知天下滿足之義爲一門法耳非是苟求千載之名汝等能記吾言吾百年後終無恨矣椿還華陰踰年爲尒朱天光所害時人莫不怨痛之太昌初贈太師丞相都督冀州刺史子昱字元略起家廣平王懷左常侍懷好武事數遊獵昱每規諫正始中以京兆廣平二王國臣多縱恣詔御史中尉崔亮窮案之伏法都市者三十餘人不死者悉除名唯昱與博陵崔楷以忠諫免後除太學博士員外散騎侍郎初尚書令王肅除揚州刺史出頓洛陽東亭酣後廣陽王嘉北海王詳等與播論議競理播不爲屈北海王顧昱曰尊伯性剛不伏理大不如尊使君也昱對曰昱父道隆則從其隆道洿則從其洿伯父剛則不吐柔亦不茹一坐嘆其能言肅曰非此郎何得申二父之美延昌三年以本官帶詹事丞時明帝在懷抱中至於出入左右乳母而已不令宮僚聞知昱諫曰陛下不以臣等凡賤備位宮臣太子動止宜令翼從自比以來輕爾出入進無二傅導引之美退闕羣僚陪侍之式非所謂示人軌儀著君臣之義陛下若召太子必降手敕令羣臣咸知爲後世法於是詔自今若非手敕勿令兒輒出宮臣在直者從至萬歲門轉太尉掾兼中書舍人靈太后常謂昱曰親姻在外不稱人心卿有所聞慎勿諱隱昱奏揚州刺史李崇五車載貨恆州刺史楊鈞造銀食器十具竝餉領軍元乂靈太后令召乂夫妻泣而責之乂深恨昱昱弟六叔舒妻武昌王和之妹和即乂之從祖父舒早喪有一男六女及終喪元氏請別居昱父椿集親姻泣謂曰我弟不幸早終今男未婚女未嫁何便求別居不聽遂懷憾神龜二年瀛州人劉宣明謀反事覺逃竄乂使和及元氏誣告昱藏宣明云昱父椿叔津竝送甲仗三百具謀圖不軌乂又構成其事乃遣夜圍昱宅收之竝無所獲太后問狀昱具對元氏構釁之端言至哀切太后乃解昱縛和及元氏竝處死刑而乂相左右和直免官元氏卒亦不坐及乂之廢太后也乃出昱爲濟陰內史中山王熙起兵於鄴乂遣黃門盧同詣鄴刑熙幷窮黨與同希乂旨就郡鎖昱赴鄴囚訊百日乃還任孝昌初除中書侍郎後賊圍豳州詔昱兼侍中持節催西北道大都督北海王顥仍隨軍監察豳州圍解雍州蜀賊張映龍姜神達知州內虛謀欲攻掩刺史元修義懼而請援一日一夜書移九通都督李叔仁遲疑不赴昱曰若長安不守大軍自然瓦解此軍雖往有何益也遂與叔仁等俱進於陣斬神達諸賊迸散詔以昱受旨催督而顥軍稽緩遂免昱官尋除涇州刺史未幾昱父椿爲雍州徵昱爲吏部郎中及蕭寶夤等敗於關中以昱兼七兵尚書持節假撫軍都督防守雍州昱遇賊失利而返後除鎭東將軍假車騎將軍東南道都督又加散騎常侍於後泰山太守羊侃據郡南叛侃兄深時爲徐州行臺府州咸欲禁深昱曰昔叔向不以鮒也見廢奈何以侃罪深宜聽朝旨不許羣議還朝未幾元顥侵逼大梁除昱南道大都督鎭滎陽顥禽濟陰王暉業乘虛徑進城陷昱與弟息五人在門樓上顥至執昱下責曰卿今死甘心不答曰分不望生向所以不下樓正慮亂兵耳但恨八十老父無人供養乞小弟一命便是死不朽也顥將陳慶之胡光等伏顥帳前曰陛下度江三千里無遺鏃費昨日殺傷五百餘人求乞楊昱以快意顥曰我在江東聞梁主言初下都官昂爲吳郡不降稱其忠節柰何殺昱於是斬昱下統帥三十七人皆令蜀兵刳腹取心食之孝莊還復前官尒朱榮之死昱爲東道行臺拒尒朱仲遠會尒朱兆入洛昱還京師後歸鄉里亦爲天光所害太昌初贈司空公定州刺史子孝邕員外郎奔免匿蠻中潛結渠帥謀報尒朱氏微服入洛爲尒朱世隆所殺椿弟穎字惠哲本州別駕穎弟順字延和寬裕謹厚豫立莊帝功封三門縣伯位冀州刺史罷州還遇害太昌初贈太尉公錄尚書事相州刺史子辯字僧達位東雍州刺史辯弟仲宣有風度才學位正平太守爵恆農伯在郡有能名還京兄弟與父同遇害太昌初辯贈儀同三司恆州刺史仲宣贈尚書右僕射齊州刺史仲宣子元就幼有儁材收捕時年九歲牽挽兵人曰欲害諸尊乞先就死兵人以刀斫斷其臂猶請死不止遂先殺之永熙初贈汝陰太守順弟津字羅漢本字延祚孝文賜改焉少端謹以器度見稱年十一除侍御中散時孝文幼沖文明太后臨朝津曾入侍左右忽欬逆失聲遂吐血數升藏之衣袖太后聞聲閟而不見問其故具以實告遂以敬慎見知賜縑百匹遷符璽郎中津以身在禁密不外交遊至宗族姻表罕相參候司徒馮誕與津少結交友而津見其貴寵每恆退避及相招命多辭疾不往誕以爲恨而津逾遠焉人或謂之曰司徒君之少舊何自外也津曰爲勢家所厚復何容易但全吾今日亦足矣轉振威將軍領監曹奏事令孝文南征以津爲都督征南府長史後遷長水校尉仍直閤景明中宣武遊北芒津時陪從太尉咸陽王禧謀反帝

馳入華林時直閤中有同籍謀皆在從限及籍平帝顧謂朝臣曰直閤半爲逆黨非至忠者安能不豫此謀因拜津左右中郎將遷驍騎將軍仍直閤出除岐州刺史津巨細躬親孜孜不倦有武功人齎絹三疋去城十里爲賊所劫時有使者馳驛而至被劫人因以告之使者到州以狀白津津乃下教云有人著某色衣乘某色馬在城東十里被殺不知姓名若有人家可速收視有一老母行哭而出云是己子於是遣騎追收并絹俱獲自是闔境畏服至於守令僚佐有濁貨者未曾公言其罪常以私書切責之於是官屬感厲莫有犯法者以母憂去職延昌末起爲華州刺史與兄播前後牧本州當世榮之先是受調絹度尺特長在事因緣共相進退百姓苦之津乃令依公尺度其輸物尤好者賜以杯酒而出其所輸少劣者爲受之但無酒以示其恥於是競相勸勵官調更勝孝昌中北鎮擾亂侵逼舊京乃加津安北將軍北道大都督尋轉左衛加撫軍將軍津始受命出據靈邱而賊帥鮮于修禮起於博陵定州危急遂回師南赴始至城下營壘未立而州軍新敗津以賊既乘勝士衆勞疲柵壘未安不可擬敵欲移軍入城更圖後舉刺史元固稱賊既逼城不可示弱乃閉門不納津揮刀欲斬門者軍乃得入賊果夜至見柵空而去其後賊攻州城東面已入羅城刺史閉小城東門城中騷擾津開門出戰賊退人心少安尋除定州刺史又兼吏部尚書北道行臺初津兄椿得罪此州由鉅鹿人趙略投書所致及津至略舉家逃走津乃下教慰喻令其還業於是闔州愧服遠近稱之時賊帥鮮于修禮杜洛周殘掠州境孤城獨立在兩寇之間津修理戰具更營雉堞又於城中去城十步掘地至泉廣作地道潛兵隱出置爐鑄鐵持以灌賊賊遂相告曰不畏利槊堅城唯畏楊公鐵星津與賊帥元洪業書喻之并授鐵券許之爵位令圖賊帥毛普賢洪業等感寤復書云欲殺普賢又云賊欲屠城正爲取北人城中所有北人必須盡殺津以城內北人雖是惡黨然掌握中物未忍便殺但收內子城防禁而已將吏無不感其仁恕朝廷初送鐵券二十枚委津分結津隨賊中首領間行送之修禮普賢頗亦由此而死既而杜洛周圍州城津盡力捍守詔加衛將軍將士有功者任津科賞兵人給復八年葛榮以司徒說津津大怒斬其使以絕之自受攻圍經歷三稔朝廷不能拯赴乃遣長子遁突圍出詣蠕蠕主阿那瓌令其討賊遁日夜泣訴阿那瓌遣其從祖吐豆發率精騎南出前鋒已達廣昌賊防塞隘口蠕蠕遂還津長史李裔引賊入津苦戰不敵遂見拘執洛周脫津衣服置地牢下數日將烹之諸賊還相諫止遂得免害津曾與裔相見對諸賊帥以大義責之辭淚俱發裔大慙典守者以告洛周弗之責及葛榮併洛周復爲榮所拘榮破始得還洛永安二年兼吏部尚書元顥內逼莊帝將親出討以津爲中軍大都督兼領軍將軍未行顥入及顥敗津乃入宿殿中埽灑宮掖遣第二子逸封閉府庫各令防守及帝入也津迎於北芒流涕謝罪帝深嘉慰之尋以津爲司空加侍中尒朱榮死使津以本官爲兼尚書令北道大行臺都督并州刺史委以討胡經略津馳至鄴將從滏口而入遇尒朱兆等已克洛相州刺史李神等議欲與津舉城通款津不從以子逸既爲光州刺史兄子昱時爲東道行臺鳩率部曲在於梁沛津規欲東轉更爲方略乃率輕騎望於濟州度河而尒朱仲遠已陷東郡所圖不果遂還京師普泰元年亦遇害於洛太昌初贈大將軍太傅都督雍州刺史謚曰孝穆將葬本鄉詔大鴻臚持節監護喪事長子遁字山才其家貴顯諸子弱冠咸縻王爵而遁性靜退年近三十方爲鎮西府主簿累遷尚書左丞金紫光祿大夫亦被害於洛太昌初贈車騎大將軍儀同三司幽州刺史謚曰恭定遁弟逸字遵道有當世才起家員外散騎侍郎以功賜爵華陰男建義初莊帝猶在河陽逸獨往謁帝特除給事黃門侍郎領中書舍人及朝士濫禍帝益憂怖詔逸晝夜陪侍常寢御牀前帝曾夜中謂逸曰昨來舉目唯見異人賴卿差以自慰再遷南秦州刺史加散騎常侍時年二十九時方伯之少未有先之者仍以路阻不行改光州刺史時災儉連歲逸欲以倉粟振給而所司懼罪不敢逸曰國以人爲本人以食爲命假令以此獲戾吾所甘心遂出粟然後申表右僕射元羅以下謂公儲難闕並執不許尚書令臨淮王彧以爲宜貸二萬詔聽貸五萬逸既出粟之後其老小殘疾不能自存活者又於州門造粥飼之將死而得濟者以萬數帝聞而善之逸爲政愛人尤憎豪猾廣設耳目善惡畢聞其兵出使下邑皆自持糧人或爲設食者雖在闇室終不敢進咸言楊使君有千里眼那可欺之在州政績尤美及其家禍尒朱仲遠遣使於州害之吏民如喪親戚城邑村落營齋一日之中所在不絕太昌初贈都督豫郢二州刺史謚曰貞逸弟謐字遵和歷員外散騎常侍以功賜爵恒農伯鎮軍將軍金紫光祿大夫衛將軍在晉陽爲尒朱兆所害太昌初贈驃騎將軍兗州刺史謐弟愔齊世通顯列在

齊史津弟暐字延季弘厚頗有文學位武衞將軍加散騎常侍安南將軍莊帝初遇害河陰贈儀同三司雍州刺史播家世純厚竝敦義讓昆弟相事有如父子播性剛毅椿津恭謙兄弟旦則聚於廳堂終日相對未嘗入內有一美味不集不食廳堂間往往幃幔隔障爲寢息之所時就休偃還共談笑椿年老曾他處醉歸津扶侍還室仍假寢閤前承候安否椿津年過六十竝登台鼎而津常旦暮參問子姪羅列階下椿不命坐津不敢坐椿每近出或日斜不至津不先飯椿還然後共食食則津親授匙箸味皆先嘗椿命食然後食津爲司空於時府主皆自引僚佐人有就津求官者津曰此事須家兄裁之何爲見問初津爲肆州椿在京宅每有四時嘉味輒因使次附之若或未寄不先入口椿每得所寄輒對之下泣兄弟竝皆有孫唯椿有曾孫年十五六矣椿常欲令早娶望見玄孫自昱而下率多學尚時人莫不欽焉一家之內男女百口緦服同爨庭無間言魏世以來唯有盧陽烏兄弟及播昆季當時莫逮焉尒朱世隆等將害椿家誣其爲逆奏請收之節閔不許世隆復苦執不得已乃下詔世隆遂遣步騎夜圍其宅天光亦同日收椿於華陰東西兩處無少長皆遇禍籍沒其家節閔惋悵久之

王肅字恭懿瑯邪臨沂人晉丞相導之後父奐齊雍州刺史齊史有傳肅少而聰辯涉獵經史頗有大志仕齊歷祕書丞父奐及兄弟爲齊武帝所殺肅自建鄴來奔是歲太和十七年也孝文時幸鄴聞肅至虛襟待之引見問故肅辭義明敏切辯而有禮帝甚哀惻之遂語及爲國之道肅陳說治亂音韻雅暢深會帝旨帝促席移景不覺坐之疲也肅因言蕭氏危亡之兆可乘之以機帝於是圖南之規轉銳器重禮遇日有加焉親貴舊臣莫之間也或屏左右相對談說至夜分不罷肅亦盡心推誠無所隱避自謂君臣之際猶玄德之遇孔明也尋除輔國大將軍長史賜爵開陽伯肅固辭伯爵許之詔肅討齊義陽聽招募勇壯以爲爪牙其募士有功加常募一等其從肅行者六品以下聽先擬用然後表聞若投化人聽五品以下先即優授假肅平南將軍肅至義陽頻破齊軍降者萬餘進持節都督豫州刺史揚州大中正肅善撫接甚有聲稱尋徵入朝帝手詔曰不見君子中心如醉一日三歲我勞如何已飾館華林拂席相待卿欲以何日發汝墳也又曰肅丁荼越世心等伍胥窮踰再朞蔬縕不改有司依禮喻之爲裁練禫之制二十年七月帝以久旱不雨輟膳百僚詣闕帝在崇虛樓遣舍人問肅對曰伏承陛下輟膳已經三旦羣臣不敢自寧臣聞堯水湯旱自然之數須聖人以濟世不由聖以致災是以國儲九年之粟以禦九年之變昨四郊之外已蒙滂澍唯京城之內微爲少澤蒸庶未闕一飧陛下輟膳三日臣庶惶惶無復情地帝遣使答曰雖不食數朝猶自無感朕誠心未至之所致也朕志確然死而後已是夜澍雨大降以破齊將裴叔業功進號鎮南將軍加都督四州諸軍事封汝南縣子肅頻表固讓不許詔加鼓吹一部初齊之收肅父奐也奐司馬黃瑤起攻奐殺之二十二年平漢陽瑤起爲輔國將軍特詔以付肅紓泄哀情孝文崩遺詔以肅爲尚書令與咸陽王禧等同爲宰輔徵會駕魯陽肅至遂與禧參同謀謨自魯陽至京洛行途喪紀委肅參量憂勤經綜有過舊戚禧兄弟共敬昵之上下稱爲和輯唯任城王澄以其起自羈遠一旦在己之上每謂人曰朝廷以王肅加我上尚可從叔廣陵宗室尊宿歷任內外云何一朝令肅在上肅聞其言常降避之尋爲澄所奏劾以肅謀叛事尋得申釋詔肅尚陳留長公主本劉昶子婦彭城公主也賜錢二十萬帛三千疋肅奏考以顯能陟由績著升明退闇於是乎在自百僚曠察四稔于茲請依舊例考檢能否從之裴叔業以壽春內附拜肅車騎將軍持節都督江西諸軍事與彭城王勰率步騎十萬以赴之齊豫州刺史蕭懿屯小峴交州刺史李叔獻屯合肥將圖壽春肅進師討擊大破之禽叔獻走蕭懿還京師宣武臨東堂引見勞之以淮南累捷賞帛四千疋進位開府儀同三司封昌國縣侯揚州刺史尋爲散騎常侍都督淮南諸軍事肅頻在邊悉心撫接遠近歸懷附者若市咸得其心清身好施簡絕聲色終始廉約家無餘財然性微輕佻頗以功名自許護疵稱伐少所推下孝文每以此爲言景明二年薨於壽春年三十八宣武爲舉哀詔中書撫慰給東園祕器朝服一襲錢三十萬帛一千疋布五百疋蠟三百斤并問其卜遷遠近專遣侍御史一人監護喪事又詔曰杜預之沒窆於首陽司空李沖覆舟是託顧瞻斯所亦二代之九原也故揚州刺史肅忠義結於二世英惠符於李杜平生本意願終京陵既有宿心宜遂先志其令葬於沖預兩墳之間使之神遊相得也贈侍中司空公有司奏以肅貞心大度宜謚匡公詔謚宣簡明帝初詔爲肅建碑銘自晉代喪亂禮樂崩亡孝文雖釐革制度變更風俗其間朴略未能淳也肅明練舊事虛心受委朝儀國典咸自肅出子紹襲紹字三

歸位中書侍郎卒贈徐州刺史子遷襲齊受禪爵隨例降紹弟理孝靜初得還朝位著作佐郎紹蕭前妻謝生也蕭臨薨謝始攜女及紹至壽春宣武納其女爲夫人明帝又納紹女爲嬪蕭弟康字文政涉獵書史微有兄風宣武初攜兄子誦翊衍等入魏拜中書侍郎卒於幽州刺史贈征虜將軍徐州刺史誦字國章蕭長兄融之子學涉有文才神氣清儁風流甚美歷位散騎常侍光祿大夫右將軍幽州刺史長兼祕書監給事黃門侍郎明帝崩靈太后之立幼主也於時大赦誦宣讀詔書言制抑揚風神竦秀百僚傾屬莫不歎美孝莊初於河陰遇害贈尚書左僕射司空公諡曰文宣子孝康尚書郎中孝康弟儁康性清雅頗有文才齊文襄王中外府祭酒誦弟衍字文舒名行器藝亞於誦位光祿大夫廷尉卿揚州刺史大中正度支七兵二尚書太常卿出爲散騎常侍西兗州刺史爲介朱仲遠所禽以其名望不害令騎牛從軍久乃見釋還洛孝靜初位侍中卒敕給東園祕器贈尚書令司徒公諡曰文獻衍篤於交舊有故人竺號於西兗州爲仲遠所害其妻子飢寒衍置於家累年贈恤世人稱其敦厚翊字士遊蕭次兄深子也風神秀立好學有文才位中書侍郎頗銳於榮利結婚於元乂爲濟州刺史淸靜有政績入爲散騎常侍金紫光祿大夫領國子祭酒卒贈司空公徐州刺史子深武定中儀同開府記室參軍

劉芳字伯文彭城叢亭里人漢楚元王交之後也六世祖訥晉司隸校尉祖該宋青徐二州刺史父邕宋兗州長史芳出後伯父宋東平太守遜之邕同劉義宣之事身死彭城芳隨伯母房逃竄青州會赦免舅元慶爲宋青州刺史沈文秀建威府司馬爲文秀所殺芳母子入梁鄒城慕容白曜南討青齊梁鄒降芳北徙爲平齊人時年十六南部尚書李敷妻司徒崔浩之弟女芳祖母浩之姑也芳至京師詣敷門崔恥芳流播拒不見之芳雖處窮窘之中而業尚貞固聰敏過人篤志墳典晝則傭書以自資給夜則讀誦終夕不寐至有易衣併日之弊而澹然自守不汲汲於榮利不戚戚於貧賤乃著窮通論以自慰焉芳常爲諸僧傭寫經論筆迹稱善卷直一縑歲中能入百餘疋如此數年賴以頗振由是與德學大僧多有還往時有南方沙門慧度以事被責未幾暴亡芳因緣聞知文明太后召入禁中鞭之一百時中官李豐主其始末知芳篤學有志行言之於太后后微媿於心會齊武帝使劉纘至芳之始族兄也擢芳兼主客郎於纘相接尋拜中書博士後與崔光宋弁邢產等俱爲中書侍郎俄而詔芳與產入授皇太子經遷太子庶子兼員外散騎常侍從駕洛陽自在路及旋京師常侍坐講讀芳才思深敏特精經義博聞彊記兼覽倉雅尤長音訓辯析無疑於是禮遇日隆賞賚豐渥俄兼通直常侍從駕南巡撰述行事尋而除正王肅之來奔也孝文雅相器重朝野屬目芳未及相見帝常宴羣臣於華林肅語次云古者唯婦人有笄男子則無笄芳曰推經禮正文古者男子婦人俱有笄肅曰喪服稱男子免而婦人髽男子冠而婦人笄如此則男子不應有笄芳曰此專謂凶事也禮初遭喪男子免時則婦人髽男子冠時則婦人笄言俱時變男子婦人免髽冠笄之不同也又冠尊故奪其笄稱且互言也非謂男子無笄又禮內則稱子事父母雞初鳴櫛纚笄總以茲而言男子有笄明矣帝稱善者久之肅亦以芳言爲然曰此非劉石經邪昔漢世造三字石經於太學學者文字不正多往質焉芳音義明辯疑者皆往詢訪故時人號爲劉石經酒闌芳與肅俱出肅執芳手曰吾少來留意三禮在南諸儒亟共討論皆謂此義如吾向言今聞往釋頓祛平生之惑芳理義精贍類皆如是孝文遷洛路由朝歌見殷比干墓愴然悼懷爲文以弔之芳因注解表上之詔曰覽卿注殊爲富博但文非屈宋理慚張賈既有雅致便可付之集書帝以芳經學精洽超遷國子祭酒以母憂去官帝征宛鄧起爲輔國將軍太尉長史從太尉咸陽王禧攻南陽齊將裴叔業入寇徐州疆場之人頗懷去就帝憂之以芳爲散騎常侍國子祭酒徐州大中正行徐州事後兼侍中從征馬圈孝文崩於行宮及宣武卽位芳手加衮冕孝文自襲斂暨于啟祖山陵練祭始末喪事皆芳撰定咸陽王禧等奉申遺旨令芳入授宣武經及南徐州刺史沈陵外叛徐州大水遣芳撫慰振恤之尋正侍中祭酒中正竝如故芳表曰夫爲國家者罔不崇儒重道學教爲先唐虞已往典籍無據隆周以降任居虎門蔡氏勸學篇云周之師氏居虎門左今之祭酒則周之師氏洛陽記國子學宮與天子宮對太學在開陽門外案學記云古之王者建國親民教學爲先鄭氏注內則云設師保以教使國子學焉外則有太學庠序之官由是而言國學在內太學在外明矣臣謂今既徙縣崧瀍皇居伊洛宮闕府事僉復故趾至於國學豈宜舛錯校量舊事應在宮門之左至如太學基所見存仍舊營構又去太和二十年發敕立四門博士於四門置學臣案自周以上學唯以二或尚東或尚西或貴

在國或貴在郊爰暨周室學蓋有六師氏居內太學在國四小在郊禮記云周人養庶老於虞庠虞庠在國之西郊又云天子設四學當入學而太子齒注云四學周四郊又虞庠也大戴保傅篇云帝入東學尚親而貴仁帝入南學尚齒而貴信帝入西學尚賢而貴德帝入北學尚貴而尊爵帝入太學承師以問道周之五學於此彌彰案鄭注學記周則六學所以然者注云內則設師保以教使國子學焉外則有太學庠序之官此其證也漢魏以降無復四郊謹尋先旨宜在四門案王肅註云天子四郊有學去都五十里考之鄭氏不云遠近今太學故坊基址寬曠四郊別置相去遼闊檢督難周計太學坊并作四門猶爲太曠以臣愚量同處無嫌且今時制置多循中代未審四門應從古不求集儒禮官議其定所從之遷中書令祭酒如故出除青州刺史爲政儒緩不能禁止姦盜然清廉寡欲無撓公私還朝議定律令芳斟酌古今爲大議之主其中損益多芳意也宣武以朝儀多闕其一切諸議悉委芳修正於是朝廷吉凶大事皆就諮訪焉轉太常卿芳以所置五郊及日月之位去城里數於禮有違又靈星周公之祀不應隸太常乃上疏曰臣聞國之大事莫先郊祀郊祀之本寔在審位臣學謝全經業乖通古豈可輕薦瞽言妄陳管說竊見所置壇祠遠近之宜考之典制或未允衷既曰職司請陳膚淺孟春令云其數八又云迎春於東郊盧植云東郊八里郊也賈逵云東郊木帝太昊八里許慎云東郊八里郊也鄭玄孟春令注云王居明堂禮曰王出十五里迎歲蓋殷禮也周禮近郊五十里鄭玄別注云東郊去都城八里高誘云迎春氣於東方八里郊也王肅云東郊八里因木數也此皆同謂春郊八里之明據也孟夏令云其數七又云迎夏於南郊盧植云南郊七里郊賈逵云南郊火帝七里許慎云南郊七里郊也鄭玄云南郊去都城七里高誘云南郊七里之郊也王肅云南郊七里因火數也此又南郊七里之審據也中央令云其數五盧植云中郊五里之郊也賈逵云中兆黃帝之位并南郊之季故云兆五帝於四郊也鄭玄云中郊西南未地去都城五里此又中郊五里之審據也孟秋令云其數九又云以迎秋於西郊盧植云西郊九里郊賈逵云西郊金帝少昊九里許慎云西郊九里郊也鄭玄云西郊去都城九里高誘云西郊九里之郊也王肅云西郊九里因金數也此又西郊九里之審據也孟冬令云其數六又云迎冬於北郊盧植云北郊六里郊也賈逵云北郊水帝顓頊六里許慎云北郊六里郊也鄭玄云北郊去都城六里高誘云北郊六里之郊也王肅云北郊六里因水數也此又北郊六里之審據也宋氏含文嘉注云周禮王畿內千里二十分其一以爲近郊近郊五十里倍之爲遠郊迎五氣蓋於近郊漢不設王畿則以其方數爲郊處故東郊八里南郊七里西郊九里北郊六里中郊在西南未地五里祭祀志云建武二年正月初制郊兆於雒陽城南七里依采元始中故事北郊在雒陽城北四里此漢世南北郊之明據也今地祇準此至如三十里郊進乖鄭玄所引殷周二代之據退違漢魏所行故事凡邑外曰郊今計四郊各以郭門爲限里數依上禮朝拜日月皆於東西門外今日月之位去城東西路各三十竊又未審禮又云祭日於壇祭月於坎今計造如上禮儀志云立高禖祠于城南不云里數故今仍舊靈星本非禮事兆自漢初專爲祈田恆隸郡縣郊祀志云高祖五年制詔御史其令天下立靈星祠牲用太牢縣邑令長侍祠晉祠令云郡縣國祠社稷先農縣又祠靈星此靈星在天下諸縣之明據也周公廟所以別在雒陽者蓋緣姬旦創成洛邑故傳世洛陽崇祠不絕以彰厥庸夷齊廟者亦世爲洛陽界內神祠今竝移太常恐乖其本天下此類甚衆皆當部郡縣修理公私施之禱請竊惟太常所司郊廟神祇自有常限無宜臨時斟酌以意若遂爾妄營則不免淫祀二祠在太常在洛陽於國一也然貴在審本臣以庸蔽謬忝今職考括墳籍博采羣議既無異端謂粗可依據今元冬務隙野罄人閒遷易郊壇二三爲便詔曰所上乃有明據但先朝置立已久且可從舊先是孝文於代都詔中書監高閭太常少卿陸琇并公孫崇等十餘人修理金石及八音之器後崇爲太樂令乃上請尚書僕射高肇更共營理宣武詔芳共主之芳表以禮樂事大不容輒決自非博延公卿廣集儒彥討論得失研窮是非則無以垂之萬葉爲不朽之式被報聽許數旬之閒頻煩三議于時朝士頗以崇專綜既久不應乖謬各嘿然無發論者芳乃探引經誥搜括舊文共相難質皆有明據以爲盈縮有差不合典式崇雖示相酬荅而不會本意卒無以自通尚書依事述奏仍詔委芳別更考制於是學者彌歸宗焉芳以社稷無樹又上疏曰依合朔儀注日有變以朱絲爲繩以繞繫社稷樹三匝而今無樹又周禮大司徒職云設其社稷之壝而樹之田主各以其社之所宜木鄭玄注云所宜木謂若松柏栗也此其一證也又小司徒封人職云掌設王之社壝爲畿封而

樹之鄭玄注云不言稷者王主於社稷社之細也此其二證也又論語曰哀公問社於宰我宰我對曰夏后氏以松殷人以柏周人以栗是乃土地之所宜也此其三證也又白虎通社稷所以有樹何也尊而識之也使人望見師敬之又所以表功也案此正解所以有樹之義了不論有之與無也此其四證也此云社稷所以有樹何然則稷亦有樹明矣又五經通義云天子太社王社諸侯國社侯社制度奈何曰社皆有垣無屋樹其中以木有木者主土生萬物萬物莫善於木故樹木也此其五證也此最其丁寧備解有樹之意也又五經要義云社必樹之以木周禮司徒職曰班社而樹之各以土地所宜尚書逸篇曰太社惟松東社惟柏南社惟梓西社惟栗北社惟槐此其六證也此又太社及四方皆有樹別之明據也又見諸家禮圖社稷圖皆畫爲樹惟誠社誡稷無樹此其七證也雖辯有樹之據猶未正所植之木案論語稱夏后氏以松殷人以柏周人以栗便是世代不同而尚書逸篇則云太社惟松如此便以一代之中而立社各異也愚以爲宜植以松何以言之逸書云太社惟松今者植松不慮失禮惟稷無成證稷乃社之細蓋亦不離松也宣武從之芳沈雅方正槩尚甚高經博多通孝文尤器敬之動相顧訪太子恂之在東宮孝文欲爲納芳女芳辭以年貌非宜帝歎其謙慎帝更敕芳舉其宗女芳乃稱其族子長文之女孝文乃爲恂聘之與鄭懿女對爲左右孺子焉崔光於芳有中表之敬每事詢仰芳撰鄭玄所注周官儀禮音干寶所注周官音王肅所注尚書音何休所注公羊音范甯所注穀梁音韋昭所注國語音范曄後漢書音各一卷辯類三卷徐州人地錄三十卷急就篇續注音義證三卷毛詩箋音義證十卷禮記義證十卷周官儀禮義證各五卷崔光表以中書監讓芳宣武不許卒贈鎮東將軍徐州刺史謚文貞侯長子懌字祖欣雅有父風頗好文翰歷徐州別駕兗州左軍府長史司空諮議參軍屢爲行臺出使所歷皆有當官之稱轉通直散騎常侍徐州大中正行郢州事尋遷安南將軍大司農卿卒贈徐州刺史謚曰簡無子弟廞以第二子璞爲後廞字景興好學彊立善事當世高肇之盛及清河王懌爲宰輔廞皆與其子姪交遊靈太后臨朝又與太后兄子往還相好太后令廞以詩賦授弟元吉稍遷光祿大夫孝武帝初除散騎常侍驃騎大將軍國子祭酒孝武於顯陽殿講孝經廞爲執經雖酬荅論難未能精盡而風采音制足有可觀尋兼都官尚書又兼殿中尚書及孝武入關齊神武至洛責廞誅之子騭字子昇少有風氣頗涉文史位徐州開府從事中郎父廞之死騭卒勤鄉部赴兗州與刺史樊子鵠抗禦王師每戰流涕突陣城陷獨送晉陽齊神武矜而赦之文襄爲儀同開府以騭爲屬本州大中正轉中書舍人屬梁通和騭前後受敕對其使一十六人爲司徒左長史卒贈南青州刺史廞弟瑊位金紫光祿大夫瑊子遜有文藻頗工詩詠列在文苑傳中芳從子懋字仲華祖泰之父承伯仕宋竝有名位懋聰敏好學博綜經史善草隸書識奇字宣武初入朝位尚書外兵郎中芳甚重之凡所撰朝廷軌儀皆與參量尚書博議懋與殿中郎袁翻常爲議主達於從政臺中疑事咸所訪決尚書李平與結莫逆交遷步兵校尉領郎中兼東宮中舍人轉員外常侍鎮遠將軍領考功郎中立考課之科明黜陟之法甚有條貫孝明初大軍攻硤石懋爲李平行臺郎中城拔懋頗有功太傅清河王懌愛其風雅常目而送之曰劉生堂堂搢紳領袖若天假之年必爲魏朝宰輔詔懋與諸才學之士撰成儀令懌爲宰相積年禮懋尤重令諸子師之遷太尉司馬熙平二年冬暴病卒家甚清貧亡之日徒四壁而已太傅懌及當時才儁莫不痛惜之贈持節前將軍南秦州刺史謚曰宣簡懋詩誄賦頌及文筆見稱於時又撰諸器物造作之始十五卷名曰物祖

常爽字士明河內溫人魏太常卿林六世孫也祖珍苻堅南安太守因世亂遂居涼州父坦乞伏世鎮遠將軍大夏鎮將顯美侯爽少而聰敏嚴正有志槩雖家人僮隸未嘗見其寬誕之容篤志好學博聞彊識明習緯候五經百家多有研綜州郡禮命皆不就太武西征涼土爽與兄士國歸款軍門太武嘉之賜士國爵五品顯美男爽爲六品拜宣威將軍是時戎車屢駕征伐爲事貴遊子弟未遑學術爽置館溫水之右教授門徒七百餘人京師學業翕然復興爽立訓甚有勸罰之科弟子之事若嚴君焉尚書左僕射元贊平原太守司馬真安著作郎程靈虯皆是爽教所就崔浩高允竝稱爽之嚴教獎勵有方允曰文翁柔勝先生剛克立教雖殊成人一也其爲通識歎服如此因教授之暇述六經略注以廣制作甚有條貫其序曰傳稱立天之道曰陰與陽立地之道曰柔與剛立人之道曰仁與義然則仁義者人之性也經典者身之文也皆以陶鑄神情啟悟耳目未有不由學而能成其器不由習而能成其業是故季路勇士也服道以成忠烈之槩甯越庸夫也講藝以全高尚

之節蓋其所由者習也所因者本也本立而道生身文而德備焉昔者先王之訓天下也莫不導以詩書教以禮樂移其風俗和其人民故恭儉莊敬而不煩者教深於禮也廣博易良而不奢者教深於樂也溫柔敦厚而不愚者教深於詩也疏通知遠而不誣者教深於書也潔靜精微而不賊者教深於易也屬辭比事而不亂者教深於春秋也夫樂以和神詩以正言禮以明體書以廣聽春秋以斷事五者蓋五常之道相須而備易爲之源故曰易不可見則乾坤幾乎息矣由是言之六經者先王之遺烈聖人之盛事也安可不遊心寓目習性文身哉聊因暇日屬意藝林略撰所聞討論其本名曰六經略注以訓門徒焉其略注行於世爽不事王侯獨守閑靜講肄經典二十餘年時號爲儒林先生年六十三卒於家子文通歷官至鎮西司馬南天水太守西翼校尉文通子景字永昌少聰敏初讀論語毛詩一受便覽及長有才思雅好文章廷尉公孫良舉爲協律博士孝文親得其名既而用之爲門下錄事太常博士正始初詔尚書門下於金墉中書外省考論律令敕景參議宣武季舅護軍高顯卒其兄右僕射肇託景及尚書邢巒并州刺史高聰通直郎徐紇各作碑銘竝以呈御帝悉付侍中崔光簡之光以景所造爲最乃奏曰常景名位處諸人之下而文出諸人之上遂以景文刊石肇尚平陽公主未幾薨肇欲使公主家令居廬制服已付學官議正施行尚書又以訪景景以婦人無專國之理家令不得有純臣之義議不應服朝廷從之景淹滯門下積歲不至顯官以蜀司馬相如王子淵嚴君平揚子雲等四賢有高才而無重位乃託意以讚之景在樞密十有餘年爲侍中崔光盧昶游肇元暉所知賞累遷積射將軍給事中延昌初東宮建兼太子屯騎校尉仍錄事其年受敕撰門下詔書凡四十卷尚書元萇出爲安西將軍雍州刺史請景爲司馬以景階次不及除給事參軍襄威將軍帶長安令甚有惠政人吏稱之先是太常劉芳與景等撰朝令未及班行別典儀注多所草創未成芳卒景纂成其事及宣武崩召景赴京還修儀注拜謁者僕射加盪寇將軍又以本官兼中書舍人後授步兵校尉仍舍人又敕撰太和之後朝儀已施行者凡五十餘卷時靈太后詔依漢世陰鄧二后故事親奉廟祀與帝交獻景乃據正以定儀注朝廷是之正光初除龍驤將軍中散大夫舍人如故明帝行講學之禮於國子寺司徒崔光執經敕景與董紹張徹馮元興王延業鄭伯猷等俱爲錄義事畢又行釋奠之禮竝詔百官作釋奠詩時以景作爲美是年九月蠕蠕主阿那瓌歸闕朝廷疑其位次高陽王雍訪景景曰昔咸寧中南單于來朝晉世處之王公特進之下今日爲班宜在藩王儀同三司之間雍從之朝廷典章疑而不決則時訪景而行初平齊之後光祿大夫高聰徙於北京中書監高允爲之聘妻給其資宅聰後爲允立碑每云吾此文報德足矣豫州刺史常綽以未盡其美景尚允才器先爲遺德頌司徒崔光聞而觀之尋味良久乃云高光祿平日每矜其文自許報允之德今見常生此頌高氏不得獨擅其美也侍中崔光安豐王延明受詔議定服章敕景參修其事尋進號冠軍將軍阿那瓌之還國也境上遷延仍陳窘乏遣尚書左丞元孚奉詔振恤阿那瓌執孚過柔元奔于漠北遣尚書令李崇御史中尉兼右僕射元纂追討不及乃令景出塞經瞀山臨瀚海宣敕勒衆而返景經涉山水悵然懷古乃擬劉琨扶風歌十二首進號征虜將軍孝昌初給事黃門侍郎尋除左將軍太府少卿仍舍人固辭少卿不拜改授散騎常侍將軍如故徐州刺史元法僧叛入梁梁武遣其豫章王蕭綜入據彭城時安豐王延明爲大都督大行臺率臨淮王彧等衆軍討之既而蕭綜降附徐州清復遣景兼尚書持節馳與行臺都督觀機部分景經洛汭乃作銘焉是時尚書令蕭寶夤都督崔延伯都督北海王顥都督車騎將軍元恒芝等竝各出討詔景詣軍宣旨勞問還以本將軍徐州刺史杜洛周反於燕州仍以景兼尚書爲行臺與幽州都督平北將軍元譚以禦之景表求勒幽州諸縣悉平古城山路有通賊之處權發兵夫隨宜置戍以爲防遏又以頊來差兵不盡彊壯今之三長皆是豪門多丁爲之今求權發爲兵明帝皆從之進號平北將軍別敕譚西至軍都關北從盧龍塞據此二險以杜賊出入之路又詔景山中險路之處悉令捍塞景遣府錄事參軍裴智成發范陽三長之兵以守白㵎都督元譚據居庸下口俄而安州石離冗城斛鹽三戍兵反結洛周有衆二萬餘落自松岍赴賊譚勒別將崔仲哲等截軍都關以待之仲哲戰沒洛周又自外應之腹背受敵譚遂大敗諸軍夜散詔以景所部別將李琚爲都督代譚征下口降景爲後將軍解州任仍詔景爲幽安元等州行臺賊既南出鈔略薊城景命統軍梁仲禮率兵士邀擊破之獲賊將禦夷鎮軍主孫念恒都督李琚爲賊所攻於薊城之北軍敗而死景率屬城人禦之賊不敢逼洛周還據上谷授景平北將軍光祿大夫行臺如故洛周

遣其都督王曹紇眞馬叱斤等率眾薊南以掠人穀乃遏連雨賊眾疲勞景與都督于榮刺史王延年置兵栗園要其走路大敗之斬曹紇眞洛周率眾南趨范陽景與延年及榮破之又遣別將重破之於州西虎眼泉禽斬之及溺死者甚眾後洛周南圍范陽城人翻降執刺史延年及景送於洛周洛周尋爲葛榮所吞景又入榮榮破景得還朝永安中詔復本官兼黃門侍郎又攝著作固辭不就二年除中軍將正黃門先是參議正光壬子歷至是賜爵高陽子元顥內逼莊帝北巡景與侍中大司馬安豐王延明在宮中召諸親賓乃安慰京師顥入洛景仍居本位莊帝還宮解黃門普泰初除車騎將軍右光祿大夫祕書監以預詔命之勤封濮陽縣子後以例追永熙二年監議事景自少及老恒居事任清儉自守不營產業至於衣食取濟而已耽好經史愛翫文詞若遇新異之書殷勤求訪或復質買不問價之貴賤必以得爲期友人刁整每謂曰卿淸德自居不事家業雖儉約可尙將何以自濟也吾恐擊太常方餧於柏谷耳遂與衞將軍羊深矜其所乏乃與刁雙司馬彥邕李諧畢祖彥畢義顯等各出錢千文而爲買馬焉天平初遷鄴是時詔下三日戶四十萬狼狽就道收百官馬尙書丞郎已下非陪從者盡乘驢齊神武以景淸貧特給牛車四乘妻孥方得達鄴後除儀同三司仍本將軍武定六年以老疾去官詔特給右光祿事力終其身八年薨景善與人交始終若一其遊處者皆服其深遠之度未曾見其矜奓之心好飲酒澹於榮利自得懷抱不事權門性和厚恭愼每讀書見韋弦之事深薄之危乃圖古昔可以鑒戒指事爲象讚而述之文多不錄景所著述數百篇見行於世删正晉司空張華博物志及撰儒林列女傳各數十篇云長子昶少學識有文才早卒昶弟彪之永安中司空行參軍

郭祚字季祐太原晉陽人魏車騎將軍淮弟亮之後也祖逸本州別駕前後以二女妻司徒崔浩一女妻浩弟上黨太守恬太武時浩親寵用事拜逸徐州刺史假榆次侯贈光祿大夫父洪之坐浩事誅祚亡竄得免少而孤貧姿貌不偉人莫之識也有女巫相祚後當富貴祚涉歷經史習崔浩之書尺牘文章見稱於世弱冠爲州主簿刺史孫小委之書記又太原太守王希彥逸妻之姪也共相賙卹乃振孝文初舉秀才對策上第拜中書博士轉中書侍郎遷尙書左丞長兼給事黃門侍郎祚淸勤在公夙夜匪懈帝甚賞之從南征及還正黃門車駕幸長安行經渭橋過郭淮廟問祚曰是卿祖宗所承邪祚曰是臣七世伯祖帝曰先賢後哲頓在一門祚對曰昔臣先人以通儒英博惟事魏文徵臣虛薄遭逢聖明自惟幸甚因敕以太牢祭淮廟令祚自撰祭文以贊還洛之規賜爵東光子孝文曾幸華林園因觀故景陽山祚曰山以仁靜水以智流願陛下修之帝曰魏明以奢失之於前朕何爲襲之於後祚曰高山仰止帝曰得非景行之謂遷散騎常侍仍領黃門是時孝文銳意典禮兼銓鏡九流又遷都草創征討不息內外規略號爲多事黃門宋弁參謀幃幄隨其才用各有委寄祚承稟注疏特成勤劇嘗以立馮昭儀百官夕飲淸徽後園孝文舉觴賜祚及崔光曰郭祚勤勞庶事獨不欺我崔光溫良博物朝之儒秀不勸此兩人當勸誰也其見知若此初孝文以李彪爲散騎常侍祚因入見帝謂祚曰朕昨誤授一人官祚對曰豈容聖詔一行而有差異帝沈吟曰此自應有讓因讓朕欲別授一官須臾彪有啓云伯石辭卿子產所惡臣欲之已久不敢辭讓帝歎謂祚曰卿之忠諫李彪正辭使朕遲回不能復決遂不換李彪官也乘輿南討祚以兼侍中從拜尙書進爵爲伯孝文崩咸陽王禧等奏祚兼吏部尙書尋除長兼吏部尙書并州大中正宣武詔以姦吏逃刑縣配遠戍若永避不出兄弟代之祚奏曰若以姦吏逃竄徙其兄弟罪人妻子復應徙之此則一人之罪禍傾二室愚謂罪人旣逃止徙妻子走者之身縣名永配於賁不免姦途自塞詔從之尋正吏部祚持身淸潔重惜官位至於銓授假令得人必徘徊久之然後下筆下筆卽云此人便以貴矣由是事頗稽滯當時每招怨讟然所拔用者皆量才稱職時又以此歸之出爲使持節鎭北將軍瀛州刺史太極殿成祚朝於京師轉鎭東將軍靑州刺史祚逢歲不稔闔境飢弊矜傷愛下多所振卹雖斷決淹留號爲煩緩然士庶懷其德澤入爲侍中金紫光祿大夫并州大中正遷尙書右僕射時議定新令詔祚與侍中黃門參議刊正故事令僕中丞騶唱而入宮門至於馬道及祚爲僕射以爲非盡敬之宜言於宣武帝帝納之下詔御在太極騶唱至止車門御在朝堂至司馬門騶唱不入宮自此始也詔祚本官領太子少師祚曾從幸東宮明帝幼弱祚持一黃䵹出奉之時應詔左右趙桃弓與御史中尉王顯迭相脣齒深爲帝所信祚私事之時人謗祚者號爲桃弓僕射黃䵹少師祚奏曰謹案前後考格雖班天下如臣愚短猶有未悟今須定職人遷轉由狀超越階級者卽須量折景明初考格五年者得一階

半正始中故尚書中山王英奏考格被旨但可正滿三周爲限不得計殘年之勤又去年中以前二制不同奏請裁決旨云黜陟之體自依舊來恆斷今未審舊來之旨爲從景明之斷爲從正始爲限景明考法東西省文武閑官悉爲三等考同任事而前尚書盧昶奏上等之人三年轉半階今之考格復分爲九等前後不同參差無準詔曰考在上中者得汎以前有六年之上遷一階三年以上遷半階殘年悉除考在上下者得汎以前六年以上遷半階不滿者除其得汎以後考在上下者三年遷一階散官從盧昶所奏祚又奏言考察令公清獨著德績超倫而無負殿者爲上上一殿爲上中二殿爲上下累計八殿品降至九未審今諸曹府寺凡考在事公清然才非獨著績行稱務而德非超倫幹能粗可而守平堪任或人用小劣處官濟事并全無負殿之徒爲依何等景明三年以來至今十有一載準限而判三應外退今既通考未審爲十年之中通其殿最積以爲第隨前後年斷各自餘其善惡而爲升降且負注之章數成殿爲差此條以寡愆爲最多戾爲殿未審取何行是寡愆何坐爲多戾結累品次復有幾等諸文案失衷應杖十者爲一負罪依律次過隨負記十年之中三經肆眚赦前之罪不問經重皆蒙宥免或爲御史所彈案驗未周遇赦復任者未審記殿得除以不詔曰獨著超倫及才備寡咎皆謂文武兼上上之極言耳自此以降猶有八等隨才爲次令文已具其積負累殿及守平得濟皆含在其中何容別疑也所云通考者據總多年之言至於黜陟之體自依舊來年斷何足復請其罰贖已記之殿固非免限遇赦免罪準其殿者除之尋加散騎常侍時詔營明堂國學祚奏曰今雲羅西舉開納岷蜀戎旗東指鎮靖淮荆漢沔之間復須防捍徵兵發衆所在殷廣邊郊多壘烽驛未息不可於師旅之際興版築之功且獻歲云既東作將始臣愚量謂宜待豐靖之年因子來之力可不時而就從之宣武末年每引祚入東宮密受賞賚多至百餘萬雜以錦繡又特賜以劒杖恩寵甚深遷左僕射先是梁將康絢遏淮將灌揚徐祚表曰蕭衍狂狡擅斷川瀆役苦人勞危亡已兆宜敕揚州選一猛將遣當州之兵令赴浮山表裏夾攻朝議從之除使持節散騎常侍都督揚州刺史征西將軍太和以前朝法尤峻貴臣蹉跌便致誅夷李沖之用事也欽祚識幹薦爲左丞又兼黃門郎意便滿足每以孤門往經崔氏之禍常慮危亡苦自陳挹辭色懇然發於誠至沖謂之曰人生有運非可避也但當明白當官何所顧畏自是積十數年位秩隆重而進趣之心更復不息又以東宮師傅之資列辭尚書志在封侯之賞儀同之位尚書令任城王澄爲之奏聞及爲征西雍州雖喜外撫尚以府號不優心望加大執政者頗怪之於時領軍于忠恃寵驕恣崔光之徒曲躬承接祚心惡之乃遣子太尉從事中郎景尚說高陽王雍令出忠爲州忠聞而大怒矯詔殺祚祚達於政事凡所經履咸爲稱職每有斷決多爲故事名器既重時望亦深一朝非罪見害遠近莫不惋惜靈太后臨朝遣使弔慰追復伯爵正光中贈使持節車騎將軍儀同三司雍州刺史謚文貞公初孝文之置中正從容謂祚曰并州中正卿家故應推王瓊也祚退謂寮友曰瓊眞僞今自未辨我家何爲減之然主上直信李沖吹噓之說耳祚死後三歲而于忠死見祚爲祟祚子景尚字思和涉獵經傳曉星歷占候言事頗驗初爲彭城王中軍府參軍遷員外郎司徒主簿太尉從事中郎公彊當世善事權寵世號曰郭尖位中書侍郎未拜而卒景尚弟慶禮位通直郎慶禮子元貞武定末定州驃騎府長史

張彝字慶賓清河東武城人也曾祖幸慕容超東牟太守歸魏賜爵平陸侯位青州刺史祖準之襲又爲東青州刺史父靈眞早卒彝性公彊有風氣歷覽經史襲祖侯爵與盧陽烏李安人等結爲親友往來朝會常相追隨陽烏爲主客令安人與彝竝散令彝少而豪放出入殿庭步眄高上無所顧忌文明太后雅尚恭謹因會次見其如此遂召集百官督責之令其修悔而猶無悛改善於督察每有所巡檢彝恆充其選清愼嚴猛所至人皆畏伏儔類亦以此高之遷主客令例降爲伯轉太中大夫仍行主客曹事尋爲黃門後從駕南征母憂解任彝居喪過禮送葬自平城達家千里步從不乘車馬顏貌瘦瘠當世稱之孝文幸冀州遣使弔慰詔以驍騎將軍起之還復本位以參定遷都之勳進爵爲侯轉太常少卿遷散騎常侍兼侍中持節巡察陝東河南十二州甚有聲稱使還以從征之勤遷尚書坐舉元昭爲兼郎中黜爲守尚書宣武初除正尚書兼侍中尋正侍中宣武親政罷六輔彝與兼尚書邢巒聞處分非常懼將出京奔走爲御史中尉甄琛所彈云非虎非兕率彼曠野詔切責之尋除安西將軍秦州刺史彝務尚典式考訪故事及臨隴右彌弘制習於是出入直衞方伯羽儀赫然可觀羌夏畏服憚其威整一方肅靜號爲良牧其年冬太極初就彝與郭祚等俱以勤舊被徵及還州進號

撫軍將軍彝表解州任詔不許彝數政雕右多所制立宣布新風革其舊政人庶愛仰之爲國造佛寺名曰興皇諸有罪咎者隨其輕重謫爲土木之功無復鞭杖之罰時陳留公主寡居彝意願尙主主亦許之僕射高肇亦望尙主主意不可肇怒譖彝於帝以擅立威法勞役百姓詔遣直後萬貳興馳驛檢察貳興肇所親愛必欲致彝深罪彝淸身奉法求其愆過遂無所得見代還洛猶停廢數年因得偏風手脚不便然志意不移善自將攝稍能朝拜久之除光祿大夫加金章紫綬彝愛好知己輕忽下流非其意者視之蔑如也雖疹疾家庭而志氣彌高表上歷帝圖起庖犧終於晉末凡十六代一百二十八帝歷三千二百七十年雜事五百八十九合成五卷宣武善之明帝初侍中崔光表彝及李韶朝列之中唯此二人出身官次本在臣右器能幹世又竝爲多而近來參差便成替後計其階途雖應遷陟然恐班秩猶未賜等昔衞之公叔引下同舉晉之士匃推長伯游古人所高當時見許敢緣斯義乞降臣位一階授彼汎級詔加征西將軍冀州大中正雖年向六十加之風疹而自彊人事孜孜無怠公私法集衣冠從事延請道俗修營齋講好善欽賢愛奬人物南北新舊莫不多之大起第宅微號華侈頗侮其疏宗舊戚不甚存紀時有怨憾焉榮宦之間未能止足屢表在秦州豫有開援漢中之勳希加賞報積年不已朝廷患之第二息仲瑀上封事求銓削選格排抑武人不使預其淸品由是衆口喧喧謗讟盈路立榜大巷尅期會集屠害其家彝父子安然殊無畏避之意神龜二年二月羽林虎賁將幾千人相率至尙書省詬罵求其長子尙書郞始均不獲以瓦石擊打公門上下懾懼莫敢討抑遂持火虜掠道中薪蒿以杖石爲兵器直造其第曳彝堂下捶撻極意唱呼焚其屋宇始均仲瑀當時踰北垣而走始均回救其父拜伏羣小以請父命羽林等就加毆擊生投之於煙火中及得尸骸不復可識唯以髻中小釵爲驗仲瑀走免彝僅有餘命沙門寺與其北鄰輿致於寺臨終口占左右上啓曰臣奉國六世尸祿素飡負恩竭誠曾無寸效臣子始均身陷塗炭仲瑀經宿方蘇臣傷至重殘氣假延望影顧時推漏就盡若所上之書少爲益國臣便是生與理全死與義合見先帝於地下無餘恨矣遂卒遠近聞之莫不駭惋官爲收掩羽林凶彊者八人斬之其餘不能窮誅卽爲大赦以安衆心有識者知國紀之將墜矣喪還所焚宅輿始均東西分斂於小屋仲瑀遂以創重避居滎陽至五月得漸瘳始奔父喪詔賜以布帛靈太后以其累朝大臣特垂矜惻數月猶追言泣下謂諸侍臣曰吾爲張彝飮食不御乃至首髮微有虧落悲痛之若此初彝曾祖幸所招引河東人爲州裁千餘家後相依合旋罷入冀州積三十年析別有數萬戶故孝文比校天下人戶最爲大州彝爲黃門每侍坐以爲言孝文謂之曰終當以卿爲刺史酬先世誠效彝追孝文往旨累乞本州朝議未許彝亡後靈太后云彝屢乞冀州吾欲用之有人違我此意若從其請或不至是悔之無及乃贈使持節衞將軍冀州刺史謚文侯始均字子衡端潔好學才幹有美於父改陳壽魏書爲編年之體廣益異聞爲三十卷又著冠帶錄及諸詩賦數十篇竝亡失初大乘賊起於冀瀛之間遣都督元遙討平之多所殺戮積屍數萬始均以郞中爲行臺恐軍士以首級爲功令檢集人首數千一時焚爇至於灰燼用息僥倖見者莫不傷心及始均之死也始末在煙炭之間有焦爛之痛論者或亦推咎焉贈樂陵太守謚曰孝子暠之襲祖爵武定中開府主簿齊受禪爵例降暠之弟晏之列在齊史

邢巒字洪賓河閒鄚人魏太常貞之後也族五世祖嘏石勒頻徵不至嘏無子巒高祖蓋自傍宗入後蓋孫穎字宗敬以才學知名太武時與范陽盧元等同徵拜中書侍郞假通直常侍平城子使宋還以病歸鄉久之帝曰往憶邢穎長者有學義宜侍講東宮今安在司徒崔浩曰穎卧病在家帝遣太醫馳駟就療卒贈定州刺史謚曰康子修年卽巒父也位州主簿巒少好學負帙尋師守貧厲節遂博覽書傳有文才幹略美鬚髯姿貌甚偉累遷兼員外散騎常侍使齊還再遷中書侍郞甚有顧遇常參座席孝文因行藥至司空府南見巒宅遣使謂巒曰朝行藥至此見卿宅乃住東望德館情有依然巒對曰陛下移構中京方建無窮之業臣意在與魏升降寧容不務永年之宅帝謂司空穆亮僕射李沖曰巒之此言其意不小有司奏策秀孝詔曰秀孝殊問經權異策邢巒才淸可令策秀後兼黃門郞從征漢北巒在新野後至帝曰伯玉天迷其心鬼惑其慮守危邦固逆主至此以來雖未擒滅城隍已崩想在不遠所以緩攻者正待中書爲露布耳尋除正黃門兼御史中尉瀛州大中正遷散騎常侍兼尙書宣武時巒奏曰先皇深觀古今去諸奢侈服御尙書不貴雕鏤所珍在素不務奇綵至乃以紙絹爲帳扆銅鐵爲轡勒訓朝廷以節儉示百姓以憂矜逮景明之初承升平之業四疆淸晏遠近

來同於是蕃貢繼路商估交入諸所獻貿倍多於常雖加以節約猶歲損萬計珍貨常有餘國用常不足若不裁其分限便恐無以支歲自今非為要須者請皆不受帝從之尋正尚書梁秦二州行事夏侯道遷以漢中內附詔加巒使持節都督征梁漢諸軍事鎮西將軍進退徵攝得以便宜從事巒至漢中白馬巴西猶未歸順巒進師討之賊皆款附乘勝追奔至關城之下詔拜巒使持節安西將軍梁秦二州刺史於是開地定境東西七百南北千里獲郡十四二部護軍及諸縣戍遂逼涪城巒因表曰揚州成都相去萬里陸途既絕唯資水路水軍西上非周年不達外無軍援一可圖也益州頃經劉季連反叛鄧元起攻圍倉庫空竭無復固守之意二可圖也蕭深藻是帬屐少年未洽政務今之所任竝非宿將重名皆是左右少年而已三可圖也蜀之所恃惟阻劒閣今既克南安已奪其險據彼界內三分已一從南安向涪方軌任意前軍累破後眾喪魄四可圖也深藻是蕭衍兄子骨肉至親若其逃亡當無死理脫軍走涪城深藻何肯城中坐而受困五可圖也臣聞乘機而動武之善經未有舍干戚而康時不征伐而統一臣以不才屬當戎寄上憑國威頻有薄捷瞻望涪益旦夕可屏正以兵少糧匱未宜前出後圖便難輒率愚管必將殄克如其無功分受憲坐若朝廷未欲經略臣便為無事乞歸侍養徵展烏鳥巒又表曰昔鄧艾鍾會率十八萬眾傾中國資給裁得平蜀所以然者鬬實力也況臣才絕古人何宜請二萬之眾而希平蜀所以敢者正以據得要險士庶慕義此往則易彼來則難任力而行理有可克今王足前進已逼涪城脫得涪城則益州便是成禽之物臣誠知征戎危事未易可為自軍度劒閣以來鬚髮中白所以勉彊者既到此地而自退不守恐孤先皇之恩遇負陛下之爵祿是以孜孜頻有陳請宣武不從又王足於涪城輒還遂不定蜀巒既克巴西遣軍主李仲遷守之仲遷得梁將張法養女有美色甚惑之散費兵儲專心酒色公事諮承無能見者巒忿之切齒仲遷懼謀叛城人斬其首以降梁將譙希遠巴西遂沒武興氐楊集起等反巒遣統軍傅豎眼討平之巒之初至漢中從容風雅接豪右以禮撫眾庶以惠歲餘之後頗因其去就誅滅百姓籍為奴婢者二百餘口兼商販聚斂清論鄙之徵授度支尚書時梁武遣兵侵軼徐兖緣城鎮戍相繼陷沒朝廷憂之乃以巒為都督東討諸軍事安東將軍尚書如故宣武勞遣巒於東堂曰知將軍旋京未久膝下難違然東南之寄非將軍莫可巒曰願陛下勿以東南為慮帝曰漢祖有言金吾擊郾吾無憂矣今將軍董戎朕何慮哉巒至乃分遣將帥致討兖州悉平進圍宿豫平之俘斬數萬獲米四十萬斛帝賜巒璽書勞之及梁城敗賊走中山王英乘勝攻鍾離又詔巒率眾會討巒以為鍾離天險朝貴所具若有內應則所不知如其無也必無克狀且俗語云耕則問田奴織則問織婢臣既謂難何容重遣巒既累表求還帝許之英果敗退時人伏其識略初侍中盧昶與巒不平昶與元暉俱為宣武所寵御史中尉崔亮昶之黨也昶暉令亮糾巒事成許言於宣武以亮為侍中亮奏巒在漢中掠良人為婢巒懼乃以漢中所得巴西太守龐景女化生等二十餘口與暉化生等數人奇色也暉大悅乃背昶為巒言云巒新有大功已經赦宥不宜方為此獄帝納之高肇以巒有克敵效而為昶等所排助巒申釋故得不坐豫州城人白早生殺刺史司馬悅以城南入梁遣其將齊苟仁率眾入據懸瓠詔巒持節率羽林精騎討之封平舒縣伯賞宿豫之功也宣武臨東堂勞遣巒曰早生走也守也何時平巒曰今王師若臨士人必翻然歸順圍之窮城奔走路絕不度此年必傳首京師願陛下不足為慮帝笑曰卿言何其壯哉知卿親老頻勞於外然忠孝不俱不得辭也於是巒率騎八百倍道兼行五日次於鮑口擊賊大將胡孝智乘勝至懸瓠因即度汝既而大兵繼至遂長圍圍之詔巒使持節假鎮南將軍都督南討諸軍事中山王英南討三關亦次懸瓠以後軍未至前寇稍多憚不敢進乃與巒分兵將犄角攻之梁將齊苟仁等二十一人開門出降即斬早生同惡數十人豫州平巒振旅還京師宣武臨東堂勞之曰卿役不踰時克清妖醜鴻勳碩美可謂無愧古人巒曰此自陛下聖略威靈英等及諸將士之力臣何功之有帝笑曰卿匪直一月三捷所足稱奇乃存士伯讓功而弗處巒自宿豫大捷及平懸瓠志行修正不復以財賄為懷戎資軍實絲毫無犯遷殿中尚書加撫軍將軍暴卒巒才兼文武朝野瞻望上下悼惜之詔贈車騎大將軍瀛州刺史初帝欲贈冀州黃門甄琛以巒前曾劾已乃云瀛州巒之本郡人情所欲乃從之及琛為詔乃云優贈車騎將軍瀛州刺史議者笑琛淺薄謚曰文定子遜字子言貌雖陋短頗有風氣襲爵後遷國子博士本州大中正因謁靈太后自陳功臣之子久抱沈屈臣父屢為大將而臣身無軍功階級臣父惟為忠臣不為慈父靈太后慨然以遜為長兼吏部郎中後位大司農卿

與少卿元慶哲至相糾訟遜鋭於財利議者鄙之卒贈光祿勳幽州刺史子祖徵開府祭酒文襄末終謀反伏法祖徵弟祖效貌寢有風尚仕齊卒於尚書郎祖效弟祖儁開府行參軍開皇中位尚書都官郎中巒弟偉尚書郎中偉子昕有才藻列在文苑傳偉弟晏字幼平美風儀博涉經史善談釋老雅好文詠位滄州刺史爲政清靜吏民安之卒贈尚書左僕射瀛州刺史謚曰文貞晏篤於義讓初爲南兗州例得一子解褐乃啓其孤弟子子愼爲朝請子愼年甫十二而其子已弱冠矣後爲滄州復啓其孤兄子昕爲府主簿而其子並未從宦世人以此多之子亢字子高頗有文學位兼通直散騎常侍使於梁時年二十八後爲中外府屬坐事死於晉陽巒叔祖祐字宗祐少有學尚知名於時假員外散騎常侍使於宋以將命之勤除建威將軍平原太守賜爵平城男政清刑肅百姓安之卒于官子產字神寶好學善屬文少時作孫蓬賦爲時所稱舉秀才除著作佐郎假常侍鄭縣子使於齊產仍世將命時人美之歷中書侍郎太子中庶子卒朝廷嗟惜焉贈平州刺史樂城子謚曰定祐從子蚪字神彪著作郎敏之子也少爲三禮鄭氏學明經有文思舉秀才上第爲中書議郎尚書殿中郎孝文因公事與語問朝覲晏饗禮蚪以經對大合上旨帝崩尚書令王肅多用新儀蚪往往折以五經正禮爲尚書左丞多所糾正臺閣肅然時鴈門人有害母者八坐奏轘之而豬其室宥其二子蚪駁奏云君親無將將而必誅誅逆者戮及暮親害親者令不及子既逆甚梟獍禽獸之不若而使禋祀不絕遺育承傳非所以勸忠孝之道存三綱之義若聖教含容不加孥戮使父子罪不相及惡止於其身者則宜投之四裔敕所在不聽配匹盤庚言無令易種新邑漢法五月食梟羹皆欲絕其類也奏入宣武從之後爲光祿少卿母在鄉遇患請假歸遇秋水暴長河梁破絕蚪得一小船而度船漏滿不沒時人異之母喪哀毀過禮爲時所稱卒贈幽州刺史謚曰威蚪善與人交清河崔亮頓邱李平並與親善所作碑頌雜筆三十餘篇長子臧博學有才著述甚多列在文苑傳臧弟邵列在齊史

李崇字繼長小名繼伯頓邱人也文成元皇后第二兄誕之子年十四召拜主文中散襲爵陳留公鎭西大將軍孝文初以本官爲荆州刺史鎭上洛敕發秦陝二州兵送崇至治崇辭曰邊人失和本怨刺史奉詔代之自然易帖但須一宣詔旨而已不勞發兵自防使民懷懼帝從之乃輕將數十騎馳到上洛宣詔慰喻民卽怡然邊戍掠得齊人者悉令還之南人感德仍送荆州口二百許人兩境交和無復烽燧之警在州四年甚有政績召還京師賞賜隆厚除兗州刺史兗土舊多劫盜崇乃村置一樓樓懸一鼓賊發之處雙槌亂擊四面諸村聞鼓皆守要路俄頃之閒聲聞百里其中險要悉有伏人盜發便卽擒送諸州置樓懸鼓自崇始也後例降爲侯改授安東將軍車駕南征詔崇副驃騎大將軍咸陽王禧都督左翼諸軍事徐州降人郭陸聚黨作逆人多應之崇遣高平卜冀州詐稱犯罪逃亡歸陸陸納之以爲謀主數月冀州斬陸送之賊徒潰散入爲河南尹後車駕南討漢陽崇行梁州刺史氐楊靈珍遣弟婆羅與子雙領步騎萬餘襲破武興與齊相結詔崇爲使持節都督隴右將軍事率衆討之崇槎山分進出其不意表裏以襲羣氐皆棄靈珍散歸靈珍衆減大半崇進據赤土靈珍又遣從弟建率五千人屯龍門躬率精勇一萬據鷲硤龍門之北數十里中伐樹塞路鷲硤之口積大木聚礌石臨崖下之以拒官軍崇乃命統軍慕容拒率衆五千從他路襲龍門破之崇自攻靈珍靈珍連戰敗走俘其妻子崇多設疑兵襲克武興齊梁州刺史陰廣宗遣參軍鄭猷王思考率衆援靈珍崇大破之并斬婆羅首殺千餘人俘獲猷等靈珍走奔漢中孝文在南陽覽表大悅曰使朕無西顧之憂者李崇功也拜梁州刺史手詔曰便可善思經略去其可除安其可育公私所患悉令芟夷及靈珍踰據白水崇擊破之靈珍遠遁宣武初徵爲右衞將軍兼七兵尚書轉左衞將軍相州大中正魯陽蠻柳北喜魯北鷰等聚衆反叛諸蠻悉應之圍遍湖陽遊擊將軍李暉光鎭北城盡力捍禦賊勢甚盛詔以崇爲使持節都督征蠻諸軍事以討之蠻衆數萬屯據形要以拒官軍崇累戰破之斬北鷰等徙萬餘戶於幽幷諸州宣武追賞平氏之功封魏昌縣伯東荆州蠻樊安聚衆於龍山僭稱大號梁武遣兵應之諸將擊不利乃以崇爲鎭南將軍都督征蠻諸軍事率步騎討之崇分遣諸將攻擊賊壘連戰克捷生擒樊安進討西荆諸蠻悉降尋兼侍中東道大使黜陟能否著賞罰之稱出除散騎常侍征南將軍揚州刺史詔曰應敵制變算非一塗救左擊右疾雷均勢今朐山蟻寇久結未殄賊衍狡詐或生詭劫宜遣鋭兵備其不意崇可都督淮南諸軍事坐敦威重遙運聲算延昌中加侍中車騎將軍都督江西諸軍事先是壽春縣人苟泰有子三歲遇賊亡失數年不知所在後見在同縣趙奉伯家泰以狀

告各言巳子竝有隣證郡縣不能斷崇令二父與兒各在別處禁經數旬然後告之曰君兒遇患向巳暴死可出奔哀也苟泰聞而號咷悲不自勝奉伯咨嗟而巳殊無痛意崇察知之乃以兒還泰詰奉伯詐狀奉伯款引云先亡一子故妄認之又定州流人解慶賓兄弟坐事俱徙揚州弟思安背役亡歸慶賓懼後役追責規絕名貫乃認城外死屍詐稱其弟爲人所殺迎送殯葬頗類思安見者莫辨又有女巫楊氏自云見鬼說思安被害之苦飢渴之意慶賓又誣疑同軍兵蘇顯甫李蓋等所殺經州訟之二人不勝楚毒各自款引獄將決竟崇疑而停之密遣二人非州內所識者僞從外來詣慶賓告曰僕住北州比有一人見過寄宿夜中共語疑其有異便卽詰問乃云是流兵背役姓解字思安時欲送官苦見求免稱有兄慶賓今住揚州相國城內嫂姓徐君脫矜愍爲往告報見申委曲家兄聞此必重相報今但見質若往不獲送官何晚是故相造指申此意君欲見雇幾何當放賢弟若其不信可見隨看之慶賓悵然失色求其少停此人具以報崇攝慶賓問之伏引更問蓋等乃云自誣數日之間思安亦爲人縛送崇召女巫視之鞭笞一百崇斷獄精審皆此類也時有泉水湧於八公山頂壽春城中有魚數從地湧出野鴨羣飛入城與鵲爭巢五月大霖雨十有三日大水入城屋宇皆沒崇與兵泊於城上水增未巳乘船附於女牆城不沒者三版而巳州府勸崇棄城保北山崇曰吾受國重恩忝守藩岳淮南萬里繫於吾身一旦動腳百姓瓦解揚州之地恐非國物昔王尊慷慨義感黃河吾豈愛一軀取愧千載但憐茲士庶無辜同死可桴筏隨高人規自脫吾必守死此城時州人裴絢等受梁假豫州刺史因乘大水謀欲爲亂崇皆擊滅之又以洪水爲災請罪解任詔曰夏雨汎濫斯非人力何得以此辭解今水涸路通公私復業便可繕甲積糧修復城雉勞恤士庶務盡綏懷之略也崇又表解州不聽是時非崇則淮南失守矣崇深沈有將略寬厚善御眾在州凡十年常養壯士數千人寇賊侵邊所向摧破號曰臥虎賊甚憚之梁武惡其久在淮南屢設反間無所不至宣武雅相委重梁無以措謀乃授崇車騎大將軍開府儀同三司萬戶郡公諸子皆爲縣侯欲以構崇崇表言其狀宣武屢賜璽書慰勉之賞賜珍異歲至五三親待無與爲比梁武每歎息服宣武之能任崇也孝明踐阼褒賜衣馬及梁遣其游擊將軍趙祖悅襲據西硤石更築外城徙緣淮之人於城內又遣二將昌義之王神念率水軍泝淮而上規取壽春田進龍寇邊城路長平寇五門胡興茂寇開霍揚州諸戍皆被寇逼崇分遣諸將與之相持密裝船艦二百餘艘教之水戰以待臺軍梁霍州司馬田休等寇建安崇遣統軍李神擊走之又命邊城戍主邵申賢要其走路破之於濡水俘斬三千餘人靈太后璽書勞勉許昌縣令兼紆麻戍主陳平玉南引梁軍以戍歸之崇自秋請援表至十餘詔遣鎮南將軍崔亮救硤石鎮東將軍蕭寶夤於梁堰上流決淮東注朝廷以諸將不相赴乃以尚書李平兼右僕射持節節度之崇遣李神乘鬬艦百餘艘緣淮與李平崔亮合攻硤石李神水軍克其東北外城祖悅力屈乃降朝廷嘉之進號驃騎將軍儀同三司刺史都督如故梁淮堰未破水勢日增崇乃於硤石戍間編舟爲橋北更立船樓十各高三丈十步置一艣至兩岸蕃版裝東四箱解合賊至舉用不戰解下又於樓船之北連覆大船東西竟水防賊火栰又於八公山之東南更起一城以備大水州人號曰魏昌城崇累表解州前後十餘上孝明乃以元志代之尋除中書監驃騎大將軍儀同如故出爲使持節侍中都督四州諸軍事定州刺史徵拜尚書左僕射遷尚書令加侍中崇在官和厚明於決斷然性好財貨販肆聚斂孝明靈太后常幸左藏王公嬪主從者百餘人皆令任力負布絹卽以賜之多者過二百匹少者百餘唯長樂公主兩手持二十四而出不異眾而巳世稱其廉儉崇與章武王融以所負多顛仆於地崇乃傷腰融至損腳時人爲之語曰陳留章武傷腰折股貪人敗類穢我明主蠕蠕主阿那瓌犯塞詔崇以本官都督北討諸軍事以討之崇辭於顯陽殿戎服武飾志氣奮揚時年六十九幹力如少孝明目而壯之朝臣莫不稱善遂出塞三千餘里不及賊而還崇請改六鎮爲州兵編戶太后不許後北鎮人破落汗拔陵反所在響應征北將軍臨淮王彧大敗於五原安北將軍李叔仁尋敗於白道賊眾日甚詔引丞相令僕尚書侍中黃門於顯陽殿曰賊勢浸淫寇連恒朔金陵在彼夙夜憂惶諸人宜陳良策吏部尚書元修義以爲須得重貴鎮壓恒朔總彼師旅備衛金陵詔曰去歲阿那瓌叛逆遣李崇北征崇遂長驅塞北反旆榆關此一時之盛朕以李崇國戚望重器識英斷意欲還遣崇行都督三軍揚旌恒朔諸人謂可爾不僕射蕭寶夤等曰陛下此遣實合羣望於是詔崇以本官加使持節開府北討大都督撫軍將軍崔暹鎮軍將軍廣陽王深皆受崇節度又詔崇子光祿大夫神軌假平北將

軍隨崇北討至五原崔暹大敗于白道之北賊遂并力攻崇崇與廣陽王深力戰累破賊衆相持至冬乃引還平城深表崇長史祖瑩詐增功級盜沒軍資崇坐免官爵徵還以後事付深後徐州刺史元法僧以彭城南叛時除安樂王鑒爲徐州刺史以討之爲法僧所敗單馬奔歸乃詔復崇官爵爲徐州大都督節度諸軍事會崇疾篤乃以安豐王延明代之改除開府相州刺史侍中將軍儀同並如故孝昌元年薨於位贈侍中驃騎大將軍司徒公雍州刺史謚曰武康後重贈太尉公餘如故長子世哲性輕率供奉豪侈少經征役頗有將用爲三關別將討羣蠻大破之還拜鴻臚少卿性傾巧善事人亦以貨賂自達高肇劉騰之處勢也皆與親善故世號爲李錐爲相州刺史斥逐百姓遷徙佛寺逼買其地部內患之崇北征之後徵兼太常卿御史高道穆毁廢其宅表其罪過後除涇州刺史賜爵衛國子卒贈吏部尚書冀州刺史世哲弟神軌小名青肫受父爵陳留侯累世征伐頗有將領之氣孝昌中靈太后淫縱分遣腹心嫗姬出外陰求悅人神軌爲使者所薦寵遇勢傾朝野時云見幸帷幄與鄭儼爲雙頻遷征東將軍武衛將軍給事黃門侍郎常領中書舍人時相州刺史安樂王鑒據州反詔神軌與都督源子邕等討平之後於河陰遇害建義初贈侍中司空公相州刺史謚曰烈崇從弟平字曇定彭城王嶷之長子少有大度及長涉獵羣書好禮易頗有文才太和初拜通直散騎侍郎孝文禮之甚重頻居大憂居喪以孝聞後以例降襲爵彭城公累遷太子庶子平請自效一郡帝曰卿復欲以吏事自試也拜長樂太守政務清靜吏民懷之徵行河南尹豪右權戚憚之宣武卽位除黃門郎遷司徒左長史行尹如故尋正尹長史如故車駕將幸鄴平上表諫曰㮣都創構洛邑俶營雖年跨十稔根基未就代民至洛始欲向盡資產罄於遷移牛畜斃於輦運陵太行之險越長津之難辛勤備經得達京闕富者猶損大半貧者可以意知兼歷歲從戎不遑啓處自景明以來差得休息事農者未積二年之儲築室者裁有數間之屋莫不肆力伊瀍人急其務實宜安靜新人勸其稼穡令國有九載之糧家有水旱之備且一夫從行舉家失業今復秋稼盈田禾菽遍野鑾駕所幸蹂踐必多不從詔以本官行相州事帝至鄴親幸平第見其諸子尋正刺史平勸課農桑修飾太學簡試通儒以充博士選五郡聰敏者以教之圖孔子及七十二弟子於講堂親爲立贊前來臺使頗好侵漁平乃畫履虎尾踐薄冰於客館注頌其下以示誡焉徵拜度支尚書領御史中尉冀州刺史京兆王愉反於信都以平爲持節都督北討諸軍事行冀州事以討之宣武臨式乾殿勞遣諭以兄弟之義因曰何圖今日言及斯事因歔欷流涕平對曰愉天迷其心構此梟悖陛下不以臣不武委以總督之任今大宥旣敷有征無戰如其稽顙軍門則送之大理若不悛待戮則鳴鼓釁鉦非陛下之事平進次涇縣諸軍大集夜有蠻兵數千斫平前壘矢及平帳平堅卧不動俄而乃定遂至冀州城南十六里大破逆衆遂北至城門遂圍城愉與百餘騎突門走平遣統軍叔孫頭追之去信都八十里禽愉冀州平以本官領相州大中正平先爲尚書令高肇侍御史王顯所恨後顯代平爲中尉平加散騎常侍顯劾平在冀州隱截官口肇又扶成其狀奏除平名延昌初詔復官爵除定冀二州刺史前來民賤之訟多有積年不決平奏不問眞僞一以景明年前爲限於是爭訟止息武川鎭民飢鎭將任款請貸未許擅開倉振恤有司繩以費散之條免其官爵平奏款意在濟人心無不善帝原之遷中書令尚書如故孝明初轉吏部尚書平高明强濟所在有聲但以性急爲累尚書任城王澄奏理平定冀之勳靈太后乃封武邑郡公賜縑二千五百匹先是梁遣其將趙祖悅逼壽春鎭將崔亮攻之未克又與李崇乖貳詔平以本官使持節鎭東大將軍兼尚書右僕射爲行臺節度諸軍東西州將一以稟之如有乖異以軍法從事詔平長子獎以通直郎從於是率步騎二千赴壽春嚴勒崇亮令水陸兼備尅期齊舉崇亮憚之無敢乖互頻日交戰破賊軍安南將軍崔延伯立橋於下蔡以拒賊之援賊將王神念昌義之等不得進救祖悅守死窮城平乃部分攻之斬祖悅送首於洛陽以功遷尚書右僕射加散騎常侍平還京師靈太后見於宣光殿賜以金裝刀杖一口時南徐州表云梁堰淮水日爲患詔公卿議之平以爲不假兵力終自毁壞及淮堰破靈太后大悅引羣臣入宴敕平前鳴籥管孝明手賜縑布百段卒遺令薄葬詔給東園祕器朝服一具衣一襲帛七百匹靈太后爲舉哀於東堂贈侍中驃騎大將軍儀同三司冀州刺史謚文烈公平自在度支至於端副夙夜在公孜孜匪懈凡處機密十有餘年有獻替之稱所制文筆別有集錄長子獎字遵穆容貌魁偉有當世才度位中書侍郎吏部郎中以本官兼尚書出爲相州刺史初元乂擅朝獎爲其親待頻居顯職靈太后反政削除官爵孝莊初爲散騎常侍河南尹獎前後

所歷皆以明濟著稱元顥入洛顥以樊兼尙書右僕射慰勞徐州羽林及城人不承顥旨害樊傳首洛陽孝武帝初樊故吏宋游道上書理樊詔贈冀州刺史子構襲構字祖基少以方正見稱襲爵武邑郡公齊天保初降爵爲縣侯位終太府卿贈吏部尙書構早有名譽歷官淸顯常以雅道自居甚爲名流所重子丕有父風位尙書祠部郎中丕弟克通直散騎常侍樊弟諧字虔和幼有風采趙郡李搔常過元乂門下見之歸謂其父元忠曰領軍門下見一神人元忠曰必李諧也問之果然襲父先爵彭城侯文辯爲時所稱歷位中書侍郎天平末魏欲與梁和好朝議將以崔㥄爲使主㥄曰文采學識㥄不推李諧口頰顧顧諧乃大勝於是以諧兼常侍盧元明兼吏部郎李業興兼通直常侍聘焉梁武使朱异覘客异言諧元明之美諧等見及出梁武目送之謂左右曰朕今日過勍敵卿輩常言北間都無人物此等何處來謂异曰過卿所談是時鄴下言風流者以諧及隴西李神儁范陽盧元明北海王元景弘農楊遵彥淸河崔贍爲首初通梁國妙簡行人神儁位已高故諧等五人繼踵而遵彥遇疾道還竟不行旣南北通好務以俊乂相矜銜命接客必盡一時之選無才地者不得與焉梁使每入鄴下爲之傾動貴盛子弟盛飾聚觀禮贈優渥館門成市宴日齊文襄使左右覘之賓司一言制勝文襄爲之拊掌魏使至梁亦如梁使至魏梁武親與談說甚相愛重諧使還後遷祕書監卒於大司農諧爲人短小六指因癭而舉頤因跛而後步因謇而徐言人言李諧善用三短文集十餘卷諧長子岳字祖仁官中散大夫性純至居喪慘未曾聽婢過前追思二親言則流涕岳弟庶列在齊史諧弟邕字修穆幼而儁爽有逸才位高陽王雍友凡所交遊皆倍年儁秀卒贈洛州刺史謚曰文

通志卷第一百五十上

通志卷第一百五十下

宋右迪功郎鄭樵漁仲撰

列傳第六十三下

崔光清河人本名孝伯字長仁孝文賜名焉祖曠從慕容德南渡河居青州之時水慕容氏滅仕宋爲樂陵太守於河南立冀州置郡縣即爲東清河鄃人縣分易更爲南平原貝丘人也父靈延宋長廣太守與宋冀州刺史崔道固共拒魏軍慕容白曜之平三齊光年十七隨父徙代家貧好學晝耕夜誦傭書以養父母太和六年拜中書博士轉著作郎與祕書丞李彪參撰國書再遷給事黃門侍郎甚爲孝文所知待常曰孝伯之才浩浩如黃河東注固今日之文宗也以參贊遷都之謀賜爵朝陽子拜散騎常侍著作如故兼太子少傅又以本官兼侍中使持節爲陝西大使巡方省察所經述敘故事因賦詩三十八篇還仍兼侍中又以謀謨之功進爵爲伯光少有大度喜怒不見於色有毀惡之者必善言以報雖見誣謗終不自申曲直皇興初有同郡二人竝被掠爲奴婢後詣光求哀光乃以二口贖免孝文聞而嘉之雖處機近未嘗留心文案惟從容議論參贊大政而已孝文每對羣臣曰以崔光之高才大量若無意外咎譴二十年後當作司空其見重如是宣武即位正除侍中初光與李彪同撰國書太和之末彪解著作專以史事任光彪尋以罪廢宣武居諒闇上表求成魏書詔許之彪遂以白衣於祕書省著述光雖領史官以彪意在專功表解侍中著作以讓彪宣武不許遷太常卿領齊州大中正正始元年夏有典事史元顯獻四足四翼雞詔散騎侍郎趙邕以問光光表曰臣謹案漢書五行志宣帝黃龍元年未央殿路軨中雌雞化爲雄毛變而不鳴不將無距元帝初元中丞相府史家雌雞伏子漸化爲雄冠距鳴將永光中有獻雄雞生角劉向以爲雞者小畜主司時起居小臣執事爲政之象也言小臣將乘君之威以害政事猶石顯也竟寧元年石顯伏辜此其效也靈帝光和元年南宮寺雌雞欲化爲雄一身皆似雄但頭冠上未變詔以問議郎蔡邕邕對曰貌之不恭則有雞禍臣竊推之頭爲元首人君之象也今雞一身已變未至於頭而上知之是將有事而不遂成之象也若政無所改頭冠或成爲患滋大是後張角作亂稱黃巾賊遂破壞四方民疲賦役多有叛者上不改政遂至天下大亂今之雞狀不同其應頗相類矣向邕竝博達之士考物驗事信而有證誠可畏也臣以邕言推之翅足眾多亦羣下相扇助之象雛而未大腳羽差小亦其勢尚微易制御也臣聞災異之見皆所以示吉凶明君覩之而懼乃能招福闇主視之彌慢斯用致禍詩書春秋秦漢之事多矣此皆陛下所觀者今或有自賤而貴關預政事殆亦前代君房之匹比者南境死亡千計白骨橫野存有酷恨之痛殁有怨傷之魂義陽屯師盛夏未反荊蠻狡猾征人淹次東州轉輸多往無還百姓困窮絞縊以殞北方霜降蠶婦輟事羣生憔悴莫甚於今此亦賈誼哭歎谷永切諫之時也司寇行戮君爲之不舉陛下爲民父母所宜矜恤國重戎戰用兵猶火內外怨弊易以亂離陛下縱欲忽天下豈不仰念太祖取之艱難先帝經營劬勞也誠願陛下留聰明之鑒警天地之意禮處左右節其貴越往者鄧通董賢之盛愛之正所以害之又躬饗加罕宴宗或闕時應親饗郊廟延敬諸父檢訪四方務加休息爰發慈旨撫振貧瘼簡費山池減徹聲飲晝存政道夜以安身博採芻蕘進賢黜佞則兆庶幸甚妖弭慶進禎祥集矣帝覽之大悅後數日而茹皓等竝以罪失伏法於是禮光逾重二年八月光表曰去二十八日有物出於太極之西序敕以示臣臣案其形即莊子所謂蒸成菌者也又云朝菌不終晦朔雍門周所稱磨蕭斧而伐朝菌指言蒸氣鬱長非有根種柔脆之質彫殞速易不延旬日無擬蕭斧又多生墟落穢濕之地罕起殿堂高華之所今極宇崇麗壇築工密糞朽不加沾濡不及而茲菌欻構厥狀扶疎誠足異也夫野木生朝野鳥入廟古人以爲敗亡之象然懼災脩德咸致休慶所謂家利而怪先國興而妖豫是故桑穀拱庭太戊以昌雊雉集鼎武丁用熙自此鵶鵲巢于廟殿梟服鳴於宮寢菌生賓階軒坐之正準諸往記信可爲誡且東南未靜兵革不息郊甸之內大旱跨時人勞物悴莫此之甚承天子育者所宜矜恤伏願陛下追殷二宗感變之意側躬聳誠惟新聖道節夜飲之忻彊朝御之膳養方富之年保金玉之性則魏祚可以永昌皇壽等於山岳四年除中書舍人永平元年秋將誅元愉妾李氏羣官無敢言者敕光爲詔光逡巡不作奏曰伏聞當刑元愉妾李加之屠割妖惑扇亂誠合此罪但外人竊云李今懷姙例待分產且臣尋諸舊典兼推近事戮至刳胎謂之虐刑桀紂之主乃行斯事君舉必書義無隱諱酷而乖法何以示後陛下春秋已長未有儲體皇子襁褓至有夭失臣之愚誠知無不言乞停李獄以俟育孕帝納之延昌元年遷中書監侍中如故二年宣武幸東宮召光與黃門甄琛廣陽王深等竝賜坐詔

光曰卿是朕西臺大臣當今爲太子師傅光起拜固辭詔不許卽命明帝出焉從者十餘人敕以光爲傅之意令明帝拜光光又拜辭不當受太子拜復不蒙許明帝遂南面再拜詹事王顯啟請從太子拜於是宮臣畢拜光北面立不敢拜荅惟西面拜謝而出於是賜光繡綵一百匹琛深各有差尋授太子少傅遷右光祿大夫侍中監如故四年正月宣武夜崩光與侍中領軍將軍于忠迎明帝於東宮安撫內外光有力焉帝崩後二日廣平王懷扶疾入臨以母弟之親徑至太極西廡哀慟禁內呼侍中黃門領軍二衞云身欲上殿哭大行又須入見主上時人皆愕然相視無敢抗對者光獨攘縗振杖引漢光武初崩太尉趙熹橫劒當階推下親王故事辭色甚厲聞者莫不稱善壯光義理有據懷聲淚俱止云侍中以古事裁我我不敢不服於是遂還頻遣左右致謝初永平四年以黃門郎孫惠蔚代光領著作惠蔚首尾五歲無所厝懷至是尚書令任城王澄封博平縣公領國子祭酒詔光乘步挽於雲龍門出入尋遷車騎大將軍儀同三司靈太后臨朝後光累表遜位于忠擅權光依附之及忠稍被疎黜光并送章綬冠服茅土表至十餘上靈太后優荅不許有司奏追于忠及光封邑熙平元年二月太師高陽王雍等舉光授明帝經初光有德於靈太后四月更封光平恩縣侯以朝陽伯轉授第二子勛其月敕賜羊車一乘時靈太后臨朝每於後園親執弓矢光乃表上中古婦人文章因以致諫是秋靈太后頻幸王公第宅光表諫曰禮記云諸侯非問疾弔喪入諸臣之家謂之君臣爲謔不言王后夫人明無適臣家之義夫人父母在有時歸寧親沒使卿大夫聘春秋紀陳宋齊之女竝爲周王后無適本國之事是制深於士大夫許姬唁兄又義不得衞女思歸以禮自抑載馳竹竿所爲作也漢上官皇后將廢昌邑霍光外祖也親爲宰輔后猶御武帳以接羣臣示男女之別國之大節伯姬待姆安就炎燎樊姜俟命忍就洪流傳皆綴集以垂來訓昨軒駕頻出幸馮翊君任城王第雖漸中秋餘熱尙蒸衡蓋往還聖躬煩倦左右僕射衆過千百扶衞跋涉袍鉀在身昔人稱陛下甚樂臣等至苦或其事也但帝族方衍勳貴增遷祗請遂多將成彝式陛下遵酌前王貽厥後矩天下爲公億兆已任專薦郊廟止決大政輔神養和簡息遊幸則率土屬賴含生仰悅矣神龜元年光表曰尋石經之作起自炎劉昔來雖屢經戎亂猶未大崩損如聞往者刺史臨州多構圖寺官私隱顯漸加剝撤由是石經彌減文字增缺今求遣國子博士一人堪任幹事者專主周視驅禁田牧制其踐穢料閱碑牒所失次第量厥補綴詔曰此乃學者之根源不朽之永格便可一依公表光乃令國子博士李郁與助教韓神固劉燮等勘校石經其殘缺計料石功并字多少欲補修之後靈太后廢遂寢二年八月靈太后幸永寧寺躬登九層佛圖光表諫曰伏見親昇上級佇蹕表刹之下祗心圖構誠爲福善聖躬玉趾非所踐陟臣庶恇惶竊謂未可九月靈太后幸嵩山佛寺光上表諫不從正光元年冬賜光几杖衣服二年春明帝親釋奠國學光執經南面百寮陪列司徒京兆王繼頻上表以位讓光四月以光爲司徒侍中國子祭酒領著作如故光表固辭歷年終不肯受八月獲秃鶖鳥於宮內詔以示光光表曰此卽詩所謂有鶖在梁解云秃鶖也貪惡之鳥野澤所育不應入於殿庭昔魏氏黃初中有鵜鶘集于靈芝池文帝下詔以曹恭公遠君子近小人博求賢俊太尉華歆由此遜位而讓管寧者也臣聞野物入舍古人以爲不善是以張臶惡鴝賈誼忌鵩鵜鶘暫集而去前王猶爲至誡況今親入宮禁爲人所獲方被畜養晏然不以爲懼準諸往義信有殊矣饕餮之禽必資魚肉菽麥稻粱時或飡啄一食之費容過斤溢今春夏陽旱穀糴稍貴窮窘之家猶未菜色陛下爲民父母撫之如傷豈可棄人養鳥留意於醜形惡聲哉衞侯好鶴曹伯愛鴈身死國滅可爲寒心願遠師殷宗近法魏祖脩德進賢消災集慶放無用之物委之川澤取樂琴書頤養神性明帝覽表大悅卽棄之池澤冬詔光與安豐王延明議定服章三年六月詔光乘步挽至東西上閤九月進位太保光又固辭光年耆多務病疾稍增而自彊不息常在著作疾篤不歸四年十月明帝親臨光疾詔斷賓客中使相望爲止聲樂罷諸遊眺拜長子勵爲齊州刺史十一月疾甚敕子姪曰吾荷先帝厚恩位至於此史功不成歿有遺恨汝等速可送我還宅氣力雖微神明不亂至第而薨年七十三明帝聞而悲泣中使相尋詔給東園溫明祕器朝服一具衣一襲錢六十萬布一千匹蠟四百斤大鴻臚監護喪事車駕親臨撫屍慟哭御輦還宮流涕於路爲減常膳言則追傷每至公坐講讀之處未嘗不改容悽悼贈太傅尙書令驃騎大將軍開府冀州刺史侍中如故又敕加後部鼓吹班劒依太保廣陽王故事謚文宣明帝祖喪建春門外望轜哀感儒者榮之初光太和中依宮商角徵羽本音而爲五韻詩以贈李彪彪爲十二次詩以報光光又爲百三郡

國詩以荅之國別爲卷爲百三卷焉光寬和慈善不忤於物進退浮沈自得而已常慕胡廣黃瓊爲人故爲氣槩者所不重始領軍于忠以光舊德事之元乂於光亦深宗敬及郭祚裴植見殺清河王懌遇禍光隨時俛仰竟不匡救於是天下譏之自從貴達罕所申薦曾啟其女壻彭城劉敬徽云敬徽爲荊州五隴戍主女隨夫行常慮寇抄南北分張乞爲徐州長兼別駕暫集京師明帝許之時人比之張禹光初爲黃門則讓宋弁爲中書監讓汝南王悅爲太常讓劉芳爲少傅讓元暉穆紹爲國子祭酒讓清河王懌任城王澄爲車騎儀同讓江陽王繼又讓靈太后父胡國珍皆顧望時情議者以爲矯飾崇信佛法禮拜讀誦老而愈甚終日怡怡未曾恚忿曾於門下省晝坐讀經有鴿飛集膝前遂入於懷緣臂上肩久之而去道俗讚詠詩頌者數十人每爲沙門朝貴請講維摩十地經聽者常數百人卽爲二經義疏三十餘卷識者知其疎略凡所爲詩賦銘贊誄頌表啟數百篇五十餘卷別有集錄光子勵字彥德器學才德最有父風舉秀才中兵彭城王參軍祕書郎中以父光爲著作固辭不拜後除中書侍郞領軍將軍元乂爲明堂大將以勵爲長史與從兄鴻俱有名於世父光疾甚拜征虜將軍齊州刺史侍父疾衣不解帶及薨孝文每加存慰光葬本鄉詔遣主書張文伯宣弔孝昌元年除太尉長史襲父爵建義初遇害河陰贈侍中衞將軍靑州刺史勵弟勖列在齊史光弟敬友本州從事頗有受納御史案之乃與守者俱逃後除梁郡太守會遭所生憂不拜敬友精心佛道晝夜誦經免喪之後遂菜食終身恭寬接下脩身厲節自景明已降頻歲不登飢寒請匃者皆取足而去又置逆旅於蕭然山南大路之北設食以供行者卒於家弟子鴻字彥鸞少好讀書博綜經史稍遷尙書都兵郞中詔太師彭城王勰以下公卿朝士儒學才明者三十人議定律令於尙書上省鴻與光俱在其中時論榮之後爲三公郞中加員外散騎常侍延昌二年將大考百僚鴻以考令於體例不通乃建議曰竊惟昔者爲官求才使人以器黜陟幽明揚淸激濁故績效能官才必稱位者朝升夕退豈拘一階半級者哉二漢以降太和以前苟必官須此人人稱此職或超騰昇陟數歲而至公卿或長兼試守稱允當遷進者披卷則人人而是舉目則朝貴皆然故能時收多士之譽國號豐賢之美竊見景明以來考格三年成考一考轉一階貴賤內外萬有餘人自非犯罪不問賢愚莫不上中才與不肖比肩同轉雖有善政如龔黃儒學如王鄭才史如班馬文章如張蔡得一分一寸必爲常流所攀選曹亦抑爲一槩不曾甄別琴瑟不調改而更張雖明旨已行猶宜消息宣武帝不從三年鴻以父憂解任甘露降其廬前樹十一月宣武以本官徵鴻四年復有甘露降其京兆宅之庭樹後遷中散大夫高陽王友仍領郞中正光元年加前將軍脩孝文宣武起居注光撰魏史徒有卷目初未考正闕略尤多每云此史會非我世所成但須記錄時事以待後人臨薨言鴻於孝明五年詔鴻以本官脩緝國史孝昌初拜給事黃門侍郞尋加散騎常侍齊州大中正鴻在史甫爾未有所就尋卒贈鎭東將軍度支尙書靑州刺史鴻弱冠便有著述志見晉魏前史皆成一家無所措意以劉淵石勒慕容儁苻健慕容垂姚萇慕容德赫連屈匃張軌李雄呂光乞伏國仁秃髮烏孤李暠沮渠蒙遜馮跋等竝因世故跨僭一方各有國書未有統一鴻乃撰爲十六國春秋勒成百卷因其舊紀時有增損褒貶焉鴻二世仕江左故不錄僭晉劉蕭之書又恐識者責之未敢出行於外宣武聞其撰錄遣散騎常侍趙邕詔鴻曰聞卿撰定諸史甚有條貫便可隨成者送至朕當於機事之暇覽之鴻以其書有與國初相涉言多失體且旣訖不奏聞鴻後典起居乃忘載其表曰臣聞帝王之興也雖誕膺圖籙然必有驅除蓋所以翦彼厭政成此樂推故戰國紛紜年過十紀而漢祖夷殄羣豪開四百之業歷文景之懷柔蠻夏世宗之奮揚威武始得涼朔同文牂越一軌於是談遷感漢德之盛痛諸史放絕乃鈐括舊書著成太史所謂緝茲人事光彼天時之義也昔晉惠不競華戎亂起三帝受制於姦臣二皇晏駕於非所五都蕭條鞠爲煨燼趙燕旣爲長城遼海緬成殊域中原無主八十餘年遺晉僻遠勢略孤微人殘兵革靡所歸控皇魏龍潛幽代內脩德政外抗諸僞并冀之人懷寶之士繦負而至者日月相尋太祖道武皇帝以神武之姿接金行之運應天順人龍飛受命太宗必世重光業隆元嘿世祖雄才叡略闡曜威靈農戰兼脩埽淸氛穢歲垂四紀而寰宇一同百姓始得陶然蘇息欣於堯舜之代自晉永寧以後雖所在稱兵競自尊樹而能建邦命氏成爲戰國者十有六家善惡興滅之形用兵乖會之道亦足以垂之將來昭明勸誡但諸史殘闕體例全虧編錄紛謬繁略失所宜審正同異定爲一書誠知敏謝允南才非承祚然國志史考之美竊亦輒所庶幾始自景明之初搜集諸國舊史屬遷京甫爾率多分散求之公私驅馳數

歲又臣家貧祿微惟任孤力至於書寫所資每不周接暨正始元年寫乃向備謹於文案之暇草構此書區分時事各繫本錄稽以長歷考諸舊志刪正差謬定爲實錄商較大略著春秋百篇至三年之末草成九十二卷惟常璩所撰李雄父子據蜀時書尋訪不獲所以未及繕成輟筆私求七載于今此書本江南撰錄恐中國所無非臣私力所能終得其起兵僭號事之始末乃亦頗有但不得此書懼簡略不成久思陳奏乞敕沿邊求採但愚賤無因不敢輕輒散騎常侍太常少卿荆州大中正趙邕忽宣明旨敕臣送呈不悟九臯徽志乃得上聞奏敕欣惶慶懼兼至今謹以所訖者附臣邕陳奏臣又別作序例一卷年志一卷仰表皇朝總括大義俯明愚臣著錄微體徒竊慕古人立言美意文致疏鄙無一可觀簡御之日伏深慚悸鴻意如此自正光以前不敢顯行其書自後以其伯光貴重當朝知時人未能發明其事乃頗傳讀然鴻經綜既廣多有違謬至道武天興二年姚興改號鴻始而鴻以爲改在元年明元永興二年慕容超禽於廣固鴻又以爲在元年泰恆二年姚泓敗於長安而鴻亦以爲滅在元年如此之失多不考正子子元祕書郎後永安中乃奏其父書稱臣亡考散騎常侍黃門侍郎前將軍齊州大中正鴻正始之末任屬記言撰緝餘暇乃刊著趙燕秦夏西涼乞伏西蜀等遺載爲之贊序褒貶評論先朝之日草構悉了惟有李雄蜀書搜索未獲闕茲一國遲留未成去正光三年購訪始得討論悉訖而先臣棄世凡十六國名爲春秋一百二卷近代之事最爲備悉未曾奏上弗敢宣流今繕寫一本敢以仰呈乞藏祕閣以廣異家子元後謀反事發逃竄會爲其叔鷗所殺光從祖弟長文字景翰少亦徙於代郡聰敏有學識永安中累遷平州刺史以老還家專讀佛經不關世事卒贈齊州刺史謚曰貞子懋字德盛徐州征東府長史長文從弟庠字文序有幹用爲東郡太守元顥逼寇郡界庠拒不從命棄郡走還鄉里孝莊還宮賜爵平原伯拜潁川太守頗有政績永熙初除東徐州刺史二年爲城人王早蘭寶等所害贈驃騎將軍吏部尚書齊州刺史子罕襲爵齊受禪例降光族弟榮先字隆祖涉獵經史州辟主簿子鐸有文才位中散大夫鐸弟覲羽林監

崔亮字敬儒清河東武城人魏中尉琰之後也高祖瓊爲慕容垂車騎屬曾祖輯南徙青州因仕宋爲泰山太守祖脩之清河太守父元孫宋尚書郎青州刺史沈文秀之叛宋明帝使元孫討之爲文秀所害亮母房攜亮依其叔祖冀州刺史道固於歷城及慕容白曜平三齊內徙桑乾爲平齊人時年十歲常依季父幼孫居家貧傭書自業時隴西李沖當朝任事亮族兄光往依之謂亮曰安能久事筆硯而不往託李氏也彼家饒書因可得學亮曰弟妹飢寒豈容獨飽自可觀書於市安能看人眉睫乎光言之於沖沖召亮與語因謂亮曰比見卿先人相命論使人胸中無復怵迫之念今遂亡本卿能記之不亮卽爲之誦涕淚交零聲韻不異沖甚奇之迎爲館客沖謂其兄子彥曰大崔生寬和溫篤汝宜友之小崔生峭整清徹汝宜敬之二人終將大至沖薦之爲中書博士轉議郎尋遷尚書二千石孝文在洛欲創革舊制選置百司謂羣臣曰與朕舉一吏部郎必使才望兼允者給卿三日假又一日孝文曰朕已得之不煩卿輩也卽馳驛徵亮兼吏部郎俄爲太子中舍人遷中書侍郎兼尚書左丞亮雖歷顯任其妻不免親事舂簸帝聞之嘉其清貧詔帶野王令孝明親政遷給事黃門侍郎仍兼吏部郎領青州大中正亮自參選事垂將十年廉慎明察爲尚書郭祚所委每云非崔郎中選事不辦尋除散騎常侍仍爲黃門再遷度支尚書領御史中尉自遷都之後經略四方又營洛邑費用甚廣亮在度支別立條格歲省億計又議修汴蔡二渠以通邊運公私賴焉侍中廣平王懷以母弟之親左右不遵憲法敕亮推究孝明禁懷不通賓客者久之後因晏集懷侍親使忿欲陵突亮亮乃正色責之卽起於孝明前脫冠請罪遂拜辭欲出孝明曰廣平麤疏向來又醉卿之所悉何乃如此也遂詔亮復坐令懷謝焉亮外雖方正內亦承候時倖宣傳左右郭神安頗被孝文識遇以弟託亮亮引爲御史及神安敗後因集禁中孝明令兼侍中盧昶宣旨責亮曰在法官何故受左右屬請亮拜謝而已無以上對轉都官尚書又轉七兵領廷尉卿加散騎常侍徐州刺史元昞撫御失和詔亮馳驛安撫亮至劾昞處以大辟勞來綏慰百姓帖然除安西將軍雍州刺史城北渭水淺不通船行人艱阻亮謂僚佐曰昔杜預乃造河梁況此有異長河且魏晉之日亦自有橋吾今決欲營之咸曰水淺不可爲浮橋況長無恆又不可施柱恐難成立亮曰昔秦居咸陽橫橋度渭以像閣道此則以柱爲橋今惟慮長柱不可得耳會大雨山水暴至浮至長木數十根藉此爲用乃營之橋成百姓利之因名崔公橋亮性公清敏於斷決所在並號稱職三輔服其德政孝文襃之詔賜衣馬被褥後納其女爲九嬪徵爲太

常卿攝吏部事孝明初出爲定州刺史梁左游擊將軍趙祖悅率衆據硤石詔亮假鎭南將軍齊王蕭寶夤鎭東將軍章武王融安南將軍竝使持節都督諸軍以討之靈太后勞遣亮等賜戎服雜物亮至硤石祖悅出城逆戰大破之祖悅復於城外置一栅欲拒軍亮焚擊破之亮與李崇爲水陸之期日日進攻而崇不至及李平至崇乃進軍共平硤石靈太后賜亮璽書曰硤石既平大勢全舉淮堰孤危自將奔遁若仍敢游魂此當易以立計禽翦蟻徒應在旦夕將軍推轂所憑親對其事處分經略宜共協齊必令得埽盪之理盡彼遺燼也隨便守禦及分度掠截扼其咽喉防塞走路期之全獲無令漏逸若畏威降首者自加蠲宥以仁爲本任之雅算以功進號鎭北將軍李平部分諸軍將水陸兼進以討堰賊亮違平節度以疾請還隨表而發平表亮輒還京失乘勝之機闕水陸之會令處亮死上議靈太后令曰亮去留自擅違我經略雖有小捷豈免大咎但吾攝御萬機庶兹惡殺可特聽以功補過及平至亮與爭功於禁中形於聲色尋除殿中尚書遷吏部尚書時羽林新害張彝之後靈太后令武官得依資入選官員既少應選者多前尚書李韶循常擢人百姓大爲怨亮乃奏爲格制不問士之賢愚專以停解日月爲斷雖復官須此人停日後者終於不得庸才下品年月久者灼然先用沈滯者皆稱其能亮外甥司空諮議劉景安書規亮曰殷周以鄉塾貢士兩漢由州郡薦才魏晉因循又置中正諦觀在昔莫不審舉雖未盡美足應十收六七而朝廷貢才止求其文不取其理察孝廉唯論章句不及治道立中正不考人才行業空辯氏姓高下至於取士之途不溥沙汰之理未精而舅屬當銓衡宜須改張易調如何反爲停年格以限之天下士子誰復修厲名行哉亮荅書曰汝所言乃有深致吾乘時邀幸得爲吏部尚書當其壯也尚不如人況今朽老而居帝難之任常思同升舉直以報明主之恩盡忠竭力不爲貽厥之累昨爲此格有由而然今已爲汝所怪千載之後誰知我哉可靜念吾言吾爲汝論之吾兼正六爲吏部郎三爲尚書銓衡所宜頗知之矣但古今不同時宜須異何者昔有中正品其才第上之尚書尚書據狀量人授職此乃與天下羣賢共爵人也吾謂當爾之時無遺才無濫舉矣而汝猶云十收六七況今日之選專歸尚書以一人之鑒照察天下劉毅所云一吏部兩郎中而欲究鏡人物何異以管窺天而求其博哉今勳人甚多又羽林入選武夫崛起不解書計惟可彍弩前驅指蹤捕噬而已忽令垂組乘軒求其烹鮮之效未曾操刀而使專割又武人至多官員至少不可周溥設令十人共一官猶無官可授況一人望一官何由可不怨哉吾近面執不宜使武人入選請賜其爵厚其祿既不見從是以權立此格限以停年耳昔子產鑄刑書以救敝叔向譏之以正法何異汝以古禮難權宜哉仲尼云德我者春秋罪我者亦春秋吾之此指其由是也但令當來君子知吾意焉後甄琛元脩義城陽王徽相繼爲吏部尚書利其便己踵而行之自是賢愚同貫涇渭無別魏之失才自亮立停年格始也歷侍中太常卿左光祿大夫尚書右僕射時劉騰擅權亮託妻劉氏傾身事之故頻年之中名位隆赫有識者譏之轉尚書僕射加散騎常侍疽發於背明帝遣舍人問疾亮上表乞解僕射詔不許尋卒詔給東園祕器贈車騎大將軍儀同三司謚曰貞烈亮在雍州讀杜預傳見其爲水磨嘉其有濟時用遂教人爲碾及爲僕射奏於張方橋東堰穀水造磑磨數十區其利十倍國用便之亮有三子士安士和士泰竝彊幹善於當世士安歷尚書比部郎卒於諫議大夫贈左將軍光州刺史無子弟士和以子乾亨繼乾亨武定中尚書都兵郎中士和初爲司空主簿蕭寶夤之在關中高選僚佐以爲都督府長史時莫折念生遣使詐降寶夤表士和兼度支尚書爲隴右行臺令入秦撫慰爲念生所害士泰歷給事司空從事中郎諫議大夫司空司馬明帝末荆蠻侵斥以士泰爲龍驤將軍征蠻別將事平以功賜爵五等男建義初遇害於河陰贈都督青州刺史謚曰文肅子彝師襲爵彝師列在齊史亮弟敬默奉朝請卒於征虜長史贈南陽太守子思韶從亮征硤石以軍功賜爵武城子爲冀州別駕敬默弟敬遠以其賤出殊不經紀論者譏焉亮從父弟光韶父幼孫太原太守光韶事親以孝聞初除奉朝請光韶與弟光伯學生操業相侔特相友愛遂經吏部尚書李沖讓官於光伯辭色懇至沖爲奏聞孝文嘉而許之太和二十年以光韶爲司空行參軍復請讓從叔和曰臣誠微賤未登讓品屬逢皇朝耻無讓德和亦謙退辭而不當孝文善之遂以和爲廣陵王國常侍尋敕光韶祕書郎掌校華林御書累遷青州中從事後爲司空騎兵參軍又兼司徒戶曹出爲濟州輔國府司馬刺史高植甚知之政事多委訪焉遷青州平東府長史府解敕知州事光韶清直明斷吏民畏愛之入爲司空從事中郎以母老解官歸養賦詩展意朝士屬和者數十人久之徵爲司徒諮議固

辭不拜光韶性嚴聲韻抗烈與人平談常若震厲至於兄弟議論外閒謂爲忿怒然孔懷雍睦人少逮之孝莊初河間邢果率河北流人十餘萬衆攻逼州郡刺史元儁憂不自安州人乞光韶爲長史以鎭之時陽平路回寓居齊土與果潛相影響引賊入郭光韶臨機處分在難確然賊退之後刺史表光韶忠毅朝廷嘉之發使慰勞尋爲東道軍司及元顥入洛自河以南莫不風靡刺史廣陵王欣集文武以議所從在坐之人莫不失色光韶獨抗言曰元顥受制梁國稱兵本朝亂臣賊子曠代少儔何但大王家事所宜切齒僕等俱荷朝眷未敢仰從長史崔景茂前瀛州刺史張烈前郢州刺史房叔祖徵士張僧皓咸云軍司議是欣乃斬顥使尋徵輔國將軍再遷廷尉卿祕書監祖瑩以贓罪被劾光韶必欲致之重法太尉陽城王徽尚書令臨淮王彧吏部尚書李神儁侍中李彧竝勢望當時皆爲瑩求寬光韶正色曰朝賢執事於舜之功未聞其一如何反爲罪人言乎其執意不回如此永安擾亂遂還鄉里光韶博學彊辯尤好理論至於人倫名教得失之閒搉而論之不以一毫假物家足於財而性儉吝衣馬敝瘦食味麤薄始光韶在都同里人王蔓於夜遇盜害其二子孝莊詔黄門高道穆令加檢捕一坊之內家別搜索至光韶宅綾絹錢布匱篋充積議者譏其矯嗇其家資產皆光伯所營光伯亡悉焚其契河間邢子才曾貸錢數萬後送還之光韶曰此亡弟相貸僕不知也竟不納刺史元弼前妻是光韶之繼室兄女弼貪惏不法光韶以親情亟相非責弼銜之時耿翔反於州界弼誣光韶子通與賊連結囚其合家拷掠非理而光韶與之辯爭詞色不屈會樊子鵠爲東道大使知其見枉理出之時人勸令詣樊陳謝光韶曰羊舌大夫已有成事何勞往也子鵠亦歎尙之後刺史侯淵代下疑懼謀爲不軌夜劫光韶以兵脅之責以謀略光韶曰凡起兵須有名義使君今日舉動直是作賊耳知復何計淵雖恨之敬而不敢害尋除征東將軍金紫光祿大夫不起光韶以世道屯邅朝廷屢變閉門卻埽吉凶斷絕誡子孫曰吾自謂立身無慙古烈但以祿命有限無容希世取進在官以來不冒一級官雖不達經爲九卿且吾平生素業足以遺汝官閑亦何足言也吾既運薄便經三娶而汝之兄弟各不同生合葬非古吾百年之後不須合也然贈諡之及出自君恩豈容子孫自求之也勿須求贈若違吾志如有神靈不享汝祀吾兄弟自幼及老衣服飲食未曾一片不同至於兒女官婚榮利之事未常不先以推弟弟頃罹橫禍權作松櫬亦可爲吾作松棺使吾見之卒年七十一孝靜帝初侍中賈思同申啟稱述光韶詔贈散騎常侍驃騎將軍青州刺史光韶弟光伯爲青州別駕後以族弟休臨州申牒求解尙書奏案禮始封之君不臣諸父昆弟封君之子臣昆弟不臣諸父封君之孫得盡臣計始封之君卽是世繼之祖尙不得臣況今刺史既非世繼而得行臣吏之節執笏稱名者乎檢光伯請解率禮不愆謂宜許遂靈太后令從之尋除北海太守有司以其更滿依例奏代明帝詔曰光伯自莅海沂淸風遠著兼其兄光韶復能辭榮侍養兄弟忠孝宜有甄錄可更申三年以廣風化後歷太傅諮議參軍節閔帝時崔祖螭張僧皓起逆攻東陽旬日閒衆十餘萬刺史東萊王貴平欲令光伯出城慰勞兄光韶爭之曰以下官觀之非可慰喻止也貴平逼之不得已光伯遂出城未及曉喻爲飛矢所中卒贈青州刺史子滔武定末般州別駕脩之弟道固亮叔祖也道固字季堅其母卑賤嫡母兄攸之目連等輕侮之父輯謂攸之曰此兒姿識或能興人門戶汝等何以輕之攸之等遇之彌薄輯乃資給道固令其南仕時宋孝武爲徐兗二州刺史以道固爲從事道固美形貌善舉止習武事孝武嘉之會青州刺史新除過彭城孝武謂曰崔道固人身如此何可爲寒士而世人以其偏庶侮之可爲嘆息刺史以道固爲主簿後爲宋諸王參軍被遣青州募人長史以下竝詣道固道固諸兄等逼其所生自致酒炙於客前道固驚起接取謂客曰家無人力老親自執劬勞諸客皆知其兄所作咸拜其母母謂道固曰我賤不足以報貴賓汝宜答拜諸客皆歎美道固母子賤其諸兄後爲冀州刺史鎭歷城宋明帝立徐州刺史薛安都與道固等立廢帝子業弟子勛子勛敗乃歸魏獻文帝以爲南冀州刺史清河公宋明帝遣說道固以爲徐州刺史復歸宋皇興初獻文詔征南大將軍慕容白曜討道固道固面縛請罪白曜送赴都詔恕其死乃徙齊土人望其道固守城者數百家於桑乾立平齊郡於平城西北北新城以道固爲太守賜爵臨淄子尋徙居京城西南二百餘里舊陰館之西延興中卒子景徽襲爵初道固之在客邸與薛安都畢衆敬鄰館時以公集相見本既同由武達頗結寮舊時安都志已衰朽於道固疏略而衆敬每盡殷勤道固謂劉休賓房法壽曰古人云非我族類其心必異安都視人殊自蕭索畢固依依也景徽字文叡卒於平州刺史謚曰定子休纂襲爵道固兄目連子僧祐僧深僧

深坐兄僧祐與沙門法秀謀反徙薄骨律鎮後位南青州刺史元妻房氏生子伯驎伯驥後薄房氏納平原杜氏與俱徙生子子伯鳳祖龍祖螭祖虬僧深得還之後絕房氏遂與杜氏及四子寓青州伯驎伯驥與母房居冀州雖往來父間而心存母氏孝慈之道頓阻一門僧深卒伯驎奔赴不敢入家寄哭寺門祖龍剛躁與兄伯驎訟嫡庶並以刀劍自衛若怨讐焉祖螭小字杜客普泰初反尒朱仲遠討斬之祖虬少好學不馳競僧深從弟和位平昌太守家巨富而性吝埋錢數百斛其母李春思堇惜錢不買子執字啓則盜錢百萬背和亡走後至儀同開府鎧曹參軍坐貪僞賜死晉陽

裴叔業河東聞喜人魏冀州刺史徽之後也五世祖苞晉秦州刺史祖邕自河東居于襄陽父順宗兄叔寶仕宋齊並有名位叔業少有氣幹頗以將略自許宋元徽末歷官爲羽林監齊高帝驃騎行參軍齊受命累遷爲寧蠻長史廣平太守叔業早與齊明帝善事明帝輔政以爲心腹使領軍奄襲諸蕃鎮盡心用命及卽位以爲給事黃門侍郎封武昌縣伯孝文南次鍾離齊拜叔業爲徐州刺史以水軍入淮帝令郎中裴聿往與之語叔業盛飾左右服翫以夸之聿曰伯父儀服誠爲美麗但恨不晝遊耳齊明帝崩廢帝卽位誅大臣都下屢有變發叔業登壽春城北望肥水謂部下曰卿等欲富貴乎我言富貴亦可辦耳未幾見徙南兗州刺史會陳顯達圖建鄴叔業遣司馬李元護應之及顯達敗而還叔業慮內難未已不願爲南兗州齊廢帝嬖臣茹法珍王咺之等疑其有異去來者並云叔業北入叔業兄子植颺瑜粲等棄母奔壽陽法珍等以其既在疆場且欲羈縻之白齊主遣中書舍人裴穆慰誘之許不須回換叔業雖得停而憂懼不已時梁武帝爲雍州刺史叔業遣親人馬文範以自安之計訪之梁武帝曰雍州若能堅據襄陽輒當勠力自保若不爾回面向北不失河南公梁武報曰惟應送家還都以安慰之自然無患若意外相逼當勒馬二百匹直出橫江以斷其後則天下事一舉可定若欲北向彼必遣人相代以河北一地相處河南公寧復可得如此則南歸望絕矣叔業沈疑未決遣信詣豫州刺史薛眞度訪入北之宜眞度荅書盛陳朝廷風化叔業乃遣子芬之及兄女夫韋伯昕奉表內附景明元年正月宣武詔授叔業使持節散騎常侍都督豫州刺史征南將軍封蘭陵郡公又賜叔業璽書遣彭城王勰尙書令王肅赴接軍未度淮叔業病卒李元護席汝友等推叔業兄子植監州事詔贈叔業驃騎大將軍開府儀同三司諡忠武公給東園温明祕器子蒨之字文德仕齊隨郡王左常侍先卒子譚紹封譚麤險好殺所乘牛馬爲小驚逸手自殺之然孝事諸叔盡於子道國祿歲入每以分贍世以此稱之位輔國將軍中散大夫卒贈南豫州刺史諡曰敬子測字伯源襲歷通直散騎侍郎天平中走於關中蒨之弟芬之字文馥長者好施篤愛諸弟仕齊位羽林監入魏以父勳封上蔡伯爲東秦州刺史在州有清靜稱後徙封山茌縣遷岐州刺史爲隴賊所圍城陷賊以送上邽爲莫折念生所害贈青州刺史芬之弟藹之字幼重性輕率好琴書其內弟柳諧善鼓琴藹之師之而微不及也位汝陽太守叔業長兄子彥先少有志尙叔業以壽春入魏彥先封雍邱縣子位渤海相卒諡曰惠恭彥先子約字元儉性頗剛鯁後襲爵冀州大乘賊起敕爲別將行渤海郡事城陷見害長子英起武定末洛州刺史英起弟威起卒於齊王府中兵參軍贈鴻臚少卿彥先弟絢揚州中從事時揚州霖雨水入城刺史李崇居城上繫船憑焉絢率城南人數千家汎舟南走高原謂崇還北遂與別駕鄭祖起等送子十四人於崇崇勒水軍討之眾潰見獲投水而死植字文遠叔業兄叔寶子也少而好學覽綜經史尤長釋典善談理義隨叔業在壽春叔業卒席法友柳元達等共舉植監州祕叔業喪問數命處分皆出於植於是開門納魏軍詔以植爲兗州刺史崇義縣侯入爲大鴻臚卿後以長子昕南叛有司處之大辟詔特恕其罪以表勳誠尋除授揚州大中正出爲瀛州刺史再遷度支尙書加金紫光祿大夫植性非柱石所爲無恆兗州之還也表請解官隱於嵩山宣武不許深以爲怪然公私集論自言人門不後王肅怪朝廷處之不高及爲尙書志意頗滿欲以政事爲己任謂人曰非我須尙書尙書亦須我辭氣激揚見於言色及入參議論時對眾官面有譏毀又表毀征南將軍田益宗言戎夷異類不因在百世衣冠之上率多侵侮皆此類也侍中于忠黃門元昭覽之切齒寢而不奏韋伯昕告植欲謀廢黜尙書又奏羊祉告植姑子皇甫仲達云受植子旨詐稱被旨率合部曲欲圖領軍于忠時忠專權既構成其禍又矯詔殺之朝野稱冤臨終神志自若遺令子弟命盡之後翦落鬚髮被以法服以沙門禮葬于嵩高之原初植與僕射郭祚都水使者韋儁等同時見害後祚儁事雪加贈而植追封爵而已植故吏渤海刁沖上疏訟之於是贈尙書僕射揚州刺史乃改葬植植母夏侯道遷

姊也性甚剛峻於諸子皆如嚴君長成後非衣帢不見小有罪過必束帶伏門經五三日乃引見之督以嚴訓惟少子衎得以常服見之旦夕溫凊植在瀛州也其母年踰七十以身為婢自施三寶布衣麻菲手執箕帚於沙門寺埽洒植弟瑜粲衎竝亦奴僕之服泣涕而從有感道俗諸子各以布帛數百匹贖免其母於是出家為比邱尼入嵩高積歲乃還家植既長嫡母又年老其在州數歲以妻子自隨雖在州送祿奉母及贍諸弟而各別資財同居異爨一門數竈蓋亦染江南之俗也論者譏焉植弟颺壯果有謀略在齊以軍功位驍騎將軍入魏為南司州刺史封義陽縣伯詔命未至為賊所殺進爵為侯宣武以颺勳效未立而卒其子烱不得襲封明帝初烱行貨於執事乃封平城縣伯烱字休光小字黃頭頗有文學善事權門領軍元乂納其金帛除鎮遠將軍散騎常侍揚州大中正進爵為侯改封高城縣兼尚書右丞出為東郡太守為城人所害贈散騎常侍青州刺史謚曰簡颺弟瑜字文琬封下密縣子試守滎陽郡坐虐暴殺人免官後徙封觀津子卒於渤海太守贈豫州刺史謚曰定瑜弟粲字文亮封舒縣子沈重善風儀頗以驕豪為失歷正平恆農二郡太守高陽王雍曾以事屬粲粲不從雍甚為恨後因九日馬射敕畿內太守皆赴京師雍時為州牧粲脩謁雍含怒待之粲神情閑邁舉止抑揚雍目而不覺解及坐定謂粲曰可更為一行粲便下席為行從容而出坐事免後宣武聞粲善自標置欲觀其風度令傳詔就家急召之須臾間使者相屬合家恇懼不測所以粲便恬然神色不變帝歎異之時僕射高肇以外戚之貴勢傾一時朝士見者咸望塵拜謁粲候肇惟長揖而已及還家人尤責之粲曰何可自同凡俗也又曾詣清河王懌下車始進便屬暴雨粲容步舒雅不以霑濡改節懌乃令人持蓋覆之歎謂左右曰何代無奇人性好釋學一親昇講座雖持義未精而風韻可重但不涉經史終為知音所輕後為揚州大中正中書令明帝釋奠以為侍講轉金紫光祿大夫元顥入洛以粲為西兗州刺史尋為濮陽太守崔巨倫所逐棄州入嵩高山節閔帝初復為中書令後正月晦帝出臨洛濱粲起御前再拜上壽酒帝曰昔北海入朝蹔竊神器爾日卿戒之以酒今欲我飲何異於往情粲曰北海志在沈湎故諫其所失陛下齊聖溫克臣敢獻微誠帝曰甚愧來譽仍為命酌孝武初出為驃騎大將軍膠州刺史屬時亢旱士人勸令禱於海神粲憚違眾人乃為祈請直據胡牀舉杯曰僕白君左右云前後例皆拜謁粲曰五嶽視三公四瀆視諸侯安有方伯致禮海神卒不肯拜時青州叛賊耿翔寇亂三齊粲惟高譚虛論不事防禦之術翔乘其無備掩襲州城左右白言賊至粲云豈有此理左右又言已入州門粲乃徐云賊王可引上聽事自餘部眾且付城人不達時變如此尋為翔害送首於梁子含字文若員外散騎侍郎粲弟衎字文舒學識優於諸兄才亦過之事親以孝聞兼有將略仕齊位陰平太守歸魏授通直郎衎欲辭朝命上表請隱居嵩高詔從之宣武末稍以出山干祿執事後歷建興河內二郡太守歷二郡廉貞寡欲善撫百姓人吏追思之孝昌初梁將曹景宗寇荊州詔衎為別將與恆農太守王羆救荊州衎大破之荊州圍解除北道都督鎮鄴西之武城封安陽縣子時相州刺史安樂王鑒潛圖叛逆衎覺其有異密表陳之尋而鑒所部別將嵇宗驅驛告變乃詔衎與都督源子邕李神軌等討鑒平之除相州刺史北道大都督進討臨汝縣公詔衎與子邕北討葛榮軍敗見害贈車騎大將軍司空相州刺史子嵩襲叔業之歸魏又有尹挺柳玄達韋伯昕皇甫光梁祐崔高容閻慶胤柳僧習竝預其功尹挺天水冀人仕齊位陳郡太守與叔業參謀歸誠歷南司州刺史柳元達河東解人頗涉經史仕齊諸王參軍與叔業姻婭周旋叔業獻款元達贊成其計入魏除司徒諮議參軍封南頓縣子卒改封夏陽縣子子縉襲縉弟遠字季雲性麤放無拘檢時人或謂之柳癲好彈琴耽酒時有文詠孝武初除儀同開府參軍事放情琴酒之閒每行出返家人或問消息答云無所聞縱聞亦不解後客游卒元達弟元瑜位陰平太守卒子諧頗有文學善鼓琴以新聲手勢京師士子翕然從學除著作佐郎於河陰遇害韋伯昕京兆杜陵人學尚有壯氣自以才智優於裴植常輕之植嫉之如讐郎彥先之妹夫也叔業以其有大志故遣芋芬之為質入魏封零除縣男歷南陽太守坐事免後拜員外散騎常侍加中壘將軍告裴植謀為廢黜植坐死後百餘日伯昕亦病卒臨亡見植為祟曰云裴尚書死不獨見由何以見怒皇甫光安定人美鬚髯善言笑入魏卒於渤海太守兄椿齡從辥安都於彭城內附授岐州刺史椿齡子璋鄉郡相璋弟瑒位吏部郎性貪婪多所受納鬻賣吏官皆有定價後以丞相高陽王雍之壻為豫州刺史為政殘暴百姓患之卒於安南將軍光祿大夫贈尚書左僕射子長卿太尉司馬梁祐北地人叔業從姑子也好學便弓馬隨叔業征伐身被五

十餘創景明初賜爵山桑子出爲北城太守清身率下甚有聲稱歷太中大夫從容風雅好爲談詠常與朝廷名賢泛舟洛水以詩酒自娛遷光祿大夫端然養志不歷權門卒於京兆內史崔高容清河人博學善文辭美風彩景明初位散騎侍郎出爲揚州開府掾帶陳留太守卒官閻慶胤天水人博識多聞善於談論聽其言說不覺忘疲卒於敷城太守柳僧習見周史其子虬傳

夏侯道遷譙國人也少有志操年十七父母爲結婚韋氏道遷云欲懷四方之志不願娶婦家人咸謂戲言及婚求覓不知所在乃云逃入益州後隨裴叔業於壽春爲南譙太守二家雖爲姻好親情不協遂單騎歸魏拜驍騎將軍隨王肅至壽春肅薨道遷棄戍南叛會梁以莊邱黑爲征虜將軍梁秦二州刺史鎮南鄭黑請道遷爲長史帶漢中郡會黑死而道遷陰圖歸順先是仇池鎮將楊靈珍反叛南奔梁以靈珍爲征虜將軍假武都王助戍漢中道遷乃擊靈珍斬其父子送首於京師梁冠軍將軍江悅之等推道遷爲梁秦二州刺史道遷遣表歸闕詔璽書慰勉授持節散騎常侍平南將軍豫州刺史封豐縣侯遣尚書邢巒指授節度道遷表受平南常侍而辭豫州豐縣侯引裴叔業公爵爲例宣武不許道遷自南鄭來朝京師引見於太極東堂免冠徒跣謝曰比在壽春遭韋纘之酷申控無所致此猖狂是改之來希酬昔遇宣武曰卿建爲山之功一簣之玷何足謝也道遷以賞報爲微逡巡不拜尋改封濮陽縣侯歲餘頻表解州宣武許之除南兗州大中正不拜道遷雖學不深洽而歷覽書史閑習尺牘好言宴務口實京師珍羞罔不畢有於京城西水次市地大起園池殖列蔬果延致秀彥時往遊適妓妾十餘常自娛樂國秩歲入三千餘匹專供酒饌不營家業每誦孔融語曰坐上客恆滿尊中酒不空餘非吾事也識者多之歷華瀛二州刺史爲政清嚴善禁賊盜卒贈雍州刺史謚明侯初道遷以拔漢中歸誠本由王頹興之計求分邑戶五百封之宣武不許靈太后臨朝道遷重求分封太后大奇之議欲更以二百戶封頹興會卒遂寢道遷不聘正室惟有庶子數人長子夬字元廷歷鎮遠將軍南兗州大中正夬性好酒居喪不戚醇醪肥鮮不離於口酤買飲噉多所費用父時田園貨賣略盡人間債猶數千餘匹穀食至常不足弟妹不免飢寒初道遷知夬好酒不欲傳授國封夬未亡前忽夢見征虜將軍房世寶至其家聽事與其父坐屏人密言夬心驚懼謂人曰世寶至官少間必擊我也尋有人至云官呼郎隨召即去遺左右杖之二百不勝楚痛大叫良久乃悟流汗徹於寢具至明前涼城太守趙卓詣之見其衣濕謂夬曰卿昨夜當大飲溺衣如此夬乃具陳所夢先是旬餘祕書監鄭道昭暴病卒夬聞謂卓曰人生何常惟當縱飲於是昏酣遂甚夢後二日不能言針之乃得語而猶虛劣俄而心悶而死洗浴者覩其尸體大有杖處青赤隱起二百下許贈鉅鹿太守初夬與南人辛諶庾遵江文遙等終日遊聚酣飲之際恆相謂曰人生局促何殊朝露坐上相看先後間耳脫有先亡者於良辰美景靈前飲宴儻或有知庶共歆饗及夬亡後三月上巳諸人相率至夬靈前仍共酌飲時日晚天陰室中微闇咸見夬在坐衣服形容不異平昔時執盃酒似若獻酬但無語耳夬家客雍僧明心有畏恐披簾欲出便即僵仆狀若被毆夬從兄欣宗云今是節日諸人憶弟疇昔之言故來共飲僧明何罪而被嗔責僧明便悟而欣宗鬼語如夬平生并怒家人皆得其罪又發陰私竊盜咸有次緒夬妻裴植之女也與道遷諸妾不睦訟鬩徹于公庭子籍年十餘歲襲祖封已數年而夬弟脊等言其眇目痼疾不任承繼自以與夬同庶已應紹襲尚書奏籍承封　道遷兄子奐位咸陽太守道遷之謀歸國也襄陽羅道珍北海王安世潁川辛諶漢中姜永等皆參其勳末道珍爲齊州東平原相有能名安世苻堅丞相王猛玄孫也歷涉書傳位北華州刺史諶魏衛尉辛毗後也有文學位濮陽上黨二郡太守永善彈琴有文學位漢中太守永弟漾亦善士性至孝時潁川庾道者亦與道遷俱入國雖不參勳謀亦爲奇士歷覽史傳善草隸書輕財重義仕梁右中郎將及至洛陽環堵弊廬多與儁秀交舊積二十餘歲殊無宦情後爲饒安縣令罷卒

李元護遼東襄平人晉司徒允之八世孫也允子順璠及孫沈志皆有名宦沈孫根仕慕容寶爲中書監根子後智等隨慕容德南渡河居青州數世無名三齊豪門多輕之元護以魏平齊後隨父懷慶南奔身長八尺美鬚髯少有武力仕齊位馬頭太守雖以將用自達然亦頗覽文史習於簡牘後爲裴叔業司馬汝陰太守叔業歸順元護贊同其謀叔業疾病元護督率上下以俟援軍壽春克定元護頗有力焉景明初以元護爲齊州刺史廣饒縣伯尋以州人聊世明圖爲不軌元護誅戮所加微爲濫酷州內飢儉表請振貸蠲其賦役但多有部曲時爲侵擾城邑苦之故不得爲良刺史也三年卒病前月餘京師無故傳其凶問又城外送客亭柱有人書

曰李齊州死綱佐餞別者見而拭之後復如此元護妾伎十餘聲色自縱情慾既甚支骨稍消鬚長二尺一時落盡贈青州刺史元護爲齊州經拜舊墓巡省故宅饗賜村老莫不欣暢及將亡謂左右曰吾常以方伯簿伍至靑州士女屬目若喪過東陽不可不好設儀衛哭泣盡哀令觀者改容也家人遵其誡子會襲正始中降爵爲子會頗駃好酒其妻南陽太守清河房伯玉女也甚有姿色會不荅之房乃通其弟機因會醉殺之子景宣襲機與房遂如夫婦積十餘年房亡[illegible]衰乃更婚娶元護弟靜性貪忍兄亡未斂便剝妓服玩及餘物歷齊君內史

席法友安定人也祖父南奔法友仕齊以膂力自效任安豐新蔡二郡太守建安戍主後與裴叔業同謀歸魏拜豫州刺史苞信縣伯叔業卒後法友與裴植追成叔業志淮南克定法友有力焉歷華并二州刺史後爲別將出淮南欲解朐山之圍法友始渡淮而朐山敗沒遂停十年恬靜自安不競世利宣武末除濟州刺史以廉和著稱又徙封乘氏後卒於光祿大夫贈秦州刺史謚襄侯子景通襲善事元乂兼路乂父繼繼爲司空引景通爲掾卒贈衛尉少卿子鄙襲走關西

王世弼京兆霸城人也姚泓之滅其祖父南遷世弼身長七尺八寸魁岸有壯[illegible]善草隸書好愛墳典仕齊爲軍主助戍壽春遂與裴[illegible]業同謀歸誠除南徐州刺史封愼縣伯後除東秦州刺史政任於刑爲人所怨有受納之響爲御史中丞李平所彈會赦免後爲河北太守有清稱再遷中山內史加平北將軍直閤元羅領軍元乂弟也曾過中山謂曰二州刺史飜復爲郡當恨恨耳世弼曰儀同之號起自鄧隲平北爲郡始在下官卒贈豫州刺史謚曰康長子會汝陽太守次子由字茂道好學有文才尤善草隸書性方厚有名士風又工摹書爲時人所服位東萊太守罷郡寓居潁川天平初元洪威構逆大軍攻討爲亂兵所害名流悼惜之

江悅之字彥和濟陽考城人也七世祖統晉散騎常侍避劉石之亂南渡祖興之父範之並爲宋武所誅悅之少孤仕宋歷諸王參軍好兵書有將略善待士有部曲數百人仕齊爲後軍將軍部曲稱至千有餘人梁初以討滅劉季連功進號冠軍將軍武興氐攻破白馬進圍南鄭悅之大破氐衆還復白馬梁秦二州刺史莊丘黑死夏侯道遷與悅之及龐樹軍主季忻榮張元亮士孫天與等謀以梁州內附梁華陽太守尹天寶率衆向州城遂圍南鄭悅之晝夜督戰會武興軍至天寶敗道遷之克全勳款悅之實有力焉與道遷俱至洛陽尋卒贈梁州刺史追封安平縣子謚曰莊悅之二子文遙文遠文遙少有大度輕財好士士多歸之道遷之圖楊靈珍文遙奮劒請行遂手斬靈珍襲父封拜咸陽太守勤於禮接終日坐聽事至者見之假以恩顏屏人密問於是人所疾苦大盜姓名姦猾吏長無不知悉郡中震肅姦劫息止政爲雍州諸郡之最後爲安州刺史善於綏納甚得物情時杜洛周葛榮等相繼叛逆幽燕已南悉沒唯文遙介在羣賊之外孤城獨守鳩集荒餘且耕且戰百姓皆樂爲用卒官長史許思祖等以文遙有遺愛復推其子果行州事既攝州事乃遣使奉表莊帝嘉之除果通直散騎侍郎行安州事既而賊勢轉盛救援不接果乃攜諸弟幷率城人東奔高麗天平中詔高麗送果等元象中乃得還朝文遠善騎射勇於攻戰以軍功位中散大夫龍驤將軍

湻于誕字靈遠其先太山博人也後世居蜀漢或家安國之桓陵縣父興宗齊南安太守誕年十二隨父向揚州父於路爲羣盜所害誕雖幼而哀感奮發傾資結客旬朔之內遂得復讐州里之間無不稱歎景明中自漢中歸魏陳伐蜀計宣武嘉納之延昌末王旅大舉除驍騎將軍都督別部司馬領鄉導統軍誕不願先受榮爵乃固讓實官止參戎號及奉辭之日詔若克成都即以益州許之師次晉壽蜀人大震屬宣武晏駕不果而還後以客例起家羽林監正光中秦隴反叛詔誕爲西南道軍司馬與行臺魏子建共參經略時梁益州刺史蕭深猷遣將樊文熾蕭世澄等率衆數萬圍小劒戍子建遣誕勒兵馳赴大敗之禽世澄等十一人文熾先走獲免孝昌初于運以誕行華陽郡帶白馬戍後卒於東梁州刺史贈益州刺史謚曰莊

張讜字處言清河東武城人也六世祖弘晉長秋父卿華慕容超左僕射讜仕宋位東徐州刺史及平徐兗讜乃歸順於尉元元表授東徐州刺史遣中書侍郎高閭與讜對爲刺史後至京師禮遇亞於辥畢賜爵平陸侯讜性開通篤於接恤青齊之士雖疎族末姻咸相敬視李敷李訢等寵要勢家亦推懷陳款無所顧避畢衆敬等皆敬重之高允之徒亦相器待卒贈青州刺史謚康侯子敬伯求致父喪出葬冀州清河舊墓久不被許停柩在家積五六年第四子敬叔先在徐州初聞父喪不欲奔赴而規南叛爲徐州所勒送至乃自理後得襲父爵敬伯自以隨父歸國乃賜爵昌安侯出爲樂陵太守

敬叔武邑太守父喪得葬舊墓還屬清河初讜兄弟十人兄忠字處順在南爲合鄉令歸降賜爵新昌侯卒於新興太守贈冀州刺史讜妻皇甫氏被掠賜中宮爲婢皇甫遂詐癡不能梳沐後讜爲宋冀州長史因貨千餘匹求皇甫文成怪其納賄之多引見之時皇甫年垂六十矣文成曰南人奇好能重室家之義此老母復何所任乃能如此致費也皇甫氏歸讜令諸妾境上奉迎數年卒後十年而讜入魏讜兄子安世正始中自梁漢同夏侯道遷歸款爲客積年出爲東河間太守卒

李苗字子宣梓潼涪人也父膺梁太僕卿苗出後叔父畎畎爲梁州刺史大著威名王足之伐蜀梁武命畎拒足於涪許其益州及足退梁武遂改授畎畎怨將有異圖事發被害苗年十五有報雪志延昌中歸魏仍陳圖蜀計將軍高肇西伐詔假苗龍驤將軍爲鄉導次晉壽宣武晏駕班師後以客例除員外散騎侍郎苗有文武才幹以大功不就家恥未雪常懷慷慨乃上書陳平定江南之計其文理甚切於時明帝幼沖無遠略之意竟不能納正光末三秦反叛侵其三輔時承平既久人不習戰苗以隴兵彊悍且羣聚無資乃上書以爲食少兵精利於速戰糧多卒眾事宜持久今隴賊猖狂非有素蓄雖據兩城本無德義其勢在於疾攻日有降納遲則人情離阻坐受崩潰夫飄至風起逆者求萬一之功高壁深壘王師有全制之策今且宜勒大將深溝高壘堅守勿戰別命偏師精卒數千出麥積崖以襲其後則汧岐之下羣妖自散於是詔苗爲統軍與別將淳于誕出梁益隸行臺魏子建子建以苗爲郎中仍領統軍深見知待孝昌中兼尚書左丞爲西北道行臺與大都督宗正珍孫討汾絳蜀賊平之及殺尒朱榮榮從弟世隆擁部曲還逼都邑孝莊幸大夏門集羣臣博議百僚計無所出苗獨奮衣起曰今朝廷有不測之危正是忠臣烈士效節之時請以一旅之眾爲陛下徑斷河梁莊帝壯而許焉苗乃募人於馬渚上流以師夜下去橋數里放火燒船俄而橋絕賊沒水死者甚眾官軍不至賊乃涉水與苗死鬬眾寡不敵苗浮河而沒帝聞哀傷久之贈都督梁州刺史車騎大將軍儀同三司河陽縣侯謚忠烈苗少有節操志尚功名每讀蜀書見魏延請出長安諸葛不許歎息謂亮無奇計及覽周瑜傳未曾不嗟咨絕倒太保城陽王徽司徒臨淮王彧竝重之二王頗或不穆苗每諫責徽寵勢隆極猜忌彌甚苗謂人曰城陽蜂目豺聲今轉彰矣解鼓琴善屬文詠工尺牘之敏當世罕及死之日朝野悲壯之及帝幽崩世隆入洛主者追苗贈封以白世隆世隆曰吾爾時羣議更一二日便欲大縱兵士燒燔都邑任其採掠賴苗京師獲全天下之善一也不宜追之子曇襲爵

劉藻字彥先廣平易陽人也六世祖遐從晉元帝南渡父宗之宋廬江太守藻涉獵羣籍美談笑善與人交飲酒至一石不亂太安中與姊夫李嶷俱來歸賜爵易陽子擢拜南部主書號爲稱職時北地諸羌恃險作亂前後宰守不能制朝廷患之乃以藻爲北地太守藻推誠布信諸羌咸來歸款朝廷嘉之雍州人王叔保等三百人表乞藻爲騶奴戍主詔曰選曹已用人藻有惠政自宜他敘在任八年遷離城鎮將太和中改鎮爲岐州以藻爲岐州刺史轉秦州刺史秦人恃險率多麤暴或拒課輸或害吏長自前守宰遙領不入郡縣藻開示恩信誅戮豪橫羌氐憚之守宰於是始得居其舊所遇車駕南伐以藻爲東道都督秦人紛擾詔藻還州人情乃定仍與安南元英征漢中破賊軍長驅至南鄭垂平梁州奉詔還軍乃不克果後車駕南伐以藻爲征虜將軍督統軍高聰等四軍爲東道別將辭於洛水之南孝文曰與卿石頭相見藻對曰臣雖才非古人庶亦不留賊虜而遺陛下輒當醲曲阿之酒以待百官帝大嘆曰今未至曲阿且以河東數石賜卿後與高聰等戰敗俱徙平州景明初宣武追錄舊功拜藻爲太尉司馬卒子紹珍無他才用善附會好飲酒結託劉騰啟爲其國郎中令襲父爵永安中歷河北黎陽二郡太守所在無政績天平中坐子洪業入於關中率眾侵擾伏法

傅永字脩期清河人也幼隨叔父洪仲與張幸自青州入國尋復南奔有氣幹拳勇過人能手執鞍橋倒立馳騁年二十餘有友人與之書而不能答請與洪仲洪仲深讓之而不爲報永乃發憤讀書博涉經史兼有才幹爲崔道固城局參軍與道固俱降入爲平齊百姓父母竝年老飢寒十數年賴其彊於人事勠力傭丐得以存立晚爲奉禮郎詣長安拜文明太后父燕宣王廟賜爵貝邱男除中書博士王肅之爲豫州以永爲肅平南長史咸陽王禧慮肅難信言於孝文曰已選傅脩期爲其長史雖威儀不足而文武有餘矣肅以永宿士禮之甚厚永亦以肅爲帝眷遇盡心事之情義至穆齊遣將魯康祖趙公政等率眾一萬侵豫州之大倉口肅令永擊之永量吳楚兵好以斫營爲事又賊若夜來必於渡淮之所以火記其淺處永既設伏乃密令人以瓠盛火度淮南岸當深處置之教云若有火起卽亦然之其夜康

祖公政等果親率領來斫永營東西二伏兵夾擊之康祖等奔趨淮水火既競起不能記其本濟處遂望永所置火而爭渡水深溺死者不可勝計斬首數千級生擒公政康祖人馬墜淮曉而獲其尸斬首幷公政送京師時裴叔業率王茂先李定等東侵楚王戍肅復令永將伏兵擊其後軍破之獲叔業傘扇鼓幕甲仗萬餘兩叔業單騎而免兩月中遂獻再捷孝文嘉之遣中謁者就豫州策拜永安遠將軍鎮南府長史汝南太守貝邱縣男帝每嘆曰上馬能擊賊下馬作露布惟傅脩期耳裴叔業又圍渦陽時帝在豫州遣永爲統軍與高聰劉藻成道益任莫問等救之永曰深溝固壘然後圖之聰等不從一戰而敗聰等棄甲奔懸瓠永獨收散卒徐還賊追至又設伏擊之挫其銳藻從邊永免官爵而已不經旬詔永爲汝陰鎮將帶汝陰太守景明初裴叔業將以壽春歸國密通於永及將迎納詔永爲統軍與楊大眼奚康生等諸軍俱入壽春二人同日而永在後故康生大眼並賞列土永惟清河男齊將陳伯之逼壽春沿淮爲寇時司徒彭城王勰廣陵侯元衍同鎮壽春以九江初附人情未洽兼臺援不至深以爲憂詔遣永爲統軍領汝陰三千人先援之永至勰令永引軍入城永曰若如教旨便共殿下同被圍守豈有救援之意遂孤軍城外與勰幷勢以擊伯之頻有尅捷中山王英之圍義陽永爲寧朔將軍統軍當長圍遏其南門齊將馬仙琕連營稍進規解城圍永乃分兵付長史賈思祖令守營壘自將馬步千人南逆仙琕擐甲揮戈單騎先入惟有軍主蔡三虎一人副之突陣橫過賊射永洞其左股永拔箭復入大破之仙琕燒營卷甲而走英於陣謂永曰公傷矣且還營永曰昔漢王捫足不欲人知下官雖微國家一帥柰何使虜有傷將之名遂與諸軍追之極夜而返時年七十餘矣三軍莫不壯之義陽平英使司馬陸希道爲露布意謂不可令永改之永亦不增文采直與之改陳列軍儀處置形要而英深賞之還京除太中大夫後除恒農太守非心所樂時英東征鍾離表請永求以爲將朝廷不聽永每言曰馬援充國竟何人哉吾獨白首見拘此郡然於御人非其所長故在郡無聲稱遷左將軍南兖州刺史年踰八十猶能馳射盤馬奮矟常諱言老每自稱六十九還京師拜光祿大夫卒贈齊州刺史永嘗登北邙於平坦處奮矛躍馬盤旋瞻望有終焉之志遠慕杜預近好李沖王肅欲葬附其墓遂買左右地數頃敕其子叔偉曰此吾之永宅也永妻賈氏留本鄉永至代都娶妾馮氏生叔偉及數女賈後歸平城無男唯一女馮恃子事賈無禮叔偉亦奉賈不順賈不忿之馮先永卒叔偉稱父命欲葬北邙賈疑叔偉將以馮合葬遂求歸葬永於所封貝邱縣事經司徒司徒胡國珍感其所慕許叔偉葬焉賈乃邀訴靈太后太后從賈意乃葬於東淸河又永昔營宅兆葬父母於舊鄉賈於此彊徙之與永同處永宗親不能抑葬已數十年矣棺爲桑棗根所繞束去地尺餘甚爲周固以斧斫出之於坎時人咸怪叔偉膂力過人彎弓三百斤左右馳射能立馬上與人角騁見者以爲得永武而不得永文

傅豎眼者本清河人也七世祖仙仙子遘爲石虎太常祖父融南徙渡河家于磐陽爲鄉閭所重性豪俠有三子靈慶靈根靈越並有才力融頗自負謂足爲一時之雄嘗謂人曰吾昨夜夢有一駿馬無堪乘者人曰何由得人乘有一人曰惟傅靈慶堪此馬又有弓一張亦無人堪引人曰惟有傅靈根可彎此弓又有數紙文書人皆讀不能解人曰惟有傅靈越能解此文融謂其三子文武才幹足以駕馭當世常從容謂鄉人曰汝聞之不鬲虫之子有三靈此圖讖文也好事者然之故豪勇士多相歸附宋將蕭斌王玄謨寇碻磝時融始死玄謨彊引靈慶爲軍主將攻城攻車爲城內所燒靈慶懼軍法詐云傷重令左右輿還營遂與壯士數十騎遁還斌玄謨命追之左右諫曰靈慶兄弟並有雄才兼其部曲多是壯勇如彭超尸生之徒皆一當數十人弦不虛發不可逼也玄謨乃止靈慶至家遂與二弟匿山澤間時靈慶從叔乾愛爲斌法曹參軍斌遣乾愛誘呼之以腰刀爲信密令壯健者隨之而乾愛不知斌之欲圖靈慶既至斌所遣壯士執靈慶殺之靈慶將死與母崔氏訣言法曹殺人不可忘也靈根靈越奔河北靈越至京師因說齊人慕化青州可平文成大悅拜靈越青州刺史貝邱子鎮羊蘭城靈根爲臨齊副將鎮明潛壘靈越北入之後母崔氏遇赦免宋恐靈越在邊擾三齊乃以靈越叔父琰爲冀州中從事乾愛爲樂陵太守樂陵與羊蘭隔河相對命琰遣其門生與靈越婢詐爲夫婦投化以招之靈越與母分離思積遂與靈根南走靈越與羊蘭奮兵相擊乾愛出遣船迎之得免靈根差期不得俱渡臨齊人知剉斬殺之乾愛出郡迎靈越問靈根徵期狀靈越殊不應答乾愛不以爲惡敕左右出匣中烏皮袴褶令靈越代所常服靈越言不須乾愛云汝可著體上衣服見垣公也時垣護之爲刺史靈越奮聲言垣公垣公著此當見南國方主豈垣公也竟不肯著及至丹陽

宋孝武見而禮之拜兗州司馬而乾愛亦遷青冀司馬帶魏郡後二人俱還建鄴靈越意恆欲爲兄復讐而乾愛初不疑防知乾愛嗜雞肉葵菜食乃爲作之下以毒藥乾愛飯還而卒後數年靈越爲太原太守宋廢帝遇弒靈越舉兵與徐州刺史薛安都同孝武子晉安王子勛子勛以靈越爲前軍將軍子勛敗靈越軍衆散亡爲明帝將王廣之軍人所擒厲聲曰我傅靈越也汝得賊何不卽殺廣之生送詣宋輔國司馬劉勔勔躬自慰勞詰其叛逆靈越曰九州唱義何獨在我勔又問卿何不早歸天闕乃逃命草間對曰薛公舉兵淮北威震天下不能專任智勇委付子姪致敗之由實在於此人生歸於一死實無面永活勔壯其意送還建鄴明帝欲加原宥靈越辭對如一終不回撓乃殺之暨眼卽靈越子也沈毅壯烈少有父風入魏鎭南王肅見而異之且奇其父節傾身禮敬表爲參軍以軍功累遷益州刺史高肇伐蜀假暨眼征虜將軍持節領步兵三萬先討巴北所至克捷暨眼性旣清素不營產業衣食之外俸祿粟帛皆以饗賜夷酋振恤士卒撫蜀人以恩信爲本保境安人不以小利侵竊有掠蜀人入境者皆移送還本檢勒部下守宰肅然遠近雜夷相率款謁仰其德化思爲魏民矣宣武甚嘉之明帝初屢請解州乃以元法僧代之益州人追隨戀位者數百里梁將趙祖悅逼壽春鎭南將軍崔亮討之以暨眼爲持節鎭南軍司法僧旣至大失人和梁遣其衡州刺史張齊因人心怨入寇進圍州城朝廷以西南爲憂乃驛徵暨眼於淮南以爲益州刺史尋加散騎常侍西征都督率步騎三千以討齊給銅印千餘須有假職者聽六品以下版之暨眼旣出梁州梁軍所在拒塞暨眼三日中轉戰二百餘里甲不出身頻致九捷蜀人聞暨眼復爲刺史人人喜悅迎於路者日有百數暨眼至州白水巳東人皆寍業張齊仍阻白水屯寇葭萌暨眼分遣諸將水陸討之大破其軍齊被重創奔而退小劒大劒賊亦捐城西走益州平靈太后璽書慰勞之賜驊騮一匹寶劒一口後轉岐州刺史仍轉梁州刺史梁州人旣得暨眼爲牧人咸自賀而暨眼至州遇患不堪綜理其子敬紹險暴不仁聚貨耽色甚爲人害遠近怨望尋假鎭南將軍都督梁西益巴二州諸軍事梁遣其北梁州長史錫休儒等十軍率衆三萬入寇直城暨眼遣敬紹總衆赴擊大破之敬紹頗覽書傳微有膽力而奢淫倜儻輕爲殘害又見天下多事陰懷異圖欲杜絕四方擅據南鄭令其妾兄唐崑崙扇攪於外聚衆圍城敬紹謀爲內應賊圍旣合事泄在城兵執敬紹白暨眼而殺之暨眼恚發疾卒永安中贈吏部尚書左丞齊州刺史孝武帝初贈司空公相州刺史長子敬和次子敬仲竝好酒薄行傾側勢家敬和孝莊時以其父有遺惠於益州復爲益州刺史至州聚歛無巳好酒嗜色遠近失望仍爲梁將樊文熾攻圍城降送於江南後以齊神武威德日廣令敬和還北以申和通之意除北徐州刺史復以耽酒爲土賊掩襲棄城走遂廢棄卒於家

張烈字徽之清河東武城人也孝文帝賜名曰烈仍以本名爲字焉高祖悕爲慕容儁尚書右僕射曾祖恂散騎常侍隨慕容德南渡因居齊郡之臨淄縣烈少孤貧涉獵經史有氣槩時青州有崔徽伯房徽叔與烈竝有令譽時人號三徽孝文時入官代都歷侍御主文中散遷洛爲太子步兵校尉齊將陳顯達謀將入寇時順陽太守王青石世官江南荆州刺史廣陽王禧慮其有異表請代之詔侍臣各舉所知互有申薦者帝曰太子步兵張烈每論軍國事時有會人意處朕欲用之如何彭城王勰稱贊之遂除順陽太守烈到郡二日便爲齊將崔慧景攻圍之七十餘日烈撫厲將士甚得軍民之和會車駕南討慧景遁走帝親勞之曰卿果能不負所寄烈謝曰不遇鑾輿親駕臣不免困於犬羊自是陛下不負臣非臣能不負陛下帝善其對宣武卽位追錄元勳封清河縣子尋以母老歸養積十餘年頻遇凶儉烈爲粥以食飢人蒙濟者甚衆鄉黨以此稱之明帝卽位爲司空長史先是元乂父江陽王繼曾爲青州刺史及乂當權烈託故義之懷遂相諂附歷給事黃門侍郞光祿大夫靈太后反政以乂黨出爲青州刺史時議者以烈家產畜殖家僮甚多慮其有異不宜出爲本州改瀛州刺史爲政清靜吏民安之後因辭老還鄉兄弟同居怡然爲親類所慕卒於家烈先爲家誡千餘言并自敘志行及所歷之官臨終敕子姪不聽求贈但勒家誡立碣而巳其子質奉行焉質博學有才藝位諫議大夫烈弟僧皓字山容歷涉羣書工於談說有名於當世以諫議大夫國子博士散騎侍郞徵竝不起世號徵君焉好營產業孜孜不巳藏鏹巨萬他資稱是兄弟自供儉約車馬疲弊身服布裳而婢妾紈綺僧皓尤好蒲弈戲不擇人是以獲譏於世節閔帝時崔祖螭舉兵攻東陽城僧皓與同事事敗死於獄中

李叔彪渤海蓨人也從祖金神䴥中與高允俱徵位征南從事中郞叔彪好學博聞有識度爲鄉閭所稱太和

中拜中書博士與淸河崔亮河閒邢巒竝相友善三遷國子博士本國中正攝樂陵中正性淸直甚有公平之稱歷中書侍郞太尉高陽王雍以其器操重之尋除假節行華州事爲吏民所稱卒贈南靑州刺史謚曰穆叔彪子遜字道興有學識州舉秀才拜太常博士使詣長安册祭燕宣王廟還除儀曹郞賜爵蓨縣男稍遷興平太守卒子彖字孟則淸簡有風槩博涉羣書初襲爵稍遷中書侍郞光祿大夫兼散騎常侍使梁卒贈驃騎大將軍儀同三司冀州刺史彖從容風素有名於時喪妻無子終竟不娶論者非之

路侍慶字伯瑞陽平淸泉人也祖綽陽平太守侍慶有幹用與廣平宋飜俱知名爲鄕閭所稱太和中除奉朝請侍慶以從兄文舉有才望同推讓之孝文遂竝拜焉累遷定州河閒王深長史爲深貪暴肆意侍慶每進苦言卒贈左將軍安州刺史謚曰襄子祖璧給事中侍慶弟仲信思令竝有令名官位

房亮字景高淸河人也父法延譙郡太守亮好學有節操太和中舉秀才爲奉朝請兼員外常侍使高麗高麗王託疾不拜亮以辱命坐白衣守郞中歷濟北平原二郡太守以淸嚴稱後爲東荆州刺史亮留心撫納夷夏安之時邊州刺史例得一子出身亮不言其子而啟弟子起爲奉朝請議者稱之卒於光祿大夫贈撫軍將軍齊州刺史弟銓悅等竝歷位淸顯

曹世表字景昇魏大司馬休九世孫也祖謨父慶竝有學問世表性雅正工尺牘涉獵羣書爲司徒記室與武威賈思伯范陽盧同隴西辛雄竝相友善侍中崔光鄕里貴達每稱美之延昌中除淸河太守臨官省約百姓安之孝昌中爲尙書左丞出行東豫州刺史遷東南道行臺卒贈齊州刺史

潘永基字紹業長樂廣宗人也父靈乾中書侍郞永基性通率輕財好施爲長樂太守時葛榮攻信都永基與刺史元孚同心防捍力窮城陷榮欲害孚永基請以身代孚死永安二年除潁川太守遷東徐州刺史永熙中爲車騎將軍左光祿大夫尋加衞大將軍復除東徐州刺史前後在州爲吏民所愛卒贈尙書右僕射司徒公冀州刺史子子義子智子義學涉有父風仕隋至尙書右丞

朱元旭字君昇本樂陵人也頗涉子史閑解几案稍遷尙書度支郞中神龜末以郞選不精大加沙汰元旭與隴西辛雄范陽祖瑩太山羊深西平淳于恭竝以才用見留尋兼尙書右丞仍郞中本州中正時關西都督蕭寶夤啟云所統十萬食惟一月明帝大怒詔問所由錄令以下皆推罪元旭又見御坐前屈指計較寶夤兵糧乃踰一年事乃得釋復遷衞將軍左光祿大夫天平中復拜尙書左丞旣無風操俛仰隨俗性多機數自容而已於是朝廷分汾郡河東二界扶風之地立義州置關西歸款戶除元旭義州刺史卒官

蘇亮字景順武功人魏侍中則之後晉亂避地河右太武平涼州還鄕里祖稚字天祐位中書侍郞玉門郡守父祐泰山郡守亮少通敏博學好屬文善章奏與弟湛等皆著名西土一家舉二秀才亮初舉秀才至洛陽過河内常景景深器之而謂人曰秦中才學可以抗山東將此人乎齊王蕭寶夤引爲參軍寶夤遷大將軍仍爲之掾寶夤雅相知重凡有文檄謀議皆以委之尋行武功郡事甚著聲績寶夤作亂以亮爲黃門侍郞亮善處人閒與物無忤及寶夤敗從之者多遇禍唯亮獲全及長孫承業尒朱天光等西討竝以亮爲郞中專典文翰賀拔岳爲關西行臺引亮爲左丞典機密孝武帝西遷遷吏部郞中大統二年拜給事黃門侍郞領中書舍人文帝子宜都王式爲秦州刺史以亮爲司馬帝謂亮曰黃門侍郞豈可爲秦州司馬直以朕愛子出藩故以心腹相委勿以爲恨臨辭賜以御馬八年封臨涇縣子除中書監領著作修國史亮以機辯善談笑周文甚重之有所籌議率多會旨記人之善忘人之過薦達後進常如弗及故當世敬慕歷祕書監大行臺尙書出爲岐州刺史朝廷以其作牧本州特給路車鼓吹先還其宅并給騎士三千列羽儀游鄕黨經過故人歡飲旬日然後入州世以爲榮十年徵拜侍中卒於位贈本官亮少與從弟綽俱知名然綽稍不逮亮至於經畫進趣亮又減之故世稱二蘇焉綽傳列在周史亮自大統以來無歲不轉官一年或至三遷僉曰才至不怪其速也所著文筆數十篇頗行於世子師嗣以亮名重於時起家黃門侍郞亮弟湛字景儁少有志行頗涉羣書與亮俱知名西土年二十餘舉秀才除奉朝請領侍御史加員外散騎侍郞蕭寶夤之討關西以湛爲行臺郞中深見委任孝昌中寶夤大敗東還朝廷以爲雍州刺史後自猜懼害中尉酈道元乃稱兵反時湛臥疾於家寶夤乃令湛從母弟天水姜儉報湛云元略受蕭衍意旨乃欲見除酈道元之來事不可測吾不能坐受死亡今便爲身計不復作魏臣也與君契闊故以相報死生榮辱與君共之湛聞之舉聲大哭儉遽止之曰何得便爾湛曰百口

居家郎時居誠云何得不哭哭數十聲徐謂儉曰爲我白齊王王本以窮鳥投人賴朝廷假王羽翼遂榮寵至此旣屬國步多虞不能竭忠報德乃欲乘人閒隙有不臧之心信行路無識之語欲以羸敗之兵守關問鼎今魏德雖衰天命未改且王之恩義未洽於民破亡之期必不旋踵蘇湛終不能以積世忠貞之基爲王族滅也寶夤復報曰此自救命之計不得不爾所以不先相白者恐沮吾計故爾湛復曰凡爲大事者當得天下奇士今但共長安博徒小兒輩計之湛不忍見荆棘生王戶庭也願乞骸骨還鄉里脫得因此病死庶歸全地下無媿先人寶夤素重之知必不爲己用遂聽還武功寶夤後果敗莊帝徵拜尚書郎至帝謂之曰前聞卿旣荅蕭寶夤甚有美辭可爲我說之湛頓首謝曰臣自惟言辭不如伍被遠矣然始終不易竊謂過之但臣與寶夤周旋契闊言得盡心而不能令其守節臣之罪也莊帝大悅加散騎侍郎尋遷尚書孝武初以疾還鄉里終於家贈散騎常侍鎭西將軍雍州刺史湛弟讓字景恕幼聰敏好學頗有人倫之鑒初爲本州主簿稍遷別駕武都郡守鎭遠將軍金紫光祿大夫及周文爲丞相引爲府屬甚見親待出爲衞將軍南汾州刺史有善政尋卒官贈車騎大將軍儀同三司涇州刺史

魏子建字敬忠鉅鹿下曲陽人也祖歆本郡太守父悅濟陰太守子建釋褐奉朝請累遷太尉從事中郎初宣武時平氐遂於武興立鎭尋改爲東益州其後鎭將刺史乖失人和羣氐作梗遂爲邊患乃除子建東益州刺史子建布以恩信遠近淸靜正光五年南北二秦城人莫折念生韓祖香張長命相繼構逆僉以州城之人莫不勁勇同類悉反宜先收其器械子建以爲城人數當行陣盡皆驍果安之足以爲用急之腹背爲憂乃悉召居城老壯曉示之并上言諸城人本非罪坐而來者悉求聽免明帝優詔從之子建漸分其父兄子弟外居郡戍內外相顧終獲保全及秦賊乘勝屯營黑水子建乃潛使掩襲前後斬獲甚衆威名赫然先反者及此悉降乃閒使上聞帝甚嘉之詔子建兼尚書爲行臺刺史如故於是威振蜀土其梁巴二益兩秦之事皆所節度梁州刺史傅豎眼子敬仲心以爲愧在洛大行貨賄以圖行臺先是子建亦屢求歸京師至此乃遣刺史唐永代焉豎眼因爲行臺子建將還羣蠻戀慕相率斷道主簿楊僧覆先行曉諭諸氐怒曰我當留刺史爾送出也斫之數創幾死子建徐加慰譬旬月方得前行吏民贈遺一無所受而東益氐蜀尋反攻逼唐永永棄城而走乃喪一藩矣初永之走子建客有沙門曇璨及鉅鹿人耿顯皆沒落氐手及知子建之客垂泣追衣物還之送出白馬遺愛所被如此初子建爲前將軍十年不徙在洛閑暇與吏部尚書李韶韶從弟延寔頗爲弈碁時人謂爲耽好子建每曰碁於廉勇之際得之深矣且吾未爲時用博弈可也及一臨邊事凡經五年未曾對局還洛後累遷衞尉卿初元顥內逼莊帝北幸子建謂所親盧義僖曰北海自絕社稷稱藩蕭衍吾老矣豈能爲陪臣遂攜家口居洛南顥平乃歸先苦風痺及此遂甚以卿任有務屢上書乞身特除右光祿大夫邢杲之平太傅李延寔于侍中或爲大使撫慰東土時外戚貴盛送客塡門子建亦往候別延寔曰小兒今行何以相勖子建曰益以盈滿爲誡延寔悵然久之及莊帝殺尒朱榮遇禍於河陰者其家率相弔賀太尉李虔第二子仁曜子建之女壻往亦見害子建謂姨弟盧道虔曰朝廷誅翦權貴兇徒尚梗未聞有奇謀異略恐不可濟此乃李門禍始弔賀無乃怱怱及永安之後李氏宗族流離或遇誅夷如其所慮後歷左光祿大夫加散騎常侍驃騎大將軍子建自出爲藩牧董司山南居脂膏之中遇天下多事正身潔己不以財利經懷及歸京師家人衣食常不周贍清素之迹著於終始性存重愼不雜交游惟與尚書盧義僖姨弟涇州刺史盧道裕雅相親昵及疾篤顧敕二子曰死生大分含氣所同世有厚葬吾平生不取蘧蒢裸身又非吾意氣絕之後斂以時服吾生平契闊前後三娶合葬之事抑又非古且汝二母先在舊塋墳地久固已有定別唯汝次母墓在外耳可還入兆域依班而窆行於吾墓之後如此足矣不須附合當順吾心勿令吾有遺恨永熙三年春卒于洛陽孝義里舍時年六十又贈儀同三司定州刺史諡曰文靜二子收祚收知名齊代自有傳子建族子悙字仲讓容貌魁偉性通率永安末除安東將軍光祿大夫尒朱仲遠鎭東郡以事捕悙遣出外執悙兄子允而去悙聞哭曰若害允盜無吾也乃見仲遠叩頭曰家事在悙允何知也乞以身罪仲遠義而許之天平中拜衞將軍右光祿大夫悙叔偃字盤虯有當世幹用位驍騎將軍性浮動晚乃曲附高肇彭城王勰之死也偃構成其事爲時所惡子貿字懷素幼有立志年十四啟母求就徐遵明受業母以其年幼不許貿遂密將一奴遠赴徐學留書一紙置所卧牀內外見之相視悲歎五六年中便通諸經大義自學言歸生徒輻湊皆同衣食情若兄弟後避葛榮難客

居道國飛龍山爲亂賊所害士友傷惜之興和二年侍中李神儁祕書監常景等三十二人申辭於尚書爲請贈諡事下太常博士考行諡曰貞烈先生

魏釗子建族弟也本名顯義字弘理孝文帝賜名仍命以顯義爲字雅性俊辯博涉羣書有當世才兼資文武知名梁楚淮泗之閒孝文南伐聞而召之既至與語大悅謂釗曰今我此行是卿建功之日免之勿憂不富貴也授內都直侍左右師次淮南諸城未有下者釗乃進曰陛下百萬之軍風行電埽攻城略地所向無前雖有智者莫能爲計然而師次淮南已經累日義陽諸城猶敢拒守此非不懼亡滅自謂必可保全也但陛下卒徒果銳殺掠尚多人有畏威未嘗懷惠恐一旦降下妻子不全所以遲疑未肯先發臣請間入城內見其豪右宣達聖心示以誠信必當大小相率面縛請罪陛下拔其英楚因而任之此外諸城可不勞兵而自定孝文大喜曰所以召卿本爲是耳卿今此言副吾所望釗遂夜入城中示以危亡之期開以生全之路城中大小欣悅明旦開門出降自此而南望塵款附孝文謂釗曰卿之一言逾於十萬之師揚我信義播于四表寔卿一人之力卽授義陽太守陵江將軍又令釗與諸將統兵討襲所當無不摧破軍中服其勇敢孝文益喜謂羣臣曰中國士人吾拔擢咸盡文武膽略未有若釗儔加授建忠將軍追贈其父處順州刺史時經略江左方大用之遇風疾發動頻降醫藥竟不痊復卒時年六十四子彥字惠卿博學善屬文趙郡王幹辟開府參軍廣陵王羽辟記室竝不行陳留公李崇甚重之引爲鎮西參軍事崇討叛氐楊靈珍叛蠻魯北鷰又請爲記室參軍中山王英討淮南亦請爲記室參軍軍還求爲著作佐郞思樹不朽之業以晉書作者多家體製繁雜欲正其紕繆刪其游辭勒成一家之典俄而彭城王聞李崇稱之復請爲掾兼知主客郞中書遂不成王遇害退歸田里清河王復請爲諮議王勢高名重深爲權倖所嫉彥恐罹其禍固辭以疾肅宗初拜驃騎長史尋轉光州刺史年六十八卒子長賢列在齊史

魏季景子建族弟也父鸞字雙和孝文帝賜名有器幹體貌魁偉以有容儀爲奉車都尉曾升輅車觸毀金翼斂容請罪帝笑曰卿體貌過人素不便習何足懼也車駕南征漢陽除鸞統軍帝歷幸其營歎賞之及在馬圈不豫敕兼武衞將軍領宿衞左右景明中六輔之廢鸞頗豫其事後除光州刺史吏滿還朝卒諡曰夷季景少孤清苦自立博學有文才弱冠有名京師時邢子明稱有才學殆與子才相侔季景與子建子收名相亞洛中號兩邢二魏莊帝時爲中書侍郞普泰中爲尚書右丞季景善附會守要當朝必先事其左右尒朱世隆特不愛之於時才名甚盛頗過其實太昌中位給事黃門侍郞甚見信待除定州大中正孝武帝釋奠季景與溫子昇李業興竇瑗等俱爲摘句天平初因遷都遂居柏人西山內懷憂悔乃爲擇居賦以自慰元象初兼給事黃門侍郞後兼散騎常侍使梁還歷大司農卿魏郡尹卒家無餘財遺命薄葬贈散騎常侍衞尉卿所著文筆二百餘篇子澹知名列在隋史

通志卷第一百五十下終

通志卷一百五十一

宋右廸功郎鄭樵漁仲撰

列傳第六十四

後魏

孫紹 張普惠 成淹 范紹 劉桃符 鹿悆
張熠 劉道斌 董紹 馮元興 袁翻 陽尼從孫固 固從兄藻 賈思伯弟思同 祖瑩 爾朱榮子菩提 叉羅 文殊 文暢 文畧 榮從子兆 榮從弟彥伯 彥伯弟仲遠 仲遠弟世隆 榮從父弟度律 榮從祖兄子天光 朱瑞 叱列延慶 斛斯椿 賈顯度弟智 樊子鵠 侯深 賀拔允 侯莫陳悅 念賢 梁覽 雷紹 毛遐弟鴻賓 鴻顯 乙弗朗 辛雄從父兄纂 從族祖琛 琛子悠 俊 楊機 高恭父崇 兄謙之 綦儁
山偉 宇文忠之 費穆 孟威

孫紹字世慶昌黎人也少好學通涉經史初為校書郎稍遷給事中後為門下錄事好言得失與常景共修律令延昌中紹表曰臣聞建國有計雖危必安施化能和雖寡必盛政乖失理雖合必離作用失機雖成必敗此乃古今同然百王之定法也今二虢京門了無嚴防南北二中復闕固守長安鄴城股肱之寄穰城上黨腹背所憑四軍五校之軌領護分事之式徵兵儲粟之要舟車水陸之資山河要害之權緩急去來之用持平赴救之方節用應時之法特宜修置以固堂堂之基持盈之體何得而忽且法開清濁而清濁不平申滯理望而卑寒亦免士庶同悲兵徒懷怨中正賓望於下里主案舞筆於上臺眞僞混淆知而不糾得者不欣失者倍怨使門齊身等而涇渭奄殊類應同役而苦樂縣異士人居職不以為榮兵士役苦心不忘亂故有競棄本生飄藏他土或詭名託養散沒人間或亡命山藪漁獵為命或投仗彊豪寄命衣食又應遷之戶逐樂諸州應留之徒避寒歸暖職人子弟隨榮浮游南北東西卜居莫定關禁不修任意取適如此之徒不可勝數爪牙不復為用百工爭棄其業混一之計事實闕如考課之方責辦無日流浪之徒決須精校今彊敵窺時邊黎伺隙內人不平久戍懷怨戰國之勢竊謂危矣必造禍源者北邊鎮戍之人也若夫一統之年持平用之者大道之計也亂離之期縱橫作之者行權之勢也故道不可久須文質以換情權不可恒隨汙隆以收物文質應世道形自安汙隆獲吏權勢亦汙然則王者計法之趣化物之規圓方務得其境人物不失其地又先帝時律令並議律尋施行令獨不出十餘年矣臣以令之為體即帝王之身分處百揆之儀安置九服之節乃是有為之樞機世法之大本也然修令之人亦皆博古依古撰置大體可觀比之前令精麤有在但主議之家大用古制若令依古高祖之法復須昇降誰敢措意有是非哉以是爭故久廢不理然律令相須不可偏用今律班令止於事甚滯若令不班是無典法臣下執事何依而行臣等修律非無勤止署下之日臣乃無名是謂農夫盡力他食其秋功名之所實懷於悒正光初兼中書侍郎紹性抗直每上封事常至懇切不憚犯忤但天性疏脫言乍高下時人輕之不見採覽紹兄世元善彈箏早卒紹後聞箏聲便涕泗嗚咽舍之而去後為太府少卿曾因朝見靈太后謂曰卿年稍老矣紹曰臣年雖老臣卿乃少太后笑之遷右將軍太中大夫紹曾與百僚赴朝東掖未開守門候旦紹於眾中引吏部郎中辛雄於眾外竊謂曰此中諸人尋當死盡唯吾與卿猶享富貴未幾有河陰之難紹善推祿命事驗甚多知者異之永安中拜太府卿以前參議正光壬子歷賜爵新昌子後卒於右光祿大夫贈尚書左僕射諡曰宣子伯元襲爵

張普惠字洪賑常山九門人也身長八尺容貌魁偉精於三禮兼善春秋百家之說太和十九年為主書帶制局監頗為孝文所知轉尚書都令史任城王澄重其學業為其聲價澄為雍州刺史啓普惠為府錄事參軍尋行馮翊郡事澄功衰在身欲七月七日集文武北園馬射普惠奏記於澄曰竊聞三殺九親別疏昵之敘五服六術等衰麻之心皆因事飾情不易之道者也然則莫大之痛深於終身之外書策之哀除於喪紀之內外者不可無節故斷之以三年內者不可遂除故殺之以日月況禮大練之日鼓素琴蓋推以即吉也小功以上非虞祔練祥不沐浴此拘之以制也曾子問曰相識有喪服可以與於祭乎孔子曰緦不祭又何助於人祭既不與疑無宴食之道又曰廢喪服可以與於饋奠之事乎子曰脫衰與奠非禮也注云謂其忘哀疾懟謂除喪之始不與饋奠小功之內其可觀射乎雜記云大功以下既葬適人人食之其黨也食之非其黨則不食食猶擇人於馬射為或非宜伏見明教立射會之限將以二七令辰集城中文武肆武藝於北園行揖讓於中舍時非大閱之秋景涉妨農之節國家縞禫甫除殿下功衰仍襲釋而為樂以訓百姓便是易先王之典教忘哀戚之情恐非所以昭令德示子孫者也案射儀射者以禮樂為本衰而從事不可謂禮鐘鼓弗設不可謂樂捨此二事何用射為又七日之戲令制無之班勞所施慮違事

體府庫空虛宜待新調乞至九月備飾盡行然後奏狸首之章宣騶相之命聲軒縣建雲鉦神人忻暢於斯時也澄意納其言託辭自罷乃答曰今雖非公制而此州承前已有斯式且集文習武人之常藝豈可於常藝之間要須令制乎禮兄弟內除明哀已殺小功客至主不絕樂聽樂則可觀武豈傷直自事緣須罷先以令停方獲此請深具來意澄轉揚州啓普惠以羽林監領鎭南大將軍開府主簿普惠既爲澄知歷佐二藩甚有聲譽還朝仍羽林監澄遭太妃憂臣寮爲立碑頌題碑欲云康王元妃之碑澄訪於普惠普惠答曰謹尋朝典但有王妃而無元字魯夫人孟子稱元妃者欲下與繼室聲子相對今烈懿太妃作配先王更無聲子仲子之嫌竊謂不假元字以別名位且以氏配姓愚以爲在生之稱故春秋夫人姜氏至自齊既葬以諡配姓故經書葬我小君文姜又曰來歸夫人成風之襚皆以諡配姓古者婦人從夫諡今烈懿太妃德冠一世故特蒙褒錫乃萬代之高事豈容於定名之重而不稱烈懿乎澄從之後爲步兵校尉以本官領河南尹丞宣武崩坐與甄楷等飲酒游從免官故事免官者三載之後降一階而敘若才優擢授不拘此限熙平中吏部尚書李韶奏普惠有文學依才優之例勅除盪寇將軍司空倉曹參軍朝議以不降階爲榮時任城王澄爲司空表議書記多出普惠廣陵王恭北海王顥疑爲所生祖母服朞與三年詔羣寮會議普惠議曰謹案二王祖母皆受命先朝爲二國太妃可謂受命於天子爲始封之母矣喪服慈母如母在三年章傳曰貴父命也鄭注云大夫之妾子父在爲母大功則士之妾子爲母朞父卒則皆得伸此大夫命其妾子以爲母所慈猶曰貴父命爲之三年況天子命其子爲列國王命其所生母爲國太妃反自同公子爲母練冠之與大功乎傳曰始封之君不臣諸父昆弟則當服其親服若魯衞列國相爲服朞判無疑矣何以明之喪服君爲姑姊妹女子子嫁於國君者傳曰何以大功尊同也尊同則得服其親服諸侯之子稱公子公子不得禰先君然則兄弟一體位列諸侯自以尊同得相爲服不可還準公子遠壓天王故降有四品君大夫以尊降公子大夫之子以壓降名例不同何可亂也禮大夫之妾子以父命慈己申其三年太妃既受命先帝光昭一國二王胙土茅社顯錫大邦舍尊同之高據附不禰之公子雖許蔡失位亦不是過服問曰有從輕而重公子之妻爲其皇姑公子雖壓妻尙獲申況廣陵北海論封君則封君之子語妃則命妃之孫承妃纂重遠別先皇更以先后之正統壓其所生之祖嫡方之皇姑不以遥乎今既許其申服而復限之以朞比之慈母不亦爽歟經曰爲君之祖父母父母妻長子傳曰何以朞父母長子君服斬妻則小君父卒然後爲祖後者服斬今祖乃獻文皇帝諸侯不得祖之母爲太妃蓋二王三年之證議者近背正經以附非類差之毫毛所失或遠且天子尊則配天莫非臣妾何爲命之爲國母而不聽子服其親乎記曰從服者所從亡則已又曰不爲母君之黨服則爲其母之黨服今所從既亡不以親服服其所生則屬從之服於何所施若以諸王入爲公卿便同大夫者則當今之議皆不須以國爲言也今之諸王自同列國雖不之國別置臣寮玉食一方得不以諸侯言之敢據周禮輒同三年當時議者亦有同異國子博士李郁於議罷之後書難普惠普惠據禮還答鄭重三反郁議遂屈轉諫議大夫澄謂普惠曰不喜君得諫議唯喜諫議得君時靈太后父司徒胡國珍薨贈相國太上秦公普惠以前世后父無太上之號詣闕上疏陳其不可左右畏懼莫敢爲通會聞胡家穿壙下壙有盤石乃密表曰竊見故侍中司徒胡公懷道含靈寶誕聖后近樞克維允之寄居槐體論道之名故以功餘九錫褒假黨蠢深聖上之加隆極慈后之至愛憲章天下不亦可乎而太上之號竊謂未衷何者禮記曰天無二日土無二王嘗禘郊社尊無二上竊惟高祖受禪於獻文皇帝故仰尊爲太上皇此因上上而生名也皇太后稱令以繫勑下蓋取三從之道遠同文母列於十亂則司徒爲太上恐乖繫勑之意易曰困於上者必反於下比克吉定兆而以淺改卜羣心悲惋亦或天地神靈所以垂至戒啟聖情伏願停司徒逼同之號從卑下不踰之稱則天下幸甚太后覽表親至國珍宅召集五品以上博議其事任城王澄大傅清河王懌侍中崔光御史中尉元匡尙書崔亮並同難普惠並以理正之無所屈廷尉少卿袁翻曰周官上公九命上大夫四命命數雖殊同名爲上何必上者皆是極尊普惠厲聲訶翻曰禮有上卿上士何止大夫與公但今所行以太加上二名雙舉不得非極雖蟲小藝微或相許至於此處豈卿所及翻甚有慙色默不復言議者咸以太后當朝志相黨順遂奏曰張普惠時雖不屈然非臣等所同渙汗已流請依前詔太后復遣元乂賈璨宣令謂普惠曰朕之所行孝子之志卿之所陳忠臣之道羣公已有成議卿不得苦奪朕懷後有所見勿得難言初普惠被召傳詔馳驛騶

馬來甚迅速佇立催去普惠諸子憂怖涕泗普惠謂曰我當休明之朝掌諫議之任若不言所難言諫所難諫便是唯唯曠官尸祿人生有死死得其所夫復何恨然朝廷有道汝輩勿憂及議罷旨勞還宅親故賀其幸甚時中山杜弼遺書普惠曰明侯淵儒碩學身負大才執此公方來居諫職謇謇如也諤諤如也一昨承在胡司徒第當庭面諍雖問難鋒生而應對響出宋城之帶始交魯門之柝裁督終使羣后逡巡庶寮拱默雖不見用於一時固已傳美於百代聞風快焉敬裁此白普惠美其此書每爲口實普惠以天下人調幅度長廣尚書計奏復徵綿麻恐人不堪命上疏曰伏聞尚書奏復綿麻之調遵先皇之軌夙宵惟度欣戰交集仰惟高祖廢大斗去長尺改重稱所以愛百姓從薄賦知軍國須綿麻之用故云幅度之間億兆應有綿麻之利故絹上稅綿八兩布上稅麻十五斤萬姓得廢大斗去長尺改重稱荷輕賦之饒下適於綿麻而已故歌儛以供其賦奔走以役其勤夫信行於上則億兆樂輸於下自茲已降漸至長濶百姓嗟怨聞於朝野伏惟皇太后未臨朝之前陛下居諒闇之日宰輔不尋其本知天下之怨綿麻不察其幅廣度長稱重斗大革其所弊存其可存而特放綿麻之調以悅天下之心此謂悅之不以道愚臣所以未悅者也普惠又表乞朝直之日持聽奉見自此之後月一陛見又以孝明不親視朝過崇佛法郊廟之事多委有司上疏曰伏惟陛下重暉纂統欽明文思天地屬心百神佇望伏願躬致郊廟之虔親紆朔望之禮釋奠成均竭心千畝明發不寐潔誠禋禴孝悌可以通神明德教可以光四海然後精進三寶信心如來道由化深故諸漏可盡法隨禮積故彼岸可登量撤僧寺不急之華還復百官久折之秩已興之構務從簡成將來之造權令停息但仍舊貫何必改作庶節用愛民法俗俱賴尋別勅付外議釋奠之禮時史官尅日蝕須勅罷朝普惠以逆廢朝非禮上疏陳之又表論時政得失一曰審法度平斗尺調租務輕賦役務省二曰聽輿言察怨訟先皇舊事有不便於政者請悉追改三曰進忠謇退不肖任賢勿貳去邪勿疑四曰興滅國繼絕世勳親之允所宜收敘書奏孝明靈太后引普惠於宣光殿隨事難詰延對移時太后曰小小細務一一翻動更成煩擾普惠曰聖上之養庶物若慈母之養赤子今赤子幾臨危墜將赴水火以煩勞而不救豈赤子所望於慈母太后曰天下蒼生寧有如此苦事普惠曰天下之親懿莫重於太師彭城王然遂不免枉死微細之苦何可謂無太后曰彭城之苦吾已封其三子何足復言普惠曰聖后封彭城之三子天下莫不忻至德知慈母之在上臣所以重陳者凡如此枉乞垂聖察太后曰卿云興滅繼絕意復誰是普惠曰昔淮南逆終漢文封其四子蓋骨肉之不可棄親親故也竊見咸陽京兆乃皇子皇孫一德之虧自貽悔戾沈淪幽壤緬焉弗收豈不是興滅繼絕之意太后曰卿言有理當命公卿博議及任城王澄薨普惠荷其恩待朔望奔赴至於禫除雖寒暑風雨無不必至初澄嘉賞普惠臨薨啟爲尚書右丞靈太后既深悼澄覽啟從之詔行之後尚書諸郎以普惠地寒不應便居管轄相與爲約並不欲放上省紛紜多日乃息正光二年詔遣楊鈞送蠕蠕主阿那瓌還國普惠謂遣之將貽後患上疏極言其不可表奏不從魏子建爲益州刺史有贓罪普惠被使驗之事遂得釋故子建父子甚德之時梁西豐侯正德詐稱降款朝廷皆謂當迎普惠請付揚州移還蕭氏不從俄而正德果逃還後除光祿大夫右丞如故先是仇池武興群氐數反西垂郡戍租運久絕詔普惠以本官爲持節西道行臺給秦岐涇華雍豳東秦七州兵文武三萬人任其召發送南秦東益二州兵租分付諸戍其所部將統聽於關西牧守之中隨機召遣軍資版印之屬悉以自隨事訖還朝賜絹布一百疋時詔訪冤屈普惠上疏多所陳論出除東豫州刺史淮南九戍十三郡猶因梁前弊別郡異縣之人錯雜居止普惠乃依次括比省減郡縣上表陳狀詔許之宰守因此綰攝有方奸盜不起人以爲便普惠不營財業好有進舉敦於故舊冀州人侯堅固少時與其游學早終其子長瑜普惠每於四時請祿無不減贍給其衣食及爲豫州啟長瑜解褐攜其合門拯給之在州卒謚曰宣恭

成淹字季文上谷居庸人也好文學有氣尚仕宋爲員外郎領軍主援東陽歷城皇興中降慕容白曜赴闕授兼著作佐郎獻文於仲冬之月欲巡漠北朝臣以寒甚固諫並不納淹上接輿釋游論帝覽之詔尚書李訢等曰卿諸人不如成淹論通釋人意乃勑停行太和中文明太后崩齊遣其散騎常侍裴昭明散騎侍郎謝竣等來弔欲以朝服行事主客報之云有常式何得以朱衣入凶庭昭明言本奉朝命不容改易孝文勅尚書李冲令選一學識者更與論執冲奏遣淹昭明言魏朝不聽朝服行禮義出何典淹言吉凶不同禮有成數元冠不弔童孺共聞昔季孫將行請遭喪之禮千載之下猶共

稱之卿遠自江南奉慰不能式遵成事方謂義出何典何其異哉昭明言齊高帝崩魏遣李彪通弔於時不素服齊朝亦不以爲疑那得苦見要逼淹言彪通弔之日朝命以弔服自隨而彼不遵高宗追遠之慕乃踰月卽吉彪行弔之時齊之君臣皆已鳴玉盈庭貂璫曜目彪爲行人何容獨以素服間衣冠之中我皇帝仁孝之性侔於有虞處諒闇以來百官聽於冢宰卿豈得以此方彼也昭明乃搖膝而言曰三皇不同禮亦安知得失所歸淹言若如來談則以虞舜高宗爲非也昭明等相顧笑曰非孝者宣尼有成責行人亦弗敢言使人唯齎袴褶此既戎服不可以弔幸借衣帢以申國命今爲魏朝所逼還南之日必得罪本朝矣淹曰彼有君子也卿將折衷之還南日應有高賞若無君子也但令有光國之譽雖非理得罪亦復何嫌南史董狐自當直筆帝聞淹與昭明言謂李冲曰我所用得人仍勑送衣帢給昭明等明旦引昭明等入皆令文武盡哀淹後除正佐郎其後齊遣其散騎常侍庾蓽散騎侍郎何憲主書邢宗慶等來聘孝文勑淹接於外館宗慶語淹言南北連和既久而比棄信絕好爲利而動豈是大國善鄰之義淹言夫爲王者不拘小節豈得眷眷守尾生之信且齊先主歷事宋朝當應便爾欺奪宗慶庾蓽及從者皆相顧失色何憲知淹昔從南入以手淹目曰卿何不作于禁而作王肅淹言我捨逆効順欲追蹤陳韓何于禁之有憲亦不對王肅之至也鑾輿行幸肅多扈從勑淹將引若有古跡皆使知之行到朝歌肅問此是何城淹言紂都朝歌肅言故應有殷之頑民淹言昔武王滅紂悉居河洛中因劉石亂華仍隨司馬東度肅知淹寓青州乃笑謂曰靑州何必無其遺種淹以肅本隸徐州曰若言靑州本非其地徐州間今日重來非所知也肅遂伏馬上掩口笑顧謂侍御史張思寧曰向聊因戲言遂致辭溺思寧馳馬以聞孝文大悅謂彭城王勰曰淹此段足爲制勝輿駕至洛肅因侍宴論戲肅曰近者行次朝歌聞成淹共卿殊有往復卿試重敘之肅言臣於朝歌失言一之已甚豈宜再說遂皆大笑肅又言淹才詞宜應敘進帝言若因此進淹恐辱卿轉甚肅言臣屈己達人正可顯臣之美帝曰卿爲人屈欲求屈己之名復於卿大優肅言淹既蒙進臣又得屈己伸人此所謂陛下惠而不費遂酣笑而止賜淹龍廐上馬一匹并鞍勒宛具朝服一襲轉謁者僕射時遷都帝以淹家貧給事力送至洛陽使與家累相隨及車駕濟淮勑徵淹淹於路左請見曰敵不可小願聖明保萬全之策伏聞發洛以來諸有諫者皆解官奪職恐非聖明納下之義帝優而容之帝幸徐州勑淹與閭龍駒專主舟楫將汎泗入河泝流還洛軍次碻磝淹以黃河峻急慮有傾危乃上疏陳諫帝勑淹曰朕以恒代無運漕之路故京邑人貧今移都伊洛欲通運四方黃河急峻人皆難涉我因此行乘流所以開百姓之心知卿誠至而不得相納賜驊騮馬一匹衣冠一襲除羽林監主客于時宮殿初構經始務廣兵民運材日有萬計伊洛流澌苦於厲涉淹遂啟求勑都水造浮航孝文賞納之意欲榮淹於衆朔旦受朝百官在位乃賜帛百疋知左右二都水事淹小心畏法典客十四年四方貢聘皆有私遺毫釐不納至乃衣食不充遂啟乞外祿景明三年出除平陽太守還朝病卒贈光州刺父謚曰定子霄字景鸞好爲文詠但率多鄙俗與河東姜質等朋游相好詩賦問答知音之士所共嗤笑卒治書侍御史

范紹字始孫敦煌龍勒人也少聰敏年十二父命就學師事崔光以父憂廢業母又誡之曰汝父卒日令汝遠就崔生希有成立今已過朞宜遵成命紹還赴學太和初充太學生轉算生頗涉經史孝文選爲門下通事令史遷錄事掌奏文案帝善之又爲侍中李冲黃門崔光所知帝曾謂近臣曰崔光從容范紹之力後朝廷有南討計發河北數州田兵通緣淮戍兵合五萬餘人廣開屯田八座奏紹爲西道六州營田大使加步兵校尉紹勤於勸課頻歲大穫又詔與都督中山王英論攻鍾離紹覩其城隍恐不可陷勸令班師英不從紹還具以狀奏聞俄而英敗後歷位并州刺史太常卿莊帝初遇害河陰

劉桃符中山盧奴人也生不識父九歲喪母性恭謹好學舉孝廉射策甲科歷碎職累遷中書舍人以勤明見知久不遷職宣武謂曰揚子雲爲黃門頓歷三世卿居此任始十年不足辭也東豫州刺史田益宗居邊貪穢宣武頻詔桃符慰喻之桃符還具稱益宗老耄而諸子非理處物宣武後欲代之恐其背叛拜桃符東豫州刺史與後將軍李世哲領衆襲益宗語在益宗傳桃符善恤蠻左爲民吏所懷久之徵還病卒贈洛州刺史

鹿悆字永吉濟陰乘氏人也祖壽興沮渠氏庫部郎父左再爲濟南太守有政績後卒於淮陽太守贈兗州刺史悆好兵書陰陽釋氏學彭城王勰召爲館客嘗詣徐州馬疲附船入汴夜睡從者上岸竊禾四束飼馬船行數里悆覺即停船至取禾處以縑三丈置禾束下而反

初爲眞定公元子直國中尉恒勸以忠廉之節嘗賦五言詩曰嶧山萬丈樹雕鏤作琵琶由此材高遠絃響藹中華又曰援琴起何調幽蘭與白雪絲管韻未成莫使絃響絕子直少有令問悆欲善終故以諷焉後隨子直鎭梁州州有兵糧和糴和糴者靡不潤屋悆獨不取子直彊之終不從孝莊爲御史中尉悆兼殿中侍御史監臨淮王彧軍時梁遣其豫章王綜據徐州綜密信通彧云欲歸欵衆議謂不然悆遂請行曰綜若誠心與之盟約如其詐也豈惜一人命乎時徐州始陷邊方騷擾綜部將成景儁胡龍牙並總彊兵內外嚴固悆遂單馬間出徑趣彭城未至之間爲綜軍主程兵潤所止問其來狀悆曰我爲臨淮王所使兵潤遣人白龍牙等綜旣有誠心聞悆被執語景儁等曰我每疑元略規欲叛城將驗虛實且遣左右爲元略使入魏軍中喚彼一人其使果至可令人詐作略身在一深室託爲患狀呼使戶外令人傳語時略始被梁武追還綜又遣腹心人梁話迎悆密語意狀令善酬答引悆詣龍牙所而龍牙語悆曰元中山甚欲相見故令喚卿又曰安豐臨淮將少弱卒規復此城容可得乎悆曰彭城魏之東鄙勢在必爭可否在天非人所測龍牙曰當如卿言復詣景儁住所停悆外門久而未入時夜已久有綜軍主姜桃來與悆言謂曰元法僧魏之微子拔城歸梁梁主待物有道乃上僧莒僕之流而梁納之無乃有愧於季孫也今月建鶉首斗牛受破歲星木也逆而尅之吳國敗喪不久且衣錦夜遊有識不許言未盡乃引入見景儁景儁良久謂曰卿不爲刺客也答曰今者爲使欲反命本朝相刺之事更卜後圖爲設食悆彊飲多食向敵數人微自夸詡諸人相謂曰壯哉乃引向元畧所一人引入戶指牀令坐一人別在室中出謂悆曰中山王有敎我昔有以向南且遣相喚欲問卿事晚來患動不獲相見悆遂辭而退須臾天曉綜軍主范勗景儁司馬楊瞟等競問北朝士馬多少悆陳士馬之盛尋而與梁話盟契訖末旬綜降詔封悆定陶縣子徐員外散騎常侍永安中爲右將軍給事黃門侍郎進爵爲侯雖任居通顯志在謙退迎送親賓加於疇昔而自無屋宅嘗假賃居止布衣糲食寒暑不變孝莊嘉其淸潔時復賜以錢帛及東徐州城人呂文欣殺刺史元大賓南引梁人詔悆以使持節散騎常侍安東將軍爲六州大使與行臺樊子鵠討破之悆又購斬文欣還拜金紫光祿大夫兼尙書右僕射東南道三徐行臺與都督賀拔勝等拒爾朱仲遠軍敗還京天平中除梁州刺史時滎陽人鄭榮業反圍州城城降榮業送悆於關西

張燿字景世自云南陽西鄂人也仕魏累遷步兵校尉永寧寺塔大興經營務廣靈太后嘗幸作所凡有顧問燿敷陳指畫無所遺闕太后善之後爲別將以軍功封長平男歷岐東荊州刺史天平初遷鄴草創右僕射高隆之吏部尙書元世儁奏曰南京宮殿毀撤送都連筏竟河首尾大至自非賢明一人專委受納則恐材木耗損有闕經構燿淸直素著有稱一時臣等將舉爲大將詔從之燿勤於其事尋轉營構左都將與和初加衞大將軍宮殿成除東徐州刺史卒於州贈司空公諡曰懿

劉道斌武邑灌津人也有器幹腰帶十圍鬚髯甚美初拜校書郎轉主書頗爲孝文所知從征南陽還加積射將軍給事中帝謂黃門郎邢巒曰道斌是行便異儕流矣宣武卽位遷謁者僕射後歷恒農太守岐州刺史所在有淸貞稱卒於州諡曰康道斌在恒農脩立學館建孔子廟堂圖畫形像去郡後故吏追思之後立道斌形於孔像之西而拜謁焉

董紹字興遠新蔡鮦陽人也少好學頗有文義起家四門博士累遷兼中書舍人便於對問爲宣武所賞豫州城人白早生以城南叛詔紹慰勞至上蔡爲賊所襲囚送江東梁領軍呂僧珍暫與紹言便相器重梁武帝遣使勞紹云忠臣孝子不可無之今當聽卿還國紹曰老母在洛無復方寸旣奉恩貸實若更生梁武乃引見之令其舍人周捨慰勞幷稱戰爭多年民物塗炭是以不恥先言欲與魏朝通好比亦有書都無報旨卿宜備申此意若欲通好今以宿豫還彼彼當以漢中見歸先是詔有司以所獲梁將齊狗兒等十人以換紹及還宣武懸之除給事中紹雖陳說和計朝廷不許累遷右將軍洛州刺史紹好行小惠頗得人情蕭寶夤反於長安紹上書求擊之云臣當出瞎巴三千生噉蜀子孝明帝謂黃門徐紇曰此巴眞瞎也紇答此是紹之壯辭云巴人勁勇見敵無畏懼非實瞎也帝大笑勑紹速行以拒寶夤之功賞新蔡男仍除梁州刺史時爾朱天光爲關右大行臺啟爲大行臺從事兼吏部尙書天光敗賀拔岳西征復請紹爲其開府諮議參軍岳後攜紹於高平牧馬紹悲而賦詩曰走馬山之阿馬渴飮黃河寗謂胡關下復聞楚客歌岳死宇文泰亦甚重之及孝武西遷除御史中丞非其好也鬱鬱不得志或行戲街衢或與少年游聚不自拘持頗類失性孝武崩宇文泰與百官推

奉文帝上表勸進令呂思禮薛憕作表前後再奏帝猶執謙沖不許泰曰爲文能動至尊者惟董公耳乃命紹爲第三表操筆便成泰曰開進人意不當如此也及登阼方欲任用之而紹議論朝廷賜死孫嗣

馮元興字子盛東魏郡肥鄉人也少有操尚舉秀才中尉王顯召爲檢校御史遷殿中御史司徒江陽王繼召爲記室參軍遂爲元乂所知乂執朝政引爲尚書殿中郎領中書舍人仍御史預聞時事卑身克已人無恨焉家素貧約食客恒數十人同其飢飽時人歎尚之太保崔光臨薨薦元興爲侍讀尚書賈思伯爲侍講授孝明帝杜氏春秋元興常爲摘句儒者榮之乂旣賜死元興亦被廢乃爲浮萍詩以自喻曰有草生碧池無根水上蕩脆弱惡風波危微苦驚浪普泰初爲光祿大夫領中書舍人太昌初卒於家贈齊州刺史元興世寒因元乂之勢託其交通相用爲州主簿論者以爲非倫時有齊郡曹昂有學識舉秀才永安中除太學博士兼尚書郎常徒步上省以示清貧忽遇盜大失綾縑時人鄙其矯詐

袁翻字景翔陳郡項人也父宣爲宋青州刺史洗文秀府主簿隨文秀入魏而大將軍劉昶言是其外祖淑近親令與其府諮議參軍袁濟爲宗宣時孤寒甚相依附及翻兄弟官顯與濟子洗演遂各陵競洗等乃經公府以相排斥翻少入東觀爲徐紇所薦李彪引兼著作佐郎參史事後拜尚書殿中郎正始初詔尚書門下於金墉中書外省考論律令翻與門下錄事常景孫紹廷尉監張彪律博士侯堅固書侍御史高綽前將軍邢苗奉車都尉程靈虬羽林監王元龜尚書郎祖瑩宋世景員外郎李琰之太樂令公孫崇等並在議限又詔太師彭城王勰司州牧高陽王雍中書監京兆王愉青州刺史劉芳左衛將軍元麗兼將作大匠李韶國子祭酒鄭道昭廷尉少卿王顯等入豫其事後除豫州中正是時脩明堂辟雍翻議謹按明堂之義今古諸儒論之備矣蓋唐虞以上事難該悉夏殷以降較可知之按周官考工所記皆記其時事具論夏殷名制豈其紕繆是知明堂五室三代同焉配帝像行義則明矣及淮南呂氏與月令同文雖布政班時有堂个之別然推其體則無九室之徵旣而正義殘隱妄說斐然明堂九室著自戴禮探緒求源罔知所出而漢氏因之自欲爲一代之法故鄭元云周人明堂五室是帝一室也合於五行之數周禮依數以爲之室本制著存是周五室也於今不同是漢異周也漢爲九室畧可知矣但就其此制猶有懵焉何者張衡東京賦云乃營三宮布教班常複廟重屋八達九房此乃明堂之文也而薛綜注云房室也謂堂後有九室堂後有九室之制非巨異乎裴頠又云漢氏作四維之个不能令各據其辰就使其像可圖莫能通其居用之禮此爲設虛器也甚知漢世徒欲削滅周典捐棄舊章改物創制故不復拘於載籍且鄭元之詁訓三禮及釋五經異義並盡思窮神不墜周公之舊法也伯喈損益漢制章句繁雜旣違古背新又不能易元之妙矣魏晉書紀亦有明堂祀五帝之文而不記其經始之制又無坦然可準觀夫今之基趾猶或髣髴高卑廣挾頗與戴禮不同何得以意抑心便謂九室可明且三雍異所復乖盧蔡之義進退無據何用經通晉朝亦以鑽鑿難明故有一屋之論並非經典正義皆以意妄作茲爲不典學家常談不足以範時軌世皇代旣乘乾統歷得一御宸自宜稽古則天憲章文武追蹤周孔述而不作豈容虛追子氏放篇之浮說徒損經紀雅誥之遺訓而欲以支離橫議指畫妄圖儀刑宇宙而貽來葉者也又北京制置求皆允帖繕脩草創以意良多事移化變存者無幾理苟宜革何必仍舊且遷都之始日不遑給先朝規度每事循古是以數年之中悛換非一良以永法爲難數改爲易何爲宮室府庫多因故迹而明堂辟雍獨遂此制建立之辰復未可知矣旣猥班訪逮輒輕率瞽言明堂五室請同周制郊建三雍求依故所庶有會經誥無失典刑後議選邊戍事翻議多見施用遭母憂去職熙平初除廷尉少卿頗有不平之論爲靈太后所責出爲陽平太守甚不自得遂作思歸賦神龜末遷涼州刺史時蠕蠕主阿那瓌後主婆羅門並以國亂來降朝廷問安置之計翻表曰今蠕蠕內爲高車所討滅外憑大國之威靈兩主投身一期而至百姓歸誠萬里相屬然夷不亂華前鑒無遠覆車在於劉石毁轍固不可尋今蠕蠕雖主奔於上人散於下而餘黨實繁部落猶衆高車亦未能一時并兼盡令率附又高車士馬雖衆主甚愚弱上不制下下不奉上唯以掠盜爲資陵奪爲業而河西捍禦彊敵唯涼州敦煌而已涼州土廣人稀糧仗素闕敦煌酒泉空虛尤甚若蠕蠕無復豎立令高車獨擅北垂則西顧之憂匪旦伊夕愚謂蠕蠕二主並宜存之居阿那瓌於東偏處婆羅門於西裔分其降人各有攸屬阿那瓌住所非所經見其中事勢不敢輒陳婆羅門請修西海故城以安處之西海郡本屬涼州今在酒泉直北千二百里去高車所住金山一

干餘里正是北虜往來之衝要漢家行軍之舊道土地沃衍大宜耕植非但今處婆羅門於事爲便卽可永爲重戍鎭防西北雖外爲署蠕蠕之聲內實防高車之策一二年後足食足兵斯固安邊保塞之長計也若婆羅門能自克厲使餘燼歸心收離聚散復興其國者乃漸令北轉徙度流沙卽是我之外藩高車之勍敵西北之虞何可過慮如其姦回反覆孤恩背德者此不過爲逋逃之寇於我何損今不早圖戎心一啟脫先據西河奪我險要則酒泉張掖自然孤危長河已西終非國有不圖厥始而求憂其終噬臍之恨悔將何及愚見如允乞遣大使往涼州敦煌及於西海躬行山谷要害之所親閱亭障遠近之宜商量士馬校練糧仗部分見定處置得所入春西海之間卽令播種至秋收一年之食使不復勞轉輸之功也且西徼北垂卽是大磧野獸所聚千百爲羣正是蠕蠕射獵之處殖田以自供籍獸以自給彼此相資足以自固今之豫度似如小損歲終大計其利實多高車豺狼之心何可專信假令稱臣致款正可外加優納而復內備彌深所謂先人有奪人之心者也時朝議是之還拜吏部郎中遷齊州刺史無多政績孝昌中除安南將軍中書令領給事黃門侍郎與徐紇俱在門下並掌文翰翻既才學名重又善附會亦爲靈太后所信待是時蠻賊充斥六軍將親討之翻乃上表諫止後蕭寶夤大敗於關西翻上表請爲西軍死亡將士舉哀而還者并加賑賚後拜度支尙書尋轉都官翻上表願以安南尙書換一金紫時天下多事翻雖外請閑秩而內有求進之心識者怪之於是加撫軍將軍明帝靈太后曾燕華林園舉觴謂羣臣曰袁尙書朕之杜預欲以此杯敬屬元凱今爲盡之侍坐者莫不羡仰翻名位俱重當時賢達咸推與之然獨善其身無所獎拔排抑後進論者鄙之建義初遇害河陰所著文筆百餘篇並行於世贈使持節侍中車騎將軍儀同三司靑州刺史嫡子寶首武定中司徒記室參軍事翻弟躍博學有儁才爲車騎將軍太傅淸河王懌文學列在文苑傳翻子聿修出後躍仕齊歷尙入隋位望通顯列在齊史躍弟颺卒於豫州冠軍司馬颺弟昇位正員郎颺死後昇通其妻翻恚爲之發病昇終不止時人鄙穢之亦於河陰見害贈左將軍齊州刺史

陽尼字景父北平無終人也累世仕於慕容氏尼少好學博通羣籍與上谷侯天護頓丘李彪同志齊名幽州刺史胡泥表薦之徵拜祕書著作郎及改中書學爲國子時中書監高閭侍中李冲等以尼碩學舉爲國子祭酒後兼幽州中正孝文臨軒令諸州中正各舉所知尼與齊州大中正房千秋各舉其子帝曰昔有一祁名垂往史今有二奚當聞來牒出爲業州平北府長史帶漁陽太守未拜坐爲中正時受鄉人貨免官每自傷曰吾昔未仕不曾羡人今日失官與本何異然非吾宿志命也如何既而還家有書數千卷所造字釋數十篇未就而卒其從孫太學博士承慶撰爲字統二十卷行於世承慶從弟固字敬安性倜儻不拘小節任俠好劍客弗事生產年二十六始折節好學博覽篇籍有文才太和中從大將軍宋王劉昶征義陽版府法曹行參軍昶性嚴暴三軍戰慄無敢言者固啟諫并面陳事宜昶大怒欲斬之使監當攻道固在軍勇決志意閑雅了無懼色昶甚奇之軍還言之孝文年三十餘始辟大將軍府參軍事累遷尙書侍御史多所劾奏宣武廣訪得失固上讜言表曰當今之務宜早正東儲立師傅以保護立官司以防衞以係蒼生之心攬權衡親宗室彊幹弱枝以立萬世之計舉賢良黜不肖使野無遺才朝無素餐孜孜萬機躬勤庶政使人無謗讟之響省徭役薄賦斂脩學官遵舊章貴農桑賤工賈絕談虛窮微之論簡桑門無用之費以救饑寒之苦然後備器械脩甲兵習水戰滅吳會撰封禪之禮襲軒唐之軌豈不茂哉初帝委任羣下不甚親覽好桑門之法尙書令高肇以外戚權寵專決朝事又咸陽王禧等並有釁故宗室大臣相見疏薄而王畿人庶勞弊益甚固乃作南北二都賦稱恆代田漁聲樂侈靡之事節以中京禮儀之式因以諷諫宣武末中尉王顯起宅既成集寮屬饗宴酒酣問固曰此宅何如固曰晏嬰湫隘流稱于今豐美生災著在周易此蓋同傳舍耳唯有德能卒願公勉之顯嘿然他日又謂固曰吾作太府卿府庫充實卿以爲何如固對曰公收百官之祿四分之一州郡贓贖悉入京藏以此充府未足爲多且有聚斂之臣寧有盜臣豈不戒歟顯大不悅以此銜固又有人間固於顯因奏曰剩請米麥免固官遂闔門自守著演賾賦以明幽微通塞之事又作刺讒疾嬖幸詩二首以紓其憤明帝卽位除尙書考功郎中奏請諸秀孝考中第者聽敘自固始大軍征硤石勅爲僕射李平行臺七兵郎中平奇固勇敢軍中大事悉與謀之又命固節度水軍固設奇計先期乘賊獲其外城後太傅淸河王懌舉固除步兵校尉領汝南王悅郎中令時悅年少行多不法固上疏諫悅悅甚敬憚之懌大悅以爲舉得其人除洛陽令在縣甚有威風丁母憂

號慕毁瘠杖而後能起練禫之後酒肉不進時固年踰五十而喪過於哀鄉黨親族咸歎服焉清河王懌領太尉辟固從事中郎屬懌被害不奏懌之遇害元乂執政朝野震悚懌諸子及門生寮吏莫不慮禍隱避不出固以嘗被辟命遂獨詣喪所盡哀慟哭良久乃還僕射游肇聞而歎曰雖欒布王脩何以尚也君子哉若人及汝南王悅爲太尉選舉多非其人又輕肆撾撻固以前爲元卿雖離國猶上疏切諫悅不能用後悅辟固爲從事中郎不就京兆王繼爲司徒高選寮佐辟固從事中郎府解除前將軍又典科揚州勳賞初硤石之役固有先登之功而朝賞未及至是與尚書令李崇訟勳更相表崇雖貴盛固據理不撓談者稱焉卒贈輔國將軍太常少卿諡曰文固剛直雅正不畏彊禦居官清潔家無餘財終没之日室徒四壁無以供喪親故爲其棺殮初固著終制一篇務從儉約臨終又敕諸子一遵先制五子長子休之仕齊周隋自有傳固從兄藻字景德少孤有雅志涉獵經史位中書博士詔兼禮官拜燕宣王廟於長安還賜爵魏昌男累遷瀛洲安車府長史以年老歸家爲賊杜洛周所囚發病卒永熙中贈幽州刺史子斐仕齊位殿中尚書列在齊史

賈思伯字士休齊郡益都人也其先自武威徙焉世父元壽中書侍郎有學行見稱於時思伯自奉朝請累遷中書侍郎頗爲孝文所知任城王澄之圍鍾離也以思伯持節爲其軍司及澄失利思伯爲後殿澄以其儒者謂之必死及至大喜曰仁者必有勇常謂虛談今於軍司見之矣思伯託以失道不伐其功時論稱其長者累遷除青州刺史初思伯與弟思同師事北海陰鳳業竟無資酬之鳳遂質其衣物時人爲之語曰陰生讀書不免癡不識雙鳳脫人衣及思伯之部送縑百疋遺鳳因具車馬迎之鳳慙不往時人稱歎焉昭帝時拜涼州刺史思伯以邊遠不願辭以男女未婚靈太后不許因舍人徐紇言乞得停後除廷尉卿自以儒業爲素不好法律希言事俄轉衛尉卿時議建明堂多有同異思伯上議曰案周禮夏后氏世室殷重屋周明堂皆五室鄭注云此三者或舉宗廟或舉王寢或舉明堂互言之以明其制同也若然則夏殷之世已有明堂矣唐虞以前其事未聞戴德禮記云明堂凡九室十二堂蔡邕云明堂者天子太廟饗功養老學敎選士皆於其中九室十二堂案戴德撰記世所不行且九室十二堂其於規制恐難得厥衷周禮營國左祖右社明堂在國之陽則非天子太廟明矣然則禮記月令四堂及太室皆謂之廟者當以天子暫配享五帝故耳又王制云周人養國老於東膠注云東膠卽辟雍在王宮之東又詩大雅云邕邕在宮肅肅在廟鄭注云宮謂辟雍宮也所以助王養老則尚和助祭則尚敬又不在明堂之驗矣案孟子云齊宣王謂孟子曰吾欲毁明堂若明堂是廟則不應有毁之問其蔡邕論明堂之制云室方百四十尺象坤之策屋圓徑二百一十六尺象乾之策方六丈徑九丈象陰陽九六之數九室以象九州屋高八十一尺象黃鍾九九之數二十八柱以象宿外廣二十四丈以象氣案此皆以天地陰陽氣數爲法而室獨象九州何也若立五室以象五行豈不快哉如此蔡邕之論非爲通典九室之言或未可從竊尋考工記雖是補闕之書相承已久諸儒注述無言非者方之後作不亦優乎其五經援神契五經要義舊禮圖皆作五室及徐劉之論謂同考工者多矣朝廷若獨絕古今自爲一代制作者則所願也若猶祖述舊章規摹前事不應捨殷周成法襲近代妄作且損益之極極於三王後來疑議難可準信鄭元云周人明堂五室是帝各有一室也合於五行之數周禮依數以爲室施行於今雖有不同時說然矣尋鄭此論非爲無當案月令亦無九室之文原其制置不乖五室其青陽右个卽明堂左个明堂右个卽總章左个總章右个卽元堂左个元堂右个卽青陽左个如是則室猶是五而布政十二五室之理謂爲可按其方圓高廣自依時量戴氏九室之言蔡子廟學之議子幹靈臺之說裴逸一屋之論及諸家紛紜並無取焉學者善其議後爲都官尚書時崔光疾甚表薦思伯侍講中書舍人馮元興爲侍讀思伯遂入授明帝杜氏春秋思伯少時雖明經從官廢業至是更延儒生夜講書授性謙和傾身下士雖在街途停車下馬接誘恂恂曾無倦色客有謂曰公今貴重寧能不憍思伯曰衰至便憍何常之有當世以爲雅言思伯與元興同事大相友昵元興時爲元乂所寵論者譏其趣勢云卒贈青州刺史又贈尚書左僕射諡曰文貞子彥始武定中淮陽太守思伯弟思同字仕明少厲志行雅好經史與兄思伯年少時俱爲鄉里所重累遷襄州刺史雖無明察之譽百姓安之元顥之亂思同與廣州刺史鄭光護並不降莊帝還宮封營陵縣男後與國子祭酒韓元熙並爲侍講授靜帝杜氏春秋加散騎常侍兼七兵尚書尋拜侍中卒贈尚書右僕射司徒公諡曰文獻初思同爲青州別駕清河崔光韶先爲中從事自恃資地恥居其下聞思同還鄉遂便

去職州里人物爲思同恨之及光韶亡遺誡子姪不聽求贈思同遂表訟光韶操業特蒙賻謚論者歎尙爲思同之侍講也國子博士遼西衞冀隆精服氏學上書難杜氏春秋六十三事思同復駁冀隆乖錯者一十餘條互相是非積成十卷詔下國學集諸儒考之事未竟而思同卒後魏郡姚文安樂陵秦道靜復述思同意冀隆亦尋物故浮陽劉休和又持冀隆說竟未能裁正

祖瑩字元珍范陽遒人也曾祖敏仕慕容垂爲平原太守道武定中山賜爵安固子拜尙書左丞卒贈并州刺史祖嶷字元達以從征平原功進爵爲侯位馮翊太守贈幽州刺史父季眞多識前言往行位中書侍郎鉅鹿太守瑩年八歲能誦詩書十二爲中書學生好學耽書以晝繼夜父母恐其成疾禁之不能止常密於灰中藏火乃驅逐僮僕父母寢睡之後然火讀書以衣被蔽塞窻戶恐漏光明爲家人所覺由是聲譽甚盛內外親屬呼爲聖小兒尤好屬文中書監高允每歎曰此子不器非諸生所及終當遠至時中書博士張天龍講尙書選爲都講生徒悉集瑩夜讀勞倦不覺失曉催講旣切遂誤持同房生趙郡李孝怡曲禮卷上座博士嚴毅不敢復還取仍置曲禮於前誦尙書三篇不遺一字孝文聞之召入令誦五經章句并陳大義帝嗟賞之瑩出後帝戲盧昶曰昔流共工於幽州北裔之北那得忽有此子昶對曰當是才爲世生以才名拜太學博士徵署司徒彭城王勰法曹行參軍帝顧謂勰曰蕭賾以王元長爲子良法曹今爲汝用祖瑩豈非倫匹也敕令掌勰書記瑩與陳郡袁翻齊名秀出時人爲之語曰京師楚楚袁與祖洛中翩翩祖與袁再遷尙書三公郎中尙書令王肅曾於省中詠悲平城詩云悲彭城驅馬入雲中陰山常晦雪荒松無罷風彭城王勰甚嗟其美欲使肅更詠乃失語云公可更爲誦悲彭城肅因戲勰云何意呼悲平城爲悲彭城也勰有慙色瑩在座卽云亦有悲彭城王公自未見耳肅曰可爲誦之瑩應聲云悲彭城楚歌四面起屍積石梁亭血流睢水裏肅甚嘆賞之勰亦大悅退謂瑩曰卿定是神口今日若不得卿幾爲吳子所屈出爲冀州鎭東府長史以貨賄事發除名後侍中崔光舉爲國子博士仍領尙書左戶郎李崇爲都督北討引瑩爲長史坐截沒軍資除名未幾爲散騎侍郎孝昌中於廣平王第掘得古玉印勑召瑩與黃門侍郎李琰之辨之瑩云此是于闐國王晉太康中所獻乃以墨塗字觀之果如瑩言時稱爲博物累遷國子祭酒領給事黃門侍郎幽州大中正監起居事又監議事元顥入洛以瑩爲殿中尙書莊帝還宮坐爲顥作詔罪狀爾朱榮免官後除祕書監中正如故以參議律歷賜爵容城縣子坐事繫於廷尉會爾朱兆入焚燒樂署鍾石管絃畧無存者勑瑩與錄尙書事長孫承業侍中元孚典造金石雅樂三載乃就遷車騎大將軍及孝武登阼瑩以太常行禮封文安縣子天平初將遷鄴齊神武因召瑩議之以功遷儀同三司進爵爲伯薨贈尙書左僕射司徒公瑩以文學見重常語人云文章須自出機杼成一家風骨何能共人同生活也蓋譏世人好偷竊他文以爲己用而瑩之筆札無非天才但不能均調玉石兼有其製裁之體減於袁常焉性爽俠有節氣士有窮厄以命歸之必見存拯時亦以此多之其文集行於世子珽襲珽列在齊史

爾朱榮字天寶北秀容人也其先居於爾朱川因以爲氏世領部落爲酋帥高祖羽健登國初爲領氏酋長率契胡武士從駕平晉陽定中山論功拜散騎常侍以居秀容川詔割方三百里封之長爲世業道武初以南秀容川原沃衍欲令居之羽健曰家世奉國給侍左右秀容旣在劃內差近京師豈以沃堉更遷遠地帝許之所居之處曾有狗舐地因而穿之得甘泉焉遂名狗舐泉羽健卒曾祖鬱德祖代勤相繼爲領氏酋長代勤太武敬哀皇后舅也旣以外親兼數征伐有功給復百年除立義將軍曾圍山而獵部人射虎誤中其髀代勤仍令拔箭竟不推問曰此旣過誤何忍加罪部內咸感其意位肆州刺史封梁郡公以老致仕歲賜帛百疋以爲常卒謚曰莊孝莊初追贈太師司徒公錄尙書事父新興太和中繼爲領氏酋長曾行馬羣見一白蛇頭有兩角遊馬前新興異之謂曰爾若有神令我畜牧蕃息自是之後日覺滋甚牛羊駝馬色別爲羣谷量之朝廷每有征討卽獻私馬兼備資糧助裨軍用孝文嘉之除光祿大夫及遷洛後特聽冬朝京師夏歸部落每入朝諸王公朝貢競以珍玩遺之新興亦報以名馬位散騎常侍平北將軍秀容第一領氏酋長新興每春秋二時恒與妻子閱畜牧於川澤射獵自娛明帝時以年老求傳爵於榮朝廷許之卒謚曰簡孝莊初贈太師相國西河郡王榮潔白美容貌幼而神機明決及長好射獵每設圍誓衆便爲軍陣之法號令嚴肅衆莫敢犯秀容界有池三所在高山之上清深不測相傳曰祈連池魏言天地也父新興曾與榮游於池上忽聞簫鼓之音新興謂榮曰古老相傳聞此聲皆至公輔吾今年已衰暮當爲汝

耳榮襲爵後除直寢游擊將軍正光中四方兵起遂散畜牧招合義勇以討賊功進封博陵郡公其梁郡前爵聽賜第二子時榮率衆至肆州刺史尉慶賓惡之閉城不納榮怒攻拔之乃署其從叔羽生爲刺史執慶賓還秀容自是兵威日盛朝廷亦不能罪鮮于修禮之反榮表求東討除征東將軍都督并肆等州軍事及葛榮吞杜洛周兵㐫轉盛榮恐其南逼鄴城表求東援相州明帝不許榮以山東賊盛慮其西逸乃遣兵守滏口上書陳情願擊葛榮於是遂勒部曲廣召義勇北捍馬邑東塞井陘尋屬明帝崩事出倉卒榮聞之大怒謂鄭儼徐紇爲之與元天穆等密議稱兵入匡朝廷計定乃抗表云今海內草草異口一言皆云大行皇帝鴆毒致禍舉潘嬪之女以誑百姓奉未言之兒而臨四海社稷危於累卵臣請赴闕收徐鄭之徒雪天下之恥更召宗親推其明德遂勒所統赴京師靈太后甚懼詔以李神軌爲大都督將兵於大行杜防榮抗表之始遣從子天光親信奚毅及蒼頭王相入洛與從弟世隆密議廢立天光乃見莊帝具論榮心帝許之天光等還比榮發晉陽猶疑所立乃以銅鑄孝文及咸陽王禧等五王子孫像成者當奉爲主唯莊帝獨就師次河內重遣王相密來迎莊帝與帝兄彭城王劭弟霸城公子正武泰元年四月莊帝於高渚潛渡至榮軍將士咸稱萬歲十一日莊帝即位詔以榮爲使持節都督中外諸軍事大將軍開府兼尚書令領軍將軍領左右太原王及度河太后乃下髮入道十二日內外百官皆朝於行宮十三日榮惑武衞將軍費穆之言謂天下乘機可取乃譎朝士共爲盟誓將向河陰西北三里至南北長隄悉令下馬西度云欲祭天朝士既集列騎圍遶妄言丞相高陽王欲反且書以天下喪亂明帝卒崩之由云皆緣此等貪虐不相輔弼所致因縱兵亂害王公卿士皆斂手就戮死者一千三百人又命二十三人拔刀走行宮莊帝及彭城王霸城公俱出帳榮先遣并州人郭羅察其西部高車叱列殺鬼在帝左右相與爲應及見事起假言防衞抱帝入帳餘人即害彭城王霸城公乃令四五十人遷帝於河橋沈靈太后及少主於河時又有朝士百餘人後至仍於隄東被圍遂臨以白刃唱云能爲禪文者出當原其命時有隴西李神儁頓邱李諧太原溫子昇並當世辭人皆在圍中恥是從命俯伏不應有御史趙元則者恐不免死出作禪文榮令人誡軍士言元氏既滅爾朱氏興其衆咸稱萬歲榮遂鑄金爲己像數四不成時幽州人劉靈助善卜爲榮所信占言今天時人事未可榮乃曰若我不可天穆知何靈助曰天穆亦不吉惟長樂王有王兆耳榮亦精神恍惚不自支持久而方悟遂便愧悔至四更中乃迎莊帝望馬首叩頭請死其士馬三千餘騎既濫殺朝士乃不敢入京師欲向北爲移都之計持疑經日始奉駕還洛陽及上北芒視城闕復懷畏懼不肯更前武衞將軍汎禮苦執不聽復前入城不朝其北來之人皆乘馬入殿諸貴死散無復次序莊帝左右唯有故舊數人榮猶執移都之議上亦無以拒焉又在明光殿重謝河橋之事誓言無復二心莊帝自起止之因復爲榮誓言無疑心榮喜因求酒一遍及醉熟帝欲誅之左右苦諫乃止即以牀轝向中常侍省榮夜半方寤遂達旦不眠自此不復宿禁中矣榮女先爲明帝嬪欲上立爲后帝疑未決給事黃門郎祖瑩曰昔文公人秦懷嬴入侍事有反經合義陛下獨何疑焉上遂從之榮意甚悅于時人間或云榮欲遷都晉陽或云欲肆兵大掠迭相驚恐人情震駭京邑士庶十不一存率皆逃竄無敢出者直衞空虛官府廢曠榮聞之上書謝愆帝之即位也榮啓帝封彭城王劭爲無上王至是請追尊無上王帝號諸王刺史乞贈三司其位班三品請贈令僕五品之官各贈方伯六品已下及白身贈以鎭郡諸死者無後聽繼即授封爵均其高下節級別科使恩洽存亡有慰生死詔如所表又啟帝遣使巡城勞問於是人情遂安朝士逃亡者亦稍歸闕榮又奏請番直朔望之日引見三公令僕尚書九卿及司州牧河南尹洛陽河陰執事之官參論國政以爲常式五月榮還晉陽乃令元天穆留京爲侍中太尉公錄尚書事京畿大都督兼領軍將軍封上黨王樹置腹心布在列職舉止所爲皆由其意七月詔加榮柱國大將軍時葛榮將向京師衆號百萬相州刺史李神儁閉門自守九月榮上表討之乃率精騎七千馬皆有副倍道兼行東出滏口葛榮爲賊久橫行河北時衆寡非敵議者謂無制賊之理葛榮聞之喜見于色乃令其衆爲長繩至便縛取自鄴以北列陣數十里箕張而進榮潛軍山谷爲奇兵分督將已上三人爲一處處有數百騎令所在揚塵鼓譟使賊不測多少又以人馬逼戰刀不如棒密勒軍士馬上各齎袖棒一枚置於馬側至於戰時慮廢騰逐不聽斬級使以棒棒之而已乃分命壯勇所當衝突號令嚴明將士同奮榮身自陷陣出於賊後表裏合擊大破之於陣擒葛榮餘衆悉降榮以賊徒既衆若即分割恐其疑懼或更結聚乃普令各從所樂親屬相隨任所居止於

是羣情喜悅登卽四散數十萬衆一朝散盡待出百里之外乃始分道領押隨便安置咸得其所擢其渠帥隨才授用新附者咸安時人服其處分機速乃檻車送葛榮赴闕詔加榮大丞相都督河北畿外諸軍事初榮之將討葛榮也軍次襄垣遂大獵有雙兔起於馬前榮乃躍馬彎弓而誓之曰中之則禽葛榮不中則否既而並應弦而殪三軍咸悅及破賊之後卽命立碑於其所號雙兔碑榮將戰之夜夢一人從葛榮索千牛刀葛榮初不肯與此人自稱我是道武皇帝汝何敢違葛榮乃奉刀此人手持授榮榮旣寤而喜自知必勝又詔以冀州之長樂相州之南趙定州之博陵滄州之浮陽平州之遼西燕州之上谷幽州之漁陽七郡各萬戶通前滿十萬爲太原國邑又進位太師建義初北海王元顥南奔梁梁立爲魏主資以兵將時邢杲寇亂三齊與顥應接朝廷以顥孤弱不以爲慮永安二年春詔元天穆先平齊地然後迴師征顥顥以大將未還乘虛徑進旣陷梁國鼓行而西滎陽虎牢皆不守五月車駕出幸河北事出不虞榮聞之馳傳朝行宮於上黨之長子輿駕於是南轅榮爲前驅旬日間兵馬大集天穆克平邢杲亦渡河以會車駕遂幸河內榮與顥相持於河上無船不得卽渡議欲還北更圖後舉黃門郞楊侃高道穆等並固執以爲不可屬馬渚諸楊云有小船數艘求爲鄉導榮乃令都督爾朱兆等率精騎夜濟顥率麾下南走車駕渡河入居華林園詔榮加天柱大將軍此官雖訪古無聞太祖以前曾置此號增封通前二十萬戶加前後部羽葆鼓吹榮尋還晉陽遙制朝廷親戚腹心皆補要職百寮朝廷動靜莫不以申至於除授皆須榮許然後得用莊帝雖受制權臣而勤於政事朝夕省納孜孜不已數自理冤獄親覽辭訟又以選司多濫與吏部尚書李神儁議正綱紀而榮乃大相嫌責曾關補定州曲陽縣令神儁以階縣不奏別更擬人榮大怒卽遣其所補者往奪其任榮使入京雖或微蔑朝廷見之莫不傾靡及至闕下未得通奏恃榮威勢至乃忿怒神儁遂上表遜位榮欲用其從弟世隆攝選上亦不違榮曾啓北人爲河南諸州欲爲掎角勢上不卽從天穆入見論事上猶未許天穆曰天柱旣有大功爲國宰相若請普代天下官屬恐陛下亦不得違之如何啓數人爲州便停不用帝正色曰天柱若不爲人臣朕亦須代如其猶存臣節無代天下百官理榮聞之大怒曰天子由誰得立今乃不用我語又榮女爲皇后復嫌內妃嬪甚有妬恨之事帝遣世隆語以大理后曰天子由我家置立今便如此我父本日卽自作今亦復決世隆曰兄止自不爲若本自作臣今亦得封王莊帝旣外迫於榮內迫於后怏怏不悅不以萬乘爲貴先是葛榮枝黨韓婁仍據幽平二州榮遣都督侯深討斬之時万俟醜奴蕭寶夤擁衆豳涇榮遣其從子天光爲雍州刺史令率都督賀拔岳侯莫陳悅等入關討之天光至雍州以衆少未進榮大怒遣其騎兵參軍劉貴馳驛詣軍加天光杖罰天光等大懼乃進討連破之禽醜奴寶夤並檻車送闕天光又禽王慶雲万俟道洛關中悉平於是天下大難便盡莊帝恒不慮外寇唯恐榮爲逆當時諸方未定欲使與之相持及告捷之日乃不甚喜謂尚書令臨淮王彧曰卽今天下便是無賊彧見帝色不悅曰臣恐賊平以後方勞聖慮帝畏餘人怪還以他語解之曰其實撫盪荒餘彌成不易榮性好射獵不捨寒暑法禁嚴酷若一鹿出乃有數人殞命曾有一人見猛虎便走榮謂曰欲求活邪卽斬之自此獵時如登戰場列圍而進必須齊一雖遇險阻不得迴避其下甚苦之曾見一猛虎在窮谷中乃令餘人重衣空手搏之不令復損於是數人被殺遂禽得之持此爲樂焉太宰元天穆從容謂榮曰大王勳濟天下四方無事唯宜調政養民順時蒐狩何必盛夏馳逐傷犯和氣榮便攘肘謂天穆曰太后女主不能自正推奉天子者此是人臣常節葛榮之徒本是奴才乘時作亂譬如奴走禽獲便休頃來受國大寵未能開拓境土混一天下何宜今日便言勳也如聞朝士猶自寬縱今秋欲共兄戒勒士馬校獵嵩原令貪汙朝貴入圍搏虎仍出魯陽歷三荆悉擁生蠻北塡六鎭迴軍之際因平汾胡明年簡練精騎分出江淮蕭衍若降乞萬戶侯如不降徑度數千騎便往縛取待六合寧一八表無塵然後共兄奉天子巡四方觀風俗布政教如此乃可稱勳耳今若止獵兵士懈怠安可復用也榮見四方無事乃遣人奏曰參軍許周勸臣取九錫臣惡其此言已發遣令去榮時頗望得殊禮故以意諷朝廷帝實不欲與之因稱其忠榮見帝年長明悟爲衆所歸欲移自近皆使由己每因醉云入將天子拜謁金陵後還復恒朔而侍中朱元龍輒從尚書索太和中遷京故事於是復有移都消息榮乃暫來向京言看皇后娩難帝懲河陰之事終恐難保乃與城陽王徽侍中楊侃李彧尚書右僕射元羅謀皆勸帝制殺之惟膠東侯李侃晞濟陰王暉業言榮若來必有備恐不可圖又欲殺其黨與發兵拒之帝疑未定而京師人懷憂懼中書侍郎邢子才之徒

王避之東出榮乃偏與朝士書相任留中書舍人温子昇以書陳帝帝恆望其不來及見書以榮必來色甚不悅武衞將軍奚毅建義初往來通命帝每期之甚重然以爲榮通親不敢與之言情毅曰若必有變臣寧死陛下難不能事契胡帝曰朕保天柱無異心亦不忘卿忠款三年八月榮將四五千騎發并州向京時人皆言其反復道天子必應圖之九月初榮至京有人告云帝欲圖之榮卽具奏帝曰外人亦言王欲害我豈可信之於是榮不自疑每入謁帝從人不過數十皆挺身不持兵仗帝欲止城陽王徽曰縱不反亦何可耐況何可保邪又北人語訛語爾朱爲人主又聞其在北言我姓人主先是長星出中台埽大角恆州人高榮祖頗知天文榮問之曰是何祥也答曰除舊布新象也昔長星埽大角秦以之亡榮聞之悅又榮下行臺郎中李顯和晉曰天柱至那無九錫安須王自索也亦是天子不見機都督郭羅察曰今年眞可作禪文何但九錫參軍褚光曰人言并州城上有紫氣何慮天柱不應榮下人皆陵侮帝左右無所忌憚其事皆上聞奚毅又求見帝聞卽下明光殿與語帝又疑其爲榮不告以情及知毅赤誠乃召城陽王徽及楊侃李彧告以毅語榮小女嫁與帝兄子陳留王小字伽邪榮嘗指之曰我終得此女壻力徽又云榮慮陛下終爲己患脫有東宮必貪立孩幼若皇后不生太子則立陳留以安天下并言榮指陳留語狀帝既有圖榮意夜夢手持一刀自害落十指節都不覺痛惡之以告城陽王徽及楊侃徽解夢曰蝮蛇螫手壯士解腕割指節與解腕何異去患乃是吉祥聞者皆言善九月十五日榮天穆到京輿駕迎之榮與天穆並從入西林園讌射榮乃奏曰近來侍官皆不習武陛下宜將五百騎出獵因省辭訟先是奚毅言榮因獵挾天子移都至是其言相符至十八日召中書舍人温子昇告以殺榮狀并問以殺董卓事子昇具通本上曰王允若卽赦涼州人必不應至此良久語子昇曰朕之情理卿所具知死猶須爲況必不死朕寧與高貴鄉公同日而死不與常道鄉公同日而生上謂殺榮天穆卽赦其黨便應不動應詔王道習曰爾朱世隆司馬子如朱元龍比來偏被委付具知天下虛實謂不宜留城陽王及楊侃曰若世隆不全仲遠天光豈有來理帝亦謂然無復殺意城陽王曰榮數征伐腰間有刀或能狼戾傷人臨事願陛下出乃伏侃等十餘人於明光殿東其日榮與天穆並入坐食未訖起出侃等從東階上殿見榮天穆出至中庭事不果十九日是帝忌日二十日榮忌日二十一日暫入卽向陳留王家飲酒極醉遂言病動頻日不入上謀頗泄世隆等以告榮榮輕帝不謂能反預帝謀者皆懼二十五日旦榮天穆同入其日大欲革易上在明光殿東序中西面坐榮與天穆並御牀西北小牀上南坐城陽王始入一拜榮見光祿卿魯安等持刀從東戸入卽馳向御坐帝拔千牛刀手斬之時年三十八得其手版上有數牒啟皆左右去留人名非其腹心悉在出限帝曰豎子若過今日便不可制矣時元天穆與榮子菩提並就戮於是內外喜叫聲滿京城旣而大赦榮雖威名大振而舉止輕脫止以馳射爲伎藝每入朝見更無所爲唯戲上下馬於西林園宴射恆請皇后出觀并召王公妃主共在一堂每見天子射中輒自起舞叫將相卿士悉皆盤旋乃至妃主婦人亦不免隨之舉袂及酣酒耳熱必自匡坐唱虜歌爲樹梨普梨之曲見臨淮王彧從容閑雅愛尚風素固令爲敕勒舞日暮罷歸便與左右連手蹋地唱迴波樂而出性甚嚴暴慍喜無恆弓箭刀槊不離於手每有瞋嫌卽行忍害左右恆有死憂曾欲出獵有人訴之披陳不已發怒卽射殺之曾見沙彌重騎一馬榮卽令相觸力窮不復能動遂使傍人以頭相擊死而後已節閔帝初世隆等得志乃詔贈假黃鉞相國錄尚書都督中外諸軍事晉王加九錫給九旒鑾輅虎賁班劍三百人轀輬車準晉太宰安平獻王故事謚曰武又詔百官議榮配饗司直劉季明曰晉王若配永安則不能終臣節以此論之無所配世隆作色曰卿合死季明曰下官預在議限據理而言不合上心誅翦唯命衆爲之危季明自若世隆意不已乃配享孝文廟庭菩提位太常卿開府儀同三司侍中特進死時年十四節閔帝初加贈司徒謚曰惠菩提弟叉羅武衞將軍梁郡王尋卒贈司空公叉羅弟文殊封平昌郡王孝靜初轉襲榮爵太原王薨於晉陽時年九歲文殊弟文暢初封昌樂郡公以榮破葛賊之勳進爵爲王其姊孝莊帝皇后及韓陵之敗齊神武納之待其家甚厚文暢由是拜開府儀同三司肆州刺史家富於財招致賓客窮極豪侈與丞相司馬任冑主簿李世林都督鄭仲禮房子遠等相狎外示盃酒交而潛謀害齊神武自魏氏舊俗以正月十五日夜爲打簇戲能中者卽時賞帛冑令仲禮藏刀於袴中因神武臨觀謀竊發事捷其奉文暢爲任氏家客薛季孝所告以姊寵止坐文暢一房文暢死時年十八弟文略以次兄叉羅卒無後襲叉羅爵梁郡王坐文暢事當誅靜帝使人往晉陽欲拉殺

之神武特加寬貸奏免之文略聰明儁爽多所通習文襄嘗令章永與馬上彈琵琶奏十餘曲試使文略寫之遂得其八文襄戲之曰聰明人多不老壽梁郡其慎之文略對曰命之脩短皆在明公文襄愴然曰此不足慮初神武遺令恕文略十死恃此益橫多所陵忽天保末嘗邀平秦武興汝南諸王至宅供設奢麗各有贈賄諸王共假聚寶物以要之文略弊衣而往從奴五十人皆駿馬侯服其豪縱不遜如此平秦王有七百里馬文略敵以好婢賭取之明日平秦王使人致請文略殺馬及婢以銀器盛婢頭馬肉而遺之平秦王訴之於文宣繫於京畿獄文略彈琵琶吹橫笛謠詠倦極便臥唱挽歌居數月奪防者弓矢以射人曰不然天子不憶我有司奏遂伏誅文略嘗大遺魏收金請爲其父作佳傳收論榮比韓彭伊霍蓋由是也榮從子兆字萬仁少善騎射兼有膂力蹻捷過人數從榮遊獵至於窮巖絕澗人所不升降者兆必先之手格猛虎無所疑避榮以此特加賞愛任爲爪牙榮曾送臺使見二鹿授兆二箭令取供今食遂構火以待之俄而兆獲其一榮欲誇使人責兆不盡取杖之五十榮之入洛兆遷武衞將軍爲前鋒都督孝莊卽位封潁川郡公後從上黨王元天穆平邢杲及元顥屯於河橋榮遣兆與賀拔勝自馬渚西渡襲禽顥子冠受進破安豐王延明顥於是退走莊帝還宮論功除車騎大將軍儀同三司汾州刺史爾朱榮死兆自汾州率衆據晉陽元曄立授兆大將軍進爵爲王兆與世隆等定謀攻洛兆遂擁兵南出輕兵倍道掩襲京邑先是河邊人夢神謂己曰爾朱家欲渡河用爾作灅波津令爲之縮水脉月餘夢者死及兆至有行人自言知水淺處以草往往表插而導焉忽失其所在兆遂策馬涉渡是日暴風鼓怒黃塵漲天騎叩宮門宿衞方覺彎弓欲射袍撥絃矢不得發一時散走莊帝步出雲龍門外爲兆騎所縶幽於永甯佛寺兆撲殺皇子汙辱妃嬪縱兵虜掠停洛旬餘先令衞送莊帝於晉陽兆後於河梁監閱財寶初兆將向洛也遣使招齊神武欲與同舉神武時爲晉州刺史謂長史孫騰曰臣而代君其逆已甚我今不往彼必致恨卿可往申吾意但云山蜀未平今方攻討不可委之而去騰乃詣兆及於并州大谷具申神武言兆不悅曰還白高兄弟有吉夢今行必克吾比夢吾父登高堆堆傍地悉耕熟唯有馬蘭草株往往猶在吾父顧我令下拔之吾手所至無不盡出以此而言往必有利騰還具報之神武曰兆猖狂舉兵犯順吾勢不可更事爾朱也兆今南行天子列兵河上兆進不能渡退不得還吾乘山東下出其不意此徒可一舉而禽俄而兆克京師孝莊幽縶都督尉景從兆南行以書報神武神武得書大驚召騰示之曰卿可馳馹詣兆以示謁賀密觀天子今在何處吾當於路邀迎唱大義於天下騰遇帝於中路神武時率騎東轉聞帝已渡河於是西還仍與兆書具陳禍福言不宜害天子受惡名於海內兆怒不納帝遂暴崩初榮既死莊帝詔河西人紇豆陵步蕃等令襲秀容兆入洛後步蕃兵勢甚盛南逼晉陽兆所以不暇留洛迴師禦之頻爲步蕃所敗於是部勒士馬謀出山東令人徵神武神武晉州僚屬並勸不行神武揣其勢迫必無他慮乃決策赴之兆素服神武威略分三州六鎮之人令神武統領神武既分兵別營乃引兵南出避步蕃之銳步蕃至樂平郡神武與兆還討之斬之於秀容石鼓山兆還晉陽及節閔帝立授兆使持節侍中都督中外諸軍事柱國大將軍兼錄尙書事大行臺又以兆爲天柱大將軍兆謂人曰此是叔父終官我何敢受固辭不拜尋加都督十州諸軍事世襲并州刺史神武之克殷州也兆與仲遠度律約拒之仲遠度律次於陽平兆次於廣阿衆號十萬神武縱反間於是兩不相信各致猜疑徘徊不進仲遠等頻使斛斯椿賀拔勝往諭之兆輕騎三百來就仲遠同坐幕下兆性麤獷意色不平手舞馬鞭長嘯凝望深疑仲遠等有變遂趨出馳還仲遠遣椿勝等追而曉譬兆遂拘縛將還經日放遣仲遠等於是奔退神武乃進擊兆軍大敗兆與仲遠度律遂相疑阻久而不和世隆請節閔帝納兆女爲皇后兆乃大喜世隆謀抗神武乃降辭厚禮喻兆赴洛兆與天光度律更自信約然後大會於韓陵山戰敗復奔晉陽其年秋神武自鄴進討之兆遂大掠并州走於秀容神武又追擊度赤洪嶺破之衆亦降兆竄於窮山殺所乘馬自縊於樹神武收而葬之兆勇於戰鬬而無將領之能榮雖奇其膽決然每云兆不過將三千騎多則亂矣兆弟智虎節閔帝封爲安定王與兆俱走神武禽之後死於晉陽榮從弟彥伯祖侯眞文成時并安二州刺史始昌侯父買珍宣武時武衞將軍華州刺史彥伯性和厚永安中爲榮府長史節閔帝潛嘿於龍華佛寺彥伯敦喻往來尤爲勤款帝既立爾朱兆以己不豫謀大爲忿恚將攻世隆詔令華山王鷙慰兆兆猶不釋世隆復令彥伯自往喻之兆乃止及還帝讌彥伯於顯陽殿時侍中源子恭黃門郞竇瑗並侍坐彥伯曰源侍中比爲都督與臣相持於河內當爾之時旗

鼓相望盻如天隔寧期同事陛下爲今日之忻也子恭曰蒯通有言犬吠非其主他日之事永安猶今日之事陛下耳帝曰源侍中可謂有射鉤之心也遂令二人極醉而罷後封博陵郡王位司徒公于時炎旱有勸彥伯解司徒者乃上表遜位詔許之俄除儀同三司侍中餘如故彥伯於兄弟之中差無過患天光等敗於韓陵彥伯欲領兵屯河橋世隆不從及張勸等掩襲世隆彥伯時在禁直長孫承業等啟陳神武義功既振將除爾朱節閔令舍人郭崇報彥伯知彥伯狼狽出走爲人所執尋與世隆同斬於閶闔門外縣首於斛斯椿門樹傳於神武先是洛中謠曰三月末四月初揚灰簸土覓眞珠又曰頭去項脚根齊驅上樹不須梯至是並驗子敞逃匿得免仕周歷隋列在隋史彥伯弟仲遠頗知書計明帝末年爾朱榮兵威稍盛諸有啟謁率多見從而仲遠摹寫榮書又刻榮印與尚書令史通爲姦詐造榮啟表請人爲官大得財貨以資酒色落魄無行業及孝莊即位封清河公累遷車騎將軍徐州刺史兼尚書僕射三徐大行臺尋進督三徐諸軍事仲遠上言竊見比來行臺采募者皆得權立中正在軍定第斟酌授官今求兼置權濟軍要若立第亦爽關京之日任有司裁奪詔從之於是隨情補授肆意聚斂爾朱榮死仲遠勒其部衆來向京師陷沒西平莊帝詔諸將絡驛進討並爲仲遠所敗尋爾朱兆入洛節閔帝立進爵彭城王加大將軍又兼尚書令鎭大梁仲遠遣使請準朝式在軍鳴騶節閔帝覽啟笑而許之其肆情如此復進督東道諸軍事本將軍兗州刺史餘如故仲遠天性貪暴心如蛇蠆大宗富族誣之以反殁其家口簿籍財物皆以入己丈夫死者投之河流如此者不可勝數諸將婦有美色者莫不被其淫亂自滎陽以東輸稅悉入其軍不送京師時天光控關右仲遠在大梁兆據并州世隆居京邑各自專恣權彊莫比焉所在並以貪虐爲事於是四方解體又加太宰解大行臺仲遠專恣尤劇方之彥伯世隆最爲無禮東南牧守下至民俗比之豺狼特爲患害後移屯東郡率衆與度律等拒齊神武爾朱兆領騎數千自晉陽來會軍次陽平神武縱以間說仲遠等迭相猜貳狼狽遁走中興二年復與天光等於韓陵戰敗南走乃奔梁死於江南仲遠弟世隆字榮宗明帝末兼直閤加前將軍爾朱榮表請入朝靈太后惡之令世隆詣晉陽慰喻榮榮因欲留之世隆曰朝廷疑兄故令世隆來今遂住便有內備非計之善榮乃遣入朝榮舉兵南出世隆遂走會榮於上黨建義初除給事黃門侍郎莊帝之立世隆預其謀封樂平郡公元顥逼大梁詔爲前將軍都督鎭虎牢顥既克滎陽世榮懼而遁還莊帝倉卒北巡及車駕還宮除尚書左僕射攝選莊帝之將圖爾朱榮每屏人言世隆懼變乃爲匿名書自牓其門曰天子與侍中楊侃黃門高道穆爲計欲殺天柱還復自以此書與榮妻北鄉郡公主并以呈榮勸其不入榮毀書唾地曰世隆無膽誰敢生心世隆又勸其速發榮曰何怱怱皆不見從榮死世隆奉榮妻燒西陽門夜走北次河橋殺武衞將軍奚毅率衆還戰大夏門外及李苗燒絕河梁世隆乃北遁攻建州克之盡殺人以肆其忿至長子與度律等共推長廣王曄爲主曄小名盆子聞者皆以事類赤眉曄以世隆爲尚書令封樂平郡王加太傅行司州牧會兆於河陽兆既平京邑讓世隆曰叔父在朝多時耳目應廣如何令天柱受禍案劍瞋目詞色甚厲世隆遜辭拜謝然後得已而深恨之時仲遠亦自滑臺入京世隆與兄弟密謀慮元曄母干預朝政伺其母衞氏出行遣數十騎如劫賊於京巷殺之公私驚愕莫識所由尋縣牓以千萬錢募賊百姓知之莫不喪氣又以曄疎遠欲推立節閔帝而度律意在南陽王乃曰廣陵不言何以主天下後知能語遂行廢立初世隆之爲僕射尚書文簿在家省閱性聰解又畏榮深自克勉留心几案傍接賓客遂有解了之名榮死之後無所顧憚及爲令常使尚書郎宋游道邢昕在其宅聽事東西別座受納訴訟稱命施行既總朝政生殺自由公行淫泆信任羣小隨情與奪又兄弟羣從各擁彊兵割剝四海極其貪虐姦諂蠹酷多見信用溫良名士罕豫腹心於是天下之人莫不厭毒世隆尋讓太傅節閔特置儀同三司之官位次上公之下以世隆爲之贈其父買珍相國錄尚書事大司馬及齊神武起義兵仲遠度律等愚戇恃彊不以爲慮而世隆獨深憂恐及天光等敗於韓陵世隆請赦天下節閔不許斛斯椿據河橋盡殺世隆黨附令行臺長孫承業詣闕奏狀掩執世隆及兄彥伯俱斬之初世隆曾與吏部尚書元世儁握槊忽聞局上詨然有聲一局子盡倒立世隆甚惡之又曾晝寢其妻奚氏忽見一人持世隆首去奚氏驚視就而世隆寢如故既覺謂妻曰向夢人斷我頭持去意殊不適又此年正月晦日令僕並不出省西門不開忽有河內太守田怗家奴告省門亭長云今旦爲令王借車牛一乘終日於洛濱游觀至晚王還省將車出東掖門始覺車上無褥請爲記識亭長以令僕不上西門不開無跡入者此

奴固陳不已公文列訴尚書都令史謝遠疑謂妄有假借白世隆付曹推驗時都官郎中穆子容究之奴言初來時至司空府西欲向省令王嫌遲遣催車車入到省西門王嫌牛小繫於闕下槐樹更將一青牛駕車王著白紗高頂帽短小黑色儻從皆裙襦袴褶握版不似常時服章遂遣一吏將奴送入省中聽事東闕內東廂第一屋中其屋先常閉奴云入此屋中有版牀牀上無席大有塵上兼有甕米奴拂牀坐兼畫地戲甕中米亦握看之子容與謝遠看之閉極久全無開跡及入狀皆符同具以對世隆世隆悵然意以爲惡未幾見誅世隆弟世承莊帝時位侍中領御史中尉人才猥劣備員而已及元顥內逼世承守轘轅爲顥所禽顥讓而臠之莊帝還宮贈司徒世承弟弼字輔伯節閔帝時封河間郡公尋爲青州刺史韓陵之敗欲奔梁數日與左右割臂爲約弼帳下都督馮紹隆爲弼信待乃說弼曰今方同契闊宜當心瀝血示衆以信弼從之大集部下弼乃踞胡牀令紹隆持刀披心紹隆乃推刃殺之傳首京師榮從父弟度律鄙朴少言莊帝初封樂鄉縣伯榮死與世隆赴晉陽元曄之立以度律爲太尉公四面大都督封恒山王與爾朱兆入洛兆還晉陽留度律鎮京師節閔帝時爲使持節侍中大將軍太尉公兼尚書令東北道行臺與仲遠出拒義旗齊神武聞之與爾朱兆遂相疑貳自敗而還度律雖在軍戎聚斂無厭所經爲百姓患毒其母山氏聞度律敗遂恚憤發病及至母責之曰汝荷國恩無狀而反我何忍見他屠戮汝也言終而卒時人怪異之後韓陵之敗斛斯椿先據河橋遂西走灅波津爲人執送椿囚之送齊神武斬之都市榮從祖兄子天光少勇決榮特親愛之常預軍戎謀孝昌末榮據并肆仍以天光爲都督總統肆州兵馬明帝崩榮向京師委以後事建義初爲肆州刺史封長安縣公榮將討葛榮留天光在州鎮其根本謂曰我身不得至處非汝無以稱我心永安中與元天穆東破邢杲元顥入洛天光與天穆會榮於河內榮發後并肆不安詔天光兼尚書僕射爲并肆等九州行臺仍行并州事天光至并州部分約勒所在寧輯顥破還京師改封廣宗郡公初高平鎮城人赫連恩等爲逆共推勑勒酋長胡琛爲主號高平王遙臣沃野鎮賊帥破六韓拔陵琛入據高平城遣其大將万俟醜奴來寇涇州琛後與莫折念生交通侮慢拔陵遣使人費律如至高平誘斬琛爲醜奴所并與蕭寶夤相拒於安定寶夤敗還建義元年夏醜奴擊寶夤於靈州禽之遂僭大號時獲西北貢師子因稱神獸元年置百官朝廷憂之乃除天光使持節都督雍州刺史率大都督武衛將軍賀拔岳大都督侯莫陳悅等討醜奴天光初行唯有軍士千人時東雍赤水蜀賊斷路天光入關擊破之簡取壯健至雍又稅人馬合得萬匹以軍人寡少停留未進榮遣責之杖天光百下榮復遣軍士二千人赴天光天光令賀拔岳率千騎先驅至岐州禽其行臺尉遲菩薩醜奴棄岐州走還長安天光發雍至岐與岳合勢破醜奴獲蕭寶夤於是涇豳二夏北至靈州及賊黨結聚之類並降唯賊行臺万俟道洛不下率衆西依牽屯山據險自守榮責天光不獲道洛復遣使杖之百詔削爵爲侯天光與岳悅等復向牽屯討之道洛戰敗投略陽賊帥王慶雲慶雲以道洛驍果絕倫得之甚喜便謂大事可圖乃自稱皇帝以道洛爲大將軍天光乃入隴至慶雲所居永洛城破其東城賊遂併趣西城城中無水衆聚熱渴有人走降言慶雲道洛欲突出天光恐失賊帥乃遣謂慶雲可以早降若未決當聽諸人今夜共議又謂曰相知須水今爲小退賊衆安悅無復走心天光密使軍人多作木槍各長七尺至昏布立人馬爲防衛之勢又伏人槍中其夜慶雲道洛果突出至槍馬各傷倒伏兵便起同時禽獲賊窮乞降而已天光岳悅等議悉阬之死者萬七千人分其家口於是三秦河渭瓜涼鄯善咸來款順詔復天光前官爵岳聞榮死還涇州以待天光天光亦下隴與岳圖入洛之策既而莊帝進天光爵爲廣宗王元曄又以爲隴西王及聞爾朱兆已入京天光乃輕騎向都見世隆等尋便還雍世隆等議廢元曄更舉親賢遣告天光天光與定策立節閔帝又加開府儀同三司尚書令關西大行臺天光北出夏州遣將討宿勤明達禽之送洛時費也頭帥紇豆陵伊利万俟受洛干等據有河西未有所附天光以齊神武起兵信都內懷憂恐不暇他事伊利等但徵遣備之而已又除大司馬時神武兵既振爾朱兆仲遠等並經敗退世隆累使徵天光天光不從遂令斛斯椿苦要天光云非王無以能定豈可坐看宗家之滅天光不得已東下與仲遠等敗於韓陵斛斯椿等先還於河橋拒之天光不得度西北走被執與度律並送於神武神武送於洛陽斬於都市爾朱專恣分裂天下各據一方賞罰自出而天光有定關西之功差不酷暴比之兆與仲遠爲不同矣

朱瑞字元龍代郡桑乾人也祖就沛縣令父惠行太原太守瑞貴達並贈刺史瑞長厚質直敬愛人士爾朱榮

引爲大行臺郎中甚見親任以爲黃門侍郎仍兼中書舍人榮恐朝廷事意有所不知故居之門下爲腹心之寄封陽邑縣公及元顥內逼從車駕於河陽除侍中兼吏部尚書改封北海郡公莊帝還洛改封樂陵郡公仍侍中瑞雖爲爾朱榮所委而善處朝廷間帝亦賞遇之嘗謂侍臣曰爲人臣當須忠實至如朱元龍者朕待之亦不異餘人瑞以青州樂陵有朱氏意欲歸之故求爲青州中正又以滄州樂陵亦有朱氏而心好河北遂乞三從內並屬滄州樂陵郡詔許之仍轉滄州大中正爾朱榮死瑞與世隆俱北走以莊帝待之素厚且見世隆等並無雄才終當敗喪於路乃還帝大悅時爾朱天光擁衆關右帝招納之乃以瑞兼尚書左僕射爲西道大行臺以慰勞焉既達長安會爾朱兆入洛復還京師都督斛斯椿先與瑞有隙數譖之於世隆世隆遂誅之太昌初贈開府儀同三司青州刺史謚曰恭穆

叱列延慶代西部人也世爲酋帥延慶娶爾朱世隆姊故被爾朱榮親遇普泰中世隆得志特見委重兼尚書左僕射山東行臺北海郡公時幽州刺史劉靈助以莊帝崩遂舉兵唱義世隆白節閔帝以延慶與大都督侯深於定州討之深以靈助善占百姓信惑未易可圖欲還師入據關拒嶮以待其變延慶以靈助庸人彼皆恃其祅術坐看符猒寧肯勠力致死宜詭言西歸可襲而禽深從之乃出頓城西聲云將還詰朝造靈助壘遂破禽之及韓陵戰敗延慶與爾朱仲遠走度石濟仲遠南竄延慶北降齊神武仍從并州後赴洛孝武帝以爲中軍大都督孝武之西齊神武誅之

斛斯椿字法壽廣牧富昌人也其先世爲莫弗大人父足一名敦明帝時爲左牧令時河西賊起牧人不安椿乃將家投爾朱榮征伐有功稍遷中散大夫署外兵事椿性佞巧甚得榮心軍之密謀頗亦關預莊帝初改封陽曲縣公除榮太將軍府司馬後爲東徐州刺史及榮死椿甚憂懼時梁以汝南王悅爲魏主資其士馬次於境上椿遂棄州歸悅悅授尚書左僕射司空公封靈邱郡公又爲大行臺前驅都督會爾朱兆入洛悅知不逮南旋椿復背悅歸兆以參立節閔謀拜侍中驃騎大將軍儀同三司封城陽郡公尋加開府時椿父足先在秀容忽有傳其死間椿請減己階以贈之尋知其父猶存詔復官仍除其父爲車騎將軍揚州刺史椿以爾朱兆擅權懼禍乃與賀拔勝俱說世隆以正道世隆不悅欲害椿賴爾朱天光救得免及世隆度律與兆自相疑椿與賀拔勝知之兆執椿勝還營椿又陳以正理兆謝而遣之椿謂勝曰天下皆怨毒爾朱吾等附之亡無日矣不如圖之勝曰天光與兆各據一方今俱禽爲難椿曰易致耳乃說世隆追天光等赴洛討齊神武及韓陵之敗椿謂都督賈顯智等曰若不先執爾朱我等死無類矣遂與顯智等夜於桑下盟約倍道兼行椿入北中城收爾朱部曲盡殺之令弟元壽與張歡長孫承業顯智等襲世隆彥伯兄弟並斬於閶闔門外椿入洛縣世隆兄弟首於其門樹椿父出見謂曰汝與爾朱約爲兄弟今何忍縣其首於家門甯不愧負天地椿乃傳世隆等首并因度律天光送於齊神武及神武入洛椿謂賀拔勝曰今天下事在吾與君若不先制人將爲人所制高歡初至圖之不難勝曰彼有心於人害之不祥比數夜與歡同宿具序歡往昔之懷謂荷兄恩意甚多何苦憚之椿乃止孝武帝立拜椿侍中儀同開府城陽郡公父足亦加開府子悅太中大夫同日受拜當時榮之椿自以數反意常不安遂密勸孝武帝置閤內都督部曲又增武直人數百直閤以下員別數百皆選天下輕剽以充之又說帝數出遊幸號令部曲別爲行陣椿自約勒指麾其間從此以後軍謀朝政一決於椿又勸帝徵兵詭稱南討將以伐齊神武從之以椿爲前驅大都督椿因奏請率精騎二千夜度河掩其勞弊帝始然之黃門侍郎楊寬說帝曰高歡以臣伐君何所不至今假兵於人恐生他變今度河萬一有功是滅一高歡復生一高歡矣帝遂敕椿停行椿歎曰頃熒惑入南斗今上信左右間搆不用吾計豈天道乎帝勒兵河橋命椿自洛而東至虎牢帝以賈顯智背叛東師失律將幸關中乃遣使命椿因從入關拜尚書令侍中如故封恒山郡公歷位司徒太保仍尚書令時寇難未息內外戒嚴唯椿得列戚儀鳴騶清路遷太傅薨年四十三帝親臨弔百官赴哭詔賜東園祕器遺尚書梁郡王景略監護喪事贈大將軍錄尚書三十州諸軍事侍中恒州刺史恒山郡王謚曰文宣祭以太牢又詔改大將軍贈大司馬給轀輬車及葬車駕臨於渭陽止紼慟哭帝嘗給椿店數區耕牛三十頭椿以國難未平不可與百姓爭利辭店受牛日烹一頭以饗軍士及死家無餘貲有四子悅恢徵演演爲神武所殺三子入關徵仕周入隋自有傳椿弟元壽性剛毅諒直武力過人彎弓兩石左右馳射歷位吏部尚書封桑乾縣伯孝武踐阼進爵爲公除豫州刺史及車駕西巡爲部下所殺贈司空公謚曰景

賈顯度中山無極人也父道監沃野鎮長史顯度容貌

偉壯有志氣初爲别將防守薄骨律鎮正光末北鎮擾亂顯度乃率鎮人浮河而下達秀容爲爾朱榮所留隨榮破葛榮封石艾縣公累遷南兗州刺史爾朱榮之死顯度奔梁普泰初還朝後隨爾朱度律等敗於韓陵興斛斯椿及弟智等先據河橋誅爾朱氏孝武帝初除尙書左僕射尋加驃騎大將軍開府儀同三司定州大中正永熙二年爲雍州刺史西南道大行臺親故祖餞於張方橋顯度執酒曰顯智性輕躁好去就覆沒吾家此其人也武帝入關後顯智果同於齊神武孝武帝怒乃賜顯度死智字顯智少有膽決以軍功累遷金紫光祿大夫封義陽縣伯及爾朱仲遠爲徐州刺史智隸仲遠赴彭城爾朱榮死仲遠舉兵向洛智不從之莊帝聞而善之普泰初還洛仲遠忿其乖背議欲殺之智兄顯度先爲世隆所厚世隆爲解喻得全後進爵爲公隨度律等敗於韓陵智與顯度斛斯椿謀誅契胡顯度據守北中城令智等入京禽世隆兄弟孝武初除開府儀同三司滄州刺史在州貪縱甚爲民害孝武徵還京師加侍中除濟州刺史率衆達東郡仍停不進於長壽津爲相州刺史竇泰所破天平初赴晉陽智去就多端後坐事死

樊子鵠代郡平城人也其先荆州蠻酋徙代父興平城鎮長史歸義侯普泰中子鵠貴乃贈荆州刺史子鵠遂北鎮擾亂南至并州爾朱榮引爲都督府倉曹參軍使詣京師靈太后問榮兵勢子鵠應對稱旨太后嘉之除直齋封南和縣子令還赴榮建義初拜晉州刺史封永安縣伯永安二年以招納叛蜀進封中都縣公又兼尙書行臺政有威信尋徵授都官尙書西荆州大中正後兼右僕射爲行臺晉封西陽郡公尙書如故假驃騎將軍率所部爲都督時爾朱榮在晉陽京師之事子鵠頗預委寄故在臺閣征官不解後出爲殷州刺史屬旱儉子鵠恐民流亡乃勸有粟家分濟貧者并遣人牛易力多種二麥州內以此獲安爾朱榮死世隆等遣書招子鵠子鵠不從以母在晉陽啓求移鎮河南莊帝嘉之除都督豫州刺史行達汲郡聞爾朱兆入洛乃度河見仲遠仲遠遣鎮汲郡兆徵子鵠赴洛既見責以乖異之意奪其部衆將還晉陽元曄以爲侍中御史中尉中軍大都督太昌初兼尙書左僕射東南道大行臺總大都督杜德等追討爾朱仲遠仲遠奔梁收其兵馬時梁遣元樹入寇陷據譙城詔子鵠與德討之樹大敗奔入城門遂圍之樹請歸南以地還魏許之及樹衆半出子鵠擊破之禽樹及梁譙州刺史朱文開班師遷吏部尙書轉尙書右僕射尋加驃騎大將軍開府儀同三司兗州刺史子鵠先遣腹心緣歷人間採察得失至境太山太守彭穆參候失儀子鵠責讓穆并數其罪狀穆皆引伏於是境內震悚及孝武帝入關子鵠據城爲應南青州刺史大野拔率衆就子鵠天平初齊神武遣儀同三司婁昭等討之城久不拔昭以水灌城而大野拔因與相見令左右斬子鵠以降

侯深神武尖山人也機警有膽畧孝明末年六鎮饑亂深隨杜洛周南寇後與妻兄念賢背洛周歸爾朱榮路中遇寇身披苦褐榮賜其衣帽厚待之以爲中軍副都督莊帝卽位封厭次縣子從榮討葛榮於滏口戰功尤多除燕州刺史時葛榮别帥韓樓郝長等屯據薊城榮令深討樓配衆甚少或以爲言榮曰深臨機制變用其所長若總大衆未必能用止給騎七百深遂廣張軍聲率數百騎深入樓境去薊百餘里遇賊帥陳周馬步萬餘大破之虜其卒五千餘人尋還其馬仗縱令入城左右諫深曰我兵少不可力戰事須爲計以離隙之深度其已至遂率騎夜進昧旦叩其城門韓樓果疑降卒爲內應遂遁走追禽之以功賜爵爲侯尋爲平州刺史仍鎮范陽及爾朱榮死太守盧文偉誘深出獵閉門拒之深率部曲屯於郡南爲榮舉哀勒兵南向莊帝使東萊王貴平爲大使慰勞燕薊乃詐降貴平信之遂執貴平自隨進至中山行臺僕射魏蘭根擊之爲深所敗元曄立授深儀同三司定州刺史左軍大都督漁陽郡公節閔帝立仍加開府後隨爾朱兆拒齊神武於廣阿兆敗走深後從神武破爾朱氏於韓陵永熙初除齊州刺史孝武帝末深與兗州刺史樊子鵠青州刺史東萊王貴平使信往來以相連結又遣使通誠於神武及孝武入關復懷顧望汝陽王暹既除齊州刺史深不時迎納城人劉桃符等潛引暹入據城西深爭門不克率衆南奔妻兒部曲爲暹所虜行達廣固會承制以深行青州事齊神武又遣深書曰卿勿以部曲輕少難於東邁齊人澆薄齊州人尙能迎汝陽王青州人豈不能閉門待卿也深乃復還遲始歸其部曲而貴平自以斛斯椿黨亦不受代深襲高陽郡克之置部曲家累於城中親率輕騎夜趣青州城人執貴平出降深自惟反覆慮不獲安遂斬貴平傳首于鄴明不同於斛斯椿及子鵠平詔以封延之爲青州刺史深既不獲州任情又恐懼行達廣固遂刼光州庫車反遣驍詣平原執前膠州刺史賈璐夜襲青州南郭刼前廷尉卿崔光韶以惑人情攻掠

郡縣其部下督帥叛拒之遂奔梁達南青州境爲賣漿者斬之傳首於鄴家口配沒

賀拔允字可泥神武尖山人也其先與魏氏同出陰山有如回者魏初爲大莫弗祖爾頭驍勇絕倫以良家鎮武川因家焉獻文時以功賜爵龍城縣男爲本鎮軍主父度拔性果毅襲爵亦爲本鎮軍主正光末沃野人破六韓拔陵反懷朔鎮將楊鈞聞度拔名召補統軍配以一旅其賊僞署王衛可瓌徒黨尤盛旣攻沒武川又陷懷朔度拔父子並爲賊所虜度拔乃與宇文肱合謀率州里豪傑珍念賢乙弗庫根尉遲檀等招義勇襲殺可瓌朝廷嘉之未及封賞度拔與鐵勒戰沒孝昌中追贈度拔肆州刺史允便弓馬頗有膽略初度拔之死允兄弟俱奔恒州刺史廣陽王深深敗歸爾朱榮允父子兄弟並以武藝稱榮素聞其名待之甚厚建義初封壽陽縣侯永安中進爵爲公魏長廣王立除開府儀同三司燕郡王兼侍中使蠕蠕還至晉陽屬齊神武將出山東允素知神武非常人早自結託神武以其北土之望尤親禮之遂與允出信都參定大策中興初轉司徒領尚書令神武入洛進爵爲王轉太尉加侍中孝武旣忌神武以允弟岳擁關中有重兵深相委託潛使來往當時咸慮允爲變及岳死孝武又委岳兄勝心腹之寄神武重舊允全護之天平元年因與神武獵或告允引弓擬神武神武乃置於樓上餓殺之年四十八神武親臨哭之贈太保允三子世文世樂難陁與和末齊神武並召與諸子同學武定中勑居定州賜田宅允弟勝勝弟岳並立功宇文氏列在周史

侯莫陳悅代人也父婆羅門爲駝牛都尉故悅長於河西好田獵善騎射會牧子作亂遂歸爾朱榮榮引爲府長流參軍莊帝初除金紫光祿大夫封柏人縣侯爾朱天光之討關西悅以天光右廂大都督西伐克獲皆與天光賀拔岳略同除鄯州刺史爾朱榮死後亦隨天光下隴元曄立進爵爲公改白水郡公普泰中除秦州刺史天光之東出將抗齊神武悅與岳下隴以應神武至雍州會爾朱覆敗永熙初加開府儀同三司都督隴右諸軍仍兼秦州刺史三年岳召悅共討曹泥悅誘岳斬之岳左右奔散悅遣人安慰衆皆畏服悅心猶豫不卽撫納乃還入隴止永洛城岳所部聚於平涼規還圖悅周文時爲夏州刺史衆遣奉迎周文至遂總岳部衆并家口入高平城以自安固乃勒衆入隴征悅悅聞之棄城南據山水之險悅先召南秦州刺史李景和其夜景和遣人詣周文密許翻降至暮景和乃勒其所部使上驢駞云儀同有敎欲還秦州守以拒賊復給帳下云儀同欲還秦州汝等何不裝辦衆謂言實以次相驚皆散趣秦州景和先馳至城據門以慰輯之悅部曲離散猜畏傍人不聽左右近己與其二弟并兒及謀殺岳者八九人棄軍迸走數日之中槃回往來不知所趣左右勸回靈州而悅不決言下隴後恐爲人見乃放馬山中令從者悉步自乘一驢欲往靈州中路遣騎將及縊死野中弟息部下悉見禽殺唯先謀殺岳者悅中兵參軍豆盧光走至靈州後奔晉陽悅自殺岳後精神恍惚不復如恒恒言我睡卽夢岳語我兄欲何處去隨逐我不相置因此彌不自安而致敗滅

念賢字蓋盧金城枹罕人也父求就以大家子戍武川鎮乃家焉賢美容質頗涉經史爲兒童時在學中讀書有善相者過學諸生競詣之賢獨不往笑謂諸生曰男兒死生富貴皆在天也何遽相乎少遭父憂居喪有孝稱後以破衛可瓌功除別將又以軍功封屯留縣伯從爾朱榮入洛兼尚書右僕射東道行臺進爵平恩縣公永熙中孝武以賢爲中軍北向大都督進爵安定郡公加侍中開府儀同三司大統初拜太尉爲秦州刺史加太傅給後部鼓吹三年轉太師都督河州刺史大將軍久之還朝兼錄尚書事後與廣陵王欣扶風王孝等同爲正直侍中時行殿初成未有題目帝詔近侍各名之對者非一莫允帝心賢乃名爲圓極帝笑曰正與朕意同卽以名之河橋之役賢不力戰乃先還自是名頗減五年除都督秦州刺史薨於州謚曰昭定賢於諸公皆爲父黨自周文以下咸拜敬之子華性和厚有長者風官至開府儀同三司合州刺史

梁覽字景叡金城人也其先出自安定避難走西羌世爲部落酋帥曾祖穆以枹罕城歸吐谷渾後又歸魏封臨洮公祖顯爲尚書封南安公父釗河華二州刺史封新陽縣伯覽家世豪富貲累千金孝昌初秦州莫折念生胡琛等反散財招募有三千人鎭河州從大軍平賊歷涼河二州刺史封安德縣侯覽旣爲本州刺史盛脩甲仗人馬精銳吐谷渾憚不敢出皆曰梁公在未可行也永安中詔大鴻臚琅邪王皓就策授世爲河州刺史永熙中改封郡公大統二年加太尉其年覽從弟企定反欲圖覽覽與數戰未能平王師至始破之四年遷太傅及河橋之役王師敗時病留長安趙青雀反北城覽爲之謀主事平乃見殺子鶴雀位儀同三司大都督後坐事免死

雷紹字道宗武川鎮人也九歲而孤有膂力善騎射年十八給事鎮府嘗使洛陽見京都禮義之美還謂同僚曰徒知邊備尙武以圖富貴不謂文學身之寶也生世不學其猶穴處何所見焉遂逃歸辭母求師經年通孝經論語嘗讀書至人行莫大於孝乃投卷歎曰吾離違侍養非人子之道卽還鄉里躬耕奉養遭母憂哀毀骨立由是知名鎮將召補鎮佐後隨賀拔岳征討爲岳長史岳有大事常訪而後行及齊神武起兵岳恥居其下紹乃勸迎孝武西都長安以順討逆岳曰吾本意也後岳信諸將言欲保關中坐觀成敗紹知計不用請爲邊州建功効岳曰君有毗佐之力當總大州遂以紹爲京兆太守清平理物甚得人和在郡踰年岳被害初紹見岳數與侯莫陳悅宴語嘗諫岳曰君其愼之岳不從果及於難紹乃棄郡馳赴岳軍與寇洛等迎周文悅平以功授大都督涼州刺史紹請留所領兵以助東討請單騎赴州刺史李叔仁擁州逆命紹遂歸永熙三年以紹爲渭州刺史進爵昌國伯初紹爲岳長史周文爲岳左丞及居相位常以恩舊接之卒於州紹性好施祿賜皆分贍親故及死日無以送終兼敬信佛道勑其子曰吾本鄉葬法必殺犬馬於亡者無益汝宜斷之斂以時服葬從約儉還葬長安天子素服臨弔贈太尉賜東園祕器子渙

毛遐字鴻遠北地三原人也世爲酋帥曾祖天愛太武時至定州刺史始昌子傳至遐四世不絕正光中蕭寶夤爲大都督討關中諸賊咸陽太守韋遂時爲都督以遐爲都督府長史寶夤敗還長安三輔騷擾遐因辭還還北地與弟鴻賓聚鄉曲豪桀遂東西略地氐羌多赴之共推鴻賓爲盟主旣而賊帥宿勤買奴自號京兆王於北地遐詐降之而與鴻賓攻其壁賊自相斫射縱兵追擊七柵皆平後寶夤構逆謀遐知之乃寄書與鴻賓索馬迎接復於馬祗柵建旗鼓以拒寶夤攻其將盧祖遷禽之寶夤以是日拜南郊竊號禮未畢而告敗寶夤懼口乾色變不遑部伍人皆亂還詔授遐南幽州刺史進爵爲伯遐又攻破其將侯終德寶夤知內外勢異輕將十數騎走巴中冬万俟醜奴陷秦州詔以遐兼尙書二州行臺孝武帝入關勑周文置二尙書分掌機事遐與周惠達始爲之稍遷驃騎大將軍開府儀同三司卒遐少任俠有智謀世爲豪右貲產巨億士流貧乏者多被振贍故中書郎檀翥尙書郎公孫範等常依託之至於自供衣食麤弊而已死之日鄉黨赴葬咸共痛惜鴻賓大鼻眼多鬚鬢黑而且肥狀貌頗異氐羌見者皆畏之加膽略騎射俶儻不拘小節昆季之中尤輕財好施遐雖云早立而名出其下及賊起鄉里推爲盟主常與遐一守一戰後拜岐州刺史散騎常侍開國縣侯遐笑謂鴻賓曰擊賊之功吾不居汝後至於受賞汝在吾前當以德濟物不及汝故耳明帝以鴻賓兄弟所定處多乃改北地郡爲北雍州以鴻賓爲刺史詔曰此以晝錦榮卿也改三原縣爲建中郡以旌其兄弟後爾朱天光自關中還洛夷夏心所忌者皆將自隨鴻賓亦領鄉中壯武二千人以從洛中素聞其名衣冠貧冗者競與之交尋拜西兗州刺史羈寓倦遊之輩四座常滿鴻賓貲給衣食與己悉同私物不足頗有公費轉南靑州刺史未幾徵還爲有司所糾鴻賓遂逃匿民間月餘詔特原之及孝武帝與齊神武有隙令鴻賓鎮潼關爲西道之寄車駕西幸糜粖乏絕侍官三二日間唯飲澗水鴻賓奉獻酒食迎於稠桑文武從者始解饑渴武帝把其手曰寒松勁草所望於卿也事平之日甯忘主人仍令守潼關後神武來寇見禽至并州憂恚卒鴻賓弟鴻顯位散騎常侍封縣侯遐乳母所產也一字七寶遐養之爲弟因姓毛氏勁悍多力後隨諸兄戰鬬多先鋒陷敵大統四年爲廣州刺史與駱超鎮東陽陷東魏卒子野乂

乙弗朗字通照其先東部人也世爲部落大人與魏徙出因家上樂焉朗少有俠氣在鄉里以善騎射稱孝莊末北境擾亂避地居并肆間爾朱榮見而重之甚相接待以功封遷勺子後隸賀拔岳從爾朱天光西討爲岳左廂都督孝武帝之禦齊神武授朗閤內大都督及帝西入詔朗爲軍師先驅靖路至長安封長安縣公卒於岐州刺史初朗患積冷周文賜二石東生散令朗如法服之使人問疾朝夕相繼其見重如此臨終惟云恨不見河洛清平重反京縣以此爲恨三舉手攬牀而便氣盡贈太尉子鳳位宮伯開府儀同三司與周閔帝謀誅宇文護見殺

辛雄字世賓隴西狄道人也父暢汝南鄉郡二郡太守雄有孝性居父憂殆不可識頗涉書史好刑名廉謹雅素不妄交友喜怒不形於色釋褐奉朝請淸河王懌爲司空辟爲左曹掾田曹事懌遷司徒仍授左曹並當煩劇爭訟塡委雄用心平直加以閑明政事經其剖斷莫不咸服懌重之每謂人曰必也無訟辛雄其有焉遷尙書駕部三公郎其年涉汰郎官唯雄與羊深等八人見留餘悉罷遣先是御史中丞東平王匡復欲輿棺諫諍尙書令任城王澄劾匡大不敬詔恕死雄奏理匡曰竊

見白衣元匡歷奉三朝每蒙寵遇謇愕之性簡自帝心鷹鸇之志形於在昔故高祖錫之以匡名陛下任之以彈糾當高肇之時匡造棺致諫主聖臣直卒以無咎假欲重造先帝已容之於前陛下宜寬之於後祁奚云叔向之賢可宥十世而匡不免其身實可嗟惜未幾匡除平州刺史右僕射元欽謂左僕射蕭寶夤曰辛郎中才用省中諸人莫出其右者寶夤曰吾聞游僕射云得如雄者四五人共省事足矣今日之賞何其晚哉初廷尉少卿袁翻以犯罪之人經恩競訴枉直難明遂奏曾染風聞者不問曲直推爲獄成悉不斷理詔門下尙書廷尉議之雄議曰春秋之義不幸而失甯僭不濫僭則失罪人濫乃害善人今議者不忍罪姦吏使出入縱情令君子小人薰蕕不別豈所謂賞善罰惡慇懃隱恤者也古人唯患察獄之不精未聞知寃而不理詔從雄議自後朝廷每有疑議雄與公卿駁難事多見從於是公能之名甚盛又爲祿養論稱仲尼陳五孝自天子至於庶人無致仕之文禮記八十一子不從政九十家不從政鄭元注云復除之然則止復庶人非公卿大夫士之謂以爲宜聽祿養不約其年書奏孝明納之冀州刺史侯剛啓爲長史孝明以雄長於世務惜不許之更除司空長史時諸公皆慕其名欲屈爲佐莫能得也時諸方賊盛而南寇侵境山蠻作逆孝明欲親討以荊州爲先詔雄爲行臺左丞與臨淮王彧東趣葉城別將裴衍西通鵶路衍稽留未進彧師已次汝濱逢北溳求救彧以處分道別不欲應之雄曰王執麾閫外唯利是從見可而進何必守道彧恐後有得失之責要雄符下雄以車駕將親伐蠻夷必懷震動乘彼離心無往不破遂符彧軍令速赴擊賊聞果自走散在軍上疏曰凡人所以臨堅陣而忘身觸白刃而不憚者一則求榮名二則貪重賞三則畏刑罰四則避禍難非此數事雖聖主不能勸其臣慈父不能厲其子明主深知其情故賞必行罰必信使親疏貴賤勇怯賢愚聞鍾鼓之聲見旍旗之列莫不奮激赴敵場豈厭久生而樂早死也利害懸於前欲罷不能耳自秦隴逆節將歷數年蠻左亂常稍已多載凡在戎役數十萬人三方之師敗多勝少跡其所由不明賞罰故也陛下欲天下之早平愍征夫之勤悴乃降明詔賞不移時然兵將之勳歷稔不決亡軍之卒晏然在家致令節士無所勸慕庸人無所畏懾進而擊賊死交而賞賒退而逃散身全而無罪此其所以望敵奔沮不肯進力者矣若重發明詔更量賞罰則軍威必張賊難可弭臣聞必不得已去食就信以此推之信不可斯須廢也賞罰陛下之所易尙不能全而行之攻敵上之所難欲其必死甯可得也後爲吏部郎中會爾朱榮入洛及河陰之難人情未安雄潛竄不出莊帝欲以爲尙書門下奏曰辛雄不出存亡未分帝曰甯失亡而用之可失存而不用也遂除度支尙書後以本官兼侍中關西慰勞大使將發請事五條一言逋懸租調宜悉不徵二言簡罷非時徭役以紓民命三言課調之際使豐儉有殊令州郡量檢不得均一四言兵起歷年死亡者衆或父或子辛酸未歇見存耆老請假版職悅生者之意慰死者之魂五言喪亂既久禮儀罕習如有閨門和穆孝悌卓然者宜表其門閭莊帝從之因詔人年七十者授縣八十授郡九十加四品將軍百歲從三品將軍永熙二年兼吏部尙書時近習專恣雄懼其讒慝不能守正論者頗譏之孝武南狩雄兼左僕射留守京師永熙末兼侍中帝入關右齊神武至洛於永甯寺大集朝士責雄及尙書崔孝芬劉廞楊機等曰爲臣奉主匡危救亂若處不諫諍出不陪隨緩則耽寵急則竄避臣節安在乃誅之二子士璨士貞逃入關中雄從父兄纂字伯將學涉文史溫良雅正初爲兗州安東府主簿與祕書丞同郡李伯尙有舊伯尙與咸陽王禧同逆逃竄投纂事覺坐免官後爲太尉騎兵參軍每爲府主淸河王懌所賞至定考懌曰辛騎兵有學有才宜爲上第及梁將曹義宗攻新野詔纂爲荊州軍司纂善撫將士人多用命賊甚憚之會孝明崩諱至咸以對敵欲祕凶問纂曰安危在人豈關是也遂發喪號哭三軍縞素遠入州城中以盟約尋爲義宗所圍相率固守孝莊卽位除兼尙書仍行臺後大都督費穆擊義宗禽之入城因舉酒屬纂曰微辛行臺之在斯吾亦無由建此功也永安二年元顥乘勝至城下爲顥所禽及孝莊還宮纂謝不守之罪帝曰於時朕亦北巡東軍不守豈卿之過轉滎陽太守百姓姜洛生康乞得者舊是前太守鄭仲明左右豪猾偷竊境內患之纂伺捕禽獲梟於郡市百姓欣然纂僑屬洛陽太昌中乃爲河南邑中正永熙三年除河內太守齊神武赴洛兵集城下纂出城謁神武慰勉之因命前侍中司馬子如曰吾行途疲弊宜待吾執河內手也尋爲兼尙書南道行臺西荊州刺史時蠻酋樊大能應西魏纂攻之不克而敗爲西魏將獨孤信所害贈司徒公雄族祖琛字僧貴祖敬宗父樹寶並代郡太守琛少孤曾過友人見其父母無恙垂涕久之釋褐奉朝請滎陽郡丞太守元麗性頗使酒琛每諫之麗後醉輒令閉

閣曰勿使丞入也孝文南征麗從輿駕詔琛曰委卿郡事如太守也景明中爲揚州征南府長史刺史李崇多事産業琛每諫折崇不從遂相糾舉詔並不問後加龍驤將軍南梁太守崇因置酒謂琛曰長史後必爲刺史但不知得上佐何如人耳琛對曰若萬一叨忝得一方正長史朝夕聞過是所願也崇有慙色卒於官琛寬雅有度量涉獵經史喜愠不形於色當官奉法所在有稱長子悠字元壽早有器業爲侍御史監揚州軍賊平錄勳書時李崇猶爲刺史欲寄人名悠不許崇曰我昔逢其父今復逢其子早卒悠弟俊字叔義有文才魏子建爲山南行臺以爲郎中有軍國機斷還京於滎陽爲人所刼害贈東秦州刺史俊弟衛列在齊史

楊機字顯略天水冀人也祖伏恩徙居洛陽因家焉機少有志節爲士流所稱河南尹李平元暉並召署功曹暉尤委以郡事或謂暉曰弗躬弗親庶民弗信何得委事於機高臥而已暉曰吾聞君子勞於求士逸於任賢故前代有坐嘯之人主諾之守吾既委得其才何爲不可由是聲名更著解褐奉朝請時皇子國官多非其人詔選清直之士機見舉爲京兆王愉國中尉愉甚敬憚之後爲洛陽令京輦伏其威風希有干犯凡訴訟者一經其前後皆識其名姓并記其事理世咸異之歷司州別駕清河內史河北太守並有能名永熙中遷度支尚書機方直之心久而彌厲奉公正己爲時所稱家貧無馬多乘小犢車時論許其清白與辛雄等並爲齊神武所誅

高恭者字道穆自云遼東人也祖潛獻文初賜爵陽關男詔以沮渠牧犍女賜潛爲妻封武威公主拜駙馬都尉父崇字積善少聰敏以端謹稱家貧富厚而崇志尚儉素初崇舅氏坐事誅公主痛本生絶允遂以崇繼牧犍後改姓沮渠景明中起復本姓襲爵除洛陽令爲政清斷吏人畏其威風發擿不避彊禦縣内肅然卒贈滄州刺史諡曰成道穆以字行於世學涉經史所交皆名流勝士幼孤事兄如父每謂人曰人生厲心立行貴於見知當使夕脫羊裘朝佩珠玉若時不我知便退迹江海自求其志御史中尉元匡高選御史道穆奏記於匡以求備選匡大喜曰吾久知其人適欲召之遂引爲御史其糾擿不避權豪臺中綱紀多爲所正正光中出使相州前刺史李世哲卽尚書令崇之子多有非法逼買人宅廣興屋宇皆置鴟尾又於馬埒堠上爲木人執節道穆繩糾悉毀去之并表發其贓貨爾朱榮討蠕蠕道穆監其軍事榮甚憚之蕭寶夤西征以道穆爲行臺郎中軍機之事皆以委之後屬兄謙之被害情不自安遂擕家逃濟陰變易姓名以避難託身於孝莊孝莊時爲侍中深相保護及卽位賜爵龍城侯召爲吏部郎除太尉長史領中書舍人及元顥逼虎牢或勸帝赴關西者帝以問道穆道穆對曰關中今日殘荒何由可往臣謂元顥兵衆不多乘虛深入者由國家將帥不得其人耳陛下若親率宿衛高募重賞背城一戰臣等竭其股肱破顥必矣如恐成敗難測便宜車駕北渡循河東下別召爾朱榮令赴河內以犄角之爲萬全之計帝曰高舍人語是其夜到河內郡北帝命道穆燭下作詔書數十紙布告遠近然後四方知乘輿所在除中軍給事黃門侍郎安喜縣公於是爾朱榮欲迴師待秋道穆謂榮曰元顥以蕞爾輕兵奄據京洛使乘輿飄露人神恨憤主憂臣辱良在於今大王擁百萬之衆輔天子令諸侯自可分兵河畔縛筏造船處處遣渡徑會擒賊復主宮闕此五伯之舉且一日縱敵爲世之患今若還師令顥重完守具徵兵天下所謂養虺成蛇悔無及矣榮深然之及莊帝反政因宴次謂爾朱榮曰前若不用高黃門計則社稷不安可爲朕勸其酒令醉榮因陳其作監軍時臨事能決實可任用尋除御史中尉仍兼黃門道穆外秉直繩內參機密凡是益國利人之事必以奏聞諫諍盡言無所顧憚選用御史皆當世名輩李希宗李繪陽休之陽斐封君義邢子明蘇淑宋世良等三十人於時用錢稍薄道穆奏曰百姓之業錢貨爲本救弊改鑄工政所先自頃以來私鑄薄濫官司糾繩持網非一在市銅價八十一文得銅一斤私鑄薄錢斤餘二百既示之以深利又隨之以重刑得罪者雖多姦鑄者彌衆今錢徒有五銖之文而無二銖之實薄甚榆莢上貫便破置之水上殆欲不沈因循有漸科防不切朝廷失之彼復何罪昔漢文帝以五分錢小改鑄四銖至武帝復改三銖爲半兩此皆以大易小以重代輕也論今據古宜改鑄大錢文載年號以記其始則一斤所成止七十六文銅價止賤五十有餘其中人功食料錫炭鉛砂縱復私營不能自潤直置無利自應息心況復嚴刑廣設也以臣測之必當錢貨永通公私獲允遂用楊侃計鑄永安五銖錢僕射爾朱世隆當朝權盛因內見衣冠失儀道穆便卽彈糾帝姊壽陽公主行犯清路執赤棒卒呵之不止道穆令卒棒破其車公主深以爲恨以泣訴帝帝謂主曰高中尉清直之人彼所行者公事豈可以私恨責之道穆後見帝帝曰一日家姊行路相犯深以爲愧

道穆免冠謝曰臣奉陛下法不敢於公主虧朝典帝曰朕以愧卿卿反謝朕尋勑監儀注又詔祕書圖籍及內典書緗素多致零落可令道穆總集帳目并牒儒學之士編比次第道穆又上疏曰高祖太和之初置廷尉司直論刑辟是非雖事非古始交濟時要竊見御史出使悉受風聞雖時獲罪人亦不無枉濫何者得堯之罰不能不怨守令爲政容有愛憎姦猾之徒恒思報惡多有妄造無名共相誣謗御史一經檢究恥於不成杖木之下以虛爲實無罪不能自雪者豈可勝道哉臣雖愚短守不假器繡衣所指冀以清肅若仍更踵前失或傷善人則尸祿之責無所逃罪如臣鄙見請依太和故事還置司直十人名隸廷尉以五品選歷官有稱心平性直者爲之御史若出糾劾卽移廷尉令知人數廷尉遣司直與御史俱發所到州郡分居別館御史檢了移付司直司直覆問事訖與御史俱還中尉彈聞廷尉科律一如舊式度使獄成罪定無復稽寬爲惡取敗不得稱枉若御史司直糾劾失實悉依所斷獄罪之聽以所檢迭相糾發如二使阿曲有不盡理聽罪家詣門下通訟別加案檢如此則肺石之傍怨訟可息叢棘之下受罪吞聲者矣詔從之復置司直及爾朱榮死帝召道穆付赦書令宣於外因謂之曰自今日後當得精選御史矣先是榮等常欲以親黨爲御史故有此詔及爾朱世隆等戰於大夏門北道穆受詔督戰又贊成太府卿李苗斷橋之計世隆等於是北遁加衛將軍大都督兼尙書右僕射南道大行臺時雖外託征蠻而帝恐北軍失利欲爲南巡之計未發會爾朱兆入洛道穆慮禍託病去官世隆以其忠於前朝遂害之太昌中贈車騎大將軍儀同三司雍州刺史子士鏡襲爵爲北豫州刺史道穆兄謙之字道讓少事母以孝聞專意經史天文筭歷圖緯之書多所該涉好文章留心老易襲父爵釋褐奉朝請孝昌中行河陰令先是有人囊盛瓦礫指作錢物詐市人馬因以逃去詔令追捕必得以聞謙之乃僞枷一人因立於馬市宣言是前詐市馬賊今欲刑之密遣察市中私議者有二人相見忻然曰無復憂矣執送案問悉獲其黨并出前後盜處失物之家各得其本物具以狀告尋正河陰令在縣二年損益政體多爲故事時道穆爲御史亦有能名世美其父子兄弟並著當官之稱舊制二縣令得面陳得失時佞幸之輩惡其有所發聞遂共奏罷謙之乃上疏曰臣以無庸謬宰神邑實思奉法不撓稱是官方酬朝廷無貲之恩盡人臣守器之節但豪家支屬戚里親媾縲紲所及舉目多是皆有盜憎之色咸起怨上之心縣令輕弱何能克濟先帝昔發明詔得使面臣所懷臣亡父先臣崇之爲洛陽令常得入奏是非所以朝貴斂手無敢干政近年以來此制遂寢致使神宰威輕下情不達今二聖遠遵堯舜憲章高祖愚臣亦望策其駑蹇少立功名乞行新典更明往制庶姦豪知禁頗自屛心詔付外量聞謙之又上疏以爲自正光以來邊城屢擾命將出師相繼於路但諸將帥或非其才多遣親者妄稱入募唯遣奴客充數而已對寇臨敵略不彎弓則是王爵虛加征夫多闕賊虜何可殄除忠貞何以勸誡也且近習侍臣戚屬朝士請託官曹擅作威福如有清貞奉法不爲回者咸共譖毀橫受罪罰在朝顧問誰肯申聞蔽上擁下虧風損政使讒諂甘心忠讜息議且頻年以來多有徵發人不堪命動致流離苟保妻子競逃王役不復顧其桑井憚此刑書正由還有必困之理歸無自安之路若聽歸其本業徭役微甄則還者必衆墾田增闢數年之後大獲課入今不務以理還之但欲嚴符切勒恐數年之後走者更多故有國有家者不患人不我歸唯患政之不立不恃敵不我攻唯恃吾不可侮此乃千載共遵百王一致伏願少垂覽察靈太后得其疏以責左右近侍諸寵要者由是疾之乃啟太后云謙之有學藝宜在國學以訓胄子詔從之除國子博士謙之與袁翻常景酈道元溫子昇之徒咸申款舊好施贍恤言諾無虧居家僮隸對其兒不撻其父母生三子便免其一世無髡黥奴婢常稱俱稟人體如何殘害謙之以父舅氏沮渠蒙遜曾據涼土國書漏闕謙之乃修涼書十卷行於世涼國盛事佛道爲論貶之因稱佛是九流之一家當世名流競以佛理來難謙之還以佛義對之竟不能屈以時所行歷多未盡善乃更改元修者撰爲一家之法雖未行於世識者歎其多能時朝議鑄錢以謙之爲鑄錢都將長史乃上表求鑄三銖錢曰蓋錢貨之立本以通有無便交易故錢之輕重世代不同太公爲周置九府圜法至景王時更鑄大錢秦兼海內錢重半兩漢興以秦錢重改鑄榆莢錢至文帝五年復爲四銖孝武時悉復銷壞更鑄三銖至元狩中變爲五銖又造赤仄之錢以一當五王莽攝政錢有六等大錢重十二銖次九銖次七銖次五銖次三銖次一銖魏文帝罷五銖錢至明帝復立孫權江左鑄大錢一當五百權赤烏年復鑄大錢一當十輕重大小莫不隨時而變竊以食貨之要八政爲首聚財之貴詒訓典文是以昔之帝王乘天府之饒御海內之富莫不腐

紅粟於太倉藏朽貫於泉府儲畜既盈人無困弊可以寧謐四海如身使臂者矣昔漢之孝武地廣財饒外事四戎遂虛國用於是草茅之臣出錢助國興利之計納稅廟堂市列榷酒之官邑有告緡之令鹽鐵既興錢幣屢改少府遂豐上林饒積外闢百蠻內不增賦者皆計利之由也今羣祆未息四郊多壘徵稅既煩千金日費倉儲漸耗財用將竭誠惕氏獻稅之秋桑兒言利之日夫以西京之盛錢猶屢改並行大小子母相權況今寇難未除州郡淪敗人物彫零軍國用少別鑄小錢可以富益何損於政何妨於人也且政興不以錢大政衰不以錢小唯貴公私得所政化無虧既行之於古亦宜效之於今矣若禹遭大水以歷山之金鑄錢救人之困湯遭大旱以莊山之金鑄錢贖人之賣子者今百姓窮悴甚於曩日欽明之主豈得垂拱而觀之哉臣今此鑄以濟交乏五銖之錢任使並用行之無損國得其益詔將從之事未就會卒初謙之弟道穆正光中爲御史糾相州刺史李世哲事大相挫辱其家恒以爲憾至是世哲弟靈軌爲靈太后深所寵任會謙之家僮訴良神軌左右之入諷尚書判禁謙之於廷尉時將赦神軌乃啓靈太后發詔於獄賜死朝士莫不哀之所著文章百餘篇別有集錄永安中贈營州刺史謚曰康又除一子出身以明冤屈謙之弟謹之字道脩父崇既還本姓以謹之繼沮渠氏

綦儁字摩顯河南洛陽人也其先居代儁孝莊時仕累遷爲滄州刺史甚爲吏民畏悅尋除太僕卿及爾朱世隆等誅齊神武召文武百司下及士庶議所立莫有應者儁避席對曰廣陵雖爲爾朱扶戴當今之聖主也神武將從之時黃門崔㥄議不同高乾魏蘭根等固執㥄言遂立孝武帝及帝入關神武深思儁言常以爲恨尋除御史中尉於路與僕射賈顯度相逢顯度恃勳貴排儁騶列倒儁忿見於色自入奏之尋加散騎常侍驃騎大將軍左光祿大夫儀同三司儁巧佞能候當塗斛斯椿賀拔勝皆與友善性多詐賀拔勝出鎮荆州過儁別因辭儁母儁故見敗氈弊被勝更遺之錢物後兼吏部尚書復爲滄州刺史徵還兼中尉章武縣伯尋除殷州刺史薨於州贈司空謚曰文貞子洪寔字巨正位尚書左右郎魏郡邑中正嗜酒好色無行檢卒官

山偉字仲才河南洛陽人也其先居代祖強美容貌身長八尺五寸工騎射彎弓五石爲奏事中散從獻文獵方山有兩狐起於御前詔强射之百步內二狐俱獲位內行長父幼之位金明太守偉涉獵文史孝明初元匡爲御史中尉以偉兼侍御史入臺五日便遇正會偉司神虎門其妻從叔爲羽林隊主撾直長於殿門偉即劾奏匡善之俄然奏正帖國子助教遷員外郎廷尉評時天下無事進仕路難代遷之人多不霑預及六鎮隴西二方起逆領軍元乂欲用代來寒人爲傳詔以慰悅之而牧守子孫投狀求者百餘人乂因奏立勳附隊令各依資出身自是北人悉被收敘偉遂奏記贊乂德美乂素不識偉訪侍中安豐王延明黃門郎元順順等因是薦之乂令僕射元欽引偉兼尚書二千石郎後正名士郎脩起居注僕射元順領選表薦爲諫議大夫爾朱榮之害朝士偉時守直故免禍及孝莊入宮仍除給事黃門侍郎先是偉與儀曹郎袁昇屯田郎李延考外兵郎李奐三公郎王延業方駕而行偉少居後路逢一尼望之歎曰此輩緣業同日而死謂偉曰君方近天子當作好官既而昇等四人皆死於河陰竟如其言俄領著作郎節閔帝立除祕書監仍著作初爾朱兆之入洛官守奔散國史典書高法顯密埋吏書故不遺落偉自以爲功訴求爵賞偉挾附世隆遂封東附縣伯而法顯止獲男爵偉尋進侍中孝靜初除衞大將軍中書令監起居後以本官復領著作卒官贈驃騎大將軍開府儀同三司都督幽州刺史謚曰文貞公國史自鄧淵崔深崔浩高允李彪崔光以還諸人相繼撰錄綦儁及偉等諂說上黨王天穆及爾朱世隆以爲國書正應代人脩緝不宜委之餘人是以儁偉等更主大籍守舊而已初無述著故自崔鴻死後迄終偉身二十許載時事蕩然萬不記一後人執筆無所憑據史之遺闕偉之由也偉外示沈厚內實矯競與綦儁少甚相得晚以名位之間遂若水火與宇文忠之之徒代人爲黨時賢畏惡之而愛尚文史老而彌篤偉弟少亡偉撫寡訓孤同居二十餘年恩義甚篤不營產業身亡之後賣宅營葬妻子不免飄泊士交歎愍之長子昂襲爵

宇文忠之河南洛陽人也其先南單于之遠屬世據東部後居代都父侃卒於書侍御史忠之涉獵文史頗有筆札釋褐太學博士天平初除中書侍郎裴伯茂與之同省常侮忽之以忠之色黑呼爲黑子後勅修國史元象初兼通直散騎常侍副鄭伯猷使梁武定初爲尚書右丞仍脩史未幾以事除名忠之好榮利自爲中書郎六七年遇尚書省選右丞預選者皆射策忠之試焉既獲丞職大爲忻滿志氣囂然有驕物之色識者笑之既失官爵怏怏發疾卒子君山

費穆字朗興代人也祖于位商買二曹令懷州刺史賜爵松陽男父萬襲爵位梁州鎮將贈冀州刺史穆性剛烈有壯氣頗涉文史好尚功名宣武初襲爵稍遷荊州平西府長史皇甫集靈太后之元舅侍外戚之親多爲非法穆正色匡諫集亦憚之後蠕蠕主婆羅門自涼州歸附其部衆因饑侵掠邊邑詔穆銜旨宣慰莫不款附明年復叛入寇涼州除穆尚書右丞西北道行臺仍爲別將往討之穆至涼州蠕蠕遁走穆謂其所部曰夷狄獸心見敵便走若不令其破膽終恐疲於奔命乃簡練精騎伏於山谷使羸劣之衆爲外營以誘之賊騎覘見俄而競至伏兵奔擊大破之及六鎮反叛穆爲別將隸都督李崇北伐都督崔暹失利崇將議班師以朔州是白道之衝賊之咽喉若不全則并肆危選將鎮捍僉議舉穆崇乃請穆爲朔州刺史尋改雲州刺史穆招離聚散頗得人心北境州鎮皆沒唯穆獨存久之援軍不至穆乃棄城南走投爾朱榮於秀容既而詣闕請罪詔原之孝昌中以都督討平二絳反蜀拜散騎常侍後祇賊李洪於陽城起逆連結蠻左詔穆兼武衛將軍擊破之及爾朱榮向洛靈太后徵穆令屯小平榮推奉孝莊穆遂先降榮素知穆見之甚悅穆潛說榮曰公士馬不出萬人長驅向洛前無橫陳者政以推奉主上順人心故今以京師之衆百官之盛一知公之虛實必有輕侮之心若不大行討罰更樹親黨公還北之日恐不得度太行而內難行矣榮心然之於是有河陰之事天下聞之莫不切齒榮入洛穆爲吏部尚書魯縣侯進封趙平郡公爲侍中前鋒大都督與大將軍元天穆平邢杲時元顥入京師穆與天穆既平齊地將擊顥穆鬬虎牢將拔屬天穆北度既無後繼穆遂降顥顥以河陰酷濫事起於穆引入詰讓殺之孝莊還宮贈侍中司徒公謚曰武宣

孟威字能重河南洛陽人也頗有氣尚尤知北土風俗歷東宮齋帥羽林監後以明解北人語勅在著作以備推訪累遷沃野鎮將前後頻使遠蕃粗能稱旨普泰中除大鴻臚卿贈司空公子恂嗣

通志卷一百五十一終

通志卷一百五十二

宋右迪功郎鄭樵漁仲撰

列傳第六十五

北齊

万俟普(子洛) 可朱渾元 劉豐 破六韓常 金祚
劉貴 蔡儁 韓賢 尉長命 王懷 任祥(子胄)
莫多婁貸文(子敬顯) 庫狄迴洛 庫狄盛 張保洛(賀拔仁麴珍段琛尉摽摽子相貴相顯康德韓建業封輔相范舍樂)
(牒舍樂) 侯莫陳相 薛孤延 斛律羌舉(子孝卿) 張瓊(子欣)
宋顯 王則 慕容紹宗 叱列平 步大汗薩 薛脩義 慕容儼(庫狄伏連) 高乾(弟慎 慎弟昂 昂弟季式)
(東方老 李希光 劉叔宗 劉孟和 盧曹) 潘樂 寶泰 尉景(子粲) 婁昭(子定遠 昭兄子叡) 庫狄干 韓軌(子晉明) 段榮(子韶 韶弟孝言)
斛律金(子光邢祖信光弟羨) 彭樂 暴顯 皮景和 綦連猛 元景安 獨孤永業 鮮于世榮 傅伏
(叱于苟生 田敬宣 雷顯和 紇奚永安 高寶寧)

万俟普字普撥太平人其先匈奴之別也少雄果有武力正光中破六韓拔陵構逆遍授太尉後歸魏累遷第二鎭人酋長孝武帝初封淸水郡公隨入關拜司空神武平夏州普自覆秣城率部歸神武神武躬自迎接封河西郡公位太尉薨贈太師大司馬錄尚書事子洛字受洛干隨孝武入關除尚書左僕射天平中隨父東歸封建昌郡公再遷領軍將軍初神武以其父普尊老特崇禮之嘗親扶上馬洛免冠稽首願出萬死力以報深恩及河陰之戰諸將北度橋洛以一軍不動謂西人曰万俟受洛干在此能來可來也西人畏而去之神武名其所營地爲迴洛慷慨有氣節勇銳冠世卒贈太師大司馬太尉錄尚書諡曰武

可朱渾元字道元自云遼東人也曾祖護野肱爲懷朔鎭將遂家焉元寬仁有武略少與神武相知爾朱榮以爲別將隸爾朱天光平万俟醜奴等以功封東縣伯魏孝武帝立累遷渭州刺史元旣早爲神武知遇兼其母兄在東恒表疏與神武往來周文有疑心元乃率所部三千戸發渭州西北度烏蘭津歷河源二州境乃得東出靈州刺史曹埿待元甚厚埿女壻劉豐生與元深相結遂資遣元元從靈州東北入雲州界周文每遣兵邀元元戰必摧之神武聞其來遣平陽太守高崇持金環一枚賜元并運資糧候接元至引見執手後拜并州刺史以貪汚被劾特見原累以軍功拜司空天保初封扶風郡王位太傅太師薨贈假黃鉞太宰太師錄尚書元用兵務持重未嘗敗皇建初配享文襄廟庭子長舉襲爵元弟天元亦有將略便弓馬封昌陽縣伯天保初位殿中七兵二尚書卒贈都督滄州刺史諡曰恭武天元弟天和以兄元勳重尚東平長公主賜爵宜安鄕男文宣受禪加駙馬都尉位開府儀同三司封成臯郡公濟南卽位加特進改封博陵郡公與楊愔同被殺追贈司空

劉豐字豐生普樂人也有雄姿壯氣果毅絕人破六韓拔陵之亂以守城功除普樂太守山鹿縣公靈州鎭城大都督賀拔岳與靈州刺史曹埿不睦豐助埿守岳將自討埿爲侯莫陳悅所殺周文遣行臺趙善大都督万俟受洛干復來攻圍引河灌之埿與豐堅守不下豐乃東奔神武神武以豐爲南汾州刺史河陰之役豐功居先神武執其手嗟賞之及王思政據長社豐與高岳等攻之先是訛言大魚道上行百姓苦之豐建水攻策遏洧水灌城水長魚鱉皆游焉城將陷豐與行臺慕容紹宗見忽有暴風從東北來正晝昏暗飛沙走礫船纜忽絕漂至城下豐拍浮向土山爲浪激不時至西人鉤之並爲敵所害豐壯勇善戰死日朝野駭惋贈大司馬司徒公尚書令諡忠武子曄嗣第三子龍有巧思位亦通顯隋開皇中歷將作大匠卒於領軍大將軍八子俱非嫡妻所生每一子所生喪諸子皆爲制服三年武平中曄所生喪諸弟並請解官朝廷義而不許

破六韓常單于之裔也初呼厨貌入朝漢爲魏武所留遣其叔父右賢王去卑監本國戸魏氏方興率部南轉去卑遣弟右谷蠡王潘六奚率軍北禦軍敗奚及五子俱沒于魏其子孫遂以潘六奚爲氏後人訛誤以爲破六韓世領部落父孔雀少驍勇背其宗人拔陵率部降爾朱榮詔封永安縣侯第一領人酋長常孔雀少子沈敏有膽略善騎射爾朱榮死常歸河西天平中與冀州刺史万俟受洛干等東歸神武上爲武衛將軍齊受禪封廣川縣公拜太子太保卒於滄州刺史贈尚書令司徒公太傅第一領人酋長假王諡曰忠武

金祚字神敬安定人也性驍雄尚氣俠魏末以軍功至太中大夫隨元天穆討平邢杲歷涇岐二州刺史後大行臺賀拔岳表授東雍州刺史令討仇池氐楊紹先於百頃未還岳爲侯莫陳悅所殺祚克仇池還莫知所歸俄而神武遣行臺侯景慰喩祚遂解甲而還封安定縣公後隨魏孝武西入周文以祚爲兗州刺史歷太僕衞尉二卿尋除東北道大都督晉州刺史入據東雍州神武遣尉景攻降之芒山之役以大都督從破西軍除華

州刺史文宣受禪加開府儀同三司別封臨濟縣子卒贈司空公

劉貴秀容陽曲人也剛格有氣斷歷爾朱榮府騎兵參軍榮性猛急貴尤嚴峻任使多愜榮心普泰初行汾州事棄戍歸神武累遷御史中尉肆州大中正加開府西道行臺僕射貴所歷莫不肆其威酷非理殺害視下如草芥性峭直攻訐無所迴避雖非佐命元功然與神武布衣舊特見親重卒贈太保太尉公録尚書事諡忠武齊受禪詔祭告其墓皇建中配享神武廟庭次子洪徽嗣樂安縣男卒贈都督燕州刺史

蔡儁廣寧石門人也父普北方擾亂走奔五原守戰有功拜寧朔將軍卒贈燕州刺史儁豪爽有膽略神武微時深相親附儁初爲杜洛周所虜時神武亦在洛周軍中神武謀誅洛周儁預其計事泄奔葛榮仍背榮歸爾朱榮從入洛及從破葛榮平元顥封爲洛縣男隨神武舉義及平鄴破韓陵並有戰功進爵爲侯出爲齊州刺史爲政嚴暴又多受納然亦明解有部分吏民畏服之性好賓客頗稱施惠天平中卒於揚州刺史贈尚書令司空公諡曰威武齊受禪詔祭告其墓皇建初配享神武廟庭

韓賢字普賢廣寧石門人也壯健有武用初隨葛榮作逆榮破後爾朱榮擢充左右榮死爾朱度律以賢爲帳內都督封汾陽縣伯後爲廣州刺史及神武起義度律以賢素爲神武所知恐有變遣使徵之不願去乃密遣羣蠻多舉烽若有寇至使者遂爲啟得停賢仍潛使人通誠於神武後拜建州刺史天平初爲洛州刺史州人韓木蘭等起兵賢破之親自案檢收甲仗有一賊窘迫藏屍閒見賢將至忽起斫賢斷其脛而卒始漢明帝時西域以白馬負佛經送洛因立白馬寺其經函傳於此寺形制厚朴世以古物歷代寶之賢知故斫破之未幾而死論者謂因此致禍贈尚書令司空公子裔嗣

尉長命太安狄那人也父顯魏代郡太守長命性和厚有器識參預神武起兵破爾朱氏於韓陵拜安南將軍樊子鵠據兗州反除東南道大都督與諸軍討平之徙幽州刺史督安平二州雖多聚斂然以恩撫人少得安集卒贈司空諡曰武壯子興字敬興便弓馬有武藝位冠軍將軍

王懷字懷周不知何許人也少好弓馬頗有氣尚隨神武於冀州起兵討破爾朱兆於廣阿又從破四胡於韓陵以功封盧鄉縣侯天平中爲都督廣州刺史後從神武襲尅西夏州還爲大都督鎮下館除車騎大將軍儀同三司卒贈司徒公尚書僕射懷以武藝勳誠爲神武所知志力未申論者惜其不遂皇建初配享神武廟庭

任祥字延敬廣寧人也少和厚有器度初從葛榮榮署爲王榮敗擁所部先降拜廣寧太守賜爵西河縣公隨神武起兵封魏郡公後兼尚書左僕射進位開府儀同三司祥位望既重能以寬和接物人士稱之及斛斯椿釁發祥棄官北走歸神武天平中拜侍中遷徐州刺史在州大有受納然政不殘不爲人所疾苦潁川長史賀若徵執刺史田迅據城降西魏祥戰失利還北與行臺侯景司徒高昂共攻拔潁川元象元年卒於鄴贈太尉公録尚書事子胄性輕俠頗敏慧少在神武左右天平中擢爲東郡太守家本豐財又多聚斂動極豪華賓客往來將迎至厚興和末神武攻玉壁還留清河公岳爲行臺鎮守晉州以胄隸之胄飲酒游縱不勤防守神武責之懼遂潛遣使送款於周爲人所糾推勘未得實神武特免之胄內不自安乃與儀同爾朱文暢參軍房子遠鄭仲禮等陰圖弑逆伏誅

莫多婁貸文太安狄那人也驍果有膽氣從神武起兵破爾朱兆於廣阿封石城縣子從破四胡於韓陵進爵爲侯從平爾朱兆於赤洪嶺兆自縊貸文獲其屍天平中進爵爲公晉州刺史元象初除車騎大將軍儀同三司南道大都督與行臺侯景攻獨孤信於金墉城周文出函谷景與高昂議待其至貸文請率所部擊其前鋒景等固不許貸文性勇而專不受命以輕騎一千軍前斥候死於周軍贈尚書左僕射司徒公子敬顯嗣彊直勤幹少以武力見知恆從斛律光征討數有戰功光每令敬顯前驅置營中夜巡察或達旦不眠臨敵置陣亦命部分將士深見重位至開府儀同三司武平七年從後主平陽敗歸在并州與唐邕等推立安德王稱尊號安德敗武將皆投周軍唯敬顯走還鄴授司徒周武帝平鄴執之斬於閶闔門外責其不留晉陽也

厙狄迴洛代人也少有武力儀貌魁偉初事爾朱榮榮死隸爾朱兆神武舉兵於信都迴洛擁眾來歸從破四胡於韓陵以軍功封順陽縣子累遷夏州刺史昭帝即位封順陽郡王大寧初爲朔州刺史轉太子太師卒贈太尉定州刺史

厙狄盛字安盛懷朔人也性柔和少有武用初爲神武親信都督從征伐累遷幽州刺史封長廣縣公齊受禪改封華陽縣公後拜特進卒贈太尉公

張保洛自云本出南陽西鄂家世好賓客尚氣俠頗爲

北土所知保洛少便弓馬初從葛榮榮敗仍爲爾朱榮統軍後隸神武神武起兵保洛爲帳內都督從破爾朱兆於廣阿及破四胡於韓陵元象初爲西夏州刺史以前後功封安武縣伯又從戰芒山進爵爲侯文襄嗣事歷梁州刺史進爵爲公齊受禪加開府仍爲刺史聚斂爲百姓所患濟南初兼侍中尋出爲滄州刺史封敷城郡王以聚斂免官奪王爵卒贈前官追復本封從神武出山東又有賀拔仁趙珍段琛尉摽摽子相貴相願康德韓建業封輔相范舍樂牒舍樂並以軍功至大官史失其事仁字天惠善無人以帳內都督從神武破爾朱氏於韓陵力戰有功天保初封安定郡王歷數州刺史太保太師右丞相錄尚書事武平元年薨贈假黃鉞相國太尉錄尚書十二州諸軍事朔州刺史謚曰武珍字舍洛西平酒泉人壯勇善騎射以帳內從神武天統中封安康郡王武平初爲豫州道行臺尚書令豫州刺史卒贈太尉琛字懷寶代人少有武用從起兵天保中開府儀同三司兖州刺史摽代人太寧初位司徒封海昌王卒子相貴嗣相貴武平末開府儀同三司晉州道行臺尚書僕射晉州刺史及行臺左丞侯子欽等密啟周武帝請師求爲內應周武自率衆至城下子欽等夜開城門引軍入鎖相貴送長安卒弟相願强幹有膽略武平末開府儀同三司領軍大將軍自平陽至并州及到鄴每立計將殺高阿那肱廢後主立廣寧王事竟不果及廣寧被出相願拔佩刀斫柱而歎曰大事去矣知復何言德代人歷數州刺史并省尚書左僕射開府儀同三司封新蔡王建業輔相俱不知所從來建業位領軍大將軍并州刺史輔相爲朔州總管范舍樂代人有武藝筋力絕人位東雍州刺史開府儀同三司封平舒侯牒舍樂武威人開府儀同三司營州刺史封漢中郡公戰歿贈關中侯

侯莫陳相代人也祖社伏頹魏第一領人酋長父斛古提朔州刺史白水公相七歲喪父號慕過人及長性雄傑後從神武起兵破四胡於韓陵力戰有功封陽平縣伯後改封白水郡公天保初累遷司空公進爵白水王又遷大將軍拜太尉公兼瀛洲刺史歷太保朔州刺史又授太傅別封義寧郡公薨於州贈假黃鉞右丞相太宰大尉都督朔州刺史卒子晉貴嚴重有文武幹略襲爵白水王武衛將軍開府儀同三司梁州刺史歸周授上大將軍封信安縣公子仲宣太常丞子弘穎弘信雍州司士參軍子行方行儉行恭

薛孤延代人也少驍果有武力隸神武爲都督從起義平鄴破四胡累遷車騎將軍顯州刺史從神武西伐至蒲津及竇泰失利班師而還孤延爲後殿且戰且行一日斫折十五刀又從破周文於邙山封永固公神武嘗閱馬於北牧道逢暴雨大雷電震地前有浮圖一所神武令孤延視之孤延乃馳馬案矟直前未至三十步震燒浮圖孤延唱殺繞浮圖走火遂滅孤延還眉鬢及馬鬉尾皆焦神武嘆其勇決曰薛孤延乃能與霹靂鬬後封平秦公與諸將討潁川孤延專監造土山以酒醉爲敵所襲據潁川平諸將還京師讌華林園文襄啟魏帝坐孤延階下以辱之齊受禪別賜爵都昌縣公孤延好酒率多昏醉而以勇決善戰每大軍征討常爲前鋒故與彭劉韓潘同列位太子太保太傅

斛律羌舉太安人也世爲部落酋長羌舉少驍果有膽初從爾朱兆入洛有戰功深爲兆愛遇兆破始歸誠神武神武以其忠於所事亦加嗟賞天平中除大都督從神武戰於沙苑諸將議進趣之計羌舉曰黑獺雖聚凶黨彊弱可知若欲固守無糧援可恃今揣其情欲一死決有同猘狗或能噬人且渭曲土濘無所用力若不與戰而逕趣咸陽咸陽空虛可不戰而克拔其根本彼無所歸則黑獺之首可懸於軍門矣神武欲縱火焚之侯景曰當禽以示百姓燒殺誰復信之諸將議有異同遂戰於渭曲大軍敗績後封密縣侯爲東夏州刺史有疫疾刺匈以竹箭吮之垂愈因怒創裂而卒贈儀同三司子孝卿嗣孝卿少聰敏機悟有風檢武平末位侍中開府儀同三司封義寧王知內省事典外兵騎兵機密時政由羣豎自趙彥深死後朝貴典機密者唯孝卿一人差居雅道不至貪穢後主至齊州以孝卿爲尚書令又以中書侍郎薛道衡爲侍中封北海王二人勸後主作承光詔禪位任城王令孝卿齎詔策及傳國璽往瀛洲孝卿便詣鄴仍從周武帝入關授儀同大將軍宣納上士隋開皇中位太府卿戶部尚書

張瓊字連德代人也少壯健有武用初隨葛榮爲亂榮敗隨爾朱榮以爲都督後歷位濟州刺史及爾朱氏敗歸神武拜滄州刺史加驃騎大將軍開府儀同三司天平中神武襲尅夏州以瓊爲慰勞大使留鎮之尋爲周文所陷卒贈司徒都督恆州刺史瓊子欣尚魏平陽公主除駙馬都尉驃騎大將軍開府儀同三司建州刺史南鄭伯瓊常憂其太盛每謂親識曰凡人官爵莫若處中欣位秩太高深爲憂慮而欣豪險遂與公主情好不篤尋爲孝武帝所害時人稱瓊先見

宋顯字仲華敦煌効穀人也性果毅有幹用初事爾朱榮稍遷爲記室參軍榮死世隆等以爲晉州刺史後歸神武爲行臺左丞拜西兗州刺史在州多所受納然勇決有氣幹檢御左右咸得其心力及河陰之戰深入沒于行陣贈司空公

王則字元軌自云太原人也少驍果有武藝初隨叔父魏廣平內史老生征討每有戰功老生爲朝廷所知則頗有力初以軍功賜白水子元顥入洛則與老生俱降顥顥疑老生遂殺之則奔廣州刺史鄭先護與同拒顥顥敗爲東徐州防城都督爾朱榮之死也東徐州刺史斛斯椿是其枝黨內懷憂懼時梁立汝南王悅爲魏主資其士馬送之境上椿遂降悅則與蘭陵太守李義擊其偏師破之魏因以則行北徐州事隸爾朱仲遠仲遠敗乃歸神武天平初頻以軍功都督荆州刺史則有威武邊人畏服之渭曲之役則爲西師圍逼棄城奔梁梁尋放還神武恕而不責元象初除洛州刺史以前後勳封太原縣伯則性貪在州不法舊京諸像毀以鑄錢于時號河陽錢皆出其家以武用除徐州刺史以取受徵籍令送晉陽文襄恕其罪卒贈司空諡烈懿則弟敬寶位東廣州刺史與蕭軌攻建鄴不克死焉

慕容紹宗字紹宗燕主晃第四子太原王恪之後也曾祖騰歸魏遂居代祖郁岐州刺史父遠恆州刺史紹宗容貌恢毅少言語沉深有膽略爾朱榮即其從舅子也值北邊擾亂紹宗攜家屬以歸榮榮深待之及榮入洛私告紹宗曰洛中人士繁盛驕侈成俗若不加除翦恐難制服吾欲因百官出迎仍悉誅之若何紹宗曰太后臨朝淫虐無道天下共棄公旣身控神兵心執忠義忽欲殲夷多士實非長策深願三思榮不從累遷驃騎將軍後以軍功封索盧侯榮死事爾朱兆步藩逼晉陽兆擊之累爲藩所破兆欲於晉州召神武共圖步藩紹宗諫曰今天下擾擾人懷覬覦正是智士用策之秋高晉州才雄氣猛英略蓋世譬諸蛟龍安可借以雲雨兆怒曰我與晉州推誠相待何忽輒相猜阻橫生此言便禁止紹宗數日方釋遂割鮮卑皆隸神武神武與兆共討步藩滅之神武舉義信都兆以紹宗爲長史及韓陵之敗乃撫膺自咎謂紹宗曰比用卿言今豈至此兆之敗也士卒多奔散兆懼將欲潛遁紹宗建旗鳴角招集殘徒軍容旣振兆徐而止後神武從鄴討兆於晉陽兆自縊死紹宗行到馬突城見神武追至遂攜爾朱榮妻子及兆餘衆自歸神武神武仍加恩禮所有官爵並皆如故軍謀兵略時參預焉及遷都鄴庶事未周乃令紹宗與高隆之共知庫府圖籍諸事累遷靑州刺史時丞相記室孫搴屬紹宗以其兄爲州主簿紹宗不用搴譖之神武曰紹宗嘗登廣固城長歎謂所親云大丈夫有復先業理不由是徵還元象初以軍功進爵爲公累遷御史中尉屬梁人劉烏黑入寇徐方授徐州刺史執烏黑殺之還除尚書僕射侯景反命紹宗爲東南道行臺加開府改封燕國公遂與大都督淸河王岳破梁貞陽侯淵明於寒山禽之迴軍討侯景於渦陽于時景軍甚盛初聞韓軌往討之曰嗷猪腸小兒聞高岳往曰此兵精人凡爾前後諸將往者莫不爲其所敗及聞紹宗至扣鞍曰誰教鮮卑小兒解遣紹宗來若然高王未死邪及與景戰諸將頻敗無肯先者紹宗麾兵徑進諸將從之因大捷景遂走遁初神武將崩命文襄云侯景若反以慕容紹宗當之至是果敗景西魏遣其大將王思政據潁川又以紹宗爲南道行臺與太尉高岳儀同劉豐率軍圍擊之堰洧水灌城時紹宗數有凶夢意每惡之乃私謂左右曰吾自年二十已還嘗有蒜髮昨來忽然自盡蒜者算也吾年算其盡乎未幾與劉豐臨堰見北有塵氣乃入艦同坐暴風從東北來遠近晦冥舟纜斷飄艦徑向敵城紹宗自度不免遂投水而卒時年四十九三軍將士莫不悲惋朝廷嗟傷焉贈太尉諡曰景惠長子士肅以謀反伏法朝廷以紹宗功罪止士肅身皇建初配享文襄廟庭士肅第三藏列在隋史

叱列平字殺鬼代郡西部人世爲酋帥平有容貌美鬚髯善射馭襲第一領人酋長臨江伯魏末以軍功至武衛將軍隨爾朱榮破葛榮平元顥封廣陶縣伯榮死爾朱氏陵替平懼禍後歸神武從破四胡於韓陵以軍功天保初累遷兗州刺史開府儀同三司卒贈都督瀛州刺史諡曰莊惠子孝沖嗣孝沖弟長叉武平末侍中開府儀同三司封新寧王隋開皇中位上柱國卒於涇州刺史長叉無他才技在宮以淸幹稱

步大汗薩代郡西部人祖榮代郡太守父居龍驤將軍領人別將薩初從爾朱榮入洛及下葛榮累功爲都督榮死又從兆入洛及韓陵之敗以所部降神武稍遷車騎大將軍封行唐縣公晉州刺史齊受禪改封義陽郡公

薛脩義字公讓河東汾陰人也曾祖紹魏七兵尚書祖壽仁秦州刺史汾陰公父寶集定陽太守脩義少而姦俠輕財重氣魏正光末天下兵起特詔募能得三千人者用爲別將脩義得七千餘人假安北將軍西道別將

以軍功拜龍門鎮將後宗人鳳賢等作亂圍鎮城脩義以天下紛擾遂爲逆自號黃鉞大將軍詔都督宗正珍孫討之軍未至脩義悪悔遺表乞一大將招慰乃降鳳賢等猶據險不降脩義與書降之乃授鳳賢龍驤將軍陽夏子改封汾陰縣侯爾朱榮以脩義反覆録送晉陽與高昂等並見拘防榮赴洛並以自隨置於駝牛署榮死魏孝莊以脩義爲弘農河北河東正平四郡大都督時神武爲晉州刺史見之相待甚厚及韓陵之捷以脩義行并州事孝武帝入關神武以脩義爲關右行臺自龍門濟河招下西魏比華州刺史薛崇禮初神武欲大城晉州中外府司馬房毓曰若使賊到此處雖城何益乃止及沙苑之敗徙秦南汾東雍三州人於并州又欲棄晉州遣家屬向英雄城脩義諫曰若晉州敗定州亦不可保神武怒曰爾輩皆負我前不聽我城并州城使我無所趣脩義曰若失守則請誅斛律金曰還仰漢小兒守收家口爲質勿與兵馬神武從之以脩義行晉州事及西魏儀同長孫子彥圍逼城下脩義開門伏甲待之子彥不測虛實於是遁去神武嘉之就拜晉州刺史後除齊州刺史以贓貨除名追其守晉州功復其官爵俄以軍功進正平郡公加開府天保中卒於太子太保贈司空子文殊嗣脩義從弟嘉族性亦豪爽從神武平四胡於韓陵歷華揚二州刺史卒官子震字文雄位廉州刺史亦著軍功又歷南汾譙二州刺史

慕容儼字恃德清都人廆之後也容貌出群衣冠甚偉不好讀書頗學兵法工騎射爾朱氏敗歸神武以勳累遷五城太守見東雍州刺史潘樂長揖而已丞尉已下數爲樂所譴乃謂儼曰府君少爲羣下屈節儼攘袂曰吾狀貌如此行望人拜豈可拜人神武聞二人在邊不和徵樂還朝以儼代爲刺史遷東荆州刺史行次長社忽爲其部下人所執將投山賊張儉爲守人王崇祖私放獲免神武仍授以軍司共擊平儉始得達州沙苑之敗西魏荆州刺史郭鸞率眾攻儼儼拒守二百餘日晝夜力戰大破鸞軍時諸州多有翻陷唯儼獲全及侯景反與諸將討之儼獲景麾下僞太守刺史將軍行臺等並其部下二千人天保初以軍功除開府儀同三司六年梁司空陸法和儀同宋茝等以郢州內附時清河王岳帥師江上乃集諸軍議曰城在江外人情尙梗必須才略兼濟忠勇過人方可受此寄耳眾咸共推儼岳以爲然遂遣鎮郢城城卑下兼土疏頹壞儼更脩繕城雉多作大樓又造船艦水陸備具梁將蕭脩率眾五萬與侯瑱任約合軍奄至城下於上流鸚鵡洲造荻葓竟數里以塞船路眾懼儼悅以安之城中先有神祠一所俗號城隍神儼於是順士卒躬往祈請須臾衝風驚濤漂荻葓約復以鐵鏁連緝防禦彌切儼還共祈請風浪夜驚葓復斷絕如此再三城人大喜以爲神助儼出城奮擊大破之夏五月瑱約等又并力攻圍城中食少糧運阻絕無以爲計唯煮槐楮桑葉并紵根水萍葛艾等及靴皮帶筋角等物而食之有死者卽取肉分噉唯留骸骨儼猶申令將士信賞必罰分甘同苦自正月至於六月人無異志後蕭方智立遣使請和文宣以城在江表據守非便有詔還之儼至鄴帝命引升殿儼望帝悲不自勝帝執其手捋儼鬚脫帽看髮歎息久之謂儼曰觀卿容貌朕不望相識自古忠烈豈能過此也除趙州刺史賜帛一千疋錢十萬天統四年別封寄氏縣公并賜金銀酒鍾各一枚胡馬一匹五年進爵爲義安王武平元年爲光州刺史儼少任俠交通輕薄遊遨京洛間及征討每立功効經略雖非所長而有將帥之節所歷諸州雖不能清白守道亦不貪殘害物卒贈司徒子子會位郢州刺史周武帝平鄴使其子送敕喻之子會枷其子赴獄尋赦書至云行臺武王已降子會乃與僚屬北向慟哭然後奉命爾朱氏將帥歸神武者又有代人庫狄伏連字仲山本名伏憐訛音連事爾朱榮至直閤將軍後從神武賜爵蜓邱男天保初儀同三司尋加開府性質朴勤公事直衞宮閣曉夕不離帝所頗以此見知然鄙吝愚佷爲鄭州刺史好聚斂又嚴酷屋室患蠅杖門者曰何故聽入其妻病以百錢買藥每自恨之不識士流開府參軍多是衣冠仕族皆加捶撻逼遣築牆武平中封宜都郡王除領軍大將軍尋與琅邪王儼殺和士開伏誅被支解伏連家口百餘盛夏人料倉米二升不給鹽菜常有饑色冬至日親表稱賀其妻爲設豆餅問豆餅得處云於馬豆中分減伏連大怒典馬掌食人並加杖責積年賜物藏在別庫遣一婢專掌管鑰每入庫檢閱必語妻子云此官物不得輒用至死時惟著敝禪而積絹至二萬疋簿録並歸天府

高乾字乾邕渤海蓨人也父翼字次同豪俠有風神爲鄉里所畏服魏武昌初葛榮爲亂於燕朝廷以翼山東豪右卽家拜渤海太守賊徒愈盛翼部率合境徙居河濟之間魏朝因置東冀州以翼爲刺史封樂城侯俄除定州刺史以賊亂不行及爾朱兆弑莊帝翼謂諸子曰主憂臣辱主辱臣死今社稷阽危人神憤怨破家報國在此時也爾朱兄弟性甚猜忌忌則多害汝等宜早圖

之先人有奪人之心時不可失事未集而卒中興初贈使持節侍中太保錄尚書六州諸軍事冀州刺史賜諡曰文宣乾性明悟俊偉有智略美音容進止都雅少時輕俠數犯公法長而脩改輕財重義多所交結魏領軍元乂權重當世以意氣相得接乾甚厚起家拜員外散騎侍郎稍遷員外散騎常侍魏孝莊之居藩也乾潛相託附及爾朱榮入洛乾東奔於翼乾兄弟本有從橫志見榮殺害人士謂天下遂亂乃率河北流人於河濟閒受葛榮官爵莊帝遣右僕射元羅巡撫三齊乾兄弟相率出降朝廷以乾為給事黃門侍郎兼武衞將軍爾朱榮以乾前罪不應復居近要莊帝聽乾解官歸鄉里於是招納驍果以射獵自娛及榮死乃馳赴洛陽莊帝見之大喜以乾兼侍中加撫軍將軍金紫光祿大夫鎮河北又以弟昂為通直散騎常侍平北將軍令俱歸招集鄉閭為表裏形援帝親送於河橋上舉酒指水曰卿兄弟冀部豪傑能令士卒致死京城儻有變可為朕河上一揚塵乾垂涕受詔昂拔劍起儛誓以死繼之及爾朱氏既弒害遣其監軍孫白雞率百餘騎至冀州託言括馬其實欲因乾兄弟送馬收之乾既痛有報復之心而白雞忽至知欲見圖將先發以告前河內太守封隆之隆之父先為爾朱榮所害聞之喜曰國恥家怨痛入骨髓乘機而發今正其時謹聞命矣二月乾與昂潛勒壯士夜襲州城執刺史元嶷射白雞殺之於葛榮殿為莊帝舉哀三軍縞素乾升壇誓眾詞氣激揚涕泗交集將士莫不感憤欲奉父次同為主次同曰和鄉里我不及封皮乃推隆之為大都督行州事隆之欲逃昂勃然作色拔刀將斫隆之隆之懼乃受命北受幽州刺史劉靈助節度俄而靈助被爾朱氏禽屬神武出山東揚聲以討乾為辭眾情惶懼乾謂之曰高晉州雄材蓋世不居人下且爾朱弒主肆虐正是英雄效節之時今者之來必有深計勿憂吾將諸軍見之乃閒行與封隆之子子繪俱迎於滏陽因說神武曰爾朱氏酷逆痛結人神凡厥生靈莫不思奮明公威德素著天下傾心若兵以忠立則屈彊之徒不足為明公敵矣鄙州雖小戶口不減十萬穀秸之稅足濟軍資願明公熟詳其計神武大笑曰吾事諧矣遂與乾同帳而寢呼乾為叔父乾且日受命而去時神武雖內有遠圖而外迹未見爾朱羽生為殷州刺史神武密遣李元忠於封龍山舉兵逼其城令乾率眾偽往救之乾遂輕騎入見羽生偽為之計羽生出勞軍彭樂側從馬上禽斬之遂平殷州又共定策推立中興主拜侍中司空公是時軍國草創乾父喪不得終制及孝武立天下初定乾乃表請解職行三年之禮詔聽解侍中司空如故封長樂郡公乾雖求退不謂便見從許既去內侍朝政罕關居常怏怏孝武將貳於神武欲乘此撫之於華林園宴罷獨留乾謂曰司空奕世忠良今日復建殊功相與雖則君臣實義同兄弟宜共立盟約勸逼之乾曰臣以身許國何敢有二乾雖有此對然非其本心事出倉卒又不謂孝武使有異志遂不固辭亦不啟神武帝以乾為誠已時禁圍養部曲稍至千人驟令元士弼王思政詣賀拔岳計又以岳兄勝為荊州刺史乾謂所親曰難將作矣禍必及吾乃密啟神武神武召乾問之乾因勸神武受禪神武以袖掩其口曰勿復言今啟叔復為侍中門下之事一以仰委及頻請而帝不荅乾懼啟神武求為徐州乃以乾為開府儀同三司徐州刺史將行帝聞其與神武言怒使謂神武曰高乾與朕私盟今復反覆神武聞其與帝盟亦惡之乃封其前後密啟以聞帝對神武使詰乾乾曰臣以身奉國義盡忠貞陛下既有異圖更言臣反覆以匹夫加諸罪尚或難免況人主推惡何以逃命所謂欲加之罪其無辭乎功大身危自昔然也若死而有知差無負莊帝詔遂賜死於門下省年三十七臨死時武衞將軍元整監刑謂曰頗有書及家人乎乾曰吾諸弟分張各在異處今日之事想無全者兒子既小未有所識亦恐巢傾卵破夫復何言後神武討斛斯椿等謂高昂曰若昂用司空策豈有今日之舉天平初贈太師錄尚書事冀州刺史諡曰文昭以長子繼叔襲祖次同爵樂城縣侯令第二子呂兒襲乾爵乾弟慎字仲密頗涉文史與兄弟志尚不同偏為父所愛歷位滄州刺史東南道行臺尚書光州刺史加驃騎大將軍儀同三司時天下初定聽慎以本鄉部曲數千自隨為政嚴酷又縱左右吏人苦之乾死時慎棄州將歸神武武帝敕青州斷其歸路慎閒行至晉陽神武以為大行臺左丞轉尚書當官無所迴避累遷御史中尉選用御史多其親戚鄉閭不稱朝望文宣奏令改選焉慎前妻吏部郎中崔暹妹為慎棄遣時為文襄委任乃為暹高嫁其妹禮夕親臨之慎後妻趙郡李徽伯女也豔且慧兼善書記工騎乘慎之為滄州甚重沙門顯公夜嘗語久不寢李氏患之構之於慎遂被拉殺文襄聞其美挑之不從衣盡破裂李以告慎慎由是積憾且謂暹構已遂罕所糾劾多行縱捨神武嫌責之彌不自安出為北豫州刺史遂據虎牢降西魏慎先入關周文率眾東出敗於芒山慎妻子盡見

禽神武以其家勳啓慎一房配沒而已慎妻預在行中文襄盛服見之乃從焉西魏以慎爲侍中司徒遷太尉慎弟昂字敖曹其母張氏始生一男二歲令婢爲湯將浴之婢置而去養猿繫解以兒投鼎中爛而死張使積薪於村外縛婢及猿焚殺之揚其灰於漳水然後哭之昂性似其母幼時便有壯氣及長俶儻膽力過人龍犀豹頸姿體雄異其父爲求嚴師令加捶撻昂不遵師訓專事馳騁每言男兒當橫行天下自取富貴誰能端坐讀書作老博士也其父曰此兒不滅吾族當大吾門以其昂藏敖曹故以名字之少與兄弟數爲劫掠鄉閭畏之無敢違忤兄乾求博陵崔聖念女爲婚崔氏不許昂與兄往劫之置女村外謂兄曰何不行禮於是野合而歸乾及昂等並劫掠父次同常繫獄中唯遇赦乃出次同語人曰吾四子皆五眼我死後豈有一人與我一鍬土邪及次同死昂大起冢對之曰老公子生平畏不得一鍬土今被壓竟知爲人不昂以建義初兄弟共舉兵既而奉魏莊帝旨散衆仍除通直散騎侍郎封武城縣伯與兄乾俱爲爾朱榮所羈免歸鄉里陰養壯士又行抄掠榮聞惡之密令刺史元仲密誘執昂卽送洛陽及入洛將昂自隨禁於駝牛署既而榮死莊帝卽引見勞勉之時爾朱世隆還逼宮闕帝親臨大夏門指麾處分昂既免縲絏被甲橫戈與其從子長命推鋒徑進所向披靡帝及觀者莫不壯之卽除直閤將軍賜帛千疋昂以寇難尚繁乃請還本鄉招集部曲仍除通直散騎常侍加平北將軍及爾莊帝見害京師不守遂與父兄據信都起兵爾朱世隆從叔殷州刺史羽生率五千人掩至龍尾坂昂將十餘騎不擐甲而馳之乾城守縋下五百人追救未及而昂已交兵羽生敗走昂馬矟絕世左右無不一當百時人比之項籍神武至信都開門奉迎昂時在外略地聞之以乾爲婦人遺以布帬神武使世子澄以子孫禮見之昂乃與俱來後廢帝立除冀州刺史以終其身仍爲大都督率衆從神武破爾朱兆於廣阿又討四胡於韓陵昂自領鄉人部曲王桃湯東方老等三千人神武將割鮮卑兵千餘人共相參合對曰敖曹所將部曲練習已久不煩更配神武從之及戰神武軍少卻兆等方乘之昂與蔡儁以千騎自栗園出橫擊兆軍大敗是日微昂等神武幾殆太昌初始之冀州尋加侍中開府進爵爲侯及兄乾被殺乃將十餘騎奔晉陽神武向洛陽令昂爲前驅武帝入關中昂率五百騎倍道兼行至崤陝不及而還尋行豫州刺史天平初除侍中司空公昂以兄乾薨此位固辭不拜遷司徒公好著小帽世因稱爲司徒帽神武以昂爲西南道大都督徑趣商洛昂度河祭河伯曰河伯水中之神高敖曹地上之虎行經君所故相沃醉時山道峻阻巴寇守險昂轉鬭而進莫有當鋒遂克上洛獲西魏洛州刺史泉企并將數千人欲入藍田關會竇泰失利神武召昂昂不忍棄衆力戰全軍而還時昂爲流矢所中創甚顧左右曰吾死無恨恨不見季式作刺史耳神武聞之馳驛啟季式爲濟州刺史昂還復爲軍司大都督統七十六都督與行臺侯景練兵於虎牢御史中尉劉貴時亦率衆在焉昂與北豫州刺史鄭儼祖握槊貴召儼祖昂不遣枷其使使者曰枷時易脫時難昂使以刀就枷刎之曰何難之有貴不敢校明日貴與昂坐外白河役夫多溺死貴曰頭錢價漢隨之死昂怒拔刀斫貴貴走還營昂使鳴鼓會兵攻之侯景與冀州刺史万俟受洛解之乃止時鮮卑共輕中華朝士唯憚昂神武每申令三軍嘗爲鮮卑言昂若在列時則爲華言昂嘗詣相府欲直入門者不聽昂怒引弓射之神武知而不責性好爲詩言甚鄙陋神武每容之元象元年進封京兆郡公與侯景等同攻獨孤勝於金墉與周文戰敗於芒山死之是役也昂使奴京兆侯西軍京兆於昂傳婢彊取佩刀以行昂執殺之京兆曰三度救公大急何忍以小事賜殺其夜夢京兆以血塗己瘡而怒使斫其兩脛時劉桃棒在勃海亦夢京兆言訴得理將公付賊桃棒知昂必死遽奔爲昂心輕敵建旗蓋以陵陣西人盡鋭攻之一軍皆沒昂輕騎東奔河陽城太守高永洛先與昂隙閉門不受昂仰呼求繩又不得拔刀穿闔未徹而追兵至伏於橋下追者見其從奴持金帶問昂所在奴示之昂奮頭曰來與爾開國公追者斬之以去先是昂夢爲此奴所殺以告盧武將殺之武諫乃止果及難時年四十八桃棒會喪於路神武聞之如喪肝膽杖永洛二百西魏賞斬昂首者布絹萬段歲歲稍與之周亡猶未充贈太師大司馬太尉公錄尚書事冀州刺史謚曰忠武西魏尋歸敖曹首猶可識先是有鵲巢於庭中地上家人怪之及其首函至置正當巢處葬後其妻張氏嘗見敖曹夜來旦去有若生平傷人莫見唯犬隨而吠之歲餘乃絕其故吏東方老爲南兖州刺史追慕其恩爲立祠廟靈像既成頭上坼裂更爲之其裂如初見者咸稱神異子突騎嗣早卒文襄復親簡昂諸子以第三子道豁嗣皇建初追封昂永昌王以道豁襲武平末開府儀同三司入周爲儀同大將軍隋開皇中卒於黃州刺史昂弟季

式字子通亦有膽氣太昌初累遷尚書食典御尋加驃騎大將軍天平中爲濟州刺史季式兄弟貴盛並有勳於時自領部曲千餘人馬八百匹衣甲器仗皆備故能追督境內盜賊多致克捷時濮陽人杜靈椿等又陽平路叔文徒黨各爲亂季式並討平之有客嘗謂季式曰濮陽陽平乃是畿內何忽遣私軍遠戰季式曰我與國家同安危豈有見賊不討之理若以此獲罪吾亦何恨芒山之敗所親部曲請季式奔梁季式曰吾兄弟受國厚恩與高王共定天下一旦傾危而亡之不義是役也兄昂沒焉與和中行晉州事解州仍鎮永安季式兄愼以虎牢叛遣信報季式季式奔告神武神武待之如初武定中除侍中尋加冀州大中正都督以前後功加儀同三司天保初封乘氏縣子尋遷太常卿仍爲都督隨司徒潘樂征江淮間爲私使樂人於邊境交易還京坐被禁止尋赦之四年夏發疽卒贈侍中開府儀同三司冀州刺史謚曰恭穆季式豪率好酒又恃舉家勳功不拘檢節與光州刺史李元忠生平游欵在濟州夜飲憶元忠開城門令左右乘驛馬持一壺酒往光州勸之朝廷知而容之兄愼叛後少時解職黃門郎司馬消難左僕射子如之子又是神武壻勢盛當時因退食暇尋季式酣歌留宿旦日重門並關消難固請去季式曰君以地勢脅我邪消難拜謝請出終不見許酒至不肯飲季式索車輪括消難頸又更索一車輪自括頸引滿相勸消難不得已笑而從之方俱脫車輪更留一宿及消難出方具言之文襄輔政白魏帝賜消難美酒數石珍羞十轝并令朝士與季式親狎者就季式宅宴集其被優遇如此自昂起兵爲羽翼者有呼延族劉貴珍劉長秋東方老劉士榮成五彪韓願生劉桃棒隨其建義者有李希光劉叔宗劉孟和等名顯可知者列之後云東方老安德鬲人與昂爲部曲文宣受禪封陽平縣伯位南兗州刺史後與蕭軌等渡江沒李希光勃海脩人初隨高乾起兵後位儀同三司揚州刺史文宣責陳武帝廢蕭淵明命儀同蕭軌率希光東方老裴英起王敬寶步騎數萬以天保七年三月渡江襲克石頭城五將名位相侔英起以侍中爲軍司蕭軌與希光並爲都督軍中抗禮動必乖張頓軍丹陽城下遇霖雨五十餘日故致敗將卒俱死軍十得還者十二三劉叔宗名纂樂陵平昌人歸昂位車騎將軍左光祿大夫劉孟和名協游陽饒安人聚眾附昂兄弟位終大丞相司馬坐事死其餘並不知所終云神武初起兵范陽盧曹亦以勇力稱爲爾朱氏守據薊神武厚禮召之以昂相擬曰宜來與從叔爲二曹曹愠曰將田舍兒比國士遂率其徒自薊入海島得長人骨以髑髏爲馬皁脛長丈六尺以爲二稍送其一於神武諸將莫能用唯彭樂彊舉之未幾曹遇疾恫聲聞於外巫言海神爲祟遂卒其徒五百人皆服斬縗葬畢潛散曹身長九尺鬚面甚雄臂毛逆如猪鬣力能拔樹性弘毅方重常從容雅服北州敬仰之嘗臥疾猶申足以舉二人蠕蠕寇范陽曹登城射之矢出三百步投弓於外蠕蠕莫能彎乃去之時有沙門曇讚號爲神力唯曹與之角焉曇讚聞叫聲則勝

潘樂字相貴廣寧石門人也本廣宗大族魏世分鎮北邊因家焉父永有技藝襲爵廣宗男樂初生有一雀止其母之左肩占者咸言富貴之兆因名之曰相貴後以爲字及長寬厚有膽略北鎮亂魏大都督臨淮王彧北討至雲中問士人膽略者或以樂對或乃召爲軍主每摧堅陷陣轉統軍樂以天下多事遂歸葛榮授京兆王時年十九葛榮敗隨爾朱榮榮以樂爲別將隨討元顥有功封敷城縣男神武出牧晉州引樂爲鎮城都將及信都起義從破四胡進爵廣宗縣伯累以軍功拜征東將軍東雍州刺史神武嘗議欲廢州樂以東雍地帶山河境連胡蜀形勝之會不可棄也遂如故後從破周師於河陰議欲追之令追者在西不願者東唯樂與劉豐居西神武善之以眾不同而止改封金門郡公文宣嗣事鎮河陽破西將楊檦等時帝以懷州刺史平鑒等所築城深入敵境欲棄之樂以軹關要害必須防守乃更脩理增兵置將而還還鎮河陽累遷拜司空齊受禪樂奉進璽綬天保初進封河東郡王遷司徒周文親舉大眾東至崤陜遣其行臺侯莫陳崇自齊子嶺趣軹關儀同楊檦從鼓鍾道出建州陷孤公戍詔樂總大眾禦之車駕餞於汾東樂晝夜兼行至長子遣儀同韓永興從建州西趣崇崇遂遁時將經略江外詔樂爲南道大都督率諸軍南討侯景樂發石鼈南渡百餘里淮南聞大軍至所在棄城走至梁涇州涇州舊在石梁侯景改爲淮州樂獲其地仍立涇州又克安州除驃騎大將軍開府儀同三司瀛州刺史仍經略淮漢遇疾薨於懸瓠天保六年也贈黃鉞太師大司馬尚書令神武再破周文也樂皆先鋒摧陣邙山之役樂因勢追之至其營所仍大抄掠樂獲周文金帶一袋貪貨稽留不即東返于時周文於陣可禽失而不獲者實樂貪貨之由也神武怨之以大捷之後恕而不問樂卒子子晃嗣時諸將子弟率多驕縱子晃沈密謹慤以清靖自居尚公主拜駙馬

都尉武平末爲幽州道行臺右僕射幽州刺史周師將入鄴子晃率突騎數萬赴援至博陵知鄴城不守詣冀州降周齊王軍授上開府隋大業初卒

竇泰字世寧太安捍殊人也本出清河觀津曾祖羅魏統萬鎮將因居北邊父樂魏末破六韓拔陵爲亂與鎮將楊鈞固守遇害泰貴贈司徒初泰母夢風雷暴起若有雨狀出庭觀之便見電光奪目駛雨霑灑寤而驚汗遂有娠焉期而不產大以憂懼有女巫謂之曰渡河湔裙產子必易便向水所忽見一人曰當生貴子可徙而南泰母從之頃之生泰及長善騎射有勇略泰父兄戰没於鎮泰身負骸骨歸爾朱榮嘉之從討邢杲有功拜龍驤將軍神武之爲晉州請泰爲鎮城都督參謀軍事從起義信都封廣阿伯從破四胡及神武入洛以預謀定策除車騎大將軍儀同三司進爵爲公爾朱兆敗保秀容分兵守嶮神武每揚聲云欲討之師出復止如此者數四神武揣兆歲首必應會飲使泰率精騎先驅一日一夜五百里兆軍人因宴休惰忽見泰軍莫不奪氣神武因而尅之遷侍中京畿大都督尋領御史中尉泰以勳戚居臺雖無糾舉而百寮畏懼天平三年神武西討午泰自潼關入四年泰至弘農小關爲周文所襲衆盡没泰自殺焉初泰將發鄴鄴有惠化尼謠云竇行臺去不回未行之前夜半忽有朱衣冠幘數十人入臺云收竇中尉宿直兵吏莫不驚惶出入數至俄頃乃去旦視關鍵不異方審非人蓋其敗死之兆也贈大司馬太尉錄尚書事定州刺史謚曰武貞泰妻武明婁后妹也泰雖以親待而功名自建齊受禪祭告其墓皇建初配享高祖神武廟庭子孝敬嗣位儀同三司

尉景字士眞善無人也秦漢置尉候之官其先世有居此職因以爲氏焉景性溫厚頗有俠氣魏孝昌中北鎮反景與神武隨衆南下入杜洛周軍中神武與景等謀殺周不克仍共歸爾朱榮隨榮征討爲安武將軍以軍功封博陵縣伯榮死爾朱兆等逆亂景密白神武圖之遂從神武起義信都平鄴韓陵之戰唯景所統失利神武入洛留景鎮鄴授驃騎大將軍進爵爲公景妻常山郡君神武之姊也以勳戚每有軍事與庫狄干常被委重而不能忘懷財利神武每嫌責之轉冀州刺史又大納賄發夫獵死者三百人庫狄干與景在神武坐請作御史中尉神武曰何意下求卑官干曰欲捉尉景神武大笑令優者石董桶戲之董桶剝景衣曰公剝百姓董桶何爲不剝公神武誡景曰可以無貪也景曰與爾計生活孰多我止人上取爾割天子調神武笑而不答改封長樂郡公歷位太保太傅坐匿亡人見禁止使崔暹謂文襄曰語阿惠兒富貴欲殺我邪神武聞之泣詣闕曰臣無尉景無以至今日三請帝乃許之於是黜爲驃騎大將軍開府儀同三司神武告景景恚臥不起叫曰殺我時趣邪常山君謂神武曰老人去死近何忍煎逼至此又曰我爲爾汲水胝生因出其掌神武撫景爲之屈膝先是景有果下馬文襄求之景不與曰土相扶爲牆人相扶爲王一馬亦不得畜而索也神武對景及常山君責文襄而杖之常山君泣救之景曰小兒慣去放使作心腹何須乾啼溼哭不聽打邪元象初周文遺金祚率都督皇甫知達入據東雍景督諸軍討禽之尋授靑州刺史操行頗改百姓安之徵授大司馬遇疾薨於州贈太師尚書令齊受禪以景元勳詔祭告其墓皇建初配享高祖廟庭追封長樂王子粲少歷顯職性麤武天保初封庫狄干等爲王粲以父不預王爵大恚恨十餘日閉門不朝文宣怪遣使就宅問之粲隔門謂使人曰天子不封粲父爲王粲不如死使者云須開門受敕粲遂彎弓隔門射使者使者以狀聞文宣使段韶諭旨粲見韶惟撫膺大哭不答一言文宣親詣其宅慰之方復朝請尋追封景長樂王粲襲爵位司徒太傅薨子世辨嗣周師將入鄴令世辨率千餘騎覘候出滏口登高阜遙見羣鳥飛起謂是西軍旗幟卽馳還比至紫陌橋不敢回顧隋開皇中卒於浙州刺史

婁昭字菩薩代郡平城人也武明皇后之母弟祖提雄傑有識度家僮千數牛馬以谷量性好周給士多歸附之魏太武時以功封眞定侯父內干有武力未仕而卒昭貴魏朝贈司徒齊受禪追封太原王昭方雅正直有大度深謀腰帶八尺弓馬冠世神武親重之昭亦早識人雄曲盡禮敬數隨神武獵每致請不宜乘危歷險神武將出信都與昭密謀昭贊成大策卽以昭爲中軍大都督從擊破爾朱兆於廣阿封安喜縣伯改濟北公又從拔鄴破四胡累拜驃騎大將軍開府又徙濮陽公授領軍將軍魏孝武將貳於神武昭揣知旨意以疾辭還晉陽後從神武入洛魏孝靜之立也昭預大策兗州刺史樊子鵠據州反以昭爲東道大都督率諸將討平之子鵠既死諸將勸昭盡捕誅其黨昭曰此州無狀橫被殘賊企望王師以解塗炭其賊是怨其人何罪遂皆捨焉後轉大司馬仍領軍還司徒持重守法時人稱之出爲定州刺史昭好酒晚得偏風雖愈猶不任劇務在州事委僚屬昭舉大綱而已薨於州贈假黃鉞太師太尉

諡曰武齊受禪詔祭告其墓封太原王皇建初配享高祖廟庭長子仲達嗣改封濮陽王次子定遠少歷顯職外戚中偏爲武成愛狎別封臨淮郡王武成大漸與趙郡王等同受顧命位司空趙郡王之奏黜和士開定遠與其謀遂納士開賄賂成趙郡之禍其貪鄙如此尋除瀛州刺史初定遠弟季略穆提婆求其伎妾定遠不許因高思好作亂提婆令臨淮國郎中告定遠陰與思好通後主令開府段暢率三千騎掩之令侍御史趙秀通至州以贓貨事劾定遠定遠疑有變遂縊而死昭兄子叡字佛仁父拔魏南部尙書叡幼孤被叔父昭所養爲神武帳內都督封掖縣子累遷兗州刺史在任貪縱深爲文襄所責後改封九門縣公齊受禪除領軍將軍別封安定侯叡無他器幹以外戚貴幸縱情財色爲瀛州刺史聚斂無厭皇建初封東安王大寧元年進位司空平高歸彥於冀州還拜司徒河淸三年濫殺人爲尙書左丞宋仲羨彈奏經赦乃免尋爲太尉以軍功進大司馬武成至河陽仍遣總偏師赴懸瓠叡在豫境留停百餘日專行非法詔免官以王還第尋除太尉薨贈大司馬子子產嗣位開府儀同三司

庫狄干善無人也曾祖越豆眷魏道武時以功割善無之西臘汗山地方百里以處之後率部落北遷因家朔方干鯁直少言有武藝魏正光初除埽逆黨授將軍宿衛於內以家世寒鄉不宜毒暑得使冬入京師夏歸鄉里孝昌元年北邊擾亂奔雲中爲刺史費穆送于爾朱榮建義初隨榮入洛授伏波將軍神武臨晉州請干爲都督仍從起義信都平鄴破四胡於韓陵除車騎大將軍封廣平縣公尋進郡公河陰之役諸將大捷唯干兵退神武以其舊功竟不黜責尋轉太保太傅及高仲密以虎牢叛神武討之以干爲大都督總前驅干上道不過家見侯景不遑食景使騎追餽之時周文自將至洛陽軍容甚盛諸將狐疑未欲南渡干首建大策決計擠河神武大兵繼至遂大破之遷爲定州刺史干宿將不閑吏事事多煩擁獄訟委積然淸約自居不爲吏民之患遷太師天平初以干元勳佐命封章武郡王累轉太宰干尙神武妹樂陵長公主以親地見待自預勳王常總大衆威望之重爲諸將所伏而最爲嚴猛曾詣京師魏譙王元孝友於公門集會言戲過常諸公無能面折者干正色責之孝友大慙時人稱善天保中薨贈假黃鉞太宰給轀輬車諡曰景烈干不知書署名爲干字逆上畫之時人謂之穿錐又有武將王周者署名先爲吉而後成其外二人至孫始並知書干皇建初配享高祖廟庭子伏敬位儀同三司伏敬子士文仕周入隋性酷烈列在酷吏傳中

韓軌字伯年太安狄那人也少有志操性沈深喜怒不形於色神武鎭晉州引爲鎭城都督及起義信都軌贊成大策從破尒朱兆於廣阿又從戰韓陵封平昌縣侯仍督中軍破爾朱兆於赤谼嶺除車騎大將軍出爲晉州刺史慰喻山胡莫不綏附再遷秦州刺史軌性寬和罕行楚撻甚得邊民之心西魏前後遣將東伐又周文自屯鹽倉軌身先士卒每戰必尅神武巡秦州欲以軌還仍賜城民戶別絹布兩疋州民田昭等七千戶皆辭不受唯乞留軌神武嘉歎乃留焉頻以軍功進封安德郡公遷瀛州刺史在州聚斂爲御史糾劾削除官爵未幾復其安德郡公歷位中書令司徒齊受禪封安德郡王授司徒軌妹爲神武所納生上黨王渙復以勳庸歷登台鉉嘗以謙恭自處不以富貴驕人當世稱之後拜大司馬從文宣征蠕蠕在軍暴薨贈假黃鉞太宰太師朔州刺史諡曰肅武皇建初配享文襄廟庭子晉明嗣天統中改封東萊王晉明有俠氣諸勳貴子孫中最留心學問好酒誕縱招引賓客一席之費動至萬錢猶恨儉率朝廷欲處之貴要地必以疾辭告人云廢人飲美酒對名勝安能作刀筆吏披反故紙邪武平末除尙書左僕射百餘日便謝病辭官

段榮字子茂姑臧武威人也祖信仕沮渠氏後入魏以豪族徙北邊仍家於五原郡父連安北府司馬榮少好歷術專意星象正光初語人曰天垂象見吉凶吾今觀乾象察人事不及十年當有亂矣或問曰起於何處何處可避乎榮曰致亂之源此地爲始恐天下因此橫流無所避也未幾遇亂與鄉舊擁妻子南趣平城屬杜洛周爲亂榮與神武謀誅之不捷共奔爾朱榮後神武建義山東榮贊大策爲行臺右丞西北道慰喻大使巡方曉喻所在下之神武南討鄴留榮鎭信都仍授鎭北將軍定州刺史時攻鄴未尅所須軍資榮轉輸無闕神武入洛論功封姑臧縣侯轉瀛州刺史榮妻婁皇后長姊也榮恐神武招私親之議固推諸將竟不之州尋歷相濟秦三州刺史所在百姓愛之神武將圖關右與榮密謀榮盛稱未可及渭曲失利神武悔之曰吾不用段榮之言以至於此授儀同三司尋除山東大行臺領本州流民大都督甚得物情元象初卒贈太尉諡曰昭景皇建初配享高祖廟庭二年重贈大司馬尙書令武威王長子韶嗣韶字孝先少工騎射有將領才略以武明皇

后甥神武盛器之常置左右以爲心腹建義初領親信都督從神武拒爾朱兆戰於廣阿神武謂韶曰彼衆我寡其若之何韶曰所謂衆者得衆人之死所謂彊者得天下之心爾朱榮裂冠毀冕拔本塞原邙山之會搢紳何罪兼殺主立君不脫旬朔天下思亂十室而九王躬昭德義誅君側之惡何往而不克乎神武曰吾雖以順討逆恐無天命韶曰韶聞小能敵大小道大淫皇天無親惟德是輔今爾朱外賊天下內失善人智者不爲謀勇者不爲鬭不肖失職賢者取之復何疑也遂與兆戰兆軍潰及韓陵之戰韶督所部先鋒陷陣從神武追爾朱平之拜武衛將軍封下洛縣男後迴賜父爵姑臧縣侯又從神武禦周文於邙山神武身在行間爲西魏將賀拔勝所窘韶從傍馳馬引矢反射一箭斃其前驅追騎憚莫敢前者遂免西軍退賜駿馬并金進爵爲公遷鎮東將軍武定四年從征玉壁時神武不豫攻城未下召集諸將共論進止之宜謂大司馬斛律金司徒韓軌左衛將軍劉豐等曰吾每與段孝先論兵殊有英略若使比來用其謀亦可無今日之勞矣吾患勢危篤恐或有不虞欲委孝先以鄴下之事何如金等咸曰知臣莫若君實無出孝先者仍令韶從文宣鎮鄴召文襄赴軍顧命文襄曰段孝先忠厚智勇親戚之中唯有此子軍旅大事宜共籌之五年春神武崩於晉陽祕不發喪俄而侯景爲亂文襄還鄴留韶守晉陽委以軍事文襄還賜女樂十數人并金帛還驃騎大將軍開府儀同三司封長樂公文宣受禪除尙書右僕射遷冀州刺史別封霸城侯加特進啟求以侯與繼母弟孝言論者美之遷尙書僕射天保四年梁將東方白額潛至宿豫擾動淮泗詔韶討之既至會梁將嚴超達等軍逼涇州陳武將攻廣陵尹令思謀襲盱眙三軍咸懼韶謂諸將曰自梁氏喪亂國無定主人懷去就陳霸先外託同德內有離心吾揣之熟矣乃留儀同三司敬顯儁等圍宿豫自倍道赴涇州塗出盱眙令思不虞大軍卒至望旗而奔進破超達軍迴赴廣陵擊陳武軍大破之盡獲其舟艦器械陳武遁去乃旋師攻宿豫遣辯士喻白額於是白額開門請盟韶爲受盟韶度白額終不爲用因執而斬之并其諸弟並傳首京師封平原郡王歷司空司徒大將軍尙書令太子太師以繼母憂去職尋起爲大司馬仍尙書令遷錄尙書事并州刺史及高歸彥作亂韶與東安王婁叡平之遷太傅賜歸彥果園千畝仍莅并州爲政不存小察甚得人和周文遣將率羌夷與突厥合衆逼晉陽武成自鄴倍道赴援突厥從北結陣而前東拒汾河西被嵐川時大雪之後周人以步卒爲前鋒從西山而下去城五里諸將或欲逆擊之韶曰步人氣力自有限今積雪既厚逆戰非便不如陣以待之彼勞我逸破之必矣既戰大破之武成嘉其功別封武德公進位太師周冢宰宇文護母閻氏先配中山宮護聞閻尙存乃因邊境移書請還其母并通鄰好時突厥犯邊韶軍於塞下武成遣黃門徐世榮傳齊周書問韶韶以周人反覆本無信義護外託爲相其實主也既爲其母請和不遣一介使申其情理仍據移書即送其母恐示之以弱以臣管見且外許之待通和訖而後放之爲便不聽遂遣使以禮將送護既得母乃遣將尉遲迥等襲洛陽詔遣蘭陵王長恭大將軍斛律光擊之軍次於邙山之下逗遛未進武成召韶曰今欲遣王赴洛陽之圍但突厥在北復須鎮禦王謂如何韶曰北虜侵邊事等疥癬今西羌闚逼便是膏肓之病請奉詔南行帝仍令韶赴洛督精騎一千發晉陽五日便濟河至大和谷便值周軍與諸將結陣以待之韶爲左軍蘭陵王爲中軍斛律光爲右軍周軍仍以步人在前上山逆戰韶以彼步我騎且引且卻待其力弊乃遣下馬擊之短兵始交周人大潰洛城之圍亦即奔遁盡棄營幕自邙山而至穀水三十里中軍資器械彌漫川澤車駕幸洛陽親勞將士於河陰置酒高會策勳命賞除韶太宰封靈武縣公天統二年除左丞相四年別封永昌郡公食滄州幹武平二年出晉州道築威敵平寇二城而還二月周師來寇遣韶與右丞相斛律光太尉蘭陵王長恭往行達西境有柏谷城者敵之絕險諸將莫肯攻圍韶曰汾北河東勢爲國家之有若不去柏谷事同痼疾計彼兵會在南道今斷其要路救不能來城勢雖高其中甚狹火弩射之一旦可盡遂攻之城潰仍城華谷置戍而還封廣平郡公是月周又遣將攻邊斛律光先率軍禦之韶亦請行五月到服秦城西人於姚襄城南更起城鎮韶抽壯士從北襲之使人潛渡河告姚襄城中內外相應進戰大破之諸將咸欲攻其新城韶曰此城一面阻河三面地險不可攻不如更作一城塞其要道破服秦併力圖之從之六月徙圍定陽七月屠其外城時韶病在軍中謂蘭陵王曰此城三面重澗並無走路唯慮東面一處耳賊若突圍必從此出長恭乃設伏其夜果如策伏兵擊之大潰獲其儀同若干賓開府楊軌韶竟以病薨上舉哀東堂大鴻臚監護喪事賜溫明祕器轀輬車軍校之士陳送至平恩墓所發卒起冢贈假黃鉞相國太尉

錄尚書事朔州刺史諡忠武韶出總軍旅入參帷幄功既居高重以婚媾之故望傾朝野而長於計略善於御衆得將士之心臨敵之日人人爭奮又雅性溫愼有宰相風教訓子弟閨門雍肅事後母以孝聞齊世勳貴之家罕有及者然僻於好色雖居要重微服間行魏黃門郎元瑀妻皇甫氏緣瑀謀反沒官韶美之上啟固請文襄賜之別室處之禮同正嫡尤嗇於財親戚故舊略無施與其子深尚公主幷省丞郎在家佐事十餘日事畢辭還人唯賜一盃酒元妃所生三子懿深亮皆宦達懿字德猷尚潁川長公主拜駙馬都尉襲爵平原王位行臺右僕射兼殿中尚書卒子寶鼎尚中山公主隋開皇中開府儀同三司大業初卒於饒州刺史深字德深美容貌寬謹有父風天保中受父封姑臧縣公尚東安公主位侍中韶病篤詔封深濟北王以慰其意入周拜大將軍郡公坐事死亮字德堪隋大業初位汴州刺史卒於汝南郡守韶弟孝言少警發有風儀齊受禪其兄韶以別封霸城縣侯授之歷位中書黃門侍郎典機密食漁陽郡幹又歷祕書監度支尚書皇建初又遷清都尹孝言本以勳戚餘緒致位通顯至此便驕著放逸無所忌憚曾夜過其客宋孝生家呼坊人防援不時赴遂拷殺之又與諸淫婦密游其夫覺又拷掠而殞時苑內須果木課民間及僧寺備輸孝言悉分向其私宅種植又殿內及園中須石差車從漳河運載復分車迴取事發出爲海州刺史累遷吏部尚書祖珽執政將廢趙彥深引孝言爲助加侍中孝言既無深鑒又待物不平抽擢之徒非賄則舊有將作丞崔成忽於衆中抗言曰尚書天下尚書豈獨段家尚書也孝言無辭以答唯厲色遣下而已尋除中書監加特進又託韓長鸞共構祖珽之短及珽出後孝言除尚書右僕射仍掌選舉恣情用捨請謁大行勑浚京城北隍孝言監作儀同三司崔士順將作大匠元士將太府少卿酈孝裕尚書左戶郎中薛叔昭司州中從事崔龍子淸都尹丞李道隆鄴縣令尉長卿臨漳公崔象咸安令高子徹等並在孝言部下典作日別置酒高會諸人膝行跪伏稱觴上壽咸自陳屈滯更請轉官孝言意色揚揚以爲己任皆隨事報答許有加授富商大賈多被銓擢所進用人士咸是麤險放縱之流尋遷左僕射特進侍中如故孝言富貴豪侈尤好女色後娶婁定遠妾董氏大耽愛之爲此內外不和更相糾列又於晉陽監作坐事除名徙光州隆化主敗後有勑追還孝言雖黷貨無厭恣情酒色然舉止風流招致名士美景良辰未嘗虛棄賦詩奏妓畢盡歡洽雖草萊之士粗閑文藝多引入賓館與同興賞其貧躓者亦時有乞遺世論復以此多之齊亡入周授上開府

斛律金字阿六敦朔州勑勒部人也高祖倍侯利以壯勇有名塞表魏道武時率戶內附位大羽眞賜爵孟都公祖幡地斤殿中尚書父那瓌光祿大夫贈司空金性敦直善騎射行兵用匈奴法望塵識馬步多少嗅地知軍度遠近初爲軍主與懷朔鎭將楊鈞送蠕蠕主阿那瓌還見金獵射歎其工正光末破六韓拔陵構逆金擁衆屬焉陵署金王號金度陵終敗滅乃統所部叛陵詣雲州魏除爲第二領人酋長秋朝京師春還部落號曰鴈臣仍稍引南出黃瓜堆爲杜洛周所破與兄平二人脫身歸爾朱榮榮表金爲別將頻有戰功加鎭將軍孝莊立賜爵阜城男位金紫光祿大夫及爾朱兆等逆亂神武密懷匡復之計金與婁昭庫狄干等贊成大謀神武南攻鄴留金守信都委以後事復會神武平鄴太昌初以金爲汾州刺史進爵爲侯從神武破紇豆陵於河西沙苑之役神武以地阨少卻軍爲西師所乘遂亂張華原以簿帳歷營點兵莫有應者神武將集兵更戰金曰衆散將離其勢不可復用宜急向河東神武據鞍未動金以鞭拂馬神武乃還於是大崩喪甲士八萬侯景斂西魏力人持大棒守河橋衣厚甲射之不入賀拔仁候其轉面射之一發斃之是役也無金先請還幾至危殆及高仲密西叛周文攻洛陽從神武破之還除大司馬改封石城郡公後從攻玉壁軍還神武使金總督大衆歸晉陽金性質直不識文字本名敦苦其難署改名爲金從其便易猶以爲難司馬子如教爲金字作屋況之其字乃就神武重其古質每誡文襄曰爾所使多漢人有讒此人者勿信之文襄嗣事爲肆州刺史侯景叛金帥軍助討文宣受禪封咸陽郡王天保二年除太師四年解州以太師還晉陽車駕數幸其第六宮及諸王盡從置酒作樂極夜方罷帝欣甚詔金第二子豐樂爲武衞大將軍賜帛五千匹因謂金曰公元勳佐命父子忠誠朕當結以婚姻永爲藩衞乃詔金孫武都尚義寧公主成禮之日帝從皇太后幸金宅皇后太子諸王皆從其見待如此後蠕蠕爲突厥所破種落分散慮其犯塞驚擾邊民乃詔金率騎二萬屯白道以備之多所俘獲并表陳虜可擊之狀文宣於是率衆與金共討之大獲而還進位右丞相食齊州幹遷左丞相帝晚年敗德嘗持矟走馬以擬金胷者三金立不動於是賜物千段孝昭踐阼納其孫女爲太子妃金曾乘步挽車至階武

成登極禮遇彌重又納其孫女爲太子妃金嘗遣人獻食中書舍人李若誤奏云金自來武成出昭陽殿敕侍中高文遙將羊車引之若知事誤更不敢出殿廊下文遙還覆奏帝罵若云空頭漢合殺亦不加罪金長子光大將軍次子羨及孫武都並開府儀同三司出鎭方岳其餘子孫皆封侯貴達一門一皇后二太子妃三公主尊寵之盛當時莫與爲比金嘗謂光曰我雖不讀書聞古來外戚梁冀等無不傾滅女若有寵諸貴妬人女若無寵天子嫌人我家直以立勳抱忠致富貴豈可藉女也辭不獲免嘗以爲憂天統三年薨年八十武成舉哀西堂後主又舉哀於晉陽贈假黃鉞相國太尉公賵錢百萬諡曰武子光嗣光字明月馬面彪身神爽雄傑少言笑工騎射初爲侯景部下彭樂謂高敖曹曰斛律家小兒不可三度將行後奪人名以庫直事文襄從出野見雙鵰飛來文襄使光馳射之以二矢俱落焉後從金西征周文長史莫孝暉時在行閒光馳馬射中之因禽於陣時年十七神武嘉之擢爲都督封永樂縣子又嘗從文襄於洹橋校獵見一大鳥雲表飛颺光引弓射之正中其頸此鳥形如車輪旋轉而下至地乃大鵰也丞相屬邢子高見而歎曰此射鵰手也當時號落鵰都督齊受禪別封西安縣子皇建元年進爵鉅鹿郡公時樂陵王百年爲皇太子求妃孝昭以光世載醇謹著勳王室納其長女爲太子妃光頻歲破周師又破突厥復築城戍歷位太子太保尚書令司空司徒河淸三年周遣大司馬尉遲迥柱國齊公憲庸公王雄等衆稱十萬攻洛陽光率騎五萬馳往赴擊戰於邙山迥等大敗光親射雄殺之迴憲僅而獲免盡收其甲兵輜重仍爲京觀武成幸洛陽策勳班賞遷太尉初文宣時周人常懼齊兵西度嘗以冬月守河椎冰及帝卽位朝政漸紊齊人椎冰懼周兵之逼光憂曰國家嘗有呑關隴之志今日至此而唯翫聲色先是武成納光第二女爲太子妃天統元年拜爲皇后光轉大將軍三年六月以父喪去官尋詔起光及弟羨並復位秋拜光太保襲爵咸陽王遷太傅十二月周又遣將圍洛陽壅絕糧道武平元年正月詔光率步騎三萬討之鋒刃纔交周將宇文勝衆人潰追至宜陽軍還擊周齊公憲等衆大破之虜其開府都督五人詔加右丞相并州刺史其年冬光又率步騎五萬於玉壁築華谷龍門二城又與憲等相持憲不敢動二年率衆築平隴等鎭戍十三所周柱國枹罕公普屯威柱國韋孝寬等來逼平隴光與戰於汾水大破之周遣其柱國紇干廣略圍宜陽光率步騎五萬赴之戰於城下取周建安等四戍捕千餘人而還軍未至鄴敕令便放軍散光以爲軍人多勳功未得慰勞若卽便散恩澤不施乃密通表請使宣旨軍仍且進朝廷發使遲留軍還將至紫陌光駐營待使帝聞光軍營已逼甚惡之急令舍人追光先入見然後宣勞散兵拜光左丞相別封淸河郡公光嘗在朝堂垂簾而坐祖珽不知乘馬過其前光怒而謂人曰此人乃敢爾後珽在內省言聲高慢光過聞之又怒珽知光忿而賂其從奴榼頭榼頭曰自公用事相王每夜抱膝歎曰盲人用權國必破矣珽省事褚士達夢人倚戸授其詩曰九升八合粟角斗定非眞堰卻津中水將留何處人以告珽珽占之曰角斗斛字津卻水何留人合成律字非眞者解斛律於我不實士達又言所夢狀乃其父形也珽由是懼又謬提婆求娶光庶女不許帝賜提婆晉陽之田光言於朝曰此田神武以來常種禾飼馬數千匹以擬寇難今賜提婆無乃闕軍務也帝又以鄴淸風園賜提婆租賃之於是官無菜賖買於人負錢三百萬其人訴焉光曰此菜園賜提婆是一家足若不賜提婆是百官足由是祖穆積怨周將軍孝寬忌光英略乃作謠言令閒諜漏其文於鄴曰百升飛上天明月照長安又曰高山不摧自崩槲樹不扶自竪珽續之曰盲老公背下大斧饒舌老母不得語令小兒歌之於路提婆聞以告其母令萱以饒舌爲斥己盲老公謂祖珽也遂協謀以謠言啟帝曰斛律累世大將明月聲震關西豐樂威行突厥女爲皇后男尙公主謠言可畏帝以問韓長鸞長鸞以爲不可事寢光又嘗謂人曰今軍人皆無褌袴後宮內參一賜數萬匹府藏稍空此是何理受賜者聞之皆曰天子自賜我關相王何事珽又通啟求見帝使以庫車載入班因請閒唯何洪珍在側帝曰前得公啟卽欲施行長鸞以爲無此理不可珽未對洪珍進曰若本無意則可既有此意不決行之萬一事泄如何帝然洪珍言而尙猶豫未決珽令武都妾兄顏元告光謀不軌又令曹魏祖奏言上將星盛不誅恐有災禍先是天狗西流占曰秦地案秦卽咸陽王也自太廟及光宅竝見血先是三日鼠嘗晝見光寢室嘗投食與之一朝三鼠俱死又牀下有二物如黑猪從地出走其穴膩滑大蛇屢見屋脊有聲如彈丸落又大門橫木自焚擣衣石自移既而丞相府佐封士讓密啟云光前西討還敕令便放兵散光令軍逼帝京將爲不軌不果而止家藏弩甲奴僮千數每使人豐樂武都處陰謀往來若不早圖恐事不可測帝謂

何珙珍曰人心亦大聖我前疑其欲反果然帝性怯懦恐即有變發令珙珍馳召祖珽謀之珽曰正爾召之恐疑不肯入宜遣使賜其一駿馬詔云明日將往東山遊觀王可乘此馬同行光必來奉謝因而執之帝如其言光將上馬頭眩及至引入涼風堂劉桃枝自後撲之不仆光曰桃枝常作如此事我不負國家桃枝與力士三人以弓弦罥其頸拉而殺之年五十八血流於地剗之跡終不滅於是下詔稱其謀反族誅之使二千石郎邢祖信掌簿籍其家珽於都省問所得物祖信曰得弓十五張宴射箭一百具刀七口賜矟二張珽又厲聲曰更得何物祖信曰得棗子枝二十束擬奴僕與人鬭者不問曲直即以杖之一百珽大慚乃大聲曰朝廷已加重刑郎中何可分雪及出人尤其抗直祖信慨然曰好宰相尚死我何惜餘生祖信少年時父遜爲李庶所鄙因詣庶請庶曰暫來見卿還辭卿去庶父諸杖庶而謝焉光居家嚴肅見子弟若君臣雖極貴盛性節儉簡聲色不營財利杜絕饋餉門無賓客罕與朝士交言不肯預政事每會議嘗獨後言言輒合理將有表疏令人執筆口占之務從省實行兵用匈奴卜法吉凶無不中軍營未定終不入幕或竟日不坐身不脫介冑常爲士卒先有罪者唯大杖撾背未嘗妄殺衆皆爭爲之死宜陽之役謂周人曰歸我七年人不然取爾十倍周人即歸之在西境築定誇謂城馬上以鞭指畫所取地皆如其言拓地五百里而未嘗伐功版築之役鞭撻人士頗稱其嚴光自結髮從戎未嘗失律深爲鄰敵所懾罪既不彰一旦屠滅朝野痛惜之周武帝聞光死大喜赦其境內後入鄴追贈上柱國崇國公指詔書曰此人若在朕豈能至鄴長子武都位特進開府儀同三司梁兗二州刺史所在唯事聚斂光死遣使於州斬之小子鐘年甫數歲獲免周朝襲封崇國公隋開皇中卒於車騎將軍光弟羨字豐樂少機警尤善騎射累遷車騎大將軍幽州刺史河清三年突厥衆十餘萬來寇州境羨總諸將禦之突厥望見軍容甚整遂不敢戰即遣使求款附天統元年五月突厥可汗遣使朝貢自是歲時不絕羨有力焉詔加大行臺僕射羨以北虜屢犯邊塞須備不虞自庫堆戍東拒於海隨山屈曲二千餘里其間二百餘里中凡有險要或塹山築城或斷谷起障并置立戍邏五十餘所又導高梁水北合易京東會於潞因以灌田邊儲歲積轉漕用省公私獲利在州養馬二千匹部曲三千以備邊突厥謂之南可汗四年遷行臺尚書令加驃騎大將軍別封高城縣侯羨歷事數帝以謹直稱雖極榮寵不自矜尚至是合門貴盛深以爲憂武平元年乃上書乞解所職詔不許其年秋進爵荊山郡王羨慮禍使人騎快騾遞至鄴無日不得音問後二日鄴使不至家人乞養憂之又夢著枷鎖勸羨奔突厥羨不從占其夢曰枷者加官鎖者瑣吉利及光誅敕使中領軍賀拔伏恩等十餘人馳驛捕之遣領軍大將軍鮮于桃枝洛州行臺僕射獨孤永業便發定州騎卒續進伏恩等至門者白羨曰使人衷甲馬汗宜閉城門羨曰敕使豈可疑拒出迎之遂見執死於長史聽事謂其妻曰敵太后臣兄弟死自當知臨刑歎曰富貴如此女爲皇后公主滿家嘗使三百兵何得不敗并害五子年十五已下者宥之羨未誅前忽令其在州諸子五六人鎖頸乘驢出城合家泣送之至閤日晚而歸吏人莫不驚異行燕郡守馬嗣明道術之士也爲羨所欽竊問之答云須有禳厭數日而有此變羨及光並工騎射少時獵父金命子孫會射而觀之泣曰明月豐樂用力不及我諸孫又不及明月豐樂吾世衰矣每日令其出田還即效所獲禽獸光所獲或少必麗龜達腋羨雖獲多非要害之所光嘗蒙賞羨或被捶撻人問其故金云明月必背上着箭豐樂隨處即下手其數雖多去兄遠矣聞者咸伏其言金兄平少便弓馬神武起以都督從呈建初封定陽郡公後爲青州刺史卒贈太尉

彭樂字興安定人也驍勇善騎射初隨杜洛周賊知其不立降爾朱榮從破葛榮於滏口又爲都督從神武與行臺僕射于暉討破羊侃于瑕邱後叛周投逆賊韓樓封北平王及爾朱榮遣大都督侯深擊樓樂又叛樓降深神武出山東樂又隨從韓陵之役先登陷陣賊衆大崩封樂城縣公後以軍功進爵汨陽郡公除肆州刺史天平四年從神武西討與周文相拒神武欲緩持之樂氣奮請決戰曰我衆賊少百人取一差不可失也神武從之樂因醉入深被刺腸出內之不盡截去復戰身被數創軍勢遂挫不利而還神武每追論以戒之高仲密之叛也周文援之神武迎擊於芒山候騎言賊去洛州四十里蓐食乾飯神武曰自應渴死何待我殺乃勒陣以待之西軍至皆喉燥樂以數千精騎爲右甄衝西軍靡所向奔退遂馳入周文營人告樂叛神武曰樂棄韓樓事爾朱榮背爾朱歸我又叛入西事之成敗豈在一樂但念小人反覆爾俄而西北塵起樂使告捷虜西魏臨洮王柬蜀郡王榮宗江夏王昇鉅鹿王闡譙郡王亮詹事趙善督將寮佐四十八人皆係頸反接手臨以刃

歷兩陣而唱名焉諸將乘勝斬首三萬餘西軍退神武使樂追之周文大窘而走曰癡男子今日無我明日豈有汝邪何不急還前營收金寶樂從其言獲周文金帶一束以歸言周文漏刃破膽矣神武詰之樂以周文言對且曰不爲此語放之神武雖喜其勝且怒令伏諸地親捽其頭連頓之并數沙苑之失舉刃將下者三噤齘良久乃止樂更請五千騎取周文神武曰爾何放而復言捉邪取絹三千疋壓樂因賜之累遷司徒天保初封陳留王遷太尉二年謀反爲前行襄州事劉章等告伏誅

暴顯字思祖魏郡斥邱人也祖喟仕魏爲朔州刺史因家焉父誕恆州刺史樂安公顯幼時見一沙門指之曰此郎子好相表大必爲良將貴極人臣語終失之顯善騎射曾從魏孝莊獵一日中手獲禽獸七十三後從神武起義信都累遷北徐州刺史封屯留縣公天保中以贓貨解州大理禁止處判未訖爲合肥被圍遣顯與步大汗薩等攻梁北徐州禽其刺史王強天統中累遷位特進封定陽王卒

皮景和琅琊下邳人也父慶賓魏淮南王開府中兵參軍正光中因使過亂遂家廣甯之石門縣景和少通敏善騎射初以親信事神武後征步落稽疑賊有伏令景和將五六騎深入一谷遇賊百餘人便戰景和射數十人莫不應弦而倒神武嘗令景和射一野豕一箭獲之深見賞異除庫直正都督天保初授通州刺史封永甯縣子景和擅捷有武用從襲庫莫奚度黃龍征契丹定稽胡討蠕蠕每有戰功累遷殿中尚書侍中景和於武職之中兼長吏事又性識均平故頗有美授周通好之後冠蓋往來嘗令景和對接每與使人同射百發百中甚見推重武平中詔獄多令中黃門等監治嘗令景和按覆據理執正由是過無枉濫後除特進封廣漢郡公還領軍將軍琅邪王之殺和士開兵指西闕內外莫知所爲景和請後主出千秋門自號令事平除尚書右僕射陳將吳明徹寇淮南令景和拒之除領軍大將軍封文成郡王又有平陽人鄭子饒詐依佛道設齋會用米麵不多供贍甚廣密從地藏漸出餅飯愚人以爲神力見信於魏衞之間將爲逆亂謀泄乃潛渡河聚眾自號長樂王已破乘氏縣景和遣騎擊破之禽子饒送鄴烹之及吳明徹圍壽陽敕景和與賀拔伏恩赴救時拒明徹者多致傾覆唯景和全軍而還除尚書令武平六年卒贈太尉錄尚書長子信機悟有風神位開府儀同三司武衞將軍勳貴子弟中稱其識鑒齊亾降周軍授上開府軍正中大夫隋開皇中卒於洮州刺史少子宿達開皇中通事舍人母憂起復將赴京辭靈慟哭而絕久而復蘇不能下食三日而死

綦連猛字虎兒代人也其先姬姓六國末避亂出塞保祁連山因以爲姓北人語訛故曰綦連父元成燕郡太守猛少有志氣便弓馬初爲爾朱榮親信榮被害從爾朱兆入洛猛父母兄弟皆在山東爾朱京纏欲投神武召之與俱舉矟謂曰不從我者死乃從之去城五十餘里猛以素蒙兆恩卽背京纏復歸兆兆敗猛與斛律羌舉乞伏貴和逃亾及見獲各杖一百以猛配尉景貴和配婁昭羌舉以故酋長子故無所配既而三人並爲神武親信後都督爾朱文暢謀逆猛曰昔事其父兄今寍自死不忍告而殺之神武聞之曰事人當如此舍其罪而益親之以軍功封廣興縣侯梁使來聘云求角武藝文襄遣猛就館接之雙帶兩鞬左右馳射校挽彊弓梁人引弓兩張皆三石猛遂併取四張疊挽之過度梁人嗟服天保初除東秦州刺史河清三年加開府突厥侵逼晉陽敕猛覘賊賊中一騎超出來鬭猛卽斬之天統五年除并省尚書令領軍大將軍封山陽王猛自和士開死後漸預朝政疑議與奪咸亦咨稟趙彥深以猛武將之中頗疾姦佞言議時有可采故引知機事祖珽奏言猛與彥深前推琅邪王事有意故於是出猛爲定州刺史彥深爲西兗州刺史卽日首途先是謠曰七月刈禾太早九月噉餻未好本欲尋山射虎激箭旁中趙老至是其言乃驗猛行至牛蘭有人告和士開被害時猛亦知情遂被追還削王爵以開府赴州在任寬惠淸愼吏民稱之淮陰王阿那肱與猛有舊每欲攜引之韓長鸞等沮難復授膠州刺史後除大將軍齊亾入周卒初猛與尉興慶謝猥皷並善射小心給事神武左右神武使善相者視之曰猛大貴尉謝無官及芒山之役興慶救神武之窘爲軍所殺神武歎曰富貴定在天也猛竟如相者言卒以榮寵自畢興慶事見齊本紀興慶每入陣常自署名於背神武使求其尸祭之於死處立浮圖世謂高王浮圖云於是超贈儀同涇州刺史謚曰閔壯

元景安河南洛陽人魏昭成皇帝之五世孫也高祖虔陳留王景安沈敏有幹局少工騎射善於事人父永景安啟迴代郡公授之隨魏孝武帝西入關天平末周齊交戰景安臨陣東歸芒山之戰以功賜爵西華縣男代郡公如故景安妙閑馳騁有容則每梁使至恆與斛律光皮景和等對客騎射見者稱善天保初別封興勢伯

帶定襄縣令賜姓高氏累遷兼七兵尚書時初築長城鎮戍未立詔景安與諸將緣塞以備守督領既多且所部軍人富於財物遂賄貨公行文宣聞之遣使推檢唯景安纖毫無犯帝深嘉歎乃以所斂贓絹五百疋賜之以彰清節孝昭嘗與功臣西園宴射侯去堂百四十餘步中的者賜以良馬及金玉錦綵等有一人射中獸頭去鼻寸餘唯景安最後有矢未發帝令景安解之景安引滿正中獸鼻帝嗟異稱善特賞馬二匹玉帛雜物又加常等天統四年除豫州刺史加開府儀同三司武平三年授行臺尚書令刺史如故封歷陽郡王景安久在邊州人物安之又管內蠻多華少景安被以恩威咸得寧輯武平末徵拜領軍大將軍入周以大將軍義寧郡公討稽胡戰沒初永兄祚襲爵陳留王祚卒子景皓嗣天保時誅諸元親近者如景安之徒疏宗議請姓高氏景皓云豈得棄本宗逐他姓大丈夫寧可玉碎不能瓦全景安以白文宣乃收景皓誅之家屬徙彭城由是景安獨姓高氏自外聽從本姓永弟种子豫字景豫美容儀有器幹景安告景皓慢言引豫云相應和豫占云爾時以衣袖掩景皓口云莫妄言問景皓與豫同獲免卒於東徐州刺史

獨孤永業字世基本姓劉中山人也母改適獨孤氏永業幼隨母爲獨孤家養遂從其姓天保初除中書舍人永業解書計善歌舞甚爲文宣所知後爲洛州刺史河陽行臺左丞甚有威信遷行臺尚書永業久在河陽善於招撫周人憚之性鯁直不交權勢斛律光求二婢弗得毁之於朝廷河清末徵爲太僕卿以乞伏貴和代之於是西境蹙弱河洛人情騷動武平三年遣永業取斛律豐洛因以爲北道行臺僕射幽州刺史河洛人庶多思永業又除河陽道行臺洛州刺史周武帝親攻金墉永業出兵禦之問是何達官作何行動周人曰至尊自來主人何不出看客永業曰客行怱怱故不出看乃通夜辦馬槽二千周人聞之以爲大軍至乃去進位開府臨川王有甲士三萬聞晉州敗請出兵北討奏寢不報永業慨憤又聞并州亦陷乃遣子須達告降於周授上柱國應公宣政末爲襄州總管大象二年爲行軍總管崔彥睦所殺

鮮于世榮漁陽人也父寶業懷朔鎮將武平初贈儀同三司祠部尚書世榮少沈敏有器幹興和二年爲神武親信都督稍遷平西將軍賜爵石門縣子天統二年累加開府儀同三司除鄭州刺史武平中以領軍從平高思政封義陽郡王領軍大將軍太子太傅及周武帝入代送瑪瑙酒鍾與之得便撞破周兵入鄴諸將皆降世榮在三臺之前獨鳴鼓不輟及被執不屈乃見殺世榮雖武人無文藝以朝危政亂每嘗竊歎見徵稅無厭賞賜過度發言歎息子貞武平末假儀同三司

傅伏太安人也父興蔚州刺史伏少從戎以戰功稍至開府永橋領人大都督周武帝前攻河陰伏自永橋夜渡入守中潬城南城陷被圍二旬不下救兵至周師還後除東雍州刺史周克晉州執行臺尉相貴招伏伏不從周剋并州遣韋孝寬將兵以伏子世寬來招伏授上大將軍武鄉郡公即給告身先以金瑪瑙二酒鍾爲信伏不受謂孝寬曰事君有死無二此兒爲臣不能竭忠爲子不能盡孝人所讎疾願即斬之以號令天下周武至自鄴還至晉州遣高阿那肱等百餘人臨汾召伏伏出車隔水相見問至尊今在何處阿那肱曰已爲周師所獲別路入關伏仰天大哭率衆入城於聽事前北面哀號良久然後降周武見之曰何不早降伏流涕而對曰臣三世衣食齊家被任如此革命不能自死羞見天地周武親執其手曰爲臣當若此朕平齊國唯見公一人乃自食一羊肋以骨賜伏曰骨親肉疏所以相付遂引之與同食令典宿衛授上儀同敕之曰若即與公高官恐歸投者心動努力好行無慮不富貴又問前救河陰得何官職伏曰蒙一轉授特進永昌郡公周武謂後主曰朕前三年教習兵馬決意取河陰正爲傅伏不可動是以收軍而退公當時賞授何其薄也賜伏金酒巵後以爲岷州刺史尋卒齊軍晉州敗後兵將罕有全節其殺身成仁者有儀同叱干苟生鎮南兗州周武破鄴赦書至苟生自縊死又有開府侍中宦者田敬宣本字鵬蠻人也年十四五好讀書既爲閹寺曉夕趣走伺閑隙便周章詢請每至文林館氣喘汗流問書之外不暇他語及覩古人節義之事未嘗不感慨沈吟顏之推重其勤學甚加開獎漸被知遇遂致通顯後主之奔青州遣其西出參伺動靜爲周軍所獲問齊主何在紿云已去計當出境疑其不信歐捶服之每折一肢辭色愈厲斷其四體而卒又有雷顯和者晉州敗後爲建州行臺左僕射周武帝使其子招顯和禁其子而不受聞鄴城敗乃降後主失并州使開府紇奚永安告急於突厥他鉢略可汗及聞齊滅他鉢略處永安於吐谷渾使下永安抗言曰本國既敗永安豈惜殘命欲閉氣自絕恐天下不知大齊有死節臣唯乞一刀以顯示遠近他鉢略嘉之贈馬七十匹歸之又有代人高寶寧武平末爲

營州刺史鎮黃龍夷夏重其威信周武帝滅齊遣使招慰不受敕書范陽王紹義在突厥中寶寧上表勸進范陽王署寶寧爲丞相及盧昌期據范陽起兵寶寧引紹義集夷夏兵數萬救之至潞河知周將宇文神舉屠范陽遂還據黃龍

通志卷一百五十二

通志卷一百五十三

宋右迪功郎鄭樵漁仲撰

列傳第六十六

北齊

封隆之 子子繪 子繡 弟子孝琬 孝琬弟孝琰 隆之族父述 李元忠 子搔

從姊法行 元忠從祖弟渾 渾弟繪 繪弟緯 崔暹 子達拏 崔㥄 子贍 㥄弟仲文 仲文弟子偲 子偲弟子約 孫騰 高隆之 司馬子如 兄子膺之 薛琡 楊愔 燕子獻 鄭頤 陽休之 從祖弟斐 斐從叔昭 李稚廉 李翥 王昕 弟晞 晧 崔昂 崔季舒 高德正 尉瑾

封隆之字祖裔小名皮勃海蓚人也父回魏殿中尚書莊帝初河陰遇害隆之性寛和有度量起家奉朝請延昌中道人法慶作亂冀方自號大乘眾五萬餘隆之以開府中兵參軍與大都督元遙往討之隆之禽獲法慶賜爵武城子爾朱兆據晉陽魏朝以河內要衝除隆之龍驤將軍河內太守屬爾朱兆入洛莊帝幽崩隆之以父回殞於爾朱氏常懷報雪因此遂持節東歸圖爲義舉時高乾告隆之曰爾朱暴逆禍加至尊弟與兄等荷先帝殊眷豈不出身爲主以報讎雪恥乎隆之對曰國恥家怨痛入骨髓乘機而動今實其時遂與乾定計夜襲冀州城克之乾以隆之素爲鄉里所信乃推爲刺史隆之盡心慰撫眾情感悅尋聞神武自晉陽東出隆之遣子子繪奉迎於滏口神武嘉之既至信都集諸州郡督將僚吏等定議討爾朱氏隆之深贊之中興初拜驃騎將軍吏部尚書神武將擊爾朱兆等於韓陵留隆之鎮鄴城爾朱敗走召爲侍中進位儀同三司封安德郡公于時朝議以爾朱榮宜配食明帝廟庭隆之議曰榮爲人臣親行弒逆安有害人之母而與子對食之理考古詢今未見其議詔隆之參議麟趾閣以定新制又贈其妻祖氏范陽郡君隆之表以先爵富城子及武城子轉授弟子孝琬等朝廷嘉而從之後爲斛斯椿等構之於帝逃歸鄉里神武知其誣召赴晉陽天平初復入爲侍中預遷都之議孝靜詔爲侍講除吏部尚書元象初除冀州刺史加開府累遷尚書右僕射及北豫州刺史高仲密將叛陰通消息於冀州豪望使爲內應輕薄之徒頗相扇動詔隆之馳驛慰撫遂得安靜文襄密與隆之書云仲密枝黨同惡向西者宜悉收其家累以懲將來隆之以爲恩旨既行理無退改今若收治示民不信脫或驚擾所虧益大乃啟神武事遂得停隆之自神武唱義首參經略奇謀祕策密以聞啟手書削藁罕知於外以本官爲齊州刺史卒贈司徒神武以隆之勳追榮未盡復啟贈太保諡宣懿神武後至冀州北境次於交津追憶隆之顧謂司馬子如曰封公自出納軍國垂二十年契闊艱難始終如一以其忠信可憑方以後事託之何期報善無期奄從物化言念忠賢良可痛惜爲之流涕令以太牢祭焉隆之歷事五帝以謹素見知凡四爲侍中再爲吏部尚書一爲僕射四爲冀州刺史每臨冀部州中耆舊咸曰我封公復來其得物情如此子子繪嗣子繪字仲藻小名搔性和理有器局釋褐祕書郎累遷平陽太守加散騎常侍晉州北界霍山舊號千里徑者山坂高峻每大軍往來士馬勞苦子繪請於舊徑東谷別開一路神武從之仍令子繪修開旬日而就徵補大行臺吏部郎中神武崩祕未發喪文襄以子繪爲勃海太守執其手曰誠知未允勳臣官望但須鎮撫且衣錦晝遊古人所貴宜善加經略不勞習常太守向州參也仍聽收集部曲一千人大寧二年爲都官尚書高歸彥作逆命子繪參贊軍事事平敕子繪權行州事徵拜儀同三司右僕射卒諡曰簡子寶蓋襲子繪弟子繡位霍州刺史陳將吳明徹侵淮南子繡城陷送揚州齊亡後逃歸終於通州刺史子繡外貌儒雅而使氣難犯兄女壻司空裴定遠爲瀛州刺史子繡爲勃海太守定遠過之對妻及諸女讌集言戲微有褻慢子繡鳴鼓集眾將攻之定遠免冠拜謝久之乃釋隆之弟與之字祖胄經明行脩恬素清靜位瀛冀二州刺史平北府長史所歷有當官譽卒以隆之佐命功贈殿中尚書雍州刺史諡曰文子孝琬字士袗七歲而孤爲隆之鞠養慈愛甚篤隆之啟以父爵富城子授焉位東宮洗馬卒贈太府少卿孝琬性恬靜頗好文詠太子少師邢邵七兵尚書王昕並先達高才與孝琬年位懸隔晚相逢遇分好遂深孝琬蓋櫬言歸二人送於郊外悲哭悽慟有感路人孝琬弟孝琰字士光少脩飾學尚有風儀位祕書丞散騎常侍聘陳使主在道遙授中書侍郎還坐受魏收囑牒其門客從行事發付南都獄決鞭二百除名後除并省吏部郎中南陽王友赴晉陽典機密和士開母喪託附者咸往奔哭鄴中富商丁鄒嚴興等並爲義孝有一士人亦在哭限孝琰入弔出謂人曰嚴興之南丁鄒之北有一朝士號叫甚哀聞者傳之士開知而大怒其後會黃門郎李懷奏南陽王綽驕恣士開因譖之曰孝琰從綽出外乘其副馬捨離部伍別行戲語時孝琰女爲范陽王妃爲禮事因假入辭帝遂抶馬鞭一百放出又遣高阿那肱重抶五十幾死還鄴在集書省上下自此沈廢士開死後爲通直散騎常侍後與周和好以爲

聘周使副祖珽輔政奏又文林館撰御覽孝琰文筆不高但以風流自立善談戲威儀閑雅容止進退人皆慕之以祖珽好自矜大佞之云是衣冠宰相異於常人近習聞之大以爲恨尋以本官兼尚書右丞其所彈射多承意旨時有道人曇獻者爲皇太后所幸賞賜隆厚車服過度又乞爲沙門統後主意不許但太后欲之遂得居任然後主嘗憾焉因僧尼他事訴者辭引曇獻上令有司推劾孝琰案其受賄致於極法其家珍異悉以沒官由是正授右丞仍奏門下事性頗簡傲不諧時俗意遇漸高彌自矜誕舉動舒遲無所降屈識者鄙之與崔季舒等以正諫同死子君確君靜二人徙北邊少子君嚴君贊下蠶室南安敗君確等二人皆坐死與之弟延之字祖業少明辯有世用封鄭城子位青州刺史多所受納後行晉州事沙苑之敗延之棄城北走以隆之故免其死卒贈尚書左僕射司徒公謚文恭子纂嗣隆之族父述字君義父軌魏廷尉少卿述有幹用天平中爲三公郎中時增損舊事爲麟趾新格其名法科條皆述所刪定齊受禪累遷大理卿清河三年敕與錄尚書趙彥深僕射魏收尚書陽休之國子祭酒馬敬德等議定律令歷位度支五兵殿中三尚書述久爲法官明定律令議斷平允深爲時人所稱而厚積財產一無分饋雖至親密友貧病困篤亦絕於拯濟朝廷物論甚鄙之外貌方整而不免請謁回避進趣頗致嗤駭前妻河內司馬氏一息爲娶隴西李士元女大輸財聘及將成禮猶競懸違述忽取所供養像對士元打像爲誓士元笑曰封公何處嘗得應急像須誓便用一息娶范陽盧莊之女述又經府訴云送騾乃嫌腳跛評田則云鹵簿銅器又嫌古廢皆爲財賄所及每致紛紜子元儁位太子舍人述弟詢字景文閱涉經史頗以清素自持位尚書左丞濟南太守歷官皆有幹局才具臨郡甚著聲績隋開皇中卒

李元忠趙郡平棘人也曾祖靈魏洛州刺史鉅鹿公祖恢長安鎮副將贈定州刺史父顯甫豪俠知名集諸李數千家於殷州西山開李魚川方五六十里居之顯甫爲其宗主以軍功賜爵平棘子位河南太守贈安州刺史謚曰安元忠少厲志操粗覽書史及陰陽術數有巧思居喪以孝聞襲爵平棘子魏清河王懌爲營明堂大都督引爲主簿遭母憂去任歸李魚川嘗亡二馬既獲盜郎以與之在母喪哭泣哀慟旁人而飲酒騎射不廢曰禮豈爲我初元忠以母多患專心醫藥遂善方伎性仁恕無貴賤皆爲救療家素富在鄉多有出貸求利元忠焚契免責鄉人甚敬之孝莊時盜賊蜂起清河有五百人西戍還經南趙郡以路梗共投元忠奉絹千餘疋元忠唯受一疋殺五牛以食之遣奴爲導曰若逢賊但道李元忠遣如言賊皆舍避及葛榮起元忠率宗黨作壘以自保坐於大槲樹下前後斬違命者凡三百人賊至元忠輒卻之葛榮曰我自中山至此連爲趙李所破則何以能成大事乃悉衆攻圍執元忠以隨軍賊平就拜南郡太守好酒無政績及莊帝幽崩元忠棄官潛圖義舉會神武東出元忠便乘露車載素箏濁酒以奉迎神武聞其酒客未即見之元忠下車獨坐酌酒擘脯食之謂門者曰本言公能招延儁傑今聞國士到門不能吐哺輟洗其人可知還吾刺勿復通也門者以告神武遽見引入觴再行元忠取箏鼓之長歌慷慨歌闋謂神武曰天下形勢可見明公猶欲事爾朱乎神武曰富貴皆由他安敢不盡節元忠曰非英雄也高乾邕兄弟曾來未是時高乾邕已見神武紿曰從叔輩麤何肯來元忠曰雖麤並解事神武曰趙郡醉使人扶出元忠不肯起孫騰進曰此君天遣來不可違也神武乃復留與言元忠慷慨流涕神武亦悲不自勝元忠進從橫之策深見嘉納又謂神武曰殷州小無糧仗不足以濟大事冀州大藩若向冀州高乾邕兄弟必爲明公主人殷州便以賜委冀殷合滄瀛幽定自然弭從唯劉誕黠胡或當乖拒然非明公之敵神武急握元忠手而謝焉時殷州刺史爾朱羽生阻兵據州元忠率衆與大軍禽斬之神武即令行殷州事累遷太常卿殷州大中正後以從兄瑾年長以中正讓之魏孝武納神武女爲后詔元忠致聘於晉陽每宴席論舊事元忠曰昔日建義轟轟大樂比來寂寞無人問更欲覓建義處神武撫掌笑曰此人逼我起兵賜白馬一疋元忠戲曰若不與侍中當更覓建義處神武曰建義不慮無止畏如此老翁不可過耳元忠曰止爲此翁難遇所以不去因捋神武鬚大笑神武悉其雅意深重之後神武奉送皇后仍田於晉澤元忠馬倒良久乃蘇神武親自撫視封晉陽縣伯後爲光州刺史時州境災儉人皆菜色元忠表求賑貸被報聽用萬石元忠以爲少遂出十五萬石賑之事訖表陳朝廷嘉而不責徵拜侍中元忠雖處要任初不以物務干懷唯以聲酒自娛大率常醉家事大小了不關心園庭羅種果藥親朋尋詣必留連宴賞每挾彈攜壺遊遨里閈每言寧無食不可使我無酒阮步兵吾師也孔少府豈欺我哉後自中書令復求爲太常卿以其有音樂而

多美酒故神武欲用為僕射文襄言其放達常醉不可委以臺閣其子搔聞之請節酒元忠曰我言作僕射不勝飲酒樂爾愛僕射時宜勿飲酒每言於執事云年漸遲暮乞在閑冗以養餘年乃除驃騎大將軍儀同三司曾貢文襄玉滿桃一盤文襄報以百縑其見賞重如此孫騰司馬子如嘗詣元忠逢其方坐樹下葛巾擁被對壺獨酌庭室蕪曠使婢卷兩褥以質酒肉呼妻出衣不曳地二公相視歎息而去大餉米絹受而散之俄復以本官領衛尉卿卒有米三石酒數斛書籍藥物充滿架篋未及賻至以金蟬質絹乃得斂焉贈司徒謚曰敬惠初元忠將仕夢手執炬入其父墓中夜驚起甚惡之旦告其受業師師占云大吉可謂光照先人也竟如其占性甚工彈彈桐葉嘗出一孔擲棗栗而彈之十中七八嘗從文襄入謁靜帝有梟鳴殿上文襄命元忠彈之問得幾丸而落對曰一丸奉至尊威靈一丸承大將軍意氣兩丸足矣如其言而落之子搔嗣搔字德沈少聰明有才藝曾采諸聲別造一器號曰八絃時人稱有思理武定末自丞相記室除河內太守居數載流民盡復代至將還郡父老號泣追送二百餘里生為立碑終於儀曹郎從姊曰法行幼好道截指自誓不嫁遂為尼所居去鄴三百里往來恆步在路或不得食飲水而已逢屠牽牛脫衣求贖泣而隨之雉兔馴狎入其山居房室齊亡後遭時大儉施糜粥於路異母弟宗偘與族人孝衡爭地相毀尼曰我有地二家欲得者任來取之何為輕致忿訟宗偘等慙遂讓為閑田元忠從祖弟渾字季初祖綜行河閒郡早卒父遵字長軌有業尚為魏冀州征東府司馬京兆王愉冀州起逆遵遇害贈幽州刺史謚曰簡渾以父死王事除給事中時四方多難仍謝病求為青州征東府司馬與河閒邢邵北海王昕俱奉老母攜妻子同赴青齊未幾而爾朱榮入洛衣冠殲盡論者以為知幾時河北流移人聚青土衆踰二十萬共劫河閒邢果為主起自北海襲東陽青州刺史元世儁欲謀誅之府人遂猜貳渾乃與長史崔光韶具陳禍福由是歃血而盟上下還睦普泰中崔社客反於海岱攻圍青州詔渾為都官尚書東北道行臺赴援社客宿將多謀詐諸城各自保固堅壁清野時議有異同渾曰社客賊人之根本烏合之衆易離若揀銳驍勇銜枚夜襲咄嗟之閒便可禽殄如社客就禽則諸郡可傳檄而定諸將遲疑渾乃決行未明達城下賊徒驚散生禽社客斬首送洛海隅清定以功授光祿大夫天平初丁母憂行喪冢側殆將滅性武定初兼散騎常侍聘梁使主梁武謂之曰伯陽之後久而彌盛趙李人物今實居多常侍曾經將領今復充使文武不墜良屬斯人使還為東郡太守以贓賄徵還文襄使武士提以入置諸庭渾抗言曰將軍今日猶自禮賢邢文襄笑而舍之天保初除太子少保時邢邵為少師吏部尚書楊愔為少傅論者榮之以參禪代儀注賜爵涇陽縣男文宣以魏麟趾格未精詔渾與邢邵崔㥄魏收王昕李伯倫等修撰渾嘗謂魏收曰雕蟲小技我不如卿國典朝章卿不如我尋除海州刺史土民反其攻城城中多石無井常汲於外賊絕其路城內先有一池時旱久涸渾齋戒朝服祈請俄而天雨泉流涌溢賊皆駭散渾捕斬其渠帥傳首鄴都後以妾在州納賄坐免官卒于鄴子湛字處元涉獵文史有家風為太子舍人兼通直散騎常侍聘陳使副襲爵涇陽男渾與弟繪緯俱為聘梁使主湛又為使副是以趙郡人士目為四使之門繪字景文年六歲便求入學家人以偶年俗忌弗許繪輒竊其姊筆牘用之未踰晦朔遂通急就章內外異之及長儀貌端偉神情爽儁繪舅河閒邢晏與繪清言歎其高遠謂若披雲霧如對珠玉宅相之寄良在此甥時敕祕書監常景選儒學十人緝撰五禮繪與太原王義同掌軍禮魏靜帝於顯陽殿講孝經禮記繪與從弟騫裴伯茂魏收盧元明等俱為錄議繪素長筆札尤能傳受緝綴詞義簡舉可觀歷中書侍郎丞相司馬每霸朝文武總集對揚王庭繪嘗先發言端為羣僚之首音辭辯正風儀都雅聽者悚然文襄益加敬異又掌儀注武定初兼常侍為聘梁使主梁武問繪高相今在何處黑獺若為形容高相作何經略繪曰黑獺遊魂關右人神厭毒連歲凶災百姓懷土丞相奇略不世畜銳觀時攻昧取亡勢必不遠梁武稱善繪與梁人汎言氏族袁狎曰未若我本出自黃帝姓在十四之限繪曰兄所出雖遠當近車千秋分一字耳一坐皆笑前後行人皆通啟求市繪獨守清尚梁人重其廉潔使還拜平南將軍高陽內史郡境舊有三虎民常患之繪欲修檻遂因鬬俱死咸以為化感所致皆請申上繪曰虎因鬬而斃自是偶然貪此為功人將窺我竟不聽高陽舊多陂淀繪至後淀水皆涸乃置農正專主勸課墾田倍增家給人足瀛州三郡人俱詣州請為繪立碑于郡街神武東巡郡國在瀛州城西駐馬久立使郎中陳元康喻慰之曰孤在晉陽知山東唯卿一人用意及入境觀風信如所聞但善始令終將位不次河閒守崔諶恃其弟暹勢從繪乞麋角鵒翎繪答書曰鵒有

六翮飛則沖天麋有四足走便入海下官膚體疏懶手足遲鈍不能近追飛走遠事佞人是時文襄使暹選司徒左長史暹薦繪既而不果咸謂由此書及文襄嗣業普代山東諸郡其特降書徵者唯繪與清河太守辛術二人而已至補大將軍從事中郎遷司馬文襄以前司徒侯景進賢冠賜繪曰卿但直心事孤當用卿爲三公莫學侯景叛也及文宣嗣事仍爲丞相司馬天保初除司徒右長史繪質性方重未嘗趣事權門以此久而沈屈卒贈南青州刺史謚曰景子君道有父風繪弟緯字乾經少聰慧有才學與舅子河間邢昕少相倫輩晚不逮之位中大夫聘梁使主侍中李神儁舉緯爲尚書南主客郎緯前後接對凡十八人頗爲稱職鄴下爲之語曰學則渾繪緯口則緯繪渾文襄擇選以緯爲司徒諮議參軍謂曰自郎署至此所謂不次以卿人才故有此舉耳梁謝藺來聘緯勞之藺問安平諸崔緯曰子玉以還雕龍絕矣崔暹聞之怒緯詣門謝之暹上馬不顧緯語人曰雖失要人意聘梁使不得舍我武定五年兼散騎常侍使梁緯嘗逸遊放達自號隱君蕭然有絕塵之意使還除太子家令卒贈北徐州刺史謚曰文

崔暹字季倫博陵安平人漢尚書寔之後魏光州刺史挺之族孫也世爲北州著姓父穆州辟主簿暹少爲書生避地渤海依高乾以妹妻其弟愼愼後臨滄光二州啟暹爲長史委以郡事趙郡公琛鎭定州辟爲開府諮議隨琛往晉陽神武與語悅之以兼丞相長史神武舉兵將入洛留暹佐琛知後事謂之曰丈夫相知豈在新舊軍戎事重留守急切家弟年少未閑事宜凡百後事一以相屬握手殷勤至於三四琛後以罪被責暹亦黜免尉景爲并州起暹爲別駕文襄代景轉暹爲開府諮議仍行別駕事從文襄鎭撫鄴都加散騎常侍遷左丞吏部郎領定州大中正主議麟趾格暹親遇日隆好薦人士言邢邵宜任府僚可以兼管機密文字文襄因以召邵甚見親重言論之際邵遂毀暹文襄不悅謂暹曰卿說子才之長子才專言卿短此癡人也暹曰子才言暹短暹說子才長皆是實事不可謂癡高愼之叛僞與暹有隙神武後知之欲發其事而殺暹文襄苦救得止武定初遷御史中丞選畢義雲盧潛宋欽道李愔崔瞻杜蕤嵇曄酈伯偉崔子武李廣皆爲御史世稱其知人文襄欲假暹威勢諸公在坐朝令暹後通名因待以殊禮暹乃高視徐步兩人擎裾而入文襄分庭對揖暹不讓席而坐觴再行便辭退文襄曰下官薄有蔬食公少留暹曰適受敕在臺檢校遂不待食而去文襄降送之旬日後文襄與諸公出之東山遇暹在道前驅爲赤棒所擊文襄回馬避之暹前後表彈尚書令司馬子如及尚書元羨殷州刺史慕容獻又彈太師司州牧咸陽王恆并州刺史可朱渾道元冀州刺史韓軌罪狀極筆並免官其餘死黜者甚衆神武書與鄴下諸貴曰崔暹昔事家弟爲定州刺史後爲吾兒開府諮議及遷左丞吏部郎吾未知其能也始居憲臺乃爾糾劾咸陽王司馬令並是吾對門布衣之舊尊貴親昵無過二人同時獲罪吾不能救諸君其愼之神武如鄴羣官迎迓於紫陌神武握暹手而勞之曰往前朝廷豈無法官而天下貪婪莫肯糾劾中尉盡心爲國不避豪彊遂使遠邇肅清羣公奉法小兒才輕任重非中尉何有今日榮華富貴直是中尉自取高歡父子無以相報賜暹良馬使騎之以從且行且語暹下拜馬驚走神武親爲擁之而授轡魏帝宴於華林園謂神武曰朝廷之中有用心公平直言彈劾不避親戚者王可勸酒神武降階跪而曰唯御史中尉崔暹一人謹奉明旨敢以酒勸并臣所射賜物千段乞回賜之帝曰崔中尉爲法道俗齊整暹謝曰此自陛下風化所加大將軍臣澄勸獎之力於是文襄亦催暹酒神武親爲之拜文襄退謂暹曰我尙畏羨何況餘人神武將還晉陽又以所乘馬加綵物賜暹由是威名日盛內外莫不畏服神武崩未發喪文襄以暹爲度支尚書監國史兼僕射委以心腹之寄暹憂國如家以天下爲己任文襄盛寵王昭儀欲立爲正室暹諫曰天命未改魏室尙存公主無罪不容棄辱文襄意不悅苦請乃從之文襄車服過度誅戮變常言談進止或有虧失暹每厲色極言文襄亦爲之止臨淮王孝友被文襄狎愛數歌舞戲謔於前顧見暹輒斂容而止有獄囚數百文襄盡欲誅之每催文帳暹故緩之不以時進文襄意釋獲免司州別駕司馬仲黎中從事陸士佩並被文襄毆擊付獄將餓殺暹送食藥爲致言而釋之自出身從官嘗日晏乃歸侵曉則與兄弟問母之起居暮則嘗食視寢然後至外齋對親賓論事或與沙門辯元理夜久乃還一生不問家產魏梁通和要貴皆遣人隨聘使交易暹惟寄求佛經梁武帝聞之爲繕寫以幡花寶蓋贊唄送至館焉然好大言調戲無節密令沙門明藏著佛性論而署己名傳之江表子達拏年十三暹令儒者權會教其說周易兩字乃集朝貴名流命達拏坐高坐開講同郡眭仲讓陽屈服暹喜擢仲讓爲司徒中郎鄴下爲之語曰講義兩行得中郎仲讓官至右丞此

皆暹之短也文宣初嗣霸業司馬子如韓軌等挾舊怨言暹罪重高隆之亦言宜寬政網去糾察法官黜崔暹則得遠近人意文宣從之及踐阼譖毀之者猶不息帝乃令都督陳山提舍人獨孤永業搜暹家甚貧匱唯得神武文襄與暹書千餘紙多論經國大事帝嗟賞之仍不免眾口乃流暹於馬城晝則負土供役夜則置諸地牢歲餘奴告暹謀反鎖赴晉陽窮驗無實先是文襄疑文宣佯愚慮其有後變將陰圖之以問暹暹曰昔與二郎俱在行位試以手版拍其背而不驚乃將犀手版換暹竹者自措拭而翫視之以是知其實癡不足慮也帝既鎖暹責其往昔打背暹自陳所對文襄之言明己功以贖死帝悟曰我免禍乃暹之力釋而勞之使行太原郡事遷太常卿謂羣臣曰崔暹清正天下無雙卿等不及也初文襄欲以最小妹嫁與暹子達拏會崩遂寢至是讌於宣光殿羣臣多在焉文宣謂暹曰賢子達拏甚有才學亡兄長女樂安公主魏帝外甥朕諸妹思成大兄宿志故欲作婚姻乃以主降達拏暹尋遷中書監兼并省右僕射是時法網已嚴官司難於剖決繫獄者千餘人暹初上省便大録囚旬月間斷事略盡文襄時欲封暹神武亦欲封之暹並固辭文宣數出遊多至暹宅以暹女為皇太子妃李后不可乃止天保八年遷尚書右僕射儀同三司時調糴以七丈為疋暹言之乃依舊帝謂左右曰崔暹諫我飲酒過多然我飲酒何所廢恆山王私謂暹曰至尊威嚴多醉太后尚不能致言吾兄弟亦杜口僕射獨能犯顏內外深相感愧十年卒帝撫靈哭之贈開府儀同三司尚書左僕射定州刺史謚曰貞節達拏溫良廉謹有學識位儀同三司司農卿周御府大夫大象中使鄴屬尉遲迥起兵以為總管司馬迥卒伏誅初文宣嘗問樂安公主達拏於汝何似答云甚相敬唯阿家憎兒文宣令宮人召達拏母入而殺之投漳水齊滅達拏殺主以復讎

崔㥄字長儒清河東武城人也父休魏七兵尚書㥄狀貌瓌偉善於容止少有名望為當時所知初為魏宣武挽郎解褐太學博士累遷散騎侍郎坐事免歸鄉里冀部豪桀之起召㥄兄弟㥄中立無所就高敖曹以五百騎劫取之以為師友神武至信都以為開府諮議參軍歷給事黃門侍郎衞將軍神武入洛議定廢立太僕綦儁盛言節閔帝賢明可主社稷㥄作色而前曰若其賢明自可待我高王徐登九五既為逆胡所立何得猶作天子若從儁言王師何名義舉由是節閔及中興主皆廢更立平陽王是為孝武以建義功封武功縣公領黃門加驃騎大將軍㥄居門下恃預建義頗自矜縱尋以貪污為御史糾劾逃還鄉里時清河多盜文襄以石愷為太守令得專殺愷經㥄宅謂少年曰諸郎輩莫作賊太守打殺人㥄顧曰何不答府君下官家作賊止捉一天子牽臂下殿捉一天子推上殿不作偷驢摸犢賊及遇赦出復為黃門天平中授徐州刺史給廣宗部曲三百人清河部曲千人㥄性暴慢寵妾馮氏長且姣家人號曰成母朝士邢子才等多姦之至是假其威勢恣情取受風政不立初㥄為常侍求為修起居注或曰魏收可㥄曰收輕薄徒耳更引祖鴻勳為之既為樞要又欲陷收不孝之罪乃以盧元明代收為中書郎由是收銜之及收聘梁過徐州㥄備刺史鹵簿迎之使人相聞收曰勿怪儀衞多稽古力也收語謇急報曰崔徐州建義之勳何稽古之有㥄自以門代素高特不平此言收乘宿憾故以此挫之罷徐州除祕書監以母憂去官服終兼太常卿轉七兵尚書清河邑中正㥄有文學偉風貌寡言辭端嶷如神以簡貴自處神武言崔㥄應作令僕恨其精神太遒趙郡李渾將聘梁名輩畢萃詩酒正懽㥄後到一坐無復談話鄭伯猷歎曰身長八尺面如刻畫謦欬為洪鐘響胸中貯千卷書使人那得不畏服㥄以籍地自矜嘗與蕭祇明少遐等高宴終日獨無言少遐晚謂㥄曰驚風飄白日忽然落西山㥄亦無言直曰爾每謂盧元明曰天下盛門唯我與爾博崔趙李何為者哉崔暹聞而銜之神武葬後㥄又竊言黃頷小兒堪當重任不暹外兄李慎以告暹暹啟文襄絕㥄朝謁㥄要拜道左文襄發怒曰黃頷兒何足拜也於是鏁㥄赴晉陽訊之不服暹引邢子才為證子才執無此言㥄在禁謂邢曰卿知我意屬太邱不邢出告㥄子贍曰尊公意正應欲結姻陳元康贍有新生女乃許妻元康子元康為言於文襄曰崔㥄名望素重不可以私語殺之文襄曰若免其性命當徙之遐裔元康曰㥄若在邊或將外叛以英賢資寇敵非所宜也文襄曰既有季珪之罪還令輸作可乎元康曰元康嘗讀崔琰傳追恨魏武不弘㥄若在作所而殞後世豈道公不殺也文襄曰然則柰何元康曰㥄合死朝野皆知公誠能以寬濟猛特輕其罰則仁德彌著天下歸心段孝先亦言㥄舊勳乃捨之㥄進謁奉謝文襄猶怒曰我雖無堪忝當大任被卿以為黃頷小兒金石可銷此言難滅天保初除侍中監起居以禪代之際參掌儀禮別封新豐縣男同授第九子約㥄一門婚嫁皆衣冠美族吉凶儀範為當時所

稱婁太后爲博陵王納㥄妹爲妃敕中使曰好作法用勿使崔家笑人婚夕文宣舉酒祝曰新婦宜男孝順富貴㥄跪對曰孝順出自臣門富貴恩由陛下五年爲東兗州刺史復攜馮氏之部爲馮厭蠱顛失精爽尋遇偏風馮氏驕縱受納狼藉爲御史所劾與㥄俱召詣廷尉諸囚多姦爲獄中致競尋別詔斬馮於都市支解爲九段㥄以疾卒於獄中㥄歷覽羣書兼有詞藻自魏中興之後乞於孝武帝詞誥表檄多㥄所爲然率性豪侈溺於財色諸弟之閒不能盡雍穆之美世論以此譏之㥄素與魏收不協後收旣專典國史㥄恐被惡言乃悅之曰昔有班固今則魏子收縮鼻笑之憾不釋㥄子瞻字彥通聰明彊學有文情潔白善容止神采嶷然言不妄發才學風流爲後來之秀初潁川荀濟自江南入洛瞻學於濟故得經史有師法侍中李神儁雅有風譽晚年無子見瞻歎謂邢邵曰昨見崔㥄兒便爲後生第一我遂無此物見此使人傷懷年十五刺史高昂召署主簿淸河公高岳辟爲開府西閤祭酒博陵崔暹爲中尉啟除侍御史以父與暹隙俄而去官神武召與北海王晞爲諸子賓友仍爲相府中兵參軍轉主簿文襄崩祕未發喪文宣命瞻兼相府司馬使鄴魏孝靜帝以人日登雲龍門與其父㥄俱侍宴又敕瞻令近御坐亦有應詔詩詔問邢邵等曰今瞻此詩何如其父咸云㥄博雅洪麗瞻氣調淸新並詩人之冠冕讌罷咸共嗟賞之云今日之讌併爲崔瞻父子楊愔欲引瞻爲中書侍郎時盧思道直中書省愔因問思道曰我比日多務都不見崔瞻文藻卿與其親通理當相悉思道曰瞻文思之美實有可稱但舉世重其風流所以才華見沒愔云此言有理其日便奏用之愔又曰昔裴瓚晉世爲中書郎神情高邁每於禁門出入宿衛者皆肅然動容崔生堂堂之貌亦當無媿裴子乎皇建元年除給事黃門侍郎與趙郡李概爲莫逆之友概將東還贈遺之書曰仗氣使酒我之常弊詆訶指切在卿尤甚足下告歸吾於何聞過也瞻患氣兼性遲重雖居二省多不堪敷奏除淸河邑中正孝昭踐阼太子就傅受業詔除太子中庶子徵赴晉陽敕曰東宮弱年未陶訓義卿儀形風德人之師表故勞卿朝夕游處開發幼蒙一物三善皆以相寄贍專在東宮調護講讀及進退禮度儀制一皆委焉太子納妃斛律氏敕贍與鴻臚卿崔劼撰定婚禮儀注仍面授別旨曰雖舊事恐未盡善可好定此儀以爲後式時詔議三恪之禮太子少傅魏收爲一議朝士莫不雷同贍別立異議收讀訖笑而不言贍正色曰聖上詔羣臣議國家大典少傅名位不輕贍議若是須贊其所長若非須詰其不允何容讀國士議文直此冷笑崔贍居聖朝顯職尙不免此疵草萊諸生欲云何自進贍容貌方嚴詞旨雄辯收慙遽竟無一言太寧元年除衞尉少卿尋兼散騎常侍聘陳使主行過彭城讀道旁碑文未畢而絕倒從者遙見以爲中惡此碑乃贍父徐州時所立故哀感焉贍經熱病面多瘢痕然雍容可觀辭韻溫雅南人大相欽服陳舍人劉師知見而心醉乃言常侍前朝通好之日何意不來今日誰相對揚者其見重如此還襲爵武成公再遷吏部郎中因患耳請急十餘日不瘥舊式百日不上解官吏部尙書尉瑾性褊急以贍舉措舒緩曹務繁劇附驛奏聞因見代免歸鄉里天統末加驃騎大將軍就拜銀靑光祿大夫卒贈大理卿濟州刺史諡曰文贍性簡傲以才地自矜所與周旋皆一時名望在御史臺常於宅中送食備珍羞別室獨餐處之自若有一河東人士姓裴亦爲御史伺贍食便往造焉贍不交言又不命匕筯裴坐觀贍食罷而退明日裴自攜匕筯恣情飲噉贍方謂裴云我初不喚君食亦不共君語遂能不顧小節昔劉毅在京口冒食鵝炙豈異於是乎君定名士於是每與之同食性方重好讀書酒後淸言聞者莫不傾耳自天保以後重吏事謂容止醞藉者爲潦倒而贍終不改焉嘗見選曹以劉逖爲縣令謂之曰宜長止應子琮輩乃復屈名人馮子琮聞之大怒及其用事幾敗焉有集二十卷㥄弟仲文有文學太和中爲丞相掾沙苑之敗仲文持馬尾渡河波中乍沒乍出神武望見曰崔掾也遽遣船赴接及至謂曰卿爲君爲親不顧萬死可謂家之孝子國之忠臣也後文襄欲使行靑州聞其多醉乃止天保初㥄爲侍中仲文爲銀靑光祿大夫同日受拜時云兩鳳連飛嘗被敕召宿醒未解文宣怒將罰之試使爲觀射詩十韻操筆立成乃原之拜散騎常侍光祿大夫卒子偃太子洗馬尙書郎偃弟儦有文藻列在文苑傳中仲文弟叔仁輕俠重矜期仕魏爲潁川刺史以貪汚爲御史中丞高仲密劾賜死於宅臨刑賦詩五絕與諸弟訣別不及其兄㥄以其不甚營救也子彥武有識用隋開皇中位魏州刺史叔仁弟叔義魏孝莊時爲尙書庫部郎初叔義父休爲靑州刺史放盜魁令出甚衆遂以爲門客在洛陽與兄叔仁鑄錢事發合家逃逸叔義見執時城陽王徽爲司州牧臨淮王彧以非其身罪駮爲致言徽以求婚不得遂停赦書而殺之叔義弟子侃以寄名從軍竊級爲中書

郎爲尙書左丞和子岳彈糾失官性兼使氣後自修改閉門讀書當時稱爲博洽後兼通直散騎常侍使梁爲陽斐副恥居斐下自負才地呼斐爲陽子語輒折之還卒於路子拯位太子僕武德郡守子侃弟子植位冀州別駕走馬從禽髮挂水而死子珪子植弟子聿位東莞太守子聿弟子約五歲喪父不肯食肉後喪母居喪哀毀骨立人云崔九作孝風吹即倒禫月兄子度死又百日不入房長八尺餘姿神儁異潛觀梁使劉孝儀賓從見者駭目武定中爲平原公開府祭酒與兄子贍俱詣晉陽寄居佛寺贍長於子約二歲每退朝久立子約焉凡對之儀望俱華儼然相映諸沙門竊窺之以爲二天人也乾明中爲考功郎病且卒謂贍曰自諸兄歿而門業頹替居家大唯吾與爾命之脩短曾何足悲汝能免之吾不餒矣

孫騰字龍雀咸陽石安人也祖通仕沮渠氏爲中書舍人沮渠氏滅因徙居北邊及騰貴魏朝贈司徒父機贈太尉騰少質直明解吏事魏正光中北方擾亂歸爾朱榮尋爲神武都督長史神武爲晉州又引爲長史封石安縣伯及起兵於信都騰以誠款預謀策累遷郡公入爲侍中尋兼尙書左僕射時魏京兆王愉女平原公主寡騰願尙之而公主欲侍中封隆之騰妬隆之遂相閒構神武啓免騰官俄而復之與斛斯椿俱掌機密見忌慮禍奔晉陽神武入討椿留騰行并州事入爲尙書左僕射內外之事騰咸知之兼司空除侍中兼尙書令時西魏攻南兗州詔騰率諸將討之騰性怯無威略失利而還又除司徒餘官如故初北境亂騰亡一女及貴推訪不得疑其爲人婢及爲司徒奴婢訴良者皆免之願免千人冀得其女神武知之大怒解司徒尋爲尙書左僕射太保仍侍中遷太傅初博陵崔孝芬取貧家子賈氏爲養女孝芬死其妻更適鄭伯猷攜賈於鄭氏賈有色騰納之爲妾其妻袁死騰以賈有子正以爲妻詔封丹陽郡君復請以袁氏爵回授其妾其違禮肆情多此類也騰早依神武神武深信待之置於魏朝寄以心腹遂志氣驕盈與奪自已納賄不知紀極官贈非財不行餚藏銀器盜爲家物親狎小人專爲聚斂與高岳高隆之司馬子如號四貴非法專恣騰爲甚焉神武文襄屢加誚讓終不悛改朝野深非笑之武定六年薨贈太師開府錄尙書事謚曰文天保初以騰佐命詔祭告其墓皇建中配享神武廟庭子鳳珍嗣性庸暗卒於儀同三司

高隆之字延興洛陽人也爲閹人徐成養子少時以賃升爲事父幹魏白水郡太守或云幹爲姑壻高氏所養因從其氏隆之後有參定之功神武命爲弟仍云勃海蓨人幹贈司徒公隆之身長八尺美鬚髯深沈有志氣初行臺于暉引爲郎中與神武深相結託及神武起義山東以隆之爲大行臺御史右丞從破四胡除驃騎大將軍封平涼公累遷并州刺史後拜尙書右僕射時初給民田貴勢皆占良美貧弱咸受瘠薄隆之啓神武悉更反易乃得均平及領營構大將以十萬夫徹洛陽宮殿運於鄴營構之制皆委隆之增築南城周二十五里以漳水近於帝城起長隄以防汎溢之患又鑿渠引漳水周流城郭造水碾磑並有利於時魏自孝昌以後天下多難刺史太守皆爲當部都督雖無兵事皆立佐僚所在頗爲煩擾隆之請非實在邊要掌兵馬者悉斷之又朝貴多假常侍以取貂蟬之飾隆之自表解侍中并陳諸假侍中服者請亦罷之詔皆如表自軍國多事冒名竊官者不可勝數隆之奏請檢括旬日獲五萬餘人而羣小諠然隆之懼而止詔監起居事進位司徒武定中除尙書令遷太保文襄作宰風俗肅淸隆之時有受納文襄於尙書省大加責讓齊受禪進爵爲王尋以本官錄尙書事領大宗正卿監國史隆之性好小巧至於公家羽儀百戲服制時有改易不循典故時論非之於射棚上立三人像爲壯勇之勢文宣曾至東山因射謂隆之曰棚上可作猛獸以存古義何爲終日射人隆之無以對初文襄委任兼僕射崔暹黃門侍郎崔季舒等及文襄崩隆之啓文宣並欲害之不許文宣以隆之舊齒委以政事隆之子婚於楊遵彥前妻帝妹也故遵彥譏毀日至崔季舒等仍以前隙譖云隆之每見詞訟者輒加哀矜之意以示非已能裁文宣以其受任既久知有冤狀便宜申滌何過要名非大臣義天保五年禁止尙書省隆之曾與元昶宴語昶曰與王交游當死生不相背人有密言之者又帝未登庸之日隆之意嘗侮帝帝將受魏禪大臣咸言未可隆之又在其中帝深銜之因此怒罵曰徐家老公令壯士築百餘拳放出渴將飲水人止之隆之曰今日何在遂飲之因從駕死於路中贈太尉太保陽夏王竟不得謚隆之雖不學涉而欽尙文雅搢紳名流必存禮接寡姊爲尼事之如母訓督諸子必先文義世以此稱之文宣末年既多猜害追忿隆之執其子司徒中兵慧登等二十餘人於前慧登等言乞命帝曰不得已命左右一時梟首並投之漳水發隆之冢出其屍葬已積年貌猶不改斬截骸骨而焚之棄

於漳濱天下窮之隆之嗣遂絕乾明中詔其兄子子遼爲隆之後襲爵陽夏王還其財產隆之初見信於神武性多陰毒睚眦之忿無不報焉儀同三司崔孝芬以結婚姻不果太府卿任集同知營構頗相乖異瀛州刺史元晏請託不遂並構成其罪誅害之終至家門殄滅論者謂有報應焉

司馬子如字遵業自云河內溫人也八世祖模晉司空南陽王模世子保晉亂出奔涼州因家焉魏平姑臧徙居於雲中父興龍魏魯陽太守子如少機警有口辯好交游豪桀初爲懷朔鎮省事與神武相結託分義甚深孝昌中北州淪陷子如攜家口南奔肆州爲爾朱榮所禮遇榮之向洛陽也以子如爲司馬仍爲大行臺郎榮以子如明辨能說時事數遣奉使詣闕多稱旨孝莊亦接待焉爲武衛將軍榮之誅也子如知有變自宮內突出至榮宅棄家隨榮妻子與爾朱世隆等走出京城世隆便欲還北子如曰事貴應機兵不厭詐天下兇兇唯彊是視於此際會不可以弱示人若必走北即恐變故隨起不如分兵守河橋迴軍向京出其不意假不如心猶足示有餘力於是世隆還逼京城節閔帝立以爲侍中驃騎大將軍進封陽平郡公神武起義信都世隆知子如與神武有舊疑之出爲南岐州刺史神武入洛陽子如赴京師以爲大行臺尚書朝夕左右參知軍國天平初除尚書左僕射開府與侍中高岳侍中孫騰右僕射高隆之等共知朝政號爲四貴甚見信重神武鎮晉陽子如時往謁見待之甚厚並坐同食從旦達暮及當還神武與婁后俱有賫遺率以爲常子如性既豪爽兼侍恩舊簿領之務與奪任情公然受納無所顧憚興和中以爲北道行臺巡檢諸州守令已下委其黜陟子如至定州斬深澤令至冀州斬東光令皆以稽留時漏致之極刑有進退少不合旨者便令武士頓曳白刃臨頸士庶惶懼不知所爲轉尚書令子如於建義之始身不參預直以神武故舊遂當委重意氣既高聚斂不息時文襄入輔朝政子如以贓賄爲御史中尉崔暹所劾禁止於尚書省一宿而髮皆白辭曰司馬子如本從夏州策一杖投相王王給露車一乘觜牸牛犢犢在道死唯觜角存此外皆人上取得神武書敕文襄曰司馬令是吾故舊汝宜寬之文襄駐馬行街以出子如脫其鎖子如懼曰非作事邪於是除削官爵神武後見之哀其憔悴以膝承其首親爲擇蝨賜酒五百鉼羊五百口粳米五百石子如曰無事尚被囚幾死若受此豈有生路邪未幾起行冀州事子如能自改厲甚有聲譽詔復官爵別封野王縣男齊受禪以有翼贊之功別封須昌縣公除司空子如性滑稽不事檢裁言戲穢褻識者非之而事姊有禮撫諸兄子慈篤當時名士並加欽愛世復以此稱之然素無鯁正不能以平道處物文襄崩暹等赴晉陽子如以糾劾之嫌乃啟文宣言其罪惡仍勸帝誅之其後子如以馬度關爲有司所奏文宣引子如讓之曰崔暹季舒事朕先世有何大罪卿令我殺之因此免官久之猶以先帝之舊拜太尉以疾薨贈太師太尉懷州刺史謚曰文明長子消難尚神武女文宣世爲北豫州刺史叛入周列在周史子如兄纂纂長子世雲輕險無行累遷潁州刺史肆行姦穢將見推懼遂從侯景文襄銜以子如恩舊免其諸弟死罪徙北邊世雲以侯景敗於渦陽復有異志爲景所殺世雲弟膺之字仲慶美鬚髯有風貌好學厚自封植神氣甚高歷中書黃門侍郎天平中子如執鈞當軸膺之既宰相猶子兼又自有名望其所與游集盡一時名流與邢子才王元景等並爲莫逆之交及世雲陷於逆亂期親皆應誅膺之及諸弟並有人才爲朝廷所惜文襄特減死徙近鎮文宣嗣業得還齊受禪子如以別封須昌縣公迴授膺之子如撫愛甚悉膺之昆弟事之如父性方古不會俗舊與楊愔同爲黃門郎至愔爲尚書令抗禮如初愔嘗有從姊慘尚書卿尹皆跪弔膺之執手而出曾路逢愔威儀道引乃於樹下側避之愔於車望見令呼謂曰兄何故避弟膺之曰我自避赤棒本不避卿愔甚重之然以其疎簡傲物竟天保閒淪滯不齒乾明中除衛尉少卿遷國子祭酒河清末拜金紫光祿大夫患泄痢積年不起武平中就家拜儀同三司班台之貴近世專以賞勳勤膺之雖爲猥雜而名器猶重初司徒趙彥深起自孤微爲子如管記膺之甚相忽略不爲之禮及彥深爲宰相朝士輻湊膺之自念故被延請永不至門每與相見捧袂而已太常卿段孝言左丞相孝先之弟也位望甚隆嘗詣其弟幼之舉座傾敬膺之時牽疾在外齋馮几而坐不爲動容直言我患痢久太常不得致怪黃門郎陸杳貴游後進膺之嘗與碁杳忽後至寒溫而已碁遂輟圍宅閑素門無雜客性不飲酒而不愛重賓遊病久不復堪讀書或以奕碁永日名士有素懷者時相尋候無雜言唯論經史好讀太元經又注揚雄蜀都賦每云我與揚子雲周旋患痢十七年竟不愈亡歲以痢疾終膺之弟子瑞爲御史中丞正色舉察爲朝廷所憚以疾去職就拜祠部尚書卒贈儀同三司瀛州刺史謚曰文節子

瑞妻陸令萱妹及令萱得寵於後主重贈子瑞開府儀同三司中書監溫縣伯諸子亦並居顯職同遊給事黃門侍郎同同太常少卿同憲通直常侍同遊終爲佳吏隋開皇中爲尙書戶部侍郎卒於遂州刺史子瑞弟幼之淸貞有行武平末爲大理卿開皇中卒於眉州刺史

薛琡字曇珍代人也父彪子魏徐州刺史自有傳琡形貌瓌偉以有幹用爲典客令每引見時儀望甚美宣武帝謂曰卿風度峻整姿貌秀異後當升進何以處官琡答曰宗廟之禮不敢不謹朝廷之事不敢不忠自此以外非庸臣所及正光中行洛陽令部內肅然有犯法者未加考掠直以辭理窮覈多得其情於是豪猾畏威事務簡靜時以久旱京師見囚悉召集華林理問寃滯洛陽繫獄唯有三人孝明嘉之賜縑百匹琡本附於元乂乂廢憂懼由是政教廢弛坐免官李神軌有寵於靈太后琡復事之累遷吏部郎中先是吏部尙書崔亮奏立停年之格不簡人才專問勞舊琡乃上書曰臣聞錦縠雖輕不委之以學製瑚璉任重豈寄之以弱力若使選曹唯取年勞不簡賢否使義均行鴈次若貫魚勸簿呼名一吏足矣數人而用何謂銓衡今黎元之命繫於守長若得其人則蘇息有地任非其器爲患更深臣請郡縣之職吏部先盡擇才并學通今古曉達政職者以應其選不拘入職遠近年勤多少其積勞之中有才堪敎民者自在先用之限其餘不堪者旣壯藉其力豈容老而棄之將佐丞尉去民稍遠小小當否未爲多失宜依次補敘以酬其勞書奏不報後因引見復陳曰君相共治天下本屬百官是以漢朝常令三公大臣舉賢良方正有道直言之士以爲長吏監撫黎元自晉末以來此風遂替今四方初定務在養民臣請依漢氏更立四科令三公宰貴各薦時賢以補郡縣明立條格防其阿黨之端庶令塗炭之餘戴仰有地詔下公卿議之事亦寢元天穆討邢杲以琡爲行臺尙書軍次東郡時元顥已據鄭城邢杲又逼歷下天穆議其所先衆議以杲彊盛宜先經略唯琡以爲邢杲聚衆無名雖彊猶賊元顥皇室昵親來稱義舉自河陰之役人情駭怨今有際會易生感動杲鼠竊狗偷非有遠志宜先討顥待顥事決然後迴師滅杲不難天穆以羣情所願遂先討杲杲降軍還至定陶天穆留琡行西兗州事尋爲元顥所陷顥執琡自隨爾朱榮破顥天穆謂琡曰不用君言乃至於此天平初拜七兵尙書神武引爲丞相長史軍國之事多所關知琡亦推誠盡節屢進忠讜神武大舉西伐將度蒲津琡諫曰西賊連年饑饉故冒死來入陝州欲取倉粟今高司徒已圍陝城粟不得出但宜置兵諸道勿與野戰比及來年麥秋人民盡應餓死寶炬黑獺自然歸降願王無渡河也侯景亦曰今者之舉兵衆極大萬一不捷卒難收斂不如分爲二軍相繼而進前軍若勝後軍合力前軍若敗後軍承之神武皆不納遂有沙苑之敗後范陽盧仲禮反琡與諸軍討平之轉殷州刺史爲政嚴酷吏民苦之後歷度支殿中二尙書天保元年遷尙書右僕射卒臨終敕其子斂以時服踰月便葬不聽干求贈官自製喪車不加雕飾但用麻爲流蘇繩網絡而已明器等物並不令置琡久在省闥明閑簿領當官剖斷敏速如流然天性險忌情義不篤外似方格內實浮動受納貨賄曲理舞法深文刻薄多所傷害人士畏惡之魏東平王元匡妾張氏淫逸放恣琡初與姦通後納以爲婦或有謗之遂棄其前妻于氏不認其子允由是室家內忿競相告列深爲世論所譏鄙贈開府儀同三司尙書左僕射靑州刺史謚曰威恭子允嗣

楊愔字遵彥弘農華陰人父津魏司空前史有傳愔小名秦王兒童時口若不能言而風度深敏出入門閭未嘗戲弄六歲學史書十一受詩易好左氏春秋幼而喪母曾詣舅源子恭子恭與之飲問曰汝比來讀何書答曰誦詩子恭因曰誦詩至渭陽未邪愔便號泣感噎子恭亦對之歔欷遂爲之罷酒子恭後謂津曰嘗謂秦王兒不甚察慧從今已後更刮目而視之愔一門四世同居家甚隆盛昆季就學者三十餘人學庭前有柰樹其實落地羣兒咸爭之愔頹然獨坐其季父暐適入學館見之大用嗟異顧謂賓客曰此兒恬裕有我家風宅內有茂竹遂爲愔於林邊別葺一室命獨處其中常銅盤具盛饌以飯之因以督厲諸子曰汝輩但如遵彥謹慎自得竹林別室銅盤重肉之食從父兄黃門侍郎昱特相器重曾謂人曰此兒駒齒未落已是我家龍文更十歲後當求之千里外昱嘗與十餘人賦詩愔一覽便誦無所遺失及長能淸言美音制風神俊悟容止可觀人士見之莫不敬異有識者多以遠大許之正光中隨父之幷州性旣恬默又好山水遂入晉陽西縣甕山讀書孝昌初津爲定州刺史愔亦隨父之職以軍功除羽林監賜爵魏昌男不拜及中山爲杜洛周陷全家被囚縶未幾洛周滅又沒葛榮榮欲以女妻之又逼以僞職愔乃託疾密含牛血數合於衆中吐之仍陽喑不語榮以爲信然乃止永安初還洛拜通直散騎侍郎年十八元顥入洛時愔從父兄侃爲北中郎將鎭河梁愔適至侃

處便屬乘輿失守夜至河侃雖奉迎車駕北度而潛南奔愔固諫止之遂相與扈從達建州除通直散騎常侍愔以世故未夷志在潛退乃謝病與友人中書侍郎河閒邢邵隱於嵩山及莊帝誅尒朱榮其從兄侃參贊帷幄朝廷以其父津爲并州刺史北道大行臺愔隨之任有邯鄲人楊寬者求義從出藩愔請津納之俄而孝莊幽崩愔家以忠烈闔門塗炭愔時適還都行達邯鄲過楊寬家爲寬所執至相州見刺史劉誕誕以愔名家盛德甚相哀念付長史慕容白澤禁止焉遣隊主鞏榮貴防禁送都至安陽亭愔謂榮貴曰僕家世忠臣輸誠魏室家亡國破一至於此雖曰囚虜何復面目見君父之讎得自縊於一繩傳首而去是君之惠也榮貴深相矜感遂與愔俱逃愔乃投高昂兄弟既潛竄累載屬神武起義至信都遂投刺轅門便蒙引見贊揚興運陳訴家禍言辭哀壯涕泗橫集神武爲之改容即以爲行臺郎中大軍南攻鄴歷楊寬村寬於馬前叩頭請罪愔謂曰人不識恩義蓋亦常理我不恨卿無假驚怖時鄴未下神武命愔作祭天文燎畢而城陷由是轉大行臺右丞于時霸圖草創軍國務廣文檄教令皆自愔及崔㥄出愔遭罹家難嘗以喪禮自居所食唯鹽米而已哀毀骨立神武愍之常相開慰及韓陵之戰愔每陷陣先登朋僚咸共怪歎曰楊氏儒生今遂爲武士仁者必勇定非虛論頃之表請解職還葬一門之內贈太師太傅丞相大將軍者二人太尉錄尚書及尚書令者三人左僕射尚書五人刺史太守者二十餘人追榮之盛古今未之有也及喪柩進發吉凶儀衞亘二十餘里會葬者將萬人是日隆冬盛寒風雪嚴厚愔徒跣號哭見者無不哀之尋徵赴晉陽仍居本職愔從兄稚爲岐州刺史以直言忤旨見誅愔悲懼疾發乃取急就鴈門温湯療治郭秀害其能因致書恐之曰高王欲送卿於帝所仍勸其逃亡愔遂棄衣冠於水濱若自沈者變易姓名自稱劉士安入嵩高山與沙門曇謨徵等屏居削迹又潛之光州因東入田橫島以講誦爲業海隅之士謂之劉先生太守王元景陰祐之神武知愔猶在遣愔從兄寶猗齎書慰喻仍敕光州刺史奚思業令搜訪以禮發遣神武見之大悅除太原公開府司馬轉長史太原公即文宣帝也復授大行臺右丞封華陰縣侯遷給事黃門侍郎妻以庶女又兼散騎常侍爲聘梁使主行達碻磝州內有愔家舊佛寺入精廬禮拜見太傅容像感悲慟哭嘔血數升遂發病不成行輿疾還鄴久之以本官兼尚書吏部郎中武定末以望實之美超拜吏部尚書加侍中衞將軍侍學典選如故天保初以本官領太尉少傅別封陽夏縣男又詔監太史遷尚書右僕射尚太原長公主即魏孝靜后也會有雉集其舍又拜開府儀同三司尚書右僕射改封華山郡公九年徙尚書令又拜特進驃騎大將軍十年封開封王文宣之崩百寮莫有下淚愔悲不自勝濟南嗣業任遇彌隆朝章國命一人而已推誠體道時無異議乾明元年爲孝昭所誅時年五十天統末追贈司空愔貴公子早有聲譽風表鑒裁爲朝野所稱家門遇禍唯有二弟一妹及兄孫女數人撫養孤幼慈旨温顏咸出仁厚重分義輕貨財前後賜與多散之親族羣從弟姪十數人並待而舉火頻遭迍厄冒履危難一餐之惠酬答必重性命之讎捨而不問典選二十餘年獎擢人倫以爲已任然取士多以言貌時致謗言以爲愔之用人似貧士市瓜取其大者愔聞不以爲意其聰記彊識半面不忘每有所召或單稱姓名無有誤者後有選人魯漫漢自言猥賤獨不見識愔曰卿前在元子思坊騎禿尾草驢見我不下以方麴障面我何不識卿漫漢驚服又謂之曰名以定體漫漢果自不虛又令吏唱人名誤以盧士深爲士琛士深自言愔曰盧郎潤朗所以比玉自尚公主後衣紫羅袍金鏤大帶遇李庶頗以爲恥謂曰我此衣服都是內裁既見子將不能無愧及居端揆經綜機衡千端萬緒神無滯用自天保五年已後一人喪德維持匡救實有賴焉每天子臨軒公卿拜授發號施令宣揚詔冊愔辭氣温辯神儀秀發百僚觀聽莫不悚動自居大位門絕私交輕貨財重仁義前後賞賜積累巨萬散之九族架篋之中唯有書數千卷太保平原王隆之與愔鄰宅嘗見其門外有富胡數人謂左右曰我門前幸無此物性周密畏慎恆若不足每聞後命愀然變色文宣大漸以恆山長廣二王位地親逼深以後事爲念愔與左僕射平秦王歸彥侍中燕子獻黃門侍郎鄭子默受遺詔輔政並以二王威望先重咸有猜忌之心初在晉陽以大行在殯天子諒闇議令恆山王在東館欲奏之事皆先諮決二旬而止仍欲以恆山隨梓宮之鄴留長廣鎮晉陽執政復生疑貳兩王又俱從至于鄴子獻立計欲處太皇太后於北宮歸政皇太后又自天保八年以來爵賞多濫至是愔先自表解其開封王諸叨竊榮者皆從黜免由是嬖寵失職之徒盡歸心二叔高歸彥初雖同德後尋反動以疏忌之跡盡告兩王可朱渾天和又每云若不誅二王少主無自安

之理宋欽道面奏帝稱二叔威權既重宜速去之帝不許曰可與令公共詳其事愔等議欲出二王爲刺史以帝仁慈恐不可所奏乃通啟皇太后具述安危有宮人李昌儀者北豫州刺史高仲密之妻坐仲密事入宮太后與昌儀宗情甚相昵愛太后以啟示之昌儀密白太皇太后愔等又議不可令二王俱出且出其一乃奏以長廣王爲大司馬并州刺史恆山王爲太師錄尚書事及二王拜職於尚書省大會百僚愔等並將同赴子默止之云事不可量不可輕脫愔云吾等至誠體國豈有恆山拜職有不赴之理何爲忽有此慮長廣旦伏家僮數十人於錄尚書後室仍與席上諸貴數人相知并與諸勳胄約行酒至愔等我各勸雙盃彼必致辭我一曰捉酒二曰捉酒三曰何不捉爾輩即捉及宴如之愔大言曰諸王反逆欲殺忠貞邪尊天子削諸侯赤心奉國未應及此恆山王欲緩之長廣王曰不可於是愔及天和欽道皆被拳杖亂毆擊頭面血流各十人持之使薛孤延康買執子默於尚藥局子默曰不用智者言以至於此豈非命也二叔率高歸彥賀拔仁斛律金擁愔等唐突入雲龍門見都督叱利騷招之不進使騎殺之開府成休寧拒門歸彥喻之乃得入送愔等於御前長廣王及歸彥在朱華門外太皇太后臨昭陽殿太后及帝側立恆山王以塼叩頭進而言曰臣與陛下骨肉相連楊遵彥等欲擅朝權威福自已自王公以還皆重足屏氣共相脣齒以成亂階若不早圖必爲宗社之害臣與湛等爲國事重賀拔仁斛律金等惜獻皇帝業共執遵彥等領入宮未敢刑戮專輒之失罪合萬死帝時默然領軍劉桃枝之徒陛衞叩刀仰視帝不眄之太皇太后令卻仗不肯又厲聲曰奴輩即今頭落乃御因問楊郎何在賀拔仁曰一目已出太皇太后愴然曰楊郎何所能留使不好邪乃讓帝曰此等懷逆欲殺我二兒次及我奈何縱之帝猶不能言太皇太后怒且悲王公皆泣太皇太后曰豈可使我母子受漢老嫗斟酌太后拜謝恆山王叩頭不止太皇太后謂帝曰何不安慰汝叔帝曰天子亦不能與叔惜豈能惜此漢輩但願乞兒性命兒自下殿去此等任叔父處分遂皆斬之長廣王以子默昔讒已作詔書故先拔其舌截其手太皇太后臨愔喪哭曰楊郎忠而獲罪以御金爲之一眼親納之曰以表我意恆山王亦悔殺之先是童謠曰白羊頭毼禿羖攊頭生角又曰羊羊喫野草不喫野草遠我道不遠打爾腦又曰阿麽姑禍也道人姑夫死也羊爲愔也角文爲用力道人謂廢帝小名太原公主嘗作尼故曰阿麽姑愔子獻天和皆尚帝姑故曰道人姑夫云於是乃以天子之命下詔罪之罪止一身家口不問尋復簿錄五家王晞固諫乃各沒一房孩幼盡死兄弟皆除名遵彥死仍以中書令趙彥深代總機務鴻臚少卿陽休之私謂人曰將涉千里殺騏驥而策蹇驢可悲之甚愔所著詩賦表奏書論甚多後散失門生鳩聚所得萬餘言燕子獻字季則廣漢下洛人少時相者謂曰使役在朝大富貴在齊趙後遇周文於關中創業用爲典籤將命使蠕蠕子獻欲驗相者之言來歸神武神武見之大悅神武舊養韓長之姑爲女是爲陽翟公主遂以嫁之甚被待遇文宣時官至侍中濟南即位委任彌重除尚書右僕射子獻素多力頭少髮當狼狽之際排眾走出省門斛律光逐而禽之子獻歎曰丈夫爲計遲遂至此天統五年追贈司空天和事見兄元傳鄭頤字子默彭城人高祖據魏彭城太守自滎陽徙焉頤聰敏頗涉文義而邪險不良初爲太原公東閤祭酒天保世稍遷中書侍郎與宋欽道特相友愛欽道每師事之楊愔始輕宋鄭不爲之禮俄而自結人主稍不可制欽道舊與濟南款狎共相引致無所不言乾明初拜散騎常侍兼中書侍郎二人權將與愔相埒愔見害之時邢子才流涕曰楊令君雖善人死日恨不得一佳伴頤後與愔同詔追贈殿中尚書廣州刺史頤弟抗字子信頗有文學武平末兼左右郎中待詔文林館

陽休之字子烈右北平無終人父固魏前將軍休之儁爽有風概少勤學愛文藻弱冠擅聲爲後來之秀時人爲之語曰能賦能詩陽休之初爲州主簿孝昌中杜洛周陷薊城休之與宗室南奔章武轉至青州葛榮寇亂河北流人多湊青州休之知將有變請其族叔伯彥等潛歸京師避之多不能從休之垂涕別去俄而葛榮邢杲作亂伯彥等咸爲士人所殺諸陽死者數十人唯休之兄弟免魏莊帝立累遷太尉記室參軍李神儁監起居注啟休之與河東裴伯茂范陽盧元明河間邢子才俱入撰次後與魏收李同軌等脩國史後行臺賀拔勝經略樊沔請爲南道軍司俄而魏孝武帝入關勝令伐之奉表詣長安參謁時神武亦啟除休之太常少卿尋屬勝南奔仍隨勝至江南休之聞神武推奉靜帝乃白勝啟梁武求還文襄以爲大行臺郎中天保中神武幸汾陽之天池池邊得一石上有隱起字其文曰六王三川神武以問休之曰此文字何義對曰六者是大王之字王當有天下此乃大王符瑞受命之祥既於天池得

此石可謂天意命王也吉不可言神武又問三川何義休之曰河洛伊爲三川北洛陽也而涇渭洛亦爲三川此雍州也大王若受天命終應統於關右神武曰世人無事常道我欲反今若聞此更致紛紜愼莫妄言也元象初錄荊州軍功封新泰縣伯武定二年除中書侍郎先是中書專掌綸誥魏宣武以來事移門下至是發詔依舊任遇甚顯時魏收爲散騎常侍兼侍郎與休之參掌詔命世論以爲中興時有人士戲嘲休之云有觸藩之羝羊乘連錢之驄馬從晉陽而向鄴懷屬書而盈把左丞盧斐以其文書請謁啟神武禁止會赦不問歷尙食典御太子中庶子給事黃門侍郎中軍將軍幽州大中正兼侍中持節奉璽書詣并州敦喻文宣爲相國齊王時將受魏禪發晉陽至平陽郡爲人心未一且還并州恐漏泄仍斷行人休之性疏放使還遂說其事鄴中悉知之高德正以聞文宣忿之而未發及受禪除散騎將軍積其前事也文宣郊天百寮咸從休之衣兩襠甲手持白棓時魏收爲中書令嘲之曰義眞服未休之曰我昔爲常伯首戴蟬冕今處驍游身被衫甲允文允武何必減卿談笑晏然議者服其夷曠以禪讓之際參定禮儀別封始平縣男後除中山太守先是韋道建宋欽道代爲定州長史帶中山太守並立制監臨之官出行不得過百姓飲食有者即數錢酬之休之常以爲非及至郡復相因循或問其故休之曰吾昔非之者爲其失仁義今日行之者自欲避嫌疑豈是夙心直是處世難耳在郡三年再致甘露之瑞文宣崩徵休之至晉陽經紀喪禮與魏收俱至尙書令楊遵彥與休之等款狎相遇中書省言及喪事收掩淚收聲休之嚬眉而已他日遵彥謂曰昨聞諱魏少傅悲不自勝卿何容都不流涕休之曰天保之世魏侯時遇甚深鄙夫以眾人見待侯哀詐泣實非本懷皇建初兼度支尙書孝昭留心政道每訪以治術休之敢以明賞罰愼官方禁淫侈恤民患爲政教之先帝深納之大寧中歷都官七兵祠部三尙書河淸三年出爲西兗州刺史天統初徵爲光祿卿監國史尋除吏部尙書休之多識故事諳悉氏族凡所選用莫不才地俱允前國史助教熊安生當時碩儒因喪解職久不見還休之引爲國子博士儒者以此歸之性簡率不樂煩職每謂人曰此官實自淸華但煩劇妨吾賞適員是樊籠矣武成崩後頻乞就閑武平初除中書監尙書右僕射三年加位特進與朝士撰聖壽堂御覽六年正除尙書左僕射領中書監休之早得才名爲人物所傾服外如疏放內實謹厚少年頗以峻急爲累晚節以通美見稱重矜期好游賞太常卿盧元明人地華重罕所交接非一時名士不得與之游休之始爲行臺郎便坦然投分文酒會同相得甚款鄉曲人士莫不企羨焉太子中庶子平原明少遐風流名士也梁亡奔鄴昔因通聘與休之同游及少遐卒其妻窮敝休之經紀振恤恩分甚厚尙書僕射崔暹爲文襄所親任勢傾朝列休之未嘗請謁暹子達拏幼而聰敏年十餘已作五言詩梁國通和聘使在館暹持達拏數首詩示諸朝士有才學者又欲示梁客餘人畏暹皆隨宜應對休之獨正言郎子聰明方成偉器但小兒文藻恐未可以示遠人其方直如此元景每云當今直諫陽子烈其有焉晚節說祖珽撰御覽書成加特進又白珽令其子辟彊預修御覽辟彊無才藝爲人所嗤鄙及珽被黜便布言于朝云先有嫌隙及鄧長顒顏之推奏立文林館之推本意不欲令耆舊故人知之休之便相附會與少年朝請參軍之徒同入待詔時論貶爲魏收監史之日立神武本紀取平四胡之歲爲齊元收在齊州恐史官改奪其志上表論之及收還朝敕集朝賢議其事休之立議從天保爲限斷魏收存日猶兩議未決收死後便諷動內外發詔從其議後領中書監便謂人云我已三爲中書監用此何爲降化還鄴舉朝多有遷授封休之燕郡王又謂其所親云我非蠻奴何意忽有此授凡此諸事皆爲時論所鄙好學不倦遂博綜經史文章雖不華靡亦爲典正魏收在日深爲收所輕收卒後以先達見推位望雖高虛懷接物爲搢紳所愛重周武平齊休之與吏部尙書袁聿修衛尉卿李祖欽度支尙書元修伯大理卿司馬幼之司農卿崔達拏祕書監源宗散騎常侍兼中書侍郎李若散騎常侍兼給事黃門侍郎李孝貞給事黃門侍郎盧思道給事黃門侍郎顏之推通直散騎常侍兼中書侍郎李德林通直散騎常侍兼中書舍人陸乂中書侍郎薛道衡中書舍人元行恭辛德源王劭陸開明十八人同徵令隨駕後赴長安尋除開府儀同依例封臨澤縣男歷納言中大夫太子少保進位上開府除和州刺史隋開皇二年罷任終於洛陽所著文集四十卷又撰幽州人物志並行於世初休之在洛將仕夜夢見黃河北驛道上行從東向西道南有一冢極高大休之步登冢頭見一銅柱趺爲蓮花形休之從西北登一柱礎上以手捉一柱柱遂右轉休之呪曰柱轉三匝吾至三公柱遂三匝而止休之尋寤意如在鄴城東南者其夢竟驗云子辟彊字君大性疏脫無才藝休之

亦引入文林館爲時人所嗤鄙武平末爲尙書水部郎中休之弟綝之天平中入關次俊之位兼通直常侍聘陳副尙書郞當文襄時多作六言歌辭淫蕩而拙世俗流傳名爲陽五伴侶寫而賣之在市不絕俊之嘗過而取而改之言其字誤賣書者曰陽五古之賢人作此伴侶君何所知輕敢議論俊之大喜後待詔文林館自言有文集十卷家兄亦不知吾是才士也休之從祖弟斐字叔鸞父藻魏瀛州安東府長史斐魏孝莊時於西兗州督護流人有功賜爵方城伯歷廣平王開府中郞修起居注除起部郞中兼通直散騎常侍聘梁梁尙書羊侃魏之叛人也與斐舊故欲召斐至宅三致書斐不答梁人曰羊來已久經貴朝遷革李盧亦詣宅相見卿何致難斐曰柳下惠則可吾不可梁武帝又親謂斐曰侃極願相見今二國和好安得復論彼此斐終辭焉還除廷尉少卿石濟河溢橋壞斐移津於白馬中河起石潬兩岸造關城累年乃就東郡太守陸士佩以黎陽關河形勝欲因山壑以爲公家苑囿斐書答以國步始康人勞未息誠宜輕徭薄賦勤恤民隱不從天保中除都水使者詔斐監築長城累遷殿中尙書以本官監瀛州事拜儀同三司卒贈中書監北豫州刺史諡曰簡子師孝中書舍人斐從叔昭字元景學涉史傳尤閑案牘爲文襄府墨曹參軍甚見親委與陳元康崔暹等參謀機密及崔㥄爲崔暹所告昭劾成其獄賴邢子才爲㥄申雪以免昭由是爲時論所不與初文襄攝日將受魏禪令昭等定儀注草詔册幷授官未畢而文襄殂罷府天保初除給事黃門侍郞後以風氣彌留不堪近侍出除靑州高陽內史卒於郡文集十卷子靜立性醇孝操履淸方美詞令善尺牘仕齊位三公郞中隋開皇初州主簿

李稚廉趙郡高邑人也父紹魏殷州別駕兄義深梁州刺史義深自有傳稚廉少而寡欲爲兒童時初不從人有所求請家人故以金寶授之終不取彊付之輒擲於地州牧以其蒙稚而廉故以名焉稚廉聰敏好學年十五頗尋覽五經章句釋褐奉朝請累除文襄驃騎府長史文襄薦爲濟州儀同府長史又遷瀛州長史神武行經冀州郞總合河北六州文籍商榷戶口增損神武親自部分多在馬上徵責文簿指影取備事緒非一稚廉每應機立成當先期會莫不雅合深旨爲諸州準的神武嘗謂司馬子如曰觀稚廉處分快人意也因集文武數十人令郞中杜弼宣旨慰勞仍詰諸州刺史守令等曰碎卿等諸人作得李長史一脚指不足時諸人並謝罪稚廉獨前拜恩觀者咸歎美之賜以牛酒神武還幷州以告文襄文襄喜謂人曰吾足知人矣文襄嗣事召詣晉陽除霸府掾文襄謂杜弼曰幷州王者之基須好長史令各舉所知多不見納文襄後因大集乃謂陳元康曰我教君好長史處李稚廉卽其人也遂命爲幷州長史常在文襄第內與隴西辛術等六人號爲館客待以上賓之禮天保初爲太原太守文宣嘗召見問以治方語及政刑寬猛帝終欲深文稚廉固以爲非帝意不悅又與語及楊愔稚廉誤稱爲楊公以應對失宜除濟陰太守累遷太僕大司農二卿趙州大中正大理卿所在稱職後主時和士開權重百僚盡傾稚廉高揖而已由是出爲南靑州刺史州主簿徐乾富而暴橫歷政不能禁稚廉初至因其有犯收繫之乾密通疏奉黃金百挺婢妓二十人稚廉不受遂殺之罷還鄴祖孝徵執政求紫石英於稚廉以其南靑州所出稚廉辭無好者固請乃與二兩孝徵有不平之言或以告稚廉稚廉抗聲曰李稚廉給髮從官誓不曲意求人天生德於予孝徵其如予何假欲挫頓不過遣向幷州耳時已授幷省都官尙書辭而未報遂發敕遣之齊末官至三品已上悉加儀同稚廉獨不霑此例語人曰我不作儀同更覺爲榮耳卒贈吏部尙書稚廉族弟神威幼有風裁家業禮學又善音樂撰集樂書近百卷卒於尙書左丞又有李翥字彥鴻世居柏人弱冠以文章知名仕齊位東平太守後待詔文林館除通直散騎常侍聘于梁晚節頗以貪酒爲累貧無居宅寄止佛寺中常著巾帔終日對酒招致賓客風調詳雅翥從父兄子玥翥之流亞兼有吏能位中書舍人

王昕字元景北海劇人也六世祖猛秦苻堅丞相家於華山之鄜城祖嶷魏孝文世爲內都大官父雲位南兗州刺史昕少篤學能誦書日以中壘舉手極上爲率與太原王延業俱詣魏安豐王延明延明歎美之太尉汝南王悅辟爲騎兵參軍舊事王出騎兵則武服持刀倍從昕恥之未嘗肯依行列悅好逸遊或馳騁信宿昕輒棄還悅乃令騎兵在前手爲驅策昕捨轡高拱任馬所之左右言其誕慢悅曰府望唯在此賢不可責也悅數散錢於地令諸佐爭拾之昕獨不拾悅又散銀錢以目昕昕乃取其一悅與府僚飲酒起自移牀人爭進手昕獨執版卻立悅於是作色曰我帝孫帝子帝弟帝叔今爲宴通親起輿牀卿何人也獨爲偃蹇對曰王元景位望微劣不足使殿下式瞻儀形安敢以親王寮寀從厮養之役悅謝焉在坐皆引滿酬暢昕先起臥於閑室頻

召不至悅乃自詣呼之曰懷其才而忽府主可謂仁乎昕曰商辛沈湎其亡也忽諸府主自忽慠寮佐敢任其咎悅大笑而去後除著作佐郎以兵亂漸起將避地海隅侍中李琰之黃門侍郎王遵業惜其名士不容外任奏除尚書右外兵郎中出為光州長史故免河陰之難遷東萊太守于時年凶人多相食昕勤恤民隱多所全濟昕曩者與河間邢邵俱為元羅賓友及守東萊邵舉室就之郡人以邵是邢杲從弟會兵將執之昕以身蔽伏其上呼曰欲執子方當先執我邵乃免太昌初還洛吏部尚書李神儁奏言比因多故常侍遂無員限今以王元景等為常侍定限八員加金紫光祿大夫孝武或時袒露與近臣戲狎每見昕即正冠而斂容焉昕體素肥遭喪後遂終身羸瘠楊愔重其德業以為人之師表元象元年兼散騎常侍聘梁魏收為副並為朝廷所重使還高隆之求貨不得諷憲臺劾昕收在江東大將商人市易並坐禁止文襄營救之累遷祕書監昕雅好清談詞無淺鄙在東萊時獲殺其同行侶者詰之未服昕謂之曰彼物故不歸卿無恙而返何以自明邢邵後見文襄言及此以為笑樂昕聞之故詣邵曰卿不識造化還謂人曰子才應死我罵之極深頃之以被謗左遷陽平太守在郡有稱績文襄謂人曰王元景殊獲我力由吾數戲之其在吏事遂為良二千石文宣踐阼拜七兵尚書以參儀禮封宜君縣男嘗有鮮卑聚語崔昂戲問昕曰頗解此不昕曰樓羅樓羅實自難解時唱染千似道我輩文宣以昕疏誕非濟世才罵曰好門戶惡人身又有讒之者云王元景每嗟水道不應遂絕帝愈怒乃下詔曰元景本自庸才素無勳行早霑纓紱遂履清途發自畿邦超居儋事俄佩龍文之劒仍啟帶礪之書語其器分何因到此誠宜清心勵己少酬萬一尚書百揆之本庶務攸歸元景與奪任情威福在己能使直而為枉曲反成絃害政損公名義安在儻賓郎之味好詠輕薄之篇自謂模擬傖楚曲盡風制推此為長餘何足取此而不繩後將焉肅在身官爵宜從削奪於是徙幽州為百姓昕任運窮通不改其操未幾徵還奉敕送蕭莊於梁為主除銀青光祿大夫判祠部尚書事帝怒臨漳令嵇曄及舍人李文師以曄賜薛豐洛文師賜崔士順為奴鄭子默私誘昕曰自古無朝士作奴昕曰箕子為之何言無也子默遂以昕言啟文宣仍曰王元景比陛下於商辛楊愔微為解之帝謂愔曰王元景是爾博士爾語皆元景所教帝後與羣臣酣飲昕稱病不至帝遣騎執之見方搖膝吟詠遂斬於御前投屍漳水天保十年也天統末追贈吏部尚書有文集二十卷子顗嗣卒於燕郡太守昕母清河崔氏有學識風訓生九子並風流蘊藉世號王氏九龍昕弟暉昭晞晧最知名暉字元旭少與昕齊名兼多藝術卒於中書舍人贈兗州刺史昭字仲亮少好儒術又頗以武藝自許性敦篤以友悌知名卒於考功郎中晞字叔朗小名沙彌幼而孝謹淹雅有器度好學不倦美容儀有風則魏末隨母兄東適海隅與邢子良遊處子良愛其才悟與其任洛兩兄書曰賢弟彌郎意識深遠曠達不虧簡於造次言必詣理吟詠情性麗絕當時恐足下方難為兄不假慮其不進也魏永安初第二兄暉聘梁啟晞釋褐除員外散騎侍郎徵署廣平王開府功曹史晞願養母竟不受署母終之後仍屬遷鄴遂遊璧洛樂其山水與范陽盧元明魏季景結侶同契往天陵山浩然有終焉之志及西魏將獨孤信入洛署為開府記室晞稱先被犬傷困篤不赴有故人疑其所傷非猘書勸令赴晞復書曰辱告存念見令起疾循復眷旨以疑吾所傷未必是猘吾豈顧其必猘但理契無疑耳就足下疑之亦有過說足下既疑其非猘亦可疑其是猘其疑半矣若疑其是猘而營護雖非猘亦無損疑其非猘而不療儻是猘則難救然則過療則至萬全過不療或致於死若王晞無可惜也則不足取既取之療是可惜奈何奪其萬全任其或死且將軍威德所被飈飛霧襲方掩八紘豈在一介若必從隗始先須濟其生靈足下何不從容為將軍言也於是方得見寬俄而信返晞遂歸鄴神武訪朝廷子弟忠孝謹密識達淹通者令與諸子遊晞與清河崔贍頓邱李度范陽盧正通首應此選文襄時為大將軍握晞等手曰我弟並向成長志識未定近善狎惡不能不移吾弟不負義方卿祿位常亞吾弟若苟使回邪致相詿誤辠及門族非止一身晞隨神武到晉陽補中外府功曹參軍帶恒山王演友天保初行太原郡事及文宣昏逸恒山王演數諫爭帝疑王假辭於晞欲加大辟王私謂晞曰王博士明日當作一條計事欲為相活亦圖自全宜深體勿怪乃於眾中杖晞二十帝正發怒聞晞得杖以故不殺髡鞭鉗配甲坊居三年王又固諫大被毆撻閉口不食太后極憂之帝謂左右曰儻小兒死奈我老母何於是每臨王疾謂王努力彊食當以王晞還汝乃釋晞令往王第王抱晞曰吾氣息惙然恐不復相見晞流涕曰天道神明豈令殿下遂斃此舍至尊親為人兄尊為人主安可與計殿下不食太后亦不食殿下縱不

自惜不惜太后乎王於是彊坐而飯晞由是得免徒還爲王友王復錄尚書事新除官者必詣王謝職去必辭晞言於王曰受爵天朝拜恩私第自古以爲干紀朝廷文武出入辭謝宜一皆約絕主上顒顒殿下扶翼王深納焉王嘗從容謂晞曰主上起居不恆卿耳目所具吾豈得以前逢怒遂爾結舌卿宜撰諫草吾當伺閒極諫晞遂條十餘事以呈因復切諫王曰比干彊諫不量時之可否雖忘身於剗剖而致本朝以危亡今朝廷乃爾欲學介子匹夫輕一朝之命且狂藥令人不自覺刀箭豈復識親疏一旦禍出理外將奈殿下家業何奈皇太后何且乞將順日愼一日王歔欷不自勝曰乃至是乎明日見晞曰吾長夜九思今便息意命火對晞焚之其後王見危機轉切承閒苦諫遂致忤旨大被困辱帝使力士反接伏白刃注頸王曰臣不忍見宗廟阽危乞早行決帝罵之曰小子何知乃以吏才非我是誰教汝王曰天下噤口除臣誰敢有言帝催遣捶楚亂杖數十會醉臥得解爾後褻黷之好偏於宗族所在留連俾晝作夜唯常山邸多無適而去及帝崩濟南嗣立王謂晞曰一人垂拱吾曹亦頗優閑因言朝廷寬仁慈恕眞守文之良主也晞曰天保享祚左右無杜石之才東宮委一胡人令習鞍轡自幼而長不聞雅正今卒覽萬機駕馭雄桀如聖德幼沖未堪多難殿下宜朝夕承旨而勿使他姓貴戚出納詔命必致矯弄權有所歸殿下雖欲守藩職樂爲善其可得乎假令得遂沖退自審家祚保靈長不王默然思念久之曰何以處我晞曰周公抱成王以朝諸侯攝政七年然後復子明辟幸有故事惟殿下慮之他日王又問晞曰外人有何議論對曰見源文宗云錄王宜居內夾輔不可出外又陽休之亦云昔周公朝讀百篇書夕見七十士猶恐不得人錄王何所嫌疑乃爾不接賓客王曰我安敢自擬周公晞曰殿下今日地望欲避周公得邪王不荅帝臨發速王從駕除晞并州長史及王從至鄴誅楊燕等詔以王爲大丞相都督中外諸軍事督攝文武還并州及至延晞內齋謂曰近人說吾在京舉措何如晞曰伏聞殿下精誠感天誅五罪而天下服往日奉辭恐二儀崩墜何悟神武潛斷朝廷廓清王曰不早用卿言使羣小弄權幾至傾覆今君側雖清終當何以處我晞曰殿下將往時位地猶可以名教出處今日事勢遂關天時非復人理所及有頃奏趙郡王叡爲左長史晞爲司馬每夜載入晝則不與語以晞儒緩將不允武將之意後進晞密室曰比王侯諸貴每見煎迫言我違天不祥恐當或有變起吾正欲以正法繩之晞曰朝廷比者疏遠親戚寧思骨肉之重殿下倉卒所行非復人臣之事芒刺在背交戟入頸上下相疑何由可久天道不常虧盈迭至神幾變化肸蠁斯集雖執謙挹粃糠神器便是違上元之意墜先人之基王曰卿何敢須發非所宜言須致卿於法晞曰竊謂天時人事同無異揆是以冒犯雷霆不憚斧鉞今日得披肝膽抑亦神明攸贊王曰拯難匡時方俟聖哲吾何敢私議幸勿多言尋有詔以丞相任重普進府僚一班晞以司馬領吏部郎中丞相從事中郎陸杳將出使臨別握晞手曰相王功格區宇天下樂推歌謠滿道物無異望杳等伏隸願披赤心而忽奉外使無由面盡短誠寸心謹以仰白晞尋述杳言王曰若內外咸有異望趙彥深朝夕左右何因都無論自以卿意試密與言之晞以事隙問彥深彥深曰我比亦驚此音謠每欲陳聞則口噤身戰弟既發論吾亦欲昧死一披肝膽因亦同勸是時諸王公將相日日勸請四方岳牧表陳符命乾明元年八月孝昭帝踐阼除散騎常侍仍領兼吏部郎中後因奏事罷帝從容曰比日何爲自同外客略不可見自今假非局司但有所懷隨宜作一牒候少隙即徑進也因敕尙書陽休之鴻臚卿崔劼等三人每日本職務罷並入東廊共舉錄歷代廢禮墜樂職司廢置朝饗異同輿服增損或道德高雋久在沈淪或巧言眩俗妖邪害政爰及田市舟車徵稅通塞婚葬儀軌貴賤等衰有不便於時而古今行用不已者或自古利用而當今毀棄者悉令詳書以漸條奏未待頓備遇憶續聞朝晡給典御食畢景聽還時百官請建東宮敕未許每令晞就東堂監視太子冠服導引趨拜尋爲太子太傅晞以局司奉璽授皇太子太子釋奠又兼中庶子帝謂曰今既當劇職不得尋常舒慢也帝將北征敕問比何所聞晞曰道路傳言車駕將行帝曰庫莫奚南侵我未經親戎因此聊欲習武晞曰鑾駕巡狩爲復何爾若輕有征戰恐天下失望帝曰此懦夫常慮吾自當臨時斟酌帝使齋帥裴澤主書蔡暉伺察羣下好相誣枉朝士呼爲裴蔡時二人奏車駕北征後陽休之王晞數與諸人遊宴不以公事在懷帝杖休之晞脛各四十帝斬人於前而問晞曰此人合死否晞曰罪實合死但恨其不得其地臣聞爵人於朝與士共之刑人於市與衆棄之殿廷非殺戮之所帝改容曰自今已後當爲王公改之帝欲以晞爲侍中苦辭不受或勸晞勿自疏晞曰我少年已來閱要人多矣充詘少時鮮不敗績且性實疏緩不堪時

務人主恩私何由可保萬一披猖求退無地非不愛作熱官但忍之爛熟耳百官嘗賜射晞中的當得絹爲不書箭有司不與晞陶陶然笑曰我今段可謂武有餘文不足矣晞無子帝將賜之妾使小黃門就宅宣青皇后相聞晞妻晞令妻荅妻終不言晞以手撩胷而退帝聞之笑孝昭帝崩晞哀慕殆不自勝因以羸敗武成本忿其儒緩由是彌嫌之因奏事大被呵叱而雅步晏然懸東徐州刺史祕書監武平初遷大鴻臚加儀同三司監修起居注待詔文林館晞性閑淡寡欲雖王事鞅掌而雅操不移久在并州戎馬倥偬未嘗以世務爲累良辰美景嘯詠遨遊登臨山水以談讌爲事人士謂之方外司馬嘗詣晉祠賦詩曰日落應歸去魚鳥見留連忽有相王使召晞不時至明日丞相西閣祭酒盧思道問晞曰昨被召已來頗得無以魚鳥致怪晞緩笑曰昨晚陶然頗以酒㦬被責卿輩亦是留連之一物豈直魚鳥而已及晉陽陷敗與同志避周兵東北走山路險迥懼有土賊而晞温酒服膏曾不一廢每不肯疾去行侶尤之晞曰莫尤我我行事若不悔作三公矣齊亡周武帝以晞爲儀同大將軍太子諫議大夫隋開皇元年卒於洛陽年七十一贈儀同三司曹州刺史皓字季高少立名行爲士友所稱遭母憂居喪有至性儒緩亦同諸兄嘗從文襄北征乘赤馬且蒙霜氣遂不復識自言失馬虞候爲求覓不得須臾日出馬體霜盡繫在幕前方云我馬尙在爲司徒掾在府聽午鼓蹀躞待去羣寮嘲之曰王七思歸何太疾季高曰大鵬始欲舉燕雀何啾唧嘲者曰誰家屋當頭鋪首浪遊逸於是喧笑季高不復得言大蠻初兼散騎常侍聘陳使主天統末修國史尋除通直散騎常侍卒贈鄆州刺史子伯奉朝請待詔文林館皓弟曄字季炎卒於滄州司馬・

崔昂字懷遠博陵安平人祖挺魏幽州刺史父孝偉趙郡太守挺自有傳昂年七歲而孤伯父吏部尙書孝芬嘗謂所親曰此兒終當遠致是吾家千里駒也昂性端直少有志略頗綜文詞天平二年文襄引爲記室參軍委以腹心之任及輔朝政召爲開府長史并攝京畿長史時勳將親族賓客在都下放縱多行不軌孫騰司馬子如之門尤劇昂受文襄密旨以法繩之未幾之閒內外齊肅尋遷司徒右長史時左府有陽平人吳賓爲妄認繼嗣事披訴經久長史王昕郎中鄭懸掾盧斐屬王敬寶等窮其獄始末積年鞫掠不獲實司徒婁昭位昂推問即日詰根緒獲其眞狀昭歎曰左府都官數人不如右府一長史所懸甚以爲愧武定中文襄普令內外極言得失昂上書曰屯田之設其來尙矣曹魏破蜀業以興師馬晉平吳兵因取給朝廷頃以懷洛兩邑鄰接邊境創立營田儲糧果贍準此而論龜鏡非遠其幽安二州控帶奚賊蠕蠕徐揚兗豫連接吳越彊鄰實藉轉輸之資常勞私糴之費請道別遣使營之每考其勤惰則人加勸勵倉廩充實供軍濟國實謂在茲其次法獄之重人命所懸頃者官司糾察多不審錄乃闕緣淺入深未有雪大爲小咸以畏避嫌疑其相殘劾至如錢絹粟麥其狀難分徑指爲贓罪從此定乞勑羣司務存獲實如此則有息將來必無枉濫文襄納之後除尙書左丞其年又兼度支尙書左丞之兼尙書近代未有朝野榮之度支水漕陸運昂設轉輪相入之差付給新陳之法有利於人遂爲常式右僕射崔暹奏請海沂煑鹽有利軍國文襄以問昂昂曰亦旣官煑須斷民竈官力雖多不及人廣請準關市薄爲竈稅私館官給彼此有宜朝廷從之武定六年甘露降宮闕文武同賀顯陽殿魏帝問僕射崔暹尙書楊愔崔㥄邢邵散騎常侍魏收御史中丞陸操國子祭酒李渾等曰自古甘露爲瑞漢魏多少可各言往代所降之處應化感致所由次至昂曰案瑞圖王者德至於天則甘露降吉凶兩門不由符瑞故桑雉之戒實啓中興小鳥孕大未聞福感所願陛下雖休勿休允荅天意魏帝爲斂容後攝都官尙書上勸田事七條尋兼太府卿齊受禪遷散騎常侍兼太府卿大司農卿二寺所掌世號繁劇昂校理有術下無姦僞又奏上橫市妄費事三十四條其年與太子少師邢邵議定國初禮式仍封華陽縣男又詔刪定律令損益禮樂令尙書右僕射薛琡等四十三人在領軍府議定帝尋幸晉陽將發敕遞相遵率不耆令昂以聞昂部分科條校正今古所增損十有七八轉廷尉卿昂性清嚴見贖貨之輩嫉之如讎是以治獄文深世論不以平恕相許又與尙書盧斐別典京畿詔獄並有殘刻之聲至於推繩大事理可明言是非不至冤酷有濮陽人沈子遐齊侯景鐵券告徐州都督府長史畢義緒期舉兵應景又衞尉卿杜弼門生郝子寬告弼誹謗并與元子雄謀逆帝甚怒付昂窮鞫昂皆執正雪免告者引妄獲罪天保三年除度支尙書時有餘藏小吏因內臣投書告事又別有飛書告事者並付昂窮檢昂言笑閑咸得情告者辭窮並引嫌狀於是飛書遂絕轉都官尙書仍兼都官事食濟北郡幹文宣嘗幸東山百官預宴升射堂帝召昂於御座前謂曰舊人多出爲州我欲以臺閣相付

當用卿爲令僕勿望刺史卿六十外當與卿本州中聞州不可得也後九卿已上陪集東宮帝指昂及尉瑾司馬子瑞謂太子曰此是國家柱石汝宜記之未幾復侍宴金鳳臺帝歷數諸人咸有罪負至昂則曰崔昂直臣魏收才士婦兄妹夫俱省罪過十年策拜儀同燕子獻百司陪列帝謂昂曰歷思羣臣可綱紀省闥者唯卿一人耳遂除兼右僕射數日後昂因入奏事帝謂尚書令楊愔曰昨不與崔昂正者言其太速明日卽拜爲眞未幾還爲兼楊愔少時與昂不平文宣崩後遂免昂右僕射除開府儀同三司光祿勳皇建元年轉太常卿河淸元年兼御史中丞太常如故昂從甥李公統坐高歸彥事誅依律婦人年六十以上免配宮時公統母年始五十餘而稱六十公統舅宣賚求吏以免其姊昂弗知錄尙書彭城王浟發其事竟坐除名三年復爲五兵尙書遷祠部天統元年卒贈趙州刺史昂有風調才識立朝有堅正剛直之名然好揣上意感激時主或陳便宜鐫省或列陰私罪失深爲文宣所知賞發言奬護人莫之能毀議曹律令京畿密獄及朝之大事多以委之昂情尙嚴猛好行鞭撻雖苦楚萬端對之自若前則崔暹季舒爲之親援後乃高德正是其中表常有挾恃意色矜高以此不爲名流歸服有五子第三子液字君洽頗習文藻有學涉風儀器局爲時論所許以奉朝請待詔文林舘隋開皇中爲中書侍郞

崔季舒字叔正昂從曾祖子瑜之子也子瑜仕魏位鴻臚少卿季舒少孤性明敏涉獵經史長於尺牘有當世才具年十七爲州主簿爲大將軍趙郡公琛所器重言之神武神武親簡丞郎補季舒大行臺都官郞中文襄輔政轉大將軍中兵參軍甚見親寵以魏帝左右須置心腹擢拜中書侍郞文襄爲中書監移門下機事總歸中書又季舒善音樂故內伎亦回隸焉內伎屬中書自季舒始也文襄每進書魏帝有所諫請或文辭繁雜季舒輒修飾通之得申勸戒而已靜帝報荅霸朝恆與季舒論之云崔中書是我妳母轉給事黃門侍郞領主衣都統雖迹在魏朝而心歸霸府密謀大計皆得預聞於是賓客輻湊傾身接禮甚得名譽勢傾崔暹暹嘗於朝堂屏人拜之曰暹若得僕射皆叔父之恩其權重如此時勳貴多不奉法文襄無所縱捨外議以季舒及崔暹等所爲甚被怨嫉及文襄遇難文宣將赴晉陽黃門郞陽休之勸季舒從曰一日不朝其門容刀季舒性愛聲色心在閑放遂不請行欲恣其行樂司馬子如緣宿憾及尙食典御陳山提等列其過狀由是季舒及暹各鞭二百徙北邊天保初文宣知其無罪追爲將作大匠再遷侍中俄兼尙書左僕射儀同三司大被恩遇乾明初楊愔以文宣遺旨停其僕射遭母喪解任起服除光祿勳兼中兵尙書出爲齊州刺史坐遣人度淮互市亦有贓賄事爲御史所劾會赦不問武成居藩曾病文宣令季舒療病備盡心力太寧初追還引入慰勉累遷度支尙書開府儀同三司營昭陽殿敕令監造以判事式爲胡長仁密言其短出爲西兗州刺史爲進典籤於吏部被責免言又以詣廣寧王宅決韋鞭數十及武成崩不得預於哭泣久之除膠州刺史遷侍中開府食新安河陰二郡幹加左光祿大夫待詔文林舘監撰御覽加特進監國史季舒素好圖籍暮年轉更精勤兼推薦人士奬勸文學議聲翕然遠近稱美祖珽受委奏季舒總監內作珽被出韓長鸞以爲珽黨亦欲出之屬車駕將適晉陽季舒與張雕議以爲壽春被圍大軍出拒信使往還須稟節度兼道路小人或相驚恐云大駕向并州畏避南寇若不啟諫必動人情遂與從駕文官連名進諫時貴臣趙彥深唐邕段孝言等初亦同心臨時疑貳季舒與爭未決長鸞遂奏云漢兒文官連名總署聲云諫止向并州其實未必不反宜加誅戮帝卽召已署表官人集含章殿以季舒張雕劉逖封孝琰裴澤郭遵等爲首並斬之殿庭長鸞令棄其屍於漳水自外同署將加鞭撻趙彥深執諫獲免季舒等家屬男女徙北邊妻女及子婦配奚官小男下蠶室沒入貲產季舒本好醫術天保中於徙所無事更銳意研精遂爲名手多所全濟雖位望轉高未嘗懈怠縱貧賤厮養亦爲之療護庶子長君尙書右外兵郞中次鏡元著作佐郞並流於長城未幾季舒等六人妻以年老放出後南安王思好更稱朝廷罪惡以季舒等見害爲辭悉召六人兄弟子姪隨軍趣晉陽事敗長君等並從戮六人之妻又追入宮周武帝滅齊詔斛律光與季舒等六人同被優贈季舒贈開府儀同大將軍定州刺史

高德正渤海蓨人也曾祖祐魏光祿大夫祖和璧中書博士父顥輔國將軍朝散大夫祐附高允傳德正幼而敏慧有風神儀表文宣引爲儀同開府參軍知管記事甚相親狎神武又擢爲相府掾委以腹心遷黃門侍郞方雅周慎動見稱述文襄嗣業如晉陽文宣在鄴居守令德正參掌機密彌見親重文襄暴崩事出倉卒羣情草草勳將等以纘戎事重勸帝早赴晉陽帝亦回遑不能自決夜中召楊愔杜弼崔季舒及德正等始定策焉

以楊愔從令德正居守以爲相府司馬專知門下事德正與文宣舊相昵愛言無不盡散騎常侍徐之才及舘客宋景業先爲天文圖讖之學又陳山提家客楊子術有所援引並因德正勸文宣行禪代之事德正又披心固請文宣便發晉陽至平城都召諸勳將入告以受禪之事諸將愕然莫敢荅者時長史杜弼密啟文宣云關西是國家勍敵若今受魏禪恐其自稱義兵挾天子而東向王將何以待之徐之才云今若先受魏禪關西自應息心縱欲屈彊止當逐我稱帝譬如逐兎滿市一人得之衆心皆定弼無以對文宣以衆人意未協又先得太后旨云汝父如龍汝兄如虎皆以帝王之重不敢妄據尙以人臣終汝何容欲行舜禹事此正是高德正教汝又說者以爲昔周武王再駕盟津然後革命於是乃旋晉陽自是居常不悅徐之才宋景業等每言卜筮雜占陰陽緯候必宜以五月應天順人德正亦敦勸不已仍白帝追魏收收至令撰禪代詔册九錫建臺及勸進文表至五月初文宣發晉陽德正又錄在鄴諸事條進於文宣文宣令陳山提馳驛齎事條并密書與楊愔山提於五月至鄴楊愔即召太常卿邢邵七兵尙書崔㥄度支尙書陸操太子詹事王昕給事黃門侍郎陽休之中書侍郎裴讓之等議撰儀注六日要魏太傅咸陽王坦錄尙書事濟陰王暉業等總集引入北宮留于東齋受禪後乃放還宅文宣發至前亭所乘馬忽倒意甚惡之至平城都便不復肯進德正與徐之才苦請曰山提先去恐其漏泄不果即命司馬子如杜弼馳驛續入觀察物情七日子如等至鄴衆人以事勢已決無敢異言九日文宣至城南頓所時旣未行詔敕諸公文書唯云奉約束德正及楊愔宣署而已受禪日喜難宗榮赤雀以獻帝尋知之亦弗責也是日即除德正爲侍中又領宗正卿尋遷吏部尙書侍中如故封藍田縣公天保七年遷尙書右僕射兼侍中食勃海郡幹德正與尙書令楊愔綱紀朝政多有弘益文宣末年縱酒酣酗德正屢進忠言帝不悅又謂左右云高德正恆以精神陵逼人德正甚憂懼乃移疾屛居佛寺兼學坐禪爲退身之計帝謂楊愔曰我大憂高德正其疾何似愔知帝內忌之由是答云陛下若用作冀州刺史病即自差帝從之德正見除書而起帝大怒謂曰聞爾病我爲爾鍼親以刀子刺之血流霑地又使曳下斬去其趾劉桃枝捉刀不敢下帝起臨陛切責桃枝桃枝乃斬足之三趾帝怒不解禁德正於門下省其夜開城門以氊輿送還家旦日德正妻出寶物滿四牀欲以寄人帝奄至其宅見而怒曰我府藏猶無此物詰其所從得皆諸元賂之也遂曳出斬之妻出拜謝又斬之并其子司徒東閤祭酒伯堅亦見害後文宣謂羣臣曰高德正常言宜用漢人除鮮卑此即合死又教我誅諸元我今殺之爲諸元報讎也帝後悔贈太保冀州刺史謚曰康嫡孫王臣襲爵藍田縣公給事中通直散騎侍郎德正次子仲武京畿司馬太原太守

尉瑾代人也父慶賓魏光祿大夫贈司空瑾少而敏悟好學慕善以國姓門資稍遷直後司馬子如執政瑾娶其甥皮氏爲妻由此除中書舍人後除吏部郎中文宣崩文宣命瑾在鄴北宮與高德正典機密天保中累遷七兵尙書侍郎孝昭輔政除吏部尙書武成踐阼趙彥深本子如賓僚元文遙和士開並帝鄉故舊其相薦達任遇彌重又吏部銓衡所歸事多祕密由是朝之機事頗亦預聞後爲尙書右僕射卒武成方在三臺饗宴文遙奏聞遂命徹樂罷飲瑾外雖通顯內闕風訓閨門穢雜爲世所鄙有女在室忽從奔誘瑾遂以適婦姪及逸人瑾又通寡嫂元氏瑾嘗譏吏部郎中頓邱李構云郎不稽古構對令史云我誠不稽古未知通嫂得作稽古不瑾聞大慙然亦能折節下士意在引接名流但不之別也有賈彥始者儀望雖是儒生瑾稱其充聘使司徒戶曹祖崇儒文辯俱劣瑾言將爲當世莫及好學吳人搖脣振足爲人所哂見人好笑時論比之寒蟬又少威儀子德載以蒲鞭責之便自投井瑾自臨井上呼云兒出聞者皆笑及位任重便大躁急省內郎中將論事者逆即嗔罵旣居大選彌自驕狠皮子賤恃其親通多所談薦大有受納瑾死後其弟靜忿而發之子賤坐決鞭二百配北營州瑾初爲聘梁使梁人陳昭善相謂瑾曰二十年後當爲宰相瑾出昭謂人曰此公宰相不過三年當死昭後爲陳使主兼散騎常侍至齊瑾時兼右僕射鳴騶鐃吹昭復謂人曰二年當死果如言焉德載位通直散騎侍郎

通志卷一百五十三

通志卷一百五十四

宋右廸功郎鄭樵漁仲撰

列傳第六十七

北齊

孫搴 陳元康 杜弼 房謨康景孫 張纂 張亮
趙起 徐遠 張曜 王峻 王紘 敬顯儁子長瑜 平鑒
唐邕 白建 元文遙子行恭 趙彥深子仲將 祖珽從弟
孝隱從父弟茂 孝隱 赫連子悅 馮子琮 辛術 裴讓
之弟諏之 讞之 謀之 訥之 謁之 皇甫和 和弟亮 崔劼 崔肇師
盧潛 盧詢祖 崔子樞弟子謙 叔父叔瓚 子傅 子

孫搴字彥舉樂安人世寒賤少厲志勤學自檢校御史再遷國子助教太保崔光引修國史歷行臺郎以文著稱後預崔祖螭反逃於王元景家遇赦乃出孫騰以宗情薦之神武未被知也會神武西討登鳳陵命中外府司馬李義深相府城局李仕略共作檄文二人皆請以搴自代神武引搴入帳自爲吹火催促之搴神色安然援筆立成其文甚美神武大悅即以爲相府主簿專典文筆又能通鮮卑語兼傳宣號令當繁劇之任大見賞重賜妻韋氏既士人子女又甚色貌時人榮之文襄初嗣之鄴總知朝政神武以其年少未許搴爲致言乃果行恃此自乞特進文襄但加散騎常侍時大括民以爲軍士逃隱者身及主人三長守令罪以大辟沒入其家於是所獲甚衆搴之計也搴學淺行薄邢邵嘗謂之曰更須讀書搴曰我精騎三千足敵君羸卒數萬搴少時與溫子昇齊名嘗謂子昇卿文何如我子昇謙曰不如卿搴要其爲誓子昇笑曰但知劣於卿便是何勞且且搴悵然曰卿不爲誓事可知矣搴嘗服棘刺丸李諧調之曰卿棘刺應自足何假外求坐者皆笑司馬子如與高季式召搴飲酒醉甚而卒神武親臨之子如叩頭請罪神武曰折我右臂贈吏部尚書青州刺史

陳元康字長猷廣宗人也父終德魏濟陰內史元康貴贈度支尚書諡曰貞元康頗涉文史機敏有幹用魏正光中從李崇北伐以軍功賜爵臨清男普泰中除主書累遷司徒高昂記室初司馬子如高季式與孫搴劇飲搴醉死神武命求好替子如舉魏收他日神武謂季式曰卿飲殺我主簿魏收作文書都不稱意司徒嘗道一人謹密是誰季式以元康對曰是能夜闇書快吏也召之一見便授以大丞相功曹參軍內掌機密善陳事意不爲華藻遷大行臺都官郎封安平子軍國多務元康問無不知神武臨行留元康在後馬上有所號令九十餘條元康屈指數之盡能記憶神武甚親之曰如此人世間希有我今得之乃上天降佐也時趙彥深亦知機密人謂之陳趙而元康埶居趙前性又柔謹神武之伐劉蠡升天寒雪陳使人舉氈元康於氈下作軍書颯颯運筆筆不及凍俄頃數紙及出神武目之曰此何如孔子邪神武嘗怒文襄於內親加毆蹋極口肆詈出告元康元康俯伏泣下露地諫曰王教訓世子自有禮法儀刑式瞻豈宜至是神武曰我性急嗔阿惠常如此元康撻轅曰勿使元康知又謂左右曰元康用心誠實必與我兒相抱死高仲密之叛神武知其由崔暹故也將殺暹文襄匿暹而爲之請神武曰我爲爾存其性命然須與苦手文襄乃出暹而謂元康曰卿若使崔暹得杖無相見也暹入庭解衣將受罰元康趨入止伍伯因歷階而升曰王方以天下付世子世子有崔暹不能免其杖父子尚爾況世間人邪神武意解曰不由元康崔暹得一百乃捨之文襄入輔政崔暹崔季舒崔昂等並被任使張亮張徽纂並爲神武待遇然委任皆出元康之下神武每與元康久語文襄門外待接之時人語曰三崔二張不如一康左衛將軍郭瓊以罪死子婦范陽盧道虔女也沒官神武啟以賜元康爲妻元康地寒時以爲殊賞元康遂棄故妻李氏識者非之元康便辟善事人希顏候意多有進舉而不能正心處物溺於財利受納金帛不可勝紀責負交易徧於州郡爲清論所譏從神武於芒山將戰遺失陣圖元康冒險求得之西師既敗神武大會諸將議進取之策咸以爲野無青草人馬疲瘦不可遠追元康曰兩雄交爭歲月已久今得大捷便是天授時不可失必須乘勝追之捨之必成後患神武曰若遇伏兵孤何以濟元康曰前沙苑還軍彼尙無伏今者奔敗何能遠謀神武不從以爲行臺郎及神武疾篤謂文襄曰邙山之戰不用元康之言方貽汝患以此爲恨死不瞑目我死事皆當與元康定也神武崩祕不發喪唯元康知之文襄嗣事自晉陽之鄴令元康預作神武條教數十紙留付段孝先趙彥深在後以次行之別封昌國縣公以從嘉名又見任待拜散騎常侍侯景反文襄逼於諸將欲殺崔暹以謝之密語元康元康諫曰今雖四海未清綱維已定若以數將在外苟悅其心枉殺無辜虧廢典刑豈直上負天神何以下安黎庶晁錯前事願公慎之文襄乃止高岳討侯景未剋文襄欲遣潘相樂副之元康曰相樂緩於機變不如慕容紹宗且先王有命稱堪敵侯景公但推赤心於此人則侯景

不足憂也是時紹宗在遠文襄欲召之恐其驚叛元康曰紹宗知元康特蒙顧待新使人來餉金以致誠款元康欲安其心故受之而厚答其書保無異也文襄乃任紹宗遂以破景賞元康金五十斤王思政入潁城諸將攻之不能拔元康進計於文襄曰公自匡輔朝政未有殊功雖敗侯景本非外賊今潁城將陷願公因而乘之足以取威定業文襄於是令元康馳驛觀之復命曰必可拔文襄乃親征潁川益發衆軍往旣至而剋之賞元康金百鋌初魏朝授文襄相國齊王文襄頻辭不受乃召諸將及元康等密議之諸將皆勸文襄恭膺朝命元康謂魏收曰時未可耳觀諸人語專欲誤王王不宜受崔暹因間之薦陸元規爲大行臺郎欲分元康權元康旣貪貨賄文襄內漸嫌之又欲用爲中書令以閑地處之事未施行屬文襄將受魏禪元康與楊愔季舒並在坐將大遷除朝士共品藻之文襄家倉頭蘭固成掌廚膳爲文襄所撻固成吳人性躁遂忿恚與其同事阿改謀害文襄阿改時事文宣常執刀隨從期聞東齋嗷聲即加刃於文宣是日文宣別有所之未還而難作固成因進食置刀於盤下而殺文襄元康抱文襄文襄曰可惜可惜與賊爭刀髻解被刺傷重腸出猶手書辭母口占授祖孝徵陳權宜至夜而終時年四十三時楊愔狼狽走出遺一靴崔季舒逃匿于廁庫直紇奚舍樂捍賊死散都督王師羅戰傷監廚倉頭薛豐洛率宰人持薪以赴難乃禽盜固成一名京事見文襄本紀是時祕文襄凶問故殯元康於宮中託以出使南境虛除中書令明年詔贈司空謚文穆元康卒後母李氏哀感發病而終贈廣宗郡君謚曰貞昭元康子善藏嗣善藏溫雅有鑒裁位給事黃門侍郎開皇中尙書郎大業初卒於彭城郡贊務

杜弼字輔元中山曲陽人也祖彥衞淮南太守父慈度繁時令弼幼聰敏家貧無書年十三寄郡學受業同郡甄琛爲定州刺史簡試諸生見而策問義解閑明應答如響大爲琛所歎服命其二子措寬與弼爲友州牧任城王澄聞而召問深相嗟賞許以王佐之才澄琛還洛稱之於丞相高陽王等多相招命但父祖官薄不獲優叙以軍功起家除征虜府墨曹參軍典管記弼長於筆札爲時輩所推孝昌初除太學博士遷光州曲城令爲政清靜遠近稱之弼父在鄉爲賊所害弼居喪六年以常調除侍御史領內正字臺中彈奏皆弼所爲諸御史出使所上文簿委弼覆臺然後施行儀同竇泰西伐詔弼監軍及泰失利自殺弼與其徒六人走還陝州刺史劉貴鏁送晉陽神武詰之曰竇中尉此行違吾法以自取敗亡爾何由不一言諫諍弼對曰刀筆小生唯有文墨薄伎便宜之事議所不及神武怒左遷下灌鎭司馬後累遷大行臺郎中神武又引弼典掌機密甚見信待或有造次不及書敎直付虛紙即令宣讀弼嘗承間密勸受魏禪神武舉杖擊走之相府法曹辛子炎諮事云取署子炎讀署爲樹神武怒其犯偏諱杖之於前弼進曰禮二名不偏諱孔子言徵不言在子炎之罪理或可恕神武罵之曰眼看人瞋乃牽經引禮叱令出去弼行十許步呼還子炎亦蒙釋文襄聞之語楊愔曰王左右賴有此人天下蒙其利豈獨吾家也初神武自晉陽東出改爾朱氏貪政使人入村不敢飲社酒及平京洛貨賄漸行弼以文武在位罕有廉潔言之神武神武曰弼來我語爾天下濁亂習俗已久今督將家屬多在關西黑獺常相招誘人情去留未定江東復有一吳兒老翁蕭衍者專事衣冠禮樂中原士大夫望之以爲正朔所在我若急作法網不相饒借恐督將盡投黑獺士子悉奔蕭衍則人物流散何以爲國爾宜少待吾不忘之及將有沙苑之役弼又請先除內賊卻討外寇神武曰內賊爲誰弼曰諸勳貴掠奪萬民者皆是也神武不答因令軍人皆張弓挾矢舉刀按矟以夾道使弼冒出其間曰必無傷也弼戰慄流汗神武然後喻之曰箭雖注不射刀雖舉不擊矟雖按不刺爾猶頓喪魂膽諸勳人身觸鋒刃百死一生縱其貪鄙所取處大弼頓顙謝曰愚人不識至理後從神武破西魏於邙山命爲露布弼手即書絹曾不起草以功賜爵定陽男加通直散騎常侍奉使詣闕魏帝見之於九龍殿曰聞卿精學聊有所問因問經中佛性法性之異弼對以正是一理又問曰說者皆妄言法性寬佛性陿如何弼曰在寬成寬在陿成陿若論性體非陿非寬詔曰旣言成寬成陿何得非陿非寬弼曰若定是寬則不能爲陿若定是陿亦不能爲寬以非寬非陿所成雖異能成恒一上稱善引入經庫賜地持經一部賜帛百匹弼性好名理探味元宗自在軍旅恒帶經從行注老子道德經二卷表上之遷廷尉卿會梁遣貞陽侯蕭淵明等入寇彭城大都督淸河王高岳行臺慕容紹宗討之詔弼爲軍司攝行臺左丞臨發文襄賜胡馬一匹語曰此廐中第二馬孤常自乘騎今方遠別聊以爲贈又令陳政務之要可爲鑒戒者錄一兩條弼請口陳曰天下大務莫過賞罰二端賞一人使天下之人喜罰一人使天下之人服二事得治自

然盡美文襄大悅曰言雖不多於理甚當握手而別破蕭淵明於寒山又破侯景於渦陽後六年四月八日魏帝集名僧於顯陽殿講說佛經勑弼升師子坐當衆敷演辯難鋒至莫有能屈帝歎曰此賢若生孔門則如何也闗中遣王思政據潁州朝廷以弼行潁州攝行臺左丞及潁州平文襄曰卿試論王思政所以禽弼曰思政不察逆順之理不識大小之形不度彊弱之埶有此三蔽宜其俘獲文襄曰古有逆取順守大吳困於小越弱燕能破彊齊卿之三義何以自立弼曰王若順而不大大而不彊彊而不順於義或偏得如聖旨今旣兼備鄙言可以還立文宣作相引爲兼長史進爵爲侯弼志在匡贊知無不爲及齊受禪以預定策功遷驃騎將軍衞尉卿別封長安縣伯常與邢邵扈從東山共論名理邢以爲人死還生恐是爲蛇畫足弼曰物之未生本所無也無而能有不以爲疑因前生後何獨致怪邢云聖人設教本由勸奬故懼以有來冀各遂其性弼曰聖人合德天地齊信四時言則爲經行則爲法而云以虛示物以詭勸人安得使北辰降光龍宮韞櫝旣如所論福果可以鎔鑄性靈弘奬風敎爲益之大莫極於斯此卽眞敎何謂非實邢云季札言無不之亦言散盡若復聚而爲物不得言無不之也弼曰骨肉下歸於土魂氣則無不之此乃形墜魂游往而非盡由其尚有故云無所不之若也全無之將焉適邢云神之在人猶光之在燭燭盡則光窮人死則神滅弼曰燭則因質生光質大光亦大人則神不係於形形小神不小故仲尼之智必不短於長狄孟德之雄乃遠奇於崔琰其後別與邢書前後往復再三邢理屈而止文多不載又以本官行鄭州事未發家客告弼謀反按問無實久乃見原因絕朝請坐次子廷尉監臺卿斷獄稽遲與寺官俱爲郞中封靜哲所訟徙臨海鎭時楚州人東方白額謀反鎭爲賊帥張綽潘天合等所攻弼率厲城人終得全固文宣嘉之勑行海州事後除膠州刺史弼所在淸靜廉潔爲吏民所懷耽好元理注莊子惠施篇幷易上下繫名曰新注義苑並行於世性質直在霸朝多所匡正及文宣作相致位寮首初閒揖遜之議猶有諫言文宣又嘗問弼治國當用何人對曰鮮卑車馬客會須用中國人文宣曰此言譏我高德正居要位弼不能下之乃至於衆前面折德正德正深以爲恨數言其短又令主書杜永珍密啓弼在長史日受人請屬大營婚嫁帝內銜之弼恃舊仍有公事陳請十年夏上因飮酒積其愆失遣使就州斬之尋悔驛追不及子甕遠徙臨海鎭次子臺卿先徙東豫州乾明初並得還鄴天統五年追贈弼開府儀同三司尚書右僕射武平元年又贈驃騎大將軍諡曰文肅甕字子美學業不如弟臺卿而幹局過之武平中位大理少卿兼散騎常侍聘陳使主吏部郞中隋開皇中終於開州刺史子公贍仕隋位安陽令公贍子之松大業中起居舍人臺卿列在隋史

房謨字敬數河南洛陽人也其先代人本姓屋引氏少淳厚雖無造次能而沈深內敏魏正光末歷位昌平代郡太守所在著廉惠及六鎭亂謨率郡人入九崢山結壘拒守時外無救援乃率所部奔中山過鮮于修禮之亂朝廷以謨得北邊人情以爲假燕州事北轉至幽州南爲修禮所執仍陷葛榮榮敗爾朱榮啓授行冀州事尋除太寧太守榮死其黨徵兵謨不應前後斬其三使遣弟儼詣闕孝莊以儼爲都督儼弟欽爲行臺並持節詣謨同爲經略及京都淪覆爲賊黨建州刺史是蘭安定執繫州獄蜀人聞謨被囚並叛安定於是給謨羸馬令軍前慰勞諸賊見謨莫不遙拜謨先所乘馬安定別給將士戰敗蜀人得之謂謨遇害莫不悲泣善養其馬不聽乘騎兒童婦女競投草粟皆言此房公馬也其結愛人心如此爾朱世隆聞而嘉之捨其罪以爲東北道行臺及爾朱氏敗濟州刺史侯景以謨先欵附推謨降首謨以受眷爾朱不宜先爲反覆不從其計神武入洛再遷潁川太守魏孝武帝入關神武以謨忠貞遣其弟毓爲大使持節勞問時軍國未寧徵發煩速至有數使同徵一物公私勞擾謨請事遣一使下自催勒朝廷從之徵爲丞相右長史以淸直甚被賞遇謨悉心盡力知無不爲前後賜其奴婢多見放免神武後賜其生口多黥面爲房字而付之神武討關右以謨兼大行臺左丞長史如故總知府省務天平三年行定州事請在左右拾遺補闕固不肯行神武責而罷之未幾出爲兗州刺史謨選用廉淸廣布恩信僚屬守令有犯必知雖號細密百姓安之轉徐州刺史始謨在兗州彭城慕其政化及爲刺史合境欣悅謨爲政如在瑕立先是當州兵皆僚佐驅使饑寒死病動至千數謨至皆加檢勒不令煩擾以休假番代洗沐督察主司親自檢視又使傭賃令作衣服終歲還家無不溫飽全濟甚多時梁魏和好使人入其界者咸稱歎之神武與諸州刺史書敘謨及廣平太守羊敦廣宗太守竇瑗平原太守許季良淸能以爲勸厲謨會啟神武以天下未寧宜降婚勳將收將士心深見納用魏朝以河南數州鄕俗絹濫退絹一疋徵

錢三百人庶苦之謨乃表請錢絹兩受任人所樂朝廷從之徵拜侍中監國史謨無他才學每求退身不許尋兼吏部尚書加衞大將軍以子子遠罪解官久之詔復本將軍起爲大丞相左長史後除晉州刺史加驃騎大將軍又攝南汾州事先時境接西魏士人多受其官爲之防守至是酋長鎮將及都督守令前後降附者三百餘人謨撫接殷勤人樂爲用爰及深險胡夷咸來歸服謨常以已祿物充其饗賚文襄嘉之聽用公物西魏懼乃增置城戍慕義者自相糾合擊破之自是龍門已北西魏戍皆平文襄特賜粟千石絹二百匹班示天下卒於州州府相帥贈物及車牛妻子遵其遺志拒而不納謨寡嗜慾貞白自守然內營家產足爲富贍不假官俸是以世稱清白贈司空謚曰文惠謨與子結婚盧氏謨卒後盧氏將改適他姓有平陽廉景孫者少厲志節以明經舉郡孝廉爲謨所重至是訟之臺府不爲理乃持繩詣神廟前北面大呼曰房謨清吏忠事高祖及其死也妻子見陵神而有知當助申之今引決訴於地下便以繩自經於樹衞士見之救解送所司朝廷哀其至誠命女歸房族謨前妻子子遠險薄謨甚嫌之不以爲子例時以謨爲後妻盧氏所譖神武亦以責謨謨陳其惡神武弗信自收恤之令與諸子同學久乃令還後與任胄等謀殺神武事發神武歎曰知子莫若父信哉因上言房謨鄭述祖李道璠等三家理宜從法竊以謨立身清白履行忠謹鄭仲禮嚴祖庶兒晚始收拾李世林生自外養屬絕本宗二人特乞罪止一房魏帝許焉及謨卒子廣嗣廣弟恭懿仕隋歷州縣有能名列在良吏傳

張纂字徵纂代郡平城人也初事爾朱榮又爲爾朱兆長史使於神武遂被顧識及相州城拔參丞相軍事封武安縣伯累遷神武行臺右丞從征玉壁大軍將還山東至晉州忽遇寒雨士卒饑凍有死者州以邊禁不聽入城時纂爲別使遇見輙令開門內之分寄人家給其火食多所全濟神武聞而善之纂性便辟事神武二十餘歲通傳敎令甚見親賞文宣時卒於護軍將軍

張亮字伯德西河隰城人也初事爾朱兆神武討兆兆奔於秀容左右皆密通誠款唯亮獨無啟疏及兆敗竄於窮山令亮及倉頭陳山提斬其首以降皆不忍兆乃自縊於樹亮伏屍而哭神武嘉歎之授丞相參軍漸見親待委以書記之任天平中爲文襄行臺郎中典七兵事雖爲臺郎而常在神武左右遷行臺右丞高仲密之叛與大司馬斛律金守河陽周文時於上流放火船欲燒河橋亮乃備小艇百餘皆載長鎖鎖施釘火船將至即馳小艇以釘釘之引鎖向岸火船不得及橋橋之獲全亮之計也武定初拜太中大夫薛琡嘗夢亮於山上挂絲以告亮且占之曰山上絲幽字也君其爲幽州乎數月亮出爲幽州刺史累遷尚書右僕射西南道行臺亮性質直勤力幹濟深爲神武文襄信委然少風格好財利久在左右不能廉潔及歷數州咸有黷貨之號天保初別封安定縣男位中領軍卒贈司空時霸府又有趙起徐遠者並見任委起廣平人性沈謹神武頻以爲相府騎兵二局典兵馬十餘載至文宣即位累遷大鴻臚卿雖歷九卿侍中常以本官監兵馬出內居腹心寄與二張相亞武平中卒於師贈都督滄州刺史遠廣寧人爲丞相騎兵參軍深爲神武所知累遷東楚州刺史政有恩惠郭邑大火城人亡產業遠躬自赴救對之流涕仍爲經營皆得安立卒於衞尉卿

張曜字靈光上谷昌平人也少貞謹韓軌爲刺史劾州府僚佐及軌左右以贓掛網者百餘人唯曜以清白免天保初賜爵都鄉男累遷尚書右丞文宣嘗因近出令曜居守帝夜還曜不時開門勒兵嚴備帝駐蹕門外久之催迫甚急曜以夜深眞僞難辨須火至識面門乃可開於是獨出見帝帝笑曰卿欲學郅君章邪乃使曜前開門然後入深嗟賞之賜以錦綵太寧初遷祕書監曜歷仕累朝奉職恪勤咸見親待未嘗有過每得祿賜輙散宗族性節儉率素車服飲食取給而已好讀左氏春秋月一徧時人比之賈梁道趙彥深嘗謂之曰君研深左氏豈求服虔杜預之紕繆乎曜曰何爲其然乎左氏之書備敘前事惡者可以自戒善者可以庶幾故厲已溫習非欲詆訶古人得失也天統初奏事遇暴疾仆於御前帝下坐臨視呼數聲不應帝泣曰失我良臣也旬日卒贈右僕射謚曰貞簡

王峻字巒嵩靈邱人也明悟有幹畧歷事神武文襄爲相府佐賜爵北平男除營州刺史營州地接邊賊數爲人患峻至州遠設斥堠廣置疑兵賊不敢發合境獲安先是刺史陸士茂詐殺室韋八百餘人因此朝貢遂絕至是峻要其行路大破之虜其酋帥厚加恩禮放遣之室韋遂獻誠款朝貢不絕峻有力焉蠕蠕主菴羅辰東徙峻設伏大破之於此遁走歷位尚書河清中歷位南道行臺坐違格私度禁物并盜截軍糧有司定處斬刑家口配沒詔決鞭一百除名配甲坊蠲其家口武平中卒於侍中贈司空

王紘字師羅太安狄那人也父基頗讀書有智畧初從

葛榮與周文甚相知及周文據關中神武遣蕃與長史侯景同往焉周文留蕃不遣後乃逃歸歷南益北豫二州刺史所歷皆好聚斂然性和直吏人不甚怨苦後爲奴所害贈吏部尚書紘善騎射愛文學性敏捷年十三見揚州刺史太原郭元貞撫其背曰讀何書曰誦孝經曰孝經云何曰在上不驕爲下不亂元貞曰吾豈驕乎紘曰君子防未萌亦願留意元貞稱善十五隨父在北豫州行臺侯景與人論掩衣法爲當左右尚書敬顯儁曰孔子云微管仲吾其被髮左衽矣以此言之右衽應是紘進曰國家龍飛朔野雄步中原五帝異儀三王殊制掩衣左右何足是非景奇其早慧賜以名馬與和中文襄召爲庫直奉朝請文襄遇禍紘冒刃捍禦以忠節進爵平春縣男頗爲文宣所知爲領左右都督文宣嘗與左右飲酒曰快哉大樂紘曰亦有大苦帝曰何苦紘曰長夜荒飲不悟國破是謂大苦帝默然後責紘曰爾與乞奚舍樂同事我兒舍樂死爾何不死紘曰君亡臣死自是常節但賊堅力薄故臣不死帝使燕子獻反縛之長廣王捉頭帝手刃將下紘呼曰楊遵彥崔季舒逃難官至僕射尚書冒死効命之士翻見屠戮曠古未有此事帝投刃於地曰王師羅不得殺遂捨之後拜驃騎大將軍武平初加開府儀同三司上言突厥與周男女來往必相影響南北寇邊宜爲之備五年陳人寇淮南封輔相議討之紘曰若復出頓江淮恐北狄西寇乘弊而來莫若薄賦省徭息人養士使朝廷協睦遐邇歸心征之以仁義鼓之以道德天下皆當肅清豈直江南僞陳而已高阿那肱謂衆曰從王武衞者南席衆皆同焉尋兼侍中聘周使還卽正未幾卒紘好著述作鑒誡二十四篇

敬顯儁字孝英陽平太平人也少英俠從神武信都義舉歷位度支尚書神武攻鄴顯儁督造土山以功封永安縣侯出內多歷顯官所在著名河清中卒於兗州刺史子長瑜武成時爲廣陵太守多所受納刺史陸駿將表劾之以貨事和士開士開以書屏風詐爲長瑜獻武成大悅駿表尋至遂不問遷合州刺史陷於陣卒子德亮齊亡後負屍歸德亮隋開皇初卒於尚書郎

平鑒字明遠燕郡薊人也祖熙魏安平太守父勝安州刺史鑒少聰敏受學於華陰徐遵明受詩禮於弘農楊文懿通大義不爲章句雅有豪俠氣孝昌末見天下將亂乃之洛陽與慕容儼以客騎馬爲業兼習弓矢鑒性巧夜制胡畫以供衣食俄奔爾朱榮榮大奇之以軍功累遷襄州刺史神武起義信都鑒棄郡來歸神武謂曰日者皇綱中弛公早已竭誠今爾朱披猖遂能捨逆從善攜落之時方識松筠之節啟授本官文襄輔政封西平縣伯遷西懷州刺史鑒奏請於州西故軹關道築城以防遏西寇朝廷從之尋西魏將楊檦來攻時新築之城糧仗未集城舊乏水衆情大懼南門內有大井隨汲卽竭鑒乃具衣冠俯井而祝至旦而井泉湧溢有異於常合城取足揚示敵人將士既覩非常勇氣自立楊檦敗以功進開府儀同三司累遷揚州刺史其妻生男鑒因喜酣醉擅免境內囚誤免關中細作二人醒而知之上表自劾文宣特原其罪賜犢百頭羊二百口酒百石令作樂河清二年重拜懷州刺史時和士開使求鑒愛妾阿劉卽送之仍謂人曰老公失阿劉與死何異要自爲身計不得不然後卒於郡官尚書贈司空諡曰文子敬嗣子敬輕險無行姦穢所至禽獸不若隋開皇中爲晉州行參軍爲并州總管秦王所殺

唐邕字道和太原晉陽人也其先自晉昌徙焉父靈芝魏壽陽令邕貴贈司空公邕少明敏有才幹初直神武外兵曹以幹濟見知擢爲文襄大將軍督護文襄崩事出倉卒文宣部分將校鎭壓四方夜中召邕支配造次便了帝甚重之天保初稍遷給事中兼中書舍人封廣漢男及從征奚虜黃門侍郎袁猛薦典騎兵事至是爲劄配遲留鞭杖二百仍令邕監騎兵事以猛賜邕文宣頻年出塞邕必陪從專掌兵機識悟閑明承受敏速自督將以還軍吏以上勞効由緒無不諳練每有顧問占對如響或於御前簡閱雖三五千人邕多不執文簿暗唱官位姓名未嘗謬誤七年於羊汾隄講武令邕總爲諸軍節度事畢仍監宴射之禮帝親執其手引至太后前坐於丞相斛律金之上啟太后云唐邕彊幹一人當千仍別賜錦綵錢帛邕非唯彊濟明辨然亦善揣上意取進多途是以恩寵日隆委任彌重帝又嘗對邕白太后云唐邕分明彊幹每以軍機大事手作文書口具處分耳又聽受實是異人一日之中六度賜物又嘗解所服青鼠皮裘賜邕云朕意欲與卿共敝十年從幸晉陽除兼給事黃門侍郎領中書舍人文宣嘗幸并州登童子佛寺望并州城曰此是何等城或曰此是金城湯池天府之國帝云我謂唐邕是金城此非也其見重如此後語邕云高德正妄說卿短而薦主爾郭敬朕已殺之卿勿勞既久欲除卿作州頻勑楊彥遵更除一人堪代卿者彥遵云徧訪文武如卿之徒實不可得所以遂停此意卿宜勉之帝或時切責大臣有不稱旨者云觀卿

舉措不中與唐邕作奴其見賞遇多此類孝昭作相署相府司馬皇建元年除給事黄門侍郎於華林園射特賜邕金帶寶器服玩五百種太寧元年除大司農卿河清元年突厥入寇遣邕驛赴晉陽纂集兵馬在路聞虜將逼邕斟酌事宜改勑更促期會由此兵士限前畢集後拜侍中并州大中正護軍將軍從武成幸晉陽帝至武軍驛因醉責虞侯都督苑洪將殺之邕諫以爲若非酒行戮雖族誅人無所怨假實有大罪因酒殺之恐招橫議洪因得免死邕又以軍人教習田獵依令十一月月別三圍以爲人馬疲弊奏請每月兩圍又奏河陽晉州與周連境請於河陽懷州永橋義寧烏籍各徙六州軍人并家立軍府安置以備機急之用武成並從之未幾出爲趙州刺史侍中護軍大中正悉如故帝謂邕曰朝臣未有帶侍中護軍中正作州者以卿舊勳故有此舉放卿百餘日休息至秋閒當即追卿還邕政頗嚴酷然抑挫豪彊公事甚謹尋除中書監仍侍中遷尙書右僕射武平初坐斷事阿曲爲御史所劾除名久之以舊恩復除將軍開府累遷尙書令封晉昌王高思好構逆令邕赴晉陽監勒諸軍事平錄尙書事屬周師來攻洛陽右丞相高阿那肱率兵赴援邕配割不甚從允因此有隙那肱譖之由是被疎七年車駕將幸晉陽勑斛律孝卿總知騎兵事多自決不相詢稟邕自恃從霸朝以來常典樞要歷事六帝恩遇甚重一旦爲孝卿所輕負氣鬱怏形於辭色帝從平陽敗後狼狽還鄴邕懼那肱譖愬恨孝卿輕已遂留晉陽不從與莫多婁敬顯等立安德王延宗爲帝信宿城陷邕遂降周依例授上開府儀同大將軍再遷戶部轉少司馬封安福郡公遷鳳州刺史隋開皇初卒贈鳳州刺史邕性識明敏通解時事齊氏一代典執兵機凡是九州軍士四方勇募彊弱多少番代往還及器械精麤糧儲虛實精心勤事莫不諳知自太寧以來奢侈糜費比及武平之末府藏漸虛邕度支取捨大有裨益然既被任遇意氣漸高其未經府寺陳訴起覽辭牒條數甚多俱爲憲臺及左丞彈劾並御注放免司空從事中郞封長業大尉記室參軍平濤並爲徵官錢違限邕各杖背二十齊時宰相未有撾撻朝士者至是大駭物望三子長子君明開府儀同三司開皇初卒於應州刺史次子君徹中書舍人隋戎順二州刺史大業中卒於虎賁郞將少子君德以邕降周伏法齊朝因神武作相丞相府外兵曹騎兵曹分掌兵馬及天保受禪諸司咸歸尙書唯此二曹不廢令唐邕白建主之謂之外兵省騎兵省其後邕建位望轉隆各置省令中書舍人分判二省事故世稱唐白云

白建字彥舉太原安邑人初入大丞相府任騎兵曹典文帳明解書計爲同局所推天保末兼中書舍人孝昭輔政除大丞相騎兵參軍河清二年除員外散騎常侍仍舍人三年突厥入境代忻二牧悉是細馬合數萬匹在五臺山北栢谷中避賊賊退勑建送馬定州付人養飼建以馬瘦違勑以便宜從事戎馬無損建有力焉武平末歷位尙書特進侍中中書令封高昌郡公父長命贈開府儀同三司都官尙書建雖無他材伎勤於在公以溫柔自處與唐邕俱以典執兵馬致位卿相諸子幼弱俱爲州郡主簿男女婚嫁皆得勝流卒贈司空

元文遙字德遠河南洛陽人魏昭成皇帝六世孫也五世祖常山王遵父晞有孝行父卒廬於墓側而終文遙貴贈特進開府儀同三司中書監謚曰孝文遙敏慧夙成濟陰王暉業每云此子王佐才也暉業嘗大會賓客時有人將何遜集初入洛諸賢皆贊賞王召河間邢邵命文遙誦之幾徧可得文遙一覽便誦時年始十餘歲濟陰王曰我家千里駒今定何如邢云此殆古來未有起家員外散騎侍郞遭父喪服闋除太尉東閤祭酒以天下方亂遂解官侍養隱於林慮山武定中文襄召爲大將軍府功曹齊受禪於登壇所授中書舍人宣傳文武號令楊遵彥每云堪解穰侯印者必在斯人後忽中旨幽縶竟不知所由如此積年文宣後自行禁獄執手愧謝親解所著金帶及御服賜之卽日起爲尙書祠部郞中孝昭攝政遷大丞相府功曹參典機密及踐阼除中書侍郞封永樂縣伯參軍國大事及帝大漸與平秦王歸彥趙郡王叡等同受顧託迎立武成武成卽位任遇轉隆歷給事黄門侍郞散騎常侍侍中中書監天統二年詔特賜姓高氏屬籍宗正子弟依例歲時入廟朝祀再遷尙書左僕射進封寧都郡公仍侍中文遙歷事三主明達世務每臨軒大集多令宣勑號令文武聲韻高明發吐無滯然探測上旨時有委巷之言故不爲知音所重齊因魏制宰縣多用廝濫至於士流恥居百里文遙以縣令爲字民之切遂請革選於是密令搜揚貴游子弟發勑用之猶恐其披訴總召集神虎門令趙郡王叡宣旨唱名厚加慰喩士人爲縣自此始也旣與趙彥深和士開同被任遇雖不如彥深淸正守道又不爲士開貪淫亂政在於季孟之間然性和厚與物無競故時論不在彥深之下初文遙自洛遷鄴唯有地十餘頃家貧所資衣食魏之將季宗姓被侮有人冒相侵奪文

遙郎以與之及貴此人尙在乃將家逃竄文遙大驚追加撫慰還以與之彼人愧而不受彼此俱讓遂爲閑田至後主嗣位趙郡王叡婁定遠等謀出和士開文遙亦參其謀叡見殺文遙由是出爲西兗州刺史詣士開別士開曰處得言地使元家兒作令僕深負朝廷既言而悔仍執手慰勉之猶慮文遙自疑用其子行恭爲尙書郎以慰其心士開死自東徐州刺史徵入朝竟不用卒行恭美姿貌有父風兼俊才位中書舍人待詔文林館齊亡與陽休之等十八人同入關稍遷司勳下大夫隋開皇中位尙書郎坐事徙瓜州而卒行恭少頗自驕恣文遙令與范陽盧思道交遊文遙嘗謂思道云小兒比日微有所知是大弟之力然白擲劇飲甚得師風思道荅云六郎辭情俊邁自是克荷堂構而白擲劇飲亦天性所得行恭弟行如亦聰慧早成武平末位著作佐郎

趙隱字彥深自云南陽宛人漢太傅憙之後高祖父難爲齊州清河太守有惠政遂家焉清河後改爲平原故爲平原人也隱避齊廟諱故以字行父奉伯仕魏位中書舍人行洛陽令彥深貴贈司空彥深幼孤貧事母甚孝年十歲曾候司徒崔光光謂賓客曰古人觀眸子以知人此人當必遠至性聰敏善書計安閑樂道不雜交遊爲雅論所歸服昧爽輒自埽門外不使人見率以爲常初爲尙書令司馬子如賤客供寫書子如善其無誤欲將入觀省舍彥深靴無氈衣帽穿弊子如給之用爲書令史月餘補正令史神武在晉陽索二史子如舉彥深後拜子如開府參軍超拜水部郎及文襄爲尙書令攝令選沙汰諸曹郎彥深以地寒被出爲滄州別駕辭不行子如言於神武徵補大丞相功曹參軍專掌機密文翰多出其手稱爲敏給神武曾與對坐遺造軍令以手捫其額曰若天假卿年必大有所至每謂司徒孫騰曰彥深小心恭謹曠古絕倫及神武崩祕喪事文襄慮河南有變仍自巡撫乃委彥深後事轉大行臺都官郎中臨發握手泣曰以母弟相託幸得此心旣而內外寧靜彥深之力及還發喪深加褒美乃披郡縣簿爲選封安國縣伯從征潁川時引水灌城城雉將沒西魏將王思政猶欲死戰文襄令彥深單身入城告喻卽日降之便手牽思政出城文襄大悅先是文襄謂彥深曰吾昨夜夢獵遇一羣豕吾射盡獲之獨一大豕不可得卿言當爲吾取須臾獲豕而進至是文襄笑曰夢驗矣卽解思政佩刀與彥深曰使卿常獲此利文宣嗣位仍典機密進爵爲侯天保初累遷祕書監以爲忠謹每郊廟必令兼太僕執御陪乘轉大司農帝或巡幸卽輔贊太子知後事爲東南道行臺尙書徐州刺史爲政尙恩信爲吏民所懷多所降下所營軍處士庶追思號趙行臺頓文宣璽書勞勉徵爲侍中仍掌機密河清元年進爵樂安公累遷尙書左僕射齊州大中正監國史遷尙書令位特進封宜陽王武平二年拜司空爲祖珽所間出爲西兗州刺史四年徵爲司空轉司徒丁母憂尋起爲本官七年六月暴疾薨時年七十彥深歷事累朝掌參機近溫柔謹愼喜怒不形於色自皇建已還禮遇稍重每有引見或升御榻常呼官號而不名也凡諸選舉先令銓定提獎人物皆以行業爲先輕薄之徒弗之齒也孝昭旣執朝權羣臣密多勸進彥深獨不致言孝昭嘗謂王晞云若言衆人皆謂天下有歸何不見彥深有語晞以告彥深彥深不獲已陳請其爲時重如此常遜言恭已未嘗以驕矜待物所以或出或處去而復還母傅氏雅有操識彥深三歲傅便孀居家人欲以改適自誓以死彥深五歲傅謂之曰家貧兒小何以能濟彥深泣而言曰若天哀矜兒大當仰報傅感其意對之流涕及彥深拜太常卿還不脫朝服先入見母跪陳幼小孤露蒙訓得至於此母子相泣久之然後改服後爲宜陽國大妃彥深有七子仲將知名沈敏有父風溫良恭儉雖見妻子亦未嘗怠慢終日儼然學涉羣書善草隸雖與弟書書字楷正云草不可不解若施之於人卽似相輕忽若當家卑幼又恐其疑所在宜爾是以必須隸筆彥深乞轉萬年縣子授之位給事黃門侍郎散騎常侍隋開皇中位吏部郎終於安州刺史齊朝宰相善始令終唯彥深一人然諷朝廷以子叔堅爲中書侍郎頗招物議時馮子琮子慈明祖珽子君信並相繼居中書故時語云馮祖及趙穰我鳳池然叔堅身才最劣

祖珽字孝徵范陽遒人也父瑩魏贈尙書左僕射司徒自有傳珽神情機警詞藻遒逸少馳令譽爲當世所推起家祕書郎對策高第爲尙書儀曹郎中典儀注嘗爲冀州刺史万俟受洛製清德頌其文典麗由是神武聞之時文宣爲幷州刺史署珽開府倉曹參軍神武口授珽三十六事出而疏之一無遺失大爲僚類所賞時神武送魏蘭陵　主出塞嫁蠕蠕魏收賦出塞及公主遠嫁詩二首珽皆和之大爲時人傳詠珽性疏率不能廉謹守道倉曹雖云州局乃受山東課輸由此大有受納豐於財產又自解彈琵琶能爲新曲招城市年少歌儛爲娛遊集諸倡家與陳元康穆子容任胄元士亮等爲聲色之遊諸人嘗就珽宿出山東大文綾幷連珠孔雀

羅等百餘匹令諸嫗擲摴蒱賭之以爲戲樂參軍元景獻故尚書令元世儁子也其妻司馬慶雲女乃魏孝靜帝姑博陵長公主所生珽忽迎景獻妻赴席與諸人遞寢亦以貨物所致其豪縱淫逸如此常云丈夫一生不負身已文宣罷州珽例應隨府規爲倉局之間致請於陳元康元康爲白由是還任倉曹珽又委體附參軍事攝典籤陸子先爲畫計請糧之際令子先宣敎出倉粟十車爲寮官送神武親問之珽自言不署歸罪子先神武信而釋之珽出而言曰此丞相天緣明鑒然實孝徵所爲性不羈放縱曾至膠州刺史司馬世雲家飲酒遂藏銅疊二面廚人請搜諸客果於珽懷中得之見者以爲深恥所乘老馬常稱騮駒又與寡婦王氏姦通每人前相聞往復裴讓之與珽早狎於衆中嘲珽曰卿那得如此詭異老馬年十歲猶號騮駒姦耳順尙稱娘子于時誼然傳之後爲神武中外府功曹神武宴寮屬於坐失金叵羅竇泰令飲酒者皆脫帽於珽髻上得之神武不能罪也後爲祕書丞領舍人事文襄州客至請賣華林徧畧文襄多集書人一日一夜寫畢退其本曰不須也珽以徧畧數帙質錢摴蒱文襄杖之四十又與令史李雙倉督成祖等作晉州啟請粟三千石代功曹參軍趙彥深宣神武敎給城局參軍事過典籤高景畧疑其不實密以問彥深彥深答都無此事遂被推檢珽即引伏神武大怒決鞭二百配甲坊加鉗錮其穀倍徵未及科會并州定國寺成神武謂陳元康溫子昇曰昔作芒山寺碑文時稱妙絕今定國寺碑當使誰作詞也元康因薦珽才學并解鮮卑語乃給筆札就禁所具草一日內成其文甚麗神武以其工而且速特恕不問然猶

免官散參相府文襄嗣事以爲功曹參軍及文襄遇害元康被傷創重倩珽作書屬家累事并云祖喜邊有少許物宜早索取珽乃不通此書喚祖喜私問得金二十五挺唯與祖喜二挺餘盡自入又盜元康家書數千卷祖喜懷恨遂告元康二弟叔諶季璩等叔諶以語楊愔愔嚬眉答曰恐不益亡者因此得停文宣作相珽擬補令史十餘人皆有受納而諮取敎判并盜官徧畧一部時又除珽祕書丞兼中書舍人還鄴後其事皆發文宣即付從事中郎王士淹推檢并書與平陽公淹令錄珽付禁勿令越逸淹遣田曹參軍孫子寬往喚珽受命便爾私逃黃門高德正副留臺事謀云珽自知有犯驚竄是常但宣一命向祕書稱奉并州約束須五經三部仰丞親檢校催遣如此則珽意安夜當還宅然後掩收珽果如德正圖遂還宅薄晚就家掩之縛珽送廷尉據犯枉法處絞刑文宣以珽伏事先世諷所司命特寬其罰遂奏免死除名天保元年復被召從駕依除免例參於晉陽珽天性聰明事無難學凡諸伎藝莫不措懷文章之外又善音律解四夷語及陰陽占候醫藥之術尤是所長帝雖嫌其數犯刑憲而愛其才伎令直中書省掌詔誥珽通密狀列中書侍郎陸元規勑令裴英推問元規以應對忤旨被配甲坊除珽尚藥丞尋遷典御又奏造胡桃油復爲割藏免官文宣每見之常呼爲賊文宣崩普選勞舊除爲章武太守會楊愔等誅不之官授著作郎數上密啟爲孝昭所忿勑中書門下二省斷珽奏事珽善爲胡桃油以塗畫爲進之長廣王因言殿下有非常骨法孝徵夢殿下乘龍上天王謂曰若然當使兄大富貴及即位是爲武成皇帝擢拜中書侍郎帝於後

園使珽彈琵琶和士開胡舞各賞物百段士開忌之出爲安德太守轉齊郡太守以母老乞還侍養詔許之會南使入聘爲申勞使尋爲太常少卿散騎常侍假儀同三司掌詔誥初珽於乾明皇建之時知武成陰有大志遂深自結納曲相祗奉武成於天保世頻被責心常銜之珽至是希旨上書請追尊太祖獻武皇帝爲神武高祖文宣皇帝改爲威宗景烈皇帝以悅武成武成從之時皇后愛少子東平王儼願以爲嗣武成以後主體正居長難於移易珽私於士開曰君之寵幸振古無二宮車一日晚駕欲何以克終士開因求策焉珽曰宜說主上云文襄文宣孝昭三帝子俱不得立今宜命皇太子早踐大位以定君臣若事成中宮少主皆德君此萬全計也君且微說令主上粗解珽當自外表論之士開許諾因有彗星出太史奏云除舊布新之徵珽於是上書言陛下雖爲天子未是極貴案春秋元命苞云乙酉之歲除舊革政今年太歲乙酉宜傳位東宮令君臣之分早定且以上應天道并上魏獻文禪子故事帝從之由是拜祕書監加儀同三司大被親寵既見重二宮遂志於宰相先與黃門侍郎劉逖友善乃疏侍中尚書令趙彥深侍中左僕射元文遙侍中和士開罪狀令逖奏之逖懼不敢通其事頗泄彥深等先詣帝自陳帝大怒執珽詰曰何故毀我士開珽因厲聲曰臣由士開得進本無心毀之陛下今既問臣臣不敢不以實對士開文遙彥深等專弄威權控制朝廷與吏部尚書尉瑾內外交通共爲表裏賣官鬻獄政以賄成天下歌謠若爲有識所知安可闇於四裔陛下不以爲意臣恐大齊之業墮矣帝曰爾乃誹謗我珽曰不敢誹謗陛下取人女帝曰

我以其儉餓故收養之珽曰何不開倉賑給乃買取將入後宮乎帝益怒以刀鐶築口鞭杖亂下將撲殺之大呼曰不殺臣陛下得名殺臣臣得名若欲得名莫殺臣臣爲陛下合金丹遂少獲寬放珽又曰陛下有一范增不用知可如何帝又怒曰爾自作范增以我爲項羽邪珽曰項羽人身亦何由可及但天命不至耳項羽布衣率烏合之衆五年而成霸業陛下藉父兄資財得至此臣以謂項羽未易可輕臣何止方於范增縱擬張良亦不能及張良身傅太子猶因四皓方定漢嗣臣位非輔弼疎外之人竭力盡忠勸陛下禪位使陛下尊爲太上子居宸扆於已及子俱保休祚蕞爾張良何足可數帝愈怒令以土塞其口珽且吐且言無所屈撓乃鞭二百配甲坊尋徙於光州刺史李祖勳遇之甚厚別駕張奉禮希大臣意上言珽雖爲流囚常與刺史對坐勑報曰牢掌奉禮曰牢者地牢也乃爲深阬置諸內苦加防禁桎梏不離其身家人親戚不得臨視夜中以蕪菁子燭薰眼因此失明武成崩後主憶之就除海州刺史是時陸令萱外干朝政其子穆提婆愛幸珽乃遺陸媼弟悉達書曰趙彥深心腹陰沉欲行伊霍事儀同姊弟豈得平安何不早用智士邪和士開亦以珽能決大事欲以爲謀主故棄除舊怨虛心待之與陸媼言於帝曰文襄文宣孝昭三帝其子皆不得立今至尊獨在帝位者實由祖孝徵又有大功宜重報之孝徵心行雖薄奇畧出人緩急眞可憑仗且其雙盲必無反意請喚取問其謀計帝從之入爲銀青光祿大夫祕書監加開府儀同三司和士開死後仍說陸媼出彥深以珽爲侍中在晉陽通密啟請誅琅邪王其計既行漸被任遇又靈太后之被幽也珽欲以陸媼爲太后撰魏帝皇太后故事爲太姬言之謂人曰太姬雖云婦人實是雄傑女媧以來無有也太姬亦稱珽爲國師國寶由是拜尚書左僕射監國史加特進入文林館總監撰書封燕郡公食太原郡給幹兵七十人所住宅在義井坊旁拓鄰居大事修築陸媼自往案行勢傾朝野斛律光甚惡之遙見竊罵云多事乞索小人欲作何計數嘗謂諸將云邊境消息處分兵馬趙令嘗與吾等參論之盲人掌機密來全不共我輩語止恐誤國家事又珽頗聞其言因其女皇后無寵以謠言聞上曰百升飛上天明月照長安令其妻兄鄭道蓋奏之帝問珽珽證實又說謠云高山崩槲樹舉盲老公背上下大斧多事老母不得語珽并云盲老公是臣自云與國同憂戚勸上行語其多事老母似道女侍中陸氏帝以問韓長鸞穆提婆并令高元海段士良密議之衆人未從因光府參軍封士讓啟告光反遂滅其族珽又附陸媼求爲領軍後主許之詔須覆述取侍中斛律孝卿署名孝卿密告高元海元海語侯呂芬穆提婆云孝徵漢兒兩眼又不見物豈合作領軍也明旦面奏具陳珽不合之狀并書珽與廣寧王孝珩交結無大臣體珽亦求面見帝令引入珽自分疎并云與元海素嫌必是元海譖臣帝弱顏不能諱曰然珽列元海與司農卿尹子華太府少卿李叔元平準令張叔畧等結朋樹黨遂除子華仁州刺史叔元襄城郡守叔畧南營州錄事參軍陸媼又唱和之復除元海鄭州刺史珽自是專主機衡總知騎兵外兵事內外親戚皆得顯位後主亦令中要數人扶持出入著紗帽直至永巷出萬春門向聖壽堂每同御榻論決政事委任之重羣臣莫比自和士開執事以來政事隳壞珽推崇高望官人稱職內外稱美復欲增損政務沙汰人物奏罷京畿府併於領軍事連百姓皆歸郡縣宿衞都督等號位從舊官名文武服章並依故事又欲黜諸閹豎及羣小輩推誠延士爲致安之方陸媼穆提婆議頗同異珽乃諷御史中丞麗伯律令劾主書王子沖納賂知其事連提婆欲使贓罪相及望因此坐并及陸媼猶恐後主溺於近習欲因后黨爲援請以皇后兄胡君瑜爲侍中中領軍又徵君瑜兄梁州刺史君璧欲以爲御史中丞陸媼聞而懷怒百方排毀即出君瑜爲金紫光祿大夫解中領軍君璧還鎮梁州皇后之廢頗亦由此王子沖釋而不問珽日以益疎又諸宦者更共譖毀之無所不至後主問諸太姬憫嘿不對三問乃下牀拜曰老婢合死本見和士開道孝徵多才博學言爲善人故舉之比來看之極是罪過人實難容老婢合死後主令韓鳳檢案得其詐出勑受賜十餘事以前與其重誓不殺遂解珽侍中僕射出爲北徐州刺史珽求見分疎韓長鸞積嫌於珽遣人推出栢閤珽固求面見坐不肯行長鸞乃令軍士牽曳而出立珽於朝堂大加誚責上道後復令追還解其開府儀同三司直爲刺史至州會有陳寇百姓多反珽不閉城門守陴者皆令下城靜坐街巷禁絕人行鷄犬不聽鳴吠賊無所聞見莫測所以或疑人走城空不設警備至夜珽忽令大叫鼓譟諠天賊衆大驚登時走散後復率衆向城珽乘馬自出令錄事參軍王君植率軍馬仍親臨戰陣賊先聞其盲謂爲不能拒抗忽見親在戎行彎弧縱鏑相與驚怪畏之而罷時提婆憾之不已欲令城陷沒賊雖知危急不遣救援珽且守且戰十餘日

賊竟奔走珽卒保全卒於州子君信涉獵書史多諳雜藝位兼通直散騎常侍聘陳使副中書郎珽出亦見廢免君信弟君彥容貌短小言辭澀訥少有才學隋大業中位至東平郡書佐郡陷翟讓因爲李密所得密甚禮之署爲記室軍書羽檄皆成其手及密敗爲王世充所殺珽弟孝隱亦有文學早知名詞章雖不逮兄機警有口辯兼解音律魏末爲兼散騎常侍迎梁使時徐君房庾信來聘名譽甚高魏朝聞而重之接對者多取一時之秀盧元景之徒並降階攝職更遞司賓[illegible]少處其中物議稱美孝隱從父弟茂頗有辭情然好酒性率不爲時所重太寧中以經學爲本鄉所薦除給事中以疾辭仍不復任珽受在寄故令呼茂茂不獲已暫來就之珽欲奏爲官茂引逃去珽族弟崇儒涉學有辭章少以局幹知名武平末位司州別駕通直常侍入周爲宕昌郡太守隋開皇初終宕州長史

赫連子悅字士欣赫連勃勃之後也神武起兵時爲濟州別駕勸刺史侯景赴神武後除林慮太守文襄往晉陽由郡境問所不便子悅云臨水武安去郡遙遠山嶺重疊若東屬魏郡則地平路近文襄笑曰卿珽知便人不覺損幹子悅曰所言者人所疾苦不教以定潤負公心文襄善之乃勑依事施行自是人屬近侯所路稱之天保中爲揚州刺史先是城門是閉晩開事于襄作子悅到万命以時開閉人吏便之累遷鄭以夫死大爲天下之最入爲都官尚書鄭州人馬子韶崔孝武等八百餘人請立碑頌德有詔許焉加位開府歷行北豫州事兼吏部尚書子悅在官唯以清靜自守旣無學術又闕風儀人倫清鑒去之彌遠一旦居銓衡之首大招物議由是除太常卿兼侍中聘周使主卒子仲章中書舍人

馮子琮字子琮長樂信都人北燕主馮弘之後也祖嗣興相州刺史父靈紹度支郎太中大夫子琮貴贈開府儀同三司子琮性識聰敏爲外祖滎陽鄭伯猷所異初襲爵滎陽縣子天保初改爲長安縣男皇建初爲尚書駕部郎中攝庫部孝昭曾閱簿領試令口陳子琮闇對無有遺失時梁丞相王琳歸國孝昭詔子琮觀其形執琳卽與赴鄴甚見嘉賞子琮妻胡皇后姊也故詔與胡長粲輔導太子後轉太子中庶子天統元年武成禪位後主謂子琮曰少君左右宜得正人以卿心存正直今以後事相委再遷散騎常侍奏門下事尋兼并省祠部尚書後與胡長粲有隙武成深誠之曰唇亡齒寒勿復如此武成在晉陽旣居舊殿少帝未有別所詔子琮監造大明宮宮成武成親自巡幸恠其不甚宏麗子琮對曰至尊幼年纂承大業欲令敦行節儉以示萬邦兼此北連天闕不宜過復崇峻武成稱善又詔子琮監議五禮與趙郡王叡分爭異同畧無降下大爲識者所鄙及武成崩和士開祕喪三日子琮問其故士開引神武文襄初崩並祕不舉喪至尊年少恐王公懷貳欲追集然後詳議時趙郡王叡先預帷幄之謀子琮素知士開忌叡及領軍婁定遠恐其矯遺詔出叡外任奪定遠禁衛權因答云大行神武之子今上又是先皇禪位羣臣富貴皆至尊父子之恩但令一無改易必無異望世異事殊不得與霸朝相比且公不出宮門已經數日升遐之事行路皆傳久而不舉恐有他變及發喪元文遙以子琮太后妹夫恐其奬成太后干政說趙王叡及和士開出之拜鄭州刺史旣非後主本意賞賜甚厚仍轉滄州別駕封宰都縣伯未幾太后爲齊安王納子琮長女爲妃子琮因請假赴鄴遂授侍中轉吏部尚書其妻恃親放縱請謁公行賄貨塡委守宰除授先定錢帛多少然後奏聞其所通致事無不允子琮亦不禁制又廣拓傍鄰增修宅宇以夜繼晝未曾休息斛律光將兵度王壁至龍門周有移書別須籌議詔子琮乘傳至軍與周將韋孝寬面相要結龍門等五城因此內附後主以爲子琮之功封昌黎郡公遷尚書右僕射仍攝選侍中如故和士開居要日久子琮舊所附託中雖阻異其後還相彌縫士開弟士休與盧氏成婚子琮檢校趨走與士開府僚不異是時內外官除授多由士開奏擬子琮旣恃內戚兼帶選曹自擅權寵頗生間隙時陸媼埶震天下太后與之結爲姊妹而和士開與太后有醜聲子琮欲陰殺陸媼及士開因廢帝而立琅邪王儼以謀告儼儼許之乃矯詔殺士開及儼見執言子琮教已太后怒又使執子琮遣右衛大將軍侯呂芬就內省以弓弦絞殺之使內參以庫車載尸歸其家諸子方握槊聞庫車來以爲賜物大喜開視入哭子琮微有識鑒頗慕公正及位望轉隆宿心頓改擢引非類以爲深交縱其子弟官位不依倫次又專營婚媾歷選上門例以官爵許之旬月便驗頓邱李克范陽盧思道隴西李允伯李子希滎陽鄭庭堅並其女壻皆至超遷其驕縱如此祖珽先與子琮有隙於後具奏此事諸子並坐除名太后以爲言又被擢用子琮有五子慈明最知名隋大業末死節列在忠義傳中

辛術字懷哲隴西狄道人也父琛魏南梁太守自有傳術少明敏有識度解褐司空冑曹參軍與僕射高隆之

其典營構鄴都宮室術有思理百工剋濟再遷尚書右丞出爲清河太守政有能名追授并州刺史遭父憂去職清河父老數百人詣闕上書請立碑頌德文襄嗣事與尚書左丞宋游道中書侍郎李繪等並追詣晉陽俱爲上客累遷散騎常侍魏武定六年侯景叛除東南道行臺尚書封江夏縣男與高岳等破侯景禽蕭淵明遷東徐州刺史爲淮南經畧使天保元年侯景徵江西租稅術率諸軍度淮斷之燒其稻數百萬石還鎮下邳人隨術北度淮者三千餘家東徐州刺史郭志殺郡守文宣聞之勑術自今所統十餘州地諸有犯法者刺史先啟聽報以下先斷後表聞齊代行臺兼總民事自術始也安州刺史臨清太守盱眙蘄城二鎮將犯法術皆案奏殺之睢州刺史及所部郡守俱犯大辟朝廷以其奴婢百口及貲財盡賜術三辭不見許術乃送詣所司不復以聞邢邵聞之遺術書曰昔鍾離意云孔子忍渴於盜泉便以珠璣委地足下今能如此可謂異代一時及王僧辯破侯景術招攜安撫城鎮相繼款附前後二十餘州於是移鎮廣陵獲傳國璽送鄴文宣以璽告於太廟此璽卽秦所制方四寸上紐交盤龍其文曰受命于天既壽永昌二漢相傳又歷魏晉晉懷帝敗沒於劉聰聰敗沒於石氏石氏敗晉穆帝永和中濮陽太守戴僧施得之遣督護何融送于建鄴歷宋齊梁梁敗侯景得之景敗侍中趙思賢以璽投景南兗州刺史郭元建送于術故術以進焉尋徵爲殿中尚書領太常卿仍與朝賢議定律令遷吏部尚書食南兗州梁郡幹遷鄴以後大選之職知名者數四互有得失未能盡美文襄少年高朗所薇者疎袁叔德沈密謹厚所傷者細楊愔風流辯給取士失於浮華唯術性尚貞明取士必以才器循名責實新舊參舉管庫必擢門下不遺考之前後銓衡在術最爲折衷甚爲當時所稱舉天保末文宣嘗令術選百員官參選者二三千人術題目士子人無謗讟其所旌擢後亦皆致通顯術清儉寡嗜慾勤於所職未嘗暫懈臨軍以威嚴牧人有惠政少愛文史晚更勤學雖在戎旅手不釋卷及定淮海凡諸貨物一毫無犯唯大收典籍多是宋齊梁氏佳本鳩集萬餘卷并顧陸之徒名畫二王已下法書數亦不少俱不上王府唯入私門及還朝頗以饋遺貴要物議以此少之十年卒年六十皇建二年贈開府儀同三司中書監青州刺史子閣卿尚書郎閣卿弟衡卿有識學開府參軍事隋大業初卒於太常丞

裴讓之字士禮河東聞喜人也父佗仕魏歷趙郡太守荆州刺史有惠政列在循吏傳中讓之年十六喪父殆不勝哀其母辛氏泣撫之曰棄親滅性得爲孝子乎由是自勉辛氏高明婦人又閑禮度夫喪諸子多幼弱廣延師友或親自敎授內外親屬有吉凶禮制多取則焉讓之少好學有文情清明俊辯早得聲譽魏天平中舉秀才對策高第累遷屯田主客郎中省中語曰能賦詩裴讓之爲太原公開府記室與楊愔友善相遇則清談彌日愔每云此人風流警拔裴趙郡爲不亾矣梁使至嘗令讓之攝主客郞酬應閑雅爲時所稱頃之弟諏之奔關右讓之兄弟皆拘繫齊神武問云諏之何在答曰昔吳蜀二國諸葛兄弟各盡心所事況讓之老母在此君臣分定失忠與孝愚夫不爲伏願明公以誠信待物若以不信處物物亦安能自信以此定霸猶卻行而求道耳神武善其言兄弟俱釋歷文襄大將軍主簿兼中書舍人後兼散騎常侍聘梁文襄嘗入朝讓之導引容儀醞藉文襄目之曰士禮佳舍人也遷長兼中書侍郎領舍人齊受禪靜帝遜居別宮與諸臣別讓之流涕歔欷以參掌儀注封寧都縣男帝欲以爲黃門侍郎或言其體重不堪趨侍乃除清河太守至郡未幾楊愔謂讓之諸弟曰我與賢兄交款企聞善政適有人從清河來云姦吏斂迹盜賊清靜朞月之期翻更非速清河有二豪吏田轉貴孫舍興久吏姦猾多有侵削因事遂脅人取財計贓依律不至死讓之以其亂法殺之時清河王岳爲司州牧遣部從事按之侍中高德政舊與讓之不協奏言當陛下受禪之時讓之眷戀魏朝嗚咽流涕比爲內官情非所願既而楊愔請救之云罪不應死文宣大怒謂愔曰欲得與裴讓之同冢邪於是朝臣無復敢言者事奏竟賜死於家諏之字士正少好儒學釋褐太學博士嘗從常景借書百卷十許日便還景疑其不能讀每卷策問應答無遺景歎曰應奉五行俱下禰衡一覽便記今復見之於裴生矣楊愔合門改葬託諏之頓作十餘墓誌文皆可觀讓之諏之及皇甫和和弟亮並知名於洛下時人語曰諏勝於讓和不如亮司空高乾致書欲相屈爲戶曹參軍諏之復書不受署沛王開大司馬府辟爲記室遷鄴後諏之留在河南西魏領軍獨孤信入據金墉以諏之爲開府屬號曰洛陽遺彥信敗諏之居南山洛陽刺史王元軌召爲中從事西師忽至尋退遂隨西師入關周文以爲大行臺倉曹郎中卒贈徐州刺史諏之弟讞之字士平七歲便勸學早知名累遷司徒主簿楊愔每稱歎曰河東士族京官不少唯此

兄弟全無鄉音讞之雖年少不妄交游唯與隴西辛術趙郡李繪頓邱李構清河崔贍爲忘年友孝昭梓宮將還鄴轉儀曹郎尤悉歷代故事儀注喪禮皆能裁正爲許昌太守賓客過郡出私財供給無賦於民去日爲百姓所懷齊亾仕周卒伊川太守讞之弟謀之字士令少有風格邢邵每云我裴四武成爲開府辟爲參軍掌書記謀之弟訥之字士言純謹有局量弱冠爲平原公開府墨曹掌書記從至并州其母在鄴忽得心痛訥之是日不勝思慕心亦驚痛乃請急而還當時以爲孝感文宣踐阼幸晉陽皇太子監國留訥之與杜臺卿並爲齋帥領東宮管記轉太子舍人奏中書舍人事衛尉杜弼被其家客誣云有怨言誹訕時政并稱訥之與弼交好頗知之坐免官卒天統中追贈平州刺史長子欒出後讓之次子矩最知名隋史有傳訥之弟諶之字士敬少有志節好直言文宣末年昏縱朝臣罕有言者諶之上書正諫言甚切直文宣將殺之白刃臨頸諶之辭色不變帝曰癡漢何敢爾楊愔曰此子望陛下殺之以取後世名帝投刀曰小子望我殺爾以取名我終不成爾名也遣人送出齊亾卒於壺關令皇甫和者字長諧安定朝那人其先因官寓居漢中祖澄南齊梁二州刺史父徽字子元梁安定略陽二郡守魏正始二年隨其妻父夏侯道遷入魏道遷別上勳書欲以徽爲元謀徽曰創謀之始本不關預雖貪榮賞內愧於心遂拒不許梁州刺史羊靈祐重其敦實表爲征虜府司馬卒和年十一而孤母夏侯氏才明有禮則親授以經書及長沈靜有雅量尤明禮儀宗親吉凶多相諮訪卒於濟陰太守子聿道以幹局知名位廣平令隋大業初比部郎和弟亮字君翼九歲喪父哀毀有若成人神武起義爲大行臺郎中亮率性任眞不樂劇職除司徒東閤祭酒思還鄉里啟乞梁州褒中即本郡也後降梁以母兄在北求還梁武不奪也至鄴無復宦情遂入白鹿山恣泉石之賞縱酒賦詩超然自樂復爲尚書殿中郎攝儀曹事以參撰代禪儀注封榆中男亮疎慢自任無幹務才每有禮儀大事常令餘司攝焉性質朴純厚終無片言矯飾屬有勑下司各列勤惰亮三日不上省文宣親詰其故亮曰一日雨一日醉一日病酒文宣以其愨實優容之杖脛三十而已所居宅洿下標榜賣之將買者或問其故亮每答云爲宅中水淹不洩雨即流入牀下由此宅終不售其淳實如此以兼散騎常侍聘陳使主以不稱免官後除任城太守病不之官卒於鄴贈驃騎大將軍安州刺史

崔劼字彥元清河人魏贈太傅尚書令光之子也光自有傳劼清虛寡欲好學有家風魏末累遷中書侍郎興和三年兼通直散騎常侍使梁天保初以議禪代除給事黃門侍郎加國子祭酒直內省典機密清儉勤慎甚爲文宣帝所知拜南青州刺史有政績入爲祕書監齊州大中正遷并省度支尚書俄授京省尋轉五兵尚書監國史臺閣之中見稱簡正武成之將禪後主先以問劼劼諫以爲不可由是忤意出爲南兗州刺史代還重爲度支尚書儀同三司文登縣幹尋除中書令加開府待詔文林館監修撰新書卒贈齊州刺史尚書左僕射謚文貞初和士開擅朝曲求物譽諸公頗因此爲子弟干祿世門之胄多處京官而劼二子拱撝並爲外任弟廓之從容謂劼曰拱幸得不凡何不在省府中清華之所而並出外藩劼曰立身來耻以自言達今若進兒與身何異卒無所求聞者莫不歎服劼常恨魏收書欲更作編年紀而才思竟不能就云

崔肇師清河東武城人也祖亮魏贈車騎大將軍儀同三司父士泰龍驤將軍征南別將肇師少時踈放長輒變節更成謹厚涉獵經史頗有文思天平初以通直散騎侍郎爲慰勞青州使至齊州界爲土賊崔迦葉等拘欲逼與同事肇師執志不動喻以禍福賊遂捨之仍巡慰青部而還肇師以從弟乾亨同居事伯母甚謹文襄嘗言肇師合誅左右問其故曰崔鴻十六國春秋述諸僭僞而不及江東左右曰肇師與鴻別族乃止天保初以參定禪代禮儀封襄城縣男仍兼中書侍郎卒始鄴下有薛生者能相人言趙彥深當大貴肇師因問已答曰公門望甚高爵位不及趙終如其言

盧潛范陽涿人也祖尚之魏司徒左長史前將軍齊州刺史光祿大夫父文符通直散騎侍郎潛容貌瓌偉善言談少有成人志尚累遷大將軍府中兵參軍機事彊濟爲文襄所知言其終可大用王思政見獲於潁川文襄重其才識潛常從容白文襄思政不能死節何足可重文襄謂左右曰我有盧潛便是更得一王思政天保中除左戶郎中坐譏議魏書與王松年李庶等俱被禁止會清河王岳救江陵特赦潛爲岳行臺郎還歷中書中書黃門侍郎爲奴誣告謀反文宣明之以奴付潛潛不之責黃門鄭子默奏潛從清河王岳南討岳令潛說梁將侯瑱大納瑱賂遺還不奏聞文宣杖潛一百乃截其鬚潛顏色不變歷魏尹丞司州別駕江州刺史所在有善政孝昭作相以潛爲揚州道行臺左丞先是梁將

王琳擁其主蕭莊歸壽陽朝廷以琳爲揚州刺史勑潛與琳爲南討經略後除行臺尚書儀同三司王琳銳意圖南潛以爲時事未可由是與琳有隙更相表列武成追琳入鄴除潛揚州刺史領行臺尚書潛在淮南十三年大樹風績爲陳人所憚陳主與其邊將書云盧潛猶在卿宜深備之文宣初平淮南給復十年年滿後逮天統武平中徵稅頗雜又高元海執政斷漁獵人家無以自資諸商胡負官責息者宦者陳德信縱其妄注淮南富家令州縣徵責又勑送突厥馬數千匹於揚州管內令土豪貴買之錢直始入便出勑括江淮間馬並送官廐由是百姓騷擾切齒嗟怨潛隨事撫慰兼行權畧故得寧靖武平三年徵爲五兵尚書揚州吏民以潛斷酒肉篤信釋氏大設僧會以香花緣道流涕送之潛歎曰正恐不久復來耳至鄴未幾復爲揚州道行臺尚書四年陳將吳明徹來寇領軍封輔相赴援陳兵及峴輔相不從潛固爭不得憂憤發病卧幕下果敗陳人遂圍壽陽壍芍陂以水灌之詔王長春爲南討都督長春軍次河南多給兵士糧便鳴角欲引而賤糴其米及頓兵更貴糶其米乃與皮景和擁衆十萬於淮北不進壽陽城中青黑龍升天城尋陷潛及行臺僕射王貴顯特進巴陵王王琳扶風王可朱渾孝裕武衞將軍奚永樂儀同索景和仁州刺史鄺伯偉霍州刺史封子繡秦州刺史高子植行臺左丞李騊駼等督將五十八軍士一萬皆没焉陳人殺王琳餘人皆囚於東冶陳主欲知齊之虛實乃出潛潛曰囚本屬幽州於河北最小口有五十萬落陳者唯與鄺伯偉二人耳時李騊駼將逃歸并要潛潛曰我此頭面何可誑人吾少時相者云没在吳越地死生已定弟其行也因寄書於弟士邃曰吾夢汝以某月某日得患某月某日漸損皆如其言既而歎曰壽陽陵吾欲以頸血濺城而死佛教不聽自殺故荏苒偷生今可死矣於是閉氣而絶其家購屍歸葬贈開府儀同三司尚書左僕射兗州刺史無子以弟士邃子元孝嗣潛雅性貞固祖珽嘗要潛陷仁州刺史劉逖許以高位潛曰如此事吾不爲也行臺慕容恃德嘗所推重有疾謂其子曰盧尚書教我爲人有如昆弟我死持上騂馬與之其子以他馬往恃德柩出門自停不可動巫祝以爲恃德聲怒曰何不與盧尚書我所騎騂馬其子遽奉命柩乃行潛以馬價爲營福事其爲時重如此士邃字子淹少爲崔昂所知昂云此昆季足爲後生之俊但恨其俱不讀書耳位尚書左右丞吏部郎中中山太守帶定州長史齊亡後卒

盧詢祖范陽涿人也祖文偉魏青州刺史父恭道范陽太守詢祖襲祖爵大夏男有術學文辭華美爲後生之俊舉秀才至鄴趙郡李祖勳嘗宴諸文士文宣使小黃門勑祖勳曰蠕蠕既破何無賀表使者待之諸賓皆爲表詢祖俄頃便成其辭云昔十萬横行樊將軍請而受屈五千深入李都尉降而不歸時重其工後朝廷大遷除同日催拜詢祖立於東止車門外爲二十餘人作表文不加點辭理可觀詢祖初襲爵有宿德朝士曰大夏初成詢應聲曰且得鷰雀相賀天保末爲築長城子使自負其才內懷鬱怏遂毀容服如賤役者以見楊愔愔曰故舊皆有所縻唯大夏未加處分詢祖厲聲曰是誰之咎既至役所作築長城賦以寄其意其畧曰板則紫栢杵則木瓜何斯材而斯用也草則離離靡靡緣岡而殖但使十步而有一芳余亦何辭間於荆棘邢邵嘗謂曰卿少年才學富盛戴角者無上齒恐卿不壽對曰詢祖初聞此言實懷傷懼見丈人蒼蒼在鬢差以自安邵甚重其敏贍既有口辯好臧否人物衆共嫉之言其淫於從妹宗人思道謂曰大夏何爲招四海議詢祖曰骨肉還相殘何況執玉帛者萬國詢祖與思道俱爲北州人俊魏收揚譽思道而以詢祖爲不及詢祖謂人曰見未能高飛者借其羽毛知逸勢冲天者翦其翅翮既諸謗毀日至素論皆薄其人長廣太守邢子廣曰詢祖有規檢禰衡思道無冰稜文舉後頗折節歷太子舍人司徒記室卒有文集十卷皆遺逸

崔子樞博陵安平人魏驃騎大將軍康曾孫也父長瑜位開府中兵參軍子樞學涉好文詞彊辯有才幹齊時爲考功郎中參議五禮待詔文林館兼散騎常侍聘禮使還除通直散騎常侍兼知度支子樞明解世務所居稱職因度支有受納風聞爲御史所劾遇赦免齊亡入周位至上士以預尉遲迥事被誅子樞次弟子端亦有才幹而文藝爲優歷殿中侍御史卒於通直散騎侍郎注仕隨爲秦王文學卒於國子博士子樞叔父叔瓚頗有學識性好直言其妻即昭信皇后姊也文宣擢爲魏尹丞屬蝗蟲爲灾帝以問叔瓚對曰案漢書五行志土功不時蝗蟲作厲當今外築長城內興三臺故致此灾帝大怒令左右毆之又擢其髮以溷汁沃其頭曳以出由是廢頓久之後卒於平陽太守贈本州刺史

通志卷一百五十四

通志卷一百五十五

宋右迪功郎鄭樵漁仲撰

列傳第六十八

北齊

邢邵　魏收　魏長賢　魏蘭根（族子愷）　族子刁柔　王松年　陸乂（叔父杳）　張宴之　羊烈　鄭述祖（兄子元禮）（族子雛）　袁聿修　盧叔彪　源彪　許惇　宋世軌　李庶（弟蔚　若）　李公緒（弟槩）　裴澤

邢邵字子才小字吉河間鄚人也祖敏魏著作郎父虬光祿少卿邵少時有避遂不行名年五歲清河崔亮見而奇之曰此子後當大成位望通顯十歲便能屬文雅有才思聰明彊記日誦萬餘言族兄巒有人倫鑒識甚異之謂子弟曰宗室中有此兒非常人也少在洛陽會天下無事與時名勝專以山水游宴爲娛不暇勤業嘗因霖雨乃讀漢書五日略能偏記之後因飲謔倦方廣尋經史五行俱下一覽便無所遺文章典麗既贍且速年未二十名動衣冠嘗與右北平陽固河東裴伯茂從兄罘河南陸道暉等至北海王昕舍宿飲相與賦詩凡數十首皆在主人奴處旦日奴行諸人求詩不得邵皆爲之誦諸人有不認詩者奴還得本不誤一字諸人方之王粲焉年未弱冠聲動京洛吏部尚書隴西李神儁大相欽重引爲忘年之交釋巾爲魏宣武挽郎除奉朝請遷著作佐郎深爲領軍元乂所禮乂新除尚書令神儁與陳郡袁翻在席乂令邵作謝表須臾便就以示諸賓神儁曰邢邵此表足使袁公變色孝昌初與黃門侍郎李琰之對典朝儀自孝明之後文雅大盛邵雕蟲之美獨步當時每一文初出京師爲之紙貴讀誦俄徧遠近於時陳郡袁翻與范陽祖瑩位望通顯而有才名以邵藻思華贍其嫉之每洛中貴人拜職多憑邵爲謝章表嘗一貴人初授官大事賓餞翻與邵俱在坐翻意謂主人託其爲上表既而令邵爲之翻甚不悅每告人云邢家小兒當客作章表自買黃紙寫而送之邵恐爲翻所害乃辭以疾屬尚書令元羅出鎮青州啟爲府司馬遂在青土終日酣賞盡山泉之致永安初累遷中書侍郎所作詔誥文體宏麗冠絕當時及爾朱兆入洛京師擾亂邵與弘農楊愔避地嵩高山普泰中兼給事黃門侍郎尋爲散騎常侍太昌初勑令常直內省給御食令覆按尚書門下事凡除大官先問其可否然後施行除衞將軍領國子祭酒以親老還鄉詔所在特給兵力五人並令歲一入朝以備顧問丁母憂哀毀過禮後楊愔與魏元又及邵請置學及修立明堂靈太后令曰配饗大禮爲國之本比以戎馬在郊未遑脩繕今四表晏安當勑有司別議經始累遷尚書令加侍中於時與梁和妙簡聘使邵與魏收及從子子明被徵入朝當時文人皆在邵之下但以邵不持威儀名高難副朝廷不令出境南人會問賓司邢子才故應是北間第一才士何爲不作聘使荅曰子才文辭實無所媿但官位已高恐非復行限南人曰鄭伯猷護軍猶得將命國子祭酒何爲不可邵既不行請復還故郡文宣在京輔政徵之在第爲賓客除給事黃門侍郎與溫子昇對爲侍讀文宣富於春秋初總朝政崔暹每勸禮接名賢詢訪得失以邵宿有名望故請徵焉文宣甚親重之多別引見邵舊鄙崔暹無學術言論之際遂云暹無所知解文宣還以邵言告暹并道此漢不可親近暹頗銜之邵奏魏帝發勑用妻兄李伯倫爲司徒祭酒詔書已出崔暹即啟文宣執其專擅伯倫官事便寢邵由是被疎其後除驃騎西兗州刺史在州有善政桴鼓不鳴吏民奸狀守令長短無不知之定陶縣去州五十里縣令妻日暮取人斗酒東牖邵逼夜攝令未明而去責其取受舉州不識其所以在任都不營生產唯南兗糴粟就濟陽食之邵繕治觀宇頗爲壯麗皆爲之名題有清風觀明月樓而不擾公私唯使兵力吏民爲立生祠并勒碑頌德及替下吏民父老笑及媼嫗皆遠根攀追號泣不絕至都除中書令舊格制生兩男者當賞羊五口不然則絹十匹僕射崔暹奏絕之邵云此格不宜輒斷勾踐以區區之越賞法生三男者給乳母況以天下之大而絕此條舜藏金於山不以爲乏今藏之於民復何所損又准舊皆訊四取占然後送付廷尉邵以爲不可乃立議云設官分職各有司存丞相不問鬬人虞官弓招不進豈使尸祝兼刀七之役家長侵雞犬之功詔並從之後除太常卿兼中書監攝所子祭酒是時朝臣多守一職帶領二官甚少邵頓居三職並是文學之首當世榮之文宣幸晉陽路中頻有甘露之瑞朝臣皆作甘露頌尚書符令邵爲之序及文宣崩凶禮多見訊訪勑撰哀策後授特進卒墳籍無不通曉晚年尤以五經章句爲意窮其指要吉凶禮儀公私諮稟質疑去惑爲世指南每公卿會議事關典故邵援筆立成證引該洽帝命朝章取定俄頃詞致宏遠獨步當時與濟陰溫子昇爲文士之冠世論謂之溫邢鉅鹿魏收雖天才豔發而年事在二人之後故子昇死後方稱邢魏焉邵雖望實兼重不以才位傲物

脫略簡易不修威儀車服器用充事而已有齋不居坐臥常在一小屋果餌之屬或置梁上賓至下而共噉天姿質素特安異同士無賢愚皆能顧接對客或解衣覓虱且與劇談有書甚多而不甚讎校見人校書笑曰何愚之甚天下書至死讀不可偏焉能始復校此且思誤書更是一適妻弟李季節才學之士謂邵曰世間人多不聰明思誤書何由能得邵曰若思不能得便不勞讀書與婦甚疎未嘗內宿自云嘗晝入內閤爲狗所吠言畢撫掌大笑性好談賞又不能閑獨公事歸休嘗須賓客自伴事寡嫂甚謹養孤子恕慈愛特深在兗州有都信云恕疾便爲之廢寢食顏色貶損及卒人士爲之傷心邵痛悼雖甚竟不再哭賓客弔慰抆淚而已其高情達識開遣滯累自東門吳以還所未有也有集三十卷見行於世邵世息大寶有文情孽子大德大道略不識字焉

魏收字伯起小字佛助鉅鹿下曲陽人也父子建魏世多歷藩牧位驃騎大將軍自有傳收少機警不持細行年十五頗已屬文及隨父赴邊好習騎射欲以武藝自進滎陽鄭伯調之曰魏郎弄戟多少收慙遂折節讀書夏月坐版牀隨樹陰諷讀積年牀版爲之銳減而精力不輟以文華顯初除太學博士及爾朱榮於河陰濫害朝士收亦在圍中以日晏獲免吏部尚書李神儁重收材學奏授司徒記室參軍永安二年除北主客郎中節閔帝立妙簡近侍詔試收爲封禪書收下筆便就不立藁草文將千言所改無幾時黃門郎賈思同侍立深奇之白帝曰雖七步之才無以過此遷散騎侍郎尋勅典起居注并修國史俄兼中書侍郎時年二十六孝武初又詔收攝本職文誥塡積事咸稱旨黃門郎崔㥄從神武入朝熏灼於世收初不詣門㥄爲帝登阼赦云朕託體孝文收嗤其率直正員郎李愼以告之㥄深忿忌節閔帝殂令收爲詔㥄乃宣言收普泰世出入幃幄一日造詔優爲詞旨然則義旗之士盡爲逆人又收父老合解官歸侍南臺將加彈劾賴尚書辛雄爲言於中尉綦儁乃解收有賤生弟仲同先未齒錄因此怖懼上籍遣還鄉扶侍孝武嘗大發士卒狩於嵩少之南旬有六日時大寒朝野嗟怨帝與從官及諸妃主奇技異飾多非禮度收欲言則懼欲默而不能已乃上南狩賦以諷焉收賦雖富言浮麗而終歸雅正帝手詔報焉甚見褒美鄭伯謂曰卿不遇老夫猶應逐兔初神武固讓天柱大將軍帝勑收爲詔令遂所請欲加相國問收相國品秩收以實對帝遂止收既未測主相之意以前事不安求改詔許焉久之除廣平王贊開府從事中郎贊帝之兄子也時以親貴高選僚屬收不敢致辭乃爲庭竹賦以致已意尋兼中書舍人與濟陰溫子昇河間邢子才齊譽世號三才時孝武與神武內有間隙收遂以父疾固辭而免其舅崔孝芬怪而問之收曰懼有晉陽之甲尋而神武理兵南上帝西入關天平初與邢邵等同召赴鄴詔收以通直散騎常侍副王昕聘梁昕風流文辯收辭藻富逸梁主及其羣臣咸加敬異先是南北初和李諧盧元明首通使命二人才器並高爲鄰國所重至此梁主稱曰盧李命世王魏中興未知後來何如耳收在館遂買吳婢入館其部下有買婢者收亦喚取偏行奸穢館司皆爲之獲罪梁人稱其才而鄙其行在途作聘游賦辭甚美盛使還尚書右僕射高隆之求南貨於昕收不能如志遂諷御史中尉高仲密禁止昕收於其臺久之得釋及孫搴死司馬子如薦收召赴晉陽以爲中外府主簿以受旨乖忤頻被嫌責加以箠楚久不得志會司馬子如奉使霸朝收假其餘光子如因宴戲言於神武曰魏收天子中書郎一國大才願大王借與顏色由此轉府屬然未甚優禮收叔季景有才學歷官著名並在收前然收常所欺忽季景收初赴并頓邱李庶者故大司農諧之子也以華辯見稱曾謂收曰霸朝便有二魏收率爾曰以從叔見比便是邪輸之比卿邪輸者故尚書令陳留公繼伯之子愚癡有名好自入市肆高價買物商賈共所嗤翫收忽以季景方之其不遜多如此收本以文才必望穎脫見知位既不遂求修國史崔暹爲言於文襄曰國史事重公家父子霸王功業皆須具載非收不可文襄乃啟收兼散騎常侍脩國史武定二年除正常侍領兼中書侍郎仍脩史魏帝宴百僚問何故名人日皆莫能知收對曰晉議郎董勛荅問禮俗云正月一日爲雞二日爲狗三日爲猪四日爲羊五日爲牛六日爲馬七日爲人時邢邵亦在側甚恧焉自魏梁通和好書下紙每云想彼境內寧靜此率土安和梁後使其書乃去彼字自稱猶著此欲示無外之意收定報書云想境內淸晏今萬國安和梁人復書依以爲體後神武入朝靜帝授相國固讓令收爲啟啟成呈上文襄時侍側神武指收曰此人當復爲崔光四年神武於西門豹祠宴集謂司馬子如曰魏收旣爲史官書吾等善惡聞北伐時諸貴常餉史官飲食司馬僕射頗曾餉否因共大笑仍謂收曰卿勿見元康等在吾目下趨走謂吾以爲勤勞我後世身名在卿手勿謂我不知尋加

兼著作郎收昔在京洛輕薄尤甚人號云魏收驚蛺蝶文襄在鄴嘗出游東山讌諸朝彥集文襄曰魏收恃才使氣卿等須出其短往復數番收忽大唱曰楊遵彥理屈已倒愔從容曰我綽有餘暇山立不動若遇當塗恐翩翩逐逝當塗者魏翩翩者蝶也文襄先知之大笑稱善文襄又曰向語猶微宜更指斥愔應聲曰魏收在并作一篇詩對衆讀訖云打從叔季景出六百斗番亦不辨此遠近所知非敢妄說文襄喜曰我亦先聞衆人皆笑收雖自申雪不復抗拒終身病之侯景叛入梁寇南境文襄時在晉陽令收爲檄書五十餘帋不日而就又移梁朝令送侯景初夜執筆三更便了文過七紙文襄善之魏帝曾季秋大射於後園燕射普令賦詩收詩末云尺書徵建業折簡召長安文襄甚壯之顧謂諸人曰在朝今有魏收便是國之光采雅俗文墨通達縱橫我亦使子才子昇時有所作至於辭氣並不及之吾或意有所懷忘而不語或語而不盡及魏收呈草皆以周悉此亦難有又勑兼主客郎接梁使謝珽徐陵侯景陷梁梁鄱陽王範時爲合州刺史文襄勑收以書喻之範得書仍率部伍西上州刺史崔聖念入據其城文襄謂收曰今定一州卿之力也猶恨尺書徵建業未效耳文襄崩文宣如晉陽令與黃門郎崔季舒高德正吏部郎中尉瑾於北第參掌機密十月轉秘書監仍兼著作郎又除大中正時齊將受禪密旨召收置之別詔令撰禪代詔册諸文遣徐之才守門不聽出天保元年除中書令仍兼著作郎封富平縣子二年受詔撰魏史四年除魏尹故優以祿秩專在史閣不治郡事初帝令羣臣各言志收曰臣願得直筆東觀早出魏書故帝使收專其任又詔平原王高隆之總監之署名而已帝勑收曰好直筆我終不作魏太武誅史官始魏初鄧淵撰代記十餘卷其後崔浩典史游允程駿李彪崔光李琰之郎知世修其業浩爲編年體彪始分作紀表志傳書猶未出宣武時命邢巒追撰孝文起居注正光初又命崔鴻王遵業等補續其書下訖孝明事甚委悉濟陰王暉業撰辯宗室錄三十卷收於是與通直常侍房延祐司空司馬辛元植國子博士刁柔裴昂之尚書郎高孝幹等平心斟酌以成魏書辯定名稱隨條甄舉又搜採亡遺綴續後事備一代史籍表而上聞之勒成一代大典凡十一紀九十二列傳合一百一十卷五年三月奏上之秋除梁州刺史收以史志未成請終業許之十一月復奏十志天象四卷地形三卷律歷二卷禮樂四卷食貨一卷刑罰一卷靈徵二卷官氏二卷釋老一卷凡二十卷續於紀傳合一百三十卷分爲十二袠其史三十五例二十五序九十四論前後二表一啟皆獨出於收收所引史官恐其陵逼惟取學流先相依附者其房延祐辛元植眭仲讓雖夙涉朝位並非史才刁柔裴昂之以儒業見知全不甚編緝高孝幹以左道求進修史諸人宗祖姻戚多被書錄飾以美言收性頗急不甚能平夙有怨者多沒其善每言何物小子敢共魏收作色舉之則使上天按之當使入地初收在神武時爲太常少卿修國史時得陽休之之助因謝休之曰無以謝德當爲卿作佳傳休之父固魏世爲北平太守以貪虐爲中尉李平所彈獲罪載在魏起居注收書云固爲北平甚有惠政坐公事免官又云李平深相敬重爾朱榮於魏爲賊收以高氏出於爾朱氏收旣觀望復納爾朱榮子金故爲榮滅其惡而增其善論云若修德義之風則韓彭伊霍夫何足數時論旣言收著史不平文宣詔收於尚書省與諸家子孫共加討論前後投訴百有餘人或云遺其家世職位或云其家不見記錄或云妄有非毀收皆隨狀答之范陽盧斐父同附出於祖元傳下頓邱李庶家傳稱其本是梁國人斐庶譏議云史書不直收性急不勝其憤啟誣其罪欲加屠害帝大怒親自詰責斐曰臣父仕魏位至儀同功業顯著名聞天下與收無親遂不立傳博陵崔綽位至本郡功曹更無事迹是收外親乃爲傳首收曰綽雖無位道義可嘉所以合傳帝曰卿何由知其好人收曰高允曾爲綽讚稱有道德帝曰司空才士爲人作讚正應稱揚亦如卿爲人作文章道其好者豈能皆實收無以對戰慄而已但帝先重收才不欲加罪時太原王松年亦謗史及斐庶並獲罪各被鞭配甲坊或因以致死盧思道亦抵罪然猶以羣口沸騰勑魏史且勿施行令羣官博議聽有家事者入署不實者陳牒於是衆口讙然號爲穢史投牒者相次收無以抗之時左僕射楊愔右僕射高德正二人勢傾朝野與收皆親收遂爲其家並作傳二人不欲言史不實抑塞訴辭終文宣世更不重論尚書陸操嘗謂楊愔云魏魏收之書可謂博物宏才有大功於魏室愔又嘗語收云此可謂不刊之書傳之萬古但恨論及諸家枝葉親姻過爲繁碎於舊史體例不同耳收答云往因中原喪亂人士譜牒遺逸略盡是以具書其枝派望公觀過知仁以免尤責收爲楊愔家傳甚美是以深被黨助故松年等獲罪而愔迎合收意故有是言八年除太子少傅監脩國史復參議律令三臺成文宣曰臺成須有賦愔

先以告收收上皇居新殿臺賦其文甚壯麗時所作者自邢邵以下咸不逮焉收上賦前數日乃告邢邵邵謂人曰收忌人居前故不早言之帝曾游東山勑收作詔宣揚威德譬喻關西俄頃而訖辭理宏壯帝對百寮大嗟賞之仍兼太子詹事收娶其舅女崔氏產一女無子後魏太常劉芳孫女中書郎崔肇師女夫家坐事帝並賜收爲妻時人比之賈充置左右夫人然終以無子後病甚恐身後嫡媵不平乃放二姬及疾瘳追憶作懷離賦以申其意文宣每以酣宴之次云太子性懦社稷事重終當傳大位於常山收謂尙書令楊愔曰古人有言太子國之根本不可動搖至尊三爵之後每言傳位於常山令臣下疑貳豈社稷之福若實便須決行若戲此言魏收既備太子師傅正當守之以死但恐國家不安楊愔以收言奉聞帝自此便止帝數宴喜收每預侍從皇太子之納鄭良娣也有司備設牢饌帝既酣飲起而自毀覆之仍詔收曰知我意不收曰臣愚謂良娣既東宮之妾理不須牢仰惟聖懷緣此毀去帝大笑握收手曰卿知我意安德王延宗納趙郡李祖收女爲妃後帝幸李宅宴而妃母李氏薦二石榴於帝前問諸人莫知其意帝投之收曰石榴房中多子王新婚妃母欲子孫衆多帝大喜詔收卿還將來仍賜收美錦二疋十年除儀同三司帝在宴席口勑以爲中書監命中書郎李愔於樹下造詔愔以收一代盛才難於率爾久而未訖比成帝已醉醒遂不重言愔仍不奏事竟寢及帝崩於晉陽驛召收及中山太守陽休之參議吉凶之禮兼掌詔誥仍除侍中遷太常卿文宣謚及廟號陵名皆收議也及孝昭居中宰事命收禁中爲諸詔文積日不出轉中書監皇建元年除兼侍中右光祿大夫仍儀同監史收先副王昕使梁不相協睦時昕弟晞親密而孝昭別令休之兼中書在晉陽典詔誥收留在鄴蓋晞所爲收大不平謂太子舍人盧詢祖曰若使卿作文誥我亦不言又除祖珽爲著作郎欲以代收司空主簿李翥文詞士也聞而告人曰詔誥悉歸陽子列著作復遺祖孝徵文史頓失恐魏公發背於時詔議二王三恪收執王肅杜預議以元氏司馬氏爲二王通曹氏備三恪詔諸禮學之官皆執鄭元五代之議孝昭后姓元議恪不欲廣及故議從收又除兼太子少傅解侍中帝以魏史未行詔收更加研審收奉詔頗有改正及詔行魏史收以爲直置秘閣外人無由得見於是命送一本付并省一本付鄴下任人寫之大寧元年加開府河淸二年兼右僕射時武成酣飲終日朝事專委侍中高元海元海凡庸不堪大任以收名振俗都官尙書畢義雲長於斷割乃虛心倚仗收畏避不能匡救爲議者所譏帝於華林別起元洲苑備山水臺觀之麗詔於閣上畫收容像其見重如此始收比溫子昇邢邵稍爲後進邵既被疏出子昇又以罪死收遂被任用獨步一時議論更相訾毀各有朋黨收每議陋邢文邵又云江南任昉文體本疎魏收非直模擬亦大偷竊收聞之乃言曰伊嘗於沈約集中作賊何意道我偷任昉任沈俱有重名於江左邢魏各有所好武平中黃門郎顏之推以二公之意問左僕射祖珽珽答云見邢魏之臧否卽是任沈之優劣收以溫子昇全不作賦邢雖有一兩首又非所長常云會須能作賦始成大才士唯以章表碑誌自許以外更同兒戲自武定二年已後國家大事詔命軍國文詞皆收所作每有警急受詔立成或時中使催促收下筆有同宿構敏速之工邢溫所不逮也其參議典禮與邢相埒既而趙郡公增年獲免收知而過之事發除名其年又以託附陳使封孝琰牒令其門客與行遇崐崘舶至得奇貨果然褥表美玉盈尺等數十件罪當流以贖論三年起除淸都尹尋遣黃門郎元文遙勑收曰卿舊人事我家最久前者之罪情在可恕比令卿爲尹非謂美授但初起卿斟酌如此朕豈可用卿之才而忘卿身待至十月當還卿開府天統元年除左光祿大夫二年行齊州刺史尋爲眞收以子姪年少著枕中篇以申戒厲文多不錄其後羣臣多言魏史不實武成復勑更審收又回換遂爲盧同立傳崔綽反更附出楊愔家傳本無有魏以來一門而已八字至是加之又先云弘農華陰人乃改爲自云弘農人以配王慧龍自云太原人此其失也尋除開府中書監武成崩未發喪在內諸公以後主卽位有年疑於赦令諸公引收訪焉收固執宜有恩澤乃從之掌詔誥除尙書右僕射總議監五禮事位特進收奏請趙彥深和士開徐之才共監先以告士開士開驚辭以不學收曰天下事皆由五禮非王不決士開謝而許之多引文士令執筆儒者馬敬德熊安生權會實主之武平三年薨贈司空尙書左僕射謚曰文貞有集七十卷收碩學文才然性褊不能達命體道見當塗貴游每以言色相悅然提獎後輩以名行爲先浮華輕險之徒雖有才能弗重也初河間邢子才子明及季景與收並以文章顯世稱大邢小魏言尤俊也收少子才十歲子才每曰佛助寮人之偉後收稍與子才爭名文宣貶子才曰爾才不及魏收收益得志自序云先稱溫邢後

日邢魏然收內陋邢心不許也收既輕疾好聲樂善胡舞文宣末數於東山與諸優爲獼猴與狗鬬帝寵狎之收外兄博陵崔巖嘗以雙聲嘲收曰遇魏收衰曰愚魏魏答曰顏巖腥瘦是誰所生羊頤狗頰頭團鼻平飯房笭籠著孔嘲玎其辯捷不拘若是既緣史筆多憾於人齊亡之歲收冢被發棄其骨於外先養弟子仁表爲嗣位至尚書膳部郎中隋開皇中卒於溫縣令

魏長賢收之族叔也祖釗魏義陽太守父彥光州長史釗自有傳彥嘗欲刪攺衆家晉書爲一家之典不就而卒長賢博涉經史詞藻精華舉秀才除汝南王悅參軍事入齊平陽王淹辟爲法曹參軍轉著作佐郎更撰晉書欲還成先志河清中上書譏刺時政大忤權幸爲上黨屯留令親故以長賢不相時而動或爲書以相規責長賢復書曰日者惠書襃高旨遠誚僕以自求諸已思不出位圖之大事君與執政所圖又謂僕祿不足以代耕位不登於執戟千非其議自貽悔咎勤勤懇懇誠見故人之心靜言再思無忘寤寐僕雖固陋亦嘗奉教於君子矣以爲士之立身其略不一故有負鼎俎以趣世隱漁釣以待時操築傳巖之下取履圯橋之上者矣或有釋賃車以匡霸業委挽輅以定王基由斬袪以見禮因射鉤而受相者矣或有三黜不移屈身以直道九死不悔甘心於苦節者矣皆奮於泥滓自致於青雲雖事有萬殊而理終一致權其大要歸乎忠孝而已夫孝則竭力所生忠則致身所事未有孝而遺其親忠而後其君者也僕自射策金馬記言麟閣寒暑迭運五稔於茲不能勸成一家潤色鴻業善述人事功既闕如顯親揚名還焉無冀每一念之曷云其已自頃王室板蕩彝倫攸斁大臣持祿而莫諫小臣畏罪而不言虛痛朝危空哀主辱匪躬之故徒聞其語有犯無隱未見其人此梅福所以獻書朱雲所以請劍者也抑又聞之嫠不恤緯而憂宗周之亡女不懷歸而悲太子之少況僕之先人世傳儒業訓僕以爲子之道厲僕以事君之節今僕之委質有年世矣安可自同於匹庶取笑於兒女子哉是以腸一夕而九回心終朝而百慮懼當年之不立恥沒世而無聞慷慨懷古自彊不息庶幾伯夷之風以立懦夫之志吾子以謂僕干進務入不畏友朋居下訕上欲益反損僕誠不敏以貽吾子之羞默然苟容又非平生之意故願得鋤彼草茅逐茲烏雀去一惡樹一善不違先旨不沒九泉求仁得仁其誰敢怨但言與不言在我用與不用在時若國道方屯時不我與以忠獲罪以信見疑貝錦成章青蠅變色良田敗於邪徑黃金鑠於衆口窮達運也其如命何吾子忠告之言敢不敬承嘉惠然則僕之所懷未可一二爲俗人道也投筆而已夫復何言是出也人皆爲之怏怏而長賢處之怡然不屑懷抱識者以此多焉武平中辭疾去職終於齊代不復出仕周武平齊搜揚才俊辟書屢降固以疾辭卒年七十四貞觀中贈定州刺史子徵知名

魏蘭根字蘭根收之族叔也父伯成魏中山太守蘭根身長八尺儀貌奇偉汎覽羣書誦左氏傳周易機警有識悟起家北海王國侍郎母憂居喪有孝稱將葬常山郡境先有董卓祠祠有栢樹蘭根以卓凶逆不應遺祠至今乃啟刺史請伐爲槨左右人言有靈蘭根了無疑懼父喪廬於墓側負土成墳憂毀殆於滅性正光末尚書令李崇爲大都督討蠕蠕以蘭根爲長史因說崇曰緣邊諸鎮控攝長遠昔時初置地廣人稀或徵發中原彊宗子弟或國之肺腑寄以爪牙中年以來有司乖實號曰府戶役同廝養官婚班齒致失淸流而本宗舊類各各榮顯顧瞻彼此理當憤怨更張琴瑟今也其時靜境寧邊事之大者宜攺鎮立州分置郡縣凡是府戶悉免爲平民入仕次第一准其舊文武兼用威恩並施此計若行國家庶無北顧之慮崇以奏聞事寢不報孝昌初爲岐州刺史從行臺蕭寶夤討破宛川俘其民爲奴婢以美女十人賞蘭根蘭根辭曰此縣介於彊虜皇威未接故成背叛今當恤其饑寒奈何將充僕隸乎於是盡以歸其父兄部內麥多五穗鄰州田鼠爲災犬牙不入岐境屬蕭寶夤敗於涇州岐州人囚蘭根降賊及寶夤兵威復振城人復斬賊刺史侯莫陳仲和推蘭根復任朝廷以蘭根得西土人心加都督涇岐東秦南岐四州諸軍事兼四州行臺尚書孝昌末河北流人南度以蘭根兼尚書使齊濟二兗四州安撫并置郡縣蘭根甥邢杲反於青光間復詔蘭根慰勞杲不下仍隨元天穆討之還拜中書令孝莊帝將誅爾朱榮蘭根泄之於兄子周達周達告爾朱世隆及榮死蘭根憂不知所出時應詔王道習見信於孝莊蘭根乃託附之求出立功乃以爲兼尚書右僕射河北行臺於定州率募鄉曲欲防井陘爲爾朱榮將侯深所敗走依渤海高乾屬乾兄弟舉義因在其中神武至以蘭根宿望深禮遇之中興初除尚書右僕射神武將入洛陽遣蘭根先至京師時廢立未決令蘭根觀察節閔帝帝神采高明蘭根恐於後難測遂與高乾兄弟及黃門崔㥄同心固請於神武神武不得已遂立孝武帝大昌初加侍中開府儀同三司

封鉅鹿侯敵授兄子周逵蘭根既預勲業位居端副始敘復岐州勲封永興侯高乾之死蘭根憂怖乃移病解僕射後以疾篤上表求還鄉里魏帝遣使勞問猶以開府儀同三司歸本鄉門施行馬武定三年薨贈司徒公謚曰文宣長子相如襲爵相如性亢直有文藻與族兄愷齊名雅爲當時所重早卒孝昭時佐命功臣配饗不及蘭根次子敬仲表訴竟不允敬仲以才器稱卒於章武太守子餉字孝衡幼孤學涉有時譽居喪以孝聞隋饒州司倉參軍事子景義景禮並有才行鄉人呼爲雙鳳早卒敬仲弟少政位至洛州刺史子孝該孝幾愷自散騎常侍遷青州長史固辭文宣大怒曰何物漢子與官不就時帝已失德朝廷爲之懼愷容色坦然帝曰死與長史任卿所擇答曰能殺臣者陛下不受長史者愚臣帝謂楊愔曰何處無人苦用此漢放還永不須收由是積年沈廢後遇愔於路微自陳愔云咸由中旨愷應聲曰雖復零雨自天終待雲興四岳公豈得言不知楊愔欣然曰此言極爲簡要數日除霍州刺史在職有政理後卒於膠州刺史

刁柔字子温勃海饒安人也父整魏贈司空柔少好學留心儀禮性彊記至於氏族內外皆所諳悉居母喪以孝聞初爲魏宣武挽歌郎解巾司空行參軍天保初累遷國子博士中書令魏收撰魏史啟柔等同其事柔性專固自是所聞收常嫌憚又參議律令時議者以爲五等爵邑承襲無嫡子立嫡孫無嫡孫立嫡子弟無嫡子弟立嫡孫弟柔以爲無嫡孫應立嫡曾孫不應立嫡子弟議曰案禮立嫡以長故謂長子爲嫡子嫡子死以嫡子之子爲嫡孫死則曾元亦然然則嫡子之名本爲傳重故喪服曰庶子不爲長子三年不繼祖與禰也禮公儀仲子之喪檀弓曰未之前聞也仲子舍其孫而立其子何也子服伯子曰仲子亦猶行古之道也昔者文王舍伯邑考而立武王微子舍其孫腯而立其弟衍鄭注曰伯子爲親者諱耳立子非也文王之立武王權也微子嫡子死立弟衍殷禮也子游問諸孔子孔子曰否立孫注殷以嫡子死立嫡子之母弟周以嫡子死立嫡子之子爲嫡孫故春秋公羊之義嫡子有孫而死質家親親先立弟文家尊尊先立孫喪服云爲父後者爲出母無服小記云祖父卒而後爲祖母後者三年爲母無服喪者不祭故也爲祖母三年者大宗傳重故也今議以嫡孫死而立嫡子母弟嫡子母弟者則爲父後矣嫡子母弟本非承嫡以無嫡故得爲父後則嫡孫之弟理亦應得爲父後則是父卒然後爲祖後者服斬既得爲祖服斬而不得傳重未之聞也若用殷家親親之義本不應舍嫡子而立嫡孫若從周家尊尊之文豈宜舍其孫而立其弟或文或質愚用惑焉小記云嫡婦爲舅姑後者則舅姑爲之小功注云謂夫有廢疾他故若死無子不受重者小功庶婦之服凡父母於子舅姑於婦將不傳重於嫡及將所傳重者非嫡服之皆如衆子庶婦也言死無子者謂絕世無子非謂無嫡子如其有子焉得爲無後夫雖廢疾無子婦猶以嫡爲名嫡名既在而欲廢其子者於禮何有損益革代相沿如謂宗嫡可得而變者則爲後服斬亦宜有因而改七年卒柔在史館未久勤成之際志在偏黨魏書中與其內外通親者並虛美過實爲時論所譏

王松年太原晉陽人魏寧南將軍慧龍之元孫也父遵業司徒左長史黃門郎松年少知名文襄臨并州辟爲主簿累遷通直散騎常侍副李緯使梁使還歷位尚書郎中魏收撰魏書成松年有謗言文宣怒禁止之仍加杖罰歲餘得免除臨漳令遷司馬別駕本州大中正孝昭擢拜給事黃門侍郎帝每賜坐與論政事甚善之孝昭崩松年馳驛至鄴都宣遺詔發言涕泗迄於宣罷容色無改辭吐諧韻宣訖號慟自絕於地百官莫不感慟還晉陽兼侍中護梓宮還鄴諸舊臣避形迹無敢盡哀唯松年哭必流涕朝士咸恐武成雖忿松年然以戀舊情切亦雅重之以本官加散騎常侍食高邑縣幹參定律令前後大獄多委焉兼御史中丞發晉陽之鄴在道遇疾卒贈吏部尚書并州刺史謚曰平第二子劭最知名隋史有傳

陸乂字旦代人也祖子彰魏中書監敎訓六子雅有法度皆知名當世乂父卬天保初授給事黃門侍郎遷吏部郎中有至性列在孝友傳中乂聰敏博學有文才年十九舉司州秀才歷祕書郎南陽王文學通直散騎侍郎待詔文林館兼散騎侍郎迎陳使還兼中書舍人加通直散騎常侍乂於五經最精熟館中謂之石經人爲之語曰五經無對有陸乂乂叔父駿字雲驤自中書舍人歷黃門侍郎散騎常侍卒於東廣州刺史駿弟杳字雲邁亦歷中書舍人黃門常侍假儀同三司秦州刺史武平中爲寇所圍經百餘日就加開府儀同三司城中多疫癘死者過半人無異心遇疾卒及城陷陳將吳明徹以杳有善政吏民所懷啟陳主還其屍家累貲物無所犯贈開府儀同三司尚書僕射子元卿位尚書膳部郎杳弟騫字雲儀亦歷中書舍人黃門常侍武平末吏

部郎中騫弟才字雲征好學有行村卒於著作佐郎搏弟彥師字雲房列在隋史

張晏之字熙德清河東武城人也祖彝魏征西將軍冀州大中正父始均行臺郎中父子俱爲羽林所害事在彝傳晏之幼孤有至性爲母鄭氏教誨動依禮典從爾朱榮平元顥賜爵武城子累遷尚書二千石郎中高岳征潁川復以爲都督中兵參軍兼記室晏之文士兼有武幹每與岳帷帳之謀又嘗以短兵接刃親獲首級深爲岳所嗟賞天保初文宣爲高陽王納晏之女爲妃令赴晉陽成禮晏之後園陪讌坐客皆賦詩晏之詩云天下有道主明臣直雖休勿休承貽世則文宣嘆曰得卿箴諷深以慰懷後行北徐州事尋即眞爲吏民所愛御史崔子武督祭州郡至北徐無所案劾唯得百姓所制清德頌數篇乃歎曰本求罪狀遂聞頌聲遷兗州刺史太常卿子乾威列在隋史

羊烈字信卿太山鉅平人晉太僕卿琇之七世孫伯父祉魏贈安東將軍兗州刺史父瑩字靈珍魏兗州別駕烈少通敏頗自脩立有成人之風好讀書能言名理以元學知名魏孝昌末烈從兄侃爲太山太守據郡起兵外叛烈潛知其謀深懼家禍與從兄廣平太守敦馳赴洛陽告難朝廷將加厚賞烈告人云譬如斬首全軀所存者大故爾豈有幸從兄之敗以爲已利乎卒無所受天保中累遷尚書祠部左右戸郎中在官咸爲稱職除陽平太守治有能名是時頻有災蝗犬牙不入陽平境勑書褒美焉武平初爲義州刺史尋以老病還鄉卒於家烈家傳素業閨門脩飾爲世所稱一門女不再醮魏太和中於兗州造一尼寺女寡居無子者並出家爲尼咸存誡行烈天統中嘗與尚書畢義雲爭兗州大中正義雲盛稱門閥云我累世本州刺史卿世爲我家故吏烈云卿自畢軌被誅以還寂無人物近日刺史皆疆埸之上彼此而得何足爲言豈若我之漢河南尹晉朝太傅名德學行百世傳美且男清女貞足以相冠自外多可稱也蓋譏義雲之帷薄焉烈弟脩有才幹卒於尚書左丞子元正武平末將作丞隋開皇中戸部侍郎卒於隴西郡贊務

鄭述祖字恭文滎陽開封人祖羲父道昭俱爲魏祕書監羲自有傳述祖少而聰敏有風檢好屬文爲先達所稱釋褐司空行參軍歷司徒左長史尚書侍中太常卿丞相右長史天保初累遷太子少保左光祿大夫儀同三司兗州刺史時穆子容爲巡省使歎曰古人有言聞伯夷之風貪夫廉懦夫有立志今於鄭兗州見之矣還光州刺史初述祖父爲兗州於城南小山起齋亭刻石爲記述祖時年九歲及爲刺史往尋舊跡得一破石有銘云中岳先生鄭道昭之白雲堂述祖對之嗚咽悲動羣僚有人入市盜布其父怒曰何忍欺吾君執之以歸首述祖特原之自是境內無盜人歌之曰大鄭公小鄭公相去五十載風教猶相同述祖能鼓琴自造龍吟十弄云嘗夢異人彈琴寤而寫得當時以爲絕妙所在好爲山池松竹交植盛餚饌以待賓客將迎不倦未貴時在鄉單馬出行忽有騎者數百見述祖皆下馬曰公在此行列而拜述祖顧問從人皆不見心甚異之未幾被徵終歷顯位及疾篤乃自言之且曰吾今老矣一生富貴足矣以清白之名遺子孫死無所恨前後行瀛殷冀滄趙定六州事正除懷兗光三州刺史又重行殷懷趙三州刺史所在有惠政天統元年卒於州年八十一贈開府儀同三司中書監北豫州刺史謚平簡公述祖女爲趙郡王叡妃述祖常坐受王拜命坐王乃坐妃薨後王更娶鄭道蔭女王坐受道蔭拜王命坐乃敢坐王謂道蔭曰鄭尚書風德如此又貴重宿舊君不得並之述祖子元德多藝術官至琅邪太守述祖兄敬祖起家著作郎宗人鄭儼之敗也爲鄉人所害敬祖子元禮字文規少好學愛文藻有名望文襄引爲館客歷兼中書舍人南主客郎中太守諮議參軍長廣樂陵二郡太守待詔文林館太子中舍人崔昂後妻元禮姊也魏收又昂之妹夫昂常持元禮數篇詩示盧思道乃曰看元禮比來詩詠亦當不減魏收思道答云未覺元禮賢於魏收且知妹夫疎於婦弟元禮齊亾入周大象中卒於始州別駕述祖弟遵祖祕書郎贈光州刺史遵祖弟順祖卒於太常丞述祖族子雛有識尚操行清整仕至膠州刺史初文宣爲皇太子納其女爲良娣雛時爲尚書郎趙郡李祖昇兄弟徵相敬憚楊愔奏授雛趙郡太守祖昇兄弟具服至雛門投刺拜謁文宣聞之喜笑曰足得殺李家兒矣

袁聿脩字叔德陳郡陽夏人也父翻魏度支尚書撫軍將軍叔父躍車騎將軍太傅清河王懌文學聿脩出繼躍後七歲遭喪居處禮若成人九歲州辟主簿性深沈有識鑒清淨寡欲與物無競姨丈人尚書崔休深所知賞釋褐太保開府祭酒年十八領本州中正兼尚書度支郎中天保初除太子庶子以本官行博陵太守大有聲績遠近稱之累遷司徒左長史領兼御史中丞司徒錄事參軍盧思道私貸庫錢三十萬聘太原王乂女爲

妻而王氏以先納陸孔文禮聘爲定聿脩爲首僚又國之司憲知而不劾免中丞尋還祕書監天統中詔與趙郡王叡等議定五禮出爲信州刺史卽其本鄉也時久無例莫不榮之爲政清靖不言而化自長吏以下爰逮鰥寡孤幼皆得其歡心武平初御史普出過諸州梁鄭兗豫疆境連接州之四面悉有舉劾惟不到信州其見知如此及解代還京民庶道俗追列滿道或將酒脯涕泣流連競欲遠送時既盛暑恐其勞勸往往爲之駐馬隨舉一酌示領其意辭謝令還後州民鄭播宗等七百餘人請爲立碑歛縑布數百疋託中書侍郞李德林爲文以紀功德府省爲奏勑報許之尋除都官尚書儀同三司聿脩少年平和溫潤素流之中最有規檢以名家子歷任清華時望多相器待許其風鑒在郞署之日時趙彥深爲水部郞中同在一院因成交友彥深後重被沙汰停私門生藜藿聿脩猶以故情音問來往彥深任用銘戢甚深雖人才無愧蓋亦由彥深接引爲吏部尚書以後自以物望得之初馮子琮以僕射攝選婚姻相尋聿脩常非笑之語人云馮公營婚日不暇給及自居選曹亦不能免時論以爲地勢然也素品孤官頗有怨讟然在官廉愼當時少匹魏齊世臺郞多不免交通餉饋聿脩爲尚書郞十年未曾受斗酒之饋尚書邢邵與聿脩舊款每於省中語戲常呼聿脩爲清郞太寧初聿脩以太常少卿出使巡省仍令考校官人得失經兗州時邢邵爲刺史別後遺送白紬爲信聿脩不受與邢書云今日仰遇有異昔行瓜田李下古人所愼多言譬之防川願得此心不貽厚責邵亦忻然領解報書云一日之贈率爾不思老夫忽忽竟不及此謹承來旨吾無間然弟昔爲清郞今日復作清卿矣及在吏部屬政衰道喪恐違忤要勢禍不旋踵雖以清白自守猶不免請謁之累齊亾入周授儀同大將軍吏部下大夫東京司宗中大夫隋開皇初加上儀同還東京都官尚書東京廢入朝除都官尚書二年出爲熊州刺史卒子知禮大業初卒於太子內舍人

盧叔彪范陽涿人也父光宗魏尚書儀曹郞中有志尚兄觀及仲宣並以文章顯於世列在文苑傳叔彪少機悟豪率輕俠好奇策慕諸葛亮之爲人爲賀拔勝荆州開府長史勝不用其計棄城奔梁叔彪歸本縣築室臨陂優游自適文襄降辟書辭疾不到天保初復徵不得已衣布裙乘露車至鄴楊愔往候之以爲司徒諮議稱疾不受孝昭卽位召爲中庶子問以世事叔彪勸討關西畫地陳兵勢請立重鎭於平陽與彼蒲州相對深溝高壘運糧積甲築城戍以相屬彼若閉關不出則取其黃河以東長安窮蹙自然困死如彼出兵非十萬以上不爲我敵所供糧食皆出關內我兵士相代年別一番穀食豐饒運送不絕彼來求我我不應之彼退卽乘其弊自長安以西民疏城遠敵兵來往實難與我相持農作且廢不過二年彼自破矣帝深納之又願自居平陽成此謀略帝命元文遙與叔彪參謀撰平西策一卷未幾帝崩事遂寢武成踐阼遷太子詹事叔彪在鄉時有粟千石每至春夏鄉人無食者令自載取至秋任還其償都不計校然而歲常得倍餘旣在朝通貴自以年老兒子又多遂營一大屋曰歌於斯哭於斯魏收曾來詣之訪以京洛舊事不待食而起云難爲子費叔彪留之良久食至但有粟飧葵菜木椀盛之片脯而已所將僕從亦盡設食一與此同齊滅歸范陽遭亂城陷與族弟士遜皆以寒餒斃周將宇文神舉以二人有名德收而葬之

源彪字文宗西平樂都人也祖懷魏贈司徒公父子恭贈司空公並有傳彪學涉機警少有名譽魏永安中以功賜爲臨頴縣伯天平四年爲涼州大中正及文襄攝選沙汰諸臺郞以彪爲尚書祠部郞中皇建二年累遷涇州刺史彪至以恩信待物甚得邊境之和爲鄰人所敬服前政遭抄掠者多被放遣累遷秦州刺史乘傳之府特給後部鼓吹時李貞聘陳陳主云齊朝還遣源涇州來在瓜步眞可謂通和矣武平三年授祕書監陳將吳明徹寇淮南歷陽瓜步相尋失守趙彥深於起居省密訪彪以討捍之計彪答曰國家待遇淮南失之同於蒿箭以爲宜以淮南委之王琳琳於曇項不肯北面事之明矣彥深曰此誠長圖但以口舌爭來十日已是不見從時事如此安可盡言因相顧流涕及齊平與陽休之等十八人入長安授儀同大將軍司成下大夫隋開皇中拜莒州刺史遇病去官卒彪以貴族子弟入升朝列才識敏贍以幹局見知然好游貴要之門時論以爲善附會

許惇字季良高陽新城人也父護仕魏州主簿兄徇司徒諮議參軍惇清識敏速達於從政位司徒主簿以明斷見知時人號爲入鐵主簿稍遷陽平太守時魏遷都於鄴陽平爲畿郡軍國責辦賦歛無準又勳貴屬請朝夕徵求惇並御之以道咸以無怨政爲天下第一特加賞異圖形於闕詔頒天下歷魏尹齊梁二州刺史政並有治聲遷大司農會王思政入據頴城王師出討惇常

督運無乏絶引消水灌城惇之策也天保初遷殿中尚書惇美鬚髯下垂至帶省中號長鬣公文宣嘗因酒酣握惇鬚稱美遂以刀截之唯留一握惇懼因不復敢長人又號齊鬚公歷御史中正膠州刺史司農大理二卿再爲度支尚書太子少保少師光祿大夫開府儀同三司尚書右僕射特進賜爵萬年縣子食邑下邳郡幹惇年老致仕於家三年卒惇少純直晩更浮動齊朝體式本州大中正以京官爲之乾明中邢邵爲中書監德望甚高惇與邵競中正遂憑附宋欽道出邵爲刺史朝議甚鄙薄之雖久處朝行歷官清顯與邢邵魏收陽休之崔劼徐之才比肩同列諸人或談說經史或吟詠詩賦更相嘲戲欣笑滿堂惇不好劇談又無學術或坐杜口或隱几而睡不爲勝流所重子文紀武平末度支郎中文紀弟文經勤學方雅身無擇行口無戲言武平末殿中侍御史隋開皇初侍御史兼通直散騎常侍聘陳使副主爵侍郎卒於相州長史惇兄遜字仲讓有幹局乾明中平原太守卒贈信州刺史遜子文高司徒掾

宋世軌西河介休人也世爲著姓父毓魏大中大夫世軌幼自脩整好法律天保初歷三尚書三公二千石都官郎中兼并州長史執獄寬平多所全濟爲都官郎中有四事枉將送垂致法世軌遣騎追止之切奏其狀遂免稍遷廷尉少卿洛州人聚結欲劫河橋吏捕案之連諸元徒黨千七百人崔昂爲廷尉以爲反數年不斷及世軌爲少卿判其事爲劫唯殺魁首餘從坐悉舍焉天理正蘇珍之以平幹知名寺中語曰決定嫌疑蘇珍之視表見裏宋世軌時人以爲寺中二絶南臺囚到廷尉世軌多雪之仍移攝御史將問其濫狀中尉畢義雲不送移往復不止世軌遂上書極言義雲酷擅文宣引見二人親勑世軌曰我知臺欺寺久卿能執理抗衡但守此心勿慮不富貴勑義雲曰卿比所爲誠合死以志在疾惡故且一恕仍顧謂朝臣曰此二人並我骨鯁臣也及卒廷尉御史諸繫囚皆哭曰宋廷尉死我等豈有生路贈光州刺史諡曰平無子元世良以第五子朝基嗣

李庶頓邱人也祖平魏尚書右僕射父諧大司農各有傳庶方雅好學甚有家風歷位尚書郎司徒掾以清辯知名常攝賓司接對梁客梁客徐陵深歎美焉庶生而天閹崔諶調之曰敎弟種鬚以錐徧刺作孔揷以馬尾庶曰先以此方回施貴族藝眉有効然後樹鬚世傳諶門有惡疾以呼沲爲墓田故庶言及之邢子才在傍大笑除臨漳令魏書之出庶與盧斐王松年等訟其不平魏收書王慧龍自云太原人又書王瓊不善事以盧同附盧元傳李平爲陳留人云其家貧賤故斐等讙訟語楊愔云魏收合誅愔黨助魏故遂白文宣庶等並髡頭鞭杖二百庶死於臨漳獄中庶兄岳痛之終身不歷臨漳縣門庶妻元羅女也庶亡後岳使妻伴之寢宿積五年元氏更適趙起嘗夢庶謂已曰我薄福託劉氏爲女明旦當出彼家甚貧恐不能見養夫妻舊恩故來相見告君乞取我劉家在七帝坊十字街南東入窮巷是也元氏不應庶曰君似懼趙公意我自說之於是起亦夢爲起箱問妻言之符合遂持錢帛躬往求劉氏如所夢得之養女長而嫁焉庶弟蔚少清秀有襟期倫理涉觀史傳兼屬文詞昆季並尚風流長裾廣袖從容甚美然頗涉疎放唯蔚能自持公幹理甚有時譽坐兄庶事徙平州後還位尚書左中兵郎中仍聘陳使副江南以其父曾經將命甚重焉還坐將人度江私市除名後卒於祕書丞士友悼惜之蔚弟若聰敏頗傳家業風采詞令有聲鄴下坐兄庶事徙臨海乾明初追還後兼散騎常侍大被親狎加儀同三司若性滑稽善諷誦數奉旨詠詩并使說外間世事可笑樂者凡所話談每多會旨嘗在省中趨而前卻對答學奏事之象和士開聞而奏之帝每狎弄之武成以斛律金舊老每朝賜羊車上殿金曾使人奉啟若爲舍人誤奏云在闕下詔命出羊車若重思知金不至竊言羊車鹿車何所迎帝聞亦笑而不責又帝於後園講武令若爲吳將皇后皆出引若當前觀其進止俯仰事罷遣使謝之厚加賞賜韓長鸞等忌惡之密構其短坐免官未幾詔復本官隋開皇中卒於秦王府諮議

李公緒字穆叔趙郡平棘人也父藉之魏司徒諮議參軍大中大夫公緒性聰敏博通經傳魏末爲冀州司馬屬疾去官絶迹贊皇山天保初以侍御史徵不就公緒沈冥樂道又不閑時務故誓心不仕尤明天文善圖緯之學嘗謂子弟曰吾觀齊之分野福德不多國家祚終四七及齊亡歲距天保之元二十八年矣公緒雅好著書撰典言十卷禮質疑五卷喪服章句一卷古今略記二十卷元子五卷趙記八卷趙語十二卷並行於世公緒既善陰陽之術有祕記傳之子孫而不好焉臨終取以投火子少通有學行公緒弟槩字季節少好學然性倨傲每對諸兄弟露髮披服略無少長之禮爲文襄大將軍府行參軍進側集題云富春公主撰閑緩不任事每被譏訶除殿中侍御史修國史後爲太子舍人爲副使聘於江南江南多以僧寺停客出入常袒露還坐事

解後卒於并州功曹參軍撰戰國春秋及音譜並行於世又自簡詩賦二十四首謂之達生丈人集其序曰達生丈人者生於戰國之世爵里姓名無聞焉爾時人撰其行已彊爲之號頗好屬文成輙棄藁常持論文云古人有言性情生於慾又曰人之性靜慾實汨之然則性也者所受於天神識是也故爲形骸之主情也者所受於性嗜慾是也故爲形骸之役由此言之性情之辯斷焉殊異故其身泰則均齊死生塵垢名利縱酒恣色所以養情否則屏除愛著擯落肢體收視反聽所以養識是以遇榮樂而無染遭厄窮而不悶或出人間或栖物表逍遙寄託莫知所終

裴澤河東聞喜人祖夙魏河東太守父鑒廷尉卿澤頗有文學孝昭初爲齋師奏舍人孝昭崩魏收議謚爲恭烈皇帝澤正色抗論曰魏收死後亦不肯爲恭烈之謚何容以擬大行且比皇太后不豫先帝殯寢失常聖躬貶損今者易名必須加孝遂改爲孝昭因此忤旨出爲廣州司馬尋歷位中書侍郎兼給事黃門侍郎以漏泄免後爲散騎侍郎尋爲誹謗大臣趙彥深等兼詠石榴詩徵以託意有人以奏武成武成抶杖六十髡頭除名後主卽位爲清河郡守與祖珽有舊珽奏除尙書左丞又引爲兼黃門執政疾其祖珽之黨與崔季舒等同見誅澤本勁直無所囘避及被出追還折節和光然好戲笑無規檢故頻敗妻鉅鹿魏氏悍妬甚隆不能暫相離澤每從駕其妻不宿亦至性彊立時人以爲健婦夫

宋右迪功郎鄭樵漁仲撰

列傳第六十九

後周

賀拔勝弟岳　寇洛　趙貴從祖兄善　李賢弟遠 遠子植 植弟基　梁禦　李弼子暉 弟㯹　于謹子寔 寔子顗 寔弟翼 翼子璽 翼弟義　宇文貴　侯莫陳崇兄順　王雄子謙　王盟子勵 勵弟懋　獨孤信

竇熾兄子毅　賀蘭祥　叱列伏龜　閻慶　史寧子雄

權景宣　王羆孫述　王思政　尉遲迥弟綱 綱子運　王軌

樂運

賀拔勝字破胡神武尖山人也祖爾頭從家武川父度拔武川軍主正光末為懷朔統軍卒贈肆州刺史兄允太尉侍中燕郡王允自有傳勝少有志操善左右馳射北邊莫不服其膽略衞可瓌之圍懷朔勝時亦為軍主從父度拔鎮守既被圍經年而外援不至勝乃慷慨白鎮將楊鈞請告急於大軍鈞許之乃募勇敢少年得十餘騎夜潰圍而出賊追及之勝曰我賀拔破胡也賊不敢逼至朔州告急於臨淮王元彧辭氣壯烈彧義之許為出師勝還報命復突圍而入賊追之射殺數人至城下大呼曰賀拔破胡與官軍至矣城中納之既而大兵不至鈞復遣勝出覘武川武川已陷勝乃馳還報懷朔懷朔亦潰勝父子俱被虜尋度拔與德皇帝合謀襲殺可瓌衆令勝馳告朔州未反而度拔與鐵勒戰沒刺史費穆奇勝才畧厚禮留之委以兵事時廣陽王深在五原為破六韓賊所圍召勝為軍主以軍功拜統軍又隸僕射元纂鎮恆州時有鮮于河胡擁朔州流民南下為寇恆州城人應之勝與兄允弟岳相失南投肆州允岳投爾朱榮榮與肆州刺史尉慶賓構隙引岳攻肆州城陷得勝大悅曰吾得卿兄弟天下不足平也勝兄弟三人遂委質事榮時杜洛周阻衆幽定葛榮據有冀瀛榮謂勝曰井陘險要我之東門意欲屈君鎮之何如勝曰少逢兵亂險阻備嘗每思効力以報知己今蒙驅策實所願也榮乃表勝為鎮遠將軍領步騎五千鎮井陘以所乘馬并銀鞍遺之孝昌末從榮入洛以預定策立魏孝莊帝功封易陽縣伯累遷撫軍將軍後元天穆北征葛榮大破之時杜洛周餘燼韓樓在薊城結聚以勝為大都督鎮中山樓畏勝威名竟不敢南寇元顥入洛陽孝莊出居河南榮徵勝為前軍大都督與爾朱兆自硤石度大破顥軍禽其子冠受遂前驅入洛陽遷武衞將軍進爵眞定縣公及榮死勝乃與田怡等奔赴榮第時宮殿之門未加嚴防怡等議即攻門勝止之曰天子既行大事必當更有奇謀吾衆旅不多何可輕爾怡乃止及世隆夜走勝隨至河橋勝以為臣無讎君之義遂勒所部還都莊帝大悅仲遠逼東郡詔以本官假驃騎大將軍東征都督率騎一千會鄭先護討之為先護所疑置之營外人馬未得休息俄而仲遠至與戰不利降之復與爾朱氏同謀立節閔帝以功拜右衞將軍及爾朱氏將討齊神武度律自洛陽兆自并州仲遠自滑臺三帥會鄴時勝從度律度律與兆不平勝以臨敵構隙取敗之道與斛斯椿詣兆營和解之反為兆所執度律大懼引軍還兆將斬勝數之曰爾殺可瓌罪一也天柱薨後不與世隆等俱來而東征仲遠罪二也我欲殺爾久矣勝曰可瓌作逆勝父子殺之其功不小反以為罪天柱被戮以君誅臣勝寧負王不負朝廷今日之事死生在王但去賊密邇內構嫌隙自古迄今未有不破亡者勝不憚死恐王失策兆乃捨之勝既免行百餘里方追及度律齊神武既克相州兵威漸盛爾朱兆及天光仲遠度律等衆十餘萬陣於韓陵兆率鐵騎陷陣出齊神武後將乘其背而擊之度律惡兆之驍悍懼其陵已勒兵不進勝以其兄弟攜貳遂率麾下降齊神武度律軍以此恐退遂大敗太昌初以勝為領軍將軍尋除侍中魏孝武帝將圖齊神武以勝弟岳擁衆關西欲廣其勢援乃拜勝為都督三荆三郢南襄南雍等七州諸軍事進位驃騎大將軍荆州刺史開府儀同三司南道大行臺尚書左僕射勝攻拔梁下溠戍禽其戍主又使人誘動諸蠻皆率其種落歸款漢南大駭又禽梁將莊思延攻馮翊安定沔陽並平之梁武帝勅其子雍州刺史續曰賀拔勝北間驍將爾宜愼之勿與爭鋒續還城守不敢出尋進位尚書令進爵琅邪郡公及齊神武與魏孝武帝有隙詔勝引兵赴洛至廣州猶豫未進而帝已率所領西赴關中勝還軍南陽遣右丞陽休之奉表入關又令府長史元穎行州事勝自率所部將西赴關中進至淅陽詔授勝太保錄尚書事聞齊神武已平潼關禽毛鴻賓勝乃還荆州州人鄧誕執元穎引齊師時神武已遣行臺侯景大都督高敖曹赴之勝敗中流矢以百騎南奔梁在江表三年梁武帝遇之甚厚勝乞師北討齊神武既不果乃求還梁武帝許之親餞於南苑勝自是之後每執弓矢見鳥獸南向者皆不射之以申懷德之意既至長安詣闕謝罪孝武握勝手歔欷久之曰初平西徙永嘉南度漢晉皆爾事乃關天非公之咎也乃授太師從文帝禽竇泰於小關又從攻弘農下河北禽

郡守孫晏又從破東魏軍於沙苑追奔至河上乃與李弼別攻河東略定汾絳河橋之役勝大破東魏軍文帝令勝收其降卒而還及齊神武攻玉壁勝以前軍大都督從文帝見齊神武旗鼓識之乃募敢勇三千人配勝以犯其軍勝與神武相遇連呼而字之曰賀六渾賀拔破胡必殺汝也時募士皆用短兵接戰勝持矟追神武數里刃垂及之神武汗流氣殆盡會勝馬爲流矢所中死比副騎至神武已逸去勝歎曰今日之事吾不執弓矢者天也是歲勝諸子在東者皆爲神武所害勝憤恨因動氣疾大統十年薨于位臨終手書與文帝曰勝萬里杖策歸身闕庭冀望與公掃除逋寇不幸殞斃微志不申願公內先協和順時而動若死而有知猶望魂飛賊庭以報恩遇矣文帝覽書流涕久之勝長於喪亂之中尤工武藝走馬射飛鳥十中五六文帝每云諸將對敵神色皆動唯賀拔公臨陣如平常眞大勇也自居重任始愛墳籍乃招引文儒討論義理性又通率重義輕財身死之日唯有隨身兵仗及書千卷而已初勝至關中自以年位素重見文帝不拜尋而自悔文帝亦有望焉後從文帝宴于昆明池時有雙鳧游池上文帝授弓矢於勝曰不見公射久矣請以爲歡勝一發俱中因拜文帝曰使勝得奉神武以討不庭皆如此也文帝大悅自是恩禮日重勝亦盡誠推奉焉贈太宰錄尚書事諡曰貞獻明帝二年以勝配享文帝廟庭勝無子以弟岳子仲華嗣位開府儀同三司襲爵琅邪公大象末位江陵總管勝弟岳字阿斗泥少有大志愛施好士初爲太學生及長能左右馳射驍果絕人不讀兵書而闇與之合識者咸異之與父兄赴援懷朔賊王衞可瓌在城西三百餘步岳乘城射之箭中瓌臂賊大駭後廣陽王深以爲帳內軍主與兄勝俱鎭恆州州陷後投爾朱榮待之甚厚以爲都督每居帳下與計事多與榮意合榮與元天穆謀入匡朝廷閒計於岳曰今女主臨朝政歸近習盜賊蜂起海內沸騰吾累世受恩義同休戚今欲內除君側外淸逆亂取勝之道計將安出對曰夫立非常之事必俟非常之人將軍士馬精彊位任隆重若首舉義旗伐叛匡救何往不克何向不摧古人云朝謀不及夕言發不俟駕此之謂矣榮與天穆相顧良久曰卿此言眞丈夫之論也未幾而魏孝明帝暴崩榮疑有故乃舉兵赴洛配岳甲卒二千爲先驅至河陰榮旣殺害朝士時齊神武爲營軍都督勸榮稱帝左右欲同之榮未決岳進而言曰將軍首舉義兵共除姦逆功勳未立遽有此謀祇以速禍榮尋亦自悟乃尊立孝莊岳又勸榮誅齊神武以謝天下榮不從以定策功賜爵樊城鄉男授前將軍從榮破葛榮平元顥累遷左光祿大夫武衞將軍時万俟醜奴僭稱大號關中騷動朝廷深以爲憂榮將遣岳討之岳私謂其兄勝曰醜奴擁秦隴之衆足爲勍敵若岳往無功罪責立至假令克定恐讒愬生焉勝曰汝欲何計自安岳曰請爾朱氏一人爲元帥岳副貳之則可矣勝然之乃請於榮榮大悅遂以天光爲使持節都督雍州刺史以岳爲衞將軍左廂大都督又以征西將軍侯莫陳悅爲右廂大都督並爲天光之副以討之時赤水蜀賊阻兵斷路天光之衆不滿二千及軍次潼關天光頗有難色岳曰蜀賊草竊而公遲疑遇大敵將如之何遂進軍戰於渭北破之軍威大振時醜奴自圍岐州遣其大行臺尉遲菩薩僕射万俟行醜同向武功南渡渭水攻圍趨柵天光遣岳率千騎赴援菩薩攻柵已克率步騎二萬至渭北岳以輕騎數十與菩薩隔水交言岳稱揚國威菩薩乃自驕令省事傳語省事恃水應答不遜岳怒舉弓射之應弦而倒時已逼暮於是各還岳於渭南傍水分精兵數十爲一處隨地形勢置之明日將百餘騎隔水與賊相見且並東行岳漸進前先所置騎隨岳而集騎旣漸增賊不復測其多少行二十許里至水淺可濟處岳便騎馬東出似欲奔遁賊爲岳走乃棄步兵南度渭水輕騎追岳岳東行十餘里依橫岡設伏兵以待之身先士卒急擊之賊便退走岳號令所部賊下馬者皆不聽殺賊顧見之便悉投馬俄而虜獲三千人馬亦無遺遂禽菩薩仍度渭北降步卒萬餘醜奴尋棄岐州北走安定置柵於平亭天光方自雍至岐與岳合勢軍於汧渭之間宣言曰今氣候漸熱非征討之時待秋涼便圖進取醜奴聞之遂以爲實分遣諸軍散農於岐州之北百里涇川使其太尉侯伏侯元進據險立柵岳知其勢分密與天光嚴備昧旦攻圍元進柵拔之卽禽元進自餘諸柵悉降醜奴棄平亭而走欲向高平岳輕騎急追明日及醜奴於平涼之長阬一戰禽之高平城中又執蕭寶夤以歸賊行臺万俟道洛退保牽屯岳攻之道洛敗入隴投略陽賊帥王慶雲慶雲以道洛驍果絕倫得之甚喜以爲將天光又與岳度隴至慶雲所居永洛城慶雲道洛俱出城拒戰並禽之餘衆悉阬之死者萬七千人三秦河渭瓜涼鄯州咸來歸款賊帥夏州人宿勤明達降復叛岳又討禽之天光雖爲元帥而岳功居多加車騎將軍進爵爲伯尋詔岳都督涇州刺史進爵爲公天光入洛使岳行雍州事

普泰初除都督岐州刺史進封淯水郡公尋加侍中給後部鼓吹進位開府儀同三司兼尚書左僕射隴右行臺仍停高平後以隴中猶有土人不順岳助侯莫陳悅所在討平之二年加都督雍州刺史天光將率眾拒齊神武遣問計於岳岳報曰王家跨據三方士馬繁盛高歡烏合之眾豈能爲敵然師克在和但願同心戮力耳若骨肉離阻自相猜貳則圖存不暇安能制人如下官所見莫若且鎮關中以固根本分遣銳師與眾軍合勢進可以克敵退可以自全天光不從後果敗岳率軍下隴赴雍禽天光弟顯壽以應齊神武及孝武帝即位加關中大行臺永熙二年孝武密令岳圖神武遂刺心血持以寄岳詔岳都督二十州諸軍事齊神武既忌岳兄弟功名岳懼乃與文帝協契自詣北境安置邊防率眾趣平涼西界布營數十里託以牧馬於原州爲自安之計先是費也頭万俟受洛干鐵勒斛律沙門解拔彌俄突紇豆陵伊利等部各擁眾自守至是皆款附秦南秦河渭四州刺史又會平涼受岳節度唯靈州刺史曹泥不應召通使於齊神武神武乃遣左丞翟嵩偵至關中間岳及侯莫陳悅三年岳召侯莫陳悅會於高平將討曹泥令悅前驅而悅受神武密旨圖岳岳弗之知而又先輕悅悅乃誘岳入營共論兵事悅詐云腹痛起而徐行令其壻元洪景斬岳於幕中朝野莫不痛惜之贈侍中太傅錄尚書事都督關中十二州諸軍事大將軍雍州刺史諡曰武壯翟嵩復命于神武神武下牀鳴其頰曰除吾病者卿也何日忘之後岳部下收岳尸葬於雍州北石安原葬以王禮子緯嗣拜開府儀同三司保定中錄岳舊德進爵霍國公尚文帝女

寇洛上谷昌平人也累世爲將吏父延壽和平中以良家子鎮武川因家焉洛性明辨不拘小節正光末以北邊賊起遂從爾朱榮征討及賀拔岳西征洛與岳鄉里乃募從入關禽万俟醜奴於長阬每力戰有功以功封安鄉縣子及岳爲大行臺以洛爲右都督侯莫陳悅既害岳欲并其眾時初喪元帥軍中惶擾洛於諸將之中最爲舊齒素爲眾信乃收集將士志在復讎既至原州眾咸推洛爲盟主統岳之眾洛自以非才乃固辭至平涼與趙貴等迎文帝帝以洛爲右都督從討侯莫陳悅平之拜涇州刺史魏天統初詔加開府進爵京兆郡公加侍中封洛母宋爲襄城郡君與獨孤信復洛陽從文帝與東魏戰於河橋軍還洛率所部鎮東雍州五年卒於鎮贈驃騎大將軍太尉尚書令諡曰武子和嗣明帝二年錄舊勳以洛配饗文帝廟庭賜和姓若引氏改封松陽郡公

趙貴字元寶天水南安人也祖仁魏時以良家子鎮武川因家焉貴少穎悟有節概魏孝昌中天下兵起貴率鄉里避難南遷爾朱榮以爲別將討元顥有功賜爵燕樂縣子從賀拔岳平關中累遷大都督及岳爲侯莫陳悅所害將吏奔散莫有守者貴謂其黨曰吾聞仁義豈有常哉行之則爲君子違之則爲小人朱伯厚王脩感意氣微恩尚能蹈履名節況吾等荷賀拔公國士之遇寍可自同眾人乎因涕泣歔欷於是從之者五十人乃詣悅詐降悅信之因請收葬岳言辭慷慨悅壯而許之貴乃收岳屍還營與寇洛等糾合餘眾奔平涼共圖拒悅貴乃首迎文帝文帝至以貴爲大都督領府司馬悅平行秦州事魏孝武西遷拜車騎大將軍後以預立魏文帝勳進爵爲公梁企定稱亂河右以貴爲隴西行臺討破之從復弘農戰沙苑拜侍中驃騎大將軍開府進爵中山郡公河橋之戰貴與怡峯爲左軍戰不利先還及高仲密以北豫州降周文迎之與東魏人戰於邙山貴爲左軍失律諸軍因此並卻坐免官爵尋拜柱國大將軍賜姓乙弗氏六官建爲太保大宗伯改封南陽郡公茹茹寇廣武貴擊之斬首數千級收其輜重振旅而還孝閔踐阼遷太傅大冢宰進封楚國公邑萬戶初貴與獨孤信等皆與文帝等夷及孝閔即位晉公護攝政貴自以元勳每懷怏怏與信謀殺護爲開府宇文盛告被誅貴從祖兄善字僧慶少好學美容儀沉毅有遠量爾朱天光討邢杲万俟醜奴以爲長史普泰初爲大行臺尚書封山北縣伯天光拒齊神武於韓陵敗見殺善請收葬其屍齊神武義而許之賀拔岳總關中迎善復以爲長史岳爲侯莫陳悅所殺善其諸將翊戴文帝魏孝武西遷改封襄城縣伯歷位尚書左右僕射進爵爲公善性溫恭有器局雖位居端右而愈自謙退其職務克舉則曰某官之力有罪責則曰善之咎也時人稱其有公輔量大統九年從戰邙山屬大軍不利善爲敵所獲卒於東魏建德初周齊通好齊人乃歸其柩其子詢表請贈諡詔贈大將軍大都督四州諸軍事岐州刺史諡曰敬

李賢字賢和自云隴西成紀人漢騎都尉陵之後也陵沒匈奴子孫因居北狄後隨魏南遷復歸汧隴曾祖富魏太武時以子都督討兩山屠各歿於陣贈寍西將軍隴西郡守大統末以賢兄弟著勳追贈司空公祖斌以都督鎮高平因家焉賢幼有志節不妄舉動嘗出遊逢

一老人鬚眉皓白謂曰我年八十觀士多矣未有如卿卿必爲台收努力勉之九歲從師受業畧觀大指而已或譏其不精答曰賢豈能領徒授業邪惟當粗聞教義備已不足至於忠孝之道實銘於心問者慙服十四遭父憂撫訓諸弟友愛甚篤魏永安中万俟醜奴據岐涇等州反孝莊遣爾朱天光擊破之天光令都督長孫邪利行原州事以賢爲主簿累遷高平令賀拔岳爲侯莫陳悅所害文帝西征賢與其弟遠穆等密應侯莫陳崇以功授都督仍守原州及大軍至秦州悅棄城走文帝命兄子導追之以賢爲先鋒至牽屯山及之以功授假節撫軍將軍大都督魏孝武西遷文帝令賢率騎迎衛封上邽縣公俄授左大都督還鎭原州大統二年州人豆盧狼害都督大野樹兒等據州城反賢率敢死士一戰敗之狼斬關遁走賢追斬之大統八年授原州刺史文帝之奉魏太子西巡至原州遂幸賢第讓齒而坐行鄉飲酒禮後文帝復至原州令賢乘輅車備儀服以諸侯會遇禮相見然後至賢第歡宴終日凡是親族頒賜有差恭帝元年進爵西河郡公後以弟子植被誅賢坐除名保定二年詔復賢官爵仍授瓜州刺史初武帝及齊王憲之在襁褓不利居宮中文帝令賢家處之六載乃還宮因賜賢妻吳姓宇文氏養爲宗女賜與甚厚及武帝西巡原州幸賢第詔曰朕昔冲幼爰寓此州使持節驃騎大將軍開府儀同三司大都督瓜州諸軍事瓜州刺史賢斯土良家勳德兼著受委居朕導輔積年念其規弼功勞甚茂今巡撫居此不殊代邑舉目依然益增舊想賢雖無屬籍朕處之若親凡厥昆季至于子姪可並預宴乃命中侍上士尉遲愷往瓜州降璽書勞賢賜衣一襲及被褥并御所服十三環金帶一要中廐馬一匹金裝鞍勒雜綵五百段銀錢一萬賜賢弟申國公穆亦如之子姪男女諸孫三十四人各賜衣一襲拜賢甥庫狄樂爲儀同賢門生昔經侍奉者二人授大都督四人授帥都督六人別將奴已免賤者五人授軍主未免賤者十二人酬替放之四年王師東討西道空虛慮羌渾侵擾乃授賢河州總管河州舊非總管至是創置賢乃大營屯田以省運漕多設斥候以備寇戎於是羌渾斂迹五年宕昌寇邊乃於洮州置總管府以鎭遏之遂廢河州總管改授賢洮州總管屬羌寇侵擾賢頻破之虜遂震懾不敢犯塞俄廢洮州總管還於河州置總管府復以賢爲之武帝思賢舊恩徵拜大將軍於京師薨帝親臨哀慟左右贈使持節柱國大將軍大都督十州諸軍事原州刺史諡曰桓子端嗣端位開府儀同三司從平齊戰沒贈上大將軍進封襄陽公諡曰果端弟吉儀同三司吉弟孝軌開府儀同大將軍升遷縣伯後封奇章公孝軌弟詢詢弟崇俱列在隋史賢弟穆傳中

賢弟遠字萬歲幼有器局嘗與羣兒爲戰鬬戲指麾便有軍陣之法郡守見而異之召使更戲羣兒散走遠持杖叱之復爲向陣意氣雄壯殆甚於前郡守曰此小兒必爲將帥非常人也及長涉獵書傳魏正光末天下鼎沸敕勒賊胡琮侵逼原州遠昆季率勵鄉人欲圖拒守而衆情頗有異同遠乃按劒喻以節義因曰有異同遠議者請斬之衆懼乃聽命相與盟歃深壁自守無援城陷其徒多被害唯遠兄弟並爲人所匿得免遠乃使賢晦迹和光潛身閒行入朝求援魏朝嘉之授武騎常侍俄轉別將及爾朱天光西伐配遠精兵爲鄉導天光欽遠才望除爲長城郡守後以應侯莫陳崇功遷高平郡守文帝見而悅之令居麾下及魏孝武西遷封安定縣伯魏文帝嗣位之始思享遐年以遠字可嘉令扶帝升殿進爵爲公仍領左右從征竇泰復弘農並有殊勳授都督原州刺史文帝謂遠曰孤之有卿若身之有臂本州之榮乃私事耳遂令遠兄賢代行州事沙苑之役遠功居最進爵陽平郡公尋除大丞相府司馬參軍國機務時河東初復人情未安文帝以河東爲國之要領乃授河東郡守遠敦獎風俗勸課農桑肅遏姦非兼修守禦之備曾未朞年百姓懷之文帝降書勞問徵爲侍中遷太子少師東魏北豫州刺史高仲密請舉州來附文帝以仲密所據遼遠難爲應接諸將皆憚此行遠曰北豫遠在賊境高歡又屯兵河陽常理而論實難救援但不入虎穴不得虎子若以奇兵出其不意事或可濟脫有利鈍故是兵家之常如其顧望不行便無克定之日文帝喜曰李萬歲所言差彊人意乃授行臺尚書前驅東出文帝率大軍繼至遠乃潛師而往拔仲密以歸仍從文帝戰於芒山時大軍不利遠獨整所部爲殿尋授都督義州弘農等二十一郡諸軍事遠善撫馭有幹畧戰守之備無不精銳每厚撫境外之人使爲間諜敵中動靜必先知之至有事泄被誅亦不以爲悔嘗獵於莎柵見石於叢薄中以爲伏兎射之鏃入寸餘視之乃石文帝聞而異之賜書曰昔李將軍廣親有此事公今復爾可謂世載其德東魏將段孝先趣宜陽以送糧爲名實有窺窬之意遠密知其計遣兵襲破之孝先遁走文帝賜所乘馬及金帶牀帳衣被等并綵二千疋拜大將軍頃之除尚書左僕射固辭文帝不許遠不得已方拜

職文帝又以第十一子代王達令遠子之其見親待如此時文帝嫡嗣未建明帝居長已有成德孝閔處嫡年尙幼沖乃謂羣公曰孤欲立子以嫡恐大司馬有疑大司馬卽獨孤信明帝敬后父也衆未有答遠曰立子以嫡不以長畧陽公爲嗣公何疑焉若以信爲嫌請卽斬信便起拔劒文帝亦起曰何事至此信又自陳說遠乃止於是羣公並從遠議遠出外拜謝信曰臨大事不得不爾信亦謝遠曰今日賴公決此大議六官建授小司寇孝閔踐阼進位柱國大將軍復鎭弘農遠子植文帝時已爲相府司錄參掌朝政及晉公護執權密欲誅護頗泄護乃出植爲梁州刺史尋而廢帝召遠及植還朝遠恐有變沈吟良久乃曰大丈夫寧爲忠鬼安能作叛臣乎遂就徵至京師護以遠功名素重猶欲全宥之謂曰公兒遂有異謀可早爲之所乃以植付遠遠素愛植植又有口辯云初無此謀遠信之詰朝將植謁護護謂植已死乃曰陽平公何意自來左右云植亦在門外護大怒曰陽平公不信我矣召入命遠同坐令帝與植相質於遠前植辭窮謂帝曰本爲此謀欲安社稷利至尊耳今日至此何事云云遠聞之自投於牀曰若爾誠合萬死於是護乃害植并逼遠自殺建德元年晉公護誅贈本官加太保謚曰忠隋開皇初追贈上柱國改謚曰懷植及諸弟並加贈謚植弟基字幼和幼有聲譽美容儀善談論涉獵羣書尤工騎射文帝令尙義歸公主以父勳封建安縣公累遷大都督進爵淸河郡公及魏廢帝卽位之後猜隙彌深時文帝諸子年皆幼沖章武公導中山公護復東西作鎭唯託意諸壻以爲心膂基與義城公李暉常山公于翼等俱爲武衞將軍分掌禁旅魏帝深憚之故密謀遂泄魏恭帝卽位進爵敦煌郡公尋進位驃騎大將軍開府儀同三司拜陽平國世子六官建授御正中大夫孝閔帝踐阼出爲淅州刺史尋爲兄植合坐死以主壻又爲季父穆所請得免武成二年除江州刺史旣被譴謫常憂憤不得志保定元年卒於位穆尤所鍾愛每哭輒悲慟謂所親曰好兒捨我去門戶豈是欲興宣政元年追贈使持節上開府儀同大將軍曹徐譙三州刺史敦煌郡公謚曰孝子威嗣威字安人又改襲遠爵陽平郡公加上開府大象末進至柱國封公

梁禦字善通其先安定人也後因官北邊遂家於武川改姓爲紇豆陵氏高祖俟力提從魏太武征討位揚武將軍定陽侯禦少好學進趨詳雅及長更好弓馬爾朱天光西討知禦有志畧引爲左右其平關隴除鎭西將軍東益州刺史第一領人酋長封白水縣侯從賀拔岳鎭長安及岳遇害禦與諸將同謀翊戴文帝從征侯莫陳悅文帝旣平秦隴方欲引軍東下雍州刺史賈顯持兩端通使於齊神武文帝知其意以禦爲大都督雍州刺史領前軍先行旣與顯相見因說之曰魏室陵遲天下鼎沸高歡志在凶逆梟夷非遠宇文夏州英姿不世算畧無方方欲持危定傾興復京洛公不於此時建立功効乃懷猶豫恐禍不旋踵矣顯卽出迎文帝禦遂入鎭雍州大統元年進爵信都縣公尋授尙書右僕射從文帝復弘農破沙苑加侍中開府儀同三司進爵廣平郡公出爲東雍州刺史爲政舉大綱而已民庶稱之四年薨於州臨終唯以國步未康爲恨言不及家贈太尉尙書令雍州刺史謚曰武昭子睿列在隋史

李弼字景和隴西成紀人六世祖振慕容垂黃門郎父永魏太中大夫贈涼州刺史弼少有大志膂力過人屬魏亂謂所親曰大丈夫生世會須履鋒刃平寇難以取功名安能碌碌依階資以求榮位乎爾朱天光辟爲別將天光西討破赤水蜀以功封石門縣伯又與賀拔岳討万俟醜奴万俟道洛王慶雲弼常先鋒陷陣所向披靡賊咸畏之皆曰莫當李將軍前也及天光赴洛弼隸侯莫陳悅爲大都督征討屢有克捷及悅害賀拔岳停軍隴上文帝自平涼進軍討悅弼諫悅令解兵謝之悅惶惑計無所出弼知悅必敗乃謂所親曰宇文夏州才畧冠世德義可宗侯莫陳公智小謀大豈能自保吾等若不爲計恐與同族滅及文帝至悅乃棄秦州南出據險以自固是日弼密通使於文帝許背悅至夜弼乃勒所部云悅欲向秦州命皆裝束弼妻悅之姨也時爲悅所親委衆咸信之人皆散走弼慰輯之遂擁衆走秦州降文帝悅由此遂敗文帝謂弼曰公與吾同心天下不足平也破悅得金寶奴婢遂以好者賜之大統初進位驃騎大將軍開府儀同三司拜雍州刺史從文帝平竇泰先鋒陷敵斬獲居多文帝以所乘騅馬及竇泰所著牟甲賜之又從平弘農與齊神武戰於沙苑弼率軍居右而左軍爲敵所乘弼將其麾下九十騎身先士卒橫截之敵分爲二因大破之以功進爵趙郡公四年又從文帝東討洛陽弼爲前驅東魏將莫多婁貸文率衆至穀城弼倍道而前進遣軍士鼓譟曳柴揚塵貸文以爲大軍至遂走弼追斬貸文虜其衆傳首大軍翌日又從文帝與齊神武戰於河橋弼深入陷陣身被七創遂爲所獲弼陽殭絕於地守者稍懈弼睨其旁有馬因躍上

馳兗歷位司空太保加柱國大將軍魏廢帝元年賜姓徒何氏文帝西巡留弼居守後事皆諮稟焉六官建拜太傅大司徒及晉公護執政朝之大事皆與于謹及弼等參議孝閔帝踐祚除太師進封趙國公邑萬戶前後賞賜鉅萬弼每率軍征討朝受命夕便引路略不問私事亦未曾宿於家其憂國忘身類皆如此性沉雄有深識故能以功名終始頃之薨於位年六十四明帝即日舉哀比葬三臨其喪發卒穿冢給大輅龍旂陳軍至於墓所謚曰武尋追封魏國公配食文帝廟庭子耀居長以次子暉尚文帝女義安長公主遂以為嗣暉初賜爵義城郡公嘗臥疾朞年文帝憂之賜錢一千萬供其藥石之費魏恭帝二年加驃騎大將軍儀同三司出為岐州刺史後文帝西巡率公卿子弟別為一軍後襲趙國公改襲魏國公天和六年進位柱國建德初出為梁州總管時隣州生獠積年侵暴暉至州綏撫並來歸附璽書勞之暉弟衍字拔立少專武藝慷慨有志畧為義州刺史封眞鄉公王謙作亂以行軍總管從梁睿擊平之進上大將軍隋開皇元年以行軍總管討平叛蠻進位柱國後拜安州總管以疾還京卒子仲威嗣衍弟綸最知名有文武才用以功臣子少居顯職位至司會中大夫開府儀同三司封河陽郡公為聘齊使主卒子長雅嗣尙隋文帝女襄國公主位內史侍郎河州刺史檢校秦州總管綸弟晏開府儀同三司趙郡公從平齊歿并州子懷以晏死王事即襲其官爵曜既不得嗣朝廷以弼功重封曜邢國公位開府子寬幹畧過人自周及隋數經將領位柱國蒲山郡公號為名將弼弟㨫字雲傑長不盈五尺性果決有膽氣魏永安元年以統別將從爾朱榮破元顥榮誅隨爾朱兆入洛及魏孝武西遷㨫從都督元斌之與齊神武戰敗遂與斌之奔梁後得逃歸進封晉陽縣子尋為文帝帳內都督從復弘農破沙苑㨫時跨馬運矛衝堅陷陣隱身鞍甲之中敵人見之皆曰避此小兒不知㨫之形貌正自如此文帝初亦聞㨫驍悍未見其能至是方嗟歎之謂曰但問膽決如何何必要須八尺之軀也以功進爵為公武成初從豆盧寧征稽胡進爵汝南郡公出為總管延綏丹三州諸軍事延州刺史卒官無子以弼子椿嗣位開府儀同大將軍右宮伯改封河東郡公寬子密列在隋史

于謹字思敬小名巨彌其先代人魏贈太尉新安公栗磾之六世孫也祖安定平原太守高平郡都將父子提隴西郡守茂平縣伯後以謹著勳贈太保建平郡公謹沈深有識量畧窺經史尤好孫子兵書屏居閭里未有仕進之志或有勸之者謹曰州郡之職昔人所鄙台鼎之位須待時來吾所以優游鄉邑聊以卒歲耳太宰元天穆見之歎曰王佐材也及破六韓拔陵首亂北境引蠕蠕為援遣大行臺僕射元纂討之纂宿聞謹名辟為鎧曹參軍事從軍北伐蠕蠕聞大軍之逼遂逃出塞纂令謹率二千騎追之至郁對原前後十七戰盡降其衆後率輕騎出塞覘賊屬鐵勒數千騎奄至謹以衆寡不敵乃散其騎使匿叢薄間又遣人升山指麾若分部軍衆賊望見雖疑有伏恃衆不以為慮乃進軍逼謹謹以常乘駿馬一紫一騧賊先所識乃使二人各乘一馬突陣而出賊以為謹也皆爭逐之謹乃率餘軍擊其追騎賊走因得入塞正光四年行臺廣陽王元深治兵北伐引謹為長流參軍謀議皆與謹參之特相禮接使其世子佛隨拜焉時魏末喪亂賊主斛律野穀祿等羣盜蜂起謹說廣陽王曰醜類蟻聚難以力勝願棄大王之威畧馳往喻之必得要領王然之謹兼解諸國語乃單騎入賊示以恩信於是西部鐵勒酋長也列河等三萬餘戶並款附相率南遷廣陽與謹至析郭嶺迎接之謹曰拔陵兵衆不少聞也列河等款附必來要擊彼若先據險則難與爭鋒今以也列河等餌之當競來抄掠然後設伏而待必指掌破之廣陽然其計拔陵果來要擊破也列河於嶺上部衆皆沒謹伏兵發賊大敗悉收也列河之衆魏帝嘉之除積射將軍孝昌元年謹又隨廣陽王征鮮于修禮軍次白牛邏會章武王為修禮所害遂停軍中山侍中元晏宣言於靈太后曰廣陽王以宗室之重受律專征今乃盤桓不進坐圖非望又有于謹者智畧過人為其謀主風塵之際恐非陛下純臣矣靈太后詔於尚書省門外立牓募能獲于謹者許以重賞謹聞之乃謂廣陽王曰今女主臨朝取信讒佞脫不明白殿下素心便恐禍至謹請身詣闕下歸罪有司披露腹心廣陽王許之謹遂到牓下曰吾知此人衆共詰之謹曰我即是也有司以聞靈太后見之大怒謹備說廣陽忠款兼陳停軍之狀靈太后意解遂捨之孝莊即位以從元天穆討葛榮平邢杲拜征虜將軍從爾朱天光破万俟醜奴封石城縣伯後從爾朱天光與齊神武戰於韓陵山天光敗謹遂入關文帝臨夏州以謹為防城大都督兼夏州長史及賀拔岳被害文帝赴平涼謹乃說文帝曰魏祚陵遲權臣擅命羣盜蜂起黔首嗷然明公仗超世之姿懷濟時之畧四方遠近咸所歸心願早建良圖以副衆望文帝曰何以言之對曰關中秦漢舊

都古稱天府將士驍勇厥壤膏腴西有巴蜀之饒北有羊馬之利今若據其要害招集英雄養卒勸農觀時適變且天子在洛逼迫羣兇請都關右然後挾天子而令諸侯千載一時也文帝大悅會有勑追謹爲關內大都督謹因進都關中之策魏帝納之尋而齊神武逼洛陽謹從魏帝西遷仍從文帝征潼關破回洛城授北雍州刺史進爵藍田縣公大統元年拜驃騎大將軍三年大軍東伐爲前鋒進拔弘農禽東魏陝州刺史李徽伯神武至沙苑謹力戰進爵恒山郡公又從戰河橋拜大丞相府長史兼大行臺尚書再遷太子太保邙山之役大軍不利謹率其麾下僞降立於路左齊神武乘勝逐北不以爲虞追騎過盡謹乃自後擊之敵人大駭獨孤信又集兵士於後奮擊齊軍亂以此大軍得全十二年拜尚書左僕射領司農卿及侯景款附請兵爲援謹諫以爲景情難測文帝不聽尋兼大行臺尚書大丞相長史率兵鎮潼關十五年加授華州刺史進位柱國大將軍賜秬鬯一卣珪瓚副焉俄拜司空魏恭帝元年除雍州刺史初梁元帝平侯景之後於江陵嗣位密與齊氏通使將謀侵軼其兄子岳陽王詧時爲雍州刺史以梁元帝殺其兄譽遂結釁隙據襄陽來附仍請王師乃令謹率衆出討文帝餞於青泥谷長孫儉問謹曰爲蕭繹之計將欲何如謹曰耀兵漢沔席卷渡江直據丹陽是其上策移郭內居民退保子城峻其雉堞以待援至是其中策若難於移動據守羅郭是其下策儉曰揣繹定出何策謹曰必用下策儉曰彼棄上而用下何也對曰蕭氏保據江南綿歷數紀屬中原多故未遑外略又以我有齊之患必謂力不能分且繹懦而無謀多疑少斷愚

人難與慮始皆戀邑居既惡遷移當保羅郭所以用下策謹乃令中山公護及大將軍楊忠等率精騎先據江津斷其走路梁人豎木柵於外城廣輪六十里尋而謹至悉衆圍之旬有六日外城遂陷梁主退保子城翌日率其太子以下面縛出降尋殺之虜其男女十萬餘人收其府庫珍寶得宋渾天儀梁日晷銅表魏相風烏銅蟠螭趺大玉徑四尺圍丈二尺及諸輿輦法物以獻軍無私焉立蕭詧爲梁主振旅而旋文帝親至其第宴語極歡賞謹奴婢千口及梁之寶物并金石絲竹樂一部別封新野郡公謹固辭不許又令司樂作恒山公平梁歌十首使工人歌之謹以久當權軸位望隆重功名既立願保優閑乃上先所乘驄馬及所著甲鎧等文帝識其意乃曰今巨猾未平公豈得獨善遂不受六官建拜大司寇及文帝崩孝閔帝尚幼中山公護雖受顧命而名位素下羣公各圖執政莫相率服護深憂之密訪於謹謹曰夙蒙丞相殊眷情深骨肉今日之事必以死爭之若對衆定策公必不得讓明日羣公會議謹曰昔帝室傾危人圖問鼎丞相志在匡救投袂荷戈故得國祚中興羣生遂性今上天降禍奄棄百僚嗣子稚幼而中山公親則猶子兼受顧託今日軍國之事理須歸之辭色抗厲衆皆悚動護曰此是護家事護雖庸昧何敢有辭謹既與文帝等夷護每申禮敬至是謹乃起而言曰公若統理軍國謹等便有所依遂再拜羣公迫於謹亦再拜因是衆議始定孝閔踐阼進封燕國公邑萬戶遷太傅大宗伯與李弼侯莫陳崇等參議朝政及賀蘭祥討吐谷渾明帝令謹遙統其軍授以方畧保定二年謹以年老表乞骸骨優詔不許有司宜斷表啟三年四月

詔謹爲三老固辭又不許有司具禮擇日又賜延年杖武帝幸太學以食之三老入門皇帝迎拜屏間三老答拜有司設三老席於中楹南向太師晉公護升階設席施几三老升席南面憑几而坐以師道自居大司寇楚國公寧升階正舄皇帝升立於斧扆之前西面有司進饌皇帝跪設醬豆親自袒割三老食訖皇帝又親跪授爵以酳有司徹訖皇帝北面立訪道三老乃起立於席皇帝曰猥當天下重任自惟不才不知治術之要公其誨之三老答曰木從繩則正君從諫則聖自古明王聖主皆虛心納諫以知得失天下乃安惟陛下念之又曰爲國之本在乎忠信古人去食去兵信不可失國家興廢莫不由之願陛下存而勿失又曰爲國之道必須有法法者國之綱紀不可不正所正在於賞罰若有功必賞有罪必罰則爲善者日益爲惡者日止若有功不賞有罪不罰則天下善惡不分下民無所措其手足又曰言行者立身之基言出行隨誠願陛下慎之三老言畢皇帝再拜受之三老答拜禮成而出及晉公護東伐謹時有病護以其宿將舊臣猶請與同行詢訪戎畧軍還賜鐘磬一部天和二年又賜安車一乘尋授雍州牧三年薨年七十六武帝親臨詔譙王儉監護喪事賜綵千段粟麥千斛贈本官加使持節太師都督雍恒等二十州諸軍事雍州刺史謚曰文及葬王公以下咸送出郊外配享於太祖廟庭謹有智謀善於事上名位雖重猶存謙挹每朝參往來不過兩三騎而已朝廷凡有軍國之務多與謹決之謹亦竭其智能弼諧帝室故功臣之中特見委信始終若一人無閒言每教訓諸子務在靜退加以年齒遐長禮遇隆厚子孫繁衍皆至顯達當代

莫比子寔嗣寔字賓實少和厚年未弱冠入文帝幕府從征累功封萬年縣子大統十四年累遷尚書是歲文帝與魏太子西巡寔時從行文帝刻石隴山之上敘錄功臣名位以次鐫勒預以寔爲開府儀同三司至十五年方授之尋除渭州刺史特給鼓吹一部進爵爲公魏恭帝二年羌東念姐率部落反西連吐谷渾大將軍豆盧寧討之踰時不克又令寔往遂破之文帝手書勞問賜奴婢百口馬百匹孝閔帝踐阼授戶部中大夫進爵延壽郡公天和二年延州蒲川賊郝三郎反攻丹州遣寔討平之仍除延州刺史五年襲燕國公進位柱國以罪免尋復本官除涼州總管大象二年加上柱國拜大左輔隋開皇元年薨贈司空謚曰安子顗字元武身長八尺美鬚眉大冢宰宇文護見而器之以女妻之以父勳賜爵新野郡公歷左右宮伯郢州刺史大象中以水軍總管從韋孝寬經略淮南尉遲迥之反時總管趙文表與顗素不協顗將圖之因臥閤內詐疾文表獨至顗殺之文表與迥通謀其麾下無敢動者時隋文帝以迥未平慮顗復生邊患因宥免之即拜吳州總管以頻敗陳師賜綵數百段及隋受禪文表弟詣闕稱兄無罪上令按其事太傅竇熾等議顗當死上以其門著勳績特原之貶爲開府後襲爵燕國公尋拜澤州刺史免卒子家子世虔顗弟仲文列在隋史寔弟翼字文若美風儀有識度年十一尚文帝女平原公主拜員外散騎常侍封安平縣公大統十六年進爵郡公加大都督領文帝帳下左右禁中宿衞謹平江陵所賜得軍實分諸子翼一無所取唯簡賞口內名望子弟有士風者別待遇之文帝聞之特賜奴婢二百口翼固辭不受尋授車騎大將軍開府儀同三司六官建除左宮伯孝閔踐阼出爲渭州刺史翼兄寔先涖此州頗有惠政翼又推誠布信事存寬簡夷夏感悅比之大小馮君時吐谷渾入寇河右涼鄯河三州咸被攻圍使來告急秦州都督遣翼赴援翼不從寮屬咸以爲言翼曰攻取之術非夷俗所長此來不過抄掠邊牧耳安能頓兵城下久事攻圍掠而無獲勢將自走勞師以往必無所及翼揣之已了幸勿復言數日間至果如翼所策賀蘭祥討吐谷渾翼率州兵先鋒深入以功增邑尋徵拜右宮伯明帝雅好文史立麟趾學在朝有藝業者不限貴賤皆聽預焉乃至蕭撝王褒等與卑鄙之徒同爲學士翼言於帝曰蕭撝梁之宗子王褒梁之公卿今與趨走同儕恐非尚賢貴爵之義帝納之詔翼定其班次於是有等差矣明帝崩翼與晉公護同受遺詔立武帝保定元年徙軍司馬三年改封恆山郡公天和初遷司會中大夫三年皇后阿史那氏至自突厥武帝行親迎之禮命翼總司儀制狄人雖蹲踞無節然咸憚翼之禮法莫敢違犯遭父憂去職居喪過禮爲時輩所稱尋有詔起令視事武帝又以翼有人倫之鑒皇太子及諸王等傅相以下並委翼選置其所擢用皆民譽也時論僉謂得人遷大將軍總中外宿衞兵事晉公護以帝委翼腹心內懷猜忌轉爲小司徒加拜柱國雖外示崇重實疎斥之及護誅帝召翼遣往河東取護子中山公訓仍代鎮蒲州翼曰冢宰無君陵上自取誅夷元惡既除餘孽宜殄然皆陛下骨肉猶謂疎不間親陛下不使諸王而使臣異姓非直物有橫議懸臣亦未安帝然之乃遣越王盛代翼先是齊陳二境各修邊防雖通聘好而每歲交兵然一彼一此不能有所克獲武帝既親萬機將圖東討詔邊城並益儲峙加戍卒二國聞之亦增修守禦翼諫曰疆埸相侵互有勝敗徒損兵儲非策之上者不若解邊嚴減兵防繼好息民敬待來者彼必喜於通和懈而無備然後出其不意一舉而山東可圖帝納之建德二年出爲安州總管時大旱涓水絕流舊俗每逢亢旱禱白兆山祈雨帝先禁羣祀山廟已除翼遣主簿祭之即日澍雨歲遂有年百姓感德聚會歌舞頌之四年武帝將東伐朝臣未有知者遣納言盧韞前後三乘驛詣翼問策翼贊成之及軍出詔翼率兵二萬自宛葉趨襄城旬日下齊一十九城所過秋毫無犯所部都督輒入民村即斬以徇百姓欣悅赴者如歸屬帝有疾班師翼亦旋鎮五年轉陝熊等七州十六防諸軍事宜陽總管翼以宜陽地非襟帶請移鎮於陝詔從之仍除陝州刺史總管如舊其年大軍東討翼自陝入九曲攻拔造澗等諸城徑到洛陽齊洛州刺史獨孤永業開門出降河南九州三十鎮一時俱下襄城民庶等喜於見翼壺漿道左除河陽總管仍徙豫州勑給兵馬并配開府及儀同等二十人仍勑有武幹者任翼補牒不限多少儀同已下官爵承制先授後聞陳將魯天念久圖光州聞翼到汝南望風退散大象初徵拜大司徒詔翼巡長城立亭障西自鴈門東至碣石創新改舊咸得其要害云仍除幽州總管先是突厥屢爲抄掠居民失業翼素有威聲兼明斥候自是不敢犯塞百姓安之及尉遲迥據相州舉兵以書招翼翼執其使并書送之時隋文帝執政賜翼雜綵一千五百段及粟麥甚多并珍寶服玩等進位上柱國封任國公增邑通前五千戶別食任城縣一千戶收其租賦翼又

遺子讓通表勸進并請入朝隋文帝許之開皇初翼入朝上降榻握手極歡數日拜太尉或有告翼往在幽州欲同尉遲迥按驗以無實見原三年薨於本位加贈大州諸軍事蒲州刺史諡曰穆翼性恭儉與物無競常以滿盈自戒故能以功名終子璽嗣璽字伯符少有器幹仕周位職方中大夫封黎陽縣公宣帝嗣位轉右勳曹中大夫尋領右忠義隋文帝受禪加上大將軍進爵郡公歷汴邵二州刺史所歷並有威惠後檢校江陵總管邵州人張願等數十人詣闕上表請留璽上嘉歎良久令還邵州父老相賀歷洛熊二州刺史亦粗有惠政以疾還京師卒於家諡曰靜有子志本璽弟詮位上儀同三司吏部下大夫恆山公詮弟讓儀同三司翼弟義字慈恭少矜嚴有操尚篤志好學魏大統末以父功賜爵平昌縣伯後改封廣都縣公孝閔帝踐阼累遷安武太守專崇教德不尚威刑郡人張善安王叔兒爭財相訟義曰太守德薄之所致於是以家財分與二人喻而遣去善安等各懷愧恥移貫他州於是風教大洽進封建平郡公明武世歷西兗瓜邵三州刺史數從征伐進位開府宣帝卽位政刑日亂義上疏諫帝時鄭譯劉昉以恩倖當權謂義不利於己先惡之於帝帝覽表色動謂侍臣曰于義謗訕朝廷也御正大夫顏之儀進曰古先哲王立謗訕之木置敢諫之鼓猶懼不聞過于義之言不可罪也帝乃解及王謙構逆隋文帝謀將於高熲熲言義可爲元帥文帝將任之劉昉曰梁睿位望素重不可居義下乃以睿爲元帥義爲行軍總管將左軍破謙將達奚惎於開遠尋拜潼州總管賜奴婢五百口雜綵三千段超拜上柱國時義兄翼爲太尉弟智兄子仲文並上柱國大將軍已上十餘人稱爲貴戚後以疾免卒於京師贈豫州刺史諡曰剛子宣道宣敏皆知名列在隋史義弟禮上將軍趙州刺史安平郡公禮弟智初爲開府以受宣帝密旨告齊王憲反遂封齊國公尋拜柱國大司空智弟紹上開府綏州刺史華陽郡公紹弟弼上儀同平恩縣公弼弟蘭上儀同襄陽縣開國公蘭弟曠上儀同贈恆州刺史

宇文貴字永貴其先昌黎大棘人也徙居夏州父莫豆干保定中以貴勳追贈柱國大將軍少傅夏州刺史安平郡公貴母初孕貴夢老人抱一子授之曰賜爾是子俾壽且貴及生形類所夢故以永貴字之貴少從師受學嘗輟書歎曰男兒當提劒汗馬以取公侯何能爲博士也魏正光末破六韓拔陵圍夏州刺史源子邕嬰城固守以貴爲統軍後從爾朱榮禽葛榮於滏口加別將又從元天穆平邢杲轉都督元顥入洛貴率鄉兵從爾朱榮有功封革融縣侯除郢州刺史入爲武衞將軍閤內大都督從魏孝武西遷進爵化政郡公貴善騎射有將帥才文帝又以宗室故甚親委之大統初與獨孤信入洛陽東魏潁川長史賀若統據潁川來降東魏遣將堯雄趙育是云寶率衆二萬攻潁川貴自洛陽率步騎二千救之軍次陽翟雄等去潁川四十里東魏行臺任祥又率衆四萬將與雄合諸將咸以彼衆我寡不可爭鋒貴曰若賀若一陷吾輩坐此何爲遂入潁川雄等稍進貴率千人背城爲陣與雄合戰貴馬中流矢乃短兵步鬬雄大敗輕走趙育於是降任祥聞雄敗遂不敢進貴乘勝逼祥敗之是云寶亦降師還魏文帝在天游園以金巵置侯上令公卿射中者卽賜之貴一發而中帝笑曰由基之妙正當爾耳進侍中驃騎大將軍開府儀同三司十六年遷中外府左長史進位大將軍宕昌王梁彌定爲宗人獠甘所逐來奔又有羌酋傍乞鐵怱因梁企定反後據有渠株川擁隷數千家與渭州人鄭五醜同反文帝令貴與豆盧寧討之貴等禽斬鐵怱及五醜寧又別擊獠甘破之乃納彌定并於渠株川置岷州朝廷重功遂於粟坂立碑以紀其績廢帝三年詔貴代尉遲迥鎮蜀時隆州人開府李光易反於鹽亭攻圍隆州而隆州人李拓亦聚衆反開府張道應之貴乃命開府叱奴興攻隆州又令開府成亞擊拓及道降之並送京師除益州刺史未就拜小司徒先是蜀人多劫盜貴乃召任俠傑健者置爲游軍二十四部令其督捕由是頗息孝閔帝踐阼進位柱國拜御正中大夫武成初與賀蘭祥討吐谷渾軍還進封許國公邑萬戶舊爵回封一子遷大司空行小冢宰歷大司徒遷太保貴好音樂耽弈碁留連不倦然好施愛士時人以此稱之保定末使突厥迎皇后天和二年還至張掖薨贈太傅諡曰穆子善嗣善弘厚有武藝大象末位上柱國封許國公隋文帝受禪遇之甚厚拜其子穎上儀同及善弟愷誅並廢于家善未幾卒穎大業中位司農少卿後沒李密善弟忻愷列在隋史

侯莫陳崇字尚樂代郡武川人也其先魏之別部居庫斛眞水祖元以良家子鎮武川因家焉父興殿中將軍羽林監後以崇著勳追贈柱國太保清河郡公崇少驍勇善騎射謹慤少言年十五隨賀拔岳與爾朱榮征葛榮以功除建威將軍後從岳入關討赤水蜀又從岳力戰破万俟醜奴崇與輕騎逐北至涇州長阬及之賊未

成列崇單騎入賊中於馬上生擒醜奴衆悉披靡遂大破之封臨涇縣侯岳以醜奴所乘馬及寶劒金帶賞之及岳爲侯莫陳悅所害崇與諸將同謀迎文帝至原州刺史史歸猶爲悅守城文帝遣崇襲歸直到城下卽據城門時李遠兄弟在城內先知崇來中外鼓譟伏兵悉起遂禽歸斬之以崇行原州事仍從平悅別封廣武縣伯累遷車騎大將軍開府儀同三司改封彭城郡公大統三年從禽竇泰復弘農破沙苑四年從戰河橋崇功居多又別討平稽胡累戰皆有功進位柱國大將軍六官建拜大司空孝閔踐阼進封梁國公邑萬戸加太保歷大宗伯大司徒保定三年武帝幸原州夜還京師崇竊怪其故崇謂所親人常昇曰吾比聞卜筮者言晉公今年不利車駕今忽夜還不過是晉公死耳於是皆傳之或有發其事者帝集諸公卿於大德殿責崇崇惶懼謝罪其夜護遣使將兵就崇宅逼令自殺葬禮如常儀謚曰躁護誅改謚曰莊閔子芮嗣位柱國從武帝東伐率衆守大行道并州平授上柱國仍從平鄴拜大司馬隋文大業初以譴詔流配嶺南芮弟穎列在隋史崇兄順少豪俠有志度初事尒朱榮爲統軍普泰元年封本縣子後從魏孝武入關順與文帝同里閈素相友善且崇先在關中文帝見之甚歡進爵彭城郡公及梁企定圍逼河州以順爲大都督與趙貴討破之卽行河州事大統四年魏文帝東討順與太尉王盟僕射周惠達等留鎭長安時趙青雀反盟及惠達奉魏太子出次渭北順於渭橋與賊戰頻破之魏文帝還執順手曰渭橋之戰卿有殊力便解所服金鏤玉梁帶賜之南岐州氐苻安壽遂率部落一千家款附時順弟崇又封彭城郡公遂改封順河間郡公六年加驃騎大將軍開府儀同三司行夏州事改封平原郡公孝閔帝踐阼拜少師進位柱國其年薨崇弟瓊歷位荆州總管上柱國封修武郡公瓊弟凱以軍功賜爵下蔡縣男崇以平原州功賜爵靈武縣侯詔聽轉授凱孝閔踐阼進位開府儀同三司進爵爲公天和中爲司會中大夫建德二年爲聘齊使主

王雄字雄胡布頭太原人也父崘以雄著勳追贈柱國大將軍少傅安康郡公雄儀貌魁梧少有謀畧魏末從賀拔岳入關除金紫光祿大夫孝武西遷封臨晉縣伯大統中進爵武威郡公累遷大將軍行同州事魏恭帝元年賜姓可頻氏孝閔帝踐阼授少傅進位柱國大將軍武成初進封庸國公邑萬戸出爲涇州總管保定四年從晉公護東征至芒山與齊將斛律明月戰退走左右皆散矢又盡唯餘一奴一矢在焉雄案矟不及明月者丈餘曰惜爾不得殺但生將爾見天子明月反射雄中額抱馬走至營薨贈使持節太保同華等二十州諸軍事同州刺史謚曰忠子謙字敕萬性恭謙無他才能以父功封安樂縣伯保定二年父雄封庸國公以武威郡公回封謙安樂伯回封第三弟震雄死朝議以謙父殞於行陣特加殊寵授柱國大將軍襲爵庸國公建德五年武帝東征謙力戰進位上柱國六年授益州總管十八州諸軍事及宣帝崩隋文帝輔政以梁睿爲益州總管時謙使司錄賀若昂奉表詣闕昂還具陳京師事謙以父子受國恩將圖匡復遂舉兵署置官司總管長史乙弗虔益州刺史達奚惎勸謙憑險觀變隆州刺史高阿那肱爲謙畫三策曰公親率精銳直指散關蜀人知有勤王之節必當各思効命此上策也出兵梁漢以顧望天下此中策也坐守劒南發兵自衛此下策也謙參用其中下之策梁睿未至大劒謙先遣兵鎭始州隋文帝卽以睿爲行軍元帥便發利鳳文秦成諸州兵討之謙所署柱國達奚惎高阿那肱大將軍乙弗虔楊安任峻侯翕景孱等衆號十萬盡銳攻利州總管楚國公豆盧勣拒戰將四旬惎等諸軍聞睿將至衆遂潰謙所署大將軍苻子英攻巴州又爲刺史呂珍所破睿承其弊縱兵深入惎虔密遣使詣睿請爲內應以贖罪謙不知惎虔之反已也並令守成都謙先無籌畧且所任用多非其才及聞睿兵奄至惶懼計無所出乃自率衆逆戰又以惎虔之子爲左右軍行數十里左右軍皆叛謙奔新都縣令王寶執而斬之傳首京師惎虔以成都降隋文帝以惎虔首謀令殺之於蜀市餘衆並散阿那肱尋亦被誅

初魏孝莊帝以尒朱榮有翊戴之功拜榮爲柱國大將軍位在丞相上榮敗後此官遂廢大統三年魏文帝復以文帝建中興之業始命爲之其後功參佐命望實俱重者亦居此職自大統十六年以前居是任者凡有八人文帝位總百揆都督中外軍事魏廣陵王欣元氏懿戚從容禁闈而已此外六人各督二大將軍分掌禁旅當爪牙禦侮之寄當時榮盛莫與爲比故一時稱門閥者咸推八柱國家云今并十二大將軍錄之於左

使持節太尉柱國大將軍大都督尚書左僕射隴右行臺少師隴西郡開國公李虎

使持節太傅柱國大將軍大宗師大司徒廣陵王元欣

使持節太保柱國大將軍大都督大宗伯趙郡開國公李弼
使持節柱國大將軍大都督大司馬河內郡開國公獨孤信
使持節柱國大將軍大都督大司寇南陽郡開國公趙貴
使持節柱國大將軍大都督大司空恆山郡開國公于謹
使持節柱國大將軍大都督少傅彭城郡開國公侯莫陳崇

右與文帝爲八柱國後並改封此並文帝時爵

使持節大將軍大都督少保廣平王元贊
使持節大將軍大都督淮安王元育
使持節大將軍大都督齊王元廓
使持節大將軍大都督平原郡開國公侯莫陳順
使持節大將軍大都督七州諸軍事秦州刺史章武郡開國公宇文導
使持節大將軍大都督雍州刺史高陽郡開國公達奚武
使持節大將軍大都督陽平郡開國公李遠
使持節大將軍大都督范陽郡開國公豆盧寧
使持節大將軍大都督化政郡開國公宇文貴
使持節大將軍大都督荊州刺史博陵郡開國公賀蘭祥
使持節大將軍大都督陳留郡開國公楊忠
使持節大將軍大都督岐州諸軍事岐州刺史武威郡開國公王雄

右十二大將軍每大將軍督二開府凡爲二十四員分團統領是爲二十四軍每一團儀同二人自相統率不編戶貫部十二大將軍十五日上則門闌陛戟警晝巡夜十五日下則教旗習戰無他賦役每兵惟辦弓刀一具月簡閱之甲槊戈弩並資官給自大統十六年以前十二大將軍外念賢及王思政亦拜大將軍然賢作牧隴右思政出鎭河南並不在領兵之限此後功臣位至柱國及大將軍者眾矣不限此秩無所統御八柱國十二大將軍之後有以位次嗣掌其事者而德望素在諸公之下並不得預於此例

王盟字仵明德皇后之兄也其先樂浪人六世祖波前燕太宰祖珍魏黃門侍郎贈并州刺史樂浪公父羆伏波將軍以良家子鎭武川因家焉魏正光中破六韓拔陵攻陷諸鎭盟亦爲其所擁拔陵平後流寓中山復以積射將軍從蕭寶夤西征寶夤僭逆盟遂逃匿民間及爾朱天光入關盟從之隨賀拔岳禽万俟醜奴平秦隴常先登力戰及文帝平侯莫陳悅除盟原州刺史孝武至長安封魏昌縣公大統三年徵拜司空轉司徒迎文帝悼后於蠕蠕加侍中遷太尉魏文帝東征以留後大都督行雍州節度關中諸軍趙青雀爲亂盟與開府李虎輔太子出頓渭北事平進爵蔡郡公賜姓拓王氏還太保九年進位太傅加開府儀同三司盟姿度弘雅仁而汎愛雖居師傅禮冠羣后而謙恭自處未嘗以勢位驕人魏文帝甚尊重之及疾數幸其第親問所欲十一年薨贈本官謚曰孝定子勱字醜興性忠果有才幹年十七從文帝入關及平秦隴定關中文帝嘗謂曰爲將坐見成敗者上也被堅執銳者次也勱曰意欲兼備之文帝大笑尋拜散騎常侍賜爵梁甫縣公大統初爲千牛備身直長領左右出入臥內小心謹厚魏文帝嘗曰王勱可謂不二心臣也沙苑之役勱以都督領禁兵居左翼當其前者死傷甚眾勱亦被傷重遂卒於行間文帝深悼焉贈使持節太尉尚書令十州諸軍事雍州刺史追封咸陽郡公謚曰忠武子弼襲爵尚魏安樂公主位大都督通直散騎常侍勱弟懋字小興盟之西征也以懋留在山東永安中始入關與盟相見遂從征伐大統初賜爵安平縣子後進爵爲公累遷右衞將軍于時疆埸交兵未申喪紀服齊斬者並墨縗從事及盟薨懋上表辭位乞終喪制魏文帝不許累遷開府儀同三司侍中左衞將軍領軍將軍懋溫和小心敬慎宿衞宮禁十有餘年勤恪當官未嘗有過廢帝二年除南岐州刺史賜爵安寧郡公後拜小司寇卒於官子悅嗣位大將軍同州刺史改封濟南郡公盟兄子顯幼而敏悟沈靜少言初爲文帝帳內都督累遷驃騎大將軍開府儀同三司光祿卿鳳州刺史賜爵洛陽縣公進位大將軍子誼列在隋史

獨孤信雲中人也本名如願魏氏之初有四十六部其先伏留屯者爲部落大人與魏俱起祖俟尼和平中以良家子自雲中鎭武川因家焉父庫者爲領人酋長少雄豪有節義北州咸敬服之信美容儀善騎射以北邊喪亂避地中山正光末與賀拔度等同斬衞可瓌由是知名後爲葛榮所獲信既少年好自修飾服章有殊於眾軍中號爲獨孤郎及爾朱氏破葛榮以信爲別將從

征韓樓信匹馬挑戰禽賊漁陽王袁肆周後以破元顥黨賜爵受德縣侯遷武衞將軍賀拔勝出鎭荊州乃表信爲大都督及勝弟岳爲侯莫陳悅所害勝乃令信入關撫岳餘衆屬文帝已統岳兵信與文帝鄉里少相友善相見甚歡因令信入洛請事至雍州大使元毗又遣信還荊州尋徵入朝魏孝武雅相委任及孝武西遷事起倉卒信單騎及之於瀍澗孝武歎曰武衞遂能辭父母捐妻子遠來從我世亂識忠貞豈虛言哉卽賜御馬一匹進爵浮陽郡公時荊州雖陷東魏民心猶戀本朝乃以信爲衞大將軍都督三荊州諸軍事兼尚書右僕射東南道大行臺大都督荊州刺史以招懷之旣至東魏刺史辛纂出戰信縱兵擊纂大敗之都督楊忠等前驅斬纂又破諸蠻於是三荊遂定就拜車騎大將軍東魏遣其將高敖曹侯景等率衆奄至信以衆寡不敵遂率麾下奔梁居三載梁武帝方許還北信父母旣在山東梁武問信所往信答以事君無二梁武深義之禮送甚厚大統三年秋至長安自以虧損國威上書謝罪魏文帝付尚書議之七兵尚書陳郡王元等議以爲旣經恩降請赦罪復職詔轉驃騎大將軍加侍中開府尋拜領軍將軍仍從文帝復弘農破沙苑攺封河內郡公俘虜中有信親屬始得父凶問乃發喪行服尋起爲大都督與馮翊王元季海入洛陽潁豫襄廣陳留之地並相繼款附四年東魏將侯景等圍洛陽信據金墉城隨方拒守旬有餘日及文帝至瀍東景退走信與李遠爲右軍戰不利東魏遂有洛陽六年侯景寇荊州文帝令信與李弼出武關景退卽以信爲大使慰撫二荊尋除隴右十一州大都督秦州刺史先是守宰闇弱政令乖方人有冤訟歷年不能決及信在州事無擁滯示以禮教勸以耕桑數年之中公私富實流人願附者數萬家文帝以其信著遐邇故賜名爲信七年岷州刺史赤水蕃王梁企定舉兵反詔信討之企定尋爲其部下所殺而企定子弟仍收其餘衆信乃勒兵向萬年頓三交谷口賊併力拒守信因詭道趣稠松嶺賊不虞信兵之至望風奔潰乘勝追北徑至城下賊並出降加授太子太保芒山之戰大軍不利信與于謹帥散卒自後擊之齊神武追騎驚擾諸軍因此得全及涼州刺史宇文仲和據州不受代文帝令信率開府怡峯討之仲和嬰城固守信夜令諸將以衝梯攻其東北信親率壯士襲其西南遲明克之禽仲和虜其六千戸送于長安拜大司馬十三年大軍南討時以蠕蠕爲寇令信移鎭河陽十四年進位柱國大將軍錄前後功增封聽回授諸子於是第二子善封魏寧縣公第三子穆必要縣侯第四子藏義寧縣侯邑各一千戸第五子順武城縣侯第六子陁建忠縣伯邑各五百戸信在隴右歲久啓求還朝文帝不許或有自東魏來者又告其母凶問乃發喪行服信陳哀苦請終禮制又不許於是追贈信父庫者司空公追封信母費連氏恆山郡君十六年遷尚書令六官建拜大司馬孝閔帝踐阼遷大宗伯進封衞國公邑萬戸趙貴誅後信以同謀坐免居無幾晉公護又欲殺之以其名望素重不欲顯其罪過逼令自盡於家時年五十五信美風度雅有奇謀大畧文帝初啓霸業唯有關中之地以隴右形勝故委信鎭之旣爲百姓所懷聲震鄰國東魏將侯景之南奔梁也魏收爲檄梁文矯稱信據隴右不從宇文氏乃云無關西之憂欲以委梁人也又信在秦州嘗因獵日暮馳馬入城其帽微側詰旦而吏民有戴帽者咸慕信而側帽焉其爲鄰境及士庶所重如此子羅先在東魏乃以次子善爲嗣及齊平羅至而善卒又以羅主嗣信長女周明帝敬后其季女隋文帝獻后獨孤氏自周隋及唐三代皆爲外戚自古以來未之有也隋文帝踐極乃下詔襃贈太師上柱國十州諸軍事冀州刺史封趙國公邑一萬戸諡曰景追贈信父庫者使持節太尉上柱國六州諸軍事定州刺史封越國公邑一萬戸諡曰恭信母費連氏贈太尉趙恭公夫人羅善等俱列在隋外戚傳

竇熾字光成扶風平陵人漢大鴻臚章十一世孫也章子統靈帝時爲鴈門太守避竇武之難亾奔匈奴遂爲部落大人後魏南徙子孫因家於代賜姓紇豆陵氏累世仕魏皆至大官父畧平遠將軍以熾著勳贈少保柱國大將軍建昌公熾性嚴明有謀畧美鬚髯身長八尺二寸少從范陽祁忻授毛詩左氏春秋畧通大義善騎射膂力過人魏正光末北鎭擾亂熾隨父畧避地定州沒於葛榮榮欲官畧畧不受榮疑其有異志遂留畧於冀州將熾及熾兄善隨軍及爾朱榮破葛榮熾乃將家隨榮於并州時葛榮別將韓樓等數萬人據薊城不下以熾爲都督從驃騎將軍侯深討之熾手斬樓以功拜揚烈將軍魏孝武卽位蠕蠕等諸蕃並遣使朝貢帝臨軒宴之有鴟飛鳴於殿前帝素知熾善射因欲矜遠人乃給熾御箭兩隻命射之鴟乃應弦而落諸蕃人感歎異之帝大悅賜帛五十疋尋隨東南道行臺樊子鵠追爾朱仲遠奔梁時梁主又遣元樹入寇據譙城子鵠令熾擊破之封行唐縣子尋進爵上洛縣伯時帝與齊神

武構隙以熾有威重堪處爪牙之任拜閤內大都督遷朱衣直閤遂從帝西遷仍與其兄善亟至城下與武衞將軍高金龍戰於千秋門敗之因入宮城取御馬四十匹并鞍勒進之行所帝大悅賜熾及善駿馬各二匹驚馬十四大統元年以從駕功除東豫州刺史別封眞定縣公從文帝禽竇泰復弘農破沙苑皆有功河橋之戰諸將退走熾時獨從兩騎爲敵人所追至邙山熾乃下馬背邙山抗之俄而敵衆漸多三面攻圍矢下如雨熾騎士所執弓並爲敵人所射破熾乃總收其箭以射之所中人馬皆應弦而倒敵乃相謂曰得此三人未足爲功乃稍引退熾因其怠遂突圍得出又從太保李弼討白額稽胡破之高仲密以北豫州來赴熾從文帝援之至洛陽會東魏人據邙山爲陣文帝虜其輜重於瀍曲率輕騎奮擊中軍與右軍大破之悉命留步卒熾獨追至石濟而還大統十三年進使持節驃騎大將軍開府儀同三司加侍中出爲涇州刺史涖職數年政號淸靜改封武安縣公魏廢帝元年除大都督原州刺史熾抑挫豪右申理幽滯每親巡壟畝勸人耕桑在州十載甚有政績州城之北屬有泉水熾屢經遊踐嘗與僚吏宴於泉側因酌水飲曰吾在此州唯當飲水而已及去職之後吏民感其遺惠每至此泉者莫不懷之魏恭帝元年進爵廣武郡公屬蠕蠕寇廣武熾與柱國趙貴分路討之蠕蠕引退熾度河追討至麴伏川追及大破之斬其酋帥郁久閭是發獲生口數千孝閔踐阼拜柱國大將軍明帝時以熾前朝舊臣勳望兼重欲獨爲造第熾辭以天下未平干戈未偃不宜趣發徒役明帝不許尋而帝崩事方得寢保定元年進封鄧國公邑一萬戶別食資陽縣一千戶收其租賦四年授大宗伯天和五年出爲宜州刺史先是文帝田於渭北令熾與晉公護分射走兔熾一日獲十七頭護獲十一頭恥其不及因以爲嫌至是熾又以武帝年長勸護歸政護惡之故左遷焉及護誅徵拜太傅熾旣朝之元老名望素隆至於軍國大謀常與參議嘗有疾武帝幸其第而問之因賜金石之藥其見禮如此帝於大德殿將謀伐齊熾時年已衰老乃扼腕曰臣雖朽邁請躬執干櫓首啟戎行得一覩誅翦鯨鯢廓清宇宙省方觀俗登嶽告成然後歸魂泉壤無復餘恨帝壯其志節遂以熾第二子武當公恭爲左二軍總管齊平之後帝乃召熾歷觀相州宮殿熾拜賀曰陛下眞不負先帝矣帝大悅進位上柱國宣政元年兼雍州牧及宣帝營建東京以熾爲洛京營作大監宮苑制度皆取決焉大象初改食樂陵縣邑戶如舊隋文帝入輔政停洛陽宮作熾請入朝屬尉遲迥舉兵熾乃移入金墉與洛州刺史平涼公元享同心固守仍權行洛陽鎭事相州平熾方入朝隋文帝初爲相國百官勸進熾自以累代受恩遂不肯署牋時人高其節及隋文踐極拜太傅加殊禮贊拜不名開皇四年八月薨時年七十八贈八州諸軍事冀州刺史諡曰恭熾事親以孝聞奉諸兄以悌聞及其位望隆重而子孫皆處列位遂爲當時盛族子茂嗣茂有弟十三人恭威最知名恭位至大將軍從武帝平齊封贊國公除西兗州總管以罪賜死熾兄善以中軍大都督南城公從魏孝武西遷仕至太僕衞尉卿汾北華瀛三州刺史驃騎大將軍開府儀同三司永富縣公諡曰忠子榮定嗣榮定列在隋史熾兄子毅字天武父岳早卒及毅著勳追贈大將軍冀州刺史毅深沈有器度事親以孝聞魏孝武初起家員外散騎侍郎時齊神武擅朝毅慨然有徇主之志從孝武西遷封奉高縣子從禽竇泰復弘農戰沙苑皆有功進爵安武縣公恭帝元帝進授驃騎大將軍開府儀同三司大都督改封永安縣公出爲幽州刺史孝閔帝踐阼進爵神武郡公保定三年拜大將軍時與齊人爭衡戎車歲動並交結突厥以爲外援突厥已許納女於周齊人亦甘言重幣遣使求昏狄人便欲有悔朝廷乃令楊荐等累使結之往返十餘方復前好至是雖期往逆猶懼改圖以毅地兼勳戚素有威重乃令爲使及毅至齊使亦在焉突厥君臣猶有異志毅抗言正色以大義責之累旬乃定卒以皇后歸朝廷嘉之別封成都縣公進位柱國歷同州刺史蒲金二州總管加上柱國入爲大司馬隋開皇初拜定州總管累居藩鎭咸得人和二年薨於州贈襄郢等六州刺史諡曰肅毅性溫和每以謹愼自守又尙文帝第五女襄陽公主特爲朝廷所委信雖任兼外內未嘗有矜情之容時人以此稱焉子賢嗣賢字託賢志業通敏少知名宣政元年授使持節儀同大將軍開皇中襲爵神武郡公除遂州刺史毅第二女卽唐太穆皇后武德元年詔贈毅司空使持節總管荆郢等十州諸軍事荆州刺史杞國公又追贈賢子紹宣秦州刺史并襲賢爵紹宣無子仍以紹宣兄子德藏嗣

賀蘭祥字盛樂其先與魏俱起有乞伏者爲賀蘭莫何弗因以爲氏後有以良家子鎭武川者遂家焉父初眞少知名爲鄉里所重尙文帝姊建安長公主保定二年追贈太傅柱國恆山郡公祥年十一而孤居喪合禮長

於舅氏時爲文帝所愛雖在戎旅常博延儒生教以書傳文帝初入關祥與晉公護俱在晉陽後乃遣使迎致之解褐奉朝請祥少有膽氣志在立功尋擢都督常居帳下從平侯莫陳悅又迎魏孝武以前後功封撫夷縣伯仍從擊潼關獲東魏將薛長儒又攻回洛拔之還拜左右直長進爵爲公大統九年從文帝與東魏戰於芒山進位驃騎大將軍開府儀同三司加侍中十四年除都督荆州刺史進爵博陵郡公先是祥嘗行荆州事雖未朞月頗有惠政至是重往百姓安之由是漢南流人襁負至者日有千數遠近蠻夷莫不款附隨機撫納咸得其歡心時盛夏亢陽祥親巡境內觀政得失見有發掘古冢暴露骸骨乃謂守令曰此豈仁者爲政耶命所在收葬之即日澍雨是歲大有年境內多古墓其俗好行發掘至是遂息祥雖文帝密親性甚清素州境南接襄陽西通岷蜀物產所出多諸珍異既與梁通好行李往來公私贈遺一無所受梁雍州刺史岳陽王蕭詧欽其風素乃以竹屏風絺綌之屬及經史贈之祥難違其意取而付諸所司文帝後聞之並以賜祥十六年拜大將軍文帝以涇渭溉灌之處渠堰廢毀乃令祥修造富平堰開渠引水東注於洛功用既畢人獲其利魏廢帝二年行華州事後改華州爲同州仍以祥爲刺史尋拜尚書左僕射六官建授小司馬孝閔帝踐阼進位柱國大司馬時晉公護執政祥與護中表少相親愛軍國之事護皆與祥參謀及誅趙貴廢閔帝祥有力焉武成初吐谷渾侵掠州郡詔祥與宇文貴總兵討之祥乃遣其軍司檄吐谷渾與吐谷渾廣定王鍾留王等戰破之因拔其洮陽洪和二城以其地爲洮州撫安西土振旅而還進封涼國公薨贈太師同岐等十二州諸軍事同州刺史諡曰景有七子敬讓璨師寬知名敬少歷顯職封化隆縣侯後襲涼國公位柱國華州刺史讓大將軍鄭州刺史河東郡公璨開府儀同三司宣陽郡公建德五年從平并州遷幽州刺史博陵郡公寬開府儀同大將軍戰殁贈上儀同大將軍追封清都公師尚明帝女位上儀同大將軍武始公入隋歷汴鄭二州刺史並著政績祥弟隆大將軍襄樂縣公隋文帝與祥有舊開皇初追贈上柱國

叱列伏龜字摩頭陀代郡西部人也其先爲部落大人魏初入附遂世爲第一領人酋長至龜五世龜容貌瓌偉腰帶十圍進止詳雅兼有武藝嗣父業復爲領人酋長魏孝昌三年以別將從長孫承業西征累遷金紫光祿大夫從還洛授都督遂爲齊神武所寵任加大都督沙苑之敗隨例來降文帝以其豪門解縛禮之仍以邵惠公女妻之大統四年封長樂縣公自此常從征討亟有戰功歷侍中驃騎大將軍開府儀同三司恆州刺史卒子椿嗣椿字千年明帝時位驃騎大將軍開府儀同三司改封永世縣公天和初除左宮伯進位大將軍

閻慶字仁度河陰人也曾祖善仕魏歷龍驤將軍雲州鎮將因家雲州之盛樂郡祖提使持節車騎大將軍敦煌鎮都大將父進有謀畧勇冠當世正光中拜龍驤將軍屬衞可瓌作亂攻圍盛樂進率衆拒守以功拜盛樂郡守慶幼聰敏重然諾風儀端肅望之儼然隨父固守盛樂頗有力焉拜別將後以軍功拜步兵校尉中堅將軍既而齊神武舉兵入洛魏孝武西遷慶謂所親曰高歡跋扈將有篡逆之謀豈可苟安目前受其控制也遂以大統三年自宜陽歸闕卽拜奉車都尉稍遷後將軍封安次縣子以功進爵爲伯慶善於綏撫士卒未休未嘗先舍故能盡其死力屢展勳勞累遷散騎常侍驃騎大將軍開府儀同三司雲州大中正加侍中賜姓大野氏孝閔帝踐阼出爲河州刺史進爵石保縣公州居河外地接戎夷慶留心撫納頗稱簡惠就拜大將軍進爵太安郡公入爲小司空歷雲鹽二州刺史慶性寬和不苛察百姓悅之天和五年進位柱國晉公護母慶之姑也護雖擅朝而慶未嘗阿附及護誅武帝以此重之乃詔慶第十二子毗尙帝女淸都公主慶雖望位隆重婚連帝室常以謙愼自守時人以此稱之建德二年抗表致事優詔許焉慶既衰老恆嬰沈痼宣帝以其先朝耆舊特異常倫乃詔靜帝至第問疾賜布千段醫藥所須令有司供給大象二年拜上柱國隋文帝踐極又令皇太子就第問疾仍供醫藥之費開皇二年薨年七十七贈司空七州諸軍事荆州刺史諡曰成長子常先慶卒次子毗嗣毗隋史有傳

史寧字永和建康表氏人也曾祖豫仕沮渠氏爲臨松令魏平涼州祖灌隨例遷於撫寧鎮因家焉父遵初爲征虜府鎧曹參軍杜洛周構逆六鎮自相屠陷遵遂率鄉里奔恆州其後恆州爲賊所敗遵復歸洛陽拜樓煩郡守及寧著勳贈散騎常侍征西大將軍涼州刺史諡曰貞寧少以軍功累加持節征東將軍金紫光祿大夫賀拔勝爲荆州刺史寧以本官爲勝軍司隨勝之部會荆州蠻騷動三鵶路絕寧先驅平之因撫慰蠻左翕然降附尋除南郢州刺史及勝爲大行臺表寧爲大都督攻梁下溠戍破之封武平縣伯及攻拔齊興鎮等九

城末及論功屬孝武西遷東魏遣侯景寇荊州寍隨勝奔梁梁武帝引寍至香蹬前謂之曰觀卿風表終是富貴我當使卿衣錦還鄉寍答曰臣世荷魏恩位爲列將天長喪亂本朝傾覆不能北面事逆賊幸得息肩有道儻如明詔欣幸實多因涕泣橫流梁武爲之動容在梁二年勝乃與寍密圖歸計寍曰朱异既爲梁主所信任請往見之勝然其言寍乃見异申以投分之言徽託思歸之意辭氣雅至异亦嗟挹爲奏梁主果許勝等歸大統二年自梁歸進爵爲侯久之遷車騎將軍行涇州事時賊帥莫折後熾寇掠居人寍率州兵與行原州事李賢討破之轉東義州刺史東魏亦以胡梨苟爲東義州刺史寍僅得入州梨苟亦至寍逆擊破之斬其洛安郡守馮善道州既隣接彊敵百姓流移寍留心撫慰咸來復業轉涼州刺史寍未至而前刺史宇文仲和據州作亂詔獨孤信與寍討之寍先至涼州爲陳禍福城中吏民皆相率降附仲和仍據城不下尋亦克之後遷驃騎大將軍開府儀同三司加侍中進爵爲公十六年宕昌叛羌獠甘作亂逐其王彌定而自立并連結傍乞鐵怱及鄭五醜等詔寍率軍與宇文貴豆盧寍討之寍別擊獠甘而山路險阻纔通單騎獠甘已分其黨立柵守險寍進兵攻之遂破其柵獠甘將百騎走投生羌鞏廉玉彌定遂得復位寍以未獲獠甘遂進軍大破之生獲獠甘徇而斬之并執廉玉送闕所得軍實悉分賞將士寍無私焉師還召寍率所部鎮河陽寍先在涼州戎夷服其威惠還鎮之後邊人並思慕之魏廢帝元年復除涼甘瓜三州諸軍事涼州刺史初蠕蠕與魏和親後更離叛尋爲突厥所破殺其主阿那瓌部落逃逸者仍奉瓌之子孫鈔掠河右寍率兵要擊獲瓌子孫二人并其種落酋長自是每戰破之前後降數萬人進爵安政郡公二年吐谷渾通使於齊寍擊獲之就拜大將軍寍後遣使詣文帝請事文帝即以所服冠履衣被及弓箭甲矟等賜寍謂其使人曰爲我謝涼州孤解衣以衣公推心以委公公其善始令終無損功名也時突厥木汗可汗假道涼州將襲吐谷渾文帝命寍率騎隨之軍至番禾吐谷渾已覺奔於南山木汗將分兵追之令俱會於青海寍謂木汗曰樹敦賀眞二城是吐谷渾巢穴若拔其本根餘種自然離散木汗從之乃分爲二軍木汗從北道向賀眞寍趣樹敦吐谷渾娑周王率衆逆戰寍擊斬之踰山履險遂至樹敦樹敦吐谷渾舊都多儲珍藏而吐谷渾主已先奔賀眞留其征南王及數千人固守樹敦寍進兵攻之僞退吐谷渾人果開門逐之因回兵奮擊門未及闔寍兵遂得入生獲其征南王俘虜男女財寶悉歸突厥吐谷渾賀羅拔王依險爲柵欲塞寍路寍攻破之而木汗亦克賀眞虜吐谷渾主妻子大獲珍物寍還軍青海與木汗會木汗握寍手嘆其勇決遺所乘馬令寍於帳前乘之木汗親自步送突厥以寍所圖必破皆畏憚之咸曰此中國神智人也及將班師木汗又遺寍奴婢百口馬五百匹羊一萬口寍乃還州尋被徵入朝屬文帝崩寍悲慟不已乃請赴陵所盡哀并告行師克捷孝閔踐阼拜小司徒出爲荊州刺史荊襄浙郢等五十二州及江陵鎮防諸軍事寍有謀畧識兵權臨敵指揮皆如其策甚得當時之譽及在荊州頗自奢縱貪濁不修法度嘗出有人訴州佐屈法寍還付被訟者治之自是有事者不敢復言聲名大損於西州保定三年卒於州謚曰烈子雄嗣雄字世武少勇敢膂力過人便弓馬有筭畧年十四從寍於牽屯山奉迎文帝仍從校獵弓無虛發文帝歎異之尋尙文帝女永富公主除使持節驃騎大將軍開府儀同三司累遷駕部中大夫司馭中大夫從柱國枹罕公辛威鎮金城遂卒於軍時年二十四雄弟祥列在隋史

權景宣字暉遠天水顯親人也父曇騰魏隴西郡守贈秦州刺史景宣少聰悟有氣俠宗黨皆歎異之年十七魏行臺蕭寶夤見而奇之表爲輕騎將軍及寶夤敗景宣歸鄉里文帝平隴右擢爲行臺郎中孝武西遷授鎮遠將軍步兵校尉加平西將軍秦州大中正大統初轉祠部郎中景宣曉兵權有智畧從文帝拔弘農破沙苑皆先登陷陣轉外兵郎中從開府于謹援洛陽景宣督課糧儲軍以周濟時初復洛陽將修繕宮室景宣率徒三千先出採運會東魏兵至司州牧元季海等以衆少拔還屬城悉叛道路壅塞景宣將二十騎且戰且走從騎畧盡景宣輕馬突圍手斬數級馳而獲免因投人家自匿景宣以久藏非計乃僞作文帝書招募得五百餘人保據宜陽聲言大軍續至東魏將段琛等率衆至九曲憚景宣不敢進景宣恐琛審其虛實乃將腹心自隨詐云迎軍因得西遁與儀同李延孫相會攻拔孔城洛陽以南尋亦來附文帝即留景宣守張白塢節度東南義軍東魏將王元軌入洛景宣與延孫等擊走之以功授行臺左丞進屯宜陽攻襄城拔之獲郡守王洪顯文帝嘉之徵入朝錄前後功封顯親縣男除南陽郡守郡隣敵境舊制發人守防三十五處多廢農桑而姦宄猶作景宣至並除之唯修起城樓多備器械寇盜斂迹人

得隸業爲百姓稱之立碑頌德文帝特賞粟帛以旌其能遷廣州刺史侯景舉河南來附景宣從僕射王思政經畧應接旣而侯景南叛恐東魏復有其地以景宣爲大都督豫州刺史鎭樂口東魏亦遣張伯德爲刺史伯德令其將劉貴平率其戍卒及山蠻屢來攻逼景宣兵不滿千人隨機奮擊貴平乃退走進授使持節車騎大將軍儀同三司潁川陷後文帝以樂口等諸城道路阻絕悉令拔還襄州刺史杞秀以狼狽獲罪景宣號令嚴明戎旅整肅所部全濟獨被優賞仍留鎭荆州委以鶚南之事初梁岳陽王蕭詧將以襄陽歸朝仍勒兵攻梁元帝於江陵詧叛將杜岸乘虛襲之景宣乃率騎三千助詧因是乃送其妻王氏及子嶚入質景宣又與開府楊忠取梁將柳仲禮拔安陸隨郡久之隨州城人吳士英殺刺史黃道生因聚爲寇景宣以英小賊可以計取若聲其罪恐同惡者衆與士英書僞稱道生凶暴歸功士英士英等信之遂相率而至景宣執而戮之獲其黨與進攻應城拔之獲夏侯珍於是應禮安隨並平朝議以景宣威行南服乃授并安肆郢新應六州諸軍事并州刺史尋進驃騎大將軍開府儀同三司加侍中兼督江北司二州諸軍事進爵爲伯唐州蠻田魯嘉自號豫州伯引致齊兵大爲民害景宣又破之獲魯嘉以其地爲郡轉安州刺史梁定州刺史李洪遠初款後叛景宣惡其懷貳密襲破之虜其家口及部衆洪遠脫身走免自是酋帥懾服無敢叛者燕公于謹征江陵景宣別破梁司空陸法和司馬羊亮於涓水又遣別將攻拔魯山多造舟艦益張旗幟臨江欲度以懼梁人梁將王琳在湘州景宣遣書喻以禍福琳遂遣長史席壑因景宣請舉州款附孝閔帝踐阼徵爲司憲中大夫尋除基郡硤平四州五防諸軍事江陵防主加大將軍保定四年晉公護東討景宣別畧河南齊豫州刺史王士良永州刺史蕭世怡並以城降景宣以開府謝徹守永州開府郭彥守豫州以士良世怡及降卒一千歸諸京師尋而洛陽不守乃棄二州拔其將士而還至昌州而羅陽蠻反景宣回軍破之還次霸上晉公護親迎勞之天和初授荆州刺史總管十七州諸軍事進爵千金郡公陳湘州刺史華皎舉州款附表請援兵勅景宣統水軍與皎俱下景宣到夏口陳人已至而景宣以任遇隆重遂驕傲縱恣多自矜伐兼納賄賂指麾節度朝出夕改將士憤怒莫肯用命及水軍始交一時奔北船艦器仗畧無孑遺時衞公直總督諸軍以景宣負敗欲繩以軍法朝廷不忍加罪遣使就軍赦之尋遇疾卒贈河渭鄯三州刺史謚曰恭子如璋嗣位至開府膠州刺史如璋弟仕玠儀同大將軍廣川縣侯

王羆字熊羆京兆霸城人漢河南尹遵之後也世爲州郡著姓羆剛直木彊處物平當州閭重之魏天和中除殿中將軍稍遷雍州別駕清廉疾惡勵精公事刺史崔亮有知人之鑒見羆雅相欽挹亮後轉定州啟羆爲長史執政者恐羆不稱不許及梁人寇硤石亮爲都督南討復啟羆爲長史帶銳軍朝廷以亮頻舉羆故當可用及克硤石羆功居多先是南岐東益氐羌反叛王師戰不利乃拜羆冠軍將軍領羽林五千鎭梁州討平諸賊授西河內史辭不拜時人謂曰西河大邦俸祿優厚何爲致辭羆曰京洛材木盡出西河朝貴營第宅者皆有求假如其私辦則力所不堪若科發民間又犯違憲法以此致辭爾梁將曹景宗圍荆州勅羆與別將裴衍率兵赴救遂與梁人戰大破之時諸方鼎沸所在凋殘荆州新經寇難尤藉慰撫以羆爲荆州刺史進號撫軍將軍封定陽子梁復遣曹義宗帥衆數萬圍荆州堰水灌城不沒者數版時旣內外多虞未遑救援乃遺羆鐵券云城全當授本州刺史城中糧盡羆乃煮粥與將士均分而食之每出戰常不擐甲胄大呼告天曰荆州城孝文皇帝所置天若不祐國家使賊箭中王羆額不爾王羆須破賊屢經戰陣亦不被傷彌歷三年義宗方退進封霸城縣公元顥入洛以羆爲左軍大都督顥敗莊帝以羆授顥官故不得本州更除岐州刺史時南秦數叛以羆行南秦州事羆至州召其魁帥爲腹心擊捕反者畧盡乃謂魁帥等曰汝黨皆死盡何用活爲乃以次斬之自是南秦無復反者又詔羆行秦州事尋遷車騎大將軍涇州刺史未及之部屬文帝徵兵爲勤王之舉羆請前驅効命遂爲大都督鎭華州魏孝武西遷拜車騎大將軍儀同三司別封萬年縣伯乃除華州刺史齊神武率軍進潼關人懷危懼羆勸勵將士衆心乃安神武退拜驃騎大將軍加侍中開府嘗修州城未畢梯在城外齊神武遣韓軌司馬子如從河東宵濟襲羆羆不覺比曉軌衆已乘梯入城羆尙臥未起聞閤外洶洶有聲便袒身露髻徒跣持一白挺大呼而出謂曰老羆當道臥貉子那得過敵見之驚退逐至東門左右稍集合戰破之軌衆遂投城遁走文帝聞而壯之時關中大饑徵稅民間穀食以供軍實或有隱匿者令遞相告多被篣捶以是人有逃散唯羆信著於人莫有隱者得粟不少諸州而無怨讟沙苑之役齊神武士馬甚盛文帝以華

州要衝遣使勞羆令加守備及齊神武至城下謂羆曰何不早降羆乃大呼曰此城是王羆冢生死在此欲死者來神武遂不敢攻後移鎭河東以前後功進爵扶風郡公河橋之戰王師不利趙靑雀據長安城所在莫有固志羆乃大開州門召城中戰士謂曰如聞天子敗績不知吉凶諸人相驚咸有異望王羆受委於此以死報恩諸人若有異圖可來見殺必恐城陷沒者亦任出城如有忠誠能與王羆同心可共固守軍人見其誠信皆無異心及軍還徵拜雍州刺史時蠕蠕渡河南寇候騎已至幽州朝廷慮其深入乃徵發士馬屯守京城塹諸街巷以備侵軼右僕射周惠達召羆議之羆不應命臥而不起謂其使曰若蠕蠕至渭北者王羆率鄉里自破之不煩國家兵馬何爲天子城中遂作如此驚動由周家小兒恇怯致此羆輕侮權勢守正不回皆此類也未幾還鎭河東羆性儉率不事邊幅嘗有臺使至羆爲設食使乃裂去薄餅緣羆曰耕種收穫其功已深舂爨造成用力不少爾乃選擇當是未饑命左右撤去之使者愕然大慙又有客與羆食瓜客削瓜皮侵肉稍厚羆意嫌之及瓜皮落地乃引手就地取而食之客甚有愧色性又嚴急有吏挾私陳事者羆不暇命捶撲乃手自取鞾履持以擊之每至享會親自秤量酒肉分給將士時人尙其均平嗤其鄙碎羆舉動率情不爲巧詐凡所經處雖無當時功迹咸去乃見思大統七年卒于官贈太尉都督相冀等十州刺史謚曰忠羆安於貧素不營產業後雖貴顯鄉里舊宅不改衡門身死之日家甚貧罄當時服其淸潔子慶遠弱冠以功臣子拜直閤將軍先羆卒孫述字長述少孤爲祖羆所養聰敏有識度文帝見而奇曰王公有此孫足爲不朽解褐員外散騎侍郞封長安縣伯後爲鎭遠將軍拜太子舍人祖憂去職述初喪父爲羆所鞠養及居喪深合法度于時東西交爭金革方始羣官遭喪者卒哭之後皆令起視事述請終禮制辭理懇切文帝令中使就視知其哀毁乃特許之免喪襲爵扶風郡公除中書舍人修起居注改封龍門郡公周受禪拜賓部下大夫累遷廣州刺史甚有威惠朝議嘉之就拜大將軍後歷襄仁二州總管並有能名隋文帝爲丞相授信州總管位上將軍王謙作亂遣使致書於述述因執其使上書又陳取謙策文帝大悅前後賜金五百兩授行軍總管討謙以功進位柱國開皇初獻平陳計修營戰艦爲上流之師上善其能頻加賞勞後數歲以行軍總管擊南蠻未至而卒上甚傷惜之贈上柱國冀州刺史謚曰莊子謨嗣謨弟軌大業末郡守少子文楷起部郞

王思政字思政太原祁人漢司徒允之後也自魏太尉淩誅後冠冕遂絕父祐州主簿思政容貌魁偉有籌策魏正光中解褐員外散騎侍郞屬万俟醜奴宿勤明達等擾亂關右北海王顥率兵討之聞思政壯健啓思政隨軍事所有謀議並與思政參詳時魏孝武在藩素聞其名顥軍還乃引爲賓客遇之甚厚及登大位委以心膂遷安東將軍預定策功封祁縣侯爲武衞將軍俄而齊神武潛有異圖帝以思政可任大事拜使持節中軍大將軍大都督總宿衞兵思政乃言於帝曰高歡之心行路所知洛陽四面受敵非用武之地關中有崤函之固一人可禦萬夫且士馬精彊糧儲委積進可以討除逆命退可以保據關河宇文夏州糾合同盟願立功効若聞車駕西幸必當奔走奉迎藉天府之資因已成之業一二年閒習戰陣勸耕桑然後修復舊京何慮不克帝深然之及齊神武兵至河北帝乃西遷進爵太原郡公拜光祿卿并州刺史加散騎常侍大都督大統之後思政雖被任委自以非相府之舊每不自安文帝曾在同州與羣公宴集出錦罽及雜綾絹數千段命諸將摴蒱取之物旣盡文帝又解所服金帶令諸人徧擲曰先得盧者卽與之羣公擲將徧莫有得者次至思政乃斂容危坐而自誓曰王思政羇旅歸朝蒙宰相國士之遇方願盡心効命上報知己若此誠有實令宰相賜知者願擲卽爲盧若內懷不盡神靈亦當明之使不作也便當殺身以謝所奉辭氣慷慨占對雄辯一坐盡驚卽拔所佩刀橫於膝上攬摴蒱拊髀擲之比文帝止之已爲盧矣徐乃拜而受帶自此之後文帝委寄更深轉驃騎將軍募精兵從獨孤信取洛陽仍共信鎭之河橋之戰思政下馬以長矟左右橫擊一擊輒踣數人時陷陣旣深從者死盡思政被重創悶絕會日暮敵亦收軍思政久經軍旅每戰唯著破弊之甲敵人疑非將帥故得免有帳下督雷五安於戰處哭求思政會其已蘇遂相得乃割衣裹創扶思政上馬夜久方得還軍仍鎭弘農除侍中東道行臺思政以玉壁地在險要請築城卽自營度移鎭之遷汾晉并三州諸軍事并州刺史行臺如故仍鎭玉壁八年東魏復來寇思政守禦有備敵人晝夜攻圍卒不能克乃收軍還以全城功授驃騎大將軍開府儀同三司高仲密以北豫州來附文帝親接援之乃驛召思政將鎭成皋未至而班師復命思政鎭弘農思政入弘農令開城門解衣而臥慰勉將士示不足畏數

日後東魏將劉豐生率數千騎至城下憚之不敢進乃引軍還於是修城郭起樓櫓營田農積芻秣凡可以守禦者皆備焉弘農之有備自思政始也十二年加特進兼尚書左僕射行臺都督荊州刺史境內卑濕城塹多壞思政乃命都督藺小歡督工匠繕修之掘得黃金三十斤夜中密送之至旦思政召佐史以金示之曰人臣不宜有私悉封金送上文帝嘉之賜錢二十萬思政之去玉壁也文帝命舉代人思政乃進所部都督韋孝寬其後東魏來寇孝寬卒能全城時論稱其知人十三年侯景叛東魏擁兵梁鄭爲東魏所敗景乃請援乞師當時未卽應接思政以爲若不因機進取後悔何及卽率荊州步騎萬餘從魯關向陽翟文帝聞思政已發乃遣太尉李弼赴穎川東魏將高嶽等聞大兵至收軍而遁思政入守穎川景引兵向豫州外稱畧地乃密遣送款於梁先是文帝遣帥都督賀蘭願德助景扞禦景旣有異圖因厚撫願德等冀爲已用思政知景詭詐乃密遣追願德思政分布諸軍據景七州十二鎭文帝乃以所授景使持節太傅大將軍兼尚書令河南大行臺河南諸軍事回授思政思政並讓不受頻使敦喻唯受河南諸軍事十四年拜大將軍九月東魏太尉高嶽行臺慕容紹宗儀同劉豐生等率步騎十萬來攻穎川思政令城內卧鼓偃旗若無人者嶽恃其衆謂一戰可圖乃四面鼓譟而上思政選城中驍勇開門出戰嶽衆不能當引軍亂退嶽知不可卒攻乃多修營壘又隨地勢高處築土山以臨城中飛梯火車晝夜攻之思政亦作火穳因迅風便投之土山又射以火箭燒其攻具賊乃退仍募勇士縋而出戰嶽衆披靡據其兩土山置樓堞以助防守齊文襄更益兵堰洧水以灌城時雖有怪獸每衝壞其堰然城被灌已久多亦崩頹嶽悉衆苦攻思政身當矢石與士卒同勞苦嶽乃更修堰作鐵龍雜獸用厭水神堰成水大至城中泉湧溢不可防止懸釜而炊糧力俱竭慕容紹宗劉豐生及其將慕容永珍意以爲閑共乘樓船以望城內令善射人俯射城中俄而大風暴起船乃飄至城下城上以長鈎牽船弓弩亂發紹宗窮急透水而死豐生浮向土山中矢而斃生禽永珍獲船中器械思政謂永珍曰僕之破亾在於晷漏誠知殺卿無益然人臣之節守之以死乃流涕斬之并收紹宗等尸以禮埋瘞嶽旣失紹宗等志氣沮喪不敢逼城齊文襄聞之率步騎十萬來攻自至堰下督厲士卒水壯城北面遂崩溢滿城中無措足之地思政知事不濟率左右據土山謂之曰吾受國重任本望平難立功精誠無感遂辱王命今力屈道窮計無所出唯當効死以謝朝恩耳因仰天大哭左右皆號慟思政西向再拜便欲自刎先是齊文襄告城中人曰有能生致王大將軍者封侯重賞若大將軍身有損傷親近左右皆從大戮都督駱訓謂思政曰公常語訓等但將我頭降非但得富貴亦活得一城人今高相旣有此言豈不哀城中士卒也因其止之不得引決齊文襄遣其通直散騎常侍趙彥深就土山遺以白羽扇而說之牽手以下及引見文襄辭氣慷慨涕淚交流無撓屈之容文襄以其忠於所事起而禮之接遇甚厚其督將分禁諸州地牢數年盡死思政初入穎川士卒八千人被圍旣久城中無鹽腫死者十六七及城陷之日存者纔三千人旣外無救援亦無叛者思政常以勤王爲務不營貲產嘗被賜園地思政出征家人以種桑果雜樹及還見而怒曰匈奴未滅去病辭家況大賊未平何事產業豈所謂憂公忘私邪命左右拔而棄之故身陷之後家無畜積及齊文宣受東魏禪以思政爲都官尚書儀同三司卒贈以本官加兗州刺史初思政在荊州自武關以南延袤一千五百里置三十餘城並當衝要之地凡所舉薦咸得其才子康沉毅有度量後爲文帝親信思政陷後詔以因水城陷非戰之罪增邑三千五百戶以康襲爵太原公除驃騎大將軍侍中開府儀同三司康弟揆先封中都縣侯增邑通前一千五百戶進爵爲公揆弟邪封西安縣侯邪弟恭忠信縣伯恭弟幼顯親縣伯康姊封齊郡君康兄元遜亦陷於穎川封其子景晉陽縣侯康抗表固讓不許十六年王師東討加康使持節大都督以思政所部兵皆配之魏廢帝二年隨尉遲迥征蜀鎭天水郡尋賜姓拓王氏爲鄜州刺史武成末除匠師中大夫轉載師保定二年歷安襄二州總管位柱國入隋終於汴州刺史

尉遲迥字薄居羅代人也其先魏之別種號尉遲部因而氏焉父俟兜性弘裕有鑒識尚文帝姊昌樂大長公主生迥及綱迥年七歲綱年六歲俟兜病且卒呼二子撫其首曰汝等並有貴相但恨吾不見耳各宜勉之武成初追贈柱國大將軍太傅長樂郡公謚曰定迥少聰敏美容儀及長有大志好施愛士稍遷大丞相帳內都督尚魏文帝女金明公主拜駙馬都尉封西都侯大統十一年拜侍中驃騎大將軍開府儀同三司進爵魏安郡公十五年遷尚書左僕射兼領軍將軍迥通敏有幹能雖任兼文武頗允時望文帝以此深委仗焉十六年

拜大將軍侯景之渡江也梁元帝時鎭江陵旣以內難
方盛請修隣好其弟武陵王紀在蜀稱帝率衆東下將
攻之梁元帝大懼乃移書請救文帝曰蜀可圖矣取蜀
制梁在茲一舉乃與羣公會議諸將多有異同唯迥以
爲紀旣盡銳東下蜀必空虛王師臨之必有征無戰文
帝深以爲然謂迥曰伐蜀之事一以委汝於是乃令迥
督開府元珍乙弗亞侯呂陵始叱奴興綦連雄宇文昇
等六軍甲士一萬二千騎萬匹伐蜀以魏廢帝二年春
自散關由固道出白馬趣晉壽開平林舊道迥前軍臨
劒閣紀安州刺史樂廣以州先降紀梁州刺史楊乾運
時鎭潼州先已遣使詣闕密送誠款然恐其下不從猶
據潼求別營拒守迥遣元珍侯呂陵始等襲之乾運還
保潼州珍等遂圍之乾運降迥至潼州大饗將士渡涪
江至靑溪登南原勒兵講武修繕約束閱器械自開府
以下賞金帛各有差時夏中連雨山路險峻將士疲病
者十二三迥親自勞問加以湯藥引之而西紀益州刺
史蕭撝嬰城自守進軍圍之初紀至巴郡遣前南梁州
刺史史欣景幽州刺史趙拔扈等爲撝外援迥分遣元
珍乙弗亞等擊破之跋扈等遁走欣景遂降撝被圍五
旬頻戰爲迥所破遣使乞降許之撝乃與紀子宜都王
圓肅率其文武官屬詣軍門請見迥以禮接之其吏民
等各令復業唯收僮隸及儲積以賞將士號令嚴肅軍
無私焉詔以迥爲大都督益潼等十二州諸軍事益州
刺史三年加督六州通前十八州諸軍事以平蜀功封
一子爲安固郡公自劒閣以南得承制封拜及黜陟迥
乃明賞罰布恩威綏緝新邦經畧未附民夷懷而歸之
迥性至孝色養不怠身雖在外所得四時甘脆必先薦
奉然後敢嘗大長公主年高多病迥往在京師每退朝
參候起居憂悴形於容色大長公主每爲之和顏進食
以寍迥心文帝知其至性徵迥入朝以慰其母意遣大
鴻臚郊勞仍賜迥衮冕之服蜀人思之爲立碑頌德六
官初建拜小宗伯孝閔踐阼進位柱國大將軍又以迥
有平蜀之功同霍去病冠軍之義改封寍蜀公遷大司
馬尋以本官鎭隴右武成元年進封蜀國公邑萬戶除
秦州總管秦渭等十四州諸軍事隴右大都督保定二
年拜大司馬及晉公護東伐迥帥師攻洛陽齊王憲等
軍於芒山齊衆渡河諸軍驚散迥率麾下反行御敵於
是諸將遂得全師而還遷太保太傅建德初拜太師尋
加上柱國宣帝卽位以迥爲大右弼轉大前疑出爲相
州總管宣帝崩隋文帝輔政以迥位望夙重懼爲異圖
乃令迥子魏安郡公惇齎詔書以會葬徵迥尋以鄖公
韋孝寬代迥爲總管迥以隋文帝當權將圖篡奪遂謀
舉兵留惇而不受代隋文帝又令候正破六韓裒詣迥
喻旨密與總管府長史晉昶等書令爲之備迥聞之殺
昶乃集文武士庶登城北樓而令之於是衆咸從命莫
不感激乃自稱大總管承制署官司于時趙王招已入
朝留少子在國迥又奉以號令迥弟子大將軍成平郡
公勤時爲靑州總管初得迥書表送之尋亦從迥迥所
管相衛黎毛洺貝趙冀瀛滄勤所統靑齊膠光莒諸州
皆從之衆數十萬滎州刺史邵國公宇文胄申州刺史
李惠東楚州刺史費也頭利進國東潼州刺史曹孝達
各據州以應迥徐州總管司錄席毗與前東平郡守畢
義緒據兗州及徐州之蘭陵郡亦以應迥永橋鎭將紇
豆陵惠以城降迥迥又北結高寶寧以通突厥南連陳
人許割江淮之地隋文帝於是徵兵討迥郎以韋孝寬
爲元帥陰雞雲監諸軍郕國公梁士彥樂安公元諧化
政公宇文忻濮陽公宇文述武鄉公崔弘度淸河公楊
素隴西公李詢延壽公于仲文等皆爲行軍總管迥遣
所署大將軍石愻攻建州刺史宇文弁以州降愻迥又
遣西道行臺韓長業攻陷潞州執刺史趙威署城人郭
子勝爲刺史上儀同赫連士猷攻晉州郎據小鄉城紇
豆陵惠襲陷定州之鉅鹿郡遂圍恆州上大將軍宇文
威攻汴州上開府莒州刺史烏尼丸開府尉遲儁率光
膠靑齊莒兗之衆圍沂州大將軍檀讓攻陷曹亳二州
屯兵梁郡大將軍東南道行臺席毗衆號八萬軍於蕃
城攻陷昌慮下邑豐縣李惠自申州攻陷永州焚之而
還宇文胄軍於洛口開府梁子康攻懷州魏安公惇率
衆十萬人入武德軍於沁東孝寬等諸軍隔水相持不
進隋文帝又遣高熲馳驛督戰惇布兵二十餘里麾軍
少却欲待孝寬軍半度而擊之孝寬因其却而鳴鼓齊
進惇遂大敗孝寬乘勝進至鄴迥與其子惇祐等又率
其卒十三萬陣於城南迥別統萬人皆綠巾錦襖號曰
黃龍兵勤率衆五萬自靑州赴迥以三千騎先到迥舊
習軍旅雖老猶被甲臨陣其麾下兵皆關中人爲之力
戰孝寬等軍失利而却鄴中士女觀者如者高熲與李
詢乃整陣先犯觀者因其擾而乘之迥衆大敗遂入鄴
城迥走保北城孝寬縱兵圍之李詢賀樓子幹以其屬
先登迥上樓射殺數人乃自殺勤惇祐等東走靑州未
至開府郭衍追及之並爲衍所獲隋文帝以勤初有誠
款釋之李惠先是自縛歸罪隋文帝復其官爵迥末年
衰耄惑於後妻王氏而諸子多不睦及起兵以開府小

御正崔達拏爲長史自餘委任亦多用齊人達拏文士無籌畧舉止多失綱紀不能匡救迥自起兵至于敗凡經六十八日焉子寬大將軍長樂郡公先迥卒寬兄誼開府資中郡公寬弟順以迥平蜀功授開府安固郡公後以女爲宣帝皇后拜上柱國封胙國公順弟惇軍正下大夫魏安郡公惇弟祐西都郡公皆被誅而誼等諸子以年幼並獲全唐武德中迥從孫庫部員外郎耆福上表請改葬朝議以迥忠于周室有詔許焉仍贈絹百疋迥弟綱字婆羅少孤與迥依託舅氏文帝西討關隴迥綱與母昌樂大長公主留于晉陽後方入關從文帝征伐常陪侍帷幄出入臥內以軍功封廣宗縣伯綱驍果有膂力善騎射文帝甚寵之委以心膂河橋之戰文帝馬中流矢因而驚奔綱與李穆等左右力戰衆皆披靡文帝方得乘馬大統十四年進爵平昌郡公廢帝二年拜大將軍兼領軍及魏帝有異謀言頗漏泄文帝以綱職典禁旅使密爲之備俄而廢帝立齊王仍以綱爲中領軍總宿衞綱兄迥伐蜀從文帝送之於城西見一走兔文帝命綱射之誓曰若獲此兔必當滅蜀俄而綱獲兔而返文帝喜曰事平當賞汝佳口及克蜀賜綱侍婢二人又嘗從文帝北狩雲陽見五鹿俱走綱獲其三每從遊宴文帝以珍異之物令諸功臣射而取之綱所獲輒多孝閔帝踐阼綱以親戚掌禁兵除小司馬又與晉公護廢帝明帝卽位進位柱國大將軍武成元年進封吳國公邑萬戶除涇州總管歷位少傅大司空陝州總管晉公護東討乃配綱甲士留鎭京師大軍還綱復歸天和二年以綱政績可紀賜帛及錢穀等增邑以褒賞之陳公純等以皇后阿史那氏自突厥將入塞詔徵綱與大將軍王傑率衆迎衞於境首三年追論河橋功封一子縣公四年薨于京師贈太保謚曰武第二子安以嫡嗣大象末位柱國入隋歷鴻臚卿左衞大將軍安兄運運少彊濟志在立功魏大統十六年以父勳封安喜縣侯明帝立以預定策勳進爵周城縣公歷位隴州刺史再遷武伯中大夫尋加軍司馬運既職兼文武甚見委任進爵廣業郡公轉右司衞時宣帝在東宮親狎諂佞數有罪失武帝於朝臣內選忠諒鯁正者以匡弼之於是以運爲右宮正建德三年帝幸雲陽宮又令運以本官兼司武與長孫覽輔皇太子居守俄而衞剌王直作亂率其黨襲肅章門覽懼走行在所運時偶在門中直兵奄至不暇命左右乃手自闔門直黨與運爭門斫傷運指僅而得閉直既不得入乃縱火運恐火盡直黨得進乃取宮中材木及牀等以益火更以膏油灌之火轉熾久之直不得進乃退運率留守兵因其退以擊之直大敗而走是夜微運宮中已不守矣武帝嘉之授大將軍賜以直田宅妓樂金帛車馬什物等不可勝數四年出爲同州刺史同州蒲津潼關等六防諸軍事帝將伐齊召運參議東夏底定頗有力焉五年拜柱國進爵盧國公轉司武上大夫總宿衞軍事帝崩於雲陽宮祕未發喪運總侍衞兵還京師宣帝卽位授上柱國運之爲宮正也數進諫於帝帝不納反疏忌之時運又與王軌宇文孝伯等皆爲武帝親待軌屢言帝失於武帝帝謂運預其事愈更銜之及軌誅運懼及於禍尋而得出爲秦州總管至州猶懼不免遂以憂薨於州贈大後丞七州諸軍事秦州刺史謚曰忠子靖嗣運弟勤大象末青州總管起兵應伯父迥勤弟敬尙明帝女河南公主位儀同三司

王軌太原祁人也小名沙門漢司徒允之後世爲州郡冠族累葉仕魏賜姓烏丸氏父光少雄武有將帥材畧頻有戰功文帝遇之甚厚位至驃騎大將軍開府儀同三司平原縣公軌性質直慷慨有遠量臨事彊正人不敢干起家事輔城公及武帝卽位頗被識顧累遷內史下大夫自此遂處腹心之任晉公護專政武帝密圖之以軌沈毅有識度堪屬大事遂間以可否軌贊成之建德初轉內史中大夫加授開府儀同三司又拜上開府儀同大將軍封上黃縣公軍國之政皆參預焉五年武帝親戎東伐軌從克晉州平并鄴以功進位上大夫將軍進爵郯國公及陳將吳明徹入寇呂梁徐州總管梁士彥頻與戰不利乃退保州城明徹遂堰清水以灌之列船艦於城下以圖攻取詔以軌爲行軍總管率諸軍赴救軌潛於清水入淮口多豎大木以鐵鎖貫車輪橫截水流以斷其船路方欲密決其堰以斃之明徹知之大懼乃破堰遽退冀乘決水之勢以得入淮比至淸口川流已闊水勢亦衰船艦並礙車輪不復得過軌因率兵圍而蹙之唯有騎將蕭摩訶以一十騎先走得免明徹及將士三萬餘人并器械輜重並就俘獲陳之銳卒於是殲焉武帝嘉之進位柱國仍拜徐州總管七州十五鎭諸軍事軌性嚴重善謀畧兼有呂梁之捷威振敵境陳人甚憚之宣帝之征吐谷渾也武帝令軌與宇文孝伯並從軍中進趣皆委軌等宣帝仰成而已時宮尹鄭譯王端等並得幸於宣帝宣帝在軍中頗有失德譯等皆預焉軍還軌等言之於武帝武帝大怒乃撻宣帝除譯等名仍加捶楚宣帝因此大銜之軌又嘗與小內

史賀若弼言及此事且言皇太子必不克負荷弼深以爲然勸軌陳之軌後因侍坐乃白武帝曰皇太子仁孝無聞又多涼德恐不了陛下家事愚臣暗短不足以論是非陛下常以賀若弼有文武奇才識度弘遠而弼比再對臣深以此事爲慮武帝召弼問之弼乃詭對曰皇太子養德春宮未聞有過未審陛下何從得聞此言旣退軌誚弼曰平生言論無所不道今者乃爾翻覆弼曰此公之過也皇太子國之儲嗣豈易發言事有差跌便至滅門之禍本謂公密陳臧否何得遂至昌言軌默然久之乃曰吾專心國家遂不存私計向者對衆良實非宜其後軌因內宴上壽又捋武帝鬚曰可愛好老公但恨後嗣弱耳武帝深以爲然但漢王次長又不才此外諸子並幼故不能用甘說及宣帝卽位追鄭譯等復爲近侍乃出軌爲徐州刺史軌自知必及於禍謂所親曰吾昔在先朝實申社稷至計今日之事斷可知矣此州控帶淮南隣接彊寇欲爲身計易同反掌但忠義之節不可虧違況荷先帝厚恩每思以死自効豈以獲罪於嗣主便欲背德於先朝止可於此待死義不爲他計冀千載之後知吾此心大象元年帝令內史杜虔信就徐州殺軌御正中大夫顏之儀切諫帝不納遂誅之軌立朝忠恕兼有大功忽以無罪被戮天下知與不知莫不傷惜時京兆郡丞樂運亦以直言數諫於帝

樂運字承業南陽淯陽人晉尚書令廣之八世孫也祖文素齊南郡守父均梁義陽郡守運少好學涉獵經史年十五而江陵滅隨例遷長安其親屬等多被籍沒運積年爲人傭保皆贖免之事母及寡嫂甚謹由是以孝聞梁故都官琅邪王澄美之次其行事爲孝義傳性方直未嘗求媚於人臨淄公唐瑾薦之自柱國府記室爲露門學士前後犯顏屢諫武帝多被納用建德二年除萬年縣丞抑挫豪右號稱彊直武帝嘉之特許通籍事有不便於時者令巨細奏聞武帝嘗幸同州召運赴行在所旣至謂曰卿言太子如何人運曰中人也時齊王憲以下並在帝側帝顧謂憲等曰百官佞我皆云太子聰明睿智唯運云中人方驗運之忠直耳於是因問中人之狀運對曰班固以齊桓公爲中人管仲相之則霸豎刁輔之則亂可與爲善亦可與爲惡也帝曰我知之矣遂妙選宮官以匡弼之乃超拜運京兆郡丞太子聞之意甚不悅及武帝崩宣帝嗣位葬訖詔天下公除帝及六宮便議卽吉運上疏曰三年之喪自天子達於庶人先王制禮安可誣之禮天子七月而葬以候天下畢至今葬期旣促事訖便除文軌之內奔赴未盡隣境遠聞使猶未至若以喪服受弔不可旣吉更凶如以元冠對使未知此出何禮進退無據愚臣竊所未安書奏帝不納自是德政不修數行赦宥運又上疏曰臣謹按周官曰國君過市則刑人赦此謂市者交利之所君子無故不遊觀焉則施惠以悅之也尚書曰眚災肆赦此謂過誤爲害罪雖大當緩赦之謹尋經典未有罪無輕重溥天大赦之文故管仲曰有赦者奔馬之委轡不赦者痤疽之礪石又曰惠者人之仇讎法者人之父母吳漢遺言猶云唯願無赦王符著論亦云赦者非明世之所宜有大尊豈可數施非常之惠以肆姦宄之惡乎帝亦不納而昏暴滋甚運乃輿櫬詣朝堂陳帝八失一曰內史御正職在弼諧皆須參議共理天下大尊比來小大之事多獨斷之堯舜至聖尚資輔弼況大尊未爲聖主而可專恣已心凡諸刑罰爵賞爰及軍國大事請參諸宰輔與衆共之二曰內作色荒古人重誡大尊初臨四海德惠未洽先搜天下美女用實後宮又詔儀同以上女不許輒嫁貴賤同怨聲溢朝野謂姬媵非幸御者放還本族欲嫁之女勿更禁之三曰天子未明求衣日旰忘食猶恐萬機不理天下壅滯大尊比來一入後宮數日不出所須聞奏多附內豎傳言失實是非可懼事由宦者亡國之徵請準高祖居外聽政四曰變故易常乃爲政之大忌濫刑酷罰非致安之弘規若罰無定刑則天下皆懼政無常法則義無適從豈有削嚴刑之詔未及半祀便卽追改更嚴前制政令不定乃至於此今宿衞之官有一夜不直者罪至削除因而逃亡者遂便籍沒此則大逆之罪與杖十同科雖爲法愈嚴恐人情愈散一人心散尚或不可止若天下皆散將若之何請遵輕典並依大律則億兆之民手足有所措矣五曰高祖斲雕爲朴本欲傳之萬世大尊朝夕趨庭親承聖旨豈有崩未踰年而遽窮奢麗成父之志義豈然乎請興造之制務從卑儉雕文刻鏤一切勿營六曰都下之人徭賦稍重必是軍國之要不敢憚勞豈容朝夕徵求唯供魚龍爛漫士庶從役秖爲俳優角抵紛紛不已財力俱竭業業相顧無復聊生凡無益之事請並停罷七曰近見有詔上書字誤者卽科其罪假有忠讜之人欲陳時事尺有所短文字非工不密失身義無假手脫有舛謬便迫嚴科嬰徑尺之鱗其事非易下不諱之詔猶懼未來更加刑戮能無鉗口大尊縱不能採誹謗之言無宜杜獻替之路請停此詔則天下幸甚八曰昔桑穀生朝殷王因之獲福今元象垂戒此亦興周之祥大尊雖減

膳徹懸未盡消譴之理誠願諮諏善道修布德政解兆庶之慍引萬方之辠則天變可除鼎業方固大尊若不革玆八事臣見周廟不血食矣帝大怒將戮之內史元巖諫而獲免翌日帝頗感悟召運謂之曰朕昨夜思卿所奏實是忠臣先皇聖明卿數有規諫朕旣昏暗卿復能如此乃賜御食以賞之朝之公卿初見帝甚怒莫不爲運寒心後見賞獲又皆相賀以爲幸免虎口內史鄭譯常以私事請託運不之許因此銜之及隋文帝爲丞相譯爲長史遂左遷運爲廣州滍陽令開皇五年轉毛州高唐令頻歷二縣並有聲績運嘗願處一諫官從容諷議而性訐直爲人所排抵遂不被任用乃發憤錄夏殷以來諫諍事集而部之凡六百三十九條合四十一卷名曰諫苑奏上之隋文帝覽而嘉焉

通志卷一百五十六

通志卷一百五十七

宋右廸功郎鄭樵漁仲撰

列傳第七十

後周

陸騰 周惠達 馮景 蘇綽（弟椿） 盧辯（弟光） 韋孝寬（子總 兄夐） 韋瑱 柳虯（虯弟子帶韋 虯弟慶 慶子弘） 寇儁 長孫儉 長孫紹遠（弟澄） 盧柔 裴俠 裴寬（寬弟漢） 裴果 裴文舉 崔猷 崔士謙（弟說） 李昶 鄭道邕 鄭偉 司馬裔 司馬消難 薛端（弟裕） 薛善（弟愼） 薛寘 薛憕

陸騰字顯聖代人魏東平王俟元孫也父旭魏太和中徵拜中書博士稍遷散騎常侍頗明易緯候之學知天下將亂隱於太行山屢徵不起卒騰慷慨有大節從爾朱榮平葛榮以功賜爵清河縣伯稍遷通直散騎常侍及魏孝武西遷騰時使靑州遂沒於鄴東魏拜征西將軍陽城鎭將大統九年大軍東討陽城騰拒守月餘城陷被執文帝釋而禮之問其東閒消息騰盛論東州人物又叙述時事辭理抑揚文帝笑曰卿眞不背本也即拜帳內大都督未幾除太子庶子遷武衞將軍騰旣爲文帝所知思欲立功不顧內職及安康賊黃衆寶等作亂結連漢中衆數萬人攻圍東梁州城中糧盡詔騰率軍自子午谷以援之與戰大破之軍還拜龍州刺史文帝謂騰曰今欲通江由路直出南秦卿宜善思經略騰曰臨機制變未敢預陳文帝曰此是卿取柱國之日卿其勉之即解所服金帶賜之州人李廣嗣李武等據險歷攻不能制騰造飛梯夜襲破之執廣嗣等於鼓下其黨有任公忻圍逼州城請免廣嗣及武即散兵請罪騰謂將士曰吾不殺廣嗣等可謂陸軍實而長寇讎即斬廣嗣及武以首示之於是出兵奮擊盡獲之進位驃騎大將軍開府儀同三司轉江州刺史進爵上庸縣公陵州木籠獠恃險暴橫每行抄刼詔騰討之獠旣因山爲城攻之未可拔騰遂於城下多設聲樂及諸雜妓示無戰心諸賊果棄其兵仗或攜妻子臨城觀樂騰知其無備遂密縱兵奮擊諸賊惶懼不知所爲盡破之斬首萬級俘獲五千人明帝初陵眉戎等八州夷夏並反衆數萬人攻破郡縣騰討平之武成元年詔騰入朝明帝面勑之曰益州險遠非親勿居故令齊公憲作鎭卿文武之備已著遐邇兵馬鎭防皆當委卿統攝於是徙爲隆州刺史隨憲入蜀及趙公招代憲復請留之遷隆州總管領刺史保定二年資州石磐人反殺郡守據險自守州軍不能制騰率軍討擊盡破斬之蠻獠互反所在蜂起山路險阻難得掩襲騰遂量山川形勢隨便開道蠻獠畏威承風請服所開之路多得古銘並是諸葛亮桓溫舊道是年鐵山獠抄斷內江路驛使不通騰乃進軍討之出其不意一日下其三城招納降附者三萬戶帝以騰母在齊未令東討適有其親屬自齊還朝者晉公護奉令僞告騰云齊爲無道已誅公家母兄並從塗炭蓋欲發其怒也騰乃發哀泣血志在復讎四年齊公憲與晉公護東征請騰爲副趙公招時在蜀復欲留之晉公護與招書曰今朝廷令齊公埽除河洛欲與此人同行汝彼無事且宜借吾也於是命騰馳傳還朝副憲東討天和初信州蠻蜑據江硤反叛連結二千餘里自稱王侯詔騰討之騰先趣益州募驍勇具樓船沿江而下軍至湯谷分道奮擊所向摧破乃築京觀以旌武功涪陵郡守蘭休祖據地方二千里阻兵爲亂復詔騰討之拔其魚令城又破銅槃等七栅騰自在龍州至是前後破平諸賊凡賞得奴婢八百口馬牛稱是於是巴蜀悉定詔令樹碑紀績焉四年遷江陵總管陳遣其將章昭達圍江陵衞王直聞有陳寇遣大將軍趙誾李遷哲等率步騎迫之並受騰節度時遷哲等守外城陳將程文季雷道勤夜來掩襲遷哲等驚亂不能抗禦騰夜遣開門奮擊大破之陳人奔潰道勤中流矢而斃陳人決龍川甯朔隄水灌江陵城騰親率將士戰於西隄破之陳人乃遁六年進位柱國爵上庸郡公建德二年徵拜大司空尋出爲涇州總管宣政元年冬薨於京師贈太尉公謚曰定子元嗣元字士鑒入關時年七歲仕齊爲奉朝請成平縣令齊平武帝見元特加勞勉即拜地官府都上士大象末爲隋文帝相府外兵參軍元弟融字士顯最知名少歷顯職大象末位至大將軍定陵縣公

周惠達字懷文章武文安人也父信歷樂鄉平舒成平三縣令皆以廉能見稱惠達幼有節操好讀書美容貌魏齊王蕭寶夤爲瀛州刺史召惠達及河閒馮景同在閣下甚禮之及寶夤入朝惠達隨入洛陽寶夤西征惠達復隨入關寶夤除雍州刺史令惠達使洛陽未還而寶夤謀反聞於京師以惠達是其行人將執之惠達乃私馳還至潼關遇大使楊侃侃謂曰何故入虎口惠達曰蕭王必爲左右所誤今往庶其改圖及至寶夤反形已露不可彌縫遂用惠達爲光祿勳中書舍人寶夤既敗唯惠達等數人從之寶夤語惠達曰人生富貴左右咸言盡節及遭厄難乃知歲寒也賀拔岳爲關中大行臺惠達爲岳府府屬岳爲侯莫陳悅所害惠達遁入漢

賜之積麥崖悅平歸於文帝文帝復以爲府司馬便委任焉文帝爲大將軍大行臺以惠達爲行臺尚書大將軍府司馬封文安縣子文帝出鎭華州留惠達知後事時旣承喪亂庶事多闕惠達營造戎仗儲積倉糧簡閱士馬以濟軍國之務甚爲朝廷所稱後拜中書令進爵爲公大統四年兼尚書右僕射其年文帝與魏文帝東討令惠達輔魏太子居守總留臺事及芒山失律人情駭動趙青雀據長安子城反惠達奉太子出渭橋北以禦之軍還青雀等誅拜吏部尚書久之復爲右僕射自關右草創禮樂缺然惠達與禮官損益舊章是以儀軌稍備魏文帝因朝奏樂顧謂惠達曰此卿功也惠達雖居顯職性謙退善下人盡心勸公愛拔貢士以此皆敬而附之薨子題嗣隋開皇初以惠達著績前代追封蕭國公

馮景字長明河閒武垣人也父傑爲伏與令景少與周惠達友俱以客從蕭寶夤寶夤後爲尚書右僕射引景領尚書都令史正光中寶夤爲關西大行臺景又爲行臺都令史及寶夤敗還長安或議歸罪闕下或言留州立功景曰擁兵不還此罪將大寶夤不從遂反及寶夤平景方得還洛朝廷聞景有諫言故不罪之後事賀拔岳爲行臺郎岳使景詣齊神武察其行事神武聞岳使至甚有喜色問曰賀拔公詎憶吾耶與景歃血託岳爲兄弟景還以狀報岳岳曰此姦有餘而實不足自古王臣無私盟者也吾料之熟矣岳北合費也頭東引紇豆陵伊利西總侯莫陳悅河州刺史梁景叡及酋渠爲盟誓共會平涼移軍東下懼有專任之嫌使景啓孝武帝帝甚悅又爲岳大都督府從事中郎侯莫陳悅平文帝使景於京師告捷帝有西遷意因問關中事勢景勸帝西遷後以迎孝武功封高陽縣伯除散騎常侍行臺尚書大統初詔行涇州事卒於官

蘇綽字令綽武功人魏侍中則之九世孫也累世二千石父協武功郡守綽少好學博覽羣書尤善算術從兄讓爲汾州刺史文帝餞於都門外臨別謂曰卿家子弟之中誰可任用者讓因薦綽文帝乃召爲行臺郎中在官歲餘未見知然諸曹疑事皆詢於綽而後定所行公文綽又爲之條式臺中咸稱其能文帝與僕射周惠達論事惠達不能對請出外議之乃召綽以告其事綽即爲量定惠達入呈文帝稱善曰誰與卿爲此議者惠達以綽對因稱其有王佐之才文帝曰吾亦聞之久矣尋除著作佐郎屬文帝與公卿往昆明池觀漁行至城西故倉地顧問左右莫有知者或曰蘇綽博物多通請問之乃召綽問具以狀對文帝大悅因問天地造化之始歷代興亡之迹綽旣有口辯應對如流文帝益嘉之乃與綽並馬徐行至池竟不施網罟而還遂留綽至夜問以政道文帝臥而聽之綽於是指陳帝王之道兼述申韓之要文帝乃起整衣危坐不覺膝之前席語遂達曙不厭詰朝乃謂周惠達曰蘇綽眞奇士吾方任之以政即拜大行臺左丞參典機密自是寵遇日隆綽始制文案程式朱出墨入及計帳戶籍之法大統三年齊神武三道入寇諸將咸欲分兵禦之獨綽意與文帝同遂併力拒竇泰擒之於潼關封美陽縣伯十一年授大行臺度支尚書領著作兼司農卿文帝方欲革易時政務行彊國富民之道故綽得盡其智能贊成其事減官員置二長并置屯田以資軍國又爲六條詔書奏施行之其一先脩心曰凡今之方伯守令皆受命天朝出臨下國論其尊貴並古之諸侯也是以前代帝王每稱共治天下者唯良守宰耳明知百僚卿尹雖各有所司然其治民之本莫若守宰之最重也凡治民之體當先治己心心者一身之主百行之本心不清靜則思慮妄生思慮妄生則見理不明見理不明則是非謬亂是非旣亂則一身不能自治安能治人也是以治民之要在於清心而已夫所謂清心者非不貪貨財之謂乃欲使心氣清和志意端靜心和志靜則邪僻之慮無自而作邪僻不作則凡所思念無不皆得至公之理率至公之理以臨其人則彼下人孰不從化是以稱治民之本先在治心其次又在治身凡人君之身者乃百姓之表一國之的也表不正不可求直影的不明不可責射中今君身不能自治而望治百姓是猶曲表而求直影也君行不能自脩而欲百姓脩行者是猶無的而責射中也故爲人君者必心如清水形如白玉躬行仁義躬行孝悌躬行忠信躬行禮讓躬行廉平躬行儉約然後繼之以無倦加之以明察行此八者以訓其人是以其人畏而愛之則而象之不待家敎日見而自興行矣其二敦敎化曰天地之性唯人爲貴明其有中和之心仁恕之行異於木石不同禽獸故貴之耳然性無常守隨化而遷化於敦樸者則質直化於澆僞者則浮薄浮薄者則衰弊之風質直者則淳和之俗衰弊則禍亂交興淳和則天下自治自古安危興亡無不皆由所化也然世道彫喪已數百年大亂滋甚且二十載人不見德唯兵革是聞上無敎化唯刑罰是用而中興始爾大難未弭加之以師旅因之以饑饉凡百草創率多權宜致使禮讓弗興風

俗未反比年稍登稔徭賦差輕衣食不切則教化可脩矣凡諸牧守令長各宜洗心革意上承朝旨下宣教化者貴能扇之以淳風浸之以大和被之以道德示之以朴素使百姓亹亹日遷於善邪僞之心嗜慾之性潛以消化而不知其所以然此之謂化也然後教之以孝悌使人慈愛教之以仁順使人和睦教之以禮義使人敬讓慈愛則不遺其親和睦則無怨於人敬讓則不競於物三者旣備則王道成矣此之謂教也先王之所以移風易俗還淳反素垂拱而臨天下以至於太平者莫不由此此之謂要道也其三盡地利曰人生天地之間衣食爲命食不足則饑衣不足則寒饑寒切體而欲使人興行禮讓者此猶逆坂走丸勢不可得也是以古之聖王知其若此先足其衣食然後教化隨之夫衣食所以足者由於地利盡地利所以盡者由於勸課有方主此教者在乎牧守令長而已人者冥也智不自周必待勸教然後得盡其力諸州郡縣每至歲首必戒敕部人無問少長但能操持農器者皆令就田墾發以時勿失其所及布種旣訖嘉苗須理麥秋在野蠶停於室若此之時皆宜少長悉力男女併功若揚湯救火寇盜之將至然後可使農夫不失其業蠶婦得就其功若游手怠惰早歸晚出好逸惡勞不勤事業者則正長牒名郡縣守令隨事加罰罪一勸百此則明宰之教也夫百畝之田必春耕之夏種之秋收之然後冬食之此三時者農之要月也若失其一時則穀不可得而食故先王之戒曰一夫不耕天下必有受其饑者一婦不織天下必有受其寒者若此三時不務省事而令人廢農者是則絕人之命驅以就死然單劣之戶及無生之家勸令有無相通使得兼濟三農之隙及陰雨之暇又當教人種桑植果蓺其蔬菜脩其園圃畜育雞豚以備生生之資以供養老之具夫爲政不欲過碎碎則人煩勸課亦不容太簡簡則人怠善爲政者必消息時宜而適煩簡之中故詩曰不剛不柔布政優優百祿是遒如不能爾則必陷於刑辟矣其四擢賢良曰天生蒸黎不能自化故必立君以理之人君不能獨理故必置臣以佐之上自帝王下及列國置臣得賢則安失賢則亂此乃自然之理百王不能易也今刺史縣令悉有僚吏皆佐助之人也刺史府官則命於天朝其州吏以下並牧守自置自昔以來州郡大夫但取門資多不擇賢良末曹小吏唯試刀筆並不問志行夫門資者乃先世之爵祿無妨子孫之愚瞽刀筆者乃身外之末材不廢性行之澆僞若門資之中而得賢良是則策騏驥而取千里也若門資之中而得愚瞽是則土牛木馬形似而用非不可以涉道也若刀筆之中而得志行是則金相玉質內外俱美實爲人寶也若刀筆之中而得澆僞是則餙畫朽木悅目一時不可以充榱椽之用也今之選舉者當不限資蔭唯在得人苟得其人自可起厮養而爲卿相則伊尹傅說是也而況州郡之職乎苟非其人則丹朱商均雖帝王之允不能守百里之封而況於公卿之胄乎由此而言官人之道可見矣凡所求材藝者爲其可以理人若有材藝而以正直爲本者必以材而爲理也若有材藝而以姦僞爲本者將因其官而亂也何致化之可得乎是故將求材藝必先擇志行善者則舉之其志行不善則去之而今擇人者多云邦國無賢莫知所舉此乃未之思也非適理之論所以然者古人有言明主聿興不降佐於昊天大人基命不擢才於后土常引一世之人理一世之務故殷周不待稷契之臣魏晉無假蕭曹之佐仲尼曰十室之邑必有忠信如丘者焉豈有萬家之都而云無士但求之不勤擇之不審或授之不得其所任之不盡其材故云無耳古人云千人之秀曰英萬人之英曰儁今之智效一官行聞一邦者豈非近英儁之士也但能勤而審之去虛取實各得州郡之最而用之則人無多少皆足化矣孰云無賢夫良玉未剖與瓦石相類名驥未馳與駑馬相雜及其剖而瑩之馳而試之玉石驚驥然後始分彼貧士之未用也混於凡品竟何以異要任之以事業責之以成務方與彼庸流較然不同昔呂望之屠釣百里奚之飯牛甯生之扣角管夷吾之三敗當此之時悠悠之徒豈謂其賢及升王朝登霸國積數十年功成事立始識其奇士也於是後世稱之不容於口彼瓌瑋之材不世之傑尚不能以未遇之時自異於凡品況降此者哉若必待太公而後用是千載無太公必待夷吾而後任是百世無夷吾所以然者士必從微而至著功必積小以至大豈有未任而已成不用而先達也若識此理則賢可求士可擇得賢而任之得士而使之則天下之理何向而不可成也然善官人者必先省其官官省則善人易充善人易充則事無不理官煩則必雜不善之人雜不善之人則政必有得失故語曰官省則事省事省則人清官煩則事煩事煩則人濁清濁之由在於官之煩省案今吏員其數不少昔人般事廣尚能克濟況今戶口減耗依員而置猶以爲少如聞在下州郡尚有兼假擾亂鄉人甚爲無理諸如此輩悉宜罷黜無得習常非直州郡之官宜須善人爰至

黨族閭里正長之職皆當審擇各得一鄉之選以相監統夫正長者理人之基基不傾者上必安凡求賢之路自非一途然所以得之審者必由任而試之考而察之起於居家至於鄉黨訪其所以觀其所由則人道明矣賢與不肖別矣率此以求則庶無愆悔矣其五恤獄訟曰人受陰陽之氣以生有情有性性則爲善情則爲惡善惡既分賞罰隨焉賞罰得中則怨止而善勸賞罰不中則人無所措手足而怨叛之心生是以先王重之特加戒慎者欲使察獄之官精心悉意推究根源先之以五聽參之以徵驗妙覩情狀窮鑒隱伏使姦無所容罪人必得然後隨事加刑輕重皆當舍過矜愚得情勿喜又能消息情理斟酌禮律無不曲盡人心而遠明大教使獲罪者如歸此則善之上者也然宰守非一不可人人皆有通識推理求情時或難盡唯當率至公之心去阿枉之志務求曲直念盡平當聽察之理必窮所見然後考訊以法不苛不暴有疑則從輕未審不妄罰隨事斷理獄無停滯此亦其次若乃不仁恕而肆其殘暴同人木石專用捶楚巧詐者雖事彰而獲免辭弱者乃無罪而被罰有如此者斯則下矣非共理所寄今之宰守當勤於中科而慕其上善如在下條則刑所不赦又當深思遠大念存德教先王之制曰與殺無辜寧赦有罪與其害善寧其利淫明必不得中寧濫捨有罪不謬害善人也今之從政者則不然深文巧劾寧致善人於法不免有罪於刑所以然者非皆好殺人也但云爲吏寧酷可免後患此則情有自便不念至公奉法如此皆姦人也夫人者天地之貴物一死不可復生然楚毒之下以痛自誣不被申理遂陷刑戮者將恐往往而有是以

自古以來設五聽三宥之法著明慎庶獄之典此皆愛人甚也凡伐木殺草田獵不順尙違時令而虧帝道況刑罰不中濫害善人寧不傷天心犯和氣和氣損而欲陰陽調適四時順序萬物阜安蒼生悅樂者不可得也故語曰一夫吁嗟王道爲之傾覆正謂此也凡百宰守可無愼乎若深姦巨猾傷化敗俗悖亂人倫不忠不孝故爲背道殺一利百以清王化重刑可也識此二途則刑政盡矣其六均賦役曰聖人之大寶曰位何以守位曰仁何以聚人曰財以仁守位國而無財位不可守是故三五以來皆有征稅之法雖輕重不同而濟用一也今寇逆未平軍國費廣雖未皇減省以卹人瘼然宜令平均使下無怨平均者不舍豪強而徵貧弱不縱姦巧而困愚拙此之謂均也故聖人曰蓋均無貧然財貨之生其均不易紡紝織績起於有漸非旬日之間所可造次必須勸課使豫營理絲鄉先事織紝麻土早脩紡績及時而備至時而輸故王賦獲供下人無困如其不豫勸戒臨時迫切復恐稽緩以爲已過捶扑交至取辦目前富商大賈緣茲射利有者從之貴糴無者與之舉息輸稅之人於是弊矣租稅之時雖有大式至於斟酌貧富差次先後皆事起於正長而繫之於守令若斟酌得所則政和而民悅若檢理無方則吏姦而人怨又差發徭役多不存意致令貧弱者或重徭而遠戍富彊者或輕使而近防守令用懷如此不存卹民之心皆王政之罪人也文帝甚重之常置諸坐右又令百司習誦之其牧守令長非通六條及計帳者不得居官自有晉之季文章競爲浮華遂以成俗文帝欲革其弊因魏帝祭廟羣臣畢至乃命綽爲大誥奏行之其詞曰唯中興十有

一年仲夏庶邦百辟咸會於王庭柱國泰洎羣公列將莫不來朝時乃大稽百憲敷於庶邦用綏我王度皇帝若曰昔堯命羲和允釐百工舜命九官庶績咸熙武丁命說克號高宗時休哉朕其欽若格爾有位胥暨我太祖之庭朕將丕命汝以厥官六月丁巳皇帝朝格於太廟凡厥具僚罔不在位皇帝若曰咨我元輔羣公列將百辟卿士庶尹御事朕惟寅敷祖宗之靈命稽於先王之典訓以大誥於爾在位昔我太祖神皇肇膺明命以創我皇基烈祖景宗之廟開四表底定武功暨乎文祖誕敷文德龔惟孝武不實其舊自時厥後陵夷之弊用興大難於彼東上則我黎庶咸墜塗炭惟台一人纘戎下武夙夜祗畏若涉大川罔識攸濟是用稽於帝典揆於王度拯我民瘼惟彼哲王示我通訓曰天生黎蒸罔克自乂上帝降鑒叡聖植元后以乂之時惟元后弗克獨乂博求明德命百辟羣吏以佐之肆天之命辟辟之命官惟以恤人弗惟逸豫辟惟元首黎元惟趾股肱惟弼上下一體各勤攸司茲用克臻於皇極故皇其彝訓曰后克艱厥后臣克艱厥臣政乃乂今台一人膺天之嘏既陟元后股肱百辟乂服我國家之命罔不咸守厥職嗟后弗艱厥后臣弗艱厥臣政於何弗釋嗚呼艱哉凡爾在位其敬聽命皇帝若曰柱國唯四海之不造載繇二紀我太祖烈祖之用命用錫我以元輔國家將墜公惟棟梁皇之弗極公惟作相百揆諧度公惟大錄公其允文允武克明克乂迪七德敷九功龕暴除亂下綏我蒼生旁施於九正若伊之在商周之有呂說之相丁用保無疆之祚皇帝若曰羣公太宰太尉司徒司空惟公作朕鼎足以弼於朕躬宰惟天官克諧六職尉惟司武

武在止戈徒惟司衆敬敷五教空惟司土利用厚生惟時三事若三階之在天惟茲四輔若四時之成歲天工人其代諸皇帝若曰列將汝惟鷹揚作朕爪牙寇賊姦究蠻夷猾夏汝徂征殺之以惠董之以威刑期無刑萬邦咸甯俾八表之內莫違朕命時汝功皇帝若曰庶邦列辟汝惟守土作民父母人惟不勝其饑故先王重農不勝其寒故先王貴女工人之不率於孝慈則骨肉之恩薄弗惇於禮讓則爭奪之萌生惟茲六物實爲教本嗚呼爲上克寬寬則人怠齊之以禮不剛不柔稽極於道皇帝若曰卿士庶尹凡百御事王省惟歲卿士惟月庶尹惟日御事惟時歲月日時罔易其度百憲咸貞庶績其凝嗚呼惟若王官陶鈞萬國若天之有斗斟元氣酌陰陽弗失其和蒼生永賴悖其序萬物以傷時惟艱哉皇帝若曰惟天地之道一陰一陽禮俗之變一文一質爰自三五以迄於茲匪惟相革惟其救弊匪惟相襲惟其可久唯我有魏承乎周之末流接秦漢遺弊襲魏晉之華誕五代澆風因而未革將以穆俗興化庸可暨乎嗟我公輔庶僚列辟朕惟否德其一朕心力祗慎厥艱克遵前王之丕顯休烈弗敢怠荒咨爾在位亦叶於朕心惇德允元惟厥艱是務克損厥華卽厥實背厥僞崇厥誠勿督勿忘一乎三代之彝典歸於道德仁義用保我祖宗之丕命荷天之休克綏我萬方永康我黎庶戒之哉朕言不再柱國泰洎庶僚百辟拜手稽首曰亶聰明作元后元后作民父母惟三五之王率繇此道用臻於刑措自時厥後歷千載未聞惟帝念功將反叔世逖致於雍熙庸錫降丕命於我羣臣博哉王言非言之難行之實難臣聞靡不有初鮮克有終商書曰終始惟一德乃日新惟帝敬厥始慎厥終以躋日新之德則我羣臣敢不夙夜對揚休命惟茲大誼未光於四表以邁種德俾九域幽遐咸昭奉元后之明訓率還於道永膺無疆之休帝曰欽哉自是之後文筆皆依此體綽性儉素不事產業家無餘財以海內未平常以天下爲已任博求賢俊共弘政道凡所薦達皆至大官文帝推心委任而無閒言或出遊嘗預署空紙以授綽若須有處分則隨事施行及還啟知而已綽常謂爲國之道當愛人如慈父訓人如嚴師每與公卿議論自晝達夜事無巨細若指諸掌積思勞倦遂成氣疾十二年卒於位年四十九文帝痛惜之哀動左右及將葬乃謂公卿曰蘇尚書平生謙約吾欲全其素志便恐悠悠之徒有所未達如其厚加贈謚又乖宿昔相知之道進退惟谷孤有疑焉尚書令史麻瑤越次而進曰昔晏子齊之賢大夫一狐裘三十年及其死也遣車一乘齊侯不奪其志綽既操履清白謙挹自居愚謂宜從儉約以彰其美文帝曰善因薦瑤於朝廷及綽歸葬武功惟載以布車一乘文帝與羣公步送出同州郭門外文帝親於車後酹酒而言曰尚書平生爲事妻子兄弟不知者吾皆知之惟爾知吾心吾知爾意方欲共定天下不幸遂捨吾去奈何舉聲一慟不覺巵墮於手至葬日又遣使祭以太牢文帝自爲其文綽又著佛性論七經論並行於世明帝二年以綽配太祖廟庭子威嗣威隋史有傳綽弟椿字令欽性廉慎沈勇有決斷魏正光中關右賊亂椿應募討之受盪寇將軍以功累遷中散大夫賜爵美陽子大統初拜鎮東將軍金紫光祿大夫賜姓賀蘭氏後除都督行弘農郡事椿當官彊濟特爲文帝所知十四年置黨州鄉帥自非鄉望允當衆心不得預焉乃令驛追椿領鄉兵其年破槃頭氐有功除散騎常侍加大都督十六年征隨郡軍還除武功郡守既爲本邑以清儉自居小大之政必盡忠恕進爵爲侯位驃騎大將軍開府儀同三司大都督卒子植嗣

盧辯字景宣范陽涿人累世儒學父靜魏太常丞辯少好學博通經籍正光初舉秀才爲太學博士以大戴禮未有解詁辯乃注之其兄景裕爲當時碩儒謂辯曰昔侍中注小戴今爾注大戴庶纂前修矣侍中辯叔父同也節閔帝立除中書舍人屬齊神武起兵信都既破爾朱氏遂鼓行指洛節閔遣辯持節勞之於鄴神武令辯見其所奉中興主辯抗節不從神武怒曰我舉大義誅羣醜車駕在此誰遣爾來辯抗言酬答守節不撓神武異之捨而不逼孝武卽位以辯爲廣平王贊師永熙二年平等浮屠成孝武會萬僧於寺石佛低舉其頭終日乃止帝禮拜之辯曰石立社移自古有此陛下何怪及帝入關事起倉卒辯不及至家單馬而從或問辯曰得辭家不辯曰門外之道以義斷恩復何辭也帝至長安封范陽縣公授給事黃門侍郎領著作加本州大中正文帝以辯有儒術甚禮之朝廷大議常召顧問遷太子少保領國子祭酒趙青雀之亂魏太子出居渭北辯時隨從亦不告家人其執志敢決皆此類也尋除太常卿太子少傅魏太子及諸王等皆行東修之禮受業於辯進爵范陽郡公轉少師自魏末離亂孝武西遷朝儀湮墜於時朝廷憲章乘輿法服金石律呂晷刻渾儀咸令辯因時制宜皆合軌度多依古禮性彊記默識能斷大事凡所創制處之不疑加驃騎大將軍開府儀同三司

累遷尚書令及六官建爲師氏中大夫明帝卽位遷小宗伯進位大將軍帝嘗與諸公幸其第儒者榮之出爲宜州刺史以患不之部薨諡曰獻配食太祖廟庭子愼嗣位復州刺史愼弟詮性趫捷善騎射位儀同三司隋開皇初以辯前代名德追封沈國公初文帝欲行周官命蘇綽專掌其事未幾而綽卒乃令辯成之於是依周禮建六官革漢魏之法以魏恭帝三年始命行之六卿之外置太師太傅太保各一人是曰三孤時未建東宮其太子官員改創未畢尋又改典命爲大司禮置中大夫自茲厥後世有損益武成元年增御正四人位上大夫保定四年改宗伯爲納言禮部爲司宗大司禮爲禮部大司樂爲樂部五年左右武伯各置大夫一人以建德元年改置宿衞官員二年省六府諸司中大夫以下官府置四司以下大夫爲官之長士貳之是歲又增改東宮官員三年初置太子諫議大夫員四人文學十人皇弟皇子友員各二人學士六人四年又改置宿衞官員其司武司衞之類皆後所增改太子正宮尹之屬亦後所創置而典章散滅弗可復知宣帝嗣位事不師古官員班品隨意變革至如初置四輔官及六府諸司復置中大夫並御正內史增置上大夫等則載於外史餘則朝出夕改莫能詳錄於時雖行周禮其內外衆職又兼用秦漢等官今略舉其名號及命數附之於左其紀傳內更有餘官而此不載者亦史之闕文也

柱國大將軍建德四年增置上柱國上將軍也　右正九命

驃騎大將軍開府儀同三司建德四年改爲開府儀同大將軍仍增上開府儀同大將軍車騎大將軍儀同三司建德四年改爲儀同大將軍仍增上儀同雍州牧　右正九命

驃騎大將軍右光祿大夫車騎將軍左光祿大夫戶三萬以上州刺史　右正八命

征東征西征南征北中軍鎭軍撫軍等將軍左右金紫光祿大夫大都督戶二萬以上州刺史京兆尹　右八命

平東平西平南平北前右左後等將軍左右銀青光祿大夫帥都督柱國大將軍府長史司馬司錄戶一萬以上州刺史　右正七命

冠軍輔國等將軍太中中散等大夫都督戶五千以上州刺史戶一萬五千以上郡守　右七命

鎭遠建忠等將軍諫議誥議等大夫別將開府長史司馬司錄戶不滿五千以下州刺史一萬以上郡守大呼藥　右正六命

中堅甯朔等將軍左右中郎將儀同府正八命州長史司馬司錄戶五千以上郡守小呼藥　右六命

甯遠揚烈等將軍左右員外常侍統軍驃騎車騎將軍府八命州長史司馬司錄柱國大將軍府中郎掾屬戶一千以上郡守長安萬年縣令　右正五命

伏波輕車等將軍奉車奉騎等都尉四征中鎭撫將軍府正七命州長史司馬司錄開府府中郎掾屬戶不滿一千以下郡守戶七千以上縣令正八命州呼藥　右五命

宣威明威等將軍虎賁冗從等給事儀同府中郎掾屬柱國大將軍府列曹參軍四平前右左後將軍府七命州長史司馬司錄正八命州別駕戶四千以上縣令八命州呼藥　右正四命

襄威厲威等將軍給事中奉朝請軍主開府列曹參軍冠軍輔國將軍府正六命州長史司馬司錄正七命州別駕正八命州中從事七命郡丞戶二千以上縣令正七命州呼藥　右四命

威烈討寇等將軍左右員外侍郎幢主儀同府正八命州列曹參軍柱國大將軍府參軍鎭遠建忠中堅甯朔將軍府長史司馬司錄正六命州別駕正七命州中從事正六命郡丞戶五百以上縣令七命州呼藥　右正三命

蕩寇蕩難等將軍武騎常侍侍郎開府參軍驃騎車騎將軍府八命州列曹參軍甯遠揚烈伏波輕車將軍府長史正六命州中從事六命郡丞戶不滿五百以下縣令戍主正六命州呼藥　右三命

殄寇殄難等將軍彊弩積弩等司馬四征中鎭撫將軍府正七命州列曹參軍正五命郡丞　右正二命

掃寇掃難等將軍武騎武威等司馬四平前右左後將軍府七命州列曹參軍五命郡丞戍副　右二命

曠野橫野等將軍殿中員外二司馬冠軍輔國將軍府正六命州列曹參軍　右正一命

虎威虎牙等將軍淮海山林二都尉鎭遠建忠中堅甯朔甯遠揚烈伏波輕車將軍府列曹參軍　右一命

周制封郡縣五等爵者皆加開國授柱國大將軍開府儀同者並加使持節大都督其開府又加驃騎大將軍侍中其儀同又加車騎大將軍散騎常侍其授總管刺史則加使持節諸軍事以此爲常大象元年詔總管刺史及行兵者加持節餘悉罷之辯所制定之後又有改革今粗附之云辯弟光字景仁性溫謹博覽羣書精於三禮善陰陽解鍾律又好元言魏孝閔初釋褐司空府參軍事及孝武西遷光於山東立義遙授晉州刺史大統六年攜家西入除丞相府記室參軍賜爵范陽縣伯

俄拜行臺郎中專掌書記改封安息縣伯歷位京兆郡守侍中開府儀同三司匠師中大夫進爵燕郡公廣州刺史行陝州總管府長史卒官武帝少嘗受業於光故賻贈有加恒典增少傅謚曰簡光性崇佛道至誠信敬嘗從文帝狩於檀臺山時獵圍既合帝遥指山上謂羣公曰公等有所見不咸曰無所見光獨曰見一桑門帝曰是也卽解圍而還令光於桑門立處造浮圖掘基一丈得瓦鉢錫杖各一帝稱歎因立寺焉及爲京兆而郡舍先是數有妖怪前後郡將無敢居者光曰吉凶由人妖不妄作遂入居之未幾光所乘馬忽升聽事登牀南首而立食器無故自破光並不以介懷其精誠守正如此注道德經章句行於世子貴嗣貴列在隋史

韋叔裕字孝寬京兆杜陵人也少以字行世爲三輔著姓祖直善魏馮翊扶風二郡守父旭武威郡守建義初爲大行臺右丞加輔國將軍雍州大中正永安二年拜右將軍南豳州刺史時氐賊數爲抄竊旭隨機招撫並卽歸附尋卒官贈司空冀州刺史謚曰文惠孝寬沈敏和正涉獵經史年十五便有壯志善籌算識者稱之屬蕭寶夤作亂關右乃詣闕請爲軍前驅朝廷嘉之卽拜統軍隨馮翊公長孫承業西征每戰有功拜國子博士行華山郡事屬侍中楊侃爲大都督出鎮潼關引孝寬爲司馬侃奇其才以女妻之永安中授宣威將軍給事中尋賜爵北山縣男普泰中以都督從荊州刺史源子恭鎮穰城以功除淅陽郡守時獨孤信爲新野郡守同隸荊州與孝寬情好欵密政術俱美荊州吏民號爲連璧孝武初以都督鎮彭城文帝自原州赴雍州命孝寬隨軍及克潼關卽授弘農郡守從擒竇泰兼左丞節度宜陽兵馬事仍與獨孤信入洛爲陽城郡守復與宇文貴怡峯應接潁州義從破東魏將任祥堯雄於潁川孝寬又進平樂口下豫州獲刺史馮邕又從戰於河橋時大軍不利邊境騷然乃令孝寬以本將軍行宜陽郡事尋遷南兗州刺史是歲東魏將軍段琛據宜陽號驍猛遣其揚州刺史牛道恒扇誘邊民孝寬深患之乃遣諜人訪獲道恒手迹令善學書者僞作道恒與孝寬書論歸欵之意又爲落燼燒迹若火下書者令諜人遺之於琛營琛得書果疑道恒其所欲經略皆不見用孝寬知其離阻因出奇兵掩襲禽道恒及琛等崤澠遂清大統五年進爵爲侯八年轉晉州刺史尋移鎮玉壁兼攝南汾州事先是山胡負險屢爲劫盜孝寬示以威信州境肅然進授大都督十二年齊神武傾山東之衆志圖西入以玉壁衝要先命攻之連營數十里至於城下乃於城南起土山欲乘之以入當其山處城上先有兩高樓孝寬更縛木接之令極高峻多積戰具以禦之齊神武使謂城中曰縱爾縛樓至天我會穿城取爾遂於城南鑿地道又於城北起土山攻具晝夜不息孝寬復掘長塹要其地道仍簡戰士屯塹城外每穿至塹戰士卽擒殺之又於塹外積柴貯火敵人有在地道內者便下柴火以皮排吹之火氣一衝咸卽灼爛城外又造攻車車之所及莫不摧毀雖有排楯莫之能抗孝寬乃縫布爲縵隨其所向則張設之布懸於空中其車竟不能壞城外又縛松於竿灌油加火規以燒布并欲焚樓孝寬復作長鐵鈎利其鋒刃火竿既來以鈎遥割之松麻俱落外又於城四面穿地作二十一道分爲四路於其中各施梁柱作訖以油灌柱放火燒之柱折城並崩壞孝寬又隨崩處豎木柵以扞之敵不得入城外盡其攻擊之術孝寬咸拒破之神武無如之何乃遣倉曹參軍祖孝徵謂曰未聞救兵何不降也孝寬報云我城池嚴固兵食有餘攻者自勞守者常逸豈有旬朔之間已須救援適憂爾衆有不反之危孝寬關西男子必不爲降將軍也俄而孝徵復來謂城中人曰韋城主受彼榮祿或復可爾自外軍士何事相隨入湯火中耶乃射募格於城中云能斬城主降者拜太尉封開國郡公邑萬戶賞帛萬疋孝寬手題書背反射城外云若有斬高歡者一依此賞孝寬弟子遷先在山東又鎖至城下臨以白刃云若不早降便行大戮孝寬慷慨激揚畧無顧意士卒莫不感勵人有死難之心齊神武苦戰六旬傷及病死者十四五智力俱困因而發疾其夜燒營而遁因此忿恚發病而殂魏文帝嘉孝寬功令殿中尚書長孫紹遠左丞王悅至玉壁勞問授驃騎大將軍開府儀同三司進爵建忠郡公廢帝二年爲雍州刺史先是路側一里置一土堠經雨頹毁每須修之自孝寬臨州乃勒部內當土堠處植槐樹代之既免修復行旅又得庇廕文帝後見怪問知之曰豈得一州獨爾當令天下同之於是令諸州夾道一里種一樹十里種三樹百里種五樹焉魏恭帝元年以大將軍與燕公于謹伐江陵平之以功封穰縣公還拜尚書右僕射賜姓宇文氏三年文帝北巡命孝寬還鎮玉壁孝閔帝踐阼拜小司徒明帝初參麟趾殿學士考校圖籍保定初以孝寬立勳玉壁遂於玉壁置勳州仍授勳州刺史齊人遣使至玉壁求通互市晉公護以其相持日久絕無使命一旦忽來求交易疑別有故又以皇姑皇世母先沒在彼因其請和之

際或可致之遂令司門下大夫尹公正至玉壁與孝寬詳議孝寬乃於郊盛設供帳令公正接對使人兼論皇家親屬在東之意於是使者忻然辭色甚悅時又有汾州胡抄得關東人孝寬復放東還并致書一牘具陳國家欲敦隣好遂以禮送皇姑及護母等孝寬善於撫御能得人心所遣間諜入齊者皆爲盡力亦有齊人得孝寬金貨遥通書疏故齊人動靜朝廷皆得先知時有主帥許盆孝寬委以心膂令守一城盆乃以城東入孝寬怒遣諜取之俄而斬首而還其能致物情如此汾州之北離石以南悉是生胡抄掠居民阻斷河路孝寬深患之而地入於齊無方誅翦欲當其要處置一大城乃於河西徵役徒十萬甲士百人遣開府姚岳監築之岳色懼以兵少爲難孝寬曰計成此城十日即畢既去晉州四百餘里一日創手二日僞境始知設令晉州徵兵二日方集謀議之間自稽三日計其軍行二日不到我之城隍足得辦矣乃令築之齊人果至南首疑有大軍乃停留不進其夜又令汾水以南傍介山稷山諸村所在縱火齊人謂是軍營遂收兵自固版築克就卒如孝寬言四年進位柱國時晉公護將東討孝寬遣長史辛道憲啟陳不可護不從既而大軍果不利後孔城遂陷宜陽被圍孝寬乃謂其將帥曰宜陽一城之地未能損益然兩國爭之勞師數載彼多君子寧乏謀猷若棄崤東來圖汾北我之疆界必見侵擾今宜於華谷及長秋速築城以杜賊志脫其先我圖之實難於是畫地形具陳其狀晉公護令長史叱羅協謂使人曰韋公子孫雖多數不滿百汾北築城遣誰固守事遂不行天和五年進爵鄖國公增邑通前萬戸是歲齊人解宜陽之圍經畧汾北築城守之其丞相斛律明月率數十騎至汾東請與孝寬相見明月云宜陽小城久勞戰爭今既入彼欲於汾北取償幸勿怪也孝寬答曰宜陽彼之要衝汾北我之所棄我棄彼圖取償安在且君輔翼幼主位重望隆理宜調陰陽撫百姓焉用極武窮兵結怨連禍且滄瀛大水千里無煙復欲使汾晉之間橫尸暴骨苟貪尋常之地塗炭疲弊之民竊爲君不取也時孝寬參軍曲巖頗知卜筮謂孝寬曰來年東朝必大相殺戮孝寬因令巖作謠歌曰百升飛上天明月照長安百升斛也又言高山不摧自崩槲木不扶自豎令諜人多齎此文遺之於鄴祖孝徵既聞更潤色之明月竟以此誅建德之後武帝志在平齊孝寬乃上疏陳平齊三策其第一曰臣在邊積年頗見閒隙不因際會難以成功是以往歲出軍頗有勞費功績不立由失機會何者長淮之南舊爲沃土陳氏以破亡餘燼猶能以一舉平之齊人歷年赴救喪敗而反內離外叛計盡力窮傳不云乎讐有釁焉不可失也今大軍若出軹關方軌而進兼與陳氏共爲掎角并令廣州義旅出自三鵶又募山南驍銳沿河而下復遣北山稽胡絕其并晉之路凡此諸軍仍令各募關河之外勁勇之士厚其爵賞使爲前驅岳動山移雷駭電激百道俱進並趨虜庭必當望旗奔潰所向摧殄一戎大定實在此機其第二策曰若國家更爲後圖未即大舉宜與陳人分其兵勢三鵶以北萬春以南廣事屯田預爲積貯募其驍悍立爲部伍彼既東南有敵戎馬相持我出奇兵破其疆埸彼若興師赴援我則堅壁清野待其去遠還復出師常以邊外之軍引其腹心之衆我無宿舂之費彼有奔命之勞一二年中必自離叛且齊氏昏暴政出多門鬻獄賣官唯利是視荒淫酒色忌害忠良闔境熬然不勝其弊以此而觀覆亡可待然後乘間電掃事等摧枯其第三策曰竊以大周土宇跨據關河蓄席卷之威持建瓴之勢太祖受天明命與物更新是以二紀之中大功克舉南清江漢西龕巴蜀塞表無虞河右底定唯彼趙魏獨爲榛梗者正以有事三方未遑東畧遂使漳滏游魂更存餘晷昔勾踐平吳尚期十載武王取亂猶煩再舉今若更存遵養且復相時臣謂宜還崇隣好申其盟約安民和衆通商惠工蓄銳養威觀釁而動斯則長策遠馭坐自兼并也書奏武帝遣小司寇淮南公元衛開府伊婁謙等重幣聘齊爾後遂大舉再駕而定山東卒如孝寬之策孝寬每以年迫懸車屢請致仕帝以海內未平優詔弗許至是復稱疾乞骸骨帝曰往已面申本懷何煩重請也五年帝東伐過幸玉壁觀禦敵之所深歎美之移時乃去孝寬自以習練齊人虛實請爲先驅帝以玉壁要衝非孝寬無以鎮之乃不許及趙王招率兵出稽胡與大軍掎角乃勑孝寬爲行軍總管圍守華谷以應接之孝寬克其四城武帝平晉州復令孝寬還舊鎮及帝凱旋復幸玉壁從容謂孝寬曰世稱老人多智善爲軍謀然朕唯共少年一舉平賊公以爲如何孝寬對曰臣今衰耄唯有誠心而已然昔在少壯亦曾輸力先朝已定關右帝大笑曰實如公言乃詔孝寬隨駕還京拜大司空出爲延州總管進位上柱國大象元年除徐兗等十二州十五鎮諸軍事徐州總管又爲行軍元帥徇地淮南乃分遣杞公宇文亮攻黃城鄖公梁士彥攻廣陵孝寬率衆攻壽陽並拔之初孝寬到淮南所在皆密送款然彼五門尤

爲險要陳人若開塘放水即津濟路絕孝寬遂令分兵據守之陳刺史吳文立果遣決堰已無及於是陳人退走江北悉平軍還至豫州宇文亮舉兵文立以數百騎襲孝寬營時亮國官茹寬密白其狀孝寬有備亮不得入乃遁走孝寬追獲之詔以平淮南之功別封一子滑國公及宣帝崩隋文帝輔政時尉遲迥先爲相州總管詔孝寬代之又以小司徒叱列長文爲相州刺史先令赴鄴孝寬續進至朝歌迥遣其都督賀蘭貴齎書候孝寬孝寬留貴與語以察之疑其有變遂稱疾徐行又使人之相州求醫藥密以伺之既到湯陰值長文奔還孝寬兄子魏郡守藝又棄郡南走孝寬審知其狀乃馳歸所經橋道皆令毀撤驛馬悉擁以自備又勒驛將曰蜀公將至可多備餚酒及芻粟以待之迥果遣儀同梁子康將數百騎追孝寬驛司供設豐厚所經之處皆輒停留由是不及時或勸孝寬以爲洛京虛弱素無守備河陽鎮防悉是關東鮮卑迥若先往據之則爲禍不小乃入保河陽河陽城內舊有鮮卑八百人家並在鄴見孝寬輕來謀欲應迥孝寬知之遂密造東京官司詐稱遣行分人詣洛受賜既至洛陽並留不遣因此離解其謀不成六月詔發關中兵以孝寬爲元帥東伐七月軍次河陽迥所署儀同薛公禮圍逼懷州孝寬遣兵擊破之進次懷縣永橋城之東南其城既在要衝雉堞牢固迥已遣兵據之諸將士以此城當路請先攻取孝寬曰城小而固若攻而不拔損我兵威今破其大軍此亦何能爲也於是引軍次于武陟大破迥子惇惇輕騎奔鄴軍進次於鄴西門豹祠之南迥自出戰又破之迥窮迫自殺兵士在小城中盡阬之游豫園諸有未服者皆隨機

討之關東悉平十月凱還京師十一月薨時年七十二贈太傅十二州諸軍事雍州牧謚曰襄孝寬在邊多載屢抗彊敵所有經略布置之功人莫之解見其成事方乃驚服雖在軍中篤意文史政事之餘每自披閱末年患眼猶令學士讀而聽之又早喪父母事兄嫂甚謹所得俸祿不入私房親族有孤遺者必加賑贍朝野以此稱焉長子諶年已十歲魏文帝欲以女妻之孝寬辭以兄子世康年長帝嘉之遂以妻世康孝寬有六子總壽霽津知名總字善會聰敏好學位驃騎大將軍開府儀同三司納言京兆尹武帝常戲總曰卿帥尹帝鄉故當不以富貴威福鄉里邪總乃正色對曰陛下擢臣非分竊謂已鑒愚誠今奉嚴旨便似未照丹赤豈可久忝此職用疑聖慮請解印綬以避賢能帝大笑曰前言戲之耳從武帝東征總每率麾下先驅陷陣遂於并州戰沒時年二十九贈上大將軍追封河南郡公謚曰貞六年重贈柱國五州刺史子國成嗣後襲孝寬爵鄖國公隋文帝追錄孝寬舊勳開皇初詔國成食封三千戶收其租稅壽字世齡以貴公子早有令譽位京兆尹武帝親征齊委以後事以父軍功賜爵永安縣侯隋文帝爲丞相以其父平尉遲迥拜壽儀同三司進封滑國公文帝受禪歷毛恒二州刺史頗有能名以疾徵還卒于家謚曰定仁壽中文帝爲晉王廣納其女爲妃其子保巒嗣壽弟霽位太常少卿安邑縣伯霽弟津位內史侍郎戶部侍郎判尚書事孝寬兄夐字敬遠志尚夷簡澹於榮利弱冠召拜雍州治中從事非其好也遂謝病去職前後十見徵辟皆不應命屬文帝經綸王業側席求賢闡夐養高不仕虛心敬悅遣使辟之備加禮命雖情諭甚

至而竟不能屈文帝彌重之亦不之奪也所居之宅枕帶林泉夐對玩琴書蕭然自逸時人號爲居士焉至有慕其閑素者或載酒從之夐亦爲之盡歡接對忘倦明帝即位禮敬逾厚乃爲詩以貽之曰六爻貞遯世三辰光少微潁陽讓逾遠滄州云不歸香動秋蘭佩風飄蓮葉衣坐石窺仙洞乘槎下釣磯嶺松千仞直巖泉百丈飛聊登平樂觀遙望首陽薇詎能同四隱來參予萬機夐答帝詩願時朝謁帝大悅勅有司日給河東酒一斗號之曰逍遙公時晉公護執政廣營第宅嘗召夐至宅訪以政事夐仰觀其堂徐而歎曰酣酒嗜音峻宇雕牆有一于此未或不亡護不悅有識者以爲知言陳遣其尚書周弘正來聘素聞夐名請與相見朝廷許之弘正乃造夐談謔盡日恨相遇之晚後請夐至賓館夐不時赴弘正乃贈詩曰德星猶未動真車詎肯來其爲當時所欽挹如此武帝嘗與夐夜宴大賜之縑帛令侍臣數人負以送出夐惟取一疋示承恩旨而已帝以此益重之孝寬爲延州總管時夐至州與孝寬相見及還孝寬送以所乘馬及轡勒與夐夐以其華飾心弗欲之笑謂孝寬曰昔人不棄遺簪墜屨者惡與之同出不與之同歸吾之操行雖不逮前烈然捨舊錄新亦非吾志也於是乃乘舊馬以歸武帝又以佛道儒三教不同詔夐辯其優劣夐以三教雖殊同歸於善其迹似有深淺其理致如無等級乃著三教序奏之帝覽而稱善時宣帝在東宮亦遺夐書并令以帝所乘馬迎之問立身之道夐對曰傳不云乎儉爲德之恭侈爲惡之大欲不可縱志不可滿並聖人之訓也願殿下察之夐子瓘行隨州刺史因疾殁故孝寬子總復於并州戰殁一日之中凶問

俱至家人相對悲慟而夐神色自若謂之曰死生命也去來常事亦何足悲援琴撫之如舊夐又雅好名義虛襟善誘雖耕夫豎子有一介可稱者皆接引之特與族人處元及安定梁曠爲放逸之友少愛文史留情著述手自抄錄數十萬言晚年虛靜唯以體道會眞爲務舊所制述咸削其藁故文筆多不載建德中夐以年老預戒其子等曰昔士安以籧篨束體王孫以布囊繞尸二賢高達非庸才能繼吾死之日可斂以舊衣勿更新造使棺足周尸牛車載柩墳高四尺壙深一丈其餘煩雜悉無用也朝晡奠食於事彌煩吾不能頓絕汝輩之情可朔望一奠而已但薦蔬食勿設牲牢親友欲以物弔祭者並不得爲受吾恐臨終恍惚故以此言預戒汝輩瞑目之日勿違吾言也宣政元年二月卒於家時年七十七諸子皆爲方伯柱國武帝遣使弔祭賻贈有加其喪制葬禮諸子並遵其遺戒子世康洸璀藝沖並列在隋史

韋瑱字世珍京兆杜陵人也世爲三輔著姓曾祖惠度姚泓尚書郎隨劉義眞過江仕宋爲順陽太守行南雍州事後於襄陽歸魏拜中書侍郎贈洛州刺史祖千雄略陽郡守父英代郡守贈兗州刺史瑱幼聰敏有夙成之量起家太尉府法曹參軍累遷諫議大夫文帝爲丞相封長安縣男轉行臺左丞遷南郢州刺史復令爲行臺左丞瑱明察有幹局再居左轄時論榮之從復弘農戰沙苑加衛大將軍左光祿大夫從戰河橋進爵爲子大統八年齊神武侵汾絳瑱從文帝禦之軍還以本官鎮蒲津關帶中潭城主歷鴻臚卿以望族兼領鄉兵加帥都督進散騎常侍魏恭帝三年賜姓宇文氏三年除瓜州刺史州通西域蕃夷往來前後刺史多受賂遺胡寇犯邊又莫能禦瑱雅性清儉兼有武略蕃夷贈遺一無所受胡人畏服不敢爲寇公私安靜夷夏懷之孝閔帝踐阼進爵平齊縣伯秩滿還京吏民戀慕老幼追送留連十數日方得出境明帝嘉之授侍中驃騎大將軍開府儀同三司卒贈岐宜二州刺史謚曰惠又追封爲公詔其子峻襲峻位至車騎大將軍儀同三司峻子德政隋大業中給事郎峻弟師隋史有傳

柳虯字仲蟠河東解人也五世祖恭仕後趙爲河東郡守後以秦趙喪亂率民南徙居汝潁間遂仕江表祖緝同州別駕宋安郡守父僧習善隸書敏於當世與豫州刺史裴叔業據州歸魏歷北地潁川二郡守揚州大中正虯年十三便專精好學時貴游子弟就學者並車服華盛唯虯不脩容飾偏受五經略通大義兼涉子史雅好屬文舉秀才兗州刺史馮儁引虯爲府主簿既而樊子鵠爲吏部尚書其兄義爲揚州刺史乃以虯爲揚州從事加鎮遠將軍非其好也棄官還洛陽屬天下喪亂乃退耕於陽城有終焉之志大統三年馮翊王元季海領軍獨孤信鎮洛陽于時舊京荒廢人物罕存唯有虯在陽城裴諏在潁川信等乃俱徵之以虯爲行臺郎中諏爲北府屬並掌文翰時人爲之語曰北府裴諏南府柳虯時軍旅務殷虯勵精從事或通夜不寢季海常云柳郎中判事我不復重看四年入朝文帝欲官之虯辭母老乞侍醫藥文帝許焉又爲獨孤信開府從事中郎信出鎮隴右因爲秦州刺史以虯爲二府司馬雖處元僚不綜府事唯在信左右談論而已因使見文帝被留爲丞相府記室追論歸朝功封美陽縣男虯以史官密書善惡未足懲勸乃上疏言古者人君立史官非但記事而已蓋所爲鑒誡也故動則左史書之言則右史書之彰善癉惡以樹風聲故南史抗節表崔杼之罪董狐書法明趙盾之愆是知執筆於朝其來久矣而漢魏已還密爲記注徒聞後世無益當時豈所謂將順其美匡救其惡者且著述之人密書縱能直筆人莫知之何止橫生物議亦自異端互起故班固致受金之名陳壽有求米之論著漢魏者非一氏造晉史者至數家後代紛紜莫知準的伏惟陛下則天稽古勞心庶政開誹謗之路納忠讜之言諸史官記事者皆當朝顯言其狀然後付之史閣庶令是非明著得失無隱使聞善者日脩有過者知懼事遂施行十四年除祕書丞領著作舊丞不參史事自虯爲丞始令監掌焉還中書侍郎修起居注仍領丞事時人論文體有古今之異虯以爲時有古今非文有古今乃爲文質論文多不載廢帝初遷祕書監加車騎大將軍儀同三司虯脫略人間不事小節弊衣疏食未嘗改操人或譏之虯曰衣不過適體食不過充饑孜孜營求徒勞思慮耳恭帝元年卒年五十四贈兗州刺史謚曰孝有文章數十篇行於世虯弟檜爲魏興華陽郡守死於王事列在忠義傳檜弟鷟好學善屬文卒於魏臨淮王記室參軍事子帶韋字孝孫深沈有度量少好學身長八尺三寸美風儀善占對文帝辟爲參軍事侯景作亂江南文帝令帶韋使江郢二州與梁邵陵南平二王通好行至安州遇段寶等反帶韋乃矯爲文帝書以安之並即降附及見邵陵具申文帝意邵陵遣使隨帶韋報命以奉使稱旨授輔國將軍中散大夫後達奚武經略漢川以帶韋爲行臺左丞從軍

南討時梁宜豐侯蕭脩守南鄭武攻之未拔乃令帶韋入城說脩降之魏廢帝元年出爲解縣令加授驃騎將軍左光祿大夫轉汾陰令發擿姦伏百姓畏而懷之武成元年授武藏下大夫天和二年封康成縣男累遷兵部中大夫雖頻改職仍領武藏五年轉武藏中大夫俄遷驃騎大將軍開府儀同三司凡居劇職十有餘年處斷無滯官曹清肅時譙王儉爲益州總管漢王贊爲益州刺史武帝以帶韋爲益州總管府長史領益州別駕輔弼二王總知軍事及大軍東討徵爲前軍總管齊王憲府長史齊平以功授上開府儀同大將軍進爵爲公陳王純鎮并州以帶韋爲并州司會并州總管府長史卒官謚曰愷子祚嗣少有名譽位宣納上士入隋位了勳侍郎鶱弟慶字更興幼聰敏有器量博涉羣書不爲章句好飲酒嫺於占對年十三因暴書父僧習試令慶於雜賦集中取賦一篇千餘言誦之慶立讀三遍便誦之無漏時僧習爲頴川郡守地接都畿人多豪右將選鄉官皆依貴勢競來請託選用既定僧習謂諸子曰權貴請託吾並不用其使欲還皆須有答汝等各以意爲吾作書慶乃具書草僧習讀歎曰此兒有意氣丈夫理當如是即依慶所草以報起家奉朝請慶出後第四叔及遭父憂議者不許爲服重慶泣曰禮緣人情若於出後之家更有苴斬之服可奪此以從彼今四叔薨背已久情事不追豈容奪禮乖違天性時論不能抑遂以苦由終喪既葬乃與諸兄負土成墳孝武將西遷慶以散騎侍郎馳傳入關慶至高平見文帝共論時事文帝即請奉迎輿駕仍令慶先還復命時賀拔勝在荆州帝屏左右謂慶曰朕欲往荆州何如慶曰關中金城千里天下之彊國也荆州地無要害甯足以固鴻基帝納之及帝西遷慶以母老不從獨孤信之鎮尋陽乃得入關除相府東閤祭酒大統十年除尚書都兵郎中并領記室時北雍州獻白鹿羣臣欲賀尚書蘇綽謂慶曰近代以來文章華靡逮于江左彌復輕薄洛陽後進祖述未已相公柄人軌物君職典文房宜製此表以革前弊慶操筆立成辭文兼質綽讀而笑曰枳橘猶自可移況才子也尋以本官領雍州別駕廣陵王欣魏之懿親其甥孟氏屢爲兇橫或有告其盜牛慶捕得實趣令就禁孟氏殊無懼容乃謂慶曰若加以桎梏後獨何以脫之欣亦遣使辯其無罪孟氏由此益驕慶乃大集僚吏盛言孟氏倚權侵虐之狀言畢令笞殺之此後貴戚斂手有賈人持金二十斤詣京師寄人居止每欲出行常自執管鑰無何緘閉不異而並失之謂主人所竊郡縣訊問主人因自誣服慶疑之乃召賈人曰卿鑰常置何處對曰恒自帶之慶曰頗與人同宿乎曰無與同飲乎曰日者曾與一沙門再度酬宴醉而晝寢慶曰沙門乃眞盜耳即遣捕沙門乃懷金逃匿後捕得盡獲所失金十二年改三十六曹爲十二部以慶爲計部郎中別駕如故又有胡家被劫郡縣按察莫知賊所鄰近被囚者甚多慶以賊是烏合可以詐求之乃作匿名書多牓官門曰我等共劫胡家徒侶混雜終恐泄露今欲首伏懼不免誅若聽先首免罪便欲來告慶乃復施免罪之牒居二日廣陵王欣家奴面縛自告牒下因此盡獲黨與慶之守「正明察皆此類也每歎曰昔于公斷獄無私闢高門以待封儻斯言有驗吾其庶幾乎封清河縣男除尚書左丞攝計部文帝嘗怒安定國臣王茂將殺之而非其罪朝臣咸知而莫敢諫慶乃進爭之文帝愈怒曰卿若明其無罪亦須坐之乃執慶于前慶辭氣不撓抗聲曰竊聞君有不達者爲不明臣有不才者爲不忠慶謹竭愚誠實不敢愛死但懼公爲不明之君耳文帝乃悟而赦茂已不及矣文帝默然明日謂慶曰吾不用卿言遂令王茂寃死可賜茂家錢帛以旌吾過尋進爵爲子慶威儀端肅樞機明辨文帝每發號令常使慶宣之天性抗直無所回避文帝亦以此深委仗焉魏恭帝初進位驃騎大將軍開府儀同三司尚書右僕射尋左僕射領著作六官建拜司會中大夫孝閔帝踐阼賜姓宇文氏進爵平齊縣公晉公護初執政欲引爲腹心慶辭之頗忤旨又與楊寬有隙及寬參知政事慶遂見疏忌出爲萬州刺史明帝尋悟留爲雍州別駕領京兆尹武成二年除宜州刺史慶自爲郎迄爲司會府倉儲並其職也及在宜陽寬爲小冢宰乃囚慶故吏求其罪失案驗積六十餘日吏或有死於獄者終無所言唯得乘錦數疋時人服其廉愼又入爲司會先是慶兄檜爲魏興郡守爲賊黃衆寶所害檜子三人皆幼弱慶撫養甚篤後衆寶歸朝朝廷待以優禮居數年檜次子雄亮白日手刃衆寶於長安城中晉公護聞而大怒執慶諸子侄皆囚之讓慶擅殺人對曰慶聞父母之讎不同天兄弟之讎不同國明公以孝臨天下何乃責於此乎護愈怒慶辭色無屈竟以俱免卒贈鄜綏丹三州刺史謚曰景子機嗣機列在隋史機弟弘字匡道少聰明工草隸博涉羣書辭采雅贍與弘農楊素爲莫逆交解巾中外府記室建德初除內史上士歷小宮尹御正上士陳遣王偃人來聘武休令弘勞之偃人謂弘曰來日至藍田正逢滋水

暴長所齋國信溺而從流今所進假之從吏請勒下流人見爲尋此物弘曰昔淳于之獻空籠前史稱以爲美足下假物而進詎是陳君命乎假人慙不能對武帝聞而嘉之盡以假人所進物賜弘仍令報聘占對敏捷見稱於時後卒於御正下大夫贈晉州刺史楊素誄之曰山陽王弼風流長逝潁川荀粲零落無時脩竹夾池永絕梁園之賦長楊映沼無復洛川之文其爲士友所痛惜如此有文集行於世弘弟旦旦弟肅並附機傳于後

寇儁字祖儁上谷昌平人也祖讚魏南兗州刺史父臻弘農太守讚自有傳儁性寬雅幼有識量好學性廉恕不以財利爲心家人曾賣物與人而剩得絹一疋儁於後知之乃曰惡木之陰不可暫息盜泉之水無容誤飲得財失行吾所不取遂訪主還之以選爲魏孝文挽郎除奉朝請大乘賊起燕趙擾亂儁參護軍事東討以功授員外散騎侍郎累遷司空府主簿時靈太后臨朝減食祿官十分之一造永甯佛寺令儁典之資費鉅萬主吏不能欺隱寺成又極壯麗靈太后嘉之除左軍將軍孝昌中朝論以國用不足乃置鹽池都將秩比上郡前後居職者多有侵隱乃以儁爲之仍主簿永安初華州人史底與司徒楊椿訟田長史以椿勢貴皆言椿直欲以田給椿儁曰史底窮民楊公橫奪其地若欲損不足以給有餘見使雷同未敢聞命遂以地還史底孝莊帝後知之嘉儁守正不撓拜大司馬其附椿者咸貴焉二年出爲梁州刺史民俗荒獷多爲盜賊儁乃令郡縣爲立庠序勸其耕桑敦以禮讓數年之中風俗頓革梁遣其將曹琰之鎭魏興繼日版築琰之屢擾疆埸邊人患之儁遣長史杜林道攻克其城并禽琰之琰之卽梁大將景宗之季弟也於是梁人懼焉屬魏室多故州又僻遠梁人知無外援遂大兵頓魏興志圖攻取儁撫厲將士人思効命梁人知其得衆心也弗之敢逼儁在州清苦不治產業秩滿其子等並徒步而還吏民送儁留連於道久之乃得出界大統三年東魏授儁洛州刺史儁因此乃謀歸闕五年將家及親屬四百餘口入關拜祕書監時軍國草創墳典散逸儁始選置令史抄集經籍四部羣書稍得周備加鎭東將軍封西安縣男十七年加散騎常侍儁以年老乞骸骨不許遂稱疾篤不復朝覲魏恭帝二年賜姓若口引氏孝閔帝踐阼進爵爲子武成元年進驃騎開府儀同三司儁年齒雖高而氣識未衰教授子孫必先典禮明帝尙儒重德特欽賞之數加恩賜思與相見儁不得已乃入朝明帝與同席而坐因顧訪洛陽故事儁身長八尺鬚鬢皓然容止端詳音韻淸朗帝與之談論不覺屢爲前膝及儁辭還帝親執其手曰公年德俱尊朕所欽向乞言之事所望於公宜數相見以慰虛想以御輿令於帝前乘出顧謂左右曰如此之事唯積善可以致之何止見重於今亦將傳之萬古時人咸以爲榮保定三年卒年八十二武帝歎惜之贈本官加冀定瀛三州諸軍事冀州刺史謚曰元儁篤於仁義期功之中有孤幼者衣食豐約並與之同少爲司徒崔光所知光命其子勵與儁交結儁每造光淸談移日小宗伯盧辯以儁業行俱崇待以師友之禮每有閑暇輒詣儁亦謙語彌日常謂人曰不見西安君煩憂不遣其爲通人所敬重如此子奉位至儀同大將軍順陽郡守洵州刺史昌國縣公奉弟顯少好學最知名居喪哀毀位儀同大將軍掌朝布憲爲典祀下大夫小納言濩澤郡公

長孫儉本名慶明其先代人魏太尉北平王嵩之五世孫也曾祖地汾安東將軍臨川公祖酌恒州刺史父儁員外散騎侍郎早卒儉少方正有操行狀貌魁偉神彩嚴肅雖在私室終日儼然性不妄交非其同志雖貴游造門亦不與相見太昌中邊方騷動儉初假夏州防城大都督從爾朱天光破宿勤明達等以功賜爵索盧侯文帝臨夏州以儉爲錄事參軍深敬器之及賀拔岳被害文帝赴平涼凡有經綸謀策儉皆參預從平侯莫陳悅留儉爲秦州長史防城大都督委以後事別封信都縣伯渭州刺史可朱渾元奔東魏後河渭間人情離阻刺史李弼令儉權鎭渭州儉將十餘萬騎冒難赴之復隨機安撫羌胡悅服轉夏州刺史甚得人和時西夏州仍未內屬而東魏遣許和爲刺史儉以信義招之和乃舉州歸附卽以儉爲西夏州刺史總統三夏州諸軍事時荆襄初附文帝表儉功績尤美宜委東南之任授儉都督三荆等十二州諸軍事荆州刺史東南道行臺僕射所部鄭縣令泉璨爲民所訟推案獲實儉卽大集僚屬而謂之曰此由刺史教誨不明信不被物是我之愆非泉璨之罪遂於聽事前肉袒自罰捨璨不問於是屬城肅勵莫敢犯法魏文帝璽書勞之文帝又與儉書曰聞之嘉歎良久不可言儉淸正率下兼懷仁恕有竊盜者原情得實誨而放之荆蠻舊俗少不事長儉殷勤勸導風俗大革務廣耕桑兼習武事故得邊境無虞民安其業吏民表請爲儉構淸德樓樹碑刻頌朝議許焉吏民又以儉秩滿恐有代至上闕乞留儉朝廷嘉而許之

在州遂歷七載徵授大行臺尚書兼相府司馬嘗與羣公侍坐於文帝及退文帝謂左右曰此公閑雅孤每與語嘗肅然畏敬恐有所失他日文帝又謂儉曰名實理須相稱尚書既志安貧素可改名儉以彰雅操遷尚書左僕射加侍中後除東南道行臺僕射大都督十五州諸軍事荆州刺史時梁岳陽王蕭詧內附初遣使入朝至荆州儉於聽事列軍儀具戎服以賓主禮見使容貌魁偉音聲如鐘大爲鮮卑語遣人傳譯以答問客惶恐不敢仰視日晚儉乃著裙襦紗帽引客宴於別齋因叙梁國喪亂朝廷招攜之意發言可觀使人大悅出曰吾所不能測也魏廢帝二年授東南道大都督荆襄等三十三州鎭防諸軍事及梁元帝嗣位於江陵外敦隣睦內懷異計儉密啟文帝陳攻取之謀於是徵儉入朝問其經畧儉陳其謀文帝深然之乃令還州密爲之備尋令柱國燕公于謹總戎伐江陵事平以儉元謀賞奴婢三百口文帝與儉書曰本圖江陵由公畫計今吳民離散事藉招懷南服重鎭非公莫可遂令儉鎭江陵進爵昌寧郡公還大將軍後移鎭荆州授總管荆襄等五十二州諸軍事行荆州刺史及孝閔帝初趙貴等將圖晉公護儉長子僧衍預其謀坐死護乃徵儉拜小冢宰保定四年拜柱國朝議以儉操行清白勳績隆重乃下詔褒美之兼賜以雜綵粟麥以彰其美天和初轉陜州總管七州諸軍事陜州刺史儉舊嘗詣闕奏事時値大雪遂立於雪中待報自旦達暮殊無惰容其奉公謹愨皆此類也以疾還京詔以儉舊居狹隘賜甲第一區後薨於夏州總管臨終遺令歛以時服素車載柩不設儀仗親友賵襚一無所受諸子並奉行之又遺啟明帝請葬於文帝陵側并以官所賜之宅還官詔皆從之贈本官加涼瓜等十州諸軍事涼州刺史追封鄶國公謚曰文荆州人儀同趙超等六百九十七人感儉遺愛詣闕請爲儉立廟樹碑詔許之建德元年詔曰故柱國鄶國公儉臨終審正爰吐德音以所居之宅本因上賜制度宏麗非諸子所居請以還官更遷他所昔叔敖辭沃壤之地蕭何就窮僻之鄉以古方今無慙曩哲言念加尚弗忘于懷而有司未達大體遽以其第外給夫追善念功先王令典豈得遂其謙挹致乖懲勸今以本宅還其妻子俾清風遠播無替聿修次子隆位司令中大夫從長湖公元定伐陳没江南卒隆弟平最知名平列在隋史

長孫紹遠字士師少名仁代人魏司空上黨王道生元孫也父承業太師錄尚書事前史皆有傳紹遠寬容有大度雅好墳籍聰慧過人父承業作牧壽春時紹遠年十三承業管記有王碩者文學士也聞紹遠彊記遂白承業求驗之承業命試之碩乃試以禮記月令於是紹遠讀數紙纔一徧誦之若流碩歎服之起家司徒府參軍事後以别將討平河東蜀薛封東阿縣伯魏孝武西遷紹遠隨承業奔赴以功别封文安縣子大統二年除太常卿遷中書令仍襲父爵後例降爲公改馮翊郡恭帝二年累遷錄尚書事文帝每謂羣公曰長孫公任使之處令人無反顧憂漢之蕭寇何足多也且其容止堂堂足爲當今模楷六官建拜大司樂孝閔踐阼封上黨公初紹遠爲太常廣召工人創造樂器土木絲竹各得其宜唯黃鍾不調紹遠每以爲意嘗因退朝經韓使君佛寺前浮屠三層之上有鳴鐸焉忽聞其音雅合宮調因取而配奏方始克諧乃啟明帝曰魏氏來宅秦雍雖祖述樂章然黃鍾爲君天子之正位往經創造歷稔無成方知水行將季木運伊始天命有歸靈樂自降此蓋乾坤祐助宗廟致感方當降物和神祚隆萬世詔曰朕以菲薄何德可以當之此蓋天地祖宗之祐亦由公達鑒所致也俄改授禮部中大夫時猶因魏氏舊樂未遑更造但云小呂加大呂而已紹遠上疏陳雅樂詔並行之紹遠所奏樂以八爲數故梁黃門侍郎裴正上書以爲昔者大舜欲聞七始下洎周武爰制七音持林鍾作黃鍾以爲正調之首詔與紹遠詳議正曰天子用八非無典故縣而不擊未聞厥理且黃鍾爲天大呂爲地太蔟爲人今縣黃鍾而擊太蔟便是虛天位專用人矣紹遠曰夫天不言四時行焉地不言萬物生焉人感中和之氣居變通之道今縣黃鍾而擊太蔟是天子端拱羣司奉職從此而議何往不可正曰案呂氏春秋曰楚之衰也爲作巫音齊之衰也爲作大呂且大呂以下七鍾皆是林鍾之調何得稱爲十一月調專用六月之均便是欲迎仲冬猶存季夏以此而奏深非正理紹遠曰卿之所言似欲求勝若窮理盡性自伐更深何者案周禮祀天樂云黃鍾爲宮大呂爲角此則是大呂之用宛而成章雖知引呂氏之小文不覺失周公之大禮且今縣大呂則有黃鍾林鍾二均乃備春夏則奏林鍾秋冬則奏黃鍾作黃鍾不擊大呂作林鍾不擊黃鍾此所謂左之右之君子宜之左之右之君子有之而卿不縣大呂止有黃鍾一宮便是季夏之時仍作仲冬之調以此爲至理無乃不可乎然周禮又云乃奏黃鍾歌大呂以祀天神謂五帝及日月星辰也王者各以夏之正月祀焱帝於南郊又朝日以春分夕月以秋分依如正禮並用

仲冬之調又曰乃奏太蔟歌應鍾以祭地祇謂神州及社稷以春秋二仲依如正禮唯奏孟春之宮自外四望山川先妣先祖並各用宮不依月變畧舉大綱則三隅可反然則還相爲宮雖有其義引禮取證乃不月別變宮且黃鍾爲君則陽之正位若隨時變易是君無定體而鄉用林鍾以爲正調便是君臣易位陰陽相反正之名器將何取焉正曰今用林鍾爲黃鍾者實得相生之義旣淸且韻妙合眞體然八音平濁何足可稱紹遠曰天者陽位故其音平而濁濁則君聲地者陰位故其音急而淸淸位臣調然急淸者於體易絕平濁者在義可久可久可大王者之基至於鄭衞新聲非不淸韻若欲施之聖世吾所不取也於是遂定以八爲數焉尋拜京兆尹歷少保小司空出爲河州刺史河右戎落向化日近同姓婚姻因以成俗紹遠導之以禮大革弊風政存簡恕百姓悅服入爲小宗伯武帝讀史書見武王克殷而作七始又欲廢八縣七并除黃鍾之正宮用林鍾爲調首紹遠奏云天子縣八百王共軌下逮周武甫修七始之音詳諸經義又無廢八之典且黃鍾爲君天子正位今欲廢之未見其可臣案周禮奏黃鍾歌大呂此則先聖之弘範不易之明證願勿輕變古典趣改樂章帝默然久之曰朕欲廢七縣八者所望體本求直豈苟易名當更思其義後竟行七音屬紹遠遘疾未獲面陳慮有司遽捐樂器乃與樂部齊樹書曰伏聞朝廷前議而欲廢八縣七然則天子縣八有自來矣古先聖王殊塗一致逮周武克殷逆取順守專用干戈事乖揖遜反求經義是用七音蓋非萬代不易之典其縣八簨簴不得毀之宜待吾疾瘳當別奏聞此後紹遠疾篤乃命其子寬曰夫黃鍾者天子之宮大呂者皇后之位今廢黃鍾之位而稼去天公若用林鍾爲首是政出私門將恐八百之祚不得同姬周之永也吾既爲人臣義無寢默必輿疾固爭闕庭後疾甚乃上遺表曰謹案春秋隱公傳云天子用八周禮云天子縣二八倕氏之鍾十六毋句氏之磬十六漢成帝獲古磬十六周禮圖縣十六此數事者昭爛典章揚搉而言足爲龜鏡伏惟陛下受圖蒼帝接統元精秦漢以還獨爲稱首至如周武有事干戈臣獨鄙之而況陛下以臣自揣餘息匪夕伊朝伏願珍御萬機不勞改八從七帝省表涕零重贈柱國大將軍謚曰獻號樂祖配饗廟庭子覽嗣覽列在隋史紹遠弟澄字士亮年十歲司徒李琰之見而奇之遂以女妻焉十四從父承業征討有智謀勇冠諸將以功封西華縣侯及長容貌魁岸風儀溫雅魏大統中歷位豫渭二州刺史以軍別封永甯縣伯尋進濩津縣侯魏文帝與文帝及羣公宴從容曰孝經一卷人行之本諸君宜各引孝經之要言澄應聲曰夙夜匪懈以事一人座中有人次曰匡救其惡既出西閤文帝深歎澄之合機而譏其次答者孝閔帝踐阼拜大將軍進爵義門郡公出爲玉壁總管頗有威信卒於鎮贈柱國謚曰簡自喪初至及葬明帝三臨之典祀中大夫宇文容諫曰君臨臣喪自有節制今乘輿屢降恐乖典禮帝不從其爲上所追惜如此子嶸嗣

盧柔字子剛范陽涿人也祖洪魏樂陵陽平二郡太守父從驃騎府法曹參軍柔少孤爲叔母所養撫視甚於其子柔盡心溫清亦同已親親黨歎重之性聰敏好學未弱冠便解屬文但口吃不能持論頗使酒誕節爲世所議司徒臨淮王彧見而器之以女妻焉及魏孝武懼齊神武之逼詔賀拔勝出牧荊州以爲外援柔謂因此可以著功績遂從勝之荊州以柔爲大行臺郎中掌書記軍之機務柔多預焉及勝爲太保以柔爲掾孝武後召勝引兵赴洛勝以問柔柔對曰高歡託晉陽之甲意實難知公宜席卷赴都與決勝負存沒以之此忠之上策也若北阻魯陽南并舊楚東連兗豫西接關中帶甲十萬觀釁而動亦中策也舉三荊之地通款梁國可以庇身功名去矣策之下者勝輕柔年少笑而不應及孝武西遷東魏遣侯景襲穰勝敗南奔歸梁柔亦從之勝頻表梁武帝求歸關中梁武帝覽表嘉其辭彩既知柔所製因遣舍人勞問并遺縑錦後與勝俱還行及襄陽齊神武懼勝西入遣侯景以輕騎邀之勝及柔懼乃棄船山行贏糧冒險經數百里時屬秋霖徒侶凍餒死者太半大統二年遂至長安封容城縣男文帝重其才引爲行臺郎中除從事中郎與郎中蘇綽對掌機密時沙苑之役大軍屢捷汝潁之間多舉義來附書翰往返日百餘牒柔隨機報答皆合事宜進爵爲子累遷中書侍郎兼著作撰起居注後爲黃門侍郎文帝知其貧解衣賜之後遷中書監孝閔帝踐阼拜小內史大夫進位儀同三司卒於位所作詩頌碑銘檄表啟行於世者數十篇子愷嗣愷列在隋史

裴俠字嵩和河東解人也祖思齊舉秀才拜議郎父欣西河郡守贈晉州刺史俠年七歲猶不能言後於洛城見羣烏蔽天從西來舉手指之而言遂智識聰慧有異常童年十三遭父憂哀毀有若成人將擇葬地而行忽聞空中有人言曰童子何悲葬於桑東當封公侯俠懼

以告其母母曰神也吾聞鬼神福善爾家未嘗有惡當以吉祥告汝耳時俠宅側有大桑林因葬焉州辟主簿舉秀才魏正光中解巾奉朝請稍遷義陽郡守元顥入洛俠執其使人焚其赦書孝莊嘉之授東郡太守帶防城別將及孝武與齊神武有隙徵兵河南以備之俠率所部赴洛陽武衞將軍王思政謂曰當今權臣擅命王室日卑若何俠曰宇文泰爲三軍所推居百二之地所謂已操戈矛寧肯授人以柄雖欲撫之恐是據於蒺藜也思政曰奈何俠曰圖歡有立至之憂西巡有將來之慮且至關右日愼一日徐思其宜耳思政然之乃進俠於帝授左中郎將及帝西遷俠將行而妻子猶在東郡滎陽鄭偉謂俠曰天下方亂未知烏之所集何如東就妻子徐擇木焉俠曰忠義之道庸可忽乎吾旣食人之祿甯以妻子易圖也遂從入關賜爵淸河縣伯除丞相府士曹參軍大統三年領鄉兵從戰沙苑先鋒陷陣俠本名協至是文帝嘉其勇決乃曰仁者必有勇因命改名俠焉以功進爵爲侯王思政鎭玉壁以俠爲長史齊神武以書招思政思政令俠草報書辭甚壯烈文帝嘗之曰雖魯仲連無以加也除河北郡守俠躬履儉素愛民如子所食唯菽麥鹽菜而已吏民莫不懷之郡舊制有漁獵夫三十人以供郡守俠曰以口腹役人吾所不爲也乃悉罷之又有丁三十人供郡守役使俠亦不以入私並收庸直爲官市馬歲時旣積馬遂成羣去職之日一無所取民歌之曰肥鮮不食丁庸不取裴公淸惠爲世規矩俠嘗與諸牧守俱謁文帝文帝命俠別立謂諸牧守曰裴俠淸愼奉公爲天下最今衆中有如俠者可與之俱立衆皆默然無敢應者文帝乃厚賜俠朝野歎服號爲獨立使君俠撰九世伯祖貞侯潛傳以爲裴氏淸公自此始也欲使後生奉而行之宗室中知名者咸付一通從弟伯鳳世彥時並爲丞相府佐笑之曰人生仕進須身名俱泰淸苦若此竟欲何爲俠曰淸者涖職之本儉者持身之基況我大宗世濟其美故能存見稱於朝廷沒流芳於典策今吾幸以凡庸濫蒙殊遇固其窮困非慕名也志在自脩懼辱先也翻被嗤笑知復何言伯鳳等慙而退再遷郢州刺史加儀同三司梁竟陵太守孫暠鄭城守張建並以郡來附俠見之密謂人曰暠目動言肆輕於去就者也建神情審定當無異心乃馳啟其狀文帝曰裴俠有知人之鑒深得之矣遣大都督苻貴鎭竟陵而鄭城竟不遣監統及柳仲禮軍至暠還以郢叛卒如俠言尋轉大將軍拓州刺史徵拜雍州別駕孝閔帝踐阼除司邑下大夫加驃騎大將軍開府儀同三司進爵爲公遷戶部中大夫時有姦吏主守倉儲積年隱沒至千萬者及俠在官勵精發擿數旬之內姦盜畢盡轉工部中大夫有大司空掌錢物典李貴乃於府中悲泣或問其故對曰所掌官物多有費用裴公淸嚴有名懼遭罪責是以泣耳俠聞之許其自首貴自言隱費錢五百萬俠之肅姦皆此類也俠嘗遇疾沈頓士友憂之忽聞五鼓便卽驚起顧左右曰可向府邪所苦因此而瘳晉公護聞之曰裴俠危篤若此而不廢憂公因聞鼓聲疾病遂愈此豈天祐其勤恪也又司空許國公宇文貴小司空北海公申徽並來候俠疾所居第屋不免霜露貴等還言之於帝帝矜其貧苦乃爲起宅并賜良田十頃奴隸耕耒糧粟莫不備足搢紳咸以爲榮卒於位贈太子少師蒲州刺史諡曰貞河北郡前功曹張回及吏民等感俠遺愛乃作頌紀其淸德焉子祥性忠謹有理劇才少爲成都令淸不及俠斷決過之後除長安令爲權要所憚遷司倉下大夫俠之終也以毀卒祥弟肅列在隋史

裴寬字長寬河東聞喜人也祖德歡魏中書侍郎河內郡守父靜慮銀青光祿大夫贈汾州刺史寬儀貌瓌偉博涉羣書弱冠爲州里所稱親歿撫諸弟以篤友聞滎陽鄭孝穆嘗謂其從弟文直曰裴長寬兄弟天倫篤睦人之師表吾愛之重之汝可與之游處年十三以選爲魏孝明帝挽郎釋褐散騎侍郎及孝武西遷寬謂其諸弟曰君臣逆順大義昭然今天子西幸理無東面以虧臣節乃將家屬避難於大石嶺獨孤信鎭洛陽始出見焉時汾州刺史韋子粲降於東魏子粲兄弟在關中者咸已從坐其季弟子爽先在洛窘急乃投寬寬開懷納之遇有大赦或傳子爽合免因爾遂出子爽卒以伏法獨孤信知而責之寬曰窮來見歸義無執送今而獲罪是所甘心以經赦宥遂得不坐大統五年授都督同軌防長史加征虜將軍十三年從防主韋法保向潁川解侯景圍景密謀南叛僞親狎於法保寬謂法保曰侯景狡猾必不肯入關雖詭款於公恐未可信若伏兵斬之亦一時之功也如曰不然便須深加嚴警不得信其誑誘自貽後悔法保納其言然不能圖景但自固而已十四年與東魏將彭樂樂恂戰於新城因傷被禽至河陰見齊文襄寬舉止閑雅善於占對文襄甚賞異之解鎖赴館厚加禮遇寬乃裁所臥氈夜縋而出因得遁還見於文帝帝顧謂諸公曰被堅執銳或有其人疾風勁草歲寒方驗裴長寬爲高澄如此厚遇乃能冒死歸我雖

古之竹帛所載何以加之乃手書署寬名下授持節帥都督封夏陽縣男卽除孔城城主十六年遷河南郡守仍鎭孔城魏廢帝元年進使持節車騎大將軍儀同三司散騎常侍孝閔帝踐阼進爵爲子寬在孔城十三年與齊洛州刺史獨孤永業相對永業有謀計多譎詐或聲言春發秋乃出兵或掩蔽消息倏忽而至寬每揣知其情出兵邀擊無不克之天和三年除溫州刺史初陳氏與周通和脩聘好自華皎附後乃圖寇掠沔州旣接敵境於是以寬爲沔州刺史陳將程靈洗攻之力屈城陷陳人乃執寬至揚州尋被送嶺外經數載復還建鄴遂卒於江左子義宣從御正杜果使於陳始得將寬柩還隋開皇元年文帝詔贈襄郢二州刺史義宣位司金二命士合江令寬弟漢字仲霄操尙弘雅聰敏好學嘗見人作百字詩一覽便誦魏孝武初釋褐員外散騎侍郞大統五年除大丞相府士曹行參軍轉墨曹漢善尺牘尤便簿領理識明贍斷割如流相府爲之語曰日下粲爛有裴漢武成中爲司車路下大夫與工部郭彥太府高賓等參議格令每較量時事必有條理天和五年加車騎大將軍儀同三司漢少有宿疾常帶虛羸劇職繁官非其好也時晉公護擅權搢紳等多諂附之以圖仕進漢直道自守故八年不徙職性不飮酒而雅好賓游每良辰美景必招引時彥宴賞留連間以篇什當時人物以此重之自寬沒後遂斷游從不聽琴瑟歲時伏臘哀慟而已撫養兄弟子情甚篤至借人異書必躬自錄本至于疾疹彌年亦未嘗釋卷卒贈晉州刺史子鏡人少聰敏涉獵經史爲大將軍譚公會記室參軍累遷春官府都上士仕隋位兵曹郞漢弟尼字景尼性弘雅有器局位御正下大夫卒贈隨州刺史子之隱趙王招府記室參軍之隱弟師人好學有識度見稱於時起家秦王贇府記室參軍仍兼侍讀寬族弟鴻少恭謹有幹畧歷官內外天和初拜郢州刺史轉襄州總管府長史賜爵高邑縣侯從衞公直南征軍敗遂沒尋卒於陳朝廷哀之贈豐資三州刺史

裴果字戎昭河東聞喜人也祖思賢魏青州刺史父遵齊州刺史果少慷慨有志略魏太昌中爲陽平郡丞文帝曾使幷州與果遇果知非常人密託附焉永安中盜賊蜂起果從軍征討乘黃驄馬衣青袍每先登陷陣時人號爲黃驄年少永熙中授河北郡守及齊神武敗於沙苑果乃率其宗黨歸闕文帝嘉之賜田宅奴婢牛馬什物等從戰河橋解玉壁圍摧鋒陷擊所向披靡大統九年又從戰芒山於文帝前挺身陷陣禽東魏都督賀婁焉邏蘭勇冠當時衆人莫不歎服以此文帝愈親待之補帳內都督遷帥都督平東將軍後從開府楊忠平隨安陸以功加大都督除正平郡守正平果本郡也以威猛爲政百姓畏之然盜賊亦爲之屛息遷司農卿又從大將軍尉遲迥伐蜀果率所部爲前軍開劍閣破李慶堡降楊乾運皆有功廢帝三年授龍州刺史封冠軍縣侯俄而州人張遁李拓驅率百姓圍逼州城時糧仗皆闕兵士又寡果設方畧以拒之賊便退走於是出兵追擊累戰破之旬月之間州境淸晏轉陵州刺史孝閔帝踐阼除隆州刺史加持節驃騎大將軍開府儀同三司進爵爲公歷眉復二州刺史果性嚴猛能斷決抑挫豪右申理屈滯歷牧數州號爲稱職卒於位贈本官加絳晉建州刺史謚曰質子孝仁嗣孝仁幼聰敏涉獵經史有譽於時起家舍人上士累遷長甯鎭將捍禦齊人甚有威邊之畧歷建譙亳州刺史

裴文舉字道裕河東聞喜人也祖秀業魏天水郡守贈平州刺史父邃性方嚴爲州里所推挹大統三年東魏來寇邃乃糾合鄉人分據險要以自固及李弼畧地東境邃爲之鄉導多所降下文帝嘉之特賞衣物封澄城縣子卒於正平郡守贈開府儀同三司定州刺史文舉少忠謹涉獵經史大統十三年起家奉朝請文帝諸子年幼盛簡賓友文舉以選與諸公子游雅相欽敬未嘗戲狎遷著作郞中外府參軍魏恭帝二年賜姓賀蘭氏孝閔帝踐阼襲爵澄城縣子齊公憲初開幕府以文舉爲司錄及憲出鎭劒南復以文舉爲總管府中郞武成二年就加使持節車騎大將軍儀同三司蜀土沃饒商販百倍或有勸文舉以利者文舉答之曰利之爲貴莫若安身身安則道隆非貨之謂是以不爲非惡財也憲矜其貧窶每欲資給之文舉恒自謙遜辭多受少保定三年遷絳州刺史邃之任正平也以廉約自守每行春省俗單車而已及文舉臨州一遵其法百姓美而化之總管韋孝寬特相欽重每與談論不覺膝前於席天和初進驃騎大將軍開府儀同三司尋爲孝寬柱國府司馬六年入爲司憲中大夫進爵爲伯轉軍司馬文舉少喪父其兄又在山東唯與弟璣幼相訓養友愛甚篤璣又早亡文舉撫視遺孤逾於已子時人以此稱之初文舉叔父季和爲曲沃令終於聞喜川而叔母韋氏卒於正平縣屬東西分隔韋氏墳壟遂在齊境及文舉在本州每加賞募齊人感其孝義潛相要結以韋柩西歸竟得合葬六年除南青州刺史宣政元年卒於位子胄嗣

位至大都督子神安邑通守有子知禮

崔猷字宣猷博陵安平人也祖挺魏司徒司馬父孝芬吏部尚書爲齊神武所誅事具挺傳猷少好學風度閑雅性鯁正有軍國籌畧普泰初累遷司徒從事中郎既遭家難遂間行入關及謁魏孝武哀動左右帝爲之改容目送曰忠孝之道萃在一門即以本官奏門下事大統初兼給事黃門郎平原縣伯二年正黃門行軍禽竇泰復弘農破沙苑猷常以本官從軍典文翰五年除司徒左長史加驃騎將軍時太廟初成四時祭祀猶設俳優角牴之戲其郊廟祭官多有假兼猷上疏諫書奏並納焉遷京兆尹時婚姻禮嫁聚會之辰多舉音樂又壚里富室衣服奢淫乃有織成文繡者猷請禁斷事並施行與盧辯等刱脩六官十二年除淅州刺史十四年侯景據河南歸款遣行臺王思政赴之文帝與思政書曰崔宣猷智畧明贍有應變之才若有所疑宜與量其可不思政初頓兵襄城後於潁川爲行臺并致書於猷猷復曰襄城控帶京洛實當今之要地如有動靜易相應接潁川旣隣寇境又無山川之固賊若潛來徑至城下莫若頓兵襄城爲行臺所潁川置州遣郭賢守則表裏膠固人心易安縱有不虞豈能爲患使人見文帝具以啟聞文帝令依猷策思政重啟求與朝廷立約賊若水攻乞一周爲斷陸攻請三歲爲期限內有事不煩赴援過此以往唯朝廷所裁乃許之及潁川沒文帝深追悔焉以疾去職屬大軍東征文帝賜以馬隨軍與之籌畧十七年進侍中驃騎大將軍開府儀同三司本州大中正賜姓宇文氏魏恭帝元年文帝欲開梁漢舊路乃命猷督儀同劉道通等五人開通車路鑿山堙谷五百餘里至于梁州即以猷爲都督梁州刺史及文帝崩始利沙興等諸州阻兵爲逆信合開楚四州亦叛唯梁州境內人無二心利州刺史崔士謙請援猷遣兵六千赴之信州糧盡猷爲送米四千斛於是二鎭獲全猷第二女帝養爲己子封富平公主明帝即位徵拜御正中大夫時依周禮稱天王又不建年號猷以爲世有澆淳故帝王因以沿革今天子稱王不足以威天下請遵秦漢稱皇帝建年號朝議從之除司會中大夫御正如故明帝遺詔立武帝晉公護謂猷曰魯公稟性寬仁在文帝諸子之中年又最長今奉遺旨翊戴爲主君以爲如何猷曰殷道尊尊周道親親今朝廷既遵周禮無容輙違此義護曰天下事大恐冀公幼耳猷曰昔周公輔成王以朝諸侯況明公親賢莫二若行周公之事方爲不負顧託事雖不行當時稱其守正及陳將華皎來附晉公護議欲南伐公卿莫敢言猷獨進曰前歲東征死傷過半比雖加撫循而創痍未復近者長星爲災乃上天所以垂鑒誡也豈可窮兵極武而重其譴責哉護不從後水軍果敗而裨將元定等遂沒江南建德六年拜少司徒加上開府儀同大將軍隋文帝受禪以猷前代舊齒授大將軍進爵汲郡公開皇四年卒謚曰明子仲方列在隋史猷弟宣度位齊王開府司馬恒農太守宣度弟宣軌有才學位考功郎中與弟宣質宣靜宣畧並早卒

崔士謙字士遜博陵安平人也祖辯魏武邑太守父楷殷州刺史辯自有傳士謙幼聰明神彩嶷然及長深沈有識量歷覽經史不持章句志在博聞而已每覽經國緯民之事心常好之未嘗不撫卷歎息孝昌中解褐著作郎賀拔勝出鎭荆州以士謙爲行臺左丞勝雖居方岳之任至於安輯夷夏綱紀衆務皆委士謙焉士謙亦盡其智能以相佐佑勝有聲南州皆士謙之力也及魏孝武將備齊神武之逼乃詔勝引兵赴洛軍至廣州帝已西遷勝乃遲疑將旋士謙謂勝曰昔周室不造諸侯釋位漢祚中微列藩盡節今皇家多故主上蒙塵斯實忠臣枕戈之時義士立功之日公受方面之重總宛葉之衆若仗義而動首唱勤王天下聞風孰不感激誠宜倍道兼行謁帝關右然後與宇文行臺同心協力電討不庭則二伯之勳復興茲日中道而退人皆解體一失事機後悔何及勝不能用人情果大駭動州民劉誕引侯景軍奄至勝與戰敗績遂將麾下數百騎奔梁士謙亦隨行及至梁每乞師赴援梁武雖不爲出軍而嘉勝等志節並許其還國乃令士謙先且通隣好文帝素聞其名甚禮之授征西將軍賜爵千乘縣男及勝至拜太師長史以功賜爵爲子拜尚書右丞從文帝解洛陽圍經河橋戰加定州大中正瀛州刺史又破柳仲禮於隨郡討李遷哲於魏興並有功進驃騎大將軍開府儀同三司直州刺史賜姓宇文氏恭帝初轉利州刺史士謙性明悟深曉政術吏民畏而愛之保定二年遷總管安州刺史加大將軍進爵武康郡公天和三年授江陵總管荆州刺史既統攝遐方俗兼夷夏又南接陳境東隣齊寇士謙外禦彊敵內撫軍民風化大行號稱良牧每年考績常爲天下之最屢有詔褒美焉士謙隨賀拔勝之在荆州也雖被親遇而名位未顯及踐其位朝野以爲榮四年卒於州闔境痛惜之立祠堂四時祭饗子曠嗣士謙性至孝與弟說特相友愛雖復年位並高資産皆無私焉居家嚴肅曠及說子弘度並奉其遺訓云曠

少温雅隋大業末位開府儀同三司大將軍蘄州刺史曠弟彭有盛名列在後史誂本名士約少有氣概膂力過人尤工騎射賀拔勝攻荆州以爲假節冠軍將軍防城都督又隨奔梁復自梁歸西魏授武衛將軍都督封安昌縣子從文帝復弘農戰沙苑皆有功進爵爲侯除京兆郡守累遷都官尚書定州大中正改封安固縣侯賜姓宇文氏幷賜名誂焉進驃騎大將軍開府儀同三司加侍中進爵高平縣公再遷總管涼州刺史誂涖政彊毅百姓畏之後除使持節能和忠三州崇德等十三防諸軍事加授大將軍改封安平縣公建德四年卒贈鄜延等五州刺史謚曰壯子弘度仕周歷隋性酷虐列在酷吏傳中

李昶小名那頓邱衛國人魏御史中尉彪之孫也彪自有傳昶伯父志爲南荆州刺史父游隨志在任建義初與志俱奔江左昶性峻急不雜交游幼年已解屬文有聲洛下時洛陽初置明堂昶年十數歲爲明堂賦雖儀洽未足才制可觀見者咸曰有家風也初謁文帝文帝深奇之厚加資給令入太學文帝每見學生必問才行及問昶昶神情清悟應對明辯文帝稱歎之綏德公陸通盛選僚佐請以昶爲司馬文帝許之昶雖年少通特見接待公私之事咸取決焉又兼二千石郎中典儀注累遷都官郎中相州大中正昶雖處郎官文帝恒欲以書記委之於是爲丞相府記室參軍著作郎脩國史轉大行臺郎中中書侍郎又轉黃門侍郎封臨黃縣伯嘗謂曰卿祖昔在中朝爲御史中尉卿操向貞固理應不墜家風但孤以中尉彈劾之官愛憎所在故未卽受卿耳然此職久曠無以易卿乃奏昶爲御史中尉賜姓宇文氏六官建拜内史下大夫進爵爲侯明帝初行御伯中大夫武成元年除中外府司錄保定初進驃騎大將軍開府儀同三司轉御正中大夫時以近侍清要盛選國華乃以昶及安昌公元則中都公陸逞臨淄公唐瑾等並爲納言尋進爵爲公五年出爲昌州刺史在州遇疾求入朝詔許之未至京卒贈相瀛二州刺史昶文帝世已當樞要兵馬處分專以委之詔策文筆皆昶所作也及晉公護執政委任如舊昶常曰文筆之事不足流於後世經邦致化庶及古人故所作文筆了無藁草唯留心政事而已又以父在江南身寓關右自少及終不飲酒聽樂時論以此稱焉子丹嗣

鄭道邕字孝穆滎陽開封人也祖敬叔魏濮陽太守父瓊范陽太守道邕幼謹厚以清約自居年未弱冠涉獵經史父叔四人並早殁昆季之中道邕居長撫訓諸弟有如同生閨門之中怡怡如也魏孝昌初解褐太尉行參軍累以戰功進至光祿大夫太師咸陽王長史及孝武西遷從入關除司徒左長史領臨洮王友賜爵永甯縣侯大統初行岐州刺史在任未幾有能名王羆時爲雍州刺史欽其善政貽書盛相稱述先是所部百姓久遭離亂逃散殆盡道邕下車之日戸止三千留情綏撫遠近咸至數年之内有四萬家歲考績爲天下最文帝賜書歎美之徵拜京兆尹及梁岳陽王蕭詧稱藩乃假道邕散騎常侍持節拜詧爲梁王使還稱旨進儀同三司加散騎常侍時文帝東討除大丞相府右長史封金鄉縣男軍次潼關命道邕與左長史孫儉司馬楊寬尚書蘇亮諮議劉孟良等分掌衆務仍令道邕引接關東歸附人士幷品藻才行而任用之撫納銓叙咸得其宜後拜中書令賜姓宇文氏尋以疾免孝閔帝踐阼加驃騎大將軍開府儀同三司進爵爲子歷御伯中大夫御正宜華虞陝四州刺史頻歷數州皆有政績入爲少司空卒贈本官加鄭梁北豫三州刺史謚曰貞子詡嗣歷位納言爲聘陳使後至開府儀同大將軍邵州刺史詡弟譯於隋文帝有翊贊功開皇初又追贈道邕大將軍徐充等六州刺史改謚曰文譯隋史有傳

鄭偉字子直道邕之族子也父先護魏孝莊世尚書右僕射爲爾朱仲遠所害先護事具從曾祖秘書監羲傳中偉少倜儻有大志每以功名自許善騎射膽力過人初仲遠之入洛也偉逃奔梁及爾朱氏滅後自梁歸魏及孝武西遷偉亦歸鄉里不求仕進大統三年河内公獨孤信既復洛陽偉乃與宗人榮業糾合州里舉兵於陳留信宿間衆有萬人遂拔梁州禽東魏刺史鹿永及鎮城守將令狐德幷獲陳留郡守趙季和乃率衆西附因是梁陳間相次降款偉馳入關西文帝與語歎美之拜北徐州刺史封武陽縣伯從戰河橋及解玉壁圍偉常先鋒陷陣侯景歸款文帝命偉率所部應接及景叛偉亦全軍而還除滎陽郡守進爵襄城郡公侍中驃騎大將軍開府儀同三司魏恭帝二年進位大將軍江陵防主都督十五州諸軍事偉性麤獷不遵法度睚眦之間便行殺戮朝廷以其立義之效每優容之及在江陵乃專戮副防主杞賓王坐除名保定元年詔復官爵天和六年爲華州刺史偉前後涖職皆以威猛爲政吏民莫敢犯禁盜賊亦爲之休止雖非仁政然頗以此見稱卒於州贈本官加少傅都督司州刺史謚曰肅偉性吃少時嘗逐鹿於野失之遇牧豎問焉牧豎答之其言亦

吃偉怒謂其效已遂射殺之其忍暴如此子大士嗣
司馬裔字遵允河內溫人也晉宣帝弟太常卿馗之後曾祖楚之屬宋武帝誅晉氏戚屬避難歸魏位至鎮西將軍封琅邪王楚之生吏部尚書金龍金龍生豫州刺史悅悅生裔裔少孤有志操州郡辟召並不應後起家司徒府參軍以軍功授員外散騎常侍及魏孝武西遷裔時在鄴志在立功潛歸鄉里大統三年於溫起義及六軍西征裔乃於溫送款遂率所部從戰有功六年授北徐州刺史八年入朝文帝嘉之特蒙賞勞頃之河內有四千餘家歸附並裔之鄉舊乃命領河內郡守令安集流民十五年文帝令山東立義諸將能率衆入關者並加重賞裔領戶千室先至文帝欲以封裔裔固辭曰立義之士辭鄉里捐親戚遠歸皇化者皆是其誠心內發豈裔能率之乎今以封裔便是賣義士以取榮非所願也文帝善而從之授帥都督拜其妻元爲襄城郡公主孝閔帝踐阼除巴州刺史進使持節驃騎大將軍開府儀同三司進爵琅邪伯四年爲御正中大夫進爵爲公大軍東討裔與少師楊檦守軹關卽授懷州刺史天和初信州蠻酋冉令賢等反連結二千餘里裔隨上庸公陸騰討之裔自開州道先入晝夜攻圍腹背受敵自春至秋五十餘戰賊黨糧仗俱竭乃降於是羣蠻率服歷信瀘二州刺史六年徵拜大將軍除西寧州刺史未之部卒於京師裔性清約不事生產所得俸祿並散之親戚身死之日家無餘財宅舍卑陋喪庭無所詔爲起祠堂焉贈本官加四州刺史謚曰定子侃嗣侃字道遷少果勇未弱冠便從戎旅位樂安郡守以軍功加驃騎大將軍開府儀同三司遷兖州刺史未之部卒贈本官加豫州刺史謚曰惠子運嗣
司馬消難字道融河南溫人也父子如爲齊神武佐命位尚書令自有傳消難幼聰慧微涉經史有風神好自矯飾以求名譽起家著作郎子如既當朝貴消難亦愛賓客邢子才王元景魏收陸卬崔贍等皆游其門稍遷光祿卿出爲北豫州刺史齊文宣末年昏虐滋甚消難既懼禍及常有自全之謀曲意撫納頗爲百姓所附不能廉潔爲御史所劾又尚公主而情好不睦公主愬之屬文宣在并州驛召上黨王渙渙懼害斬使者東奔鄴中大擾後竟獲於濟州渙之初走朝士疑赴成臯云若與司馬北豫連謀必爲國患此言達於文宣頗見疑消難懼密令所親裴藻間行入關請舉州來附晉公護遣達奚武楊忠迎之消難入朝授大將軍封滎陽公累遷大司寇從武帝東伐還除梁州總管大象初還大後丞遂納女爲靜帝后尋出爲鄖州總管隋文帝輔政消難既聞蜀公尉遲迥不受代遂欲與迥合勢亦舉兵應之使其子永質於陳以求援隋文帝命襄州總管王誼爲元帥發荊襄兵以討之八月消難聞軍將至夜率其麾下奔於陳初楊忠之迎消難結爲兄弟情好甚篤隋文每以叔禮事之及陳平消難至京特免死配爲樂戶經二旬放免猶被舊恩特蒙引見尋卒於家消難性貪淫輕於去就故世言反覆者皆以方之其妻高齊神武女也在鄴極加禮敬入關便相棄薄及赴鄖州留妻及三子在京妻言於文帝曰滎陽公攜寵自隨必不顧妻子願防慮之及消難入陳高母子因此獲免子譚卽高氏所生以消難勳拜儀同大將軍坐消難除名裴藻字文芳少機辯有不羈之志爲子如太傅主簿消難鎭北豫又以爲中兵參軍入周封聞喜縣內除晉州刺史
薛端字仁直本名沙陁河東汾陰人也祖驎駒魏中書博士徙居馮翊之夏陽父英集書侍御史通直散騎常侍端少有志操遭父憂居喪合禮與弟裕勵精篤學不交人事年十七司空高乾邕辟爲參軍賜爵平陰男端以天下擾亂遂棄官歸鄉里魏孝武西遷文帝令大都督薛崇禮據龍門引端同行崇禮尋失守降東魏東魏遣行臺薛脩義督乙干貴西度據楊氏壁端與宗親及家僮等先在壁中脩義乃令其兵逼端等東渡方欲濟河會日暮端密與宗室及家僮等叛之脩義亦遣騎追端且戰且馳遂入石城柵得免柵中先有百家端與并力固守貴等數來慰喻知端無降意遂拔還河東東魏又遣其將賀蘭懿南汾州刺史薛琰達守楊氏壁端率其屬并招喻村人多設奇兵以臨之懿等疑有大軍便東遁赴船溺死者數千人端收其器械復還楊氏壁文帝遣南汾州刺史蘇景恕鎭之降書勞問徵端赴闕以爲大丞相府戶曹參軍從禽竇泰復弘農戰沙苑並有功進爵爲伯後改封文城縣伯累遷吏部郎中端性彊直每有奏請不避權貴文帝嘉之故賜名端欲令名實相副自居選曹先盡賢能雖貴游子弟才劣行薄者未嘗升擢之每啟文帝云設官分職本康時務苟非其人不如曠職文帝深然之大統十六年軍東討柱國李弼爲別道元帥妙簡英僚數日不定文帝謂弼曰爲公思得一長史無過薛端弼對曰眞才也乃遣之轉尚書右丞仍掌選事梁主蕭詧曾獻馬瑙鍾文帝執之顧丞郎曰能擲摴蒱頭得盧者便與鍾已經數人不得頃至端乃執摴蒱而言曰非謂此鍾可貴但露其誠耳便擲之

五子皆黑文帝大悅卽以賜之魏帝廢近臣有勸文帝踐極文帝召端告之端以三方未一遽正名號示天下以不廣請待龕翦僭僞然後俯順樂推文帝撫端背曰成我者卿也卿心旣與我同身豈與我異遂脫所著冠帶袍袴並以賜之進授吏部尚書賜姓宇文氏端久處選曹雅有人倫之鑒其所擢用咸得其才六官建拜軍司馬加侍中驃騎大將軍開府儀同三司進爵爲侯孝閔帝踐阼再遷戶部中大夫進爵爲公晉公護將廢帝召羣臣議之端頗具同異護不悅出爲蔡州刺史爲政寬惠吏民愛之轉基州刺史基州地接梁陳事藉鎭撫總管史甯遣司馬梁榮催令赴任蔡州父老訴榮請留端者千餘人至基州未幾卒遺誡薄葬府州贈遺勿有所受贈本官加大將軍進封文城郡公謚曰質子胄嗣胄列在隋史端弟裕字仁友少以孝悌聞於州里弱冠丞相參軍事時京兆韋敻志安放逸不干世務裕慕其恬靜數載酒肴候之談宴終日敻遂以孫女妻之裕嘗謂親友曰大丈夫當聖明之運而無灼然文武之用爲世所知雖復棲遲徒爲勞苦耳至如韋居士退不邱壑進不市朝怡然守道榮辱弗及何其樂也裕曾宿宴于敻之廬後庭有井裕夜出戶若有人欲牽其手裕便郤行遂落井同坐共出之因勸裕酒曰向虛卿不測憂幸得無他宜盡此爵裕曰墜井蓋小小耳方當逾於此也人問其故裕曰近夢恐有兩楹之憂尋卒文章之士誄之者百數人文帝傷惜之追贈洛州刺史

薛善字仲良端之族曾孫也父和南靑州刺史善少爲司空府參軍再遷監池都將魏孝武西遷東魏改河東爲秦州以善爲別駕善家素富僮僕數百人兄元信仗氣豪侈每食方丈坐客恒滿絃歌不絕而善獨恭己率素愛樂閑靜大統三年齊神武敗於沙苑留善族兄崇禮守河東文帝遣李弼圍之崇禮固守不下善密謂崇禮曰高歡戎車犯順致主上播越與兄忝是衣冠緒餘受國榮寵今大軍已臨而兄欲爲高氏盡力若城陷之日送首長安云逆賊某甲之首死而有靈豈不殁有餘愧不如早歸誠款雖未足表奇節庶獲全首領崇禮猶持疑不決會善從弟馥妹夫高子信爲防城都督守城南面子信遣馥來詣善云意欲應接西軍但恐力所不制善卽令弟濟將門生數十人與子信馥等斬關引弼軍入時預謀者並賞五等爵善以背逆歸順臣子常情豈容闔門大小俱叨封邑遂與弟愼等並固辭不受文帝嘉之以善爲汾陰令善幹用彊明一郡稱最太守王羆美之令善兼督六縣事尋爲行臺郎中時欲廣置屯田以供軍實乃除司農少卿領同州夏陽縣二十屯監又於夏陽諸山置鐵冶復以善爲冶監每月役八千人營造軍器善親自督課兼加撫慰甲兵精利而皆忘其勞苦焉遷大丞相從事中郎追論屯田功賜爵龍門縣子遷黃門侍郎除河東太守進驃騎大將軍開府儀同三司賜姓宇文氏六官建拜工部中大夫進爵博平縣公轉民部中大夫時晉公護執政儀同齊軌語善云兵馬萬機須歸天子何因猶在權門善白之護遂殺軌以善忠於己引爲中外府司馬遷司會中大夫副總六府事加授京兆尹仍行司會出爲隆州刺史兼益州總管府長史徵拜武威少府卒贈三司刺史武帝以善告齊軌事譏曰繆公子裒嗣官至高陽郡守善弟愼字伯護好學能屬文善草書少與同郡裴叔逸裴諏之柳虯范陽盧柔隴西李璨友善起家丞相府墨曹參軍文帝於行臺省置學取丞郎及府佐德行明敏者充生悉令旦理公務晚就講習先六經而後子史又於諸生中簡德行淳懿者侍讀書愼與李璨及隴西李伯良辛韶武功蘇衡譙郡夏侯裕安定梁曠梁禮河南長孫璋河東裴舉薛同滎陽鄭朝等十二人並應其選又以愼爲學師以知諸生課業文帝雅好談論并簡名僧深識元宗者一百人於第內講說又命愼等十二人兼學佛義使內外俱通由是四方競爲大乘之學在學數年復以愼爲宜都公侍讀累遷禮部郎中六官建拜膳部下大夫愼兄善又任工部並居淸顯時人榮之孝閔帝踐阼除御正下大夫封淮南縣子歷師氏御伯中大夫保定初出爲湖州刺史界旣雜蠻夷恒以劫掠爲務愼乃集諸豪帥具宣朝旨仍令首領每月一參或須言事者不限時節愼每見必殷勤勸誡及賜酒食一年之間翕然從化諸蠻乃相謂曰今日始知刺史眞民父母也莫不欣悅自是襁負而至者千餘戶蠻俗婚娶之後父母雖在卽與別居愼謂守令曰牧守令長是化人者也豈有子娶妻便與父母離析非唯氓俗之失亦是牧守之罪愼乃親自誘導示以孝慈幷遣守令各喻所部有數戶蠻別居數年乃還奉養及行得果膳歸奉父母愼以其從善之速具狀以聞有詔蠲其賦役於是風化大行有同華俗尋爲蕃部中大夫以疾去職卒於家有文集頗爲世所傳

薛寘河東汾陰人也祖遵顔魏河東郡守安邑侯父乂淸河廣平二郡守寘幼覽篇籍好屬文起家奉朝請從魏孝武西遷封郃陽縣子閔帝元年領著作佐郎脩國

史尋拜中書侍郎脩起居注遷中書令燕公于謹征江陵以寘爲司錄軍中謀畧寘並參之江陵平進爵爲伯朝廷方改物創制欲行周禮乃令寘與小宗伯盧辯斟酌古今共詳定行之六官建授內史下大夫孝閔帝踐阼進爵爲侯轉御正中大夫時前中書監盧柔學業優深文藻華贍而寘與之方駕故世號曰盧薛焉久之進位驃騎大將軍開府儀同三司出爲淅州刺史卒於位吏民哀惜之贈虞州刺史謚曰理所著文集二十餘卷行於世又撰西京記三卷引據該洽世稱其博聞焉寘性至孝雖年齒已衰職務繁廣至於溫清之禮朝夕無違當時以此稱之子明嗣大象末儀同大將軍清水郡守

薛憕字景猷河東汾陰人也曾祖弘敞值赫連之亂率宗人避地襄陽憕早喪父家貧躬耕以養祖母有暇則覽文籍蔑宕不拘時人未之奇也江表取人多以世族憕世無貴仕解褐不過侍郎旣覊旅不被擢用常歎曰豈能五十年戴幘死一校尉低頭傾首俯仰而向人也常鬱鬱不得志每在人間輒陵架勝達負才使氣未嘗趨世祿之門左中郎將京兆韋潛度謂之曰君門地非下身才不劣何不裝褫數參吏部憕曰世胄躡高位英俊沈下僚古人以爲歎息竊所未能也潛度告人曰此年少實慷慨但不遭時耳孝昌中杖策還洛陽先是憕從祖眞度與族祖安都擁徐兖歸魏其子懷儁見憕甚相親善屬爾朱榮廢立憕遂還河東止懷儁家不交人物終日讀書手自抄畧將二百卷唯郡守元襲時相要屈與之抗禮懷儁謂憕曰汝還鄉里不營產業不肯娶妻豈復欲南乎憕亦不介意普泰中拜給事中加伏波將軍及齊神武起兵憕乃東游陳梁間謂族人孝通曰高歡阻兵陵上喪亂方始關中形勝之地必有霸王據之乃與孝通俱游長安侯莫陳悅聞之召爲行臺郎除鎭遠將軍步兵校尉及悅害賀拔岳軍人咸相慶慰憕獨謂軍司傅長高曰悅才畧本寡輒害良將敗亡之事其則不遠吾屬今卽爲人所虜何慶之有乎長高以憕言爲然並有憂色尋而文帝平悅引憕爲記室參軍孝武西遷授征虜將軍中散大夫封夏陽男魏文卽位拜中書侍郎加安東將軍大統四年宣光清徽殿初成憕爲之頌魏文又造二欹器一爲二仙人共持一鉢同處一盤鉢蓋上有山山有香氣一仙人又持金瓶以臨器上傾水灌山則出於瓶而注乎器煙氣通發山中謂之仙人欹器一爲二荷同處一盤相去盈尺中有蓮下垂器上以水注荷則出於蓮而盈乎器爲鳧鴈蟾蜍以飾之謂之水芝欹器二盤各處一牀鉢圓而牀方其中有人三才之象也皆置清徽殿前器形似觥而方滿則平溢則傾憕各爲頌皆爲時所稱大統初儀制多闕文帝令憕與盧辯檀翥等參定之自以流離世故不聽音樂雖幽室獨處嘗有戚容後坐事賜死子舒嗣官至禮部下大夫儀同大將軍聘陳使副

通志卷一百五十七

宋右廸功郎鄭樵漁仲撰

列傳第七十一

後周

達奚武子震　若干惠　怡峯　劉亮　王德　赫連達　韓果　蔡祐　常善　辛威　厙狄昌　梁椿　梁臺　田弘子仁恭　王傑　王勇　宇文虯　耿豪　高琳　李和　伊婁穆　達奚寔　劉雄　侯植　李延孫父長壽　韋祐　陳欣韓雄　魏元　泉企子元禮 仲遵　李遷哲　楊乾運　扶猛　陽雄　席固　任果　崔彥穆　楊纂　段永　令狐整弟休　唐永子瑾　柳敏　王士良　郭賢　楊寬

達奚武字成興代人也祖眷父長並爲鎮將武少倜儻好馳射賀拔岳征關右引爲別將及岳爲侯莫陳悅所害武與趙貴收屍歸平涼同翊戴文帝從平悅封須昌縣伯大統初自大丞相府中兵參軍出爲東秦州刺史齊神武與竇泰高敖曹三道來侵文帝欲并兵擊泰諸將多異議唯武及蘇綽與文帝意同遂禽之文帝進圖弘農遣武從兩騎覘候武與其候騎遇卽交戰斬六級獲三人而反齊神武趣沙苑文帝復遣武覘之武從三騎皆衣敵人衣至暮下馬潛聽其軍號歷營若警夜者有不如法者往往撻之具知敵情以告文帝遂從破之進爵高陽郡公四年文帝援洛陽武爲前鋒與李弼破莫多婁貸文又進至河橋力戰斬其司徒高敖曹再遷雍州刺史復從戰邙山時大軍不利齊神武乘勝進軍至陝武禦之乃退七年詔武經略漢川梁州刺史宜豐侯蕭脩固守南鄭武圍之脩請服會梁武陵王遣其將楊乾運等救脩脩更不下武擊走乾運脩乃降自劍門以北悉平明年振旅還京師朝議欲以武爲柱國武曰我作柱國不應在元子孝前固辭不受以大將軍出鎮玉壁孝閔帝踐阼授柱國大司寇齊豫州刺史司馬消難舉州來附詔武與楊忠迎消難以歸武成初轉大宗伯進封鄭國公齊將斛律敦侵汾絳武禦之敦退武築柏壁城留開府權嚴薛羽生守之保定三年遷太保其年大軍東伐隋公楊忠引突厥自北道武以三萬騎自東道期會晉陽武至平陽後期不進而忠已還武尙未知齊將斛律明月遺武書曰鴻鶴已翔於寥廓羅者猶視於沮澤也武覽書乃班師出爲同州刺史明年從晉公護東伐時尉遲迥圍洛陽爲敵所敗武與齊王憲於芒山禦之至夜收軍憲欲待明更戰武曰洛陽軍敗人情駭動不因夜速還明日欲歸不得憲從之遂全軍而返天和三年轉太傅武微時奢侈好華飾及居重位不持威儀行常單馬左右從一兩人而已門外不施戟常晝掩一扉或請曰公位冠羣后何輕率若是武曰吾昔在布衣豈望富貴今日富貴不可頓忘疇昔且天下未平國恩未報安可過事威容乎言者慙而退武之在司州時旱武帝敕武祀華岳岳廟舊在山下常所祈禱武謂僚屬曰吾備位三公不能燮理陰陽不可同於衆人在常祀所必須登峯展誠尋其聖奥岳既高峻人迹罕通武年逾六十唯將數人攀藤而上於是稽首祈請晚不得還卽於岳上藉草而宿夢一白衣來執武手曰快辛苦甚相嘉尙遂驚覺益用祗肅至旦雲霧四起俄而澍雨遠近霑洽武帝聞之璽書勞武曰公年尊德重弼諧朕躬此以陰陽愆序時雨不降命公求祈止言廟所不謂公不憚危險遂乃遠陟高峯但神道聰明無幽不燭感公至誠甘澤斯應聞之嘉賞無忘於懷今賜公雜綵百疋公其善思嘉猷匡朕不逮念坐而論道之義勿復更煩筋力也武性貪悋其爲大司寇也在庫有萬釘金帶嘗時竊之武因入庫乃取以歸主者白晉公護護以武勳重不彰其過因而賜之時論深鄙焉薨贈太傅十五州諸軍事同州刺史謚曰桓子震嗣震字猛畧少驍勇走及奔馬文帝嘗於渭北校獵時有兎過文帝前震與諸將競射之馬倒而墜震足不傾躓因步走射之一發中兎顧馬纔起遂迴身騰上文帝喜曰非此父不生此子遂賜武雜綵一百段後封魏昌縣公明帝初拜司右中大夫加驃騎大將軍開府儀同三司武成初進爵廣平郡公除華州刺史震雖出自膏腴少習武藝然頗有政術天和三年拜柱國建德初襲爵鄭國公從平鄴賜妾二人女樂一部拜大宗伯震父嘗爲此職時論榮之宣政中出爲原州總管隋開皇初薨於家震弟基大象末爲益州刺史與王謙據蜀起兵被誅

若干惠字惠保代郡武川人也其先與魏氏俱起以國爲姓父樹利周從魏廣陽王深征葛榮戰沒贈冀州刺史惠以弱冠從爾朱榮平河北拜中堅將軍復以別將從賀拔岳西征定隴右惠每力戰有功封北平縣男及岳爲侯莫陳悅所害惠與寇洛趙貴等同謀翊戴文帝仍從平悅拜直閤將軍魏孝武西遷除右衛將軍從禽竇泰復弘農破沙苑惠先登陷陣加侍中開府儀同三司進爵長樂郡公大統四年從魏文帝東巡洛陽與齊神武戰於河橋力戰破之七年遷領軍及高仲密舉北豫州來附文帝迎之軍至洛陽齊神武屯於芒山惠爲

右軍與中軍大破之齊神武乃萃攻左軍軍將趙貴等戰不利會日暮齊神武進兵攻惠惠擊之皆披靡至夜中齊神武騎復來追惠惠徐下馬顧命廚人營食食訖爲左右曰長安死此中死異乎乃建旗鳴角收諸敗軍而還齊神武追騎憚惠疑有伏兵不敢逼至弘農見文帝陳賊形勢恨其垂成之功覆於一簣於是歔欷不自勝文帝壯之遷司空惠性剛質有勇力容貌魁岸善於撫御將士無不懷恩及侯景內附朝議欲收集河南令惠以本官鎮魯陽遇疾薨於軍中惠於諸將年最少早喪父事母以孝聞文帝嘗造射堂新成與諸將宴射惠竊歎曰親老矣何時辦此乎文帝聞之卽日徙堂於惠宅其見重如此及薨爲之流涕久之惠喪至又臨撫焉卹贈秦州刺史諡曰武烈子鳳嗣鳳字達摩有識度襲父爵長樂郡公尙文帝女位開府儀同三司大馭中大夫後錄惠佐命功封鳳徐國公拜柱國

怡峯字景阜遼西人也本姓默台因避難改焉高祖寬燕遼西郡守魏道武時歸朝拜羽眞賜爵長蛇公曾祖文冀州刺史峯少從征役以驍勇聞從賀拔岳万俟醜奴爲征虜將軍賜爵蒲陰縣男及岳爲侯莫陳悅所害峯與趙貴等同謀奉迎文帝進爵爲伯及齊神武與孝武帝構隙文帝令峯與都督趙貴赴洛陽至潼關屬孝武西遷峯卽從文帝拔廻洛復潼關後以討曹泥功進爵華陽縣公又從破竇泰於小關復弘農破沙苑進爵樂陵郡公仍與元季海獨孤信復洛陽東魏行臺任祥率步騎萬餘攻潁川峯復以輕騎五百邀擊大破之自是威名轉盛加授開府儀同三司及文帝與東魏戰河橋時峯爲右軍不利與李遠先還文帝遂班師詔原其罪拜夏州刺史大統十五年東魏圍潁川峯與趙貴赴援至南陽遇疾卒峯沈毅有膽畧得士卒心當時號爲驍將文帝嗟悼者久之贈華州刺史諡曰襄威子昂嗣位開府儀同三司朝廷追錄峯功封昂長沙郡公昂弟光少以峯勳賜爵安平縣侯加開府儀同三司光弟春少知名位吏部下大夫儀同三司

劉亮中山人也本名道德父特眞位領人酋長魏大統中以亮著勳追贈恒州刺史亮少倜儻有從橫計畧姿貌魁傑見者憚之普泰初以都督從賀拔岳西征常先鋒陷陣以功拜大都督封廣興縣子及岳爲侯莫陳悅所害亮與諸將謀迎文帝仍從平悅悅黨豳州刺史孫定兒仍據州不下涇秦靈等州悉與相應衆至數萬推定兒爲主以拒文帝文帝令亮襲之定兒以義兵猶遠未爲之備亮乃輕將二十騎先豎一纛於近城高嶺卽馳入城中定兒方置酒高會卒見亮至衆皆駭愕莫知所爲亮乃麾兵斬定兒懸首州門以號令賊黨仍遙指城外纛令二騎曰出追大軍賊黨恟懼一時降服於是諸州皆歸款及文帝置十二軍簡諸將領之亮領一軍每征討與怡峯俱爲騎將以復潼關功封饒陽縣伯尋加侍中魏孝武西遷以迎駕功除使持節左光祿大夫左大都督南秦州刺史從禽竇泰復弘農及沙苑之役亮並力戰有功遷開府儀同三司大都督進爵長廣郡公以母憂去職居喪毁瘠文帝嗟其至性每憂惜之起復本官亮以勇敢見知爲當時名將兼屢陳兵策多合機宜文帝謂之曰卿文武兼資卽孤之孔明也乃賜名亮并賜姓侯莫陳氏十年出爲東雍州刺史爲政清靜百姓安之卒於州喪還京師文帝親臨之泣而謂人曰股肱喪矣腹心何寄令鴻臚卿監護喪事追贈太尉諡曰襄後配饗文帝廟庭子昶嗣昶尙文帝女西河長公主大象中位柱國秦靈二州總管以亮功封彭國公隋開皇中坐事死昶弟靜天水郡守靜弟恭開府儀同三司饒陽縣伯恭弟幹上儀同三司襄中侯

王德字天恩代武川人也少善騎射雖不經師訓以孝悌稱初從爾朱榮討元顥賜爵同官縣子又從賀拔岳討平万俟醜奴別封深澤縣男及侯莫陳悅害岳德與寇洛等議翊戴文帝於是除平涼郡守德雖不知書至斷決處分良吏無以過涇州所部五郡德常爲最及孝武西遷進封下博縣伯行東雍州事在州未幾百姓懷之賜姓烏丸氏大統元年進爵爲公加車騎大將軍還儀同三司北雍州刺史後常從文帝征伐累有戰功加開府侍中進爵河間郡公先是河渭間種羌屢叛以德有威名拜河州刺史羣羌率服後卒於涇州刺史諡曰獻德性厚重廉愼言行無擇母幾年百歲後德終子慶嗣小名公奴性謹厚位開府儀同三司初德喪父貧無以葬乃賣公奴并一女以營葬事因遭兵亂不復相知及德在平涼始得之遂名曰慶

赫連達字朔周盛樂人勃勃之後也曾祖庫多汗因避難改姓杜氏達剛鯁有膽力少從賀拔岳征討有功拜都督賜爵長廣鄉男及岳爲侯莫陳悅所害軍中大擾趙貴建議迎文帝諸將未決達曰宇文夏州昔爲左丞明畧過人一時之傑今日之事非此公不濟趙將軍議是也達請輕騎告文帝仍迎之諸將或欲南追賀拔勝或云東告朝廷達又曰此皆遠水不救近火何足道哉謀遂定令達馳往文帝見達哀慟問故達以實對文帝

遂以數百騎南赴平涼令達率騎據彈箏峽時百姓惶懼奔散者軍爭欲掠之達止之乃撫以恩信人皆悅文帝聞而嘉之加平東將軍文帝謂諸將曰當淸水君遇禍之事君等性命在於賊手雖欲來告其路無從杜朔周冒萬死之難遠來見及遂得其盡忠節同雪讐恥雖藉衆力實賴杜子之功勞而不酬何以勸善乃賜馬二百疋魏孝武入關褒叙勳義以達首迎元帥匡復秦隴進爵魏昌縣伯從儀同李弼破曹泥後從復弘農戰沙苑皆有功詔復姓赫連氏以達勳望兼隆乃除雲州刺史卽本州也進爵爲公從大將軍達奚武攻漢中梁宜豐侯蕭修拒守積時乃送款武問諸將進止之宜開府賀蘭願德等以其食盡欲急攻取之達曰不戰而獲城策之上也無容利其子女貪其財帛仁者不爲如其困獸猶鬬則成敗未可知武曰公言是也乃受降師還進驃騎大將軍開府儀同三司加侍中進爵藍田縣公保定初爲大將軍夏州總管達雖非文吏然性質直遵奉法度輕於鞭撻而重愼死罪又性廉儉邊境胡人或饋以羊者達欲招納異類報以繒帛主司請用官物達曰羊入我廚物出官庫是欺上也命取私帛與之識者嘉其仁恕尋進樂川郡公位柱國薨子遷嗣位大將軍蒲州刺史

韓果字阿六拔代武川人也少驍雄善騎射賀拔岳西征引爲帳內擊万俟醜奴及其黨轉戰數十合並破之膂力絶倫被甲荷戈升陟峯嶺猶涉平路雖數十百日不以爲勞以功授宣威將軍從文帝討平侯莫陳悅遷都督大統初累進爵爲石城郡公果性彊記有權畧善伺敵虛實揣知情狀所行之處有潛匿溪谷欲爲間偵者果登高望之所疑處往必有獲文帝由是以果爲虞候都督每從征行常領候騎晝夜巡察畧不眠寢從襲竇泰於潼關文帝依其規畫軍以勝返賞眞珠金帶一條帛二百疋授征虜將軍又從復弘農破沙苑戰河橋並有功歷朔安二州刺史從戰芒山軍還除河東郡守又從大將軍破稽胡於北山胡地險阻人跡罕至果進兵窮討散其種落稽胡憚果勁勇趫捷號爲著翅人文帝聞之笑曰著翅之名寗減飛將錄前後功累遷開府儀同三司進爵褒中公魏恭帝元年授大將軍保定三年拜少師進位柱國天和初授華州刺史爲政寬惠吏民稱之薨子明嗣爲黎州刺史大象中至上大將軍與尉遲逈同謀反被誅

蔡祐字承先其先陳留圉人也曾祖紹爲夏州鎭將徙居高平因家焉父襲名著西州魏正光中万俟醜奴亂關中襲乃背賊歸洛陽拜齊安郡守及孝武西遷祐拔難西歸賜爵平舒縣伯除岐雍二州刺史祐聰敏有行檢襲之背賊東歸祐年十四事母以孝聞及長有膂力便騎射文帝在原州召爲帳下親信及遷夏州以祐爲都督及賀拔岳爲侯莫陳悅所害諸將遣使迎文帝文帝將赴之夏州首望彌姐元進等陰有異計文帝微知之與祐謀執元進祐曰狠子野心會當反噬今若執縛不如殺之文帝曰汝大決也於是召元進等入計事祐卽出外衣甲持刀直入瞋目叱諸人曰與人朝謀夕異豈是人也乃叱元進斬之其黨並伏誅一坐戰慄於是與諸將盟同心誅悅文帝以此知重之乃謂祐曰吾今以爾爲子爾其父事我乎後從迎魏孝武於潼關以前後功封萇鄉縣伯大統初從禽竇泰復弘農破沙苑皆有功授平東將軍太中大夫又從戰於河橋祐乃下馬步鬬手殺數人左右勸乘馬以備急卒祐怒曰丞相養我如子今日豈以性命爲念遂率左右十餘人齊聲大呼殺傷甚多敵以其無繼圍之十餘重乃彎弓持滿四面拒之東魏之兵不敢逼乃募厚甲長刀者直進取祐去祐可三十步左右勸射之祐曰吾曹性命在一矢耳豈虛發哉敵漸進可十步祐乃射之正中其面應弦而倒便以稍刺殺之因戰數合唯失一人敵稍却祐乃徐引退是戰也我軍不利文帝已還祐至弘農夜中與文帝相會文帝字之曰承先爾來吾無憂矣文帝心驚不得寢枕祐股上乃安以功進爵爲公授京兆郡守九年東魏豫州刺史高仲密舉州來附文帝率軍援之與齊神武遇戰於邙山祐時著明光鐵鎧所向無前敵人咸曰此是鐵猛虎也皆避之歷靑原二州刺史尋除大都督遭父憂請終喪紀弗許累遷開府儀同三司加侍中十三年賜姓大利稽氏進爵懷寗郡公魏恭帝三年拜大將軍六官建授兵部中大夫文帝不豫祐與晉公護賀蘭祥等侍疾及崩祐悲慕遂得氣疾孝閔踐阼拜少保祐與尉遲綱俱掌禁兵遞直殿省時帝信任司會李植等謀害晉公護祐每泣諫帝不聽尋而帝廢明帝卽位拜小司馬少保如故帝之爲公子也與祐特相友昵至是禮遇彌隆御膳每有異味輒以賜祐羣臣朝宴每被別留或至昏夜列炬鳴笳送祐還宅祐以過蒙禮遇常辭疾避之至於婚姻尤不願結於勢要尋以本官權鎭原州頃之授宜州刺史未之部卒於原州祐少有大志與鄉人李穆布衣齊名常相謂曰大丈夫當建立功名以取富貴安能久處貧賤邪言訖各大笑穆卽申公

也後皆如其言及從征伐常潰圍陷陣爲士卒先軍還之日諸將爭功祐終無所言文帝每歎之嘗謂諸將曰承先口不言勳孤當代其論叙其見知如此性節儉所得祿秩皆散宗族身死之日家無餘財贈柱國大將軍原州都督謚曰莊子正嗣祐弟澤頗好學有幹能後爲邛州刺史以不從司馬消難被害

常善高陽人也家本豪族魏孝昌中從爾朱榮入洛封房城縣男後文帝平侯莫陳悅除天水郡守累遷驃騎大將軍開府儀同三司西安州刺史轉蔚州刺史頻莅二藩有政績進爵永陽郡公孝閔帝踐阼拜大將軍甯州總管保定二年入爲小司徒卒贈柱國大將軍都督延州刺史子昂和嗣

辛威隴西人也少慷慨有志畧初從賀拔岳征伐有功假護國將軍都督及文帝統岳衆見威奇之引爲帳內封白土縣伯後進爵爲公累遷開府儀同三司賜姓普屯氏出爲鄜州刺史威時望旣重朝廷以桑梓榮之遷河州刺史本州大中正頻領二鎭頗得人和孝閔帝踐阼拜大將軍進爵枹罕郡公宣政元年進位上柱國大象二年進封宿國公復爲少傅薨威性持重有威嚴歷官數十年未嘗有過故得以身名終兼其家有義五世同居時以此稱之子永達嗣位儀同大將軍

厙狄昌字侍德神武人也少便弓馬有膂力及長進止閑雅膽氣壯烈每以將帥自許從爾朱天光定關中天光敗又從賀拔岳征討及岳被害昌與諸將議翊戴文帝從平侯莫陳悅賜爵陰盤縣子後從迎孝武復潼關改封長子縣子大統初累遷開府儀同三司進爵方城郡公六官建授稍伯中大夫孝閔帝踐阼拜大將軍卒

梁椿字千年代人也初從爾朱榮入洛又從賀拔岳討平万俟醜奴仍從文帝平侯莫陳悅大統中累以戰功封東平郡公開府儀同三司孝閔帝踐阼除華州刺史改封淸陵郡公保定元年拜大將軍卒於位贈都督揚州刺史謚曰烈椿性果毅善於撫納所獲賞物分賜麾下故每踐敵場咸得其死力雅好儉素不營貲産時論以此稱焉子明以椿功賜爵豐陽縣公後襲椿爵舊封迴授弟郎

梁臺字洛都萇池人也少果敢有志操從爾朱天光入關隴賜爵隴城鄉男及天光敗於韓陵賀拔岳又引爲心膂岳爲侯莫陳悅所害臺與諸將翊戴文帝從平悅累功授潁州刺史賜姓賀蘭氏累遷驃騎大將軍開府儀同侍中孝閔帝踐阼進爵中部縣公保定四年拜大將軍時大軍圍洛陽久不拔齊騎奄至齊公憲禦之有數人爲敵所執已去臺單馬突入射殺兩人敵皆披靡被執者遂還齊公憲每歎曰梁臺果毅膽決不可及也五年拜鄜州刺史臺性疎通恕以待物至於莅人尤以惠愛爲心不過識千餘字口占書啓詞意可觀年過六十猶能被甲跨馬足不躡鐙馳射弋獵矢不虛發後以疾卒

田弘字廣畧高平人也少慷慨志立功名膂力過人而有謀畧初陷万俟醜奴爾朱天光入關弘自原州歸順及文帝初統衆弘求謁見論世事深被引納卽處以爪牙之任又以迎孝武功封鶉陰縣子文帝嘗以所著鐵甲賜之云天下若定還將此甲示孤也大統三年轉帥都督每從征伐弘功居多累蒙殊賞賜姓紇干氏尋授原州刺史以弘勳望兼至故以衣錦榮之文帝在同州文武並集乃謂之曰人人如弘盡心天下豈不早定卽授車騎大將軍儀同三司魏廢帝元年加驃騎大將軍開府儀同三司平蜀後梁信州刺史蕭韶等未從朝化詔弘討平之又討西平反羌及鳳州叛氐等並破之弘每臨陣推鋒直前身被一百餘箭破骨者九馬被十稍朝廷壯之孝閔帝踐阼進爵鴈門郡公保定元年出爲岷州刺史吐谷渾寇西邊宕昌羌潛相應接詔弘討之獲二十五王平七十六柵天和中從隋公楊忠伐齊破齊將段孝先等拔其宜陽等九城進位柱國大將軍建德二年拜大司空三年出爲襄州總管薨於州子仁恭嗣仁恭字長貫性寬仁有局度歷位幽州總管隋文帝受禪進位上柱國拜太子太師甚見親重嘗幸其第宴飲極歡禮賜甚厚奉詔營太廟進爵觀國公拜武衛大將軍轉左武衛大將軍卒官贈司空謚曰敬子世師嗣世師字德懋有孝行列在孝友傳仁恭時有玉城郡公王昇鮮虞縣公謝慶恩並位上柱國大義公辛遵及其弟韶並位上柱國隋文帝以其俱佐命功臣特加崇貴親禮與仁恭等事並亡失云

王傑金城直城人也本名文達父巢魏榆中鎭將傑少有壯志每以功名自許善騎射有膂力魏孝武初起家子都督後從西遷文帝奇其才擢授羽林監文帝謂諸將曰王文達萬人敵也但恐勇決太過耳從復潼關破沙苑爭河橋戰邙山皆以勇敢聞親待日隆賞賜加於倫等於是賜姓宇文氏進爵爲公累遷侍中驃騎大將軍開府儀同三司魏恭帝元年從于謹圍江陵時柵內有人善用長矟戰士將登者多爲所斃謹令傑射之應弦而倒登者乃得入餘衆繼進遂拔之謹喜曰濟我大

事者在公此箭也孝閔帝踐阼進爵張掖郡公出爲河州刺史朝廷以傑勳望俱重故授以本州保定三年進位大將軍與隋公楊忠自漢北伐齊至并州而還又從齊公憲東禦齊將斛律明月進位柱國天和六年除涇州總管傑少從軍事雖不及吏事所歷州府咸以忠恕爲心以是頗爲百姓所慕宣帝卽位拜上柱國大象元年薨贈七州諸軍事河州刺史追封鄴國公謚曰威子孝遷位開府儀同大將軍

王勇代武川人也本名胡仁少雄健有器幹便弓馬膂力過人魏永安中万俟醜奴等寇亂關隴勇占募數從侯莫陳悅賀拔岳征討以功居多拜別將及文帝爲丞相引爲帳內直盪都督封包信縣子從禽竇泰復弘農戰沙苑氣蓋衆軍文帝歎其勇敢賞賜特隆進爵爲公從討趙靑雀論功居最除衞大將軍邙山之戰勇率敢死之士三百人並執短兵大呼直進出入衝擊殺傷甚多是役也大軍不利唯胡仁及王文達耿令貴三人力戰皆有殊功軍還皆拜上州刺史以雍州岐州北雍州擬授胡仁等然州有優劣令探籌取之胡仁遂得雍州文達得岐州令貴得北雍州仍賜胡仁名勇令貴名豪文達名傑以彰其功進侍中驃騎大將軍開府儀同三司魏恭帝元年從柱國趙貴征蠕蠕破之進爵新陽郡公賜姓庫汗氏又論討蠕蠕功別封永固縣伯時有別封者例聽迴授次子勇獨請封兄子與時人義之尋進位大將軍六官建拜稍伯中大夫勇性雄猛爲當時驍將然矜功伐善好揚人之惡時論以此鄙之柱國侯莫陳崇勳高望重與諸將同謁晉公護勇數論人之短乃於衆中折辱之勇遂慚恚因疽發背而卒子昌嗣官至大將軍

宇文虯字樂仁代武川人也驍悍有膽畧少從征討累有戰功封南安侯孝武西遷以獨孤信爲行臺信引虯爲帳內都督隨信奔梁大統三年歸闕進爵爲公禽竇泰復弘農及沙苑河橋之戰皆有功又從獨孤信討梁企定破之累遷南泰州刺史驃騎大將軍開府儀同三司虯每經行陣必身先士卒故上下同心戰無不克後除金州刺史大將軍卒

耿豪鉅鹿人也本名令貴其先家於武川豪少麤獷有武藝好以氣陵人賀拔岳西征引爲帳內岳被害乃歸文帝以武勇見知豪亦自謂所事得主從討侯莫陳悅及迎孝武錄前後功封平原子遷征虜將軍沙苑之戰豪殺傷甚多血染甲裳盡赤文帝見之歎曰觀令貴之甲裳足以爲驗不須更論級數也於是進爵爲公從文帝戰於邙山豪謂所部曰大丈夫見賊須右手拔刀左手把矟直刺直斫慎莫皺眉畏死遂大呼獨入敵人鋒刃亂下當時咸謂豪已殁俄而奮刀而還戰數合當豪前者死傷相繼又謂左右曰吾非樂殺人但壯士除賊不得不爾若不能殺賊又不爲人所傷何異逐坐人也文帝嘉之拜北雍州刺史大統十三年論前後戰功授車騎大將軍十五年賜姓和稽氏進位侍中驃騎大將軍開府儀同三司豪性兇悍言多不遜文帝惜其驍勇每優容之豪亦自謂意氣冠羣終無所屈李穆蔡祐初與豪同時開府後並居豪之右豪意不平謂文帝曰外間物議謂豪勝李穆蔡祐文帝曰何以言之豪曰人言李穆蔡祐是丞相髆髀耿豪王勇是丞相咽項以咽項在上故爲勝也豪之麤猛皆此類也十六年卒文帝痛惜之子雄嗣位至大將軍

高琳字季珉其先高句麗人也六代祖欽爲質於慕容廆五世祖宗率衆歸魏拜第一領民酋長賜姓羽眞氏琳母嘗祓禊泗濱遇見一石光彩朗潤遂持以歸是夜夢見一人衣冠有若仙者謂其母曰夫人向所將來之石是浮磬之精若能寶持必生令子母驚寤便舉身流汗俄而有娠及生子因名琳字以珉焉魏正光初起家衞府都督魏孝武西遷琳從入關封鉅野縣子大統三年從文帝破齊神武於沙苑轉安西將軍河橋之役琳先驅奮擊勇冠諸軍文帝謂曰公卽我之韓白也復從戰邙山除正平郡守齊將東方老來寇琳率衆禦之老侍其勇健直前趣與琳短兵接戰琳擊之老中數創乃退謂其左右曰吾經陣多矣未見如此健兒密使人勸琳東歸琳斬其使者以聞除鄜州刺史進驃騎大將軍開府儀同三司侍中孝閔帝踐阼進爵犍爲郡公武成二年文州氐酋反詔琳討平之師還帝宴羣臣仍命賦詩言志琳詩末章云寄言竇車騎爲謝霍將軍何以報天子沙漠靜妖氛帝大悅曰獯獫陸梁未時款塞卿言有驗國之福也天和三年爲江陵副總管時陳將吳明徹來寇總管田弘與梁主蕭巋出保紀南城唯琳與梁僕射王操固守江陵三城以抗之晝夜拒戰凡經十旬明徹退走歸表言其狀帝乃優詔追琳入朝親加勞問六年進位柱國薨贈本官加五州諸軍事冀州刺史謚曰襄子儒襲爵位儀同大將軍

李和本名慶和朔方巖綠人也父僧養以累世雄豪爲夏州酋長和少敢勇有識度狀貌魁偉爲州里所推賀拔岳作鎮關中引爲帳內都督後從文帝累遷侍中驃

騎大將軍開府儀同三司夏州刺史賜姓宇文氏文帝嘗謂諸將曰宇文慶和累經任委每稱吾意又賜名惠爲改封永豐縣公保定二年除司憲中大夫尋改封德廣郡公出爲洛州刺史和前在夏州頗留遺惠及有此授商洛父老莫不想望德音和至州以仁恕訓物獄訟爲之稍靜進柱國大將軍隋開皇元年遷上柱國和立身喇簡老而逾勵諸子趨事若奉嚴君以惠是周文帝賜名今帝朝已革和則父之所命義不可違至是遂以和爲名二年薨贈本官加司徒公諡曰肅子徹列在隋史

伊婁穆字奴干代人也父靈善騎射爲文帝所知嘗謂之曰昔伊尹阿衡於殷致主堯舜卿既姓伊庶卿不替前緒於是賜名尹焉歷衞將軍隆州刺史盧奴縣公穆弱冠爲文帝帳內親信以機辯見知歷中書舍人通直散騎常侍嘗入白事文帝望見悅之字之曰奴干作儀同面見我矣於是拜儀同三司賜封安陽縣伯孝閔帝踐阼進位驃騎大將軍建德中卒

達奚寔字什伏代河南洛陽人也父顯相武衞將軍寔少倜立有幹局從魏孝武西遷封臨汾縣伯從文帝禽竇泰復弘農破沙苑皆力戰有功累遷相府從事中郎寔性嚴重深見器遇六官建行蕃部中大夫加驃騎大將軍開府儀同三司進爵平陽縣公保定初卒於刺史諡曰恭子豐嗣

劉雄字猛雀臨洮子城人也少機辯慷慨有大志初爲文帝親信後拜中大夫兼中書舍人賜姓宇文氏孝閔帝踐阼加大都督天和中累遷驃騎大將軍開府儀同三司封周昌侯歷位納言內史中大夫候正武帝嘗從容謂曰古人云富貴不歸故鄉猶衣錦夜遊乃以雄爲河州刺史雄先已爲本縣令復有此授鄉里榮之及皇太子西征吐谷渾雄自涼州從滕王逌先入功居多加上開府儀同三司從平并州拜上大將軍進爵趙郡公平鄴城進柱國宣政元年突厥寇幽州雄戰歿贈亳州總管子昇嗣以雄死王事授儀同大將軍

侯植字仁幹其先上谷人也高祖恕爲北地太守子孫因家于北地之三水植少倜儻有大節容貌奇偉武藝絕倫仕魏爲義州刺史甚有政績後從孝武西遷賜姓侯伏氏從文帝破沙苑戰河橋進大都督涼州刺史文仲和據州作逆植從開府獨孤信討禽之封肥城縣公賜姓賀屯氏後從于謹平江陵進驃騎大將軍開府儀同三司別封一子汧源縣伯孝閔帝踐阼進爵郡公時帝幼沖晉公護執政植從兄龍恩爲護所親及護誅趙貴諸宿將等多不自安植謂從兄龍恩曰主上春秋既富安危繫於數公若多誅戮自立威權何止社稷有累卵之危恐吾宗亦緣此敗兄安得知而不言龍恩竟不能用植又承間言於護曰公以骨肉之親當社稷之寄願推誠王室擬迹伊周則率土幸甚護曰我誓以身報國卿豈謂吾有他志邪又聞其先與龍恩言乃陰忌之植懼不免禍遂以憂卒贈大將軍平州刺史諡曰節子定嗣及護伏誅龍恩及其弟萬壽並預其禍武帝以植忠於朝廷特免其子孫

李延孫伊川人也父長壽性雄豪少與蠻酋結託侵掠關南魏孝昌中朝議恐其爲亂乃以長壽爲防蠻都督給其鼓節長壽盡其智力防遏羣蠻伊川左右寇盜爲之稍息永安之後長壽徒侶日盛魏帝藉其力用因而撫之累遷北華州刺史賜爵清河郡公及孝武西遷長壽率勵義士拒東魏後爲黃州刺史東魏遣行臺侯景攻之城陷遇害追贈太尉延孫亦雄武有將率才畧少從長壽征討以勇敢聞賀拔勝爲荊州刺史表延孫爲都督肅清鵶路頗有力焉及長壽被害延孫乃還收集其父之衆自孝武西遷後朝士流亡廣陵王欣錄尚書長孫承業潁川王斌之安昌王子均及建寧江夏隴東諸王并百官等攜持妻子來投延孫者卽率衆衞送并贈以珍玩咸達關中齊神武深患之遣行臺慕容紹宗等數道攻擊延孫大破之乃授延孫京南行臺節度河南諸軍事廣州刺史尋進車騎大將軍儀同三司大都督賜爵華山郡公延孫既蒙重委每以克清伊洛爲己任頻以寡擊衆威振敵境大統四年爲其長史楊伯蘭所害贈司空子人傑有祖父風官至開府儀同三司改封潁川郡公

韋祐字法保京兆山北人也以字行爲州郡著姓父義上洛郡守魏大統中以法保著勳追贈秦州刺史法保少好游俠而質直少言所與交遊皆輕猾亡命父沒事母以孝聞慕李長壽之爲人遂娶其女因寓居關南正光末王公避難者或依之多得全濟以此爲貴游所德及孝武西遷法保赴行在所封固安縣男及長壽被害其子延孫收長壽餘衆守禦東境朝廷恐延孫兵少乃除法保東洛州刺史配兵數百以援延孫法保至潼關弘農郡守韋孝寬謂曰恐子此役難以卽還法保曰古人稱不入虎穴不得虎子安危之事未可預量遂倍道兼行與延孫兵接乃并勢置柵於伏流未幾文帝追法保與延孫還朝賞勞甚厚除河南尹及延孫被害法保

乃率所部據延孫舊柵營與東魏戰流矢中頸從口中出久之乃蘇大統九年鎭九曲城及侯景以豫州內附法保率兵赴景景欲留之法保疑其貳乃固辭還所鎭十五年加驃騎大將軍開府儀同三司尋進爵爲公會東魏遣軍送糧饋宜陽法保潛邀之中流矢卒於陣謚曰莊子初嗣位開府儀同大將軍閤韓防主

陳欣字永怡宜陽人也少驍勇有氣俠姿貌魁岸同類咸敬憚之孝武西遷後欣乃於辟惡山招集勇敢少年寇掠東魏仍密道使歸附授立義大都督賜爵覇城縣男累遷宜陽郡守恭帝二年進位驃騎大將軍開府儀同三司加侍中宜陽邑大中正賜姓尉遲氏文帝以欣著績累載贈其祖昆及父與孫俱爲儀同三司位刺史東魏洛州刺史獨孤永業號有智謀往來境上欣與韓雄等恆令間諜覘其動靜齊兵每至輒破之故永業深憚欣等不敢爲寇孝閔帝踐阼進爵許昌縣公後除熊州刺史卒於州欣與韓雄里閈婣婭少相親昵俱總兵境上三十餘載每禦扞二人相赴常若影響故數對勍敵而常保功名雖並有武力至於挽彊射中欣不如雄散財施惠得士衆心則雄不如欣身死之日將吏荷其恩德莫不感慟子萬敵嗣朝廷以欣雅得士心還令萬敵領其部曲

魏元字僧智其先任城人也後徙於新安元少慷慨有膽略孝武西遷東魏北徙人情各懷去就元每率鄉兵抗拒東魏芒山之役大軍不利宜陽洛州皆爲東魏守而元母及弟並在宜陽元以爲忠孝不兩立乃率義從還關南鎭撫文帝手書勞之除洛陽令封廣宗縣子保定元年累遷驃騎大將軍開府儀同三司鎭閤韓遷熊州刺史政存簡惠百姓悅之轉和州刺史伏流防主進爵爲公及齊將斛律明月率衆向宜陽兵威甚盛元率衆禦之每戰輒克後以疾卒於位

泉企字思道上洛豐陽人也世雄商洛自晉東度常貢屬江東曾祖景言魏大延五年率鄉里歸化仍引王師平商洛拜建節將軍假宜陽郡守世襲本縣令封丹水侯父安志復爲建節將軍宜陽郡守領本縣令降爵爲伯企九歲喪父哀毁類於成人服闋襲爵年十二鄉人皇平陳合等三百餘人詣州請企爲縣令州爲申上時吏部尚書郭祚以企年少請別選遺終此一限令企代之宣武詔依皇平等所請巴俗事道尤重老子之術企雖童幼而好學恬靜百姓安之尋以母憂去職縣中父老復表請起復本任後除上洛郡守及蕭寶夤反遣兵趣青泥圖取上洛上洛豪族泉杜二姓密應之企與刺史董紹掩襲二姓二姓散走寶夤亦退遷浙州刺史別封涇陽縣伯永安中大破梁將王元眞於順陽除東雍州刺史進爵爲侯部人楊羊皮太保椿之從弟恃椿侵擾百姓守宰多被其陵侮皆畏而不敢言企收之將加極法楊氏慙懼闔宗請恩自此豪右無敢犯者性又清約纖毫不擾於人在州五年每於鄉里運米自給梁魏興郡與洛州接壤表請內屬詔企爲行臺尚書以撫納之大行臺賀拔岳以企昔莅東雍爲吏民所懷乃表企復爲刺史詔許之蜀人張國儁聚黨剽刧州郡不能制企收戮之闔境清肅及齊神武專政孝武有西顧之心欲委企以山南之事乃除洛州刺史未幾帝西遷齊神武率衆至潼關企遣其子元禮禦之神武不敢進上洛人都督泉岳及其弟猛略與順陽人杜窋等謀翻洛州以應東魏企知之殺岳及猛略傳首詣闕大統元年加開府儀同三司兼尚書右僕射進爵上洛郡公企志尚廉慎每除一官憂凶顏色寢食輒減至是頻讓魏帝手詔不許三年高敖曹圍逼州城杜窋爲其鄉導企拒守旬餘矢盡援絕城乃陷焉謂敖曹曰泉企力屈志不服也及竇泰被禽敖曹退走遂執企而東以窋爲刺史企臨發密戒二子元禮仲遵曰吾生平志願不過令長遭逢聖會位亞台司今爵祿旣隆年齒又暮前途夷險抑亦可知汝等堪立功効不得以我在東遂虧臣節也乃揮涕而訣聞者莫不憤歎尋卒於鄴元禮少有志氣好弓馬頗閑草隸有士君子之風賜爵臨洮縣伯散騎常侍及洛州陷與企俱被執而東元禮於路逃歸時杜窋雖爲刺史然巴人素輕杜而重泉及元禮至與仲遵相見感父臨別之言潛與豪右結託遂率鄉人襲州城斬窋傳首長安朝廷嘉之代襲洛州刺史從文帝戰於沙苑中流矢卒子貞嗣仲遵一名恭少謹實涉獵經史年十三爲郡主簿十四爲縣令及長有武藝高敖曹攻洛州與企力戰拒守矢盡以棒杖扞之爲流矢中目不堪復戰及城陷士卒歎曰若二郎不傷豈至於此企之東也仲遵以被傷不行後與元禮斬窋以功封豐陽縣伯東豫州刺史及元禮戰沒復以仲遵爲洛州刺史頗得時譽大統十三年行荆州刺史事梁司州刺史柳仲禮每爲邊寇文帝令仲遵率鄉兵從開府楊忠討之梁隨郡守桓和拒守不降忠謂諸將曰先取仲禮則桓和不攻而自服也仲遵對曰若棄和深入仲禮未卽就禽則首尾受敵此危道也忠從之仲遵以計由己出乃先登城遂禽和從擊仲禮又獲之進驃騎大將軍開府儀同

三司本州大中正復行荊州刺史十三州諸軍事尋遭母憂請從喪制不許大將軍王雄南征上津魏興仲遵從雄討平之遂於上津置南洛州以仲遵爲刺史仲遵留情撫接百姓安之初蠻帥杜青和自稱巴州刺史以州入附朝廷因其所據而授之仍隸東梁州都督青和以仲遵善於撫御請隸仲遵朝議以山川非便弗之許也青和遂結安康酋帥黃衆寶等舉兵共圍東梁州復遣王雄討平之改巴州爲洵州隸於仲遵先是東梁州刺史劉孟良在職貪婪人多背叛仲遵以廉簡處之羣蠻帥服仲遵雖出自巴夷而有方雅之操歷官之處皆以清白見稱朝廷又以其父臨危抗節乃令襲爵上洛郡公嘗封聽迴授一子尋出爲都督金州刺史卒官贈大將軍三州刺史謚曰莊子暅嗣位至開府儀同大將軍

李遷哲字孝彦安康人也世爲山南豪族仕於江左父元直仕梁歷東梁衡二州刺史散騎常侍沌陽侯遷哲少脩立有識度慷慨善謀畫起家文德主帥其父爲衡州留遷哲本鄉監統部曲事時年二十撫馭羣下甚得其情後襲爵沌陽侯位都督東梁州刺史侯景篡逆遷哲外禦邊寇自守而已大統十七年文帝遣達奚武王雄等畧地山南遷哲軍敗遂降於武然猶意氣自若武乃執送京師文帝謂曰何不早歸國家乃勞師旅今爲俘虜不亦媿乎答曰世荷國恩不能死節實以此爲愧耳文帝深嘉之拜車騎大將軍封沌陽縣伯恭帝初直州人樂熾洋州人黃國等連結爲亂文帝以遷哲信著山南乃令與開府賀若敦同經畧熾等尋並平蕩仍與敦南出徇地遷哲先至巴州入其郛梁巴州刺史牟安人開門請降安人子宗徹等猶據巴城不下遷哲攻克之軍次鹿城城主遣使請降遷哲爲其衆曰納降如受敵吾觀其使瞻視猶高得無詐也遂不許之梁人果於道左設伏以邀遷哲遷哲進擊破之遂屠其城自此巴濮之人降款相繼軍還文帝賜以所服紫袍玉帶及所乘馬加授侍中驃騎大將軍開府儀同三司除直州刺史即本州也仍給軍儀鼓節令與田弘同討信州魏恭帝三年正月軍次并州梁并州刺史杜滿望風送款進圍鼬州克之獲刺史冉助國等遷哲每率驍勇爲軍鋒所有攻戰無不身先士卒凡下十八州拓地二千餘里時信州爲蠻酋向五子王等所圍弘遣遷哲赴援比至信州已陷五子王等聞遷哲至狼狽遁走遷哲入據白帝賀若敦等復至遂共追五子王等破之及田弘旋軍文帝令遷哲留鎮白帝信州先無倉儲軍糧匱之遷哲乃收葛根造粉兼米以給之遷哲亦自取供食時有異膳即分賜兵士有疾患者又親加醫藥以此軍中感之人思効命黔陽蠻田烏度田烏唐等每抄掠江中爲百姓患遷哲隨機出討殺獲甚多由是諸蠻畏威各送糧餼又遣子弟入質者千有餘家遷哲乃於白帝城外築城以處之并置四鎮以靜峽路自此寇抄頗息軍糧贍給焉明帝初授都督信州刺史二年進爵西城縣公武成元年朝於京師明帝甚禮之賜甲第及莊田等天和三年進位大將軍詔遷哲率金上等諸州兵鎮襄陽五年陳將章昭達攻逼江陵梁明帝告急於襄州衛公直令遷哲往救焉遷哲率其所部守江陵外城自率騎出南州又令步兵自北門出兩軍首尾邀之陳人多投水死是夜陳人又竊於城西堞以梯登城登者已數百人遷哲又率驍勇扞之陳人復潰俄而大風暴起遷哲乘闇出兵擊其營陳人大亂殺傷甚衆江陵總管陸騰復破之於西隄陳人乃遁建德二年進爵安康郡公三年卒於襄州贈金州總管謚曰壯武遷哲累葉雄豪爲鄉里所服性復華侈能厚自奉養妾媵至有百數男女六十九人緣漢千餘里間第宅相次姬媵之有子者分處其中各有僮僕侍婢閽人守護遷哲每鳴笳導從往來其間縱酒歡讌盡生平之樂子孫參見或忘其年名者披簿以審之長子敬仁先遷哲卒第六子敬猷嗣還統父兵位儀同大將軍遷哲弟顯位上儀同大將軍

楊乾運字元邈儻城興勢人也少雄武爲鄉閭信服爲安康郡守陷梁仕歷潼南梁二州刺史及武陵王蕭紀稱尊號以乾運威服巴渝乃拜梁州刺史鎮潼州封萬春縣公時紀與其兄湘東王繹爭帝乾運兄子畧勸乾運歸附乾運然之會文帝令乾運孫法洛至畧即夜送之乾運送款文帝密賜乾運鐵券授開府儀同三司侍中梁州刺史安康郡公及尉遲迥征蜀遂降迥迥因此進軍成都數旬克之及至京師禮遇隆渥尋卒於長安贈尚書右僕射子端嗣畧亦以歸附功位至開府儀同三司大將軍封上庸縣伯乾運女壻樂廣安州刺史封安康縣公

扶猛字宗畧上甲黃土人也其種落號白虎蠻猛仕梁位南洛北司二州刺史封宕渠縣男魏廢帝元年以衆降文帝厚加撫納復爵宕渠縣男割二郡爲羅州以猛爲刺史令從開府賀若敦南討信州敦令猛直道白帝所由之路人迹不通猛乃梯山捫葛備歷艱阻遂入白帝城撫慰人夷莫不悅附以功進開府儀同三司俄而

信州蠻反猛復從賀若敦平之進爵臨江縣公從田弘破漢南諸蠻進位大將軍卒

楊雄字元畧上洛邑陽人也累葉豪族父猛從孝武西遷以功封邵陽伯位征東將軍揚州刺史雄起家奉朝請以軍功封安平縣侯得子孫相襲拜邑陽郡守累遷平州刺史進爵王城縣公加開府儀同三司驃騎大將軍歷京兆戶部中大夫進位大將軍轉中外府長史遷江陵總管改封魯陽縣公卒於鎮追封郡公謚曰懷雄善附會能自謀身故任兼內外保全爵祿子長寬嗣

席固字子堅其先安定人也高祖衡因姚氏之亂寓居襄陽仕晉爲建威將軍遂爲襄陽著姓固少有遠志梁大同中爲齊興郡守久居郡職士多附之遂有親兵千餘人梁元帝時遷興州刺史軍人募從者至五千餘人固欲自據一州以覩時變大統中以地歸魏時文帝方南取江陵西定蜀漢聞固至甚禮遇之就拜使持節驃騎大將軍開府儀同三司大都督侍中豐州刺史封新豐縣公後轉湖州刺史固啟求入覲及至進爵靜安郡公尋拜昌歸憲三州諸軍事昌州刺史固居家孝友莅官頗有聲績卒於州贈大將軍五州刺史謚曰肅敕襄州賜其墓田子雅嗣雅字彥文性方正少以孝聞位大將軍雅弟英上開府儀同大將軍

任果字靜鸞南安人也本方隅豪族父褒仕梁爲沙州刺史新巴縣公果性勇決志在立功魏廢帝元年率所部來附文帝嘉其遠至待以優禮果因面陳取蜀策深被納之乃授沙州刺史南安縣公從尉遲迥伐蜀尋進授驃騎大將軍開府儀同三司及成都平除始州刺史文帝以其方隅首領早立忠節進爵樂安郡公賜以鐵券聽相傳襲并賜路車駟馬及儀衞等以光寵之尋爲刺客所害

崔彥穆字彥穆清河東武城人魏司空安陽侯林之九世孫也曾祖顗後魏平東府諮議參軍祖蔚遭從兄司徒浩之難南奔江左仕宋爲給事黃門侍郎汝南義陽二郡守延興初復歸於魏拜潁川郡守因家焉後終於郢州刺史父幼位終永昌郡守隋開皇初以獻皇后外曾祖追贈上開府儀同三司新州刺史彥穆幼明悟神彩卓然魏吏部尚書隴西李神儁有知人之鑒見而歎曰王佐才也永安末除司徒府參軍事再遷大司馬從事中郎孝武西遷彥穆時不得從大統三年乃與兄彥珍於成皋舉義因攻拔滎陽禽東魏郡守蘇淑仍與鄭郡王元法威攻潁川斬其刺史李景道即拜滎陽郡守尋賜爵千乘縣侯十四年授散騎常侍司農卿時軍國草創衆務殷繁文帝乃引彥穆入幕府兼掌文翰及于謹伐江陵彥穆以本官從平之明帝初進驃騎大將軍開府儀同三司俄拜安州刺史總管十二州諸軍事入爲御正大夫陳氏請敦隣好詔彥穆使焉彥穆風韻閑曠器度方雅善元言解談謔甚爲江表所稱轉戶部中大夫進爵爲公天和三年聘齊還除金州刺史總管七州諸軍事進位大將軍尋徵拜小司徒及宣帝崩隋文帝輔政三方起兵以彥穆爲行軍總管與襄州總管王誼討司馬消難軍次荆州總管獨孤永業有異志遂收而戮之及事平隋文帝徵王誼入朝即以彥穆爲襄州刺史總管六州諸軍事加授上大將軍進爵東郡公頃之永業家自理得雪彥穆坐除名尋復官爵開皇元年卒子君綽嗣君綽性爽簡博覽經史有父風大象末丞相府賓曹參軍君綽弟君肅解巾道王侍讀大象末潁川郡守

楊纂廣甯人也父安仁魏朔州鎮將纂少慷慨有志畧勇力兼人年二十從齊神武起兵於信都以軍功稍遷武州刺史自以賞薄志懷怨憤每歎曰大丈夫富貴何必故鄉若以妻子經懷豈不沮人雄志大統初乃間行入關文帝執纂手曰人所貴者忠義也所懼者危亡也其能不憚危亡蹈玆忠義者今方見之於卿耳即授征南將軍大都督封永興縣侯從文帝解洛陽圍經河橋芒山之戰纂每先登軍中咸推其敢勇累遷驃騎大將軍開府儀同三司加侍中進爵爲公賜姓莫胡盧氏俄授岐州刺史孝閔帝踐阼進爵宋熙郡公保定元年位大將軍改封隴東郡公除隴州刺史從隨公楊忠東伐至并州而還天和六年進授柱國大將軍轉華州刺史纂性質樸又不識文字前後莅職但推誠信而已吏人以其忠恕頗亦懷之尋卒於州子睿位至上柱國漁陽郡公

段永字永賓其先遼西石城人晉幽州刺史疋磾之後也曾祖愢仕魏黃龍鎮將因家高陸之河陽焉永幼有志操閭里稱之魏正光末北鎮擾亂遂攜老幼避地中山後赴洛陽拜平東將軍封沃陽縣伯青州人崔社客舉兵反永討平之進爵爲侯除左光祿大夫時有賊魁元伯生西自崤潼東至鞏洛屠陷城壁所在爲患孝武遣大都督疋婁昭討之昭請以五千人行永進曰此賊既無城栅唯以寇抄爲資取之在速不在衆也若星馳電發出其不虞精騎五百足矣帝然其計於是命永代昭以五百騎倍道兼行遂破平之及帝西遷永時

不及從大統初乃結宗人潛謀歸款密與都督趙業等襲斬西中郎將慕容顯和傳首京師以功別封昌平縣子徐州刺史從禽竇泰復弘農破沙苑並有戰功進爵爲公河橋之役永力戰先登授南汾州刺史累遷驃騎大將軍開府儀同三司賜姓爾綿氏廢帝元年授恒州刺史於時朝貴多其部人謁永之日冠蓋盈路當時榮之孝閔帝踐阼進爵廣城郡公歷文瓜二州刺史戸部中大夫保定四年拜大將軍永歷任内外所在頗有聲稱輕財好士朝野以此重焉天和四年授小司寇尋爲右二軍總管率兵北道講武遇疾卒於賀葛城喪還武帝親臨贈使持節柱國大將軍同華等五州刺史謚曰基子岌嗣位至儀同三司兵部下大夫

令狐整字延保敦煌人也本名延世爲西土冠冕曾祖嗣祖紹安官至郡守咸爲良二千石父蚪早以德行著聞仕歷瓜州司馬敦煌郡守郢州刺史封長城縣子魏大統末卒於家文帝甚痛悼之遣使者監護喪事又敕鄉人爲營墳壟贈龍驤將軍瓜州刺史整幼聰敏沈深有識量學藝騎射並爲河右所推刺史魏東陽王元榮辟整爲主薄加盪寇將軍整進趣詳雅對揚辯暢謁見之際州府傾目榮器整德望嘗謂僚屬曰令狐延保西州令望方成重器豈州郡之職所可縶維但一日千里必基武步寡人當委以庶務畫諾而已頃之孝武西遷河右擾亂榮仗整防扞州境獲甯及鄧彦竊據瓜州拒不受代整與開府張穆等密應使者申徽執彦送京師文帝嘉其忠節表爲都督尋而城人張保又殺刺史成慶與涼州刺史宇文仲和構逆規據河西晉昌人呂興等復害郡守郭肆以郡應保初保等將圖爲亂慮整守義不從既殺成慶因欲及整然以整爲人之望復恐其下叛之遂不敢害雖外加禮敬内甚忌整整亦僞若親附而密欲圖之陰令所親說保曰君與仲和結爲脣齒今東軍漸逼涼州彼勢孤危恐不能敵若或摧衂則禍及此土宜分遣鋭師星言救援二州合勢則東軍可圖然後保境息民計之上者保然之而未知所任整又令人說保曰歷觀成敗在於任使所擇不善旋致傾危令狐延保兼資文武才堪統御若使爲將蔑不濟矣保納其計且以整父兄等並在城中弗之疑也遂令整行整至玉門郡召集豪傑說保罪逆馳還襲之先定晉昌斬呂興進軍擊保州人素服整威名並棄保來附保遂奔吐谷渾衆議推整爲刺史整曰本以張保肆逆殺害無辜闔州之人俱陷不義今者同心務在除凶若共相推薦復恐效尤致禍於是乃推波斯使主張道義行州事具以狀聞詔以申徽爲刺史徵整赴闕授壽昌郡守封襄武縣男文帝謂整曰卿早建殊勳今官位未足酬賞方當與卿共平天下同取富貴遂立爲瓜州義首整以國難未甯常願舉宗効力遂率鄉親二千餘人入朝隨軍征討整善於撫馭躬同豐約是以士衆並忘羇旅盡其力用文帝嘗從容謂整曰卿遠祖立忠而來可謂積善餘慶世濟其美者也整遠祖漢建威將軍邁不爲王莽屈其子稱避地河右故文帝稱之云累遷驃騎大將軍開府儀同三司加侍中文帝又謂整曰卿勳同婁項義等骨肉立身敦雅可以範人遂賜姓宇文氏并賜名整焉宗人二百餘戸並列屬籍孝閔帝踐阼拜司憲中大夫處法平允爲當時所稱進爵彭城縣公初梁興州刺史席固以州來附文帝以固爲豐州刺史固莅職既久猶習梁法凡所施爲多虧政典朝議密欲代之而難其選令整權鎮豐州委以代固之畧整廣布威恩傾身撫接數月之間化洽州府於是除整豐州刺史以固爲湖州豐州舊不居民中賦役參集勞逸不均整請移居武當詔可其奏獎勵撫導遷者如歸旬月之間城府周備固之遷也其部曲多願留爲整左右整諭以朝制弗之許焉莫不流涕而去及整秩滿代至吏民戀之老幼送整遠近畢集數日停留方得出界其得人心如此拜御正中大夫出爲中華郡守轉同州司會遷始州刺史整雅識情僞尤明政術恭謹廉慎常懼盈滿故歷居内外所在見稱進位大將軍晉公護之初執政也欲委整以腹心整辭不敢當頗忤其意護以此疎之及護誅附會者咸伏法而整獨保全時人稱其先覺卒贈本官加四州諸軍事鄜州刺史謚曰襄子熙嗣熙列在隋史整弟休幼聰敏有文武才用與整同起兵逐張保授帥都督後爲中外府樂曹參軍時諸功臣多爲本州刺史晉公護謂整曰以公勳望應得本州但朝廷藉公委任無容遠出然公一門之内須有衣錦之榮乃以休爲敦煌郡守在郡十餘年甚有政績卒於台州刺史

唐永北海平壽人漢尚書令林之後也本居晉昌之憤安縣晉亂徙於丹陽祖揣始還魏官至北海太守因家焉父倫青州刺史永身長八尺少耿介有將帥才讀班超傳慨然有萬里之志正光中爲北地太守常郡別將俄而賊將宿勤明達車金雀等寇郡境永擊破之境内稍安永善馭下士人競爲之用臨陣常著帛裙襦把角如意以指麾處分辭色自若在北地四年與賊數十戰未嘗敗北時人語曰莫陸梁恐爾逢唐將永所營處至

今猶稱唐公壘也行臺蕭寶夤表永爲南幽州刺史夷人送故者莫不垂淚當路遮留追隨數日始得出境大統元年拜東雍州刺史尋加衞將軍封平壽伯卒贈司空公永性清廉家無蓄積妻子不免饑寒世以此稱之子陵少習武藝頗閑吏職位大都督應州刺史車騎大將軍儀同三司陵子悟美風儀博涉經史文詠可觀大象中頗被宣帝任遇位至內史下大夫漢陽公隋文帝得政廢於家而卒陵弟瑾字附璘性溫恭有器量博涉經史雅好屬文身長八尺二寸容貌甚偉年十七文帝聞其名乃貽永書曰聞公有二子曰陵曰瑾陵縱橫多武畧瑾雍容富文雅可並遣入朝孤欲委以文武之任因召拜尚書員外郎相府記室參軍事軍書羽檄瑾多掌之從破沙苑戰河橋並有功封姑臧縣子累遷尚書右丞吏部郎中於時魏室播遷庶務草創朝章國典瑾並參之數從征戰有功累遷戶部尚書進位驃騎大將軍開府儀同三司賜姓宇文氏時燕公于謹勳高望重朝野所屬白文帝曰謹荐藉時乘遂叨榮顯子弟垂纓曳組數十人其所交游未有德義可稱尚書唐瑾學行兼修願與之同姓結爲兄弟庶子孫承其餘論有益義方文帝歎異者久之更賜瑾姓万紐于氏謹乃深相結納敦長幼之序瑾亦庭羅子孫行弟姪之敬其爲朝望所宗如此進爵臨淄縣伯轉吏部尚書銓綜衡流雅有人倫之鑒以父憂去職尋起令視事時六尚書皆一時之秀文帝自謂得人號爲六俊然瑾尤見器重于謹南伐江陵以瑾爲元帥府長史軍中謀畧多出瑾焉江陵既平衣冠仕伍並沒爲僕隸瑾察其才行有片善者輒議免之賴瑾獲濟者甚衆時論多焉及軍還諸將多因虜掠大獲財物瑾一無所取唯得書兩車載之以歸或白文帝曰唐瑾大有輜重悉是梁朝珍玩文帝初不信之然欲明其虛實密遣使檢閱之唯見墳籍而已文帝乃歎曰孤知此人來二十許年了謂其不以利干義向若不令檢視恐常人有投杼之疑孤所以益明之耳凡受人委任當如此也論平江陵功進爵爲公六官建授禮部中大夫出爲蔡州刺史歷拓州硤州皆有德化吏民稱之轉荆州總管府長史入爲吏部中大夫歷御史納言內史中大夫曾未十旬遂遷四職搢紳咸以爲榮久之除司宗中大夫兼內史尋卒贈小宗伯謚曰方瑾性方重有風格退朝休假恒正衣冠以對妻子遇迅雷烈風雖暮夜晏寢必起冠帶端笏危坐又好施與家無餘財所得祿賜常散之宗族其尤貧者又割膏腴田宅以振之所留遺子孫者並墝埆之地朝野以此稱之撰新儀十篇所著賦頌碑誄二十餘萬言孫大智嗣瑾次子令則性好篇章兼解音律文多輕豔爲時人所傳天和初以齊馭下大夫使於陳大象中官至樂部下大夫仕隋位太子左庶子皇太子勇廢被誅

柳敏字白澤河東解人晉太常純之七世孫也父懿魏車騎大將軍儀同三司汾州刺史敏九歲而孤事母以孝聞性好學涉獵經史陰陽卜筮之術靡不習焉年未弱冠起家員外散騎常侍累遷河東郡丞朝議以敏之本邑故有此授敏雖統御鄉里而處物平允甚得時譽及文帝克復河東見而器異之乃謂之曰今日不喜得河東喜得卿也卽拜丞相府參軍事俄轉戶曹參軍兼記室每有四方賓客常令接之爰及吉凶禮儀亦令監綜又與蘇綽等修撰新制爲朝廷政典遷禮部郎中封武城縣子加帥都督領本鄉兵俄進大都督遭母憂居喪旬日之間鬢髮半白尋起爲吏部郎中毀瘠過禮杖而後起文帝見而異之特加賔賜及尉遲迥伐蜀以敏爲行軍司馬軍中籌畧並以委之益州平進驃騎大將軍開府儀同三司加侍中遷尚書賜姓宇文氏六官建拜禮部中大夫孝閔帝踐阼進爵爲公又除河東郡守尋復徵拜禮部出爲郢州刺史甚得物情及將還朝夷夏士民感其惠政並齎酒餚及物產候之於路敏乃從他道而還復拜禮部後改禮部爲司宗仍以敏爲之敏操履方正性又恭勤每日將朝必夙興待旦又久處臺閣明練故事近儀或乖先典者皆案據舊章刊正取中遷小宗伯監脩國史轉小司馬又監脩律令進位大將軍出爲鄜州刺史以疾不之部武帝平齊進爵武德郡公敏自建德以後寢疾積年武帝及宣帝並幸其第問疾焉隋開皇元年進位上大將軍太子太保其年卒贈五州諸軍事晉州刺史臨終戒其子等喪事須務從儉約其子等並涕泣奉行少子昂知名列在隋史

王士良字君明其先太原晉陽人也後因晉亂避地涼州魏太祖平沮渠氏曾祖景仁歸魏爲敦煌鎭將祖公禮平城鎭司馬因家於代父延蘭陵郡守士良少脩謹不妄交游孝莊末爾朱仲遠啟爲府參軍事歷大行臺郎中諫議大夫封石門縣男後與紇豆陵步藩交戰軍敗爲藩所禽遂居河右偽行臺紇豆陵伊利欽其才擢授右丞妻以孫女士良旣爲姻好便得盡言遂曉以禍福伊利等卽歸附朝廷嘉之太昌初進爵晉陽縣子尋進爵琅邪縣侯授太中大夫右將軍出爲殷州車騎府司馬東魏徙鄴之後置京畿府事典兵馬時齊文襄爲

大都督以士良爲司馬領外兵參軍尋遷長史加安西將軍從封符壘縣侯武定初除行臺右中兵郎中又轉大將軍府屬從事中郎仍攝外兵事王思政鎭潁川齊文襄率衆攻之授士良大行臺左丞加鎭西將軍進爵爲公令輔其弟演於并州居守齊文宣卽位入爲給事黃門侍郎領中書舍人仍總知并州兵馬事加征西將軍別封新豐縣子俄除驃騎將軍尚書吏部郎中文宣自晉陽赴鄴宮復以士良爲尚書左丞統留後事仍遷御史中丞轉七兵尚書未幾入爲侍中轉殿中尚書頃之復爲侍中吏部尚書士良少孤事繼母梁氏以孝聞及卒居喪合禮文宣起令視事士良屢表陳誠再三不許方應命文宣見其毀瘠乃許之因此臥疾歷年文宣每自臨視疾愈除滄州刺史乾明初徵還鄴授儀同三司孝昭卽位遣三道使搜揚人物士良與尚書令趙郡王高叡太常卿崔昂分行郡國但有一介之善者無不以聞齊武成初除太子少傅少師復除侍中轉太常卿尋加開府儀同三司出爲豫州道行臺豫州刺史保定四年晉公護東伐權景宣以山南兵圍豫州士良舉城降授大將軍小司徒賜爵廣昌郡公尋除荆州總管荆州刺史復入爲小司徒俄除鄜州刺史轉金州刺史士良去鄉旣久忽臨本州耆老故人猶有存者遠近咸以爲榮加授上大將軍以老病乞骸骨優詔許之開皇元年卒時年八十二子德衡大象末儀同大將軍

郭賢字道因趙興陽州人也性彊記學涉經史以征討有功授都督大統初齊神武襲陷夏州文帝慮其南下與朝臣議之賢進曰高歡兵雖衆智勇已竭儻其舉措必不敢遠來昔賀拔公初薨關中振駭而歡不能因利乘便進取雍州是無智也及鑾駕西遷六軍寡弱毛鴻賓喪敗關門不守又不能乘此危機以要一戰是無勇也今上下同心士民戮力歡志沮喪寧敢送死且幽夏荒阻千里無煙縱欲南侵資糧莫繼以此而言不來必矣齊神武後果退如賢所策孝閔踐阼進位驃騎大將軍明帝初除迎師中大夫天和元年卒於陝州刺史

楊寬字景仁弘農華陰人也曾祖暉魏洛州刺史贈弘農公謚曰簡祖恩河間太守父鈞位七兵尚書北道大行臺恒州刺史懷朔鎭將贈侍中司空公臨貞縣伯謚曰恭寬少有大志每與諸兒童遊處必擇高大之物坐之見者咸異焉及長頗解屬文尤尚武藝弱冠除奉朝請父鈞出鎭恒州請隨從展効乃授高闕戍主旣而蠕蠕亂其上阿那瓌奔魏魏帝詔鈞衞送寬亦從行時北邊賊起攻圍鎭城鈞卒城人等推寬守禦尋而城陷寬乃北走蠕蠕後討六鎭賊破寬始得還朝廣陽王深與寬素相昵深犯法得罪寬被逮捕孝莊時爲侍中與寬有舊藏之於宅遇赦得免除宗正丞北海王顥少相器重時爲大行臺北征葛榮欲啟寬爲左丞寬辭以孝莊厚恩未報義不見利而動顥未之許顥妹壻李神軌謂顥曰四夫猶不可奪志況義士乎乃止孝莊踐阼累遷洛陽令以都督從太宰上黨王元天穆討平邢杲師未還屬元顥入洛莊帝出居河內天穆懼集諸將謀之寬勸天穆徑取成皐會兵伊洛天穆然之乃趣成皐令寬與爾朱兆爲後拒尋以衆議不同乃回赴石濟寬夜行失道遂後期諸將咸言寬少與北海周旋今不來矣天穆答曰楊寬非輕去就者也吾當爲諸君明之言訖候騎白寬至天穆撫髀而笑曰吾固知其遠來遽出帳迎握其手曰是所望也與天穆俱謁孝莊於太行仍爲都督從平河內進圍北中時梁陳慶之爲顥勒兵守北門天穆駐馬圍外遣寬至城下說慶之不答久之乃曰賢兄撫軍在此頗欲相見不寬答僕兄旣力屈凶威迹淪逆黨人臣之理何煩相見天穆聞之自此彌加敬重孝莊反正除太府華州大中正封澄城縣伯爾朱榮被誅其從弟世隆等出據河橋還逼京師進寬使持節大都督隨機捍禦世隆謂寬曰豈忘太宰相知之深也寬答曰太宰見愛以禮人臣之交耳今日之事事君之節及爾朱兆陷洛陽囚執孝莊帝寬還洛不可遂自成皐奔梁至建業聞莊帝弑崩寬發喪盡禮梁武義之尋以禮送還孝武初除給事黃門侍郎孝武與齊神武有隙遂召募驍勇廣增宿衞以寬爲閤內大都督專總禁旅從孝武入關兼吏部尚書錄從駕勳進爵華山郡公大統初遷太子太傅五年除驃騎大將軍開府儀同三司都督雍州刺史卽本州也魏廢帝初爲尚書左僕射將作大監坐事免明帝初拜大將軍從賀蘭祥討吐谷渾破之別封宜陽縣公除小冢宰轉御正大夫武成二年詔寬與麟趾殿學士參定經籍寬性通敏有器幹頻牧數州號稱清簡歷居臺閣有當官之譽然與柳機不協案成其罪時論頗以此譏之保定元年除總管梁興等十九州諸軍事梁州刺史薨於州贈華陜虞上潞五州刺史謚曰元子文恩入隋列在隋史

通志卷一百五十八終

宋右廸功郎鄭樵漁仲撰

列傳第七十二

後周

豆盧寧　楊紹　王雅　韓雄　賀若敦　申徽
陸通父政弟逞　庫狄峙　楊荐　王慶　趙剛　趙
昶　王悅　趙文表　元定　楊摽　韓褒　趙
肅　張軌　李彥　郭彥　梁昕　皇甫璠　辛
慶之族子昂　王子直　杜杲　呂思禮　徐招　檀
翥　孟信　宗懍　劉璠子祥　柳遐子靖　斛斯徵

豆盧寧字永安昌黎徒何人其先本姓慕容氏燕北地王精之後也高祖勝以燕皇始初歸魏授長樂郡守賜姓豆盧氏或云北人謂歸義爲豆盧因氏焉又云避難改爲未詳孰是父萇魏柔元鎭將有威重見稱於時武成中以寧勳追贈柱國大將軍少保涪郡公寧少驍果有志氣身長八尺美姿容善騎射魏永安中以別將隨爾朱天光入關以破万俟醜奴功賜爵靈壽縣男眷與梁企定遇於平涼川相與肆射乃相去百步縣莎草以射之七發五中企定服其能贈遺甚厚天光敗從侯莫陳悅及文帝討悅寧與李弼來歸孝武西遷以奉迎勳封河陽縣伯後進爵爲公從禽竇泰復弘農破沙苑除衞大將軍兼大都督大統七年從于謹破稽胡帥劉平伏於上郡及梁企定反以寧爲軍司監隴右諸軍事賊平進位侍中使持節驃騎大將軍開府儀同三司九年從文帝迎高仲密與東魏戰於芒山還左衞將軍進爵范陽郡公十六年拜大將軍羌帥傍乞鐵怱及鄭五醜等反叛寧討平之恭帝二年改封武陽郡公遷尚書右僕射孝閔帝踐阼授柱國大將軍武成初出爲同州刺史還大司寇進封楚國公邑萬戶別食鹽亭縣一千戶收其租賦保定四年授岐州刺史屬大兵東討寧輿疾從軍薨於同州贈太保十州諸軍事同州刺史諡曰昭初寧未有子養弟永恩子勣及生子讃親屬皆請讃爲嗣寧曰兄弟之子猶子也吾何擇焉遂以勣嗣時以此多之及寧薨勣襲爵勣列在隋史讃以寧勳建德初賜爵華陰縣侯累遷開府儀同大將軍進爵武陽郡公永恩少有識度與寧俱歸文帝以迎孝武功封新興伯屢從征討皆有功進位驃騎大將軍開府儀同三司孝閔帝踐阼授鄯州刺史改封沃野縣公保定元年入爲司會中大夫寧封楚國公請以先封武陽郡三千戶益沃野之封詔許焉卒于官贈少保諡曰敬子通嗣通字平東一名會弘厚有器局以父功賜爵臨貞縣侯改封沃野縣公位開府北徐州刺史隋開皇初進爵南陳郡公尚隋文帝妹昌樂縣長公主歷定相二州刺史夏洪二州總管並以寬惠稱卒官諡曰安子寬嗣

楊紹字子安弘農華陰人也祖興魏新平郡守父國中散大夫紹少慷慨有志略屢從征伐力戰有功魏普泰初封平鄉縣男大統元年進爵冠軍縣公四年爲鄜城郡守紹性恕直兼有威惠百姓安之累遷驃騎大將軍開府儀同三司鄜州刺史賜姓叱呂引氏孝閔帝踐阼進爵儻城郡公位大將軍卒贈成文等八州刺史諡曰信子雄嗣雄列在隋史

王雅字度容闡熙新岡人也少沈毅木訥寡言有膽勇善騎射文帝聞其名召入軍以功賜爵居庸縣子從禽竇泰於潼關沙苑之戰雅謂所部曰彼軍殆有百萬今我不滿萬人常理論之實難與敵但相公神武以順討逆豈計衆寡大丈夫不以此時破賊何用生爲乃擐甲出戰所向披靡文帝壯之又從戰芒山時大軍失利諸將皆退雅獨拒之敵人見其無繼步騎競進雅左右奮擊斬九級敵衆稍退雅乃還文帝歎曰王雅舉身悉是膽也進爵爲伯累遷驃騎大將軍開府儀同三司明帝初除汾州刺史勵精爲政人庶悅附自遠至者七百餘家卒於夏州刺史子世積嗣世積列在隋史

韓雄字木蘭河南東垣人也祖景魏孝文世爲赭陽郡守雄少敢勇旅力絕人工騎射有將率材略及孝武西遷雄便慷慨有立功之志大統初遂與其屬六十餘人於洛西舉兵數日間至千人與河南行臺楊琚共爲掎角每抄掠東魏所向剋獲東魏洛州刺史韓賢以狀聞鄴乃遣其軍司慕容紹宗與賢合勢討雄戰數十合雄衆略盡兄及妻子皆爲賢所獲將以爲戮乃遣人告雄至皆免之雄乃詣賢軍即隨賢還洛潛引賢黨謀欲襲之事洩遁免詣文帝於弘農封武陽縣侯遣還鄉里更圖進取雄乃招集義衆從獨孤信入洛陽芒山之役文帝命雄邀齊神武於隘道神武怒命三軍并力取雄雄突圍得免除東徐州刺史東魏雍州刺史郭叔略接境頗爲邊患雄密圖之輕將十騎夜入其境伏於道側遣都督韓仕於略城服東魏人衣服詐若自河陽叛投關西者略出馳之雄自後射之再發咸中遂斬略首除河南尹進爵爲公尋進驃騎大將軍開府儀同三司侍中河南邑中正孝閔帝踐阼進爵新義郡公賜姓宇文氏明帝二年除都督中州刺史雄久在邊具知敵人虛實每率衆深入不避艱難前後經四十五戰雖時有勝負

而雄志氣益壯東魏深憚之卒于鎭贈大將軍五州諸軍事謚曰威子禽虎隋史有傳

賀若敦河南洛陽人也其先居漠北世爲部落大人曾祖貸魏獻文時入國爲都官尚書封安富縣公祖伏連仕魏位雲州刺史父統勇健不好學以祖蔭爲祕書郎永安初從太宰元天穆討邢杲以功封富亭子齊神武初起以統爲潁川長史執刺史田迅以州降拜兗州刺史賜爵當亭縣公歷位北雍恆二州刺史卒贈司空謚曰哀敦少有器幹善騎射統之將執田迅也慮事不果又以累弱旣多難以自拔沈吟者久之敦時年十七乃進策曰大人往事葛榮巳爲將帥後入尒朱禮遇尤重韓陵之後屈節高歡旣非故人又無功效今日委任無異於前者正以天下未定方藉英雄之力一旦淸平豈有相容之理統流涕從之遂定謀歸文帝時羣盜蠭起大騩山賊張世顯潛來襲統敦挺身赴戰手斬七八人賊乃退走統大悅謂左右僚屬曰我少從軍旅戰陣非一如此兒年時膽略者未見其人非惟成我門戶亦當爲國名將明年從河內公獨孤信於洛陽被圍敦彎三石弓箭不虛發信大奇之乃言於文帝遂引置之麾下授都督封安陵縣伯嘗從校獵於甘泉宮時圍人不齊獸多越逸文帝大怒人皆股戰圍內唯有一鹿俄亦突圍而走敦躍馬馳之鹿上東山敦棄馬步逐至山半便乃掣之而下文帝大悅諸將因得免責累遷太子庶子魏廢帝二年拜右衞將軍俄加驃騎大將軍開府儀同三司進爵廣鄉縣公時岷蜀初開人情尚梗巴西人譙淹據南梁州與梁西江州刺史王開業共爲表裏扇動羣蠻文帝令敦率軍討平之山路艱險人迹罕至敦身先將士攀木緣崖倍道兼行乘其不意淹率其衆三萬自墊江而下就梁王琳敦邀擊破之盡俘其衆進爵武都郡公拜典祀中大夫尋爲金州都督蠻帥向白彪向五子王等聚衆爲寇圍逼信州詔敦與開府田弘赴救未至而城巳陷乃進軍追討遂平信州是歲荆州蠻帥文子榮據沮漳爲逆自號仁州刺史復令敦與開府段詔討之禽子榮并虜其衆武成元年入爲軍司馬自江陵平後巴湘之地並內屬每遣梁人守之至是陳將侯瑱侯安都等圍逼湘州遏絕糧援乃令敦率步騎六千度江赴救瑱等以敦孤軍深入規欲取之敦每設方略連戰破之乘勝進次湘州因此輕敵不以爲虞陳師遂斷其糧敦於是分兵抄掠以充資費敦恐瑱等知其糧少乃於營內多爲土聚覆之以米集諸營將士各持囊若欲給糧者因召側近村民陽有所訪問令於營外遙見隨即遣之瑱等聞之良以爲實乃據守要險欲曠日以老敦師敦亦增修營壘造廬舍示以持久歲餘湘羅之間遂廢農業瑱等無如之何初土人亟乘輕船載米粟及籠雞鴨以餉瑱軍敦患之乃僞爲土人裝船伏甲士於中瑱軍人望見謂餉船之至逆來爭取敦甲士遂禽之又敦軍數有叛人乘馬投瑱瑱輒納之敦又別取一馬牽以趣船令船中逆以鞭鞭之如是者再三馬便畏船不上後伏兵於江岸使人乘畏船馬以招瑱軍詐云投附瑱便遣兵迎接競來牽馬馬旣畏船不上伏兵發盡殺之此後實有饋餉及亡奔瑱者猶謂敦之詐並不敢受相持歲餘瑱等不能制求借船送敦度江敦慮其詐或謂曰舍我百里當爲汝去瑱等遂留船於是將兵去津路百里敦覘知非詐勒衆而還在軍病死者十五六晉公護以敦失地無功除其名保定五年累遷中州刺史鎭函谷敦恃功負氣顧其流輩皆爲大將軍敦獨未得兼以湘州之役全軍而反翻被除名每出怨言晉公護怒徵還逼令自殺臨行呼子弼謂曰吾必欲平江南然心不果汝當成吾志吾以舌死汝不可不思因引錐刺弼舌出血誡以愼口建德初追贈大將軍謚曰烈弼隋史有傳

申徽字世儀魏郡人也六世祖鍾爲後趙司徒孝閔末中原喪亂鍾子邃避地江左曾祖爽仕宋位雍州刺史祖隆道宋北兗州刺史父明仁郡功曹早卒徽少與母居盡力孝養及長好送史性審愼不妄交游遭母憂喪畢乃歸於魏元顥入洛以元邃爲東徐州刺史邃引徽爲主簿顥敗邃被檻車送洛陽故吏賓客並委去唯徽送之及邃得逸乃廣集賓友歎徽有古人之風尋除太尉府行參軍孝武初徽以洛陽兵難未巳遂間行入關見文帝文帝與語甚奇之薦之於賀拔岳岳亦雅相敬待引爲賓客文帝臨夏州以徽爲記室參軍兼府主簿文帝察徽沈密有度量每事信委之乃爲大行臺郎中時軍國草創幕府務殷四方書檄皆徽之辭也以迎孝武功封博平縣子本州大中正大統初進爵爲侯四年拜中書舍人修起居注河橋之役大軍不利近侍之官分散者衆徽獨不離左右魏帝稱歎之十年遷給事黃門侍郎先是東陽王元榮爲瓜州刺史其女壻劉彥隨焉及榮死瓜州首望表榮子康爲刺史彥遂殺康而取其位屬四方多難朝廷不遑問罪因授彥刺史頻徵不奉詔又南通吐谷渾將圖叛逆文帝難於動衆欲以權略致之乃以徽爲河西大使密令圖彥徽徑以五十騎

行旣至止於賓館彥見徽單使不以爲疑徽乃遣一人徵勸彥歸朝以揣其意彥不從徽又使賛成其住計彥便從之遂來至館徽先與瓜州豪右密謀執彥遂叱而縛之彥辭無罪徽數之曰君無尺寸之功濫居方岳之重恃遠背誕不恭貢職戮辱使人輕忽詔命計君之咎實不容誅但受詔之日本令相送歸闕所恨不得卽申明罰以謝邊遠耳於是宣詔慰勞吏民及彥所部復云大軍續至城內無敢動者使還遷都官尚書十二年瓜州刺史成慶爲城人張保所殺都督令狐延等起義逐保啟請刺史以徽信洽西土拜假節瓜州刺史徽在州五稔儉約率下邊人樂而安之十六年徵兼尚書右僕射加侍中驃騎大將軍開府儀同三司魏廢帝二年進爵博平公正右僕射賜姓宇文氏徽性勤至凡所居官案牘無大小皆親自省覽以是事無稽滯吏不得爲姦雖歷公卿此志不懈出爲襄州刺史時南方初附舊俗官人皆通餉遺徽性廉愼乃畫楊震像於寢室以自戒及代還民吏送者數十里不絕徽自以無德於民慨然懷愧因賦詩題於清水亭柱長幼聞之皆競來就讀遞相謂曰此是申公手迹並寫誦之明帝以御正任總絲綸更崇其秩爲上大夫員四人號大御正又以徽爲之歷小司空少保出爲荊州刺史入爲小司徒小宗伯天和六年上疏乞骸骨詔許之薨贈四州刺史謚曰章子康嗣位瀘州刺史司織下大夫上開府康弟敦汝南郡守敦弟靜齊郡守靜弟處上開府同昌縣侯卒

陸通字仲明吳郡人也曾祖載從宋武帝平關中軍還留載隨其子義眞鎭長安遂沒赫連氏魏太武平赫連氏載仕魏位中山郡守父政性至孝其母吳人好食魚北土魚少政求之常苦難後宅側忽有泉出而有魚遂得以供膳時人以爲孝感所致因謂其泉爲孝魚泉從爾朱天光討伐及天光敗歸文帝文帝爲行臺以政爲行臺左丞原州長史賜爵中都縣伯天統中卒通少敦敏好學有志節幼從政在河西遂逢寇難與政相失通乃自拔東歸從爾朱榮榮死又從爾朱兆及爾朱氏滅乃入關文帝時在夏州引爲帳內督頃之賀拔岳爲侯莫陳悅所害時有傳岳軍府已亡散者文帝憂之通以爲不然居數日問至果如所策自是愈見親禮遂晝夜陪侍家人罕見其面通雖處機密愈自恭謹文帝以此重之後以迎孝武功封都昌縣伯大統元年進爵爲侯從禽竇泰復弘農戰沙苑之役力戰有功又從解洛陽圍軍還屬趙青雀反於長安文帝將討之以人馬疲弊不可速行又謂青雀等一時陸梁不足爲慮乃云我到長安但輕騎臨之必當面縛通進曰青雀等旣以大軍不利謂朝廷傾危同惡相求遂成反亂然其逆謀久定必無遷善之心且其詐言大軍敗績東寇將到若以輕騎往百姓謂爲信然更沮兆庶之望大兵雖疲弊精銳猶多以明公之威率思歸之衆以順討逆何慮不平文帝深納之因從平青雀錄前後功進爵爲公徐州刺史以寇難未平留不之部與于謹討劉平伏加大都督從文帝援玉壁進儀同三司九年高仲密以地來附通從若干惠戰於芒山衆軍皆退唯惠與通率所部力戰至夜中乃引還敵亦不敢逼進授驃騎大將軍開府儀同三司太僕卿賜姓步六孤氏進爵綏德郡公孝閔踐阼拜小司空保定五年累遷大司寇通性柔謹雖久處列位常清愼自守所得祿賜盡與親故共之家無餘財常曰凡人患貧而不貴不患貴而不貧也建德元年轉大司馬其年薨通弟逞逞字季明初名彥字世雄魏文帝嘗從容謂之曰爾旣溫裕何因乃字世雄且爲世之雄非所宜也於爾兄弟又復不類遂改焉逞少謹密早有名譽兄通先以軍功別受茅土乃讓父爵中都縣伯令逞襲之起家羽林監文帝內親信時輩皆以驍勇自達唯逞獨兼文雅文帝由此加禮遇焉大統十四年參大丞相府軍事尋兼記室保定初累遷吏部中大夫歷蕃部御伯中大夫進驃騎大將軍開府儀同三司遷司宗中大夫轉軍司馬逞幹識詳明歷任三府所在著績朝廷嘉之進爵爲公天和三年齊遣侍中斛斯文略中書侍郎劉逖來聘初修隣好盛選行人詔逞爲使主尹公正爲副以報之逞美容止善辭令敏而有禮齊人稱焉還屆近畿詔令路車儀服郊迎而入時人榮之四年除京兆尹郡界有豕生數子經旬而死其家又有豮遂乳養之諸豚賴之以活時論以逞仁政所致俄遷司會中大夫出爲河州刺史晉公護雅重其才表爲中外府司馬頗委任之尋復爲司會兼納言遷小司馬及護誅坐免官頃之起爲納言又以疾不堪劇任及除宜州刺史帝深嘉焉詔遂其所請以彰雅操逞在州有惠政吏民稱之東宮初建授太子太保卒贈大將軍子操嗣

庫狄峙其先遼東人本姓段匹磾之後也因避難改焉後徙居代世爲豪右祖凌武威郡守父貞上洛郡守峙少以弘厚知名善騎射有謀略仕魏位高陽郡守政存仁恕百姓頗悅之孝武西遷峙乃棄官從入關大統元年拜中書舍人參掌機密以恭謹見稱遷黃門侍郎時

與東魏爭衡蠕蠕乘虛屢爲邊患朝議欲結和親乃使崏往崏狀貌魁梧善於辭令蠕蠕主推信重之自是不復爲寇文帝謂崏曰昔魏絳和戎見稱前史以君方之彼有愧色封高邑縣公累遷驃騎大將軍開府儀同三司拜侍中蠕蠕滅後突厥强盛雖與周通好而外連齊氏文帝又令崏銜命喩之突厥感悟即執齊使歸諸京師進爵安豐郡公歷小司空小司寇明帝初爲益州刺史都督三十一州諸軍事崏性寛和尙淸靖爲夷獠所安後爲宜州刺史又爲少師以年老乞骸骨詔許之卒謚曰定子嶷嗣少知名位開府儀同三司職方中大夫蔡州刺史卒官嶷弟徽從平齊以功拜儀同大將軍賜爵樂陵縣公徽弟徽亦以軍功至儀同大將軍保城縣男徽弟欽性弘厚有局度以齊右下大夫從武帝東伐入并州軍敗侍臣殲焉及帝之出唯欽侍從以功授上儀同大將軍還開府歷右宮伯賜爵樂成縣侯仕隋位至戶部尙書

楊荐字承略秦郡寧夷人也父寶昌平郡守荐幼孤尋有名譽性廉謹喜怒不形於色魏永安中隨爾朱天光入關討羣賊封高邑縣男文帝臨夏州補帳內都督及平侯莫陳悅使荐入洛請事孝武授文帝關西大行臺仍除荐直閤將軍時馮翊長公主嫠居孝武意欲歸諸文帝乃令武衛元毗喩旨荐歸白文帝又遣荐入洛陽請之孝武即許焉孝武欲向關中荐贊成其計孝武曰卿歸語行臺迎我文帝又遣荐與長史宇文測出關候接孝武至長安進爵淸水縣子大統元年蠕蠕請和親文帝遣荐與楊寛使并結婚而還進爵爲侯又使荐納幣於蠕蠕魏文帝郁久閭后崩文帝遣僕射趙善使蠕蠕更請婚善至夏州聞蠕蠕貳於東魏欲執使者善懼乃還文帝乃使荐往賜黃金十斤雜綵三百匹荐至蠕蠕責其背約食言并論結婚之意蠕蠕感悟乃遣使隨荐報命焉及侯景來附文帝令荐助鎭遏荐知景翻覆遂求還具陳事實文帝乃遣使密追助景之兵尋而景叛十六年大軍東討文帝恐蠕蠕乘虛寇掠乃遣荐往更論和好以安慰之進使持節驃騎大將軍開府儀同三司加侍中孝閔帝踐阼除御伯大夫進爵姚谷縣公仍使突厥結婚突厥可汗弟地頭可汗阿史那庫頭居東面與齊通和說其兄欲背先約計謀已定將以荐等送齊荐知其意乃正色責之辭氣慷慨涕泗横流可汗慘然良久曰幸無所疑當共平東賊然後發遣我女乃令荐先報命仍請東討以奉使稱旨遷大將軍保定四年又納幣於突厥還行小司馬又行大司徒從陳公純等逆女於突厥進爵南安郡公天和三年遷總管梁州刺史後以疾卒

王慶字興慶太原祁人也父因魏靈州刺史懷德縣公慶少開悟有才略初從文帝征伐復弘農破沙苑並有戰功每獲殊賞大統十年授殿中將軍孝閔帝踐阼晉公護引爲典籤慶樞機明辯漸見親待授大都督武成元年以前後功賜爵始安縣男二年行小賓部保定二年使吐谷渾與其分疆仍論和好吐谷渾主悅服遣所親隨慶貢獻初突厥與周和親許納女爲后旣而齊人知之懼成合從之勢亦遣使求婚財饋甚厚突厥貪其重賂便許之朝議以魏氏昔與蠕蠕結婚遂爲齊人離貳今者復恐改變欲遣使結之遂授慶左武伯副楊荐爲使是歲遂與入并之役慶乃引突厥騎與隋公楊忠至太原而還及齊人許送皇姑及世母朝廷遂與通和突厥聞之復致疑阻於是又遣慶往諭之可汗愧悅結好如初五年復與宇文貴使突厥逆女自此以慶信著北蕃頻歲出使後更使突厥屬其可汗暴殂突厥謂慶曰前後使來値我國喪者皆剺面表哀況今二國和親豈得不行此禮慶抗辭不從曰我中華之禮臨喪哭泣而已欲今剺面必不敢聞命突厥見其守正卒不敢逼武帝聞而嘉之錄慶前後使功遷開府儀同三司兵部中大夫進爵爲公歷冉中二州刺史爲政嚴肅吏不敢犯大象元年授小司徒加上大將軍總管汾石二州五鎭諸軍事汾州刺史又除延州總管進位柱國隋開皇元年進爵平昌郡公卒于鎭贈上柱國謚曰莊子淹嗣

趙剛字僧慶河南洛陽人也祖寧魏高平太守父和永平中陵江將軍南討度淮聞父喪輒還所司將致之於法和曰罔極之恩終天莫報若許安喪禮畢而即罪戮死且無恨言訖號慟悲感傍人主司以聞遂宥之喪畢除寧遠將軍大統初追贈膠州刺史剛少機辯有幹能起家奉朝請累遷金紫光祿大夫領司徒府從事中郎加閤內都督及孝武與齊神武構隙剛密奉旨召東荆州刺史馮景昭未及發而神武已逼洛陽孝武西遷景昭集府僚文武議其去就司馬馮道和請據州待北方處分剛抽刀投地曰公若爲忠臣可斬道和如欲從賊可見殺景昭感悟遂率衆赴關右屬侯景逼穰城東荆州人楊歡等起兵應景以其衆邀景昭於路景昭戰敗剛遂投於蠻後自贖免乃見東魏東荆州刺史李魔憐勸令歸關西魔憐納之使剛至并州密觀事勢神武引剛內宴因令剛齎書申勅荆州剛還報魔憐仍說魔憐

斬楊歡等以州歸西魏憐乃使剛入朝大統初剛於灞上見文帝具陳關東實情文帝嘉之封陽邑縣子論復東荆州功進爵臨汝縣伯初賀拔勝獨孤信以孝武西遷之後並流寓江左至是剛言於魏文帝請追而復之乃以剛爲兼給事黄門侍郎使梁魏與齊移書與其梁州刺史杜懷瑤等即與剛盟歃受移送建康仍遣人隨剛報命是年又詔剛使三荆聽在所便宜從事使還稱旨進爵武成縣侯除大丞相府帳內都督復使魏與重申前命尋而梁人禮送賀拔勝獨孤信等頃之御史中尉董紹進策請圖梁漢以紹爲行臺梁州刺史剛以爲不可而朝議已決遂出軍紹竟無功還免爲庶人除剛潁川郡守高仲密以北豫州來附兼大行臺左丞持節赴潁川節度義軍師還剛別破侯景前驅於南陸復獲其郡守二人時有流言傳剛東叛神武因設反間聲遣迎接剛乃率騎襲其丁嶋拔之文帝知剛無貳乃加賚焉除營州刺史進爵爲公渭州人鄭五醜構逆與叛羌傍乞鐵怱相應令剛往鎮之將發魏文帝引見內寢舉觴屬剛曰昔侯景在東爲卿所困黠羌小醜豈足勞卿謀慮也時五醜已尅定喪鎮所在立柵剛至並攻破之散其黨與五醜於是西奔鐵怱剛又進破鐵怱僞廣寍郡屬宇文貴等西討詔以剛行渭州事資給糧餼加驃騎大將軍開府儀同三司入爲光祿卿六官建拜膳部中大夫孝閔帝踐阼進爵浮陽郡公出爲利州總管沙州氐恃險逆命剛再討復之方州生獠自此始從賦役剛以信州濱江負阻乃表請討之詔剛率利沙等十四州兵往經略焉仍加授渠州刺史剛初至渠帥憚其軍威相次降款剛師出踰年士卒疲弊尋復亡叛後遂以無功而還又與所部儀同尹才失和被徵赴闕遇疾卒於路贈中浙涿三州刺史謚曰成子元卿仲卿仲卿酷暴列在隋酷吏傳中

趙昶字長舒天水南安人也曾祖襄仕魏至中山郡守因家於代焉昶少聰敏有志節弱冠以材力聞魏北中郎將高千鎮陝以昶爲長史中軍都督文帝平弘農擢爲相府典籤大統九年大軍失律於芒山清水氐酋李鼠仁自軍逃還憑險作亂文帝將討之先求可使者遂令昶使焉昶見鼠仁喻以禍福羣凶或從或不從其不從命者復將加刃於昶而昶神色自若志氣彌厲鼠仁感悟遂相率降氐梁道顯叛攻南由文帝復遣昶慰喻之道顯等皆即款附東秦州刺史魏光因從其豪帥三十餘人并部落於華州文帝即以昶爲都督領之先是汾州胡叛再遣昶慰勞之皆知其虛實及大軍往討昶爲先驅遂破之以功封章武縣伯十五年拜安夷郡守帶長虵鎮將氐俗荒獷昶威懷以禮莫不悅服朞歲之後樂從軍者千餘人加授帥都督時屬軍興科發切急氐情難之復相率謀叛昶又潛遣誘說離間其情因其攜貳遂輕往臨之羣氐不知所爲咸來見昶乃收其首逆者二十餘人斬之餘衆遂定朝廷嘉之除大都督行南秦州事時氐帥蓋鬧等反昶復討禽之又與史甯破宕昌羌獠二十餘萬拜武州刺史魏恭帝初加驃騎大將軍開府儀同三司潭水羌叛殺武陵潭水二郡守昶率儀同駱天人等討平之明帝初鳳州人仇周貢魏興等反自號周公破廣化郡攻没諸縣分兵西入圍廣業修城二郡廣業郡守薛爽修城郡守杜杲等請昶爲援昶遣使報杲爲周貢黨樊伏興等所獲興等知昶將至解修城圍據泥功嶺設六伏以待昶昶至遂遇其伏合戰破之廣業之圍亦解昶追之至泥陽川而還與州人段吒及氐酋羌多復反攻没郡縣昶討斬之昶自以被拔擢居將帥之任傾心下士虜獲氐羌撫而使之皆爲昶盡力文帝常曰不煩國家士馬而能威服氐羌者趙昶有之矣至是明帝錄前後功進爵長道郡公賜姓宇文氏賞勞甚厚二年徵拜賓部中大夫行吏部尋以疾卒

王悅字衆喜京兆藍田人也少有器幹爲州里所稱文帝初定關隴悅率募鄉里從軍屢有戰功大統元年除相府刑獄參軍封藍田縣伯四年東魏將侯景攻圍洛陽文帝赴援悅又率鄉里千餘人從軍至洛陽將戰之夕悅罄其行資市牛饗戰士悅所部盡力斬獲居多遷大行臺右丞轉左丞久居管轄頗獲時譽三年侯景據河南來附仍請兵爲援文帝先遣韋法保賀蘭願德等帥衆助之悅言於文帝曰侯景之於高歡始則篤鄉黨之情末乃定君臣之契位居上將職重台司論其分義有同魚水今歡始死景便離貳豈不知君臣之道有違忠義之禮不足蓋其圖既大不卹小嫌然尚能背德於高氏豈肯盡節於朝廷今若益之以勢援之以兵非唯侯景不爲池中之物亦恐朝廷貽笑將來也文帝納之乃遣追法保等而景尋叛後拜京兆郡守散騎常侍遷大行臺尚書從達奚武征梁漢軍出武令悅說其城主楊賢悅乃貽之書賢於是遂降悅又白武云白帝衝要是必爭之地今城守寡弱易可圖也若蜀兵更至攻之實難武然之即令悅率輕騎徑趣白馬悅示其禍福梁將深悟遂以城降時梁武陵王蕭紀果遣其將任珍奇

欲先據白馬行次關城聞其已降乃還及粱州平文帝即以悅行刺史事招攜初附民吏安之魏廢帝二年徵還本任屬改行臺爲中外府尚書員廢悅以儀同領兵還鄉里悅既久居顯職及此之還私懷怏怏猶陵駕鄉里失於宗黨之情其長子康恃悅舊望遂自驕縱所部軍人將有婚禮康乃非理陵辱軍人訴之悅及康並坐除名仍配遠防及于謹伐江陵令悅從軍展効江陵平因留鎮之孝閔帝踐阼依例復官授郢州刺史尋拜使持節驃騎大將軍開府儀同三司大都督司水中大夫進爵藍田縣侯俄遷司憲中大夫賜姓宇文氏又進河北縣公悅性儉約不營生業雖外內榮顯家徒四壁而已明帝手勅勞勉之保定元年卒於位子康嗣官至司邑下大夫

趙文表其先天水西人也後徙居南鄭累世爲二千石父玒性方嚴有度量位御伯中大夫封昌國縣伯贈虞絳二州刺史謚曰貞文表少而修謹志存忠節起家爲文帝親信累遷左金紫光祿大夫保定五年授畿伯下大夫還許公宇文貴府長史尋拜車騎大將軍儀同三司仍從貴使突厥迎皇后進止儀注皆令文表典之文表斟酌而行皆合禮度及皇后將入境突厥託以馬瘦徐行文表慮其爲變遂說突厥使羅莫緣曰后自發彼蕃已淹時序途經沙漠人馬疲勞且東寇每伺間隙吐谷渾亦能爲變今君以可汗愛女結婚上國曾無防慮豈人臣之體乎莫緣然之遂倍道兼行數日至甘州以迎后功別封伯陽縣伯天和三年除粱州總管府長史所管地名極稜者方數百里並夷獠所居恃其險固常懷不軌文表率衆討平之遷蓬州刺史政尚仁恕夷獠懷之加驃騎大將軍開府儀同三司又加大將軍進爵爲公大象中拜吳州總管時開府毛顒爲吳州刺史反隋文帝執政尉遲迥等舉兵遠近騷然人懷異望顒自以秩大且爲國家肺腑憚文表背已謀欲先之乃稱疾不出文表往問之顒遂手刃文表因令其吏民告云文表謀反仍馳啓其狀帝以諸方未定恐顒爲變遂授顒吳州總管以安之後知文表無異志雖不罪顒而聽其子仁海襲爵

元定字願安河南洛陽人也祖比魏婁州刺史父道龍鉅鹿郡守定惇厚少言內沈審而外剛毅從文帝討侯莫陳悅以功拜步兵校尉孝武西遷封高邑縣男定有雄略累從征伐每戰必陷陣然未嘗自言其功文帝深重之諸將亦稱其長者累加驃騎大將軍開府儀同三司進爵爲公魏廢帝二年以宗室進封建城郡王三年行周禮爵隨例降改封長湖郡公明帝初拜岷州刺史威惠兼濟甚得羌豪之情先是生羌據險不賓者至是並出山谷從征賦焉及定代還羌豪等咸戀慕之保定中授左宮伯中大夫久之轉左武伯中大夫進位大將軍天和二年陳湘州刺史華皎舉州歸粱粱主欲因其隙更圖攻取乃遣使請兵詔定從衞公直率衆赴之粱人與華皎皆爲水軍定爲陸軍直總督之俱至夏口而陳郢州堅守不下直令定圍之陳遣其將淳于量徐度吳明徹等水陸來拒皎爲陳人所敗直得脫身歸粱定既孤軍懸隔進退無路陳人乘勝水陸逼之定乃率所部斫竹開路且戰且行欲趣湘州而湘州已陷徐度等知定窮迫遣使僞與定通和重爲盟誓許放還國定疑其詭詐欲力戰死之而定長史長孫隆及諸將等多勸定和定乃許之於是與度等刑牲歃血解仗就船爲度等所執所部衆軍亦被囚虜送詣丹陽居數月憂憤發病卒子樂嗣

楊摽字顯進正平高涼人也祖貴父猛並爲縣令摽少豪俠有志氣魏孝昌中尒朱榮殺害朝士大司馬城陽王元徽逃難投摽摽藏而免之孝莊帝立徽乃出復爲司馬由是摽以義烈聞擢拜伏波將軍給事中元顥入洛孝莊北度太行及尒朱榮奉帝南討至馬渚摽乃具船以濟王師顥平封肥如縣伯加鎮遠將軍步兵校尉行濟北郡事進都督平東將軍太中大夫從孝武入關進爵爲侯加撫軍將軍銀青光祿大夫時東魏遷鄴文帝欲知其所爲乃遣摽間行詣鄴以觀察之使還稱旨授通直散騎常侍車騎將軍稽胡恃險不賓屢行鈔竊以摽兼黃門侍郎往慰撫之摽頗有權略能得邊情誘化酋渠多來款附乃有隨摽入朝者時弘農爲東魏守摽從文帝攻拔之然自河以北猶附東魏摽父猛先爲邵郡白水令摽與豪右相知請微行詣邵郡舉兵以應朝廷文帝許之摽遂行與土豪王覆憐等陰謀舉事密相應會內外俱發遂拔郡禽守程保及縣令四人並斬之衆議推摽行郡事摽以因覆憐成事遂表覆憐爲邵郡守以功授大行臺左丞仍率義徒更爲經略於是遣諜人誘說東魏城堡旬月之間正平河北南汾二絳建州大寧等諸城並有請爲內應者大軍因攻而拔之以摽行正平郡事左丞如故齊神武敗於沙苑其將韓軌潘樂可朱渾元等爲殿摽分兵要截殺傷甚衆東雍州刺史司馬恭懼摽威聲棄城遁走摽遂移據東雍州文帝以摽有謀略堪委邊任乃表行建州事時建州遠在

敵境然檦威恩夙著所經之處多贏糧附之比至建州衆已一萬東魏州刺史車折干洛出兵逆戰檦擊敗之又破其行臺斛律俱於州西大獲甲仗及軍資以給義士由是威名大振東魏遣太保尉景攻陷正平復遣行臺薛修義與斛律俱相會於是敵衆漸盛檦以孤軍無援且腹背受敵謀欲拔還復恐義徒背叛遂僞爲文帝書遣人若從外送來者云已遣軍四道赴援因令人漏泄使所在知之又分土人義首令各領所部四出鈔掠擬供軍費檦分遣訖遂於夜中拔還邵郡朝廷嘉其權以全軍即授建州刺史時東魏以正平爲東雍州遣薛榮祖鎮之乃先遣奇兵急攻汾橋榮祖果盡出城中戰士於汾橋拒守其夜檦從他道濟遂襲尅之進驃騎將軍邵郡人以郡東叛郡守郭武安脫身走免檦又率兵攻而復之轉正平郡守又擊破東魏南絳郡虜其郡守屈僧珍錄前後功封郃陽縣伯芒山之戰檦攻拔栢谷塢因即鎮之及大軍不利檦亦拔還而東魏將侯景率騎追檦檦與儀同韋法保同心抗禦且戰且進景乃引退文帝嘉之復授建州刺史鎮車箱檦久從軍役未及葬父至是表請還葬詔贈其父車騎大將軍儀同三司晉州刺史贈其母夏陽縣君並給儀衞州里榮之及齊神武圍玉壁別令侯景趣齊子嶺檦恐入寇邵郡率騎禦之景遠聞檦至斫木斷路者六十餘里猶驚而不安遂退還河陽其見憚如此十二年進授大都督加晉建二州諸軍事又攻破蓼塢獲東魏將李顯進儀同三司尋加開府復鎮邵郡十六年大軍東討授大行臺尚書率義衆先驅敵境攻其四戍拔之時以齊軍不出乃追檦還改封華陽縣侯又於邵郡置邵州以檦爲刺史率所部兵鎮之保定四年遷少師其年大軍圍洛陽詔檦出軹關然檦自鎮東境二十餘年數與齊人戰每常尅獲以此遂有輕敵之心時洛陽未下而檦深入敵境又不設備齊人奄至大破檦軍檦以衆敗遂降於齊檦之立勳也有慷慨壯烈之志及軍敗遂就虜以求苟免時論以此鄙之朝廷猶錄其功不以爲罪令其子襲爵

韓褒字弘業潁川潁陽人也祖瓌魏平涼郡守安定郡公父演恒州刺史褒少有志尚好學而不守章句其師怪問之對曰文字之間常奉訓誘至商較異同請從所好師因此奇之及長涉獵經史深沈有遠略屬魏室喪亂避地夏州時文帝爲刺史素聞其名待以客禮及賀拔岳爲侯莫陳悅所害諸將遣使迎文帝文帝問以去留之計褒曰此天授也何可疑乎文帝納焉及爲丞相引爲錄事參軍賜姓侯呂陵氏大統初遷行臺左丞賜爵三水縣伯丞相府從事中郎出鎮淅酈居二年徵拜丞相府司馬進爵爲侯出爲北雍州刺史州帶北山多有盜賊褒密訪之並豪右所爲也而陽不之知厚加禮遇謂曰刺史起自書生安知督盜所賴卿等共分其憂耳乃悉召桀黠少年素爲鄉里患者置爲主帥分其地界有盜發而不獲者以故縱論於是諸被署者莫不惶懼皆首伏曰前盜發者並某等爲之所有徒侶皆列其姓名或亡命隱匿者亦悉言其所在褒乃取盜名簿藏之因大牓州門曰自知行盜者可急來首即除其罪盡今月不首者顯戮其身籍沒妻子以賞前首者旬月之間諸盜咸悉首盡褒取名簿勘之一無差異並原其罪許以自新由是羣盜并息入爲給事黃門侍郎遷侍中除都督西涼州刺史羌胡之俗輕貧弱尚豪富豪富之家侵漁百姓同於僕隷故貧者日削豪者益富褒乃悉募貧人以充兵士優復其家蠲免徭賦又調富人財物以振給之每西域商貨至又先盡令貧者市之於是貧富漸均戶口殷實魏廢帝元年爲會州刺史後以驃騎大將軍開府儀同三司進爵爲公累遷汾州刺史先是齊寇數入人廢耕桑前後刺史莫能防扞褒至適會寇來乃不下屬縣人既不備以故多被抄掠齊人喜於不覺以爲州先未集兵今還必不能追躡由是益懈不爲營壘褒已先勒精銳伏北山中分據險阻邀其歸路乘其衆怠縱伏擊之盡獲其衆故事獲生口者並送京師褒因是奏曰所獲賊衆不足爲多俘而辱之但益其忿耳請一切放還以德報怨有詔許焉自此抄兵頗息遷河州總管仍轉鳳州刺史尋以年老請致仕詔許之天和五年拜少保歷事三帝以忠厚見知武帝深相敬重常以師道處之每入朝見必有詔令坐然後始論政事卒贈涇岐燕三州刺史諡曰貞子繼伯嗣仕隋位終衞尉少卿

趙肅字慶雍河南洛陽人也世仕河西及沮渠氏滅曾祖武始歸於魏賜爵舍城侯祖興中書博士父申侯舉秀才爲後軍府主簿肅早有操行知名於時孝昌中起家殿中侍御史累遷左將軍太中大夫東魏天平初除新安郡守秩滿還洛陽大統三年獨孤信東討肅率宗人爲鄉導授司州治中轉別駕監督糧儲軍用不匱文帝聞之謂人曰趙肅可謂洛陽主人也九年行華山郡事十三年除廷尉少卿明年元日當行朝禮非有封爵者不得預焉肅時未有茅土不入左僕射長孫儉啓文帝請之文帝乃召肅謂曰歲初行禮豈得使卿不預然

何爲不早言也於是令肅自選封名肅曰河清乃太平之應竊所願也於是封清河縣子邑三百戶十六年除廷尉卿解征東將軍肅久在理官執心平允凡所處斷咸得其情廉慎自居不營產業時人以此稱之十七年進位車騎大將軍儀同三司散騎常侍賜姓乙弗氏先是文帝命肅撰定法律肅積思累年遂感心疾去職卒於家子軌仕隋歷官有清名列在良吏傳

張軌字元軌濟北臨邑人也父崇高平令軌少好學志識開朗初在洛陽家貧與樂安孫樹仁爲莫逆之友每易衣而出以此見稱軌常謂所親曰秦雍之間必有王者爾朱氏敗後遂杖策入關賀拔岳以軌爲記室參軍典機密尋轉倉曹時穀價踊貴或有請貸官倉者軌曰以私害公非吾宿志濟人之難詎得相違乃賣所服衣物糴粟以振其乏及岳被害文帝以軌爲都督從征侯莫陳悅悅平使於洛陽見領軍斛斯椿椿曰高歡逆謀已傳行路人情西望以日爲年未知宇文何如賀拔也軌曰宇文公文足經國武足定亂至於高識遠度非愚管所測椿曰誠如卿言眞可恃也文帝爲行臺授軌郎中孝武西遷除中書舍人封壽張縣子兼著作佐郎修起居注遷給事黃門侍郎兼吏部郎中出爲河北郡守在郡三年聲績甚著臨民政術有循吏之美大統間言宰民者多推尚之入爲丞相府從事中郎行武功郡事章武公導出鎭秦州以軌爲長史魏廢帝元年進車騎大將軍儀同三司散騎常侍二年賜姓宇文氏行南秦州事魏恭帝二年徵拜度支尙書復除隴右府長史卒官謚曰質軌性清素臨終之日家無餘財唯有書數百卷子肅明帝初爲宣納上士轉中外府記室參軍中山公訓侍讀早有才名性頗輕猾時人比之魏諷卒以罪考竟終

李彥字彥士梁郡下邑人也祖先之魏淮南郡守父靜南靑州刺史彥少有節操好學慕古孝昌中解褐奉朝請孝武入關兼著作佐郎修起居注大統初除通直散騎侍郎累遷左戶郎中十二年省三十六曹爲十二部改授戶部郎中封平陽縣子魏廢帝初拜尙書右丞轉左丞彥在尙書十有五載屬軍國草創庶務殷繁留心省閱未嘗懈怠斷決如流略無疑滯臺閣莫不歎其公勤服其明察遷給事黃門侍郎仍左丞賜姓宇文氏出爲鄜州刺史彥以東夏未平固辭州任詔許之拜兵部尙書加驃騎大將軍開府儀同三司仍兼著作六官建改授軍司馬進爵爲伯彥性謹恭有禮節雖居顯要於親黨之間恂恂如也輕財重義好施愛士時論以此稱之然素多疾而勤於莅職雖沈頓枕席猶理務不輟遂至於卒謚曰敬彥臨終遺誡其子等曰昔人以窾木爲櫝葛虆爲緘下不亂泉上不泄臭實吾平生之志也但事旣矯枉恐爲學士所譏今可斂以時服葬於磽塉之地勿用明器芻塗及儀衛等爾其念哉朝廷嘉焉不奪其志子昇明嗣少歷顯職大象末太府中大夫儀同大將軍仕隋終於齊州刺史子仁政長安縣長唐軍至以罪誅

郭彥太原陽曲人也其先從宦關右遂居馮翊父允靈武令彥少知名文帝臨雍州辟爲西曹書佐累遷虞部郎中大統十二年初選當州首望統領鄉兵除帥都督以居郎官著稱封龍門縣子進大都督恭帝元年除兵部尙書仍以本兵從柱國于謹南伐江陵進驃騎大將軍開府儀同三司進爵爲伯六官建拜戶部中大夫孝閔帝踐阼出爲澧州刺史蠻夷生梗不營農業彥勸以耕稼人皆務本亡命之徒咸從賦役先是澧州糧儲乏少每令荊州遞送自彥莅職倉庾充實無復轉輸之勞齊南安城主馮顯密遣使歸降其衆未之知也柱國宇文貴令彥率兵應接時齊人先令顯率所部送糧南下彥懼其衆不從命乃於路邀之顯因得自拔其衆果拒戰彥縱兵奮擊並虜獲之以南安無備卽引軍掩襲遂有其城晉公護嘉之進爵懷德縣公入爲工部中大夫保定四年晉公護東討彥從尉遲迥攻洛陽迥復令彥與權景宣出汝南及軍次豫州使彥鎭之天和中爲隴右總管府長史卒於官贈小司空宜鄜丹三州刺史

梁昕字元明安定烏氏人也世爲關中著姓其先因官徙居京兆之盩厔祖重耳漳縣令父勸儒中散大夫贈涇州刺史昕少溫恭見稱州里從爾朱天光征討拜右將軍太中大夫文帝迎魏孝武軍次雍州昕以三輔望族上謁文帝見昕容貌瓌偉深賞異之卽授右府長流參軍累遷丞相府主簿大統十二年除河南郡守遷東雍州刺史昕撫以仁惠蠻夷悅之封安定縣子孝閔帝踐阼進位驃騎大將軍開府儀同三司明帝初進爵胡城縣伯天和初拜工部中大夫出爲陝州總管府長史昕性溫裕有幹能歷官內外咸著聲稱尋卒官贈大將軍謚曰貞昕弟榮位計部下大夫開府儀同三司朝鄃縣伯贈涇寧幽三州刺史謚曰靜子巘仕隋爲給事郎唐貞觀中終於鄭州刺史

皇甫璠字景瑜安定三水人也世爲西州著姓後從居京兆父和本州中從事大統末追贈散騎常侍儀同三

司涇州刺史璠少忠謹有幹略永安中辟爲都督文帝爲牧補主簿以勤事被知大統四年引爲丞相府行參軍孝閔帝踐阼爲守廟下大夫長樂縣子保定中爲鴻州刺史入爲小納言累遷蕃部中大夫進驃騎大將軍開府儀同三司璠性平和小心奉法安貞守志恆以淸白自處當時稱爲善人建德三年爲隨州刺史政存簡惠百姓安之卒官贈交渭二州刺史謚曰恭子諒少知名大象中位吏部下大夫諒弟謐列在隋史

辛慶之字餘慶隴西狄道人也世爲隴右著姓父顯宗馮翊郡守贈雍州刺史慶之少以文學徵詣洛陽對策第一除祕書郎屬爾朱氏作亂魏孝莊帝令司空楊津爲北道行臺節度山東諸軍以討之津啓慶之爲行臺左丞與參謀議至鄴聞孝莊帝崩遂出兗冀間謀結義徒以赴國難尋而節閔帝立乃還洛陽及賀拔岳爲行臺復啓慶之爲行臺吏部郎大統初從文帝東討爲行臺左丞六年行河東郡事九年入爲丞相府右長史兼給事黃門侍郎除度支尚書復行河東郡事遷南荊州刺史加儀同三司慶之位遇雖隆而率性儉素車馬衣服亦不尚華侈志量淹和有儒者風度特爲當時所重又以其經明行修令與盧誕等教授諸王廢帝二年拜祕書監卒官子加陵主寢上士慶之族子昂字進君數歲便有成人志行有善相人者謂其父仲略曰公家雖世載冠冕然名德富貴莫有及此兒者仲略亦重昂志氣深以爲然年十八侯景辟爲行臺郎中景後來附昂遂入朝除丞相府行參軍後追論歸朝勳封襄城縣男及尉遲迥伐蜀昂占募從軍蜀平迥表昂爲龍州長史領龍安郡事州帶山谷舊俗生梗昂威惠洽著吏民畏而愛之成都一方之會風俗舛雜迥以昂達於從政復表昂行成都令昂到縣便與諸生祭文翁學堂因共歡宴謂諸生曰子孝臣忠師嚴友信立身之要如斯而已若不事斯語何以成名各宜自勉克成令譽昂言切理至諸生等並深感悟歸而告其父老曰辛君教誡如此不可違之於是井邑肅然咸從其化遷梓潼郡守六官建入爲司隸上士襲爵繁昌縣公保定二年爲小吏部時益州殷阜軍國所資經塗艱險每苦劫盜詔昂使於益梁軍民之務皆委決焉昂撫導荒梗頗得寧靜天和初陸騰討信州蠻詔昂便於通渠等州運糧饋之時臨信楚合等諸州人庶多從逆昂諭以禍福赴者如歸乃令老弱負糧壯夫拒戰莫有怨者使還屬巴州萬榮郡人反叛圍郡城昂於是遂募通開二州得三千人倍道兼行出其不意又令其衆皆作中國歌直趣賊壘賊謂有大軍赴救望風瓦解朝廷嘉其權以濟事詔梁州總管杞國公亮即於軍中賞昂奴婢二十口繒綵四百匹又以昂威信布於宕渠遂表爲渠州刺史轉通州推誠布信甚得夷獠歡心秩滿還京首領皆隨昂詣闕朝覲以昂化洽夷落進位驃騎大將軍開府儀同三司時晉公護執政昂稍被護親待武帝頗銜之及誅護加之箠楚因此遂卒昂族人仲景好學有雅量其高祖欽後趙吏部尚書雍州刺史子孫因家焉父歡魏隴州刺史朱陽公仲景年十八舉文學對策高第拜司空府主簿建德中位內史下大夫開府儀同三司卒于家子衡

王子直字孝正京兆杜陵人也世爲郡右族父琳州主簿東雍州長史子直性節儉有幹能魏正光中州辟主簿起家奉朝請永安初拜鴻臚少卿孝武西遷封山北縣男大統初漢熾屠各阻兵於南山與隴東屠各共爲脣齒文帝令子直率涇州步騎五千討破之賜書勞問除尚書左外兵郎中兼中書舍人從解洛陽圍經河橋戰兼尚書左丞出爲秦州總管府司馬時涼州刺史宇文仲和據州逆命子直從隴右大都督獨孤信討平之復入爲大行臺郎兼丞相府記室除太子中庶子領齊王友尋行馮翊郡事廢帝元年拜使持節大都督行瓜州事務以德政化人西土悅附恭帝初徵拜黃門侍郎卒官子宜禮杜國府參軍

杜杲字子暉京兆杜陵人也祖建魏輔國將軍贈豫州刺史父皎儀同三司武都郡守杲學涉經史有當世幹略其族父攢淸貞有識鑒深器重之常曰吾家千里駒也攢時仕魏爲黃門侍郎兼度支尚書衛大將軍西道大行臺尚孝莊妹新豐公主因薦之朝廷永熙三年起家奉朝請明帝初爲修城郡守屬鳳州人仇周貢等構亂攻逼修城杲信洽於人部內遂無叛者尋率郡兵與開府趙昶合勢並破平之入爲司會上士初陳文帝弟安成王頊爲質於梁及江陵平頊隨例遷長安陳人請之文帝許之而未遣至是帝欲歸之命杲使焉陳文帝大悅即遣使報聘并賂黔中數州地仍請畫野分疆永敦鄰好以杲奉使稱旨進授都督行小御伯更往分界陳於是歸魯山郡乃拜頊柱國大將軍詔杲送之還國陳文帝謂杲曰家弟今蒙禮遣實是周朝之惠然不還魯山亦恐未能及此杲答曰安成之在關中乃咸陽一布衣耳然是陳之介弟其價豈止一城本朝親睦之族恕已及物上遵太祖遺旨下思繼好之義所以發言首者蓋爲此也若知止侔魯山固當不貪一鎮況魯山梁

之舊地梁即本朝藩臣若以始末言之譽山自合歸國云以尋常之士易已骨肉之親使臣猶謂不可何以聞諸朝廷陳文帝慙恧久之乃曰前言戲之耳自是接遇有加常禮及還引升殿親降御座執手以別朝廷嘉之授大都督小載師下大夫行小納言復聘於陳及華皎來附詔令衛公直都督元定等援之定等並沒自是連兵不息東南騷動武帝授杲御正中大夫使陳論保境息民之意陳宣帝遣其黃門侍郎徐陵謂杲曰兩國通好彼朝受我叛人何也杲曰陳主昔在本朝非慕義而至主上授以柱國位極人臣子女玉帛備禮將送令主社稷孰謂非恩郝烈之徒邊人狂狡曾未報德而先納之今受華氏正是相報過自彼始豈在本朝陵曰彼納華皎志圖吞噬此受郝烈容之而已且華皎方州列將竊邑叛亾郝烈一百許戶脫身逃竄大小有異豈得同年而語乎杲曰大小雖殊受降一也若論先後本朝無失陵曰周朝送主上還國既以爲恩衛公共元定度江孰云非怨計恩與怨亦足相埒杲曰元定等軍敗身囚其怨已滅陳主負扆馮玉其恩猶在且怨由彼國恩起本朝以怨酬恩未之聞也陵歎而不答杲因陳和通之便陵具以聞陳宣帝許之遂遣使來聘建德初授司城中大夫仍使於陳宣帝謂杲曰長湖公軍人等雖築館處之然恐不能無北風之戀王褒庾信之徒既羇旅關中亦當有南枝之思耳杲揣陳宣帝意欲以元定軍將士易王褒等乃答之曰長湖總戎失律臨難苟免既不死節安用此爲且猶牛之一毛何能損益本朝之議初未及此陳宣帝乃止及杲還至石頭又遣謂之曰若欲合從共圖齊氏能以樊鄧見與方可表信杲答曰合從圖齊豈唯敝邑之利必須城鎮宜待得之於齊先索漢南使臣不敢聞命還除司倉中大夫又使於陳杲有辭辯閑於占對前後將命陳人不能屈陳宣帝甚敬異之時元定已卒乃禮送開府賀拔華及定棺柩杲受之以歸除河東郡守遷溫州刺史賜爵義興縣伯大象元年徵拜御正中大夫復使陳二年除申州刺史加開府儀同大將軍進爵爲侯除同州刺史隋開皇元年以杲爲同州總管進爵爲公俄遷工部尚書二年除西南道行臺兵部尚書尋以疾卒子運大象末宣納上士杲兄長暉位儀同三司

呂思禮東平壽張人也性溫潤不雜交游年十四受學於徐遵明長於論難諸生爲之語曰講書論易鋒難敵十九舉秀才對策高第除相州功曹參軍葛榮圍鄴思禮有守禦勳賜爵平陸縣伯除榮城令普泰中僕射司馬子如薦爲尚書二千石郎中尋以地寒被出兼國子博士乃求爲關西大行臺郎中與姚幼瑜茹文就俱入關爲行臺賀拔岳所重專掌機密甚得時譽岳爲侯莫陳悅所害趙貴等議遣赫連達迎文帝思禮預其謀及文帝爲關西大都督以思禮爲府長史尋除行臺右丞以迎魏孝武功賜爵汝陽縣子加冠軍將軍黃門侍郎魏文帝即位領著作郎除安東將軍都督尚書兼七兵殿中二曹事從禽竇泰進爵爲侯大統四年以謗訕朝政賜死思禮好學有才雖務兼軍國而手不釋卷晝理政事夜即讀書令蒼頭執燭燭燼夜有數升沙苑之捷命爲露布食頃便成文帝歎其工而且速所爲碑誄表頌並傳於世七年追贈車騎將軍定州刺史子亶嗣大象中位至駕部下大夫時有博陵崔騰早有名譽庶職淸顯爲丞相府長史亦以致書謗議賜死

徐招字思賢高平金鄉人世爲著姓招少好法律及朝廷舊事發言措筆常欲辨析秋毫初入洛陽雖未登仕已爲時知朝廷疑事多預議焉魏延昌中從征浮山堰有功賜爵高廣男及廣陽王深北討鮮于修禮啓爲員外散騎侍郎深府長流參軍招陳策請離間之葛榮竟殺修禮自爲渠帥以功進爵爲侯永安初射策甲科除員外散騎常侍領尚書儀曹郎中招少習吏事未能精究朝儀常恨才達恐名迹不立久之方轉二千石郎中爾朱榮死爾朱世隆屯兵河橋莊帝以招爲行臺左丞自虎牢北度引馬場河內之眾以抗世隆後爾朱兆得招鎮送洛陽仲遠數招罪將斬之招曰不虧君命得死爲幸仲遠重之曰凡人受命理各爲主今若爲戮何以勸人臣乃釋之用爲行臺右丞及仲遠南奔招獨還洛永熙末從孝武入關中拜給事黃門侍郎兼尚書右丞時朝廷播遷典章遺闕至於臺省法式皆招所記論者多焉大統三年拜驃騎將軍侍中時魏文帝舅子王起化犯罪死有詔追贈招執奏止之後卒於度支尚書子山雲嗣

檀翥字鳳翔高平金鄉人也六世祖毓晉步兵校尉父江始還北仕至太常少卿贈兗州刺史翥十歲喪父還京師宅與營人雜居雖幼孤寒不與隣人來往好讀書解屬文能鼓琴早爲琅邪王誦所知年十九以名家子爲魏明帝挽郎後客游三輔時毛遐爲行臺鎮北維表翥爲行臺郎中莊帝既誅爾朱榮遐使翥詣京師因除著作佐郎郎中如故後孝武帝西幸除兼中書舍人修國史大統初又兼著作侍郎以守關迎駕勳封高堂子

後坐談論輕譟爲黃門侍郎徐招所糾死於廷尉獄

孟信字修仁廣川索盧人也家世貧寒頗傳學業信常曰窮則變變則通吾家傳儒學而未有通官當由儒非世務也遂感激棄書從軍永熙末除奉朝請從孝武帝入關封東州子趙平太守政尙寬和權豪無犯山中老人常以豘酒饋之信和顏接引慇懃勞問乃自出酒以鐵鐺溫之素木盤盛蕪菁葅唯此而已久以一鐺借老人但執一杯各自斟酌申酬酢之意謂老人曰吾至郡來無人以一物見遺今卿獨有此餉且食菜已久欲爲卿受一豘髀耳酒旣自有不能相費老人大悅再拜擘豘進之酒盡方别及去官居貧無食唯有一老牛其兄子賣之擬供薪米券契已訖市法應知牛主住在所信適從外來見買牛人方知其賣也因告之曰此牛先來有病小用便發君不須也杖其兄子二十買牛人嗟異良久呼信曰孟公但見與牛未必須其力也苦請不得乃罷買牛者文帝帳下人文帝深歎異焉未幾擧爲太子少卿後遷太子太傅儒者榮之特加車騎大將軍儀同三司散騎常侍辭老請退文帝不奪其志賜車馬几杖衣服牀帳卒於家贈冀州刺史謚曰戴子儒

宗懍字元懍南陽涅陽人也八世祖承永嘉亂討陳敏有功封柴桑縣侯除宜都郡守卒官子孫因居江陵父高之梁山陰令懍少聰敏好讀書晝夜不倦語輒引古事鄉里呼爲小兒學士梁大同六年擧秀才以不及二宮元會例不對策及梁元帝鎭荆州謂長史劉之遴曰貴鄉多士爲擧一有意少年之遴以懍應命卽日引見令兼記室嘗夕被召宿省使製龍川廟碑一夜便就詰朝呈上梁元帝歎美之後歷臨汝建城廣晉三縣令遭母憂去職哭輒嘔血兩旬之內絕而復蘇者三　且有羣烏數千集于廬舍候哭而來哭止而去時論稱之以爲孝感所致梁元帝卽位擢爲尙書侍郎封信安縣侯累遷吏部尙書懍父高之先爲南臺書侍御史犯憲懍願父釋罪當終身菜食高之理雪故懍菜食鄉里稱之在元帝府府中多言其矯至是大進魚肉國子祭酒沛國劉瑴譏之曰本知卿不忠猶謂卿孝今日便是忠孝並無懍不能對懍博學有才藻口未嘗譽人朋友以此少之初侯景平後梁元帝議還建鄴唯懍勸都渚宮以其鄉在荆州故也及江陵平與王褒等入關文帝以懍名重南土甚禮之孝閔帝踐阼拜車騎大將軍儀同三司明帝卽位又與王褒等在麟趾殿刋定羣書數蒙宴賜保定中卒有文集二十卷行於世

劉璠字寶義沛國人也六世祖敏以永嘉喪亂徙居廣陵父臧性方正篤志好學居家以孝聞仕梁爲著作郎璠九歲而孤居喪合禮少好讀書兼善文章年十七爲上黃侯蕭曄所器重范陽張綰梁之外戚才高口辯見推於世以曄懿貴亦假借之璠年少未仕而負才使氣不爲之屈綰常於新渝侯宅因酒後詬京兆杜杲曰寒士不遜璠厲色曰此坐誰非寒士璠本意在綰而曄以爲屬已辭色不平璠曰何王門之不可曳長裾也遂拂衣而去曄謝之乃止後隨曄在淮南璠母在建康遘疾璠弗之知嘗忽一日擧身楚痛尋而家信至云其母病璠卽號泣戒道絕而復蘇當身痛之辰卽母死之日也居喪毁瘠遂感風氣服闋後一年猶杖而後起及曄終於毗陵故吏多分散璠獨奉曄喪還都墳成乃退梁簡文時在東宮遇曄素重諸不送者多被劾責唯璠獨被優賞解褐王國常侍非其好也璠少慷慨好功名志欲立事邊城不樂隨牒仕進宜豐侯蕭修出爲北徐州刺史卽請爲其輕車府主簿兼記室參軍修爲梁州又版爲中記室補華陽太守屬侯景度江梁室大亂修以璠有才略甚親委之時寇難繁興未有所定璠乃喟然賦詩以見志其末章曰隨會平王室夷吾匡霸功虛薄無時用徒然慕昔風修開府置佐史以璠爲諮議參軍梁元帝承制授樹功將軍鎭西府諮議參軍賜書曰鄧禹文學尙或執戈葛洪書生且云破賊前修無遠屬望良深元帝尋以修紹鄱陽之封且爲雍州刺史復以璠爲修平北府司馬及武陵王紀稱制於蜀以璠爲中書侍郎慶遣召璠使者凡八反乃至蜀又以爲黃門侍郎令長史劉孝勝深布心腹使工畫陳平度河歸漢圖以遺之璠苦求還中記室韋登私曰殿下忍而蓄憾足下不留將致大禍脫使盜遮於葭萌則卿殆矣孰若共構大厦使身名俱美哉璠正色曰卿欲緩頰於我邪我與府侯分義已定豈以寵辱夷險易其心乎丈夫立志當死生以之耳殿下方布大義於天下終不逞志於一人紀知不爲已用乃厚贈而遣之臨别紀又解其佩刀贈璠曰想見物思人對曰敢不奉揚威靈克翦姦究紀於是遣使拜修爲益州刺史封隨郡王以璠爲府長史加蜀郡太守還至白馬西屬達奚武軍已至南鄭璠不得入城遂降武文帝素聞其名先誡武曰勿使劉璠死也故武先令璠赴闕文帝見之如舊謂僕射申徽曰劉璠佳士古人何以過之徽曰昔晉人滅吳利在二陸明公今平梁漢得一劉璠也時南鄭尙拒守達奚武請屠之文帝將許焉唯令全修一家而已璠乃請之於朝文帝怒

而不許也璠泣而固請移時不退柳仲禮侍側曰此烈士也文帝曰事人當如此遂許之城獲全璠之力也文帝既納蕭修之降又許其反國修至長安累月未之遣也璠因侍宴文帝曰我於古誰比對曰常以公爲命世英主湯武莫逮今日所見曾是齊桓晉文之不若文帝曰我不得比湯武望與伊周爲匹何桓文之不若乎對曰齊桓存三亡國晉文不失信於伐原語未終文帝撫掌曰我解爾意欲激我耳卽命遣修蓋以顯璠存故主之義也修請與璠俱還文帝不許以璠爲中外府記室遷黃門侍郎儀同三司璠嘗臥疾居家對雪感興乃作雪賦以遂志焉初蕭修在漢中與蕭紀牋及答西魏書移襄陽文皆璠辭也明帝初授內史中大夫掌綸誥尋封平陽縣子璠在職清白簡亮不合於時左遷同和郡守璠善於撫御莅職未朞月生羌降附者五百餘家前後郡守多經營以致貲產唯璠清儉秋毫無所取妻子並隨羌俗食麥衣皮始終不改洮陽洪和二郡羌嘗越境詣璠訟理蔡公廣時鎭隴右嘉其善政及遷鎭陝州欲啓璠自隨羌人樂從者七百餘人聞者莫不歎異陳公純作鎭隴右引爲總管府司錄甚禮敬之天和三年卒於官著梁典三十卷有集二十卷行於世子祥字休徵幼聰慧賓客見者皆號神童事嫡母以至孝聞其伯父黃門郎瓊有名江左在嶺南聞而奇之乃令名祥字休徵後以字行於世十歲能屬文十二通五經仕梁爲宜豐侯記室參軍江陵平隨例入關中齊公憲召爲記室府中書記皆令掌之封漢安縣子憲進爵爲王以休徵爲王友俄除內史上士武帝東征休徵陪侍帷幄平齊露布卽休徵文也累遷車騎大將軍儀同大將軍歷長安萬年二縣令頗獲時譽卒於官初璠所撰梁典始就未及刊定而卒臨終謂休徵曰能成我志其在此書乎休徵修定繕寫勒成一家行於世

柳遐字子昇河東解人宋太尉元景從孫也祖叔珍義陽內史事見梁史父季遠梁宜都太守遐幼而爽邁神彩嶷然髫歲便有成人之量篤好文學動合規矩其世父慶遠特器異之謂曰吾昔逮事伯父太尉公嘗謂吾云我昨夜夢汝登一樓甚峻麗吾以坐席與汝汝後名宦必達恨吾不及見耳吾向聊復晝寢又夢將昔時坐席還以賜汝汝之官位當復及吾特宜勉勵以應嘉祥也梁西昌侯藻鎭雍州遐時年十二以百姓禮修謁風儀端肅進止詳雅藻羨之試遣左右踐遐衣裾欲觀其舉措遐徐步稍進曾不顧眄仕梁稍遷尚書功論郎陳郡謝舉時爲僕射引遐與語甚嘉之顧謂人曰江漢英靈見於此矣岳陽侯蕭詧於襄陽承制授遐吏部郎賜爵聞喜公尋進位持節侍中驃騎大將軍開府儀同三司及詧踐帝位於江陵以襄陽來歸遐辭詧曰陛下中興鼎業龍飛舊楚臣昔因幸會早奉名節理當以身許國期之始終自晉氏南遷臣宗族蓋寡從祖太尉世父儀同從父司空並以位望隆重遂家于金陵唯留先臣獨守墳柏嘗誡臣等使不違此志今襄陽旣入北朝臣若陪隨鑾蹕進則無益塵露退則有虧先旨詧重違其志遂許之因留鄉里以經籍自娛文帝明帝頻徵固辭以疾及詧殂遐舉哀行舊臣之服保定中又徵之遐始入朝授驃騎大將軍開府儀同三司霍州刺史遐導人務先以德再三不用命者微加貶異示恥而已其下感而化之不復爲過咸曰我君仁惠如此其可欺乎卒贈金安二州刺史遐有至行初爲州主簿其父卒於揚州遐自襄陽奔赴六日而至哀感行路毁悴不可識後奉喪西歸中流風起舟中人相顧失色遐抱棺號慟愬天求哀俄頃風止浪息其母嘗乳間發疽醫云此疾無可救理唯得人吮膿或望微止其痛遐應聲卽吮旬日遂瘳咸以爲孝感所致性又溫裕略無喜愠之容弘獎名教未嘗論人之短尤尚施與家無餘財臨終遺誡薄葬其子等並奉行之有十子靖莊最知名靖字思休少方雅博覽墳籍仕梁正員外隨遐入周授大都督歷河南德廣二郡太守所居皆有政術吏民畏而愛之然性愛閑素其於名利澹如也及秩滿還鄉便有終焉之志隋文帝踐極特詔徵之以疾固辭優游不仕閉門自守所對唯琴書而已足不歷園庭殆將十載子弟奉之若嚴君爲其有過者靖必下帷自責於是長幼相率拜謝於庭靖然後見之勗以禮法鄉里亦慕而化之或有不善者皆曰唯恐柳德廣得知也時論方之王烈前後總管到官皆親至靖家問疾遂以爲故事秦王俊臨州賚以几杖并致衣服靖唯受几杖餘並固辭其爲當世所重如此開皇中壽終莊列在隋史

斛斯徵字士亮廣牧富昌人也其先世爲莫弗大人父椿魏太保自有傳徵博涉羣書尤精三禮兼解音律有至性居父喪朝夕共一溢米少以父勳賜爵城陽郡公大統末起家通直散騎常侍稍遷兼太常少卿自魏孝武西遷雅樂廢缺徵博採遺逸稽諸典故創新改舊方始備焉又樂有錞于者近代絕此器或有自蜀得之皆莫之識徵見之曰此錞于也衆弗信之徵遂依于寶周禮注以芒筒捋之其聲極清衆乃歎服徵仍取以合樂

爲六官建拜司樂下大夫遷司樂中大夫進位驃騎大將軍開府儀同三司轉內史下大夫天和三年武帝以徵經有師法詔令授皇諸子宣帝時爲魯公與皇諸子等咸服青衿行束脩之禮受業於徵仍並呼徵爲夫子儒者榮之六年除司宗中大夫行內史事遷樂部進封岐國公尋轉小宗伯除太子太傅仍小宗伯宣帝嗣位遷上大將軍大宗伯時武帝初崩梓宮在殯帝意欲速葬令朝臣議之徵與內史宇文孝伯等固請依禮七月帝竟不許帝之爲皇太子也宮尹鄭譯坐不能以正道調護被譴除名而帝雅親愛譯至是拜譯內史中大夫甚委任之譯乃獻新樂十二月各一笙每笙用十六管帝乃令與徵議之徵駮而奏之曰禮云十二律轉相生聲五具在十六爲六律十二管還相爲宮然譯一笙十六管總一百九十二管既無相生之理又無還宮之義臣恐鄭聲亂樂未合於古夫音樂之起本於人心天之應人有如影響爲善者天報之以福爲惡者天譴之以殃故舜彈五絃之琴歌南風之詩而天下化紂爲朝歌北里之音而社稷滅　知樂也者和情性易風俗動天地感鬼神禍福所基盛衰攸繫安可不慎哉按譯之所爲不師古始若以月奏一笙則鐘鼓諸色各須一十有二雅樂之備已充廟庭今若益之於何陳列方須更闢階墀增修廊宇非急之務寧可勞人如謂笙管之外不須加造則樂之損益豈繫於笙進退無據竊謂未可帝頗納之且令停譯所獻及武帝山陵畢帝欲作樂復令議其可否徵曰孝經云聞樂不樂聞尙不樂其況作乎鄭譯曰既云聞樂明即非無止可不樂何容不奏帝遂依譯議譯因此衒之帝後肆行非度昏虐日甚徵以荷武帝重恩嘗備位師傅乃上疏極諫指陳帝失不納譯因譖之遂下徵於獄徵懼不免獄卒張元平哀之乃以佩刀穿牆送之出元平被捶拷百數而無所言徵既出匿於人家後遇赦得免然猶坐除名隋文帝踐極例復官爵除太子太傅仍詔徵修撰樂書開皇四年薨年五十六初隋文爲大司馬有外姻喪徵就第弔之久而不出徵怒遂弗之待比出候徵已去矣隋文以此常恨之至是詔所司謚之曰闇子該嗣徵所撰樂典十卷兄恢散騎常侍新蔡郡公恢子政列在隋史

通志卷一百五十九

通志卷一百六十上

宋右廸功郎鄭樵漁仲撰

列傳第七十三

隋

高熲 牛弘 李德林 楊素 父敷 子元感 趙元叔 劉元進
素弟約 素從叔异 蘇威 子夔 韓禽虎 弟僧壽 僧壽弟洪 賀若弼 叔父誼
李穆 子渾 穆兄子詢 詢弟崇 崇子敏 梁睿 長孫覽 從子熾 熾弟晟

高熲字昭元一名敏自言勃海蓨人也其先因官北邊沒於遼左曾孫暠以太和中自遼東歸魏官至衞尉卿祖孝安位兗州刺史父賓仕東魏位諫議大夫大統六年避讒棄官奔西魏獨孤信引賓爲僚佐賜姓獨孤氏及信誅妻子徙蜀文獻皇后以賓父之故吏每往來其家賓敏於從政果敢斷決賜爵陽武縣伯歷位齊公憲府長史驃騎大將軍開府儀同三司襄州總管府司錄卒於州及熲貴開皇中贈禮部尙書武陽公謚曰簡熲少明敏有器局畧涉書史尤善詞令初孩孺時家有柳樹高百許尺亭亭如蓋里中父老曰此家當出貴人年十七周齊王憲引爲記室襲爵武陽縣伯再遷內史下大夫以平齊功拜開府高祖得政素知熲彊明又習兵馬多計畧意欲引之入府遣邗公楊惠諭意熲承旨欣然曰願受驅馳縱令公事不成熲亦不辭滅族於是爲相府司錄時長史鄭譯司馬劉昉並以奢縱被疎高祖彌屬意於熲委以心膂尉遲迥之起兵也高祖遣韋孝寬代之官軍至河陽莫敢先進高祖以諸將不一令崔仲方監之仲方辭以父在山東時熲見劉昉鄭譯等並無去意熲遂自請行深合上旨受命便發遣人辭母云忠孝不可兩兼歔欷就路至軍爲橋於沁水賊於上流縱火栰熲預爲土狗以禦之既度焚橋而戰大破之及平迥還侍宴於卧內上撤御帷以賜之進位柱國改封義寧縣公遷丞相府司馬任遇益隆高祖受禪拜尙書左僕射兼納言進封勃海郡公朝臣莫與爲比帝每呼爲獨孤而不名也熲佯避權勢上表遜位讓於蘇威帝欲成其美聽解僕射數日上曰蘇威高蹈前朝熲能舉善吾聞進賢受上賞寧可令去官於是命熲復位俄拜左衞大將軍本官如故突厥屢爲邊患詔熲鎭遏緣邊及還賜馬五百匹牛羊千計領新都大監制度多出於熲熲每坐朝堂北槐樹下以聽事其樹不依行列有司將伐之上特命勿去以示後人其見重如此又拜左領軍大將軍餘官如故母憂去職二旬起令視事熲流涕辭讓不許開皇二年長孫覽元景等伐陳令熲節度諸軍會陳宣帝崩熲以禮不伐喪奏請班師蕭巖之叛詔熲綏集江漢甚得民和上嘗問熲以取陳之策熲曰江北地寒田收差晚江南土熱水田早熟量彼收穫之際微徵士馬聲言掩襲賊必屯兵禦守足得廢其農時彼既聚兵我便解甲再三若此彼必謂以爲常後更集兵彼必不信猶豫之頃我乃濟師登陸而戰兵氣益倍又江南土薄舍多竹茅所有儲積皆非地窖密遣行人因風縱火待彼修立復更燒之不出數年財力俱盡帝用其策由是陳人益弊九年晉王廣伐陳以熲爲元帥長史三軍咨稟皆取斷於熲及陳平晉王欲納陳主寵姬張麗華熲曰武王滅殷戮妲己今平陳不宜取麗華乃命斬之王甚不悅及軍還以功加上柱國封齊國公賜物九千段定食千乘縣千五百戶上因勞之曰公伐陳後人言公反朕已斬之君臣道合非青蠅所間也熲又遜位優詔不許是後左衞將軍龐晃及將軍盧賁等前後短熲於帝帝怒之皆被疎黜因謂熲曰獨孤公猶鏡也每被磨瑩皎然益明未幾尙書都事姜曄楚州行參軍李君才並奏稱水旱不調罪由高熲請廢黜之二人俱得罪而去親禮逾密帝行幸并州留熲居守及上還京賜縑五千疋行宮一所以爲莊舍其夫人賀拔氏寢疾中使顧問不絕帝親幸其第賜錢百萬絹萬疋後復賜以千里馬嘗從容命熲與賀若弼言及平陳事熲曰賀若弼先獻十策後於蔣山苦戰破賊臣文吏耳焉敢與猛將論功帝大笑時論嘉其有讓尋以其子表仁尙太子勇女前後賞賜不可勝計時熒惑入太微犯左執法術者劉暉私於熲曰天文不利宰相可脩德以禳之熲不自安以暉言奏之上厚加賞慰突厥犯塞以熲爲元帥擊破之又出白道進圖入磧遣使請兵近臣言熲欲反帝未有所答熲亦破賊而還時太子勇失愛於上帝潛有廢立之志謂熲曰晉王妃有神憑之言王必有天下若之何熲長跪曰長幼有序其可廢乎上默然而止獨孤后知熲不可奪陰欲去之初熲夫人卒后言於上曰高僕射老矣而喪夫人陛下何以不爲之娶上以后言告熲熲流涕謝曰臣今已老退朝之後惟齋舍讀佛經而已雖陛下垂哀之深至於納室非臣所願上乃止至是熲愛妾產男帝聞之極歡后甚不悅上問其故后曰陛下當復信高熲邪始陛下欲爲熲娶熲心存愛妾面欺陛下今詐形已見矣上由是疎熲會議伐遼東熲固諫不可帝不從以熲爲元帥長史從漢王征遼東遇霖潦疾疫不利而還后言於帝曰熲初不欲行陛下彊之妾固知其無功矣又帝以漢王年少專委軍於熲

熲以任寄隆重每懷至公無自疑意諒所言多不用因甚銜之及還諒泣言於后曰免熲殺幸矣帝聞彌不平俄而柱國王世積以罪當誅推覈之際乃有宮禁之事云於熲處得之帝欲成熲罪聞此大驚時上柱國賀若弼吳州總管宇文敳刑部尚書薛冑戶部尚書斛律孝卿兵部尚書柳述等明熲無罪上愈怒皆以之屬吏自是朝臣莫敢言熲竟坐免以公就第未幾上幸秦王俊宅召熲侍宴熲歔欷悲不自勝獨孤后亦對之泣左右皆流涕帝謂熲曰朕不負公公自負朕也因謂侍臣曰我於高熲勝兒子雖或不見常似目前自其解落瞑然忘之如本無高熲人不可以身要君自云第一也頃之熲國令上熲陰事稱其子表仁謂熲曰昔司馬仲達初託疾不朝遂有天下公今遇此安知非福於是上大怒囚熲於憲司復奏熲他事云沙門眞覺嘗謂熲曰明年國有大喪尼令暉復云十七八年皇帝有大厄十九年不可過帝聞益怒顧謂羣臣曰帝王豈可力求孔丘以大聖之才作法垂於後代寧不欲大位邪天命不可耳熲與子言自比晉帝此何心乎有司請斬熲上曰去年殺虞慶則今年斬王世積如更殺熲天下其謂我何於是除名爲民熲初爲僕射其母誡之曰汝富貴已極但有一斫頭耳爾其慎之熲由是常恐禍變及此熲歡然無恨色以爲得免於禍煬帝即位拜太常卿時有詔將收周齊故樂人及天下散樂熲奏此樂久廢今若徵之恐無識之徒棄本逐末遞相教習帝不悅時帝侈靡聲色滋甚又起長城之役熲甚病之謂太常丞李懿曰周天元以好樂而亡殷鑒不遠安可復爾時帝遇啓民可汗恩禮過厚熲謂太府卿何稠曰此虜頗知中國虛實山川險易恐爲後患復謂觀王雄曰近來朝廷殊無綱紀帝聞之以爲謗訕朝政下詔誅之諸子徙邊熲有文武大畧明達世務及蒙任寄之後竭誠盡節進引忠良以天下爲己任蘇威楊素賀若弼韓禽虎等皆熲所推薦各盡其用爲一代名臣自餘立功立事者不可勝數當朝執政將二十年朝野推服物無異議治政升平熲之力也論者以爲眞宰相及其被誅天下莫不傷惜至今稱冤不已所有奇策密謀及損益時政熲皆削藁世無知者子盛道位莒州刺史徙柳城卒盛道弟弘德封應國公晉王記室次弟表仁勃海郡公徙蜀郡

牛弘字里仁安定鶉觚人也其先嘗避難改姓遼氏祖熾本郡中正父元魏侍中工部尚書臨涇公復姓牛氏弘在襁褓有相者見之謂其父曰此兒當貴善愛養之及長鬚貌甚偉性寬裕好學博聞仕周位中外府記室內史納言上士專掌文翰脩起居注後襲封臨涇公轉內史下大夫儀同三司開皇初授散騎常侍祕書監弘以典籍遺逸上表請開獻書之路曰昔周德既衰舊經紊棄孔子以大聖之才開素王之業憲章祖述制禮刪詩正五始而脩春秋闡十翼而弘易道及秦始皇馭下吞滅諸侯先王墳籍掃地皆盡此則書之一厄也漢興建藏書之策置校書之官至孝成之代遺謁者陳農求遺書於天下詔劉向父子讐校篇籍漢之典文於斯爲盛及王莽之末並從焚燼此則書之二厄也光武嗣興尤重經誥未及下車先求文雅至肅宗親臨講肄和帝數幸書林其蘭臺石室鴻都東觀祕牒填委更倍於前及孝獻移都吏民擾亂圖書縑帛皆取爲帷囊所收而西裁七十餘乘屬西京燔蕩此則書之三厄也魏文代漢更集經典皆藏在祕書內外三閣遣祕書郎鄭默刪定舊文論者美其朱紫有別晉氏承之文籍尤廣晉祕書監荀勗定魏內經更著新簿屬劉石憑陵從而失墜此則書之四厄也永嘉之後寇竊競興其建國立家雖傳名號憲章禮樂寂滅無聞劉裕平姚氏收其圖籍五經子史纔四千卷皆赤軸靑紙文字古拙並歸江左宋祕書丞王儉依劉氏七畧撰爲七志梁人阮孝緒亦爲七錄總其書數三萬餘卷及侯景渡江破滅梁室祕書經籍雖經兵火其文德殿書史宛然猶存蕭繹據有江陵遣將破侯景收文德之書及公私典籍重本七萬餘卷悉送荊州及周師及郢繹悉焚之於外城所收十纔一二此則書之五厄也後魏爰自幽方遷宅伊洛日不暇給經籍闕如周氏創基關右戎車未息保定之始書止八千後加收集方盈萬卷高氏據有山東初亦採訪驗其本目殘闕猶有多東夏初平獲其經史四部重雜三萬餘卷所益舊書五千而已今御出單本合一萬五千餘卷部帙之間仍有遺闕比梁之舊目止有其半至於陰陽河洛之篇醫方圖譜之說彌復爲少臣以經書自仲尼迄今數遭五厄興集之期屬膺聖代今祕藏見書亦足披覽但一時載籍須令大備不可王府所無私家乃有若猥發明詔兼開購賞則異典必至觀閣斯積上納之於是下詔獻書一卷賚縑一疋一二年篇籍稍備進爵奇章公三年拜禮部尚書奉勑修撰五禮勒成百卷行於當代弘請依古制脩立明堂上議曰竊謂明堂者所以通神靈感天地出敎化崇有德黃帝曰合宮堯曰五府舜曰總章布政興敎由來尚矣周官考工記曰夏后氏世室堂脩七尋廣四脩一鄭元注云脩十四

步其廣益以四方脩之一則堂廣十七步半也殷人重屋堂脩七尋四阿重屋鄭云其修七尋廣九尋也周人明堂廣九尺之筵南北七筵五室凡室二筵鄭云此三者或舉宗廟或舉王寢或舉明堂互言之明其制同也馬融王肅干寶所注與鄭亦異今不具出漢司徒馬宮議云夏后氏世室室顯於堂故命以室殷人重屋屋顯於堂故命以屋周人明堂堂大於夏室故命以堂夏后氏益其堂之廣百四十四尺周人明堂以爲兩序閒大夏后氏七十二尺若據鄭元之說則夏室大於周堂如依馬宮之言則周堂大於夏室後王轉文周大爲是但宮之所言未詳其義此皆去聖久遠禮文殘闕先儒解說家異人殊鄭注玉藻亦云宗廟路寢與明堂同制王制曰寢不踰廟明大小是同今依鄭注每室及堂止有一丈八尺四壁之外四尺有餘若以宗廟論之祫享之日周人旅酬六尸并后稷爲七先公昭穆二尸合十一尸三十六主及君北面行事於二丈之堂愚不及此若以正寢論之便須朝宴據燕禮諸侯宴則賓及卿大夫脫屨升坐是知天子宴則三公九卿并升堂燕義又云席小卿次上卿言皆侍席上於二筵之閒豈得行禮若以明堂論之總享之時五帝各於其室設青帝之位須於室內少北西面太昊從食坐於其西近南北面祖宗配享者又於青帝南稍退西面丈八之室神位有三加以簠簋豆籩牛羊之俎四海九州美物咸設復須席上升歌出樽反坫揖讓升降亦以隘矣據茲而說近是不然案劉向別錄及馬宮蔡邕等所見當時有古文明堂禮王居明堂禮明堂圖明堂大圖明堂陰陽太山通義魏文侯孝經傳等並說古明堂事其書皆亡莫得而正今明堂月令者鄭元云是呂不韋著春秋十二紀之首章禮家鈔合爲記蔡邕王肅云周公所作周書有月令第五十三即此也各有證明文多不載束晳以爲夏時書劉瓛云不韋鳩集儒者尋于聖王月令之事而記之不韋安能獨爲此記今案不得全稱周書亦不可即爲秦典其內雜有虞夏殷周之法皆聖王仁恕之政也蔡邕具爲章句又論之曰明堂所以宗祀其以配上帝也夏后氏曰世室殷人曰重屋周人曰明堂東曰青陽南曰明堂西曰總章北曰元堂內曰太室聖人南面而聽嚮明而治人君之位莫不正焉故雖有五名而主以明堂也制度之數各有所依方一百四十四尺坤之策也屋圓楣徑二百一十六尺乾之策也太廟明堂方六丈通天屋徑九丈陰陽九六之變且圓蓋方覆九六之道也八闥以象卦九室以象州十二宮應日辰三十六戸七十二牖以四戸八牖乘九宮之數也戸皆外設而不閉示天下以不藏也通天屋高八十一尺黃鍾九九之實也二十八柱布四方四方七宿之象也堂高三尺以應三統四向五色各象其行水闊二十四丈象二十四氣於外以象四海王者之大禮也觀其模範天地則象陰陽必據古文義不虛出今若直取考工不參月令青陽總章之號不得而稱九月享帝之禮不得而用漢代二京所建與此說悉同建安之後海內大亂魏氏三方未平無聞興造晉則侍中裴頠議直爲一殿以崇嚴父之祀其餘雜說一皆除之宋齊已還咸率茲禮前王盛事於是不行後魏代都所造出自李沖三三相重合爲九屋簷不覆基房間通街穿鑿處多迄無可取及遷洛陽更加營構五九紛競遂至不成宗祀之事於焉靡記今皇猷遐闡化覃海外方建大禮垂之無窮弘等不以庸虛謬當議限今檢明堂必須五室者何尚書帝命驗曰帝者承天立五府赤曰文祖黃曰神升白曰顯紀黑曰元矩蒼曰靈府鄭注曰五府與周明堂同矣且三代相沿多有損益至於五室確然不變夫室以祭天天實有五若立九室四無所用布政視朔自依其辰鄭司農云十二月分在青陽等左右之位不云居室鄭元亦云每月於其時之堂而聽政焉禮圖畫个皆在堂偏是以須爲五室明堂必須上圓下方者何孝經援神契曰明堂者上圓下方八窻四達布政之宮禮記盛德篇曰明堂四戸八牖上圓下方是以須爲圓方明堂必須重屋者何案考工記夏言九階四旁兩夾窻門堂三之二室三之一殷周不言者明一同夏制殷言四阿重屋周人其後不言屋制亦盡同可知也其殷人重屋之下本無五室之文鄭注云五室者亦據夏以知之明周不云重屋因殷則有灼然可見禮記明堂位曰太廟天子明堂言魯爲周公之故得用天子禮樂魯之太廟與周之明堂同又曰複廟重簷刮楹達鄉天子之廟飾鄭注云複廟重屋也據廟既重屋明堂亦不疑矣春秋文公十三年太室屋壞五行志曰前堂曰太廟中央曰太室屋其上重者也服虔亦云太室太廟之上屋也周書作洛篇曰乃立太廟宗宮路寢明堂咸有四阿反坫重亢重廊孔晁注云重亢累棟重廊累屋也依黃圖所載漢之宗廟皆爲重屋此去古猶近遺法尚存是以須爲重屋明堂必須爲辟雍者何禮記盛德篇云明堂者明諸侯之尊卑也外水曰辟雍明堂陰陽錄曰明堂之制周圜行水左旋以象天內有太室以象紫宮此則明堂有水之

明文也然馬宮王肅以爲明堂辟雍太學同處蔡邕盧植亦爲明堂靈臺辟雍太學同實異名邕云明堂者取其宗祀之清貌則謂之清廟取其正室則曰太室取其堂則曰明堂取其四門之學則曰太學取其周水圜如璧則曰辟雍其實一也其言別者五經通義曰靈臺以望氣明堂以布政辟雍以養老三者不同袁準鄭元亦以爲別歷代所疑豈能輒定今據郊祀志云欲爲明堂未曉其制濟南人公玉帶上黃帝時明堂圖一殿無壁蓋之以茅水圜宮垣天子從之以此而言其來則久漢中元二年起明堂辟雍靈臺於洛陽並別處然明堂亦有璧水李尤明堂銘曰流水洋洋是也以此須有辟雍今造明堂須以禮經爲本形制依於周法度數取於月令遺闕之處參以餘書庶使該詳沿革之理其五室九階上圓下方四阿重屋四旁兩門依考工記孝經說堂方一百四十四尺屋圓楣徑二百一十六尺太室方六丈通天屋徑九丈八闥二十八柱堂高三尺四向五色依周書月令論殿垣方在內水周於外水內徑三百步依太山盛德記覲禮經仰觀俯察皆有則象足以盡誠上帝祇配祖宗弘風布教作範於後矣上以時事草創未遑制作竟寢不行六年除太常卿九年詔定雅樂又作樂府歌詞撰定圓丘五帝凱樂并議樂事弘上議云謹案禮五聲六律十二管還相爲宮周禮奏黃鍾歌大呂奏太蔟歌應鍾皆旋相爲宮之義蔡邕明堂月令章句曰孟春月則太蔟爲宮姑洗爲商蕤賓爲角南呂爲徵應鍾爲羽大呂爲變宮夷則爲變徵他月放此故先王之作律呂也所以辨天地四方陰陽之聲揚子雲曰聲生於律律生於辰故律呂配五行通八風歷十二辰行十二月循環轉運義無停止譬如立春木王火相立夏火王土相季夏餘分土王金相立秋金王水相立冬水王木相還相爲宮者謂當其王月名之爲宮今若十一月不以黃鍾爲宮十二月不以太蔟爲宮便是春木不王夏土不相豈不陰陽失度天地不通哉劉歆鍾律書云春宮秋律百卉必彫秋宮春律萬物必榮夏宮冬律雨雹必降冬宮夏律雷必發聲以斯而論誠爲不易且律十二今直爲黃鍾一均唯用七律以外五律竟復何施恐失聖人制作本意故須依理作還相爲宮之法上曰不須作還相爲宮且作黃鍾一均也弘又論六十律不可行謹案續漢書律歷志元帝遣韋元成問京房於樂府房對受學故小黃令焦延壽六十律相生之法以上生下皆三生二以下生上皆三生四陽下生陰陰上生陽終於中呂十二律畢矣中呂上生執始執始下生去滅上下相生終於南事六十律畢矣十二律之變至於六十猶八卦之變至於六十四也冬至之聲以黃鍾爲宮太蔟爲商姑洗爲角林鍾爲徵南呂爲羽應鍾爲變宮蕤賓爲變徵此聲氣之元五音之正也故各統一日其餘以次運行當日者各自爲宮而商徵以類從焉房又曰竹聲不可以度調故作準以定數準之狀如瑟長一丈而十三絃隱間九尺以應黃鍾之律九寸中央一絃下畫分寸以爲六十律清濁之節執始之類皆房自造房云受法於焦延壽未知延壽所承也至元和年待詔侯鍾殷彤上言官無曉六十律以準調音者故待詔嚴嵩具以準法教其子宣願召宣補學官主調樂器太史丞弘試宣十二律其二中其四不中其六不知何律宣遂罷自此律家莫能爲準施絃嘉平年東觀召典律者太子舍人張光問準意光等不知歸閱舊藏乃得其器形制如房書猶不能定其絃緩急故史官能辨清濁者遂絕其可以相傳者唯大權常數及候氣而已據此而論房法漢世已不能行沈約宋志曰詳案古典及今音家六十律無施於樂禮云十二管還相爲宮不言六十封禪書云大帝使素女鼓五十絃瑟而悲破爲二十五絃假令六十律爲樂得成亦所不用取大樂必易大禮必簡之意也又議曰案周官云大司樂掌成均之法鄭衆注云均調也樂師主調其音三禮義宗稱周官奏黃鍾者用黃鍾爲調歌大呂者用大呂爲調奏者謂堂下四縣歌者謂堂上所歌但以一祭之間皆用二調是知據宮稱調其義一也明六律六呂迭相爲宮各自爲調今見行之樂用黃鍾之宮乃以林鍾爲調與古典有違案晉內書監荀勗依典記以五聲十二律還相爲宮之法制十二笛黃鍾之笛正聲應黃鍾下徵應林鍾以姑洗爲清角大呂之笛正聲應大呂下徵應夷則以外諸均例皆如是然今所用林鍾是勗下徵之調不取其正先用其下於理未通故須改之上甚善其議詔弘與姚察許善心何妥虞世基等正定新樂是後議置明堂詔弘條上故事議其得失上甚敬重之時楊素恃才矜貴輕侮朝臣唯見弘未嘗不改容自肅素將擊突厥詣太常與弘言別弘送素至中門而止素謂曰大將出征故來敘別何相送之近也弘遂揖而退素笑曰奇章公可謂其智可及其愚不可及也亦不以屑懷尋授大將軍拜吏部尚書時帝又令弘與楊素蘇威薛道衡許善心虞世基崔子發等并召諸儒論新禮隆殺輕重弘所立議衆咸推服之仁壽二年獻皇后崩王公已

下不能定其儀注煬素謂弘曰公舊學時賢所仰今日之事決在於公弘了不辭讓斯須之間儀注備悉皆有故實素歎曰衣冠禮樂盡在此矣非吾所及也弘以三年之喪祥禫具有降殺朞服十一月而練者無所象法以聞於帝帝下詔除朞練之禮自弘始也弘在吏部其所選舉先德行而有文才務在審慎雖致停緩所有進用並多稱職吏部侍郎高孝基鑒賞機晤清愼絕倫然爽俊有餘迹似輕薄時宰多以此疑之唯弘深識其眞推心任委隋之選舉於斯爲最時論彌服弘識度之遠煬帝之在東宮數有詩書遺弘弘亦有答及卽位又嘗賜弘詩曰晉家山吏部魏代盧尚書莫言先哲異奇才並佐余學士敦時俗道素乃沖虛納言雲閣上禮儀皇運初彝倫攸有敘垂拱事端居其同被賜詩者至於文詞贊揚無如弘美大業三年進位上大將軍改右光祿大夫從拜恒嶽壇壝珪幣牲牢之屬並弘所定還下太行山煬帝嘗召入內帳對皇后賜以同席飲食其親重如此弘謂其子曰吾受非常之遇荷恩深重汝等子孫宜以誠敬自立以答恩遇之隆六年從幸江都卒年六十六帝傷惜之賵賻甚厚歸葬安定贈開府儀同三司光祿大夫文安侯謚曰憲弘榮寵當代而車服卑儉事上盡禮待下以仁訥於言而敏於行上嘗令其宣勑弘至階下不能言而退遽拜謝云並忘之上曰傳語小辯故非宰臣任也愈稱其質直大業之世委遇彌隆性寬厚篤志於學雖職務繁擁而書不釋手隋室舊臣始終信任悔吝不及唯弘一人而已有弟曰弼好酒而酗嘗因醉射殺弘駕車牛弘來還宅其妻迎謂之曰叔射殺牛矣弘聞之無所怪問直答云作脯坐定其妻又曰叔忽射殺牛大是異事弘曰已知之矣顏色自若讀書不輟其寬和如此有文集十二卷子方大有學業官至內史舍人次子方裕性凶險無仁心從幸江都與裴虔通等同謀弒逆事見司馬德戡傳

李德林字公輔博陵安平人也祖壽魏湖州戶曹從事父敬族歷太學博士鎭遠將軍魏靜帝時命當世通人正定文籍以爲內校書別在直閤省德林幼聰敏年數歲誦左思蜀都賦十餘日便度高隆之見而歎異之徧告朝士云若假其年必爲天下偉器鄴京人士多就宅觀之月餘日中車馬不絕年十五誦五經及古今文集日數千言俄而該博墳典陰陽緯候無不通涉善屬文辭覈而理暢魏收嘗對高隆之謂其父曰賢子文筆終當繼溫子昇隆之大笑曰魏常侍殊己嫉賢何不近比老彭乃遠求溫子年十六遭父艱自駕靈輿反葬故里時正嚴寒單縗跣足州里人物敬慕之居貧轗軻母氏多疾方留心典籍無復宦情其後母病稍愈逼令仕進齊任城王楷爲定州刺史重其才名召入州館朝夕同遊殆均師友常語德林云竊聞蔽賢受顯戮久令君沈滯吾獨得潤身朝廷縱不見尤亦懼明靈所譴於是舉秀才入鄴于時天保八年也王因遺尚書令楊遵彥書云燕趙固多奇士此言不謬今歲所貢秀才李德林者文章學識固不待言觀其風神器宇終爲棟梁之用經國大體是賈生晁錯之儔雕蟲小技殆相如子雲之輩今雖唐虞君世俊乂盈朝然修大廈者豈厭夫良材之積也遵彥卽命德林作讓尚書令表援筆立成不加治點因大相賞以示禮部郎陸卬卬云已大見其文筆浩浩如長河東注比來所見後生制作乃涓澮之流耳時遵彥銓衡深愼選舉秀才擢第罕有甲科德林射策五條考皆爲上第授殿中將軍既是西省散員非其所好乃謝病還鄉闔門守道皇建初詔搜揚人物追赴晉陽撰春思賦一篇世稱典麗時長廣王作相授丞相府行參軍未幾王卽帝位累遷中書舍人加通直散騎侍郎別典機密尋丁母艱去職勺飲不入口五日因發熱病徧體生瘡黃腫數日間一時俱差皆云孝感所致朝廷嘉之裁百日奪情起復固辭不起魏收與陽休之論齊書起元事百司會議收與德林致書往復詞多不載後除中書侍郎仍詔修國史時齊帝留情文雅召入與黃門侍郎顏之推同判文林館事累遷儀同三司及周武帝入鄴之日遣使就宅宣旨慰喻云平齊之利唯在於爾宜入相見詔問齊朝風俗政教人物善惡卽留內省三宿乃歸仍遣從駕入長安授內史上士自此以後詔誥格式及用山東人物一以委之周武帝嘗於雲陽宮作鮮卑語謂羣臣云我常日唯聞李德林名及見其與齊朝作詔書移檄我正謂其是天上人豈言今日得其驅使復爲我作文書極爲大異神武公紇豆陵毅答曰臣聞明王聖主得麒麟鳳凰爲瑞是聖德所感非力能致之瑞物雖來不堪使用如李德林來受驅策亦是陛下聖德感致有大才用勝於麒麟鳳凰遠矣帝大笑曰誠如公言宣政末授御正下大夫後賜爵成安縣男宣帝大漸高祖初受顧命令邗國公楊惠謂德林曰朝廷賜令總文武事經國任重非羣才輔佐無以克成大業今欲與公共事必不得辭德林答曰願以死奉公高祖大悅卽召與語劉昉鄭譯初矯詔召高祖受顧命輔少主總知內外兵馬事諸衛既奉勑並受高祖節度鄭譯

劉昉議欲授高祖冢宰鄭譯自攝大司馬劉昉又求小冢宰高祖私問德林曰欲何以見處德林云即宜作大丞相假黃鉞都督內外諸軍事不爾無以厭眾心及發喪便即依然以譯爲相府長史帶內史上大夫昉但爲相府司馬譯昉由是不平以德林爲丞相府屬加儀同大將軍未幾而三方構亂指授兵略皆與之參詳軍書羽檄朝夕塡委一日之中動逾百數或機速競發口授數人意緒百端不加治點勛公韋孝寬爲東道元帥師次永橋爲沁水漲孝寬師未得度長史李詢上密啓云諸大將梁士彥宇文忻崔弘度並受尉遲迥餉金軍中慅慅人情大異高祖得啓深以爲憂共鄭譯議欲代此三人德林獨進計云公與諸將並是國之貴臣未相伏馭今以挾令之威使得之耳安知後所遣者能盡腹心又取金之事虛實難明且臨敵代將自古所難樂毅所以辭燕馬服以之敗趙也如愚所見但遣公一腹心明於智略爲諸將舊來所信伏者速至軍所觀其情僞縱有異意必不敢動高祖大悟曰若公不發此言幾敗大事即令高熲馳驛往軍所爲諸將節度竟成大功凡厥謀謨多此類也進授丞相府從事內郎禪代之際其相國總百揆九錫殊禮詔策牋表璽書皆德林之辭也高祖登阼之日授內史令將受禪虞慶則勸高祖盡滅宇文氏高熲楊惠亦依違從之唯德林固爭以爲不可高祖作色怒云君讀書人不足平章此事於是盡誅之自是品位不加唯依班例授上儀同進爵爲子開皇元年勅令與太尉于翼高熲等同修律令事訖奏聞別賜九環金帶及駿馬格令班後蘇威每欲改易事條德林以爲格式一班義須劃一縱令小有踳駮非過蠹政害民者不可數有改張威又奏置五百家鄉正即令理民間詞訟德林以爲本廢鄉官判事爲其里閭親識剖斷不平今置鄉正爲害更甚勅令就東宮會議自皇太子以下多從德林議蘇威又言廢郡德林語之云修令時公何不論廢郡爲便今令纔出其可改乎高熲助威之議奏稱德林狠戾多固執由是高祖盡依威議五年勅令撰錄作相時文翰勒成五卷謂之霸朝雜集高祖省讀訖明旦謂德林曰自古帝王之興必有異人輔佐我昨讀霸朝集方知感應之理昨宵慍夜長不能早見公面必令公貴與國始終乃追贈其父爵爲刺史安平縣公諡曰孝以德林襲焉德林既少有才名長以貴顯凡製文章動行於世或有不知者謂爲古人焉德林自隋有天下每贊平陳之計八年駕幸同州德林以疾不從勅書追之書後御筆注云伐陳事意宜自隨也時高熲因使入京上語熲曰德林若患未堪行宜自至其宅取其方略高祖以之付晉王廣然後從駕還在塗中高祖以馬鞭南指云待平陳訖會以七寶裝嚴公使自山東無及之者及陳平授柱國郡公實封八百戶晉王廣宣勅訖有人說高熲曰天子畫策晉王及諸將勠力之所致也今乃歸功李德林諸將必當憤惋且後代觀云有若虛行熲入言之乃止初大象末高祖以逆人王謙宅賜之文書已出至地官府忽改賜崔謙上語德林曰夫人欲與其舅於公無形迹不須爭之可自選一好宅并覓莊店作替德林奏取逆人高阿那肱衞國縣市店八十區爲王謙宅替九年車駕幸晉陽店人表訴稱地是民物高氏彊奪於內造舍上責德林德林請勘逆人文簿及本換宅之意上不聽悉追店給所住者由是嫌之十三年虞世則等於關東諸道巡省使還奏云鄉正專理詞訟不便於民黨與愛憎公行貨賄上令廢之德林奏云此事臣本以爲不可然置來始爾今復停廢政令不一朝成暮毀臣望陛下若於律令輒欲改張即以軍法從事上遂大怒詬曰爾欲將我作王莽邪初德林稱其父爲太尉諮議以取贈官李元操等陰奏之云德林父終於校書妄云諮議上甚銜之至是廷議忤旨因數之曰公爲內史典朕機密比不預計議者以公不弘耳朕方以孝理天下故立五教以弘之公言孝由天性何須設教然則孔子不當說孝經又罔冒取店妄加父官朕實忿之而未能發今當以一州相遣耳因出爲湖州刺史德林拜謝曰臣不敢復望內史令請預散參侍陛下登封告成一覩盛禮然後守拙邱園死且不恨上不許轉懷州刺史在州逢亢旱課人掘井溉田勞而無益爲考司所貶歲餘卒官時年六十贈大將軍廉州刺史諡曰文將葬勅令羽林百人并鼓吹一部以給喪事祭以太牢德林美容儀善談吐器量沈深時人未能測齊任城王湝趙彥深魏收陸卬大相欽重德林少孤未有字魏收謂之曰卿識度天挺必至公輔吾輒以此字卿嘗副其實自從官以後即典機密性慎密未嘗有所非毀少以才學見知爲齊中書侍郎於賓館受書陳使江總目送之曰此即河朔之英靈也及位望稍高頗傷自任爭競之徒更相譖愬雖運屬興王功參佐命十餘年間不徙一級所撰文集勒成八十卷遭亂亡失見五十卷行於世勅撰齊史未成子百藥博涉多才詞藻清贍大業末位建安郡丞

楊素字處道弘農華陰人魏華州刺史播之族曾孫也

四世祖暉洛州刺史贈恆農公謚曰簡高祖恩河間太守曾祖鈞博學彊識頗有幹用位七兵尚書北道行臺恆州刺史懷朔鎮將贈侍中司空公進封臨貞縣伯謚曰恭祖暄字宣和性通朗彊識有學位諫議大夫以別將從廣陽王深征葛榮遇害贈殿中尚書華州刺史父敷少有志操重然諾人景慕之魏建義初襲祖鈞爵臨貞縣伯稍遷廷尉少卿斷獄以平允稱周孝閔踐祚進爵爲侯天和中爲汾州刺史進爵爲公齊將段孝先率衆來寇城陷見禽齊人方任用之敷不爲屈遂以憂憤卒於鄴素少落拓有大志不拘小節世人多未之知唯從祖寬深異之每謂子孫曰處道逸羣絕倫非常之器非汝曹所逮後與安定牛弘同志好學研精不倦多所通涉善屬文工草隸書頗留意風角美鬚髯有英傑之表周大冢宰宇文護引爲中外記室轉禮曹加大都督周武帝新總萬機素以其父守節陷齊未蒙朝命上表申理至於再三帝大怒命左右斬之素又言曰臣事無道天子死其分也帝暗其言赦之贈敷使持節大將軍譙廣復三州刺史謚曰忠壯拜素車騎大將軍儀同三司漸見禮遇嘗令爲詔下筆立成詞義兼美帝嘉之謂曰善相自勉勿憂不富貴素應聲曰臣但恐富貴來逼臣臣無心圖富貴及平齊之役素請率麾下先驅帝從之賜以竹策曰朕方欲大相驅策故用此物賜卿從齊王憲與齊人戰於河陰以功封清河縣子授司成大夫復從憲拔晉州屯兵雞棲原齊主以大軍至憲懼宵遁爲齊兵所躡衆多敗散素與驍將十餘人盡力苦戰憲僅而獲免齊平加上開府改封成安縣公尋從王軌破陳將吳明徹於呂梁行東楚州事封弟慎爲義安侯陳將樊毅築城泗口素擊走之夷毅所築城宣帝即位襲父爵臨貞縣公以弟約爲安成公尋從韋孝寬徇譙南及高祖爲丞相素深自結納高祖甚器之以爲汴州刺史至洛陽會尉遲迥作亂滎州刺史宇文冑據虎牢應迥素不得進帝拜素大將軍擊冑破之遷徐州總管位柱國封清河郡公以弟岳爲臨貞公及隋受禪加上柱國拜御史大夫其妻鄭氏性妬悍素忿之曰我若作天子卿定不能爲皇后鄭氏奏之由是坐免上方圖江表先是素數進取陳計未幾拜信州總管賜錢百萬錦千段馬二百匹遣之素居永安造大艦名曰五牙上起樓五層高百餘尺左右前後置六檣竿並高百五十尺容戰士八百人旂幟加於上次曰黃龍置兵百餘人自餘平乘舴艋等各有差及大舉伐陳以素爲行軍元帥引舟師趣三硤至流頭灘陳將戚欣以青龍百餘艘屯兵守狼尾灘以遏軍路其地險峭諸將患之素曰負勝在此一舉若晝日下船彼則見我灘流迅激制不由人則吾失其便乃夜掩之素親率黃龍十艘銜枚而下遣開府王長襲從南岸擊欣別柵令大將軍劉仁恩趣白沙北岸比明而至擊之欣敗虜其衆勞而遣之秋毫不犯陳人大悅素率水軍東下舟艫被江旌甲曜日素坐平乘大船容貌雄偉陳人望之懼曰清河公即江神也陳南康內史呂仲肅屯岐亭正據江峽於北岸鑿巖綴鐵鎖三條橫截上流以遏戰船素與仁恩登陸俱發先攻其柵仲肅軍夜潰素徐去其鎖仲肅復據荊州之延洲素遣巴蜒卒數千乘五牙四艘以檣竿碎賊十餘艦遂大破之仲肅僅以身免陳主遣其信州刺史顧覺鎮安蜀城荊州刺史陳紀鎮公安皆懼而走巴陵以東無敢守者湘州刺史岳陽王陳叔慎請降素下至漢口與秦孝王會乃還拜荊州總管進爵郢國公眞食長壽縣千戶以其子元感爲儀同三司玄獎爲清河郡公賜物萬段粟萬石加之金寶又賜陳主妹女妓十四人素言於上曰里名勝母曾子不入逆人王誼前封郢臣不願與同於是改封越國公尋拜納言轉內史令俄而江南人李稜等爲亂以素爲行軍總管討之帝命平定日男子悉斬女婦賞征人在陣免者從賤賊朱莫問自稱南徐州刺史以盛兵據京口素舟師入自楊子津進擊破之晉陵顧世興自稱太守與其都督鮑遷等復來拒戰素逆擊破之執遷虜三千餘人進擊無錫賊帥葉皓又平之吳郡沈元懀沈傑等以兵圍蘇州刺史皇甫績頻戰不利素率衆援之元懀勢逼走投南沙賊帥陸孟孫素擊孟孫於松江大破之禽孟孫元懀黟歙賊帥沈雪沈能據柵自固又攻拔之江浙賊高智慧自號東揚州刺史吳州總管五原公元契鎮會稽以其兵盛而降之智慧盡屠其衆契自殺智慧有船艦千餘艘屯據要害兵甚勁素擊之自旦至申苦戰破之智慧逃入海躡之從餘姚汎海趣永嘉智慧來拒戰素擊走之賊帥汪文進自稱天子據東陽署其徒蔡道人爲司空守樂安素進討悉平之又破永嘉賊帥沈孝徹於是步道向天台指臨海郡逐捕遺逸前後百餘戰智慧遁于閩越上以素久勞於外詔令馳傳入朝加子元感上開府賜綵八千段素以餘寇未殄恐爲後患又自請行詔以素爲元帥復乘傳至會稽先是泉州人王國慶南安豪族也殺刺史劉弘據州爲亂自以海路艱阻非北人所習不設備伍素泛海奄至國慶遑遽棄州走素分遣諸將水陸追

捕時南海先有五六百家居水爲亡命號曰遊艇子智慧國慶欲往依之素乃密令人說國慶令斬智慧以自効國慶乃斬智慧於泉州自餘支黨悉降江南大定上遣左領軍將軍獨孤陀至浚儀迎勞比到京師問者日至拜素子元獎儀同賜黃金四十斤加銀缾實以金錢縑三千段馬二百匹羊三千口田百頃宅一區代蘇威爲尙書右僕射與高熲專掌朝政素性疎而辯高下在心朝貴之內頗推高熲敬牛弘厚接薛道衡視蘇威蔑如也自餘朝臣多被陵轢其才藝風調優於高熲至於推誠體國處物平當有宰相識度不如熲遠矣尋令素監營仁壽宮素遂夷山堙谷督役嚴急作者多死宮側時聞鬼哭及宮成上令高熲前視奏稱頗傷綺麗大損人丁帝不悅素懼卽於北門啓獨孤皇后曰帝王法有離宮別館今天下太平造一宮何足損費后以此理諭上上乃解於是賜錢百萬綿絹三千段開皇十八年突厥達頭可汗犯塞以素爲靈州道行軍總管出塞討之賜物二千段黃金百斤先是諸將與虜戰每慮胡騎奔突皆戎車步騎相參與鹿角爲方陣騎在內素曰此乃自固之道於是悉除舊法令諸軍爲騎陣達頭聞之大喜以爲天賜下馬仰天而拜率精騎十餘萬至素奮擊大破之達頭被重創而遁衆號哭而去優詔賜縑二萬匹及萬釘寶帶加子元感位大將軍元獎元縱積善並上儀同素多權畧乘機赴敵應變無方然大抵馭戎嚴整有犯令者立斬無所寬貸每將臨寇輒求人過失而斬之多者百餘人少不下數十流血盈前言笑自若及對陣先令三百人赴敵陷陣則已如不能陷而還無問多少悉斬之又令二百人復進還如向法將士股慄有必死心由是戰無不勝稱爲名將素時貴倖言無不從其從素征伐者微功必錄至於他將雖大功多爲文吏所譴卻故素雖嚴忍士亦以此願從二十年晉王廣爲靈朔道行軍元帥素爲長史王卑躬交素及爲太子素之謀也仁壽初代高熲爲尙書左僕射賜良馬十四牝馬二百匹奴婢百口其年以素爲行軍元帥出雲中擊突厥連破之突厥走追至夜及之將復戰恐賊越逸令其騎稍後於是親將兩騎并降突厥二人與虜並行不之覺也候其頓舍未定趣後騎掩擊大破之自是突厥遠遁磧南無復虜庭以功進子元感位柱國元縱爲淮南郡公賞物二萬段及獻皇后崩山陵制度多出於素上善之下詔曰君爲元首臣則股肱共理百姓儀同一體上柱國尙書左僕射仁壽宮大監越國公素志度恢弘機鑒明遠懷佐時之畧包經國之才王業初基霸圖肇建策名委質受脤出師禽蕩凶魁克平虢鄭頻承廟算揚旆江表每稟戎律長驅塞垣南指而吳越肅清北臨而獯獫摧服自居端揆參贊機衡當朝正色直言無隱論文則詞藻縱橫語武則權奇閒出既文且武唯朕所命任使之處夙夜無怠獻皇后奄離六宮遠日云及塋兆安厝委素經紀然葬事依禮唯卜泉石至如吉凶不由於素義存奉上情深體國欲使幽明俱泰永保無窮以爲陰陽之書聖人所作禍福之理特須審愼乃徧歷川原親自占擇志圖元吉孜孜不已遂得神皐福壤營建山陵論素此心事極誠孝豈與平戎定寇比其功業若不加褒賞何以申茲勸勵可別封一子義康郡公邑萬戶子子孫孫承襲不絕餘如故并賜田三千頃絹萬疋米萬石金鉢一實以金銀鉢一實以珠并綾錦五百段時素貴寵日隆其弟約從父文思弟紀及族父异並尙書列卿諸子無汗馬勞位柱國刺史家僮數千後庭妓妾曳綺羅者以千數第宅華侈制擬宮禁有鮑亨者善屬文殷胄者工草隸並江南士人因高智慧沒爲奴親戚故吏布列淸顯其盛近古未聞煬帝初爲太子忌蜀王秀與素謀之構成其罪後竟廢黜朝臣有違忤者雖至誠體國如賀若弼史萬歲李綱柳彧等素皆陰中之若有附會及親戚雖無才用必加進擢朝廷靡然莫不畏附唯兵部尙書柳述以帝壻之重數於上前面折素大理卿梁毗抗表言素作威作福上漸疎忌之後因出勅曰僕射國之宰輔不可躬親細務但三五日一度向省評論大事外示優崇實奪之權終仁壽之末不復通判省事上賜三公已下射素箭爲第一上手以外國所獻金精盤價直巨萬以賜之四年從幸仁壽宮宴賜重疊及上不豫素與兵部尙書柳述黃門侍郎元巖等入侍疾時皇太子入居大寶殿慮上有不諱須豫防擬乃手自爲書封出問素條錄事狀以報太子宮人誤送於上上覽而大恚所寵陳貴人又言太子無禮上遂發怒欲召庶人勇太子謀之素素矯詔追東宮兵士帖上臺宿衞門禁出入並取宇文述郭衍節度又令張衡侍疾上以此日崩由是頗有異論會漢王諒反遣茹茹天保往東蒲州燒斷河橋又遣王聃子并力拒守素將輕騎五千襲之潛於渭口宵濟比明擊之天保敗聃子懼以城降有詔徵還初素將行計日破賊皆如所量帝於是以素爲并州道行軍總管河北道安撫大使討諒時晉絳呂三州並爲諒城守素各以二千人縻之而去諒遣趙子開擁衆十餘萬築絕徑路屯據高壁布陣五

十里素令諸將以兵臨之自以奇兵深入霍山緣崖谷而進直指其營一戰破之諒所署介州刺史梁脩羅屯介休聞素至懼棄城而走進至清源去并州三十里諒率其將王世宗趙子開蕭摩訶等來拒戰又擊破之禽蕭摩訶諒退保并州素進兵圍之諒窮而降餘黨悉平帝遣素弟脩武公約齎手詔勞素素上表陳謝其月還京師從駕幸洛陽以素領營東京大監以平諒功拜其子萬石仁行姪元挺皆儀同三司賚物五萬段羅綺千匹諒之妓妾二十人大業元年遷尚書令賜東京甲第一區物二千段尋拜太師餘官如故前後賞錫不可勝計明年拜司徒改封楚公眞食二千五百戶其年病薨謚曰景武贈光祿大夫太尉公弘農河東絳郡臨汾文城河內汲郡長平上黨西河十郡太守給轀輬車班劒三十人前後部羽葆鼓吹粟麥五千石物五千段鴻臚監護喪事帝又下詔立碑以彰盛美素嘗以五言詩七百字贈番州刺史薛道衡詞氣頴拔風韻秀上爲一時盛作未幾而卒道衡歎曰人之將死其言也善若是乎集十卷素雖有建立策及平楊諒功然特爲帝猜忌外示殊禮內情甚薄大業中言楚分野有大喪因改封素於楚寢疾之日帝每令名醫診候賜以上藥然密問醫人恆恐不死素又自知名位已極不肯服藥亦不將愼每語弟約曰我豈須臾活邪素貪財貨營求產業東西京居宅侈麗朝毀夕復營繕無已爰及諸方都會之處邸店水磑田宅以千百數時議以此鄙之子元感少時晚成人謂之癡唯素每謂所親曰此兒不癡也及長美鬚髯儀貌雄俊好讀書便騎射弱冠以父軍功位柱國與其父俱爲第二品朝會則齊列後高祖命元感降一等元感拜謝曰不意陛下寵臣之甚許以公庭獲展私敬初拜郢州刺史到官潛布耳目察長吏能否纖介必知吏民敬服皆稱其能後轉宋州刺史以父憂去職歲餘起拜鴻臚卿襲爵楚國公遷禮部尚書性雖驕倨而愛重文學四海知名之士多趨其門自以累代尊顯有盛名於天下在朝文武多父之將吏復見朝綱漸紊帝又猜忌日甚內外不自安遂與諸弟潛謀廢帝立秦王浩及從征吐谷渾還至達斗拔谷時從官狼狽元感欲襲擊行宮其叔愼曰士心尚一國未有釁不可圖也元感乃止時帝好征伐元感欲立威名陰求將領謂兵部尚書段文振曰元感世荷國恩寵踰涯分自非立效邊裔何以塞責若方隅有風塵之警庶得執鞭行陣少展絲髮之功明公兵革是司敢布心腹文振因言於帝帝嘉之顧謂羣臣曰將門出將相門出相故不虛也於是賚物千段禮遇益隆頗預朝政帝征遼東令元感於黎陽督運于時百姓苦役天下思亂元感遂與虎賁郎將王仲伯汲郡贊治趙懷義等謀議欲令帝所軍旅饑餒每爲遲留不時進發帝遲之遣使者促逼元感揚言曰水路多盜賊不可前後而發其弟虎賁郎將元縱鷹揚郎將萬石並從幸遼東元感潛遣人召之時將軍來護兒以舟師自東萊將入海趣平壤城軍未發元感無以動眾乃遣家奴僞爲使者從東方來謬稱護兒失軍期而反元感遂入黎陽縣閉城大募男夫於是取颿布爲牟甲置官屬皆准開皇之舊移書傍郡以討護兒爲名各令發兵會於倉所以東光縣尉元務本爲黎州刺史趙懷義爲衞州刺史河內郡主簿唐禕爲懷州刺史有眾且一萬將襲洛陽唐禕至河內馳往東都告之越王侗民部尚書樊子蓋等大懼勒兵備禦脩武縣民相率守臨清關元感不得濟遂於汲郡南渡河從亂者如市數日屯兵上春門眾至十餘萬子蓋令河南贊治裴弘策拒之弘策戰敗遷洛父老競致牛酒元感屯兵尚書省誓眾曰我身爲上柱國家累萬金至於富貴無所求也今者不顧破家滅族者爲天下解倒懸之急救黎元之命耳眾皆悅詣轅門請自効者日有數千與樊子蓋書曰夫建志立義事有多途見機而作蓋非一揆昔伊尹放太甲於桐宮霍光廢劉賀於昌邑此並公度內不能一二披陳高祖文皇帝誕膺天命造茲區宇在璇璣以齊七政握金鏡以馭六龍無爲而至化流垂拱而天下乂今上纂承寶歷宜固洪基乃自絕于天殄人敗德頻年肆眚盜賊於是滋多所在脩營人力爲之凋盡荒淫酒色子女必被其侵耽玩鷹犬禽獸皆離其毒朋黨相扇貨賄公行納邪佞之言杜正直之口加以轉輸不息徭役無期士卒塡溝壑骸骨蔽原野黃河之北則千里無烟江淮之間則鞠爲茂草元感世荷國恩位居上將先公奉遺詔曰好子孫爲我輔弼之惡子孫爲我屏黜之所以上稟先旨下順民心廢此昏淫更立明哲令四海同心九有咸應士卒用命如赴私讎人庶相趨義形公道天意人事較然可知公獨守孤城勢何支久願以黔黎在念社稷爲心勿拘小禮自貽伊戚誰謂國家一旦至此執筆潸然言無所具遂逼都城刑部尚書衞元率眾數萬自關中來援東都以步騎二萬度瀍澗挑戰元感僞北元逐之伏兵發前軍盡沒後數日元復與元感戰兵始合元感詐令人大呼曰官軍已得元感矣元軍稍怠元感與數千騎乘之大潰擁八千人而去元

感驍勇多力每戰親運長矛身先士卒喑嗚叱咤所當者莫不震慴論者方之項羽又善撫馭士樂致死由是戰無不捷元軍日蹙糧又盡乃悉衆決戰陣於北邙一日間戰十餘合元感弟元挺中流矢而斃元感稍卻樊子蓋復遣兵攻尚書省又殺數百人帝遣虎賁郎將陳稜攻元務本於黎陽武衛將軍屈突通屯河陽左翊衛大將軍宇文述發兵繼進右驍衛大將軍來護兒復來赴援元感請計於前民部尚書李子雄子雄曰屈突通時習兵事若渡河則勝負難決不如分兵拒之通不能濟則樊衛失援元感然之將拒通子蓋知其謀數擊其營元感不果進通遂濟河軍於破陵元感爲兩軍西抗衛元東拒屈突通子蓋復出兵於是大戰元感頻北復請於子雄子雄曰東都援軍益至我師不可久留不如直入關中開永豐倉以賑貧乏三輔可指麾而定據有府庫東面而爭天下此亦霸王之業會華陰諸楊請爲鄉導元感遂釋洛陽西圖關中宣言已破東都取關西宇文述等諸軍躡之至弘農宮父老遮說元感曰宮城空虛又多積粟攻之易下進可絕敵人之食退可割宜陽之地元感以爲然留攻之三日城不下追兵遂至元感西至閿鄉上槃豆布陳亙五十里與官軍且戰且行一日三敗復陳於董杜原諸軍擊之元感大敗獨與十餘騎竄林木間將奔上洛追騎至元感叱之皆懼而返走至葭蘆戍元感窘迫獨與弟積善步行自知不免謂積善曰事敗矣我不能受人戮辱汝可殺我積善抽刀殺之因自刺不死爲追兵所執與元感首俱送行在磔其屍於東都市三日復臠而焚之餘黨悉平其弟元獎爲義陽太守將歸元感爲郡丞周旋玉所殺元縱弟萬石自帝所逃歸至高陽止傳舍監事許華與郡兵執之斬於涿郡萬石弟仁行官至諫議大夫斬於長安並其梟磔公卿請改其姓爲梟氏詔可之元感之亂有趙元淑者預謀誅又有劉元進亦舉兵應之元淑博陵人父世模初從高寶寧後以衆歸周授上開府寓居京兆之雲陽高祖踐阼恆典宿衛後從晉王伐陳力戰而死朝廷以其身死王事以元淑襲父本官賜物三千段元淑性疎誕不事產業家徒壁立後授驃騎將軍將之官無以自給時長安富民宗連家累千金仕周爲三原令有季女慧而有色連每求賢壻聞元淑請與相見連有風儀美談笑元淑亦慕之及至其家服玩居處擬於將相酒酣奏女樂元淑所未見也及出連又致殷勤元淑再三來宴樂多侈於前因問所須盡買與之元淑致謝連復拜求以女妻之元淑感而納焉遂爲富人從楊素平楊諒以功進位柱國歷德州刺史穎川太守並有威惠入爲司農卿元感有異志遂與結交遼東之役領將軍典宿衛加光祿大夫封葛國公明年帝復征高麗以元淑鎮臨渝及元感作亂其弟元縱自駕所逃歸路經臨渝元淑出其小妻魏氏見元縱對宴極歡因與通謀并受元縱賂遺及元感敗人有告其事者帝以屬吏元淑及魏氏俱斬於涿郡籍沒其家元進餘杭人少好任俠爲州里所宗兩手各長尺餘臂垂過膝屬遼東之役百姓騷動元進自以相表非常遂聚亡命會元感起於黎陽元進應之旬月衆至數萬將渡江而元感敗吳郡朱燮晉陵管崇亦舉兵有衆七萬共迎元進奉以爲主據吳郡稱爲天子以燮崇俱爲僕射署百官帝令將軍吐萬緒光祿大夫魚俱羅討焉爲緒所敗朱燮戰死俄而緒俱羅並得罪江都郡丞王世充發兵擊之有大流星墜于江都未及地而南逝磨拂竹木皆有聲至吳郡而落于地元進惡之令掘地入二丈得一石徑丈餘數日失石所在世充渡江元進遣兵人各持茅因風縱火世充大懼將棄營遁遇反風火轉元進衆懼燒而退世充大破之元進及崇皆爲世充所殺世充阬其衆於黃亭澗死者三萬人其後董道沖沈法興李子通等並乘此而起素母弟約字惠伯童兒時嘗登樹墜地爲查所傷由是竟爲宦者性好沈靜內多譎詐好學彊記素友愛之凡有所爲先籌於約而行在周末以素軍功賜爵安成縣公拜上儀同三司高祖受禪歷位長秋卿鄜州刺史宗正大理二少卿時皇太子無寵晉王廣規奪宗以素幸於上而雅信約乃用張衡計遣宇文述大以金寶賂約因通王意說之曰夫守正履道固人臣之常致反經合義亦達者之令圖自古賢人君子莫不與時消息以避禍患公兄弟功名蓋世用事有年朝臣爲足下家所屈辱者可勝數哉又儲宮以所欲不行每切齒於執政公雖自結於人主而欲危公者亦多矣主上一旦棄羣臣公亦何以取庇今皇太子失愛於皇后主上素有廢黜之心此公所知也今若請立晉王在賢兄之口耳誠能因此時建大功王必鏤銘於骨髓斯則去累卵之危成太山之安也約然之以白素素本凶險聞之大喜乃撫掌曰吾智慧殊不及此賴汝起予約知其計行復謂素曰今皇后之言上無不用宜因機會早自結託則匪惟長保榮祿傳祚子孫又晉王傾身禮士聲名日盛躬履節儉有主上之風以約料之必能安天下兄若遲疑一旦有變令太子用事恐禍至無日素遂行其策太

子果廢及晉王入東宮引約爲左庶子封脩武公進位大將軍及高祖崩遣約入京易留守者縊殺庶人勇然後陳兵發凶問煬帝聞之曰令兄之弟果堪大任即位數日拜內史令約有學術兼達時務帝甚任之後加光祿大夫及帝在東都令約詣京師享廟行至華陰見其先塋遂枉道拜哭爲憲司所劾坐免官尋拜淅陽太守其兄子元感時爲禮部尚書與約恩義甚篤旣愴分離形於顏色帝謂曰公比憂瘁得非爲叔也元感再拜流涕曰誠如聖旨帝亦思約廢立功由是徵入朝未幾卒以素子元挺後之素叔祖穆字紹叔仕魏華州別駕孝武末弟寬請以澄城縣伯讓穆詔許之終于并州刺史贈開府儀同三司華州刺史穆弟儉字景則偉容儀有才行位北雍州刺史政尚寬惠夷夏安之後從破齊神武於沙苑封夏陽縣侯位開府儀同三司華州刺史卒諡曰峙子异字文殊美風儀有器局髫齓就學日誦千言見者奇之九歲丁父憂哀毀過禮殆將滅性及免喪之後絕慶弔閉戶讀書數年之間博涉書記周閔帝時爲盧都郡太守甚有能名賜爵樂昌縣子後數以軍功進爵爲侯高祖作相行濟州事及踐阼拜宗正少卿加上開府蜀王秀之鎮益州也朝廷盛選綱紀以异方直拜益州總管長史尋遷西南道行臺兵部尚書後歷宗正卿刑部尚書出爲吳州總管甚有能名時晉王廣鎮揚州詔令异每歲一與王相見評論得失規諫疑闕卒於官子虔遜嗣儉弟寬列在周史

蘇威字無畏京兆武功人父綽魏度支尚書周史有傳威少有至性五歲喪父哀毀有若成人襲爵美陽縣公仕郡功曹周革命大冢宰宇文護甚敬禮之以其女新與公主妻焉威見護專權恐禍及乃逃入山中爲叔父所逼卒不獲免然每屛居山寺以諷讀爲娛未幾授持節車騎大將軍儀同三司改封懷道縣公周武親總萬機拜稍伯下大夫前後所授並辭疾不拜有從父妹適河南元世雄世雄先與突厥有隙突厥入朝請世雄及其妻子將甘心焉周遂遣之威以夷人昧利遂標賣田宅罄資產贖世雄論者義之宣帝嗣位就拜開府高祖爲丞相高熲屢言其賢高祖亦素重其名召入臥內與語大悅居月餘威聞禪代之議遁歸田里高熲請追之高祖曰此不欲預吾事耳且置之及受禪徵拜太子少保追贈其父爲邳國公以威襲焉俄兼納言民部尚書威上表陳讓優詔不許帝嘗與獻文皇后對觴召威及高熲楊素廣平王雄四人謂曰太史言朕祚運盡於三年朕爲之憂懣故舉此酒耳今欲營南山險處與公等固之以觀時變公等以爲如何威進曰昔周文脩德旋地動之災宋景一言退法星三舍臣願陛下恢崇德度享天之休若棄德恃險同舟之人誰非敵國縱南山之阻安足固哉帝善其言屬之以酒初威父綽在西魏時以國用不足爲征稅之法頗稱爲重旣而歎曰今者所爲正如張弓非平世之法也後之君子誰能弛乎威聞其言每以爲已任至是奏減賦役務從輕典上悉從之漸見親重與高熲參掌朝政威時見宮中以銀爲幔鉤者因盛陳前世節儉之美以爲風諭帝爲之改容由是雕飾舊物悉令除毀上嘗怒一人將殺之威入閤進諫不納上怒甚將自出斬之威遮止而不去上避之而出威又遮止上拂衣而入良久乃召威謝之曰公能如是吾復何憂矣於是賜馬二匹錢十餘萬歲餘尋復兼大理卿京兆尹御史大夫本官悉如故侍書侍御史梁毗劾威身領五職安繁戀劇無舉賢自代之心上曰蘇威朝夕孜孜志存遠大舉賢有闕何遽迫之顧謂威曰用之則行舍之則藏惟我與爾有是夫因謂朝臣曰蘇威不值我無以措其言我不得蘇威何以行其道楊素才辯無雙至若斟酌古今助我宣化非威之匹也蘇威若逢亂世當爲商山四皓豈易屈哉其爲人主見重如此未幾拜刑部尚書解少保御史大夫官後京兆尹廢以威檢校雍州別駕時高熲與威同心協贊政刑大小無不籌之故革運數年天下稱平俄轉戶部尚書納言如故屬山東諸州人饑帝令威振恤之遷吏部尚書兼國子祭酒隋承戰爭之後憲章踳駁上令朝臣釐改舊法爲一代通典律令格式多威所定世以爲能九年拜尚書左僕射其年以母憂去職柴毀骨立敕勉諭殷勤未幾起令視事固辭優詔不許明年帝幸并州命與高熲同總留事俄追詣行在所使決民訟尋令持節巡撫江南得以便宜從事過會稽踰五嶺而還江表自晉已來刑法疏緩代族貴賤不相陵越平陳之後牧人者盡改變之無長幼悉使誦五教威加以煩鄙之辭百姓嗟怨使還奏言江表依內州責戶籍上以江表初平召戶部尚書張嬰責以政急時江南州縣又訛言欲徙之入關遠近驚駭饒州吳世華起兵爲亂生臠縣令啗其肉於是舊陳率土皆反執長吏抽其腸而殺之曰更使儂誦五教邪尋詔內史令楊素討平之時突厥都藍可汗屢爲患復令威至可汗所威子夔與國子博士何妥各有所持於是夔妥各爲一議使百寮署其所同朝廷多附威同夔者十八九妥恚曰吾席間函丈四十餘年反爲

昨暮兒之所屈也遂奏威與禮部尚書盧愷吏部侍郎薛道衡尚書右丞王弘考功侍郎李同和等共爲朋黨省中呼王弘爲世子李同和爲叔言二人如威之子弟復言威以曲道任其從父弟徹肅等罔冒爲官又國子學請蔡陽人王孝逸爲書學博士威屬盧愷以爲其府參軍上令蜀王秀上柱國虞慶則等雜案之事皆驗上取宋書謝晦傳中朋黨事令威讀之威惶懼免冠頓首上曰謝已晚矣遂免威官爵以開府就第知名之士坐威得罪者百餘人未幾上曰蘇威德行者但爲人所誤耳命之通籍歲餘復爵邳公拜納言從祠太山坐不敬免俄而復位上謂羣臣曰世人言蘇威詐清家累金玉此妄言也然其性狠戾不切世要求名太甚從巳則悅違之必怒此其大病耳仁壽初復拜尚書右僕射上幸仁壽宮不豫皇太子自京師求侍疾詔威留守京師及帝還御史奏威職事多不理帝怒詰責威威謝帝亦止煬帝嗣位加上大將軍上將大起長城之役威諫止之高熲賀若弼之誅也威坐相連免官歲餘拜魯郡太守俄羽儀召拜太常卿從征吐谷渾進拜右光祿大夫歲餘復爲納言與左翊衛大將軍宇文述黃門侍郎裴矩御史大夫裴蘊內史侍郎虞世基參掌朝政時人稱爲五貴及征遼東以本官領右武衛大將軍進位光祿大夫賜爵房陵侯尋進爵爲公以年老乞骸骨不許復以本官參掌選事明年從征遼東領右禦衛大將軍楊元感之反帝引威於帳中懼見於色謂之曰此小兒聰明得不爲患邪威曰夫識是非審成敗者乃所謂聰明元感麤疎非聰明者必無所慮但恐浸成亂階耳威見勞役不息百姓思亂微欲以此諷帝帝不寤從還至涿郡詔威安撫關中以威孫尚輦直長儇爲副威子鴻臚少卿夔先爲關中簡黜大使一家三人俱奉使關右三輔榮之歲餘帝手詔曰玉以潔潤丹紫莫能渝其質松表歲寒霜雪莫能彫其采可謂溫仁勁直性之然乎房陵公威先后舊臣朝之宿齒棟梁社稷弼諧朕躬守文奉法卑身率禮昔漢之三傑輔惠帝者蕭何周之十亂佐成王者邵奭國之寶器其在得賢參燮台階具瞻斯允雖事藉論道終期獻替銓衡時務朝寄爲重可開府儀同三司餘並如故威當時尊重朝臣莫與爲比後從幸鴈門帝爲突厥所圍朝廷危懼欲輕騎潰圍而出威諫曰城守則我有餘力輕騎則彼之所長陛下萬乘之主何宜輕脫帝乃止突厥俄亦解圍去車駕次太原威曰今者盜賊不止士馬疲弊願陛下還京深根固本爲社稷之計帝初然之後竟用宇文述等議遂往東都時天下大亂威知帝不可匡正意甚患之屬帝問侍臣盜賊事宇文述曰盜賊信少不足爲虞威不能詭對以身隱於殿柱帝呼威問之威對曰臣非職司不知多少但恐其漸近帝曰何謂也威曰他日賊據長白山今者近在榮陽氾水帝不悅而罷尋屬五月五日百寮上饋多以珍翫威獻尚書一部微以諷帝帝彌不平後復問伐遼東事威對願赦羣盜遣討高麗帝益怒御史大夫裴蘊希旨令白衣御史張行本奏威昔在高陽典選濫授人官畏怯突厥請還京師帝令案其事乃下詔曰威立性朋黨好爲異端懷挾詭道徼幸名利詆訶律令謗訕臺省昔歲薄伐奉述先志凡預切問各盡胸臆而威不以開懷遂無對命啓沃之道其若是乎於是除名後月餘人有奏威與突厥陰圖不軌大理簿責威威自陳精誠不能上感瑕釁彰罪當萬死帝憫而釋之其年從幸江都宮帝將復用威裴蘊虞世基奏威昏耄羸疾帝乃止宇文化及之弒逆也以威爲光祿大夫開府儀同三司化及敗歸於李密密敗歸東都越王侗以爲上柱國邳公王世充僭號署太師威自以隋室舊臣遭逢喪亂所經之處皆與時消息以求容免及唐秦王平王世充坐於東都閶闔門內威請謁見稱老病不能拜起王遣人數之曰公隋室宰輔政亂不能匡救遂令品物塗炭君弒國亡見李密王世充皆拜伏舞蹈今既老病無勞相見也尋歸長安至朝堂請見唐高祖又不許卒於家時年八十二歲治身清儉以廉慎見稱每至公議惡人異巳雖或小事必固爭之時人以爲無大臣體所修格令章程並行於當世然頗傷苛碎及大業末年尤多征役於論功行賞威每承望風旨輒寢其事時羣盜蜂起郡縣有表奏詣闕者又訶詰使人令減賊數故出師攻討多不克捷由是致敗亂爲物議所譏子夔字伯尼少聰敏有口辯八歲誦詩兼解騎射年十三從父至尚書省與安德王雄馳射賭得駿馬而歸十四詣學與諸儒論議詞致可觀見者莫不稱善及長博覽羣言尤以鍾律自命初名哲字知人父威由是改之頗爲有識所哂起家太子通事舍人楊素甚奇之素每戲威曰楊素無兒蘇夔無父後與鄭譯何妥議樂得罪議寢不行著樂志十五篇以見其志數載遷太子舍人以罪免居職數年仁壽三年詔天下舉達禮樂源者晉王昭時爲雍州牧舉夔與諸州所舉五十餘人謁見帝望夔謂侍臣曰唯此一人稱吾所舉於是拜晉王友煬帝嗣位遷太子洗馬司朝謁者以父免職夔亦去官後歷尚書職方郎

燕王司馬遼東之役以功拜朝散大夫時帝方勤遠略蠻夷朝貢前後相屬帝從容謂宇文述虞世基曰四夷率服觀禮華夏鴻臚之職須歸令望寧有多才藝美容儀可以接對賓客者爲之平咸以夔對帝然之卽日拜鴻臚少卿其年高昌王麴伯雅來朝朝廷妻以公主夔有雅望令主婚其後延和弘化等數郡盜賊屯結詔夔巡關中及突厥圍鴈門夔於鎮城東南爲弩樓車箱虎圈一夕而就帝見善之以功進位通議大夫坐父事除名後會丁母憂不勝哀卒時年四十九

韓禽虎字子通河南東垣人後家新安父雄以武烈知名仕周至都督中州刺史自有傳禽虎少慷慨以膽略見稱容貌魁岸有雄傑之表性又好書經史百家皆略知大旨周文見而異之令與諸子游集後以軍功稍遷儀同三司襲爵新義郡公周武帝伐齊禽虎說下獨孤永業於金墉城及平范陽加上儀同永州刺史高祖作相遷和州刺史陳將甄慶任蠻奴蕭摩訶等共爲聲援頻寇江北前後入界禽虎屢挫其鋒陳人奪氣開皇初高祖有潛吞江南之志以禽虎有文武才用夙著威名於是拜爲廬州總管委以平陳之任甚爲敵人所憚及大舉伐陳以禽虎爲先鋒禽虎領五百人宵濟襲採石守者皆醉遂取之進攻姑孰半日而拔次於新林江南父老素聞其威信來謁軍門晝夜不絕陳人大駭其將樊巡魯世眞田瑞等相繼降之晉王上其狀高祖大悅晉王遣行軍總管杜彥與禽虎合軍陳主叔寶遣領軍蔡徵守朱雀航聞禽虎將至衆懼而潰陳將任蠻奴爲賀若弼所敗棄軍降禽虎禽虎以精騎五百直入朱雀門陳人欲戰蠻奴撝之曰老夫尙降諸軍何事衆皆散走遂平金陵執陳主叔寶時賀若弼亦有功乃下詔於晉王曰此二公者有深謀大略東南逋寇朕本委之靜地恤民悉如朕意九州不一已數百年以名臣之功成太平之業平定江表乃二人之力也天下盛事何用過此賜物萬段又下優詔於禽虎弼曰申國威於萬里宣朝化於一隅使東南之民俱出湯火數百年賊旬日廓清專是公之功也高名塞於宇宙盛業光於天壤逖聽前古罕聞其匹班師凱入誠知非遠相思之甚寸陰若歲及至京師弼與禽虎爭功於上前弼曰臣在蔣山死戰破其銳卒擒其驍將震揚威武遂平陳國韓禽虎略不交陣豈臣之比禽虎曰本奉明旨令臣與弼同時合勢以取僞都弼乃敢先期逢賊遂戰致令將士死傷甚多臣以輕騎五百兵不血刃直取金陵降任蠻奴執陳叔寶據其府庫傾其巢穴弼至夕方扣北掖門臣啓門而納之斯乃救罪不暇安得與臣爲比上曰二將俱合上勳於是進位上柱國賜物八千段有司劾禽虎放縱士卒淫汙陳宮坐此不得國公及眞食邑大軍之始出也上敕有司曰亡國物我一不以入府可於苑內縈五垜當悉賜文武百官大射以取之及是上御元堂大陳陳之奴婢貨賄會王公文武官七品已上武職領兵都督已上及諸考使以射之先是江東有謠曰黃班靑驄馬發自壽陽涘來時冬氣末去日春風始皆不知所謂禽虎平陳之際又乘靑驄馬往返時節與謠相應至是方悟其後突厥來朝上謂之曰汝聞江南有陳國乎對曰聞之上命左右引突厥詣禽虎前謂曰此是執得陳國天子者禽虎更厲色顧之突厥惶恐不敢視其威容如此別封壽光縣公眞食千戶以行軍總管屯金城禦備胡寇卽拜涼州總管俄徵還京恩禮殊厚無何其鄰母見禽虎門下儀衛甚盛有同王者母異而問之其中人云我來迎王忽然不見又有人疾篤忽驚走至禽虎家曰我欲謁王左右問曰何王也答曰閻羅王禽虎子弟欲撻之禽虎止之曰生爲上柱國死作閻羅王斯亦足矣因寢疾數日卒年五十五子世諤嗣世諤倜儻驍捷有父風楊元感亂引爲將每先登元感敗爲吏所拘時帝在高陽送詣行在所世諤曰令守者市酒殽以酣暢揚言曰吾死在朝夕不醉何爲漸以酒進守者守者狎之遂飲令醉因得逃奔山賊不知所終禽虎母弟僧壽字元慶亦以勇烈知名周武帝時爲侍伯中旅下大夫高祖得政從韋孝寬平尉遲迥以功授大將軍封昌樂縣公開皇初拜安州刺史時禽虎爲廬州總管朝廷不欲其兄弟同在淮南轉熊蔚二州刺史進爵廣陵郡公尋以行軍總管擊破突厥於雞頭山後坐事免數歲復拜蔚州刺史突厥甚憚之後檢校靈州總管事從楊素破突厥進位上柱國改封江都郡公煬帝卽位封新蔡郡公自是不復任用大業五年從幸太原時有京兆人達奚通妾王氏能淸歌朝臣多相命觀之僧壽亦豫焉坐除名尋復本位卒於京師有子孝基僧壽弟洪字叔明少驍勇善騎射旅力過人仕周以軍功拜大都督高祖爲丞相從韋孝寬破尉遲迥加上開府封甘棠縣侯及高祖受禪進爵爲公開皇九年平陳之役授行軍總管及陳平晉王廣大獵於蔣山有猛虎在圍中衆皆懼洪馳馬射之應弦而倒陳氏諸將列觀皆歎伏焉王大喜賜縑百疋尋以功加柱國拜蔣州刺史轉廉州時突厥屢爲邊患朝廷以洪驍勇令檢校朔州總管事尋

拜代州總管仁壽元年突厥達頭可汗犯塞洪率蔚州刺史劉隆大將軍李藥王拒之遇虜於恒安衆寡不敵洪四面搏戰身被重創將士沮氣虜悉衆圍之矢下如雨洪僞與虜和圍少懈洪率所領潰圍而出死者太半殺虜亦倍洪及藥王除名隆竟坐死煬帝北巡至恒安見白骨被野以問侍臣曰往者韓洪與虜戰處也帝憫然傷之收葬骸骨命五郡沙門爲設齋供拜洪隴西太守未幾朱崖人王萬昌作亂詔洪平之以功加金紫光祿大夫領郡如故俄而萬昌弟仲通復叛又詔洪平之還師未幾旋遇疾卒

賀若弼字輔伯河南洛陽人也父敦周中州刺史贈大將軍自有傳弼少有大志驍勇便弓馬解屬文博涉書記有重名周齊王憲聞而敬之引爲記室封當亭縣公遷小內史與韋孝寬伐陳攻拔數十城弼計居多拜壽州刺史改封襄邑縣公高祖爲丞相尉遲迥作亂高祖恐弼爲變遣長孫平馳驛代之及高祖受禪陰有平江南志訪可任者高熲薦弼有文武才幹於是拜吳州總管委以平陳事弼忻然以爲已任與壽州總管源雄並爲重鎭弼遺雄詩曰交河驃騎幕合浦伏波營勿使麒麟上無我二人名獻取陳十策上稱善賜以寶刀開皇九年大舉伐陳以弼爲行軍總管將渡江酹酒而誓曰弼親承廟略遠振國威伐罪弔民上天長江鑒其若此如使福善禍淫大軍利涉如事有乖違得葬江魚腹中死且不恨先是弼請緣江防人每交代之際必集歷陽於是大列旗幟營幕被野陳人以爲大兵至悉發國中士馬後知防人交代其衆復散遂以爲常不復設備及此弼以大軍濟江陳人不之覺乃襲陳南徐州拔之執其刺史黃恪軍令嚴肅秋毫不犯有軍士於民間酤酒者弼立斬之進屯蔣山之白土岡陳將魯廣達周智安任蠻奴田瑞樊毅孔範蕭摩訶等以勁兵拒戰田瑞先犯擊走之魯廣達等相繼遞進弼軍屢卻弼揣知其驕士卒且惰於是督厲將士殊死戰遂大破之麾下士開府員明擒摩訶至弼命左右牽斬之摩訶顏色自若弼釋而禮之從北掖門入時韓擒虎已執陳主叔寶弼至乃呼叔寶視之叔寶惶懼流汗股慄再拜弼謂曰小國之君當大國卿拜禮也入朝不失作歸命侯無勞恐懼旣而弼恚恨不獲叔寶功在韓擒虎之後於是與擒虎相詬挺刃而出令蔡徵爲叔寶作降牋命乘騾車歸己事不果上聞弼有功大悅下詔襃揚之晉王以弼先期決戰故違軍令於是以弼屬吏上驛召之及見迎勞曰克定三吳公之功也命登御座賜物八千段加位上柱國進爵宋國公眞食襄邑三千戶加寶劒寶帶金甕金盤各一并雉尾扇曲蓋雜綵二千段女樂二部又賜叔寶妹爲妾拜右領軍大將軍平陳後六年弼撰其畫策上之謂爲御授平陳七策上弗省曰公欲發揚我名我不求名公宜自載家傳七策其一請廣陵頓兵一萬番代往來陳人初見設備後以爲常及大兵兩伐不復疑也其二使兵緣江時獵人馬喧譟及兵臨江陳人以爲獵也其三以老馬多買陳船而匿之買弊船五六十艘於瀆內陳人覘以爲內國無船其四積葦荻於揚子津其高蔽艦及大兵將渡乃卒通瀆於江其五塗戰船以黃與枯荻同色故陳人不預覺之其六先取京口倉儲速據白土岡置兵死地故一戰而克其七臣奉勑兵以義舉及平京口俘五千餘人便悉給糧勞遣付其勑書命別道宣喩是以大兵渡江莫不草偃十七日之間南至林邑東至滄海西至象林皆悉平定轉右武候大將軍弼時貴盛位望隆重其兄隆爲武都郡公弟東萬榮郡公並刺史列將弼家珍玩不可勝數婢妾曳綺羅者數百時人榮之弼自以功名出朝臣之右每以宰相自許旣而楊素爲僕射弼仍爲將軍甚不平形於言色由是免官弼怨望逾甚後數載下弼獄上謂曰我以高熲楊素爲宰相汝每唱言云此二人唯堪噉飯耳是何意也弼曰熲臣之故人素臣之舅子臣並知其爲人誠有此語公卿奏弼怨望當死上曰臣下守法不移公自可求活理弼曰臣恃至尊威靈將八千兵渡江即擒陳叔寶竊以此望活上曰此已格外酬賞何用追論弼曰平陳之日諸公議不許臣行推心爲國已蒙格外酬賞今還格外望活旣而上低徊者數日惜其功特令除名爲民歲餘復其爵位上亦忌之遂不復任使然宴賜遇之甚厚開皇十九年上幸仁壽宮讌王公弼爲五言詩詞意憤怨帝覽而容之明年春弼又有罪在禁所詠詩自若上數之曰人有性善行惡者公之爲惡乃與行俱有三太猛嫉妬心太猛自是非人心太猛無上心太猛昔在周朝已教他兒子反此心終不能改邪他日上謂侍臣曰初欲平陳時弼謂高熲曰陳叔寶可平不作高鳥盡良弓藏邪熲云必不然平陳後便索內史又索僕射我語熲曰功臣正宜授勳官不可預朝政弼後語熲皇太子於已出口入耳無所不盡公終久何必不得弼力何脈脈邪意圖鎭廣陵又求荊州總管並是作亂處意終不改也後突厥入朝上賜之射突厥一發中的上曰非賀若弼無能當此於是命弼弼再拜而呪曰臣若赤

誠奉國者當一發破的如其不然發不中也既射一發而中上大悅顧謂突厥曰此人天賜我也煬帝之在東宮嘗謂弼曰楊素韓禽虎史萬歲三人俱稱良將也其間優劣何如弼曰楊素是猛將非謀將韓禽虎是鬬將非領將史萬歲是騎將非大將太子曰然則大將誰也弼拜曰唯殿下所擇弼意自許為大將及煬帝即位尤被疎忌大業三年從駕北伐廻至榆林帝時為大帳其下可坐數千人召突厥啟民可汗饗之弼以為太侈與高熲宇文弼等私議得失為人所告竟坐誅時年六十四妻子為官奴婢羣從徙邊子懷亮慷慨有父風以柱國世子拜儀同三司坐弼為奴俄亦誅死弼叔父誼性剛果有幹略周文據關中引之左右累遷儀同三司略陽公府長史周閔帝受禪封霸城縣子加開府歷原信二州總管及兄敦以讒毀伏誅坐免官從武帝平齊拜洛州刺史進封建威縣侯開皇中位左武候將軍海陵郡公後以突厥為邊患誼素有威名拜靈州刺史進位柱國誼時年老猶能重鎧上馬甚為北夷所憚數載上表乞骸骨卒於家子舉襲爵

李穆字顯慶自云其先隴西成紀人漢都尉陵之後兄賢周太師遠柱國大將軍皆列在周史穆少明敏有度量周文入關便給事左右深被信遇穆亦小心謹肅未嘗懈怠及侯莫陳悅害賀拔岳周文自夏州赴難而悅黨史歸據原州猶為悅守周文令侯莫陳崇襲之穆時先在城中與兄賢遠應崇遂禽歸以功授都督從迎魏孝武封永平縣子又領鄉兵禽竇泰復弘農並有戰功沙苑之捷穆言於周文曰高歡今日喪膽矣請速逐之可禽也周文不聽論前後功進爵為公芒山之戰周文馬中流矢驚逸墜地敵人追及之左右皆奔散穆下馬以策擊周文背因大駡曰籠東軍士爾曹主何在爾獨住此敵人見而輕侮之不疑是貴人遂捨之而過穆以馬授周文遂與俱逸是日微穆周文已不濟矣既而與穆相對而泣自是恩眄更隆顧左右曰成我事者其此人乎即令撫慰關中所至克定擢授武衞將軍儀同三司進封安武郡公前後賞賜不可勝計周文歎其忠節曰人所貴唯命穆遂輕命濟孤爵位玉帛未足為報乃特賜以鐵券恕其十死進驃騎大將軍開府儀同三司侍中初芒山之敗穆以驄馬授周文其後廐內有驄馬盡以賜之又賜穆嗣子惇安樂郡公姊一人為郡君自餘姊妹皆為縣君兄弟子姪及緦麻已上親并舅氏皆沾厚賜其褒崇如此從解玉壁圍拜安定國中尉歷同州刺史太僕卿從于謹破江陵以功別封一子長城縣侯尋進位大將軍賜姓拓拔氏又擊曲沔蠻破之俄授原州刺史拜世子惇為儀同三司以兄賢子為高平郡守遠子為高平縣令並加鼓吹穆自以叔姪一家三人皆牧宰鄉里恩遇過隆深懼滿盈固辭不受周文不許後遷雍州刺史兼小冢宰孝閔踐阼又封一子為升遷縣伯穆請廻授賢子孝軌許之及兄子植謀害宇文護被誅穆亦坐除名先是穆知植非保家之主每勸遠除之遠不能用及遠臨刑泣謂穆曰顯慶吾不用汝言以至於此將柰何穆以此獲免及其子弟亦免官時植弟淅州刺史基當從坐戮穆請以子惇怡等代基之命辭理酸切聞者莫不動容護義之而兩釋焉明帝即位拜驃騎大將軍開府儀同三司大都督復爵安武郡公拜直州刺史武成中子弟免官爵者悉復之累遷大司空天和二年奉詔築通洛城進爵申國公舊爵迴授一子尋持節綏集東境築武申旦郛慈澗崇德安民交城鹿盧諸鎮建德初遷太保尋出為原州總管四年武帝東征令穆別攻軹關及河北諸縣並破之後以帝疾班師棄而不守六年進位上柱國除并州總管時東夏初平人情尚擾穆靖以鎮守百姓懷之大象元年加邑至九千戶遷大左輔總管如舊二年詔加太傅仍總管及高祖作相尉遲迥舉兵遣使招穆穆鎖其使上其書初穆子士榮以穆所居皆天下精兵處陰勸穆應迥穆曰周德既衰愚智共悉天時若此吾豈能違天乎乃遣使謁高祖并奉十三環金帶蓋天子服也以微申其意時迥子誼為朔州刺史亦執送京師迥令其署行臺韓長業攻陷潞州執刺史趙威署城人郭子勝為刺史穆遣兵討獲子勝高祖嘉之以穆勞同破鄴城第一勳加三轉聽分授其二子榮才及賢子孝軌榮及才並儀同大將軍孝軌進開府儀同大將軍又別封子雄為容國公穆尋以天命有在密表勸進高祖既受禪詔曰公既舊德且又父黨敬惠來旨義無有違便以今月十三日恭膺天命俄而穆來朝高祖降坐禮之拜太師贊拜不名眞食成安縣三千戶於是穆子孫雖在襁褓悉拜儀同其一門執象笏者百餘人穆之貴盛當時無比穆上表乞骸詔曰公既耆年筋力難煩今勅所司敬蠲朝集若有大事須其謀議別遣侍臣就第詢訪時太史奏云當有移都之事上以初受命甚難之穆乃上表極言移都之便上素嫌臺城制度窄小又宮內多鬼妖蘇威嘗勸遷上不納遇太史奏狀意乃惑之至是省穆表上曰天道聰明已有徵應太師民望復抗此請則可矣遂從之歲

餘下詔美之且曰穆自今已後雖有愆罪但非謀逆纖有百死終不推問開皇六年薨于第年七十七遺令曰吾荷國恩年官已極啟足歸泉故無所恨但不得陪玉輦於岱宗負金泥於梁甫眷眷光景所在斯乎詔遣黃門侍郎監護喪事賵儀甚厚贈使持節十州諸軍事冀州刺史謚曰明賜以石槨前後部羽葆鼓吹轀輬車百僚送之郭外詔太常卿牛弘齎哀冊文祭以太牢長子惇字士獻周文令功臣長子並與略陽公游處惇於輩流中特被引接每有遐方服翫珍奇無不班賜封安樂郡公位驃騎大將軍開府儀同三司鳳州刺史先穆卒子筠襲祖爵惇弟怡位儀同三司贈渭州刺史怡弟雅少有識量仕周以軍功封西安縣男位荊州總管開皇初進爵爲公雅弟恆位豐州刺史封曲陽侯恆弟榮位合州刺史長城縣公榮弟直位車騎將軍歸政縣侯直弟雄位柱國驃騎將軍密國公雄弟渾仁壽初忽忿其叔父筠悋嗇陰遣兄子善衡賊弒之求盜不獲高祖大怒盡追其親族初筠與從父弟瞿曇有隙渾遂證瞿曇殺之而善衡獲免筠死高祖議立後邳公蘇威奏筠不孰宜絕其封帝不許乃以渾爲嗣渾字金才穆第十子也姿貌瓌偉美鬚髯起家爲周左侍上士尉遲迥反於鄴時穆在并州高祖慮其爲迥所誘遣渾乘驛往布腹心穆遽令渾入京奉熨斗於高祖曰願執威柄以慰安天下高祖大悅又遣渾詣韋孝寬所而述穆意適遇平鄴以功授上儀同三司封安武郡公開皇初受象城府驃騎將軍晉王廣出蕃渾以本官領親信從往揚州及筠卒高祖議立嗣渾規欲紹之謂其妻兄太子左衞率宇文述曰若得襲封當分以國賦之半每歲相奉述利之爲言於皇太子太子爲之表奏乃襲申國公以奉穆嗣大業六年追改封穆爲郕公渾仍襲焉累加光祿大夫九年遷右驍騎衞大將軍渾既紹父業日增豪侈後房曳羅綺者以百數二歲之後不以俸物與述述大恚之因醉謂其友人于象賢曰我竟爲金才所賣死且不忘渾聞之由是結隙及帝討遼東有方士安伽陀自言曉圖讖謂帝曰當有李氏應爲天子勸盡誅海內姓李者述知之言於帝曰伽陀之言信矣臣與金才夙親聞其情趣大異常日數共李敏善衡等日夜屏語或終夕不寢渾大臣也身總禁兵不宜如此帝曰卿可覓其事述乃遣虎賁郎將裴蘊雜推之數日不得反狀帝更遣述推述入獄中召出敏妻宇文氏謂曰夫人帝甥也何患無賢夫李敏金才名當袄讖夫人當自求全因教言金才嘗告敏云汝應圖籙當爲天子今主上好兵勞擾百姓此亦天亡隋時也若復度遼吾與汝必爲大將軍每軍二萬餘兵固以五萬人矣又發諸房子姪內外親婭並募從征吾家子弟決爲主帥分領兵馬散在諸軍吾與汝前發襲取御營子弟響赴一日之間天下定矣述口自傳授令敏妻寫表封云上密述持入奏云已得金才反狀并有敏妻密表帝覽之泣曰吾宗社幾傾賴親家公而獲全耳於是誅渾敏等宗族三二十人自餘無少長皆徙嶺表穆兄子詢字孝詢賢之子也深沈有大略頗涉書記仕周累遷司衞上士武帝幸雲陽宮委以留府事衞王直作亂焚肅章門詢於內益火故賊不得入武帝善之累遷英果中大夫屢以軍功加位大將軍賜爵平高郡公高祖爲丞相尉遲迥作亂遣韋孝寬擊之以詢爲元帥長史委以心膂軍至永橋諸將不一詢密啟請重臣監護高祖令高熲監軍與熲同心唯詢而已及迥平進位上柱國改封隴西郡公開皇初歷位隰州總管以疾徵還京師卒帝悼惜者久之謚曰襄子元方嗣詢弟崇字永隆英果有籌算膽力過人周元年以父賢勳封迴樂縣侯時年尚小拜爵日親族相賀崇獨泣下賢問之對曰無勳於國幼少封侯當報主恩不得終於孝養是以悲耳賢由此大奇之起家州主簿非其好也辭不就職求爲將兵都督隨宇文護伐齊以功最授儀同三司歷位少侍伯大夫少承御大夫攝太子宮正周武平齊引參謀議以勳加授開府封襄陽縣公尋改封廣宗縣公高祖爲丞相加授上開府儀同大將軍懷州刺史進爵郡公尉遲迥反遣使招之崇初欲相應後知叔父穆以并州附高祖慨然太息曰合家富貴數十人遇國有難竟不能扶傾繼絕何面目處天地間乎韋孝寬亦疑之與俱臥起其兄詢時爲元帥長史每諷諭之崇由是亦歸心焉及迥平授徐州總管進位上柱國開皇三年除幽州總管突厥犯塞崇輒破之奚霫契丹等懾其威略爭來內附後突厥大爲侵掠崇率步騎三千拒之轉戰十餘日師人多死遂保于沙城突厥圍之死亡略盡突厥欲降之謂曰降者封爲特勤崇知不免令其士卒曰吾喪師徒罪當萬死今効命以謝國家汝看吾死且可降賊方便散走還見至尊道此意也乃挺刃突賊復殺二人沒於陣贈六州諸軍事豫州刺史謚曰壯子敏嗣敏字樹生高祖以其父死王事養於宮中及長襲爵廣宗公起家左千牛美姿容善騎射工歌舞弦管開皇初周宣帝后樂平公主有女娥英妙擇婚對勅貴公子弟集弘聖宮者日以百數公主選取敏

禮儀如尙帝女後將侍宴公主謂敏曰我以天下與至尊唯一女夫當爲汝求柱國若授餘官謹無謝及進見上上親御琵琶遣敏歌儛大悅謂公主曰敏何官對曰一白丁耳謂敏曰今授儀同敏不答上曰不滿爾意邪今授開府又不謝上曰公主有大功於我我何得向其女壻惜官今授卿柱國敏廼拜而蹈舞遂於坐發詔授柱國以本官宿衞後避煬帝諱改封經城縣公歷蘭金華岐數州刺史多不莅職常留京師往來宮內侍從遊宴賞賜超於功臣大業初轉衞尉卿樂平公主將薨遺言於煬帝曰妾唯一女不自憂死深憐之湯沐乞迴與敏帝從之竟食五千戶攝屯衞將軍楊玄感反後城闕大興敏之策也轉將作監從征高麗領新城道軍加光祿大夫十年帝復征遼東遣敏黎陽督運時或言敏一名洪兒帝疑洪字當讖嘗面告之冀其引決敏由是大懼數與從叔渾及從弟善衡等屏人私語宇文述知而奏之竟與渾同誅事列于前其妻宇文氏尋亦賜鴆而終

梁睿字恃德安定烏氏人也父禦西魏東雍州刺史周史有傳睿少沈敏有行檢周文時以功臣子養宮中復命與諸子游處同師共業情契甚懽七歲襲爵廣平郡公累加儀同三司本州大中正開府改封五龍郡公渭州刺史周閔帝踐阼徵爲御伯出爲中州刺史鎭新安以備齊齊人來寇睿輒挫之帝甚嘉歎拜大將軍以父禦佐命功進爵蔣國公入爲司會從齊王憲拒齊將斛律明月於洛陽每戰有功遷小冢宰歷數州刺史涼安二州總管俱有惠政進位柱國高祖總百揆代王謙爲益州總管行至漢州而謙反攻始州睿不得進高祖命睿爲行軍元帥率行軍總管于義張威達奚長儒梁昇石孝義步騎二十萬討之謙遣開府李三王守通谷睿使張威擊破之進至龍門謙將趙儼秦會擁衆十萬據嶮爲營周亘三十里睿令將士銜枚出自閒道四面奮擊大破之鼓行而進謙將敬豪守劒閣梁巖拒平林並懼而來降謙又命高阿那瓌達奚惎等以盛兵攻利州聞睿將至分兵據開遠睿遣上開府拓拔宗趣劒閣大將軍宇文夐指巴西大將軍趙達水軍入嘉陵遣張威王倫賀若震于義韓相貴阿那惠等分道攻惎自午及申破之惎奔歸于謙睿逼成都謙令達奚惎乙弗虔守城親率精兵五萬背城結陣睿擊破之謙將入城惎虔以城降謙將麾下三千騎遁走新都令王寶執之睿斬謙于市劒南悉平進位上柱國總管如故賜物五千段奴婢一千口金二千兩銀三千兩邑千戶睿時威振西州夷獠歸附唯南寧酋帥爨震恃遠不賓睿上疏曰南寧州漢牂柯之地近代已來分置興古雲南建寧朱提四郡戶口殷衆金寶富饒二河有駿馬明珠益寧出鹽井犀角晉泰始七年以益州曠遠分置寧州至僞梁南寧州刺史徐文盛被湘東徵赴荆州屬東夏尙阻未遑遠略土人爨瓚竊據一方國家遂授刺史其子震相承至今而震臣禮多虧貢賦不入如聞彼人苦其苛政思被皇風幸因平蜀士衆不煩重興師旅夷獠旣訖卽請略定南寧高祖深納之然以天下初定恐民心不安故未之許後竟遣史萬歲討平之並用睿之策也睿威惠兼著民夷悅服聲望逾重高祖陰憚之薛道衡從軍在蜀因入接宴說睿曰天下之望已歸于隋當違事機故睿密表勸進高祖大悅及受禪待之甚隆睿復上平陳之策詔嘉之睿時見突厥方彊復陳鎭守之策十餘事上深嘉歎答以厚意睿時自以周代舊臣久居重鎭內不自安屢請入朝於是召還京師及引見上爲之興命睿升殿握手極歡睿退謂所親曰功遂身退今其時也遂謝病於家闔門自守不交當世上賜以板輿每有朝覲必令三衞輿上殿睿初平王謙之始自以威名大盛恐爲時所忌遂大受金賄以自穢由是勳簿多不以實詣朝堂稱屈者前後百數人上令有司案驗其事主者多獲罪睿懼上表陳謝請歸大理上慰諭遣之十五年從至洛陽而卒謚曰襄子洋嗣歷位嵩徐二州刺史虎賁郎將大業六年詔追改睿封爲戴公命以洋襲焉

長孫覽字休因其先代人也祖承業魏太師上黨王父紹遠周贈柱國大將軍俱有傳覽性雄雅有器度喜慍不形於色略涉書記尤曉鍾律周明帝時爲大都督明帝以覽性質渟和堪爲師表使事魯公甚見親善及魯公卽位是爲武帝超拜車騎大將軍每公卿上奏必令省讀覽有口辯聲氣雄壯凡所宣傳百寮屬目帝每嘉歎之覽初名善帝謂曰朕以萬機委卿先覽遂賜名焉及誅宇文護以功進封薛國公累遷小司空從平齊進位柱國武帝崩受遺輔政宣帝時位上柱國遷大司徒歷同涇二州刺史高祖爲丞相轉宜州刺史開皇二年將有事於江南徵覽爲東南道行軍元帥統八總管出壽陽水陸俱進師臨江陳人大駭會陳宣帝殂覽欲乘釁滅之監軍高熲以禮不伐喪乃還上嘗命覽與安德王楊雄上柱國元諧李充左僕射高熲右衞大將軍虞慶則吳州總管賀若弼等同宴上曰朕昔在周備展誠節但苦被猜忌每致寒心爲臣若此竟何情賴朕與公

等義則君臣恩猶父子朕當與公等共享終吉罪非謀逆一無所問朕亦知公至誠侍太子宜數參見之柱臣素望實屬於公宜識朕意其恩禮如此又爲蜀王秀納覽女爲妃後授涇州刺史所至有政績卒官子洪嗣位宋順臨三州刺史司農少卿北平太守覽從子熾字仲光父兕仕魏別封鄭縣侯周天和初進驃騎大將軍開府儀同三司歷熊絳二州刺史襲爵平原縣公熾性敏慧美姿容頗涉羣書兼長武藝初周武帝崇尚道法求學兼經史者爲通道館學士熾應其選高祖作相自御正上士擢爲丞相府功曹參軍加大都督封陽平縣子遷稍伯下大夫以平王謙功拜儀同三司及高祖受禪熾率官屬先入清宮卽授內史舍人上儀同三司攝東宮右庶子出入兩宮甚被委遇累遷太常少卿改封饒陽縣子進位開府儀同三司改授吏部侍郎大業中歷位大理卿戶部尚書吐谷渾寇張掖令熾擊之追至靑海以功授銀靑光祿大夫六年帝幸江都宮留熾東都居守攝左候衛將軍卒官謚曰靜子安世通事謁者熾弟晟字季晟性通敏畧涉書記善彈工射趫捷過人時周室尚武貴游子弟咸以相矜每共馳射時輩皆出其下年十八仕周爲司衛上士未知名唯高祖一見深嗟異焉乃攜其手而謂人曰長孫郎武藝逸羣適與其言又多奇畧後之名將豈非此子邪宣帝時突厥攝圖請婚于周以趙王招女妻之然周與攝圖各相誇競妙選驍勇以充使者因遣晟副汝南公宇文神慶送千金公主至其牙帳前後使人數十輩多爲攝圖所不禮見晟而獨愛焉每共遊獵留之竟歲嘗有二鵰飛而爭肉因而以兩箭與晟曰請射取之晟乃彎弓馳往遇鵰相攫遂一發而雙貫焉攝圖喜之命諸子弟貴人皆相親友冀昵近之以學彈射其弟處羅侯號突利設尤得衆心焉爲攝圖所忌密託心腹陰與晟盟以相託晟每與之遊獵因察山川形勢部衆彊弱皆盡知之時高祖作相晟以狀白高祖高祖大喜遷奉車都尉至開皇元年攝圖曰我周家親也今隋公自立而不能制復何面目見可賀敦乎因與高寶寧攻陷臨渝鎮約諸面部落謀共南侵高祖新立由是大懼脩築長城發兵屯北境命陰壽鎮幽州虞慶則鎮并州屯兵爲之備晟以先知攝圖玷厥阿波突利等叔姪兄弟各統彊兵俱號可汗分居四面內懷猜忌外示和同難以力征易可離間因上書曰臣於周末忝充外使匈奴倚伏實所具知玷厥之於攝圖兵彊而位下外名相屬內隙已彰鼓動其情必將自戰又處羅侯者攝圖之弟姦多而勢弱曲取衆心國人愛之因爲攝圖所忌又阿波首鼠介在其間頗畏攝圖受其牽率唯彊是與未有定心宜遠交而近攻離彊而合弱通使玷厥說合阿波則攝圖還兵自防右地又引處羅遣連奚霫則攝圖分衆還備左方首尾猜嫌腹心離阻十數年後承釁討之必可一舉而空其國上省表大悅因召與語晟復口陳形勢手畫山川寫其虛實如指諸掌上深嗟異皆納用焉因遣太僕元暉出伊吾道使詣玷厥賜以狼頭纛謬爲欽敬玷厥使來引居攝圖使上反間既行果相猜貳授晟車騎將軍出黃龍道齎幣賜奚霫契丹等遣爲鄉導得至處羅侯所深布心腹誘令內附二年攝圖號四十萬騎自蘭州入至于周盤破達奚長儒軍更欲南入玷厥不從引兵而去時晟又說染干詐告攝圖曰鐵勒等欲襲其牙攝圖乃懼退兵出塞後數年突厥大入發八道元帥出拒之阿波至涼州與竇榮定戰賊帥累北時晟爲偏將使謂之曰攝圖每來戰皆大勝阿波纔入便卽致敗此乃突厥之恥且攝圖之與阿波兵勢本敵今攝圖日勝爲衆所崇阿波不利爲國生辱攝圖必當因此以罪歸於阿波成其夙計滅北牙矣阿波使至晟又謂曰今達頭與隋連和耳攝圖不能制可汗何不依附天子連結達頭相合爲彊此萬全之計豈若喪兵負罪歸就攝圖受其戮辱邪阿波納之因留塞上後使人隨晟入朝時攝圖與衞王軍遇戰於白道敗走至磧聞阿波懷貳乃掩北牙盡獲其衆而殺其母阿波還無所歸西奔玷厥乞師十餘萬東擊攝圖復得故地收散卒與攝圖相攻阿波頻勝其勢益彊攝圖又遣使朝貢公主自請改姓乞爲帝女上許之四年遣晟副虞慶則使于攝圖賜公主爲楊氏改封大義公主攝圖奉詔不肯起拜晟進曰突厥與隋俱是大國天子可汗不起焉敢違意但可賀敦爲帝女則可汗是大隋女壻柰何無禮不拜婦公乎攝圖笑謂其達官曰須拜婦公乃拜受詔書使還稱旨授儀同三司左勳衛車騎將軍七年攝圖死遣晟持節拜其弟處羅侯爲莫何可汗以其子雍閭爲葉護可汗處羅侯因晟奏曰阿波爲天所滅與五六千騎在山谷間當取之以獻時召文武議焉樂安公元諧曰請就彼梟首以懲其惡武陽公李充請生將入朝顯戮而示百姓上問晟晟曰阿波之惡非負國家因其困窮取而爲戮恐非招遠之道不如兩存之上曰善八年處羅侯死遣晟往弔仍齎陳國所獻寶器以賜雍閭十三年流民楊欽亡入突厥詐言彭城公劉昶共宇文氏女謀欲反隋遣其來密

告公主雍閭信之乃不脩貢又遣晟出使微觀察焉公主見晟言辭不遜又遣所私胡人安遂迦共欽計議扇惑雍閭晟還以狀奏又遣晟往索欽雍閭欲勿與謬曰客內無此色人晟乃貨其達官知欽所在夜掩獲之以示雍閭因發公主私事國人大恥雍閭執遂迦等並以付晟使還上大喜加授開府仍遣入蕃涖殺大義公主雍閭又表請婚僉議將許之晟奏曰臣觀雍閭反覆無信特共玷厥有隙所以依倚國家縱與爲婚終當必叛今若得尚公主承藉威靈玷厥染干必又受其徵發彊而更反後恐難圖且染干者處羅侯之子素有誠款于今兩世臣前與相見亦乞通婚不如許之招令南徙兵少力弱易可撫馴使敵雍閭以爲邊捍上曰善又遣慰喻染干許尚公主十七年染干遣使隨晟來逆女以宗女封安義公主以妻之晟說染干南徙居度斤舊鎮雍閭疾之亟來抄掠染干伺知動靜輒遣奏聞是以賊來每先有備十九年染干因晟奏雍閭作攻具欲攻大同城詔發六總管並取漢王節度分道出塞討之雍閭懼復共達頭同盟合力掩襲染干大戰于大長城下染干敗績其兄弟子姪盡見殺而部落亡散染干與晟獨以五騎逼夜南走至旦行百餘里收得數百騎乃相與謀曰今兵敗入朝一降人耳大隋天子豈禮我乎玷厥雖來本無冤隙若往投之必相存濟晟知懷貳乃密遣使者入伏遠鎮令速舉烽染干見四烽俱發問晟城上烽然何也晟紿之曰城高地迥必遙見賊來我國家法若賊少舉二烽來多舉三烽大逼舉四烽彼見賊多而又近耳染干大懼謂其衆曰追兵已逼且可投城旣入鎮晟留其達官執室以領其衆自將染干馳驛入朝帝大喜進晟左勳衞驃騎將軍持節護突厥晟遣降虜覘候雍閭知其牙內屢有災變夜見赤虹光照數百里天狗實雨血三日流星墜其營內有聲如雷每夜自驚言隋師且至並遣奏知尋以染干爲意彌豆啓民可汗賜射於武安殿選善射者二十二人分爲兩朋啓民曰臣由長孫大使得見天子今日賜射願入其朋許之給箭六發皆入鹿啓民之朋竟勝時有鳶羣飛上曰公善彈爲我取之十發俱中並應丸而落是日百官獲賚晟獨居多尋遣領五萬人於朔州築大利城以處染干安義公主死持節送義城公主復以妻之晟又奏染干部落既衆雖在城內猶被雍閭抄略往來辛苦不得寧居請徙五原以河爲固於夏勝兩州間東西至河南北四百里掘爲橫塹令處其內任情放牧免於抄掠人必自安上並從之二十年都藍大亂爲部下所殺晟因奏曰賊內攜離其主被殺乘此招誘必來降附請追染干部下分頭招慰上許之果盡來附達頭恐怖又大集兵詔晟部領降民爲秦州行軍總管取晉王廣節度出討達頭達頭與王相抗晟進策曰突厥飲泉易可行毒因取諸藥毒水上流達頭人畜飲之多死於是大驚曰天雨惡水其亡我乎因夜遁晟追之斬首千餘級俘百餘口王大喜引晟入內同宴極懽有突厥達官來降時亦預坐說言突厥之內大畏長孫總管聞其弓聲謂爲霹靂見其走馬稱爲閃電王笑曰將軍震怒威行域外遂與雷霆爲比一何壯哉師旋授上開府儀同三司仁壽元年晟奏曰臣夜登城樓望見磧北有赤氣長百餘里皆如雨足下垂被地謹驗兵書此名灑血其下之國必且破亡欲滅匈奴宜在今日詔楊素爲行軍元帥晟爲受降使者送染干北伐二年軍次北河逢賊帥思力俟斤等領兵拒戰晟與大將軍梁默擊走之轉戰六十里賊衆多降晟又教染干分遣使者往北方鐵勒等部招攜取之三年有鐵勒思結伏具渾斛薛阿拔僕骨等十餘部盡背達頭請來降附達頭之衆大潰西奔吐谷渾晟送染干安置于磧石事畢入朝遇高祖崩煬帝引晟於大行前委以內衞宿衞知門禁事即日拜左領軍將軍遇楊諒作逆勑以本官爲相州刺史發山東兵馬與李雄等共經畧之晟辭以子行布在逆地帝曰公終不以兒害義其勿辭也於是馳遣赴相州諒破追還轉武衞將軍大業三年煬帝幸榆林欲出塞外陳兵耀武經突厥中指于涿郡仍恐染干驚懼先遣晟往喻旨稱述帝意染干聽之因召所部諸國奚霫室韋等種落數十酋長咸萃晟見牙中草穢欲令染干親自除之示諸部落以明威重乃指帳前草曰此根大香染干遽取嗅之曰殊不香也晟曰國家法天子行幸所在諸侯並躬親灑埽耘除御路以表至敬之心今牙中蕪穢謂是留香草耳染干乃悟曰奴罪過奴之骨肉皆天子賜也得効筋力豈敢有辭特以邊人不知法耳賴將軍教導之遂拔佩刀親自芟草其貴人及諸部落爭傚之乃發榆林北境至于其牙又東達于薊長三千里廣百餘步舉國就役而開御道帝聞晟策乃益喜焉後除淮南太守未赴任復爲右驍衞將軍五年卒年五十八帝悼惜之後突厥圍鴈門帝歎曰向使長孫晟在不令匈奴至此晟好奇計務立功名性至孝居憂毀瘠爲朝士所稱唐貞觀中追贈司空上柱國齊國公謚曰獻少子無忌嗣其長子行布亦多謀畧有父風起家漢王諒庫直後遇諒并州

起逆率衆南拒官軍留行布守城遂與豆盧欽閉門拒守諒城陷遇害次子恆安以兄功授鷹揚郎將

通志卷一百六十

通志卷一百六十一

宋右迪功郎鄭樵漁仲撰

列傳第七十四

隋

于仲文從弟宣道宣敏 宇文忻弟愷 豆盧勣子毓 楊文思弟紀
楊雄子綝弟達 史祥 王世積 李徹 侯莫陳穎
李子雄 爾朱敞 慕容三藏 竇榮定 梁士
彥 元諧 虞慶則 元胄 達奚長儒 賀婁
子幹 史萬歲 劉方馮昱王僩楊武通陳永貴房兆 杜彥
周搖 獨孤楷 乞伏慧 張威 和洪 陰
壽子世師骨儀 楊義臣 皇甫誕陶世模敬釗 裴矩 裴仁
基 斛斯政

于仲文字次武其先居代後爲河南洛陽人祖謹周太師燕國公父寔大左輔謹自有傳仲文少聰敏髫齔好學耽閱不倦父寔異之曰此兒必興吾宗九歲於雲陽宮見周文周文問曰聞兒好讀書書中有何事仲文曰資父事君忠孝而已周文甚嗟歎之後就博士李詳受周易三禮略通大義及長倜儻有大志氣調英拔見稱名公子起家趙王屬累遷安固太守有任杜兩家各失牛後得一牛兩家俱認一州久不能決益州長史韓伯儁曰于安固少年聰察可令決之仲文曰此易解耳乃令二家各驅牛羣至乃放所認者牛遂向任氏羣中又使人微傷其牛任氏嗟惋杜氏自若仲文遂訶詰杜氏服罪而去始州刺史屈突尙字文護之黨也先坐事下獄無敢繩者仲文至郡窮之遂竟其獄蜀中語曰明斷無雙有于公不避彊禦有次武徵爲御正下大夫封延壽郡公以勳授儀同三司宣帝時爲東郡太守高祖爲丞相尉遲迥作亂使誘仲文仲文拒之迥遣儀同宇文威攻之仲文迎擊大破威以功授開府迥又遣其將宇文胄度石濟宇文威鄒紹自白馬二道俱進復攻仲文郡人赫連僧伽敬子哲率衆應迥仲文自度不能支棄妻子潰圍而遁歸長安迥於是屠其三子一女高祖見之引入臥內爲之下泣賜綵五百段黃金二百兩進位大將軍領河南道行軍總管給鼓吹仍遣馳傳詣洛陽發兵以討檀讓讓迥之彊將也時韋孝寬拒迥於永橋仲文詣之有所計議總管宇文忻頗有自疑之心因謂仲文曰公從京師來觀執政意如何也尉遲迥誠不足平正恐事寧之後更有藏弓之慮仲文懼忻生變因謂之曰丞相寬仁大度明識有餘苟能竭誠必無疑貳仲文在京三日頻見三善以此爲觀非尋常人也忻曰三善何如仲文曰有陳萬敵者新從賊中來丞相卽令其弟難敵召募鄉曲從軍討賊此其大度一也上士宋謙奉使句檢謙因此別求他罪丞相責之曰入網者自可推治何須別訪以虧大體此其不求人私二也言及仲文妻子未嘗不潸泫此其有仁心三也忻自此遂安仲文軍至汴州東頻破迥將進攻梁郡迥守將劉孝寬棄城走初仲文在蓼隄諸將皆曰軍自遠來疲弊不可決戰仲文令趣食列陣既而破賊諸將問其故笑曰吾所部將士皆山東人果於速進不宜持久乘勢擊之所以制勝諸將皆曰非所及也進擊曹州獲迥所署刺史李仲康及上儀同房勁檀讓以餘衆屯成武謂仲文未能卒至方椎牛饗士仲文選騎襲之遂拔成武迥將席毗羅衆十萬屯沛縣將攻徐州其妻子在金鄉仲文遣人詐作毗羅使謂金鄉城主徐善淨曰檀讓明日午時到金鄉將宣蜀公令賞將士金鄉人謂爲信然皆喜仲文簡精馬僞建迥旗幟善淨以爲檀讓至出城迎謁仲文執之遂取金鄉諸將勸屠之仲文曰當寬其妻子其兵可自歸如卽屠之彼皆絕矣衆皆稱善於是毗羅恃衆來薄官軍仲文背賊結陣設伏兵發俱曳柴鼓譟毗羅軍潰皆投洙水死水爲不流獲檀讓檻送京師河南悉平毗羅匿滎陽人家執斬之傳首闕下勒石紀功樹於泗上入朝京師高祖引入臥內宴享極歡賜雜綵千段妓女十人拜柱國屬高祖受禪不行未幾其叔父太尉翼坐事下獄仲文亦爲吏所簿於獄中上書曰曩者尉遲迥逆亂所在景從臣任處關河地居衝要嘗膽枕戈誓以必死迥時購臣位大將軍邑萬戶臣不顧妻子不愛身命冒白刃潰重圍三男二女相繼淪沒披露肝膽馳赴闕庭蒙陛下授臣以高官委臣以兵革于時河南兇寇狼顧鴟張臣以羸兵八千埽除氛祲摧劉寬於梁郡破檀讓於蓼隄平曹州復東郡安成武定永昌解亳州圍破徐州賊席毗羅十萬之衆一戰土崩河南蝗聚之徒應時戡定當羣兇問鼎之際生靈乏主之辰臣第二叔翼先在幽州總御燕趙南鄰羣寇北埽旄頭內安外撫得免罪戾臣第五叔智建旗黑水與王謙爲鄰式遏蠻陬鎮綏蜀道臣兄顗作牧淮南坐制勍敵乘機勦定傳首京師王謙竊據二州叛換三蜀臣第三叔義受脤廟庭恭行天罰自外父叔兄弟皆當文武重寄或衛命危難或侍衛鉤陳合門誠款冀有可明伏願垂泣辜之恩降雲雨之施則寒灰再然枯骨連肉上覽表并翼釋之明年拜行軍元帥統十二州總管以擊胡出服遠鎮遇虜破之於是從金河出白道遣總管辛明瑾元滂

賀蘭志呂楚段諧等二萬人出盛樂道趣那頡山至護軍川北與虜遇可汗見仲文軍容整肅不戰而退仲文踰山追之及還上以尚書省文簿繁雜吏多姦詐令仲文勘錄省中事所發擿甚多上嘉其明斷厚加勞賞上每憂轉運不給仲文請決渭水開漕渠上然之使仲文總其事及伐陳之役拜行軍總管高智慧等作亂江南仲文復以行軍總管討之時三軍乏食米粟踊貴仲文坐私糶軍糧除名明年復官爵率兵屯馬邑以備胡晉王廣以仲文有將領才每常屬意至是奏之乃令督晉王軍府事後突厥犯塞晉王爲元帥使仲文將前軍大破賊而還煬帝卽位遷左翊衞大將軍參掌文武選事從帝討吐谷渾進位光祿大夫甚見親重遼東之役仲文率軍指樂浪道次于烏骨城仲文簡羸馬驢數千置於軍後既而率衆東過高麗高麗乃出兵襲其輜重仲文迴擊大破之至鴨淥水高麗將乙支文德詐降來入其營仲文先奉密旨若遇高元及文德者必禽之至是文德來仲文將執之時尚書右丞劉士龍爲慰撫使固止之仲文遂捨文德尋悔遣人紿文德曰更有言議可復來文德不從遂濟江仲文選騎度水追之每戰破賊文德遺仲文詩曰神策究天文妙算窮地理戰勝功既高知足願云止仲文答書諭之文德燒柵而遁時宇文述以糧盡欲還仲文議以精銳追文德可以有功述固止之仲文怒曰將軍仗十萬之衆不能破小賊何顏以見帝且仲文此行也固無功矣述因厲聲曰何以知無功仲文大怒曰昔周亞夫之爲將也見天子軍容不變此決在一人所以功成名遂今者人各其心何以赴敵初帝以仲文有計畫令諸軍稟其節度故有此言由是述等不得已而從之遂東行至薩水述以兵餒退歸師遂敗績諸將皆委罪仲文帝大怒釋諸將獨繫仲文仲文憂恚發病困篤方出之卒於家年六十八撰漢書刊繁三十卷略覽三十卷有子九人欽明最知名仲文從弟宣道字元明父義位上柱國宣道性謹密不交非類仕周以父功賜爵安成縣男位小承御上士高祖爲丞相引爲外兵曹及踐阼遷內史舍人進爵爲子父憂水漿不入口者累日歲餘起令視事免喪拜車騎將軍兼右衞長史舍人如故後遷太子左衞副率進位上儀同卒子志寧早知名出繼叔父宣敏宣敏字仲達少沈密有才思年十一詣周趙王招王命之賦詩其詩甚有幽貞之志王大奇之坐客莫不嗟賞起家右侍上士遷爲千牛備身高祖踐阼拜奉車都尉奉使撫慰巴蜀及還上疏曰臣聞開磐石之宗漢室於是惟永建維城之固周祚所以靈長昔秦皇置牧守而罷諸侯魏后昵諂邪而疏骨肉遂使宗社移於他族神器傳於異姓此事之明甚於觀火然山川設險非親勿居且蜀土沃饒人物殷阜西通襄樊南屬荊巫周德之衰茲土遂成戎首炎政失御此地便爲禍先是以明者防於無形安者制其未亂方可慶隆萬世年逾千百伏惟陛下日角龍顏膺樂推之運參天貳地居揖讓之期億兆宅心百神受職理須樹建藩屏封植子孫繼周漢之宏圖改秦魏之舊軌抑近習之權勢崇公族之本枝但三蜀二齊古稱天險分王戚屬今正其時若使利建合宜封樹得所則巨滑息其非望姦臣杜其邪謀盛業洪基同天地之長久英聲茂實齊日月之照臨臣惟學謝多聞然情深體國輒申管見戰灼惟深帝省表嘉之謂高熲曰于氏世有人爲竟納其言遣蜀王秀作鎮於蜀宣敏常以盛滿之誡昔賢所重每懷靜退著述志賦以見志爲未幾卒官時年二十九

宇文忻字仲樂其先昌黎大棘人徙居夏州父貴爲周名將位太保許國公自有傳忻幼敏慧爲兒童時與羣輩戲輒爲部伍進止行列無不用命者年十二能左右馳射驍捷若飛恒謂所親曰自古名將唯以韓白衞霍爲美談吾察其行事未足多尚使與僕並時不令豎子獨擅高名也年十八從周齊王憲討突厥以功拜儀同三司賜爵興固縣公韋孝寬以忻驍勇請與鎮玉壁以戰功加開府進爵化政郡公從武帝攻拔晉州齊後主親總戎兵勢甚盛帝憚之欲旋師忻諫曰以陛下之聖武乘齊主之荒縱何往而不克若使齊人更得令主君臣協力雖湯武之勢未易平也帝從之乃戰遂大克及帝攻陷并州先勝後敗爲敵所窘左右皆殲帝挺身而遁諸將各勸帝還忻勃然進曰陛下克晉州破高緯乘勝逐北以至於此昨日將士輕敵微有不利何足爲懷丈夫當死中求生敗中取勝今者破竹之勢已成柰何棄之而去帝納其言明日復戰遂拔晉陽及齊平進位大將軍尋與烏丸軌破陳將吳明徹於呂梁進位柱國除豫州總管高祖龍潛時與忻情好甚協及爲丞相恩眷彌隆尉遲迥作亂以忻爲行軍總管從韋孝寬擊之時兵屯河陽諸軍莫敢先進帝令高熲馳驛監軍與熲密謀進取者惟忻而已迥遣子惇盛兵武陟忻先鋒擊走之進臨相州迥遣精甲三千伏野馬岡欲邀官軍忻以五百騎襲之斬獲略盡進至草橋迥又拒守忻以奇兵破之直趣鄴下迥背城結陣與官軍大戰官軍不利

時鄭城士女觀戰者數萬人忻與高熲李詢等謀曰事急矣吾當以權道破之於是先犯所觀者觀者大囂而走轉相騰藉聲如雷霆忻乃傳呼曰賊敗矣衆軍復振齊力急擊之迥軍大敗及平鄴城以功加上柱國高祖顧謂忻曰尉遲迥傾山東之衆連百萬之師公舉無遺策戰無全陣誠天下之英傑也進封英國公自是以後每參帷幄出入臥內禪代之際忻有力焉後拜右領軍大將軍寵顧愈重忻妙解兵法馭戎齊整當時六軍有一善事雖非忻所建在下輒相謂曰此必英公法也其見推服如此後改封杞國公上嘗欲令忻擊突厥高熲曰忻有異志不可委以大兵乃止忻既佐命功臣頻經將領威名冠於當時上由是微忌之以讒去官忻與梁士彥昵狎數相往來皆有怨望陰圖不軌忻謂士彥曰帝王豈有常乎相扶即起公於蒲州起事我必從征兩陣相當然後連結天下可圖也謀洩伏誅家口籍沒忻弟愷字安樂在周以功臣子年三歲賜爵雙泉伯七歲進封安平公愷少有器局諸兄並以弓馬自達愷獨好學博覽書記解屬文多伎藝為名公子累遷御正中大夫儀同三司高祖為丞相加上開府進師中大夫及踐阼誅宇文氏愷亦將見殺以與周本別又兄忻有功故見赦後拜營宗廟副監太子左庶子廟成別封甑山縣公及遷都上以愷有巧思詔領營新都副監高熲雖總大綱凡所規畫皆出於愷及決渭水達河以通運漕詔愷總督其事後拜萊州刺史甚有能名坐兄忻誅除名於家久不得調會朝廷以魯班故道久絕不行令愷修之既而上建仁壽宮右僕射楊素言愷有巧思於是檢校將作大匠歲餘拜仁壽宮監授儀同三司尋為將作少監文獻皇后崩愷與楊素營山陵上善之復爵安平郡公煬帝即位遷都洛陽以愷為營東都副監尋遷將作大匠愷揣帝心在宏侈於是東都制度窮極壯麗帝大悅進位開府拜工部尚書及長城之役詔愷規度之時帝北巡欲誇戎狄令愷為大帳其下坐數千人帝大悅賜物千段又造觀風行殿上容衛者數百人離合為之下施輪軸推移倏忽有若神功戎狄見之莫不驚駭帝彌悅前後賞賜不可勝紀是時將復古制明堂議者皆不能決愷博考羣籍為明堂圖樣奏之又以張衡渾象用三分為一度裴秀輿地以一寸為千里臣之此圖以一分為一尺推而演之又引于時議者或以綺井為重屋或以圓楣為隆棟將為臆說事不經見今錄其疑難為之通釋皆出證據以相發明為議曰臣愷謹案淮南子曰昔者神農之御天下也甘雨以時五穀蕃植春生夏長秋收冬藏月省時考終歲獻貢以時嘗穀祀于明堂明堂之制有蓋而無四方風雨不能襲燥溼不能傷遷延而入之臣愷以為上古朴略刱立典刑尚書帝命驗曰帝者承天立五府以尊天重象赤曰文祖黃曰神斗白曰顯紀黑曰元矩蒼曰靈府注云唐虞之天府夏之世室殷之重屋周之明堂皆同矣尸子曰有虞氏曰總章周官考工記曰夏后氏世室堂脩二七博四脩一注云脩南北之深也夏度以步令堂脩十四步其博益以四分脩之一則堂博十七步半也臣愷案三王之世夏最為古從質向文理應漸就寬大何因夏室乃大殷堂相形為論理恐不爾記云堂脩二七博四脩一若夏度以步則應脩七步注云今堂脩十四步乃是增益記文殷周二堂獨無加字便是義類例不同山東禮本輒加二七之字何得殷無加尋之文周闕增筵之義研窮其趣或是不然讐校古書並無二字此乃桑間俗儒信情加減黃圖議云夏后氏益其堂之大百四十四尺周人明堂以為兩杼間馬宮之言止論堂之一面據此為準則三代堂基並方得為上圓之制諸書所說並為下方鄭注周官獨為此義非直與古違異亦乃乖背禮文尋文求理深恐未愜尸子曰殷人陽館考工記曰殷人重屋堂脩七尋堂崇三尺四阿重屋注云其脩七尋五丈六尺放夏周則其博九尋七丈二尺又曰周人明堂度九尺之筵東西九筵南北七筵堂崇一筵五室凡室二筵禮記明堂位曰天子之廟複廟重檐鄭注云複廟重屋也注玉藻云天子廟及路寢皆如明堂制禮圖云於內室之上起通天之觀觀八十一尺得宮之數其聲濁君之象也大戴禮曰明堂者古有之凡九室室有四戶八牖以茅蓋上圓下方外水曰璧雍赤綴戶白綴牖堂高三尺東西九仞南北七筵其宮方三百步凡人疾六畜疫五穀災生於天道不順天道不順生於明堂不飾故有天災則飾明堂周書曰明堂方百一十二尺高四尺階博六尺二寸室居內方百尺室內方六十尺高八尺博四尺作洛曰明堂太廟路寢咸有四阿重亢重廊孔氏注云重亢累棟重廊累屋禮圖曰秦明堂九室十二階各有所居呂氏春秋曰有十二堂與月令同並不論尺丈臣愷案十二階雖不與禮合一月一階非無理思黃圖曰堂方百四十四尺坤之策也方象地屋圓楣徑二百一十六尺乾之策也圓象天室九宮法九州太室方六丈法陰之變數十二堂法十二月三十六戶法極陰之變數七十二牖法五行所得日數八達象

八風法八卦通天臺徑九尺法乾以九覆六高八十一尺法黃鍾九九之數二十八柱象二十八宿堂高三尺土階三等法三統堂四向五色法四時五行殿門去殿七十二步法五行所行門堂長四丈取太室三之二垣高無蔽目之照牖六尺其外倍之殿垣方在水內法地陰也水四周於外象四海圓法陽也水闊二十四丈應二十四氣水內徑三丈應覲禮經武帝元封二年立明堂汶上無室其外略依此制泰山通義今亡不可得而辨也元始四年八月起明堂辟雍長安城南門制度如儀一殿垣四面門八觀水外周隄壤高四方和會築作三旬五年正月六日辛未始郊太祖高皇帝以配天二十二日丁亥宗祀孝文皇帝於明堂以配上帝及先賢百辟卿士有功於時者秩而祭之親扶三老五更袒而割牲跪而進之因班時令宣恩澤諸侯宗室四夷君長匈奴西國侍子悉奉貢助祭禮圖曰建武三十年作明堂堂上圓下方圓法天方法地十二堂法日辰九室法九州八窗象八風八九七十二法一時之王室有二戶二九十八戶法土王十八日內堂正牆高三尺土階三等胡伯始注漢官儀云古清廟蓋以茅今蓋以瓦瓦下藉茅以存古制東京賦曰乃營三宮布政頒常複廟重屋八達九房造舟清池惟水泱泱薛綜注云複重廟覆謂屋平覆重棟也續漢書祭祀志曰明帝永平二年祀五帝於明堂五帝坐各處其方黃帝在未皆如南郊之位光武位在青帝之南少退西面各一犢奏樂如南郊臣愷案詩云我將祀文王於明堂也我將我享維羊維牛據此則備太牢之祭今云一犢恐與古殊自晉以前未有鴟尾其門牆壁水一依本圖晉起居注裴頠議曰尊祖配天其義明著廟宇之制理據未分直可爲一殿以崇嚴祀其餘雜碎一皆除之臣愷案天垂象聖人則之辟雍之星既有圖狀晉室方構不合天文既闕重樓又無壁水空堂乖五室之義直殿違九階之文[illegible][illegible]數天一何過甚後魏於北臺城南造圓牆在壁水外門在水內迴立不與牆相連其堂上九室三三相重不依古制室間通巷違舛處多其室皆用墼累極成褊陋後魏樂志曰孝昌二年立明堂議者或言九室或言五室詔斷五室後元乂執政復改爲九室遭亂不成宋起居注曰孝武大明五年立明堂其牆宇規範擬則太廟唯十二間以應朞數依漢汶上圖儀設五帝位太祖文皇帝對饗鼎俎簠簋一依廟禮梁武帝即位之後移宋時太極殿以爲明堂無室十二間禮疑議云祭用純柴俎瓦樽文於郊質於廟止一獻用清酒平陳之後臣得目觀遂量步數記其尺丈猶見焚燒殘柱毀破之餘入地一丈儼然如舊柱下以樟木爲跗長丈餘闊四尺許兩兩相並凡安數重宮城處所乃在郭內雖湫隘卑陋未合規摹但祖宗之靈得崇嚴祀周齊二代闕而不修大饗之典於焉靡託自古明堂圖唯有二本一是宗周劉熙阮諶劉昌宗等作三圖略同一是後漢建武三十年作禮圖有本不詳撰人臣遠尋經傳傍求子史研究衆說總撰今圖其樣以木爲之下爲方堂堂有五室上爲圓觀觀有四門帝可其奏會遼東之役事不果行以度遼之功進位金紫光祿大夫其年卒官帝甚惜之謚曰康撰東都圖記二十卷明堂圖議二卷釋疑一卷見行於世長子儒童游騎尉少子温起部承務郎

豆盧勣字定東昌黎徒何人父寧周柱國太保自有傳勣之初生也周文親幸寧家稱慶時遇新破齊師周文因字之曰定東勣聰悟有器局少受業國子學略涉文藝初以勳臣子封義安縣侯閔帝踐阼授稍伯下大夫開府儀同三司改封丹陽郡公明帝時爲左武伯中大夫勣自以經業未通請解職游露門學帝嘉之敕以本官就學未幾齊王憲納勣妹爲妃恩禮踰厚會武帝即位渭源燒當羌因饑作亂以勣有才略拜渭州刺史甚有惠政華夷悅服德澤流行大致祥瑞烏鼠山俗呼爲高武隴其下渭水所出其山絕壁千尋由來乏水諸羌苦之勣馬足所踐飛泉湧出有白烏翔止廳前乳子而後去又白狼見於襄武民爲之謠曰我有丹陽山出玉漿濟我民夷神烏來翔百姓因號其泉爲玉漿泉後丁父艱毀瘁過禮襲爵楚國公大象二年累遷利州總管尋拜柱國高祖爲丞相益州總管王謙作亂勣嬰城固守謙將達奚惎等十萬衆攻之起土山鑿城爲七十餘穴堰江水以灌之勣戰士不過二千晝夜相拒經四旬勢漸迫勣出奇兵擊之斬數千級降千人梁睿軍且至賊解去高祖遣使勞之詔加上柱國賜一子爵中山縣公開皇初突厥犯塞拜夏州總管上以其家世貴盛勣效克彰甚重之復爲漢王諒納勣女爲妃寵遇彌隆七年追守利州功詔食始州臨津縣邑千戶十年以疾徵還京師詔諸王並至勣第中使顧問道路不絕卒謚曰襄子賢嗣位顯州刺史大理少卿虎賁中郎將次子毓字道生少英果有氣節漢王諒出鎮并州毓以妃兄爲王府主簿以征突厥功授儀同三司及煬帝即位諒納諮議王頍謀作亂毓苦諫不從因謂其弟懿曰吾匹馬歸朝自得免禍此乃身計非爲國也今且僞從以思後

計毓兄賢言於帝曰臣弟毓素懷志節必不從亂但逼兇威不能克遂臣請從軍與毓爲表裏諒不足圖也帝許之賢密遣家人齎敕書至毓所與之計諒將往介州令毓與總管屬朱濤留守毓與濤議拒之濤拂衣不從毓追斬之時諒司馬皇甫誕以諫被囚毓出之與協計及開府磐石侯宿勤武等閉城拒諒部分未定有人告諒諒攻之城陷見害時年二十八諒平贈大將軍封正義縣公諡曰愍子願師嗣拜儀同三司大業初行新令五等並除未幾帝復下詔改封毓雍邱侯復以願師襲

楊文思字温仁弘農華陰人也父寬周梁州刺史有傳文思在周年十一拜車騎大將軍儀同三司散騎常侍尋以父功封新豐縣子天和初行武都太守十姓獠反文思討平之復行翼州事党項羌叛文思又討平之進擊資中武康隆山等生獠及東山獠並破之從陳王攻齊河陰城又從武帝攻拔晉州授上儀同三司改封承寍縣公壽陽劉叔仁作亂從清河公宇文神舉討之戰於博井在陣禽叔仁又别從王誼破賊於鯉魚柵後累以軍功遷果毅左旅下大夫高祖爲丞相從韋孝寬拒尉遲迥於武陟與行軍總管宇文述擊走其將李儁遂解懷州圍破尉遲惇平鄴城皆有功進授上大將軍改封洛川縣公尋拜隆州刺史開皇元年進爵正平郡公後爲魏州刺史甚有惠政及去職吏民思之爲立碑頌德轉冀州刺史煬帝嗣位徵爲戸部尚書轉納言改授光禄大夫從幸江都宫以足疾不堪趨奏復授戸部尚書位右光禄大夫卒官諡曰定初文思當襲父爵自以非嫡遂讓弟紀當世多之紀字温範少剛正有器局在周襲爵華山郡公累遷安州總管長史將兵迎陳降將王琰於齊安與陳將周法尚遇擊走之以功進開府入爲虞部下大夫高祖爲丞相改封汾陰縣公從梁睿討王謙以功進授上大將軍歷資州刺史宗正少卿坐事除名後尋復其爵位拜熊州刺史改封上明郡公除宗正卿兼給事黄門侍郎判禮部尚書事遷荆州總督卒諡曰恭

楊雄初名惠弘農華陰人也父紹周大將軍自有傳雄美姿容有器度雍容閑雅進止可觀周武帝時爲太子司旅下大夫帝幸雲陽宫衛王直作亂襲肅章門雄逆拒破之封武陽郡公遷右衛上大夫大象中進爵邘國公高祖爲丞相雍州牧畢王賢構難雄時爲别駕知其謀以告高祖賢伏誅以功授柱國雍州牧仍領相府虞候周宣帝葬備諸王有變令雄率六千騎送至陵所進位上柱國高祖受禪除左衛將軍兼宗正卿遷右衛大將軍參預朝政封廣平王以邘公别封一子雄請封弟士貴朝廷許之或奏高熲朋黨者帝言之於朝雄深明其虚帝亦以爲然雄時貴寵冠絶一時與高熲虞慶則蘇威稱爲四貴雄寬容下士朝野顧屬帝陰忌之不欲其典兵馬乃改授司空外示優崇而内實奪其權也雄乃閉門不通賓客尋改封清漳王仁壽初帝以清漳不允聲望命職方進地圖指安德郡示羣臣曰此號足爲名德相稱乃改封安德王大業初授太子太傅元德太子薨檢校鄭州刺史遷懷州刺史京兆尹帝親征吐谷渾詔雄總管澆河道諸軍及還改封觀王遼東之役檢校左翊衛大將軍出遼東道次瀘河鎮遘疾薨帝爲之廢朝詔鴻臚監護喪事有司請諡曰懿帝曰王道高雅俗德冠生靈乃諡曰德贈司徒襄國等十郡太守子恭仁位吏部侍郎恭仁弟綝性和厚有文學歷義州刺史淮南郡太守及父薨起爲司隸校尉遼東之役楊元感反其弟元縱自帝所逃赴其兄路逢綝綝辟人偶語久之司隸刺史劉休文奏之時恭仁將兵於外帝寢其事綝憂發病而卒雄弟達字士達有學行仕周位儀同内史下大夫封遂寍縣男高祖受禪拜給事黄門侍郎進爵爲子遷兼吏部侍郎加開府轉内史侍郎鄯鄭趙三州刺史俱有能名平陳後高祖差品天下牧宰達爲第一擢拜工部尚書加上開府達爲人弘厚有局度楊素每曰有君子貌兼君子心者唯楊達耳獻皇后及高祖山陵制度達並參預焉煬帝嗣位轉納言領營東都副監遼東之役領右武衛將軍進位左光禄大夫卒於師贈吏部尚書始安侯諡曰恭

史祥字世休建康袁氏人也父寍仕周歷位荆州刺史自有傳祥有文武才幹仕周太子車右中士襲爵武遂縣公高祖踐阼拜儀同領交州事進爵陽城郡公在州頗有惠政轉驃騎將軍伐陳之役從宜陽公王世積出九江道破陳師進拔江州高祖大悦下詔慰勉之進位上開府尋拜蘄州刺史遷蘄州總管徵拜左領軍將軍復以行軍總管從晉王廣破突厥於靈武遷右衛將軍仁壽中率兵屯弘化以備胡煬帝時在東宫遺祥書論舊行兵時事申以恩旨祥爲書陳謝太子甚親遇之及即帝位漢王諒作亂遣其將綦毋貢自滏口徇黎陽塞白馬津余公理自太行下河内帝以祥爲行軍總管軍於河陰久不得濟祥謂軍吏曰余公理輕而無謀又新得志謂其衆可恃恃衆必驕且河北人先不習兵所謂擁市人而戰不足圖也乃令軍中修攻具公理使諜知

之果屯兵於河陽內城以備祥祥於是艤船南岸公理聚甲當之祥乃簡精銳於下流潛度公理拒之未成列祥縱擊大破之東趣黎陽討綦毋艮艮棄軍走其衆大潰進位上大將軍賜縑綵七千段女妓十人艮馬二十四轉太僕卿帝嘗賜祥詩曰伯奭朝寄重夏侯親遇深貫耳惟聞古賤目詎知今早擲勁草質久有背淮心埽逆黎山外振旅河之陰功已書王府留情太僕箴祥上表辭謝帝手詔曰昔歲勞公問罪河朔賊爾日塞兩關之路據倉阻河公竭誠奮勇一舉而尅故聊示所懷亦何謝也尋遷鴻臚卿從征吐谷渾祥出玉門道擊虜破之進位右光祿大夫拜右驍騎大將軍及征遼東出蹋頓道不利由是除名俄拜燕郡太守被賊高開道所圍城陷開道甚禮之會開道與羅藝通和送祥於涿郡卒於塗子義隆永平令祥弟雲字世高亦以父勳賜爵武平縣公歷位司職下大夫儀同大將軍萊州刺史雲弟威字世儀亦以父勳賜爵武當縣公

王世積闡熙新國人也父雅周夏州刺史自有傳世積容貌魁岸腰帶十圍風神爽拔有人傑之表在周以功拜上儀同封長子縣公高祖受禪進封宜陽郡公高熲美其才能甚善之嘗謂熲曰吾輩俱周之臣子社稷淪汲若何熲深拒之未幾授蘄州總管平陳之役以舟師自蘄水趣九江以功進位柱國荊州總管後桂州人李光仕作亂世積以行軍總管討平之進位上柱國甚見隆重世積見高祖性忌刻功臣多獲罪由是縱酒不與執政言及時事上以爲有酒疾舍之宮內令醫者療之世積詭稱疾愈始得就第及征遼東世積與漢王並爲行軍元帥至柳城遇疾而還拜涼州總管令騎士七百人送之官未幾其親信安定皇甫孝諧有罪吏捕之亡抵世積不納由是有憾孝諧竟配防桂州事總管令狐熙熙又不禮焉甚困窮因徼幸上變稱世積嘗令道人相其貴不道人云當爲國主謂其妻曰夫人當爲皇后又將之涼州其所親謂世積曰河西天下精兵處可圖大事世積曰涼州土曠人稀非用武國由是被徵案其事有司奏左衞大將軍元旻右衞大將軍元冑左僕射高熲並與世積交通受其名馬之贈世積竟坐誅旻冑等免官拜孝諧爲上大將軍

李徹字廣達朔方巖綠人也父和周柱國大將軍入隋遷上柱國徹性剛毅有器幹周武帝時從皇太子西征吐谷渾以功賜爵周昌縣男從武帝平齊錄前後功再進爵遷左武衞將軍及晉王廣鎮并州妙選府官詔徹總晉王府軍事進爵齊安郡公時蜀王秀亦鎮益州上謂侍臣曰安得文同王子相武如李廣達者乎其見重如此明年突厥沙鉢略可汗犯塞高祖令衞王爽爲元帥擊之以徹爲長史遇虜於白道行軍總管李充請襲之諸將多以爲疑唯徹獎成其事請同行遂掩擊大破之沙鉢略棄所服金甲而遁以功加上大將軍沙鉢略因此稱藩改封安道郡公開皇十年進位柱國及晉王爲揚州總管以徹爲司馬改封廣德郡公尋徙封城陽郡公其後突厥犯塞徹復領行軍總管破之及左僕射高熲得罪以徹素與熲善被疏忌後出怨言上聞召入臥內賜宴言及平生因遇鴆卒大業中其妻元氏爲孽子安遠誣以呪詛伏誅

侯莫陳穎字遵道代武川人也父崇周大司徒號爲名將自有傳穎少有器量風神警發爲時輩所推魏大統末以父軍功賜爵廣平侯累遷開府儀同三司周武帝時從滕王逌擊龍泉文城叛胡穎與柱國豆盧勣分路而進穎懸軍五百餘里破其三柵先是稽胡叛亂輒略邊人爲奴婢至是詔胡有厭匿良人者誅籍沒其妻子有人言爲胡村所隱匿者勣將誅之穎曰將在外君命有所不行諸胡固非悉反但相迫脅爲亂今慰撫自可不戰而定如卽誅之轉相驚恐爲難不細未若召其渠帥以隱匿者付之令自歸首則羣胡可安勣從之諸胡爭降附北土以安遷司武加振威中大夫高祖受禪加上開府進爵昇平郡公平陳之役以行軍總管從秦王俊出曾山道與行軍總管段文振渡江安集歸附再遷瀛州刺史甚有惠政後坐與秦王俊交通免官百姓送者莫不流涕因相與立碑頌穎淸德後拜邢州刺史仁壽中吏部尚書牛弘持節巡撫山東以穎爲第一上優詔褒揚朝廷以嶺南刺史縣令多貪鄙蠻夷怨叛妙簡淸吏於是徵穎入朝上與言及平生以爲歡笑卽日進位大將軍拜桂州總管十七州諸軍事及至官大崇恩信民夷悅服煬帝卽位穎弟梁國公芮坐事徙邊朝廷恐穎不自安徵還京師後拜恆山太守其年嶺南閩越多不附帝以穎前在桂州有惠政爲南方所信伏拜南海太守卒官諡曰定子虔會最知名

李子雄趙郡人父喬齊神武大丞相諸議參軍遷侯衞大將軍陝州刺史及周文攻尅州城見害子雄少慷慨有大志隨父在官城陷因隨周軍入長安家世並以學業自通子雄獨習騎射兄子旦讓之曰棄文尚武非士大夫素業子雄曰自古誠臣貴仕文武不備而能濟功業者鮮矣旣文且武兄何病焉子旦無以應仕周累遷

小賓部後從達奚武與齊人戰於芒山諸軍大破子雄所領獨全累遷涼州總管長史從滕王逌破吐谷渾於青海以功加上儀同宣帝卽位從行軍總管韋孝寬略定淮南拜濠州刺史高祖總百揆徵爲司會中大夫以淮南功位上開府及受禪拜鴻臚卿進爵高都郡公及晉王廣出鎭并州以子雄爲河北行臺兵部尚書上謂曰吾兒旣少卿兼文武之才今者推誠相委吾無北顧憂矣子雄頓首流涕誓以効命子雄當官正直侃然有不可犯之色王甚敬憚吏民稱焉歲餘卒官子公挺嗣

爾朱敞字乾羅北秀容人魏天柱大將軍榮從弟子也父彥伯魏節閔世封博陵郡王司徒公爲齊神武所誅敞小隨母養於宮中時年十二敞自竇走至大街見童兒羣戲敞解所著綺羅金翠服易衣而遁追騎至不識敞便執綺衣兒比究問知非會日已暮由是免遂入一村見長孫氏媪踞胡牀坐敞再拜求哀長孫氏愍之藏於複壁之中購之愈急追且至長孫氏資而遣之遂詐爲道士變姓名隱嵩高山略涉經史數年間人頗異之嘗獨坐巖石下泣然歎曰吾豈終此乎伍子胥獨何人也乃奔於長安周文見而禮之拜行臺郎中靈壽縣伯保定中遷開府儀同三司進爵爲公後爲膠州刺史迎長孫氏至其第置于家厚資給之高祖受禪改封邊城郡公黔安蠻叛命敞討平之師旋拜金州總管政號嚴明吏民懼之後以年老乞骸骨賜二馬輅車歸河內卒于家子勖嗣

慕容三藏燕主晃第四子太原王恪之後也高祖騰歸魏遂居代父紹宗爲齊名將贈太尉自有傳三藏幼聰敏多武略頗有父風武平初襲爵燕郡公以軍功歷位武衛大將軍周師入鄴後主東遁委三藏留守鄴宮齊王公已下皆降三藏猶拒戰及齊平武帝引見恩禮甚厚授儀同大將軍開皇元年授吳州刺史九年副襄陽公韋洸討平嶺南至廣州洸中流矢卒詔三藏檢校廣州道行軍事以功授大將軍後遷廓州刺史人歌詠之高祖數有勞問又畜產繁滋獲醍醐奉獻賚物百段十三年州界連雲山響稱萬歲者三詔頒郡國仍遣使醮山所其日景雲浮於上雉兔馴壇側使還以聞上大悅改封河內縣男歷疊州總管和州刺史淮南郡太守所在有惠政改授金紫光祿大夫大業七年卒

竇榮定扶風平陵人也父善周驃騎大將軍開府儀同三司永富縣公季父熾開皇初位太傅周史有傳榮定沈深有器局容貌魁偉美鬚髯便弓馬初爲魏文帝千牛備身周文見而奇之卽授平東將軍賜爵宜君縣子後從周文與齊人戰於北芒周軍不利榮定與汝南公宇文神慶帥精騎擊卻齊師以軍功拜上儀同尋復以軍功進位開府襲爵永富縣公除忠州刺史從平齊加上開府拜前將軍佽飛中大夫其妻則高祖長姊安成長公主也高祖少與之情契甚厚榮定亦知帝有人君之表尤相推結及高祖作相領左右宮伯使鎭守天臺總統露門內兩廂仗衛常宿禁中遇尉遲迥初平朝廷頗以山東爲意於是拜榮定爲洛州總管以鎭之前後賜縑四千疋西涼女樂一部及受禪來朝賜馬三百匹部曲八十戶遣之坐事除名公主曰天子姊乃作田舍兒妻高祖不得已尋拜右武候大將軍上數幸其第恩錫甚厚每令尚食局日供羊一口珍味稱是以佐命功拜上柱國歷位寧州刺史右武候大將軍秦州總管賜吳樂一部突厥沙鉢略寇邊以榮定爲行軍元帥率總管出涼州與虜戰於高越原兩軍相持地無水士卒渴甚至刺馬血而飲死者十二三榮定仰天太息俄而澍雨軍乃復振於是進擊數挫其鋒突厥憚之請盟而去賜縑萬疋進爵安豐郡公復封子憲爲安康郡公賜縑五千疋歲餘拜右武衛大將軍帝欲以爲三公榮定上書固辭以西都衞霍東都梁鄧爲戒帝乃止前後賞賜不可勝計開皇六年卒帝爲之廢朝令左衞大將軍元旻監護喪事賻贈三千疋上謂侍臣曰吾每欲置榮定於三事其人固讓不可今欲賜之重違其志於是贈冀州刺史陳國公謚曰懿子坑嗣抗美容儀性通率長於巧思父卒後恩遇彌厚所賜錢帛金寶亦以鉅萬位定州刺史檢校幽州總管煬帝卽位漢王諒反以爲抗與通謀由是除名以其弟慶襲陳國公慶亦有姿容性和厚頗工草隸初封永富郡公位河東太守衞尉卿大業末爲南郡太守爲盜賊所害慶弟璡亦工草隸頗解鍾律歷任潁川南郡扶風太守

梁士彥字相如安定烏氏人也少任俠不仕州郡性剛果喜正人是非好讀兵書頗涉經史周武帝將平東夏聞其勇決自扶風郡守除爲九曲鎭將進位上開府封建威縣公齊人甚憚之後以熊州刺史從武帝拔晉州進位柱國大將軍除晉州刺史及帝還齊後主親總六軍圍之士彥守孤城外無聲援衆皆震懼士彥慷慨自若賊盡銳攻之樓堞皆盡城雉所存尋仞而已或短兵相接或交馬出入士彥謂將士曰死在今日吾爲爾先於是勇烈齊奮呼聲動地無不一當百齊師少卻乃命妻妾及軍民子女晝夜修城三日而就帝率六軍亦至

齊師圍解士彥見帝捋帝鬚而泣曰臣幾不見陛下帝亦爲之流涕時帝以將士疲倦意欲班師士彥叩馬諫曰今齊人既遁衆心皆動因其懼也而攻之其勢必舉帝從之大軍遂進帝執其手曰朕之有晉州爲平齊之基若不固守則事不諧矣朕無前慮惟恐後變善爲我守之及齊平封郕國公進位上柱國雍州主簿宣帝即位除東南道行臺徐州總管與烏丸軌禽陳將吳明徹裴忌於呂梁遂略定淮南地高祖作相轉亳州總管尉遲迥之反以爲行軍總管從韋孝寬擊之至河南與迥軍相對令家僮梁默等爲前鋒士彥繼之所當皆破及迥平除相州刺史深見忌徵還京師閑居無事恃功懷怨與宇文忻劉昉等謀反將率僮僕候上享廟之際以發機復欲於蒲州起事略取河北捉黎陽關塞河陽路劫調布爲牟甲募盜賊爲戰士其甥裴通知而奏之帝未發其事授晉州刺史欲觀其志士彥欣然謂昉等曰天也又請儀同薛摩兒爲長史帝從之後與公卿朝謁帝令執士彥忻昉等於行間詰之狀猶不伏捕薛摩兒至對之摩兒具論始末云第二子剛垂泣苦諫第三子叔諧曰作猛虎須成斑士彥失色顧曰汝殺我於是伏誅時年七十二有子五人操字孟德位上開府義鄉縣公早卒剛字永固位大將軍通政縣公涇州刺史以諫父獲免從瓜州叔諧坐士彥誅梁默者士彥之蒼頭也驍武絕人士彥每從征伐常與默陷陣仕周位開府開皇末以行軍總管從楊素征突厥進位大將軍又從平楊諒授柱國大業五年從煬帝征吐谷渾力戰死之贈光祿大夫

元諧河南洛陽人也家世貴盛諧性豪俠有氣調少與高祖同受業於國子甚相友愛後以軍功累遷大將軍及高祖爲丞相引致左右諧白高祖曰公無黨援譬如水間一堵牆大危矣公其勉之高祖受禪顧諧笑曰水間之牆竟何如也進位上大將軍封樂安郡公奉詔參修律令時吐谷渾將定城王鍾利房率騎度河連結党項詔諧爲行軍元帥總管賀婁子幹等步騎數萬出鄯州趣青海邀其歸路上敕曰公受朝寄總兵西下本欲自寧疆境保全黎庶非是貪無用之地害荒服之民王者之師意在仁義賊若至界首公宜曉之以此時吐谷渾引鐵騎二萬相遇於豐利山兵諧大戰擊走之追奔三十里俘斬萬計於是敕書諭以禍福又破其太子可博汗其名王十七人公侯十三人各率所部來降下詔褒之進上柱國別封一子縣公諧拜寧州刺史頗有惠政然性剛愎好排詆不能取媚於左右嘗言於上曰臣一心事主不曲取人意上曰宜終此言後以公事免時上柱國王誼有功於國與諧俱無位任每相往來有胡僧告諧誼謀反帝按其事無狀慰諭釋之未幾誼誅諧漸被疎忌然以龍潛之舊每預朝請恩禮無虧及平陳百寮大宴諧進曰陛下威德遠被臣前請突厥可汗爲候正陳叔寶爲令史今可用臣言帝曰朕平陳國本以除逆非欲誇誕公之所奏殊非朕心突厥不知山川何能警候叔寶昏醉寧堪驅使諧嘿然而退後數歲人或告諧與從父弟上開府滂臨澤侯田鸞上儀同祁緒等謀反上令案其事有司奏諧謀令祁緒勒党項兵即斷巴蜀時廣平王雄左僕射高熲二人用事諧欲譖去之云左執法星動已四年矣狀一奏高熲必死又言太白犯月光芒相照主殺大臣楊雄必當之諧嘗與滂同謁帝諧私謂滂曰我是主人殿上者賊也因令滂望氣滂曰彼雲似蹲狗走鹿不如我輩有福德雲帝大怒諧滂鸞緒並伏誅籍沒其家

虞慶則京兆櫟陽人也本姓魚其先仕赫連氏遂家靈武世爲北邊豪傑父祥周靈武太守慶則幼雄毅性倜儻身長八尺有膽智善鮮卑語身被重鎧帶兩鞬左右馳射本州豪俠皆敬憚之初以射獵爲事中更折節讀書常慕傅介子班仲升之爲人仕周爲中外府外兵參軍事襲爵沁源縣公越王盛討平稽胡將班師內史下大夫高熲與盛謀須文武幹略者鎮遏之表請慶則於是拜石州總管甚有威惠稽胡慕義歸者八千餘戶開皇元年歷位內史監吏部尚書京兆尹封彭城郡公營新都總監二年突厥入寇慶則爲元帥討之部分失所士卒多寒凍墮指者千餘人偏將達奚長儒率騎兵二千人別道邀賊爲虜所圍慶則按營不救由是長儒孤軍獨戰死者十八九上弗之責也尋遷尚書右僕射後突厥主攝圖將內附請一重臣充使詔慶則往攝圖恃彊慶則責以往事攝圖不服其介長孫晟又說諭之攝圖及弟葉護皆拜受詔因稱臣朝貢請永爲藩附初慶則出使帝敕曰我欲存立突厥彼送公馬但取五三匹攝圖見慶則贈馬千匹又以女妻之帝以慶則勳高皆無所問授上柱國公食任城縣千戶以彭城公迴授第二子義平陳後帝幸晉王第置酒羣臣高熲等奉觴上壽帝曰高熲平江南虞慶則降突厥可謂茂功矣楊素曰皆由至尊威德所被慶則曰楊素前出兵虎牢硤石若非至尊威德亦無剋理遂互相長短御史欲彈之帝曰今日計功爲樂並不須劾帝觀羣臣宴射慶則進曰

臣蒙賁酒令盡樂御史在側恐醉被彈帝賜御史酒遣之出慶則奉觴上壽極歡帝謂諸公曰飲此酒願我與公等子孫常如今日世守富貴九年轉爲右衞大將軍尋改爲右武候大將軍十七年嶺南人李世賢據州反議欲討之諸將二三請行皆不許帝顧謂慶則曰位居宰相爵爲上公國家有賊遂無行意何也慶則拜謝恐懼帝乃遣焉爲桂州道行軍總管以婦弟趙什柱爲隨府長史什柱先與慶則愛妻通恐事彰乃宣言慶則不欲此行帝聞之先是朝臣出征帝皆宴別禮賜遣之慶則南討辭帝帝色不悅慶則由是快快不得志暨平世賢還臨桂鎭觀眺山川形勢曰此誠嶮固加以足糧若守得其人攻不可拔遂使什柱馳詣京奏事觀帝顏色什柱至京因告慶則謀反帝案驗之於是伏誅拜什柱爲大將軍慶則子孝仁幼豪俠任氣拜儀同領晉王親信坐父事除名煬帝嗣位以藩邸之舊受候衞長史兼領金谷監監禁苑有巧思頗稱旨大業九年伐遼遷都水丞充使監運頗有功然性奢華以駱駝負函盛水養魚而自給後或告其爲不軌遂見誅

元胄河南洛陽人魏昭成帝之六代孫也祖順魏濮陽王父雄武陵王胄少英果多武藝美鬚眉有不可犯之色周齊王憲見而壯之引致左右數從征伐官至大將軍高祖初被徵入將受顧託先呼胄次命陶澄並委以腹心恒宿臥內及高祖作相胄每典軍在禁中又引弟威俱入侍衞周趙王招謀害高祖高祖不之知乃將酒肴詣其宅趙王引帝入寢室左右不得從唯楊弘與胄兄弟坐於戶側趙王令其二子進瓜因將刺高祖及酒酣趙王欲生變以佩刀子刺瓜連啗高祖將爲不利胄進曰相府有事不可久留趙王呵之曰我與丞相言汝何爲者叱之使卻胄瞋目憤氣扣刀入衞趙王問其姓名胄以實對趙王曰汝非昔事齊王者乎誠壯士也因賜之酒曰吾豈有不善之意邪卿何猜警如是趙王僞吐將人後閤胄恐其爲變扶令上座如此者再三趙王稱喉乾命胄就廚取飯胄不動會滕王逌後至高祖降階迎之胄耳語勸高祖速去帝猶不悟曰彼無兵馬復何能爲胄曰兵馬悉他家物一先下手大事便去胄不辭死死何益邪復入座胄聞屋後有被甲聲遽請曰相府事殷公何得如此因扶高祖下牀趣而去趙王將追高祖胄以身蔽戶王不得出高祖及門胄自後而至趙王恨不時發彈指出血及誅趙王賞賜不可勝計高祖受禪封武陵郡公拜左衞將軍尋遷右衞大將軍高祖從容曰保護朕躬成此基業元胄功也歷豫亳淅三州刺史時突厥屢爲邊患朝廷以胄素有威名拜靈州總管北夷甚憚焉徵爲右衞大將軍親顧益隆嘗正月十五日高祖與近臣登高時胄下直馳詔召之及見謂曰公與外人登高未若就朕也賜宴極歡晉王廣每致禮焉房陵王之廢也胄預其謀高祖正窮東宮事左衞大將軍元旻苦諫楊素乃譖之高祖大怒執旻於仗胄時當下直不去因奏曰臣向不下直者爲防元旻耳復以此言激怒高祖高祖遂誅旻蜀王秀之得罪胄坐交通除名煬帝卽位不得調時慈州刺史上官政坐事徙嶺南將軍邱和亦以罪廢胄與和有舊因數從之游酒酣謂和曰上官政誠壯士也今徙嶺表得無大事乎因自拊腹曰若是公者不徒然矣和明日奏之胄竟坐死於是徵政爲驍騎將軍和代州刺史

達奚長儒字富仁代人也祖俟魏定州刺史父慶驃騎大將軍儀同三司長儒少懷節操膽烈過人年十五襲爵樂安公周文引爲親信以長儒質直恭朴授子都督累遷撫軍將軍平蜀之役常爲先鋒攻城野戰所當必破天和中除渭南郡守位驃騎大將軍開府儀同三司從武帝平齊遷上開府進爵成安郡公別封一子縣公宣政元年除左將軍勇猛中大夫後與烏丸軌圍陳將吳明徹於呂梁陳遣劉景率勁勇爲聲援軌令長儒拒之長儒乃取車輪數百繫以大石沈之清水連轂相次以待之景船艦礙輪不得進長儒乃縱騎兵水陸俱進大破之獲明徹以功進大將軍尋授行軍總管北巡沙塞卒與虜遇大破之高祖作相王謙舉兵於蜀沙氐楊永安扇動利興武文沙龍等六州以應謙詔長儒擊破之謙二子自京師逃歸其父長儒並捕斬之高祖受禪進位上大將軍進封蘄春郡公開皇三年突厥沙鉢略可汗并弟葉護及潘那可汗寇掠西南詔以長儒爲行軍總管擊之遇於周盤衆寡不敵軍中大懼長儒慷慨神色愈烈爲虜所衝突散而復聚且戰且行轉鬬三日五兵咸盡士卒以拳毆之手皆見骨殺傷萬計虜氣稍奪於是解去長儒身被五瘡通中者二戰士死傷十八九突厥本欲大掠秦隴既逢長儒兵皆力戰虜意大沮明日於戰處焚屍慟哭而去高祖下詔褒美授上柱國餘勳迴授一子其戰亡將士皆贈官三轉子孫襲之歷寧鄜二州刺史母憂去職長儒性至孝水漿不入口五日毀悴過禮殆將滅性天子嘉歎起爲夏州總管匈奴憚之不敢窺塞以病免又除襄州總管轉蘭州帝遣涼州總管獨孤羅原州總管元褒靈州總管賀若誼等發

卒備胡皆受長儒節度長儒率衆出祁連山北西至蒲類海無虜而還復轉荆州總管三十六州諸軍事帝謂之曰江陵要害國之南門今以委公朕無慮也歲餘卒官謚曰威子暠大業中位太僕少卿

賀婁子幹字萬壽本代人也隨魏氏南遷世居關右祖道成魏侍中太子太傅父景賢右衛大將軍子幹少以驍武知名仕周累遷少司水以勤勞封思安縣子大象中除秦州刺史進爵爲伯及尉遲迥爲亂子幹從韋孝寬討之遇賊圍懷州子幹與宇文述等擊破之高祖大悅手書慰勉其後每戰先登及破鄴城與崔弘度逐迥至樓上進位上開府封武川縣公以忠安縣伯別封子皎開皇元年進爵鉅鹿郡公其年吐谷渾寇涼州子幹以行軍總管從上柱國元諧擊之功最優詔褒美即令子幹鎮涼州其年突厥寇蘭州子幹拒之至可洛峐山與賊相遇賊衆甚盛子幹阻川爲營賊軍不得水數日人馬甚弊縱擊大破之於是册授上大將軍徵授營新都副監尋拜工部尚書其年突厥復犯塞以行軍總管從竇榮定擊之子幹別路破賊高祖嘉之遣優詔勞勉之子幹請入朝詔令馳驛奏見吐谷渾復寇邊命子幹討之入掠其國二旬而還高祖以隴西頻被寇掠甚患之又彼俗不設村塢敕子幹勒人爲堡營田積穀以備不虞子幹上書曰比見屯田之所獲少費多且隴右之人以畜牧爲事若更屯聚彌不獲安但使鎮戍連接烽候相望人雖散居必無所慮帝從之帝以子幹習邊事授榆關總管還雲州刺史甚爲虜所憚後數年突厥雍虞閭遣使請降并獻羊馬詔以子幹爲行軍總管出西北道應接之還拜雲州總管以突厥所獻馬百匹羊千口以賜之乃下書曰自公守北門風塵不警突厥所獻還以賜公母憂去職朝廷以榆關重鎮尋起視事卒官高祖傷惜久之贈懷魏等四州刺史謚曰懷子善住嗣子幹兄詮亦有才器位銀青光祿大夫鄭純深等三州刺史北地太守東安郡公

史萬歲京兆杜陵人也父靜周滄州刺史萬歲少英武善騎射驍捷若飛好讀兵書兼精占候年十五遭周齊戰於芒山萬歲從父在軍旗鼓正相望萬歲令左右趣裝急去俄而周兵大敗其父由是奇之及平齊之役其父戰歿萬歲以忠臣子拜開府儀同三司襲太平縣公尉遲迥之亂萬歲從梁士彥擊之軍次馮翊見羣鴈飛來萬歲謂士彥曰請射行中第三者既射之應弦而落三軍莫不悅服及與迥軍遇每戰先登鄴城之陣官軍稍卻萬歲乃馳馬奮擊殺數十人衆亦齊力官軍復振迥平以功拜上大將軍開皇初大將軍爾朱勣以謀反伏誅萬歲頗涉疑貳坐除名配敦煌爲戍卒其戍主甚驍武每單騎深入突厥中輒大尅獲突厥莫敢當其人頗自矜負數罵辱萬歲萬歲患之自言亦有武用戍主試令騎射笑曰小人定可萬歲因請弓馬復掠突厥中大得六畜而歸戍主始善之每與同行輒入突厥數百里名懾北夷竇榮定之擊突厥也萬歲詣轅門請自効榮定素聞其名見而大悅因使人謂突厥曰士卒何罪過令殺之但當各遣一壯士決勝負爾突厥許諾乃遣二騎挑戰榮定遣萬歲出應之萬歲馳斬其首而還突厥大驚引軍而去由是拜上儀同領車騎將軍平陳之役以功加上開府及高智慧等作亂於江南萬歲以行軍總管從楊素擊之萬歲率衆二千自東陽別道而進踰嶺越海攻陷溪洞不可勝數前後七百餘戰轉鬬千餘里寂無聲問者十旬遠近皆以萬歲爲沒萬歲以水陸阻絶信使不通乃置書竹筒中浮之於水汲者得之以言於素素大悅上其事高祖嗟歎賜其家錢十萬還拜左領軍將軍先是南寧夷爨翫降拜昆州刺史既而復叛遂以萬歲爲行軍總管擊之入蜻蛉川經弄凍次小教弄大教弄至于南中賊前後屯據要害萬歲皆擊破之行數百里見諸葛亮紀功碑銘其背曰萬歲之後勝我者過此萬歲令其左右倒其碑而進度西弭河入渠濫川行千餘里破其三十餘部諸夷大懼遣使請降獻明珠徑寸於是勒碑頌美隋德萬歲遣使馳奏請將爨翫入朝詔許之爨翫陰有二心不欲詣闕因賂萬歲以金寶萬歲於是捨爨翫而還蜀王時在益州知其受賂將索之萬歲聞之悉以所得金寶沈之於江索無所獲以功進柱國晉王廣甚欽敬之待以交友之禮上知爲晉王所善令萬歲督晉王府軍事明年爨翫復反蜀王奏萬歲受賂縱賊致生邊患上令窮治之事皆驗罪當死上數之曰受金放賊重勞士馬卿豈社稷之臣也萬歲曰臣留爨翫者恐其州有變留以鎮撫臣還至瀘水詔書方到由是不將入朝實不受賂上以萬歲心有欺隱大怒顧有司曰必斬是萬歲懼而服罪頓首請命左僕射高熲左衛大將軍元旻等進諫曰史萬歲雄略過人每行兵用師之處未嘗不身先士卒尤善撫御雖古名將未能過也上意稍解於是除名爲民歲餘復官爵拜河州刺史復領行軍總管以備胡開皇末突厥達頭可汗犯塞上令晉王廣與楊素出靈武道漢王諒與萬歲出馬邑道萬歲率柱國張定和大將軍李藥王楊

義臣等出塞至大斤山與虜遇達頭遣使問曰隋將爲誰候騎報曰史萬歲也突厥復問曰得非敦煌戍卒乎候騎曰是也達頭懼而引去萬歲馳追百餘里乃及擊大破之逐北入磧數百里虜遁逃而還楊素害其功因譖萬歲云突厥本不寇於塞上畜牧耳遂寢其功萬歲數抗表陳狀上未之晤會上從仁壽宮初還京師廢皇太子窮東宮黨與上問萬歲所在萬歲實在朝堂楊素見上方怒因譖之曰謁東宮矣以激怒上上謂爲信然令召萬歲時所將士卒在朝堂稱冤者數百人萬歲謂之曰我今日爲汝極言於上既見上言將士有功爲朝廷所抑詞氣憤厲忤上上大怒令左右㩧殺之既而悔之已不及矣因下詔數其罪狀萬歲死之日天下士庶聞者識與不識莫不冤惜之萬歲爲將不治營伍令士卒各隨所安無警夜之備虜亦不敢犯臨陣對敵應變無方號爲良將子懷義嗣

劉方京兆長安人也性剛決有膽氣仕周承御上士以戰功拜上儀同高祖爲丞相方從韋孝寬破尉遲迥於相州以功加開府賜爵河陰縣侯高祖受禪進爵爲公開皇三年從衛王爽破突厥於白道進位大將軍後歷甘瓜二州刺史仁壽中交州俚人李佛子作亂據越王故城左僕射楊素言方有將略於是詔方爲交州道行軍總管統二十七營而進法令嚴肅然仁而愛士長史度支侍郎敬德亮從軍至尹州疾甚不得進留之州館分別之際方哀其危篤流涕嗚咽感動行路論者多之稱爲良將至都隆嶺遇賊方遣營主宋纂何貴嚴願等破之進兵臨佛子先令人諭以禍福佛子乃降送於京師其有桀黠恐爲亂者皆斬之尋授驩州道行軍總管以尚書右丞李綱爲司馬經略林邑方遣欽州刺史甯長眞驩州刺史李暈上開府秦雄以步騎出越常方親率大將軍張愻司馬李綱舟師趣比景大業元年正月軍至海口林邑王梵志遣兵守險方擊走之師次闍黎江據南岸立柵方盛陳旗幟擊金鼓賊懼而潰旣渡江行三十里賊乘巨象四面而至方以弩射象象中瘡卻蹂其陣賊奔柵因攻破之俘賊萬計於是濟區粟進至大緣江前後逢賊每戰必擒經馬援銅柱南行八日至其國都林邑王梵志棄城奔海獲其廟主金人汚其宮刻石紀功而還士卒腳腫死者十四五方在道遇患卒帝甚傷惜之下詔褒美贈上柱國盧國公子通仁嗣開皇中有馮昱王㩧楊武通陳永貴房兆俱爲邊將名顯當時昱㩧並不知何許人昱多權略有武藝高祖初爲丞相以行軍總管與王誼李威等討平叛蠻拜柱國開皇初又以行軍總管屯乙弗泊備胡每戰常大尅捷㩧驍勇善射每以行軍總管屯兵江北以禦陳爲陳人所憚伐陳之役及高智慧反攻討皆有殊績位柱國白水郡公武通弘農華陰人性果烈善騎射數以行軍總管討西南夷以功封白水郡公拜左武衛將時党項羌屢爲邊患朝廷以其有威名使鎭邊歷岷蘭二州總管復與周法尚討嘉州叛獠法尚軍初不利武通爲賊斷歸路於是束馬懸車出賊不意頻戰破之賊知其孤軍無援傾部落而至武通轉鬭數百里爲賊所拒四面路絕武通輕騎挑戰墜馬爲賊所執殺而噉之永貴隴右胡人本姓白以勇烈爲高祖所親愛數以行軍總管領邊每戰必單騎陷陣位柱國蘭利二州總管封北陳郡公兆代人本姓屋引氏剛毅有武略頻爲行軍總管攻胡以功位至柱國徐州總管並史失其事

杜彥雲中人也父遷葛榮之亂徙家於幽彥性勇決善騎射仕周以軍功累遷隴州刺史賜爵永安縣伯高祖爲丞相從韋孝寬擊尉遲迥以功進位上開府改封襄武縣侯拜魏郡太守開皇初授丹州刺史進爵爲公徵爲左武衛將軍平陳之役以行軍總管與韓禽虎相繼而進及陳平賜物五千段粟六千石進位柱國賜子寶安爵昌陽縣公高智慧等之作亂復以行軍總管從楊素討平之斬其渠帥賊李陁擁衆據彭山彥擊破之斬陁傳其首又擊徐州宜豐二洞悉平賜奴婢百餘口拜洪州總管有能名及雲州總管賀婁子幹卒上悼惜者久之因謂侍臣曰榆林國之重鎭安得子幹之輩乎後數日上曰莫過杜彥於是徵拜雲州總管北夷畏憚胡馬不敢至塞後朝廷追錄前功賜子寶虔爵承縣公十八年遼東之役以行軍總管從漢王至營州上以彥曉習軍旅令總統五十營事及還拜朔州總管突厥寇雲州上令楊素擊走之猶恐爲邊患復拜彥雲州總管以疾徵還卒子寶虔大業末至文城郡丞

周搖字世安河南洛陽人也其先與魏同源初姓普乃及居洛陽改爲周氏曾祖拔拔祖右六肱俱爲北平王父恕延歷行臺僕射南荊州總管搖少剛毅有武藝性謹厚動遵法度仕魏位開府儀同三司周閔帝受禪賜姓車非氏封金水郡公歷鳳楚二州刺史吏民安之從平齊以戰功超授柱國進封夔國公未幾拜晉州總管時高祖爲定州總管文獻皇后自京師赴州路經搖所主禮甚薄旣而白后曰公廨甚富於財限法不敢輒費又王臣無得効私其質直如此高祖以其奉法每嘉之

及爲丞相從封濟北郡公拜豫州總管高祖受禪復姓周氏開皇初突厥寇邊燕薊多被其患前總管李崇爲虜所殺上思所以鎭之曰無以加周搖拜爲幽州總管六州五十鎭諸軍事搖修鄣塞謹斥候邊人安之徙壽襄二州總管俱有能名進上柱國以老乞骸骨上勞之曰公歷仕三代保茲遐壽良足善也賜坐蓐歸第終於家諡曰恭

獨孤楷字修則不知何許人也本姓李氏父屯從齊神武與周文戰於沙苑神武敗績屯因爲柱國獨孤信所禽配爲仕伍給使信家漸得親近因賜姓獨孤氏楷少謹厚便弓馬槊爲宇文護執刀數從征伐賜爵廣阿縣公拜右侍下大夫從韋孝寬平淮南以功賜子景雲爵西河縣公高祖爲丞相進開府領親信兵及受禪拜右監門將軍進封汝陽郡公仁壽初出爲原州總管時蜀王秀鎭益州上徵之猶豫未發朝廷恐秀生變拜楷益州總管馳傳代之秀果有異志楷諷諭久之乃就路楷察秀有悔色因勒兵爲備秀至興樂去益州四十餘里將反襲楷密使覘之知不可犯而止楷在益州甚有惠政蜀中父老于今稱之煬帝即位轉并州總管遇疾喪明上表乞骸骨帝曰公先朝舊臣臥以鎭之無勞躬親簿領也以其長子淩雲監省郡事其見重如此轉長平太守卒諡曰恭子淩雲平雲彥雲皆知名楷弟盛右屯衞將軍於江都死節列在忠義傳

乞伏慧字令和馬邑鮮卑人也祖周魏銀青光祿大夫父纂金紫光祿大夫並爲第一領人酋長慧少慷慨有大節便弓馬好鷹犬齊文襄時爲行臺左丞累遷太僕卿自永寧縣公封宜人郡王其兄貴和又以軍功爲王一門二王稱爲貴顯周武平齊授使持節開府儀同大將軍拜佽飛右旅下大夫轉熊渠中大夫從韋孝寬擊尉遲惇於武陟以功授大將軍及破尉遲迥進位柱國賜爵西河郡公請以官爵讓兄朝廷不許論者義之高祖受禪拜曹州刺史曹土舊俗人多姦隱戶口簿帳恆不以實慧下車按察得戶口數萬遷涼州總管先是突厥屢爲寇鈔慧嚴警烽燧遠爲斥候虜竟不入境後爲荆州總管又領潭桂二州總管三十一州諸軍事其俗輕剽慧躬行朴素以矯之風化大洽曾見人以簺捕魚者出絹買而放之其仁心如此百姓美之號其處曰西河公簺煬帝即位爲天水太守大業五年征吐谷渾郡濱西境人苦勞役又遇帝西巡坐御道不整獻食疏薄帝大怒命左右斬之見其無髮乃釋之除名卒于家

張威不知何許人也父琛魏弘農太守威少倜儻有大志善騎射膂力過人仕周以軍功位柱國京兆尹封長壽縣公王謙作亂高祖以威爲行軍總管從梁睿擊之軍次通谷謙守將李三王拒守睿以威爲先鋒三王閉壘不戰威令人激怒之三王果出陣威令壯士奮擊三王軍潰大兵繼進至開遠謙將趙儼衆十萬連營三十里威鑿山通道攻其背儼敗走追至成都及謙平進位上柱國廬州總管高祖受禪拜幽洛二州總管改封晉平郡公尋拜河北道行臺僕射後督晉王軍府事還青州總管在青州頗事產業遣家奴於人間鬻蘆菔根其奴緣此侵擾百姓上深加譴責坐廢於家後從上祠泰山至洛陽上責讓之因問威所執笏安在威頓首曰臣負罪無顏復執謹藏於家上曰可持來威明日奉笏以見上曰公雖不遵法度功效實多今還公笏於是復拜洛州刺史後改封皖城郡公轉相州刺史卒子植大業中位至虎賁郎將

和洪汝南人也勇烈過人仕周以軍功位車騎大將軍儀同三司時龍州蠻任公忻李國立等聚衆爲亂刺史獨孤善不能禦朝議以洪有武略代善爲刺史月餘斬公忻國立等皆平之後從武帝平齊位上儀同賜爵北平侯拜左勳曹下大夫柱國王軌之禽吳明徹也洪有功焉加位開府遷折衝中大夫尉遲迥作亂洪以行軍總管從韋孝寬擊之以功封廣武郡公時東夏初平物情尚梗高祖以洪有威名令領冀州事甚得人和後拜泗州刺史屬突厥寇邊詔洪爲北道行軍總管擊走之追虜至磧而還後遷徐州總管卒

陰壽字羅雲武威人也父嵩周夏州刺史壽少果烈有威幹性謹厚重然諾從周武帝平齊位開府高祖爲丞相引爲掾尉遲迥作亂高祖以韋孝寬爲元帥擊之令壽監軍時孝寬有疾不能親總戎事每臥帳中遣婦人傳教命三軍綱紀皆決於壽以功進位上柱國尋拜幽州總管封趙國公先是有高寶寧者齊氏之疏屬有籌算在齊久鎭黃龍及齊滅周武拜爲營州刺史性桀黠甚得華夷心及高祖作相遂連結契丹靺鞨舉兵反帝以中原多故未遑進討諭之不下開皇初又引突厥攻圍北平至是令壽討之寶寧棄城奔于磧北黃龍諸縣悉平壽班師留開府成道昂鎭之壽患寶寧攻道昂乃重購之未行閒寶寧果爲其下所殺北邊遂安後卒官贈司空子世師嗣世師少有節槩性忠厚多武藝弱冠以功臣子累加超擢拜儀同煬帝嗣位拜張掖太守深爲戎狄所憚後拜樓煩太守遷左翊衞將軍與代王留

守京師及唐師至世師自以世荷隋恩又藩邸之舊遂勒兵拒守月餘不下及城平與京兆郡丞骨儀等見誅骨儀天竺胡人性剛鯁有不可奪之志開皇初爲侍御史處法平當不爲勢利所迴煬帝嗣位遷尙書左司郎于時朝政漸亂貨賄公行凡當樞要之職無問貴賤並家累金寶天下士夫莫不變節而儀厲志守常介然獨立帝嘉其清苦超拜京兆郡丞公方彌著時刑部尙書衛元兼領京兆拜內史頗行詭道輒爲儀所執正元雖不便之不能傷及唐兵至元恐禍及辭以老病儀與世師同心叶契父子並誅其後絕世師有子弘智等各以年幼獲全

楊義臣代人也本姓尉遲氏父崇仕周爲儀同大將軍以兵鎭恒山時高祖爲定州總管崇知帝相貌非常每自結納帝甚親待之及爲丞相尉遲迥作亂崇以宗族故自囚遣使請罪高祖下書慰諭之卽令馳驛入朝恒置左右開皇初封秦興公歲餘從行軍總管達奚長儒擊突厥於周槃力戰而死贈大將軍豫州刺史以義臣襲崇官爵時義臣尙幼養於宮中未弱冠奉詔宿衛如千牛者數年賞賜甚厚上嘗言及恩舊顧義臣嗟歎久之因下詔賜義臣姓楊氏編之屬籍爲皇從孫未幾拜陝州刺史義臣性謹厚能騎射有將領才後突厥達頭可汗犯塞以行軍總管出白道大破之明年突厥又寇邊義臣擊之追至大斤山與虜遇時太平公史萬歲亦至與義臣合擊大破之萬歲爲楊素所陷義臣功竟不錄煬帝嗣位漢王諒反時代州總管李景被諒將喬鍾葵所圍義臣時爲朔州總管奉詔救之鍾葵見義臣兵少悉衆拒之時鍾葵亞將王拔驍勇善用矟射者不能中每以數騎陷陣義臣患之募能當拔者有車騎將軍楊思恩請當之義臣見思恩氣貌雄勇顧之曰壯士也賜以卮酒思恩望見拔立於陣後投觴於地策馬赴之再往不尅所從騎二退思恩爲拔所殺拔遂乘之義臣軍北者十餘里於是購得思恩屍義臣哭之甚慟三軍莫不下泣所從騎士皆腰斬義臣自以兵少悉取軍中牛驢得數千頭復令數百人人持一鼓潛驅之磵谷閒出其不意義臣晡後復與鍾葵戰兵初合命驅牛驢者疾進一時鳴鼓埃塵張天鍾葵軍不知所以以爲伏兵發因大潰縱擊破之以功進位上大將軍累遷太僕卿從征吐谷渾令義臣屯琵琶峽連營八十里南接元壽北連段文振合圍吐谷渾主於覆袁川復從征遼東以軍將指肅愼道至鴨淥水與乙支文德戰每爲先鋒一日七捷後與諸軍俱敗竟坐免俄而復位明年以爲軍副與大將軍宇文述趣平壤至鴨淥水會楊元感作亂班師檢校趙郡太守秋賊向海公作亂寇扶風安定閒義臣奉詔擊平之尋從帝復征遼東進位左光祿大夫時勃海高士達淸河張金稱並相聚爲盜攻陷郡縣帝遣將軍段達討之不能克詔義臣率遼東還兵擊之大破士達斬金稱又收降賊入豆子䴚討賊格謙禽之以狀聞奏帝惡其威名遽追入朝賊由是復盛義臣以功進位光祿大夫尋拜禮部尙書卒于宮

皇甫誕字元慮安定三水人也父璠周隨州刺史自有傳誕少剛毅有器局開皇中累遷治書侍御史朝臣無不肅憚爲後爲尙書左丞時漢王諒爲并州總管朝廷盛選寮佐拜誕并州總管司馬總府政事一以諮之諒甚敬焉及煬帝卽位諒用諮議王頍謀發兵作亂誕數諫止諒不納誕因流涕以死固請諒怒囚之及楊素將至諒屯淸源以拒之諒主簿豆盧毓出誕於獄協謀閉城拒諒諒襲擊破之並抗節遇害帝以誕亡身殉國嘉悼者久之詔贈柱國封弘義公謚曰明子無逸嗣尋爲淯陽太守甚有聲稱大業初令行舊爵例除以無逸誠義之後賜爵平輿侯入爲刑部侍郎守右武衛將軍初漢王諒之反州縣莫不響應有嵐州司馬陶世模繁時令敬釗並抗節不從世模京兆人性明敏有器幹仁壽初爲嵐州司馬諒反刺史喬鍾葵將赴之世模以義拒之臨之以兵辭氣不撓鍾葵義而釋之軍吏請斬之於是被囚及諒平拜開府授大興令從衛元擊楊元感以功進位銀青光祿大夫釗字積善河東蒲坂人父元約周布憲中大夫釗仁壽中爲繁時令甚有能名漢王諒反師陷其城賊帥墨弼執送僞將喬鍾葵署爲代州總管司馬釗正色拒之誓之以死會鍾葵敗釗遂免卒於朝邑令

裴矩字弘大河東聞喜人也父訥之齊太子舍人矩襁褓而孤及長好學頗愛文藻有智數世父讓之謂曰觀汝神識足成才士欲求官達當資幹世之務矩由是始留情世事仕齊爲高平王文學齊亡不得調高祖爲定州總管補記室甚親敬之以母憂去職及帝作相遣使馳召之參相府記室事及受禪遷給事郎奏舍人事伐陳之役領元帥記室旣破丹陽晉王廣令矩與高熲收陳圖籍明年奉詔巡撫嶺南未行而高智慧汪文進等作亂吳越道閉上難遣矩行矩請速進上許之行至南康得兵數千人時俚帥王仲宣逼廣州遣其部將周師舉圍東衡州矩與大將軍鹿愿赴之賊立九柵屯大庾

嶺其爲聲援矩進擊破之賊懼釋東衡州據原長嶺又擊敗之遂斬師舉進軍自南海拔廣州仲宣懼而潰散矩所綏集者二十餘州又承制署渠帥爲刺史縣令及還上大悅命升殿勞苦之謂高熲楊素曰韋洸將二萬兵不能早度嶺每患其兵少裴矩以三千弊卒徑至南海有臣若此朕亦何憂以功拜開府賜爵聞喜縣公賚物二千段除戶部侍郎遷內史侍郎時突厥彊盛都藍可汗妻大義公主即宇文氏女由是數爲邊患後因公主與從胡私通長孫晟先發其事矩請出使說都藍顯戮宇文氏上從之竟如其言公主見殺後都藍與突利可汗構難屢犯亭鄣詔太平公史萬歲爲行軍總管出定襄道以矩爲行軍長史破達頭可汗於塞外萬歲被誅功竟不錄上以啓民可汗初附令矩撫慰之還爲尙書左丞其年文獻皇后崩太常舊無儀注矩與牛弘李百藥等據齊禮參定轉吏部侍郎名爲稱職煬帝即位營建東都矩職修府省九旬功就時西域諸蕃多至張掖與中國交市帝令矩掌其事矩知帝方勤遠略諸胡至者矩誘令言其國俗山川險易撰西域圖記三卷入朝奏之其序曰臣聞禹定九州導河不踰積石秦兼六國設防止於臨洮故知西胡雜種僻居遐裔禮教之所不及書典之所罕傳自漢氏興基開拓河右始稱名號者有四十六國其後分立乃五十五王仍置校尉都護以存招撫然叛服不恒屢經征戰後漢之世頻廢此官雖大宛以來略知戶數而諸國山川未有名目至如姓氏風土服章物產全無纂錄世所弗聞復以春秋遞謝年代久遠兼并誅討互有興亡或地是故邦改從今號或人非舊類同襲昔名兼復部人交錯封疆移改戎狄音殊事難窮驗于闐之北葱嶺以東考于前史三十餘國其後更相屠滅僅有十存自餘淪沒埽地俱盡空有邱墟不可記識皇上應天育物無隔華夷率土黔黎莫不慕化風化所及日入以來職貢皆通無遠不至臣既因撫納監知關市尋討書籍訪采胡人或有所疑即詳衆口依其本國服飾儀刑王及庶人各顯容止即丹青模寫爲西域圖記共成三卷合四十五國仍別造地圖窮其要害從西傾以去北海之南縱橫所亘將二萬里諒由富商大賈周游經涉故諸國之事罔不徧知復有幽荒遠地卒訪難曉不可憑虛是以致闕而二漢相踵西域爲傳戶人數十即稱國王徒有名號有乖其實今者所編皆餘千戶利盡西海多產珍異見山居之屬非有國名及部落小者多亦不載發自敦煌至于西海凡爲三道各有襟帶北道從伊吾經蒲類海鐵勒部突厥可汗庭度北流河水至拂菻國達于西海其中道從高昌焉耆龜茲疏勒度葱嶺又經鏺汗蘇勒沙那國康國曹國何國大小安國穆國至波斯達于西海其南道從鄯善于闐朱俱波渴槃陁度葱嶺又經護密吐火羅挹怛忛延漕國至北婆羅門達于西海其三道諸國亦各自有路南北交通其東女國南婆羅門國等並隨其所往諸處得達故知伊吾高昌鄯善並西域之門戶也總湊敦煌是其咽喉之地以國家威德將士驍雄汎濛汜而揚旌越崑崙而躍馬易如反掌何往不至但突厥吐谷渾分領羌胡之國爲其擁遏故朝貢不通今並商人密送誠款引領翹首願爲臣妾聖情含養澤及普天服而撫之務在安輯故皇華遣使弗勤兵車諸蕃既從突厥可滅混一戎夏其在茲乎不有所記無以表威化之遠也帝大悅賜物五百段每日引矩至御坐親問西方之事矩盛言胡中多諸寶物吐谷渾易可并吞帝由是甘心將通西域四夷經略咸以委之復遷黃門侍郎復令往張掖引致西蕃至者十餘國大業三年帝有事於恒嶽咸來助祭帝將巡河右復令矩往敦煌矩遣使說高昌王麴伯雅及伊吾吐屯設等啗以厚利導之使入朝及帝西巡次燕支山高昌王伊吾設等及西蕃胡二十七國謁於道左皆令佩金玉被錦罽焚香奏樂歌舞諠譟復令張掖武威士女盛飾縱觀塡咽周亘數十里以示中國之盛帝見而大悅竟破吐谷渾拓地數千里並遣兵戍之每歲委輸巨億萬計諸蕃懾懼朝貢相續帝謂矩有綏懷略進位銀靑光祿大夫其年冬帝幸東都矩以蠻夷朝貢者多諷帝令都下大戲徵四方奇技異藝陳於端門街衣錦綺珥金紫者以十萬數又勒百官及百姓士女列坐棚閣而縱觀焉皆被服鮮麗終月而罷又令交市店肆皆設帷帳盛酒食遣掌蕃率蠻夷與人貿易所至處悉令邀延就坐醉飽而散蠻夷嗟歎謂中國爲神仙帝稱矩至誠謂宇文述牛弘曰裴矩凡所陳奏皆朕之成算朕未發矩輒以聞自非奉國孰能若是帝遣將軍薛世雄城伊吾令矩共往經略矩諷諭西域諸國曰天子爲蕃人交易縣遠所以城耳咸以爲然不復來競及還賜錢四十萬矩又白狀令反間射匱潛攻處羅後處羅爲射匱所迫竟隨使者入朝帝大悅賜矩貂裘及西域珍器從帝巡塞北幸啓民帳時高麗遣使先通于突厥啓民不敢隱引之見帝矩因奏曰高麗本孤竹國周代以之封箕子漢世分爲三郡晉氏亦統遼東今乃不臣列爲外域故先帝欲征之久矣但以

楊諒不肯師出無功當陛下時安得不事使此冠帶之境仍爲蠻貊之鄉乎今其使朝於突厥親見啟民合國從化必懼皇靈之遠暢慮後服之先亡脅令入朝當可致也帝曰如何矩曰請面詔其使者放還本國遣語其王令速朝覲不然者當率突厥即日誅之帝納焉高麗不用命始建征遼東之策王師臨遼以本官領虎賁郎將明年復從至遼東兵部侍郎斛斯政亡入高麗帝令矩兼掌兵事以前後從度遼功進位右光祿大夫時皇綱不振人皆變節左翊衛大將軍宇文述內史侍郎虞世基等用事文武多以貨賄唯矩守常無贓穢之響以是爲世所稱後以楊元感初平帝令矩安集隴右因之會甯存問曷薩那部落遣闕達度設寇吐谷渾頻有虜獲部落致富還而奏狀帝大賞之後從至懷遠鎮詔護北蕃軍事矩以始畢可汗部衆漸盛獻策分其勢將以宗女嫁其弟叱吉設拜爲南面可汗叱吉不敢受始畢聞而漸怨矩又曰突厥本淳易可離間由其內多有羣胡盡皆桀黠教導之耳臣聞史蜀胡悉尤多姦計幸於始畢請誘殺之帝曰善矩因遣人告胡悉曰天子大出珍物今在馬邑欲共蕃內多作交關若前來者即得好物胡悉信之不告始畢率其部落盡驅六畜爭進冀先互市矩伏兵馬邑誘而斬之詔報始畢曰史蜀胡悉忽領部落走來至此云背可汗請我容納今已斬之故令往報始畢亦知其狀由是不朝十一年帝北巡狩始畢率騎數十萬圍帝於鴈門詔矩與虞世基宿朝堂以待顧問及圍解從至東京屬射匱可汗遣其猶子率西蕃諸胡朝貢詔矩宴接之尋從幸江都宮時四方盜賊蜂起郡縣上奏者不可勝計矩言之帝怒遣矩詣京師接諸蕃客以疾不行及唐兵入關帝遣虞世基就宅問矩方略矩曰太原有變京畿不靜遙爲處分恐失事機唯願鑾輿早還俄而驍衛大將軍屈突通敗問至矩以聞帝失色矩素勤謹未嘗忤物又見天下方亂恐爲身禍其待遇人多過其所望故雖廝役皆得其歡心時從駕驍果數有逃散帝憂之以問矩矩曰今車駕留此已經二年驍果之徒盡無家口人無匹合則不能安臣請聽兵士於此納室帝大喜曰公定多智此奇計也因令矩檢校爲將士等娶妻矩召江都境內寡婦及未嫁婦女皆集宮監又召諸將帥及兵等恣其所取因聽自首先有姦通婦女及尼女官等並即配之由是驍果等悅咸相謂曰裴公之惠也宇文化及反矩晨起朝至坊門遇逆黨數人控矩馬詣孟景所賊皆曰不關裴黃門既而化及從百餘騎至矩迎拜化及慰諭之令矩參定儀注推秦王子浩爲帝以矩爲侍內隨化及至河北化及僭帝號以矩爲尚書右僕射加光祿大夫封蔡國公爲河北道宣撫大使及宇文氏敗爲竇建德所獲以矩隋代舊臣遇之甚厚復以爲吏部尚書轉尚書右僕射建德起自羣盜未有節文矩爲之制定朝儀旬月之閒憲章頗擬於王者建德大悅及建德敗時矩與其將曹旦等於洛州留守旦長史李公淹及唐使人魏徵等說旦及齊善行令矩歸順旦等從之乃令矩與徵公淹領旦及八璽舉山東之地歸降授左庶子轉詹事戶部尚書卒

裴仁基字德本河東人也祖伯鳳周汾州刺史父定上儀同仁基少驍武便弓馬平陳之役以親衛從征先登陷陣拜儀同賜物千段以本官領漢王諒府親信諒反仁基苦諫見囚諒敗超拜護軍後改授虎賁郎將從將軍李景討叛蠻向思多於黔安以功進銀青光祿大夫擊破吐谷渾加授金紫光祿大夫斬獲寇掠靺鞨拜左光祿大夫從征高麗進位光祿大夫李密據洛口帝令仁基爲河南道討捕大使據虎牢拒密仁基見强寇在前士卒勞弊所得軍資即用分賞監軍御史蕭懷靜止之衆咸怨懷靜懷靜又陰持仁基長短欲有奏劾仁基懼殺懷靜以其衆歸密密以爲河東郡公其子行儼驍勇善戰密復以爲絳郡公甚相委昵王世充以河東食盡悉衆詣偃師求決戰密與諸將計仁基曰世充盡銳而至洛下必虛可分兵守其要路令不得東簡精兵三萬傍河西出以逼東都世充卻還我且案甲世充重出我又逼之如此則我有餘力彼勞奔命兵法所謂彼出我歸彼歸我出數戰以疲之多方以誤之者也密曰公知其一不知其二東都兵馬有三不可當器械精一也決計而來二也食盡求鬬三也我按兵畜力以觀其弊彼求鬬不得欲走無路不過十日世充之首可懸於麾下單雄信等諸將輕世充皆請戰仁基苦爭不得密難違諸將言戰遂大敗仁基爲世充所虜世充以仁基父子並驍勇深禮之以兄女妻行儼及僭尊號署仁基爲禮部尚書行儼爲右衛大將軍行儼每戰所當皆披靡號萬人敵世充憚其威名頗加猜防仁基知之甚不自安遂與世充所署尚書左丞宇文儒童尚食直長陳謙祕書丞崔德本等謀令陳謙於上食之際持匕首劫世充行儼以兵應之事定然後輔越王侗事臨發將軍張童告之俱爲世充所殺

斛斯政廣牧富昌人也祖椿魏太傅父恢散騎常侍新蔡郡公政明悟有器幹開皇中以軍功擢儀同甚爲楊

素所禮大業中位尙書兵曹郞漸見委遇元感兄弟俱與之交遼東之役兵部尙書段文振卒侍郞明雅復以罪廢帝彌屬意於政尋遷兵部侍郞稱爲幹理元感之反政與通謀及元縱等亡歸亦政之計及帝窮元縱黨與政亡奔高麗明年帝復東征高麗請和遂送政鎖至京師以告廟左翊衛大將軍宇文述請變常法行刑帝許之以政出金光門縛之於柱公卿百寮並親擊射臠其肉多有噉者然後烹焚揚其骨灰

宋右迪功郎鄭樵漁仲撰

列傳七十五

隋

劉昉　鄭譯　柳裘　皇甫績　郭衍　張衡
楊汪　裴蘊　袁充　王劭　李雄　趙煚　趙芬　王韶　元巖　宇文弼　伊婁謙　李圓通　陳茂　郭榮　龐晃　李安（弟哲）　楊尙希　張煚（父羨）　蘇孝慈（兄子沙羅）　元壽　韋世康（兄洸　洸弟藝　藝弟沖）　韋師　柳機（子述　機弟旦　旦弟肅　機從子謇之）　陸彥師　魏澹

劉昉博陵望都人也父孟良仕魏位大司農卿從孝武帝西入關周文以爲東梁州刺史昉性輕狡有姦數周武帝時以功臣子入侍皇太子及宣帝嗣位昉以技佞見狎出入宮掖寵冠一時授大都督遷小御正與御正中大夫顏之儀並見親信及帝不悆召昉及之儀俱入臥內屬以後事帝失瘖不復能言昉見靜帝幼沖不堪負荷而昉素奇高祖時高祖又以后父之故有重名於天下昉遂與鄭譯謀引高祖輔政高祖固讓不敢當昉曰公若爲當速爲之如不爲昉自爲也高祖乃從之及高祖爲丞相以昉爲司馬時宣帝弟漢王贊居禁中每與帝同帳而坐昉飾美妓進贊贊甚悅之昉因說贊曰大王先帝之弟時望所歸孺子幼沖豈堪大事今先帝初崩羣情尙擾王且歸第待事寧後入爲天子此萬全計也贊時年未弱冠性識庸下以爲信然遂從之高祖以昉有定策之功拜上大將軍封黃國公與沛國公鄭譯皆爲心膂前後賞賜鉅萬出入以甲士自衞朝野傾屬稱爲黃沛時人爲之語曰劉昉牽前鄭譯推後昉自恃其功頗有驕色然性麤疎溺於財利富商大賈朝夕盈門于時尉遲迥起兵高祖令韋孝寬討之至武陟諸將不一高祖欲遣昉譯一人往監軍因謂之曰須得心膂以統大軍公兩人誰行昉辭未嘗爲將譯辭以母老爲請帝不懌而高熲請行遂遣之由是恩禮漸薄又王謙司馬消難相繼反高祖憂之忘寢與食昉逸遊縱酒不以職司爲意相府事多所遺落高祖深銜之乃以高熲代爲司馬是後益見踈忌及受禪進位柱國改封舒國公京師饑上令禁酒而昉使妾賃屋當壚酤酒爲治書侍御史梁毗劾奏有詔不問昉居閑無事鬱鬱不得志時上柱國梁士彥宇文忻俱失職怨望時昉並與之交數相往來士彥妻有美色昉與私通士彥不之知也情好彌協遂相與謀反許推士彥爲帝又自謂姓是卯金刀名是一萬日劉氏應爲萬日天子後事洩帝窮問之昉自知不免默無所對於是詔士彥忻昉並處死其兄弟叔姪特恕其命臨刑至朝堂宇文忻見高熲向之叩頭求哀昉勃然謂忻曰事形如此何叩頭之有乃伏誅仍籍沒其家後數日上素服臨射殿盡取三家資物置於前令百寮射取之以爲鑒誡云

鄭譯字正義滎陽開封人也祖瓊魏范陽太守父道邕周少司空譯聰敏涉獵羣書工騎射尤善音樂有名於世譯從祖文寬尙周文元后之妹魏平陽公主無子周文命譯後之由是譯少爲周文所親恆令與諸子游集年十餘歲嘗詣府司錄李長宗長宗於眾中戲之譯斂容謂曰明公位望不輕瞻仰斯屬輒相戲狎無乃喪德也長宗甚異之文寬後誕二子譯復歸本生周明帝時詔令事輔城公是爲武帝及帝卽位起家給事中爲左侍上士與儀同劉昉恆侍帝側譯時喪妻帝令譯尙梁安固公主及帝親總萬機以爲御正下大夫頗被顧遇東宮建轉太子宮尹下大夫特被親待時太子多失德內史中大夫烏丸軌每勸帝廢太子而立秦王由是太子恆不自安建德二年爲聘齊使副後詔太子西征吐谷渾太子陰謂譯曰秦王上愛子也烏丸軌上信臣也今吾此行得無扶蘇之事乎譯曰願殿下勉著仁孝無失子道而已勿爲他慮太子然之既破賊譯以功最賜爵開國子後坐褻狎皇太子烏丸軌宇文孝伯等以聞帝大怒除譯名宮臣親幸者咸被譴太子復召之譯戲狎如初因言於太子曰殿下何時可得據天下太子悅而益昵之例復官仍拜吏部下大夫及武帝崩太子嗣位是爲宣帝超拜開府儀同大將軍內史中大夫封歸昌縣公既以恩舊任遇甚重委以朝政遷內史上大夫進封沛國公上大夫之官自譯始也以其子善願爲歸昌縣公元琮爲永安縣男又監修國史譯頗專權時帝幸東京譯取官材自營私第又坐除名劉昉數言於帝帝復召之顧待如初詔領內史事初高祖與譯有同學之舊譯又素知高祖相表有奇傾心相結至是高祖爲宣帝所忌情不自安嘗在永巷私於譯曰久願出藩公所悉也敢布心腹少留意焉譯曰以公德望天下歸心欲求多福豈敢忘也謹卽言之時將遣譯南征譯請元帥帝曰卿意如何對曰若定江東自非懿戚重臣無以鎭撫可令隋公行且爲壽陽總管以督軍事帝從之乃下詔以高祖爲揚州總管譯發兵俱會壽陽以伐陳行有日矣帝不豫譯遂與御正下大夫劉昉謀引高祖入受顧託既而譯宣詔文武百官皆受高祖節度時御正

中大夫顏之儀與宦者謀引大將軍宇文仲輔政仲巳至御坐譯知之遂率開府楊惠及劉昉皇甫績柳裘俱入仲與之儀見譯等愕然逡巡欲出高祖因執之於是矯詔復以譯爲內史上大夫明日高祖爲丞相拜譯柱國府長史行內史上大夫事及高祖爲大冢宰總百揆以譯兼領天官都府司會總六府事出入臥內言無不從賞賜玉帛不可勝計每出入以甲士從拜其子元璹爲儀同時尉遲迥王謙司馬消難等作亂高祖愈加親禮進上柱國恕以十死然譯性輕險不親職務而贓貨狼籍高祖陰疏之以有定策功不忍廢放陰敕官屬不得白事於譯譯猶坐聽事無所關預懼頓首求解職高祖寬喻之接以恩禮及帝受禪譯以上柱國歸第賞賜豐厚進子元璹成皋郡公元珣永安縣男追贈其父及亡兄二人並爲刺史譯自以被疏陰呼道士章醮以祈福助其婢奏譯厭蠱左道帝謂譯曰我不負公此何意也譯無以對譯又與母別居爲憲司所劾由是除名下詔云譯嘉謀良策寂爾無聞鬻獄賣官沸騰盈耳若留之於世在人爲不道之臣戮之於朝入地爲不孝之鬼有累幽顯無以置之宜賜以孝經令其熟讀仍遣與母共居未幾詔譯參律令復授開府隆州刺史請還療疾有詔徵之見於醴泉宮賜宴甚歡因謂譯曰貶退已久情相矜愍於是顧謂侍臣曰鄭譯與朕同生共死閒關危難興言念此何日忘之譯因奉觴上壽上令內史令李德林立作詔書復爵沛國公位上柱國高熲戲謂譯曰筆乾譯答曰出爲方岳杖策言歸不得一錢何以潤筆上大笑未幾詔譯參議樂事譯以周代七聲廢缺自大隋受命禮樂宜新更修七始之義名曰樂府聲調凡八篇奏之上嘉美焉俄拜岐州刺史歲餘復奉詔定樂於太常上勞譯曰律令則公定之音樂則公正之禮樂律令公居其三良足美也尋還岐州開皇十一年卒年五十二謚曰達子元璹嗣煬帝初立五等悉除以譯佐命元功詔追改封譯莘公以元璹襲元璹歷位右光祿大夫右衛將軍大業末爲文城太守以城歸唐

柳裘字茂和河東解人南齊司空世隆之曾孫也祖惔梁尚書左僕射父明太子舍人義興太守裘少聰慧弱冠有令名在梁歷位尚書郞駙馬都尉梁元帝爲魏軍所逼遣裘請和於魏俄而江陵平遂入關中周明武閒自麟趾學士累遷太子侍讀封昌樂縣侯宣帝卽位進爵爲公轉御史大夫及帝不悆留侍禁中與劉昉韋謩皇甫績同謀引高祖曰時不可失今事已然宜早定大計天與不取反受其殃高祖從之進上開府內史大夫委以機密及尉遲迥作亂天下騷動并州總管李穆頗懷猶豫高祖令裘往喻之裘見穆盛陳利害穆遂歸心以奉使功賜綵三百匹金九環帶一腰時司馬消難奔陳高祖卽令裘隨使安集淮南賜馬及雜物開皇元年進位大將軍拜許州刺史在官清簡吏民懷之轉曹州刺史後高祖思裘定策功欲加榮秩將徵之顧問朝臣曰曹州刺史何當入朝或曰卽今冬也乃止裘尋卒帝傷惜者久之謚曰安子惠童嗣

皇甫績字功明安定朝那人也祖穆魏隴東太守父道周湖州刺史雍州都督績三歲而孤爲外祖韋孝寬所鞠養孝寬以諸子墮業督以嚴訓愍績孤幼特捨之績嘆曰我無庭訓養於外氏不能剋躬勵已何以成立深自感激命左右自杖三十孝寬聞而對之流涕於是專精好學略涉經史周武帝爲魯公時引爲侍讀建德初轉宮尹中士武帝嘗避暑雲陽宮時宣帝爲太子監國衞刺王作亂城門巳閉百寮多有遁者績聞難赴之於元武門遇皇太子下樓執績手悲喜交集帝聞而善之遷小宮尹宣政初錄前後功封義陽縣男累轉御正下士宣帝崩高祖總百揆績有力焉加上開府轉內史中大夫進封郡公拜大將軍開皇元年出爲豫州刺史尋拜都官尚書轉晉州刺史將之官稽首言陳有三可滅高祖問其狀績曰大呑小一也以有道伐無道二也納叛臣蕭巖於我有詞三也陛下若命鷹揚之將臣請預戎行上嘉勞而遣之陳平拜蘇州刺史高智慧作亂江南州人顧子元等發兵應之因以攻績相持八旬子元素感績恩於冬至日遣使奉牛酒績遺之書子元得書於城下頓首陳謝楊素援兵至合擊破之拜信州總管俄以病乞骸骨詔徵還京師賜以御藥中使相望顧問不絕卒於家謚曰安子偲嗣大業中位尚書主爵郞

郭衍字彥文自云太原介休人也父崇以舍人從魏孝武帝入關位侍中衍少驍武善騎射建德中以軍功累遷儀同大將軍又從周武帝平并州以功加開府封武陽縣公賜姓叱羅氏宣政元年爲右中軍熊渠中大夫尉遲迥之亂從韋孝寬討之以功超授上柱國封武山郡公密勸高祖殺周室諸王早行禪代由是大被親昵開皇元年敕復舊姓爲郭氏突厥犯塞以衍爲行軍總管領兵屯平涼數歲虜不入境徵爲開漕渠大監部率水工鑿渠引渭水經太興城北東至于潼關漕運四百餘里關內賴之名曰富民渠五年授瀛州刺史遇秋霖大水其屬縣多致漂沒人皆上高樹依大冢衍親備船

桃并齎糧食拯救之民多獲濟衍先開倉振郵後始奏聞上大善之遷授朔州總管所部有恒安鎮北接蕃境常勞轉運衍乃選沃饒地置屯田歲贏粟萬餘石民免轉輸之勞又築桑乾鎮皆稱旨十年從晉王廣出鎮揚州遇江表構逆命衍爲總管領精鋭萬人先屯京口於貴洲南與賊戰敗之大獲軍實仍討東陽永嘉宣城黟歙諸洞盡平之授蔣州刺史衍臨下甚踞事上甚卑晉王愛暱之宴賜隆厚遷洪州總管王有奪宗之謀託衍心腹遣宇文述以情告之衍大喜曰若所謀事果自可爲皇太子如其不諧亦須據淮海復梁陳之舊副君酒客其如我何王因召衍陰共計議又恐人疑無故來往託以衍妻患癭王妃蕭氏有術能療之以狀奏高祖高祖聽衍共妻同向江都往來無度衍又詐稱廣州俚反王乃奏衍討之由是大修甲仗陰養士卒及王入爲太子徵授左監門率轉左宗衛率高祖於仁壽宮將大漸太子與楊素矯詔令衍宇文述領東宮兵帖上臺宿衛門禁並由之及上崩漢王起逆而京師空虛使衍馳還總兵居守大業元年拜左武衛大將軍帝幸江都令統左軍改授光祿大夫又從征吐谷渾出金山道納降二萬餘戶衍能揣上意阿諛順旨帝每謂人曰唯有郭衍心與朕同又嘗勸帝五日一視事無效高祖空自勤勞帝從之益稱其孝順初新令行衍封爵從例除六年以恩舊封眞定侯七年從幸江都卒贈左衛大將軍謚曰襄長子臻虎牙郎將次子嗣本孝昌令

張衡字建平河內人也祖嶷魏河陽太守父允周萬州刺史衡幼懷志尚有骨鯁風十五詣太學受業研精覃思爲同輩所推周武帝居太后憂與左右出獵衡露髮輿櫬叩馬切諫帝嘉焉賜衣一襲馬一匹擢拜漢王侍讀衡又就沈重受三禮略究大旨累遷掌朝大夫高祖受禪拜司門侍郎及晉王廣爲河北行臺衡歷刑部度支二曹郎行臺廢拜幷州總管掾王轉牧揚州衡復爲掾王甚親任之衡亦竭慮盡誠奪宗之計多衡所建遷揚州總管司馬熙州李英林反署置百官以衡爲行軍總管討平之拜開府及王爲皇太子拜衡右庶子煬帝嗣位除給事黃門侍郎銀青光祿大夫遷御史大夫甚見親重大業三年帝幸榆林郡還至太原謂衡曰朕欲過公宅可爲朕作主人也衡馳至河內與宗族具牛酒帝上太行開直道九十里以抵其宅帝悅其山泉留宴三日因謂衡曰往從先皇拜太山之始途經洛陽瞻望於此深恨不得相過不謂今日得諧宿願衡俯伏辭謝奉觴上壽帝益歡賜其宅傍田三十頃良馬一匹金帶縑綵六百段衣一襲御食器一具衡固讓帝曰天子所至稱幸者蓋爲此也不足爲辭衡復獻食於帝帝令頒賜公卿下至衛士無不霑給衡以藩邸之舊恩寵莫與爲比頗自驕貴明年帝幸汾陽宮時帝欲大汾陽宮令衡與紀弘整具圖奏之衡承間進諫以比年勞役百姓疲敝爲請帝意甚不平後嘗目衡謂侍臣曰張衡自謂由其計畫令我有天下時齊王暕失愛於上帝密令人求其罪有人譖暕違制將伊闕令皇甫詡從之汾陽宮又錄前幸涿郡及祠恒岳時父老謁見者衣冠不整帝譴衡以憲司皆不能舉正出爲榆林太守明年帝復幸汾陽宮衡督役築樓煩城因而謁帝帝惡衡不損瘦以爲不念咎因謂曰公甚肥澤宜且還郡衡復之榆林俄而敕衡督役江都宮有人詣衡訟宮監者衡不爲理還以訟書付監其人大爲監所困禮部尚書楊玄感使至江都其人詣玄感稱冤玄感固以衡爲不可及與相見未有所言又先謂玄感曰薛道衡眞爲枉死玄感具上其事江都郡丞王世充又奏衡頻減頓具帝怒鎖衡詣江都市將斬之既而除名放還田里帝每令親人覘衡所爲八年帝自遼東還都妾言衡怨望謗訕朝政帝賜死于家臨死大言曰我爲人作何物事而望久活監刑者塞耳促令殺之唐武德初以爲死非其罪贈大將軍南陽郡公謚曰忠子希元嗣

楊汪字元度本弘農華陰人也曾祖順徙居河東父琛儀同三司及汪貴追贈平鄉縣公汪少凶疎與人羣鬭拳所毆擊無不顛踣長更折節勤學專精左氏傳通三禮解褐周冀王侍讀王甚重之每曰楊侍讀德業優深孤之穆生也後問禮於沈重受漢書於劉臻二人曰吾弗如也由是知名累遷夏官府都上士高祖作相引知兵事遷掌朝下大夫及受禪賜爵平鄉縣伯歷秦州總管府長史每聽政暇必延生徒講授時人稱之入爲尚書兵部侍郎數年高祖謂諫議大夫王達曰卿爲我覓一好左丞達遂私於汪曰我當薦君爲左丞若事果當以良田相報也汪以達言奏之達竟獲罪卒拜汪尚書左丞汪明習法令果於剖斷當時號爲稱職未幾坐事免後拜洛州長史轉荊州長史煬帝卽位追爲尚書左丞尋守大理卿視事二日帝將親省囚徒時繫囚二百餘人汪通宵究審詰朝而奏曲盡事情一無遺誤帝甚嘉之歲餘拜國子祭酒帝令百寮就學與汪講論天下通儒碩學多萃焉論難鋒起皆不能屈帝令御史書其問答奏之省而大悅賜良馬一匹後加銀青光祿大夫

及楊元感反河南贊務裴弘策出師禦之戰不利奔還遇汪而屏人交語既而留守樊子蓋斬弘策以狀奏汪帝疑之出爲梁郡通守後煬帝崩王世充推越王侗爲主徵拜吏部尚書頗見親委及世充僭號汪復用事世充平遂以凶黨伏誅

裴蘊河東聞喜人也祖之平父忌梁陳並有傳忌在陳與吳明徹同見俘于周周賜爵江夏公在隋十餘年而卒蘊性明辯有吏幹仕陳歷直閤將軍興寧令以其父在北陰奉表於高祖請爲內應及陳平上悉閱江南衣冠之士次至蘊上以爲夙有向化之心超授儀同左僕射高熲不悟上旨進諫曰裴蘊無功於國寵踰倫輩未見其可上又加蘊上儀同熲復進諫上曰可加開府熲乃不敢復言即日拜開府儀同三司禮賜優洽歷洋直棣三州刺史俱有能名大業初考績連最煬帝聞其善政徵爲太常少卿初高祖不好聲妓遣牛弘定樂非正聲清商及九部四儛之色皆罷遣從民至是蘊揣知帝意奏括天下周齊梁陳樂家子弟皆爲樂戶其六品已下至于庶人有善音樂及倡優百戲者皆直太常是後異技淫聲咸萃樂府皆置博士弟子遞相教傳增益樂人至三萬餘帝大悅遷戶部侍郎于時猶承高祖和平之後禁網疎闊戶口多漏或年及成丁猶詐爲小未至於老已免租賦蘊歷爲刺史素知其情因是條奏皆令貌閱若一人不實則官司解職鄉正里長皆遠配流又許民相告若糾得一丁者令被糾之家代輸賦役是歲大業五年也諸郡計帳進丁二十四萬三千新附口六十四萬一千五百帝臨朝覽狀謂百官曰前代無好人致此罔冒今進戶口皆從實者全由裴蘊一人用心古語云得賢而治驗之信矣由是漸見親委拜京兆贊務發擿纖毫吏民懾憚未幾授御史大夫與裴矩虞世基參掌機密蘊善候伺人主微意若欲罪者則曲法順情鍜成其罪所欲宥者則附從輕典因而釋之是後大小之獄皆以付蘊憲部大理莫敢與奪必稟承進止然後決斷蘊亦機辯所論法理言若懸河或重或輕皆由其口剖析明敏人不能致詰楊元感之反也帝遣蘊推其黨與謂蘊曰元感一呼而從者十萬益知天下人不欲多多即相聚爲盜耳不盡加誅則後無以勸蘊由是峻法治之所戮者數萬人皆籍沒其家帝大稱善賜奴婢十五口司隸大夫薛道衡以忤旨獲譴蘊知帝惡之乃奏曰道衡負才恃舊有無君之心論其罪名似如隱昧原其情意深爲悖逆帝曰然我少時與此人相隨行役輕我童稚共高熲賀若弼等外擅威權自知罪當誣罔及我即位懷不自安賴天下無事未得反耳公論其逆妙體本心於是誅道衡又帝問蘇威以討遼之策威不願帝復行且欲令帝知天下多賊乃詭答曰今者之役不願發兵但詔赦羣盜自可得數十萬遣關內奴賊及山東歷山飛張金稱等頭別爲一軍出遼西道諸河南賊王薄孟讓等十餘頭並結舟檝浮滄海必喜於免罪競務立功一歲之中可滅高麗矣帝不懌曰我去尚猶未克鼠竊安能濟乎威出後蘊奏曰此大不遜天下何處有許多賊帝悟曰老革多姦將賊脅我欲搭其口但隱忍之誠極難耐蘊知上意遣張行本奏威罪惡帝付蘊推鞫之乃處其死帝曰未忍便殺遂父子及孫三世並除名蘊又欲重己權勢令虞世基奏罷司隸刺史以下官屬增置御史百餘人於是引致姦黠共爲朋黨郡縣有不附者陰中之于時軍國多務凡是興師動衆京都留守及與諸蕃互市皆令御史監之賓客附隸徧於郡國侵擾百姓帝弗之知也以度遼之役進位銀青光祿大夫及司馬德戡將爲亂也江陽長張惠紹夜馳告之蘊與惠紹謀欲矯詔發郭下兵民盡取榮公護兒節度收在外逆黨宇文化及等仍發羽林殿腳遣范富婁等入自西苑取梁公蕭鉅及燕王處分扣門援帝謀議已定遣報虞世基世基疑反者不實抑其計須臾難作蘊歎曰謀及播郎竟誤人事遂見害子愔爲尚輦直長亦同日死

袁充字德符本陳郡陽夏人也其後寓居丹陽祖昂父君正俱爲梁侍中充少警悟始十餘歲其父黨至門時冬初充尚衣葛衫客戲充曰袁郎子絺兮綌兮淒其以風充應聲答曰唯絺與綌服之無斁以是大見嗟賞仕陳年十七爲祕書郎歷太子舍人晉安王文學吏部侍郎散騎常侍及陳滅歸國歷蒙鄜二州司馬充性好道術頗解占候由是領太史令時上將廢皇太子正窮治東宮官屬充見上雅信符應因希旨進曰比觀元象太子當廢上然之充復表奏隋興已後日景漸長曰開皇元年冬至日影一丈二尺七寸二分自爾漸短至十七年冬至影一丈二尺六寸三分四年冬至在洛陽測影一丈二尺八寸八分二年夏至影一尺四寸八分自爾漸短至十六年夏至影一尺四寸五分周官以土圭之法正日影日至之影尺有五寸鄭元云冬至之影一丈三尺今十六年夏至之影短於舊影五分十七年冬至之影短於舊影三寸七分日去極近則影短而日長去極遠則影長而日短行內道則去極近外道則去極遠

堯典曰日短星昴以正仲冬據昴星昏中則知堯時仲冬日在須女十度以歷數推之開皇以來冬至日在斗十一度與唐堯之代去極並近謹案春秋元命包云日月出內道璇璣得常天帝崇靈聖王相功京房別對曰太平日行上道升平行次道霸世行下道伏惟大隋啟運上感乾元影短日長振古未之有也上大悅告天下將作役功因加程課丁匠苦之仁壽初充言上本命與陰陽律呂合者六十餘條而奏之因上表曰皇帝載誕之初非止神光瑞氣嘉祥感應至於本命行年生月生日並與天地日月陰陽律呂運轉相符表裏合會此誕聖之異寶歷之元今與物更新改年仁壽歲月日子還共誕聖之時並同明合天地之心得仁壽之理故知洪基長算永永無窮上大悅賞賜優崇儕輩莫比仁壽四年甲子歲煬帝初卽位充及太史丞高智寶奏言去歲冬至日景逾長今歲皇帝卽位與堯受命年合昔唐堯受命四十九年到上元第一紀甲子天正十一月庚戌冬至陛下卽位其年卽當上元第一紀甲子天正十一月庚戌冬至正與堯同自放勛以來凡經八上元其間緜代未有仁壽甲子之合謹按第一紀甲子太乙在一宮天目居武德陰陽歷數並得符同唐堯唐堯丙辰生丙子年受命止合三五未若已丑甲子支干並當六合允一元三統之期合五紀九章之會共帝堯同其數與皇唐比其蹤信所謂皇哉唐哉唐哉皇哉者矣仍諷齊王暕率百官拜表奉賀後熒惑守太微者數旬時繕修宮室征役繁重充乃上表稱陛下修德熒惑退舍百寮畢賀帝大喜前後賞賜將萬計時軍國多務充候帝意欲有所為使奏稱天文見象須有改作以是取媚於上大業六年還內史舍人從征遼東拜朝請大夫祕書少監後天下大亂帝初罹鴈門之危又盜賊益起心不自安充復託天文上表陳嘉瑞以媚上曰伏惟陛下握錄圖而馭黔首提萬善而化八紘以百姓為心匪以一人受慶先天罔違所欲後天必奉其時是以初膺寶歷正當上元之紀乾之初九又與本命符會斯則聖人冥契故能動合天經謹案去年以來元象星瑞毫釐無爽謹錄尤異上天降祥破突厥等狀七事其一去八月二十八日夜大流星如斗出王良北正落突厥營聲如崩其二八月二十九日夜復有大流星如斗出羽林向北流正當北方依占頻二夜流星墜賊所賊必敗散其三九月四日夜頻有兩星大如斗出北斗魁向東北流依占北斗主殺伐賊必破散其四歲星主福德頻行京都二處分野依占國家之福其五去七月內熒惑守羽林九月七日已退舍依占不出三日賊必破散其六去年十一月二十日夜有流星赤如火從東北向西南落賊帥盧明月營破其橦車其七十二月十五日夜通漢鎮北有赤氣亙北方突厥將亡之應也依勘城錄河南洛陽並當甲子與乾元初九爻及上元甲子符合此是福地永無所慮旋觀往政側聞前古彼則異時間出今則一朝總萃豈非天贊有道助殲凶孽方清九夷於東濊沈五狄於北溟告成岱嶽刪功汾水書奏帝大悅超拜祕書令親待愈昵帝每欲征伐充皆預知之乃假託星象獎成帝意在位者皆切患之宇文化及弒逆之際并誅之

王劭字君懋太原晉陽人父松年齊散騎常侍劭少沈嘿好讀書博物彊記弱冠仕齊累遷太子舍人待詔文林館時祖孝徵魏收陽休之等嘗論古事有所遺忘討閱不能得問劭劭具論所出取書驗之一無舛誤自是大為時人所許稱其博物後遷中書舍人齊滅入周不得調高祖受禪授著作佐郎以母憂去職在家著齊書時制禁私撰史為內史侍郎李元操所奏上怒遣使收其書覽而悅之於是起為員外散騎侍郎修起居注劭以上古有鑽燧改火之義近代廢絕於是上表請變火曰臣謹按周官四時變火以救時疾明火不數變時疾必興聖人作法豈徒然也在東晉時有人以洛陽火度江者世世事之相續不滅火色變青昔師曠食飯云是勞薪所爨晉平公使視之果然車輞今溫酒及炙肉用石炭木炭火竹火草火麻荄火氣味不同以此推之新火舊火理應有異伏願遠遵先聖於五時取五木以變火用功甚少救益方大縱使百姓習久未能頓同尚食內廚及東宮諸王食廚不可不依古法上從之劭又言上有龍顏戴干之表指示羣臣上大悅賜物百段拜著作郎上表言符命曰昔周保定二年歲在壬午五月五日青州黃河變清十里鏡澈齊氏以為己瑞改元曰河清是月至尊以大興公始作隋州刺史歷年二十隋果大興臣謹案易坤靈圖曰聖人受命瑞必先見於河河者取濁未能清也竊以靈貺休祥理無虛發河清啟聖實屬大隋午為鶉火以明火德仲夏火王亦明火德月五日五合天地數既得受命之辰允當先見之兆開皇初邵州人楊令悊近河得青石圖一紫石圖一皆隱起成文有至尊名下云八方天心永州又得石圖剖為兩段有楊樹之形黃根青葉汝水得神龜腹下有文曰天卜楊興安邑掘地得古鐵版文曰皇始天年賫楊鐵券

王興同州得石龜文曰天子延千年大吉臣以前之三石不異龍圖何以用石石體久固義與上名符合龜腹七字何以著龜龜亦久固兼是神靈之物孔子歎河不出圖洛不出書今於大隋聖世圖書屢出建德六年亳州大周村有龍鬬白者勝黑者死大象元年夏滎陽汴水北有龍鬬初見白氣屬天自東方歷陽武而來及至白龍也長十里許又有黑龍乘雲而至雲雨相薄乍合乍離自午至申白龍昇天黑龍墜地謹案龍君象也前鬬於亳州周村者蓋象至尊以龍鬬之歲爲亳州總管遂代周有天下後鬬於滎陽者滎字三火明火德之盛也白龍從東方來歷陽武者蓋象至尊將登帝位從東第入自崇陽門也西北昇天者當乾位天門坤靈圖曰聖人殺龍龍不可得而殺皆感氣也又曰泰姓商名宮黃色長八尺六十世河龍以正月辰見白龍與五黑龍鬬白龍陵故泰人有命謹案此言皆爲大隋而發也聖人殺龍者前後龍死是也姓商者皇家於五姓爲商也名宮者武元皇帝諱於五聲爲宮黃色者隋色尚黃長八尺者武元皇帝身長八尺河龍以正月辰見者泰正月卦龍見之所於京師爲辰地白龍與黑龍鬬者亳州滎陽龍鬬是也勝龍所以白者楊姓納音爲商至尊又辛酉歲生位皆在西方西方白色也死龍所以黑者周黑色所以稱五者周閔明武宣靜凡五帝趙陳代越滕五王一時伏法亦當五數白龍陵者陵猶勝也鄭元說陵當爲除凡鬬能去敵曰除臣以泰人有命者泰之爲言通也大也明其人道通德大有天命也乾鑿度曰泰表戴干鄭元注曰表者人形體之彰識也干盾也泰人之表戴干臣伏見至尊有戴干之表益知泰人之表不爽亳釐坤靈圖所云字字皆驗緯書又稱漢四百年終如其言則知六十世亦必然矣昔宗周卜世三十今則倍之稽覽圖曰太平時陰陽和合風雨會同海內不偏地有阻險故風有遲疾雖太平之政猶有不能均惟平均乃不鳴條故欲風於亳亳者陳留也謹案此言蓋明至尊昔爲陳留公世子亳州總管遂受天命海內均同不偏不黨以成太平之風化也在大統十六年武元皇帝改封陳留公是時齊國有祕記云天王陳留入并州齊主高洋由是誅陳留王彭樂其後武元皇帝果將兵入并州周武帝時望氣者云亳州有天子氣於是殺亳州刺史紇豆陵恭至尊代爲之又陳留老子祠有枯柏世傳云老子將度世云待枯柏生東南枝迴指當有聖人出吾道復行至齊枯柏從下生枝東南上指夜有三童子相與歌曰老子廟前古枯樹東南枝如繖聖主從此去及至尊牧亳州親至祠樹之下自是柏枝迴抱其枯枝漸指西北道教果行考校眾事太平主出於亳州陳留之地皆如所言稽覽圖又云政道得則陰物變爲陽物鄭元注云蔥變爲韭亦是謹按自六年以來遠近山石多變爲玉石爲陰玉爲陽又左衞園中蔥變爲韭上覽之大悅賜物五百段未幾劭復上書曰易乾鑿度曰隨上六拘繫之乃從維之王用亨于西山隨者二月卦陽德施行藩決難解萬物隨陽而出故上六欲九五拘繫之維持之明被陽化而欲陰隨從之也易稽覽圖坤六月有子女任政一年傳爲復五月貧人從東北來立大起土邑西北地動星墜陽衞屯十一月神人從中山出趙地動北方三十日千里馬數至謹按凡此易緯所言皆是大隋符命隨者二月之卦明大隋以二月卽皇帝位也陽德施行者明楊氏之德教施行於天下也藩決難解者明當時藩鄣皆通決險難皆解散也萬物隨陽而出者明天地間萬物盡隨楊氏而出見也上六欲九五拘繫之者五爲王六爲宗廟明宗廟神靈欲令登九五之位帝王拘人以禮繫人以義此二句亦是乾鑿度之言維持之者明能以綱維持正天下也被陽化而欲陰隨從之者明諸陰類被服楊氏之風化莫不隨從陰謂臣下也王用亨于西山者蓋明至尊常以歲二月幸西山仁壽宮也凡四稱隨三稱陽欲美隨陽丁寧之至也坤六月者坤位在未六月建未言至尊以六月生也有子女任政者言樂平公主是皇帝子女而爲周后任理內政也一年傳爲復者復是坤之一世卦陽氣初起言周宣帝崩後一年傳位與楊氏也五月貧人從東北來立貧人當爲眞人字之誤也言周宣帝以五月崩眞人革命當在此時至尊謙讓而逆天意故踰年乃立昔爲定州總管在京師東北本而言之故曰眞人從東北來立大起土邑者大起卽大興城邑也西北地動星墜者蓋天意去周授隋故變動也陽衞者言楊氏得天衞助也屯十一月神人從中山出者此卦動而大亨作故至尊以十一月被授亳州總管將從中山而出也趙地動者中山爲趙地以神人將去故變動也北方三十日者蓋至尊從北方將往亳州之時停留三十日也千里馬者蓋至尊舊所乘騧騮馬也屯卦震下坎上震於馬爲作足坎於馬爲美脊是故騧馬脊有肉鞍行則先作弄四足也數至者言歷數將至也河圖帝通紀曰形瑞出變矩衡赤應隨叶靈皇河圖皇參持曰皇辟出承元訖道無爲安率被遂矩戲作術開皇色握神日投

輔提象不絕立皇後翼不格道終始德優劣帝任政河典出叶輔嬉爛可述謹按凡此河圖所言亦是大隋符命形瑞出變矩衡者矩法也衡北斗星名所謂璿璣玉衡者也大隋受命形兆之瑞始出天象則爲之變動北斗主天之法度故曰矩衡易緯伏戲矩衡鄭元注以爲法玉衡之神與此河圖矩衡義同赤應隨者言赤帝降精感應而生隋也故隋以火德爲赤帝天子叶靈皇者叶合也言大隋德合上靈天皇大帝也又年號開皇也與靈寶經之開皇年相合故曰叶靈皇皇辟出者皇大也辟君也大君出蓋謂至尊受命出爲天子也承元訖者言承周天元終訖之運也道無爲安率者安下脫一字言大德無爲安定天下率從被遂矩戲作術者矩法也昔燧皇握機矩伏羲作八卦之術言大隋被服彼二皇之法術也遂皇機矩語見易緯開皇色者言開皇年易服色也握神日者言握持羣神明照如日也又開皇以來日漸長亦其義也投輔提者言投授政事於輔佐使之提絜也象不絕者法象不廢絕也立皇後翼不格者格至也言本立太子以爲皇家後嗣而其輔翼之人至能至於善也道終始德優劣者言前東宮道終而德劣今皇太子道始而德優也帝任政河典出者言皇帝親任政事而邵州河濱得石圖也叶輔嬉爛可述者叶合也嬉興也言羣臣合心輔佐以興政教爛可紀述也所以於皇參持帝通紀二篇大陳符命者明皇道帝德盡在於隋也上大悅以劭至誠寵錫日隆時有人於黃鳳泉浴得二白石頗有文理遂附其文以爲字復言有諸物象而上奏曰其大玉有日月星辰八卦五嶽及二麟雙鳳靑龍朱雀騶虞元武各當其方位又有五行十日十二辰之名凡二十七字又有天門地戶人門鬼門閉九字又有卻非及二鳥其鳥皆人面則抱朴子所謂千秋萬歲者也其小玉亦有五嶽卻非虬犀之象二玉俱有仙人玉女乘雲控鶴之象別有異狀諸神不可盡識蓋是風伯雨師山精海若之類又有天皇大帝皇帝及四帝坐鉤陳北斗三公天將軍土司空老人天倉南河北河五星二十八宿凡四十五官諸字本無行伍皆往往偶對於大玉則有皇帝姓名並臨南面與日字正鼎足復有老人星蓋明南面象日而長壽也皇后二字在西上有月形蓋明象月也於次玉則皇帝名與九千字次比兩楊字與萬年字次比隋與吉字正並蓋明長久吉慶也劭復迴互其字作詩二百八十篇奏之上以爲誠又賜帛千匹人見石者雖有碎文皆無其象唯劭正明之深爲時人所嗤鄙又採民閒歌謠引圖書讖緯依約符命捃摭佛經撰皇隋靈感誌合三十卷奏之上令宣示天下劭集諸州朝集使洗手焚香閉目而讀之曲折其聲有如歌詠經涉旬朔徧而後罷見者莫不爲之慙羞而劭無靦色上益喜賞賜優洽及獻文皇后崩劭復上言佛經說人應生天上及上品上生無量壽國之時天佛放大光明以香花妓樂求迎之如來以明星出時入涅槃伏惟大行皇后聖德仁慈福善禎符備諸祕記皆云是妙善菩薩臣謹按八月二十八日仁壽宮內再雨金銀之花二十三日大寶殿後夜有神光二十四日卯時永安宮北有自然種種音樂震滿虛空至五更中奄然如寐便卽升遐與經文所說事皆符驗臣又以愚意思之皇后遷化不在仁壽大興宮者蓋避至尊常居正寢也在永安宮象京師永安門平生所出入也皇后升遐後二日苑內夜有鐘聲二百餘處此則生天之應顯然也上覽之且悲且喜時蜀王秀以罪廢上顧謂劭曰嗟乎吾有五子三不才劭進曰自古聖帝明王皆不能移不肖之子黃帝有二十五子同姓者二餘各異德堯十子舜九子皆不肖夏有五觀周有三監上然其言其後上夢欲上高山而不能得崔彭捧腳李盛扶肘乃得上因謂彭曰死生當與爾俱劭曰此夢大吉上高山者明高崇大安永如山也彭猶彭祖李猶李老二人扶持實爲長壽之祥上喜見於容色其年上崩未幾崔彭亦卒煬帝立漢王諒作亂帝不忍誅劭上書曰臣聞黃帝滅炎蓋云母弟周公誅管信亦天倫叔向罪叔魚仲尼謂之遺直石碏殺石厚邱明以爲大義此皆經籍明文帝王常法今陛下置此逆賊度越前聖謹按賊諒毒被生靈者也古者同德者則同姓異德者則異姓故黃帝有二十五子其得姓者十有四人唯靑陽夷鼓與黃帝同爲姬姓諒既自絕請改其氏劭以此求媚帝依違不從後遷祕書少監數年卒官劭在著作將二十年專典國史撰隋書八十卷多錄口敕又采迂怪不經之語及委巷之言以類相從爲其題目詞義繁雜無足稱者遂使隋代文武名臣善惡之迹湮沒無聞初撰齊志爲編年體二十卷後爲齊書紀傳一百卷及平賊記三卷或文詞鄙野或不軌不物駭人視聽大爲有識者所嗤鄙然其採摘經史謬誤爲讀書記三十卷時人服其精博爰自志學暨乎暮齒篤性經史遺落世事用思既專性頗恍惚每至對食閉目凝思盤中之肉爲僕從所噉劭弗之覺唯責肉少數罰廚人廚人以情白劭劭依前閉目伺而獲之廚人方免笞辱其專固如此

李雄勃海蓨人也父棠名列忠義傳雄少慷慨有壯志弱冠從周武帝平齊以功授帥都督高祖作相從韋孝寬破尉遲迥拜上開府賜爵建昌縣公伐陳之役以功進位大將軍歷郴江二州刺史並有能名後坐事免漢王諒之反煬帝將發幽州兵討之時竇抗爲幽州總管帝恐其貳問可任者於楊素素遂進雄授上大將軍拜廉州刺史馳至幽州止傳舍召募得千餘人抗恃素貴不時相見雄遣人諭之後二日抗從鐵騎二千來詣雄所雄伏甲禽抗悉發幽州兵步騎三萬自井陘討諒遷幽州總管尋徵拜戶部尚書雄明辯有器幹帝甚任之新羅嘗遣使朝貢雄至朝堂與語因問其冠制所由其使者曰古弁遺像安有大國君子不識雄因曰中國無禮求諸四夷使者曰自古以來此言之外未見無禮憲司以雄失辭奏劾其事竟坐免俄而復職從幸江都帝以仗衛不整顧雄部伍之雄立指麾六軍肅然帝大悅曰公眞武侯才也尋轉右候衛大將軍復坐事除名遼東之役帝令從軍自効因從來護兒自東萊將指滄海會楊元感反於黎陽帝疑之詔鎖雄送行在所雄殺使者歸元感元感每與計焉及元感敗伏誅籍沒其家

趙㚟字通賢天水西人也祖超宗魏河東太守父仲懿尚書左丞㚟少孤養母至孝年十四有人盜伐其父墓中樹者㚟對之號慟因執送官見魏右僕射周惠達長揖不拜自述孤苦涕淚交集惠達爲之隕涕歎息者久之及長沈深有器局略涉書記周文引爲其相府參軍事從破洛陽及班師㚟請留撫納亡叛從之㚟於是率所領與齊人前後五戰斬獲甚眾以功封平定縣男累轉中書侍郎周閔帝受禪遷陝州刺史蠻酋向天王以兵攻信陵秭歸㚟襲擊破之二郡獲全時周人於江南岸置安蜀城以禦陳屬霖雨數旬城頹者百餘步蠻酋鄭南鄉叛引陳將吳明徹欲掩安蜀議者皆勸㚟益修守禦㚟不從乃遣使說誘江外生蠻向武陽令乘虛掩襲南鄉所居獲其父母妻子南鄉聞之其黨各散陳兵亦遁明年吳明徹屢爲寇患㚟與前後十六戰每挫其鋒以功授開府儀同三司再遷戶部中大夫周武帝欲收齊河南地㚟諫曰河南洛陽四面受敵縱得不可以守請從河北直指太原傾其巢穴可一舉而定帝不納師竟無功尋從上柱國于翼自三鵶道以伐陳克十九城而還以讒毀功多不錄累遷御正上大夫㚟與宗伯斛斯徵素不協徵後出爲齊州坐事下獄自知罪重遂踰獄而走帝大怒購之甚急㚟上密奏曰徵自以負罪深重懼死遁逃若不北竄匈奴則南投吳越徵雖愚陋久塵淸顯奔波敵國無益聖朝今者炎旱爲災可因茲大赦帝從之徵賴而獲免㚟卒不言高祖爲丞相加上開府再遷大宗伯及踐阼㚟進璽紱進位大將軍爵金城郡公拜相州刺史朝廷以㚟習故事徵拜尚書右僕射未幾以忤旨出爲陝州刺史轉冀州刺史甚有威德㚟嘗有疾百姓奔馳爭爲祈禱其得民情如此冀州俗薄市井多姦詐㚟爲銅斗銅尺置之於肆百姓便之上聞而嘉焉頒告天下以爲常法嘗有人盜㚟田中蒿者爲吏所執㚟曰此刺史不能宣化彼何罪也慰諭遣之令人載蒿一車賜盜者盜愧過於重刑帝幸洛陽㚟來朝上勞之曰冀州大藩戶口日繁賓卿之政化深副朕懷開皇十九年卒官子義臣嗣位至太子洗馬後同楊諒反誅

趙芬字士茂天水西人也父諒周秦州刺史芬少有辯智頗涉經史周文引爲相府鎧曹參軍歷記室累遷開府儀同三司性彊濟所居之職皆有聲績周武帝親總萬機拜內史下大夫轉小御正明習故事每朝廷有所疑議眾不能決者芬輒爲評斷莫不稱善後爲司會及中國公李穆討齊引爲行軍長史封淮安縣男再遷東京小宗伯鎭洛陽高祖爲丞相尉遲迥與司馬消難陰謀往來芬察知之密白高祖由是深見親委遷東京左僕射進爵郡公開皇初罷東京官拜尚書右僕射與郢公王誼修律令俄兼內史令甚見信任未幾以老病出爲蒲州刺史加金紫光祿大夫仍領關東運漕賜錢百萬粟五千石而遣之後數年上表乞骸骨徵還京師賜以二驥軺車几杖被褥歸于家皇太子又致巾帔數年卒帝遣使致祭鴻臚監護喪事子元恪嗣位揚州總管司馬左遷候衛長史少子元楷與元恪皆明幹世事元楷大業中爲歷陽郡丞與廬江郡丞徐仲宗俱竭百姓之產以貢於帝仲宗遷南郡丞元楷超拜江都丞兼領江都宮監

王韶字子相自云太原晉陽人也世居京兆祖諧原州刺史父諒早卒韶幼而方雅頗好奇節有識者異之在周累以軍功官至車騎大將軍儀同三司復轉軍正周武帝既拔晉州意欲班師韶諫曰齊失紀綱於茲累世天獎王室一戰而扼其喉加以主昏於上民懼於下取亂侮亡正在今日方欲釋之而去臣所未解帝大悅及齊平以功進位開府封晉陽縣公賜口馬雜畜以萬計遷內史大夫宣帝即位拜豐州刺史改封樂昌縣公高祖受禪進爵項城縣公轉靈州刺史加位大將軍晉王

廣之鎭幷州也除行臺右僕射賜綵五百匹韶性剛直王甚憚之每事諮訪不敢違於法度韶嘗奉使檢行長城其後王穿池起三山韶既還自鑠而諫王謝而罷之高祖聞而嘉歎賜黃金百兩幷後宮四人平陳之役以本官爲元帥府司馬與高熲度支軍機無所擁滯及克金陵韶卽鎭焉歲餘徵還高祖謂公卿曰晉王以幼稚出藩遂能克平吳越子相之力也於是進位柱國賜奴婢三百口綿絹五千段開皇十一年上幸幷州以其稱職勞勉之後上謂曰自朕至此公鬚鬢漸白無乃憂勤所致柱石之望惟在於公努力勉之韶辭謝曰臣比衰暮不解作官人今年六十有六比於疇昔忘又多豈敢自寬深恐虧紊綱紀上勞而遣之秦王俊爲幷州總管仍爲長史歲餘馳驛入京勞弊而卒高祖甚傷惜之謂秦王使者曰語爾王我前令子相緩來如何乃遣馳驛殺我子相豈不由汝邪言甚悽愴使有司爲立宅曰往者何用宅爲但以表我深心耳又曰子相受我委寄十有餘年終始不易寵章未極捨我而死乎發言流涕因命取子相封事數十紙傳示羣臣上曰其直言規諫裨益甚多吾每披尋未嘗釋手煬帝卽位贈司徒尚書令靈幽等十州刺史魏國公子士隆嗣士隆略知書計尤便弓馬慷慨有父風大業世頗見親重位備身將軍改封耿國公越王侗稱帝士隆率數千兵自江淮而至會王世充僭號甚禮重之署尚書右僕射憂憤疽發背卒

元巖字君山洛陽人也父禎魏敷州刺史巖好讀書不治章句剛鯁有器局以名節自許少與高熲王韶同志友善仕周爲虎賁給事大冢宰宇文護見而器之以爲中外府記室累遷內史中大夫封昌國縣伯周宣帝嗣位爲政昏暴京兆郡丞樂運乃輿櫬詣朝堂陳帝八失言甚切帝大怒將戮之朝臣莫敢救者巖謂人曰臧洪同日尚可俱死其況比干乎若樂運不免吾將與之俱斃詣閤請見言於帝曰樂運知書奏必死所以不顧身命者欲取後代名陛下若殺之乃成其名落其術內耳不如勞而遣之以廣聖度運乃獲免帝又將誅烏丸軌巖不肯署詔御正顏之儀切諫不入巖進繼之脫巾頓顙三拜三進帝曰汝黨烏丸軌邪巖曰臣非黨軌正恐濫誅失天下之望帝怒使閹人搏其面遂廢于家高祖爲丞相加開府戶部中大夫及受禪拜兵部尚書進爵平昌郡公巖性威重明達世務每有奏議侃然正色廷爭面折無所回避上及公卿皆敬憚之時高祖初卽位每懲周代諸侯微弱以致滅亡由是分王諸子權侔王室以爲磐石之固遣晉王廣鎭幷州蜀王秀鎭益州二王年並幼盛選貞良有重望者爲之僚佐于時巖與王韶俱以骨鯁知名物議稱二人才具侔於高熲由是拜巖爲益州總管長史韶爲河北道行臺僕射高祖謂之曰公宰相大器今屈輔我兒亦如曹參相齊之意也及巖到官法令明肅吏民稱焉蜀王性好奢侈嘗欲取獠口以爲閹人又欲生剖死囚取膽爲藥巖皆不用教排閤切諫王輒謝而止憚巖爲人每循法度蜀中獄訟巖所裁斷莫不悅服有得罪者相謂曰平昌公與吾罪吾何怨焉上甚嘉之賞賜優洽十三年卒官上悼惜久之益州父老莫不隕涕于今思之巖卒後蜀王爲非法造渾天儀又共妃出獵以彈彈人多捕山獠充宦者寮佐無能諫止及秀得罪上曰元巖若在吾兒豈有是乎子弘嗣歷給事郎司朝謁者北平通守

宇文㢸字公輔河南洛陽人也其先與周同出祖直力勤魏鉅鹿太守父珍周宕州刺史㢸慷慨有大節博學多通仕周嘗奉使鄧至國及黑水龍涸諸羌前後降附三十餘部及還奉詔修定五禮書成奏之賜田二頃粟百石累遷小吏部擢八人爲縣令皆有異績世以爲知人轉內史都上士武帝將謀出兵河陽以伐齊㢸進策曰齊氏建國于今累世雖曰無道尚有其人今若用兵須擇其地河陽要衝精兵所聚盡力攻圍恐難得志彼汾之曲戍小山平攻之易拔用武之地也帝不納師竟無功建德五年大舉伐齊卒用㢸策於是募三輔豪俠少年數百人爲別隊從帝攻拔晉州身被三瘡苦戰不息帝奇而壯之因從平齊以功拜上儀同封武威縣公宣帝嗣位爲守廟大夫時突厥寇甘州帝令侯莫陳昶擊之㢸謂監軍曰宜選精騎直趨祁連之西賊若收軍必自蓼泉之北此地險隘兼下溼度其人馬三日方度彼勞我逸破之必矣若邀此路眞上策也昶不能用西取合黎大軍行遲虜已出塞其年㢸又從梁士彥攻拔壽春改封安樂縣公除滄州刺史轉南司州刺史司馬消難之奔陳㢸追之不及遇陳將樊毅戰於漳口自旦及午三戰三捷除黃州刺史轉南定州刺史開皇初以前功封平昌縣公入爲尚書右丞時西羌內附詔㢸持節安集置鹽澤蒲昌二郡而還遷左丞當官正色爲百寮所憚三年突厥寇甘州以行軍司馬從元帥竇榮定擊破之還除太僕少卿轉吏部侍郎平陳之役楊素出信州道令㢸持節爲諸軍節度仍領行軍總管劉仁恩之破陳將呂仲肅也㢸有謀焉加開府擢拜刑部尚書

領太子虞候率上嘗親臨釋奠弢與博士論議詞致清遠上大悅謂羣臣曰朕今覩周公之制禮見宣尼之論孝實慰朕心時朝廷以晉陽爲重鎭幷州總管必屬親王其長史司馬亦一時高選前長史王韶卒以弢有文武幹用出爲幷州長史十八年遼東之役授元帥漢王府司馬領行軍總管軍還歷朔代吳三州總管皆有能名煬帝卽位拜刑部尙書仍持節巡省河北還除泉州刺史復徵拜刑部尙書轉禮部尙書弢旣以才能著稱歷職顯要聲望甚重物議多見推許帝頗忌之時帝漸好聲色尤勤遠略弢謂高熲曰昔周天元好聲色亡國以今方之不亦甚乎又言長城之役本非急務有人奏之坐誅天下冤之所著辭賦二十餘萬言爲尙書孝經注行于世有子儉瑗

伊婁謙字彥恭本鮮卑人也其先世爲酋長隨魏南遷祖信中部太守父靈相隆二州刺史謙性忠直善辭令周受禪累遷宣納上士使持節驃騎大將軍武帝將伐齊引入內殿問以兵事曰朕將有事戎馬何者爲先謙對曰僞齊僭禮跋扈不恭沈溺倡優耽昏麴蘗其折衝之將斛律明月已斃讒人之口上下離心道路以目若命六師齊進臣之願也武帝大笑因使謙與小司寇拓跋偉聘于齊觀釁諸發兵齊主知之令其僕射陽休之責謙曰貴朝盛夏徵兵馬首何向謙曰僕憑軾之始未聞興師設復西增白帝之城東益巴邱之戍人情常理豈足怪哉謙參軍高遵以情輸於齊遂拘留謙不遣武帝旣克幷州召謙勞之曰朕之大舉本候卿還高遵中爲叛逆乖朕宿心乃執遵付謙任令報復謙請赦之武帝曰卿可聚衆唾其面令知愧也謙跪曰以遵之罪又非唾面之責武帝善其言而止謙竟待遵如初尋賜爵濟陽縣伯累遷前驅中大夫大象中進爵爲侯位開府高祖作相授亳州總管俄徵還京旣平王謙恥與逆人同名因爾稱字高祖受禪以彥恭爲左武候將軍俄拜大將軍進爵濟陽公數年出爲澤州刺史淸約自處甚得民和以疾去職吏民攀戀行數百里不絕卒于家子傑嗣

李圓通京兆涇陽人也少孤賤給使高祖家及高祖爲隋公擢授參軍事初高祖少時每宴客恆令圓通監廚圓通性嚴整左右婢僕咸所敬憚唯世子乳母恃寵輕之賓客未供每有干請圓通不許或輒持去圓通大怒叱廚人撾之數十叫聲徹於閤內僚吏左右代其失色賓去後高祖知之召圓通命坐賜食從此獨善之以爲堪當大任高祖作相賜爵懷昌男授帥都督進爵新安子委以心膂圓通多力勁捷長於武用周氏諸王素憚高祖伺便圖爲不利賴圓通保護獲免者數矣高祖深感之由是參預政事授相國外兵曹仍領左親信尋授上儀同及受禪拜內史侍郎領左衞長史進爵爲伯歷左右庶子給事黃門侍郎尙書左丞攝刑部尙書深被任信伐陳之役以行軍總管從楊素出信州道以功進位大將軍改封萬安縣公揚州總管長史秦孝王仁柔自喜少斷決府中事多決於圓通入爲司農卿遷刑部尙書後復爲幷州長史孝王以奢得罪圓通亦坐免尋檢校刑部尙書事仁壽中以勳舊進爵郡公煬帝嗣位拜兵部尙書帝幸揚州以圓通留守京師判宇文述田還百姓述訴其受賂帝怒坐是免官圓通憂懼發病卒贈柱國封爵悉如故子孝常大業末爲華陰令唐武德初以應義旗功封義安王又有陳茂者河東猗氏人家世寒微質直恭謹爲州里所稱高祖爲隋國公引爲寮佐待遇與圓通等每令典家事常稱旨從帝與齊師戰於晉州賊甚盛帝將挑戰茂固止不得因捉馬鞚帝怒拔刀斫其額流血被面詞氣不撓高祖感而謝之厚加禮敬高祖爲丞相委以心膂及受禪拜給事黃門侍郎封魏城縣男每典機密轉益州總管司馬遷太府卿進爵爲伯卒官子政嗣政字弘道倜儻有文武大略善鍾律便弓馬少養宮中年十七爲太子千牛備身京都大俠劉居士重政才氣數從之遊圓通子孝常與政相善並與居士交結及居士伏誅政及孝常從坐上以功臣子撻之二百而赦之由是不得調煬帝時歷位協律郎通事謁者兵曹承務郎帝以其才甚重之宇文化及之亂以爲太常卿後歸唐爲梁州總管遇賊見殺

郭榮字長榮自云太原人也父徽仕魏爲同州司馬時武元皇帝爲刺史由是與高祖有舊徽後位洵州刺史安城縣公及高祖受禪拜太僕卿卒官榮容貌魁岸外疏內密與交者多愛之周大冢宰宇文護引爲親信護察榮謹愿擢爲中外府水曹參軍齊寇屢侵護令榮於汾州觀賊勢時汾州與姚襄鎭相去懸遠榮以二城孤迥勢不相救請於州鎭閒更築城以相控攝護從之俄而齊將段孝先攻陷姚襄汾州二城唯榮所立者獨能自守護作浮橋出兵孝先於上流縱大筏擊浮橋護令榮督便水者引取其筏以功授大都督又以稽胡數爲寇亂使綏集之榮於上郡延安築周昌弘信廣安招遠咸寧等五城以遏其要路稽胡由是不能爲寇周武親總萬機拜宣納中士後從平齊以功封平陽縣男遷

司水大夫榮少與高祖相親狎情契極歡嘗與高祖夜坐月下因從容謂榮曰吾仰觀元象俯察人事周歷已盡我其代之榮深自結納未幾周宣帝崩高祖總百揆召榮撫其背而笑曰吾言驗未即拜相府樂曹參軍俄以本官復領藩部大夫及高祖受禪引爲內史舍人以龍潛之舊進爵蒲城郡公位上儀同累遷通州刺史仁壽初西南夷獠多叛榮領八州諸軍事行軍總管率兵討之悉平煬帝即位入爲左武候驃騎大將軍以嚴正聞後黔安首領田羅駒阻淸江作亂夷陵諸郡民夷多應者詔榮擊平之遷左候衛將軍從帝西征吐谷渾拜銀青光祿大夫遼東之役以功進左光祿大夫明年帝復事遼東榮以中國疲弊萬乘不宜屢動乃言於帝曰臣聞千鈞之弩不爲鼷鼠發機戎狄失禮臣下之事豈有親辱大駕以臨小寇帝不納復從攻遼東城榮親蒙矢石晝夜不釋甲冑者百餘日帝每令人窺諸將所爲知榮如是帝大悅每勞勉之九年帝至東都謂榮曰公年高久涉行陣當與公一郡任所選也榮不願違離陳辭懇切遂拜右候衛大將軍後數日帝謂百寮曰誠心純至如郭榮者固亦無幾矣楊元感之亂帝令馳守太原明年復從至柳城卒於懷遠鎭帝爲廢朝贈兵部尚書諡曰恭子福善嗣

龐晃字元顯楡林人也父虯周驃騎大將軍晃少以良家子召補州都督周文引署爲大都督領親信兵常置左右晃因從居關中後遷驃騎將軍襲爵比陽侯衛王直出鎭襄州晃以本官從尋與長湖公元定擊江南孤軍深入沒於陳數年衛王直遣晃弟車騎將軍元儁齎絹八百匹贖焉乃得歸拜上儀同復事衛王時高祖出爲隋州刺史路經襄陽衛王令晃詣高祖晃知高祖非常人深自結納及高祖去官歸京師晃迎見高祖於襄邑高祖甚懽與晃同飯因白高祖曰公相貌非常名在圖錄九五之日願希不忘高祖笑曰何妄言也頃之有一雄雉鳴於庭高祖命晃射之曰中則有賞然富貴之日持以爲驗晃既射而中高祖撫掌大笑曰此是天意公能感之因以二婢賜之情契甚密武帝時晃爲常山太守高祖爲定州總管屢相往來俄而高祖轉亳州將行意不悅晃陰白高祖曰燕代精兵之處今若動衆天下不足圖也高祖握晃手曰時未可也及高祖爲揚州奏晃同行既而高祖爲相命督左右甚見親待及踐阼謂晃曰射雉之符今日驗不晃再拜曰陛下應天順人君臨寓內猶憶曩言不勝慶躍上笑曰公此言何得忘也尋加上開府拜右衛將軍進爵爲公河間王弘之擊突厥晃性剛悍時廣平王雄當途用事勢傾朝廷晃每陵侮之嘗於軍中臥見雄不起雄甚銜之復與高熲有隙二人屢譖晃由是宿衛十餘年官不得進出爲懷州刺史遷原州總管卒於官帝爲廢朝諡曰敬子長壽頗知名位驃騎將軍

李安字元德隴西狄道人也父蔚仕周爲相燕恒二州刺史襄武縣公安美姿容善騎射天和中襲爵襄武公授儀同小司右上士高祖作相引之左右遷職方中大夫復拜安弟哲爲儀同安叔父梁州刺史璋時在京師與周趙王謀害高祖誘哲爲內應哲謂安曰寢之則不忠言之則不義失忠與義何以立身安曰丞相父也其可背乎遂陰白之及趙王等伏誅將加官賞安頓首曰豈可將叔父之命以求官賞於是俯伏流涕悲不自勝高祖爲之改容曰我爲汝特存璋子乃命有司罪止璋身帝亦爲安隱其事而不言尋授安開府進封趙郡公哲上儀同黃臺縣男高祖即位歷內史侍郎尚書左丞黃門侍郎平陳之役爲楊素司馬仍領行軍總管率蜀兵順流東下時陳人屯白沙安謂諸將曰水戰非北人所長今陳人依險泊船必輕我無備夜襲之賊可破也安率衆先鋒大破陳師詔書勞勉進位上大將軍郢州刺史轉鄧州刺史求爲內職高祖重違其意除領左右將軍還右領軍大將軍拜哲儀同三司備身將軍兄弟俱典禁衛恩信甚重八年突厥犯塞以安爲行軍總管從楊素擊之安別出長川會虜渡河與戰破之仁壽元年出安爲甯州刺史哲爲衛州刺史安子瓌哲子瑋始自襁褓乳養宮中至是年八九歲始命歸家其親顧如是高祖嘗言及作相時事因愍安兄弟滅親奉國乃下詔曰先王立教以義斷恩割親愛之情盡事君之道用能弘獎大節體此至公往者朕登庸惟始王業初基甯州刺史趙郡公李安其叔璋潛結藩枝包藏不逞安與弟哲深知逆順披露丹心凶謀既彰罪人斯得朕每念誠節嘉之無已但以事涉其親猶有疑惑欲使安等名教之方自處有地朕常爲思審遂致淹年今更詳按聖典求諸往事父子天性忠孝猶不並立況復叔姪恩輕情禮本有差降忘私奉國深得正理宜錄舊勳重弘賞命於是拜安哲俱爲柱國賜縑各五千匹馬百匹羊千口以哲爲備身將軍進封順陽郡公安謂親族曰雖家門獲全而叔父遭禍今奉此詔悲愧交懷因歔欷悲感不能自勝先患水病於是疾甚而卒諡曰懷子瓌嗣少子孝恭最知名哲煬帝時工部尚書後坐事除名配防

嶺南道卒

楊尚希弘農人也祖眞魏天水太守父承賓商直淅三州刺史尚希齠齔而孤年十一辭母請受業長安范陽盧辯見而異之令入太學專精不倦同輩皆共推服周文嘗親臨釋奠尚希時年十八令講孝經詞旨可觀周文奇之賜姓普六茹氏擢爲國子博士累轉舍人上士明武世歷太學博士太子宮尹計部中大夫賜爵高都侯東京司憲中大夫宣帝時令尚希撫慰山東至相州而宣帝崩與相州總管尉遲迥發喪於館尚希出謂左右曰蜀公哭不哀而視不安將有他計吾不去恐及於難遂夜中從捷徑而遁遲明迥方覺令騎自驛路追之不及遂至京師高祖以尚希宗室之望又背迥而至待之甚厚及迥屯兵武陟遣尚希領宗室兵三千人鎭潼關尋授司會中大夫高祖受禪拜度支尚書進爵爲公歲餘出爲河南道行臺兵部尚書加銀青光祿大夫尚希時見天下州郡過多上表以爲今郡國倍多於古或地無百里數縣並置或戶不滿千二郡分領具寮以衆資費日多吏卒又倍租調歲減清幹良才百分無一動輸數萬如何可充所謂人少官多十羊九牧今存要去閑幷小爲大國家則不虧粟帛選舉則易得賢才帝覽而嘉之遂罷天下諸郡後歷位瀛州刺史兵部禮部二尚書授上儀同尚希性愼厚兼以學業自通甚有雅望爲朝廷所重上時每旦臨朝日側不倦尚希諫曰周文王以憂勤損壽武王以安樂延年願陛下舉大綱責成宰輔繁碎之務非人主所宜親也上歡然曰公愛我者尚希素有足疾上謂之曰蒲州出美酒足堪養病屈公臥治之於是拜蒲州刺史仍領本州宗團驃騎尚希在州甚有惠政復引瀵水立隄防開稻田數千頃民賴其利卒官謚曰平子旻嗣後改封丹水縣公位安定郡丞

張煚字士鴻河閒鄚人也父羨少好學多所通涉仕魏爲蕩難將軍從孝武帝入關累遷銀青光祿大夫周文引爲從事中郎賜姓叱羅氏歷司織大夫雍州中從事應州刺史儀同三司賜爵虞鄉縣公復入爲司成中大夫典國史周代公卿類多武將唯羨以素業自通甚爲當時所重後以年老致仕高祖受禪欽其德望以書徵之及謁見敕令勿拜扶杖升殿上降榻執手與之同坐宴語久之賜以几杖會遷都龍首羨上表勸以儉約上優詔答之卒贈滄州刺史謚曰定所撰老子莊子義名道言五十二篇煚好學有父風仕魏位員外侍郎周文引爲外兵曹明武世位冢宰司錄賜爵北平縣子宣帝時加儀同進爵爲伯高祖爲丞相煚深自推結以其有幹用甚親遇之及受禪拜尚書右丞進爵爲侯遷太府少卿領營新都監丞丁父憂去職柴毀骨立未期授儀同三司襲爵虞鄉縣公歷太府卿戶部尚書晉王廣爲揚州總管授煚司馬加銀青光祿大夫煚性和厚有識度甚有當時譽後拜冀州刺史晉王廣頻表請之復爲晉王長史檢校蔣州事及晉王爲太子復爲冀州刺史位上開府吏民悅服稱爲良二千石卒官子慧寶官至絳郡丞開皇中有劉仁恩者政績爲天下第一擢拜刑部尚書以行軍總管從楊素伐陳與素破陳將呂仲肅於荆門仁恩計功居多授上大將軍甚有當時譽馮翊郭均上黨馮世期並明悟有幹略相繼爲兵部尚書此三人俱顯名於世然事行闕略史莫能知

蘇孝慈扶風人也父武周兗州刺史孝慈少沈謹有器幹美容儀仕周至工部中大夫封臨水縣公高祖受禪進爵安平郡公拜太府卿于時王業初基徵天下匠織微之巧無不畢集孝慈總其事世以爲能歷位兵部尚書待遇愈密時皇太子勇頗知時政上欲重宮官之望多令大臣領其職拜孝慈太子右衞率尚書如故及至陝州置常平倉轉輸京下以渭水多沙乍深乍淺乃決渭水爲渠以屬河令孝慈督其役渠成上善之又領太子左衞率仍判工部戶部二尚書稱爲幹理進位大將軍轉工部尚書率如故先是以百寮供費不足臺省府寺咸置解錢收息取給孝慈以爲官與百姓爭利非興化之道表請公卿以下給職田各有差上並納焉及將廢太子憚其在東宮出爲淅州刺史太子以孝慈去形於言色遷洪州總管俱有惠政後桂林山越相聚爲亂詔孝慈爲行軍總管擊平之卒官子會昌孝慈兄順周眉州刺史子沙羅字子粹仕周以破尉遲迥功授開府儀同三司封通泰縣公開皇中歷位資邛二州刺史檢校利州總管從史萬歲擊西爨進位大將軍尋檢校益州總管長史及蜀王秀廢沙羅坐除名卒於家子康嗣

元壽字長壽河南洛陽人也祖敦魏侍中邵陵王父寶周涼州刺史壽少孤性仁孝九歲喪父哀毀骨立宗族鄉黨咸異之事母以孝聞及長方直頗涉文史周武成初封隆城縣侯保定四年封儀隴縣侯授儀同三司開皇初議伐陳以壽有思理使於淮浦監修船艦以彊濟見稱累遷尚書左丞上嘗出苑觀射文武並從開府蕭摩訶妻患且死奏請遣子向江南收其家產御史見而不言壽奏劾之曰御史之官義存糾察直繩莫舉憲典誰寄今月五日鑾輿從蹕親臨射苑開府儀同三司蕭

摩訶幸廁朝行預觀盛禮奏稱請遣子世略暫往江南重收家產妻安遇患彌留有日安若長逝世略不合此行竊以人倫之義伉儷爲重慈愛之道烏鳥弗虧摩訶遠念資財近忘匹好一言纔發名教頓盡而兼殿內侍御史韓徵之等親所聞見竟不彈糾若知非而不舉情涉阿縱如不以爲非豈關理識儀同三司太子左庶子檢校書侍御史臣劉行本虧失憲體何所逃愆臣謬膺朝寄忝居左轄無容寢嘿謹以狀聞上嘉納之後授太常少卿出爲基州刺史有公廉稱入爲太府少卿進位開府煬帝嗣位漢王諒反左僕射楊素爲行軍元帥壽爲長史事平以功授大將軍遷太府卿大業四年拜內史令從帝西討吐谷渾壽率衆屯金山東西連營三百餘里以圍渾主還拜右光祿大夫七年兼左翊衛將軍從征遼東在道卒帝哭之甚慟贈尚書右僕射光祿大夫諡曰景子敏頗有才辯而輕險多詐壽卒帝追思之擢敏守內史舍人交通博徒數泄省中語化及之反敏創其謀僞授內史侍郎爲沈光所殺

韋世康京兆杜陵人也周太傅雍州牧孝寬兄子也父夐養高不仕有重名時號爲居士世康幼而沈敏年十歲州辟主簿仕魏弱冠爲直寢封漢安縣公尚周文女襄樂公主授儀同三司仕周歷位典祠下大夫沔硤二州刺史從周武帝平齊授司州總管長史時東夏初定百姓未安世康綏撫之士庶胥悅入爲戶部中大夫進位上開府轉司會中大夫尉遲迥之亂高祖謂世康曰汾絳舊是周齊分界因此亂階恐生搖動今以委公因授絳州刺史以雅望鎭之闔境清肅世康性恬素好古不以得喪干懷在州有止足之意與子弟書曰吾生因緒餘夙霑纓弁驅馳不已四紀於茲亟登袞命頻莅方岳志除三惑心愼四知以不貪而爲寶處脂膏而莫潤如斯之事頗爲時悉今耄雖未及壯年已謝霜早梧楸風先蒲柳眼闇更劇不見細書足疾彌增非可趨走祿豈須多防滿則退年不待暮有疾便辭況北堂春秋已高溫凊宜奉晨昏有闕罪在我躬今世穆世文並從武役吾與世沖復嬰遠仕陟岵瞻望此情彌切桓山之悲倍深常戀意欲上聞乞遵禮教未訪汝等故遣此及興言遠慕感咽難勝諸弟報以事恐難遂乃止在任有惠政奏課連最擢爲禮部尙書世康寡嗜慾不慕勢貴未嘗以位望矜物聞人之善若已有之亦不顯人過咎以求名譽進爵上庸郡公轉吏部尙書選用平允請託不行以母憂去職固辭乞終私制上不許開皇七年將事江南議重方鎭拜襄州刺史坐事免未幾授安州總管遷信州總管十三年復拜吏部尙書前後十餘年閒多所進授朝廷稱爲廉平嘗因休暇謂子弟曰吾聞功遂身退古人常道今年將耳順志在懸車汝輩以爲云何子福嗣答曰大人澡身浴德名立官成盈滿之戒先哲所重欲追蹤二疏伏奉尊命後因侍宴世康再拜陳讓願乞骸骨上曰冀與公共理天下今之所請甚乖本望縱筋力衰謝猶屈公臥臨一隅於是出拜荊州總管時天下唯置荊并揚益四大總管并揚益並親王臨統唯荊州委於世康時論以此爲美世康爲政簡靜百姓愛悅卒於州上聞而痛惜贈大將軍諡曰文世康性孝友初以諸弟位並隆貴獨季弟世約宦途未達共推父時田宅盡以與之世多其義長子福子位司隸別駕次子福嗣位內史舍人後以罪黜楊元感之亂從衛元戰敗於城北爲元感所獲令爲文檄詞甚不遜尋背元感還東都帝銜之車裂於高陽少子福獎通事舍人在東都與元感戰歿世康兄洸字世穆性剛毅有器幹少便弓馬仕周釋褐直寢上士數從征伐累遷開府賜爵衛國縣公高祖爲丞相從季父孝寬擊尉遲迥於相州以功拜柱國襄陽郡公時突厥寇邊皇太子屯咸陽令洸統兵出原州道與虜相遇擊大破之拜江陵總管俄拜安州總管伐陳之役爲行軍總管及陳平拜江州總管略定九江遂進圖嶺南上與書慰勉之洸至廣州嶺表皆降之上聞而大悅許以便宜從事洸所綏集二十四州拜廣州總管歲餘番禺夷王仲宣反以兵圍洸洸拒之中流矢卒贈上柱國賜綿絹萬段諡曰敬子協字欽仁好學有雅量位祕書郞其父在廣州有功上命協齎詔書勞問未至而父卒上以其父死王事拜協柱國歷定息秦三州刺史有能名卒官洸弟瓘字世恭御正下大夫儀同三司行隨州刺史瓘弟藝字世文周武帝時以軍功位上儀同賜爵脩武縣侯授左旅下大夫出爲魏郡太守及高祖爲丞相尉遲迥陰圖不軌朝廷遣藝季父孝寬馳往代迥孝寬將至鄴詐病止傳舍從迥求藥以密觀變藝因投孝寬卽從孝寬擊迥以功進位上大將軍改封武威縣公以脩武縣侯別授一子高祖受禪進封魏興郡公拜齊州刺史爲政通簡士庶懷惠遷營州總管藝容貌瓌偉每夷狄參謁必整儀衛盛服以見之獨坐滿一榻蕃人畏懼莫不仰視而大脩產業與北夷貿易家貲鉅萬頗爲清論所譏卒官諡曰懷藝弟沖字世沖以名家子在周釋褐衛公府禮曹參軍從大將軍元定渡江伐陳爲陳人所虜周武帝以幣贖還之帝

復令沖以馬千匹使陳贖開府賀拔華等五十人及元定之柩而還沖有辭辯奉使稱旨累遷小御伯下大夫加上儀同拜汾州刺史高祖踐阼徵兼散騎常侍進位開府賜爵安固縣侯歲餘發南汾州胡千餘人北築長城在塗皆亡上呼沖問計沖曰皆由牧宰不稱所致請以理綏靜可不勞兵而定上因命沖綏懷叛者月餘並赴長城上降書勞勉之尋拜石州刺史甚得諸胡歡心以母憂去職俄起爲南寧州總管持節撫慰復遣柱國王長述以兵繼進沖旣至南寧渠帥首領皆詣府參謁上大悅下詔褒揚之其兄子伯仁隨沖在府掠人之妻士卒縱暴邊人失望上聞之大怒令蜀王秀按其事益州長史元巖性方正按沖無所寬貸竟坐免官其弟太子洗馬世約譖巖於皇太子上謂太子曰古人云酤酒酸而不售者爲噬犬耳今何用世約乎世約遂除名後令沖檢校括州事時東陽賊帥陶子定吳州賊帥羅慧方並聚衆爲亂沖率兵破之改封義豐縣侯檢校泉州事遷營州總管沖容貌都雅寬厚得衆心撫靺鞨契丹皆能致其死力奚霫畏懼朝貢相續高麗嘗入寇沖擊走之及高祖爲豫章王暕納沖女爲妃徵拜戶部尚書卒官少子挺知名

韋師字公穎京兆杜陵人也父瑱周侍中驃騎開府自有傳師少沈謹有至性初就學始讀孝經捨書而歎曰名教之極其在茲乎少丁父母憂居喪盡禮州里稱其有孝行及長略涉經史尤工騎射周大冢宰宇文護引爲中外府記室轉賓曹參軍師雅知諸蕃風俗及山川險異其有夷狄朝貢師必接對論其國俗如視諸掌夷人驚服無敢隱情齊王憲爲雍州牧引爲主簿本官如故及武帝親總萬機轉少府大夫及齊平詔師安撫山東徙爲兵部大夫高祖受禪拜吏部侍郎賜爵井陘侯還河北道行臺兵部尚書奉詔爲山東河南十八州安撫大使奏事稱旨兼領晉王廣司馬其族人世康爲吏部尚書與師素懷勝負于時廣爲雍州牧盛存望第以司空楊雄尚書左僕射高熲並爲州都督引師爲主簿而世康弟世約爲法曹從事世康恚恨不能食又恥世約在師之下召世約數之曰汝何故爲從事遂杖之後從上幸醴泉宮上召師與左僕射高熲上柱國韓擒虎等於臥內賜宴令各敘舊事以爲笑樂平陳之役以本官領元帥掾陳國府藏悉委於師秋毫無犯稱爲清白後上爲長寧王儼納其女爲妃除汴州刺史甚有政名卒官諡曰定師宗人瞽仕周位內史大夫高祖初以定策功累遷上柱國封普安郡公開皇初卒於蒲州刺史

柳機字匡時河東解人也父慶周司會中大夫自有傳機偉於容儀有器局頗涉經史年十九周武帝時爲魯公引爲記室及帝嗣位累遷太子宮尹封平齊縣公宣帝時爲御正上大夫機見帝失德屢諫不聽恐禍及己託於鄭譯求出拜華州刺史及高祖作相徵還京師時周代舊臣皆勸禪讓機獨義形於色無所陳請俄拜衞州刺史及踐阼進爵建安郡公徵爲納言機性寬簡有雅望當近侍無所損益又好飲酒不親細務數年出爲華州刺史奉詔每月朝見尋轉冀州刺史後徵入朝以其子述尚蘭陵公主禮遇益隆初機在周與族人文城公昂俱歷顯要及此昂機並爲外職楊素時爲納言方用事因上賜宴素戲曰二柳俱摧孤楊獨聳坐者歡笑機竟無言未幾還州前後作守俱稱寬惠後以徵還卒于家贈大將軍青州刺史諡曰簡子述嗣述字業隆性明敏有幹局頗涉文藝以父蔭爲太子親衞後以尚主故拜開府儀同三司內史侍郎上於諸壻中特見寵遇歲餘判兵部尚書事父艱去職未幾起攝給事黃門侍郎事襲爵建安郡公仁壽中判吏部尚書事述雖職務修理爲當時所稱然不達大體暴於馭下又怙寵驕豪無所降屈楊素時方貴重朝臣莫不讋憚述每陵侮之數於上前面折素短判事有不合素意或令述改輒謂將命者曰語僕射道尚書不肯素由是銜之俄而楊素被疎忌不知省事述任寄逾重拜兵部尚書參掌機密述自以無功可紀過叨匪服抗表陳讓上許之命攝兵部尚書上於仁壽宮寢疾述與楊素黃門侍郎元巖等侍疾宮中時皇太子無禮於陳貴人上知之大怒令述名房陵王述與元巖等出外作敕書楊素見之與皇太子謀矯詔執述巖屬吏及煬帝嗣位述坐除名公主請與同徙帝不聽述謫龍川數年復徙甯越遇瘴癘死機弟旦字匡德工騎射頗涉書籍仕周位兵部下大夫以行軍長史從梁睿討王謙以功授儀同三司開皇元年加開府封新城縣男授掌設驃騎歷羅淅魯三州刺史並有能名大業初拜龍川太守郡人居山洞好相攻擊旦爲開設學校大變其風帝聞下詔褒美之徵爲太常少卿攝判黃門侍郎事子爕官至河內郡掾旦弟肅字匡仁少聰敏嫺於占對仕周位宣納上士高祖作相引爲兵部參軍開皇初授太子洗馬陳使謝泉來聘以才學見稱詔肅宴接時論稱其華辯歷太子內舍人太子廢坐除名大業中帝與段達語及庶人勇罪惡達云柳肅在宮大見疎斥帝問其故答曰學士劉臻嘗進章仇

太翼宮中爲巫蠱事肅知而諫曰殿下位當儲貳戒在不孝無患見疑劉臻書生鼓搖脣口適足以相詿誤願勿納之庶人不懌他日謂臻曰汝何漏泄使柳肅知之令面折我自是後言皆不用帝曰肅橫除名乃召守禮部侍郎坐事免後守工部侍郎大見親任每幸遼東皆委以涿郡留守卒官機從子謇之字公正父竧年周順州刺史謇之身長七尺五寸儀容甚偉風神爽亮進止可觀爲童兒時周齊王憲遇之於塗異而與語大奇之因奏爲國子生以明經擢第拜宮師中士轉守廟下士武帝有事太廟謇之讀祝文音韻清雅觀者屬目帝善之擢爲宣納上士開皇初拜通事舍人尋遷內史舍人歷兵部司勳二曹侍郎朝廷以謇之雅望善談謔又飲酒至石不亂由是每梁陳使至輒令接對遷光祿少卿出入十餘年每參掌敷奏會吐谷渾來降朝廷以宗女光化公主妻之以謇之兼散騎常侍送公主於西域及突厥啟民可汗求和親復令謇之送義成公主於突厥前後使二國得贈馬二十餘匹雜物稱是皆散之宗族家無餘財出爲肅息二州刺史俱有惠政煬帝踐阼復拜光祿大夫大業初啟民可汗自以內附遂畜牧於定襄馬邑間帝使謇之諭令出塞還拜黃門侍郎時元德太子初薨朝野注望以齊王當立帝乃重王府之選拜爲齊王長史帝法服臨軒命齊王立於西朝堂遣吏部尚書牛弘內史令楊約左衛大將軍宇文述等從殿廷引謇之詣齊王所西面立弘宣敕謂齊王曰我出蕃之初時年十二先帝立我於西朝堂乃令高熲虞慶則元旻等從內送王子相於我誡我曰以汝未更世事令子相作輔於汝事無大小皆可委之無得昵近小人疏遠子相若從我言必有益於社稷成立汝名行如不用此言唯國及身敗無日矣吾受敕奉以周旋不敢失墜微子相之力吾幾無今日矣若與謇之從事一如子相也又敕謇之曰今以卿作輔於齊副朕所望若齊王德業修備富貴自當鍾卿一門若有不善罪亦相及時齊王擅寵喬令則之徒深見昵狎謇之知其非不能匡正及王得罪謇之竟坐除名及帝幸遼東召檢校燕郡事帝班師至燕郡坐供頓不給配戍嶺南卒於洭口子威明

陸彥師字雲房代人也父子彰魏中書監有子六人卬駿沓騫摶皆列名前史彥師其季也彥師少以行檢稱及長好學解屬文魏襄城王元旭引爲參軍事以父艱去職哀毀殆不勝喪與兄卬廬于墓次鄉人重之皆就墓側存問晦朔之際車馬不絕中書令河間邢邵表薦之未報齊彭城王澂爲司州牧召補主簿後歷中外府東閣祭酒兄卬當襲父始平侯以彥師昆弟中最幼表讓封焉彥師固辭而止世稱友悌孝義總萃一門爲中書舍人通直散騎侍郎每陳使至必高選主客彥師所接對者前後六輩歷中書黃門侍郎後以不阿宦者過讒出爲中山太守有惠政數年後爲吏部郎中散騎常侍又拜銀青光祿大夫假儀同三司行鄭州刺史尋除給事黃門侍郎武平末車駕如晉陽北平王鎮鄴委彥師留臺機密以重慎見知周武平齊授彥師下大夫轉少納言賜爵臨水縣男及高祖作相彥師遇疾請假還鄴尉遲迥將爲亂彥師知之遂將妻子潛歸長安高祖嘉之授內史下大夫拜上儀同及高祖受禪拜尚書左丞進爵爲子彥師素多病未幾以務劇病動乞解所職有詔聽以本官就第歲餘轉吏部侍郎隋承周制官無清濁彥師在職凡所任人頗甄別於士庶論者美之後復以病出爲汾州刺史卒官

魏澹字彥深鉅鹿下陽曲人也祖鸞魏光州刺史父季景齊大司農卿魏郡尹世以文學自業澹年十五而孤專精好學高才善屬文仕齊累遷殿中侍御史尋與魏收陽休之熊安生俱修國史又與諸學生修五禮及撰御覽除殿中郎中書舍人後與李德林俱修國史入周爲納言中士隋初爲行臺禮部侍郎尋爲聘陳使正還除太子舍人廢太子勇深禮之令注庾信集撰笑苑世稱博物遷著作郎仍爲太子學士帝以魏收所撰後魏書褒貶失實平繪爲中興書事不倫序詔澹別成魏史澹自道武下及恭帝爲十二紀七十八列傳別爲史論及例各一卷合九十二卷義例與魏收多所不同其一曰臣聞天子者繼天立稱終始絕名故穀梁傳太上不名曲禮天子不言出諸侯不生名諸侯尚不生名況天子乎若爲太子必須書名良由子者對父生稱父前子名禮之意也至如馬遷周之太子並皆言名漢之儲兩俱沒其諱以尊漢卑周臣子之意也竊謂雖立此理恐非其義何者春秋禮記太子必書名天王不言出此仲尼之褒貶皇王之稱謂非當時與異代遂爲優劣也班固范曄陳壽王隱沈約參差不同尊卑失序至於魏收諱儲君之名書天子之字過又甚焉今所撰諱皇帝名書太子字欲尊君卑臣依春秋之義二曰魏氏平文以前部落之君長耳太祖遠追二十八帝並極崇高違堯舜憲章越周公典禮但道武出自結繩未師典誥當須南董直筆裁而正之反更飾非豈是觀過但力微天女所誕靈異絕世尊爲始祖得禮之宜平文昭成雄據塞

表英風漸盛圖南之業基自此始長孫斤之亂也兵交御坐太子授命昭成獲免道武此時后緍方娠宗廟復存社稷有主大功大孝實在獻明此之三世稱謚可也自茲以來未之敢聞其三曰幽王死於驪山厲王出奔於彘未嘗隱諱直筆書之欲以勸善懲惡貽誡將來而太武獻文並遭非命前史立紀不異天年言論之間頗異首尾殺主害君莫知名姓逆臣賊子何所懼哉今分明直書不敢回避四曰自晉德不競宇宙分崩或帝或王各自署置其生略如敵國書死便同庶人凡處華夏之地者皆書曰卒同之吳楚澹又以爲司馬遷創立紀傳已來述者非一人無善惡皆爲立論計在身行迹具在正書事既無奇不足懲勸再述乍同銘頌重叙唯覺繁文案邸明亞聖之才發揚聖旨言君子曰者無非甚泰其閒尋常直言而已今所纂史竊有慕焉可爲勸戒者論其得失其無益者所不論也上覽而善之未幾而卒有集三十卷子罕言澹弟彥元位鄧州司馬子濬行

通志卷一百六十二

通志卷一百六十三

宋右廸功郎鄭樵漁仲撰

列傳第七十六

隋

段文振弟文操 來護兒 樊子蓋 周羅睺 周法尚 衞元 劉權 李景 薛世雄 裴政 李諤 鮑宏 高構 陸知命 杜整 梁毗 柳彧 趙綽 榮毗兄建緒 劉行本 閻毗 郎茂 柳莊 李孝貞 杜臺卿 崔賾 陸爽侯白 崔仲方 崔彭 辛德源 杜正元弟正藏 柳㫋 張乾威弟乾雄 李騊駼弟政藻

段文振北海期原人也祖壽魏滄州刺史父威周洮河甘渭四州刺史文振少有膂力膽智過人性剛直明達世務初為周冢宰宇文護親信護知其有器局幹用擢授中外府兵曹後從周武攻齊海昌王尉相貴於晉州其亞將侯子欽崔景嵩為內應文振杖槊登城與崔仲方等數十人先登城文振隨景嵩至相貴所拔佩刀劫之相貴不敢動城遂下帝大喜賜物十段進拔高壁等三城及攻并州陷東門而入齊安德王延宗懼而出降錄前後功將拜柱國以讒毀獲譴因授上儀同賜爵襄國縣公進平鄴都又賜綺羅二千段後從滕王逌擊稽胡破之又以天官都上士從韋孝寬經略河南餓而尉遲迥作亂時文振老母妻子俱在鄴城迥遣人誘之文振不顧歸於高祖高祖引為丞相掾領宿衞司馬消難之奔陳高祖令文振安集淮南還除衞尉少卿兼內史侍郎尋以行軍長史從達奚震討平叛蠻加上開府還鴻臚卿衞王爽北征突厥以文振為長史坐勳簿不實免官後為石河二州刺史甚有威惠遷蘭州總管改封龍岡縣公突厥犯塞以行軍總管擊破之遂北至居延塞開皇九年大舉伐陳為元帥秦王司馬別鎮行軍總管及平江南授揚州總管司馬轉并州總管司馬以母憂去職後拜雲州總管遷太僕卿十九年突厥犯塞以行軍總管破達頭可汗於沃野文振先與王世積有舊初文振北征世積遺以駝馬比還世積以罪誅文振坐與交關功遂不錄後平越嶲叛蠻賜奴婢二百口仁壽初嘉州獠反文振以行軍總管討之引軍山谷間為賊所襲遂大敗文振復收散兵竟破之文振性素剛直無所降下初軍次益州謁蜀王秀貌頗不恭秀甚銜之及此奏文振師徒喪亂右僕射蘇威與文振有隙因譖之坐是除名及秀廢黜文振上表自申帝慰諭之授大將軍拜靈州總管煬帝即位徵為兵部尚書待遇甚重從征吐谷渾文振督兵屯雪山連營三百餘里東接楊義臣西連張壽合圍吐谷渾主於覆袁山以功進右光祿大夫帝幸江南以文振行江都郡事文振見高祖時容納突厥啟民居于塞內妻以公主賞賜重疊及大業初恩澤彌厚恐為國患乃上表引晉劉曜梁侯景為戒請以時喻遣令出塞外然後明設烽候緣邊鎮防務令嚴重此乃萬世之長策時兵部侍郎斛斯政專掌兵事文振知政險薄不可委以機要屢言於帝帝並弗納及遼東之役授左候衞大將軍出南蘇道在軍疾篤上表以遼東小醜未服嚴刑但夷狄多詐深須防禦口陳降款心懷背叛詭伏多端勿得便受水潦方降不可淹遲惟願嚴勒諸軍星馳速發則平壤孤城勢可拔也若傾其本根餘城自尅如不時定脫遇秋霖深為艱弊兵糧又竭彊敵在前靺鞨在後遲疑不決非上策也卒於師帝省表悲歎久之贈光祿大夫尚書右僕射北平公謚曰襄長子銓位虎牙郎將次子綸少以俠氣聞文振弟文操大業中為虎賁郎將性甚剛嚴帝令督祕書省學士時學士頗存儒雅文操輒鞭撻之前後或至千數時議者譏之

來護兒字崇善本南陽新野人漢中郎將歙十八世孫也曾祖成魏新野縣侯後歸梁徙居廣陵因家焉位終六合令祖嶷步兵校尉秦郡太守長寧縣侯父法敏仕陳終於海陵令護兒未識而孤養於世母吳氏吳氏提攜鞠養甚有慈訓幼而卓犖初讀詩至擊鼓其鏜踴躍用兵羔裘豹飾孔武有力因捨書歎曰大丈夫在世當如是會當為國滅賊以取功名安能區區久事筆硯也羣輩驚其言而壯其志及長雄畧秀出志氣英遠涉獵書史不為章句學始侯景之亂護兒世父為鄉人陶武子所害吳氏每流涕為護兒言之武子宗族數百家厚自封植護兒每思復怨因其有婚禮乃約客數人直入其家引武子斬之賓客皆懾不敢動乃以其頭祭伯父墓因潛伏歲餘會周師定河南乃歸鄉里所住白土村地居疆埸數見軍旅護兒常慨然有立功名之志及開皇初宇文忻賀若弼等鎮廣陵並深相禮重除大都督領本鄉兵破陳將曾永以功授儀同三司平陳之役護兒有功爵進位上開府賞物一千段十一年高智慧據江南反以總管統兵隨楊素討之賊據浙江岸為營周亘百餘里船艦被江鼓譟而進護兒言於素曰吳人輕銳利在舟檝必死之賊難與爭鋒公且嚴陣以待之勿與接刃請假奇兵數千潛渡江掩破其壘使退無所歸

進不得戰此韓信破趙之策也素以爲然護兒乃以輕舸數百直登江岸襲破其營因縱火烟焰張天賊顧火而懼素因是動一鼓破之智慧將逃於海護兒追至閩中餘黨皆平進位大將軍除泉州刺史封建陽縣公食邑一千戶賜物二千段奴婢百人護兒以賊初附威惠兼舉璽書勞問前後相屬時智慧逆黨盛道延阻兵爲亂護兒又討平之遷建州總管又與蒲陽守孝寬討平彭叡逆黨軍還遂進位柱國封永寧郡公高祖嘉其功使畫工圖其像以進十八年詔追入朝賜以宮女寶刀駿馬錦綵各等物賜其子楷爲千牛備身使護兒還職仁壽初遷瀛州刺史以善政聞頻見勞勉煬帝嗣位被追入朝百官攀戀累日不能出境詣闕上書致請者前後數百人帝謂曰昔國步未康卿爲名將今天下無事又爲良二千石可謂兼美矣仍除右驍衛大將軍尋還左又改上柱國爲光祿大夫右翊衛大將軍進封榮國公恩禮隆密朝臣無比大業六年車駕幸江都謂護兒日衣錦晝遊古人所重今卿是也乃賜物二千段幷牛酒令謁先人墓宴鄉里父老仍令三品已上並集其宅酣飲盡日朝野榮之遼東之役以護兒爲平壤道行軍總管兼檢校東萊郡太守率樓船指滄海入自浿水去平壤六十里高麗王高元埽境內兵以拒之列陣數十里諸將咸懼護兒笑謂副將周法尚及軍吏曰吾本謂其堅城淸野以待王師今來送死當殄之而朝食高元弟建驍勇絕倫率敢死數百人來致師護兒命虎賁郎將費青奴及第六子左千牛整馳斬其首乃縱兵追奔直至城下俘斬不可勝計因破其郛營於城外以待諸軍高麗晝閉城門不敢出會宇文述等眾軍皆敗乃旋軍以功賜物五千段以第五子弘爲杜城府鷹揚郎將以先封襄陽公賜其子整明年又出滄海道師次東萊會楊元感反進攻洛陽護兒聞之召裨將周法尚等議旋軍討逆法尚等咸以無勅不宜擅還再三固執不從護兒厲聲曰洛陽被圍心腹之疾高麗逆命猶疥癬耳公家之事知無不爲專擅在吾不關諸人也有沮議者軍法從事即日迴軍令子弘及整馳驛奏聞帝見弘等甚悅曰汝父擅赴國難乃誠臣也授弘通議大夫整公路府鷹揚郎將乃降璽書於護兒曰公旋師之時是朕勑公之日君臣意合遠同符契梟此元惡期在不遠勒名太常非公而誰也於是護兒與宇文述破元感於閿鄉斬平之還加開府儀同三司賜物五千段黃金千兩奴婢百人贈父法敏東陽郡太守永甯縣公十一年又率師渡海破高麗奢卑等二城高麗舉國來戰護兒大破之將趣平壤高元震懼使執叛臣斛斯政詣遼東城下請降帝許之詔護兒旋軍護兒集眾軍謂曰三度出兵未能平賊此還也不可重來今高麗困弊野無青草以我眾戰不日尅之吾欲進兵徑圍平壤取其僞主獻捷而歸也於是拜表請行不肯奉詔長史崔君肅固爭之以爲不可護兒曰賊勢破矣吾在閫外事合專決寧征得高元還而獲譴捨此成功所不能矣君肅告眾曰若從元帥違拒詔書必當奏聞諸將懼乃同勸還師方始奉詔及帝於鴈門爲突厥所圍將選精騎潰圍而出護兒及樊子蓋並固諫乃止十二年駕幸江都護兒諫曰自皇家受命將四十年薄賦輕徭戶口滋殖陛下以高麗逆命稍興軍旅百姓無知易爲咨怨在外羣盜往往聚結車駕遊幸深恐非宜伏願駐蹕洛陽與時休息出師命將埽除羣醜上稟聖算即日尅除陛下今幸江都是臣衣錦之地臣荷恩深重不敢專爲身謀帝聞之厲色而起數日不得見後怒解方被引入謂曰公意乃爾朕復何望護兒因不敢言尋代宇文述爲左翊衛大將軍及宇文化及構逆深忌之是日旦將朝見執護兒曰陛下今何在左右曰今被執矣護兒歎曰吾備位大臣荷國重任不能肅淸凶逆遂令王室至此抱恨泉壤知復何言乃遇害護兒重然諾敦交契廉於財利不事產業至於行軍用兵特多謀算每覽兵法曰此亦豈異人意也善撫士卒部分嚴明故咸得其死力子十二人楷通議大夫弘金紫光祿大夫整左光祿大夫整尤驍勇善撫御討擊羣盜所向皆捷諸賊歌曰長白山頭百戰場十十五五把長鎗不畏官軍千萬眾只怕榮公第六郎至是並遇禍子姪死者十人惟少子恆濟二人免

樊子蓋字華宗廬江人也祖道則梁越州刺史父儒侯景之亂奔于齊官至仁州刺史子蓋仕齊位東海北陳二郡太守員外散騎常侍封富陽縣侯周武帝平齊授儀同三司郢州刺史高祖受禪以儀同領鄉兵後除樅陽太守平陳之役以功加上開府改封上蔡縣伯歷辰嵩齊三州刺史轉循州總管許以便宜從事十八年入朝奏嶺南地圖賜以良馬雜物加統四州令還任所遣光祿少卿柳謇之餞於灞上煬帝即位徵還京師轉涼州刺史子蓋言於帝曰臣一居嶺表十載於茲犬馬之情不勝戀戀願趨闕庭萬死無恨帝慰喻遣之授銀青光祿大夫武威太守以善政聞大業三年入朝帝下詔美之進位金紫光祿大夫五年車駕西巡將入吐谷渾子蓋以彼多瘴氣獻青木香以禦霧露及帝還謂之曰

人道公清定如此不子蓋謝曰臣安敢言清止是小心不納賄耳下詔獎勵加右光祿大夫賜縑千疋粟麥二千斛子蓋又自陳曰臣自南裔即適西垂常爲外臣未居內職不得陪屬車奉丹陛溘死邊城沒有遺恨惟陛下察之帝曰公侍朕側一人而已委以西方則萬人之敵宜識此心六年帝避暑隴川宮又云欲幸河西子蓋傾望鑾輿願巡郡境帝知之下詔慰勉之是歲朝於江都宮帝謂之曰富貴不還故鄉眞衣繡夜行耳因勑廬江郡設三千人會仍賜米麥六千石使謁墳墓宴故老當時榮之還除吏部尚書時處羅可汗及高昌王款塞復以子蓋檢校武威太守應接二蕃遼東之役攝左武威將軍出長岑道後以宿衞不行加左光祿大夫其年帝還東都使子蓋爲涿郡留守九年駕復幸遼東命子蓋爲東都留守屬楊元感作逆來逼王城子蓋遣河南贊治裴宏策逆擊之反爲所敗遂斬宏策以徇國子祭酒楊汪小不恭子蓋又將斬之汪拜謝頓首流血久乃釋免於是三軍莫不戰慄將吏無敢仰視元感每盡銳攻城子蓋徐設備禦至輒摧破會來護兒等救至乃解去子蓋凡所誅殺數萬人又檢校河南內史車駕至高陽追詣行在所帝勞之曰昔高祖留蕭何於關中光武委寇恂以河內公其人也進位光祿大夫封建安侯賜女樂五十人帝謂曰朕遣越王留守東都示以皇枝盤石社稷大事終以委公特宜持重戈甲五百人而後出此亦勇夫重閉之義無賴不軌者便誅鋤之凡可施行無勞形迹今爲公別造玉麟符以代銅虎又指越代二王曰今以二孫委公與衞元耳宜選貞良宿德有方幅者敎習之於是賜以良田甲第十年駕還東都帝謂子蓋曰元感之反神明故以彰公赤心耳析珪進爵宜有令謨是日進爵爲濟公言其功濟天下特爲立名無此郡國也後與蘇威宇文述陪宴積翠池帝親以金盃屬子蓋酒曰良算嘉謀俟公後動即以盃賜公用爲永年之瑞十一年從駕汾陽宮至于鴈門車駕爲突厥所圍帝欲以精騎潰圍而出子蓋諫曰萬乘之主豈宜輕脫未若守城以挫其銳四面徵兵可立而待且願陛下暫停遼東之役以慰衆望厚爲勳格人心自奮此不足憂也帝從之後援兵至虜乃引去納言蘇威追論勳格太重宜在斟酌子蓋執奏不宜失信帝曰公欲收物情邪子蓋默然不敢對從駕還東都時絳郡賊敬槃陀柴保昌等阻兵數萬汾晉苦之詔子蓋進討于時人物殷阜子蓋善惡無所分別汾水之北村塢盡焚之百姓大駭相率爲盜其有歸首者無少長悉阬之擁數萬之衆經年不能破賊有詔徵還又將兵擊宜陽賊以疾卒于東京時年七十二上悲傷者久之顧謂黃門侍郎裴矩曰子蓋臨終有何語矩曰子蓋病篤惟恨鴈門之恥帝聞之嘆息令百官就弔贈開府儀同三司謚曰景會葬者萬餘人武威吏民聞其死莫不嗟痛立碑頌德子蓋無他權略在軍持重未嘗負敗臨民明察下莫敢欺然嚴酷少恩果於殺戮臨終之日見斷頭鬼前後重沓爲之厲云

周羅睺字公布九江尋陽人也父法暠仕梁至南康內史臨蒸縣侯羅睺年十五善騎射好鷹狗任俠放蕩收聚亾命陰習兵書從祖景彥誡之曰吾世恭謹汝獨放縱難以保家若不喪身必將滅吾族羅睺終不改陳宣帝時爲句容令以軍功授開遠將軍從大都督吳明徹與齊師戰於江陽流矢中其左目齊師之圍明徹於宿預也諸軍相顧莫有鬬志羅睺躍馬突進莫不披靡太僕卿蕭摩訶從而助之斬獲不可勝計進師徐州與周將梁士彥戰於彭城摩訶臨陣墮馬羅睺進救之拔摩訶於重圍之內勇冠三軍明徹之敗也羅睺全其軍而退十五年都督霍州諸軍事平山澤十五洞累遷右軍將軍封始安縣伯檢校揚州中外諸軍事賜金銀三千兩盡散之將士分賞驍雄陳宣帝深歎美之出爲晉陵太守進爵爲侯後除使持節都督豫章十郡諸軍事豫章內史獄訟庭決不關吏手民懷其惠立碑頌德焉至德中除持節都督西川諸軍事江州司馬吳世興密奏羅睺甚得民心擁衆嶺表意在難測陳主惑焉蕭摩訶魯廣達等保明之外有知者或勸其反羅睺拒絕之還除太子左衞率信任愈重時參宴席陳主曰周左率武將詩每前成文士何爲後也都官尚書孔範對曰周羅睺執筆裁詩還如上馬入陣不在人後自是益見親禮及晉王之伐陳也羅睺都督巴峽緣江諸軍事以拒秦王俊軍不得度相持逾月遇丹陽陷陳主被擒上江猶未下晉王遣陳主手書命之羅睺與諸將大臨三日放散兵士然後乃降高祖慰諭之許以富貴羅睺垂泣而對曰荷陳氏厚遇本朝淪亾無節可紀陛下所賜獲全爲幸富貴榮祿非臣所望上甚器之賀若弼謂之曰聞公郢漢捉兵即知揚州可得王師利涉果如所量羅睺答曰若得與公周旋勝負未可知也其年秋拜上儀同三司鼓吹羽儀送之于宅先是陳裨將羊翔歸降使爲鄉導位至上開府班在羅睺上韓擒虎於朝堂戲之曰不知機變位在羊翔之下能無愧乎羅睺曰昔在江南

久承令聞謂公天下節士今日所言殊匪誠臣之論擒虎有愧色六年冬除幽涇二州刺史並有能名開皇十八年征遼東徵爲水軍總管自東萊汎海趣平壤城遭風船多漂沒無功而旋十九年突厥達頭可汗犯塞從楊素致討羅睺先登大破之進大將軍仁壽元年入爲東宮右虞候率賜爵義寧郡公轉右衛率煬帝即位授右武候大將軍副楊素討平漢王諒進授上大將軍其年冬陳主卒羅睺請一臨哭帝許之縗絰送至墓所葬還釋服而後入朝帝甚嘉尙之世論稱其有禮時漢王諒餘黨據晉絳呂三州未下詔羅睺行晉絳呂三州諸軍進兵圍之爲流矢所中卒年六十四送柩還京行數里無故輿馬自止策之不動有飄風旋遶焉絳州長史郭雅稽顙呪曰公恨小寇未平邪尋即除殄無復戀恨於是風靜馬行見者莫不悲歎其年七月子仲隱夢羅睺曰我明日當戰其靈坐所有弓箭刀劒無故自動若人帶持之狀絳州陷是其日也贈柱國右翊衛大將軍謚曰壯子仲安位上開府

周法尙字道邁汝南安成人也祖靈起梁廬桂二州刺史父炅定州刺史平北將軍法尙少果勁有風概好讀兵書其父卒後監定州事督父本兵數有戰功爲散騎常侍遷貞毅將軍領齊昌郡事封山陰縣侯旣而以其兄武昌縣公法僧代爲定州刺史法尙與長沙王叔堅不相能叔堅言其將反陳宣帝執禁法僧發兵欲取法尙其下將吏皆勸之歸北法尙猶豫未決長史殷文則曰樂毅所以辭燕良不獲已請早裁之法尙乃歸周周宣帝拜順州刺史封歸義縣公賜良馬五匹女妓六人綵物五百段加以金帶陳將樊猛濟江討之法尙遣部曲督韓朗詐爲背己奔陳僞告猛曰法尙步兵不願降北若得軍來必無關者猛引師急進法尙設奇兵大敗之猛僅以身免高祖爲丞相司馬消難作亂陰遣上開府段珣攻圍之外無救援法尙棄城走消難虜其母弟及家累三百人歸陳及高祖受禪拜巴州刺史破三鵶叛蠻復從柱國王誼擊走陳寇遷衡州總管改封譙郡公後上幸洛陽召之賜金鈿酒鍾一雙綵五百段良馬十五匹奴婢三百口給鼓吹一部法尙固辭上曰公有大功於國特給鼓吹者欲公卿知朕之寵公也轉黃州總管使經略江南伺候動靜及伐陳之役以行軍總管隸秦孝王出于樊口大破陳師轉鄂州刺史遷永州總管安集嶺南仍給黃州兵三千五百人爲帳內前後賞賜甚厚陳桂州南康衡州陽山定州相繼降又平諸山蠻十年轉桂州總管仍爲嶺南安撫大使後數年入朝以本官宿衛未幾桂州人李光仕反令法尙與上柱國王世積討之法尙發嶺南兵世積徵嶺北軍俱會尹州世積所部多遇瘴不能進頓于衡州法尙獨討之捕得其弟光略光度追斬光仕平之仁壽中遂州獠反復以行軍總管討平之嶲州烏蠻反詔法尙便道討擊破之軍還檢校潞州事煬帝嗣位轉雲州刺史遷定襄太守進金紫光祿大夫時帝幸榆州法尙朝于行宮內史令元壽言於帝曰漢武出塞旌旗千里今御營之衆請分爲二十四軍日別遣一軍發相去三十里旗幟相望鉦鼓相聞首尾連注千里不絕此亦出師之盛者也法尙曰不然兵亙千里動間山川卒有不虞四分五裂腹心有事首尾未知道阻且長難以相救雖是故事此乃取敗之道也帝不懌曰卿意以爲何如法尙曰結爲方陣四面外拒六宮百官家口並住其間若有變起當頭分抗內引奇兵出外奮擊車爲壘壁重設鉤陳此與據城理亦相似若戰而捷抽騎追奔或戰不利屯營自守萬全之策也帝曰善因拜左武衛將軍明年黔安夷向思多反殺將軍鹿愿圍太守蕭造法尙與將軍李景分路討之法尙破思多于淸江及還從討吐谷渾別出松州道逐捕亾散至于靑海出爲敦煌太守遷會寧太守遼東之役以舟師指朝鮮道會楊元感反與宇文述來護兒等破之以功進授右光祿大夫時齊郡人王薄孟讓等爲盜保長白山法尙頻擊破之明年復臨滄海在軍疾甚謂長史崔君肅曰吾再臨滄海未能利涉時不我與將辭人世立志不果命也如何言畢而終贈武衛大將軍謚曰僖有子六人紹範最知名

衛元字文昇河南洛陽人也祖悅魏司農卿父摽侍中左武衛大將軍元少有器識周武帝在藩引爲記室遷給事上士襲爵興勢公武帝親總萬機拜益州總管長史賜以萬釘寶帶稍遷開府儀同三司太府中大夫攝內史事仍領京兆尹稱爲彊濟高祖作相檢校熊州事及受禪遷淮州總管進封同軌郡公坐事免未幾拜嵐州刺史會起長城之役詔元監督之後爲衛尉少卿仁壽初山獠作逆以元爲資州刺史以鎭撫之元既到官時獠攻圍大牢鎭元單騎造其營謂羣獠曰我是刺史銜天子詔安養汝等汝等勿驚懼也諸賊莫敢動於是說以利害渠帥感悅解圍而去前後歸附十餘萬口高祖大悅賜縑二千疋除遂州總管仍令劒南安撫煬帝即位復徵爲衛尉卿夷獠攀戀數百里不絕及與之訣並揮淚而去遷工部尙書後拜魏郡太守尙書如故未

幾拜右候衛大將軍檢校左候衛事轉刑部尚書遼東之役檢校右禦衛大將軍帥師出增城道時諸軍多不利元獨全衆而還拜金紫光祿大夫九年駕幸遼東使元與代王侑留守京師拜爲京兆內史尚書如故許以便宜從事勑代王待以師傅之禮會楊元感圍東都元率步騎七萬援之至華陰掘楊素冢焚其骸骨夷其塋域示士卒以必死既出潼關議者恐崤函有伏兵請於陝縣沿流東下直趣河陽以攻其背元曰此計非豎子所及於是鼓行而進既度函谷卒如所量乃遣虎賁郎將張峻爲疑兵軍於南道元以大兵直趣城北元感逆拒之且戰且行屯軍金谷於軍中埽地而祭高祖曰若社稷靈長宜令醜徒冰碎如或大運去矣幸使老臣先死辭氣激揚三軍莫不涕咽時衆寡不敵與賊頻戰不利死傷太半元感盡銳來攻元苦戰賊稍卻進屯北芒會宇文述來護兒等援兵至元感懼而西遁元遣通議大夫斛斯萬善監門直閣龐玉前鋒追之及于閿鄉與述等合擊破之車駕至高陽徵詣行在所帝勞之曰社稷之臣也使朕無西顧之憂乃下詔褒之加右光祿大夫賜以良田甲第資產鉅萬還鎭京師帝謂之曰關右之任一委於公公安社稷乃安公危社稷亦危出入須有兵衛坐臥常宜自牢勇夫重閉之義也今特給千兵以充侍從與樊子蓋俱賜以玉麟符以代銅虎十一年詔元安撫關中時盜賊蜂起百姓饑饉元竟不能救恤而官方壞亂貨賂公行自以年老上表乞骸骨帝遣內史舍人封德彝馳諭之曰京師國本宗廟園陵所在藉公臥以鎭之元乃止唐師入關自知不能守憂懼稱疾不知政事城陷歸于家義寧中卒年七十七子孝則位通事舍人兵部承務郎卒

劉權字世略彭城豐人也祖軌齊羅州刺史權少有俠氣重然諾藏亾匿死吏不敢過門後更折節好學動循法度仕齊位行臺郎中齊亾周武帝以爲假淮州刺史開皇中以車騎將軍領鄉兵後從晉王廣平陳進授開府儀同三司宋國公賀若弼甚禮之十二年拜蘇州刺史賜爵宋城縣公時江南初平權撫以恩信甚得人和煬帝嗣位拜衛尉卿進位銀青光祿大夫大業五年從征吐谷渾權出伊吾道逐賊至青海乘勝至伏俟城帝復令權過曼頭赤水置河源郡積石鎭大開屯田留鎭西境在邊五年諸羌懷附貢賦歲入吐谷渾餘燼遠遁道路無壅徵拜司農卿加金紫光祿大夫尋爲南海太守行至鄱陽會羣盜起不得進詔權召募討之權率兵遇賊不戰先乘單舸詣賊營說以利害羣盜感悅一時降附帝聞而嘉之及至南海甚有異政數歲遇盜賊羣起羣豪多願推權爲首權竟固守以拒之子世徹又密遣人齎書詣權稱四方擾亂諷令舉兵權召集佐寮對斬其使竟無異圖守之以死卒官世徹倜儻不羈頗爲時人所許大業末羣雄並起世徹所至處輒見忌多拘禁之後竟爲兖州賊帥徐圓朗所殺權從叔烈字子將美容儀有器局位鷹揚郎將有子德威知名於世

李景字道興天水休官人也父超周應戎二州刺史景容貌奇偉膂力過人美鬚髯驍勇善射平齊之役頗有功授儀同三司後以平尉遲迥進位開府賜爵平寇縣公開皇九年以行軍總管從王世積伐陳以功進上開府及高智慧等反復以行軍總管從楊素擊之還授鄜州刺史十七年遼東之役爲馬軍總管及還配事漢王高祖奇其壯武使祖而觀之曰卿相表當位極人臣尋從史萬歲擊突厥於大斤山別路邀賊大破之後與上明公楊紀送義成公主於突厥至恒山遇突厥來寇時代州總管韓洪爲虜所敗景率所領數百人力戰三日殺虜甚衆畋授韓州刺史以事王故不之官仁壽中檢校代州總管漢王諒作亂景發兵拒之諒頻遣劉嵩喬鍾葵等攻之景師士卒殊死戰屢挫賊鋒司馬馮孝慈司馬參軍呂玉並驍勇善戰儀同三司侯莫陳文多謀畫工拒守之術景推誠此三人無所關預唯在閤持重時出撫循而已及朔州總管楊義臣援兵至合擊大破之先是府內井中甃上生花如蓮并有龍見時變爲鐵馬甲士又有神人長數丈見城下跡長四尺五寸景問巫者巫者曰此不祥之物來食血耳景大怒推出之旬日而兵至死者數萬景尋被徵進柱國拜右武衛大將軍賜女樂一部加以珍物景智略非所長而忠直爲時所許帝甚信之又擊破叛蠻向思多明年擊吐谷渾於青海破之進位光祿大夫五年車駕南巡至天水景獻食於帝帝曰公主人也賜坐齊王暕上至隴川宮帝將大獵景與左武衛大將軍郭衍多有雜色爲人所奏帝大怒令撲之竟以坐免歲餘復位與宇文述等參掌選舉明年攻高麗武列城破之賜爵苑邱侯八年出渾彌道九年復出遼東及旋使景殿高麗追兵大至景擊走之進爵滑國公楊元感之反朝臣子弟多預焉景獨無關涉帝曰公誠直天然我梁棟也賜以美女帝每呼李大將軍而不名見重如此十二年帝令景營遼東戰具於北平賜御馬一匹名師子駐于時盜賊蜂起景遂召募以備不虞虎賁郎將羅藝與景有隙誣景將反帝遣

其子慰諭曰縱人言公闚天闕據京都吾無疑也後爲高開道所圍獨守孤城士卒患腳腫死者十六七景撫循之一無離叛遼東軍資多在其所粟帛山積景無所私焉及帝崩於江都遼西太守鄧暠救之遂歸柳城將還幽州遇賊見害契丹靺鞨素感其恩聞之莫不流涕幽燕人士于今傷惜之子世謨

薛世雄字世英本河東汾陰人也其先寓居敦煌父回字道弘仕周位涇州刺史開皇初封舞陰郡公領漕渠監世雄兒童時與羣輩戲輒畫地爲城郭令諸兒爲攻守勢不從令者輒撻之諸兒畏憚莫不齊整其父見而奇之謂人曰此兒當興吾家年十七從周武帝平齊以功拜帥都督開皇中累遷右親衛車騎將軍煬帝嗣位爲右監門郎將從征吐谷渾進位通議大夫世雄性廉慎行軍破敵之處秋毫無犯帝由是嘉之帝常謂羣臣曰欲舉好人諸君識否咸曰不測聖心帝曰我欲舉薛世雄羣臣皆稱善於是超拜右翊衛將軍歲餘爲玉門道行軍大將軍與突厥啟民可汗連兵擊伊吾師次玉門啟民背約兵不至世雄孤軍度磧伊吾懼請降世雄世雄遂以漢舊伊吾城東築城號新伊吾留銀青光祿大夫王威鎭之而還進位正議大夫遼東之役爲沃沮道軍將與宇文述同敗績於平壤還次白石山爲賊所圍百餘重四面矢下如雨世雄以羸師爲方陣選勁騎二百縱擊破之而還所亡失多竟坐免明年帝復征遼東拜右候衛將軍兵指蹋頓道軍至烏骨城會楊元感反班師帝至柳城以世雄爲東北道大使行燕郡太守鎭懷遠十年復從帝至遼東遷左禦衛大將軍仍領涿郡留守未幾李密逼東都詔世雄率幽薊精兵將擊之次河間營於城南竇建德率精銳數百夜來襲之大敗世雄與左右數十騎遁入河間城慙恚發病歸涿郡卒子萬述萬淑萬鈞萬徹萬備並以驍勇知名

裴政字德表河東聞喜人也高祖壽孫從宋武徙家于壽陽歷廬江太守祖邃父之禮並梁史有傳政幼聰明博聞彊記達於從事爲當世所稱累遷通直散騎常侍侯景之亂從王琳入建鄴政以軍功連最封夷陵侯遷給事黃門侍郎副王琳拒蕭紀破之及魏師圍荊州琳自桂州來赴難政從間道先報元帝爲魏師所獲蕭詧謂政曰我武皇帝之孫不可爲爾君乎爾何煩殉身於七父若從我計則貴及子孫不然分腰領矣鎖之送至城下使謂元帝曰王僧辯聞臺城被圍已自爲帝王琳孤弱不復能來政詐許之既而告城中曰援兵大至各思自勉吾以閒使被擒當以碎身報國監者擊其口令更其語終不易辭詧怒命趣行戮蔡大業諫曰此民望也若殺之則荊州不可下矣因釋之會江陵陷與城中朝士俱送于京師周文帝聞其忠授員外散騎侍郎引入相府命與盧辯依周禮建六官設公卿大夫并撰次朝儀車服器用多遵古禮革漢魏之法事並施行尋授刑部下大夫轉少司憲政明習故事又參定周律能飲酒至數斗不亂簿案盈几剖決如流用法寬平無有冤濫囚徒犯極刑者乃許其妻子入獄就之至冬將行決死者皆曰裴大夫致我於死死無所恨其處法詳平如此又善鍾律嘗與長孫紹遠論樂事在紹遠傳開皇元年轉率更令詔與蘇威等修定律令政採魏晉刑典下至齊梁沿革輕重取其折衷同撰著者十有餘人凡疑滯不通皆取決於政進位散騎常侍轉左庶子多所匡正見稱純慤東宮凡有大事皆以委之右庶子劉榮性甚專固時武職交番通事舍人趙元愷作辭見帳未及成太子再三催促榮令元愷口奏不須造帳及奏太子問名帳安在元愷云稟承劉榮不聽造帳太子即以詰榮榮便拒諱太子付政推問未及奏狀阿附榮者先言於太子曰政欲陷榮推事不實太子召責之政曰凡推事有兩一察情一據證審其曲直以定是非臣察榮位高任重縱實語元愷蓋亦纖介之愆計不須諱又察元愷受制於榮豈敢以無端之言妄相點累二人之情理正相似元愷引左衛率崔蒨等證蒨款狀悉與元愷符同察情既敵須以證定臣謂榮語元愷非虛太子亦不罪榮而稱政正直政好面折人短而退無後言時雲定興數入侍太子爲奇服異器進奉後宮又緣女寵來往無節政數切諫太子不納政謂定興曰公所爲不合禮度又元妃暴薨道路籍籍此於太子非令名也願公自引退不然將及禍定興怒以告太子太子益疏政由是出爲襄州總管妻子不之官所受秩俸散給寮吏民之有犯罪者陰悉知之或竟歲不發至再三犯乃因都會時於衆中召出親按其罪五人處死流徙者甚衆合境惶懾令行禁止稱爲神明爾後不修囹圄殆無爭訟卒於官年八十九著承聖實錄十卷及太子廢高祖追憶之曰向遣裴政劉行本在共康弼之猶應不令至此子南金至膳部郎學涉有文藻以輕財貴義稱

李諤字士恢趙郡人也好學解屬文仕齊爲中書舍人有口辯每接對陳使周平齊拜天官都上士諤見高祖有奇表深自結納及高祖爲丞相甚見親待訪以得失時兵革屢動國用虛耗諤上重穀論以諷高祖納之

及受禪歷比部考功二曹侍郎賜爵南和伯諤性公方明達時務遷治書侍御史上謂羣臣曰朕昔爲大司馬每求外職李諤陳十二策苦勸不許朕決意在內今此事業諤之力也賜物二千段諤見禮教凋弊公卿薨亾其愛妾侍婢子孫輒嫁賣之遂成風俗乃上書曰臣聞追遠慎終民德歸厚三年無改方稱爲孝如聞大臣之內有父祖亾殁日月未久子孫無賴引其妓妾嫁賣取財有一於此實損風教妾雖微賤親承衣履服斬三年古今通式豈容遽褫縗絰彊傳鉛華泣辭靈几之前送付他人之室凡在見者猶致傷心況人子孫能堪斯忍復有朝廷重臣位望通顯平生交舊情若弟兄及其亾殁杳同行路朝聞其死夕規其妾方便求聘以得爲限無廉恥之心棄友朋之義且居家理務可移於官既不正私何能贊務上覽而嘉之五品以上妻妾不得改醮始於此也諤又以時文體尚輕薄流宕忘反上書曰臣聞古先哲王之化人也必變其視聽防其嗜慾塞其邪放之心示以湻和之路五教六行爲訓人之本詩書禮易爲道義之門故能家復孝慈人知禮讓正俗調風莫大於此其有上書獻賦制誄鐫銘皆以褒德序賢明勳證理苟非懲勸義不徒然降及後代風教漸落魏之三祖更尚文詞忽君人之大道好雕蟲之小技下之從上有同影響競騁文華遂成風俗江左齊梁其弊彌甚貴賤賢愚唯務吟詠遂復遺理存異尋虛逐微競一韻之奇爭一字之巧連篇累牘不出月露之形積案盈箱唯是風雲之狀世俗以此相高朝廷據茲擢士利祿之路既開愛尚之情愈篤於是閭里童昏貴游總丱未窺六甲先製五言至如義皇舜禹之典伊傅周孔之說不復關心何嘗入耳以傲誕爲清虛以緣情爲勳績指儒素爲古拙用詞賦爲君子故文筆日繁其政日亂良由棄大聖之軌模構無用以爲用也捐本逐末流徧華壤遞相師祖久而愈扇及大隋受命聖道聿興屏黜浮詞遏止華僞自非懷經抱質志道依仁不得引預搢紳參厠纓冕開皇四年普詔天下公私文翰並宜實錄其年九月泗州刺史司馬幼之文表華艷付所司推罪自是公卿大臣莫不鑽仰墳素棄絕華綺擇先王之令典行大道於茲世如聞外州遠縣仍踵弊風選吏舉人未遵典則有宗黨稱孝鄉曲歸仁學必典謨交不苟合者則擯落私門不加收齒其學不稽古逐俗隨時作輕薄之篇章結朋黨而求譽則選充吏職舉送天朝蓋由縣令刺史未行風教猶挾私情不存公道臣既忝憲司職當糾察若聞風即劾恐挂網者多請勒有司普加搜訪有如此者具狀送臺諤又以當官者好自矜伐復上奏云凡如此輩具狀送臺明加罪黜以懲風軌上以諤前後所奏事頒示天下四海靡然向風深革其弊諤在職數年務存大體不尚嚴猛由是無剛謇之譽而潛有匡正之志邳公蘇威以臨道店舍乃求利之徒事業汙雜非敦本之義遂奏約遣歸農有願依舊者在所州縣錄附市籍仍毀撤舊店並令遠道限以時日時逢冬寒莫敢陳訴諤因別使見其如此以農工有業各附所安逆旅之與旗亭自古非同一概即附市籍於理不可且行旅之所依託豈容一朝而廢徒爲勞擾於事非宜遂專決之並令依舊使還詣闕然後奏聞高祖善之曰體國之臣當如此矣以年老出拜通州刺史甚有惠政民吏悅服卒官四子世子大方襲爵最有材器大業初判內史舍人次大體大鈞位並尚書郎

鮑宏字潤身東海郯人也父機以才學知名仕梁位治書侍御史宏七歲而孤爲兄泉之所愛育年十二能屬文常和湘東王繹詩繹嗟賞不已引爲中記室累遷通直散騎侍郎江陵平歸于周明帝甚禮之引爲麟趾殿學士累遷遂伯下大夫與杜子暉聘陳謀伐齊遂出兵渡江以侵齊帝嘗問宏以取齊策宏以爲先皇往日出師洛陽彼有其備每不剋捷如臣計者進兵汾潞直掩晉陽出其不虞以爲上策帝從之及定山東除少御正賜爵平遙縣伯加儀同高祖作相宏奉使山南會王謙舉兵於蜀路次潼川爲謙將達奚惎所執逼送成都竟不屈節謙敗馳傳入京高祖喜之賜以金帶及受禪加開府進爵爲公歷利邛二州刺史秩滿還京時有尉義臣者其父崇不從尉遲迥後復與突厥戰死上嘉之將賜姓爲金氏訪及羣下宏曰昔項伯不同項羽漢高祖賜姓劉氏秦眞父能死難魏武賜姓曹氏如臣愚見請賜以皇族高祖曰善因賜義臣姓楊氏後授均州刺史以目疾免卒于家年九十六初周武帝勑宏修皇室譜一部分爲帝緒疏屬賜姓三篇有集十卷行於世

高構字孝基北海人也性滑稽多智辯給過人好讀書工吏事仕齊歷蘭陵平原二郡太守齊滅入周武帝以爲許州司馬高祖受禪轉戶部侍郎時內史侍郎晉平東與兄子長茂爭嫡尚書省不能斷朝臣三議不決構斷析合理上以爲能召入內殿勞之曰我聞尚書郎上應列宿觀卿才識方知古人之言信矣嫡庶者禮教之所重我讀卿判數遍詞理愜當意所不能及也賜米百石由是知名馮翊武鄉女子焦氏既瘂又聾嫁之不售

嘗樵採於野爲人所犯而有孕遂生一男年六歲莫知其姓於是申省構判曰母不能言窮究理絕按風俗通姓有九種或氏於爵或氏所居此兒生在武鄉可以武爲姓詩還雍州司馬以明斷見稱歲餘轉吏部侍郎號爲稱職復徙雍州司馬坐事左轉盩厔令甚有能名上善之復拜雍州司馬仁壽初又爲吏部侍郎以公事免煬帝立召令復位時爲吏部者多以不稱去職唯構最有能名凡三爲吏部侍郎前後典選之官皆出其下時人以其精好劇談頗謂輕薄然其內懷方雅爲吏部尙書牛弘所重後以老病解職弘時典選凡將有所擢用輒遣人就第問其可不河東薛道衡才高當世每稱構有衡鑒所爲文章必先以草呈構而後出之構有所詆訶道衡未嘗不嗟伏大業七年終于家所舉薦杜如晦房元齡等後皆自致公輔論者稱構有知人之鑒開皇中昌黎豆盧實爲黃門侍郎稱爲愼密河東裴術爲右丞多所糾正河內士燮平原東方舉安定皇甫聿道俱爲刑部並執法平允京兆韋焜爲戶部郎厲進讜言南陽韓則爲延州長史甚有惠政此等事行遺闕皆有吏幹爲當時所稱

陸知命字仲通吳郡富春人也父敖陳散騎常侍知命性好學通識大體以貞介自持仕陳歷太學博士南嶽正及　滅歸於家會高智慧等作亂于江右晉王廣鎭江都以其三吳之望召令諷諭反者以功拜儀同三司賜以田宅復用其弟恪爲汧陽令知命以恪非百里才上表陳讓朝廷許之時見天下一統知命詣朝堂上表請使高麗以宣示皇風使彼君臣面縛闕下書奏天子異之歲餘授普寧鎭將人或言其正直者由是待詔御史臺煬帝嗣位拜治書侍御史侃然正色爲百僚所憚帝甚敬之後坐事免歲餘復職時齊王暕頗驕縱暱近小人知命奏劾之暕竟得罪百寮震慄遼東之役爲東暆道受降使者卒於師贈御史大夫

杜整字皇育京兆杜陵人也祖盛魏潁川太守父闢滑州刺史整少有風概九歲丁父憂哀毀骨立事母以孝聞及長驍勇有膂力好讀孫吳兵法魏大統末襲爵武鄉侯周文引爲親信累遷儀同三司武州刺史從武帝平齊加上儀同進爵平原縣公入爲勳曹中大夫高祖爲丞相進位開府及帝受禪加上開府進爵長廣郡公拜左武衞將軍開皇六年突厥犯塞詔衞王爽北伐以整爲行軍總管兼元帥長史至合川無虜而還衞進取陳策上善之以爲行軍總管鎭襄陽卒上傷之謚曰襄子楷嗣位開府整弟肅亦有志行位北地太守

梁毗字景和安定烏氏人也祖越魏涇豫洛三州刺史郃陽縣公父茂周滄兗二州刺史毗性剛謇頗有學涉仕周舉明經累遷布憲下大夫宣政中封易陽縣子遷武藏大夫高祖受禪進爵爲侯開皇初置御史官朝廷以毗鯁正拜治書侍御史名爲稱職轉大興令遷雍州贊務毗旣出憲司復典京邑直道而行無所迴避頗失權貴心由是出爲西寧州刺史改封邯鄲縣侯在州十一年先是蠻夷酋長皆服金冠以金多者爲豪儁由是遞相陵奪每尋干戈邊境略無寧歲毗患之後因諸酋長相率以金遺之於是置金坐側對之慟哭謂曰此饑不可食寒不可衣汝等以此相滅今將此來欲殺我邪一無所納悉以還之於是蠻夷感悟遂不相攻高祖聞而善之徵爲散騎常侍大理卿處法平允時人稱之毗見左僕射楊素貴重擅權百寮震懾恐爲國患因上封事曰竊見左僕射越國公素幸遇愈重權勢日隆所私皆非忠讜所進咸是親戚子弟布列兼州連縣天下無事容息姦圖四海稍虞必爲禍始夫姦臣擅命有漸而來王莽資之於積年桓元基之於易世而卒殄漢祀終傾晉祚陛下若以素爲阿衡臣恐其未必伊尹也帝大怒命有司禁止親自詰之毗極言曰素旣擅權寵作威作福將領之處殺戮無道又言太子及蜀王罪廢之日百寮無不震慄唯素揚眉奮肘喜見顏色利國家有事以爲身幸毗發言謇謇有誠亮之節高祖無以屈也乃釋之素自此榮寵漸衰但素任寄隆重多所折剉當時朝士無不慴伏莫敢有與相是非辭氣不撓者獨毗與柳彧及尙書左丞李綱而已後上不復專委於素蓋由察毗之言也煬帝卽位遷刑部尙書并攝御史大夫事奏劾宇文述私役部兵帝議免述罪毗固爭因忤旨遂令張衡代爲大夫毗憂憤卒帝令吏部尙書牛弘弔之子敬眞位大理司直時煬帝欲成光祿大夫魚俱羅罪令敬眞按其獄遂希旨陷之極刑未幾敬眞有疾見俱羅爲祟而死

柳彧字幼文河東解人也七代祖卓隨晉南遷寓居襄陽父仲禮爲梁將敗見囚于周復家河東彧少好學頗涉經史周大冢宰宇文護引爲中外府記室久而出爲寧州總管掾武帝親總萬機彧詣闕求試帝異之以爲司武中士轉鄭令平齊之役帝賞從官留京者不預彧上表曰今太平告始信賞宜明酬勳報勞務先有本屠城破邑出自聖規斬將搴旗必由神略若負戈擐甲征扞劬勞至於鎭撫國家宿衞爲重俱稟成算非專己能

留從事同功勞須等於是留守並加汎級高祖受禪歷尙書虞部屯田二侍郎時制三品以上門皆列戟僕射高熲子弘德封應國公申牒請戟彧判曰僕射之子更不異居父之戟棨已列門外尊有壓卑之義子有避父之禮豈容外門旣設內閤又施事竟不行熲聞而嘆服後遷治書侍御史當朝正色甚爲百寮敬憚上嘉其婞直謂彧曰大丈夫當立名於世無容容而已賜錢十萬米百石時刺史多任武將類不稱職彧上表曰伏見詔書以上柱國和平子爲杞州刺史其人年垂八十鐘鳴漏盡前在趙州闇於職務政由羣小賄賂公行百姓吁嗟歌謠滿道乃云老禾不早收餘種穢良田古人云耕當問奴織當問婢此言各有所能也平子弓馬武用是其所長臨民涖職非其所解如謂優老尙年自可厚賜金帛若令刺舉所損殊大臣死而後已敢不竭誠上善之平子竟免有應州刺史唐君明居母喪娶雍州長史庫狄士文之妹彧劾之曰君明忽劬勞之痛成燕爾之親冐此苴縗命彼褕翟不義不昵春秋載其將亾無禮無儀詩人欲其遄死士文贊務神州名位通顯棄二姓之重匹違六禮之軌儀請禁錮終身以懲風俗二家竟坐得罪隋承衰亂之後風俗頹壞彧多所矯正上甚嘉之又見上勤於聽受百僚奏請多有煩碎因上疏諫曰人君出令誡在煩數是以舜任五臣堯咨四岳設官分職各有司存垂拱無爲天下以乂所謂勞於求賢逸於任使比見事無大小咸關聖聽陛下留心政道無憚疲勞至乃營造細小之事出給輕微之物一日之內酬答百司至乃日旰忘食分夜未寢動以文簿憂勞聖躬伏願思臣至言少減煩務上覽而嘉之以其家貧勑有司與之築宅因曰柳彧正直之士國之寶也其見重如此右僕射楊素當塗顯貴百僚慴憚無敢忤者常以小譴勑送南臺素恃貴坐彧牀彧從外來見素如此乃於階下端笏整容謂素曰奉勑治公之罪素遽下彧據案而坐立素於庭辯詰事狀素由是銜之彧時方爲上所信任故素未有以中之彧見近代以來都邑百姓每至正月十五日作角抵戲遞相誇競至於糜費財力上奏請禁絕之曰竊見京邑爰及外州每以正月望夜充街塞陌鳴鼓聒天燎炬照地人戴獸面男爲女服倡優雜伎詭狀異形外內共觀曾不相避竭貲破產競此一時盡室并孥無問貴賤男女混雜緇素不分穢行因此而生盜賊由斯而起非益於化實損於人請頒天下並卽禁斷詔可其奏是歲持節巡河北五十二州奏免長吏贓汚不稱職者二百餘人州縣肅然莫不震懼上嘉之賜絹布二百疋氈三十領拜儀同三司歲餘加員外散騎常侍仁壽初持節巡省太原十九州及還賜絹百五十疋彧嘗得博陵李文博所撰政道論十卷蜀王秀遣人求之彧送之於秀秀賜彧奴婢十口及秀得罪楊素奏彧以內臣交通諸侯除名配戍懷遠鎭行達高陽有詔徵還至晉陽遇漢王諒作亂遣使馳召彧入城而諒反形已露彧入城度不得免遂詐中惡不食自稱危篤諒怒囚之及諒敗楊素奏彧心懷兩端以候事變迹雖不反心實同逆坐徙敦煌素卒乃自申理有詔徵還卒於道有子紹爲介休令

趙綽字士倬河東人也性質直剛毅周初爲天官府史以恭謹恪勤擢授夏官府下士稍以明幹見知爲內史中士父艱去職哀毀骨立世稱其孝高祖爲丞相知其淸正引爲錄事參軍遷掌朝大夫從行軍總管是云暉擊叛蠻以功拜儀同高祖受禪授大理丞處法平允考績連最歷大理正尙書都官侍郎每有奏讞正色侃然上嘉之漸見親重上以盜賊不禁將重其法綽進諫曰陛下行堯舜之道多有寬宥況律者天下之大信其可失乎上忻然納之因謂曰若更有聞見宜數言之遷大理少卿故陳將蕭摩訶其子世略在江南作亂摩訶當從坐上曰世略年二十亦何能爲以其名將之子爲人所逼耳因赦摩訶綽固諫不可上不能奪欲待綽去而赦之因命綽退食綽曰臣奏獄未決不敢退朝上曰大理其爲朕特放摩訶也因命左右釋之刑部侍郎辛亶嘗衣緋褌俗云利於官上以爲壓蠱將斬之綽曰據法不當死臣不敢奉詔上怒甚謂綽曰卿惜辛亶而不自惜也命左僕射高熲將綽斬之綽曰陛下寧可殺臣不可殺亶至朝堂解衣當斬上使人謂綽曰竟如何對曰執法一心不敢惜死上拂衣而入良久乃釋之明日謝綽勞勉之賜物二百段時上禁行惡錢有二人在市以惡錢易好者武候執以聞上令悉斬之綽進諫曰此人坐當杖殺之非法上曰不關卿事綽曰陛下不以臣愚暗置在法司欲妄殺人豈得不關臣事上曰撼大木不動者當退對曰臣望感天心何論動木上復曰啜羹者熱則置之天子之威欲相挫邪綽拜而益前訶之不肯退治書侍御史柳彧上表切諫上乃止上以綽有誠直心每呼入閤中或遇上與皇后同榻卽呼綽坐評論得失前後賞賜以萬計後進位開府贈其父爲蔡州刺史時河東薛冑爲大理卿俱名平恕然冑斷獄以情而綽守法俱爲稱職上每謂綽曰朕於卿無所愛惜但卿骨

相不當貴耳仁壽中卒官上爲之流涕遣使弔祭鴻臚監護喪事二子元方元襲

榮毗字子誕北平無終人也父權魏兵部尚書毗少剛鯁有局量涉獵羣書仕周爲內史下士開皇中累遷殿中局監時以華陰多盜賊妙選長吏楊素薦毗爲華州刺史世號爲能素之田宅多在華陰左右放縱毗以法繩之無所寬假毗因朝集素謂之曰素之舉卿適以自罰也毗答曰奉法一心者但恐累公所舉素笑曰前者戲言卿之奉法素所望也時晉王在揚州每令人密覘京師消息遣張衡於道次往往置馬坊以畜牧爲辭實給私人也州縣莫敢違毗獨遏絕其事上聞而嘉之賚絹百疋轉蒲州司馬漢王諒之反也河東豪傑以城應諒刺史邱和覺變遁歸關中長史勃海高義明謂毗曰河東國之東門若失之則爲難不細城中雖復匈匈非悉反也但收桀黠者十餘人斬之自當立定耳毗然之義明馳馬追和將與協計至城西門爲反者所殺毗亦被執及諒平拜治書侍御史帝謂之曰今日之舉馬坊之事也無改汝心帝亦敬之毗在朝侃然正色爲百僚所憚後以母憂去職歲餘起令視事尋卒官贈鴻臚少卿毗兄建緒性甚亮直兼有學業仕周爲載師下大夫儀同三司及平齊之始留鎭鄴城因著齊紀三十卷建緒與高祖有舊及爲丞相加位開府拜息州刺史將之官高祖陰有禪代之計因謂建緒曰且躊躇當共取富貴耳建緒自以周之大夫因義形於色曰明公此旨非僕所聞高祖不悅建緒遂行開皇初來朝上謂之曰卿亦悔不建緒稽首曰臣位非徐廣情類楊彪上笑曰朕雖不解書語亦知卿此言不遜也歷始洪二州刺史俱有能名

劉行本沛人也父瓌仕梁歷職淸顯行本起家梁武陵王國常侍遇蕭脩以梁州北附遂與叔父璠歸周寓居新豐每以諷讀爲事精力忘疲雖衣食乏絕晏如也性剛烈有不可奪之志周大冢宰宇文護引爲中外府記室武帝親總萬機轉御正中士兼領起居注累遷掌朝下大夫周代故事天子臨軒掌朝典筆硯持至御座則承御大夫取以進之及行本爲掌朝將進筆於帝承御復欲取之行本抗聲謂承御曰筆不可得帝驚視問之行本曰臣聞設官分職各有司存臣既不得佩承御刀承御亦焉得取臣筆帝曰然因令二司各行所職及宣帝嗣位多失德行本切諫忤旨出爲河內太守及尉遲迥作亂攻懷州行本率吏民拒之拜儀同賜爵文安縣子高祖踐阼拜黃門侍郎上嘗怒一郎於殿前笞之行本進曰此人素淸其過又小願陛下少寬假之上不顧行本於是正當上前曰陛下不以臣不肖置臣左右臣言若是陛下安得不聽臣言若非當致之於理以明國法豈得輕臣而不顧也臣所言非私因置笏於地而退上斂容謝之遂原所笞者時天下大同四夷內附行本以党項羌密邇封域最爲後服上表劾其使者曰臣聞南蠻遵校尉之統西域仰都護之威比見西羌鼠竊狗盜不父不子無君無臣異類殊方於斯爲下不悟羈縻之惠詎知含養之恩狼戾爲心獨乖正朔使人近至請付推科上奇其志雍州別駕元肇言於上曰有一州吏受人餽錢二百文律令杖一百然臣下車之始與其爲約此吏故違請加徒一年行本駁之曰律令之明蓋發明詔今肇乃敢重其教命輕忽憲章虧法取威非人臣之禮上嘉之賜絹百疋拜太子左庶子領治書侍御史如故皇太子虛襟敬憚時唐令則亦爲庶子太子昵狎之每令以絃歌敎內人行本責之曰庶子當匡太子以正道何有嬖昵房帷之間哉令則甚慙而不能改時沛國劉臻平原明克讓魏郡陸爽等並以文學爲太子所親行本怒其不能調護每謂三人曰卿等正解讀書耳時左衞率長史夏侯福爲太子所昵嘗於閤內與太子戲福大笑聲聞于外行本時在閤下聞之待其出數之曰汝何物小人敢爲褻慢因付執法者推之太子爲請乃釋之太子嘗得良馬令福乘而觀之太子甚悅因欲令行本復乘行本正色曰至尊置臣於庶子之位者欲輔導殿下以正道非爲殿下弄臣太子慙而止復以本官領大興令權貴憚其方正無敢至其門者由是請託路絕吏民懷之未幾卒官上甚傷惜之及太子廢上曰嗟夫若使劉行本在勇當不及此乎行本無子

閻毗榆林盛樂人父慶周上柱國自有傳毗七歲襲爵石保縣公及長儀貌矜嚴頗好經史受漢書於蕭該略通大旨能篆書工草隸尤善畫爲當時之妙周武帝見而悅之命尙淸都公主宣帝卽位拜儀同三司高祖受禪以技藝侍東宮數以琱麗之物取悅於皇太子由是甚見親待每稱之於上尋拜車騎宿衞東宮上嘗遣高熲大閱於龍臺澤諸軍部伍多不齊整唯毗一軍法制肅然熲言之於上特蒙賜帛俄兼太子宗衞率長史尋加上儀同太子服玩之物多毗所爲及太子廢毗坐杖一百與妻子俱配爲官奴婢後二歲放免爲民煬帝卽位盛修車器以毗性巧諳練舊事詔典其職尋授朝請郎毗立議輦輅車輿多所增損擢拜起部郎帝嘗大備

法駕嫌屬車太多顧謂毗曰開皇之日屬車十有二乘於事亦得今八十一乘以牛駕車不足以益文物朕欲減之從何爲可毗曰臣初定數共宇文愷參詳故實據漢胡伯始蔡邕等議屬車八十一乘此始於秦遂爲後式故張衡賦云屬車九九是也次及法駕三分減一爲三十六乘此漢制也又據宋孝建初有司奏議晉遷江左惟設五乘尚書令建平王宏曰八十一乘義兼九國三十六乘無所準憑江左五乘儉不中禮但帝王文物旂旒之數爰及冕玉皆同十二今宜准此設十二乘開皇平陳因以爲法今憲章往古大駕依秦法駕依漢小駕依宋以爲差等帝曰何用秦法乎大駕宜三十六法駕宜用十二小駕除之毗研精故事皆此類也長城之役毗總其事及帝有事恆嶽詔毗營立壇場尋轉殿內丞從幸張掖郡高昌王朝于行在所詔毗持節迎勞遂將護入東都尋以母憂去職未朞起令視事將興遼東之役自洛口開渠達涿郡以通漕毗督其役明年兼領右翊衛長史營建臨朔宮及征遼東以本官領虎賁郎將典宿衛時軍圍遼東城帝令毗詣城下宣諭賊弓弩亂發流矢中所乘馬毗顏色不變辭氣抑揚卒事而去遷殿內少監又領將作少監事後復從帝征遼東會楊元感作逆帝班師從至高陽郡卒帝悼惜之贈殿內監

郎茂字蔚之中山新市人也父基齊潁川郡守有惠政列在循吏傳中茂少敏慧七歲誦騷雅日千餘言十五師事國子博士河間權會受詩易三禮及乾象刑名之學又就國子助教長樂張奉禮受三傳羣言至忘寢食家人惟恐其受病常節其燭及長以博學稱仕齊司空參軍奉詔於祕書省刊定載籍歷位保城令有能名齊平歸周上柱國王誼薦之授陳州戶曹屬高祖爲亳州總管見而悅之命掌書記周武帝爲象經高祖從容謂茂曰人主之所爲也感天地動鬼神而象經多亂法何以致人茂竊歎曰此言豈常人所及陰有結納高祖亦深禮之後還家爲州主簿及高祖爲相以書召之言及疇昔甚歡授衛州司錄有能名尋除衛國令時有繫囚二百茂親自究審數日釋免者百餘人歷年詞訟不詣州省魏州刺史元暉謂曰長史言衛國人不敢申訴者畏明府耳茂曰人猶水也法令爲隄防隄防不固必致奔突苟無決溢使君何患哉暉無以應有部人張元預與從父弟思蘭不睦丞尉請加嚴法茂曰元預兄弟本是憎嫉又坐得罪彌益其忿非化人之意也乃遣縣中耆老更往敦諭道路不絕元預等各生感悟詣縣頓首請罪茂曉之以義遂相親睦稱爲友悌開皇中累遷戶部侍郎時尚書右僕射蘇威立條章每歲責人間五品不遜或答者乃云管內無五品家不相應領類多如此又爲餘糧簿擬有無相贍茂以爲繁紆不急皆奏罷之又奏身死王事者子不退田品官左貶不減地皆發於茂茂性明敏剖決無滯當時以吏幹見稱煬帝卽位遷尚書左丞參掌選事茂尤工法理爲世所稱時工部尚書宇文愷左將軍于仲文競河東銀窟茂奏劾愷位望已隆祿賜優厚拔葵去織寂爾無聞求利下交曾無愧色仲文大將宿衛近臣朝夕聞道虞芮之風抑而不慕分銖之利知而必爭何以貽範庶寮示民軌物若不糾繩將虧政教愷與仲文竟坐得罪茂與崔祖濬撰州郡圖經一百卷奏之賜帛三百段以書付祕府于時帝每巡幸王綱已紊法令多失茂既先朝舊臣明習世事然善自謀身無謇諤之節見帝忌刻不敢措言惟竊歎而已以年老乞骸骨不許會帝征遼以茂爲晉陽宮留守其恆山贊治王文同與茂有隙奏茂附下罔上詔納言蘇威御史大夫裴蘊雜推之茂素與二人不平因深文其罪及弟司隸別駕楚之皆除名徙且末郡茂怡然任命不以爲憂在途作登隴賦以自慰後附表自陳帝頗悟十年追還京兆歲餘卒子知年

柳莊字思敬河東解人也祖季遠梁宜都太守父遐周霍州刺史自有傳莊少有器量博覽墳籍兼善辭令濟陽蔡大寶有重名於江左時爲岳陽王蕭詧諮議見莊便歎曰襄陽水鏡復在於茲大寶遂以其女妻之俄而詧辟爲參軍及詧稱帝累遷鴻臚卿高祖輔政蕭歸令莊奉書入關時三方構亂高祖懼歸有異志及莊還謂之曰孤昔以開府從役江陵深蒙梁主殊眷今主幼時艱猥蒙顧託梁主弈葉重光委誠朝廷而今已後方見松筠之節君還大國幸申孤意於梁主也遂執手而別時梁之將帥咸潛請興師與尉遲迥等爲連衡之勢進可以盡節於周氏退可以席捲山南惟歸疑爲不可會莊至自長安申高祖結託之義遂言於歸曰昔袁紹劉表王陵諸葛誕之徒並一時之雄傑也及據要害之地擁哮闞之羣功業莫建而禍不旋踵者良由魏武晉氏挾天子保京都仗大義以爲名故能取威定霸今尉遲迥雖曰舊將昏耄日甚消難王謙常人之下者非有匡合之才況山東庸蜀從化日近周室之恩未洽在朝將相多爲身計競効節於楊氏以臣斷之迥等終覆滅隋公必移周國未若保境息民以觀其變歸深以爲然衆議遂止未幾消難奔陳迥及謙相次就戮歸謂莊曰近

者若從衆人之言社稷已不守矣高祖踐阼莊又入朝高祖深慰勉之及爲晉王廣納妃于梁莊由是往來四五返前後賜物數千段梁國廢授開府儀同三司除給事黃門侍郎莊明習舊章雅達政事凡所糾正帝莫不稱善蘇威嘗重莊器識奏帝云江南人有學業者多不習世務習世務者又無學業能兼之者不過柳莊高熲亦與莊甚厚莊與陳茂同官不能降意茂見上及朝臣多屬意於莊心每不平帝與茂有舊譖愬頗行尚書省嘗奏犯罪人依法合流而上處以大辟莊據法執之帝不從由是忤旨俄屬尚藥進丸藥不稱旨茂因奏莊不親監帝怒十一年徐璒等反於江南詔莊以行軍長史隨軍討之璒平卽授饒州刺史甚有能名卒於官

李孝貞字元操趙郡人也祖憲魏征東將軍揚州刺史父希禮東魏信州刺史孝貞好學善屬文仕齊釋褐司徒府參軍事與弟孝基同見吏部郎中陸昂昂戲之曰弟名孝基兄其替矣孝貞對曰僕雖不肖請附于臧昂握手曰士固不妄有名吾賢必當遠至性簡靜不妄通賓客與從兄儀曹郎搔太子舍人季節博陵崔子武范陽盧詢祖爲斷金之友後以射策甲科拜給事中稍遷兼通直散騎常侍副李騫使陳孝貞從姊則昭信皇后從兄祖勳女爲廢帝濟南王妃祖欽女一爲後主娥英一爲琅邪王儼妃祖勳叔騫女爲安德王延宗妃諸房子女多有才貌又因昭信后所以與帝室姻媾重疊兄弟並以文學自達恥爲外戚家于時黃門侍郎高乾和親要用事求婚於孝貞孝貞拒之由是有隙陰譖之出爲太尉府外兵參軍後歷中書舍人武平中出爲博陵太守不得志尋爲司州別駕後復兼散騎常侍聘周使副還除給事黃門侍郎待詔黃門侍郎待詔文林館假儀同三司以美於辭令勑與中書侍郎李若李德林別掌宣傳詔勑周武帝平齊授儀同三司少典祀下大夫宣帝卽位轉吏部下大夫高祖爲丞相孝貞從韋孝寬討尉遲迥以功授上儀同開皇初拜馮翊太守爲犯廟諱乃稱字後數歲遷蒙州刺史吏民安之自此不復留意於文筆人問其故慨然歎曰五十之年倏焉而過鬢垂素髮筋力已衰宦意文情一時盡矣悲夫然每暇日輒引賓客絃歌對酒終日爲歡徵拜內史侍郎與內史李德林參典文翰然孝貞無幹劇之用頗稱不理上譴怒之勑御史劾其事由是出爲金州刺史卒官所著文集二十卷行於世子允玉元操弟孝基亦有才學風詞甚美爲齊衛尉丞待詔文林館位儀曹郎中孝基弟孝儁齊太子洗馬孝儁弟孝威字季重涉學有器幹兄弟之中最爲敦篤齊太尉外兵參軍修起居注仕隋禮部侍郎大理少卿

杜臺卿字少山博陵曲陽人也父弼齊膠州刺史自有傳臺卿少好學博覽書記解屬文仕齊位中書黃門侍郎修國史性儒素每以雅道自居既居清顯忌害人物趙彥深和士開高阿那肱等親信之徒兼尚書右丞省中以其耳聾多戲弄之下辭不得理者乃至大罵臺卿見其口動謂爲自陳令史又故不曉喻訓對往往乖越聽者以爲嗤笑齊平歸于鄉里以禮記春秋講授子弟開皇初被徵入朝嘗採月令觸類而廣之爲書名玉燭寶典十二卷至是奏之賜絹二百疋臺卿患耳不堪吏職請修國史上許之拜著作郎後致仕終於家有文集十五卷撰齊記二十卷並行於世無子

崔賾字祖濬博陵安平人也父廓高尚不仕列在隱逸傳賾七歲能屬文容貌短小有口辯開皇初秦孝王薦之射策高第詔與諸儒定禮樂授校書郎轉協律郎太常卿蘇威雅重之母憂去職性至孝水漿不入口者五日後徵爲河南豫章二王侍讀每更日來往二王之第及河南王爲晉王轉晉王記室參軍自此去豫章府豫章王重之不已以書與賾往來仍賚米并衣服錢帛時晉邸文翰多成其手王入東宮除太子齋帥俄兼舍人及元德太子薨以疾歸于家後徵爲起居舍人大業四年從駕汾陽宮次河陽鎭藍田令王曇於藍田山得一玉人長三四寸著大領衣冠幘奏之詔問羣臣莫有識者賾答曰謹按漢文帝以前未有冠幘卽是文帝以來所製作也臣見魏大司農盧元明撰嵩高山廟記云有神人以玉爲形像長數寸或出或隱出則令世延長伏惟陛下應天順人定鼎嵩洛嶽神自見臣取稱慶因再拜百官畢賀天子大悅賜縑二百疋從駕登太行山詔問賾曰何處有羊腸坂賾對曰臣按漢書地理志云上黨壺關縣有羊腸坂帝曰不又答曰臣按皇甫士安撰地書云太原北九十里有羊腸坂帝曰是也因謂牛弘曰崔祖濬乃所謂問一知二五年受詔與諸儒撰區宇圖志二百五十卷奏之帝以爲不善更令虞世基許善心衍爲六百卷以父憂去職尋起令就事遼東之役授鷹揚長史置遼東郡縣名皆賾之議也奉詔作東征記九年除越王長史于時山東盜賊羣起帝令撫慰高陽襄國歸首者八百餘人十二年從駕江都宇文化及之弑帝也引爲著作郎稱疾不起在路發疾卒於彭城年六十九賾與河南元善河東柳䛒太原王劭吳興姚察

瑯邪諸葛穎信都劉綽河間劉炫相善每因休暇清談竟日所著詞賦碑誌十餘萬言撰洽聞志七卷八代四科志三十卷未及施行江都傾覆咸爲煨燼

陸爽字開明魏郡臨漳人父槪之齊霍州刺史爽少聰敏年九歲就學日誦二千餘言齊尚書僕射楊遵彥見而異之曰陸氏世有人焉年十七齊司州牧清河王岳召爲主簿累遷中書侍郎及齊滅周武帝聞其名與陽休之袁叔德十餘人俱徵入關諸人多將輜重爽獨載書數千卷至長安授宣納上士高祖受禪遷太子洗馬與左庶子宇文愷撰東宮典記七十卷朝廷以其博學有口辯陳人至境常令迎勞開皇十一年卒官贈上儀同宣州刺史子法言敏學有家風釋褐承奉郎初爽之爲洗馬嘗奏高祖云皇太子諸子未有嘉名請依春秋之義更立名字上從之及太子廢上追怒爽曰我子孫製名寧不自解陸爽乃爾多事扇惑於勇亦由此人其身雖故子孫並宜屏黜終身不齒法言竟坐除名爽同郡侯白字君素好學有捷才性滑稽尤辯俊舉秀才爲儒林郎通脫不持威儀好爲誹諧雜說人多愛狎之所在之處觀者如市楊素甞與牛弘退朝白謂素曰日之夕矣素大笑曰以我爲牛羊下來邪高祖聞其名召與語甚悅之令於祕書修國史每將擢之高祖輒歎曰侯白不勝官而止後給五品食月餘而死時人傷其薄命著旌異記十五卷

崔仲方字不齊博陵安平人父宣猷周少司徒自有傳仲方少好讀書有文武才幹年十五周文見而異之令與諸子同就學時高祖亦在其中由是與高祖少相欵密後以明經爲晉公宇文護參軍轉記室遷司玉大夫與斛斯徵柳敏等同修禮律後以軍功授平東將軍銀青光祿大夫賜爵石城縣男時周武陰有滅齊之志仲方獻二十策帝大奇之復與少內史趙芬刪定格式從武帝攻晉州齊亞將崔景高請爲內應仲方與段文振等登城應接遂下晉州又令仲方說下翼城等四城授儀同進爵范陽縣侯後以行軍長史從郯國公王軌禽陳將吳明徹於呂梁仲方策居多宣帝嗣位爲少內史會帝崩高祖爲丞相與仲方相見握手極歡仲方亦歸心焉其夜上便宜十八事高祖並嘉納之又見衆望有歸陰勸高祖應天受命從之及受禪上召仲方與高熲議正朔服色事仲方曰晉爲金行後魏爲水周爲木皇家以火承木德之統又聖躬誕載之初有赤光之瑞車服旗牲並宜用赤又勸上除六官依漢魏之舊並從之進位上開府授司農少卿進爵固安縣公令發兵三萬於朔方靈武築長城東至黃河西拒綏州南至勃出嶺綿歷七百里明年復令仲方發丁十萬於朔方已東緣邊險要築數十城以遏胡寇丁父艱去識未期起爲虢州刺史上書論取陳之策曰臣謹案晉太康元年歲在庚子晉武帝平吳至今開皇六年歲次丙午合三百七載春秋寶乾圖云王者三百年一蠲法今三百之期可謂至矣陳氏草竊起於丙子至今丙午又子午爲衝陰陽之忌昔史趙有言曰陳顓頊之族爲水故歲在鶉火以滅又云周武王克商封胡公滿於陳至魯昭九年陳災裨竈曰歲及鶉火而後陳亡楚克之楚祝融後也爲火正故復滅陳陳承舜後舜承顓頊太歲左行歲星右轉鶉火之歲陳族再亡戊午之年媯虞運盡語迹雖殊考事無異皇朝五運相承感火德而國號曰隋隋與楚同分楚是火正午爲鶉火未爲鶉首申爲實沈酉爲大梁既當周秦晉趙之分若當此分發兵當得歲之助以今量古陳滅不疑臣謂午未申酉並以數極蓋聞天時不如地利地利不如人和況主聖臣良兵彊國富陳既主昏於上人讒於下險無百二之固衆非九國之師獨此島夷而稽天討伏度朝廷自有宏謨芻蕘所見冀申螢爝今惟須武昌以下蘄和徐方吳海等州更帖精兵密營渡計益信襄荊基郢等州速造舟楫多張形勢爲水戰之具蜀漢二江是爲上流水路衝要必爭之所賊雖於流頭荊門延洲公安巴陵隱磯夏口盆城置船然終聚漢口峽口以水戰大決若賊必以上流有軍令精兵赴援者下流諸將即須擇便橫渡如擁衆自衞上江水軍鼓行以前雖恃九江之險非德無以爲固徒有三吳百越之兵無恩不能自立上覽大悅轉基州刺史徵入朝仲方因陳經略上善之賜以御袍袴并羅雜綵五百段進位開府及大舉伐陳以仲方爲行軍總管與秦王會及陳平坐事免未幾復位後數載授會州總管時諸羌猶未賓附詔仲方擊之與賊三十餘戰紫祖四隣望方涉題于磵小鐵圍山白男弱水等諸都諸賊悉平賜奴婢一百二十口黃金三十觔還代州總管後被徵入朝會高祖崩漢王餘黨據呂州不下煬帝遣周羅睺攻之中流矢卒乃令仲方代總其事拔之進位大將軍歷戶部禮部尚書坐事免尋爲國子祭酒轉太常卿朝廷以其衰老出拜上郡太守以母憂去職歲餘起爲信都太守後乞骸骨優詔許之卒於家子燾位定陶令

崔彭字子彭博陵安平人也父士謙周荊州刺史自有傳彭少孤事母以孝聞性剛毅有武略工騎射善周官

尙書並略通大義仕周累遷門正上士高祖爲相周陳王純鎭齊州帝恐其爲變遣彭以兩騎徵純入朝彭未至齊州三十里因詐病止傳舍遣人召純純疑有變多將從騎至彭所彭請間因顧騎士執而鎖之乃大言曰陳王有罪詔徵入朝左右不得輒動左右愕然而去至拜上儀同及踐阼遷監門郎將兼領右衛長史賜爵安陽縣男再遷驃騎將軍恆典宿衛性謹密在省闥二十餘年當上在仗危坐終日未嘗有惰容上每謂曰卿當上日我寢處自安又嘗曰卿弓馬固已絕人頗知學不彭曰臣少受周禮尙書休沐之暇不敢廢也上曰試爲我言之因說君臣戒愼之義上稱善觀者以爲知言後加上開府遷備身將軍上嘗宴達頭可汗使者於武德殿有鴿鳴於梁上命彭射之中上大悅賜錢一萬及使者反可汗復遣使請崔將軍一與相見上曰此必善射聞於虜庭遂遣之及至可汗召善射者數十人因擲肉於地以集飛鳶遣其善射者射之多不中彭連發數矢皆應弦而落突厥莫不歎服仁壽末進爵安陽縣公煬帝卽位遷左領軍大將軍時漢王諒初平令彭鎭遏山東復領慈州事卒贈大將軍謚曰肅子寶德嗣

辛德源字孝基隴西狄道人也祖穆魏平原太守父子馥尙書左丞德源沉靜好學十四解屬文及長博覽書記美儀容中書侍郎裴讓之特相愛好兼有龍陽之寵齊尙書僕射楊遵彥殿中尙書辛術皆一時名士並虛襟禮敬同舉薦之後爲兼員外散騎常侍聘梁使副德源貧素因使薄有資裝遂餉執事爲父求贈時論鄙之中書劉逖上表薦德源弱齡好古晚節逾厲枕籍六經漁獵百氏文章綺豔體調淸華恭愼表於門閭謙撝著於朋執實後進之詞人當今之雅器由是除員外散騎侍郎後兼通直散騎常侍聘陳及還待詔文林館位中書舍人齊滅仕周爲宣納上士因取急詣相州會尉遲迥起逆以爲中郎德源辭不獲免遂亾去高祖受禪不得調者久之隱林慮山鬱鬱不得志著幽居賦以自寄素與武陽太守盧思道友善時相往來魏州刺史崔彥武奏德源潛爲交結恐有姦計由是謫令從軍討南甯及還祕書監牛弘以德源才學顯著奏與著作郎王劭同修國史德源每於務隙撰集注春秋三傳三十卷注楊子法言二十三卷蜀王秀奏以爲掾轉諮議參軍卒官有集二十卷又撰政訓內訓各二十卷有子素臣正臣德源從祖兄元植齊天保中司空司馬學涉有名聞於世德源族叔珍之少有氣俠歷位魏北海太守後行平州事卒於州贈驃騎大將軍洛州刺史謚曰恭子愨武定末開府鎧曹參軍

杜正元字知禮京兆人晉征西將軍預之後也世以文學相承祖景州府交辟不就父裕仕齊位止樂陵令齊亾教授卒于家正元耽志經史開皇十五年舉秀才試策高第曹司以策過左僕射楊素素怒曰周孔更生尙不得爲秀才刺史何忽妄舉此人可附下考乃以策抵地不視時海內惟正元一人應秀才餘當貢者隨例銓注訖正元獨不得進止曹司以選期將盡重以啟素素志在試退正元乃手題使擬司馬相如上林賦王褒聖主得賢臣頌班固燕然山銘張載劍閣銘白鸚鵡賦曰我不能爲君住宿可至未時令就正元及時並了素讀數遍大驚曰誠好秀才命曹司錄奏屬吏部選期已過注邑令還期年重集素謂曹司曰秀才杜正元至又試以人有奇器賦授筆立成文不加點素大嗟之命吏部優敘曹司以擬長甯王記室參軍時素情背曹官及見曰小王不盡其才也晉王廣方鎭揚州妙選府僚乃以正元爲晉王府參軍後豫章王鎭揚州又爲豫章王記室卒正元弟正藏字爲善亦好學善屬文開皇十六年舉秀才時蘇威監選試擬賈誼過秦論及尙書湯誓匠人箴連理樹賦几賦弓銘應時並就文無點竄時射策甲等者合奏曹司難爲別奏抑爲乙科正藏訴屈威怒改爲丙第授純州行參軍還梁郡下邑縣正大業中與劉炫同以學業該通應詔被舉時正藏弟正儀貢充進士正倫爲秀才兄弟三人同時應命當世嗟美之著作郎王劭奏追修史司穀大夫薛道衡奏擬從仕並以見任且放還九年從駕征遼爲夫餘道行軍長史還至涿郡卒正藏爲文迅速有如宿構曾令數人並執紙筆各題一文正藏口授俱成皆有文理爲當時所異又爲文軌二十卷論爲文體則甚有條貫後生寶而行之多資以解褐大行於世謂之杜家新書云

柳昂字千里河東解人也父敏周大將軍鄜州刺史入隋進位上大將軍太子太傅自有傳昂幼聰穎有器識幹局過人周武帝時爲內史中大夫開府儀同三司賜爵文城郡公當途用事百僚皆出其下昂竭誠獻替知無不爲謙虛自處未嘗驕物時論以此重之武帝崩受遺輔政稍被宣帝疏然不離本職高祖爲丞相深自結納高祖以爲大宗伯拜日遂得偏風不能視事高祖受禪疾愈加上開府拜潞州刺史昂見天下無事上表請勸學行禮上覽而善之優詔答昂自是天下州縣皆置博士習禮焉昂在州甚有惠政卒官子調歷祕書郎侍

御史左僕射楊素嘗於朝堂見調因獨言曰柳條通體弱獨搖不須風調斂版正色曰調信無取公不當以爲侍御信有可取不應發此言公當具瞻之地樞機何敢輕發素甚奇之煬帝嗣位累遷尚書左司郎中時王綱不振朝士多贓貨惟調清素守常爲時所美然幹用非其所長

張乾威字元敬清河東武城人也父晏之齊兗州刺史自有傳乾威性聰敏涉獵羣書其世父晷之謂人曰吾家千里駒也仕齊位太常丞仕周爲宣納中士開皇中累遷晉王屬王甚美其才與河內張衡俱見禮重晉邸稱爲二張焉及王爲太子遷員外散騎侍郎太子內舍人煬帝即位授內史舍人儀同三司又以藩邸之舊加開府尋拜謁者大夫從幸江都以本官攝江都贊務稱爲幹理乾威嘗在塗見一遺囊恐其主求失因令左右負之而行後數日物主來認悉以付之淮南太守楊綝嘗與十餘人同來謁見帝問乾威曰其首立者爲誰乾威下殿就視而答曰淮南太守楊綝帝謂乾威曰卿爲謁者大夫而乃不識參見人何也乾威對曰臣非不識楊綝但慮不審所以不敢輕對石建數馬足蓋慎之至其廉慎皆此類也帝甚嘉之于時帝數巡幸百姓疲弊乾威因上封事以諫帝不悅自此見疎未幾卒官有子爽仕至蘭陵令乾威弟乾雄亦有才器秦孝王俊爲秦州總管選爲法曹參軍王嘗親按囚徒乾雄誤不持狀口對百餘人皆盡事情同輩莫不嘆服後歷壽春陽城二縣令有政績

李騊駼趙邑高邑人也父義深魏梁州刺史自有傳騊駼少有才辯仕齊位兼通直散騎常侍聘陳陳人稱之後爲壽陽道行臺左丞與王琳同陷陳周末逃歸開皇中爲永安郡太守絳州長史卒子政藻明敏有才幹騊駼沒陳政藻時爲開府行參軍判集書省事便謝病解職居處若在喪禮人士稱之開皇中歷尚書工部員外郎卒於宜州刺史騊駼弟文師齊中書舍人齊郡太守

通志卷一百六十三

宋右迪功郎鄭樵漁仲撰

列傳第七十七

隋

盧賁　薛道衡族父孺　房彥謙　盧思道從兄昌衡　盧愷

王誼　長孫平　源師從叔雄　薛冑　令狐熙

裴肅　張定和　張奫　麥鐵杖子孟才 沈光　權武

王仁恭　叱萬緒　董純　魚俱羅　王辯斛斯萬善

陳稜　趙才　宇文述化及 雲定興 趙行樞 司馬德戡 述子 裴虔通

李密　王世充　段達

盧賁字子徵范陽涿人也父光周開府燕郡公附在兄辯傳賁略涉書史頗解鍾律周武帝時襲爵燕郡公歷位魯陽太守太子小宮尹儀同三司累遷司武上士時高祖為大司馬賁知帝非常人深自推結宣帝嗣位加開府及高祖初被顧託羣情未一乃引賁置在左右高祖將之東第百官皆不知所去高祖潛令賁部伍仗衛因召公卿而謂曰欲求富貴當皆相隨來時往往偶語欲有去就賁嚴兵而至眾莫敢動出崇陽門至東宮門者拒不納賁諭之不去瞋目叱之門者遂卻既而高祖得入賁常典宿衛後承間進說曰周歷已盡天人之望實歸明公願早應天順人高祖然之及受禪命賁清宮因典宿衛賁於是奏改周代旗幟更為嘉名其青龍騶虞朱雀元武千秋萬歲之旗皆賁所創也尋拜散騎常侍兼太子左庶子左領軍將軍及高熲蘇威共掌朝政賁甚不平之柱國劉昉時被疏忌賁因諷昉及上柱國元諧李詢華州刺史張賓等謀黜熲威五人相與輔政又以晉王上之愛子謀行廢立復私謂皇太子曰賁將數謁殿下恐為上譴願察區區之心謀泄昉等委罪於賓賁公卿奏二人坐當死帝以龍潛之舊不忍加刑並除名為民賓未幾卒歲餘賁復爵位檢校太常卿賁以古樂宮縣七八損益不同歷代通儒議無定準乃上表曰殷人以上通用五音周武克殷得鶉火天駟之應其音用七漢興加應鍾故十六枚而在一簴鄭元注周禮二八十六為簴此則七八之義其來遠矣然世有沿革用捨不同至周武帝復改縣七以林鍾為宮夫樂者政之本也故移風易俗莫善於樂是以吳札觀而辯興亾然則樂也者所以動天地感鬼神情發於聲安危斯應周武以林鍾為宮蓋將亾之徵也且林鍾之管即黃鍾下生之義黃鍾君也而生於臣明為皇朝九五之應又陰者臣也而居君位更顯國家登極之祥斯實冥數相符非關人事臣聞五帝不相沿樂三王不相襲禮此蓋隨時改制而不失雅正者也帝從之改七縣八黃鍾為宮又詔賁與儀同楊慶和刊定周齊音律未幾歷郢虢懷三州刺史在懷州決沁水東注名曰利人渠又派入溫縣名曰溫潤渠以溉舄鹵民賴其利後為齊州刺史民饑穀湧貴賁坐閉人糴而私糶除名後從幸洛陽上從容謂賁曰我始為大司馬時卿布腹心於我及總百揆頻繁左右與卿足為恩舊卿若無過者位與高熲齊又坐與凶人交構由是廢黜言念疇昔之恩復處牧伯之位何乃不思報効以至於此吾不忍殺卿是屈法申私耳賁俯伏陳謝詔復本官後數日對詔失旨又自敘功績有怨言上大怒顧謂羣臣曰吾將與賁一州觀此不可復用後皇太子為其言曰此輩並有佐命之功雖性行輕險誠不可棄上曰我屈抑之全其命也微劉昉鄭譯及賁柳裘皇甫績等則我不至於此然此等皆反覆子也當周宣帝時以無賴得幸及帝大漸顏之儀等請以趙王輔政此輩行詐顧命於我我將為政又欲亂之故昉謀大逆於前譯為巫蠱於後如賁之徒皆不滿志任之則不遜致之則怨自難信也非我棄之眾人見此或有竊議者必謂我薄於功臣斯不然矣蘇威進曰漢光武欲全功臣皆以列侯奉朝請至尊仁育復用此道以安之上曰然遂廢於家卒

薛道衡字元卿河東汾陰人也父孝通魏恆山太守附在高祖辯傳道衡六歲而孤專精好學年十三講左氏傳見子產相鄭之功作國僑贊詞致清正見者奇之其後才名益著齊司州牧彭城王浟引為兵曹從事尚書左僕射楊愔一代偉人見而嗟賞授奉朝請吏部尚書辛術與語歎曰鄭公業不亾矣河東裴讞目之曰自鼎遷河朔吾謂關西孔子罕值其人今復遇薛君矣武成作相召為記室及即位累遷太尉府主簿兼散騎常侍接對周陳二使武平初詔與諸儒修定五禮除尚書左外兵郎陳使傅縡聘齊以道衡兼主客郎接對之縡贈詩五十韻道衡和之南北稱美魏收曰傅縡所謂以蚓投魚耳待詔文林館與范陽盧思道李德林齊名友善復以本官直中書省尋拜中書侍郎仍參太子侍讀後主之世漸見親用于時頗有附會之譏後與侍中斛律孝卿參預政事道衡具陳備周之策孝卿不能用及齊亾周武帝引為御史二命士後歸鄉里自州主簿入為司祿上士高祖作相從元帥梁睿擊王謙攝陵州刺史大定中授儀同守邛州刺史高祖受禪坐事除名河間王弘北征突厥召典軍書還除內史舍人其年兼散騎

常侍聘陳使主道衡因奏曰陛下比隆三代平一九州豈容區區之陳久在天網之外臣今奉使請責以稱藩帝曰朕且含養置之度外勿以言辭相折江東雅好篇什陳主尤愛雕蟲道衡每有所作南人無不吟誦焉八年伐陳授淮南道行臺尚書吏部郎兼掌文翰王師將臨江表高熲夜坐幕下謂之曰今段之舉克定江東已否君試言之道衡曰凡論大事成敗先須以至理斷之禹貢所載九州本是王者封域後漢之季羣雄競起孫權兄弟遂有吳楚之地晉武受命尋即吞并永嘉南遷重此分割自爾以來戰爭不息郭璞有云江東偏王三百年還與中國合今數將滿矣以運數而言其必克一也有德者昌無德者亾自古興滅皆由此道主上躬履恭儉憂勞庶政叔寶峻宇雕牆酣酒荒色上下離心其必克二也為國之體在於任寄彼之公卿備員而已拔小人施文慶委以政事尚書令江總惟事詩酒本非經略之才蕭摩訶任蠻奴是其大將一夫之用耳其必克三也我有道而大彼無德而小量其甲士不過十萬西自巫峽東至滄海分之則勢懸而力弱聚之則守此而失彼其必克四也席卷之勢其在不疑熲忻然曰君言成敗理甚分明吾今豁然矣本以才學相期不意籌略乃爾還除吏部侍郎後坐抽擢人物有言其黨蘇威任人有意故者除名配防嶺表晉王廣時在揚州陰令人諷道衡從揚州路將奏留之道衡不樂為王府用後從漢王諒之計遂道出江陵尋有詔徵還直內史省晉王由是銜之然愛其才猶頗見禮後數歲授內史侍郎加上儀同三司道衡每構文必隱坐空齋蹋壁而臥聞戶外有人便怒其沈思如此高祖每曰道衡所作文書必稱我意然誡之以迂誕後高祖善其稱職謂楊素牛弘曰道衡老矣驅使勤勞宜使其朱門列戟於是進位上開府賜物百段道衡辭以無功上曰爾久勞階陛國家大事皆爾宣行豈非爾功也道衡久當樞要才名益顯太子諸王爭相與交好高熲楊素雅相推重聲名籍甚無競一時仁壽中楊素專掌朝政道衡既與素善上不欲道衡久知機密因出檢校襄州總管道衡久蒙驅策一旦違離言之哽咽高祖更愴然改容曰爾光陰晚暮侍奉誠勞朕欲令爾將攝兼撫萌俗今爾之去朕如斷一臂於是賜物三百段九環金帶并時服一襲馬十匹慰勉遣之在任清簡吏民懷之煬帝嗣位轉播州刺史歲餘上表求致仕帝謂內史侍郎虞世基曰道衡將至當以祕書監待之道衡既至上高祖文皇帝頌帝覽之不悅顧謂蘇威曰道衡致美先朝此魚藻之義也於是拜司隸大夫將置之罪而道衡不悟司隸刺史房彥謙素與相善知必及禍勸之杜絕賓客卑辭下氣而道衡不能用會議新令久不能決道衡謂朝士曰向使高熲不死令當久行即有人奏之帝怒曰汝憶高熲邪付執法者推之道衡自以非大過促憲司早具斷暨於奏曰冀帝赦之勑家人具饌以備賓客來候者帝令自盡道衡殊不意未能引決憲司重奏縊而殺之妻子並徙且末時年七十天下寃之有文集七十卷行於世子五人收最知名出繼族父孺孺清貞孤介不交流俗涉獵經史有才思雖不為大文有所賦詠辭致清遠開皇中為侍御史揚州總管司空參軍每以方直自處府僚多不便之卒於襄城郡掾所涖官皆有能名道衡偏相友愛收初生即與孺為後養於孺宅至於成長殆不識本生太常丞胡仲操曾在朝堂就孺借刀子割爪甲孺以仲操非雅士竟不與之其不肯妄交淸介獨行皆此類也道衡兄溫字尼卿沈敏有器局博覽墳典尤善隸書仕周為上黃郡守周平齊從燕郡太守以簡惠稱宣政元年賜爵齊安縣子卒於郡子邁嗣邁字弘仁性寡言長於辭辯開皇初襲爵齊安子改封鍾山歷位太子舍人大業中為刑部選部二侍郎道衡從父弟道實位禮部侍郎離石郡太守知名於世從子德音有儁才起家游騎尉佐魏澹修魏史史成遷著作佐郎及越王侗稱制東都王世充之僭號軍書羽檄皆出其手世充平以羣誅其文筆皆行於世

房彥謙字孝沖清河東武城人也高祖法壽魏贈青州刺史自有傳父熊字子威性至孝聰明有節槩州辟主簿仕齊行清河廣川二郡事彥謙長兄彥詢最知名以魏勳門嫡孫賜爵永始縣子特為伯父樂陵太守豹所重病卒豹取急送柩還鄉悲痛傷惜以為喪當家之寶初彥詢少時為監館嘗接陳使江總及陳滅總入關見彥謙曰公是監館弟邪因慘然曰昔因將命得申言欵彥詢所贈總詩今見在總集彥謙早孤不識父為母兄所鞠養彥詢雅有清鑒以彥謙天性穎悟每奇之親教讀書年七歲誦數萬言為宗黨所異十五出後叔父子貞事所繼有踰本生子貞哀之撫養甚厚後丁繼母憂勺飲不入口者五日事伯父豹竭盡心力每四時珍果弗敢先嘗遇朞功之戚必蔬食終禮宗從取則焉其後受學于博士尹琳手不釋卷遂通涉五經解屬文雅有詞辯風槩高人年十八屬齊廣寧王孝珩為齊州刺史辟為主簿時禁網疎闊州郡之職尤多縱弛及彥謙在

職清簡守法州境肅然莫不敬憚及周師入鄴齊主東奔以彥謙爲齊州中從事彥謙痛本朝傾覆將糾率忠義潛謀匡輔事不果而止齊亾歸于家周武帝遣柱國辛遵爲齊州刺史爲賊帥輔帶劒所執彥謙以書喻之帶劒慙懼送遵還州諸賊並各歸首及高祖受禪之後遂優游鄉曲誓無仕心開皇七年刺史韋藝固薦之不得已而應命吏部尚書盧愷一見重之擢授承奉郎俄遷監察御史後屬陳平奉詔安撫泉括等十州以銜命稱旨賜物百段米百石衣一襲奴婢百口遷秦州總管錄事參軍因朝集時左僕射高熲定考課彥謙謂熲曰書稱三載考績黜陟幽明唐虞以降代有其法黜陟合理褒貶無虧便是進必得賢退皆不肖如或舛謬法乃虛設比見諸州考校執見不同進退多少參差不類況復愛憎肆意致乖平坦清介孤直未必高第卑諂巧宦翻居上等眞僞混淆是非瞀亂宰貴既不精練斟酌取捨曾經驅使者多以蒙識獲成未歷臺省者皆爲不知被退又四方懸遠難可詳悉惟準量人數半破半成徒計官員之少多莫顧善惡之衆寡欲求允當其道無由明公鑒達幽微平心遇物今所考校必無阿枉脫有前件數事未審何以裁之惟願遠布耳目精加采訪襃秋毫之善貶纖芥之惡非直有光至道亦足標獎賢能詞氣偘然觀者屬目熲爲之動容深見嗟賞因歷問河西隴右官人景行彥謙對之如響熲謂諸州總管刺史曰與公言不如獨共秦州考使語後數日熲言於帝帝弗能用以秩滿遷長葛令甚有惠化百姓號爲慈父仁壽中上令持節使者巡行州縣察長吏能否以彥謙爲天下第一超授鄀州司馬吏民號哭相謂曰房明府今去吾屬何用生爲其後百姓思之立碑頌德鄀州久無刺史州務皆歸彥謙名有異政內史侍郎薛道衡一代文宗位望清顯所與交結皆海內名賢深重彥謙爲人甚加友敬及爲襄州總管辭翰往來交錯道路煬帝卽位道衡轉牧潘州路經彥謙所留連數日屑涕而別黃門侍郎張衡亦與彥謙相善于時帝營東都窮極侈麗天下失望又漢王構逆罹罪者多彥謙見衡當塗而不能匡救以書諭之頗陳時政得失衡得書歎息而不敢奏聞彥謙知王綱不振遂去官隱居不仕將結構于蒙山之下以求其志會置司隸官盛選天下知名之士朝廷以彥謙公方宿著時望所歸徵授司隸刺史彥謙亦慨然有澄清天下之志凡所薦擧皆人倫表式其有彈射當之者曾無怨言司隸別駕劉炫陵上侮下訐以爲直刺史憚之皆爲之拜惟彥謙執法不撓抗禮長揖有識嘉之炫亦不恨大業九年從駕度遼監扶餘道軍事其後隋政漸亂朝廷靡然莫不變節彥謙直道守常介然孤立頗爲執政者所嫉出爲涇陽令終于家年六十九彥謙居家每子姪定省常爲講說督勉之亹亹不倦家有舊業資產素殷又前後居官所得俸祿皆以周卹親友家無餘財車服器用務存素儉自少及長一言一行未嘗涉私雖致屢空怡然自得嘗從容獨笑顧謂其子元齡曰人皆因祿富我獨以官貧所遺子孫在於淸白耳所有文筆恢廓閑雅有古人之深致又善草隸人有得其尺牘者皆寶玩之太原王劭北海高構蓚縣李綱中山郎茂河東柳彧薛孺皆一時知名雅澹之士彥謙並與爲友雖冠蓋成列而門無雜賓體資文雅深達政務有識者咸以遠大許之初開皇中平陳之後天下一統論者咸云將致太平彥謙私謂所親趙郡李少通曰主上性多忌刻不納諫諍太子卑弱諸王擅威在朝者惟行苛酷之政不弘遠大之體天下雖安方憂危亂少通初謂不然及仁壽大業之際其言皆驗唐貞觀初以子元齡著勳庸贈徐州都督臨淄縣公謚曰定

盧思道字子行范陽涿人也高祖元魏散騎常侍自有傳父道亮隱居不仕思道聰爽俊辯通脫不羈年十六遇中山劉松爲人作碑銘以示思道思道讀之多不解於是感激閉戶讀書師事河間邢子才後思道復爲文以示劉松松又不能甚解思道乃喟然歎曰學之有益豈徒然哉因就魏收借異書數年之間才學兼著不持操行好輕侮人物齊天保中魏史未出思道多所非毀由是大被笞辱前後屢犯典憲因而落魄不調其後左僕射楊愔薦之於朝解褐司空行參軍長兼員外散騎侍郎直中書省文宣帝崩當時文士各作挽歌十首擇其善者而用之魏收陽休之祖孝徵等不過得一二首惟思道獨得八首故時人稱之爲八米盧郎後以漏泄省中語出爲丞相西閤祭酒歷太子舍人司徒錄事參軍每居官多被譴辱後以擅用庫錢免歸家嘗於薊北悵然感慨爲五言詩見意世以爲工後爲給事黃門侍郎待詔文林館周武帝平齊授儀同三司追赴長安與同輩陽休之等數人作聽蟬鳴篇思道所爲詞意清切爲時人所重新野庾信徧覽諸同作者而深歎美之未幾母疾還鄉遇同郡祖英伯及從兄昌期與宋護等作亂思道預焉柱國宇文神擧討平之獲思道罪當極刑神擧聞其名引出令作露布思道援筆立成文無加點神擧嘉而宥之後除掌教上士高祖爲丞相遷武陽太

守位下不得志爲孤鴻賦以寄其情開皇初以母老表請解位優詔許之思道自恃才地多所陵轢由是宦塗淪滯既而又著勞生論指切當時歲餘奉詔郊勞陳使頃之遭母憂未幾起爲散騎侍郎兼內史侍郎事于時議置六卿將除大理思道上表曰省有駕部寺留太僕省有刑部寺除大理斯則重畜產而賤刑名誠爲未可又陳殿廷非杖罰之所朝臣犯笞罪請以贖論上悉嘉納之是歲卒于京師上甚惜之遣使弔祭爲有文集二十卷行於世子赤松大業中位河東縣長思道從兄昌衡字子均小字龍子父道虔魏幽州刺史昌衡沈靖有才識風神澹雅容止可法博涉經史工草行書思道小字釋奴宗中稱英妙昌衡與之俱被推重故幽州爲之語曰盧家千里釋奴龍子仕魏兼太尉外兵參軍齊受禪歷平恩令爲僕射祖孝徵所薦遷尚書金部郎孝徵每曰吾用盧子均爲尚書郎自謂無媿幽明矣始天保中尚書王昕以雅談獲罪諸弟相尚守而不墜自茲以後此道浸微昌衡與頓邱李若彭城劉珉河南陸彥師隴西辛德源王循並爲後進風流之士後兼散騎侍郎迎勞周使周武平齊授司玉中士與大宗伯斛斯徵修禮令開皇初拜尚書祠部侍郎高祖嘗大集羣下令自陳功績人皆競進昌衡獨無所言左僕射高熲目而異之陳使賀徹周濆相繼來聘朝廷每令昌衡接對之未幾出爲徐州總管長史甚有能名吏部尚書蘇威考之曰德爲人表行爲世則論者以爲美談嘗行至浚儀所乘馬爲人牛所觸致死牛主陳謝求還價直昌衡曰六畜相觸自關常理此豈人情也君何謝焉拒而不受性寬厚不校皆此類也轉壽州總管長史刺史宇文述甚敬之委以州務歲餘遷金州刺史仁壽中奉詔持節爲河南道巡省大使及還以奉使稱旨授儀同三司賜物二百段昌衡自以年在懸車上表乞骸骨優詔不許大業初徵爲太子左庶子行詣洛陽道卒子寶素[illegible]

盧愷字長仁范陽涿人也父柔周開府儀同三司自有傳愷性孝友神情爽悟略涉書記有當世幹能頗解屬文周齊王憲引爲記室從憲伐齊說齊柏社鎮下之遷小吏部大夫時染工王神歡者以賂自進冢宰宇文護引爲計部下大夫愷諫曰古者登高能賦可爲大夫求賢審官理須詳慎今神歡出自染工更無殊異徒以家富自通遂與搢紳並列實恐鵜翼之刺聞之外境護竟寢其事轉內史下大夫武帝在雲陽宮勑諸屯簡老牛欲以享士愷進諫曰昔田子方贖老馬君子以爲美談向奉明勑欲以老牛享士有虧仁政帝美其言乃止轉禮部大夫爲聘陳使副先是行人多從其國禮及愷爲使一依本朝陳人莫能屈建德四年李穆攻拔軹關栢崖二鎮命愷作露布帝讀大悅曰盧愷文章大進荀景倩故是令君之子大象元年拜東都吏部大夫開皇初加上儀同三司除尚書吏部侍郎進爵爲侯仍攝尚書左丞每有敷奏侃然正色雖逢喜怒不改其常加散騎常侍八年上親考百寮以愷爲上愷固讓不敢受高祖曰吏部勤幹舊所聞悉今者上考僉議攸同當仁不讓何愧之有皆在朕心無勞飾讓歲餘拜禮部尚書攝吏部尚書會國子博士何妥與右僕射蘇威不平奏威陰事愷坐與相連憲司奏愷曰房恭懿者尉遲迥之黨不當仕進威愷二人曲相薦達累轉海州刺史又吏部預選者甚多愷不即授官皆注色而遣威之從父弟徹肅二人並以鄉正徵詣吏部文狀後至而先任用肅左足攣蹇才用無算愷以威故授朝請郎愷之朋黨事甚明白上大怒曰愷敢將天子官以爲私惠愷免冠頓首曰皇太子將以通事舍人蘇夔爲舍人夔即蘇威之子臣以夔未當遷固啓乃止臣若與威有私豈當如此上曰蘇威之子朝廷共知卿乃固執以徼身倖至所不知者便行朋附姦臣之行也於是除名爲百姓卒於家自周氏以降選無淸濁及愷攝吏部與薛道衡陸彥師等甄別士流故涉黨錮之譖遂及於此子義恭

王誼字宜君其先樂浪人也父顯周鳳州刺史洛邑縣公誼少慷慨有大志便弓馬博覽羣言周閔帝時爲左中侍上士時大冢宰宇文護執政帝拱默無所關預有朝士於帝側微不爲恭誼勃然而進將擊之其人惶懼請罪乃止自是朝臣無敢不肅遷御正大夫丁父艱毀瘁過禮廬于墓側負土成墳武帝即位累遷內史大夫封楊國公從武帝伐齊至并州帝既入城反爲齊人所敗左右多死誼率麾下驍雄赴之賴以全濟時帝以六軍挫衂欲班師誼固諫帝從之齊平自相州刺史徵爲大內史汾州稽胡亂誼擊之帝弟越王盛譙王儉雖爲總管並受誼節度賊平封一子開國公後帝臨崩謂皇太子曰王誼社稷臣宜處以機密不須遠任也及太子即位是爲宣帝憚誼剛正出爲襄州總管及高祖爲丞相轉鄖州總管司馬消難舉兵反以誼爲行軍元帥率四總管討之未至而消難奔陳于時北至商洛南拒江淮東西二千餘里巴蠻多叛共推渠帥蘭洛州爲主洛州自號河南王以附消難北連尉遲迥誼分兵討之旬月皆平高祖以誼前代舊臣甚加禮遇遣使勞問冠蓋

不絕以第五女妻其子奉孝尋拜大司徒誼自以與帝有舊亦歸心焉及隋受禪眷遇彌厚帝親幸其第與之極歡太常蘇威議以戶口滋多民田不贍欲減功臣之地以給民誼奏曰百官者歷世勳賢方蒙爵土一旦削之未見其可臣所慮正恐朝臣功德不建何患人田有不足帝以爲然竟寢威議帝將幸岐州誼奏曰陛下初臨萬國人情未洽何用此行上戲之曰吾昔與公位望齊等一朝屈節爲臣或當恥愧是行也震揚威武欲以服公心耳誼笑而退尋奉使突厥上嘉其稱旨進封郢國公未幾其子奉孝卒踰年誼表言公主少請除服御史大夫楊素劾誼曰臣聞喪服有五親疎異節喪制有四降殺殊文王者之所常行故曰不易之道也而儀同王奉孝既尚蘭陵公主以去年五月身喪始經一周而誼便請除釋竊以公主雖曰王姬終成下嫁之禮主於奉孝猶在移天之義況復三年之喪自上達下及期釋服在禮未詳然則夫婦之則人倫攸始喪紀之制人道至大苟不重之取笑君子故鑽燧改火責以居喪之速朝祥暮歌譏其忘哀之早然誼雖不自彊爵位已重欲爲無禮其可得乎乃薄俗傷教爲父則不慈輕禮易喪致婦於無義若縱而不正恐傷風俗請付法推科有詔不問然恩禮由是稍薄誼頗怨望或告誼謀反帝令按其事主者奏誼有不遜之名實無反狀帝賜之酒而釋之于時上柱國元諧亦失意誼數與相往來言論醜惡胡僧告之公卿奏誼大逆不道罪當死上見誼愴然曰朕與公舊爲同學甚相憐愍將柰國法何於是詔賜死於家時年四十六

長孫平字處均其先代人也父儉周柱國夏州總管封鄖國公自有傳平美容儀有器幹頗覽書記爲周衞王侍讀時武帝逼於宇文護與衞王謀誅之王常使平通意於帝護誅拜開府儀同三司宣帝置東宮官屬以平爲小司寇與宗伯趙芬分掌六府高祖龍潛時與平情好款洽及爲丞相恩禮彌厚時尉遲迥王謙司馬消難三方稱兵高祖深以淮南爲憂而賀若弼鎭壽陽帝恐其懷貳遣平馳驛往代之爲揚州總管賜爵襄陽公弼果不從平麾壯士執弼送于京師開皇三年拜度支尚書平見天下州縣多罹水旱百姓不給奏令民間每秋家出粟麥一石已下貧富爲差等儲之閭里以備凶年名曰義倉因上書言之上深嘉納自是州里豐衍民多賴焉後轉工部尚書名爲稱職時有人告都督邴紹非毀朝廷爲憒憒者上怒將斬之平進諫曰川澤納汙所以成其深山嶽藏疾所以就其大鄙諺曰不癡不聾未堪作大家翁此言雖小可以喻大邴紹之言不應聞奏陛下又復誅之臣恐百代之後有虧聖德上於是赦紹因勑羣臣誹謗之罪勿復以聞後突厥達頭可汗與都藍可汗相攻各遣使請援上遣平持節宣諭令其和解平至爲陳利害遂各解兵可汗贈平馬二百匹還進所得馬上盡以賜之未幾遇讒以尚書檢校汴州事尋除汴州刺史後歷許貝二州俱有善政鄴都俗薄前後刺史多不稱職朝廷以平爲相州刺史甚有能名在州數年坐正月十五日百姓大戲畫衣裳鍪甲象上怒免之俄而上念平鎭淮南時事進位大將軍拜太常卿吏部尚書卒官謚曰康子師孝性輕狡好利數犯法上以其不克負荷遣使弔平以師孝爲勃海郡主簿屬大業之季恣行貪濁一郡苦之後爲王世充所害

源師字踐言其先西平樂都人西河王禿髮傉檀之後也祖子恭魏中書監魏尹父彪仕齊位祕書監入周爲司成下大夫開皇中拜莒州刺史前史俱有傳師少知名明辯有識悟尤以吏事自許仕齊爲尚書左外兵郎中又攝祠部後屬孟夏以龍見請雩時高阿那肱爲錄尚書事謂爲眞龍出見大喜問龍所在云作何顏色師整容答曰此是龍星初見依禮當雩祭郊壇非謂眞龍別有所降也阿那肱忿然作色曰漢兒多事彊知星宿祭遂不行師出而竊歎曰國家大事在祀與戎禮既廢也其能久乎齊亾無日矣七年周武平齊授司賦上士高祖受禪除尚書考功侍郎朝章國憲多所參定屢遷尚書左丞以明幹著稱時蜀王秀頗違法度乃以師爲益州總管司馬俄而秀被徵秀恐京師有變將謝病師數勸之不可違命秀乃作色曰此我家事何預卿也師垂涕苦諫秀乃從徵秀廢後州官屬多相連坐師以此獲免後加儀同三司煬帝即位拜大理少卿帝在顯仁宮勑宮外衞士不得輒離所守有一主帥私令衞士出外帝付大理繩之師據律奏徒帝令斬之師奏曰此人罪誠難恕若陛下初便殺之自可不關文墨既付有司義歸常典脫宿衞近侍者更有此犯將何以加之帝乃止轉刑部侍郎居職彊明有口辯而無廉平之稱卒於刑部侍郎師從叔雄字世略父纂魏太府少卿遇害河陰贈定州刺史雄少寬厚美姿容初仕魏歷位祕書郎在周以伐齊功封朔方公歷冀平二州刺史檢校徐州總管及尉遲迥作亂時雄家累在相州迥潛以書誘之雄卒不顧高祖遺書慰勉之迥遣其將畢義緒據蘭陵席毗陷昌慮下邑雄遣眾悉平之陳人見中原多故遣

其將陳紀蕭摩訶任蠻奴周羅睺樊毅等侵江北自江陵東距壽陽人多應之攻陷城鎮雄與吳州總管于顗等擊走之悉復故地進位上大將軍拜徐州總管遷朔州總管平陳之役從秦王俊出信州道陳平以功進位上柱國賜子崇爵端氏縣伯褒爲安化縣伯復鎮朔方歲餘上表乞骸骨徵還京師卒于家子嵩嗣大業中爲尚書虞部郎討北海賊力戰死之贈正議大夫

薛冑字紹元河東汾陰人也父端周基州刺史自有傳冑少聰明每覽異書便曉其義常歎訓注不會聖人深旨輒以意辯之諸儒莫不稱善性慷慨志立功名周明帝時襲爵文城郡公累遷儀同尋拜司金大夫後加開府高祖受禪三遷爲兗州刺史到官繫囚數百冑剖斷旬日便了囹圄空虛有陳州人向道力僞作高平郡守將之官冑遇諸塗察其有異將留詰之司馬王君馥固諫乃聽詣郡既而悔之即遣主簿追道力有部人徐俱羅嘗在海陵郡先是已爲道力僞代之比至秩滿公私不悟俱羅遂謂君馥曰向道力經賜代爲郡使君豈容疑之君馥以俱羅所陳又固請冑冑呵君馥乃止遂收之道力懼而引僞其發奸擿伏皆此類也時人謂爲神明先是兗州城東沂泗二水合而南流汎濫大澤中冑遂積石堰之決令西注陂澤盡爲良田又通轉運利盡淮海百姓賴之號爲薛公豐兗渠冑以天下太平遂遣博士登泰山觀古迹撰封禪圖及儀上之帝謙讓不許轉鄖州刺史有惠政徵拜衞尉卿轉大理卿持法寬平名爲稱職遷刑部尚書時左僕射高熲稍被疎忌及王世積誅熲事與相連上因此欲成熲罪冑明雪之正議其獄由是忤旨械繫之久而得免檢校相州事甚有能名漢王諒作亂并州遣其將綦良東略地攻逼慈州刺史上官政請援於冑冑畏諒兵鋒不敢拒良又引兵攻冑冑欲以計卻之遣親人魯世範說良曰天下事未可知冑爲人臣去就須得其所何遽相攻也良乃釋去進圖黎陽及良爲史祥所攻棄軍歸冑朝廷以冑懷貳心鎖詣大理相州吏民素懷其恩詣闕理冑者百餘人冑竟免除名配防嶺南道卒子筠獻知名

令狐熙字長熙敦煌人也父整周大將軍自有傳熙性嚴重有雅量雖在私室終日儼然不妄通賓客凡所交結皆一時名士博覽羣書尤明三禮善騎射頗知音律起家以通經爲周吏部上士轉夏官府都上士俱有能名以母憂去職殆不勝喪其父戒之曰大孝在於安親義不絕嗣吾今見存汝又隻立何得過爾毀頓貽吾憂也熙自是稍加饘粥服闋除小駕部復丁父憂非杖不起人有聞其哭聲莫不爲之下泣河陰之役詔令壘衰從事授職方下大夫襲彭城縣公及武帝平齊以留守功進位儀同歷司勳吏部二曹中大夫甚有當時譽高祖受禪之際熙以本官行納言事尋除司徒左長史加上儀同進爵河南郡公時吐谷渾寇邊以行軍長史從元帥元諧討之以功進上開府後拜滄州刺史在職數年風教大洽稱爲良二千石開皇四年高祖幸洛陽熙來朝吏民恐其遷悲泣於道及還百姓出境迎謁歡叫屬路在州獲白馬白麞嘉麥甘露降於庭前柳樹八年徙爲河北道行臺度支尚書吏民追思相與立碑頌德及行臺廢累遷鴻臚卿後以本官兼吏部尚書往判五曹尚書事號爲明幹上甚任之及高祖祠泰山還次汴州惡其殷盛多有姦俠以熙爲汴州刺史熙下車禁游食抑工商人有向街開門者杜之船客停於郭外星居者勒爲聚落僑人逐令歸本其有滯獄並決遣之令行禁止上聞而嘉之顧侍臣曰鄴都天下難臨處勑相州刺史豆盧通令習熙法其年來朝考績爲天下之最賜帛三百疋頒告天下以嶺南夷數起亂徵拜桂州總管十七州諸軍事許以便宜從事刺史已下官得承制補授給帳內五百人帛五百疋發傳送其家累改封武康郡公熙至部大弘恩信其溪洞渠帥更相謂曰前總管皆以兵威相脅今者乃以手教相諭我輩其可違乎於是相率歸附先是州縣生梗長吏多不得之官寄政於總管府熙悉遣之爲建城邑開設學校人夷感化焉時有寧猛力者與陳後主同日生自言貌有貴相在陳世已據南海平陳後高祖因而撫之即拜安州刺史然驕倨恃險未嘗參謁熙手書諭之申以交友之分其母有疾熙復遣以藥猛力感之詣府請謁不敢爲非熙以州縣皆有同名於是奏改安州爲欽州黃州爲峯州利州爲智州德州爲驩州東寧州爲融州上皆從之在職數年上表以年老疾患請解所任優詔不許賜以醫藥熙奉詔令交州渠帥李佛子入朝佛子欲爲亂請至仲冬上道熙意在羈縻遂從之有人詣闕訟熙受佛子賂而捨之上聞佛子反問至上大怒以爲信然遣使鎖熙詣闕熙性素剛鬱鬱不得志行至永州憂憤病卒上怒不解沒其家財及行軍總管劉方擒佛子送京師言熙實無贓上悟乃召其四子聽仕少子德棻知名

裴肅字神封河東解人也父俠周贈太子少師蒲州刺史自有傳肅貞亮有才藝少與安定梁毗同志友善周天和中舉秀才累遷御正下大夫以行軍長史從韋孝

寬征淮南屬高祖爲丞相肅聞而歎曰武帝以雄才定六合墳土未乾而一朝遷革豈天道歟高祖聞之甚不悅由是廢于家開皇五年授膳部侍郎歷朔州總管長史貝州長史俱有能名仁壽中肅見皇太子勇蜀王秀左僕射高熲俱廢黜遣使上書言高熲天挺良才元勳佐命願錄其大功忘其小過二庶人得罪已久甯無革心願各封小國觀其所爲若能遷善漸更增益如或不悛貶削非晚書奏上謂楊素曰肅憂我家事如此亦至誠也於是徵肅入朝皇太子聞之謂左庶子張衡曰肅欲使勇自新欲何爲也衡曰觀肅意欲令勇如吳太伯漢東海王耳太子甚不悅肅至京見上於含章殿上謂曰朕貴爲天子富有四海後宮寵幸不過數人自勇以下並皆同母非謂愛惜輕事廢立因言勇不可復收之意既已罷遣未幾上崩煬帝嗣位不得調者久之肅亦杜門不出後執政者以嶺南遐遠希旨授肅永平郡丞肅在官甚得夷人心歲餘卒夷獠思之爲立廟於鄣江之浦有子尚賢

張定和字處謐京兆萬年人也家少貧賤有志節初爲侍官開皇九年平陳定和當從征無以自給其妻有嫁時衣服定和求鬻之妻不與定和遂行以功拜儀同賜帛千疋遂棄其妻後數以軍功加上開府驃騎將軍從上柱國李充擊突厥先登陷陣虜刺之中頸定和以草塞創而戰神氣自若虜遂敗上聞而壯之遣使齎藥馳詣定和所勞問之進位柱國封武安縣侯賞物二千段良馬二匹金百兩煬帝嗣位歷宜州刺史河內太守頗有惠政遷左屯衛大將軍從帝征吐谷渾至覆袁川時吐谷渾主與數騎遁其名王詐爲吐谷渾主保車我眞山帝命定和擊之既與賊遇輕其眾少呼之令降賊不肯下定和不被甲挺身登山中流矢而斃其亞將柳武達擊賊悉斬之帝爲之流涕贈光祿大夫時舊爵例除於是復封武安侯謚曰壯武子世立嗣尋拜光祿大夫

張奫字文懿清河東武城人也七代祖沈石虎末自廣陵六合渡江因家焉仕至桂陽太守孫朏晉佐著作郎坐外祖楊佺期除名徙于南譙因寓居之奫好讀兵書長於騎射尤便刀楯父雙自清河太守免歸周時鄉人郭子冀密引陳寇雙欲率子弟擊之猶豫未定奫贊成其謀竟破賊由是以勇決知名起家州主簿及高祖作相授丞相府大都督領鄉兵賀若弼之鎮江都也特勑奫從因爲間諜平陳之役頗有力焉進位開府儀同三司封文安縣子歲餘奫率水軍破逆賊笮子游於京口薛子建於和州徵入拜大將軍高祖命升御坐宴之謂曰卿可爲朕兒朕爲卿父今日聚集示無外也後賜綠沈甲虎文具裝綺羅千疋尋從楊素征江表別破高智慧於會稽吳世華於臨海進位上大將軍歷撫濟二州刺史俱有能名開皇十八年爲行軍總管從漢王諒征遼東諒軍多物故奫眾獨全帝善之仁壽中卒於潭州總管謚曰莊子孝廉

麥鐵杖始興人也貧賤少驍勇有膂力日行五百里走及奔馬性疎誕使酒重信義每以漁獵爲事不營產業陳太建中結聚爲羣盜廣州刺史歐陽頠俘之以獻沒爲官戶配執御繖每罷朝後行百餘里夜至南徐州踰城而入從城中刼盜旦還及牙時仍又執繖如此者十餘度物主識之州以狀奏朝士見鐵杖每旦常在弗之信也後數告變尚書蔡徵曰此可驗矣於仗下時購以百金求人送詔書與南徐州刺史鐵杖出應募齎勑而往明旦反奏事帝曰信然爲盜明矣惜其勇捷誡而釋之陳亾徙居清流縣遇江東反楊素遣鐵杖頭戴草束夜浮渡江覘賊中消息具知還報後復更往爲賊所擒逆帥李稜縛送高智慧行至庱亭衛者憩食哀其餒解手以給其飱鐵杖取賊刀亂斬衛者殺之皆盡悉割兵鼻懷之以歸素大奇之後敘戰勳不及鐵杖遇素馳驛歸于京鐵杖步追之每夜則同宿素見而悟特奏授儀同三司以不識書放還鄉里成陽公李徹稱其驍武開皇十六年徵至京師除車騎將軍仍從楊素北征突厥加上開府煬帝即位漢王諒反從楊素擊之每戰先登進位柱國除萊州刺史無涖政名轉汝南太守稍習法令羣盜屏迹後因朝集考功郎竇威嘲之曰麥是何姓鐵杖應聲曰麥豆不殊那忽相怪威赧然無以應時人以爲敏捷尋除左屯衛大將軍帝待之愈密鐵杖自以荷恩深重每懷竭命之志及遼東之役請爲先鋒顧謂醫者吳景賢曰丈夫性命自有所在豈能艾炷灸頞瓜蒂歠鼻療黃不差而臥死兒女手乎將度遼呼其三子曰阿奴當備淺色黃衫吾荷國恩今是死日我既被殺汝當富貴惟誠與孝爾其勉之及濟橋未成去東岸尚數丈賊大至鐵杖跳上岸戰死虎賁郎將錢士雄孟金叉亦死之左右更無及者帝爲流涕購得其屍贈光祿大夫宿國公謚曰武烈子孟才嗣授光祿大夫孟才二弟仲才季才俱拜正議大夫賵贈鉅萬賜轀輬車給前後部羽葆鼓吹命平壤道敗將宇文述等百餘人皆爲執紼王公已下皆送至郊外士雄贈左光祿大夫右屯衛將軍武彊侯謚曰剛子傑嗣金叉贈右光祿大夫子

善誼襲官孟才字智稜果烈有父風帝以其死節將子恩錫殊厚拜虎賁郎及江都之難慨然有復讐志與虎賁郎將錢傑素交友二人相謂曰吾等世荷國恩門著誠節今賊臣弑逆社稷淪亾無節可紀何面目視息世間哉乃流涕扼腕相與謀於顯福宮邀擊宇文化及事臨發陳藩之子謙知而告之與其黨沈光俱爲化及所害忠義之士哀焉光字總持吳興人也父居道仕陳爲吏部侍郎陳滅徙家于長安皇太子勇引署學士後爲漢王諒府掾諒敗除名光少驍捷善戲馬爲天下之最略綜書記微有詞藻常慕立功名不拘小節家甚貧窶父兄並傭書爲事光獨跅弛交通輕俠爲京師惡少年之所朋附人多贍遺得以養親每致甘食美服未嘗困匱初建禪定寺其中幡竿高十餘丈適値繩絕非人力所及諸僧患之光謂諸僧曰當相爲上繩諸僧驚喜光因取索口銜繩拍竿而上至龍頭繫繩畢手足皆放透空而下以掌拓地倒行數十步觀者駭悅莫不嗟異時人號爲肉飛仙大業中煬帝徵天下驍果之士伐遼東光預焉同類數萬人皆出其下光將詣行在所賓客送至灞上者百餘騎光酹酒而誓曰是行也若不建立功名當死於高麗不復與諸君相見矣及從帝攻遼東以衝梯擊城竿長十五丈光升其端臨城與賊戰短兵接敵殺傷十數人賊競擊之而墜未及於地適遇竿有垂絙光接而復上帝望見壯而異之馹召與語大悅卽日拜朝散大夫常致左右親顧漸密未幾以爲折衝郎將賞遇優重帝每推食解衣而賜之同輩莫比光自以荷恩深重思懷竭節及江都之難潛結義勇將爲帝復讐先是帝寵昵官奴名爲給使宇文化及以光驍勇方任之使總統營於禁內時麥孟才錢傑等陰圖化及因說光曰我等荷國厚恩不能死難今又俛首事讐受其驅率有靦面目何用生爲吾必殺之死無所恨公義士也肯從我乎光泣下霑衿曰是所望於將軍也僕領給使數百人並荷先皇厚恩今在化及內營以此復讐如鷹鸇之逐鳥雀孟才爲將軍領江淮之衆數千人期以營將發時晨起襲化及光語洩陳謙告化及化及大懼曰此麥鐵杖子也及沈光者皆勇決不可當吾須出營以避其鋒是夜卽與腹心走出營外留人告司馬德戡等領兵馬逮捕孟才光聞營內諠聲知事發不及被甲卽襲化及營內空無所獲逢舍人元敏數而斬之德戡兵至四面圍合光大呼潰圍給使齊奮斬首數十級賊皆披靡德戡復遣騎持弓弩翼而射之光身無介冑遂爲所害時年二十八麾下數百人皆鬬而死一無降者壯士聞之莫不殞涕

權武字武弄天水人也祖超魏秦州刺史父襲慶仕周爲開府武元皇帝之爲周將也與齊師戰於并州襲慶時從被圍百餘重力戰矢盡短兵接戰殺傷甚衆刀矟皆折脫冑擲地向賊大罵曰何不來斫頭賊遂殺之武以忠臣子起家拜開府襲爵齊郡公武少果勁勇力絕人能重甲上馬嘗倒投於井未及泉復躍而出其拳捷如此頻以軍功増邑周宣帝拜勁捷左旅上大夫進位上開府高祖爲丞相引置左右平陳之役以行軍總管從晉王出六合還拜豫州刺史以創業之舊進位大將軍檢校潭州總管其年桂州人李世賢作亂武以行軍總管與武候大將軍虞慶則擊平之慶則以罪誅功竟不録復還于州多造金帶遺嶺南酋領其人復答以寶物武皆納之由是致富武晚生一子與親客宴集酒酣擅赦所部獄囚武常以南越邊遠政從其俗務適便宜不依律令而每言當今法急官不可爲上令有司案之皆驗令斬之武於獄中上書言父爲武元皇帝戰死於馬前以求哀由是除名仁壽中復拜大將軍封邑如舊未幾授太子右衞率煬帝卽位拜左武衞將軍坐事免後爲右屯衞大將軍坐事除名卒于家子弘

王仁恭字元實天水上邽人也祖建周鳳州刺史父猛鄯州刺史仁恭少剛毅修謹工騎射秦孝王引爲記室後爲車騎將軍從楊素擊突厥於靈武以功拜上開府以驃騎將軍典蜀王軍事蜀王以罪廢官屬多罹其患上以仁恭素質直當而不問後從楊素討漢王諒以功進位大將軍歷呂衞二州刺史尋改爲汲郡太守有能名上徵入朝慰勉之褒賜甚厚遷信州太守汲郡吏民扣馬號哭於道數日不能出境遼東之役以仁恭爲將軍及班師仁恭爲殿遇賊敗之進左光祿大夫明年復以軍將指扶餘道帝謂曰往者諸軍多不利公獨以一軍破賊古人云敗軍之將不可以言勇諸將其可任乎今委公爲前軍前後賞賚甚重仁恭遂進軍至新城破其軍因圍之帝聞之大悅遣使賜以珍物進光祿大夫會楊元感反其兄子虎賁郎將仲伯預焉由是坐免尋而突厥爲寇詔仁恭以本官領馬邑太守其年始畢可汗來寇馬邑復令二將勒兵南過時郡兵不過三千仁恭簡精銳逆擊破之并斬二將後突厥復入定襄仁恭復大破之時天下大亂道路隔絕仁恭頗改舊節受納貨賄又不敢輒開倉賑恤百姓其麾下校尉劉武周與仁恭侍姬姦通恐其事泄遂害之武周於是開倉賑恤

郡內皆從之自稱天子置百官轉攻傍郡

吐萬緒字長緒代郡鮮卑人也父通周郢州刺史緒少有武略在周襲爵元壽縣公累遷大將軍小司武高祖受禪拜襄州總管封穀城郡公轉青州總管頗有政名徙朔州總管甚爲北狄所憚後帝有呑陳志轉徐州總管令修戰具及大舉濟江緒以行軍總管與西河紇豆陵洪景屯兵江北及陳平拜夏州總管晉王廣爲太子引爲右虞候率及帝即位恐漢王諒有變拜緒晉絳二州刺史未出關諒已舉兵詔緒與楊素擊破之拜左武候將軍大業初轉光祿卿賀若弼遇讒引緒爲證緒明其無罪由是免官後守東平太守帝幸江都路經其境迎謁道傍帝命升龍舟緒因頓首謝往事帝大悅拜金紫光祿大夫太守如故及遼東之役請爲先鋒拜左屯衞大將軍指蓋馬道及還留鎭懷遠進位左光祿大夫時劉元進作亂攻潤州帝徵緒往討之緒擊破元進解潤州圍賊窮蹙請降元進及其僞僕射朱燮僅以身免於陣斬其僞僕射管崇及其將軍陸顗等五十餘人進解會稽圍元進復據建安帝令進討之緒以士卒疲弊請息甲待來春帝不悅密求緒罪有司奏緒怯懦違詔除名配防建安尋徵詣行在所緒鬱鬱不得志還至永嘉發疾而卒

董純字德厚隴西成紀人也祖和魏太子左衞率父昇周柱國純少有膂力便弓馬仕周位司御上士典馭下大夫從武帝平齊拜儀同進爵大興縣侯高祖受禪進爵漢曲縣公後以軍功進位上開府開皇末以勞舊拜左衞將軍改封順政縣公後從楊素平漢王諒以功拜柱國進爵郡公再遷左驍衞將軍齊王暕之得罪純坐與交通帝譴之純曰比數詣齊王以先帝在仁壽宮置元德太子及齊王於膝上謂曰汝好看此二兒勿忘吾言臣誠不敢忘先帝言時陛下亦侍先帝側帝改容曰誠有斯旨於是捨之數日出爲汶山太守歲餘突厥寇邊轉榆林太守會彭城賊帥張大彪宗世模等保懸薄山帝令純討破之斬萬餘級築爲京觀又破賊魏麒麟於單父及帝重征遼東復以純爲彭城留守東海賊彭孝才轉入沂水保五不及山純擊之禽孝才於陣車裂之時盜賊日益純雖克捷然所在蜂起有譖純怯懦不能平賊帝遣鎖詣東都有司見帝怒甚希旨致純死罪竟誅

魚俱羅馮翊下邽人身長八尺膂力絕人聲氣甚壯偉言聞數百步爲大都督從晉王廣平陳以功拜開府及沈元懀高智慧等作亂江南楊素以俱羅壯勇請與同行有功加開府封高唐縣公拜疊州總管以母憂去職還至扶風會楊素將出靈州道擊突厥逢之遂與俱行及遇賊俱羅與數騎奔擊瞋目大呼所當皆披靡以功進位柱國拜豐州總管突厥入境輒禽斬之自是屛迹不敢畜牧於塞下初煬帝在藩俱羅弟贊以左右從累遷大都督及帝嗣位拜車騎將軍贊凶暴令左右炙肉遇不中意以籤刺瞎其眼溫酒不適口者並斷其舌帝以藩邸之舊不忍加誅謂近臣曰弟既如此兄亦可知因召俱羅責之出贊於獄令自爲計贊至家飲藥而死帝恐俱羅不安慮生邊患轉安州刺史遷趙郡太守後因朝集至東都與將軍梁伯隱有舊數相往來又從郡多將雜物以貢獻帝不受因遺權貴御史劾俱羅以郡將交通內臣帝大怒與伯隱俱除名未幾越嶲飛山蠻反詔俱羅白衣領將并率蜀郡都尉段鍾葵討平之大業九年重征高麗以俱羅爲碣石道軍將及還江南劉元進作亂詔俱羅將兵向會稽諸郡逐捕之時百姓思亂從盜如市俱羅擊賊帥朱燮管崇等戰無不捷然賊勢浸盛敗而復聚俱羅度賊非歲月可平諸子並在京洛又見天下漸亂終恐道路隔絕于時東都饑饉穀食踊貴俱羅遣家僮將船米至東都糶之益市財貨潛迎諸子朝廷微知之恐有異志案驗不得其罪帝復令大理司直梁敬眞就鎖將詣東都俱羅相表異人目有重瞳陰爲帝之所忌敬眞希旨奏俱羅師徒敗衄斬東都市家口籍沒

王辯字景略馮翊蒲城人也祖訓以行商致富魏世出粟助給軍糧爲假清河太守辯少習兵書尤善騎射慷慨有大志在周以軍功授都督仁壽中累遷車騎將軍後從楊素討平漢王諒賜爵武寧縣男累以軍功加至通議大夫尋遷虎賁郎將及山東盜賊起帝引辯升御榻問以方略辯論取賊勢帝稱善曰誠如此賊不足憂於是發從行步騎三千擊敗之賜黃金二百兩勅海賊帥高士達自號東海公衆以萬數令辯擊之屢挫其銳帝在江都聞而召之及見禮賜甚厚復令往信都經略士達復戰破之優詔襃顯時賊帥郝孝德孫宣雅時季康竇建德魏刁兒等往往屯聚大者十數萬小者數千寇掠河北辯擊之所向皆捷及翟讓寇徐豫辯頻擊破之讓尋與李密屯據洛口倉辯與王世充討密阻洛水相持經年辯攻敗密乘勝將入城世充不知恐將士勞倦鳴角收兵翻爲密徒所乘官軍大潰不可救止辯至洛水橋已壞遂涉水至中流爲溺人所引墜馬竟溺死

三軍莫不痛惜之時有河南斛斯萬善驍勇果毅與辯齊名從衛元討楊元感萬善與數騎追及之元感窘迫自殺由是知名拜虎賁郎將突厥始畢之圍鴈門萬善奮擊之所向皆破由是突厥莫敢逼城十許日竟退萬善力也後頻討羣盜累功至將軍又有將軍鹿愿范貴馮孝慈俱爲將帥數從征伐並有名於世事皆亾失故史官闕云

陳稜字長威廬江襄安人也祖碩以漁釣自給父峴少驍勇事章大寶爲帳內部曲告大寶反授譙州刺史陳滅廢于家高智慧汪文進反廬江豪傑亦舉兵相應以峴舊將共推爲主峴欲拒之稜謂峴曰衆亂既作拒之禍且及已不如僞從別爲後計峴然之後潛使稜至柱國李徹所請爲內應徹上其事拜上大將軍宣州刺史封譙郡公詔徹應接之徹軍未至謀泄爲其黨所殺稜僅以獲免高祖以其父之故拜稜開府尋領鄉兵大業三年拜虎賁郎將後三歲與朝請大夫張鎮周發東陽兵萬人自義安汎海擊流求國月餘而至流求人初見船艦以爲商旅往往詣軍貿易稜率衆登岸遣鎮周爲先鋒其王歡斯渴剌兜遣兵拒戰鎮周頻破之稜進至低没檀洞其小王歡斯老模來拒戰稜敗之斬老模其日霧雨晦冥將士皆懼稜刑白馬祭海神既而開霽分爲五軍趣其都邑乘勝逐北至其柵破之斬渴剌兜獲其子島槌虜男女數千而歸帝大悅進稜位右光祿大夫鎮周金紫光祿大夫遼東之役以宿衛遷左光祿大夫明年帝復征遼東稜爲東萊留守楊元感之反也稜擊平黎陽斬元感所署刺史元務本尋奉詔於江南營戰艦至彭城賊帥孟讓據都梁宮阻淮爲固稜潛於下流而濟至江都襲破讓以功進位光祿大夫賜爵信安侯後帝幸江都俄而李子通據海陵左才相掠淮北杜伏威屯六合衆各數萬帝遣稜擊之往見克捷超拜右禦衛將軍復渡清江擊宣城賊俄而帝以弒崩宇文化及引軍北上召稜守江都稜集衆縞素爲煬帝發哀使備儀衛收葬於吳公臺下衰杖送喪慟感行路論者深義之後爲李子通所陷奔杜伏威伏威忌而害之

趙才字孝才張掖酒泉人也祖隗魏銀青光祿大夫樂浪太守父壽周順政太守才少驍武便弓馬性麤悍無威儀仕周爲輿正上士高祖受禪以軍功至上儀同後配事晉王爲右虞候率煬帝即位轉左備身驃騎右驍衛將軍帝以才藩邸舊臣漸見親待才亦恪勤匪懈所在有聲轉右驍衛將軍從征吐谷渾以爲行軍總管率衛尉卿劉權兵部侍郎明雅等出合河道破賊以功進金紫光祿大夫及遼東之役再出碣石道再遷右候衛大將軍時帝每事巡幸才恆爲斥候肅遏姦非無所迴避在塗遇公卿妻子有違禁者才輒醜言大罵多所援及時人雖患其不遜然才守正無如之何十二年帝將幸江都才見四海土崩諫請還京師安兆庶帝大怒以才屬吏旬日乃出之遂幸江都待遇逾昵時江都糧盡內史侍郎虞世基祕書監袁充等多勸帝幸丹陽才極陳入京策世基極言渡江便帝無言才與世基相忿而出宇文化及弒逆之際才時在苑北化及遣驍果席德方執之謂曰今日之事祇得如此才默然不對化及忿才無言將殺之三日乃釋以本官從事鬱鬱不得志才嘗對化及宴請勸其同謀逆者一十八人楊仕覽等酒化及許之才執盃曰十八人止可一度作勿復餘處更爲諸人默然不對行至聊城遇賊俄而化及爲竇建德所破才復見虜心彌不平數日而卒仁壽大業間有蘭興洛賀蘭蕃俱爲武候將軍剛嚴正直不避彊禦咸以稱職知名

宇文述字伯通代郡武川人也本姓破野頭役屬鮮卑俟豆歸後從其主爲宇文氏高祖佾與敦曾祖長壽祖孤仕魏並爲沃野鎮軍主父盛仕周位上柱國大宗伯述少驍銳便弓馬年十一有相者謂曰公子善自愛後當位極人臣周武帝時以父功起家拜開府述性謹密周大冢宰宇文護甚愛之以本官領護親信及武帝親總萬機召爲左宮伯累遷中大夫賜爵博陵郡公改封濮陽郡公高祖作相尉遲迥作亂以述爲行軍總管從韋孝寬擊之破迥將李儁軍於懷州又與諸將破尉遲惇於永平橋以功超拜上柱國封褒國公開皇初拜右衛大將軍平陳之役復爲行軍總管率衆自六合而濟時韓擒虎賀若弼兩軍趣丹陽述進據石頭爲韓擒虎賀若弼兩軍聲援陳主既擒而蕭瓛蕭巖據東吳之地述領行軍總管元契張默言等討之水陸俱進落叢公燕榮以舟師自東海至亦受述節度瓛大敗巖以會稽降吳會悉平以功授子化及爲開府徙拜安州總管時晉王廣鎮揚州甚善於述欲述近已奏爲壽州總管王時陰有奪宗之志請計於述述曰皇太子失愛已久大王才能蓋世數經鎮領深有大功主上之與內宮咸所鍾愛四海之望實歸大王然廢立者國家大事處人父子骨肉之間誠非易謀也然能移主上者唯楊素耳與之謀者惟其弟約述雅知約請朝京師與約相見共圖廢立晉王大悅多資金寶資述入關述數請約盛陳器

玩與之酣暢因共博戲每陽不勝所齎金寶盡輸之約所得既多稍以謝述述因曰此晉王之賜令述與公爲歡樂耳約大驚曰何爲者述因爲王申意約然其說退言於素素亦從之由是晉王與述情好益密命其子士及尚南陽公主賞物不可勝計及晉王爲皇太子以述爲左衞率舊令率官第四品以述素貴遂進率品第三其見重如此煬帝嗣位拜左衞大將軍參掌武官選事後改封許國公尋加開府儀同三司每至冬朝會輒給鼓吹一部後幸榆林時鐵勒契弊歌稜攻敗吐谷渾其部攜散遂遣使請降求救帝令述以兵撫納降附吐谷渾見述擁彊兵懼不敢降遂西遁述追至曼頭城攻拔之乘勝至赤水城復拔之其餘黨走屯尼邱川進擊大破之獲其王公尚書將軍二百人吐谷渾主南走雪山故地皆空帝大悅明年從帝西巡至金山登燕支述每爲斥候時渾賊復寇張掖述進擊走之還至江都宮勑述與蘇威常典選舉參預朝政述時貴重委任與蘇威等其親愛則過之帝所得遠方貢獻及四時口味輒見班賜中使相望於道述善於供奉俯仰折旋容止便僻宿衞者咸取則焉又有巧思凡所裝飾皆出人意表數以奇服異物進獻宮掖由是帝彌寵悅焉述時貴倖言無不從勢傾朝廷左衞將軍張瑾與述連官嘗有評議述張目叱之瑾惶懼而走文武百寮莫敢違忤然性貪鄙知人有珍異之物必求取之富商大賈及隴右諸胡子弟述皆接以恩意呼之爲兒由是競加饋遺金寶累積後庭曳羅綺者數百家僮千餘人皆控良馬被服金玉及征高麗述爲扶餘道軍將臨發帝謂述曰禮七十者行役以婦人從公宜以家累自隨古稱婦人不入軍

謂臨戰時耳至於營構之間無所傷也項籍虞姬卽其故事述與九軍至鴨淥水糧盡議欲班師諸將多異同述又不測帝意會乙支文德來詣其營實詐降也述先與于仲文俱奉密旨令誘執文德既而綏縱文德逃歸述內不自安遂與諸將渡水追之文德見述軍中多饑色欲疲述衆每鬬便北述一日之中七戰皆捷既恃驟勝又內逼羣議遂進東濟薩水去平壤城三十里阻山爲營文德復遣使僞降請述曰若旋師者當奉高元朝行在所述見士卒疲弊不可復戰又平壤險固卒難致力遂因其詐而還衆半濟賊擊後軍於是大潰不可禁止九軍敗績一日一夜還至鴨淥水行四百五十里初渡遼九軍三十萬五千人及還至遼東城惟二千七百人帝大怒以述等屬吏除名爲庶人明年帝又事遼東復述官爵待之如初從至遼東與將軍楊義臣率兵復臨鴨淥水會楊元感作亂帝召述班師令馳驛赴洛陽發諸郡兵討之時元感逼東都聞述軍至懼而西遁將圖關中述與刑部尚書衞元右禦衞大將軍來護兒武衞將軍屈突通等躡之至閿鄉皇天原與元感相及述與護兒陣當其前遣突厥通以奇兵擊其後大破之遂斬元感傳首行在所復從東征至懷遠而還突厥之圍鴈門也帝大懼述請潰圍而出來護兒及樊子蓋並固諫帝乃止及圍解車駕次太原議者多勸帝還京師帝有難色述奏曰從官妻子多在東都請便道向洛陽自潼關而入可也帝從之尋至東都述又覩望帝意勸幸江都帝大悅述於江都遇疾及疾篤帝令中使相望于第謂述有何言述曰願陛下一能降臨帝遣司宮魏氏謂曰公危篤朕憚相煩勳必有言可自陳也述有二子

化及智及並得罪于家述流涕曰化及臣之長子早預藩邸願陛下哀憐之士及夙蒙天恩亦堪驅策臣死後智及不可久留願早除之墍不破門戶魏氏反命隱其言因詭對曰述惟憶陛下耳帝泫然曰述憶我邪將親臨之宮人百寮諫乃止及薨帝爲廢朝贈司徒尚書令十郡太守班劍四十人輼輬車前後部鼓吹謚曰恭詔黃門侍郞裴矩祭以太牢鴻臚監護喪事雲定興者附會於述初定興女爲皇太子勇昭訓及勇廢除名配少府定興先得昭訓明珠絡帳私賂於述自是數共交遊初定興每時節必有賂遺并以音樂干述述好著奇服炫燿時人定興爲製馬韉於後角上缺方三寸以露白色世輕薄者爭倣學之謂爲許公缺勢述又遇天寒定興曰入內宿衞必當耳冷述曰然乃製襆頭巾令深袙耳人又學之名爲許公袙勢述大悅曰雲兄所作必能變俗我聞作事可法故不虛也帝後將事四夷大造兵器述薦之因勑少府工匠並取其節度述欲爲之求官謂定興曰兄所製器仗並合上心而不得官者爲長甯兄弟猶未死耳定興曰此無用物何不勸上殺之述因奏曰房陵諸子年並成立今欲動兵征討若將從駕則守爲難若留一處又恐不可進退無用請早處分之帝從之因鴆殺長甯又遣以下七弟分配嶺表仍遣使於路盡殺之其年大閱帝稱甲仗爲佳述奏並雲定興之功也擢定興少府丞十一年累遷左衞大將軍知少府事凡述薦達皆至大官又有趫行樞者本太常樂戶家財億計述謂爲兒受其賂遺稱爲驍勇起家爲折衝郞將述子化及性兇險不循法度好乘肥挾彈馳鶩道中由是長安謂之輕薄公子煬帝在東宮時常領千牛出

入臥內累遷至太子僕以受貨賄再三免官太子嬖昵之俄而復職又以其弟士及尙南陽公主由此益驕縱處公卿間言辭不遜多所陵轢見人子女狗馬珍玩必請託求之嘗與屠販者游以規其利煬帝即位拜太僕少卿益恃舊恩貪冒尤甚煬帝幸榆林化及與弟智及違禁與突厥交市帝大怒囚之數月還京師欲斬之而後入城解衣辮髮詔以公主故乃釋並賜述爲奴述薨後帝追憶之起化及爲右屯衞將軍智及爲將作少監時李密起兵據洛口煬帝在江都不敢還從駕驍果多關中人久客羈旅見帝無西意謀欲叛歸時虎賁郎將司馬德戡總領驍果屯於東城風聞兵士欲叛未審遣校尉元武達陰問知情因謀構逆與所善虎賁郎將元禮直閤裴虔通互相扇惑曰今聞至尊欲築宮丹陽勢不還矣人人並謀逃去我欲言之恐先事見誅今知不言後事發當族將如之何虔通曰主上實爾德戡又謂兩人曰我聞關中陷沒李孝常以華陰叛陛下囚其二弟將盡殺之吾輩家屬在西安得無此慮虔通等曰正恐旦暮及誅計無所出德戡曰驍果若走可與俱去虔通等曰誠如公言因遞相招誘又轉告內史舍人元敏鷹揚郎將孟秉符璽郎將李覆牛方裕直長許弘仁薛世良城門郎唐奉義醫正張愷等日夜聚博約爲刎頸之交情相款昵言無迴避於坐中輒論叛計並相然許時李覆在禁令驍果守之中外交通所謀益急又趙行樞先交智及勳侍楊士覽者宇文氏之甥二人同以告智及智及素狂悖聞之喜即共見德戡期以三月十五日舉兵同叛劫十二衞武馬虜掠居人財物結黨西歸智及曰不然今天實喪隋英雄並起同心叛者已數萬人因行大事此帝王業也德戡然之行樞世良請以化及爲主相約既定方告化及化及本駑怯初聞之大懼色動流汗久之乃定義寧二年三月一日德戡欲宣言告衆恐人心未一更譎詐以脅驍果謂許弘仁張愷曰君是良醫國家所使出言惑衆衆必信君可入備身府偏告所識者訛言至尊聞驍果欲叛多醞毒酒因享會以鴆殺之獨與南人留此羣情必駭因而舉事無不諧矣其月五日弘仁等宣布此言驍果遞相告謀反逾急德戡知計已行遂以十日總召故人諭以所爲衆皆伏曰惟將軍命其夜奉義主閉城門門皆不下鑰至夜三更德戡於東城內集兵得數萬人舉火與城外相應帝聞有聲問是何事虔通僞曰草坊被燒外人救火故諠囂耳中外隔絕帝以爲然孟秉智及於城外得千餘人劫虎衞虎賁馮普樂共布兵捉郭下街巷至五更德戡授虔通兵以換諸門衞士虔通因自開門領數百騎至成象殿殺將軍獨孤盛虎賁郎將元禮遂引兵進宿衞者皆走帝遂匿於西樓虔通進兵排左閤馳入永巷大呼曰陛下安在有美人出房指云在西閣虔通與監門校尉令狐行達拔刀上從往執帝遂扶帝下樓帝謂虔通曰卿非我故人乎何恨而反虔通曰臣不敢反但將士思歸奉陛下還京師耳帝曰即與汝西歸何忍殺我虔通自勒兵守之至旦孟秉以甲騎迎化及化及未知事果戰慄不能言人有來謁之者但低頭據鞍答云罪過時士及在公主第弗之知也智及遣家僮莊桃樹就第殺之桃樹不忍執詣智及久之乃見釋化及至城門德戡迎謁化及引入朝堂號爲丞相令果毅郎將馬文舉將帝出江都門以示羣賊復將入宮帝曰我有何罪致此文舉數其五罪使令狐達與驍果于弘達牽頓使坐以練布縊帝於寢殿又執朝臣不同己者數十人及諸王外戚無少長皆害之惟留秦孝王子浩立以爲帝其二十七日化及擁衆奪江都人船檝從水路西歸至顯福宮宿衞麥孟才折衝郎將沈光等謀擊化及反爲所害於是化及入據六宮其自奉養一如煬帝故事每於帳中南面端坐人有白事者默然不對下牙時方收取啟狀共奉義方裕世良愷等參決之行至徐州水路不通復奪車牛得二千兩並載宮人珍寶其戈甲戎器悉令軍士負之道遠疲極三軍始怨德戡失望竊謂行樞曰君大謬誤我當今撥亂必藉英賢化及庸昧羣小在側事將必敗若何行樞曰在我等耳廢之何難因共李孝本宇文導師尹正卿等謀以後軍襲殺化及更立德戡爲主弘仁知之密告化及盡收德戡及支黨十餘人殺之引兵向東郡通守王軌以城降之元文都推越王侗爲主拜李密爲太尉令擊化及密壁清淇與徐世勣以烽火相應化及數戰不利其將軍于弘達爲密所擒送於侗所鑊烹之化及糧盡渡永濟渠與密決戰於童山遂入汲郡求軍糧又遣使拷掠東郡民吏責米粟王軌怨之以城歸李密化及懼自汲郡將圖以北諸州其將陳智略率嶺南驍果萬餘人張童兒率江東驍果數千人皆叛歸李密化及尙有衆二萬北走魏縣張愷與其將陳伯謀去之事覺爲化及所殺腹心稍盡兵勢日蹙兄弟更無他計但相聚酣宴奏女樂化及醉後尤智及曰我初無此心由汝爲計彊來立我今所向無成負弑主之名天下所不納滅族之誅豈不由汝乎因抱其兩子而泣智及怒曰事捷日都不賜智及及將敗乃

欲歸罪何不殺我以降建德兄弟數相鬬鬩言無長幼醒而復飲以此爲恆自知必敗乃歎曰人生會當死豈不一日作天子乎於是鴆殺浩僭卽皇帝位於魏縣國號許建元爲天壽置百官攻元寶藏於魏州反爲所敗乃東北趣聊城將招攜海曲諸賊時遣士及徇濟北徵求餽餉唐遣淮安王神通安撫山東并招誘化及等化及不從神通圍之十餘日不克而還竇建德悉衆攻之先是齊州賊帥王薄聞其多寶物詐來投附化及信之與其居守至是薄引建德入城生擒化及悉虜其衆先執智及元武達孟秉楊士覽許弘仁等皆斬之乃以檻車載化及至大陸縣城下數其弒君之罪并其二子承基承趾皆斬之傳首於突厥義成公主梟於虜庭士及自濟北西歸長安智及幼頑兇好與人羣聚鬬雞習放鷹狗初以父功賜爵濮陽郡公蒸淫醜穢無所不爲其妻長孫氏妬而告述述雖爲隱而大忿之纖介之愆必加鞭捶弟士及恃尙主又輕忽之惟化及事事營護父述再三欲殺輒救免之由是頗相親昵遂勸化及遣人入蕃私爲交易事發當誅述獨證智及罪過而爲化及請命帝因兩釋之述將死抗表告其兇勃必且破家帝後思述拜智及將作少監其江都弒逆事皆智及之謀也化及爲丞相以爲右僕射領十二衞大將軍及僭號封齊王竇建德獲而斬之并其黨十餘人皆暴屍梟首

司馬德戡扶風雍人父元謙仕周爲都督德戡幼孤以屠豕自給有桑門釋粲通德戡母娥氏遂撫教之因解書計開皇中爲侍官漸遷至大都督從楊素出討漢王諒充內營左右進止便僻俊辯多姦計素大善之以勳授儀同三司大業三年爲鷹揚郞將從討遼左進位正議大夫遷虎賁郞將煬帝甚昵之從至江都領左右備身驍果萬人營於城內驍果之謀爲逆也德戡實首禍動之煬帝旣被執德戡與孟秉等推化及爲丞相化及首封德戡爲溫國公加光祿大夫仍統本兵化及意甚忌之後數日化及署諸將分配士卒乃以德戡爲禮部尙書外示美遷實奪其兵也由是懷怨所獲賞物皆賂於智及智及爲言之行至徐州捨舟登陸令德戡將後軍德戡乃與其黨謀以所將兵萬餘人襲殺化及遣人使于賊帥孟海公結爲外助遷延未發以待使報許弘仁張愷知之以告化及因遣其弟士及陽爲游獵至于後軍德戡不知事露出營參謁因命執之并其黨與化及責之曰與公勠力共定海內出於萬死今始事成願得同守富貴公又何爲反也德戡曰本殺昏主苦其毒害立足下而又甚之逼於物情不獲已也化及不對命送至幕下縊而殺之

裴虔通河東人初煬帝爲晉王以親信從稍遷至監門校尉帝卽位擢舊左右授宣惠尉累從征役至通議大夫與司馬德戡同謀作亂先開宮門騎至成象殿殺將軍獨孤盛執帝于西閤化及以虔通爲光祿大夫莒國公化及引兵之北也令鎭徐州化及敗後歸唐卽授徐州總管轉辰州刺史封長蛇男尋以江都弒逆之罪除名徙於嶺表而死

李密字法主隴西成紀人也曾祖弼周太師趙國公號爲名將自有傳祖曜邢國公位開府父寬自周入隋數經將領位柱國蒲山郡公密才兼文武志氣雄遠少襲爵蒲山公養客禮賢無所愛吝與楊元感爲刎頸交後更折節耽學尤好兵書誦皆上口師事國子助教包愷受史記漢書愷門徒皆出其下大業初授親衞大都督以疾歸及元感有逆謀召密令與弟元挺赴黎陽以爲謀主密進三計曰今天子遠在遼外公長驅入薊直扼其喉前有高麗退無歸路不戰而禽此計上也又關中四塞衞元不足爲意今率衆務早入西萬全之計此計中也若隨近先向東都以引歲月此計之下也元感曰公下計乃上策耳今日百官家口並在東都若不取之安能動物且經城不拔何以示威密計不行元感旣至東都自謂功在朝夕及獲韋福嗣旣非同謀設籌皆持兩端元感後使作檄文固辭不肯密揣知其情請斬之元感不從密退謂所親曰楚公好反而不欲勝吾屬今爲虜矣後元感將西入福嗣竟亡歸東都時李雄勸元感速稱尊號元感以問密密以爲不可元感笑而止及宇文述來護兒等軍且至元感謂密計將安出密曰元弘嗣統彊兵於隴右今可揚言其反遣使迎公因此入關可得給衆元感遂用密謀號令西至陝縣圍弘農不拔西至閿鄉追兵至元感敗密間行入關與元感從叔詢相隨匿馮翊詢妻家爲隣人告被捕與其黨俱送帝所在途與其衆謀逃其徒多金密令出示使者曰吾等死日此金留付公幸用相瘞其餘卽皆報德使者利金遂相許及出關密每夜宴飮行次邯鄲夜宿村中密等七人皆穿墻而遁與王仲伯亡抵平原賊帥郝孝德孝德不甚禮之備遭饑饉削樹皮而食之仲伯潛歸天水密詣淮陽舍於村中變姓名稱劉智遠聚徒教授經數月鬱鬱不得志爲五言詩詩成泣下數行時人有怪之以告太守趙他他下縣捕之密亡抵其妹夫雍丘令邱君明君明從子懷義後告之密得遁去君明竟坐死密投東都賊帥翟讓乃因王伯當以策干讓遣說諸小

賊所至輒降讓始敬焉召與計事密以兵衆無糧勸讓直趨滎陽休兵館穀然後爭利讓從之乃掠下滎陽太守郇王慶及通守張須陁以兵討讓讓數爲須陁敗將遠避之密勸讓列陣以待密以奇兵掩擊大破之斬須陁於陣讓於是令密建牙別統所部密復說讓以廓清天下爲事令掩據興洛倉發粟以賑窮乏於是與讓以義寧元年春出陽城北踰方山自羅口襲興洛倉破之開倉振百姓越王侗遣虎賁郎將劉長恭討密密城洛口周迴四十里以居之讓上密號爲魏公設壇場卽位稱元年以房彥藻爲左長史邴元眞爲右長史楊德方爲左司馬鄭德韜爲右司馬拜讓爲司徒封東郡公長白山賊孟讓掠東都燒豐都市而歸密攻下鞏縣獲縣長柴孝和拜爲護軍虎賁郎將裴仁基以虎牢歸密密因遣仁基與孟讓襲破回洛倉據之俄而德韜德方俱死復以鄭頲爲左司馬鄭虔象爲右司馬柴孝和說密令裴仁基守回洛翟讓據洛口身率精銳西襲長安不然他人我先密曰此誠上策然我之所部並山東人旣見未下洛陽恐不肯西入孝和請間行觀隙乃與數十騎至陝縣賊歸之者萬餘人密時兵鋒甚銳每入苑與官軍連戰會密爲流矢所中臥於營內東都出兵擊之密衆大潰棄回洛倉歸洛口孝和之衆聞密敗各分散而去孝和輕騎歸密煬帝遣王世充率江淮勁卒五萬討密敗之孝和溺洛水死密甚傷之世充營於洛西與密相拒百餘日武陽郡丞元寶藏黎陽賊帥李文相洹水賊帥張昇清河賊帥趙君德平原賊帥郝孝德並歸密襲破黎陽倉據之周法明舉江黃之地以附密齊郡賊帥徐圓朗任城大俠徐師仁淮陽太守趙他等前後

欵附以千百數翟讓所部王儒信勸讓爲太宰總衆務以奪密權兄寬復謂讓曰天子止可自作安得與人汝若不作我當爲之密聞惡之會讓拒世充軍退數百步密與單雄信等赴之世充敗走讓欲乘勝破其營會日暮固止之明日讓與數百人至密所欲爲宴樂其所將左右各就食諸門並設備讓不覺密引讓入坐令讓射引滿將發密遣壯士蔡建自後斬之遂殺其兄寬及儒信等從者亦有死焉讓步將徐世勣爲亂兵所斫中重創密止之僅得免雄信等皆叩頭求哀密並釋而慰之於是詣讓營遣王伯當邴元眞單雄信等告以殺讓意令世勣雄信伯當分統其衆世充夜襲倉城密拒破之斬虎賁郎將費青奴世充復營洛北於洛水構浮橋悉衆擊密密拒之不利而退世充因薄其城下密擊之大潰爭橋陷溺水者數萬人虎賁郎將楊威王辯霍世舉劉長恭梁德重董智通等皆沒于陣世充僅而獲免不敢還東都遂走河陽其夜大雪餘衆死亾殆盡密乃修金墉故城居之衆三十餘萬攻上春門留守韋津出戰破執其黨勸密卽尊號密不許及唐師圍東都密出軍爭之交綏而退俄而宇文化及弒逆自江都北指黎陽密拒之會越王侗稱尊號遣使授密太尉尚書令東南道大行臺行軍元帥魏國公令先平化及然後入朝輔政化及至黎陽徐世勣守倉城不下密共化及隔水語密數之曰卿本匈奴皂隸破野頭耳父與兄弟皆受隋恩豈容躬行殺虐今若速來歸義尚可全後嗣化及默然俛仰良久乃瞋目大言曰共你論相殺事何須作書傳雅語密謂從者曰化及庸儒如此忽欲圖帝王吾當折杖驅之知其糧且盡因僞與之和化及大喜恣其

兵食冀密饋之會密下有人獲罪亾投之具言密情化及大怒又食盡乃與密戰于童山下自辰達酉密中流矢頓於汲縣化及掠汲郡北趣魏縣以輜重留於東郡遣其刑部尚書王軌守之軌以郡降密以軌爲滑州總管密引兵而西遣記室參軍李儉朝于東都執弒帝人于弘達以獻越王侗侗以儉爲司農少卿使召密入朝密至溫縣聞世充已殺元文都盧楚等乃歸金墉城世充旣擅權乃厚賜將士時密兵少衣世充乏食乃請交易邴元眞等各求私利遞勸密密許焉初東都絕糧人歸密者日有數百至此得食降人益少密悔而止密雖據倉無府庫兵數戰不賞又厚撫初附兵於是衆心漸怨時邴元眞守洛口倉性貪鄙宇文溫每謂密曰不殺元眞公難未已密不答而元眞知之謀叛楊慶聞而告密密因疑焉會世充悉衆來戰密留王伯當守金墉自就偃師北阻邙山以待之世充令數百騎渡御河密遣裴行儼等逆之會日暮行儼孫長樂程齩金等驍將十數人皆被重創密甚惡之世充夜潛濟詰朝而陣密方覺之狼狽出戰敗績馳向洛口世充夜圍偃師守將鄭頲爲其部下翻城而降世充密將入洛口倉城元眞已遣人引世充密陰知之不發其事欲待世充兵半渡洛水然後擊之密候騎不時覺比將出戰世充軍悉已濟密引騎而遁元眞以城降世充密衆漸離將如黎陽人或曰殺翟讓之際徐世勣幾死其心安可保密乃止時王伯當棄金墉城保河陽密自虎牢濟歸之謂曰久苦諸君我今自刎以謝衆衆皆泣莫能仰視密復曰諸君幸不相棄當共歸關中密身雖愧無功諸君必保富貴其府掾柳爕曰明公與長安宗族有疇昔之遇雖不陪

起義然匝東都斷隋歸路使唐公不戰而得京師此公
之功也衆咸曰然密遂歸唐封邢國公拜光祿卿尋奉
使出關安撫至熊州而逃叛見殺
王世充字行滿本西域胡人也祖支頹耨徙居新豐頹
耨死其妻少寡與儀同王粲野合生子曰瓊粲遂納之
以爲小妻其父收幼孤隨母嫁粲粲愛而養焉因姓王
氏官至懷汴二州長史世充捲髮豺聲沈猜多詭詐頗
窺書傳尤好兵法曉龜策推步盈虛然未嘗爲人言也
開皇中爲左翊衞後以軍功拜儀同授兵部員外郎善
敷奏明習法律而舞弄文墨高下在心或有駁難之者
世充利口飾非辭義鋒起衆雖知其否而莫能屈稱爲
明辯煬帝世累遷至江都郡丞時帝數幸江都世充善
候人主顏色阿諛順旨每入言事帝善之又以郡丞領
江都宮監乃雕飾池臺陰奏遠方珍物以媚於帝由是
益昵之大業八年隋始亂世充內懷徼倖卑身禮士陰
結豪俊多收衆心江淮間人素輕薄又屬盜賊羣起人
多犯法有繫獄抵罪者世充枉法出之以樹私恩及楊
元感反吳人朱燮晉陵人管崇起兵江南以應之自稱
將軍擁衆十餘萬帝遣將軍吐萬緒魚俱羅討之不能
克世充募江都萬餘人擊破之每有克捷必歸功於下
所獲軍實皆推與士卒身無所取由此人爭爲用功最
居多十年齊郡賊帥孟讓自長白山寇掠諸郡至盱眙
有衆十餘萬世充以兵拒之而羸師示弱保都梁山爲
五柵相持不戰後因其懈弛出兵奮擊大破之乘勝盡
滅諸賊讓以數十騎遁去斬首萬人六畜軍資莫不盡
獲帝以世充有將帥才略始遣領兵討諸小盜所向破
之然性多矯僞詐爲善能自勤苦以求聲譽十一年突
厥圍帝於鴈門世充盡發江都人往赴難在軍中垢面
悲泣曉夜不解甲藉草而坐帝聞之以爲愛已益信任
之十二年遷爲江都通守時厭次人柳謙爲盜數年兵
十餘萬在豆子䴚中世充破斬之威振羣盜又擊盧明
月破之於南陽後還江都帝大悅自執杯酒以賜之時
世充又知帝好內乃言江淮良家多有美女願備後庭
無由自進帝愈喜因密令世充閱觀諸女資質端麗合
相法者取正庫及應入京物以聘納之所用不可勝計
帳上所司云勅別用不顯其實有合意者乃厚賞世充
或不中者又以賚之後令以船送東京而道路賊起使
者苦役於淮泗中沈船溺殺之者前後十數或有發露
世充爲祕之又遽簡閱以供進是後益見親暱遇李密
攻陷興洛倉進逼東都官軍數敗光祿大夫裴仁基以
虎牢降于密帝惡之大發兵將討焉特發中詔遣世充
爲將軍於洛口以拒密前後百餘戰互有勝負世充軍
渡洛水逼倉城李密與戰世充敗績赴水溺死者萬餘
人時天寒大雨雪兵既渡水衣皆霑濕在道凍死者又
數萬人比至河陽纔以千數世充自繫獄請罪越王侗
遣使赦之召令還都收合亡散屯於含嘉城中不敢復
出宇文化及弑帝於江都世充與太府卿元文都將軍
皇甫無逸右司馬盧楚奉越王侗爲主侗以世充爲吏
部尚書封鄭國公及侗用元文都盧楚之謀拜李密爲
太尉尚書令密遂稱臣復以兵拒化及於黎陽遣使獻
捷衆皆悅世充獨謂其麾下諸將士曰文都之輩刀筆
吏耳吾觀其勢必爲李密所禽且吾軍人馬每與密戰
殺其父兄子弟前後已多一旦爲之下吾屬無類矣出
此言以激怒其衆文都知而大懼與楚等謀將因世充
入內伏甲而殺之期有日矣將軍段達遣女壻張志以
楚等謀告之世充夜勒兵圍宮城將軍費曜田世闍等
與戰於東太陽門外曜軍敗世充遂攻門而入無逸以
單騎遁走獲楚殺之時宮門尚閉世充遣人扣門言於
侗曰元文都等欲執皇帝降于李密段達知而以告臣
臣非敢反誅叛者耳文都聞變入奉侗於乾陽殿陳兵
衞之令將帥乘城以拒難兵敗侗命開門以納世充世
充悉遣人代宿衞者明日入謁頓首流涕而言元文都
等無狀謀相屠害事急爲此不敢背國侗與之盟世充
尋遣韋節等諷侗命拜已爲尚書左僕射都督內外諸
軍事又授其兄惲爲內史令入居禁中未幾李密破化
及還其勁兵良馬多戰死士卒皆勸世充欲乘其弊而
擊之世充恐人心不一乃假託鬼神言夢見周公乃立
祠於洛水之上遣巫宣言周公欲令僕射急討李密當
有大功不則兵皆疫死世充兵多楚人俗信妖妄故出
此言以惑之衆皆請戰世充簡練精勇得兵二萬餘人
馬千匹營洛水南密軍偃師北山于時密新得志於化
及有輕世充之心不設壁壘世充遣二百餘騎潛入北
山伏溪谷中令軍秣馬蓐食既而宵濟人馬奔馳比明
而薄密密出兵應之陣未成列而兩軍合戰其伏兵發
山而上潛登北原乘高而下馳壓密營密軍亂無能拒
者即入縱火密軍大驚而潰降其將張童兒陳智略進
下偃師初世充兄偉及子元應隨化及至東郡密獲而
囚之於城中至是盡獲之又執密長史邴元眞妻子司
馬鄭虔象之母及諸將子弟皆撫慰之各令潛呼其父
兄兵次洛口元眞鄭虔象等舉倉城以應之密以數十
騎遁邀世充收其衆而還東盡于海南至于江悉來歸

附世充又令韋節諷侗拜已爲太尉署置官屬以尚書省爲其府尋自稱鄭王遣其將高略帥師攻壽安不利而旋又帥師攻圍穀州三日而退明年自稱相國受九錫備法物是後不朝侗矣有道士桓法嗣者自言解圖讖世充昵之法嗣乃上孔子閉房記畫作丈夫持一干以驅羊法嗣云楊隋姓也干一者王字也王居楊後明相國代隋爲帝也又取莊子人間世德充符二篇上之法嗣釋曰上篇言世下篇言充此則相國名矣當德被人間而應符命爲天子也世充大悅曰此天命也再拜受之即以法嗣爲諫議大夫世充又羅取雜鳥書帛繫其頸自言符命而散之於空或有彈射得鳥而來獻者亦拜官爵既而廢侗陰殺之遂僭即皇帝位建元曰開明國號鄭唐太宗帥師圍之世充頻出兵戰輒不利諸城相繼送款世充窘迫遣使請救於竇建德建德率兵援之至虎牢太宗破之禽建德執詣城下世充將潰圍而出諸將莫有應之者於是出降至長安爲讎家所殺

段達武威姑臧人父嚴周朔州刺史達在周年始三歲襲爵襄陽縣公及長身長八尺美鬚髯便弓馬高祖爲丞相以爲大都督領親信兵常置左右及踐祚爲左直齋遷車騎將軍都督晉王府軍事以擊高智慧功授上儀同又敗汪文進等加開府仁壽初爲太子左衛副率大業初以藩邸之舊拜左翊衛將軍從征吐谷渾進位金紫光祿大夫帝征遼東平原郝孝德清河張金稱等羣起爲盜帝令達擊之數爲金稱等所挫諸賊輕之號爲段姥後用郁令楊善會謀更與賊戰方致克捷還京師以公事坐免明年帝征遼東使達留守涿郡俄復拜左翊衛將軍高陽魏刁兒聚衆自號歷山飛寇掠燕趙達率涿郡通守郭絢擊敗之時盜賊既多達不能因機決勝惟持重自守時人皆謂之怯懦十二年帝幸江都宮詔達與太府卿元文都等留守東都李密縱兵侵掠城下達與監門郎將龐玉虎牙郎將霍世舉禦之以功遷左驍衛大將軍王世充之敗也密進據北芒外薄上春達與判戶部尚書韋津拒之達見賊未陣而走軍大潰津沒于密及帝崩於江都達與元文都等推越王侗爲主署開府儀同三司兼納言陳國公元文都等之謀誅王世充達預焉既而陰告世充達爲之內應及事發追越王送文都於世充世充甚德於達既破李密諷越王禪讓世充僭號以達爲司徒及東都平坐誅妻子籍沒

通志卷一百六十四

通志卷一百六十五

宋右迪功郎鄭樵漁仲撰

外戚傳第一

晉

羊琇 王恂弟虔愷 楊文宗 羊元之 虞豫子允 庾琛 杜乂 褚裒 何準子澄 王蒙子脩 王遐 王藴

褚爽

後魏

賀訥 姚黃眉 杜超 賀迷 閭毗 馮熙子誕

李惠 高肇 胡國珍從曾孫長粲 楊騰 乙弗繪

北齊

趙猛 胡長仁

隋

高祖外家呂氏 獨孤羅弟善陁

晉

羊琇字稚舒景獻皇后從父弟也父耽官至太常兄瑾尚書右僕射琇少舉郡計參鎮西鍾會軍事從平蜀及會謀反琇正言苦諫還賜爵關內侯琇涉學有智算少與武帝通門甚相親狎每接筵同席嘗謂帝曰若富貴見用任領護各十年帝戲而許之初帝未爲太子而聲論不及弟攸文帝素有代宗之義琇密爲武帝畫策甚有匡救又觀察文帝爲政損益揆度應所顧問之事皆令武帝默而識之後文帝與武帝論當世之務及人間可否武帝答無不允由是儲位遂定及帝爲撫軍命琇參軍事帝卽王位後擢琇爲左衞將軍封甘露亭侯帝踐阼累遷中護軍加散騎常侍琇在職十三年典禁兵豫機密寵遇甚厚初杜預拜鎭南將軍朝士畢賀皆連榻而坐琇與裴楷後至曰杜元凱乃復以連榻而坐客邪遂不坐而去琇性豪侈費用無復齊限而屑炭和作獸形以溫酒洛下豪貴咸競效之又喜游讌以夜續晝中外五親無男女之別時人譏之然黨慕勝己其所推奉便盡心無貳窮窘之徒特能振卹選用多以得意者居先不盡銓次之理將士有冒官位者爲其致節不惜軀命然放恣犯法每爲有司所貸其後司隸校尉劉毅劾之應至重刑武帝以舊恩直免官而已尋以侯白衣領護軍頃之復職及齊王攸出鎭也琇以切諫忤旨左遷太僕卿既失寵憤怨遂發病以疾篤求退拜特進加散騎常侍還第卒帝手詔追贈輔國大將軍開府儀同三司賜東園祕器朝服一襲錢三十萬布百疋諡曰威

王恂字良夫文明皇后之弟也父肅魏蘭陵侯恂文義通博在朝忠正累遷河南尹建立二學崇明五經爲令袁毅嘗餽以駿馬恂不受及毅敗受貨者皆被貶黜焉魏氏給公卿已下租牛客戶數各有差自後小民憚役多樂爲之貴勢之門動有百數又太原諸部亦以匈奴胡人爲之田客多者數千武帝卽位詔禁募客恂明峻其防所部莫敢犯者咸甯四年卒贈車騎將軍恂弟虔字恭祖以功幹見稱累遷衞尉封安壽亭侯拜平東將軍假節監青州諸軍事徵爲光祿勳轉尚書卒子士文嗣歷右衞將軍南中郎將鎭許昌爲劉聰所害虔弟愷字君夫少有才力歷位清顯雖無細行有在公之稱以討楊駿勳封山都縣公邑千八百戶遷龍驤將軍領驍騎將軍加散騎常侍尋坐事免官起爲射聲校尉久之轉後將軍愷既世族國戚性復豪侈用赤石脂泥壁石崇以愷將爲鴆毒之事司隸校尉傅祗劾之有司皆論正重罪詔特原之由是衆人僉畏愷故敢肆其意所欲之事無所顧憚焉及卒諡曰醜

楊文宗武元皇后父也其先仕漢四世爲三公文宗爲魏通事郎襲封蓩亭侯早卒以后父追贈車騎將軍諡曰穆

羊元之惠皇后父尚書右僕射瑾之子也元之初爲尚書郎以后父拜光祿大夫特進散騎常侍更封興晉侯遷尚書右僕射加侍中進爵爲公成都王穎之攻長沙王乂也以討元之爲名遂憂懼而卒追贈車騎將軍開府儀同三司

虞豫元敬皇后父也少有美稱州郡禮辟並不就拜南陽王文學早卒明帝卽位追贈散騎常侍驃騎大將軍開府儀同三司平山縣侯子允嗣允敬后弟也初拜散騎常侍遷步兵校尉太甯末追贈豫官以允襲封爵轉右衞將軍與南頓王宗俱爲明帝所昵並典禁兵及帝不豫宗以陰謀發覺事連允帝隱忍不問徙允爲宗正卿加散騎常侍咸和二年宗伏誅左遷允爲桂陽太守秩中二千石頻徙瑯邪廬陵太守咸康元年卒追贈衞將軍加散騎常侍子洪襲爵

庾琛字子美明穆皇后父也兄袞在孝友傳琛永嘉初爲建威將軍過江爲會稽太守徵爲丞相諮議祭酒卒官以后父追贈左將軍妻丹邱氏追封鄉君子亮陳先志不受咸和中成帝又下詔追贈琛驃騎將軍儀同三司亮又辭焉亮在列傳

杜乂字弘理成恭皇后父也祖鎭南將軍預父尚書左丞相錫乂性純和美姿容有盛名於江左王羲之見而目之曰膚若凝脂眼如點漆此神仙人也桓彝亦曰衞

玠神清杜乂形清襲封當陽侯為丹陽丞早卒無男生后而乂終妻裴氏發居養后以禮自防甚有德音咸康初追贈乂金紫光祿大夫封裴氏為高安鄉君邑五百戶至孝武帝時崇進為廣德縣君裴氏壽考百姓號曰杜姥初司徒蔡謨甚器重乂嘗言於朝曰恨諸君不見杜乂也其為名流所重如此

褚裒字季野康獻皇后父也祖䂮有局量以幹用稱嘗為縣吏事有不合令欲鞭之䂮曰物各有所施榱椽之材不合以為藩落也願明府垂察乃捨之家貧辭吏年垂五十鎮南將軍羊祜與之有舊言於武帝始被升用官至安東將軍父洽武昌太守裒少有簡貴之風與京兆杜乂俱有盛名冠于中興譙國桓彝見而目之曰季野有皮裏陽秋言其外無臧否而內有所褒貶也謝安亦雅重之常云裒雖不言而四時之氣亦備矣初辟西陽王掾吳王文學蘇峻之構逆也車騎將軍郗鑒以裒為參軍峻平以功封都鄉亭侯稍遷司徒從事中郎除給事黃門侍郎康帝為琅邪王將納妃妙選素望詔娉裒女為妃於是出為豫章太守及康帝即位徵拜侍中遷尚書以后父苦求外出除建威將軍江州刺史鎮半洲在官清約雖居方伯恒使私僮樵採頃之徵為衛將軍領中書令裒以中書銓管詔命不宜以姻戚居之固讓詔以為左將軍兗州刺史都督兗州徐州之琅邪諸軍事假節鎮金城又領琅邪內史初裒總角詣庾亮亮使郭璞筮之卦成璞駭然亮曰有不祥乎璞曰此非人臣卦不知此年少何以乃表斯祥二十年外吾言方驗及此二十九年而康獻皇太后臨朝有司以裒皇太后父議加不臣之禮拜侍中衛將軍錄尚書事持節都督刺史如故裒以近戚懼獲譏嫌上疏固請居藩於是改授都督徐兗青揚州之晉陵吳國諸軍事衛將軍徐兗二州刺史假節鎮京口永和初復徵裒將以為揚州錄尚書事吏部尚書劉遐說裒曰會稽王令德國之周公也足下宜以大政付之裒長史王胡之亦勸焉於是固辭歸藩朝野咸歎服之進號征北大將軍開府儀同三司固辭開府裒又以政道在於得才宜委賢任能升進舊齒乃薦前光祿大夫顧和侍中殷浩疏奏即以和為尚書令浩為揚州刺史及石虎死裒上表請伐之即日戒嚴直指泗口朝議以裒事任貴重不宜深入可先遣偏師裒重陳前所遣前鋒督護王頤之等徑造彭城示以威信後遣督護麋嶷進軍下邳賊即奔潰嶷率所領據其城池今宜速發以成聲勢於是除征討大都督徐兗青揚豫五州諸軍事裒率衆三萬徑進彭城河朔士庶歸降者日以千計裒撫納之甚得其歡心先遣督護徐龕伐沛獲偽相支重郡中二千餘人歸降魯郡山有五百餘家亦建義請援裒遣龕領銳卒三千迎之龕違裒節度軍次代陂為石遵將李菟所敗死傷大半龕執節不撓為賊所害裒以春秋責帥授任失所威略虧損上疏自貶以征北將軍行事求留鎮廣陵詔以偏師之責不應引咎逋寇未殄方鎮任重不宜貶降使還鎮江口解征討都督時石虎新死其國大亂遺戶二十萬口渡河將歸順乞師救援會裒已旋威勢不接莫能自拔皆為慕容皝及苻健之衆所掠死亡咸盡裒以遠圖不就憂慨發疾及至京口聞哭聲甚衆裒問何哭之多左右曰代陂之役也裒益慚恨永和五年卒年四十七遠近嗟悼吏士哀慕之贈侍中太傅本官如故謚曰元穆子歆字幼安以學行知名歷散騎常侍祕書監

何準字幼道穆章皇后父也高尚寡欲弱冠知名州府交辟不就兄充為驃騎將軍勸其令仕準曰第五之名何減驃騎準兄弟中第五故有此言充居宰輔之重權傾一時準散帶衡門不及人事惟誦佛經修營塔廟而已徵拜散騎侍郎不起年四十七卒升平元年追贈金紫光祿大夫封晉興縣侯子惔以父素行高潔表讓不受三子放惔澄放繼充惔官至南康太守早卒惔子元度西陽太守次叔度太常卿尚書澄字季元起家祕書郎轉丞清正有器望累遷祕書監太常中護軍孝武帝深愛之以為冠軍將軍吳國內史太元末琅邪王出居外第妙選師傅徵拜尚書領琅邪王師安帝即位遷尚書左僕射典選王師如故時澄以腳疾固讓特聽不朝坐家視事又領本州大中正及桓元執政以疾奏免卒于家安帝反正追贈金紫光祿大夫長子籍早卒次子融元熙中為大司農

王濛字仲祖哀靖皇后父也曾祖黯歷位尚書祖佑北軍中候父訥新淦令濛少時放縱不羈不為鄉曲所齒晚節克己勵行有風流美譽虛己應物恕而後行莫不敬愛焉事諸母甚謹奉祿資產常推厚居薄喜慍不形於色不修小潔而以清約見稱善隸書美姿容嘗覽鏡自照稱其父字曰王文開生如此兒邪居貧帽敗自入市買之嫗悅其貌遺以新帽時人以為達與沛國劉惔齊名友善惔嘗稱濛性至通而自然有節濛每云劉君知我勝我自知時人以惔方荀奉倩濛比袁曜卿凡稱風流者舉濛惔為宗焉司徒王導辟為掾導復引匡衛弟孝濛致牋於導曰開國承家小人勿用公枝德義以

尹天下方將澄清彝倫崇重名器夫軍國殊用文武異容豈可令涇渭混流虧清穆之風何以允答具瞻儀刑海內導不答後出補長山令復為司徒左西屬濛以此職有譴則應受杖固辭詔為停罰猶不就徙中書郎簡文帝之為會稽王也嘗與孫綽商略諸風流人綽言劉惔清蔚簡令王濛溫潤恬和桓溫高爽遠出謝尚清易令達而濛性和暢能言理辭簡而有會及簡文帝輔政益貴幸之與劉惔號為入室之賓轉司徒左長史晚求為東陽不許及濛病乃恨不用之濛聞之曰人言會稽王癡竟癡也疾漸篤於燈下轉麈尾視之歎曰如此人曾不得四十年也年三十九卒臨殯劉惔以犀杷麈尾置棺中因慟絕久之謝安亦嘗稱美濛云王長史語甚不多可謂有令音有二子脩蘊脩字敬仁小字苟子明秀有美稱善隸書號曰流弈清舉年十二作賢全論濛以示劉惔曰敬仁此論便足以參微言起家著作郎琅邪王文學轉中軍司馬未拜而卒年四十二臨終歎曰無媿古人年與之齊矣

王遐字桓子簡順皇后父驃騎將軍述之從叔也少以華族仕至光祿勳甯康初追贈特進光祿大夫加散騎常侍諡曰靖長子恪領軍將軍恪子欣之豫章太守秩中二千石欣之弟懽之廣州刺史遐少子臻崇德衛尉

王蘊字叔仁孝武定皇后父司徒左長史濛之子也起家著作郎累遷尚書吏部郎性平和不抑寒素每一官缺求者十輩蘊無所是非時簡文帝為會稽王輔政蘊輒連狀白之曰某人有地某人有材務存進退各隨其方故不得者無怨焉補吳興太守甚有德政屬郡荒人飢輒開倉贍卹主簿執諫請先列表上待報蘊曰今百姓嗷然路有飢饉若表上須報何以救將死之命乎專輒之愆罪在太守且行仁義而敗無所恨也於是大賑貸之賴蘊全者十七八焉朝廷以違科免蘊官士庶詣闕訟之詔特左降晉陵太守復有惠化百姓歌之定后立以后父遷光祿大夫領五兵尚書本州大中正封建昌縣侯蘊以恩澤賜爵非三代令典固辭不受朝廷敦勸終不肯拜乃授都督京口諸軍事左將軍徐州刺史假節復固讓謝安謂蘊曰卿居后父之重不應妄自菲薄以虧時遇宜依褚公故事但令在貴權於事不事耳可暫臨此任以紓國恩之重於是乃受命鎮于京口頃之徵拜尚書左僕射將軍如故遷丹陽尹即本軍號加散騎常侍蘊以姻戚不欲在內苦求外出復以為都督浙江東五郡鎮軍將軍會稽內史常侍如故蘊素嗜酒末年尤甚及在會稽略少醒日然猶以和簡為百姓所悅時王悅來拜墓蘊子恭往省之素相善遂留十餘日方還蘊問其故恭曰與阿太語蟬連不得歸蘊曰恐阿太非汝之友阿太悅小字也後竟乖初好時以為知人太元九年卒年五十五追贈左光祿大夫開府儀同三司長子華早卒次子恭在列傳恭弟爽字季明彊正有志力歷給事黃門侍郎侍中孝武帝崩王國寶夜欲開門入為遺詔爽距之曰大行晏駕皇太子未至敢入者斬乃止爽嘗與會稽王道子飲道子醉呼爽為小子爽曰亡祖長史與簡文皇帝為布衣之交亡姑亡姊伉儷二宮何小子之有及國寶執權免爽官後兄恭再起事並以爽為甯朔將軍參預國事恭敗被誅

褚爽字弘茂小字期生恭思皇后父也祖裒父歆爽少有令稱謝安甚重之嘗曰若期生不佳我不復論士矣為義興太守早卒以后父追贈金紫光祿大夫爽子秀之淡之裕之義熙中並歷大官宋史有傳

後魏

賀訥代人道武王帝之舅獻明后之兄也其先世為君長四方附國有數十部祖紇始有勳於國尚平文女父野干尚昭成女遼西公主及昭成崩諸部乖亂獻明后與道武及衛秦二王依訥會苻堅使劉庫仁分攝國事於是道武還居獨孤部訥總攝東部為大人遷居大甯行其恩信眾多歸之盛於庫仁苻堅假訥鷹揚將軍後劉顯謀逆道武輕騎歸訥訥見而驚喜拜曰官家復國之後當念老臣帝笑曰誠如舅言要不忘也訥中弟染干麤暴忌帝常圖為逆每為皇姑遼西公主擁護故染干不得肆其禍焉諸部大人請訥兄弟求舉道武為主染干曰在我國中何得爾也訥曰大國興復先業於我國中我國之福也遂與諸大人勸進道武登代王位于牛川及帝討吐突隣部訥兄弟遂懷異圖率諸部救之帝擊之大潰訥西遷衛辰遣子直力鞮征訥訥告急請降道武簡精騎二十萬救之遂徙訥部落及諸弟處之東偏訥又通於慕容垂垂以訥為歸善王染干謀殺訥而代立訥遂與染干相攻垂遣子麟討之敗染干於牛都破訥於赤城道武遣師救訥麟乃引退訥從道武平中原拜安遠將軍其後離散諸部分土定居不聽遷徙其君長大人皆同編戶訥以元舅稍見尊重然無所統領以壽終於家訥弟盧亦從平中原以功賜爵遼西公帝遣盧會衛王儀伐鄴而盧自以帝之季舅不肯受儀節度帝遣使切責之盧遂憤恨與儀司馬丁建構成其嫌彌加猜忌會道武勅儀去鄴盧亦引歸道武以盧

為廣川太守盧性雄豪恥居冀州刺史王輔下襲殺輔奔慕容德德以為并州刺史廣甯王廣敗盧亦沒訥從父弟悅初道武之居賀蘭部也人情未甚附唯悅舉部隨從又密為帝祈禱天神請成大業出於誠至帝嘉之甚見寵待後平中原以功賜爵鉅鹿縣侯進爵北新公卒子泥襲爵後降為肥如侯道武崩京師草草泥出舉烽於安陽城北賀蘭部人皆往赴之明元即位乃罷詔泥與元渾等八人拾遺左右與北新侯安同持節行并定二州劾奏并州刺史元六頭等皆伏罪州郡肅然後從太武征赫連昌以功進爵為琅邪公軍國大事並參預焉又征蠕蠕為別道將坐逐賊不進詐增虜級當斬贖為庶人久之拜光祿勳為外都大官復本爵卒官子醜建襲

姚黃眉姚興之子明元昭哀皇后之弟也姚泓滅黃眉間來歸魏明元厚禮待之賜爵隴西公尚陽翟公主拜駙馬都尉隸戶二百太武即位遷內都大官後拜太常卿卒贈雍州刺史隴西王謚曰獻陪葬金陵黃眉寬和溫厚希言得失太武悼惜之故賻禮有加焉

杜超字祖仁魏郡鄴人密皇后之兄也少有節操泰恆中為相州別駕始光中太武思念舅氏以超為陽平公尚南安長公主拜駙馬都尉位大鴻臚卿車駕幸其第賞賜巨萬神䴥三年以超行征南大將軍太宰進爵為王鎮鄴追加超父豹鎮東大將軍陽平景王母曰鉅鹿惠君眞君五年超為帳下所害太武臨其喪哀慟久之謚曰威王長子道生賜爵城陽侯後為秦州刺史進爵河東公道生弟鳳皇襲超爵侍中特進太武追思超不已欲以鳳皇為定州刺史鳳皇不願違離闕庭乃止鳳皇弟道儁賜爵發干侯鎮枋頭除兗州刺史超既甍復授超從弟遺侍中安南將軍開府相州刺史入為內都大官進爵廣平王遺性忠厚頻歷州郡所在著稱甍贈太傅謚曰宣王長子元寶位司空元寶弟允寶司隸校尉元寶又進爵京兆王及歸而父遺喪明當入謝元寶欲以表聞文成未知遺甍怪其不至召之元寶將入時人止之曰宜以家憂勿往元寶欲見其寵不從遂冒哀而入未幾以謀反伏誅親從皆斬唯元寶子世衡逃免時朝議欲追削超爵位中書令高允上表理之後兗州故史汲宗等以道儁遺惠在人前從坐削爵受誅委骸士壤求得收葬書奏詔義而聽之贈散騎常侍安南將軍南康公謚曰昭世衡襲遺公爵

賀迷代人太武敬哀皇后之從父也皇后生景穆初后少孤父兄近親唯迷故蒙賜爵長鄉子卒贈光祿大夫五原公

閭毗代人蠕蠕主大檀之親屬太武時自其國來降毗即恭皇后之兄也后生文成文成大安二年以毗為平北將軍賜爵河東公弟紇為甯北將軍賜爵零陵公其年並加侍中進爵為王毗征東將軍評尚書事紇征西將軍中都大官自餘子弟賜爵為王者二人公五人侯六人子三人同時受拜所以隆崇舅氏和平二年追謚后祖父延定襄康公父辰定襄懿王毗甍贈太尉追贈毗妻河東王妃子惠襲紇甍贈司空子豆後賜名莊太和中初立三長以莊為定戶籍大使甚有時譽十六年例降爵後為七兵尚書卒紇弟染位外都大官冀州刺史江夏公卒先是文成以乳母常氏有保護功既即尊位尊為保太后後尊為皇太后興安二年太后前兄英字世華自肥如令超為散騎常侍鎮軍大將軍賜爵遼西公弟喜鎮軍大將軍祠曹尚書帶方公三妹皆封縣君妹夫王睹為平州刺史遼東公追贈英祖父苻堅扶風太守亥為鎮西將軍遼西簡公父渤海太守澄為侍中征東大將軍太宰遼西獻王英母許氏博陵郡公遣兼太常盧度世持節改葬獻王於遼西樹碑立廟置守冢百家太安初英為侍中征東大將軍太宰進爵為王喜左光祿大夫改封燕郡從兄訢為安東將軍朝鮮侯訢子伯夫散騎常侍選部尚書亥子員金部尚書喜子振太子庶子三年英領太師評尚書事內都大官伏寶泰等州刺史五年詔以太后母宋氏為遼西王太妃和平元年喜為洛州刺史初英事宋不能謹而睹奉宋甚至就食於和龍無車牛宋疲不能進睹負宋於笈至是宋於英等薄不如睹之篤謂太后曰何不王睹而黜英太后曰英為長兄門戶主也家內小小不順何足追計睹雖盡力故是他姓奈何在英上本州郡公亦足報矣天安中英為平州刺史訢為幽州刺史伯夫進爵范陽公英獨貨徙敦煌諸常自興安至是皆以親疏受爵賜田宅時為隆盛後伯夫為洛州刺史以贓汙欺妄徵斬於京都承明元年徵英復官甍謚遼西平王始英之徵也夢日墜其所居黃山下水中村人以牛車挽致不能出英獨抱載而歸聞者異之後員與伯夫子禽可共為飛書誣謗朝政事發有司執憲刑及五族孝文以文明太后故罪止一門訢年老赦免歸家恕其孫一人扶養又給奴婢田宅其家僮沒入者百人金錦布帛數萬計賜尚書巳下宿衛巳上其女壻及親從在朝皆免歸本鄉十一年孝文文明太后以文昭太后故悉出其家前

後沒入子女以熹子振試守正平郡卒
馮熙字晉昌長樂信都人文明太后之兄也祖弘北燕主太武平遼海熙父朗內徙官至秦雍二州刺史遼西郡公坐事誅文明太后臨朝追贈假黃鉞太宰燕宣王立廟長安熙生於長安爲姚氏魏母所養以叔父樂陵公邈因戰入蠕蠕魏母攜熙逃避至氐羌中撫育年十二好弓馬有勇幹氐羌皆歸附之魏母惡其如此將還長安始就博士學問從師授孝經論語好陰陽兵法事及長游華陰河東二郡間性汎愛不拘小節人無士庶來則納之取人子女爲奴婢有容色者幸之爲妾有子女數十人號爲貪縱文明太后既貴使人訪知熙所在徵赴京師拜冠軍將軍賜爵肥如侯尚景穆女博陵長公主拜駙馬都尉出爲定州刺史進爵昌黎王獻文卽位遷太傅累拜內都大官孝文卽位文明太后臨朝王公貴人登進者衆帝乃承旨以熙爲侍中太師中書監領祕書事熙以頻履師傅又中宮之寵爲羣情所駭心不自安乞轉外任文明太后亦以爲然於是除車騎大將軍開府都督洛州刺史餘如故洛陽雖經破亂而舊三字石經宛然猶在至熙與常伯夫相繼爲州廢毀分用大至頹落熙爲政不能仁厚而崇佛法自出家財在諸州鎭建圖精舍七十二處寫十六部一切經延致名德沙門日與講論精勤不倦所費亦不貲而所營塔寺多在高山秀阜傷殺人牛有沙門勸止之熙曰成就之後人唯見佛圖焉豈知殺人牛也其北芒寺碑文中書侍郎賈元壽之辭孝文頻登北芒寺親讀碑文稱爲嘉作熙求入朝授內都大官太師如故熙事魏母孝謹如事所生魏母卒乃散髮徒跣水漿不入口三日詔不聽服熙表求依趙氏之孤帝以熙情難奪聽服齊衰期後以例降改封京兆郡公帝納其女爲后曰白虎通云王所不臣數有三焉妻之父母抑言其一此所謂供承宗廟不欲奪私心然吾孝著於春秋無臣證於往牒既許通體之一用開至尊之敬比長秋配極陰政既敷未聞有司陳奏斯式可詔太師輒從臣禮又勒集書造儀付外孝文前後納熙三女二爲后一爲昭儀由是馮氏寵貴益厚賞賜累鉅萬帝每詔熙上書不臣入朝不拜熙上書如舊熙於後遇疾縣寢四載詔遣醫問道路相望車駕亦數臨幸焉將遷洛帝親與熙別見其困篤歔欷流涕密勅宕昌公主曰太師萬一不幸卽可監護喪事十九年薨於代車駕在淮南留臺表聞還至徐州乃舉哀爲制緦服詔有司豫辦凶儀并開魏京之墓令公主之柩俱向伊洛凡所營送皆公家爲備又勅代都給綵帛前後六千匹以供凶用皇后詣都赴哭太子恂亦赴代哭又將葬贈黃鉞侍中都督十州諸軍事大司馬太尉冀州刺史加黃屋左纛備九錫前後部羽葆鼓吹皆依晉太宰安平獻王故事有司奏謚詔曰可以威强恢遠曰武奉謚於公柩至洛七里澗帝服緦往迎叩靈悲慟而拜焉葬日送臨墓所親作銘誌主生二子誕脩誕字思正脩字寶業皆姿質妍麗年財十餘文明太后俱引入禁中申以教誡然不能習讀經史兄弟並無學術徒整飾儀容寬雅恭謹而已誕與孝文同歲幼侍書學仍蒙親待尚帝妹樂安長公主拜駙馬都尉侍中征西大將軍南平王脩侍中鎭北大將軍尚書東平公又除誕儀曹尚書知殿中事及罷庶姓王誕爲侍中都督中外諸軍事中軍將軍特進改封長樂郡公誕拜官孝文立於庭遙受其拜既訖還室脩降爲侯誕脩雖並長宮禁而性趣乖別誕性淳篤脩乃浮競誕亦未能誨督其過然時言於太后孝文嚴責之至於捶楚由是陰懷毒恨遂結左右有憾於誕者求藥欲因食害誕事覺帝白詰之具得情狀誕引過謝乞全脩命帝以誕父老又重其意不致於法撻之百餘黜爲平城百姓脩妻司空穆亮女也求離婚請免官帝引管綮事皆不許帝寵誕仍陰與同輿而載同案而食同席坐臥彭城王勰北海王詳雖直禁中然親近不及十六年以誕爲司徒帝既愛誕除官日親爲制三讓表并啟將拜又爲其章謝詩加車騎大將軍太子太師十八年帝謂其無師傅奬導風誕深自誨責從駕南伐十九年至鍾離誕遇疾不能侍從帝日省問醫藥備加帝銳意臨江乃命六軍發鍾離南轅與誕泣訣左右皆莫不掩涕時誕已惙然强坐視帝悲而淚不能下言夢太后來呼臣帝嗚咽執手而出遂行是日去鍾離五十里許昏時告誕薨問帝哀不自勝時崔慧景裴叔業軍在中淮去所次不過百里帝乃輕駕西還從者數千人夜至誕薨所撫尸哀慟若喪至戚達旦聲淚不絕從者亦悲舉音帝以所服衣幍充襚親自臨視徹樂去膳宣勅六軍止臨江之駕帝親北渡慟哭極哀喪至洛陽車駕猶在鍾離詔留守賜賻物布帛五千匹穀五千斛以供葬事贈假黃鉞使持節大司馬領司徒侍中都督太師駙馬公如故加以殊禮備錫九命依晉大司馬齊王攸故事有司奏謚詔曰案謚法主善行德曰元柔克有光曰懿昔貞惠兼美受二謚之榮忠武雙徽錫兩號之茂式準前訓宜契具瞻既自少綢繆知之惟朕案行定名可謚曰元懿帝又親爲作

碑文及挽歌詞皆窮美盡哀事過其厚車駕還京遂親至誕墓停車而哭使彭城王勰詔羣官脫朱衣服單衣介幘而哭司徒貴者示以朋友微者示如寮佐公主貞厚有禮度產二男長子穆字孝和襲熙爵避皇子愉封改封扶風郡公尙孝文女順陽長公主拜駙馬都尉歷員外通直散騎常侍穆與叔輔興不和輔興亡贈相州刺史祖載在庭而穆方高車良馬恭受職命言宴滿堂忻笑自若爲御史中尉東平王匡所劾後位金紫光祿大夫遇害河陰贈司空雍州刺史子冏字景昭襲爵昌黎王尋以庶姓罷王仍襲扶風郡公子峭字子漢齊受禪例降穆弟顥襲父誕長樂郡公脩弟聿字寶興廢皇后同產兄也位黃門郎信都伯後坐妹廢免爲長樂百姓宣武時卒於河南尹聿同產弟風幼養於宮文明太后特加愛念數歲賜爵至北平王拜太子中庶子出入禁闥寵侔二兄孝文親政後恩寵稍衰降爵爲侯幽后立乃復敘用后死亦充散卒贈青州刺史崔光之兼黃門也與聿俱直光每謂之曰君家富貴太盛終必衰敗聿云我家何負四海乃呪我也光云以古推之不可不愼時熙爲太保誕司徒太子太傅脩侍中尙書聿黃門廢后在位禮愛未弛是後歲餘脩以罪棄熙誕喪亡后廢聿退時人以爲盛必衰也

李惠中山人思皇后之父也父蓋少知名歷位殿中都官尙書左將軍南郡公初太武妹武威長公主故涼州沮渠牧犍之妻太武平涼州頗以公主通密計之助故寵遇差隆詔蓋尙焉蓋妻與氏以是而出是後蓋加侍中駙馬都尉殿中都官尙書右僕射卒官贈征南大將軍定州刺史中山王謚曰莊惠弱冠襲父爵妻襄城王韓頹女生二女長卽后也惠歷位散騎常侍侍中征西大將軍秦益二州刺史進爵爲王轉雍州刺史征南大將軍加長安鎭大將惠長於思察雍州聽事有鷰爭巢鬬已累日惠令人掩獲試命綱紀斷之並辭惠乃使卒以弱竹彈兩鷰既而一去一留惠笑謂吏屬曰此留者自計爲巢功重彼去者既經楚痛理無固心羣下伏其深察人有負鹽負薪者同釋重擔息樹陰二人將行爭一羊皮各言籍背之物惠遣爭者出顧州綱紀曰此羊皮可拷知主乎羣下咸無答者惠令人置羊皮席上以杖擊之見少鹽屑曰得其實矣使爭者視之負薪者乃伏而就罪凡所察究多如此類由是吏人莫敢欺犯後爲開府儀同三司青州刺史王如故歷政有美績惠素爲文明太后所忌誣惠將南叛誅之惠二弟初樂與惠諸子同戮後妻梁氏亦死青州盡沒其家財惠本無釁故天下冤惜之惠從弟鳳爲定州刺史長樂王主簿後長樂以罪賜死時卜筮者河閒邢瓚辭引鳳云長樂不軌鳳爲謀主伏誅唯鳳弟道念及兄弟之子皆逃免後遇赦乃出太和十二年孝文將爵舅氏詔訪存者而惠諸從以再離孥戮難於應命唯道念敢先詣闕乃由后妹及鳳兄弟子女之存者於是賜鳳子屯爵柏人侯安祖浮陽侯興祖安喜侯道念貞定侯從弟寄生高邑子皆加將軍十五年安祖昆弟四人以外戚蒙見詔謂曰卿之先世內外有犯得罪於時然官必用材以親非興邦之選外氏之寵超於末葉從今已後自非奇才不復得外戚謬班抽舉既無殊能今且可還後例降爵安祖等改侯爲伯並去軍號帝奉馮氏過厚於李氏過薄舅家了無敘用朝野人士所以竊議太常高閭顯言于禁中及宣武寵隆外家並居顯位乃惟孝文舅氏存已不霑恩澤景明末特詔興祖爲中山太守正始初詔追崇惠爲使持節驃騎將軍開府儀同三司定州刺史中山公太常奏謚上言案謚法武而不遂曰壯謚曰壯公興祖自中山遷燕州刺史卒以兄安祖子侃晞爲後襲先封南郡王後以庶姓罷王改爲博陵郡公侃晞爲莊帝所親幸拜散騎常侍嘗食典御帝之圖爾朱榮侃晞與魯安等持刃於禁內殺榮及莊帝蒙塵侃晞奔梁

高肇字首文文昭皇太后之兄也自云本渤海蓨人五世祖顧晉永嘉中避亂入高麗父颺字法脩孝文初與弟乘信及其鄉人韓內異富等入魏拜厲威將軍河閒子乘信明威將軍俱待以客禮遂納颺女是爲文昭皇后生宣武颺卒景明初宣武追思舅氏徵肇兄弟等錄尙書事北海王詳等奏颺宜贈左光祿大夫賜爵渤海公謚曰敬其妻蓋氏宜追封淸河郡君詔可又詔颺嫡孫猛襲渤海公爵封肇平原公肇弟顯澄城郡公三人同日受封始宣武未與舅氏相接將拜爵乃賜衣幘引見肇顯于華林都亭皆甚惶懼舉動失儀數日之閒貴富赫奕是年咸陽王禧誅財物珍寶奴婢田宅多入高氏未幾肇遂爲尙書右僕射冀州大中正尙宣武姑高平公主遷尙書令領吏部肇出自夷土時望輕之及在位居要留心百揆孜孜無倦世咸謂之爲能宣武初六輔專政後以咸陽王禧無事構逆由是遂委信於肇肇旣無親族頗結朋黨附之者旬月超昇背之者陷以大罪以北海王詳位居其上構殺之又說宣武防衛諸王殆同囚禁時順皇后暴崩世言肇爲之皇子昌薨僉謂王顯失於醫療承肇意旨及京兆王愉出爲冀州刺史

畏肇恣擅遂至不軌肇又譖殺彭城王勰由是朝野側目咸畏惡之因此專權與奪任已又嘗與清河王懌於雲龍門外廡下忽忿諍大至紛紜太尉高陽王雍和止之高后既立愈見寵信肇既當衡軸每事任已本無學識動違禮度好改先朝舊制減削封秩抑黜勳人由是怨聲盈路矣延昌初遷司徒雖貴登台鼎猶以去要怏怏形于辭色衆咸嗤笑之父兄封贈雖久竟不改瘞三年乃詔令遷葬肇不自臨赴唯遣其兄子猛改服詣代遷葬於鄉時人以肇無識哂而不責也及大舉征蜀以肇爲大將軍都督諸軍爲之節度與都督甄琛等二十餘人俱面辭宣武於東堂親奉規略是日肇所乘駿馬停於神虎門外無故驚倒轉臥渠中鞍具瓦解衆咸怪異肇出惡焉四年宣武崩赦罷征軍明帝與肇及征南將軍元遥等書稱諱言以告凶問肇承變非唯仰慕亦憂身禍朝夕悲泣至于羸悴將至宿瀍澗驛亭家人夜迎省皆不相視直至闕下衰服號哭還昇太極殿奉喪盡哀太尉高陽王先居西柏堂專決庶事與領軍于忠密欲除之潛備壯士直寢邢豹伊盆生等十餘人於舍人省下肇哭梓宮訖於百官前引入西廊清河王懌任城王澄及諸王等皆竊言目之肇入省壯士搤而拉殺之下詔暴其罪惡稱爲自盡其餘親黨悉無追問削除職爵葬以士禮逮昏乃以厠門出其尸歸家初肇西征行至函谷車軸中折從者皆以爲不獲吉還也靈太后臨朝令特贈營州刺史永熙二年孝武帝贈使持節侍中中外諸軍事太師大丞相太尉公錄尚書事冀州刺史肇子植自中書侍郎爲濟州刺史率州兵討破元愉別將有功當蒙封賞不受云家荷重恩爲國致効是其常節何足以膺進陟之報懇惻發於至誠歷青相朔恆四州刺史卒植頻涖五州皆以清能著稱當時號爲良刺史贈安北將軍冀州刺史肇長兄琨早卒襲爵封渤海郡公贈都督五州諸軍事鎮東大將軍冀州刺史詔其子猛嗣猛字豹兒尚長樂公主卽宣武同母妹也拜駙馬都尉歷位中書令出爲雍州刺史有能名入爲殿中尚書卒贈司空冀州刺史孝武帝時復贈太師大丞相錄尚書事公主無子猛先在外有男不敢令主知臨終方言之年幾三十矣乃召爲喪主尋卒無後琨弟偃字仲游太和十年卒正始中贈安東將軍都督青州刺史諡曰莊侯景明四年宣武納其女爲貴嬪及于順皇后崩永平元年立爲皇后二年八坐奏封后母王氏爲武邑郡君偃弟壽早卒壽弟卽肇也肇弟顯侍中高麗國大中正早卒

胡國珍字世玉安定臨涇人也祖略姚興勃海公姚逵平北府諮議參軍父深赫連屈丐給事黃門侍郎太武克統萬深以降款之功賜爵武始侯後拜河州刺史國珍少好學雅尚清儉太和十五年襲爵例降爲伯女以選入掖庭生明帝卽靈太后也孝明帝踐阼以國珍爲光祿大夫靈太后臨朝加侍中封安定郡公追崇國珍妻皇甫氏爲京兆郡君置守冢十戶尚書令任城王澄奏安定公宜出入禁中參諮大務詔屈公入決萬機尋進位中書監儀同三司侍中如故賜絹歲八百匹妻梁四百匹男女姊妹各有差國珍與太師高陽王雍太傅清河王懌太保廣平王懷入居門下同釐庶政詔依漢車千秋晉安平王故事給步挽一乘自掖門至于宣光殿得以出入并備几杖後與侍中崔光俱授帝經侍直禁中國珍上表陳刑政之宜詔皆施行熙平中加國珍使持節都督雍州刺史驃騎大將軍開府靈太后以國珍年老不欲令其在外且欲示以方面之榮竟不行遷司徒公侍中如故就宅拜之靈太后明帝率百寮幸其第宴會極歡又追尊京兆郡君爲秦太上君太上君景明三年薨於洛陽於此十六年矣太后以太上君墳瘞卑局更增廣爲起塋域門闕碑表侍中崔光等奏按漢高祖母始諡曰昭靈夫人後爲昭靈后薄太后母曰靈文夫人皆置園邑三百家長丞奉守今秦太上君未有尊諡陵寢孤立卽秦君名宜上終稱兼設埽衞以慰情典請上尊諡曰孝穆權置園邑三十戶立長丞奉守太后從之封國珍繼室梁氏爲趙平郡君元乂妻拜爲女侍中封新平郡君又從封馮翊君國珍子祥妻長安縣公主卽清河王懌女也國珍年雖篤老而雅敬佛法時事潔齋自禮拜至於出入侍從猶能跨馬據鞍神龜元年四月七日步從所建佛像發第至閶闔門四五里八日又立觀像晚乃肯坐勞熱增甚因遂寢疾靈太后親侍藥膳十二日薨年八十給東園溫明祕器五時朝服各一具衣一襲贈布三千匹錢一百萬蠟千斤大鴻臚持節監護喪事太后還宮成服於九龍殿遂居九龍寢室明帝服小功服舉哀於太極東堂又詔自始薨至七七皆爲設千僧齋齋令七人出家百日設萬人齋二七人出家先是巫覡言將有凶勸令爲厭勝法國珍拒而不從云吉凶有定分唯脩德以禳之臨死與太后訣云母子善臨天下殷勤至於再三又及其子祥云我唯有一子死後勿如比來以威抑之靈太后以其好戲時加威訓國珍故以爲言始國珍欲就祖父西葬舊鄉後緣

前世諸胡多在洛葬有終洛之心崔光嘗對太后前問國珍云國公萬年後爲在此安厝爲歸長安國珍言當陪葬天子山陵及病危太后請以後事竟言還安定語遂惛忽太后問清河王懌與崔光等議去留懌等皆以病亂請從先言太后猶記崔光昔與國珍言遂營墓於洛陽太后雖外從衆議而深追臨終之語云我公之遠慕二親亦吾之思父母也追崇假黃鉞使持節侍中相國都督中外諸軍事太師領太尉公司州牧制號太上秦公加九錫葬以殊禮給九旒鑾輅虎賁班劒百人前後部羽葆鼓吹轀輬車謚曰文宣公賜物三千段粟一千五百石又詔贈國珍祖父父兄下逮從子皆有封職持節就安定監護喪事靈太后迎太上君神柩還第與國珍俱葬贈襚一與國珍同及國珍神主入廟詔太常權給以軒縣之樂六佾之舞初國珍無男養兄眞子僧洗爲後後納趙平君生子祥字元吉襲封故事世襲例皆減邑唯祥獨得全封趙平君薨給東園祕器明帝服小功服舉哀于東堂靈太后服齊衰朞葬於太上君墓左不得祔合祥歷位殿中尚書中書監侍中改封平涼郡公薨贈開府儀同三司雍州刺史謚曰孝景僧洗字湛輝封爰德縣公位中書監侍中改封濮陽郡公僧洗自永安後廢棄不預朝政天平四年薨詔給東園祕器贈太師太尉公錄尚書事雍州刺史謚曰孝眞長子盛字惠歸襲國珍先爵改爲臨涇伯後進爲公歷岐涇二州刺史卒謚曰孝穆女爲清河王亶妃生孝靜皇帝武定初贈太師太尉公錄尚書事謚曰孝昭子虔字僧敬元乂之廢靈太后虔時爲千牛備身與備身張車渠等謀乂事發乂殺車渠等虔坐遠徙靈太后反政徵爲吏部郎中太后好以家人禮與親族宴戲虔嘗致諫由是後宴謔多不預焉出爲涇州刺史封安陽縣侯興和三年以帝元舅超遷司空公薨贈太傅太尉公尚書僕射徐州刺史謚曰宣葬日百官會葬乘輿送於郭外子長粲仕齊累遷章武太守爲政清靜頗得民和除兼并省尚書左丞當官正色無所迴避尚書左僕射趙彥深密勿樞要中書舍人裴澤便轄左右以殿門受拜皆彈糾之彥深等頗有恨言長粲不以介意後主踐阼長粲被勅與黃門馮子琮出入禁中專典敷奏武成還鄴後主在晉陽長粲仍受委留後後主從武成還鄴仍勅在京省判度支尚書監議五禮武成崩與領軍婁定遠錄尚書趙彥深左僕射和士開高文遙領軍綦連猛高阿那肱僕射唐邕同知朝政時人號爲八貴於後定遠文遙並出唐邕專典外兵綦連猛阿那肱則總武任長粲常在左右兼宣詔令從幸晉陽後主富於春秋庶事皆相歸委長粲盡心毗奉甚得名譽又正爲侍中丁母憂給假馳驛奔喪尋有詔起復前任隴東王長仁心欲入處機要之地爲執政不許長仁疑長粲通謀大以爲恨遂言於太后發其陰私請出爲州太后爲言於後主後主不得已從焉除趙州刺史及辭長粲眷戀流涕後主亦惘然慰勉之至州存心政事爲吏民所懷因沐髮手不得舉失瘖卒後主聞而傷悼在朝文武嗟嘆咸惜之贈司空公尚書左僕射瀛州刺史謚文貞公長粲性溫雅在官清潔但始居要密便爲子叔泉取清河崔德儉女爲妻在晉陽處分用妻弟王遜與德儉對爲司徒主簿時論以此譏之又性好內有一侍婢其妻王驕妬手刺殺之爲此忿恨數年不相見親表爲之語曰自我不見于今三年後納妾李氏又與王別宅亦無朝拜之禮蓋婦公孫氏已殺三夫長粲不信彊取之令與李氏同住未朞而亡子仲操位陳留太守次叔泉通直散騎侍郎先是望氣者上言太白食昴法當大赦和士開奏聞詔降罪人以應之尚書左僕射徐之才諳練往事語士開曰天垂象見吉凶有成災者有不成災者案昴趙分或可趙地有災古者王侯各在封邑故分野有災當其君長今吾等虛名竟不之國刺史專令一境善惡所歸比來多以刺史爲驗未幾而長粲死焉盛弟盛字歸興位左衛將軍賜爵江陽男歷幽瀛二州刺史爲政清靜民吏懷之轉冀州刺史卒贈司徒公錄尚書事定州刺史追封陽平郡公謚曰懿穆明帝後納其女爲皇太后舅皇甫集妻集字元會一字文都安定朝那人封涇陽縣公位儀同三司雍州刺史右衛大將軍贈侍中司空公謚曰靜集弟度字文亮封安縣公累遷尚書左僕射領左衛將軍度頑薇每與人言自稱僕射時人方之毛嘉正光初元乂出之爲都督瀛州刺史度不願出頻表固辭乃除右光祿大夫孝昌元年爲司空領軍將軍加侍中元乂之見出也恐朝夕誅滅度與妻陳氏多納其貨爲之左右度無子養兄集子子熙爲子子熙娉趙郡太守裴他女他還京師度問他外何消息他曰行路所聞唯道明公多取元乂金帛遠近無不慨歎公宜戮此罪人以謝天下陳氏聞而惡之又攝吏部事遷司徒兼尚書令不拜尋轉太尉孜孜營利老而彌甚遷授之際皆自請乞靈太后知其無用以舅氏難違之然所歷官最爲貪蠹爾朱榮入洛西奔兄子華州刺史邕尋與邕爲人所殺

楊騰弘農人文帝之舅也父貴瑱邪郡守封華陰男騰
妹爲京兆王愉妃故騰得處貴游景明初襲爵後爲襄
城太守甚有聲稱文帝卽位位開府儀同三司出鎭河
東薨贈司空雍州刺史謚曰貞襄子盛
乙弗繪河南洛陽人文帝皇后之兄也文帝卽位開府
儀同三司侍中中書監魏昌縣公又爲吏部尙書

北齊

趙猛太安狄那人也姊爲文穆皇帝繼室生趙郡公琛
猛性方直頗有器幹齊神武舉義以預義勳封信都縣
伯累遷南營州刺史卒贈司空公
胡長仁字孝隆安定臨涇人武成皇后長兄也父延之
魏中書令兗州刺史太寧中贈司空公長仁以內戚歷
位尙書左僕射尙書令及武成崩參預朝政封隴東郡
王左丞鄒孝裕郎中陸仁惠盧元亮厚相結託長仁每
上省孝裕必方駕而來省務旣繁簿案堆積令史欲諮
郡坐者日有百數孝裕屏人私請朝退亦相隨仁惠元
亮又伺閑而往停斷公事人號爲三佞長仁私游交密
處處追尋孝裕勸其求進和士開深疾之於是除孝裕
爲章武郡守元亮爲淮南郡守仁惠爲幽州長史孝裕
又說長仁曰王陽臥疾和士開必來王因而殺之入見
太后不過百日失官便代其處士開知其謀更從孝裕
爲北營州建德郡守長仁每干執事求爲領軍將相文
武以主上富於春秋母后家不可專政故抑而不許以
本官攝選長仁性好威福意猶未盡先是尙書胡長粲
奏事內省長仁疑粲聞已苦請太后出之天統五年從
駕自幷還鄴夜發滏口帝以夜漏尙早停於路傍長仁
後來謂是從行諸貴遂遣門客程牙馳驛呼問帝遣中
尙食陳德信問是何人牙不答而走帝命左右追射之
旣而捉獲因令壯士撲之決馬鞭二百牙一宿便死士
開因此遂令德信列長仁倚親驕豪無畏憚由是除齊
州刺史及辭於昭陽列仗引見長仁不敢發語唯泣涕
橫流到任啟求暫歸所司不爲奏長仁怨憤謀令冀州
人李揩觽刺和士開其弟長咸告之士開密與祖孝徵
議之孝徵引漢文帝殺薄昭爲故事於是勑遣張固劉
桃枝馳驛詣齊州責長仁謀害宰輔遂賜死先是太白
食昴占者曰昴爲趙分不利胡王長仁未幾死長仁性
好歌舞飲酒至數斗不亂自至齊州每進酒後必長歎
歔欷流涕不自勝左右莫不怪之尋而後主納長仁女
爲后重加贈長仁子君璧襲爵隴東王君璧弟君璋及
長仁弟長雍等前後七人並賜爵合門貴盛后廢後稍
稍黜退焉

隋

高祖外家呂氏其族蓋微不齊之後求訪不知所在至
開皇初濟南郡上言有男子呂永吉自稱有姑字苦桃
嫁爲楊忠妻勘驗知是舅子始追贈外祖雙周爲上柱
國太尉八州諸軍事青州刺史封齊郡公謚曰敬外祖
母姚氏爲齊敬公夫人詔並改葬於齊州立廟置守冢
以永吉襲爵留在京師及大業中授上黨郡太守性識
庸劣職務不理後去官不知所終永吉從父道貴性尤
頑騃言詞陋鄙初自鄉里徵入長安上見之悲泣道貴
略無戚容但連呼帝名云種末定不可偷大似苦桃姊
後以數犯忌諱動致違忤上甚恥之乃命高熲厚加供
給不許接對朝士拜上儀同出爲濟南太守令郎之任
斷其入朝道貴還至本郡頗自崇重每與人言自稱皇
舅數將儀衛出入閭里從故人游宴庶僚咸苦之後郡
廢終于家子孫無聞焉
獨孤羅字羅仁雲中人也其先爲部落大人父信周大
宗伯衛國公自有傳初信隨魏孝武入關中羅遂爲高
氏所囚及信爲宇文護所誅羅始見釋寓居中山孤貧
無以自給齊將獨孤永業以宗族故哀之爲買田宅遺
以資蓄信入關後復娶二妻郭氏生子六人善穆藏順
陁整崔氏生高祖獻皇后及齊亡高祖爲定州總管獻
皇后遣人求羅得之相見悲不自勝侍御者皆泣於是
厚遺車馬財物未幾周武帝以羅功臣子久淪異域徵
拜楚安郡太守以疾去官歸京師諸弟見羅少長貧賤
每輕侮不以兄禮事之羅性長者亦不與諸弟校競長
短后由是重之高帝爲丞相拜羅儀同嘗置左右旣受
禪詔追贈羅父其諸弟以羅母沒齊先無天人號不當
承襲上以問后后曰羅誠嫡長不可誣也於是襲爵趙
國公以其弟善爲河內郡公穆爲金泉縣公藏爲虎牢
縣公陁爲武喜縣公整爲千牛備身擢拜羅爲左領將
軍遷左衞將軍前後賞賜不可勝計出爲涼州總管進
位上柱國徵拜左武衞大將軍煬帝嗣位改封蜀國公
未幾卒官謚曰恭子纂嗣位河陽都尉纂弟武都大業
末爲河陽都尉庶長子開遠宇文化及之弑逆也裴虔
通率賊入成象殿宿衞兵士皆從逆開遠時爲千牛與
獨孤盛力戰閤下爲賊所執賊義而捨之善字伏陁幼
聰慧善騎射以父勳封魏寧縣公魏廢帝元年又以父
勳授驃騎大將軍開府儀同三司加侍中進爵長城郡
公周孝閔帝踐阼除河州刺史以父負釁久廢於家保
定三年乃授龍州刺史天和六年襲爵河內郡公從帝

東征以功授上開府尋除兖州刺史政在簡惠百姓安之卒於州贈使持節柱國五州諸軍事定州刺史子寬嗣位右候衛大將軍大業末卒陁字黎邪仕周胥附上士坐父徙蜀十餘年宇文護誅始歸長安其外祖母高氏先事猫鬼巳殺其舅郭沙羅因轉入其家上微聞而不信會獻皇后及楊素妻鄭氏俱有疾召醫視之皆曰此猫鬼疾上以陁后之異母弟陁妻楊素之異母妹由是意陁所爲陰令其兄左監門郎將穆以情喻之上又遣左右諷陁陁言無有上不悅左轉遷州刺史出怨言上令左僕射高熲納言蘇威大理正皇甫孝緖大理丞楊遠等雜按之陁婢徐阿尼言本從陁母家來常事猫鬼每以子日夜祀之言子者鼠也其猫鬼每殺人所死家財物潛移於畜猫鬼家陁嘗從家中索酒其妻曰無錢可酤陁因謂阿尼曰可令猫鬼向越公家使我足錢阿尼便呪之居數日猫鬼向素家後上初從并州還陁於園中謂阿尼曰可令猫鬼向皇后所使多賜吾物阿尼復呪之遂入宮中楊遠乃於門下外省遣阿尼呼猫鬼阿尼於是夜中置香粥一盆以匙扣而呼曰猫女可來無住宮中久之阿尼色正青若被牽拽者云猫鬼巳至上以其事下公卿奇章公牛弘曰祆由人興殺其人可以絕矣上令犢車載陁夫妻將賜死於其家陁弟司勳侍中整詣闕求哀於是免陁死除名以其妻楊氏爲尼先是有人訟其母爲人猫鬼所殺者上以爲祆妄怒而遣之及此詔誅被訟行猫鬼家陁未幾而卒煬帝卽位追念舅氏聽以禮葬乃下詔贈正議大夫帝意猶不巳復贈銀青光祿大夫二子延福延壽陁弟整位幽州刺史大業初贈金紫光祿大夫平鄉侯

通志卷一百六十五

通志卷一百六十六

宋右迪功郎鄭樵漁仲撰

忠義傳第一

晉史始立忠義傳後魏曰節義隋曰誠節今總曰忠義

魏 魏不立此傳今取典韋等四人以爲編
典韋 龐悳 龐淯母娥 閻溫 張恭子就

晉
嵇紹從子含 王豹 劉沈 麴允焦嵩 賈渾 王育
韋忠 辛勉族弟賓 劉敏元 周該叔父級 桓雄 韓階 周崎 易雄 樂道融 虞悝 沈勁 吉挹祖朗 王諒 宋矩 車濟 丁穆 辛恭靖 羅企生 張禕

宋 宋不立此傳以龔顥張進之卜天與三人附孝義今析置此仍取袁淑袁粲二人冠之于首
袁淑 袁粲子最 莫嗣祖 龔顥 張進之 卜天與子伯宗 弟天生 朱道欽 陳滿

齊 齊不立此傳以邱冠先附孝義今析置此又取張沖一傳附于其下
邱冠先 張沖房僧寄

梁 梁不立此傳今檢張嵊等四人爲編
張嵊 江子一 沈峻 韋粲

陳 陳不立此傳今以魯廣達充之
魯廣達楊孝辯

後魏
于簡 段進 汲固 王元威 婁提 劉渴侯
朱長生于提 晁清 劉侯仁 王榮世鄧元興 胡小彪 孫道登宗靈恩 宗女 郭琰 沓龍超 乙速孤佛保

周 周書有孝節傳以李棠杜叔毗爲編今析杜叔毗列在孝友復取柳檜一人與李棠置於此
李棠 柳檜

隋
劉弘 游元 馮慈明 張須陀 楊善會 獨孤盛 盧楚元文都 劉子翊 堯君素 陳孝意張季珣 季珣弟仲琰 仲琰弟幼琮 杜仲贇

魏 魏不立此傳今取典韋等四人以爲編

典韋陳留己吾人也形貌魁梧旅力過人有志節任俠襄邑劉氏與睢陽李永爲讎韋爲報之永故富春長備衞甚謹韋乘車載雞酒僞爲候者門開匕首入殺永并殺其妻徐出取車上刀戟步出永居近市一市盡駭追者數百莫敢近行四五里遇其伴轉戰得脫由是爲豪傑所識初平中張邈舉義兵韋爲士屬司馬趙寵牙門旗長大人莫能勝韋一手建之寵異其材力後屬夏侯惇數斬首有功拜司馬太祖討呂布於濮陽布有別屯在濮陽西四五十里太祖夜襲其屯比明破之未及還會布救兵至三面掉戰時布身自搏戰自旦至日昳數十合相持急太祖募陷陣韋先占將應募者數十人皆重衣兩鎧棄楯但持長矛撩戟時西面又急韋進當之賊弓弩亂發矢至如雨韋不視謂等人曰虜來十步乃白之等人曰十步矣又曰五步乃白等人懼疾言虜至矣韋手持十餘戟大呼起所抵無不應手倒者布衆退會日暮太祖乃得引去拜韋都尉引置左右將親兵數百人常繞太祖帳韋既壯武其所將皆選卒每戰鬭韋先登陷陣遷爲校尉性忠至謹重常晝立侍終日夜宿帳左右稀歸私寢好酒食飲噉兼人每賜食於前大飲長歠左右相屬數人益乃供太祖壯之韋好持大雙戟與長刀等軍中爲之語曰帳下壯士有典君提一雙戟八十斤太祖征荊州至宛張繡迎降太祖大悅延繡及其將帥置酒高會太祖行酒韋持大斧立後刃徑尺太祖所至之前韋輒舉斧目之竟酒繡及其將帥莫敢仰視後十餘日繡反襲太祖營太祖出戰不利輕騎引去韋戰於門中賊不得入兵遂散從他門並入時韋校尚有十餘人皆殊死戰無不一當十賊前後至稍多韋以長戟左右擊之一叉入輒十餘矛摧左右死傷者略盡韋被數十創短兵接戰賊前搏之韋雙挾兩賊擊殺之餘賊不敢前韋復突賊殺數人創重發瞋目大罵而死賊乃敢前取其頭傳觀之覆軍就視其軀太祖退住舞陰聞韋死爲流涕募聞取其喪親自臨哭之遣歸葬襄邑拜子滿爲郎中車駕每過常祀以中牢太祖思韋功拜滿爲司馬引自近文帝卽王位以滿爲都尉賜爵關內侯

龐悳字令明南安狟道人也少爲郡吏州從事初平中從馬騰擊反羌叛氐數有功稍遷至校尉建安中太祖討袁譚尚於黎陽譚遣郭援高幹等略取河東太祖使鍾繇率關中諸將討之悳隨騰子超拒援幹於平陽悳爲軍鋒進攻援幹大破之親斬援首拜中郎將封都亭侯後張白騎叛於弘農悳復隨騰征之破白騎於兩殽閒每戰常陷陣卻敵勇冠騰軍後騰徵爲衞尉悳留屬超太祖破超於渭南悳隨超亡入漢陽保冀城後復隨超奔漢中從張魯太祖定漢中悳隨衆降太祖素聞其驍勇拜立義將軍封關門亭侯邑三百戶侯音衞開等以宛叛悳將所領與曹仁共攻拔宛斬音開遂南屯樊討關羽於樊下諸將以悳兄在漢中頗疑之悳常曰我

受國恩義在効死我欲身自擊羽今年我不殺羽羽當殺我後親與羽交戰射羽中額悳常乘白馬羽軍謂之白馬將軍皆憚之仁使悳屯樊北十里會天霖雨十餘日漢水暴溢樊下平地五六丈悳與諸將避水隄上羽乘船攻之以大船四面射隄上悳乃被甲持弓箭不虛發將軍董衡部曲將董超欲降悳皆收斬之自平旦力戰至日過中羽攻益急矢盡短兵接戰悳謂督將成何曰吾聞良將不怯死以苟免烈士不毀節以求生今日我死日也戰益怒氣益壯而水浸盛吏士皆降悳與麾下將一人伍伯二人彎弓傅矢乘小船欲還仁營水盛船覆失弓矢獨抱船覆水中爲羽所得立而不跪羽謂曰卿兄在漢中我欲以卿爲將不早降何爲悳罵羽曰豎子何謂降也魏王帶甲百萬威振天下汝劉備庸才耳豈能敵邪我寧爲國家鬼不爲賊將也遂爲羽所殺太祖聞而悲之爲之流涕封其二子爲列侯文帝即王位乃遣使就悳墓賜諡策曰昔先軫喪元王蠋絕脰隕身徇節前代美之惟侯戎昭果毅蹈難成名聲溢當時義高在昔寡人愍焉諡曰壯侯又賜子會等四人爵關內侯邑各百戶會勇烈有父風官至中衞將軍封列侯

龎淯字子異酒泉表是人也初以涼州從事守破羌長會武威守張猛反殺刺史邯鄲商猛令曰敢有臨商者死不赦淯聞之棄官奔走號哭喪所訖詣猛門衷匕首欲因見以殺猛猛知其義士勑遣不殺由是以忠烈聞太守徐揖請爲主簿後郡人黃昂反圍城淯棄妻子夜踰城出圍告急於張掖敦煌二郡初疑未肯發兵淯欲伏劍二郡感其義遂爲興兵軍未至而郡城邑已陷揖死淯乃收斂揖喪送還本郡行服三年太祖聞之辟爲掾屬文帝踐阼拜駙馬都尉遷西海太守賜爵關內侯後徵拜中散大夫薨子曾嗣初淯外祖父趙安爲同縣李壽所殺淯舅兄弟三人同時病死壽家喜淯母娥爲父報讎白日刺殺壽在列女傳

閻溫字伯儉天水西城人也以涼州別駕守上邽令馬超亡奔上邽郡人任養等舉衆迎之溫止之不能禁乃馳還州超復圍州所治冀城甚急州乃遣溫密出告急於夏侯淵賊圍數重溫夜從水中潛出明日賊見其跡遣人追遮之於顯親界得溫執還詣超超解其縛謂曰今成敗可見足下爲孤城請救而執於人手義何所施若從吾言反謂城中東方無救此轉禍爲福之計也不然今爲戮矣溫僞許之超乃載溫詣城下溫向城大呼曰大軍不過三日至勉之城中皆泣稱萬歲超怒數之曰足下不爲命計邪溫不應時超攻城久不下故徐誘溫冀其改意復謂溫曰城中故人有欲與吾同者不溫又不應遂切責之溫曰夫事君有死無貳而卿乃欲令長者出不義之言吾豈苟生者乎超遂殺之先是河右擾亂隔絕不通敦煌太守馬艾卒官府又無丞功曹張恭素有學行郡人推行長史事恩信甚著乃遣子就東詣太祖請太守時酒泉黃華張掖張進各據其郡欲與恭并勢就至酒泉爲華所拘執劫以白刃就終不回私與恭疏曰大人率勵敦煌忠義顯然豈以就在困厄之中而替之哉昔樂羊食子李通覆家經國之臣寧懷妻孥邪今大軍垂至但當促兵以掎之耳願不以下流之愛使就有恨於黃壤也恭即遣從弟華攻酒泉沙頭乾齊二縣恭又連兵尋繼華後以爲首尾之援別遣鐵騎二百迎吏官屬東緣酒泉北塞徑出張掖北河逢迎太守尹奉於是張進須黃華之助華欲救進西顧恭兵恐急擊其後遂詣金城太守蘇則降就竟平安奉得之官黃初二年下詔褒揚賜恭爵關內侯拜西域戊已校尉數歲徵還將授以侍臣之位而以子就代焉恭至燉煌固辭疾篤太和中卒贈執金吾就後爲金城太守父子著稱於西州

晉

嵇紹字延祖魏中散大夫康之子也十歲而孤事母孝謹以父得罪靖居私門山濤領選啓武帝曰康誥有言父子罪不相及嵇紹賢侔郤缺宜加旌命請爲祕書郎帝謂濤曰如卿所言乃堪爲丞何但郎也乃發詔徵之起家爲祕書丞紹始入洛或謂王戎曰昨於稠人中始見嵇紹昂昂然若野鶴之在雞羣戎曰君復未見其父耳累遷汝陰太守尚書左僕射裴頠亦深器之每曰使延祖爲吏部尚書可使天下無復遺才矣沛國戴晞少有才智與紹從子含相友善時人許以遠致紹以爲必不成器晞後爲司州主簿以無行被斥州黨稱紹有知人之明轉豫章內史以母憂不之官服闋拜徐州刺史時石崇爲都督性雖驕奢而紹將之以道崇甚親敬之後以長子喪去職元康初爲給事黃門侍郎時侍中賈謐以外戚之寵年少居位潘岳杜斌等皆附託焉謐求交於紹紹距而不答及謐誅紹時在省以不阿比凶族封弋陽子遷散騎常侍領國子博士太尉廣陵公陳準薨太常奏諡紹駮曰諡號所以垂之不朽大行受大名細行受細名文武顯於功德幽厲表於闇蔽自頃禮官協情諡不依本準諡爲過宜諡曰繆事下太常時雖不從朝廷憚焉趙王倫篡位署爲侍中惠帝復阼遂居其

駮司空張華爲倫所誅議者追理其事欲復其爵位紹又駮之曰華歷位内外雖粗有善事然闔棺之責著于遠近兆禍始亂華實爲之故鄭討幽公之亂斵子家之棺魯戮隱罪終篇貶翬未忍重戮事已弘矣謂不宜復其爵位理其無罪時帝初反正紹又上疏曰臣聞改前轍者則車不傾革往弊者則政不爽太一統於元首百司役於多士故周文興於上成康穆於下也存不忘亡易之善義願陛下無忘金墉大司馬無忘潁上大將軍無忘黄橋則禍亂之萌無由而兆矣齊王冏既輔政驕奢滋甚紹以書切諫之冏雖謙順以報其意然卒不能用紹嘗詣冏諮事遇冏宴會召董艾葛旟等共論時政艾言於冏曰嵇侍中善於絲竹公可令操之左右進琴紹推不受冏曰今日爲歡卿何吝此邪紹對曰公匡復社稷當軌物作則垂之於後紹雖虚鄙忝備常伯腰紱冠冕鳴玉殿省豈可操執絲竹爲伶人之事若釋公服從私宴所不敢辭也冏大慙艾等不自得而退頃之以公事免冏以爲左司馬旬日冏被誅初兵交紹奔散赴宮有持弩在東閣下者將射之遇有殿中將兵蕭隆見紹姿容長者疑非凡人輒前拔箭於此得免遂還滎陽舊宅尋徵爲御史中丞未拜復爲侍中河間王顒成都王穎舉兵向京都以討長沙王乂大駕次于城東乂宣言於衆曰今日西討欲誰爲都督乎六軍之士皆曰願嵇侍中戮力前驅死猶生也遂拜紹使持節平西將軍屬乂被執紹復爲侍中公王以下皆詣鄴謝罪於穎紹等咸見廢黜免爲庶人尋而朝廷復有北征之役徵紹復其爵位紹以天子蒙塵承詔馳詣行在所值王師敗績於蕩陰百官及侍衛者莫不潰散惟紹儼然端冕以身捍衛兵交御輦飛箭雨集紹遂被害於帝側血濺御服天子深哀歎之及事定左右欲浣衣帝曰此嵇侍中血勿去初紹之行也侍中秦準謂曰今日向難卿有佳馬否紹正色曰大駕親征以正伐逆理必有征無戰若使皇輿失守臣節有在駿馬何爲聞者莫不歎息及張方逼帝遷長安河間王顒表贈紹司空進爵爲公會帝還洛陽事遂未行東海王越屯許路經滎陽過紹墓哭之悲慟刊石立碑又表贈官爵帝乃遣使冊贈侍中光祿大夫加金章紫綬進爵爲侯賜墓田一頃客十戸祠以少牢元帝爲左丞相承制以紹死節事重而贈禮未副勳德更表贈太尉祠以太牢及帝即位賜謚曰忠穆復加太牢之祠紹誕於行已不飾小節然曠而有檢通而不雜與從子含等五人共居撫恤如所同生門人故吏思慕遺愛行服墓次畢三年者三十餘人長子眕有父風早卒以從孫翰襲封成帝時追述紹忠以翰爲奉朝請翰以無兄弟自表還本宗太元中孝武帝詔訪紹宗族襲爵主祀於是復以翰孫曠爲弋陽侯含字君道祖喜徐州刺史父蕃太子舍人含好學能屬文家在鞏縣亳邱自號亳邱子門曰歸厚之門室曰慎終之室楚王瑋辟爲掾瑋誅坐免舉秀才除郎中時弘農王粹以貴公子尚主館宇甚盛圖莊周於室廣集朝士使含爲之讚含援筆爲弔文文不加點其序曰帝壻王弘遠華池豐室廣延賢彥圖莊生垂綸之像記先達辭聘之事畫眞人於刻桷之室載退士於進趣之堂可謂託非其所可弔不可讚也其辭曰邁矣莊周天縱特放大塊授其生自然資其量器虚神清窮元極曠人僞俗季眞風既散野無訟屈之聲朝有爭寵之嘆上下相陵長幼失貧於是借元虚以助溺引道德以自獎戸詠恬曠之辭家畫老莊之像今王生沉淪名利身尚帝女連耀三光有出無處池非巖石之溜宅非茅茨之宇馳屈產於皇衢畫茲像其焉取嗟乎先生高跡何局生處巖岫之居死寄雕楹之屋託非其所沒其餘辱悼大道之湮晦遂含悲而吐曲粹有愧色齊王冏辟爲征西參軍襲爵武昌縣侯長沙王乂召爲驃騎記室督尚書郎乂與成都王穎交戰穎軍轉盛尚書郎旦出督戰夜還理事含言於乂曰昔魏武每有軍事增置掾屬青龍二年尚書令陳矯以有軍務亦奏增郎今奸逆四逼王路擁塞倒懸之急不復過此但居曹理事尚須增郎況今都官中騎三曹晝出督戰夜還理事一人兩役内外廢之含謂今有十萬人都督各有主帥推轂授綏委付大將不宜復令臺僚雜與其間乂從之乃增郎及令史懷帝爲撫軍將軍以含爲從事中郎惠帝北征轉中書侍郎及蕩陰之敗含走歸滎陽永興初除太弟中庶子西道阻閡未得應召范陽王虓爲征西將軍屯許昌復以含爲從事中郎卒授振威將軍襄城太守虓爲劉喬所破含奔鎮南將軍劉弘於襄陽弘待以上賓之禮含性通敏好薦達賢才常欲奬趙武之謚加臧文之罪屬陳敏作亂江揚震蕩南越險遠而廣州刺史王毅病卒弘表含爲平越中郎將廣州刺史假節未發會弘卒時或欲留含領荊州含性剛躁素與弘司馬郭勱有隙勱疑含將爲己害夜掩殺之時年四十四懷帝即位謚曰憲

王豹順陽人也少而抗直初爲豫州別駕齊王冏爲大司馬以豹爲主簿冏驕縱失天下心豹致牋於冏曰豹伏思晉政漸缺始自元康以來宰相在位未有一人獲

終乃事勢使然未爲輒有不善也今公剋平禍亂安國定家故復因前傾覆之法尊中間覆車之轍欲冀長存非所敢聞今河間樹根於關右成都盤桓於舊魏新野大封於江漢三面貴王各以方剛彊盛並典戎馬處險害之地且明公興義討逆功蓋天下聖德光茂名振當世今以難賞之功挾震主之威獨據京都專執大權進則亢龍有悔退則蒺藜生庭冀此求安未知其福敢以淺見陳寫愚情昔武王伐紂封建諸侯爲二伯自陝以東周公主之自陝以西召公主之及至其末霸國之世不過數州之地四海彊兵不敢入關九鼎所以然者天下習於所奉故也今誠能尊用周法以成都爲北州伯統河北之王侯明公爲南州伯以攝南土之官長各因本職出居其方樹德於外盡忠於內歲終率所領而貢於朝簡良才命賢儁以爲天子百官則四海長寧萬國幸甚明公之德當與周召同其至美危敗路塞社稷可保願明公思高祖納婁敬之策悟張良躡足之謀遠臨深之危保泰山之安若合聖思宛許可都也書入無報豹重牋曰昔周公以武王爲兄成王爲君伐紂有功以親輔政執德弘深聖思博遠至忠至仁至孝至敬而攝事之日四國流言離主出奔居東三年賴風雨之變成王感悟若不遭皇天之應神人之察恐公旦之禍未知所恨也至於執政猶與召公分陝爲伯今明公自視功德孰如周公且元康以來宰相之患危機竊發不及容思密禍潛起輒在呼噏豈復晏然得全生計前鑒不遠公所親見也君子不有遠慮必有近憂憂至乃悟悔無所及也今若從豹此策皆遣王侯之國北與成都分河爲伯成都在鄴明公都宛寬方千里以與圻內侯伯子男小大相率結好要盟同獎皇家貢御之法一如周典若合聖規可先旨與成都共論雖以小才願備行人昔厮養燕趙之微者耳百里奚秦楚之商人也一開其說兩國以寧況豹雖陋大州之綱紀加明公起事險難之主簿也故身雖輕其言未必否也冏令曰得前後白事具意輒別思量也會長沙王乂至於冏案上見豹牋謂冏曰小子離間骨肉何不銅駝下打殺冏既不能嘉豹之策遂納乂言乃奏豹曰臣忿姦凶肆逆皇祚傾墜與成都長沙新野共興義兵安復社稷唯欲勠力皇家與親親宗室腹心從事此臣夙夜自誓無負神明而主簿王豹比有白事敢造異端謂臣忝備宰相必遘危害慮在一旦不祥之聲可蹻足而待欲臣與成都分陝爲伯盡出藩王上誣聖朝鑒御之威下長妖惑疑阻眾心噂𠴲背憎巧賣百端訕上謗下讒內間外遘惡導姦坐生猜嫌昔孔丘匡魯而誅少正子產相鄭先戮鄧析誠以交亂名實若趙高詭怪之類也豹爲臣不忠不順不義輒敕都街考竟以明邪正豹將死曰懸吾頭大司馬門見兵之攻齊也眾庶冤之俄而冏敗

劉沈字道真燕國薊人也世爲北州名族少仕州郡博學好古太保衛瓘辟爲掾領本邑大中正敦儒道愛賢能進霍原爲二品及申理張華皆辭旨明峻爲當時所稱齊王冏輔政引爲左長史遷侍中于時李流亂蜀詔沈以侍中假節統益州刺史羅尚梁州刺史許雄等以討流行次長安河間王顒請留沈爲軍司遣席薳代之後領雍州刺史及張昌作亂詔顒遣沈將州兵萬人并征西府五千人自藍田關以討之顒不奉詔沈自領州兵至藍田顒又逼奪其眾長沙王乂命沈將武吏四百人還州張方既逼京都王師屢敗王瑚祖逖言於乂曰劉沈忠義果毅雍州兵力足制河間宜啟上詔與沈使發兵襲顒顒窘急必召張方以自救此計之良也乂從之沈奉詔馳檄四境合七郡之眾及守防諸軍塢壁甲士萬餘人以安定太守衙博新平太守張光安定功曹皇甫澹爲先登襲長安顒時頓于鄭縣之高平亭爲東軍聲援聞沈兵起還鎮渭城遣督護虞夔率步騎萬餘人逆沈於好時接戰夔眾敗顒大懼退入長安果急呼張方沈渡渭而壘顒每遣兵出關輒不利沈乘勝攻之使澹博以精甲五千從長安門而入力戰至顒帳下沈軍來遲顒軍見澹等無繼氣益倍馮翊太守張輔率眾救顒橫擊之大戰於府門博父子皆死之澹又被擒顒奇澹壯勇將活之澹不爲之屈於是見殺沈軍遂敗率餘卒屯于故營張方遣其將敦偉夜至沈軍大驚而潰與麾下百餘人南遁爲陳倉令所執沈謂顒曰夫知己之顧輕在生之節重不可違君父之詔量彊弱以苟全投袂之日期之必死菹醢之戮甘之如薺辭義慷慨見者哀之顒怒鞭之而後腰斬有識者以顒干上犯順虐害忠義知其滅亡不久也

麴允金城人也與游氏世爲豪族西州爲之語曰麴與游牛羊不數頭南開朱門北望青樓洛陽傾覆閻鼎等立秦王爲皇太子於長安鼎總攝百揆允時爲安夷護軍始平太守心害鼎功且規權勢因鼎殺京兆太守梁綜乃與綜弟馮翊太守緯等攻鼎走之會雍州刺史賈疋爲屠各所殺允代其任愍帝卽尊位以允爲尚書左僕射領軍持節西戎校尉錄尚書事雍州如故時劉曜殷凱趙染數萬眾逼長安允擊破之擒凱於陣曜復攻

北地允爲大都督驃騎將軍次于青白城以救之曜聞而轉寇上郡允軍于靈武以兵弱不敢進曜後復圍北地太守麴昌遣使求救允率步騎赴之去城數十里羣賊繞城放火煙塵蔽天縱反閒詐允曰郡城已陷焚燒向盡無及矣允信之衆懼而潰後數日麴昌突圍赴長安北地遂陷允性仁厚無威斷吳皮王隱之徒無賴凶人皆加重爵新平太守竺恢始平太守楊像扶風太守竺爽安定太守焦嵩皆征鎭杖節加侍中常侍村塢主帥小者猶假銀青將軍之號欲以撫結衆心然諸將驕恣恩不及下人情頗離由是羌胡因此跋扈關中淆亂劉曜復攻長安百姓飢甚死者大半久之城中窘逼帝將出降歎曰誤我事者麴索二公也帝至平陽爲劉聰所幽辱允伏地號哭不能起聰大怒幽之於獄允發憤自殺聰嘉其忠烈贈車騎將軍諡節愍侯焦嵩安定人初率衆據雍曜之逼京都允告難於嵩嵩素侮允曰須允困當救之及京都敗嵩亦尋爲寇所滅

賈渾不知何郡人也太安中爲介休令及劉淵作亂遣其將喬晞攻陷之渾抗節不降曰吾爲晉守不能全之豈苟求生以事賊虜何面目以視息世間哉晞怒執將殺之晞將尹崧曰願將軍舍之以勸事君者晞不聽遂害之

王育字伯春京兆人也少孤貧爲人傭牧羊每過小學必歔欷流涕時有暇節卽折蒲學書忘而失羊爲羊主所責育將鬻己以償之同郡許子章敏達之士也聞而嘉之代育償羊給其衣食使與子同學遂博通經史身長八尺餘鬚長三尺容貌絕異音聲動人子章以兄之子妻之爲立別宅分之資業育受之無愧色然行己任性頗不偶俗及妻喪弔之者不過四五人然皆鄉閭名士太守杜宣命爲主簿俄而宣左遷萬年令杜令王攸詣宣宣不迎之攸怒曰卿往爲二千石吾所敬也今吾儕耳何故不見迎欲以小雀遇我使我畏死鷂乎育執刀叱攸曰君辱臣死自昔而然我府君以非罪黜降如日月之蝕耳小縣令敢輕辱吾君汝謂吾刀鈍邪敢如是乎前將殺之宣懼跣下抱育乃止自此知名司徒王渾辟爲掾除南武陽令爲政清約宿盜逃奔他郡遷并州督護成都王穎在鄴又以育爲振武將軍劉淵之爲北單于育說穎曰劉淵今去育請爲殿下促之不然懼不至也穎然之以育爲破虜將軍淵遂拘之其後以爲太傅

韋忠字子節平陽人也少慷慨有不可奪之志好學博通性不虛諾閉門脩己不交當世每至吉凶親表贈遺一無所受年十三喪父哀慕毀悴杖而後起司空裴秀弔之匍匐號訴哀慟感人秀出而告人曰此子長大必爲佳器歸而命子頠造焉服闋遂廬於墓所頠慕而造之皆託行不見家貧藜藿不充人不堪其憂而忠不改其操頠爲僕射數言之於司空張華華辟之辭病不起人問其故忠曰吾茨簷賤士本無宦情且茂先華而不實裴頠慾而無厭棄典禮而附賊后此豈丈夫之所宜行邪裴常有心託我常恐洪濤蕩岳餘波見漂況可臨尾閭而闚沃焦哉太守陳楚辟爲功曹會山羌破郡楚攜子出走賊射之中三創忠冒刃伏楚以身捍之泣曰韋忠願以身代使君乞諸君哀之亦遭五矢賊相謂曰義士也舍之忠於是負楚以歸後仕劉聰爲鎭西大將軍平羌校尉討叛羌矢盡不屈節而死

辛勉字伯力隴西狄道人也父洪左衛將軍勉博學有貞固之操懷帝世累遷爲侍中及洛陽陷隨帝至平陽劉聰將署爲光祿大夫勉固辭不受聰遣其黃門侍郎喬度齎藥酒逼之勉曰大丈夫豈以數年之命而虧高節事二姓下見武皇帝哉引藥將飲度遽止之曰主上相試耳君眞高士也歎息而去聰嘉其貞節深敬異之爲築室於平陽西山月致酒米勉亦辭而不受年八十卒族弟賓愍帝時爲尙書郎及帝蒙塵於平陽劉聰使帝洗爵行酒欲覩晉臣在朝者意賓起抱帝大哭聰曰前殺庾珉輩故不足爲戒邪引出遂加害焉

劉敏元字道光北海人也厲己脩學不以險難改心好星歷陰陽術數潛心易太元不好讀史常謂同志曰誦書當味義根何爲費功於浮辭之文易者義之源太元理之門能明此者卽吾師之永嘉之亂自齊西奔同縣管平年七十餘隨敏元而西行及滎陽爲盜所劫敏元已免乃還謂賊曰此公孤老餘年無幾敏元請以身代願諸公舍之賊曰此公於君何親敏元曰同邑人也窮窶無子依敏元爲命諸公若欲役之老不堪使若欲食之復不如敏元乞諸君哀也有一賊瞋目叱敏元曰吾不放此公憂不得汝乎敏元奮劍曰吾豈望生邪當殺汝而後死此公窮老神祇尙當哀矜之吾親非骨肉義非師友但以見投之故乞以身代諸大夫慈惠皆有聽吾之色汝何有靦面目而發斯言顧謂諸盜長曰夫仁義何常寧可失諸君子上當爲高皇光武之事下豈失爲陳項乎當取之由道使所過稱詠威德奈何容畜此人以損盛美當爲諸君除此人以成諸君霸王之業前將斬之盜長遽止之而相謂曰義士也害之犯義乃俱

免之後仕劉曜爲中書侍郎太尉長史

周該天門人也性果烈以義勇稱雖不好學而率由名教叔父級爲宜都內史亦忠節士也聞譙王承立義湘州甘卓又不同王敦之舉而書檄不至級謂該曰吾常疾王敦挾陵上之心今稱兵構逆有危社稷之勢譙王宗室之望據方州之重建旗誓衆闘襲武昌甘安南少著勇名士馬器械當今爲盛聞譙王尅期舉義此乃烈士急病之秋吾致死之時也汝其成吾之志中款於譙王乎該欣然奉命潛至湘州與承相見口陳至誠承大悅會王敦遣其將魏乂圍承甚急該乃與湘州從事周崎閒出反命俱爲乂所執考之至死竟不言其故級由是獲免王敦之難

桓雄長沙人也少仕州郡譙王承爲湘州刺史命爲主簿王敦之逆承爲敦將魏乂所執佐吏奔散雄與西曹韓階從事武延並毁服爲僮豎隨承向武昌乂見雄姿貌長者進退有禮知非凡人有畏憚之色因害之

韓階長沙人也性廉謹篤慎爲閭里所敬愛刺史譙王承辟爲議曹祭酒轉西曹書佐及承爲魏乂所執送武昌階與武延等同心隨從在承左右桓雄被害之後二人執志愈固及承遇禍階延親營殯殮送柩還都朝夕哭奠俱葬畢乃還

周崎邵陵人也爲湘州從事王敦之難譙王承使崎求救于外與周該俱爲魏乂偵人所執乂責崎辭情臨以白刃崎曰州將使求援于外本無定指隨時制宜耳乂謂崎曰汝爲我語城中稱大將軍已破劉隗戴若思甘卓住襄陽無復異議三江州郡萬里肅清外援理絕如是者我當活汝崎僞許之既到城下大呼曰王敦軍敗於于湖甘安南已尅武昌郎日分遣大衆來赴此急努力堅守賊今散矣乂於是數而殺之

易雄字興長長沙瀏陽人也少爲縣吏自念卑賤無由自達乃脫幘掛縣門而去因習律令及施行故事交結豪右州里稍稱之仕郡爲主簿張昌之亂也執太守萬嗣將斬之雄與賊爭論曲直賊怒叱使牽雄斬之雄趨出自若賊又呼問之雄對如初如此者三賊乃舍之嗣由是獲免雄遂知名舉孝廉爲州主簿遷別駕自以寒門不宜久處上綱謝職還家後爲舂陵令刺史譙王承既距王敦將謀起兵以赴朝廷雄承符馳檄遠近列敦非惡宣募縣境數日之中有衆千人負糧荷戈而從之承既固守而湘中殘荒之後城池不完兵資又闕敦遣魏乂李恒攻之雄勉厲所統扞禦累旬士卒死傷者相枕力屈城陷爲乂所虜意氣慷慨神無懼色送到武昌敦遣人以檄示雄而數之雄曰此實有之惜雄位微力弱不能救國之難王室如燬雄安用生爲今日即戮得作忠鬼乃所願也敦憚其辭正釋之衆人皆賀雄笑曰昨夜夢乘車掛肉其傍夫肉必有筋筋者斤也車傍有斤吾其戮乎尋而敦遣殺之當時見者莫不傷惋

樂道融丹陽人也少有大志好學不倦與朋友信每約己而務周給有國士之風爲王敦參軍敦將圖逆謀害朝賢以告甘卓卓以爲不可遲留不赴敦遣道融召之道融雖爲敦佐忿其逆節因說卓曰主上躬統萬機非專任劉隗今慮七國之禍故割湘州以削諸侯而王氏擅權日久卒見分政便謂被奪耳王敦背恩肆逆舉兵伐主國家待君至厚今若同之豈不負義生爲逆臣死爲愚鬼永成宗黨之恥邪君當僞許應命而馳襲武昌敦衆聞之必不戰自散大勳可就矣卓大然之乃與巴東監軍柳純等露檄陳敦過逆率所統致討又遣齎表詣臺卓性不果決且年老多疑遂待諸方同進出軍稽遲至豬口敦聞卓巳下兵卓兄子卬時爲敦參軍使卬求和於卓令其旋軍卓信之將旋主簿鄧騫與道融勸卓曰將軍起義兵而中廢爲敗軍之將竊爲將軍不取今將軍之下士卒各求其利一旦而還恐不可得也卓不從道融晝夜流涕諫卓憂憤而死

虞悝長沙人也弟望字子都並有士操孝悌廉信爲鄉黨所稱而俱好臧否以人倫爲己任少仕州郡兄弟更爲治中別駕元帝爲丞相招延四方之士多辟府掾時人謂之百六掾望亦被召恥而不應譙王承臨州知其名檄悝爲長史未到遭母喪會王敦作逆承往弔悝因留與語曰吾前被詔遣鎮此州正以王敦專擅防其爲禍今敦果爲逆謀吾受任一方欲率所領馳赴朝廷而衆少糧乏且始到貴州恩信未著卿兄弟南夏之翹儁而智勇遠聞古人墨衰即戎況今鯨鯢塞路王室危急安得遂罔極之情忘忠義之節乎如今起事將士器械可以濟不悝望對曰王敦居分陝之任一旦構逆圖危社稷此天地所不容人神所共嫉大王不以猥劣枉駕訪及悝兄弟並受國恩敢不自奮今天朝中興人思晉德大王以宗子之親奉信順而誅有罪孰不荷戈致命但鄙州荒弊糧器空竭舟艦寡少難以進討宜且收衆固守傳檄四方其勢必分然後圖之事可捷也承以爲然乃命悝爲長史望爲司馬督護諸軍湘東太守鄭澹敦之姊夫也不順承旨遣望討之望率衆一旅直入郡斬澹以徇四境及魏乂來攻望每先登力戰而死城破

悝復爲父所執將害之子弟對之號泣悝謂曰人生有死闔門爲忠義鬼亦何悵哉及王敦平贈悝襄陽太守望滎陽太守遣謁者至墓祭以少牢

沈勁字世堅吳興武康人也父充與王敦爲逆衆敗而逃爲部曲將吳儒所殺勁當坐誅鄉人錢舉匿之得免其後竟殺讐人勁少有節操哀父死於非義欲立勳以雪前恥年三十餘以刑家不得仕進郡將王胡之深異之及遷平北將軍司州刺史將鎮洛陽上疏曰臣當藩衞山陵式遏戎狄雖義督羣心人思有百然方翦荆棘奉宣國恩艱難急病非才不濟吳興男子沈勁清操著於鄉邦貞固足以幹事且臣今西文武義故吳興人最多若令勁參臣府事者見人旣悅義附亦衆勁父充昔雖得罪先朝然其門戶累經曠蕩不審可得特垂沛然許臣所上否詔聽之勁旣應命胡之以疾病解職升平中慕容恪侵逼山陵時冠軍將軍陳祐守洛陽衆不過二千勁自表求配祐效力因以勁補冠軍長史令自募壯士得千餘人以助祐擊賊頻以寡制衆而糧盡援絕祐懼不能保全會賊寇許昌祐因以救許昌爲名興寧三年留勁以五百人守城祐率衆而東會許昌已沒祐因奔崖塢勁志欲致命欣獲死所尋爲恪所攻城陷被執神氣自若恪奇而將宥之其中軍將軍慕容虔曰勁雖奇士觀其志度終不爲人用今若赦之必爲後患遂遇害恪還從容言於慕容暐曰前平廣固不能濟辟閭今定洛陽而殺沈勁實有愧於四海朝廷聞而嘉之贈東陽太守子赤黔爲大長秋赤黔子叔任義熙中爲益州刺史

吉挹字祖沖馮翊蓮芍人也祖朗愍帝時爲御史中丞西朝不守朗歎曰吾智不能謀勇不能死何忍君臣相隨北面事賊虜乎乃自殺挹少有志節孝武帝初苻堅陷梁益桓豁表挹爲魏興太守尋加輕車將軍領晉昌太守以距堅之功拜員外散騎侍郎苻堅將韋鍾攻魏興挹遣將距之斬七百餘級加督五郡軍事鍾率衆欲趣襄陽挹又邀擊斬五千餘級鍾怒迴軍圍之挹又屢挫其銳其後賊衆繼至挹力不能抗城將陷引刀欲自殺其友止之曰且苟存以展他計爲計不立死未晚也挹不從友人逼奪其刀會賊執之挹閉口不言不食而死車騎將軍桓沖上言曰故輕車將軍魏興太守吉挹祖朗西臺傾覆隕身守節挹世篤忠孝乃心本朝臣亡兄溫昔伐咸陽軍次灞水挹攜將二弟單馬來奔錄其此誠仍加擢授自新野太守轉在魏興久處兵任委以邊戍疆場歸懷著稱所莅前年狡氐縱逸浮河而下挹孤城獨立衆無一旅外摧凶銳內固津要虜賊舟船俘馘千計而賊并力攻圍經歷時月會襄陽失守邊情沮喪加衆寡勢殊以至陷沒挹辭氣慷慨志在不辱杖刃推戈期之以隕將吏持守用不卽斃遂乃杜口無言絕粒而死挹參軍史穎近於賊中得還齎挹臨終手疏并具說意狀挹之忠志猶在可錄若蒙天地垂曲宥之恩則榮加枯朽惠隆泉壤矣帝嘉之追贈益州刺史

王諒字幼成丹陽人也少有幹略爲王敦所擢參其府事稍遷武昌太守初新昌太守梁碩專威交土迎立陶咸爲刺史咸卒王敦以王機爲刺史碩發兵距機自領交阯太守乃迎前刺史修則子湛行州事永[illegible]三年敦以諒爲交州刺史諒將之任敦謂曰修湛梁碩皆國賊也卿至便收斬之諒旣到境湛退還九眞廣州刺史陶侃遣人誘湛來詣諒所諒勑從人不得入閤旣前執之碩時在坐曰湛故州將之子有罪可遣不足殺也諒曰是君義故無豫我事卽斬之碩怒而出諒陰謀誅碩使客刺之弗尅碩遂率衆圍諒於龍編陶侃遣軍救之未至而諒敗碩逼諒奪其節諒固執不與遂斷諒右臂諒正色曰死且不畏臂斷何有十餘日憤恚而卒碩據交州凶暴酷虐一境患之竟爲侃軍所滅傳首京師

宋矩字處規敦煌人也慷慨有志節張重華據涼州也以矩爲宛戍都尉石虎遣將麻秋攻大夏護軍梁式執太守宋晏以城應秋秋遣晏以書致矩矩既至謂秋曰辭父事君當立功與義苟功義不立當守名節矩終不肯背主覆宗偷生於世先殺妻子自刎而死秋曰義士也命葬之重華嘉其誠節贈振威將軍

車濟字萬度敦煌人也果毅有大量張重華以爲金城令爲石虎將麻秋所陷濟不爲秋屈秋必欲降之乃臨之以兵濟辭色不撓曰吾雖才非麗惠而受任同之身可殺志不可移乃伏劍而死秋歎其忠節以禮葬之後重華迎致其喪親臨慟哭贈宜禾都尉

丁穆字彥遠譙國人也積功勞封眞定侯累遷爲順陽太守太元四年除振武將軍梁州刺史受詔未發會苻堅遣衆寇順陽穆戰敗被執至長安稱疾不仕僞朝堅又傾國南寇穆與關中人士唱義謀襲長安事泄被害臨死作表以付其妻周其後周得至京師詣闕上之孝武帝詔曰故順陽太守眞定侯丁穆力屈身陷而誠節彌固直亮壯勁義貫古烈其喪柩始反言尋傷悼可贈龍驤將軍雍州刺史賻賜一依周虓故事爲立屋宅并給其妻衣食以終厥身

辛恭靖隴西狄道人也少有器幹才量過人隆安中為河南太守會姚興來寇恭靖固守百餘日以無救而陷被執至長安興謂之曰朕將任卿以東南之事可乎恭靖厲色曰我寧為國家鬼不為羌賊臣興怒幽之別室經三年至元興中誑守者乃踰垣而遁歸于江東安帝嘉之桓元請為諮議參軍置之朝首尋而病卒

羅企生字宗伯豫章人也多才藝初拜著作佐郎以家貧親老求補臨汝令刺史王凝之請為別駕殷仲堪之鎮江陵引為功曹累遷武陵太守未之郡而桓元攻仲堪仲堪更以企生為諮議參軍仲堪多疑少決企生深憂之謂弟遵生曰殷侯仁而無斷事必無成成敗天也吾當死生以之仲堪果走文武無送者唯企生從焉路經家門其弟遵生曰作如此分離何可不執手企生迴馬授手遵生有勇力便牽下之謂曰家有老母將欲何之企生揮淚曰今日之事我必死之汝等奉養不失子道一門之中有忠與孝亦復何恨遵生抱之愈急仲堪於路待之企生遙呼曰生死是同願少見待仲堪見企生無脫理策馬而去元至荊州人士無不詣者企生獨不往而營理仲堪家或謂之曰元猜忍之性未能取卿誠節若遂不詣禍必至矣企生正色曰我是殷侯吏見遇以國士為弟以力見制遂不我從不能共殄醜逆致此奔敗亦何面目復就桓第求生乎元聞之大怒然素待企生厚先遣人謂曰若謝我當釋汝企生曰為殷荊州吏荊州奔亡存亡未判何顏復謝元即收企生遣人問欲何言答曰文帝殺嵇康嵇紹為晉忠臣從公乞一弟以養老母元許之又引企生於前謂曰吾相遇甚厚何以見負今者死矣企生對曰使君既興晉陽之甲軍次潯陽並奉王命各還所鎮升壇盟誓口血未乾而生姦計自傷力劣不能翦滅凶逆恨死晚也元遂害之時年三十七衆咸悼焉先是元以羔裘遺企生母胡氏及企生遇害母即日焚裘

張禕吳郡人也少有操行恭帝為琅邪王以禕為郎中令及帝踐阼劉裕以禕帝之故吏素所親信封藥酒一甖付禕密令鴆帝禕既受命而歎曰鴆君而求生何面目視息世間哉不如死也因自飲之而死

宋

宋書不立忠義傳以龔穎張進之卜天與三人附孝義傳今析置此仍取袁淑袁粲二人冠於其首

袁淑字陽源陳郡陽夏人也父豹丹陽尹太尉長史淑少有風氣年數歲伯父湛謂家人曰此非凡兒至十餘歲為姑夫王弘所賞不為章句之學而博涉多通文彩遒豔縱橫有才辯本州命主簿著作佐郎太子舍人並不就彭城王義康命為司徒軍司祭酒義康不好文學雖外相禮接意好甚疏劉湛淑從母兄也欲其附己而淑不以為意由是大相乖失淑乃為詩曰種蘭忌當門懷璧莫向楚楚少別玉人門非植蘭所尋以久疾免官元嘉二十六年累遷尚書吏部郎其秋大舉北伐淑侍坐從容曰今當席卷趙魏檢玉岱宗臣逢千載之會願上封禪書一篇文帝曰盛德之事我何足以當之出為始興王濬征北長史南東海太守還為御史中丞時魏軍南侵至瓜步文帝使百官議防禦之術淑上議擊之其言甚誕淑喜為誇侈每為時人所嘲始興王濬常送錢三萬餉淑一宿復遣追取謂為使人謬誤欲以戲淑淑與濬書云聞之前志曰七年之中一與一奪義士猶或非之況密邇旬次何其裒益之亟也竊恐二三諸侯有以觀大國之政是用敢布腹心遷太子左衛率元凶將為逆其夜淑在直二更許劭呼淑及蕭斌等流涕謂曰主上信讒將見罪廢內省無過不能受枉明旦便當行大事望相與戮力淑及斌並曰自古無此願加善思劭怒變色左右皆聳動斌懼曰謹奉令淑叱之曰卿便謂殿下眞有是邪殿下幼時常患風或是疾動耳劭愈怒因問曰事當尅不淑曰居不疑之地何患不尅但既尅之後為天地所不容大禍亦旋至耳劭左右引淑衣曰此是何事而可言罷劭因起賜淑等褲褶又就主衣取錦裁三尺為一段又中裂之分斌與淑及左右使以縛袴褶淑出還省繞牀至四更乃寢劭將出已與蕭斌同載呼淑甚急淑眠終不肯起劭停車奉化門外催之相續徐起至車後劭使登車辭不上劭命殺之於奉化門外槐樹下時年四十六劭即位追贈太常孝武即位詔贈侍中太尉謚曰忠憲公又詔淑及徐湛之江湛王僧綽卜天與家長給廩

袁粲字景倩淑兄子也父濯揚州秀才早卒粲幼孤其祖哀之名之曰愍孫伯叔並當世榮顯而愍孫饑寒不足母琅邪王氏太尉長史誕女也躬事績紡以供朝夕愍孫少好學有清才隨伯父洵為吳郡擁弊裘讀書足不踰戶其從兄顗出遊要愍孫愍孫輒稱疾不動叔父淑雅重之語子弟曰我門不乏賢愍孫必當復為三公或有欲與顗婚者顗父洵曰顗不堪正可與愍孫婚耳時愍孫在坐流涕起出早以行操見知初為揚州從事文帝安北參軍孝武即位稍遷尚書吏部郎太子右衛率孝建元年文帝諱日羣臣並於中興寺八關齋中食竟愍孫與黃門郎張淹更進魚肉食尚書令何尚之密

以白孝武孝武使御史中丞王謙之糺奏並免官二年起爲廷尉大明元年復爲侍中領射聲校尉封與平縣子三年坐納山陰民丁承文貨舉爲會稽孝郡廉免官五年爲左衛將軍加給事中七年轉吏部尚書左衛如故其年皇太子冠上臨晏東宮與顏師伯柳元景沈慶之等並摴蒲愍孫勸師伯酒師伯不飲愍孫因折辱之曰不能與佞人周旋師伯見寵於上上常嫌愍孫以寒素陵之因此發怒曰袁濯兒不逢朕員外郎未可得也而敢以寒士遇物將手刃之命引下席愍孫色不變沈柳並起爲謝久之得釋出爲海陵太守廢帝卽位愍孫在郡夢日墮其胷上因驚寤被徵管機密歷吏部尚書侍中驍騎將軍愍孫峻於儀範廢帝裸之逼使走愍孫雅步如常顧而言曰風雨如晦鷄鳴不已明帝泰始元年爲司徒左長史南東海太守愍孫清整有風操自遇甚高嘗著妙德先生傳以續嵇康高士傳後以自況因有妙德先生陳國人也氣志深虛姿神清映性孝履順棲沖業簡有舜之遺風先生幼夙多疾性疎懶無所營尚然九流百氏之言雕龍談天之藝皆汎識其大歸而不以成名家貧嘗仕非其好也混其聲迹晦其心用席門常掩三逕裁通雖揚子寂寞嚴叟沈冥不是過也修道遂志終無得而稱焉又嘗謂周旋人曰昔有一國國中有水號曰狂泉國人飲此水無不狂惟國君穿井而汲獨得無恙國人旣並狂反謂國主之不狂爲狂於是聚謀共執國主療其狂疾火艾針藥莫不畢具國主不任其苦於是到泉所酌水飲之飲畢便狂君臣大小其狂若一衆乃歡然我旣不狂難以獨立比亦欲試飲此水矣愍孫幼慕荀奉倩之爲人白孝武求改名爲粲不許至明帝立乃請改爲粲字景倩其外孫王筠又云明帝多忌諱以反語袁愍爲殞門帝意惡之故令改焉二年遷領軍將軍仗士三十人入六門其年徙中書令領太子詹事三年轉尚書僕射尋領吏部五年加中書令又領丹陽尹上於華林園茅堂講周易粲爲執經又知東宮事粲負才尚氣愛好虛遠雖位任隆重不以事務經懷獨步園林詩酒自適家居負郭每杖策逍遙當其意得悠然忘反郡南一家頗有竹石粲率爾步往亦不通主人直造竹所嘯詠自得主人出語笑款然俄而車騎羽儀併至門方知是袁尹又嘗步屧白楊郊野閒道遇一士大夫便呼與酣飲明日此人謂被知顧到門求進粲曰昨飲酒無偶聊相要耳竟不與相見嘗作五言詩曰訪迹雖中宇循寄乃滄洲蓋其志也七年爲尚書令初粲忤於孝武其母候乘輿出負磚叩頭流血磚碎傷目自此後粲與人語有誤道眇目者輒涕泣彌日嘗疾母憂念晝寢夢見父容色如平生與母語曰愍孫無憂將爲國家器不患沈沒但恐富貴終當傾滅耳母未嘗言及粲貴重恆懼傾滅乃以告之粲故自挹損明帝臨崩粲與褚淵劉勔並受顧命加班劍二十人給鼓吹一部後廢帝卽位未親朝政加粲兵五百人元徽元年粲丁母憂葬竟攝令親職加衛將軍不受中使敦逼相望粲終不受性至孝居喪毀甚祖日及祥詔衛將軍斷客二年桂陽王休範爲逆粲扶曳入殿詔加兵自隨府置佐吏時兵難危急賊已至南掖門諸將意沮咸莫能奮粲慷慨謂諸將帥曰寇賊已逼而衆情離沮孤子受先帝顧託本以死報今日當與諸護軍同死社稷因命左右被馬辭色哀壯於是陳顯達等感激出戰賊卽平殄事寧授中書監卽本號開府儀同三司領司徒以揚州廨爲府固不肯移三年徙尚書令衛軍開府如故並固辭服終乃受命加侍中進爵爲侯又不受時粲與齊高帝褚淵劉秉遞日入直平決萬機時謂之四貴粲默然寡言不肯當事主書每往諮決或高詠對之時立一意則衆莫能改宅宇率素器物取給好飲酒善吟諷獨酌園庭以此自適居負南郭時杖策獨游素寡往來門無雜客閑居高臥一無所接談客文士所見不過一兩人順帝卽位遷中書監司徒侍中如故時齊高帝居東府故使粲鎭石頭粲素靜退每有朝命多不卽從逼切不得已然後方就及詔移石頭卽便順旨有周旋人解望氣謂粲曰石頭氣甚乖往必有禍粲不答又給油絡通幰車仗士五十人入殿時齊高帝方謀革命粲自以身受顧託不欲事二姓密有異圖丹陽尹劉秉宋氏宗室前湘州刺史王蘊太后兄子素好武事並慮不見容於齊高帝皆與粲相結諸將帥黃回任候伯孫曇瓘王宜興彭文之卜伯興等並與粲合昇平元年荆州刺史沈攸之舉兵齊高帝自詣粲粲稱疾不見粲宗人袁達以爲不宜示異同粲曰彼若劫我入臺便無辭以拒一如此不復得出矣時齊高帝入屯朝堂秉從父弟領軍將軍韞入直門下省卜伯興爲直閤黃回諸將皆率軍出新亭粲謀尅日矯太后令使韞伯興率宿衛兵攻齊高帝於朝堂回率軍來應秉候伯等並赴石頭本期夜發其日秉惶懼不知所爲晡後便束裝未暗載婦女就粲由此事泄先是齊高帝遣將薛淵蘇烈王天生等領兵戍石頭云以助粲實禦之曰又令腹心王敬則爲直閤與伯興共總禁兵王蘊聞秉已奔歎曰今年事敗矣

時齊高帝使蘊募人已得數百乃狠狽率部曲向石頭本期開南門時已暗夜辯淵等據門射之蘊謂粲已敗卽便散走齊高帝已報敬則敬則率所領收蘊殺之并誅伯興又遣軍主戴僧靜向石頭助辯淵自倉門入時粲與秉等列兵登東門僧靜分兵攻府西門粲與秉欲還赴府既下城列燭自照謂其子最曰本知一木不能止大厦之崩但以名義至此耳僧靜挺身暗往奮刀直前欲斬之粲子最覺有異大叫抱父乞先死兵士人人莫不隕涕粲曰我不失爲忠臣汝不失爲孝子仍求筆作啟云臣義奉大宋策名兩畢今便歸魂墳壠永就山邱僧靜乃并斬之初粲大明中與蕭惠開周郎同車行逢大桁開駐車惠開自照鏡曰無年無仕郎執鏡良久曰視死如歸粲最後曰當至三公而不終至是如言最字文高時年十七既父子俱殞左右分散任候伯等其夜並自新亭赴石頭其後皆誅粲小兒數歲乳母將投粲門生狄靈慶靈慶曰吾聞出郎君者有厚賞今袁氏已滅汝匿之尙誰爲乎遂抱以首乳母號泣呼天曰公昔於汝有恩故冒難歸汝奈何欲殺郎君以求小利若天地鬼神有知我見汝滅門此兒死後靈慶常見兒騎大羝狗戲如平常經年餘鬬場忽見一狗走入其家遇靈慶於庭噬殺之少時妻子皆沒此狗卽袁郎所常騎者也齊永明元年武帝始下詔命袁粲劉秉改葬粲省事莫嗣祖粲常所委信與劉秉等宣密謀至是齊高帝謂曰汝知袁粲密謀逆何以不啟嗣祖曰小人無識曲蒙袁公厚恩不忍仰負今日就死分甘官若賜性命亦不忍背粲而獨生也戴僧靜勸殺之高帝曰彼各爲其主遂赦焉用爲省事歷朝所賞後爲梁豫章王師

龔穎遂寧人也少好學益州刺史毛璩辟爲勸學從事璩爲譙縱所殺故佐吏並逃亡穎號哭奔赴殯送以禮縱後設宴延穎不獲已乃至樂奏穎流涕起曰北面事人亡不能死何忍舉觴聞樂蹈跡逆亂乎縱大將譙道福引出將斬之道福母卽穎姑也跣出救之得免及縱僭號備禮聘之又不至乃收穎付獄脅以兵刃執志彌堅終無回改至于蜀平遂不屈節其後刺史至輒加辟引歷府參軍州別駕從事史元嘉二十四年刺史陸徽表穎節義竟不被朝命終于家

張進之永嘉安固人也爲郡大族少有志行歷五官主簿永寧安固二縣校尉家世富足經荒年散財贍鄉里遂以貧罄全濟者甚多太守王味之有罪當見收逃避進之家供奉經時盡其誠力味之嘗避地墮水沈沒進之投水拯救相與沈淪久而得免時劫略充斥每入村縱暴至進之門輒相約勒不得侵害其信義所感如此元嘉初詔在所蠲其徭役孫恩之亂永嘉太守司馬逸之被害妻子並死兵寇之際莫敢收藏郡吏俞僉以家財冒難棺斂逸之等六喪送致都葬畢乃歸鄉里元嘉中老病卒

卜天與吳興餘杭人也父名祖武帝聞其有幹力召補隊主從征伐封關中侯歷二縣令天與善射弓力兼倍容貌嚴毅笑不解顏文帝以其舊將子使教皇子射元嘉二十九年爲廣威將軍領左細仗元凶入弒事變倉卒舊將羅訓徐罕皆望風屈謝天與不暇被甲執刀持弓疾呼左右出戰徐罕曰殿下入汝欲何爲天與罵曰殿下常來去云何卽時方作此語只汝是賊手射劭於東堂幾中逆徒擊之臂斷乃見殺其隊將張弘之朱道欽陳滿與天與同出拒戰並死孝武卽位贈天與龍驤將軍益州刺史謚曰壯侯車駕臨哭弘之等各贈郡守給天與家長稟子伯宗殿中將軍明帝泰始初領幢擊南賊於赭圻戰沒伯宗弟伯興官至南平昌太守直閤領細仗隊主昇明元年與袁粲同謀伏誅天與弟天生少爲隊將十人同火屋後有一坑廣二丈餘十人共跳之皆度唯天生墜天生乃取貫中苦竹剡其端使利交橫布坑內更呼等類共跳並懼不敢天生乃復跳之往反十餘曾無留礙衆並歎服以兄死節爲孝武所留心大明末爲弋陽太守明帝泰始初與殷琰同逆被斬

齊不立忠義傳以邱冠先一人附孝義傳今析置此仍以張沖一人附其下

邱冠先字道元吳興烏程人也少有節義永明中位給事中時求使蠕蠕國尙書令王儉言冠先雖名位未升而義行甚重若爲行人則蘇武鄭衆之流也於是使蠕蠕蠕蠕逼令拜冠先執節不從以刃臨之冠先曰能殺我者蠕蠕也不能以天子使拜戎狄者我也遂見殺武帝以冠先不辱命賜其子雄錢一萬布三千疋雄不受詣闕上書曰臣父執節如蘇武守節如谷吉遂不書之良史甄之褒策萬代之後誰死社稷建元四年車僧朗銜使不異抗節是同詔贈正員外郎此天朝舊準臣父成例也今僧朗反葬冢塋臣父湮棄絕域語忠烈則亦不謝車論荼苦則彼優而此劇名位不殊禮數宜等乞申哀贈書奏不省

張沖字思約吳郡吳人也祖邵宋吳興太守封臨沮伯父柬襲封位通直郎柬勇力手格猛虎元凶弒立以爲輔國將軍孝武至新亭柬出奔墜淮死長子式嗣沖出繼伯父敷沖母戴顒女有儀範張氏內取則焉沖少有

至性隨從叔永爲將帥除盱台太守永征彭城遇寒軍人手脛凍折者十七八沖足指皆墮永明八年爲假節監青冀二州行刺史事沖父初卒遺令祭我必以鄉土所產無用他物沖在鎮四時還吳國取果菜每至烝嘗輒流涕薦焉仍轉刺史永元二年爲南兖州刺史遷司州裴叔業以壽春降魏又遷沖南充州刺史並未拜崔慧景事平徵建安王寶寅還都以沖爲舒州刺史一歲之中頻授四州刺史至是乃受任封定襄侯梁武帝起兵手書喻意又遣辯士說之沖確然不回東昏遣驍騎將軍薛元嗣制局監暨榮伯領兵及糧運送沖使拒西師元嗣等懲劉山陽之敗疑沖不敢進停住夏首浦聞梁武帝將至元嗣榮伯相率入郢城時竟陵太守房僧寄被代還至郢東昏勅僧寄留守魯山除驍騎將軍僧寄謂沖曰下官雖未荷朝廷深恩寔蒙先帝厚澤蔭其樹者不折其枝寔欲微立塵效沖深相許諾共結盟誓分部拒守遣軍主孫樂祖率數千人助僧寄援魯山岸立城壘明年二月梁武帝圍魯山城遣軍至曹景宗等過江攻郢城沖中兵參軍陳光靜等開出擊之光靜戰死沖固守不屈病將死厲府僚以誠節言終而卒元嗣榮伯與沖子孜及長史江夏程茂固守東昏詔贈沖散騎常侍護軍將軍元嗣等處圍城之中無他經略唯迎蔣子文及蘇侯神每日禺中於州聽事上祀以求福鈴鐸之聲晝夜不止又使子文導從登陴巡行旦日輒復如之識者知其將亡僧寄病死孫樂祖以城降郢破圍二百餘日士庶病死者七八百家魯山陷後二日程茂及元嗣等議降使孜爲書與梁武帝沖故吏青州中從事房長瑜謂孜曰前使君忠貫昊天操逾松竹郎君但當端坐晝一以荷析薪若天運不與幅巾待命以下從使君今若隨諸人之計非惟郢州士女失高山之望亦恐彼所不取也不從卒以郢城降時以沖及房僧寄比臧洪之被圍也贈僧寄益州刺史

梁 梁不立忠義傳今錄張嵊江子一沈峻韋粲四人以爲編

張嵊字四山吳郡吳人也祖永宋南兖州刺史父稷尚書左僕射稷初爲剡令至嵊亭生之因名嵊字四山嵊少敦孝行年三十餘猶班衣受稷杖動至數百收淚歡然雅有志操能清言初父稷爲青冀二州刺史州人徐道角等夜襲城稷遂見害嵊感家禍終身蔬食布衣手不執刀刃不聽音樂弟淮言氣不倫嵊垂泣訓誘起家祕書郎累遷鎮南湘東王長史尋陽太守王暇日元言因爲之筵謂嵊曰卿後當東入爲郡恐不得終其天年嵊曰貴得其所耳時伏挺在坐曰君王可畏人也還爲太府卿吳興太守侯景圍建鄴遣弟伊率郡兵赴援城陷御史中丞沈峻違難東歸嵊往見之謂曰賊臣憑陵人臣効命之日今欲收集兵刃保據貴鄉雖復萬死誠亦無恨峻固勸嵊舉義時邵陵王綸東奔至錢塘聞之遣前舍人陸邱公版授嵊征東將軍嵊曰天子蒙塵今日何情復受榮號留版而已賊行臺劉神茂攻破義興遣使說嵊嵊斬其使仍遣軍破神茂侯景乃遣其中軍侯子鑒助神茂擊嵊嵊軍敗乃釋戎服坐於聽事賊臨以刃終不屈執以送景景將舍之嵊曰速死爲幸乃殺之子弟遇害者十餘人景欲存其一子嵊曰吾一門已在鬼錄不在爾處求恩於是皆死賊平元帝追贈侍中中衛將軍開府儀同三司謚忠貞

江子一字元亮濟陽考城人晉散騎常侍統之七世孫也父法成奉朝請子一少慷慨有大志家貧以孝聞苦侍養多闕因蔬食終身起家王國侍郎奉朝請上書言事爲當軸所排乃拜表求入北爲刺客武帝異之又啟求觀書祕閣武帝許之有勅直華林省其姑夫左衞將軍朱异權要當朝休假之日賓客輻湊异不爲物議所歸欲引子一爲助子一未嘗造門其高潔如此爲遂昌曲阿令皆著美績後爲南津校尉弟子四歷尚書金部郎大同初遷右丞兄弟性並剛烈子四自右丞上封事極言得失武帝甚善之詔曰屋漏在上知之在下其令尚書詳擇施於時政左戶郎沈烱少府丞顧璵嘗奏事不允帝厲色呵責之子四乃趨前代烱等對言甚激切帝怒呼縛之子四據地不受帝怒亦歇乃釋之猶坐免職及侯景攻陷歷陽自橫江將度子一率舟師千餘人於下流欲邀之其副董桃生走子一乃退還南洲收餘眾步赴建鄴見於文德殿帝怒之具以事對且曰臣以身許國常恐不得其死今日之事何所復惜不死闕前終死闕後耳及城被圍開承明門出戰子一及弟尚書左丞子四東宮直殿主帥子五並力戰直前賊坐甲不起子一引稍撞之賊縱突騎眾並縮子一刺其騎騎倒稍折賊解其肩時年六十二弟曰與兄俱出何面獨旋乃免冑赴敵子四稍洞胷死子五傷脰還至塹一慟而絕賊義子一之勇歸之面如生詔贈子一給事黃門侍郎子四中書侍郎子五散騎侍郎侯景平元帝又追贈子一侍中謚義子子四黃門侍郎謚毅子子五中書侍郎謚烈子子一續黃圖及班固九品并詞賦文章數十篇行於世

沈浚字叔源吳興武康人也祖憲齊冠軍長史廣陵太

守浚少涉學有才幹仕梁歷山陰吳建康三縣並有能名太清二年累遷御史中丞時臺城爲侯景所圍外援並至景表請和求解圍還江北詔許之遣右衛將軍柳津對景盟歃景知城內疫疾稍無守備因緩去期城內知其背盟復舉烽鼓譟後數日景復進表請和簡文使浚往景所景曰即日向熱非復行時政欲立効求停君可見爲申聞浚曰大將軍此意意在得城下風所聞久已之食城內雖困尚有兵糧朝廷恐和好乖貳已密勅外軍若臺城傾覆勿以二宮爲念當以死雪恥若不能決戰當深壁自守大將軍十萬之衆將欲何資景橫刀於膝瞋目叱之浚正色責景曰河南王親是人臣舉兵向闕今朝廷已赦王罪結盟口血未乾而復翻背沈浚六十之年死生有命豈畏逆臣之刀乎不顧而出景歎曰是眞司直也然密銜之又勸張嵊立義景後得殺之

韋粲字長倩京兆杜陵人車騎將軍叡之孫北徐州刺史放之子也少有父風好學仗氣身長八尺容貌甚偉初爲雲麾晉安王行參軍後爲外兵參軍兼中兵時潁川庾仲容吳郡張率前輩才名與粲同府並忘年交好及王爲皇太子粲自記室遷步兵校尉入爲東宮領直後襲爵永昌縣侯累遷右衛率領直以舊恩任寄綢密雖居職屢徙而常留宿衞頗擅權勢誕倨不爲時輩所平右衛朱异嘗於酒席厲色謂粲曰卿何得已作領軍面向人大同中帝嘗不豫一日暴劇皇太子以下並入侍疾內外咸云帝崩粲將率宮甲度臺徵有喜色問所由那不見辯長梯以爲大行幸前殿須長梯以復也帝後聞之怒曰韋粲願我死有司奏推之帝曰各爲其主不足推也太清元年出爲安遠將軍衡州刺史皇太子出餞新亭執粲手曰與卿不爲久別二年召爲散騎常侍還至廬陵聞侯景作逆便簡閱部下得精卒五千馬五百匹倍道援赴至豫章即就內史劉孝儀謀之孝儀曰必如此當有勅安可輕信單使妄相驚動或恐不然時孝儀置酒粲怒以杯抵地曰賊已度江便逼宮闕水陸阻斷何暇有報假令無勅豈得自安今日何情飲酒即馳馬出部分將發會江州刺史當陽公大心遣使要粲粲乃分麾下配第入弟助第九弟警爲前軍粲馳往見大心曰上游蕃鎭江州去都最近殿下情計實宜在先但中流任重當須應接不可闕鎭今宜張軍勢移鎭盆城遣偏將賜隨於事便足大心然之遣中兵柳昕率兵二千隨粲粲悉留家累於江州以輕舸就路至南洲粲外弟司州刺史柳仲禮亦帥步騎萬餘人至橫江粲即送糧仗贍給之幷散私金帛以賞其戰士先是安北鄱陽王範亦自合肥遣西豫州刺史裴之高與其長子嗣帥江西之衆赴都屯于張公洲待上流諸軍至是遣船度仲禮與粲合軍進屯新林王游苑粲建議推仲禮爲大都督報下流衆軍裴之高自以年位高恥居其下乃曰柳節下已是州將何須我復鞭杖累日不決粲乃抗言於衆曰今同赴國難義在除賊所推柳司州者政以久捍邊疆先爲侯景所憚且士馬精銳無出其前若論位次柳在粲下語其年齒亦少於粲直以社稷之計不得復論今日貴在將和若人心不同大事去矣裴公朝之舊齒豈應復挾私以沮大計粲請爲諸君解釋之乃單舸至之高營切讓之之高泣曰吾荷國榮自應率先士卒顧恨衰老不能効命企望柳使君共平凶逆前謂衆議已定無俟老夫爾若必有疑當剖心相示於是諸將定議仲禮方得進軍次新亭賊列陣於中興寺相持至晚各解歸是夜仲禮入粲營部分衆軍旦日將戰諸將各有據守令粲屯青塘當石頭中路粲慮柵壘未立爲賊所爭頗以爲憚謂仲禮曰下官才非禦侮直欲以身徇國節下善量其宜不可致有虧喪仲禮曰青塘立營逼近淮渚欲以糧儲船乘盡就泊之此事大非兄不可若疑兵少當更差軍相助粲率所部水陸俱進時昏霧軍人失道比及青塘夜已過半壘柵至曉猶未合景登禪靈寺門閣望粲營未立便率銳卒來攻軍副王長茂勸據柵待之粲不從令軍主鄭逸逆擊之軍敗賊遂入營左右高馮牽粲避賊粲不動猶叱子弟力戰兵死略盡遂見害年五十四粲子尼及三弟助警構從弟昂皆戰死親戚死者數百人賊傳粲首闕下以示城內簡文聞之流涕謂御史中丞蕭愷曰社稷所寄唯在韋公如何不幸先死行陣詔贈護軍將軍元帝平侯景追謚忠貞子諒以學業爲陳始興王叔陵所引爲中錄事參軍兼記室叔陵敗伏誅

陳 陳不立忠義傳今取魯廣達一人以備其篇

魯廣達字徧覽扶風郿人安南將軍吳州刺史悉達之弟也悉達自有傳廣達少慷慨志立功名虛心愛士賓客自遠而至時江表將帥各領部曲動以千數而魯氏尤爲多仕梁爲平南當陽公府中兵參軍侯景之亂與兄悉達聚衆保新蔡梁元帝承制授晉州刺史王僧辯之討侯景廣達出境接候資奉軍儲僧辯謂沈炯曰魯晉州亦是王師東道主人仍率衆隨僧辯景平加員外散騎常侍武帝受禪授東海太守後代兄悉達爲吳州刺史封中宿縣侯光大元年遷南豫州刺史華皎稱兵

上流詔司空湻于量進討軍至夏口見皎舟師彊盛莫敢進廣達首率驍勇直衝賊軍廣達墮水沈溺久之因救獲免皎平授巴州刺史太建初與儀同章昭達入硤口招定安蜀等諸州鎮時周圖江左大造舟艦於蜀并運糧青泥廣達與錢道戢等將兵掩襲縱火焚之仍還本鎮廣達爲政簡要推誠任下吏民便之及秩滿皆詣闕表請於是詔留二年衆軍北伐略淮南舊地廣達與齊軍戰於大峴大破之斬其敷城主張元範進尅北徐州仍授北徐州刺史十年授都督合州刺史十一年周將梁士彦圍壽春詔遣中領軍樊毅左衛將軍任忠等分部趣陽平秦郡廣達率衆入淮爲掎角以擊之周軍攻陷豫霍二州南北兗晉等各自拔諸將並無功遂盡失淮南之地廣達因免官以侯還第十二年與南豫州刺史樊毅北討尅郭默城尋授平西將軍都督郢州以上七州諸軍事頓兵江夏周安州總管元景征江外廣達命偏師擊走之至德二年爲侍中改封綏越郡公尋爲中領軍及隋將賀若弼進軍鍾山廣達於白土岡置陣與弼旗鼓相對廣達躬擐甲冑手執桴鼓率勵敢死冒刃而前隋軍退走逐北至營傷殺甚衆如是者數四及弼攻諸軍乘勝至宮城燒北掖門廣達猶督餘兵苦戰不息會日暮乃解甲面臺再拜慟哭謂衆曰我身不能救國負罪深矣士卒皆涕泣歔欷遂就執禎明三年依例入隋廣達追愴本朝淪覆遇疾不療尋以憤慨卒尚書令江總撫柩慟哭乃命筆題其棺頭爲詩曰黃泉雖抱恨白日自留名悲君感義死不作負恩生又製廣達墓銘述其忠概初隋將韓擒虎之濟江廣達長子世真在新蔡乃與其弟世雄及所部奔擒虎擒虎遣使致書招廣達廣達時屯兵都下乃自劾廷尉請罪後主謂曰世眞雖異路中大夫公國之重臣吾所恃賴豈得自同嫌疑之閒乎加賜黃金即日還營廣達有隊主楊孝辯時從廣達在軍中力戰陷陣其子亦隨孝辯揮刀殺隋兵十餘人力窮父子俱死

後魏

于簡字什門代人也明元時爲謁者使喻馮跋及至和龍住外不入使謂跋曰大魏皇帝有詔須馮主出受然後敢入跋使人牽逼令入見跋不拜跋令人按其項什門曰馮主拜受詔吾自以賓主致敬何須苦見逼也與跋往復聲氣厲甚旣而跋止什門什門於羣衆之中迴身背跋披袴後襠以辱之拘留之後隨身衣裳敗壞略盡蟣蝨被體跋遺以衣服什門拒而不受和龍人皆歎曰雖古烈士無以過也歷二十四年後馮弘上奏稱臣乃送什門歸拜治書侍御史太武下詔以什門奉使和龍值狂虜肆虐勇志壯厲不爲屈節雖蘇武何以加之賜羊千口帛千疋進爲上大夫策告宗廟班示天下

段進不知何許人也太武初爲白道守將蠕蠕大檀入塞圍之力屈被執進抗聲大罵遂爲賊所殺帝追愍之贈安北將軍賜爵顯美侯謚曰莊

汲固東郡梁城人也爲兗州從事刺史李式坐事被收吏民皆送之至河上時式子憲生始滿月式大言於衆曰程嬰杵臼何如人也固曰今古豈殊遂便潛還不顧經於式婦閨抱憲匿藏及捕者收憲屬有一婢產男以婢兒授之事尋泄固乃攜憲逃遁遇赦始歸憲即爲固長育至十餘歲恒呼固夫婦爲耶婆後高祐爲兗州刺史嘉固節義以爲主簿

王元威恆農北陝人也獻文崩元威立草廬於州城門外衰裳蔬粥哭踊無時刺史苟頹以事表聞詔令問狀云先帝澤被蒼生元威不勝悲慕戀心如此不知禮式詔問元威欲有所訴聽爲表列元威云聞諱悲號竊謂臣子同例無所求謁及至百日乃自竭家財設四百人齋會忌日又設百僧供至大除日詔送白紬袴褶一具與元威釋服下州令表異焉

婁提代人也獻文時爲內三郎獻文暴崩提謂人曰聖主昇遐安用活爲遂引佩刀自刺幾死文明太后詔賜帛二百疋時有勑勒部人蛭拔寅兄地于坐盜食官馬依制命死拔寅自誣己殺兄又云實非弟殺兄弟爭死辭不能定孝文詔原之

劉渴侯不知何許人也稟性剛烈大和中爲徐州後軍以力死戰衆寡不敵遂被禽瞋目大罵終不降屈爲賊所殺孝文贈立忠將軍平州刺史上庸侯賜絹千疋穀千斛有殿季者亦爲軍校尉與渴侯同殿勢窮被執終不降屈後尋逃還除立節將軍賜爵五等男

朱長生于提者並代人也孝文時以長生爲員外散騎常侍與提俱使高車旣至高車王阿伏至羅責長生等拜長生拒之阿伏至羅乃不以禮待長生長生以金銀寶器奉之阿伏至羅旣受獻長生曰爲臣內附宜盡臣禮何得口云再拜而實不拜呼出帳命衆中拜阿伏至羅慙其臣下大怒曰帳中何不教我而辱我於大衆奪長生等獻物內之叢石之中脅以兵曰汝能爲我臣則活不降則死二人皆瞋目厲聲曰豈有天子使人拜汝夷狄我寧爲魏死不爲汝臣阿伏至羅彌怒絕其飲食從行者三十人皆求哀阿伏至羅乃給以肉酪唯長生

與提又不從乃各分徙之積三歲乃得還孝文以長生等守節遠同蘇武甚嘉之拜長生河內太守提隴西太守並賜爵五等男從者皆爲令長

晃清遼東人也祖暉濟州刺史潁川公清襲祖爵例降爲伯爲梁城戍將梁師攻圍糧盡城陷清抗節不屈爲賊所殺宣武褒美贈樂陵太守諡曰忠子榮寶襲

劉侯仁豫州人也城人白早生殺刺史司馬悅據城南叛悅息朏走投侯仁賊雖重加購募又嚴其捶撻侯仁終無漏泄朏遂免禍事寧有司奏其操行請免府籍敍一小縣詔可

王榮世陽平館陶人也爲三城戍主方城縣子梁師攻圍力窮知不可全乃先焚府庫後殺妻妾及賊陷城與戍副鄧元興等俱以不屈被害明帝下詔褒美忠節進榮世爵爲伯贈齊州刺史元興開國子贈洛州刺史

胡小虎河南河陰人也少有武氣正光末爲統軍於晉壽孝昌中梁將樊文熾等寇邊益州刺史邴虯遣長史和安固守小劍文熾圍之虯命小虎與統軍崔珍寶同往防拒文熾掩襲小虎珍寶並禽之文熾攻小劍未陷乃將珍寶至城下使謂和安曰南軍彊盛北救不來豈若歸款取其富貴和安命射之乃退復逼小虎與和安交言小虎乃慷慨謂安曰我栅不防爲賊所虜觀其兵士勢不足言努力堅守魏行臺傅梁州遣將已至賊以刀毆擊言不得終遂害之三軍莫不歎其壯節哀其死亡文熾尋奔敗禽其次將蕭世澄陳文緒等一十一人行臺魏子建壯其氣槩啟以世澄購其屍柩乃獲骸骨歸葬之

孫道登彭城呂縣人也永安初爲梁將韋休等所虜而縛臨刃巡遠村塢令其招降鄉曲道登厲聲唱呼但當努力賊無所能賊遂屠戮之又荆州被圍行臺宗靈恩遣使宗女等四人入城曉喻爲賊將所獲執女等巡城令其改辭女等大言天軍垂至堅守莫降賊忿各刳其腹然後斬首二州表其節義道登等並賜五品郡五等子爵聽子弟襲爵遣使詣所在弔祭

郭琰字神寶京兆人也少喪父事母以孝聞孝武帝之居藩邸琰以通俠被知及即位封新豐縣公除洛州刺史孝武西入改封馮翊郡公授行臺尚書潼關大都督大統中齊神武遣大都督竇泰襲恆農時琰爲行臺衆少戰敗乃奔洛州與刺史泉企城守力窮城將陷乃仰天哭曰天乎天乎何由縱此長蛇而不助順也言發涕流不能自止兵士見之咸自厲憤竟爲東魏將高敖曹所禽復謂敖曹曰天子之臣乃爲賊所執敖曹素聞其名義不殺之送於并州見齊神武言色不屈見害

沓龍超晉壽人也性尙義俠少爲鄉里所重永熙中梁將樊文熾來寇益州刺史傅和孤城固守龍超每出戰輒破之時攻圍既久糧矢方盡刺史遣龍超夜出請援於漢中遂爲文熾所得許以封爵使告城中曰外無援軍宜早降乃置龍超於攻樓上龍超乃告刺史曰援軍數萬近在大寒文熾大怒火炙殺之至死辭氣不撓大統二年詔贈龍驤將軍巴州刺史

乙速孤佛保北秀容胡酋也少驍武善射孝武帝時爲直閤將軍從入關封蒲子縣公并賜弓矢大統初梁將蘭欽來寇遂陷漢中佛保時爲都督統兵力戰知將敗乃先城未陷仰天大哭曰此馬吾常所乘此弓矢天恩賜我豈可令賊得吾弓馬乎遂斬馬及弓自刎而死三軍莫不壯之黃門郎趙僧慶時使漢中聞之乃收送其尸致長安天子感歎詔著作錄之

周

周有孝節傳取李棠杜叔毗二人爲編今析杜叔毗附於孝友仍以柳檜與李棠置此

李棠字長卿勃海蓨人也祖伯貴魏宣武時官至魯郡守有孝行居父喪哀戚過禮遂以毀卒宣武嘉之贈勃海相父元冑員外散騎侍郎棠幼孤好學有志操年十七與高乾兄弟舉兵信都以軍功除征虜將軍後仕東魏及高仲密爲北豫州刺史請棠爲掾先是仲密與崔暹有隙暹時爲齊文襄委任仲密恐其閒已每不自安將圖西附時東魏又遣鎭城奚壽興典兵事仲密但知民務而已遂與棠謀殺壽興率其衆據城遣棠詣闕中歸款文帝嘉之拜棠武衞將軍封廣宗縣公位給事黃門侍郎加車騎大將軍儀同三司散騎常侍從魏安公尉遲迥伐蜀棠應募先入蜀喻之至成都蕭撝問迥軍中委曲棠不對撝乃笞辱之冀獲其實棠曰爾亡國餘燼不識安危奉命喻爾反見躓頓我王者忠臣有死而已義不爲爾移志也撝不得其要指遂害之子敞嗣

柳檜字季華河東解人也五世祖恭仕後趙趙亂徙居汝潁間遂仕江表父僧習與豫州刺史裴叔業歸魏歷北地潁川二郡守檜性剛簡任氣少文善騎射果於斷決年十八起家奉朝請居父喪毀瘠骨立服闋除陽城郡丞防城都督大統四年從文帝戰於河橋先登有功授都督鎭鄯州八年拜河湟郡守仍典軍事尋加平東將軍太中大夫吐谷渾入寇郡境時檜兵少人懷憂懼檜撫而勉之衆心乃安因率數十人先擊之賊潰亂餘衆乘之遂大敗而走以功封萬年縣子時吐谷渾彊盛數侵疆埸自檜鎭鄯州屢戰破之數年不敢爲寇十四

年遷河州別駕轉帥都督俄拜使持節撫軍將軍大都督居三藏徵還京師時檜兄虬爲祕書丞弟慶爲尚書左丞檜常謂兄弟曰兄則職典簡牘褒貶人倫弟則管轄羣司股肱朝廷可謂榮寵矣然而四方未靜車書不一檜唯當蒙矢石履危難以報國恩耳文帝謂檜曰卿昔在鄀州忠勇顯著今西境肅清無勞經略九曲國之東鄙勞君守之遂令檜鎭九曲尋從大將軍王雄討上津魏興平之卽除魏興華陽二郡太守安康人黃衆寶謀反連結黨與將圖州城乃相謂曰嘗聞柳府君勇悍有餘不可當今既在外方爲吾徒腹心之疾也不如先擊之遂圍檜郡郡城卑下士衆寡弱又無守禦之備連戰積十餘日士卒僅有存者於是力屈城陷身被十數創遂爲賊所獲既而衆寶等進圍東梁州乃縛檜置城下欲令誘說城中檜乃大呼曰羣賊烏合糧食已罄行卽退散各宜勉之衆寶大怒乃臨檜以兵曰速更汝辭不爾便就戮矣檜守節不變遂害之棄尸水中城中人皆爲流涕衆寶解圍之後檜兄子止戈方收檜尸還長安贈東梁州刺史子斌嗣斌字伯達年十七齊王憲召爲記室早卒斌弟雄亮字信誠父檜在華陽見害雄亮時年十四哀毀過禮陰有復讎之志武帝時衆寶率其部歸長安帝待之甚厚雄亮手斬衆寶於城中請罪闕下帝特原之後累遷內史中大夫賜爵汝陽縣子隋文帝受禪拜尚書考功侍郎遷給事黃門侍郎尚書省且有奏事多爲駁正深爲公卿所憚俄以本官檢校太子左庶子進爵爲伯秦王俊鎭隴右出爲秦州總管府司馬領山南道行臺左丞卒子贇嗣

唏

劉弘字仲遠彭城叢亭里人魏太常卿芳之孫也少好學有氣檢重節槩仕齊楚州刺史齊亡歸周武帝以爲本郡太守高祖平陳以行軍長史從總管吐萬緒度江加上儀同封濩澤縣公拜泉州刺史會高智慧作亂以兵攻州弘城守救不至糧盡無所食與士卒煑犀甲腰帶及剝樹皮食之一無離叛賊欲降之抗節彌厲城陷遂爲賊所害高祖聞而嘉歎者久之賜物二千段長子信襲其官爵

游元字楚客廣平任城人魏五更明根之元孫也父寶藏位至郡守元少聰敏仕周歷壽春令譙州司馬俱有能名開皇中爲殿內侍御史煬帝嗣位遷度支郎遼東之役領左驍衛長史爲蓋牟道監軍拜朝請大夫兼書侍御史宇文述等九軍敗績帝令元主其獄述時貴倖勢傾朝廷遣家僮造元有所請屬元不之見他日按述逾急仍以屬請狀劾之帝嘉其公正賜服一襲後奉使黎陽督運楊元感作逆謂元曰獨夫肆虐天下士大夫肝腦塗地我今親率義兵誅無道卿意如何元正色曰尊公荷國寵靈功參佐命高位重祿近古莫儔當謂竭誠盡節上答鴻恩豈意墳土未乾親圖反噬僕有死而已不敢聞命元感怒脅以兵元竟不屈節於是遂見害帝甚嘉歎贈銀青光祿大夫拜其子仁宗爲正議大夫弋陽郡通守

馮慈明字無佚信都人也父子琮仕齊至左僕射慈明在齊爲中書舍人開皇中兼內史舍人大業中位尚書兵部郎加朝請大夫十三年攝江都郡丞事李密之逼東都也詔慈明令安集瀍洛至鄢陵爲密黨崔樞所執密延於坐而謂之曰吾欲率四方之衆問罪於江都卿以爲如何慈明曰慈明直道事人有死而已不義之言非所敢對密不悅冀其後改乃加禮焉慈明潛使人奉表江都及致書東都留守論賊形勢密知其狀義而釋之出至營門爲賊帥翟讓所瞋責慈明勃然曰天子使我來正欲除爾輩不圖爲賊黨所獲我豈從汝求活邪須殺但殺何須罵詈讓益怒於是亂刀斬之時年六十入梁郡通守楊江上狀煬帝歎息之贈銀青光祿大夫拜其二子忭惇俱爲尚書承務郎王世充推越王侗爲主重贈柱國戶部尚書黎陽郡公諡曰壯武長子忱先在東都王世充破李密忱亦在軍中遂遣奴負父尸柩詣東都身不自送未幾又盛華燭納室時論醜之

張須陁弘農閿鄉人也性剛烈有勇略弱冠從史萬歲討西爨以功授儀同後從楊素擊平漢王諒加開府大業中爲齊郡贊務會興遼東之役歲饑須陁將開倉張給官屬咸曰須待詔敕須陁曰如待報至當委溝壑吾若以此獲罪死無所恨先開倉而後上狀帝嘉而不責時天下承平日久多不習兵須陁獨勇決善戰又長於撫馭得士卒心論者號爲名將時賊帥王薄北連豆子䴚賊孫宣雅石祇闍郝孝德等衆十餘萬攻章邱須陁大破之露布以聞帝大悅優詔褒揚令使者圖畫其形容奏之其年賊裴長才石子河等奄至城下須陁與戰長木敗走後數旬賊帥秦君弘郭方預等圍北海須陁倍道而進大破之司隸刺史裴操之上狀帝遣使勞問之十年賊左孝友屯蹲狗山須陁列入營以逼之孝友窘逼面縛來降其黨解散又有王良鄭大彪李脘等衆各萬計須陁悉平之威震東夏以功遷齊郡通守領河南道十二郡黜陟討捕大使俄而賊盧明月衆十餘萬

將寇河北次祝阿須陀邀擊殺數千人賊呂明星師仁泰霍小漢等衆各萬餘擾濟北須陀擊走之尋將兵拒東郡賊翟讓前後三十餘戰每破走之轉滎陽通守時李密說讓取洛口倉遂率兵逼滎陽須陀拒之讓懼而退走須陀逐北李密先伏兵數千人邀須陀遂與讓合軍圍之須陀敗潰圍輒出左右不能盡出復躍馬入救之往來數四衆皆敗乃仰天歎曰兵敗如此何面見天子乎乃下馬戰死其所部兵晝夜號哭數日不止帝令其子元備總父兵元備時在齊郡遇賊竟不果行越王侗遣裴仁基招其衆移鎮虎牢

楊善會字敬仁弘農華陰人也父初位毗陵太守善會大業中爲鄃令以清正聞俄而百姓聚起爲盜善會討九往皆剋捷後賊帥張金稱屯于縣界善會每挫其鋒煬帝遣將軍段達討金稱善會進計於達達不能用軍竟敗後進止一以謀之乃大尅金稱復引勃海賊孫宣雅高士達等破黎陽而還善會邀破之擢拜朝請大夫清河郡丞于時山東思亂從盜如市郡縣微弱陷沒相繼能抗賊者善會而已前後七十餘陣未嘗負敗每恨衆寡相殊未能滅賊會太僕楊義臣討金稱見敗取善會定策善會遂與金稱戰賊乃退走善會捕斬之傳首行在所帝賜以上方甲矟弓劒進拜清河通守復從楊義臣斬漳南賊帥高士達傳首江都宮帝下詔褒揚之後爲竇建德所圍城陷建德釋而禮之用爲貝州刺史善會罵之曰老賊何敢擬議國士建德知終不爲己用遂害之清河士庶莫不傷痛

獨孤盛不知何許人也父屯本姓李氏仕周賜姓獨孤兄楷長平太守自有傳盛性剛烈有膽略以煬帝藩邸之舊累遷右屯衛將軍宇文化及之亂裴虔通引兵至成象殿宿衛者皆釋仗走盛謂虔通曰何物兵勢太異虔通曰事已然不預將軍事盛罵曰老賊何物語不及被甲與左右十餘人逆拒之爲亂兵所殺越王侗稱制贈光祿大夫紀國公謚曰武節

盧楚涿郡范陽人也祖景祚魏司空掾楚少有才學性鯁急口吃言語澀難大業中爲尚書左司郎當朝正色甚爲公卿所憚及帝幸江都東都官僚多不奉法楚每存糺舉無所迴避越王侗稱尊號以楚爲內史令左備身將軍尚書左丞右光祿大夫封涿郡公與元文都等同心戮力以輔侗文都將誅王世充以靖亂楚與其謀及文都爲人所告世充以兵入犯太陽門武衛將軍皇甫無逸斬關逃難呼楚同去楚曰僕與元公有約若社稷有難誓以俱死今捨去不義及世充入楚匿太官署尋被執世充奮袂令斬於是鋒刃交下支體糜碎元文都者魏宗室也父矩周小冢宰元都事在魏汝陰王天賜傳中

劉子翊彭城叢亭里人也父遍齊徐州司馬子翊少好學頗解屬文性剛謇有吏幹開皇中爲秦州司法參軍因入考楊素奏爲侍御史時永甯縣令李公孝四歲喪母九歲外繼其後父更別娶後妻至是而亡河間劉炫以爲無撫育之恩議不改任子翊駮之曰傳云繼母同母也當以配父之尊居母之位齊杖之制皆如親母又爲人後者爲其父母期服者自以本生非殊親之與繼也父雖自處傍尊之地於子之情猶須隆其本重是以令云爲人後者其父母並解官申其心喪父卒母嫁爲父後者雖不服亦申心喪其繼母嫁不改官此專據嫁者生文耳將知繼母在父之室則制同親母若謂非有撫育之恩同之行路何服之有乎服既有之心喪焉可獨異三省令旨其義甚明今言令許不解何其甚謬且後人者爲其父母期未有變隔以親繼親既等故心喪不得有殊服問云母出則爲繼母之黨服豈不以出母族絕推而還之繼母配父引而親之乎子思曰爲伋也妻者是爲白也母不爲伋也妻者是不爲白也母是知服以名重情以父親所以聖人敦之以孝慈弘之以名義是使子以名服同之親母繼母以義報等之已生如謂繼母之來在子出之後制有淺深者考之經傳未見其文譬出後之人所後者初亡後之者至此後可以無撫育之恩而不服重乎昔長沙人王毖漢末爲上計詣京師既而吳魏隔絕毖在內國更娶生子昌毖死後昌爲東平相始知吳之母亡便情繫居重不攝職事于時議者不以爲非然則繼之與前於情無別若要以撫育始生服制王昌復何足云乎又晉鎮南將軍羊祜無子取弟子伊爲子祜薨伊不服重祜妻表聞伊辭曰伯生存養已伊不敢違然無父命故還本生尚書彭權議子之出養必由父命無命而出是爲叛子於是下詔從之然則心服之制不得緣恩而生也論云禮者稱情而立文杖義而設教還以此義諭彼之情稱情者如母之情杖義者爲子之義分定然後能尊父順名崇禮篤敬苟以姆養之恩始成母子則恩由彼至服自己來則慈母如母何待父令又云繼母慈母本實路人臨己養己同之骨血若如斯言子不血父縱有恩育得如母乎其慈繼雖在三年之下而居齊期之上禮有倫例服以稱情繼母本以名服豈藉恩之厚薄也至於兄弟之子猶子

也私昵之心實殊禮服之制無二彼言以輕如重因以不同此謂如重之辭卽同重法若使輕重不等何得爲如律云准枉法者但准其罪以明法論者卽同眞法律以弊刑禮以設教准者准擬之名以者卽眞之稱如以二字義用不殊禮律兩文所防是一將此明彼足見其義取譬伐柯何遠之有論云取子爲後者將以供承祧廟奉養已身不得使宗子歸其故宅以子道事本父之後妻也然本父後妻因父而得母稱若如來旨本父亦可無心喪乎何直父之後妻也論又云禮言舊君其尊豈復君乎已去其位非復純臣須言舊以別之別有所重非復純孝故言其已見之日以其父之文是名異也此又非通論何以言之其舊訓殊所用亦別舊者易新之稱其者因彼之辭安得以相類哉至如書云其父析薪其子不克負荷傳云衞雖小其君在焉若其父而有異其君復有異乎斯不然矣今炫敢違禮乖令侮聖干法使出後之子無情於本生名義之分有虧於風俗苟飾非於明世彊媒孽於禮經雖欲揚已露才不覺言之傷理事奏竟從子翊之議歷新豐令大理正並有能名擢授書侍御史每朝廷疑議子翊爲之辯析多出衆人意表從幸江東屬天下大亂帝猶不悟子翊因侍切諫由是忤旨令子翊爲丹陽留守尋遣於上江督運爲賊吳碁子所虜子翊說之因以衆降復遣首領賊渡江遇煬帝被弑知而告之子翊弗信斬所言者賊又請以爲主不從因執至臨川城下使告城中云帝崩子翊乃易其言於是見害

堯君素魏郡湯陰人也煬帝爲晉王時君素以左右從及嗣位累遷鷹揚郞將大業末從驍衞大將軍屈突通拒唐兵於河東俄而通引兵南遁以君素有膽略署領河東通守唐遣呂紹宗韋義節等攻之不克及通軍敗歸唐至城下呼之君素見通歔欷流涕悲不自勝左右皆哽咽通亦泣下因謂君素曰吾軍已敗義旗所指莫不響應事勢如此卿當早降以取富貴君素答曰公當爪牙之寄爲國大臣主上委公以關中代王付公以社稷國祚隆替屬之於公柰何不思報效以至於此縱不能遠慚主上公所乘馬卽代王所賜也公何面目乘之哉通曰吁君素我力屈而來君素曰我今力猶未屈何用多言通慚而退時圍甚急行李斷絕君素乃爲木鵝置表於頸具論事勢浮之黃河沿流而下河陽守者得之達于東都越王侗見而歎息乃承制拜君素爲金紫光祿大夫密遣行人勞之監門直閤龐玉武衞將軍皇甫無逸前後自東都歸唐俱造城下爲陳利害唐又賜金券待以不死君素卒無降心其妻又至城下謂之曰隋室已亡天下有所屬君何自苦身取戮辱君素曰天下事非婦人所知引弓射之應弦而倒君素自知事必不濟每言及隋國未嘗不歔欷流涕常謂將士曰吾是藩邸舊臣義不得不死今穀足支數年食盡此穀足知天下事必若隋室傾敗天命有歸吾當斷頭以付諸君也時百姓苦隋日久及唐兵起人有息肩之望又頗得江都傾覆消息兼糧食絕男女相食衆心離駭白虹降於府門兵器之端夜皆光見月餘君素爲左右所害

陳孝意張季珣杜松贇並以誠節顯孝意河東人大業初爲魯郡司法書佐郡內號爲廉平太守蘇威嘗欲殺一囚孝意固諫不許孝意因解衣請先受死良久威意乃解謝而遣之漸加禮敬及威爲納言奏孝意爲侍御史後以父憂去職居喪過禮有白鹿馴擾其廬時人以爲孝感尋起授鴈門郡丞在郡菜食齋居朝夕哀臨每一發聲未嘗不絕倒柴毀骨立見者哀之時長吏多贓汚孝意淸節彌厲發姦摘伏動若有神吏民稱之煬帝幸江都馬邑劉武周殺太守王仁恭作亂前郡丞楊長仁鴈門令王確等謀應賊孝意知之族滅其家郡中戰慄俄而武周來攻孝意拒之每致剋捷但孤城無援而孝意誓以必死亦知帝必不反每旦夕向詔勑庫俯伏涕流悲慟左右糧盡爲校尉張世倫所殺以歸武周張季珣京兆人父祥少爲隋文帝所知引爲丞相參軍累遷幷州司馬及漢王諒反遣其將劉建攻之縱火燒其郭下祥見百姓驚駭其城西有王母廟登城望之再拜號泣曰百姓何罪致此焚燒神其有靈可降雨相救言訖廟上雲起雨降其火遂滅士卒感其至誠莫不用命援軍至賊退以功授開府後卒於都水監季珣少慷慨有志節大業末爲鷹揚郞將所居據箕山爲固與洛口接及李密陷倉城遣呼之季珣大罵密怒攻之連年不能尅經三年資用盡無薪徹屋而爨人皆穴處季珣撫之一無離叛後士卒飢羸爲密所陷季珣坐聽事顏色自若密遣兵禽送之羣賊曳令拜密季珣曰吾雖敗軍將猶是天子爪牙臣何容拜賊密壯而釋之翟讓從求金不得殺之其弟仲琰爲上洛令及唐兵起城守部下殺之以歸唐仲琰弟幼琮爲千牛左右宇文化及亂遇害季珣家世忠烈兄弟俱死國難論者賢之杜松贇北海人性剛烈重名義爲石門府隊正大業末賊楊厚來攻北海縣松贇覘賊被執使謂城中云郡兵已破宜早歸降松贇僞許之既至城下大呼曰我邂逅被執非力

屈也官軍大來賊且暮禽鷇賊以刀築其口引之去崧賫罵厚曰老賊何敢辱賢良言未卒賊斷其腰城中望之莫不流涕扼腕鋭氣益倍北海卒完優贈朝請大夫本郡通守

通志卷一百六十六

通志卷一百六十七

宋右迪功郎鄭樵漁仲撰

孝友傳第一

晉史始立孝友傳宋齊周隋曰孝義梁陳曰孝行後魏曰孝感今總曰孝友東漢雖不標名然毛義一卷而其事已具其中故取之以冠此篇之首又自宋以下離其義行者爲一宗以附各代孝友之後庶有別云

後漢孝友

毛義　薛包　劉平王望王扶　趙孝王琳兒萌　魏譚車成　湻于恭　江革　劉般子愷愷子茂　周磐蔡順　趙咨

晉孝友

李密　盛彥　夏方　王裒　許孜子生　庾袞　孫晷　顏含　劉殷　王延　王談　桑虞　何琦

吳逵

宋孝友

劉瑜龔穎　賈恩　郭世道子原平　潘綜　陳遺　張進之　張楚　邱傑　師覺授　王彭　蔣恭　孫法宗　許昭先

余齊人　孫棘徐元妻許錢延慶　何子平　崔懷順

宋義行

嚴世期　吳慶之　徐耕戴成王道蓋　范叔孫吳國夫

齊孝友

王虛之柔之　顧昌衍　江軻　蕭叡明　鮮于文宗文宗姊文英　蕭矯妻羊氏羊緝女佩任　吳康之妻趙氏　蔣儁之妻黃氏　吳翼母丁氏　丁長子婦王氏　陳氏三女　王氏女　韓氏女　乘公濟妻姚氏　范法恂妻褚氏　公孫僧遠　吳欣之　童超之　孫淡　華寶　薛天生　劉懷允懷允弟懷則　解叔謙　宗元卿　庾震　朱文濟　匡昕　傅康祚　謝昌寓　韓靈敏　劉渢弟溓　柳叔夜

吳達之蔡曇智何伯興　王文殊　樂頤弟預沈昇之　江泌　杜栖剡縣小兒　庾道愍

齊義行

韓係伯閭人　封延伯　陳元子徐生之　邵榮興范安祖　文獻叔李聖伯　范道根　譚弘寶　何弘　陽黑頭　王續祖　郝道福

梁孝友

滕曇恭徐普濟張悌　庾黔婁　劉霽　劉曇淨　何炯

陶季直　沈崇傃　荀匠　吉翂　甄恬　趙拔扈　褚懷明　褚脩　張景仁　宛陵女子整之姊　王劉景昕　陶子鏘　成景儁　李慶緒　謝藺　庾沙彌

江紑

陳孝友

殷不害弟不佞　謝貞　司馬暠子延義　張昭弟乾　王知元

後魏孝友

趙琰　長孫慮　乞伏保　孫益德　董洛生

楊引　閻元明令狐仕奴　董吐渾　皇甫　吳悉達　崔承宗　王續生　李顯達　倉跋　張昇　王崇　郭文恭

後魏義行

石文德趙令安孟蘭彊　馬八龍　門文愛　石祖興　邵洪哲　李几　王閭

北齊孝友北齊不立此傳今取陸卬附此

陸卬

周孝友

杜叔毗　荊可　秦族弟榮先　皇甫遐　張元

隋孝友

田德懋　薛濬　王頒　田翼　楊慶　紐因子士雄　劉仕儁　翟普林　李德饒　華秋　徐孝肅

隋義行

郎方貴　郭世儁

後漢

毛義字少節廬江人也家貧以孝行稱南陽人張奉慕其名往候之坐定而府檄適至以義守令義奉檄而入喜動顏色奉者志尚士也心賤之自恨來固辭而去及義母死去官行服後數辟公府爲縣令進退必以禮舉賢良公車徵遂不至張奉歎曰賢者固不可測往日之喜乃爲親屈也斯蓋所謂家貧親老不擇官而仕者也建初中章帝下詔褒寵義賜穀千斛常以八月長吏問起居加賜羊酒壽終于家

薛包字孟嘗汝南人也好學篤行喪母以至孝聞及父娶後妻而憎包分出之包日夜號泣不能去至被毆杖不得已廬於舍外旦而入灑埽父怒又逐之乃廬於里門昏晨不廢積歲餘父母慙而還之後行六年服喪過乎哀旣而弟子求分財異居包不能止乃中分其財奴婢引其老者曰與我共事久若不能使也田廬取其荒頓者曰吾少時所理意所戀也器物取朽敗者曰我素所服食身口所安也弟子數破其產輒復賑給建光中公車特徵至拜侍中包性恬虛稱疾不起以死自乞有詔賜告歸加禮如毛義年八十餘以壽終

劉平字公子楚郡彭城人也本名曠顯宗時改爲平王莽時爲郡吏守菑邱長政教大行其後每屬縣有劇賊輒令平守之所至皆理由是一郡稱其能更始時天下亂平弟仲爲賊所殺其後賊復忽然而至平扶侍其母奔走逃難仲遺腹女始一歲平抱仲女而棄其子母欲還取之平不聽曰力不能兩活仲不可以絕類遂去不

瓛與母俱匿野澤中平朝出求食逢餓賊將烹之平叩頭曰今旦爲老母求菜老母待曠爲命願得先歸食母畢還就死因涕泣賊見其至誠哀而遣之平還旣食母訖因白母曰屬與賊期義不可欺遂還詣賊衆皆大驚相謂曰嘗聞烈士乃今見之子去矣吾不忍食子於是得全建武初平狄將軍龐萌反於彭城攻敗郡守孫萌平時復爲郡吏冒白刃伏萌身上被十創困頓不知所爲號泣請曰願以身代府君賊乃斂兵止曰此義士也勿殺遂解去萌傷甚氣絕有頃蘇渴求飲平傾其創血以飲之後數日萌竟死平乃裹創扶送萌喪至其本縣後舉孝廉拜濟陰郡丞太守劉育甚重之任以郡職上書薦平會平遭父喪去官服闋拜全椒長政有恩惠百姓懷感人或增貲就賦或減年從役刺史太守行部獄無繫囚人自以得所不知所問唯班詔書而去後以病免顯宗初尚書僕射鍾離意上書薦平及瑯琊王望東萊王扶皆脩身行義應在朝次有詔徵平等特賜辦裝錢至皆拜議郎並數引見平再遷侍中永平三年拜宗正數薦達名士承宮郇恁等在位八年以老病上疏乞骸骨卒於家王望字慈卿客授會稽自議郎遷青州刺史甚有威名是時州郡災旱百姓窮荒望行部道見饑者裸行草食五百餘人愍然哀之因以便宜出所在布粟給其廩糧爲作褐衣事畢上言帝以望不先表請章示百官詳議其罪時公卿皆以爲望之專命法有常條鍾離意獨曰昔華元子反楚宋之良臣不稟君命擅平二國春秋之義以爲美談今望懷義忘罪當仁不讓若繩之以法忽其本情將乖聖朝愛育之旨矣帝嘉意議赦而不罪王扶字子元掖人也少脩節行客居琅邪不其縣所止聚落化其德國相張宗謁請不應欲彊致之遂杖策歸鄉里連請固病不起太傅鄧禹辟不至後拜議郎會見恂恂似不能言然性伉正不可干以非義當世高之永平中臨邑侯劉復著漢德頌盛稱扶爲名臣云

趙孝字長平沛國蘄人也父普王莽時爲田禾將軍任孝爲郎每告歸常白衣步擔從長安還欲止郵亭亭長先時聞孝當過以有長者客埽洒待之孝旣至不自名亭長不肯納因問曰聞田禾將軍子從長安來何時至乎孝曰尋到矣於是遂去及天下亂人相食孝弟禮爲餓賊所得孝聞之卽自縛詣賊曰禮久餓羸瘦不如孝肥飽賊大驚並放之謂曰可且歸更持米糒來孝求不能得復報賊願就烹衆異之遂不害鄉黨服其義州郡辟召進退必以禮舉孝廉不應永平中辟太尉府顯宗聞其行詔拜諫議大夫遷侍中又遷長樂衛尉復徵禮爲御史中丞禮亦恭謙行已類於孝帝嘉其兄弟篤行欲寵異之詔禮十日一就衛尉府大官送供具令共相對盡歡數年禮卒帝令孝從官屬送喪歸葬後歲餘復以衛尉賜告歸卒于家孝無子拜禮兩子爲郎時汝南有王琳巨尉者年十餘歲喪父因遭大亂百姓奔逃唯琳兄弟獨守冢廬號泣不絕弟季出遇赤眉將爲所捕琳自縛請先季死賊矜而放遣由是顯名鄉邑後辟司徒府薦士而退琅琊魏譚少閒者時亦爲饑寇所獲等輩數十人皆束縛以次當烹賊見譚似謹厚獨令主爨暮輒就縛賊有夷長公特哀念譚密解其縛語曰汝曹皆應就食急從此去對曰譚爲諸君爨恆得遺餘餘人皆茹草萊不如食我長公義之相曉赦遣並得俱免譚永平中爲主家令又齊國兒萌子明梁郡車成子威二人兄弟並見執於赤眉將食之萌成叩頭乞以身代賊亦哀而兩釋焉

淳于恭字孟孫北海淳于人也善說老子淸靜不慕榮名家有山田果樹人或侵盜輒助爲收採又見偷刈禾者恭念其愧恥因伏草中盜去乃起里落化之王莽末歲饑兵起恭兄崇將爲賊所烹恭請代得俱免後崇卒恭養孤幼敎誨學問有不如法輒反用杖自箠以感悟之兒慙而改過初遭賊寇百姓莫事農桑恭常獨力田耕鄉人止之曰時方淆亂死生未分何空自苦爲恭曰縱我不得他人何傷墾耨不輟後州郡連召不應遂幽居養志潛於山澤舉動周旋必由禮度建武中郡舉孝廉司空辟皆不應客隱琅邪黔陬山遂數十年建初元年肅宗下詔美恭素行告郡賜帛二十疋遣詣公車除爲議郎引見極日訪以政事遷侍中騎都尉禮待甚優其所薦名賢無不徵用進對陳政皆本道德帝與之言未嘗不稱善五年病篤使者存問卒於官詔書襃歎賜穀千斛刻石表閭除子孝爲太子舍人

江革字次翁齊國臨淄人也少失父獨與母居遭天下亂盜賊並起革負母逃難備經阻險常採拾以爲養數遇賊或刼欲將去革輒涕泣求哀言有老母辭氣愿款有足感動人者賊以是不忍犯之或乃指避兵之方遂得俱全於難革轉客下邳窮貧裸跣行傭以供母便身之物莫不畢給建武末年與母歸鄉里每至歲時縣當案比革以母老不欲搖動自在轅中輓車不用牛馬鄉里稱之曰江巨孝太守常備禮召革以母老不應及母終至性殆滅常寢伏冢廬服竟不忍除郡守遺丞掾釋

服因請以爲吏永平初舉孝廉爲郎補楚太僕月餘自劾去楚王英馳遣官屬追之遂不肯還復使中傅贈送辭不受後數應三公命輒去建初初太尉牟融舉賢良方正再遷司空長史肅宗甚崇禮之遷五官中郎將每朝會帝常使虎賁扶侍及進拜恆目禮焉時有疾不會輒太官送醪膳恩寵有殊於是京師貴戚衞尉馬廖侍中竇憲慕其行各奉書致禮革無所報受帝聞而益善之後上書乞骸骨轉拜諫議大夫賜告歸因謝病稱篤元和中天子思革至行制詔齊相以縣見穀千斛賜巨孝常以八月長吏存問致羊酒以終厥身如有不幸祠以中牢由是巨孝之稱行於天下及卒詔復賜穀千斛劉般字伯興宣帝之元孫也宣帝封子囂於楚是爲孝王孝王生思王衍衍生王紆紆生般自囂至般積累仁義世有名節而紆尤慈篤早失母同產弟原鄉侯平尚幼紆親自鞠養常與其臥起飲食及成人未嘗離左右平病卒紆哭泣嘔血數月亦歿初紆襲王封因值王莽篡位廢爲庶人因家於彭城般數歲而孤獨與母居王莽敗天下亂太夫人聞更始即位乃將般俱奔長安會更始敗復與般轉側兵革中西行上隴遂流離至武威般雖尚少而篤志脩行講誦不怠其母及諸舅以爲身寄絕域死生未必不宜苦精神若此數以曉般猶不改其業建武八年隗囂敗河西始通般即將家屬東至洛陽脩經學於師門明年光武下詔封般爲菑丘侯奉孝王祀使就國後以國屬楚王徙封杼秋侯十九年行幸沛詔問郡中諸侯行能太守薦言般束脩至行爲諸侯師帝聞而嘉之乃賜般縉錢百萬繒二百疋二十年復與車駕會沛因從還洛陽賜穀什物留爲侍祠侯永平元年以國屬沛徙封居巢侯復隨諸侯就國數年揚州刺史觀恂薦般在國口無擇言行無怨惡宜蒙旌顯顯宗嘉之十年徵般行執金吾事從至南陽還爲朝侯明年兼屯騎校尉時五校官顯職閑而府寺寬敞輿服光麗伎巧畢給故多以宗室肺腑居之每行幸郡國般常將長水胡騎從帝曾欲置常平倉公卿議者多以爲便般對以常平倉外有利民之名而內實侵刻百姓豪右因緣爲姦小民不能得其平置之不便帝乃止先是時下令禁民二業又以郡國牛疫通使區種增耕而吏下檢括多失其實百姓患之般上言郡國以官禁二業至有田者不得漁捕今濱江湖郡率少蠶桑民資漁採以助口實且以冬春閑月不妨農事夫漁獵之利爲田除害有助穀食無關二業也又郡國以牛疫水旱墾田多減故詔勑區種增進頃畝以爲民也而吏舉度田欲令多前至於不種之處亦通爲租可申勑刺史二千石務令實覈其有增加皆使與奪田同罪帝悉從之肅宗即位以爲長樂少府建初二年遷宗正般妻卒厚加賻贈及賜冢塋地於顯節陵下般在位數言政事其收恤九族行義尤著時人稱之年六十建初三年卒子憲嗣憲卒子重嗣憲兄愷字伯豫以當襲般爵讓與弟憲遁逃避封久之章和中有司奏請絕愷國肅宗美其義特優假之愷猶不出積十餘歲至永元十年有司復奏之侍中賈逵上書引前世扶陽侯韋元成及近代陵陽侯丁鴻鄳侯鄧彪事乞蒙矜宥全其先功以增聖朝尚德之美和帝納之詔聽憲嗣爵乃徵愷拜爲郎稍遷侍中愷之入朝在位者莫不仰其風行遷步兵校尉十三年遷宗正免復拜侍中遷長水校尉永初元年代周章爲太常愷性篤古貴處士每有徵舉必先巖穴論議引正辭氣高雅永初六年代張敏爲司空元初三年代夏勤爲司徒舊制公卿二千石刺史不得行三年喪由是內外眾職並廢喪禮元初中鄧太后詔長吏以下不爲親行服者不得典城選舉時有上言牧守宜同此制詔下公卿議者以爲不便愷獨議曰詔書所以爲制服之科者蓋崇化厲俗以弘孝道也今刺史一州之表二千石千里之師職在辯章百姓宜美風俗尤宜尊重典禮以身先之而議者不尋其端至於牧守則云不宜是猶濁其源而望流清曲其形而望景直不可得也太后從之時征西校尉任尚以姦利被徵抵罪尚曾副大將軍鄧騭騭黨護之而太尉馬英司空李郃承望騭旨不復先請即獨解尚贓錮愷不肯與議後尚書案其事二府並受譴咎朝廷以此稱之視事五歲永寧元年稱病上書致仕有詔優許焉加賜錢三十萬以千石祿歸養河南尹常以歲八月致羊酒時安帝始親政事朝廷多稱愷之德帝乃遣問起居厚加賞賜會馬英策罷尚書陳忠上疏薦愷沈重淵懿道德博備宜復序上司以厭眾望詔引愷拜太尉安帝初清河相叔孫光坐贓抵罪遂增錮二世釁及其子是時居延都尉范邠復犯贓罪詔下三公廷尉議司徒楊震司空陳褒廷尉張皓議依光比愷獨以爲春秋之義善善及子孫惡惡止其身所以進人於善也尚書曰上刑挾輕下刑挾重如今使贓吏禁錮子孫以輕從重懼及善人非先王詳刑之意也有詔太尉議是視事三年以疾乞骸骨久乃許之下河南禮秩如前歲餘卒于家詔使者護喪事賜東園祕器錢五十萬布千疋少子茂字叔盛亦好禮讓歷位出納桓帝時

爲司空會司隸校尉李膺等抵罪而南陽太守成瑨太原太守劉瓆下獄當死茂與太尉陳蕃司徒劉矩上書訟之帝不悅有司承旨劾奏三公茂遂坐免建甯中復爲太中大夫卒於官

周磐字堅伯汝南安城人徵士燮之宗也祖父業建武初爲天水太守磐少遊京師學古文尚書洪範五行左氏傳好禮有行非典謨不言諸儒宗之居貧養母儉薄不充常誦詩至汝墳之卒章慨然而歎乃解韋帶就孝廉之舉和帝初拜謁者除任城長遷陽夏重合令頻歷三城皆有惠政後思母棄官還鄉里及母歿哀毀滅服終遂廬於冢側教授門徒常千人公府三丿以有道特徵磐語友人曰昔方回支父嗇神養和不以榮利滑其生術吾親已歿矣從物何爲遂不應建光元年年七十三歲朝會集諸生講論因令其二子曰吾日者夢見先師東里先生與我講於陰堂之奧既而長歎豈吾齒之盡乎若命終之日桐棺足以周身外槨足以周棺斂形懸封濯衣幅巾編二尺四寸簡寫堯典一篇并刀筆各一以置棺前示不忘聖道其月望日無病忽終學者以爲知命焉磐同郡蔡順字君仲亦以至孝稱少孤養母嘗出求薪有客卒至母望順不還乃噬其指順卽心動棄薪馳歸跪問其故母曰有急客來吾噬指以悟汝耳母年九十以壽終未及得葬里中災火將逼其舍順抱伏棺柩號哭叫天火遂越燒他室順獨得免太守韓崇召爲東閤祭酒母平生畏雷自亾後每有雷輒圜冢泣曰順在此崇聞之輒爲差車馬到墓所後太守鮑衆舉孝廉順不能遠離墳墓遂不就年八十卒于家

趙咨字文楚東郡燕人也父暢爲博士咨少孤有孝行州郡召舉孝廉並不就延熹元年大司農陳豨舉咨至孝有道仍遷博士靈帝初太傅陳蕃大將軍竇武爲宦者所誅咨乃謝病去太尉楊賜特辟使飾巾出入請與講議舉高第累遷敦煌太守以病免還躬率子孫耕農爲養盜嘗夜往劫之咨恐母驚懼乃先至門迎盜因請爲設食謝曰老母八十疾病須養居貧朝夕無儲乞少置衣糧妻子物餘一無所請盜皆慙歎跪而辭曰所犯無狀干暴賢者言畢奔出咨追以物與之不及由此益知名徵拜議郎辭疾不到詔書切讓州郡以禮發遣前後再三不得已應召復拜東海相之官道經滎陽滎陽令敦煌曹暠咨之故孝廉也迎路候謁咨不爲留暠送至亭次望塵不及謂主簿曰趙君名重今過界不見必爲天下笑卽棄印綬追至東海謁咨畢辭歸家其爲時人所貴如此咨在官清簡計日受奉豪黨畏其儉節視事三年以疾自乞徵拜議郎抗疾京師將終告其故吏朱祇蕭建等使薄殮素棺藉以黃壤欲令速朽早歸后土不聽子孫改之乃遺書勑其子允令制坎但足容棺槨棺歸卽葬平地無墳勿卜時日葬無設奠勿留墓側無起封樹不必有改有乖吾志朱祇蕭建送喪到家允不忍父體與土并合欲更改殯祇建譬以顧命於是奉行時稱咨明達

晉

李密字令伯犍爲武陽人也一名虔父早亾母何氏改醮密時年數歲感戀彌至烝烝之性遂以成疾祖母劉氏躬自撫養密奉事以孝謹聞劉氏有疾則涕泣側息未嘗解衣飲膳湯藥必先嘗後進有暇則講學忘疲而師事譙周周門人方之游夏少仕蜀爲郎數使吳有才辯吳人稱之蜀平泰始初詔徵爲太子洗馬密以祖母年高無人奉養遂不應命乃上疏曰臣以險釁夙遭閔凶生孩六月慈父見背行年四歲舅奪母志祖母劉愍臣孤弱躬見撫養臣少多疾病九歲不行零丁辛苦至于成立既無伯叔終鮮兄弟門衰祚薄晚有兒息外無期功彊近之親內無應門五尺之童煢煢孑立形影相弔而劉早嬰疾病常在牀蓐臣侍湯藥未嘗廢離自奉聖朝沐浴清化前太守臣逵察臣孝廉後刺史臣榮舉臣秀才臣以供養無主辭不赴命明詔特下拜臣郎中尋蒙國恩除臣洗馬猥以微賤當侍東宮非臣隕首所能上報臣具以表聞辭不就職詔書切峻責臣逋慢郡縣逼迫催臣上道州司臨門急於星火臣欲奉詔奔馳則劉病日篤苟徇私情則告訴不許臣之進退實爲狼狽伏惟聖朝以孝治天下凡在故老猶蒙矜恤況臣孤苦疷羸之極且臣少仕僞朝歷職郎署本圖宦達不矜名節今臣亾國賤俘至微至陋過蒙拔擢寵命殊私豈敢盤桓有所希冀但以劉日薄西山氣息奄奄人命危淺朝不慮夕臣無祖母無以至今日祖母無臣無以終餘年母孫二人更相爲命是以私情區區不敢棄遠臣密今年四十有四祖母劉今年九十有六是臣盡節於陛下之日長而報養劉之日短也烏鳥私情願乞終養臣之辛苦非但蜀之人士及二州牧伯之所明知皇天后土實所覽見伏願陛下矜愍愚誠聽臣微志庶劉僥倖保卒餘年臣生當隕身死當結草帝覽之曰士之有名不虛然哉乃停召後劉終服闋復以洗馬徵至洛陽司空張華問之曰安樂公何如密曰可次齊桓華問其

故對曰齊桓得管仲而霸用豎刁而蟲流安樂公得諸葛亮而抗魏任黃皓而喪國是知成敗一也次問孔明言教何碎密曰昔舜禹臯陶相與語故得簡大雅誥與凡人言宜碎孔明與言者無己敵言教是以碎耳華善之出爲溫令而憎疾從事嘗與人書曰慶父不死魯難未已從事白其書司隸司隸以密在縣清慎弗之劾也密有才能常望內轉而朝廷無援乃遷漢中太守自以失分懷怨及賜餞東堂詔普令賦詩密詩末章曰人亦有言有因有緣官無中人不如歸田明明在上斯語豈然武帝忿之於是都官從事奏免密官後卒於家二子賜興賜字宗石少能屬文嘗爲元鳥賦詞甚美州辟別駕舉秀才未行而終興字儁石亦有文才刺史羅尙辟別駕尙爲李雄所攻使興詣鎭南將軍劉弘求救興因願留爲弘參軍而不還尙白弘弘卽奪其手版而遣之興之在弘府弘立諸葛孔明羊叔子碣使興俱爲之文甚有辭理

盛彥字翁子廣陵人也少有異才年八歲詣吳太尉戴昌昌贈詩以觀之彥於坐答之辭甚慷慨母王氏因疾失明彥每言未嘗不流涕遂不應辟召躬自侍養母食必自哺之母旣病久至於婢使數見捶撻婢忿恨伺彥暫行取蠐螬炙飴之母食以爲美然疑是異物密藏以示彥彥見之抱母慟哭絕而復蘇母目豁然卽開從此遂愈彥仕吳至中書侍郎吳平陸雲薦之於刺史周浚本邑大中正劉頌又舉彥爲小中正太康中卒

夏方字文正會稽永興人也家遭疫癘父母伯叔羣從死者十三人方年十四夜則號哭晝則負土十有七載葬送得畢因廬于墓側種植松栢鳥烏猛獸馴擾于旁吳時拜仁義都尉累遷五官中郎將朝會未嘗乘車行必讓路吳平除高山令百姓有罪應加捶撻者方向之涕泣而不加罪大小莫敢犯焉在官三年州舉秀才還家卒年八十七

王裒字偉元城陽營陵人也祖脩有名魏世父儀爲高雅直爲文帝司馬東關之役帝問於衆曰近日之事誰任其咎儀對曰責在元帥帝怒曰司馬欲委罪於孤邪遂引出斬之裒少立操尙行已以禮身長八尺四寸容貌絕異音聲淸亮辭氣雅正博學多能痛父非命未嘗西向而坐示不臣朝廷也於是隱居敎授三徵七辟皆不就廬于墓側旦夕常至墓所拜跪攀栢悲號涕淚著樹樹爲之枯母性畏雷母沒每雷輒到墓側曰裒在此及讀詩至哀哀父母生我劬勞未嘗不三復流涕門人受業者並廢蓼莪之篇家貧躬耕計口而田度身而蠶或有助之者不聽諸生密爲刈麥裒遂棄之知舊有致遺者皆不受門人爲本縣所役告裒求屬令裒曰卿學不足以庇身吾德薄不足以蔭卿屬之何益且吾不執筆已四十年矣乃步擔乾飯兒負鹽豉草屩送所役生到縣門徒隨從者千餘人安邱令以爲詣已整衣出迎之裒乃下道至土牛旁磬折而立云門生爲縣所役故來送別因執手涕泣而去令卽放之一縣以爲恥鄉人管彥少有才而未知名裒獨以爲必當自達拔而友之男女各始生便共許爲婚彥後爲西夷校尉卒而葬於洛陽裒後更嫁其女彥弟馥問裒裒曰吾薄志畢願山藪昔嫁姊妹皆遠吉凶斷絕每以此自誓今賢兄子葬父於洛陽此則京邑之人也豈吾結好之本意哉馥曰嫂齊人也當還臨淄裒曰安有葬父河南而隨母還齊用意如此何婚之有北海邴春少立志操寒苦自居負笈游學鄉邑僉以爲邴原復出裒以春性險狹慕名終必不成其後春果無行學業不終有識以此歸之裒常以爲人之所行期於當歸善道何必以所能而責人所不能及洛京傾覆寇盜蜂起親族悉欲移渡江東裒戀墳壟不去賊大盛方行猶思慕不能進遂爲賊所害

許孜字季義東陽吳甯人也孝友恭讓敏而好學年二十師事豫章太守會稽孔沖受詩書禮易及孝經論語學竟還鄉里沖在郡喪亡孜聞問盡哀負擔奔赴送喪還會稽蔬食執役制服三年俄而二親沒柴毀骨立杖而能起建墓於縣之東山躬自負土不受鄉人之助或愍孜羸憊苦求來助孜晝則不逆夜便除之每一悲號鳥獸翔集孜以方營大功乃棄其妻鎭宿墓所列植松栢五六里時有鹿犯其松栽孜悲歎曰鹿獨不念我乎明日忽見鹿爲猛獸所殺置於所犯栽下孜悵惋不已乃爲作冢埋於隧側猛獸卽於孜前自撲而死孜益歎息又取埋之自後樹木滋茂而無犯者積二十年孜乃更娶妻立宅墓次烝烝朝夕奉亡如存鷹雉栖其梁檐鹿與猛獸擾其庭圃交頸同遊不相搏噬元康中郡察孝廉不起巾褐終身年八十餘卒于家邑人號其居爲孝順里咸康中太守張虞上疏言孜孝行世所希逮宜標其令跡甄其後嗣以疇旣往以獎方來尋有詔旌表門閭蠲復子孫其子生亦有孝行圖孜像於堂朝夕拜焉

庾袞字叔褒明穆皇后伯父也少履勤儉篤學好問事親以孝稱咸甯中大疫二兄俱亡次兄毗復殆癘氣方熾袞父母諸弟皆出次於外袞獨留不去諸父兄彊之

乃曰袞性不畏病遂親自扶持晝夜不眠其間復撫柩哀臨不輟如此十有餘旬疫勢既歇家人乃反毗病得瘥袞亦無恙父老咸曰異哉此子守人所不能守行人所不能行歲寒然後知松柏之後彫始疑疫癘之不相染也初袞諸父並貴盛惟父獨守貧約袞躬親稼穡以給供養而執事勤恪與弟子樹籬跪以授條或曰今在隱屏先生何恭之過袞曰幽顯易操非君子之志也父亾作筥賣以養母母見其勤曰我無所食對曰母食不甘袞將何居母感而安之袞前妻荀氏繼室樂氏皆官族富室及適袞棄華麗散資財與袞共安貧苦相敬如賓母終服喪居于墓側歲大饑藜藿不糝門人欲進其飯者而袞每曰已食莫敢爲設及麥熟穫者已畢而採捃尙多袞乃引其羣子以退曰待其閒及其捃也不曲行不旁掇跪而把之則亦大獲又與邑人入山拾橡分夷險序長幼推易居難禮無違者或有斬其墓柏莫知其誰乃召鄰人集之于墓而自責焉因叩頭泣涕謝祖禰曰德之不脩不能庇先人之樹袞之罪也父老咸亦爲之垂涕自後人莫之犯撫諸孤以慈奉諸寡以仁事加於厚而教之義方使長者體其行幼者忘其孤孤甥郭秀比諸子姪衣食而每先之孤兄女曰芳將嫁美服既具袞乃刈荆苕爲箕箒召諸子集之于堂男女以班命芳曰芳乎汝少孤汝豫汝逸不汝疵瑕今汝適人將事舅姑灑埽庭內婦之道也故賜汝以此匪器之爲美欲汝之溫恭朝夕雖休勿休也而以舊宅與其長兄子賡翁及翁卒袞哀其早孤痛其成人而未娶乃撫柩長號哀感行路聞者莫不垂涕初袞父誡袞以酒每醉輒自責曰予廢先父之誡其何以訓人乃於父墓前自杖三十鄰人褚德逸者善事其親老而不倦袞每拜之嘗與諸兄過邑人陳準兄弟諸兄友之皆拜其母袞獨不拜準弟徽曰子不拜吾親何袞曰未知所以拜也夫拜人之親者將自同於人之子也其義至重袞敢輕之乎遂不拜準徽歎曰古有亮直之士君近之矣君若當朝則社稷之臣與君若握兵臨大節孰能奪之方今徵聘君實宜之於是鄉黨薦之州郡交命察孝廉舉秀才清白異行皆不降志世遂號之爲異行元康末潁川太守召爲功曹袞服造役之衣杖鍤荷斧不俟駕而行曰請受下夫之役太守飾車而迎袞逡巡辭退請徒行入郡將命者遂逼扶升車納於功曹舍既而袞自取己車而寢處焉形雖恭而神有不可動之色太守知其不可屈乃歎曰非常士也吾何以降之厚爲之禮而遣焉齊王冏之唱義也張泓等肆掠于陽翟袞乃率其同族及庶姓保于禹山是時百姓安寧未知戰守之事袞曰孔子云不教而戰是謂棄之乃集諸羣士而謀曰二三君子相與處於險將以安保親尊全妻孥也古人有言千人聚而不以一人爲主不散則亂矣將若之何衆曰善今日之主非君而誰袞喟然有閒乃言曰古人急病讓夷不敢逃難然人之立主貴從其命也乃誓之曰無恃險無怙亂無暴鄰無抽屋無樵採人所植無謀非德無犯非義戮力一心同卹危難衆咸從之於是峻險阨杜蹊徑脩壁塢樹藩障考功庸計丈尺均勞逸通有無繕完器備量力任能物應其宜使邑推其長里推其賢而身率之分數既明號令不二上下有禮少長有儀將順其美匡救其惡及賊至袞乃勒部曲整行陣皆持滿而勿發賊挑戰晏然不動且辭焉賊服其愼而畏其整是以皆退如是者三時人語曰所謂臨事而懼好謀而成者其庾異行乎及冏歸于京師踰年不朝袞曰晉室卑矣寇難將興乃攜其妻子適林慮山事其新鄉如其故鄉言忠信行篤敬比及期年而林慮之人歸之咸曰庾賢及石勒攻林慮父老謀曰此有大頭山九州之絕險也上有古人遺跡可共保之惠帝遷于長安袞乃相與登大頭山而田於其下穀未熟食木實餌石藥同保安之有終焉之志及將收穫命子怞與之下山中塗目眩瞀墜崖而卒同保赴哭曰天乎獨不可舍我賢乎袞學通詩書非法不言非道不行尊事耆老惠訓蒙幼臨人之喪必盡哀會人之葬必躬築勞則先之逸則後之言必行之行必安之是以宗族鄉黨莫不崇仰門人感慕爲之樹碑焉有四子怞蔑澤捃在澤生故名澤因捃生故曰捃蔑後南渡江中興初爲侍中蔑生顯安成太守

孫晷字文度吳國富春人吳伏波將軍秀之曾孫也晷爲兒童未嘗被呵怒顧榮見而稱之謂其外祖薛兼曰此兒神用清審志氣貞立非常童也及長恭孝清約學識有理義每獨處幽闇之中容止瞻望未嘗傾邪雖侯家豐厚而晷常布衣蔬食躬親壟畝誦詠不廢欣然獨得父母愍其如此欲加優饒而夙興夜寐無暫懈也父母起居嘗饌雖諸兄親饋而晷不離左右富春車道既少動經江川父難於風波每行乘籃輿晷躬自扶侍所詣之處則於門外樹下藩屏之間隱息初不令主人知之兄嘗篤疾經年晷躬自扶侍藥石甘苦必經心目跋涉山水祈求懇至而聞人之善欣若有得聞人之惡慘若有失見人饑寒並周贍之鄉里贈遺一無所受親故有窮老者數人恆往來告索人多厭慢之而晷見之欣

敬逾甚寒則與同衾食則與同器或解衣推被以郵之時年饑穀貴人有生刈其稻者晷見而避之須去而出旣而自刈送與之鄉鄰感愧莫復侵犯會稽虞喜隱居海隅有高世之風晷欽其德聘喜弟預女爲妻喜戒女棄華尙素與晷同志時人號爲梁鴻夫婦濟陽王惇少有高操聞晷學行過人自東陽往候之始面便終日譚宴結歡而別司空何充爲揚州牧檄晷爲主簿司徒蔡謨辟爲掾屬並不就尙書張闓明州士之望表薦晷公車特徵會卒時年三十八朝野嗟痛之晷未及大斂有一老父縕袍草屨不通姓字徑入撫柩而哭哀聲慷慨感于左右哭止便出容貌甚清眼瞳又方門者告之喪主怪而追焉直去不顧同郡顧和等百餘人歎其神貌有異而莫之測也

顔含字弘都琅邪莘人也祖欽給事中父默汝陰太守含少有操行以孝聞兄畿咸甯中得疾就醫自療遂死於醫家家人迎喪旐每繞樹而不可解引喪者顚仆稱畿言曰我壽命未死但服藥太多傷我五臟耳今當復活愼無葬也其父祝之曰若爾有命復生豈非骨肉所願今但欲還家不爾葬也旐乃解及還其婦夢之曰吾當復生可急開棺婦頗說之其夕母及家人又夢之卽欲開棺而父不聽含時尙少乃慨然曰非常之事古則有之今靈異至此開棺之痛孰與不開相負父母從之乃共發棺果有生驗以手刮棺指爪盡傷然氣息甚微存亾不分矣飲哺將護累月猶不能語飲食所須託之以夢闔家營視頓廢生業雖在母妻不能無倦矣含乃絕棄人事躬親侍養足不出戶者十有三年石崇重含淳行贈以甘旨含謝而不受或問其故答曰病者綿昧生理未全旣不能進噉又未識人惠若當謬留豈施者之意也畿竟不起含二親旣終兩兄繼沒次嫂樊氏因疾失明含課勵家人盡心奉養每日自嘗省藥饌察問息耗必簪屨束帶醫人疏方應須髯蛇膽而尋求備至無由得之含憂歎累時嘗晝獨坐忽有靑衣童子年可十三四持一靑囊授含含開視乃蛇膽也童子逡巡出戶化成靑鳥飛去得膽藥成嫂病卽愈由是著名本州辟不就東海王越以爲太傅參軍出補闓陽令元帝初鎭下邳復命爲參軍過江以含爲上虞令轉王國郎中丞相東閤祭酒出爲東陽太守東宮初建含以儒素篤行補太子中庶子遷黃門侍郎本州大中正歷散騎常侍大司農預討蘇峻功封西平縣侯拜侍中除吳郡太守王導問含曰卿今涖名郡政將何先答曰王師歲動編戶虛耗南北權豪競招遊食國弊家豐執事之憂且當徵之勢門使反田桑數年之間欲令戶給人足如其禮樂俟之明宰含所歷簡而有恩明而能斷然以威御下導歎曰顔公在事吳人斂手矣未之官復爲侍中尋除國子祭酒加散騎常侍遷光祿勳以年老遜位成帝美其素行就加光祿大夫門施行馬賜牀帳被褥敕太官四時致膳固辭不受于時論者以王導帝之師傅名位隆重百僚宜爲降禮太常馮懷以問於含含曰王公雖重理無偏敬降禮之言或是諸君事宜鄙人老矣不識時務旣而告人曰吾聞伐國不問仁人向馮祖思問佞於我我有邪德乎人嘗論少正卯盜跖其惡孰深或曰正卯雖姦不至剖人充膳盜跖爲甚含曰爲惡彰露人思加戮隱伏之姦非聖不誅由此言之正卯爲甚衆咸服焉郭璞常遇含欲爲之筮含曰年在天位在人脩已而天不與者命也守道而人不知者性也自有性命無勞蓍龜桓溫求婚於含含以其盛滿不許惟與鄧攸深交或問江左羣士優劣答曰周伯仁之正鄧伯道之淸卞望之之節餘則吾不知也其雅重行實抑絕浮僞如此致仕二十餘年年九十三卒遺命素棺薄斂謚曰靖喪在殯而隣家失火移棺綿斷火將至而滅僉以爲淳誠所感也三子髦謙約髦歷黃門侍郎光祿勳謙至安成太守約零陵太守並有聲譽

劉殷字長盛新興人也高祖陵漢光祿大夫殷七歲喪父哀毀過禮服喪三年未曾見齒曾祖母王氏盛冬思堇而不言食不飽者一旬矣殷怪而問之王言其故殷時年九歲乃於澤中慟哭曰殷罪釁深重幼丁艱罰王母在堂無旬月之養殷爲人子孫而所思無獲皇天后土願垂哀愍聲不絕者半日於是忽若有人云止止聲殷垂淚視地便有堇生焉因得斛餘而歸食而不減至時堇生乃盡又嘗夜夢人謂之曰西籬下有粟窖而掘之得粟十五鍾銘曰七年粟百石以賜孝子劉殷自是食之七載方盡時人嘉其至性通感競以穀帛遺之殷受而不謝直云待後貴當相酬耳弱冠博通經史綜核羣言文章詩賦靡不該覽性倜儻有濟世之志儉而不陋淸而不介望之頹然而不可侵也鄉黨親族莫不稱之郡命主簿州辟從事皆以供養無主辭不赴命司空齊王攸辟爲掾征南將軍羊祜召參軍事皆以疾辭同郡張宣子識達之士也勸殷就徵殷曰當今二公有晉之棟楹也吾方希達如榱椽耳不憑之豈能立乎吾今王母在堂旣應他命無容不竭盡臣禮便不得就養子輿所以辭齊大夫良以色養無主故耳宣子曰如子所

言豈庸人所識哉而今而後吾子當爲吾師矣遂以女妻之宣子者并州豪族也家富於財其妻怒曰我女年始十四姿識如此何慮不得爲公侯妃而遂以妻劉殷乎宣子曰非爾所及也誡其女曰劉殷至孝冥感兼才識超世此人終當遠達爲世名公汝其謹事之張氏性亦婉順事王母以孝聞奉殷如君父焉及王氏卒殷夫婦毀瘠幾至滅性時王氏柩在殯而西鄰失火風勢甚盛殷夫婦叩殯號哭火遂越燒東家後有二白鳩巢其庭樹自是名譽彌顯太傅楊駿輔政備禮聘殷殷以母老固辭駿於是表之優詔遂其高志聽終色養勑所在供其衣食蠲其徭賦賜帛二百疋穀五百斛趙王倫簒位孫秀夙重殷名以散騎常侍徵之殷逃奔鴈門及齊王冏輔政辟爲大司馬軍諮祭酒既至謂殷曰先王虛心召君不至今孤辟君君何能屈也對曰世祖以大聖應期先王以至德輔世既堯舜爲君稷契爲佐故殷希以一夫而距千乘爲不可迴之圖幸邀唐虞之世是以不懼斧鉞之戮耳今殿下以神武睿姿除殘反政然聖迹稍麄嚴威滋肅殷若復爾恐招華士之誅故不敢不至也冏奇之轉拜新興太守明刑旌善甚有政能屬永嘉之亂沒於劉聰聰奇其才而擢任之累至侍中太保錄尙書事殷恆戒子孫曰事君之法當務幾諫凡人尙不可面斥其過而況萬乘乎夫犯顏之禍將彰君過宜上思召公咨商之義下念鮑勛觸鱗之誅也在聰之朝與公卿恂恂然常有後己之色士不脩操行者無得入其門然滯理不申藉殷而濟者亦已百數有七子五子各授一經一子授太史公一子授漢書一門之內七業俱興北州之學殷門爲盛竟以壽終

王延字延元西河人也九歲喪母泣血三年幾至滅性每至忌月則悲啼三旬繼母卜氏遇之無道恆以蒲穰及敗麻頭與延貯衣其姑聞而問之延知而不言事母彌謹卜氏嘗盛冬思生魚勑延求而不獲杖之流血延尋汾叩淩而哭忽有一魚長五尺踊出冰上延取以進母卜氏食之積日不盡於是心悟撫延如己生延事親色養夏則扇枕席冬則以身溫被隆冬盛寒體無全衣而親極滋味晝則傭賃夜則誦書遂究覽經史皆通大義州郡禮辟貪供養不起父母終廬於墓側非其蠶不衣非其耕不食屬天下喪亂隨劉元海遷于平陽農蠶之暇訓誘宗族侃侃不勸家牛生一犢他人認之延牽而授與初無吝色其人後自知妄認送犢還延叩頭謝罪延仍以與之不復取也年六十方仕於劉聰稍遷尙書左丞至金紫光祿大夫聰死後靳準將作亂謀之于延延不從準既誅劉氏自號漢天王以延爲左光祿大夫延又大罵不受準遂殺之

王談吳興烏程人也年十歲父爲鄰人竇度所殺談陰有復讎志而懼爲度所疑寸刃不畜日夜伺度未得至年十八乃密市利鍤陽若耕鉏者度常乘船出入經一橋下談伺度行還伏草中度既過談於橋上以鍤殺之應手而死既而歸罪有司太守孔嚴義其孝勇列上宥之嚴諸子爲孫恩所害無嗣談乃移居會稽脩理嚴父子墳墓盡其心力後太守孔厥究其義行元興三年舉談爲孝廉時稱其得人談不應召終于家

桑虞字子深魏郡黎陽人也父沖有深識遠量惠帝時爲黃門郎河間王顒執權引爲司馬沖知顒必敗就職一旬便稱疾求退虞仁孝自天至年十四喪父毀瘠過禮日以米百粒用糝藜藿其姊諭之曰汝毀瘠如此必至滅性滅性不孝宜自抑割虞曰藜藿雜米足以勝哀虞有園在宅北數里瓜果初熟有人踰垣盜之虞以園援多棘刺恐偷見人驚走而致傷損乃使奴爲之開道及偷負瓜將出見道通利知虞使除之乃送所盜瓜叩頭請罪虞乃懽然盡以與之常行寄宿逆旅同宿客失脯疑虞爲盜虞默然無言便解衣償之主人曰此舍數失魚肉雞鴨多是狐狸偷去君何以疑人乃將脯主至山冢間尋求果得之客求還衣虞投之不顧虞諸兄仕於石勒之世咸登顯位惟虞恥臣非類陰欲避地海東會丁母憂遂止哀毀骨立廬于墓側五年後石勒以爲武城令虞以密邇黃河去海微近將申前志欣然就職石虎太守劉徵甚器重之徵遷青州刺史請虞爲長史帶祝阿郡徵遇疾還鄴令虞監行州府屬虎死國中大亂朝廷以虞名父之子必能立功海岱潛遣東莞人華挺授虞寧朔將軍青州刺史虞曰功名非吾志也乃附使者敵讓刺史靖居海右不交境外雖歷僞朝而不豫亂世以此高之卒於官虞五世同居閨門邕穆苻堅青州刺史苻朗甚重之常詣虞家升堂拜其母時人以爲榮

何琦字萬倫司空充之從兄也祖父龕後將軍父阜淮南內史琦年十四喪父哀毀過禮性沈敏有識度好古博學居于宣城陽穀縣事母孜孜朝夕色養常患甘鮮不贍乃爲郡主簿察孝廉除郎中以選補宣城涇縣令司徒王導引爲參軍不就及丁母憂居喪泣血杖而後起停柩在殯爲鄰火所逼煙焰已交家乏僮僕計無從出乃匍匐撫棺號哭俄而風止火息堂屋一間免燒其

精誠所感如此服闋乃慨然歎曰所以出身仕者非謂有尺寸之能以效智力實利微祿私展供養一旦煢然無復恃怙豈可復以朽鈍之質塵黷清朝哉於是養志衡門不交人事躭玩典籍以琴書自娛不營產業節儉寡欲豐約與鄉鄰共之鄉里遭亂姊沒人家琦惟有一婢便爲購贖然不爲少謙凡有贈遺亦不苟辭但於已有餘輒復散之任心而行率意而動不占卜無所事司空陸玩太尉桓溫並辟命皆不就詔徵博士又不起簡文帝時爲撫軍欽其名行召爲參軍固辭以疾公車再徵通直散騎侍郎散騎常侍不行由是君子仰德莫能屈也桓溫常登琦縣界山喟然歎曰此山南有人焉何公眞止足者也琦善養性老而不衰布褐蔬食恆以述作爲事著三國評論凡所撰錄百許篇皆行於世年八十二卒

吳逵吳興人也經荒饑疾病合門死者十有三人逵時亦病篤其喪皆鄰里以葦席裹而埋之逵夫妻既存家極貧窮冬無衣被晝則傭賃夜燒塼甓晝夜在山未嘗休止遇毒蟲猛虎輒爲之下道期年成七墓十三棺時有賻贈一無所受太守張崇義之以羔鴈之禮禮焉卒於家

宋

劉瑜歷陽歷陽人也七歲喪父事母至孝年五十二又喪母三年不進鹽酪號泣晝夜不絕聲勤身力以營塟事服除二十餘年布衣蔬食言輒流涕常居墓側未嘗暫違文帝元嘉初卒又元嘉七年南豫州舉所統西陽縣人董陽三世同居外無異門內無異煙詔榜門曰篤行董氏之閭蠲一門租布

賈恩會稽諸暨人也少有志行元嘉三年母亡居喪過禮未葬爲鄰火所逼恩及妻柏氏號哭奔救鄰近赴助棺櫬得免恩及柏俱燒死有司奏改其里爲孝義里蠲租布三世追贈恩天水郡顯親左尉

郭世道會稽永興人也年十四喪父居喪殆不勝哀家貧傭力以養繼母婦生一男夫妻共議曰勤身侍養力猶不足若養此兒所費者大乃垂泣瘞之母亡負土成墳親戚咸共賻助微有所受葬畢傭賃還先直服除後哀感思慕終身如喪者未嘗釋衣帢仁孝之風行於鄉黨鄰村大小莫有呼其名者嘗與人共於山陰市貨物誤得一千錢當時不覺分背方悟乃請其伴求以此錢追還之錢主驚歎以半與世道世道委之而去元嘉初大使巡行天下散騎常侍袁愉表其淳行文帝嘉之敕榜表門閭蠲其稅調改所居獨楓里爲孝行焉太守孟顗察孝廉不就子原平字長恭又稟至行養親必以己力傭賃以給供養性甚巧每爲人作工取散夫價主人設食原平自以家貧父母不辦有殽味唯餐鹽豉而已若家或無食則虛中竟日義不獨飽須日暮作畢受直歸家於里糴買然後舉爨父篤疾彌年原平衣不解帶口不嘗鹽菜者跨積寒暑又未嘗睡臥父亡哭踊慟絕數日方蘇以爲奉終之義情禮自畢塋壙凶功不欲假人本雖巧而不解作墓乃訪邑中有營墓者助人運力經時展勤久乃閑練又自賣爲十夫客以供眾費窀穸之事儉而當禮性無術學因心自然葬畢詣所買主執役與諸奴分務讓逸取勞主人不忍使每遣之原平服勤未嘗暫替傭賃養母有餘聚以自贖既學構家尤善其事每至吉歲求者盈門原平所赴必自貧始既取錢價又以夫日助之及父喪終自起兩間小屋以爲祠堂每至節歲常於此數日中哀思絕飲粥父服除後不復食肉高陽許瑤之罷建安郡丞還家以綿一斤遺之不受瑤之乃自往曰今歲過寒而建安綿好以此奉尊上耳原平乃拜而受之及母終毀瘠彌甚僅乃免喪墓前有數十畝田不屬原平每至農月耕者恆裸袒原平不欲使人慢其墳乃貿家貲買此田三農之月輒束帶垂涕躬自耕墾每出賣物裁求半價邑人皆共識悉輒加本價與之彼此相讓要使微賤然後取直宅上種竹夜有盜其筍者原平遇見之盜者奔走墜溝原平乃於所植竹處溝上立小橋以通又採筍置於籬外鄰里慚愧無復取者文帝崩原平號哭致慟日食麥餅一枚如此五日或問之曰誰非王民何獨如此原平泣而答曰吾家見異先朝蒙褒贊之賞不能報恩私心感動耳又以種瓜爲業大明七年大旱瓜瀆不復通船縣令劉僧秀愍其窮老下瀆水與之原平曰普天大旱百姓俱困豈可減溉田之水以通運瓜之船乃步從他道往錢唐貨賣每行來見人牽埭未過輒迅檝助之已自引船不假旁人若自船已度後人未及常停住須待以此爲常嘗於縣南郭鳳埭助人引船遇有鬬者爲吏所錄鬬者逃散唯原平獨住吏執以送縣縣令新到未相諳識擕加嚴罰原平解衣就罪一無所言左右大小咸共稽顙請救然後得免由來不謁官長自此乃始脩敬太守蔡興宗臨郡深加貴異以私米饋原平及山陰朱百年妻各百斛原平誓死不受百年妻亦固辭會稽郡貴重望計及望孝盛族出身不減祕著明帝泰始七年興宗欲舉山陰孔仲智子爲望計原平次息爲望孝仲智會士

高門原平一邦至行欲以相敵會明帝別敕用人故二選並寢與宗徵還都表其殊行舉爲太學博士會與宗薨事不行卒於家三子一弟並有門行

潘綜吳興烏程人也孫恩之亂妖黨攻破村邑綜與父驃共走避賊驃年老行遲賊轉逼驃驃語綜我不能去汝走可脫幸勿俱死驃困乏坐地綜迎賊叩頭曰父年老乞賜生命賊至驃亦請賊曰兒年少自能走今爲老子不去老子不惜死乞活此兒賊因斫驃綜抱父於腹下賊斫綜頭面凡四創綜當時悶絕有一賊從傍來相謂曰卿欲舉大事此兒以死救父云何可殺殺孝子不祥賊乃止父子並得免鄉人祕書監邱系祖廷尉沈赤黔以綜異行薦補左戶令史除遂昌長歲滿還家太守王韶之臨郡發教列上州臺陳其行跡及將行設祖道贈以四言詩元嘉四年有司奏改其里爲純孝里蠲租布三世又宋初吳郡人陳遺少爲郡吏母好食鐺底飯遺在役恆帶一囊每煮食輒錄其焦以貽母後孫恩亂聚得數升恆帶自隨及敗逃竄多有餓死遺以此得活母晝夜涕泣目爲失明耳無所聞遺還入戶再拜號咽母豁然即明後又有河南孝廉秦綿遺母喪送葬不忍復還鄉人爲作茅庵乃止其中若遇有米則食粥無米食菜而已哀號之聲行者爲之潸淚服訖猶不還家遇疾不療卒臨亾告人曰若死者無知固不宜獨存有知則大獲吾志

張楚者益州梓潼人也母疾命在屬纊楚祈禱苦至載指自誓精神感悟疾應時得愈元嘉中詔榜門曰孝行張氏之閭易其里爲孝行聽蠲租布三世身加旌命

邱傑字偉跱吳興烏程人也年十四遭母喪以熟菜有味不嘗常食生菜因而遇毒忽夢母謂曰死止是分別耳何事乃爾荼苦汝噉生菜遇蝦蟆毒靈牀前有三丸藥可取服之傑驚起果得甌甌中有藥服之下科斗子數升邱氏世保此甌大明七年災火焚失之

師覺授字覺授南陽涅陽人也與外兄宗少文並有素業以琴書自娛於路忽見一人持書一函題曰至孝師君苦前俄而不見拾車奔歸聞家哭聲一叫而絕良久乃蘇後撰孝子傳八卷臨川王義慶辟爲州祭酒主簿並不就乃表薦之會卒

王彭盱台直瀆人也少喪母元嘉初父又喪亾家貧力弱無以營葬兄弟二人晝則傭力夜則號感鄉里並哀之戶各出夫力助作塼塼須水而天旱穿井數十丈泉不出墓處去淮五里荷擔遠汲困而不周彭號天自訴如此七日一旦大霧霧歇塼竈前忽生泉水鄉鄰助之者並嗟神異縣邑近遠悉往觀之葬竟水便自竭元嘉九年太守劉伯龍依事表言改其里爲通靈里蠲租布三世

蔣恭義興臨津人也元嘉中晉陵蔣崇平爲劫見禽云與恭妻弟吳晞張爲侶晞張先行不在本村遇水妻息避水移寄恭家時錄晞張不獲禽收恭及兄協付獄科罪恭協並款舍住晞張家口而不知劫情恭列晞張妻息是婦之親親今有罪恭身甘分求免兄協列是戶主求免弟恭兄弟二人爭求受罪郡縣不能制依事上詳州議以爲並不合罪後除恭義成令協義招令

孫法宗一名宗之吳興人也父隨孫恩入海被害屍骸不收母兄並餓死法宗年小流迸至十六方得還單身勤苦霜行草宿營辦棺槨造立冢墓葬送母兄儉而有禮以父屍不測入海尋求聞世間論是至親以血瀝骨當悉凝浸乃操刀沿海見枯骸則刻肉灌血如此十餘年臂脛無完皮血脈枯竭終不能逢遂縗絰終身常居墓所山禽野獸皆悉馴附每麚鹿觸網必解放之償以錢物後忽苦頭創夜有女人至曰我是天使來相謝行創本不關善人使者遠相及取牛糞煮傅之即驗一傅便差一境賴之終身不娶饋遺無所受孝武初揚州辟爲文學從事不就卒

許昭先義興人也叔父肇之坐事繫獄七年不判子姪二十許人昭先家最貧薄專獨申訴無日在家餉饋肇之莫非珍新資產既盡賣宅以充之肇之諸子倦怠唯昭先無有懈息如是七載尚書沈演之嘉其操行肇之事由此得釋昭先舅夫妻並疫病死亾家貧無以殯送昭先賣衣服以營殯葬舅子三人皆幼贍護並得成長昭先父母皆老病家無僮役竭力致養甘旨必從宗族嘉其孝行雍州刺史劉眞道版爲征虜參軍昭先以親老不就補縣主簿昭先以叔未仕又固辭

余齊人晉陵晉陵人也少有孝行爲邑書吏大明二年父殖在家病亾信未至齊人謂人曰比者肉痛心煩有如割截居常惶駭必有異故信尋至以父病報之四百餘里一日而至至門方知父死號踊慟絕良久乃蘇問父所遺言母曰汝父臨終恨不見汝齊人即曰相見何難於是號哭殯所須臾便絕州縣上言有司奏改其里爲孝義里蠲租布賜其母穀百斛

孫棘彭城人也大明五年發三五丁棘弟薩應充行坐違期依制軍法獄未及結棘詣郡辭列棘爲家長令弟不行罪應百死弟幼小亾母遺言所屬不忍令當一門

之苦乞以身代薩薩又辭列狂悖犯法實是薩身自依法受戮薩三歲失父一生恃賴兄兄雖垂愍薩何心處世太守張岱疑其不實以棘薩各置一處報云聽其相代棘薩皆欣然赴死棘妻許又寄語屬棘曰君當門戶豈可委罪小郎且大家臨亡以小郎屬君竟未娶妻家道不立君已有二兒死復何恨岱依事表上孝武詔特原罪州加辟命並賜帛二十疋先是新蔡徐元妻許年二十一喪夫子甄年三歲父攬愍其年少以更適同縣張買許自誓不行父逼載送買許自經氣絕家人奔赴良久乃蘇買夜送還攬許歸徐氏養元父季以孝聞元嘉中年八十餘卒又明帝泰始二年長城吳慶恩殺周郡錢仲期仲期子延慶屬役在都聞父死馳還於庾浦埭逢慶恩手刃殺之自繫烏程獄吳興太守郗顒表不加罪許之

何子平廬江灊人也曾祖楷晉侍中祖友會稽王道子驃騎諮議參軍父子先建安太守子平世居會稽少有至行事母至孝揚州辟從事史月奉得白米輒貨市粟麥人或問曰所利無幾何足為煩子平曰尊老在東不辦得米何心獨饗白粲每有贈鮮稅者若不可寄致其家則不肯受母本側庶籍注失實實未及養而籍年已滿便去職歸家時鎮軍將軍顧覬之為州上綱謂曰尊上年實未八十親故所知州中差有微祿當啟相留子平曰公家正取信黃籍籍年既至便應扶侍何容苟冒榮祿乃歸家竭力供養元嘉三十年元凶弒逆隨王誕入討以為行參軍子平以凶逆滅理故廢已受職事脩自解後除吳郡海虞令縣祿唯供養母一身不以及妻子人或疑其儉薄子平曰希祿本在養親不在為已問者慙而退母喪去官哀毀踰禮每至哭踊頓絕方蘇屬大明末東土饑荒繼以師旅八年不得營葬晝夜號哭叫慕常如袒括之日冬不衣絮暑不避清涼一日以數合米為粥不進鹽菜所居屋敗不蔽風日兄子伯興欲為葺理子平不肯曰我情事未申天地間一罪人耳屋何宜覆蔡興宗為會稽太守甚加矜賞為營冢壙子平居喪毀甚及免喪殆至不立幼持操檢敦厲名行雖處闇室如接大賓學義堅明處之以默安貧守善不求榮進好退之士彌以此貴之昇明中卒年六十

崔懷順清河東武城人也父邪利魯郡太守元嘉中為魏所獲懷順與妻房氏篤愛聞父見虜即日遣妻布衣蔬食如居喪禮歲時北向流涕邪利後仕魏以書戒懷順不許如此懷順得書更號泣懷順從叔模為滎陽太守亦入魏模子雖居處改節而不廢婚宦大明中懷順宗人冀州刺史元孫北使魏魏人問之曰崔邪利崔模並力屈歸命二家子姪出處不同義將安在元孫曰王尊驅驥王陽回車欲令忠孝並弘臣子兩遂泰始初淮北入魏懷順因此歸北至代都而邪利已卒懷順絕而復蘇載喪還青州徒跣冰雪上氣寒酷而手足不傷時人以為孝感所致喪畢以弟在南齊建元初又逃歸而弟復亡懷順孤貧宗黨哀之日斂給其升斗永明中卒

義行

嚴世期會稽山陰人也性好施同里張邁等三人妻各產子歲饑欲棄而不舉世期分食解衣以贍其乏三子並得成長同縣俞陽妻莊年九十莊女蘭七十並老無所依世期飴之二十年死並為之殯葬宗親嚴弘鄉人潘伯等十五人荒年並餓死露骸不收世期買棺殯埋存育孩幼元嘉四年有司奏榜其門曰義行嚴氏之門復其身徭役蠲租稅十年

吳慶之字文悅濮陽人也寓居吳興江夏王義恭為揚州刺史召為西曹書佐及義恭誅慶之自傷為吏無狀不復肯仕終身蔬食後王琨為吳興太守欲召為功曹答曰走素無人世情直以明府見接有禮所以奔走歲時若欲見吏則是蕃魚於樹栖鳥於淵耳不辭而退琨追謝之望塵不及矣

徐耕晉陵延陵人也元嘉二十一年大旱人饑耕詣縣陳辭以米千斛助官振貸縣為言上當時議者方之卜式詔書褒美酬以縣令大明八年東土饑旱東海嚴成東莞王道蓋各以私穀五百餘斛助公賑卹

范叔孫吳郡錢唐人也少而仁厚周窮濟急同里范法先父母兄弟七人同時疫死唯餘法先病亦危篤喪尸經日不收叔孫聞之悉備棺器親為殯埋又同里施夫疾病父死不殯范苗父子並亡范敬宗家口六人俱得病二人喪沒親鄰畏遠莫敢營視叔孫並為殯瘞躬恤病者皆得生全鄉曲貴其義行莫有呼其名者孝武孝建初除竟陵王國中軍參軍不就義興吳國夫亦有義讓之美人有竊其稻者乃引還為設酒食以米送之

齊

王虛之字文靜廬江石陽人也年十三喪母三十三喪父二十五年鹽酢不入口疾病著牀忽有一人來問疾謂之曰君病尋差俄而不見病果尋差庭中楊梅樹隆冬生實又每夜所居有光如燭墓上橘樹一冬再實時人咸以為孝感所致永明中詔榜門闔蠲其三世時又有顧昌衍江柔之江軻並以篤行知名昌衍吳人居喪

爨致滅性王儉言之天子曰昌衍既有至行且張永之甥宜居禮闈以光郎署乃以爲尚書庫部郎柔之輒並濟陽人柔之字叔遠孝悌通亮亦至臺郎輒字伯倫貞嚴有行宗人江概位至侍中性豪侈唯見輒則敬挹焉

蕭叡明字景濟南蘭陵人也母病風積年沈臥叡明晝夜祈禱時寒叡明下淚爲之冰如筯額上叩頭血亦冰不溜忽有一人以小石函授之曰此療夫人病叡明跪受之忽不見以函奉母函中唯有三寸絹丹書爲日月字母服之卽平復于時秣陵朱緒無行母病積年忽思菰羹緒妻到市買菰爲羹欲奉母緒曰母病復安能食先嘗之遂併食盡母怒曰我病欲此汝何心併啖盡天若有知當令汝哽死緒便聞心中介介然卽利血明日而死叡明聞之大悲慟不食積日問緒尸在何處欲手自戮之既而曰汚吾刀乃止永明五年居母喪不勝喪卒詔贈中書侍郎又有鮮于文宗漁陽人年七歲喪父父以種芋時亡至明年芋時對芋嗚咽如此終身妹文英適荀氏七日而夫亡執節不嫁及母卒晝夜哭泣遂喪明

蕭矯妻羊字淑禕性至孝居父喪哭輒吐血母嘗有疾淑禕於中夜祈禱忽見一人在樹下自稱枯桑君曰若母無患今泄氣在亥西南求白石鎭之言訖不見明日如言而疾愈又時有羊緝之女佩任者烏程人隨母還舅氏母亡晝夜號哭不飲食三日而亡鄉里號曰女表又有晉陵吳康之妻趙氏父亡弟幼遇歲饑母老病篤趙從鄉里告乞言辭哀苦鄉里憐之各分升斗遂得免及嫁康之少時夫亡家欲更嫁誓死不貳焉又義興蔣儁之妻黃氏夫亡不重嫁家逼之欲自殺乃止建元三年詔蠲表門閭又會稽永興吳翼之母丁氏少喪夫性仁愛遭年荒分衣食以給里中饑餓者鄰里求借未嘗違同里陳攘父母死孤單無親戚丁收養之及長爲營婚娶又同里王禮妻徐荒年客死丁陰爲買棺器自往斂葬宋元徽末大雪商旅斷行村里比室饑餓丁自出鹽米計口分賦同里左僑家露四喪無以葬丁爲辦冢槨有三調不登者代爲送丁長子婦王氏守寡執志不再醮州郡上言詔表門閭蠲租稅又會稽寒人陳氏有三女無男祖父母年八九十老無所知父篤癃病母不安其室遇歲饑三女相率於西湖採菱蓴更日至市貨賣未嘗虧怠鄉里稱爲義門多欲娶爲婦長女自傷煢獨誓不肯行祖父母尋相繼卒三女自營殯葬爲菴舍居墓側又永興概中里王氏女年五歲得毒病兩目皆盲性至孝年二十父死臨尸一叫眼皆血出小妹娥舐其血左目卽開時人稱爲孝感又諸暨東洿里屠氏女父失明母痼疾親戚相棄鄰里不容女移父母遠住紵舍晝採樵夜紡績以供養父母俱卒親營殯葬負土成墳忽空中有聲云汝至性可重山神欲相驅使汝可爲人療病必得大富女謂是魅魅弗敢從遂得病積時鄰舍人有溪蜮毒者女試療之自覺病便差遂以巫道爲人療疾無不愈家產日益鄉里多欲娶之女以無兄弟誓死守墳墓不嫁爲山劫所殺又吳興乘公濟妻姚氏生二男而公濟及兄公願乾伯並卒各有一子姚養育之賣田宅爲娶婦自與二男寄止鄰家明帝詔爲其二子婚表門閭復徭役又吳興范法恂妻褚氏亦勤苦執婦業宋昇明中孫曇瓘謀反亡命褚謂其子僧簡曰孫越州先姑之姊子與汝父親則從父兄弟交則義重古人逃竄脫不得免汝宜收之曇瓘尋伏法褚氏令僧簡往斂葬年七十餘永明中卒僧簡在都聞病馳歸未至褚已卒將殯舉尸不起尋而僧簡至焉

公孫僧遠會稽剡人也居父喪至孝事母及伯父甚謹年饑僧遠省餐減食以養母及伯父兄弟亡貧無以葬身自販貼與鄰里供斂送終之費躬負土手種松柏兄姊未婚嫁乃自賣爲之成禮名聞郡縣高帝卽位遣散騎常侍虞炎等十二部使行天下建元三年炎等表列僧遠等二十三人詔並表門閭蠲租稅

吳欣之晉陵利城人也宋元嘉末弟慰之爲武進縣吏隨王誕起義元凶遣軍主華欽討之吏人皆散慰之獨留見執將死欣之詣欽乞代弟命辭淚哀切兄弟皆見原建武三年有詔蠲表之永明初廣陵人童超之二息犯罪爭死太守劉悛表以聞詔皆原其罪

孫淡太原人也世居長沙事母至孝母疾不眠食以差爲期母哀之後有疾不使知也建元三年蠲表門閭卒於家

華寶晉陵無錫人也父豪晉義熙末戍長安時寶年八歲父臨別謂寶曰須我還當爲汝上頭及長安陷虜寶年至七十不婚冠或問之者輒號慟彌日不忍答也同郡薛天生母遭艱菜食天生亦菜食母未免喪而死天生終身不食魚肉又同郡劉懷允與弟懷則年十歲遭父喪不衣絮帛不食鹽菜建元三年詔並表其門閭

解叔謙字楚梁鴈門人也母有疾叔謙夜於庭中稽顙祈福聞空中語云此病得丁公藤爲酒便差卽訪醫及本草注皆無識者乃求訪至宜都郡遙見山中一老公伐木問其所用答云此丁公藤療風尤驗叔謙便拜伏

流涕具言來意此公愴然以四段與之并示以漬酒法叔謙受之顧視此人不復知處依法爲酒母病卽差建武初以奉朝請徵不至時又有宗元卿庾震朱文濟匡昕魯康祚謝昌寓皆有素履而叔謙尤高元卿字希蔣南陽人有至行早孤爲祖母所養祖母病元卿在遠輒心痛大病則大痛小病則小痛以此爲常鄉里宗事之號曰宗曾子震字彥文新野人喪父母居貧無以葬賃書以營事至于掌穿然後葬事獲濟南陽劉虬因此爲撰孝子傳文濟字敬達吳興人自賣以葬母太守謝瀹徵爲儒林祭酒不就昕字令先廬陵人有至性隱金華山服食不與俗人交母病亾已經日昕奔還號叫母卽蘇皆以爲孝感所致康祚扶風人亦有至行母患乳癰諸醫療不愈康祚乃跪兩手捧癰大悲泣母卽覺少寬因此漸差時人以其有冥應康祚位至屯騎校尉昌寓陳郡人也爲劉悛廣州參軍孝性甚重嘗養一鵠昌寓病二旬而鵠二旬不食昌寓亾而鵠遂飛去

韓靈敏會稽剡人也早孤與兄靈珍並有孝性尋又母亾家貧無以營凶兄弟共種瓜半畝朝采瓜子暮生已復以此遂辦葬事靈珍亾無子妻卓氏守節不嫁慮家人奪其志未嘗告歸靈敏事之如母

劉渢字處和南陽人也父紹仕宋位中書郎渢母早亾紹被勑納路太后兄女爲繼室渢年數歲路氏不以爲子奴婢輩捶打之無期度渢母亾日輒悲號不食彌爲婢輩所苦路氏生溓渢憐愛之不忍捨恆在牀帳側輒被驅捶終不肯去路氏病經年渢晝夜不離左右每有增加輒流涕不食路氏病差感其意慈愛遂隆路氏富盛一旦爲渢立齋宇筵席不減侯王溓有識事渢過於同產事無大小必諮兄而後行渢妹適江祏弟禧與祏兄弟異常自尙書比部郞後爲始安王遙光諮議專知腹心任時遙光任當顧託朝野向渢如雲渢懸之求出爲丹陽丞雖在外還而意任無改及遙光舉事且方召渢渢以爲宜悉召佐史渢之從丹陽丞也遙光以蕭懿第四弟晉安王之文學暢爲諮議領錄事及召入遙光謂曰劉暄欲有異志今夕當取之遙光去歲暴風性理乖錯多時方愈暢曰公去歲違和今欲發動顧左右急呼師視脈遙光厲聲曰諮議欲作異邪因訶令出須臾渢入暢謂曰公昔年風疾今復發渢曰卿視今夕處分云何而作此語及迎垣歷生至與渢俱勸夜攻臺既不見納渢歷生並撫膺曰今欲作賊而坐守此城今年坐公滅族矣及遙光敗渢靜坐府舍溓爲度支郞亦奔亾遇渢仍不復肯去渢曰吾爲人作吏自不避死汝可去無相守同盡答曰向若不逢兄亦草間苟死今既相逢何忍獨生因以衣帶結兄衣遂俱見殺何允聞之嘆曰兄死君難弟死兄禍美哉又柳叔夜河東人父宗宋黃門郞叔夜年十六爲新野太守甚有名績補遙光諮議參軍及事敗左右扶上馬欲與俱亾答曰吾已許始安以死豈可負之邪遂自殺

吳達之義興人也嫂亾無以葬自賣爲十夫客以營冢椁從祖弟敬伯夫妻荒年被略江北達之有田十畝貨以贖之與同財共宅郡命爲主簿固以讓兄又讓先世舊田與族弟弟亦不受田遂閑廢建元三年詔表門閭先是有蔡曇智鄉里號蔡曾子廬江何伯璵兄弟鄉里號爲何展禽並爲高士沈顗所重常云聞蔡曇智之風怯夫勇鄙夫有立志聞何伯璵之風僞夫貞薄夫厚云伯璵與弟幼璵俱厲節操養孤兄子及長爲婚推家業盡與之安貧枯槁誨人不倦郡守下車莫不修謁伯璵卒幼璵末好佛法剪髮長齋持行精苦梁初卒兄弟年八十餘

王文殊字令章吳郡故鄣人也父沒魏文殊思慕泣血終身蔬食不衣帛服麻緼而已不婚不交人物吳興太守謝瀹聘爲功曹不就立小屋於縣西端拱其中歲時伏臘月朝十五未嘗不北望長悲如此三十餘年太守孔琇之表其行鬱林詔榜門閭改所居爲孝行里

樂頤字文德南陽涅陽人世居南郡少而言行和謹仕爲京府參軍父在郢病亾頤忽悲戀涕泣因請假還中路果得父凶問便徒跣號咷出陶家後渚遇商人附載西上水漿不入口數日嘗遇病與母隔壁忍痛不言嚙被至碎恐母之哀已也湘州刺史王僧虔引爲主簿以同僚非人棄官去吏部郞庾杲之嘗往候頤爲設食唯枯魚菜葅杲之曰我不能食此母聞之自出常膳魚羹數種杲之曰卿過於茅季偉我非郭林宗仕至郢州中從事弟預字文介亦至孝父臨亾執手以託郢州行事王英預悲感悶絕吐血數升遂發病官至驃騎錄事參軍隆昌末預謂丹陽尹徐孝嗣曰外傳籍籍似有伊周之事君蒙武帝殊常之恩荷託付之重恐不得同此人事人笑褚公至今齒冷無爲效尤孝嗣故吏吳興沈昇之亦說之曰昇之與君俱有項領之功今一言而二功俱解豈願聞之乎君受恩二祖而更參惟新之政以君爲反覆人事成則無處逃咎矣昇之草藁言出禍已隨之孰與超然謝病高枕家園則與松栢比操風霜等烈豈不美邪孝嗣並斂容謝之預建武中爲永世令人懷

其德卒官時有一媪年可六七十擔檞蔌葉造市貨之聞預亾大泣棄溪中曰失樂令我輩孤獨老姥政應就死耳市人亦皆泣其惠化如此

江泌字士清濟陽考城人也父亮之員外郎泌少貧晝日斫屧爲業夜讀書隨月光光斜則握卷升屋睡極墮地則更登性行仁義衣弊多蝨以綿裹置壁上恐蝨餓死乃復取置衣中數日間終身無復蝨母亾後以生闕供養遇鮭不忍食菜不食心以其有生意唯食老葉而已母墓爲野火所燒依新宮災三日哭淚盡繼之以血歷仕南中郎行參軍所給募吏去役得時病莫有舍之者吏扶杖投泌泌親自隱卹吏死泌爲買棺無僮役兄弟共輿埋之後領國子助教乘牽車至染㠗頭見一老公步行下車載之躬自步去武帝以爲南康王子琳侍讀建武中明帝害諸王後泌憂念子琳詣誌公道人問其禍福誌公覆香爐灰示之曰都盡無餘及子琳被害泌往哭之淚盡出血躬視殯葬畢乃去泌尋卒族人兗州中從事泌黃門郎悆子也與泌同名世謂泌爲孝泌以別之

杜栖字孟山吳郡錢唐人隱士京產之子也京產自高祖子恭以來世傳五斗米道不替栖善清言能彈琴刺史豫章王嶷聞其名辟議曹從事仍轉西曹書佐竟陵王子良數致禮接國子祭酒何允掌禮又重栖以爲學士掌昏冠儀以父老歸養栖肥白長壯及京產病旬日間便皮骨自支京產亾水漿不入口七日晨夜不罷哭不食鹽菜每營買祭奠身自看視號泣不自持朔望節歲絕而復蘇嘔血數升時何允謝朏並隱東山遺書敦譬誡以毀滅至祥禫暮夢見其父慟哭而絕初何允兄點見栖歎曰卿風韻如此雖獲嘉譽不永年矣卒時年三十六當時咸嗟惜焉建武二年剡縣有小兒年八歲與母俱得赤斑病母死家人以小兒猶惡不令其知小兒疑之問云母嘗數問我病昨來覺聲羸今不復聞何也因自投下牀扶匐至母尸側頓絕而死鄉鄰告之縣令宗善才求表廬事竟不行

庾道愍潁川鄢陵人晉司空冰之元孫也有孝行頗能屬文少出孤悴時人莫知之者其所生母流漂交州道愍尚在襁褓及長知之求爲廣州綏甯府佐至南而去交州尚遠乃自負擔冒嶮僅得自達及至交州尋求母雖經年常日夜悲泣嘗入村日暮雨驟乃寄止一家見有一嫗負薪外還而道愍心動因訪之乃其母也於是行伏號泣遠近赴之莫不揮淚道愍尤精相板宋明帝時山陽王休祐屢以言語忤顔見道愍託以己板爲他物令道愍占之道愍曰此乃甚貴然使人多愆忤休祐以褚淵詳密求換其板他日淵侍明帝自稱下官帝多忌甚不悅休祐具以狀言帝意乃解道愍仕齊位射聲校尉族孫沙彌亦以孝行著列在梁史

義行

韓係伯襄陽人也事父母謹孝襄陽人鄰居種桑樹於界上爲誌係伯以桑枝蔭妨他地遷界上開數尺鄰畔隨復侵之係伯輒更改種久之鄰人慙媿還所侵地躬往謝之建元三年蠲表門閭以壽終時有吳興人聞人敻年十七結客報父仇爲高帝所賞位至長水校尉

封延伯字仲連勃海人也世爲州郡著姓寓居東海三世同財爲北州所宗附延伯好學退讓事寡嫂甚謹垣崇祖爲兗州請爲長史不就崇祖軾其門不肯相見後爲豫州上表薦之詔書優禮起家平西長史梁郡太守爲政清靜有高士風俄以疾免還東海于時四州入魏士子皆依海曲爭往宗之如還東之仰邴原也建元三年大使巡行天下義興陳元子四世同居一百七口武陵邵榮興文獻叔並八世同居東海徐生之武陵范安祖李聖伯范道根並五世同居零陵譚弘寶衡陽何弘華陽陽黑頭疎從四世同居詔俱表門閭蠲租稅又蜀郡王續祖華陽郝道福並累世同爨建武三年明帝詔表門閭蠲調役

梁

滕曇恭豫章南昌人也年五歲母楊氏患熱思食寒瓜土俗所不生曇恭歷訪不能得銜悲哀切俄遇一桑門問其故曇恭具以告桑門曰我有兩瓜分一相遺還以與母舉室驚異尋訪桑門莫知所在及父母卒曇恭並水漿不入口者旬日哀慟嘔血絕而復蘇隆冬不著繭絮蔬食終身每至忌日思慕不自堪晝夜悲號其門外有冬生樹二株時忽有神光自樹而起俄見佛像及夾侍之儀容光顯著自門而入曇恭家人大小咸其禮拜久之乃滅遠近道俗咸傳之太守王僧虔引曇恭爲功曹固辭不就王儉時隨僧虔在郡號爲滕曾子天監元年陸璉奉使巡行風俗表言其狀曇恭有子三人皆有行業時有徐普濟者長沙臨湘人居喪未葬而鄰火起延及其舍普濟號慟伏棺上以身蔽火鄰人往救之焚炙已悶絕累日方蘇又有建康人張悌家貧無以供養以情告鄰富人富人不與不勝忿遂結四人作劫所得衣物三劫持去實無一錢入己縣抵悌死罪悌兄松訴稱與弟景是前母子後母惟生悌松長不能敎誨乞代

悌死景又曰松是嫡長後母惟生悌悌若從法母亦不全亦請代死母又云悌應死豈以弟罪枉及諸兄悌亦引分乞全兩兄供養縣以上讞帝以爲孝義特降死後不得爲例

庾黔婁字子貞新野人也父易高尚不應徵辟列在隱逸傳黔婁少好學多所講誦性至孝未嘗失色於人南陽高士劉虯宗測並歎異之初補編令政有異績先是縣境多虎暴人黔婁至官虎皆度往臨沮界時以爲仁化所感永元初徙孱陵令到縣未旬父易在家遘疾黔婁忽然心驚舉身流汗即日棄官歸家人悉驚其忽至時易疾始二日醫云欲知差劇但嘗糞甜苦易泄痢黔婁輒取嘗之味轉甜滑心愈憂苦至夕每稽顙北辰求以身代俄聞空中有聲曰徵君壽命盡不復可延汝誠禱既至故得至月末及晦而易亾黔婁居喪過禮廬于冢側梁臺建黔婁自西臺尚書儀曹郎爲益州刺史鄧元起表爲府長史巴西梓潼二郡太守及成都平城中珍寶山積元起悉分與僚佐唯黔婁一無所取元起惡其異衆厲聲謂曰長史何獨爲高黔婁示不違之意請書數篋而已尋除蜀郡太守在職清素百姓便之元起死于蜀郡部曲皆散黔婁身營殯斂攜持喪柩歸鄉里東宮建以中軍記室參軍侍皇太子讀甚見知重詔與太子中庶子殷鈞中書舍人到洽國子博士明山賓等遞日爲太子講五經義遷散騎侍郎黔婁弟於陵肩吾自有傳

劉霽字士湮平原人齊齊郡太守懷慰之子也霽九歲能誦左氏傳十四居父憂有至性每哭輒嘔血家貧與弟杳歊勵志勤學及長博涉多通天監中歷位西昌相尙書主客侍郎海鹽令霽前後宰二邑竝以和理稱後除建康令不拜母明氏寢疾霽年已五十衣不解帶者七旬誦觀世音經數萬遍夜中感夢見一僧謂曰夫人算盡君精誠篤至當相爲申延後六十餘日乃亾霽廬于墓哀慟過禮常有雙白鶴循翔廬側處士阮孝緒致書抑譬焉霽思慕不已未終喪而卒著釋俗語八卷文集十卷杳附載從祖峻傳歊高蹈不仕列在隱逸目中

劉曇淨字元光彭城人也祖父元直淮南太守父慧鏡安成內史初元直居郡得罪慧鏡歷詣朝士乞哀懇惻甚至遂以孝聞曇淨篤行有父風解褐安成王國左常侍父卒於郡曇淨奔喪不食飲者累日絕而又蘇每哭輒嘔血服闋因毀成疾會有詔士姓各舉四科曇淨叔父隱士慧斐舉以應孝行武帝用爲海寧令曇淨又以兄未爲縣因以讓兄乃除安西行參軍父亾後事母尤淳至身營餐粥不以委人母疾衣不解帶及母亾水漿不入口者殆一旬母喪權瘞藥王寺時天寒曇淨身衣單布衣廬于墓所晝夜哭臨不絕聲哀感行路未朞而卒

何炯字士光廬江灊人隱士允從弟也父撙太中大夫炯年十五從允受業一期竝通五經章句白晳美容貌從兄求點每曰衛叔寶神清杜乂膚清今觀此子復見衛杜在目從兄胾謂人曰此子非止吾門之寶亦爲一代偉人炯常慕恬退不樂進仕從叔昌寓謂曰求點皆已高蹈汝無宜復爾且君子出處亦各一途年十九解褐揚州主簿舉秀才累遷仁威南康王限內記室書侍御史以父疾陳解炯侍疾踰旬衣不解帶頭不櫛沐信宿之間形貌頓改及父卒號慟不絕聲寢苦藉地腰腳虛腫醫云須服猪蹄湯炯以有肉味不肯服親友請譬終於不回遂以毀卒先是謂家人曰王孫元晏所尙不同長魚虞緒於事爲得必須儉而中禮無取苟異月朝十五日可置一甌饘粥如常日所進又傷兩兄竝淡仕進故祿所不及恐而今而後溫飽無資乃潸然下泣自外無所言

陶季直丹陽秣陵人也祖愍祖宋廣州刺史父景仁中散大夫季直早慧愍祖甚愛異之嘗以四函銀列置於前令諸孫各取其一季直時年四歲獨不取曰若有賜當先父伯不應度及諸孫故不取愍祖甚奇之五歲喪母哀若成人初母未病令於外染衣卒後家人始贖季直抱之號慟聞者莫不酸感及長好學澹於榮利徵召不起時人號曰聘君後爲望蔡令以病免時劉秉袁粲以齊高帝權盛將圖之秉素重季直欲與謀季直以袁劉儒者必致顛殞固辭不赴俄而秉等敗齊初爲尙書比部郎時褚淵爲尙書令素與季直善頻以爲司空司徒主簿委以府事淵卒尙書令王儉以淵有至行欲諡文孝公季直曰文孝是司馬道子諡恐其人非具美不如文簡儉從之季直又請爲淵立碑始終營護甚有吏節再遷東莞太守在郡號爲清和後爲鎭西諮議參軍齊武帝崩明帝作相誅鋤異已季直不能阿意取容明帝頗忌之出爲輔國長史北海太守邊職上佐素士罕爲之者或勸季直造門致謝明帝留以爲驃騎諮議參軍兼尙書左丞遷建安太守爲政清靜百姓便之梁臺建爲給事黃門侍郎常稱仕至二千石始願畢矣無爲久預人閒事乃辭疾還鄉里天監中詔就拜太中大夫武帝曰梁有天下遂不見此人十年卒于家季直素清

苦絕倫又屏居十餘載及死家徒四壁子孫無以殯斂聞者莫不傷其志事云

沈崇傃字思整吳興武康人也父懷明宋兗州刺史崇傃六歲丁父憂哭踊過禮及長事所生母至孝家貧常傭書以養天監二年太守柳惲辟為主簿崇傃從惲到郡還迎其母未至而母卒崇傃以不及侍疾將欲致死水漿不入口晝夜號哭旬日殆將絕氣兄弟謂曰殯葬未申遽自毀滅非全孝道也崇傃心悟乃稍進食母權瘞去家數里哀至輒之瘞所不避雨雪每倚墳哀慟飛鳥翔集夜恆有猛虎來望之有聲狀如歎息者家貧無以遷厝乃行乞經年始獲葬焉既而廬于墓側自以初行喪禮不備復以葬後更治服三年久食麥屑不噉鹽酢坐臥於單薦因虛腫不能起郡縣舉至孝武帝聞即遣中書舍人慰勉之乃詔令釋服擢補太子洗馬旌其門閭崇傃奉詔釋服而涕泣如居喪固辭不受官乃除永甯令自以祿不及養哀思不自堪未至縣卒

荀匠字文師潁陰人晉太保勗九世孫也祖瓊年十五復兄仇於成都市以孝聞宋元嘉末度淮逢武陵王舉義為元凶追兵所殺贈員外郎散騎侍郎父法超仕齊安復令卒官匠號慟氣絕身體皆冷至夜乃蘇既而奔喪每宿江渚商旅不忍聞其哭聲天監元年其兄斐為鬱林太守征俚賊為流矢所中死於陣喪還匠迎于豫章望舟投水傍人赴救僅而得存及至家貧不時葬居父憂并兄服歷四年不出廬戶自括髮不復櫛沐髮皆禿落哭無時聲盡則繼之以泣目皆爛形骸枯顇皮骨裁連雖家人不復識郡縣以狀言武帝詔遣中書舍人為其除服擢為豫章王國左常侍匠雖即吉而毀顇逾甚外祖孫謙誡之曰主上以孝臨天下汝行過古人故擢汝此職非惟君父之命難拒故亦揚名後世所顯豈獨汝身哉匠乃拜竟以毀卒

吉翂字彥霄馮翊蓮勺人也家居襄陽翂幼有孝性年十一遭所生母憂水漿不入口殆將滅性親黨異之天監初父為吳興原鄉令為吏所誣逮詣廷尉翂年十五號泣衢路祈請公卿行人見者皆為隕涕其父理雖清白而恥為吏訊乃虛自引咎罪當大辟翂乃撾登聞鼓乞代父命武帝異之尙以其童幼疑受教於人勑廷尉蔡法度嚴加脅誘取其款實法度乃還寺盛陳徽纆厲色問曰爾求代父死勑已相許便應伏法然刀鋸至劇審能死不且爾童孺志不及此必為人所教姓名是誰若有悔異亦相聽許對曰囚雖蒙弱豈不知死可畏憚顧諸弟幼藐唯囚為長不忍見父極刑自延視息所以內斷胸臆上干萬乘今欲殉身不測委骨泉壤此非細故奈何受人教邪法度知不可屈撓乃更和顏誘語之曰主上知尊侯無罪行當釋亮觀君神儀明秀足稱佳童今若轉辭幸父子同濟奚以此妙年苦求湯鑊翂曰凡鯤鮞螻蟻尙惜其生況在人斯豈願虀粉但父挂深劾必正刑書故忍殞仆冀延父命翂初見囚獄掾依法備加桎梏法度矜之命脫其二械更令著一小者翂弗聽曰翂求代父死死囚豈可減乎竟不脫械法度以聞帝乃宥其父丹陽尹王志求其在廷尉故事并諸鄉居欲以歲首舉充純孝翂曰異哉王尹何量翂之薄夫父辱子死斯道固然若翂有靦面目當其此舉則是因父買名一何甚辱拒之而止年十七應辟為本州主簿出監萬年縣攝官期月風化大行自雍還郢湘州刺史柳忱復召為主簿後秣陵鄉人裴儉丹陽郡守臧盾揚州中正張仄連名薦翂以為孝行純至明通易老勑付太常旌舉初翂以父陷罪因成悸疾後因發而卒

甄恬字彥綱中山無極人也世居江陵數歲喪父哀感有若成人家人矜其小以肉汁和飯飼之恬不肯食年八歲常問其母恨生不識父遂悲泣累日忽若有見言其形貌則其父也時以為孝感家貧養母常得珍羞及母亡居喪廬於墓側有烏元黃雜色集於廬樹恬哭則鳴哭止則止又有白鳩白雀栖宿其廬州將始興王憺表其行狀詔旌門閭加以爵位恬官至安南行參軍

趙拔扈新城人也兄震動富於財太守樊文茂求之不已震動怒曰無厭將及我文茂聞其語聚其族誅之拔扈走免亡命聚黨至社樹呪曰文茂殺拔扈兄今欲報之若事克斫樹處更生不克即死三宿三枿生十丈餘人間傳以為神附者十餘萬既殺文茂轉攻旁邑將至成都十餘日戰敗退保新城求降文茂黎州刺史文熾弟襄陽人也

韓懷明上黨人也客居荆州十歲母患尸疰每發輒危殆懷明夜於星下稽顙祈禱時寒甚切忽聞香氣空中有人曰童子母須臾即差無勞自苦未曉而母平復鄉里以此異之十五喪父幾至滅性負土成墳賻助無所受免喪與鄉人郭麻俱師南陽劉虬虬嘗一日廢講獨居涕泣懷明竊問虬家人答云是外祖亡日時虬母亦已亡矣懷明聞之即日罷學還家就養虬歎曰韓生無邱吾之恨矣家貧肆力以供甘脆嬉怡膝下朝夕不離母側母年九十以壽終懷明水漿不入口一旬號哭不絕聲有雙白鳩巢其廬上字乳馴狎若家禽焉服釋乃

去及除喪蔬食終身衣衾無所改天監初刺史始興王憺表言之州累辟不就卒于家

褚修吳郡錢唐人也父仲都善周易爲當時之冠天監中歷位五經博士修少傳父業武陵王紀爲揚州引爲宣惠參軍兼限內記室修性至孝父喪毀瘠過禮因患冷氣及丁母憂水漿不入口二十三日每號慟輒嘔血遂以毀卒

張景仁廣平人也父天監初爲同縣韋法所殺景仁時年八歲及長志在復讎普通七年遇法於公田渚手斬其首以祭父墓事竟詣郡自縛乞依刑法太守蔡天起上言於州時簡文在鎮乃下教襃美之原其罪下屬長蠲其一戶租調以旌孝行又天監中宣城宛陵女子與母同牀眠母爲猛虎所取女啼號隨挐猛虎行數十里獸毛落盡虎乃置其母而去女抱母猶有氣息經時乃絕鄉里言於郡縣太守蕭琛表上詔表門閭又霸城王整之姊嫁爲衞敬瑜妻年十六而敬瑜亾父母舅姑咸欲嫁之誓而不許乃截耳置盤中爲誓乃止遂手爲亾壻種樹數百株墓前栢樹忽成連理一年許還復分散女乃爲詩曰墓前一株栢根連復並枝妾心能感木頹城何足奇所住戶有燕巢常雙飛來去後忽孤飛女感其偏栖乃以縷繫腳爲誌後歲此鷰果復更來猶帶前縷女復爲詩曰昔年無偶去今春猶獨歸故人恩既重不忍復雙飛雍州刺史西昌侯藻嘉其美節乃起樓於門題曰貞義衞婦之閭又表於臺後有河東劉景昕事母孝謹母常病癖三十餘年一朝而瘳鄉里以爲景昕誠感荆州刺史湘東王繹辟爲主簿

陶子鏘字海育丹陽秣陵人也父延尙書比部郎兄尙宋末爲倖臣所怨被繫子鏘公私緣訴流血稽顙行路嗟傷逢謝超宗下車相訪回入縣詣建康令勞彥遠曰豈忍見人昆季如此而不留心勞感之兄得釋母終居喪盡禮與范雲隣雲每聞其哭聲必動容改色欲相申薦會雲卒初子鏘母嗜蓴母沒後恆以供奠武帝義師初至此年冬營蓴不得子鏘痛恨慟哭而絕久之乃蘇遂長斷蓴味

成景儁字超范陽人也祖興仕魏爲五兵尙書父安樂淮陽太守天監六年常邕和殺安樂以城內附景儁謀復讎因殺魏宿預城主以地南入普通六年邕和爲鄱陽內史景儁購人刺殺之未久重購邕和家人鴆殺其子弟噍類俱盡武帝義之每爲屈法景儁家讎既雪每思報效後除北豫州刺史侵魏所向必摧其智勇時以比馬先琕兼有政績見懷北豫州吏民樹碑紀德卒謚曰忠烈云

李慶緒字孝緒廣漢郪人也父爲人所害慶緒九歲而孤爲兄所養日夜號泣志在復讎投州將陳顯達仍於部伍白日手刃其仇自縛歸罪州將義而釋之天監中爲東莞太守丁母憂去職廬于墓側每慟哭嘔血數升後爲巴郡太守號良吏累遷衞尉封安陸縣侯益州一二百年無復貴仕慶緒承恩至此便欲西歸尋徙太子右衞率未拜而卒

謝藺字希如陳郡陽夏人晉太傅安之八世孫也父經魏北中郎諮議參軍藺五歲時父未食乳媼欲令先飯藺終不進舅阮孝緒聞之歎曰此兒在家則曾子之流事君則藺生之匹因名曰藺稍授以經史過目便能諷誦孝緒每曰吾家陽元也及丁父憂晝夜號慟毀瘠骨立母阮氏常自守視譬抑之服闋吏部尙書蕭子顯嘉其至行擢爲王府法曹行參軍累遷外兵記室參軍時甘露降士林館藺獻頌武帝嘉之有詔使製北兗州刺史蕭楷德政碑又奉詔令製宣城王奉述中庸頌後爲兼散騎常侍使魏會侯景入附境上交兵藺母既慮不得還感氣而卒及藺還入境夜夢不祥旦便投列馳歸及至號慟嘔血氣絕久之水漿不入口每哭眼耳口鼻皆血流經月餘日因夜臨而卒所製詩賦碑頌數十篇行於世子貞亦有至行陳史有傳

庾沙彌潁川鄢陵人晉司空冰之六世孫也父佩玉仕宋位長沙內史昇明中坐沈攸之事誅時沙彌始生及年五歲所生母爲製采服輒不肯服母問其故流涕對曰家門禍酷用是何爲及長終身布衣蔬食爲中軍田曹行參軍嫡母劉氏寢疾晨昏侍側衣不解帶或應針灸輒以身先試及母亾水漿不入口累日初進大麥薄飲經十旬方爲薄粥終喪不食鹽酢冬日不衣綿纊夏日不解縗絰不出廬戶晝夜號慟隣人不忍聞所坐薦淚霑爲爛墓在新林忽生旅松百許株枝葉鬱茂有異常松劉好噉甘蔗沙彌遂不食焉宗人都官尙書詠表言其狀應純孝之舉武帝召見嘉之以補歙令還除邵陵王參軍事隨府會稽復丁所生母憂喪還都濟浙江中流遇風舫將覆沒沙彌抱柩號哭俄而風定咸以孝感所致後卒於長城令子持亦有孝行列在陳史

江紑字含絜考城人也父蒨光祿大夫紑性至孝年十三父蒨患眼紑侍疾將期月衣不解帶夜夢一僧云患眼者飲慧眼水必差及覺說之人莫能解者紑第三叔祿與草堂寺智者法師善往訪之智者曰無量壽經云

慧眼見眞能度彼岸蒨乃因智者啟捨同夏縣界牛屯里舍爲寺乞賜嘉名勑荅云純臣孝子往往感應晉世顏含遂見冥中送藥又近見智者知卿第二息夢云飲慧眼水然慧眼則是五眼之一號若欲造寺河以慧眼爲名及就創造泄故井井水淸洌異於常泉取之洗眼及煮藥稍覺有瘳因此遂差時人謂之孝感南康王爲徐州召爲迎主簿袮性沈靜好莊老元言尤善佛義不樂仕進及父卒袮廬于墓側終日號慟不絕聲月餘竟卒子總自有傳

陳

殷不害字長卿陳郡長平人也祖汪齊豫章王行參軍父高明梁尙書兵部郎不害性至孝居父憂過禮由是少知名家世儉約居甚貧窶有弟五人皆幼弱不害事老母養少弟勤劇無所不至士大夫以篤行稱之年十七仕梁爲廷尉平長於政事兼飾以儒術名法有輕重不便者輒上書言之多見納用大同五年兼東宮通事舍人時朝政多委東宮不害與舍人庾肩吾直日奏事梁武帝嘗謂肩吾曰卿是文學之士吏事非卿所長何不使殷不害來邪其見知如此簡文以不害善事親賜其母蔡氏錦裙襦氈席被褥單複畢備侯景之亂不害從簡文入臺及臺城陷簡文在中書省景帶甲將兵入朝陛見過謁簡文景兵皆羌胡雜種衝突左右侍衛者莫不驚恐辟易唯不害與中庶子徐摛侍側不動及簡文帝爲景所幽遣人請不害與居處景許之不害供侍益謹元帝立以不害爲中書郎兼廷尉卿因將家屬西上江陵之陷不害失母所在時甚寒冰雪交下凍死者塡滿溝壑不害行哭尋求聲不暫輟遇見死人溝中即投身捧視舉體凍僵水漿不入口者七日始得母屍憑屍而哭每輒氣絕行路皆爲涕泣於江陵權殯與王裒庾信俱入長安自是蔬食布衣枯槁骨立見者莫不哀之大建七年自周還陳除司農卿遷晉陵太守在郡感疾詔以光祿大夫徵還養疾後主即位加給事中初不害之還也周留其長子僧首因居關中禎明三年陳亡僧首來迎不害道卒年八十五不害弟不佞字季卿少立名節居父喪以至孝稱好讀書尤長吏術梁承聖初爲武康令時兵荒饑饉百姓流移不佞撫循招集襁負至者以千數會江陵陷而母卒道路隔絕不得奔赴四載之中晝夜號泣居處飲食常爲居喪之禮武帝受禪除婁令至是第四兄不齊始於江陵迎喪柩歸葬不佞居處之節如始聞問若此者又三年身自負土手植松栢每歲時伏臘必三日不食文帝時兼尙書左丞遷東宮通事舍人及廢帝嗣位宣帝爲太傅錄尙書輔政甚爲朝望所歸不佞素以名節自立又受委東宮乃與僕射到仲擧中書舍人劉師知尙書左丞王暹等謀矯詔出宣帝衆人猶豫未敢先發不佞乃馳詣相府面宣詔旨令相王還第及事發仲擧等皆伏誅宣帝雅重不佞特赦之免其官而已及即位以爲軍師始興王諮議參軍後兼尙書左丞加通直散騎常侍卒官不佞兄不疑不占不齊並早亡事第二寡嫂張氏甚謹所得奉祿不入私室長子梵童位尙書金部郎

謝貞字元正陳郡人梁兼散騎常侍藺之子也貞幼聰敏有至性祖母阮氏先苦風眩每發便一二日不能飲食貞時年七歲祖母不食貞亦不食往往如此親族奇之母王氏授以孝經論語讀訖便誦八歲嘗爲春日閑居五言詩從舅尙書王筠奇其有佳致謂所親曰此兒方可大成至如風定花猶落乃追步惠連矣年十三通五經尤善左氏春秋工草隸蟲篆十四丁父艱號頓於地絕而復蘇者數矣初貞父藺居阮氏憂不食泣血而卒家人懼貞復然從父洽族兄暠將往華嚴寺請長爪禪師爲貞說法仍謂貞曰孝子旣無兄弟須極自愛若毀至滅性誰當養母自後少進饘粥及魏克江陵入長安暠逃難番禺貞母出家于宣明寺及武帝受禪暠還鄉里供養貞母將二十年初貞在周嘗侍周武帝愛弟趙王招讀招厚禮之聞其獨處必晝夜涕泣私問知母在鄉乃謂曰寡人若出居藩當遣侍讀還家後數年招果出鎭因辭面奏請放貞還帝奇招仁愛遣隨聘使杜子暉歸國是歲大建五年也始自周還時始興王叔陵爲揚州刺史引祠部侍郎阮卓爲記室辟貞爲主簿尋遷府錄事參軍領丹陽丞貞知叔陵有異志因與卓自疎每有遊宴輒以疾辭未嘗參預叔陵雅重之弗之罪也及叔陵肆逆唯貞與卓不坐再遷南平王友掌記室事府長史汝南周確新除都官尙書請貞爲讓表後主覽而奇之及問知貞所作因勑舍人施文慶曰謝貞在王家未有祿秩可賜米百石以憂去職頃之勑起還府累啟固辭勑不許貞哀毀羸瘠終不能之官時尙書右丞徐祚左丞沈客卿來候貞見其形體骨立祚等愴然歔而出祚謂客卿曰信哉孝門有子客卿曰謝公家傳至孝士大夫誰不仰止恐不能起如何吏部尙書姚察與貞友善及貞病篤察往省之問以後事貞曰孤子釁禍所集將隨灰壤族子凱等粗自成立已有疏付之

此閭不足仰塵厚德弱兒年甫六歲名靖字依仁情累所不能忍敢以爲託耳是夜卒後主聞察曰謝貞有何親屬察以靖啟卽勑長給衣糧初貞之病有遺疏告族子凱氣絕之後若依僧家尸陁林法是吾所願正恐過爲獨異可用薄板周身載以露車覆以草席坎山次而埋之又靖年尙小未閑人事但可三月施小牀設香水盡卿兄弟相厚之情卽除之無益之事勿爲也

司馬暠字子昇河內溫人也高祖柔之晉侍中以南頓王孫紹晉齊文獻王攸後父子產卽梁武帝之外兄也位岳陽太守暠幼聰警有至性年十二丁內艱孺慕過禮水漿不入口殆經一旬每號慟必至悶絕父母喻之令進粥然猶毀瘠骨立服闋以姻戚子弟預入問訊梁武帝見之歎息良久字其小字謂其父曰昨見羅兒顏面顦顇使人惻然便是不墜家風爲有子矣釋褐太學博士累遷正員郞丁父艱哀毀愈甚廬于墓側日進薄麥粥一升墓在新林連接山阜舊多猛獸暠結廬數載豺狼絕迹常有兩鳩栖宿廬所馴狎異常承聖中除太子右庶子魏克江陵隨例入周而梁宗屠滅太子殯瘞失所及周受禪暠以宮臣乃抗表求還江陵改葬辭甚酸切周朝優詔答之卽勑荆州以禮安厝大業八年暠自周還宣帝特降殊禮歷位通直散騎常侍太中大夫卒有集十卷子延義字希忠以沈敏好學初隨父入關丁母憂居喪過禮及暠還都延義乃躬負靈櫬晝伏宵行冒履氷雪手足皸瘃至郡遂致攣廢數年乃愈位司徒從事中郞

張昭字德明吳郡吳人也幼有孝性父熯常患消渴嗜鮮魚昭乃身自結網捕魚以供朝夕弟乾字元明聰敏好學亦有至性及父卒兄弟竝不衣綿帛不食鹽酢日唯食一升麥屑粥每一感慟必致嘔血鄰里聞之皆爲涕泣父服未終母陸氏又卒兄弟遂六年哀毀形容骨立家貧未得大葬遂布衣蔬食十有餘年杜門不出屏絕人事時衡陽王伯信臨郡舉乾孝廉固辭不就兄弟竝因毀成疾昭一眼失明乾亦中冷苦癖年竝未五十終于家子允俱絕宣帝時有太原王知元者僑居會稽剡縣居家以孝聞及丁憂哀毀而卒帝嘉之詔改所居清苦里爲孝家里

後魏

趙琰字叔起天水人也父溫字思恭博學有高名爲姚泓天水太守劉裕滅泓遂歿於氐氐王楊難當稱藩太武以溫爲難當府司馬卒于仇池令初苻氏亂琰爲乳母攜奔壽春年十四乃歸孝心色養飦熟之際必親調之皇輿中京師儉婢簡粟糶之琰遇見切責勑留輕粃嘗送子應冀州娉室從者於路遇得一羊行三十里而琰知之令送於本處又過路旁主人設羊羹琰訪知盜殺卒辭不食遣人買耜刃得剩六耜卽命送還刃主刃主高之義而不受琰命委之而去初爲兗州司馬轉團城鎭副將還京爲淮南王他府長史時禁制甚嚴不聽越關葬於舊兆琰積四十餘年不得葬二親及蒸嘗拜獻未嘗不嬰慕卒事每於時節不受子孫慶賀年餘耳順而孝思彌篤慨歲月推移遷窆無冀乃絕鹽菜斷諸饍味食麥而已年八十卒遷都洛陽子應等乃還鄉葬焉應弟煦字賓育好音律以善歌聞於世位秦州刺史

長孫慮代人也母因飲酒其父眞呵叱之誤以杖擊便卽致死眞爲縣囚執慮以重坐處列辭尙書云父母忿爭本無餘惡直以謬誤一朝橫禍今母喪未殯父命旦夕慮兄弟五人竝沖幼慮身居長今年十五有一女弟尙始四歲更相鞠養不能保全父若就刑交墜溝壑乞以身代老父命使嬰弱衆孤得蒙存立尙書奏云慮於父爲孝子於弟爲仁兄尋情究狀特可矜感孝文帝詔特恕其父罪以從遠流

乞伏保高車部人也父居獻文時爲散騎常侍領牧曹尙書賜爵寧國侯以忠謹愼密常在左右出納詔命賜宮人河南宗氏生伏保宗氏亾後賜以宮人申氏宋太子左率申坦兄女也歲餘居卒申撫養伏保性嚴肅捶罵切至而伏保奉事孝謹初無恨色襲父侯爵例降爲伯稍遷左中郞將每請祿賜在外公私尺丈所用無不白知出爲善無鎭將申年踰八十伏保手製馬轝親自扶接申欣然隨之申亾伏保解官奉喪還洛復爲長兼南中郞將卒

孫益德樂安人也其母爲人所害益德童幼爲母復仇還家哭於殯以待縣官孝文文明太后以其幼而孝又不逃罪特免之

董洛生代人也居父喪過禮詔遣秘書中散溫紹伯奉璽書慰之令自抑割以全孝道又詔其宗親使相喻獎勿令有滅性之譏

楊引上黨郡襄垣人也三歲喪父爲叔所養母年九十二終引年七十五哀毀過禮三年服畢恨不識父追服斬衰食粥麤服誓終身命經十三年哀慕不改爲郡縣鄉閭三百餘人上狀稱美有司奏宜旌賞復其一門樹其純孝詔別勑集書標揚引至行又可假以散員之名

閭元明河東安邑人也少而至孝行著鄉閭太和五年

除北隨郡太守元明以違離親養輿言悲慕母亦慈念泣淚喪明悲號上訴許歸奉養一見其母母目便開刺史呂壽恩列狀上聞詔下州郡表爲孝門復其租調兵役令終母年母亾服終心喪積載每忌日悲慟傍鄰昆弟雍和尊卑諧穆安貧樂道白首同歸又猗氏縣人令狐仕兄弟四人早喪父泣慕十載奉養其母孝著鄉邑而力田積粟博施不[illegible]又河東郡人楊風等七百五十人列稱樂戶皇甫奴兄弟雖沈屈兵伍而操尙彌高奉養繼親世著恭孝之稱又東郡小黃縣人董吐渾與兄養事親至孝三世同居閨門有禮景明初畿內大使王凝奏請表異詔從之

吳悉達河東聞喜人也兄弟三人年並幼小父母爲人所殺四時號慕悲感鄉鄰及長報仇避地永安昆弟同居四十餘載閨門和睦讓逸競勞雖於儉年糊饘不繼賓客經過必傾所有每守宰殯喪私辦車牛送終葬所隣人孤貧窘困者莫不解衣輟糧以相賑恤鄉閭五百餘人詣州稱頌爲刺史以悉達兄弟行著鄉里版贈悉達父勃海太守悉達後欲改葬亾失墳墓推尋弗獲號哭之聲晝夜不止叫訴神祇忽於悉達足下地陷得父銘記因遷葬曾祖已下三世九喪傾盡資業不假於人哀感毀悴有過初喪有司奏聞標閭復役以彰孝義時有齊州人崔承宗其父於宋世仕漢中母喪因殯彼後青徐歸魏遂爲隔絕承宗性至孝萬里投險偷路負喪還京師黃門侍郎孫惠蔚聞之曰吾於斯人見廉范之情矣於是弔贈盡禮如舊相識

王續生滎陽京縣人也遭繼母憂居喪杖而後起及終禮制鬢髮盡落有司奏聞宣武詔標旌門閭甄其徭役

李顯達潁川陽翟人也父喪水漿不入口七日鬢髮墮落形體枯悴六年廬於墓側哭不絕聲殆於滅性州牧高陽王雍以狀奏靈太后詔表其門閭

倉跋滎陽京縣人也喪母水漿不入口五日吐血數升居憂毀瘠見稱鄉里有司奏聞孝武帝詔標門閭

張昇滎陽京縣人也喪父飲水絕鹽哀毀過度形骸枯悴骨立而已髮落殆盡聲聞鄉里盜賊不侵其境州表以聞標其門閭

王崇字乾邕陽夏雍邱人也兄弟並以孝稱身勤稼穡以養二親仕梁州鎮南府主簿母亾杖而後能起鬢髮墮落未及葬權殯宅西崇廬於殯所晝夜哭泣鳩鴿羣至有一小鳥素質黑眸形大於雀栖於崇廬朝夕不去母喪始闋復丁父憂哀毀過禮是年陽夏風雹其所經過之處禽獸暴死草木摧折至崇田畔風雹便止禾麥十頃無所損落及過崇地風雹如初咸稱至行所感崇雖服除仍居墓側於其室前生草一根莖葉甚茂人莫能識至冬中復有鳥巢於崇屋乳養三子毛羽成長馴而不驚守令聞之親自臨視州以聞奏標其門閭

郭文恭太原平遥人也仕爲太平縣令年踰七十父母喪亾文恭孝慕罔極乃居祖父墓次晨夕拜跪跣足負土培祖父二墓寒暑竭力積年不已見者莫不哀歎尙書聞奏標其門閭

義行

石文德中山蒲陰人也家著義行太平眞君初縣令黃宣在任喪亾宣單貧無期親文德祖父苗以家財殯葬持服三年奉養宣妻二十餘載及亾又衰經斂附率禮無闕自苗逮文德凡刺史守令卒官者皆制服送之五世同居閨門雍睦又梁州上言天水白石縣趙令安孟蘭彊等四世同居行著州里詔並標榜門閭

馬八龍武邑武強人也輕財重義友人武遂縣尹靈哲在軍喪亾八龍聞即奔赴負尸而歸以家財殯葬爲制緦麻撫其孤遺恩如所生州郡表列詔表門閭

門文愛汲郡山陽人也早孤供養伯父母以孝謹聞伯父亾服未終伯母又亾文愛居喪持服六年哀毀骨立鄉人魏仲賢等相與標其孝義

石祖興常山九門人也太守田文彪縣令和眞等喪亾祖興自出家絹二百餘疋營護喪事州郡表列孝文嘉之賜爵二級爲上造後拜甯陵令卒吏部尙書李韶奏其節義請加贈謚以奬來者靈太后令如所奏有司謚曰恭

邵洪哲上谷沮陽人也縣令范道榮先自眴城歸款以除縣令道榮鄉人徐孔明妄經公府訟道榮非勳道榮坐除名羇旅孤貧不能自理洪哲不勝義憤遂代道榮詣京師明申曲直經歷寒暑不憚劬勞道榮卒得復雪又北鎭反亂道榮孤單無所歸附洪哲兄伯川復率鄉人來相迎接送達幽州道榮感其誠節訴省申聞詔下州郡標其里閭

李几博陵安平人也七世共居同財家有二十二房一百九十八口長幼濟濟風禮著聞至於作役卑幼競集鄉里嗟美標其門閭

王閭北海密人也數世同居有百口又泰山劉業興四世同居魯郡蓋儁六世同居並共財產家門雍睦鄉里敬異有司申奏皆表門閭

北齊

陸卬字雲駒代人也祖昕之魏安北將軍相州刺史父子彰中書監家世有傳卬少機悟美風神好學不倦博覽羣書五經多通大義善屬文甚爲河間邢邵所賞邵又與子彰交游嘗謂子彰曰吾以卿老蚌遂出明珠意欲爲羣拜紀可乎由是名譽日高雅爲搢紳所推許起家員外散騎侍郎歷文襄大將軍主簿中書舍人兼中書侍郎以本職兼太子洗馬自梁魏通和歲有交聘卬每兼官讌接在席賦詩卬必先成雖未能盡工以敏速見美除中書侍郎修國史以父憂去職居喪盡禮哀毀骨立詔以本官起文襄時鎮鄴嘉其至行親詣門以慰勉之卬母魏上庸公主初封藍田高明婦人也甚有志操卬昆季六人並主所出故邢邵嘗謂人云藍田生玉固不虛矣主教訓諸子皆以義方雖創巨痛深出於天性然動依禮度亦母氏之訓焉卬兄弟相率廬於墓側負土成墳朝廷所嗟尙發詔襃揚改其所居里爲孝終里服竟當襲不忍嗣侯使迄未應受天保初常山王薦卬器幹文宜面授給事黃門侍郎遷吏部郎中上洛王思宗爲淸都尹辟爲邑中正食貝丘縣幹遭母喪哀慕毀悴殆不勝喪遂至沈篤頓伏牀枕又成風疾第五弟摶遇疾臨終謂其兄弟曰大兄尫病如此性至慈愛摶之死日必不得使大兄知之號泣聲必不可聞徹致有感動家人至於祖載方始告之卬聞而悲痛一慟便絕年四十八卬自在朝行篤愼周密不說人短不伐己長言論淸遠有人倫鑒裁朝野甚悲惜之贈衞將軍青州刺史謚曰文所著文章十四卷行於世齊之郊廟諸歌多卬所制子乂字旦襲爵始平侯別有傳

周

杜叔毗字子弼其先京兆杜陵人也徙居襄陽父漸梁邊城太守叔毗早歲而孤事母以孝聞勵精好學仕梁爲宜豐侯蕭修府中直兵參軍大統十七年文帝令大將軍達奚武圖修於南鄭修令叔毗詣闕請和文帝見而禮之使未及還而修中直兵曹策參軍劉曉謀以城降時叔毗兄君錫爲修中記室參軍從子映錄事參軍映弟晰中直兵參軍各領部曲策等忌之懼其不同己遂誣以謀叛擅加害焉及修降策至長安叔毗朝夕號泣具申寃狀朝廷以事在歸附之前不可追罪叔毗內懷憤惋志在復讎然恐違朝憲坐及其母遂沈吟積時母知其意謂叔毗曰汝兄橫罹禍酷痛切骨髓若能報之曹策朝死吾以夕歿亦所甘心汝何疑焉叔毗拜受母言遂白日手刃策於京城斷首刳腹解其肢體然後面縛請就戮文帝嘉其志氣特命舍之遭母憂哀毀骨立殆不勝喪服闋晉公護辟爲中外府樂曹參軍累遷陝州刺史後從衞國公南討軍敗爲陳人所禽陳人將降之辭色不撓遂被害子廉卿

荆可河東猗氏人也性質朴容止有異於人能苦身勤力供養其母隨時甘旨終無匱乏母喪水漿不入口三日悲號擗踊絕而復蘇者數四葬母之後廬於墓側晝夜悲哭負土成墳蓬髮不櫛沐菜食飲水而已可家舊墓塋域極大榛蕪至深去家十餘里而可獨宿其中與禽獸雜處哀感遠近邑里稱之大統中可鄉人以可孝行足以勉勵風俗乃上言焉文帝令州縣表異之及服終之後猶若居喪大冢宰晉公護聞其孝行特引見焉與可言論時有會於護意護亦至孝其母閻歿於敵境不測存亾每見可自傷久乖膝下而重可至性及可卒後護猶思其純孝遂收可妻子於京城常給其衣食

秦族上郡洛川人也祖白父蘿並有至性聞於閭里魏太和中版白潁州刺史大統中版蘿鄜城郡守族性至孝事親竭力爲鄉里所稱及其父喪哀毀過禮每一慟哭酸感行路既以母在常抑割哀情以慰其母意四時珍羞未嘗匱乏與弟榮先復相友愛閨門之中怡怡如也尋而其母又歿哭泣無時唯飲水食菜而已終喪之後猶蔬食不入房室二十許年鄉里咸歎異之其邑人王遠等七十餘人上其狀有詔表其門閭榮先亦至孝遭父喪哀慕不已遂以毀卒邑里化其孝行文帝嘉之乃下詔襃美其行贈滄州刺史以旌厥異

皇甫遐字永賢河東汾陰人也累世寒微而鄉里稱其和睦遐性純至少喪父事母以孝聞保定末遭母喪乃廬於墓側負土爲墳復於墓南作一禪窟陰雨則穿窟晴霽則營墓曉夕勤力未嘗暫停積以年歲墳高數丈周迴五十餘步禪窟重臺兩匝而成十有二室中間行道容百人遐食粥枕山櫛風沐雨形容枯悴家人不識當其營墓之初乃有鵰鳥各一徘徊悲鳴若助哀者經月餘乃去遠近聞其至孝競以米麵遺之遐皆受而不食悉以營佛齋焉郡縣表上其狀有詔旌異之

張元字孝始河北芮城人也祖成假平陽郡守父延儁仕州郡累爲功曹主簿並以純至爲鄉里所推元性謙謹有孝行微涉經史然精釋典年六歲其祖以其夏中熱欲將元就井浴元固不肯從祖謂其貪戲以杖擊其頭曰汝何爲不肯對曰衣以蓋形爲覆其褻元不能褻露其體於白日之下祖異而捨之南鄰有二杏樹杏熟多落元園中諸小兒競取而食之元所得者送還其主

村陌有狗子爲人所棄者元卽收而養之其叔父怒曰何用此爲將欲更棄之對曰有生之類莫不重其性命若天生天殺自然之理今爲人所棄而死非其道也若見而不收養無仁心也是以收而養之叔父感其言遂許焉未幾乃有狗母銜一死兎置元前而去及元年十六其祖喪明三年元嘗憂泣晝夜讀經禮佛以祈福祐後讀藥師經見盲者得視之言遂請七僧燃七燈七日七夜轉藥師經行道每言天人師乎元爲孫不孝使祖喪明今以燈光普施法界願祖目見明元求代闇如此經七日其夜夢見一老翁以金鎞療其祖目謂元曰勿憂悲也三日後汝祖必自差元於夢中喜躍遂卽驚覺乃徧告家人居三日祖目果明其後祖卧疾再周元恆隨祖所食多少衣冠不解旦夕扶持及祖沒號慟絕而復蘇隨其父水漿不入口三日鄉里咸歎異之縣博士楊軌等二百餘人上其狀有詔表其門閭

隋

田德懋高平人也祖弘周大司空少保襄州總管父仁恭仕周歷隋位左武衛大將軍弘自有傳德懋少以孝友知名開皇初以父軍功賜爵平原郡公授太子千牛備身丁父艱哀毀骨立廬於墓側負土成墳高祖聞而嘉之遣員外散騎侍郞元志就弔焉復降璽書存問賜帛及米下詔表其閭大業初位尚書駕部郞卒官

薛濬字道賾河東汾陰人也父琰周渭南太守濬少孤養母以孝聞幼好學有至行周天和中襲爵虞城侯位新豐令開皇中歷尚書虞部考功侍郞高祖聞濬事母孝以其母老賜輿服几杖四時珍味當世榮之後其母疾病濬親甚憂顇親故弗之識遭丁母艱詔鴻臚監護喪事歸葬夏陽時隆冬極寒濬衰絰徒跣冒犯霜雪自京及鄉五百餘里足凍墮指創血流離朝野爲之傷痛州里賵助一無所受尋起令視事上見其毁瘠過甚爲之改容顧羣臣曰吾見薛濬哀毁不覺悲感傷懷嗟異久之濬竟不勝喪病且卒其弟謨時爲晉王府兵曹參軍事在揚州濬遺書於謨曰吾以不造幼丁艱酷窮游約處屢絕簞瓢晚生早孤不聞詩禮賴奉先人貽厥之訓獲稟母氏聖善之規負笈裹糧不憚艱遠從師受業欲罷不能砥行厲心困而彌篤服膺教義爰至長成自釋耒登朝于兹二十三年矣雖官非聞達而祿喜逮親庶保期頤得終色養何圖精誠無感禍酷荐臻兄弟俱被奪情苫廬靡申哀訴是用叩心泣血貫氣摧魂者也旣而創巨釁承不勝荼毒啟手啟足幸及全歸使夫死而有知得從先人於地下矣豈非至願哉但念爾伶俜孤宦遠在邊服顧此恨恨如何可言適己有書冀得與汝面訣忍死待汝已歷一旬汝旣未來便成今古緬然永別爲恨何言勉之哉勉之哉書成而絕高祖爲之屑涕降使齎冊書弔祭濬性淸儉死日家無遺財濬初爲童兒時與族中兒戲澗濱見一黃蛇有角及足召羣童共視了無見者以爲不祥歸大憂悴母問之以實對時有胡僧詣宅乞食母以告之僧曰此蛇之吉應且此兒早有名位然壽不過六七耳言終而出忽然不見後終四十二六七之言驗矣子乾福武安郡司倉書佐

王頒字景彥太原祁人也父僧辯梁太尉梁史有傳頒少俶儻有文武幹局其父平侯景留頒質於荆州荆州陷頒亦入關聞其父爲陳武帝所殺號慟而絕食頃乃蘇哭不絕聲毁瘠骨立至服闋日常布衣蔬食藉藁而卧周明帝嘉之召授左侍上士累遷漢中太守尋拜儀同三司開皇初以平蠻功加開府封蛇邱縣公獻取陳之策上覽而異之召見言畢歔欷上爲之改容及大舉伐陳頒自請行率兵數百人從韓擒虎先鋒夜濟力戰被傷恐不堪復鬭悲感嗚咽夜中睡夢有人授藥比寤而瘡不痛時人以爲孝感及陳滅頒密召父在時士卒得千餘人對之涕泣不止其閒壯士或問曰郞君讎恥已雪而悲哀不止者將不爲霸先早死不得手刃之邪請發其邱壠斲櫬焚骨亦可以申孝心矣頒頓顙陳謝額盡出血答曰此自夙心然其爲墳塋甚大恐一宵發掘不及其屍更至明朝事乃彰露必至不濟諸人乃請具鍬鍤於是夜發其陵剖棺見武帝鬚並不落其本皆出自骨中頒遂焚骨取灰投水中而飲之旣而自縛歸罪於晉王王表其狀高祖曰朕以義平陳王頒所爲亦孝義之道何忍罪之舍而不問有司錄其戰功將加柱國賜物五千段頒固辭曰臣緣國威靈得雪怨恥本心徇私非是爲國所加官賞終不敢當高祖從之拜代州刺史甚有惠政後轉齊州刺史卒官弟頍見文苑傳

田翼不知何許人也養母以孝聞其後母卧疾歲餘翼親易燥濕母食則食母不食則不食開皇中母患暴痢翼謂中毒藥遂親嘗穢惡母終翼一慟而絕妻亦不勝哀而死鄉人共厚葬之

楊慶字伯悅河閒人也祖元父剛並以至孝知名慶美容止性辯慧年十六齊國子博士徐遵明見而異之及長頗涉書記年二十五郡察孝廉以侍養不赴母有疾不解襟帶者七旬及居母憂哀毁骨立負土成墳齊文宣表其門閭賜帛及綿粟各有差高祖受禪屢加褒賞

擢授儀同三司版平陽太守卒於家

紐因字孝政河東安邑人也性至孝周武成中父母喪廬于墓側負土成墳廬前生麻一株高丈許圍之合拱枝葉鬱茂冬夏恆青有烏棲上因舉聲哭烏即悲鳴時人異之周武帝表其閭擢授甘棠令開皇初卒子士雄少質直孝友喪父復廬於墓側負土成墳其庭前有一槐樹先甚鬱茂及士雄居喪樹遂枯死服闋還宅死槐復榮高祖聞之歎其父子至孝下詔褒揚號其居爲累德里

劉仕儁彭城人也性至孝丁母喪絕而復蘇者數矣勺飲不入口者七日廬於墓側負土成墳列植松柏虎狼馴擾爲之取食高祖受禪表其門閭

翟普林楚邱人也事親以孝聞躬耕色養不應州郡辟命鄉里謂爲楚丘先生後父母疾親易燥濕不解衣者七旬大業初父母俱終哀毀殆將滅性廬於墓側負土成墳盛冬不衣繒絮唯著單縗而已家有烏犬隨其在墓若普林哀臨犬亦悲號見者嗟異有二鵲巢其廬前柏樹馴狎無所驚懼司隸巡察奏其孝感擢爲孝陽令

李德饒字世文趙郡平棘人魏贈司徒元忠之後也祖徹齊尚書左丞父純開皇中爲介州長史德饒少聰敏好學有至性弱冠爲校書郎仍直內史省參掌文翰轉監察御史糾正不避權貴大業三年遷司隸從事每巡四方理寃枉襃孝悌雖位秩未通而德行爲當世所重凡與交結皆海內髦彥性至孝父母寢疾輒終日不食十旬不解衣及丁憂水漿不入口七日哀慟嘔血數升及送葬會仲冬積雪行四十餘里單縗徒跣號踊幾絕會葬者千餘人莫不爲之流涕後甘露降於庭樹有鳩巢其廬納言楊達巡省河北詣廬弔慰之因改所居村名曰孝敬村里爲和順里德饒後爲金河縣長未之官屬羣盜蠭起賊帥格謙孫宣雅等十餘頭聚衆於勃海有勅許其歸首謙等懼不敢降以德饒性行有聞遣奏曰若得饒來者即相率歸首帝遣德饒往勃海慰諭賊至冠氏會他賊攻陷縣城見害德饒弟德侶性重然諾大業末爲離石郡司法書佐太守楊子崇特禮之及唐兵起子崇遇害棄尸城下德侶赴哭盡哀收瘞之至介休詣唐師請葬子崇見許因贈子崇官令德侶爲使者往離石禮葬之

華秋汲郡臨河人幼喪父事母以孝聞家貧傭賃爲養其母遇患秋容貌毀瘁鬢髮盡改母終遂絕櫛沐髮盡禿落廬於墓側負土成墳有人欲助之者秋輒拜而止之大業初調狐皮郡縣大獵有一兔被逐奔入秋廬中匿秋膝下獵人至廬所異而免之自爾此兔常宿廬中馴其左右郡縣嘉其孝感具以狀聞降使勞問表其門閭後羣盜起常往來廬之左右咸相誡曰勿犯孝子鄉里賴秋全者甚衆

徐孝肅汲郡人也宗族數十家多以豪侈相尚唯孝肅儉約事親以孝聞雖在幼小宗黨間每有爭訟皆至孝肅所平論理短者無不引咎而退孝肅早孤不識父及長問其母父狀因畫工圖其形構廟置之而定省焉朔望饗祭養母至孝數十年母老疾孝肅親易燥濕憂悴歷歲見者悲焉母終孝肅茹蔬飲水盛冬單縗毀瘠骨立祖父母父母墓皆負土成墳廬于墓所垂二紀被髮徒跣以終其身弟德備卒其子處默亦廬于墓世稱孝焉

義行

郎方貴淮南人也少有志尚與從父弟雙貴同居開皇中方貴常於淮水津所寄渡舟人怒之撾方貴臂折至家雙貴問知之恚恨遂向津毆殺船人津者執送之縣以方貴爲首當死雙貴從坐當流兄弟爭爲首坐縣司不能斷送詣州兄弟各引死州不能定二人爭欲赴水死州以狀聞上聞異之特原其罪表其門廬賜物百段後爲州主簿

郭世儁字弘文太原文水人也家門雍睦七世同居犬豕同乳烏鵲同巢時人以爲義感之應州縣上其事高祖遣平昌公宇文弼詣其家勞問書侍御史柳彧巡省河北表其門閭漢王諒爲并州總管聞而嘉歎賜其兄弟二十餘人衣各一襲

宋右迪功郎鄭樵漁仲撰

獨行傳第一

後漢

譙元 費貽 元子瑛 李業 王晧 任永 王嘉 馮信 劉茂 嚴授 徐咸 衛福 所輔
温序 彭脩 索盧放 周嘉 高祖父燕 從弟暢 范式 張劭
陳平子 孔嵩 李善 王忳 張武 陸續 戴封
李充 繆肜 陳重 雷義 范冉 戴就 趙苞 向栩 諒輔 劉翊 王烈

魏 魏不立此傳今以田疇邴原管寧三人爲編

田疇 邴原 管寧

後漢

譙元字君黃巴郡閬中人也少好學能說易春秋仕於州郡成帝永始二年有日食之災乃詔舉敦樸遜讓有行義者各一人州舉元詣公車對策高第拜議郎帝始作期門數爲微行立趙飛燕爲皇后后專寵懷忌皇太子多橫夭折元上書諫曰臣聞王者承天繼宗統極保業延祚莫急允嗣故易有幹蠱之義詩詠衆多之福今陛下聖嗣未立天下屬望而不惟社稷之計專念微行之事愛幸用於所惑曲意留於非正竊聞後宮皇子產而不育臣聞之怛然痛心傷剝竊懷憂國不忘須臾夫警衞不脩則患生非常忽有醉酒狂夫分爭道路旣無尊嚴之儀豈識上下之別此爲胡狄起於轂下而賊亂發於左右也願陛下念天下之至重愛金玉之身均九女之施存無窮之福天下幸甚時數有災異元輒陳其變旣不省納故久稽郎官後遷太常丞以弟服去職平帝元始元年日食又詔公卿舉敦樸直言大鴻臚左咸舉元詣公車對策復拜議郎遷中散大夫四年選明達政事能班化風俗者八人時並舉元爲繡衣使者持節與太僕任惲等分行天下觀覽風俗所至專行誅賞事未及終而王莽居攝元於是縱使者車變易姓名間竄歸家因以隱遁後公孫述僭號於蜀連聘不詣述乃遣使者備禮徵之若元不肯起便賜以毒藥太守乃自齎璽書至元廬曰君高節已著朝廷垂意誠不宜復辭自招凶禍元仰天歎曰唐堯大聖許由恥仕周武至德伯夷守餓彼獨何人我亦何人保志全高死亦何恨遂受毒藥元子瑛泣血叩頭於太守曰今國家東有嚴敵兵師四至國用軍資或不常足願奉家錢千萬以贖父死太守爲請述聽許之元遂隱藏田野終述之世時兵戈累年莫能脩尙學業元獨訓諸子勤習經書建武十一年卒明年天下平定元弟慶以狀詣闕自陳光武美之策詔本郡祠以中牢勑所在還元家錢時亦有犍爲費貽亦不肯仕述漆身爲厲陽狂以避之退藏山藪十餘年述破後仕至合浦太守瑛善說易以授顯宗爲北宮衞士令

李業字巨游廣漢梓潼人也少有志操介特習魯詩師博士許晃元始中舉明經除爲郎會王莽居攝業以病去官杜門不應州郡之命太守劉咸彊召之業乃載病詣門咸怒出教曰賢者不避害譬猶彀弩射市薄命者先死聞業名稱故欲與之爲治而反託疾乎令詣獄養病欲殺之客有說咸曰趙殺鳴犢孔子臨河而逝未聞求賢而脅以牢獄者也咸乃出之因舉方正王莽以業爲酒士病不之官遂隱藏山谷絕匿名迹終莽之世公孫述僭號素聞業賢徵之欲以爲博士業固辭疾不起數年述羞不能致之乃使大鴻臚尹融持毒酒奉詔命以劫業曰若起則受公侯之位不起賜之以藥融譬旨曰方今天下分崩孰知是非而以區區之身試於不測之淵乎朝廷貪慕名德曠官缺位於今七年四時珍御不以忘君宜上奉知己下爲子孫身名俱全不亦優乎今數年不起猜疑寇心凶禍立加非計之得者也業乃歎曰危國不入亂國不居親於其身爲不善者義所不從君子見危授命何乃誘以高位重餌哉融見業辭志不屈復曰宜呼室家計之業曰丈夫斷之於心久矣何妻子之爲遂飲毒而死述聞業死大驚又恥有殺賢之名乃遣使弔祠賻贈百匹業子翬逃辭不受蜀平光武下詔表其門閭命益部載其高節圖畫形像初平帝時蜀郡王皓爲美陽令王嘉爲郎王莽簒位並棄官西歸及公孫述稱帝遣使徵嘉皓恐不至先繫其妻子使使者謂嘉曰速裝妻子可全對曰犬馬猶識主況於人乎王皓先自刎以首付使者述怒遂誅皓家屬王嘉聞而歎之曰後之哉乃對使者伏劍而死是時犍爲任永君業同郡馮信並好學博古公孫述連徵命待以高位皆託靑盲以避世難永妻淫於前匿情無言見子入井忍而不救信侍婢亦對信姦通及聞述誅皆盥洗更視曰世適平目卽淸淫者自殺光武聞而徵之並會病卒

劉茂字子衛太原晉陽人也少孤獨與母居家貧以筋力致養孝行著於鄉里及長能習禮經教授常數百人哀帝時察孝廉再遷五原屬國候遭母憂去官服竟後爲沮陽令會王莽簒位茂棄官避世於弘農山中教授建武二年歸爲郡門下掾時赤眉二十餘萬衆攻郡縣

殺長吏及府掾史茂負太守孫福踰牆藏空穴中得免其暮俱奔盂縣晝則逃匿夜求糧食積百餘日賊去乃得歸府明年詔書求天下義士太守以茂爲言詔書卽徵茂拜議郎遷宗正丞後拜侍中卒官元初中鮮卑數百餘騎寇漁陽太守張顯率吏士追出塞遥望虜營煙火急趣之兵馬掾嚴授慮有伏兵苦諫止不聽顯蹙令進授不獲已前戰伏兵發授身被十創歿於陣顯拔刀追散兵不能制虜射中顯主簿衞福功曹徐咸遽赴之顯遂墮馬福以身擁蔽虜并殺之朝廷愍授等節詔書褒歎厚加賞賜各除子一人爲郎中永初二年劇賊畢豪等入平原界縣令劉雄將吏士乘船追之至厭次河與賊合戰雄敗賊執雄以矛刺之時小吏所輔前叩頭求哀願以身代雄豪等縱雄而刺輔貫心洞背卽死東郡太守捕得豪等具以狀上詔書追傷之賜錢二十萬除父奉爲郎中

温序字次房太原祁人也仕州從事建武二年騎都尉弓里戍（弓里姓也）將兵平定北州到太原歷訪英俊大人問以策謀戍見序奇之上疏薦焉於是徵爲侍御史遷武陵都尉病免官六年拜謁者遷護羌校尉序行部至襄武爲隗囂別將苟宇所拘劫宇謂序曰子若與我并威同力天下可圖也序曰受國重任分當效死義不貪生苟背恩德宇等復曉譬之序素有氣力大怒叱宇等曰虜何敢迫脅漢將因以節撾殺數人賊衆爭欲殺之宇止之曰此義士死節可賜以劍序受劍銜鬚於口顧左右曰既爲賊所迫殺無令鬚污土遂伏劍而死序主簿韓遵從事王忠持尸歸斂光武聞而憐之命忠送喪到洛陽賜城傍爲冢地賜穀千斛縑五百疋除三子爲郎長子壽服竟爲鄒平侯相夢序告之曰久客思鄉壽卽棄官上書乞父骸骨歸葬帝許之乃返舊塋焉

彭脩字子陽會稽毗陵人也年十五時父爲郡吏得休與脩俱歸道爲盜所劫脩困急乃拔佩刀前持盜帥曰父辱子死卿不顧死邪盜相謂曰此童子義士也不宜逼之遂辭謝而去鄉黨稱其名後仕郡爲功曹時西部都尉宰鼂行太守事以微過收吳縣獄吏將殺之主簿鍾離意諫爭甚切鼂怒使收縛意欲案之掾吏莫敢諫脩排閤直入拜於庭曰明府發雷霆於主簿請聞其過鼂曰受教三日初不奉行廢命不忠豈非過邪脩因拜曰昔任座面折文侯朱雲攀毀欄檻自非賢君焉得忠臣今慶明府爲賢君主簿爲忠臣鼂遂原意罰貰獄吏罪後州辟從事時賊張子林等數百人作亂郡言州請脩守吳令脩與太守俱出討賊賊望見車馬競交射之飛矢雨集脩障扞太守而爲流矢所中死太守得全賊素聞其恩信卽殺弩中脩者餘悉皆降散言曰自爲彭君故降不爲太守服也

索盧放字君陽東郡人也以尚書教授千餘人初署郡門下掾更始時使者督行郡國太守有事當就斬刑放前言曰今天下所以苦毒王氏歸心皇漢者實以聖政寬仁故也而傳車所過未聞恩澤太守受誅誠不敢言但恐天下惶懼各生疑變夫使功者不如使過願以身代太守之命遂前就斬使者義而赦之由是顯名建武六年徵爲洛陽令政以能名以病乞身徙諫議大夫數納忠言後以病去建武末復徵不起光武使人輿之見於南宮雲臺賜穀二千斛遣歸除子爲太子中庶子卒於家

周嘉字惠文汝南安城人也高祖父燕宣帝時爲郡決曹掾太守欲枉殺人燕諫不聽遂殺囚而黜燕囚家守闕稱冤詔遣覆考燕見太守曰願謹定文書皆著燕名府君但言時病而已出謂掾史曰諸君被問悉當以罪推燕如有一言及於府君燕當手劍相刃使者乃收燕繫獄屢被掠楚辭無屈撓當下蠶室乃歎曰我平王之後正公元孫豈可以刀鋸之餘下見先君遂不食而死燕有五子皆至刺史太守嘉仕郡爲主簿王莽末羣賊入汝陽城嘉從太守何敞討賊敞爲流矢所中郡兵奔北賊圍繞數十重白刃交集嘉乃擁敞以身扞之因呵賊曰卿曹皆人隸也爲賊既逆豈有還害其君者邪嘉請以死贖君命因仰天號泣羣賊於是兩兩相視曰此義士也給其車馬遣送之後太守寇恂舉爲孝廉拜尚書侍郎光武引見問以遭難之事嘉對曰太守被傷命懸寇手臣實駑怯不能死難帝曰此長者也詔嘉從公主嘉稱病篤不肯當還零陵太守視事七年卒零陵頌其遺愛吏民爲立祠焉嘉從弟暢字伯持性仁慈爲河南尹永初二年夏旱久禱無應暢收葬洛陽城傍客死骸骨凡萬餘人應時澍雨歲乃豐稔位至光祿勳

范式字巨卿山陽金鄉人也一名氾少遊太學爲諸生與汝南張劭爲友劭字元伯二人並告歸鄉里式謂元伯曰後二年當還將過拜尊親見孺子焉乃共尅期日後期方至元伯具以白母請設饌以候之母曰二年之別千里結言爾何相信之審邪對曰巨卿信士必不乖違母曰若然當爲爾醖酒至其日巨卿果到升堂拜飲盡歡而別式仕郡爲功曹後元伯寢疾篤同郡郅君章殷子徵晨夜省視之元伯臨盡歎曰恨不見吾死友子

徵曰吾與君章盡心於子是非死友復欲誰求元伯曰若二子者吾生友耳山陽范巨卿所謂死友也尋而卒式忽夢元伯元冕垂纓屣履而呼曰巨卿吾以某日死當以爾時葬永歸黃泉子未我忘豈能相及式怳然覺悟悲歎泣下具告太守請往奔喪太守雖心不信而重違其請許之式便服朋友之服投其葬日馳往赴之式未及門而喪已發引既至壙將窆而柩不肯進其母撫之曰元伯豈有望邪遂停柩移時乃見素車白馬號哭而來其母望之曰是必范巨卿也巨卿既至叩喪言曰行矣元伯死生異路永從此辭會葬者千人咸爲揮涕式因執紼而引柩於是乃前式遂留止冢次爲脩墳樹然後乃去後到京師受業太學時諸生長沙陳平子亦同在學與式未相見而平子被病將亾謂其妻曰吾聞山陽范巨卿烈士也可以託死吾歿後但以屍埋巨卿戶前乃裂素爲書以遺巨卿既終妻從其言時式出行適還省書見瘞愴然感之向墳揖哭以爲死友乃營護平子妻兒身送喪於臨湘未至四五里乃委素書於柩上哭別而去其兄弟聞之尋求不復見長沙上計掾史到京師上書表式行狀三府並辟不應州舉茂才四遷荊州刺史友人南陽孔嵩家貧親老乃變姓名傭爲新野縣阿里街卒式行部到新野而縣選嵩爲導騎迎式式見而識之呼嵩把臂謂曰子非孔仲山邪對之歎息語及平生曰昔與子俱曳長裾遊集帝學吾蒙國恩致位牧伯而子懷道隱身處於卒伍不亦惜乎嵩曰侯嬴長守於賤業晨門肆志於抱關子欲居九夷不患其陋貧者士之宜豈爲鄙哉式勑縣代嵩嵩以爲先傭未竟不肯去嵩在阿里正身厲行街中子弟皆服其訓化遂辟公府之京師道宿下亭盜共竊其馬尋問知其嵩也乃相責讓曰孔仲山善士豈宜侵盜乎於是送馬謝之嵩官至南海太守式後遷廬江太守有威名卒於官

李善字次孫南陽淯陽人本同縣李元蒼頭也建武中疫疾元家相繼死沒唯孤兒續始生數旬而貲財千萬諸奴私共計議欲謀殺續分其財產善深傷李氏而力不能制乃潛負續逃亾隱山陽瑕丘界中親自哺養乳爲生湩推燥居濕備嘗艱勤續雖孩抱奉之不異長君有事輒長跪請白然後行之續年十歲善與歸本縣脩理舊業告奴婢於長吏悉收殺之時鍾離意爲瑕丘令上書薦善行狀光武詔拜善及續並爲太子舍人善顯宗時辟公府以能理劇再遷日南太守從京師之官道經淯陽過李元冢未到一里乃脫朝服持鉏去草及拜墓哭泣甚悲自炊爨執鼎俎以脩祭祀垂泣曰君夫人善在此盡哀數日乃去到官以愛惠爲政懷來異俗遷九江太守未至道病卒續至河間相

王忳字少林廣漢新都人也忳嘗詣京師於空舍中見一書生病困愍而視之書生謂忳曰我當到洛陽而被病命在須臾腰下有金十斤願以相贈死後乞藏骸骨未及問姓名而命絕忳卽鬻金一斤營其殯葬餘金悉置棺下人無知者後歸數年縣署忳大度亭長初到之日有馬馳入亭中而止其日大風飄一繡被復墮忳前卽言之於縣縣以歸忳後乘馬到雒縣馬遂奔走牽忳入他舍主人見之喜曰今禽盜矣問所由得馬忳具說其狀并及繡被主人悵然良久曰被隨旋風與馬俱亾卿何陰德而致此二物忳自念有葬書生事因爲說之并道書生形貌及埋金之處主人大驚號曰是我子也姓金名彥前往京師不知所在何意卿乃葬之大恩久不報天以此彰卿德耳忳悉以被馬還之彥父不受又厚遺忳忳辭讓而去時彥父爲州從事因告新都令假忳休息自迎彥喪餘金俱存忳由是顯名仕郡功曹州治中從事舉茂才除郿令到官至斄亭亭長曰亭有鬼數殺過客不可宿也忳曰仁勝凶邪德除不祥何鬼之避卽入亭止宿夜中聞有女子稱寃之聲忳呪曰有何枉狀可前求理乎女子曰無衣不敢進忳便投衣與之女子乃前訴曰妾夫爲涪令之官過宿此亭亭長無狀枉殺妾家十餘口埋在樓下悉盜取財貨忳問亭長姓名女子曰卽今門下游徼者也忳曰汝何故數殺過客對曰妾不得白日自訴每夜陳寃客輒眠不見應不勝感恚故殺之忳曰當爲汝理此寃勿復殺良善也因解衣於地忽然不見明旦召游徼詰問具服罪卽收繫及同謀十餘人悉伏辜遣吏送其喪歸鄉里於是亭遂清安

張武者吳郡由拳人也父業郡門下掾送太守妻子還鄉里至河內亭盜夜劫之業與賊戰死遂亾失屍骸武時年幼不及識父後之太學受業每節常持父遺劍至亾處祭醊泣而還太守第五倫嘉其行舉孝廉遭母喪過毀傷父魂靈不返因哀慟絕命

陸續字智初會稽吳人也世爲族姓祖父閎字子春建武中爲尚書令美姿貌喜著越布單衣光武見而好之常勑會稽郡獻越布續幼孤仕郡戶曹史時歲荒民饑困太守尹興使續於都亭賦民饘粥悉簡閱其民訊以名氏事畢興問所食幾何續因口說六百餘人皆分列姓名無有差謬興異之刺史行部見續辟爲別駕從

事以病去還爲郡門下掾是時楚王英謀反陰疏天下善士及楚事覺顯宗得其錄有尹興名乃徵興詣廷尉獄續與主簿梁宏功曹史駟勳及掾史五百餘人詣洛陽詔獄就考諸吏不堪痛楚死者太半唯續宏勳掠考五毒備至肌肉消爛終無異辭續母遠至京師覘候消息獄事持急無緣與續相聞母但作饋食付門卒以進之續雖見考若毒而辭色慷慨未嘗易容唯對食悲泣不能自勝使者怪而問其故續曰母來不得見故泣耳使者大怒以爲獄門吏卒通傳意氣召將案之續曰因食餉羹識母所自調和故知來耳非人告也使者問何以知母所作乎續曰母嘗截肉未嘗不方斷葱以寸爲度是以知之使者問諸謁舍續母果來於是陰嘉之上書說續行狀帝卽赦與等事還鄉里禁錮終身續以老病卒長子稠廣陵太守有治名續中子逢樂安太守少子颺力行好學不慕榮名連徵不就颺子康已見前傳

戴封字平仲濟北剛人也年十五詣太學師事鄮令東海申君申君卒送喪到東海道經其家父母以封當還豫爲娶妻封暫過拜親不宿而去還京師卒業時同學石敬平病卒封養視殯斂以所齎糧市小棺送喪到家其家更斂見敬平行時書物皆在棺中乃大異之封後遇賊財物悉被略奪惟餘縑七疋賊不知處封乃追以與之曰知諸君乏故送相遺賊驚曰此賢人也盡還其器物後舉孝廉爲光祿主事遭伯父喪去官詔書求賢良方正直言之士有至行能消災異者公卿郡守各舉一人郡及大司農俱舉封公車徵陛見對策第一擢拜議郎遷西華令汝潁有蝗災獨不入西華界時督郵行縣蝗忽大至督郵其日卽去蝗亦頓除一境奇之其年大旱封禱請無獲乃積薪坐其上以自焚火起而大雨暴至於是遠近歎服遷中山相時諸縣囚四百餘人辭狀已定當行刑封哀之皆遣歸與剋期日皆無違者詔書策美焉永元十二年徵拜太常卒官

李充字大遜陳留人也家貧兄弟六人同衣遞食妻竊謂充曰今貧居如此難以久安妾有私財願思分異充僞酬之曰如欲別居當醞酒具會請呼鄉里內外共議其事婦乃置酒讌客充於坐中前跪白母曰此婦人無狀而教充離間母兄罪合遣斥便呵叱其婦逐令出門婦銜涕而去坐中皆驚肅因遂罷散充後遭母喪行服墓次人有盜其墓樹者充手自殺之服闋立精舍講授太守魯平請署功曹不就平怒乃援充以捐溝中因謫署縣都亭長不得已起親職役和帝公車徵不行延平中詔公卿中二千石各舉隱士大儒務取高行以勸後進特徵充爲博士時魯平亦爲博士每與集會常歎服焉充遷侍中時大將軍鄧騭貴戚傾時無所下借以充高節每卑敬之嘗置酒請充賓客滿堂酒酣騭跪曰幸託椒房位居上將幕府初開欲辟天下奇偉以匡不逮唯諸君博求其器充乃爲陳海內隱居懷道之士頗有不合騭欲絕其語以肉啖之充抵肉於地曰說士猶甘於肉遂出徑去騭甚望之同坐汝南張孟舉往讓充曰一日聞足下與鄧將軍說士未究激刺面折不由中和出言之責非所以光祚子孫者也充曰大丈夫居世貴行其意何能遠爲子孫之計由是見非於貴戚遷左中郎將年八十以爲國三老安帝常特進見賜以几杖卒於家

繆肜字豫公汝南召陵人也少孤兄弟四人皆同財業及各娶妻諸婦遂求分異又數有鬬爭之言肜深懷憤歎乃掩戶自撾曰繆肜汝脩身謹行學聖人之法將以齊整風俗奈何不能正其家乎弟及諸婦聞之悉叩頭謝罪遂更爲敦睦之行仕縣爲主簿時縣令被章見考吏皆畏懼自誣而肜獨證據其事掠考苦毒至乃體生蟲蛆因復傳換五獄踰涉四年令卒以自免太守隴西梁湛召爲決曹史安帝初湛病卒官肜送喪還隴西始葬會西羌反叛湛妻子悉避亂他郡肜獨留不去爲起墳冢乃潛穿井傍以爲窟室晝則隱竄夜則負土及賊平而墳已立其妻子意肜已死還見大驚關西咸稱傳之共給車馬衣資肜不受而歸鄉里辟公府舉尤異遷中牟令縣近京師多權豪肜到官誅諸姦吏及託名貴戚賓客者百有餘人威名遂行卒於官

陳重字景公豫章宜春人也少與同郡雷義爲友俱學魯詩顏氏春秋太守張雲舉重孝廉重以讓義前後十餘通記雲不聽義明年舉孝廉重與義同在郎署有同署郎負息錢數十萬責主日至詭求無已重乃密以錢代還郎後覺知而厚辭謝之重曰非我之爲將有同姓名者終不言惠又同舍郎有告歸寧者誤持鄰舍郎絝以去主疑重所取重不自申說而市絝以償之後寧喪者歸以絝還主其事乃顯重後與義俱拜尙書郎義代同臺人受罪以此黜退重見義去亦以病免後舉茂才除細陽令政有異化舉尤異當遷爲會稽太守遭姊憂去官後爲司徒所辟拜侍御史卒

雷義字仲公豫章鄱陽人也初爲郡功曹皆擢舉善人不伐其功義嘗濟人死罪罪者後以金二斤謝之義不受金主伺義不在默投金於承塵上後義葺理屋宇乃

得金金主已死無得復還義乃以付縣曹後舉孝廉拜尚書侍郎有同時郎坐事當居刑作義默自表取其罪以此論司寇同臺郎覺之委位自上乞贖義罪順帝詔皆除刑義歸舉茂才讓於陳重刺史不聽義遂佯狂被髮走不應命鄉里爲之語曰膠漆自謂堅不如雷與陳三府同時俱辟二人義遂爲守灌謁者使侍節督郡國行風俗太守令長坐者凡七十人旋拜侍御史除南頓令卒官子授官至蒼梧太守

范冉字史雲冉或作丹陳留外黃人也少爲縣小吏年十八奉檄迎督郵冉恥之乃遁去到南陽受業於樊英又游三輔就馬融通經歷年乃還冉好違時絕俗爲激絕之行常慕梁伯鸞閔仲叔之爲人與漢中李固河內王奐親善而鄙賈偉節郭林宗焉奐後爲考城令境接外黃屢遣書請冉冉不至及奐遷漢陽太守將行冉乃與弟協步齎麥酒於道側設壇以待之冉見奐車徒駱驛遂不自聞惟與弟共辯論於路奐識其聲即下車與相揖對奐曰行路倉卒非陳契闊之所可共到前亭宿息以敘分隔冉曰子前在考城思欲相從以賤質自絕豪友耳今子遠適千里會面無期故輕行相候以展訣別如其相追將有慕貴之譏矣便起告違拂衣而去奐瞻望弗及冉長逝不顧桓帝時以冉爲萊蕪長遭母憂不到官後辟太尉府自以狷急不能從俗常佩韋於朝議者欲以爲侍御史因遁身逃命於梁沛之閒徒行弊服賣卜於市遭黨人禁錮遂推鹿車載妻子捃拾自資或寓息客廬或依宿樹陰如此十餘年乃結草屋而居焉所止單陋有時絕粒窮居自若言貌無改閭里爲之歌曰甑中生塵范史雲釜中生魚范萊蕪及黨禁解爲三府所辟乃應司空命是時西羌反叛黃巾作難制諸府掾屬不得妄有去就冉首自劾退詔書特原不理罪又辟太尉府以疾不行中平二年年七十四卒於家臨命遺令勑其子曰吾生於昏闇之世值乎淫侈之俗生不得匡世濟時死何忍自同於世氣絕便斂斂以時服衣足蔽形棺足周身斂畢便穿穿畢便埋其明堂之奠干飯寒水飲食之物勿有所下墳封高下令足自隱知我心者李子堅王子炳也今皆不在制之在爾勿令鄉人宗親有所加也於是三府各遣令史奔弔大將軍何進移書陳留太守累行論謚僉曰宜爲貞節先生會葬者二千餘人刺史郡守各爲立碑表墓焉

戴就字景成會稽上虞人也仕郡倉曹掾揚州刺史歐陽參奏太守成公浮贓罪遣部從事薛安案倉庫簿領收就於錢塘縣獄幽囚考掠五毒參至就慷慨直辭色不變容又燒鋘斧使就挾於肘腋就語獄卒可熟燒斧勿令冷每上彭考因止飯食不肯下肉焦毀墮地者掇而食之主者窮竭酷慘無復餘方乃臥就覆船下以馬通薰之一夜二日皆謂已死發船視之就方張眼大罵曰何不益火而使滅絕又復燒地以大鍼刺指爪中使以把土爪悉墮落主者以狀白安安呼見就謂曰太守罪穢狼籍受命考實君何故以骨肉拒扞邪就據地荅言太守剖符大臣當以死報國卿雖銜命固宜申斷冤毒柰何誣枉忠良彊相掠理令臣謗其君子證其父薛安庸騃忸行無義就考死之日當白之於天與羣鬼殺汝於亭中如蒙生全當手刃相裂安深奇其壯節即解械更與美談表其言辭解釋郡事徵浮還京師免歸鄉里太守劉寵舉就孝廉光祿主事病卒

趙苞字威豪甘陵東武城人從兄忠爲中常侍苞深恥其門族有宦官名埶不與忠交通初仕州郡舉孝廉再遷廣陵令視事三年政教清明郡表其狀遷遼西太守抗厲威嚴名振邊俗以到官明年遣使迎母及妻子垂當到郡道經柳城值鮮卑萬餘人入塞寇鈔苞母及妻子遂爲所劫質載以擊郡苞率步騎二萬與賊對陣賊出母以示苞苞悲號謂母曰爲子無狀欲以微祿奉養朝夕不圖爲母作禍昔爲母子今爲王臣義不得顧私恩毀忠節唯當萬死無以塞罪母遙謂曰威豪人各有命何得相顧以虧忠義昔王陵母對使伏劍以固其志爾其勉之苞即時進戰賊悉摧破其母妻皆爲所害苞殯斂母畢自上歸葬靈帝遣策弔慰封鄃侯苞葬訖謂鄉人曰食祿而避難非忠也殺母以全義非孝也如是有何面目立於天下遂歐血而死

向栩字甫興河內朝歌人向長之後也少爲書生性卓詭不倫恆讀老子狀如學道又似狂生好被髮著絳綃頭常於竈北坐版牀上如是積久版乃有膝踝足指之處不好語言而喜長嘯賓客從就輒伏而不視有弟子名爲顏淵子貢季路冉有之輩或騎驢入市乞丐於人或悉邀諸乞兒俱歸止宿爲設酒食時人莫能測之郡以禮請辟舉孝廉賢良方正有道公府辟皆不到又與彭城姜肱京兆韋著並徵栩不應後特徵到拜趙相及之官時人謂其必當脫素從儉而栩更乘鮮車御良馬世疑其始僞及到官略不視文書舍中生蓬蒿徵拜侍中每朝廷大事侃然正色百官憚之會張角作亂栩上便宜頗譏刺左右不欲國家興兵但遣將於河上北向讀孝經賊自當消滅中常侍張讓讒栩不欲令國家命

將出師疑與角同心欲爲內應收送黃門北寺獄殺之

諒輔字漢儒廣漢新都人也仕郡爲五官掾時夏大旱太守自出祈禱山川連日而無所降輔乃自暴庭中慷慨祝曰輔爲股肱不能進諫納忠薦賢退惡和調陰陽承順天意至令天地否隔萬物焦枯百姓喁喁無所訴告咎盡在輔今郡太守改服責己爲民祈福精誠懇到未有感徹輔今敢自祈請若至日中不雨乞以身塞無狀於是積薪柴聚茭茅以自環構火其傍將自焚焉未及日中時而天雲晦合須臾澍雨一郡沾潤世以此稱其志誠

劉翊字子相潁川潁陰人也家世豐產常能周施而不有其惠曾翊行於汝南界中有陳國張季禮遠赴師喪遇寒冰車毀頓滯道路翊見而謂之曰君慎終赴義行宜速達即下車與之不告姓名自策馬而去季禮意其子相也後故到潁陰還所假乘翊閉門辭行不與相見常守志臥疾不屈聘命河南种拂臨郡引爲功曹翊以拂名公之子乃爲起焉拂以其擇時而仕甚敬任之陽翟黃綱恃程夫人權力求占山澤以自營植拂召翊問曰程氏貴戚在帝左右不聽則恐見怨與之則奪民利爲之奈何翊曰名山大澤不以封蓋爲民也明府聽之則被佞倖之名矣若以此獲禍貴子申甫則自以不孤也（申甫拂之子也）拂用翊言遂不與之乃舉翊爲孝廉不就後黃巾賊起郡縣饑荒翊救給乏絕資其食者數百人鄉族貧者死亾則爲具殯葬嫠獨則助營妻娶獻帝遷都西京翊舉上計掾是時寇賊興起道路隔絕使驛稀有達者翊夜行晝伏乃到長安帝嘉其忠勤特拜議郎遷陳留太守翊散所握珍玩惟餘車馬自載東歸出關數百里見士大夫病亾道次翊以馬易棺脫衣斂之又逢知故困餒於路不忍委去因殺所駕牛以救其乏衆人止之翊曰視沒不救非志士也遂俱餓死

王烈字彥方太原人也少師事陳寔以行義稱鄉里有盜牛者主得之盜請罪曰刑戮是甘乞不使王彥方知也烈聞而使人謝之遺布一端或問其故烈曰盜懼吾聞其過是有恥惡之心既懷恥惡必能改善故以此激之後有老父遺劍於路行道一人見而守之至暮老父還尋得劍怪而問其姓名以事告烈烈使推求乃先盜牛者也諸有爭訟曲直將質之於烈或至塗而反或望廬而還其以德感人若此察孝廉三府並辟皆不就遭黃巾董卓之亂避地遼東夷人尊奉之太守公孫度接以昆弟之禮訪州政事欲以爲長史烈乃爲商賈自穢得免曹操聞烈高名遣徵不至建安二十四年終於遼東年七十八

魏（魏不立此傳今取田疇邴原管甯三人爲編）

田疇字子泰右北平無終人也好讀書善擊劍初平元年義兵起董卓遷帝於長安幽州牧劉虞歎曰賊臣作亂朝廷播蕩四海俄然莫有固志身備宗室遺老不得自同於衆今欲奉使展效臣節安得不辱命之士乎衆議咸曰田疇雖年少多稱其奇疇時年二十二矣虞乃備禮請與相見大悅之遂署爲從事具其車騎將行疇曰今道路阻絕寇虜縱橫稱官奉使爲衆所指願以私行期於得達而已虞從之疇乃歸自選其家客與年少之勇壯慕從者二十騎俱往虞自出祖而遣之既取道疇乃更上西關出塞傍北山直趣朔方循間徑去遂至長安致命詔拜騎都尉疇以爲天子方蒙塵未安不可以荷佩榮寵固辭不受朝廷高其義三府並辟不就得報馳還未至虞已爲公孫瓚所害疇至謁祭虞墓陳發章表哭泣而去瓚聞之大怒購求獲疇謂曰汝何自哭劉虞墓而不送章報於我也疇答曰漢室衰頹人懷異心唯劉公不失忠節章報所言於將軍未美恐非所樂聞故不進也且將軍方舉大事以求所欲既滅無罪之君又讎守義之臣誠行此事則燕趙之士將皆蹈東海而死耳豈忍有從將軍者乎瓚壯其對釋不誅也拘之軍下禁其故人莫得與通或謂瓚曰田疇義士君弗能禮而又囚之恐失衆心瓚乃縱遣疇疇得北歸率舉宗族他附從者數百人埽地而盟曰君仇不報吾不可以立於世遂入徐無山中營深險平敞地而居躬耕以養父母百姓歸之數年間至五千餘家疇謂其父老曰諸君不以疇不肖遠來相就衆成都邑而莫相統一恐非久安之道願推擇其賢長者以爲之主皆曰善同僉推疇疇曰今來在此非苟安而已將圖大事復怨雪恥竊恐其得志而輕薄之徒自相侵侮偷快一時無深計遠慮疇有愚計願與諸君共施之可乎皆曰可疇乃爲約束相殺傷犯盜諍訟之法法重者至死其次抵罪二十餘條又制爲婚姻嫁娶之禮興舉學校講授之業班行其衆衆皆便之至道不拾遺北邊翕然服其威信烏丸鮮卑並各遣譯使致貢遺疇悉撫納令不爲寇袁紹數遣使招命又即授將軍印因安輯所統疇皆拒不當紹死其子尚又辟焉疇終不行疇常忿烏丸昔多賊殺其郡冠蓋有欲討之意而力未能建安十二年太祖北征烏丸未至先遣使辟疇又命田預喻指疇戒其門下趣治嚴門人謂曰昔袁公慕君禮命五至君義不屈今曹

公使一來而君若恐弗及者何也疇笑而應之曰此非君所識也遂隨使者至軍署司空戶曹掾引見諮議明日出令曰田子泰非吾所宜吏者卽舉茂才拜爲蓨令不之官隨軍次無終方夏水雨而濱海洿下濘滯不通虜亦遮守蹊要軍不得進太祖患之以問疇疇曰此道秋夏每常有水淺不通車馬深不載舟船爲難久矣舊北平郡治在平岡道出盧龍達於柳城自建武以來陷壞斷絕垂二百載而尚有微徑可從今虜將謂大軍由無終不得進而退已懈弛無備若嘿回軍從盧龍口越白檀之險出空虛之地路近而便掩其不備蹋頓之首可不戰而禽也太祖曰善乃引軍還而署大木表於水側路傍曰方今暑夏道路不通且須秋冬乃復進軍虜候騎見之誠以爲大軍去也太祖令疇將其眾爲鄉導上徐無山出盧龍歷平岡登白狼堆去柳城二百餘里虜乃驚覺單于身自臨陣太祖與交戰遂大斬獲追奔逐北至柳城軍還入塞論功行封封疇都亭侯邑五百戶疇自以爲始救君難率眾逃遁志義不立反以爲利非本意也固讓太祖知其至心許而不奪遼東斬送袁尚首令三軍敢有哭之者斬疇以嘗爲尚所辟乃往祭哭太祖亦不問疇盡將其家屬及宗人三百餘家居鄴太祖賜疇車馬穀帛皆散之宗族知舊從征荊州還太祖追念疇功殊美恨前聽疇之讓曰是成一人之高志而虧王法大制也於是乃復以前爵封疇疇上疏陳誠以死自誓太祖不聽欲引拜之至於數四終不受有司劾疇狷介違道苟立小節宜免官加刑太祖重其事依違者久之乃下世子及大臣博士議世子以疇同於子文辭祿申胥逃賞宜勿奪以優其節尚書令荀彧司隸校尉鍾繇等亦以爲可聽太祖猶欲侯之疇素與夏侯惇善太祖謂惇曰且往以情喻之自從君所言無告吾意也惇就疇宿如太祖所戒疇揣知其指不復發言惇臨去乃拊疇背曰田君主意勤勤曾不顧乎疇答曰是何言之過也疇負義逃竄之人耳蒙恩全活爲幸多矣豈可賣盧龍之塞以易賞祿哉縱國私疇疇獨不愧於心乎將軍雅知疇者猶復如此若必不得已請願效死刎首於前言未卒涕泣橫流惇具言之太祖喟然知不可屈乃拜爲議郎年四十六卒子又早死文帝踐阼高疇德義賜疇從孫續爵關內侯以奉其祀

邴原字根矩北海朱虛人也年十一而喪父家貧早孤鄰有書舍原過其傍而泣師問曰童子何悲原曰孤者易傷貧者易感夫讀書者必皆具有父兄者也一則羨其不孤二則羨其得學心中惻然而爲涕零也師亦哀原之言而爲之泣曰欲書可耳答曰無錢資師曰童子苟有志我徒相教不求資也於是遂就學一冬之間誦孝經論語自在童齓之中嶷然有異及長金玉其行欲遠遊學詣安丘孫崧崧辭曰君鄉里鄭君君知之乎原答曰然崧曰鄭君學覽今古博聞彊識鉤深致遠誠學者之師模也君乃舍之躡屣千里所謂以鄭爲東家丘者也君似不知而曰然者何也原曰先生之說誠可謂苦藥良鍼然猶未達僕之微趣也人各有志所規不同故乃有登山而採玉者有入海而採珠者豈可謂登山者不知海之深入海者不知山之高哉君謂僕以鄭爲東家丘君亦以僕爲西家愚夫邪崧辭謝焉又曰兗豫之士吾多所識未有若君者當以書相分原重其意難辭之持書而別原心以爲求師啟學志高者通非若交游待分而成也書何爲哉乃藏書於家而行原嘗能飲酒自行之後八九年間酒不向口單步負笈苦身持力至陳留則師韓子助潁川則宗陳仲弓汝南則交范孟博涿郡則親盧子幹臨別師友以原不飲酒會米肉送之原曰本能飲酒但以荒思廢業故斷之耳今當遠別因見貺餞可一飲燕於是共坐飲酒終日不醉歸以書還孫崧解不致書之意後爲郡所召署功曹主簿時魯國孔融爲北海相教選計當任公卿之才乃以鄭元爲計掾彭璆爲計吏原爲計佐融有所愛一人常盛嗟歎之後恚望欲殺之朝吏皆請時其人亦在坐叩頭流血而融意不解原獨不爲請融謂原曰眾皆請而君何獨不原對曰明府於某本不薄也常言歲終當舉之此所謂吾一子也如是朝吏受恩未有在某前者矣而今乃欲殺之明府愛之則引而方之於子憎之則推之欲危其身原愚不知明府以何愛之以何惡之融曰某生於微門吾成就其兄弟拔擢而用之某今孤負恩施夫善則進之惡則誅之固君道也往者應仲遠爲泰山太守舉一孝廉旬月之間而殺之夫君人者厚薄何常之有原對曰仲遠舉孝廉殺之其義焉在夫孝廉國之俊選也舉之若是則殺之非也若殺之是則舉之非也詩云彼己之子不遂其媾蓋譏之也語云愛之欲其生惡之欲其死既欲其生又欲其死是惑也仲遠之惑甚矣明府奚取焉融乃大笑曰吾但戲耳原又曰君子於其言出乎身加乎民言行君子之樞機也安有殺人而可以爲戲者哉融無以答是時漢室陵遲政以賄成原乃將家人入鬱洲山中郡舉有道融書喻原使出爲世用原不應遂到遼東與同郡劉政俱有勇略雄氣遼東太

守公孫度畏惡欲殺政政盡收捕其家政得脫度告諸縣敢有藏匿政者與同罪政窘急往投原曰窮鳥入懷原曰安知此懷之可入邪遂匿之月餘時東萊太史慈當歸原因以政付之既而謂度曰將軍前日欲殺劉政以其爲己害今政已去君之害豈不除哉度曰然原曰君之畏政者以其有智也今政已免智將用矣尚奚拘政之家不若赦之無重怨度乃出之原又資送政家皆得歸故郡原在遼東一年中往歸原居者數百家游學之士教授之聲不絕遼東多虎原之邑落獨無虎患原嘗行而得遺錢拾以繫樹枝此錢既不見取而繫錢者愈多原問其故答者謂之神樹原惡其由己而成淫祀乃辨之於是里中遂斂其錢以爲社供後原欲歸鄉里止於三山孔融又以書迎原原遂復反還積十餘年後乃遁還南行已數日而度甫覺度知原之不可復追也因曰邴君所謂雲中白鶴非鶉鷃之網所能羅矣又吾自遣之勿復求也遂免危難得反國土原於是講述禮樂吟詠詩書門徒數百服道數十鄭元以博學洽聞注解典籍故儒雅之士集焉原亦自以高遠清白頤志澹泊口無擇言身無擇行故英偉之士向焉是時海內清議云青州有邴鄭之學太祖爲司空辟原東閤祭酒原女早亾太祖有愛子倉舒亦沒欲合葬之原辭曰合葬非禮也原之所以自容於明公公之所以待原者以能守典訓而不易也若聽明公之命是凡庸也明公焉以爲哉太祖乃止太祖北伐三郡單于還往昌國燕士大夫酒酣太祖曰孤反鄴守諸君必將來迎今日明旦度皆至矣其不來者獨有邴祭酒耳言訖未久而原先至門下通謁太祖大驚喜攬履而起遠出迎原曰賢者誠難測度孤謂君將不能來而遠自屈誠副饑虛之心謁訖而出軍中士大夫詣原者數百人太祖怪而問之時荀彧在坐對曰獨可省問邴原耳太祖曰此君名重乃亦傾士大夫心彧曰此一世異人士之精藻公宜盡禮以待之太祖曰固孤之宿心也自是之後見敬益重後署丞相徵事崔琰時爲東曹掾奏記太祖以讓原太祖不許原雖在軍歷署常以病疾高枕里巷終不當事又希會見文帝爲五官中郎將天下向慕賓客如雲而原獨閉門自守非公事不出太子微使人從容問之原曰吾聞國危不事冢宰君老不奉世子此典制也於是乃轉五官長史太子燕會眾賓客數十人太子建議曰君父各有篤疾有藥一丸可救一人當救君邪父邪眾人紛紜或父或君時原在坐不與比論太子諮之原悖然對曰父也太子亦不復難之太祖征吳原從行卒是後大鴻臚鉅鹿張泰河南尹龐迪以清賢稱永寧太僕東郡張閣以簡質聞杜恕著家戒稱閣曰張子臺視之似鄙樸人然其心中不知天地間何者爲美何者爲好敦然似如與陰陽合德者作人如此自可不富貴然而禍患當從何而來世有高亮如子臺者皆多力慕體之不如也

管寧字幼安北海朱虛人也年十六喪父中表愍其孤貧咸共贈賵悉辭不受稱財以送終長八尺美鬚眉與平原華歆同縣邴原相友俱遊學於異國並敬善陳仲弓時天下大亂聞公孫度令行海外遂與原及平原王烈等至遼東度虛館以候之既往見度乃廬於山谷鑿坏爲室越海避難者皆來就之而居旬月而成邑遂講詩書陳俎豆飾威儀明禮讓非學者無由見也由是度安其賢民化其德邴原性剛直清議以格物度已下心不安之寧謂原曰潛龍以不見成德言非其時皆招禍之道也密遣令西還時度盛彊外以將軍太守爲號而內實有王心卑己崇禮欲官寧以自鎮輔而終莫敢發言其見敬憚如此寧所居屯落會井汲者或男女雜錯或爭井鬭鬩寧患之乃多買器分置井傍汲以待之又不使知來者得而怪之聞知寧所爲乃各相責不復鬭爭鄰有牛暴寧田寧爲牽牛著涼處自爲飲食過於牛主牛主得牛大慚若犯嚴刑是以左右無鬭訟之聲禮讓移於海表太祖爲司空辟寧度子康絕命不宣是時中國少安客人皆還唯寧晏然若將終焉黃初四年詔公卿舉獨行君子司徒華歆薦寧文帝即位徵寧寧遂將家屬浮海還郡公孫恭送之南郊加贈服物寧在遼東積三十七年度康恭前後所資遺皆受而藏諸已西渡盡封還之寧之歸也海中遇暴風船皆沒唯寧乘船自若時夜風晦冥船人盡惑莫知所泊望見有火光趣赴之得島島無居人又無火燼行人咸異焉以爲神光之祐也既至詔以寧爲太中大夫固辭不受明帝即位太尉華歆遜位讓寧帝不許遂詔以寧爲光祿勳又詔青州刺史命別駕從事郡丞掾以禮發遣給安車吏從茵蓐道上廚食寧稱草莽臣上疏陳情稱疾篤不任進路寧自黃初至於青龍徵命相仍常以八月賜牛酒後詔書問青州刺史程喜寧爲守節高乎審老疾尫頓邪喜上言寧有族人管貢爲州吏與寧比鄰臣常使經營消息貢說寧常著皂帽布襦袴布裙隨時單複出入閨庭能自任杖不須扶持四時祠祭輒自力彊改加衣服著絮巾故在遼東所有白布單衣親薦饌饋跪拜成禮

𥪡少而喪母不識形像常特加觴泣然流涕又居宅離水七八十步夏時詣水中澡灑手足闚於園圃臣揆𥪡前後辭讓之意獨自以生長潛逸耆艾智衰是以棲遲每執謙退此𥪡志行所欲必全不爲守高正始二年太僕陶丘一永𥪡衞尉孟觀侍中孫邕中書侍郎王基等復上書薦𥪡於是特具安車蒲輪束帛加璧聘焉會𥪡卒時年八十四初𥪡妻先卒知故勸更娶𥪡曰每省曾子王駿之言意常嘉之豈自遭之而違本心哉𥪡卒拜其子邈爲郎中後爲博士

通志卷一百六十八

通志卷一百六十九

宋右迪功郎鄭樵漁仲撰

循吏傳第一

史記始作而有循吏傳後世因之不能易也雖晉宋梁後魏曰良吏南齊曰良政其實皆循吏也

史記

孫叔敖　子產　公儀休　石奢　李離

前漢

文翁　王成　黃霸　朱邑　龔遂　召信臣

後漢

衛颯 茨充　任延　王景　秦彭　王渙 鐔顯 任峻　許荆 祖父武　孟嘗　第五訪　劉矩　劉寵 弟岱 子孫　仇覽

童恢 弟翊

史記

孫叔敖者楚之處士也虞丘相進之於楚莊王以自代也三月爲楚相施教導民上下和合世俗盛美政緩禁立吏無姦邪盜賊不起秋冬則勸民山採春夏以水各得其所便民皆樂其生莊王以爲幣輕更以小爲大百姓不便皆去其業市令言之相曰市亂民莫安其處次行不定相曰如此幾何頃乎市令曰三月頃相曰罷吾令之復矣後五日朝相言之王曰前日更幣以爲輕今市令來言曰市亂民莫安其處次行之不定臣請遂令復如故王許之下令三日而市復如故楚民俗好庳車王以爲庳車不便馬欲下令使高之相曰令數下民不知所從王必欲高車臣請教閭里使高其梱乘車者皆君子君子不能數下車王許之居半歲民悉自高其車此不教而民從其化近者視而效之遠者四面望而法之故三得相而不喜知其材自得之也三去相而不悔知非己之罪也

子產者鄭之列大夫也鄭昭君之時以所愛徐摯爲相國亂上下不親父子不和大宮子期言之君以子產爲相爲相一年豎子不戲狎斑白不提挈僮子不犂畔二年市不豫賈三年門不夜關道不拾遺四年田器不歸五年士無尺籍喪期不令而治治鄭二十六年而死丁壯號哭老人兒啼曰子產去我死乎民將安歸

公儀休者魯博士也以高第爲魯相奉法循理無所變更百官自正使食祿者不得與下民爭利受大者不得取小客有遺相魚者相不受客曰聞君嗜魚遺君魚何故不受也相曰以嗜魚故不受也今爲相能自給魚今受魚而免誰復給我魚者吾故不受也食茹而美拔其園葵而棄之見其家織布好而疾出其家婦燔其機云欲令農士女工安所讐其貨乎

石奢者楚昭王相也堅直廉正無所阿避行縣道有殺人者相追之乃其父也縱其父而還自繫焉使人言之王曰殺人者臣之父也夫以父立政不孝也廢法縱罪非忠也臣罪當死王曰追而不及不當伏罪子其治事矣奢曰不私其父非孝子也不奉主法非忠臣也王赦其罪上惠也伏誅而死臣職也遂不受令自刎而死

李離者晉文公之理也過聽殺人自拘當死文公曰官有貴賤罰有輕重下吏之過非子之罪也離曰臣居官爲長不與吏讓位受祿爲多不與下分利今過聽殺人傳其罪下吏非所聞也辭不受令文公曰子則自以爲有罪寡人亦有罪邪離曰理有法失刑則刑失死則死公以臣能聽微決疑故使爲理今過聽殺人罪當死遂不受令伏劍而死

前漢

文翁廬江舒人也少好學通春秋以郡縣吏察舉景帝末爲蜀郡守仁愛好教化見蜀地僻陋有蠻夷風文翁欲誘進之乃選郡縣小吏開敏有材者張叔等十餘人親自飭厲遣詣京師受業博士或學律令減省少府用度買刀布蜀物齎計吏以遺博士數歲蜀生皆成就還歸文翁以爲右職用次察舉官有至郡守刺史者又修起學官於成都市中招下縣子弟以爲學官弟子爲除更繇高者以補郡縣吏次爲孝弟力田常選學官僮子使在便坐受事每出行縣益從學官諸生明經飭行者與俱使傳教令出入閨閤縣邑吏民見而榮之數年爭欲爲學官弟子富人至出錢以求之繇是大化蜀地學於京師者比齊魯焉至武帝時乃令天下郡國皆立學校官自文翁爲之始云文翁終於蜀吏民爲立祠堂歲時祭祀不絕至今巴蜀好文雅文翁之化也

王成不知何郡人也爲膠東相治甚有聲宣帝最先褒之地節三年下詔曰蓋聞有功不賞有罪不誅雖唐虞不能以化天下今膠東相成勞來不怠流民自占八萬餘口治有異等之效其賜成爵關內侯秩中二千石未及徵用會病卒官後詔使丞相御史問郡國上計長吏守丞以政令得失或對前膠東相成僞自增加以蒙顯賞是後俗吏多爲虛名云

黃霸字次公淮陽陽夏人也以豪傑役使徙雲陵霸少學律令喜爲吏武帝末以待詔入錢賞官補侍郎謁者坐同產有罪劾免後復入穀沈黎郡補左馮翊二百石卒史馮翊以霸入財爲官不署右職使領郡錢穀計簿

書正以廉稱察補河東均輸長復察廉爲河南太守丞霸爲人明察內敏又習文法然溫良有讓足知善御衆爲丞處議當於法合人心太守甚任之吏民愛敬焉自武帝末用法深昭帝立幼大將軍霍光秉政大臣爭權上官桀與燕王謀作亂光既誅之遂遵武帝法度以刑罰痛繩羣下繇是俗吏尙嚴酷以爲能而獨霸用法寬和爲名會宣帝卽位在民間時知百姓苦吏急也聞霸持法平召以爲廷尉正數決疑獄廷中稱平守丞相長史坐公卿大議廷中知長信少府夏侯勝非議詔書大不敬霸阿從不舉劾皆下廷尉繫獄當死霸因從勝受尙書獄中再踰冬積三歲廼出語在勝傳勝出復爲諫大夫令左馮翊宋畸舉霸賢良勝又口薦霸於上擢霸爲揚州刺史三歲宣帝下詔曰制詔御史其以賢良高第揚州刺史霸爲潁川太守秩比二千石居官賜車蓋特高一丈別駕主簿車緹油屏泥於軾前以章有德時上垂意於治數下恩澤詔書吏不奉宣太守霸爲選擇良吏分部宣布詔令令民咸知上意使郵亭鄉官皆畜雞豚以贍鰥寡貧窮者然後爲條敎置父老師帥伍長班行之於民間勸以爲善防姦之意及務耕桑節用殖財種樹畜養去食穀馬米鹽靡密初若煩碎然霸精力能推行之吏民見者語次尋繹問他陰伏以相參考嘗欲有所司察擇長年廉吏遣行屬令周密吏出不敢舍郵亭食於道傍烏攫其肉民有欲詣府口言事者適見之霸與語道此後日吏還謁霸霸見迎勞之曰甚苦食於道旁乃爲烏所盜肉吏大驚以霸具知其起居所問豪氂不敢有所隱鰥寡孤獨有死無以葬者鄉部書言霸具爲區處某所大木可以爲棺某亭豬子可以祭吏

往皆如言其識事聰明如此吏民不知所出咸稱神明姦人去入他郡盜賊日少霸力行敎化而後誅罰務在成就全安長吏許丞老病聾督郵白欲逐之霸曰許丞廉吏雖老尙能拜起送迎正頗重聽何傷且善助之無失賢者意或問其故霸曰數易長吏送故迎新之費及姦吏緣絕簿書盜財物公私費耗甚多皆當出於民所易新吏又未必賢或不如其故徒相益爲亂凡治道去其泰甚者耳霸以外寬內明得吏民心戶口歲增治爲天下第一徵守京兆尹秩二千石坐發民治馳道不先以聞又發騎士詣北軍馬不適士劾乏軍興連貶秩有詔歸潁川太守官以八百石居治如其前前後八年郡中愈治是時鳳皇神爵數集郡國潁川尤多天子以霸治行終長者下詔稱揚賜爵關內侯黃金百斤秩中二千石而潁川孝弟有行義民三老力田皆以差賜爵及帛後數月徵霸爲太子太傅遷御史大夫五鳳三年代邴吉爲丞相封建成侯食邑六百戶霸材長於治民及爲丞相總綱紀號令風采不及邴魏于定國功名損於治郡時京兆尹張敞舍鶡雀飛集丞相府霸以爲神爵議欲以聞敞奏霸曰竊見丞相以中二千石博士雜問郡國上計長吏守丞爲民興利除害成大化條其對有耕者讓畔男女異路道不拾遺及舉孝子弟弟貞婦者爲一輩先上殿舉而不知其人數者次之不爲條敎者在後叩頭謝丞相雖口不言而心欲其爲之也長吏守丞對時臣敞舍有鶡雀飛止丞相府屋上丞相以下見者數百人邊吏多知鶡雀者問之皆陽不知丞相圖議上奏曰臣問上計長吏守丞以興化條皇天報下神雀後知從臣敞舍來乃止郡國吏竊笑丞相仁厚有知畧

徵信奇怪也昔汲黯爲淮陽守辭去之官謂大行李息曰御史大夫張湯懷詐阿意以傾朝廷公不早白與俱受戮矣息畏湯不敢言後湯敗上聞黯與息語乃抵息罪而秩黯諸侯相取其思竭忠也臣敞非敢毀丞相也誠恐羣臣莫白而長吏守丞畏丞相指歸舍法令各爲私敎務相增加澆淳散樸並行僞貌有名亡實傾搖解怠甚者爲妖假令京師先行讓畔異路道不拾遺其實亡益廉貪貞淫之行而以僞先天下固未可也卽諸侯先行之僞聲軼於京師非細事也漢家承敝通變造起律令所以勸善禁姦條貫詳備不可復加宜令貴臣明飭長吏守丞歸告二千石舉三老孝弟力田孝廉廉吏務得其人郡事皆以義法令檢式毋得擅爲條敎敢挾詐僞以奸名譽者必先受戮以正明好惡天子嘉納敞言召上計吏使侍中臨飭如敞指意霸甚慙又樂陵侯史高以外屬舊恩侍中貴重霸薦高可太尉天子使尙書召問霸太尉官罷久矣丞相兼之所以偃武興文也如國家不虞邊境有事左右之臣皆將率也夫宣明敎化通達幽隱使獄無冤刑邑無盜賊君之職也將相之官朕之任焉侍中樂陵侯高帷幄近臣朕之所自親君何越職而舉之尙書令受丞相對霸免冠謝罪數日乃決自是後不敢復有所請然自漢興言治民吏以霸爲首爲丞相五歲甘露三年薨謚曰定侯霸死後樂陵侯高竟爲大司馬霸子思侯賞嗣爲關都尉薨子忠侯輔嗣至衛尉九卿薨子忠嗣侯訖王莽廼絕子孫爲吏二千石者五六人始霸少爲陽夏游徼與善相人者共載出見一婦人相者言此婦人當富貴不然相書不可用也霸推問之乃其鄉里巫家女也霸卽娶爲妻與之終

身爲丞相後徙杜陵

朱邑字仲卿廬江舒人也少時爲舒桐鄉嗇夫廉平不苛以愛利爲行未嘗笞辱人存問耆老孤寡遇之有恩所部吏民愛敬焉遷補太守卒史舉賢良爲大司農丞遷北海太守以治行第一入爲大司農爲人惇厚篤於故舊然性公正不可交以私天子器之朝廷敬焉是時張敞爲膠東相與邑書曰明主游心太古廣延茂士此誠忠臣竭思之時也直敞遠守劇郡馭於繩墨胸臆約結固亾奇也雖有亦安所施足下以清明之德掌周稷之業猶饑者甘糟糠穰歲餘粱肉何則有亾之勢異也昔陳平雖賢須魏倩而後進韓信雖奇賴蕭公而後信故各達其時之英俊必若伊尹呂望而後薦之則此人不因足下而進矣邑感敞言貢薦賢士大夫多得其助者身爲列卿居處儉節祿賜以其九族鄉黨家亾餘財神爵元年卒天子閔惜下詔宣揚其德復賜邑子黃金百斤以奉其祭祀初邑病且死屬其子曰我故爲桐鄉吏其民愛我必葬我桐鄉後世子孫奉嘗我不如桐鄉民及死其子遂葬之桐鄉西郊外民果然共爲邑起冢立祠歲時祀祭至今不絕

龔遂字少卿山陽南平陽人也以明經爲官至昌邑郎中令事王賀賀動作多不正遂爲人忠厚剛毅有大節內諫爭於王外責傅相引經義陳禍福至於涕泣蹇蹇亾己面刺王過王至掩耳起走曰郎中令善愧人及國中皆畏憚焉王嘗久與騶奴宰人游戲飲食賞賜亾度遂入見王涕泣厀行左右侍御皆出涕王曰郎中令何爲哭遂曰臣痛社稷危也願賜清閒竭愚王辟左右遂曰大王知膠西王所以爲無道亾乎王曰不知也曰臣聞膠西王有諛臣侯得王所爲儗於桀紂也得以爲堯舜也王說其諛諂嘗與寢處唯得所言以至於是今大王親近羣小漸漬邪惡所習存亾之機不可不慎也臣請選郎通經術有行義者與王起居坐則誦詩書立則習禮容宜有益王許之遂迺選郎中張安等十人侍王居數日王皆逐去安等久之宮中數有妖怪王以問遂遂以爲有大憂宮室將空語在昌邑王傳會昭帝崩亾子昌邑王賀嗣立官屬皆徵入王相安樂遷長樂衞尉遂見安樂流涕謂曰王立爲天子日益驕溢諫之不復聽今哀痛未盡日與近臣飲食作樂鬬虎豹召皮軒車九流驅馳東西所爲誖道古制寬大臣有隱退今去不得陽狂恐知身死爲世戮奈何君陛下故相宜極諫爭王卽位二十七日卒以淫亂廢昌邑羣臣坐陷王於惡不道皆誅死者二百餘人唯遂與中尉王陽以數諫爭得減死髡爲城旦宣帝卽位久之勃海左右郡歲饑盜賊並起二千石不能禽制上選能治者丞相御史舉遂可用上以爲勃海太守時遂年七十餘召見形貌短小宣帝望見不副所聞心內輕焉謂遂曰勃海廢亂朕甚憂之君欲何以息其盜賊以稱朕意遂對曰海瀕遐遠不霑聖化其民困於饑寒而吏不恤故使陛下赤子盜弄陛下之兵於潢池中耳今欲使臣勝之邪將安之也上聞遂對甚說答曰選用賢良固欲安之也遂曰臣聞治亂民猶治亂繩不可急也唯緩之然後可治臣願丞相御史且無拘臣以文法得一切便宜從事上許焉加賜黃金贈遣乘傳至勃海界郡聞新太守至發兵以迎遂皆遣還移書敕屬縣悉罷逐捕盜賊吏諸持鉏鉤田器者皆爲良民吏毋得問持兵者迺爲盜賊遂單車獨行至府郡中翕然盜賊亦皆罷勃海又多刦畧相隨聞遂敎令卽時解散棄其兵弩而持鉤鉏盜賊於是悉平民得安土樂業遂迺開倉廩假貧民選用良吏尉安牧養焉遂見齊俗奢侈好末技不田作乃躬率以儉約勸民務農桑令口種一樹榆百本薤五十本葱一畦韭家二母彘五雞民有帶持刀劍者使賣劍買牛賣刀買犢曰何爲帶牛佩犢春夏不得不趨田畝秋冬課收斂益畜果實菱芡勞來循行郡中皆有畜積吏民皆富實獄訟止息數年上遣使者徵遂議曹王生願從功曹以王生素嗜酒亾節度不可使遂不忍逆從至京師王生日飲酒不視太守會遂引入宮王生醉從後呼曰明府且止願有所白遂還問其故王生曰天子卽問君何以治勃海君不可有所陳對宜曰皆聖主之德非小臣之力遂受其言旣至前上果問以治狀遂對如王生言天子說其有讓笑曰君安得長者之言而稱之遂因前曰臣非知此乃臣議曹敎戒臣也上以遂年老不任公卿拜爲水衡都尉議曹王生爲水衡丞以褒顯遂云水衡典上林禁苑共張宮館爲宗廟取牲官職親近上甚重之以官壽卒

召信臣字翁卿九江壽春人也以明經甲科爲郎出補穀陽長舉高第遷上蔡長其治視民如子所居見稱述超爲零陵太守病歸復徵爲諫大夫遷南陽太守其治如上蔡信臣爲人勤力有方畧好爲民興利務在富之躬勸耕農出入阡陌止舍離鄉亭稀有安居時行視郡中水泉開通溝瀆起水門提閼凡數十處以廣溉灌歲歲增加多至三萬頃民得其利畜積有餘信臣爲民作均水約束刻石立於田畔以防分爭禁止嫁娶送終奢

侈務出於儉約府縣吏家子弟好遊敖不以田作爲事者輒斥罷之甚者按其不法以視好惡其化大行郡中莫不耕稼力田百姓歸之戶口增倍盜賊獄訟衰止吏民親愛信臣號之曰召父荆州刺史奏信臣爲百姓興利郡以殷富賜黃金四十斤遷河南太守治行常爲天下第一復數增秩賜金竟甯中徵爲少府列於九卿奏請上林諸離遠宮館稀御幸者勿復繕治共張又奏省樂府黃門倡優諸戲及宮館兵弩什器減過太半太官園種冬生葱韭菜茹覆以屋廡晝夜爇蘊火待溫氣乃生信臣以爲此皆不時之物有傷於人不宜以奉供養及他非法食物悉奏罷省費歲數千萬信臣年老以官卒元始四年詔書祀百辟卿士有益於民者蜀郡以文翁九江以召父應詔書歲時郡二千石率官屬行禮奉祠信臣冢而南陽亦爲立祠

後漢

魏颯字子產（颯音立）河內脩武人也家貧好學問隨師無糧常傭以自給王莽時仕歷州宰建武二年辟大司徒鄧禹府舉能案劇除侍御史襄城令政有名迹遷桂陽太守郡與交州接境頗染其俗不知禮則颯下車脩庠序之教設婚姻之禮朞年間邦俗從化先是含洭湞陽曲江三縣越之故地武帝平之內屬桂陽民居深山濱溪谷習其風土不出田租去郡遠者或且千里吏事往來輒發民乘船名曰傳役每一吏出傜及數家百姓苦之颯乃鑿山通道五百餘里列亭傳置郵驛於是役省勞息姦吏杜絕流民稍還漸成聚邑使輸租賦同之平民又耒陽縣出鐵石佗郡民庶常依因聚會私爲冶鑄遂招來亡命多致姦盜颯乃上起鐵官罷斥私鑄歲所增入五百餘萬颯理郵民事居官如家其所施政莫不合於物宜視事十年郡內清理二十五年徵還光武欲以爲少府會颯被疾不能拜起勑以桂陽太守歸家須後詔書居二歲載病詣闕自陳困篤乃收印綬賜錢十萬後卒於家南陽茨充代颯爲桂陽亦善其政教民種植桑柘麻紵之屬勸令養蠶織屨民得利益焉

任延字長孫南陽宛人也年十二爲諸生學於長安明詩易春秋顯名太學學中號爲任聖童值倉卒避兵之隴西時隗囂已據四郡遣使請延延不應更始元年以延爲大司馬屬拜會稽都尉時年十九迎官驚其壯及到靜泊無爲唯先遣饋禮祠延陵季子時天下新定道路未通避亂江南者皆未還中土會稽頗稱多士延到皆聘請高行如董子儀嚴子陵等敬待以師友之禮掾吏貧者輒分奉祿以賑給之省諸卒令耕公田以周窮急每時行縣輒使慰勉孝子就餐飯之吳有龍邱萇者隱居太末志不降辱王莽時四輔三公連辟不到掾吏白請召之延曰龍邱先生躬德履義有原憲伯夷之節都尉埽洒其門猶懼辱焉召之不可遣功曹奉謁脩書記致醫藥吏使相望於道積一歲萇乃乘輦詣府門願得先死備錄延辭讓再三遂署議曹祭酒萇尋病卒延自臨殯不朝三日是以郡中賢士大夫爭往官焉建武初上書乞骸骨歸拜王庭詔徵爲九眞太守光武引見賜馬及雜繒令妻子留洛陽九眞俗以射獵爲業不知牛耕民常告糴交阯每致困乏延乃令鑄作田器教之墾闢田疇歲歲開廣百姓充給又駱越之俗無嫁娶禮法各因淫好無適對匹不識父子之性夫婦之道延乃移書屬縣各使男年二十至五十女年十五至四十皆以年齒相配其貧無禮聘者令長吏以下各省奉祿以賑助之同時相娶者二千餘人是歲風雨順節穀稼豐衍其產子者始知種姓咸曰使我有是子者任君也多名子爲任於是徼外蠻夷夜郎等慕義保塞延遂止罷偵候戍卒初平帝時漢中錫光爲交阯太守教導民夷漸以禮義化聲侔於延王莽末閉境拒守建武初遣使貢獻封鹽水侯嶺南華風始於二守焉延視事四年徵詣洛陽以病稽留左轉睢陽令九眞吏民生爲立祠拜武威太守帝親見戒之曰善事上官無失名譽延對曰臣聞忠臣不私私臣不忠履正奉公臣子之節上下雷同非陛下之福善事上官臣不敢奉詔帝歎息曰卿言是也既至武威時將兵長史田紺郡之大姓其子弟賓客爲人暴害延收紺繫之子弟賓客伏法者五六人紺少子尙乃聚會輕薄數百人自號將軍夜來攻郡延卽發兵破之自是威行境內吏民累息郡北當匈奴南接種羌民畏寇抄多廢田業延到選集武略之士千人明其賞罰令將雜種胡騎休屠黃石屯據要害其有警急逆擊追討虜恆多殘傷遂絕不敢復出河西舊少雨澤乃爲置水官吏修理溝渠皆蒙其利又造立校官自掾吏子孫皆令詣學受業復其傜役章句既通悉顯拔榮進之郡遂有儒雅之士後坐擅誅羌不先上左轉召陵令顯宗卽位拜潁川太守永平二年徵會辟雍因以爲河內太守視事九年病卒少子愷官至太常

王景字仲通樂浪諵邯人也（諵音諾甘反邯音下甘反縣名）八世祖仲本琅邪不其人好道術明天文諸呂作亂齊哀王襄謀發兵而數問於仲及濟北王興居反欲委兵師仲仲懼禍及乃浮海東奔樂浪山中因而家焉父閎爲郡三老

更始敗土人王調殺郡守劉憲自稱大將軍樂浪太守建武六年光武遣太守王遵將兵擊之至遼東閎與決曹史楊邑等共殺調迎遵皆封爲列侯閎獨讓爵帝奇而徵之道病卒景少學易遂廣窺衆書又好天文術數之事沈深多伎藝辟司空伏恭府時有薦景能治水者顯宗詔與將作謁者王吳共脩作浚儀渠吳用景墕流法水乃不復爲害初平帝時河汴決壞未及得修建武十年陽武令張汜上言河決積久日月侵毀濟渠所漂數十許縣修理之費其功不難宜改修隄防以安百姓書奏光武卽爲發卒方營河功而浚儀令樂俊復上言昔元光之間人庶熾盛緣隄墾殖而瓠子河決尙二十餘年不卽壅塞今居家稀少田地饒廣雖未修理其患猶可且新被兵革方興力役勞怨既多民不堪命宜須平靜更議其事光武得此遂止後汴渠東侵日月彌廣而水門故處皆在河中兗豫百姓怨歎以爲縣官恆興他役不先民急永平十二年議修汴渠乃引見景問以治水形便景陳其利害應對敏給帝善之又以嘗修浚儀功業有成乃賜景山海經河渠書禹貢圖及錢帛衣物夏遂發卒數十萬遣景與王吳修渠築堤自滎陽東至千乘海口千餘里景乃商度地勢鑿山阜破砥磧直截溝澗防遏衝要疏決壅積十里立一水門令更相洄注無潰漏之患景雖簡省役費然猶以百億計明年夏渠成帝親自廵行詔濱河郡國置河堤員吏如西京舊制景由是知名王吳及諸從事掾吏皆增秩一等景三遷爲侍御史十五年從駕東廵狩至無鹽帝美其功績拜河堤謁者賜車馬縑錢建初七年遷徐州刺史先是杜篤奏上論都欲令車駕遷還長安耆老聞者皆動懷土之心莫不眷然佇立西望景以宮廟已立恐人情疑惑會時有神雀諸瑞乃作金人論頌洛邑之美天人之符文有可採明年遷廬江太守先是百姓不知牛耕致地力有餘而食常不足郡界有楚相孫叔敖所起芍陂稻田景乃驅率吏民脩起蕪廢教用犂耕由是墾闢倍多境內豐給遂銘石刻誓令民知常禁又訓令蠶織爲作法制皆著於鄉亭廬江傳其文辭卒於官景以爲六經所載皆有卜筮作事舉止質於蓍龜而衆書錯糅吉凶相反乃參紀衆家數術文書冢宅禁忌堪輿日相之屬適於事用者集爲大衍元機云

秦彭字伯平扶風茂陵人也自漢興之後世位相承六世祖襲爲潁川太守與羣從同時爲二千石者五人故三輔號曰萬石秦氏彭同產女弟顯宗時入掖庭爲貴人有寵永平七年以彭貴人兄隨四姓小侯擢爲開陽城門候十五年拜騎都尉副駙馬都尉耿秉北征匈奴建初元年遷山陽太守以禮訓人不任刑罰崇好儒雅敦明庠序每春秋饗射輒脩升降揖讓之儀乃爲人設四誡以定六親長幼之禮有遵奉敎化者擢爲鄉三老常以八月致酒肉以勸勉之吏有過咎罷遣而已不加恥辱百姓懷愛莫有欺犯興起稻田數千頃每於農月親度頃畝分別肥瘠差爲三品各立文簿藏之鄉縣於是姦吏跼蹐無所容詐彭乃上言宜令天下齊同其制詔書以其所立條式班令三府並下州縣在職六年轉潁川太守有鳳凰麒麟嘉禾甘露之瑞集其郡境肅宗廵行再幸潁川輒賞賜錢穀恩寵甚異章和二年卒彭弟惇襃並爲射聲校尉

王渙字稚子廣漢郪人也父順安定太守渙少好俠尙氣力數通剽輕少年晚而改節敦儒學習尙書讀律令略舉大義爲太守陳寵功曹當職割斷不避豪右寵風聲大行入爲大司農和帝問曰在郡何以爲治寵頓首謝曰臣任功曹王渙以簡賢選能主簿鐔顯拾遺補闕臣奉宣詔書而已帝大悅渙由是顯名州舉茂才除溫令縣多姦猾積爲人患渙以方略討擊悉誅之境內清夷商人露宿於道其有放牛者輒云以屬稚子終無侵犯在溫三年遷兗州刺史繩正部郡風威大行後坐考妖言不實論歲餘徵拜侍御史永元十五年從駕南廵還爲洛陽令以平正居身得寬猛之宜其冤嫌久訟歷政所不斷法理所難平者莫不曲盡情詐壓塞羣疑又能以譎數發擿姦伏京師稱歎以爲渙有神算元興元年病卒百姓市道莫不咨歎男女老壯皆相與賦斂致奠醊以千數渙喪西歸道經弘農民庶皆設槃案於路吏問其故咸言平常持米到洛爲卒司所鈔恆亾其半自王君任事不見侵枉故來報恩其政化懷物如此民思其德爲立祠安陽亭西每食輒弦歌而薦之永和二年鄧太后下詔襃渙清節以其子石爲郞中延熹中桓帝事黃老道悉毀諸方祀唯特詔密縣存故太傅卓茂廟洛陽留王渙祠焉鐔顯後亦知名安帝時爲豫州刺史時天下饑荒競爲盜賊州界收捕且萬餘人顯愍其窮困自陷刑辟輒擅赦之因自劾奏有詔勿理後位至長樂衛尉自渙卒後連詔三公特選洛陽令皆不稱職永和中以劇令勃海任峻補之峻擢用文武吏皆盡其能糾剔姦盜不得旋踵一歲斷獄不過數十威風猛於渙而文理不及之峻字叔高終於太山太守

許荆字少張會稽陽羨人也祖父武太守第五倫舉爲

孝廉武以二弟晏普未顯欲令成名乃謂之曰禮有分異之義家有別居之道於是共割財產以爲三分武自取肥田廣宅奴婢彊者二弟所得並悉劣少鄉人皆稱弟克讓而鄙武貪婪晏等以此並得選舉武乃會宗親泣曰吾爲兄不肖盜聲竊位二弟年長未豫榮祿所以求得分財自取大譏今治產所增三倍於前悉以推與二弟一無所留於是郡中翕然遠近稱之位至長樂少府荆少爲郡吏兄子世嘗報讎殺人怨者操兵攻之荆聞乃出門逆怨者跪而言曰世前無狀相犯咎皆在荆不能訓導兄既早歿一子爲嗣如令死者傷其絕滅願殺身代之怨家扶荆起曰許掾郡中稱賢吾何敢相侵因遂委去荆名譽益著太守黃競舉孝廉和帝時稍遷桂陽太守郡濱南州風俗脆薄不識學義荆爲設喪紀婚姻制度使知禮禁嘗行春到耒陽縣民有蔣均者兄弟爭財互相言訟荆對之歎曰吾荷國重任而教化不行咎在太守乃顧使吏上書陳狀乞詣廷尉均兄弟改悔各求受罪在事十二年父老稱歌以病自上徵拜諫議大夫卒於官桂陽人爲立廟樹碑荆孫馘靈帝時爲太尉

孟嘗字伯周會稽上虞人也其先三世爲郡吏並伏節死難嘗少修操行仕郡爲戶曹史上虞有寡婦養姑至孝姑年老壽終夫女弟先懷嫌忌乃誣婦厭苦供養加鴆其母列訟縣庭郡不加尋察遂結竟其罪嘗先知枉狀備言之於太守太守不爲理嘗夜泣外門因謝病去婦竟寃死自是郡中連旱二年禱請無所獲後太守殷丹到官訪問其故嘗詣府具陳寡婦寃誣之事因曰昔東海孝婦感天致旱于公一言甘澤時降宜戮訟者以謝寃魂庶幽枉獲申時雨可期丹從之即刑訟女而祭婦墓天應時澍雨穀稼以登嘗後策孝廉舉茂才拜徐令州郡表其能遷合浦太守郡不產穀實而海出珠寶與交阯比境常通商販貿糴糧食先時宰守並多貪穢詭人採求不知紀極珠遂漸徙於交阯郡界於是行旅不至人物無資貧者死餓於道嘗到官革易前弊求民病利曾未踰歲去珠復還百姓皆反其業商賈流通稱爲神明以病自上被徵當還吏民攀車請之嘗既不得進乃載鄉民船夜遁去隱處窮澤身自耕傭鄰縣士民慕德就居止者百餘家桓帝時尚書郎同郡楊喬凡八上書薦嘗而朝廷竟不見用年七十卒於家

第五訪字仲謀京兆長陵人司空倫之族孫也少孤貧常傭耕以養兄嫂有閒暇則以學文仕郡爲功曹察孝廉補新都令政平化行三年之間鄰縣歸之戶口十倍遷張掖太守歲饑粟石數千訪乃開倉賑給以救其敝吏懼譴爭欲上言訪曰若上須報是棄民也太守樂以一身救百姓遂出穀賦人順帝璽書嘉之由是一郡得全歲餘官民並豐界無姦盜遷南陽太守去官拜護羌校尉邊境服其威信卒於官

劉矩字叔方沛國蕭人也叔父光順帝時爲司徒矩少有高節以叔父遂未得仕進遂絕州郡之命太尉朱寵太傅桓焉嘉其志義故叔遂以此爲諸公所辟拜議郎矩乃舉孝廉稍遷雍丘令以禮讓化民其無孝義者皆感悟自革民有爭訟矩常引之於前提耳訓告以爲忿恚可忍縣官不可入使歸更尋思訟者感之輒各罷去其有路得遺者皆推尋其主在縣四年以母憂去官後太尉胡廣舉矩賢良方正四遷爲尚書令矩性亮直不能諂附貴勢以是失大將軍梁冀意出爲常山相以疾去官時冀妻兄孫祉爲沛相矩懼爲所害不敢還鄉里乃投彭城友人家歲餘冀意少悟乃止補從事中郎復爲尚書令遷宗正太常延熹四年代黃瓊爲太尉瓊復爲司空矩與瓊及司徒种暠同心輔政號爲賢相時連有災異司隸校尉以劾三公尚書朱穆上疏稱矩等良輔及言殷湯高宗不罪臣下之義帝不省竟以蠻夷反叛免後復拜太中大夫靈帝初代周景爲太尉矩再爲上公所辟召皆名儒宿德不與諸郡交通順辭默諫多見省用復以日食免因乞骸骨卒於家

劉寵字祖榮東萊牟平人齊悼惠王之後也悼惠王子孝王將閭將閭少子封牟平侯子孫家焉父丕博學號爲通儒寵少受父業以明經舉孝廉除東平陵令以仁惠爲吏民所愛母疾去官百姓將送塞道車不得進乃輕服遁歸後四遷爲豫章太守又三遷拜會稽太守山民愿朴乃有白首不入市井者頗爲官吏所擾寵簡除煩苛禁察非法郡中大化徵爲將作大匠山陰縣有五六老叟厖眉皓髮自若邪山谷間出人齎百錢以送寵寵勞之曰父老何自苦對曰山谷鄙生未嘗識郡朝他守時吏發求民間至夜不絕或狗吠竟夕民不得安自明府下車以來狗不夜吠民不見吏年老遭值聖明今聞當見棄去故自扶奉送寵曰吾政何能及公言邪勤苦父老爲人選一大錢受之轉爲宗正大鴻臚延熹四年代黃瓊爲司空以陰霧愆陽免頃之拜將作大匠復爲宗正建寧元年代王暢爲司空頻遷司徒太尉二年以日食策免歸鄉里寵前後歷宰二郡累登卿相而清約省素家無貨積嘗出京師欲息亭舍亭吏止之曰整

頓洒埽以待劉公不可得也寵無言而去時人稱其長者以老病卒於家弟方官至山陽太守方有二子岱字公山繇字正禮兄弟齊名稱董卓入洛陽岱從侍中出爲兖州刺史虛己愛物爲士人所附初平三年青州黃巾賊入兖州殺任城相鄭遂轉入東平岱擊之戰死興平中繇爲揚州牧振威將軍時袁術據淮南繇乃移居曲阿術遣孫策攻破繇因奔豫章病卒繇仕吳有傳

仇覽字季智一名香陳留考城人也少爲書生淳默鄉里無知者年四十縣召補吏選爲蒲亭長勸人生業爲制科令至於果菜爲限雞豕有數農事既畢乃令子弟羣居還就黌學其剽輕游恣者皆役以田桑嚴設科罰躬助喪事賑邺窮寡朞年大化覽初到亭民有陳元者獨與母居而母詣覽告元不孝覽驚曰吾近日過舍廬落整頓耕耘以時此非惡人當是教化未至耳母守寡養孤苦身投老奈何肆忿於一朝欲致子以不義乎母聞感悔涕泣而去覽乃親到元家與其母子飲因爲陳人倫孝行譬以禍福之言元卒成孝子鄉邑爲之諺曰父母何在在我庭化我鳴梟哺所生時考城令河內王渙政尚嚴猛聞覽以德化人辟爲主簿謂覽曰主簿聞陳元之過不罪而化之得無少鷹鸇之志邪覽曰以爲鷹鸇不若鸞鳳渙謝遣曰枳棘非鸞鳳所棲百里豈大賢之路今日太學曳長裾飛名譽皆主簿後耳以一月奉爲資勉卒景行覽入太學時諸生同郡符融有高名與覽比宇賓客盈室覽嘗自守不與融言融觀其容止心獨奇之乃謂曰與先生同郡壤鄰房牖今京師英雄四集志士交結之秋雖務經學守之何固覽乃正色曰天子修設太學豈但使人遊談其中高揖而去不復與言後融以告郭林宗林宗因與融齎刺就房謁之遂請留宿林宗嗟嘆下牀爲拜覽學畢歸鄉里州郡並請皆以疾辭雖在宴居必以禮自整妻子有過輒免冠自責妻子庭謝候覽冠乃敢升堂家人莫見其喜怒聲色之異後徵方正遇疾而卒三子皆有文史才少子元最知名

童恢字漢宗琅邪姑幕人也父仲玉遭世凶荒傾家賑邺九族鄉里賴全者以百數仲玉早卒恢少仕州郡爲吏司徒楊賜聞其執法廉平乃辟之及賜被劾當免掾屬悉投刺去恢獨詣闕爭之及得理掾屬悉歸府恢杖策而逝由是論者歸美復辟公府除不其令吏民有犯違禁法輒隨方曉示若吏稱其職民行善事皆賜以酒肴之禮而勸勵之耕織種收各有條章一境清淨牢獄連年無囚比縣流人歸化徙居二萬餘戶民嘗爲虎所害乃設檻捕之生獲二虎恢聞而出呪虎曰天生萬物唯人爲貴虎狼當食六畜而殘暴於人王法殺人者死傷人則論法汝若是殺人者當垂頭伏罪自知非者當號呼稱寃一虎低頭閉目狀如震懼卽時殺之其一視恢鳴吼踊躍自奮遂令放釋吏民爲之歌頌青州舉尤異遷丹陽太守暴疾而卒弟翊字漢文名高於恢宰府先辟之翊陽瘖不肯仕及恢被命乃就孝廉除須昌長化有異政吏民生爲立碑聞舉將喪棄官歸後舉茂才不就卒於家

通志卷一百六十九

通志卷一百七十

宋右迪功郎鄭樵漁仲撰

循吏傳第二

晉

魯芝　胡威　杜軫　竇允　王宏　曹攄　潘京　范晷子廣　丁紹　喬智明　鄧攸　吳隱之

宋

吉翰　杜驥兄坦　申恬族兄坦　杜慧度父瑗子弘文　檀和之　阮長之子師門　甄法崇孫彬

南齊

傅琰王沈周洽沈瓚之琰子翽　虞愿　王洪軌李珪之

梁

沈瑀　范述曾邱師施　孫謙從子廉　何遠　郭祖深

後魏

張恂孫長年　張膺　宋世景　路邕　閻慶允　明亮　杜纂　裴佗　竇瑗　羊敦　蘇淑

北齊

張華原　宋世良　郎基　孟業　崔伯謙　蘇瓊　房豹　路去病

隋

梁彥光子文謙文讓　樊叔略　趙軌　房恭懿　公孫景茂　辛公義　柳儉郭絢敬肅　劉曠　王伽　魏德深

晉

魯芝字世英扶風郿人也世有名德爲西州豪族父爲郭汜所害芝襁褓流離年十七乃移居雍耽思墳籍郡舉上計吏州辟別駕魏車騎將軍郭淮爲雍州刺史深敬重之舉孝廉除郎中會蜀相諸葛亮侵隴右淮復請芝爲別駕事平薦於公府辟大司馬曹眞掾轉臨淄侯文學鄭袤薦於司空王朗朗卽加禮命後拜騎都尉參軍事行安南太守遷尙書郎曹眞出督關右又參大司馬軍事眞薨宣帝代焉乃引芝參驃騎軍事轉天水太守郡鄰于蜀數被侵掠戶口減削寇賊充斥芝傾心鎭衞更造城市數年間舊境悉復遷廣平太守天水夷夏慕德老幼赴闕獻書乞留芝魏明帝許焉仍策書加歎勉以黃霸之美加討寇將軍曹爽輔政引爲司馬及宣帝起兵誅爽芝率餘衆犯門斬關馳出赴爽勸爽曰公居伊周之位一旦以罪見黜雖欲牽黃犬復可得乎若挾天子保許昌仗天威以羽檄徵天下兵孰敢不從捨此而去欲就東市豈不痛哉爽懦惑不能用遂委身受戮芝坐爽下獄當死而口不訟直志不苟免宣帝嘉之赦而不誅俄而起爲使持節領護匈奴中郎將振威將軍并州刺史以綏輯有方遷大鴻臚高貴鄉公卽位賜爵關內侯邑二百戶毋丘儉平隨例增二百戶拜揚武將軍荆州刺史諸葛誕以壽春叛文帝奉魏帝出征徵兵四方芝率荆州文武以爲先驅誕平進爵武進亭侯增邑九百戶遷大尙書掌刑理常道鄉公卽位進爵斄城縣侯又增邑八百戶遷監靑州諸軍事振武將軍靑州刺史轉平東將軍五等建封陰平伯武帝踐阼轉鎭東將軍進爵爲侯帝以芝清忠履正素無居宅使軍兵爲作屋五十間芝以年及懸車告老遜位章表十餘上於是徵爲光祿大夫位特進給吏卒門施行馬羊祜爲車騎將軍上表以位讓芝詔不許芝泰始九年卒年八十四帝爲舉哀賵贈有加諡曰貞賜塋田百畝

胡威字伯虎一名貔淮南壽春人也父質以忠清見稱少與鄉人蔣濟朱績俱知名於江淮間仕魏至征南將軍荆州刺史威早厲志尙質之爲荆州也威自京來定省家貧無車馬僮僕自驅驢單行每至客舍躬放驢取樵炊爨食畢後隨侶進道既至見父停廐中十餘日告歸父賜絹一疋爲裝威曰大人清高不審於何得此絹質曰吾俸祿之餘以爲汝糧耳威受之辭歸質帳下都督先威未發請假還家陰資裝於百餘里要威爲伴每事佐助行數百里威疑而誘問之既知乃取所賜絹與都督謝而遣之後因他信以白質質杖都督一百除吏名其父子清愼如此於是名譽著聞拜侍御史歷南鄉侯安豐太守遷徐州刺史勤於政術風化大行後入朝武帝語及平生因歎其父清謂威曰卿孰與父清對曰臣不如也帝曰卿父以何爲勝邪對曰臣父清恐人知臣清恐人不知是臣不及遠也帝以威言直而婉謙而順衆遷監豫州諸軍事右將軍豫州刺史入爲尙書加奉車都尉威嘗諫時政之寬帝曰尙書郎以下吾無所假借威曰臣之所陳豈在丞郎令史正謂如臣等輩始可以肅化明法耳拜前將軍監靑州諸軍事靑州刺史以功封平春侯太康元年卒于位追贈使持節都督靑州諸軍事鎭東將軍餘如故諡曰烈子奕嗣奕字次孫仕至平東將軍威弟熊字季象亦有幹用仕至益州刺史安東將軍

杜軫字超宗蜀郡成都人也父雄綿竹令軫師事譙周博涉經書州辟不就爲郡功曹吏時鄧艾至成都軫白太守曰今大軍來征必除舊布新明府宜避之此全福之道也太守乃出艾果遣其參軍牽弘自之郡弘問軫

前守所在軫正色對曰前守達去就之機輒出自官舍以俟君子引器之命復爲功曹軫固辭察孝廉除建寧令導以德政風化大行夷夏悅服秩滿將歸羣蠻追送賂遺甚多軫一無所受去如初至又除池陽令爲雍州十一郡冣百姓生爲立祠得罪者無怨言累遷尚書郎博聞廣涉奏議駁論多見施用時涪人李驤亦爲尚書郎與軫齊名每有議論朝廷莫能踰之號蜀有二郎軫後拜犍爲太守甚有聲譽當遷會病卒年五十一子毗毗字長基州舉秀才成都王穎辟大將軍掾遷尚書郎參太傅軍事及洛陽覆沒毗南渡江王敦表爲益州刺史將與宜都太守柳純共固白帝杜弢遣軍要毗遂遇害毗弟秀字彥穎爲羅尚主簿州沒爲氐賊李驤所得欲用爲司馬秀不受見害毗次子歆舉秀才軫弟烈明政事察孝廉歷平康安陽令所居有異績遷衛陽太守聞軫凶因自表兄子幼弱求去官詔轉犍爲太守蜀土榮之後遷湘東太守爲成都王穎郎中令病卒烈弟良舉秀才除新都令涪陵太守不就補州大中正卒

竇允字雅始平人也出自寒門淸尚自脩少仕縣稍遷郡主簿察孝廉除浩亹長勤於爲政勸課田蠶平均調役百姓賴之遷謁者泰始中詔書旌其淸白拜臨水令克己勵俗改脩政事士庶悅服咸歌詠之遷鉅鹿太守甚有政績卒於官

王宏字正宗高平人魏侍中粲之從孫也魏時辟公府累遷尚書郎歷給事中泰始初爲汲郡太守撫百姓如家耕桑樹藝屋宇阡陌莫不躬自教示曲盡事宜在郡有殊績司隸校尉石鑒上其政術武帝下詔褒揚布告天下賜宏穀千斛俄遷衛尉河南尹大司農無復能名更爲苛碎坐桎梏罪人以泥墨塗面置深坑中餓不與食又擅縱五歲刑以下二十一人爲有司所劾帝以宏累有政績聽以贖論太康中代劉毅爲司隸校尉於是檢察士庶使車服異制庶人不得衣紫絳及綺繡錦繢帝常遣左右微行觀察風俗宏緣此復遣吏科檢婦人衵服至褰發於路論者以爲暮年謬妄由是獲譏於世復坐免官後起爲尚書太康五年卒追贈太常

曹攄字顏遠譙國譙人也祖肇魏衛將軍攄少有孝行好學善屬文太尉王衍見而器之調補臨淄令縣有寡婦養姑甚謹姑以其年少勸令改適婦守節不移姑愍之密自殺親黨告婦殺姑官爲考鞫寡婦不勝苦楚乃自誣獄當決適値攄到攄知其有冤更加辨究具得情實時稱其明獄有死囚歲夕攄行獄愍之曰卿等不幸致此非所如何新歲人情所重豈不欲暫見家邪衆囚皆涕泣曰若得暫歸死無恨也攄卽開獄出之剋日令還掾吏固爭咸謂不可攄曰此雖小人義不見負我自爲諸君任之至日相率而還並無違者一縣嘆服號曰聖君入爲尚書郎轉洛陽令仁惠明斷百姓懷之時天大雨雪宮門夜失行馬羣官檢察莫知所在攄使收門士衆官咸謂不然攄曰宮掖禁嚴非外人所敢盜必是門士以燎寒耳詰之果服以病去官復爲洛陽令及齊王冏輔政攄與左思俱爲記室督嘗勸冏還政歸藩冏不納尋轉中書侍郎長沙王乂以爲驃騎司馬乂敗免官因丁母憂惠帝末起爲襄城太守時襄城屢經寇難攄綏懷振理旬月克復永嘉二年高密王簡鎭襄陽以攄爲征南司馬其年流人王逌等聚衆屯冠軍寇略城邑簡遣參軍崔曠討之令攄督護曠奸凶人也譎攄前戰期爲後繼旣而不至攄獨與逌戰于酈縣軍敗死之故吏及百姓並奔喪會喪號哭卽路如赴父母焉

潘京字世長武陵漢壽人也弱冠郡辟主簿太守趙厥甚器之嘗問曰貴郡何以名武陵京曰鄙郡本名義陵在辰陽縣界與夷相接數爲所攻光武時移東出遂得全完其議易號傳曰止戈爲武詩稱高平曰陵於是名焉爲州所辟因謁見問策探得不孝字刺史戲京曰辟士爲不孝邪京舉版答曰今爲忠臣不得復爲孝子其機辯皆此類後太廟立州郡皆遣使賀京白太守曰夫太廟立移神主應問訊不宜賀遂遣京作文使詣京師以爲永式京仍舉秀才到洛陽尚書令樂廣京州人也共談累日深嘆其才因謂京曰君天才過人恨不學耳若學必爲一代談宗京感其言遂勤學不倦時武陵太守戴昌亦善談論與京共談京假借之昌以爲不如己笑而遣之令過其子若思京方極其言論昌竊聽之乃嘆服曰才不可假遂父子俱屈焉歷巴邱邵陵泉陵三令京明於政術路不拾遺遷桂陽太守不就歸家年五十卒

范晷字彥長南陽順陽人也少游學淸河遂徙家僑居郡命爲五官掾歷河內郡丞太守裴楷雅知之薦爲侍御史調補上谷太守遭喪不之官後爲司徒左長史轉馮翊太守甚有政能善於綏撫百姓愛悅之徵拜少府出爲涼州刺史轉雍州于時西土荒毀氐羌蹈藉田桑失收百姓困弊晷傾心化導勸以農桑所部甚賴之元康中加左將軍卒於官二子廣稚廣字仲將舉孝廉除蘄春令不之官姊適孫氏早亡有孫名邁廢貧以南奔難盜賊艱急終不棄之元帝承制以爲堂邑令丞劉榮

坐事當死郡劾以付縣榮郎縣人家有老母至節廣飆聽暫還榮亦如期而反縣堂爲野火所及榮脫械救火事畢還自著械後大旱米貴廣散私穀振饑人至數千斛遠近流寓歸投之戶口十倍卒於官稚少知名辟大將軍掾早卒子汪別有傳

丁紹字叔倫譙國人也少開朗公正早歷淸官爲廣平太守政平訟理道化大行于時河北騷擾靡有完邑而廣平一郡四境乂安是以皆悅其法而從其令及臨漳被圍南陽王模窘急紹率郡兵赴之模賴以獲全模感紹恩生爲立碑遷徐州刺史士庶攀戀慕附如歸未之官復轉荆州刺史從車千乘南渡河至許時南陽王模爲都督留紹啟轉爲冀州刺史到鎭率州兵討破汲桑有功加寧北將軍假節監冀州諸軍事時境內羯賊爲患紹招而誅之號爲嚴肅河北人畏而愛之紹自以爲才足爲物雄當官涖政每事克舉視天下之事若運於掌握遂慨然有董正四海之志矣是時王浚盛於幽州苟晞盛於靑州然紹視二人蔑如也永嘉三年暴病而卒臨終嘆曰此乃天亾冀州豈吾命哉懷帝策贈車騎將軍

喬智明字元達鮮卑前部人也少喪二親哀毀過禮長而以德行著稱成都王穎辟爲輔國將軍穎之敗趙王倫也表智明爲殄寇將軍隆慮共二縣令二縣愛之號爲神君部人張兌爲父報仇母老單身有妻無子智明愍之停其獄歲餘令兌將妻入獄兼陰縱之人有勸兌逃者兌曰有君如此吾何忍累之縱吾得免作何面目視息世間於獄產一男會赦得免其仁感如是惠帝之伐鄴也穎以智明爲折衝將軍參丞相前鋒軍事智明勸穎奉迎乘輿穎大怒曰卿名曉事投身事孤主上爲羣小所逼將加非罪於孤卿柰何欲使孤束手就刑邪其事之義正若此乎智明乃止尋屬永嘉之亂仕於劉曜

鄧攸字伯道平陽襄陵人也祖殷亮直彊正鍾會伐蜀奇其才自澠池令召爲主簿賈充伐吳請殷爲長史後授皇太子詩爲淮南太守夢行水邊見一女子猛獸自後斷其盤囊占者以爲水邊有女汝字也斷盤囊者新獸頭代故獸頭也不作汝陰當作汝南也果遷汝陰太守後爲中庶子攸七歲喪父尋喪母及祖母居喪九年以孝致稱淸和平簡貞正寡欲少孤與弟同居初祖父殷有賜官勑攸受之後太守勸攸去王官欲舉爲孝廉攸曰先人所賜不可改也嘗詣鎭軍賈混混以人訟事示攸使決之攸不視曰孔子稱聽訟吾猶人也必也使無訟乎混奇之以女妻焉舉灼然二品爲吳王文學歷太子洗馬東海王越參軍越欽其爲人轉爲世子文學吏部郎越弟騰爲東中郎將請攸爲長史出爲河東太守永嘉末沒于石勒然勒宿忌諸官長二千石聞攸在營馳召將殺之攸至門門幹乃攸爲郎時幹識攸攸求紙筆作辭幹候勒和悅致之勒重其辭乃命勿殺勒長史張賓先與攸比舍重攸名操因稱攸于勒勒召幕下與語悅之以爲參軍給車馬勒每東西置攸車營中勒夜禁火犯之者死攸與胡鄰轂胡夜失火燒車吏按問胡乃誣攸攸度不可與爭遂對以弟婦散髮溫酒爲辭勒赦之旣而胡人深感自縛詣勒以明攸而陰遺攸馬驢諸胡莫不歎息宗敬之石勒過泗水攸乃斫壞車以牛馬負妻子而逃又遇賊掠其車馬步走擔其兒及其弟子綏度不能兩全乃謂其妻曰吾弟早亾唯有一息理不可絕止應自棄我兒耳幸而得存我後當有子妻泣而從之乃棄之其子朝棄而暮及明日攸繫之於樹而去至新鄭投李矩三年將去而矩不聽荀組以爲陳郡汝南太守愍帝徵爲尙書左丞長水校尉皆不果就後密捨矩去投荀組於許昌矩深恨焉久之乃送家屬還攸攸與刁協周顗素厚遂至江東元帝以攸爲太子中庶子時吳郡闕守人多欲之帝以授攸攸載米之郡俸祿無所受唯飲吳水而已時郡中大饑攸表賑貸未報乃輒開倉救之臺遣散騎常侍桓彝虞騤慰勞饑人觀聽善不乃劾攸以擅出穀俄而有詔原之攸在郡刑政淸明百姓欣悅爲中興良守後稱疾去職郡常有送迎錢數百萬攸去郡不受一錢百姓數千人留牽攸船不得進攸乃小停夜中發去吳人歌之曰紞如打五鼓雞鳴天欲曙鄧侯拖不留謝令推不去百姓詣臺乞留一歲不聽拜侍中歲餘轉吏部尙書蔬食弊衣周急賑乏性謙和善與人交賓無貴賤待之若一而頗敬媚權重永昌中代周顗爲護軍將軍太寧二年王敦反明帝密謀起兵乃遷攸爲會稽太守初王敦伐都之後中外兵數每月言之於敦攸已出在家不復知護軍事有惡攸者誣攸尙白敦兵數帝聞而未之信轉攸爲太守時帝南郊攸病不能從車駕過攸問疾攸力病出拜有司奏攸不堪行郊而拜道左坐免攸每有進退無喜慍之色久之遷尙書左僕射咸和元年卒贈光祿大夫加金章紫綬祠以少牢攸棄子之後妻不復孕過江納妾甚寵之訊其家屬說是北人遭亂憶父母姓名乃攸之甥攸素有德行聞之感恨遂不復畜妾卒以無嗣時人義

而哀之爲之語曰天道無知使鄧伯道無兒弟子綏服飲喪三年

吳隱之字處默濮陽鄄城人魏侍中質六世孫也隱之美姿容善談論博涉文史以儒雅標名弱冠而介立有清操雖日晏歠菽不享非其粟儋石無儲不取非其道年十餘丁父憂每號泣行人爲之流涕事母孝謹及其執喪哀毀過禮家貧無人鳴鼓每至臨哭之時常有雙鶴警叫及祥練之夕復有羣鴈俱集時人咸以爲孝感所致嘗食鹹菹以其味旨掇而棄之與太常韓康伯鄰居康伯母殷浩之姊賢明婦人也每聞隱之哭聲輟飡投筯爲之悲泣既而謂康伯曰汝若居銓衡當舉如此輩人及康伯爲吏部尚書隱之遂階清級解褐輔國功曹轉參征虜軍事兄坦之爲袁眞功曹眞敗將及禍隱之詣桓溫乞代兄命溫矜而釋之遂爲溫所知賞拜奉朝請尚書郎累遷晉陵太守在郡清儉妻自負薪入爲中書侍郎國子博士太子右衞率轉散騎常侍領著作郎孝武欲用爲黃門郎以隱之貌類簡文帝乃止尋守廷尉祕書監御史中丞領著作如故遷左衞將軍雖居清顯祿賜皆頒親族冬月無被嘗澣衣乃披絮勤苦同於貧庶廣州包帶山海珍異所出一篋之寶可資數世然多瘴疫人情憚焉唯貧窶不能自立者求補長史故前後刺史皆多黷貨朝廷欲革嶺南之弊以隱之爲龍驤將軍廣州刺史假節領平越中郎將未至州二十里地名石門有水曰貪泉飲之者懷無厭之欲隱之既至語其親曰不見可欲使心不亂越嶺喪清吾知之矣乃至泉所酌而飲之因賦詩曰古人云此水一歃懷千金試使夷齊飲終當不易心及在州清操逾勵常食不過菜及乾魚而已帷帳器服皆付外庫時人頗謂其矯然亦始終不易帳下人進魚每剔去骨存肉隱之覺其用意罰而黜焉元興初詔嘉美之進號前將軍賜錢五十萬穀千斛及盧循寇南海隱之率厲將士固守彌時長子曠之戰沒循攻擊百有餘日踰城放火焚燒三千餘家死者萬餘人城遂陷隱之攜家累出欲奔還都爲循所得循表朝廷以隱之黨附桓溫宜加裁戮詔不許劉裕與循書令遣隱之還久方得反歸舟之日裝無餘資及至數畝小宅籬垣仄陋內外茅屋六間不容妻子劉裕賜車牛更爲起宅固辭尋拜度支尚書太常以竹蓬爲屏風坐無氈席後遷中領軍清儉不革每月初得祿裁留身糧其餘悉分賑親族家人紡績以供朝夕時有困絕或并日而食身常布衣不完妻子不霑寸祿義熙八年請老致事優詔許之授光祿大夫加金章紫綬賜錢十萬米三百斛九年卒追贈左光祿大夫加散騎常侍隱之清操不渝屢被褒飾致事及於身沒常蒙優錫顯贈廉士以爲榮初隱之爲奉朝請謝石請爲衞將軍主簿隱之將嫁女石知其貧素遣女必當率薄乃令移廚帳助其經營使者至方見婢牽犬出賣之此外蕭然無辦後至自番禺其妻劉氏齎沈香一斤隱之見之遂投於湖亭之水子延之復勵清操爲鄱陽太守延之弟及子爲郡縣者常以廉慎爲門法雖才學不逮隱之而孝悌潔敬猶爲不替

宋

吉翰字休文馮翊池陽人也初爲龍驤將軍劉道憐參軍隨府轉征虜左軍參軍隨道憐北征廣固賜爵建城縣五等侯參武帝中軍軍事臨淮太守復爲道憐驃騎中兵參軍從事中郎爲將佐十餘年清謹勤正甚爲武帝所知賞元嘉中歷位梁南秦二州刺史徙益州刺史加督在任著美績甚得方伯之體論者稱之累遷徐州刺史監徐兗二州豫州梁郡諸軍事時有死罪囚典籤意欲活之因翰入關齋呈其事翰省訖語令且去明可更呈明旦典籤不敢復入呼之乃來取昨所呈事視訖謂曰卿意欲宥此囚死命昨於齋坐見其事亦有心活之但此囚罪重不可全貸既欲加恩卿當代任其罪因命左右收典籤付獄殺之原此囚生命其刑政類如此自下畏服莫敢犯禁卒於官

杜驥字度世京兆杜陵人也高祖預晉征南將軍曾祖耽避難河西因仕張氏苻堅平涼州父祖始還關中兄坦頗涉史傳武帝平長安席卷隨從南還元嘉中文帝任遇坦甚厚歷後軍將軍青冀二州刺史坦晚歲入南朝廷常以傖荒遇之雖復人才可施每爲清途所隔坦常以此慨然嘗與文帝言及史籍上曰金日磾忠孝淳深漢朝莫及恨今世無復此輩人坦曰日磾忠美誠如聖詔假使出于今世養馬不暇豈辦見知上變色曰卿何量朝廷之薄也坦曰請以臣言之臣本中華高族亾高祖因晉氏喪亂播遷涼土世業相承不殞其舊直以南度不早便以荒傖賜隔日磾胡人身爲牧圉便超入內侍齒列名賢聖朝雖復拔才臣恐未必能也上默然北土舊法問疾必遣子弟驥年十三父使候同郡韋華華子元有高名見而異之以女妻焉桂陽公義眞鎭長安辟爲主簿累遷長沙王義欣後軍錄事參軍元嘉七年隨到彥之入洛加建武將軍魏撤河南戍悉歸河北彥之使驥守洛陽洛陽城不治既久又無糧食及彥之

敗退驤欲棄城走慮爲文帝所誅初武帝平關洛致鐘
虡舊器南還一大鐘墜洛水中至是歲文帝遣將姚聳
夫領千五百人迎致之時聳夫政率所領牽鐘於洛水
驤乃遣使紿之曰虜既北度洛城勢弱今脩理城池並
已堅固軍糧又足所乏者人耳君率衆見就共守此城
大功既立取鐘無晚聳夫信之率所領就驤及至知城
不可守又無糧食於是引衆去驤亦委城南奔白文帝
本欲以死固守緣聳夫入城便走人情沮敗不可復禁
上怒使建威將軍鄭順之殺聳夫於壽陽聳夫吳興武
康人勇果有氣力宋偏裨小將莫及乃以驤爲通直郎
十七年出爲青冀二州刺史在任八年惠化著於齊土
自義熙至于宋末刺史唯羊穆之及驤爲吏民所稱詠
後徵爲左軍將軍兄坦代爲刺史北土以爲榮焉坦長
子琬爲員外散騎侍郎文帝常有函詔勑坦琬輒開視
信未及發又追取之勑函已發大相推檢上遣主書詰
責驤并檢開函之主驤答曰開函是臣第四息季文伏
待刑坐上特原不問卒官驤第五子幼文薄於行明帝
初以軍功封邵陽縣男尋坐巧妄奪爵後以發太尉廬
江王禕謀反事拜給事黃門侍郎廢帝元徽中爲散騎
常侍幼文所涖貪殘家累千金與沈勃孫超之居止接
近又並與阮佃夫厚善佃夫既死廢帝深疾之帝微行
夜輒在幼文門牆間聽其弦管積久轉不能平於是自
率宿衛兵誅幼文勃超之等兄叔文爲長水校尉亦誅
申恬字公休魏郡魏人也曾祖鍾爲石虎司徒武帝平
廣固恬父宣宣從父兄子坦皆得歸晉並以幹用見知
武帝踐阼拜大中大夫宣元嘉初歷兗青二州刺史恬
兄謨與朱脩之守滑臺魏克滑臺見虜後得還爲竟陵
太守恬初爲驃騎劉道憐長史兼行參軍宋受命辟東
宮殿中將軍度還臺直省十年不請休息歷下邳北海
二郡太守所至皆有政績又爲北譙梁二郡太守郡境
邊接任榛屢被寇抄恬到任密知賊來乃伏兵要害出
其不意悉皆禽殄元嘉十二年遷督魯東平濟北三郡
諸軍事太山太守威惠兼著吏民便之二十一年冀州
移鎮歷下以恬爲冀州刺史加督明年加濟南太守孝
武踐阼爲青州刺史尋加督齊地連歲興兵百姓彫弊
恬防禦邊境勸課農桑二三年間遂皆優實性清約頻
處州郡妻子不免饑寒世以此稱之後拜豫州刺史以
疾徵還道卒死之日家無遺財子寔南譙太守謨子元
嗣海陵太守元嗣弟謙臨川内史坦以孝建初爲太子
右衛率徐州刺史大明元年魏攻兗州孝武遣太子左
衛率薛安都東陽太守沈法系北捍至兗州魏軍已去
坦建議任榛亾命屢犯邊人今軍出無功宜因此翦撲
上從之亾命先已聞知舉村逃走安都法系坐白衣領
職坦棄市羣臣爲請莫得將行刑始興公沈慶之入市
抱坦慟哭曰卿無罪爲朝廷所枉誅我入市亦當不久
市官以白上乃原其生命繫尙方尋被宥復爲驍騎將
軍疾卒子令孫明帝時爲徐州刺史討薛安都行至淮
陽卽與安都合弟闡時爲濟陰太守戍睢陵城奉順不
同安都安都攻圍不能克會令孫至遣往睢陵說闡闡
降殺之令孫亦見殺
杜慧度交阯朱鳶人也本屬京兆曾祖元爲寗浦太守
遂居交阯父瑗字道言仕州府爲日南九德交阯太守
初九眞太守李遜父子勇壯有權力威制交土聞刺史
滕遯之當至分遣二子斷遏水陸要津瑗收衆斬遜州
境獲寗後林邑王范達陷日南九眞遂寇交阯瑗討破
之授龍驤將軍交州刺史武帝義旗建進號冠軍將軍
盧循竊據廣州遣使通好瑗斬之義熙六年卒年八十
四贈右將軍慧度瑗第五子也初爲州主簿流民都護
還九眞太守瑗卒郡州綱佐以交州土接蠻境不宜曠
職共推慧度行州府事辭不就七年除交州刺史詔書
未到其年春盧循襲破合浦徑向交州慧度乃率文武
六千人距循於石碕破之循雖破餘黨皆習兵事李遜
子孫李弈李移李脫等皆奔竄石碕盤結狸獠各有部
曲循知弈等與杜氏有怨遣使招之弈等受循節度六
月庚子循晨造南津令三軍入城乃食慧度悉出宗族
私財以充勸賞自登高艦合戰放火箭燒循船循衆艦
俱然一時潰散循中箭赴水死遂斬循及父嘏并循二
子並傳首京師以功封龍編縣侯武帝踐阼進號輔國
將軍其年率文武萬人南討林邑所殺過半其前後抄
畧者悉得還林邑乞降輸生口大象金銀古貝等乃釋
之遣長史江悠奉表獻捷慧度布衣蔬食儉約質素能
彈琴頗好莊老禁斷淫祀崇修學校歲荒民饑則以私
祿賑給爲政纖密有如治家由是威惠沾洽奸盜不起
乃至城門不夜閉道不拾遺卒追贈左將軍以慧度長
子弘文爲振遠將軍交州刺史初武帝北征關洛慧度
版弘文行九眞太守至是繼父爲刺史亦以寬和得衆
襲爵龍編侯元嘉四年文帝以廷尉王徽爲交州刺史
弘文被徵會得重疾牽以就路親舊見其患篤勸待病
愈弘文曰吾世荷皇恩杖節三世常欲投軀帝庭以報
所荷況親被徵命而可晏然者乎弘文母阮年老見弘
文輿疾就路不忍別與到廣州遂卒臨死遣弟弘猷詣

建鄴朝廷甚哀之孝建中以豫章太守檀和之為豫州刺史和之先歷始興太守交州刺史所在有威名盜賊屏迹每出獵猛獸伏不敢起

阮長之字景茂一字善業陳留尉氏人也祖思曠金紫光祿大夫父普驃騎諮議參軍長之年十五喪父有孝性每哭哀感路人除服蔬食者猶積載閒居執學未嘗有惰容初為諸府參軍母老求補襄垣令督郵無禮鞭之去職後拜武昌太守時王弘為江州雅相知敬引為車騎從事中郎元嘉九年遷臨川內史以南土卑濕母年老非所宜辭不就十一年除臨海太守在官常擁敗絮至郡少時母亾葬畢不勝憂十四年卒時郡縣田祿以芒種為斷此前去官者則一年秩祿皆入後人始以元嘉末改此科計月分祿長之為武昌太守時在元嘉之初及去郡代人未至以芒種前一日解印綬初發京師親故或以器物贈別得便緘錄後歸悉以還人為中書郎直省夜誤着鄰省屐出閤依事自列門下門下以闇夜人不知不受列長之固遣送之曰一生不侮闇室所涖官皆有風政為後人所思宋世善言政者咸稱之文帝深惜之曰景茂方堪大用豈直以清苦見惜子師門原鄉令元嘉初文帝遣大使巡行四方兼散騎常侍王歆之等上言宣威將軍陳南頓二郡太守李元德清勤均平姦盜止息彭城內史魏恭子廉惜脩慎在公忘私安約守儉久而彌固前宋縣令成浦為政寬濟遺詠在人前鮦陽令李熙國在事有方人思其政故山桑令何道自少清廉白首彌勵應加褒賚以勸于後各被褒賜歆之字叔道河東人曾祖愆期有名晉世官至南蠻校尉歆之位左戶尚書光祿大夫卒官

甄法崇中山人也父匡使少府卿以清聞法崇永初中為江陵令在任嚴整縣境肅然于時南平繆士通為江安令卒官至其年末法崇在聽事士通前見法崇知其已亾愕然未言坐定云卿縣人宋雅見負米千餘石不還令兒窮弊不自存故自訴法崇因命日受為辭因遂謝下席而法崇為問宋家狼狽輸送太守王華聞而歎美之法崇孫彬彬有行業鄉黨稱善嘗以一束苧就州長沙寺庫質錢後贖苧還於苧束中得五兩金以手巾裹之彬得送還寺庫道人驚云近有人以此金質錢時有事不得舉而失檀越乃能見還輒以金半仰酬往復十餘彬堅然不受因謂曰五月披羊裘而負薪豈拾遺金者邪卒還金梁武帝布衣時聞之及踐阼以西昌侯藻為益州刺史乃以彬為府錄事參軍帶郫縣令將行同列五人帝誡以廉慎至彬獨曰卿昔有還金之美故不以此言相屬由此名德益彰及在蜀禮之甚厚云

南齊

傅琰字季珪北地靈州人也曾祖弘仁宋武帝之外弟以中表歷顯官位太常卿祖劭字彥先員外散騎侍郎父僧祐山陰令有能名琰美姿儀仕宋為武康令遷山陰令並著能名二縣皆謂之傅聖賜爵新亭侯元徽中遷尚書左丞母喪鄰家失火延燒琰屋琰抱柩不動鄰人競來赴救乃得俱全琰股髀之間已被烟焰艱閡高帝輔政以山陰獄訟煩積復以琰為山陰令賣針賣糖二姥爭團絲來詣琰琰掛團絲於柱令鞭之密視有鐵屑乃罰賣糖者又二野父爭雞琰各問何以食雞一人云粟一人云豆乃破雞得粟罪言豆者縣內稱為神明無敢復為偷盜琰父子並著奇績江左鮮有時云諸傅有治縣譜子孫相傳不以示人昇明中遷益州刺史自縣遷州近世罕有建元四年徵為驍騎將軍黃門侍郎永明中為廬江王安西長史南郡內史行荊州事五年卒琰喪西還有詔出臨哭時長沙太守王沈新蔡太守劉聞慰晉平太守邱仲起長沙縣令何敬叔故彰縣令邱寂之皆有能名而不及琰也沈字彥流東海人歷錢唐山陰秣陵令南平長沙太守清廉戒慎身恆居祿而居處日貧死之日無宅可憩故吏為營棺櫬聞慰自有傳仲起見沈憲傳敬叔見子思澄傳寂之字德元吳興烏程人年十七為州西曹兼直主簿刺史王彧行縣夜還前驅已至而寂之不肯開門曰不奉墨旨彧方於車中為教然後開彧歎曰不意郅君章近在閤下即轉為主簿在縣專以廉潔御下于時丹徒縣令沈瓚之以清廉抵罪寂之聞之曰清吏眞不可為也政當處季孟之間乎瓚之吳興武康人性疏直在縣自以清廉不事左右浸潤日至遂鎖繫尚方歎曰一見天子足矣上召問曰復欲何陳答曰臣坐清所以獲罪上曰清復何以獲罪曰無以承奉要人上曰要人為誰瓚之以手板四面指曰此赤衣諸賢皆是若臣得更鳴必令清譽日至瓚之雖危言上亦不責後知其無罪重除丹徒令入縣界吏人候之謂曰我今重來當以人肝代米不然清名不立又有汝南周洽歷句容曲阿上虞吳令廉約無私卒於都水使者無以殯斂吏人為買棺器武帝聞而非之曰洽累歷名邑而居處不理遂坐無車宅死令吏衣棺之此故宜罪貶無論褒恤乃勅不給贈賻琰子翽為官亦有能名後為吳令別建康令孫廉廉因問曰聞丈人發姦擿伏惠化如神何以至此答曰無他也唯勤而清

清則憲綱自行勤則無事不理憲綱自行則吏不能欺事自理則物無疑滯欲不理得乎時臨淮劉元明亦有吏能歷山陰建康令政常為天下第一終於司農卿後劉又代元明為山陰令問元明曰願以舊政告新令尹答曰我有奇術卿家譜所不載臨別當相示既曰作縣令唯日食一升飯而莫飲酒此第一策也劉天監中為建康令復有能名遷驃騎諮議參軍子岐亦稱良吏梁史有傳

虞愿字士恭會稽餘姚人也祖賚給事中監利侯父望之早卒賚中庭橘冬熟子孫競來取之愿年數歲獨不取賚及家人皆異之宋元嘉中為湘東王國常侍後遷潯陽王府墨曹參軍明帝立以愿儒吏學涉兼蕃國舊恩意遇甚厚除太常丞尚書祠部郎通直散騎常侍帝性猜忌體肥憎風夏月常著小皮衣拜左右二人為司風令史風起方面輒先啟聞星文災變不信太史不聽外奏勑靈臺知星二人給愿常直內省有異先啟以相糾察帝以故宅起湘宮寺費極奢侈以孝武莊嚴剎七層帝欲起十層不可立分為兩剎各五層新安太守巢尚之罷郡還見帝曰卿至湘宮寺未我起此寺是大功德愿在側曰陛下起此寺皆是百姓賣兒貼婦佛若有知當悲哭哀愍罪高佛圖有何功德尚書令袁粲在坐為之失色帝大怒使人馳曳下殿愿徐去無異容以舊恩後復召入帝好圍碁碁甚拙去格七八道物議共欺為第三品與第一品王抗圍碁依品賭戲抗每饒借帝曰皇帝飛碁臣抗不能斷帝終不覺以為信然好之愈篤愿又曰堯以此教丹朱非人主所宜好也雖數忤旨而蒙賞賜猶異餘人遷兼中書侍郎帝寢疾愿常侍醫藥帝素能食尤好鱁鮧以銀鉢盛蜜漬之一食數鉢謂揚州刺史王景文曰此是奇味卿頗足不景文曰臣夙好此物家素貧乏致之甚難帝甚悅食鱁鮧積多胷腹痞脹氣將絕左右啟飲數升酢酒乃消疾大困一食汁滓猶至三升水患積久藥不復效大漸日正坐呼道人合掌便絕愿以侍疾日久轉正員郎出為晉安太守在郡不事生業前政與百姓交關質錄其兒婦愿遣人於道奪取將還在郡立學堂教授郡舊出髯蛇膽可為藥有遺愿蛇者愿不忍殺放二十里外山中一夜蛇還牀下復送四十里外山經宿復還故處愿更令遠送乃復歸論者以為仁心所致海邊有越王石常隱雲霧相傳云清廉太守乃得見愿往就觀視清徹無隱蔽後琅邪王秀之為郡與朝士書曰此郡承虞公之後善政猶存遺風易遵差得無事愿以母老解職除後軍將軍褚淵嘗詣愿愿不在見其眠牀上積塵埃有書數帙而已淵歎曰虞君之清一至於此令人掃地拂牀而去還中書郎領東觀祭酒兄季為上虞令卒愿從省步出還家不得詔便歸東除驍騎將軍遷廷尉祭酒如故愿嘗事宋明帝齊初神主遷汝陰廟愿拜辭流涕建元元年卒著五經論問撰會稽記文翰數十篇

王洪軌上谷人也宋大始中魏克青州洪軌得別駕清河崔祖歡女仍以為妻祖歡女說洪軌南歸宋桂陽王之難隨高帝鎮新亭常以身捍矢高帝曰我自有楯歸可自防答曰天下無洪軌何有哉蒼生方亂豈可一日無公帝甚賞之後為晉壽太守多招贓賄為州所按大懼棄郡奔建鄴高帝輔政引為腹心建武初為青冀二州刺史悔為晉壽時貨賕所敗更勵清節先是青州資魚鹽之貨或彊借百姓麥地以種紅花多與部下交易以祈利益洪軌至一皆斷之啟求侵魏得黃郭鹽倉等數戍後遇敗死傷塗地深自咎責乃於謝祿山南除地廣設茵席殺三牲招戰亡者魂祭之人人呼名躬自沃酹仍慟哭不自勝因發病而亡洪軌既北人而甚清正州人呼之為虜父使君言之咸落涕焉永明中有江夏李珪之字孔璋位尚書右丞兼都水使者歷職稱為清能後兼少府卒

梁

沈瑀字伯瑜吳興武康人也父昶事宋建平王景素景素謀反昶先去之及敗坐繫獄瑀詣臺陳請得免罪由是知名為奉朝請嘗詣齊尚書左丞殷瀰瀰與語及政事甚器之謂曰觀卿才幹當居吾此職司徒竟陵王子良聞瑀名引為府行參軍領揚州部傳從事時建康令沈徽孚恃勢傲瑀瑀以法繩之眾憚其彊子良甚相知賞雖家事皆以委瑀子良薨瑀復事刺史始安王遙光嘗使送人丁速而無怨遙光謂同使吏曰爾何不學沈瑀所為乃令瑀專知州獄事湖熟縣方山埭高峻冬月公私行侶以為艱明帝使瑀行脩之瑀乃開四洪斷行客就作三日便辦揚州書佐私行詐稱州使不肯就作瑀鞭之四十書佐歸訴遙光遙光曰沈瑀必不枉鞭汝覆之果有詐明帝復使瑀築赤山塘所費減材官所量數十萬帝益善之為建德令教民一丁種十五株桑四株柿及梨栗女子丁半之民咸歡悅頃之成林去官還都兼行選曹郎隨陳伯之軍至江州會武帝起兵圍郢城瑀說伯之迎武帝伯之泣曰余子在都不得出城不能不憂之瑀曰不然人情匈匈皆思改計若不早圖眾

散騎合伯之遂以衆降瑀從在武帝軍中初瑀在竟陵王家素與范雲善齊末嘗就雲宿夢坐屋梁柱上仰見天中有字曰范氏宅至是瑀爲帝說之帝曰雲得不死此夢可驗及帝即位雲深薦瑀自旣陽令擢兼尚書右丞時天下初定陳伯之言瑀催督運輸軍國獲濟帝以爲能遷尚書駕部郎兼右丞如故瑀薦族人沈僧隆僧照有吏幹帝並納之以母憂去職起爲餘姚令縣大姓虞氏千餘家請謁如市前後令長莫能絕自瑀到非訟訴無所通以法繩之縣南又有豪族數百家子弟縱橫遞相庇蔭厚自封植百姓甚患之瑀召其老者爲石頭倉監少者補縣僮皆號泣道路自是權右屏跡瑀初至富吏皆鮮衣美服以自彰別瑀怒曰汝等下縣吏何得自擬貴人悉使著芒屩麤布侍立終日足有蹉跌輒加榜箠瑀微時嘗至此鬻瓦器爲富人所辱故因以報焉由是士庶駭怨瑀廉潔自守故得遂行其意後爲安南長史尋陽太守江州刺史曹景宗卒仍爲信威蕭穎達長史太守如故瑀性屈彊每忤穎達穎達銜之天監八年因入諮事辭又激厲穎達作色曰朝廷用君作行事邪瑀出謂人曰我死而後已終不傾側面從是日於路爲人所殺多以爲穎達害焉子續累訟之遇穎達尋卒事不窮竟續乃布衣蔬食終其身

范述曾字子元一字穎彥吳郡錢唐人也幼好學從餘杭呂道惠受五經略通章句道惠曰此子必爲王者師齊文惠太子竟陵文宣王幼時齊高帝引述曾爲之師友起家宋晉熙王國侍郎齊初至南郡王國郎中令遷太子步兵校尉帶開陽令述曾爲人謇諤在官多所諫爭太子雖不能全用然亦弗之罪也竟陵王深相器重號爲周舍太子左衛率沈約亦以述曾方之汲黯齊明帝即位爲永嘉太守爲政清平不尚威猛民俗便之所部橫陽縣山谷嶮峻爲逋逃所聚前後二千石討捕莫能息述曾下車開示恩信凡諸凶黨襁負而出編戶屬籍者二百餘家自是商旅流通居人安業述曾勵志清白不受饋遺明帝下詔美之徵爲游擊將軍郡送故舊錢二十餘萬一無所受唯得白桐木火籠朴十餘枚而已州民無老少皆出拜別號哭聞于數里東昏時拜中散中大夫還鄉里武帝踐阼乃輕行詣闕仍辭還江東帝下詔褒美以爲太中大夫述曾生平所得奉祿皆以分施及老遂壁立無資以天監八年卒注易文言著雜詩賦數十篇後有吳興邱師施亦以廉潔稱罷臨安縣還唯有二十籠簿書並是倉庫券帖當時以比述曾位至臺郎

孫謙字長遜東莞莒人也客居歷陽躬耕以養弟妹鄉里稱其敦睦仕宋爲句容令清慎彊記縣人號爲神明宋明帝擢爲巴東建平二郡太守郡居三峽常以威力鎮之謙將述職勑募千人自隨謙曰蠻夷不賓蓋待之失節耳何煩兵役以爲國費固辭不受入郡布恩惠之化蠻獠懷之競餉金寶謙慰諭而遣一無所納及掠得生口皆放還家俸秩出吏民悉原除之郡境翕然威信大著視事三年徵還爲撫軍中兵參軍遷越騎校尉征北司馬府主建平王將稱兵患謙彊直託事遣使至都然後作亂及建平誅遷左軍將軍齊初爲錢唐令御煩以簡獄無繫囚及去官百姓以謙在職不受餉遺追載縑帛以送之謙辭不受每去官輒無私宅借空車廐居焉永明初爲江夏太守坐被代輒去郡繫尚方頃之免爲中散大夫明帝將廢立欲引謙爲心膂使兼衞尉給甲仗百人謙不願處際會輒散甲士帝雖不罪而弗復任焉天監六年爲零陵太守年已衰老猶彊力爲政吏人安之先是郡多猛獸暴人謙至絕迹及去官之夜猛獸即害居人謙爲郡縣常勤勸課農桑務盡地利收入常多於鄰境九年以老徵爲光祿大夫旣至武帝嘉其清潔甚禮異焉每朝見猶請劇職自効帝笑曰朕使卿智不使卿力後十四年詔加優秩給親信二十人并給扶謙自少及老歷三縣五郡所在廉潔居身儉素牀施蘧篨屏風冬則布被莞席夏月無幬帳而夜卧未嘗有蚊蚋人多異焉年逾九十彊壯如五六十者每朝會輒先衆到公門力於仁義行己過人甚遠從兄靈慶嘗病寄謙謙行出還問起居靈慶曰向飲冷熱不調卽時猶渴謙退遣其妻有彭城劉融行乞疾篤無所歸友人輿送謙舍謙開聽事以受之及融死以禮殯葬衆咸服其行義末年頭生二肉角各長一寸十五年卒官時年九十二臨終遺命誡諸子以氣絕卽幅巾就葬棺足周身壙足容柩旐書爵里而已其旐表命數差可停息直儀轜牀裝之以蘧以常所乘者爲魂車他無所用及卒帝爲舉哀甚悼惜之謙從子廉字思約父奉伯位少府卿淮南太守廉便辟巧宦齊時已歷大縣尚書右丞天監初沈約范雲當朝用事廉傾意奉之及中書舍人黃睦之等亦尤所結附凡貴要每食廉必日進滋旨皆手自煎調不辭勤劇遂得爲列卿御史中丞晉陵吳興太守廣陵高爽有險薄才客於廉廉委以文記爽嘗有求不遂乃爲屐謎以喻廉曰刺鼻不知嚏蹋面不知瞋齧齒作步數持此得勝人譏其不計恥辱以此取名位然處

官平直遂以善政稱武帝嘗曰東莞二孫謙廉而已
何遠字義方東海郯人也父慧炬齊尚書郎遠仕齊爲奉朝請豫崔慧景敗亡事抵尚書令蕭懿懿深保匿焉會赦出頃之懿遭難子弟皆潛伏遠求得懿弟融藏之既而發覺遠踰垣以免融遇禍遠家屬繫尚方遠遂亡度江因降魏入壽陽見刺史王肅求迎武帝肅遣兵援送武帝見遠謂張弘策曰何遠丈夫而能破家報舊德未易人也武帝踐阼以奉迎勳封廣興男爲後軍鄱陽王恢錄事參軍遠與恢素善在府盡其志力知無不爲恢亦推心杖之恩寄甚密遷武昌太守遠本倜儻尚輕俠至是乃折節爲吏杜絕交游饋遺秋毫無所受武昌俗皆汲江水盛夏遠患水溫每以錢買人井寒水不取錢者則摙水還之其他事率多如此迹雖似僞而能委曲用意車服尤弊素器物無銅漆江左水族甚賤遠每食不過乾魚數片而已然性剛嚴吏人多以細事受鞭罰遂爲人所訟徵下廷尉被劾十數條當時士大夫坐法皆不受測遠己無贓就測立三七日不款猶以私藏禁杖除名後爲武康令愈勵廉節除淫祀正身率職人甚稱之太守王彬巡屬縣諸縣皆盛供帳以待焉至武康遠獨設糗水而已彬去遠送至境進斗酒隻鵝而別彬戲曰卿禮有過陸納將不爲古人所笑乎武帝聞其能擢爲宣城太守自縣爲近畿大郡近代未之有也郡經寇抄遠盡心綏理復著名迹朞年遷樹功將軍始興內史時泉陵侯朗爲桂州緣道多剽掠入始興界草木無所犯遠在官好開途巷脩葺牆屋民居市里城隍廄庫所過若營家焉田秩奉錢並無所取歲暮擇人尤窮者充其租調以此爲常然其聽訟猶人也不能過絕而性果斷人畏而惜之所至皆生爲立祠表言政狀帝每優詔答焉後歷給事黃門侍郎信武將軍監吳郡在吳頗有酒失遷東陽太守遠處職疾強富如仇讎視貧細如子弟特爲豪右所畏憚在東陽歲餘復爲受罰者所謗坐免歸遠性耿介無私曲居人間絕請謁不造詣與貴賤書疏抗禮如一其所會遇未嘗以顏色下人以此多爲俗士所疾惡其清公實爲天下第一居數郡見可欲終不變其心妻子饑寒如下貧者及去東陽歸家經年歲口不言榮辱士類益以此多之其輕財好義周人之急言不虛妄蓋天性也每戲語人云卿能得我一妄語則謝卿以一縑眾共伺之不能記也後爲征西諮議參軍中撫軍司馬卒

郭祖深襄陽人也武帝初起以客從後隨蔡道恭在司州陷北還上書言境上事不見用選爲長兼南梁郡丞徙後軍行參軍帝溺情內教朝政縱弛祖深輿櫬詣闕上封事二十九條其言僧尼害國蠹民語尤切直又請斷界首將生口入北及關津廢替須加糾摘又言廬陵年少不宜鎮襄陽左僕射王暕在喪被起爲吳郡曾無辭讓其言深刻又請復郊四皇帝雖不能悉用然嘉其正直擢爲豫章鍾陵令員外散騎常侍普通七年改南州津爲南津校尉以祖深爲之加雲騎將軍秩二千石使募部曲三千及至南州公嚴清刻由來王侯勢家出入津不忌憲綱俠藏亡命祖深搜檢姦惡不避強禦動致刑辟奏江州刺史邵陵王太子詹事周捨贓罪遠近側足莫敢縱恣淮南太守畏之如上府常服故布襦素木案食不過一肉有姥餉一早青瓜祖深報以疋帛後有富人效之以貨祖深鞭以徇眾朝野憚之絕於干請所領皆精兵令行禁止有所討逐越境追禽江中嘗有賊祖深自率討之列陣未敢進仍令所親人先登不時進斬之遂大破賊威振遠近長近肅清

後魏

張恂字弘讓上谷沮陽人幽州刺史贈太保袞之弟也袞白有傳道武爲代王時恂隨袞歸國道武以恂參代王軍事恂言於道武曰自金運失御劉石紛紜慕容竊號山東苻姚盜器秦隴遂致三靈乏饗九域曠居大王稙基朔北重明積聖自北而南化被燕趙今中土士民望雲冀闕宜因斯會以建大業道武深器之厚加禮慮皇始初拜中書侍郎帷幄密謀頗預參議賜爵平皐子出爲廣平太守恂招集離散勸課農桑流民歸之者數千戶遷常山太守恂開建學校優禮儒士吏民歌詠之於時亂離之後牧民者罕能克勵唯恂當官清白仁恕臨下百姓親愛之其治爲當時第一道武嘉之賜以金帛明元即位徵拜太中大夫卒恂性清儉死日家無餘財贈并州刺史平皐侯諡曰宣子純字道倘襲爵坐事除純弟代字定燕陳留北平二郡太守卒贈營州刺史諡惠侯代所歷著稱有父遺風代子萇年爲汝南太守郡人劉崇之兄弟分析家貧唯一牛爭不能決訟於郡庭萇年悽而見之謂曰汝曹當以一牛故致此爭競脫有二牛必不爭乃以己牛一頭賜之於是境中各相誡約咸敦敬讓卒于郡子琛字寶貴少有孝行位至太子翊軍校尉卒

張膺不知何許人也延興中爲魯郡太守履行貞素妻子採樵以自供孝文嘉之還京兆太守清白著稱得吏人之忻心焉

宋世景西河介休人河南尹翻之弟也翻自有傳世景少自脩立事親以孝聞與弟道璵下帷讀誦博覽羣言尤精經義族兄弁甚重之舉秀才上第再遷彭城王勰開府法曹參軍勰愛其才學雅相器敬孝文甚嘉異之遷司徒法曹參軍世景明刑理著律令裁決疑獄剖抉如流轉尚書祠部郎彭城王勰每稱曰宋世景精微尚書僕射才也臺中疑事右僕射游肇常以委之世景既才長從政加之夙勤不怠兼領數曹深著稱績左僕射源懷引爲行臺郎廵察州鎭十有餘所黜降賞罰莫不咸允還七鎭別置諸戍明設亭候以備不虞懷大相委重還薦之宣武以爲不減李沖帝曰朕亦聞之後爲伏波將軍行滎陽太守郡大姓鄭氏豪橫號爲難制濟州刺史鄭尚弟遠慶先爲苑陵令多所受納百姓患之而世景下車召而誡之遠慶行意自若世景繩之以法遠慶懼棄官亾走於是屬縣莫不改肅終日坐於廳事未嘗寢息人間之事巨細必知發姦擿伏有若神明嘗有一吏人滿還郡食人雞豚又有一幹受人一帽又食二雞世景叱而告之吏幹叩頭伏罪於是上下震悚莫敢犯禁坐弟道璵事除名世景友于之性過絕於人及道璵死哭之酸感行路歲餘母喪遂不勝哀而卒世景曾撰晉書竟未得就遺腹子季儒位太學博士曾至譙宋間爲文弔嵇康甚有理致後夜寢室壞壓而殞時人悼傷惜之道璵少而敏俊自太學博士轉京兆王愉法曹行參軍坐愉反得罪作詩及挽歌詞寄之朋親以見寃痛道璵又曾贈著作郎張始均詩其末章云子深懷璧憂余有當門病道璵既不免難始均亦遇世禍時咸怪之道璵從孫孝工學涉亦好輯綴文藻形貌短陋而好臧否人物時論甚疾之爲齊北平王文學求入文林館不遂因非毁朝士撰朝士別錄二十卷會周武滅齊改關東風俗傳更廣聞見勒成三十卷以上之言多妄謬篇第冗雜無著述體周大象末預尉遲迥事誅死

路邕陽平人也宣武時除東魏郡太守涖政清勤經年儉日出家粟賑賜貧窘靈太后下詔褒美賜龍廐馬一匹衣一襲被褥一具稍遷南青州刺史卒

閻慶允不知何許人也爲東秦州敷城太守頻年饑儉慶允歲常以家粟千石賑恤貧窮人賴以濟部人陽寶龍一千餘人申頌美政有司以聞靈太后卒無褒賞

明亮字文德平原高昌人也有識幹歷員外常侍延昌中宣武臨朝堂親自黜陟授亮勇武將軍亮進曰臣本官常侍是第三清今授臣勇武其號至濁且文武又殊請更改授帝曰九流之內人咸君子卿獨欲乖衆妄相清濁所請未可亮曰今江左未賓書軌宜一方爲陛下投命前驅拓定吳會官爵陛下之所輕賤命微臣之所重陛下方收所重何惜所輕因請改授平遠將軍帝曰運籌用武然後遠人始平卿但用武平之何患不得平遠乎亮乃陳謝而退除陽平太守清白愛人甚有惠政轉汲郡太守爲政如前舉宣遠近卒二郡人吏迄今追思之

杜纂字榮孫常山九門人也少以清苦自立時縣令齊羅喪亾無親屬收殯纂以私財殯葬由是郡縣標其門閭後居父喪盡禮郡舉孝廉稍除積弩將軍從征新野及南陽平以功賜爵井陘男賞帛五百疋數日之中散之知友時人稱之歷武都漢陽二郡太守並以清白爲名明帝初拜清河內史性儉約尤愛貧老問民疾苦至有對之涕泣勸督農桑親自檢視勤者賞以物帛惰者加以罪譴弔死問生甚有恩紀除東益州刺史無御邊威羣氐反叛以失人和徵還還太中大夫正光末清河人房通等三百人頌纂德政乞重臨郡詔許之孝昌中爲葛榮圍逼以郡降榮以爲常山太守榮滅卒於家纂所歷任好行小惠蔬食弊衣多涉誣矯而輕財潔己終無受納爲百姓所思號爲良守天平中贈定州刺史

裴佗字元化河東聞喜人也六世祖詵仕晉位太常卿因晉亂避地涼州苻堅平河西東歸因居解縣世以文學顯五舉秀才再舉孝廉時人美之父景惠州別駕佗容貌魁偉隤然有器望舉秀才以高第除中書博士累遷趙郡太守爲政有方威惠甚著猾吏姦人莫不改貫所得俸祿分卹貧窮轉前將軍荆州刺史郡人戀仰傾境餞送蠻酋田盤石田敬宗等部落萬餘家恃衆阻險不賓王命前後牧守未能降款佗至州單使宣慰示以禍福敬宗聞風歸附於是合境清晏襁負至者千餘家後加中軍將軍以老乞還卒遺令不聽請贈不受賵襚諸子皆遵行之佗性剛直不好與俗人交遊其投分者必當時名勝清白任眞不事家產宅不過三十步又無田園暑不張蓋寒不衣裘其貞儉若此子讓之諏之俱知名齊史有傳

竇瑗字世珍遼西陽洛人也自言本出扶風平陵漢大將軍武曾孫崇爲遼西太守遂家焉曾祖堪慕容氏漁陽太守祖表馮弘城周太守入魏父同舉秀才早卒普泰初瑗啓以身階級爲父請贈詔贈平州刺史瑗年十七便荷帙從師遊學十載始爲御史後兼太常博士拜太原王爾朱榮官榮留爲北道大行臺左丞以拜榮官

賞新昌男從榮東平葛榮封容城縣伯琰乞以容城伯讓兄叔珍詔聽以新昌男轉授之叔珍由是位至泰山太守爾朱世隆等立長廣王曄爲主南赴洛陽至東郭外世隆等遣琰奏廢之琰執鞭獨入禁內奏願行堯舜事曄遂禪廣陵由是除給事黃門侍郎孝武帝時爲廷尉卿及釋奠開講琰與温子昇魏季景李業興並爲擿句天平中除廣宗太守政有清白之稱廣宗人情內戾累政咸見告訟唯琰一人終始全絜轉中山太守聲譽甚美爲吏民所懷及齊神武班書州郡稱琰政績以爲勸勵後授平州刺史在州政如臨郡又爲神武丞相府右長史琰無軍府斷割才不甚稱職又行晉州事及還鄴上表曰臣伏讀麟趾新制至三公曹第六十六條母殺其父子不得告告者死三返覆之未得其門何者案律子孫告父母祖父母者死又漢宣云子匿大父母皆勿論蓋謂父母祖父母小者攘羊甚者殺害之類恩須相隱律抑不言法理如是足見其直未必指母殺父止子不言也今母殺父而子不告便是知母而不知父識比野人義近禽獸且母之於父作合如天旣殺己之天復殺子之天二天俱喪豈容頓默此母之罪義不在赦下手之日母恩卽離仍以母道不告鄙臣所以致惑如或有之可臨時議罪何用豫制斯條用爲訓誡恐千載之下談者諠譁以明明大朝有尊母卑父之論以臣管見實所不取詔付尚書三公郎封君義立判云母殺其父子復告母母由告死便是子殺天下未有無母之國不知此子將欲何之旣於法無違於事非害宣布有司謂不宜改琰復難云局判云母由告死便是子殺天下未有無母之國不知此子將欲何之琰案典律未聞母殺其父而子有隱母之義旣不告母便是與殺父同天下可有無父之國此子獨得有所之乎事雖停寢除大宗正卿宗室以其寒士相與輕之琰案法推正甚見雠疾官雖通顯貧窘如初清尙之操爲時所重領本州大中正兼廷尉卿卒官贈太僕卿濟州刺史諡曰明

羊敦字元禮泰山鉅平人也伯父祉光祿大夫父靈引爲京兆王愉冀州長史愉反靈引見害祉靈引各有傳敦性尙閑素學涉書史以父死王事除給事中出爲本州別駕公平正直見非法終不判署後爲衛將軍廣平太守甚有能名姦吏蹐跡秋毫無犯雅性清儉屬歲饑家餽未至使人外尋陂澤採藕根食之遇有疾苦家人解衣質米以供之然政尙威嚴朝廷以其清白賜穀一千斛絹一百疋卒官吏民奔哭莫不悲慟贈衛大將軍吏部尚書兗州刺史諡曰貞武定初齊神武以敦及中山太守蘇淑在官奉法清約自居宜見追褒乃上言請加旌錄詔各賞帛一百疋粟五百斛下郡國咸使聞知焉

蘇淑字仲和武邑人也兄壽與坐事爲閹官後拜河間太守賜爵晉陽男及壽與將卒遂冒養淑爲子淑熙平中襲其爵後除樂陵內史在郡綏撫甚有人譽後謝病乞解有詔聽之民吏老幼詣乞淑者甚衆後歷滎陽中山二郡太守卒淑清心愛下所歷三郡皆爲吏民所思當時稱爲良二千石武定初贈衛大將軍都官尚書瀛州刺史諡曰懿齊神武追美清操與羊敦同見優賞

北齊

張華原字國滿代郡人也少明敏有器度神武開驃騎府引爲法曹參軍賜爵新城伯仍侍左右從於信都爲丞相府屬深被親遇每號令三軍恆令宣諭意旨尋除散騎常侍周文之始據雍州也神武欲以逆順曉之使華原入關說焉周文密有拘留之意謂之曰若能屈驥足於此當共享富貴不爾命懸今日華原曰渤海王命世誕生殆天所縱以明公籙命關右便自隔絕故使華原銜命相喻公不以此日改圖轉禍爲福乃欲以死脅人乎周文嘉其亮直乃使東還尋而悔之遣追不及神武以華原久而不返每嘆惜之及聞其來喜見於色後除相府右長史遷驃騎大將軍特進進爵爲公仍徙封新安後爲兗州刺史華原有幹畧達政體至州乃廣布耳目示以威禁境內大賊及隣州亾命三百餘人皆詣華原歸款咸撫以威信放歸田里於是人懷感附寇盜寢息州獄先有繫四千餘人華原科簡輕重隨事決遣至年暮唯有重罪者數十人華原各給假五日令歸曰期盡速還也囚等曰有君如是何忍背之依期畢至先時州境數有虎爲暴自華原臨政州東北七十里甑山中忽有六駮食虎咸以爲化感所致後卒官州人號慕爲樹碑立祠四時享祭焉贈尚書左僕射子宰均嗣

宋世良字元友西河介休人也世爲著姓父鍼字道和敦篤有志行卒於太中大夫世良年十五便有膽氣後隨伯父翻在南兗州屢有戰功魏行臺臨淮王彧與語奇之朝廷以爾朱榮有不臣跡孝莊將圖之密令彧將兵赴洛彧在梁郡稱疾假世良都督令還南兗發兵以聽期世良請簡見兵三千騎五日必到洛陽并陳二策彧皆不能從尋爲殿中侍御史詣河北括戶大獲浮惰見汲郡城傍多骸骨移書州郡悉令收瘞其夜甘雨滂沱河內太守田怙贓貨百萬世良檢案之未竟遇赦

而還孝莊勞之曰知卿所括得丁倍於本帳若官人皆如此用心便是更出一天下也其後還殿中世良奏殿中主齋會之事請改付餘曹帝曰卿意不欲親庖廚邪宜付右兵以爲永式河州刺史梁景叡枹罕羌首恃遠不敬其賀正使人頻年稱疾泰州刺史侯莫陳悅受其贈遺常爲送表世良並奏科其罪帝嘉之謂長孫承業曰朱郎中實有家風甚可重也後拜清河太守世良才識閑明尤善政術在郡未幾聲聞甚高陽平郡移掩劫盜三十餘人世良訊其情狀唯送十二人餘皆放之陽平太守魏明朗大怒云輒放吾賊及推問送者皆實放者皆非明朗大服郡東南有曲隄成公一姓阻而居之羣盜多萃於此人爲之語曰甯渡東吳會稽不歷成公曲隄世良施八條之制盜奔他境民又爲謠曰曲隄雖險賊何益但有宋公自屏跡天保初大赦郡先無一囚率羣吏拜詔而已獄內棲生桃樹蓬蒿亦滿每日牙門虛寂無復訴訟者人謂之神門其冬醴泉出於界內及代至傾城祖道有老人丁金剛者泣而前謝曰老民年九十記三十五府君非惟府君善政清亦徹底今失賢君民何以濟莫不攀轅涕泣除東郡太守卒官贈信州刺史世良彊學好屬文撰字畧五篇宋氏別錄十卷子伯宗位侍御史性清退好學多所撰述至齊亾不徙職遂不入仕隋大業初卒於家世良弟世軌自有傳

郞基字世業中山新市人也祖智魏膺郡太守贈兗州刺史父道恩開府陽平郡守基身長八尺美鬚髯汎涉墳籍尤長吏事起家奉朝請累遷海西鎭將遇東方白額稱亂淮南州郡皆從逆梁將吳明徹率衆攻圍海西基率勵兵民固守百餘日軍糧且罄戎杖亦盡乃登削木爲箭翦紙爲羽圍解還朝僕射楊愔乃迎勞之曰卿本文吏遂有武畧削木翦紙皆無故事班墨之思何以相過御史中丞畢義雲引爲侍御史趙州刺史尉粲文宣外弟揚州刺史郭元貞楊愔妹夫基不憚權威並劾其贓罪皇建初除鄭州長史帶潁川郡守郡西界與周接境因侯景背叛其東西分隔士人因緣姻舊私相貿易而禁格嚴重犯者非一基初涖職披檢條格多是權時不爲久長州郡因循失於請讞致密網久施得罪者衆遂條件申臺省仍以情量事科處自非極刑一皆放決積年留滯案狀膠加數日之中剖判咸盡而臺省報下並允基所陳條綱既疎獄訟清淨官民遐邇皆相慶悅基性清慎無營求嘗語人曰任官之所木枕亦不須作況重於此乎唯頗令人寫書潘子義曾遺之書云在官寫書亦是風流罪過基答曰觀過知仁斯亦可矣卒於官贈驃騎大將軍和州刺史謚曰惠棺柩將還遠近赴送莫不攀轅悲哭哀不自勝初基任瀛州騎兵時陳元康爲司馬畢義雲爲屬與基並有聲譽爲刺史元嶷所目曰三賢俱有當世才後來皆當遠至唯郞騎兵任眞過甚恐不足自達陳畢後並貴顯而基位止郡守基子茂隋史有傳

孟業字敬業鉅鹿安國人也家本寒微少爲州吏性廉謹同僚諸人侵盜官絹分三十疋與業業拒而不受行臺郞中郭秀甚相禮接方欲薦之會秀卒魏彭城王韶神武之壻也拜定州刺史除業爲典籤長史劉仁之謂業曰我處其外君居其內同心勠力庶有濟乎未幾仁之入爲中書令臨路啟韶云殿下左右可信任者唯有孟業願專任之餘人不可信也又與業別執手曰今我出都君便失援恐君在後不自保全唯正與直願君自勉業唯有一馬瘦死韶以業貧令州府官人同食馬肉欲令厚相酬償業固辭不敢韶乃戲業曰卿邀名人也對曰業爲典籤州中要職諸人欲相賄贈止患無方便耳今噉食肉恐致聚斂有損聲名所以仰違明教後未旬日韶左右王四德董惟金並以馬死託肉爲長史裴英密啟神武有書與韶大致誚讓業尋被譖出外行縣事後神武書責韶云典籤姓孟者極能用心何乃令出外也及韶代下業亦隨還贈送一無所受仁之後爲西兗州臨别謂吏部郞中崔暹曰貴州人士唯有孟業銓舉之次不可忘也暹問業曰君往在定州有何政使劉西兗如此欽歎業答曰唯知自修也韶爲并州刺史業復爲典籤仍兼長史天保初清河王岳拜司州牧召爲法曹業形貌短小及謁見岳心鄙其眇小笑而不言後尋業斷決處謂曰卿斷決之明可謂有過軀貌之用補河間王國郞中令清貧自守未曾有失文宣謂侍中裴英起曰卿識河間王郞中孟業不一昨見其國司文案似是好人對曰昔與臣同事魏彭城王元韶其人清忠正直世所希有帝曰如公言者比來便是大屈遂除中書舍人文宣初唯得姓名及因奏事見其羸老又質性敦朴無升降之容加之平緩寡於方便有一道士由吾道榮以術藝被迎將入內業爲通名忽於衆中抗聲奏云由吾道士不食五穀帝命推而下之又令點校百官敷奏失所帝遣人以馬鞭擊業頭至于流血然亦體其衰老非力所堪皇建二年累遷東郡太守以寬惠著名其年夏五官張凝因出使得麥一莖五穗其餘或三穗四穗其一莖者合郡咸以政化所感因即申上至秋復

有東燕縣人班映祖送嘉禾一莖九穗河清三年勑民間養驢催買甚切業曰吾旣爲人父母豈可坐看此急令宜權出庫錢貸人取辦後日有罪吾自當之後爲憲司所劾被攝之日郡人皆泣而隨之送相弔慰送業度關者有數百人至黎陽郡西方得辭訣舉聲號哭悲動行路詣闕訴寃者非一人勑乃放還郡中父老扣河迎接武成親戎自洛還鄴道由東郡業具牛酒率人吏拜謁路傍自稱糞土臣孟業伏惟聖駕親行有征無戰謹上微禮便與人吏俱唱萬歲導引前入帝大嘉之後除廣平太守年旣老理政不如在東郡時武平九年爲太中大夫加衛將軍尋卒業志守質素不尙浮華爲子結婚於朝肺腑吒羅氏其子以蔭得官爲平原王叚孝先相府行參軍乃令作今世服飾綺襦紈袴吒羅家又恃姻婭炫曜矜誇業知而不禁素望頗貶

崔伯謙字士遜博陵安平人也祖檷行博陵太守父文業中書郎鉅鹿太守伯謙幼孤居貧養母神武起晉陽召補相府功曹稱之曰崔伯謙淸直奉公眞良佐也轉七兵殿中左戸三曹郎中弟仲讓爲北豫州司馬與高愼同叛伯謙坐免官後歷瀛州別駕京畿司馬文襄將之晉陽勞之曰卿騁足瀛部已著康歌督府務繁是用相授臨別又馬上執手曰執子之手與子偕老卿宜深體此情族弟暹當時寵要伯謙與之舊僚同門非吉凶未嘗造請之以雅道自居天保初除濟北太守恩信大行富者禁其奢侈貧者勸課周給縣公田多沃壤伯謙咸易之以給民又改鞭用熟皮爲之不忍見血示恥而已朝貴行過郡境問人曰太守政何似對曰府君恩化古者所無誦人爲歌曰崔府君能臨政退田易鞭布威德人無爭客曰旣稱恩化何因復威對曰長吏憚其威嚴人庶蒙其恩惠故兼言之以相府舊僚例有加授徵赴鄴百姓號泣遮道數日不得前以弟仲讓在關中不復居內任除南鉅鹿太守下車導以禮讓豪族皆改心整肅事無巨細必自親覽在縣有貧弱未理者皆曰我自告白鬚公不慮不決在郡七年獄無停囚每有大使巡察恆處上第徵拜銀靑光祿大夫伯謙少時讀經史晚年好老莊容止儼然無愠色親賓至則置酒相娛淸言不及俗事士大夫以爲儀表卒贈南兗州刺史謚曰懿伯謙弟仲讓仕西魏位至鴻臚少卿

蘇瓊字珍之長樂武強人也父備仕魏至衛尉少卿瓊幼時隨父在邊嘗謁東荆州刺史曹芝芝戲問曰卿欲官不對曰設官求人非人求官芝異其對署爲府長流參軍文襄以儀同開府引爲刑獄參軍每加勉勞幷州嘗有彊盜長流參軍張流推其事所疑賊徒並已拷伏失物家並識認唯不獲盜贓文襄付瓊更令窮審乃別推得元景融等十餘人幷獲贓驗文襄大笑語前妄引賊者曰爾輩若不遇我好參軍幾致枉死除南淸河太守郡多盜賊及瓊至奸盜止息或外境奸非輒從界中行過者無不捉送零陵縣民魏雙成住處與畿內武城交錯失牛疑其村人魏子賓列送至郡一經窮問卽知非子賓盜便釋之雙成云府君放賊去百姓牛何可得瓊不理其語密遣訪獲盜者從此畜牧多散放不收云但付府君其隣郡富家將財物寄置界內以避盜冀州繹幕縣人成氏大富爲賊攻急告曰我物已寄置蘇公矣賊遂去平原郡有妖賊留黑茍構結徒侶通於滄海瓊所部人連接村居無相染累隣邑於此伏其德績郡中舊賊一百餘人悉充左右人間善惡及長吏飲人一盃酒無不卽知瓊性淸愼不發私書道人道硏爲濟州沙門統資產巨富在郡多有出息常得郡縣爲徵及欲求謁瓊度知其意每見則談問元理應對肅恭硏雖爲債數來無由啟口其弟子問其故硏曰每見府君徑將入靑雲間何由得論地上事師徒還歸遂焚債券郡人趙潁曾爲樂陵太守年餘八十致仕歸五月中得新瓜一雙自來奉瓊潁恃年老苦請遂便爲留仍致於聽事梁上竟不剖人聞受趙潁餉瓜欲貢新果至門間知潁瓜猶在相顧而去有百姓乙普明兄弟爭田積年不斷各相援據乃至百人瓊召普明兄弟對衆人諭之曰天下難得者兄弟易求者田地假令得地失兄弟心如何因而下淚諸證人莫不灑泣普明兄弟叩頭乞外更思分異十年卽還同住每年春總集大儒衛覬隆田元鳳等講於郡學朝吏文案之暇悉令授書時人指吏曹爲學生屋禁斷淫祀婚姻喪葬皆教令儉而衷禮又蠶月預下綿絹度樣於部內其兵賦次第並立明式至於調役事必先辦郡縣吏長恆無十杖稽失當時州郡無不遣人至境訪其政術天保中郡界大水民災絕食者千餘家瓊普集郡中有粟家自從貸粟悉以給付饑者州計戶徵租復欲推其貸粟綱紀謂瓊曰雖矜饑餒恐罪累府君瓊曰一身獲罪且活千室何所怨乎遂上表陳狀使檢皆免人戶保安此等相撫兒子咸言府君生汝在郡六年民庶懷之州前後四表列爲尤最遭憂解職故人贈遺一無所受尋起爲司直廷尉正朝士嗟其屈尙書辛術曰旣直且正名以定體不慮不申初瓊任淸河太守裴獻伯爲濟州刺史獻伯酷於用法瓊恩於養

人房延祐爲樂陵郡過濟州裴問其外聲延祐云唯聞太守善刺史惡裴云得人譽者非至公答云若爾黄霸龔遂君之罪人也後有勑州各舉清能裴以前言恐爲瓊陷瓊申其枉滯議者伺其公平舉義雲爲御史中丞以猛暴任職理官忌憚莫敢有違瓊推察務在得雪者甚衆寺署臺案始自於瓊遷三公郎中趙州及清河南中有人頻告謀反前後皆付瓊推檢事多申雪尙書崔昂謂瓊曰若欲立功名當更思餘理仍數雪反逆身命何輕瓊正色曰所雪者宛枉不放反逆昂大慙京師爲之語曰斷決無疑蘇珍之臯延中賜爵安定縣男徐州行臺左丞行徐州事徐州城中五級寺忽被盜銅像一百軀有司徵檢四鄰防宿及縱跡所疑逮繫數十人瓊一時放遣寺僧怨訴不爲推賊瓊遣僧謝曰但且還寺得像自送爾後十日抄賊姓名及贓處所徑收掩悉獲實驗賊徒款引道俗歎服舊制以淮禁不聽商販輒渡淮南歲儉啟聽淮北取糴後淮北人饑復請通糴淮南遂得商估往還彼此兼濟水陸之利通於河北後爲大理卿而齊亾仕周爲博陵太守隋開皇初卒

房豹字仲幹清河東武城人也曾祖法壽魏冀州刺史祖伯祖齊郡內史父翼宗安太守豹體貌魁岸美音儀年十七州辟主簿王思政入據潁川慕容紹宗出討豹爲紹宗開府主簿兼行臺郎中紹宗自云有水厄遂於戰艦中浴并自投於水冀以厭當之豹白紹宗曰天命也在天豈人理所能延保公若實有水厄非禳辟所能卻若其實無何禳之有今三軍之事在於明公唯應達命任理以保元吉方乃乘船入水云以防災豈如岸上指麾以保萬全也紹宗笑曰不能免俗爲復爾耳未幾而紹宗遇溺時論以豹爲知微清河中除謁者僕射拜西河太守地接周境俗雜稽胡豹政貴清靜甚著聲績遷博陵太守甚有能名又遷樂陵太守風教脩理稱爲美政郡瀕海水味多鹹苦豹命鑿一井遂得甘泉遐邇以爲政化所致豹罷歸後井味復鹹齊滅遂還本鄉邱園自養頻被徵命固辭以疾每牧守初臨必遣致禮官佐邑宰皆投刺申敬終於家無子以兄熊子彥詡嗣彥詡明辯有學識位殿中侍御史千乘益都二縣令有惠政

路去病陽平人也風神疎朗儀表瓌異河清初爲殿中侍御史彈劾不避貴戚以正直知名時勑用士人爲縣宰以去病爲定州饒陽縣令去病明閑時務性頗嚴毅人不敢欺然至廉平爲吏民歎伏武平四年爲成安縣令都下有鄴臨漳成安三縣輦轂之下舊號難爲重以政亂時艱綱紀不立近臣內戚請屬百端去病消息事宜以理抗答勢要之徒雖厮養小人莫不憚其風格亦不至嫌恨自遷鄴以還三縣令政術去病獨爲稱首周武平齊重其能官與濟陰郡守公孫景茂二人不被替代發詔褒揚去病後以尉遲迥事隋大業初卒於冀氏縣令

隋

梁彥光字脩芝安定烏氏人也祖茂魏秦華二州刺史父顯周荆州刺史彥光少岐嶷有至性其父每謂所親曰此兒有風骨當興吾宗七歲時父遇篤疾醫云餌五石可愈時求紫石英不得彥光憂瘁不知所爲忽於園中見一物彥光所不識怪而持歸即紫石英也親屬咸異之以爲至孝所感魏大統末入學略涉經史有規檢造次必以禮解褐祕書郎周受禪遷舍人上士武帝時累遷小馭下大夫母憂去職毀瘠過禮未幾令起視事帝見其毀甚嗟嘆久之後爲御正下大夫從帝平齊以功授開府陽城縣公宣帝即位拜華州刺史進封華陽郡公以陽城公轉封一子後拜柱國青州刺史屬帝崩不之官高祖受禪以爲岐州刺史兼領宮監甚有惠政嘉禾連理出於州境上嘉其能下詔褒美賜粟五百斛帛物三百段御傘一枚以厲清正後轉相州刺史彥光前在岐州其俗頗質以靜鎭之合境大安奏課連最爲天下第一及居相部如岐州法鄴都雜俗人多變詐爲之作歌稱其不能理政上聞而譴之竟坐免歲餘拜趙州刺史彥光言於上曰臣前待罪相州百姓呼爲戴帽餳臣自分廢黜無復衣冠之望不謂天恩復加收採臣請復爲相州改絃易調庶有以變其風俗上從之復爲相州刺史豪猾者聞彥光自請而來莫不嗤笑彥光下車發擿奸隱有若神明狡猾莫不潛竄於是合境大駭初齊亾後衣冠士人多遷關內唯伎巧商販及樂戶之家移實州郭由是人情險詖妄起風謠訴訟官人萬端千變彥光欲革其弊乃用秩俸之物招致山東大儒每鄉立學非聖哲之書不得教授常以季月召集之親臨策試有勤學異等聰令有聞者升堂設饌其餘並在廊下有好諍訟惰業無成者坐之庭中設以草具及大比當奉行賓貢之禮又於郊外祖道并以財物資之於是人皆刻勵風俗大改有滏陽人焦通性酗酒事親禮缺爲從弟所訟彥光弗之罪將至州學令觀孔子廟于時廟中有韓伯瑜母杖不痛哀母力衰對母悲泣之像通遂感悟悲媿若無所容者彥光訓諭而遣之後改過勵

行卒爲善士吏人感悅略無諍訟卒官贈冀定瀛青四州刺史謚曰襄子文謙嗣弘雅有父風以上柱國世子例授儀同歷上儀二州刺史遷鄱陽太守稱爲天下之最徵拜戶部侍郎遼東之役領虎賁郎將爲盧龍道軍副會楊元感作亂其弟虎賁郎將元縱先隷文謙元感反問未至而元縱逃走文謙不之覺坐是配防桂林而卒少子文讓初封陽城縣公後爲鷹揚郎將從衛元擊楊元感於東都力戰而死贈通議大夫

樊叔略陳留人也父觀仕魏爲南兗州刺史河陽侯爲高氏所誅叔略被腐刑給使殿省身長九尺有志氣頗見忌內不自安遂奔關西周文器之引置左右授都督襲爵爲侯大冢宰宇文護執政引爲中尉漸被委信兼督內外位開府儀同三司護誅齊王憲引爲園苑監數進兵謀憲甚奇之從武帝平齊以功加上開府封清鄉縣公拜汴州刺史號爲明決宣帝營建東都以叔略有巧思拜營構監宮室制度皆叔略所定尉遲迥之亂鎭大梁以軍功拜大將軍復爲汴州刺史高祖受禪加位上大將軍進爵安定郡公在州數年甚有聲稱遷相州刺史政爲當時第一上降璽書褒美之賜以粟帛班示天下百姓爲之語曰智無窮清鄉公上下正樊安定徵拜司農卿吏民莫不流涕相與立碑頌德自爲司農凡所種植叔略別有條制皆出人意表朝廷有疑滯公卿所未能決者叔略輒爲評理雖無學術有所依據然師心獨見闇與理合甚爲上所親委高熲楊素皆禮遇之叔略雖爲司農往往參督九卿事性頗豪侈每食方丈畢備水陸十四年從祠泰山至洛陽上令錄囚徒將奏晨至獄門於馬上暴卒上嗟悼久之贈亳州刺史謚曰襄

趙軌河南雒陽人也父肅魏散騎常侍自有傳軌少好學有行檢仕周爲蔡王記室以清苦聞高祖受禪爲齊州別駕有能名其東鄰有桑椹落其家軌遣人悉拾還其主誡其諸子曰吾非以此求名意者非機杼之物不願侵人汝等宜以爲戒在州四年考績連最持節使者郃陽公梁子恭上狀高祖賜以粟帛甚優令入朝父老將送者各揮淚曰別駕在官水火不與百姓交是以不敢以壺酒相送公清若水是以請酌一杯水奉餞軌受而飲之至京詔與牛弘撰定律令格式時衛王爽爲原州總管召爲司馬在道夜行其左右馬逸入田中暴人禾軌駐馬待明訪知禾主酬直而去原州人吏聞之莫不改操後檢校硤州刺史甚有恩惠轉壽州總管長史芍陂舊有五門堰蕪穢不修軌於是勸課吏民更開三十六門灌田五千餘頃人賴其利秩滿歸卒千家子弘安弘智並知名

房恭懿字慎言河南洛陽人也父謨魏贈司空前史有傳恭懿沈深有局量達於從政仕齊歷平恩令濟陰守並有能名齊亡不得調後預尉遲迥亂廢于家開皇初吏部尙書蘇威舉爲新豐令政爲三輔之最上聞而嘉之賜物四百段恭懿以所得賜分給窮乏未幾復賜粟三百石恭懿又以賑貧人上聞而止之時雍州諸縣令每朔朝謁上見恭懿必呼至榻前訪以治民之術威又薦之歷澤德二州司馬盧愷復奏恭懿政爲天下之最上甚異之復賜以帛因謂諸州朝集使者曰房恭懿志在體國愛養我百姓此乃上天宗廟之所祐助豈朕寡薄能致之乎朕卽拜爲刺史當令天下模範之卿等宜師斅也乃下詔褒美因授海州刺史未幾國子博士何妥奏恭懿尉遲迥之黨蘇威盧愷曲相舉薦上大怒恭懿竟放嶺南未幾徵還至洪州卒論者冤之

公孫景茂字元蔚河間阜成人也容貌魁梧少好學博涉經史在魏察孝廉射策甲科稍遷太常博士多所損益時人稱爲書庫歷高唐令大理正俱有能名齊滅周武帝聞而召見與語器之授濟北太守以母憂去職開皇初召拜汝南太守郡廢爲曹州司馬遷息州刺史法令清靜德化大行屬平陳之役征人在路病者景茂減俸祿爲饘粥湯藥多方振濟之賴全活者千數上聞而嘉之詔宣示天下十五年上幸洛陽景茂謁見時年七十七上命升殿坐問其年哀其老嗟歎久之景茂再拜曰呂望八十而遇文王臣踰七十而逢陛下上甚悅下詔褒美之加上儀同伊州刺史明年以疾徵吏人號泣於道及疾愈復乞骸骨又不許轉道州刺史悉以秩俸買牛犢雞豬散惠孤弱不自存者好單騎巡人家至戶入閣視百姓產業有脩理者於都會時乃褒揚稱述如有過惡隨卽訓導而不彰也由是人行義讓有無均通男子相助耕耘婦女相從紡績大村或數百戶皆如一家之務其後請致仕上優詔聽之仁壽中上明公楊紀出使河北見景茂神力不衰還以狀奏於是就拜淄州刺史賜以馬轝便道之官前後歷職皆有德政論者稱爲良牧大業初年八十七卒謚曰康身死之日諸州人吏赴喪者數千人或不及葬皆望墳慟哭野祭而去

辛公義隴西狄道人也祖徽魏徐州刺史父季慶青州刺史公義早孤爲母氏所養親授書傳周天和中選良家子任太學生武帝時召入露門學令受道義每月集

御前令與大儒講論上數嗟異時輩慕之建德初授宣納中士從平齊累遷掌治上士埽寇將軍高祖作相授內史上士參掌機要開皇元年除主客侍郎攝內史舍人賜爵安陽縣男轉駕部侍郎使勾檢諸馬牧所獲十餘萬匹上喜曰唯我公義奉國罄心從軍平陳以功除岷州刺史土俗畏病若一人有病卽合家避之父子夫妻不相看養孝義道絕由是病者多死公義患之欲變其俗因分遣官人巡檢部內凡有疾病者以牀輿來安置廳事暑月疫時病人或至數百廳廊悉滿公義親設一榻獨坐其間終日連夕對之理事所得秩俸盡用市藥迎醫療之躬勸其飲食於是悉差方召其親戚而喻之曰死生由命不關相著前汝棄之所以死耳今我聚病者坐臥其間若言相染那得不死病既復差汝等勿復信之諸病家子孫慙謝而去後人有遇疾者爭就使君其家親屬固留養之始相慈愛此風遂革合境之內呼爲慈母後遷并州刺史下車先至獄中因露坐牢側親自驗問十餘日間決斷咸盡方還大廳受領新訟皆不立文案遣當直佐僚一人側坐訊問事若不盡應須禁者公義卽宿廳事終不還閤人或諫之曰此事有程使君何自苦也答曰刺史無德何以導人尙令百姓繫於囹圄豈有禁人在獄而心自安乎罪人聞之咸自歎服後有欲諍訟者鄉閭父老遽相曉曰此蓋小事何忍勞苦使君訟者多兩讓而止時山東霖雨自陳汝至于滄海皆苦水災境內犬牙獨無所損山出黃銀獲之以獻詔水部郎婁崱就公義禱焉乃聞空中有金石絲竹之響仁壽元年追充揚州道黜陟大使豫章王暕恐其部內官寮犯法未入州境豫令使屬之公義答曰不敢有私及至揚州皆無所縱捨暕銜之及煬帝卽位揚州長史王弘入爲黃門郎因言公義之短竟去官吏人守闕訴冤相繼不絕後數歲帝悟除內史侍郎丁母憂未幾起爲司隸大夫檢校右禦衛虎賁郎將從征至柳城郡卒子融

柳儉字道約河間解人也祖元璋魏司州大中正相華二州刺史父裕周聞喜令儉有局量立行清苦爲州里所敬雖至親昵無敢狎侮仕周歷宣納上士畿伯大夫及高祖受禪擢拜水部侍郎封率道縣伯未幾出爲廣漢太守甚有能名俄而郡廢時帝勵精思政妙簡良能出爲牧宰儉以仁明著稱擢拜蓬州刺史獄訟者庭決遣之佐吏從容而已獄無繫囚蜀王秀時鎭益州列上其事遷邛州刺史在職十餘年人夷悅服蜀王秀之得罪也儉坐與交通免職及還鄉妻子衣食不贍見者咸歎伏焉煬帝嗣位徵之于時多以功臣任職牧州領郡者並帶戎資唯儉起自良吏帝嘉其績特授朝散大夫弘化太守儉清節愈勵大業五年入朝郡國畢集帝謂納言蘇威吏部尙書牛弘曰其中清名天下第一者爲誰威等以儉對帝又問其次威以涿郡贊務郭絢潁川贊務敬肅等二人對帝賜儉帛二百疋絢肅各一百疋令天下朝集使送至郡邸以旌異焉論者美之及大業末盜賊蜂起數被攻逼儉撫結人夷卒無離叛竟以保全及唐兵至長安尊立恭帝儉與留守李粲縞素於州南向慟哭既而歸京師相國李淵賜儉物三百段就拜上大將軍歲餘卒於家時年八十九郭絢河東安邑人家世寒微初爲尙書令史後以軍功拜儀同歷數州司馬長史皆有能名大業初刑部尙書宇文弼巡省河北引絢爲副煬帝將有事遼東以涿郡爲衝要訪可任者聞絢有幹局拜涿郡贊務吏人悅服數載遷爲通守兼領留守及山東盜起絢逐捕之多所克獲時諸郡無復完者唯涿郡獨全後將兵擊竇建德於河間戰死人吏哭之數月不息敬肅字儉德河東蒲坂人少以貞介知名釋褐州主簿開皇初爲安陵令有能名擢拜秦州司馬轉幽州長史仁壽中爲衛州司馬俱有異績煬帝嗣位遷潁川贊務大業五年朝東都帝令司隸大夫薛道衡爲天下郡官之狀稱肅曰心如鐵石老而彌篤時左翊衛大將軍宇文述當塗用事其邑在潁川每有書屬肅肅未嘗開封輒令使者持去述賓客有放縱者以法繩之無所寬貸由是述銜之八年朝於涿郡帝以其年老有能名將擢爲太守者數矣輒爲述所毀不行大業末乞骸骨優詔許之去官之日家無餘財歲餘終於家

劉曠不知何許人也性謹厚每以誠恕應物開皇初爲平鄉令單騎之官人有諍訟者輒丁寧曉以義理不加繩劾各自引咎而去所得俸祿賑施窮乏百姓感其德化更相篤勵曰有君如此何得爲非在職七年風教大洽獄中無繫囚諍訟絕息囹圄皆生草庭可張羅及去官吏民無少長號泣繼路將送數百里不絕遷爲臨潁令清名善政爲天下第一尙書左僕射高熲言狀上召之及引見勞之曰天下縣令固多矣卿能獨異於衆良足美也顧謂侍臣曰若不殊獎何以勸人於是下優詔擢拜莒州刺史

王伽河間章武人也開皇末爲齊州參軍初無足稱後被州使送流囚李參等七十餘人詣京師時制流人並枷鎖傳送次滎陽伽憫其辛苦悉呼而謂之曰卿輩既

犯國刑斷損名教身嬰縲紲此其職也今復重勞援卒豈獨不愧於心哉參等辭謝伽曰汝等雖犯憲法枷鎖亦大苦辛吾欲與汝等脫去行至京師總集能不違期不皆拜謝曰必不敢違伽於是悉脫枷停援卒與期曰某日當至京師如致前卻吾當爲汝受死舍之而去流人感悅依期而至一無離叛上聞而驚異召見與語稱善久之於是悉召流人并令攜負妻子俱入賜宴於殿庭而赦之乃下詔曰凡在有生含靈稟性咸知好惡並識是非若臨以至誠明加勸導則俗必從化人皆勸善往以海內亂離德教廢絕官人無慈愛之風兆庶懷姦詐之意所以獄訟不息澆薄難理朕受命上天安養萬姓思遵聖法以德化人朝夕孜孜意本如此而伽深識朕意誠心宣導參等感悟自赴憲司明率土之人非爲難教良是官人不加曉示致令陷罪無由自新若使官盡王伽之儔人皆李參之輩刑厝不用其何遠哉於是擢伽爲雍令政有能名

魏德深本鉅鹿人也祖沖仕周爲刑部大夫建州刺史因家弘農父毗鬱林令德深初爲高祖挽郎後歷馮翊郡書佐武陽郡司戶書佐以能遷貴鄉長爲政清靜不嚴而肅會興遼東之役徵稅百端使人往來責成郡縣于時王綱弛紊吏多贓賄所在徵斂人不堪命唯德深一縣有無相通不竭其力所求皆給而百姓不擾又盜賊羣起武陽諸城多被淪陷唯貴鄉獨全郡丞元寶藏受詔逐捕盜賊每戰不利則器械必盡輒徵發於人動以軍法從事如此者數矣其鄰城營造皆聚於聽事吏人遞相督責晝夜諠囂猶不能濟德深各問其所欲任隨便脩營官府寂然恆若無事唯約束長吏所修不須過勝餘縣使百姓勞苦然在下各自竭心恆爲諸縣之最尋轉館陶長貴鄉吏民聞之相與言及其事皆歔欷流涕語不成聲及將赴任傾城送之號泣之聲道路不絕既至館陶闔境老幼皆如見其父母有猾人員外郎趙君實與郡丞元寶藏深相交結前後令長未有不受其指麾者自德深至縣君實屏處於室未嘗輒敢出門逃竄之徒歸來如市貴鄉父老冒涉艱險詣闕請留德深有詔許之館陶父老復詣郡相訟以貴鄉文書爲詐郡不能決會持節使者韋霽杜整等至兩縣詣使訟之乃斷從貴鄉貴鄉吏民歌呼滿道互相稱慶館陶衆庶合境悲泣因從而居住者數百家寶藏深害其能會越王侗徵兵於郡寶藏遂令德深率兵千人赴東都俄而寶藏以武陽歸李密德深所領皆武陽人也以本土從賊念其親戚輒出都門東向慟哭而反人或謂之曰李密兵馬近在金墉去此二十餘里汝必欲歸誰能相禁何爲自苦如此其人皆垂泣曰我與魏明府同來不忍棄去豈道路艱難乎其得人心如此後與賊戰沒於陣貴鄉館陶人庶至今懷之

通志卷一百七十

通志卷一百七十一

宋右迪功郎鄭樵漁仲撰

酷吏傳第一

前漢

郅都　甯成　周陽由　趙禹　義縱　王溫舒
尹齊　楊僕　咸宣　田廣明　田延年　嚴
延年　尹賞

後漢

董宣　樊曄　李章　周紆　黃昌　陽球　王
吉

後魏

于洛侯　胡泥　李洪之（子神）高遵　張赦提（趙霸）羊
祉　崔暹　酈道元　谷楷

北齊

邸珍　宋游道（子士素）盧斐　畢義雲

隋

庫狄士文　田式　燕榮　趙仲卿　崔弘度（弟弘昇）
元弘嗣　王文同

前漢

郅都河東揚人也以郎事孝文帝景帝時爲中郎將敢直諫面折大臣於朝嘗從入上林賈姬如廁野彘卒來入廁上目都都不行上欲自持兵救姬都伏上前曰亾一姬復一姬進天下所少寧賈姬等乎陛下縱自輕柰宗廟太后何上還彘亦去太后聞之賜都金百斤由此重郅都濟南瞯氏（音癇）宗人三百餘家豪猾二千石莫能制於是景帝乃拜都爲濟南太守至則誅瞯氏首惡餘皆股栗居歲餘郡中不拾遺旁十餘郡守畏都如大府都爲人勇而有氣公廉不發私書問遺無所受請寄無所聽常自稱曰己背親而出身固當奉職死節官下終不顧妻子矣都遷爲中尉丞相條侯至貴倨也而都揖丞相是時民樸畏罪自重而都獨先嚴酷致行法不避貴戚列侯宗室見都側目而視號曰蒼鷹臨江王徵詣中尉府對簿臨江王欲得刀筆爲書謝上而都禁吏不與魏其侯使人以閒予臨江王臨江王既得爲書謝上因自殺竇太后聞之怒以危法中都都免歸家孝景帝乃使使持節拜都爲鴈門太守便道之官得以便宜從事匈奴素聞郅都節舉邊爲引兵去竟郅都死不敢近鴈門匈奴至爲偶人象郅都令騎馳射莫能中其見憚如此匈奴患之竇太后乃竟中都以漢法景帝曰都忠臣欲釋之竇太后曰臨江王獨非忠臣邪於是遂斬郅都

甯成南陽穰人也以郎謁者事景帝好氣爲人小吏必陵其長吏爲人上操下如束濕薪猾賊任威稍遷至濟南都尉而郅都爲守始前數都尉皆步入府因吏謁守如縣令其畏郅都如此及成往直陵都出其上都素聞其聲於是善遇與結驩久之郅都死後長安左右宗室多暴犯法於是上召甯成爲中尉其治效郅都其廉弗如然宗室豪傑皆人人惴恐武帝即位徙爲內史外戚多毀成之短抵罪髡鉗是時九卿罪死即死少被刑而成極刑自以爲不復收於是解脫詐刻傳出關歸家稱曰仕不至二千石賈不至千萬安可比人乎乃貰貸買陂田千餘頃假貧民役使數千家數年會赦致產數千金爲任俠持吏長短出從數十騎其使民威重於郡守

周陽由其父趙兼以淮南王舅父侯周陽故因氏焉由以宗家任爲郎事孝文及景帝景帝時由爲郡守武帝即位吏治尚循謹然由居二千石中最爲暴酷驕恣所愛者撓法活之所憎者曲法誅滅之所居郡必夷其豪爲守視都尉如令爲都尉必陵太守奪之治與汲黯俱爲忮司馬安之文惡俱在二千石列同車未嘗敢均茵馮後由爲河東都尉與其守勝屠公爭權相告言勝屠公當抵罪義不受刑自殺而由棄市自甯成周陽由之後事益多民巧法大抵吏之治類多成由等矣

趙禹扶風斄人也以佐史補中都官用廉爲令史事太尉周亞夫亞夫爲丞相禹爲丞相史府中皆稱爲廉平然亞夫弗任曰極知禹無害然文深不可以居大府武帝時禹以刀筆吏積勞遷爲御史上以爲能至太中大夫與張湯定律令作見知吏傳相監司以法蓋自此始禹爲人廉倨爲吏以來舍無食客公卿相造請禹終不行報謝務在絕知友賓客之請孤立行一意而已見法輒取亦不覆案求官屬陰罪嘗中廢已爲廷尉始條侯以禹賊深及禹爲少府九卿酷急至晚節事益多吏務爲嚴峻而禹治加緩名爲平王溫舒等後起治峻於禹禹先以老徙爲燕相數歲悖亂有罪免歸後十餘年以壽卒於家

義縱河東人也少年時常與張次公俱攻剽爲羣盜縱有姊姁（姁音吁）以醫幸王太后太后問有子兄弟爲官者乎姊曰有弟無行不可太后乃告上上拜義姁弟縱爲中郎補上黨郡中令治敢往少溫籍縣無逋事舉第一遷爲長陵及長安令直法行治不避貴戚以捕按太后外孫脩成君子中上以爲能遷爲河內都尉至則族滅其豪穰氏之屬河內道不拾遺而張次公亦爲郎以勇悍從軍敢深入有功封爲岸頭侯甯成家居上欲以爲

郡守御史大夫弘曰臣居山東爲小吏時甯成爲濟南都尉其治如狼牧羊成不可使治民上乃拜成爲關都尉歲餘關東吏隸郡國出入關者號曰甯見乳虎無值甯成之怒其暴如此義縱自河內遷爲南陽太守聞甯成家居南陽及縱至關甯成側行送迎然縱氣盛弗爲禮至郡遂案甯氏盡破碎其家成坐有罪及孔暴之屬皆奔亡南陽吏民重足一迹而平氏朱彊杜衍杜周爲縱爪牙之吏任用遷爲廷尉史軍數出定襄定襄吏民亂敗於是徙縱爲定襄太守縱至掩定襄獄中重罪輕繫二百餘人及賓客昆弟私入相視者亦二百餘人縱壹切捕鞫曰爲死罪解脫是日皆報殺四百餘人郡中不寒而栗猾民佐吏爲治是時趙禹張湯以深刻爲九卿矣然其治尚寬輔法而行縱以鷹擊毛摯爲治後會更五銖錢白金起民爲姦京師尤甚乃以縱爲右內史王溫舒爲中尉溫舒至惡其所爲弗先言縱縱必以氣陵之敗壞其功其治所誅殺甚多然取爲小治姦益不勝直指始出矣吏之治以斬殺縛束爲務閻奉以惡用矣縱廉其治放郅都上幸鼎湖病久已而卒起幸甘泉道多不治上怒曰縱以我爲不復行此道乎嗛之音銜至冬楊可方受告緡縱以爲此亂民部吏捕其爲可使者天子聞使杜式治以爲廢格沮事縱棄市後一歲張湯亦死

王溫舒馮翊陽陵人也少時椎埋爲姦已而試補縣亭長數廢數爲吏以治獄至廷尉史事張湯遷爲御史督盜賊殺傷甚多稍遷至廣平都尉擇郡中豪傑敢往吏十餘人爲爪牙皆把其陰重罪而縱使督盜賊快其意所欲得此人雖有百罪弗法卽有避回夷之亦滅宗以故齊趙之郊盜不敢近廣平廣平聲爲道不拾遺上聞遷爲河內太守素居廣平時皆知河內豪姦之家及往以九月至令郡具私馬五十匹爲驛自河內至長安部吏如居廣平時方略捕郡中豪猾相連坐千餘家上書請大者至族小者乃死家盡沒入償臧奏行不過二三日得可事論報至流血十餘里河內皆怪其奏以爲神速盡十二月郡中無敢夜行野無犬吠之盜其頗不得失之旁郡追求會春溫舒頓足歎曰嗟乎令冬月益展一月足吾事矣其好殺行威不愛人如此上聞之以爲能遷爲中尉其治復放河內徙請召猾禍吏與從事河內則楊皆麻戊關中楊贛成信等義縱爲內史憚之未敢恣治及縱死張湯敗後徙爲廷尉而尹齊爲中尉坐法抵罪溫舒復爲中尉爲人少文居他惛惛不辯至於中尉則心開素習關中俗知豪惡吏豪惡吏盡復爲用吏苛察淫惡少年投缿購告言姦置伯落長以收司姦溫舒多謟善事有埶者卽無埶視之如奴有埶家雖有姦如山弗犯無埶雖貴戚必侵辱舞文巧請下戶之猾以動大豪其治中尉如此姦猾窮治大氐盡靡爛獄中行論無出者其爪牙吏虎而冠於是中尉部中中猾以下皆伏有埶者爲游聲譽稱治數歲其吏多以權貴富溫舒擊東越還議有不中意坐小法免是時上方欲作通天臺而未有人溫舒請覆中尉脫卒得數萬人作上說拜爲少府徙右內史治如其故姦邪少禁坐法失官復爲右輔行中尉如故操歲餘會宛軍發詔徵豪吏溫舒匿其吏華成及人有變告溫舒受員騎錢他姦利事罪至族自殺其時兩弟及兩婚家亦各自坐他罪而族光祿勳徐自爲曰悲夫夫古有三族而王溫舒罪至同時而五族乎溫舒死家累千金

尹齊東郡茌平人也以刀筆吏稍遷至御史事張湯湯數稱以爲廉武帝使督盜賊斬伐不避貴埶遷關都尉聲甚於甯成上以爲能拜爲中尉吏民益彫敝輕齊木彊少文豪惡吏伏匿而善吏不能爲治以故事多廢抵罪後復爲淮陽都尉王溫舒敗後數年病死家直不滿五十金所誅滅淮陽甚多及死仇家欲燒其屍妻亡去歸葬

楊僕宜陽人也以千夫爲吏河南守舉爲御史使督盜賊關東治放尹齊以敢擊行稍遷至主爵都尉列爲九卿天子以爲能南越反拜爲樓船將軍有功封將梁侯東越反上欲復使將爲其伐前勞以書敕責之曰將軍之功獨有先破石門尋陿非有斬將騫旗之實也烏足以驕人哉前破番禺捕降者以爲虜掘死人以爲獲是一過也建德呂嘉逆罪不容於天下將軍擁精兵不窮追超然以東越爲援是二過也士卒暴露連歲爲朝會不置酒將軍不念其勤勞而造佞巧請乘傳行塞因用歸家懷銀黃垂三組夸鄉里是三過也失期內顧以道惡爲解失尊尊之序是四過也欲請蜀刀問君賈幾何對曰率數百武庫日出兵而陽不知挾僞干君是五過也受詔不至蘭池宮明日又不對假令將軍之吏問之不對令之不從其罪何如推此心以在外江海之間可得信乎今東越深入將軍能率眾以掩過不僕惶恐對曰願盡死贖罪與王溫舒俱破東越後復與左將軍荀彘俱擊朝鮮爲彘所縛語在朝鮮傳還免爲庶人病死

咸宣楊人也咸音減以佐史給事河東守衞將軍青使買馬河東見宣無害言上徵爲廄丞官事辦稍遷至御史

及丞使治主父偃及淮南反獄所以微文深詆殺者甚衆稱爲敢決疑數廢數起爲御史及中丞者幾二十歲王温舒爲中尉而宣爲左內史其治米鹽事小大皆關其手自部署縣名曹實物官吏令丞弗得擅搖痛以重法繩之居官數年一切爲小治辦然獨宣以小至大能自行之難以爲經中廢爲右扶風坐怒其吏成信信亾藏上林中宣使郿令將吏卒闌入上林中蠶室門攻亭格殺信射中苑門宣下吏爲大逆當族自殺而杜周任用是時郡守尉諸侯相二千石欲爲治者大抵盡效王温舒等而吏民益輕犯法盜賊滋起南陽有梅免百政楚有段中杜少齊有徐勃燕趙之閒有堅盧范主之屬大羣至數千人擅自號攻城邑取庫兵釋死罪縛辱郡守都尉殺二千石爲檄告縣趨具食小羣以百數掠鹵鄉里者不可稱數於是上始使御史中丞丞相長史使督之猶弗能禁乃使光祿大夫范昆諸部都尉及故九卿張德等衣繡衣持節虎符發兵以興擊斬首大部或至萬餘級及以法誅通行飲食坐相連郡甚者數千人數歲乃頗得其渠率散卒失亾復聚黨阻山川往往而羣無可柰何於是作沈命法曰羣盜起不發覺發覺而捕弗滿品者二千石以下至小吏主者皆死其後小吏畏誅雖有盜弗敢發恐不能得坐課累府府亦使不言故盜賊寖多上下相爲匿以避文法焉

田廣明字子公鄭人也以郎爲天水司馬功次遷河南都尉以殺伐爲治郡國盜賊並起遷廣明爲淮陽太守故城父令公孫勇與客胡倩等謀反倩詐稱光祿大夫從車騎數十言使督盜賊止陳留傳舍太守謁見欲收取之廣明覺知發兵皆斬捕焉而公孫勇衣繡衣乘駟馬車至圉圉使小史侍之亦知其非是守尉魏不害與廐嗇夫江德尉史蘇昌共收捕之上封不害爲當塗侯德轑陽侯昌蒲侯初四人俱拜於前小史竊言武帝閒言何對曰爲侯者得東歸不上曰汝欲不貴矣言汝竟欲歸不吾今貴汝謂賜之爵也女鄉名爲何對曰名遺鄉上曰用遺女矣於是賜小史爵關內侯食遺鄉六百戶上以廣明連禽大姦徵入爲大鴻臚擢廣明兄雲中代爲淮陽太守昭帝時廣明將兵擊益州還賜爵關內侯徙衞尉後出爲左馮翊治有能名宣帝初立代蔡義爲御史大夫以前爲馮翊與議定策封昌水侯歲餘以祁連將軍將兵擊匈奴出塞至受降城受降都尉前死喪柩在堂廣明召其寡妻與姦旣出不至質質所期處也引軍空還下太僕杜延年簿責廣明自殺闕下國除兄雲中爲淮陽守亦敢誅殺吏民守闕告之竟坐棄市

田延年字子賓其先齊諸田也徙陽陵延年以材略給事大將軍莫府霍光重之遷爲長史出爲河東太守選拔尹翁歸等以爲爪牙誅鉏豪彊姦邪不敢發以選入爲大司農會昭帝崩昌邑王嗣位淫亂霍將軍憂懼與公卿議廢之莫敢發言延年按劒廷叱羣臣卽日議決語在光傳宣帝卽位延年以決疑定策封陽成侯先是茂陵富人焦氏賈氏以數千萬陰積貯炭葦諸下里物死者歸蒿里葬地下故曰下里昭帝大行時方上事暴起用度未辦延年奏言商賈或豫收方上不祥器物冀其疾用欲以求利非民臣所當爲請沒入縣官奏可富人亾財者皆怨出錢求延年罪初大司農取民牛車三萬兩爲僦載沙便橋下送致方上車直千錢延年上簿詐增僦直車二千凡六十萬盜取其半焦賈兩家告其事下丞相府丞相議奏延年主守盜三千萬不道霍將軍召問延年欲爲道地延年抵曰本出將軍之門蒙此爵位無有是事光曰卽無事當窮竟御史大夫田廣明謂太僕杜延年曰春秋之義以功覆過當廢昌邑王時非田子賓之言大事不成今縣官出三千萬自乞音氣之何哉願以愚言白大將軍延年言之大將軍大將軍曰誠然實勇士也當發大議時震動朝廷光因舉手自撫心曰使我至今病悸謝田大夫曉大司農通往就獄得公議之田大夫使人語延年延年曰幸縣官寬我耳何面目入牢獄使衆人指笑我卒徒唾吾背乎卽閉閤獨居齋舍偏袒持刀東西步數日使者召延年詣廷尉聞鼓聲自刎死國除

嚴延年字次卿東海下邳人也其父爲丞相掾延年少學法律丞相府歸爲郡吏以選除補御史掾舉侍御史是時大將軍霍光廢昌邑王尊立宣帝宣帝初立延年劾奏光擅廢立亾人臣禮不道奏雖寢然朝廷肅焉敬憚延年後復劾大司農田延年持兵干屬車大司農自訟不干屬車事下御史中丞譴責延年何以不移書宮殿門禁止大司農而令得出入宮於是覆劾延年闌內罪人法至死延年亾命會赦出丞相御史府徵書同日到延年以御史書先至詣御史府復爲掾宣帝識之拜爲平陵令坐殺不辜去官後爲丞相掾復擢爲好畤令神爵中西羌反彊弩將軍許延壽請延年爲長史從軍敗西羌還還爲涿郡太守時郡比得不能太守涿人畢野白等由是廢亂大姓西高氏東高氏自郡吏以下皆畏避之莫敢與牾咸曰寧負二千石無負豪大家賓客放爲盜賊發輒入高氏吏不敢追浸浸日久道路張弓

拔刃然後敢行其亂如此延年至遣掾蠡吾趙繡按高氏得其死罪繡見延年新將心內懼卽爲兩劾欲先白其輕者觀延年意怒乃出其重劾延年己知其如此矣趙掾至果白其輕者延年索懷中得重劾卽收送獄夜入晨將至市論殺之先所按者死吏皆股弁更遣吏分考兩高窮竟其姦誅殺各數十人郡中震恐道不拾遺三歲遷河南太守賜黃金二十斤豪彊脅息野無行盜威震旁郡其治務在摧折豪彊扶助貧弱貧弱雖陷法曲文以出之其豪桀侵小民者以文內之衆人所謂當死者一朝出之所謂當生者詭殺之吏民莫測其意深淺戰慄不敢犯禁按其獄皆文致不可得反延年爲人短小精悍敏捷於事雖子貢冉有通藝於政事不能絕也吏忠盡節者厚遇之如骨肉皆親鄉之出身不顧以是治下無隱情然疾惡泰甚中傷者多尤巧爲獄文善史書所欲誅殺奏成於手中主簿親近史不得聞知奏可論死奄忽如神冬月傳屬縣囚會論府上流血數里河內號曰屠伯令行禁止郡中正清是時張敞爲京兆尹素與延年善敞治雖嚴然尙頗有縱舍聞延年用刑刻急乃以書喩之曰昔韓盧之取菟也上觀下獲（言良犬之取兔仰觀人主之意而獲之喩不妄殺）不甚多殺願次卿少緩誅罰思行此術延年報曰河南天下喉咽二周餘斃莠盛苗穢何可不鉏也自矜伐其能終不衰止時黃霸在潁川以寬恕爲治郡中亦平屢蒙豐年鳳凰下上賢焉下詔稱揚其行加金爵之賞延年素輕霸爲人及比郡爲守襃賞反在己前心內不服河南界中又有蝗蟲府丞狐義出行蝗還見延年延年曰此蝗豈鳳凰食邪義又道司農中丞耿壽昌爲常平倉利百姓延年曰丞相御史不知爲也當避位去壽昌安得權此後左馮翊缺上欲徵延年符己發爲其名酷復止延年疑少府梁邱賀毀之心恨會琅邪太守以視事久病滿三月免延年自知見廢謂丞曰此人尙能去官我反不能去邪又延年察獄史廉有臧不入身延年坐選舉不實貶秩笑曰後敢復有舉人者矣丞義年老頗悖素畏延年恐見中傷延年本嘗與義俱爲丞相史實親厚之無意毀傷也餽遺之甚厚義愈益恐自筮得死卦忽忽不樂取告至長安上書言延年罪名十事己拜奏因飲藥自殺以明不欺事下御史丞按驗有此數事以結延年坐怨望誹謗政治不道棄市初延年母從東海來欲從延年臘到雒陽適見報囚母大驚便止都亭不肯入延年出至都亭謁母母閉閤不見延年免冠頓首閤下良久母乃見之因數責延年幸得備郡守專治千里不聞仁愛教化有以全安愚民顧乘刑罰多刑殺人欲以立威豈爲民父母意哉延年服罪重頓首謝因自爲母御歸府舍母畢正臘謂延年天道神明人不可獨殺我不意當老見壯子被刑戮也行矣去女東歸埽除墓地耳遂去歸郡見昆弟宗人復爲言之後歲餘果敗東海莫不賢知其母延年兄弟五人皆有吏材至大官東海號曰萬石嚴嫗次弟彭祖至太子太傅在儒林傳

尹賞字子心鉅鹿楊氏人也以郡吏察廉爲樓煩長舉茂材粟邑令左馮翊薛宣奏賞能治劇徙爲頻陽令坐殘賊免後以御史舉爲鄭令永始元延間上怠於政貴戚驕恣紅陽長仲兄弟交通輕俠藏匿亡命而北地大豪浩商等報怨殺義渠長妻子六人往來長安中丞相御史遣掾求逐黨與詔書召捕久之乃得長安中姦猾浸多閭里少年羣輩殺吏受賕報仇相與探丸爲彈得赤丸者斫武吏得黑者斫文吏白者主治喪城中薄暮塵起剽劫行者死傷橫道枹鼓不絕賞以三輔高第選守長安令得一切便宜從事賞至修治長安獄穿地方深各數丈致令辟爲郭以大石覆其口名爲虎穴乃部戶曹掾史與鄉吏亭長里正父老伍人雜舉長安中輕薄少年惡子無市籍商販作務而鮮衣凶服被鎧扞持刀兵者悉籍記之得數百人賞一朝會長安吏車數百兩分行收捕皆劾以爲通行飲食羣盜賞親閱見十置一其餘盡以次內虎穴中百人爲輩覆以大石數日壹發視皆相枕藉死便輿出瘞寺門桓東（桓華表也）揭著其姓名（揭櫫也音竭）百日後乃令死者家各自發取其尸親屬號哭道路皆歔欷長安中歌之曰安所求子死桓東少年場生時諒不謹枯骨後何葬（子郞反）賞所置皆其魁宿或故吏善家子失計隨輕黠願自改者財數十百人皆貰其罪詭令立功以自贖盡力有效者因親用之爲爪牙追捕甚精甘耆姦惡甚於凡吏賞視事數月盜賊止郡國亡命散走各歸其處不敢闚長安江湖中多盜賊以賞爲江夏太守捕格江賊及所誅吏民甚多坐殘賊免南山羣盜起以賞爲右輔都尉遷執金吾督大姦猾三輔吏民甚畏之數年卒官疾病且死戒其諸子曰丈夫爲吏正坐殘賊免追思其功效則復進用矣一坐軟弱不勝任免終身廢棄無有赦時其羞辱甚於貪汙坐臧愼毋然賞四子皆至郡守長子立爲京兆尹皆尙威嚴有治辦名

後漢

董宣字少平陳留圉人也初爲司徒侯霸所辟舉高第

累遷北海相到官以大姓公孫丹爲五官掾丹新造居宅而卜工以爲當有死者丹乃令其子殺道行人置尸舍內以塞其咎宣知卽收丹父子殺之丹宗族親黨三十餘人操兵詣府稱寃叫號宣以丹前附王莽慮交通海賊乃悉收繫劇獄使門下書佐水邱岑盡殺之青州以其多濫奏宣考岑宣坐徵詣廷尉在獄晨夜諷誦無憂色及當出刑官屬具饌送之宣乃厲聲曰董宣生平未曾食人之食況死乎升車而去時同刑九人次應及宣光武馳騎特原宣刑且令還獄遣使者詰宣多殺無辜宣具以狀對言水邱岑受臣旨意罪不由之願殺臣活岑使者以聞有詔左轉宣懷令令青州勿案岑罪岑官至司隸校尉後江夏有劇賊夏喜等寇亂郡境以宣爲江夏太守到界移書曰朝廷以太守能禽姦賊故辱斯任今勒兵界首檄到幸思自安之宜喜等聞懼卽時降散外戚陰氏爲郡都尉宣輕慢之坐免後特徵爲洛陽令時湖陽公主蒼頭白日殺人因匿主家吏不能得及主出行而以奴驂乘宣於夏門亭候之乃駐車叩馬以刀畫地大言數主之失叱奴下車因格殺之主卽還宮訴帝帝大怒召宣欲箠殺之宣叩頭曰願乞一言而死帝曰欲何言宣曰陛下聖德中興而縱奴殺人將何以理天下乎臣不須箠請得自殺卽以頭擊楹流血被面帝令小黃門持之使宣叩頭謝主宣不從彊使頓之宣兩手據地終不肯俯主曰文叔爲白衣時藏亡匿死吏不敢至門今爲天子威不能行一令乎帝笑曰天子不與白衣同因敕彊項令出賜錢三十萬宣悉以班諸吏由是搏擊豪彊莫不震慄京師號爲臥虎歌之曰枹鼓不鳴董少平在縣五年年七十四卒於官詔遣使者臨視惟有布被覆尸妻子對泣有大麥數斛敝車一乘帝傷之曰董宣廉潔死乃知之以宣嘗爲二千石賜艾綬葬以大夫禮拜子並爲郎中後官至齊相

樊曄字仲華南陽新野人也與光武少遊舊建武初徵爲侍御史遷河東都尉引見雲臺初光武微時嘗以事拘於新野曄爲市吏餽餌一笥帝德之不忘仍賜曄御食及乘輿服物因戲之曰一笥餌得都尉何如曄頓首辭謝及至郡誅討大姓馬適匡等盜賊清吏民畏之數年遷揚州牧教民耕田種樹理家之術視事十餘年坐法左轉軹長隗囂滅後隴右不安乃拜曄爲天水太守政嚴猛好申韓法善惡立斷人有犯其禁者卒不生出獄吏民及羌胡畏之道不拾遺行旅至夜聚衣裝道傍曰以付樊公涼州爲之歌曰游子常苦貧力子天所富寗見乳虎穴不入冀府寺大笑期必死忿怒或見置嗟我樊府君安可再遭値視事十四年卒官永平中顯宗追思曄在天水時政能以爲後人莫之及詔賜錢百萬子融有俊才好黃老不肯爲吏

李章字第公河內懷人也五世二千石章習嚴氏春秋經明教授歷州郡吏光武爲大司馬平定河北召章置東曹屬數從征伐光武卽位拜陽平令時趙魏豪右往往屯聚淸河大姓趙綱遂於縣界起塢壁繕甲兵爲在所害章到乃設饗會而延謁綱綱帶文劒被羽衣從士百餘人來到章與對讌飲有頃手劒斬綱伏兵亦悉殺其從者因馳詣塢壁掩擊滅之吏民遂安遷千乘太守坐誅斬盜賊過濫徵下獄免歲餘拜侍御史出爲琅邪太守時北海安邱大姓夏長思等反遂囚太守處興而據營陵城章聞卽發兵千人馳往擊之掾吏止章曰二千石行不得出界兵不得擅發章按劒怒曰逆虜無狀囚劫郡守此何可忍若坐討賊而死吾不恨也遂引兵至安邱城下募勇敢燒城門與長思戰斬之獲三百餘級得牛馬五百餘頭而還興歸郡以狀上帝悉以所得班勞吏士後坐度人田不實徵以章有功但司寇論月餘免刑歸復徵會病卒

周紆字文通下邳徐人也爲人刻削少恩好韓非之術少爲廷尉史永平中補南行唐長到官曉吏人曰朝廷不以長不肖使牧黎民而性讐猾吏志除豪賊且勿相試遂殺縣中尤無狀者數十人吏人大震遷博平令收考姦臧無出獄者以威名遷齊相亦頗嚴酷專任刑法而善爲辭案條教爲州內所則後坐殺無辜復左轉博平令建初中爲勃海太守每赦令到郡輒隱閉不出先遣使屬縣盡決刑罪乃出詔書坐徵詣廷尉免歸紆廉潔無資常築墼以自給肅宗聞而憐之復以爲郎再遷召陵侯相廷掾憚紆嚴明欲損其威乃晨取死人斷手足立寺門紆聞便往死人邊若與死人共語狀陰察視口眼有稻芒乃密問守門人曰悉誰載藁入城者門者對惟有廷掾耳又問鈴下外頗有疑令與死人語者不對曰廷掾疑君乃收廷掾考問具服不殺人取道邊死人後人莫敢欺者徵拜洛陽令下車先問大姓主名吏數閭里豪彊以對紆厲聲怒曰本問貴戚若馬竇等輩豈能知此賣菜傭乎於是部吏望風旨爭以激切爲事貴戚跼蹐京師肅清皇后弟黃門郎竇篤從宮中歸夜至止姦亭亭長霍延遮止篤篤蒼頭與爭延遂拔劒擬篤而肆詈恣口篤以表聞詔召司隸校尉河南尹詣尚書譴問遣劒戟士收紆送廷尉詔獄數日貰出帝知紆

奉法疾姦不事貴戚然苛慘失中數爲有司所奏八年遂免官後爲御史中丞和帝卽位太傅鄧彪奏紆在任過酷不宜典司京輦免歸田里後竇氏貴盛篤兄弟秉權睚眦宿怨無不僵仆紆自謂無全乃柴門自守以待其禍然篤等以紆公正而怨隙有素遂不敢害永元五年復徵爲御史中丞諸竇雖誅而夏陽侯瓌猶尙在朝紆疾之乃上疏曰臣聞臧文仲之事君也見有禮於君者事之如孝子之養父母見無禮於君者誅之如鷹鸇之逐鳥雀按夏陽侯瓌本出輕薄志在邪辟學無經術而妄構講舍外招儒徒實會姦桀輕忽天威侮慢王室又造作巡狩封禪之書惑衆不道當伏誅戮而主者營私不爲國計夫涓流雖寡浸成江河爝火雖微卒能燎野履霜有漸不可懲革宜尋呂產專竊之亂永惟王莽篡逆之禍上安社稷之計下解萬人之惑會瓌歸國紆遷司隸校尉六年夏旱車駕自幸洛陽錄囚徒二人被掠生蟲坐左轉騎都尉七年遷將作大匠九年卒於官

黃昌字聖眞會稽餘姚人也本出孤微居近學宮數見書生修庠序之禮因好之遂就經學又曉習文法仕郡爲決曹刺史行部見昌甚奇之辟從事後拜宛令政尙嚴猛好發姦伏人有盜其車蓋者昌初無所言後乃密遣親客至門下賊曹家掩取得之遂收其家一時殺戮大姓戰懼皆稱神明朝廷舉能遷蜀郡太守先太守李根年老多悖政百姓侵寃及昌到吏人訟者七百餘人悉爲斷理莫不得所密捕盜帥一人脅使條諸縣彊暴之人姓名居處乃分遣掩捕無有遺脫宿惡大姦皆奔走他境初昌爲州書佐其婦歸寧於家遇賊被獲遂流轉入蜀爲人妻其子犯事乃詣昌自訟昌疑母不類蜀人因問所由對曰妾本餘姚戴次公女州書佐黃昌婦也妾嘗歸家爲賊所略遂至於此昌驚呼前謂曰何以識黃昌邪對曰昌左足心有黑子常自言當爲二千石昌乃出足示之因相持悲泣還爲夫婦視事四年徵再遷陳相縣人彭氏舊家豪縱造起大舍高樓臨道昌每出行縣彭氏婦人輒升樓而觀昌不喜遂敕收付獄按殺之又遷爲河內太守又再遷潁川太守永和五年徵拜將作大匠漢安元年進補大司農左轉太中大夫卒於官

陽球字方正漁陽泉州人也家世大姓冠蓋球能擊劍習弓馬性嚴厲好申韓之學郡吏有辱其母者球結少年數十人殺吏滅其家由是知名初舉孝廉補尙書侍郞閑達故事其章奏處義（處斷也）常爲臺閣所崇信出爲高唐令以嚴苛過理郡守收舉會赦見原辟司徒劉寵府舉高第九江山賊起連月不解三府上球有理姦才拜九江太守球到設方略凶賊殄破收郡內姦吏盡殺之遷平原相出教曰相前涖高唐志埽姦鄙遂爲貴郡所見枉舉昔桓公釋管仲射鉤之讎高祖赦季布逃亾之罪雖以不德敢忘前義況君臣分定而可懷宿昔乎令一蠲往愆期諸來効若受教之後而不改姦狀者不得復有所容矣郡中咸畏服焉時天下大旱司空張顥條奏長吏苛酷貪汙者皆罷免之球坐嚴苦徵詣廷尉當免官靈帝以球九江時有功拜議郞遷將作大匠坐事論頃之拜尙書令奏罷鴻都文學曰伏承有敕中尙方爲鴻都文學樂松江覽等三十二人圖象立贊以勸學者臣聞傳曰君舉必書書而不法後嗣何觀案松覽等皆出於微蔑斗筲小人依憑世戚附託權豪俛眉承睫微進明時或獻賦一篇或鳥篆盈簡而位升郞中形圖丹青亦有筆不點牘辭不辯心假手請字妖僞百品莫不被蒙殊恩蟬蛻滓濁是以有識掩口天下嗟歎臣聞圖象之設以昭勸戒欲令人君動鑒得失未聞豎子小人詐作文頌而可妄竊天官垂象圖素者也今太學東觀足以宣明聖化願罷鴻都之選以消天下之謗書奏不省時中常侍王甫曹節等姦虐弄權扇動內外球嘗拊髀發憤曰若陽球作司隸此曹子安得容乎光和二年遷爲司隸校尉王甫休沐里舍球詣闕謝恩奏收甫及中常侍淳于登袁赦尉易中黃門劉毅小黃門龐訓朱禹齊盛等及子弟爲守令者姦猾縱恣罪合滅族太尉段熲諂附佞倖宜並誅戮於是悉收甫熲等送洛陽獄及甫子永樂少府萌沛相吉球自臨考甫等五毒備極萌謂球曰父子既當伏誅少以楚毒假借老父球曰若罪惡無狀死不滅責乃欲球假借邪萌乃駡曰爾前事吾父子如奴奴敢反汝主乎今日困吾行自及也球使以土塞口箠朴交至父子悉死杖下熲亦自殺乃僵磔甫屍於夏城門大署榜曰賊臣王甫盡沒入財產妻子皆徙比景球既誅甫復欲以次表曹節等乃敕中都官從事曰且先去大猾當次案豪右權門聞之莫不屛氣諸奢飾之物皆各緘縢不敢陳設京師畏震時順帝虞貴人葬百官會喪還曹節見磔甫屍道次慨然抆淚曰我曹自可相食何宜使犬舐其汁乎語諸常侍今且俱入勿過里舍也節直入省白帝曰陽球故酷暴吏前三府奏當免官以九江微功復見擢用愆過之人好爲妄作不宜使在司隸以騁毒虐帝乃徙球爲衛尉時球出謁陵節敕尙書令召拜不得稽留尺一球被召急

因求見帝叩頭曰臣無淸高之行橫蒙鷹犬之任前雖糾誅王甫段熲蓋簡落狐狸未足宣示天下願假臣一月必令豺狼鴟梟各服其辜叩頭流血殿上呵叱曰衞尉扞詔邪至於再三乃受拜其冬司徒劉郃與球議收案張讓曹節節等知之共誣白郃等語已見陳球傳遂收球送洛陽獄誅死妻子徙邊

王吉者陳留浚儀人中常侍甫之養子也甫在宦者傳吉少好誦讀書傳喜名聲而性殘忍以父秉權寵年二十餘爲沛相曉達政事能斷察疑獄發起姦伏多出衆議課使郡內各舉姦吏豪人諸常有微過酒肉爲臧者雖數十年猶加貶棄注其名籍專選剽悍吏擊斷非法若有生子不養卽斬其父母合土棘埋之凡殺人皆磔屍車上隨其罪目宣示屬縣夏月腐爛則以繩連其骨周徧一郡乃止見者駭懼視事五年凡殺萬餘人其餘慘毒刺刻不可勝數郡中惴恐莫敢自保及陽球奏甫乃就收執死於洛陽獄

後魏

于洛侯代人也爲秦州刺史貪酷殘忍部人富熾奪鄉人呂勝脛纏一具洛侯鞭富熾一百截其右腕百姓王隴客刺殺人王羌奴王愈二人依律罪死而洛侯生拔隴客舌刺其本并刺胸腹二十餘瘡隴客不堪苦痛隨刀戰動乃立四柱磔其手足命將絕始斬其首支體四解分懸道路見者無不傷楚歎愕百姓王元壽等一時反叛有司糾劾孝文詔使者於州常刑人處宣告兵人然後斬洛侯以謝百姓

胡泥代人也歷官至司衞監賜爵永安侯泥率勒禁中不憚豪貴殿中尚書叔孫侯頭應內直而闕於一時泥以法繩之侯頭恃寵遂與口諍孝文聞而嘉焉賜泥衣服一襲出爲幽州刺史假范陽侯以北平陽尼碩學遂表薦之轉爲定州刺史以暴虐刑罰酷濫受納貨賄徵還戮之將就法孝文臨太華殿引見遣侍臣宣詔責之遂就家賜盡

李洪之本名文通恆農人也少爲沙門晚乃還俗太平眞君中爲狄道護軍賜爵安陽男會永昌王仁隨太武南征得元后姊妹二人洪之潛相餉遺結爲兄弟遂便如親頗得元后在南兄弟名字乃改名洪之及仁坐事誅元后入宮得幸於文成生獻文元后臨崩太后問其親因言洪之爲兄與相訣經日具條列南方諸兄珍之等手以付洪之遂號爲獻文親舅太安中珍之等兄弟至都與洪之相見敘元后平生故事計長幼爲昆弟以外戚爲河內太守進爵任成侯威儀一同刺史河內北連上黨南接虎牢地險人悍數爲劫害長吏不能禁洪之至郡嚴設科防募斬賊首便加重賞勸諭務本盜賊止息誅鋤姦黨過爲酷虐後爲懷州刺史封汲郡公徵拜內都大官河西羌胡領部落反叛獻文親征命洪之與侍中東郡王陸定總統諸軍輿駕至并州詔洪之爲河西都將討山胡山胡皆保險拒戰洪之築壘於石樓南白鷄原以對之時諸將悉欲進攻洪之乃開以大信聽其復業胡人遂降獻文嘉之還拜尙書外都大官後爲使持節安南將軍秦益二州刺史至任設姦禁之制有帶刃行者罪與劫同輕重品格各有條章於是大饗州中豪傑長老示之法制乃夜密遣騎分部覆諸要路有犯禁者輒捉至州宣告斬洪其中枉見殺害者至有百數赤葩渴郞羌深居山谷雖相羈縻王人罕到洪之芟山爲道廣十餘步示以軍行之勢乃興軍臨其境山人驚駭洪之將數十騎至其里閭撫其妻子問所疾苦因貲遣之衆羌喜悅求編課調所入十倍於常洪之善御戎夷頗有威惠而刻害之聲聞於朝野初洪之微時妻張氏亦聰彊婦人自貧賤至富貴多所補益有男女幾十人洪之後得劉芳從姊重之疎張氏亦多所產育爲兩宅別居偏厚劉室由是二妻妬競兩宅母子往來如讎及涖西州以劉自隨洪之素非廉淸每有受納時孝文始建祿制法禁嚴峻遂鎖洪之赴京親臨太華庭集羣臣數之以其大臣聽在家自裁洪之志慷慨多所堪忍疾病灸療艾炷圍將二寸首足十餘處一時俱下言笑自若接賓不輟及臨盡沐浴衣幘防卒扶持出入遍巡家庭如是再三泣歎良久乃卧而引藥始洪之託爲元后兄公私自同貴戚至此罪後孝文乃稍對百官辯其誣假而諸李猶善相視恩紀如親洪之始見元后計年爲兄及珍之等至洪之以元后集定長幼其呼拜坐皆如家人暮年數延攜之宴飲醉酣之後時或言及本末洪之則起而加敬笑語自若初洪之富貴赫奕以舅戚之家自居遂棄宗專附珍之等後頗存振本屬而猶不顯然劉氏四子長子神少有膽略以氣尙爲名以軍功封長樂縣男累遷平東將軍太中大夫孝昌中行相州事尋正加撫軍葛榮盡銳攻之久不能尅會葛榮見禽以功進爵爲公元顥入洛莊帝北巡以神爲侍中又除殿中尙書仍行相州事車駕還宮改封安康郡公普泰元年進驃騎大將軍儀同三司相州大中正薨贈司徒公冀州刺史子士約齊受禪例降

高遵字世禮勃海蓨人也父濟滄水太守封浮陽子遵

賤出也其兄嬌等常欺侮之及父亾不令在喪位遵遂馳赴平城歸其族兄允允時大有譽望爲作計策乃爲遵父舉哀以遵爲喪主京邑無不弔集朝貴咸識之徐歸奔赴免喪後爲營宦路遵感成益之恩事允如諸父涉歷文史頗有筆札隨都將長廣公侯窮奇等平定三齊以功賜爵高昌男補安定王相撰太和安昌二殿畫圖後與中書令高閭增改律令進中書侍郎假中書令詣長安刊燕宣王廟碑進爵安昌子使濟兗徐三州觀風理訟進中都令及新製衣冠孝文恭薦宗廟遵形貌莊潔音氣雄暢常兼太祝令跪贊禮事爲俯仰之節粗合儀矩由是帝頗識待之後與游明根高閭李沖等入議律令親對御坐時有陳奏出爲齊州刺史建節歷本州宗鄉改觀而嬌等彌妬毀之遵性不廉清在中書時每假歸山東必借備騾馬將從百餘屯逼人家不得綵縑擒意則詬詈不去旬月之間縑布千數郡邑苦之旣莅方岳本意未弭選召僚吏多所取納又其妻明氏家在齊州母弟舅甥共相憑屬爭取貨利嚴暴非理殺害甚多貪酷之響帝頗聞之及車駕幸鄴遵自州來朝會有赦宥遵臨還州請辭帝於行宮引見誚讓之遵自陳無負帝厲聲曰若無遷都赦必無高遵矣又卿非唯貪惏又虐於刑法卿謂何如濟陰王濟陰王猶不免於法卿何人而爲此行自今宜自謹約還州仍不悛革齊州人孟僧振至洛訟遵詔廷尉少卿鄧述窮鞫皆如所訴先是沙門道登過遵遵以道登荷眷於孝文多奉以貨深託仗之道登因言次申啓救遵帝不省納遂詔賜遵死時遵子元榮詣洛訟寃猶恃道登不時還赴道登知事決方乃遣之遵恨其妻不與訣別處沐浴引椒而死元榮學尚有文才長於几案位兼尚書右丞出爲西道行臺至高平鎭遇城翻被害遵弟次文雖無位宦而資産巨萬遵每責其財又結憾於遵吉凶不相往返時論責之

張赦提中山安喜人也性雄武有規畫初爲虎賁中郎將京畿盜魁首稱豹子彪子並善弓馬於靈邱應門間聚爲劫害至乃斬人首射其口刺人腹引腸遶樹而共射之以爲戲笑其暴酷如此軍騎掩捕久弗能獲行者患焉赦提爲逐賊軍將未幾而獲彪子豹子及其黨與盡送京師斬於闕下自是清靜其靈邱羅思祖宗門豪溢家處隘險多止亾命與之爲劫獻文怒之孥戮其家而思祖家黨復相率爲盜赦提募求捕逐以赦提爲游徼軍將前後禽獲殺之略盡因此濫有屠害尤爲忍酷旣資前稱又藉此功除幽州刺史假安喜侯赦提克己厲約遂有清稱後頗縱妻段氏多有受納令僧尼因事通請貪虐流聞中散李眞香出使幽州採訪牧守政績眞香驗案其罪赦提懼死欲逃其妻姑爲太尉東陽王丕妻恃丕親貴自許詣丕申訴求助謂赦提曰當爲訴理幸得申雪願寬憂不爲異計赦提以此差自解慰段乃陳列眞香昔嘗因假而過幽州知赦提有好牛從索不果令臺使止挾前事故威逼部下拷楚過極橫以無辜證成誣罪於是執事恐有不盡使駕部令趙秦州重往究訊事狀如前處赦提大辟孝文詔賜死於第將就盡召妻而責之曰貪濁穢吾者卿也又安吾而不能免禍九泉之下當爲仇讎矣又有華山太守趙霸酷暴非理大使崔光奏霸云不遵憲度威虐任情至乃手擊吏人僚屬奔走不可以君人字下納之軌物輒禁止在州詔免所居官

羊祉字靈祐太山鉅平人晉太僕卿琇之六世孫也父規之宋任城令太武南討至鄒山規之與魯郡太守崔邪利及其屬縣徐遜愛猛之等俱降賜爵鉅平子拜鴈門太守祉性剛愎好刑名爲司空令輔國長史襲爵鉅平子侵盜公資私營居宅有司按之抵死孝文特恕遠徙後還景明初爲將作都將加左軍將軍四年持節爲梁州軍司討叛氐正始二年王師伐蜀以祉假節龍驤將軍益州刺史出劒閣而還又以本將軍爲秦梁二州刺史加征虜將軍天性酷忍又不清潔坐掠人爲奴婢爲御史中尉王顯所彈免高肇執政祉復被起爲光祿大夫假平南將軍持節領步騎三萬先驅趣涪未至宣武崩班師夜中引軍山有二徑軍人迷而失路祉便斬隊副楊明達梟首路側爲中尉元昭所劾會赦免後加平北將軍未拜而卒贈安東將軍兗州刺史謚曰景祉自當官不憚彊禦朝廷以爲剛斷時有檢覆每令出使然好慕刑名頗爲深文所經之處人號天狗下及出將臨州竝無恩潤兵人患其嚴酷子深自有傳

崔暹字元欽本云清河東武城人也世家于滎陽潁川之間性猛酷少仁恕姦猾好利能事勢家初以秀才累遷南兗州刺史盜用官瓦贓汚狼籍爲御史中丞李平所糺免官後行豫州事尋卽眞坐遣子析戶分隸三縣廣占田宅藏匿官奴障恡陂葦侵盜公私爲御史中尉王顯所彈免官後累遷瀛州刺史貪暴安忍人庶患之嘗出獵州北單騎至人村有汲水婦人暹令飲馬因問曰崔瀛州何如婦人不知是暹答曰百姓何罪得如此癩兒刺史暹默然而去以不稱職被解還京武川鎭反

詔還與都督李崇討之違崇節度爲賊所敗單騎潛還禁於廷尉以女妓田園貨元乂獲免建義初遇害於河陰贈司徒公冀州刺史追封武津縣公子瓚字結珍位兼尚書左丞卒瓚妻莊帝妹也後封襄城長公主故特贈瓚冀州刺史子茂字祖昂襲祖爵

酈道元字善長范陽涿鹿人也父範青州刺史自有傳道元初襲爵永寧侯例降爲伯御史中尉李彪以道元執法清刻自太傅掾引爲書侍御史彪爲僕射李沖所奏道元以屬官坐免景明中爲冀州鎭東府長史刺史于勁順皇后父也西討關中亦不至州道元行事三年爲政嚴酷吏民畏之姦盜逃於他境後試守魯陽郡道元表立黌序崇勸學教詔曰魯陽本以蠻人不立大學今可聽之以成良守文翁之化道元在郡山蠻伏其威名不敢爲寇延昌中爲東荆州刺史威猛爲政如在冀州蠻人詣闕訟其刻峻請前刺史寇祖禮及以遣戍兵七十人送道元還京二人並坐免官後爲河南尹明帝以沃野懷朔薄骨律武川撫冥柔元懷荒禦夷諸鎭並改爲州其郡縣戍名令準古城邑詔道元持節兼黃門侍郞馳驛與大都督李崇籌宜等立裁減去留會諸鎭叛不果而還孝昌初梁遣將攻揚州刺史元法僧又於彭城反叛詔道元持節兼侍中攝行臺尚書節度諸軍依僕射李平故事梁軍至渦陽敗退道元追討多有斬獲後除御史中尉道元素有嚴猛之稱權豪始頗憚之而不能有所糾正聲望更損司州牧汝南王悅嬖近左右邱念常與臥起及選州官多由於念念常匿悅第時還其家道元密訪知收念付獄悅啓靈太后請全念身有敕赦之道元遂盡其命因以劾悅時雍州刺史蕭寶夤反狀稍露侍中城陽王徽素忌道元因諷朝廷遣爲關右大使寶夤慮道元圖己遣其行臺郞中郭子帙圍道元於陰盤驛亭亭在岡上常食岡下之井旣被圍穿井十餘丈不得水水盡力屈賊遂踰牆而入道元與其弟及二子同時被害道元瞋目叱賊厲聲而死寶夤猶遣斂其父子殯於長安城東事平喪還贈吏部尚書冀州刺史安定縣男道元好學歷覽奇書撰注水經四十卷本志十三篇又爲七聘及諸文皆行於世然兄弟不能篤睦又多嫌忌時論薄之子孝友襲

谷楷昌黎人也曾祖渾侍中儀曹尚書自有傳楷有局幹稍遷至奉車都尉眇一目性甚嚴急前後奉使皆以酷暴爲名時人號曰瞎虎累遷城門校尉卒

北齊

邸珍字安寶本中山上曲陽人也魏太和中徙居武川鎭孝昌中六鎭兵起珍遂從杜洛周賊洛周爲葛榮所吞珍入榮軍榮爲爾朱榮所破珍與其餘黨俱徙并州從神武出山東神武起義信都拜珍長史上曲陽縣侯除殷州刺史珍求取無厭大爲州人所疾苦徵兼尚書右僕射大行臺節度諸軍事擊梁州將成景儁等解東行圍回軍彭城珍御下殘酷士衆離心至於土人豪族遇之無禮遂爲州人所害後贈定州刺史司徒公

宋游道敦煌人也高祖繇從沮渠牧犍歸魏賜爵清水公繇子嚴襲爵改爲西平侯嚴子蔭中書議郞樂安王範從事中郞蔭子季預渤海太守游道季預之子也隨父在郡父亾吏民贈遺一無所受事母以孝聞與叔父別居叔父爲奴誣以構逆游道誘令返雪而殺之魏廣陽王深北伐請爲鎧曹及爲定州刺史又以爲府佐廣陽爲葛榮所殺元徽誣其降賊收錄妻子游道爲訴得釋與廣陽子迎喪返葬中尉酈善長嘉其氣節引爲殿中侍御史臺中語曰見惡能討宋游道孝莊卽位除左兵中軍爲尚書令臨淮王彧譴責游道乃執版長揖曰下官謝王瞋不謝王理卽日詣闕上書曰徐州刺史元孚頻有表云僞梁廣發士卒圖彭城乞增羽林二千以孚宗室重臣告請應實所以量奏給武官千人孚今代下以路阻自防遂納在防羽林八百人辭云疆境無事乞將還家臣忝局司深知不可尚書令臨淮王彧卽孚之兄子遣省事謝遠三日之中八度逼迫云宜依判許臣不敢附下罔上孤負聖明但孚身在任乞師相繼及其代下便請放還進退爲身無憂國之意所請不合其罪宜下科彧乃召臣於尚書都堂云卿一小郞憂國之心豈厚於我醜罵溢口不顧朝章右僕射臣世隆吏部郞中臣薛琡已下百餘人並皆聞見臣實獻直言云忠臣奉國事在其心亦復何簡貴賤比自北海入洛王不能致身死難方清宮以迎篡賊鄭先護立義廣州王復建旗往討趣惡如流伐善何速今得冠冕百僚乃欲爲私害政爲臣此言彧賜怒更甚臣旣不佞干犯貴臣乞解郞中帝召見游道嘉勞之彧亦奏言臣忝冠百僚遂使一郞攘袂高聲肆言頓挫乞解尚書令帝乃下敕聽解臺郞後除司州中從事時將還鄴會霖雨行旅擁於河橋游道於幕下朝夕宴歌行者曰何時節作此聲也固大癡游道應曰何時節而不作此聲也亦大癡後神武自太原來朝見之曰此人是宋游道邪嘗聞其名今日始見其面遷游道別駕後日神武之司州饗朝士舉觴屬游道曰飮高歡手中酒者大丈夫卿之爲人合飮

此酒及還晉陽百官辭於紫陌神武執游道手曰甚知朝貴中有憎忌卿者卿但用心莫懷畏慮當使卿位與之相似於是啓以游道爲中尉文襄執請乃以吏部郎中崔暹爲御史中尉以游道爲尚書左丞文襄謂暹游道曰卿一人處南臺一人處北省當使天下肅然游道入省劾太師咸陽王坦太保孫騰司徒高隆之司空侯景錄尚書元弼尚書令司馬子如等官貸金銀催徵酬價雖非指事贓賄終是不避權豪又奏駮尚書違失數百條省中豪吏王儒之徒並鞭斥之始依故事於尚書省立閤名以記出入早晚令僕以下皆側自魏安平王坐事亾章武二王及諸王妃太妃是其近親者皆被徵責都官郎中畢義雲主其事有奏而禁有不奏而輒禁者游道判下廷尉科罪高隆之不同於是反誣游道厲色挫辱已遂枉拷羣令史譖成之與左僕射襄城王旭尚書鄭述祖等上言曰飾僞亂眞國法所必去附下罔上王政所不容謹案尚書左丞宋游道名望本闕功績何紀屬永安之始朝士亾散乏人之際叨竊臺郎躁行諂言肆其姦詐罕識名義不顧典文人鄙其心衆畏其口出州入省歷忝清資而長惡不悛曾無忌諱毁譽由已憎惡任情比因安平王事遂肆其褊心因公報隙與郎中畢義雲遞相糾舉又左外兵郎中魏叔道牒云局內降人左澤等爲京畿送省令取保放出大將軍在省日判聽游道發怒曰往日官府成何物官府將此爲例又云乘前旨格成何物旨格依事請問游道並皆承引案律對捍詔使無人臣之禮大不敬者死對捍使者尚得死坐況游道吐不臣之言犯慢上之罪口稱夷齊心懷盜跖欺公賣法受納苞苴產隨官厚財與位積雖贓汚未露而姦詐如是舉此一隅餘詐可驗今依禮據律處游道死罪是時朝士皆忿爲游道不濟而文襄聞其與隆之相抗之言謂楊遵彥曰此眞是鯁直大剛惡人遵彥曰譬之畜狗本取其吠今以數吠殺之恐將來無復吠狗詔付廷尉游道坐除名文襄使元景康謂之曰卿且逐我向并州他經略不忍殺卿游道從至晉陽以爲大行臺吏部又以爲太原公開府諮議及平陽公爲中尉游道以諮議領書侍御史尋以本官兼司徒左長史及文襄疑黄門郎温子昇知元瑾之謀繫諸獄而餓之食弊襦而死棄屍路隅游道收而葬之文襄謂曰吾近書與京師諸貴論及朝士云卿僻於朋黨將爲一病今卿眞是重舊節義人此懷不可奪子昇吾本不殺之卿葬之何以憚天下人代卿怖者是不知吾心也尋除御史中尉東萊王道習參御史選限外投狀道習常與游道有舊使令史受之文襄怒收游道辯而判之曰游道禀性獷悍是非肆己吹毛洗垢創疵人物往與郎中蘭景雲忿競列事十條及加推窮便是虛妄方共道習阿黨雜穢陵侮朝典法官而犯特是難原宜付省下科罪游道被禁獄掾欲爲之脫枷游道不肯曰此令公命所著不可輒脫文襄聞而捨之游道抗直不改天保元年以游道兼太府卿乃於少府覆檢主司盜贓得鉅萬計姦吏反誣奏之下獄尋得出不歸家徑之府理事未幾卒遺令薄葬不立碑表不求贈謚己而贈瓜州刺史武平中以子士素久典機密重贈三司謚曰貞惠游道剛直疾惡如讐見人犯罪欲皆致之極法糾彈見事又好察陰私問獄察情捶撻嚴酷兗州刺史李子貞在州貪暴游道按之文襄以子貞豫建義勳意將含忍游道疑陳元康爲其內助密啟云子貞與元康交游恐其別有請屬文襄怒於尚書都堂集百僚撲殺子貞又兗州人爲游道生立祠堂像題曰忠清君游道又別劾吉寧等五人同死有欣悅色朝士甚鄙之然重交游存然諾之分歷官嚴整而時有納賄必分及親故之艱匱者其男女孤弱爲嫁娶之臨喪必哀躬親營視爲司州綱紀與牧樂昌西河二王乖忤及二王薨每事經恤之與頓邱李獎一面便定死交獎曰我年位已高會用弟爲佐史令弟北面於我足矣游道曰不能旣而獎爲河南尹辟游道爲中正使者相屬以衣帢待之握手歡謔元顥入洛獎受其命出使徐州都督元孚與城人趙紹其殺之游道爲獎訟寃得雪又表爲請贈囘已考一汎階以益之又與劉廞結交託廞弟粹於徐州殺趙紹後劉廞伏法於洛陽粹以徐州叛官軍討平之梟粹首於鄴市孫騰使客告市司得五百疋後聽收游道時爲司州中從事令家人作劉粹所親於州陳訴依律判許而奏之敕至市司猶不許游道杖市司勑使速付騰聞大怒游道立理以抗之旣收粹屍厚加贈遺李獎二子構訓居貧游道後令其求三富人死事判免之凡得錢百五十萬盡以入構訓其使氣黨俠如此時人語曰游道獮猴面陸操科斗形意識不關見切謂醜者必無情構嘗因游道會客因戲之曰賢從在內外大好人宜自迎接爲通名稱族弟游山游道出見之乃獮猴而衣帽也將與構絕構謝之豁然如舊游道死後構爲定州長史游道第三子士遜爲博陵王墨曹管記與典籤共誣奏構構於禁所祭游道而訴焉士遜晝臥如夢者見游道怒已曰我與構恩義汝豈不知何其小人謀陷清直之士士

遷驚跪曰不敢不敢旬日而卒游道每戒其子士素士約士愼等曰吾執法太剛數遭屯蹇性自如此子孫不足以師之諸子奉父言柔和謙遜士素沈密少言有才識稍遷中書舍人趙彥深引入內省參典機密歷中書黃門侍郞遷儀同三司散騎常侍恆領黃門侍郞自處機要近二十年周愼温恭甚爲彥深所重初祖珽知朝政出彥深爲刺史珽奏以士素爲東郡太守中書侍郞李德林白珽留之由是還除黃門侍郞其典機密士約亦爲善士官尙書左丞

盧斐字子章范陽涿人也父同魏殿中尙書自有傳斐性殘忍以彊斷知名文襄引爲大將軍府刑獄參軍謂云狂簡斐然成章非嘉名字也天保中稍遷尙書左丞別典京畿詔獄斐酷濫非人情所爲無問事之大小拷掠過度於大棒車輻下死者非一或嚴冬至寒置囚於冰雪之上或盛夏酷熱暴之日下枉陷人致死者前後百數又伺察官人罪失動卽奏聞朝士見之莫不重跡屛氣皆目之爲盧校事斐揚揚得志言必自矜後以謗史事與李庶俱被鞭杖死獄中

畢義雲小字陁兒東平須昌人也曾祖眾敬魏兗州刺史自有傳父祖暉幽州刺史義雲少麤俠家在兗州北境常劫掠行旅州里患之晚方折節從官累遷尙書都官郞中性嚴酷事多幹了文襄作相以爲稱職令普勾僞官專以車輻考掠所獲甚多然大起怨謗曾爲司州吏所訟云其有所減截并改換文書文襄以其推僞眾人怨望並無所問乃拘吏數而斬之因此銳情訊鞫威名日盛文宣受禪除書侍御史彈射不避勳親累遷御史中丞繩劾更切然豪橫不平頻被怨訟前爲汲郡太守翟嵩啓列義雲從父兄僧明負官債先任京畿長史不受其屬立限切徵由此挾嫌數遣御史過郡訪察欲相推繩又坐私藏工匠家有十餘機織錦并造金銀器物乃被禁止尋見釋以爲司徒左長史尙書左丞司馬子瑞奏彈義雲稱天保元年四月竇氏皇姨祖載日內外百官赴第弔省義雲唯遣御史投名身遂不赴又義雲啓云喪婦孤貧後娶李世安女爲妻世安身雖父服未終其女爲祖己就平吉特乞闇迎不敢備禮及義雲成婚之夕衆禮備設剋日拜閤鳴騶淸路盛列羽儀兼差臺吏二十人責其鮮服侍從車後直是苟求成昏誣罔干上義雲資產宅宇足稱豪室忽稱孤貧亦爲矯詐又駕幸晉陽都坐判拜起居表四品以下五品以上令預前一日赴南都署表三品以上臨日署訖義雲乃乖例署表之日索表就家先署臨日遂稱私忌不來於是詔付廷尉科罪尋敕免推子瑞又奏彈義雲事十餘條多煩碎罪止罰金不至除免子瑞從兄消難爲北豫州刺史義雲遣御史張子階詣州採風聞先禁其典籤家客等消難危懼遂叛入周時論歸罪義雲云其規報子瑞事亦上聞爾前讌賞義雲常預從此後集見稍疏聲望大損乾明初子瑞遷御史中丞鄭子默正被任用義雲之姑卽子默祖母遂除度支尙書攝左丞子默誅後左丞便解孝昭赴晉陽高元海留鄴義雲深相依附知其信向釋氏常讌之聽講爲此款密無所不至及孝昭大漸顧命武成高歸彥至都武成猶致疑惑元海遣犢車迎義雲入北宮參審遂與元海等勸進仍從幸晉陽參預朝政尋除兗州刺史給後部鼓吹卽本州也軒昂自得意望銓衡之舉見諸人自陳逆許引接又言離別暫時非久在州先有鐃吹至於按部行游兩部並用猶作書與元海論敘時事元海入內不覺遺落給事中李孝貞得而奏之爲此元海漸疏孝貞因是兼中書舍人又高歸彥起逆義雲入州私集人馬并聚甲仗將以自防實無他意爲人密啓及歸彥被擒又列其朋黨專擅爲此追還武成猶錄其往誠竟不加罪除兼七兵尙書義雲性豪縱頗以施惠爲心累世本州刺史家富於財士之匱乏者多有拯濟及貴恣情驕侈營造第宅宏壯未幾而成閨門穢雜聲徧朝野爲郞時與左丞宋游道因公事忿競游道廷辱之云雄狐之詩千載爲汝義雲一無所荅然暴酷殘忍非人理所及爲家尤甚子姪僕隸恆瘡痍徧體有孽子善昭性至凶頑與義雲侍婢姦通搒掠無數爲其著籠頭繫之庭樹十餘日乃釋之夜中義雲被賊害卽善昭所佩刀也遺之於義雲庭中善昭聞難奔哭家人得佩刀善昭怖便走出投平恩墅舍旦日武成令舍人蘭子暢就宅推之爾前義雲新納少室范陽盧氏有色貌子暢疑盧姦人所爲將加拷掠盧具列善昭云爾乃收捕繫臨漳獄將斬之邢邵上言此乃大逆義雲又是朝貴不可發乃斬之於獄棄屍漳水

隋

庫狄士文善無人也祖干齊太宰自有傳父伏敬泗州刺史士文性孤直雖鄰里至親莫與通狎少讀書傳在齊襲封章武郡王官至領軍將軍周武帝平齊山東衣冠多來迎周師惟士文閉門自守帝奇之授開府儀同三司隨州刺史高祖受禪加上開府封湖陂縣子尋拜貝州刺史性清苦不受公料家無餘財其子嘗噉官厨

餅士文枷之於獄累日杖之二百步送還京僮隸無敢出門所買鹽菜必於外境凡有出入皆封署其門親舊絕迹慶弔不通法令嚴肅吏民股慄道不拾遺有細過必深文陷害嘗入朝遇上置酒高會賜公卿入左藏任取多少人皆極重士文獨口銜絹一疋兩手各持一匹上問其故士文曰臣口手俱滿餘無所須上異之別加賞賜物勞而遣之士文至州發摘姦隱長吏尺布斗粟之贓無所寬貸得千餘人而奏之上悉配防嶺南親戚相送哭泣之聲遍於州境至嶺南遇瘴癘死者十八九於是父母妻子惟哭士文士文聞之令人捕搦捶楚盈前而哭者彌甚有京兆韋焜爲貝州司馬河東趙達爲清河令二人並苛刻惟長史有惠政時人爲之語曰刺史羅刹政司馬蝮蛇瞋長史含笑判清河生喫人上聞之歎曰士文之暴過於猛虎竟坐免未幾以爲雍州長史士文謂人曰我向法深不能窺候貴要無乃必死此官矣及下車執法嚴正不避貴戚賓客莫敢至門人多怨望士文從父妹爲齊氏嬪有色齊滅之後賜薛國公長孫覽爲妾覽妻鄭氏性妬譖之於文獻后后令覽離絕士文恥之不與相見後應州刺史唐君明居母憂聘以爲妻由是士文君明並爲御史所劾士文性剛在獄數日憤恚而死家無餘財有子三人朝夕不繼親友無贍之者

田式字顯標馮翊下邽人也祖安興父長樂仕魏俱爲本郡太守式性剛果多武藝拳勇絕人仕周位渭南太守政尚嚴猛吏民重足而立無敢違法遷本郡太守親故屏跡請託不行周武帝聞而嘉之進位儀同三司賜爵信都縣公擢拜延州刺史從平齊以功授開府從爲建州刺史改封梁泉縣公後從韋孝寬討尉遲迥以功拜大將軍進爵武山郡公高祖受禪拜襄州總管專以立威爲務每視事于外必盛氣以待其下官屬股慄無敢仰視有犯禁者雖至親昵無所容貸其女壻京兆杜寧自長安省之式誡寧無出外寧久之不得還竊上北樓以暢鬱思式知之笞寧五十其所愛奴嘗詣式白事有蟲上其衣衿揮袖拂去之式以爲慢己立棒殺之或寮吏姧贓部內劫盜者無問輕重悉禁地穽中寢處糞穢令其苦毒自非身死終不得出每赦書到州式未暇省讀先召獄卒殺重囚然後宣示百姓其刻暴如此由是爲上所譴除名式慙恚不食妻子至其所輒怒唯侍僮二人給使左右從家中索椒欲自殺家人不與陰遣侍僮詣市買毒藥妻子又奪棄之式恚臥其子信時爲儀同至式前流涕曰大人既是朝廷重臣又無大過比見公卿放辱者多矣旋復升用大人何能久廢乎乃至於此式欻起抽刀斫信信避之刃中於門上知之以式爲罪己之深復其官爵尋拜廣州總管卒官

燕榮字貴公華陰弘農人也父偘周大將軍榮性剛嚴有武藝仕周爲內侍上士從武帝伐齊以功授開府儀同三司封高邑縣公高祖受禪進位大將軍進封落叢郡公拜晉州刺史尋從河間王弘擊突厥以功拜上柱國遷青州總管在州選絕有力者爲伍伯吏人有過者必加詰問輒楚撻之創多見骨姦盜屏跡境內肅然他州縣人經其界者畏若寇讎不敢休息後因入朝覲特加恩遇榮以母老請每歲入朝上許之伐陳之役以爲行軍總管率水軍自東萊傍海入太湖取吳郡既破丹陽吳人共立蕭瓛爲主阻兵於晉陵爲宇文述所敗退保包山榮乃率精甲五千躡之瓛敗走爲榮所執晉陵會稽悉平以功檢校揚州總管尋徵爲武候將軍突厥寇邊以爲幽州總管榮性嚴酷有威容長吏見者莫不懼懾自失范陽盧氏世爲著姓榮皆署爲吏卒以屈辱之鞭笞在左右動至千數流血盈前飲噉自若嘗按部道次見叢荊堪爲笞箠命取之輒以試人人或自陳無咎榮曰後有罪當免及後犯細過將撾之人曰前日被杖許有罪宥之榮曰無過尚爾況有過乎榜捶如舊榮每巡省管內聞人吏妻有美色者輒舍其室而淫之貪暴放縱日甚時元弘嗣除幽州長史懼辱固辭上知之敕榮曰弘嗣杖十已上罪皆奏聞榮忿曰豎子何敢弄我及遣弘嗣監納倉粟颺得一糠一粃輒罰之每笞不滿十然一日中或至三數如是歷年怨隙日構榮遂收付獄禁絕其糧弘嗣饑抽衣絮雜水咽之其妻詣闕稱冤上遣考功侍郎劉士龍馳驛鞫問士龍奏榮毒虐又贓穢狼藉遂徵還京賜死先是榮家寢室無故有蛆數斛從地墳出未幾榮死於所出之處有子詢

趙仲卿河南洛陽人也父剛周利州總管周史有傳仲卿性麤暴有膂力周齊王憲甚禮之以軍功位上儀同爲畿伯中大夫後以平王謙功進位大將軍封長垣縣公高祖受禪進河北郡公尋拜石州刺史法令嚴猛纖介之失無所寬捨鞭笞輒至二百吏民戰慄無所違犯盜賊屏息皆稱其能遷朔州總管時塞北盛興屯田仲卿總統之微有不理者仲卿輒召主掌撻其胸背或解衣倒曳於荊棘中時人謂之於菟然事多克濟由是收穫歲廣邊戍無餽運之憂會突厥啓民可汗求婚上許之仲卿因是間其骨肉遂相攻擊十七年啓民窘迫與

隋使長孫晟投通漢鎭仲卿率騎千餘援之達頭不敢逼潛遣人誘致啓民所部至者二萬餘家其年從高熲指白道以擊達頭仲卿爲前鋒至族蠡山與虜遇交戰七日大破之追奔至乞伏泊復啓民突厥悉衆而至仲卿爲方陣四面拒戰經五日會高熲大兵至合擊之虜乃敗走追度白道踰秦山七百餘里時突厥降者萬餘家上令仲卿處之恆安以功進上柱國朝廷慮達頭掩襲啓民令仲卿屯兵二萬人以備之代州總管韓洪永康公李藥王蔚州刺史劉隆等將步騎一萬鎭恆安達頭來寇韓洪軍大敗仲卿自樂寧鎭邀擊斬千餘級明年督役築金河定襄二城以居啓民時有上表言仲卿酷暴上命御史王偉按之並實惜其功不罪因勞之曰知公清正爲下所惡賜物五百段仲卿益恣由是免官仁壽初檢校司農卿蜀王秀之得罪奉詔往益州按之秀賓客經過處仲卿必深文致法州縣長吏坐者太半上以爲能賞奴婢五十口黃金二百兩米粟五千石奇寶雜物稱是煬帝嗣位判兵部工部二尙書事卒官諡曰肅子世弘嗣

崔弘度字摩訶衍博陵安平人也祖楷魏司空父說周大將軍安平縣公弘度膂力絕人儀貌魁岸鬚面甚偉性嚴酷年十七周大冢宰宇文護引爲親信累轉大都督時護子中山公訓爲蒲州刺史命弘度從焉常與訓登樓至上層去地四五丈俯臨之訓曰可畏也弘度曰此何足畏欻然擲下至地無損傷訓大奇之後以戰功授儀同從武帝平齊進位上開府鄴縣公賜物三千段粟三千石奴婢百口雜畜千計尋從汝南公宇文神舉破盧昌期於范陽復從鄖國公韋孝寬經略淮南弘度進攻壽陽降陳守將吳文立以前後勳進位上大將軍襲父爵安平縣公及尉遲迥作亂以弘度爲行臺總管從韋孝寬討之弘度募長安驍雄數百人爲別隊所當無不披靡弘度妹先適迥子爲妻及破鄴城迥窘迫升樓弘度直上龍尾追之迥彎弓將射弘度弘度脫兜鍪謂迥曰相識不今日各圖國事不得顧私事以親戚之情謹遏亂兵不使侵辱幸早爲身計何所待也迥擲弓於地罵大丞相極口而自殺弘度顧其弟弘昇曰汝可取迥頭弘昇遂斬之進位上柱國時行軍總管例封國公以弘度不時殺迥致縱惡言由是降爵一等爲武鄉郡公開皇初以行軍總管拒突厥於原州還拜華州刺史納妹爲秦孝王妃尋還襄州總管弘度素貴御下嚴急所在令行禁止盜賊屏跡梁主蕭琮來朝被止以弘度爲江陵總管鎭荊州陳人憚之不敢窺境以行軍總管從秦孝王平陳賜物五千段高智慧等作亂復以行軍總管隸楊素出討弘度與素品同而年長於素素每屈下之一旦隸素意甚不平素亦優容之及還以行軍總管檢校原州事以備胡無虜而退上甚禮之復以其弟弘昇女爲河南王妃仁壽中檢校太府卿自以一門二妃無所降下每誡其寮吏曰人當誠愨毋得欺誑皆曰諾後嘗食鼈侍者八九人弘度一一問之曰鼈美乎人懼之皆云鼈美弘度大罵曰傭奴何敢誑我汝初未食鼈安知其美俱杖之八十官屬百工見之者莫不流汗無敢欺隱時有屈突蓋者爲武候車騎亦嚴刻長安爲之語曰寧飲三斗醋不見崔弘度寧炙三年艾不逢屈突蓋然弘度理家如官子孫班白動行捶楚閨門整肅爲當世所稱未幾秦王妃以罪誅河南王妃復被廢弘度憂恚謝病於家諸弟乃與之別居彌不得志煬帝卽位河南王爲太子帝將復立崔妃遣中使就第宣旨使者詣弘昇家弘度不之知使者反帝曰弘度有何言使者曰弘度稱疾不起帝默然其事竟寢弘度憂憤未幾卒弘昇字上客在周爲右侍上士從平尉遲迥以功拜上儀同尋加開府封黃臺縣侯高祖受禪進爵爲公授驃騎將軍歷慈鄭二州刺史襄州總管以威厲故待遇隆重及河南王妃罪廢弘昇亦免官煬帝卽位歷冀州刺史信都太守位金紫光祿大夫轉涿郡太守遼東之役檢校左武衛大將軍事詣平壤與宇文述等同敗奔還發病卒

元弘嗣河南雒陽人也祖剛魏漁陽王父經周漁陽郡公弘嗣少襲爵年十八爲左親衛開皇九年從晉王平陳以功授上儀同後除觀州長史以嚴峻任事吏民怨之轉幽州長史于時燕榮爲總管以酷虐聞榮每肆虐於弘嗣每笞辱之弘嗣心不伏遂被禁語在榮傳及榮誅弘嗣爲政酷又甚之每推鞫囚徒多以醋灌鼻或椓弋其下竅無敢隱情姦僞屏息仁壽末授木工監修營東都大業初煬帝潛有取遼東之意遣弘嗣往東萊海口監造船諸州役丁苦其箠楚官人督役晝夜立於水中略不敢息自腰以下無不生蛆死者十三四尋遷黃門侍郎轉殿中少監遼東之役進位金紫光祿大夫明年帝復征遼東會奴賊寇隴右詔弘嗣擊之及楊元感作亂逼東都弘嗣屯兵安定或告之謀應元感者代王侑遣使執詣行在所以無反狀得釋帝疑之除名徙日南道死時年四十九有子仁觀

王文同京兆頻陽人也性明辯有幹用開皇中以軍功

拜儀同尋授桂州司馬煬帝嗣位徵爲光祿少卿以忤旨出爲恆山郡贊務有一人豪猾每持長吏長短前後守令咸憚之文同下車聞其名而數之因刻木爲大橛埋之於庭出尺餘四面各埋小橛令其人踣心於橛上縛四肢於小橛以棒打其背應時潰爛郡中大駭吏民慴氣及帝征遼東令文同巡察河北諸郡文同見沙門齋戒菜食者以爲妖妄皆收繫獄北至河間召諸郡官人小有遲違者輒皆覆面於地而箠殺之求沙門相聚講論及長老共爲佛會者數百人文同以爲結聚惑眾盡斬之又悉裸僧尼驗有淫狀非童男女數千人復將殺之郡中士女號哭於路諸郡驚駭各奏其事上聞之大怒遣使者達奚善意馳鎖之斬於河間以謝百姓讎人剖其棺臠其肉而噉之斯須咸盡

通志卷一百七十二

宋右廸功郎鄭樵漁仲撰

儒林傳第一

前漢

丁寬　施讐　孟喜　梁邱賀　京房　費直

高相　伏生　歐陽生　林尊　夏侯勝　周堪

張山拊　孔安國　申公　王式　轅固生

后蒼　韓嬰　趙子　毛公　魯徐生孫延襄　孟卿

胡母生　嚴彭祖　顏安樂　瑕邱江公　房鳳

後漢

劉昆　洼丹觟陽鴻　任安　楊政　張興　戴憑

孫期　歐陽歙　牟長　宋登　張馴　尹敏

周防　孔僖子季彥　楊倫　高詡　包咸　魏應

伏恭　任末　景鸞　薛漢　杜撫　召馴　楊仁　趙曅　衛宏　董鈞　丁恭　周澤孫堪　鍾興

甄宇　樓望　程曾　張元　李育　何休

服虔　潁容　謝該　許愼　蔡元

魏

董遇　賈洪　薛夏　隗禧　樂詳

前漢

太史公曰余讀功令至於廣厲學官之路未嘗不廢書而歎也曰嗟乎夫周室衰而關雎作幽厲微而禮樂壞諸侯恣行政由彊國故孔子閔王路廢而邪道興於是論次詩書修起禮樂適齊聞韶三月不知肉味自衛反魯然後樂正雅頌各得其所世以混濁莫能用是以仲尼干七十餘君無所遇曰苟有用我者期月而已矣西狩獲麟曰吾道窮矣故因史記作春秋以當王法其辭微而指博後世學者多錄焉自孔子卒後七十子之徒散游諸侯大者爲師傅卿相小者友教士大夫或隱而不見故子路居衛子張居陳澹臺子羽居楚子夏居西河子貢終於齊如田子方段干木吳起禽滑釐之屬皆受業於子夏之倫爲王者師是時獨魏文侯好學陵遲以至於始皇天下並爭於戰國儒術旣絀焉然齊魯之間學者獨不廢也至於威宣之際孟子荀卿之列咸遵夫子之業而潤色之以學顯於當世及至秦之季世焚詩書坑術士六藝從此缺焉陳涉之王也而魯諸儒持孔氏之禮器往歸陳王於是孔甲爲陳涉博士卒與涉俱死陳涉起匹夫驅瓦合適戍旬月以王楚不滿半歲竟滅亡其事至微淺然而縉紳先生之徒負孔子禮器往委質爲臣者何也以秦焚其業積怨而發憤于陳王也及高皇帝誅項籍舉兵圍魯魯中諸儒尚講誦習禮樂絃歌之音不絕豈非聖人之遺化好禮樂之國哉故孔子在陳曰歸與歸與吾黨之小子狂簡斐然成章不知所以裁之夫齊魯之間於文學自古以來其天性也故漢興然後諸儒始得修其經藝講習大射鄉飲之禮叔孫通作漢禮儀因爲太常諸生弟子共定者咸爲選首於是喟然歎興於學然尚有干戈平定四海亦未暇遑庠序之事也孝惠呂后時公卿皆武力有功之臣孝文時頗徵用然孝文帝本好刑名之言及至孝景不任儒者而竇太后又好黃老之術故諸博士具官待問未有進者及武帝卽位趙綰王臧之屬明儒學而上亦鄉之於是招方正賢良文學之士自是之後言詩於魯則申培公於齊則轅固生於燕則韓太傅言尚書自濟南伏生言禮自魯高堂生言易自菑川田生言春秋於齊魯自胡母生於趙自董仲舒及竇太后崩武安侯田蚡爲丞相絀黃老刑名百家之言延文學儒者數百人而公孫弘以春秋白衣爲天子三公封以平津侯天下之學士靡然鄉風矣公孫弘爲學官悼道之鬱滯乃請曰丞相御史言制曰蓋聞導民以禮風之以樂婚姻者居室之大倫也今禮廢樂崩朕甚愍焉故詳延天下方正博聞之士咸登諸朝其令禮官勸學講議洽聞舉遺興禮以爲天下先太常議與博士弟子崇鄉里之化以廣賢才焉謹與太常臧博士平等議曰聞三代之道鄉里有教夏曰校殷曰序周曰庠其勸善也顯之朝廷其懲惡也加之刑罰故教化之行也建首善自京師始由內及外今陛下昭至德開大明配天地本人倫勸學修禮崇化厲賢以風四方太平之原也古者政教未洽不備其禮請因舊官而興焉爲博士官置弟子五十人復其身太常擇民年十八已上儀狀端正者補博士弟子郡國縣道邑有好文學敬長上肅政教順鄉里出入不悖所聞者令相長丞上屬所二千石二千石謹察可者當與計偕詣太常補受業如弟子一歲皆輒試能通一藝以上補文學掌故缺其高第可以爲郎中者太常籍奏卽有秀才異等輒以名聞其不事學若下材及不能通一藝輒罷之而請諸不稱者罰臣謹按詔書律令下者明天人分際通古今之義文義爾雅訓辭深厚恩施甚美小吏淺聞不能究宣無以明布論下治禮次治掌故以文學禮義爲官遷留滯請選擇其秩比二百石以上及吏百石通一藝以上補左右內史大行卒史比百石以下補郡太守卒史皆各二人邊郡一人先用誦多者

若不足乃擇掌故補中二千石屬文學掌故補郡屬備員請著功令佗如律令制曰可自此以來則公卿大夫士吏斌斌多文學之士矣班固曰昭帝時舉賢良文學增博士弟子員滿百人宣帝末增倍之元帝好儒能通一經者皆復數年以用度不足更爲設員千人郡國置五經百石卒史成帝末或言孔子布衣養徒三千人今天子太學弟子少於是增弟子員三千人歲餘復如故平帝時王莽秉政增元士之子得受業如弟子勿以爲員歲課甲科四十人爲郎中乙科二十人爲太子舍人丙科四十人補文學掌故云自魯商瞿子木受易孔子以授魯橋庇子庸子庸授江東馯臂子弓子弓授燕周醜子家子家授東武孫虞子乘子乘授齊田何子裝及秦禁學易爲筮卜之書獨不禁故傳受者不絕也漢興田何以齊田徙杜陵號杜田生授東武王同子仲雒陽周王孫丁寬齊服生皆著易傳數篇同授淄川楊何字叔元元光中徵爲太子中大夫齊郎墨成至城陽相廣川孟但爲太子門大夫魯周霸莒衡胡臨淄主父偃皆以易至大官要言易者本之田何

丁寬字子襄梁人也初梁項生從田何受易時寬爲項生從者讀易精敏過於項生遂事何學成何謝寬寬東歸何謂門人曰易以東矣寬至雒陽復從周王孫受古義號周氏傳景帝時寬爲梁孝王將軍拒吳楚號丁將軍作易說三萬言訓故舉大義而已今小章句是也寬授同郡碭田王孫王孫授施讐孟喜梁邱賀繇是易有施孟梁邱之學

施讐字長卿沛人也沛與碭相近讐爲童子從田王孫受易後讐徙長陵田王孫爲博士復從卒業與孟喜梁邱賀並爲門人謙讓常稱學廢不教授及梁邱賀爲少府事多迺遣子臨分將門人張禹等從讐問讐自匿不肯見賀固請不得已乃授臨等於是賀薦讐結髮事師數十年賀不能及詔拜讐爲博士甘露中與五經諸儒雜論同異於石渠閣讐授張禹琅邪魯伯伯爲會稽太守禹至丞相禹授淮陽彭宣沛戴崇子平崇爲九卿宣大司空禹宣皆有傳魯伯授太山毛莫如少路姓毛名莫如字少路琅邪邴丹曼容著清名莫如至恆山太守此其知名者也繇是施家有張彭之學

孟喜字長卿東海蘭陵人也父號孟卿善爲禮春秋授后蒼疏廣世所傳后氏禮疏氏春秋皆出孟卿孟卿以禮經多春秋煩雜乃使喜從田王孫受易喜好自稱譽得易家候陰陽災變書詐言師田生且死時枕喜鄰獨傳喜諸儒以此耀之同門梁邱賀疏通證明之曰田生絕於施讐手中時喜歸東海安得此事又蜀人趙賓好小數書後爲易飾易文以爲箕子明夷陰陽氣亡箕子箕子者萬物方荄茲也賓持論巧慧易家不能難皆曰非古法也云受孟喜喜爲名之後賓死莫能持其說喜因不肯仞以此不見信喜舉孝廉爲郎曲臺署長病免爲丞相掾博士缺眾人薦喜上聞喜改師法遂不用喜喜授同郡白光少子沛翟牧子兄皆爲博士繇是有翟孟白之學

梁邱賀字長翁琅邪諸人也以能心計爲武騎從太中大夫京房受易房者淄川楊何弟子也房出爲齊郡太守賀更事田王孫宣帝時聞京房爲易明求其門人得賀賀時爲都司空令坐事論免爲庶人待詔黃門數入說教侍中以召賀賀入說上善之以賀爲郎會八月飲酎行祠孝昭廟先敺旄頭劍挺墮墜首垂泥中刃鄉乘輿車馬驚於是召賀筮之曰有兵謀不吉上還使有司侍祠是時霍氏外孫代郡太守任宣坐謀反誅宣子章爲公車丞亡在渭城界中夜元服入廟居郎間執戟立廟門待上至欲爲逆發覺伏誅故事上常夜入廟其後待明而入自此始也賀以筮有應繇是近幸爲太中大夫給事中至少府爲人小心周密上信重之年老卒官傳子臨亦入說爲黃門郎甘露中奉使問諸儒於石渠臨學精孰專行京房法琅邪王吉通五經聞臨說善之時宣帝選高材郎十人從臨講吉乃使其子郎中駿上疏從臨受易臨代五鹿充宗君孟爲少府駿御史大夫自有傳充宗授平陵士孫張仲方沛鄧彭祖子夏齊衡咸長賓張爲博士至楊州牧光祿大夫給事中家世傳業彭祖眞定太傅咸王莽講學大夫繇是梁邱有士孫鄧衡之學

京房受易梁人焦延壽延壽云嘗從孟喜問易會喜死房以爲延壽易即孟氏學翟牧白生不肯皆曰非也至成帝時劉向校書考易說以爲諸易家說皆祖田何楊叔丁將軍大誼略同唯京氏爲異黨延壽獨得隱士之說託之孟氏不相與同房以明災異得幸爲石顯所譖誅自有傳房授東海殷嘉河東姚平河南乘弘皆爲郎博士繇是易有京氏之學

費直字長翁東萊人也治易爲郎至單父令長於卦筮亡章句徒以彖象繫辭十篇文言解說上下經琅邪王璜平中能傳之璜又傳古文尚書

高相沛人也治易與費公同時其學亦亡章句專說陰陽災異自言出於丁將軍傳至相相授子康及蘭陵毋

將丞康以明易爲郞丞至豫章都尉及王莽居攝東郡太守翟誼舉兵誅莽事未發康候知東郡有兵私語門人門人上書言之後數月翟誼兵起莽召問對受師高康莽惡之以爲惑衆斬康繇是易有高氏學高費皆未嘗立於學官

伏生濟南人也張晏曰名勝伏生碑云也故爲秦博士孝文時求能治尚書者天下亡有聞伏生治之欲召伏生時年九十餘老不能行乃詔太常使掌故朝錯往受之秦時焚書伏生壁藏之其後大兵起流亡及漢定伏生求其書亡數十篇獨得二十九篇卽以教于齊魯之閒齊學者由此頗能言尚書山東大師亡不涉尚書以敎伏生敎濟南張生及歐陽生張生爲博士而伏生孫以治尚書徵弗能明定是後魯周霸雒陽賈嘉頗能言尚書云

歐陽生字伯和千乘人也事伏生授兒寬寬又受業孔安國至御史大夫自有傳寬有俊材初見武帝語經學上曰吾始以尚書樸弗好及聞寬說可觀乃從寬問一篇歐陽大小夏侯氏學皆出於寬寬授歐陽生子世世相傳至曾孫高子陽爲博士高孫地餘長賓以太子中庶子授太子後爲博士論石渠元帝卽位地餘侍中貴幸至少府戒其子曰我死官屬卽送汝財物愼毋受汝九卿儒者子孫以廉潔著可以自成及地餘死少府官屬共送數百萬其子不受天子聞而嘉之賜錢百萬地餘少子政爲王莽講學大夫由是尚書世有歐陽氏學

林尊字長賓濟南人也事歐陽高爲博士論石渠後至少府太子太傅授平陵平當梁陳翁生當至丞相自有傳翁生信都太傅家世傳業由是歐陽有平陳之學翁生授琅邪殷崇楚國龔勝崇爲博士勝右扶風自有傳而平當授九江朱普公文上黨鮑宣普爲博士宣司隸校尉自有傳徒衆尤盛知名者也

夏侯勝其先夏侯都尉從濟南張生受尚書以傳族子始昌始昌傳勝勝又事同郡簡卿簡卿者兒寬門人勝傳從兄子建建又事歐陽高勝至長信少府建太子太傅自有傳由是尚書有大小夏侯之學

周堪字少卿齊人也與孔霸俱事大夏侯勝霸爲博士堪譯官令論於石渠經爲最高後爲太子太傅而孔霸以太中大夫授太子及元帝卽位堪爲光祿大夫與蕭望之並領尚書事爲石顯所譖皆免官望之自殺上愍之擢堪爲光祿勳堪授牟卿及長安許商長伯牟卿爲博士霸以帝師賜號褒成君傳子光亦事牟卿至丞相自有傳由是大夏侯有孔許之學商善爲筭著五行論歷四至九卿號其門人沛唐林子高爲德行平陵吳章偉君爲言語重泉王吉少音爲政事齊炔欽幼卿爲文學炔音桂王莽時林吉爲九卿自表上師家大夫博士郞吏爲許氏學者各從門人會車數百兩儒者榮之欽章皆爲博士徒衆尤盛章爲王莽所誅

張山拊字長賓平陵人也事小夏侯建爲博士論石渠至少府授同縣李尋鄭寬中少君山陽張無故子儒信都秦恭延君陳留假倉子驕無故善修章句爲廣陵太傅守小夏侯說文恭增師法至百萬言爲城陽內史倉以謁者論石渠至膠東相尋善說災異爲騎都尉自有傳寬中有儁材以博士授太子成帝卽位賜爵關內侯食邑八百戶遷光祿大夫領尚書事甚尊重會疾卒谷永上疏乞加其葬禮賜之令諡以章尊師傅之德於是上弔贈寬中甚厚由是小夏侯有鄭張秦假李氏之學寬中授東郡趙元無故授沛唐尊恭授魯馮賓賓爲博士尊王莽太傅元哀帝御史大夫至大官知名者也

孔氏有古文尚書孔安國以今文字讀之因以起其家逸書得十餘篇蓋尚書茲多於是矣遭巫蠱未立於學官安國爲諫大夫授都尉朝朝名都尉姓而司馬遷亦從安國問故遷書載堯典禹貢洪範微子金縢諸篇多古文說都尉朝授膠東庸生庸生授淸河胡常少子以明穀梁春秋爲博士部刺史又傳左氏常授虢徐敖敖爲右扶風掾又傳毛詩授王璜平陵塗惲子眞子眞授河南桑欽君長王莽時諸學皆立劉歆爲國師璜惲等皆貴顯世所傳百兩篇者出東萊張霸分析合二十九篇以爲數十又采左氏傳書敍爲作首尾凡百二篇篇或數簡文意淺陋成帝時求其古文者霸以能爲百兩徵以中書校之非是霸辭受父父有弟子尉氏樊並時太中大夫平當侍御史周敞勸上存之後樊並謀反迺黜其書

申公魯人也少與楚元王交俱事齊人浮邱伯受詩漢興高祖過魯申公以弟子從師入見于魯南宮呂太后時浮邱伯在長安楚元王遣子郢與申公俱卒學元王薨郢嗣立爲楚王令申公傅太子戊戊不好學病申公及戊立爲王胥靡申公申公媿之歸魯退居家教終身不出門復謝賓客獨王命召之乃往弟子自遠方至受業者千餘人申公獨以詩經爲訓故以教亡傳疑者則闕弗傳蘭陵王臧既從受詩已通事景帝爲太子少傅免去武帝初卽位臧乃上書宿衞累遷一歲至郞中令及代趙綰亦嘗受詩申公爲御史大夫綰臧請天子立明堂以朝諸侯不能就其事乃言師申公於是上使使

東帛加璧安車以蒲裹輪駕駟迎申公弟子二人乘軺傳從至見天子天子問治亂之事申公時八十餘老對日爲治者不在多言顧力行何如耳是時上方好文辭見申公對默然然已招致則以爲太中大夫舍魯邸議明堂事竇太后好老子不說儒術得綰臧之過以讓上日此欲復爲新垣平也上因廢明堂下綰臧吏皆自殺申公亦以疾免歸數年卒弟子爲博士者十餘人孔安國至臨淮太守周霸膠西內史夏寬城陽內史碭魯賜東海太守蘭陵繆生長沙內史徐偃膠西中尉鄒人闕門慶忌膠東內史其治官民皆有廉節其學官弟子行雖不備而至於大夫郎中掌故以百數申公卒以詩春秋授而瑕邱江公盡能傳之徒衆最盛及魯許生免中徐公皆守學教授韋賢治詩事博士大江公及許生又治禮至丞相傳子元成以淮陽中尉論石渠後亦至丞相元成及兄子賞以詩授哀帝至大司馬車騎將軍自有傳由是魯詩有韋氏學

王式字翁思東平新桃人也事免中徐公及許生式爲昌邑王師昭帝崩昌邑王嗣位以行淫亂廢昌邑羣臣皆下獄誅惟中尉王吉郎中令龔遂以數諫減死論式繫獄當死治事使者責問曰師何以亡諫書式對曰臣以詩三百五篇朝夕授王至於忠臣孝子之篇未嘗不爲王反復誦之也至於危亡失道之君未嘗不流涕爲王深陳之也臣以詩三百五篇諫是以亡諫書使者以聞亦得減死論歸家不教授三陽張長安幼君長安名先事式後東平唐長賓沛褚少孫亦來事式問經數篇式謝之曰聞之於師具是矣自潤色之不肯復授唐生褚生應博士弟子選詣博士摳衣登堂頌禮甚嚴頌音容試誦說有法疑者邱蓋不言邱蓋者疑也諸博士驚問何師對日事式皆素聞其賢共薦式詔除下爲博士式徵來衣博士衣而不冠日刑餘之人何宜復充禮官既至止舍中會諸大夫博士共持酒肉勞式皆注意高仰之博士江公世爲魯詩宗至江公著孝經說心嫉式謂歌吹諸生日歌驪駒式曰聞之於師客歌驪駒主人歌客毋庸歸今日諸君爲主人日尚早未可也江翁日經何以言式日在曲禮江翁日何狗曲也式恥之陽醉逷墜上音蕩下音地式客罷讓諸生曰我本不欲來諸生彊勸我竟爲豎子所辱遂謝病免歸終於家張生唐生褚生皆爲博士張生論石渠至淮陽中尉唐生楚太傅由是魯詩有張唐褚氏之學張生兄子游卿爲諫大夫以詩授元帝其門人琅邪王扶爲泗水中尉授陳留許晏爲博士由是張家有許氏學初薛廣德亦事王式以博士論石渠授龔舍廣德至御史大夫舍泰山太守皆有傳

轅固生齊人也以治詩孝景時爲博士與黃生爭論於上前黃生曰湯武非受命乃殺也固曰不然夫桀紂荒亂天下之心皆歸湯武湯武因天下之心而誅桀紂桀紂之民弗爲使而歸湯武湯武不得已而立非受命爲何黃生曰冠雖敝必加於首履雖新必貫於足何者上下之分也今桀紂雖失道然君上也湯武雖聖臣下也夫主有失行臣下不能正言匡過以尊天子反因過而誅之代立南面非殺而何固曰必若所云則是高皇帝代秦即天子之位非邪於是上曰食肉毋食馬肝未爲不知味也言學者毋言湯武受命不爲愚遂罷竇太后好老子書召問固固對曰此家人言耳太后怒曰安得司空城旦書乎城旦書刑書也道家以儒家爲急故比於律令云乃使固入圈擊彘上知太后怒而固直言無罪乃假固利兵下圈刺彘正中其心彘應手而倒太后默然亡以復罪後上以固廉直拜爲清河王太傅久之病免孝武帝初即位復以賢良徵諸儒多嫉毀曰固老罷歸之時固已九十餘矣公孫弘亦徵仄目而事固固曰公孫子務正學以言無曲學以阿世諸齊以詩顯貴皆固之弟子也昌邑太傅夏侯始昌最明自有傳

后蒼字近君東海郯人也事夏侯始昌始昌通五經蒼亦通詩禮爲博士至少府授翼奉蕭望之匡衡奉爲諫大夫望之前將軍衡丞相皆有傳衡授琅邪師丹伏理斿君潁川滿昌君都君都爲詹事理高密太傅家世傳業丹大司空自有傳由是齊詩有翼匡師伏之學滿昌授九江張邯琅邪皮容皆至大官徒衆尤盛

韓嬰燕人也孝文時爲博士景帝時至常山王太傅嬰推詩之意而爲內外傳數萬言其語頗與齊魯間殊然其歸一也淮南賁生受之賁音肥燕趙間言詩者由韓生韓生亦以易授人推易意而爲之傳燕趙間好詩故其易微唯韓氏自傳之武帝時嬰嘗與董仲舒論於上前其人精悍處事分明仲舒不能難也後其孫商爲博士孝宣時涿郡韓生其後也以易徵待詔殿中曰所受易即先太傅所傳也嘗受韓詩不如韓氏易深太傅故專傳之司隸校尉蓋寬饒本受易於孟喜見涿郡韓生說易而好之即更從受焉

趙子河內人也事燕韓生授同郡蔡誼誼至丞相自有傳誼授同郡食子公食音嗣與王吉吉爲昌邑中尉自有傳食生爲博士授泰山栗豐吉授淄川長孫順順爲博士豐部刺史由是韓詩有王食長孫之學豐授山陽張

就順授東海髮福皆至大官徒衆尤盛

毛公趙人也治詩爲河閒獻王博士授同國貫長卿長卿授解延年延年爲阿武令授徐敖敖授九江陳俠爲王莽講學大夫由是言毛詩者本之徐敖

漢興魯高堂生傳士禮十七篇而魯徐生善爲頌（頌讀與容同容貌威儀也）孝文時徐生以頌爲禮官大夫傳子至孫延襄襄其資性善爲頌不能通經延頗能未善也襄亦以頌爲大夫至廣陵內史延及徐氏弟子公戶滿意桓生單次皆爲禮官大夫而瑕丘蕭奮以禮至淮陽太守諸言禮爲頌者由徐氏

孟卿東海人也事蕭奮以授后倉魯閭丘卿倉說禮數萬言號曰后氏曲臺記（在曲臺校書著記因以爲名曲臺殿在未央宮）授沛聞人通漢子方梁戴德延君戴聖次君沛慶普孝公孝公爲東平太傅德號大戴爲信都太傅聖號小戴以博士論石渠至九江太守由是禮有大戴小戴慶氏之學通漢以太子舍人論石渠至中山中尉普授魯夏侯敬又傳族子咸爲豫章太守大戴授琅邪徐良斿卿爲博士州牧郡守家世傳業小戴授梁人橋仁季卿楊榮子孫仁爲大鴻臚家世傳業榮琅邪太守由是大戴有徐氏小戴有橋楊氏之學

臣謹按戴聖爲九江太守治行多不法前刺史以其大儒優容之及何武爲刺史聖懼自免後爲博士毀武於朝廷武聞之終不揚其惡聖之子賓客爲羣盜爲人捕繫廬江聖自以子必死武之手而武平心決之卒得不死自是慚服且以二戴之名與聖人之經並行而身爲臧吏子爲盜賊猶不知非已而復謗人有子如此猶糞生乎曾跖蹻之不如也觀此則爲儒者不可不鑒用儒者亦不可不審

胡毋生字子都齊人也治公羊春秋爲景帝博士與董仲舒同業仲舒著書稱其德年老歸教於齊齊之言春秋者宗事之公孫弘亦頗受焉而董仲舒爲江都相自有傳弟子遂業者蘭陵褚大東平嬴公廣川段仲溫呂步舒大至梁相步舒丞相長史唯嬴公守學不失師法爲昭帝諫大夫授東海孟卿魯眭孟孟爲符節令坐說災異誅自有傳

嚴彭祖字公子東海下邳人也與顏安樂俱事眭孟孟弟子百餘人唯彭祖安樂爲明質問疑誼各持所見孟曰春秋之意在二子矣孟死彭祖安樂各顓門教授由是公羊春秋有顏嚴之學彭祖爲宣帝博士至河南東郡太守以高第入爲左馮翊遷太子太傅廉直不事權貴或說曰天時不勝人事君以不修小禮曲意亡貴人左右之助經誼雖高不至宰相願少自勉彊彭祖曰凡通經術固當修行先王之道何可委曲從俗苟求富貴乎彭祖竟以太傅官終授琅邪王中爲元帝少府家世傳業中授同郡公孫文東門雲雲爲荊州刺史文東平太傅徒衆尤盛雲坐爲江賊拜辱命下獄誅

顏安樂字公孫魯國薛人眭孟姊子也家貧爲學精力官至齊郡太守丞後爲仇家所殺安樂授淮陽泠豐次君淄川任公公爲少府豐淄川太守由是顏家有泠任之學始貢禹事嬴公成於眭孟至御史大夫疏廣事孟卿至太子太傅皆自有傳廣授琅邪筦路路爲御史中丞禹授潁川堂谿惠惠授泰山冥都都爲丞相史都與路又事顏安樂故顏氏復有筦冥之學路授孫寶爲大司農自有傳豐授馬宮琅邪左咸咸爲郡守九卿徒衆尤盛官至大司徒自有傳

瑕丘江公受穀梁春秋及詩於魯申公傳子至孫爲博士武帝時江公與董仲舒並仲舒通五經能持論善屬文江公吶於口上使與董仲舒議不及仲舒而丞相公孫弘本爲公羊學比輯其義卒用董生於是上因尊公羊家詔太子授公羊春秋由是公羊大興太子旣通復私問穀梁而善之其後浸微唯魯榮廣王孫皓星公二人受焉廣盡能傳其詩春秋高材捷敏與公羊大師眭孟等論數困之故好學者頗復受穀梁沛蔡千秋少君梁周慶幼君丁姓子孫皆從廣受千秋又事皓星公爲學最篤宣帝卽位聞衞太子好穀梁春秋以問丞相韋賢長信少府夏侯勝及侍中樂陵侯史高皆魯人也言穀梁子本魯學公羊氏乃齊學也宜興穀梁時千秋爲郎召見與公羊家並說上善穀梁說擢千秋爲諫大夫給事中後有過左遷平陵令復求能爲穀梁者莫及千秋上愍其學且絕乃以千秋爲郎中戶將選郎十人從受汝南尹更始翁君本自事千秋能說矣會千秋病死徵江公孫爲博士劉向以故諫大夫通達待詔受穀梁欲令助之江博士復死乃徵周慶丁姓待詔保宮使卒授十人自元康中始講至甘露元年積十餘歲皆明習乃召五經名儒太子太傅蕭望之等大議殿中平公羊穀梁同異各以經處是非時公羊博士嚴彭祖侍郎申輓伊推宋顯穀梁議郎尹更始待詔劉向周慶丁姓並論公羊家多不見從願請內侍郎許廣使者亦並內穀梁家中郎王亥各五人議三十餘事望之等十一人各以經誼對多從穀梁由是穀梁之學大盛慶姓皆爲博士姓至中山太傅授楚申章昌曼君（申章姓也名昌字曼君）爲博

士至長沙太傅徒眾尤盛尹更始爲諫大夫長樂戶將又受左氏傳取其變理合者以爲章句傳子咸及翟方進瑯邪房鳳咸至大司農方進丞相自有傳

房鳳字子元不其人也以射策乙科爲太史掌故太常舉方正爲縣令都尉失官大司馬驃騎將軍王根奏除補長史薦鳳明經通達擢爲光祿大夫遷五官中郎將時光祿勳王龔以外屬內卿與奉車都尉劉歆共校書三人皆侍中歆白左氏春秋可立哀帝納之以問諸儒皆不對歆於是數見丞相孔光爲言左氏以求助光卒不肯唯鳳龔許歆遂共移書責讓太常博士語在歆傳大司空師丹奏歆非毀先帝所立上於是出龔等補吏龔爲弘農歆河內鳳九江太守至青州牧始江博士授胡常常授梁蕭秉君房王莽時爲講學大夫由是穀梁春秋有尹胡申章房氏之學

漢興北平侯張蒼及梁太傅賈誼京兆尹張敞太中大夫劉公子皆修春秋左氏傳誼爲左氏傳訓故授趙人貫公爲河間獻王博士子長卿爲蕩陰令授清河張禹長子禹與蕭望之同時爲御史數爲望之言左氏望之善之上書數以稱說後望之爲太子太傅薦禹於宣帝徵禹待詔未及問會疾死禹授尹更始更始傳子咸及翟方進胡常常授黎陽賈護季君哀帝時待詔爲郎授蒼梧陳欽子佚以左氏授王莽至將軍而劉歆從尹咸及翟方進受由是言左氏者本之賈護劉歆

班氏曰自武帝立五經博士開弟子員設科射策勸以官祿訖於元始百有餘年傳業者寖盛枝葉蕃滋一經說至百餘萬言大師眾至千餘人蓋利祿之路然也初書惟有歐陽禮后易楊春秋公羊而已至孝宣世復立大小夏侯尚書大小戴禮施孟梁邱易穀梁春秋至元帝世復立京氏易平帝時又立左氏春秋毛詩逸禮古文尚書所以罔羅遺失兼而存之是在其中矣

後漢

范氏曰昔王莽更始之際天下散亂禮樂分崩典文殘落及光武中興愛好經術未及下車而先訪儒雅採求闕文補綴漏逸先是四方學士多懷挾圖書遁逃林藪自是莫不抱負墳策雲會京師范升陳元鄭興杜林衛宏劉昆桓榮之徒繼踵而集於是立五經博士各以家法教授易有施孟梁邱京氏尚書歐陽大小夏侯詩齊魯韓毛禮大小戴春秋嚴顏凡十四博士太常差次總領焉建武五年乃修起太學稽式古典籩豆干戚之容備之於列服方領習矩步者委它乎其中中元元年初建三雍明帝即位親行其禮天子始冠通天衣日月備法物之駕盛清道之儀坐明堂而朝羣后登靈臺以望雲物袒割辟雍之上尊養三老五更饗射禮畢帝正坐自講諸儒執經問難於前冠帶縉紳之人圜橋門而觀聽者蓋億萬計其後復爲功臣子孫四姓末屬別立校舍搜選高能以受其業自期門羽林之士悉令通孝經章句匈奴亦遣子入學濟濟乎洋洋乎盛於永平矣建初中大會諸儒於白虎觀考詳同異連月乃罷肅宗親臨稱制如石渠故事顧命史臣著爲通義又詔高才生受古文尚書毛詩穀梁左氏春秋雖不立學官然皆擢高第爲講郎給事近署所以網羅遺逸博存眾家孝和亦數幸東觀覽閱書林及鄧后稱制學者頗懈時樊準徐防並陳敦學之宜又言儒職多非其人於是制詔公卿妙簡其選三署郎能通經術者皆得察舉自安帝覽政薄於藝文博士倚席不講朋徒相視怠散學舍頹敝鞠爲園蔬牧兒蕘豎至於薪刈其下順帝感翟酺之言乃更修黌宇凡所造構二百四十房千五百五十室試明經下第補弟子增甲乙之科員各十人除郡國耆儒皆補郎舍人太初元年梁太后詔曰大將軍下至六百石悉遣子就學每歲輒於鄉射月一饗會之以此爲常自是遊學增盛至三萬餘生然章句漸疏而多以浮華相尚儒者之風蓋衰矣黨人既誅其高名善士多坐流廢後遂至忿爭更相言告亦有私行金貨定蘭臺漆書經字以合其私文熹平四年靈帝乃詔諸儒正定五經刊於石碑爲古文篆隸三體書法以相參檢樹之學門使天下咸取則焉初光武遷還洛陽其經牒秘書載之二千餘兩自此以後參倍於前及董卓移都之際吏民擾亂自辟雍東觀蘭臺石室宣明鴻都諸藏典冊文章競共剖散其縑帛圖書大則連爲帷蓋小乃制爲縢囊及王允所收而西者裁七十餘乘道路艱遠復棄其半矣後長安之亂一時焚蕩莫不泯盡焉東京學者猥眾難以詳載今但錄其能通經名家者以爲儒林篇其自有列傳者則不兼書若師資所承宜標名爲證者乃著之云

劉昆字桓公陳留東昏人梁孝王之允也少習容禮平帝時受施氏易於沛人戴賓能彈雅琴知清角之操王莽世教授弟子恆五百餘人每春秋饗射常備列典儀以素木瓠葉爲俎豆桑弧蒿矢以射菟首每有行禮縣宰輒率吏屬而觀之王莽以昆多聚徒眾私行大禮有僭上心乃繫昆及家屬於外黃獄尋莽敗得免既而天下大亂昆避難河南負犢山中建武五年舉孝廉不行

遂逃教授於江陵光武聞之即除爲江陵令時縣連年火災昆輒向火叩頭多能降雨止風徵拜議郎稍遷侍中弘農太守先是殽黽驛道多虎災行旅不通昆爲政三年虎皆負子渡河帝聞而異之二十二年徵代杜林爲光祿勳詔問昆曰前在江陵反風滅火後守弘農虎北渡河行何德政而致是事昆對曰偶然耳左右皆笑其質訥帝歎曰此乃長者之言也顧命書諸策乃令以經入授皇太子及諸王小侯五十餘人二十七年拜騎都尉三十年以老乞骸骨詔賜洛陽第舍以千石祿終其身中元二年卒子軼字君文傳昆業門徒亦盛永平中爲太子中庶子建初中稍遷宗正卒官遂世掌宗正焉

洼丹字子玉風俗通洼音圭南陽育陽人也世傳孟氏易王莽時常避世教授專志不仕徒衆數百人建武初爲博士稍遷十一年爲大鴻臚作易通論七篇世號洼君通丹學義研深易家宗之稱爲大儒十七年卒於官年七十時中山觟陽鴻字孟孫姓觟陽名鴻觟音胡瓦反亦以孟氏易教授有名稱永平中爲少府

任安字定祖廣漢綿竹人也少游太學受孟氏易兼通數經又從同郡楊厚學圖讖究極其術時人稱曰欲知仲桓問任安又曰居今行古任定祖學終還家教授諸生自遠而至初仕州郡太尉再辟除博士公車徵皆稱疾不就州牧劉焉表薦之時王塗隔塞詔命竟不至年七十九建安七年卒于家

楊政字子行京兆人也少好學從代郡范升受梁丘易善說經書京師爲之語曰說經鏗鏗楊子行教授數百人范升嘗爲出婦所告坐繫獄政乃肉袒以箭貫耳抱升子潛伏道傍候車駕而持章叩頭大言曰范升三娶惟有一子今適三歲孤之可哀武騎虎賁懼驚乘輿舉弓射之猶不肯去旄頭又以戟叉政傷胸政猶不退哀泣辭請有感帝心詔曰乞楊生師即尺一出升政由是顯名政爲人嗜酒不拘小節果敢自矜然篤於義時帝婿梁松皇后弟陰就皆慕其聲名而請與交友政每與言論常切磋懇至不爲屈撓嘗詣楊虛侯馬武武難見政稱疾不爲起政入戶徑升牀排武臂責之曰卿蒙國恩備位藩輔不思求賢以報殊寵而驕天下英俊此非養身之道也今日動者刀入脅武諸子及左右皆大驚以爲見劫操兵滿側政顏色自若會陰就至責數武令爲交友其剛果任情皆如此也建初中官至左中郎將

張興字君上潁川鄢陵人也習梁丘易以教授建武中舉孝廉爲郎謝病去復歸聚徒後辟司徒馮勤府舉爲孝廉稍遷博士永平初遷侍中祭酒十年拜太子少傅顯宗數訪問經術既而聲稱著聞弟子自遠至者著錄且萬人爲梁丘家宗十四年卒於官子魴傳興業位至張掖屬國都尉

戴憑字次仲汝南平輿人也習京氏易年十六郡舉明經徵試博士拜郎中時詔公卿大會羣臣皆就席憑獨立光武問其意憑對曰博士說經皆不如臣而坐居臣上是以不得就席帝即召上殿令與諸儒難說憑多所解釋帝善之拜爲侍中數進見問得失帝謂憑曰侍中當匡輔國政勿有隱情憑對曰陛下嚴帝曰朕何用嚴憑曰伏見前太尉西曹掾蔣遵清亮忠孝學通古今陛下納膚受之愬遂致禁錮臣以是爲嚴帝怒曰汝南子欲復黨乎憑出自繫廷尉有詔勑出後復引見憑謝曰臣無謇諤之節而有狂瞽之言不能以尸伏諫偷生苟活誠慙聖朝帝即勑尚書解遵禁錮拜憑虎賁中郎將以侍中兼領之正旦朝賀百僚畢會帝令羣臣能說經者更相難詰義有不通輒奪其席以益通者憑遂重坐五十餘席故京師爲之語曰解經不窮戴侍中在職十八年卒于官賜東園梓器錢二十萬時南陽太守魏滿字叔牙亦習京氏易教授永平中至弘農太守

孫期字仲彧濟陰成武人也少爲諸生習京氏易古文尚書家貧事母至孝牧豕於大澤中以奉養焉遠人從其學者皆執經壟畔以追之里落化其仁讓黃巾賊起過期里陌相約不犯孫先生舍郡舉方正遣吏齎羊酒請期期驅豕入草不顧司徒黃琬特辟不行終於家建武中范升傳孟氏易以授楊政而陳元鄭衆皆傳費氏易其後馬融亦爲其傳融授鄭元元作易注荀爽又作易傳自是費氏興而京氏遂衰

歐陽歙字正思樂安千乘人也自歐陽生傳伏生尚書至歙八世皆爲博士歙既傳業而謙恭好禮讓王莽時爲長社宰更始立爲原武令光武平河北到原武見歙在縣修政遷河南都尉後行太守事光武即位始爲河南尹封被陽侯建武五年坐事免官明年拜揚州牧遷汝南太守推用賢俊政稱異迹九年更封夜侯歙在郡教授數百人視事九歲徵爲大司徒坐在汝南臧罪千餘萬發覺下獄諸生守闕爲歙求哀者千餘人至有自髡剔者平原禮震年十七聞獄當斷馳之京師行到河內獲嘉縣自繫上書求代歙死曰伏見臣師大司徒歐陽歙學爲儒宗八世博士而以臧咎當伏重辜歙門單子幼未能傳學身死之後永爲廢絕上令陛下獲殺賢

之議下使學者喪師資之益乞殺身以代歙命書奏而歙巳死獄中歙掾陳元上書追訟之言甚切至帝乃賜棺木贈印綬賻縑三千匹子復嗣後卒無子國除濟陰曹曾字伯山從歙受尙書門徒三千人位至諫議大夫子祉河南尹傳父業教授又陳留陳弇字叔明亦授歐陽尙書於司徒丁鴻仕爲蘄長

牟長字君高樂安臨濟人也其先封牟春秋之末國滅因氏焉長少習歐陽尙書不仕王莽世建武二年大司空弘特辟拜博士稍遷河南太守坐墾田不實免長自爲博士及在河內諸生講學者常有千餘人著錄前後萬人著尙書章句皆本之歐陽氏俗號爲牟氏章句復徵爲中散大夫賜告一歲卒於家子紆又以隱居教授門生千人肅宗聞而徵之欲以爲博士道物故

宋登字叔陽京兆長安人也父由爲太尉登少傳歐陽尙書教授數千人爲汝陰令政爲明能號稱神父遷趙相入爲尙書僕射順帝以登明識禮樂使持節臨太學奏定典律轉拜侍中數上封事抑退權臣由是出爲潁川太守市無二價道不拾遺病免卒于家汝陰人配社祠之

張馴字子儁濟陰定陶人也少游太學能誦春秋左氏傳以大夏侯尙書教授辟公府舉高第拜議郎與蔡邕共奏定六經文字擢拜侍中典領祕書近署甚見納異多因便宜陳政得失朝廷嘉之遷丹陽太守化有惠政光和七年徵拜尙書遷大司農初平中卒於官

尹敏字幼季南陽堵陽人也少爲諸生初習歐陽尙書後受古文兼善毛詩穀梁左氏春秋建武二年上疏陳洪範消灾之術時光武方草創天下未遑其事命敏待詔公車拜郎中辟大司空府帝以敏博通經記令校圖讖使蠲去崔發所爲王莽著錄比次敏對曰讖書非聖人所作其中多近鄙別字頗類世俗之辭恐疑誤後生帝不納敏因其闕文增之曰君無口爲漢輔帝見而怪之召敏問其故敏對曰臣見前人增損圖書敢不自量竊幸萬一帝深非之雖竟不罪而亦以此沈滯與班彪親善每相遇輒日旰忘食夜分不寢自以爲鍾期伯牙莊周惠施之相得也後三遷長陵令永平五年詔書捕男子周慮慮素有名稱而善於敏敏坐繫免官及出歎曰瘖聾之徒眞世之有道者也何謂察察而遇斯患乎十一年除郎中遷諫議大夫卒於家

周防字偉公汝南汝陽人也父楊少孤微常修逆旅以供過客而不受其報防年十六仕郡小吏光武巡狩汝南召掾史試經防尤能誦讀拜爲守丞防以未冠謁去師事徐州刺史葢豫受古文尙書經明舉孝廉拜郎中撰尙書雜記三十二篇四十萬言太尉張禹薦補博士稍遷陳留太守坐法免卒於家年七十八子舉自有傳

孔僖字仲和魯國魯人也自安國以下世傳古文尙書毛詩曾祖父子建少游長安與崔篆友善及篆仕王莽爲建新大尹嘗勸子建仕對曰吾有布衣之心子有袞冕之志各從所好不亦善乎道既乖矣請從此辭歸終於家僖與崔篆孫駰復相友善同游太學習春秋因讀吳王夫差時事僖廢書歎曰若是所謂畫龍不成反爲狗者駰曰然昔孝武皇帝始爲天子年方十八崇信聖道師則先王五六年間號勝文景及後恣己忘其前之爲善僖曰書傳若此多矣鄰房生梁郁儳和之曰如此武帝亦是狗邪僖駰默然不對郁怒恨之陰上書告駰僖誹謗先帝刺譏當世事下有司駰詣吏受訊僖以吏捕方至恐誅乃上書肅宗自訟曰臣之愚意以爲凡言誹謗者謂實無此事而虛加誣之也至如孝武皇帝政之美惡顯在漢史坦如日月是爲直說書傳實傳實事非虛謗也夫帝者爲善則天下之善咸歸焉其不善則天下之惡亦萃焉斯皆有以致之故不可以誅於人也且陛下卽位以來政教未過而德澤有加天下所具知也臣等獨何譏刺哉假使所非實是則固應悛改儻其不當亦宜含忍又何罪焉陛下不推原大數深自爲計徒肆私忿以快其意臣等受戮死卽死矣顧天下之人必回視易慮以此事闚陛下心自今以後苟見不可之事終莫復言者矣臣之所以不愛其死猶敢極言者誠爲陛下深惜此大業陛下若不自惜則臣何賴焉昔齊桓公親揚其先君之惡以唱管仲然後羣臣得盡其心今陛下乃欲以十世之武帝遠諱實事豈不與桓公異哉臣恐有司卒然見構銜恨蒙枉不得自敘使後世論者擅以陛下有所方比寍可復使子孫追掩之乎謹詣闕伏待重誅帝始亦無罪僖等意及書奏立詔勿問拜僖蘭臺令史元和二年春帝東巡狩還過魯幸闕里以太牢祠孔子及七十二人大會孔氏男子二十以上者六十三人命儒者講論語僖因自陳謝帝曰今日之會寍於卿宗有光榮乎對曰臣聞明王聖主莫不尊師貴道今陛下親屈萬乘辱臨敝里此乃崇禮先師增輝聖德至於光榮非所敢承帝大笑曰非聖者子孫焉有斯言乎遂拜僖郎中賜褒成侯損及孔氏男女錢帛詔僖從還京師使校書東觀冬拜臨晉令崔駰以家林筮之謂爲不吉止僖曰子盍辭乎僖曰學不爲人仕不擇官

凶吉由己而由卜乎在縣三年卒官遺令卽葬二子長彥季彥並十餘歲蒲坂令許君然勸令反魯對曰今載柩而歸則違父命舍墓而去心所不忍遂留華陰長彥好章句學季彥守其家業門徒數百人延光元年河西大雨雹大者如斗安帝詔有道術之士極陳變眚召季彥見於德陽殿帝親問其故對曰此皆陰乘陽之徵也今貴臣擅權母后黨盛陛下宜修聖德慮此二者帝嘿然左右皆惡之舉孝廉不就三年年四十七終於家初平帝時王莽秉政乃封孔子後孔均爲褒成侯追謚孔子爲褒成宣尼及王莽敗失國建武十三年光武復封均子志爲褒成侯志卒子損嗣永平四年徙封褒亭侯損卒子曜嗣曜卒子完嗣世世相傳至獻帝初國絕

楊倫字仲理陳留東昏人也少爲諸生師事司徒丁鴻習古文尚書爲郡文學掾更歷數時志乖於時以不能人間事遂去職不復應州郡命講授於大澤中弟子至千餘人元初中郡禮請三府並辟公車徵皆辭疾不就後特徵博士爲清河王傅是歲安帝崩倫輒棄官奔喪號泣闕下不絕聲閻太后以其專擅去職坐抵罪順帝卽位詔免倫刑遂留行喪于恭陵服闋徵拜侍中是時邵陵令任嘉在職貪穢因遷武威太守後有人奏嘉贓罪千萬徵考廷尉其所牽染將相大臣百有餘人倫乃上書曰臣聞春秋誅惡及本本誅則惡消振裘持領領正則毛理今任嘉所坐狼藉未受辜戮猥以垢身改典大郡自非案坐舉者無以禁絕姦萌往者湖陸令張疊蕭令駟賢徐州刺史劉福等釁穢既章咸伏其誅而豺狼之吏至今不絕者豈非本舉之主不加之罪乎昔齊桓之霸殺姦臣五人并及舉者以弭謗讟當斷不斷黃石所戒夫聖王所以聽僮夫匹婦之言者猶塵加嵩岱霧集淮海雖未有益不爲損也書奏有司以倫言切直辭不遜順下之尚書奏倫探知密事徼以求直坐不敬結鬼薪詔書以倫數進忠言特原之免歸田里陽嘉二年徵拜太中大夫將軍梁商以爲長史諫諍不合出補恆山王傅病不至官詔書勑司隸催促發遣倫乃留河內朝歌以疾自上曰有留死一尺無北行一寸刎頸不易九裂不恨匹夫所執彊於三軍固敢有辭帝乃下詔曰倫出幽升高寵以藩傅稽留王命擅止道路託疾自從苟肆狷志遂徵詣廷尉尋有詔原罪倫前後三徵皆以直諫不合既歸閉門講授自絕人事公車復徵遜道不行卒於家中興北海牟融習大夏侯尚書東海王良習小夏侯尚書沛國桓榮習歐陽尚書榮世習相傳授東京最盛扶風杜林傳古文尚書林同郡賈逵爲之作訓馬融作傳鄭元注解由是古文尚書遂顯於世

高詡字季回平原般人（般卜滿切）也曾祖父嘉以魯詩授元帝仕至上谷太守父容少傳嘉學哀平間爲光祿大夫詡以父任爲郎中世傳魯詩以信行清操知名王莽篡位父子稱盲逃不仕莽世光武卽位大司空宋弘薦詡徵爲郎除符離長去官後徵爲博士建武十一年拜大司農在朝以方正稱十三年卒官賜錢及冢田

包咸字子良會稽曲阿人也少爲諸生受業長安師事博士右師（右師姓也）細君習魯詩論語王莽末去歸鄉里於東海界爲赤眉賊所得遂見拘執十餘日咸晨夜誦經自若賊異而遣之因住東海立精舍講授光武卽位乃歸鄉里太守黃讜署戶曹史欲召咸入授其子咸曰禮有來學而無往教讜遂遣子師之舉孝廉除郎中建武中入授皇太子論語又爲其章句拜諫議大夫侍中右中郎將永平五年遷大鴻臚每進見賜以几杖入屏不趨贊事不名經傳有疑輒遣小黃門就舍卽問顯宗以咸有師傅恩而素清苦常特賞賜珍玩奉祿增於諸卿咸皆散與諸生之貧者病篤帝親輦駕臨視八年年七十二卒於官子福拜郎中亦以論語入授和帝

魏應字君伯任城人也少好學建武初詣博士受業習魯詩閉門誦習不交僚黨京師稱之後歸爲郡吏舉明經除濟陰王文學以疾免官教授山澤中徒衆常數百人永平初爲博士再遷侍中十三年遷大鴻臚十八年拜光祿大夫建初四年拜五官中郎將詔入授千乘王伉應經明行修弟子自遠方至者著錄數千人肅宗甚重之數進見論難於前特授賞賜時會京師諸儒於白虎觀講論五經同異使應專掌難問侍中淳于恭奏之帝親臨幸稱制如石渠故事明年出爲上黨太守徵拜騎都尉卒於官

伏恭字叔齊琅邪東武人司徒湛之兄子也湛弟黯字稚文以明齊詩改定章句作解說九篇位至光祿勳無子以恭爲後恭性孝事所繼母甚謹少傳黯學以任爲郎建武四年除劇令視事十三年以惠政公廉聞青州舉爲尤異太常試經第一拜博士遷常山太守敦修學校教授不輟由是北州多爲伏氏學永平二年代梁松爲太僕四年帝臨辟雍於行禮中拜恭爲司空儒者以爲榮初父黯章句繁多恭乃省減浮辭定爲二十萬言在位九年以病乞骸骨罷詔賜千石奉以終其身十五年行幸琅邪引遇如三公儀建初二年冬肅宗行饗禮以恭爲三老年九十元和元年卒賜葬顯節陵下子壽

官至東郡太守
任末字叔本蜀郡繁人也少習齊詩遊京師教授十餘年友人董奉德於洛陽病亡末躬推鹿車載其喪致墓所由是知名爲郡功曹辭以病免後奔師喪於道物故臨命勑兄子造曰必致我尸於師門使死而有知魂靈不慚如其無知得土而已造從之
景鸞字漢伯廣漢梓潼人也少隨師學經涉七州之地能理齊詩施氏易兼受河洛圖緯作易說及詩解文句兼取河洛以類相從名爲交集又撰禮內外記號曰禮畧又抄風角雜書列其占驗作興道一篇及作月令章句凡所著述五十餘萬言數上書陳救災變之術州郡辟命不就以壽終
薛漢字公子淮陽人也世習韓詩父子以章句著名漢少傳父業善說災異讖緯教授常數百人建武初爲博士受詔校定圖讖當世言詩者推漢爲長永平中爲千乘太守政有異迹後坐楚事辭相連下獄死弟子犍爲杜撫會稽澹臺敬伯鉅鹿韓伯高最知名
杜撫字叔和犍爲武陽人也少有高才受業於薛漢定韓詩章句後歸鄉里教授沈靜樂道舉動必以禮弟子千餘人後爲驃騎將軍東平王蒼所辟及蒼就國掾史悉補王官屬未滿歲皆自劾歸時撫爲大夫不忍去蒼聞賜車馬財物遣之辟太尉府建初中爲公車令數月卒官其所作詩題約義通學者傳之曰杜君注云
召馴字伯春九江壽春人也曾祖信臣元帝時爲少府父建武中爲卷令倜儻不拘小節馴少習韓詩博通書傳以志義聞鄉里號之曰德行恂恂召伯春累仕州郡辟司徒府建初元年稍遷騎都尉侍講肅宗拜左中郎將入授諸王帝嘉其義學恩寵甚榮出拜陳留太守賜刀劒錢物元和二年入爲河南尹章和二年代任隗爲光祿勳卒於官賜冢塋陪園陵孫休位至靑州刺史
楊仁字文義巴郡閬中人也建武中詣師習韓詩數年歸靜居教授仕郡爲功曹舉孝廉除郎太常上仁經中博士仁自以年未五十不應舊科上府讓還顯宗特詔補北宮衞士令引見問當世政迹仁對以寬和任賢抑黜驕戚爲先又上便宜十二事皆當世急務帝嘉之賜以縑錢及帝崩時諸馬貴盛各爭欲入宮仁被甲持戟嚴勒門衞莫敢進者肅宗旣立諸馬共譖仁刻峻帝知其忠愈善之拜什加令爲政寬惠勸課掾史弟子悉令入學其有通明經術者顯之右署或貢之朝由是義學大興墾田千餘頃行兄喪去官後辟司徒桓虞府掾有宋章者貪著不法仁終不與交言同府時人畏其節後爲閬中令卒於官
趙曅字長君會稽山陰人也少常爲縣吏奉檄迎督郵曅恥於胥役遂棄車馬到犍爲資中詣杜撫授韓詩究竟其術積二十年絕問不還家爲發喪制服撫卒乃歸州召補從事不就舉有道卒于家曅著吳越春秋詩細歷神淵蔡邕讀詩細而歎息以爲長於論衡邕還京師傳之學者咸誦習焉時山陽張匡字文通亦習韓詩作章句後舉有道博士徵不就卒於家
衞宏字敬仲東海人也少與河南鄭興俱好古學初九江謝曼卿善毛詩乃爲其訓宏從曼卿受學因作毛詩序善得風雅之旨于今傳於世後從大司空杜林更受古文尚書爲作訓旨時濟南徐巡師事宏後從林受學亦以儒顯由是古學大興光武以爲議郎宏作漢舊儀四篇以載西京雜事又著賦頌誄七首皆傳於世中興後鄭衆賈逵傳毛詩後馬融作毛詩傳鄭元作毛詩箋
董鈞字文伯犍爲資中人也習慶氏禮事大鴻臚王臨元始中舉明經遷廩犧令病去官建武中舉孝廉辟司徒府鈞博通古今數言政事永平中爲博士時草創五郊祭祀及宗廟禮樂威儀章服輒令鈞參議多見從用當世稱爲通儒累遷五官中郎將常教授門生百餘人後坐事左轉騎都尉年七十餘卒於家中興鄭衆傳周官經後馬融作周官傳授鄭元元作周官注元本習小戴禮後以古經校之取其義長者故爲鄭氏學元又注小戴所傳禮記四十篇通爲三禮焉
丁恭字子然山陽東緡人也習公羊嚴氏春秋恭學義精明教授常數百人州郡請召不應建武初爲諫議大夫博士封關內侯十一年遷少府諸生自遠方至者著錄數千人當世稱爲大儒太常樓望侍中承宮長水校尉樊儵等皆受業於恭二十年拜侍中祭酒騎都尉與侍中劉昆俱在光武左右每事諮訪焉卒於官
周澤字穉都北海安邱人也少習公羊嚴氏春秋隱居教授門徒常數百人建武末辟大司馬府署議曹祭酒數月徵試博士中元元年遷黽池令奉公剋已矜恤孤羸吏民歸愛之永平五年遷右中郎將十年拜太常澤果敢直言數有據爭後北地太守廖信坐貪穢下獄沒入財產顯宗以信臧物班諸廉吏唯澤及光祿勳孫堪大司農常沖特蒙賜焉是時京師翕然在位者咸自勉厲堪字子穉河南緱氏人也明經學有志操清白貞正愛士大夫然一毫未嘗取於人以節介氣勇自行王莽末兵革並起宗族老弱在營保間堪常力戰陷敵無所

回避數被創刃宗族賴之郡中咸服其義勇建武中仕郡縣公正廉潔奉祿不及妻子皆以供賓客及爲長吏所在有迹爲吏人所敬仰喜分明去就嘗爲縣令謁府趨步遲緩門亭長譴堪御吏堪便解印綬去不之官後復仕爲左馮翊坐御下促急司隸校尉舉奏免官數月徵爲侍御史再遷爲尙書令永平十一年拜光祿勳堪清廉果於從政數有直言多見納用十八年以病乞身爲侍中騎都尉卒於官堪行類於澤故京師號曰二稺十二年以澤行司徒事如眞澤性簡忽威儀頗失宰相之望數月復爲太常清潔循行盡敬宗廟嘗臥病齋宮其妻哀澤老病闚問所苦澤大怒以妻干犯齋禁遂收送詔獄謝罪當世疑其詭激時人爲之語曰生世不諧作太常妻一歲三百六十日三百五十九日齋一日不齋醉如泥十八年拜侍中騎都尉後數爲三老五更建初中致仕卒於家

鍾興字次文汝南汝陽人也少從少府丁恭受嚴氏春秋恭薦興學行高明光武召見問以經義應對甚明帝善之拜郎中稍遷左中郎將詔令定春秋章句去其復重以授皇太子又使宗室諸侯從興受章句封關內侯興自以無功不敢受爵帝曰生教訓太子及諸王侯非大功邪興曰臣師丁恭於是復封恭而興遂固辭不受爵卒於官

甄宇字長文北海安丘人也清靜少欲習嚴氏春秋教授常數百人建武中爲州從事徵拜博士稍遷太子少傅卒於官傳業子普普傳子承承尤篤學未嘗視家事講授常數百人諸儒以承三世傳業莫不歸服之建初中舉孝廉卒於梁相子孫傳學不絕

樓望字次子陳留雍丘人也少習嚴氏春秋操節清白有稱鄉閭建武中趙節王栩聞其高名遣使齎玉帛請以爲師望不受後仕郡功曹永平初爲侍中越騎校尉入講省內十六年遷大司農十八年代周澤爲太常建初五年坐事左轉太中大夫後爲左中郞將教授不倦世稱儒宗諸生著錄九千餘人年八十永元十二年卒於官門生會葬者數千人儒家以爲榮

程曾字秀升豫章南昌人也受業長安習嚴氏春秋積十餘年還家講授會稽顧奉等數百人常居門下著書百餘篇皆五經通難又作孟子章句建初三年舉孝廉遷海西令卒於官

張元字君夏河內河陽人也少習顏氏春秋兼通數家法建武初舉明經補弘農文學遷陳倉縣丞清淨無欲專心經書方其講問乃不食終日及有難者輒爲張數家之說令擇從所安諸儒皆服其多通著錄千餘人初爲縣丞嘗以職事對府不知官曹處吏白門下責之時左扶風瑯邪徐業亦大儒也聞元諸生試引見之與語大驚曰今日相遭眞解矇矣遂請上堂難問極日後元去官舉孝廉除爲郞會顏氏博士缺元試策第一拜爲博士居數月諸生上言元兼說嚴氏宣氏不宜專爲顏氏博士光武且令還署未及遷而卒

李育字元春扶風漆人也少習公羊春秋沈思專精博覽書傳知名太學深爲同郡班固所重固奏記薦育於驃騎將軍東平王蒼由是京師貴戚爭往交之州郡請召育到輒辭病去常避地教授門徒數百頗涉獵古學嘗讀左氏傳雖樂其文采然謂不得聖人深意以爲前世陳元范升之徒更相非折而多引圖讖不據理體於是作難左氏義四十一事建初元年衛尉馬廖舉育方正爲議郞後拜博士四年詔與諸儒論五經於白虎觀育以公羊義難賈逵往返皆有理證稱爲通儒再遷尙書令及馬氏廢育坐爲所舉免歸歲餘復徵再遷侍中卒於官

何休字邵公任城樊人也父豹少府休爲人質朴訥口而雅有心思精研六經世儒無及者以列卿子詔拜郞中非其好也辭病而去不仕州郡進退必以禮太傅陳蕃辟之與參政事蕃敗休坐廢錮乃作春秋公羊解詁覃思不闚門十有七年又注訓孝經論語風角七分皆經緯典謨不與守文同說又以春秋駮漢事六十餘條妙得公羊本意休善歴筭與其師博士羊弼追述李育意以難二傳作公羊墨守左氏膏肓穀梁廢疾黨禁解又辟司徒羣公表休道術深明宜侍帷幄倖臣不悅之乃拜議郞屢陳忠言再遷諫議大夫光和五年卒年五十四

服虔字子愼初名重又名祇後改爲虔河南滎陽人也少以清苦建志入太學受業有雅才善著文論作春秋左氏傳解行之至今又以左傳駮何休之所駮漢事六十條舉孝廉稍遷中平末拜九江太守免遭亂行客病卒所著賦碑誄書記連珠九憤凡十餘篇

潁容字子嚴陳國長平人也博學多通善春秋左氏師事太尉楊賜郡舉孝廉州辟公車徵皆不就初平中避亂荊州聚徒千餘人劉表以爲武陵太守不肯起著春秋左氏條例五萬餘言建安中卒

謝該字文儀南陽章陵人也善明春秋左氏爲世名儒門徒數百千人建安中河東人樂詳條左氏擬滯數十

事以問該皆爲通解之名爲謝氏釋行於世仕爲公車司馬令以父母老託疾去官欲歸鄉里會荆州道斷不得去少府孔融上書薦之卽徵還拜議郎以壽終

建武中鄭興陳元傳春秋左氏學時尚書韓歆上疏欲爲左氏立博士范升與歆爭之未决陳元上書訟左氏遂以魏郡李封爲左氏博士後羣儒蔽固者數廷爭之及封卒光武重違衆議因不復補

臣謹按左氏起於六國公穀起於漢有左氏而後有公穀公穀據左氏事而專爲浮説者也使無左氏則公穀無作矣左氏雖麗藻少實然文有經緯而博通古今可謂大儒矣公穀之徒於章句言語之下穿鑿其義此青衿學子之事也然辭俚而意迂多齊東之言而公羊俚俗尤甚奈何漢儒交口譏排左氏不與立博士而復以公羊尊於穀梁何其倒置如此邪

許愼字叔重汝南召陵人也性淳篤少博學經籍馬融常推敬之時人爲之語曰五經無雙許叔重爲郡功曹舉孝廉再遷除洨長卒于家初愼以五經傳説臧否不同於是撰爲五經異義又作説文解字十四篇皆傳於世

蔡元字叔陵汝南南頓人也學通五經門徒常千人其著錄者萬六千人徵辟並不就順帝特徵拜議郎講論五經異同甚合帝意遷侍中出爲弘農太守卒於官

魏

按魏畧以董遇賈洪邯鄲淳薛夏隗禧蘇林樂詳等七人爲儒宗傳今以邯鄲淳事已在王粲傳蘇林事在劉劭傳特叙五人焉

董遇字季直弘農人也性質訥而好學興平中關中擾亂與兄季中依將軍段煨遇采稆負販而常挾持經書投閑習讀其兄笑之而遇不改及建安初王綱小設郡舉孝廉稍遷黃門侍郎是時漢帝委政太祖遇旦夕侍講爲天子所愛信至二十二年許中百官矯制遇雖不與謀猶被錄詣鄴轉爲冗散常從太祖西征過弘農王冢太祖疑欲謁顧問左右左右莫對遇進曰春秋之義國君卽位未踰年而卒未成爲君弘農王卽阼旣淺又爲暴臣所制降在藩國不應謁太祖乃過黃初中出爲郡守明帝時入爲侍中大司農數年病亡初遇善治老子爲老子作訓注又善左氏傳更爲作朱墨別異人有從學者遇不肯教之而云必當先讀百遍言讀書百遍而義自見從學者云苦渴無日遇言當以三餘或問三餘之意答曰冬者歲之餘夜者日之餘陰雨者時之餘由是諸生少從遇學無傳其朱墨者遇子綏亦有才學位至祕書監

賈洪字叔業京兆新豐人也好學有才而特精於春秋左傳建安初仕郡舉計掾應州辟時州中自參軍事以下百餘人唯洪與馮翊嚴苞交通材學最高洪歷守三縣令所在輒開除黌舍親授諸生後馬超反超劫洪將詣華陰使作露布洪不獲已爲作之司隸鍾繇在東識其文曰此賈洪作也及超破走太祖召洪署軍謀掾猶以其前爲超作露布文故不卽叙晚乃出爲陰泉長延康中轉爲白馬王相洪善能談戲王彪亦雅好文學常師宗之過於三卿數歲病亡亡時年五十餘時人爲之恨仕不至二千石而嚴苞亦歷守二縣黃初中以高才入爲祕書丞數奏文賦文帝異之出爲西平太守卒於官

薛夏字宣聲天水人也博學有才天水舊有姜閻任趙四姓常推於郡中而夏爲單家不爲降屈四姓欲共治之夏乃游逃東詣京都太祖宿聞其名甚禮遇之後四姓又使囚遙引夏關移潁川收捕繫獄時太祖已在冀州聞夏爲本郡所質撫掌曰夏無罪也漢陽兒輩直欲殺之耳乃告潁川使理出之召署軍謀掾文帝又嘉其才黃初中爲祕書丞帝每與夏推論書傳未嘗不終日也每呼之不名而謂之薛君夏居甚貧帝又顧其衣薄解所御服袍賜之其後征東將軍曹休來朝時帝方與夏有所咨論而外啓休到帝引入坐定帝顧夏言之於休曰此君祕書丞天水薛宣聲也宜共談其見遇如此尋欲用之會文帝崩至太和中嘗以公事移蘭臺蘭臺自以臺也而祕書署耳謂夏爲不得儀推吏當有坐者夏報之曰蘭臺爲外臺祕書爲內閣臺閣一也何不相移之有蘭臺屈無以折自是之後遂以爲常後數歲病亡勑其子無還天水

隗禧字子牙京兆人也世單家少好學初平中三輔亂禧南客荆州不以荒擾擔負經書每以採稆餘日則誦習之太祖定荆州召署軍謀掾黃初中爲譙王郎中王宿聞其儒者常虛心從學禧亦敬恭以授王由是大得賜遺以病還拜郎中年八十餘以老處家就之學者甚多禧旣明經又善星官常仰瞻天文歎息謂魚豢曰天下兵戈尚猶未息如之何豢又常從問左氏傳禧答曰欲知幽微莫若易人倫之紀莫若禮多識山川草木之名莫若詩左氏直相斫書耳不足精意也豢因從問詩禧說齊韓魯毛四家義不復執文有如諷誦又撰作諸經解數十萬言未及繕寫而得聾疾後數歲病亡

樂詳字文載河東人也少好學建安初詳聞公車司馬令南郡謝該善左氏傳乃從南陽步詣該問疑難諸要今左氏樂氏問七十二事詳所撰也所問既畢遂歸鄉里時杜畿爲太守亦甚好學署詳文學祭酒使教後進於是河東學業大興至黃初中徵拜博士于時太學初立有博士十餘人學多褊狭又不熟悉畧不親教備員而已唯詳五業並受其或難教質而不解詳無愠色以杖畫地牽譬引類至忘寢食以是獨擅名於遠近詳學既精悉又善推步別受詔與太史典定律歷太和中轉拜騎都尉以才劣於學故歷三世竟不出爲守宰正始中以年老罷歸門徒數千人

通志卷一百七十二

宋右迪功郎鄭樵漁仲撰

儒林傳第二

晉

范平 文立 陳邵 虞喜 劉兆 氾毓 徐苗 崔遊 范隆 杜夷 董景道 續咸 徐邈 孔衍 范宣 韋謏 范弘之 王歡

梁

伏曼容 子暅 暅子挺 挺子知命 何佟之 劉澄 嚴植之 司馬筠 卞華 崔靈恩 虞僧誕 孔僉 盧廣 沈峻 太史叔明 孔子袪 皇侃

陳

沈文阿 沈洙 戚袞 鄭灼 陸詡 沈德威 賀德基 全緩 張譏 顧越 龔孟舒 沈不害 王元規 陸慶

晉

范平字子安吳郡錢唐人也其先銍侯馥避王莽之亂適吳因家焉平研覽墳索遍該百氏姚信賀邵之徒皆從受業吳時舉茂材累遷臨海太守政有異能孫皓初謝病還家敦悅儒學吳平太康中頻徵不起年六十九卒有詔追加諡號曰文貞先生賀循勒碑紀其德行三子奭咸泉並以儒學至大官泉子蔚關內侯家世好學有書七千餘卷遠近來讀者常有百餘人蔚爲辦衣食蔚子文才亦幼知名

文立字廣休巴郡臨江人也蜀時遊太學專毛詩三禮師事譙周門人以立爲顏回陳壽李虔爲游夏羅憲爲子貢仕至尚書蜀平舉秀才除郎中泰始初拜濟陰太守入爲太子中庶子上表請以諸葛亮蔣琬費禕等子孫流徙中畿宜見敘用一以慰巴蜀之心次以傾吳人之望事皆施行詔以立爲散騎常侍蜀故尚書犍爲程瓊雅有德業與立深交武帝聞其名以問立對曰臣至知其人但年垂八十稟性謙退無復當時之望不以上聞耳瓊聞之曰廣休可謂不黨矣故吾善夫人也時西域獻馬帝問立馬何如對曰乞問太僕帝善之遷衛尉咸寧末卒所著章奏詩賦數十篇行於世

陳邵字節良東海襄賁人也郡察孝廉不就以儒學徵爲陳留內史累遷燕王師撰周禮評甚有條貫行於世泰始中詔除給事中卒於官

虞喜字仲寧會稽餘姚人光祿潭之族也父察吳征虜將軍喜少立操行博學好古諸葛恢臨郡屈爲功曹察孝廉州舉秀才司徒辟皆不就元帝初鎮江左上疏薦喜懷帝卽位公車徵拜博士不就喜邑人賀循爲司空先達貴顯每詣喜信宿忘歸自云不能測也太寧中與臨海任旭俱以博士徵不就明帝復下詔徵之喜仍辭疾不赴咸和末詔公卿舉賢良方正直言之士太常華恒舉喜爲賢良會國有軍事不行咸康初內史何充上疏薦喜詔喜與尋陽翟湯並以散騎常侍徵又不起永和初有司奏稱十月殷祭京兆府君當遷祧室征西豫章潁川三府君初毀主內外博議不能決時喜在會稽朝廷遣就喜諮訪焉其見重如此喜專心經傳兼覽讖緯乃著安天論以難渾蓋又釋毛詩畧注孝經爲志林三十篇凡所注述數十萬言行於世年七十六卒無子弟豫自有傳

劉兆字延世濟南東平人漢廣川惠王之後也兆博學洽聞溫篤善誘從受業者數千人武帝時五辟公府三徵博士皆不就安貧樂道潛心著述不出門庭數十年以春秋一經而三家殊塗諸儒是非之議紛然互爲讎敵乃思三家之異合而通之周禮有調人之官作春秋調人七萬餘言皆論其首尾使大義無乖時有不合者舉其長短以通之又爲春秋左氏解名曰全綜公羊穀梁解詁皆納經傳中朱書以別之又撰周易訓注以正動二體互通其文凡所讚述百餘萬言嘗有人著鞾騎驢至兆門外曰吾欲見劉延世兆儒德道素青州無稱其字者門人大怒兆曰聽前既進踞牀問兆曰聞君大學比何所作兆答如上事末云多有所疑客問之兆說疑畢客曰此易解耳因爲辯釋疑者是非耳兆別更立意客一難兆不能對客去巳出門兆欲留之使人重呼還客曰親親在此營葬宜赴之後當更來也既去兆令人視葬家不見此客竟不知姓名兆年六十六卒有五子卓炤燿育臍

氾毓字稚春濟北盧人也奕世儒素敦睦九族客居青州逮毓七世時人號其家兒無常父衣無常主毓少履高操安貧有志業父終居于墓所三十餘載至晦朔躬埽墳壠循行封樹還家則不出門庭或薦之武帝召補南陽王文學祕書郎太傅參軍並不就于時青土隱逸之士劉兆徐苗等皆務教授唯毓不畜門人淸淨自守時有好古慕德者諮詢亦傾懷開誘以一隅示之合三傳爲之解注撰春秋釋疑肉刑論凡所述造七萬餘言年七十一卒

徐苗字叔冑高密淳于人也累世相承皆以博士爲郡守曾祖華有至行嘗宿亭舍夜有神人告之亭欲崩遽出得免祖邵爲魏尚書郎以廉直見稱苗少家貧晝執

鉏耒夜則吟誦弱冠與弟賈就博士濟南宋鈞受業遂爲儒宗作五經同異評又依道家著元微論前役所造數萬言皆有義味性抗烈輕財貴義兼有知人之鑒弟患口癰膿潰苗爲吮之其兄弟早亡撫養孤遺慈愛聞于州里田宅奴婢盡推與之鄉鄰有死者便輟耕助營棺槨門生亡於家即殯於講堂其行已純至類皆如此遠近咸歸其義師其行焉郡察孝廉州辟從事治中別駕舉異行公府五辟博士再徵並不就武惠時計吏至臺帝輒訪其安不永甯二年卒遺命濯巾澣衣榆棺雜塼露車載尸葦席瓦器而已

崔遊字子相上黨人也少好學儒術甄明恬靖謙退自少及長口未嘗語及財利魏末察孝廉除相府舍人出爲氐池長甚有惠政以病免遂爲廢疾泰始初武帝錄敘文帝故府僚屬就家拜郎中年七十餘猶敦學不倦撰喪服圖行於世及劉淵僭位命爲御史大夫固辭不就卒於家時年九十三

范隆字元嵩鴈門人父方魏鴈門太守隆在孕十五月生而父亡年四歲又喪母哀號之聲感慟行路單孤無緦功之親疏族范廣愍而養之迎歸教書爲立祠堂隆好學修謹奉廣如父博通經籍無所不覽著春秋三傳撰三禮吉凶宗紀甚有條義惠帝時天下將亂隆隱迹不應州郡之命晝勤耕稼夜誦書典頗習祕歷陰陽之學知并州將有氛祲之祥故彌不復出仕與上黨朱紀友善嘗共紀游山見一父老於窮澗之濱父老曰二公何爲在此隆等拜之仰視則失所在後與紀依于劉淵淵以隆爲鴻臚紀爲太常並封公隆死于劉聰之世聰贈太師

杜夷字行齊盧江灊人也世以儒學稱爲郡著姓夷少而恬泊操向貞素居甚貧窶不營產業博覽經籍百家之書算歷圖緯靡不畢究寓居汝潁之間十載足不出門年四十餘始還鄉里閉門教授生徒千人惠帝時三察孝廉州命別駕永嘉初公車徵拜博士太傅東海王越辟並不就懷帝詔王公舉賢良方正刺史王敦以賀循爲賢良夷爲方正上疏稱述其能敦於是逼夷赴洛夷遂遁於壽陽鎮東將軍周馥傾心禮接引爲參軍夷辭之以疾馥知不可屈乃自詣夷爲起宅宇供其醫藥馥敗夷歸舊居道遇兵寇刺史劉陶告盧江郡遣令營卹之常以市租供給家人糧廩勿令闕乏夷尋以胡寇又移渡江王導遣吏周贍之元帝爲丞相教以夷爲儒林祭酒夷辭疾未嘗朝會帝常欲詣夷夷陳萬乘之主不宜往庶人之家帝乃與夷書曰吾與足下雖情在忘言然虛心歷載正以足下羸疾故欲相省甯論常儀也又除國子祭酒建武中令曰國子祭酒杜夷安貧樂道靜志衡門日不暇給雖原憲無以加也其賜穀二百斛皇太子三至夷第執經問義夷雖逼時命亦未嘗朝謁國有大政恆就夷諮訪焉明帝即位夷自表請退詔不許太甯元年卒年六十六贈大鴻臚謚曰貞子夷臨終遺命子晏曰吾少不出身頃雖見羈錄冠舃之飾未嘗加體其角巾素衣斂以時服殯葬之事務從簡儉亦不須苟取矯異也夷所著幽求子二十篇行於世晏仕至蒼梧太守夷兄弟三人兄崧字行高亦有志節惠帝時俗多浮僞著任子春秋以刺之弟援高平相援子潛右衞將軍

董景道字文博弘農人也少而好學千里追師所在唯晝夜讀誦略不與人交通明春秋三傳京氏易馬氏尚書韓詩皆精究大義三禮之義專遵鄭氏著禮通論非駁諸儒演廣鄭旨永平中知天下將亂隱於商洛山衣木葉食樹果彈琴歌嘯以自娛毒蟲猛獸皆循繞其傍是以劉淵及聰屢徵皆礙而不達至劉曜時出廬于渭汭曜徵爲太子少傅散騎常侍並固辭竟以壽終

續咸字孝宗上黨人也性孝謹敦重履道貞素好學師事京兆杜預專春秋鄭氏易教授常數十人博覽羣言高才善文論又脩陳杜律明達刑書永嘉中歷廷尉平東安太守劉琨承制于并州以爲從事中郎後遂沒于石勒勒以爲理曹參軍持法平詳當時稱其清裕比之于公著遠游志異物志汲冢古文釋皆十卷行於世年九十七死于石虎之世虎贈儀同三司

徐邈東莞姑幕人也祖澄之爲州治中屬永嘉之亂遂與鄉人臧琨等率子弟并閭里士庶千餘家南渡江家于京口父藻都水使者邈姿性端雅勤行勵學博涉多聞以慎密自居少與鄉人臧壽齊名下帷讀書不游城邑及孝武帝始覽典籍招延儒學之士邈旣東州儒素太傅謝安舉以應選年四十四始補中書舍人在西省侍帝雖口不傳章句然開釋文義標明指趣撰正五經音訓學者宗之遷散騎常侍猶處西省前後十年每被顧問輒有獻替多所匡益甚見寵待帝宴集酣樂之後好爲手詔詩章以賜侍臣或文辭率爾所言穢雜邈每應時收斂還省刊削皆使可觀經帝重覽然後出之是時侍臣被詔者或宣揚之故時議以此多邈及謝安薨論者多有同異邈固勸中書令王獻之奏加殊禮仍崇進謝石爲尚書令元爲徐州邈轉祠部郎上南北郊宗

廟迭毀禮皆有證據豫章太守范甯欲遣十五議曹下屬城採求風政并吏假還訊問官長得失邈與甯書曰知足下遣十五議曹各之一縣又吏假歸白所聞見誠是足下留意百姓故廣其視聽吾謂勸導以實不以文十五議曹欲何所敷宣邪庶事辭訟足下聽斷允塞則物理足矣上有理務之心則下之求理者至矣日昃省覽庶事無滯則吏慎其負而人聽不惑豈須邑至里詣飾其游聲哉非徒不足致益乃是蠶漁之所資又不可縱小吏爲耳目也豈有善人君子而干非其事多所告白者乎君子之心誰毀誰譽如有所譽必由歷試如有所毀必以著明託社之鼠政之甚害自古以來欲爲左右耳目者無非小人皆先因小忠而成其大不忠先藉小信而成其大不信遂使君子道消善人與尸前史所書可爲深鑒足下選綱紀必得國士足以攝諸曹諸曹皆是良吏則足以掌文案又擇公方之人以爲監司則清濁能否與事而明足下但平心居宗何取於耳目哉昔明德馬后未嘗顧與左右言可謂遠識况大丈夫而不能免此乎遷中書侍郞專掌綸詔帝甚親昵之初范甯與邈皆爲帝所任使共補朝廷之闕甯才素高而措心正直遂爲王國寶所讒出守遠郡邈孤宦易危而無敢排彊族乃爲自安之計會帝頗踈會稽王道子邈欲和協之因從容言於帝曰昔淮南齊王漢晉成戒會稽王雖有酗媟之累而奉上純一宜加弘貸消散紛議外爲國家之計內慰太后之心帝納焉邈嘗詣東府遇衆賓沉湎引滿諠譁道子曰君時有暢不邈對曰邈陋巷書生唯以節儉清修爲暢耳道子以邈業尚道素笑而不以爲忤也道子將用爲吏部郞邈以波競成俗非已所能節制苦辭乃止時皇太子尙幼帝甚鍾心文武之選皆一時之俊以邈爲前衛率領本郡大中正授太子經帝謂邈曰雖未勑以師禮相待然不以博士相遇也古之帝王受經必敬自魏晉以來多使微人教授號爲博士不復尊以爲師故帝有云邈雖在東宮猶朝夕入見參綜朝政脩飾文詔拾遺補闕劬勞左右帝嘉其謹密方之於金霍有託重之意將進顯位未及行而帝暴崩安帝卽位拜驍騎將軍隆安元年遭父憂邈先疾患因哀毀增篤不踰年而卒年五十四州里傷悼識者悲之邈在官簡惠達於從政論議精密當時多諮稟之觸類辨釋問則有對舊疑歲辰在卯此宅之左則彼宅之右何得俱忌於東邈以爲太歲之屬自是遊神譬如日出之時向東皆逆非爲藏體地中也所注穀梁傳見重於時邈長子豁有父風以孝聞爲太常博士祕書郞豁弟浩散騎侍郞鎭南將軍何無忌請爲功曹出補西陽太守與無忌俱爲盧循所害邈弟廣別有傳

孔衍字舒元魯國人孔子二十二世孫也祖文魏大鴻臚父毓征南軍司衍少好學年十二能通詩書弱冠公府辟本州舉異行直言皆不就避地江東元帝引爲安東參軍專掌記室書令殷積而衍每以稱職見知中興初與庾亮俱補中書郞明帝之在東宮領太子中庶子于時庶事草創衍經學深博又練識舊典朝儀軌制多取正焉由是元明二帝並親愛之王敦專權衍私於太子曰殿下宜博延朝彥搜揚才俊詢謀時政以廣聖聰敦聞而惡之乃啓出衍爲廣陵郡時人爲之寒心而衍不形於色雖郡鄰接西賊猶敎誘後進不以戎務廢業石勒嘗騎至山陽勑其黨以衍儒雅之士不得忘入郡境視職朞月以太興三年卒於官年五十三衍雖不以文才著稱而博覽過於賀循凡所撰述百餘萬言子啓廬江太守宗人夷吾有美名博學不及衍涉世聲譽過之元帝以爲主簿轉參軍稍遷侍中從太子左衛率卒追贈太僕

范宣字宣子陳留人也年十歲能通詩書嘗以刀傷手捧手改容人問痛邪答曰不足爲痛但受全之體而致毀傷不可處耳家人以其年幼而異焉少尙隱遁加以好學手不釋卷以夜繼日遂博綜衆書尤善三禮家至貧儉躬耕供養親沒負土成墳廬於墓側太尉郗鑒命爲主簿詔徵太學博士散騎郞並不就家于豫章太守殷羡見宣茅茨不完欲爲改宅宣固辭之庾爰之以宣素貧加年荒疾疫厚餉給之宣又不受爰之問宣曰君博學通綜何以太儒宣曰漢興貴經術至於石渠之論實以儒爲弊正始以來世尙老莊逮晉之初競以裸裎爲高僕誠太儒然邱不與易宣言談未嘗及老莊客有問人生與憂俱生不知此語何出宣云出莊子至樂篇客曰君言不讀老莊何由知此宣笑曰小時嘗一覽時人莫之測也宣雖閑居屢空嘗以講誦爲業譙國戴逵等皆聞風宗仰自遠而至諷誦之聲有若齊魯太元中順陽范甯爲豫章太守甯亦儒博通綜在郡立鄉校敎授嘗數百人由是江州人士並好經學化二范之風也年五十四卒著禮易論難皆行於世子輯歷郡守國子博士大將軍從事中郞自免歸亦以敎授爲事義熙中連徵不至

韋謏字憲道京兆人也雅好儒學善著述於羣言祕要之義無不綜覽仕於劉曜爲黃門郞後又人于石虎署

爲散騎常侍歷守七郡咸以清化著名又徵爲廷尉識者擬之于張前後四登九列六在尚書三爲侍中再爲太子太傅封京兆公好直諫陳軍國之宜多見允納著伏林二千餘言遂演爲典林二十三篇凡所述作及集記世事數十萬言皆深博有才義至冉閔又署爲光祿大夫時閔拜其子允爲大單于而以降胡一千處之麾下謏諫曰今降胡數千接之如舊誠是招誘之恩然胡羯本爲仇敵今之款附苟全性命耳或有刺客變起須臾敢而悔之何所及也古人有言一夫不可狃而況千乎願誅屏降胡去單于之號深思聖王苞桑之誡也閔志在綏撫銳於澄定聞其言大怒遂誅之并殺其子伯陽謏性不嚴重好徇己之功論者亦以是少之嘗謂伯陽曰我高我曾重光累徽我祖我考父父子子汝爲我對正值惡抵伯陽曰伯陽之不肖誠如尊教尊亦正值軟抵耳謏慙無言時人傳之以爲嗤笑

范弘之字長文安北將軍汪之孫也襲爵武興侯雅正好學以儒術該明爲太學博士時衛將軍謝石薨請謚下禮官議弘之議曰石階藉門蔭屢登崇顯總司百揆翼贊三臺閑練庶事勤勞匪懈內外僉議皆曰與能當淮肥之捷勳拯危墜雖皇威遐震狡寇天亡因時立功石亦與焉又開學校以延胄子雖盛化未洽亦愛禮存羊然古之賢輔大則以道事君侃侃終日次則厲身奉國夙夜無怠下則愛人惜力以濟時務此數者然後可免惟塵之譏塞素餐之責矣今石位居朝端任則論道唱言無忠國之謀守職則容身而已不可謂事君貨黷京邑聚斂無厭不可謂厲身坐擁大衆侵食百姓大東流於遠近怨毒結於衆心不可謂愛人工徒勞於土木思慮殫於機巧紈綺盡於婢妾財用縻於絲桐不可謂惜力此人臣之大害有國之所去也先王所以正風俗理人倫者莫尙乎節儉故夷吾受謗乎三歸平仲流美於約己自頃風軌陵遲奢僭無度廉恥不興利競交馳不可不深防源本以絕其流末漢文襲弋綈之服諸侯尤侈武帝焚雉頭之裘靡麗不息良由儉德雖彰而威禁不肅道自我建而刑不及物若存罰其違亡貶其惡則四維必張禮義行矣按謚法因事有功曰襄貪以敗官曰墨宜謚曰襄墨公又論殷浩宜加贈謚不得因桓溫之黜以爲國典仍多敘溫移鼎之迹時謝族方顯桓宗猶盛尚書僕射王珣溫故吏也素爲溫所寵三怨交集乃出弘之爲餘杭令將行與會稽王道子牋及王珣書極論前事辭旨憤慷然竟以桓謝之故不調卒於餘杭令年四十七

王歡字君厚樂陵人也安貧樂道專精耽學不營產業常丐食誦詩雖家無斗儲意怡如也其妻患之或焚毀其書而求改嫁歡笑而謂之曰卿不聞朱買臣妻邪時聞者多哂之歡守志彌固遂爲通儒至慕容暐襲僞號署爲國子博士親就受經遷祭酒及暐爲苻堅所滅歡死於長安

梁

伏曼容字公儀平昌安邱人晉著作郎滔之曾孫也父允之宋司空主簿曼容早孤與母兄客居南海少篤學善老易倜儻好大言常云何晏疑易中九事以吾觀之晏了不學也故知平叔有所短聚徒教授以自業爲驃騎行參軍宋明帝好周易集朝臣於清暑殿講詔曼容執經曼容素美風采明帝以方嵇叔夜使吳人陸探微畫叔夜像以賜之爲尚書外兵郎嘗與袁粲罷朝相會言元理時論以爲一臺二絕昇明末爲輔國長史南海太守至石門作貪泉銘齊建元中上書勸封禪高帝以爲其禮難備不從仕爲太子率更令侍皇太子講衛將軍王儉深相愛好令與河內司馬憲吳郡陸澄共撰喪服及竟又欲與定禮樂會儉薨建武中拜中散大夫時明帝不重儒術曼容宅在瓦棺寺東施高坐於聽事有賓客輒升高坐爲講說生徒常數十百人梁臺建召拜司徒司馬出爲臨海太守天監元年卒官年八十二曼容多伎術善音律射御風角醫算莫不閑了爲周易毛詩喪服集解老莊論語義子暅字元曜幼傳父業能言元理與樂安任昉彭城劉曼俱知名仕齊位東陽郡丞鄞令時曼容已致仕故頻以外職處暅令得養焉武帝踐作兼五經博士與吏部尚書徐勉中書侍郎周捨總知五禮事出爲永陽內史在郡清潔政務安靜郡人何貞秀等一百五十四人詣州言狀湘州刺史以聞詔勘有十五事爲吏民所懷帝善之徙新安太守在郡清恪如永陽時人有賦稅不登者輒以太守田米助之郡多麻苎家人乃至無以爲繩其屬志如此屬縣始新遂安海寧竝同時生爲立祠徵爲國子博士領長水校尉時始興內史何遠累著清績武帝擢爲黃門侍郎俄遷信武將軍監吳郡事暅自以名輩素在遠前爲吏俱稱廉白遠累見擢暅循階而已意望不滿多託疾居家尋求假到東陽迎妹喪因留會稽築宅自表解職詔以爲豫章內史乃出拜書侍御史虞曔奏暅怨望要君請以大不敬論有詔勿治暅遂得就郡徵爲給事黃門侍郎領國子博士未赴卒初暅父曼容與樂安任遥皆昵於齊

太尉王儉遥子昉及晒竝見知頃之昉才遇稍盛齊末已爲司徒左長史晒獨滯於參軍事及終名位畧相侔晒性儉素車服麄惡外雖退靜內不免心競故見譏於時然能推薦後來常若不及少年士子或以此依之子挺字士標幼敏悟七歲通孝經論語及長博學有才思爲五言詩善效謝康樂體父友樂安任昉深相歎異常曰此子日下無雙齊末州舉秀才策爲當時第一武帝師至新林挺迎謁帝見之甚悅謂之顏子引爲征東行參軍時年十八矣天監初除中軍參軍事居宅在潮溝於宅講論語聽者傾朝挺三世同時聚徒罕有其比累遷爲晉陵武康令罷縣還仍於東郊築室不復仕挺少有盛名又善處當世朝中貴勢多與交游故不能久事隱靜後遂出仕除南臺書侍御史因事納賄被劾懼罪乃變服出家名僧挺藏匿久之遇赦乃出太心寺會邵陵王爲江州攜挺之鎮王好文義深被恩禮挺不堪蔬素因此還俗侯景亂中卒著邇說十卷文集二十卷子知命以其父宦途不進怨朝廷後遂盡心侯景景襲郢州圍巴陵軍中書檄皆其文也言及西臺莫不劇筆及景篡位以爲中書舍人權傾內外景敗被送江陵於獄幽死挺弟捶亦有才名爲邵陵王記室參軍

何佟之字士威廬江灊人晉豫州刺史惲六世孫也祖邵之宋員外散騎常侍父歆齊奉朝請佟之少好三禮師心獨學彊力專精手不輟卷讀禮論二百餘篇畧皆上口太尉王儉雅相推重起家揚州從事仍爲總明館學士仕齊初爲國子助教爲諸生講喪服結草爲經屈手巾爲冠諸公有未曉者委曲誘誨都下稱其醇儒建武中爲鎮北記室參軍侍皇太子講時步兵校尉劉瓛徵士吳苞皆已卒都下大儒唯佟之而已當時國家吉凶禮則皆取決焉後爲驃騎司馬永元末都下兵亂佟之常集諸生講論孜孜不怠性好潔一日之中洗滌者十餘過猶恨不足時人稱爲水淫有至性父母亡後常設一屋晦朔拜伏流涕如此者二十餘年當世服其孝行于時又有遂安令劉澄爲性彌好潔在縣掃拂郭邑路無橫草水翦蟲穢百姓不堪命坐免官然甚貞正善醫術與徐嗣伯埒名子聰能世其家業佟之自東昏即位以其兇虐乃謝病終身不涉其廷武帝踐阼尊重儒術以爲尚書左丞是時百度草創佟之依禮定議多所裨益天監二年卒官帝甚悼惜之故事左丞無贈官者帝詔特贈黃門侍郎儒者榮之所著文章禮議百許篇子朝隱朝晦

嚴植之字孝源建平秭歸人也祖欽宋散騎常侍植之少善莊老能元言精解喪服孝經論語及長徧習鄭氏禮周易毛詩左氏春秋性淳孝謹厚不以所長高人少遭父憂因菜食二十三載仕齊爲廣漢王國右常侍仍侍王讀及王誅國人莫敢視植之獨奔哭手營殯斂徒跣送喪墓所爲起冢葬畢乃還當時義之後爲康樂令植之在縣清白吏民稱之天監二年詔求通儒修五禮有司奏植之主凶禮四年初置五經博士各開館教授以植之兼五經博士植之館在潮溝生徒常百數講說有區段次第析理分明每當登講五館生畢至聽者千餘人遷中撫軍記室參軍猶兼博士卒於館植之自疾後便不受廩奉妻子困乏及卒喪無所寄生徒爲市宅乃得成喪植之性仁慈好行陰德在闇室未嘗怠也少嘗山行見一患者問其姓名不能答載與俱歸爲營醫藥六日而死爲棺殮殯之卒不知何許人也又嘗緣栅塘行見患人臥塘側問之云姓黃家本荊州爲人傭賃疾篤船主將發棄之于岸植之惻然載還療之經年而愈其人請終身充奴僕以報厚恩植之不受遺以資糧遣之所撰凶禮儀注四百七十九卷

司馬筠字貞素河內溫人也晉譙王承七代孫祖亮宋司空從事中郎父端字敬文齊奉朝請始安王遥光使掌文記遥光之敗曹虎入城見之端曰身蒙始安厚恩君宜見殺虎叱令速去答曰死生命也君見事不捷便以義師爲賊虎捨之去尋兵至見殺筠少孤貧好學師沛國劉瓛彊力專精深爲瓛器及長博通經術尤明三禮天監初爲暨陽令有清績入拜尚書祠部郎七年安成國太妃陳氏薨江州刺史安成王秀荊州刺史始興王憺並以慈母表解職詔不許還攝本任而太妃在都喪祭無主中書舍人周捨議曰賀彥先稱慈母之子不服慈母之黨婦又不從夫而服慈姑小功服無從故也庾蔚之云非徒子不從母而服其黨孫又不從父而服其慈母由斯而言慈祖母無服明矣尋門內之哀不容自同於常案父之祥禫子並受弔今二王諸子宜以成服日單衣一日爲位受弔制曰二王在遠世子宜攝祭事捨又曰禮云縞素元武子姓之冠則世子衣服宜異於常可著細布衣絹爲領帶三年不聽樂又禮及春秋庶母不世祭蓋謂無王命者耳吳太妃既朝命所加得用安成禮秩則當祔廟五世親盡乃毀陳太妃命數之重雖則不異慈孫既不從服廟食理無傳祀子祭孫止是會經文武大議帝由是敕禮官議皇子慈母之服筠議宋朝五服制皇子服訓養母依禮庶母慈已宜從小

功之制案曾子問云子游曰喪慈母禮歟孔子曰非禮也古者男子外有傅內有慈母君命所使教子也何服之有鄭元注云此指謂國君之子也若國君之子不服則王者之子不服可知又喪服經云君子子爲庶母慈己者傳曰君子子者貴人子也鄭元引內則三母止施於卿大夫以此而推則慈母之服上不在五等之嗣下不逮三士之息儻其服者止卿大夫尋諸侯之子尚無此服況乃施之皇子謂宜依禮刊除以反前代之惑武帝以爲不然曰禮言慈母凡有三條一則妾子之無母使妾之無子者養之命爲母子服以三年喪服齊衰章所言慈母如母是也二則嫡妻之子無母使妾養之慈撫隆至雖均乎慈愛但嫡妻之子妾無爲母之義而恩深事重故服以小功喪服小功章所以不直言慈母而云庶母慈己者明異於三年之慈母也其三則子非無母正是擇賤者視之義同師保而不無慈愛故亦有慈母之名師保既無服則此慈母亦無服矣內則曰擇於諸母與可者使爲子師其次爲慈母次爲保母此其明文言擇諸母是擇人而爲此三母非謂擇取兄弟之母也何以知之若是兄弟之母其先有子者則是長妾長妾之禮寔有殊加何容次妾生子乃退成保母斯不可也又有多兄弟之人於義或可若始生之子便應三母俱闕邪由是推之內則所言諸母是謂三母非兄弟之母明矣子游所問自是師保之慈非三年小功之慈也故夫子得有此對豈非師保之慈母無服之證乎鄭元不辯三慈混爲訓釋引彼無服以注慈已後人致謬實此之由經言君子子者此雖起於大夫明大夫猶爾自斯以上彌應不異故傳云君子子者貴人之子也總言曰貴無所不包經傳互文交相顯發則知慈母之義通乎大夫以上矣宋代此科不乖禮意便加除削良是所疑於是鈞等請依制改定嫡妻之子母沒爲父妾所養服之五月貴賤並同以爲永制鈞後爲尚書左丞卒於始興內史子壽傳父業明三禮位尚書祠部郎曲阿令

卞華字昭岳濟陰冤句人晉驃騎將軍壼六世孫也父倫之齊給事中華幼孤貧好學年十四召補國子生及長徧習五經與平原明山賓會稽賀瑒同業友善天監中爲安成王功曹參軍兼五經博士聚徒教授華博涉有機辯說經析理爲當時之冠江左以來鍾律絕學至華乃通焉位尚書儀曹吳令卒

崔靈恩清河東武城人也少篤學徧習五經尤精三禮三傳靈恩先在北仕魏爲太常博士天監十三年歸梁武帝重其儒術累遷步兵校尉兼國子博士靈恩聚徒教授聽者常數百人性拙朴無風采及解析經理甚有精致都下舊儒咸稱重之助教孔僉尤好其學靈恩先習左傳服解不爲江東所行及改說杜義每文句常申服以難杜遂著左氏條義以明之時助教虞僧誕又精杜學因作申杜難服以答靈恩世並傳焉僧誕會稽餘姚人以左氏教授聽者亦數百人該通義例當世莫及先是儒者論天互執渾蓋二義論蓋不合渾論渾不合蓋靈恩立義以渾蓋爲一焉出爲長沙內史還除國子博士講衆尤盛又出爲桂州刺史卒官靈恩集註毛詩二十二卷注周禮四十卷制三禮義宗三十卷左氏經傳義二十二卷左氏條例十卷公羊穀梁文句義十卷

孔僉會稽山陰人少師事何允通五經尤明三禮孝經論語講說並數十篇生徒亦數百人三爲五經博士後爲海鹽山陰二縣令僉儒者不長於政術在縣無績太清亂卒於家子淑元頗涉文學官至太學博士僉兄子元素又習三禮有盛名早卒

盧廣范陽涿人自云晉司空從事中郎諶之後也少明經有儒術天監中歸梁仕步兵校尉兼國子博士徧講五經時北來人儒學者有崔靈恩孫詳蔣顯並聚徒講說而音辭鄙拙唯廣言論清雅不類北人僕射徐勉兼通經術深相賞好後爲尋陽太守武陵王長史卒官

沈峻字士嵩吳興武康人也家世農夫至峻好學與舅太史叔明師事宗人沈驎士在門下積年晝夜自課時或昏睡輒以杖自擊其篤志如此後出都遍遊講肆遂博通五經尤長三禮爲兼國子助教時吏部郎陸倕與僕射徐勉書薦峻曰凡聖賢所講之書必以周禮立義則周官一書實爲羣經源本此學不傳多歷年世北人孫詳蔣顯亦經聽習而音革楚夏故學徒不至唯助教沈峻特精此書皆時聞講肆羣儒劉嵒沈宏沈熊之徒並執經下坐北面受業莫不歎服人無閒言弟請宜即用此人令其專此一學周而復始使聖人正典廢而更興勉從之奏峻兼五經博士於時講授聽者常數百人及中書舍人賀琛奉勅撰梁官儀乃啓峻及孔子袪補西省學士助撰錄書成入兼中書通事舍人出爲武康令卒官傳峻業者又有吳郡張及會稽孔子雲官皆至五經博士尚書祠部郎太史叔明吳興烏程人吳太史慈後也少善莊老兼通孝經論語禮記尤精三禮每講說聽者常五百餘人爲國子助教邵陵王綸好文學及出爲江州刺史攜叔明之鎮王遷郢州又隨府所至輒講授故江州人士皆傳其學峻子文阿列在陳史

孔子祛會稽山陰人也少孤貧好學耕耘樵採尙懷書自隨投閑則誦讀勤苦自勵遂通經術尤明古文尙書爲兼國子助教講尙書四十篇聽者常數百人爲西省學士助賀琛撰錄書成兼司文侍郎不就累遷兼中書通事舍人加步兵校尉武帝撰五經講疏及孔子正言專使子祛檢閱羣書以爲義證事竟敕子祛與右衞朱异左丞賀琛於士林館遞日執經後加通直正員郎卒官凡著尙書義二十卷集注尙書三十卷續朱异集注周易義一百卷續何承天集禮論一百五十卷

皇侃吳郡人靑州刺史象九世孫也少好學師事賀瑒精力專門盡通其業尤明三禮孝經論語爲兼國子助教於學講說聽者恆數百人撰禮記講疏五十卷書成奏上詔付祕閣頃之召入壽光殿說禮記義武帝善之加員外散騎侍郎侃性至孝常日限誦孝經二十遍以擬觀世音經丁母憂還鄉里平西邵陵王欽其學厚禮迎之及至感心疾卒所撰論語義十卷與禮記疏並見重於世學者傳焉

陳

沈文阿字國衞梁武康令峻之子也文阿性剛彊有旅力少習父業研精章句祖舅太史叔明舅王慧興並通經術而文阿頗傳之又博採先儒異同自爲義疏通三禮三傳察孝廉累遷國子助教五經博士簡文帝在東宮引爲學士深相禮遇及撰長春義記多使文阿撮異聞以廣之及侯景寇逆簡文別遣文阿募士卒入援都臺城陷與張嵊保吳興嵊敗文阿竄于山野景素聞其名求之甚急文阿窮迫不知所出登樹自縊遇有所親救之自投而下折其左臂及景平陳武帝以文阿州里表爲原鄉令監江陰郡紹泰元年入爲國子博士尋領步兵校尉兼掌儀禮自太淸之亂臺閣故事無有存者文阿父峻梁世常掌朝儀頗有遺藁於是斟酌裁撰禮度皆自之出及陳武帝受禪文阿輒棄官還武康帝大怒發使往誅之時文阿宗人沈恪爲郡請使者寬其死卽面縛鎖頸致於上前上視而笑之曰腐儒復何爲者遂赦之武帝崩文阿與尙書左丞徐陵中書舍人劉師知等議大行皇帝靈座俠御衣服之制語在師知傳及文帝卽位剋日謁廟尙書左丞庾持奉詔遣博士議其禮文阿議曰昔者隆周之時公旦叔父呂召爪牙成王在喪禍幾覆國是以既葬便有公冠之儀始殯受麻冕之制斯蓋示天下以有主慮社稷之艱危也末葉從橫漢承其弊雖文景刑厝而七國連兵或踰月卽尊或崩日稱詔此皆有爲而爲之非無心於禮制也今國諱之日雖抑哀於璽紱之重猶未序於君臣之儀古禮朝廟退坐正寢聽羣臣之政今皇帝拜廟還宜御太極前殿以正南面之尊此卽周康王朝一二臣衞者也其壤奠之節周禮以玉作贄公侯以珪子男執璧此以玉作瑞也奠贄竟又復致享天子以璧王后用琮秦燒經典威儀散滅叔孫通定禮尤失前憲奠贄不珪致享無帛公王同璧鴻臚奏賀若此數事未聞於古後相沿襲至梁行之夫稱觴奉壽國家大慶四廂雅樂歌奏歡欣今君臣吞哀兆庶抑割豈同於惟新之禮乎且周康賓稱奉珪無萬壽之獻此則前準明矣愚以今坐正殿止行薦璧之儀無賀酒之禮謹撰謁廟還升正殿羣臣陪薦儀注如別詔可施行尋遷通直散騎常侍兼國子博士領羽林監仍令於東宮講孝經論語天嘉中卒贈廷尉卿所撰儀禮八十餘條春秋禮記孝經論語義記七十餘卷經典太義十八卷並行於時儒者多傳其學

沈洙字弘道吳興武康人也祖休季梁餘杭令父山卿梁國子博士中散大夫洙少方雅好學不妄交游通三禮春秋左氏傳精識彊記五經章句諸子史書問無不答仕梁爲尙書祠部郎時年蓋二十餘大同中學者多涉獵文史不爲章句而洙獨積思經術吳郡朱异會稽賀琛甚嘉之及异琛於士林館講制旨義常使洙爲都講侯景之亂洙竄於臨安時文帝在焉親就習業及武帝入輔除國子博士與沈文阿同掌儀禮武帝受禪加員外散騎常侍位揚州別駕從事史大匠卿有司奏建康令沈孝軌門生陳三兒牒稱主人翁靈柩在周主人奉使關右因欲迎喪久而未成三月晦卽是再周主人弟見在此者爲至月末除靈內外卽吉爲待主人還情禮申竟以事諮左丞江德藻德藻議謂王衞軍云久喪不葬唯主人不變其餘親各終月數而除此蓋引禮文論在家內有事故未得葬者耳孝軌既在異域雖已迎喪還期無指諸弟若遂不除永絕婚嫁此於人情或爲未允中原淪陷以後理有事例宜諮沈常侍詳議沈洙議曰禮有變正又有從宜禮喪服小記云久而不葬者唯主喪者不除其餘以麻終月數者除喪記注云其餘謂傍親如鄭所解衆子皆應不除王衞軍所引蓋禮之正也但魏氏東關之役既失亡屍柩葬禮無期時議以爲禮無終身之喪故制使除服晉氏喪亂或死於虜庭無由迎殯江左故復申明其制李允之祖王華之父並存亡不測其子孫制服依時釋衰此並變禮之宜也孝軌雖因奉使便欲迎喪而還期未剋宜依東關故事在

此者並應釋除衰麻毀靈祈祭若喪柩得還別行改葬之禮自天下寇亂西朝傾覆若此之徒諒非一二豈可喪期無數而弗除衰服朝廷自應爲之限制以義斷恩德藻依洙議奏可文帝即位累遷光祿卿侍東宮讀禮帝嗣位歷尚書左丞衡陽王長史行府國事梁代舊律測囚之法日一上起自晡鼓盡于二更及比部郎范泉刪定律令以舊法測立時久非人所堪分其刻數日再上廷尉以爲新制過輕請集八坐丞郎并祭酒孔奐行事沈洙五舍人會尚書省詳議時宣帝錄尚書集衆議之都官尚書周弘正議曰凡小大之獄必應以情政言依準五聽驗其虛實豈可令恣考掠以判刑罪且測人時節本非古制近代以來方有此法起自晡鼓迄于二更豈是常人所能堪忍所以重械之下危墮之上無人不服誣枉者多朝晚二時同等刻數進退而求於事爲衷若謂小促前期數致實罪不服如復時節延長則無愆妄歟且人之所堪既有彊弱人之立意固亦多途至如貫高榜笞刺爇身無完者戴就熏針並極困篤不移豈關時刻長短掠測優劣夫與殺不辜寧失不經罪疑唯輕功疑唯重斯則古之聖王垂此明法愚謂依范泉著制爲允洙議曰夜中測立緩急易欺兼用晝漏於事爲允但漏刻賒促今古不同漢書律歷何承天祖沖之祖暅父子漏經並自關鼓至下鼓自晡鼓至關鼓皆十三刻冬夏四時不異若其日有長短分在中時前後今用梁末改漏下鼓之後分其短長夏至之日各十七刻冬至之日各十二刻廷尉今牒以時刻短促致罪人不款愚意願去夜測之昧從晝漏之明斟酌古今之間參會二漏之議捨秋冬之少刻從夏日之長晷不問寒暑並依今之夏至朝夕上測各十七刻比之古漏則一上多昔四刻即用今漏則冬至多五刻雖冬至之時數刻侵夜正是少日於事非疑庶罪人不以漏短而無捍獄囚無在夜之致誣求之鄙意竊謂宜依范泉前制宣帝曰沈長史議得中宜更博議左丞宗元饒議曰沈議非頓異范正是欲使四時均其刻數請寫還刪定曹詳改前制宣帝依事施行洙以太建元年卒

戚袞字公文吳郡鹽官人也少聰慧游學都下受三禮於國子助教劉文紹一二年中大義略舉年十九梁武帝勑策孔子正言并周禮禮記義袞對高第除揚州祭酒從事史就國子博士宋懷方質儀禮義懷方北人自魏攜儀禮禮記疏祕惜不傳及將亡謂家人曰吾死後戚生若赴便以儀禮禮記義本付之若其不來即宜隨屍而殯爲儒者推許如此尋兼太學博士簡文在東宮召袞講論又嘗置宴集元儒之士先命道學互相質難次令中庶子徐摛馳騁大義間以劇談摛辭辯縱橫難以答抗諸儒懾氣時袞說朝聘義摛與往復袞精采自若領答如流簡文深加歎賞敬帝立爲江州長史仍隨沈泰鎮南豫州泰之奔齊逼袞俱行後自齊逃還又隨程文季於呂梁軍敗入周久之得歸卒於始興王府錄事參軍袞於梁代撰三禮義記遭亂亡失禮記義四十卷行於世

鄭灼字茂昭東陽信安人也幼聰敏勵志儒學少受業於皇侃梁簡文在東宮雅愛經術引灼爲西省義學士承聖中爲兼中書通事舍人仕陳武帝文帝時累遷中散大夫後兼國子博士未拜卒灼性精勤尤明三禮少時嘗夢與皇侃遇於途侃謂曰鄭郎開口侃因唾灼口中自後義理益進灼家貧抄義疏以日繼夜筆毫盡每創用之常蔬食講受多苦心熱若瓜時輒偃卧以瓜鎮心起便講誦其篤志如此時有晉陵張崖吳郡陸詡吳興沈德威會稽賀德基俱以禮學自命張崖傳三禮於同郡劉文紹天嘉元年爲尚書儀曹郎廣沈文阿儀注撰五禮後爲國子博士陸詡少習崔靈恩三禮義梁時百濟國表求講禮博士詔令詡行天嘉中位尚書祠部郎沈德威字懷遠少有操行梁太清末遁於天目山築室以居雖處亂離而篤學無倦天嘉元年徵出都後爲國子助教每自學還私室講授道俗受業數百人率常如此遷太常丞兼五禮學士後爲尚書祠部郎陳亡入隋官至秦王府主簿卒年五十五賀德基字承業世傳禮學祖父發父淹仕梁俱爲祠部郎並有名當世德基少游學都下積年不歸衣資罄乏又恥服故弊盛冬止衣袷襦袴嘗於白馬寺前逢一婦人容服甚盛呼德基入寺門脫白綸巾以贈之仍謂曰君方爲重器不久貧寒故以此相遺耳問姓名不答而去德基於禮記稱爲精明位尚書祠部郎雖不至大官而三世儒學俱爲祠部郎時論美其不墜

全緩字弘立吳郡錢唐人也幼受易于博士褚仲都篤志研翫得其精微大建中位鎮南始安王府諮議將軍緩通周易老莊時人言元者咸推焉

張譏字直言清河武城人也祖僧寶梁太子洗馬父仲悅梁尚書祠部郎譏幼聰俊有思理年十四通孝經論語篤好玄言受學于汝南周弘正每有新意爲先輩推伏梁大同中召補國子正言生梁武帝於文德殿釋乾坤文言譏與陳郡袁憲等預焉勑令論議諸儒莫敢先

出譏乃整容而進諮審循環辭令溫雅帝甚異之賜裘襦絹等仍云表卿稽古之力譏早喪母有錯綵經帕即母之遺製及有所識家人具以告之每歲時輒對帕哽噎不能勝及丁父憂居喪過禮遷士林館學士簡文在東宮出士林館發孝經題譏論議往復甚見嗟賞每有講集必令召譏及侯景寇逆譏於圍城之中獨侍哀太子於武德後殿講老莊臺城陷譏崎嶇避難卒不事景天嘉中爲國子助教時周弘正在國學發周易題弘正第四弟弘直亦在講席譏與弘正論議弘正屈弘直危坐厲聲助其申理譏正色謂弘直曰今日義集辯正名理雖兄弟急難四公不得有助弘直謂曰僕助君師何爲不可舉坐以爲笑樂弘正嘗謂人曰吾每登坐見張譏在席使人懔然宣帝時爲武陵王限內記室兼東宮學士後主在東宮集宮僚置宴時造玉柄麈尾新成後主親執之曰當今雖復多士如林至於堪捉此者獨張譏耳即手授譏仍令於溫文殿講莊老宣帝幸宮臨聽賜御服衣一襲後主嗣位爲國子博士東宮學士後主常幸鍾山開善寺召從臣坐於寺西南松林下勅召譏豎義時索麈尾未至後主勑取松枝手以屬譏曰可代麈尾顧謂羣臣曰此即是譏後事陳亡入隋卒于長安年七十六譏性恬靜不求榮利常慕閑逸所居宅營山池植花果講周易老莊而教授焉吳郡陸元朗朱孟博一乘寺沙門法才法雲寺沙門慧拔至眞觀道士姚綏皆傳其業譏所撰周易義三十卷尚書義十五卷毛詩義二十卷孝經義八卷論語義二十卷老子義十一卷莊子內篇義十二卷外篇義二十卷雜篇義十卷元部通義十二卷遊元桂林二十四卷後主嘗勑就其家寫入祕閣子孝則官至始安王記室參軍

顧越字思南吳郡鹽官人也所居新坡黃岡世有鄉校由是顧氏多儒學焉祖道望齊散騎侍郎父仲成梁護軍司馬豫章王府諮議參軍家傳儒業並專門教授越少孤以勤苦自立聰慧有口辯勵精學業不捨晝夜弱冠游學都下通儒碩學必造門質疑討論無倦至於微言元旨九章七曜音律圖緯咸盡其精微時太子詹事周捨以儒學見重名知人一見越便相歎異命與兄子弘正弘直游厚爲之談由是聲譽日重時又有會稽賀文發學兼經史與越名相埒故郡下謂之發越爲初爲南平元襄王偉國右常侍與文發俱入府並見禮重尋轉行參軍大通中詔飈勇將軍陳慶之送魏北海王顥還北主魏慶之請越參其軍事時慶之所向剋捷直至洛陽既而顥遂肆驕縱又上下離心越料其必敗以疾得歸裁至彭城慶之果見摧衄越竟得先反時稱其見機及至除安西湘東王府參軍及武帝撰制旨新義選諸儒在所流通遣越還吳敷揚講說越偏該經藝深明毛詩傍通異義特善老莊尤長論難兼工綴文閑尺牘長七尺三寸美須眉武帝嘗於重雲殿自講老子僕射徐勉舉越論義越抗首而請音響若鍾容止可觀帝深贊美之由是擢爲中軍宣城王記室參軍尋除五經博士仍令侍宣城王講大同八年轉安西武陵王府內中錄事參軍尋遷府諮議及侯景之亂越與同志沈文阿等逃難東歸賊黨數授以爵位越誓不受命承聖二年詔受宣惠晉安王府諮議參軍領國子博士越以世路未平無心仕進因歸鄉栖隱于虎邱山與吳興沈炯同郡張種會稽孔奐等每爲文會紹泰元年復徵爲國子博士天嘉中詔侍東宮讀除東中郎鄱陽王府諮議參軍甚見優禮尋領羽林監遷給事中黃門侍郎國子博士侍讀如故時朝廷草創疑議多所取決咸見施用每侍講東宮皇太子常虛懷禮接越以宮僚未盡時彥且太子仁弱宣帝有尊宗之兆內懷憤激乃上書言其故帝深感之而不能革及廢帝即位拜散騎常侍兼中書舍人黃門侍郎如故領天保博士掌儀禮猶爲帝朝夕講授甚見尊寵時宣帝輔政華皎舉兵不從越因請假東還或譖之宣帝言越將扇動蕃鎭遂免官大建元年卒於家年七十所著喪服毛詩老子孝經論語等義疏四十餘卷詩頌碑誌牋表凡二百餘篇時有東陽龔孟舒者亦通毛詩善談名理仕梁位尋陽郡丞元帝在江州遇之甚重躬師事焉天嘉中位太中大夫

沈不害字孝和吳興武康人也家世冠族不害幼孤而修立好學梁世爲太學博士天嘉初除衡陽王府中記室參軍兼嘉德殿學士自梁季喪亂至是國學未立不害上書請建儒宮詔付外議依事施行又表改定樂章詔使製三朝樂歌詞八首合二十曲行之樂府遷國子博士領羽林監勑修五禮掌策文謚議等事大建中位光祿卿通直散騎常侍兼尚書左丞卒不害通經術善屬文雖博綜經典而家無卷軸每製文操筆立成曾無尋檢汝南周弘正常稱之曰沈生可謂意聖人乎著五禮義一百卷文集十四卷子志道字崇基少知名除安東新蔡王記室參軍陳亡入隋卒

王元規字正範太原晉陽人也祖道寶齊晉安郡守父瑋梁武陵王府中記室參軍元規八歲而孤兄弟三人隨母依舅氏往臨海郡時年十二郡土豪劉瑱者資財

鉅萬欲妻以女母以其兄弟幼弱欲結彊援元規泣請曰姻不失親古人所重豈得苟安異壤輒昏非類母感其言而止元規性孝事母甚謹晨夕未嘗離左右梁時山陰縣有暴水流漂居宅元規唯有一小船倉卒引其母妹并姑姪入船元規自執檝棹而去留其男女三人閣於樹杪及水退俱獲全時人稱其至行少從吳興沈文阿受業十八通春秋孝經論語喪服記舉高第除中軍安成王府記室參軍天嘉中爲鎭東鄱陽王府記室參軍領國子助教後主在東宮引爲學士就授禮記左傳喪服等義遷國子祭酒新安王伯固嘗因入宮適會元規將講乃啓請執經時論榮之俄除尙書祠部郎自梁代諸儒相傳爲左氏學者皆以賈逵服虔之義難駮杜預凡一百八十條元規引證通析無復疑滯每國家議吉凶大禮常參預焉後爲南平王府限內參軍王爲江州元規隨府之鎭四方學徒不遠來請道者常數十百人遷散騎常侍入隋卒於秦王府東閤祭酒著春秋發題辭及義記十一卷續經典大義十四卷孝經義記兩卷左傳音三卷禮記音二卷子大業聰敏知名時有吳郡陸慶少好學徧通五經尤明春秋左氏傳節操甚高仕梁爲婁令天嘉初徵爲通直散騎侍郎不就永陽王爲吳郡太守聞其名欲與相見慶辭以疾時宗人陸榮爲郡三官掾慶嘗詣焉王乃微服往榮宅穿壁以觀之王謂榮曰觀陸慶風神凝峻殆不可測嚴君平鄭子眞何以尙茲鄱陽晉安王俱以記室徵不就乃築室屛居以禪誦爲事由是傳經受業者蓋鮮焉

通志卷一百七十四

宋右廸功郎鄭樵漁仲撰

儒林傳第三

後魏

梁越　盧醜　張偉　梁祚　平恆　陳奇　劉獻之　張吾貴　劉蘭　孫惠蔚　徐遵明　董徵　李業興子崇祖

北齊

李鉉　孫靈暉馬子結石曜　馮偉　張買奴　劉軌思　鮑季詳從弟長暄　邢峙　劉晝　馬敬德子元熙　張景仁　權會　張思伯張奉禮　張彫虎

後周

沈重　樊深　熊安生宗道暉　樂遜黎景熙趙文深　冀儁

隋

辛彥之　何妥蕭該包愷　房暉遠　馬光　劉焯　劉炫褚暉張沖　顧彪王孝籍　魯世達

後魏

李延壽曰儒者其爲教也大矣其利物也博矣以篤父子以正君臣開政化之本源鑿生靈之耳目百王損益一以貫之雖世或污隆而斯文不墜自永嘉之後宇內分崩禮樂文章埽地將盡魏道武初定中原雖日不暇給始建都邑便以經術爲先立太學置五經博士生員千有餘人天興二年春增國子太學生員至三千人豈不以天下可馬上取之不可以馬上治之聖達經猷蓋爲遠矣四年春命樂師入學習舞釋菜于先師明元時改國子爲中書學立教授博士太武始光三年春起太學於城東後徵盧元高允等而令州郡各舉才學於是人多砥尚儒術轉興獻文天安初詔立郡學郡置博士二人助教二人學生六十人後詔大郡立博士二人助教四人學生一百人次郡立博士二人助教二人學生八十人中郡立博士一人助教二人學生六十人下郡立博士一人助教一人學生四十人太和中改中書學爲國子學建明堂辟雍尊三老五更又開皇子之學及遷都洛邑詔立國子太學四門小學孝文欽明稽古篤好墳籍坐輿據鞍不忘講道劉芳李彪諸人以經書進崔光邢巒之徒以文史達其餘涉獵典章閑集詞翰莫不縻以好爵動貽賞眷於是斯文鬱然比隆周漢宣武時復詔營國學樹小學於四門大選儒生以爲小學博士員四十人雖黌宇未立而經術彌顯時天下承平學業大盛故燕齊趙魏之間橫經著錄不可勝數大者千餘人小者猶數百州舉茂異郡貢孝廉對揚王庭每年逾衆神龜中將立國學詔以三品以上及五品清官之子以充生選未及簡置仍復停寢正光三年乃釋奠於國學命祭酒崔光講孝經始置國子生三十六人暨孝昌之後海內淆亂校學無幾齊神武生於邊朔長於戎馬杖義建旗埽清區縣因魏氏喪亂屬爾朱殘酷文章咸盪禮樂同奔絃歌之音且絕俎豆之容將盡永熙中孝武復釋奠於國學又於顯陽殿詔祭酒劉廞講孝經黃門李郁說禮記中書舍人盧景宣講大戴禮夏小正篇復置生七十二人及永熙西遷天平北徙雖庠序之制有所未遑而儒雅之道遽形心慮時初遷都於鄴國子置生三十六人至興和武定之間儒業復盛矣始天平中范陽盧景裕同從兄仲禮於本郡起逆齊神武免其罪置之賓館以經教授太原公以下及景裕卒又以趙郡李同軌繼之二賢並大蒙恩遇待以殊禮同軌云亡復徵中山張彫虎渤海李鉉刁柔中山石曜等遞爲諸子師友及天保大寧武平之朝亦引進名儒授皇太子諸王經術然爰自始基暨於季世唯濟南之在儲宮性識聰敏頗自砥礪以成其美自餘多驕恣傲很動違禮度日就月將無聞焉爾鏤冰雕朽迄用無成蓋有由也夫帝王子孫習性驕逸況義方之情不篤邪僻之路競開自非德自生知體包上智而內縱聲色之娛外多犬馬之好安能入則篤行出則友賢者也徒有師傅之資終無琢磨之實貴游之輩飾以明經可謂稽山竹箭加之括羽俯拾青紫斷可知焉而齊氏司存或失其守師保疑丞皆賞勳舊國學博士徒有虛名唯國子一學生徒數十人耳胄子以通經進士者惟博陵崔子發廣平宋游卿而已自外莫見其人幸朝章寬簡政網疎闊游手浮惰十室而九故橫經受業之侶徧於鄉邑負笈從宦之徒不遠千里入閭里之內乞食爲資憩桑梓之陰動逾十數燕趙之俗此衆尤甚焉齊制諸郡並立學置博士助教授經學生俱差逼充員士流及豪富之家皆不從調備員既非所好墳籍固不關懷又多被州郡官人驅使縱有游惰亦不檢察皆由上非所好之所致也諸郡俱得察孝廉其博士助教及游學之徒通經者推擇充舉射策十條通八以上聽九品出身其尤異者亦蒙抽擢周文受命雅重經典于時西都板蕩戎馬生郊先王之舊章往聖之遺訓埽地盡矣於是求闕文於三古得至理於千載黜魏晉之制度循姬旦之茂典盧景宣學通羣藝修五禮之缺長孫紹遠才稱洽聞正六樂之壞由是朝章漸備學者向風明皇纂歷敦尚書藝

內有崇文之觀外重成均之職握槧懷鉛重席解頤之士間出於朝廷員冠方領執經負笈之生著錄於京邑濟濟焉足以踰於向時矣洎保定三年帝乃下詔尊太保燕公爲三老帝於是服衮冕乘碧輅陳文物備禮容清蹕而臨太學袒割以食之奉觴以酳之斯固一世之盛事也其後命輶軒而致玉帛徵沈重於南荆及定山東降至尊而勞萬乘待熊生以殊禮是以天下慕嚮文教遠覃衣儒者之服挾先生之道開黌舍延學徒者比肩勵從師之志守專門之業辭親戚甘勤苦者成市雖通儒盛業不逮魏晉之臣而風移俗變抑亦近代之美也自正朔不一將三百年師訓紛綸無所取正隋文膺期纂歷平一寰宇頓天網以掩之賁旌帛以禮之設好爵以縻之於是四海九州彊學待問之士靡不畢集焉天子乃整萬乘率百僚遵問道之儀觀釋奠之禮博士罄縣河之辯侍中竭重席之奧考正亡逸研覈異同積滯羣疑渙然冰釋於是超擢奇儁厚賞諸儒京邑達乎四方皆啓黌校齊魯趙魏學者尤多負笈追師不遠千里講誦之聲道路不絕中州之盛自漢魏以來一時而已及帝暮年精華稍竭不悅儒術專尚刑名執政之徒咸非篤好暨仁壽間遂廢天下之學唯有國子一所弟子七十二人煬帝卽位復開庠序國子郡縣之學盛於開皇之初徵辟儒生遠近畢至使相與講論得失於東都之下納言定其差次一以聞奏焉于時舊儒多已凋亡唯信都劉士元河間劉光伯拔萃出類學通南北博極今古後生鑽仰所製諸經義疏搢紳咸師宗之既而外事四夷戎馬不息師徒怠散盜賊羣起禮義不足以防君子刑罰不足以威小人空有建學之名而無弘道之實其風漸墜以至滅亡方領矩步之徒亦轉死溝壑凡有經籍因此湮沒於煨燼矣遂使後進之士不復聞詩書之言皆懷攘竊之心相與陷於不義傳曰學者將殖不學者將落然則盛衰是繫興亡攸在有國家者可不愼歟漢世鄭元並爲衆經注解服虔何休各有所說元易詩書禮論語孝經虔左氏春秋休公羊傳大行於河北王肅易亦間行焉晉世杜預注左氏預元孫坦坦弟驥於宋朝並爲青州刺史傳其家業故齊地多習之自魏末大儒徐遵明門下講鄭元所注周易遵明以傳盧景裕及淸河崔瑾景裕傳權會郭茂權會早入鄴都郭茂常在門下教授其後能言易者多出郭茂之門河南及青齊之間儒生多講王輔嗣所注師訓蓋寡齊時儒士罕傳尚書之業徐遵明兼通之遵明受業於屯留王聰傳授浮陽李周仁及渤海張文敬李鉉河間權會並鄭元所注非古文也下里諸生畧不見孔氏注解武平末劉光伯劉士元始得費甝義疏乃留意焉其詩禮春秋尤爲當時所尚諸生多兼通之三禮並出遵明之門徐傳業於李鉉沮儁田元鳳馮偉紀顯敬呂黃龍夏懷敬李鉉又傳授刁柔張買奴鮑季詳邢峙劉晝熊安生安生又傳孫靈暉郭仲堅丁恃德其後生能通禮經者多是安生門人諸生盡通小戴禮於周儀禮兼通者十二三焉通毛詩者多出於魏朝劉獻之獻之傳李周仁周仁傳董令度程歸則歸則傳劉敬和張思伯劉軌思其後能言詩者多出二劉之門河北諸儒能通春秋者並服子愼所注亦出徐生之門張買奴馬敬德邢峙張思伯張奉禮張彫虎劉晝鮑長宣王元則並得服氏之精微又有衞覬陳達潘叔虔雖不傳徐氏之門亦爲通解又有姚文安秦道靜初亦學服氏後兼更講杜元凱所注其河外儒生俱服膺杜氏其公羊穀梁二傳儒者多不厝懷論語孝經諸學徒莫不通講諸儒如權會李鉉刁柔熊安生劉軌思馬敬德之徒多自出義疏雖曰專門亦皆相祖習也大抵南北所爲章句好尚互有不同江左周易則王輔嗣尚書則孔安國左傳則杜元凱河洛左傳則服子愼尚書周易則鄭元詩則並主於毛公禮則同遵於鄭氏南人約簡得其英華北學深蕪窮其枝葉考其終始要其會歸其立身成名殊方同致矣今自魏梁越以下各依時代編次以備儒林云

梁越字元覽新興人也博通經傳性純和魏初爲禮經博士道武以其謹厚遷上大夫令授諸皇子經書明元初以師傅恩賜爵祝阿侯出爲鴈門太守獲白雀以獻拜光祿大夫卒

盧醜昌黎徒何人襄城王魯元之族也太武監國醜以博學入授經後以師傅舊恩賜爵濟陰公位尚書加散騎常侍卒於河內太守

張偉字仲業太原中都人也學通諸經鄉里受業者恆數百人偉儒謹汎納雖有頑愚固問至數十偉告喻殷勤曾無慍色常依附經典教以孝悌門人感其仁化事之如父性淸雅非法不言太武時與高允等俱被辟命授中書博士累遷爲中書侍郎本國大中正使酒泉慰勞沮渠無諱又使宋賜爵成皐子出爲營州刺史進爵建安公卒贈并州刺史謚曰康

梁祚北地泥陽人也父邵皇始二年歸魏位濟陽太守至祚居趙郡祚篤志好學歷習經典尤善公羊春秋鄭氏易常以教授有儒者風而無當世之才與幽州別駕

平恆有舊恆時請與論經史辟祕書中散稍遷祕書令爲李訢所排擯退爲中書博士後出爲統萬鎭司馬徵爲散令撰并陳壽三國志名曰國統又作代都賦頗行於世淸貧守素不交勢貴卒子元吉有父風

平恆字繼叔燕郡薊人也祖視父儒並仕慕容爲通官恆耽勤讀誦多通博聞自周以降暨於魏世帝王傳代之由貴臣升降之緒皆撰錄品第商略是非號曰略注合百餘篇安貧樂道不以屢空改操徵爲中書博士久之出爲幽州別駕廉貞寡欲不營資產衣食至常不足妻子不免饑寒後遷祕書丞時高允爲監河間邢祐北平陽嘏河東裴宗廣平程駿金城趙元順等爲著作郞允每稱博通經籍無過恆也恆三子並不率父業好酒自弃恆每忿其世衰植杖巡舍側岡而哭不爲營事婚宦任意故仕聘濁碎不得及其門流或以爲言恆曰此輩會是衰頓何煩勞我乃別構精廬并置經籍其中一奴自給妻子莫得而往酒食亦不與同時有珍羡呼時老東安公刁雍等共飲噉之家人無得嘗焉太和十年以恆爲祕書令而固請爲郡未受而卒贈幽州刺史都昌侯謚曰康

陳奇字修奇河北人也少孤貧而奉母至孝齠齓聰識有夙成之美性氣剛亮與俗不羣博通墳籍常非馬融鄭元解經失旨志在著述五經始注孝經論語頗傳於世爲縉紳所稱與河間邢祐同召赴京時祕書省游雅素聞其名始頗好之引入祕省欲授以史職後與奇論典誥至易訟卦天與水違行雅曰自葱嶺以西水皆西流推此而言自葱嶺西豈東向望天哉雅性護短因以爲嫌嘗衆辱奇或爾汝之或指爲小人奇曰公身爲君子奇身且小人雅曰君言身且小人君祖父是何人也奇曰祖燕東部侯釐雅質奇曰侯釐何官也奇曰三皇不傳禮官名豈同昔有雲師火正鳥師之名以斯而言世革則官異時易則禮變公爲皇魏東宮內侍長竟何職也由是雅憾之先是敕以奇付雅令銓補祕書雅既惡之遂不復敍用焉奇冗散數年高允每與發揚古籍嘉其遠致稱奇通識非凡學所窺允微勸雅曰君朝望具瞻何爲與野儒辯簡牘章句雅謂允有私於奇曰君寧黨小人也乃取奇所注論語孝經燒於庭內奇曰公貴人不乏樵薪何乃然奇論語雅愈怒因告京師後生不聽傳授而奇無降志亦評雅之失雅製昭皇太后碑文論后名字之美比喻前魏之甄后奇刺發其非遂聞於上詔下司徒檢對雅有屈焉有人爲謗書多怨時之言頗稱奇不得志雅乃諷在事云此書言奇不遂當是奇假人爲之如依律文造謗書者皆及孥戮遂抵奇罪時司徒平原王陸麗知奇見枉惜其才學故得遷延經年冀得寬宥獄成竟致大戮遂及其家奇於易尤長在獄嘗自筮卦未及成乃揲破而歎曰吾不度來年冬季及奇受害如其所占奇初被召夜夢星墜壓腳明而告人曰星則好風星則好雨夢星壓腳必無善徵但時命峻切不敢不赴耳奇外甥常矯之仕歷郡守奇所注論語矯之傳掌未能行於世其義多異鄭元往往與司徒崔浩同

劉獻之博陵饒陽人也少而孤貧雅好詩傳曾受業於勃海程元後遂博觀衆籍見名法之言掩卷而笑曰若使楊墨之流不爲此書千載誰知其小也曾謂其所親曰觀屈原離騷之作自是狂人死其宜矣何足惜也孔子曰無可無不可實獲我心時人有從獻之學者獻之輒謂之曰人之立身雖百行殊途準之四科要之德行爲首子若能入孝出悌忠信仁讓不待出戶天下自知儻不能然雖下帷針股躡屩從師正可博聞多識不過爲土龍乞雨眩惑將來其於立身之道有何益乎孔門之徒初亦未悟見臯魚之歎方歸而養親嗟乎先達何自覺之晚也由是四方學者莫不高其行義爭造其門獻之善春秋毛詩每講左氏盡隱公八年便止云義例已了不復須解由是弟子不能究竟其說後本郡選舉孝廉至京稱病而還孝文幸中山徵典內校書獻之喟然歎曰吾不及莊周散木遠矣一之謂甚其可再乎固以疾辭不就時中山張吾貴與獻之齊名四海皆稱儒宗吾貴每一講唱門徒千數其行業可稱者寡獻之著錄數百而已皆通經之士於是有識者辨其優劣魏承喪亂之後五經大義雖有師說而海內諸生多有疑滯咸決於獻之獻之於六藝之文雖不悉注所標宗旨頗異舊義撰三禮大義四卷三傳略例三卷注毛詩序義一卷行於世并立章句疏二卷注涅槃經未就而卒有四子放古爰古參古修古

張吾貴字吳子中山人也少聰慧口辯身長八尺容貌奇偉年十七八本郡舉爲太學博士吾貴先未多學乃從酈詮受禮牛天祐受易詮天祐粗爲開發而已吾貴覽讀一遍便卽別構戶牖世人競歸之曾在夏學聚徒千數而不講傳生徒竊云張生之於左氏似不能說吾貴聞之謂曰我今夏講暫罷後當說傳君等來日皆當持本生徒怪之而已吾貴詣劉蘭蘭遂爲講傳三旬之中吾貴兼讀杜服隱括兩家異同悉舉其要諸生後集

便爲講之義例無窮皆多新異蘭仍伏聽學者以此益奇之吾貴辯能飾非好爲詭說由是業不久傳而氣陵牧守不屈王侯竟不仕而終

劉蘭武邑人也年三十餘始入小學書急就篇家人覺其聰敏遂令從師受春秋詩禮於中山王保安家貧無以自資且耕且學三年之後便白其兄求講說其兄笑而聽之爲立黌舍聚徒二百蘭讀左氏五日一遍兼通五經先是張吾貴以聰辯過人其所解說不本先儒之旨唯蘭推經傳之由本土者之意參以緯候及先儒舊事甚爲精悉自後經義審博皆由於蘭又明陰陽博物多識故爲儒者所宗瀛州刺史裴植徵蘭講書於州南館植爲學主故生徒甚盛海內稱焉又特爲中山王英所重英引在館令授其子熙誘略等蘭學徒前後數千成業者衆而排毀公羊又非董仲舒由是見譏於世後爲國子助教嘗靜坐讀書有叩門者蘭命引入葛巾單衣入與蘭坐謂蘭曰君自是學士何爲每見毀辱義理長短竟在誰而過無禮見陵也今欲相召當與君正之言終而出蘭少時患死

孫惠蔚字叔炳武邑武遂人也六世祖道恭爲晉長秋卿自道恭至惠蔚世以儒學相傳惠蔚年十五通詩書及孝經論語十八師董道季講易十九師程元讀禮經及春秋三傳周流儒肆有名於冀方太和初郡舉孝廉對策於中書省時中書監高閭宿聞惠蔚稱其英辯因相談薦爲中書博士轉皇宗博士閭被勑理定雅樂惠蔚參其事及樂成閭上疏請集朝士於大樂共研是非祕書令李彪自以才辯立難於其前閭命惠蔚與彪抗論彪不能屈黃門侍郎張彝常與游處每表疏論事多參訪焉十七年孝文南征上議告類之禮及太師馮熙薨惠蔚監其喪禮上書令熙未冠之子皆服成人服惠蔚與彪以儒學相知及彪位至尚書惠蔚仍太廟令孝文嘗從容言曰道固既登龍門而孫蔚猶沉溝澮朕嘗以爲負矣雖久滯小官深體通塞無孜孜之望儒者以是高尚焉二十二年侍讀東宮先是七廟以平文爲太祖孝文議定祖宗以道武爲太祖祖宗雖定然昭穆未改及孝文崩將祔神主於廟侍中崔光兼太常卿以太祖既改昭穆宜以次而易兼御史中尉黃門侍郎邢巒以爲太祖雖改昭穆仍不應易乃立彈草欲案奏光光謂惠蔚曰此乃禮也而執法欲見彈劾思獲助於碩學惠蔚曰此深得禮變尋爲書以與光讚明其事光以惠蔚書呈宰輔乃召惠蔚與巒廷議得失尚書令王肅又助巒而巒理終屈彈事遂寢宣武卽位之後仍在左右敷訓經典自冗從僕射遷祕書丞武邑郡中正惠蔚既入東觀典籍未周乃上疏言臣厠班祕省唯書是司舊典先無定目新故雜揉首尾不全或文壞字誤謬爛相屬卷目雖多全定者少臣今依前丞盧昶所撰甲乙新錄欲裨殘補闕損併有無校練句讀以爲定本次第均寫永爲常式其省先無本者廣加推尋搜求令足然經記浩博諸子紛綸部帙既多章第紕繆當非一二校書歲月可了求令四門博士及在京儒生四十人在祕書省專精考校參定字義詔許之後遷黃門侍郎代崔光爲著作郎才非文史無所撰著惟自披其傳注數行而已遷國子祭酒祕書監仍知史事延昌二年追賞講定之勞封棗彊縣男明帝初出爲濟州刺史還京除光祿大夫魏初以來儒生寒宦惠蔚最爲顯達先單名蔚正始中侍講禁內夜論佛經有愜帝旨詔使加惠號惠蔚法師焉卒于官贈瀛州刺史謚曰戴子伯禮襲封伯禮善隸書位國子博士

徐遵明字子判華陰人也幼孤好學年十七隨鄉人毛靈和等詣山東求學至上黨乃師屯留王聰受毛詩尚書禮記一年便辭聰游燕趙師事張吾貴吾貴門徒甚盛遵明服膺數月乃私謂友人曰張生名高而義無檢格凡所講說不愜吾心請更從師遂與平原田猛略就范陽孫買德受業一年復欲去之猛略謂遵明曰君年少從師每不終業如此用意終恐無成遵明乃指其心曰吾今知眞師所在矣正在於此乃詣平原唐遷居於蠶舍讀孝經論語毛詩尚書三禮不出門院凡經六年時彈筝吹笛以自娛慰又知陽平館陶趙世業家有服氏春秋是晉世永嘉舊寫遵明乃往讀之復經數載因手撰春秋義章爲三十卷是後教授門徒每臨講坐先持經執疏然後敷講學業至今浸以成俗遵明講學於外二十餘年海內莫不宗仰頗好聚斂與劉獻之張吾貴皆河北聚徒教授懸納絲粟留衣物以待之名曰影質有損儒者之風遵明見鄭元論語序云書以八寸策誤作八十宗因曲爲之說其僻也皆加此獻之吾貴又甚焉遵明不好京輦以兗州有舊因徙屬焉元顥入洛任城太守李湛將舉義兵遵明同其事夜至人間爲亂兵所害永熙二年遵明弟子通直散騎侍郎李業興表求加策命卒無贈謚

董徵字文發衞國頓邱人也身長七尺二寸好古學尚雅素年十七師清河監伯陽受論語毛詩春秋周易河內高望崇受周官後於博陵劉獻之遍受諸經數年之

中大義精練講授生徒太和末爲四門小學博士傳宣武徵入璇華宮令孫惠蔚間以六經仍詔教授京兆清河廣平汝南四王後爲輔軍將軍除安州刺史因述職路次過家置酒高會大享邑老乃言曰腰龜返國昔人稱榮仗節還家云胡不樂因誡二三子弟曰此之富貴匪自天降乃勤學所致耳時人榮之入爲司農少卿光祿大夫後以老解職徵出州入郡雖學業所致亦由汝南王悅以其師資之義爲啓請焉永熙二年卒孝武帝以徵昔授學業優贈儀同三司尚書左僕射相州刺史謚曰文烈子仲曜

李業興上黨長子人也祖虬父元紀並以儒學舉孝廉元紀卒於金鄉令業興少耿介志學晚乃師事徐遵明於趙魏之間時有漁陽鮮于靈馥亦聚徒教授而遵明聲譽未高著錄尚寡業興乃詣靈馥黌舍類受業者靈馥乃謂曰李生乃久逐羌博士何所得也業興嘿爾不言及靈馥說左傳業興問其大義數條靈馥不能對於是拂衣而起曰羌弟子正如此耳遂便徑還自此靈馥生徒傾學而就遵明遵明學徒大盛業興之爲也後乃博涉百家圖緯風角天文占候無不詳練尤長算歷雖在貧賤常自矜負若禮待不足縱於權貴不爲之屈後爲王遵業門客舉孝廉爲校書郎以世行趙匪歷節氣後辰下算延昌中業興乃爲戊子元歷上之于時屯騎校尉張洪盪寇將軍張龍詳等九家各獻新歷宣武詔令共爲一歷洪等後遂共推業興爲主成戊子歷正光三年奏行之業興以殷歷甲寅黃帝辛卯徒有積元術數亡缺又修之各爲一卷傳於世建義初勑典儀注未幾除著作郎永安三年以前造歷之勳賜爵長子伯後以孝武登極之初豫行禮事封屯留縣子除通直散騎常侍永熙三年二月孝武帝釋奠業興與魏季景溫子昇竇瑗爲摘句後入爲侍讀遷鄴之始起部郎中辛術奏今皇居徙御百度剏始營構一興必宜中制李業興碩學通儒博聞多識萬門千戶所宜訪詢今求就之披圖案記考定是非參古雜今折中爲制詔從之於時尚書右僕射營構大匠高隆之被詔繕治三署樂器衣服及百戲之屬乃奏請業興共參其事天平四年與兼散騎常侍李諧吏部郎盧元明使梁梁散騎常侍朱异問業興曰魏洛中委粟山是南郊邪圓丘邪業興曰委粟是圓丘非南郊异曰比聞郊丘異所乃是用鄭義我此中用王義業興曰然洛京郊丘之處用鄭解异曰若然女子逆降傍親亦從鄭義不業興曰此之一事亦不專從若卿此問用王義除禫應用二十五月何以王儉喪禮禫用二十七月也异遂不答業興曰我昨見明堂四柱方屋都無五九之室當是裴頠所制明堂上圓下方裴惟除室耳今此上不圓何也异曰圓方俗說經典無文何怪於方業興曰圓方之言出處甚明卿自不見見卿錄梁主孝經義亦云上圓下方卿言豈非自相矛楯异曰若然圓方竟出何經業興曰出自孝經援神契异曰緯候之書何可信也業興曰卿若不信靈威仰叶光紀之類經典亦無出者卿復信不异不答梁武問業興詩周南王者之化繫之周公召南仁賢之風繫之召公何名爲繫業興對曰鄭注儀禮云昔太王王季居于岐陽躬行召南之教以興王業及文王行今周南之教以受命作邑於酆文王爲諸侯之地所化之國今既登九五之尊不可復守諸侯之地故分封二公名爲繫梁武又問尚書正月上日受終于文祖此時何正業興對曰此是夏正月梁武言何以得知業興曰案尚書中候運衡篇云日月營始故知夏正又問堯時以前以何月爲正月業興對曰自堯以上書典不載實所不知梁武又云寅賓出日即是正月日中星鳥以殷仲春即是二月此出堯典何得云堯時不知用何正業興對曰雖三正不同言時節者皆據夏時正月周禮仲春二月會男女之無夫家者雖自周書月亦是夏時堯之日月亦當如此但所見不深無以辨析明問梁武又曰禮云原壤母死叩木而歌孔子聖人而與壤爲友業興對曰孔即自解言親者不失其親故者不失其故又問壤何處人對曰注云原壤孔子幼之舊故是魯人又問原壤不孝有逆人倫何以存故舊之小節廢不孝之大罪對曰原壤所行事自彰著幼少之交非是今始既無大故何容棄之又問孔子聖人何以書原壤之事垂法萬代業興對曰此是後人所錄非孔子自制猶合葬於防之事如此之比禮記之中動有百數又問易有太極極是有無業興對曰所傳太極是有還兼散騎常侍加中軍大將軍業興家世農夫雖學殖而舊音不改梁武問其宗門多少答曰薩四十家使還孫騰謂曰何意爲吳兒所笑對曰業興猶被笑試遣公往當著被罵邢子才云爾婦疾癩或問實邪業興曰爾大癡但道此人疑者半信者半誰檢看興和初又爲甲子元歷時見施用武定元年除國子祭酒仍侍讀神武以業興明術數軍行常問焉業興曰某日某處勝謂所親曰彼若告勝自然賞吾彼若凶敗安能罪吾芒山之役有風從西來入營業興曰小人風來當大勝神武曰若勝以爾爲本州刺史既而以

為太原太守五年齊文襄引為中外府諸議參軍後坐事禁止業興乃造九宮行碁歷以五百為章四千四十為蔀九百八十七為升分還以己未為元始終相維不復移轉與今歷法術不同至於氣序交分景度盈縮不異也文襄之征潁川業興曰往必剋剋後凶文襄既剋欲以業與當凶乃殺之業與愛好墳籍鳩集不已手自補修躬加題帖其家所有垂將萬卷覽讀不息多有異聞諸儒服其深博性豪俠重意氣人有急難委命歸之便能容匿與其好合傾身無恡或有乖忤即便詆毀乃至聲色加以謗罵性又躁隘至於論難之際無儒者之風每語人云但道我好雖知妄言故勝道惡務進忌前不顧後患時人以此惡之至於學術精微當時莫及業與二子崇祖遵祖崇祖字子述傳父業文襄集朝士命盧景裕講易崇祖時年十二論難往復景裕憚之業與助成其子至於忿鬩文襄色甚不平姚文安難服虔左傳解七十七條名曰駁妄崇祖申明服氏名曰釋謬齊文宣營構三臺材瓦工程皆崇祖所算也封屯留縣侯遵祖齊天保初難宗景歷甚精崇祖為元子武卜葬地醉而謂之曰改葬後當不異孝文武成或告之兄弟伏法

北齊

李鉉字寶鼎渤海南皮人也九歲入學書急就篇月餘便通家素貧苦常春夏務農冬乃入學年十六從浮陽李周仁受毛詩尚書章武劉子猛受禮記常山房虯受周官儀禮漁陽鮮于靈馥受左氏春秋以鄉里無可師者遂與州里楊元懿河間宗惠振等結侶詣大儒徐遵明受業居徐門下五年常稱高第年二十三便自潛居討論是非撰定孝經論語毛詩三禮義疏及三傳異同周易義例合三十餘卷用心精苦曾三秋冬不畜枕每至睡時假寐而已年二十七歸養二親因教授鄉里生徒常至數百人燕趙間能言經者多出其門以鄉里寡文籍來游京師讀所未見書州舉秀才除太學博士及李同軌卒神武令文襄在京妙簡碩學以教諸子文襄以鉉應旨徵詣晉陽時中山石曜北平陽絢北海王晞清河崔瞻廣平宋欽道及工書人韓毅同在東館師友諸王鉉以去聖久遠文字多有乖謬感孔子必也正名之言喟然有刊正之意於講授之暇遂覽文字爰及倉雅刪正文藝經注中謬字名曰字辨天保初詔鉉與殿中尚書邢邵中書令魏收等參議禮律仍兼國子博士時詔北平太守宋景業西河太守綦毋懷文等草定新歷錄尚書平原王高隆之令鉉與通直常侍房延祐博士刁柔參考得失尋正國子博士廢帝在東宮文宣詔鉉以經入授甚見優禮病卒特贈廷尉少卿及還葬王人將送儒者榮之楊元懿宗惠振官俱至國子博士

孫靈暉武邑武遂人魏光祿大夫惠蔚之族曾孫也靈暉少明敏有器度得惠蔚手錄章疏研精尋問更求師友三禮三傳皆通宗旨然始就鮑季詳熊安生質問疑滯其所發明熊鮑無以異也舉冀州秀才射策高第仕齊累至國子博士授南陽王綽府諮議參軍綽除定州刺史仍隨綽之鎮綽所為猖蹷靈暉唯默默憂頫不能諫止綽表請靈暉為王師以管記馬子結為諮議朝廷以王師三品奏啓不合後主於啓下手詔云但用之儒者甚以為榮綽除大將軍靈暉以王師領大將軍司馬綽誅停廢從綽死後每至七日至百日靈暉恆為綽請僧設齋行道齊亡卒馬子結者其先扶風人世仕涼土魏太和中入洛父祖俱清官子結及兄子廉子尚三人皆涉文學陽休之牧西兗子廉子尚子結與諸朝士各有贈詩陽摠為一篇酬答詩云三馬皆白眉者也子結為南陽王綽管記隨綽定州綽每出游獵必令子結走馬從禽子結既儒緩衣垂帽落或叫或啼令騎驅之非墜馬不止綽以為笑由是漸見親狎啓為諮議焉石曜字白曜中山安喜人亦以儒學進居官清儉武平中為黎陽郡守時丞相咸陽王世子斛律武都出為兗州刺史性貪暴先過衛縣令丞以下斂絹千疋以遺之至黎陽令左右諷動曜及縣官曜手持一縑謂武都曰此是老石機杼聊以奉贈自此以外並須出於吏民吏民之物一毫不敢輒犯武都亦知曜清素純儒笑而不責曜著石子十卷言甚淺俗位終譙州刺史

馮偉字偉節中山安喜人也身長八尺衣冠甚偉見者肅然少從李寶鼎學李重其聰敏恆別意試問之多所通解尤明禮傳後還鄉里閉門不出將三十年不問生產不交賓客專精覃思無所不通趙王出鎮定州以禮迎接命書三至縣令三至其門猶辭疾不起王將命駕致請佐吏前後星馳報之縣令又自為其整冠履不得已而出王下廳事迎之止其拜伏分階而上留之賓館甚見禮重王將舉充秀才固辭不就歲餘請還王知其不願拘束以禮發遣贈遺甚厚一無所納唯受時服而已及還不交人事郡守縣令每親至其家歲時或置羊酒亦辭不納門徒束修一毫不受蠶而衣耕而飯簞食瓢飲不改其樂以壽終

張買奴平原人也經義該博門徒千餘人諸儒咸推重

之仕齊歷太學博士國子助教卒

劉軌思勃海人也說詩甚精少事同郡劉敬和敬和事同郡程師則故其鄉曲多爲詩者軌思仕齊位國子博士

鮑季詳勃海人也甚明禮兼通左氏春秋少時恆爲李寶鼎都講後亦自有徒衆諸儒稱之仕齊卒於太學博士從弟長暄兼通禮傳爲任城王湝丞相掾恆在都教授貴遊子弟齊亡卒於家

邢峙字士峻河間鄚人也少好學通三禮左氏春秋仕齊初爲四門博士遷國子助教以經入授皇太子峙方正純厚有儒者風厨宰進太子食菜有邪蒿峙令去之曰此菜有不正之名非殿下宜食文宣聞而嘉之賜以被褥縑纊拜國子博士皇建初除清河太守有惠政年老歸卒于家

劉晝字孔昭勃海阜成人也少孤貧愛學服膺無倦常閉戶讀書暑月唯着犢鼻褌與儒者李寶鼎同鄉甚相親愛寶鼎授其三禮又就馬敬德習服氏春秋俱通大義恨下里少墳籍便策杖入都知鄴令宋世良家有書五千卷乃求爲其子博士恣意披覽晝夜不息還舉秀才策不第乃恨不學屬文方復緝綴辭藻言甚古拙制一首賦以六合爲名自謂絕倫乃歎儒者勞而寡功曾以賦呈魏收而不拜收忿之謂曰賦名六合已是大愚文又愚於六合君四體又甚於文晝不忿又以示邢子才子才曰君此賦正似疥駱駝伏而無嫵媚晝求秀才十年不得發憤撰高才不遇傳冀州刺史酈伯偉見之始舉晝時年四十八刺史隴西李璵亦嘗以晝應詔先告之晝曰公自爲國舉才何勞語晝河南王孝瑜聞晝名每召見輒與促席對飲後遇有密親使且在齋坐晝須臾徑去追謝要之終不復屈孝昭即位好受直言晝聞之喜曰董仲舒公孫弘可以出矣乃步詣晉陽上書言亦切直而多非世要終不見收采編錄所上之書名曰帝道河清中又著金箱璧言蓋以指時政之不良晝常自謂博物奇才言好矜大每言使我數十卷書行於世不易齊景之千駟也容止舒緩舉動不倫由是竟無仕卒於家晝嘗夢貴人若吏部尚書者補晝交州興俊令寤而密書記之卒後旬餘其家幼女忽鬼語聲似晝云我被用爲興俊令得假暫來辭別云

馬敬德河間人也少好儒術負笈隨徐遵明學詩禮略通大義而不能精遂留意於春秋左氏沈思研求晝夜不倦教授於燕趙間生徒隨之者甚衆乃詣州求舉秀才州將以其純儒無意推薦敬德請試方略五條皆有文理乃欣然舉送至都唯得中第請試經業問十條並通擢受國子助教再遷國子博士武成爲後主擇師傅趙彥深進之入爲侍講其妻嘗夜夢虎將來向之敬德走超棗棘妻伏地不敢動敬德占曰吾當爲大官超棘過九卿也爾伏地夫人也後主既不好學敬德侍講甚疎時時以春秋入授猶以師傅恩拜國子祭酒儀同三司金紫光祿大夫瀛州大中正卒其徒曰馬生勝孔子孔子不得儀同尋贈開府瀛州刺史其後侍書張景仁封王趙彥深云何容侍書封王侍講翻無封爵亦追封敬德廣漢郡王令子元熙襲元熙字長明少傳父業兼長文藻以通直郎待詔文林館武平中王太子將講孝經有司請擇師帝曰馬元熙朕師之子文學不惡於是以孝經入授皇太子儒者榮其世載性和厚在內甚得名譽隋開皇中卒於秦王文學

張景仁濟北人幼孤家貧以學書爲業遂工草隸選補內書生與魏郡姚元標潁川韓毅同郡袁買奴滎陽李超等齊名文襄並引爲賓客天保八年敕教太原王紹德書後主在東宮武成令侍書遂被引擢小心恭謹後主愛之呼爲博士及登阼景仁累遷通直散騎常侍在左右與語猶稱博士胡人何洪珍有寵於後主欲得通婚朝士以景仁在內官位稍高遂爲其兄子娶景仁第二息瑜之女因以表裏相援恩遇日隆景仁多疾帝每遣徐之範等療之給藥物珍羞中使問疾相望於道是後勑有司恆就宅送御食車駕或有行幸在道宿處每送步障爲遮風寒進位儀同三司加開府侍書如故每旦須參卽在東宮停止及立文林館中人鄧長顒希旨奏令總判館事除侍中封建安王洪珍死後長顒猶存舊款更相彌縫得無陛退遂除中書監卒贈侍中五州刺史司空公景仁爲兒童時在洛京曾詣國學摹石經許子華遇之學中執景仁手曰張郎風骨必當通貴非但官爵還達乃與天子同筆硯傳衣履子華卒二十餘年景仁位開府數賜衣冠筆硯如子華所言景仁出自寒微本無識見一旦開府侍中封王其婦姓奇莫知氏族所出容制音辭事事庸俚既除王妃與諸公主郡君同在朝謁之列見者爲其慚悚景仁性本卑謙及用胡人巷伯之勢坐致通顯志操頗改漸成驕傲良馬輕裘徒從擁冗高門廣宇當衢向術諸子不思其本自許貴遊自蒼頡以來八體取進一人而已

權會字正理河間鄚人也志尚沈雅動遵禮則少受鄭易探賾索隱妙盡幽微詩書三禮文義該洽兼明風角

妙識元象天保初郡貢孝廉策居上第解褐四門博士僕射崔暹引為館客甚敬重焉命世子達拏盡師傅之禮暹欲薦會與馬敬德等為諸王師會性恬靜不慕榮勢恥於左宦固辭暹識其意遂罷薦舉尋追修國史監知太史局事後遷國子博士會參掌雖繁教授不闕性甚儒懦似不能言及臨機答難酬報如響由是為諸儒所推而貴游子弟慕其德義者或就其宅或寄宿隣家晝夜承間受其學業會欣然演說未嘗懈怠雖明風角元象至於私室都不及言學徒有請問者終無所說每云此學可知不可言諸君並貴游子弟不由此進何煩問也會唯有一子亦不以此術教之其謹密如此會嘗遣家人遠行久而不反其行還垂至乃逢寒雪寄息他舍會方處學堂忽有旋風瞥然吹雪入戶會乃笑曰行人至矣何意中停遂使人詣其處追尋果如其語會每占筮大小必中但用爻辭彖象以辨吉凶易占之屬都不經口會本貧生無僮僕初任助教之日常乘驢上下其職事多非晚不歸曾夜出城東門鐘漏已盡會唯獨乘一驢忽見二人一人牽頭一人隨後有似相助其迴動輕漂有異生人漸漸失路不由本道會心甚怪之遂誦易經上篇一卷不盡前後二人忽然離散會亦不覺墮驢因爾迷悶至明始覺方知墮處乃是郭外纔去家數里有一子字子襲聰敏精勤幼有成人之量先亡臨送者為其傷慟會唯一哭而罷時人尚其達命武平末自府還第無故馬倒遂不得語因暴亡注易一部行於世會生平畏馬位望既至不得不乘果以此終

張思伯河間樂城人也善說左氏傳為馬敬德之次撰刊例十卷行於時亦為毛詩章句以二經教授齊安王廓位國子博士又有長樂張奉禮善三傳與思伯齊名位國子助教

張彫虎中山北平人也家世寒微其兄藺虎仕尚書令史微有資產故護軍長史王元則時為書生停其宅彫虎少美貌為元則所愛悅故偏被教因好學精力絕人負卷從師不遠千里遍通五經尤明三傳弟子遠方就業者以百數諸儒服其強辯神武召入霸府令與諸子講說乾明初累遷平原太守坐贓賄失官武成即位以舊恩除通直散騎常侍琅邪王儼求博士有司以彫虎應選時號得人歷涇州刺史散騎常侍及帝侍講馬敬德卒乃入授經書帝甚重之以為侍講與侍書張景仁並被尊禮同入華元殿共講春秋加國子祭酒假儀同三司待詔文林館以景仁宗室自託於其親何洪珍公私之事彫虎常為其指南與張景仁號二張博士時穆提婆韓長鸞與洪珍同侍帷幄知彫虎為洪珍謀主忌惡之洪珍又奏彫虎監國史尋除侍中加開府奏度支事大被委任言多見從特敕奏事不趨呼為博士彫虎自以出於微賤致位大臣勵精在公有匪躬之節議論無所迴避左右縱恣之徒必加禁約數譏切寵要獻替帷扆帝亦深倚杖之方委以朝政彫虎便以澂清為已任意氣甚高嘗在朝堂謂鄭子信曰向入省中見賢家唐令處分極無所以若作數行兵帳彫虎不如邕若致主堯舜身居稷契則邕不如我長鸞等陰圖之及與侍中崔季舒黃門侍郎郭遵諫幸晉陽為長鸞所譖誅臨刑帝使段孝言詰之彫虎曰臣起自書生光寵隆洽今者之諫臣實首謀意善功惡無所逃死願陛下珍愛金玉開發神明數引賈誼之倫語其政道令聽覽之間無所壅蔽則臣雖死猶生之年因獻欷流涕俯而就戮左右莫不憐而壯之子德沖等徙北邊南安王思好之反德沖及弟德揭俱免德沖聰敏好學以帝師之子早見旌擢位中書舍人其父之戮德沖並在殿庭就執日見冤酷號哭殞絕於地久之乃蘇郭遵者鉅鹿人也齊文宣為太原公時為國常侍帝家人有盡豐洛者典知家務號曰盡將遵因其處分曾抗拒之為高德正所貴齊受禪由是擢為主書專令訪察中書舍人朱謂為鉅鹿太守遵為弟子求官謂啓文宣鞭之二百付京畿久之除并省尚書都令史建州別駕會韓長鸞父永興為刺史因此遂相參附後擢為黃門侍郎被誅遵出自微賤易為盈滿宮門逢諸貴輒呼姓字語言布置極為輕率嘗於宮門牽韓長鸞臂曰王在得言主上縱放如此曾不規諫何名大臣長鸞嫌其牽爾便掣手而去由是不加援故及於禍

後周

沈重字子厚吳興武康人也性聰悟有異常童弱歲而孤居喪合禮及長專心儒學從師不遠千里遂博覽羣書尤明詩及左氏春秋仕歷王國常侍梁武帝欲高置學館以崇儒教中大通四年乃革選以重補國子助教後除五經博士梁元帝之在藩也甚歎異之及即位乃遣主書何武迎重西上魏平江陵重乃留事梁王蕭詧累遷都官尚書詧又令重於合歡殿講周禮武帝以重經明行修乃遣宣納上士柳裘至梁聘之仍致書于重又敕襄州總管衞公直敦喻遣之在途供給務從優厚保定末重至京師詔令討論五經并校定鍾律天和中復於紫極殿講三教義朝士儒生桑門道士聽者二千

餘人重辭義優洽樞機明辯凡所解釋咸爲諸儒推伏六年授驃騎大將軍開府儀同三司露門博士仍於露門館爲皇太子講論語建德末表請還梁武帝優詔不許重固請乃許爲遣小司門上士楊汪送之梁主蕭歸拜重散騎常侍太常卿大象二年來朝京師開皇三年卒年八十四隋文帝遣舍人蕭子寶祭以少牢贈使持節上開府儀同三司許州刺史重學業該博爲當世儒宗至於陰陽圖緯道經釋典無不通涉著周禮義三十一卷儀禮義三十五卷禮記義三十卷毛詩義二十八卷喪服經義五卷周禮音一卷儀禮音一卷禮記音二卷毛詩音二卷

樊深字文深河東猗氏人也事繼母甚謹弱冠好學負書從師於河西講習五經晝夜不倦魏永安中隨軍征討以功累遷中散大夫嘗讀書見吾邱子遂歸侍養孝武西遷樊王二姓舉義爲東魏所誅深父保周叔父歡周並被害深因避難墜崖傷足絶食再宿於後遇得一簞餅欲食之然念繼母老瘁或免虜掠乃弗食夜中匍匐尋覓母得見因以饋母還復遁去改易姓名游學於汾晉間習天文及算歷之術後爲人所告囚送河東屬東魏將韓軌長史張曜重其儒學延深至家因是便得逃隱文帝平河東贈保周郢州刺史歡周儀同三司深歸葬其父負土成墳尋而于謹引爲府參軍令在館教授子孫文帝置學東館教諸將子弟以深爲博士深經學通贍每解書常引漢魏以來諸家義而說之故後生聽其言者不能曉悟背而譏之曰樊生講書多門戶不可解然儒者推其博物性好學老而不怠朝暮還往常據鞍讀書以至馬驚墮地折其支體終亦不改後除國子博士賜姓万紐于時六官建拜太學博士天和二年遷縣伯中大夫加開府儀同三司建德元年表乞骸骨詔許之朝廷有疑議常召問焉後以病卒深既專經又讀諸史及蒼雅篆籀陰陽卜筮之書學雖博贍訥於辭辯故不爲當時所稱撰孝經喪服問疑各一卷又撰七經異同說三卷綱略論并目錄三十一卷子義綱

熊安生字植之長樂阜城人也少好學勵精不倦初從陳達授三傳又從房虬受周禮事徐遵明服膺歷年後受禮於李寶鼎遂博通五經然專以三禮教授弟子自遠方至者千餘人乃討論圖緯捃摭異聞先儒所未悟者皆發明之齊河清中陽休之特奏爲國子博士時西朝既行周禮公卿以下多習其業有宿疑碩滯者數十條皆莫能詳辯天和三年周齊通好兵部尹公正使焉與齊人語及周禮齊人不能對乃令安生至賓館與公正言公正有口辯安生語所未至者便撮機要而驟問之安生曰禮義弘深自有條貫必欲升堂覩奧寧可汨其先後但能留意當爲次第陳之公正於是問所疑安生皆爲一一演說咸究其根本公正嗟服還具言之於武帝帝大欽重之及入鄴安生遽令埽門家人怪而問之安生曰周帝重道尊儒必將見我矣俄而帝幸其第詔不聽拜親執其手引與同坐謂曰朕未能去兵以此爲媿安生曰黃帝尙有阪泉之戰況陛下龔行天罰乎帝又曰齊氏賦役繁興竭人財力朕救焚拯溺思革其弊欲以府庫及三臺雜物散之百姓公以爲何如安生曰昔武王克商散鹿臺之財發巨橋之粟陛下此詔異代同美帝又曰朕何如武王安生曰武王伐紂懸首白旗陛下平齊兵不血刃愚謂聖略爲優帝大悅賜帛三百疋米三百石宅一區并賜象笏及九環金帶自餘什物稱是又詔所司給安車駟馬令隨駕入朝并勑所在供給至京勑令於大乘佛寺參議五禮宣政元年拜露門文學博士下大夫其時年已八十餘尋致仕卒安生既學爲儒宗當時受其業擅名於後者有馬榮伯張黑奴竇士榮孔籠劉焯劉炫等皆其門人焉所撰周禮義疏二十卷禮記義疏三十卷孝經義一卷並行於世安生與同郡宗道暉張暉紀顯敬徐遵明等爲祖師道暉好著高翅帽大屐州將初臨輒服以謁見仰頭舉肘拜於屐上自言學士比三公後齊任城王湝鞭之道暉徐呼安偉安偉出謂人曰我受鞭不漢體復躡屐而去冀州人爲之語曰顯公鐘宋公鼓宗道暉屐李洛姬肚謂之四大顯公沙門也宋公安德太守也洛姬婦人也安生在山東時歲歲游講從之者傾郡縣或誑之曰某村古冢是晉河南將軍熊光墓去此七十二世舊有碑爲村人埋匿安生掘地求之不得連年訟焉冀州長史鄭大讓判之曰七十二世乃是羲皇上人河南將軍晉無此號所訴非理安生猶率其宗族向冢而號嘗通名見徐之才和士開二人相對以徐之才諱雄和士開諱安乃稱觸觸生羣公嗤之

樂遜字遵賢河東猗氏人也幼有成人之操從徐遵明於趙魏問受孝經喪服論語詩書禮易左氏春秋大義尋而山東寇亂學者散逸遜於攖擾之中猶志道不倦大統七年除子都督九年太尉李弼請遜教授諸子既而文帝盛選賢良授以守令相府戶曹柳敏行臺郎中盧光河東郡丞辛粲相繼舉遜稱有牧人之才弼請留不遣魏廢帝二年文帝召遜教授諸子在館六年與諸

儒分授經業講孝經論語毛詩及服虔所注春秋左氏傳閔帝踐阼以遜有理務材除秋官府上士轉小師氏下大夫自譙王儉以下並束脩行弟子之禮遜以經術教授甚有訓導之方及衞公直鎮蒲州遜爲直主簿武成元年六月以霖雨經時詔百官上封事遜陳時宜十四條其五條切於政要其一崇教方其二省造作其三明選舉其四重戰伐其五禁奢侈保定二年以訓導有功頻加賞賜遷遂伯中大夫五年詔魯公贇畢公賢等俱以束脩之禮同受業焉天和元年岐州刺史陳公純舉遜以賢良五年遜以年在懸車上表致仕優詔不許於是賜以粟帛及錢等授湖州刺史封安邑縣子州人多蠻左未習儒風遜勸勵生徒加以課試數年之間化洽州境蠻俗生子長大多與父母異居遜每加勸導多革前弊在任數載頻被褒錫秩滿還朝拜皇太子諫議復在露門教授皇子大象初進爵崇業郡公又爲露門博士二年進位開府儀同大將軍出爲汾陰郡守遜以老病固辭詔許之乃改授東揚州刺史仍賜安車衣服及奴婢等又於本郡賜田十頃儒者以爲榮隋開皇元年卒於家年八十二贈本官加蒲陝二州刺史遜性柔謹寡交游立身以忠信爲本不自矜尙每在眾言論未嘗爲人之先學者以此稱之所著孝經論語毛詩左氏春秋序論十餘篇又著春秋序義通賈服說發杜氏違辭理並可觀初周又有黎景熙以古學顯景熙字季明河間鄚人少以孝行聞於世曾祖嶷魏太武時以軍功賜爵容城男後爲燕郡守祖鎮父瓌並襲爵季明少好讀書性彊記默識而無應對之能其從祖廣魏太武時尙書郎善古學常從吏部尙書淸河崔宏受字義又從

司徒崔浩學楷篆自是家傳其法季明亦傳習之頗與許氏有異又好元象頗知術數而落魄不事生業有書千餘卷雖窮居獨處不以饑寒易操與范陽盧道源爲莫逆友永安中道源勸令入仕始爲威烈將軍孝武西遷季明乃寓居伊洛侯景徇地河外召季明從軍稍遷黎陽郡守季明從至懸瓠察景終不足恃遂去之客於潁川時王思政鎮潁川累使召季明留於內館月餘文帝又徵之遂入關乃令季明正定古今文字於東閣大統末拜著作左郎於時倫輩皆位兼常伯車服華盛唯季明獨以貧素居之而無愧色又勤於所職著作不怠然性尤專固不合於時是以一爲史官遂十年不調武成末遷外史下大夫保定三年盛營宮室春夏大旱詔公卿百僚極言得失季明上封事言春秋莊公三十一年冬不雨五行傳以爲是歲一年而三築臺奢侈不恤民也僖公二十年夏大旱五行傳以爲時作南門勞民興役漢惠帝二年夏大旱五年夏大旱江河水少谿澗水絕五行傳以爲先是發十四萬六千人城長安漢武帝元狩三年夏大旱五行傳以爲是歲發天下故吏穿昆明池然則土木之功動人興役天輒應之以異今若息民省役以答天譴庶靈澤時降嘉穀有時則年登可覬矣是時豪富之家競爲奢麗而朝廷選舉之道猶爲未公季明又上書言陛下自即位以來尅己節用慕質去華此則尙矣然而朱紫猶侈於衢路綺縠仍耀於邸宅裋褐未充於細民糟糠未猒於編戶此則勸導之理有所未周者也今雖導之以禮齊之以刑風俗固難以一矣昔漢文帝集上書之囊以作帷帳惜十金之產不造露臺後宮所幸衣不曳地方之今日富室之飾當不

如奴隸之服然而以身率下國富刑淸廟稱太宗良有以也臣聞聖人久於其道而天下化成今國家承魏氏衰亂之後貞信未興宜先尊五美屛四惡革浮華之習抑流競之風察鴻都之小藝焚雉頭之異服無益之貨勿重於時虧德之器勿陳於側則人知德矣臣又聞之爲政之要在於選舉若差之毫釐則有千里之失後來居上則致積薪之譏是以古之善爲政者貫魚以次任必以能爵人於朝不以私愛簡材以授其官量能以任其用官得其材任當其器六轡旣調坐致千里虞舜選眾不仁者遠則庶事康哉人知其化矣帝覽而嘉之時外史廨宇屢移未有定所季明又上言曰外史之職漢之東觀帝王所寶此焉攸在自魏及周公館不立臣嘗奏請修營至今未加功力臣職思其憂敢不重請帝納焉於是廨宇方立天和二年進車騎大將軍儀同三司後以疾卒又文帝初屬天下分崩時學術之士蓋寡故曲學末伎咸見引納至若冀儁趙文深之徒雖才愧昔人而名著於世並見收用冀儁字僧儁太原陽邑人也性沈謹善隸書特工模寫初爲賀拔岳墨曹參軍岳被害文帝引爲記室時文帝志平侯莫陳悅乃令儁僞爲魏帝勑書與費也頭令將兵助文帝討悅儁尋舊勑模寫及代舍人主書等署與眞無異文帝大悅費也頭見勑不以爲疑遂遣兵受文帝節度大統初封長安縣男從征弘農戰於沙苑進爵爲子累遷襄樂郡守尋徵還敎明帝及宋獻公等隸書時俗人書學者亦行束脩之禮謂之謝章儁以書字所興起自蒼頡若同常俗未爲合禮遂啓文帝釋奠蒼頡及先聖先師除黃門侍郎本州大中正累遷湖州刺史儁靜退每以淸約自處前後

所歷頗有聲稱尋加驃騎大將軍開府儀同三司後進爵爲昌樂侯卒趙文深字德本南陽宛人也父遐以醫術進仕魏爲尚藥典御文深少學楷隸年十一獻書於魏帝後立義歸周除大丞相府法曹參軍文深雅有鍾王之則筆勢可觀當時碑牓唯文深及冀儁而已大統十二年追論立義功封白石縣男文帝以隸書紕繆令文深與黎景熙沈遐等依說文及字林刊定六體成一萬餘言行於世及平江陵之後王褒入關貴游等翕然並學褒書文深之書遂被遐棄文深慙恨形於言色後知好尚難及亦改習褒書然竟無所成轉被譏議謂之學步邯鄲焉至於碑牓餘人猶莫之逮王褒亦每推先之宮殿樓閣皆其迹也除縣伯下大夫明帝令至江陵書景福寺碑漢南人士亦以爲工梁主蕭詧觀而美之賞遺甚厚天和元年露寢初成文深以題牓之功除趙興郡守文深雖居外任每須題牓輒復追之後以疾卒

隋

辛彥之隴西狄道人也祖世叙魏梁州刺史父靈輔周渭州刺史彥之九歲而孤不交非類博涉經史與天水牛弘同志好學後入關遂家京兆周文帝見而器之引爲中外府禮曹賜以衣馬珠玉時國家草創百度伊始朝貴多出武人修定儀注唯彥之而已尋拜中書侍郎及周閔帝受禪彥之與少宗伯盧辯專掌儀制歷典祀太祝樂部御正四曹大夫開府儀同三司封五原郡公宣帝即位拜小宗伯時帝立五皇后彥之切諫由是忤旨免官高祖受禪除太常少卿改封任城郡公進位上開府尋拜國子祭酒禮部尚書與祕書監牛弘撰新禮吳興沈重名爲碩學高祖嘗令彥之與重論議重不能抗於是避席而謝曰辛君所謂金城湯池無可攻之勢高祖大悅後拜隨州刺史於時州牧多貢珍翫唯彥之所貢並供祭之物高祖善之顧謂朝臣曰人安得無學彥之所貢稽古之力也遷潞州刺史前後俱有惠政彥之又崇信佛道於城內立浮圖二所並十五層開皇十一年州人張元暴死數日乃蘇云遊天上見新構一堂制極崇麗元問其故云潞州刺史辛彥之有功德造此堂以待之彥之聞而不悅其年卒官謚曰宣彥之撰墳典一部六官一部祝文一部禮要一部新禮一部五經異義一部並行於世有子孝舒仲龕並早有令譽仲龕官至猗氏令

何妥字栖鳳西域人也父細腳胡通商入蜀遂家郫縣事梁武陵王紀主知金帛因至巨富號爲西州大賈妥少機警八歲遊國子學助教顧良戲之曰汝姓何是荷葉之荷爲是河水之河妥應聲答曰先生姓顧是新故之故爲是眷顧之顧衆咸異之年十七以伎巧事湘東王後知其聰明召爲誦書左右時蘭陵蕭昚亦有雋才住青楊巷妥住白楊頭時人爲之語曰世有兩雋白楊何妥青楊蕭昚其見美如此江陵平入周周武帝尤重之授太學博士宣帝初欲立五后以問儒者辛彥之對曰后與天子匹體齊尊不宜有五妥駁曰帝嚳四妃舜又二妃亦何常數由是封襄城縣伯高祖受禪除國子博士加通直散騎常侍進爵爲公妥性勁急有口才好是非人物時納言蘇威嘗言於上曰臣先人每誡臣云唯讀孝經一卷足可立身經國何用爲多上亦然之妥進曰蘇威所學非止孝經厥父若信有此言威不從訓是其不孝若無此言面欺陛下是其不誠不誠不孝何以事君且夫子有言云不讀詩無以言不讀禮無以立豈容蘇綽教子獨反聖人之訓乎威時兼領五職上甚親重之妥因奏威不可信任又以掌天文律度皆不稱職妥因上八事以諫其一事曰臣聞知人則哲惟帝難之孔子曰舉直錯枉則人服舉枉錯直則人不服由此言之政之安危必慎所舉故進賢受上賞蔽賢蒙顯戮察今之舉人良異於此無論諂直莫擇賢愚心欲崇高則起家喉舌之任意須屈抑必白首郎署之官人不之服實由於此臣聞爵人於朝與士共之刑人於市與衆棄之伏見留心獄訟愛民如子每應決獄無不詢訪羣公刑之不濫君之明也刑既如此爵亦宜然若有懋功簡在帝心者便可擢用自斯以降若選重官必參以衆議勿信一人之舉則上不偏私下無怨望其二事曰孔子云是察阿黨則罪無掩蔽又曰君子周而不比小人比而不周所謂比者即阿黨也謂心之所愛既已光華榮顯猶加提挈心之所惡既已沈滯屈辱薄言必怒提挈既成必相掩蔽則欺上之心生矣屈辱既加則有怨恨謗讟之言出矣伏願廣加訪察勿使朋黨路開威恩自任有國之患莫大於此其三事曰臣聞舜舉十六族所謂八元八凱也計其賢明理優今日猶復擇才授相不相侵濫故得四門雍睦庶績咸熙今官員極多用人甚少一人身上乃兼數職爲是國無人也爲是人不善也今萬乘大國髦彥不少縱有明哲無由自達東方朔曰尊之則爲將卑之則爲虜斯言信矣今當官之人不度德量力既無呂望傅說之能自負傅巖滋水之氣不慮憂深責重唯畏總領不多安斯寵任輕彼權軸顛沛致蹷實此之由易曰鼎折足覆公餗其形渥凶言不勝

其任也臣聞窮力舉重不能爲用伏願更任賢良分才參掌使各行其力則庶事康哉其四事曰臣聞禮云析名破律亂名改作執左道以亂政者殺孔子曰仍舊貫何必改作伏見比年以來改作者多矣如范威漏刻十載不成趙翊尺秤七年方決公孫濟迂誕醫方費逾巨萬徐道慶迴五子午纍耗飲食常明破律多歷歲時王渥亂律曾無紀極張山居未知星位前已蹂藉太常曹魏祖不識北辰今復轥轢太史莫不用其短見更自夸毗邀射名譽厚相誣罔請今日以後有如此者若其言不驗必加重罰庶令有所畏忌不敢輕奏狂簡其餘文多不載時蘇威權兼數職先嘗隱武功故妥言自負傅巖滋水之氣蓋以指威激上也書奏威大銜之二年威定考文學妥更相訶詆威勃然曰無何妥不慮無博士妥應聲曰無蘇威亦何憂無執事由是與威有隙其後上令妥考定鍾律妥又上表曰臣聞明則有禮樂幽則有鬼神然則動天地感鬼神莫近於禮樂又云樂至則無怨禮至則不爭揖讓而臨天下者禮樂之謂也臣聞樂有二一曰姦聲二曰正聲夫姦聲感人而逆氣應之正聲感人而順氣應之順氣成象故樂行而倫淸耳目聰明血氣和平移風易俗天下皆寧孔子曰放鄭聲遠佞人故鄭衛宋趙之聲出內則發疾外則傷人是以宮亂則荒其君驕商亂則陂其官壞角亂則憂其人怨徵亂則哀其事勤羽亂則危其財匱五者皆亂則國亡無日矣魏文侯問子夏曰吾端冕而聽古樂則欲寐聽鄭衛之音而不倦何也子夏對曰夫古樂者始奏以文復亂以武修身及家平均天下鄭衛之音者姦聲以亂溺而不止優雜子女不知父母今君所問者樂也所愛者音也夫樂之與音相近而不同爲人君者謹審其好惡衆聖人之作樂也非止苟悅耳目而已矣欲使在宗廟之內君臣同聽之則莫不和敬在鄉里之內長幼同聽之則莫不和順在閨門之內父子同聽之則莫不和親此先王立樂之方也故知聲而不知音者禽獸是也知音而不知樂者衆庶是也故黃鍾大呂絃歌干戚童子皆能舞之能知樂者其唯君子不知聲者不可與言音不知音者不可與言樂知樂則幾於道矣紂爲無道太師抱樂器以奔周晉君德薄師曠固惜清徵上古之時未有音樂鼓腹擊壤樂在其間易曰先王作樂崇德殷薦之上帝以配祖考至于黃帝作咸池顓頊作六莖帝嚳作五英堯作大章舜作大韶禹作大夏湯作大濩武王作大武從夏以來年代久遠唯有名字其聲不可得聞自殷至周備于詩誦故自聖賢以下多習樂者至如伏犧減瑟文王足琴仲尼擊磬子路鼓瑟漢高擊筑元帝吹簫漢祖之初叔孫通因秦樂人制宗廟之樂迎神于廟門奏嘉至之樂猶古降神之樂也皇帝入廟門奏永至之樂以爲行步之節猶古采薺肆夏也乾豆上薦奏登歌之樂猶古淸廟之歌也登歌再終奏休成之樂美神饗也皇帝就東廂坐定奏永安之樂美禮成也其休成永至二曲叔孫通所制也漢高祖廟奏武德文始五行之舞當春秋時陳公子完奔齊陳是舜後故齊有韶樂孔子在齊聞韶三月不知肉味是也秦始皇滅齊韶樂傳於秦漢高祖滅秦韶樂傳於漢高祖改名文始以示不相襲也五行舞者本周大武樂也始皇改曰五行及于孝文復作四時之舞以示天下安和四時順也孝景采武德舞以爲昭德孝宣又采昭德以爲盛德雖變其名大抵皆因秦舊事至於晉魏皆用古樂魏之三祖並制樂辭自永嘉播越五都傾覆樂聲南度以是大備江東宋齊以來至于梁代所行樂事猶皆傳古三雍四始實稱大盛及侯景纂逆樂師分散其四舞三調悉度僞齊齊氏雖知傳受得曲而不用之於宗廟朝廷也臣少好音律留意管絃年雖耆老頗皆記憶及東土克定樂人悉反問其逗留果云是梁人所教今三調四舞並皆有手雖不能精熟亦頗具雅聲若令教習傳授庶得流傳古樂然後取其會歸撮其指要因循損益更制嘉名歌盛德於當今傳雅正於來葉豈不美歟謹具錄三調四舞曲名又製歌辭如別其有聲曲流宕不可以陳於殿庭者亦悉附之於後書奏別勑太常取妥節度於是作清平瑟三調聲又作八佾鞞鐸巾拂四舞先是太常所傳宗廟雅樂歷數十年惟作大呂廢黃鍾妥又以深乖古意乃奏請用黃鍾詔下公卿議從之俄而妥子蔚爲祕書郎有罪當刑上哀之減死論是後恩禮漸薄六年出爲龍州刺史時有負笈遊學者妥皆爲講說教授之又爲刺史箴勒于州門外在職三年以疾請還詔許之復知學事時上方使蘇夔在太常參議鍾律夔有所建請朝士多從之妥獨不同每言夔之短高祖下其議朝臣多排妥妥復上封事指陳得失大抵論時政損益并指斥當世朋黨於是蘇威及吏部尚書盧愷侍郎薛道衡等皆坐得罪除伊州刺史不行尋爲國子祭酒卒官諡曰肅撰周易講疏三卷孝經義疏二卷莊子義疏四卷及與沈重等撰三十六科鬼神感應等大義九卷封禪書一卷樂要一卷文集十卷並行於世于時學士之自江南來者蕭該包愷並知名該蘭陵人梁鄱

陽王恢之孫少封攸侯荆州平與何妥同至長安性篤學詩書禮記春秋並通大義尤精漢書甚爲貴游所禮開皇初賜爵山陰縣公拜國子博士奉詔與妥正定經史然各執所見遞相是非久而不能就上譴而罷之該後撰漢書及文選音義咸爲當時所貴愷字和樂東海人其兄愉明五經愷悉傳其業又從王仲通受史記漢書尤稱精究大業中爲國子助教于時漢書學者以蕭包二人爲宗遠近聚徒教授者數千人卒門人起墳立碣焉

房暉遠字崇儒恒山眞定人也世傳儒學暉遠幼有志行明三禮春秋三傳詩書周易兼善圖緯常以教授爲務遠方負笈而從者動以千計齊南陽王綽爲定州刺史聞其名召爲博士周武帝平齊搜訪儒俊暉遠首膺辟命授小學下士及高祖受禪遷太常博士太常卿牛弘每稱爲五經庫吏部尚書韋世康薦之遷太學博士尋與沛公鄭譯修正樂章復爲太常博士未幾擢爲國子博士會上令國子生通一經者並悉薦舉將擢用之既策問訖博士不能時定臧否祭酒元善怪問之暉遠曰江南河北義例不同博士不能遍涉學生皆持其所短稱己所長博士各各自疑所以久而不決也祭酒因令暉遠考定之暉遠覽筆便下初無疑滯或有不服者暉遠問其所傳義疏輒爲始末誦之然後出其所短自是無敢飾非者所試四五百人數日便決諸儒莫不推其通博皆自以爲不能測也尋奉詔編修令式高祖嘗謂羣臣曰自古天子有女樂乎楊素以下莫知所出遂言無女樂暉遠曰臣聞窈窕淑女鐘鼓樂之此卽王者房中之樂著於雅頌不得言無高祖大悅仁壽中卒官時年七十二朝廷嗟惜焉賵賻甚厚贈員外散騎常侍

馬光字榮伯武安人也少好學從師數十年晝夜不息圖書讖緯莫不畢覽尤明三禮爲儒者所宗開皇初高祖徵山東義學之士光與張仲讓孔籠竇士榮張黑奴劉祖仁等俱至並受太學博士時人號爲六儒然皆鄙野無儀範朝廷不之貴也士榮尋病死仲讓未幾告歸鄉里著書十卷自云此書若奏我必爲宰相又數言元象事州縣列上其狀竟坐誅孔籠張黑奴劉祖仁未幾亦被譴去唯光獨存嘗因釋奠高祖親幸國子學王公以下畢集光升座講禮啓發章句已而諸儒生以次論難者十餘人皆當時碩學光皆爲剖析疑滯雖辭非俊辯而理義宏贍論者莫測其淺深咸共推服上嘉而勞焉山東三禮學者自熊安生後唯宗光一人初教授瀛博間門徒千數至是多負笈從入長安後數年丁母憂歸鄉里遂有終焉之志以疾卒于家時年七十三

劉焯字士元信都昌亭人也父洽郡功曹焯犀額龜背望高視遠聰敏沈深弱不好弄少與河間劉炫結盟爲友同受詩於同郡劉軌思受左傳於廣平郭懋嘗問禮於阜城熊安生皆不卒業而去武彊交津橋劉智海家素多墳籍焯與炫就之讀書向經十載雖衣食不繼晏如也遂以儒學知名爲州博士開皇中刺史趙煚引爲從事舉秀才射策甲科與著作郎王劭同修國史兼參議律歷仍直門下省以待顧問俄除員外將軍後與諸儒於祕書省考定羣言因假還鄉里縣令韋之業引爲功曹尋復入京與左僕射楊素吏部尚書牛弘國子祭酒蘇威元善博士蕭該何妥太學博士房暉遠崔崇德晉王文學崔賾等於國子共論古今滯義前賢所不通者每升座論難鋒起皆不能屈楊素等莫不服其精博六年運洛陽石經至京師文字磨滅莫能知者奉勑與劉炫等考定後因國子釋奠與炫二人論義深挫諸儒衆咸妬恨遂爲飛章所謗除名爲民於是優游鄉里專以教授著述爲務賈馬王鄭所傳章句多所是非九章算術周髀七曜歷書十餘部推步日月之經量度山海之術莫不覈其根本窮其祕奧著稽極十卷歷書十卷五經述議十卷並行於世劉炫聰明博學名亞於焯故時人稱二劉焉天下名儒後進質疑受業不遠千里而至者不可勝數論者以爲數百年以來博學通儒無能出其右者然懷抱不曠又嗇於財不行束脩者未嘗有所教誨時人以此少之廢太子勇聞而召之未及進謁詔令事蜀王非其好也久之不至王聞而大怒遣人枷送於蜀配之軍防其後令典校書籍王以罪廢焯又與諸儒修定禮律除雲騎尉煬帝卽位遷太學博士俄以品卑去職數年復被徵以待顧問因上所著歷書與太史令張胄元多不同被駮不用大業六年卒時年六十七劉炫爲之請謚朝廷不許

劉炫字光伯河間景城人也少以聰敏見稱與信都劉焯閉戶讀書十年不出炫眸子精明視日不眩彊記默識莫與爲儔左畫圓右畫方口誦目數耳聽五事同舉無所遺失周武帝平齊瀛州刺史宇文亢引爲戶曹從事後刺史李繪復署禮曹從事以吏幹知名開皇中奉勑與著作郎王劭同修國史俄直門下省以待顧問又與諸術者修天文律歷兼於內史省考定羣言內史令博陵李德林甚禮之炫雖遍直三省竟不得官縣司責其賦役炫自陳於內史內史送詣吏部吏部尚書韋世

康問其所能炫自為狀曰周禮禮記毛詩尚書公羊左傳孝經論語孔鄭王何服杜等注凡十三家雖義有精粗並堪講授周易儀禮穀梁用功差少史子文集嘉言美事咸誦於心天文律歷窮覈微妙至於公私文翰未嘗假手吏部竟不詳試然在朝知名之士十餘人保明炫所陳不謬於是除殿內將軍時牛弘奏請購求天下遺逸之書炫遂偽造書百餘卷題為連山易魯史記等錄上送官取賞而去後有人訟之經赦免死坐除名歸于家以教授為務太子勇聞而召之既至京師勑令事蜀王秀遷延不往秀大怒枷送益州既而配為帳內每使執仗為門衛俄而釋之令與劉焯同典校書史炫因擬屈原卜居為筮塗以自寄及秀廢與諸儒修定五禮授旅騎尉吏部尚書牛弘建議以為禮諸侯絕傍朞大夫降一等今之上柱國雖不同古諸侯比大夫可也官在第二品宜降傍親一等議者多以為然炫駮之曰古之仕者宗一人而已庶子不得進由是先王重適其宗子有分祿之義族人與宗子雖疎遠猶服縗三月良由受其恩也今之仕者位以才昇不限嫡庶與古既異何降之有今之貴者多忽近親若或降之人道之疎自此始矣遂寢其事開皇二十年廢國子四門及州縣學唯置太學博士二人學生七十二人炫上表言學校不宜廢情理甚切高祖不納開皇之末國家殷盛朝野皆以遼東為意炫以為遼東不可伐作撫夷論以諷焉當時莫有悟者及大業之季三征不克炫言方驗煬帝即位牛弘引炫修律令始高祖之世以刀筆吏類多小人年久長姦勢使然也又以風俗陵遲婦人無節於是立格州縣佐吏三年而代之九品妻無得再醮炫著論以為不可弘竟從之諸郡置學官及流外給廩皆發自於炫弘嘗從容問炫曰案周禮士多而府史少今令史百倍於前判官減則不濟其故何也炫對曰古人委任責成歲終考其殿最案不重校文不繁悉府史之任掌要目而已今之文簿常慮勘覆鍛鍊若其不密萬里追證百年舊案故諺云老吏抱案死古今不同若此之相懸也事繁政弊職此之由弘又問魏齊之時令史從容而已今則不遑寧舍其事何由炫對曰齊氏立州不過數十三府行臺遞相統領文書行下不過十條今州三百其繁一也往者州唯置綱紀郡置守丞縣唯令而已其所具寮則長官自辟受詔赴任每州不過數十今則不然大小之官悉由吏部纖介之迹皆屬考功其繁二也省官不如省事省事不如清心官事不省而望從容其可得乎弘甚善其言而不能用納言楊達舉炫博學有文章射策高第除太學博士歲餘以品卑去任還至長平奉勑追詣行在所或言其無行帝遂罷之歸於河間于時盜賊蜂起穀食踊貴經籍道息教授不行炫與妻子相去百里聲聞斷絕鬱鬱不得志以前世通人司馬相如揚子雲馬季長鄭康成等皆自敘徽美傳芳來葉故亦自為贊以見志然詞旨無足采者炫時在郡城糧餉斷絕其門人多隨盜賊哀炫窮乏詣郡城下索炫郡官乃出炫與之炫為賊所將過下城堡未幾賊為官軍所破炫飢餓無所依復投縣官縣官意炫與賊相知恐為後變遂閉門不納時夜冰寒因此凍餓而死時年六十八其後門人謚曰宣德先生炫性躁競頗好俳諧多自矜伐好輕侮當世為執政所醜由是宦途不遂著論語述議十卷春秋攻昧十卷五經正名十二卷孝經述議五卷春秋述議四十卷尚書述議二十卷毛詩述議四十卷注詩序一卷算術一卷并所著文集並行於世時儒學之士又有褚暉顧彪魯世達張沖王孝籍並知名

褚暉字高明吳郡人以三禮學稱於江南煬帝時徵天下儒術之士悉集內史省相次講論暉時博辯無能屈者由是擢為太學博士撰禮疏一百卷

顧彪字仲文餘杭人明尚書春秋煬帝時為祕書學士撰古文尚書義疏二十卷

魯世達餘杭人煬帝時為國子助教撰毛詩章句義疏四十二卷行於世

張沖字叔元吳郡人仕陳為左中郎將非其好也乃覃思經典撰春秋義略異於杜氏七十餘事喪服義三卷孝經義三卷論語義十卷前漢音義十二卷官至漢王侍讀

王孝籍平原人少好學博覽羣言遍治五經頗有文翰與河間劉炫同志友善開皇中召入祕書助王劭修國史劭不之禮在省七年而不免輸稅課役孝籍鬱鬱不得志奏記於吏部尚書牛弘以求申拔辭語酸苦見者為稱屈弘亦知其有學業而竟不得調後歸鄉里以教授為業終于家注尚書及詩遭亂零落

通志卷一百七十四

通志卷一百七十五

宋右迪功郎鄭樵漁仲撰

文苑傳第一

范史始立文苑傳而南齊梁陳隋皆曰文學今總曰文苑

後漢

杜篤 王隆（史岑） 夏恭（子牙） 傅毅 黃香 劉毅 李尤（李勝） 蘇順（曹衆 曹朔） 劉珍 葛龔 王逸（子延壽） 崔琦 邊韶 張升 趙壹 劉梁 邊讓 酈炎 侯瑾 高彪 張超 禰衡

魏（魏不立此傳今取王粲一人爲竭仍列徐幹等十三人于其下）

王粲（徐幹 陳琳 阮瑀 劉楨 邯鄲淳 繁欽 路粹 丁儀 丁廙 荀緯 應璩） 桓威 吳質

晉

應貞 成公綏 左思 趙至 鄒湛 棗據 褚陶 王沈（蔡洪） 張翰 庾闡 曹毗 李充 袁宏 伏滔 羅含 顧愷之 郭澄之

後漢

杜篤字季雅京兆杜陵人也高祖延年宣帝時爲御史大夫篤少博學不修小節不爲鄉人所禮居美陽與美陽令遊數從請託不諧頗相恨令怒收篤送京師會大司馬吳漢薨光武詔諸儒誄之篤於獄中爲誄辭最高帝美之賜帛免刑篤以關中表裏山河先帝舊京不宜改營洛邑乃效司馬相如揚子雲作論都賦一篇上奏之文甚典麗後仕郡文學掾以目疾二十餘年不闚京師篤之外高祖破羌將軍辛武賢以武略稱篤常歎曰杜氏文明善政而篤不任爲吏辛氏秉義經武而篤怯於事外內五世至篤衰矣女弟適扶風馬氏建初三年車騎將軍馬防擊西羌請篤爲從事中郎戰沒於射姑山所著賦誄弔書讚七言女誡及雜文凡十八篇又著明世論十五篇子碩豪俠以貨殖聞

王隆字文山馮翊雲陽人也王莽時以父任爲郎後避難河西爲竇融左護軍建武中爲新汲令能文章所著詩賦銘書凡二十六篇初王莽末沛國史岑子孝亦以文章顯莽以爲謁者著頌誄復神說疾凡四篇

夏恭字敬公梁國蒙人也習韓詩孟氏易講授門徒常千餘人王莽末盜賊縱橫攻沒郡縣恭以恩信爲衆所附擁兵固守獨得安全光武即位嘉其忠果召拜郎中再遷太山都尉和集百姓甚得其歡心恭善爲文著賦頌詩勵學凡二十篇年四十九卒官諸儒共諡曰宣明君子牙少習家業著賦頌讚誄凡四十篇舉孝廉早卒鄉人號曰文德先生

傅毅字武仲扶風茂陵人也少博學永平中於平陵習章句因作迪志詩一首以自勗毅又以顯宗求賢不篤士多隱處故作七激以爲諷建初中肅宗召文學之士以毅爲蘭臺令史拜郎中與班固賈逵共典校書毅追美孝明皇帝功德最盛而廟頌未立乃依清廟作顯宗頌十篇奏之由是文雅顯於朝廷車騎將軍馬防外戚尊重請毅爲軍司馬待以師友之禮及馬氏敗免官歸永元元年車騎將軍竇憲復請毅爲主記室崔駰爲主簿及憲遷大將軍復以毅爲司馬班固爲中護軍憲府文章之盛冠於當世毅早卒著詩賦誄頌祝文七激連珠凡二十八篇

黃香字文彊江夏安陸人也年九歲失母思慕憔悴殆不免喪鄉人稱其至孝年十二太守劉護聞而召之署門下孝子甚見愛敬香家貧內無僕妾躬執苦勤盡心奉養遂博學經典究精道術能文章京師號曰天下無雙江夏黃童初除郎中元和元年肅宗詔香詣東觀讀所未嘗見書後香告休及歸京師時千乘王冠帝會中山邸乃詔香殿下顧謂諸王曰此天下無雙江夏黃童者也左右莫不改觀後召詣安福殿言政事拜尚書郎數陳得失賞賚增加嘗獨止宿臺上晝夜不離省闥帝聞善之永元四年拜左丞秩滿當遷和帝留增秩六年累遷尚書令後以爲東郡太守香上疏辭郡乞留備冗官賜以督責小職任之宮臺煩事以畢志願帝亦惜香幹用久習舊事復留爲尚書令增秩二千石賜錢三十萬是後遂管樞機甚見親重而香亦祗勤物務憂公如家十二年東平清河奏訞言卿仲遼等所連及且千人香科別據奏全括甚衆每郡國疑罪輒務求輕科愛惜人命每存憂濟又曉習邊事均量軍政皆得事宜帝知其精勤數加恩賞疾病存問賜醫藥在位多所薦達寵遇甚盛議者譏其過倖延光元年遷魏郡太守郡舊有內外園田常與人分種歲收數千斛香曰田令商者不農王制仕者不耕伐冰食祿之人不與百姓爭利乃悉以賦民課令耕種時被水年饑乃分俸祿及所得賞賜班贍貧者於是豐富之家各出義穀助官稟貸荒民獲全後坐水潦事免數月卒於家所著賦牋奏書令凡五篇子瓊自有傳

劉毅北海敬王子也初封平望侯永元中坐事奪爵毅少有文辯稱元初元年上漢德論并憲論十二篇時劉珍鄧耽尹兌馬融共上書稱其美安帝嘉之賜錢三萬

拜議郎

李尤字伯仁廣漢雒人也少以文章顯和帝時侍中賈逵薦尤有相如揚雄之風召詣東觀拜蘭臺令史稍遷安帝時爲諫議大夫受詔與謁者僕射劉珍等俱撰漢記後帝廢太子爲濟陰王尤上書諫諍順帝立遷樂安相年八十三卒所著詩賦銘誄頌七歎哀典凡二十八篇尤同郡李勝亦有文才爲東觀郎著賦誄頌論數十篇

蘇順字孝山京兆霸陵人也和安間以才學見稱好養生術隱處求道晚乃仕拜郎中卒於官所著賦論誄哀辭雜文凡十六篇時三輔多士扶風曹衆伯師亦有才學著誄書論四篇又有曹朔不知何許人作漢頌四篇

劉珍字秋孫一名寶南陽蔡陽人也少好學永初中爲謁者僕射鄧太后詔使與校書劉騊駼馬融及五經博士校定東觀五經諸子傳記百家藝術整齊脫誤是正文字永寧元年太后又詔珍與騊駼作建武以來名臣傳遷侍中越騎校尉延光四年拜宗正明年轉衞尉卒官著誄頌連珠凡七篇又撰釋名三十篇以辯萬物之稱號云

葛龔字元甫梁國寧陵人也和帝時以善文記知名性慷慨壯烈勇力過人安帝永初中舉孝廉爲太官丞上便宜四事拜蕩陰令辟太尉府病不就州舉茂材爲臨汾令居二縣皆有稱績著文賦碑誄書記凡二十篇

王逸字叔師南郡宜城人也元初中舉上計吏爲校書郎順帝時爲侍中著楚辭章句行於世其賦誄書論及雜文凡二十一篇又作漢詩百二十三篇子延壽字文考有儁才少遊魯國作靈光殿賦後蔡邕亦造此賦未成及見延壽所爲甚奇之遂輟翰而已曾有異夢意惡之乃作夢賦以自厲後溺水死時年二十餘

崔琦字子瑋涿郡安平人濟北相瑗之宗也少游學京師以文章博通稱初舉孝廉爲郎河南尹梁冀聞其才請與交冀行多不軌琦數引古今成敗以戒之冀不能受乃作外戚箴一首語尤切直琦以言不從失意復作白鵠賦以爲諷梁冀見之呼琦問曰百官內外各有司存天下云云豈獨吾人之尤君何激刺之過乎琦對曰昔管仲相齊樂聞譏諫之言蕭何佐漢乃設書過之吏今將軍累世台輔任齊伊公而德政未聞黎元塗炭不能結納貞良以救禍敗反復欲鉗塞士口杜蔽主聽將使元黃改色馬鹿易形乎冀無以對因遣琦歸後除爲臨濟長不敢之職解印綬去冀遂令刺客陰求殺之客見琦耕於陌上懷書一卷息輒偃而詠之客哀其志以實告琦曰將軍令吾要子今見君賢者情懷忍忍可亟自逃吾亦於此亾矣琦得脫走冀後竟捕殺之所著賦頌銘誄箴弔論九咨七言凡十五篇

邊韶字孝先陳留浚儀人也以文學知名教授數百人韶口辯曾晝日假臥弟子私嘲之曰邊孝先腹便便嬾讀書但欲眠韶潛聞之應時對曰邊爲姓孝爲字腹便便五經笥但欲眠思經事寐與周公通夢靜與孔子同意師而可嘲出何典記嘲者大慙韶之才捷皆此類也桓帝時爲臨潁侯相徵拜太中大夫著作東觀再遷北地太守入拜尚書令後爲陳相卒官著詩頌碑銘書策凡十五篇

張升字彥眞陳留尉氏人富平侯放之孫也升少好學多關覽而任情不羈其意相合者則傾身交結不問窮賤如乖其志好者雖王公大人終不屈從常歎曰死生有命富貴在天其有知我雖胡越可親茍不相識從物何益仕郡爲綱紀以能出守外黃令吏有受賕者卽論殺之或譏升守領一時何足趨（趨音促）明威戮乎升對曰昔仲尼暫相誅齊之侏儒手足異門而出故能威震彊國反其侵地君子仕不爲己職思其憂豈以久近而異其度哉遇黨錮去官後竟見誅年四十九著賦誄頌碑書凡六十篇

趙壹字元叔漢陽西縣人也體貌魁梧身長九尺美鬚豪眉望之甚偉而恃才倨傲爲鄉黨所擯乃作解擯後屢抵罪幾至死友人救得免壹乃貽書謝恩爲窮鳥賦一篇言情又作刺世疾邪賦以舒其怨憤光和元年舉郡上計到京師是時司徒袁逢受計計吏數百人皆拜伏庭中莫敢仰視壹獨長揖而已逢望而異之令左右往讓之曰下郡計吏而揖三公何也對曰昔酈食其長揖漢王今揖三公何遽怪哉逢卽斂衽下堂執其手延置上坐因問西方事大悅顧謂坐中曰此人漢陽趙元叔也朝臣莫有過之者吾請爲諸君分坐（別坐也）坐者皆屬觀既出往造河南尹羊陟不得見壹以公卿中非陟無足以託名者乃日往到門陟自彊許通尙臥未起壹逕入上堂遂前臨之曰竊伏西州承高風舊矣乃今方遇而忽然（謂死也）奈何命也因舉聲哭門下驚皆奔入滿側陟知其非常人乃起延與語大奇之謂曰子出矣陟明旦大從車騎奉謁造壹時諸計吏多盛飾車馬帷幕而壹獨柴車草屏露宿其傍延陟前坐於車下左右莫不歎愕陟遂與言談至熏夕極歡而去執其手曰良璞不剖必有泣血以相明者矣陟乃與袁逢共薦之名動

京師士大夫想望其風采及西還道經弘農侯太守皇甫規門者不卽通壹遂遁去門吏懼以白之規聞壹名大驚乃追書謝過遣主簿迎還壹報書曰昔人或歷說而不遇或思士而無從皆歸之於天不尤於物今壹自譴而已豈敢有猜仁君忽一匹夫於德何損而遠辱手筆追路相尋誠足媿也其嗟可去謝也可食但以關節疢動膝灸壞潰請俟他日乃奉其情輒誦來貺永以自慰遂去不顧州郡爭致禮命十辟公府並不就終於家初袁逢使善相者相壹云仕不過郡吏竟如其言著賦頌箴誄書論及雜文十六篇

劉梁字曼山一名岑東平寧陽人也梁宗室子孫而少孤貧賣書於市以自資常疾世多利交以邪曲相黨乃著破羣論時之覽者以爲仲尼作春秋亂臣知懼今此論之作俗士豈不愧心乎梁又著辨和同之論亦爲世所稱桓帝時舉孝廉除北新城長告縣人曰昔文翁在蜀道著巴漢庚桑瑣隸風移碨礧碨音猥礧音盧罪反吾雖小宰猶有社稷苟赴期會理文墨豈本志乎乃更大作講舍延聚生徒數百人朝夕自往勸誡身執經卷試策殿最儒化大行此邑至後猶稱其教爲特召入拜尚書郎累遷後爲野王令未行光和中病卒孫楨字公幹亦以文才知名附載魏王粲傳

邊讓字文禮陳留浚儀人也少辯博能屬文作章華賦雖多淫麗之辭而終之以正亦司馬相如之諷也其辭甚麗大將軍何進聞其才名欲辟命之恐不至詭以軍事徵之既到署令史進以禮見之讓善占射能辭對時賓客滿堂莫不羨其風府掾孔融王朗並修刺候焉議郎蔡邕深敬之以讓宜處高任乃薦於何進曰竊見令史邊讓天授逸才聰明賢智初涉諸經見本知義授者不能對其間章句不能逮其意心通性達口辯辭長若處狐疑之論定嫌審之分經典交至檢括參合衆夫寂焉莫之能奪也使讓生在唐虞則元凱之次運值仲尼則顏冉之亞豈徒俗之凡偶近器而已者哉階級名位亦宜超然若復隨輩而進非所以章瓌瑋之高價昭知人之絶明也傳曰函牛之鼎不可以亨雞多汁則淡而不可食少汁則熬而不可熟此言大器之於小用故有所不宜也邕竊悁邑怪此寶鼎未受犧牛大羹之和久在煎熬臠割之間願明將軍回謀垂慮裁加少納貢之機密展之力用若以年齒爲嫌則顏回不得貫德行之首子奇終無理阿之功苟堪其事古今一也讓後以高才擢進屢遷出爲九江太守不以爲能也初平中王室大亂讓去官還家恃才氣不屈曹操多輕侮之言建安中其鄉人有搆讓於操操告郡就殺之文多遺失

酈炎字文勝范陽人酈食其之後也炎有文才解音律言論給捷多服其能理靈帝時州郡辟命皆不就作詩二篇以自見其卒曰抱玉乘龍驥不逢樂與和安得孔仲尼爲世陳四科其意氣如此炎後患風病恍忽性至孝遭母憂病甚發動妻始產而驚死妻家訟之收繫獄炎病不能理對熹平六年遂死獄中時年二十八尚書盧植爲之誄讚以昭其懿德

侯瑾字子瑜敦煌人也少孤貧依宗人居性篤學恆傭作爲貧暮還輒爇古然字柴以讀書恆以禮自牧獨處一房如對嚴賓焉州郡累召公車有道徵並稱疾不到作矯世論以譏刺當時而徙入山中覃思著述以莫知於世作應賓難以自寄又案漢記撰中興以後行事爲皇德傳三十篇行於世餘所作雜文數十篇多亡失西河人重其才皆不敢名之稱爲侯君云

高彪字義方吳郡無錫人也家本單寒至彪爲諸生遊太學有雅才而訥於言常從馬融欲訪太義融疾不獲見乃覆刺遺融書曰承服風問從來有年故不待介者而謁大君子之門冀一見龍光以敘腹心之願不圖遭疾幽閉莫啓昔周公旦父文兄武九命作伯以尹華夏猶揮沐吐餐垂接白屋故周道以隆天下歸德公今養痾傲士故其宜也融省書慙追還之彪逝而不顧後郡舉孝廉試經第一除郎中校書東觀數奏賦頌奇文因事諷諫靈帝異之時京兆第五永爲督軍御史使督幽州百官大會祖餞於長樂觀議郎蔡邕等皆賦詩彪乃獨作箴以誡厲永邕等甚美其文以爲莫尚也後遷內黃令帝敕同僚臨送祖於上東門詔東觀畫彪像以勸學者彪到官有德政上書薦縣人申屠蟠等病卒於官文章多亡子岱亦知名

張超字子並河閒鄚人留侯良之後也有文才靈帝時從車騎將軍朱儁征黃巾爲別部司馬著賦頌碑文薦檄牋書謁文嘲凡十九篇超又善於草書妙絶時人世共傳之

禰衡字正士平原般人也般卜滿反少有才辯而尚氣剛傲好矯時慢物興平中避難荆州建安初來遊許下始達潁川乃陰懷一刺既而無所之適至於刺字漫滅是時許都新建賢士大夫四方來集或問衡曰盍從陳長文司馬伯達乎對曰吾焉能從屠沽兒邪又問荀文若趙稚長云何衡曰文若可借面弔喪稚長可使監厨請客惟善魯國孔融及弘農楊修常稱曰大兒孔文舉小兒

楊德祖餘子碌碌莫足數也融亦深愛其才衡始弱冠而融年四十遂與爲交友上疏薦之於朝復數稱其才於曹操操欲見之而衡素相輕疾自稱狂病不肯往而數有恣言操頗懷忿而以其才名不欲殺之聞衡善擊鼓乃召爲鼓吏因大會賓客閱試音節諸吏過者皆令脫其故衣更著岑牟單絞之服（岑牟鼓角士胄也絞蒼黃之色）次至衡衡方爲漁陽參撾蹀躞而前容態有異聲節悲壯聽者莫不慷慨衡進至操前而止吏訶之曰鼓吏何不改裝而敢輕進乎衡曰諾於是先解衵衣次釋餘服裸身而立徐取岑牟單絞而著之畢復參撾而去顏色不怍操笑曰本欲辱衡衡反辱孤孔融退而數之曰正平大雅固當爾邪因宣操區區之意衡許往融復見操說衡狂疾今求得自謝操喜敕門者有客便通待之極晏衡乃著布單衣疏巾手持三尺梲杖（梲大杖也他活反）坐大營門以杖箠地大罵吏白外有狂生坐於營門言語悖逆請收案罪操怒謂融曰禰衡豎子乃敢爾孤殺之猶雀鼠耳顧此人素有虛名遠近將謂孤不能容之今送與劉表視當何如於是遣人騎送之臨發衆人爲之祖道先供設於城南乃更相戒曰禰衡勃虐無禮今因其後到咸當以不起折之也及衡至衆人莫肯興衡坐而大號衆問其故衡曰坐者爲冢臥者爲屍屍冢之閒能不悲乎及到荊州士大夫先服其才名甚賓禮之文章言議非衡不定表嘗與諸文人共草章奏並極其才思時衡出還見之開省未周因毀以抵地表憮然爲駭衡乃從求筆札須臾立成辭義可觀表大悅益重之後復侮慢於表表恥不能容以江夏太守黃祖性急故送衡與之祖亦善待焉衡爲作書記輕重疏密各得體宜祖持其手曰處士正得祖意如祖腹中之所欲言也祖長子射（音亦）爲章陵太守尤善於衡嘗與衡俱游共讀蔡邕所作碑文射愛其辭還恨不繕寫衡曰吾雖一覽猶能識之唯其中石缺二字爲不明耳因書出之射馳使寫碑還校如衡所書莫不歎伏射時大會賓客人有獻鸚鵡者射舉卮於衡曰願先生賦之以娛嘉賓衡攬筆而作文無加點辭采甚麗後黃祖在蒙衝船上大會賓客而衡言不遜順祖慙乃訶之衡更熟視曰死公云等道（云等道猶今言何勿語也）祖大怒令五百將出欲加箠衡方大罵祖恚遂令殺之祖主簿素疾衡即時殺焉射徒跣來救不及祖亦悔之乃厚加棺斂衡時年二十六其文章多亾云

魏（魏不立此傳今取王粲一人以爲編而附載徐幹陳琳等數人于後）

王粲字仲宣山陽高平人也曾祖父龔祖父暢皆爲漢三公父謙爲大將軍何進長史進以謙名公之胄欲與爲婚見其二子使擇焉謙弗許以疾免于家獻帝西遷粲徙長安左中郎將蔡邕見而奇之時邕才學顯著貴重朝廷常車騎填巷賓客盈坐聞粲在門倒屣迎之粲至年既幼弱容狀短小一坐盡驚邕曰此王公孫也有異才吾不如也吾家書籍文章盡當與之年十七司徒辟詔除黃門侍郎以西京擾亂皆不就乃之荊州依劉表表以粲貌寢而體弱通侻不甚重也表卒粲勸表子琮令降太祖太祖辟爲丞相掾賜爵關內侯太祖置酒漢濱粲奉觴賀曰方今袁紹起河北仗大衆志兼天下然好賢而不能用故奇士去之劉表雍容荊楚坐觀時變自以爲西伯可規士之避亂荊州者皆海內之儁傑也表不知所任故國危而無輔明公定冀州之日下車即繕其甲卒收其豪傑而用之以橫行於天下及平江漢引其賢儁而置之列位使海內迴心望風而願治文武並用英雄畢力此三王之舉也後遷軍謀祭酒魏國既建拜侍中粲博物多識問無不對漢末喪亂舊儀廢弛興造制度粲恆典之時絕無玉佩粲識舊佩始復作之今之玉佩受法於粲也初粲與人共行讀道邊碑人問曰卿能闇誦乎曰能因使背而誦之不失一字觀人圍棊局壞粲爲覆之棊者不信以帊蓋局使更以他局爲之用相比較不誤一道其彊記默識如此性善算作算術略盡其理善屬文舉筆便成無所改定時人常以爲宿構然正復精意覃思亦不能加也粲才既高辯論應機鍾繇王朗等雖各爲魏卿相至於朝廷奏議皆閣筆不敢措手必咨於粲粲所著詩賦論議垂六十篇建安二十一年從征吳二十二年春道病卒年四十一粲二子爲魏諷所引誅後絕太祖時征漢中聞粲子死歎曰孤若在不使仲宣無後始文帝爲五官將及平原侯植皆好文學粲與北海徐幹偉長廣陵陳琳孔璋陳留阮瑀元瑜汝南應瑒德璉東平劉楨公幹並見友善幹聽識洽聞操翰成章爲司空軍謀祭酒掾屬五官將文學琳前爲何進主簿初進欲誅諸宦官太后不聽進乃召四方猛將並使引兵向京城欲以劫恐太后琳入諫進以爲委兵授人必無成功祇爲亂階而已進不納其言竟以禍敗語在何進傳中琳後避難冀州袁紹使典文章袁氏敗琳歸太祖太祖謂曰卿昔爲本初移書但可罪狀孤而已惡惡止其身何乃上及父祖邪琳謝罪太祖愛其才而不咎也瑀少受學於蔡邕建安中都護曹洪欲使掌書記瑀終不爲屈太祖並以琳瑀爲司空軍謀祭酒管記室軍國書檄多琳瑀所作也琳嘗作檄

草成呈太祖太祖先苦頭風是時疾發臥讀琳所作翕然而起曰此可愈我病數加厚賜太祖又使瑀作書與韓遂時太祖適近出瑀隨從因於馬上具草書成呈之太祖攬筆欲有所定而竟不能增損琳徙門下督瑀爲倉曹掾屬瑒楨各被太祖辟爲丞相掾屬瑒祖奉伯父劭皆博學有著述漢史有傳瑒轉爲平原侯庶子後爲五官將文學楨父辭巧妙文帝嘗賜楨廓落帶其後工死欲借取以爲像因書嘲楨云夫物因人爲貴故在賤者之手不御至尊之側今雖取之勿嫌其不反也楨答曰楨聞荊山之璞曜元后之寶隋侯之珠燭衆士之好南垠之金登窈窕之首鼲貂之尾綴侍臣之幘此四寶者伏朽石之下潛汚泥之中而揚光千載之上發彩疇昔之外亦皆未能初自接於至尊夫尊者所服卑者所脩也貴者所御賤者所先也故夏屋初成而大匠先立其下嘉禾始熟而農夫先嘗其粒恨楨所帶無他妙飾若實殊異尚可納也楨所作類如是故特爲諸公子所親愛其後太子嘗請諸文學酒酣坐歡命夫人甄氏出拜坐中衆人咸伏而楨獨平視太祖聞之乃收楨減死輸作刑竟署吏是時琳等咸著文賦數十篇瑀以十七年卒幹琳瑒楨二十二年卒文帝與元城令吳質書曰昔年疾疫親故多離其災徐陳應劉一時俱逝觀古今文人類不護細行鮮能以名節自立而偉長獨懷文抱質恬淡寡欲有箕山之志可謂彬彬君子矣著中論二十餘篇辭義典雅足傳于後德璉常斐然有述作意其才學足以著書美志不遂良可痛惜孔璋章表殊健微爲繁富公幹有逸氣但未遒耳元瑜書記翩翩致足樂也仲宣獨自善於辭賦惜其體弱不起其文至於所善古人無以遠過也昔伯牙絕絃於鍾期仲尼覆醢於子路痛知音之難遇傷門人之莫逮也諸子但爲未及古人自亦一時之儁也自潁川邯鄲淳繁欽陳留路粹沛國丁儀丁廙弘農楊修河內荀緯等亦有文采而不在此七人之例其後瑒弟璩璩子貞瑀子籍又譙郡嵇康下邳桓威咸以文章顯名淳一名竺字子叔博學有文章善蒼雅蟲篆許氏字指初平中從三輔客荊州荊州內附太祖素聞其名召與相見甚敬異之時五官將博延英儒亦宿聞淳名因啓淳欲使在文學官屬中會臨菑侯植亦求淳太祖遣淳詣植植初得淳甚喜延入坐不先與談時天暑熱植因呼常從取水自澡訖傅粉遂科頭拍袒胡舞五椎鍛跳丸擊劍誦俳優小說數千言訖謂淳曰邯鄲生何如邪於是乃更著衣幘整儀容與淳評說混元造化之端品物區別之意然後論皇羲以來賢聖名臣烈士優劣之差次頌古今文章賦誄及當官政事宜所先後又論用武行兵倚伏之勢乃命廚宰酒炙交至坐席默然無與伉者及暮淳歸對其所知歎植之材謂之天人于時世子未立太祖俄有意於植而淳屢稱植材由是五官將頗不悅及黃初初以淳爲博士給事中淳作投壺賦千餘言奏之文帝以爲工賜帛千疋欽字休伯以文章機辯少得名於汝潁欽既長於書記又善爲詩賦其所與太子書記喉轉意率皆巧麗爲丞相主簿建安二十三年卒粹字文蔚少學於蔡邕初平中隨車駕至三輔建安初以高才與京兆嚴像擢拜尚書郎像以才兼文武出爲揚州刺史粹後爲軍謀祭酒與陳琳阮瑀等典記室及孔融有過太祖使粹爲奏承指致融罪語在融傳中後人覩粹所作無不嘉其材而畏其筆也後爲祕書令坐法伏誅太子素與粹善聞其死爲之歎惜及即帝位特用其子爲長史儀字正禮父沖宿與太祖親善時隨乘輿見國家未定乃與太祖書曰足下平生常喟然有匡佐之志今其時矣是時張楊適還河內太祖得其書乃引軍迎天子東詣許以沖爲司隸校尉後數來過諸將飲酒美不能止醉爛腸死太祖以沖前見開導常德之聞儀爲令士雖未見欲以愛女妻之以問五官將五官將曰女人觀貌而正禮目不便誠恐愛女未必悅也不如與伏波子楙太祖從之尋辟儀爲掾到與論議嘉其才朗曰丁掾好士也即使其兩目盲尚當與女何況但眇視吾兒誤我時儀亦恨不得尚公主而與臨菑侯親善數稱其才太祖有意欲立植而儀又共贊之及太子立欲理儀罪轉儀爲右刺姦掾欲令自裁而儀不能乃對中領軍夏侯尚叩頭求哀尚爲泣涕而不能救後遂因職事收付獄殺之廙字敬禮儀之弟也少有才姿博學洽聞初辟公府建安中爲黃門侍郎廙嘗從容謂太祖曰臨菑侯天性仁孝發於自然而聰明智達其殆庶幾至於博學淵識文章絕倫當今天下之賢才君子不問少長皆願從其游而爲之死實天所以鍾福於大魏而永授無窮之祚也欲以勸動大祖太祖答曰植吾愛之安能若卿言吾欲立之爲嗣何如廙曰此國家之所以興衰天下之所以存亾非愚劣瑣賤者所敢與及廙聞知臣莫若君知子莫若父至於君不論明闇父不問賢愚而能常知其臣子者何蓋猶相知非一事一物相處非一旦一夕況明公加之以聖哲習之以人子今發明達之命吐永安之言可謂上應天命下合人心得之於須臾垂之於萬世者

也廙不避斧鉞之誅敢不盡言太祖深納之文帝即王位遂與兄儀並誅修字德祖太尉彪之子也修事附載其高祖太尉震傳中修頗爲太祖所器自太子已下並爭與交好而臨菑侯植尤降意投修修亦傾心於植每當就植慮事有闕忖度太祖意豫作答教十餘條敕門下教出以次答教裁出答已入太祖怪其速推問始泄太祖遣太子及植各出鄴城一門密敕門不得出以觀其所爲太子至門不得出而還修先戒植若門不出侯侯受王命可斬守者植從之太祖後知其交構又深慮始終之變遂因事誅修修所著賦頌碑讚詩哀辭表記書凡十五篇傳於世緯字公高少喜文學建安中召署軍謀掾魏太子庶子稍遷至散騎常侍越騎校尉年四十二黃初四年卒璩字休璉博學好屬文善爲書記文明帝世歷官散騎常侍齊王即位稍遷侍中大將軍長史曹爽秉政多違法度璩爲詩以諷焉其言雖頗諧合然多切時要世共傳之復爲侍中典著作嘉平四年卒貞籍及康晉史各有傳威景初中出自孤微年十八著渾輿經依道以見意從齊國門下書佐司徒署吏爲安成令先是文帝所與善者吳質濟陰人字季重才學通博帝爲世子時甚禮愛之出爲朝歌長遷元城令臨菑侯屢有奪嫡意而楊修與丁儀兄弟爲之地世子患之以車載廢簏內質與謀修以白太祖未及推驗太子懼告質質曰何患明日復以簏受絹車內以惑之修必復重白重白必推推而無驗則罪在彼矣世子從之修果復白而推驗無人太祖由是疑焉其後太祖嘗出征世子及臨菑侯並送路側植稱述功德發言有章左右屬目太祖亦悅焉世子悵然自失質耳語世子曰王當行流涕可也及辭世子泣而拜太祖及左右咸歔欷於是皆以植辭多華而誠心不及也質之權數多此類始質爲單家少遊遨貴戚間蓋不與鄉里相浮沈故雖已出官本國猶不與之士名及文帝踐阼深惟舊事徵質與車駕會洛陽即拜北中郎將封列侯使持節都督幽并諸軍事治信都太和四年入爲侍中質自以不爲本郡所饒謂司徒董昭曰我欲溺鄉里耳昭曰君且止我行年八十不能老爲君溺攢也其年夏卒質先以怙威肆行謚曰醜侯質子應上書論枉至正元中改謚威侯應晉尚書應子康亦至大位

晉

應貞字吉甫汝南南頓人魏侍中璩之子也自漢至魏世以文章顯軒冕相襲爲郡盛族貞善談論以才學稱夏侯元有盛名貞詣元元甚重之舉高第頻歷顯位武帝爲撫軍大將軍以爲參軍及踐阼遷給事中帝於華林園宴射貞賦詩最美帝稱賞之時初置太子中庶子官貞與護軍長史孔恂俱爲之後遷散騎常侍以儒學與太尉荀顗撰定新禮未施行泰始五年卒文集行於世弟純純子紹永嘉中至黃門郎爲東海王越所害純弟秀秀子膺自有傳

成公綏字子安東郡白馬人也幼而聰敏博涉經傳性寡欲不營資產家貧歲饑常晏如也少有俊才詞賦甚麗閑默自安不求聞達時有孝烏每集其廬舍綏謂有反哺之德以爲祥禽作賦美之又以賦者貴能分賦物理敷演無方天地之盛可以致思矣歷觀古人未之有賦豈獨以至麗無文難以辭贊不然何其闕哉遂爲天地賦綏又雅好音律嘗當暑承風而嘯泠然成曲因爲嘯賦二賦世皆稱之張華雅重綏每見其文歎伏以爲絕倫薦之太常徵爲博士歷祕書郎轉丞遷中書郎每與華受詔並爲詩賦又與賈充等參定法律泰始九年卒年四十三所著詩賦雜筆十餘卷行於世

左思字太沖齊國臨淄人也其先齊之公族有左右公子因爲氏焉家世儒學父雍起小吏以才能擢授殿中侍御史思少學鍾胡書及鼓琴並不成雍謂友人曰思所曉解不及我少時思遂感激勤學兼善陰陽之術貌寢口訥而辭藻壯麗不好交遊唯以閑居爲事造齊都賦一年乃成復欲賦三都會妹芬入宮移家京師乃詣著作郎安平張載訪岷邛之事遂構思十年門庭藩溷皆著紙筆遇得一句即便疏之自以所見不博求爲祕書郎及賦成時人未之重思自以其作不謝班張恐以人廢言安定皇甫謐有高譽思造而示之謐稱善爲其賦序張載爲注魏都濟南劉逵注吳蜀而序之陳留衛瓘又爲思賦作畧解自是之後盛重於時司空張華見而歎曰班張之流也使讀之者盡而有餘久而更新於是豪富之家競相傳寫洛陽爲之紙貴初陸機入洛欲爲此賦聞思作之撫掌而笑與弟雲書曰此間有傖父欲作三都賦須其成當以覆酒甕耳及思賦出機絕歎服以爲不能加也遂輟筆焉祕書監賈謐請講漢書謐誅退居宜春里專意典籍齊王冏命爲記室辭疾不就及張方縱暴都邑舉家適冀州數歲以疾終

趙至字景真代郡人也寓居洛陽緱氏令初到官至年十三與母觀母曰汝先世本非微賤世亂流離遂爲士伍耳爾後能如此不至感母言詣師受業聞父耕叱牛聲投書而泣師怪問之至曰我小未能榮養使老父不

免勤苦師甚異之年十四詣洛陽游太學遇嵇康於學寫石經徘徊視之不能去而請問姓名康曰年少何以問邪曰觀君風器非常所以問耳康異而告之後乃亾到山陽求康不得而還又將遠學母禁之至遂陽狂走三五里輒追得之年十六游鄴復與康相遇隨康還山陽改名浚字允元康每曰卿頭小而銳瞳子白黑分明有白起之風矣及康卒至詣魏興見太守張嗣宗甚被優遇嗣宗遷江夏相隨到涢川欲因入吳而嗣宗卒乃向遼西而占戶焉初至與康兄子蕃友善及將遠適乃與蕃書敘離并陳其志辭義慷慨為世所傳至身長七尺四寸議論精辯有從橫才氣遼西舉郡計吏到洛與父相遇時母已亾父欲令其宦立弗之告仍戒以不歸至乃還遼西幽州三辟部從事斷九獄見稱精審太康中以良吏赴洛方知母亾初至自恥士伍欲以宦學立名期於榮養既而其志不就號憤慟哭嘔血而卒時年三十七

鄒湛字潤甫南陽新野人也父軌魏左將軍湛少以才學知名仕魏歷通事郎太學博士泰始初轉尚書郎廷尉平征南從事中郎深為羊祜所器重入為太子中庶子太康中拜散騎常侍出補勃海太守轉太傅楊駿長史遷侍中駿誅以僚佐免官尋起為散騎常侍國子祭酒轉少府元康末卒所著詩及論事議二十五首為時所重初湛嘗夢見一人自稱甄舒仲餘無所言如此非一久之乃悟曰吾宅西有積土敗瓦其中必有死人甄舒仲者予舍西土瓦中人也檢之果然遂厚加斂葬葬畢遂夢此人來謝子捷字太應亦有文才永康中為散騎侍郎及趙王倫篡逆捷與陸機等俱作禪文倫誅坐下廷尉遇赦免後為太傅參軍永嘉末卒

棗據字道彥潁川長社人也本姓棘其父避仇改為父叔偉魏鉅鹿太守據美容貌善文辭弱冠辟大將軍府出為山陽令有政績遷尚書郎轉右丞賈充伐吳請為從事中郎軍還徙黃門侍郎冀州刺史太子中庶子太康中卒時年五十餘所著詩賦論四十五首遇亂多亾失子腆字元方亦以文章顯永嘉中為襄城太守弟嵩字臺產才藝尤美為太子中庶子散騎常侍為石勒所殺

褚陶字季雅吳郡錢塘人也弱不好弄少而聰慧清淡閑默以墳典自娛年十三作鷗鳥水碓二賦見者奇之陶嘗謂所親曰聖賢備在黃卷中捨此何求州郡辟不就吳平召補尚書郎張華見之謂陸機曰君兄弟龍躍雲津顧彥先鳳鳴朝陽謂東南之寶已盡不意復見褚生機曰公但未覩不鳴不躍者耳華曰故知延州之德不孤川嶽之寶不匱矣遷九真太守轉中尉年五十五卒

王沈字彥伯高平人也少有俊才出於寒素不能隨俗沈浮為時豪所抑仕郡文學掾鬱鬱不得志乃作釋時論以自譬其文甚佳是時王政陵遲官才失實君子多退而窮處遂終于里閭元康初松滋令吳郡蔡洪字叔開有才名作孤奮論與釋時意同讀之者莫不歎息焉

張翰字季鷹吳郡吳人也父儼吳大鴻臚翰有清才善屬文而縱任不拘時人號為江東步兵會稽賀循赴命入洛經吳閶門於船中彈琴翰初不相識乃就循言譚便大相欽悅問循知其入洛翰曰吾亦有事北京便同載郎去而不告家人齊王冏辟為大司馬東曹掾冏時執權翰謂同郡顧榮曰天下紛紛禍難未已夫有四海之名者求退良難吾本山林閒人無望於時子善以明防前以智慮後榮執其手愴然曰吾亦與子採南山蕨飲三江水耳翰因見秋風起乃思吳中菰菜蓴羹鱸魚鱠曰人生貴得適志何能羈宦數千里之外以要名爵乎遂命駕而歸著首邱賦以見志俄而冏敗人皆謂之見機然府以其輒去除吏名翰任心自適不求當世或謂之曰卿乃可縱適一時獨不為身後名邪答曰使我有身後名不如即時一杯酒時人貴其曠達性至孝遭母憂哀毀過禮年五十七卒其文筆數十篇行於世

庾闡字仲初潁川鄢陵人也祖輝安北長史父東以勇力聞武帝時有西域健胡趫捷無敵晉人莫敢與校帝募勇士惟東應選遂撲殺之名震殊俗闡好學九歲能屬文少隨舅孫氏過江母隨兄肇為樂安長史在項城永嘉末為石勒所陷闡母亦沒闡不櫛沐不婚宦絕酒肉垂二十年鄉親稱之州舉秀才元帝為晉王辟之皆不行後為太宰西陽王羕掾累遷尚書郎蘇峻之難闡出奔郗鑒為司空參軍峻平以功賜爵吉陽縣男拜彭城內史鑒復請為從事中郎尋召為散騎侍郎領大著作頃之出補零陵太守入湘川為文以弔賈誼文士稱之後以疾徵拜給事中復領著作吳國內史虞潭為太伯立碑闡製其文又作揚都賦皆為世所重年五十四卒所著詩賦銘頌十卷行於世子肅之亦有文藻著稱歷給事中相府記室湘東太守太元中卒

曹毗字輔佐譙國人也高祖休魏大司馬父識右軍將軍毗少好文籍善屬詞賦郡察孝廉除郎中蔡謨舉為佐著作郎父憂去職服闋遷句章令徵拜太學博士時

桂陽張碩爲神女杜蘭香所降畝因作二篇詩嘲之并續蘭香歌詩十篇甚有文彩又著揚都賦亞於庾闡累遷尙書郞鎭軍大將軍從事中郞下邳太守以名位不至著對儒一篇以自釋後累遷至光祿勳卒凡所著文筆十五卷傳於世

李充字宏度江夏人也父矩江州刺史充少孤其父墓中柏樹嘗爲盜賊所斫充手刃之由是知名善楷書妙參鍾索世咸重之辟丞相王導掾轉記室參軍幼好刑名之學深抑虛浮之士嘗著學箴以爲學者之誡征北將軍褚裒引爲參軍充以家貧苦求外出裒將許之爲縣試問之充曰窮猿投林豈暇擇木乃除剡縣令遭母憂服闋爲大著作郞于時典籍混亂充刪除煩重以類相從分作四部甚有條貫祕閣以爲永制累遷中書侍郞卒官充注尙書及周易旨六篇釋莊論上下二篇詩賦表頌等雜文二百四十首行於世子顒亦有文義多所述作郡擧孝廉充從兄式以平隱著稱善楷隸中興初仕至侍中

袁宏字彥伯侍中猷之孫也父勗臨汝令宏有逸才文章絕美曾爲詠史詩是其風情所寄少孤貧以運租自業謝尙時鎭牛渚秋夜乘月率爾與左右微服泛江會宏在舫中諷詠聲旣淸會詞又藻拔遂駐聽久之遣問焉答云是袁臨汝郞誦詩卽其詠史之作也尙傾率有勝致卽迎升舟與之談論申旦不寐自此名譽日茂尙爲安西將軍豫州刺史引宏參其軍事累遷大司馬桓溫府記室溫重其文筆專綜書記後爲東征賦賦末列稱過江諸名德而獨不載桓彝時伏滔先在溫府又與宏善苦諫之宏笑而不答溫知之甚忿而憚宏一時文宗不欲令人顯問之後遊靑山飮歸命宏同載衆爲之懼行數里問宏云聞君作東征賦多稱先賢何故不及家君宏答云尊公稱謂非下官敢專旣未遑啓不敢顯之耳溫疑其不實乃曰君欲爲何辭宏卽答曰風鑒散朗或搜或引身雖可亡道不可隕宣城之節信義爲允也溫泫然而止宏賦又不及陶侃侃子胡奴常於曲室抽刃問宏曰家公勳績如此君賦云何相忽宏窘急答曰我已盛述尊公何乃言無因曰精金百汰在割能斷功以濟時職思靖亂長沙之勳爲史所讚胡奴乃止後爲三國名臣頌及從桓溫北伐又作北征賦皆其文之高者嘗與王珣伏滔同在溫坐溫令滔讀其北征賦至聞所傳於相傳云獲麟於此野誕靈物以瑞德奚授體於虞者疚尼父之洞泣似實慟而非假豈一性之足傷乃致傷於天下其本至此便改韻珣云此賦方傳千載無容率爾今於天下之後移韻徙事然於寫送之致似爲未盡滔云得益寫韻一句或爲小勝溫曰卿思益之宏應聲答曰感不絕於余心愬流風而獨寫珣誦味久之謂滔曰當今文章之美固當共推此生性彊正亮直雖被溫禮遇至於辯論每不阿屈故榮任不至與伏滔同在溫府府中呼爲袁伏宏心恥之每歎曰公之厚德未優國士而與滔比肩何辱之甚謝安嘗賞其機對辯速後安爲揚州刺史宏自吏部郞出爲東陽郡乃祖道於冶亭時賢皆集安欲以卒迫試之臨別執其手顧就左右取一扇而授之曰聊以贈行宏應聲答曰輒當奉揚仁風慰彼黎庶時人歎其率而能要焉宏見漢時傳毅作顯宗頌辭甚典雅乃作頌九章頌簡文之德上之於孝武太元初卒於東陽時年四十九又撰後漢紀三十卷及竹林名士傳三卷詩賦誄表等雜文凡三百首傳於世三子長超子次成子次明子明子有父風最知名官至臨賀太守

伏滔字元度平昌安丘人也有才學少知名州擧秀才辟別駕皆不就大司馬桓溫引爲參軍深加禮接每宴集之所必命滔同遊從溫伐袁眞至壽陽以淮南屢叛著論二篇名曰正淮溫稱賞之壽陽平以功封聞喜縣侯除永世令溫薨征西將軍桓豁引爲參軍領華容令太元中拜著作郞專掌國史領本州大中正孝武帝嘗會於西堂滔預坐還下車先呼子系之謂曰百人高會天子先問伏滔在坐不此故未易得爲人作父如此定何如也遷游擊將軍著作如故卒官子系之亦有文才歷黃門侍郞侍中尙書光祿大夫

羅含字君章桂陽耒陽人也曾祖彥臨海太守父綏滎陽太守含幼孤爲叔母朱氏所養少有志尙嘗晝臥夢一鳥文彩異常飛入口中因驚起說之朱氏曰鳥有文彩汝後必有文章自此後藻思日新弱冠州三辟不就含父嘗宰新淦新淦人楊羨後爲含州將引含爲主簿含傲然不顧羨招致不已辭不獲而就焉及羨去職含送之到縣新淦人以爲舊宰之子咸致賂遺含雖逢而受之及歸悉封置而去由是遠近推服焉後爲郡功曹庾亮以爲部江夏從事太守謝尙與含爲方外之好乃稱曰羅君章可謂湘中之琳琅尋轉州主簿後桓溫臨州又補征西參軍溫嘗使含詣尙有所檢劾含至不問郡事向與累日酣飮而還溫問所劾事含曰公謂尙何如人溫曰勝我也含曰豈有勝公而行非邪故一無所問溫奇其意而不責爲轉州別駕以廨舍諠擾於城西

池小洲上立茅屋伐木爲牀織葦爲席而居布衣蔬食晏如也温嘗與僚屬讌會舍後至温問衆坐曰此何如人或曰可謂荆楚之材温曰此自江左之秀豈惟荆楚而已徵爲尚書郎温雅重其才又表轉征西戸曹參軍俄遷宜都太守及温封南郡公引爲郎中令尋徵正員郎累遷散騎常侍侍中仍轉廷尉長沙相年老致仕加中散大夫門施行馬初舍在官舍有一白雀棲集堂宇及致仕還家階庭忽蘭菊叢生以爲德行之感焉年七十七卒所著文章行於世

顧愷之字長康晉陵無錫人也父悅之尚書左丞愷之博學有才氣嘗爲箏賦成謂人曰吾賦之比嵇康琴不賞者必以後出相遺深識者亦當以高奇見貴桓温引爲大司馬參軍甚見親昵温薨後愷之拜温墓賦詩云山崩溟海竭魚鳥將何依或問之曰卿憑重桓公乃爾哭狀其可見乎答曰聲如震雷破山淚似傾河注海愷之好諧謔人多愛狎之後爲殷仲堪參軍亦深被眷接仲堪在荆州愷之嘗因假還仲堪特以布帆借之至破冢遭風大敗愷之與仲堪牋曰地名破冢眞破冢而出行人安穩布帆無恙還至荆州人問以會稽山川之狀愷之云千巖競秀萬壑爭流草木蒙籠若雲興霞蔚桓元時與愷之同在仲堪坐共作了語愷之先曰火燒平原無遺燎元曰白布纏根樹旒旐仲堪曰投魚深泉放飛鳥復作危語元曰矛頭淅米劍頭炊仲堪曰百歲老翁攀枯枝有一參軍云盲人騎瞎馬臨深池仲堪眇目驚曰此太逼人因罷愷之每食甘蔗常自尾至本人或怪之云漸入佳境尤善丹青圖寫特妙謝安深重之以爲有蒼生以來未之有也愷之每畫人成或數年不點目精人問其故愷之曰四體妍蚩本無關少於妙處傳神寫照正在阿堵中嘗悅一隣女挑之弗從愷之乃圖其形於壁以棘針釘其心女遂患心痛愷之因致其情女從之遂密去針而愈愷之每重嵇康四言詩因爲之圖常云手揮五絃易目送歸鴻難每寫起人形妙絕於時嘗圖裴楷像頰上加三毛觀者覺神明殊勝又爲謝鯤像在石巖裏云此子宜置丘壑中欲圖殷仲堪仲堪有目疾固辭愷之曰明府正爲眼耳若明點瞳子飛白拂上使如輕雲之蔽月豈不美乎仲堪乃從之愷之嘗以一廚畫糊題其前寄桓元皆其深所珍惜者元乃發其廚後竊取畫而緘閉如舊以還之紿云未開愷之見封題如初但失其畫直云妙畫通靈變化而去亦猶人之登仙了無怪色愷之矜伐過實少年因相稱譽以爲戲弄又好吟詠自謂得先賢風制或請愷之作洛生詠答曰何至作老婢聲義熙初爲散騎常侍與謝瞻連省夜於月下長詠瞻每遥贊之愷之彌自力忘倦瞻將眠令人代已愷之不覺有異遂申旦而止尤信小術以爲求之必得桓元嘗以一柳葉紿之曰此蟬所翳葉也取以自蔽人不見已愷之喜引葉自蔽元就溺焉愷之信其不見已也甚以珍之初愷之在桓温府常云愷之體中癡黠各半合而論之正得平耳故俗傳愷之有三絕才絕畫絕癡絕年六十二卒於官所著文集及啟矇記行於世

郭澄之字仲靜太原陽曲人也少有才思機敏兼人調補尚書郎出爲南康相値盧循作逆流離僅得還都劉裕引爲相國參軍從裕北伐既克長安裕意更欲西伐集寮屬議之多不同次問澄之澄之不答西向誦王粲詩曰南登霸陵岸回首望長安裕意便定謂澄之曰當與卿共登霸陵岸耳因還澄之位至裕相國從事中郎封南豐侯卒於官所著文集行於世

通志卷一百七十五

通志卷一百七十六

宋右迪功郎鄭樵漁仲撰

文苑傳第二

南齊

邱靈鞠　檀超熊襄吳邁遠卞彬諸葛勗·袁超叔父道鸞嘏世爽

孫抱邱巨源孔廣孔逭虞通之虞龢司馬憲袁仲明孫詵　王智深

崔慰祖　祖沖之子暅之胣之子皓來嶷　賈淵

梁

袁峻　劉昭子縚緩　鍾嶸　周興嗣　吳均江洪　邱遲

從子仲孚　劉勰　何思澄子朗王子雲費昶　任孝恭　顏協

范懷約謝善勛韋仲　紀少瑜

陳

杜之偉　顏晃　岑之敬　何之元　徐伯陽

張正見　阮卓

後魏

袁躍　裴敬憲　盧觀弟仲宣　封肅　邢臧　裴伯

茂　邢昕　温子昇　荀濟

北齊

祖鴻勳　李廣　樊遜[illegible]　劉逖　荀士遜

後周

王褒　庾信　顏之推弟之儀

隋

虞世基子熙　柳䛒　許善心　李文博　明克讓

劉臻　崔儦　王頍　諸葛頴　王貞　孫萬壽

虞綽　王胄　庾自直　潘徽常得志尹式劉善經祖

君彥孔德紹劉斌

南齊

邱靈鞠吳興烏程人也祖系祕書監父道眞護軍長史靈鞠少好學善屬文東揚州辟從事詣領軍沈演之演之謂曰身昔爲州職詣領軍謝晦賓主坐處政如今日卿將來復如此也舉秀才累遷員外郎宋孝武殷貴妃亾靈鞠獻挽歌三首云雲橫廣階闇霜深高殿寒帝擿其句嗟賞後爲烏程令不得志泰始初坐事禁錮數年褚淵爲吳興太守謂人曰此郡才士唯有邱靈鞠及沈勃耳乃啟申之明帝使著大駕南討記論久之除太尉參軍昇明中爲正員郎兼中書郎時方禪讓高帝使靈鞠參掌詔策建元元年轉中書郎敕知東宮手筆嘗還東詣司徒褚淵淵不起曰比脚疾更增不復能起靈鞠曰脚疾亦是大事卿爲一代鼎臣不可復爲覆餗其彊切如此不持形儀唯取笑適尋又掌知國史武帝卽位爲通直常侍尋領東觀祭酒靈鞠曰人居官願數遷使我終身爲祭酒不恨也永明二年領驍騎將軍靈鞠不樂武位謂人曰我應還東掘顧榮冢江南地方數千里士子風流皆出其中顧榮忽引諸傖輩度妨我輩塗炭死有餘罪尋改常侍靈鞠好飲酒臧否人物在沈深座見王儉詩深曰王令文詩大進靈鞠曰何如我未進時此言遂達儉靈鞠宋世文名甚盛入齊頗減蓬髮弛縱無形儀不治家業王儉謂人曰邱公仕宦不進才亦退矣遷長沙王車騎長史卒著江左文章錄序起太興訖元熙文集行於世子遲在梁文苑中

檀超字悅祖高平金鄉人也祖嶷之字弘宗宋南琅邪太守父道處字萬壽位正員郎超少好學放誕任氣解褐州西曹時蕭惠開爲別駕超便與抗禮惠開自以地位居前稍相陵辱而超舉動嘯傲不以地勢推之張目謂曰我與卿俱起一老姥俱國家微賤時外戚耳何足以一爵高人蕭太后惠開之祖姑長沙景王道憐妃超祖姑也故超以此詆之惠開欣然更爲刎頸之交後舉秀才累遷國子博士兼左丞超嗜酒好談詠舉止和靡自比晉郗超言高平有二超又謂人曰猶覺我爲優也高帝嘗愛之後爲司徒右長史建元二年初置史官以超與驃騎記室江淹掌史職上表立條例開元紀號不取宋年封爵各詳本傳無假年表著十志律曆禮樂天文五行郊祀刑法藝文依班固朝會輿服依蔡邕馬彪州郡依徐爰百官依范曄班固五星載天文日蝕載五行改日蝕入天文志以建元爲始又以帝女體自皇家立傳以備甥舅之重又立處士烈女傳於是詔內外詳議僕射王儉議以爲金粟之重八政所先食貨通則國富民實宜加編錄以崇務本朝會志前史不書蔡邕稱先師胡廣說漢舊儀此乃伯喈一家之意曲碎小儀無煩錄置當加食貨省朝會洪範九疇一曰五行五行之本先乎水火水火之精是爲日月推此而言日月五行之宗也今宜憲章前軌無所改革又立帝女傳亦多淺沴天文餘如儉議超旣與物論多忤而史功復未就遂徙交州於路見殺江淹撰成之猶不備也時有豫章熊襄著齊典上起十代其序云尙書堯典謂之虞書則附所述故通謂之齊書名爲河洛金匱又有吳邁遠者好爲篇章宋明帝聞而召之及見曰此人連絕之外無所復有邁遠好自誇而蚩鄙他人每作詩得稱意語輒擲地曰曹子建何足數哉超聞而笑曰昔劉季緒才不逮於作者而好詆訶人文章季緒瑣瑣焉足道哉至於邁

遠何爲者乎超叔父道鸞字萬安位國子博士永嘉太守亦有文學撰續晉陽秋二十卷

卞彬字士蔚濟陰冤句人也祖嗣之中領軍父延之弱冠爲上虞令有剛氣會稽太守孟顗以令長裁之積不能容脫幘投地曰我所以屈卿者政爲此幘耳今已投之卿矣卿以一世勳門而傲天下國士拂衣而去彬險拔有才而與物多忤高帝輔政袁粲劉秉王蘊等皆不同而沈攸之又稱兵反粲蘊雖敗攸之尙存彬意猶以高帝事無所成乃謂帝曰比聞謠云可憐可念尸著服孝子不在日代哭列管暫鳴死滅族公頗聞不時蘊居父憂與粲同死故云尸著服也服者衣也孝子不在日代哭者褚字也彬謂沈攸之得志褚淵當敗故言哭也列管謂蕭也高帝不悅及彬退曰彬自作此後嘗於東府謁高帝高帝時爲齊王彬曰殿下卽東宮爲府則以青溪爲鴻溝鴻溝以東爲齊以西爲宋仍詠詩云誰謂宋遠跂予望之遂大忤旨因此擯廢數年不得仕進乃擬趙壹窮鳥爲枯魚賦以喻意後爲南康郡丞彬頗飲酒擯棄形骸仕既不遂乃著蚤蝨蝸蟲蝦蟆等賦皆大有指斥其蚤蝨賦序曰余居貧布衣十年不製一袍之緼有生所託資其寒暑倍與易之爲人多病起居甚疎縈寢敗絮不能自釋兼攝性懈惰嬾事皮膚澡刷不謹澣沐失時四體𣰽𣯸加以臭穢故葦席蓬纓之間蚤蝨猥流淫癢渭濩無時恕肉探揣擭撮日不替手蝨有朝生暮死若吾之蝨者無湯沐之慮絕相弔之憂晏聚乎久袴爛布之裳復不勲之討捕孫孫子子三年五歲焉其略言皆實錄也又爲禽獸決錄目禽獸云羊性淫而狠猪性卑而率鵝性頑而傲狗性險而出皆指斥貴勢其羊淫狠謂呂文顯豬卑率謂朱隆之鵝頑傲謂潘敞狗險出謂呂文度其險詣如此蝦蟆賦云紆青拖紫名爲蛤魚世謂比令僕也又云蝌斗唯唯羣浮闇水唯朝繼夕聿役如鬼比令史諮事也文章傳於閭巷後歷尙書比部郞安吉令車騎記室彬性喜飲酒以瓠壺瓢勺杬皮爲具著帛冠十二年不改易以大瓠爲火籠什物多諸詭異自稱卞田居婦爲傳蠶室或謂曰卿都不持操名器何由得升彬曰擲五木子十擲輒鞬豈復是擲子之拙吾好擲政極北耳後爲綏建太守卒官永明中琅邪諸葛最爲國子生作雲中賦指祭酒以下皆有形似之目坐事繫東冶作東冶徒賦武帝見而赦之又有陳郡袁嘏自重其文謂人云我言應須大材迮之不爾飛去建武末爲諸暨令被王敬則賊所殺時有廣陵高爽博學多才劉蒨爲晉陵縣爽經途詣之了不相接爽甚銜之俄而爽代蒨爲縣蒨遣迎贈甚厚爽受餉答書云高晉陵自答人問其所以答云劉蒨餉晉陵令耳何關爽事又有人送書與爽告困躓云比日守羊困苦爽答曰守羊無食何不貨羊糴米孫抱爲延陵縣爽又詣之抱了無故人之懷爽出從縣閣下過取筆書鼓云徒有八尺圍腹無一寸腸面皮如許厚受打未詎央爽機悟多如此坐事被繫作鑊魚賦以自況其文甚工後遇赦免卒抱東莞人父廉吳興太守抱善吏職形體肥壯腰帶十圍爽故以此激之

邱巨源蘭陵人也少舉丹陽郡孝廉爲宋孝武所知大明五年敕助徐爰撰國史帝崩江夏王義恭取掌書記明帝卽位使參詔誥引在左右自南臺御史爲王景文鎭軍參軍寧喪還家元徽初桂陽王休範在尋陽以巨源有筆翰遣船迎之餉以錢物巨源因高帝自啟救板起之使留都下桂陽事起使於中書省撰符檄事平除奉朝請巨源望有封賞既而不獲乃與尙書令袁粲書曰臨幾新亭獨能抽筆弗顧者唯有邱巨源當崩天之敵抗不測之禍請問海內此膽如何使桂陽得志身若不轘裂軍門則應腰斬都市嬰孩脯膾伊孰可念巨源竟不被申除武昌太守拜竟不樂江外行武帝問之巨源曰古人云寧飲建鄴水不食武昌魚臣年已老寧死於建鄴乃以爲餘杭令初沈攸之事起高帝使巨源爲書檄荆州巨源以此又望賞異故意常不滿明帝爲吳興巨源作秋胡詩有譏刺語以事見殺時又有會稽孔廣孔逭皆才學知名廣字淹源美容止善吐論王儉張緒咸美之儉常云廣來使人廢簿領匠不須來來則莫聽去緒數巾車詣之每數云孔廣使吾成輕薄祭酒仕至揚州中從事逭抗直有才藻制東都賦于時才士稱之陳郡謝瀹年少時遊會稽還父莊問入東何見見孔逭不見重如此著三吳決錄不傳卒於衞軍武陵王東曹掾又時有虞通之虞龢司馬憲袁仲明孫詵等皆有學行與廣埒名通之龢皆會稽餘姚人通之善言易至步兵校尉龢位中書郞廷尉少好學居貧屋漏恐濕墳典乃舒被覆書書獲全而被大濕時人以比高鳳憲字景思河內溫人待詔東觀爲學士至殿中郞口辯有才地使魏見稱於北仲明陳郡人撰晉史未成而卒初仲明與劉融卞鑠俱爲袁粲所賞恆在坐席粲爲丹陽尹取鑠爲主簿好詩賦多譏刺世人坐徙巴州詵字休羣太原中都人愛文章尤好賞泉石卒於御史中丞

王智深字雲才琅邪臨沂人也少從陳郡謝超宗學屬

文好飲酒拙澁乏風儀爲豫章王大司馬參軍兼記室武帝使太子家令沈約撰宋書約疑立袁粲傳以審武帝武帝曰袁粲自是宋家忠臣約又多載宋孝武明帝諸褻黷事上遣左右語約曰孝武事迹不容頓爾我昔經事宋明帝卿可思諱惡之義於是多所省除又敕智深撰宋紀召見芙蓉堂賜衣服給宅智深告貧於豫章王王曰須卿書成當相論以祿書成三十卷武帝後召見智深於璿明殿令拜表奏上表未奏而武帝崩隆昌元年敕索其書智深遷爲竟陵王司徒參軍坐事免官家貧常餓五日不得食掘莽根食之司空王僧虔及子志分給其衣食焉卒於家

崔慰祖字悅宗清河東武城人也父慶緒永明中爲梁州刺史慰祖解褐奉朝請父喪不食鹽母曰汝既無兄弟又未有子允毁不滅性政當不進肴羞耳如何絶鹽吾今亦不食矣慰祖不得已從之父梁州之資家財千萬散與宗族漆器題爲日字日字之器流乎遠近料得父時假貰文疏謂族子紘曰彼有自當見還彼無吾何言哉悉焚之好學聚書至萬卷鄰室年少好事者來從假借日數十帙慰祖親自取與未嘗爲辭爲始安王遙光撫軍刑獄兼記室遙光好棊數召慰祖對戲慰祖輒辭拙非朔望不見也建武中詔舉士從兄慧景舉慰祖及平原劉孝標並碩學帝欲試以百里慰祖辭不就國子祭酒沈約吏部郎謝朓嘗於吏部省中賓友俱集各問慰祖地理中所不悉者十餘事慰祖口吃無華辭而酬據精悉一座稱服之朓嘆曰假使班馬復生無以過此慰祖賣宅須四十五萬買者云寧有減不答曰誠異韓伯休何容二價買者又曰君但買四十六萬一萬見與慰祖曰闇君欺人豈我心乎少與侍中江祀款及祀貴常來候之而慰祖不往也與丹陽丞劉渢素善遙光據東府反慰祖在城內城未潰一日渢謂之曰卿有老母宜出命門者出之慰祖詣闕自首繫尚方病卒慰祖著海岱志起太公迄西晉人物爲四十卷半成臨卒與從弟緯書云常欲更注遷固二史採史漢所漏二百餘事在廚簏可檢寫之以存大意海岱志良未周悉可寫數本付護軍諸從人一通及友人任昉徐寅劉洋裴揆令後世知吾微有素業也又令以棺親土不須甎勿設靈座

祖沖之字文遠范陽遒人也曾祖台之晉侍中祖昌宋大匠卿父朔之奉朝請沖之少稽古有機思宋孝武使直華林學省賜宅宇車服解褐南徐州從事公府參軍始宋元嘉中用何承天所制曆比古十一家爲密沖之以爲尚疎乃更造新法上表言之孝武令朝士善曆者難之不能屈會帝崩不施行歷位爲婁縣令謁者僕射初宋武平關中得姚興指南車有外形而無機杅每行使人於內轉之昇明中高帝輔政使沖之追修古法沖之改造銅機圓轉不窮而司方如一馬鈞以來未之有也時有北人索馭驎者亦云能造指南車帝使與沖之各造使於樂遊苑對共校試而頗有差僻乃毁而焚之晉時杜預有巧思造欹器三改不成永明中竟陵王子良好古沖之造欹器獻之與周廟不異文惠太子在東宮見沖之曆法啓武帝施行文惠尋薨又寢轉長水校尉領本職沖之造安邊論欲開屯田廣農殖建武中明帝欲使沖之巡行四方興造大業可以利百姓者會連有軍事竟不行沖之解鍾律博奕當時獨絶莫能對者以諸葛亮有木牛流馬乃造一器不因風水施機自運不勞人力又造千里船於新亭江試之日行百餘里於樂遊苑造水碓磨武帝親自臨視又特善算永元二年沖之卒年七十二著易老莊義釋論語孝經注九章造綴述數十篇子暅之字景爍少傳家業究極精微亦有巧思入神之妙般倕無以過也當其詣微之時雷霆不能入嘗行遇僕射徐勉以頭觸之勉呼乃悟父所改何承天曆時尚未行梁天監初暅之更修之於是始行焉位至太舟卿暅之子皓志節慷慨有文武才略少傳家業善算曆梁大同中爲江都令後拜廣陵太守侯景陷臺城皓在城中將見害乃逃歸江西百姓感其遺惠每相蔽匿廣陵人來嶷乃說皓曰逆豎滔天王室如燬正是義夫發憤之秋志士忘軀之日府君荷恩重世又不爲賊所容今逃竄草間知者非一危亾之甚累棊莫喻董紹先雖景之腹心輕而無謀新克此州人情不附襲而殺之此一壯士之任耳今若糾率義勇立可得三二百人意欲奉戴府君勦除兇逆遠近義徒自當投赴如其克捷可立桓文之勳必天未悔禍事生理外百代之下猶爲梁室忠臣若何皓曰僕所願也死且甘心嶷乃爲要勇士耿光等百餘人襲殺景兗州刺史董紹先推前太子舍人蕭勔爲刺史結東魏爲援馳檄遠近將討景景大懼即日率侯子鑒等攻之城陷皓見執被縛射之箭遍體然後車裂以徇城中無少長皆埋而射之來嶷字德山幼有奇節兼資文武既與皓舉義邵陵王承制除步兵校尉秦郡太守封永寧縣侯及皓敗嶷并兄弟子姪遇害者十六人子法敏逃免仕陳爲海陵令

賈淵字希鏡平陽襄陵人也祖弼之晉員外郎父亞之

驃騎參軍世傳譜學宋孝武時青州人發古冢有銘云青州世子東海女郎帝問學士鮑昭徐爰蘇寶生並不能悉淵對曰此是司馬越女嫁苟晞兒檢證果然由是見遇敕淵注郭子昇明中高帝嘉淵世學取爲驃騎參軍武陵王國郎中令歷大司馬司徒府參軍竟陵王子良使淵撰見客譜出爲句容令先是譜學未有名家淵祖弼之廣集百氏譜記專心習業晉太元中朝廷給弼之令史書吏撰定繕寫藏於祕閣及左戶曹淵父及淵三世傳學凡十八州士族譜合百袠七百餘卷該究精悉皆如貫珠當世莫比永明中衛軍王儉鈔次百家譜與淵參懷撰定建元初淵遷長水校尉傖人王泰寶買襲琅邪譜尚書令王晏以啟明帝淵坐被收當極法子棲長謝罪稽顙流血朝廷哀之免淵罪後爲北中郎參軍卒年六十二撰氏族譜要狀及人名書並行於世

梁

袁峻字孝高陳郡陽夏人魏郎中令渙之八世孫也峻早孤篤志好學家貧無書每從人假借必皆鈔寫自課日五十紙紙數不登則不休息訥言語工文辭武帝雅好辭賦時獻文章於南闕者相望焉天監六年峻乃擬揚雄官箴奏之帝嘉焉賜束帛除員外散騎侍郎直文德學士省鈔史記漢書各爲二十卷又奉敕與陸倕各製新闕銘云

劉昭字宣卿平原高唐人晉太尉寔九世孫也祖伯龍居父憂以孝聞宋武帝敕太子諸王並往弔慰官至少卿父彪齊征虜晉安王記室昭幼清警七歲通老莊義既長勤學善屬文外兄江淹早稱賞之天監初起家奉朝請累遷中軍臨川王記室初昭伯父彤集衆家晉書注干寶晉紀爲四十卷至昭集後漢同異以注范曄後漢書世稱博悉遷通直郎出爲剡令卒官集注後漢一百八十卷幼童傳一卷文集十卷子縚字言明亦好學通三禮位尚書祠部郎著先聖本記十卷行於世縚弟緩字含度爲湘東王中錄事性虛遠有氣調風流迭宕名高一府常云不須衣食不用身後之譽唯重目前知見

鍾嶸字仲偉潁川長社人晉侍中雅七世孫也父蹈齊中軍參軍嶸與兄岏弟嶼並好學有思理嶸齊永明中爲國子生明周易衛將軍王儉領祭酒頗賞接之建武初爲南康王侍郎時齊明帝躬親細務綱目亦密自是郡縣及六署九府常行職事莫不爭自啟聞取決詔敕文武勳舊皆不歸選部於是憑勢互相通進人君之務最爲繁密嶸乃上書言古者明君揆才頒政量能授職三公坐而論道九卿作而成務天子可恭已南面而已書奏上不懌謂太中大夫顧暠曰鍾嶸何人欲斷朕機務卿識之不答曰嶸雖位末名卑而所言或有可采且繁碎職事各有司存今人主總而親之是人主愈勞而人臣愈逸所謂代庖人宰而爲大匠斲也上不顧而他言永元末除司徒行參軍天監初制度雖革而未能盡改前弊嶸上言曰永元肇亂坐弄天爵勳非即戎官以賄就揮千金而取九列寄月札以招六校騎都塞市郎將塡街服既纓組猶爲臧獲之事職雖黃散尙躬胥役之徒名實淆紊茲焉莫甚臣愚謂永元諸軍官是素族士人自有清貫而因斯受爵一宜削除以懲澆競若吏姓寒人聽極其門品不當因軍遂濫清級若僑雜傖楚應在綏撫正宜嚴斷祿力絕其請求直乞虛號而已敕付尚書行之衡陽王元簡出守會稽引爲寧朔記室專掌文翰時居士何允築室若邪山山發洪水漂拔樹石此室獨存元簡命嶸作瑞室頌以旌表之辭甚典麗遷西中郎晉安王記室嶸嘗求譽於沈約約拒之及約卒嶸品古今詩爲評言其優劣云觀休文衆製五言最優齊永明中相王愛文王元長等皆宗附約于時謝朓未遒江淹才盡范雲名級尚微故稱獨步然雖辭密於范而意淺於江蓋追宿憾以此報約也頃之卒官岏字長邱位建康令卒著良吏傳十卷嶼字季望永嘉郡丞

周興嗣字思纂陳郡項人漢太子太傅堪後也興嗣世居姑熟年十三遊學京師積十載餘遂博通記傳善屬文嘗步歸姑熟投宿逆旅夜有人謂之曰子才學邁世初當見識貴臣卒被知英主言終不測所之齊隆昌中侍中謝朏爲吳興太守唯與興嗣其談而已及罷郡大相談薦州舉秀才除桂陽郡丞武帝革命興嗣奏休平賦其文甚美武帝嘉之拜安成國侍郎令直華林省其年河南獻舞馬詔興嗣與待詔到沆張率爲賦帝以興嗣爲工擢拜員外散騎侍郎進直文德壽光省是時武帝以三橋舊宅爲光宅寺敕興嗣與陸倕各製寺碑及成俱奏帝用興嗣者自題銅表銘柵塘碣北伐檄次韻王羲之書千字並使興嗣爲文每奏帝輒稱善賜金帛後佐撰國史十二年遷給事中撰史如故興嗣兩手先患風疽是年又染癘疾左目偏盲帝撫其手嗟曰斯人也而有斯疾也手疏治風疽方以賜之任昉又愛其才常曰興嗣若無此疾旬日當至御史中丞十七年爲給事中直西省周捨奉敕注武帝所製歷代賦啟興嗣助爲普通二年卒所撰皇帝實錄皇德記起居注職儀

等百餘卷文集十卷

吳均字叔庠吳興故鄣人也家世寒賤至均好學有俊才沈約嘗見均文頗相稱賞天監初柳惲爲吳興召補主簿日引與賦詩均文體清拔有古氣好事者或斆之謂爲吳均體均嘗不得意贈惲詩而去久之復來惲遇之如故弗之憾也薦之臨川靖惠王王稱之於武帝即日召入賦詩帝悅爲待詔著作建安王遷江州以均爲國侍郎還除奉朝請先是均將著史以自名欲撰齊書求借齊起居注及羣臣行狀武帝不許遂私撰齊春秋至是書成奏之書稱帝爲齊明帝佐命帝惡其實錄謂其書不實使中書舍人劉之遴詰問數十條竟支離無對敕付省焚之坐免職尋有敕召見使撰通史起三皇迄齊代均草本紀世家已畢唯列傳未就普通元年卒均注范曄後漢書九十卷著齊春秋三十卷廟記十卷十二州記十六卷錢唐先賢傳五卷續文釋五卷文集二十卷先是有濟陽江洪工屬文爲建陽令坐事死

邱遲字希範吳興烏程人齊車騎長史靈鞠之子也遲八歲便能屬文靈鞠嘗謂氣骨似我黃門郎謝超宗徵士何點並見而異之在齊以秀才累遷殿中郎武帝平建鄴引爲驃騎主簿甚被禮遇時勸進梁王及殊禮皆遲文也及踐阼遷中書郎待詔文德殿時帝著連珠詔羣臣繼作者數十人遲文最美坐事免乃獻責躬詩上優辭答之後出爲永嘉太守在郡不稱職爲有司所糾帝愛其才寢其奏天監四年中軍將軍臨川王宏北侵魏以爲諮議參軍領記室時陳伯之在北與魏軍來拒遲以書喻之伯之遂降還拜中書侍郎遷司空從事中郎卒官遲辭采麗逸時有鍾嶸者詩評云范雲婉轉清便如流風回雪遲點綴映媚似落花依草雖取賤文通而秀於敬子其見稱識者如此遲從子仲孚字公信少好學讀書常以中宵鐘鳴爲限從祖靈鞠常稱爲我家千里駒齊永明初爲國子生王儉曰東南之美復見邱生舉高第未調還鄉里家貧乃結羣盜爲之計劫掠三吳仲孚聰明有智畧羣盜畏服所行皆果故亦不發後爲于湖令有能名太守呂文顯當時倖臣陵詆屬縣仲孚獨不爲屈明帝即位爲曲阿令會稽太守王敬則反乘朝廷不備反問至而前鋒已屆曲阿仲孚鑿長岡埭瀉瀆水以阻其路敬則軍至遇瀆涸果頓兵不得進遂敗仲孚以拒守功遷山陰令居職甚有聲稱百姓謠曰二傅沈劉不如一邱前世傅琰父子沈憲劉元明相繼宰山陰並有政績言仲孚皆過之齊末政亂頗有贓賄爲有司所舉將見收竊逃還都會赦不問武帝踐阼復爲山陰令仲孚長於撥煩善適權變吏人敬服號稱神明政爲天下第一後爲衞尉卿恩任甚厚初起雙闕以仲孚領大匠累遷豫章內史在郡更勵清節頃之卒贈給事黃門侍郎喪將還豫章老幼號哭攀送車輪不得前仲孚爲左丞撰皇典二十卷南宮故事百卷又撰尚書具事雜儀行於世

劉勰字彥和東莞莒人也祖靈眞宋司空秀之之弟父尚越騎校尉勰早孤篤志好學家貧不婚娶依沙門僧祐與之居處積十餘年遂博通經論因區別部類錄而序之定林寺藏經乃勰所定也天監初起家奉朝請累遷兼東宮通事舍人是時七廟饗薦已用蔬果而二郊農社猶有犧牲勰乃表言二郊宜與七廟同改詔付尚書議依勰所陳尋遷步兵校尉兼舍人如故時昭明太子重文學之士深愛接之初勰撰文心雕龍五十篇論古今文體其序略云予齒在逾立嘗夜夢執丹漆之禮器隨仲尼而南行寤而喜曰大哉聖人之難見也迺小子之垂夢歟蓋自生民以來未有如夫子者也敷讚聖旨莫若注經而馬鄭諸儒弘之已精就有深解未足立家唯文章之用實經典枝條五禮資之以成六典因之致用於是搦筆和墨乃始論其文用四十九篇而已旣成未爲時流所稱勰自重其文欲取定於沈約約時貴盛無由自達乃負其書候約出干之於車前狀若貨鬻者約便命取讀大重之謂深得文理常陳諸几案然勰爲文長於佛理京師寺塔及名僧碑誌必請勰製文有敕與慧震沙門於定林寺撰經證功畢遂啟求出家先燔鬢髮以自誓敕許之乃於寺變服改名慧地未期而卒文集行於世

何思澄字元靜東海郯人也父敬叔齊長城令有能名在官清廉不受禮遺夏至節忽牓門受餉數日中得米二千餘斛他物稱是悉以代貧人輸租思澄少勤學工屬文爲游廬山詩沈約見之大相稱賞自以爲弗逮約郊居宅新構閣齋因命工書人題此詩於壁傳昭嘗請思澄製釋奠詩辭文典麗天監十五年敕太子詹事徐勉舉學士入華林撰通略勉遂舉思澄顧協劉杳王子雲鍾嶼等五人以應選八年乃書成合七百卷思澄重交結分書與諸賓朋校定而終日造謁每宿昔作名一束曉便命駕朝賢無不悉狎狎處即命食有人方之婁護欣然當之投晚還家所齎名必盡自廷尉正遷書侍御史宋齊以來此職甚輕天監初始重其選車前依尚書二丞給三騶執盛印青囊舊事糾彈官印綬在前故

也後除安西湘東王錄事參軍兼東宮通事舍人時徐勉周捨以才具當朝並好思澄學常遞日招致之後卒於宣惠武陵王中錄事參軍有文集十五卷初思澄與宗人遜及子朗俱擅文名時人語曰東海三何子朗最多思澄聞之曰此言誤耳如其不然故當歸遜思澄意謂宜在己也子朗字世明早有才思周捨每與談服其精理嘗爲敗冢賦擬莊周馬棰其文甚工世人語曰人中爽爽有子朗卒於國山令年二十四文集行於世王子雲太原人及江夏費昶並爲閭里才子昶善爲樂府又作鼓吹曲武帝重之敕曰才意新拔有足嘉異昔郿幝博物卞蘭巧辭束帛之賜實唯勸善可賜絹十疋子雲嘗爲自弔文甚美

任孝恭字孝恭臨淮人也曾祖農夫宋南豫州刺史農夫弟侯伯位輔國將軍行湘州事並任將帥孝恭幼孤事母以孝聞精力勤學家貧無書常崎嶇從人假借每讀一遍諷誦略無所遺外祖邱宅與武帝有舊帝聞其才學召入西曹撰史初爲奉朝請進直壽光省爲司文侍郎俄兼中書通事舍人敕遣製建陵寺刹下銘又啟撰武帝集序文並富麗自是專掌公家筆翰孝恭爲文敏速若不留思每奏輒稱善累賜金帛少從蕭寺雲法師讀經論明佛理至是蔬食持戒信受甚篤而性頗自伐以才能尙人於流輩中多有忽略世以此少之太淸三年侯景寇逼孝恭啟募兵隸蕭正德正德入賊孝恭還赴臺臺門閉侯景獲之使作檄求還私第檢討景許之因走入東府城陷景斬挫之文集行於世

顏協字子和琅邪臨沂人晉侍中含七世孫也父見遠博學有志行初齊和帝鎭荆州以爲錄事參軍及即位兼御史中丞武帝受禪見遠不食發憤數日而卒帝聞之曰我自應天從人何豫天下士大夫事而顏見遠乃至於此協幼孤養於舅氏少以器局稱博涉羣書工於草隸飛白時吳人范懷約能隸書協學其書殆過眞也荆楚碑碣皆協所書時又有會稽謝善勛能爲八體六文方寸千言京兆韋仲善飛白並在湘東王府善勛爲錄事參軍仲爲中兵參軍府中以協優於韋仲而減於善勛善勛飲酒至數斗醉後輒張眼大罵雖復貴賤親疎無所擇也時謂之謝方眼而胸襟坦爽有士君子之操焉協家雖貧素而修飾邊幅非車馬未嘗出游湘東王出鎭荆州以爲記室時吳郡顧協亦在蕃邸與協同名才學相亞府中稱爲二協舅陳郡謝暕卒協以有鞠養恩居喪如伯叔禮議者甚重焉又感家門事義不求顯達恆辭徵辟游於蕃府而已及卒元帝甚歎惜之爲懷舊詩以傷之協所撰晉仙傳五篇日月災異圖兩卷行於世其文集二十卷遇火湮滅子之儀之推並早知名在周文苑傳

紀少瑜字幼場丹陽秣陵人也本姓吳養于紀氏因而命族早孤幼有志節常慕王安期之爲人年十三能屬文初爲京華樂王儒儒見而賞之曰此子才藻新拔方有高名少瑜嘗夢陸倕以一束靑鏤管筆授之云我以此筆猶可用卿自擇其善者其文因此遒進年十九始游太學備探六經博士東海鮑皦雅相欽悅時皦有疾請少瑜代講少瑜既妙元言善談吐辯捷如流爲晉安國中尉晉安即簡文也深被恩遇後侍宣城王讀當陽公爲郢州以爲功曹參軍轉輕車限內記室坐事免大同七年始引爲東宮學士邵陵王在郢啟求學士武帝以少瑜充行少瑜善容貌工棊草吏部尙書到溉嘗曰此人有大才而無貴任將拔之會溉去職後除武陵王記室參軍卒

陳

杜之偉字子大吳郡錢唐人也家世儒學以三禮專門父規梁奉朝請之偉幼精敏有逸才年十五遍觀文史及儀禮故事時輩稱其早成僕射徐勉嘗見其文重其有筆力大同元年梁武帝幸同泰寺捨身敕勉撰定儀注勉以先無此禮召之偉草具其儀乃啟補東宮學士與學士劉陟等鈔撰羣書各爲題目所撰富教政道二篇皆之偉爲序後兼太學限內博士大同七年梁皇太子釋奠於國學時樂府無孔子顏回登歌詞尙書參議令之偉製其文伶人傳習以爲故事再遷安西邵陵王刑獄參軍之偉年位甚卑特以彊識俊才頗有名當世吏部尙書張纘深知之以爲廊廟之器侯景之亂之偉逃於山澤武帝爲丞相素聞其名召補記室參軍遷中書侍郎領大著作及受禪除鴻臚卿餘並如故之偉求解著作優詔不許再遷太中大夫仍敕撰梁史卒官文集十七卷

顏晃字元明琅邪臨沂人也少孤貧好學有辭采解褐除邵陵王府兼記室參軍時東宮學士庾信使府中王使晃接對信輕其少曰此府兼記室幾人晃曰猶當少於宮中學士當時以爲善對侯景之亂奔荆州承聖初除中書侍郎天嘉初累遷員外散騎常侍兼中書舍人掌詔誥卒贈司農卿謚曰貞子晃家世單門傍無親援而介然修立爲當世所知其表奏詔誥下筆立成偏得事理有文集二十卷

岑之敬字思禮南陽棘陽人也父善紆梁世以經學聞官至吳寧令司義郎之敬年五歲讀孝經每燒香正坐親戚咸加歎異年十六策春秋左氏制旨孝經義擢爲高第御史奏曰皇朝多士例止明經若顏閔之流乃應高第梁武帝省其策曰何妨我復有顏閔邪因召入面試令之敬升講座敕中書舍人朱异執孝經唱士孝章武帝親自論難之敬剖析從橫左右莫不嗟服仍除童子奉車郎賞賜優厚年十八豫重雲殿法會時武帝親行香熟視之敬曰未幾見兮突而弁兮卽日除太學限內博士尋爲壽光學士司義郎太清元年表試吏除南沙令承聖二年除晉安宣惠王府中記室參軍時蕭勃據嶺表遣之敬宣旨慰喻會魏克江陵仍留廣州大建初還朝授東宮義省學士累遷南臺書侍御史征南府諮議參軍之敬始以經業進而博涉文史雅有詞筆不爲醇儒性謙謹未嘗以才學矜物接引後進恂恂如也每母忌日營齋必躬自灑埽涕泣終日士君子以篤行稱之十一年卒有文集十卷行於世子德潤有父風位中軍吳興王記室

何之元廬江灊人也祖僧達齊南臺書侍御史父法勝以行業聞之元幼好學有才思居喪過禮梁天監末司空袁昂表薦之因得召見累遷信義令其宗人敬容位望隆重頻相顧訪之元終不造焉或問其故之元曰昔楚人得寵於觀起有馬者皆亡夫德薄任隆必近覆敗吾恐不獲其利而招其禍識者以是稱之侯景之亂武陵王以太尉承制授南梁州刺史北巴西太守武陵王自成都舉兵東下之元與蜀中人庶抗表請無行王以爲沮衆囚之元于艦中及武陵兵敗之元從邵陵太守劉棻之郡俄而魏克江陵劉棻卒王琳召爲記室參軍及琳立蕭莊爲帝署之元爲中書侍郎王琳敗齊主以爲揚州別駕所居卽壽春也及衆軍北伐湘州刺史始興王叔陵遣功曹史柳咸齎書召之之元始與陳朝有隙書至大惶恐讀書至孔瑋無罪左車見用遂隨咸至湘州再遷中衛府諮議參軍及叔陵誅之元乃屛絕人事著梁典起齊永元元年迄于王琳遇獲七十五年行事爲三十卷陳亡移居常州之晉陵縣隋開皇十三年卒於家

徐伯陽字隱忍東海人也父僧懽梁東宮通事舍人領祕書以善書知名伯陽敏而好學善色養年十五以文筆稱家有史書所讀近三千卷試策高第授東宮學士梁大同中爲候官令甚得人和侯景之亂至廣州依蕭勃勃平還都天嘉中除司空侯安都府記室參軍太建初與中記室李爽記室張正見左戶部賀徹學士阮卓黃門郎蕭詮三公郎王田禮處士馬樞記室祖孫登比部郎賀循長史劉刪等爲文會之友後有蔡凝劉助陳暄孔範亦預焉皆一時之士也遊宴賦詩勒成卷軸伯陽爲其集序盛傳於世後除鎭北新安王府中記室參軍兼南徐州別駕帶東海郡丞鄱陽王爲江州刺史伯陽常奉使造焉王率府僚與伯陽登匡嶺置讌酒酣命筆賦劇韻三十伯陽與祖孫登前成王賜以奴婢雜物後除鎭右新安王府諮議參軍事聞姊喪發疾卒

張正見字見賾清河東武城人也祖善之魏散騎常侍勃海長樂二郡太守父脩禮魏散騎侍郎歸梁仍拜本職遷懷方太守正見幼好學有清才梁簡文在東宮正見年十三獻頌簡文深贊賞之梁元帝卽位爲彭澤令屬喪亂避地匡俗山武帝受禪正見還都累遷尙書度支郎撰史著士卒有文集十四卷其五言尤善

阮卓陳留尉氏人也祖詮梁散騎侍郎父問道梁岳陽王府記室參軍卓幼而聰敏篤志經籍善談論尤工五言詩性至孝父隨岳陽王出鎭江州遇疾卒卓時年十五自都奔赴水漿不入口累日屬侯景之亂道路阻絕冒履險難載喪還都形容毁弊哭不絕聲賊皆哀而捨之渡彭蠡湖遇風船幾沒者數四卓仰天悲號俄而風息人以爲孝感所致天嘉元年除新安王府記室參軍帶撰史著士及平歐陽紇交阯夷獠往往聚爲寇鈔卓奉使招慰交阯通口南象郡地多金翠珠貝珍怪之產前後使者皆致之唯卓挺身而還時論服其廉後爲始興王中衛府記室參軍及叔陵誅後主謂羣臣曰阮卓素不同逆宜加旌異至德元年入爲德教殿學士尋兼通直散騎常侍副王話聘隋隋文帝夙聞卓名遣河東薛道衡琅邪顏之推等與卓談宴賦詩賜遺加禮還除南海王府諮議參軍以目疾不之官退居里舍改構亭宇脩山池卉木招致賓友以文酒自娛陳亡入隋行至江州追感其父所終因遘疾卒

後魏

袁躍字景騰陳郡項人撫軍將軍翻之弟也翻自有傳躍博學雋才性不矯俗篤於交友翻每謂人曰躍可謂我家千里駒也歷位尙書都兵郞中加員外散騎常侍正始初將立明堂躍乃上議當時稱其博洽嬬嬬主阿那瓌亡破來奔朝廷矜之送復其國旣而每遣使朝貢辭旨頗不盡禮躍爲朝臣書與瓌陳以禍福言辭甚美後遷車騎將軍太傅淸河王懌文學雅爲懌所愛賞懌

之文表多出於羅卒贈冠軍將軍吏部郎中所制文集行於世無子兄翻以子聿脩繼聿脩列在齊史

裴敬憲字孝虞河東聞喜人贈秦州刺史聞喜侯駿之孫也父宣位南秦州刺史附載駿傳敬憲少有志行學博才擕撫訓諸弟專以讀誦爲業澹於榮利風氣俊遠郡徵功曹不就諸府辟命先進其弟世人歎美之司州牧高陽王雍舉秀才射策高第除太學博士性和雅未嘗失色於人工隸草解音律五言之作獨擅於時名聲甚重後進咸共宗慕之中山王將之部朝賢送於河梁賦詩言別皆以敬憲爲最其文不能贍逸而有清麗之美少有氣病年三十三卒人物甚悼之敬憲世有仁義於鄉里孝昌中絳蜀賊陳雙熾所過殘暴至敬憲宅輒相約束不得焚燒其爲世所服如此永興三年贈中書侍郎謚曰文

盧觀字伯舉范陽涿人也與散騎常侍元同宗四世祖溥附載元傳中父光宗位尚書郎觀好學有儁才舉秀才射策甲科除太學博士著作佐郎與太常少卿李神儁光祿大夫王誦等在尚書上省撰定朝儀遷尚書儀曹郎孝昌元年卒觀弟仲宣小名全才學優洽乃踰於觀但文體頗細兄弟俱以文章顯論者美之位太尉屬孝莊帝初遇害河陰仲宣及兄觀並無子文集莫爲撰次罕有存者仲宣弟叔彪齊史自有傳

封肅字元邕勃海蓨人都坐大官懿之族元孫也伯父琳叔父回皆歷位通顯附載懿傳肅博涉經史太傅崔光見而賞焉位尚書左中兵郎中性恭儉不妄交游唯與崔勵勵從兄鴻尤相親善所制文字多亾失存者十餘卷

邢臧字子良河間鄚人也父蚪光祿少卿蚪附載其從子撫軍將軍巒傳臧幼孤早立操尚博學有藻思年二十一神龜中舉秀才考上第爲太學博士正光中議立明堂臧爲裴頠一室之議事雖不行當世稱其理博出爲本州中從事雅爲鄉情所附永安中徵爲金部郎中以疾不赴轉除東平太守時天下多事在職少能廉白臧獨清愼奉法吏民愛之隴西李延寔莊帝之舅以太傅出除青州啟臧爲屬領樂安內史有惠政後除濮陽太守尋加安東將軍臧和雅性厚有長者之風爲時人所愛敬爲特進甄深行狀世稱其工與裴敬憲盧觀兄弟並結友曾共讀回文集臧獨先通之撰古來文章幷敘作者氏族號曰文譜未就病卒時賢悼惜之其文筆凡百餘篇贈鎭北將軍定州刺史謚曰文子恕涉學有識悟齊武平末尚書屯田郎隋開皇中尚書侍郎卒於沂州長史

裴伯茂河東聞喜人吏部尚書延儁之族子也父叔義司徒從事中郎伯父仲規贈河東太守附載延儁傳仲規無子叔義以伯茂後之伯茂少有風望學涉羣書文藻富贍釋褐奉朝請大將軍京兆王繼西討引爲鎧曹參軍及征絳蜀陳雙熾爲行臺長孫承業行臺郎中承業還京師留伯茂仍知行臺事以平薛鳳賢等賞平陽伯再遷散騎常侍典起居注太昌初爲中書侍郎永熙中孝武帝兄子廣平王贊盛選賓僚以伯茂爲文學後加中軍大將軍伯茂好飲酒頗涉疎傲久不徙官曾爲豁情賦以自寄天平初遷鄴又爲遷都賦二年因內宴伯茂侮慢殿中尚書章武王景哲景哲遂申啟稱伯茂棄其本列與監同行以黎擊案傍污冠服禁庭之內令人挈衣詔付所司後竟無坐伯茂既出後其伯遂與兄景融別居景融貧窘伯茂了無賑恤殆同行路世以此貶薄之卒年三十九知舊歎惜焉伯茂末年劇飲不已乃至傷性多有愆失未亾前數日忽云吾得密信將被收掩乃與婦乘車西逃避後因顧指壁中言有官人追逐其妻方知其病卒後殯於家園友人常景李渾王元景盧元明魏季景李騫等十許人於墓傍置酒設祭哀哭涕泣一飲一酹曰裴中書魂而有靈知吾曹也乃各賦詩一篇李騫以魏收亦與之友寄以示收收時在晉陽乃同其作論敘伯茂其十字云臨風想元度對酒思公榮時人以伯茂性侮傲謂收詩頗得事實贈散騎常侍衞將軍度支尚書雍州刺史重贈吏部尚書謚曰文伯茂曾撰晉書竟未能成無子兄景融以第二子孝才繼

邢昕字子明安東將軍臧之從子而撫軍將軍巒之猶子也父偉尚書郎昕幼孤見愛於祖母李氏好學早有才情解褐盪寇將軍累遷太尉記室參軍吏部尚書李神儁奏昕修起居注太昌初除中書侍郎加平東將軍光祿大夫時言冒竊官級爲中尉所劾免官乃爲述躬賦以自釋未幾受詔與祕書監常景典儀注事孝武帝行釋奠禮昕與校書郎裴伯茂等俱爲錄義永熙末昕入爲侍讀與溫子昇魏收參掌文詔遷鄴乃歸河間天平初與侍中從叔子才魏季景魏收同徵赴都尋還鄉里既而復徵時梁使兼散騎常侍劉孝儀等來聘詔昕兼正員郎迎於境上司徒孫騰引爲中郎尋除通直常侍加中軍將軍既有才藻兼長几案自孝昌之後天下多務世人競以吏功取達文學大衰司州中從事宋游

道以公斷見知時與昕嘲謔昕謂之曰世事同知文學外游道有慙色與和中以本官副李象使於梁昕好忤物人謂之牛是行也談者謂之牛象鬬於江南齊文襄攝選擬昕爲司徒右長史未奏遇疾卒士友悲之贈車騎將軍都官尚書冀州刺史謚曰文所著文章自有集錄

温子昇字鵬舉自云太原人晉大將軍嶠之後也世居江左祖恭之宋彭城王義康戸曹參軍避難歸魏家于濟南宛句因爲其郡縣人焉父暉兗州左將軍府長史行濟陰郡事子昇初受學於崔靈恩劉蘭精懃不倦以夜繼晝長乃博覽百家文章淸婉爲廣陽王深賤客在馬坊教諸奴子書作侯山祠堂碑文常景見而善之故詣深謝之景曰頃見温生深怪問之景曰温生是大才士深由是稍知之熙平初中尉東平王匡博召辭人以充御史同時射策者八百餘人子昇與盧仲宣孫搴等二十四人爲高第於是預選者爭相引決匡使子昇當之皆受屈而去搴謂人曰朝來靡旗亂轍者皆爲子昇逐北遂補御史時年二十二臺中彈文皆委焉以憂去任服闋還爲奉朝請李神儁行荆州事引兼録事參軍被徵赴省神儁表留不遣吏部郎中李獎退表不許曰昔伯瑜之不應留王朗所以發嘆宜速遣赴無踵彥雲舊失子昇於是得還省及廣陽王深爲東北道行臺召爲郎中軍國文翰皆出其手時黄門郎徐紇受四方表啟答之敏速於深獨沈思曰彼有温郎中才藻可畏其見重作者如此深破走高車珍寶盈滿衆皆競取子昇獨取絹四十疋而已深爲葛榮所獲子昇亦被執榮下都督和洛興與子昇舊識以數十騎潛送子昇得達冀州還京師李楷執其手曰卿今得免足使夷甫慙德自是無復宦情閉門讀書勵精不已及孝莊卽位以子昇爲南主客郎中脩起居注曾一日不直上黨王天穆時録尚書事將加捶撻子昇遂逃遁天穆甚怒奏人代之莊帝曰當世才子不過數人豈容爲此便相放黜乃寢其奏及天穆將討邢杲召子昇同行子昇未敢應天穆謂人曰吾欲收其才用豈懷前忿也今復不來便須南走越北走胡耳子昇不得已而見之加伏波將軍爲行臺郎中天穆深知賞之元顥入洛陽天穆召子昇問曰卽欲向京師爲隨我北度對曰主上以虎牢失守致此狼狽元顥新入人情未安今往討之必有征無戰王若克復京師奉迎大駕桓文之舉也捨此北度竊爲大王惜之天穆善之而不能用遣子昇還洛顥以爲中書舍人莊帝還宮爲顥任使者多所廢黜而子昇復爲舍人天穆每謂子昇曰恨不用卿前計除正員郎仍舍人及帝殺爾朱榮也子昇預謀當時赦詔子昇詞也榮入內遇子昇抱詔書問是何文書子昇顏色不變曰敕榮不視之爾朱兆入洛子昇懼禍逃匿得免永熙中爲侍讀兼舍人鎭南將軍金紫光祿大夫遷散騎常侍中軍大將軍後領本州大中正梁使張皐寫子昇文筆傳於江外梁武稱之曰曹植陸機復生於北土恨我辭人數窮百六陽夏守傅標使吐谷渾見其國主牀頭有書數卷乃是子昇文也濟陰王暉嘗云江左文人宋有顏延之謝靈運梁有沈約任昉我子昇足以陵顏轢謝含任吐沈楊遵彥作文德論以爲古今辭人皆負才遺行澆薄險忌唯邢子才王元景温子昇彬彬有德素齊文襄引子昇爲大將軍諮議參軍子昇前爲中書郎嘗詣梁客館受國書自以不修容止謂人曰詩章易作逋峭難爲文襄館客元僅曰諸人當賀推子昇合陳辭子昇久忸怩乃推陸操焉及元僅劉思逸荀濟等作亂文襄疑子昇知其謀方使之作神武碑文旣成乃餓諸晉陽獄食弊襦而死棄尸路隅沒其家口太尉長史宋游道收葬之又爲集其文筆爲三十五卷子昇外恬靜與物無競言有準的不妄毀譽而內深險事故之際好預其閒所以終致禍敗又撰永安記三卷無子弟子盛州主簿有文才年二十餘卒荀濟字子通其先潁川人世居江右濟初與梁武帝爲布衣交知梁武當王然負氣不服謂人曰會於楯上磨墨作檄文或稱其才於梁武梁武曰此人好亂者也濟又上書譏佛法言營費太甚梁武將誅之遂奔魏館于崔陵家及是見執楊愔謂曰遲暮何爲然濟曰叱叱氣耳何關遲暮乃下辯曰自傷年幾摧頹功名不建舍兒女之情起風雲之事故欲挾天子誅權臣齊文襄惜其才將不殺親謂之曰荀公何意反濟曰奉詔誅將軍高澄何謂反於是燔殺之鄴下士夫多傳濟音韻

北齊

祖鴻勳涿郡范陽人也父愼仕魏歷鴈門咸陽二郡太守政有能名卒於金紫光祿大夫贈中書監幽州刺史謚惠侯鴻勳弱冠與同郡盧文符並爲州主簿僕射臨淮王彧表薦鴻勳有文學宜試以一官敕除奉朝請鴻勳拜官而不謝彧人謂之曰臨淮舉卿便以得調竟不相謝恐非其宜鴻勳曰爲國舉才臨淮之務祖鴻勳何事從而謝之彧聞而喜曰吾得其人矣後咸陽王徽奏鴻勳爲司徒法曹參軍及赴洛徽謂曰臨淮相舉竟不

到門令來何也鴆勸曰今來赴職非爲謝恩轉廷尉正去官歸鄉里神武嘗徵至并州作晉祠記好事者翫其文位至高陽太守在官淸素妻子不免寒餒時議高之天保初卒官

李廣字弘基范陽人也其先自遼東徙焉廣博涉羣書有才思文議之美少與趙郡李謇齊名爲邢魏之亞而訥於言敏於行中尉崔暹精選御史皆是世胄廣獨以才學兼侍御史脩國史南臺文奏多其辭也文宣初嗣霸業命掌書記天保初欲以爲中書郎遇病而止廣嘗欲早朝假寐忽驚覺謂其妻曰吾向似睡非睡忽有一人出吾身中語云君用心過苦非精神所堪今辭君去因而恍忽不樂數日便遇疾積年不起資產屢空藥石無繼廣雅有鑒識度量弘遠坦率無私爲士流所愛故時共贈遺之賴以自給竟以疾終焉嘗薦畢義雲於崔暹廣卒後義雲集其文筆七卷託魏收爲之序

樊遜字孝謙河東北猗氏人也祖琰父衡並無官宦而衡性至孝喪父負土成墳植栢方數十畝朝夕號慕遜少好學其兄仲以造氊爲業亦常優饒之遜自責曰爲人弟獨受安逸可無愧於心乎欲同勤事業母馮氏謂曰汝欲謹小行邪遜感母言遂專心典籍嘗書壁作見賢思齊四字以自勸勉遜貌醜陋有才氣屬本州淪陷寓居鄴中爲臨漳小史縣令裴鑒莅官淸苦致白雀等瑞遜上淸德頌十首鑒大加賞重擢爲主簿仍薦之於右僕射崔暹與遼東李廣勃海封孝琰等爲暹賓客人有譏其靜嘿不能趨時者遜常服東方朔陸沈世俗避世金馬之論遂借陸沈公子爲主人擬客難制客誨以自廣後崔暹大會賓客大司馬襄城王旭時亦在坐欲命府僚遲指遜曰此人學富才高兼之佳行可爲王參軍也旭目之曰豈能就邪遜曰家無蔭第不敢當此武定七年文襄崩暹爲文宣徙於邊賓客咸散遜遂徙居陳留梁州刺史梁殺鬼以遜兼錄事參軍遜仍舉秀才尚書按舊令下州三載一舉秀才爲五年已貢開封人鄭祖獻計此年未合兼別駕王聰抗辭爭議右丞陽斐不能卻尚書令高隆之曰雖遜才學優異待明年非遠遜竟還本州天保元年本州復召舉秀才三年春會朝堂對策策罷中書郎張子融奏入至四年五月遜與定州秀才李子宣等以對策三年不調被付外上書請從罷詔不報梁州重舉遜爲秀才五年正月制詔問外中紀號又問求才審官又問釋道兩教又問刑罰寬猛又問禍福報恩遜對辭理兼舉尚書擢第以遜爲當時第一十二月淸河王岳爲大行臺率衆南討以遜從軍明年文宣納梁貞陽侯蕭淵明爲梁主岳假遜大行臺郎中使于江南與蕭脩侯瑱和解遜往還五日得脩等報書岳因與脩盟于江上大軍還鄴遜仍被都官尚書崔昂舉薦詔付尚書考爲淸平勤幹送吏部七年詔令校定羣書供皇太子遜與冀州秀才高乾和瀛州秀才馬敬德許散愁韓同寶洛州秀才傅懷德懷州秀才古道子廣平郡孝廉李漢子勃海郡孝廉鮑長暄陽平郡孝廉景孫前梁州府主簿王九元前開府水曹參軍周子深等十一人同被尚書召共刊定時祕府書籍紕繆者多遜乃議曰案漢中壘校尉劉向受詔校書每一書竟表上輒言臣向書長水校尉臣參書太常博士書中外書合若干本以相比校然後殺靑今所讎校供擬極重出自蘭臺御諸甲館向之故事見存府閣即欲刊定必藉衆本太常卿邢子才太子少傅魏收吏部尚書辛術司農少卿穆子容前黃門郎司馬子瑞故國子祭酒李業興並是多書之家請牒借本參校祕書監尉瑾移尚書都坐凡所得別本三千餘卷五經諸史殆無遺闕于時魏收作庫狄干碑序令遜爲之銘陸卬不知以爲收合作也陸操伏渾率楊愔使遜代己作書以告晉陽朝士令魏潤色之收不能改一字八年減東西二省官更定選員不過三百參者二三千人楊愔言於衆曰後生淸俊莫過盧思道文章成就莫過樊孝謙几案斷割莫過崔成之遂以思道長兼員外郎三人並員外將軍遜辭曰門族寒陋訪第必不成乞補員外司馬督愔曰才高不依常例特奏用之淸河初爲主書參典詔策天統元年加員外郎居七八日行過轜車顚倒下淚指方相曰何日更當煩君一到數日而卒及雇方相送葬仍前所逢者遜死後定州秀才荀士遜繼爲主書才名相亞時又有茹瞻者字孝博東安人南州舉秀才淸朗剛直楊愔將用之曰今日之選不可無茹生後卒於侍御史

劉逖字子長彭城叢亭里人太常卿芳之孫也芳自有傳父積位金紫光祿大夫逖少聰敏好弋獵騎射以行樂爲事愛交游善戲謔文襄以爲永安公浚開府行參軍逖遠離家鄉倦於羈旅發憤自勵專精讀書晉陽都會之所霸朝人士攸集咸務於宴集逖在游宴之中卷不離手遇有文集所未見者則終日諷誦或通夜不歸其好學如此亦留心文藻頗工詩詠天保初行定陶縣令坐姦事免十餘年不得調其姊爲任氏婦沒入宮敕以賜魏收逖遂爲收所提攜後爲開府參軍及文宣崩文士並作挽歌楊遵彥擇之員外郎盧思道用八首逖

用二首餘人多者不過三四中書郎李愔戲遜曰盧八
間訊劉二遜銜之乾明元年兼員外散騎常侍使送梁
主蕭莊還兼三公郎中武成時和士開寵要遜附之正
授中書侍郎入典機密時李愔獻賦言天保中被讒遜
摘其文奏曰誹謗先朝大不敬武成怒大加鞭朴遜嘗
復前憾曰高䜿兩下執鞭一百何如呼劉二時尋兼散
騎常侍聘陳使主遜欲獨擅文藻不願與文士同行時
黃門侍郎王松年妹夫盧士游性沈密遜求以爲副又
遜姊魏家者收時已放出遜因亥欲嫁之士游不許遜
恐事泄亦不遍爲遷給事黃門侍郎脩國史加散騎常
侍除假儀同三司聘周使副二國始通禮儀未定遜與
周朝議論往復斟酌古今事多合禮兼文辭可觀甚得
名譽使還拜儀同三司及武成崩和士開欲改元議者
各異遜請爲武平私謂士開曰武平反爲明輔遜作此
以爲公士開悅而從之時士開爲眾口所排婁定遠同
輔政遜遂回附之使得西貨悉以餉定遠定遠外任遜
不自安又陰結斛律明月胡長仁以自固士開知之未
甚信忽於明月門巷逢之彌以爲實初遜名宦未達時
欲事祖珽珽未原謂人曰我言彭城楚子應有氣俠唯
將崔季舒詩示人殊乖氣槩遜乃爲弟娶珽女遂成密
好珽之將訴趙彥深和士開也先與遜謀遜乃告二人
故二人得爲之計珽被黜令弟出其妻及是遜始解士
開所嫌尋出爲仁州刺史珽乃要行臺尚書盧潛昭遜
許潛重還潛曰如此事吾不爲也更戒遜而護之後被
徵還待詔文林館重除散騎常侍奏門下事未幾與崔
季舒等同戮時年四十九所制文筆三十卷子逸人開
府行參軍仕隋終於洛陽

荀士遜廣平人也好學有思理爲文清典見賞知音武
定末舉司州秀才迄天保十年不調皇建中馬敬德薦
爲主書轉中書舍人狀貌甚醜以文辭見重嘗有事須
奏遇武成在後庭因左右傳通傳通者不得士遜姓名
乃云醜舍人帝曰必士遜也看封題果是人莫不歡笑
累遷中書侍郎號爲稱職與李若等撰典言行於世齊
亾年卒

後周

案周書不立文苑傳李延壽取王褒庾信爲目又
以顏之推從齊入周故列於王庾之下顏之儀既
之推之弟故列於之推之末今從李氏編此四人

王褒字子淵琅邪臨沂人也曾祖儉齊太尉南昌文憲
公祖騫父規並梁侍中皆襲南昌侯俱有重名於江左
齊梁各有傳褒識量淹通志懷沈靜美風儀善談笑博
覽史傳七歲能屬文外祖梁司空袁昂愛之謂賓客曰
此兒當成吾宅相弱冠舉秀才除祕書郎太子舍人梁
國子祭酒蕭子雲褒之姑夫也特善草隸褒少以姻戚
往來其家遂相模範俄而名亞子雲並見重於時梁武
帝嘉其才藝遂以弟鄱陽王恢女妻之起家祕書郎襲
爵南昌縣侯遷祕書丞宣城王大器簡文帝之冢嫡即
褒之姑子也于時盛選僚佐以褒爲文學尋遷安成內
史及侯景陷建鄴褒寗輯所部見稱於時轉南平內史
及梁元帝嗣位於江陵召褒西上帝與褒有舊相得甚
歡累拜尚書右僕射仍遷左丞兼參掌制誥褒既世冑
名家文學優贍當時咸相推挹故旬月之閒位升端右
寵遇日隆而褒愈自謙虛不以位地矜物時論稱之初
元帝平侯景及禽武陵王紀之後以建鄴凋殘方須脩
復江陵殷盛便欲安之又其故府臣僚皆楚人也並願
即都荊郢嘗召羣臣議之領軍將軍胡僧祐吏部尚書
宗懍太府卿黃羅漢御史中丞劉㲄等曰建鄴雖是舊
都王氣已盡且與北寇鄰接止隔一江若有不虞悔無
及矣臣等又聞荊南之地有天子氣今陛下龍飛纂業
其應斯乎天時人事基祥如此臣等所見遷徙非宜元
帝深以爲然時褒與尚書周弘正咸侍坐上乃顧謂褒
等曰卿意以爲如何褒性謹慎知元帝多猜忌弗敢公
言其非當時唯唯而已後因清閒密諫言辭甚切帝納
之然其意好荊楚已從僧祐等策竟不能用明日乃眾
中謂褒曰卿昨勸歸建鄴不爲無理褒以宣室之言豈
宜顯之於眾知其計不用於是不復言及魏大軍征江
陵元帝授褒都督城西諸軍事褒本以文雅見知一旦
委以總戎深自勉勵被圍之後上下猜忌惟命褒與朱
買臣率眾出西陽之西門買臣大敗褒督進不能禁城
陷褒從元帝入子城猶欲固守俄而元帝出降褒遂與
眾俱出見柱國于謹謹甚禮之褒曾作燕歌行妙盡關
塞寒苦之狀元帝及諸文士並和之而競爲悽切之詞
至此方驗褒與王克劉㲄宗懍殷不害等數十人俱至
長安文帝喜曰昔平吳之利二陸而已今定楚之功羣
賢畢至可謂過之矣又謂褒及王克曰吾即王氏甥也
卿等並吾之舅氏當以親戚爲情勿以去鄉介意於是
授褒及殷不害等車騎大將軍儀同三司常從容上席
資餼甚厚褒等亦並荷恩眄忘其羈旅焉孝閔踐阼封
石泉縣子明帝即位篤好文學時褒與庾信才名最高
特加親待帝每游宴命褒等賦詩談論常在左右尋加
開府儀同三司保定初除內史中大夫武帝作象經令

褒注之引據該洽甚見稱賞褒有器局雅識政體既累世在江東爲宰輔帝亦以此重之建德以後頗參朝議凡大詔冊皆令褒具草東宮既建授太子少保遷少司空仍掌綸誥乘輿行幸褒常侍從初褒與梁處士汝南周弘讓相善及弘讓兄弘正自陳來聘帝許褒等通親知音問褒贈弘讓詩并致書其辭甚美尋出爲宜州刺史卒官年六十四子鼒嗣

庾信字子山南陽新野人也祖易齊處士名在隱逸傳父肩吾梁贈中書令與伯父於陵同傳信幼而俊邁聰敏絕倫博覽羣書尤善春秋左氏傳身長八尺腰帶十圍容止頹然有過人者起家湘東國常侍時父肩吾爲梁太子中庶子掌管記東海徐摛爲左衛率摛子陵及信並爲鈔撰學士父子在東宮出入禁闥恩禮莫與比隆既有盛才文並綺豔故世號爲徐庾體焉當時後進競相模範每有一文京都莫不傳誦累遷度支郎中尋兼通直散騎常侍聘于東魏文章辭令盛爲鄴下所稱還爲東宮學士領建康令侯景作亂梁簡文帝命信率宮中文武千餘人營於朱雀航及景至信以眾先退臺城陷信奔江陵梁元帝承制除御史中丞及即位轉右衛將軍封武康縣侯加散騎常侍來聘西魏屬大軍南討遂留長安江陵平累遷右金紫光祿大夫開府儀同三司孝閔帝踐阼封臨淸縣子除司水下大夫出爲弘農郡守遷驃騎大將軍開府儀同三司司憲中大夫進爵義城縣侯俄拜洛州刺史信多識舊章爲政簡靜吏民安之時陳氏與朝廷通好南北流寓之士各許還其舊國陳氏乃請王褒及信等十數人武帝唯放王克殷不害等信及王褒並惜而不遣尋徵爲司宗中大夫明帝武帝並雅好文學信特蒙恩禮至於趙滕諸王周旋款至有若布衣之交羣公碑誌多相請託唯王褒頗與信相埒自餘文人莫有逮者信雖位望通顯常有鄉關之思乃作哀江南賦以致其意大象初以疾去職隋開皇元年卒年六十九有文集二十卷文帝悼之贈本官加荆雍二州刺史子立嗣

顏之推字介琅邪臨沂人也九世祖含從晉元帝渡江官至侍中祖見遠齊御史中丞父協梁湘東王繹諮議參軍以義烈稱世善周官左氏學協在梁文苑傳之推早傳家業年十二遇湘東王自講莊老之推便預門徒然虛談非其所好還習禮傳徧覽羣書無不該洽詞情典麗甚爲西府所稱湘東王以爲其國右常侍加鎮西墨曹參軍性好飲酒多任縱不修邊幅時論以此少之湘東王遣世子方諸出鎮郢州以之推爲中撫軍府外兵參軍掌管記值侯景陷郢州之推被執景頻欲殺之賴其行臺郎中王則救免及景平還江陵時湘東王繹即位以爲散騎侍郎奏舍人事後爲周軍所破大將軍李穆重之送往弘農令掌其兄陽平公遠書翰遇河水暴長具船將妻子奔齊經砥柱之險時人稱其勇決文宣見而悅之即除奉朝請引於內館中侍從左右頗被顧眄後從至天泉池以爲中書舍人令中書郎段孝信將敕示之推之推時在營外飲酒孝信還以狀言文宣乃曰且停由是遂寢後待詔文林館除司徒錄事參軍之推聰穎機悟博識有才辯工尺牘應對閑雅大爲祖珽所重令掌知館事判署文書遷通直散騎侍郎俄領中書舍人帝時有取索恆令中使傳旨之推稟承宣告館中皆受進旨所進文書皆是其封署於進賢門奏之待報方出之推兼善於文字常監校繕寫又處事勤敏號爲稱職帝甚加恩接爲勳要者所嫉常欲害之崔季舒等之將諫也之推時取急還宅故不連署及召集諫人之推亦被喚入及勘審無名得免尋除黃門侍郎及周兵陷晉陽帝輕騎還鄴窘急中計無所從之推因宦者侍中鄧長顒進奔陳策仍勸募吳士千人以爲左右取青徐路共投陳國帝納之以告丞相阿那肱等阿那肱不願入陳乃云吳士難信勸帝送珍寶累重向青州且守三齊地若不可保浮海南渡未爲遲也時雖不從之推策然猶以爲平原太守令守河津齊亡入周大象末爲御史上士隋開皇中太子召爲文學深見禮重尋以疾終有文集三十卷撰家訓二十篇並行於世又曾撰觀我生賦文致清遠之推有二子長曰思魯次曰敏楚蓋不忘本也之推集思魯自爲序錄之推弟之儀字子升幼頴悟三歲能讀孝經及長博涉羣書好爲辭賦嘗獻梁元帝荆州頌辭致雅贍帝手敕報曰枚乘二葉俱得遊梁應貞兩世並稱文學我求才子鯁慰良深江陵平之儀隨例遷長安明帝以爲麟趾學士稍遷司書上士武帝初建儲宮盛選師傅以之儀爲侍讀太子後征吐谷渾在軍有過行鄭譯等並以不能匡弼坐譴唯之儀以累諫獲賞即拜小宮尹封平陽縣男宣帝即位遷上儀同大將軍御正中大夫進爵爲公帝後刑政乖僻昏縱日甚之儀犯顏驟諫雖不見納終亦不止深爲帝所忌然以恩舊每優容之及帝將殺王軌之儀固諫帝怒欲并致之於法後以其諒直無私乃舍之宣帝崩劉昉鄭譯等矯遺詔以隋文帝爲丞相輔少主之儀知非帝旨拒而不從昉等草詔署訖逼之儀署之儀厲聲

謂昉等曰主上升遐嗣子幼沖阿衡之任宜在宗英方今賢戚之內趙王最長以親以德合膺重寄公等備受朝恩當思盡忠報國柰何一旦欲以神器假人之儀有死而已不能誣罔先帝於是昉等知不可屈乃代之儀署而行之隋文帝後索符璽之儀又正色曰此天子之物自有主者宰相何故索之於是文帝大怒命引出將戮之然以其民望乃止出爲西疆郡守及隋文踐阼詔徵還京師進爵新野郡公開皇五年拜集州刺史在州清靜夷夏悅之明年代還遂優游不仕十年正月隨例入朝隋文望而識之命引至御坐謂之曰見危致命臨大節而不可奪古人所難何以加卿乃賜錢十萬米一百石十一年冬卒年六十九有文集十卷行於世

隋

按隋書序劉臻崔儦王頍諸葛潁王貞孫萬壽虞綽王胄庾自直潘徽凡十八人爲文苑傳李延壽復取虞世基柳䛒許善心李文博明克讓五人冠於劉崔之上今從李氏所增編爲次第

虞世基字茂世會稽餘姚人也父荔陳太子中庶子陳史有傳世基幼沈靜喜怒不形於色博學有高才兼善草隸陳中書令孔奐見而歎曰南金之貴屬在斯人少傅徐陵聞其名召之世基不往後因公會陵一見而奇之顧謂朝士曰當今潘陸也因以弟女妻之仕陳累遷尚書左丞陳主嘗於莫府山校獵令世基爲講武賦於坐奏之陳主嘉之賜馬一匹及陳滅歸國爲通直郎直內史省貧無產業每傭書養親怏怏不平嘗爲五言詩以見情文理悽切世以爲工作者無不吟詠未幾拜內史舍人煬帝立顧遇彌隆祕書監柳顧言博學有才罕所推謝至是與世基相見歎曰海內當共推此一人非吾儕所及也俄遷內史侍郎以母憂去職哀毀骨立有詔起令視事拜見之日殆不能起帝令左右扶之哀其羸瘠詔令進內世基食輒悲哽不能下節帝使謂之曰方相委任當爲國惜身前後敦勸者數矣帝重其才親禮逾厚專典機密與納言蘇威左翊衛大將軍宇文述黃門侍郎裴矩御史大夫裴蘊等參掌朝政于時天下多事四方表奏日有百數帝方凝重事不廷決入閤之後始召世基口授節度世基至省方爲敕書日且百紙無所遺謬其精審如此遼東之役進位金紫光祿大夫後從幸鴈門爲突厥所圍戰士多敗世基勸帝重爲賞格親自撫循又下詔停遼東事帝從之師乃復振及圍解勳格不行又下伐遼之詔由是言其詐衆朝野離心帝幸江都次鞏縣世基以盜賊日盛請發兵屯洛口倉以備不虞帝不從但云卿是書生定猶恇怯于時天下大亂世基知帝不可諫正又以高熲張衡等相繼誅戮懼禍及已雖居近侍唯諾取容不敢忤意盜賊日甚郡縣多沒世基知帝惡數聞之後有告敗者乃損抑表狀不以實聞是後外間有變帝弗之知也嘗遣太僕卿楊義臣捕盜河北降賊數十萬列狀上聞帝歎曰我初不聞賊頓如此義臣列降賊何多也世基曰鼠竊雖多未足爲慮義臣克之擁兵不少久在閫外此最非宜帝曰卿言是也遽追義臣放散其兵又越王侗遣太常丞元善達間行賊中詣江都奏事稱李密有衆數萬圍逼京都賊據洛口倉城內無食若陛下速還烏合必散不然者東都決沒因歔欷嗚咽帝爲之改容世基見帝色憂進曰越王年小此輩誑之若如所言善達何緣得至帝乃勃然怒曰善達小人敢廷辱我因使經賊中向東陽催運善達遂爲盜所殺此後外人杜口莫敢以賊聞奏世基氣貌沈審言多合意是以特見親愛朝臣無與爲比其繼室孫氏性驕淫世基惑之恣意奢靡雕飾器服無復素士之風孫氏復攜前夫子夏侯儼入世基舍而頑鄙無賴爲之聚斂鬻官賣獄賄賂公行其門如市金寶盈積其弟世南素有國士之風而清貧不立未曾有所贍由是爲論者所譏朝野咸共疾怨宇文化及之弒逆也世基乃見害爲長子肅好學多才藝時人稱有家風弱冠早沒肅弟熙大業末爲符璽郎次子柔晦並宣義郎化及將亂之夕宗人虞伋知而告熙曰事勢已然吾將濟卿南度且得免禍同死何益熙曰棄父背君求生何地感尊至懷自此訣矣及難作兄弟競請先死行刑人於是先世基殺之

柳䛒字顧言本河東人也永嘉之亂徙家襄陽祖惔梁尚書左僕射梁史有傳父暉梁都官尚書䛒少聰敏解屬文好讀書所覽將萬卷仕梁爲著作佐郎後蕭詧據荆州以爲侍中領國子祭酒吏部尚書及梁國廢拜開府遷內史侍郎以無吏幹去職爲晉王諮議參軍王好文雅招引才學之士諸葛潁虞世南王胄朱瑒等百餘人以充學士而䛒爲之冠王以師友處之每有文什必令其潤色然後示人嘗朝京還作歸藩賦命䛒爲之序辭甚典麗初王屬文斆庾信體及見䛒已後文體遂變仁壽初引爲東宮學士加通直散騎常侍檢校洗馬甚見親待每召入臥內與之宴謔性尤俊辯多在侍從有所顧問應答如響性又嗜酒言雜俳諧由是彌爲太子所親狎以其精於內典令撰法華宗爲二十卷上之太

子寬而大悅賞賜優洽儕輩莫與爲比煬帝嗣位拜祕書監封漢南縣公帝退朝之後便命入閤言宴諷讀終日而罷帝每與嬪后對酒時逢興會輒遣命之至與同榻共席恩比朋友帝猶恨不能夜召於是使匠刻木爲偶人以像䛒而施機關令能坐起拜伏帝每於月下對飲酒輒令宮人置之於座與相酬酢而爲歡笑從幸揚州卒年六十九帝傷惜者久之贈大將軍謚曰康䛒撰晉王北伐記十五卷有集十卷行於世

許善心字務本高陽北新城人也祖懋梁太子中庶子父亨梁黃門侍郎仕陳歷位衛尉卿懋亨俱有傳善心九歲而孤爲母范氏所鞠養幼聰明有思理所聞輒能誦記多聞默識爲當代所稱家有舊書萬餘卷皆徧通涉十五解屬文爲牋上父友徐陵陵大奇之謂人曰才調極高此神童也太子詹事江總舉秀才對策高第授度支郎中補撰史學士禎明二年加通直散騎常侍聘於隋遇高祖伐陳禮成而不獲反命累表請辭上不許留縶賓館及陳亾高祖遣使告之善心素服號哭於西階之下藉草東向經三日敕書唁焉明日有詔就館授通直散騎常侍賜衣一襲善心哭盡哀入房改服復出北面立垂涕再拜受詔明日乃朝服泣於殿下悲不能興上顧左右曰我平陳國唯獲此人既能懷其舊君卽是我誠臣也敕以本官直門下省賜物千段馬二十匹從幸太山還授虞部侍郎十六年有神雀降於含章闥高祖召百官賜宴告以此瑞善心於坐請紙筆製神雀頌奏之高祖甚悅曰我見神雀共皇后觀之今且召公等入適述此事善心於坐始知卽能成頌文不加點筆不停毫常聞此言今見其事因賜物二百段十七年除祕書丞于時祕藏圖籍尙多淆亂善心倣阮孝緒七錄更制七林各爲總敘冠於篇首又於部錄之下明作者之意區分其類例焉又奏追李文博陸從典等學者十許人正定經史錯謬仁壽元年攝黃門侍郎二年加攝太常少卿與牛弘等議定禮樂祕書丞黃門郎並如故四年留守京師帝崩于仁壽宮煬帝祕不發喪先易留宮人出善心爲巖州刺史逢漢王諒反不之任大業元年轉禮部侍郎薦儒者徐文遠爲國子博士包愷陸德明褚徽魯世達之輩並加品秩授爲學官其年副納言楊達爲冀州道大使以稱旨賜物五百段左衞大將軍宇文述每日借本部兵數十人以供私役爲御史大夫梁毗所劾上方以腹心委述欲釋之付百寮議善心議免述官帝竟宥述後數月述乃譖善心曰陳叔寶卒善心與周羅睺虞世基袁充蔡徵等同往送葬善心爲祭文謂叔寶爲陛下敢於今日加叔寶尊號罪至不赦帝召問有實善心自援古例事得釋然帝心惡之又太史奏帝卽位之年與堯時符合朝臣皆欲上賀善心議以國哀甫爾不宜稱賀述諷御史劾之左遷給事郎降品二等四年撰方物志奏之七年從至涿郡帝方自總戎東討善心上封事忤旨免官其年復徵守給事郎帝嘗言及高祖受命之符因問鬼神之事敕善心與崔祖濬撰靈異記十卷善心父撰著梁史未就而歿善心述成父志脩續家書爲七十卷又爲敘論一篇託于敘傳之末述其製作之意十年從至懷遠鎭加授朝散大夫突厥圍鴈門攝左親侍虎賁郎將領江南兵宿衞殿省駕幸江都追敘前勳授通議大夫詔還本品行給事郎十四年宇文化及弑逆之日隋官盡詣朝堂謁賀善心獨不至許弘仁馳告曰天子已崩宇文將軍攝政合朝文武莫不咸集天道人事自有代終何預於叔而低徊若此善心怒之不肯隨去弘仁返走上馬泣而言曰將軍於叔全無惡意忽自求死豈不痛哉還告唐奉義奉義以狀白化及遣人就宅執至朝堂化及令釋之善心不舞蹈而出化及目送之曰此大負氣命捉來罵曰我好欲放爾爾敢如此不遜其黨輒牽曳遂殺之年六十一及越王稱制贈左光祿大夫封高陽縣公謚曰文節善心母范氏梁舍人孝才之女也少寡養孤博學有高節高祖知之敕尙食每獻時新常遣分賜嘗詔范入內侍皇后講讀封永樂郡君及善心遇禍范年九十有二臨喪不哭撫柩曰能死國難我有兒矣因臥不食後十餘日亦終

李文博博陵人也性貞介鯁直好學不倦至於教義名理特所留心每讀書至治亂得失忠臣烈士未嘗不反覆吟翫開皇中爲羽林騎尉特爲吏部侍郎薛道衡所知常令在聽事帷中披檢書史并察已行事若遇政教善事卽鈔撰記錄如選用疏謬卽委之臧否道衡每得其語莫不欣然從之後直祕書內省典校墳籍守道居貧晏如也雖衣食乏絕而清操愈厲不妄通賓客恆以禮法自處儕輩莫不敬焉道衡知其貧每延于家給以資費文博商畧古今治政得失如指諸掌然無吏幹稍遷校書郎出爲縣丞遂得下考數歲不調後道衡爲司隸大夫遇於東都尙書省甚嗟愍之奏爲從事因謂齊王司馬李綱曰今日遂遇李文博得奏用之以爲歡笑其見賞知音如此在洛下曾詣房元齡元齡相送出衞路謂之曰公生平志尙唯在正直今既得爲從事故應

有會素心比來激儒揚清所爲多少文博遂奮臂厲聲
曰夫清其流者必潔其源正其末者須端其本今治源
混亂雖日免十貪郡守亦何所益其率直疾惡不知忌
諱皆如此類時朝政變壞人多贓賄唯文博不改其操
論者以此貴之遭亂播遷不知所終初文博在內省校
書虞世基子亦在其內盛飾容服而未有所知文博因
從容問之年紀答云十八文博乃謂曰昔賈誼當此之
年議論何事君今徒事儀容欲何爲者又秦孝王妃生
男高祖大喜頒賜羣官各有差文博家道屢空人謂其
悅賞乃云賞罰之設功過所歸今王妃生男於羣官何
事乃妄受賞也其循名責實錄過計功必使賞罰不濫
功過無隱皆爾文博本爲經學後讀史書於諸子及論
尤所該洽頗長議論亦善屬文著政道十卷行於世
明克讓字弘道平原鬲人也祖僧紹隱逸有高名南齊
累徵不起名在隱逸傳父山賓梁侍中亦自有傳克讓
少好儒雅善談論博涉書史所覽將萬卷三禮論語尤
所研精龜策曆象咸得其要年十四釋褐梁湘東王法
曹參軍時舍人朱异在儀賢堂講老子克讓預焉堂邊
有脩竹异令克讓詠之克讓攬筆輒成卒章曰非君多
愛賞誰貴此貞心异甚奇之仕梁位中書侍郎梁滅歸
長安引爲麟趾殿學士周武帝立爲露門學士令與太
史官屬正定新曆累遷司調大夫賜爵歷城縣伯高祖
受禪拜太子率更令進爵爲侯太子以師道處之恩禮
甚厚每有四方珍味輒以賜之于時東宮盛徵天下才
學之士至於博物洽聞皆出其下詔與太常牛弘等修
禮議樂當朝典故多所裁正以疾去官加通直散騎常
侍卒年七十上甚惜之二宮賻甚厚所著孝經義疏
一部古今帝代記一卷文類四卷續名僧記一卷集二
十卷子餘慶位司門郎越王侗稱制爲國子祭酒
劉臻字宣摯沛國相人也父顯梁尋陽太守梁史有傳
臻年十八舉秀才爲邵陵王東閤祭酒元帝時累遷中
書舍人江陵陷沒歸魏爲中書侍郎周冢宰宇文護辟
爲中外府記室軍書羽檄多成其手後爲露門學士授
大都督封饒陽縣子歷藍田令畿伯下大夫高祖受禪
進儀同三司皇太子勇引爲學士甚親狎之臻無吏幹
又性恍忽唯耽經史終日覃思至於世事多所遺忘有
劉訥者亦任儀同俱爲太子學士情好甚密臻住城南
訥住城東臻自朝下嘗欲尋訥謂從者曰汝知劉儀同
舍乎從者不知爲尋訥謂臻還家因答曰知於是引之
而去既扣門臻尚未悟謂至訥家乃據鞍大呼曰劉儀
同在乎可出矣其子迎門臻驚曰汝亦來邪其子答云
此是大人家於是顧眄久之乃悟遂叱從者曰汝大無
意吾欲造劉訥耳性好噉蜆以音同父諱呼爲扁螺其
疎放多此類也精於兩漢書時人稱爲漢聖開皇十八
年卒年七十二有文集十卷行於世
崔儦字岐叔清河東武城人也父仲文北齊光祿大夫
仲文附載其兄東兗州刺史㥄傳儦少與范陽盧思道
隴西辛德源同志友善每以讀書爲務負恃才地大署
其戶曰不讀五千卷書無得入此室初舉秀才爲員外
散騎侍郎遷殿中侍御史與熊安生馬敬德等議五禮
兼脩律令尋除散騎侍郎使陳還待詔文林館歷尚書
郎與頓邱李若俱見稱重時人語曰京師灼灼崔儦李
若若每謂其子曰盧思道崔儦杳然崖岸吾所重也汝
其師之思道與儦嘗酒後相調儦曰假邈無聞思道譏
儦云高曾官薄齊亾歸鄉仕郡爲功曹補主簿開皇四
年徵授給事郎兼內史舍人後兼通直散騎侍郎聘陳
還授員外散騎侍郎以鞾常得無事一醉輒八日越國
公楊素時方貴幸重儦門地爲子元縱娶其女爲妻聘
禮甚厚親迎之始公卿滿坐素令騎迎之儦弊衣冠騎
驢而至素推令上坐儦禮甚倨言又不遜素忿然拂衣
而去竟罷坐後數日儦方來謝素待之如初詔授易州
刺史或言其未合乃追停儦語人曰易州刺史何必勝
道義仁壽中卒於京師子世濟
王頍字景文太原沂人梁大司馬僧辯之子也兄頒入
周仕隋卒於齊州刺史列在孝友傳頍年數歲値江陵
陷隨諸兄入關少好遊俠年二十尚不知書爲其兄顒
所責怒於是感激始讀孝經論語晝夜不倦遂讀左傳
禮易詩書乃歎曰書無不可讀者勤學累載遂徧通五
經究其指趣大爲儒者所稱解綴文善談論年三十周
武帝引爲露門學士每有議決多頍所爲又性識甄明
精力不倦好讀諸子偏記異書當世稱爲博物又曉兵
法有縱橫之志每歎不逢時常以將相自許開皇初授
著作佐郎尋令於國子講授會帝親臨釋奠國子祭酒
元善講孝經頍與相論難詞義鋒起善往往見屈帝大
奇之超授國子博士後坐事解職配防嶺南數載授漢
王諒府諮議參軍王甚禮之時諒見房陵及秦蜀二王
相次廢黜潛有異志頍遂陰勸諒繕治兵甲及高祖崩
諒遂舉兵多頍之計也頍後數進策諒不能用楊素至
蒿澤將戰頍謂其子曰氣候殊不佳兵必敗汝可隨從
我既而兵敗頍將歸突厥至山中徑路斷絕知必不免
謂其子曰吾之計謀不減楊素但爲言不見用遂至於

此不能坐受禽執以成豎子之名也吾死後汝愼勿過親故於是自殺瘞之石窟中其子數日不得食遂過其故人竟爲所禽楊素求頍屍得之斬首梟於太原頍所撰五經大義三十卷有集二十卷並因兵亂無復存焉

諸葛潁字漢賢丹陽建康人也祖銓梁零陵太守父規義陽太守潁年十八能屬文起家邵陵王參軍事轉記室侯景之亂奔齊待詔文林館歷太學博士太子舍人周氏平齊不得調杜門不出者十餘年習易圖緯蒼雅莊老頗得其要淸辯有俊才煬帝爲晉王時聞其名引爲參軍事轉記室及爲太子除藥藏郎至卽位遷著作郎甚見親倖出入臥內帝每賜之曲宴輒與皇后嬪御連席共榻潁因間隙多所譖毀是以時人謂之冶葛後錄恩舊授朝散大夫帝嘗賜潁詩其卒章曰參翰長洲苑侍講肅成門名理窮研覈英華恣討論實錄資平允傳芳導後昆其待遇如此從征吐谷渾加正議大夫從駕北巡卒於道潁性褊急與柳䛒每相忿鬩帝屢責怒之而猶不止於後帝亦薄之有集二十卷撰鑾駕北巡記三卷幸江都道里記一卷洛陽古今記一卷馬名錄二卷並行於世有子嘉會

王貞字孝逸梁郡陳留人也少聰敏七歲好學善毛詩禮記左氏傳周易諸史百家無不畢覽善屬文不事產業每以諷讀爲娛開皇初汴州刺史樊叔略引爲主簿後舉秀才授縣尉非其好也謝病于家煬帝卽位齊王暕鎭江都聞其名以書召之及至以客禮待之索其文集貞上三十三卷爲啟陳謝齊王覽集甚善之賜良馬四匹貞復上江都賦王賜錢十萬貫良馬二匹未幾以疾甚還鄉終於家

孫萬壽字仙期一字遐年武邑武遂人也父靈暉爲齊南陽王綽大將軍司馬齊儒林有傳萬壽聰識機警博涉經史善屬文美譚笑在齊爲陽休之開府行參軍及高祖受禪滕穆王引爲文學坐衣冠不整配防江南行軍總管宇文述召典軍書萬壽本自書生從容文雅一旦從軍鬱鬱不得志爲五言詩贈京邑知友詩至京盛爲當時吟誦天下好事者多書壁上而翫之後歸鄉里十餘年不得調仁壽初徵豫章王長史非其好也王轉封于齊卽爲齊王文學當時諸王官屬多被夷滅由是彌不自安因謝病免久之授大理司直卒於官有集十卷行於世

虞綽字士裕會稽餘姚人也父孝曾陳始興王諮議綽身長八尺姿儀甚偉博學有俊才尤工草隸陳左衞將軍傅縡有盛名於世見綽辭賦歎美之仕陳爲太學博士遷永陽王記室及陳亾晉王廣引爲學士大業初轉爲祕書學士奉詔與祕書郎虞世南著作佐郎庾自直等撰長洲玉鏡等書十餘部綽所筆削帝未嘗不稱善而官竟不遷初爲校書郎以藩邸左右授宣惠尉遷著作佐郎與虞世南庾自直蔡允恭等四人常直禁中以文翰待詔恩眄隆洽從征遼東帝舍臨海頓見大鳥異之詔綽爲銘帝覽而善之命有司勒於海上以度遼功授建節尉綽恃才任氣無所降下著作郎諸葛潁以學業幸於帝綽每輕侮之由是有隙帝嘗問綽於潁潁曰虞綽麤疎人也帝頷之時禮部尚書楊元感稱其貴踞虛己禮之與結布衣之友綽數從之游其族人虞世南誡之曰上性猜忌而君過厚元感若與絕交者帝知君改悔可以無咎不然終當見禍綽不從尋有告綽以禁內兵書借元感帝甚銜之及元感敗其妓妾並入宮帝因問之曰元感平常時與何人交往其妾以虞綽對帝令大理卿鄭善果窮理其事綽曰羈旅薄遊與元感文酒談款實無他謀帝怒不解徙綽于邊綽至長安而亾吏逮之急於是潛度江變姓名自稱吳卓游東陽抵信安令天水辛大德舍歲餘綽與人爭田相訟因有識綽者而告之竟爲吏所執坐斬江都綽所著詞賦並行於世大德爲令誅翦羣盜甚得人和與綽俱爲使者所執其妻泣曰每諫君無匿學士今日之事豈不哀哉大德笑曰我本圖脫長者乃爲人告之吾罪也當死以謝綽會有詔死罪得以擊賊自効信安吏人詣使者叩頭曰辛君人命所懸不然亦無信安矣使者留之以討賊帝怒斬使者大德獲全

王胄字承基琅邪臨沂人也祖筠梁太子詹事父祥陳黃門侍郎筠附載其伯父光祿大夫志傳列在梁史胄少有逸才仕陳歷東陽王文學及陳滅晉王廣引爲博士仁壽末從劉方擊林邑以功授帥都督大業初爲著作佐郎以文詞爲煬帝所重帝自東都還京師賜天下大酺四日因爲五言詩詔羣官詩成者奏之帝覽胄詩而善之因謂侍臣曰氣高致遠歸之於胄詞淸體潤其在世基意密理新惟庾自直過此者未可以言詩也帝所有篇什多令繼和與虞綽齊名同志友善于時後進之士咸以二人爲準的從征遼東進授朝散大夫胄性疎率不倫自恃其才鬱鬱於薄宦每負氣陵傲忽略時人爲諸葛潁所疾屢譖之於帝帝愛其才而不罪禮部尚書楊元感虛襟與交游數游其第及元感敗與虞綽俱從邊胄遂亾匿潛還江左爲吏所捕坐誅所著詞賦

多行於世胄兄眘字元恭博學多通少有盛名於江左仕陳歷太子洗馬中書舍人陳亾與胄俱爲學士煬帝即位授祕書郎卒于官

庾自直潁川人也父持陳太中大夫自有傳自直少好學沈靜寡慾仕陳歷豫章王府外兵參軍記室陳亾入關不得調晉王廣開之引爲學士大業初授著作佐郎自直解屬文於五言詩尤善性恭愼不妄交遊特爲帝所愛有篇章必先示自直令其詆訶自直所難帝輒改之或至於再三俟其稱善然後方出其見親禮如此後以本官知起居舍人事宇文化及作逆與之北上自載露車中感激發病卒有文集十卷行於世

潘徽字伯彥吳郡人也性聰敏少受禮於鄭灼受毛詩於施公受書於張沖講莊老於張譏並通大義尤精三史善屬文能持論中書江總引致文儒之士徽一詣總甚敬之釋褐新蔡王國侍郎選爲客館令隋遣魏澹聘于陳陳人使徽接對之澹將反命爲啟陳主曰敬奉弘慈曲垂餞送徽以餞送爲重敬奉爲輕卻其啟而不奏澹曰曲禮云士敬客詩曰維桑與梓必恭敬止孝經宗廟致敬又云不敬其親謂之悖禮孔子敬天之怒成湯聖敬日躋宗廟極重上天極高父極尊君極貴四者咸同一敬五經未有異文不知以敬爲輕竟何所據徽難之曰向所論敬字本不全以爲輕但施用處殊義成通別禮主於敬此是通言猶如男子冠而字之注云成人敬其名也春秋有冀缺夫妻亦云相敬於子則有敬名之義在夫亦有敬妻之說此可復並極高極尊乎至若敬謝諸公固非尊地公子敬愛止施賓友敬問敬報彌見雷同敬聽敬酬何關貴隔當知敬之爲義雖是不輕但敬之於語則有時混漫今云敬奉所以成疑聊舉一隅未爲深據澹不能對遂從而改焉及陳滅爲州博士秦王俊聞其名召爲學士嘗從俊朝京師在途令徽於馬上爲賦行一驛而成名曰述思賦俊覽而善之復令爲萬字文又遣撰集字書名爲韻纂徽爲之序俊薨晉王廣復引爲揚州博士令與諸儒撰江都集禮一部復令徽爲序煬帝嗣位徽與著作郎陸從典太常博士褚亮歐陽詢等助越公楊素撰魏書會素薨而止授京兆郡博士楊元感兄弟重之數相往來及元感敗凡所交關多罹其患徽以元感故人爲帝所不悅有司希旨出徽爲西海郡威定縣主簿意甚不平至隴頭發病而卒

時又有常得志尹式劉善經祖君彥孔德紹劉斌並有才名事多遺逸常得志京兆人爲秦王記室及王薨過故第爲五言詩辭理悲壯甚爲時人所重復爲兄弟論義理可稱尹式河閒人仁壽中官至漢王記室漢王阻兵式自殺其族人正卿彥卿亦俱有儁才名顯於世劉善經河閒人歷著作佐郎太子舍人著酬德傳三十卷諸劉譜三十卷四聲指歸一卷行於世祖君彥見其父珽傳孔德紹會稽人有清才官至京城縣丞竇建德署爲中書令專典書檄及建德敗伏誅劉斌南陽人祖之遴梁史有傳斌頗有詞藻官至信都司功書佐竇建德署爲中書舍人建德敗復爲劉黑闥中書侍郎與黑闥亾歸突厥不知所終

通志卷一百七十六

通志卷一百七十七

宋右迪功郎鄭樵漁仲撰

隱逸傳第一

范史始立隱逸傳謂之逸民晉宋隋曰隱逸齊曰高逸梁曰處士後魏曰逸士今總曰隱逸

殷

伯夷叔齊

前漢

四皓 嚴君平鄭子眞

後漢

野王二老 向長 逢萌 周黨 王霸 嚴光 井丹 梁鴻 高鳳 臺佟 韓康 矯愼 戴良 法眞 漢濱老父 陳留老父 龐公

魏

張臶 胡昭 焦先 扈累 寒貧

晉

孫登 董京 夏統 朱沖 范粲子喬 魯勝 董養 霍原 郭琦 伍朝 魯褒 氾騰 任旭 郭文 龔壯 孟陋 韓績 譙秀 翟湯子莊 郭翻 辛謐 劉驎之 索襲 楊軻 公孫鳳 公孫永 張忠 石垣 宋纖 郭荷 郭瑀 祁嘉 瞿硎先生 謝敷 戴逵 龔元之 陶淡 陶潛

殷

伯夷叔齊者孤竹君之二子也孤竹國在遼西令支縣父欲立叔齊及父卒叔齊讓國於伯夷伯夷曰父命也遂逃去叔齊亦不肯立而逃之國人立其中子於是伯夷叔齊聞西伯昌善養老盍往歸焉及至西伯卒武王載木主號爲文王東伐紂伯夷叔齊扣馬而諫曰父死不葬爰及干戈可謂孝乎以臣弑君可謂仁乎左右欲兵之太公曰此義人也扶而去之武王已平殷天下宗周而伯夷叔齊恥之義不食周粟隱於首陽山采薇而食之及餓且死作歌其辭曰登彼西山兮采其薇矣以暴易暴兮不知其非矣神農虞夏忽焉沒兮我安適歸矣於嗟徂兮命之衰矣遂餓死於首陽山

臣謹按呂氏春秋伯夷叔齊如周至于岐陽則文王已沒武王使叔旦就膠鬲而盟曰加富三等就官一列又使召公就微子而盟曰世爲長侯守殷之祀爲載書血之以牲埋其一以其一歸伯夷叔齊聞之相視而笑曰異哉非吾所謂道也昔神農之時祀盡誠而不祈福其於人也忠信盡治而無求不以人之壞而自成不以人之卑而自高今周見殷之僻亂而遽爲正之與人謀而行貨阻兵以威保割牲而盟之以爲信揚夢以說衆殺伐以要利以此紹殷是以亂易暴也今殷無道而周德衰與其並乎周以漫吾身不若避之以潔吾行二子乃北行至首陽之山而餓死

臣又按馬融云首陽山在河東蒲坂華山之北河曲之中高誘云在雒陽東北故此二山並有夷齊祠焉曹大家注幽通賦云隴西首陽縣是也今隴西亦有首陽山許愼又云首陽山在遼西諸說不同致有疑惑今據伯夷歌云登彼西山則當以隴西者爲近是

前漢

四皓者園公綺里季夏黃公角里先生也角音祿此四人者爲秦博士見秦之亂避地入商雒山以待天下之定高祖滅秦聞其名召之不至其後高祖欲易太子呂后用張良計使太子卑辭厚禮以安車迎之四人既至他日從太子侍上宴高祖驚而異之太子得以爲重遂用自安語在留侯傳中惠帝立營館四人以三公之位俱不受而去四人既不自標顯其名氏故世但稱四皓云

臣謹按顏師古匡俗正謬有圈稱陳留風俗傳自序云圈公之後圈公爲秦博士避地南山漢祖聘之不就惠太子卽位以圈公爲司徒近世商於耕夫掘地得漢世石刻數種有云圈公神主綺里季神主角里先生神主又各有神祚机皆漢人隸書其號不應有謬然則園之爲圈信矣特册牘傳寫之訛耳

嚴遵字君平一云名尊蜀人也君平隱居不仕卜筮於成都市以爲卜筮者賤業而可以惠衆人有邪惡非正之問則依蓍龜爲言利害與人子言依於孝與人弟言依於順與人臣言依於忠各因勢導之以善從吾言者已過半矣裁日閱數人得百錢足自養則閉肆下簾而授老子博覽亡不通依老子嚴周之指著書十餘萬言揚雄少時從游學已而仕京師顯名數爲朝廷在位賢者稱君平德杜陵李彊素善雄久之爲益州牧喜謂雄曰吾眞得嚴君平矣雄曰君備禮以待之彼人可見而不可得詘也彊心以爲不然及至蜀致禮與相見卒不敢言以爲從事乃歎曰揚子雲誠知人君平年九十餘遂以其業終蜀人愛敬至今稱焉其時有谷口鄭樸者字子眞與君平皆脩身自保非其服弗服非其食弗食成帝時元舅大將軍王鳳以禮聘子眞子眞安貧樂道耕於巖石之下竟不詘而終

臣謹按類說云蜀有富人羅沖者問君平曰君何以

不仕君平曰無以自發沖爲君平具車馬衣糧君平曰吾病耳非不足也我有餘而子不足奈何以不足奉有餘沖曰吾有萬金子無儋石乃云有餘不亦謬乎君平曰不然吾前宿子家人定而役未息晝夜汲汲未嘗有足今我以卜爲業不下牀而錢自至猶餘數百塵埃厚寸不知所用此非我有餘而子不足邪沖大慙君平歎曰益我貨者損我神生我名者殺我身竟不仕

後漢

野王二老者不知何許人也初光武貳於更始會關中擾亂遣前將軍鄧禹西征送之於道既反因於野王獵路見二老者即禽光武問曰禽何向並舉手西指言此中多虎臣每即禽虎亦即臣大王勿往也光武曰苟有其備虎亦何患父曰何大王之謬邪昔湯即桀於鳴條而大城於亳武王亦即紂於牧野而大城於郟鄏彼二王者其備非不深也是以即人者人亦即之雖有其備庸可忽乎光武悟其旨顧左右曰此隱者也將用之辭而去莫知所在

向長字子平河內朝歌人也隱居不仕性尚中和好通老易貧無資食好事者更饋焉受之取足而反其餘王莽大司空王邑辟之連年乃至欲薦之於莽固辭乃止潛隱於家讀易至損益卦喟然歎曰吾已知富不如貧貴不如賤但未知死何如生耳建武中男女娶嫁既畢敕斷家事勿相關當如我死也於是遂肆意與同好北海禽慶俱遊五嶽名山竟不知所終

逢萌字子慶北海都昌人也家貧給事縣爲亭長時尉行過亭萌候迎拜謁既而擲楯歎曰大丈夫安能爲人役哉遂去之長安學通春秋經時王莽殺其子宇萌謂友人曰三綱絶矣不去禍將及人即解冠挂東都城門歸將家屬浮海客於遼東萌素明陰陽知莽將敗有頃乃首戴瓦盎哭於市曰新乎新乎因遂潛藏及光武即位乃之琅邪勞山養志脩道人皆化其德北海太守素聞其高遣吏奉謁致禮萌不答太守懷憤而使捕之吏叩頭曰子慶大賢天下共聞所在之處人敬如父往必不獲祇自毀辱太守怒收之繫獄更發他吏行至勞山人果相率以兵弩捍禦吏被傷流血奔而還後詔書徵萌託以老耄迷路東西語使者云朝廷所以徵我者以其有益於政尚不知方面所在安能濟時乎即便駕歸連徵不起以壽終初萌與同郡徐房平原李子雲王君公相友善並曉陰陽懷德穢行房與子雲養徒各千人君公遭亂獨不去儈牛自隱時人爲之論曰避世牆東王君公

周黨字伯況太原廣武人也家產千金少孤爲宗人所養而遇之不以理及長又不還其財黨詣鄉縣訟主乃歸之既而散與宗族悉免遺奴婢遂至長安遊學初鄉佐嘗眾中辱黨黨久懷之後讀春秋聞復讎之義便輟講而還與鄉佐相聞期尅鬬日既交刃而黨爲鄉佐所傷困頓鄉佐服其義輿歸養之數日方蘇既悟而去自此勑身脩志州里稱其高及王莽竊位託疾杜門自後賊暴縱横殘滅郡縣唯至廣武過城不入建武中徵爲議郎以病去職遂將妻子居黽池復被徵不得已乃著短布單衣穀皮綃頭待見尚書及光武引見黨伏而不謁自陳願守所志帝乃許焉博士范升奏毀黨曰臣聞堯不須許由巢父而建號天下周不待伯夷叔齊而王道以成伏見太原周黨東海王良山陽王成等蒙受厚恩使者三聘乃肯就車及陛見帝廷黨不以禮屈伏而不謁偃蹇驕悍同時俱逝黨等文不能演義武不能死君釣采華名庶幾三公之位臣願與坐雲臺之下考試圖國之道不如臣言伏虛妄之罪而敢私竊虛名誇上求高皆大不敬書奏以示公卿詔曰自古明王聖主必有不賓之士伯夷叔齊不食周粟太原周黨不受朕祿亦各有志焉其賜帛四十疋黨遂隱居黽池著書上下篇而終邑人賢而祠之初黨與同郡譚賢伯升鴈門殷謨君長俱守節不仕王莽世建武中徵並不到

王霸字儒仲太原廣武人也少有清節及王莽篡位棄冠帶絶交宦建武中徵到尚書拜稱名不稱臣有司問其故霸曰天子有所不臣諸侯有所不友司徒侯霸讓位於霸閻陽毀之曰太原俗黨儒仲頗有其風遂止以病歸隱居守志茅屋蓬戶連徵不至以壽終

嚴光字子陵一名遵會稽餘姚人也少有高名與光武同遊學及光武即位光乃變名姓隱身不見帝思其賢乃令以物色訪之後齊國上言有一男子披羊裘釣澤中帝疑其光乃備安車玄纁遣使聘之三反而後至舍於北軍給牀褥太官朝夕進膳司徒霸與光素舊遣使奉書使人因謂光曰公聞先生至區區欲即詣造迫於典司是以不獲願因日暮自屈語言光不答乃投札與之口授曰君房足下位至鼎足甚善懷仁輔義天下悅阿諛順旨要領絶霸得書封奏之帝笑曰狂奴故態也車駕即日幸其館光臥不起帝即其臥所撫光腹曰咄咄子陵不可相助爲理邪光又眠不應良久乃張目熟視曰昔唐堯著德巢父洗耳士故有志何至相迫乎帝

曰子陵我竟不能下汝耶於是升輿歎息而去復引光入論道舊故相對累日帝從容問光曰朕何如昔時對曰陛下差增於往因共偃臥光以足加帝腹上明日太史奏客星犯御坐甚急帝笑曰朕故人嚴子陵共臥耳除爲諫議大夫不屈乃耕於富春山後人名其釣處爲嚴陵瀨焉建武十七年復特徵不至年八十終於家帝傷惜之詔下郡縣賜錢百萬穀千斛

井丹字大春扶風郿人也少受業太學通五經善談論故京師爲之語曰五經紛綸井大春性清高未嘗脩刺候人建武末沛王輔等五王居北宮皆好賓客更遣請丹不能致信陽侯陰就光烈皇后弟也以外戚貴盛乃詭說五王求錢千萬約能致丹而別使人要劫之丹不得已旣至就故爲設麥飯葱葉之食丹推去之曰以君侯能供甘旨故來相過何其薄乎更置盛饌乃食及就左右進輦丹笑曰吾聞桀駕人車豈此邪坐中皆失色就不得已而令去輦自是隱閉不關人事以壽終

梁鴻字伯鸞扶風平陵人也父讓王莽時爲城門校尉封脩遠伯使奉少昊後寓於北地而卒鴻時尚幼以遭亂世因卷席而葬後受業太學家貧而尚節介博覽無不通而不爲章句學畢乃牧豕於上林苑中曾誤遺火延及他舍鴻乃尋訪燒者問所去失悉以豕償之其主猶以爲少鴻曰無他財願以身居作主人許之因爲執勤不懈朝夕鄰家耆老見鴻非恆人乃共責讓主人而稱鴻長者於是始敬異焉悉還其豕鴻不受而去歸鄉里埶家慕其高節多欲女之鴻並絕不娶同縣孟氏有女狀肥醜而黑力舉石臼擇對不嫁至年三十父母問其故女曰欲得賢如梁伯鸞者鴻聞而聘之女求作布衣麻屨織作筐緝績之具及嫁始以裝飾入門七日而鴻不答妻乃跪牀下請曰竊聞夫子高義簡斥數婦妾亦偃蹇數夫矣今而見擇敢不請罪鴻曰吾欲裘褐之人可與俱隱深山者爾今乃衣綺縞傅粉墨豈鴻所願哉妻曰以觀夫子之志耳妾自有隱居之服乃更爲椎髻著布衣操作而前鴻大喜曰此眞梁鴻妻也能奉我矣字之曰德曜孟光居有頃妻曰嘗聞夫子欲隱居避患今何爲默默無乃欲低頭就之乎鴻曰諾乃共入霸陵山中以耕織爲業詠詩書彈琴以自娛仰慕前世高士而爲四皓以來二十四人作頌因東出關過京師作五噫之歌曰陟彼北芒兮噫顧覽帝京兮噫宮室崔嵬兮噫人之劬勞兮噫遼遼未央兮噫肅宗聞而非之求鴻不得乃易姓運期名燿字侯光與妻子居齊魯之閒有頃又去適吳將行作詩曰遊舊邦兮遐征將遙集兮東南心惙怛兮傷悴忘菲菲兮升降欲乘策兮縱邁疾吾俗兮作讒競擧枉兮措直咸先佞兮唌唌固靡慙兮獨建冀異州兮尚賢逍遙兮遨嬉纘仲尼兮周流儻云覩兮我悅遂舍車兮卽浮過季札兮延陵求魯連兮海隅雖不察兮光貌幸神靈兮與休惟季春兮華阜麥含含兮方秀哀茂時兮逾邁愍芳香兮日臭悼吾心兮不獲長委結兮焉究口囂囂兮余訕嗟恇恇兮誰留遂至吳依大家皋伯通居廡下爲人賃舂每歸妻爲具食不敢於鴻前仰視擧案齊眉伯通察而異之曰彼傭能使其妻敬之如此非凡人也乃方舍之於家鴻潛閉著書十餘篇疾且告主人曰昔延陵季子葬子於嬴博之閒不歸鄉里愼勿令我子持喪歸去及卒伯通等爲求葬地於吳要離冢傍咸曰要離烈士而伯鸞清高可令相近葬畢妻子歸扶風初鴻友人京兆高恢少好老子隱於華陰山中及鴻東遊思恢作詩曰鳥嚶嚶兮友之期念高子兮僕懷思想念恢兮爰集茲二人遂不復相見恢亦高抗終身不仕

高鳳字文通南陽葉人也少爲書生家以農畝爲業而專精誦讀晝夜不息妻嘗之田曝麥於庭令鳳護雞時天暴雨而鳳持竿誦經不覺潦水流麥妻還怪問鳳方悟之其後遂爲名儒乃教授業於西唐山中鄰里有爭財者持兵而鬬鳳往解之不已乃脫巾叩頭固請曰仁義遜讓奈何棄之於是爭者懷感投兵謝罪鳳年老執志不倦名聲著聞太守連召請恐不得免自言本巫家不應爲吏又詐與寡嫂訟田遂不仕建武初將作大匠任隗擧鳳直言到公車託病逃歸推其財產悉與孤兄子隱身漁釣終於家

臺佟字孝威魏郡鄴人也隱於武安山鑿穴爲居採藥自業建初中州辟不就刺史行部乃使從事致謁佟載病往謝刺史乃執贄見佟曰孝威居身如是甚苦如何佟曰佟幸得保終性命存神養和如明使君奉宣詔書夕惕庶事反不苦邪遂去隱逸終不見

韓康字伯休一名恬休京兆霸陵人家世著姓常采藥名山賣於長安市口不二價三十餘年時有女子從康買藥康守價不移女子怒曰公是韓伯休邪乃不二價乎康歎曰我本欲避名今小女子皆知有我焉何用藥爲乃遯入霸陵山中博士公車連徵不至桓帝乃備元纁之禮以安車聘之使者奉詔造康康不得已乃許諾辭安車自乘柴車冒晨先使者發至亭亭長以韓徵君當過方發人牛修道橋及見康柴車幅巾以爲田叟也

使奪其牛康即釋駕與之有頃使者至奪牛翁乃徵君也使者欲奏殺亭長康曰此自老子與之亭長何罪乃止康因道逃遁以壽終

矯慎字仲彥扶風茂陵人也少好黃老隱遯山谷因穴爲室仰慕松喬導引之術與馬融蘇章鄉里並時融以才博顯名章以廉直爲稱然皆推先於慎汝南吳蒼甚重之因遺書以觀其志曰仲彥足下勤處隱約雖乘雲行泥棲宿不同每有西風何嘗不歎蓋聞黃老之言乘虛入冥藏身遠遁亦有理國養人施於爲政至如登山絕迹神不著其證人不覩其驗吾從先生欲其可者於意何如昔伊尹不懷道以待堯舜之君方今明明四海開闢巢許無爲箕山夷齊悔入首陽足下審能騎龍弄鳳翔嬉雲閒者亦非狐兎燕雀所敢謀也慎不答年七十餘竟不肯娶後忽歸家自言死日及期果卒後人有見慎於敦煌者故前世異之或云神仙焉慎同郡馬瑤隱於汧山以兎罝爲事所居俗化百姓美之號馬牧先生焉

戴良字叔鸞汝南慎陽人也曾祖父遵字子高平帝時爲侍御史王莽篡位稱病歸鄉里家富好給施尚俠氣食客常三四百人時人爲之語曰關東大豪戴子高良少誕節母憙驢鳴良常學之以娛樂焉及母卒兄伯鸞居廬啜粥非禮不行良獨食肉飲酒哀至乃哭而二人俱有毀容或問良曰子之居喪禮乎良曰然禮所以制情佚也情苟不佚何禮之論夫食旨不甘故致毀容之實若味不存口食之可也論者不能奪之良才既高達而論議尚奇多駭流俗同郡謝季孝問曰子自視天下孰可爲比良曰我若仲尼長東魯大禹出西羌獨步天下誰與爲偶舉孝廉不就再辟司空府彌年不到州郡迫之乃遯辭詣府悉將妻子既行在道因逃入江夏山中優遊不仕以壽終初良五女並賢每有求姻輒便許嫁疏裳布被竹笥木屐以遣之五女能遵其訓皆有隱者之風焉

法眞字高卿扶風郿人南郡太守雄之子也好學而無常家博通內外圖典爲關西大儒弟子自遠方至者陳留范冉等數百人性恬靜寡欲不交人閒事太守請見之眞乃幅巾詣謁太守曰昔魯哀公雖爲不肖而仲尼稱臣太守虛薄欲以功曹相屈光贊本朝何如眞曰以明府見待有禮故敢自同賓末若欲吏之眞將在北山之北南山之南矣太守懼然不敢復言辟公府舉賢良皆不就同郡田羽薦眞曰處士法眞體兼四業學窮典奧幽居恬泊樂以忘憂將蹈老氏之高蹤不爲元纁屈也臣願聖朝就加袞職必能唱清廟之歌致來儀之鳳矣會順帝西巡羽又薦之帝虛心欲致前後四徵眞曰吾既不能遯形遠世豈飲洗耳之水哉遂深自隱絕終不降屈友人郭正稱之曰法眞名可得聞身難得而見逃名而名我隨避名而名我追可謂百世之師者矣乃共刊石頌之號曰元德先生年八十九中平五年以壽終

漢濱老父者不知何許人也桓帝延熹中幸竟陵過雲夢臨沔水百姓莫不觀者有老父獨耕不輟尚書郎南陽張溫異之使問曰人皆來觀老父獨不輟何也老父笑而不答溫下道百步自與言老父曰我野人也不達斯語請問天下亂而立天子邪理而立天子邪立天子以父天下邪役天下以奉天子邪昔聖王宰世茅茨采椽而萬人以甯今子之君勞人自縱逸遊無忌吾爲子羞之子何忍欲人觀之乎溫大慙問其姓名不告而去

陳留老父者不知何許人也桓帝世黨錮事起守外黃令陳留張升去官歸鄉里道逢友人共班草而言升曰吾聞趙殺鳴犢仲尼臨河而反覆巢竭淵龍鳳逝而不至今宦豎日亂陷害忠良賢人君子其去朝乎夫德之不建人之無援將性命之不免奈何因相抱而泣老父趨而過之植其杖太息言曰吁二丈夫何泣之悲也夫龍不隱鱗鳳不藏羽網羅高懸去將安所雖泣何及乎二人欲與之語不顧而去莫知所終

龐公者南郡襄陽人也居峴山之南未嘗入城府夫妻相敬如賓荊州刺史劉表數延請不能屈乃就候之曰夫保全一身孰若保全天下乎龐公笑曰鴻鵠巢於高林之上暮而得所棲黿鼉穴於深淵之下夕而得所宿夫趣舍行止亦人之巢穴也且各得其棲宿而已天下非所保也因釋耕於壟上而妻子耘於前表指而問曰先生苦居畎畝而不肯官祿後世何以遺子孫乎龐公曰世人皆遺之以危今獨遺之以安雖所遺不同未爲無所遺也表歎息而去後遂攜其妻子登鹿門山因采藥不反

魏

張臶字子明鉅鹿人也少游太學學兼內外後歸鄉里袁紹前後辟命不應移居上黨并州牧高幹表除樂平令不就徙遁常山門徒且數百人遷居任縣太祖爲丞相辟不詣太和中詔求隱學之士能消災復異者郡累上臶發遣老病不行廣平太守盧毓到官三日綱紀白承前致版謁臶毓教曰張先生所謂上不事天子下不

友諸侯者也豈此版謁所可光飾哉但遣主簿奉書致美酒之禮青龍四年辛亥詔書張掖郡元川溢涌激波奮蕩寶石負蝎龍像靈龜宅於川西嶷然磐峙倉質素章麟鳳龍馬煥炳成形文字告命粲然著明太史令高堂隆上言古皇聖帝所未嘗蒙實有魏之禎命東序之世寶事班天下任令于綽連齎以問琰琰密謂綽曰夫神以知來不追已往禎祥先見而後廢興從之漢已久亡魏已得之何所追興徵祥乎此石當今之變異而將來之禎瑞也正始元年戴鵀之鳥巢琰門陰琰告門人曰夫戴鵀陽鳥而巢門陰此凶祥也乃援琴歌詠作詩二篇旬日而卒時年一百五歲是歲廣平太守王肅至官敎下縣曰前在京都聞張子明來至問之會其已亡致痛惜之此君篤學隱居不與時競以道樂身昔絳縣老人屈在泥塗趙孟升之諸侯用睦愍其耄勤好道而不蒙榮寵書到遣吏勞問其家顯題門戶務加殊異以慰既往以勸將來

胡昭字孔明潁川人也始避地冀州屬辭袁紹之命遁還鄉里太祖爲司空丞相頻加禮辟昭往應命既至自陳一介野生無軍國之用歸誠求去太祖曰人各有志出處異趣勉卒雅尚義不相屈昭乃轉居陸渾山中躬耕樂道以經籍自娛閭里敬而愛之建安二十三年陸渾長張固被書調丁夫當給漢中百姓惡憚遠役並懷擾擾民孫狼等因興兵殺縣主簿作爲叛亂縣邑殘破固率將十餘吏卒依昭住止招集遺民安復社稷狼等遂南附關羽羽授印給兵還爲寇賊到陸渾南長樂亭自相約誓言胡居士賢者也一不得犯其部落一川賴昭咸無怵惕天下安輯徙宅宜陽正始中驃騎將軍趙儼尚書黃休郭彝散騎常侍荀顗鍾毓太僕庾嶷弘農太守何楨等遞薦昭曰天眞高潔老而彌篤元虛靜素有夷皓之節宜蒙徵命以勵風俗至嘉平二年公車特徵會卒年八十九拜子纂郎中初昭善史書與鍾繇邯鄲淳衞覬韋誕並有名尺牘之迹動見模楷焉

焦先字孝然河東人也或言莫知其所出漢靈帝中平末白波賊起時先年二十餘與同郡侯武陽相隨武陽年小有母先與相扶接避白波東客揚州取婦建安初來西還武陽詣大陽占戶先留陝界至十六年關中亂先失家屬獨竄於河渚間食草飲水無衣履時大陽長朱南望見之謂爲亡士欲遣船捕取武陽語縣此狂癡人耳遂注其籍給廩日五升後有疫病人多死者縣常使埋藏童兒豎子皆輕易之然其行不踐邪徑必循阡陌及其捃拾不取大穗饑不苟食寒不苟衣結草以爲裳科頭徒跣每出見婦人則隱翳須去乃出自作一瓜牛廬淨掃其中營木爲牀布草蓐其上至天寒時構火以自炙呻吟獨語饑則出爲人客作飽食而已不取其直又出於道中邂逅與人相遇輒下道藏匿或問其故常言草茅之人與狐兔同羣不肯妄語太和青龍中嘗持一杖南渡淺河水漲輒獨云未可也由是人頗疑不狂至嘉平中太守賈穆初之官故過其廬先見穆再拜穆與語不應與食不食穆謂之曰國家使我來爲卿作君我食卿卿不肯食我與卿語卿不我應如是我不中爲卿作君當去耳先乃曰寧有是邪遂不復語其明年大發卒將伐吳有竊問先今討何如先不肯應而謬歌曰祝衄祝衄非魚非肉更相追逐本心謂當殺羖羊更殺其羖䍽邪郡人不知其謂會諸軍敗好事者乃推其意疑羖羊爲吳羖䍽謂魏於是後人僉謂之隱者也議郎河東董經特嘉異節與先非故人密往觀之經到乃奮其白鬚爲如與之有舊者謂曰阿先闊邪念共避白波時不先熟視而不言經素知其昔受武陽恩因復曰念武陽不邪先乃曰已報之矣經又復挑欲與言遂不肯復應後歲餘病亡時年八十九矣

扈累字伯重京兆人也初平中山東人有青牛先生者字正方客三輔曉知星曆風角鳥情常食青葙芫華年似如五六十者人或親識之謂其已百餘歲矣初累年四十餘隨正方游學人謂之得其術有婦無子建安十六年三輔亂又隨正方南入漢中漢中敗正方入蜀累與相失隨徙民詣鄴遭疾疫喪其婦至黃初元年又徙詣洛陽遂不復娶婦獨居道側以甎甓爲障施一廚牀食宿其中晝日潛思夜則仰視星宿吟詠內書人或問之閉口不肯言至嘉平中年八十九裁若四五十者縣官以其孤老給廩日五升五升不足食頗行傭作以裨糧糧盡復出人與不食食不求美衣弊緼故後一二年病亡

寒貧者本姓石字德林安定人也建安初客三輔是時長安有宿儒欒文博者門徒數千德林亦就學始精詩書後好內書於衆輩中最爲元默十六年關中亂南入漢中初不治產業不畜妻孥常讀老子五千文及諸內書晝夜吟詠不絕口其後漢中破隨衆還長安遂癡愚不復識人食不求味冬夏常衣弊布連結自覆體如無所勝目如無所見獨居窮巷小屋無親里人與之衣食不肯取郡縣以其鰥寡給米日五升食不足頗行乞乞不取多人問其姓名口不肯言故因號之曰寒貧也或

素有與相知者往存恤之輒拜跪由是人謂其不癡車騎將軍郭淮以意氣呼之問其所欲亦不肯言淮因與脯糒及衣取其脯一朐糒一升而止

晉

孫登字公和汲郡共人也無家屬於郡北山爲土窟居之夏則編草爲裳冬則被髮自覆好讀易撫一絃琴見者皆親樂之性無恚怒人或投諸水中欲觀其怒登旣出便大笑時時游人間所經家或設衣食者一無所受辭去皆捨棄嘗住宜陽山有作炭人見之知非常人與語登亦不應文帝聞之使阮籍往觀旣見與語亦不應嵇康又從之游三年問其所圖終不答康每歎息將別謂曰先生竟無言乎登乃曰子識火乎火生而有光而不用其光果在於用光人生而有才而不用其才而果在於用才故用光在乎得薪所以保其燿用才在乎識眞所以全其年今子才多識寡難乎免於今之世矣子無求乎康不能用果遭非命仍作幽憤詩曰昔慚柳下今愧孫登或謂登以魏晉去就易生嫌疑故或嘿者也竟不知所終

董京字威輦不知何郡人也初與隴西計吏俱至洛陽被髮而行逍遙吟詠常宿白社中時乞於市得殘碎繒絮結以自覆全帛佳緜則不肯受或見推排罵辱曾無怒色孫楚時爲著作郎數就社中與語遂載與俱歸京不肯坐楚乃貽之書勸以今堯舜之世胡爲懷道迷邦京答之以詩曰周道斁兮頌聲沒夏政衰兮五常汨便便君子顧望而逝洋洋乎滿目而作者七豈不樂天地之化也哀哉乎時之不可與對之以獨處無娛我以爲歡清流可飲至道可餐何爲棲棲自使疲單魚懸獸檻鄙夫知之古之至人藏器於靈緼袍不能令暖軒冕不能令榮動如川之流靜如川之停鸚鵡能言泗濱浮磬衆人所翫豈合物情元鳥紆幕而不被害鵰隼遠巢咸以欲死眄彼梁魚逡巡倒尾沈吟不決忽焉失水嗟乎魚鳥相與萬世而不悟以我觀之乃明其故焉知不有達人深穆其度亦將闚我顰顣而去萬物皆賤惟人爲貴動以九州爲狹靜以圜堵爲大後數年遁去莫知所之於其所寢處惟有一石竹子及詩二篇其一曰乾道剛簡坤體敦密芒芒太素是則是述末世流奔以文代質悠悠世目孰知其實逝將去此至虛歸我自然之室又曰孔子不遇時彼感麟乎麟胡不遁世以存眞

夏統字仲御會稽永興人也幼孤貧養親以孝聞睦於兄弟每采梠求食星行夜歸或至海邊拘螊蠘以資養雅善談論宗族勸之仕謂之曰卿清亮質直可作郡綱紀與府朝接自當顯至如何甘辛苦於山林畢性命於海濱也統悖然作色曰諸君待我乃至此乎使統屬太平之時當與元凱評議出處遇濁代念與屈生同汙共泥若汙隆之間自當耦耕沮溺豈有辱身曲意於郡府之間乎聞君之談不覺寒毛盡戴白汗四匝顏如渥丹心熱如炭舌縮口張兩耳壁塞也言者大慚統自此遂不與宗族相見會母疾統侍醫藥宗親因得見之其從父敬寧祠先人迎女巫章丹陳珠二人並有國色莊服甚麗善歌舞又能隱形匿影甲夜之初撞鐘擊鼓間以絲竹丹珠乃拔刀破舌吞刀吐火雲霧杳冥流光電發統諸從兄弟欲往觀之難統於是共紿之曰從父間疾病得瘳大小以爲喜慶欲因其祭祀並往賀之卿可俱行乎統從之入門忽見丹珠在中庭輕步佪儛靈談鬼笑飛觴挑柈酬酢翩翻統驚愕而走不由門破藩直出歸責諸人曰昔淫亂之俗興衛文公爲之悲惋螮蝀之氣見君子尙不敢指季桓納齊女仲尼載馳而退子路見夏南憤恚而忼愾吾常恨不得頓叔向之頭陷華父之眼奈何諸君迎此妖物夜與游戲放傲逸之情縱奢淫之行亂男女之禮破貞高之節何也遂隱牀上被髮而臥不復言衆親踧踖卽退遣丹珠各各分散後其母病篤乃詣洛市藥會三月上巳洛中王公已下並至浮橋士女駢塡車服燭路統時在船中曝所市藥諸貴人車乘來者如雲統並不之顧太尉賈充怪而問之統初不應重問乃徐答曰會稽夏仲御也充使問其土地風俗統曰其人循循猶有大禹之遺風太伯之義讓嚴遵之抗志黃公之高節又問卿居海濱頗能隨水戲乎答曰可統乃操柂正櫓折旋中流初作鯔鯸躍後作鯆鰐引飛鷁首掇獸尾奮長梢而船直逝者三焉於是風波振駭雲霧杳冥俄而白魚跳入船者有八九觀者皆悚遽充心尤異之乃更就船與語其應如響欲使之仕卽俛而不答充又謂曰昔堯亦歌舜亦歌子與人歌而善必反而後和之明先聖前哲無不盡歌卿頗能作卿土地閒曲乎統曰先公惟寓稽山朝會萬國授化鄙邦崩殂而葬恩澤雲布聖化猶存百姓感詠遂作慕歌又孝女曹娥年甫十四貞順之德過越梁宋其父墮江不得尸娥仰天哀號中流悲歎便投水而死父子喪尸後乃俱出國人哀其孝義爲歌河女之章伍子胥諫吳王言不納用見戮投海國人痛其忠烈爲作小海唱今欲歌之衆人僉曰善統於是以足叩船引聲喉囀清激慷慨大風應至含水漱天雲雨響集叱咤讙呼雷電晝冥集

氣長嘯沙塵煙起王公已下皆恐止之乃已諸人顧相謂曰若不游洛水安見是人聽慕歌之聲便髣髴見大禹之容聞河女之音不覺涕淚交流即謂伯姬高行在目前也聆小海之唱謂子胥屈平立吾左右矣充欲燿以文武鹵簿覬其來觀因而謝之遂命建朱旗舉幡校分羽騎爲隊軍伍肅然須臾鼓吹亂作胡葭長鳴車乘紛錯縱橫馳道又使妓女之徒服袿襡炫金翠繞其船三匝統危坐如故若無所聞充等各散曰此吳兒是木人石心也統歸會稽竟不知所終

朱沖字巨容南安人也少有至行閑靜寡欲好學而貧常以耕藝爲事鄰人失犢認沖犢以歸後得犢於林下大慙以犢還沖沖竟不受有牛犯其禾稼沖屢持芻送牛而無恨色主愧之乃不復爲暴咸寧四年詔補博士沖稱疾不應尋又詔曰東宮官屬亦宜得履蹈至行敦悅典籍者其以沖爲太子右庶子沖每聞徵書至輒逃入深山時人以爲梁管之流沖居近夷俗羌戎奉之若君沖亦以禮讓爲訓邑里化之路不拾遺村無凶人毒蟲猛獸皆不爲害卒以壽終

范粲字承明陳留外黃人漢萊蕪長丹之孫也粲高亮貞正有丹風而博涉彊記學皆可師遠近請益者甚衆性不矜莊而見之皆肅如也魏時州府交辟皆無所就久之乃應命爲治中轉別駕辟太尉掾尚書郎出爲征西司馬所歷職皆有聲稱及宣帝輔政遷爲武威太守到郡選良吏立學校觀農桑是時戎夷頗侵疆埸粲明設防備敵不敢犯西域流通無烽燧之警又郡壤富實珍玩充積粲檢制之息其華侈以母老罷官郡既接近寇戎粲以重鎮輒去職朝廷尤之左遷樂涫令頃之轉太宰從事中郎遭母憂以至孝稱服闋復爲太宰從事中郎齊王芳被廢遷於金墉城粲素服拜送哀慟左右是時景帝輔政召羣官會議粲又不到朝廷以其時望特優容之粲又稱疾闔門不出於是特詔爲侍中持節使於雍州粲因陽狂不言寢所乘車足不履於地子孫恆侍左右至有婚宦大事輒密諮焉合者則色無變不合則眠寢不安妻子以此知其旨武帝踐阼泰始中粲同郡孫和時爲太子中庶子表薦粲稱其操行高潔久嬰疾病可使郡縣輿致京師加以聖恩賜其醫藥若遂瘳除必有益於政乃詔郡縣給醫藥又以二千石祿養病歲以爲常加賜帛百疋子喬以父疾篤辭不敢受詔不許以太康六年卒時年八十四不言三十六載終於所寢之車長子喬字伯孫年二歲時祖馨臨終撫喬首曰恨不見汝成人因以所用硯與之至五歲祖母以告喬喬便執硯涕泣九歲請學在同輩之中言無媟辭弱冠受業於樂安蔣國明濟陰劉公榮有知人之鑒見喬深相器重友人劉彥秋夙有聲譽嘗謂人曰范伯孫體應純和理思周密吾每欲錯其一事而終不能光祿大夫李銓嘗論揚雄才學優於劉向喬以爲向定一代之書正羣籍之篇使雄當之故非所長遂著劉揚優劣論文多不載喬好學不倦父粲陽狂不言喬與二弟並棄學業絕人事侍疾家庭至粲沒足不出邑里司隸校尉劉毅嘗抗論於朝廷曰使范武威疾若不篤是爲伯夷叔齊復在於今如其信篤益是聖主所宜哀矜其子久侍父疾名德著茂不加敍用深爲朝廷惜遺賢之譏也元康中詔求廉讓沖退履道寒素者不計資以參選敍尚書郎王琨乃薦喬曰喬稟德真粹立操高潔儒學精深含章內奧安貧樂道棲志窮學箪瓢詠業長而彌堅誠當今之寒素著厲俗之清彥時張華領司徒天下所舉凡十七人於喬特發優論又吏部郎郗隆亦思求海內幽遯之士喬供養衡門至於白首於是除樂安令辭疾不拜喬凡一舉孝廉入薦公府再舉清白異行又舉寒素一無所就初喬邑人臘夕盜斫其樹人有告者喬陽不聞邑人愧而歸之喬往喻曰卿節日取柴欲與父母俱歡娛耳何以愧爲其通物善導皆此類也外黃令高頵歎曰諸士大夫未有不及私者而范伯孫恂恂率道名諱未嘗經於官曹士之貴異於今而見大道廢而有仁義信矣其行身不穢爲物所歎服如此以元康八年卒年七十八

魯勝字叔時代郡人也少有才操爲佐著作郎元康初遷建康令到官著正天論云以冬至之後立晷測影準度日月星臣案日月裁徑百里無千里星十里不百里遂表上求下羣公卿士考論若臣言合理當得改先代之失而正天地之紀如無據驗甘即刑戮以彰虛妄之罪事遂不報嘗歲日望氣知將來多故便稱疾去官中書令張華遣子勸其更仕再徵博士舉中書郎皆不就其著述爲世所稱遭亂遺失惟注墨辯存其敘曰名者所以別同異明是非道義之門政化之準繩也孔子曰必也正名名不正則事不成墨子著書作辯經以立名本惠施公孫龍祖述其學以正刑名顯於世孟子非墨子其辯言正辭則與墨同荀卿莊周等皆非毀名家而不能易其論也必有形察莫如別色故有堅白之辯名必有分明分明莫如有無故有無序之辯是有不是可有不可是名兩可同而有異異而有同是之謂辯同異

至同無不同至異無不異是謂辯同辯異同異生是非是非生吉凶取辯於一物而原極天下之汙隆名之至也自鄧析至秦時名家者世有篇籍率頗難知後學莫復傳習於今五百餘歲遂亡絕墨辯有上下經經各有說凡四篇與其書衆篇連第故獨存今引說就經各附其章疑者闕之又采諸衆雜集爲刑名二篇略解指歸以俟君子其或興微繼絕者亦有樂乎此也

董養字仲道陳留浚儀人也泰始初到洛下不干祿求榮及楊后廢養因游太學升堂歎曰建斯堂也將何爲乎每覽國家赦書謀反大逆皆赦至於殺祖父母父母不赦者以爲王法所不容也奈何公卿處議文飾禮典以至此乎天人之理旣滅大亂作矣因著無化論以非之永嘉中洛城東北步廣里中地陷有二鵝出焉其蒼者飛去白者不能飛養聞歎曰昔周時所盟會狄泉即此地也今有二鵝蒼者胡象白者國家之象其可盡言乎顧謂謝鯤阮孚曰易稱知幾其神乎君等可深藏矣乃與妻荷擔入蜀莫知所終

霍原字休明燕國廣陽人也少有志力叔父坐法當死原入獄訟之楚毒備加終免叔父年十八觀太學行禮因留習之貴游子弟聞而重之欲與相見以其名微不欲晝往乃夜共造焉父友同郡劉岱將舉之未果而病篤臨終敕其子沈曰霍原慕道清虛方成奇器汝後必薦之後歸鄉里高陽許猛素服其名會爲幽州刺史將詣之主簿當車諫不可出界猛歎恨而止原山居積年門徒百數燕王月致羊酒及劉沈爲國大中正元康中進原爲二品司徒不過沈乃上表理之詔下司徒參論中書監張華令陳準奏爲上品詔可元康末原與王褒等俱以賢良徵累下州郡以禮發遣皆不到後王浚稱制謀僭使人問之原不答浚心銜之又有遼東囚徒三百餘人依山爲賊意欲劫原爲主事亦未行時有謠曰天子在何許近在豆田中浚以豆爲霍收原斬之懸其首諸生悲哭夜竊尸共埋殯之遠近駭愕莫不冤痛之

郭琦字公偉太原晉陽人也少方直有雅量博學善五行作天文志五行傳注穀梁京氏易百卷鄉人王游等皆就琦學武帝欲以琦爲佐著作郎問琦族人尚書郭彰彰素疾琦答云不識帝曰若如卿言烏丸家兒能事卿即堪爲郎矣遂決意用之及趙王倫篡位又欲用琦琦曰我巳爲武帝吏不容復爲今世吏終身處於家

伍朝字世明武陵漢壽人也少有雅操閑居樂道不修世事性好學以博士徵不就刺史劉弘薦朝爲零陵太守主者以非選例不聽尚書郎胡濟奏曰臣以爲當今資喪亂之餘運承百王之遺獎進趨者乘國故以僥倖守道者懷韞匵以終身故令敦褒之化虧退讓之風薄宋朝游心物外不屑時務守靜衡門志道日新年過耳順而所尚無虧誠江南之奇才邱園之逸老也不加飾進何以勸善且白衣爲郡前漢有舊宜聽光顯以獎風尚事可而朝不就終於家

魯褒字元道南陽人也好學多聞以貧素自立元康之後綱紀大壞褒傷時之貪鄙乃隱姓名而著錢神論以刺之其略曰錢之爲體有乾坤之象內則其方外則其圓其積如山其流如川動靜有時行藏有節市井便易不患耗折難折象壽不匱象道故能長久爲世神寶親之如兄字曰孔方失之則貧弱得之則富昌無翼而飛無足而走解嚴毅之顏開難發之口錢多者處前錢少者居後處前者爲君長在後者爲臣僕君長者豐衍而有餘臣僕者窮竭而不足詩云哿矣富人哀此煢獨錢之爲言泉也無遠不往無幽不至京邑衣冠疲勞講肆厭聞清談對之睡寐見我家兄莫不驚視錢之所祐吉無不利何必讀書然後富貴昔呂公欣悅於空版漢祖充之於嬴二文君解布裳而被錦繡相如乘高蓋而解犢鼻官尊名顯皆錢所致空版至虛而況有實嬴二雖少以致親密由此論之謂之神物無德而尊無勢而熱排金門而入紫闥危可使安死可使活貴可使賤生可使殺是故忿爭非錢不勝幽滯非錢不拔怨讐非錢不解令問非錢不發洛中朱衣當塗之士愛我家兄皆無巳巳執我之手抱我終始不計優劣不論年紀賓客輻湊門常如市諺曰錢無耳可使鬼凡今之人惟錢而巳故曰軍無財士不來軍無賞士不往仕無中人不如歸田雖有中人而無家兄不異無翼而欲飛無足而欲行蓋疾時者共傳其文褒不仕莫知其所終

氾騰字無忌敦煌人也舉孝廉除郎中屬天下兵亂去官還家太守張閟造之閉門不見禮遺一無所受歎曰生於亂世貴而能貧乃可以免散家財五十萬以施宗族柴門灌園琴書自適張軌徵之爲府司馬騰曰門一杜其可開乎固辭病月餘而卒

任旭字次龍臨海章安人也父訪吳南海太守旭幼孤弱兒童時勤於學及長立操淸修不染流俗鄉曲推而愛之郡將蔣秀嘉其名請爲功曹秀居官貪穢每不奉法旭正色苦諫秀旣不納旭謝去閉門講習養志而巳久之秀坐事被收旭狼狽營送秀慨然歎曰任功曹眞人也吾違其讜言以至於此復何言哉尋察孝廉除郎

中州郡仍舉爲郡中正固辭歸家永康初惠帝博求清節儁異之士太守仇馥薦旭清貞潔素學識通博詔下州郡以禮發遣旭以朝廷多故志尙隱遯辭疾不行尋天下大亂陳敏作逆江東名豪並見羈縶惟旭與賀循守死不迴敏卒不能屈元帝初鎮江東聞其名召爲參軍手書與旭欲使必到旭固辭以疾後帝進位鎮東大將軍復召之及爲左丞相辟爲祭酒並不就中興建公車徵會遭母憂于時司空王導啓立學校選天下明經之士旭與會稽虞喜俱以隱學被召事未行會有王敦之難尋而帝崩事遂寢明帝卽位又徵拜給事中旭稱疾篤經年不到尙書以稽留除名僕射荀崧議以爲不可太甯末明帝復下詔備禮徵旭始下而帝崩咸和二年卒太守馮懷上疏謂宜贈九列值蘇峻作亂事竟不行子璩位至大宗正終於家

郭文字文舉河內軹人也少愛山水尙嘉遯年十三每遊山林彌旬忘反父母終服畢不娶辭家游名山歷華陰之崖以觀石室之石函洛陽陷乃步擔入吳興餘姚大辟山中窮谷無人之地倚木於樹苫覆其上而居焉亦無壁障時猛虎爲暴入屋害人而文獨宿十餘年卒無患害恆著鹿裘葛巾不飲酒食肉區種菽麥採竹葉竹實貿鹽以自供人或酬下價者亦卽與之後人識文不復賤酬食有餘穀輒恤窮匱人有致遺取其麤者示不逆而已有猛虎殺大麀鹿於菴側文以語人人取賣之分錢與文文曰我若須此自當賣之所以相語正以不須故也聞者皆嗟歎之嘗有猛虎忽張口向文文視其口中有橫骨乃以手探去之猛虎明旦致一鹿於其室前獵者嘗往寄宿文夜爲擔水而無勌色餘杭令顧颺與葛洪共造之而攜與俱歸颺以文山行或須皮衣贈以韋袴褶一具文不納辭歸山中颺追遣使者置衣室中而去文亦無言韋衣乃至爛於戶內竟不服用王導聞其名遣人迎之文不肯就船車荷擔徒行既至導置之西園園中果木成林又有鳥獸麋鹿因以居文焉於是朝士咸共觀之文頹然踑踞傍若無人溫嶠嘗問文曰人皆有六親相娛先生棄之何樂文曰本行學道不謂遭世亂欲歸無路是以來也又問曰飢而思食壯而思室自然之性先生安獨無情乎文曰情由憶生不憶故無情又問曰先生獨處窮山若疾病遭命則爲鳥鳥所食顧不酷乎文曰藏埋者亦爲螻蟻所食復何異乎又問曰猛虎害人人之所畏而先生獨不畏邪文曰人無害虎之心則虎亦不害人又問曰苟世不寧身不得安今將用先生以濟時若何文曰山草之人安能佐世導嘗衆賓共集絲竹並奏試使呼之文瞪眸不轉跨躡華堂如行林野於時坐者咸有鉤深味遠之言文常稱不達來語天機鏗宏莫有窺其門者溫嶠嘗稱曰文有賢人之性而無賢人之才柳下梁踦之亞乎永昌中大疫文病亦殆王導遺藥文曰命在天不在藥也夭壽長短時也居導園七年未嘗出入一旦忽求還山導不聽後逃歸臨安結廬舍於山中臨安令萬寵迎置縣中及蘇峻反破餘杭而臨安獨全人皆異之以爲知機自後不復語但舉手指麾以宣其意病甚求還山欲枕石安尸不令人殯葬寵不聽不食二十餘日亦不瘦寵問曰先生復可得幾日文三舉手果以十五日終寵葬之於所居之處而祭哭之葛洪庾闡並爲作傳贊頌其美云

龔壯字子瑋巴西人也潔己自守與鄉人譙秀齊名父叔爲李特所害壯積年不除喪力弱不能復讐及李壽成漢中與李期有嫌期特孫也壯欲假壽以報乃說壽曰節下若能幷有西土稱藩於晉人必樂從且捨小就大以危易安莫大之策也壽然之遂率衆討期果尅之壽猶襲僞號欲官之壯誓不仕賂遺一無所取會天久雨百姓飢墊壯上書說壽以歸順允天心應人望永爲國藩福流子孫壽省書內愧祕而不宣乃遣使入胡壯又諫之壽又不納壯謂百行之本莫大忠孝旣假壽殺期私仇以雪又欲使其歸朝以明臣節壽旣不從壯遂稱聾又云手不制物終身不復至成都惟研考經典譔思文章至李勢時卒初壯每歎中夏多經學而巴蜀鄙陋兼遭李氏之難無復學徒乃著邁德論文多不載

孟陋字少孤武昌人故吳司空宗之曾孫也兄嘉桓溫征西長史陋少而貞立清操絕倫布衣蔬食以文籍自娛口不及世事未曾交遊時或弋釣孤興獨歸雖家人亦不知其所之也喪母毀瘠殆於滅性不飲酒食肉十有餘年親族迭謂之曰少孤誰無父母誰有父母聖人制禮令賢者俯就不肖企及若使毀性無嗣更爲不孝也陋感此言然後從言由是名著海內簡文帝輔政命爲參軍稱疾不起桓溫躬往造焉或謂溫曰孟陋高行學爲儒宗宜引在府以和鼎味溫歎曰會稽王尙不能屈非敢擬議也陋聞之曰桓公正當以我不往故耳億兆之人無官者十居其九豈皆高士哉我疾病不堪恭相王之命非敢爲高也由是名稱益重博學多通長於三禮注論語行於世卒以壽終

韓績字興齊廣陵人也其先避亂居於吳之嘉興父建

仕吳至大鴻臚績少好文學以潛退爲操布衣蔬食不交當世由是東土並宗敬焉司徒王導聞其名辟以爲掾不就咸康末會稽內史孔愉上疏薦之詔以安車束帛徵之尚書令諸葛恢奏績名望猶輕未宜備禮於是召拜博士稱老病不起卒於家於時高密劉驎字長魚城陽邴郁字弘文並有高名驎幼不慕俗長而希古篤學厲行化流邦邑郁魏徵士原之曾孫少有原風敎身謹潔口不妄說耳不妄聽端拱恂恂舉動有禮咸康中成帝博求異行之士驎郁並被公卿薦舉於是依績及翟湯等例以博士徵之郁辭以疾驎隨使者到京師自陳年老不拜各以壽終

譙秀字元彥巴西人也祖周以儒學著稱顯名蜀朝秀少而靜默不交於世知天下將亂預絕人事雖內外宗親不與相見郡察孝廉州舉秀才皆不就及李雄據蜀略有巴西雄叔父驤驤子壽皆慕秀名具束帛安車徵之皆不應常冠皮弁弊衣躬耕山藪龔壯常歎服焉桓溫滅蜀上疏薦之朝廷以秀年在篤老兼道遠故不徵遣使敕所在四時存問尋而范賁蕭敬相繼作亂秀避難宕渠鄉里宗族依憑之者以百數秀年出八十衆人欲代之負擔秀曰各有老弱當先營護吾氣力猶足自堪豈以垂朽之年累諸君也年九十餘卒

翟湯字道深尋陽人篤行純素仁讓廉潔不屑世事耕而後食人有饋贈雖釜庾一無所受永嘉末寇害相繼聞湯名德皆不敢犯鄉鄰賴之司徒王導辟不就隱於縣界南山始安太守干寶與湯通家遣船餉之敕吏云翟公廉讓卿致書訖便委船還湯無人反致乃貨易絹物因寄還寶寶本以爲惠而更煩之益愧歎焉咸康中征西大將軍庾亮上疏薦之成帝徵爲國子博士湯不起建元初安西將軍庾翼北征石虎大發僮客以充戎役敕有司特蠲湯所調湯悉推僕使委之鄉吏吏奉旨一無所受湯依所調限放免其僕使令編戶爲百姓康帝復以散騎常侍徵湯固辭老疾不至年七十三卒於家子莊字祖休少以孝友著名遵湯之操不交人物耕而後食語不及俗惟以弋釣爲事及長不復獵或問漁獵同是害生之事而先生止去其一何哉莊曰獵自我釣自物未能頓盡故先節其甚者且夫貪餌吞鉤豈我哉豈我哉時人以爲知言晚節亦不復釣端居篳門歠菽飲水州府禮命及公車徵並不就年五十六卒子矯亦有高操屢辭辟命矯子法賜孝武帝以散騎郎徵亦不至世有隱行云

郭翻字長翔武昌人也伯父訥廣州刺史父察安城太守翻少有志操辭州郡辟及賢良之舉家於臨川不交世事惟以漁釣射獵爲娛居貧無業欲墾荒田先立表題經年無主然後乃作稻將熟有認之者悉推與之縣令聞而詰之以稻還翻翻遂不受嘗以車獵去家百餘里道中逢病人以車送之徒步而歸其漁獵所得或從買者便與之而不取直亦不告姓名由是士庶咸敬貴焉與翟湯俱爲庾亮所薦公車博士徵不就咸康末乘小船暫歸武昌省墳墓安西將軍庾翼以帝舅之重躬往造焉欲彊起之翻曰人性各有所短焉可彊逼翼又以其船小狹欲引就大船翻曰使君不以鄙賤而辱臨之此固野人之舟也翼俯屈入其船中終日而去嘗墜刀於水路人有爲取者因與之路人不取固辭翻曰爾向不取我豈能得路人曰我若取此將爲天地鬼神所責矣翻知其終不受復沈刀於水路人悵焉乃復沈沒取之翻於是不逆其意乃以十倍刀價與之其廉不受惠皆此類也卒於家

辛謐字叔重隴西狄道人也父怡幽州刺史世稱冠族謐少有志尚博學善屬文工草隸書爲時楷法性恬靜不妄交游召拜太子舍人諸王文學累徵不起永嘉末以謐兼散騎常侍慰撫關中謐以洛陽將敗故應之及長安陷沒於劉聰聰拜太中大夫固辭不受又歷石勒石虎之世並不應辟命雖處喪亂之中頽然高邁視榮利蔑如也及冉閔僭號復備禮徵爲太常謐遺閔書勸以歸身本朝因不食而卒

劉驎之字子驥南陽人光祿大夫耽之族也驎之少尚質素虛退寡欲不修儀操人莫之知好游山澤志存遯逸嘗採藥至衡山深入忘反見有一澗水水南有二石囷一囷閉一囷開水深廣不得過欲還失道遇伐弓人問徑僅得還家或說囷中皆仙靈方藥諸雜物驎之欲更尋索終不復知處也車騎將軍桓沖聞其名請爲長史驎之固辭不受沖嘗到其家驎之於樹條桑使者致命驎之曰使君既枉駕光臨宜先詣家君沖聞大愧於是乃造其父父命驎之然後方還拂裋褐與沖言話父使驎之於內自持濁酒蔬菜供賓沖敕人代驎之斟酌父辭曰若使從者非野人之意也沖慨然至昏乃退驎之雖冠冕之族信義著於羣小凡廝伍之家婚娶葬送無不躬自造焉居於陽岐在官道之側人物來往莫不投之驎之躬自供給士君子頗以勞累更憚過焉凡人致贈一無所受去驎之家百餘里有一孤姥病將死歎息謂人曰誰當埋我惟有劉長史耳何由令知驎之先

聞其有患故往候之値其命終乃身爲營棺殯送之其仁愛隱惻若此卒以壽終

索襲字偉祖敦煌人也虛靖好學不應州郡之命舉孝廉賢良方正皆以疾辭游思於陰陽之術著天文地理十餘篇多所啟發不與當世交通或獨語獨笑或長歎涕泣或請問不荅張茂時敦煌太守陰澹奇而造焉經日忘反出而歎曰索先生碩德名儒眞可以諮大義澹欲行鄉射之禮請襲爲三老曰今四表輯寧將行鄉射之禮先生年耆望重道冠一時養老之義實繫儒賢旣樹非梧桐而希鸞鳳降翼器謝曹公而冀蓋公任駕誠非所謂也然夫子至聖有召赴焉孟軻大德無聘不至蓋欲弘闡大猷敷明道化故也今之相屈遵道崇敎非有爵位意者或可然乎會病卒時年七十九澹素服會葬贈錢二萬澹曰世人之所有餘者富貴也目之所好者五色也耳之所玩者五音也而先生棄衆人之所收收衆人之所棄味無味於慌惚之際兼重元於衆妙之內宅不彌畝而志忽九州形居塵俗而棲心天外雖黔婁之高遠莊生之不願蔑以過也乃謚曰元居先生

楊軻天水人也少好易長而不娶學業精微養徒數百常食麤飲水衣褐縕袍人不堪其憂而軻悠然自得疎賓異客音旨未曾交也雖受業門徒非入室弟子莫得親言欲所論授須傍無雜人授入室弟子令遞相宣授劉曜僭號徵拜太常軻固辭不起曜亦敬而不逼遂隱於隴山曜後爲石勒所擒秦人東徙軻留長安及石虎嗣僞位備元纁束帛安車徵之軻以疾辭迫之乃發旣見虎不拜與語不言命舍之永昌乙第其有司以軻倨傲請從大不敬論虎不從下書任軻所尙軻在永昌虎每有餽餼輒口授弟子使爲表謝其文甚美覽者歎有深致虎每欲觀其眞趣乃密令美女夜以動之軻蕭然不顧又使人將其弟子盡行遣魁壯羯士衣甲持刀臨之以兵幷竊其所賜衣服而去軻視而不言了無懼色常臥土牀覆以布被倮寢其中下無茵褥潁川荀鋪好奇之士也造而談經軻瞑目不荅鋪發軻被露其形大笑之軻神體頽然無驚怒之狀于時咸以爲焦先之徒未有能量其淺深也後上疏陳鄉思求還虎以安車蒲輪送十戶供之自歸秦州仍敎授不絕其後秦人西奔涼州軻弟子以牛負之爲戍軍追擒幷爲所害

公孫鳳字子鸞上谷人也隱於昌黎之九城山谷冬衣單布寢處土牀夏則幷食於器停令臭敗然後食之彈琴吟詠陶然自得人咸異之莫能測也慕容暐以安車徵至鄴及見暐不言不拜衣食舉動如在九城賓客造請尠得與言數年病卒

公孫永字子陽襄平人也少而好學恬虛隱於平郭南山不娶妻妾非身所墾植則不衣食之吟詠巖間欣然自得年餘九十操尙不虧與公孫鳳俱被慕容暐徵至鄴及見暐不拜王公以下造之皆不與言雖經隆冬盛暑端然自若一歲餘詐狂暐送之平郭後苻堅又將備禮徵之難其年耆路遠乃遣使者致問未至而永亡堅深悼之謚曰崇虛先生

張忠字巨和中山人也永嘉之亂隱於泰山恬靖寡欲清虛服氣餐芝餌石修導養之法冬則縕袍夏則帶索端拱若尸無琴書之適不修經典勸敎但以至道虛無爲宗其居依崇巖幽谷鑿地爲窟室弟子亦以窟居去忠六十餘步五日一朝其敎以形不以言弟子受業觀形而退立道壇於窟上每旦朝拜之食用瓦器鑿石爲釜左右居人饋之衣食一無所受好事少年頗或問以水旱之祥忠曰天不言而四時行焉萬物生焉陰陽之事非窮山野叟所能知之其遣諸外物皆此類也年在期頤而視聽無爽苻堅遣使徵之使者至忠沐浴而起謂弟子曰吾餘年無幾不可以逆時主之意浴訖就車及至長安堅賜以衣冠辭曰年朽髮落不堪衣冠請以野服入覲從之及見堅謂之曰先生考槃山林研精道素獨善之美有餘兼濟之功未也故遠屈先生將任齊尙父忠曰昔因喪亂避地泰山與鳥獸爲侶以全朝夕之命屬堯舜之世思一奉聖顏年衰志謝不堪展效尙父之況非敢竊擬山棲之性情存巖岫乞還餘齒歸死岱宗堅以安車送之行達華山歎曰我東嶽道士沒於西嶽命也奈何行五十里及關而死使者馳驛白之堅遣黃門郎韋華持節策弔祀以太牢襃賜命服謚曰安道先生

石垣字洪孫自云北海劇人居無定所不娶妻妾不營產業食不求美衣必麤弊或有遺其衣服受而施人人有喪葬輒杖策弔之路無遠近時有寒暑必在其中或同日共時咸皆見焉又能闇中取物如晝無差姚萇之亂莫知所終

宋纖字令艾敦煌效穀人也少有遠操沈靖不與世交隱居於酒泉南山明究經緯弟子受業三千餘人不應州郡辟命惟與陰顒齊好友善張祚時太守楊宣畫其象於閣上出入視之作頌曰爲枕何石爲漱何流身不可見名不可求酒泉太守馬岌高尙之士也具威儀鳴鐃鼓造焉纖高樓重閣距而不見岌歎曰名可聞而身

不可見德可仰而形不可覩吾而今而後知先生人中之龍也銘詩於石壁曰丹崖百丈青壁萬尋奇木蓊鬱蔚若鄧林其人如玉惟國之琛室邇人遐實勞我心纖注論語及爲詩頌數萬言年八十篤學不倦張祚後遣使者張興備禮徵爲太子友興逼喻甚切纖喟然歎曰德非莊生才非干木何敢稽停明命遂隨興至姑臧祚遣其太子太和以執友禮造之纖稱疾不見贈遺一皆不受尋遷太子太傅頃之上疏曰臣受生方外心慕太古生不喜存死不悲沒素有遺屬屬諸知識在山投山臨水投水處澤露形在人親土聲聞書疏勿告我家今當命終乞如素願遂不食而卒時年八十二諡曰元虛先生

郭荷字承休略陽人也六世祖整漢安順之世公府八辟公車五徵皆不就自整及荷世以經學致位荷明究羣籍特善史書不應州郡之命張祚遣使者以安車束帛徵爲博士祭酒使者迫而致之及至署太子友荷上疏乞還祚許之遣以安車蒲輪送還張掖東山年八十四卒諡曰元德先生

郭瑀字元瑜敦煌人也少有超俗之操東遊張掖師事郭荷盡傳其業精通經義雅辯談論多才藝善屬文荷卒瑀以爲父生之師成之君爵之而五服之制師不服重蓋聖人謙也遂服斬衰廬墓三年禮畢隱於臨松薤谷鑿石窟而居服柏實以輕身作春秋墨說孝經錯緯弟子著錄千餘人張天錫遣使者孟公明持節以蒲輪元纁備禮徵之公明至山瑀指翔鴻以示之曰此鳥也安可籠哉遂深逃絕迹公明拘其門人瑀歎曰吾逃祿非避罪也豈得隱居行義害及門人乃出而就徵及至姑臧值天錫母卒瑀括髮入弔三踊而出還於南山及天錫滅苻堅又以安車徵瑀定禮儀會父喪而止太守辛章遣書生三百人就受業焉及苻氏之末略陽王穆起兵酒泉以應張大豫遣使招瑀瑀歎曰臨河救溺不卜命之短長脈病三年不豫絕其餐饋魯連在趙義不結舌況人將左衽而不救之乃與敦煌索嘏起兵五千運粟三萬石東應王穆穆以瑀爲太府左長史軍師將軍雖居元佐而口詠黃老冀功成世定追伯成之蹤穆惑於讒閒西伐索嘏瑀諫曰昔漢定天下然後誅功臣今事業未建而誅之立見麋鹿游於此庭矣穆不從瑀出大哭舉手謝城曰吾不復見汝矣還而引被覆面不與人言不食七日輿疾而歸旦夕祈死夜夢乘青龍上天至屋而止寤而歎曰龍飛上天今止於屋屋之爲字尸下至也吾其死也古之君子不卒內寢況吾正士乎遂還酒泉南山赤壁閣飲氣而絕

祁嘉字孔賓酒泉人也少清貧好學年二十餘夜忽窻中有聲呼曰祁孔賓祁孔賓隱去來隱去來修飾人世甚苦不可諧所得如毛銖所喪如山崖旦而逃去西至敦煌依學官誦書貧無衣食爲書生都養以自給遂博通經傳精究大義西游海渚教授門生百餘人張重華徵爲儒林祭酒性和裕教訓不倦依孝經作二九神經在朝卿士郡縣守令彭和正等受業獨拜牀下者二千餘人天錫謂爲先生而不名之竟以壽終

瞿硎先生者不得姓名亦不知何許人也太和末常居宣城郡界文脊山中山有瞿硎因以爲名焉大司馬桓溫常往造焉既至見先生被鹿裘坐於石室神無忤色溫及僚佐數十人皆莫測之乃命伏滔爲之銘贊竟卒於山中

謝敷字慶緒會稽人也性澄靖寡欲入太平山十餘年鎮軍郗愔召爲主簿臺徵博士皆不就初月犯少微少微一名處士星占者以隱士當之譙國戴逵有美才人或憂之俄而敷死故會稽人士以嘲吳人云吳中高士便是求死不得死

戴逵字安道譙國人也少博學好談論善屬文能鼓琴工書畫其餘巧藝靡不畢綜總角時以雞卵汁溲白瓦屑作鄭元碑又爲文而自鐫之詞麗器妙時人莫不驚歎性不樂當世常以琴書自娛師事術士范宣於豫章宣異之以兄女妻焉太宰武陵王晞聞其善鼓琴使人召之逵對使者破琴曰戴安道不爲王門伶人晞怒乃更引其兄述述聞命欣然擁琴而往逵後徙居會稽之剡山性高潔常以禮度自處深以放達爲非道乃著論闕之孝武時以散騎常侍國子博士累徵辭父疾不就郡縣敦逼不已乃逃於吳吳國內史王珣有別館在虎邱山逵潛詣之與珣遊處積旬會稽內史謝元慮逵遠遯不反乃上疏乞絕其召命帝許之逵復至剡後王珣爲尚書僕射上疏復請徵爲國子祭酒加散騎常侍徵之復不至太元二十年皇太子始出東宮太子太傅會稽王道子少傅王雅詹事王珣又上疏乞加旌命以參僚佐會病卒長子勃有父風義熙初以散騎侍郎徵不起尋卒

龔元之字道元武陵漢壽人也父登歷長沙相散騎常侍元之好學潛默安於陋巷州舉秀才公府辟不就孝武帝下詔曰夫哲王御世必搜揚幽隱故空谷流縶維之詠邱園旅束帛之觀譙國戴逵武陵龔元之竝高尚

其操依仁游藝潔己貞鮮學弘儒業朕虛懷久矣二三君子豈其戢賢於懷抱哉思挹雅言虛誠諷議可並以爲散騎常侍領國子博士指下所在備禮發遣不得循常以稱側席之望郡縣敦遣苦辭疾篤不行尋卒時年五十八弟子元壽亦有德操高尚不仕舉秀才及州辟召並稱疾不就孝武帝以太學博士散騎侍郎給事中累徵遂不起卒於家

陶淡字處靜太尉侃之孫也父夏以無行被廢淡幼孤好導養之術謂仙道可期年十五六便服食絕穀不婚娶家累千金僮客百數淡終日端拱曾不營問頗好讀易善卜筮於長沙臨湘山中結廬居之養一白鹿以自偶親故有候之者輒移渡澗水莫得近之州舉秀才淡聞遂轉逃羅縣埤山中終身不返莫知所終

陶潛字淵明或云字深明名元亮大司馬侃之曾孫也祖茂武昌太守潛少懷高尚博學善屬文穎脫不羈任眞自得爲鄉鄰之所貴嘗著五柳先生傳以自況曰先生不知何許人不詳姓字宅邊有五柳樹因以爲號焉閑靜少言不慕榮利好讀書不求甚解每有會意欣然忘餐性嗜酒而家貧不能恆得親舊知其如此或置酒招之造飲輒盡期在必醉既醉而退曾不吝情環堵蕭然不蔽風日短褐穿結簞瓢屢空晏如也常著文章自娛頗示己志忘懷得失以此自終其自序如此時人謂之實錄以親老家貧起爲州祭酒不堪吏職少日自解歸州召主簿不就躬耕自資遂抱羸疾江州刺史檀道濟往候之偃臥瘠餒有日矣道濟謂曰夫賢者處世天下無道則隱有道則至今子生文明之世奈何自苦如此對曰潛也何敢望賢志不及也道濟饋以粱肉麾而去之後爲鎮軍建威參軍謂親朋曰聊欲絃歌以爲三徑之資可乎執事者聞之以爲彭澤令不以家累自隨送一力給其子書曰汝旦夕之費自給爲難今遣此力助汝薪水之勞此亦人子也可善遇之公田悉令吏種秫稻曰令吾常醉於酒足矣妻子固請種秔乃使二頃五十畝種秫五十畝種秔素簡貴不私事上官郡遣督郵至縣吏白應束帶見之潛歎曰吾不能爲五斗米折腰拳拳事鄉里小人邪義熙三年解印去縣乃賦歸去來其辭曰歸去來兮田園將蕪胡不歸既自以心爲形役奚惆悵而獨悲悟已往之不諫知來者之可追實迷塗其未遠覺今是而昨非舟遙遙以輕颺風飄飄而吹衣問征夫以前路恨晨光之希微乃瞻衡宇載欣載奔僮僕來迎稚子候門三逕就荒松菊猶存攜幼入室有酒盈樽引壺觴以自酌眄庭柯以怡顏倚南窗以寄傲審容膝之易安園日涉而成趣門雖設而常關策扶老而流憩時矯首而遐觀雲無心而出岫鳥倦飛而知還景翳翳其將入撫孤松而盤桓歸去來兮請息交以絕游世與我而相遺復駕言兮焉求悅親戚之情話樂琴書以消憂農人告余以暮春將有事乎西疇或命巾車或棹孤舟既窈窕以尋壑亦崎嶇而經邱木欣欣以向榮泉涓涓而始流善萬物之得時感吾生之行休已矣乎寓形宇內復幾時曷不委心任去留胡爲遑遑欲何之富貴非吾願帝鄉不可期懷良晨以孤往或植杖而芸耔登東皐以舒嘯臨清流而賦詩聊乘化而歸盡樂夫天命復奚疑頃之徵爲著作佐郎不就既絕州郡覲謁而鄉親張野及周旋人羊松齡龐遵等或有酒要之或要之共至酒坐雖不識主人亦欣然無忤酣醉便反未嘗有所造詣所之唯至田舍及廬山游觀而已刺史王弘以元熙中臨州甚欽遲之後自造焉潛稱疾不見既而語人云我性不狎世因疾守閑幸非絜志慕聲豈敢以王公紆軫爲榮邪夫謬以不賢此劉公幹所以招謗君子其罪不細也弘每令人候之密知當往廬山乃遣其故人龐通之等齎酒先於半道要之潛既遇酒便引酌野亭欣然忘進弘乃出與相聞遂歡讌窮日潛無履弘顧左右爲之造履左右請履度潛便於坐申腳令度焉弘要之還州問其所乘答云素有腳疾向乘籃輿亦足自反乃令一門生二兒共輿之至州而言笑賞適不覺有羨於華軒也弘後欲見輒於林澤間候之至於酒米乏絕亦時相贍其親朋好事或載酒肴而往潛亦無所辭焉每一醉則大適融然又不營生業家務悉委之兒僕未嘗有喜慍之色唯遇酒則飲時或無酒亦雅詠不輟嘗九月九日無酒出宅邊菊叢中坐久之逢弘送酒至卽便就酌醉而後歸潛不解音聲而畜素琴一張絃徽不具每有酒適輒撫弄而和之曰但識琴中趣何勞絃上聲或造之者有酒輒設潛若先醉便語客云我醉欲眠卿且去其眞率如此客有候潛逢其酒熟取頭上葛巾漉酒畢還復著之潛弱年薄宦不潔去就之迹日以曾祖晉世宰輔恥復屈身後代自宋武帝王業漸隆不復肯仕所著文章皆題其年月義熙以前明書晉氏年號自永初以來唯云甲子而已與子書以言其志幷爲訓戒曰吾年過五十而窮苦荼毒性剛才拙與物多忤自量爲己必貽俗患僶俛辭事使汝幼而飢寒耳常感孺仲賢妻之言敗絮自擁何慙兒子此既一事矣但恨鄰靡二仲室無萊婦抱茲苦心良獨罔罔少來

好讀書偶愛閑靜開卷有得便欣然忘食見樹木交蔭時鳥變聲亦復歡耳有喜嘗言五六月北窗下臥遇涼風暫至自謂是羲皇上人意淺識陋日月遂往疾患以來漸就衰損親舊不遺每有藥石見救自恐大分將有限也汝輩幼小家貧無役柴水之勞何時可免念之在心若何可言然雖不同生當思四海皆兄弟之義鮑叔敬仲分財無猜歸生伍舉班荊道舊遂能以敗爲成因喪立功他人尚爾況共父之人哉潁川韓元長漢末名士身處卿佐八十而終兄弟同居至於沒齒濟北氾幼春晉時操行人也七世同財家人無怨色詩云高山景行汝其慎哉又爲命子詩以貽之以宋元嘉四年將復徵命會卒時年六十三世號靖節先生有文集行於世其妻翟氏志趣亦同能安苦節夫耕於前妻鋤於後云

通志卷一百七十七

通志卷一百七十八

宋右迪功郎鄭樵漁仲撰

隱逸傳第二

宋

宗炳（從父弟彧之） 沈道虔 孔淳之 周續之 戴顒
翟法賜 雷次宗 郭希林 劉凝之 龔祈
朱百年 關康之（辛普明 樓惠明） 漁父（孫緬）

齊

褚伯玉 顧歡（盧度） 杜京產（孔道徽 道徽父祐 道徽兄子總） 明僧紹（兄僧允 僧允次弟僧暠） 臧榮緒 宗測 吳苞（趙僧巖 蔡薈 孔嗣之） 徐伯珍（婁幼瑜） 沈麟士 庾易 劉虬 沈顗

梁

何點（兄求 弟允） 阮孝緒 劉歊（王敬允 歊族弟訏） 鄧郁 陶弘景 諸葛璩 劉慧斐 范元琰 庾詵（子曼倩） 張孝秀 庾承先

陳

馬樞

後魏

眭夸 馮亮 李謐 鄭脩

隋

李士謙 崔廓 徐則 張文詡 鄭翻

宋

宗炳字少文南陽涅陽人也祖承宜都太守父繇之湘鄉令母同郡師氏聰辯有學義教授諸子炳居喪過禮爲鄉閭所稱刺史舉秀才不就武帝既誅劉毅領荆州問毅府諮議參軍申永曰今日何施而可永曰除其宿釁倍其惠澤貫叙門次顯擢才能如此而已武帝納之乃辟炳爲主簿不起問其故答曰棲丘飲谷三十餘年武帝善其對而止炳妙善琴書圖畫精於言理每游山水往輒忘歸征西長史王敬弘每從之游未嘗不彌日也乃下入廬山就釋慧遠考尋文義兄臧爲南平太守逼與俱還乃於江陵三湖立宅閑居無事武帝召爲太尉行參軍驃騎將軍道憐命爲記室參軍並不就二兄早卒孤累甚多家貧無以相贍頗營稼穡人有餉遺並受之武帝敕南郡長給吏役又數致餼賚後子弟從祿乃悉不復受武帝開府辟召下書召炳與鴈門周續之並爲太尉掾皆不起及受禪徵爲太子舍人元嘉初又以太子庶子徵並不應妻羅氏亦有高情與炳協趣羅氏沒炳哀之過甚既乃輟哭悲情頓釋謂沙門釋慧堅曰死生之分未易可達三復至教方能遣哀衡陽王義季爲荆州親至其室與之歡宴命爲諮議參軍不起炳好山水愛遠游西陟荆巫南登衡岳因結宇衡山欲懷尚平之志有疾還江陵歎曰老疾俱至名山恐難徧覩唯當澄懷觀道臥以游之凡所游履皆圖之於室謂人曰撫琴動操欲令衆山皆響古有金石弄爲諸桓所重桓氏亡其聲遂絕唯炳傳焉文帝遣樂師楊觀就炳受之炳孫測亦有祖風齊史隱逸有傳炳從父弟彧之字叔粲早孤事兄恭謹家貧好學雖文義不逮於炳而眞澹過之徵辟一無所就元嘉初大使陸子眞觀採風俗三詣彧之每辭疾不見告人曰我布衣草萊之人少長壟畝何宜枉軒冕之客子眞還表薦之又不就徵卒於家

沈道虔吳興武康人也少仁愛好老易居縣北石山下孫恩亂後飢荒縣令庾肅之迎出縣南廢頭里爲立宅臨溪有山水之玩時復還石山精廬與諸孤兄子共釜庾之資困不改節受琴於戴逵王敬弘深敬重之郡州府凡十二命皆不就有人竊其園菜者外還見之仍自逃隱待竊者去後乃出人又拔其屋後大筍令人止之曰惜此筍欲令成林更有佳者相與乃令人買大筍送與之盜者慙不取道虔使置其門內而還常以捃拾自資同捃者或爭穟道虔諫之不止悉以其所得與之爭者愧恧後每事輒云勿令居士知冬月無複衣戴顒聞而迎之爲作衣服幷與錢一萬及還分身上衣及錢悉供諸兄弟子無衣者鄉里少年相率受學道虔常無食以立學徒武康令孔欣之厚相資給受業者咸得有成文帝聞之遣使存問賜錢三萬米二百斛悉供孤兄子嫁娶徵員外散騎侍郎不就累世事佛推父祖舊宅爲寺至四月八日每請像請像之日輒舉家感動焉道虔年老菜食恆無經日之資而琴書爲樂孜孜不倦文帝敕郡縣使隨時資給卒子慧鋒脩父業不就州辟

孔淳之字彥深魯人也祖惔尚書祠部郎父粲祕書監徵不就淳之少有高尚愛好墳籍爲太原王恭所稱居會稽剡縣性好山水每所游觀必窮其幽峻或旬日忘歸嘗游山遇沙門釋法崇因留共止遂停三載法崇歎曰緬想人外三十年矣今乃傾蓋于茲不覺老之將至也及淳之還乃不告以姓除著作佐郎太尉參軍並不就居喪至孝廬于墓側服闋與處士戴顒王弘之及王敬弘等並爲人外之游又申之以婚姻敬弘以女適淳之子尚遂以烏羊繫所乘車轅提壺爲禮至則盡歡共飲訖暮而歸或怪其如此答曰固亦農夫田父之禮也會稽太守謝方明苦要之不能致使謂曰苟不入吾郡

何爲入吾郭湻之笑曰潛游者不識其水巢棲者非辨其林飛沈所至何問其主終不肯往茅室蓬戶庭草蕪逕唯牀上有數帙書元嘉初復徵爲散騎侍郞乃逃于上虞縣界家人莫知所在弟默之爲廣州刺史出都與別司徒王弘要湻之集冶城卽日命駕東歸遂不顧也元嘉七年卒默之儒學注穀梁春秋默之子熙先事在范曄傳

周續之字道祖鴈門廣武人也其先過江居豫章建昌縣續之年八歲喪母哀戚過於成人奉兄如事父豫章太守范甯於郡立學招集生徒遠方至者甚衆續之年十二詣甯受業居學數年通五經五緯號曰十經名冠同門時稱爲顏子既而閑居讀老易入廬山事沙門釋慧遠時彭城劉遺民遁迹廬山陶淵明亦不應徵命謂之潯陽三隱續之以爲唯身不可遣餘累宜絕遂終身不娶布衣蔬食劉毅鎭姑孰命爲撫軍參軍徵爲太學博士並不就江州刺史每相招請續之不尙峻節頗從之游常以嵇康高士傳得出處之美因爲之注武帝北討世子居守迎續之館于安樂寺延入講禮月餘復還山江州刺史劉柳薦之武帝俄辟太尉掾不就帝北伐還鎭彭城遣使迎之禮賜甚厚每稱之曰心無偏吝眞高士也尋復南還及帝踐阼復召之上爲開館東郭外招集生徒乘輿降幸并見諸生問續之禮記傲不可長與我九齡射於矍圃之義辨析精奧稱爲該通續之素患風痺不復堪講乃移病鍾山景平元年卒通毛詩六義及禮論注公羊傳行於世無子兄子景遠有續之之風

戴顒字仲若譙郡銍人也父逵兄勃並隱遯有高名顒年十六遭父憂幾於毀滅因此長抱羸患前後徵辟不就以父不仕復脩其業父善琴書顒並傳之凡諸音律皆能揮手會稽剡縣多名山故世居剡下顒及兄勃並受琴於父父沒所傳之聲不忍復奏遂各造新弄勃製五部顒製十五部顒又製長弄一部並傳於世中書令王綏嘗攜客造之勃等方進豆粥綏曰聞卿善琴試欲一聽不答綏恨而去桐廬縣素多名山兄弟復共游之因留居止勃疾患醫藥不給顒謂勃曰顒今從兄閑居非有心於語默但以兄方疾苦無可營療顒當干祿以自濟耳乃求海虞令事垂行而勃卒乃止仍以桐廬僻遠難以養疾乃出居吳下吳下士人並爲築室聚石引水植林開澗少時繁密有若自然乃述莊周大旨著逍遙論注禮記中庸篇三吳將守及郡內衣冠要其同游野澤堪行便去不爲矯介衆論以此多之宋國初建令曰前太尉參軍戴顒辟士韋元並秉操幽遁守志不逾宜加恩獎以宏止退並可散騎常侍通直不起元嘉初又與宗炳同徵不就衡陽王義季鎭京口長史張邵與顒姻通迎來止黃鵠山山北有竹林精舍林澗甚美顒憩于此澗義季亟從之游顒服其野服不改常度爲義季鼓琴並新聲變曲其三調游絃廣陵止息之流皆與世異文帝每欲見之嘗謂黃門侍郞張敷曰吾東巡之日當宴戴公山下也以其好音長給正聲伎一部顒合何嘗白鵠二聲以爲一調號爲淸曠自漢世始有佛像形制未工逵特善其事顒亦參焉宋世子鑄丈六銅像於瓦官寺既成而面恨瘦工不能改乃迎顒看之顒曰非面瘦乃臂胛肥耳及減臂胛瘦患卽除無不嘆服十八年卒年六十四無子後景陽山成顒已亡矣上嘆曰恨不使戴顒觀之

翟法賜尋陽柴桑人也曾祖湯祖莊父矯並高尙不仕逃避徵辟法賜少守家業立屋於廬山頂喪親後便不復還家不食五穀以獸皮及結草爲衣雖鄉親中表莫得見焉州辟主簿舉秀才徵著作佐郞並不就後其家人至石室尋求因復遠徙違避徵聘遁迹幽深潯陽太守鄧文子表曰奉詔書徵郡民新除著作佐郞南陽翟法賜補散騎侍郞法賜隱迹廬山于今四世栖身幽巖人罕見者如當逼以王憲束以嚴科驅山獵草以期禽獲必致顚殞有傷盛化乃止後卒於巖石之閒不知年月

雷次宗字仲倫豫章南昌人也少入廬山事沙門釋慧遠篤志好學尤明三禮毛詩隱退不交世務本州辟從事散騎侍郞徵並不就與子姪書以言所守曰人生之脩短咸有定分不可以智力求但當於所稟之中順而勿率爾汝等年各成長冠娶以畢脩葺衡泌吾復何愛自今以往家事大小一勿見關子平之言可以爲法元嘉十五年召至京師開館於雞籠山聚徒教授置生百餘人會稽朱膺之潁川庾蔚之並以儒學監總諸生時國子學未立上留意藝文使丹陽尹何尙之立元學太子率更令何承天立史學司徒參軍謝元立文學凡四學並建車駕數幸次宗館資給甚厚又除給事中不就久之還廬山公卿以下並設祖道二十五年制以散騎侍郞徵詣京邑爲築室於鍾山西巖下謂之招隱館使爲皇太子諸王講喪服經次宗不入公門乃使自華林東門入延賢堂就業其年卒於鍾山子肅之頗傳其業官至豫章郡丞

郭希林武昌人也曾祖翻晉世高尚不仕希林少守家業徵召一無所就卒子蒙亦隱居不仕

劉凝之字隱安小名長生南郡枝江人也父期公衡陽太守兄盛公高尚不仕凝之慕老萊嚴子陵爲人推家財與弟及兄子立屋於野外非其力不食州里重其德行辟召並不就妻梁州刺史郭銓女也遣送豐麗凝之悉散之親屬妻亦能不慕榮華與凝之安儉苦夫妻共乘薄笨車出市買易周用之外輒以施人爲村里所誣一年三輸公調凝之以爲信然求皆與之又嘗有認其所著屐凝之笑曰僕著已敗令家中覓新者與君此人後田中得所失屐送還不肯復取徵爲祕書郎不就臨川王義慶衡陽王義季鎭江陵並遣使存問凝之答書曰頓首稱僕不脩百姓禮人或譏焉凝之曰昔老萊向楚王稱僕嚴陵亦抗禮光武未聞巢許稱臣堯舜時戴顒與衡陽王義季書亦稱僕荆州年飢義季慮凝之餒餓餉錢十萬凝之大喜將錢至市門觀有飢色者悉分與之俄頃立盡性好山水一旦並攜妻子泛江湖隱居衡山之陽登高嶺絕人跡爲小屋居之採藥服食妻子皆從其隱元嘉二十五年卒年五十九

龔祈字盞道武陵漢壽人也從祖元之父黎人並不應徵辟祈風姿端雅容止可觀中書郎范述見而嘆之曰此荆楚之仙人也自少及長徵辟一無所就祈時或賦詩而言不及世事卒年四十二

朱百年會稽山陰人也祖凱之晉左衛將軍父璹揚州主簿百年少有高情親亡服闋攜妻孔氏入會稽山伐樵採箬爲業以樵箬置道頭輒爲行人所取明旦已復如此人稍怪之積久方知是朱隱士所賣須者隨其所堪多少留錢取樵箬而去或遇寒雪樵箬不售無以自資輒自榜船送妻還孔氏天晴復迎之有時出山陰爲妻買繒綵三五尺好飲酒遇醉或失之頗能言元理爲詩詠往往有高勝之言隱迹避人唯與同縣孔顗友善顗亦嗜酒相得輒酣對盡歡百年家素貧母以冬月亡衣並無綿絮自此不衣綿帛嘗寒時就顗宿衣悉裌布飲酒醉眠顗以臥具覆之百年不覺也既覺引臥具去體謂顗曰綿定奇溫郎因流涕悲慟顗亦爲之傷感除太子舍人不就顏竣爲東揚州發教餉百年穀三百斛不受時山陰又有寒人姚吟亦有高趣爲衣冠所重竣餉吟二百斛吟亦不受百年卒山中蔡興宗爲會稽太守餉百年米百斛百年妻遣婢詣郡門固讓時人美之以比梁鴻妻

關康之字伯愉河東楊人也世居京口寓居南平昌少而篤學姿狀豐偉下邳趙繹以文義見稱康之與之友善特進顏延之等與當時名士十許人入山候之見其散髮被黃布帊席松葉枕一塊白石而臥了不相眄延之等咨嗟而退不敢干也晉陵顧悅之難王弼易義四十餘條康之申王難顧遠有情理又爲毛詩義經籍疑滯多所論釋嘗就沙門支僧納學算妙盡其能徵辟一無所就棄絕人事守志閑居弟雙之爲臧質車騎參軍與質俱下至赭圻病卒瘞於水濱康之時得疾少差牽以迎喪因得虛勞病篤頓二十餘年時有閒日輒臥論文義孝武即位遣大使陸子眞巡行天下使〻〻薦康之宜加徵聘不見省康之性清約獨處一室希與妻子相見不通賓客弟子以業傳授尤善左氏春秋齊高帝爲領軍時素好此學送本與康之康之手自點定又造禮論十卷高帝絕賞愛之及崩遺詔以入元宮康之以明帝泰始初與平原明僧紹俱徵辭以疾時又有河南辛普明東陽樓惠明皆以篤行聞普明字文達少就康之受業至性過人居貧與兄共處一帳兄亡仍以帳施靈牀蚊甚多通夕不得寢而終不言侵螫僑居會稽士子高其行當葬兄皆送金爲贈後至者不復肯受人問其故答曰本以兄墓不周故不逆親友之意今實已足豈可利亡者餘贈邪齊豫章王嶷爲揚州徵爲議曹從事不就惠明字智遠立性貞固有道術居金華山舊多毒蟲自惠明居之無復辛螫之苦藏名匿迹人莫之知明帝召不至齊高帝徵又不至文惠太子在東宮苦延方至仍又辭歸俄自金華輕棹西下乃就路迴之豐安旬日之閒唐寓之妖賊入城塗地唯豐安獨全時人以爲有先覺齊武帝敕爲立館

漁父者不知姓名亦不知何許人也太康孫緬爲尋陽太守落日逍遙渚際見一輕舟陵波隱顯俄而漁父至神韻蕭灑垂綸長嘯緬甚異之乃問有魚賣乎漁父笑而答曰其釣非釣寧賣漁者邪緬益隆焉遂褰裳涉水謂曰竊觀先生有道者也終朝鼓枻良亦勞止吾聞黃金白璧重利也駟馬高蓋榮勢也今方王道文明守在海外隱鱗之士靡然向風子何不贊緝熙之美何用晦其若是也漁父曰僕山海狂人不達世務不辨貧賤無論榮貴乃歌曰竹竿籊籊河水悠悠相忘爲樂貪餌吞鉤非夷非惠聊以忘憂於是悠然鼓棹而去緬字孝緒太子僕興曾之子也有學義明帝甚知之位至左丞東中郎司馬

齊

褚伯玉字元璩吳郡錢塘人也高祖含始平太守父邊征虜參軍伯玉少有隱操寡嗜慾年十八父爲之婚娶婦入前門伯玉從後門出遂往剡居瀑布山性耐寒暑時人比之王仲都在山三十餘年隔絕人物王僧達爲吳郡苦禮致之伯玉不得已停郡信宿纔交數言而退宋孝建二年散騎常侍樂詢行採風俗表薦伯玉加徵聘本州議曹從事不就高帝卽位手詔吳會二郡以禮迎遣又辭疾上不欲違其志敕於剡縣白石山立太平館居之建元元年卒年八十六伯玉常居一樓上仍葬樓所孔珪從其受道法爲於館側立碑

顧歡字景怡一字元平吳郡鹽官人也家世寒賤父祖竝爲農夫歡獨好學年六七歲知推六甲家貧父使田中驅雀歡作黃雀賦而歸雀食稻過半父怒欲撻之見賦乃止鄉中有學舍歡貧無以受業於舍壁後倚聽無遺忘者夕則然松節讀書或然糠自照及長篤志不倦聞吳興東遷邵元之能傳五經文句假爲書師從之受業同郡顧覬之臨縣見而異之遣諸子與游及孫憲之竝受經焉年二十餘更從豫章雷次宗諮元儒諸義母亡水漿不入口六七日廬于墓次遂隱居不仕於剡中天台山開館聚徒受業者常近百人歡早孤讀詩至哀哀父母輒執書慟泣由是受學者廢蓼莪篇不復講焉晚節服食不與人通每旦出戶山鳥集其掌上取食好黃老通解陰陽書爲數術多效驗初以元嘉中出都寄住東府忽題柱云三十年二月二十一日因東歸後元凶弒逆是其年月日也弟子鮑靈綬門前有一株樹大十餘圍上有精魅數見影歡印樹樹卽枯死山陰白石村多邪病村人告訴求哀於歡歡乃往村中爲講老子規地作獄有頃見狐狸黿鼉自入獄中者甚多卽命殺之病者皆愈又有病邪者問歡歡曰家有何書答曰唯有孝經而已歡曰可取仲尼居置病人枕邊恭敬之自差也而後病者果愈人問其故答曰善禳惡正勝邪此病者所以差也高帝輔政徵爲揚州主簿及踐阼乃至稱山谷臣顧歡上表進政綱一卷時員外郞劉思效表陳讜言優詔竝稱其美歡東歸上賜麈尾素琴永明元年詔徵爲太學博士同郡顧黯爲散騎侍郞黯字長孺亦有隱操與歡俱不就徵會稽孔珪嘗登嶺尋歡共談四本歡曰夫中理唯一豈容有二四本無正失中故也於是著三名論以正之歡又以佛道二家教異學者互相非毀乃著夷夏論以辨其異同宋司徒袁粲託爲道人通公駮之歡與往復論難其辭甚暢文多不載歡口不辯長於著論又注王弼易二繫學者傳之知將終賦詩言志曰五塗無恆宅三清有恆舍精氣因天行游魂隨物化鵾鵬適大海蜩鳩之桑柘達生任去留善死均日夜委命安所乘何方不可駕翹心企前覺融然從此謝自剋死日自擇葬時卒於剡山時年六十四身體香軟道家謂之屍解仙化焉還葬舊墓木連理生於墓側縣令江山圖表狀武帝詔歡諸子撰歡文議三十卷又始興人盧度字孝章亦有道術少隨張永北侵魏永敗魏人追之急阻淮水不得過度心誓曰若得免死從今不復殺生須臾見兩楯流來接之得過後隱居廬陵西昌三顧山鳥獸隨之夜有鹿觸其壁度曰汝勿壞我壁鹿應聲而去屋前有池養魚皆名呼之次第來取食乃去逆知其死年月與親友別永明末以壽終

杜京產字景齊吳郡錢塘人也祖運劉毅衞軍參軍父道鞠州從事善彈碁京產少恬靜閉意榮宦頗涉文義專脩黃老會稽孔覬清剛有峻節一見而爲款交郡命主簿州辟從事稱疾去與同郡顧歡同契於始寧東山開舍授學建元中武陵王曄爲會稽高帝遣儒士劉瓛入東爲曄講瓛故往與之游曰杜生當今之臺尙也京產請瓛至山舍講書傾資供待子栖躬自屣履爲瓛生徒下食孔珪周顒謝瀹竝致書以通殷勤永明十年珪及光祿大夫陸澄祠部尙書虞悰太子右率沈約司徒右長史張融表薦京產徵爲奉朝請不至於會稽日門山聚徒教授建武初徵爲員外散騎侍郞京產曰莊生持釣豈爲白屋所回辭疾不就卒會稽山陰人孔道徵守志業不仕與京產善道徵父祐至行通神隱於四明山嘗見山谷中有數百斛錢視之如瓦石不異采樵者競取入手成沙礫曾有鹿中箭來投祐祐爲之養創愈然後去太守王僧虔與張緒書曰孔祐敬康曾孫也行動幽祇德標松桂引爲主簿遂不可屈此古之遺德也道徵少厲高行能世其家風隱居南山終身不窺都邑豫章王嶷爲揚州辟西曹書佐不至鄉里宗慕之道徵兄子總有操行遇飢寒不可得衣食縣令吳興邱仲孚薦之除竟陵王侍郞竟不至永明中會稽鍾山有人姓蔡不知名隱山中養鼠數千頭呼來卽來遣去卽去言語狂易時謂之謫仙不知所終京產高祖子恭以來及子栖世傳五斗米道不替栖有至性列在孝友傳

明僧紹字休烈一字承烈平原鬲人其先吳太伯之裔百里奚子孟明其後世以名爲姓祖玩州中從事父略給事中僧紹明經有儒術宋元嘉中再舉秀才永光中鎭北府辟功曹竝不就隱長廣郡嶗山聚徒立學魏克

淮北乃南渡江宋明帝以通直郞召不就高帝爲太傅教辟僧紹及顧歡臧榮緖以旌幣之禮徵爲記室參軍不至僧紹弟慶符爲青州僧紹乏糧食隨慶符之鬱州住弇榆山栖雲精舍欣玩水石竟不一入州城詔書就徵不就泰始季年岷益有山崩淮水竭齊郡僧紹竊謂其弟曰夫天地之氣不失其序若夫陽伏而不泄陰迫而不蒸於是乎有山崩川竭之變昔伊洛竭而夏亡河竭而殷亡三川竭岐山崩而周亡五山崩而漢亡夫有國必依山川而爲固山崩川竭不亡何待今宋德如四代之季矣爾誌吾言而勿泄也竟如其言建元元年冬徵爲正員外郞不就其後帝與崔思祖書曰明居士標意可重吾前旨尚未達邪小涼欲有講事卽可至彼具述吾意令與慶符俱歸僧紹又曰不食周粟而食周薇古猶發譏在今安得息談邪聊以爲笑慶符罷任僧紹隨歸住江乘攝山僧紹聞沙門釋僧遠風德往候定林寺帝欲出寺見之僧遠問僧紹曰天子若來居士若爲相對僧紹曰山藪之人政當鑿坏以遁若辭不獲命當依戴公故事耳既而遁還攝山建棲霞寺而居之帝甚以爲恨昔戴顒高臥牖下以山人之服加其身與相見僧紹故云高帝後謂慶符曰卿兄高尚其事亦堯之外臣朕夢想幽人固已勤矣所謂逕路絕風雲通仍賜竹根如意筍籜冠隱者以爲榮焉勃海封延伯者高行士也聞之嘆曰明居士身彌後而名彌先亦宋齊之儒仲也永明中徵國子博士不就卒僧紹長兄僧允能元言仕宋爲江夏王義恭參軍王別爲立榻比之徐孺子位冀州刺史子慧照元徽中爲高帝平南主簿轉驃中兵參軍建元元年爲巴州刺史綏懷長史上許爲益州刺史未遷卒僧允次弟僧暠亦好學宋大明中再使魏于時新誅司空劉誕孝武謂曰彼若問廣陵之事何以答之對曰當以周之管蔡漢之淮南語之帝大悅及至魏魏問曰卿頻此句當疑上國無相踰者邪答曰聰明特達舉袂成帷比屋之毗又無下僕晏子所謂看國善惡故每辱此庭位至青州刺史僧紹子元琳仲璋山賓竝傳家業山賓最知名梁史有傳

臧榮緖東莞莒人也祖奉先建陵令父庸人國子助教榮緖幼孤躬自灌園以供祭祀母喪後乃著嫡寢論酒掃堂宇置筵席朔望輒拜薦甘珍未嘗先食純篤好學括東西晉爲一書紀錄志傳凡百一十卷隱居京口教授高帝爲揚州刺史徵榮緖爲主簿不到建元中司徒褚淵啟高帝稱述其美上答曰公所道臧榮緖者吾甚悉之以其有史翰得入天祿甚嘉榮緖敦愛五經謂人曰昔呂尚奉丹書武王致齋降位李釋敎誡竝有禮敬之儀因甄明至道乃著拜五經序論嘗以宣尼庚子日生其日陳五經拜之自號被褐先生又以飲酒亂德言常爲誡永明六年卒初榮緖與關康之俱隱京口世號爲二隱

宗測字敬微南陽人宋徵士炳之孫也世居江陵測少靜退不樂人間常歎曰家貧親老不擇官而仕先哲以爲美談余竊有惑誠不能潛感地金冥致江鯉但當用天之道分地之利孰能食人厚祿憂人重事乎驃騎豫章王嶷辟爲參軍不起測答府召云何爲謬傷海鳥橫斤山木母喪身負土植松柏豫章王復遺書請之辟爲參軍測答曰性同鱗羽愛止山壑眷戀松雲輕迷人路縱宕巖流有若狂者忽不知老至而今鬢已白豈容課慮責有限魚鳥慕哉永明三年詔徵爲太子舍人不就豁游名山乃寫祖炳所作尚子平圖於壁上測長子賓官在京師知父此旨便求祿還爲南郡丞測遂付以家事刺史安陸王子敬長史劉寅以下皆贈送之測無所受唯齎老莊二書自隨子孫拜辭悲泣測長嘯不視遂往廬山止祖炳舊宅魚復侯子響爲江州厚遣贈遺測曰少有狂疾尋山採藥遠來至此量腹而進松朮度形而衣薜蘿淡然已足豈容當此橫施子響命駕造之測避不見後子響不告而來奄至所住測不得已巾褐對之竟不交一言子響不悅而退侍中王秀之彌所欽慕乃令陸探微畫其形與己相對又貽書曰昔人有圖畫僑札輕以自方耳尚書令王儉亦雅重之贈以蒲褥筍席頃之測送弟喪還西仍留舊宅永業寺絕賓客唯與同志庾易劉虬宗人尚之等往來講說荆州刺史隨王子隆至遣別駕宗忻口致勞問測笑曰貴賤理隔何以及此竟不答建武二年徵爲司徒主簿不就卒測善畫自圖阮籍遇孫登於行鄣上坐臥對之又畫永業寺佛影臺皆爲妙作頗好音律善易老續皇甫謐高士傳三卷又嘗游衡山七嶺著衡山廬山記云尚之字敬之亦好山澤徵辟一無所就以壽終

吳苞字天蓋一字懷德濮陽鄄城人也儒學善三禮及老莊宋太始中過江聚徒敎學冠黃葛巾竹麈尾蔬食二十餘年與劉瓛俱於褚淵宅講授瓛講禮苞講論語孝經諸生朝聽瓛晚聽苞隆昌元年徵爲太學博士不就始安王遙光及江祏徐孝嗣共爲立館於鍾山下敎授朝士多到門焉當時稱其儒者自劉瓛已後聚徒講授唯苞一人而已以壽終時有趙僧巖蔡晉皆有景行

慕苞爲人倜儻北海人寥廓無常人不能測與劉善明友善明爲青州欲舉爲秀才大驚拂衣而去後忽爲沙門栖遲山谷常以一壺自隨一旦謂弟子曰吾今夕當死壺中大錢一千以通九泉之路蠟燭一挺以照七尺之尸至夜而亡時人以爲知命蔡薈字休明陳留人清抗不與俗人交李撝謂江斅曰古人稱安貧清白曰夷涅而不緇曰白至如蔡休明者可不謂之夷白乎又有魯國孔嗣之字敬伯宋時與高帝俱爲中書舍人竝非所好自廬江郡守去官隱居鐘山朝廷以爲太中大夫卒

徐伯珍字文楚東陽太末人也祖父竝郡掾史伯珍少孤貧學書無紙常以竹箭箬葉甘蕉及地上學書山水暴出漂溺宅舍村鄰皆奔走伯珍累牀而坐讀書不輟叔父璠之與顏延之友善還祛蒙山立精舍講授伯珍往從學積十年尋究經史學者多依之太守琅邪王曇生吳郡張淹竝加禮辟伯珍應召便退如此者凡十二爲徵士沈儼造膝談論申以素交吳郡顧歡擿出尙書滯義伯珍訓答甚有條理儒者宗之好釋氏老莊兼明道術歲嘗旱伯珍筮之如期而雨舉動有禮過曲木之下趨而避之早喪妻晚不復重娶自比曾參宅南九里有高山班固謂之九巖山後漢龍丘萇隱處也山多龍鬚檉柏望之五采世呼爲婦人巖伯珍遂移居之階戶之間木生皆連理門前生梓樹一年便合抱館東石壁夜忽有赤光洞照俄爾而滅又有白雀一雙栖其戶簷論者以爲隱德之感焉刺史豫章王辟議曹從事不就家甚貧窶兄弟四人皆白首相對時人呼爲四皓建武四年卒年八十四受業生凡千餘人伯珍同郡婁幼瑜字季亦聚徒敎授不應徵辟頗爲臨川王暎所賞異著禮捃拾三十卷

沈驎士字雲禎吳興武康人也祖膺期晉太中大夫父虔之宋安樂令驎士幼而俊敏年七歲聽叔父岳言元賓散言無所遺失岳撫其肩曰若斯文不絕其在爾乎及長博通經史有高尙之心親亡居喪盡禮服闋忌日輒涕泣彌日居貧織簾誦書口手不息鄉人號爲織簾先生嘗爲人作竹誤傷手便流淚而還同作者謂曰此不足損何至涕零答曰此本不痛但遺體毀傷感而悲耳嘗行路鄰人認其所著屐驎士曰是卿屐邪卽跣而反鄰人得屐送前者還之驎士曰非卿屐邪笑而受之宋元嘉末文帝令僕射何尙之抄撰五經訪舉學士縣以驎士應選不得已至都尙之深相接重謂子偃曰山藪故多奇士沈驎士黃叔度之流也豈可澄清淆濁邪汝師之驎士嘗苦無書因游都下歷觀四部畢乃歎曰古人亦何人哉少時稱疾歸鄉不與人物通養孤兄子義著鄉曲或勸之仕答曰魚縣獸檻天下一契聖人元悟所以每履吉先吾誠未能景行坐忘何爲不希企日損乃作元散賦以絕世太守孔山士辟不應宗人徐州刺史曇慶侍中懷文左率勃來候之驎士未嘗答也隱居餘不吳差山講經敎授從學士數十百人各營屋宇依止其側時人爲之語曰吳差山中有賢士開門敎授居城市驎士重陸機連珠每爲諸生講之征北張永爲吳興請驎士入郡驎士聞郡後堂有好山水卽戴安道游吳興因古基爲山池也欲一觀之乃往停數月永欲請爲功曹使人致意驎士曰明府德履冲素留心山谷是以被褐負杖忘其疲病必欲飾渾沌以蛾眉冠越客於文冕走雖不敏請附高節有蹈東海而死耳不忍受此駭剿永乃止永明中吏部郎沈淵中書郎沈約竝表薦驎士義行曰吳興沈驎士英風夙挺峻節早成貞粹稟於天然博綜生乎篤習家世貧窶藜藿不給懷書而耕白首無倦挾卷採薪行歌不輟長兄早卒孤姪數四攝庇鞠稚吞苦推甘年踰七十業行無改元嘉以來聘召仍疊玉質踰潔霜操日嚴若使聞政王庭服道槐掖必能孚朝規於邊鄙布和澤於荒陲於是詔又徵爲太學博士不就驎士乃與約等書曰名者實之賓本所不庶中央無心空勤南北爲惠反凶將在於斯驎士無所營求以篤學爲務恆馮素几鼓素琴不爲新聲負薪汲水幷日而食守操終老篤學不倦遭火燒書數千卷驎士年過八十耳目猶聰手以反故抄寫燈下細書復成二三千卷滿數十篋時人以爲養身靜嘿所致製黑蝶賦以寄意著周易兩繫莊子內篇訓注易經禮記春秋尙書論語孝經喪服老子要略數十卷梁天監元年與何點同徵又不就二年卒於家年八十五以楊王孫皇甫謐深達生死而終禮矯俗乃自爲終制遺令氣絕剔被取三幅布以覆屍及斂仍移布於屍下以爲斂服反被左右兩際以周上不復製覆被不須沐浴含珠以本裠衫先著襌凡二服上加單衣幅巾履枕棺中唯此依士安用孝經旣殯不復立靈座四節及祥權鋪席於地以設元酒之奠人家相承漆棺今不復爾亦不須旐成服後卽葬作冢令小後祔更作小冢於濵合葬非古也冢不須聚土成墳使上與地平王祥終制亦爾葬不須輀車靈舫魌頭也不得朝夕下食祭奠之法至于葬唯取淸水一盂子辦率而行之州鄉皆稱歎焉

庾易字幼簡新野人也徙居江陵祖致巴郡太守父道驥安西參軍易志性恬靜不交外物臨川王映臨州表薦之餉麥百斛易謂使人曰走樵採麋鹿之伍得終身毛褐馳騁日月之車保自耕之祿於大王之恩亦已深矣固辭不受以文義自樂安西長史袁彖欽其風贈以鹿角書格蚌盤蚌研白象牙筆并贈詩曰白日清明青雲遼亮昔聞巢許今覩臺尙易以連理几竹翹書格報之建武三年詔徵爲司空主簿不就卒子黔婁於陵肩吾皆知名各有傳

劉虯字靈預一字德明南陽涅陽人晉豫州刺史喬之七世孫也徙居江陵虯少而抗節好學須得祿便隱宋泰始中仕至晉平王驃騎記室當陽令罷官歸家靜處常服鹿皮袷斷穀餌朮及胡麻建元初豫章王嶷爲荆州牧辟虯爲別駕與同郡宗測新野庾易竝遺書禮請之虯等各脩牋答而不應命永明三年刺史廬陵王子卿表虯及同郡宗測宗尙之庾易劉昭五人請加蒲輪束帛之命詔徵爲通直郎不就竟陵王致書通意虯答曰虯四節臥疾病三時營灌植暢餘陰於山澤託暮情於魚鳥寧非唐虞重恩周邵宏施虯精信釋氏衣麤布禮佛長齋注法華經自講佛義以江陵西沙洲去人遠乃徙居之建武二年詔徵國子博士不就其冬虯病正晝有白雲徘徊簷戶之內又有香氣及磬聲其日卒年五十八虯子之遴知名梁史有傳

沈顗字處默吳興武康人也父坦之仕齊位都官郎顗幼清靜有至行慕黃叔度徐孺子之爲人讀書不爲章句著述不尙浮華常獨處一室人罕見其面從叔勃貴顯每還吳興賓客塡咽顗不至其門勃就之顗送迎不越閾勃嘆曰吾乃今知貴不如賤也顗內行甚脩事母兄孝友兄昂一名顒亦退素以家貧仕爲始安令兄弟不能相離相隨之任永明年中徵拜著作郎太子舍人通直郎竝不起文惠太子嘗擬古詩云磊磊落落玉山崩顗聞之嘆曰此讖言也旣而太子薨至秋武帝崩鬱林海陵相次黜辱顗素不事家產及昂卒遂齊末兵荒與家人并日而食或有饋其粱肉者閉門不受唯採蓴菜供食以樵採自資怡怡然恆不改其樂梁天監四年大舉北侵南陽樂藹爲武康令以顗從役到建鄴揚州別駕陸任以書與吳興太守柳惲責之不能甄善別賢惲大慙即表停之卒於家所著文章數十篇

梁

何點字子晳廬江灊人也祖尙之宋司空父鑠宜都太守鑠素有風疾無故忽害點母王氏坐法死點兄弟以此無宦情點兄求字子有宋元嘉初爲文帝挽郎歷位太子洗馬丹陽郡丞清退無嗜慾後爲太子中舍人泰始初妻亡還吳葬舊墓除中書郎不拜仍住吳隱居波若寺足不踰戶人莫見其面宋明帝崩出奔國哀除永嘉太守求時寄住南澗寺不肯詣臺乞於野外拜受見許一夜忽乘小船逃歸吳隱虎邱山齊永明四年拜太中大夫不就卒點年十一居父母憂幾至毀性及長感家禍欲絕昏宦祖尙之彊爲娶琅邪王氏禮畢將親迎點累涕泣求執本志遂得罷點明目秀眉容貌方雅眞素通美不以門戶自矜博通羣書善談論家本素族親姻多貴仕點雖不入城府性率到好狎人物遨遊人閒不簪不帶以人地竝高無所與屈大言蹴踞公卿敬下之或乘柴車躡草屩恣心所適致醉而歸故世論以點爲孝隱士弟允爲小隱士士大夫多慕從之時人重其通稱爲遊俠處士兄求卒點菜食不飲酒訖于三年腰帶減半宋太始末徵爲太子洗馬齊初累徵中書侍郎太子中庶子竝不就與陳郡謝瀹吳國張融會稽孔稚珪爲莫逆友點門世信佛從弟遁以東籬門園居之稚珪爲築室焉園內有卞忠貞冢點植花卉於冢側每飲必舉酒酹之招攜勝侶及名德桑門清言賦詠優游自得初褚淵王儉爲宰相點謂人曰我齊書作已竟贊云淵旣世族儉亦國華不賴舅氏遑恤國家王儉聞之欲候點知不可見乃止豫章王嶷造點點從後門遁去司徒竟陵王子良聞之曰豫章王尙望塵不及吾當望岫息心後點在法輪寺子良就見之點角巾登席子良欣說無已遺點嵇叔夜酒杯徐景山酒鎗點少時常患渴利積年不愈後在吳中石佛寺建講於講所晝寢夢一道人形貌非常授丸一掬夢中服之自此而差時人以爲淳德所感性通脫好施遠近致遺一無所拒隨後散焉嘗行經朱雀門街有自車後盜點衣者見而不言旁人禽盜與之點乃以衣施盜盜不敢受點令告有司盜懼乃受之點雅有人倫之鑒多所甄拔知吳興邱遲於童幼稱濟陽江淹於寒素其後貴達悉如其言點哀樂過人嘗行逢葬者嘆曰此哭者之懷豈可思邪於是悲慟不能禁老乃娶魯國孔嗣女嗣亦隱者點雖昏亦不與妻相見築別室以處之人莫喻其意吳國張融少時免官而爲詩有高言點答詩曰昔聞東都日不在簡書前雖戲而融久病之及點後昏融始爲詩贈點曰惜哉何處士薄暮遘荒淫點亦病之永元中崔慧景圍城人閒無薪點悉伐園樹以贈親黨慧景性好佛義先慕交

點點不顧之至是乃遥召點點裂裂爲袴往赴其軍終日談說不及軍事其語默之迹如此慧景平後東昏大怒欲誅之王瑩爲之懼求計於蕭暢暢謂茹法珍曰點若不誘賊共講未必可量以此言之乃應得封東昏乃止武帝與點有舊及踐阼手詔論舊賜以鹿皮巾等仍召之點以巾褐引入華林園帝賦詩置酒恩禮如舊仍下詔以爲侍中點捋帝鬚曰乃欲臣老子邪卽辭疾不起復下詔詳加資給竝出在所日費所須太官別給天監三年卒無子詔給第一品材一具喪事所須內監經理點弟允字子季出繼叔父曠故更字允叔年八歲居憂毀若成人及長輕薄不覊晚年折節好學師事沛國劉瓛受易及禮記毛詩又入鍾山定林寺聽內典其業皆通而縱情誕節時人未之知也惟瓛與汝南周顒深器異之仕齊爲建安太守政有恩信不忍欺每伏臘放囚還家依期而反歷黃門侍郎太子中庶子尚書令王儉受詔撰新禮未就而卒又使特進張緒續成緒又卒屬在司徒竟陵王子良子良以讓允乃置學士二十人佐允撰錄後以國子祭酒與太子中庶子王瑩竝爲侍中時允單作祭酒疑所服陸澄博士該通亦不能據遂以元服臨試爾後詳議乃用朱服祭酒朱服自此始也及鬱林嗣位允爲后族甚見親待累遷中書令領臨海巴陵王師允雖貴顯常懷止足建武初已築室郊外號曰小山常與學徒游處其內至是遂賣園宅欲入東山未及發聞謝朏罷吳興郡不還允恐後之乃拜表解職不待報輒去明帝大怒使御史中丞袁昂奏收允尋有詔許之允以會稽山多靈異遂往游焉居若邪山雲門寺初允二兄求點竝棲遁求先卒至是允又隱世號點爲大山允爲小山亦曰東山世謂何氏三高永元中徵爲太常太子詹事竝不就武帝霸府建引允爲軍謀祭酒并與書允不至及帝踐阼詔爲特進右光祿大夫遣領軍司馬王杲之以手敕諭意竝徵謝朏杲之先至允所允恐朏不出先示以可起乃單衣鹿皮巾執經卷下牀跪受詔書出就席伏讀允因謂杲之曰吾昔於齊朝欲陳兩三條事一者欲止郊丘二者欲更鑄九鼎三者欲樹雙闕世傳晉室欲立闕王丞相指牛頭山云此天闕也是則未明立闕之意闕者謂之象魏懸法於其上浹日而收之象者法也魏者當塗而高大貌也鼎者神器有國所先圜丘國郊舊典不同南郊祠五帝靈威仰之類圜丘祠天皇大帝北極大星是也往代合之郊丘先儒之巨失今梁德告始不宜遂因前謬卿宜詣闕陳之杲之曰僕之鄙劣豈敢輕議國典此當敬俟叔孫生耳及杲之從謝朏所還問允以出期允知朏已應召答杲之曰吾年已五十七月食四斗米不盡何容復有宦情杲之失色不能答允反謂曰卿何不遣傳詔還朝拜表留與我同游邪杲之愕然曰古今不聞此例允曰檀弓兩卷皆言物始自卿而始何必有例允朏俱前代高士而允處名彌尤遽矣杲之還以允意奏聞有敕給白衣尚書祿允固辭又敕山陰庫錢月給五萬又不受乃敕何子朗孔壽等六人於東山受學太守衡陽王元簡深加禮敬月中常命駕式閭談論終日允以若邪山地勢迫隘不容學徒乃遷秦望山山有飛泉乃起學舍卽林成援因巖爲堵別爲小閣室寢處其中躬自啟閉僮僕無得至者山側營田二頃講隙從生徒游之允初遷將築室忽見二人著元冠容貌甚偉問允曰君欲居此邪乃指一處云此中殊吉忽不復見允依其言而卜焉尋而山發洪水木石皆倒拔唯允所居之室巋然獨存元簡乃命鍾嶸作瑞室頌刻於石以旌之及元簡去郡入山與允別允送至都賜埭去郡三里因曰僕自棄人事交游路絕非自降貴山藪豈容復望城邑此埭之游於今絕矣執手涕零何氏過江自晉司空充竝葬吳西山允家世年皆不永唯祖尚之至七十二允年登祖壽乃移還吳作別山詩一首言甚悽愴至吳居虎邱山西寺講經論學僧復隨之東境守宰經途者莫不畢至允常禁殺忽有虞人逐鹿鹿徑來趨允伏而不動又有異鳥如鶴紅色集講堂馴狎如家禽焉初開善寺藏法師與允遇於秦望山後還都卒於鍾山其死日允在波若寺見一名僧授允香爐奩并函書云貧道發自揚都呈何居士言訖失所在允開函乃是大莊嚴論世中未有訪之香爐乃藏公所常用又於寺內立明珠柱柱乃七日七夜放光太守何遠以狀啟昭明太子太子欽其德遣舍人何思澄致手令以褒美之中大通三年卒年八十六先是允疾妻江氏夢神告之曰汝夫壽盡既有至德應獲延期汝當代之妻覺說焉俄得患而卒允疾乃瘳至是允夢見一神女并八十許人竝衣帢行列在前俱拜牀下覺又見之便命營凶具既而疾困不復瘳遂卒初允侈於味食必方丈後稍欲去其甚者猶食白魚䱇脯糖蟹以爲非見生物疑食蚶蠣使門人議之學生鍾岏曰䱇之就脯驟於屈申蟹之將糖躁擾彌甚仁人用意深懷如怛至於車螯蚶蠣眉目內闕慙渾沌之奇獷殼外緘非金人之慎不悴不榮曾草木之不若無馨無臭與瓦礫其何算故宜長充庖廚永爲口實竟陵王

子良見岏議大怒周顒與允書勸令食菜曰變之大者莫過死生生之所重無逾性命性命之於彼極切滋味之在我可賒若云三世理誣則幸矣良快如使此道果然而受形未息一往一來生死常事則傷心之慘行亦自及丈人於血氣之類雖不身踐至於晨鳧夜鱺不能不取備屠門財貝之經盜手猶爲廉士所棄生性之物一啟鸞刀寧復慈心所忍驂虞雖飢非自死之草不食聞其風者豈不使人多媿丈人得此有素聊復片言起發耳故允末年遂絕血味允注百法論十二門論各一卷注周易十卷毛詩總集六卷毛詩隱義十卷禮記隱義二十卷禮答問五十五卷子撰亦不仕有高風

阮孝緒字士宗陳留尉氏人也父彥之宋太尉從事中郎以清幹流譽孝緒七歲出繼從伯允之允之母周氏卒遺財百餘萬應歸孝緒孝緒一無所納盡以歸允之姊琅邪王晏之母聞者咸歎異之乳人憐其傳重辛苦竊玉羊金獸等物與之孝緒見而駭愕啟彥之送還王氏幼至孝雖與童兒游戲恆以穿池築山爲樂年十三遍通五經十五冠而見其父彥之彥之誡曰三加彌尊人倫之始宜思自勖以庇爾躬答曰願迹松子於瀛海追許由於窮谷庶保餘生以免塵累自是屏居一室非定省未嘗出戶家人莫見其面親友因呼爲居士年十六父喪不服綿纊雖蔬有味亦吐之外兄王晏貴顯屢至其門孝緒度之必至顯覆開其船管輒穿籬逃匿不與相見嘗食醬美問之云是王家所得便吐餐覆醬及晏誅親戚咸爲之懼孝緒曰親而不黨何坐之及竟獲免武帝起兵圍建鄴家貧無以爨僮妾竊鄰人墓樵以繼火孝緒知之乃不食乃更令撤屋而炊所居以一鹿牀爲精舍以樹環繞天監初御史中丞任昉尋其元履之所欲造而不敢望而歎曰其室雖邇其人甚遠其爲名流所欽尚如此自是欽慕風譽者莫不懷刺斂衽望塵而息殷芸欲贈以詩昉曰趣舍既異何必相干芸乃止唯與比部郎裴子野交子野薦之尚書徐勉言其年十餘歲隨父爲湘州行事不書官紙以成其親之清白論其志行粗類管幼安比以采章如似皇甫謐天監十二年詔公卿舉士祕書監傅照上疏薦之與吳郡范元琰俱徵並不到陳郡袁峻謂曰往者天地閉賢人隱今世路已清而子猶遁可乎答曰昔周德雖興夷齊不厭薇蕨漢道方盛黃綺無悶山林爲仁由己何關人世況僕非往賢之類邪初謝朏及伏暅應徵天子以爲隱者苟立虛名以要顯譽故孝緒與何允俱得遂其高志後聽講於鍾山母王氏忽有疾兄弟欲召之母曰孝緒至性冥通必當自到果心驚而反鄰里嗟異之合藥須得生人蓡舊傳鍾山所出孝緒躬歷幽險累日不逢忽見一鹿前行孝緒感而隨後至一所遂滅就視果獲此草母得服之遂愈時皆歡歎其孝感所致有善筮者張有道曰吾見子隱迹而心難明自非考之龜蓍無以驗也及布卦既揲五爻曰此將爲咸應感之法非嘉遁之兆孝緒曰安知後爻不爲上九果成遯卦有道歎曰此所謂肥遯無不利象實應德心迹並也孝緒曰雖獲遯卦而上九爻不發升遐之道便當高謝許生乃著高隱傳上自炎黃終於天監末斟酌分爲三品言行超逸名氏弗傳爲上篇始終不耗姓名可錄爲中篇挂冠人世棲心塵表爲下篇湘東王著忠臣傳集釋氏碑銘丹陽尹錄研神記並先簡孝緒而後施行南平元襄王聞其名致書要之不赴曰非志驕富貴但性畏廟堂若使麏麚可驂何以異夫騏驥初建武末青溪宮東門無故自崩大風拔東宮門外楊樹或以問孝緒孝緒曰青溪皇家舊宅齊爲木行東爲木位今東門自壞木其衰矣武帝素畜讖緯孝緒兼有其書或勸藏之答曰昔劉德重淮南祕要適爲更生之禍杜瓊所謂不如不知此言美矣客有求之答曰己所不欲豈可嫁禍於人乃焚之鄱陽忠烈王妃孝緒姊也王嘗命駕欲就之游孝緒鑿垣而遁卒不肯見王悵然歎息王諸子篤渭陽之情歲時之貢無所受納未嘗相見竟不知識或問其故孝緒曰我本素賤不應爲王侯姻戚邂逅所逢豈關始願劉歊曾以米饋之孝緒不納歊亦棄之末年以蔬食斷酒其恆供養石像先有損壞心欲治補磬心敬禮經一夜忽然完復衆並異之大同二年正月孝緒自筮卦吾壽與劉著作同年及劉杳死孝緒曰劉既逝矣吾其幾何其年十月卒年五十八簡文在東宮隆恩厚贈子恕等述先志不受顧協以爲恩異常均議令恭受門徒追論德行諡曰文貞處士所著七錄削繁等一百八十一卷並行於世初孝緒所撰高隱傳中篇所載一百三十七人劉歊劉訏覽其書曰昔嵇康所贊闕一自擬今四十之數將待吾等成之邪對曰所謂苟君雖少後事當付鍾君若素車白馬之日輒獲麟於二子歊訏果卒乃益二傳及孝緒亡訏兄絜錄其所遺行次於篇末成絕筆之意云

劉歊字士光平原人也本名冉祖勔宋司空父繪武帝霸府從事中郎繪附兄太常悛傳列在齊史歊始生之夕有香氣滿室幼有識慧四歲喪父與羣兒同處獨不

戲弄六歲誦論語毛詩意所不解便能問難十二讀莊子逍遙篇曰此可解耳客問之隨問而答皆有情理家人每異之謂爲神童及長博學有文才不娶不仕與族弟訏竝隱居求志遨遊林澤以山水書籍相娛而已奉母兄以孝悌稱寢食不離左右母意有所須口未及言歊已先知手自營辦狼狽供奉母每疾篤夢歊進藥及翌日轉有間效其誠感如此性重興樂尤愛山水登危履險必盡幽遐人莫能及皆歎其有濟勝之具常欲避人世以母老不忍違每隨兄霽杳從官少時好施務周人之急人或遺之亦不拒也久而歎曰受人者必報不則有愧於人吾固無以報人豈可常有愧乎天監十七年忽著革終論以爲形者無知之質神者有知之性有知不獨存依無知以自立故形之於神逆旅之館耳及其死也神去此館速朽得理是以子羽沈川漢伯方壙文楚黃壤士安麻索此四子者得理也若從四子而遊則平生之志得矣然積習生常難卒改革一朝肆志儻不見從今欲翦截煩厚務在儉易進不保尸退畢常俗不傷存者之念有合至人之道且張奐止用幅巾王肅唯盥手足范冉斂畢便葬奚珍無設筵几文度故舟爲棺子廉牛車載柩叔起誠絕墳壠康成使無卜吉此數公者尙或如之況爲吳人而尙華泰今欲髣髴景行以爲軌則氣絕不須復魂盥洗而斂以一千錢市成棺單故裙衫衣巾枕履此外送往之具棺中常物一不得有所施世多信李彭之言可謂惑矣余以孔釋爲師差無此惑斂訖載以露車歸於舊山隨得一地地足爲坎坎足容棺不須塼甓不勞封樹勿設祭饗勿置几筵其蒸嘗繼嗣言象所絕事止余身無傷世教初訏之疾歊盡心救療及卒哀傷爲之誄又著悲友賦以序哀情忽有老人無因而至謂曰君心力堅猛必破死生但運會所至不得久留一方耳彈指而去歊心知其異試遣尋之莫知其所於是信心彌篤既而寢疾恐貽母憂乃自言笑勉進湯藥謂兄霽杳曰兩兄祿仕足申供養歊之歸泉復何所憾願深割無益之悲十八年年三十二卒始沙門釋寶誌遇歊於興皇寺驚起曰隱居學道淸淨登仙如此三說歊未死之春有人爲其庭中栽柿歊謂兄子弇曰吾不見此實爾其勿言至秋而一人以爲知命親故誄其行迹謚曰貞節處士先是有太中大夫琅邪王敬允以天監八年卒遺命不得設復魄旌旐一蘆蕟藉下一枚覆上吾氣絕便沐浴藍輿載尸還忠侯大夫隧中若不行此則戮吾尸於九泉敬允外甥許慧昭因阮研以聞詔曰敬允令其息崇素氣絕便沐浴藉以二蘆蕟鑿地周身歸葬忠侯此達生之格言賢夫玉匣石槨遠矣然子於父命亦有所從有所不從今崇素若信遺意土周淺薄屬辟不施一朝見侵狐鼠戮尸巳甚父可以訓子子亦不可行之外內易棺此自奉親之情藉土而葬亦通人之意宜兩捨兩取以達父子之志棺周於身土周於槨去其牲奠斂以時服一可以申情二可以稱家禮教無違生死無辱此故當爲安也歊族弟訏字彥度祖承宗宋太宰參軍父靈眞齊鎭西諮議武昌太守訏幼稱純孝數歲父母繼卒訏居喪哭泣孺慕幾至滅性赴弔者莫不傷焉後爲伯父所養事伯母及昆妹孝友篤至爲宗族所稱自傷早孤人有誤觸其諱者未嘗不感結流涕長兄絜爲聘妻尅日成婚訏聞而逃匿事息乃還本州刺史張稷辟爲主簿主者檄召訏乃挂檄於樹而逃陳留阮孝緖博學隱居不交當世恆居一鹿牀環植竹木寢處其中時人造之未嘗見也訏經一造孝緖卽顧以神交訏族兄歊又履高操三人日夕招攜故都下謂之三隱訏善元言尤精意釋典曾與歊聽講鍾山諸寺因共卜築宋熙寺東澗有終焉之志尙書郞何炯嘗遇之於路曰此人風神頴俊蓋荀奉倩衞叔寶之流也命駕造門拒而不見族祖孝標與書稱之曰訏超超越俗如半天朱霞歊矯矯出塵如雲中白鶴皆儉歲之粱稷寒年之纖纊訏常著穀皮巾披衲衣每遊山澤輒留連忘返神理閑正姿貌甚華在林谷之閒意氣彌遠或有遇之者皆謂神人家甚貧苦幷日而食隆冬之月或無氈絮訏處之晏然人不覺其飢寒也自少至長無喜慍之色每於可競之地輒以不競勝之或有加陵之者莫不退而愧服由是衆論咸歸重焉天監七年卒於歊舍臨終執歊手曰氣絕便斂斂畢卽埋靈筵一不須立勿設饗祀無求繼嗣歊從而行之宗人至友相與刊石立銘謚曰元貞處士

南嶽鄧先生名郁荊州建平人也少而不仕隱居衡山極峻之嶺立小版屋兩閒足不下山斷穀三十餘載唯以澗水服雲母屑日夜誦大洞經武帝敬信殊篤爲帝合丹帝不敢服起五嶽樓貯之供養道家吉日躬往禮拜白日神仙魏夫人忽來臨降乘雲而至從少嫗三十竝著絳紫羅繡袿襹年皆可十七八許色豔桃李質勝瓊瑤言語良久謂郁曰君有仙方所以故來尋當相候至天監十四年忽見二青鳥悉如白鶴大鼓翼鳴舞移晷方去謂弟子等曰求之甚勞得之甚逸近青鳥既來期會至矣少日無病而終山內唯聞香氣世未嘗有武

帝後令周捨爲鄧元傳具序其事

陶弘景字通明丹陽秣陵人也祖隆王府參軍父貞孝昌令初弘景母郝氏夢青龍自懷而出幷見兩夫人手執香爐來至其所已而有娠遂以宋孝建三年丙申歲夏至日生弘景幼有異操年四五歲恒以荻爲筆晝灰中學書至十歲得葛洪神仙傳晝夜研尋便有養生之志謂人曰仰青雲覩白日不覺爲遠矣父爲妾所害弘景終身不娶及長身長七尺七寸神儀明秀朗目疎眉細形長額聳耳耳孔有十餘毛出外二寸許左膝有數十黑子作七星文讀書萬餘卷一事不知以爲深恥善琴碁工草隸未弱冠齊高帝作相引爲諸王侍讀除奉朝請雖在朱門閉影不交外物惟以披閱爲務朝儀故事多所取焉家貧求宰縣不遂永明十年脫朝衣掛神虎門上表辭祿詔許之賜以東帛敕所在日給伏苓五斤白蜜二升以供服餌及發公卿祖之於征虜亭供張甚盛車馬塡咽皆云宋齊以來未有斯事朝野榮之於是止於句容之句曲山恒曰此山下是第八洞宮名曰金陵華陽之天周回一百五十里昔漢有咸陽三茅君得道來掌此山故謂之茅山乃中山立館自號華陽陶隱居人間書禮即以隱居代名始從東陽孫游嶽受符圖經法徧歷名山尋訪仙藥身既輕捷性愛山水每經澗谷必坐臥其間吟詠盤旋不能已已謂門人曰吾見朱門廣廈雖識其華樂而無欲往之心望高巖瞰大澤知此難立止自恆欲就之且永明中求祿得輒差舛若不爾豈得爲今日之事乎豈唯身有仙相亦緣勢使之然也時沈約爲東陽郡守高其志操累書要之不至弘景爲人圓通謙謹出處冥會心如明鏡遇物便了言無煩舛有亦隨覺齊宜都王鏗爲明帝所害其夜夢鏗告弘景別云三年當生某家弘景因訪其幽冥中事多說祕異因著夢記焉永元初更築三層樓自處其上弟子處其中賓客至其下與物遂絕唯一家僮得至其所本便馬善射晚皆不爲唯聽吹笙而已特愛松風庭院皆植松每聞其響欣然爲樂有時獨游泉石望見者以爲仙人性好著述尙奇異顧惜光景老而彌篤尤明陰陽五行風角星算山川地理方圓產物醫術本草帝代年歷以算推知漢熹平三年丁丑冬至加時在日中而天實以乙亥冬至加時在夜半凡差三十八刻是漢歷後天二日十二刻也又以歷代皆取其先妣母后配饗地祇以爲神理宜然碩學通儒咸所不悟又嘗造渾天象高三尺許地居中央天轉而地不動以機動之悉與天相會云修道所須非止史官用是深慕張良爲人云古賢無與爲比齊末爲歌曰水丑木爲梁字及武帝兵至新林遣弟子戴猛之假道奉表及聞議禪代弘景乃援引圖讖數處皆成梁字令弟子進之武帝既早與之游及即位後恩禮愈篤書問不絕冠蓋相望弘景既得神符祕訣以爲仙丹可成而苦無藥物帝給黃金朱砂曾青雄黃等後合飛丹色如霜雪服之體輕及帝服飛丹有驗益敬重之每得其書燒香虔受帝使造年歷至己巳歲而加朱點實太清三年也帝手敕數招之錫以鹿皮巾後屢加禮聘竝不出惟畫作兩牛一牛散放在水草之間一牛著金籠頭有人執繩以杖驅之帝笑曰此人無所不作欲斆曳尾之龜豈有可致之理國家每有吉凶征討大事無不前以諮訪月中常有數信時人謂爲山中宰相二宮及王公貴要參候相繼贈遺未嘗絕時多不納受縱留者即作功德天監四年移居積金東澗弘景得辟穀導引之法自隱處四十許年逾八十而有壯容仙書云眼方者壽千歲弘景末年一眼有時而方曾夢佛授其菩提記云名爲勝力菩薩乃詣鄮縣阿育王塔自誓受五大戒後簡文臨南徐州欽其風素召至後堂以葛巾進見與談論數日而去簡文甚敬異之天監二年獻丹於武帝中大通初又獻二刀其一名善勝一名成勝竝爲佳寶弘景無疾自知應逝逆剋亡日仍爲告逝詩大同二年卒時年八十五顏色不變屈伸如常香氣累日氤氳滿山遺令既沒不須沐浴不須施牀止以兩重席鋪於地因所著舊衣上加生裓裙及臂衣靺冠巾法服左肘錄鈴右肘藥鈴佩符絡左腋下繞腰穿環結於前釵符於髻上通以大袈裟覆衾蒙首足器有車馬道人道士竝在門中道人左道士右百日內常然燈旦常香火弟子遵而行之詔贈太中大夫諡曰貞白先生弘景妙解術數逆知梁祚將覆預製詩云夷甫任散誕平叔坐論空豈悟昭陽殿遂作單于宮詩藏篋中化後門人方稍出之大同末士人競談元理不習武事及侯景篡果在昭陽殿初弘景母夢青龍無尾自已升天弘景果不娶無子從兄以子松喬嗣所著學苑百卷孝經論語集注帝代年歷本草集注效驗方肘後百一方古今州郡記圖像集要及玉匱記七曜新舊術數疏占候合丹法式共祕密不傳及撰而未訖又十部唯弟子得之

諸葛璩字幼玫琅邪陽都人也世居京口璩幼事徵士關康之博涉經史復師徵士臧榮緒榮緒著晉書稱璩有發擿之功方之壺遂齊建武初南徐州行事江祀薦

璩於明帝言璩安貧守道悅禮敦詩如其簡退可揚清厲俗請辟爲議曹從事帝許之璩辭不赴陳郡謝朓爲東海太守下教揚其風槩餉穀百斛天監中舉秀才不就璩性勤於誨誘後生就學者日至居宅狹陋無以容之太守張友爲起講舍璩處身清正妻子不見喜愠之色旦夕孜孜講誦不輟時人益以此崇之卒於家璩所著文章二十卷門人劉曒集而錄之

劉慧斐字宣文彭城人也父元直淮南太守慧斐少博學能屬文起家安成王法曹行參軍嘗赴都途經尋陽游於匡山遇處士張孝秀相得甚歡遂有終焉之志因不仕居於東林寺又於山北構園一所號曰離垢園時人仍謂離垢先生慧斐尤明釋典工篆隷在山寫佛經二千餘卷常所誦者百餘卷晝夜行道孜孜不怠遠近欽慕之簡文臨江州遺以几杖論者云自遠法師沒後將二百年始有張劉之盛矣元帝及武陵王等書問不絕大同三年卒慧斐兄慧鏡子曇淨有孝行列在孝友傳

范元琰字伯珪一字長玉吳郡錢唐人也祖悅之太學博士徵不至父靈瑜居父憂以毀卒元琰時童孺哀慕盡禮親黨異之及長好學博通經史兼精佛義性謙敬不以所長驕人祖母患癰恒自含吮與人言常恐傷物居家不出城市雖獨居如對賓客見者莫不改容憚之家貧唯以園蔬爲業嘗出行見人盜其菘元琰遽退走母問其故具以實答母問盜者爲誰答曰向所以退畏其愧恥今啟其名願不泄也於是母子祕之或有涉溝盜其筍者元琰因伐木爲橋以度之自是盜者大慙一鄉無復草竊齊建武初徵爲曹虎平西參軍不至于時始安王遙光爲揚州謂徐孝嗣曰曹虎參軍豈是禮賢之職欲以西曹書佐聘之會遙光敗不果時人以爲恨沛國劉瓛深加器異嘗表稱之天監九年縣令管慧辯上言義行揚州刺史臨川王宏辟命不至卒於家

庾詵字彥寶新野人也幼聰警篤學經史百家無不該綜緯候書射碁算機巧竝一時之絕而性託夷簡特愛林泉十畝之宅山池居半蔬食弊衣不治產業遇火止出書數篋坐於池上有爲火來者答云唯恐損竹嘗乘舟從沮中山舍還載米一百五十石有人寄載三十石及至宅寄載者曰君三十斛我百五十斛詵默然不言恣其取足鄰人有被執爲盜見劾妄款詵矜之乃以書質錢二萬令門生詐爲其親代之酬備鄰人獲免謝詵詵曰吾矜天下無辜豈期謝也武帝少與詵善及起兵署爲平西府記室詵不屈平生少所游狎河東柳惲欲與交拒而弗納普通中詔以爲黃門侍郎稱疾不赴晚年尤遵釋教宅內立道場環繞禮懺六時不輟誦法華經每日一徧後夜中忽見道人自稱願公容止甚異呼詵爲上行先生授香而去中大通四年因晝寢忽驚覺曰願公復來不可久住顏色不變言終而卒年七十八舉室咸聞空中唱云上行先生已生彌陀淨域矣武帝聞而下詔謚曰貞節處士詵所撰帝歷二十卷易林二十卷續伍端休江陵記一卷晉朝雜事五卷總抄八十卷行於世子曼倩字世華亦早有令譽元帝在荊州以爲中錄事每出帝嘗目送之謂劉之遴曰荊南信多君子後轉諮議參軍所著喪服儀文字體例老子義疏算經及七曜歷術幷所製文章凡九十五卷子季才有學行承聖中位中書侍郎江陵平隨例入長安

張孝秀字文逸南陽宛人也徙居尋陽曾祖須無祖僧監父希竝別駕從事孝秀長六尺餘白皙美鬚眉仕州從事史遇刺史陳伯之叛孝秀與州中士大夫謀襲之事覺逃於盆水側有商人寘諸褚中展轉入東林伯之得其母郭以蠟灌殺之孝秀遂遣其妻妾入匡山修行學道服闋建安王召爲別駕因去職歸山居於東林寺有田數十頃部曲數百人率以力田盡供山衆遠近歸慕赴之如市孝秀性通率不好浮華常冠穀皮巾躡蒲履手執幷閭皮麈尾服寒食散盛冬臥於石上博涉羣書專精釋典僧有虧戒律者集衆佛前作偈磨而笞之多能改過善談論工隷書凡諸藝能莫不明習普通三年卒室中皆聞非常香簡文甚傷悼焉與劉慧斐書述其貞白云

庾承先字子通潁川鄢陵人也少沈靜有志操是非不涉於言喜愠不形於色人莫能窺也弱歲受學於南陽劉虬強記敏識出於羣輩元經釋典靡不該悉九流七略咸所精練辟功曹不就乃與道士王僧鎮同游衡岳晚以弟疾還鄉里遂居士臺山鄱陽忠烈王在州欽其風味要與游處令講老子遠近名僧咸來赴集論難鋒起異端競至承先徐相酬答皆得所未聞忠烈王尤所欽重中大通三年廬山劉慧斐至荊州承先與之有舊往從之荊峽學徒因請承先講老子湘東王親命駕臨聽論議終日留連月餘乃還山王親祖道幷贈篇什隱者美之其年卒刺史厚有贈賻門人黃士龍讓曰先師平素食不求飽衣不求輕凡有贈遺皆無所受臨終之日誠約家門薄棺周形巾褐爲斂雖蒙賚及不敢輕承教旨以違平生之操錢布輒付使反時論高之

陳

馬樞字要理扶風郿人也祖靈慶齊竟陵王錄事參軍樞數歲而孤爲其姑所養六歲能誦孝經論語老子及長博極經史尤善佛經及周易老子義梁邵陵王綸爲南徐州刺史素聞其名引爲學士綸時自講大品經令樞講維摩老子周易同日發題道俗聽者二千人王欲極觀優劣乃謂衆曰與馬學士論義必使屈服不得空立客主於是數家學者各起問端樞乃依次剖判開其宗旨然枝分派別轉變無窮論者拱默聽受而已綸甚嘉之尋遇侯景之亂綸舉兵援臺乃留書二萬卷付樞樞肆志尋覽殆將周遍乃喟然歎曰吾聞貴爵位者以巢由爲桎梏愛山林者以伊呂爲管庫束名實則芻狗柱下之言翫清虛則糠粃席上之說稽之篤論亦各從其好也比求志之士望塗而息豈天之不惠高尚何山林之無聞甚乎乃隱於茅山有終焉之志天嘉元年文帝徵爲度支尚書辭不應命時樞親故並居京口每秋冬之際時往游焉及鄱陽王爲南徐州刺史欽其高尚鄙不能致乃卑辭厚意令使邀之樞固辭以疾門人勸請不已乃行王別築室以處之樞惡其崇麗乃於竹林閒自營茅茨而居每以王公餽餉辭不獲已者率十分受一樞少屬亂離凡所居處盜賊不入依託者常數百家自精洞黄能視闇中物有白鷄一雙巢其庭樹馴狎櫚廡時至几案春來秋去幾三十年大建十三年卒撰道覺論行於世

後魏

眭夸一名旭趙郡高邑人也祖邁晉東海王越軍謀掾後沒石勒爲徐州刺史父邃字懷道慕容寶中書令夸少有大度不拘小節耽好書傳未嘗以世務經心好飲酒浩然物表年三十遭父喪鬚鬢致白每一悲哭聞者爲之流涕高尚不仕寄情邱壑同郡李順願與之交夸拒而不許邦國少長莫不憚之少與崔浩爲莫逆之交浩爲司徒奏徵夸爲中郎稱疾不赴州郡逼遣不得已乃入京師與浩相見延留數日唯飲酒談敘平生不及世利浩每欲論屈之竟不能發言其見敬憚如此浩後遂投詔書於夸懷亦不開口夸曰桃簡卿已爲司徒何足以此勞國士也吾便於此將別桃簡浩小名也浩慮夸卽還夸時乘一騾更無兼騎乃以夸騾內之廐中冀相縻縶夸遂託鄉人輸租者謬爲御車乃得出關浩知而歎曰眭夸獨行士本不應以小職辱之又使其人杖策復路吾當何辭以謝之也時朝法甚峻夸既私還將有私歸之咎浩仍相左右始得無坐經年送夸本騾兼以所乘馬爲書謝之夸更不受其馬亦不復書及浩誅沒爲之素服受鄉人弔唁經一時乃止歎曰崔公已死誰能更容眭夸乎婦父鉅鹿魏攀當時名達之士未嘗備翁壻之禮情同朋好或人謂夸曰吾聞有大才者必居貴位子何獨在桑榆乎遂著知命論以釋之夸又作朋友論篤辭義爲時人所稱年七十五卒葬日赴者如市無子

馮亮字靈通南陽人梁平北將軍蔡道恭之甥也少博覽諸書又篤好佛理隨道恭至義陽會中山王英平義陽獲焉英素聞其名以禮待接亮性清靜後隱居嵩山感英之德以時展覲及英亡亮奔赴盡其哀慟宣武帝召以爲羽林監領中書舍人將令侍講十地諸經固辭不許又欲使衣幘入見苦求以幅巾就朝遂不彊逼還山數年與僧徒禮誦爲業蔬食飲水有終焉之志會逆人王敞事發連山中沙門既而亮被執赴尚書省十餘日詔特免雪亮不敢還山遂寓居景明寺敕給衣食及其從者數人後甚思舊居復還山室亮既雅愛山水又兼工思結架巖林甚得棲遊之適宣武聞之給其工力令與沙門統僧暹河南尹甄琛等同視嵩高形勝之處遂造閑居佛寺林泉既奇營製又美曲盡山居之妙亮時出京師延昌二年冬因遇篤疾宣武敕以馬輿送令還山居嵩高道場寺數日而卒詔贈帛二百匹以供凶事遺誡兄子綜殮以衣帢左手持版右手執孝經一卷置尸盤石上去人居數里外積十餘日乃焚於山上以灰燼處起佛塔經藏初亮以盛冬喪時連日驟雪窮山荒澗鳥獸飢窘僵尸山野無所防護時有壽春道人惠需每旦往看其屍拂去麤霰禽蟲之迹交橫左右而初無侵毀衣服如本著唯風吹帢巾少側又以亮識舊南方法師遺信大栗十枚言期之將來十地果報開亮手以置把中經宿乃爲蟲鳥盜食皮殼在地而亦不傷肌體焚燎之日有素霧蓊鬱回繞其傍自地屬天彌朝不絕山中道俗營助者百餘人莫不異焉

李謐字永和涿郡人也祖祥河閒太守父安世相州刺史皆有傳謐少而好學博通諸經周覽百氏初師事小學博士孔璠數年之後璠還就謐請業同門生爲之語曰青成藍藍謝青師何常在明經謐以公子徵拜著作佐郎辭以授弟郁詔許之州再舉秀才公府二辟竝不就唯以琴書爲業有絕世之心覽考工記大戴禮盛德篇以明堂之制不同遂著明堂制度論曰余謂論事辨物當取正於經典之眞文援證定疑必有驗於周孔之

遺訓然後可以稱準的矣今禮文殘缺聖言靡存明堂之制靡使正之是以後人紛糾競興異論五九之說各信其習是非無準得失相半故歷代紛紜靡所取正乃使裴頠云今羣儒紛糾互相倚摭就令其象可得而圖其所以居用之禮莫能通也爲設虛器耳況漢氏所作四維之个復不能令各處其辰愚以爲尊祖配天其義明著廟宇之制理據未分直可爲殿屋以崇嚴父之祀其餘雜碎一皆除之斯豈不以羣儒舛互並乖其實據義求衷莫適可從哉但恨典文殘滅求之靡據而已矣乃復遂去室牖諸制施之於教未知其所隆政求之於情未可喻其所以必須惜哉言乎仲尼有言曰賜也爾愛其羊我愛其禮余以爲隆政必須其禮豈彼一羊哉推此而論則聖人之於禮殷勤而重之裴頠之於禮任意而忽之是則顏賢於仲尼矣以斯觀之裴氏子以不達夫禮之旨也余竊不自量頗有鄙意據理尋義以求其眞貫合雅衷不苟偏信乃藉之以禮傳考之以訓注博採先賢之言廣搜通儒之說㩁其當否參其同異棄其所短收其所長推義察圖以折厥衷豈敢必善聊亦合其言志矣凡論明堂之制者雖衆然校其大略則二途而已言五室者則據周禮考工之記以爲本是康成之徒所執言九室者則案大戴盛德之篇以爲源是伯喈之倫所持此二書雖非聖言然是先賢之中博見洽通者也但各記所聞未能全正可謂既盡美矣未盡善也而先儒不能考其當否便各是所習卒相非毀豈達士之確論哉小戴氏傳禮事四十九篇號曰禮記雖未能全當然多得其衷方之前賢亦無愧矣而月令玉藻明堂三篇頗有明堂之義余故採掇二家參之月令以爲明堂五室古今通則其室居中者謂之太室太室之東者謂之靑陽當太室之南者謂之明堂太室之西者謂之總章當太室之北者謂之元堂四面之室各有夾房謂之左右个三十六戶七十二牖矣室个之形今之殿前是其遺像耳个者卽寢之房也但明堂與寢施用既殊故房个之名亦隨事而遷耳今粗書其像以見鄙意案圖察義略可驗矣故檢之五室則義明於考工校之戶牖則數協於盛德考之施用則事著於月令求之閏也合周禮與玉藻既同夏殷又符周秦雖乖衆儒儻或在斯矣考工記曰周人明堂度以九尺之筵東西九筵南北七筵堂崇一筵五室凡室二筵室中度以几堂上度以筵余謂記得之於五室而謬於堂之修廣何者當以理推之令愜古今之情也夫明堂者蓋所以告月朔布時令宗文王祀五帝者也然營構之範自當因宜刱制耳故五室者合於五帝各居一室之義且四時之祀皆據其方之正又聽朔布令咸得其月之辰可謂施政及祀二三俱允求之古義竊爲當矣鄭康成漢末之通儒後學所取正釋五室之位謂土居中木火金水各居四維然四維之室既乖其正施令聽朔各失厥衷左右之个棄而不顧乃反文之以美說飾之以巧辭言水木用事交於東北木火用事交於東南火土用事交於西南金水用事交於西北既依五行當從其方用事之文出何經典可謂工於異端言非而博疑誤後學非所望於先儒也禮記玉藻曰天子聽朔於南門之外閏月則闔門左扉立於其中鄭元注曰天子之廟及路寢皆如明堂制明堂在國之陽每月就其時之堂而聽朔焉卒事反宿路寢亦如之閏月非常月聽其朔於明堂門下還處路寢門終月也而考工記周人明堂元注曰或舉王寢或舉明堂互言之以明其制同也其同制之言皆出鄭注然則明堂與寢不得異矣而尙書顧命篇曰逆子釗南門之外延入翼室此之翼室卽路寢矣其下曰大貝賁鼓在西房垂之竹矢在東房此則路寢有左右房見於經史者也禮記喪服大記曰君夫人卒於路寢小斂婦人髽帶麻於房中鄭元注曰此蓋諸侯禮帶麻於房中則西南天子諸侯左右房見於注者也論路寢則明其左右言明堂則闕其左右个同制之說還相矛楯通儒之注何其能乎使九室之徒奮筆而爭鋒者豈不由處室之不當哉記云東西九筵南北七筵五室凡室二筵置五室於斯堂雖使班倕構思王爾營度則不能令三室不居其南北也然則三室之間便居六筵之地而室壁之外裁有四尺五寸之堂焉豈有天子布政施令之所宗祀文王以配上帝之堂周公負扆以朝諸侯之處而室戶之外僅餘四尺而已哉假在儉約爲陋過矣論其堂宇則偏而非制求之道理則未愜人情其不然也余恐爲鄭學者苟求必勝競生異端以相訾抑云二筵者乃室之東西耳南北則狹焉余故備論之曰若東西二筵則室戶之外爲丈三尺五寸矣南北戶外復如此則三室之中南北裁各丈二耳記云四旁兩夾窗若爲三尺之戶二尺之窗窗戶之間裁盈一尺繩樞甕牖之室蓽門圭窬之堂尙不然矣假令復欲小廣之則四面之外闊狹不齊東西既深南北更淺屋宇之制不爲通矣驗之衆塗略無算焉且凡室二筵丈八地耳然則戶牖之間不踰二尺也禮記明堂天子負斧扆南向而立鄭元注曰設斧於戶牖之間而鄭氏禮圖說

戾制曰從廣八尺畫斧文於其上今之屏風也以八尺扆置二尺之間此之叵通不待智者較然可見矣且若二筵之室爲四尺之戶則戶之兩頰裁各七尺耳全以置之猶自不容剏復戶牖之間哉其不然二也又復以世代驗之即虞夏尙朴殷周稍文制造之差每加崇飾而夏后世室修二七周人之制反更促狹豈是夏禹卑宮之意周監郁郁之美哉以斯察之其不然三也又云堂崇一筵便基高九尺而壁戶之外裁四尺五寸於營制之法自不相稱其不然四也又云室中度以几堂上度以筵而復云凡室二筵而不以几還自相違其不然五也以此驗之記者之謬抑可見矣盛德篇云明堂凡九室三十六戶七十二牖上員下方東西九仞南北七筵堂高三尺也余謂盛德篇得之於戶牖失之於九室何者五室之制傍有夾房面各有戶戶有兩牖此乃因事立則非拘異術戶牖之數固自然矣九室書論之五帝事既不合施之時令又失其扆左右之个重置一隅兩扆同處參差出入斯乃義無所據未足稱也且又室之修廣裁六十三尺耳假使四尺五寸爲外之基其中五十四尺便是五室之地計其一室之中僅可一丈置其戶牖則於何容之哉若必小而爲之以容其數則今帝王側身出入斯爲怪矣此匪直不合典制抑亦可哂之甚也余謂其九室之言誠亦有由然竊以爲戴氏聞三十六戶七十二牖弗見其制靡知所置便謂一室有四戶之牖計其戶牖之數即以爲九室耳或未之思也蔡伯喈漢末之時學士而見重於當時即識其修廣之不當而必未思其九室之爲謬更修而廣之假其法象可謂因僞飾辭順非而澤諒可歎矣余今省彼衆家委心從善庶探其衷不爲苟異但是古非今俗間之常情愛遠惡近世中之恆事而千載之下獨論古制驚俗之談固延多誚脫有深賞君子者覽而揣之儻或存焉

論不飲酒好音律愛樂山水高尙之情長而彌固一遇其賞悠爾忘歸乃作神士賦以自見延昌四年卒年三十二遐邇悼惜之其年四門小學博士孔璠等學官四十五人上書曰竊見故處士趙郡李謐十歲喪父哀號罷鄰人之杵幼事兄瑒恭順盡友于之誠十三通孝經論語毛詩尙書歷數之術尤盡其長州閭鄉黨有神童之號年十八詣學受業時博士即孔璠也覽始要終論端究緒授者無不欣其言矣於是鳩集諸經廣校同異比三傳事例名春秋叢林十有二卷爲璠等判析隱伏垂盈百條不苟言以違經弗飾辭而背理辭氣磊落觀者忘疲每曰丈夫擁書萬卷何假南面百城遂絕迹下帷杜門卻埽棄產營書手自刪削卷無重複者四千有餘矣猶括次專家搜比黨議隆冬達曙盛暑通宵雖仲舒不窺園君伯之閉戶高氏之遺漂張生之忘食方之斯人未足爲喻謐嘗詣故太常卿劉芳推問音義語及中代興廢之由芳乃歎曰君若遇高祖侍中太常非僕有也前河南尹黃門侍郎甄琛內贊近機朝野傾口于時親識有求官者答云趙郡李謐耽學守道不悶于時常欲致言但未有次耳諸君何爲輕自媒衒謂其子曰昔鄭元盧植不遠數千里詣扶風馬融今汝明師甚邇何不就業也又謂朝士曰甄琛行不愧時但未薦李謐以此負朝廷耳又結宇依巖憑崖鑿室方欲訓彼靑衿宣揚墳典冀西河之教重興北海之風不墜而祐善空聞暴疾而卒邦國銜殄悴之哀儒生結摧梁之慕況璠等或服議下風或親承音旨師儒之義其可默乎事奏詔曰謐屢辭徵辟志守冲素儒隱之操深可嘉美可遠傍惠康近準元晏謚曰貞靜處士并表其門閭以旌高節於是表其門曰文德里曰孝義云

鄭脩北海人也少隱於岐南几谷中依巖結宇不交世俗雅好經史專意元門前後州將每徵不至岐州刺史魏蘭根頻遣致命脩不得已暫出見蘭根尋還山舍蘭根申表薦脩明帝詔付雍州刺史蕭寶夤訪實以聞會寶夤作逆事不行

隋

李士謙字子約一名容郎涿郡人魏處士謐之子也士謙髫齔喪父事母以孝聞母曾嘔吐疑中毒因跪嘗之伯父瑒深所嗟尙每稱此兒吾家顏子也年十二魏廣平王贊辟開府參軍事後丁母憂居喪骨立有姊適宋氏不勝哀而死士謙服闋捨宅爲伽藍脫身而出詣學請業研精不倦遂博覽羣籍善天文術數齊吏部尙書辛術召署員外郎趙郡王叡舉德行皆稱疾不就和士開亦重其名將諷朝廷擢爲國子祭酒固辭得免刺史高元海以禮再致之稱爲菩薩隋有天下畢志不仕自以少孤未嘗飲酒食肉無殺害之言親賓至輒陳樽俎對之危坐終日不倦李氏宗黨豪盛每春秋二社必高會極宴無不沈醉諠亂嘗集士謙所盛饌盈前而先爲設黍謂羣從曰孔子稱黍爲五穀之長荀卿亦云食先黍稷古人所尙寧可違乎少長肅然無敢弛惰退而相謂曰既見君子方覺吾徒之不德也士謙聞而自責曰何爲人疏頓至於此家富於財躬處節儉每以振施爲務州里有喪事不均至相鬩訟士謙聞而出財補其少

者令與多者相埒兄弟愧懼更相推讓卒爲善士有牛犯其田者士謙牽置涼處飼之過於本主望見盜刈禾黍者默而避之其家僮嘗執盜粟者士謙慰喻之曰窮困所致義無相責遽令放之其奴嘗與鄉人董震因醉角力震扼其喉斃於手下震懼請罪士謙謂曰卿本無殺心何爲相謝然可遠去無爲吏拘性寬厚皆此類也後出粟萬石以貸鄉人屬比歲不登責家無以償皆來致謝士謙曰吾家餘粟本圖振贍豈求利哉於是悉召責家爲設酒食對之燔契曰責了矣幸勿爲念也各令罷去明年大熟責家爭來償士謙拒之一無所受他年饑多有死者士謙罄家資爲之糜粥賴以全活者萬計收埋骸骨所見無遺至春又出田糧種子分給貧乏趙郡農人德之撫其子孫曰此李參軍遺惠也仁心感物羣犬生子交共相乳凶年散穀至萬餘石合諸藥以救疾癘如此積三十年或謂士謙子多陰德士謙曰夫言陰德其猶耳鳴已獨知之人無知者今吾所作吾子皆知何陰德之有士謙善談元理嘗有客在坐不信佛家報應之義士謙喻之曰積善餘慶積惡餘殃豈非休咎邪佛經曰轉輪五道無復窮已此則賈誼所言千變萬化未始有極忽然爲人之謂也佛道未來而賢者已知其然矣至若鯀爲黃熊杜宇爲鶗鴂褒君爲龍牛哀爲虎君子爲鵠小人爲猿彭生爲豕如意爲犬黃母爲黿宣武爲鼈鄧艾爲牛徐伯爲魚鈴下爲烏書生爲蛇羊祜前身李氏之子此非佛家變受異形之謂邪客曰邪子才云豈有松柏後身化爲樗櫟僕以爲然士謙曰此不類之談也變化皆由心作木豈有心乎客又問三教優劣士謙曰佛日也道月也儒五星也客亦不能難而止士謙平生時時爲詠懷詩輒毀其本不示人又嘗論刑罰遺文不具其略曰帝王制法沿革不同自可損益無爲頓改今之贓重者死是酷而不懲也語曰人不畏死不可以死恐之愚謂此罪宜從肉刑刖其一趾再犯者斷其左腕流刑刖去右手三指又犯者下其腕小盜宜黥又犯則落其所用三指又不悛則下其腕無不止也無賴之人竄之邊裔職爲亂階適所以召戎矣非求安之道也博弈淫游盜之萌也禁而不止黥之則可有識者頗以爲得政體開皇八年終於家趙州士女聞之莫不流淚曰我曹不死而令李參軍死乎會葬者萬餘人李景伯等以士謙道著丘園條其行狀詣尚書請先生之謚事寢不行遂相與樹碑於墓其妻范陽盧氏亦有婦德及夫終所有贈賻一無所受謂州里父老曰參軍平生好施今雖殞歿安可奪其志哉乃散粟五百石以賑窮乏免奴婢六十人以追其志云

崔廓字士元博陵安平人也父子元齊燕州司馬廓少孤貧而母賤由是不爲鄉族所齒初爲里佐屢逢屈辱於是感激逃入山中遂博覽書籍多所通涉山東學者皆宗之既還鄉不應辟命與趙郡李士謙爲忘年之友時稱崔李士謙死廓哭之慟爲之作傳輸之祕府士謙妻盧氏寡居每有家事輒令人諮廓取定嘗著論言刑名之理其義甚精文多不載大業中卒於家年八十子頤字祖濬有記辯善書著述知名時累遷至越王府長史自有傳

徐則東海郯人也幼沈靜寡嗜欲受業於周弘正善三元精於論議聲擅都邑則歎曰名者實之賓吾其爲賓乎遂懷棲隱之操杖策入縉雲山從學者數百人苦請教授則謝而遣之不娶妻常服巾褐陳太建中應召來憩於至眞觀期月又辭入天台山因絕粒養性所資惟松朮而已雖隆冬沍寒不服綿絮太傅徐陵爲之刊山立頌初在縉雲山太極眞人徐君降而謂之曰汝年出八十當爲王者師然後得道也時晉王廣鎮揚州聞其名手書召之則謂門人曰吾今年八十一王來召我徐君之旨信而有徵矣遂詣揚州晉王將請受道法則辭以時日不便其後夕中命侍者取香火如平常朝禮之儀至於五更而死支體柔弱如生停留數旬顏色無變晉王下書贊歎遣使人送還天台安葬是時自江都至於天台在道人多見則徒步云得放還至其舊居取經書道法分遣弟子仍令淨埽一房曰若有客至宜延之於此然後跨石梁而去不知所之須臾屍柩至方知其靈化時年八十二晉王聞而益異之贈物千段遣畫工圖其狀令柳䛒爲之讚時有建安宋玉泉會稽孔道茂丹陽王遠知等亦行辟穀道以松朮自給皆爲煬帝所重

張文詡河東人也父琚開皇中爲洹水令以清正聞文詡博覽羣書特精三禮高祖方引致天下名儒碩學之士文詡時游太學博士房暉遠等莫不推伏之書侍御史皇甫誕一時朝彥恆執弟子禮以所乘馬就學邀屈文詡遂每牽馬步進意在不因人自致也右僕射蘇威聞而召之與語大悅勸令從宦文詡固辭仁壽末學校廢文詡杖策而歸以灌園爲業州郡頻舉皆不應命事母以孝聞每以德化人鄉黨頗移風俗嘗有人夜中竊刈其麥者見而避之盜因感悟棄麥而謝文詡慰諭之自誓不言固令持去經數年盜者向鄉人說之始爲遠

近所悉鄰家築牆必有不直文詡因毀舊堵以應之文詡嘗有腰疾會醫者自言善禁文詡令禁之遂爲刀所傷至於頓伏牀枕醫者叩頭請罪文詡遽遣之因爲之隱謂妻子曰吾昨風發墮坑所致其掩人短皆此類也州縣以其貧素將加賑卹輒辭不受嘗閑居無事從容歎曰老冉冉而將至恐修名之不立以如意擊几自樂其所擊皆有處所時人方之閔子騫原憲焉終於家時年四十鄉人爲之立碑號曰張先生

鄭翻字靈雀太原晉陽人也父紹元小字安都仕齊位太尉諮議趙郡太守翻少有器識學涉好文章齊武平末位司徒記室參軍尋遇齊亡歷周隋遂不仕隱居滎陽三窟山傲誕不自羈束或有所之造乘驢衣鶴破弊而往遠近欽其高名皆謂有異狀觀者如堵及見其形乃甚短陋不副所聞然風神俊發無貴賤竝敬服之納言楊素聞其名因使過滎陽迎與相見言談彌日深加禮重及歸言之朝廷累徵不至終於家

通志卷一百七十八終

通志卷一百七十九

宋右迪功郎鄭樵漁仲撰

宦者傳第一

秦

趙高

前漢

李延年　石顯弘恭

後漢

鄭衆　蔡倫　孫程　曹騰　單超徐璜 左悺 具瑗 唐衡

侯覽　曹節　呂彊　張讓趙忠

後魏

宗愛　仇洛齊　孫小　趙默　王琚　張宋之

劇鵬　張祐　抱嶷　王遇　苻承祖　王質

李堅　劉騰　賈粲　楊範　成軌　王温　孟

欒　平季　封津　劉思逸張景嵩 毛暢

北齊諸宦者

臣謹按心平者然後可以語道氣和者然後可以論人論人之道不可偏衜仰覯諸天則帝坐之旁有宦者之星遠稽諸古則周官之書有寺人之職而先儒之論直欲無宦者可乎人之邪正色有之言宦寺之中而無正人乎司馬遷班固不立宦者傳特取數人在佞幸篇如此是絕人爲善之路也且巷伯之辭著於風雅勃鞮之忠載於春秋繆賢之賢能薦相如韓談之勇能刃趙高西都則張澤安劉之功參乎平勃東京則欒巴按節之義間乎陳竇歷世班班皆有其人惜乎史家略之不得而記云

秦

趙高者諸趙疏遠屬也昆弟數人皆生而隱宮其母被刑僇世世卑賤始皇聞其彊力通獄法舉以爲中府令使教公子胡亥決獄高嘗有罪始皇使上卿蒙毅治之毅不敢阿法當高罪死除其宦爵始皇以高之敢於事也赦之復其官爵高以故深怨蒙氏始皇三十七年十月行幸會稽並海上北抵瑯邪高以中車府令兼行符璽事與丞相斯皆從始皇有二十餘子長子扶蘇以數直諫上上使監兵上郡而蒙毅兄恬爲將胡亥以少子愛請從上許之餘子莫從其年七月始皇至沙邱病甚令高爲書賜長子扶蘇曰以兵屬蒙恬與喪會咸陽而葬書已封未授使者而始皇崩高因留所賜扶蘇璽書而謂胡亥曰上崩無詔封王諸子而獨賜長子書長子至卽立爲皇帝而子無尺寸之地爲之奈何胡亥曰固也吾聞之明君知臣明父知子父捐命不封諸子何可言者高曰不然方今天下之權存亡在子與高及丞相耳願子圖之且夫臣人與見臣於人制人與見制於人豈可同日道哉胡亥曰廢兄而立弟是不義也不奉父詔而畏死是不孝也能薄而材譾彊因人之功是不能也三者逆德天下不服身殆傾危社稷不血食高曰臣聞湯武殺其主天下稱義焉不爲不忠衞君殺其父而衞國載其德孔子著之不爲不孝夫大行不小謹盛德不辭讓鄉曲各有宜而百官不同功胡顧小而忘大後必有害狐疑猶豫後必有悔斷而敢行鬼神避之後有成功願子遂之胡亥喟然歎曰今大行未發喪禮未終豈宜以此事干丞相哉高曰時乎時乎閒不及謀贏糧躍馬唯恐後時胡亥既然高曰不與丞相謀恐事不能成臣請爲子與丞相謀之高乃謂丞相斯曰上崩賜長子書與喪會咸陽而立爲嗣書未行今上崩未有知者也所賜長子書及符璽皆在胡亥所定太子在君侯與高之口耳事將何如斯曰安得亡國之言此非人臣所當議也高曰君侯自料材能孰與蒙恬功高孰與蒙恬謀遠不失孰與蒙恬無怨於天下孰與蒙恬長子舊而信之孰與蒙恬斯曰此五者皆不及蒙恬而君責之何深也高曰高故內官之廝役也幸以刀筆之文進入秦宮管事二十餘年未嘗見秦免罷丞相功臣有封及二世者也卒皆以誅亡皇帝二十餘子皆君之所知長子剛毅而武勇信人而奮士卽位必用蒙恬爲丞相君侯終不懷通侯之印歸於鄉里明矣高受詔教習胡亥使學以法事數年矣未嘗見過失慈仁篤學輕財重士辯於心而詘於口盡禮敬士秦之諸子未有及此者可以爲嗣君審計而定之斯曰君其反位斯奉主之詔聽天之命何慮之可足也高曰安可危也危可安也安危不定何以貴聖斯曰斯上蔡閭巷布衣也上幸擢爲丞相封爲通侯子孫皆至尊位重祿者故將以存亡安危屬臣也豈可負哉夫忠臣不避死而庶幾孝子不勤勞而見危人臣各守其職而已矣君其勿復言將令斯得罪高曰蓋聞聖人遷徙無常就變而從時見末而知本觀指而覩歸物固有之安得常法哉方今天下之權命懸於胡亥高能得志焉且夫從外制中謂之惑從下制上謂之賊故秋霜降者草木落水搖動者萬物作此必然之效也君何見之晚斯曰吾聞晉易太子三世不安齊桓兄弟爭位身死爲戮紂殺親戚不聽諫者國爲邱墟遂危社稷三者逆天宗廟不血食斯其猶人哉安足爲謀高曰上下合同可以長久中外若一事無表裏君聽

臣之計卽長有封侯世世稱孤必有喬松之壽孔墨之智今釋此而不從禍及子孫足以爲寒心善者因禍爲福君何處焉斯乃仰天而嘆垂涕太息曰嗟乎獨遭亂世旣以不能死安託命哉於是斯乃聽高高乃報胡亥曰臣請奉太子之明命以報丞相丞相斯敢不奉令於是乃相與謀詐爲受始皇詔丞相立子胡亥爲太子更爲書賜長子扶蘇曰朕巡天下禱祠名山諸神以延壽命今扶蘇與將軍蒙恬將師數十萬以屯邊十有餘年矣不能進而前士卒多耗無尺寸之功乃反數上書直言誹謗我所爲以不得罷歸爲太子日夜怨望扶蘇爲人子不孝其賜劍以裁將軍恬與扶蘇居外不匡正宜知其謀爲人臣不忠其賜死以兵屬裨將王離封其書以皇帝璽遣胡亥客奉書賜扶蘇於上郡使者至發書扶蘇泣入內舍欲自殺蒙恬止扶蘇曰陛下居位未立太子使臣將三十萬衆守邊公子爲監此天下重任也今一使者來卽自殺安知其非詐請復請而後死未暮也使者數趣之扶蘇爲人仁謂蒙恬曰父而賜子死尙安復請卽自殺蒙恬不肯死使者卽以屬吏繫於陽周使者還報胡亥斯高大喜至咸陽發喪太子立爲二世皇帝以趙高爲郞中令常侍中用事二世燕居乃召高與謀事謂曰夫人生居世閒也譬猶騁六驥過決隙也旣已臨天下矣欲悉耳目之所好窮心志之所樂以安宗廟而樂萬姓長有天下終吾年壽其道可乎高曰此賢主之所能行也而昏亂主之所禁也臣請言之不敢避斧鉞之誅願陛下少意焉夫沙丘之謀諸公子及大臣皆疑焉而諸公子盡帝兄大臣又先帝之所置也今陛下初立此其屬意怏怏皆不服恐爲變且蒙恬已死蒙毅將兵居外臣戰戰栗栗唯恐不終且陛下安得爲此樂乎二世曰爲之柰何趙高曰嚴法而刻刑令有罪者相坐誅至收族滅大臣而遠骨肉貧者富之賤者貴之盡除去先帝之故臣更置陛下之所親信者近之此則陰德歸陛下害除而姦謀塞羣臣莫不被潤澤蒙厚德陛下則高枕肆志寵樂矣計莫出於此二世然高之言乃更爲法律於是羣臣諸公子有罪輒下高令鞠治之殺大臣蒙毅等公子十二人僇死咸陽市十公主矺死於杜財物入於縣官相連坐者不可勝數公子高欲奔恐收族乃上書曰先帝無恙時臣入則賜食出則乘輿御府之衣臣得賜之中廐之寶馬臣得賜之臣當從死而不能爲人子不孝爲人臣不忠不忠者無名立於世臣請從死願葬酈山之足唯上幸哀憐之書上二世大說召趙高而示之曰此可謂急乎趙高曰人臣當憂死而不暇何變之得謀胡亥可其書賜錢十萬以葬法令誅罰日益刻深羣臣人人自危欲畔者衆二世又作阿房之宮治直馳道賦斂愈重戍徭無已於是楚戍卒陳勝吳廣等作亂郡縣皆殺長吏以應之者時趙高爲郞中令所殺及報私怨衆多恐大臣入朝奏事毀惡之乃說二世曰天子所以貴者但以聞聲羣臣莫得見其面故號曰朕且陛下富於春秋未必盡通諸事今坐朝廷譴奉有不當者則見短於大臣非所以示神明於天下也且陛下深拱禁中與臣及侍中習法者待事事來有以揆之如此則大臣不敢奏疑事天下稱聖主矣二世用其計乃不坐朝廷見大臣居禁中趙高常侍中用事事皆決於趙高高聞李斯以爲言乃見丞相曰關東羣盜多今上急發繇作阿房宮治直馳道聚狗馬無用之物臣欲諫爲位賤此眞君侯之事君何不諫李斯曰固也吾欲言之久矣今時上不坐朝廷上居深宮吾有所言者不可傳也欲見無閒趙高謂曰君誠能諫請爲君候上閒語君於是趙高待二世方燕樂婦女居前使人告丞相上方閒可奏事丞相至宮門上謁如此者三二世怒曰吾常多閒日丞相不來吾方燕私丞相輒來請事丞相豈少我哉且固我哉高因曰如此殆矣夫沙丘之謀丞相與焉今陛下已立爲帝而丞相貴不益此其意亦望裂地而王矣且陛下不問臣臣不敢言丞相長男李由爲三川守楚盜陳勝等皆丞相傍縣之子以故楚盜公行過三川城守不肯擊高聞其文書相往來未得其審故未敢以聞且丞相居外權重於陛下二世以爲然欲案丞相恐其不審乃使人案驗三川守與盜通狀李斯知爲高所陷乃上書言高擅權與陛下等將有齊田恒宋子罕之事二世曰何哉夫高故宦人也然不爲安肆志不以危易心絜行修善自使至此以忠得進以信守位朕實賢之而君疑之何也且朕少失先人無所識知不習治民而君又老恐與天下絕矣朕非屬趙君當誰任哉且趙君爲人精廉彊力下知人情上能適朕君其勿疑李斯曰不然夫高故賤人也無識於理貪欲無厭求利不止列勢次主求欲無窮臣故曰殆二世已前信趙高恐李斯殺之乃私告趙高高曰丞相所患者獨高高已死丞相卽欲爲田恒等所爲於是二世使高案丞相獄治罪責李斯與子由謀反狀皆收捕宗族賓客高治斯榜掠千餘斯不勝痛自誣服斯又自負其辯有功無反心從獄中上書自陳幸二世悟而赦之高使棄去不奏又使其客十餘輩詐爲御史謁者侍中

更往來覆訊斯更以實對輒復榜之後二世使人驗斯斯以為如前終不敢更言所使案三川守由者至則楚兵已擊殺之矣高皆妄為反辭以相傳遂具斯五刑論腰斬咸陽市夷三族李斯已死二世遂拜高為丞相事無大小輒決於高高自知其權重乃獻鹿謂之馬二世問左右此乃鹿也左右皆曰馬也二世驚自以為惑乃召太卜令卦之太卜曰陛下春秋郊祀奉宗廟鬼神齋戒不明故至于此可依盛德而明齋戒於是乃入上林齋戒日游弋獵有行人入上林中二世自射殺之趙高教其子壻咸陽令閻樂劾不知何人賊殺人移上林中趙高乃諫二世曰天子無故賊殺不辜人此上帝之禁也鬼神不享天且降殃當遠避宮以禳之二世乃出居望夷宮留三日趙高詐詔衛士令士皆素服持兵內鄉入告二世曰山東羣盜兵大至二世上觀而見之恐懼高即因刼令自殺引璽而佩之左右百官莫從上殿欲壞者三高自知天弗與羣臣弗許乃召扶蘇之子子嬰立之子嬰即位以計稱疾不聽事與宦者韓談及其子謀殺高高上謁請病因召入令韓談刺殺之夷高三族

前漢

李延年中山人身及父母兄弟皆故倡也延年坐法腐刑給事狗監中主獵犬女弟得幸於武帝號李夫人列后妃傳延年善歌為新變聲是時上方興天地諸祠欲造樂合司馬相如等作詩頌延年輒承意絃歌所造詩為之新聲曲而李夫人產昌邑王延年由是貴為協律都尉佩二千石印綬而與上臥起其愛幸埒於韓嫣久之延年弟季與中人亂出入驕恣及李夫人卒後其愛弛上遂誅延年兄弟宗族是後寵臣大抵外戚之家也衛青霍去病皆愛幸然亦以功能自進

石顯字君房濟南人弘恭沛人也皆少坐法腐刑為中黃門以選為中尚書宣帝時任中尚書官恭明習法令故事善為請奏能稱其職恭為令顯為僕射元帝即位數年恭死顯代為中書令是時元帝被疾不親政事方隆好於音樂以顯久典事中人無外黨精專可信任遂委以政事事無大小因顯白決貴幸傾朝百僚皆敬事顯顯為人巧慧習事能探得人主微指內深賊持詭辯以中傷人忤恨睚眦輒被以危法初元中前將軍蕭望之及光祿大夫周堪宗正劉更生皆給事中望之領尚書事知顯專權邪辟建白以為尚書百官之本國家樞機宜以通明公正處之武帝遊宴後庭故用宦者非古制也宜罷中書宦官應古不近刑人元帝不聽由是大與顯忤後皆害焉望之自殺堪更生廢錮不得復進用語在望之傳後太中大夫張猛魏郡太守京房御史中丞陳咸待詔賈捐之皆嘗奏封事或召見言顯短顯索求其罪房捐之棄市猛自殺於公車咸抵辠髡為城旦及鄭令蘇建得顯私書奏之後以他事論死自是公卿以下畏顯重足一迹顯與中書僕射牢梁少府五鹿充宗結為黨友諸附倚者皆得寵位民歌之曰牢邪石邪五鹿客邪印何纍纍綬若若邪言其兼官據埶也顯見左將軍馮奉世父子為公卿著名女又為昭儀在內顯心欲附之薦言昭儀兄謁者逡修勅宜侍帷幄天子召見欲以為侍中逡請閒言事上聞逡言顯顓權天子大怒罷逡歸故官其後御史大夫缺羣臣皆舉逡兄大鴻臚野王行能第一天子以問顯顯曰九卿無出野王者然野王親昭儀兄臣恐後世必以陛下度越眾賢私厚宮親以為三公上曰善吾不見是乃下詔嘉美野王廢而不用語在野王傳顯自知擅權事柄在掌握恐天子一旦納用左右耳目有以間己乃時歸誠取一信以為驗顯嘗使至諸官有所徵發顯先自白恐後漏盡宮門閉請使詔吏開門上許之顯故投夜還稱詔開門入後果有上書告顯顓命矯詔開宮門天子笑以其書示顯顯因泣曰陛下過私小臣屬任以事羣下無不嫉妬欲陷害臣者事類如此非一唯明主獨知之愚臣微賤誠不能以一軀稱快萬眾任天下之怨臣願歸樞機受後宮埽除之役死無所恨唯陛下哀憐財幸以此全活小臣天子以為然而憐之數勞勉顯加厚賞賜賞賜及賂遺貲一萬萬初顯聞眾人匈匈言已殺前將軍蕭望之望之當世名儒顯恐天下學士姍已病之是時明經著節士琅邪貢禹為諫大夫顯使人致意深自結納顯因薦禹天子歷位九卿至御史大夫禮事之甚備議者於是稱顯以為不妬譖望之矣顯之設變詐以自解免取信人主者皆此類也元帝晚節寢疾定陶恭王愛幸顯擁祐太子頗有力元帝崩成帝初即位遷顯為長信中太僕秩中二千石顯失倚離權數月丞相御史條奏顯舊惡及其黨與牢梁陳順皆免官顯與妻子徙歸故郡憂懣不食於道病死諸所交結以顯為官皆廢罷少府五鹿充宗左遷元菟太守御史中丞伊嘉為鴈門都尉長安謠曰伊徙鴈鹿徙菟去牢與陳實無賈賈讀為價

後漢

鄭眾字季產南陽犨人也為人謹敏有心機永平中初給事太子家肅宗即位拜小黃門遷中常侍和帝初加位鉤盾令時竇太后秉政后兄大將軍竇憲等並竊威權

朝臣上下莫不附之而衆獨一心王室不事豪黨帝親信焉及憲兄弟圖作不軌衆首謀誅之以功遷大長秋策勳班賞每辭多受少由是常與議事中官用權自衆始焉十四年帝念衆功美封爲鄛鄉侯食邑千五百戶永初元年和熹皇后益封三百戶元初元年卒養子閎嗣閎卒子安嗣後國絕桓帝延熹二年紹封衆曾孫石讎爲關內侯

蔡倫字敬仲桂陽人也以永平末始給事宮掖建初中爲小黃門及和帝卽位轉中常侍預參帷幄倫有才學盡心敦謹數犯嚴顏匡弼得失每至休沐輒閉門絕賓客暴體田野後加位尙方令永元九年監作祕劒及諸器械莫不精工堅密爲後世法自古書契多編以竹簡其用縑帛者謂之爲紙縑貴而簡重並不便於人倫乃造意用樹膚麻頭及敝布魚網以爲紙元興元年奏上之帝善其能自是莫不從用焉故天下咸稱蔡侯紙元初元年鄧太后以倫久宿衞封爲龍亭侯邑三百戶後爲長樂太僕四年帝以經傳之文多不正定乃選通儒謁者劉珍及博士良史詣東觀各讎校漢家法令倫監典其事倫初受竇太后諷旨誣陷安帝祖母宋貴人及太后崩安帝始親萬機勑使自致廷尉倫恥受辱乃沐浴整衣冠飲藥而卒國除

孫程字稚卿涿郡新城人也安帝時爲中黃門給事長樂宮時鄧太后臨朝帝不親政事小黃門李閏與帝乳母王聖常共譖太后兄執金吾悝等言欲廢帝立平原王德帝每忿懼及太后崩遂誅鄧氏而廢平原王封閏雍鄉侯又小黃門江京以讒諂進初迎帝於邸以功封都鄉侯食邑各三百戶閏京並遷中常侍江京兼大長秋與中常侍樊豐黃門令劉安鉤盾令陳達及王聖聖女伯榮扇動外內競爲侈虐又帝舅大將軍耿寶皇后兄大鴻臚閻顯更相阿黨遂枉殺太尉楊震廢皇太子爲濟陰王明年帝崩立北鄉侯爲天子顯等遂顓朝權乃諷有司奏誅樊豐廢耿寶王聖及黨與皆見死徙十月北鄉侯病篤程謂濟陰王謁者長興渠曰（興姓渠名）王以嫡統本無失德先帝用讒遂至廢黜若北鄉疾不起共斷江京閻顯事乃可成渠等然之又中黃門王康先爲太子府史自太子之廢常懷歎憤又長樂太官丞京兆王國並附同於程至二十七日北鄉侯薨閻顯白太后徵諸王子簡可爲帝嗣未及至十一月二日程遂與王康等十八人聚謀於西鍾下皆截單衣爲誓四日夜程等共會崇德殿上因入章臺門時江京劉安及李閏陳達俱坐省門下程與王康共就斬京安達以李閏權埶積爲省內所服欲引爲主因舉刃脅閏曰今當立濟陰王無得搖動閏曰諾於是扶閏起俱於西鍾下迎濟陰王立之是爲順帝召尙書令僕射以下從輦幸南宮雲臺程等留守省門遮扞內外閻顯時在禁中憂迫不知所爲小黃門樊登勸顯發兵以太后詔召越騎校尉馮詩虎賁中郎將閻崇屯朔平門以禦程等誘詩入省太后使授之印曰能得濟陰王者封萬戶侯得李閏者五千戶侯顯以詩所將衆少使與登迎吏士于左掖門外詩因格殺登歸營屯守顯弟衞尉景遽從省中還外府收兵至盛德門程傳召諸尙書使收景尙書郭鎭時臥病聞之卽率直宿羽林出南止車門逢景從吏士拔白刃呼曰無干兵鎭卽下車持節詔之景曰何等詔因斫鎭不中鎭引劒擊景墮車左右以戟叉其胷遂禽之送廷尉獄卽夜死旦日令侍御史收顯等送獄於是遂定乃下詔封孫程爲浮陽侯食邑萬戶王康爲華容侯王國爲酈侯各九千戶黃龍爲湘南侯五千戶彭愷爲西平昌侯孟叔爲中廬侯李建爲復陽侯各四千二百戶王成爲廣宗侯張賢爲祝阿侯史汎爲臨沮侯馬國爲廣平侯王道爲范縣侯李元爲襃信侯楊佗爲山都侯陳予爲下雋侯趙封爲析縣侯李剛爲枝江侯各四千戶魏猛爲夷陵侯二千戶苗光爲東阿侯千戶是爲十九侯加賜車馬金銀錢帛亦各有差李閏以先不豫謀故不封遂擢拜程騎都尉永建元年程與張賢孟叔馬國等爲司隷校尉虞詡訟罪懷表上殿呵叱左右帝怒遂免程官因悉遣十九侯就國後徙封程爲宜城侯程旣到國怨恨恚懟封還印綬符策亡歸京師往來山中詔書追求復故爵土賜車馬衣物遣還國三年帝念程等功勳悉徵還京師程與王道李元皆拜騎都尉餘悉奉朝請陽嘉元年程病甚卽拜奉車都尉位特進及卒使五官中郎將追贈車騎將軍印綬賜謚剛侯侍御史持節監護喪事乘輿幸北部尉傳瞻望車騎程臨終遺言上書以國傳弟美帝許之而分程半封程養子壽爲浮陽侯後詔書錄微功封興渠爲高望亭侯四年詔宦官養子悉聽得爲後襲封爵著定于令王康王國彭愷王成趙封魏猛六人皆早卒黃龍楊佗孟叔李建張賢史汎王道李元李剛九人與阿母山陽君宋娥更相貨賂求高官增邑又誣罔中常侍曹騰孟賁等永和二年發覺並遣就國減租四分之一宋娥奪爵歸田舍唯馬國陳予苗光保全封邑初帝見廢監太子家小黃門籍建傅高梵長秋長趙熹丞良賀藥長夏珍皆以無過獲

罪建等坐徙朔方及帝即位並擢爲中常侍梵坐贓罪減死一等建後封東鄉侯三百戶賀淸儉退厚位至大長秋陽嘉中詔九卿舉武猛賀獨無所薦帝引問其故對曰臣生自草茅長於宮掖旣無知人之名又未嘗交知士類昔衞鞅因景監以見有識知其不終今得臣舉者匪榮伊辱固辭之及卒帝思賀忠封其養子爲都鄉侯三百戶

曹騰字季興沛國譙人也安帝時除黃門從官順帝在東宮鄧太后以騰年少謹厚使侍皇太子書特見親愛及帝即位騰爲小黃門遷中常侍桓帝得立騰與長樂太僕州輔等七人以定策功皆封亭侯騰爲費亭侯遷大長秋加位特進騰用事省闥三十餘年奉事四帝未嘗有過其所進達皆海內名人陳留虞放邊韶南陽延固張溫弘農張奐潁川堂谿趙典等時蜀郡太守因計吏賂遺於騰益州刺史种暠於斜谷關搜得其書上奏太守并以劾騰請下廷尉案罪帝曰書自外來非騰之過遂寢暠奏騰不爲纖介常稱暠爲能吏時人嗟美之騰卒養子嵩嗣种暠後爲司徒告賓客曰今身爲公乃曹常侍力焉嵩靈帝時貨賂中官及輸西園錢一億萬故位至大尉及子操起兵不肯相隨乃與少子疾避亂瑯邪爲徐州刺史陶謙所殺

單超河南人徐璜下邳良城人具瑗魏郡元城人左悺河南平陰人唐衡潁川郾人也桓帝初超璜瑗爲中常侍悺衡爲小黃門史初梁冀兩妹爲順桓二帝皇后冀代父商爲大將軍再世權戚威振天下冀自誅太尉李固杜喬等驕橫益甚皇后乘勢忌恣多所鴆毒上下鉗口莫有言者帝逼畏久常懷不平恐言泄不敢謀之延熹二年皇后崩帝因如廁獨呼衡問左右與外舍不相得者有誰乎衡對曰單超左悺前詣河南尹不疑禮敬小簡不疑收其兄弟送洛陽二人詣門謝乃得釋徐璜具瑗常私忿疾外舍放橫口不敢道於是帝呼超悺入室謂曰梁將軍專固國朝迫脅外內公卿以下從其風旨今欲誅之於常侍意何如超等對曰誠國姦賊當誅日久臣等弱劣未知聖意如何耳帝曰審然者常侍密圖之對曰圖之不難但恐陛下復中去聲狐疑帝曰姦臣脅國當伏其罪何疑乎於是更召璜瑗等五人遂定其議帝齧超臂出血爲盟於是詔收冀及宗親黨與悉誅之悺衡遷中常侍封超新豐侯二萬戶璜武原侯瑗東武陽侯各萬五千戶賜錢各千五百萬悺上蔡侯衡汝陽侯各萬三千戶賜錢各千三百萬五人同日封故世謂之五侯又封小黃門劉普趙忠等八人爲鄉侯自是權歸宦官朝廷日亂矣超疾病帝遣使就拜車騎將軍明年薨賜東園秘器棺中玉具贈侯將軍印綬使者治喪及葬發五營騎士將軍侍御史護喪將作大匠起冢塋其後四侯轉橫天下爲之語曰左回天具獨坐徐臥虎唐兩墮謂隨意不定也皆競起第宅樓觀壯麗窮極伎巧金銀罽毦施於犬馬多取良人美女以爲姬妾皆珍飾華侈擬則宮人其僕從皆乘牛車而從列騎又養其疏屬或乞嗣異姓或買蒼頭爲子並以傳國襲封兄弟姻戚皆宰州臨郡辜較百姓與盜賊無異超弟安爲河東太守弟子匡爲濟陰太守璜弟盛爲河內太守悺弟敏爲陳留太守瑗兄恭爲沛相皆爲所在蠹害璜兄子宣爲下邳令暴虐尤甚先是求故汝南太守下邳李暠女不能得及到縣遂將吏卒至暠家載其女歸戲射殺之埋著寺內時下邳縣屬東海汝南黃浮爲東海相有告言宣者浮乃收宣家屬無少長悉考之掾史以下固諫爭浮曰徐宣國賊今日殺之明日坐死足以瞑目矣即案宣罪棄市暴其尸以示百姓郡中震慄璜於是訴怨於帝帝大怒浮坐髡鉗輸作右校五侯宗族賓客虐徧天下民不堪命起爲寇賊七年衡卒亦贈車騎將軍如超故事璜卒賻贈錢布賜冢塋地明年司隸校尉韓演因奏悺罪惡及其兄太僕南鄉侯稱請託州郡聚斂爲姦賓客放縱侵犯吏民悺稱皆自殺演又奏瑗兄沛相恭贓罪徵詣廷尉瑗詣獄謝上還東武侯印綬詔貶爲都鄉侯卒於家超及璜衡襲封者並降爲鄉侯租入歲皆三百萬子弟分封者悉奪爵土劉普等貶爲關內侯

侯覽者山陽防東人桓帝初爲中常侍以佞猾進倚埶貪放受納貨遺以巨萬計延熹中連歲征伐府帑空虛乃假百官奉祿王侯租稅覽亦上縑五千匹賜爵關內侯又託以與誅梁冀功進爵高鄉侯小黃門段珪家在濟陰與覽並立田業近濟北界僕從賓客侵犯百姓劫掠行旅濟北相滕延一切收捕殺數十人陳尸路衢覽珪大恐以事訴帝延坐多殺無辜徵詣廷尉免延字伯行北海人後爲京兆尹有治名世稱爲長者覽等得此愈放縱覽兄參爲益州刺史民有豐富者輒誣以大逆皆誅滅之沒入財物前後累億計太尉楊秉奏參檻車徵於道自殺京兆尹袁逢於旅舍閱參車三百餘兩皆金銀錦帛珍玩不可勝數覽坐免旋復故官建寧二年喪母還家大起塋冢督郵張儉因舉奏覽貪侈奢縱前後請奪人宅三百八十一所田百一十八頃起立第宅十有六區皆有高樓池苑臺閣相望飾以綺畫丹漆之

麗制度重深僭類宮省又豫作壽冢石椁雙闕高廡百尺破人居室發掘墳墓虜奪良人妻略婦子及諸罪釁請誅之而覽伺候遮截章竟不上儉遂破覽冢宅籍沒資財具言罪狀又奏覽母生時交通賓客干亂郡國復不得御覽遂誣儉爲鉤黨及故長樂少府李膺太僕杜密等皆夷滅之遂代曹節領長樂太僕熹平元年有司舉奏覽專權驕奢策收印綬自殺阿黨者皆免

曹節字漢豐南陽新野人也其本魏郡人世吏二千石順帝初以西園騎遷小黃門桓帝時遷中常侍奉車都尉建寧元年持節將中黃門虎賁羽林千人北迎靈帝陪乘入宮及即位以定策封長安鄉侯六百戶時竇太后臨朝后父大將軍武與太傅陳蕃謀誅中官節與長樂五官史朱瑀從官史共普張亮中黃門王尊長樂謁者騰良等十七人共矯詔以長樂食監王甫爲黃門令將兵誅武蕃等事已具蕃武傳節遷長樂衛尉封育陽侯增邑三千戶甫遷中常侍黃門令如故瑀封都鄉侯千五百戶普亮等五人各三百戶餘十一人皆爲關內侯歲食租二千斛先是瑀等陰於明堂中禱皇天曰竇氏無道請皇天輔皇帝誅之令事必成天下得寧既誅武等詔令太官給塞具賜瑀錢五千萬餘各有差後更封華容侯二年節病困詔拜爲車騎將軍有頃疾瘳上印綬罷復爲中常侍位特進秩中二千石尋轉大長秋熹平元年竇太后崩有何人書朱雀闕言天下大亂曹節王甫幽殺太后常侍侯覽多殺黨人公卿皆尸祿無有忠言者於是詔司隸校尉劉猛逐捕十日一會猛以誹書言直不肯急捕月餘主名不立猛坐左轉諫議大夫以御史中丞段熲代猛乃四出逐捕及太學游生繫者千餘人節等怨猛不已使熲以他事奏猛抵罪輸左校朝臣多以爲言乃免刑復公車徵之節遂與王甫等誣奏桓帝弟勃海王悝謀反誅之以功封者十二人甫封冠軍侯節亦增邑四千六百戶并前七千六百戶父子兄弟皆爲公卿列校牧守令長布滿天下節弟破石爲越騎校尉越騎營五百妻有美色破石從求之五百不敢違妻執意不肯行遂自殺其淫暴無道多此類也光和二年司隸校尉陽球奏誅王甫及子長樂少府萌沛相吉皆死獄中時連有災異郎中梁人審忠以爲朱瑀等罪惡所感乃上書條陳其罪乞一切誅戮章寢不報節遂領尚書令四年卒贈車騎將軍後瑀亦病卒皆養子傳國審忠字公誠宦官誅後辟公府

呂彊字漢盛河南成皋人也少以宦者爲小黃門再遷中常侍爲人清忠奉公靈帝時例封宦者以彊爲都鄉侯彊辭讓懇惻固不敢當帝乃聽之因上疏陳事曰臣聞諸侯上象四七下裂王土高祖重約非功臣不侯所以重天爵明勸戒也伏聞中常侍曹節王甫張讓等及侍中許相並爲列侯節等宦官祐薄品卑人賤讒諂媚主佞邪徼寵放毒人物疾妬忠良俱有趙高之禍未被轘裂之誅掩朝廷之明成私樹之黨而陛下不悟妄授茅土開國承家小人勿用又并及家人重金兼紫相繼爲蕃輔受國厚恩不念爾祖述修厥德而交結邪黨下比羣佞陛下惑其瑣才特蒙恩澤又授位乖越賢才不升素餐私倖必加榮擢陰陽乖剌稼穡荒蔬人用不康罔不由茲臣誠知封事已行言之無逮所以冒死干觸陳愚忠者實願陛下損改既謬從此一止臣又聞後宮綵女數千餘人衣食之費日數百金比穀雖賤而戶有饑色案法當貴而今更賤者由賦發繁數以解縣官寒不敢衣饑不敢食民有斯戹而莫之恤宮女無用填積後庭天下雖盡力耕桑猶不能供昔楚女悲愁則西宮致災况終年積聚豈無憂怨乎夫天生蒸民立君以牧之君道得則民戴之如父母仰之猶日月雖時有征稅猶望其仁恩之惠易曰悅以使民民忘其勞悅以犯難民忘其死儲君副主宜諷誦斯言南面當國宜履行其事又承詔書於河閒故國起解瀆之館陛下龍飛即位雖從蕃國然處九天之高豈宜有顧戀之意且河閒疏遠解瀆邈絕而當勞民單力未見其便又今外戚四姓貴倖之家及中官公族無功德者造起館舍凡有萬數樓閣相接丹青素堊雕刻之飾不可單言喪葬踰制奢麗過禮競相倣傚莫肯矯拂穀梁傳曰財盡則怨力盡則懟尸子曰君如杅民如水杅方則水方杅圓則水圓上之化下猶風之靡草今上無去奢之儉下有縱欲之敝至使禽獸食民之甘土木衣民之帛昔師曠諫晉平公曰梁柱衣繡民無褐衣池有棄酒士有渴死廐馬秣粟民有饑色近臣不敢諫遠臣不得暢此之謂也又聞前召議郎蔡邕對問於金商門而令中常侍曹節王甫等以詔書喻旨邕不敢懷道迷國而切言極對毀刺貴臣譏訶豎宦陛下不密其言至令宣露羣邪項領膏脣拭舌競欲咀嚼造作飛條陛下回受誹謗至邕刑罪室家徙放老幼流離豈不負忠臣哉今羣臣皆以邕爲戒上畏不測之難下懼劍客之害臣知朝廷不復得聞忠言矣故太尉段熲武勇冠世習於邊事垂髮服戎功成皓首歷事二主勳烈獨昭陛下既已式序位登台司而爲司隸校尉陽球所見誣脅一身既斃而妻子遠播天

下惆悵功臣失望宜徵邕更授任反頻家屬則忠貞路開衆怨以弭矣帝知其忠而不能用時帝多蓄私藏收天下之珍每郡國貢獻先輸中署名爲導行費彊上疏諫曰天下之財莫不生之陰陽歸之陛下歸之陛下豈有公私而今中尚方斂諸郡之寶中御府積天下之繒西園引司農之藏中廐聚太僕之馬而所輸之府輒有導行之財調廣民困費多獻少姦吏因其利百姓受其敝又阿媚之臣好獻其私容諂姑息自此而進舊典選舉委任三府三府有選參議掾屬咨其行狀度其器能受試任用責以成功若無可察然後付之尚書尚書舉劾請下廷尉覆案虛實行其誅罰今但任尚書或復勅用如是三公得免選舉之負尚書亦復不坐責賞無歸豈肯空自苦勞乎夫立言無顯過之咎明鏡無見玼之尤如惡立言以記過則不當學也不欲明鏡之見玼則不當照也願陛下詳思臣言不以記過見玼爲責書奏不省中平元年黃巾賊起帝問彊所宜施行彊欲先誅左右貪濁者大赦黨人料簡刺史二千石能否帝納之乃先赦黨人於是諸常侍人人求退又各自徵還宗親子弟在州郡者中常侍趙忠夏惲等遂共構彊云與黨人共議朝廷數讀霍光傳彊兄弟所在並皆貪穢帝不悅使中黃門持兵召彊彊聞帝召怒曰吾死亂起矣丈夫欲盡忠國家豈能對獄吏乎遂自殺忠惲復譖曰彊見召未知所問而就外草自屏有姦明審遂收捕宗親沒入財產焉時宦者濟陰丁肅下邳徐衍南陽郭耽及汝陽李巡北海趙祐等五人稱爲清忠皆在里巷不爭威權巡以爲諸博士試甲乙科登第高下更相告言至有行賂定蘭臺漆書經字以合其私文者乃白帝與諸儒其刻五經文於石於是詔蔡邕等正其文字自後五經一定爭者用息趙祐博學多覽著作校書諸儒稱之又小黃門甘陵吳伉善爲風角博達有奉公稱知不得用常託病還寺舍從容養志云

張讓者潁川人趙忠者安平人也少皆給事省中桓帝時爲小黃門忠以與誅梁冀功封都鄉侯延熹八年黜爲關中侯食本縣租千斛靈帝時讓忠並遷中常侍封列侯與曹節王甫等相爲表裏節死後忠領大長秋讓有監奴典任家事交通貨賂威形諠赫扶風人孟佗資產饒贍與奴朋結傾竭饋問無所遺愛奴咸德之問佗曰君何所欲力能辦也曰吾望汝曹爲我一拜耳時賓客求謁讓者車恒數百千兩佗時詣讓後至不得進監奴乃率諸蒼頭迎拜於路遂共轝車入門賓客咸驚謂佗善於讓皆爭以珍玩賂之佗分以遺讓讓大喜遂以佗爲涼州刺史是時讓忠及夏惲郭勝孫璋畢嵐栗嵩段珪高望張恭韓悝宋典十二人皆爲中常侍封侯貴寵父子兄弟布列州郡所在貪殘爲人蠹害黃巾旣作盜賊糜沸郎中中山張鈞上書曰竊惟張角所以能興兵作亂萬人所以樂附之者其源皆由十常侍多放父子兄弟婚親賓客典據州郡辜搉財利侵掠百姓百姓之寃無所告訴故謀議不軌聚爲盜賊宜斬十常侍縣頭南郊以謝百姓又遣使者布告天下可不須師旅而大寇自消天子以鈞章示讓等皆免冠徒跣頓首乞自致洛陽詔獄並出家財以助軍費有詔皆冠履視事如故帝怒鈞曰此眞狂子也十常侍固當有一人善者不鈞復重上猶如前章輒寢不報詔使廷尉侍御史考爲張角道者御史承讓等旨遂誣奏鈞學黃巾道收掠死獄中而讓等實多與張角交通後中常侍封諝徐奉事獨發覺坐誅帝因怒詰讓等曰汝曹常言黨人欲爲不軌皆令禁錮或有伏誅今黨人更爲國用汝曹反與張角通爲可斬未皆叩頭云故中常侍王甫侯覽所爲帝乃止明年南宮災讓忠等說帝令斂天下田畝稅十錢以修宮室發太原河東狄道諸郡材木及文石每州郡部送至京師黃門常侍輒令譴呵不中者因彊折賤買十分雇一因復貨之於宦官復不爲卽受材木遂至腐積宮室連年不成刺史太守復增私調百姓呼嗟凡詔所徵求皆令西園騶密約勅號曰中使恐動州郡多受賕賂刺史二千石及茂才孝廉遷除皆責助軍修宮錢大郡至二三千萬餘各有差當之官者皆先至西園諧價然後得去有錢不畢者或至自殺其守清者乞不之官皆迫遣之時鉅鹿太守河內司馬直新除以有清名減責三百萬直被詔悵然曰爲民父母而反割剝百姓以稱時求吾不忍也辭疾不聽行至孟津上書極陳當世之失古今禍敗之戒卽吞藥自殺書奏帝爲暫絕修宮室錢又造萬金堂於西園引司農金錢繒帛仞積其中又還河間買田宅起第觀帝本侯家宿貧每歎桓帝不能作家居故聚爲私藏復藏寄小黃門常侍錢各數千萬常云張常侍是我公趙常侍是我母宦者得志無所畏憚並起第宅擬則宮室帝常登永安候臺宦官恐其望見居處乃使中大夫尚但諫曰天子不當登高登高則百姓虛散自是不敢復升臺榭明年遂使鉤盾令宋典繕修南宮玉堂又使掖庭令畢嵐鑄銅人四列於蒼龍元武闕又鑄四鍾皆受二千斛縣於玉堂及雲臺殿前又鑄天祿蝦蟇吐水於平門外橋東轉水入宮又

作翻車渴烏施於橋西用灑南北郊路以省百姓灑道之費又鑄四出文錢錢皆四道識者竊言侈虐已甚形象兆見此錢成必四道而去及京師大亂錢果流布四海復以忠爲車騎將軍百餘日罷六年帝崩中軍校尉袁紹說大將軍何進令誅中官以悅天下謀泄讓忠等因進入省遂共殺進而紹勒兵殺忠捕宦官無少長皆斬之讓等數十人刼質天子走河上追急讓等悲哭辭曰臣等殄滅天下亂矣惟陛下自愛皆投河而死

後魏

宗愛不知其所由來以罪爲閹人歷碎職至中常侍正平元年元正太武大會於江上班賞羣臣以愛爲秦郡公景穆之監國也每事精察愛天性險暴多行非法景穆每銜之給事中侯道盛侍郎任平城等任事東宮微爲權勢太武頗聞之二人與愛並不睦愛懼道盛等案其事遂構告其罪詔斬道盛等於都街時太武震怒景穆遂以憂薨是後太武追悼景穆不已愛懼誅遂謀逆二年春太武暴崩愛所爲也尚書左僕射蘭延侍中吳興公和疋侍中太原公薛提等秘不發喪延疋二人議以文成冲幼欲立長君徵秦王翰置之秘室提以文成有世嫡之重不可廢所宜立而更求長君延等猶豫未決愛知其謀始愛負罪於東宮而與吳王余素協乃密迎余自中宮便門入矯皇后令徵延等延等以愛素賤弗之疑皆隨之入愛先使閹豎三十人持仗於宮內及延等入以次收縛斬於殿堂執秦王翰殺之於永巷而立余余以愛爲大司馬大將軍太師都督中軍諸軍事領中秘書封馮翊王愛既立余位居元輔錄三省兼總戎禁坐召公卿權恣日甚內外憚之羣情咸以爲愛必有趙高閻樂之禍余疑之遂謀奪其權愛憤怨使小黃門賈周等夜殺余文成立誅愛周等皆具五刑夷三族

仇洛齊中山人也本姓侯氏外祖父仇款始居馮翊重泉款仕石虎虎末徙鄴南枋頭仕慕容暐爲烏丸護軍長水校尉生二子長曰嵩小曰騰嵩仕慕容垂還居中山位殿中侍御史嵩有二子長曰廣小曰盆嵩妹子洛齊生而非男嵩養爲子因爲仇姓初嵩長女有姿色充冉閔婦閔破入慕容儁又傳賜盧豚生子魯元魯元有寵於太武而知外祖嵩已死唯有三舅每言於帝帝爲訪其舅時東方罕有仕者廣盆皆不樂入平城洛齊獨請行曰我養子兼人道不全當爲兄弟試禍福也乃乘驢赴京魯元候知將至結從者百餘騎迎于桑乾河見而下拜從者亦同致敬入言于太武太武問其才用所宜魯元曰臣舅不幸生爲閹人唯合與陛下守宮闈耳而不言其養子帝矜焉引見敘用賜爵文安子稍遷給事黃門侍郎魏初禁網疏濶人戶隱匿漏脫者多東州既平綾羅戶人樂葵因是請採漏戶供爲綸緜自後逃戶占爲紬綾羅縠者非一於是雜營戶帥遍於天下不屬守宰發賦輕易人多私附戶口錯亂不可檢括洛齊奏議罷之一屬郡縣從征平涼以功超遷散騎常侍又加中書令進爵零陵公拜侍中冀州刺史內都大官卒諡曰康養子儼襲爵太武時又有段霸以謹敏見知歷中常侍殿中尚書定州刺史

孫小字茂魏咸陽石安人也父瓚姚泓安定護軍爲赫連屈丐所殺小沒入宮刑會魏平統萬遂歸平城內侍東宮以聰識有智略稱未幾轉西臺中散太武幸瓜步慮有北寇之虞賜爵泥陽子除留臺將軍車駕還都乃請父瓚贈諡求更改葬詔贈秦州刺史石安縣子諡曰戴小後拜并州刺史進爵中都侯州內四郡百餘人詣闕頌其政化後遷冀州刺史聲稱微少於前然所在清約當時牧伯無能及也性頗忍酷所養子息驅逐鞭撻視如仇讎小之爲并州以郭祚爲主簿重祚文才兼任以書記時人多之

趙默字文靜初名海本涼州隸戶自云其先河內溫人也五世祖術晉末爲西夷校尉因居酒泉安彌縣海生而涼州平沒入爲閹人因改名默有容貌恭謹小心賜爵關內侯累遷選部尚書能自謹勵當官任舉頗得其人加侍中進爵河內公獻文將傳位京兆王子推訪諸羣臣百官唯唯莫敢先言唯源賀等辭義正直不肯奉詔獻文怒變色復以問默默對曰臣以死奉戴皇太子不知其他獻文默然良久遂傳位于孝文孝文立默得幸兩宮祿賜優厚時尚書李訢亦有寵於獻文與默對綰選部訢奏中書侍郎崔鑒爲東徐州北部主書郎公孫處顯爲荊州選部監公孫蘧爲幽州皆曰用能實有私焉默疾其虧亂選體遂爭於殿庭曰以功授官因爵興祿國之常典中書侍郎尚書主書郎諸曹監勳能俱立不過列郡今訢皆以爲州臣實爲惑獻文從之於是默與訢遂爲深隙訢竟列默爲監藏囚黜爲門士默廢寢忘食規報前怨踰年還入爲侍御散騎常侍侍中尚書左僕射復兼選部如昔及訢將獲罪默因構成以誅之然後食甘寢安志於職事出爲鎮南大將軍儀同三司定州刺史進爵爲王克己清儉憂濟公私時或有人欲行私賂默曰官高祿厚足以自給賣公營私本非情願終無所納帝聞之賜帛五百疋穀一千石後薨於冀

州刺史追贈司空謚曰康子熾嗣

王琚高平人也自云本太原人高祖始晉豫州刺史琚以泰恆中被刑入宮禁小心守節久乃見敘用稍遷禮部尚書賜爵廣平公孝文以琚歷奉前朝志存公正授散騎常侍後歷位冀州刺史假廣平王進爵高平王孝文文明太后東巡冀州親幸其家還京以其年老拜散騎常侍養老於家前後賜以車馬衣物不可稱計及降爵為公扶老自平城從遷洛邑常飲牛乳色如處子卒年九十贈冀州刺史謚靖公

張宗之字益宗河南鞏人也家世寒微父孟舒晉將劉裕西征板假洛陽令初緱氏宗文邕謀反脅孟舒等起事孟舒敗走免宗之被執入京腐刑以忠厚謹慎擢為侍御中散賜爵鞏縣侯歷儀曹庫部二曹尚書領中秘書進爵彭城公後例降為侯卒於冀州刺史贈懷州刺史謚曰敬始宗之納南來殷孝祖妻蕭氏宋儀同三司思話弟思度女也多悉婦人儀飾故事太和中初制六宮服章蕭被命在內預見訪採數蒙賜賚云

劇鵬高陽人也粗覽經史閑曉吏事與王質等俱充宦官性通率不以閹閽為恥孝文遷洛常為宮官任事幽后之惑薛菩薩也鵬密諫止之不從遂發憤卒

張祐字安福安定石唐人也父成扶風太守太武末坐事誅祐充腐刑積勞至都綰內藏曹給事中時文明太后臨朝中官用事祐以左右供承合旨寵幸冠諸閹官特遷為尚書進爵隴東公仍綰內藏曹未幾監都曹加侍中與王叡等俱入八議太后嘉其忠誠為造甲第宅成孝文太后親率文武往宴會焉拜尚書左僕射進爵新平王受職于太華庭備威儀於宮城之南觀者以為榮孝文太后親幸其宅饗會百官祐性恭密出入機禁二十餘年未曾有過由是特被恩寵歲月賞賜家累巨萬與王質等十七人俱賜金券許以不死太和十年薨孝文親臨之詔鴻臚典護喪事贈司空謚曰恭葬日車駕親送近郊祐養子顯明後名慶少歷內職有姿貌江陽王繼以女妻之襲爵降為隴東公又降為侯

抱嶷字道德安定石唐人也居於直谷自言其先姓杞漢靈帝時杞匡為安定太守董卓時懼誅易氏即家焉無得而知也幼時隴東人張乾王反家染其逆及乾王敗父睹生逃免嶷獨與母沒入內宮受刑遂為宦人小心慎密累遷中常侍中曹侍御尚書賜爵安定公自總納言職當機近諸所奏議必致抗直孝文文明太后嘉之以為殿中侍御尚書太后既寵之乃徵其父睹生拜太中大夫將還見於皇信堂孝文執手曰老人歸途幾日可達好慎行路其見幸如此睹生卒贈秦州刺史謚曰靖賜黃金八十斤繒綵及絹八百疋以供喪用并敕使勞慰加嶷大長秋卿嶷老疾乞外祿乃出為涇州刺史特加右光祿大夫將之州孝文餞於西郊樂陽殿以御白羽扇賜之十九年以刺史從駕南征以老舊每見勞問數追稱嶷之正直命乘馬出入行禁之間與司徒馮誕同例軍迴還州自以故老前官為政多守往法不能遵用新制侮慢士族簡於禮接天性酷薄雖弟姪甥壻略無存潤卒於州先以從弟老壽為後又養太師馮熙子次興嶷死後二人爭立嶷妻張氏致訟經年得以熙子為後老壽亦仍陳訴終獲紹爵次興還於本族老壽凡薄酒色肆情御史中尉王顯奏言前洛州刺史陰平子石榮積射將軍抱老壽恣蕩非軌易室而姦臊聲布於朝野醜音被於行路男女二人莫知誰子人理所未聞鳥獸之不若請以見事免官付廷尉正舉詔可之老壽死後其舊奴婢尚六七百人老壽及石榮祖父皆造碑銘就鄉建立言西方直谷出二貴人石榮自被劾爵遂廢嗣子長宣位南兗州刺史與侯景反伏法

王遇字慶時本名他惡馮翊李潤鎮羌也與雷光不蒙俱為羌中彊族自云其先姓王後改為鉗耳氏宣武時改為王焉自晉以來恆為渠長遇坐事腐刑累遷吏部尚書爵宕昌公出為華州刺史加　騎常侍幽后之前廢也遇頗言其過及後進幸孝文對李沖等申后無咎而稱遇謗議之罪遂免遇官奪其爵宣武初為光祿大夫復舊爵馮氏為尼也公私罕相供恤遇自以嘗更奉接往來祇謁不替舊敬遇性工巧彊於部分北都方山靈泉道俗居宇及文明太后陵廟洛京東郊馬射壇殿修廣文昭太后墓園及東西兩堂內外諸門制度皆遇監作雖年在耆老而朝夕不倦遇長於人事留意酒食之間每逢寮舊觴膳精豐然競於榮利趨求勢門趙修之寵也遇深附會受勅為之造宅增於本旨笞擊作人莫不嗟怨卒於官初遇之疾太傅北海王與太妃俱往臨問視其危惙為之泣下其善奉諸貴致相悲悼如此贈雍州刺史

苻承祖略陽氐人也因事為閹人為文明太后所寵賜爵略陽公歷吏部尚書加侍中知都曹事初太后以承祖居腹心之任許以不死之詔後承祖坐贓應死孝文原之命削職禁錮在家授悖義將軍佞濁子月餘遂死

王質字紹奴高陽易人也其家坐事幼下蠶室頗解書學為中曹吏內典監稍遷秘書中散賜爵永昌子領監

御還爲侍御給事又領選部監御二曹事進爵魏昌侯轉還部尚書出爲瀛州刺史風化粗行人庶畏服之而刑政峻刻號爲威酷孝文頗念其忠勤宿舊每行留大故馮司徒亡廢馮后陸叡穆泰等事皆賜質以璽書手筆莫不委至同之戚貴質皆寶掌入爲大長秋卿卒

李堅字次壽高陽易人也文成初坐事爲閹人稍遷給事中賜爵魏昌伯小心謹愼常在左右雖不及王遇王質等而亦見任用宣武初自太僕卿出爲瀛州刺史本州之榮同於王質所在受納家產巨萬卒於光祿大夫贈相州刺史太和末又有秦松白整位並長秋卿

劉騰字青龍平原城人也從屬南兖州之譙郡幼時坐事受刑補小黃門轉中黃門孝文之在懸瓠騰使詣行在所帝問其中事騰具言幽后私隱與陳留公主所告符協由是進冗從僕射仍中黃門後與茹皓使徐兖采召人女還遷中給事靈太后臨朝以預于忠保護勳除崇訓太僕加侍中封長樂縣公拜其妻魏氏爲鉅鹿郡君每引入內受賞賚亞於諸主外戚所養二子爲郡守尚書郎騰曾疾篤靈太后慮或不救遷衛將軍儀同三司後疾瘳拜命孝明當爲臨軒會大風寒乃遣使持節授之騰幼充宮役手不解書裁知署名而已而姦謀有餘善射人意靈太后臨朝特蒙進寵多所干託內外碎密栖栖不倦洛北永橋太上公太上君及城東三寺皆主修營吏部嘗望騰意奏其弟爲郡帶戍人資乖越清河王懌抑而不與騰以爲恨遂與領軍元乂害懌廢靈太后於宣光殿宮門晝夜長閉內外斷絕騰自執管籥明帝亦不得見裁聽傳食而已太后服膳俱廢不免饑寒乂使中常侍賈粲假言得明帝書密令防察乂以騰爲司空表裏擅權共相樹置乂爲外禦騰爲內防迭直禁闥共裁刑賞騰遂與崔光同受詔乘步挽出殿門四年之中生殺之威決於乂騰之手八座九卿旦造騰宅參其顏色然後赴省府亦有歷日不能見者公私屬請唯在財貨舟車之利水陸無遺山澤之饒所在固護剝削六鎭交通互市歲入利息以巨萬計又頗役嬪御時有徵求婦女器物公然受納逼奪鄰居開廣室宇天下咸患之正光四年薨于位中官爲義息縗經者四十餘人騰之立宅也奉車都尉周特爲之筮不吉深諫止之騰怒而不用特告人曰必困於三月四月之交至是果死廳事甫成陳尸其下追贈太尉冀州刺史葬日閹官爲義服杖經衰縞者以百數朝貴皆從軒蓋塡塞相屬郊野魏初以來權閹存亡之盛莫及焉靈太后反政追奪爵位發其冢散露骸骨沒入財產後騰所養一子叛入梁太后大怒悉徙騰餘養子於北裔尋遣密使殺之於汲郡

賈粲字季宣酒泉人也太和中坐事腐刑頗涉書記與元乂劉騰等同其謀謨進光祿勳卿專侍明帝與乂騰等伺帝動靜右衛奚康生之謀殺乂也靈太后明帝同升於宣光殿左右侍臣俱立西階下康生旣被囚執粲紿太后曰侍官懷恐不安陛下宜親安慰太后信之適下殿粲便扶明帝出東序前御顯陽還閉太后於宣光殿粲旣乂黨威福亦震於京邑自云本出武威魏太尉文和之後遂移家屬爲時武威太守韋景承粲意以其兄緒爲功曹緒時年向七十未幾又以緒爲西平太守靈太后反政欲誅粲以乂騰黨與不一恐驚動內外乃止出粲爲濟州刺史未幾遣武衛將軍刁宣馳駟殺之

楊範字法僧長樂廣宗人也文成時坐事宮刑爲王琚所養恩若父子累遷爲中尹靈太后臨朝爲中常侍崇訓太僕領中嘗藥典御賜爵華陰子出爲華州刺史中官內侍貴者靈太后皆許其方岳以範年長拜跪爲難故遂其請父子納貨爲御史所糾遂廢於家後爲崇訓太僕華州大中正卒

成軌字洪義上谷居庸人也少以皐刑入事宮掖以謹厚稱爲中謁者僕射孝文意有所欲軌候容色時有奏發輒合帝心從駕南征專進御食時孝文不豫常居禁中晝夜無懈延昌末遷中常侍嘗食典御光祿大夫軌京兆都將孝昌二年以勳舊封始平縣伯明帝所幸潘嬪以軌爲假父頗爲中官之所敬憚後進爵爲侯卒於衛將軍贈雍州刺史諡曰孝惠

王溫字桃湯趙郡欒城人也父冀高邑令坐事誅溫與兄繼叔俱充宦者稍遷中嘗食典御中給事加左中郎將宣武之崩羣官迎明帝於東宮溫於臥中起明帝與保母扶抱明帝入踐帝位高陽王雍旣居冢宰慮中人朋黨出爲鉅鹿太守靈太后臨朝徵爲中常侍賜爵欒城伯累遷左光祿大夫光祿勳卿侍中進爵欒城縣侯溫自陳本陽平武陽人改封武陽縣侯建義初於河陰遇害

孟欒字龍兒不知何許人也坐事爲閹人靈太后臨朝爲左中郎將給事中素被病面常黯黑於九龍殿下暴疾歸家其夜亡欒初出靈太后聞之曰欒必不濟我爲之憂及奏其死爲之下淚曰其事我如此不見我一日忻欒時也賜帛三百疋黃金一十斤以供喪用七日靈太后爲設二百僧齋

平季字幼穆燕國薊人也坐事腐刑累遷新興太守明帝崩與爾朱榮等議立莊帝莊帝即位超拜肆州刺史尋除中侍中以參謀勳封元城縣侯永熙中加驃騎大將軍卒

封津字醜漢渤海蓨人也父令德娶常寶女寶伏誅令德以連坐伏法津受刑給事宮掖累遷奉車都尉中給事中靈太后令津侍明帝書遷常山太守津少長宮闈給事左右善候時情號爲機悟天平初除開府儀同三司懷州刺史元象初復爲中侍中大長秋卿仍開府儀同尋贈司徒冀州刺史謚曰孝惠

劉思逸平原人也以罪少充腐刑初爲小史累遷中侍中武定中與元瑾等謀反伏誅又有張景嵩毛暢者咸以閹寺在明帝左右靈太后亦密仗之通傳意計於明帝元乂之出景嵩暢頗有力爲靈太后反政以妹故未即戮乂時內外喧傳云乂還欲入知政事暢等恐禍及已乃啟明帝欲詔右衞將軍楊津密往殺乂詔書已成未及出外乂妻知之告太后景嵩暢與清河王亶邵欲廢太后太后信之責暢暢出詔草以呈太后太后讀之知無廢已狀意小解然乂妻構之不已出暢爲頓邱太守景嵩爲魯郡太守尋令捕殺暢景嵩孝靜時位至中侍中坐事死

北齊

宦者韓寶業盧勒乂齊紹秦子徵並神武舊左右唯閹內驅使不被恩遇歷天保皇建之朝亦不至寵幸但漸有職任寶業至長秋卿勒乂等或爲中常侍武成時有曹文摽夏侯通伊長游魯侍伯郭沙彌鄧長顒及寶業輩或有至儀同食幹者唯長顒武平中任參宰相干預朝權如寶業及勒乂齊紹子徵後並封王俱自收斂不過侵暴又有陳德信亦參時宰與長顒並開府封王俱爲侍中左右光祿大夫領侍中又有潘師子崔孝禮劉萬通研胥光弁劉通遠王弘遠王子立王元昌高伯華左君才熊純陀宮鍾馗趙野乂徐世凝苟子溢斛子愼宋元賓康德汪並於後主之朝肆其姦佞敗政虐民古今未有多授開府罕止儀同亦有加光祿大夫金章紫綬者多帶中侍中中常侍此二職乃至數十人恆出入門禁往來園苑趨侍左右通宵累日承候顏色競進凶逆發言動意多會深旨一戲之賞動踰巨萬邱山之積貪悋無厭猶以波斯狗爲儀同郡君分其幹祿神虎門外有朝貴憩息之所時人號爲解卸廳諸閹或在內多日暫放歸休所乘之馬牽至神虎門階然後升騎飛鞭競走十數爲羣馬塵必坌諸貴爰至唐趙韓駱皆隱聽趨避不敢爲言齊盧陳鄧之徒亦意屬尙書卿尹宰相旣不爲致言時主亦無此命唯以工巧務功用長顒爲太府卿焉神武時有倉頭陳山提蓋豐樂俱以驅馳便僻頗蒙恩遇魏末山提通州刺史豐樂嘗食典御又有劉郁斤趙道德劉桃枝梅勝郎辛洛周高舍洛郭黑面李銅提王恩洛並爲神武驅使天保太寧之朝漸以貴盛至武平時山提等皆以開府封王其不及武平者則追贈王爵雖賜與無貲顧眄深重乃至陵忽宰輔然皆不得干預朝政武平時有胡小兒俱是康阿馱穆叔兒等富家子弟簡選黠慧者數十人以爲左右恩眄出處殆與宦者相埒亦有至開府儀同者其曹僧奴僧奴子妙達以能彈胡琵琶甚被寵遇俱開府封王又有何海及子洪珍開府封王尤爲親要洪珍侮弄權勢鬻獄賣官其何朱弱史醜多之徒十數人咸以能舞工歌及善音樂者亦至儀同開府閹官猶以宮掖驅馳便煩左右漸因昵狎亦至太官倉頭始自家人情寄深密及於後主則是先朝舊人以勤舊之勞致此叨竊至於胡小兒等眼鼻深嶮一無可用非理愛好排突朝貴尤爲人士之所疾惡其以音樂至大官者沈過兒官至開府儀同王長通年十四五便假節通州刺史時又有開府薛榮宗常自云能使鬼及周兵之逼言於後主曰臣已發遣斛律明月將大兵在前去帝信之經古冢榮宗謂舍人元恭是誰冢元恭戲之曰林宗冢復問林宗是誰元恭曰郭元貞父榮宗前奏曰臣向見郭林宗從冢出著大帽吉莫靴插馬鞭問臣我阿貞來不時羣妄多皆類此

通志卷一百七十九

通志卷一百八十

宋　右　迪　功　郎　鄭　樵　漁　仲　撰

游俠傳第一 附刺客　滑稽　貨殖

游俠 前漢
朱家　劇孟　郭解　萬章　樓護　陳遵　原涉

刺客 史記
豫讓　聶政　荆軻

滑稽 史記
淳于髡　優孟　優旃　郭舍人　東郭先生　王先生　西門豹

貨殖 前漢
范蠡　子贛　白圭　猗頓　烏氏贏　巴寡婦清　蜀卓氏　程鄭　孔氏　丙氏　刁間　師史　任氏

游俠

朱家魯人高祖同時也魯人皆以儒教而朱家用俠聞所藏活家士以數百其餘庸人不可勝言然終不伐其能歆其德諸所常施唯恐見之振人不贍先從貧賤始家亡餘財衣不兼采食不重味乘不過軥牛專趨人之急甚於己私既陰脫季布之厄及布尊貴終身不見自關以東莫不延頸願交楚田仲以俠聞父事朱家自以爲行弗及也田仲死後有劇孟

劇孟者洛陽人也周人以商賈爲資劇孟以俠顯吳楚反時條侯爲太尉乘傳東將至河南得劇孟喜曰吳楚舉大事而不求劇孟吾知其無能爲已天下騷動大將軍得之若一敵國云劇孟行大類朱家而好博多少年之戲然孟母死自遠方送喪蓋千乘及孟死家無十金之財而符離王孟亦以俠稱江淮之間是時濟南瞯音閒氏陳周膚亦以豪聞景帝聞之使使盡誅此屬其後代諸白梁韓毋辟陽翟薛況陝寒孺紛紛復出焉

郭解河內軹人也字翁伯溫善相人者許負外孫也解父任俠孝文時誅死解爲人靜悍不飲酒少時陰賊感槩不快意身所殺甚衆以軀借友報仇臧命作姦剽攻休乃鑄錢掘冢不可勝數適有天幸窘急常得脫若遇赦及解年長更折節爲儉以德報怨厚施而薄望然其自喜爲俠益甚既已振人之命不矜其功其陰賊著於心本發於睚眦如故云而少年慕其行亦輒爲報讎不使知也解姊子負解之勢與人飲使之釂非其任彊灌之人怒刺殺解姊子去亡解姊怒曰以翁伯時人殺吾子賊不得棄其尸道旁弗葬欲以辱解解使人微知賊處賊窘自歸具以實告解解曰公殺之當吾兒不直遂去其賊辠其姊子收而葬之諸公聞之皆多解之義益附焉解出人皆避有一人獨箕踞視之解問其姓名客欲殺之解曰居邑屋不見敬是吾德不脩也彼何辠乃陰請尉史曰是人吾所重至踐更時脫之每至直更數過吏弗求怪之問其故解使脫之箕踞者迺肉袒謝罪少年聞之愈益慕解之行洛陽人有相仇者邑中賢豪居間以十數終不聽客迺見解解夜見仇家仇家曲聽解謂仇家吾聞洛陽諸公居間多不聽今子幸而聽解解奈何從他縣奪人邑賢大夫權乎乃夜去不使人知曰且毋庸待我去令洛陽豪居間迺聽解爲人短小恭儉出未嘗有騎不敢乘車入其縣庭之旁郡國爲人請求事事可出出之不可者各令厭其意然後迺敢嘗酒食諸公以此嚴重之爭爲用邑中少年及旁近縣豪夜半過門常十餘車請得解客舍養之及徙豪茂陵也解家貧不中訾吏恐不敢不徙衛將軍爲言郭解家貧不中徙上曰解布衣權至使將軍此其家不貧解徙諸公送者出千餘萬軹人楊季主子爲縣掾鬲之解兄子斷楊掾頭解入關關中賢豪知與不知聞聲爭交驩邑人又殺楊季主季主家上書人又殺闕下上聞乃下吏捕解解亡置其母家室夏陽身至臨晉臨晉籍少翁素不知解因出關籍少翁已出解解傳太原所過輒告主人處吏逐迹至籍少翁少翁自殺口絕久之得解窮治所犯爲而解所殺皆在赦前軹有儒生侍使者坐客譽郭解生曰解專以姦犯公法何謂賢解客聞之殺此生斷舌吏以責解解實不知殺者殺者亦竟莫知爲誰吏奏解無罪御史大夫公孫弘議曰解布衣爲任俠行權以睚眦殺人解不知此罪甚於解知殺之當大逆無道遂族解自是之後俠者極衆而無足數者然關中長安樊中子槐里趙王孫長陵高公子西河郭翁中太原魯翁孺臨淮兒長卿東陽陳君孺雖爲俠而恂恂有退讓君子之風至若北道姚氏西道諸杜南道仇景東道佗羽公子南陽趙調之徒盜跖而居民間者耳曷足道哉此乃鄉者朱家所羞也

萬音矩章字子夏長安人也長安熾盛街閭各有豪俠章在城西柳市號曰城西萬子夏爲京兆尹門下督從至殿中侍中諸侯貴人爭欲揖章莫與京兆尹言者章逡循甚懼其後京兆不復從也與中書令石顯相善亦得顯權力門車常接轂至成帝初石顯坐專權擅執免官歸故郡顯貲巨萬當去留牀席器物數百萬直欲以與

章章不受賓客或問其故章歎曰吾以布衣見哀於石君石君家破不能有以安也而受其財物此爲石氏之禍萬氏反當以爲福邪諸公以是服而稱之河平中王尊爲京兆尹捕擊豪俠殺章及箭張回酒市趙君都賈子光皆長安名豪報仇怨養刺客者也

樓護字君卿齊人父世醫也護少隨父爲醫長安出入貴戚家護誦醫經本草方術數十萬言長者咸愛重之共謂曰以君卿之材何不官學乎繇是辭其父學經傳爲京兆吏數年甚得名譽是時王氏方盛賓客滿門五侯兄弟爭名其客各有所厚不得左右唯護盡入其門咸得其歡心結士大夫無所不傾其交長者尤見親而剛敬衆以是服爲人短小精辯論議常依名節聽之者皆竦與谷永俱爲五侯上客長安號曰谷子雲筆札樓君卿脣舌言其見信用也母死送葬者致車二三千兩閭里歌之曰五侯治喪樓君卿久之平阿侯舉護方正爲諫大夫使郡國護假貸多持幣帛過齊上書求上先人冢因會宗族故人各以親疏與束帛一日散百金之費使還奏事稱意擢爲天水太守數歲免家長安中時成都侯商爲大司馬衛將軍罷朝欲候護其主簿諫將軍至尊不宜入閭巷商不聽遂往至護家家狹小官屬立車下久住移時天欲雨主簿謂西曹諸掾曰不肯彊諫反雨立閭巷商還或白主簿語商恨以他職事去主簿終身廢錮後護復以薦爲廣漢太守元始中王莽爲安漢公專政莽長子宇與妻兄呂寬謀以血塗莽第門欲懼莽令歸政發覺莽大怒殺宇而呂寬亡寬父素與護相知寬至廣漢過護不以事實語也到數日名捕寬詔書至護執寬莽大喜徵護入爲前煇光封息鄉侯列於九卿莽居攝槐里大賊趙朋霍鴻等羣起延入前煇光界護坐免爲庶人其居位爵祿賂遺所得亦緣手盡既退居里巷時五侯皆已死年老失勢賓客益衰至王莽篡位以舊恩召見護封爲樓舊里附城而成都侯商子邑爲大司空貴重商故人皆敬事邑唯護自安如舊節邑亦父事之不敢有闕時請召賓客邑居樽下稱賤子上壽坐者百數皆離席伏護獨東鄉正坐字謂邑曰公子貴如何初護有故人呂公無子歸護護身與呂公妻與呂嫗同食及護家居妻子頗厭呂公護聞之流涕責其妻子曰呂公以故舊窮老託身於我義所當奉遂養呂公終身護卒子嗣其爵

陳遵字孟公杜陵人也祖父遂字長子宣帝微時與有故相隨博弈數負進及宣帝即位用遂稍遷至太原太守乃賜遂璽書曰制詔太原太守官尊祿厚可以償博進矣妻君甯時在旁知狀遂於是辭謝因曰事在元平元年赦令前其見厚如此元帝時徵遂爲京兆尹至廷尉遵少孤與張竦伯松俱爲京兆史竦博學通達以廉儉自守而遵放縱不拘操行雖異然相親友哀帝之末俱著名字爲後進冠並入公府公府掾史率皆羸車小馬不上鮮明而遵獨極輿馬衣服之好門外車騎交錯又日出醉歸曹事數廢西曹以故事適之侍曹輒詣寺舍白遵曰陳卿今日以某事適遵曰滿百乃相聞故事有百適者斥滿百西曹白請斥大司徒馬宮大儒優士又重遵謂西曹此人大度士柰何以小文責之乃舉遵能治三輔劇縣補郁夷令久之與扶風相失自免去槐里大賊趙朋霍鴻等起遵爲校尉擊朋鴻有功封嘉威侯居長安中列侯近臣貴戚皆貴重之牧守當之官及郡國豪桀至京師者莫不相因到遵門遵耆酒每大飲賓客滿堂輒關門取客車轄投井中雖有急終不得去嘗有部刺史奏事過遵值其方飲刺史大窮候遵霑醉時突入見遵母叩頭自白當對尚書有期會狀母乃令從後閤出去遵大率常醉然事亦不廢長八尺餘長頭大鼻容貌甚偉略涉傳記贍於文辭性善書與人尺牘主皆藏去以爲榮請求不敢逆所到衣冠懷之唯恐在後時列侯有與遵同姓字者每至人門曰陳孟公坐中莫不震動既至而非因號其人曰陳驚坐云王莽素奇遵材在位多稱譽者由是起爲河南太守既至官當遣從史西召善書吏十人於前治私書謝京師故人遵憑几口占書吏且省官事書數百封親疏各有意河南大驚數月免初遵爲河南太守而弟級爲荊州牧當之官俱過長安富人故淮陽王外家左氏飲食作樂後司直陳崇聞之劾奏遵兄弟幸得蒙恩超第歷位遵爵列侯備郡守級州牧奉使皆以舉直察枉宣揚聖化爲職不正身自慎始遵初除乘藩車入閭巷過寡婦左阿君置酒謌謳遵起舞跳梁頓仆坐上暮因留宿爲侍婢扶臥遵知飲酒飫宴有節禮不入寡婦之門而湛酒溷肴亂男女之別輕辱爵位羞汙印韍惡不可忍聞臣請皆免遵既免歸長安賓客愈盛飲食自若久之復爲九江及河內都尉凡三爲二千石而張竦亦至丹陽太守封淑德侯後俱免官以列侯歸長安竦居貧無賓客時時好事者從之質疑問事論道經書而已而遵晝夜呼號車騎滿門酒肉相屬先是黃門郎揚雄作酒箴以諷諫成帝其文爲酒客難法度士譬之於物曰子猶瓶矣觀瓶之居居井之眉處高臨深動常近危酒醪不入口臧水

滿懷不得左右牽於纆徽一旦叀礙爲瓽所轠身提黃泉骨肉爲泥自用如此不如鴟夷鴟夷滑稽腹如大壺盡日盛酒人復借酤常爲國器託於屬車出入兩宮經營公家繇是言之酒何過乎遵大喜之常謂張竦吾與爾猶是矣足下諷誦經書苦身自約不敢差跌而我放意自恣浮湛俗間官爵功名不減於子而差獨樂顧不優邪竦曰人各有性長短自裁子欲爲我亦不能吾而效子亦敗矣雖然學我者易持效子者難將吾常道也及王莽敗二人俱客於池陽竦爲賊兵所殺更始至長安大臣薦遵爲大司馬護軍與歸德侯劉颯俱使匈奴單于欲脅詘遵遵陳利害爲言曲直單于大奇之遣還會更始敗遵留朔方爲賊所敗時醉見殺

原涉字巨先祖父武帝時以豪桀自陽翟徙茂陵涉父哀帝時爲南陽太守天下殷富大郡二千石死官賦斂送喪皆千萬以上妻子通共受之以定產業時又少行三年喪者及涉父死讓還南陽賻送行喪冢廬三年由是顯名京師禮畢扶風謁請爲議曹衣冠慕之輻輳大司徒史丹舉能治劇爲谷口令時年二十餘谷口聞其名不言而治先是涉季父爲茂陵秦氏所殺涉居谷口半歲所自劾去官欲報仇谷口豪桀爲殺秦氏亡命歲餘逢赦出郡國諸豪長安五陵諸爲氣節者皆歸慕之涉遂傾身與相待人無賢不肖闐門在所閭里盡滿客或譏涉曰子本吏二千石之世結髮自脩以行喪推財禮讓爲名正復讐取仇猶不失仁義何故遂自放縱爲輕俠之徒乎涉應曰子獨不見家人寡婦邪始自約勑之時意乃慕宋伯姬及陳孝婦不幸壹爲盜賊所汚遂行淫失知其非禮然不能自還吾猶此矣涉自以爲前讓南陽賻送身得其名而令先人墳墓儉約非孝也乃大治起冢舍周閣重門初武帝時京兆尹曹氏葬茂陵民謂其道爲京兆阡涉慕之乃買地開道立表署曰南陽阡人不肯從謂之原氏阡費用皆卬富人長者然身衣服車馬纔具妻子內困專以振施貧窮赴人之急爲務人嘗置酒請涉涉入里門客有道涉所知母病避疾在里宅者涉卽往候叩門家哭涉因入弔問以喪事家無所有涉曰但絜掃除沐浴待涉還至主人對賓客歎息曰人親臥地不收涉何心鄉此願徹去酒食賓客爭問所當得涉乃側席而坐削牘爲疏具記衣被棺木下至飯含之物分付諸客諸客奔走市買至日昳皆會涉親閱視已謂主人願受賜矣既共飲食涉獨不飽乃載棺物從賓客往至喪家爲棺斂勞徠畢葬其周急待人如此後人有毀涉者曰姦人之雄也喪家子卽時刺殺言者賓客多犯法辠過數上聞王莽數收繫欲殺輒復赦出之涉懼求爲卿府掾史欲以避客文母太后喪時守復土校尉已爲中郎後免官涉欲上冢不欲會賓客密獨與故人期會涉單車敺上茂陵投暮入其里宅因自匿不見人遣奴至市買肉奴乘涉氣與屠者爭言斫傷屠者亡是時茂陵守令尹公新視事涉未謁也聞之大怒知涉名豪欲以示眾厲俗遣兩吏脅守涉至日中奴不出吏欲便殺涉去涉迫窘不知所爲會涉所與期上冢者車數十乘到皆諸豪也共說尹公尹公不聽諸豪則曰原巨先奴犯法不得使肉袒自縛箭貫耳詣廷門謝辠於君威亦足矣尹公許之涉如言謝復服遣去初涉與新豐富人祁大伯爲友大伯同母弟王游公素嫉涉時爲縣門下掾說尹公曰君以守令辱原涉如是一旦貟令至君復單車歸爲府吏涉刺客如雲殺人皆不知主名可爲寒心涉治冢舍奢僭踰制辠惡暴著主上知之今爲君計莫若墮壞涉冢舍條奏其舊惡君必得貟令如此涉亦不敢怨矣尹公如其計莽果以爲貟令涉由此怨王游公選賓客遣長子初從車二十乘劫王游公家游公母卽祁大伯母也諸客見之皆拜傳曰無驚祁夫人遂殺游公父及子斷兩頭去涉性略似郭解外溫仁謙遜而內隱好殺睚眦於塵中觸死者甚多王莽末東方兵起諸王子弟多薦涉能得士死可用莽乃召見責以辠惡赦貰拜鎮戎大尹天水太守涉至官無幾長安敗郡縣諸假號起兵攻殺二千石長吏以應漢諸假號素聞涉名爭問原尹何在拜謁之時莽州牧使者依附涉者皆得活傳送致涉長安更始西屏將軍申徒建請涉與相見大重之故茂陵令尹公壞涉冢舍者爲建主簿涉本不怨也涉從建所出尹公故遮拜涉謂曰易世矣宜勿復相怨涉曰尹君何壹魚肉涉也涉用是怒使客刺殺主簿涉欲亡去申徒建內恨恥之陽言吾欲與原巨先共鎮三輔豈以一吏易之哉賓客通言令涉自繫獄謝建許之賓客車數十乘共送涉至獄建遣兵道徼取涉於車上送車分散馳遂斬涉縣之長安市自哀平閒郡國處處有豪桀然莫足數其名聞州郡者霸陵杜君敖池陽韓幼孺馬領繡君賓西河漕中叔皆有謙退之風王莽居攝誅鉏豪俠名捕漕中叔不能得中叔素善彊弩將軍孫建莽疑建藏匿之泛以問建建曰臣名善之誅臣足以塞責莽性果賊無所容忍然重建不竟問遂不得也中叔之子少游復以俠見稱

刺客

史記取曹沬專諸豫讓聶政荊軻五人爲編第今以曹沬在春秋傳專諸在吳世家故不復錄

豫讓者晉人也故嘗事范氏中行氏而無所知名去而事智伯智伯甚尊寵之及智伯伐趙襄子趙襄子與韓魏合謀滅智伯滅智伯之後而三分其地趙襄子最怨智伯漆其頭以爲飲器讓逃遁山中曰嗟乎士爲知己者死女爲說己者容今智伯知我我必爲報讐而死以報智伯則吾魂魄不媿矣乃變名姓爲刑人入宮塗廁中挾匕首欲以刺襄子襄子如廁心動執問塗廁之刑人則豫讓內持刀兵曰欲爲智伯報仇左右欲誅之襄子曰彼義人也吾謹避之耳且智伯亡無後而其臣欲爲報仇此天下之賢人也卒釋去之居頃之豫讓又漆身爲厲音賴吞炭爲啞使形狀不可知行乞於市其妻不識也行見其友識之曰汝非豫讓邪曰是也其友爲泣曰以子之才委質而臣事襄子襄子必近幸子近幸子乃爲所欲顧不易邪何乃殘身苦形欲以求報襄子不亦難乎豫讓曰既已委質臣事人而求殺之是懷二心以事其君也且吾所爲者極難耳然所以爲此者將以愧天下後世之爲人臣懷二心以事其君者也既去頃之襄子當出豫讓伏於所當過之橋下襄子至橋馬驚襄子曰此必是豫讓也使人問之果豫讓也於是襄子乃數豫讓曰子不嘗事范中行氏乎智伯盡滅之而子不爲報仇而反委質臣於智伯智伯亦已死矣而子獨何以爲之報臣之深也豫讓曰讐事范中行氏范中行氏皆衆人遇我我故衆人報之至於智伯國士遇我我故國士報之襄子喟然歎息而泣曰嗟乎豫子子之爲智伯名既成矣而寡人赦子亦已足矣子其自爲計寡人不復釋子使兵圍之豫讓曰臣聞明主不掩人之美而忠臣有死名之義前君已寬赦臣天下莫不稱君之賢今日之事臣固伏誅然願請君之衣而擊之焉以致報讐之意則雖死不恨非所敢望也敢布腹心於是襄子大義之乃使使持衣與豫讓豫讓拔劒三躍而擊之曰吾可以下報智伯矣遂伏劒自殺死之日趙國志士聞之皆爲涕泣其後四十餘年而軹有聶政之事

聶政者軹深井里人也殺人避仇與母姊如齊以屠爲事久之濮陽嚴仲子事韓哀侯與韓相俠累有隙嚴仲子恐誅亡去游求人可以報俠累者至齊齊人或言聶政勇敢士也避仇隱於屠者之間嚴仲子至門請數反然後具酒自暢聶政母前酒酣嚴仲子奉黃金百鎰前爲聶政母壽聶政驚怪其厚固謝嚴仲子嚴仲子固進而聶政謝曰臣幸有老母家貧客遊以爲狗屠可以旦夕得甘毳以養親親供養備不敢當仲子之賜嚴仲子辟人因爲聶政言曰臣有仇而行游諸侯衆矣然至齊竊聞足下義甚高故進百金者將用爲夫人麤糲之費得以交足下之驩豈敢以有求望邪聶政曰臣所以降志辱身居市井屠者徒幸以養老母老母在政身未敢以許人也嚴仲子固讓聶政竟不肯受也然嚴仲子卒備賓主之禮而去久之聶政母死既已葬除服聶政曰嗟乎政乃市井之人鼓刀以屠而嚴仲子乃諸侯卿相也不遠千里枉車騎而交臣臣之所以待之至淺鮮矣未有大功可以稱者而嚴仲子奉百金爲親壽我雖不受然是者徒深知政也夫賢者以感忿睚眦之意而親信窮僻之人而政獨安得嘿然而已乎且前日要政政徒以老母老母今以天年終政將爲知己者用乃遂西至濮陽見嚴仲子曰前日所以不許仲子者徒以親在今不幸而母以天年終仲子所欲報仇者爲誰請得從事焉嚴仲子具告曰臣之仇韓相俠累又韓君之季父也宗族盛多居處兵衛甚設臣欲使人刺之衆終莫能就今足下幸而不棄請益其車騎壯士可爲足下輔翼者聶政曰韓之與衛相去中間不甚遠今殺人之相相又國君之親此其勢不可以多人多人不能無生得失生得失則語泄語泄是韓舉國而與仲子爲讐豈不殆哉遂謝車騎人徒聶政乃辭獨行杖劒至韓韓相俠累方坐府上持兵戟而衛侍者甚衆聶政直入上階刺殺俠累左右大亂聶政大呼所擊殺者數十人因自皮面決眼自屠出腸遂以死韓取聶政屍暴於市購問莫知誰子於是韓購縣之有能言殺相俠累者予千金久之莫知也政姊榮聞人有刺殺韓相者賊不得國不知其名姓暴其尸而縣之千金乃於邑曰其是吾弟與嗟乎嚴仲子知吾弟立起如韓之市而死者果政也伏尸哭極哀曰是軹深井里所謂聶政者也市行者諸衆人皆曰此人暴虐吾國相王購其名姓千金夫人不聞與何敢來識之也榮應之曰聞之然政所以蒙汙辱自棄於市販之閒者爲老母幸無恙妾未嫁也親既以天年下世妾已嫁夫嚴仲子乃察舉吾弟困汙之中而交之澤厚矣可柰何士固爲知己者死今乃以妾尚在之故重自刑以絕從妾其柰何畏歿身之誅終滅賢弟之知大驚韓市人乃大呼天者三卒於邑悲哀而死政之旁晉楚齊衛聞之皆曰非獨政能也乃其姊亦烈女也鄉使政誠知其姊無濡忍之志不重暴骸之難必絕險千里以列其名姊弟俱僇於韓市者亦未必敢以身許嚴仲

子也嚴仲子亦可謂知人能得士矣其後二百二十餘年秦有荆軻之事

荆軻者衞人也其先乃齊人徙於衞衞人謂之慶卿而之燕燕人謂之荆卿荆卿好讀書擊劒以術說衞元君衞元君不用其後秦伐魏置東郡徙衞元君之支屬於野王荆軻嘗游過楡次與蓋聶論劒蓋聶怒而目之荆軻出人或言復召荆軻蓋聶曰曩者吾與論劒有不稱者吾目之試往是宜去不敢留使使往之主人荆卿則已駕而去楡次矣使者還報蓋聶曰固去也吾曩者目懾之荆軻游於邯鄲魯句踐與荆軻博爭道魯句踐怒而叱之荆軻嘿之逃去遂不復會荆軻既至燕愛燕之狗屠及善擊筑者高漸離荆軻嗜酒日與狗屠及高漸離飲於燕市酒酣以往高漸離擊筑荆軻和而歌於市中相樂也已而相泣旁若無人者荆軻雖遊於酒人乎然其爲人沈重好書其所遊諸侯盡與其賢豪長者相結其之燕燕之處士田光先生亦善待之知其非庸人也居頃之會燕太子丹質秦亡歸燕燕大子丹者故嘗質於趙而秦王政生於趙其少時與丹驩及政立爲秦王而丹質於秦秦王之遇燕太子丹不善故丹怨而亡歸歸而求爲報秦者國小力不能其後秦日出兵山東以伐齊楚三晉稍蠶食諸侯且至於燕燕君臣皆恐禍之至太子丹患之問其傅鞠武武對曰秦地徧天下威脅韓魏趙氏北有甘泉谷口之固南有涇渭之沃擅巴蜀之饒右隴蜀之山左關殽之險民衆而士厲兵革有餘意有所出則長城之南易水以北未有所定也柰何以見陵之怨欲批其逆鱗哉丹曰然則何由對曰請入圖之居有閒秦將樊於期得罪於秦王亡之燕太子受而舍之鞠武諫曰不可夫以秦王之暴而積怒於燕足爲寒心又況聞樊將軍之所在乎是謂委肉當餓虎之蹊也禍必不振矣雖有管晏不能爲之謀也願太子疾遣樊將軍入匈奴以滅口請西約三晉南連齊楚北購於單于其後乃可圖也太子曰太傅之計曠日彌久心惛然恐不能須臾且非獨於此也夫樊將軍窮困於天下歸身於丹丹終不以迫於彊秦而棄所哀憐之交置之匈奴是固丹命卒之時也願太傅更慮之鞠武曰夫行危欲求安造禍而求福計淺而怨深連結一人之後交不顧國家之大害此謂資怨而助禍矣夫以鴻毛燎於鑪炭之上必無事矣且以鵰鷙之秦行暴怨之怒豈足道哉燕有田光先生其爲人智深而勇沈可與謀太子曰願因太傅而得交於田先生可乎鞠武曰敬諾出見田先生道太子願圖國事於先生也田光曰敬奉教乃造焉太子進迎卻行爲導跪而蔽席田光坐定左右無人太子避席而請曰燕秦不兩立願先生留意也田光曰臣聞騏驥盛壯之時一日而馳千里至其衰老駑馬先之今太子聞光盛壯之時不知臣精已消亡矣雖然光不敢以圖國事所善荆軻可使也太子曰願因先生得結交於荆卿可乎田光曰敬諾卽起趨出太子送至門戒曰丹所報先生所言者國之大事也願先生勿泄也田光俛而笑曰諾僂行見荆卿曰光與子相善燕國莫不知今太子聞光壯盛之時不知吾形已不逮也幸而教之曰燕秦不兩立願先生留意也光竊不自外言足下於太子也願足下過太子於宮荆軻曰謹奉教田光曰吾聞之長者爲行不使人疑之今太子告光曰所言者國之大事願先生勿泄是太子疑光也夫爲行而使人疑之非節俠也欲自殺以激荆卿曰願足下急過太子言光已死明不言也因遂自刎而死荆軻遂見太子言田光已死致光之言太子再拜而跪席膝行流涕有頃而后言曰丹所以誡田先生毋言者欲以成大事之謀也今田先生以死明不言豈丹之心哉荆軻坐定太子避席頓首曰田先生不知丹之不肖使得至前敢有所道此天所以哀燕而不棄其孤也今秦有貪利之心而欲不可足也非盡天下之地臣海內之王者其意不厭今秦已虜韓王盡納其地又舉兵南伐楚北臨趙王翦將數十萬之衆距漳鄴而李信出太原雲中趙不能支秦必入臣入臣則禍至燕燕小弱數困於兵今計舉國不足以當秦諸侯服秦莫敢合從丹之私計愚以爲誠得天下之勇士使於秦闚以重利秦王貪其勢必得所願矣誠得劫秦王使悉反諸侯侵地若曹沬之與齊桓公則大善矣則不可因而刺殺之彼秦大將擅兵於外而內有亂則君臣相疑以其間諸侯得合從其破秦必矣此丹之上願而不知所委命唯荆卿留意焉久之荆軻曰此國之大事也臣駑下恐不足任使太子前頓首固請毋讓然後許諾於是尊荆卿爲上卿舍上舍太子日造門下供太牢具異物間進車騎美女恣荆軻所欲以順適其意久之荆軻未有行意秦將王翦破趙虜趙王盡收入其地進兵北略地至燕南界太子丹恐懼乃請荆軻曰秦兵旦暮渡易水則雖欲長侍足下豈可得哉荆軻曰微太子言臣願謁之今行而毋信則秦未可親也夫樊將軍秦王購之金千斤邑萬家誠得樊將軍首與燕督亢之地圖奉獻秦王秦王必說見臣臣乃得有以報太子曰樊將軍窮困而歸丹丹不忍以

已之私而傷長者之意願足下更思之荆軻知太子不忍乃遂私見樊於期曰秦之遇將軍可謂深矣父母宗族皆爲戮沒今聞購將軍首金千斤邑萬家將柰何於期仰天大息流涕曰於期每念之常痛於骨髓顧計不知所出耳荆軻曰今有一言可以解燕國之患報將軍之仇何如於期乃前曰爲之柰何荆軻曰願得將軍之首以獻秦王秦王必喜而見臣臣左手把其袖右手揕其匈然則將軍之仇報而燕見陵之愧除矣將軍豈有意乎樊於期偏袒搤捥而進曰此臣之日夜切齒腐心也乃今得聞教遂自剄太子聞之馳往伏屍而哭極哀既已不可柰何乃遂盛樊於期首函封之於是太子豫求天下之利匕首得趙人徐夫人匕首取之百金使工以藥焠之以試人血濡縷人無不立死者乃裝爲遣荆軻燕國有勇士秦舞陽年十三殺人人不敢忤視乃令秦舞陽爲副荆軻有所待欲與俱其人居遠未來而爲治行頃之未發太子遲之疑其改悔乃復請曰日已盡矣荆卿豈有意哉丹請得先遣舞陽荆軻怒叱太子曰何太子之遣往而不反者豎子也且提一匕首入不測之彊秦僕所以留者待吾客與俱今太子遲之請辭決矣遂發太子及賓客知其事者皆白衣冠以送之至易水之上既祖取道高漸離擊筑荆軻和而歌爲變徵之聲士皆垂淚涕泣又前而爲歌曰風蕭蕭兮易水寒壯士一去兮不復還復爲羽聲慷慨士皆瞋目髮盡上指冠於是荆軻就車而去終已不顧遂至秦持千金之資幣物厚遺秦王寵臣中庶子蒙嘉嘉爲先言於秦王曰燕王誠振怖大王之威不敢舉兵以逆軍吏願舉國爲內臣比諸侯之列給貢職如郡縣而得奉守先王之宗廟恐懼不敢自陳謹斬樊於期之頭及獻燕督亢之地圖函封燕王拜送于庭使使以聞大王唯大王命之秦王聞之大喜乃朝服設九賓見燕使者咸陽宮荆軻奉樊於期頭函而秦舞陽奉地圖匣以次進至陛秦舞陽色變振恐羣臣怪之荆軻顧笑舞陽前謝曰北蕃蠻夷之鄙人未嘗見天子故振慴願大王少假借之使得畢使於前秦王謂軻曰取舞陽所持地圖軻既取圖奏之秦王發圖圖窮而匕首見因左手把秦王之袖而右手持匕首揕之未至身秦王驚自引而起袖絕拔劒劒長操其室時惶急劒堅故不可立拔荆軻逐秦王秦王環柱而走羣臣皆愕卒起不意盡失其度而秦法羣臣侍殿上者不得持尺寸之兵諸郎中執兵陳殿下非詔召不得上方急時不及召下兵以故荆軻乃逐秦王而卒惶急無以擊軻而以手共搏之是時侍醫夏無且以其所奉藥囊提荆軻也秦王方環柱走卒惶急不知所爲左右乃曰王負劒遂拔以擊荆軻斷其左股荆軻廢乃引其匕首以擿秦王不中中銅柱秦王復擊軻軻被八創自知事不就倚柱而笑箕踞以罵曰事所以不成者以欲生劫之必得約契以報太子也於是左右既前殺軻秦王不怡者良久已而論功賞羣臣及當坐者各有差而賜夏無且黃金二百鎰曰無且愛我乃以藥囊提荆軻也於是秦王大怒益發兵詣趙詔王翦軍以伐燕十月而拔燕薊城燕王喜太子丹等盡率其精兵東保於遼東秦將李信追擊燕王急代王嘉乃遺燕王喜書曰秦所以尤追燕急者以太子丹故也今王誠殺丹以獻秦王秦王必解而社稷幸得血食其後李信追丹丹匿衍水中燕王乃使使斬太子丹欲獻之秦秦復進兵攻之後五年秦卒滅燕虜燕王喜其明年秦并天下立號爲皇帝於是秦逐太子丹之客皆亡高漸離變名姓爲人庸保匿作於宋子久之作苦聞其家堂上客擊筑傍偟不能去每出言曰彼有善有不善從者以告其主曰彼庸乃知音竊言是非家丈人召使前擊筑一坐稱善賜酒而高漸離念久隱畏約無窮時乃退出其裝匣中筑與其善衣更容貌而前舉坐客皆驚下與抗禮以爲上客使擊筑而歌客無不流涕而去者宋子傳客之聞於秦始皇秦始皇召見有人識者乃曰高漸離也秦皇帝惜其善擊筑重赦之乃矐其目使擊筑未嘗不稱善稍益近之高漸離乃以鉛置筑中復進得近舉筑朴秦皇帝不中於是遂誅高漸離終身不復近諸侯之人魯句踐已聞荆軻之刺秦王私曰嗟乎惜哉其不講於刺劒之術也甚矣吾不知人也曩者吾叱之彼乃以我爲非人也太史公曰世言荆軻其稱太子丹之命天雨粟馬生角也太過又言荆軻傷秦王皆非也始公孫季功董生與夏無且游具知其事爲余道之如是自曹沫至荆軻五人此其義或成或不成然其意較然不欺其志名垂後世豈妄也哉

滑稽　史記

淳于髡者齊之贅壻也長不滿七尺滑稽多辯數使諸侯未嘗屈辱齊威王之時喜隱好爲淫樂長夜之飲沈湎不治委政卿大夫百官荒亂諸侯並侵國且危亡在於旦暮左右莫敢諫淳于髡說之以隱曰國中有大鳥止王之庭三年不蜚又不鳴王知此鳥何也王曰此鳥不蜚則已一飛冲天不鳴則已一鳴驚人於是乃朝諸縣令長七十二人賞一人誅一人奮兵而出諸侯震驚

皆還齊侵地威行三十六年語在田完世家中威王八年楚大發兵加齊齊王使淳于髡之趙請救兵齎金百斤車馬十駟淳于髡仰天大笑冠纓索絕王曰先生少之乎髡曰何敢王曰笑豈有說乎髡曰今者臣從東方來見道旁有禳田者操一豚蹄酒一盂祝曰甌窶滿篝汙邪滿車五穀蕃熟穰穰滿家臣見其所以持者狹而所欲者奢故笑之於是齊威王乃益齎黃金千鎰白璧十雙車馬百駟髡辭而行至趙趙王與之精兵十萬革車千乘楚聞之夜引兵而去威王大說置酒後宮召髡賜之酒問曰先生能飲幾何而醉髡對曰臣飲一斗亦醉一石亦醉威王曰先生飲一斗而醉惡能飲一石哉其說可得聞乎髡曰賜酒大王之前執法在旁御史在後髡恐懼俯伏而飲不過一斗徑醉矣若親有嚴客髡帣韝鞠䠞侍酒於前時賜餘瀝奉觴上壽數起飲不過二斗徑醉矣若朋友交游久不相見卒然相覩歡然道故私情相語飲可五六斗徑醉矣若乃州閭之會男女雜坐行酒稽留六博投壺相引爲曹握手無罰目眙不禁前有墮珥後有遺簪髡竊樂此飲可八斗而醉二參日暮酒闌合尊促坐男女同席履舄交錯杯盤狼藉堂上燭滅主人留髡而送客羅襦襟解微聞薌澤當此之時髡心最歡能飲一石故曰酒極則亂樂極則悲萬事盡然言不可極極之而衰以諷諫焉齊王曰善乃罷長夜之飲以髡爲諸侯王客宗室置酒髡常在側焉王嘗使髡獻鵠於楚出邑門道飛其鵠徒揭空籠造詐成辭往見楚王曰齊王使臣來獻鵠過於水上不忍鵠之渴出而飲之去我飛亡吾欲刺腹絞頸而死恐人之議吾王以鳥獸之故令士自傷殺也鵠毛物多相類者吾欲買而代之是不信而欺吾王也欲赴他國奔亡痛吾兩主使不通故來服過叩頭受罪大王楚王曰善齊有信士若此哉厚賜之財倍鵠在也其後百餘年而有優孟

優孟者故楚之樂人也長八尺多辯常以談笑諷諫楚莊王之時有所愛馬衣以文繡置之華屋之下席以露牀啗以棗脯馬病肥死使羣臣喪之欲以棺槨大夫禮葬之左右爭以爲不可王下令曰有敢以馬諫者罪至死優孟聞之入殿門仰天大哭王驚而問其故優孟曰馬者王之所愛也以楚國堂堂之大何求不得而以大夫禮葬之薄請以人君禮葬之王曰何如對曰臣請以雕玉爲棺文梓爲槨楩楓豫章爲題湊發甲卒爲穿壙老弱負土齊趙陪位於前韓魏翼衛其後廟食太牢奉以萬戶之邑使諸侯聞之皆知大王賤人而貴馬也王曰寡人之過一至此乎爲之柰何孟曰請爲大王六畜葬之以壠竈爲槨銅歷爲棺齎以薑棗薦以木蘭祭以粳稻衣以火光葬之於人腹腸於是王乃使以馬屬太官無令天下久聞也相國孫叔敖知其賢人也善待之病且死屬其子曰我死汝必貧困若往見優孟言我孫叔敖之子也居數年其子窮困負薪逢優孟與言曰我孫叔敖子也父且死時屬我貧困往見優孟優孟曰若無遠有所之卽爲孫叔敖衣冠抵掌談語歲餘象孫叔敖楚王及左右不能別也莊王置酒優孟前爲壽王大驚以爲孫叔敖復生也欲以爲相優孟曰請歸與婦計之三日而爲相莊王許之三日後優孟復來王曰婦言謂何孟曰婦言愼無爲楚相不足爲也如孫叔敖之爲楚相盡忠爲廉以治楚楚王得以霸今死其子無立錐之地貧困負薪以自飲食必如孫叔敖不如自殺因歌曰山居耕田苦難以得食起而爲吏身貪鄙者餘財不顧恥辱身死家室富又恐受賕枉法爲姦觸大罪身死而家滅貪吏安可爲也念爲廉吏奉法守職竟死不敢爲非廉吏安可爲也孫叔敖相楚持廉至死方今妻子窮困負薪而食不足爲也於是莊王謝優孟乃召孫叔敖子封之寢邱四百戶以奉其祀後十世不絕此知可以言時矣其後二百餘年秦有優旃

優旃者秦倡朱儒也善爲笑言然合於大道秦始皇時置酒而天雨陛楯者皆沾寒優旃見而哀之謂之曰汝欲休乎陛楯者皆曰幸甚優旃曰我卽呼汝汝疾應曰諾居有頃殿上上壽呼萬歲優旃臨檻大呼曰陛楯郎郎曰諾優旃曰汝雖長何益幸雨立我雖短也幸休居於是始皇使陛楯者得半相代始皇嘗欲大苑囿東至函谷關西至雍陳倉優旃曰善多縱禽獸於其中寇來令麋鹿觸之足矣始皇以故輟止二世立又欲漆其城優旃曰善主上雖無言臣固將請之漆城雖於百姓愁費然佳哉漆城蕩蕩寇來不能上卽欲就之易爲漆耳顧難爲蔭室於是二世笑之以其故止居無何二世殺死優旃歸漢數年而卒

郭舍人者武帝幸倡也性滑稽發言陳辭雖不合大道然令人主和說武帝少時東武侯母常養帝帝壯時號之曰大乳母率一月再朝朝奏入有詔使幸臣馬游卿以帛五十匹賜乳母又奉飲精飧養乳母上書曰某所有公田願得假倩之帝順適其意曰乳母誠欲得之乎以賜乳母乳母所言未嘗不聽有詔得令乳母乘車行馳道中當此之時公卿大臣皆敬重乳母乳母家子孫奴從者橫暴長安中當道掣頓人車馬奪人衣服聞於

中不忍致之法有司請徙乳母家室處之邊奏可乳母當入至則面見辭乳母先見郭舍人爲下泣舍人曰郎入見辭去疾步數還顧乳母如其言謝去疾步數還顧郭舍人疾言駡之曰咄老女子何不疾行陛下已壯矣甯尙須汝乳而活邪尙何還顧於是人主憐焉悲之乃下詔止無徙乳母罰譖之者

東郭先生者齊人也以方士待詔公車時大將軍衛青擊匈奴有功來歸詔賜金千斤將軍出宮門東郭先生當道遮衛將軍車拜謁曰願白事將軍止車前東郭先生旁車言曰王夫人新得幸於上家貧今將軍得金千斤誠以半賜王夫人之親人主聞之必喜此所謂奇策便計也衛將軍謝之曰先生幸告之以便計請奉教於是衛將軍乃以五百金爲王夫人之親壽王夫人以聞武帝帝曰大將軍不知爲此問之將安所受計策對曰受之待詔者東郭先生詔召東郭先生拜以爲郡都督東郭先生久待詔公車貧困飢寒衣敝履不完行雪中履有上無下足盡踐地道中人笑之東郭先生應之曰誰能履行雪中令人視之其上履也其履下處乃似人足者乎及其拜爲二千石佩青緺出宮門行謝主人故所以同官待詔者等比祖道於都門外榮華道路立名當世此所謂衣褐懷寶者也當其貧困時人莫省視至其貴也乃爭附之諺曰相馬失之瘦相士失之貧其此之謂邪王夫人病甚人主至自往問之曰子當爲王當安所置之對曰願居洛陽人主曰不可洛陽有武庫敖倉當關口天下咽喉自先帝以來傳不置王然關東國莫大於齊可以爲齊王夫人以手擊頭呼幸甚王夫人死號曰齊王太后

王先生者北海太守文學卒史也武帝徵北海太守詣行在所王先生自請與太守俱吾有益於君君許之諸府掾功曹白云王先生嗜酒多言少實恐不可與俱太守曰先生意欲行不可逆遂與俱行至宮下待詔宮府門王先生徒懷錢沽酒與衛卒僕射飲日醉不視其太守太守入跪拜王先生謂戶郎曰幸爲我呼吾君至門內遙語戶郎爲呼太守太守來望見王先生先生曰天子郎問君何以治北海令無盜賊君對曰何哉對曰選擇賢材各任之以其能賞異等罰不肖王先生曰對如是是自譽自伐功不可也願君對言非臣之力盡陛下神靈威武所變化也太守曰諾召入至于殿下有詔問之曰何以治北海令盜賊不起叩頭對言非臣之力盡陛下神靈威武之所變化也武帝大笑曰於乎安得長者之語而稱之安所受之對曰受之文學卒史帝曰今安在對曰在宮府門外有詔召拜王先生爲水衡丞以北海太守爲水衡都尉傳曰美言可以市尊行可以加人君子相送以言小人相送以財

西門豹者魏文侯時爲鄴令豹往到鄴召長老問民之所疾苦長老曰苦爲河伯娶婦以故貧豹問其故對曰鄴三老廷掾常歲賦歛百姓收取其錢得數百萬用二三十萬爲河伯娶婦與巫祝共分其餘錢持歸當其時巫行視小家女好者曰是當爲河伯婦卽聘取洗沐之爲治新繒綺縠衣閒居齊戒爲治齊宮河上張緹絳帷女居其中爲具牛酒飯食行十餘日共粉飾之如嫁女牀席令女居其上浮之河中始浮行數十里乃沒其人家有好女者恐大巫祝爲河伯取之以故多持女遠逃亡以故城中益空無人又困貧所從來久遠矣民人俗語曰卽不爲河伯娶婦水來漂沒溺其人民云西門豹曰至爲河伯娶婦時願三老巫祝父老送女河上幸來告語之吾亦往送女皆曰諾至其時西門豹往會之河上三老官屬豪長者里父老皆會以人民往觀之三二千人其巫老女子也已年七十從弟子女十人所皆衣繒單衣立大巫後西門豹曰呼河伯婦來視其好醜卽將女出帷中來至前豹視之顧謂三老巫祝父老曰是女不好煩大巫嫗爲入報河伯得更求好女後日送之卽使吏卒共抱大巫嫗投之河中有頃曰巫嫗何久也弟子趣之復以弟子一人投河中有頃曰弟子何久也復使一人趣之復投一弟子河中凡投三弟子西門豹曰巫嫗弟子是女子也不能白事煩三老爲入白之復投三老河中西門豹簪筆磬折嚮河立待良久長老吏傍觀者皆驚恐西門豹顧曰巫嫗三老不來還柰之何欲復使廷掾與豪長者一人入趣之皆叩頭叩頭且破額血流地色如死灰西門豹曰諾且留待之須臾須臾豹曰廷掾起矣狀河伯留客之久若皆罷去歸矣鄴吏民大驚恐從是以後不敢復言爲河伯娶婦西門豹卽發民鑿十二渠引河水灌民田田皆溉當其時民治渠少煩苦不欲也豹曰民可與樂成不可與慮始今父老子弟雖患苦我然百歲後期令父老子孫思我言至今皆得水利民人以給足富十二渠經絕馳道到漢之立而長吏以爲十二渠橋絕馳道相比近不可欲合渠水且至馳道合三渠爲一橋鄴民人父老不肯聽長吏以爲西門君所爲也賢君之法式不可更也長吏終聽置之故西門豹爲鄴令名聞天下澤流後世無絕已幾時可謂非賢大夫黃傳曰子產治鄭民不能欺子賤治單

父民不忍欺西門豹治鄴民不敢欺三子之才能誰最賢哉辯治者當能別之

貨殖

計然者濮上人也博學無所不通尤善計算嘗南游越范蠡卑身事之粵王句踐困於會稽之上乃用范蠡計然計然曰知鬬則修備時用則知物二者形則萬貨之情可得見矣故旱則資舟水則資車物之理也推此類而脩之十年國富厚賂戰士遂報彊吳刷會稽之恥范蠡歎曰計然之策十用其五而得意既以施國吾欲施之家迺乘扁舟浮江湖變名姓適齊爲鴟夷子皮之陶爲朱公以爲陶天下之中諸侯四通貨物所交易也乃治產積居與時逐而不責其人故善治產者能擇人而任時十九年之間三致千金而再散分與貧友昆弟復年衰老聽子孫脩業而息之遂至鉅萬故言富稱陶朱

子贛孔子弟子也既學於孔子退而仕衛發貯鬻財曹魯之間七十子之徒賜最爲饒而顏淵簞食瓢飲在于陋巷子贛結駟連騎束帛之幣聘于諸侯所至國君無不分庭與之亢禮然孔子賢顏淵而譏子貢曰回也其庶乎屢空賜不受命而貨殖焉億則屢中

白圭周人也當魏文侯時李克務盡地力而白圭樂觀時變故人棄我取人取我予能薄飲食忍嗜欲節衣服與用事僮僕同苦樂趨時若猛獸鷙鳥之發故曰吾治生猶伊尹呂尚之謀孫吳用兵商鞅行法是也故智不足與權變勇不足以決斷仁不能以取予彊不能以有守雖欲學吾術終不告也蓋天下言治生者祖白圭

猗頓用盬鹽起邯鄲郭縱以鑄冶成業與王者埒富

烏氏贏畜牧及眾斥賣求奇繒物間獻戎王戎王十倍其償予畜畜至用谷量牛馬秦始皇令贏比封君以時與列臣朝請

巴寡婦清其先得丹穴而擅其利數世家亦不訾清寡婦能守其業用財自衛人不敢犯始皇以爲貞婦而客之爲築女懷清臺

秦漢之制列侯封君食租稅歲率戶二百千戶之君則二十萬朝覲聘享出其中庶民農工商賈率亦歲萬息二千百萬之家則二十萬而更繇租賦出其中衣食好美矣故曰陸地牧馬二百蹏牛千蹏角千足羊澤中千足彘水居千石魚波山居千章之萩安邑千樹棗燕秦千樹栗蜀漢江陵千樹橘淮北滎南河濟之間千樹萩陳夏千畝桼齊魯千畝桑麻渭川千畝竹及名國萬家之城帶郭千畝畝鍾之田若千畝卮茜千畦薑韭此其人皆與千戶侯等諺曰以貧求富農不如工工不如商刺繡文不如倚市門此言末業貧者之資也通邑大都酤一歲千釀醯醬千瓨漿千儋屠牛羊彘千皮穀糴千鍾薪稾千車船長千丈木千章竹竿萬个軺車百乘牛車千兩木器桼者千枚銅器千鈞素木鐵器若卮茜千石馬蹏噭千牛千足羊彘千雙童手指千筋角丹沙千斤其帛絮細布千鈞文采千匹荅布皮革千石桼千大斗蘗麴鹽豉千合鮐鮆千斤鮿鮑千鈞棗栗千石者三之狐貂裘千皮羔羊裘千石旃席千具它果菜千種子貸金錢千貫節駔儈貪賈三之廉賈五之亦比千乘之家此其大率也

蜀卓氏之先趙人也用鐵冶富秦破趙遷卓氏之蜀夫妻推輦行詣遷虜少有餘財爭與吏求近處處葭萌唯卓氏曰此地陿薄吾聞汶山之下沃壄下有蹲鴟至死不飢民作工布易賈乃求遠遷致之臨卭大喜卽鐵山鼓鑄運籌算賈滇蜀民富至童八百人田池射獵擬於人君

程鄭山東遷虜也亦冶鑄賈魋結民富埒卓氏程卓既衰至成哀間成都羅裒訾至鉅萬初裒賈京師隨身數十百萬爲平陵石氏持錢其人彊力石氏訾次如苴親信厚資遣之令往來巴蜀數年間致千餘萬裒舉其半賂遺曲陽定陵侯依其權力賒貸郡國人莫敢負擅鹽井之利期年所得自倍遂殖其貨

宛孔氏之先梁人也用鐵冶爲業秦滅魏遷孔氏南陽大鼓鑄規陂田連騎游諸侯因通商賈之利有游閒公子之名然其贏得過當瘉於纖嗇家致數千金故南陽行賈盡法孔氏之雍容

魯人俗儉嗇而丙氏尤甚以鐵冶起富至鉅萬然家自父子兄弟約頫有拾卬有取貰貸行賈徧郡國鄒魯以其故多去文學而趨利

齊俗賤奴虜而刁閒獨愛貴之桀黠奴人之所患唯刁閒收取使之逐魚鹽商賈之利或連車騎交守相然愈益任之終得其力起數千萬故曰寧爵無刁言能使豪奴自饒而盡其力也刁閒既衰至成哀間臨菑姓偉訾五千萬

周人既纖而師史尤甚轉轂百數賈郡國無所不至雒陽街居在齊秦楚趙之中富家相矜以久賈過邑不入門設用此等故師史能致七千萬師史既衰至成哀王莽時雒陽張長叔薛子仲訾亦至十千萬莽皆以爲納言士欲法武帝然不能得其利

宣曲任氏其先爲督道倉吏秦之敗也豪桀爭取金玉

任氏獨窖倉粟楚漢相距滎陽民不得耕種米石至萬而豪桀金玉盡歸任氏任氏以此起富富人奢侈而任氏折節爲力田畜人爭取賤賈任氏獨取貴善富者數世然任公家約非田畜不衣食公事不畢則不得飲酒食肉以此爲閭里率故富而主上重之塞之斥也唯橋姚以致馬千匹牛倍之羊萬穀以萬鍾計吳楚兵之起長安中列侯封君行從軍旅齎貣子錢家子錢家以關東成敗未決莫肯予唯毋鹽氏出捐千金貸其息十之三月吳楚平一歲之中則毋鹽氏息十倍用此富關中關中富商大賈大抵盡諸田田嗇田蘭韋家栗氏安陵杜氏亦鉅萬前富者既衰自元成訖王莽京師富人杜陵樊嘉茂陵摯綱平陵如氏苴氏長安丹王君房鼓樊少翁王孫大卿爲天下高訾樊嘉五千萬其餘皆鉅萬矣王孫卿以財養士與雄桀交王莽以爲京司市師漢司東市令也此其章章尤著者也其餘郡國富民兼業顓利以貨賂自行取重於鄉里者不可勝數故秦楊以田農而甲一州翁伯以販脂而傾縣邑張氏以賣醬而踰侈質氏以酒削而鼎食濁氏以胃脯而連騎張里以馬醫而擊鍾皆越法矣然常循守事業積累贏利漸有所起至於蜀卓宛孔齊之刁閒公擅山川銅鐵魚鹽市井之入運其籌策上爭王者之利下錮齊民之業皆陷不軌奢僭之惡又況掘冢搏掩犯姦成富曲叔稽發雍樂成之徒猶復齒列傷化敗俗大亂之道也

通志卷一百八十一

宋　右迪功郎　鄭樵　漁仲　撰

藝術傳第一

自史記作司馬季主扁鵲倉公等傳而後漢因之遂有方術傳晉周隋謂之藝術後魏謂之術藝北齊謂之方技今起春秋列國訖隋總謂之藝術云

春秋國語

周

伯陽父　史伯　內史過　內史叔興　內史叔服　倫州鳩　萇弘

魯

梓愼

晉

史蘇　梁卜招父　卜偃　辛廖　董因　師曠　士文伯　史趙　史墨

秦

卜徒父　醫和　緩

鄭

裨竈

史記

司馬季主　扁鵲　倉公

後漢

任文公　郭憲　許楊　高獲　王喬　謝夷吾　郭鳳　楊由　李南　南女　李郃　郃子歷　馮胄　段翳　廖扶　折像　樊英　唐檀　公沙穆　許曼　趙彥　樊志張　單颺　韓說　董扶　郭玉　華佗　吳普　樊阿　冷壽光　唐虞　魯女生　徐登　趙炳　費長房　薊子訓　劉根　左慈　計子勳　上成公　解奴辜　張貂　薊聖卿　編盲意　壽光侯　甘始　東郭延年　封君達　王真　郝孟節　王和平

周

伯陽父者周大夫也幽王二年西周三川皆震伯陽父曰周將亡矣夫天地之氣不失其序若過其序民亂之也陽伏而不能出陰迫而不能烝於是有地震今三川實震是陽失其所而鎭陰也陽失而在陰源必塞源塞國必亡夫水土演而民用也土無所演民乏財用不亡何待昔伊洛竭而夏亡河竭而商亡今周德若二代之季矣其川源又塞塞必竭夫國必依山川山崩川竭亡之徵矣川竭山必崩若國亡不過十年數之紀也夫天之所棄不過其紀是歲也三川竭岐山崩十一年幽王果爲犬戎所殺周遂東遷焉

史伯者周太史也鄭桓公爲司徒之時甚得周衆與東土之人問於史伯曰王室多故余懼及焉其何所可以逃死史伯對曰王室將卑戎狄必昌不可偪也當成周者南有荊蠻申呂應鄧陳蔡隨唐北有衛燕狄鮮虞潞洛泉徐蒲西有虞虢晉隗霍楊魏芮東有齊魯曹宋滕薛鄒莒是非王之支子母弟甥舅也則皆蠻荊戎狄之人也非親則頑不可入也其濟洛河潁之閒乎是其子男之國虢鄶爲大虢叔恃勢鄶仲恃險是皆有驕侈怠慢之心而加之以貪冒君若以周難之故寄帑與賄焉不敢不許周亂而弊是驕而貪必將背君君若以成周之衆奉辭伐罪無不克矣若克二邑鄔蔽補舟依𩔀歷華君之土也若前華後河左洛右濟主芣騩而食溱洧修典刑以守之是可以少固公曰南方不可乎對曰夫荊子熊嚴生子四人伯霜仲雪叔熊季紃叔熊逃難於濮而蠻季紃是立薳氏將起之禍又不克是天啟之也又甚聰明協和蓋其先王臣聞之天之所啟十世不替夫其子孫必光啟土不可偪也且重黎之後夫黎爲高辛氏火正以湻燿敦大天明地德光照四海故命之曰祝融其功大矣夫成天地之大功者其子孫未嘗不章虞夏商周是也虞幕能聽協風以成樂物者也夏禹能單平水土以品處庶類者也商契能和合五教以保于百姓者也周棄能播殖百穀蔬以衣食民人者也其後皆爲王公伯祝融亦能昭顯天地之光明以生柔嘉財者也其後八姓於周未有侯伯佐制物於前代者昆吾爲夏侯伯矣大彭豕韋爲商伯矣當周未有已姓昆吾蘇顧溫董董姓鬷夷豢龍則夏滅之矣彭姓彭祖豕韋諸稽則商滅之矣禿姓舟人則周滅之矣妘姓鄔鄶路偪陽曹姓鄒莒皆爲采衛或在王室或在夷狄莫之數也而又無令聞必不興矣斟姓無後融之興者其在羋姓乎羋姓夔越不足命也蠻羋蠻矣唯荊實有昭德若周衰其必興矣姜嬴荊羋實與諸姬代相干也姜伯夷之後也嬴伯翳之後也伯夷能禮於神以佐堯者也伯翳能議百物以佐舜者也其後皆不失祀而未有興者周衰其將至矣公曰謝西之九州何如對曰其民沓貪而忍不可因也惟謝郟之閒其冢君侈驕其民怠沓其君而未及周德君更君而周訓之是易取也且可長用也公曰周其弊乎對曰殆於必弊者也泰誓曰民之所欲天必從之今王棄高明昭顯而好讒慝暗昧惡角犀豐盈而近頑童窮固去和而取同夫和實生物同則不繼以地平地謂之和故能豐長而物歸之若以同裨同盡乃棄矣故先王以土與金木水火雜以成百物是以

和五味以調口剛四支以衞體和六律以聰耳正七體以役心平八索以成人建九紀以立純德合十數以訓百體出千品具萬方計億事材兆物收經入行姟極故王者居九畡之田收經入以食兆民周訓而能用之和樂如一夫如是和之至也於是乎先王聘后於異姓求財於有方擇臣取諫工而講以多物務和同也聲一無聽物一無文味一無果物一不講王將棄是類也而與剸同天奪之明欲無弊得乎夫虢石父讒諂巧諛之人也而立以爲卿士與剸同也棄聘后而立內妾好窮固也侏儒戚施實御在側近頑童也周法不昭而婦言是行用讒慝也不建立卿士而妖試幸措行暗昧也是物也不可以久且宣王之時有童謠曰檿弧箕服實亡周國於是宣王聞之有夫婦鬻是器者王使執而戮之府之小妾生女而非王子也懼而棄之此人也收以奔褒天之命此久矣其又何可爲乎訓語有之曰夏之衰也褒人之神化爲二龍以同于王庭而言曰余褒之二君也夏后卜殺之與去之與止之莫吉卜請其漦而藏之吉乃布幣焉而策告之龍亡而漦在櫝而藏之傳郊之及殷周莫之發也及厲王之末發而觀之漦流于庭不可除也王使婦人不幃而譟之化爲元黿以入于王府府之童妾未既齓而遭之既笄而孕當宣王時而生不夫而育故懼而棄之爲弧服者方戮在路夫婦哀其夜號也而取之以逸逃于褒人褒姁有獄而以爲入於王王遂置之而嬖是女也使至於爲后而生伯服天之生此久矣其爲毒也大矣將使候淫得而加之焉毒之酋腊者其殺滋速申繒西戎方彊王室方騷將以縱欲不亦難乎王欲殺太子以成伯服必求之申申人弗畀必伐之若伐申而繒與西戎會以伐周周不守矣繒與西戎方將得申申呂方彊其隩愛太子亦必可知也王師若在其殺之亦必然矣王心怒矣虢公從矣凡周存亡不三稔矣君若欲避其難其速規所矣時至而求用恐無及也公曰若周衰諸姬其孰興對曰臣聞之武實昭文之功文之祚盡武其嗣乎武王之子應韓不在其在晉乎距險而鄰於小若加之以德可以大啓公曰姜嬴其孰興對曰夫國大而有德者近興秦仲齊侯姜嬴之雋也且大其將興乎公說乃東寄帑與賄虢鄶受之十邑家有寄地十邑謂虢鄶鄔蔽補舟依鞣歷華也後桓公之子武公竟取十邑之地而居之今河南新鄭是也幽王八年而桓公爲司徒九年而王室始騷十一年而斃及平王之末而秦晉齊楚代興秦莊襄於是乎取周土晉文侯於是乎定天子齊莊僖於是乎小伯楚瓫冒於是乎始啓濮

內史過者周大夫也惠王十五年有神降于莘王問於內史過曰是何故固有之乎對曰有之國之將興其君齊明衷正精潔惠和其德足以昭其馨香其惠足以同其民人神饗而民聽民神無怨故明神降之觀其政德而均布福焉國之將亡其君貪冒辟邪淫佚荒怠麤穢暴虐其政腥臊馨香不登其刑矯誣百姓攜貳明神弗蠲而民有遠志民神怨痛無所依懷故神亦往焉觀其苛慝而降之禍是以或見神以興亦或以亡昔夏之興也融降于崇山其亡也回祿信於聆隧商之興也檮杌次於丕山夷羊在牧周之興也鸑鷟鳴於岐山其衰也杜伯射王於鄗是皆明神之志者也王曰今是何神也對曰昔昭王娶于房曰房后實有爽德協于丹朱丹朱馮身以儀之生穆王焉實臨照周之子孫而禍福之夫神壹不遠徙遷若由是觀之其丹朱乎王曰其誰受之對曰在虢土王曰然則何爲對曰臣聞之道而得神是謂逢福淫而得神是謂貪禍今虢少荒其亡乎王曰吾其若之何對曰使太宰以祝史帥狸姓奉犧牲粢盛玉帛往獻焉無有祈也王曰虢其幾何對曰昔堯臨民以五今其胄見神之見也不過其物若由是觀之不過五年王使太宰忌父帥傅氏及祝史奉犧牲玉鬯往獻焉內史過從至虢虢公亦使祝史請土焉內史過歸告王曰虢必亡矣不禋於神而求福焉神必禍之不親於民而求用焉民必違之精意以享禋也慈保庶民親也今虢公動匱百姓以逞其違離民怒神而求利焉不亦難乎十九年晉取虢襄王使召公過及內史過賜晉惠公命呂甥郤芮相晉侯不敬晉侯執玉卑拜不稽首內史過歸以告王曰晉不亡其君必無後且呂郤將不免王曰何故對曰夏書有之曰衆非元后何戴后非衆無與守邦在湯誓曰余一人有辠無以萬夫萬夫有辠在余一人在般庚曰國之臧則維女衆國之不臧則維余一人是有逸罰如是則長衆使民不可不慎也民之所急在於大事先王知大事之必以衆濟也故祓除其心以和惠民考中度衷以莅之昭明物則以訓之制義庶孚以行之祓除其心精也考中度衷忠也昭明物則禮也制義庶孚信也然則長衆使民之道非精不和非忠不立非禮不順非信不行今晉侯即位而背內外之賂虐其處者棄其信也不敬王命棄其禮也施其所惡棄其忠也以惡實心棄其精也四者皆棄則遠不至而近不和矣將何以守國古者先王既有天下又崇立上帝明神而敬事之於是乎有朝日夕月以教民事君諸侯春

秋受職于王以臨其民大夫士日恪位著以儆其官庶人工商各守其業以其其上猶恐有墜失也故爲車服旗章以旌之爲贄幣瑞節以鎭之爲班爵貴賤以列之爲令聞嘉譽以聲之猶有散遷解慢而著在刑辟流在裔土於是乎有夷蠻之國有斧鉞刀墨之民而況可以淫縱其身乎夫晉侯非嗣也而得其位亹亹怵惕保任戒懼猶曰未也若將廣其心而遠其鄰陵其民而卑其上將何以固守夫執玉卑替其贄也拜不稽首誣其王也替贄無鎭誣王無民夫天事恆象任重享大者必速及故晉侯誣王人亦將誣之欲替其鎭人亦將替之大臣享其祿弗諫而阿之亦必及焉襄王二年而立晉侯八年而隕於韓十六年而晉人殺懷公懷公無胄秦人殺子金子公

內史叔興者周大夫也亦曰內史興襄王八年王使叔興聘于宋時有六鷁退飛過宋都宋襄公以問叔興曰是何祥也吉凶焉在對曰今茲魯多大喪明年齊有亂君將得諸侯而不終退而告人曰君失問是陰陽之事非吉凶所生也吉凶由人吾不敢逆君故也晉文公之始立也襄王使太宰文公及內史叔興賜命焉上卿逆于境晉侯郊勞館諸宗廟饋九牢設庭燎及期命于武宮設桑主布几筵太宰莅之晉侯端委以入太宰以王命命冕服內史贊之三命而後即冕服既畢賓饗贈餞如公命侯伯之禮而加之以宴好內史叔興歸以告王曰晉不可不善也其君必霸逆王命敬奉禮義成敬王命順之道也成禮義德之則也則德以道諸侯諸侯必歸之且禮所以觀忠信仁義也忠所以分也仁所以行也信所以守也義所以節也忠分則均仁行則報信守則固義節則度分均無怨行報無匱守固不偷節度不攜若民不怨而財不匱令不偷而動不攜其何事不濟中能應外忠也施三服義仁也守節不淫信也行禮不疾義也臣入晉境四者不失臣故曰晉侯其能禮矣王其善之樹於有禮艾人必豐王從之使於晉者道相逮也及惠后之難王出在鄭晉侯納之襄王十六年立晉文公二十一年以諸侯朝于衡雍且獻楚捷遂爲踐土之盟於是乎始霸

內史叔服者周大夫也襄王二十六年魯文公即位王使叔服如魯葬僖公公孫敖聞其能相人也見其二子焉叔服曰穀也食子難也收子穀也豐下必有後於魯國襄王三十三年穆伯奔莒魯人立穀是爲文伯文伯立穆伯自莒復于魯文伯奉其供養二年穆伯復盡室以適莒文伯疾而請曰穀之子弱請立難也許之文伯卒立惠叔穆伯復求入將來卒于齊惠叔竟收葬之文伯之子曰孟獻子於魯稱三家焉頃王六年有星孛入于北斗叔服曰不出七年宋齊晉之君皆將死亂後三年宋弑昭公五年齊弑懿公七年晉弑靈公悉如言焉

伶州鳩者周樂官也景王二十三年王將鑄無射而爲之大林單穆公諫以爲不可王弗聽問之伶州鳩對曰臣之守官弗及也然臣聞之琴瑟尙宮鐘尙羽石尙角匏竹利制大不踰宮細不過羽夫宮音之主也第以及羽聖人保樂以愛財財以備器樂以殖財故樂器重者從細輕者從大是以金尙羽石尙角瓦絲尙宮匏竹尙議革木一聲夫政偹樂樂從和和從平聲以和樂律以平聲金石以動之絲竹以行之詩以道之歌以詠之匏以宣之瓦以贊之革木以節之物得其常曰樂極極之所集曰聲聲應相保曰和細大不踰曰平如是而鑄之金磨之石繫之絲木越之匏竹節之鼓而行之以遂八風於是乎氣無滯陰亦無散陽序次風雨時至嘉生繁祉人民和利物備而樂成上下不罷故曰樂正今細過其主妨於正用物過度妨於財正害財匱妨於樂細抑大陵不容於耳非和也聽聲越遠非平也夫有和平之聲則有蕃殖之財於是乎道之以中德詠之以中音德音不愆以合神人神是以寧民是以聽若夫匱財用罷民力以逞淫心聽之不和比之不度無益於教而離民怒神非臣之所聞也王於是復問鍾律於伶州鳩對曰律所以立均出度也古之神瞽考中聲而量之以制度律均鍾百官軌儀紀之以三平之以六成於十二天之道也夫六中之色也故名之曰黃鍾所以宣養六氣九德也由是第之二曰太蔟所以金奏贊陽出滯也三曰沽洗所以修潔百物考神納賓也四曰蕤賓所以安靜神人獻酬交酢也五曰夷則所以詠歌九則平民無貳也六曰無射所以宣布哲人之令德示民軌儀也爲之六間以揚沈伏而黜散越也元間大呂助宣物也二間夾鍾出四隙之細也三間中呂宣中氣也四間林鍾和展百事俾莫不任肅純恪也五間南呂贊陽秀也六間應鍾均利器用俾應復也律呂不易無姦物也細鈞有鍾無鎛昭其大也大鈞有鎛無鍾甚大無鎛昭其細也大昭小鳴和之道也龢平則久久固則純純明則終終復則樂所以成政也故先王貴之王曰七律者何對曰昔武王伐殷歲在鶉火月在天駟日在析木之津辰在斗柄星在天黿星與日辰之位皆在北維顓頊之所建也帝嚳受之我姬氏出自天黿及析木者有建

星及牽牛焉則我皇妣大姜之姪伯陵之後逄公之所馮神也歲之所在則我有周之分野也月之所在辰馬農祥也我太祖后稷之所經緯也王欲合是五位三所而用之自鶉及駟七列也南北之揆七同也凡神人以數合之以聲昭之數合聲和然後可同也故以七同其數而以律龢其聲於是乎有七律王以二月癸亥夜陳未畢而雨以夷則之上宮畢之當辰辰在戌上故長夷則之上宮名之曰羽所以藩屏民則也王以黃鍾之下宮布戎于牧之野故謂之厲所以厲六師也以太蔟之下宮布令于商昭顯文德底紂之多辠故謂之宣所以宣三王之德也反及嬴內以無射之上宮布憲施舍於百姓故謂之嬴亂所以優柔容民也王嘉其言而不用卒鑄大鍾二十四年鍾成伶人告龢王謂伶州鳩曰鍾果龢矣對曰未可知也王曰何故對曰上作器民備樂之則爲龢今財亡民罷莫不怨恨臣不知其龢也且民所曹好鮮其不濟也其所曹惡鮮其不廢也故諺曰衆心成城衆口鑠金今三年之中而害金再興焉懼一之廢也王曰爾老耄矣何知伶州鳩退而告人曰王其以心疾死乎夫樂天子之職也夫音樂之輿也而鍾音之器也天子省風以作樂器以鍾之輿以行之小者不窕大者不槬則和於物物和則嘉成故和聲入於耳而藏於心心億則樂窕則不咸槬則不容心是以感感實生疾今鍾槬矣王心弗堪其能久乎二十五年王崩鍾不龢

萇弘者周大夫萇叔也景王十四年王問於萇弘曰今茲諸侯何實吉何實凶對曰蔡凶此蔡侯般弒其君之歲也歲在豕韋（景王二年蔡世子般弒其君歲在豕韋至今十三歲歲復在豕韋）弗過此矣楚將有之然壅也歲及大梁蔡復楚凶天之道也（楚靈王弒立之歲歲在大梁到景王十六年歲復在大梁美惡周必復故知楚凶）是歲也楚靈王召蔡靈侯於申執而殺之遂滅蔡後三歲楚人弒靈王平王即位以蔡靈侯之孫廬歸于蔡而復其國景王二十一年春二月乙卯毛得殺毛伯過而代之萇弘曰毛得必亡是昆吾稔之日也侈故之以而毛得以濟侈於王都不亡何待景王崩敬王立尹氏與毛得立王子朝於王城是爲西王敬王居狄泉曰東王敬王二年八月地震萇弘謂劉文公曰君其勉之先君之力可濟也周之亡也其三川震今西王之大臣亦震天棄之矣東王必大克四年晉人納敬王於王城毛伯以王子朝奔楚後皆見殺

魯

梓慎者魯大夫也襄公二十八年春無冰梓慎曰今茲宋鄭其饑乎歲在星紀而淫於元枵以有時菑陰不堪陽蛇乘龍龍宋鄭之星也宋鄭必饑元枵虛中也枵耗名也土虛而民耗不饑何爲旣而宋鄭果饑昭公十五年春將禘于武宮戒百官梓慎曰禘之日其有咎乎吾見赤黑之祲非祭祥也喪氛也其在涖事乎二月癸酉禘叔弓涖事籥入而卒十七年冬有星孛于大辰西及漢申須曰彗所以除舊布新也天事恒象今除於火火必布焉諸侯其有火災乎梓慎曰往年吾見之是其徵也火出而見今茲火出而章必火入而伏其居火也久矣其與不然乎火出於夏爲三月於商爲四月於周爲五月夏數得天若火作其四國當之在宋衞陳鄭乎宋大辰之虛也陳太皞之虛也鄭祝融之虛也皆火房也星孛及漢漢水祥也衞顓頊之虛也故爲帝邱其星爲大水水火之牡也其以丙子若壬午作乎水火所以合也若火入而伏必以壬午不過其見之月明年夏五月火始昏見丙子風梓慎曰是謂融風火之始也七日其火作乎戊寅風甚壬午大甚宋衞陳鄭皆火梓慎登大庭氏之庫以望之曰宋衞陳鄭也數日皆來告火二十年春二月巳丑日南至梓慎望氛曰今茲宋有亂國幾亡三年而後弭蔡有大喪叔孫昭子曰然則戴桓也汰侈無禮已甚亂所在也夏六月戴桓之族華氏向氏作亂誘殺羣公子劫元公質其太子母弟焉冬十月元公伐華向氏華亥向寗華定出奔陳明年三子自陳入于宋南里以叛又明年三子自宋南里出奔楚宋亂始定如其言焉是歲蔡侯廬亦卒二十一年秋七月壬午朔日有食之公問於梓慎曰是何物也禍福何爲對曰二至二分日有食之不爲災日月之行也分同道也至相過也其他月則爲災陽不克也故常爲水二十四年夏五月乙未朔日有食之梓慎曰將水叔孫昭子曰旱也日過分而陽猶不克克必甚能無旱乎陽不克莫（句絕）將積聚也是秋大旱終如叔孫之言而梓慎之占或失先是昭公之七年楚靈王成章華臺召諸侯而落之使薳啟彊召昭公公將行夢襄公祖梓慎曰君不果行襄公之適楚也夢周公祖而行今襄公實祖君其不行子服惠伯曰行先君未嘗適楚故周公祖以道之襄公適楚矣而祖以道君不行何之三月公卒如楚而其言亦不驗云

晉

史蘇者晉之卜史也晉獻公五年卜伐驪戎史蘇占之曰勝而不吉公曰何謂也對曰遇兆挾以銜骨齒牙爲

猾戎夏交捽交捽是交勝也臣故云且懼有口攜民國私心爲公曰何口之有口在寡人寡人弗受誰敢興之對曰苟可以攜其入也必甘受逞而不知胡可壍也公不聽遂伐驪戎克之獲驪姬以歸有寵立以爲夫人公飲大夫酒令司正實爵與史蘇曰飲而無肴夫驪戎之役女曰勝而不吉故賞女以爵罰女以無肴克國得妃其有吉孰大焉史蘇卒爵再拜稽首曰兆有之臣不敢蔽蔽兆之紀失臣之官有二皋焉何以事君大罰將及不唯無肴抑君亦樂其吉而備其凶凶之無有備之何害若其有凶備之爲瘳臣之不信國之福也何敢憚罰飲酒出史蘇告大夫曰有男戎必有女戎若晉以男戎勝戎而戎亦必以女戎勝晉其若之何里克曰何如史蘇曰昔夏桀伐有施有施人以妹喜女焉妹喜有寵於是乎與伊尹比而亡夏殷辛伐有蘇有蘇氏以妲己女焉妲己有寵於是乎與膠鬲比而亡殷周幽王伐有褒褒人以褒姒女焉褒姒有寵生伯服於是乎與虢石甫比逐太子宜臼而立伯服太子出奔申申人鄫人召西戎以伐周周於是乎亡今晉寡德而安俘女又增其寵雖當三季之王不亦可乎且其兆云挾以銜骨齒牙爲猾我卜伐驪龜往離散以應我夫若是賊之兆也非君宅也離則有之不跨其國可謂挾乎不得其君能銜骨乎若跨其國而得其君雖逢齒牙以猾其中誰云不從諸夏從戎非敗而何從政者不可以不戒亡無日矣既而驪姬生奚齊其娣生卓子驪姬請使太子申生主曲沃公子重耳處蒲城夷吾處屈奚齊處絳以儆無辱之故公許之史蘇朝告大夫曰二三大夫其戒之乎亂本生矣日君以驪姬爲夫人民之疾心固皆至矣昔者之伐也起百姓以爲百姓也是以民能欣之故莫不盡忠極勢以致死也今君起百姓以自封也民外不得其利而內惡其貪則上下既有判矣然而又生男其天道也天彊其毒民疾其態其亂生哉吾聞君子好好而惡惡樂樂而安安是以能有常伐木不自其本必復生塞水不自其源必復流滅禍不自其基必復亂今君滅其父而畜其子禍之基也畜其子而從其欲子思報父之恥而信其欲雖好色必惡心不可謂好好其色必授之情彼得其情以厚其欲從其惡心必敗國且深亂亂必自女戎三代皆然驪姬果作難殺太子而逐二公子君子曰知難本矣獻公之筮嫁伯姬於秦也史蘇占之曰不吉其繇曰士刲羊亦無衁也女承筐亦無貺也西鄰責言不可償也歸妹之睽猶無相也震之離亦離之震爲雷爲火爲嬴敗姬車說其輹火焚其旗不利行師敗于宗邱歸妹睽孤寇張之弧姪其從姑六年其逋逃歸其國而棄其家明年其死於高梁之虛惠公六年與秦穆公戰于韓原晉師敗績秦獲惠公以歸惠公在秦曰先君若從史蘇之占吾不及此夫韓簡侍曰龜象也筮數也物生而後有象象而後有滋滋而後有數先君之敗德及可數乎史蘇是占勿從何益初惠公之在梁也梁伯妻之梁嬴孕過期卜招父與其子卜之其子曰將生一男一女招父曰然男爲人臣女爲人妾故名男曰圉名女曰妾及秦人歸惠公惠公以子圉質秦妾爲秦宦女焉圉至秦穆公亦以女妻之六月圉逃歸于晉惠公薨圉立是爲懷公明年文公入使人殺懷公于高梁如其繇云

卜偃者晉掌卜大夫也亦曰郭偃獻公卜伐驪戎遇兆挾以銜骨齒牙爲猾既而獲驪姬史蘇謂晉必由俘女亡國當加三季之世卜偃曰不然夫三季王之亡也宜民之主也縱惑不疚肆侈不違流志而行無所不疚是以及亡而不獲追鑒今晉國之方偏侯也其土又小大國在側雖欲縱惑未獲專也大家鄰國將師保之多而驟立不其集亡雖驟立不過五矣且夫口三五之門也是以讒口之亂不過三五且夫挾小鯁也可以小戕而不能喪國當之者戕焉於晉何害雖謂之挾而猾之一齒牙口弗堪也其與幾何晉國懼則甚矣亡猶未也商之衰也其銘有之曰嗛嗛之德不足就也不可以矜而祇取憂也嗛嗛之食不足狃也不能爲膏而祇離咎也雖驪之亂其離咎而已其何能服吾聞以亂得聚者非謀不卒時非人不免難非禮不終年非義不盡齒非德不及世非天不離數今不據其安不可謂能謀行之以齒牙不可謂得人廢國而向已不可謂禮不度而迂求不可謂義以寵貿怨不可謂德少族而多敵不可謂天德義不行禮義不則棄人失謀天亦不贊吾觀君夫人也若爲亂其猶隸農也雖穫沃田而勤易之將弗克饗爲人而已既驪姬不克晉正於秦五立而後平獻公十六年滅耿滅霍滅魏賜趙夙耿畢萬魏以爲大夫卜偃曰畢萬之後必大萬盈數也魏大名也以是始賞天啓之矣天子曰兆民諸侯曰萬民今名之以大以從盈數其必有衆初畢萬卜仕於晉遇屯之比辛廖占之曰吉屯固比入吉孰大焉其必蕃昌震爲土車從馬足居之兄長之母覆之衆歸之六體不易合而能固安而能殺公侯之卦也公侯之子孫必復其始其後魏果得國十九年獻公伐虢滅下陽明年虢公敗戎于桑田卜偃曰

虢其亡乎亡下陽不懼而又有大功是天奪之鑒而益其疾也必易晉而不撫其民不可以五稔二十二年八月晉師圍上陽獻公問於卜偃曰吾其濟乎對曰克之公曰何時對曰童謠云丙之辰龍尾伏辰均服振振取虢之旂鶉之賁賁天策焞焞火中成軍虢公其奔其九月十月之交乎丙子旦日在尾月在策鶉火中必是時也冬十二月丙子朔晉滅虢虢公醜奔京師二十六年獻公薨奚齊立里克殺之及其弟卓子惠公以地賂秦及以田賂里克丕鄭於是秦人入惠公而里丕納之惠公既入而背外內之賂輿人誦之曰佞之見佞果喪其田詐之見詐果喪其賂得之而狃終逢其咎喪田不懲禍亂其興既里丕死禍公隕於韓卜偃曰善哉夫眾口禍福之門是以君子省眾而動監戒而謀謀度而行故無不濟內謀外度考省不倦日考而習戒備畢矣惠公即位出其世子而改葬之臭達於外國人誦之曰貞之無報也孰是人斯而有是臭也貞為不聽信為不誠國斯無刑偷居倖生不更厥貞大命其傾威兮懷兮各聚爾有以待所歸兮猗兮違兮心之哀兮歲之二七其靡有徵兮若狄公子吾是之依也鎮撫國家為王妃也卜偃曰甚哉善之難也君改葬其君以為榮也而惡滋章夫人美於中必播於外而越於民民實戴之惡亦如之故行不可不慎也必或知之十四年君之冢嗣其替乎其數告於民矣公子重耳其入乎其魄兆於民若入必伯諸侯以見天子其光耿於民矣數言之紀也魄意之術也光明之曜也紀言以敘之述意以導之明耀以昭之不至何待欲先導者行乎將至矣惠公既殺里克而悔之曰芮也使寡人過殺我社稷之鎮卜偃聞之曰不謀而諫者冀芮也不圖而殺者君也不謀而諫不忠不圖而殺不祥不忠受君之罰不祥罹天之禍受君之罰死戮罹天之禍無後志道者勿忘將及矣及文公入秦人殺冀芮而施之惠公五年秋八月晉沙鹿崩卜偃曰期年將有大咎幾亡國六年冬惠公與秦穆公戰于韓原惠公為秦所獲既而歸之十四年惠公薨懷公立明年文公入誅懷公于高梁是歲也周襄王以叔帶之難出奔鄭文公二年秦穆公帥師于河上將納王於是乎文公將勤王使卜偃卜之曰吉遇黃帝戰于阪泉之兆公曰吾不堪也對曰周禮未改今之王古之帝也公曰筮之遇大有之睽曰吉遇公用享于天子之卦也戰克而王饗吉孰大焉且是卦也天為澤以當日天子降心以逆公不亦可乎大有去睽而復亦其所也文公遂辭秦師而下次于陽樊右師圍溫左師逆王王入于王城取大叔于溫而殺之晉侯朝王王饗醴命之侑其後文公問於卜偃曰始也吾以治國為易今也難對曰君以為易其難也將至矣君以為難其易也將至焉九年文公薨將殯于曲沃出絳柩有聲如牛卜偃使大夫拜曰君命大事將有西師過軼我擊之必大捷襄公元年秦伐鄭襄公墨衰絰遂敗秦師于殽云

董因者晉大夫也周太宰辛有之後辛有之二子董之晉故晉有董史焉晉惠公十四年薨秦伯納文公董因迎文公于河公問曰吾其濟乎對曰歲在大梁將集天行元年始受實沈之星也實沈之墟晉所以興也君今當之無不濟矣君之行也歲在大火閼伯之星也是謂大辰辰以成善后稷是相唐叔以封瞽史記曰嗣續其祖如穀之滋必有晉國臣筮得泰之八曰是謂天地配亨小往大來今及之矣何不濟之有且以辰出而參入皆晉祥也天之大紀也濟且秉成必霸諸侯已而果然

師曠者字子野晉樂太師也晉平公三年冬楚公子午帥師伐鄭晉人聞有楚師師曠曰不害吾驟歌北風又歌南風南風不競多死聲楚必無功董叔曰天道多在西北南師不時必無功叔向曰其在君之德也既而楚師多凍役徒幾盡二十四年春有石言於魏榆平公問於師曠曰石何故言對曰石不能言或馮焉不然民聽濫也抑臣又聞之曰作事不時怨讟動于民則有非言之物而言今宮室崇侈民力彫盡怨讟竝作莫保其性石言不亦宜乎於是平公方築虒祁之宮叔向曰子野之言君子哉君子之言信而有徵故怨遠於其身小人之言僭而無徵故怨咎及之詩曰哀哉不能言匪言是出唯躬是瘁哿矣能言巧言如流俾躬處休其是之謂乎是言也成諸侯必叛夫子知之矣初衛靈公將如晉次于濮水之上聞琴聲焉甚哀使師涓以琴寫之謂之新聲至晉為平公鼓之師曠撫其手而止之曰止此亡國之音也昔師延為紂作靡靡之樂後而自沈於濮水之上聞此聲者必於濮水之上乎其後平公竟說之師曠曰公室其將卑乎君之明兆於衰矣夫樂以開山川之風也以耀德於廣遠也風德以廣之風山川以遠之風物以聽之循詩以詠之循禮以節之夫德廣遠而有時節是以遠服而邇不遷今君說新聲欲毋衰德乎自是晉政在大夫而公室遂衰焉

士文伯者晉大夫伯瑕也晉平公二十二年三月鄭人鑄刑書於鼎以為國之常法五月而火昏見士文伯曰火見鄭其火乎火未出而作火以鑄刑器藏爭辟焉火

如象之不火何爲八月丙戌鄭果災明年夏四月甲辰朔日有食之平公問於士文伯曰誰將當日食對曰魯衞惡之衞大魯小曰何故對曰去衞地如魯地於是有災魯實受之其大咎其衞君乎魯將上卿公曰詩所謂彼日而食于何不臧者何也對曰不善政之謂也國無政不用善則自取謫于日月之災故政不可不愼也務三而已一曰擇人二曰因民三曰從時是歲冬十月辛酉衞襄頃之族殺獻公而立成公十一月魯季武子卒平公謂士文伯曰吾所問日食從矣可常乎對曰不可六物不同民心不壹事序不類官職不則同始異終胡可常也詩曰或燕燕居息或憔悴事國其異終也如是公曰何謂六物對曰歲時日月星辰是謂也公曰多語寡人辰而莫同何謂辰對曰日月之會是謂辰故以配日焉

史趙者晉太史也晉平公十五年悼公之夫人食輿人之城杞者絳縣人或年長矣無子而往與於食有與疑年使之年曰臣小人也不知紀年臣生之歲正月甲子朔四百有四十五甲子矣其季於今三之一也吏走問諸朝師曠曰魯叔仲惠伯會郤成子于承匡之歲也是歲也狄伐魯叔孫莊叔於是乎敗狄于鹹獲長狄僑如及虺豹也而皆以名其子七十三年矣史趙曰亥有二一首六身下二一如身是其日數也士文伯曰然則二萬二一千六百有六旬也二十四年十一月楚滅陳平公問於史趙曰陳其遂亡乎對曰未也公曰何故對曰陳顓帝之族也歲在鶉火是以卒滅陳將如之今在析木之津猶將復由且陳氏得政於齊而後陳卒亡自幕至于瞽聘無違命舜重之以明德寘於遂遂世守之及胡公不淫故周賜之姓使祀虞帝臣聞盛德必百世祀虞之世數未也繼守將在齊其兆既存矣後五年楚平王復封陳傳三君五十二年而後亡陳亡而子孫與於齊其後遂代有齊國晉昭公元年魯昭公之母齊歸薨公不慼晉之送葬於魯者歸以語史趙史趙曰必爲魯郊侍者曰何故曰歸姓也不思親祖不歸也後十五年昭公果孫于齊晉定公二十六年宋人伐鄭趙鞅卜救鄭遇水適火占諸史趙史墨史龜史龜曰是謂沈陽可以興兵利以伐姜不利子商伐齊則可敵宋不吉史墨曰盈水名也子水位也名位敵不可干也炎帝爲火師姜姓其後也水勝火伐姜則可史趙曰是謂如川之滿不可游也鄭方有罪不可救也救鄭不吉不知其他陽虎以周易筮之遇泰之需曰宋方吉不可與也微子啓帝乙之元子也宋鄭甥舅也祉祿也若帝乙之元子歸妹而有吉祿我安得吉焉乃止明年齊人弑悼公趙鞅帥師伐齊大夫請卜之趙孟曰吾卜於此起兵事不再令卜不襲吉行也於是取犂及轅毀高唐之郭侵及賴而還

蔡墨者名黯晉太史又爲趙簡子史故曰史墨晉頃公十三年秋龍見于絳郊魏獻子問於史墨曰吾聞之蟲莫知於龍以其不生得也謂之知信乎對曰人實不知非龍實知古者畜龍故國有豢龍氏有御龍氏獻子曰是二氏者吾亦聞之而不知其故是何謂也對曰昔有飂叔安有裔子曰董父實甚好龍能求其嗜欲以飲食之龍多歸之乃擾畜龍以服事帝舜帝賜之姓曰董氏曰豢龍封諸鬷川鬷夷氏其後也故帝舜世有畜龍及有夏孔甲擾于有帝帝賜之乘龍河漢各二皆有雌雄孔甲不能食而未獲豢龍氏有陶唐氏既衰其後有劉累學擾龍于豢龍氏以事孔甲能飲食之夏后嘉之賜氏曰御龍以更豕韋之後龍一雌死潛醢以食夏后夏后饗之既而使求之懼而遷于魯縣范氏其後也獻子曰今何故無之對曰夫物物有其官官脩其方朝夕思之一日失職則死及之失官不食官宿其業其物乃至若泯棄之物乃坻伏鬱湮不育故有五行之官是謂五官實列受氏姓封爲上公祀爲貴神社稷五祀是尊是奉木正曰勾芒火正曰祝融金正曰蓐收水正曰元冥土正曰后土龍水物也水官棄矣故龍不生得不然周易有之在乾之姤曰潛龍勿用其同人曰見龍在田其大有曰飛龍在天其夬曰亢龍有悔其坤曰見羣龍無首吉坤之剝曰龍戰于野若不朝夕見誰能物之獻子曰社稷有五祀誰氏之五官也對曰少皥氏有四叔曰重曰該曰脩曰熙實能金木及水使重爲句芒該爲蓐收脩及熙爲元冥世不失職遂濟窮桑此其三祀也顓頊氏有子曰犂爲祝融共工氏有子曰句龍爲后土此其二祀也后土爲社稷田正也有烈山氏之子曰柱爲稷自夏以上祀之周棄亦爲稷自商以來祀之獻子曰善晉定公元年十二月辛亥朔日有食之是夜也趙簡子夢童子羸而轉以歌旦占諸史墨曰吾夢如是今而日食何也對曰六年及此月也吳其入郢乎終亦弗克入郢必以庚辰日月在辰尾庚午之日日始有謫火勝金故弗克至期果然二年夏吳伐越史墨曰不及四十年越其有吳乎越得歲而吳伐之必受其凶是歲魯昭公薨于乾侯簡子問於史墨曰季氏出其君而民服焉諸侯與之君死於外而莫之或罪何也對曰物生有兩有三有五有陪有貳故天有三辰地有五行禮有左右

各有妃耦王有公諸侯有卿皆有貳也天生季氏以貳魯侯爲日久矣民之服焉不亦宜乎魯君世從其失季氏世脩其勤民忘君矣雖死於外其誰矜之社稷無常奉君臣無常位自古以然故詩曰高岸爲谷深谷爲陵三后之姓於今爲庶主所知也在易卦雷乘乾曰大壯天之道也昔成季友桓之季也文姜之愛子也始震而卜卜人謁之曰生有嘉聞其名曰友爲公室輔及生如卜人之言有文在其手曰友遂以命之既而有大功於魯受費以爲上卿至於文子武子世增其業不廢舊績魯文公薨而東門遂殺適立庶魯君於是乎失國政在季氏於此君也四公矣民不知君何以得國是以爲君愼器與名不可以假人也簡子嘗田于螻史墨聞之以犬待于門簡子見之曰何爲曰有所得犬欲試之茲囿簡子曰何爲不告對曰君行臣不從不順主將適螻而麓不聞臣敢煩當日簡子遂還他日簡子歎曰吾願得范中行之良臣史墨侍曰將焉用之簡子曰良臣人之所願也又何問焉對曰臣以爲不良故也夫事君者諫過而賞善薦可而替否獻能而進賢擇材而薦之朝夕誦善敗而納之道之以文行之以順勤之以力致之以死聽則進否則退今范中行之臣不能匡相其君使至於難君出在外又不能定而棄之則何良之爲若弗棄則主焉得之矣夫二三子之良將勤營其君使復立於外死而後止何日以來若來乃非良臣也簡子曰善吾言實過矣

秦

卜徒父者秦之掌龜卜者也秦穆公十五年將伐晉使卜徒父筮之吉曰涉河侯車敗穆公詰之對曰乃大吉也三敗必獲晉君其卦遇蠱曰千乘三去三去之餘獲其雄狐夫狐蠱必其君也蠱之貞風也其悔山也歲云秋矣我落其實而取其材所以克也實落材亡不敗何待及戰三敗晉師于韓果獲晉惠公以歸

醫和者秦醫也晉平公十七年公疾病求醫於秦秦景公使和視之曰疾不可爲也是謂近女室疾如蠱非鬼非食惑以喪志良臣將死天命不祐公曰女不可近乎對曰節之先王之樂所以節百事也故有五節遲速本末以相及中聲以降五降之後不容彈矣於是有煩手淫聲慆堙心耳乃忘平和君子弗聽也物亦如之至於煩乃舍也已無以生疾君子之近琴瑟以儀節也非以慆心也天有六氣降生五味發爲五色徵爲五聲淫生六疾六氣曰陰陽風雨晦明也分爲四時序爲五節過則爲菑陰淫寒疾陽淫熱疾風淫末疾雨淫腹疾晦淫惑疾明淫心疾女陽物而晦時淫則生內熱惑蠱之疾今君不節不時能無及此乎出告趙孟趙孟曰誰當良臣對曰主是謂矣主相晉國於今八年晉國無亂諸侯無闕可謂良矣和聞之國之大臣榮其寵祿任其大節其菑禍興而無改焉必受其咎今君至於淫生疾將不能圖恤社稷禍孰大焉主不能禦吾是以云也趙孟曰何謂蠱對曰淫溺惑亂之所由生也於文皿蟲爲蠱穀之飛亦爲蠱在周易女惑男風落山謂之蠱皆同物也趙孟曰良醫也厚其禮而歸之是歲也趙文子卒十年而平公薨先是晉景公之十九年公疾病亦使求醫於秦秦桓公使醫緩爲之未至公夢疾爲二豎子曰彼良醫也懼傷我焉逃之其一曰居肓之上膏之下若我何醫至曰疾不可爲也在肓之上膏之下攻之不可達之不及藥不至焉不可爲也公曰良醫也亦厚爲之禮而歸之無幾而景公薨或曰緩即和也音訛耳

鄭

裨竈者鄭大夫也鄭簡公二十一年秋八月裨竈曰今茲周王及楚子皆將死歲棄其次而旅於明年之次以害鳥帑周楚惡之十二月甲寅靈王崩乙未楚子昭卒二十四年秋鄭人殺其大夫伯有先是十二年公孫蠆卒將葬公孫揮與竈晨會事焉過伯有氏其門上生莠子羽曰其莠猶在乎於是歲在降婁降婁中而旦裨竈指之曰猶可以終歲歲不及此次也已及其亡也歲在娵訾之口其明年乃及降婁至是伯有死如其期焉三十三年夏四月陳災竈曰五年陳將復封封五十二年而遂亡子產問其故對曰陳水屬也火水妃也而楚所相也今火出而火陳逐楚而建陳也妃以五成故曰五年歲五及鶉火而後陳卒亡楚克有之天之道也故曰五十二年三十四年正月有星出于婺女竈言於子產曰七月戊子晉君將死今茲歲在顓頊之虛姜氏任氏實守其地居其維首而有妖星焉告邑姜也邑姜晉之妣也天以七紀戊子逢公以登星斯於是乎出吾是以譏之後七月戊子晉侯彪卒鄭定公五年冬有星孛于大辰西及漢竈言於子產曰宋衛陳鄭將同日火若我用瓘斝玉瓚鄭必不火子產弗與明年五月壬午宋衛陳鄭皆火竈曰不用吾言鄭又將火鄭人請用之子產不可子大叔曰寶以保民也若有火國幾亡可以救亡子何愛焉子產曰天道遠人道邇非所及也竈焉知天道是亦多言矣豈不或信遂不與亦不復火

史記

司馬季主者楚人也卜於長安東市宋忠爲中大夫賈誼爲博士同日俱出洗沐相從論議誦易先王聖人之道術究徧人情相視而歎賈誼曰吾聞古之聖人不居朝廷必在卜醫之中今吾已見三公九卿朝士大夫皆可知矣試之卜數中以觀采二人即同輿而之市游於卜肆中天新雨道少人司馬季主閒坐弟子三四人侍方辯天地之道日月之運陰陽吉凶之本二大夫再拜謁司馬季主視其狀貌如類有知者即禮之使弟子延之坐坐定季主復理前語分別天地之終始日月星辰之紀差次仁義之際列吉凶之符語數千言莫不順理宋忠賈誼瞿然而悟獵纓正襟危坐曰吾望先生之狀聽先生之辭小子竊觀於世未嘗見也今何居之卑何行之汚乎司馬季主捧腹大笑曰觀大夫類有道術者何言之陋也何辭之野也今天子所賢者何也所高者誰也今何以卑汚長者二君曰尊官厚祿世之所高也賢才處之今所處非其地故謂之卑言不信行不驗取不當故謂之汚夫卜筮者世俗之所賤簡也世皆言曰夫卜者多言誇嚴以得人情虛高人祿命以說人志擅言禍災以傷人心矯言鬼神以盡人財厚求拜謝以私於己此吾之所恥故謂之卑汚也司馬季主曰公且安坐公見夫被髮童子乎日月照之則行不照則止問之日月疵瑕吉凶則不能理由是觀之能知別賢與不肖者寡矣賢之行也直道以正諫三諫不聽則退其譽人也不望其報惡人也不顧其怨以便國家利衆爲務故官非其任不處也祿非其功不受也見人不正雖貴不敬也見人有汚雖尊不下也得不爲喜去不爲恨非其罪也雖累辱而不媿也今公所謂賢者皆可爲羞矣卑疵而前孅趨而言相引以勢相導以利比周賓正以求尊譽以受公奉事私利枉主法獵農民以官爲威以法爲機求利逆暴譬無異於操白刃刼人者也初試官時倍力爲巧詐飾虛功執空文以調主上用居上爲右試官不讓賢陳功見僞增實以無爲有以少爲多以求便勢尊位食飮驅馳從姬歌兒不顧於親犯法害民虛公家此夫爲盜不操矛弧者也攻而不用弦刃者也欺父母未有罪而弑君未伐者也何以爲高賢才乎盜賊發不能禁夷貊不服不能攝姦起不能塞官耗亂不能治四時不和不能調歲穀不熟不能適才賢不爲是不忠也才不賢而託官位利上奉妨賢者處是竊位也有人者進有財者禮是僞也子獨不見鴟梟之與鳳凰翔乎蘭芷芎藭棄於廣野蒿蕭成林使君子退而不顯衆公等是也述而不作君子義也今夫卜者必法天地象四時順於仁義分策定卦旋式正棊然後言天地之利害事之成敗昔先王之定國家必先龜策日月而後敢代正時日乃後入家產子必先占吉凶後乃有之自伏羲作八卦周文王演三百八十四爻而天下治越王句踐做文王八卦以破敵國霸天下由是言之卜筮有何負哉且夫卜筮者埽除設坐正其冠帶然後乃言事此有禮也言而鬼神或以饗忠臣以事其上孝子以養其親慈父以畜其子此有德者也而以義置數十百錢病者或以愈且死或以生患或以免事或以成嫁子娶婦或以養生此之爲德豈直數十百錢哉此老子所謂上德不德是以有德今夫卜筮者利大而謝少老子之云豈異於是乎莊子曰君子內無饑寒之患外無刼奪之憂居上而敬居下而不爲害君子之道也今夫卜筮者之爲業也積之無委聚藏之不用府庫徙之不用輜車負裝之不重止而用之無盡索之時持不盡索之物游於無窮之世雖莊氏之行未能增於是也子何故而云不可卜哉天不足西北星辰西北移地不足東南以海爲池日中必移月滿必虧先王之道乍存乍亡公責卜者言必信不亦惑乎公見夫談士辯人乎慮事定計必是人也然不能以一言說人主意故言必稱先王語必道上古慮事定計飾先王之成功語其敗害以恐喜人主之志以求其欲多言誇嚴莫大於此矣然欲彊國成功盡忠於上非此不立今夫卜者導惑教愚也夫愚惑之人豈能以一言而知之哉言不厭故騏驥不能與罷驢爲駟而鳳凰不與燕雀爲羣而賢者亦不與不肖同列故君子處卑隱以辟衆自匿以避倫微見德順以除羣害以明天性助上養下多其功利不求尊譽公之等喁喁者也何知長者之道乎宋忠賈誼忽而自失芒乎無色悵然噤口不能言於是攝衣而起再拜而辭行洋洋也出市門僅能上車伏軾低頭卒不能出氣居三日宋忠見賈誼於殿門外乃相引屛語相謂自歎曰道高益安勢高益危居赫赫之勢失身且有日矣夫卜而不審不見奪糈爲人主計而不審身無所處此相去遠矣猶天冠地屨也此老子之所謂無名者萬物之始也天地曠曠物之熙熙或安或危莫知居之我與若何足預彼哉彼久而愈安雖曾氏之義未有以異也久之宋忠使匈奴不至而還抵罪而賈誼爲梁懷王傅王墮馬薨誼不食毒恨而死此務華絕根者也

扁鵲者勃海郡鄭人也姓秦氏名越人少時爲人舍長舍客長桑君過扁鵲獨奇之常謹遇之長桑君亦知扁

鵲非常人也出入十餘年乃呼扁鵲私坐間與語曰我有禁方年老欲傳與公公毋泄扁鵲曰敬諾乃出其懷中藥予扁鵲飲是以上池之水三十日當知物矣乃悉取其禁方書盡與扁鵲忽然不見殆非人也扁鵲以其言飲藥三十日視見垣一方人以此視病盡見五藏癥結特以診脈爲名耳爲醫或在齊或在趙在趙名扁鵲趙簡子疾五日不知人召扁鵲入侍疾扁鵲曰不出三日必間間必有言也已而果然語具趙世家中其後扁鵲過虢虢太子死扁鵲至虢宮門下問中庶子喜方者曰太子何病國中治穰過於衆事中庶子曰太子病血氣不時交錯而不得泄暴發於外則爲中害精神不能止邪氣邪氣畜積而不得泄是以陽緩而陰急故暴蹷而死扁鵲曰其死何如時曰雞鳴至今曰收乎曰未也其死未能半日也言臣齊勃海秦越人也家在於鄭未嘗得望精光侍謁於前也聞太子不幸而死臣能生之中庶子曰先生得無誕之乎何以言太子可生也臣聞上古之時醫有俞跗治病不以湯液醴灑鑱石撟引案抏毒熨一撥見病之應因五藏之輸乃割皮解肌訣脈結筋搦髓腦揲荒爪幕湔浣腸胃漱滌五藏練精易形先生之方能若是則太子可生也不能若是而欲生之曾不可以告孩嬰之兒終日扁鵲仰天歎曰夫子之爲方也若以管窺天以郄視文越人之爲方也不待切脈望色聽聲寫形言病之所在聞病之陽論得其陰聞病之陰論得其陽病應見於大表不出千里決者至衆不可曲止也子以吾言爲不誠試入診太子當聞其耳鳴而鼻張循其兩股以至於陰當尚溫也中庶子聞扁鵲言目眩然而不瞚舌撟然而不下乃以扁鵲言入報虢君虢君聞之大驚出見扁鵲於中闕曰竊聞高義之日久矣然未嘗得拜謁於前也先生過小國幸而舉之偏國寡臣幸甚有先生則活無先生則棄捐塡溝壑長終而不得反言未卒因噓唏服臆魂精泄橫流涕長潸忽忽承睫悲不能自止容貌變更扁鵲曰若太子病所謂尸蹷也夫以陽入陰中動胃繵緣中經維絡別下於三焦膀胱是以陽脈下遂陰脈上爭爲氣閉而不通陰上而陽內行下內鼓而不起上外絕而不爲使上有絕陽之絡下有破陰之紐破陰絕陽之色已廢脈亂故形靜如死狀太子未死也夫以陽入陰支蘭藏者生以陰入陽支蘭藏者死凡此數事皆五藏蹷中之時暴作也良工取之拙者疑殆扁鵲乃使弟子子陽厲鍼砥石以取外三陽五會有間太子蘇乃使子豹爲五分之熨以八減之齊和煑之以更熨兩脅下太子起坐更適陰陽但服湯二旬而復故故天下盡以扁鵲爲能生死人扁鵲曰越人非能生死人也此自當生者越人能使之起耳扁鵲過齊齊桓侯客之入朝見曰君有疾在腠理不治將深桓侯曰寡人無疾扁鵲出桓侯謂左右曰醫之好利也欲以不疾者爲功後五日扁鵲復見曰君有疾在血脈不治恐深桓侯曰寡人無疾扁鵲出桓侯不悅後五日扁鵲復見曰君有疾在腸胃閒不治將深桓侯不應扁鵲出桓侯不悅後五日扁鵲復見望見桓侯而退走桓侯使人問其故扁鵲曰疾之居腠理也湯熨之所及也在血脈鍼石之所及也其在腸胃酒醪之所及也其在骨髓雖司命無柰之何今在骨髓臣是以無請也後五日桓侯體病使人召扁鵲扁鵲已逃去桓侯遂死使聖人預知微能使良醫得蚤從事則疾可已身可活也人之所病病疾多而醫之所病病道少故病有六不治驕恣不論於理一不治也輕身重財二不治也衣食不能適三不治也陰陽并藏氣不和四不治也形羸不能服藥五不治也信巫不信醫六不治也有此一者則重難治也扁鵲名聞天下過邯鄲聞趙貴婦人卽爲帶下醫過雒陽聞周人愛老人卽爲耳目痺醫來入咸陽聞秦人愛小兒卽爲小兒醫隨俗爲變秦太醫令李醯自知伎不如扁鵲也使人刺之後世言脈者由扁鵲云

太倉公者齊太倉長臨菑人也姓淳于氏名意少而喜醫方術高后八年更受師同郡元里公乘陽慶慶年七十餘無子使意盡去其故方更悉以禁方與之傳黃帝扁鵲之脈書五色診病知人死生決嫌疑定可治及藥論甚精受之三年爲人治病決死生多驗然左右行游諸侯不以家爲家或不爲人治病病家怨之者文帝四年中人上書言意以刑罪當傳西之長安意有五女隨而泣意怒罵曰生子不生男緩急無可使者於是少女緹縈傷父之言乃隨父西上書曰妾父爲吏齊中稱其廉平今坐法當刑妾切痛死者不可復生而刑者不可復續雖欲改過自新其道莫由終不可得妾願入身爲官婢以贖父刑罪使得改過自新也書聞上悲其意此歲中亦除肉刑法意家居詔召問所爲治病死生驗者幾何人主名爲誰詔問故太倉長臣意方伎所長及所能治病者有其書無有皆安受學受學幾何嘗有所驗何縣里人也何病醫藥已其病之狀皆何如具悉而對臣意對曰自意少時喜醫藥醫藥方試之多不驗者至高后八年得見師臨菑元里公乘陽慶慶年七十餘意得見事之謂意曰盡去而方書非是也慶有古先道遺

傳黃帝扁鵲之脈書五色診病知人生死決嫌疑定可治及藥論甚精我家給富心愛公欲盡以我禁方書悉教公臣意卽曰幸甚非意之所敢望也臣意卽避席再拜謁受其脈書上下經五色診奇咳術揆度陰陽外變藥論石神接陰陽禁書受讀解驗之可一年所明歲卽驗之有驗然尙未精也要事之三年所卽嘗已爲人治診病決死生有驗精良今慶已死十年所臣意年盡三年年三十九歲也齊侍御史成自言病頭痛臣意診其脈告曰君之病惡不可言也卽出獨告成弟昌曰此病疽也內發於腸胃之間後五日當臃腫後八日嘔膿死成之病得之飲酒且內成卽如期死所以知成之病者臣意切其脈得肝氣肝氣濁而靜此內關之病也脈法曰脈長而弦不得代四時者其病主在於肝和卽經主病也代則絡脈有過經主病和者其病得之筋髓裏其代絕而脈賁者病得之酒且內所以知其後五日而臃腫八日嘔膿死者切其脈時少陽初代代者經病病去過人人則去絡脈主病當其時少陽初關一分故中熱而膿未發也及五分則至少陽之界及八日則嘔膿死故上二分而膿發至界而臃腫盡泄而死熱上則熏陽明爛流絡流絡動則脈結發脈結發則爛解故絡交熱氣已上行至頭而動故頭痛齊王中子諸嬰兒小子病召意診切其脈告曰氣鬲病病使人煩懣食不下時嘔沫病得之少憂數忔食飲臣意卽爲之作下氣湯以飲之一日氣下二日能食三日卽病愈所以知小子之病者診其脈心氣也濁躁而經也此絡陽病也脈法曰脈來數疾去難而不一者病主在心周身熱脈盛者爲重陽重陽者逿心主故煩懣食不下則絡脈有過絡脈有過則血上出血上出者死此悲心所生也病得之憂也齊郎中令循病衆醫皆以爲蹷入中而刺之臣意診之曰湧疝也令人不得前後溲循曰不得前後溲三日矣臣意飲以火齊湯一飲得前溲再飲大溲三飲而病愈病得之內所以知循病者切其脈時右口氣急脈無五藏氣右口脈大而數數者中下溲而湧左爲下右爲上皆無五藏應故曰湧疝中溲故溺赤也齊中御府長信病臣意入診其脈告曰熱病氣也然暑汗脈少衰不死曰此病得之當浴流水而寒甚已則熱信曰唯然往冬時爲王使於楚至莒縣陽周水而莒橋梁頗壞信則擥車轅未欲渡也馬驚卽墮信身入水中幾死吏卽來救信出之水中衣盡濡有閒而身寒已熱如火至今不可以見寒臣意卽爲之液湯火齊逐熱一飲汗盡再飲熱去三飲病已卽使服藥出入二十日身無病者所以知信之病者切其脈時并陰脈法曰熱病陰陽交者死切之不交并陰并陰者脈順清而愈其熱雖未盡猶活也腎氣有時閒濁在太陰脈口而希是水氣也腎固主水故以此知之失治一時卽轉爲寒熱齊王太后病召臣意入診脈曰風癉客脬難於大小溲溺赤臣意飲以火齊湯一飲卽前後溲再飲病已溺如故病得之流汗出滫滫者去衣而汗晞也所以知齊王太后病者臣意診其脈切其太陰之口溼然風氣也脈法曰沈之而大堅浮之而大緊者病主在腎腎切之而相反也脈大而躁大者膀胱氣也躁者中有熱而溺赤齊章武里曹山跗病臣意診其脈曰肺消癉也加以寒熱卽告其人曰死不治適其共養此不當醫治法曰後三日當狂妄起行欲走後五日死卽如期死山跗病得之盛怒而以接內所以知山跗之病者臣意切其脈肺氣熱也脈法曰不平不鼓形弊此五藏高之遠數以經病也故切之時不平而代不平者血不居其處代者時參擊並至乍躁乍大也此兩絡脈絕故死不治所以加寒熱者言其人尸奪尸奪者形弊形弊者不當關灸鑱石及飲毒藥也臣意未往診時齊太醫先診山跗病灸其足少陽脈口而飲之半夏丸病者卽泄注腹中虛又灸其少陰脈是壞肝剛絕深如是重損病者氣以故加寒熱所以後三日而當狂者肝一絡連屬結絕乳下陽明故絡絕開陽明脈陽明脈傷卽當狂走後五日死者肝與心相去五分故曰五日盡盡卽死矣齊中尉潘滿如病小腹痛臣意診其脈曰遺積瘕也臣意卽謂齊太僕臣饒內史臣繇曰中尉不復自止於內則三十日死後二十餘日溲血死病得之酒且內所以知潘滿如病者臣意切其脈深小弱其卒然合合也是脾氣也右脈口氣至緊小見瘕氣也以次相乘故三十日死三陰俱搏者如法不俱搏者決在急期一搏一代者近也故其三陰搏溲血如前止陽虛侯相趙章病召臣意衆醫皆以爲寒中臣意診其脈曰迵風迵風者飲食下嗌而輒出不留法曰五日死而後十日乃死病得之酒所以知趙章之病者臣意切其脈脈來滑是內風氣也飲食下嗌而輒出不留者法五日死皆爲前分界法後十日乃死所以過期者其人嗜粥故中藏實中藏實故過期師言曰安穀者過期不安穀者不及期濟北王病召臣意診其脈曰風蹶胷滿卽爲藥酒盡三石病已得之汗出伏地所以知濟北王病者臣意切其脈時風氣也心脈濁病法過入其陽陽氣盡而陰氣入陰氣入張則寒氣上而熱氣下故胷

滿汗出伏地者切其脈氣陰陰氣者病必入中出及灂水也齊北宮司空命婦出於病衆醫皆以爲風入中病主在肺刺其足少陽脈臣意診其脈曰病氣疝客於膀胱難於前後溲而溺赤病見寒氣則遺溺使人腹腫出於病得之欲溺不得因以接內所以知出於病者切其脈大而實其來難是蹶陰之動也脈來難者疝氣之客於膀胱也腹之所以腫者言蹶陰之絡結小腹也蹶陰有過則脈結動動則腹腫臣意卽灸其足蹶陰之脈左右各一所卽不遺溺而溲淸小腹痛止卽更爲火齊湯以飲之三日而疝氣散卽愈故濟北王阿母自言足熱而懣臣意告曰熱蹶也則刺其足心各三所案之無出血病旋已病得之飮酒大醉濟北王召臣意診脈諸女子侍者至女子豎豎無病臣意告永巷長曰豎傷脾不可勞法當春嘔血死臣意言王曰才人女子豎何能王曰是好爲方多伎能爲所是案法新往年市之民所四百七十萬曹偶四人王曰得毋有病乎臣意對曰豎病重在死法中王召視之其顏色不變以爲不然不賣諸侯所至春豎奉劒從王之厠王去豎後王令人召之卽仆於厠嘔血死病得之流汗流汗者同法病內重毛髮而色澤脈不衰此亦關內之病也齊中大夫病齲齒臣意灸其左太陽明脈卽爲苦參湯日漱三升出入五六日病已得之風及臥開口食而不嗽菑川王美人懷子而不乳來召臣意臣意往飮以莨礍藥一撮以酒飮之旋乳臣意復診其脈而脈躁躁者有餘病卽飮以消石一齊出血血如豆比五六枚齊丞相舍人奴從朝入宮臣意見之食閨門外望其色有病氣臣意卽告宦者平平好爲脈學臣意所臣意卽示之舍人奴病告之曰此

傷脾氣也當至春鬲塞不通不能飮食法至夏泄血死宦者平卽往告相曰君之舍人奴有病病重死期有日相君曰卿何以知之曰君朝時入宮君之舍人奴盡食閨門外平與倉公立卽示平曰病如是者死相卽召舍人奴而謂之曰公奴有病不舍人曰奴無病身無痛者至春果病至四月泄血死所以知奴病者脾氣周乘五藏傷部而交故傷脾之色也望之殺然黃察之如死青之兹衆醫不知以爲大蟲不知傷脾所以至春死病者胃氣黃黃者土氣也土不勝木故至春死所以至夏死者脈法曰病重而脈順淸者曰內關內關之病人不知其所痛心急然無苦若加以一病死中春一愈順及一時其所以四月死者診其人時愈順愈順者人尙肥也奴之病得之流汗數出灸於火而以出見大風也菑川王病召臣意診脈曰蹶上爲重頭痛身熱使人煩懣臣意卽以寒水拊其頭刺足陽明脈左右各三所病旋已病得之沐髮未乾而臥診如前所以蹶頭至肩齊王黃姬兄黃長卿家有酒召客召臣意諸客坐未上食臣意望見王后弟宋建告曰君有病往四五日君要脅痛不可俛仰又不得小溲不亟治病卽入濡腎及其未舍五藏急治之病方今客腎濡此所謂腎痺也宋建曰然建故有要脊痛往四五日天雨黃氏諸倩見建家京下方石卽弄之建亦欲效之效之不能起卽復置之暮要脊痛不得溺至今不愈建病得之好持重所以知建病者臣意見其色太陽色乾腎部上及界要以下者枯四分所故以往四五日知其發也臣意卽爲柔湯使服之十八日所而病愈濟北王侍者韓女病要脊痛寒熱衆醫皆以爲寒熱也臣意診脈曰內寒月事不下也卽竄以

藥旋下病已病得之欲男子而不可得也所以知韓女之病者診其脈時切之腎脈也嗇而不屬嗇而不屬者其來難堅故曰月事不下肝脈弦出左口故知欲男子不可得也臨菑氾里女子薄吾病甚衆醫皆以爲寒熱篤當死不治臣意診其脈曰蟯瘕蟯瘕爲病腹大上膚黃麤循之戚戚然臣意飮以芫華一撮卽出蟯可數升病已三十日如故病蟯得之寒溼寒溼氣宛篤不發化爲蟲臣意所以知薄吾病者切其脈循其尺其尺索刺麤而毛美奉髮是蟲氣也其色澤者中藏無邪氣及重病齊淳于司馬病臣意切其脈告曰當病迵風迵風之狀飮食下嗌輒後之病得之飽食而疾走淳于司馬曰我之王家食馬肝食飽甚見酒來卽走去驅疾至舍卽泄數十出臣意告曰爲火齊米汁飮之七八日而當愈時醫秦信在旁臣意去信謂左右閣都尉曰意以淳于司馬病爲迵風可治信卽笑曰是不知也淳于司馬病法當後九日死卽後九日不死其家復召臣意臣意往問之盡如意診臣卽爲一火齊米汁使服之七八日病已所以知之者其脈時切之盡如法其病順故不死齊中郎破石病臣意診其脈告曰脈傷不治當後十日丁亥溲血死卽後十一日溲血而死破石之病得之墮馬僵石上所以知破石之病者切其脈得肺陰氣其來散數道至而不一也色又乘之所以知其墮馬者切之得番陰脈入虛裏乘肺脈肺脈散者固色變也乘之所以不中期死者師言曰病者安穀卽過期不安穀則不及期其人嗜黍黍主肝故過期所以溲血者診脈法曰病養喜陰處者順死喜養陽處者逆死其人喜自靜不躁又久安坐伏几而寐故血下泄齊王侍醫遂病自煉五

石服之臣意往過之遂謂意曰不肖有病幸診遂也臣意即診之告曰公病中熱論曰中熱不溲者不可服五石石之爲藥精悍公服之不得數溲亟勿服也將發臃遂曰扁鵲曰陰石以治陰病陽石以治陽病夫藥石者有陰陽水火之齊故中熱即爲陰石柔齊治之中寒即爲陽石剛齊治之臣意曰公所論遠矣扁鵲雖言若是然必審診起度量立規矩稱權衡合色脈表裏有餘不足順逆之法參其人動靜與息相應乃可以論論曰陽疾處內陰形應外者不加悍藥及鑱石夫悍藥入中則邪氣辟矣而宛氣愈深診法曰二陰應外一陽接內者不可以剛藥剛藥入則動陽陰病益衰陽病益著邪氣流行爲重困於俞忿發爲疽意告之後百餘日果爲疽發乳上入缺盆死此謂論之大體也必有經紀拙工有一不習文理陰陽失矣齊王故爲陽虛侯時病甚衆醫皆以爲蹷臣意診脉以爲痺根在右脅下大如覆杯令人喘逆氣不能食臣意即以火齊粥且飲六日氣下即令更服丸藥出入六日病已病得之內診之時不能識其經解大識其病所在臣意嘗診安陽武都里成開方開方自言以爲不病臣意謂之病苦沓風三歲四支不能自用使人瘖瘖即死今聞其四支不能用瘖而未死也病得之數飲酒以見大風氣所以知成開方病者診之其脈法奇咳言曰藏氣相反者死切之得腎反肺法曰三歲死也安陵阪里公乘項處病臣意診脈曰壯疝壯疝在鬲下上連肺病得之內臣意謂之愼毋爲勞力事爲勞力事則必嘔血死項處後蹴踘要蹷寒汗出多即嘔血臣意復診之曰當旦日日夕死即死病得之內所以知項處病者切其脈得番陽番陽入虛裏項處旦日死一番一絡者壯疝也臣意曰他所診期決死生及所治已衆多久頗忘之不能盡識不敢以對問臣意所診治病病名多同而診異或死或不死何也對曰病名多相類不可知故古聖人爲之脈法以起度量立規矩縣權衡案繩墨調陰陽別人之脈各名之與天地相應參合於人故乃別百病以異之有數者能異之無數者同之然脈法不可勝驗診疾人以度異之乃可別同名命病主在所居今臣意所診者皆有診籍所以別之者臣意新受師方適成師死以故表籍所診期決死生觀所失所得者合脈法以故至今知之問臣意曰所期病決死生或不應期何故對曰此皆飲食喜怒不節或不當飲藥或不當針灸以故不中期死也問臣意意方能知病死生論藥用所宜諸侯王大臣有嘗問意者不及文王病時不求意診治何故對曰趙王膠西王濟南王吳王皆使人來召臣意臣意不敢往文王病時臣意家貧欲爲人治病誠恐吏以除拘臣意也故移名數左右不修家生出行游國中問善爲方數者事之久矣見事數師悉受其要事盡其方書意及解論之身居陽虛侯國因事侯侯入朝臣意從之長安以故得診安陵項處等病也問臣意知文王所以得病不起之狀臣意對曰不見文王病然竊聞文王病喘頭痛目不明臣意心論之以爲非病也以爲肥而蓄精身體不得搖骨肉不相任故喘不當醫治脈法曰年二十脈氣當趨年三十當疾步年四十當安坐年五十當安卧年六十已上氣當大董文王年未滿二十方脈氣之趨也而徐之不應天道四時後聞醫灸之即篤此論病之過也臣意論之以爲神氣爭而邪氣入非年少所能復之也以故死所謂氣者當調飲食擇晏日車步廣志以適筋骨肉血脈以寫氣故年二十是謂易貿法不當砭灸砭灸至氣逐問臣意師慶安受之聞於齊諸侯不對曰不知慶所師受慶家富善爲醫不肯爲人治病當以此故不聞慶又告臣意曰愼毋令我子孫知若學我方也問臣意師慶何見於意而愛意欲悉教意方對曰臣意不聞師慶爲方善也意所以知慶者意少時好諸方事臣意試其方皆多驗精良臣意聞菑川唐里公孫光善爲古傳方臣意即往謁之得見事之受方化陰陽及傳語法臣意悉受書之臣意欲盡受他精方公孫光曰吾方盡矣不爲愛公所吾身已衰無所復事之是吾年少所愛妙方也悉與公毋以教人臣意曰得見事侍公前悉得禁方幸甚意不敢妄傳人居有間公孫光間處臣意深論方見言百世爲之精也師光喜曰公必爲國工吾有所善者皆疏同產處臨菑善爲方吾不若其方甚奇非世之所得聞也吾年中時嘗欲受其方楊中倩不肯曰若非其人也胥與公往見之當知公喜方也其人亦老矣其家給富時者未往會慶子男殷來獻馬因師光奏馬王所意以故得與殷善光又屬意於殷曰意好數公必謹遇之其人聖儒即爲書以意屬楊慶以故知慶臣意事慶謹以故愛意也問臣意曰吏民嘗有事學意方及畢盡得意方不何縣里人對曰臨菑人宋邑邑學臣意教以五診歲餘濟北王遣太醫高期王禹學臣意教以經脈高下及奇絡結當論俞所居及氣當上下出入邪逆順以宜鑱石定砭灸處歲餘菑川王遣太倉馬長馮信正方臣意教以案法逆順論藥法定五味及和齊湯法高永侯家丞杜信喜脈來學臣意教以上下經脈五診二歲

餘臨菑召里唐安來學臣意教以五診上下經脈奇咳四時應陰陽重未成除爲齊王侍醫問臣意診病決死生能全無失乎臣意對曰意治病人必先切其脈乃治之敗逆者不可治其順者乃治之心不精脈所期死生視可治時時失之臣意不能全也

後漢

任文公巴郡閬中人也父文孫明曉天官風星祕要文公少修父術州辟從事哀帝時有言越嶲太守欲反刺史大懼遣文公等五從事檢行郡界潛伺虛實共止傳舍時暴風卒至文公遽起白諸從事促去當有逆變來害人者因起駕速驅諸從事未能自發郡果使兵殺之文公獨得免後爲治中從事時天大旱文公白刺史曰五月一日當有大水其變已至不可防救宜令吏人豫爲其備刺史不聽文公獨儲大船百姓或聞頗有爲防者到其日旱烈文公急命促載使白刺史刺史笑之日將中天北雲起須臾大雨至晡時湔水涌起十餘丈突壞廬舍所害數千人文公遂以占術馳名辟司空掾平帝卽位稱疾歸家王莽篡後文公推數知當大亂乃課家人負物百斤環舍趨走曰數十倒時人莫知其故後兵寇並起其逃亡者少能自脫惟文公小大負糧捷步悉得完免遂奔子公山十餘年不被兵革公孫述時蜀武擔石折文公曰噫西州智士死我乃當之自是常會聚子孫設酒食後三月果卒故益部爲之語曰任文公智無雙

郭憲字子横汝南安人也少時師事東海王仲子時王莽爲大司馬召仲子仲子欲往憲諫曰禮有來學無有往教之義今君賤道畏貴竊所不取仲子曰王公至重不敢違之憲曰今正講業且當訖事仲子從之日晏乃往莽問君來何遲仲子具以憲言對莽陰奇之及後篡位拜憲郎中賜以衣服憲受衣焚之逃于東海之濱莽深忿恚討逐不知所在光武卽位求天下有道之人乃徵憲拜博士再遷建武七年代張堪爲光祿勳從駕南郊憲在位忽面向東北含酒三噀執法奏爲不敬詔問其故對曰齊國失火故以此厭之此後齊果上火災與郊同日八年車駕西征隗囂憲諫曰天下初定車駕未可以動憲乃當車拔佩刀以斷車靷帝不從遂上隴其後潁川兵起乃回駕而還帝歎曰恨不用子横之言時匈奴數犯塞帝患之乃召百僚廷議憲以爲天下疲敝不宜動眾諫爭不合乃伏地稱眩瞀不復言帝令兩郎扶下殿憲亦不拜帝曰常聞關東觥觥郭子横信不虛也憲遂以病辭退卒於家

許楊字偉君汝南平輿人也少好術數王莽輔政召爲郎稍遷酒泉都尉及莽篡位楊乃變姓名爲巫醫逃匿他界莽敗方還鄉里汝南舊有鴻郤陂成帝時丞相翟方進奏毀敗之建武中太守鄧晨欲修復其功聞楊曉水脈召與議之楊曰昔成帝用方進之言尋而自夢上天天帝怒曰何故敗我濯龍淵是後民失其利多致饑困時有謠歌曰敗我陂者翟子威飴我大豆亨我芋魁反乎覆陂當復昔大禹疏江決河以利天下明府今興立廢業富國安民童謠之言將有徵於此願以死効力晨大悅因署楊爲都水掾使典其事楊因高下形勢起塘四百餘里數年乃立百姓得其便頻年大稔初豪右大姓因緣陂役競欲辜較在所楊一無所聽遂共譖楊受取賕賂晨遂收楊下獄而械自解獄吏恐遽白晨晨驚曰果濫矣太守聞忠信可以感靈今其效乎卽夜出楊遣歸時天大陰晦道中若有火光照之時人異焉後以病卒晨於都宮爲起廟圖畫形像百姓思其功績皆祭祀之

高獲字敬公汝南新息人爲人尼首方面少游學京師與光武素有舊師事司徒歐陽歙歙下獄當斷獲冠鐵冠帶鈇鑕詣闕請歙帝雖不赦而引見之謂曰敬公朕欲用子爲吏宜改常性獲曰臣受性於父母不可改之於陛下出便辭去三公爭辟不應後太守鮑昱請獲旣至門令主簿就迎主簿曰但使騎吏迎之獲聞之卽還去昱遣追請獲獲顧曰府君但爲主簿所欺不足與談遂不留時郡境大旱獲素善天文曉遁甲能役使鬼神昱自往問何以致雨獲曰急罷三部督郵明府自北出到三十里亭雨可致也昱從之果得大雨每行縣輒軾其閭獲遂遠遁江南卒于石城石城人思之共爲立祠

王喬者河東人也顯宗世爲葉令喬有神術每月朔望常自縣詣臺朝帝怪其來數而不見車騎密令太史伺望之言其臨至輒有雙鳧從東南飛來於是候鳧至舉羅張之但得一隻舄焉乃詔尚方診視則四年中所賜尚書官屬履也每當朝時葉門下鼓不擊自鳴聞於京師後天下玉棺於堂前吏人推排終不搖動喬曰天帝獨欲召我邪乃沐浴服飾寢其中蓋便立覆宿昔葬於城東土自成墳其夕縣中牛皆流汗喘乏而人無知者百姓乃爲立廟號葉君祠牧守每班錄皆先謁拜之吏民祈禱無不如應若有違犯亦能爲祟帝取其鼓置都亭下略無復聲或云此卽古仙人王子喬也

謝夷吾字堯卿會稽山陰人也少爲郡吏學風角占候

太守第五倫擢爲督郵時烏程長有臧釁倫使夷吾收按其罪到縣無所驗但望閤伏哭而還一縣驚怪不知所爲及還白倫曰切以占候知長當死近三十日遠不過六十日遊魂假息非刑所加故不收之倫聽其言至月餘日果有驛驛齎長印綬上言暴卒倫以此益禮信之舉孝廉爲壽張令稍遷荆州刺史遷鉅鹿太守所在愛育人物有善績及倫作司徒令班固爲文薦夷吾且乞遜位以授之後夷吾以行春乘柴車從兩吏冀州刺史上其儀序失中有失國典左轉下邳令豫尅死日如期果卒勑其子曰漢末大亂必有發掘露骸之禍使懸棺下葬墓不起墳時博士勃海郭鳳亦好圖讖善說災異吉凶占應先自知死期豫令弟子市棺斂具至其日而終

楊由字哀侯成都人也少習易幷七政元氣風雲占候爲郡文學掾時有大雀夜集於庫樓上太守廉范以問由由對曰此占郡內當有小兵然不爲害後二十餘日廣柔縣蠻夷反殺傷長吏郡發庫兵擊之又有風吹削哺哺當作柹孚廢反太守以問由由曰方當有薦木實者其色黃赤頃之五官掾獻橘數苞由嘗從人飲勑御者曰酒若三行便宜嚴駕既而趣去後主人舍有鬬相殺者人請問何以知之由曰向社中木上有鳩鬬此兵賊之象也其言多驗著書十餘篇名曰其平終于家

李南字孝山丹陽句容人也少篤學明於風角和帝永元中太守馬稜坐盜賊事被徵當詣廷尉吏民不寧南特通謁賀稜意有恨謂曰太守不德今當即罪而君反相賀邪南曰旦有善風明日中時應有吉問故來稱慶旦日稜延望景晏以爲無徵至晡有驛使齎詔書原停稜事南問其遲留之狀使者曰向渡宛陵浦里𦨴馬蹏足以是不得速稜乃服焉後舉有道辟公府病不行終於家南女亦明家術爲由拳縣民妻晨詣爨室卒有暴風婦便上堂從姑求歸辭其二親姑不許乃跪而泣曰家世傳術疾風卒起先吹竈突及井此禍爲婦女主爨者妾將亡之應因著其亡日乃聽還家如期病卒

李郃字孟節漢中南鄭人也父頡以儒學稱官至博士郃襲父業遊太學通五經善河圖風星外質朴人莫之識縣召署幕門候吏和帝即位分遣使者皆微服單行各至州縣觀採風謠使者二人當到益部投郃候舍時夏夕露坐郃因仰觀問曰二君發京師時寧知朝廷遣二使邪二人默然驚相視曰不聞也問郃何以知之郃指星示云有二使星向益州分野故知之耳後三年其使者一人拜漢中太守郃猶爲吏太守奇其隱德召署戶曹史時大將軍竇憲納妻天下郡國皆有禮慶郡亦遣使郃進諫曰竇將軍椒房之親不修禮德而顓權驕恣危亡之禍可翹足而待願明府一心王室勿與交通太守固遣之郃不能止請求自行許之郃遂所在留遲以觀其變行至扶風而憲就國自殺支黨悉伏誅凡交通憲者皆爲免官唯漢中太守不豫焉郃歲中舉孝廉五遷尚書令又拜太常元初四年代袁敞爲司空數陳得失有忠臣節在位四年坐請託事免安帝崩北鄉侯立復爲司徒及北鄉侯病郃陰與少府河南陶範步兵校尉趙直謀立順帝會孫程等事先成故郃功不顯明年坐吏民疾病仍有災異賜策免將作大匠翟酺上郃潛圖大計以安社稷於是錄陰謀之功封郃涉都侯辭讓不受年八十餘卒於家門人上黨馮胄獨制服心喪三年時人異之胄字世威奉世之後也常慕周伯況閔仲叔之爲人隱處山澤不應徵辟郃子固已見前傳弟子歷字季子清白有節博學善友與鄭元陳紀等相結爲新城長政貴無爲亦好方術時天下旱縣界特雨官至奉車都尉

段翳字元章廣漢新都人也習易經明風角時有就其學者雖未至必預知其姓名嘗告守津吏曰某日當有諸生二人荷擔問翳舍處者幸爲告之後竟如其言又有一生來學積年自謂究其要術辭歸鄉里翳爲合膏藥幷以簡書封竹筒中告生曰有急發之生到葭萌與吏爭度津吏檛破從者頭生開筒得書言到葭萌與吏鬬頭破者以此膏裹之生用其言創者即愈生歎服乃還卒業翳遂隱居竄跡終于家

廖扶字文起汝南平輿人也習韓詩歐陽尙書教授常數百人父爲北地太守永初中坐羌沒郡下獄死扶感父以法喪身憚爲吏及服終而歎曰老子有言名與身孰親吾豈爲名乎遂絕志世外專精經典尤明天文讖緯風角推步之術州郡公府辟召皆不應就問災異亦無所對扶逆知歲荒乃聚穀千斛悉周急宗族親姻又斂葬遭疫死亡不能自收者常居先人冢側未曾入城市太守謁煥先爲諸生從扶學後臨郡未到先遣吏修門人之禮又欲擢扶子弟固不肯當時人因號爲北郭先生年八十卒於家二子孟舉偉舉並知名

折像字伯式廣漢雒人也其先張江者封折侯曾孫國爲鬱林太守徙廣漢因封氏焉國生像國有貲財二億家僮八百人像幼有仁心不殺昆蟲不折萌芽能通京氏易好黃老言及國卒像感多藏厚亡之義乃散金帛

資產周施親疎或諫像曰君三男二女孫息盈前當增益產業何爲坐自殫竭乎像曰昔闞子文有言我乃逃禍非避富也吾門戸殖財日久盈滿之咎道家所忌今世將衰子又不才不仁而富謂之不幸牆隙而高其崩必疾也智者聞之咸服焉自知亡日召賓客九族飲食辭訣忽然而終時年八十四家無餘資諸子衰劣如其言云

樊英字季齊南陽魯陽人也少受業三輔習京氏易兼明五經又善風角星算河洛七緯推步災異隱於壺山之陽受業者四方而至州郡前後禮請不應公卿舉賢良方正有道皆不行嘗有暴風從西方起英謂學者曰成都市火甚盛因含水西向漱之乃令記其日時客後有從蜀都來者云是日大火有黑雲卒從東起須臾大雨火遂滅於是天下稱其術藝安帝初徵爲博士至建光元年復詔公車賜策書徵英及同郡孔喬李昺北海郎宗陳留楊倫東平王輔六人惟郎宗楊倫到洛陽英等四人並不至永建二年順帝策書備禮元纁徵之復固辭疾篤乃詔責切郡縣駕載上道英不得已到京猶稱病不肯起詔彊輿入殿猶不以禮屈帝怒謂英曰朕能生君能殺君能貴君能賤君能富君能貧君君何以慢朕命英曰臣受命於天生盡其命天也死不得其命亦天也陛下焉能生臣焉能殺臣臣見暴君如見仇讎立其朝猶不肯可得而貴乎雖在布衣之列環堵之中晏然自得不易萬乘之尊又可得而賤乎陛下焉能貴臣焉能賤臣臣非禮之祿雖萬鍾不受也申其志雖簞食不厭也陛下焉能富臣焉能貧臣帝不能屈而敬其名使出就太醫養疾月致羊酒至四年三月天子乃爲英設壇席令公車令導尚書奉引賜几杖待以師傅之禮延問得失英不敢辭拜五官中郎將數月英稱疾篤詔以爲光祿大夫賜告歸令在所送穀千斛常以八月致牛酒如有不幸祠以中牢英辭位不受有詔譬旨勿聽英初被詔命僉以爲必不降志及後應對又無奇謀深策談者以爲失望初河南張楷與英俱徵既而謂英曰天下有二道出與處也吾前以子之出能輔是君也濟斯人也而子始以不訾之身怒萬乘之主及其享受爵祿又不聞匡救之術進退無所據矣英既善術朝廷每有災異詔輒下問變復之效所言多驗初英著易章句世名樊氏學以圖緯教授潁川陳寔少從英學英嘗有疾妻遣奴婢拜問英下牀答拜寔怪而問之英曰妻齊也共奉祭祀禮無不答其恭謹若是年七十餘卒於家孫陵靈帝時以諂事宦人爲司徒陳郡郄巡學傳英業官至侍中

唐檀字子產豫章南昌人也少遊太學習京氏易韓詩顏氏春秋尤好災異星占後還鄉里教授常百餘人元初七年郡界有芝草生太守劉祗欲上言之以問檀檀曰方今外戚豪盛陽道微弱斯豈嘉瑞乎祗乃止永寧元年南昌有婦人生四子祗復問檀變異之應檀曰京師當有兵氣其禍發於蕭牆至延光四年中黃門孫程揚兵殿省誅皇后兄車騎將軍閻顯等立濟陰王爲天子果如所占永建五年舉孝廉除郎中是時白虹貫日檀因上便宜三事陳其咎徵書奏棄官去著書二十八篇名爲唐子卒於家

公沙穆字文乂北海膠東人也家貧賤自爲童兒不好戲弄長習韓詩公羊春秋尤銳思河洛推步之術居建成山中依林阻爲室獨宿無侶時暴風震雷有聲於外呼穆者三穆不與語有頃呼者自牖而入音狀甚怪穆誦經自若終亦無妖異時人奇之後遂隱居東萊山學者自遠而至有富人王仲致產千金謂穆曰方今之世以貨自通吾奉百萬與子爲資何如對曰來意厚矣夫富貴在天得之有命以貨求位吾不爲也後舉孝廉以高第爲主事遷繒相繒侯劉敞東海恭王之後也所爲多不法廢嫡立庶傲佷放恣穆到官謁曰臣始除之日京師咸謂臣曰繒有惡侯以弔小相明侯何因得此醜聲之甚也幸承先人之支體傳茅土之重不戰戰兢兢而違越法度故朝廷使臣爲輔願改往修來自求多福乃上沒敞所侵官民田地廢其庶子還立嫡嗣其蒼頭兒客犯法皆收考之因苦辭諫敞敞涕泣爲謝多從其所規遷弘農令縣界有螟蟲食稼百姓惶懼穆乃設壇墠謝曰百姓有過罪穆之由請以身禱於是暴雨不終日既霽而螟蟲自銷百姓稱曰神明永壽元年霖雨大水三輔以東皆湮沒穆明曉占候乃豫告令百姓徙居高地故弘農人獨得免害遷遼東屬國都尉善得吏民歡心年六十六卒官六子皆知名

許曼者汝南平輿人也祖父峻字季山善卜占之術多有顯驗時人方之前世京房自云少嘗篤病三年不愈乃謁太山請命遇道士張巨君授以方術遂著易林至今行於世曼少傳峻學桓帝時隴西太守馮緄始拜郡開綬笥有兩赤蛇分南北走緄令曼筮之卦成曼曰三歲之後當爲邊將官有東名當東北行三千里後五年更爲大將軍南征延熹元年緄出爲遼東太守討鮮卑至五年復拜車騎將軍擊武陵蠻賊果如其占其餘

多此類云

趙彥者琅邪人也少有術學延熹三年琅邪賊勞丙與太山賊叔孫無忌殺都尉攻沒琅邪屬縣殘害吏民朝廷以南陽宗資爲討寇中郎將杖鉞將兵督州郡合討無忌彥爲陳孤虛之法以賊屯在莒莒有五陽之地宜發五陽郡兵從孤擊虛以討之資具以狀上詔書遣五陽兵到彥推遁甲教以時進兵一戰破賊燔燒屯塢徐兗二州一時平夷

樊志張者漢上南鄭人也博學多通隱身不仕嘗遊隴西時破羌將軍段熲出征西羌請見志張其夕熲軍爲羌所圍數重因留軍中三日不得去夜謂熲曰東南角無復羌宜乘虛引出住百里還師攻之可以全勝熲從之果以破賊於是以狀表聞又說其人既有梓愼焦董之識（焦延壽董仲舒）宜翼聖朝咨詢奇異於是有詔特徵會病終

單颺字武宣山陽湖陸人也以孤特清苦自立善明天官算術舉孝廉稍遷太史令侍中出爲漢中太守公事免後拜尚書卒於官初熹平末黃龍見譙光祿大夫橋元問颺此何祥也對曰其國當有王者興不及五十年龍當復見此其應也魏郡人殷登密記之至建安二十五年春黃龍復見譙其冬魏受禪

韓說字叔儒會稽山陰人也博通五經尤善圖緯之學舉孝廉與議郎蔡邕友善數陳災眚及奏賦頌連珠稍遷侍中光和元年十月說言於靈帝云其晦日必食乞百官嚴裝帝從之果如所言中平二年二月又上封事尅期宮中有災至日南宮大火遷說江夏太守公事免年七十卒於家

董扶字茂安廣漢綿竹人也少遊太學與鄉人任安齊名俱事同郡楊厚學圖讖還家講授弟子自遠而至前後宰府十辟公車三徵再舉賢良方正博士有道皆稱疾不就靈帝時大將軍何進薦扶徵拜侍中甚見器重扶私謂太常劉焉曰京師將亂益州分野有天子氣焉信之遂求出爲益州牧扶亦爲蜀郡屬國都尉相與俱入蜀去後一歲帝崩天下大亂乃去官還家年八十二卒後劉備稱天子於蜀皆如扶言蜀丞相諸葛亮問廣漢秦宓董扶及任安所長宓曰董扶褒秋豪之善貶纖介之惡任安記人之善忘人之過云

郭玉者廣漢雒人也初有老父不知何出常漁釣於涪水因號涪翁乞食人間見有疾者時下針石輒應時而效乃著針經診脈法傳於世弟子程高尋求積年翁乃授之高亦隱跡不仕玉少師高學方診六微之技陰陽隱測之術和帝時爲太醫丞多有效應帝奇之仍試令嬖臣美手腕者與女子雜處帷中使玉各診一手問所疾苦玉曰左陰右陽脈有男女狀若異人臣疑其故帝歎息稱善玉仁愛不矜雖貧賤厮養必盡其心力而療治貴人時或不愈帝乃令貴人羸服變處一針即差召玉詰問其狀對曰醫之爲言意也腠理至微隨氣用巧針石之間毫芒即乖神存於心手之際可得解而不可得言也夫貴者處尊高以臨臣臣懷怖懾以承之其爲療也有四難焉自用意不任臣一難也將身不謹二難也骨節不彊不能使藥三難也好逸惡勞四難也針有分寸時有破漏重以恐懼之心加以裁慎之志臣意且猶不盡何有於病哉此其所爲不愈也帝善其對年老卒官

華佗字元化沛國譙人也一名旉游學徐土兼通數經曉養性之術年且百歲而猶有壯容時人以爲仙沛相陳珪舉孝廉太尉黃琬辟皆不就精於方藥處劑不過數種心識分銖不假稱量針灸不過數處裁七八九若疾發結於內針藥所不能及者乃令先以酒服麻沸散既醉無所覺因刳破腹背抽割積聚若在腸胃則斷截湔洗除去疾穢既而縫合傅以神膏四五日創愈一月之間皆平復矣故甘陵相夫人有娠六月腹痛不安佗視脈曰胎已死矣使人摸知所在在左則男在右則女人云在左於是爲湯下之果下男形即愈縣吏尹世苦四支煩口中乾不欲聞人聲小便不利佗曰試作熱食得汗則愈不汗後三日死即作熱食而汗不出佗曰藏氣已絕於內當啼泣而絕果如佗言府吏倪尋李延共止俱頭痛身熱所苦正同佗曰尋當下之延當發汗或難其異佗曰尋外實延內實故治之宜殊即各與藥明旦並起鹽瀆嚴昕與數人共候佗適至佗謂昕曰君身中佳不昕曰自如常佗曰君有急病見於面莫多飲酒坐畢歸行數里昕卒頭眩墮車人持將還載歸家中宿死故督郵頓子獻得病已差詣佗視脈曰尚虛未得復勿爲勞事御內即死臨死當吐舌數寸其妻聞其病除從百餘里來省之止宿交接中間三日發病一如佗言督郵徐毅得病佗往省之毅謂佗曰昨使醫曹吏劉租針胃管訖便苦欬嗽欲卧不安佗曰刺不得胃管誤中肝也食當日減五日不救遂如佗言東陽陳叔山小男二歲得疾下利常先啼日以羸困問佗佗曰其母懷軀陽氣內養乳中虛冷兒得母寒故令不時愈佗與四物女宛丸十日即除彭城夫人夜之廁蠆螫其手呻呼

無顇佗令溫湯近熱漬手其中卒可得寐但旁人數爲易湯湯令煖之其旦卽愈軍吏梅平得病除名還家家居廣陵未至三百里止親人舍有頃佗偶至主人許主人令佗視平佗謂平曰君早見我可不至此今疾已結促去可得與家相見五日卒應時歸如佗所刻佗行道見一人病咽塞嗜食而不得下家人以車載欲往就醫佗聞其呻吟駐車往視語之曰向來道邊有賣餅家蒜虀甚酸從取三升飲之病自當去卽如佗言立吐蛇一枚縣車邊欲造佗佗尚未還小兒戲門前逆見自相謂曰似逢我公車邊病是也疾者前入坐見佗北壁縣此蛇輩約以十數又有一郡守病佗以爲其人盛怒則差乃多受其貨而不加治無何棄去留書罵之郡守果大怒令人追捉殺佗郡守子知之屬使勿逐守瞋恚既甚吐黑血數升而愈又有一士大夫不快佗云君病深當破腹取然君壽亦不過十年病不能殺君忍病十歲壽俱當盡不足故自刳裂士大夫不耐痛癢必欲除之佗遂下手所患尋差十年竟死廣陵太守陳登忽患胷中煩懣面赤不食佗脈之曰府君胃中有蟲數升欲成內疽食腥物所爲也卽作湯二升再服須臾吐出三升許蟲頭赤而動半身猶是生魚膾也所苦便愈佗曰此病後三年當發遇良醫乃可救登至期果疾動佗不在遂死曹操聞而召佗常在左右操積苦頭風眩佗針隨手而差有人病兩腳躄不能行轝詣佗佗望見云已飽針灸服藥矣不復須看脈便使解衣點背數十處相去或一寸或五寸縱邪不相當言灸此各十壯灸創愈卽行後灸處夾脊一寸上下行端直均調如引繩也李將軍妻病呼佗視之佗云傷身而胎不去將軍言聞實傷娠胎已去矣佗曰按脈胎未去也將軍以爲不然妻稍差百餘日復動更呼佗佗曰脈理如前當是兩胎先生者去血多故後兒不得出也胎既已死血脈不復歸必燥着母脊乃爲下針并令進湯婦因欲產而不通佗曰死胎枯燥勢不自生使人探之果得死胎人形可識但其色黑佗之絕伎皆此類也然本作士人以醫見業意常自悔又去家久思歸乃就操求還取方因妻病數期不反操累書呼之又勑郡縣發遣佗恃能厭事猶不肯至操大怒使人廉之知妻詐疾乃收付獄訊考驗首服荀彧謂曰佗方術實工人命所懸宜加全宥操不從竟殺之佗臨死出一卷書與獄吏曰此可以活人吏畏法不敢受佗亦不彊索火燒之操後頭風未除嘗曰佗能愈此小人養吾病欲以自重然吾不殺此子亦終當不爲我斷此根原耳及後愛子倉舒病困乃歎曰吾悔殺華佗令此兒彊死也初軍吏李成苦欬晝夜不寐佗以爲腸癰與散兩錢服之卽吐二升膿血於此漸愈乃戒之曰後十八歲疾當發動若不得此藥不可差也復分散與之後五六歲有里人如成先病請藥甚急成愍而與之乃故往譙更從佗求適值見收意不忍言後十八歲成病發無藥而死佗死十數年人有在靑龍中見山陽太守廣陵劉景宗景宗說數見華佗見其療病手脈之候其驗如神云劉勳爲河內太守有女年幾二十左腳膝裏上有瘡癢而不痛創發數十日愈愈已復發如此七八年迎佗使視佗曰易療之當得稻糠黃色犬一頭好馬二匹以繩繫犬頸使走馬牽犬馬極輒易計馬走二十餘里犬不能行復令步人拖拽計向五十餘里乃以藥飮女女卽安臥不知人因取犬斷腹近後腳之前以所斷之處向瘡口令去二三寸停之須臾有若蛇者從瘡中而出便以鐵錐橫貫蛇頭蛇在皮中動搖良久須臾不動乃牽出長三尺所純是蛇但有眼處而無童子又逆鱗耳以膏散著瘡中七日愈又有人苦頭眩頭不得舉目不得視積年佗使悉解衣倒縣令頭去地一二寸濡布拭身體令周匝候視諸脈盡出五色佗令弟子數人以鈹刀決脈五色血盡視赤血出乃下以膏摩被覆汗自出周匝飮以亭歷犬血散立愈又有婦人長病經年世謂寒熱注病者冬十一月中佗令坐石槽中平旦用寒水汲灌云當滿百始七八灌會戰欲死灌者懼欲止佗令滿數將至八十灌熱氣乃蒸出囂囂高二三尺滿百灌佗乃使然火溫牀厚覆良久汗洽出著粉汗燥便愈又有人病腹中半切痛十餘日中鬚眉墮落佗曰是脾半腐可刳腹養藥也使飮藥令臥破腹就視脾果半腐壞以刀斷之刮去惡肉以膏傅瘡飮之以藥百日平復先是廣陵吳普彭城樊阿皆從佗學普依準佗療多所全濟佗語普曰人體欲得勞動但不當使極耳動搖則穀氣得消血脈流通病不得生譬猶戶樞終不朽也是以古之仙人爲導引之事熊經鴟顧引挽腰體動諸關節以求難老吾有一術名五禽之戲一曰虎二曰鹿三曰熊四曰猿五曰鳥亦以除疾兼利蹏足以當導引體有不快起作一禽之戲怡而汗出因以著粉身體輕便而欲食普施行之年九十餘耳目聰明牙齒完堅阿善針術凡醫咸言背及胸藏之間不可妄針針之不可過四分而阿針背入一二寸巨闕胸藏乃五六寸而病皆瘳阿從佗求方可服食益於人者佗授以漆葉靑黏散漆葉屑一斗靑黏十四兩以是爲率言久服

去三蟲利五藏輕體使人頭不白阿從其言壽百餘歲漆葉處所而有靑黏生於豐沛彭城及朝歌間漢世異術之士甚衆雖云不經而亦有不可誣故備其美者列于傳末泠壽光唐虞魯女生三人者皆與華佗同時壽光年可百五六十歲行容成公御婦人法常屈頸鷸息須髮盡白而色理如三四十時死於江陵唐虞道赤眉張步家居里落若與相及死於鄉里不其縣魯女生數說顯宗時事甚明了議者疑其時人也董卓亂後不知所在徐登者閩中人也本女子化爲丈夫善爲巫術又趙炳字公阿東陽人能爲越方時遭兵亂疾疫大起二人相遇於烏傷溪水之上遂結言約共以其術療病各相謂曰今既同志且可各試所能登乃先禁溪水水爲不流炳復次禁枯樹樹卽生荑二人相視而笑共行其道登年長炳師事之貴尙淸儉禮神惟以東流水爲酌削桑皮爲脯但行禁架所療皆除後登物故炳東入章安百姓未之知也炳乃故升茅屋梧鼎而爨主人見之驚懅炳笑不應既而爨熟屋無損異又嘗臨水求渡船人不和之炳乃張蓋坐其中長嘯呼風亂流而濟於是百姓神服從者如歸章安令惡其惑衆收殺之人爲立祠室於永康至今蚊蚋不能入也

費長房者汝南人也曾爲市掾市中有老翁賣藥懸一壺於肆頭及市罷翁輒跳入壺中市人莫見之惟長房於樓上覩而異焉因往再拜奉酒脯翁知長房之意其神也謂之曰子明日可更來長房旦日復詣翁翁乃與俱入壺中唯見玉堂嚴麗旨酒甘肴盈衍其中共飲畢而出翁約不聽與人言後乃就樓上候長房曰我神仙之人以過見責今事畢當去子甯能相隨乎樓下有少酒與卿爲別長房使人取之不能勝又令十人扛之猶不舉翁聞之笑而下樓以一指提之而上視器如一升許而二人飲之終日不盡長房遂欲隨翁學道而顧家人爲憂翁乃斷一靑竹度與長房身齊使懸之舍後家人見之卽長房形也以爲縊死大小驚號遂殯葬之長房立其傍而莫之見也於是遂隨從入深山踐荆棘於羣虎之中留使獨處長房不恐又臥於空室以朽索懸萬斤石於心上衆蛇競來齧索且斷長房亦不移翁還撫之曰子可教也復使食糞糞中有三蟲臭穢特甚長房意惡之翁曰子幾得道恨於此不成如何長房辭歸翁與一竹杖曰騎此任所之則自至矣既至可以杖投葛陂中也又爲作一符曰以此主地上百鬼長房乘杖須臾來歸自謂去家適經旬日而已十餘年矣卽以杖投葛陂顧視則龍也家人謂其久死不信之長房曰往日所葬但竹杖耳乃發冢剖棺杖猶存焉遂能醫療衆病鞭笞百鬼及驅使社公或在他坐獨自恚怒人問其故曰吾責鬼魅之犯法者耳汝南歲歲常有魅僞作太守章服詣府門椎鼓者郡中患之時魅適來而逢長房爲謁府君惶懼不得退便前解衣冠叩頭乞活長房呵之云便於中庭正汝故形卽成老鼈也大如車輪頸長一丈長房復令就太守服付其一札以勑葛陂君魅叩頭流涕持札植於陂邊以頸繞之而死後東海君來見葛陂君因淫其夫人於是長房劾繫之三年而東海大旱長房至東海見人請雨乃謂之曰東海君有罪吾前繫於葛陂今方出之使作雨也於是雨立注長房曾與人共行見一書生黃巾被裘無鞍騎馬下而叩頭長房曰還他馬赦汝死罪人問其故長房曰此狸也盜社公馬耳又嘗坐客使至宛市鮓須臾還乃飯或一日之間人見其在千里之外者數處焉後失其符爲衆鬼所殺

薊子訓者不知所由來也建安中客在濟陰宛句有神異之道嘗抱鄰家嬰兒故失手墮地而死其父母驚號怨痛不可忍聞而子訓唯謝以過誤終無他說遂埋藏之後月餘子訓乃抱兒歸焉父母大恐曰死生異路雖思我兒乞不用復見也兒識父母軒渠笑悅欲往就之母不覺攬取乃實兒也雖大喜慶心猶有疑乃竊發視死兒但見衣被方乃信焉於是子訓流名京師士大夫皆承風向慕之後駕驢車與諸生俱詣許下道過滎陽止主人舍而所駕之驢忽然卒僵蛆蟲流出主人遽白之子訓曰乃爾乎方安坐飯食畢徐出以杖叩之驢應聲奮起行步如初卽復進道其追逐觀者常有千數既到京師公卿以下候之者坐上常數百人皆爲設酒脯終日不匱後因遁去不知所在初去之日唯見白雲騰起從旦至暮如是數十處時有百歲翁自說童兒時見子訓賣藥會稽市顏色不異於今後人復於長安東霸城見之與一老翁共摩挲銅人相謂曰適見鑄此已近五百歲矣顧視見人而去猶駕昔所乘驢車也見者呼之曰薊先生小住並行應之視若遲徐而走馬不及於是而絕

劉根者潁川人也隱居嵩山中諸好事者自遠而至就根學道太守史祈以根爲妖乃收執詣郡數之曰汝有何術而誣惑百姓若果有靈可顯一驗事不爾立死也根曰實無他異頗能令人見鬼耳祈曰促召之使太守自覩根於是左顧而嘯有頃祈之亡父祖近親數十人皆反縛在前向根叩頭曰小兒無狀分當萬坐顧而叱

祈曰汝爲子孫不能有益先人而反累辱亡靈可叩頭爲吾陳謝祈驚懼悲哀頓首流血請自甘罪坐根默而不應忽然俱去不知所之

左慈字元放廬江人也少有神道嘗在司空曹操坐操從容顧衆賓曰今日高會珍羞略備所少吳松江鱸魚耳慈於下座應曰此可得也因求銅盤貯水以竹竿餌釣於盤中須臾引一鱸魚出操拊手大笑會者皆驚操曰一魚不周座席可更得乎慈更餌鉤沈之須臾復引出皆長三尺餘生鮮可愛操使目前鱠之周浹會者操又謂曰既已得魚恨無蜀中生薑耳慈曰亦可得也操恐其近取因曰吾前遣人到蜀買錦可過勑使者增市二端語頃即得薑還并獲操使報命後操使蜀反驗問增錦之狀及時日早晚若符契焉操出近郊士大夫從者百許人慈乃爲齎酒一升脯一斤手自斟酌百官皆醉飽操怪之使尋其故行視諸壚悉亡其酒脯耳操懷不喜因坐上收欲殺之慈乃郤入壁中霍然不知所在或見於市者又捕之而市人皆變形與慈同莫知誰是後人逢慈於陽城山頭因復逐之遂走入羊羣操知不可得乃令就羊中告之曰不復相殺本試君術耳忽有一老羝屈前兩膝人立而言遽如許即競往赴之而羣羊數百皆變爲羝並屈前膝人立云遽如許遂莫知所取焉

計子勳者不知何郡縣人皆謂數百歲往來於人間一旦忽言日中當死主人與之葛衣子勳服而正寢至日中果死

上成公者密縣人也其初行久而不還後還語其家云我已得仙因辭家而去家人見其舉步稍高良久乃沒云陳寔韓韶同見其事

解奴辜張貂者亦不知何郡國人也皆能隱淪出入不由門戶奴辜能變易物形以誑幻人又河南有麴聖卿善爲丹書符劾厭殺鬼神而使命之又有編盲意亦與鬼神交通初章帝時有壽光侯者能劾百鬼衆魅令自縛見形其鄉人有婦爲魅所病侯爲劾之得大蛇數丈死於門外又有神樹人止者輒死鳥過者必墜侯復劾之樹盛夏枯落見大蛇長七八丈懸死於其間帝聞而徵之乃試問曰吾殿下夜半常有數人絳衣被髮持火相隨豈能劾之乎侯曰此小怪易消耳帝僞使三人爲之侯劾三人登時仆地無氣帝大驚曰非魅也朕相試耳解之而蘇

甘始東郭延年封君達三人者皆方士也率能行容成御婦人術或飮小便或自倒懸愛嗇精氣不極視大言甘始左慈延年皆爲操所錄問其術而行之君達號青牛師凡此數人皆百歲及二百歲也

王眞郝孟節者皆上黨人也眞字叔經年且百歲餘視之面有光澤似未五十者自云周流五嶽名山悉能行胎息胎食之方漱舌下泉而咽之不絕房室孟節能含棗核不食可至五年十年又能結氣不息身不動搖狀若死人可至百日半年亦有家室爲人質謹不妄言似士君子曹操使領諸方士焉

王和平北海人也性好道術自以當仙濟南孫邕少事之從至京師會和平病歿邕因葬之東陶有書百餘卷藥數囊悉以送之後弟子夏榮言其尸解邕乃恨不取其寶書仙藥焉

通志卷一百八十一

宋　右迪功郎鄭樵漁仲撰

藝術傳第二

魏
朱建平　周宣　管輅　杜夔　馬鈞
蜀
周羣（父舒）　張裕
吳
吳範　劉惇　趙達
晉
陳訓　戴洋　韓友　淳于智　步熊　杜不愆
嚴卿　隗炤　卜珝　鮑靚　吳猛　幸靈
佛圖澄　麻襦　單道開　黃泓　索紞　孟欽
王嘉　僧涉　郭黁　鳩摩羅什　沙門曇霍
臺產
宋
徐文伯（曾祖熙　祖秋夫　父道度　叔父叔嚮　從弟嗣伯　子雄）　薛伯宗
梁
釋寶誌

魏

朱建平沛國人也善相術於閭巷之閒效驗非一太祖爲魏公聞之召爲郎文帝爲五官將坐上會客三十餘人文帝問己年壽又令徧相衆賓建平曰將軍當壽八十至四十時當有小厄謂夏侯威曰君四十九位爲州牧而當有厄過厄卽至七十致位公輔謂應璩曰君六十二位爲常伯而當有厄先此一年當獨見一白狗旁人不見也謂曹彪曰君據藩國至五十七當厄於兵宜善防之初潁川荀攸鍾繇相與親善攸先亾子幼繇經紀其門戶欲嫁其妾與人書曰吾與公達曾共使朱建平相建平曰荀君雖少當以後事付鍾君吾時啁之曰惟當嫁卿阿騖耳何意此子竟早隕沒戲言遂驗乎今欲嫁阿騖使得善處追思建平之妙雖唐舉許負何以復加也文帝黃初七年年四十病困謂左右曰建平所言八十謂晝夜也吾其決之頃之果崩夏侯威爲兖州刺史年四十九十二月上旬得疾念建平之言自分必死豫作遺令及送喪之備咸使素辦至下旬轉差垂以平復三十日日昃請紀綱大吏設酒曰吾所苦漸平明日雞鳴年便五十建平之戒眞必過矣威罷客之後合瞑疾動夜半遂卒璩六十一爲侍中直省內欻見白狗問之衆人悉無見者於是數聚會并急游觀田里飲宴自娛過期一年六十三卒曹彪封楚王年五十七坐與王淩通謀賜死凡說此輩無不如言不能具詳故粗記數事惟相司空王昶征北將軍程喜中領軍王肅有蹉跌云肅年六十二疾篤衆醫並以爲不愈肅夫人問以遺言肅云建平相我年踰七十位至三公今皆未也將何慮乎而肅竟卒建平又善相馬文帝將出取馬外入建平道遇之語曰此馬之相今日死矣帝將乘馬馬惡衣香齧文帝膝帝大怒卽便殺馬建平黃初中卒

周宣字孔和樂安人也爲郡吏太守楊沛夢人曰八月一日曹公當至必與君杖飲以藥酒使宣占之是時黃巾賊起宣對曰夫杖起弱者藥治人病八月一日賊必除滅至期賊果破後東平劉楨夢蛇生四足穴居門中使宣占之宣曰此爲國夢非君家之事也當殺女子而作賊者頃之女賊鄭姜遂皆夷討以蛇女子之祥足非蛇之所宜故也文帝問宣曰吾夢殿屋兩瓦墮地化爲鴛鴦此何謂也宣曰後宮當有暴死者帝曰吾詐卿耳對曰夫夢者意耳苟以形言便占吉凶言未畢而黃門令奏宮人相殺無幾帝復問曰我昨夜夢青氣自地屬天宣對曰天下當有貴女子冤死是時帝已遣使賜甄后璽書聞宣言而悔之遣人追使者不及帝復問曰吾夢摩錢文欲令滅而更愈明此何謂邪宣悵然不對帝重問之宣對曰此自陛下家事雖意欲爾而太后不聽是以文欲滅而明耳時帝欲治弟植之罪偪於太后但加貶爵以宣爲中郎屬太史嘗有問宣曰吾昨夜夢見芻狗其占何也宣答曰君欲得美食耳有頃出行果遇豐膳後又問宣曰昨夜復夢見芻狗何也宣曰君欲墮車折腳宜戒愼之頃之果如宣言後又問宣昨夜復夢見芻狗何也宣曰君家欲失火當善護之俄遂火起語宣曰前後三時皆不夢也聊試君耳何以皆驗邪宣對曰此神靈動君使言故與眞夢無異也又問宣曰三夢芻狗而其占不同何也宣曰芻狗者祭神之物故君始夢當得飲食也祭祀既訖則芻狗爲車所轢故中夢當墮車折腳也芻狗既車轢之後必載以爲樵故後夢憂失火也宣之敘夢凡此類也十中八九世以比建平之相矣其餘效故不次列明帝末卒

管輅字公明平原人也容貌粗醜無威儀而嗜酒飲食言戲不擇非類故人多愛之而不敬也年八九歲便喜仰視星辰得人輒問其星名夜不肯寐父母禁之不能止常云家雞野鵠猶尚知時況於人乎與鄰比兒共戲土壤中輒畫地作天文及日月星辰每答言說事語皆不常宿學耆人不能折之皆知其當有大異之材父爲

琅邪即丘長輅時年十五來至官舍讀書始讀詩論語及易本便開淵布筆辭義斐然于時黌上有遠方及國內諸生四百餘人皆服其才琅邪太守單子春雅有材度聞輅一黌之儁欲得見輅輅父即遣造之子春大會賓客百餘人坐上皆能言之士輅問子春府君名士加有雄貴之姿輅既年少膽未堅剛若欲相觀懼失精神請先飲醇酒三升然後言之子春大喜便酌令飲之酒盡後問子春今欲與輅爲對者若府君四坐之士邪子春曰吾欲自與卿旗鼓相當輅言始讀詩論語易本學問微淺未能上引聖人之道陳秦漢之事但欲論金木水火土鬼神之情耳子春言此最難者而卿以爲易邪於是唱大論之端遂經於陰陽文采葩流枝葉橫生少引聖籍多發天然子春及衆士互相攻劫論難鋒起而輅人人答對言皆有餘至日向暮酒食不行子春語衆人曰此年少盛有才器聽其言論正似司馬太史游獵之賦何其磊落雄壯英神已茂必能明天文地理變化之數不徒有言也於是發聲徐州號爲神童及父爲利漕利漕民郭恩字義博有才學善易春秋又能仰觀輅就義博讀易數十日中意便開發論難踰於師於此分蓍下卦用思精妙占筮吉凶初無差錯又從義博學仰觀二十日中通夜不寐語義博曰君但告我墟落處所耳至於推運會論災異自當出吾天分學未一年義博反從輅問易及天文事要義博每聽輅語未嘗不推机慷慨自言登聞君至論之時恐我篤疾明闇之不相逮何其遠也義博設主人獨請輅具告辛苦自說兄弟三人具得躄疾不知何故使輅筮其所由輅曰卦中有君本墓墓中有女鬼非君伯母當叔母也昔饑荒之世當有利其數升米者排著井中嘖嘖有聲推一大石下破其頭孤魂冤痛自訴於天於是義博涕泣曰實有斯事但願斯疾不及子孫耳輅言火形不絕水形無餘不及後也廣平劉奉林婦病困已買棺器時正月也使輅筮之曰命在八月辛卯日中之時奉林謂必不然而婦漸差至秋發動一如輅言輅往見安平太守王基基令作卦輅曰當有賤婦人生一男兒墮地便走入竈中死又牀上當有一大蛇銜筆小大共視須臾去之也又烏來入室中與燕共鬭燕死烏去有此三怪基大驚問其吉凶輅曰直官舍久遠魑魅魍魎爲怪耳兒生便走非能自走直宋無忌之妖將其入竈也大蛇銜筆直老書佐耳烏與燕鬭直老鈴下耳今卦中見象而不見其凶知非妖咎之徵無所憂也後卒無患時信都令家婦女驚恐更互疾病使輅筮之曰君北堂西頭有兩死男子一男持矛一男持弓箭頭在壁內腳在壁外持矛者主刺頭故頭重痛不得舉也持弓箭者主射胸腹故心中縣痛不得飲食也晝則浮游夜來病人故使驚恐也王基即遣信都令掘其室中入地八尺果得二棺一棺中有矛一棺中有角弓及箭弓箭久遠皆消爛但有鐵及角完耳乃徙骸骨去城十里埋之家中皆愈清河王經去官還家輅與相見經曰近有一怪大不喜之欲煩作卦卦成輅曰爻吉不爲凶也君夜在堂戶前有一流光如燕爵者入君懷中殷殷有聲內神不安解衣彷徉招呼婦人覓索餘光經大笑曰實如君言輅曰吉遷官之徵也其應行至頃之經爲江夏太守輅又至郭義博家有飛鳩在梁頭鳴甚悲輅曰當有老公從東方來攜豚一頭酒一壺主人雖喜當有小故明日果有客如所古義博使客節酒戒肉慎火而射雞作食箭從樹間激中數歲女子手流血驚怖義博遂從輅學鳥鳴之候輅言君雖好道天才既少又不解音律恐難爲師也輅爲說八風之變五音之數以律呂爲衆鳥之商六甲爲時日之端反覆纖曲出入無窮義博靜然沈思馳精數日卒無所得乃歎曰才不出位難以追蹤於是遂止輅至渤海劉長仁有辯才爲安德令聞輅能曉鳥鳴難輅曰夫生民之音曰言鳥獸之聲曰鳴故言者則有知之貴靈鳴者則無知之賤名何由以鳥鳴爲語亂神明之所異也孔子曰吾不與鳥獸同羣明其賤也輅答曰夫天雖有大象而不能言故運星精於上流神明於下驅風雲以表異役鳥獸以通靈表異者必有浮沈之候通靈者必有宮商之應是以宋襄失德六鷁並退伯姬將焚鳥毀其巢四國未火融風以發赤烏夾日殃在荆楚此乃上天之所使自然之明符考之律呂則聲音有本求之人事則吉凶不失昔在秦祖以功受封葛盧聽音著在春秋斯皆典謨之實事非聖賢之虛名也商之將興由一燕卵文王受命丹烏銜書此乃聖人之靈祥國家之休祚何賤之有乎夫鳴鳥之聽精在鶉火妙在八神自非斯倫猶子路之於死生也長仁言君辭雖茂華而不實未之敢信須臾有鳴鵲來在長仁家閤屋上其聲甚急輅曰鵲言東北有婦昨殺其夫牽引西家人夫離婁候不過日日在虞淵之際告者至矣到時果有東北同伍民來告鄰婦手殺其夫詐言西家人與夫有嫌來殺我壻長仁大服輅至列人典農王弘直許有飄風高三尺餘從中立來在庭中幢幢回轉息以復起良久乃止弘直以問輅輅曰東方當有馬吏至恐父哭子如何明

日膠東吏到弘直子果亾弘直問其故輅曰其日乙卯則長子之候也木落於申斗建申申破寅死喪之候也日加午而風發則馬之候也離爲文章則吏之候也申未爲虎虎爲大人則父之候也有雄雉飛來登弘直內鈴柱頭弘直大以不安令輅作卦輅曰到五月必遷時三月也至期弘直果爲勃海太守館陶令諸葛原遷新興太守輅往祖餞之賓客並會原自起取燕卵蠭窠鼅鼄著器中使射覆卦成輅曰第一物含氣須變依乎宇堂雄雌以形翅翼舒張此燕卵也第二物家室倒縣門戶衆多藏精育毒得秋乃化此蠭窠也第三物觳觫長足吐絲成羅尋網求食利在昏夜此鼅鼄也舉坐驚喜輅族兄孝國居斥丘輅往從之與二客會客去後輅謂孝國曰此二人天庭及口耳之間同有凶氣異變俱起雙魂無宅流魂于海骨歸于家少許時當並死也後數十日二人飲酒醉夜共載車牛驚下道入漳河中皆即溺死也當此之時輅之鄰里外戶不閉無相偷竊者清河太守華表召輅爲文學掾安平趙孔曜薦輅於冀州刺史裴徽徽即辟輅爲文學從事引與相見大善友之徙部鉅鹿遷治中別駕輅初應州召與弟季儒共載至武城西自卦吉凶語儒云當在故城中見三貍若爾者乃顯前到河西故城角正見三貍共踞城側兄弟並喜正始九年徽復舉輅秀才輅辭徽徽謂輅曰丁鄧二尚書有經國才略於物理不精也何尚書神明精微言皆巧妙巧妙之至殆破秋毫君當慎之自言不解易九事必當以相問比至洛宜善精其理也輅言何若欲差次老莊而參爻象愛微辨而興浮藻可謂射侯之巧非能破秋毫之妙也若九事皆至義者不足勞思也輅去之

後歲朝當有時刑大風風必摧破樹木若發於乾者必有天威不足共清譚者十二月到京吏部尚書何晏請之果共論易九事九事皆明晏曰君能陰陽此世無雙時鄧颺在晏許颺言君見謂善易而語初不及易中辭義何也輅曰夫善易者不論易也晏笑而贊之曰可謂要言不煩因謂輅曰試爲作一卦知位當至三公不又問連夢見青蠅數十頭來止鼻上驅之不肯去有何意故輅曰夫飛鴞天下賤鳥及其在林食椹則懷我好音況輅心非草木敢不盡忠昔元凱之弼重華宣慈惠和周公之翼成王坐而待旦故能流光六合萬國咸寧此乃履道休應非卜筮之所明也今君侯位重山嶽勢若雷霆而懷德者鮮畏威者衆殆非小心翼翼多福之仁又鼻者艮此天中之山高而不危所以長守貴今青蠅臭惡而集之焉位峻者顚輕豪者亾不可不思害盈之數盛衰之期是故山在地中曰謙雷在天上曰壯謙則裒多益寡壯則非禮不履未有損己而不光大行非而不傷敗願君侯上追文王六爻之旨下思尼父彖象之義然後三公可決青蠅可驅也颺曰此老生之常譚輅答曰夫老生者見不生常譚者見不譚晏曰過歲更當相見輅還邑舍具以此言語舅氏舅氏責輅言太切至輅曰與死人語何所畏邪舅大怒謂輅狂悖歲朝果西北大風塵埃蔽天十餘日聞晏颺皆誅舅氏復謂輅曰爾前何以知何鄧之敗輅曰鄧之行步筋不束骨脈不制肉起立傾倚若無手足此爲鬼躁何之視候魂不守宅血不華色精爽煙浮容若槁木此爲鬼幽故鬼躁者爲風所收鬼幽者爲火所燒自然之符不可以蔽也於是舅氏始服始輅過魏郡太守鍾毓共論易義輅因言

卜可知君生死之日毓使筮其生日月如言無蹉跌毓大愕然曰君可畏也死以付天不以付君遂不復筮毓問輅天下當太平否輅曰方今四九天飛利見大人神武升建王道文明何憂不平毓未解輅言無幾曹爽等誅乃覺寤云平原太守劉邠取印囊及山雞毛著器中使筮輅曰內方外員五色成文含寶守信出則有章此印囊也高岳巖巖有鳥朱身羽翼玄黃鳴不失晨此山雞毛也邠曰此郡官舍連有變怪使人恐怖其理何由輅曰或因漢末之亂兵馬擾攘軍尸流血汙染邱山故因昏夕多有形怪也明府道德高妙自天祐之願安百祿以光休寵清河令徐季龍使人行獵令輅筮其所得輅曰當獲小獸復非食禽雖有爪牙微而不彊雖有文章蔚而不明非虎非雉其名曰貍獵人暮歸果如輅言季龍取十三種物著大篋中使輅射云器中籍籍有十三種物先說雞子後道蠶蛹遂一一名之惟以梳爲枇耳輅隨軍西行過毋邱儉墓下倚樹哀吟精神不樂人問其故輅曰林木雖茂無形可久碑誄雖美無後可守玄武藏頭蒼龍無足白虎銜尸朱雀悲哭四危以備法當滅族不過二載其應至矣卒如其言後得休過清河倪太守時天大旱倪問輅雨期輅曰今夕當雨至日向暮了無雲氣衆人並嗤輅輅言樹上已有少女微風樹間又有陰鳥和鳴又少男風起衆鳥和翔其應至矣須臾果有艮風鳴鳥日未入東南有山雲樓起黃昏之後雷聲大動到一鼓中星月皆沒風雲並興元氣四合大雨河傾倪修主人禮共爲懽樂調輅言誤中耳輅曰誤中與天期不亦工乎正元二年弟辰謂輅曰大將軍待君意厚冀當富貴乎輅歎曰吾自知有分直耳然天與

我才明不與我年壽恐四十七八閒不見女嫁兒娶婦也若得免此欲作洛陽令可使路不拾遺枹鼓不鳴但恐至太山治鬼不得治生民如何辰問其故輅曰吾額上無生骨眼中無守精鼻無梁柱腳無天根背無三甲腹無三壬此皆不壽之驗又吾本命在寅加月食夜生天有常數不可得諱但人不知耳吾前後相當死者過百人略無錯也是歲八月爲少府丞明年二月卒年四十八輅卒後有閻纘者字續伯該微通物有良史風爲天下補綴遺脫頗摭輅事云嘗授劉太常寔曰輅始見聞由於爲鄰婦卜亾牛云當在西面窮牆中縣頭上向教婦人令視諸邱冢中果得牛婦人因以爲藏已牛告官案驗乃知以術知故裴冀州遂聞焉又云路中小人失妻者輅爲卜教使明旦於東陽城門中伺擔豚人牽與共鬬具如其言豚逸走卽其追之豚入人舍突破主人甕婦從甕中出劉侯云甚多此類傳所載財十一二耳中書令史紀元龍輅鄉里人云輅在田舍嘗候遠鄰主人患數失火輅卜教使明日於南陌上伺候當有一角巾諸生駕黑牛故車必引留爲設賓主此可消之郎從輅戒諸生言有急求去不聽遂彊留宿生意大不安以爲圖已主人罷入生乃把刀出門閭倚兩積薪側立假寐欻有一小物直來過前如獸手中持火以口吹之生驚舉刀斫正斷要視之乃狐也自此主人不復有災前長廣太守陳承祐口受城門校尉華長駿語云昔其父爲清河太守時召輅作吏駿時少小後以鄉里遂加恩意常與同載周旋具知其事云諸要驗三倍於傳駿又云輅卜亦不悉中十得七八駿問其故輅云理無差錯來卜者或言不足以宣事實故使爾華城門夫人者魏故司空涿郡盧公女也得疾連年不差華家時居西城下南纏里中三廄在其東南輅卜當有師從東方來自言能治便聽使之必得其力後無何有南征廄騶當充州甲卒來詣盧公言能治女郎公卽表請留之專使其子將詣華氏療疾初用散藥後用丸治尋有效卽奏除騶名以補太醫又云輅隨父在利漕時有治下屯民捕得鹿其晨行還鹿爲人所取但見毛血來詣輅卜輅爲卦語云此有盜者是汝東巷中第三家也汝徑往門前伺無人時取一瓦子密發其碓屋東頭第七椽以瓦著下不過明日食時自送還汝其夜盜者父病頭痛壯熱煩疼亦來詣輅卜輅爲發其事盜者具服輅分擿其皮肉還藏著故處病當自愈乃密教鹿主往以語使復往如前舉椽棄瓦盜父亦差又都尉治內史有失物者輅使明晨於寺門外看當逢一人使指天畫地舉手四向自當得之暮果獲於故處矣

杜夔字公良河南人也以知音律爲雅樂郎中平五年疾去官州郡司徒禮辟以世亂奔荆州荆州牧劉表令與孟曜爲漢主合雅樂樂備表欲庭觀之夔諫曰今將軍號不爲天子合樂而庭作之無乃不可乎表納其言而止後表子琮降太祖太祖以夔爲軍謀祭酒參太樂事因令創制雅樂夔善鍾律聰思過人絲竹八音靡所不能惟歌舞非所長時散郎鄧靜尹齊善詠雅樂歌師尹胡能歌宗廟郊祀之曲舞師馮肅服養曉知先代諸舞夔總統研精遠考諸經近采故事教習講肄備作樂器紹復先代古樂皆自夔始黃初中爲太樂令協律都尉漢鑄鐘工柴玉巧有意思形器之中多所造作亦爲時貴人見知夔令玉鑄銅鐘其聲韵清濁皆不如法數毀改作玉甚厭之謂夔清濁任意頗拒捍夔夔玉更相白於太祖太祖取所鑄鐘雜錯更試然後知夔爲精而玉之妄也於是罪玉及諸子皆爲養馬士文帝愛待玉又嘗令夔與左顯等於賓客之中吹笙鼓琴夔有難色由是帝意不悅後因他事繫夔使顯等就學夔自謂所習者雅仕宦有本意猶不滿遂黜免以卒弟子河南邵登張泰桑馥各至太樂丞下邳陳頏司律中郎將自左延年等雖妙於音咸善鄭聲其好古存正莫及夔

馬鈞字德衡扶風人也巧思絕世爲博士居貧嘗思綾機之變舊綾機五十綜者五十躡六十綜者六十躡鈞患其喪功費日乃皆易以十二躡其奇文異變因感而作者猶自然之成形也爲給事中與常侍高堂隆驍騎將軍秦朗爭論二子言古無指南車記言之虛也鈞曰古有之未之思耳夫何遠之有隆朗以白明帝帝詔鈞作之而指南車成時服其精妙鈞居京師城內有地可以爲園患無水以灌之乃作翻車令童兒轉之而灌水自覆更出更入其巧百倍於常其後有上百戲者能設而不能動帝以問鈞可動否對曰可動帝曰其巧可益否對曰可益受詔作之以大木彫構使其形若輪平地施之潛以水發焉設爲女樂舞象至令木人擊鼓吹簫作山嶽使木人跳丸擲劍緣緪倒立出入自在百官行署舂磨鬬雞變巧百端帝大悅之鈞見諸葛亮連弩曰巧則巧矣未盡善也言作之可令加五倍又患發石車敵人之於樓邊縣濕牛皮中之則墮石不能連屬而至欲作一輪縣大石數十以機鼓輪爲常則以斷縣石飛擊敵城使首尾電至嘗試以車輪縣瓴甓數十飛之數百步矣凡鈞之制造其巧妙雖古公輸班翟王爾亦不

是過備玄嘗爲之序云

蜀

周羣字仲直巴西閬中人也父舒字叔布少學術於廣漢楊厚名亞董扶任安數被徵終不詣時人有問春秋讖曰代漢者當塗高此何謂也舒曰當塗高者魏也鄉黨學者私傳其語羣少受學於舒專心候業於庭中作小樓家富多奴常令奴更直於樓上視天災纔見一氣即白羣羣自上樓觀之不避晨夜故凡有氣候無不見之是以所言多中建安七年越嶲有男子化爲女人時羣言哀帝時亦有此異將易代之祥也至二十五年魏果代漢十二年十月有星孛于鶉尾是爲荆州之分羣以爲荆州牧當死而失土明年秋劉表卒曹操平荆州十七年十二月星孛于五諸侯羣以爲西方專據土地者皆將失地是時劉璋據益州張魯據漢中韓遂據涼州宋建據枹罕明年冬曹操遣偏師擊涼州十九年獲宋建韓遂逃于羌中被殺其年秋璋失益州二十年秋曹操攻漢中張魯降皆如羣言羣初被劉璋辟召爲師友從事先主定蜀署羣儒林校尉先主欲與曹操爭漢中問羣羣對當得其地不得其民也若出偏軍必不利當戒慎之時州後部司馬蜀郡張裕亦曉占候而天才過羣諫先主曰不可爭漢中軍必不利先主竟不用裕言果得地而不得民也遣將軍吳蘭雷銅等入武都皆沒不還先主以羣言爲驗舉羣茂材裕又私語人曰歲在庚子天下當易姓劉氏祚盡矣主公得益州八年之後寅卯之閒當失之人密白其言初先主與劉璋會涪時裕爲璋從事侍坐其人饒鬚先主嘲之曰昔吾居涿縣特多毛姓東西南北皆諸毛也涿令稱曰諸毛繞涿居乎裕即答曰昔有作上黨潞長遷爲涿令涿令者去官還家時人與書欲署潞則失涿欲署涿則失潞乃署曰潞涿君先主無鬚故裕以此及之先主常銜其不遜加忿其漏言乃顯裕諫爭漢中不驗下獄將誅之諸葛亮表請其罪先主荅曰芳蘭生門不得不鉏裕遂棄市後魏氏之立先主之薨皆如裕所刻又曉相術每舉鏡視面自知刑死未嘗不撲之于地也羣卒子巨頗傳其術

吳

吳範字文則會稽上虞人也以治曆數知風氣聞於郡中舉有道詣京師世亂不行會孫權起於東南範委身焉每有災祥輒推數言狀其術多效遂以顯名初權在吳欲討黃祖範曰今茲少利不如明年明年戊子荆州劉表亦身死而國亾權遂征祖卒不能克明年出軍行及尋陽範見風氣因詣船賀催兵急行至即破祖祖行夜亾權恐失之範曰未遠必生獲祖至五更中果得之劉表竟死荆州分割及壬辰歲範又白言歲在甲午劉備當得益州呂岱從蜀還遇之白帝說備部衆離落死亾且半事必不濟權以難範範曰臣所言者天道也而岱所見者人事耳備卒得蜀權與呂蒙謀襲關羽議之近臣多曰不可範曰得之後羽在麥城使使請降權問範曰竟當降否範曰彼有走氣言降詐耳權乃使潘璋徼其徑路覘候者還白羽已去範曰雖去不免問其期曰明日日中權立表下漏以待之及中不至權問其故範曰時向中未正中也頃之有風動帷範拊手曰羽至矣須臾外稱萬歲傳言得羽後權與魏爲好範曰以風氣言之彼以貌來其實有謀宜爲之備劉備盛兵於西陵範曰後當和親終皆如其言其占驗明審如此權以範爲騎都尉領太史令數從訪問欲知其決範秘惜其術不以至要語權權由是恨之初權爲將軍時範常白言江南有王氣亥子之閒有大福慶權曰若終如言以君爲侯及立爲吳王範時侍燕曰昔在吳中嘗言此事大王識之邪權曰有之因呼左右以侯綬帶範範知權欲以厭當前言輒手推不受及後論功行封以範爲都亭侯詔臨當出權恚其愛道於己也削除其名範爲人剛直頗好自稱然與親故交接有終始素與魏滕同邑相善滕嘗有罪權責怒甚嚴敢有諫者死範謂滕曰與汝偕死滕曰死而無益何用死爲範曰安能慮此坐觀汝邪乃髡頭自縛詣門下使鈴下以聞鈴下曰不敢白白必死範曰汝有子邪曰有曰使汝爲吳範死子以屬我鈴下曰諾乃排閤入言言未卒權大怒欲使投以戟逡巡走出範因突入叩頭流血言與涕并良久權意釋乃免滕滕見範謝曰父母能生長我不能免我於死丈夫相知如汝足矣何用多爲滕字周林性剛直行不苟合雖遭困逼終不迴撓初亦近貧幾殆賴太妃救得免語見妃嬪傳歷歷山鄱陽山陰三縣令鄱陽太守黃武五年範病卒初範先知其死日謂權曰陛下某日當喪軍師權曰吾無軍師焉得喪之範曰陛下出軍臨敵須臣言而後行臣乃陛下之軍師也至其日果卒範長子先死少子尚幼於是業絕權追思之募三州有能舉知術數如吳範趙達者封千戶侯卒無所得

劉惇字子仁平原人也遭亂避地客遊廬陵事孫輔以明天官達占數顯於南土每有水旱寇賊皆先時處期無不中者輔異焉以爲軍師軍中咸敬事之號曰神明

建安中孫權在豫章時有星變以問惇惇曰災在丹陽權曰何如曰客勝主人到其日當得問是時邊鴻作亂卒如惇言惇於諸術皆善尤明太一皆能推演其事窮盡要妙著書百餘篇丁元稱以爲奇惇亦寶惜其術不以告人故世莫得而明也

趙達河南人也少從漢侍中單甫受學用思精密謂東南有王者氣可以避難故脫身渡江治九宮一筭之術究其微旨是以能應機立成對問若神至計飛蝗射隱伏無不中效或難達曰飛者固不可校誰知其然此殆妄耳達使其人取小豆數升播之席上立處其數驗覆果信嘗過知故知故爲之具食食畢謂曰倉卒乏酒又無佳肴無以叙意如何達因取盤中隻箸再三縱橫之乃言卿東壁下有美酒一斛又有鹿肉三斤何以辭無時坐有他賓內得主人情主人慙曰以卿善射有無欲相試耳竟效如此遂出酒肴酣飲又有書簡上作千萬數著空倉中封之令達筭之達處如數云但有名無實其精微若是達寶惜其術自闞澤殷禮皆名儒善士親屈節就學達秘而不告也太史丞公孫勝少師事達勤苦累年達許教之者有年數矣臨當喻語而輒復止勝他日齎酒具候顏色拜跪而請達曰吾先人得此術欲圖爲帝王師至仕來三世不過太史郎誠不欲復傳之且此術微妙頭乘尾除一筭之法父子不相語然以子篤好不倦今眞以相授矣飲酒數行達起取素書兩卷大如手指達曰當寫讀此則自解矣吾久廢不復省之今欲思論一過數日當以相與勝如期往至乃陽求索誓驚言失之云女壻昨來必是渠所竊去遂從此絕孫權行師征伐每令達有所推步皆如其言權問其法達終不語由此見薄祿位不至達常笑謂諸星氣風術者曰當迴筭帷幕不出戶牖以知天道而反晝夜暴露以望氣祥不亦難乎閑居無爲引筭自校乃歎曰吾筭訖盡某年月日其終矣達妻數見達效聞而哭泣達欲弭妻意迺更步筭言向者謬誤耳尙未也後如期死權聞達有書求之不得乃錄問其女及發棺皆無所得法術絕焉

晉

陳訓字道元歷陽人少好秘學天文筭曆陰陽占候無不畢綜尤善風角孫皓以爲奉禁都尉使其占候皓政嚴酷訓知其必敗而不敢言時錢塘湖開或言天下當太平靑蓋入洛時皓以問訓訓曰臣止能望氣不能達湖之開塞退而告其友曰靑蓋入洛將有輿櫬銜璧之事非吉祥也尋而吳亾訓隨例內徙拜諫議大夫俄而去職還鄉及陳敏作亂遣弟宏爲歷陽太守訓謂邑人曰陳家無王氣不久當滅宏聞將斬之訓鄉人秦璩爲宏參軍乃說宏曰訓善風角可試之如不中徐斬未晚乃赦之時宏攻征東參軍衡彥於歷陽乃問訓曰城中有幾千人攻之可拔不訓登牛渚山望氣曰不過五百人然不可攻攻之必敗宏復大怒曰何有五千人攻五百人而有不得理命將士攻之果爲彥所敗方信訓有道術乃優遇之都水參軍淮南周亢嘗問訓以官位訓曰君至卯年當部符近郡酉年當有曲蓋亢曰脫如來言當相薦拔訓曰性不好官惟欲米耳後亢果爲義興太守金紫將軍時劉聰王彌寇洛陽歷陽太守武瑕問訓曰國家人事如何訓曰胡賊三逼國家當敗天子野列今尙未也其後懷愍二帝果有平陽之酷焉或問其以明年吉凶者訓曰揚州刺史當死武昌大火上方節將亦當死至時劉陶周顗皆卒武昌大火燒數千家時甘卓爲歷陽太守訓私謂所親曰甘侯頭低而視仰相法名爲盼刀又目中有赤脈自外而入不出十年必以兵死不領兵則可以免卓果爲王敦所害丞相王導多病每憂慮以問訓訓曰公耳豎垂肩必壽亦大貴子孫當興於江東咸如其言訓年八十餘卒

戴洋字國流吳興長城人也年十二遇病死五日而蘇說死時天使其爲酒藏吏授符錄給吏從幡麾將上蓬萊崑崙積石大室恒廬衡等諸山既而遣歸逢一老父謂之曰汝後當得道爲貴人所識及長遂善風角爲人短陋無風望然好道術妙解占候卜數吳末爲臺吏知吳將亾託病不仕及吳平還鄉里後行至陳國瀨鄉經老子祠皆是洋昔死時所見使處但不復見昔物耳因問守藏應鳳曰去二十餘年常有人乘馬東行過老君祠而不下馬未達橋墜馬死者不鳳言有之所問之事多與洋同揚州刺史嘗問吉凶於洋洋答曰熒惑入南斗八月有暴水九月當有客軍西南來如期果大水而石冰作亂冰既據揚州洋謂人曰視賊雲氣四月當破果如其言時陳敏爲右將軍堂邑令孫混見而羙之洋曰敏當作賊族滅何足顯也未幾敏果反而誅焉初混欲迎其家累洋曰此地當敗得臘不得正豈可移家於賊中乎混便止歲末敏弟昶攻堂邑混遂以單身走免其後都水馬武舉洋爲都水令史洋請急還鄉將赴洛夢神人謂之曰洛中當敗人盡南渡後五年揚州當有天子洋信之遂不去既而皆如其夢廬江太守華譚問洋曰天下誰當復作賊者洋曰王機尋而機反陳眕問

洋曰人言江南當有貴人顧彥先周宣珮當是不洋曰顧不及臘周不見來年八月榮果以十一月十七日卒十九日臘死以明年七月晦亾王導遇病召洋問之洋曰君侯本命在申金爲土使之主而於申上石頭立冶火光照天此爲金火相爍水火相煎以故受害耳導卽移居東府病遂差鎭東從事中郞張闓舉洋爲丞相令史時司馬颺爲烏程令將赴職洋曰君宜深愼下吏颺後果坐吏免官洋又謂曰卿雖免官十一月當作郡加將軍至期爲太山太守振武將軍颺賣宅將行洋止之曰君不得至當還不可無宅颺果爲徐龕所逼不得之郡元帝增颺衆二千使助祖逖洋勸颺不行颺乃稱病收付廷尉俄而因赦得出元帝將登阼使洋擇日洋以爲宜用三月二十四日丙午太史令陳卓奏用二十二日言昔越王用甲辰三月反國范蠡稱在陽之前當生盡出上下盡空德將出游刑入中宮今與此同洋曰越王爲吳所囚雖當時遜媚實懷怨憤蠡故用甲辰乘德而歸留刑吳宮今大王內無舍咎外無怨憤當承天祺命納祚無窮何爲追越王去國留殃故事邪乃從之及祖約代兄鎭譙請洋爲中典軍遷督護永昌元年四月庚辰禺中時有大風起自東南折木洋謂約曰十月必有賊到譙城東至歷陽南方有反者主簿王振以洋爲妖白約收洋付刺姦而絕其食五十日言語如故約知其有神術乃赦之而讓振振後有罪被收洋救之約曰振往日相繫今何以救之洋曰振不識風角非有宿嫌振往時垂餓死洋養活之振猶尙遺忿夫處富貴而不棄貧賤甚難約義之卽原振賜洋米三十石至十月三日石勒騎果到譙城東洋言於約曰賊必向城父可遣騎水南追之步軍於水北斷要路賊必敗約竟不追賊乃掠城父婦女輜重而去約將督延求追賊洋曰不可約不從使兄子智與延追之賊僞棄婦女輜重走智與延等爭物賊還掩之智延僅以身免士卒皆死約表洋爲下邑長時梁國人反逐太守袁晏梁城峻險約欲討之而未決洋曰賊以八月辛酉日反日辰俱王辛德在西方酉受自刑梁在譙北乘德伐刑賊必破亾又甲子日東風而雷西行譙在東南雷在軍前爲軍驅除昔吳伐關羽天雷在前周瑜拜賀今與往同故知必尅約從之果平梁城太寧二年正月有大流星東南行洋曰至秋府當移壽陽及王敦作逆約間其勝敗洋曰太白在東方辰星不出兵法先起爲主應者爲客辰星若出太白爲主辰星爲客辰星不出太白爲客先起兵者敗今有客無主有前無後宜傳檄所部應詔伐之約乃率衆向合肥俄而敦死衆敗遂往壽陽洋又曰江淮之間當有軍事譙城虛曠宜還固守不者雍邱沛皆非官有也約不從豫土遂陷於賊咸和元年春約南行佃遇大雷雨西南來洋曰甲子西南天雷其下必失大將至夏汝南人反執約兄子濟送于石勒約府內地忽赤如丹洋曰按河圖徵云地赤如丹血丸丸當有下反上者恐十月二十七日胡馬當來飲淮水至時石勒騎大至攻城大戰其日西風兵火俱發約大懼會風迴賊退時傳言勒遣騎向壽陽約欲送其家還江東洋曰必無此事尋而傳言果妄咸和初月暈左角有赤白珥約問洋洋曰角爲天門開布陽道官門當有大戰俄而蘇峻遣使招約俱反洋謂約曰蘇峻必敗然其初起兵鋒不可當可外和內嚴以待其變約不從遂與峻反至三年五月大風雷雨西北來城內晦暝洋謂約曰雷鳴人上明使君當遠使近直憂下振貧昔秦有此變卒致亂亾約大怒收洋繫之遣部將李槧將兵到廬江其衆盡故約召洋出問之曰吾還東何如留壽陽若留壽陽何如入胡洋曰東入失半入胡滅門留壽陽尙可約欲東向歷陽其衆不樂東下皆叛約劫約姊及嫂奔于石勒約到歷陽祖煥問洋曰君昔言平西在壽陽可得五年果如君言今在歷陽可得幾時洋曰得六月耳約問洋臺下及此氣候何如洋曰此當復有反者臺下來年三月當太平江州當大喪後南方復有軍事此去千里尋而牽騰叛約約率所親將家屬奔于石勒二月而天子反正四月而溫嶠卒郭默據盆口以叛後勒誅約及親屬並盡皆如洋言約既敗洋往尋陽時劉允鎭尋陽允問洋曰我病當差不洋曰不憂使君不差憂使君今年有大厄使君年四十七行年入庚寅太公陰謀曰六庚爲白虎在上爲客星在下爲害氣年命與并必凶當忌十二月二十二日庚寅勿見客允曰我當解職將君還野中治病洋曰使君當作江州不得解職允曰溫公不復還邪洋曰溫公雖還使君故作江州俄如其言九月甲寅申時迴風從東來入允兒船中西過狀如匹練長五六丈洋曰風從咸池下來攝提下去咸池爲刀兵大殺爲死喪到甲子日申時府內大聚骨埋之允問在何處洋曰不出州府門也允架府東門洋又曰東爲天牢牢下開門憂天獄至十二月十七日洋又曰臘近可閉門以五十人備守并以百人備東北寅上以卻害氣允不從二十四日壬辰允遂爲郭默所害南中郞將桓宣以洋爲參軍將隨宣往襄陽太尉陶侃留之住武昌時侃謀北伐

洋曰前年十一月熒惑守胃昴至今年四月積五百餘日昴趙之分野石勒遂死熒惑以七月退從畢右順行入黃道未及天關以八月二十二日復逆行還鉤繞畢向昴昴畢爲邊兵主胡夷故置天弓以射之熒惑逆行司無德之國石弘死是也勒之餘燼以自殘害今年官與太歲太陰三合癸巳癸爲北方北方當受災歲鎮二星共合翼軫從子入巳徘徊六年荆楚之分歲鎮所守其下國昌豈非功德之徵也今年六月鎮星前角亢角亢鄭之分歲星移入房太白在心心房宋分順之者昌逆之者亾石虎若興兵東南此其死會也官若應天伐刑徑據宋鄭則無敵矣若天與不取反受其咎侃志在中原聞而大喜會病篤不果行侃薨征西將軍庾亮代鎮武昌復引洋問氣候洋曰天有白氣喪必東行不過數年必應尋有大鹿向西城門洋曰野獸向城主人將去城東家夜半望見城內有數炬火從城上出如大車狀白布幔覆與火俱出城東北行至江乃滅洋聞而歎曰此與前白氣同時亮欲西鎮石城或問洋此西足當欲東不洋曰不當也咸康三年洋言於亮曰武昌土地有山無林政可圖始不可居終山作八字數不及九昔吳用壬寅來上創立宮城至已酉還下秣陵陶公亦涉八年土地盛衰有數人心去就有期不可移也公宜更擇吉處武昌不可久住五年亮令毛寶屯邾城九月洋言於亮曰毛豫州今年受死問昨朝大霧晏風當有怨賊報仇攻圍諸侯誠宜遠偵邏寶問當在何時答曰五十日內其夕又曰九月建戌朱雀飛驚征軍還歸乘戴火光天示有信災發東房葉落歸本處有後患明日又曰昨夜火殃非國福今年架屋致使君病可因燒屋移家南渡無嫌也寶卽遣兒婦還武昌尋傳賊當來攻城洋曰十月丁亥夜半時得賊問干爲君支爲臣丁爲征西府亥爲邾城功曹爲賊神加子時十月水王木相王相氣合賊必來寅數七子數九賊高可九千人下可七千人從魁爲貴人加丁下魁上有空亾之事不敢進武昌也賊果陷邾城而去亮問洋曰故當不失石城否洋曰賊從安陸向石城逆太白當伐亦無所慮亮曰天何以利胡而病我洋曰天符有吉凶土地有盛衰今年害氣三合巳亥巳爲天下亥爲戎胡石虎亦當受死今乃不憂賊但憂公病耳亮曰何以救我病洋曰荆州受兵江州受災公可去此二州亮曰如此當有解否洋曰恨晚猶差不也亮竟不能解二州遂至大困洋曰昔蘇峻時公於白石祠中祈福許賽其牛至今未解故爲此鬼所考亮曰有之君是神人也或問洋曰庾公可得幾時洋曰見明年時亮已不識人咸以爲妄果至正月一日而薨庾翼代亮洋復爲占候少時卒年八十餘所占驗者不可勝紀

韓友字景先廬江舒人也爲書生受易於會稽伍振善占卜能圖宅相冢亦行京費厭勝之術龍舒長鄧林婦病積年垂死醫巫皆息意友爲筮之使畫作野豬著臥處屏風上一宿覺佳於是遂差舒縣廷掾王睦病死已復魄友爲筮之令以丹畫版作日月置牀頭又以豹皮馬鄣泥臥上立愈劉世則女病魅積年巫爲攻禱伐空冢故城間得狸鼉數十病猶不差友筮之命作布囊依女發時張囊著牕牖間友閉戶作氣若有所驅斯須之間見囊大脹如吹因決敗之女仍大發友乃更作皮囊二枚沓張之施張如前囊復脹滿因急縛囊口懸著樹二十許日漸消開視有二斤狐毛女遂差宣城邊洪以四月中就友卜家中安否友曰鄉家有兵殃其禍甚重可伐七十束柴積於庚地至七月丁酉放火燒之咎可消也不爾其凶難言洪卽聚柴至日大風不敢發火洪後爲廣陽領校遭母喪歸家友來投之時日已暮出告從者速裝束吾當夜去從者曰今日已暝數十里草行何急復去友曰非汝所知也此間血覆地寗可復住苦留之不待食而去其夜洪欻發狂絞殺兩子并殺婦又斫父妾二皆被創因出亾走明日其宗族往收殯亾者尋索洪數日於宅前林中得之已自經死宣城太守殷祐有病友筮之曰七月晦日將有大鸛鳥來集廳事上宜勤伺取若獲者爲善不獲將成禍祐乃謹爲其備至日果有大鸛垂尾九尺來集廳事上掩捕得之祐乃遷石頭督護後爲吳郡太守友卜占神效甚多而消殃轉禍無不皆驗干寶問其故友曰筮卦用五行相生殺如按方投藥治病以冷熱相救其差與不差不可必也友以元康六年舉賢良元帝渡江以爲廣武將軍永嘉末卒

湻于智字叔平濟北盧人也有思義能易筮善厭勝之術高平劉柔夜臥鼠齧其左手中指以問智智曰是欲殺君而不能當爲君使其反死乃以朱書手腕橫文後三寸作田字辟方一寸二分使露手以臥明旦有大鼠伏死手前譙人夏侯藻母病困詣智卜忽有一狐當門向之嗥藻驚怖馳見智智曰其禍甚急君速歸在狐嗥處拊心啼哭令家人驚怪大小必出一人不出哭勿止然後其禍可救也藻還如其言母亦扶病而出家人既集堂屋五間拉然而崩護軍張劭母病篤智筮之使西

出市沐猴繫母臂令傍人搥拍恆使作聲三日放去劭從之其猴出門卽爲犬所咋死母病遂差上黨鮑瑗家多喪病貧苦或謂之曰淳于叔平神人也君何不試就卜知禍所在瑗性質直不信卜筮曰人生有命豈卜筮所移會智來應詹謂曰此君寒士每多屯虞君有通靈之思可爲一卦智乃爲卦卦成謂瑗曰君安宅失宜故令君困君舍東北有大桑樹君徑至市入門數十步當有一人持荆馬鞭者便就買以懸此樹三年當暴得財瑗承言詣市果得馬鞭懸之三年浚井得錢數十萬銅鐵器復二十餘萬於是致贍疾者亦愈其消災轉禍不可勝紀而卜筮所占千百皆中應詹少亦多病智乃爲符使詹佩之誦其文旣而皆驗莫能學也性深沈常自言短命曰辛亥歲天下有事當有巫醫挾道術者死吾守易義以行之猶當不應此乎太康末爲司馬督有寵於楊駿故見殺

步熊字叔熊陽平發干人也少好卜筮術數門徒甚盛熊學舍側有一人燒死吏持熊諸生謂爲失火熊曰已爲卿卜得其人矣使從道南行當有一人來問得火主未者便縛之吏如熊言果是耕人自言草惡難耕故燒之忽風起延燒遠近實不知草中有人又鄰人兒遠行或告已死其父母號哭制服熊爲之卜尅日當還如期果至趙王倫聞其名召之熊謂諸生曰倫死不久不足應也倫怒遣兵圍之數重熊乃使諸生著其裘南走倫兵悉赴捉之熊密從北出得脫後爲成都王穎所辟穎使熊射覆物無所失後穎奔關中平昌公模鎭鄴以熊穎黨誅之

杜不愆廬江人也少就外祖郭璞學易卜屢有驗高平郗超年二十餘得重疾試令筮之不愆曰按卦言之卿所苦尋除然宜於東北三十里外言姓家索其所養雄雉籠置東簷下卻後九日丙午日午時必當有雌雉飛來與交旣而雙去若如此不出二十日病都除又是休應年將八十位極人臣若但雌逝雄留者病一周方差年半八十名位亦失超時正羸篤慮命在旦夕笑而荅曰若保八十之半便有餘矣一周病差何足爲淹然未之信或勸依其言索雉果得至丙午日超臥南軒之下觀之至日晏果有雌雉飛入籠與雄雉交而去雄雉不動超歎息曰雖管郭之奇何以尚此超病彌年乃起至四十卒於中書郎不愆後占筮轉疎無復此類後爲桓嗣建威參軍

嚴卿會稽人也善卜筮鄉人魏序欲暫東行荒年多抄盜令卿筮之卿筮曰君愼不可東行必遭暴害之氣而非劫也序不之信卿曰旣必不停宜以禳之可索西郭外獨母家白雄狗繫著船前求索止得駁狗無白者卿曰駁者亦足然猶恨其色不純當餘小毒正及六畜輩耳無所復憂序行半路狗忽然作聲甚急有如人打之者比視已死吐黑血斗餘其夕序墅上白鵞數頭無故自死而序家無恙

隗炤汝陰人也善於易臨終書版授其妻曰吾亾後當大荒窮雖爾愼莫賣宅也卻後五年春當有詔使來頓此亭姓龔此人負吾金卽以此版往責之勿違言也炤亾後其家大困乏欲賣宅憶夫言輒止期日有龔使者止亭中妻遂齎版往責之使者執版惘然不知所以妻曰夫臨亾手書版見命如此不敢妄也使者沈吟良久而悟謂曰賢夫何善妻曰亾夫善於易而未曾爲人卜也使者曰噫可知矣乃命取蓍筮之卦成撫掌而歎曰妙哉隗生含明隱迹可謂鏡窮達而洞吉凶者也於是告炤妻曰吾不相負金也賢夫自有金耳知亾後當暫窮故藏金以待太平所以不告兒婦者恐金盡而困無已也知吾善易故書版以寄意耳金有五百斤盛以青瓮覆以銅柈埋在堂屋東頭去壁一丈入地九尺妻還掘之皆如卜焉

卜珝字子玉匈奴後部人也少好讀易郭璞見而歎曰吾所弗如也柰何不免兵厄珝曰然吾大厄在四十一位爲卿將當受禍耳不爾者亦爲猛獸所害吾亦未見子之令終也璞曰吾禍在江南甚營之未見免兆雖然在南猶可延期住此不過時月珝曰子勿爲公吏可以免諸璞曰吾不免公吏猶子之不能免卿將也珝曰吾此雖當有帝王子終不復奉二京矣瑯邪可奉卿謹奉之主晉祀者必此人也珝遂隱于龍門山劉淵僭號徵爲大司農侍中固以疾辭淵曰人各有心卜珝之不欲在吾朝何異高祖四公哉可遂其高志後復徵爲光祿大夫珝謂使者曰非吾死所也及劉聰嗣僞位徵爲太常時劉琨據并州聰問何時可平珝答曰并州陛下之分今茲尅之必矣聰戲曰朕欲勞先生一行可乎珝曰臣所以來不及裝者正爲是行也聰大悅署珝使持節平北將軍將行謂其妹曰死自吾分後愼勿紛紜及攻晉陽爲琨所敗珝卒先奔爲其元帥所殺

鮑靚字太元東海人也年五歲語父母云本是曲陽李家兒九歲墮井死其父母尋訪得李氏推問皆符驗靚學兼內外明天文河洛書稍遷南陽中部都尉爲南海太守嘗行部入海遇風饑甚取白石煑食之以自濟王

機時爲廣州刺史入厠忽見二人著烏衣與機相捍良久禽之得二物似烏鴨靚曰此物不祥機焚之逕飛上天機尋誅死靚嘗見仙人道君授道訣年百餘歲卒

吳猛豫章人也少有孝行夏日常手不驅蚊懼其去已而噬親也年四十邑人丁義始授其神方因還豫章江波甚急猛不假舟楫以白羽扇畫水而渡觀者異之庾亮爲江州刺史嘗遇疾聞猛神異乃迎之問己疾何如猛辭以自算盡請具棺服旬日而死形狀如生未及大斂遂失其尸識者以爲亮不祥之徵亮疾果不起

幸靈者豫章建昌人也性少言與小人羣居見侵辱而無愠色邑里號之曰癡雖其父母兄弟亦以爲癡也嘗使守稻羣牛食之靈見而不驅待牛去乃往理其殘亂者其父母見而怒之靈曰夫萬物生天地之間各欲得食牛方食柰何驅之其父愈怒曰卽如汝言復用理壞者何爲靈曰此稻又欲得終其性牛自犯之靈可以不收乎時順陽樊長賓爲建昌令發百姓作官船於建城山中吏令人各作箸一雙靈作而未輸或竊之爲俄而竊者心痛欲死靈謂之曰爾得無竊我箸乎竊者不應有頃逾急靈曰若爾不以情告我者今眞死矣竊者急遽乃首出之靈於是飮之以水病卽立愈行人由此敬畏之船成當下吏以二百人引一艘不能動方請益人靈曰此以過足但部分未至耳靈請自牽之乃手執箸惟用百人而船去如流衆大驚怪咸稱其神於是知名有龔仲儒者女病積年氣息財屬靈使以水含之已而彊起應時大愈又呂猗母皇氏得痿痺病十有餘年靈療之去皇氏數尺而坐瞑目寂然有頃顧謂猗曰扶夫人令起曰老人得病累年柰何可倉卒起邪靈曰但試扶起於是兩人夾扶以立少選靈又令去扶卽能自行由此遂愈於是百姓奔趣水陸輻湊從之如雲皇氏自以病久懼有發動靈乃留水一器令食之每取水輒以新水補處二十餘年水淸如新塵垢不能加焉時高悝家有鬼怪言語訶叱投擲內外不見人形或器物自行再三發火巫祝厭劾而不能絕適値靈乃要之靈於陌頭望其屋謂悝曰此君之家邪悝曰是也靈曰知之足矣悝固請之靈不得已至門見符索甚多謂悝曰當以正止邪而以邪救邪惡得已乎並使焚之惟據軒小坐而去其夕鬼怪卽絕靈所救愈多此類然不取報謝行不騎乘長不娶妻性至恭見人卽先拜言輒自名凡草木之夭傷於山林者必起理之器物之傾覆於塗路者必舉正之周旋江州閒謂其士人曰天地之於人物一也咸欲不失其情性柰何制服人以爲奴婢乎諸君若欲享多福以保性命可悉免遣之十餘年閒賴其術以濟者極多後乃娶妻畜車馬奴婢受貨賂致遺於是其術稍衰所療得失相半焉

佛圖澄天竺人也本姓帛氏少學道妙通玄術永嘉四年來適洛陽自云百有餘歲常服氣自養能積日不食善誦神咒能役使鬼神腹旁有一孔常以絮塞之每夜讀書則拔絮孔中出光照于一室又嘗齋時平旦至流水側從腹旁孔中引出五藏六府洗之訖還內腹中又能聽鈴音以言吉凶莫不懸驗及洛中寇亂乃潛草野以觀變石勒屯兵葛陂專行殺戮沙門遇害者甚衆澄投勒大將軍郭黑略家黑略每從勒征伐輒豫尅勝負勒疑而問曰孤不覺卿有出衆智謀而每知軍行吉凶何也黑略曰將軍天挺神武幽靈所助有一沙門智術非常云將軍當略有區夏已應爲師臣前後所白皆其言也勒召澄試以道術澄卽取鉢盛水燒香咒之須臾鉢中生青蓮花光色曜目勒由此信之勒自葛陂還河北過枋頭枋頭人夜欲斫營澄謂黑略曰須臾賊至可令公知果如其言有備故不敗勒欲試澄夜冠胄衣甲執刀而坐遣人告澄云夜來不知大將軍所在使人始至未及有言澄遂問曰平居無寇何故夜嚴勒益信之勒後因忿欲害諸道士并欲苦澄澄迺潛避至黑略舍語弟子曰若將軍信至問吾所在者報云不知所之旣而勒使至覓澄不得使還報勒勒大驚曰吾有惡意向澄澄舍我去矣通夜不寢思欲見澄澄知勒意悔明旦造勒勒曰昨夜何行澄曰公有怒心昨故權避公今改意是以敢來勒大笑曰道人謬矣襄國城塹水源在城西北五里其水源暴竭勒問澄何以致水澄曰今當敕龍取水乃與弟子法首等數人至故泉源上坐繩牀燒安息香咒願數百言如此三日水泫然微流有一小龍長五六寸許隨水而來諸道士競往視之有頃水大至隍塹皆滿鮮卑段末波攻勒衆甚盛勒懼問澄澄曰昨日寺鈴聲鳴云明旦食時當禽段末波勒登城望末波軍不見前後失色曰末波如此豈可獲乎更遣夔安問澄澄曰已獲末波矣時城北伏兵出遇末波執之澄勸宥末波遣還本國勒從之卒獲其用劉曜遣從弟岳攻勒勒遣石虎距之岳敗退保石梁塢石虎堅柵守之澄在襄國忽歎曰劉岳可閔弟子法祚問其故澄曰昨日亥時岳已破被執果如所言及曜自攻洛陽勒將救之其羣下咸諫以不可勒以訪澄澄曰相輪鈴音云秀支替戾岡僕谷劬禿當此羯語也秀支軍也替戾岡出也

僕谷劉曜胡位也劬禿當捉也此言軍出捉得劉曜也又令一童子潔齋七日取麻油合燕支躬自研於掌中舉手示童子粲然有輝童子驚曰有軍馬甚眾見一人長大白晳以朱絲縛其肘澄曰此卽曜也勒甚悅遂赴洛距曜生擒之勒僭稱趙天王行皇帝事敬澄彌篤時石聰將叛澄誡勒曰今年葱中有蟲食必害人可令百姓無食葱也勒班告境內愼無食葱俄而石聰果走勒益重之事必諮而後行號曰大和尙勒愛子斌暴病死將殯勒歎曰朕聞虢太子死扁鵲能生之今可得效乎乃令告澄澄取楊枝沾水灑而咒之就執斌手曰可起矣因此遂蘇有頃平復自是勒諸子多在澄寺中養之勒死之年天靜無風而塔上一鈴獨鳴澄謂衆曰鈴音云國有大喪不出今年矣既而勒果死及石虎僭位遷都于鄴傾心事澄有重於勒下書衣澄以綾錦乘以雕輦朝會之日引之升殿常侍以下悉助舉輿太子諸公扶翼而上主者唱大和尙衆坐皆起以彰其尊又使司空李農旦夕親問其太子諸公五日一朝尊敬莫與爲比支道林在京師聞澄與諸石游乃曰澄公其以石虎爲海鷗鳥也百姓因澄故多奉佛皆營造寺廟相競出家眞僞渾殽多生愆過石虎下書料簡其著作郎王度奏曰佛外國之神非諸華所應祠奉漢代初傳其道唯聽西域人得立寺都邑以奉其神漢人皆不出家魏承漢制亦循前軌今可斷趙人悉不聽詣寺燒香禮拜以遵典禮其百辟卿士下逮衆隸例皆禁之其有犯者與淫祀同罪其趙人爲沙門者還服百姓朝士多同度所奏石虎以澄故下書曰朕出自邊戎忝君諸夏至於饗祀應從本俗佛是戎神所應兼奉其夷趙百姓有樂事

佛者特聽之澄時止鄴城寺中弟子徧於郡國常遣弟子法常北至襄國弟子法佐從襄國還相遇於梁基城下對車夜談言及和尙皆一各去佐始入澄逆笑曰昨夜爾與法常交車共說汝師邪佐愕然愧懺於是國人每相語莫起惡心和尙知汝及澄之所在無敢向其方面涕唾者石虎太子邃有二子在襄國澄語邃曰小阿彌比當得疾可往看之邃卽馳信往視果已得疾太醫殷騰及外國道士自言能療之澄告弟子法牙曰正使聖人復出不愈此病況此等乎後三日果死邃將圖爲逆謂內豎曰和尙神通儻發吾謀明日來者當先除之澄月望將入覲石虎謂弟子僧慧曰昨夜天神呼我曰明日若入還勿過人我儻有所過汝當止我澄常入必過邃邃知澄入要候甚苦澄將上南臺僧慧引衣澄曰事不得止坐未安便起邃固留不住所謀遂差還寺歎曰太子作亂其形將成欲言難言欲忍難忍乃因事從容箴石虎虎終不解俄而事發方悟澄言後郭黑略將兵征長安北山羌墮羌伏中時澄在堂上慘然改容曰郭公今有厄乃唱云衆僧祝願澄又自祝願須臾曰若東南出者活餘向者則困復更祝願有頃曰脫矣後月餘黑略還自說墮羌圍中東南走馬乏正遇帳下人推馬與之曰公乘此馬小人乘公馬濟不濟命也黑略得其馬故獲免推檢時日正是澄祝願時也時大旱石虎遣其太子詣臨漳西滏口祈雨久而不降乃令澄自行卽有白龍降於祠所其日大雨方數千里澄常遣弟子向西域市香既行澄告餘弟子曰掌中見買香弟子在某處被劫垂死因燒香祝願遙救護之弟子後還云某月某日某處爲賊所劫垂當見殺忽聞香氣賊無故自

驚曰救兵已至棄之而走黃河中舊不生黿時忽有得者以獻石虎澄見而歎之曰桓溫入河其不久乎溫字元子後果如其言也石虎嘗晝寢夢見羣羊負魚從東北來寤以訪澄澄曰不祥也鮮卑其有中原乎後亦皆驗澄嘗與石虎升中臺澄忽驚曰變變幽州當火災仍取酒噀之久之而笑曰救之得矣石虎遣驗幽州云爾日火從西門起西南有黑雲來驟雨滅之雨亦頗有酒氣石宣將殺石韜宣先到寺與澄同坐浮圖一鈴獨鳴澄謂曰解鈴音乎鈴云胡子洛度宣變色曰是何言歟澄謬曰老胡爲道不能山居無言重茵美服豈非洛度乎后韜後至澄孰視良久韜懼而問澄澄曰怪公血臭故相視耳石虎夢龍飛西南自天而落旦而問澄澄曰禍將作矣宜父子慈和深以愼之石虎引澄入東閣與其后杜氏問訊之澄曰脅下有賊不出十日自浮圖以西此殿以東當有流血愼勿東也杜后曰和尙耄邪何處有賊澄卽易語云六情所受皆悉是賊老自應耄但使少者不昏卽好耳遂便寓言不復彰的後二日石宣果害石韜於佛寺中欲因石虎臨喪殺之虎以澄先誡故獲免及宣被收澄諫石虎曰皆陛下之子也何爲重禍邪陛下若含怒加慈者尙有六十餘歲如必誅之宣當爲彗星下埽鄴宮石虎不從後月餘有一妖馬髦尾皆有燒狀入中陽門出顯陽門東首東宮皆不得入走向東北俄爾不見澄聞而歎曰災其及矣石虎大饗羣臣於太武前殿澄吟曰殿乎殿乎棘子成林將壞人衣石虎令發殿石下視之有棘生焉冉閔小字棘奴石虎造太武殿初成圖畫自古賢聖忠臣孝子烈士貞女皆變爲胡狀旬餘頭悉縮入肩中惟冠髣髴微出石虎

大惡之祕而不言也澄對之流涕乃自啟營墓於鄴西紫陌還寺獨語曰得三年乎自荅不得又曰得二年一年百日一月乎自荅不得遂無復言謂弟子法祚曰戊申歲禍亂漸萌己酉歲石氏當滅吾及其未亂當先從化矣卒於鄴宮寺後有沙門從雍州來稱見澄西入關石虎掘而視之唯有一石而無屍石虎惡之曰石者朕也葬我而去吾將死矣因而遇疾明年石虎死遂大亂

麻襦者不知何許人也莫得其姓名石虎時在魏縣市中乞匃恆著麻襦布裳故時人謂之麻襦言語卓越狀如狂者乞得米穀不食輒散置大路云飼天馬趙興太守籍狀收送詣石虎先是佛圖澄謂石虎曰國東二百里某月日當送一非常人勿殺之也如期果至石虎與共語了無異言惟道陛下當終一柱殿下石虎不解送以詣澄麻襦謂澄曰昔在光和中會奄至今日酉戎受元命絕歷終有期金離消于壞邊荒不能遵驅除靈期迹莫已已之懿裔苗葉繁其來方積休期於何期永以歡之澄曰天迴運極否將不支九木水爲難無可以術寍元哲雖存世莫能基必莫能基必頹久游閻浮利擾擾多此患行登陵雲宇會於虛游間其所言人莫能曉石虎遣驛馬送還本縣既出城請步云我當有所過君至合口橋見待使人如言而馳至橋麻襦已先至後慕容儁投石虎尸於漳水倚橋柱不流時人以爲一柱殿下即此謂也及元帝嗣位江左亦以爲天馬之應

單道開敦煌人也常衣麤褐或贈以繒服皆不著不畏寒暑晝夜不臥常服細石子一吞數枚日一服或多或少好山居而山樹諸神見異形試之初無懼色石虎時從西平來一日行七百里其一沙彌年十四行亦及之至秦州表送到鄴石虎令佛圖澄與語不能屈也初止鄴城西沙門法綝祠中後徙臨漳昭德寺於房內造重閣高八九尺於上編管爲禪室坐其中石虎資給甚厚道開皆以施人人或來諮問者道開都不荅曰服鎮守藥數丸大如梧子藥有松蜜薑桂茯苓之氣時復飲茶蘇一二升而已自云能療目疾就療者頗驗視其行動狀若有神佛圖澄曰此道士觀國興衰若去者當有大亂及石虎末道開南渡許昌尋而鄴中大亂升平三年至京師後至南海入羅浮山獨處茅茨蕭然物外年百餘歲卒于山舍敕弟子以屍置石穴中弟子乃移入石室陳郡袁宏爲南海太守與弟頴叔及沙門支法防共登羅浮山至石室口見道開形骸如生香火瓦器猶存宏曰法師業行殊羣正當如蟬蛻耳乃爲之贊云

黃泓字始長魏郡斥丘人也父沈善天文祕術泓從父受業精妙逾深兼博覽經史尤明禮易性忠勤非禮不動永嘉之亂與勃海高瞻避地幽州說瞻曰王浚昏暴終必無成宜思去就以圖久安慕容廆法政修明虛懷引納且讖言眞人出東北儻或是乎宜相與歸之同建事業瞻不從泓乃率宗族歸廆廆待以客禮引爲參軍軍國之務動輒諮之泓指說成敗事皆如言廆常曰黃參軍孤之仲翔也及皝嗣位遷左常侍領史官甚重之石虎攻皝皝將走遼東泓曰賊有敗氣無可憂也不過二日必當奔潰宜嚴勒士馬爲追擊之備皝曰今寇盛如此卿言必走孤未敢信泓曰殿下言盛者人事耳臣言必走者天時也胡足爲疑及期石虎果退皝益奇之及慕容儁即王位遷從事中郎儁聞冉閔亂將圖中原訪之於泓泓勸行儁從之及僭號署爲進謀將軍太史令關內侯尋加奉車都尉西海太守領太史令開陽亭侯又封平舒縣五等伯常從左右諮決大事靈臺令許敦害其寵諂事慕容評設異議以毀之乃以泓爲太史靈臺諸署統加給事中泓待敦彌厚不以毀已易心慕容暐敗以老歸家歎曰燕必中興其在吳王恨吾年過不見耳年九十七卒後三年僞吳王慕容垂興焉

索紞字叔徹敦煌人也少游京師受業太學博綜經籍遂爲通儒明陰陽天文善術數占候司徒辟除郎中知中國將亂避世而歸鄉人就占者如市紞曰攻乎異端戒在害已無爲多事多事多患遂詭言虛說無驗乃止唯以占夢爲無悔吝乃不逆問者孝廉令狐策夢立冰上與冰下人語紞曰冰上爲陽冰下爲陰陰陽事也士如歸妻迨冰未泮婚姻事也君在冰上與冰下人語爲陽語陰媒介事也君當爲人作媒冰泮而婚成策曰老夫耄矣不爲媒也會太守田豹因策爲子求鄉人張公徵女仲春而成婚焉郡主簿張宅夢走馬上山還繞舍三周但見松柏不知門處紞曰馬屬離離爲火火禍也人上山爲凶字但見松柏墓門象也不知門處爲無門也三周三朞也後三年必有大禍宅果以謀反伏誅索充初夢天上有二棺落於充前紞曰棺者職也當有京師貴人舉君二官者頻再遷俄而司徒王戎書屬太守使舉充太守先署充功曹而舉孝廉充後夢見一虜脫上衣來詣充紞曰虜去上中下半男字夷狄陰類君婦當生男終如其言宋桷夢內中有一人著赤衣桷手把兩杖極打之紞曰內中有人肉字也肉色赤也兩杖箸象也極打之飽肉食也俄而亦驗焉黃平問紞曰我昨夢舍中馬舞數十人向馬拍手此何祥也紞曰馬者火

也舞爲火起向馬拍手救火人也平未歸而火作索綬夢東方有二角書詣綬大角朽敗小角有題韋囊角佩一在前一在後紞曰大角朽敗腐棺木小角有題題所詣一在前前凶也一在後後背也當有凶背之問時綬父在東居三日而凶問至郡功曹張邈嘗奉使詣州夜夢狠咬一脚紞曰脚肉被咬爲郄字會東虜反遂不行凡所占無不驗太守陰澹從求占書紞曰昔入太學因一父老爲主人其人無不知又匿姓名有似隱者紞因從父老問占夢之術審測而說實無書也澹命爲西閤祭酒紞辭曰少無山林之操游學京師交結時貴希申鄙藝會中國不靖欲養志終年老亦至矣不求聞達又少不習勤老無吏幹濛汜之年弗敢聞命澹以東帛禮之月致羊酒年七十五卒於家

孟欽洛陽人也有左慈劉根之術百姓惑而赴之苻堅召詣長安惡其惑衆命苻融誅之俄而欽至融留之遂大讌羣寮酒酣目左右收欽欽化爲旋風飛出第外頃之有告在城東者融遣騎追之垂及忽然已遠或有兵衆距戰或前有溪澗騎不得過遂不知所在堅末復見於青州苻朗尋之入于海島

王嘉字子年隴西安陽人也輕舉止醜形貌外若不足而聰睿內明滑稽好語笑不食五穀不衣美麗清虛服氣不與世人交游隱于東陽谷鑿崖穴居弟子受業者數百人亦皆穴處石虎之末棄其徒衆至長安潛隱于終南山結菴廬而止門人聞而復隨之又遷于倒獸山苻堅累徵不至公侯以下咸躬往參詣好尚之士無不宗師之問其當世者皆隨問而對好爲譬喻狀如戲調言未然之事辭如讖記當時尠能曉之事過皆驗堅將南征遣使者問之嘉曰金剛火彊乃乘使者馬正衣冠徐徐東行數百步而策馬馳反脫衣服棄冠履而歸下馬踞牀一無所言使者還告堅不悟復遣問之曰吾世祚云何嘉曰未央咸以爲吉明年癸未敗于淮南所謂未年而有殃也人候之者至心則見之不至心則隱形不見衣服在架履杖猶存或欲取其衣者終不及企而取之衣架逾高而屋亦不大履杖諸物亦如之姚萇之入長安禮嘉如苻堅故事逼以自隨每事諮之萇既與苻登相持謂嘉曰吾得殺苻登定天下不嘉曰略得之萇怒曰得當云得何略之有遂斬之先此釋道安謂嘉曰世故方殷可以行矣嘉答曰卿其先行吾負債未果去俄而道安亡至是嘉戮死所謂負債者也苻登聞嘉死設壇哭之贈太師謚曰文及萇死萇子興字子略方殺登略得之謂也嘉之死日人有隴上見之其所造牽三歌讖事過皆驗累世猶傳之又著拾遺錄十卷其記事多詭異今行於世

僧涉者西域人也不知何姓少爲沙門苻堅時入長安虛靜服氣不食五穀日能行五百里言未然之事驗若指掌能以祕呪下神龍每旱堅常使之呪龍請雨俄而龍下鉢中天輒大雨堅及羣臣親就鉢觀之卒于長安後大旱移時堅歎曰涉公若在豈憂此乎

郭麐西平人少明式易仕郡主簿張天錫末年苻氏每有西伐之問太守趙凝使麐筮之麐曰若郡內二月十五日失囚者東軍當至涼祚必終凝乃申約屬縣至十五日鮮卑折掘送馬於凝凝怒其非駿幽之內廄鮮卑懼而夜遁凝以告麐麐曰是也國家將亡不可復振苻堅末當陽門震刺史梁熙問麐曰其祥安在麐曰爲四夷之事也當有外國二王來朝主上一當反國一死此城歲餘而鄯善及前部王朝于苻堅西歸鄯善王死於姑臧呂光之王河西也西海太守王楨叛麐勸光襲之光之左丞呂寶曰千里襲人自昔所難況王者之師天下所聞何可僥倖以邀成功麐不可從誤人大事麐曰若其不捷麐自伏鈇鉞之誅如其克也左丞爲無謀矣光從而克之光比之京管常參幃幄密謀光將伐乞伏乾歸麐諫曰今太白未出不宜行師往必無功終當覆敗太史令賈曜以爲必有秦隴之地及克金城光使曜詰麐麐密謂光曰昨有流星東墜當有伏尸死將雖得此城憂在不守正月上旬河水將解若不早渡恐有大變後二日而敗問至光引軍渡河訖冰泮時人服其神驗光以麐爲散騎常侍太常麐後以光年老知其將敗遂與光僕射王祥起兵作亂百姓聞麐起兵咸以聖人起事事無不成故相率從之如不及麐以爲代呂者王乃推王乞基爲主後呂隆降姚興興以王尙爲涼州刺史終如麐言麐之與光相持也逃人稱呂統病死麐曰未也光統之命盡在一時後統死三日而光死麐嘗曰涼州謙光殿後當有索頭鮮卑居之終於禿髮傉檀沮渠蒙遜迭據姑臧麐性褊酷不爲士庶所附戰敗奔乞伏乾歸乾歸敗入姚興麐以滅姚者晉遂將妻子南奔爲追兵所殺

鳩摩羅什天竺人也世爲國相父鳩摩羅炎聰懿有大節將嗣相位乃辭避出家東度葱嶺龜茲王聞其名郊迎之請爲國師王有妹年二十才悟明敏諸國交聘竝不許及見炎心欲當之王遂逼以妻焉既而羅什在胎其母慧解倍常及年七歲母遂與俱出家羅什從師受

經日誦千偈偈有三十二字凡三萬二千言義亦自通年十二其母攜到沙勒國王甚重之遂停沙勒一年博覽五明諸論及陰陽星算莫不必盡妙達吉凶言若符契爲性率達不拘小檢修行者頗共疑之然羅什自得於心未嘗介意專以大乘爲化諸學者咸共師焉年二十龜茲王迎之還國廣說諸經四遠學徒莫之能抗有頃羅什母辭龜茲王往天竺留羅什住謂之曰方等深教不可思議傳之東土惟爾之力但於汝無利其可如何羅什曰必使大化流傳雖苦而無恨母至天竺道成進登第三果西域諸國咸伏羅什神儁每至講說諸王皆長跪坐側令羅什踐而登焉苻堅聞之密有迎羅什之意會太史奏云有星見外國分野當有大智入輔中國堅曰朕聞西域有鳩摩羅什將非此邪乃遣驍騎將軍呂光等率兵七萬西伐龜茲謂光曰若獲羅什卽馳驛送之光軍未至羅什謂龜茲王白純曰國運衰矣當有勍敵從日下來宜恭承之勿抗其鋒白純不從出兵距戰光遂破之乃獲羅什光見其年齒尚少以凡人戲之彊妻以龜茲王女羅什距而不受辭甚苦至光曰道士之操不踰先父何所固辭乃飲以醇酒同閉密室羅什被逼遂妻之光還中路置軍於山下將士已休羅什曰在此必狼狽宜徙軍隴上光不納至夜果大雨洪潦暴起水深數丈死者數千人光密異之光欲留于西國羅什謂光曰此凶亾之地不宜淹留中路自有福地可居光還至涼州聞苻堅已爲姚萇所害於是竊號河右屬姑臧大風羅什曰不祥之風當有姦叛然不勞自定也俄而有叛者尋皆殄滅沮渠蒙遜先推建康太守段業爲主光遣其子纂率衆討之時論謂業等烏合纂有威聲勢必全尅光以訪羅什荅曰此行未見其利旣而纂敗於合黎俄又郭磨起兵纂棄大軍輕還復爲磨所敗僅以身免中書監張資病光傳營救療有外國道人羅义云能差資病光喜給賜甚重羅什知义誑詐告資曰义不能爲益徒煩費耳冥運雖隱可以事試也乃以五色絲作繩結之燒爲灰末投水中云灰若出水還成繩者病不可愈須臾灰聚浮出復爲繩义療果無效少日資亾頃之光死纂立有猪生子一身三頭龍出東廂井中於殿前蟠臥比旦失之纂以爲美瑞號其殿爲龍翔殿俄而有黑龍升於當陽九宮門纂改九宮門爲龍興門羅什曰比日潛龍出遊豕妖表異龍者陰類出入有時而今屢見則爲災眚必有下人謀上之變宜尅己脩德以荅天戒纂不納後果爲呂超所殺羅什之在涼州積年呂光父子旣不弘道故蘊其深解無所宣化姚興遣姚碩德西伐破呂隆乃迎羅什待以國師之禮仍使入西明閣及逍遙園譯出衆經羅什多所暗誦無不究其義旨旣覽舊經多有紕繆於是興使沙門僧䂮僧肇等八百餘人傳受其旨更出經論凡三百餘卷沙門慧叡才識高明常隨羅什傳寫羅什每爲慧叡論西方辭體商略同異云天竺國俗甚重文制其宮商體韻以入管絃爲善凡覲國王必有贊德經中偈頌皆其式也羅什雅好大乘志在敷演常歎曰吾若著筆作大乘阿毗曇非迦旃子比也今深識者旣寡將何所論唯爲姚興著實相論二卷興奉之若神嘗講經于草堂寺興及朝臣大德沙門千有餘人肅容觀聽羅什忽下高座謂興曰有二小兒登吾肩慾鄣須婦人興乃召宮女進之一交而生二子焉興嘗謂羅什曰大師聰明超悟天下莫二何可使法種少嗣送以伎女十人逼之令受爾後不住僧坊別立解舍諸僧多效之羅什乃聚針盈鉢引諸僧謂之曰若能見效食此者乃可畜室耳因舉匕進針與常食不別諸僧愧服乃止杯渡比丘在彭城聞羅什在長安歎曰吾與此子戲別三百餘年相見杳然未期遲有遇於來生耳羅什未終少日覺四大不愈乃口出三蕃神呪令外國弟子誦之以自救未及致力轉覺危殆於是方疾與衆僧告別曰因法相遇殊未盡心方復後世惻愴可言死於長安姚興於逍遙園依外國法以火焚尸薪滅形碎唯舌不爛

沙門曇霍者不知何許人也禿髮傉檀時從河南來持一錫杖令人跪曰此是波若眼奉之可以得道時人咸異之或遺以衣服受而投之於河後日以還本主衣無所污行步如風雲言人死生貴賤無毫釐之差人或藏其錫杖曇霍大哭數聲閉目須臾起而取之咸奇其神異莫能測也每謂傉檀曰若能安坐無爲則天下可定祚允克昌如其窮兵好殺禍將及己傉檀不能從傉檀女病甚請救療曇霍曰人之死生自有定期聖人亦不能轉禍爲福曇霍安能延命邪正可知早晚耳傉檀固請之時後宮門閉曇霍曰急開後門及開門則生不及則死傉檀命開之不及而死後兵亂不知所在也

臺產字國儁上洛人漢侍中崇之後也少專京氏易善圖讖祕緯天文洛書風角星算六日七分之學尤善望氣占候推步之術隱居商洛南山兼善經學泛情教授不交當世劉曜時災異特甚命公卿各舉博識直言之士一人其大司空劉均舉產曜親臨東堂遣中黃門策問之產極言其故曜覽而嘉之引見訪以政事產流涕

歔欷具陳災變之禍政化之闕辭甚懇至曜改容禮之署爲博士祭酒諫議大夫領太史令至明年而其言皆驗曜彌重之轉太中大夫歲中三遷歷位尚書光祿大夫太子少師位特進金章紫綬爵關中侯

宋

徐文伯字德秀東海人濮陽太守熙之曾孫也熙好黄老隱於秦望山有道士過求飲留一瓠𤬪與之曰君子孫宜以道術救世當得二千石熙開之乃扁鵲鏡經一卷因精心學之遂名震海內生子秋夫彌工其術仕至射陽令嘗夜有鬼呻吟聲甚悽愴秋夫問何須荅言姓某家在東陽患腰痛死雖爲鬼痛猶難忍請療之秋夫曰云何厝法鬼請爲芻人案孔穴鍼之秋夫如其言爲灸四處又針肩井三處設祭埋之明日見一人謝恩忽然不見當世服其通靈秋夫生道度叔嚮皆能精其業道度有脚疾不能行文帝令乘小輿入殿爲諸皇子療疾無不絕驗仕至蘭陵太守文帝常云天下有五絕而皆出錢唐謂杜道鞠彈碁范悅時褚欣遠模書褚胤圍碁徐道度療疾也道度生文伯叔嚮生嗣伯文伯亦精其業兼有學行性倜儻不屈意於公卿不以醫術自業吳郡張融謂文伯嗣伯曰昔王微嵇叔夜竝學而不能殷仲堪之徒故所不論得之者由神明洞徹然後可至故非吾徒所及且褚侍中澄雖富貴亦能救療人疾卿此便成不達荅曰唯達者知此可崇不達者多以爲深累既鄙之何能不恥之文伯爲效與嗣伯相埒孝武路太后病眾醫不識文伯診之曰此石博水腸耳乃爲水劑消石湯病即愈除鄱陽王常侍遺以千金旬日恩遇隆重明帝宮人患腰痛牽心每至發輒氣欲絕眾醫以爲肉癥文伯曰此髮癥也以油投之即吐得一物如髮稍引之長三尺頭已成蛇能動遂挂門上滴盡乃一髮而已病即差後廢帝出樂游苑門逢一婦人有娠帝亦善醫診之曰此腹是女也問文伯文伯曰腹有兩子一男一女男左邊青黑形小於女帝性急便欲使剖文伯惻然曰若以刀斧恐其變易請針之胎自落便寫足太陰補手陽明胎便應針而落兩兒相續出果如其言子雄亦傳家業尤工診察位奉朝請能清言多爲貴游所善事母孝謹母終毀瘠幾至自滅俄而兄亾扶杖臨喪撫膺一慟遂以哀卒嗣伯字叔紹亦有孝行善清言位正員郎諸府佐彌爲臨川王映所重時直閤將軍房伯玉服五石散十許劑無益更患冷夏日常複衣嗣伯爲診之曰卿伏熱應須以水發之非冬月不可至十一月冰雪大盛令二人夾捉伯玉解衣坐於石上取冷水從頭澆之盡二十斛伯玉口噤氣絕家人啼哭請止嗣伯遣人執杖防閤敢有諫者撾之又盡水百斛伯玉始能動而見背上彭彭有氣俄而起坐曰熱不可忍乞冷飲嗣伯以水與之一飲一升病即差自爾恆發熱冬月猶着單褌衫體更肥壯常有嫗患滯冷積年不差嗣伯爲診之曰此尸注也當以死人枕煮服之乃愈於是往古冢中取枕枕已一邊腐缺服之即差後秣陵人張景年十五患腹脹面黃眾醫不能療以問嗣伯嗣伯曰此石蚘耳極難療當取死人枕煮服之依語煮枕以湯投下得大利有蚘蟲頭堅如石者五六升病即差後沈僧翼患眼痛又多見鬼物以問嗣伯嗣伯曰邪氣入肝可覓死人枕煮服之竟可埋枕於故處如其言又愈王晏知而問之曰三病不同而皆用死人枕而俱差何也荅曰尸注者鬼氣也伏而未起故令人沈滯得死人枕投之魂氣飛越不復附體故尸注可差石蚘者久蚘也醫療既僻蚘蟲轉堅世間藥不能遣所以須鬼物驅之然後可散故令煮死人枕服之夫邪氣入肝故使眼痛而見魍魎應須邪物以鉤之故用死人枕也氣因枕而去故令埋於冢間也又春月出南籬門戲聞笪屋有呻吟聲嗣伯曰此病甚重更一二日不療必死乃往視之見一老姥稱體痛而處處有䵳黑無數嗣伯還煮斗餘湯送令服之服訖痛勢愈甚跳投牀者無數須臾所䵳處皆拔出釘長寸許以膏塗諸瘡口三日而復云此名釘疽也時又有薛伯宗善徙癰疽有公孫泰者患背伯宗爲氣封之徙置齋前柳樹上明旦癰消樹便起一瘤如拳大稍稍長二十餘日瘤大膿爛出黃赤汁斗餘樹爲之痿損

梁

釋寶誌者不知何許人有於宋泰始中見之出入鍾山往來都邑年已五六十矣齊宋之間稍顯靈迹被髮徒跣語嘿不倫或被錦袍飲啖同於凡俗恆以鏡銅翦刀鑷屬挂杖負之而趍或從人徵索酒肴或累日不食豫言未兆識他心智一日中分身易所遠近驚赴所居噂嗒齊武帝忿其惑眾收付建康獄旦日咸見游行市里既而檢校猶在獄中其夜又語獄吏曰門外有兩輿食金鉢盛飯汝可取之果是文惠太子及竟陵王子良所供養縣令呂文顯以啓武帝乃迎入華林園少時忽著三布帽亦不知於何得之俄而武帝崩文惠太子豫章王相繼薨齊亦於此季矣靈味寺沙門釋寶亮欲以衲被遺之未及有言寶誌忽來牽被而去蔡仲熊嘗問仕

何所至了自不荅直解杖頭左索繩擲輿之莫之能解仲熊後至尚書左丞方知言驗永明中住東宮後堂從平旦門中出入末年忽云門上血污衣褰裳走過至鬱林見害梁以犢車載尸出自此門舍故閹人徐龍駒宅而帝頸血流於門限焉梁武帝尤深敬事常問年祚遠近荅曰元嘉元嘉帝欣然以爲享祚倍宋文之年寶誌雖剃鬚髮而常冠帽下裙納袍故俗呼爲誌公好爲讖記所謂誌公符是也高麗聞之遣使齎錦帽供養天監十三年卒將死忽移金剛像出置戶外語人云菩薩當去旬日無疾而終先是琅邪王筠至莊嚴寺寶誌遇之與交言歡飲至亾敕命筠爲碑蓋先覺也

通志卷一百八十二

通志卷一百八十三

宋右迪功郎鄭樵漁仲撰

藝術傳第三

後魏

鼂崇弟懿　張淵　徐路　高崇祖　孫僧化　殷紹　王早　耿元

劉靈助沙門靈遠　李順興檀特師　顏惡頭　周澹　李脩

徐謇父亮　從孫之才　王顯　崔彧子景哲　景哲子冏　蔣少游

北齊

由吾道榮　王春　信都芳　宋景業　許遵趙紹

吳遵世　趙輔和　皇甫玉　解法選　魏寗

綦毋懷文　張子信　陸法和　馬嗣明

後周

蔣昇　强練　姚僧垣　褚該

隋

庾季才子質　盧太翼　耿詢　來和　蕭吉　楊伯醜　臨孝恭　劉祐　張胄元　許智藏　萬寶常　何稠

後魏

鼂崇字子業遼東襄平人也善天文術數爲慕容垂太史郎從慕容寶敗於參合爲道武所獲從平中原拜太史令詔崇造渾儀遷中書侍郎令如故天興五年月暈左角崇奏占爲角蟲將死帝既克姚平於柴壁以崇言之徵遂命諸軍焚車而反牛果大疫輿駕所乘巨犗數百頭亦同日斃於路側自餘首尾相繼是歲天下牛死者十七八麋鹿亦多死崇弟懿明辯而才不及崇以善北人語爲黃門侍郎懿好矜容儀被服僭度言音類帝左右每聞其聲莫不驚悚帝知而惡之後其家奴告崇懿叛招引姚興及興寇平陽帝以奴言爲實執崇兄弟並賜死

張淵不知何許人也明占候自云嘗事苻堅堅欲征晉淵勸不行堅不從果敗又仕姚興爲靈臺令姚泓滅入赫連昌昌復以淵及徐辯對爲太史令統萬平淵辯俱見獲以淵爲太史令神䴥二年將討蠕蠕淵辯皆謂不宜行與崔浩爭於太武前淵專守常占而不能鉤深致遠故不及浩後爲驃騎軍謀祭酒著觀象賦其言星文甚備文多不載又明元時有容城令徐路善占候坐繫冀州獄別駕崔隆宗就禁慰問之路曰昨夜驛馬星流計赦須臾應至隆宗先信之遂遣人出城候焉俄而赦至又道武明元時太史令王亮蘇垣太武時破和龍得馮弘太史令閔盛孝文時太史趙樊生並知天文後太史令趙勝趙翼趙洪慶胡世榮胡法通等二族世業天文又永安中詔以恆州人高崇祖善天文每占吉凶有驗特除中散大夫永熙中詔通直散騎常侍孫僧化與太史胡世榮太史令張寵趙洪慶及中書舍人孫子良等在門下外省校比天文書集甘石二家星經及漢魏以來二十三家經占集五十五卷後集諸家撮要前後所上雜占以類相從日月五星二十八宿中外宮及圖合爲七十五卷僧化東莞人也識星分案文占以言災異時有所中普泰中尒朱兆惡其多言遂繫於廷尉免官永熙中孝武帝召僧化與中散大夫孫安都共撰兵法未就而帝入關遂罷元象中死於晉陽

殷紹長樂人也達九章七曜太武時爲算生博士給事東宮西曹太安四年上四序堪輿表言以姚氏之時行學伊川遇遊遁大儒成公興從求九章要術興字廣明自云膠東人也山居隱跡希在人間興將臣到陽翟九崖巖沙門釋曇景間興即北還臣獨留住依止景所求請九章景復將臣向長廣東山就道人法穆法穆時共景爲臣開述九章數家雜要復以先師和公所注黃帝四序經文三十六卷合有三百二十四章專說天地陰陽之本其第一孟序九卷八十一章說陰陽配合之原第二仲序九卷八十一章解四時氣王休殺吉凶第三叔序九卷八十一章明日月辰宿交會相生爲表裏第四季序九卷八十一章具釋六甲刑禍福德以此經文傳授於臣山神禁嚴不得齎出尋究經年粗舉綱要山居險難無以自供不堪窘迫心生懈怠以甲寅之年日維鶉火感物懷歸自爾至今二十五載臣前在東宮以狀奏聞奉被景穆皇帝聖詔敕臣撰錄集其要最仰奉明旨謹審先所見四序經文抄撮要略當世所須吉凶舉動集成一卷上至天子下及庶人貴賤等級尊卑差別吉凶所用罔不畢備未及內呈先帝晏駕依先撰錄謹以上聞其四序堪輿遂大行於世其從子玖亦以學術著名

王早勃海南皮人也明陰陽九宮及兵法善風角明元時喪亂之後有人詣早求問勝術早爲設法令各無咎由是州里稱之時有東莞鄭氏執得讎人趙氏尅明晨會宗族當就墓所刑之趙氏求救於早早爲占候并授以一符曰今君且還選取七人令一人爲行主者佩此符於雞鳴時伏在仇家宅東南二里平旦當有十人相隨向西北行中有七人乘黑牛一黑牛最在前一黑牛應第七但捉取第七者將還事必無他趙氏從之果如其言乃是鄭氏男五父也諸子並爲其族所宗敬故和

解二家趙氏竟免後旱與客淸晨立於門內遇有卒風振樹旱語客曰依法當有千里外急使日中時有兩匹馬一白一赤從西南來至即取我逼我不聽與妻子別語訖便入召家人隣里辭別仍沐浴帶書囊日中出門候使如期果有馬一白一赤從州而至即促旱上馬遂詣行宮時太武圍涼州未拔故許彥薦之旱彥師也及至詔問何時當克此城旱對曰陛下但移據西北角三日內必克帝從之如期而克輿駕還都久不雨帝問旱旱曰今日申時必大雨比至未猶無片雲帝召旱詰之旱曰願更少時至申時雲四合遂大雨滂沲旱苦以疾辭乞歸鄉里詔許之遂終於家或言許彥以其術勝恐終妨己譖令歸之耳

耿元鉅鹿宋子人也善卜占有客叩門元在室已知其姓字并所齎持及來問之意其所卜筮十中八九別有林占時或傳之而性不和俗時有王公欲求其筮者元則拒而不許每云今既貴矣何所求而復卜也欲望意外乎代京法禁嚴切王公聞之莫不驚悚而退故元多見憎忿不爲貴勝所親官止鉅鹿太守

劉靈助燕郡人也師事范陽劉弁而麤踈無賴或時負販或復劫盜賣術於市後事尒朱榮榮信卜筮靈助所占屢中遂被親待爲榮府功曹參軍建義初榮於河陰害王公卿士時奉車都尉盧道虔兄弟亦相率朝行宮靈助以其州里衞護之由是朝士與諸盧相隨免害者數十人榮入京師超拜光祿大夫封長子縣公從上黨王元天穆討邢杲元顥入洛天穆度河會尒朱榮於太行及將攻河內令靈助筮之靈助曰未時必克時已向中士衆疲怠靈助曰時將至矣榮鼓之即便克陷及至北中榮攻城不獲以時盛暑議欲且還以待秋涼莊帝詔靈助筮之靈助曰必破十八九開果如言車駕還宮進爵燕郡公贈其父僧安爲幽州刺史尋兼尚書左僕射慰勞幽州流人北還與都督侯深等討葛榮黨韓婁滅之於薊仍釐州務又爲幽并營安四州行臺及尒朱榮死莊帝幽崩靈助本寒微一朝至此自謂方術堪能動衆又以尒朱有誅滅之兆遂自號燕王大行臺爲莊帝舉義兵馴養大鳥稱爲己瑞妄說圖讖言劉氏當主又云欲知避世入鳥村遂刻氈爲人象書桃木爲符書作詭道厭祝法人多信之時西河人紇豆陵步藩舉兵逼晉陽尒朱兆頻戰不利故靈助唱言尒朱自然當滅不須我兵由是幽瀛滄冀人悉從之從之者夜舉火爲號不舉火者諸村共屠之普泰元年率衆至博陵之安國城與叱列延慶侯深尒朱羽生等戰戰敗被禽斬於定州傳首洛陽支分其體初靈助每云三月末我必入定州尒朱亦必滅及將戰靈助自筮卦不吉以手折蓍棄之地云此何知尋見禽果以三月入定州而齊神武以明年閏三月滅兆等於韓陵山永熙二年贈尚書左僕射開府儀同三司幽州刺史謚曰恭時又有沙門靈遠者不知何許人有道術嘗言尒朱榮成敗預知其時又言代魏者齊葛榮聞之故自號齊及齊神武至信都靈遠與勃海李嵩來謁神武待靈遠以殊禮問其天文人事對曰齊當興東海出天子今王據勃海是齊地又太白與月並宜速用兵遲則不吉靈遠後罷道姓荆字次德求之不知所在

李順興京兆杜陵人也年十餘乍愚乍智時莫識之其言未來事時有中者盛冬單布衣跣行冰上及入洗浴略不患寒家嘗爲齋方食器用不周順興言昆明池中有大荷葉可取盛餠食其所居去池十數里日不移影順興取荷葉而歸鄉猶泥舉坐驚異後稍出城市常冠遺[illegible]冠人有億者不過數日輒至其家號爲李練好飲酒但不至醉貴賤並敬之得人所施輒散乞貧人蕭寶夤反召順興問曰朕王可幾年對曰爲天子自有百年者十年者一年者百日者事由可知及寶夤敗裁百日也有侯終德者寶夤之黨寶夤敗後收集反者順興稱其必敗德乃棒殺順興置城隍中頃之起活如初後賀拔岳北征順興與魏收書上爲毛鴻賓等九人姓名者悉放責還順興從後提一河東酒銑以繩繫之於城巷牽行俄而蒲坂降又無何至太傅梁覽家庭中臥以布衫倒覆身上後覽於趙崔反通使東魏事泄被誅覽以衣倒覆果如順興之形周文嘗至溫泉順興求乞溫泉東閒驪山下二畝地周文曰李練用此何爲對曰有用未幾至溫湯遇患卒於其地初大統十三年順興謂周文曰可於沙苑北作一老君象面向北作笑狀周文訝曰何爲答曰令笑破蠕蠕時甚惑未解其意及蠕蠕國滅周文憶語遂作順興象於老君側

檀特師者名惠豐身爲比丘不知何處人飲酒噉肉語嘿無常逆論來事後皆如言居於涼州宇文仲和爲刺史請之至州內歷觀廐庫乃云何意畜他官馬官物仲和怒不聽住涼州未幾仲和拒不受代朝廷令獨孤信禽之仲和身死資財沒官周文遺書召之檀特發至岐州會齊神武來寇玉壁檀特曰狗豈能至龍門也神武果不至龍門而還侯景未叛東魏之前忽捉一杖杖頭刻爲獮猴令其面常向西日夜弄之又索一角弓牽挽之俄而景啟降尋

復背叛之皆以爲驗至大統十七年春初忽著一布帽周文左右驚問之憘特曰汝亦著王亦著也至三月而文帝崩復取一白綃帽著之左右復問之檀特云汝亦著王亦著也未幾丞相夫人薨後又著白綃帽左右復問之云汝亦著王亦著也尋而丞相第二兒武邑公薨其事驗多如此也俄而疾死

顏惡頭章武郡人也妙於易筮遊州市觀卜有婦人負囊粟來卜歷七人皆不中而彊索其粟惡頭尤之卜者曰君若能中何不爲卜惡頭因筮之曰登高臨下水洞洞唯聞人聲不見形婦人曰姙身已七月矣向井上汲水忽聞胎聲故卜惡頭曰吉十月二十日有一男子諸卜者乃驚服曰是顏生邪相與具羊酒謝焉有人以三月十三日詣惡頭求卜遇兌之履惡頭占之曰君卜父父已亡當上天聞哭聲忽復蘇而有言其人曰父臥疾三年矣昨日雞鳴時氣盡舉家大哭父忽驚寤云我死有三天人來迎欲升天聞哭聲遂墜地惡頭曰更三日當永去果如言人問其過惡頭曰兌上天丁土是今日庚辛本宮火故知卜父今三月土入墓又見宗廟爻發故知死變見生氣故知蘇兌爲口主音聲故知哭兌變爲乾乾天也兌爲言故知有言未化入戍爲土三月土墓戍又是本宮鬼墓未後三日至戍故至三日復死惡頭又語人曰長樂王某年某月某日當爲天子有人姓張聞其言數以寶物獻之豫乞東益州刺史及期果爲天子擢張用之惡頭自言厄在彭城後遊東都逢彭城王尒朱仲遠將伐齊神武於鄴召惡頭令筮惡頭野生不知避忌高聲言大惡仲遠怒其沮衆斬之

周澹京兆鄠人也多方術尤善醫藥遂爲太醫令明元嘗苦風頭眩贍療得愈由此位特進賜爵成德侯神瑞二年京師饑朝議遷都於鄴澹與博士祭酒崔浩進計言不可明元曰唯此二人與朕意同詔賜澹浩妾各一人卒謚曰恭

李脩字思祖本陽平館陶人也父亮少學醫術未能精究太武時奔宋又就沙門僧坦略盡其術針灸授藥罔不有效徐兗閒多所救恤亮大爲聽事以舍病人死者則就而棺殯親往弔視其仁厚若此累遷府參軍督護本郡士門宿官咸相交昵車馬金帛酬賚無貲脩兄元孫隨畢衆敬赴平陽亦遵父業而不及以功拜奉朝請脩略與兄同晚入代京歷位中散令以功賜爵下蔡子遷給事中太和中常在禁內文明太后時有不豫脩侍針藥多效賞賜累加車服第宅號爲鮮麗集諸學生及工書者百餘人在東宮撰諸藥方百卷皆行於世先是咸陽公高允雖年且百歲而氣力尚康孝文文明太后時令脩診視之一旦奏言允脈竭氣微大命無逮未幾果亾後卒於太醫令贈青州刺史

徐謇字成伯丹陽人也家本東莞與兄文伯等皆善醫藥謇因至青州慕容白曜平東陽獲之送京師獻文欲驗其能置病人於幕中使謇隔而脈之深得病形兼知色候遂被寵遇爲中散稍遷內行長文明太后時問經方而不及李脩之見任用謇合和藥劑攻療之驗精妙於脩而性祕忌承奉不得其意雖貴爲王公不爲措療也孝文還洛稍加眷待體小不平及所寵馮昭儀有病皆令處療又除中散大夫轉侍御師謇欲爲孝文合金丹致延年法乃入居嵩高採營其物歷歲無所成遂罷二年上幸縣瓠有疾大漸乃馳驛召謇令水路赴行所一日一夜行數百里至診省有大驗九月車駕次于汝濱乃大爲謇設太官珍膳因集百官特坐謇于上席遍陳餚觴于前命左右宣謇救攝危篤振濟之功宜加酬賚乃下詔褒美以謇爲大鴻臚卿金鄉縣伯又賜錢絹雜物奴婢牛馬事出豐厚皆經內呈諸親王咸陽王禧等各有別賚竝至千匹從行至鄴上猶自發動謇日夕左右明年從詣馬圈上疾勢遂甚蹙蹙不怡每加切誚又欲加之鞭捶幸而獲免帝崩後謇隨梓宮還洛謇常有將餌及吞服道年垂八十而鬢髮不白力未多衰正始元年以老爲光祿大夫卒贈安東將軍齊州刺史謚曰靖子踐字景昇襲爵位建興太守文伯仕南齊位東莞泰山蘭陵三郡太守子雄員外散騎侍郎醫術爲江左所稱事竝見南史雄子之才幼而雋發五歲誦孝經八歲略通義旨曾與從兄康造梁太子詹事汝南周捨宅聽老子捨爲設食乃戲之曰徐郎不用心思義而但事食乎之才荅曰蓋聞聖人虛其心而實其腹捨嗟賞之年十三召爲太學生粗通禮易彭城劉孝綽河東裴子野吳郡張嵊等每共論周易及喪服儀酬應如響咸共歎曰此神童也孝綽又云徐郎鷰頷有班定遠之相陳郡袁昂領丹陽尹辟爲主簿人務事宜皆被顧訪郡廨遭火之才起望夜中不著衣披紅服帕出房映光爲昂所見功曹白請免職昂重其才術仍特原之豫章王綜出鎮江都復除豫章王國左常侍又轉綜鎮北主簿及綜入魏三軍散走之才退至呂梁橋斷路絕遂爲統軍石茂孫所止綜入魏旬月位至司空聽綜收斂僚屬乃訪知之才在彭泗啟孝文帝云之才大善醫術兼有機辯詔徵之才孝昌二年至洛敕居南館禮遇甚優謇

子踐啟求之才還宅之才藥石多效又闚涉經史發言辯捷朝賢競相要引爲之延譽武帝時封昌安縣侯天平中齊神武徵赴晉陽常在內館禮遇稍厚武定四年自散騎常侍轉祕書監文宣作相普加黜陟楊愔以其南士不堪典掌功程且多陪從全廢曹務轉授金紫光祿大夫以魏收代之才甚怏怏不平之才少解天文兼圖讖之學共館客宋景業參校吉凶知午年必有革易因高德正啟之文宣聞而大悅時婁太后及勳貴臣咸云關西既是勍敵恐其有挾天子令諸侯之辭不可先行禪代事之才獨云千人逐兔一人得之諸人咸息須定大業何容翻欲學人又援引證據備有條目文宣從之登阼後彌見親密之才非唯醫術自進亦爲首唱禪代又戲謔滑稽言無不至於是大被狎昵尋除侍中封池陽縣伯見文宣政令轉嚴求出除趙州刺史竟不獲述職猶爲弄臣皇建二年除西兗州刺史未之官武明皇太后不豫之才療之應手便愈孝昭賜綵帛千段錦四百疋之才既善醫術雖有外授頃卽徵還既博識多聞由是於方術尤妙大寧二年春武明太后又病之才弟之範爲尚藥典御敕令診候內史皆令呼太后爲石婆蓋有俗忌故改名以厭制之之範出告之才曰童謠云周里跂求伽豹祠嫁石婆斬冢作媒人唯得一量紫綖靴今太后忽改名私所致怪之才曰跂求伽胡言去已豹祠嫁石婆豈有好事斬冢作媒人但令合葬自斬冢唯得紫綖靴者得至四月何者紫之爲字此下系綖者熟當在四月之中之範問靴是何義之才曰靴者革旁化寧是久物至四月一日后果崩有人患腳跟痛諸醫莫能識之才曰蛤精疾也由乘船入海垂腳水中疾者曰實曾如此之才爲剖得蛤子二大如榆莢又有以骨爲刀子把者五色班斕之才曰此人瘤也問得處云於古冢見髑髏額骨長數寸試削視有文理故用之其明悟多通如此天統四年累遷尚書左僕射俄除兗州刺史特給鐃吹一部之才醫術最高偏被命召武成酒色過度恍惚不恆曾病發自云初見空中有五色物稍近變成一美婦人去地數丈亭亭而立食頃變爲觀世音之才云此色欲多太虛所致卽處湯方服一劑便覺稍遠又服還變成五色物數劑湯疾竟愈帝每發動暫遣騎追之針藥所加應時必效故頻有端執之舉人秋武成小定更不發動和士開欲依次轉進以之才附籍兗州卽是本屬遂奏附除刺史以胡長仁爲左僕射士開爲右僕射及十月帝又病動語士開云浪用之才外任使我辛苦其月八日敕驛追之才帝以十日崩之才十一日方到既無所及復還赴州在職無所侵暴但不甚閑法理頗亦疎慢用捨自由五年冬後主徵之才尋左僕射闕之才曰自可復禹之績武平元年重除尚書左僕射之才於和士開陸令萱母子曲盡卑狎二家若疾救護百端由是遷尚書令封西陽郡王祖珽執政除之才侍中太子太師之才恨曰子野沙汰我珽目疾故以師曠比之之才聰辯彊識有兼人之敏尤好劇談體語公私言聚多相嘲戲鄭道育常戲之才爲師公之才曰既爲汝師又爲汝公在三之義頓居其兩又嘲王昕姓云有言則訌近犬便狂加頸足而爲馬施角尾而成羊盧元明因戲之才云卿姓是未入人名是字之誤之當爲乏也卽答云卿姓在上爲虐在丘爲虛生男則爲虜配馬則爲驢又常與朝士出游遙望羣犬競走諸人試令目之之才卽應聲云爲是宋鵲爲是韓盧爲逐李斯東走爲負帝女南徂李諧於廣坐因稱其父名曰卿嗜熊白生不之才曰平平耳又曰卿此言於理平不諧遽出避之道逢其甥高德正德正曰舅顏色何不悅諧告之故德正徑造坐席連索熊白之才謂坐者曰箇人諱底眾莫之應之才曰生不爲人所知死不爲人所諱此何足問唐邕白建方貴時人言云并州赫赫唐與白之才蔑之元日對邕爲諸令史祝曰卿等位當作唐白又以小史好嚼筆故常執管就元文遙口曰借君齒其不遜如此歷事諸帝以戲狎得寵武成生齼牙問諸醫尚藥典御鄧宣文以實對武成怒而撻之後以問之才拜賀曰此是智牙生智牙者聰明長壽武成悅而賞之爲僕射時語人曰我在江東見徐勉作僕射朝士莫不佞之今我亦是徐僕射無一人佞我何由可活之才妻魏廣陽王妹之才從文襄求得爲妻和士開知之乃淫其妻之才遇見而避之退曰妨少年戲笑其縱之如此年八十卒贈司徒公錄尚書事謚曰文明長子林字少卿太尉司馬次子同卿太子庶子之才以其無學術每歎曰終恐同廣陵散矣弟之範醫術見知位太常卿特聽襲之才爵西陽王入周授儀同大將軍隋開皇中卒

王顯字世榮陽平樂平人也自言本東海郯人王朗之後裔也父安上少與李亮同師俱受醫藥而不及亮顯少歷本州從事雖以醫術自通而明敏有決斷才用初文昭太后之懷宣武夢爲日所逐化而爲龍繞后后寤而驚悸遂成心疾文明太后敕徐謇及顯等爲后診脉謇云是微風入藏宜進湯加針顯言案三部脉非有心疾將是懷孕生男之象果如顯言久之補侍御師宣武

自幼有微疾顯擬療有效因稍蒙眄識又罷六輔之初顯爲領軍于烈間通規策頗有密功累遷廷尉卿仍在侍御營進御藥出入禁內累遷御史中尉顯前後居職所在著稱糾折庶獄究其姦回出內惜慎憂國如家及領憲臺多所彈劾百寮肅然又以中尉屬官不悉稱職諷求改革詔委改選務盡才能而顯所舉或有請屬未皆得人於是衆議諠譁聲望致損後宣武詔顯撰藥方三十五卷班布天下以療諸疾東宮建以爲太子詹事委任甚厚上每幸東宮顯常近侍出入禁中仍奉醫藥賞賜累加爲立館宇寵振當時以善療功封衛國縣伯及宣武崩明帝踐阼顯參奉璽策隨從臨哭微爲憂懼顯既蒙任遇兼爲法官恃勢使威爲時所疾朝宰託以侍療無效執之禁中詔削爵位徙朔州臨執呼寃直閤伊盆生以刀鐶撞其腋下傷中吐血至右衛府一宿死子曄尚書儀曹郎中懼走後被獲拷掠百餘宅沒於官初顯構會元景就刑南臺及顯之死在右衛府唯隔一宅相去數十步世以爲有報應之驗始顯布衣爲諸生有沙門相顯後當富貴誡其勿爲吏爲吏必敗由是宣武時或欲令其兼攝吏部每殷勤辭避及宣武崩帝夜即位受璽策於儀須兼太尉及吏部倉卒百官不具以顯兼吏部行事又顯未敗之前有嫗卜相於市言人吉凶頗驗時子曄已爲郎聞之微服就嫗問己終至何官嫗言君今既有位矣不復更進當受父寃竝如其語

崔彧字文若清河東武城人也曾祖逞御史中丞祖禕父勳之大司馬外兵郎贈通直郎彧與兄相如俱自宋入魏相如以才學知名早卒彧少逢隱沙門教以素問甲乙遂善醫術中山王英子略嘗病王顯等不能療彧針之抽針即愈後位冀州別駕性仁恕見疹者喜與療之廣教門生令多救療其弟子清河趙約勃海郝文法之徒咸亦有名彧子景哲豪率亦以醫術知名仕魏太中大夫司徒長史景哲子冏字法峻幼好學汎覽經傳多伎藝尤工相術爲司空參軍齊天保初爲尚藥典御歷高陽太守太子家令武平中爲散騎常侍假儀同三司從幸晉陽嘗謂中書侍郎李德林曰比日看高相王以下文武官人相表俱盡其事口不忍言唯弟一人更應富貴當爲他國不在本朝吾不及見也其精如此冏性廉謹恭儉自修所得俸秩必分親故終鴻臚卿臨終誡其二子曰夫恭儉福之輿傲侈禍之機乘福輿者浸以康休蹈禍機者忽而傾覆汝其誡歟吾沒後斂以時服祭無牢餼棺足周屍瘞不泄靈而已及卒長子修遵父命景哲弟景鳳字鸞叔位尚藥典御

蔣少游樂安博昌人也慕容白曜之平東陽見俘入於平城充平齊戶後配雲中爲兵性機巧頗能畫刻有文思吟咏之際時有短篇遂留寄平城以傭寫書爲業而名猶在鎮後被召爲中書寫書生與高聰俱依高允允竝薦之與聰俱補中書博士自在中書恆庇於李沖兄弟子姪之門始北方不悉青州蔣族或謂少游本非人士又少游微因工藝自達是以公私人望不至相重唯高允李沖曲爲體練孝文文明太后嘗因密宴謂百官曰本謂少游作師耳高允老公乃言其人士然猶驟被引命以規矩刻績爲務因此大蒙恩賜而位亦不遷陟也及詔尚書李沖與馬誕游明根高閭等議定衣冠於禁中少游巧思令主其事亦訪於劉昶二意相乖時致諍競積六載乃成班賜百官冠服之成少游有效焉後於平城將營太廟太極殿道少游乘傳詣洛量準魏晉基趾後爲散騎侍郎副李彪使江南孝文修船乘以其多有思力除都水使者遷兼將作大匠仍領都水池湖泛戲舟檝之具及華林殿詔修舊增新改作金墉金樓皆所措意號爲妍美雖有文藻而不得申其才用恆以剞劂繩尺碎劇怱怱徙倚園河城殿之側識者爲之歎慨而乃坦爾爲已任不告疲恥又兼太常少卿都水如故卒贈龍驤將軍青州刺史謚曰質有文集十卷餘少游又爲太極模範與董爾王遇等參建之皆未成而卒初文成事郭善明甚機巧北京宮殿多其製作孝文時青州刺史侯文和亦以巧聞爲要舟水中立射滑稽多智辭說無端尤善淺俗委巷之語至可歡笑位樂陵濟南二郡太守宣武孝明時豫州人柳儉殿中將軍關文備郭安興竝機巧洛中製永寧寺九層佛圖安興爲匠也始孝文時有范甯兒者善圍棊曾與李彪使齊齊令江南上品王抗與甯兒制勝而還又有浮陽高光宗善摴蒱趙國李幼序洛陽丘何奴竝工握槊此蓋胡戲近入中國云胡王有弟一人遇罪將殺之弟從獄中爲此戲以上之意言孤則易死也宣武以後大盛於時

北齊

由吾道榮琅邪沭陽人也少爲道士入長白山泰山又遊燕趙間聞晉陽有人大明法術乃尋之是人爲人家傭力無名者久求訪始得其人道家符水禁咒陰陽歷數天文藥性無不通解以道榮好尚乃悉授之歲餘是人謂道榮云我本恆岳仙人有少罪過爲天官所謫今限滿將歸卿宜送吾至汾水及至汾河遇水暴長橋壞船渡艱難是人乃臨水禹步以一符投水中流便絕俄

頃水積將至天是人徐自沙石上渡唯道榮見其如是傍人咸云水如此長此人遂能浮過共驚異之如此法道榮所不得也道榮仍歸本郡隱於琅邪山中辟穀餌松朮茯苓求長生之祕又善洞視蕭軌等之敗於江南其日道榮言之目見其後鄉人從役得歸者勘問敗時形勢與道榮所說符同尋爲文宣追往晉陽道榮恆野宿不入逆旅至遼陽山中夜初馬驚有猛獸去馬止十餘步所追人及防援者並驚怖將走道榮徐以杖畫地成火坑猛獸遽走道榮至晉陽文宣見之甚悅後歸鄉里隋開皇初備禮徵辟授上儀同三司諫議大夫沭陽縣公從晉王平陳還苦辭歸至鄉卒年八十五又有張遠遊者文宣時令與諸術士合九轉金丹及成帝置之玉匣云我貪人間作樂不能飛上天待臨死時取服

王春河東安邑人也少精易占明陰陽風角神武引爲館客韓陵之戰四面受敵從寅至午三合三離將士皆懼神武將退軍春叩馬諫曰比至未時必當大捷遂縛其子詣軍門爲質若不勝請斬之賊果大敗後從征討恆令占卜其言多中位東徐州刺史賜爵安夷縣公卒贈秦州刺史

信都芳字玉琳河間人也少學算術兼有巧思每精心研究或墜坑坎常語人云算曆玄妙機巧精微我每一沈思不聞雷霆之聲也其用心如此後爲安豐王延明召入賓館有江南人祖暅者先於邊境被獲在延明家舊明曆算而不爲王所待芳諫王禮遇之暅後還留諸法授芳由是彌復精密延明家有羣書欲抄集五經算事爲五經宗及古今樂事爲樂書又聚渾天欹器地動銅烏漏刻候風諸巧事并圖畫爲器準並令芳算之會延明南奔芳乃自撰注後隱於并州樂平之東山太守慕容保樂聞而召之芳不得已而見焉於是保樂弟紹宗薦之於神武爲館客授中外府田曹參軍芳性淸儉質樸不與物和紹宗給其羸馬不肯乘騎夜遣婢侍以試之芳忿呼毆擊不聽近己狷介自守無求於物後亦注重差句股復撰史宗芳精專不已又多所闚涉丞相倉曹祖珽謂芳曰律管吹灰術甚微妙絕來既久吾思所不至卿試思之芳留意十數日便報珽云吾得之矣然終須河內葭莩灰祖對試之無驗後得河內灰用術應節便飛餘灰即不動也爲時所重竟不行用故此法遂絕又著樂書遁甲經四術周髀宗其序曰漢成帝時學者問蓋天揚雄曰蓋哉未幾也問渾天曰洛下閎爲之鮮于妄人度之耿中丞象之幾乎莫之息矣此言蓋差而渾密也蓋器測景而造用之日久不同於祖故云未幾也渾器量天而作乾坤大象隱見難變故云幾乎是時太史令尹咸窮研晷蓋易古周法雄乃見之以爲難也自昔周公定景王城至漢朝蓋器一改焉渾天覆觀以靈憲爲文蓋天仰觀以周髀爲法覆仰雖殊大歸是一古之人制者所表天效元象芳以渾算精微術機萬首故約本爲之省要凡述二篇合六法名四術周髀宗又上黨李業興撰新曆自以爲長於趙故何承天祖沖之三家芳難業興五十事又私撰曆書名曰靈憲曆算月頻大頻小食必以朔證據甚甄明每云何承天亦爲此法而不能精靈憲若成必當百代無異議者書未成而卒

宋景業廣宗人也明周易爲陰陽緯候之學兼明曆數魏武定初任北平太守文宣作相在晉陽景業因高德政上言易稽覽圖曰鼎五月聖人君天與延年齒東北水中庶人王高得之謹案東北水謂勃海也高得之明高氏得天下也時魏武定八年三月也高德政徐之才並勸文宣應天受禪乃之鄴至平城都諸大臣沮計將還賀拔仁等又云宋景業誤王宜斬之以謝天下帝曰宋景業當爲帝王師何可殺也還至并州文宣令景業筮遇乾之鼎景業曰乾君也天也易曰時乘六龍以御天鼎五月卦也宜以仲夏吉辰順天受禪或曰陰陽書五月不可入官犯之卒於其位景業曰此乃大吉王爲天子無復下期豈得不終於其位帝大悅天保初封長城縣子受詔撰天保曆李廣爲之序

許遵高陽新城人也明易善筮兼曉天文風角占相逆刺其驗若神神武引爲館客自言祿命不富貴不橫死是以任性疎誕多所犯忤神武常容借之芒陰之役遵謂李業興曰賊爲水陳我爲火陳水勝火我必敗果如其言淸河王岳以遵爲開府記室岳後將救江陵遵曰此行必致後凶宜辭疾勿去岳曰勢不免去正當與君同行遵曰遵好與生人相隨不欲與死人同路岳彊給其馬以行至都尋喪三臺初成文宣宴會尙書以上三日不出許惇妻李氏憂之以問遵遵曰明日當得三百疋絹李氏曰若然當奉三束遵曰不滿十疋既而皆如言文宣無道日甚遵語人曰多折算來吾筮此狂夫何時得死於是布算滿牀大言曰不出冬初我乃不見文宣以十月崩遵果以九月死子暉亦學術數遵謂曰汝聰明不及我不勞多學唯授以婦人產法豫言男女及產日無不中武成時以此數獲賞爲又有滎陽魏紹者亦善占候景欲試之使與郭生俱卜二伏牛何者先起

卜得火兆郭生曰赤牛先起紹曰青牛先起景問其故郭生曰火色赤故知赤牛先起紹曰火將然煙先起煙上色青故知青牛起既而如紹言

吳遵世字季緒勃海人也少學易入恆山忽見一老翁授之開心符遵世跪而吞之遂明占卜後出遊京洛以卜筮知名魏孝武帝之將即位使之筮遇否之萃曰先否後喜帝曰喜在何時遵世曰剛決柔剛春末夏初也又筮遇明夷之賁曰初登于天後入于地若能敬始慎終不失法度無憂入地矣終如其言後文襄引爲大將軍府墨曹參軍從遊東山有雲起恐雨廢射戲使筮遇剝李業興云坤上艮下剝艮爲山山出雲故知有雨遵世云坤爲地土制水故知無雨文襄使崔暹書之云遵世若著賞絹十疋不著罰杖十業興若著無賞不著罰杖十業興曰同是著何獨無賞文襄曰遵世著會我意故賞也須臾雲散二人各受賞罰皇建中武成以丞相在鄴下居守自致猜疑甚懷憂懼謀起兵每宿輒令遵世筮遵世云自有大慶由是不決俄而趙郡王等奉太后令以遺詔追武成更令筮之遵世云比巳作十餘卦其占自然有天下之徵及即位除中書舍人固辭老疾授中散大夫和士開封王妻元氏無子以側室長孫爲妃令遵世筮遵世云此卦偶與占同乃出其占書云元氏無子長孫爲妃士開喜於妙中於是起叫而舞遵世著易林雜占百餘卷後預尉遲迥亂死焉

趙輔和清都臨漳人也少以明易善筮爲神武館客神武崩於晉陽葬有日矣文襄令文宣與吳遵世等擇地頪卜不吉又至一所筮遇革咸云凶輔和少年最在衆人後進云革卦於天下人皆凶唯王家用之大吉革彖辭云湯武革命應天順人文宣遽登車顧云以此地爲定即義平陵也有人父爲刺史得書云疾是人詣館別託相知者筮遇泰筮者云此卦甚吉是人出後輔和謂筮者云泰乾下坤上則父入土矣豈得言吉果凶問至有人父疾託輔和筮遇乾之晉慰諭令去後告人云乾之遊魂乾爲天爲父父變爲魂而升於天能無死乎亦如其言太寧武平中筮後宮誕男女及時日多中遂至通直常侍入周亦爲儀同隋開皇中卒

皇甫玉不知何許人也善相人文襄之自潁川歸文宣從後玉於傍縱觀謂人曰大將軍不作物指文宣曰會道北垂鼻渫者及文宣即位試玉相術故以帛巾袜其眼使歷摸諸人至文宣曰此最大達官於任城王曰當至丞相於常山長廣二王竝曰亦貴至石動桶曰此弄癡人至二供膳曰正得好飲食而已玉嘗爲高歸彥相曰位極人臣但莫反歸彥曰我何爲反玉曰公有反骨孝昭賜趙郡王十死不問王喜曰皇甫玉相臣云當惡死今復何慮帝以玉輒爲諸王相心不平之玉謂其妻曰殿上者不過二年妻以告舍人斛斯洪慶妻洪慶以啟帝怒曰向婦女小兒評論萬乘主敕召玉玉每照鏡自言兵死及被召謂妻曰我今去不迴若過日午時當得活既至正中遂斬之文襄時有吳士雙盲妙於聲文襄歷試之聞劉桃枝聲曰有所繫屬然當大富貴王侯將相多死其手譬如鷹犬爲人所使聞趙道德聲曰亦繫屬人富貴翕赫不及前人聞侯呂芬聲與道德相似聞太原公聲曰當爲人主聞文襄聲不動崔暹私招之乃謬言亦國主也文襄以爲我家羣奴猶極貴況吾身也又時有御史賈子儒能相人崔暹嘗將子儒私視文襄子儒曰人有七尺之形不如一尺之面一尺之面不如一寸之眼大將軍臉薄眄速非帝王相也竟如言齊代善相者有館客趙瓊其婦叔寄弓弓已轉在人處盡知之時人疑其別有假託不然則姑布子卿不如也初魏正始前有沙門學相遊懷朔舉目見人皆有富貴之表以爲必無此理燔其書而後皆如言乃知相法不虛也

解法選河內人也少明相術又受易於權會筮亦頗工陳郡袁叔德時以太子庶子出行博陵太守不願之官以親老言於執政楊愔愔語云既非正除尋當遣代叔德意欲留尊累在京令法選占云不踰三年得代終不還也勸其盡家而行又爲叔德相云公邑邑終爲吏部尙書鑒照人物後皆如言又頪爲和士開相中士開牒爲開府行參軍

魏寧鉅鹿人也以善推祿命徵爲館客武成以巳生年月託爲異人問之寧曰極富貴今年入墓武成驚曰是我寧變辭曰若帝王自有法又有陽子術語人曰謠言盧十六雉十四犍子相頭三十二且四八天之大數太上之祚恐不過此既而武成崩年三十二

綦母懷文不知何許人也以道術事神武武定初神武與西師戰於芒山時軍中旗幟盡赤西軍盡黑懷文曰赤火色黑水色水能滅火不宜以赤對黑土勝水宜改爲黃神武遂改爲赭黃所謂河陽幡者也懷文造宿鐵刀其法燒土鐵精以重柔鋌數宿則成剛以柔鐵爲刀脊浴以五牲之溺淬以五牲之脂斬甲過三十札今襄國冶家所鑄宿柔鋌是其遺法作刀猶甚快利但不能頓截三十札也懷文又云廣平郡南幹子城是干將鑄

劒處其土可瑩刀每云昔在晉陽爲監館館中有一蟜蟜客同館胡沙門指語懷文云此人別有異算術乃指庭中一棗樹云令其布算子即知其實數乃試之并辯若干純赤若干赤白相半於是剝數之唯少一子算者曰必不少但更撼之果落一實懷文位信州刺史又有孫正言謂人曰我昔聞曹普演有言高王諸兒阿保當爲天子至高德之承之當滅阿保爲天保也德之爲德昌也滅年號承光即承之矣

張子信河內人也頗涉文學少以醫術知名恆隱白鹿山時出游京邑甚爲魏收崔季舒所重大寧中徵爲尚藥典御武平初又以太中大夫徵之聽其所志還山又善易筮及風角之術武衞奚永洛與子信對坐有鵲鳴庭樹鬬而墮焉子信曰不善向夕當有風從西南來歷此樹拂堂角則有口舌事今夜有人喚必不可往雖敕亦以病辭子信去後果有風如其言是夜琅邪王五使切召永洛且云敕喚永洛欲起其妻苦留之稱墜馬腰折不堪動詰朝而難作子信齊亡卒

陸法和不知何許人也隱於江陵百里洲衣食居處一與戒行沙門同耆老自幼見之容色常定人莫能測也或謂出自嵩高遍游遐邇既入荆州汶陽郡高要縣之紫石山無故捨所居山俄有蠻賊文道期之亂時人以爲豫見萌兆及侯景始告降於梁法和謂南郡朱元英曰貧道共檀越擊侯景去元英曰侯景爲國立效師云擊之何也法和曰正自如此及景度江法和時在青谿山元英往問曰景今圍城其事云何法和曰凡人取果宜待熟時固問之曰亦克亦不克景遣將任約擊梁湘東王於江陵法和乃詣湘東乞征約召諸蠻弟子八百人在江津二日便發湘東遣胡僧祐領千餘人與同行法和登艦大笑曰無量兵馬江陵多神祠人俗恆所祈禱自法和軍出無復一驗人以爲神皆從行故也至赤沙湖與約相對法和乘輕船不介冑沿流而下去約軍一里乃還謂將士曰聊觀彼龍睡不動吾軍之龍甚自踊躍即攻之若得彼明日當不損客主一人而破賊然有惡處遂縱火船而逆風不便法和執白羽扇麾風風即返約眾皆見梁兵步於水上於是大潰皆投水約逃竄不知所之法和曰明日午時當得及期而未得人問之法和曰吾前於此洲水乾時建一刹語檀越等此雖爲刹實是賊標今何不向標下求賊也如其言果於水中見約抱刹仰頭裁出鼻遂禽之約言求就師目前死法和曰檀越有相必不兵死且於王有緣決無他慮王於後當得檀越力耳湘東果釋用爲郡守及魏圍江陵約以兵赴救力戰焉法和既平約往進見王僧辯於巴陵謂曰貧道已卻侯景一臂其更何能爲檀越宜即逐取乃還謂湘東王曰侯景自然平矣無足可慮蜀賊將至法和請守巫峽待之乃總諸軍而往親運石以塡江三日水遂不流橫之以鐵鎖武陵王紀果遣蜀兵來至峽口勢蹙進退不可王琳與法和經略一戰而殄之軍次白帝謂人曰諸葛孔明可謂爲名將吾自見之此城旁有其埋弩箭鏃一斛許因插表令掘之如其言又嘗至襄陽城北大樹下畫地方二尺令弟子掘之得一龜長尺半以杖叩之曰汝欲出不能得已數百歲不逢我者豈見天日乎爲授三歸龜乃入草初八疊山多惡疾人法和爲采藥療之不過三服皆差即求爲弟子山中多毒蟲猛獸法和授其禁戒不復噬螫所泊江湖必於峰側結表云此處放生漁者皆無所得才或少獲輒有大風雷船人懼而放之風雨乃定晚雖將兵猶禁諸軍漁捕有竊違者中夜猛獸必來欲噬之或亡其船纜有小弟子戲截蛇頭來詣法和法和曰汝何意殺因指以示之弟子乃見蛇頭齚袴襠而不落法和使懺悔爲蛇作功德又有人以牛試刀一下而頭斷來詣法和法和曰有一斷頭牛就卿徵命殊急若不爲作功德一月內報至其人弗信少日果死法和又爲人置宅圖墓以避禍求福嘗謂人曰勿繫馬於碓其人行過鄉曲門側有碓因繫馬於其柱入門中憶法和戒走出將解之馬已斃矣梁元帝以法和爲都督郢州刺史封江乘縣公法和不稱臣其啟文朱印名上自稱居士後稱司徒梁元帝謂其僕射王褒曰我未嘗有意用陸爲三公而自稱何也褒曰彼既以道術自命容是先知梁元以法和功業稍重遂就加司徒都督刺史如故部曲數千人通呼爲弟子唯以道術爲化不以法獄加人又列肆之所不立市丞牧佐之法無人領受但以空檻籥在道間上開一孔以受錢賈客店人隨貨多少計其估限自委檻中所掌之司夕方開取條其孔目輸之於庫又法和平常言若不出口時有所論則雄辯無敵然猶帶蠻音善爲攻戰具在江夏大聚兵艦欲襲襄陽而入武關梁元帝使止之法和曰法和是求佛之人尚不希釋梵天王坐處豈規王位但於空王佛所與主上有香火因緣見主上應有報至故救援耳今既被疑是業定不可改也於是設供食具大餹薄餅及魏舉兵法和自郢入漢口將赴江陵梁元帝使人逆之曰此自能破賊師但鎮郢州不須動也法和乃還州堊其城門著麤白布衫袴布邪

巾大繩束腰坐葦席終日乃脫之及聞梁元敗滅復取前凶服著之哭泣受弔梁人入魏果見餡餅爲法和始於百里洲造壽王寺既架佛殿更截梁柱曰後四十許年佛法當遭雷電此寺幽僻可以免難及魏平荆州宮室焚燼總管欲發取壽王佛殿嫌其材短乃停後周氏滅佛法此寺隔在陳境故不及難天保六年春淸河王岳進軍臨江法和舉州來附文宣以法和爲大都督十州諸軍事太尉公西南大都督五州諸軍事荆州刺史安湘郡公宋莅爲郢州刺史官爵如故莅弟簉爲散騎常侍儀同三司湘州刺史義興縣公梁將侯瑱來逼江夏諸軍棄城而退法和與宋莅兄弟入朝文宣聞其有奇術虛心想見之備三公鹵簿於城南十二里供帳以待之法和遙見鄴城下馬禹步辛術謂曰公既萬里歸誠主上虛心相待何作此術法和手持香鑪步從路車至於館明日引見給通幰油絡網車仗身百人詣闕通名不稱官爵不稱臣但云荆山居士文宣宴法和及其徒屬於昭陽殿賜法和錢百萬物萬段甲第一區田一百頃奴婢二百人生資什物稱是宋莅千段其餘儀同刺史以下各有差法和所得奴婢盡免之曰各隨緣去錢帛散施一日便盡以官所賜宅營佛寺自居一房與凡人無異三年間再爲太尉世猶謂之居士無疾而告弟子死期至時燒香禮佛坐繩牀而終浴訖將殮屍小縮止三尺許文宣令開棺而視之空棺而已法和書其所居屋壁而塗之及剝落有文曰十年天子爲尙可百日天子急如火周年天子遞代坐又曰一母生三天兩天共五年說者以爲婁太后生三天子自孝昭卽位至武成傳位後主共五年爲法和在荆郢有少姬年可二十餘自稱越姥身披法服不肯嫁娶恒隨法和東西或與其私通十有餘年今者賜棄別更他淫有司考驗並實越姥因爾改適生子數人

馬嗣明河內野王人也少博綜經方爲人診脈一年前知其生死邢邵唯一子大寶甚聰慧年十七八患傷寒嗣明爲其診脈退告楊愔云邢公子傷寒不療自差然脈候不出一年便死覺之少晚不可復療數日後楊邢竝侍宴內殿文宣云邢子才兒大不惡我欲乞其隨近一郡楊以年少未合剖符宴罷奏云馬嗣明稱大寶脈惡一年內恐死若其出郡醫藥難求遂寢大寶未期而卒楊愔患背腫嗣明以練石塗之便差因此大爲楊愔所重作練石法以麤黃色石如鵝鴨卵大猛火燒令赤內淳醋中自有石屑落醋裏頻燒至石盡取石屑曝乾擣下篩和醋以塗腫上無不愈武平中爲通直散騎常侍針灸孔穴往往與明堂不同嘗有一家二奴俱患身體遍靑漸虛羸不能食訪諸醫無識者嗣明爲灸兩足趺上各三七壯便愈武平末從駕往晉陽至遼陽山中數處見牓云有人家女病若能差之者購錢十萬又諸名醫多尋牓至是人家問疾狀俱不下手唯嗣明爲之療問其病由云曾以手持一麥穗卽見一赤物長二尺許似蛇入其手指中因驚倒地卽覺手臂疼腫月餘日漸及半身肢節俱腫痛不可忍呻吟晝夜不絕嗣明卽爲處方令馳馬往都市藥示其節度前後服十劑湯一劑散比嗣明明年從駕還此女平復如故嗣明藝術精妙多如是隋開皇中卒於太子藥藏監然性自矜大輕諸醫人自徐之才崔叔鸞以還俱爲其所輕

後周

蔣昇字鳳起楚國平河人也少好天文玄象之學文帝雅信待之魏大統三年東魏竇泰頓軍潼關文帝出師馬牧澤時西南有黃紫氣抱日從未至酉文帝謂昇曰此何祥也昇曰西南未地主土土王四季秦分今大軍既出喜氣下臨必有大慶於是與泰戰禽之自後遂降河東克弘農破沙苑由此愈被親禮九年高仲密以北豫州來附文帝欲遣兵援之昇曰春王在東熒惑又在井鬼分行軍非便文帝不從軍至芒山不利而還太師賀拔勝怒曰蔣昇罪合萬死文帝曰蔣昇固諫曰師出不利此敗也孤自取之魏恭帝元年以前後功授車騎大將軍儀同三司封高城縣子後除太中大夫以年老請致事詔許之加定州刺史卒於家

强練不知何許人也亦不知其名字先是李順興語默不恒好言未然之事當時號爲李練世人以强類之故亦呼爲練焉容貌長壯有異於人神情敞悅莫之能測意欲有所說逢人輒言若値其不欲言縱苦加祈請不相酬答初聞其言略不可解事過後往往有驗恒寄住諸佛寺好行人家兼歷造王公邸第所至人皆敬信之晉公護未誅前練曾手持一瓠到護第門外抵破曰瓠破子苦時柱國平高公侯伏龍恩深被任委强練至龍恩宅呼其妻元氏及其妾媵幷婢僕等竝令連席而坐諸人以逼夫人苦辭不肯强練曰汝等一例人耳何有貴賤遂逼就坐未幾而護誅諸子竝死龍恩亦伏法仍籍沒其家建德中每夜上街衢邊樹大哭釋迦牟尼佛或至申旦如此者累月聲甚哀苦俄而廢佛道二教大象末又以一無底囊歷長安市肆告乞市人爭以米麥遺之强練張囊受之隨卽漏之於地人或問之强練曰

但欲使諸人見盛空耳至隋開皇初果移都於龍首山城遂空廢後莫知其所終又有蜀郡衞元嵩者亦好言將來事蓋江左寶誌之流天和中遂著詩預論周隋廢興及唐家受命竝有徵驗尤不信釋教嘗上疏極論之

姚僧垣字法衞吳興武康人吳太常信之八世孫也父菩提梁高平令嘗嬰疾歷年乃留心醫藥梁武帝召與討論方術言多會意由是頗禮之僧垣幼通洽居喪盡禮年二十四卽傳家業仕梁爲太醫正加文德主帥梁武帝嘗因發熱服大黃僧垣曰大黃快藥至尊年高不宜輕用帝弗從遂至危篤太淸元年轉鎭西湘東王府中記室參軍僧垣少好文史爲學者所稱及梁簡文嗣位僧垣兼中書舍人梁元帝平侯景召僧垣赴荊州改授晉安王府諮議梁元帝嘗有心腹病諸醫皆請用平藥僧垣曰脈洪實宜用大黃元帝從之進湯訖果下宿食因而疾愈時初鑄錢一當十乃賜十萬貫實百萬也及魏軍克荊州僧垣猶侍梁元不離左右爲軍人所止方泣涕而去尋而文帝遣使馳驛徵僧垣燕公于謹固留不遣謂使人曰吾年衰暮疾病嬰沈今得此人望與之偕老文帝以謹勳德隆重乃止明年隨謹至長安武成元年授小畿伯下大夫金州刺史伊婁穆以疾還京請僧垣省疾乃云自腰至臍似有三縛兩腳緩縱不復自持僧垣卽爲處湯三劑穆初服一劑上縛卽解次服一劑中縛復解又服一劑三縛卽除而兩腳疼痺猶自攣弱更爲合散一劑稍得屈申僧垣曰終待霜降此患當愈及至九月遂能起行大將軍襄樂公賀蘭隆先有氣疾加以小腫喘息奔急坐臥不安或有勸其服決命大散者其家疑未能決乃問僧垣僧垣曰意謂此患不與大散相當卽爲處方勸急使服便卽氣通更服一劑諸患悉愈大將軍樂平公竇集暴感風疾精神瞀亂無所覺知醫先視者皆云已不可救僧垣後至曰困矣終當不死爲合湯散所患卽療大將軍永世公叱伏列椿苦痢積時而不損廢朝謁燕公謹嘗問僧垣曰樂平永世俱有痼疾意永世差輕對曰夫患有深淺時有危殺樂平雖困終當保全永世雖輕必不免死謹曰當在何時對曰不出四月果如其言謹歎異之天和六年遷遂伯中大夫建德三年文宣太后寢疾醫巫雜說各有同異武帝引僧垣坐問之對曰臣準之常人竊以憂懼帝泣曰公旣決之矣知復何言尋而太后崩其後復因召見乃授驃騎大將軍開府儀同三司敕停朝謁若非別敕不勞入見四年帝親戎東討至河陰遇疾口不能言瞼垂覆目不得視一足短縮又不得行僧垣以爲諸藏俱病不可竝療軍中之要莫過於語乃處方進藥帝遂得言次又療目目疾便愈末及足足疾亦瘳比至華州帝已痊復卽除華州刺史仍詔隨駕入京不令在鎭宣政元年表請致仕優詔許之是歲帝幸雲陽遂寢疾乃召僧垣赴行在所內史柳昂私問曰至尊脈候何如對曰天子上應天心或當非愚所及若凡庶如此萬無一全尋而帝崩宣帝初在東宮常苦心痛乃令僧垣療之其疾卽愈及卽位恩禮彌隆謂曰常聞先帝呼公爲姚公有之乎對曰臣曲荷殊私實如聖旨帝曰此是尙齒之辭非爲貴爵之號朕當爲公建國開家爲子孫永業乃封長壽縣公冊命之日又賜以金帶及衣服等大象二年除太醫下大夫帝尋有疾至于大漸僧垣宿直侍疾帝謂隋公曰今日性命唯委此人僧垣知帝必不全濟乃對曰臣但恐庸短不逮敢不盡心帝頷之及靜帝嗣位遷上開府儀同大將軍隋開皇初進爵北絳郡公三年卒年八十五遺誡衣帢入棺朝服勿斂靈上唯置香奩每日設淸水而已贈本官加荊湖二州刺史僧垣醫術高妙爲當時所推前後效驗不可勝紀聲譽旣盛遠聞邊服至於諸蕃外域咸請託之僧垣乃參校徵效者爲集驗方十二卷又撰行記二卷行於世長子察南史有傳次子最字士會博通經史尤好著述年十九隨僧垣入關明帝盛聚學徒校書於麟趾殿最亦豫爲學士俄授齊王憲府水曹參軍記室事特爲憲所禮接最幼在江左迄于入關未習醫術天和中齊王憲奏遣最習之憲又謂最曰博學高才何如王褒庾信王庾名重兩國吾視之蔑如接待資給非爾家比也勿不存心且天子有敕彌須勉勵最於是始受家業十許年中略盡其妙每有人告請效驗甚多隋文帝踐極除太子門大夫以父憂去官哀毀骨立旣免喪襲爵北絳郡公復爲太子門大夫俄轉蜀王秀友秀鎭益州遷秀府司馬及平陳察至最自以非嫡讓封於察隋文帝許之秀後陰有異謀隋文帝令公卿窮其事開府慶整郝隆等竝推過於秀最獨曰凡有不法皆最所爲王實不知也榜訊數百卒無異辭竟坐誅論者義之撰梁後略十卷行於世

褚該字孝通河南陽翟人也父義昌梁鄱陽王中記室該幼而謹厚尤善醫術仕梁歷武陵王府參軍隋府西上後與蕭撝同歸周自許奭死後該稍爲時人所重賓客迎候亞於姚僧垣天和初位縣伯下大夫進授車騎大將軍儀同三司該性淹和不自矜尙但有請之者皆

爲盡其藝術時論稱其長者後以疾卒子則亦傳其家業

隋

庾季才字叔奕新野人也八世祖滔隨晉元帝過江官至散騎常侍封遂昌侯因家于南郡江陵縣祖詵南史有傳父曼倩光祿卿季才幼穎悟八歲誦尚書十二通易好占元象居喪以孝聞梁湘東王繹引授外兵參軍西臺建累遷中書郎領太史封宜昌縣伯季才固辭太史梁元帝曰漢司馬遷歷世居掌魏高堂隆猶領此職卿何憚焉帝亦頗明星曆謂曰朕猶慮禍起蕭牆季才曰秦將入郢陛下宜留重臣作鎭荆陝還都以避其患帝初然之後與吏部尚書宗懔等議乃止俄而江陵覆滅周文一見深加優禮令參掌太史曰卿宜盡誠事孤當以富貴相荅初荆土覆亡衣冠士人多没爲賤季才散所賜物購求親故周文問何能若此季才曰郢都覆敗君信有罪搢紳何咎皆爲賤隸誠竊哀之故贖購耳周文乃悟曰微君遂失天下之望因出令免梁俘爲奴婢者數千口武成二年與王褒庾信同補麟趾學士累遷稍伯大夫後宇文護執政問以天道徵祥對曰頃上台有變不利宰輔公宜歸政天子請老私門護沉吟久之曰吾本意如此但辭未獲免自是漸疏及護夷滅閱其書記有假託符命妄造異端者皆誅唯得季才兩紙盛言緯候宜免政歸權帝謂少宗伯斛斯徵曰季才甚得人臣之禮因賜粟帛遷太史中大夫詔撰靈臺祕苑封臨潁縣伯宣帝嗣位加驃騎大將軍開府儀同三司及高祖爲丞相嘗夜召問天時人事季才曰天道精微難可悉察竊以人事卜之符兆已定季才縱言不可公得爲箕潁事乎高祖默然久之曰吾今譬騎虎誠不得下矣因賜以綵帛曰愧公此意大定元年正月季才上言今月戊戌平旦青氣如樓闕見國城上俄而變紫逆風西行氣經云天不能無雲而雨皇王不能無氣而立今王氣已見須卽應之二月日出卯入酉居天之正位謂之二八之門日者人君之象人君正位宜用二月其月十三日甲子甲爲六甲之始子爲十二辰之初甲數九子數又九九爲天數其日卽是驚蟄陽氣壯發之時昔周武王以二月甲子定天下享年八百漢高帝以二月甲午卽帝位享年四百故知甲子甲午爲得天數今月甲子宜應天受命上從之開皇元年授通直散騎常侍帝將遷都夜與高熲蘇威二人定議季才旦奏臣仰觀玄象俯察圖記龜兆允襲必有遷都且漢營此城經今將八百歲水皆鹹鹵不甚宜人願爲遷徙計高祖愕然謂熲等曰是何神也遂發詔施行賜季才絹布及進爵爲公謂曰朕自今已後信有天道於是令季才與其子質撰垂象地形等志謂曰天道祕奧推測多途執見不同不欲令外人干豫此事故令公父子共爲之及書成奏之賜米帛甚優九年出爲均州刺史時議以季才術藝相通有詔還委舊任以年老頻求去職優旨每不許會張胄玄曆行及袁充言日景長上以問季才因言充謬上大怒由是免職給半祿歸第所有祥異常令人就家訪焉仁壽三年卒季才局量寬弘術業優博篤於信義志好賓游常吉日良辰與琅邪王褒彭城劉瑴河東裴政及宗人信等爲文酒之會次有劉臻明克讓柳䛒之徒雖後進亦從遊欵撰靈臺祕苑一百二十卷垂象志一百四十二卷地形志八十七卷並行於世子質字行修早有志尚八歲誦梁元帝玄覽言志等十賦拜童子郎累遷隴州司馬大業初授太史令操履貞懿立言忠鯁每有災異必指事面陳煬帝多忌刻齊王暕亦被猜嫌質子儉時爲齊王屬帝謂質曰汝不能一心事我乃使兒事齊王由是出爲合水令八年帝親伐遼東徵至臨渝問東伐克不對曰伐之可克不願陛下親行帝作色曰朕今總兵至此豈可未見賊而自退質曰願安駕住此命將授規事宜在速緩必無功帝不悅曰汝既難行可住此也及師還授太史令九年復征高麗又問今段何如對猶執前見帝怒曰我自行尚不能克遣人豈有成功帝遂行既而楊玄感反斛斯政奔高麗帝大懼遂歸謂質曰卿前不許我行當爲此耳今玄感成乎質曰今天下一家未易可動帝曰熒惑入斗如何對曰斗楚分玄感之封今火色衰謝終必無成十年帝自西京將往東都質諫宜鎭撫關內使百姓歸農三五年令四海少豐然後巡省帝不悅質辭疾不從帝聞之怒遣馳傳鎖質詣行在所至東都下獄竟死獄中子儉亦傳父業兼有學識仕歷襄武令元德太子學士齊王屬義寧初爲太史令

盧太翼字協昭河閒人也本姓章仇氏七歲詣學日誦數千言州里號曰神童及長博綜羣書尤善占候算曆之術隱於白鹿山徙居林慮山茱萸澗受業者自遠而至初無所拒後憚其煩逃於五臺山地多藥物與弟子數人廬於巖下以爲神仙可致太子勇聞而召之太翼知太子必不爲嗣謂所親曰吾拘逼而來不知所稅駕也及太子廢坐法當死高祖惜其才配爲官奴久乃釋其後目盲以手摸書而知其字仁壽末帝將避暑仁壽

宮太翼固諫曰恐是行鑾輿不反帝大怒繫之長安獄期還斬之帝至宮寢疾臨崩命皇太子釋之及煬帝卽位漢王諒反帝問之荅曰何所能爲未幾諒果敗帝從容言天下氏族謂太翼曰卿姓章仇四岳之胄與盧同源於是賜姓盧氏大業九年從駕之遼東太翼言黎陽有兵氣後數日而楊元感反書聞帝甚異之數加賞賜太翼所言天文之事不可稱數關諸祕密時莫能聞後數歲卒於雒陽

耿詢字敦信丹陽人也滑稽辯給伎巧絕人陳後主時以客從東衡州刺史王勇於嶺南勇卒詢不歸會羣俚反叛推詢爲主柱國王世積討禽之罪當誅自言有巧思世積釋之以爲家奴久之見其故人高智寶以元象直太史詢從之受天文算術詢創意造渾天儀不假人力以水轉之施於閣室中使智寶外候天時動合符契世積知而奏之高祖配詢爲官奴給太史局後賜蜀王秀從往益州秀甚信之及秀廢復當誅何稠言耿詢之巧思若有神上於是特原其罪詢作馬上刻漏世稱其妙煬帝卽位進欹器帝善之免其奴歲餘授右尚方署監事七年車駕東征詢上言曰遼東不可討師必無功帝大怒命左右斬之何稠苦諫得免及平壤之敗帝以詢言爲中以詢守太史丞宇文化及弒逆之後從之黎陽謂其妻曰近觀人事遠察天文宇文必敗李氏當王吾知所歸矣謀欲去之爲化及所殺著鳥情占一卷行於世

來和字弘順京兆長安人也少好相術所言多驗周大冢宰宇文護引之左右累遷襲伯下大夫封洹水縣男高祖微時詣和曰公當王有四海及爲丞相拜儀同既受禪進爵爲子開皇末和上表自陳龍潛所言曰昔陛下在周與永富公竇榮定語臣曰我聞有行聲卽識其人臣當時卽言公眼如曙星無所不照當王有天下願忍誅殺建德四年五月周武帝在雲陽宮謂臣曰諸公皆汝所識隋公相祿何如臣報武帝曰隋公止是守節人可鎮一方若爲將領陣無不破臣卽於宮東南奏聞陛下謂臣此語不忘明年烏丸軌言於武帝曰隋公非人臣帝尋以問臣臣知帝有疑臣詭報曰是節臣更無異相于時王誼梁彥光等知臣此語大象二年五月至尊從永巷東門入臣在永巷門東北面立陛下問臣曰我得無災鄣不臣奏陛下曰公骨法氣色相應天命已有付屬未幾遂總百揆上覽之大悅進位開府和同郡韓則嘗詣和相和謂之後四五當得大官人初不知所謂則至開皇十五年五月終人問其故和曰十五年爲三五加以五月爲四五大官椁也和言多此類著相經三十卷道士張賓焦子順鴈門人董子華等此三人當文帝龍潛時並私謂帝曰公當爲天子善自愛及踐位以賓爲華州刺史子順爲開府子華爲上儀同

蕭吉字文休梁武帝兄長沙宣武王懿之孫也博學多通尤精陰陽算術江陵覆亾歸于魏爲儀同周宣帝時吉以朝政日亂上書切諫帝不納高祖受禪進上儀同以本官太常考定古今陰陽書吉性孤峭不與公卿相浮沈又與楊素不協由是擯落鬱鬱不得志見上好徵祥之說欲乾沒自進遂矯其迹爲悅媚焉開皇十四年上書曰今年歲在甲寅十一月朔旦以辛酉爲冬至來年乙卯正月朔旦以庚申爲元日冬至之日卽在朔旦樂汁圖徵云天元十一月朔旦冬至聖王受享祚今聖主在位居天元之首而朔旦冬至此慶一也辛酉之日卽至尊本命辛德在丙此十一月建丙子酉德在寅正月建寅爲本命與月合德而居元朔之首此慶二也庚申之日卽是行年乙德在庚卯德在申來年乙卯是行年與歲德合而在元旦之朝此慶三也陰陽書云年命與歲月合德者必有福慶洪範傳云歲之朝月之朝日之朝主王者經書並謂三長應之者延年福吉況乃甲寅蔀首十一月陽之始朔旦冬至是聖王上元正月是正陽之月歲之首月之先朔旦是歲之元月之朝日之先嘉辰之會而本命爲九元之先行年爲三長之首並與歲月合德所以靈寶經云角音龍精其祚曰彊來歲年命納音俱角歷之與經合符契又甲寅乙卯天地合也甲寅之年以辛酉冬至來年乙卯以甲子夏至冬至陽始郊天之日卽是至尊本命此慶四也夏至陰始祀地之辰卽是皇后本命此慶五也至尊德並乾之覆育皇后仁同地之載養所以二儀元氣並會本辰上覽之悅賜物五百段房陵王時爲太子言東宮多鬼魅鼠妖數見上令吉詣東宮禳邪氣於宣慈殿設神坐有回風從艮地鬼門來埽太子坐吉以桃湯葦火驅逐之風出宮門而止謝土於未地設壇爲四門置五帝坐于時寒有蝦蟆從西門來入人門升赤帝坐還從人門而出行數步忽然不見上大異之賞賜優洽又上言太子當不安位時上陰欲廢立得其言是之由此每被顧問及獻皇后崩上令吉卜擇葬所吉歷筮山原至一處云卜年二千卜世二百具圖而奏之上曰吉凶由人不在於地高緯父葬豈不卜乎國尋滅亾正如我家墓田若云不吉朕不當爲天子若云不凶我弟不當戰沒然竟從吉

言表曰去月十六日皇后山陵西北雞未鳴前有黑雲方圓五六百步從地屬天東南又有旌旗車馬帳幕布滿七八里并有人往來檢校部伍甚整日出乃滅同見者十餘人謹案葬書云氣王與姓相生大吉今黑氣當冬王與姓相生是大吉利子孫無疆之候也上大悅其後上將親臨發殯吉復奏曰至尊本命辛酉今歲斗魁及天罡臨卯酉謹案陰陽書不得臨喪上不納退而告族人蕭平仲曰皇太子遣宇文左率深謝余云公前稱我當爲太子竟有驗終不忘也今卜山陵務令我早立我立之後當以富貴相報吾記之曰後四載太子御天下今山陵氣應上又臨喪兆益見矣且太子得政隋其亡乎當有眞人出矣吾前紿云卜年二千者是三十字也卜世二百者取世二運也吾言信矣汝其誌之及煬帝嗣位拜太府少卿加位開府嘗行經華陰見楊素冢上有白氣屬天密言於帝帝問其故吉曰其候素家當有兵禍滅門之象改葬者庶可免乎帝後從容謂楊元感曰公宜早改葬元感亦微知其故以爲吉祥託以遼東未滅不遑私門之事未幾而元感以反族滅帝彌信之後歲餘卒官著金海三十卷相經要錄一卷宅經八卷葬經六卷樂講二十卷及帝王養生方二卷相手版要訣一卷太一立成一卷並行於時

楊伯醜馮翊武鄉人也好讀易隱於華山開皇初徵入朝見公卿不爲禮無貴賤皆汝之人不能測也高祖召與語竟無所答賜衣服至朝堂捨之而去於是被髮陽狂游行市里形體垢穢未嘗櫛沐時有張永樂者賣卜京師伯醜每從之游永樂爲卦有不能決者伯醜輒爲分析爻象尋幽入微永樂嗟服自以爲非所及也伯醜亦開肆賣卜有人嘗失子就伯醜筮者卦成伯醜曰汝子在懷遠坊南門東道北壁上有青裙女子抱之可往取也如言果得或有金數兩夫妻共藏之於後失金其夫意妻有異志將逐之其妻稱冤以詣伯醜伯醜爲筮之曰金在矣悉呼其家人指一人曰可就取果得之又將軍許知常問吉凶伯醜曰汝勿東北行必不得已當速還不然者楊素斬汝頭未幾上令知常事漢王諒俄而上崩諒舉兵反知常逃歸京師知常先與楊素有隙及素平并州先訪知常將斬之賴此獲免又有人失馬來詣伯醜卜者時伯醜爲皇太子所召在途遇之立爲作卦卦成曰我不遑爲卿說且向西市東壁門南第三店爲我買魚作鱠當得馬矣其人如教須臾有一人牽所失馬而至遂禽之崖州嘗獻徑寸珠其使者陰易之上心疑焉召伯醜令筮伯醜曰有物出自水中質圓而色光是大珠也今爲人所隱具言隱者姓名容狀上如言簿責之果得本珠上奇之賜帛二十疋國子祭酒何妥嘗詣之論易聞妥之言倏爾而笑曰何用鄭玄王弼之言乎久之微有辯答所說辭義皆異先儒之旨而思理玄妙故論者以爲天然獨得非常人所及也竟以壽終

臨孝恭京兆人也明天文算術高祖甚親遇之每言災祥之事未嘗不中上因令考定陰陽書官至上儀同著欹器圖三卷地動銅儀經一卷九宮五墓一卷遁甲錄十卷元辰經十卷元辰厄百九卷百怪書十八卷祿命書二十卷九宮龜經一百一十卷太一式經三十卷孔子馬頭易卜書一卷並行於世

劉祐滎陽人也開皇初爲大都督封索盧縣公其所占候合如符契文帝甚親之初與張賓劉暉馬顯定曆後奉詔撰兵書十卷名曰金韜上善之復著陰策二十卷觀臺飛候六卷元象要記五卷律曆術文一卷婚姻志三卷產乳志二卷式經四卷四時立成法一卷安曆志十二卷歸正易十卷並行於世

張冑元渤海蓨人也博學多通尤精術數冀州刺史趙煚薦之高祖徵授雲騎尉直太史令參議律曆事時輩多出其下由是太史令劉暉等甚忌之然暉言多不中冑元所推步甚精密上異之令楊素與術士數人立議六十一事皆舊法久難通者令暉與冑元等辯析之暉杜口一無所荅冑元通者五十四焉由是擢拜員外散騎侍郎兼太史令賜物千段暉及黨與八人皆斥逐之改定新曆言前曆差一日內史通事顏慜楚上言曰漢時洛下閎改顓頊曆作太初曆云後當差一日八百年當有聖者定之計今相去七百一十年術者舉其成數聖者之謂其在今乎上大悅漸見親用冑元所謂曆法與古不同者三事其一宋祖沖之於歲周之末創設差分冬至漸移不循舊軌每四十六年卻差一度至梁虞劇曆法嫌沖之所差太多因以一百八十六年冬至移一度冑元以此二術年限縣隔追檢古注所失極多遂折中兩家以爲度法冬至所宿歲別漸移八十三年卻行一度則上合堯時日永星火次符漢曆宿起牛初明其前後並皆密當其二周馬顯造丙寅元曆有陰陽轉法加減章分進退蝕餘乃推定日創開此數當時術者多不能曉張賓因而用之莫能考正冑元以爲加時先後逐氣參差就月爲斷於理未可乃因二十四氣列其盈縮所出實由日行遲則月逐日易及令合朔加時早

日行速則月逐日少遲令合朔加時晚檢前代加時早晚以爲損益之率日行自秋分已後至春分其勢速計一百八十二日而行一百八十度自春分已後至秋分日行遲計一百八十二日而行一百七十六度每氣之下卽其率也其三自古諸歷朔望逢交不問內外入限便蝕張賓立法創有外限應蝕不蝕猶未能明胄元以日行黃道歲一周天月行月道二十七日有餘一周天月道交絡黃道每行黃道內十三日有奇而出又行道外十三日有奇而入終而復始月經黃道謂之交朔望去交前後各五度以下卽爲當蝕若月行內道則在黃道之北蝕多有驗月行外道在黃道之南也雖遇正交無由掩映蝕多不驗遂因前法別立定限隨交遠近逐氣求差損益蝕分事皆明著其超古獨異者有七事其一古歷五星行度皆守恆率見伏盈縮悉無格準胄元候之各得眞率合見之數與古不同其差多者至加減三十許日卽如熒惑平晨見在雨水氣卽均加二十九日見在小雪氣則均減二十五日加減平見以爲定見諸星各有盈縮之數皆如此例但差數不同特其積候所知時人不能原其旨其二辰星舊率一終再見凡諸古曆皆以爲然應見不見人未能測胄元積候知辰星一終之中有時一見及同類感召相隨而出卽如辰星平晨見在雨水者應見卽不見若平晨見在啟蟄者去日十八度外三十六度內晨有木火土金一星者亦相隨見其三古曆步術行有定限自見已後依率而推進退之期莫知多少胄元積候知五星遲速留退眞數皆與古法不同多者差八十餘日留回所在亦差八十餘度卽如熒惑前疾初見在立冬初則二百五十日行一百七十七度定見夏至初則一百七十日行九十二度追步天驗今古皆密其四古曆食分依平卽用推驗多少實數罕符胄元積候知月從木火土金四星行有向背月向四星卽速背之則遲皆十五度外及循本率遂於交分限其多少其五古曆加時朔望同術胄元積候知日蝕所在隨方改變傍正高下每處不同交有淺深遲速亦異約時立差皆會天象其六古曆交分卽爲蝕數去交十四度者食一分去交十三度食二分去交十度食三分每近一度食益一分當交卽蝕旣其應多少自古諸曆未悉其原胄元積候知當交之中月掩日不能畢盡故其蝕反少去交五六時月在日內掩日便盡故其蝕乃旣自此以後更遠者其蝕又少交之前後在冬至皆爾若近夏至其率又差胄元所立蝕分最爲詳密其七古曆二分晝夜皆等胄元積候知其有差春秋二分晝多夜漏半刻皆由日行遲疾盈縮使其然也凡此胄元獨得於心論者服其精術大業中卒于官

許智藏高陽人也祖道幼常以母疾遂覽醫方因而究極時號名醫誡諸子曰爲人子者嘗膳視藥不知方術豈謂孝乎由是遂世相傳授仕梁位員外散騎侍郎父景武陵王諮議參軍智藏少以醫術自達仕陳爲散騎常侍陳滅高祖以爲員外散騎侍郎使詣揚州會秦王俊有疾上馳召之俊夜夢其亾妃崔氏泣曰本來相迎如聞許智藏將至其人若到當必相苦爲之柰何明夜俊又夢崔氏曰妾得計矣當入靈府中以避之及智藏至爲俊診脈曰疾已入心卽當發癎不可救也果如言俊數月而薨上奇其妙賚物百段煬帝卽位智藏時致仕帝每有苦輒令中使就宅詢訪或以轝迎入殿扶登御牀智藏爲方奏之用無不效卒於家年八十宗人許澄亦以醫術顯澄父奭仕梁爲中軍長史隨柳仲禮入長安與姚僧垣齊名拜上儀同三司澄有學識傳父業尤盡其妙歷位尚藥典御諫議大夫封賀川縣伯父子俱以藝術名重於周隋二代史失其事故附云

萬寶常不知何許人也父大通從梁將王琳歸齊後謀還江南事泄伏誅由是寶常被配爲樂戶因妙達鍾律遍工八音與人方食論及聲調時無樂器寶常因取前食器及雜物以箸扣之品其高下宮商畢備諧於絲竹大爲時人所賞然歷周隋俱不得調開皇初沛國公鄭譯等定樂初爲黃鍾調寶常雖爲伶人譯等每召與議然言多不用後譯樂成奏之上召寶常問其可不寶常曰此亾國之音豈陛下所宜聞上不悅寶常因極言樂聲哀怨淫放非雅正之音請以水尺爲律以調樂器其聲率下鄭譯調二律并撰樂譜六十四卷且論八音旋相爲宮法改絃移柱之變爲八十四調一百四十律變化終於一千八百聲時以周禮有旋宮之義自漢已來知音不能通見寶常特創其事皆哂之至是試令爲之應手成曲無所疑滯見者莫不嗟異於是損益樂器不可勝紀其聲雅淡不爲時人所好太常善聲者多排毀之又太子洗馬蘇夔以鍾律自命尤忌寶常夔父威方用事凡言樂者附之而短寶常數詣公卿怨望蘇威因詰寶常所爲何所傳受有一沙門謂寶常曰上雅好符瑞有言徵祥者上皆悅之先生當言從胡僧受學云是佛家菩薩所傳音律則上必悅先生當言所爲可以行矣寶常遂如其言以荅威威怒曰胡僧所傳乃四夷之樂非中國宜行其事竟寢寶常聽太常所奏樂泫然泣

曰樂聲淫厲而哀天下不久將盡時四海全盛聞言者皆謂不然大業之末其言卒驗寶常貧而無子其妻因其臥疾遂竊其資物而逃寶常竟餓死將死取其所著書焚之曰何用此爲見者於火中探得數卷見行於世開皇中鄭譯何妥盧賁蘇夔蕭吉並討論墳籍撰著樂書皆爲當時所用至於天然識樂不及寶常遠矣安馬駒曹妙達王長通郭令樂等能造曲爲一時之妙又習鄭聲而寶常所爲皆歸於雅此輩雖公議不附寶常然皆心服謂以爲神時樂人王令言亦妙達音律大業末煬帝將幸江都令言之子嘗於戶外彈胡琵琶作翻調安公子曲令言時臥室中聞之驚起曰變變急呼其子曰此曲興自早晚其子曰頃來有之令言遂歔欷流涕謂其子曰汝愼無從行帝必不反子問其故令言曰此曲宮聲往而不反宮君也吾所以知之帝竟被弒於江都

何稠字桂林西域人國子祭酒妥之從子也父通善琢玉稠年十餘遇江陵平隨妥入長安仕周御飾下士及高祖爲丞相召補參軍兼掌細作署開皇中累遷太府丞稠博覽古圖多識舊物波斯嘗獻金線錦袍組織殊麗上命稠爲之稠錦成踰所獻者上甚悅時中國久絕琉璃作匠人無敢措意稠以綠瓷爲之與眞不異尋加員外散騎侍郎開皇末桂州俚李光仕爲亂詔稠募討之師次衡嶺遣使招其渠帥洞主莫崇解兵降款桂州長史王文同鎖崇詣稠所稠詐宣言曰州縣不能綏養非崇之罪命釋之引其坐并從者四人爲設酒食遣之大悅歸洞不設備稠至五更掩及其洞悉發俚兵以臨餘賊象州逆帥杜條遼羅州逆帥龐靖等相繼降款分遣建州開府梁昵討叛夷羅壽羅州刺史馮暄討賊帥李大檀並平之承制署首領爲州縣官而還衆皆悅服有欽州刺史甯猛力帥衆迎軍初猛力欲圖爲逆至是惶懼請身入朝稠以其疾篤示無猜貳放還州與約八九月詣京師相見稠還奏狀上意不懌其年十月猛力卒上謂稠曰汝前不將猛力來今竟死矣稠曰猛力共臣約假令身死當遣子入侍越人性直其子必來初猛力臨終誡其子長眞曰我與大使期不可失信於國士汝葬我訖卽宜上路長眞如言入朝上大悅曰何稠著信蠻夷乃至於此以勳授開府仁壽初文獻皇后崩稠與宇文愷參典山陵制度稠性少言善候上旨由是漸見親昵上疾篤謂稠曰汝旣曾葬皇后今我方死亦宜好安置囑此何益但不能忘懷耳魂而有知當相見於地下上因攬太子頸曰何稠用心我後事動靜當共平章大業初煬帝將幸揚州敕稠討閱圖籍造輿服羽儀送至江都其日拜太府少卿稠於是營黃麾三萬六千人仗及車輿輦輅皇后鹵簿百官儀服依期而就送于江都所役工十萬餘人用金銀錢物巨億計帝使兵部侍郎胡雅選部郎薛邁等勾覆數年方竟毫釐無舛稠參會今古多所改創魏晉已來皮弁有纓而無笄導稠曰此古田獵服也今服以入朝宜變其制故弁施象牙簪導自稠始也又從省之服初無佩綬稠曰此乃晦朔小朝之服安有人臣謁帝而除去印綬兼無佩玉之節乎乃加獸頭小綬及佩一隻舊制五輅於轅上起箱天子與參乘同在箱內稠曰君臣同所過爲相逼乃廣爲盤輿別構欄楯侍臣立於其中於內復起須彌平坐天子獨居其上自餘麾幢文物增損極多帝復令稠造戎車萬乘鈎陳八百連帝善之以稠守太府卿後兼領少府監遼東之役攝右屯衞將軍領御營弩手三萬人時工部尚書宇文愷造遼水橋不成師未得濟左屯衞大將軍麥鐵杖因而遇害帝遣稠造橋二日而就初稠制行殿及六合城至是帝於遼左與賊相對夜中施之其城周迴八里城及女垣合高十仞上布甲士立仗建旗四隅置闕面列一觀觀下三門比明而畢高麗望見謂若神功稍加至右光祿大夫從幸江都遇宇文化及亂以爲工部尚書及敗陷于竇建德復爲工部尚書舒國公建德敗歸于唐授少府監卒又齊時有河間劉龍者性彊明有巧思齊後主令脩銅雀臺稱旨因而歷職通顯及隋文帝踐阼大見親委位右衞將軍兼將作大匠遷都之始與高熲參掌制度世號爲能大業中有南郡公黃亘及弟袞俱巧思絕人煬帝每令其兄弟直少府將作于時改創多務亘袞每參典其事凡有所爲何稠先令亘袞立樣當時工人莫有所損益亘位朝散大夫袞散騎侍郎

通志卷一百八十四

宋右廸功郎鄭樵漁仲撰

佞幸傳第一

史記立佞幸傳前漢北齊不易其名宋曰恩倖臣
後魏曰恩倖今總曰佞幸

前漢
鄧通　趙談　韓嫣　淯于長　張放　董賢　王閎
宋
戴法興　戴明寶　董元嗣　奚顯度　徐爰　阮佃夫　于天寶　壽寂之
姜產之　王道隆　楊運長
南齊
紀僧眞　劉係宗　茹法亮　呂文度　杜文謙　綦毋珍之　徐龍駒
曹道剛　呂文顯　茹法珍　梅蟲兒　徐世檦
梁
周石珍　陸驗　徐驎
陳
司馬申　施文慶　沈客卿　孔範
後魏
王叡　子襲　椿　王仲興　趙脩　茹皓　常季賢　陳埽靜　徐義恭
趙邕　侯剛　徐紇　鄭儼　郭秀
北齊
和士開　安吐根　穆提婆　母陸令萱　高阿那肱　韓鳳
前漢

漢興佞幸寵臣高祖時則有籍孺孝惠有閎孺此兩人
非有才能但以婉媚貴幸與上卧起公卿皆因關說故
孝惠時郎侍中皆冠鵔鸃貝帶傅脂粉化閎籍之屬也
兩人徙家安陵其後寵臣孝文時士人則鄧通宦者則
趙談北宮伯子孝武時士人則韓嫣宦者則李延年孝
元時宦者則弘恭石顯孝成時士人則張放淯于長孝
哀時則有董賢孝景昭宣時皆無寵臣景帝唯有郎中
令周仁昭帝時駙馬都尉秺侯金賞嗣父車騎將軍日
磾爲侯二人之寵取過庸不篤宣帝時侍中中郎將張
彭祖少與帝微時同席研書及帝卽尊位彭祖以舊恩
封陽都侯出常參乘號爲愛幸其人謹敕無所虧損爲
其小妻所毒薨國除

鄧通蜀郡南安人也以濯船爲黃頭郎濯直教反持濯行船也土勝水
其色黃故刺船郎皆著黃帽因號曰黃頭郎文帝嘗夢欲上天不能有一黃
頭郎從後推上天顧見其衣尻帶後穿覺而之漸臺以
夢中陰目求推者郎見鄧通其衣後穿夢中所見也召
問其名姓姓鄧名通鄧猶登也文帝甚說尊幸之日日
異通亦愿謹不好外交雖賜洗沐不欲出於是文帝賞
賜通鉅萬以十數官至上大夫文帝時間如通家遊戲
然通無他技能不能有所薦達獨自謹身以媚上而已
王使善相者相通曰當貧餓死上曰能富通者在我何
說貧於是賜通蜀嚴道銅山得自鑄錢鄧氏錢布天下
其富如此文帝常病癰鄧通常爲上嗽吮之上不樂從
容謂曰天下誰最愛我者通曰宜莫若太子太子入問
疾上使太子齰癰太子嗽癰而色難之已而聞通常爲
上齰之太子大慙繇是心怨通及文帝崩景帝立鄧通
免家居居無何人有告通盜出徼外鑄錢下吏驗問頗
有遂竟案盡沒入之通家尚負責數鉅萬長公主賜鄧
通吏輒隨沒之一簪不得著身於是長公主乃令假衣
食竟不得名一錢寄死人家

趙談者以星氣幸北宮伯子長者愛人故親近然皆不
比鄧通

韓嫣字王孫弓高侯穨當之孫也武帝爲膠東王時嫣
與上學書相愛及上爲太子愈益親嫣嫣善騎射聰慧
上巳卽位欲事伐胡而嫣先習兵以故益尊貴官至上
大夫賞賜儗鄧通如時嫣常與上卧起江都王入朝得
從獵上林中天子車駕蹕道未行而先使嫣乘副車從
數十百騎馳視獸江都王望見以爲天子辟從者伏謁
道傍嫣驅不見既過江都王怒爲皇太后泣請得歸國
入宿衞比韓嫣太后由此銜嫣嫣侍出入永巷不禁以
奸聞皇太后太后怒使使賜嫣死上爲謝終不能得嫣
遂死弟說亦愛幸以軍功封案道侯巫蠱時爲戾太子
所殺子增封龍雒侯大司馬車騎將軍自有傳

淯于長字子孺魏郡元城人也少以太后姊子爲黃門
郎未得進幸會大將軍王鳳病長侍病晨夜扶丞左右
甚有甥舅之恩鳳且終以長屬託太后及帝帝嘉長義
拜爲列校尉諸曹遷水衡都尉侍中至衞尉九卿久之
趙飛燕貴幸上欲立以爲皇后太后以其所出微難之
長主往來通語東宮歲餘趙皇后得立上甚德之迺追
顯長前功下詔曰前將作大匠解萬年奏請營作昌陵
罷弊海內侍中衛尉長數白宜止徙家反故處朕以長
言下公卿議者皆合長計首建至策民以康寧其賜長
爵關內侯後遂封爲定陵侯大見信用貴傾公卿外交
諸侯牧守賂遺賞賜亦絫鉅萬多畜妻妾淫於聲色不
奉法度初許皇后坐執左道廢處長定宮而后姊孊爲
龍頟思侯夫人寡居長與孊私通因取爲小妻許后因
孊賂遺長欲求復爲倢伃長受許后金錢乘輿服御物
前後千餘萬詐許爲白上立以爲左皇后孊每入長定

宮輒與嬿書戲侮許后嫚易無不言交通書記賂遺連年是時帝舅曲陽侯王根爲大司馬驃騎將軍輔政數歲久病數乞骸骨長以外戚居九卿位次第當代根根兄子新都侯王莽心害長寵私聞長取許嬿受長定宮賂遺莽侍曲陽侯疾因言長見將軍久病意喜自以爲代輔政至對衣冠議語署置具言其罪過根怒曰卽如是何不白也莽曰未知將軍意故未敢言根曰趣白東宮莽求見太后具言長驕佚欲代曲陽侯對莽母上車私與長定貴人姊通受取其衣物太后亦怒曰兒至如此往白之帝莽白上上乃免長官遣就國初長爲侍中奉兩宮使親密紅陽侯立獨不得爲大司馬輔政立自疑爲長毁譖常怨毒長上知之及長當就國也立嗣子融從長請車騎長以珍寶因融重遺立立因爲長言於是天子疑焉下有司案驗吏捕融立令融自殺以滅口上愈疑其有大姦遂逮長繫洛陽詔獄窮治長具服戲侮長定宮謀立左皇后辠至大逆死獄中妻子當坐者徙合浦母若歸故郡紅陽侯立就國將軍卿大夫郡守坐長免罷者數十人莽遂代根爲大司馬久之還長母及子酺於長安後酺有辠莽復殺之徙其家屬歸故郡始長以外親親近其愛幸不及富平侯張放放常與上臥起俱爲微行出入

董賢字聖卿雲陽人也父恭爲御史任賢爲太子舍人哀帝立賢隨太子官爲郎二歲餘賢傳漏在殿下爲人美麗自喜哀帝望見悅其儀貌識而問之曰是舍人董賢邪因引上與語拜黃門郎由是始幸問及其父爲雲中侯卽日徵爲霸陵令遷光祿大夫寵愛日甚爲駙馬都尉侍中出則驂乘入御左右旬月間賞賜累鉅萬貴震朝廷嘗與上臥起嘗晝寢偏藉上褏上欲起賢未覺不欲動賢乃斷褏而起其恩愛至此賢亦性柔和便辟善爲媚以自固每賜洗沐不肯出常留中視醫藥上以賢難歸詔令賢妻得通引籍殿中止賢廬若吏妻子居官寺舍又召賢女弟以爲昭儀位次皇后更名其舍爲椒風以配椒房云昭儀及賢與妻旦夕上下並侍左右賞賜昭儀及賢妻亦各千萬數遷賢父爲少府賜爵關內侯食邑復徙爲衞尉又以賢妻父爲將作大匠弟爲執金吾詔將作大匠爲賢起大第北闕下重殿洞門土木之功窮極技巧柱檻衣以綈錦下至賢家僮僕皆受上賜及武庫禁兵上方珍寶其選物上第盡在董氏而乘輿所服乃其副也及至東園祕器珠襦玉柙豫以賜賢無不備具又令將作爲賢起冢塋義陵旁內爲便房剛柏題湊外爲徼道周垣數里門闕罘罳甚盛上欲侯賢而未有緣會待詔孫寵息夫躬等告東平王雲后謁祠祀祝詛下有司治皆伏其辠上於是令躬寵爲因賢告東平事者迺以其功下詔封賢爲高安侯躬宜陵侯寵方陽侯食邑各千戶頃之復益封賢二千戶丞相王嘉內疑東平事寃甚惡躬等數諫諍以賢爲亂國制度嘉竟坐言事下獄死上初卽位祖母傅太后母丁太后皆在兩家先貴傅太后從弟喜先爲大司馬輔政數諫失太后指免官上舅丁明代爲大司馬亦任職頗害賢寵及丞相王嘉死明甚憐之上寖重賢欲極其位而恨明如此遂冊免明令上驃騎將軍印綬罷歸就第遂以賢代明爲大司馬衞將軍是時賢年二十二雖爲三公常給事中領尚書百官因賢奏事以父恭不宜在卿位徙爲光祿大夫秩中二千石弟寬信代賢爲駙馬都尉董氏親屬皆侍中諸曹奉朝請寵在丁傅之右矣明年匈奴單于來朝宴見羣臣在前單于怪賢年少以問譯上令譯報曰大司馬賢年少以大賢居位單于乃起拜賀漢得賢臣初丞相孔光爲御史大夫賢父恭爲御史事光及賢爲大司馬與光並爲三公上故令賢私過光光雅恭謹知上欲尊寵賢及聞賢當來也光警戒衣冠出門待望見賢車乃御入賢至中門光入閤既下車乃出拜謁送迎甚謹不敢以賓客鈞敵之禮賢歸上聞之喜立拜光兩兄子爲諫大夫常侍賢由是權與人主侔矣是時成帝外家王氏衰廢唯平阿侯譚子去疾哀帝爲太子時爲庶子得幸及卽位爲侍中騎都尉上以王氏亡在位者遂用舊恩親近去疾復進其弟閎爲中常侍閎妻父蕭咸前將軍望之子也久爲郡守病免爲中郎將兄弟並列賢父恭慕之欲與結婚姻閎爲賢弟寬信求咸女爲婦咸惶恐不敢當初上冊拜賢爲大司馬其文有曰允執其中至是咸私謂閎曰董公爲大司馬冊文言允執其中此乃堯禪舜之文非三公故事長老見者莫不心懼此豈家人子所能堪邪閎性有智略聞咸言心亦悟乃還報恭深達咸自謙薄之意恭歎曰我家何用負天下而爲人所畏如是意不說後上置酒麒麟殿賢父子親屬宴飲王閎兄弟侍中中常侍皆在側上因酒所從容視賢而笑曰吾欲法堯禪舜何如閎進曰天下乃高皇帝之天下非陛下之有也陛下承宗廟當傳子孫於無窮統業至重天子無戲言上默然不悅左右皆恐於是遣閎出後不得復侍宴賢第新成功堅其外大門無故自壞賢心惡之後數月哀帝崩太皇太后召大司馬賢引見東廂問以喪事調度賢內憂

不能對免冠謝太后曰新都侯莽前以大司馬奉送先帝大行曉習故事吾令莽佐君賢頓首曰幸甚太后遣使者召莽既至以太后指使尚書劾賢帝病不親醫藥禁止賢不得出入宮殿司馬門中賢不知所爲詣闕免冠徒跣謝莽使謁者以太后詔卽闕下策免賢收大司馬印綬罷歸第卽日賢與妻皆自殺家惶恐夜葬莽疑其詐死有司奏請發賢棺至獄診視莽復風大司徒光奏賢辠大親屬不宜在中土請收沒入財物縣官諸以賢爲官者皆免父恭弟寬信與家屬徙合浦母別歸故郡鉅鹿長安中小民讙譁鄉其第哭幾獲盜之縣官斥賣董氏財凡四十三萬萬賢既見發羸診其尸因埋獄中賢所厚吏沛朱詡自劾去大司馬府買棺衣收賢尸葬之王莽聞之大怒以他辠擊殺詡詡子浮建武中貴顯至大司馬司空封侯而王閎王莽時爲牧守所居見紀莽敗乃去官世祖下詔曰武王克殷表商容之閭閎修善謹敕兵起吏民獨不爭其頭首今以閎子補吏至墨綬卒官蕭咸外孫云

宋

戴法興會稽山陰人也家貧父碩子以販紵爲業法興二兒延壽延興並脩立延壽善書法興好學山陰有陳戴者家富有錢三千萬鄉人咸云戴碩子三兒敵陳戴三千萬錢法興少賣葛於山陰市後爲尚書倉部令史大將軍彭城王義康於尚書中覓了了令史得法興爲記室令史義康敗仍爲孝武征虜撫軍記室掾及徙江州仍補南中郎典籤帝於巴口建義法興與典籤戴明寶蔡閑俱轉參軍督護及上卽位並爲南臺侍御史同兼中書通事舍人法興等專管內務權重當時孝建元年爲南魯郡太守解舍人侍太子於東宮大明初三典籤並以南下預密謀封法興吳昌縣男明寶湘鄉縣男閑時已卒追加爵封法興轉給事中太子旅賁中郎將孝武親覽朝政不任大臣而腹心耳目不得無所委寄法興頗知古今素見親待雖出侍東宮而倚任隆密魯郡巢尚之人士之末元嘉中侍始興王濬讀書亦涉獵文史爲上所知孝建初補東海國侍郞仍兼中書通事舍人凡選授遷轉誅賞大處分上皆與法興尚之參決內外諸雜事多委明寶上性嚴暴睚眦之間動至罪戮尚之每臨事解釋多得全免殿省甚賴之而法興明寶交通人事多納貨賄凡所薦達言無不行天下輻湊門外成市家產並累千金明寶驕縱尤甚長子敬爲揚州從事與上爭買御物六宮嘗出敬盛服騎馬於車左右馳驟去來上大怒賜敬死繫明寶尚方尋被原釋委任如初孝武崩前廢帝卽位法興遷越騎校尉時太宰江夏王義恭錄尚書事任同總己而法興尚之執權日久威行內外義恭積相畏服至是慴憚尤甚廢帝未親萬機凡制勑施爲悉決法興之手尚書中事無大小專斷之顏師伯義恭守空名而已尚之甚聰敏時百姓欲爲孝武立寺疑其名尚之應聲曰宜云天保詩云天保下報上也時服其機速廢帝年已漸長凶志轉成欲有所爲法興每相禁制謂帝曰官所爲如此欲作營陽邪帝意稍不能平所愛幸閹人華願兒有盛寵賜與金帛無算法興常加裁減願兒甚恨之帝常使願兒出入市里察聽風謠而道路之言謂法興爲眞天子帝爲贗天子願兒因此告帝曰外間云宮中有兩天子官是一人戴法興是一人官在深宮中人物不相接法興與太宰顏柳一體往來門客恆有數百內外士庶莫不畏服之法興是孝武左右復久在宮闈今將他人作一家深恐此坐席非復官許帝遂免法興官徙付遠郡尋於家賜死法興臨死封閉庫藏使家人謹視牡籥死一宿又殺其二子截法興棺焚之籍沒財物法興能爲文章頗行於世死後帝敕巢尚之曰不謂法興積釁累愆遂至於此吾今自覽萬機卿等宜竭盡誠力尚之時爲新安王子鸞撫軍中兵參軍淮陵太守乃解舍人轉爲撫軍諮議參軍太守如故明帝初復以尚之兼中書通事舍人南清河太守累遷黃門侍郞出爲新安太守病卒戴明寶南東海丹徒人亦歷員外散騎常侍給事中孝武時帶南清河太守前廢帝卽位權任悉歸法興而明寶輕矣明帝初天下反叛以明寶舊人屢經戎事復委任之後坐納貨賄繫尚方尋被宥位宣城太守昇明初以老拜太中大夫病卒武陵國典書令董元嗣與法興明寶等俱爲孝武南中郎典籤元嘉三十年奉使還都會元凶弒逆遣元嗣南還報上以徐湛之等反上時在巴口元嗣具言弒逆狀上遣元嗣下都奉表於劭既而上舉義兵劭詔責元嗣元嗣答云始王未有反謀劭不信備加考掠不伏遂死時孝武帝尅京師贈員外散騎侍郞使文士蘇寶生爲之誄焉大明中又有奚顯度者南東海郯人官至員外散騎侍郞孝武嘗使督領人功而苛虐無道動加捶撲暑雨寒雪不聽暫休人不堪命或自經死時建康縣考囚或用方材壓額及踝脛人間謠曰寧得建康壓額不能受奚度拍又相戲曰勿反顧付奚度其酷暴如此前廢帝嘗戲云顯度刻虐爲百姓所疾此當除之左右因唱爾卽日宣殺焉時人比之孫皓殺岑

昏焉

徐爰字長玉南瑯邪開陽人也本名瑗以與傅亮父同名亮啟改爲爰初爲晉瑯邪王大司馬府中典軍從北征微密有意理爲武帝所知少帝在東宮入侍左右文帝初又見親任遂至殿中侍御史元嘉十二年轉南臺御史始與王濬後行參軍復侍太子於東宮遷員外散騎侍郎文帝每出軍常懸授兵略二十九年重遣王元謨等北侵配爰五百人隨軍碻磝銜中旨臨時宣示孝武至新亭大將軍江夏王義恭南奔爰時在殿內誑劭追義恭因卽得南走時孝武將卽大位軍府造次不曉朝章爰素諳其事既至莫不喜悅以兼太常丞撰立儀注後兼尚書右丞遷左丞先是元嘉中使著作郎何承天草創國史孝武初使奉朝請山謙之南臺御史蘇寶生踵成之孝建六年又以爰領著作郎使終其業爰雖因前作而專爲一家之書上表起元義熙爲王業之始載序宣力爲功臣之斷桓元篡竊同於王莽雖靈武克殄自詳之晉錄及犯命干紀受戮霸朝雖在揖禪之前皆著之宋策國典體大方垂不朽請別加詳議於是內外博議太宰江夏王義恭等三十五人同爰議宜以義熙元年爲斷散騎常侍巴陵王休若尚書金部郎檀道鸞二人謂宜以元興三年爲始太學博士虞龢謂宜以開國爲宋公元年詔曰項籍聖公編錄二漢前史已有成例桓元傳宜在宋典餘如爰議孝武崩營景寧陵爰以本官兼將作大匠爰便僻善事人能得人主微旨頗涉書傳尤悉朝儀元嘉初便入侍左右預參顧問既長於附會又飾以典文故爲文帝所任遇大明世委寄尤重朝廷大禮儀非爰議不行雖復當時碩學所解過人者既不敢立異議所言亦不見從孝武崩公除後晉安王子勛侍讀博士諮爰宜習業與否爰答曰居喪讀喪禮習業何嫌少日始安王子眞博士又諮爰爰曰小功廢業三年喪何容讀書其專斷乖謬如此前廢帝凶暴殿省舊人多見罪黜唯爰巧於將迎終始無忤誅羣公後以爰爲黃門侍郎領射聲校尉著作如故封吳平縣子寵待隆密羣臣莫比帝每出行常與沈慶之山陰公主同輦爰亦預焉明帝卽位以黃門侍郎改領長水校尉兼尚書左丞明年除太中大夫著作並如故爰執權日久上在蕃素所不悅及景和世屈辱卑約爰禮敬甚簡益銜之泰始三年詔暴其罪徙交州及行又詔除廣州統內郡有司奏以爲宋隆太守除命既下爰已至交州詔聽還仍除南康郡丞明帝崩還都以爰爲濟南太守復除中散大夫元徽三年卒身歷七朝年八十二爰子希秀甚有學解亦閑篆隸正覺禪靈二寺碑卽希秀書也爰之徙交州明帝召希秀謂曰比當令卿父還希秀再拜答曰臣父年老恐不及後恩帝大嗟賞卽召爰還希秀位驍騎將軍淮南太守子泓甚閑吏職而在事刻薄於人少恩仕齊歷位臺郎秣陵建康令湘東太守

阮佃夫會稽諸暨人也元嘉中出身爲臺小史明帝初出閤選爲主衣後又請爲世子師甚見信待景和末明帝被拘於殿內住在祕書省爲帝所疑大禍將至計無從出佃夫與王道隆李道兒及帝左右瑯邪淳于文祖謀共廢立時直閤將軍柳光世亦與帝左右蘭陵繆方盛丹陽周登之有密謀未知所奉登之與明帝有舊方盛等乃使登之結佃夫佃夫大悅先是帝立皇后普暫撤諸王奄人明帝左右錢藍生亦在例事畢未被遣密使藍生候帝處事泄藍生不欲自出帝動止輒以告淳于文祖令報佃夫景和元年十一月二十九日晡時帝出幸華林園建安王休仁山陽王休祐山陰主並侍側明帝猶在祕書省不被召益懼佃夫以告外監典事東陽朱幼又告主衣吳興壽寂之細鎧主南彭城姜產之產之又語所領細鎧將臨淮王敬則幼又告中書舍人戴明寶並響應明寶幼欲取其日向曉佃夫等勸取開門鼓時幼預約勒內外使錢藍生密報建安王休仁等時帝欲南巡腹心直閤將軍宗越等其夕並聽出外裝束唯有隊主樊僧整防華林閤僧整是柳光世鄉人光世要之卽受命姜產之又要隊副陽平聶慶及所領壯士會稽富靈符吳郡俞道龍丹陽宋逵之陽平田嗣並聚於慶省佃夫慮力少更欲招合壽寂之曰謀廣事泄不煩多人時巫覡言後堂有鬼其夕帝於竹林堂前與巫共射之建安王休仁等山陰主並從帝素不悅寂之見輒切齒寂之既與佃夫等成謀又慮禍至抽刀前入姜產之隨其後淳于文祖繆方盛周登之富靈符聶慶田嗣王敬則俞道龍宋逵之又繼進休仁聞行聲甚疾謂休祐曰事作矣相隨奔景陽山帝見寂之至引弓射之不中而走寂之追而弒之事定宣令宿衛曰湘東王受太后令除狂主今已平定明帝卽位論功行封壽寂之姜產之佃夫王道隆淳于文祖李道兒繆方盛周登之等七人皆封縣侯富靈符聶慶田嗣王敬則俞道龍宋逵之等六人皆封縣子佃夫遷南臺侍御史薛索兒度淮爲寇山陽太守陳天祚又反佃夫與諸軍破薛索兒降天祚後轉太子步兵校尉南魯郡太守侍太子於東宮泰始四年以本官兼游擊將軍及輔國將軍蓋次

陽與二衛參員直次陽宇崇基平昌安邱人也位冠軍將軍卒時佃夫及王道隆楊運長並執權亞人主巢戴大明之世方之蔑如也嘗正旦應合朔尚書奏遷元會佃夫曰元正慶會國之大禮何不遷合朔日邪其不稽古如此大通貨賄凡事非重賂不行人有餉絹二百匹嫌少不答書宅舍園池諸王邸第莫及女妓數十藝貌冠絕當時金玉錦繡之飾宮掖不逮也每製一衣造一物京邑莫不法效焉於宅內開瀆東出十許里塘岸整潔汎輕舟奏女樂中書舍人劉休嘗詣之值佃夫出行中路相逢要休同反就席便命施設一時珍羞莫不備具凡諸火劑並皆始熟如此者數十種佃夫常作數十人饌以待賓客故造次便辦類皆如此雖晉世王石不能過也泰始初軍功既多爵秩無序佃夫僕從附隸皆受不次之位挺車人虎賁中郎將傍馬者員外郎朝上貴賤莫不自結而矜傲無所降意入其室者唯吳興沈勃吳郡張澹數人而已明帝晏駕後廢帝即位佃夫權任轉重兼中書通事舍人加給事中輔國將軍餘如故欲用張澹爲武陵郡左衛將軍袁粲以下皆不同而佃夫稱敕施行又廬江何恢有妓張耀華美而有寵爲廣州刺史將發要佃夫飲設樂佃夫見張氏悅之頻求於恢恢曰恢可得此人不可得也佃夫拂衣出戶曰卿惜指不知失掌邪遂諷有司以公事彈恢凡如此類粲等並不敢執元徽三年遷黃門侍郎領右衛將軍明年改領驍騎將軍還南豫州刺史歷陽太守猶管內任時廢帝猖狂好出游走始出宮猶整羽儀隊仗俄而棄部伍單騎與數人相隨或出郊野或入市廛內外莫不憂懼佃夫密與直閤將軍申伯宗步兵校尉朱幼千天寶謀其廢帝立安成王五年春帝欲往江乘射雉帝每出常留隊仗主樂游苑至是棄仗而去佃夫欲稱太后令喚隊仗還閉城門分人守石頭東府遣人執帝廢之自爲揚州刺史輔政與申伯宗等已成謀會帝不成向江乘故其事不行千天寶因以其謀告帝帝乃收佃夫幼伯宗於光祿外邸賜死佃夫幼等罪止一身餘無所問朱幼泰始初爲外監配衣諸軍征討有濟辦之能遂官陟三品爲奉朝請南高平太守封安浦縣侯千天寶其先胡人豫竹林堂功元徽中封鄂縣子發佃夫謀以爲清河太守右軍將軍昇明中齊高帝以其反覆賜死壽寂之位太子屯騎校尉南泰山太守多納貨賄請謁無窮有一不從便切齒罵詈常云利刀在手何憂不辦鞭尉吏斫邏將後爲有司所奏徙送越州至豫章謀反乃殺之姜產之位南濟陽太守後北侵魏戰敗見殺王道隆吳興烏程人兄道迄涉學善書形貌又美吳興太守王韶之謂人曰有子弟如王道迄無所少道隆亦知書泰始二年兼中書通事舍人道隆爲明帝所委過於佃夫而和謹自保不妄毀傷人執權既久家產豐積豪麗雖不及佃夫而精整過之元徽二年桂陽王休範舉兵乃以討佃夫道隆及楊運長爲名休範奄至新亭見殺楊運長宣城懷安人素善射爲射師性謹慤爲明帝委信及即位親遇甚厚後廢帝即位與佃夫俱兼通事舍人以平桂陽王休範功封南城縣子運長質木廉正脩身甚清不事園宅不受餉遺而凡鄙無識唯與寒人潘智徐文盛厚善動止施爲必與二人量議文盛爲奉朝請預平桂陽王休範封廣晉縣男順帝即位運長爲宣城太守尋還家沈攸之反運長有異志齊高帝遣驃騎司馬崔文仲誅之

南齊

紀僧眞丹陽建康人也少隨征西將軍蕭思話及子惠開皆被賞遇惠開性苛僧眞以微過見罰既而委任如舊及罷益州還都不得志而僧眞事之愈謹惠開臨終歎曰紀僧眞方當富貴我不見也以僧眞託劉秉周顒初惠開在益州益州反被圍危急有道人謂之曰城圍尋解檀越貴門後方大興無憂外賊也惠開密謂僧眞曰我子弟見在者並無異才政是蕭道成耳惠開沒僧眞意其言乃請事高帝隨從在淮陰以閑書題令答遠近書數自寒官歷至高帝冠軍府參軍主簿僧眞夢蒿艾生滿江驚而白之高帝曰詩人采蕭蕭即艾也蕭生斷流卿勿廣言其見親如此元徽初從高帝出頓新亭拒桂陽賊有功除南臺御史高帝領軍功曹高帝將廢立謀之袁粲褚淵僧眞啓曰今朝廷猖狂人不自保天下之望不在袁褚明公豈得默然坐受夷滅存亡之機仰希熟慮高帝納之高帝欲度廣陵起兵僧眞又曰主上雖復狂釁而累世皇基猶固盤石今百口北度何必得俱縱得廣陵城天子居深宮施號令目明公爲逆何以避此如其不勝則應北走胡中竊謂此非萬全策也高帝曰卿顧家豈得逐我行邪僧眞頓首稱無貳昇明元年除員外郎帶東武城令尋除給事中高帝坐東府高樓望石頭城僧眞在側上曰諸將勸我攻袁劉我意未願便爾及沈攸之事起從高帝入朝堂石頭反夜高帝遣眾軍掩討宮城中望石頭火光及叫聲甚盛人懷不測僧眞謂眾曰叫聲不絕是必官軍所攻火光起者賊不容自燒其城此必官軍勝也尋而啟石頭平上出

頓新亭使僧眞領軍千人在帳內初上在領軍府僧眞學上手迹下名至是報答書疏皆付僧眞上覩之笑曰我亦不復能別也初上在淮陰脩理城得古錫趺九枚大數尺下有篆文莫能識者僧眞省事獨曰何須辯此文字此自久遠之物錫而有九九錫之徵也高帝曰卿勿妄言及上將拜齊公已剋日有楊祖之謀於臨軒作難僧眞具請上更選吉辰尋而祖之事覺上曰無卿言亦當致小狼狽此何異滹沱之冰轉齊國中書舍人建元初帶東燕令封新陽縣男轉羽林監遷尚書主客郎太尉中兵參軍兼中書舍人高帝疾甚令僧眞典遺詔永明元年丁父喪起爲建威將軍尋除南太山太守又爲舍人僧眞容貌言吐雅有士風武帝嘗目送之笑曰人生何必計門戶紀僧眞堂堂貴人所不及也諸權要中最被眄遇後除前軍將軍遭母喪開冢得五色兩頭蛇武帝崩僧眞號泣思慕明帝以僧眞歷朝驅使建武初除游擊將軍兼司農待之如舊欲令僧眞臨郡僧眞啟進其弟僧猛爲鎭蠻護軍晉熙太守永泰元年除司農卿明帝崩掌山陵事出爲廬陵內史卒于官弟僧猛卒於晉熙太守兄弟皆有風姿舉止竝善隸書僧猛又能飛白書作飛白賦僧眞子交卿甚有解用宋時有道人楊法持與高帝有舊元徽末宣傳密謀昇明中以爲僧正建元初罷道爲寧朔將軍封州陵男二年遣法持爲軍主領支軍救援朐山永明四年坐役使將客奪其鮭稟削封云

劉係宗丹陽人也少便書畫爲宋竟陵王誕子景粹侍書誕舉兵廣陵城內皆死敕沈慶之赦係宗以爲東宮侍書泰始中爲主書以寒官累至勳品元徽初爲奉朝請兼中書通事舍人員外郎封始興南亭侯帶秣陵令高帝廢蒼梧明旦呼正直舍人虞整醉不能起係宗歡喜奉敕高帝曰今天地重開是卿盡力之日使寫諸處分敕令及四方書疏使主書十人書吏二十人配之事皆稱旨高帝卽位除龍驤將軍建康令永明初爲右將軍淮陵太守兼中書通事舍人母喪自解起復本職四年白賊唐寓之起宿衛兵東討遣係宗隨軍慰勞遍至遭賊郡縣百姓被驅逼者悉無所問還復人伍係宗還上曰此段有征無戰以時平蕩百姓安怗甚快也賜係宗錢帛上欲修白下城難於動役係宗啓謫役在東人丁隨寓之爲逆者上從之後車駕出講武上履行白下城曰劉係宗爲國家得此一城永明中魏使書常令係宗題答祕書局皆隸之再爲少府鬱林卽位除寧朔將軍宣城太守係宗久在朝省閑於職事武帝常云學士輩不堪經國唯大讀書耳經國一劉係宗足矣沈約王融數百人於事何益其重吏事如此建武二年卒官

茹法亮吳興武康人也宋大明中出身爲小史歷齊幹扶侍孝武末年鞭罰過度校獵江右選白衣左右百八十人皆面首富室從至南州得鞭者過半法亮憂懼因緣啟出家得爲道人明帝初罷道結事阮佃夫累至高帝冠軍府行參軍及武帝鎭盆城須舊驅使人法亮求留爲武帝江州典籤除南臺御史帶松滋令法亮便辟解事善於承奉稍見委信建元初度東宮主書除奉朝請補東宮通事舍人武帝卽位仍爲中書通事舍人除員外郎帶南濟陰太守與會稽呂文度臨海呂文顯竝以姦佞諂事武帝文度爲外監專制兵權領軍將軍守虛位而已天文寺常以上將星占文度吉凶文度尤見委信上嘗云公卿中有憂國如文度者復何憂天下不寧文度既見委用大納財賄廣開宅宇盛起土山奇禽怪樹皆聚其中後房羅綺王侯不能及又啓上籍被卻者悉充遠戍百姓嗟怨或逃亡避咎富陽人唐寓之因此聚黨爲亂鼓行而東乃於錢唐縣僭號以新城戍爲僞宮以錢唐縣爲僞太子宮置百官皆備三吳卻籍者奔之衆至三萬竊稱吳國僞年號興平其源始於虞玩之而成於文度事見虞玩之傳法亮文度竝勢傾天下太尉王儉常謂人曰我雖有大位權寄豈及茹公永明二年封望蔡縣男七年除臨淮太守轉竟陵王司徒中兵參軍巴東王子響於荆州殺僚佐上遣軍西上使法亮宣旨安撫子響法亮至江津子響呼法亮法亮疑畏不肯往又求見傳詔法亮又不遣故子響怒遣兵破尹畧軍事平法亮至江陵誅賞處分皆稱敕斷決軍還上悔誅子響法亮被責少時親任如舊廣開宅宇私齋光麗與延昌殿相埒延昌殿武帝中齋也宅後爲魚池釣臺土山樓館長廊將一里竹林花藥之美公家苑囿所不能及鬱林卽位除步兵校尉時有綦毋珍之居舍人之任凡所論薦事無不允內外要職及郡丞尉皆論價而後施行貨賄交至旬月之間累至千金帝給珍之宅宅邊又有空宅從卽併取輒令材官營作不關詔旨材官將軍細作丞相語云寧拒至尊敕不可違舍人命珍之母隨弟欽之作暨陽令欽之罷縣還珍之迎母至湖熟輒將青氅百人自隨鼓角橫吹都下富人追從者百數欽之自行佐作縣還除廬陵王驃騎參軍又詐宣敕使欽之領青氅珍之有一銅鏡背有三公字常語人云徵祥如此何患三公不至乃就蔣王廟乞願得三公封

郡王啓帝求封朝議未許又自陳曰珍之西州伏事侍從入宮契闊心膂竭盡誠力王融姦謀潛構自非珍之翼衞扶持事在不測今惜千戶侯誰爲官使者又有牒自論於朝廷曰當世祖晏駕之時內外紛擾珍之手抱至尊口行處分忠誠契闊人誰不知今希千戶侯於分非過乃許三百戶嗔恚形於言色進爲五百戶又不肯受明帝議誅之乃許封汝南縣有杜文謙者吳郡錢唐人帝爲南郡王文謙侍五經文句歷太學博士出爲溧陽令未之職會明帝知權蕭諶用事文謙乃謂珍之曰天下事可知灰盡粉滅匪朝伊夕不早爲計吾徒無類矣珍之曰計將安出答曰先帝故人多見擯斥今召而使之誰不慷慨近聞王洪軏與趙越常徐僧亮萬靈會共語皆攘袂搥牀君其密報周奉叔使萬靈會魏僧勔殺蕭諶則宮內之兵皆我用也卽勒兵入尙書斬蕭令兩都伯力耳其次則遣荆軻豫讓之徒因諮事左手頓其胸則方寸之刃足以立事亦萬世一時也今舉大事亦死不舉事亦死二死等耳死社稷可乎若遲疑不斷復少日錄君稱敕賜死父母爲殉在眼中矣珍之不能用時徐龍駒亦當得封珍之恥與龍駒共詔因求別立事未及行而事敗珍之在西州時有一手版相者云當貴每以此言動帝又圖黃門郞帝嘗問之曰西州時手版何在珍之曰此是黃門手版官何須問帝大笑珍之時爲左將軍南彭城太守領中書通事舍人正直宿宜旨使卽往蔣王廟祈福因收送廷尉與周奉叔杜文謙同死文謙有學行善言吐其父聞其死曰吾所以憂者恐其不得死地耳今以忠義死復何恨哉王經母所以欣經之義也時人美其言龍駒以閹人本給安陸侯後度東宮爲齋帥帝卽位以後便佞見寵凡諸鄙黷雜事皆所誘勸位羽林監後閤舍人黃門署令淮陵太守帝爲龍駒置嬪御妓樂常往含章殿著黃綸帽被貂裘南面向案代帝畫敕內左右侍直與帝不異前代趙忠張讓之徒莫之能比封惠懷縣男事未行明帝請誅之懇至乃見許曹道剛廢帝之日直閤省蕭諶先入若欲論事兵隨後奄進以刀刺之洞胸死因進宮內廢帝直後徐僧亮盛怒大言於衆曰吾等荷恩今日應死報又見殺道剛字景昭彭城人性質直帝雖與之狎而未嘗敢謝帝說市里雜事以爲歡樂道剛輒避之益州人韓護善騎馬帝常呼入華林園令騎大賞狎之道剛出謂明帝主上猶是小兒左右皆須正人使日見禮則近聞韓護與天子齊馬並馳此導人君於危地道剛欲殺之既而遣人刺殺護及道剛死張融謂劉繪曰道剛似不爲諂亦復不免也答曰夫徑寸之珠非不寶也而蜂之所病云何不療之哉此道剛所以死也明帝卽位高武舊人鮮有存者法亮以主者久事故不見疑位任如故先是延昌殿爲武帝陰室藏諸服御二少帝並居西殿及明帝居東齋開陰室出武帝白紗帽防身刀法亮歔欷流涕永泰元年王敬則事平法亮復受敕宣慰諸郡無所受納東昏卽位出法亮爲大司農中書權利之職法亮不樂去固辭不受旣而代人已到法亮垂涕而出卒官

呂文顯臨海人也昇明初爲高帝錄尙書省事累遷殿中御史後爲秣陵令封劉陽縣男永明元年爲中書通事舍人文顯臨事以刻覈被知三年帶南清河太守與茹法亮等迭出入爲舍人並見親幸多四方餉遺並造太宅聚山開池時中書舍人四人各住一省世謂之四戶旣總重權勢傾天下晉宋舊制宰人之官以六年爲限近世以六年過久又以三周爲期謂之小滿而遷換去來又不依三周之制送故迎新吏人疲於道路四方守宰餉遺一年咸數百萬舍人茹法亮於衆中語人曰何須覓外祿此一戶內年辦百萬蓋約言之也其後元象失度史官奏宜脩祈禳之禮王儉聞之謂上曰天文乖忤此禍由四戶仍奏文顯等專擅愆和極言其事上雖納之而不能改也文顯累遷左中郞將南東莞太守故事府州部內論事皆籤前直敘所論之事後云謹籤日月下又云某官某籤故府州置典籤以典之本五品吏宋初改爲七職宋氏晚運多以幼少皇子爲方鎭時主皆以親近左右領典籤典籤之權稍重大明太始中長王臨藩素族出鎭莫不皆出內教命刺史不得專其任也宗慤爲豫州吳喜公爲典籤慤刑政所施喜公每多違執慤大怒曰宗慤年將六十爲國竭命政得一州如斗大不能復與典籤共臨之喜公稽顙流血乃止自此以後權寄彌隆典籤遞互還都一歲數反時主輒與間言訪以方事刺史行事之美惡係於典籤之口莫不折節推奉恒慮不及於是威行州郡權重藩君流道濟柯孟孫等姦慝發露雖卽顯戮而權任之重不異明帝輔政深知之始制諸州急事宜密有所論不得遣典籤還都而典籤之任始輕後以文顯守少府見任使歷建武永元之世至尙書右丞少府卿卒官

茹法珍會稽人梅蟲兒吳興人也齊東昏時並爲制局監俱見愛幸自江祏始安王遙光等誅後及左右應敕捉刀之徒並專國命人間謂之刀敕權奪人主都下爲

之語曰欲求貴職依刀敕須得富豪事捉刀時又有新蔡人徐世檦尤見寵信自殿內主帥爲直閤驍騎將軍凡諸殺戮皆世檦所勸殺徐孝嗣後封臨汝縣子陳顯達事起加輔國將軍雖用護軍崔慧景爲都督而兵權實在世檦當時權勢傾法珍蟲兒又謂法珍蟲兒曰何世天子無要人但阿儂貨主惡耳法珍等與之爭權遂以白帝帝稍惡其凶強世檦竊欲生心左右徐僧重密知之發其事收得千餘人仗及咒詛文又畫帝十餘形像備爲刑斬刺射支解之狀而自作已像著通天冠袞服題云徐氏皇帝永光二年事發乃族之自是法珍蟲兒用事並爲外監口稱詔敕中書舍人王咺之與相脣齒專掌文翰其餘二十餘人皆有勢力崔慧景平後法珍封餘干縣男蟲兒封竟陵縣男崔慧景之平曲赦都下及南兗州木以有賊黨而羣凶用事刑辟不依詔書無罪家富者不論赦令莫不受戮籍其家產與慧景深相關爲盡力而家貧者一無所問始安顯達時亦已如此至慧景平復然或說王咺之云赦書無信人情大惡咺之曰政當復有赦耳復赦羣小誅戮亦復如先帝自羣公誅後無復忌憚無日不游走所幸潘妃本姓俞名尼子王敬則妓也或云宋文帝有潘妃在位三十年於是改姓曰潘其父寶慶亦從改爲帝呼寶慶及法珍爲阿父蟲兒及東冶營兵俞靈運爲阿兒帝與法珍等俱詣寶慶帝躬自汲水助廚人作膳爲市中雜語以爲諧謔又常輕騎戎服往諸承敕家游宴有吉凶輒往慶弔奄人王寶孫年十三四號爲佷子最有寵參預朝政雖王咺之蟲兒之徒亦下之控制大臣移易詔敕乃至騎馬入殿詆訶天子公卿見之莫不懾息其佐成昏亂者法珍蟲兒及王咺之俞寶慶俞靈運祝靈勇范亮之徐僧重時崇濟茹安泰劉文泰呂文慶胡輝光繆買養章道之楊敬子李粲之周管之范曇濟石曇悅張惡奴王勝公王懷藻梅師濟鄒伯兒史元益王靈範席休文解滂及太史令駱文叔大巫朱光尚凡三十一人又有奄官王寶孫王法昭許朗之許伯孫方佛念馬僧猛盛劭王竺兒隨要袁係世等十人梁武平建鄴皆誅又朱興光爲茹法珍所疾得罪被繫豐勇之與王珍國相知行殺皆免初左右刀敕之徒悉號爲鬼宮中訛云趙鬼食鴨劇諸鬼盡著調當時莫解梁武平建鄴東昏死羣小一時誅滅故稱爲諸鬼也俗間以細剉肉糅以薑桂曰劇意者以凶黨皆細剉而烹之也

梁

周石珍建康之厮隸也世以販絹爲業天監中稍遷至宣傳左右身長七尺頗閑應對後遂至制局監帶開陽令歷位直閤將軍太清三年封南豐縣侯猶領制局臺城未陷已射書與侯景相結門初開石珍猶侍左右時賊遣其徒入直殿內或驅馬出入殿庭武帝方坐文德殿怪問之石珍曰皆丞相甲士上曰何物丞相對曰侯丞相上怒叱之曰是名侯景何謂丞相石珍求媚於賊乃養其黨田遷以爲已子遷亦父事之景篡位制度羽儀皆石珍自出景平後及中書舍人嚴亶等送于江陵亶本爲齋監居臺省積久多閑故實在賊居要亞於石珍及簡文見立亶學北人着靴上殿無肅恭之禮有怪之者亶曰吾豈畏劉禪乎從景圍巴陵郡叫曰荆州郡何不送降及至江陵將刑於市泣謂石珍曰吾等死亦是罪盈石珍與其子昇相抱哭亶謂監刑人曰傳語河東王不有廢也君何以興俱腰斬自是更殺賊黨以版押舌釘釘之不復得語

陸驗徐驎並吳郡吳人驗少而貧苦落魄無行邑人郁吉卿者甚富驗傾身事之吉卿貸以錢米驗借以商販遂致千金因出都下散貲以事權貴朱异其邑子也故嘗有德遂言於武帝拔之與徐驎兩人遞爲少府丞太市令驗本無藝業而容貌特醜先是外國獻生犀其形甚陋故閭里咸謂驗爲生犀驗驎並以貪刻爲務百賈畏之异尤與之昵世人謂之三蠹司農卿傅岐梗直士也嘗謂异曰卿任參國鈞榮寵如此比日所聞鄙穢狼籍若使聖主發悟欲免得乎异曰外間謗讟知之久矣心苟無愧何卹人言岐謂人曰朱彥和將死矣恃諂以求容肆辯以拒諫聞難而不懼知惡而不改天奪其鑒其能久乎驗竟以侵削爲能數年遂登列棘鳴佩珥貂並肩英彥仕至太子右衛率卒贈右衛將軍遠近聞其死莫不快之驎素爲邵陵王綸所憾太清二年爲綸所殺

陳

司馬申字季和河內溫人也祖慧遠梁都水使者父元通梁尚書左戶郎申早有風概十四便善弈碁嘗隨父候吏部尚書到溉時梁州刺史陰子春領軍朱异在焉呼與碁申每有妙思异觀而奇之因引申游處太清之難父母俱沒因此自誓擔土菜食終身梁元帝承制累遷鎭西外兵記室參軍及侯景寇郢州申隨都督王僧辯據巴陵每進策皆見行用僧辯歎曰此生要鞬汗馬或非所長若使撫眾守城必有奇績僧辯之討陸納也于時賊眾奄至左右披靡申躬蔽僧辯蒙楯而行會裴

之横救至賊乃退僧辯顧而笑曰仁者必有勇豈虛言哉太建中除秣陵令在職以清能見紀有白雀集于縣庭復爲東宮通事舍人叔陵之肆逆也事既不捷出據東府申馳召右衛將軍蕭摩訶帥兵先至追斬之後主深嘉焉以功除太子左衛率封文招縣伯兼中書通事舍人遷右衛將軍歷事三帝內掌機密頗作威福性忍害好飛書以譖毀朝之端士遍罹其殃參預謀謨乃於外宣說以爲已力省中祕事往往泄漏性又果敢善應對能候人主顏色有忤已者必以微言譖之附已者因機進之是以朝廷內外皆從風靡初尚書右僕射沈君理卒朝廷議以毛喜代之申慮喜預政乃短喜於後主曰喜臣之妻兄高宗時稱陛下有酒德請逐去宮臣陛下寧忘之邪喜由是廢錮又與施文慶李脫兒比周譖殺傅縡奪任忠部曲以配蔡徵孔範是以文武解體至於覆滅申嘗晝寢於尚書下省有烏啄其口流血及地時論以爲譖賢之效也後加散騎常侍右衛舍人如故至德四年卒後主嗟悼久之贈侍中護軍將軍進爵爲侯謚曰忠及葬後主自爲製誌銘子秀嗣官至太子舍人

施文慶不知何許人也家本吏門至文慶好學頗涉書史後主之在東宮文慶事焉及即位擢爲中書舍人仍屬叔陵作亂隋師臨境軍國事務多起倉卒文慶聰敏彊記明閑吏職心算口占應時條理由是大被親幸又自太建以來吏道疏簡百司弛縱文慶盡其力用無所縱捨分官聯事莫不振懼又引沈客卿陽惠朗徐哲暨慧景等云有吏能後主信之然並不達大體督責苛碎聚斂無厭王公大人咸共疾之後主益以文慶爲能尤更親重內外眾事無不委任累遷太子左衛率舍人如故禎明三年湘州刺史晉熙王叔文在職既久大得人和後主以其據有上流陰忌之自度素與羣臣少恩恐不爲用無所任者乃擢文慶爲都督湘州刺史配以精兵二千欲令西上仍徵叔文還朝文慶深喜其事然懼居外後執事者持已短長因進其黨沈客卿以自代未發間二人共掌機密時隋軍大舉分道而進尚書僕射袁憲驃騎將軍蕭摩訶及文武羣臣持議請於京口採石置兵五千并出金翅二百緣江上下以爲防備文慶恐無兵從已廢其述職而客卿又利文慶之任已得專權俱言於朝曰必有論議不假面陳但作文啓即爲通奏憲等以爲然二人齎啓入白後主曰此是常事邊城將帥足以當之若出人船必恐驚擾及隋軍臨江間諜驟至憲等懇懃奏請至于再三文慶等曰元會將逼南郊之日太子多從今若出兵事便廢闕後主曰今且出兵若北邊無事因以水軍從郊何爲不可又對曰如此則聲聞鄰境便謂國弱後又以貨動江總總爲之游說後主重違其意而迫羣官之請乃令付外詳議總又抑憲等由是未決而隋師濟江後主性怯懦不達軍事晝夜啼泣臺內處分一以委之文慶既知諸將疾已恐其有功乃奏曰此等怏怏素不服官迫此事機那可專信凡有所啓請經略之計並皆不行尋敕文慶領兵頓于樂游苑陳亡隋晉王廣以文慶受委不忠曲爲諂佞以蔽耳目比黨數人並於石闕前斬之以謝百姓

沈客卿吳興武康人也美風采善談論博涉書史與施文慶少相親昵累遷至尚書儀曹郎聰明有口辯頗知故事每朝廷體式吉凶儀注凡所疑議客卿斟酌裁斷理雖有不經而眾莫能屈事多施行至德初以爲中書舍人兼步兵校尉掌金帛局以舊制軍人士人二品清官並無關市之稅後主盛脩宮室窮極耳目府庫空虛有所興造恆若不給客卿每立異端唯以刻削百姓爲事奏請不問士庶並責關市之估而又增重其舊於是以陽惠朗爲太市令暨慧景爲尚書金倉都令史二人家本小吏考校簿領毫釐不差糾謹嚴急百姓嗟怨而客卿居舍人總以督之每歲所入過於常格數十倍後主大悅尋加客卿散騎常侍左衛將軍舍人如故惠朗慧景奉朝請禎明三年客卿遂與文慶俱掌機密隋師至文慶出頓樂游苑內外事客卿總焉臺城失守隋晉王以客卿重賦厚斂以悅於上與文慶暨慧景陽惠朗等俱斬於石闕前徐哲不知何許人也施文慶引爲制局監掌刑法亦與客卿同誅

孔範字法言會稽山陰人也曾祖景偉齊散騎常侍祖滔梁海鹽令父岱歷職清顯範少好學博涉書史太建中位宣惠江夏王長史後主即位爲都官尚書與江總等並爲狎客範容止都雅文章贍麗又善五言詩尤見親愛後主性愚很惡聞過失每有惡事範必曲爲文飾稱揚贊美時孔貴人絕愛幸範與孔氏結爲兄妹寵遇優渥言聽計從朝廷公卿咸畏範範因驕矜以爲文武才能舉朝莫及從容白後主曰外間諸將起自行伍匹夫敵耳深見遠慮豈其所知後主以問施文慶文慶畏範並以爲然自是將帥微有過失即奪其兵分配文吏隋師將濟江羣官請爲備防文慶沮壞之後主未決範奏曰長江天塹古來限隔虜軍豈能飛度邊將欲作功勞妄言事急臣自恨位卑虜若能來定作太尉公矣或

妄言北軍馬死範曰此是我馬何因死亡後主笑以爲然故不深備尋而隋將賀若弼陷南徐州執城主莊元始韓擒虎陷南豫州敗水軍都督高文泰與中領軍魯廣達頓于白塔寺後主多出金帛募人立功範素於武士不接莫有至者唯負販輕薄多從之高麗百濟崑崙諸夷並受督時任蠻奴請不戰而已渡江攻其大軍又司馬消難言於後主曰弼若登高舉烽與韓擒虎相應鼓聲交震人情必離請急遣兵北據蔣山南斷淮水質其妻子重其賞賜陛下以精兵萬人守城莫出不過十日食盡二將之頭可致闕下範冀欲立功志在於戰乃曰司馬消難狼子野心任蠻奴淮南傖士語並不可信事遂不行隋軍既逼蠻奴又欲爲持久計範又奏請作一決當爲官勒石燕然後主從之明日範以其徒居中以抗隋師未陣而北範脫身遁免尋與後主俱入長安初晉王廣所戮陳五佞人範與散騎常侍王瑳王儀御史中丞沈瓘過惡未彰故免及至長安事並露隋文帝以其姦佞諂惑並暴其過惡名爲四罪人流之遠裔以謝吳越之人瑳儀並琅邪人瑳刻薄貪鄙忌才害能儀候意承顏傾巧側媚又獻其二女以求親昵瓘險慘苛酷發言邪諂故同罪焉

後魏

王叡字洛誠自云太原晉陽人也六世祖橫張軌參軍晉亂子孫因居於武威姑臧父橋字法生解天文卜筮涼州平入京家貧以術自給歷位終於侍御中散天安初卒贈平遠將軍涼州刺史顯美侯謚曰敬叡少傳父業而姿貌偉麗景穆之在東宮見而奇之興安初擢爲太卜中散稍遷爲令領太史永明元年文明太后臨朝叡因緣見幸超遷給事中俄爲侍中吏部尚書賜爵太原公於是內參機密外預政事愛寵日隆朝士懾憚焉太和二年孝文及文明太后率百僚與諸方客臨虎圈有猛虎逸登閣道幾至御坐左右侍衛皆驚靡叡獨執戟禦之虎乃退故親任轉重三年春詔叡與東陽王丕入八議永受復除四年遷尚書令進爵中山王加鎮東大將軍置王官二十二人中書侍郎鄭義爲傅中郎令以下皆當時名士又拜叡妻丁氏爲妃及沙門法秀謀逆事發多所牽引叡曰與殺不辜寧赦有罪宜梟首惡餘從原赦不亦善乎孝文從之得免者千餘人叡出入帷幄太后密賜珍翫繒綵人莫能知率常以夜帷載閹官防致前後巨萬不可勝數加以田園奴婢牛馬雜畜盡皆良美大臣及左右因是以受賚賜外示不私所費又以萬計及疾病孝文及太后每親視疾侍官省問相望於道及疾篤上疏陳情并言刑政得失尋薨孝文文明太后親臨哀慟賜溫明祕器宕昌公王遇監護喪事贈衛大將軍太宰并州牧謚曰宣王內侍長董醜奴營墳墓將葬於城東孝文登城樓以望之京都文士爲作哀詩及誄者百餘人乃立叡祠於都南二十里大道右起廟以時祭薦并立碑銘置守祠五家又詔褒揚叡圖其捍猛獸狀於諸殿令高允爲之讚京邑士女諂稱叡美造新聲而絃歌之名曰中山王詔班樂府合樂奏之初叡女妻李沖兄子延次女又適趙國李恢子華女之將行先入宮中其禮略如公主王女之儀太后親御太華殿寢其女於帳中叡與張祐侍坐叡所親及兩李家丈夫婦人列於東西廊及女子登車太后送過中路時人竊謂天子太后嫁女叡之葬也假親姻義舊衰絰縞冠送喪者千餘人皆舉聲慟泣以要榮利時謂之義孝叡既貴乃言家本太原晉陽遂移屬焉故其兄弟封爵多以并州郡縣薨後重贈叡父橋侍中征西將軍左光祿大夫儀同三司武威王謚曰定追策叡母賈氏爲妃立碑於墓左父子並葬城東相去里餘遷洛後更徙葬太原晉陽故地子襲字元孫叡薨孝文詔襲代領都曹爲尚書令領吏部曹後襲王爵例降爲公太后崩後襲禮遇稍薄不復關預時事後出爲并州刺史輿駕詣洛路幸其州人庶多爲立銘置於大路處相稱美或云襲所教也尚書奏免其官詔唯降號二等卒贈豫州刺史謚曰質襲弟椿字元壽正始中拜太原太守坐事免椿僮僕千餘園宅華廣聲伎自適無乏於時或有勸椿仕者椿笑而不答雅有巧思凡所營製可爲後法由是正光中元乂將營明堂辟雍欲徵爲將作大匠椿聞而固辭孝昌中爾朱榮以汾州胡逆表椿慰勞汾胡汾胡與椿並州服其聲望所至降下事寧授太原太守以預立莊帝功封遼陽縣子尋轉封眞定縣永熙中除瀛州刺史時有風雹之變詔書廣訪讜言椿乃上疏言政事之宜椿性嚴察下不容姦所在吏人畏之重足天平末更滿還鄉初椿於宅構起聽事極爲高壯時人忽云此乃太原王宅豈是王太原宅椿往爲本郡世皆呼爲王太原未幾爾朱榮居椿之宅榮封太原王焉至於齊神武之居晉陽霸朝所在人士輻湊椿禮敬親知多所拯接後以老病辭疾客居趙郡之西鯉魚祠山卒贈尚書左僕射太尉公冀州刺史謚曰文恭及葬齊神武親自弔送椿妻鉅鹿魏悅次女明達有遠操多識往行前言隨夫在華州兄子建在洛遇患聞而馳赴膚容虧損親類

歎尙之爾朱榮妻北鄉郡長公主深所禮敬永安中詔以爲南和縣君內足於財不以華飾爲意撫兄子牧情同巳子存拯親類所在周給椿名位終始魏有力焉卒贈鉅鹿郡君無子以兄孫叔明爲後

王仲興趙郡南欒人也父天德起自細微至殿中尙書仲興幼而端謹以父任早給事左右累遷越騎校尉孝文在馬圈自不豫大漸迄于崩仲興頗預侍護宣武卽位轉左中郞將及帝親政與趙脩並見寵任遷光祿大夫領武衞將軍雖與脩並而畏愼自退不若脩倨傲無禮咸陽王禧之出奔也當時上下微爲震駭帝遣仲興先馳入金墉安慰後與領軍于勁參機要因自迴馬圈侍疾及入金墉功遂封上黨郡開國公自拜武衞及受封日車駕每臨饗其宅宣武游幸仲興常侍不離左右外事得徑以聞百寮亦聳體而承望焉兄可久以仲興故自散爵爲征虜府長史帶彭城太守仲興世居趙郡自以寒微云舊出京兆霸城故爲雍州大中正尙書後以仲興賞報過優北海王詳嘗以面啓奏請降減事久不決可久在徐州恃仲興寵勢輕侮司馬梁郡太守李長壽乃令童僕邀毆長壽遂折其臂州以表聞北海王詳因百寮朝集厲色大言曰徐州名藩先帝所重朝廷云何僞用上佐遂致此紛紜以徹荒外豈不爲國醜辱仲興是後漸疏宣武乃下詔奪其封邑後卒於并州刺史宣武時又有上谷寇猛少以姿幹充虎賁稍遷至武衞將軍出入禁中無所拘忌自以上谷寇氏得補燕州大中正而不能甄刜士庶也卒贈燕州刺史

趙脩字景業趙郡房子人也父謐陽武令脩本給事東宮爲白衣左右頗有膂力宣武踐阼愛遇日隆然天性闇塞不閑書疏宣武親政旬月間頻有轉授每受除設宴帝幸其宅諸王公百寮悉從帝親見其母脩能劇飲至於逼勸觴爵雖北海王詳廣陽王嘉等皆亦不免必致困亂每適郊廟脩常驂陪出入華林恆乘馬至禁內咸陽王禧誅其家財貨多賜高肇及脩脩之葬父百官自王公以下無不弔祭酒犢祭奠之具塡塞門街於京師爲制碑銘獸石柱皆發人車牛傳致本縣財用之費悉自公家凶吉車乘將百兩道路供給皆出於官時將馬射宣武留脩過之帝如射宮又驂乘輅車旒竿觸東門折脩恐不逮葬日驛赴窆期左右求從及特遣者數十人脩道路嬉戲殆無慼容或與賓客姧掠婦女裸觀從者噂踏喧譁詬詈無節莫不畏而惡之是年又爲脩廣增宅舍多所并兼洞門高堂房廡周博崇麗擬於諸王其四面鄰居賂入其地者侯天盛兄弟越次出補長史大郡脩起自賤伍暴致富貴奢傲無禮物情所疾因其在外左右或諷糾其罪自其葬父還也舊寵少薄初王顯附脩後因忿鬩密伺其過列脩葬父時路中淫亂不軌又云與長安人趙僧檦謀匿玉印事高肇甄琛等構成其罪乃密以聞始琛及李憑等曲事脩無所不至懼相連及乃爭共糾擿遂有詔按其罪惡鞭之一百徙敦煌爲兵其家宅作徒郞仰停罷所親在內者悉令出禁是日脩詣領軍于勁第與之摴蒱籌未及畢羽林數人相續而至稱詔呼之脩驚起隨出路中執引脩馬詣領軍府琛與顯監決其罪先具問事有力者五人更迭鞭之占令必死旨決百鞭其實三百脩素肥壯腰腹博碩堪忍楚痛了不轉動鞭訖卽召驛馬促之令發出城西門不自勝舉縛置鞍中急驅馳之其母妻追隨不得與語行八十里乃死初于后之入脩之力也脩死後領軍于勁猶追感舊意經恤其家汕餘朝士昔相宗承者悉棄絕之以示巳之疏遠焉

茹皓字禽奇舊吳人也父謙之本名要隨宋巴陵王休若爲將至彭城寓居淮陽上黨年十五六爲縣金曹吏南徐州刺史沈陵見而善之自隨入洛舉充孝文白衣左右宣武踐阼皓侍直禁中稍被寵接宣武嘗拜山陵路中欲引與同車黃門侍郞元匡切諫乃止及帝親政皓眷賚日隆時趙脩亦被幸妬之求出皓皓亦慮見危禍不樂內官遂超授濮陽太守其父因皓訟理舊勳先除兗州陽平太守賜以子爵父子剖符名邦郡境相接皓折於去內不以疏外爲戚及趙脩等敗竟獲全皓雖起細微爲守乃淸簡寡事後授左中郞將領直閤寵待如前皓旣宦達自云本出鴈門鴈門人諂附者乃因薦皓於司徒請爲肆州大中正詔特依許遷驍騎將軍領華林諸作皓性微工巧多所興立爲山於天淵池西採掘北芒及南山佳石徙竹汝潁羅蒔其間經構樓觀列於上下樹草栽木頗有野致帝心悅之以時臨幸焉皓貴寵日昇關預政事太傅北海王詳以下咸祗憚之皓娶僕射高肇從妹於帝爲從母迎納之日詳親詣之禮以馬物皓又爲弟娉安豐王延明妹延明恥非舊流不許詳勸之云欲覓官職如何不與茹皓爲婚姻也延明乃從之皓頗敏慧折節下人潛自經營陰有納受貨產盈積起宅宮西朝貴弗之及也時帝雖親萬機皓率常居內留宿不還傳可門下奏事未幾轉光祿少卿意殊不巳方欲陳馬圈從先帝勞更希榮舉初脩皓之寵北海王詳皆附之又直閤劉胄本爲詳所薦常感恩高肇

素嫉諸王常規陷害旣知詳與晧交關相昵乃構之云晧等將有異謀宣武乃召中尉崔亮令奏晧冑常季賢陳埽靜四人擅勢納賄及私亂諸事即日執晧等皆詣南臺翌日奏處殺之晧妻被髮出堂而迎晧徑入哭別食椒而死冑字元孫後位直閤將軍季賢起於主馬宣武初好騎乘因是獲寵位司樂丞仍主廐閑埽靜徐義恭並彭城舊營人埽靜能爲宣武典櫛梳義恭善執衣服並以巧便旦夕居中愛幸相侔官敘不異二人皆奉承晧晧亦接眷而埽靜偏爲親密與晧常在左右略不歸休晧敗埽靜亦死於家義恭小心謹慎晧等死後彌見幸信宣武不豫義恭晝夜扶抱崩于懷中義恭謟附元乂乂有淫宴多在其宅位終左光祿大夫

趙邕字令和自云南陽人也潔白美鬢眉司空李沖之貫寵也邕以少年端謹出入其家頗給按磨奔走之役沖令與諸子游處人有東帶謁沖者時託之以自通太和中給事左右至殿中監宣武即位及親政猶居本任微與趙脩結爲宗援然亦不甚相附也邕父怡以邕寵召拜太常少卿尋爲荊州大中正出爲荊州刺史怡乃致其母喪葬於宛城之南趙氏舊墟後拜金紫光祿大夫卒贈相州刺史宣武每出入郊廟脩恆以常侍兼侍中陪乘而邕兼奉車都尉執轡同載時人竊論號爲二趙以趙出南陽徙屬荊州邕轉給事中南陽中正以父爲荊州大中正罷宣武崩邕兼給事黃門後爲幽州刺史貪與范陽盧氏爲婚女父早亡其叔許之而母不從母北平陽氏攜女至家藏避規免邕乃考掠陽叔遂至於死陽氏訴寃邕坐處死會赦免孝昌初卒

侯剛字乾之河南洛陽人也其先代人本出寒微少以善於鼎俎得進膳出入積官至嘗食典御宣武以其質直賜名剛焉稍遷左中郎將領刀劍左右後領太子中庶子宣武崩剛與侍中崔光迎明帝於東宮尋除衛尉卿封武陽縣侯俄爲侍中撫軍將軍恆州大中正進爵爲公熙平中侍中游肇出爲相州剛言於靈太后曰昔高氏擅權游肇抗衡不屈而出牧一藩未盡其美宜還引入以輔聖主太后善之剛寵任旣隆江陽王繼尚書長孫承業皆以女妻其子司空任城王澄以其起由膳宰頗竊侮之云此近爲我舉食然公坐對集敬遇不虧後剛坐掠殺試射羽林爲御史中尉元匡所彈處剛大辟尚書令任城王澄爲之言於靈太后令削封三百戶解嘗食典御剛於是頗爲失意剛自太和進食遂爲典御歷兩都三帝二太后將三十年至此始解御史中尉元匡之廢也剛爲太傅清河王懌所舉除車騎將軍領御史中尉及領軍元乂執政剛長子乂之妹夫乃引剛爲侍中左衛將軍還領嘗食典御以爲枝援復領御史中尉剛啓軍旅稍興國用不足求以巳邑俸粟賑給征人比至軍下明帝許之孝昌元年除領軍初元乂之解領軍靈太后以乂腹心尚多恐難卒制故權以剛代之示安其意尋出爲冀州刺史剛在道詔暴其朋黨元乂逼脅內外降爲征虜將軍餘悉削黜終於家永安中贈司徒公剛以上谷先有侯氏於是始家焉

徐紇字武伯樂安博昌人也家世寒微紇少好學頗以文詞見稱宣武初自主書除中書舍人謟附趙脩脩誅坐徙枹罕雖在徒役志氣不撓故事捉逃役流兵五人者聽免紇以此得還久之復除中書舍人太傅清河王懌以文翰待之及元乂害懌出爲鴈門太守稱母老解郡尋飾貌事乂又大得乂意靈太后反政以紇曾爲懌所顧待復自母憂中起爲中書舍人曲事鄭儼儼特信任之俄遷給事黃門侍郎仍領舍人總攝中書門下事軍國詔命莫不由之時有急速令數吏執筆或行或臥人別占之造次俱成不失事理雖無雅才咸得濟用時黃門侍郎太原王遵業琅邪王誦並稱文學亦不免爲紇秉筆承其指授尋加金紫紇機辨有智數公當決斷終日不以爲勞長直禁中略無休息時復夜還與沙門講論分宵達旦而心力無怠道俗歎服之然性浮動慕權利外似謇正內實謟諛時豪勝已必相陵架書生貧士矯意禮之其詭態若此有識鄙焉紇旣處腹心參判機密勢傾一時遠近填湊與鄭儼李神軌寵任相亞時稱徐鄭焉然無經國大體好行小數說靈太后以鐵券間爾朱榮左右榮知深以爲憾啓求誅之榮將入洛旣尅河梁紇矯詔夜開殿中取驊騮御馬十餘匹東走兗州羊侃時爲泰山太守紇往投之說侃令舉兵從之遂聚兵反其紇圍兗州孝莊初遣侍中于暉爲行臺與齊神武討之紇慮不免說侃請乞師於梁侃信之遂奔梁紇文筆駁論數十卷多有遺落時或存於世焉

鄭儼字季然滎陽開封人也祖歡叔濮陽太守父籍徐州平東長史儼容貌壯麗初爲司徒胡國珍行參軍因爲靈太后所幸時人未之知後太后廢蕭寶夤西征以儼爲友及太后反政儼請使還朝復見寵待拜諫議大夫中書舍人領嘗食典御晝夜禁中寵愛尤甚儼每休沐太后嘗遣閹童隨侍儼見其妻唯得言家事而已與徐紇俱爲舍人儼以紇有智數仗爲謀主紇以儼寵幸旣盛傾身承接共相表裏勢傾內外城陽王徽亦與之

合當時政令歸於儼等遷散騎常侍車騎將軍舍人常侍如故明帝崩事出倉卒天下咸言儼計爾朱榮舉兵向洛陽以儼紇爲辭榮逼京師儼走歸鄉里儼從兄仲明欲據郡起衆尋爲其部下所殺儼與仲明俱傳首洛陽

郭秀范陽涿人也事齊神武稍遷行臺中丞封壽陽伯親寵日隆多受賂遺進退人物張伯德祁仲彥張華原之徒皆深相附會秀疾神武親視之問所欲官乃啓爲七兵尚書除書未至而卒家無成人子弟神武自至其宅親使錄知其家資粟帛多少然後去贈儀同三司恆州刺史命其子孝義與太原公以下同學讀書初秀忌嫉楊愔誑脅令其逃亡秀死後愔還神武追忿秀卽日斥遣孝義終身不齒

北齊

和士開字彥通清都臨漳人其先西域商胡本姓素和氏父安恭敏善事人稍遷中書舍人魏靜帝嘗夜與朝賢講集命安看斗柄所指安曰臣不識北斗神武聞之以爲淳直由是啓除給事黃門侍郎位儀州刺史士開貴贈司空公尚書左僕射冀州刺史諡文貞公士開幼而敏慧選爲國子學生解悟捷疾爲同業所尚天保初武成封長廣王辟士開開府行參軍武成好握槊士開善於此戲由是遂有斯舉加以傾巧便僻又能彈胡琵琶因致親狎嘗謂王曰殿下非天人也是天帝也王曰卿非世人也是世神也其深相愛重如此文宣知其輕薄不欲令王與小人相親善責其戲狎過度徙之馬城乾明元年孝昭誅楊愔等敕追還長廣王請之也武成卽位累遷給事黃門侍郎侍中高元海黃門郎高乾和及御史中丞畢義雲等疾之將言其事士開乃奏元海等交結朋黨欲擅威福乾和因被疏斥義雲反納貨於士開除兗州刺史士開初封定州眞定縣子尋進爲伯天統元年加儀同三司尋除侍中加開府及遭母劉氏憂帝聞而悲惋遣武衞將軍侯呂芬詣宅晝夜扶侍并節哀止哭又遣侍中韓寶業齎手敕慰諭云朕之與卿本同心腹今懷抱痛割與卿無異當深思至理以自開慰成服後呂芬等始還其日遣韓寶業以犢車迎士開入內帝親握手下泣曉諭然後遣還駕幸晉陽給假聽過七日續發其見重如此并諸弟四人並起復本官四年再遷尚書右僕射侍中如故帝先患氣疾因飲酒輒大發動士開每諫不從後帝屬氣疾發又欲飲酒士開淚下歔欷而不能言帝曰卿此是不言之諫因不飲酒及冬公主出降段氏帝幸平原王第始飲酒焉又除尚書左僕射仍兼侍中武成在外朝視事或在內宴賞須臾之間不得不與士開相見或累月不歸一日數入或放還之後俄頃卽追未至之間連騎催喚奸諂日至寵愛彌隆前後賞賜不可勝紀言辭容止極諸鄙褻以夜繼日無復君臣之禮至說武成云自古帝王盡爲灰土堯舜桀紂竟復何異陛下宜及少壯恣意作樂從橫行之卽是一日快活敵千年國事分付大臣何慮不辦無爲自勤約也帝大悅於是委趙彥深掌官爵元文遙掌財用唐邕掌外兵白建掌騎兵馮子琮胡長粲掌東宮帝三四日乃一坐朝書數字而已略無言須臾罷入及帝寢疾於乾壽殿士開入侍醫藥帝謂士開有伊霍之才屬以後事臨崩握其手曰勿負我也仍絕於士開之手後主以武成顧託之恩深委任之又先得幸於胡太后是以彌見親密趙郡王叡與婁定遠元文遙等謀出士開仍引任城馮翊二王及段韶安吐根共爲計策屬太后觴朝貴於前殿叡面陳士開罪失云士開先帝弄臣城狐社鼠受納貨賄穢亂宮掖臣等義無杜口冒以死陳太后曰先帝在時王等何意不道今日欲欺孤寡邪但飲酒勿多言叡詞色愈厲安吐根繼進曰臣本商胡得在諸貴行末旣受厚恩豈敢惜死不出士開朝野不定太后曰別日論之王等且散叡等或投冠於地或拂衣而起言詞咆哮無所不至明日叡等復於雲龍門令文遙入奏三反太后不聽段韶呼胡長粲使傳太后言曰梓宮在殯事大忽速猶欲王等更思量趙郡王等遂並拜謝長粲復命太后謂曰成妹母子家計者兄之力也厚賜叡等而罷之太后及後主召問士開士開曰先帝於羣臣之中待臣最重陛下諒闇始爾大臣皆有覬覦今若出臣正是翦陛下羽翼宜謂叡等云文遙與臣同是任用豈得一去一留並可以爲州且依舊出納待過山陵然後發遣叡等謂臣眞出心必喜之後主及太后告叡等如其言以士開爲兗州刺史文遙爲西兗州刺史山陵畢叡等促士開就路士開載美女珠簾及諸寶翫以詣婁定遠謝曰諸貴欲殺士開蒙王特賜性命用作方伯今欲奉別且先送二女子一珠簾定遠大喜謂士開曰欲得還入不士開曰在內久常不自安不願更入定遠信之送至門士開曰今日遠出願得一辭覲二宮定遠許之士開由是得見太后及後主進說曰先帝一旦登遐臣愧不能自死觀朝貴意勢欲以陛下爲乾明臣出之後必有大變臣復何面目見先帝於地下因慟哭後主及太后皆泣問計將安出士開曰臣已

得入復何所慮正須數行詔書耳於是詔出定遠爲青州刺史責趙郡王叡以不臣之罪召入殺之復除士開侍中左僕射定遠歸士開所遺仍加以餘珍賂之武平元年封淮陽王尋除尚書令錄尚書事食定州常山郡幹武成時恆令士開與太后握槊又出入臥內遂與太后爲亂及武成崩後彌自放恣琅邪王儼惡之與領軍大將軍庫狄伏連侍中馮子琮御史王子宜武衛大將軍高舍洛等謀誅之伏連發京畿軍士帖神武千秋門外並私約束不聽士開入殿士開雖爲領軍恆性好內多早下從當直必須還宅晩始來門禁宿衛略不在意其年七月二十五日旦士開依式早參庫狄伏連前把士開手曰今有一太好事王子宜便授一函云有敕令王向臺遣軍士防送禁治書侍御廳事儼遣都督馮永洛就臺斬之時年四十八先是鄴下童謠云和士開當入臺士開謂入上臺至是果驗儼令御史李幼業羊立正將令史就宅簿錄家口自領兵士從殿西北角出斛律明月說後主親自曉告軍士軍士果散即斬伏連及王子宜並支解棄屍殿西街自餘皆辮頭反縛付趙彥深於涼風堂推問死者十餘人帝哀悼不視事數日後追憶不已詔起復其子道盛爲通直散騎常侍又敕其弟士休入內省參典機密詔贈士開假黃鉞十州諸軍事右丞相太宰司徒公錄尚書事謚曰文定士開稟性庸鄙不窺書傳發言吐論唯以諂媚自資自河清天統以後威權轉盛富商大賈朝夕填門聚斂貨財不知紀極雖公府屬掾郡縣守長不拘階次啓牒即成朝士不知廉恥者多相附會甚者爲其假子與市道小人丁鄒嚴興等同在昆季行列又有一人士曾參士開疾患遇醫人云王傷寒極重應服黃龍湯士開有難色是人云此物甚易王不須疑惑請爲王先嘗之一舉便盡士開深感此心爲之彊服遂得汗病愈其勢傾朝廷如此雖以左道事之者不隔賢愚無不進擢而正理違忤者亦頗能含容之士開見人將加刑戮多所營救既得免罪即令諷諭責其珍寶謂之贖命物雖有全濟者皆非直道安吐根安息胡人曾祖入魏家於酒泉吐根魏末充使蠕蠕因留塞北天平初蠕蠕主使至晉陽吐根密啓本蕃情狀神武得爲之備蠕蠕果遣兵入掠無獲而反神武以其忠疑厚加賞賚其後與蠕蠕和親結成婚媾皆吐根爲行人也吐根性和善頗有計策頻使入朝爲神武親待在其本蕃爲人所譖奔投神武文襄嗣事以爲假節涼州刺史率義侯稍遷儀同三司食永昌郡幹皇建中加開府齊亡年卒

穆提婆本姓駱漢陽人也父超以謀叛伏法提婆母陸令萱配入掖庭提婆爲奴後主在襁褓中令其鞠養謂之乾阿妳呼姊姊遂爲胡太后昵愛令萱姦巧多機辯取媚百端宮掖之中獨擅威福封爲郡君和士開高阿那肱皆爲郡君義子天統初奏引提婆入侍後主朝夕左右大被親狎無所不爲武平元年稍遷儀同三司又加開府尋授武衛大將軍秦州大中正二年除侍中轉食樂陵郡幹寵遇彌隆遂至尚書左右僕射領軍大將軍錄尚書事封城陽郡王贈其父司徒公尚書左僕射城陽王令萱又佞媚穆昭儀養之爲女是以提婆改姓穆及穆氏定位號令萱曰太姬視第一品班在長公主之上自武平三年之後令萱母子勢傾內外賣官鬻獄聚斂無厭每一賜與動傾府藏令萱則自太后以下皆受其指麾提婆則唐邕之徒皆重跡屏氣提婆嘗有罪太姬於帝前罵之曰奴斷我兒兒謂帝奴謂提婆也斛律皇后之廢也太后欲以胡昭儀正位後宮力不能遂乃卑辭厚禮以求令萱令萱亦以胡氏寵幸方睦不得已而白後主立之然意在穆昭儀每私謂後主曰豈有男爲皇太子而身爲婢妾又恐胡后不可以正義離間乃外求左道行厭蠱之術旬朔之間胡氏遂即精神恍惚言笑無恆後主遂漸相畏惡令萱一旦忽以皇后服御衣被穆昭儀又先別造寶帳爰及枕席器玩莫匪珍奇坐昭儀於帳中謂後主云有一聖女出將大家看之及見昭儀更相媚悅令萱云如此人不作皇后遣何物人作皇后於是立穆氏爲右皇后以胡氏爲左皇后尋復黜胡以穆爲正嫡引祖珽爲宰相殺胡長仁皆令萱所爲也自外殺生與奪不可盡言提婆雖庸品斷濫而性乃和善不甚害物耽聲色極奢侈晩朝早退全不以公事關懷未嘗毒害士人亦由此稱之晉州軍敗後主還鄴提婆奔投周軍令萱自殺子孫大小皆棄市籍沒其家周武帝以提婆爲柱國宜州刺史未幾云將據宜州起兵與後主相應誅死後主及齊氏諸王並因此非命

高阿那肱善無人也父市貴從神武以軍功封常山郡公位晉州刺史贈太尉公及阿那肱貴寵贈成皐王阿那肱初爲庫典每從征討以功封宜城縣男天保初除庫典都督四年從討契丹及蠕蠕以蹻捷見知太寧初除假儀同三司武衛將軍阿那肱工於騎射性便僻善事人每宴射之次大爲武成所愛重又諂悅和士開尤相褻狎士開每爲之言彌見親待河清中除儀同三司

食汾州定陽仵城二郡幹以破突厥封宜君縣伯天統初加開府除侍中驃騎大將軍領軍別封昌國縣侯後主即位除并省尚書右僕射武平元年封淮陽郡王仍遷并省尚書左僕射又除并省尚書令領軍大將軍并州刺史阿那肱才伎儁劣不涉文史識用尤在士開之下而奸巧計數亦不逮士開既爲武成所幸多令在東宮侍衞後主所以大被寵遇士開死後後主謂其識度足繼士開遂致位宰輔武平四年令其錄尚書事又總知外兵及內省機密頓不如和士開駱提婆母子賣獄鬻官韓長鸞憎疾良善而少言辭不妄喜怒亦不察人陰私虛相譏搆遂至司徒公右丞相其錄尚書刺史並如故及周師逼平陽後主於天池校獵晉州頻遣馳奏從旦至午驛馬三至阿那肱云大家正作樂邊境小小兵馬自是常事何急奏聞向暮更有使至云平陽城已陷賊方乃奏知明即欲引軍淑妃又請更合圍所以彌致遲緩及軍赴晉州命阿那肱率前軍先進仍總節度諸軍後主至平陽城下謂阿那肱曰戰是邪不戰是邪阿那肱曰兵雖多堪戰者不過十萬病傷及繞城火頭三分除一昔國家攻玉壁彼援軍來即退今日將士豈勝神武皇帝時邪不如勿戰卻守高梁橋安吐根曰一把子賊馬上刺取擲汾河中帝意未決諸內參曰彼亦天子彼尚能懸軍遠來我何爲守塹示弱帝曰此言是也於是僑塹進軍使內參讓阿那肱曰爾富貴足惜性命邪後主從穆提婆觀戰東偏頗有退者提婆怖曰大家去大家去帝與淑妃奔高梁橋開府奚長樂諫曰半進半退戰家之常體今兵衆全整未有傷敗陛下舍此安之御馬一動人情驚亂願速還安慰之武衞張常山自後至亦曰軍尋收訖甚整頓圍城兵亦不動至尊宜回不信臣言乞將內參往視帝將從之提婆引帝肘曰此言豈可信邪帝遂北馳有軍士雷相告稱阿那肱遣臣招引西軍行到文侯城恐事不果故還聞奏後主召侍中斛律孝卿令其檢校孝卿固執云此人自欲投賊行至文侯城迷不得去畏死妄語耳事遂寢還至晉陽阿那肱腹心人馬子平告阿那肱謀反又以爲虛妄斬子平乃顛沛還鄴侍衞逃散唯阿那肱及閹寺數十騎從行復除大丞相後主走度河令阿那肱以數千人投濟州關仍遣覘候周軍進止日夕馳報阿那肱每奏云周軍未至且在青州集兵馬未須南行及周軍且至關所部兵馬皆散阿那肱遂降時人皆云阿那肱表款周武必仰生致齊主故不速報兵至使後主被禽阿那肱至長安授大將軍封郡公尋出爲隆州刺史大象末在蜀從王謙起兵誅死初天保中文宣自晉陽還鄴有愚僧禿師於路中大叫呼文宣姓名云阿那瓌終破你國時蠕蠕主阿那瓌在塞北彊盛帝尤忌之所以每歲擊討後亡齊者遂屬高阿那肱云肱雖作肱字世人皆稱爲瓌音斯固亡秦者胡蓋縣定於窈冥也

韓鳳字長鸞昌黎人也父永興開府青州刺史高密郡公鳳少聰察有膂力善騎射稍遷烏賀鎮大賢鎮正都督後主居東宮年尚幼武成簡都督二十人送令侍衞鳳在其數後主親就衆中牽鳳手曰都督看兒來因此被識數喚共戲襲高密郡公位開府儀同三司武平二年和士開爲庫狄伏連等矯害敕咸陽王斛律明月宜陽王趙彥深在涼風堂推問支黨其事祕密皆令鳳日傳然後宣詔敕號令文武禁掖防守悉以委之除侍中領軍總知省內機密祖珽曾與鳳於後主前論事珽語鳳云强弓長矟容相推讓軍國謀算何由得爭鳳答云各出意見豈在文武優劣後主將誅斛律明月鳳固執不從祖珽因有譏言既誅明月數日後主不與語後尋復舊仍封舊國昌黎郡王又加特進及祖珽除北徐州刺史即令赴任既辭之後遲留不行其省事徐孝遠密告祖珽詐斛律明月後矯稱敕賜其珍寶財物亦有不云敕而徑廻取者敕令領軍將軍侯呂芬追珽還引入侍中省鎖禁其事首尾並鳳約敕責之進位領軍大將軍餘悉如故息寶行尚公主在晉陽賜甲第一區其公主生男滿月駕幸鳳宅宴會盡日每旦早參先被勅喚顧訪出後方引奏事官若不視事內省急速者皆附奏聞軍國要密無不經手東西巡幸及山水游戲射獵獨在御旁與高阿那肱穆提婆共處衡軸號曰三貴損國害政日月滋甚壽陽陷沒鳳與穆提婆聞告敗握槊不輟曰他家物從他去後帝使於黎陽臨河築城戍曰急時且守此作龜茲國子更可憐君臣應和若此鳳恆帶刀走馬未嘗安行瞋目張拳有噉人之勢每咤曰恨不得剉漢狗飼馬又曰刀止可刈漢賊頭不可刈草其弟萬歲及其二子寶行寶信並開府儀同萬歲又拜侍中亦處機要寶信尚公主駕復幸其宅親戚咸蒙官賞鳳母鮮于段孝言之從母子姊也爲此偏相參附奏遣監造晉陽宮陳德信馳驛檢行見孝言役官夫匠自營宅即語云僕射爲至尊起臺殿未訖何容先自營造鳳及穆提婆亦遣孝言分工匠爲已造宅德信還具奏聞及幸晉陽鳳又以官馬與他人乘騎上因此發忿與提婆並除名亦不露其辠仍毀其宅公主離婚復被遣向鄴

吏部門參及後主晉陽走還被勑喚入內尋詔復王爵
及開府領軍大將軍常在左右仍從後主走度河到青
州并爲周軍所獲鳳於權要之中尤嫉人士朝夕讌私
唯相譖訴崔季舒等寃酷皆鳳所爲也每一賜與動至
千萬恩遇日甚彌自驕恣意色嚴厲未嘗與人相承接
朝士諮事莫敢仰視動致呵叱輒詈云狗漢大不可耐
唯須殺卻若見武職雖厮養末品亦容下之後仕隋位
終於隴州刺史

通志卷一百八十四

宋右廸功郎鄭樵漁仲撰

列女傳第一

後漢

渤海鮑宣妻　太原王霸妻　廣漢姜詩妻　沛國周郁妻　扶風曹世叔妻　河南樂羊子妻　漢中陳文矩妻　孝女曹娥　吳許升妻　汝南袁隗妻　酒泉龐淯母　沛劉長卿妻　安定皇甫規妻　南陽陰瑜妻　犍爲盛道妻　孝女叔先雄　陳留董祀妻

晉

羊耽妻辛氏　杜有道妻嚴氏　王渾妻鍾氏　鄭袤妻曹氏　愍懷太子妃王氏　鄭休妻石氏　陶侃母湛氏　賈渾妻宗氏　梁緯妻辛氏　許延妻杜氏　虞潭母孫氏　周顗母李氏　張茂妻陸氏　尹虞二女　荀崧小女灌　王凝之妻謝氏　劉臻妻陳氏　皮京妻龍氏　孟昶妻周氏　何無忌母劉氏　劉聰妻劉氏　王廣女　陜婦人　靳康女　韋逞母宋氏　張天錫二妾閻氏薛氏　苻堅妾張氏　竇滔妻蘇氏　苻登妻毛氏　慕容垂妻段氏　段豐妻慕容氏　呂纂妻楊氏　呂紹妻張氏　李書妻尹氏

後魏

崔覽妻封氏　封卓妻劉氏　魏溥妻房氏　胡長命妻張氏　平原女子孫氏　房愛親妻崔氏　涇州貞女兒氏　姚氏婦楊氏　張洪祁妻劉氏　董景起妻張氏　陽尼妻高氏　史映周妻耿氏　任城國太妃孟氏　苟金龍妻劉氏　貞孝女宗　河東姚氏女　刁思遵妻魯氏　西魏孫道溫妻趙氏　孫神妻陳氏

隋

蘭陵公主　南陽公主　襄城王恪妃　華陽王楷妃　譙國夫人洗氏　鄭善果母崔氏　孝女王舜　韓覬妻于氏　陸讓母馮氏　劉昶女　鍾士雄母蔣氏　孝婦覃氏　元務光母盧氏　裴倫妻柳氏　趙元楷妻崔氏

後漢

渤海鮑宣妻者桓氏之女也字少君宣嘗就少君父學父奇其清苦故以女妻之裝送資賄甚盛宣不悅謂妻曰少君生富驕習美飾而吾實貧賤不敢當禮妻曰大人以先生修德守約故使賤妾侍執巾櫛既奉承君子唯命是從宣笑曰能如是是吾志也妻乃悉歸侍御服飾更着短布裳與宣共挽鹿車歸鄉里拜姑禮畢提甕出汲修行婦道鄉邦稱之宣哀帝時官至司隸校尉子永中興初爲魯郡太守永子昱從容問少君曰太夫人寧復識挽鹿車時不對曰先姑有言存不忘亡安不忘危吾焉敢忘乎永昱各有傳

太原王霸妻者不知何氏之女也霸少立高節光武時連徵不仕霸已見隱逸傳妻亦美志行初霸與同郡令狐子伯爲友子伯爲楚相而其子爲郡功曹子伯乃令子奉書於霸車馬服從雍容如也霸子時方耕於野聞賓至投耒而歸見令狐子沮怍不能仰視霸目之有愧容客去而久卧不起妻怪問其故始不肯告妻請罪而後言曰吾與子伯素不相若向見其子容服甚光舉措有道而我兒曹蓬髮歷齒未知禮節見客而有慙色父子恩深不覺自失耳妻曰吾少修清節不顧榮祿今子伯之貴孰與君之高奈何忘宿志而慚兒女子乎霸崛起而笑曰有是哉遂共終身隱遯

廣漢姜詩妻者同郡龐盛之女也詩事母至孝妻奉順尤篤母好飲江水水去舍六七里妻常泝流而汲後值風不時得還母渴詩責而遣之妻乃寄止鄰舍晝夜紡績常市珍羞使鄰母以意自遺其姑如是者久之姑怪問鄰母鄰母具對姑感慙呼還恩養愈謹其子後因遠汲溺死妻恐姑哀傷不敢言而託以行學不在姑嗜魚膾又不能獨食夫婦常力作供膾呼鄰母共之舍側忽有湧泉味如江水每旦輒出雙鯉魚常以供二母之膳赤眉散賊經詩里弛兵而過曰驚大孝必觸鬼神時歲荒賊乃遺詩米肉受而埋之比落蒙其安全永平三年察孝廉顯宗詔曰大孝入朝凡諸舉者一聽平之由是皆拜郎中詩尋除江陽令卒于官所居治鄉人爲立祀

沛郡周郁妻者同郡趙孝之女也字阿少習儀訓閑於婦道而郁驕淫輕躁多行無禮郁父謂阿曰新婦賢者當以道匡其夫郁之不改新婦過也阿拜而受命退謂左右曰我無樊衛二姬之行故君以責我我言而不用君必謂我不奉教令則罪在我矣若言而見用是爲子違父而從婦則罪在彼矣人生如此亦何聊哉乃自殺莫不傷之

扶風曹世叔妻者同郡班彪之女也名昭字惠班一名姬博學高才世叔早卒有節行法度兄固著漢書其八表天文志未及竟而卒和帝詔昭就東觀踵而成之帝數召入宮令皇后諸貴人師事焉號曰大家每有貢獻

異物輒詔大家作賦頌及鄧太后臨朝與聞政事以出入之勤封其子成關內侯官至齊相時漢書始出多未能通者同郡馬融伏於閣下從昭受讀後又詔融兄續繼昭成之永初中太后兄大將軍鄧騭以母憂上書乞身太后不許昭因上疏言其能以禮讓宜見矜允太后從之故騭等各得還里第焉昭作女誡七篇有助內訓馬融善之令妻女習焉昭女妹曹豐生亦有才慧爲書以難之辭有可觀昭年七十餘卒皇太后素食舉哀使者監護喪事所著賦頌銘誄問注哀辭書論上疏遺令凡十六篇子婦丁氏爲撰集之又作大家讚焉

河南樂羊子之妻者不知何氏之女也羊子常行路得遺金一餅還以與妻妻曰妾聞志士不飲盜泉之水廉者不受嗟來之食況拾遺求利以汙其行乎羊子大慚乃捐金於野而遠尋師學一年來歸妻跪問其故羊子曰久行懷思無它異也妻乃引刀趨機而言曰此織生自蠶繭成於機杼一絲而累以至於寸累寸不已遂成丈匹今若斷斯織也則損失成功稽廢時月夫子積學當日知其所亡以就懿德若中道而歸何異斷斯織乎羊子感其言復還終業遂七年不返妻常躬勤養姑又遠饋羊子嘗有他舍雞謬入園中姑盜殺而食之妻對雞不餐而泣姑怪問其故妻曰自傷居貧使食有他肉姑竟棄之後盜欲有犯妻者乃先劫其姑妻聞操刀而出盜人曰釋汝刀從我者可全不從我者則殺汝姑妻仰天而嘆舉刀刎頸而死盜亦不殺其姑太守聞之即捕殺賊盜而賜妻縑帛以禮葬之號曰貞義

漢中程文矩妻者同郡李法之姊也字穆姜有二男而前妻四子文矩爲安眾令喪於官四子以母非所生憎毀日積而穆姜慈愛溫仁撫字益隆衣食資供皆兼倍所生或謂母曰四子不孝至矣何不別居以遠之對曰吾方以義相導使其自遷善也及前妻長子興遇疾困篤母惻隱自然親調藥膳恩情篤密興疾久乃瘳於是呼三弟謂曰繼母慈仁出自天愛吾兄弟不識恩養禽獸其心雖母道益隆我曹過惡亦已深矣遂將三弟詣南鄭獄陳母之德狀已之過乞就刑縣言之於郡郡守表異其母蠲除家繇遣散四子許以修革自後訓導愈明並爲良士穆姜年八十餘卒臨終敕諸子曰吾弟伯度智達士也所論薄葬其義至矣又臨亡遺令聖賢法也令汝曹遵承勿與俗同增吾之累諸子奉行焉

孝女曹娥者會稽上虞人也父盱能絃歌爲巫祝漢安二年五月五日於縣江泝濤迎婆娑神溺死不得尸娥年十四乃沿江號哭晝夜不絕聲旬有七日遂投江而死（項原列女傳云娥投衣於水祝曰父屍所在衣當沈衣隨流至一處而沈娥遂隨衣而沒）至元嘉元年縣長度尚改葬娥於江南道旁爲立碑焉

吳許升妻者呂氏之女也字榮升少爲博徒不理操行榮常躬勤家業以奉養其姑數勸升修學每有不善輒流涕進規榮父積忿疾升乃呼榮欲改嫁之榮歎曰命之所遭義無離貳終不肯歸升感激自厲乃尋師遠學遂以成名尋被本州辟命行至壽春道爲盜所害刺史尹耀捕盜得之榮迎喪於路聞而詣州請甘心讎人耀聽之榮乃手斷其頭以祭升靈後郡遭寇賊賊欲犯之榮踰垣走賊拔刀追之賊曰從我則生不從我則死榮曰義不以身受辱寇虜也遂殺之是日疾風暴雨雷電晦冥賊惶懼叩頭謝罪乃殯葬之

汝南袁隗妻者扶風馬融之女也字倫隗自有傳倫少有才辯融家世豐豪裝遣甚盛及初成禮隗問之曰婦奉箕箒而已何乃過珍麗乎對曰慈親垂愛不敢逆命君若慕鮑宣梁鴻之高者妾亦請從少君孟光之事矣隗又曰弟先兄舉世以爲笑今處姊未適先行可乎對曰妾姊高行殊邈未遭良匹不似鄙薄苟然而已又問曰南郡君學窮道奧文爲辭宗而所在之職輒以財貨爲損何邪對曰孔子大聖不免武叔之毀子路至賢猶有伯寮之愬家君獲此固其宜耳隗默然不能屈帳外聽者爲慙隗既寵貴當時倫亦有名於世年六十餘卒倫妹芝亦有才義少喪親長而追感乃作申情賦云

酒泉龐淯母者趙氏之女也字娥父爲同縣人所殺而娥弟兄三人時俱病物故讎乃喜而自賀以爲莫己報也娥陰懷感憤乃潛備刀兵常帷車以候讎家十餘年不能得後遇於都亭刺殺之因詣縣自首曰父仇已報請就刑戮福祿長尹嘉義之解印綬欲與俱亡娥不肯去曰怨塞身死妾之名分結罪理獄君之常理何敢苟生以枉公法後遇赦得免州郡表其閭太常張奐嘉歎以束帛禮之

沛劉長卿妻者同郡桓鸞之女也鸞已見前傳生一男五歲而長卿卒妻防遠嫌疑不肯歸甯兒年十五晚又夭歿妻慮不免乃豫刑其耳以自誓宗婦相與愍之共謂曰若家殊無它意假令有之猶可因姑姊妹以表其誠何貴義輕身之甚哉對曰昔我先君五更學爲儒宗尊爲帝師五更以來歷代不替男以忠孝顯女以貞順稱詩云無忝爾祖聿修厥德是以豫自刑翦以明我情沛相王吉上奏高行顯其門閭號曰行義桓釐縣邑有祀必膰焉

安定皇甫規妻者不知何氏女也規初喪室家後更娶之妻善屬文能草書時爲規答書記衆人怪其工及規卒時妻年猶盛而容色美後董卓爲相國娉以輜軿百乘馬二十匹奴婢錢帛充路妻乃輕服詣卓門跪自陳請辭甚酸愴卓使傅奴侍者悉拔刀圍之而謂曰孤之威教欲令四海風靡何有不行於一婦人乎妻知不免乃立罵卓曰君羌胡之種毒害天下猶未足邪妾之先人清德奕世皇甫氏文武上才爲漢忠臣君親非其趣使走吏乎敢欲行非禮於爾君夫人邪卓乃引車庭中以其頭懸軛鞭撲交下妻謂持杖者曰何不重乎速盡爲惠遂死車下後人圖畫號曰禮宗云

南陽陰瑜妻者潁川荀爽之女也名采字女荀聰敏有才藝年十七適陰氏十九產一女而瑜卒采時尚豐少常慮爲家所逼自防禦甚固後同郡郭奕喪妻爽以采許之因詐稱病篤召采既不得已而歸采懷刃自誓爽令傅婢執奪其刃扶抱載之猶憂致憤激勑衛甚嚴女既到郭氏乃偽爲權悅之色謂左右曰我本立志與陰氏同穴而不免逼迫遂至於此素情不遂柰何乃命使建四燈盛裝飾請奕入相見共談言辭不輟奕敬憚之遂不敢逼至曙而出采因勑左右辦浴既入室而掩戶權令侍人避之以粉書戶上曰尸還陰字未及成懼有來者遂以衣帶自縊左右翫之不爲意比時已絕時人傷焉

犍爲盛道妻者同郡趙氏之女也字嫕姜建安五年益部亂道聚衆起兵事敗夫妻執繫當死嫕姜夜中告道曰法有常刑必無生望君可速潛逃建立門戶妾自留獄代君塞咎道依違未從嫕姜便解道桎梏爲齎糧貨子翔時年五歲使道攜持而走嫕姜代道持夜懸對不失法度道亡遠乃以實告吏應時見殺道父子會赦得歸道感其義終身不娶焉

孝女叔先雄者犍爲人也父泥和永建初爲縣功曹縣長遣泥和拜檄謁巴郡太守乘船墮湍水物故尸喪不歸雄感念怨痛號泣晝夜心不圖存常有自沈之計所生男女二人並數歲雄乃各作囊盛珠環以繫兒數爲訣別之辭家人每防閑之經百餘日稍懈雄因乘小船於父墮處慟哭遂自投水死弟賢其夕夢雄告之曰後六日當共父同出至期伺之果與父相持浮於水上郡縣表言爲立碑圖象其形焉

陳留董祀妻者同郡蔡邕之女也名琰字文姬博學有才辯又妙於音律適河東衛仲道夫亡無子歸寧于家興平中天下喪亂文姬爲胡騎所獲沒於南匈奴左賢王在胡中十二年生子二人曹操素與邕善痛其無嗣乃遣使者以金璧贖之而重嫁於祀祀爲屯田都尉犯法當死文姬詣曹操請之時公卿名士及遠方使驛坐者滿堂操謂賓客曰蔡伯喈女在外今爲諸君見之及文姬進蓬首徒行叩頭請罪音辭清辯旨甚酸哀衆皆爲改容操曰誠實相矜然文狀已去柰何文姬曰明公廄馬萬疋虎士成林何惜疾足一騎而不濟垂死之命乎操感其言乃追原祀罪時且寒賜以頭巾履襪操因問曰聞夫人家先多墳籍猶能憶識之不文姬曰昔亡父賜書四千許卷流離塗炭罔有存者今所誦憶裁四百餘篇耳操曰今當使十吏就夫人寫之文姬曰妾聞男女之別禮不親授乞給紙筆眞草唯命於是繕書送之文無遺誤後感傷亂離追懷悲憤作詩二章其辭憂惋云

晉

羊耽妻辛氏字憲英隴西人魏侍中毗之女也聰慧有才鑒初魏文帝得立爲太子抱毗項謂之曰辛君知我喜不毗以告憲英憲英歎曰太子代君主宗廟社稷者也代君不可以不戚主國不可以不懼宜戚而喜何以能久魏其不昌乎弟敞爲大將軍曹爽參軍宣帝將誅爽因其從魏帝出而閉城門爽司馬魯芝率府兵斬關赴爽呼敞同去敞懼問憲英曰天子在外太傅閉城人云將不利國家於事可得爾乎憲英曰事不可知然以吾度之太傅殆不得不爾明皇帝臨崩把太傅臂屬以後事此言猶在朝士之耳且曹爽與太傅俱受寄託之任而獨專權勢於王室不忠於人道不直此舉不過以誅爽耳敞曰然則敞無出乎憲英曰安可以不出職守人之大義也凡人在難猶或卹之爲人執鞭而棄其事不祥也且爲人任爲人死親昵之職也汝從衆而已敞遂出宣帝果誅爽事定後敞歎曰吾不謀於姊幾不獲於義其後鍾會爲鎮西將軍憲英謂耽從子祜曰鍾士季何故西出祜曰將爲滅蜀也憲英曰會在事縱恣非持久處下之道吾畏其有他志也及會將行請其子琇爲參軍憲英憂曰他日吾爲國憂今日難至吾家耳琇固請於文帝帝不聽憲英謂琇曰行矣戒之古之君子入則致孝於親出則致節於國在職思其所司在義思其所立不遺父母憂患而已軍旅之間可以濟者其唯仁恕乎會至蜀果反琇竟以全歸祜嘗送錦被憲英嫌其華反而覆之其明鑒儉約如此泰始五年卒年七十九

杜有道妻嚴氏字憲京兆人也貞淑有識量年十三適于杜氏十八而嫠居子植女韡並孤藐憲雖少誓不改節撫育二子教以禮度植遂顯名於時韡亦有淑德傅元求爲繼室憲便許之時元與何晏鄧颺不穆晏等每欲害之時人莫肯共婚及憲許元內外以爲憂懼或曰何鄧執權必爲元害亦由排山壓卵以湯沃雪耳柰何與之爲親憲曰爾知其一不知其他晏等驕侈必當自敗司馬太傅虎睡耳吾恐卵破雪消行自有在遂與元爲婚晏等尋亦爲宣帝所誅植後爲南安太守植從兄預爲秦州刺史被誣徵還憲與預書戒之曰諺云忍辱至三公卿今可謂辱矣能忍之公是卿座預後果爲儀同三司元前妻子咸年六歲嘗隨其繼母省憲謂咸曰汝千里駒也必當遠至以其妹之女妻之咸後有名於海內其知人之鑒如此年六十六卒

王渾妻鍾氏字琰潁川人魏太傅繇曾孫也父徽黃門郎琰數歲能屬文及長聰慧弘雅博覽記籍美容止善嘯詠禮儀法度爲中表所則既適渾生濟渾嘗共琰坐濟趨庭而過渾欣然曰生子如此足慰人心琰笑曰若使新婦得配參軍生子故不啻如此參軍謂渾中弟淪也琰女亦有才淑爲求賢夫時有兵家子甚俊濟欲妻之白琰琰曰要須我見之濟令此兵子與羣小雜處琰自幃中察之既而謂濟曰緋衣者非汝所拔乎濟曰是琰曰此人才足拔萃然地寒壽促不足展其器用不可與婚遂止其人數年果亡琰明鑒遠識皆此類也渾弟湛妻郝氏亦有德行琰雖貴門與郝雅相親重郝不以賤下琰琰不以貴陵郝時人稱鍾夫人之禮郝夫人之法云

鄭袤妻曹氏魯國薛人也袤先娶孫氏早亡娉之爲繼室事舅姑甚孝躬紡績之勤以充供養至於叔妹羣娣之間盡其禮節咸得懽心及袤爲司空其子默等又顯朝列時人稱其榮貴曹氏深懼盛滿每默等升進輒憂之形於聲色然食無重味服浣濯之衣袤等所獲祿秩曹氏必班散親姻務令周給家無餘貲初孫氏瘞于黎陽及袤薨議者以久喪難舉欲不合葬曹氏曰孫氏是元妃理從葬豈可使孤魂無所依邪于是遂備吉凶導從之儀以迎之具衣衾几筵親執鴈行之禮聞者莫不歎息以爲趙姬之下叔隗不足稱也太康元年卒年八十二

愍懷太子妃王氏太尉衍之女也字惠風貞婉有志節太子既廢居于金墉衍請絕婚惠風號哭而歸行路爲之流涕及劉曜陷洛陽以惠風賜其將喬屬屬將妻之惠風拔劍距屬曰吾太尉女皇太子妃義不爲逆胡所辱屬遂害之

鄭休妻石氏不知何許人也少有德操年十餘歲鄉邑稱之既歸鄭氏爲九族所重休前妻女既幼又休父布臨終有庶子沈生命棄之石氏曰奈何使舅之允不存乎遂養沈及前妻女力不兼舉九年之中三不舉子

陶侃母湛氏豫章新淦人也初侃父丹娉爲妾生侃而陶氏貧賤湛氏每紡績資給之使交結勝己侃少爲潯陽縣吏嘗監魚梁以一坩鮓遺母湛氏封鮓及書責侃曰爾爲吏以官物遺我非唯不能益吾乃以增吾憂矣鄱陽孝廉范逵寓宿於侃時大雪湛氏乃徹所卧新薦自剉給其馬又密截髮賣與鄰人以供肴饌逵後聞之歎息曰非此母不生此子侃終以功名顯

賈渾妻宗氏不知何許人也渾爲介休令被劉淵將喬晞攻破死之宗氏有姿色晞欲納之宗氏罵曰屠各奴豈有害人之夫而欲加無禮其妻於爾安乎何不促殺我因仰天大哭晞遂害之時年二十餘

梁緯妻辛氏隴西狄道人也緯爲散騎常侍西都陷沒爲劉曜所害辛氏有殊色曜將妻之辛氏據地大哭仰謂曜曰妾聞男以義烈女不再醮妾夫已死理無獨全且婦人再辱明公亦安用哉乞即就死下事舅姑遂號哭不止曜曰貞婦也任之乃自縊而死曜以禮葬之

許延妻杜氏不知何許人也延爲益州刺史別駕爲李驤所害驤欲納杜氏爲妻杜氏號哭守夫尸罵驤曰汝輩逆賊無道死有先後寧當久活我杜家女豈爲賊妻也驤怒遂害之

虞潭母孫氏吳郡富春人孫權族孫女也初適潭父忠恭順貞和甚有婦道及忠亡遺孤藐爾孫氏雖少誓不改節躬自撫養劬勞備至性聰敏識鑒過人潭始自童幼便訓以忠義故得聲望允洽爲朝廷所稱永嘉末潭爲南康太守值杜弢構逆孫氏勉潭以必死之義傾其資產以餽戰士潭遂克捷及蘇峻作亂潭時守吳興又假節征峻孫氏誡之曰吾聞忠臣出於孝子之門汝當舍生取義勿以吾老爲累也仍盡發其家僮令赴潭助戰貿其所服環佩以爲軍資于時會稽內史王舒遣子允之爲督護孫氏又謂潭曰王府君遣兒征汝何爲獨不潭即以子楚爲督護與允之合勢其憂國之誠若此拜武昌侯太夫人加金章紫綬潭立養堂於家王導以下皆就拜謁咸和末卒年九十五成帝遣使弔祭謚曰定夫人

周顗母李氏字絡秀汝南人也少時在室顗父浚爲安東將軍時嘗出獵遇雨過止絡秀之家會其父兄不在絡秀聞浚至與一婢於內宰豬羊具數十人之饌甚精辦而不聞人聲浚怪使覘之獨見一女甚美浚因求爲妾其父兄不許絡秀曰門戶殄悴何惜一女若連姻貴族將來庶有大益矣父兄許之遂生顗及嵩謨而顗等既長絡秀謂之曰我屈節爲汝家作妾門戶計耳汝等不與我家爲親親者吾亦何惜餘年顗等從命由此李氏遂得爲方雅之族中興時顗等並列顯位嘗冬至置酒絡秀舉觴賜三子曰吾本渡江託足無所不謂爾等並貴列吾目前吾復何憂嵩起曰恐不如尊旨伯仁志大而才短名重而識闇好乘人之弊此非自全之道嵩性抗直亦不容於世唯阿奴碌碌當在阿母目下耳阿奴謨小字也後果如其言

張茂妻陸氏吳郡人也茂爲吳郡太守被沈充所害陸氏傾家產率茂部曲爲先登以討充充敗陸詣闕上書爲茂謝不剋之責詔曰茂夫妻忠誠舉門義烈宜追贈茂太僕

尹虞二女長沙人也虞前任始興太守起兵討杜弢戰敗二女爲弢所獲並有國色弢將妻之二女曰我父二千石終不能爲賊婦有死而已弢並害之

荀崧小女灌幼有奇節崧爲襄城太守爲杜曾所圍力弱食盡欲求救於故吏平南將軍石覽計無從出灌時年十三乃率勇士數十人踰城突圍夜出賊追甚急灌督厲將士且戰且前得入魯陽山獲免自詣覽乞師又爲崧書與南中郎將周訪請援仍結爲兄弟訪即遣子撫率兵三千會石覽俱救崧賊聞兵至散走灌之力也

王凝之妻謝氏字道韞安西將軍弈之女也聰識有才辯叔父安嘗問毛詩何句最佳道韞稱吉甫作頌穆如清風仲山甫永懷以慰其心安謂有雅人深致又嘗內集俄而雪驟下安曰何所似也安兄子朗曰散鹽空中差可擬道韞曰未若柳絮因風起安大悅道韞初適凝之還甚不樂安曰王郎逸少子不惡汝何恨也答曰一門叔父則有阿大中郎羣從兄弟復有封胡羯末不意天壤之中乃有王郎封謂謝韶胡謂謝朗羯謂謝元末謂謝川皆其小字也又嘗譏元學植不進曰爲塵務經心爲天分有限邪凝之弟獻之嘗與賓客談議詞理將屈道韞遣婢白獻之曰欲爲小郎解圍乃施青綾步障自蔽申獻之前議客不能屈及遭孫恩之難舉措自若既聞夫及諸子爲賊所害方命婢肩輿抽刃出門亂兵稍至手殺數人乃被虜其外孫劉濤時年數歲賊又欲害之道韞曰事在王門何關他族必其如此寧先見殺恩雖毒害爲之改容乃不害濤自爾嫠居會稽家中莫不嚴肅太守劉柳聞其名請與談議道韞素知柳名亦不自阻乃簪髻素褥坐於帳中柳束脩整帶造于別榻道韞風韻高邁敘致清雅先及家事慷慨流漣徐酬問旨詞理無滯柳退而歎曰實所未見瞻察言氣使人心形俱服道韞亦云親從凋亡始遇此士聽其所問殊開人胸府初同郡張元妹亦有才質適於顧氏元每稱之以敵道韞有濟尼者遊於二家或問之濟尼答曰王夫人神情散朗故有林下風氣顧家婦清心玉映自是閨房之秀道韞所著詩賦誄頌並傳於世

劉臻妻陳氏者亦聰辯能屬文嘗正旦獻椒花頌其詞曰旋穹周迴三朝肇建青陽散輝澄景載煥標美靈葩爰採爰獻聖容映之永壽於萬又撰元日及冬至進見之儀行於世

皮京妻龍氏字憐西道縣人也年十三適京未逾年而京卒京二弟亦相次而隕既無允嗣又無朞功之親憐貨其嫁時資裝躬自紡績數年間三喪俱舉葬斂既畢每時享祭無闕州里聞其賢屢有娉者憐誓不改守節居窮五十餘載而卒

孟昶妻周氏昶弟顗妻又其從妹也二家並豐財產初桓元雅重昶而劉邁毀之昶知深自惋失及劉裕將建義與昶定謀昶欲盡散財物以供軍糧其妻非常婦人可語以大事乃謂之曰劉邁毀我於桓公便是一生淪陷決當作賊卿幸可早爾離絕脫得富貴相迎未晚也周氏曰君父母在堂欲建非常之謀豈婦人所諫事之不成當於奚官中奉養大家義無歸志昶愴然久之而起周氏追昶坐云觀君舉厝非謀及婦人者不過欲得財物耳時其所生女在抱推而示之曰此兒可賣亦當不惜況資財乎遂傾資產以結之而託以他用及事之將舉周氏謂顗妻云一昨夢殊不好門內宜浣濯沐浴以除之且不宜赤色我當悉取作七日藏厭顗妻信之所有絳色者悉斂以付焉乃置帳中潛自剔絳以絳與昶遂得數十人被服赫然悉孟氏所出而家人不之知也

何無忌母劉氏征虜將軍建之女也少有志節弟牢之爲桓元所害劉氏每銜之常思報復及無忌與劉裕定謀而劉氏察其舉厝有異喜而不言會無忌夜於屏風裏製檄文劉氏潛以器覆燭徐登橙於屏風上窺之既知泣而撫之曰我不如東海呂母明矣既孤其誠常恐

壽促汝能如是吾雖恥雪矣因問其同謀知事在裕彌喜乃說桓元必敗義師必成之理以勸勉之後果如其言

劉聰妻劉氏名娥字麗華僞太保殷之女也幼而聰慧晝夜誦書籍傅母恆止之娥敦習彌篤每營女工與諸兄論經義理趣超遠諸兄深以歎伏性孝友善風儀進止聰既僭號召爲右貴嬪甚寵之俄拜爲后將起鳬儀殿以居之其廷尉陳元達切諫聰大怒將斬之娥時在後堂私勑左右停刑手疏啟曰伏聞將爲妾營殿今昭德足居鳬儀非急四海未一禍難猶繁動須人力資財尤宜慎之廷尉之言國家大政夫忠臣之諫豈爲身哉帝王距之亦非顧身也妾仰謂陛下上尋明君諫納之昌下忿闇主距諫之禍宜賞廷尉以美爵酬廷尉以列土如何不惟不納而反欲誅之陛下此怒由妾而起廷尉之禍由妾而招人怨國疲咎歸於妾距諫害忠亦妾之由自古敗國喪家未始不由婦人者也妾每覽古事忿之忘食何意今日妾自爲之後人之觀妾亦由妾之視前人也復何面目仰侍巾櫛請歸死此堂以塞陛下誤惑之過聰覽之色變謂羣下曰朕比得風疾喜怒過常元達忠臣也朕甚愧之以娥表示元達曰外輔如公內輔如此后朕無憂矣及娥死僞諡武宣皇后其姊英字麗芳亦聰徹涉學而文詞機辯曉達政事過於娥初與娥同召拜左貴嬪尋卒僞諡武德皇后

王廣女者不知何處人也容質甚美慷慨有丈夫之節廣仕劉聰爲西揚州刺史蠻帥梅芳攻陷揚州而廣被害王時年十五芳納之俄於闇室擊芳不中芳驚起曰何故反邪王罵曰蠻畜我欲誅反賊何謂反乎吾聞父仇不同天母仇不同地汝反逆無狀害人父母而復以無禮陵人吾所以不死者欲誅汝耳今死自吾分不待汝殺但恨不得梟汝首於通逵以塞大恥辭氣猛厲言終乃自殺芳止之不可

陝婦人不知姓字年十九劉曜時嫠居陝縣事叔姑甚謹其家欲嫁之此婦毀面自誓後叔姑病死其叔姑有女在夫家先從此婦乞假不得因而誣殺其母有司不能察而誅之時有羣鳥集尸上其聲甚哀盛夏暴尸十日不腐尸亦不爲蟲獸所敗其境乃經歲不雨曜遣呼延謨爲太守訪知其冤乃斬此女設太牢以祭其墓諡世孝烈貞婦其日大雨

靳康女者不知何許人也美姿容有志操劉曜之誅靳氏將納靳爲妾靳曰陛下既滅其父母兄弟復何用妾爲妾聞逆人之誅也尙汙宮伐樹而況其女子乎因號泣請死曜哀之免康一子

韋逞母宋氏不知何郡人也家世以儒學稱宋氏幼喪母其父躬自養之及長授以周官音義謂之曰吾家世學周官傳業相繼此又周公所制經紀典誥百官品物備於此矣吾今無男可傳汝可受之勿令絕世屬天下喪亂宋氏諷誦不輟其後爲石虎徙之于山東宋氏與夫在徙中推鹿車背負父所授書到冀州依膠東富人程安壽壽養護之逞時年小宋氏晝則樵採夜則教逞然紡績無廢壽每歎曰學家多士大夫得無是乎逞遂學成名立仕苻堅爲太常堅嘗幸其太學問博士經典乃憫禮樂遺闕時博士盧壼對曰廢學既久書傳零落比年綴撰正經粗集惟周官禮注未有其師竊見太常韋逞母宋氏世學家女傳其父業得周官音義今年八十視聽無闕自非此母無可以傳授後生於是就宋氏家立講堂置生員百二十人隔絳紗幔而受業號宋氏爲宣文君賜侍婢十人周官學復行於世時稱韋氏宋母焉

張天錫妾閻氏薛氏並不知何許人咸有寵於天錫天錫寢疾謂之曰汝二人將何以報我吾死後豈可爲人妻邪皆曰尊若不諱妾請效死供灑埽於地下誓無他志及其疾篤二姬皆自刎天錫疾瘳追悼之以夫人禮葬焉

苻堅妾張氏不知何許人明辯有才識堅將入寇江左羣臣切諫不從張氏進曰妾聞天地之生萬物聖王之馭天下莫不順其性而暢之故黃帝服牛乘馬因其性也禹鑿龍門決洪河因水勢也后稷之播百穀因地之氣也湯武之滅夏商因人之欲也是以有因成無因敗今朝臣上下皆言不可陛下復何所因乎書曰天聰明自我民聽明天猶若此況于人主乎妾聞人君有伐國之志者必上觀乾象下採衆祥天道崇遠非妾所知以人事言之未見其可諺言雞夜鳴者不利行師犬羣嘷者宮室必空兵動馬驚軍敗不歸秋冬已來每夜羣犬大嘷衆雞夜鳴復聞廐馬驚逸武庫兵器有聲吉凶之理誠非微妾所論願陛下詳而思之堅曰軍旅之事非婦人所豫也遂興兵張氏請從堅果大敗於壽春張氏乃自殺

竇滔妻蘇氏始平人也名蕙字若蘭善屬文滔苻堅時爲秦州刺史被徙流沙蘇氏思之織錦爲迴文旋圖詩以贈滔宛轉循環以讀之詞甚悽惋凡八百四十字文多不錄

苻登妻毛氏不知何許人壯勇善騎射登爲姚萇所襲營壘既陷毛氏猶彎弓跨馬率壯士數百人與萇交戰殺傷甚多衆寡不敵爲萇所執萇欲納之毛氏罵曰吾天子后豈爲賊羌所辱何不速殺我因仰天大哭曰姚萇無道前殺天子今辱皇后皇天后土寧不鑒照萇怒而殺之

慕容垂妻段氏字元妃僞右光祿大夫儀之女也少而婉慧有志操常謂妹季妃曰我終不作凡人妻季妃亦曰妹亦不爲庸夫婦鄰人聞而笑之垂之稱燕王納元妃爲繼室遂有殊寵僞范陽王德亦娉季妃焉姊妹俱爲垂德之妻卒如其志垂既僭位拜爲皇后垂立其子寶爲太子也元妃謂垂曰太子資質雍容柔而無斷承平則爲仁明之主處難則非濟世之雄陛下託之大業妾未見克昌之美遼西高陽二王陛下兒之賢者宜擇一以樹之趙王麟姦詐負氣常有輕太子之心陛下一旦不諱必有難作此陛下家事宜深圖之垂不納寶及麟聞之深以爲恨其後元妃又言之垂曰汝欲使我爲晉獻公乎元妃泣而退告季妃曰太子不令羣下所知而主上比吾驪戎之女何其苦哉主上百年之後太子必亡社稷范陽王有非常器度若燕祚未終其在此王乎垂死寶嗣僞位遣麟逼元妃曰后常謂主上不能嗣守大統今竟何如宜早自裁以全段氏元妃怒曰汝兄弟尚逼殺母安能保守社稷吾豈惜死念國滅不久耳遂自殺寶議以元妃謀廢嫡統無母后之道不宜成喪僞中書令眭邃大言於朝曰子無廢母之義漢之安思閻后親廢順帝猶配享安皇先后言虛實尚未可知宜依閻后故事寶從之其後麟果作亂寶亦被殺德復僭稱尊號終如元妃之言

段豐妻慕容氏德之女也有才慧善書史能鼓琴德既僭位署爲平原公主年十四適于豐豐爲人所譖被殺慕容氏寡歸將改適僞壽光公餘熾慕容氏謂侍婢曰我聞忠臣不事二君貞女不事二夫段氏既遭無辜已不能同死豈復有心於重行哉今主上不顧禮義嫁我若不從則違嚴君之命矣於是剋日交禮慕容氏姿容婉麗服飾光華熾覩之甚喜經再宿慕容氏僞辭以疾熾亦不之逼三日還第沐浴置酒言笑自若至夕密書其裙帶云死後當埋我於段氏墓側若魂魄有知當歸彼矣遂於浴室自縊而死及葬男女觀者數萬人莫不歎息曰貞哉公主路經餘熾宅前熾聞挽歌之聲慟絕良久

呂纂妻楊氏弘農人也美豔有義烈纂被呂超所殺楊氏與侍婢十數人殯纂于城西將出宮超慮齎珍寶出外使搜之楊氏厲聲責超曰爾兄弟不能相和睦手刃相屠我且夕死人何用金寶爲超慚而退又問楊氏玉璽所在楊氏怒曰盡毀之矣超將妻之謂其父桓曰后若自殺禍及卿宗桓以告楊氏楊氏曰大人本賣女與氏以圖富貴一之已甚其可再乎乃自殺

呂紹妻張氏亦有操行年十四紹死便請爲尼呂隆見而悅之欲穢其行張氏曰欽樂至道誓不受辱遂升樓自投於地二脛俱折口誦佛經俄然而死

李暠妻尹氏天水冀人也幼好學清辯有志節初適扶風馬元正元正卒爲暠繼室以再醮之故三年不言撫前妻子踰於已生暠之創業也謀謨經略多所毗贊故西州諺曰李尹王敦煌及暠卒子歆嗣位尊爲太后歆將攻沮渠蒙遜尹氏謂曰汝新造之國地狹人稀靖以守之猶懼其失云何輕舉闚冀非望蒙遜驍武善用兵汝非其敵吾觀其數年以來有兼并之志且天時人事似欲歸之今國雖小足以爲政知足不辱道家明誡也且先王臨薨遺令殷勤志令汝曹深慎兵戰俟時而動言猶在耳奈何忘之不如勉修德政蓄力以觀之彼若淫暴人將歸汝汝苟德之不建事之無日矣汝之此行不唯師敗國亦將亡歆不從果爲蒙遜所滅尹氏至姑臧蒙遜引見勞之對曰李氏爲胡所滅知復何言或諫之曰母子命懸人手奈何倨傲且國敗子孫屠戮何獨無悲尹氏曰興滅死生理之大分何爲同凡人之事起兒女之悲吾一婦人不能死亡豈憚斧鉞之禍求爲臣妾乎若殺我者吾之願也蒙遜嘉之不誅爲子茂虔娉其女爲妻及魏氏以武威公主妻茂虔尹氏及女還居酒泉既而女卒撫之不哭曰汝死晚矣沮渠無諱時鎮酒泉每謂尹氏曰后諸孫在伊吾后能去不尹氏未測其言答曰子孫漂流託身醜虜老年餘命當死於此不能作氈裘鬼也俄而潛奔伊吾無諱遣騎追及之尹氏謂使者曰沮渠酒泉許我歸北何故來追汝可斬吾首歸終不迴矣使者不敢逼而還年七十五卒於伊吾

後魏

中書侍郎清河崔覽妻封氏者渤海人散騎常侍愷女也有才識聰辯彊記多所究知時李敷公孫文叔雖已貴重近世故事有所不達者皆就而諮請焉

渤海封卓妻劉氏者彭城人也成婚一夕卓官於京師後以事伏法劉氏在家忽然夢想知卓已死哀泣不輟經旬凶問果至遂憤歎而死時人比之秦嘉妻中書令

高允念其義高而名不著爲詩八章以悼之而劉氏之節遂著於世

鉅鹿魏溥妻房氏者慕容垂貴鄉太守常山房湛女也婉順高明而有烈操年十六而溥遇病且卒顧謂之曰人生如過隙死不足恨但母老家貧供奉無寄赤子矇眇血祀孤危所抱怨於黃壚耳房垂泣而對曰幸承先人餘訓出事君子義在偕老有志不從蓋其命也今夫人在堂稚子襁褓顧當以身少相感永深長往之恨俄而溥卒及將大斂房氏操刀割左耳投之棺中仍曰鬼神有知相期泉壤流血滂然助喪者咸哀懼姑劉氏輟哭而謂曰新婦何至於此房氏曰新婦少年不幸早寡實慮父母未量至情覬持此自誓耳聞知者莫不感愴於時子緝生未十旬鞠育於後房之內未曾出門遂終身不聽絲竹不預坐席緝年十二房父母仍存於是歸寧父兄尙有異議緝竊聞之以啓其母房命駕紿云他行因而遂歸其家弗之知也行數十里方覺兄弟來追房哀歎而不反其執意如此訓導一子有母儀法度緝所交游有名勝者則身具酒饌有不及己者輒屏卧不飧須其悔謝乃食善誘嚴訓類皆如此年六十五而終緝子悅後爲濟陰太守吏民立碑頌德金紫光祿大夫高閭爲其文曰爰及處士遘疾夙凋伉儷秉志識茂行高殘形顯操誓敦久要溥未仕而卒故稱處士云

樂部郎胡長命妻張氏者不知何許人也事姑王氏甚謹太安中京師禁酒張氏以姑老且患私爲醞之爲有司所糾王氏詣曹自首由己私釀張氏曰姑老抱患張主家事姑不知釀主司不知所處平原王陸麗以狀奏文成義而赦之

平原鄃縣女子孫氏男玉者夫爲零陵縣人所殺男玉追執讎人欲自殺之其弟止而不聽男玉曰女人出適以夫爲天當親自復雪云何假人之手遂以杖毆殺之有司處死以聞獻文詔曰男玉重節輕身以義犯法緣情定辠理在可原其特恕之

清河房愛親妻崔氏者同郡崔元孫之女也性嚴明有高節歷覽書傳多所聞知親授子景伯景光崔氏九經義學行修明並爲當世名士景伯爲清河太守每有疑獄常先請焉貝丘人列子不孝吏欲案之景伯爲之悲傷入白其母母曰吾聞聞名不如見面小民未見禮教何足責之但呼其母來吾與之同居其子置汝左右令其見汝事吾或應自改景伯遂召其母崔氏處之於榻與之共食景伯爲之溫凊其子侍立堂下未及旬日悔過求還崔氏曰此雖顏慚未知心媿且可置之凡經二十餘日其子叩頭流血其母涕泣乞還然後聽之終以孝聞其識度勵物如此竟以壽終

涇州貞女兒氏者許嫁彭老生爲妻聘幣既畢未及成禮兒氏率行貞淑居貧常自汲以養父母老生輒往逼之女曰與君娉命雖畢二門多故未及相見何由不稟父母擅見陵辱若苟行非禮正可身死耳遂不肯從老生怒而刺殺之取其衣服珠纓女尙能言臨死謂老生曰生身何辜與君相遇我所以執節自固者寧更有所邀正欲奉給君耳今反爲君所殺若魂靈有知自當相報言終而絕老生持女衣服珠纓至其叔宅以告叔曰此是汝婦柰何殺之天不祐汝遂執送官太和七年有司劾老生以死辠尋有詔標女墓號曰貞女

姚氏婦楊氏者閹人苻承祖姨也家貧及承祖爲文明太后所寵貴親姻皆求利潤唯楊獨不欲常謂其姊曰姊雖有一時之榮不若妹有無憂之樂姊雖遺其衣服多不受彊與之則云我夫家世貧好衣美服則使人不安與之奴婢云我家無食不能供給終不肯受常著破衣自執勞事時受其衣服多不著密埋之設有著者汚之而後服承祖每見其寒悴深恨其家謂不供給之乃啓其母曰今承祖一身何所乏少而使姨如是母具以語之承祖乃遣人乘車往迎之則勵志不起遣人彊輿於車上則大哭言爾欲殺我也由是苻家內外皆號爲癡姨及承祖敗有司執其二姨至殿庭致法以姚氏婦衣裳獘陋特免其辠其識機雖呂嬃亦不如也

滎陽京縣人張洪祁妻劉氏者年十七夫亡遺腹生一子二歲又沒其舅姑年老朝夕奉養率禮無違兄矜其少寡欲奪嫁之劉自誓不許以終其身

陳留董景起妻張氏者景起早亡張時年十六痛夫少喪哀傷過禮蔬食長齋又無兒息獨守貞操期以闔棺鄉曲高之終見標異

漁陽太守陽尼妻高氏者渤海人也學識有文翰孝文勑令入侍後宮幽后表啓悉其辭也

滎陽史映周妻耿氏者同郡耿氏女也年十七適於映周太和二十三年映周卒耿氏恐父母奪其志因葬映周哀哭而殯見者莫不悲歎屬大使觀風以狀具上詔標門閭

任城國太妃孟氏者鉅鹿人尙書任城王澄之母也澄爲揚州之日率衆出討於後賊帥姜慶眞陰結逆黨襲陷羅城長史韋纘倉卒失圖計無所出孟乃勒兵登陴先守要便激厲文武諭之逆順於是咸有奮志賊不能

克卒以全城靈太后後詔有司樹碑旌美

梓潼太守苟金龍妻劉氏者平原人廷尉少卿劉叔宗之姊也宣武時金龍爲郡帶關城戍主梁人攻圍會金龍病不堪部分劉遂率厲城人修理戰具夜悉登城拒戰百有餘日兵士死傷過半戍副高景陰圖叛逆劉與城人斬之及其黨與數十人自餘將士分衣減食勞逸必同莫不畏而懷之井在城外尋爲賊陷城中絕水渴死者多劉乃集諸長幼喻以忠節遂相率告訴於天俱時號叫俄而澍雨劉命出公私布絹及致衣服懸之城內絞而取水所有雜器悉令儲之於是人心益固會益州刺史傅豎眼率救兵至梁人乃退豎眼歎異之具狀奏聞宣武嘉之正光中賞其子慶珍平昌縣子又得二子出身

貞孝女宗者趙郡柏人人趙郡太守李叔允之女范陽盧元禮之妻也性至孝父卒號慟幾絕者數四賴母崔氏慰勉之得全三年之中形骸銷瘠非人不起及歸夫氏與母分隔便飲食日損涕泣不絕日就羸篤盧氏合家慰喻不解因遣歸寧還家乃復故如此者八九焉及元禮卒李追亡撫遺事姑以孝謹著母崔終於洛陽凶問初到舉聲慟絕一宿乃蘇水漿不入口者六日其姑慮其不濟親送奔喪而氣力危殆自范陽向都八旬方達攀櫬號慟遂卒有司以狀聞詔追號貞孝女宗易其里爲孝德里樹李盧二門以惇風俗

河東姚氏女者字女勝少喪父無兄弟母憐而守養年六七歲便有孝性人言其父者聞輒垂泣鄰伍異之正光中母死女勝年十五哭不絕聲水漿不入口數日不勝哀遂死太守崔遊申請爲營墓立碑自爲製文表其門閭比之曹娥改其里曰上虞里墓在郡城東六里大道北至今名曰孝女冢也

滎陽刁思遵妻者魯氏女也始笄爲思遵所娉未踰月而思遵亡其家矜其少寡許嫁已定魯聞之以死自誓父母不達其志遂經郡訴稱刁氏恡護寡女不使歸寧魯乃與老姑徒步詣司徒府自告情狀普泰初有司聞奏節閭詔本司依式標牓

武功縣孫道溫妻趙氏者安平人也万俟醜奴之反圍岐州久之無援趙乃謂城中婦女曰今州城方陷義在同憂遂相率負土晝夜培城城竟免賊大統六年贈夫岐州刺史贈趙安平縣君

河北孫神妻陳氏者河北郡人也神當遠戍主東配在夏州意難其遠有孤兄子欲以自代陳曰爲國征戍道路遼遠何容身不肯行以孤姪自代天下物議誰其相許神感其言乃自行在戍未幾便喪亡及棺柩至陳望而哀慟一哭而卒文帝詔表其閭

隋

蘭陵公主字阿五高祖第五女也美姿容好讀書性婉順上於諸女中特所鍾愛初嫁儀同王奉孝奉孝卒適河東柳述時年十八諸姊並驕踞主獨折節遵於婦道事舅姑甚謹遇疾必親奉湯藥高祖聞之大悅由是述漸見寵遇初晉王廣欲以主配其妃弟蕭瑒高祖將許之後遂適述晉王因不悅及述用事彌惡之高祖崩述徙嶺表煬帝遂令主與述離絕將改嫁之主以死自誓不復朝謁上表請免公主之號與述同徙帝大怒曰天下豈無男子而欲與述同徙邪主曰先帝以妾適柳家今其有罪妾當從坐不願陛下屈法申恩帝不從主憂憤而卒年三十二臨終上表曰昔共姜自誓著美前詩息嬀不言傳芳往誥妾雖負罪竊慕古人生既不得從夫死乞葬於柳氏帝覽表愈怒不哭葬主於洪瀆川資送甚薄朝野傷之

南陽公主者煬帝長女也美風儀有志節年十四嫁於許國公宇文述之子士及以謹厚聞述病且卒主親調飲食手自奉上世以此稱之及宇文化及弒逆公主隨至聊城而化及爲竇建德所敗士及乃自濟北西歸于唐時隋世衣冠並在其所建德引見之皆惶懼失常唯主神色自若建德與語自陳國破家亡不能報怨雪恥淚下盈襟聲辭不輟情理至切建德及觀聽者莫不爲之動容隕涕咸敬異焉及建德誅化及時主有一子名禪師年且十歲建德遣虎賁郎將於士澄謂主曰宇文化及躬行弒逆今將族滅其家公主之子法當從坐若不能割愛亦聽留之主泣曰虎賁既是隋室貴臣此事何須見問建德竟殺之主尋請建德削髮爲尼及建德敗將歸西京復與士及遇於東都主不與相見士及就之立於戶外請復爲夫妻主拒之曰我與君讎家今恨不能手刃君者但以謀逆之際君不預知耳因與告絕訶令速去士及固請主怒曰必欲就死方可相見也士及知不可屈乃拜辭而去

襄城王恪妃者循州刺史柳旦女也妃姿貌端麗年十餘以良家子合相見娉爲妃未幾而恪被廢妃修婦道事之愈敬煬帝嗣位復徙邊帝令使者殺之於道恪與辭決妃曰若王死妾誓不獨生於是相對慟哭恪死棺斂訖妃謂使者曰妾誓與楊氏同穴若身死得不別埋君之惠也遂撫棺號慟自經而卒見者莫不流涕

華陽王楷妃者黃門侍郎龍涸縣公河南元巖女也巖明敏有器幹煬帝嗣位坐與柳述連事除名徙南海後會赦還長安有人譖巖逃歸收殺之妃有姿色性婉順初以選爲妃未幾而楷被幽廢妃事楷愈謹每見楷有憂懼色輒陳義理以慰諭之楷甚敬焉及江都之亂楷遇害宇文化及以妃賜其黨元武達武達初以宗族禮之置之別舍後因醉而逼之妃自誓不屈武達怒而撻之百餘詞色彌厲乃自毀其面血淚俱下武達釋之妃謂其徒曰我不能早死致命將見侵辱我之罪也因不食而卒

譙國夫人洗氏者高涼人也累葉爲南越首領跨據山洞部落十餘萬家夫人幼賢明多籌略在父母家撫循部衆能行軍用師壓服諸越每勸親族爲善由是信義結於本鄉越人俗好相攻擊夫人兄南梁州刺史挺恃其富彊侵掠旁郡嶺表苦之夫人多所規諫由是怨隙止息海南儋耳歸附者千餘洞梁大同初羅州刺史馮融聞夫人有志節爲其子高涼太守寶娉以爲妻融本北燕苗裔也初馮弘之南投高麗也遣融大父業以三百人浮海歸宋因留于新會自業及融三世爲守牧以他鄉羈旅號令不行至是夫人誡約本宗使從民間之禮每共夫寶參決詞訟首領有犯法者雖親族無所縱捨自此政令有序人莫敢違後遇侯景反廣州都督蕭勃徵兵援臺高州刺史李遷仕據大皐口遣召寶寶欲往夫人止之曰此欲共君爲反耳欲質君以追君之兵衆願且無行既而遷仕果反遣主帥杜平虜率兵入灨石寶以告夫人夫人曰平虜驍將也領兵入灨口卽與官兵相拒勢未得還遷仕在州無能爲也若君自往必有鬭戰宜遣使詐之卑辭厚禮云身未敢出欲遣婦往參彼聞之喜必無防慮於是我將千餘人步擔雜物唱言輸賧得至柵下必可圖也寶從之遷仕果大喜遣使覘夫人衆皆擔物不設備夫人至因擊之大捷遷仕走保于寧都夫人總兵與長城侯陳霸先會于灨石還謂寶曰陳都督大可畏也極得衆心必能平賊君宜厚資給之及寶卒嶺表大亂夫人懷集百越數州晏然陳永定二年其子僕年九歲遣率諸首領朝于丹陽拜陽春郡守後廣州刺史歐陽紇謀反召僕至高要誘與爲亂僕遣使歸告夫人夫人曰我爲忠貞經今兩代不能惜汝輒負國家遂發兵拒境率百越酋長章昭達等內外逼之紇徒潰散僕以夫人功封信都侯加平越中郎將轉石龍太守詔使持節冊夫人爲高涼郡中郎將石龍太夫人賚繡幰油絡駟馬安車一乘給鼓吹一部并麾幢旌節其鹵簿一如刺史之儀至德中僕卒後遇陳亡嶺南未有所附數郡共奉夫人號爲聖母保境安民高祖遣總管韋洸安撫嶺外陳將徐澄以南康拒守洸不敢進初夫人以扶南犀杖獻于陳主至此晉王廣遣夫人書喻以國亡令夫人歸化并以犀杖及兵符爲信夫人見杖驗知陳亡集首領數千人盡日慟哭遣其孫魂率衆迎洸洸入至廣州嶺南悉定乃表魂爲儀同三司冊夫人爲宋康郡夫人未幾番禺人王仲宣反首領皆應之圍洸於州城進兵屯衡嶺夫人遣其孫暄出兵救洸時暄與逆黨陳佛智素相友故遲留不進夫人大怒遣使執暄繫於州獄又遣孫盎討佛智斬之進兵至南海與鹿愿兵會共敗仲宣夫人親被甲乘介馬張錦傘領彀騎衛詔使裴矩巡撫諸州其蒼梧首領陳坦岡州馮岑翁梁化鄧馬頭藤州李光略羅州龐靖等皆來參謁還令統其部落嶺表遂定高祖異之拜盎爲高州刺史仍赦出暄拜羅州刺史追贈寶爲廣州總管譙國公冊夫人爲譙國夫人仍還譙國夫人幕府署長史以下官屬給印章聽發部落并六州兵馬若有機急便宜行事降勅書褒美賜物五千段皇后以首飾及宴服一襲賜之夫人並盛以金篋并梁陳賜物各藏于一庫每歲時大會皆陳於庭以示子孫曰汝等宜盡赤心向天子我事三世主唯用一好心今賜物具存此忠孝之報願汝等思念之時番州總管趙訥貪虐諸俚獠多叛亡夫人遣長史張融上封事論安撫之宜并言訥罪狀上遣推訥得其贓竟致于法敕委夫人招慰亡叛夫人親載詔書自稱使者歷十餘州宣述上意諭諸俚獠所至皆降高祖賜夫人臨振縣湯沐邑一千五百戶贈僕爲崖州總管平原郡公仁壽初卒謚爲誠敬夫人

鄭善果母崔氏者清河人也年十三適滎陽鄭誠生善果周末誠討尉遲迥力戰而死母年二十而寡父彥睦欲奪其志母抱善果曰婦人無再適人之義且鄭君雖死幸有此兒棄兒爲不慈背死夫爲無禮寧當割耳截髮以明素心違禮滅慈非敢聞命善果以父死王事數歲拜使持節大將軍襲爵開封縣公開皇初進封武德郡公年十四授沂州刺史轉景州刺史尋爲魯郡太守母性賢明有節操博涉書史通達政事每善果出聽事母輒坐胡牀於鄣後察之聞其剖斷合理歸則大悅卽賜之坐相對談笑若行事不允或妄嗔怒乃還堂中蒙袂而泣終日不食善果伏於牀前不敢起母方起謂之曰吾非怒汝乃愧汝家耳吾爲汝家婦獲奉灑埽知汝

先君忠勤之士也守官清恪未嘗問及私事以身徇國繼之以死吾亦望汝副其此心汝既年小而孤吾寡婦耳有慈無威使汝不知禮訓何可負荷忠臣之業乎汝自童子襲茅土汝今位至方岳豈汝身致之邪不思此事而妄加嗔怒心緣驕樂惰於公政內則墜爾家風或失亡官爵外則虧天下法以取罪戾吾死日何面目見汝先人於地下乎母常自勤紡績每至夜分而寢善果曰兒封侯開國位居三品秩俸幸足母何自勤苦如此答曰吁汝年已長吾謂汝知天下理今聞此言公事何由濟乎今此秩俸乃是天子報汝先人之殉命也當須散贍六姻為先君之惠妻子柰何獨擅其利以為富貴哉又絲枲紡織婦人之務上自王后下至大夫士妻各有所製若惰業者是為驕逸吾雖不知禮其可自敗名乎初寡便不御脂粉常服大練性又節儉非祭祀賓客之事酒肉不妄陳其前靜室端居未嘗輒出門閤內外姻戚有吉凶事但厚加贈遺皆不詣其家非自手作及莊園祿賜所得雖親族禮遺悉不許入門善果歷任州郡內自出餼於衙中食之公廨所供皆不許受悉用修理公宇及分僚佐善果亦由此克己號為清吏煬帝遣御史大夫張衡勞之考為天下最徵授光祿卿其母卒後善果為大理卿漸驕恣公清平允遂不如疇昔焉

孝女王舜者趙郡王子春之女也子春與從兄長忻不協齊亡之際長忻與其妻同謀殺子春舜時年七歲有二妹粲年五歲璠年二歲並孤苦寄食親戚舜撫育二妹恩義甚篤而舜陰有復讎之心長忻殊不意焉及姊妹俱長親戚欲嫁之輒拒不從乃密謂二妹曰我無兄弟致使父讎不復吾輩雖女子何用生為欲共汝報復汝竟何如二妹皆垂泣曰唯姊所命乃於夜中與姊妹各持刀踰牆入手殺長忻夫妻以告父墓因詣縣請罪姊妹爭為謀首州縣不能決高祖聞而嘉歎特原其罪

韓覬妻于氏河南人也字茂德父寔周大左輔于氏年十四適於覬雖生長膏腴家門鼎盛而動遵禮度躬自儉約宗黨敬之年十八覬從軍沒于氏哀毀骨立慟感行路每朝夕奠祭皆手自捧持及免喪其父以其幼少無子欲更嫁之女誓無異志截髮自明養夫之孽子世隆為嗣身自撫育愛同已生訓導有方卒能成立自孀居以後唯時或歸寧至於親族之家絕不來往有尊屬就省謁者送迎皆不出戶庭蔬食布衣不聽聲樂以終身焉高祖聞而嘉歎下詔褒美表其門閭長安中號為節婦閼年七十二卒

陸讓母馮氏者上黨人也性仁愛有母儀讓即其孽子也開皇末為番州刺史數有聚斂贓貨狼籍為司馬所奏案覆得實將就刑馮氏蓬首垢面詣朝堂數讓罪於是流涕嗚咽親持盃粥勸讓食既而上表求哀詞情甚切上愍然為之改容獻皇后甚奇其意致請於上書侍御史柳彧進曰馮氏母德之至有感行路如或戮之何以為勸上於是集京城士庶於朱雀門遣舍人宣詔曰馮氏以嫡母之德足為世範慈愛之道義感人神特宜矜免用獎風俗讓可減死除名復下詔褒美之賜物五百段集命婦與馮相識以旌寵異

劉昶女者河南長孫氏婦昶在周尚公主為上柱國彭國公位望甚顯與高祖有舊及受禪甚見親禮歷左武衛大將軍慶州總管其子居士為千牛備身不遵法度數得罪上以昶故每原之居士轉恣每大言曰男兒要當辮頭反縛籧篨上作獠舞取公卿子弟膂力雄健者輒將歸家以車輪括其頸而棒之殆死能不屈者稱為壯士釋而與之交黨與三百人其趫捷者號為餓鶻隊武力者號為蓬轉隊韝鷹紲犬連騎道中毆擊路人多所侵奪長安市里無貴賤見者辟易至於公卿妃主亦莫敢與校其女則居士姊也每垂泣誨之居士不改至破家產昶年高奉養甚薄其女時寡居哀昶如此每歸寧于家躬勤紡績以致其肥鮮有人告居士與其徒遊長安城登故未央殿基向南坐前後列隊意有不遜每相約曰當作一死耳又時有人言居士遣使引突厥令南寇當於京師應之上謂昶曰今日事當如何昶猶恃舊恩不自引咎直前曰黑白在于至尊上大怒下昶獄捕居士黨與憲司又奏昶事母不孝其女知昶必不免不食者數日每親調飲食手自捧持詣大理餉父見獄卒跪以進之歔欷嗚咽見者傷之居士被斬昶賜死于家詔百寮臨視時其女絕而復蘇者數矣公卿慰喻之其女言父無辜坐子及禍詞情哀切人皆不忍聞見遂布衣蔬食以終其身上聞歎曰吾聞衰門之女興門之男固不虛也

鍾士雄母蔣氏者臨賀人也士雄仕陳為伏波將軍陳主以士雄為嶺南酋帥慮其反覆留蔣氏於都下及晉王廣平江南以士雄在嶺表欲以恩義致之遣蔣氏歸臨賀既而同郡虞子茂鍾文華等作亂攻城遣召士雄士雄將應之蔣氏謂曰汝既背德忘義我當自殺於汝前士雄遂止蔣氏復為書與子茂等論以禍福子茂不從尋為官軍所敗上聞蔣氏甚異之封安樂縣君時伊川寡婦胡氏者不知何許人妻甚有志節為邦族所重

江南之亂諷諭宗黨守節不從叛逆封爲密陵郡君

孝婦覃氏者上郡鍾氏婦也與夫相見未幾而夫死時年十八事後姑以孝聞數年間姑及伯叔皆相繼死覃氏家貧無以葬躬自儉約晝夜紡績十年而葬八喪爲州里所敬高祖聞而賜米百石表其門閭

元務光母盧氏者范陽人也少好讀書造次必以禮盛年寡居諸子幼弱家貧不能就學盧氏每親自教授勗以義方漢王諒反遣將綦良往山東略地良以務光爲記室及良敗慈州刺史上官政簿籍務光家見盧氏逼之盧氏以死自誓政凶悍怒甚以燭燒其面盧氏執志彌固竟不屈節

裴倫妻柳氏者河東人也少有風訓大業末倫爲渭源令爲賊薛舉所陷倫遇害柳氏時年四十有二女及兒婦三人皆有美色柳氏謂曰我輩遭逢禍亂汝父已死我自念不能全汝我門風有素義不受辱於羣賊我將與汝等同死如何女等垂泣曰唯母所命柳氏遂自投於井其女及婦相繼而下皆死井中

趙元楷妻崔氏者清河人也甚有禮度隋末宇文化及之反元楷隨至河北將歸長安至滏口遇盜僅以身免崔氏爲賊所拘請以爲妻崔氏曰我士大夫女爲僕射子妻今日破亡自可即死終不爲賊婦羣賊裂其衣縛於牀簀之上將陵之崔氏懼爲所辱詐之曰今力已屈當受處分賊遂釋之妻因取賊刀倚樹而立曰欲殺我任加刀鋸若覓死可來相逼賊大怒亂射殺之元楷後得殺妻者支解以祭崔氏之墓

宋右迪功郎鄭樵漁仲撰

載記第一

前涼

張軌 寔 茂 駿 重華 耀靈 祚 元靚

天錫

前趙

劉淵 和 聰 粲 曜 劉宣 陳元達

序

晉史曰古者帝王乃生奇類湻維伯禹之苗裔豈異類哉反首衣皮餐羶飲湩而震驚中域其來自遠天未悔禍種落彌繁其風俗險詖性靈馳突前史載之亦以詳備軒帝患其干紀所以徂征武王竄以荒服同乎禽獸而於露寒之野候月覘風覩隙揚埃乘閒騁暴邊城不得緩帶百姓靡有室家孔子曰微管仲吾其被髮左衽矣此言能教訓卒伍整齊車甲邊場既伏境內以安然則燕築造陽之郊秦塹臨洮之險登天山絕地脈苞元菟款黃河所以防夷狄之亂中華其備豫如此漢宣帝初納呼韓居之亭鄣委以候望始寬戎狄光武亦以南庭數萬徙入西河後亦轉至五原連延七郡董卓之亂則汾晉之郊蕭然矣郭欽騰牋於武帝江統獻策於惠皇皆以爲魏處戎夷繡居都鄙請移沙塞之表定一殷周之服統則熒諸并部欽則慮在盟津言猶自口劉淵已至語曰失以豪釐晉卿大夫之辱也聰之誓兵東兼齊地曜之馳旆西踰隴山覆沒兩京蒸徒百萬天子陵江御物分據地險迴首中原力不能救劃長淮以北大抵棄之胡人利我艱虞分鑣起亂晉臣或阻兵遐遠接武劾尤大凡劉淵以惠帝永興元年據離石稱漢後九年石勒據襄國稱趙張氏先據河西是歲自石勒後三十六年也重華自稱涼王後一年冉閔據鄴稱魏後一年苻健據長安稱秦慕容氏先據遼東稱燕是歲自苻健後一年也儁始僭號後三十一年後燕慕容垂據鄴後二年西燕慕容沖據阿房是歲也乞伏國仁據枹罕稱秦後一年慕容永據上黨是歲也呂光據姑臧稱涼後十二年慕容德據滑臺稱南燕是歲也禿髮烏孤據廉川稱南涼段業據張掖稱北涼後三年李暠據敦煌稱西涼後一年沮渠蒙遜殺段業自稱涼後四年譙縱據蜀稱成都王後二年赫連勃勃據朔方稱大夏後二年馮跋殺離班據和龍稱北燕提封天下十喪其八莫不龍旌帝服建社開祊華夷咸暨人物斯在或篡通都之鄉或擁數州之地雄圖內卷師旅外并窮兵凶於勝負盡人命於鋒鏑其爲戰國者一百三十六載抑淵爲之禍首云

臣謹按魏史以張寔與乞伏氏同書李暠與沮渠氏並例此舊史平心之論也唐人修晉史以本朝譜系之故尊顯李暠不使儕之僭僞編諸列傳曰涼武昭王至爲諱其名以字書之既而疑其獨異也則又取張軌世家列于其首使人不得議其私也軌以惠帝永寧初自散騎常侍征西軍司出爲護羌校尉涼州刺史奉王命爲方伯掛名列傳猶之可也然自中州覆沒子孫相承九主七十六年不稟江東正朔謂非僭國可乎李暠遭呂氏崩離盜割其壤建年立號鴟峙一方稽之於時蓋去中興已八十四年彼豈知建業復有典午氏宗祊邪雖嘗奉表歸誠不過仗名義崛彊自立耳非眞欲延首萬里受人覊縻也張氏之先委質王庭且不得立在列傳李暠特沮渠乞伏之雌者其得在列傳閒邪甚矣晉史之失也且其序載記也各以世次書張氏據河西李暠據敦煌則其姓字已參錯於扛鼎者之列而乃竄其傳於他卷中又自相戾已今依舊史所定以二涼歸之載記使以類比又自梁氏敗亾蕭詧稱制江陵歷魏周隋傳三主三十三年縣疣附贅不當閏位故亦繼載記後云

前涼

張軌字士彥安定烏氏人漢常山景王耳十七世孫也家世孝廉以儒學顯父溫爲太官令軌少明敏好學有器望與同郡皇甫謐善隱于宜陽女几山泰始初受叔父錫官五品中書監張華與軌論經義及政事損益甚器之謂安定中正爲蔽才乃美爲之談以爲二品之精衞將軍楊珧辟爲掾除太子舍人累遷散騎常侍征西軍司軌以時方多難陰圖據河西筮之遇泰之觀乃投筴喜曰霸者兆也於是求爲涼州公卿亦舉軌才堪御遠永寧初出爲護羌校尉涼州刺史于時鮮卑反叛寇盜從橫軌到官即討破之斬首萬餘級遂威著河右以宋配陰充氾瑗陰澹爲股肱謀主徵九郡胄子五百人立學校始置崇文祭酒位視別駕春秋行鄉射之禮祕書監繆世徵少府摯虞夜觀星象相與言曰天下方亂避難之國唯涼土耳張涼州德量不恒殆其人乎及河間成都二王之難遣兵三千東赴京師初漢末金城人陽城遠殺太守以叛郡人馮忠赴尸號哭歐血而死張掖人吳詠爲護羌校尉馬賢所辟後爲太尉龐參掾參賢相誣罪應死各引詠爲證詠計理無兩直遂自刎而

死參賢慙悔自相和釋軌皆祭其墓而旌其後永興中鮮卑若羅拔能皆爲寇軌遣司馬宋配擊之斬拔能俘十餘萬口威名大震惠帝遣加安西將軍封安樂鄉侯邑千戶於是大城姑臧其城本匈奴所築也南北七里東西三里地有龍形故名臥龍城初漢末博士敦煌侯瑾謂門人曰後城西泉水當竭有雙闕起其上與東門相望中有霸者出焉至魏嘉平中郡官果起學館築雙闕于泉上與東門正相望至是張氏遂霸河西永嘉初東羌校尉韓稚殺秦州刺史張輔軌少府司馬楊允言於軌曰今稚逆命擅殺張輔明公杖鉞一方宜懲不恪春秋之義諸侯相滅桓公不能救則桓公恥之軌從焉遣中督護氾瑗率衆討之先遺稚書諭以禍福稚得書而降軌遣主簿令狐亞聘南陽王模模甚悅遺軌以帝所賜劒謂軌曰自隴以西征伐斷割悉以相委如此劒矣俄而王彌寇洛陽軌遣北宮純張纂馬魴陰濬等率州軍擊破之又敗劉聰于河東京師歌之曰涼州大馬橫行天下涼州鴟苕寇賊消鴟苕翩翩怖殺人帝嘉其忠進封西平郡公不受張掖臨松山石有金馬字磨滅粗可識而張字分明又有文曰初祚天下西方安萬年姑臧又有元石白點成二十八宿時天下既亂所在使命莫至軌遣使貢獻不廢朝廷嘉之屢降璽書慰勞軌後患風口不能言使子茂攝州事酒泉太守張鎭潛引秦州刺史賈龕以代軌密使詣京師請尚書侍郎曹祛爲西平太守圖爲輔車之勢軌別駕麴晁欲專威福又遣使詣長安告南陽王模稱軌廢疾以請賈龕而龕將受之其兄讓龕曰張涼州一時名士威著西州汝何德以代之龕乃止更以侍中爰瑜爲涼州刺史治中楊澹馳詣長安割耳盤上訴軌之被誣模乃表停之晉昌張越涼州大族讖言張氏霸涼自以才力應之從隴西內史遷梁州刺史越志在涼州遂託病歸河西陰圖代軌乃遣兄鎭及曹祛麴佩移檄廢軌以軍司杜耽攝州事使耽表越爲刺史軌令曰吾在州八年不能綏靖區域又値中州兵亂秦隴倒懸加以寢患委篤實思斂迹避賢恆負荷任重未便輒遂不圖諸人橫興此變是不明吾心也吾視去貴州如脫屣耳欲遣主簿尉髦奉表詣闕使當歸老宜陽長史王融參軍孟暢蹋折鎭檄排閤入諫曰晉室多故人神塗炭實賴明公撫寧西夏張鎭兄弟敢肆凶逆宜聲其罪而戮之不可成其志也軌嘿然融等出而戒嚴武威太守張琠遣子坦馳詣京表請留軌軌尋以子寔爲中督護率兵討鎭遣鎭外甥太府主簿令狐亞前喻鎭鎭懼委罪於功曹魯連而斬之詣寔歸罪南討曹祛走之張坦至自京師帝優詔勞軌依模所表命誅曹祛軌大悅赦州內殊死已下命寔率尹員宋配步騎三萬討祛別遣從事田迥王豐率騎八百自姑臧西南出石驢據長寧祛遣麴晁距戰于黃阪寔詭道出浩亹戰于破羌軌斬祛及牙門田囂遣治中張閬送義兵五千及郡國秀孝貢計器甲方物歸于京師令有司可推詳立州以來清貞德素嘉遯遺榮高才碩學著述經史臨危殉義殺身爲君忠諫而嬰禍專對而釋患權智雄勇爲時除難諂佞誤主傷陷忠賢具狀以聞州中父老莫不相慶光祿傅祗太常摯虞遺軌書告京師饑匱軌卽遣參軍杜勳獻馬五百匹毲布三萬疋帝遣使者進拜鎭西將軍都督隴右諸軍事封霸城侯進車騎大將軍開府辟召儀同三司策未至而王彌遂逼洛陽軌遣將軍張斐北宮純郭敷等率精騎五千來衞京都及京都陷斐等皆沒於賊中州避難來者日月相繼分武威置武興郡以居之太府主簿馬魴言於軌曰四海傾覆乘輿未返明公以全州之力徑造平陽必當萬里風披有征無戰未審何憚不爲此舉軌曰是孤心也又聞秦王入關乃馳檄關中曰主上遘危遷幸非所普天分崩率土喪氣秦王天挺聖德神武應期世祖之孫王今爲長凡我晉人食土之類龜筮克從幽明同款宜簡令辰奉登皇位今遣前鋒督護宋配步騎二萬徑至長安翼衞乘輿折衝左右西中郎寔中軍三萬武威太守張琠胡騎二萬駱驛繼發仲秋中旬會于臨晉俄而秦王爲皇太子遣使拜軌爲驃騎大將軍儀同三司固辭秦州刺史裴苞東羌校尉貫與據險斷使命宋配討之西平王叔與曹祛餘黨麴儒等劫前福祿令麴恪爲主執太守趙彝裴苞寔迴師討之斬儒等左督護陰預與苞戰狹西大敗之苞奔桑凶塢是歲北宮純降劉聰皇太子遣使重申前授固辭左司馬竇濤力勸受命軌不從初寔平麴儒徙元惡六百餘家治中令狐瀏勸寔悉徙其黨寔不納儒黨果叛寔進平之愍帝卽位進位司空固讓太府參軍索輔言於軌曰古以金貝皮幣爲貨息穀帛量度之耗二漢制五銖錢通易不滯泰始中河西荒廢遂不用錢裂疋以爲段數縑布既壞市易又難徒壞女工不任衣用弊之甚也今中州雖亂此方安全宜復五銖以濟通變之會軌納之立制準而用錢錢遂大行人賴其利是時劉曜寇北地軌又遣參軍麴陶領三千人衞長安帝遣大鴻臚辛攀拜軌侍中太尉涼州牧西平公軌又固辭在州十三年寢疾表立子

寔爲世子卒年六十謚曰武公

寔字安遜學尙明察敬賢愛士以秀才爲郎中永嘉初固辭驍騎將軍請還涼州許之改授議郎及至姑臧以討曹祛功封建武亭侯尋遷西中郎將進爵福祿縣侯建興初除西中郎將領護羌校尉軌卒州人推寔攝父位愍帝因下策書授持節都督涼州諸軍事西中郎將涼州刺史領護羌校尉西平公蘭池長趙奭上軍士張冰得璽文曰皇帝璽羣僚上慶稱德寔曰孤常忿袁本初擬肘諸君何忽有此言因送于京師下令國中求言賊曹佐高昌隗瑾言刑政小大宜與眾共之若恆內斷聖心則羣僚畏威面從雖賞千金終無言也寔納之增位三等賜帛四十疋遣督護王該送諸郡貢計獻名馬方珍經史圖籍于京師會劉曜逼長安寔遣將軍王該率眾以援京城帝嘉之拜都督陝西諸軍事及帝將降于劉曜密遣黃門郎史淑侍御史王沖齎詔授寔大都督涼州牧侍中司空承制行事且命挾贊琅邪王共濟艱運寔以天子蒙塵沖讓不拜建威將軍西海太守張肅寔叔父也以京師危逼請爲先鋒擊劉曜寔以肅年老弗許既而聞京師陷沒肅悲憤而卒寔知劉曜逼遷天子大臨三日遣太府司馬韓璞滅寇將軍田齊撫戎將軍張閬前鋒督護陰預步騎一萬東赴國難命討虜將軍陳安故太守賈騫隴西太守吳紹各統郡兵爲璞等前驅戒璞曰前遣諸將多違機信所執不同致有乖阻且內不和親安能服物今遣卿督五將兵事當如一體不得令乖異之聞達孤耳也復遺南陽王保書言朝廷傾覆爲忠不達於主遣兵不及於難痛慨之深死有餘責今更遣韓璞等唯公命是從及璞次南安諸羌斷軍路相持百餘日糧竭矢盡璞殺駕牛饗軍泣謂眾曰汝曹念父母乎曰念念妻子乎曰念欲生還乎曰欲從我令乎曰諾乃鼓譟進戰會張閬率金城軍繼至夾擊大敗之斬級數千時焦崧陳安寇隴右東與劉曜相持雍秦之人死者十八九初永嘉中長安謠曰秦川中血沒腕唯有涼州倚柱觀至是謠言驗矣焦崧陳安逼上邽南陽王保遣使告急以金城太守竇濤爲輕車將軍率威遠將軍宋毅及和苞張閬宋輯辛韜張選董廣步騎二萬赴之軍次新陽會愍帝崩問至素服舉哀大臨三日時南陽王保謀稱尊號破羌都尉張詵言於寔曰南陽王忘莫大之恥而欲自尊天不授其圖籙德不足以應運終非濟時救難者也晉王明德昵藩先帝憑屬宜表稱聖德勸即尊號傳檄諸藩副言相府則欲競之心息未合之徒散矣從之於是馳檄天下推崇晉王爲天子遣牙門蔡忠奉表江南勸即尊位是歲元帝即位于建鄴改年太興寔猶稱建興六年不從中興之所改也保聞愍帝崩自稱晉王建元署置百官遣使拜寔征西大將軍儀同三司增邑三千戶俄而保爲陳安所叛氐羌皆應之保窘迫遂去上邽還祁山寔遣將韓璞步騎五千赴難陳安退保緜諸保歸上邽未幾保復爲安所敗使詣寔乞師寔遣宋毅赴之而安退會保爲劉曜所逼遷于桑城將謀奔寔寔以其宗室之望若至河右必動物情遣將陰監逆保聲言翼衛實禦之也會保薨其眾散奔涼州者萬餘人寔自恃險遠頗自驕恣初寔寢室梁間有人像無頭久而乃滅寔甚惡之京兆人劉弘者挾左道客居天梯第五山然燈懸鏡於山穴中爲光明以惑百姓受道者千餘人寔左右皆事之帳下閻沙牙門趙仰皆弘鄉人弘謂之曰天與我神璽應王涼州沙仰信之密與寔左右十餘人謀殺寔奉弘爲主寔潛知其謀收弘殺之沙等不之知以其夜害寔寔在位六年私謚曰昭公元帝賜謚曰元子駿年幼弟茂攝事

茂字成遜虛靖好學不以世利嬰心建興初南陽王保辟從事中郎又薦爲散騎侍郎中壘將軍皆不就徵爲侍中以父老固辭尋拜平西將軍秦州刺史太興三年寔既遇害州人推茂爲大都督太尉涼州牧茂不從但受使持節平西將軍涼州牧乃誅閻沙及黨與數百人赦其境內復以兄子駿爲撫軍將軍武威太守西平公歲餘茂築靈鈞臺周輪八十餘堵基高九仞武陵人閻曾夜叩門呼曰武公遣我來曰何故勞百姓而築臺乎姑臧令辛巖以閻曾妖妄請殺之茂曰吾信勞人曾稱先公之令何謂妖乎太府主簿馬魴諫曰今世難未夷唯當弘尙道素不宜勞役崇飾臺榭且比年已來轉覺眾務日奢於往每所經營輕違雅度實非士女所望於明公茂曰吾過也命止作役明年劉曜遣其將劉咸攻韓璞於冀城呼延寔攻甯羌護軍陰鑒于桑壁臨洮人翟楷石琮等逐令長以縣應曜河西大震參軍馬岌勸茂親征長史氾禕怒曰亾國之人復欲干亂大事宜斬岌以安百姓岌曰氾公書生糟粕刺舉近才不惟家國大計且朝廷旰食有年矣今大賊自至不煩遠師遐邇之情實繫此州事勢不可以不出且宜立信勇之驗以副秦隴之望茂曰馬生之言得之矣乃出次石頭茂謂參軍陳珍曰劉曜以乘勝之聲握三秦之銳繕兵積年士卒習戰若以精騎奄克南安席卷河外長驅而至者計將何出珍曰曜雖乘威怙眾恩德未結於下又其關

東離貳內患未除精卒寡少多是氐羌烏合之衆終不能近舍關東之難增隴上之戍曠日持久與我爭衡也若二旬不退者珍請爲明公率弊卒數千以擒之茂大悅以珍爲平虜護軍率卒騎一千八百救韓璞曜陰欲引歸聲言要先取隴西然後迴滅桑壁珍募發氐羌之衆擊曜走之克復南安茂深嘉之拜折衝將軍未幾茂復大城姑臧修靈鈞臺別駕吳紹諫止之茂曰王公設險武夫重閉達人之至戒也亾兄怛然失身於物直以危機密發雖有賁育之勇無所復施今事未靖不可以拘繫常言以太平之理責人於屯邅之世紹無以對茂雅有志節能斷大事涼州大姓賈摹寔之妻弟也勢傾西土先是謠曰手莫頭圖涼州茂以爲信誘而殺之於是豪右屏迹威行涼域永昌初茂使將軍韓璞率衆取隴西南安之地以置秦州太寧三年卒臨終執駿手泣曰昔吾先人以孝友見稱自漢初以來世執忠順今華夏大亂皇輿播遷汝當謹守人臣之節無或失墜吾遭擾攘之運承先人餘德假攝此州以全性命上欲不負晉室下欲保完百姓然官非王命位由私議苟以集事豈榮之哉氣絶之日白帢入棺無以朝服以彰吾志焉年四十八在位五年私謚曰成茂無子駿嗣位

駿字公庭幼而奇偉建興四年封霸城侯十歲能屬文卓越不羈而淫縱過度常夜微行于邑里國中化之及統任年十八先是愍帝使人黃門侍郎史淑在姑臧左長史馬謨等諷淑令拜駿使持節大都督大將軍涼州牧領護羌校尉西平公赦其境內置左右前後四率官繕南宮劉曜又使人拜駿涼州牧涼王時辛晏阻兵於枹罕駿讌羣僚于閑豫堂命竇濤等進討辛晏從事劉慶諫曰昔周武迴戈以須亾殷之期曹公緩袁氏使自斃辛晏父子安忍凶狂亾可立待願且旋師以俟後舉駿納之遣參軍王騭聘于劉曜曜謂之曰貴州必欲追蹤竇融款誠和好卿能保之乎騭曰不能曜侍中徐邈曰君來和同而云不能何也騭曰齊桓貫澤之盟憂心兢兢諸侯不召自至葵邱之會驕而矜誕叛者九國趙國之化常如今日可也若政教陵遲尙未能察邇者之變况鄙州乎曜顧謂左右曰此涼州高士使乎得人禮而遣之太寧元年駿猶稱建興十二年駿親耕籍田尋承元帝崩問駿大臨三日會有黃龍見于揖次之嘉泉右長史氾禕言於駿曰案建興之年是少帝始起之號帝以凶終理應改易朝廷越在江南音問隔絶宜因龍改號以章休徵不從初駿之立也姑臧謠曰鴻從南來雀不驚誰謂孤雛尾翅生高舉六翮鳳凰鳴至是而復收河南之地咸和初駿遣武威太守竇濤金城太守張閬武威太守辛巖揚烈將軍宋輯等率衆東會韓璞攻討秦州諸郡曜遣其將劉允來距屯於狄道城韓璞進度沃千嶺辛巖曰我握衆數萬藉氐羌之銳宜速戰以滅之不可以久久而變生璞曰自夏末以來太白犯月辰星逆行白虹貫日皆變之大者不可以輕動輕動而不捷爲禍更深吾將久而斃之且曜與石勒相攻允亦不能久也積七十餘日軍糧竭遣辛巖督運於金城允聞之大悅謂其將士曰韓璞之衆十倍於吾羌胡皆叛不爲之用吾糧廩將懸難以持久今虜分兵運糧可謂天授吾也若敗辛巖璞等自潰彼衆我寡宜以死戰戰而不捷當無匹馬得還宜厲爾戈矛竭汝智力衆咸奮於是率騎三千襲巖于沃千嶺敗之璞軍遂潰死者二萬餘人面縛歸罪駿曰孤之罪也將軍何辱皆赦之允乘勝追奔濟河攻陷令居入據振武河西大震駿遣皇甫該禦之赦其境內會劉曜東討石生長安空虛大蒐講武將襲秦雍理曹郎中索詢諫曰曜雖東征允猶守本險阻路遥爲主人甚易允若輕騎憑氐羌以距我者則奔突難測輟彼東合而逆戰者則寇我未已頃年頻出戎馬生郊外有饑羸內資虛耗豈殿下子物之謂邪駿悅以羊酒禮之西域諸國獻汗血馬火浣布犎牛孔雀巨象及諸珍異二百餘品西域長史李柏請擊叛將趙貞爲貞所敗議者以柏造謀致敗請誅之駿曰吾每以漢世宗之殺王恢不如秦穆之赦孟明竟以減死論羣心咸悅駿觀兵新鄉狩於北野因討軻沒虜破之下令境中曰昔鯀殛而禹興芮誅而缺進唐帝所以殄洪災晉侯所以成五霸法律犯死罪朞親不得在朝今盡聽之唯不宜內參宿衞耳於是刑清國富羣僚勸駿稱涼王領秦涼二州牧置公卿百官如魏武晉文故事駿曰此非人臣所宜言也敢有言此者罪在不赦然境內皆稱之爲王羣寮又請駿立世子駿不從中堅將軍宋輯極言國嗣不可久曠駿遂立子重華爲世子先是駿遣傅穎假道于蜀通表京師李雄弗許駿又遣治中從事張淳稱藩于蜀託以假道焉雄大悅雄又有憾於南氐楊初淳因說曰南氐無狀屢爲邊害宜先討百頃式平上邽二國并勢席捲三秦東淸許洛掃氛燕趙拯二帝梓宮於平陽反皇輿於洛邑此英霸之舉千載一時寡君所以遣下臣冒險通誠不遠萬里者以陛下義聲遠播必能愍寡君勤王之志天下之善一也惟陛下圖之雄怒僞許之將覆淳於東峽蜀人橋贊密以告淳淳

言於雄曰寡君使小臣行無迹之地通百蠻之域萬里表誠者以陛下義矜勠力之臣能成人之美節故也若欲殺臣者當顯於都市宣示衆目云涼州不忘舊義通使琅邪為表忠誠假途於我主聖臣明發覺殺之當令義聲遠著天下畏威今盜殺江中威刑不顯何足以揚休烈示天下也雄大驚曰安有此邪當相放還河右耳雄司隸校尉景騫言於雄曰張淳壯士宜留任之雄曰壯士豈為人留且可以卿意觀之騫謂淳曰卿體大暑熱可且遣下吏小住須涼淳曰寡君以皇輿幽辱梓宮未反天下之恥未雪蒼生之命倒懸故遣淳來表誠大國所論事重非下吏能傳若下吏所了者則淳亦不來雖有火山湯海無所辭難豈寒暑之足避哉雄曰此人矯矯不可得用也厚禮遣之謂淳曰貴主英名蓋世土險兵盛何不稱帝自娛一方淳曰寡君以乃祖乃父世濟忠貞未能雪天人之大恥解衆庶之倒懸日昃忘食枕戈待旦以琅邪中興江東故萬里翼戴將成桓文之事何言自娛邪雄有慙色曰我乃祖乃父亦是晉臣往與六郡避難此都為同盟所推遂有今日琅邪若能中興大晉於中州者亦當率衆輔之淳還至龍鶴募兵通表後皆達京師朝廷嘉之駿議欲嚴刑峻制衆咸以為宜黃斌進曰臣未見其可駿問其故斌曰夫法制所以經綸邦國篤俗齊物既立必行不可窪隆也若尊者犯令則法不行矣駿屏几改容曰夫法唯上行制無高下且微黃君吾不聞過矣黃君可謂忠之至也於坐擢為敦煌太守駿有計略於是厲操改節勤修庶政總御文武咸得其用遠近嘉詠號曰積賢君自軌據涼州屬天下之亂所在征伐軍無寧歲至駿境內漸平又使其將楊宣率衆越流沙伐龜茲鄯善於是西域並降鄯善王元孟獻女號曰美人立賓遐觀以處之焉耆前部于寘王並遣使貢方物得玉璽於河其文曰執萬國建無極時駿盡有隴西之地士馬彊盛雖稱臣於晉而不行中興正朔舞六佾建豹尾所置官僚府寺擬於王者而微異其名又分州西界三郡置沙州東界六郡置河州二府官僚莫不稱臣又於姑臧城南築城起謙光殿畫以五色飾以金玉窮盡珍巧殿之四面各起一殿東曰宜陽青殿以春三月居之章服器物皆依方色南曰朱陽赤殿夏三月居之西曰政刑白殿秋三月居之北曰元武黑殿冬三月居之其傍皆有直省內官寺署一同方色及末年任所遊處不復依四時而居咸和初懼為劉曜所逼使將軍宋輯魏纂將兵徙隴西南安人二千餘家於姑臧使聘於李雄修鄰好及曜攻枹罕護軍辛晏告急駿使韓璞辛巖率步騎二萬擊之戰於臨洮大為曜軍所敗璞等退走追至令居駿遂失河南之地初戊已校尉趙貞不附於駿至是駿擊擒之以其地為高昌郡及石勒殺劉曜駿因長安亂復收河南地至於狄道置武衛石門候和彊川甘松五屯護軍與勒分境勒遣使拜駿官爵駿不受留其使後懼勒彊遣使稱臣於勒兼貢方物遣其使歸駿境內嘗大饑穀價踊貴市長譚詳請出倉穀與百姓秋收三倍徵之從事陰據諫曰昔西門豹宰鄴積之於人解扁治東封之邑計入三倍文侯以豹有罪而可賞扁有功而可罰今詳欲因人之饑以要三倍反裘傷皮未足諭之駿納之初建興中敦煌計吏耿訪到長安既而遇賊不得反奔漢中因東渡江以太興二年至京都屢上書以本州未知中興宜遣大使乞為鄉導時連有內難許而未行至是始以訪守治書御史拜駿鎮西大將軍校尉刺史公如故選西方人隴西賈陵等十二人配之訪停梁州七年以驛道不通召還訪以詔書付賈陵託為賈客到長安不敢進以咸和八年始達涼州駿受詔遣部曲督王豐等報謝并遣陵歸上疏稱臣而不奉正朔猶稱建興二十一年九年復使訪隨豐等齎印版進駿大將軍自是每歲使命不絕後駿遣參軍麴護上疏言雄勒既死人懷反正石虎李期篡逆相繼臣願率秦隴突騎呑噬遺羯乞敕司空鑒征西亮汎舟江沔使首尾俱發自後駿遣使多為石虎所獲不達後駿又遣護羌參軍陳㝢從事徐虓華馭等至京師征西大將軍亮上疏言陳㝢等冒險遠至宜蒙銓敘詔除㝢西平相虓等為縣令永和元年以世子重華為五官中郎將涼州刺史駿在位二十二年卒時年四十私諡曰文公穆帝追諡曰忠成公

重華字泰臨駿之第二子也寬和懿重沈毅少言父卒時年十六以永和二年自稱持節大都督太尉護羌校尉涼州牧西平公假涼王赦其境內尊其母嚴氏為大王太后居永訓宮所生母馬氏為王太后居永壽宮輕賦斂除關稅省園囿以恤貧窮遣使奉章於石虎虎使王擢麻秋孫伏都等侵寇不輟金城太守張沖降於秋於是涼州振動重華埽境內使其征南將軍裴恒禦之恒壁於廣武欲以持久弊之牧府司馬張耽言彊寇在郊諸將不進人情騷動危機稍逼主簿謝艾兼資文武明識兵略若授以斧鉞委以專征必能折衝禦侮殲殄凶類重華召艾問以討寇方略艾曰昔耿弇不欲以賊遺君父黃權願以萬人當寇乞假臣兵七千為殿下吞

王擢麻秋等重華大悅以艾爲中堅將軍配步騎五千擊秋引師出振武夜有二梟鳴於牙中艾曰梟邀也六博得梟者勝今梟鳴牙中克敵之兆於是進戰大破之斬首五千級重華封艾爲福祿伯善待之諸寵貴惡其賢共毀譖之乃出爲酒泉太守石虎又令麻秋進陷大夏大夏護軍梁式執太守宋晏以城應秋秋遣晏以書誘宛戍都尉宋矩宋矩謂秋曰辭父事君當立功義功義不立當守名節矩終不背主偷生於世於是先殺妻子自刎而死俄而麻秋進攻枹罕與晉陽太守郎坦以城大難守宜棄外城武城太守張悛曰棄外城則大事去矣不可以動衆心寧戎校尉張璩從之固守大城秋率衆八萬圍塹數重雲梯雹車地突百道皆通於內城中亦應之殺傷秋衆已數萬石虎復遣其將劉渾等率步騎二萬會之郎坦恨言之不從教軍士李嘉潛與秋通引賊千餘人上城西北隅璩使宋修張弘辛挹郭普距之短兵接戰斬二百餘人賊乃退璩戮李嘉以徇燒其攻具秋退保大夏謂諸將曰我用兵於五都之間攻城略地往無不捷及登秦隴謂有征無戰豈悟南藪仇池破軍殺將築城長最匹馬不歸及攻此城傷兵挫銳殆天所贊非人力也石虎聞而歎曰吾以偏師定九州今以九州之力困於枹罕眞所謂彼有人焉未可圖也重華以謝艾爲使持節軍師將軍率步騎三萬進軍臨河秋以三萬衆距之艾乘軺車冠白帽鳴鼓而行秋望而怒曰艾年少書生冠服如此輕我也命黑矟龍驤三千人馳擊之艾左右大擾左戰帥李偉勸艾乘馬艾不從乃下車踞胡牀指麾處分賊以爲伏兵發也懼不敢進張瑁從左南緣河而截其後秋軍乃退艾乘勝奔擊遂大敗之斬秋將杜勳汲魚俘擒一萬三千級秋匹馬奔大夏重華論功以謝艾爲太府左長史進封福祿縣伯邑五千戶帛八千疋麻秋又據枹罕有衆十二萬進屯河內遣王擢略地晉興廣武越洪池嶺至於曲柳姑臧大震重華議欲親出距之謝艾固諫以爲不可別駕從事索遐進曰賊衆甚盛漸逼京畿君者國之鎭也不可以親動左長史謝艾文武兼資國之方召宜委以推轂之任殿下居中作鎭授以算略小賊不足平也重華納之於是以艾爲使持節都督征討諸軍事行衞將軍遐爲軍正將軍率步騎二萬距之艾建牙旗盟將士有西北風吹旌旗東南指遐曰風爲號令今能令旗指之天所贊也破之必矣軍次神鳥王擢與前鋒戰敗遁還河南艾還討叛虜斯骨眞萬餘落破之斬首千餘級俘擒二千八百獲牛羊十餘萬頭重華自以連破勍敵頗怠政事希接賓客司直索遐以書入諫其辭切直重華覽大悅優文荅謝然不之改也詔遣侍御史俞歸拜重華護羌校尉涼州刺史假節是時虎西中郎將王擢屯結隴上爲苻雄所破奔重華重華厚寵之以爲征虜將軍秦州刺史假節使張弘宗悠率步騎萬五千配擢伐苻健健遣苻碩禦之戰於龍黎擢等大敗單騎而還弘悠皆沒重華痛之素服爲戰亾吏士舉哀號慟各遣弔問其家復授擢兵使攻秦州克之遣使上疏言石虎自斃遺燼游魂亾可立待山東騷擾不足厝懷長安膏腴宜速平蕩臣今遣前鋒都督裴恒步騎七萬逕出隴上以俟聖朝大舉於是康獻皇后詔報遣使進重華爲涼州牧是時御史俞歸至涼州重華方謀爲涼王不肯受詔使親信人沈猛謂歸曰我家主公奕世忠於晉室而不如鮮卑矣臺加慕容皝燕王今甫授州主大將軍何以加勸有功忠義之臣乎明臺今宜移河右共勸州主爲涼王大夫出使苟利社稷專之可也歸對曰王者之制異姓不得稱王九州之內重爵不得過公漢高一時王異姓尋皆誅滅蓋權時之宜非舊體也故王陵曰非劉氏而王天下共伐之至於戎狄不從此例春秋時吳楚稱王而諸侯不以爲非者蓋蠻狄畜之也假令齊魯稱王諸侯豈不伐之故聖上以貴公忠賢是以爵以上公位以方伯鮮卑北狄豈足爲比哉子失聞也曰吾又聞之有殊勳絕世者亦有不世之賞若今便以貴公爲王者設貴公以河右之衆南平巴蜀東埽趙魏修復舊都以迎天子天子復以何爵何位可以加賞幸三思之猛具宣歸言重華遂止重華好與羣小遊戲屢出錢帛以賜左右徵事索振切諫重華善之將受詔未及而卒時年二十七在位十一年私謚曰昭公後改曰桓公穆帝賜謚曰敬烈子耀靈嗣

耀靈字元舒年十歲嗣事稱大司馬校尉刺史西平公伯父長寧侯祚性傾巧善承內外初與重華寵臣趙長尉緝等結異姓兄弟長等矯稱重華遺令以祚爲持節督中外諸軍撫軍將軍輔政長等議以耀靈沖幼時難未夷宜立長君祚先烝重華母馬氏馬氏遂從緝議命廢耀靈爲涼寧侯而立祚祚尋使楊秋胡害耀靈於東苑埋之於沙坑私謚曰哀公

祚字太伯博學雄武有政事之才既立自稱大都督大將軍涼州牧涼公荒暴不道又通重華妻裴氏自閤內媵妾及駿重華未嫁子女無不暴亂國人相目咸賦牆茨之詩永和十年祚納尉緝趙長等議僭稱帝位立宗

廟備八佾置百官下書敢建興四十二年爲和平元年赦殊死賜鰥寡帛加文武爵各一級追崇曾祖軌爲武王祖寔爲昭王從祖茂爲成王父駿爲文王弟重華爲明王立妻辛氏爲皇后弟天錫爲長寧王子泰和爲太子庭堅爲建康王耀靈弟元靚爲涼武侯其夜天有光如車蓋聲若雷霆震動城邑明日大風拔木災異屢見而祚凶虐愈甚其尚書馬岌以切諫免官郎中丁琪又諫曰先公累執忠節五十餘載故能以一州之衆抗崩天之虜今陛下勳德未高於先公而遽行革命之事自尊一隅負乘致寇臣竊見其未可祚大怒斬之於闕下遣其將和昊率衆伐驪靬戎於南山大敗而還太尉桓溫入關王擢時鎮隴西馳使於祚言溫善用兵勢在難測祚既震懼又慮擢反噬即召馬岌復位而與之謀密遣親人刺擢事覺不克祚益懼大聚衆聲言東征實欲西保敦煌會溫還而止更遣其平東將軍秦州刺史牛霸司兵張芳率三千人擊擢破之擢奔於苻健其國中五月霜降殺苗稼果實祚宗人張瓘時鎮枹罕祚惡其彊遣其將易揣張玲率步騎萬三千以襲之時張掖人王鸞頗知神道言於祚曰軍出不復還涼國將有不利矣祚大怒以鸞訞言沮衆斬之以徇三軍乃發鸞臨刑曰我死不二十日軍必敗時有神降於元武殿自稱元冥與人交語祚日夜祈之神言與之福利祚甚信之祚又遣張掖太守索孚代瓘鎮枹罕爲瓘所殺玲等濟河未畢又爲瓘兵所破揣單騎奔走瓘軍躡之祚衆震懼敦煌人宋混與弟澄等聚衆以應瓘趙長張璹等懼罪入閤呼重華母馬氏出殿拜耀靈庶弟元靚爲主揣等率衆入殿伐長殺之瓘弟琚及子嵩募數百市人揚聲言張祚無道我兄大軍已到城東敢有舉手者誅三族祚衆披散琚嵩率衆入城祚按劒殿上大呼令左右死戰祚既失衆心莫有鬭志於是被殺梟其首宣示內外暴尸道左國內咸稱萬歲祚纂立三年而亾

元靚字元安既立自號大都督大將軍校尉涼州牧西平公赦其國內廢和平之號復稱建興四十三年誅祚二子以張瓘爲衛將軍領兵萬人行大將軍事改易僚屬有隴西人李儼誅大姓彭姚自立於隴右奉中興年號百姓悅之元靚遣牛霸率衆討之未達而西平人衛綝又據郡叛霸衆潰單騎而還瓘先欲征綝以兄琨在綝中爲疑綝亦以弟在瓘中故彼我經年不相伐西平人郭勛解天文不應州郡之命綝禮聘之勛曰張氏應衰衛氏當興豈得以一弟而滅一門宜速伐瓘綝將從之瓘遣弟琚領大衆征綝敗之西平田旋要酒泉太守馬基背瓘應綝旋謂基曰綝擊其東我等絕其西不六旬天下可定斯閉口捕舌也基許之瓘遣司馬張姚王國將二千人伐基敗之斬基旋二人之首傳姑臧瓘兄弟彊盛負其勳力有篡立之謀輔國宋混與弟澄共討瓘盡夷其屬元靚以混爲都督中外諸軍事車騎大將軍假節輔政混卒又以澄代之元靚右司馬張邕惡澄專擅殺之遂滅宋氏元靚乃以邕爲中護軍叔父天錫爲中領軍共輔政邕自以功大驕矜淫縱又通馬氏樹黨專權國人患之天錫腹心郭增劉肅二人並年十八九因寢謂天錫曰天下事欲未靜天錫曰何謂也二人曰今護軍出入有似長寧天錫大驚曰我早疑之未敢出口計當云何肅曰政當速除之耳天錫曰安得其人肅曰肅卽是也天錫曰汝年少更求可與謀者肅曰趙白駒及肅二人足以辦之矣於是天錫從兵四百人與邕俱入朝肅與白駒刜刀鞘出刃從天錫入值邕於門下肅斫之不中白駒繼之又不克二人與天錫俱入禁中邕得逸走因率甲士三百餘人反攻禁門天錫上屋大呼謂將士曰張邕凶逆所行無道諸宋何罪盡誅滅之傾覆國家肆亂社稷我不惜死實懼先人廢祀事不獲已故耳我家門戶事而將士豈可以干戈見向今之所取邕身而已天地有靈吾不食言邕衆聞之悉散走邕以劒自刎而死於是悉誅邕黨元靚年既幼沖性又仁弱天錫既克邕專掌朝政改建興四十九年奉升平之號興寧元年駿妻馬氏卒元靚以其庶母郭氏爲太妃郭氏以天錫專政與大臣張欽等謀討之事泄欽等伏法是歲天錫率衆入禁門潛害元靚宣言暴薨時年十四在位九年私謚曰沖公孝武帝賜謚曰敬悼公

天錫字純嘏駿少子也小名獨活初字公純嘏入朝人笑其三字因自改焉元靚死國人立之自號大將軍校尉涼州牧西平公遣司馬綸騫奉章請命并送御史俞歸還京都太和初詔以天錫爲大將軍大都督督隴右關中諸軍事護羌校尉涼州刺史西平公天錫數宴園池政事頗廢盪難將軍校書祭酒索商上疏極諫天錫不從羌廉岐自稱益州刺史率略陽四千家背苻堅就李儼天錫自往討之以別駕楊遹爲監前鋒軍事前將軍趣金城晉興相常據爲使持節征東將軍向左南游擊將軍張統出白土天錫自率三萬人次倉松伐儼儼大敗入城固守遣子純求救於苻堅堅使其將王猛救之天錫敗績死者十二三天錫乃還立子大懷爲世子自天錫之嗣事也連年地震山崩水泉湧出柳化爲松

火生泥中而天錫荒于聲色不恤政事初安定梁景敦煌劉肅並以門胄總角與天錫友昵張邕之誅肅景有勳天錫深德之賜姓張氏又改其字以爲巳子天錫諸子皆以大爲字故景曰大奕肅曰大誠廢大懷爲高昌公更立嬖子大豫爲世子景肅等俱參政事人情怨懼從弟從事中郎憲切諫不納時苻堅彊盛每攻之兵無寧歲天錫甚懼乃立壇刑牲率典軍將軍張寧中堅將軍馬芮等遙與晉三公盟誓獻書大司馬桓溫剋六年夏誓同大舉遣從事中郎韓博奮節將軍康妙奉表并送盟文博有口才溫甚稱之嘗大會溫使司馬刁彝嘲之彝謂博曰君是韓盧後邪博曰卿是韓盧後溫笑曰刁以君姓韓故相問焉他自姓刁那得韓盧後邪博曰明公脫未之思短尾者則爲刁也一坐推歎焉太元元年苻堅遣其將苟萇毛當梁熙姚萇來寇渡石城津天錫集議中錄事席仂曰先公既有故事徐思後變此孫仲謀屈伸之略也眾以仂爲老怯咸曰龍驤將軍馬建精兵萬人距之必不敢進廣武太守辛章保城固守章與晉興相彭知正西平相趙疑謀曰馬建出於行陣必不爲用則秦軍深入吾相與率三郡精卒斷其糧運決一朝命矣征東常據亦欲先擊姚萇須天錫命天錫率萬人頓金昌城馬建率萬人逆萇等因請降兵人散走常據席仂皆戰死司兵趙充哲與萇苦戰又死中衛將軍史景亦沒于陣天錫大懼出城自戰城內又反天錫窘逼降于萇等初天錫所居西昌門及平章殿無故而崩旬日而國亾即位凡十三年自軌爲涼州至天錫凡九世七十六年矣苻堅先爲天錫起宅至以爲尚書封歸義侯堅大敗于淮肥時天錫爲苻融征南司馬於陣歸國詔以爲散騎常侍在員外又詔復其先爵西平郡公俄拜金紫光祿大夫天錫少有文才流譽遠近及歸朝甚被恩遇朝士以其國破身虜多共毀之會稽王道子嘗問其西土所出天錫應聲曰桑椹甜甘鴟鴞革響乳酪養性人無妬心後形神昏喪雖處列位不復被齒遇隆安中會稽世子元顯用事常延致之以爲戲弄以其家貧拜廬江太守本官如故桓元時欲招懷四遠乃用天錫爲護羌校尉涼州刺史尋卒年六十一追贈金紫光祿大夫

前趙

劉淵字元海新興匈奴人冒頓之後也初漢高祖以宗女爲公主以妻冒頓約爲兄弟故其子孫遂冒姓劉氏建武初烏珠留若鞮單于子右奥鞬日逐王比自立爲南單于入居西河美稷今離石左國城即單于所徙庭也中平中單于羌渠使子於扶羅將兵助漢討平黃巾會羌渠爲國人所殺於扶羅以其眾留漢自立爲單于屬董卓之亂寇掠太原河東屯于河內於扶羅死弟呼廚泉立以於扶羅子豹爲左賢王即淵之父也魏武分其眾爲五部以豹爲左部帥其餘部帥皆以劉氏爲之太康中改置都尉左部居太原茲氏右部居祁南部居蒲子北部居新興中部居太陵劉氏雖分居五部然皆家于晉陽汾澗之濱豹妻呼延氏魏嘉平中祈子於龍門俄而有一大魚頂有二角軒鬐躍鱗而至祭所久之乃去巫覡皆異之曰此嘉祥也其夜夢旦所見魚變爲人左手把一物大如半雞子光景非常授呼延氏曰此是日精服之生貴子寤而告豹豹曰吉徵也吾昔從邯鄲張冏母司徒氏相云吾當有貴子孫三世必大昌仿像相符矣自是十三月而生淵左手文有其名遂以名焉齠齔英慧七歲遭母憂擗踊號叫哀感旁鄰宗族部落咸共歎賞司空太原王昶等聞而嘉之並遣弔賻幼好學師事上黨崔游習毛詩京氏易馬氏尚書尤好春秋左氏傳孫吳兵法略皆誦之史漢諸子無不綜覽嘗謂同門生朱紀范隆曰吾每觀書傳嘗鄙隨陸無武絳灌無文道由人弘一物之不知者固君子之所恥也二生遇高皇而不能建封侯之業兩公屬太宗而不能開庠序之美惜哉於是遂學武事妙絕於眾猿臂善射膂力過人姿儀魁偉身長八尺四寸須長三尺餘當心有赤毫毛三根長三尺六寸有屯留崔懿之襄陵公師彧等皆善相人及見淵驚而相謂曰此人形貌非常吾所未見也於是深相崇敬推分結恩太原王渾虛襟友之命子濟拜焉咸熙中爲任子在洛陽文帝深待之泰始之後渾又屢言之於武帝帝召與語大悅之謂王濟曰劉淵容儀機鑒雖由余日磾無以加也濟對曰淵容儀機識實如聖旨然其文武才幹賢於二子遠矣陛下若任之以東南之事吳會不足平也帝稱善孔恂楊珧進曰臣觀劉淵之才當今懼無其比陛下若輕其眾不足以成事若假之威權平吳之後恐其不復北渡也非我族類其心必異任之以本部臣竊爲陛下寒心若舉天阻之固以資之無乃不可乎帝默然後秦涼覆沒帝疇咨將帥上黨李憙曰陛下誠能發匈奴五部之眾假劉淵一將軍之號鼓行而西可指期而定孔恂曰李公之言未盡殄患之理也憙勃然曰以匈奴之勁悍劉淵之曉兵奉宣聖威何不盡之有恂曰淵若能平涼州斬樹機能恐涼州方有難耳蛟龍得雲雨非復池中物也帝

乃止後王彌從洛陽東歸淵餞彌於九曲之濱泣謂彌曰王渾李憙以鄉曲見知每相稱達讒閒因之而進深非吾願適足爲害吾本無宦情惟足下明之恐死洛陽永與子别因慷慨歔欷縱酒長嘯聲調亮然坐者爲之流涕齊王攸時在九曲比聞而馳遣視之見淵在焉言於帝曰陛下不除劉淵臣恐并州不得久寧王渾進曰劉淵長者渾爲君王保明之且大晉方表信殊俗懷遠以德如之何以無萌之疑殺人侍子以示晉德不弘帝曰渾言是也會豹卒以淵代爲左部帥太康末拜北部都尉明刑法禁姦邪輕財好施推誠接物五部儁傑無不至者幽冀名儒後門秀士不遠千里亦皆遊焉楊駿輔政以淵爲建威將軍五部大都督封漢光鄉侯元康末坐部人叛出塞免官成都王穎鎮鄴表淵行寧朔將軍監五部軍事惠帝失馭寇盜蜂起淵從祖故北部都尉左賢王劉宣等竊議曰昔我先人與漢約爲兄弟憂泰同之自漢亾以來魏晉代興我單于雖有虛號無復尺土之業自諸王侯降同編戶今司馬氏骨肉相殘四海鼎沸興邦復業此其時矣左賢王淵姿器絕人榦宇超世天若不恢崇單于終不虛生此人也於是密共推淵爲大單于乃使其黨呼延攸詣鄴以謀告之淵請歸會葬穎弗許乃令攸先歸告宣等招集五部引會宜陽諸胡聲言應穎實背之也穎爲皇太弟以淵爲太弟屯騎校尉惠帝伐穎次于蕩陰穎假淵輔國將軍督北城守事及六軍敗績穎以淵爲冠軍將軍封盧奴伯并州刺史東嬴公騰安北將軍王浚起兵伐穎淵說穎曰今二鎮跋扈衆餘十萬恐非宿衛及近都士庶所能禦之請爲殿下還說六部以赴國難穎曰五部之衆可保發已不縱能發之鮮卑烏丸勁速如風雨何易可當邪吾欲奉乘輿還洛陽避其鋒銳徐傳檄天下以逆順制之君意何如淵曰殿下武皇帝之子有殊勳於王室威恩光洽四海欽風孰不思爲殿下沒命投軀者哉何難發之有乎王浚豎子東嬴疏屬豈能與殿下爭衡邪殿下一發鄴宮示弱於人洛陽可復至乎縱達洛陽威權不復在殿下也紙檄尺書誰爲人奉之且東胡之悍不踰五部願殿下勉撫士衆靖以鎭之當爲殿下以二部摧東嬴三部梟王浚二豎之首可指日而懸矣穎悅拜淵爲北單于參丞相軍事淵至左國城劉宣等上大單于之號二旬之閒衆已五萬都於離石王浚使將軍祁弘率鮮卑攻鄴穎敗挾天子南奔洛陽淵曰穎不用吾言逆自奔潰眞奴才也然吾與其有言矣不可不救於是命右於陸王劉景左獨鹿王劉延年等率步騎二萬將討鮮卑劉宣等固諫曰晉爲無道奴隸過我是以右賢王猛不勝其忿屬晉綱未弛大事不遂右賢塗地單于之恥也今司馬氏父子兄弟自相魚肉此天厭晉德授之於我單于積德在躬爲晉人所服方當興我邦族復呼韓邪之業鮮卑烏丸可以爲援奈何距之而拯仇敵今天假手於我不可違也違天不祥逆衆不濟天與不取反受其咎願單于勿疑淵曰善當爲崇岡峻阜何能爲培塿乎夫帝王豈有常哉大禹出於西戎文王生於東夷顧惟德所授耳今見衆十餘萬皆一當晉十鼓行而摧亂晉猶拉枯耳上可成漢高之業下不失爲魏氏雖然晉人未必同我漢有天下世長恩德結於人心是以昭烈崎嶇於一州之地而能抗衡於天下吾又漢氏之甥約爲兄弟兄亾弟紹不亦可乎且可稱漢追尊後主以懷人望乃遷於左國城遠人歸附者數萬永興元年淵乃爲壇於南郊僭卽漢王位下令赦其境內年號元熙追尊劉禪爲孝懷皇帝立漢高祖以下三祖五宗神主而祭之立其妻呼延氏爲王后置百官以劉宣爲丞相崔游爲御史大夫劉宏爲太尉其餘拜授各有差東嬴公騰使將軍聶元討之戰于大陵元師敗績騰懼率并州二萬餘戶下山東遂所在爲寇淵遣其建武將軍劉曜寇太原泫氏屯留長子中都皆陷之二年騰又遣司馬瑜周良石鮮等討之次于離石汾城淵遣其虎牙將軍劉欽等六軍距瑜等四戰瑜皆敗欽振旅而歸是歲離石大饑遷于黎亭以就邸閣穀留其太尉劉宏護軍馬景守離石使大司農卜豫運糧以給之以其前將軍劉景爲使持節征討大都督大將軍要擊并州刺史劉琨于版橋爲琨所敗琨遂據晉陽其侍中劉殷王育進諫淵曰殿下自起兵已來漸已一周而顓守偏方王威未震誠能命將四出決機一擲梟劉琨定河東建帝號鼓行而南克長安而都之以關中之衆席卷洛陽如指掌耳此高皇帝之所以創啓鴻基克殄彊楚者也淵悅曰此孤心也遂進據河東攻寇蒲阪平陽皆陷之淵遂入都蒲子河東平陽屬縣壘壁盡降時汲桑起兵趙魏上郡四部鮮卑陸逐延氏酋大單于徵東萊王彌及石勒等並相次降之淵悉署其官爵永嘉二年淵僭卽皇帝位大赦境內改元永鳳以其大將軍劉和爲大司馬封梁王尚書令劉歡樂爲大司徒封陳留王御史大夫呼延翼爲大司空封鴈門郡公宗室以親疏爲等悉封郡縣王異姓以勳謀爲差皆封郡縣公侯太史令宣于脩之言於淵曰陛下雖龍興鳳翔奄受大命然遺

晉未殄皇居仄陋紫宮之變猶鍾晉氏不出三年必克洛陽蒲子崎嶇非可久安平陽勢有紫氣兼陶唐舊都願陛下上迎乾象下協坤祥於是遷都平陽汾水中得玉璽文曰有新保之蓋王莽時璽也得者因增泉淵光三字淵以爲已瑞大赦境內改年河瑞封子裕爲齊王隆爲魯王於是命其子聰與王彌進寇洛陽劉曜與趙固等爲之後繼東海王越遣平北將軍曹武將軍宋抽彭默等距之王師敗績聰等長驅至宜陽平昌公模遣將軍湻于定呂毅等自長安討之戰于宜陽定等敗績聰恃連勝不設備弘農太守垣延詐降夜襲聰軍大敗而還淵素服迎師是冬復大發卒遣聰彌劉曜劉景等率精騎五萬寇洛陽使呼延翼率步卒繼之敗王師于河南聰進屯于西明門護軍賈允夜薄之戰于大夏門斬聰將呼延顥其衆遂潰聰迴軍而南壁於洛水尋進屯宣陽門曜屯上東門彌屯廣陽門景攻大夏門聰親祈嵩嶽令其將劉厲呼延朗等督留軍東海王越命參軍孫詢將軍邱光樓裒等率帳下勁卒二千自宣陽門擊朗斬之聰聞而馳還厲懼聰之罪己也赴水而死王彌謂聰曰今既失利洛陽猶固殿下不如還師徐爲後舉下官當於兗豫之間收兵積穀伏聽嚴期宜于脩之又言於淵曰歲在辛未當得洛陽今晉氣猶盛大軍不歸必敗淵馳遣黃門郎傅詢召聰等還師王彌出自轘轅越遣薄盛等追擊彌戰于新汲彌師敗績於是攝蒲阪之戍還於平陽以劉歡樂爲太傅劉聰爲大司徒劉延年爲大司空劉洋爲大司馬赦其境內立妻單氏爲皇后子和爲皇太子封子乂爲北海王淵寢疾將爲顧託之計以歡樂爲太宰洋爲太傅延年爲太保聰爲大司馬大單于並錄尚書事置單于臺于平陽西以其子裕爲大司徒淵疾篤召歡樂及洋等入禁中受遺詔輔政以永嘉四年死在位六年僞謚光文皇帝廟號高祖墓號永光陵子和立

和字元泰身長八尺雄毅美姿儀好學夙成習毛詩左氏春秋鄭氏易及爲儲貳內多猜忌馭下無恩淵死和嗣僞位其衞尉西昌王劉銳宗正呼延攸恨不參顧命也說和曰先帝不惟輕重之計而使三王總彊兵於內大司馬擁十萬勁卒居于近郊陛下今便爲寄坐耳此之禍難未可測也願陛下早爲之所和即攸之甥也深然之召其領軍劉盛及劉欽馬景等告之盛曰先帝尚在殯宮四王未有逆節今忽一旦自相魚肉臣恐人不食陛下之餘四海未定大業甫爾願陛下以上成先帝鴻基爲志且塞耳勿聽此狂簡之言也詩云豈無他人不如我同父陛下既不信諸弟復誰可信哉銳攸怒曰今日之議理無有二於是命左右刃之景懼曰惟陛下詔臣等以死奉之蔑不濟矣乃相與盟于東堂使銳景攻聰攸率劉安國攻裕使侍中劉乘武衞劉欽攻魯王隆尚書田密武衞劉璿攻北海王乂密璿等使人斬關奔于聰聰命貫甲以待之銳知聰之有備也馳還與攸乘等會攻隆裕攸乘懼安國欽之有異志也斬之是日斬裕及隆聰攻西明門克之銳等奔入南宮前鋒隨之斬和于光極西室銳攸梟首通衢

劉聰字元明一名載淵第四子也母曰張夫人初聰之在孕也張氏夢日入懷寤而以告淵曰此吉徵也愼勿言十五月而生聰焉夜有白光之異形體非常左耳有一白毫長二尺餘甚光澤幼而聰悟好學博士朱紀大奇之年十四究通經史兼綜百家之言孫吳兵法靡不誦之工草隸善屬文著述懷詩百餘篇賦頌五十餘篇十五習擊刺猨臂善射彎弓三百斤膂力驍捷冠絕一時太原王渾見而悅之謂淵曰此兒吾所不能測也弱冠游於京師名士莫不交結樂廣張華尤異之也新興太守郭頤辟爲主簿舉良將入爲驍騎別部司馬累遷右部都尉善於撫接五部豪右無不歸之河閒王顒表爲赤沙中郎將聰以淵在鄴懼爲成都王穎所害乃亾奔成都王拜右積弩將軍參前鋒戰事淵爲北單于立爲右賢王隨還右部及即大單于位更拜鹿蠡王既殺其兄和羣臣勸即尊位聰初讓其弟北海王乂乂與公卿涕泣固請聰久而許之曰乂及羣公正以四海未定禍難尚殷貪孤年長故耳此國家之事孤敢不祇從今便欲遠遵魯隱待乂年長復子明辟於是以永嘉四年僭即皇帝位大赦境內改年光興尊淵妻單氏曰皇太后其母張氏爲帝太后乂爲皇太弟領大單于大司徒立其妻呼延氏爲皇后封其子粲爲河內王署使持節撫軍大將軍都督中外諸軍事易河閒王翼彭城王悝高平王遺粲及其征東王彌龍驤劉曜等率衆四萬長驅入洛川遂出轘轅周旋梁陳汝潁之閒陷壘壁百餘以其司空劉景爲大司馬左光祿劉殷爲大司徒右光祿王育爲大司空僞太后單氏姿色絕麗聰烝焉單即乂之母也乂屢以爲言單氏慙恚而死聰悲悼無已後知其故乂之寵因此漸衰然猶追念單氏未便黜廢又尊母爲皇太后署其衞尉呼延晏爲使持節前鋒大都督前軍大將軍配禁兵二萬七千自宜陽入洛川命王彌劉曜及鎭軍石勒進師會之晏比及河南王師前後

十二敗死者三萬餘人彌等未至晏留輜重于張方故壘遂寇洛陽攻陷平昌門焚東陽宣陽諸門及諸府寺懷帝遣河南尹劉默距之王師敗於社門晏以外繼不至出自東陽門掠王公已下子女二百餘人而去時帝將濟河東遁具船于洛水晏盡焚之還于張方故壘王彌劉曜至復與晏會圍洛陽時城內饑甚人皆相食百官分散莫有固志宣陽門陷彌晏入于南宮升太極前殿縱兵大掠悉收宮人珍寶曜於是害諸王公及百官已下三萬餘人於洛水北築爲京觀遷帝及惠帝羊后傳國六璽于平陽聰大赦改年嘉平以帝爲特進左光祿大夫平阿公遣其平西趙染安西劉雅率騎二萬攻南陽王模于長安粲曜率大眾繼之染敗王師于潼關將軍呂毅死之軍至于下邽模乃降染染送模於粲粲害模及其子范陽王黎送衛將軍梁芬模長史魯繇兼散騎常侍杜驁辛謐及北宮純等于平陽聰以粲之害模也大怒粲曰臣殺模本不以其晚識天命之故但以其晉氏肺腑洛陽之難不能死節天下之惡一也故誅之聰曰雖然吾恐汝不免誅降之殃也夫天道至神理無不報署劉曜爲車騎大將軍開府儀同三司雍州牧改封中山王鎮長安王彌爲大將軍封齊公尋而石勒等殺彌於已吾而并其眾表彌叛狀聰大怒遣使讓勒專害公輔有無上之心又恐勒之有二志也以彌部眾配之劉曜既據長安安定太守賈疋及諸氐羌皆送質任唯雍州刺史麴特新平太守竺恢固守不降護軍麴允頻陽令梁肅自京兆南山將奔安定遇疋任子於陰密擁還臨涇推疋爲平西將軍率眾五萬攻曜於長安扶風太守梁綜及麴特竺恢等亦率眾十萬會之曜遣劉雅趙染來距敗績而還曜又盡長安銳卒與諸軍戰于黃邱曜眾大敗中流矢退保甘渠杜人王秃紀特等攻劉粲于新豐粲還平陽曜攻陷池陽掠萬餘人歸于長安時閻鼎等奉秦王爲皇太子入于雍城關中戎晉莫不響應聰后呼延氏死將納其太保劉殷女其弟乂固諫聰更訪之於太宰劉延年太傅劉景景等皆曰臣常聞太保自云周劉康公之後與聖氏本源既殊納之爲允聰大悅使其兼大鴻臚李弘拜殷二女爲左右貴嬪位在昭儀上又納殷女孫四人爲貴人位次貴嬪謂弘曰此女輩皆姿色超世女德冠時且太保於朕實自不同卿意安乎弘曰太保允自有周與聖源實別陛下正以姓同爲恨耳且魏司空東萊王基當世大儒豈不達禮乎爲子納司空太原王沈女以其姓同而源異故也聰大悅賜弘黃金六十斤曰卿當以此意諭吾子弟輩於是六劉之寵傾於後宮聰稀復出外事皆中黃門納奏左貴嬪決之聰假懷帝儀同三司封會稽郡公庾珉等以次加秩聰引帝入讌謂帝曰卿爲豫章王時朕嘗與王武子相造武子示朕於卿卿言聞其名久矣以卿所製樂府歌示朕謂朕曰聞君善爲辭賦試爲看之朕時與武子俱爲盛德頌卿稱善者久之又引朕射于皇堂朕得十二籌卿與武子俱得九籌卿贈朕柘弓銀研卿頗憶不帝曰臣安敢忘之但恨爾日不早識龍顏聰曰卿家骨肉相殘何其甚也帝曰此殆非人事皇天之意也大漢將應乾受歷故爲陛下自相驅除且臣家若能奉武皇之業九族敦睦陛下何由得之至日夕乃出以小劉貴人賜帝謂帝曰此名公之孫今特以相妻卿宜善遇之拜劉爲會稽國夫人遣其鎮北靳沖寇太原平北卜珝率眾繼之沖攻太原不克而歸罪於珝輒斬之聰聞之大怒曰此人朕所不得加刑沖何人哉遣其御史中丞浩衍持節斬沖左都水使者襄陵王攄坐魚蟹不供將作大匠望都公靳陵坐溫明徽光二殿不成皆斬于東市聰游獵無度常晨出暮歸觀漁於汾水以燭繼晝中軍王彰切諫聰大怒命斬之上夫人王氏叩頭乞哀乃囚之詔獄聰母以聰刑怒過差三日不食弟乂子粲並輿櫬切諫聰怒曰吾豈桀紂幽厲乎而汝等生來哭人其太宰劉延年及諸公卿列侯百餘人皆免冠涕泣固諫聰於是赦彰麴特等圍長安劉曜連戰敗績乃驅掠士女八萬餘口退還平陽因攻司徒傅祗于三渚使其右將軍劉參攻郭默于懷城祗病卒城陷遷祗孫純粹并其二萬餘戶于平陽縣聰贈祗太保純粹皆給事中以其忠於主也聰遣劉粲劉曜等攻劉琨于晉陽琨使張喬距之戰於武灌喬敗績死之晉陽危懼太原太守高喬琨別駕郝聿以晉陽降粲琨與左右數十騎攜其妻子奔于趙郡之亭頭遂如常山粲曜入于晉陽先是琨與代王猗盧結爲兄弟乃告敗於猗盧且乞師猗盧遣子日利孫賓六須及將軍衞雄姬澹等率眾數萬攻晉陽琨收散卒千餘爲之鄉導猗盧率眾六萬至于狼猛曜及賓六須戰于汾東曜墜馬中流矢身被七創討虜傅武以馬授曜曜曰當今危亾之極人各思免吾創已重自分死此矣武泣曰武小人蒙大王識拔以至於是常思効命今其時矣且皇室始基大難未弭天下何可一日無大王也於是扶曜乘馬驅令渡汾迴而戰死曜入晉陽夜與劉粲等掠百姓踰蒙山遁歸猗盧率騎追之戰于藍谷粲敗績斬其征虜邢延獲

其鎭北劉豐琨收合離散保于陽曲猗盧戍之而還正旦聰讌于光極前殿逼帝行酒光祿大夫庾珉王儁等起而大哭聰惡之會有告珉等謀以平陽應劉琨者聰遂鴆帝而誅珉儁復以賜帝劉夫人爲貴人大赦境內殊死已下立左貴嬪劉氏爲皇后聰將爲劉氏起鷂儀殿於後庭廷尉陳元達諫曰天生蒸民而樹之君使父毋之晉氏闇虐視百姓如草芥天用勦絕其命乃眷皇漢與民息肩人懷更蘇之望有日矣我高祖光文皇帝身衣大布居不重茵先后妃嬪服無綺綵重逆羣臣之請僅建南北宮焉今光極之前足以朝羣后饗萬國矣昭德溫明已後足可以容六宮列十二等矣陛下龍興以來外殄二京不世之寇內興殿觀四十餘所兵疲於外人怨於內爲民父毋固若是乎伏聞詔旨將營鷂儀以臣觀之尤實非宜昔太宗承高祖之業天下殷富尙以百金之費而輟露臺今陛下之所有不過太宗二郡地耳戰守之備豈僅匈奴南越而已哉孝文之廣思費如彼陛下之狹欲損如此愚臣所以敢昧死犯顏色冒不測之禍者也聰大怒曰吾爲萬機主將營一殿豈問汝鼠子乎不殺此奴沮亂朕心朕殿何當得成邪將出斬之并其妻子同梟東市使羣鼠共穴時在逍遙園李中堂元達抱堂下樹叫曰臣所言者社稷之計也而陛下殺臣若死者有知臣要當上訴陛下於天下訴陛下於先帝朱游有云臣得與龍逢比干游於地下足矣未審陛下何如主耳元達先鎖腰而入及至即以鎖繞樹左右曳之不能動聰怒甚劉氏時在後堂聞之密遣中常侍私敕左右停刑於是手疏切諫聰乃解引元達而謝之易逍遙園爲納賢園李中堂爲媿賢堂時愍帝即位于長安聰遣劉曜及司隸喬智明虎牙李景年等寇長安命趙染率衆赴之時大都督麴允據黃白城累爲曜染所敗染謂曜曰麴允率大衆在外長安可襲而取之得長安黃白城自服願大王以重衆守此染請輕騎襲之曜乃承制加染前鋒大都督安南大將軍以精騎五千配之而進王師敗於渭陽將軍王廣死之染夜入長安外城帝奔射鴈樓染焚燒龍尾及諸軍營殺掠千餘人旦退屯逍遙園麴允率衆襲曜連戰敗之曜入粟邑遂歸平陽時流星起於牽牛入紫微龍形委蛇其光照地落于平陽北十里視之則有肉長三十步廣二十七步臭聞于平陽肉旁常有哭聲晝夜不止聰甚惡之延公卿已下問曰朕之不德致有斯異其各極言勿有所諱陳元達及博士張師等進對曰星變之異其禍行及臣恐後庭有三后之事亾國喪家靡不由此願陛下愼之聰曰此陰陽之理何關人事旣而劉氏產一蛇一猛獸各害人而走尋之不得頃之見在隕肉之旁俄而劉氏死乃失此肉哭聲亦止自是後宮亂寵進御無序矣聰以劉易爲太尉初置相國官上公有殊勳德者死乃贈之於是大定百官置太師丞相自大司馬以上七公位皆上公綠綟綬遠遊冠置輔漢都護中軍上軍撫軍鎭衞京前後左右上下軍輔國冠軍龍驤虎牙大將軍營各配兵二千皆以諸子爲之置左右司隸各領戶二十餘萬萬戶置一內史凡內史四十三單于左右輔各主六夷十萬落萬落置一都尉省吏部置左右選曹尙書自司隸以下六官皆位次僕射置御史大夫及州牧位皆亞公以其子粲爲丞相領大將軍錄尙書事進封晉王食五郡劉延年錄尙書六條事劉景爲太師王育爲太傅任顗爲太保馬景爲大司徒朱紀爲大司空劉曜爲大司馬曜復次渭汭趙染次新豐索綝自長安東討染染狃于累捷有輕綝之色長史魯徽曰今司馬鄴君臣自以逼僭王畿雄劣不同必致死距我將軍宜整陣案兵以擊之弗可輕也困獸猶鬭況於國乎染曰以司馬模之彊吾取之如拉朽索綝小豎豈能污吾馬蹏刀刃邪要擒之而後食晨率精騎數百馳出逆之戰于城西敗績而歸悔曰吾不用魯徽之言以至於此何面見之於是斬徽徽臨刑謂染曰將軍愎諫違謀戇而取敗而復忌前害勝誅戮忠良以逞愚忿亦何顏面瞬息世間哉袁紹爲之於前將軍踵之於後覆亾敗喪亦當相尋所恨不得一見大司馬而死死者無知則已若其有知下見田豐爲徒要當訴將軍於黃泉使將軍不得服牀枕而死叱刑者曰令吾面東向大司馬曜聞之曰蹄涔不容尺鯉染之謂也曜還師攻郭默于懷城收其米粟八十萬斛列三屯以守之聰遣使謂曜曰今長安假息劉琨游魂此國家所尤宜先除也郭默小醜何足以勞公神略可留征虜將軍貝邱王翼光守之公其還也於是曜歸蒲阪俄而徵曜輔政趙染寇北地夢魯徽大怒引弓射之染驚悸而寤旦將攻城中弩而死聰以粲爲相國總百揆省丞相以并相國平陽地震烈風拔樹發屋光義人羊充妻產子二頭其兄竊而食之三日而死聰以其太廟新成大赦境內改年建元雨血於其東宮延明殿徹瓦在地者深五寸劉乂惡之以訪其太師盧志太傅崔瑋太保許遐志等曰主上往以殿下爲太弟者蓋以安衆望也志在晉王久矣王公已下莫不希旨歸之相國之位自魏武已來非復人臣之官主

上本簽明詔置之爲贈官今忽以晉王居之羽儀威尊踰於東宮萬機之事無不由之置太宰大將軍及諸王之營以爲羽翼此事勢去矣殿下不得立明也然非止不得立而已不測之危厄在於旦夕宜早爲之所四衞精兵不減五千餘營諸王皆年齒尚幼可奪而取之相國輕佻正可煩一刺客耳大將軍無日不出其營可襲而得也殿下但當有意二萬精兵立便可得鼓行向雲龍門宿衞之士孰不倒戈奉迎大司馬不慮爲異也乂弗從乃止聰如中護軍靳準第納其二女爲左右貴嬪大曰月光小曰月華皆國色也數月立月光爲皇后東宮舍人荀裕告盧志等勸乂謀反乂不從之狀聰於是收志瑋遐於詔獄假以他事殺之使冠威卜抽監守東宮禁乂朝賀乂憂懼不知所爲乃上表自陳乞爲黔首并免諸子之封褒美晉王粲宜登儲副抽又抑而弗通其青州刺史曹嶷攻汶陽關公邱陷之害齊郡太守徐浮執建威劉宜齊魯之閒郡縣壘壁降者四十餘所嶷遂略地西下祝阿平陰衆十餘萬臨河置戍而歸于臨淄嶷於是遂有雄據全齊之志石勒以嶷之懷二也請討之聰又憚勒之并齊乃寢而弗許劉曜濟自盟津將攻河南將軍魏該奔于一泉塢曜進攻李矩于滎陽矩遣將軍李平師於成皐曜覆而滅之矩恐送質請降時聰以其皇后靳氏爲上皇后立貴妃劉氏爲左皇后右貴嬪靳氏爲右皇后左司隸陳元達以三后之立也極諫聰不納乃以元達爲右光祿大夫外示優賢內實奪其權也於是太尉范隆大司馬劉丹大司空呼延晏尚書令王鑒等皆抗表遜位以讓元達聰乃以元達爲御史大夫儀同三司劉曜寇長安頻爲王師所敗曜曰彼猶彊盛弗可圖矣引師而歸聰宮中鬼夜哭三日而聲向右司隸寺乃止其上皇后靳氏有淫穢之行陳元達奏之聰廢靳靳慙恚自殺靳有殊寵聰迫於元達之勢故廢之既而追念其姿色深仇元達劉曜進師上黨將攻陽曲聰遣使謂曜曰長安擅命國家之深恥也公宜以長安爲先陽曲一委驃騎天時人事其應至矣公其亟還曜迴滅郭邁朝于聰遂如蒲阪平陽地震雨血于東宮廣袤頃餘劉曜又進軍屯于粟邑麴允饑甚去黃白而軍于靈武曜進攻上郡太守張禹與馮翊太守梁肅奔于允吾於是關右翕然所在應曜曜進據黃阜聰武庫陷入地一丈五尺時聰中常侍王沈宣懷俞容中宮僕射郭猗中黃門陵脩等皆寵幸用事聰游宴後宮或百日不出羣臣皆因沈等言事多不呈聰率以其意愛憎而決之故或有勳舊功臣而弗見敘錄姦佞小人數日而便至二千石者軍旅無歲不興而將士無錢帛之賞後宮之家賜賚及於僮僕動至數千萬沈等車服宅宇皆踰於諸王子弟中表布衣爲內史令長者三十餘人皆奢僭貪殘賊害良善靳準合宗內外諂以事之郭猗有憾於劉乂謂劉粲曰太弟於主上之世猶懷不逞之志此則殿下父子之深仇四海蒼生之重怨也而主上過垂寬仁猶不替二尊之位一旦有風塵之變臣竊爲殿下寒心且殿下高祖之世孫主上之嫡統凡在含齒孰不係仰萬機事大何可與人臣昨聞太弟與大將軍相見極有言矣若事成許以主上爲太上皇大將軍爲皇太子乂又許衞軍爲大單于二王已許之矣二王居不疑之地並握重兵以此舉事事何不成臣謂二王玆舉禽獸之不若也背父親人人豈親之今又苟貪其一切之力耳事成之後主上豈有全理殿下兄弟故在忿言東宮相國單于在武陵兄弟何肯與人許以三月上巳因讌作難事淹變生宜早爲之所春秋傳曰蔓草猶不可除況君之寵弟乎臣屢啟主上主上性敦友于謂臣言不實刑臣刀鋸之餘而蒙主上殿下成造之恩故不慮逆鱗之誅每所聞必言冀垂採納臣當入言之願殿下不泄密表其狀也若不信臣言可呼大將軍從事中郎王皮衞軍司馬劉惇假之恩顧通其歸善之路以問之必可知也粲深然之猗密謂皮惇曰二王逆狀王相已具知之矣卿同之乎二人驚曰無之猗曰此事必無疑吾憐卿親舊并見族耳於是歔欷流涕皮惇大懼叩頭求哀猗曰吾爲卿作計卿能用不二人皆曰謹奉大人之教猗曰相國必問卿卿但云有之若責卿何不先啟卿即答云臣誠負死罪然仰惟主上聖性寬慈殿下篤於骨肉恐言成詿僞故也皮惇許諾粲俄而召問二人至不同時而辭若畫一粲以爲信然初靳準從妹爲乂孺子淫于侍人乂怒殺之而屢以嘲準準深慙恚說粲曰東宮萬機之副殿下宜自居之以領相國使天下知早有所繫望也至是準又說粲曰昔孝成距子政之言使王氏卒成篡逆可乎粲曰何可之有準曰然誠如聖旨下官亟欲有所言矣但以德非更生親非皇宗恐忠言暫出霜威已及故不敢耳粲曰君但言之準曰聞風塵之言謂大將軍衞將軍及左右輔皆謀奉太弟剋季春構變殿下宜爲之備不然恐有商臣之禍粲曰爲之柰何準曰主上愛信於太弟恐卒聞未必信也如下官愚意宜緩東宮之禁固勿絕太弟賓客使輕薄之徒得與交游太弟既素好待士必不思防此嫌輕

薄小人不能無逆意以勸太弟之心小人有始無終不能如貫高之流也然後下官爲殿下露表其罪殿下與太宰拘太弟所與交通者考問之窮其事原主上必以無將之罪罪之不然今朝望多歸太弟主上一旦晏駕恐殿下不得立矣於是粲命卜抽引兵去東宮聰自去冬至是遂不復受朝賀軍國之事一決於粲唯發中旨殺生除授王沈郭猗等意所欲皆從之又立市於後庭與宮人燕戲或三日不醒聰臨上秋閤誅其特進綦毋達太中大夫公師彧尙書王琰田歆少府陳休左衞卜崇大司農朱誕等皆羣閹所忌也侍中卜幹泣諫聰曰陛下方隆武宣之化欲使幽谷無考槃柰何一旦先誅忠良將何以垂之於後昔秦愛三良而殺之君子知其不霸以晉厲之無道尸三卿之後猶有不忍之心陛下如何忽信左右愛憎之言欲一日尸七卿詔尙在臣間猶未宣露乞垂昊天之澤迴雷霆之威且陛下直欲誅之耳不露其罪名何以示四海此豈是帝王三訊之法邪因叩頭流血王沈叱幹曰卜侍中欲距詔乎聰拂衣而入免幹爲庶人太宰劉易及大將軍劉敷御史大夫陳元達金紫光祿大夫王延等詣闕諫曰臣聞善人者乾坤之紀政教之本也邪佞者宇宙之螟螣王化之蟊賊也故文王以多士基周桓靈以羣閹亾漢國之興亾未有不由此也自古明王之世未嘗有宦者與政武元安順豈足爲故事乎今王沈等處常伯之位矯弄詔旨欺誣日月威權之重侔於人主多樹姦徒殘毒忠善知王琰等忠臣必盡節於陛下懼其姦萌發露陷之極刑四海悲惋賢愚傷懼比年地震日蝕雨血火災皆沈等之由願陛下割翦凶醜免沈等官付有司定罪聰以表示沈等笑曰是兒等爲元達所引遂成癡也寢之沈等頓首泣曰臣等才人過蒙陛下識拔幸得備酒埽宮閤而王公朝士疾臣等如仇讎又深恨陛下願收大造之恩以臣等膏之鼎鑊皇朝上下自然雍穆矣聰曰此等狂言恆然卿復何足恨乎更以訪粲粲盛稱沈等忠淸乃心王室聰大悅封沈等爲列侯太宰劉易詣闕又上疏固諫聰大怒手壞其表易遂忿恚而死元達哭之慟曰人之云亾邦國殄悴吾既不復能言安用此默默生乎歸而自殺北地饑甚人相食噉羌酋大軍須運糧以給麴昌劉雅擊敗之麴允與劉曜戰于磻石谷王師敗績允奔靈武平陽大饑流叛死亾十有五六石勒遣石越率騎二萬屯于并州以懷撫叛者聰使黃門侍郎喬詩讓勒勒不奉命潛結曹嶷規爲鼎峙之勢聰立上皇后樊氏卽張氏之侍婢也時四后之外佩皇后璽綬者七人朝廷內外無復綱紀阿諛日進貨賄公行軍旅在外饑疫相仍後宮賞賜動至千萬劉敷屢泣言之聰不納怒曰爾欲得使汝公死乎朝朝夕夕生來哭人敷憂忿發病而死河東大蝗唯不食黍豆靳準率部人收而埋之哭聲聞於十餘里後乃鑽上飛出復食黍豆平陽饑甚司隸部人奔于冀州二十萬戶石越招之故也犬與豕交于相國府門又交于宮門又交司隸御史門有豕著進賢冠升聰坐犬冠武冠帶綬與豕並升俄而鬬死殿上宿衞莫有見其入者而聰昏虐愈甚無誡懼之心讌羣臣于光極前殿引見其太弟乂容貌毀悴鬢髮蒼然涕泣陳謝聰亦對之悲慟縱酒極歡待之如初劉曜陷長安外城愍帝使侍中宋敞送牋于曜帝肉袒牽羊輿櫬銜璧出降及至平陽聰以帝爲光祿大夫懷安侯使粲告于太廟大赦境內改年麟嘉麴允自殺聰東宮四門無故自壞後內史女人化爲丈夫時聰子約死一指猶暖遂不殯殮及蘇言見淵於不周山經五日遂復從至崐崘山三日而復返於不周見諸王公卿將相死者悉在宮室甚壯麗號曰蒙珠離國淵謂約曰東北有遮須夷國無主久待汝父爲之汝父後三年當來來後國中大亂相殺害吾家死亾略盡但可永明輩十數人在耳汝且還後年當來見汝不久約拜辭而歸道遇一國曰猗尼渠餘國引約入宮與約皮囊一枚曰爲吾遺漢皇帝約辭而歸謂約曰劉郎後年來必見過當以小女相妻約歸置皮囊於几上俄而蘇使左右几上取皮囊開之有一方白玉題文曰猗尼渠餘國天王敬信遮須夷國天王歲在攝提當相見也馳使呈聰聰曰若審如此吾不懼死也及聰死與此玉并葬焉時東宮鬼哭赤虹經天南有一岐三日並照各有兩珥五色甚鮮客星歷紫宮入於天獄而滅太史令康相言於聰曰蛇虹見彌天一岐南徹三日並照客星入紫宮此皆大異其徵不遠也今虹達東西者許洛已南不可圖也一岐南徹者李氏當仍跨巴蜀司馬叡終據全吳之象天下其三分乎月爲胡王皇漢雖苞括二京龍騰九五然世雄燕代肇基北朔太陰之變其在漢域乎漢既據中原歷命所屬紫宮之異亦不在他此之深重胡可盡言石勒鴟視趙魏曹嶷狼顧東齊鮮卑之眾星布燕代齊代燕趙皆有將大之氣願陛下以東夏爲慮勿顧西南吳蜀之不能北侵猶大漢之不能南向也今京師寡弱勒眾精盛若盡趙魏之銳燕之突騎自上黨而來曹嶷率三齊之眾以繼之陛下將何以抗之紫宮之變何必不

在此乎願陛下早爲之所無使先人生心陛下誠能發詔外以遠追秦皇漢武循海之事內爲高帝圖楚之計無不克矣聰覽之不悅劉粲使王平謂劉乂曰適奉中詔云京師將有變敕裹甲以備之乂以爲信然令命宮臣裹甲以居粲馳遣告靳準王沈等曰向也王平告云東宮陰備非常將若之何準白之聰大驚曰豈有此乎王沈等同聲曰臣等久聞但恐言之陛下弗信於是使粲圍東宮粲遣沈準收氐羌酋長十餘人窮問之皆懸首高格燒鐵灼目乃自誣與乂同造逆謀聰謂沈等言曰而今而後吾知卿等忠於朕也當念爲知無不言勿恨往日言不用也於是誅乂素所親厚大臣及東宮官屬數十人皆靳準及閹豎所怨也廢乂爲北部王粲使準賊殺之坑士衆萬五千餘人平陽街巷爲之空氐羌叛者十餘萬落以靳準行車騎大將軍以討之時聰境內大蝗平陽冀雍尤甚靳準討之震其二子而死河汾大溢漂沒千餘家東宮災門閤宮殿蕩然立粲爲皇太子大赦殊死已下以粲領相國大單于總攝朝政如前聰校獵上林以帝行車騎將軍戎服執戟前導行三驅之禮粲言於聰曰今司馬氏跨據江東趙固李矩同逆相濟興兵聚衆者皆以子鄴爲名不如除之以絕其望聰然之趙固郭默攻其河東至於絳邑右司隸部人盜牧馬負妻子奔之者三萬餘騎騎兵將軍劉勳追討之殺萬餘人固默引歸劉頡遮邀擊之爲固所敗使粲及劉雅等伐趙固次于小平津固揚言曰要當生縛劉粲以贖天子聰聞而惡之李矩使郭默郭誦救趙固屯于洛汭遣耿稚張皮潛濟襲粲貝邱王翼光自厘城覘之以告粲粲曰征東南渡趙固望聲逃竄彼方憂自固何暇來邪且聞上身在此自當不敢北視況敢濟乎不須驚動將士也是夜稚等襲敗粲軍粲奔據陽鄉稚館穀粲壘雅聞而馳還柵于壘外與稚相持聰聞粲敗使太尉范隆率騎赴之稚等懼率衆五千突圍趣北山而南劉勳追之戰于河陽稚師大敗死者三千五百人投河死者千餘人聰所居螽斯則百堂災焚其子會稽王衷已下二十有一人聰聞之自投於牀哀塞氣絕良久乃蘇平陽西明門牡自亾霍山崩署其驃騎大將軍濟南王劉驥爲大將軍都督中外諸軍事錄尚書衞大將軍齊王劉勱爲大司徒中常侍王沈養女年十四有妙色聰立爲左皇后尚書令王鑒中書監崔懿之中書令曹恂等諫曰臣聞王者之立后也將以上配乾坤之性象二儀敷育之義生承宗廟母臨天下亾配后土執饋皇姑必擇世德名宗幽閑淑令副四海之望稱神祇之心是故周文造舟姒氏以興關雎之化饗則百世之祚永孝成任心縱欲以婢爲后使皇統亾絕社稷淪傾有周之隆既如彼矣大漢之禍又如此矣從麟嘉以來亂於淫色縱沈之弟女刑餘小醜猶不可塵瓊寢汙清廟況其家婢邪六宮妃嬪皆公子公孫柰何一旦以婢主之何異象榱玉簣而對腐木朽楹哉臣恐無福於國家也聰覽之大怒使宣懷謂粲曰鑒等小子慢侮國家狂言自口無復君臣上下之禮其速考竟於是收鑒等送市金紫光祿大夫王延馳將入諫門者弗通鑒等臨刑王沈以杖叩之曰庸奴復能爲惡乎乃公何與汝事鑒瞋目叱之曰豎子使皇漢滅者坐汝鼠輩與靳準耳要當訴汝於先帝取汝等於地下懿之曰靳準梟聲鏡形必爲國患汝既食人人亦當食汝皆斬之聰又立其中常侍宣懷養女爲中皇后鬼哭於光極殿又哭於建始殿雨血平陽廣袤十里時聰子約已死至是晝見聰甚惡之謂粲曰吾寢疾惙頓怪異特甚往以約之言爲妖比累日見之此兒必來迎吾也何圖人死定有神靈如是吾不悲死也今世難未夷非諒闇之日朝終夕殮旬內而葬徵劉曜爲丞相錄尚書輔政固辭乃止仍以劉景爲太宰劉驥爲大司馬劉顗爲太師朱紀爲太傅呼延晏爲太保並錄尚書事范隆守尚書令儀同三司靳準爲大司空領司隸校尉皆迭決尚書奏事太興元年聰死在位九年僞謚曰昭武皇帝廟號烈宗

粲字士光少而儁傑才兼文武自爲宰相威福任情疏遠忠賢昵近姦佞任性嚴刻無恩惠距諫飾非好興造宮室相國之府仿像紫宮在位無幾作兼晝夜饑困窮叛死亾相繼粲弗之恤也既嗣僞位尊聰后靳氏爲皇太后樊氏號弘道皇后宣氏號弘德皇后王氏號弘孝皇后靳等年皆未滿二十並國色也粲晨夜烝淫於內志不在哀立其妻靳氏爲皇后子元公爲太子大赦境內改元漢昌雨血于平陽靳準將有異謀私於粲曰如聞諸公將欲行伊尹霍光之事謀先誅太保及臣以大司馬統萬機陛下若不先之臣恐禍之來也不晨則夕粲弗納準懼其言之不從謂聰二靳氏曰今諸公侯欲廢帝立濟南王恐吾家無復種矣盍言之於帝二靳承閒言之粲誅其太宰上洛王劉景太師昌國公劉顗大司馬濟南王驥大司徒齊王劉勱等太傅朱紀太尉范隆出奔長安又誅其車騎大將軍吳王劉逞驥母弟也粲大閱上林謀討石勒以靳準爲大將軍錄尚書事粲荒耽酒色游讌後庭軍國之事一決於準準矯粲命以

從弟明為車騎將軍康為衛將軍準將作亂以金紫光祿大夫王延耆德時望謀之于延延弗從馳將告之遇靳康劫延以歸準勒兵入宮升其光極前殿下使甲士執粲數而殺之劉氏男女無少長皆斬于東市發掘淵聰墓焚燒其宗廟鬼大哭聲聞百里準自號大將軍漢大王置百官遣使稱藩于晉左光祿劉雅出奔西平尚書北宮純胡崧等招集晉人堡於東宮靳康攻滅之準將以王延為左光祿延罵曰屠各逆奴何不速殺我以吾左目置百陽門觀相國之入也右目置建春門觀大將軍之入也準怒殺之

劉曜字永明劉淵之族子也少孤見養於淵幼而聰慧有奇度年八歲從淵獵于西山遇雨止樹下迅雷震樹旁人莫不顛仆曜神色自若淵異之曰此吾家千里駒也從兄為不亡矣身長九尺三寸垂手過膝生而眉白目有赤光須髯不過百餘根而皆長五尺性拓落高亮與眾不羣讀書志於廣覽不精思章句善屬文工草隸雄武過人鐵厚一寸射而洞之于時號為神射尤好兵書略皆闇誦常輕侮吳鄧而自比樂毅蕭曹時人莫之許也惟聰每曰永明世祖魏武之流數公何足道哉弱冠游于洛陽坐事當誅亾匿朝鮮遇赦而歸自以形質異眾恐不容于世隱迹管涔山以琴書為事嘗夜閑居有二童子入跪曰管涔王使小臣奉謁趙皇帝獻劒一口置前再拜而去以燭視之劒長二尺光澤非常赤玉為室背上有銘云神劒御除眾毒曜遂服之劒隨四時而變為五色淵世頻歷顯職後拜相國都督中外諸軍事鎮長安靳準之難自長安赴之至于赤壁太保呼延晏等自平陽奔之與太傅朱紀太尉范隆等上尊號曜以太興元年僭即皇帝位大赦境內惟準一門不在赦例改元光初以朱紀領司徒呼延晏領司空范隆以下悉復本位使征北劉雅鎮北劉策次于汾陰與石勒為掎角之勢靳準遣侍中卜泰降於勒勒囚泰送之曜謂泰曰先帝末年實亂大倫羣閹撓政誅滅忠良誠是義士匡討之秋司空執心忠烈行伊霍之權拯濟塗炭使朕及此勳高古人德格天地朕方寧濟大艱終不以非命及君子賢人司空若執忠誠早迎大駕者政由靳氏祭則寡人以朕此意布之司空宣之朝士泰還平陽具宣曜旨準自以殺曜母兄沈吟未從尋而喬泰王騰靳康馬忠等殺準推尚書令靳明為盟主遣卜泰奉傳國六璽降于曜曜大悅謂泰曰使朕獲此神璽而成帝王者子也石勒聞之怒甚增兵攻之明戰累敗遣使求救於曜曜使劉雅劉策等迎之明率平陽士女萬五千歸于曜曜命誅明靳氏男女無少長皆死使劉雅迎母胡氏喪于平陽還葬粟邑墓號陽陵偽謚宣明皇太后僭尊高祖父亮為景皇帝曾祖父廣為獻皇帝祖防懿皇帝考曰宣成皇帝徙都長安起光世殿於前紫光殿於後立其妻羊氏為皇后子熙為皇太子封子襲為長樂王闡太原王沖淮南王敞齊王高魯王徽楚王徵諸宗室皆進封郡王繕宗廟社稷南北郊以水承晉金行國號曰趙牲牡尚黑旗幟尚元冒頓配天淵配上帝大赦境內殊死巳下黃石屠各路松多起兵於新平扶風聚眾數千附于南陽王保保以其將楊曼為雍州刺史王連為扶風太守據陳倉張顗為新平太守周庸為安定太守據陰密松多下草壁秦隴氏羌多歸之曜遣其車騎劉雅平西劉厚攻楊曼于陳倉二旬不克曜率中外精銳以赴之行次雍城太史令弁廣明言於曜曰昨夜妖星犯月師不宜行乃止敕雅等攝圍固壘以待大軍地震長安尤甚時曜妻羊氏有殊寵頗與政事陰有餘之徵也三年曜發雍攻陳倉曼連謀曰諜者適還云其五牛旗建多言胡主自來其鋒恐不可當也吾糧廩既少無以支久若頓軍城下圍人百日不待兵刃而吾自滅不如率見眾以一戰如其勝也關中不待檄而至如其敗也一等死早晚無在遂盡眾背城而陣為曜所敗王連死之楊曼奔于南氐曜進攻草壁又陷之松多奔隴城進陷安定保懼遷于桑城氏羌悉從之曜振旅歸于長安署劉雅為大司徒晉將李矩襲金墉克之曜左中郎將宋始震威宋恕降於石勒署其大將軍廣平王岳為征東大將軍鎮洛陽會三軍疫甚岳遂屯澠池石勒遣石生馳應宋始等軍勢甚盛曜將尹安趙慎等以洛陽降生岳乃班師鎮于陝城西明門內大樹風吹折經一宿樹撥變為人形髮長一尺須眉長三寸皆黃白色有斂手之狀亦有兩腳著裙之形惟無目鼻每夜有聲十日而生柯條遂成大樹枝葉甚茂長水校尉尹車謀反潛結巴酋徐庫彭曜乃誅車囚庫彭等五千餘人于阿房將殺之光祿大夫游子遠固諫曜不從子遠叩頭流血曜大怒幽子遠而盡殺庫彭等尸諸街巷之中十日乃投之於水於是巴氐盡叛推巴歸善王句渠知為主四山羌氐巴羯應之者三十餘萬關中大亂城門晝閉子遠又從獄表諫曜怒甚毀其表曰大荔奴不憂命在須臾猶敢如此嫌死晚邪叱左右速殺之劉雅朱紀呼延晏等諫曰子遠幽而尚諫者所謂忠於社稷不知死之將至陛下縱不能用柰何殺之若子遠朝誅臣

等亦暮死以彰陛下過差之咎天下之人皆當去陛下路西海而死耳陛下復與誰居乎曜意解乃赦之於是敕內外戒嚴將親討渠知子遠進曰陛下誠能納愚臣之計者不勞大駕親動一月之中可使清定曜曰卿試言之子遠曰彼匪有大志希竊非望也但逼於陛下峻網耳今死者不可追莫若赦諸逆人之家老弱沒奚官者使迭相撫育聽其復業大赦與之更始彼生路既開不降何待若渠知自以罪重不即下者願假臣弱兵五千以爲陛下梟之不敢勞陛下之將帥也不爾者今賊黨既眾彌川被谷雖以天威臨之恐非年歲可除曜大悅以子遠爲車騎大將軍開府儀同三司都督雍秦征討諸軍事大赦境內子遠次于雍城降者十餘萬進軍安定氐羌悉下惟句氏宗黨五千餘家保于陰密進攻平之遂振旅循隴右陳安郊迎先是上郡氐羌十餘萬落保嶮不降酋大虛除權渠自號秦王子遠進師至其壁下權渠率眾來距五戰敗之權渠恐將降其子伊餘大言於眾曰往劉曜自來猶無若我何況此偏師而欲降之率勁卒五萬晨壓壘門左右勸戰子遠曰吾聞伊餘之勇當今無敵士馬之彊復非其匹又其父新敗怒氣甚盛且西戎剽勁鋒銳不可擬也不如緩之使氣竭而擊之乃堅壁不戰伊餘有驕色子遠候其無備夜誓眾蓐食晨大風霧子遠曰天贊我也躬先士卒埽壁而出遲明覆之生擒伊餘悉俘其眾權渠大懼被髮剺面而降子遠啟曜以權渠爲征西將軍西戎公分徙伊餘兄弟及其部落二十餘萬口于長安西戎之中權渠部最彊皆稟其命而爲寇暴權渠既降莫不歸附曜大悅讌羣臣于東堂語及平生泣然流涕遂下書襃贈新贈

大司徒烈愍公崔岳爲使持節侍中大司徒遼東公中書令曹恂爲大司空南郡公太子洗馬劉綏爲左光祿大夫平昌公晉陽太守王忠爲鎮軍將軍安平侯並加散騎常侍仍令有司班訪岳等子孫授以茅土初曜之亾與曹恂奔於劉綏綏匿之於書匱載送於忠忠送之朝鮮歲餘饑窘變姓名客爲縣卒岳爲朝鮮令見而異之推問所由曜叩頭自首流涕求哀岳曰卿謂崔元嵩不如孫賓碩乎何懼之甚也今詔捕卿甚峻百姓閒不可保也此縣幽僻勢能相濟雖有大急不過解印綬與卿俱去耳吾既門衰無兄弟之累身又薄祐未有兒子卿猶吾子弟也勿爲過憂大丈夫處身立世鳥獸投人要欲濟之而況君子乎給以衣服資供書傳曜遂從岳質通疑滯恩顧甚厚岳從容謂曜曰劉生姿宇神調命世之才也四海脫有微風搖之者英雄之魁卿其人矣曹恂雖於屯厄之中事曜有君臣之禮故皆德之曜立太學於長樂宮東小學於未央宮西簡百姓二十五已下十三已上神志可教者千五百人選朝賢宿儒明經篤學以教之以中書監劉均領國子祭酒置崇文祭酒秩次國子散騎侍郎董景道以明經擢爲崇文祭酒以游子遠爲大司徒曜命起酆明觀立西宮建陵霄臺於滈池又將於霸陵西南營壽陵侍中喬豫和苞上疏諫曰臣伏奉詔書將營酆明觀市道芻蕘咸以非之曰一觀之功可以平涼州矣又奉敕旨復欲擬阿房而建西宮模瓊臺而起陵霄此則費萬酆明功億前役也以此功費亦可以吞吳蜀翦齊魏矣陛下何爲於中興之日而蹤亾國之事自古聖王人誰無過陛下此役實爲過舉貴在能改終之實難又伏聞敕旨將營建壽陵周迴

四里下深二十五丈以銅爲棺椁黃金飾之恐此功費非國內所能辦也且臣聞堯葬穀林市不改肆顓頊葬廣陽下不及泉聖王之於終也如是秦皇下錮三泉周輪七里身亾之後毀不旋踵闇主之於終也如此向魋石椁孔子以爲不如速朽王孫倮葬識者嘉其矯世自古無有不亾之國不掘之墓故聖王知厚葬之招害也故不爲之臣子之於君父陵墓豈不欲高廣如山岳哉但以保全始終安固萬世爲優耳興亾奢儉冏然於前惟陛下覽之曜大悅下書悉停壽陵制度一依霸陵之法封豫爲安昌子苞平輿子並領諫議大夫省酆水囿以與貧戶終南山崩長安人劉終於崩所得白玉方一尺有文字曰皇亾皇亾敗趙昌井水竭構五梁咢酉小衰困囂喪嗚呼嗚呼赤牛奮靷其盡乎時羣臣咸賀以爲勒滅之徵曜大悅齋七日而後受之於太廟大赦境內以終爲奉瑞大夫中書監劉均進曰臣聞國主山川故山崩川竭君爲之不舉終南京師之鎮國之所瞻無故而崩其凶焉可極言昔三代之季其災也如是今朝臣皆言祥瑞臣獨言非誠上忤聖旨下違眾議然臣不達大理竊所未同何則玉之於山石也猶君之於臣下山崩石壞象國傾人亂皇亾皇亾敗趙昌者此言皇室將爲趙所敗趙因之而昌今大趙都於秦雍而勒跨全趙之地趙昌之應當在石勒不在我也井水竭構五梁者井謂東井秦之分也五謂五車梁謂大梁五車大梁趙之分也此言秦將竭滅以構成趙也咢者歲之次名作咢也言歲馭作咢酉之年當有敗軍殺將之事困謂困敦歲在子之名元囂亦在子之次言歲馭於子國當撓亾赤牛奮靷謂赤奮若在丑之歲名也牛謂牵牛東

北維之宿丑之分也言歲在於丑當滅亾盡無復遺也此其誠悟蒸蒸欲陛下勤脩德化以禳之縱爲嘉祥尙願陛下夕惕以荅之書曰雖休勿休願陛下追蹤周旦盟津之美捐鄗虢公夢廟之凶謹歸沐浴以待妖言之誅曜憮然改容御史劾均狂言瞽說誣罔祥瑞請依大不敬論曜曰此之災瑞誠不可知深戒朕之不德朕收其忠惠多矣何罪之有乎曜親征氐羌仇池楊難敵率衆來距前鋒擊敗之難敵退保仇池仇池諸氐羌多降於曜曜後復西討楊韜于南安韜懼與隴西太守梁勛等降于曜皆封列侯使侍中喬豫率甲士五千遷韜等及隴右萬餘戶于長安曜又進攻仇池時曜寢疾兼癘疫甚議欲班師恐難敵躡其後乃以其尙書郞王獷爲光國中郞將使于仇池以說難敵難敵於是遣使稱藩曜大悅署難敵爲使持節侍中假黃鉞都督益寧南秦涼梁巴六州隴上西域諸軍事上大將軍益寧南秦三州牧領護南氐校尉寧羌中郞將武都王子弟爲公侯列將二千石者十五人陳安請朝曜以疾篤不許安怒且以曜爲死也遂大掠而歸曜疾甚篤馬輿而還使其將呼延寔監輜重於後陳安率精騎要之于道寔奔戰無路與長史魯憑俱沒于安安囚寔而謂之曰劉曜已死子誰輔哉孤當與足下終定大業寔叱安曰狗輩汝荷人榮寵處不疑之地前背司馬保今復如此汝自視何如主上憂汝不久梟首上邽通衢何謂大業可速殺我懸我首於上邽東門觀大軍之入城也安怒遂殺之以魯憑爲參軍又遣其弟集及將軍張明等率騎二萬追曜曜衞軍呼延瑜逆擊斬之悉俘其衆安懼馳還上邽曜至自南安陳安使其將劉烈趙罕襲汧城拔之西州氐羌悉從安安士馬雄盛衆十餘萬自稱使持節大都督假黃鉞大將軍雍涼秦梁四州牧涼王以趙募爲相國領左長史魯憑對安大哭曰吾不忍見陳安之死也安怒命斬之憑曰死自吾分懸吾頭於秦州通衢觀趙之斬陳安也遂殺之曜聞憑死悲慟休屠王石武以桑城降曜大悅署武爲使持節都督秦州隴上雜夷諸軍事平西大將軍秦州刺史封酒泉王曜后羊氏死僞諡獻文皇后羊氏內有特寵外參朝政生曜三子熙襲闡曜始禁無官者不聽乘馬祿八百石已上婦女乃得衣錦繡自季秋農功畢乃聽飲酒非宗廟社稷之祭不得殺牛犯者皆死曜臨太學引試學生之上第者拜郞中武功男子蘇撫陝男子伍長平並化爲女子石言於陝若言勿東者曜將葬其父及妻親如粟邑以規度之負土爲墳其下周迴二里作者繼以脂燭怨呼之聲盈于道路游子遠諫曰臣聞聖主明王忠臣孝子之於終葬也棺足周身椁足周棺藏足周椁而已不封不樹爲無窮之計伏惟陛下聖慈幽被神鑒洞遠每以清儉恤下爲先社稷資儲爲本今二陵之費至以億計計六萬夫百日作所用六百萬功二陵皆下錮三泉上崇百尺積石爲山增土爲阜發掘古塚以千百數役夫呼嗟氣塞天地暴骸原野哭聲盈衢臣竊謂無益於先皇先后而徒喪國之儲力陛下脫仰尋堯舜之軌者則功不盈百萬費亦不過千計下無怨骨上無怨人先帝先后有太山之安陛下饗舜禹周公之美惟陛下察焉曜不納乃使其將劉岳等帥騎一萬迎父及弟暉喪於太原疫氣大行死者十三四上洛男子張盧死二十七日有盜發其塚者盧得蘇曜葬其父墓號永垣陵葬妻羊氏墓號顯平陵大赦境內殊死已下賜人爵二級孤老貧病不能自存者帛各有差太寧元年陳安攻曜征西劉貢于南安休屠王石武自桑城將攻上邽以解南安之圍安聞之懼馳歸上邽過於瓜田武以衆寡不敵奔保張春故壘安引軍追武曰叛逆胡奴要當生縛此奴然後斬劉貢武閉壘距之貢敗安後軍俘斬萬餘安馳還赴救貢逆擊敗之俄而武騎大至安衆大潰收騎八千奔于隴城貢乃留武督後衆躬先士卒戰輒敗之遂圍安于隴城大雨霖震曜父墓門屋大風飄發其父寢堂于垣外五十餘步曜避正殿素服哭于東堂五日使其鎭軍劉襲太常梁胥等繕復之松栢衆木殖已成林至是悉枯署其大司馬劉雅爲太宰加劒履上殿入朝不趨讚拜不名給千兵百騎甲仗百人入殿增班劒六十人前後鼓吹各二部曜親征陳安圍安于隴城安頻出挑戰累擊敗之斬獲八千餘級右軍劉幹攻平襄克之隴上諸縣悉降曲赦隴右殊死已下惟陳安趙募不在其例安留楊伯支姜沖兒等守隴城帥騎數百突圍而出欲引上邽平襄之衆還解隴城之圍安既出知上邽被圍平襄已敗乃南走陝中曜使其將軍平先邱中伯率勁騎追安頻戰敗之俘斬四百餘級安與壯士十餘騎於陝中格戰安左手奮七尺大刀右手執丈八蛇矛近交則刀矛俱發輒害五六遠則雙帶鞬服左右馳射而走平先亦壯健絕人勇捷如飛與安搏戰三交奪其蛇矛而退會日暮雨甚安棄馬與左右五六人步踰山嶺匿于嶕澗翌日尋之遂不知所在會連雨始霽輔威呼延清尋其徑迹斬安于澗曲曜大悅安善於撫接吉凶夷險與衆同之及其死隴上歌之曰隴上壯士有陳安

軀幹雖小腹中寬愛養壯士同心肝騾驄父馬鐵瑕鞍七尺大刀奮如湍丈八蛇矛左右盤十盪十決無當前戰始三交失蛇矛棄我騾驄竄巖幽為我外援而懸頭西流之水東流河一去不還柰子何曜聞而嘉傷命樂府歌之楊伯支斬姜沖兒以隴城降宋亭斬趙募以上邽降徙秦州大姓楊姜諸族二千餘戶于長安氐羌悉下並各送質任時劉岳與涼州刺史張茂相持于河上曜自隴長驅至西河戎卒二十八萬五千臨河列營百餘里中鐘鼓之聲沸河動地自古軍旅之盛未有斯比茂臨河諸戎皆望風奔退揚聲欲百道俱渡直至姑臧涼州大怖人無固志諸將咸欲速濟曜曰吾軍旅雖盛不踰魏武之東也畏威而來者三有二焉中軍宿衞已皆疲老不可用也張氏以吾新平陳安師徒殷盛以形聲言之非彼五郡之衆所能抗也必怖而歸命受制稱藩吾復何求卿等試之不出中旬張茂之表不至者吾爲負卿矣茂懼果遣使稱藩獻馬一千五百匹牛三千頭羊十萬口黃金三百八十斤銀七百斤女妓二千人及諸珍寶珠玉方域美貨不可勝紀曜大悅使其大鴻臚田崧署茂使持節假黃鉞侍中都督涼南北秦梁益巴漢隴右西域雜夷匈奴諸軍事太師領大司馬涼州牧領西域大都護護氐羌校尉涼王曜至自河西遣胡元增其父及妻墓高九十尺楊難敵以陳安既平內懷危懼奔于漢中鎮西劉厚追擊之獲其輜重千餘兩士女六千餘人還之仇池曜以大鴻臚田崧爲鎮南大將軍益州刺史鎮仇池以劉岳爲侍中都督中外諸軍事進封中山王初靳準之亂曜世子允沒于黑匿郁鞠部至是允自言郁鞠大驚資給衣馬遣子送之曜對允悲慟嘉郁鞠忠款署使持節散騎常侍忠義大將軍左賢王允字義孫美姿貌善機對年十歲身長七尺五寸眉鬢如畫聰奇之謂曜曰此兒神氣豈同義眞乎固當應爲卿之冢嫡義眞曜子儉之字也聰於是封儉爲臨海王立允爲曜世子允雖少離屯難流蹟殊荒而風骨俊茂爽朗卓然身長八尺三寸髮與身齊多力善射驍捷如風雲曜固以重之其朝臣亦屬意焉曜於是顧謂羣下曰義孫可謂歲寒而不凋涅而不緇者矣義光雖先已樹立然沖幼儒謹恐難乎爲今世之儲貳也朕欲遠追周文近蹤光武於諸卿意何如其太傅呼延晏等皆贊以爲然左光祿卜泰太子太保韓廣進曰昔周文以未建之前擇聖表而超樹之可也光武緣母色而廢立豈足爲聖朝之模範光武誠以東海纂統何必不如明帝皇子允文武才略神度弘遠信獨絕一時足以擬蹤周發然太子孝友仁慈志尚沖雅亦足以堂負聖基爲承平之賢主何況儲宮者六合人神所繫望也不可輕以廢易陛下誠實爾者臣等有死而已未敢奉詔曜默然允前泣曰慈父之於子也當務存尸鳩之仁何可替熙而立臣也陛下謬恩乃爾者臣請死於此以明赤心且陛下若愛忠其醜以臣微堪指授亦當能輔導義光仰遵聖軌因歔欷流涕悲感朝臣曜亦以太子羊氏所生羊有寵哀之不忍廢乃止追謚前妻卜氏爲元悼皇后允之母也卜泰允之舅曜嘉之拜上光祿大夫儀同三司領太子太傅封允爲永安王署侍中衞大將軍都督二宮禁衞諸軍事開府儀同三司錄尚書事領太子太傅號曰皇子命熙於允盡家人之禮時有鳳皇將五子翔於故未央殿五日悲鳴不食皆死曜立后劉氏石勒將石他自鴈門出上郡襲安國將軍北羌王盆句除俘三千餘落獲牛馬羊百餘萬而歸曜大怒投袂而起是日次于渭城遣劉岳追之曜次于富平爲岳聲援岳及石他戰于河濱敗之斬他及其甲士一千五百級赴河死者五千餘人悉收所虜振旅而歸楊難敵自漢中還襲仇池克之執田崧立之於前難敵左右叱崧令拜崧瞋目叱之曰氐狗安有天子牧伯而向賊拜乎難敵曰子岱吾當與子終定大事子謂劉氏可爲盡忠吾獨不可乎崧厲色大言曰若賊氐奴才安敢欲希覬非分吾寧爲國家鬼豈可爲汝臣何不速殺我顧排一人取其劍前刺難敵不中爲難敵所殺曜遣劉岳攻石生于洛陽配以近郡甲士五千宿衞精卒一萬濟自盟津鎮東呼延謨率荆司之衆自崤澠而東岳攻石勒盟津石梁二戍克之斬獲五千餘級進圍石生于金墉石虎率步騎四萬入自成皋關岳陳兵以待之戰于洛西岳師敗績岳中流矢退保石梁虎遂塹柵列圍遏絕內外岳衆饑甚殺馬食之虎又敗呼延謨斬之曜親率軍援岳虎率騎三萬來距曜前軍劉黑大敗虎將石忩于八特坂曜次于金谷夜無故大驚軍中潰散乃退如澠池夜中又驚士卒奔潰遂歸長安虎執劉岳及其將王騰等八十餘人并氐羌三千餘人送于襄國坑士卒一萬六千曜至自澠池素服郊哭七日乃入城武功豕生犬上邽馬生牛及諸妖變不可勝記曜命其公卿各舉博識直言之士一人司空劉均舉參軍臺產曜親臨東堂遣中黃門策問之產極言其故曜覽而嘉之引見東堂訪以政事產流涕歔欷具陳災變之禍政化之闕辭旨諒直曜改容禮之卽拜博士祭酒諫議大夫領太史令其

後所言皆驗曜彌重之歲中三遷歷位尚書光祿大夫太子少師位特進曜署劉允爲大司馬進封南陽王以漢陽諸郡十三爲國置單于臺于渭城拜大單于置左右賢王已下皆以胡羯鮮卑氐羌豪桀爲之曜自還長安憤恚發病至是疾瘳曲赦長安殊死已下署其汝南王劉咸爲太尉錄尚書事光祿大夫劉綏爲大司徒卜泰爲大司空曜妻劉氏疾甚曜親省臨之問其所欲言劉泣曰妾叔父昶無子妾少養於叔恩撫甚隆無以報德願陛下貴之妾叔皚女芳有德色願備後宮曜許之言終而死僞諡獻烈皇后以劉昶爲使持節侍中大司徒錄尚書事進封河南郡公封昶妻張氏爲慈鄉君立劉皚女芳爲皇后追念劉氏之言也俄署驃騎劉述爲大司徒劉昶爲太保召公卿已下子弟有勇幹者爲親御郎被甲乘鎧馬動止自隨以充折衝之任尚書郝述都水使者支當等固諫曜大怒鴆而殺之咸和三年曜夢三人金面丹脣東向逡巡不言而退曜拜而履其跡旦召公卿已下議之朝臣咸賀以爲吉祥惟太史令任義進曰三者歷運統之極也東爲震位王者之始次也金爲兌位物衰落也脣丹不言事之畢也逡巡揖讓退舍之道也爲之拜者屈伏於人也履跡而行愼不出疆也東井秦分也五車趙分也秦兵必暴起亾主喪師留敗趙地遠至三年近七百日其應不遠願陛下思而防之曜大懼於是躬親二郊飾繕神祠望秩山川靡不周及大赦殊死已下復百姓租稅之半長安自春不雨至於五月曜遣其武衞劉朗率騎三萬襲楊難敵于仇池弗克掠三千餘戸而歸張駿聞曜軍爲石氏所敗乃去曜官號復稱晉大將軍涼州牧遣金城太守張閬及枹罕護軍辛晏將軍韓璞等率衆數萬人自大夏攻掠秦州諸郡曜遣劉允率步騎四萬擊之夾洮相持七十餘日冠軍呼延那雞率親御郎二千騎絕其運路允濟師逼之璞軍大潰奔還涼州允追之及于令居斬級二萬張閬辛晏率衆數萬降于曜皆拜將軍封列侯石勒遣石虎率衆四萬自軹關西入伐曜河東應之者五十餘縣進攻蒲坂曜將東救蒲坂懼張駿楊難敵承虛襲長安遣其河間王述發氐羌之衆屯于秦州曜盡中外精銳水陸赴之自衞關北濟虎懼引師而退追之及于高候大戰敗之斬其將軍石瞻枕尸二百餘里收其資仗億計虎奔于朝歌曜遂濟自大陽攻石生于金墉決千金堨以灌之曜不撫士衆專與嬖臣飲博左右或諫曜怒以爲妖言斬之大風拔樹昏霧四塞聞虎進據石門續知勒自率大衆已濟始議增滎陽戍杜黃馬關俄而洛水候者與勒前鋒交戰擒羯送之曜問曰大胡自來邪其衆大小復如何羯曰大胡自來軍盛不可當也曜色變使攝金墉之圍陳于洛西南北十餘里曜少而淫酒末年尤甚勒至曜將戰飲酒數斗常乘赤馬無故跼頓乃乘小馬比出復飲酒斗餘至于西陽門撝陣就平勒將石堪因而乘之師遂大潰曜昏醉奔退馬陷石渠墜于冰上被瘡十餘通中者三爲堪所執送于勒所曜曰石王憶重門之盟不勒使徐光謂曜曰今日之事天使其然復云何邪幽曜于河南丞廨使金瘡醫李永療之歸于襄國曜瘡甚勒載以馬輿使李永與同載北苑市三老孫機上禮求見曜勒許之機進酒于曜曰僕谷王關右稱帝皇當持重保土疆輕用兵敗洛陽祚運窮天所亾開大分持一觴曜曰何以健邪當爲翁飲勒聞之悽然改容曰亾國之人足令老叟數之舍曜于襄國永豐小城給其妓妾嚴兵圍守遣劉岳劉震等乘馬從男女衣帢以見曜曜曰久謂卿等爲灰土石王仁厚全宥至今而我殺石他負盟之甚今日之禍自其分耳留宴終日而去勒諭曜與其太子熙書令速降之曜但敕熙與諸大臣匡維社稷勿以吾易意也勒覽而惡之後爲勒所殺熙及劉允劉咸等議西保秦州尚書胡勳曰今雖喪主國尚全完將士情一未有離叛可共幷力距險走未晚也允不從怒其沮衆斬之遂率百官奔于上邽劉厚劉策皆捐鎮奔之關中擾亂將軍蔣英辛恕擁衆數十萬據長安遣使招勒勒遣石生率洛陽之衆以赴之允及劉遵率衆數萬自上邽將攻石生于長安隴東武都安定新平北地扶風始平諸郡戎夏皆起兵應允允次于仲橋石生固守長安勒使石虎率騎二萬距允戰於義渠爲虎所敗死者五千餘人允奔上邽虎乘勝追戰枕尸千里上邽潰虎執其僞太子熙南陽王劉允并將相諸王等及其諸卿校公侯已下三千餘人皆殺之徙其臺省文武關東流人秦雍大族九千餘人于襄國又坑其王公等及五郡屠各五千餘人于洛陽曜在位十年而敗始劉淵以懷帝永嘉四年僭位至曜三世凡二十有七載以成帝咸和四年滅

劉宣字士則朴鈍少言好學脩潔師事樂安孫炎沈精積思不捨晝夜好毛詩左氏傳炎每歎之曰宣若遇漢武當踰於金日磾也學成而返不出門閭蓋數年每讀漢書至蕭何鄧禹傳未曾不反覆詠之曰大丈夫若遭二祖終不令兩公獨擅美於前矣幷州刺史王廣言之於武帝帝召見嘉其占對因曰吾未見宣謂廣言虛耳

今見其進止風儀真所謂如珪如璋觀其性質足能撫集本部乃以宣爲右部都尉特給赤幢曲蓋莅官清恪所部懷之淵即王位宣之謀也故特荷尊重勳戚莫二軍國內外靡不專之

陳元達字長宏後部人也本姓高以生月妨父故改云陳少而孤貧常躬耕兼誦書樂道行詠忻忻如也至年四十不與人交通劉淵之爲左賢王聞而招之元達不答及淵僭號人謂元達曰往劉公相屈君蔑而不顧今稱號龍飛君其懼乎元達笑曰是何言邪彼人姿度卓犖有籠羅宇宙之志吾固知之久矣然往日所以不往者以期運未至不能無事喧喧彼自有以亮吾矣卿但識之吾恐不過二三日驛書必至其暮淵果徵元達爲黃門郎人曰君殆聖乎既至引見淵曰卿若早來豈爲郎官而已元達曰臣惟性之有分盈分者顚臣若早叩天門者恐大王賜處於九卿納言之閒此則非臣之分臣將何以堪之是以抑情盤桓待分而至大王無過授之謗小臣免招寇之禍不亦可乎淵大悅在位忠謇屢進讜言退而削草雖子弟莫得而知也聰每謂元達曰卿當畏朕反使朕畏卿乎元達叩頭謝曰臣聞師臣者王友臣者霸臣誠愚闇無可採也幸邀陛下垂齊桓納九九之義故使微臣得盡愚忠昔世宗遙可汲黯之奏故能恢隆漢道桀紂誅諫幽厲弭謗是以三代之亡也忽然陛下以大聖應期挺不世之量能遠捐商周覆國之弊近模孝武光漢之美則天下幸甚羣臣知勉及其死也人盡寃之

通志卷一百八十六

通志卷一百八十七

宋右迪功郎鄭樵漁仲撰

載記第二

後趙

石勒 弘 虎 世 遵 鑒 張賓

魏

冉閔

後趙

石勒字世龍初名㔨上黨武鄉羯人也其先匈奴別部羌渠之胄祖耶奕于父周曷朱一名乞翼加並爲部落小率勒生時赤光滿室白氣自天屬于中庭見者咸異之年十四隨邑人行販洛陽倚嘯上東門王衍見而異之顧謂左右曰向者胡雛吾觀其聲視有奇志恐將爲天下之患馳遣收之會勒已去長而壯健有膽力雄武好騎射曷朱性凶麤不爲羣胡所附每使勒代已督攝部胡愛信之所居武鄉北原山上草木皆有鐵騎之象家園中生人參花葉甚茂悉成人狀父老及相者皆曰此胡狀貌奇異志度非常其終不可量也勸邑人厚遇之時多嗤笑唯鄔人郭敬陽曲寗驅以爲信然並加資贍勒亦感其恩爲之力耕每聞鞞鐸之音歸以告其母母曰作勞耳鳴非不祥也太安中并州饑亂勒與諸小胡亡散乃自鴈門還依寗驅北澤都尉劉監欲縛賣之驅匿之獲免勒於是潛詣納降都尉李川路逢郭敬泣拜言饑寒敬對之流涕以帶貨鬻食之并給以衣服勒謂敬曰今者大餓不可守窮諸胡饑甚宜誘將冀州就穀因執賣之可以兩濟敬深然之會建威將軍閻粹說并州刺史東瀛公騰執諸胡於山東賣充軍實騰使將軍郭陽張隆虜羣胡將詣冀州兩胡一枷勒時年二十餘亦在其中數爲隆所毆辱敬先以勒屬郭陽及兄子時陽敬族兄也是以陽時每爲解請道路饑病賴陽時而濟既而賣與茌平人師懽爲奴有一老父謂勒曰君魚龍髮際上四道已成當貴爲人主甲戌之歲王彭祖可圖勒曰若如公言弗敢忘德忽然不見每耕作於野常聞鼓角之聲勒以告諸奴諸奴亦聞之因曰吾幼來在家恒聞如是諸奴歸以告懽懽亦奇其狀貌而免之懽家鄰於馬牧與牧率魏郡汲桑往來勒以能相馬自託於桑嘗傭於武安臨水爲遊軍所囚會有羣鹿傍過軍人競逐之勒乃獲免俄而又見一父老謂勒曰向羣鹿者我也君應爲中州主故相救爾勒拜而受命遂招集王陽夔安支雄冀保吳豫劉膺桃豹逯明等八騎爲羣盜後郭敖劉徵劉寶張曀僕呼延莫郭黑略張越孔豚趙鹿支屈六等又赴之號爲十八騎復東如赤龍騄驥諸苑中乘苑馬遠掠繒寶以賂汲桑及成都王穎敗乘輿于蕩陰逼帝如鄴宮王浚以穎陵辱天子使鮮卑擊之穎懼挾惠帝南奔洛陽帝復爲張方所逼遷于長安關東所在兵起皆以誅穎爲名河間王顒懼東師之盛欲輯懷東夏乃奏議廢穎是歲劉淵稱漢王于黎亭穎故將陽平人公師藩等自稱將軍起兵趙魏衆至數萬勒與汲桑帥牧人乘苑馬數百騎以赴之桑始命勒以石爲姓勒爲名焉藩拜勒爲前隊督從攻平昌公模於鄴模使將軍馮嵩逆戰敗之藩濟自白馬而南濮陽太守苟晞討藩斬之勒與桑亡潛苑中桑以勒爲伏夜牙門帥牧人劫掠郡縣繫囚又招山澤亡命多附勒勒率以應之桑乃自號大將軍稱爲成都王穎誅東海王越東瀛公騰爲名桑以勒爲前驅屢有戰功署爲埽虜將軍忠明亭侯桑進軍攻鄴以勒爲前鋒都督大敗騰將馮嵩因長驅入鄴遂害騰殺萬餘人掠婦女珍寶而去濟自延津南擊兖州越大懼使苟晞王讚等討之桑勒攻幽州刺史石尟於樂陵尟死之乞活田禋帥衆五萬救尟勒逆戰敗禋與晞等相持于平原陽平間數月大小三十餘戰互有勝負越懼次于官渡爲晞聲援桑勒爲晞所敗死者萬餘人乃收餘衆將奔劉淵冀州刺史丁紹要之于赤橋又大敗之桑奔馬牧勒奔樂平王師斬桑于平原時胡部大張㔨督馮莫突等擁衆數千壁于上黨勒往從之深爲所昵因說㔨督曰劉單于舉兵誅晉部大距而不從豈能獨立乎曰不能勒曰如其不能者兵馬當有所屬今部落皆已被單于賞募往往聚議欲叛部大而歸單于矣宜早爲之計㔨督等素無智略懼部衆之貳己也乃潛隨勒單騎歸淵淵署㔨督爲親漢王莫突爲都督部大以勒爲輔漢將軍平晉王以統之勒於是命㔨督爲兄賜姓石氏名之曰會言其遇己也烏丸張伏利度亦有衆二千壁于樂平淵屢招而不能致勒僞獲罪於淵因奔伏利度伏利度大悅結爲兄弟使勒率諸胡寇掠所向無前諸胡畏服勒知衆心之附己也乃因會執伏利度告諸胡曰今起大事我與伏利度孰堪爲主諸胡咸以推勒勒於是釋伏利度率其部衆歸淵淵加勒督山東征討諸軍事以伏利度衆配之淵使劉聰攻壺關命勒率所統七千爲前鋒都督劉琨遣護軍黃秀等救壺關勒敗秀於白田秀死之勒遂陷壺關淵命勒與劉零閻羆等七將率衆三萬寇魏郡頓邱諸壘壁多陷之假壘主將軍都尉簡彊壯五

萬爲軍士老弱安堵如故軍無私掠百姓懷之及淵僭號遣使授勒持節平東大將軍校尉都督王如故勒并軍寇鄴鄴潰和郁奔於衞國執魏郡太守王粹于三臺進攻趙郡害冀州西部都尉馮沖攻乞活赦亭田禋於中丘皆殺之淵授勒安東大將軍開府置左右長史司馬從事中郞進軍攻鉅鹿常山害二郡守將陷冀州郡縣堡壁百餘衆至十餘萬其衣冠人物集爲君子營乃引張賓爲謀主始署軍功曹以刁膺張敬爲股肱夔安孔萇爲爪牙支雄呼延莫王陽桃豹逯明吳豫等爲將率使其將張斯率騎詣并州山北諸郡縣說諸胡羯曉以安危諸胡懼勒威名多有附者進軍常山分遣諸將攻中山博陵高陽諸縣降之者數萬人王浚使其將祁弘帥鮮卑段務塵等十餘萬騎討勒大敗勒于飛龍山死者萬餘勒退屯黎陽分命諸將攻諸未下及叛者降三十餘壁置守宰以撫之進寇信都害冀州刺史王斌於是車騎將軍王堪北中郞將裴憲自洛陽率衆討勒勒燒營并糧迴軍距之次於黃牛壘魏郡太守劉矩以郡附於勒勒使矩統其壘衆爲中軍左翼勒至黎陽裴憲棄其軍奔於淮南王堪退堡倉垣淵授勒鎭東大將軍封汲郡公持節都督王如故勒固讓公不受與閻羆攻猪圈苑市二壘陷之羆中流矢死勒并統其衆潛自石橋濟河攻陷白馬坑男女三千餘口東襲鄄城害兗州刺史袁孚因攻倉垣陷之遂害堪渡河攻廣宗清河平原陽平諸縣降勒者九萬餘口復南濟河滎陽太守裴純奔于建業時劉聰攻河內勒率騎會之攻冠軍將軍梁巨於武德懷帝遣兵救之勒留諸將守武德與王桑逆巨於長陵巨請降勒弗許巨踰城而遁軍人執之勒馳如武德坑降卒萬餘數粱巨罪而害之王師退還河北諸堡壁大震皆請降送任于勒及淵死劉聰授勒征東大將軍并州刺史汲郡公持節開府都督校尉王如故勒固辭將軍乃止劉粲率衆四萬寇洛陽勒留輜重于重門率騎二萬會粲於大陽大敗王師於澠池遂至洛川粲出轘轅勒出成皋關圍陳留太守王讚於倉垣爲讚所敗退屯文石津將北攻王浚會浚將王甲始率遼西鮮卑萬餘騎敗趙固于津北勒乃燒船棄營引軍向栢門迎重門輜重至于石門濟河攻襄城太守崔曠於繁昌害之先是雍州流人王如侯脫嚴嶷等起兵江淮聞勒之來也懼遣衆一萬屯襄城以距勒擊敗之盡俘其衆勒至南陽屯于宛北山如懼勒之攻穰也使送珍寶車馬犒師結爲兄弟勒納之如與侯脫不平說勒攻脫勒夜令三軍鷄鳴而駕晨壓宛門攻之旬有二日而克嚴嶷率衆救脫至則無及遂降于勒勒斬脫囚嶷送于平陽盡并其衆軍勢彌盛勒南寇襄陽攻陷江西壘壁三十餘所留刁膺守襄陽躬帥精騎三萬還攻王如憚如之盛遂趣襄城如知之遣弟璃率騎二萬五千詐言犒軍實欲襲勒勒逆擊滅之復屯江西蓋欲有雄據江漢之志也張賓以爲不可勸勒北還弗從以賓爲參軍都尉領記室位次司馬專居中總事元帝慮勒南寇使王導率衆討勒勒軍糧不接死疫大半納張賓策焚輜重裹糧卷甲渡河寇江夏太守楊岠棄郡走北寇新蔡害新蔡王確于南頓朗陵公何襲廣陵公陳眕上黨太守羊綜廣平太守邵肇等率衆降于勒勒進陷許昌害平東將軍王康先是東海王越率洛陽之衆二十餘萬討勒越薨于軍衆推太尉王衍爲王率衆東下勒輕騎追及之衍遣將軍錢端與勒戰爲勒所敗端死之衍軍大潰勒分騎圍而射之相登如山無一免者於是執衍及襄陽王範任城王濟西河王喜梁王禧齊王韶吏部尚書劉望豫州刺史劉喬太傅長史庾敳等坐之於幕下問以晉故衍濟等懼死多自陳說唯範神色儼然意氣自若顧呵之曰今日之事何復紛紜勒甚奇之勒於是引諸王公卿士於外害之死者甚衆勒重衍清辯奇範神氣不能加之兵刃夜使人排牆塡殺之左衞何倫右衞李惲聞越薨奉越妃裴氏及越世子毗出自洛陽勒逆毗於洧倉軍復大潰執毗及諸王公卿士皆害之死者甚衆因率精騎三萬入自成皋關會劉曜王彌寇洛陽洛陽既陷勒歸功彌曜遂出轘轅屯于許昌劉聰署勒征東大將軍勒固辭不受先是平陽人李洪有衆數千壘于舞陽苟晞假洪雍州刺史勒進寇穀陽害冠軍將軍王茲破王讚于陽夏獲讚以爲從事中郞襲破大將軍苟晞于蒙城執晞署爲左司馬劉聰授勒征東大將軍幽州牧固辭將軍不受先是王彌納劉暾之說將先誅勒東王青州使暾徵其將曹嶷於齊勒遊騎獲暾得彌所與嶷書勒殺之密有圖彌之計矣會彌將徐邈輒引部兵去彌彌漸削弱及勒之獲苟晞也彌惡之僞卑辭使謂勒曰公獲苟晞而赦之何其神也使晞爲公左彌爲公右天下不足定勒謂張賓曰王彌位重言卑恐其遂成前狗意也賓曰觀王公有青州之心桑梓本邦固人情之所樂明公獨無并州之思乎王公遲迴未發者懼明公躡其後已有規明公之志但未獲便爾今不圖之恐曹嶷復至共爲羽翼後雖欲悔何所及邪徐邈既去軍勢稍弱觀其控御之懷猶盛可

誘而滅之勒以爲然勒時與陳午相攻於蓬關王彌亦與劉瑞相持甚急彌請救於勒勒未之許張賓進曰明公常恐不得王公之便今天以其便授我矣陳午小豎何能爲寇王彌人傑將爲我害勒因迴軍擊瑞斬之彌大悅謂勒深心推奉無復疑也勒引師攻陳午于肥澤午司馬上黨李頭說勒曰公天生神武當平定四海四海士庶皆仰屬明公望濟于塗炭有與公爭天下者公不早圖之而返攻我曹流人我曹鄉黨終當奉戴何遽見逼乎勒心然之詰朝引退詭請王彌讌于巳吾彌長史張嵩諫彌勿就恐有專諸孫峻之禍彌不從既入酒酣勒手斬彌而并其衆啓聰稱彌叛逆之狀聰署勒鎮東大將軍督并幽二州諸軍事領并州刺史持節征討都督校尉開府幽州牧公如故苟晞王讚謀叛勒勒害之以將軍左伏肅爲前鋒都尉攻掠豫州諸郡臨江而還屯于葛陂降諸夷楚署將軍二千石以下稅其義穀以供軍士初勒被鬻平原與母王相失至是劉琨遣張儒送王于勒遺勒書曰將軍發迹河朔席卷兗豫飲馬江淮折衝漢沔雖自古名將未足爲諭所以攻城而不有其人略地而不有其土翕爾雲合忽復星散將軍豈知其然哉存亾決在得主成敗要在所附得主則爲義兵附逆則爲賊衆義兵雖敗而功業必成賊衆雖克而終歸殄滅昔赤眉黃巾橫逸宇宙所以一旦敗亾者正以兵出無名聚而爲亂將軍以天挺之質威振宇宙擇有德而推崇隨時望而歸之勳義堂堂長享遐貴背聰則禍除向主則福至採納往誨翻然改圖天下不足定蟻寇不足掃今相授侍中持節車騎大將軍領護匈奴中郎將襄城郡公總內外之任兼華戎之號顯封大郡以表殊能將軍其受之副遠近之望也自古已來誠無戎人而爲帝王者至於名臣建功業者則有之矣今之遲想蓋以天下大亂當須雄才遙聞將軍攻城野戰合於機神雖不視兵書闇與孫吳同契所謂生而知之者上學而知之者次但得精騎五千以將軍之才何向不摧至心實事皆張儒所具勒報琨曰事功殊途非腐儒所聞君當逞節本朝吾自夷難爲效遺琨名馬珍寶厚賓其使謝歸以絕之勒於葛陂繕室宇課農造舟將寇建鄴會霖雨歷三月不止元帝使諸將率江南之衆大集壽春勒軍中饑疫死者大半檄書朝夕繼至勒會諸將計之右長史刁膺諫勒先送款於帝求掃平河朔待軍退之後徐更計之勒愀然長嘯中堅夔安勸勒就高避水勒曰將軍何其怯乎孔萇支雄等三十餘將進曰及吳軍未集萇等請各將三百步卒乘船三十餘道夜登其城斬吳將頭得其城食其倉米今年要當破丹陽定江陵盡生縛取司馬家兒輩勒笑曰是勇將之計也各賜鎧馬一匹顧問張賓曰於君計何如賓曰將軍攻陷帝都囚執天子殺害王侯妻略妃主擢將軍之髮不足以數將軍之罪奈何復還相臣奉乎去年誅王彌之後不宜於此營建天降霖雨方數百里中示將軍不應留也鄴有三臺之固西接平陽四塞山河有喉衿之勢宜北徙據之伐叛懷服河朔既定莫有處將軍之右者晉之保壽春懼將軍之往擊爾今卒聞迴軍必欣於敵去未遑奇兵掎擊也輜重逕從北道大軍向壽春輜重既過大軍徐迴何懼進退無地乎勒攘袂鼓髯曰賓之計是也責刁膺曰君共相輔佐當規成功業如何便相勸降此計應斬然相明性怯所以宥君於是退膺爲將軍擢賓爲右長史加中壘將軍號曰右侯發自葛陂遣石虎率騎二千距壽春會江南運船至獲米布數十艘將士爭之不設備晉伏兵大發敗虎于巨靈口赴水死者五百餘人奔退百里及于勒軍軍中震擾謂王師大至勒陣以待之晉懼有伏兵退還壽春勒所過路次皆堅壁清野採掠無所獲軍中大饑士衆相食行達東燕聞汲郡向冰有衆數千壁于枋頭勒將於棘津北渡懼冰邀之會諸將問計張賓進曰如聞冰船盡在瀆中未上枋內可簡壯勇者千人詭道潛渡襲取其船以濟大軍大軍既濟冰必可擒也勒從之使支雄孔萇等從文石津縛筏潛渡勒引其衆自酸棗向棘津冰聞勒軍至始欲內其船會雄等已渡屯其壘門下船三十餘艘以濟其軍令主簿鮮于豐挑戰設三伏以待之冰怒乃出軍將戰而三伏齊發夾擊攻之又因其資軍遂豐振長驅寇鄴攻北中郎將劉演于三臺演部將臨深牟穆等率衆數萬降于勒時諸將佐議欲攻取三臺以據之張賓進曰劉演衆猶數千三臺險固攻守未可卒下舍之則能自潰王彭祖劉越石大敵也宜及其未有備密規進據罕城廣運糧儲西稟平陽埽定并薊桓文之業可以濟也且今天下鼎沸戰爭方始遊行羈旅人無定志難以保萬全制天下也夫得地者昌失地者亾邯鄲襄國趙之舊都依山憑險形勝之國可擇此二邑而都之然後命將四出授以奇略推亾固存兼弱攻昧則羣凶可除王業可圖矣勒曰右侯之計是也於是進據襄國賓又言於勒曰今我都此越石彭祖深所忌也恐及吾城池未固資儲未廣送死於我聞廣平諸縣秋稼大成可分遣諸將收掠野穀遣使平陽陳宜鎮此之意勒又

然之於是上表於劉聰分命諸將攻冀州郡縣壘壁率多降附運糧以輸勒劉聰署勒使持節散騎常侍都督冀幽并營四州雜夷征討諸軍事冀州牧進封本國上黨郡公邑五萬戶開府幽州牧東夷校尉如故廣平游綸張豺擁衆數萬受王浚假署保據苑鄉勒使夔安支雄等七將攻之破其外壘浚遣督護王昌及鮮卑段就六眷末柸匹磾等部衆五萬餘以討勒時城隍未修乃於襄國築隔城重柵設鄣以待之就六眷屯于渚陽勒分遣諸將連出挑戰頻爲就六眷所敗又聞其大造攻具勒顧謂其將佐曰今寇來轉逼彼衆我寡恐攻圍不解外救不至內糧罄絕縱孫吳重生亦不能固也吾將簡練將士大陣於野以決之何如諸將皆曰宜固守以疲寇彼師老自退追而擊之蔑不克矣勒顧謂張賓孔萇曰君以爲何如賓萇俱曰聞就六眷剋來月上旬送死北城其大衆遠來戰守連日以我軍勢寡弱謂不敢出戰意必懈怠今段氏種衆之悍末柸尤最其卒之精勇悉在末柸所可勿復出戰示之以弱速鑿北壘爲突門二十餘道候賊列守未定出其不意直衝末柸帳敵必震惶計不及設所謂迅雷不及掩耳末柸之衆既奔餘自摧散擒末柸之後彭祖可指辰而定勒笑而納之即以萇爲攻戰都督造突門于北城鮮卑入屯北壘勒候其陣未定躬率將士鼓譟于城上會孔萇督諸突門伏兵俱出擊之生擒末柸就六眷等衆遂奔散萇乘勝追擊枕尸三十餘里獲鎧馬五千匹就六眷收其遺衆屯于渚陽遣使求和送鎧馬金銀并以末柸三弟爲質而請末柸諸將並勸勒殺末柸以挫之勒曰遼西鮮卑健國也與我素無怨讎爲王浚所使耳今殺一人結怨一國非計也放之必悅不復爲浚用矣於是納其質遣石虎盟就六眷于渚陽結爲兄弟就六眷等引還使參軍閻綜獻捷於劉聰於是游綸張豺請降稱藩勒將襲幽州務養將士權宜許之皆就署將軍於是遣衆寇信都害冀州刺史王象王浚復以邵舉行冀州刺史保于信都建興元年石虎攻鄴三臺鄴潰劉演奔于廩丘將軍謝胥田青郎牧等率三臺流人降于勒勒以桃豹爲魏郡太守以撫之命段末柸爲子署爲使持節安北將軍北平公遣還遼西末柸感勒厚恩在途日南面而拜者三段氏遂專心歸附自是王浚威勢漸衰勒襲苑鄉執游綸以爲主簿攻乞活李惲于上白斬之將坑其降卒見郭敬而識之曰汝郭季子乎敬叩頭曰是也勒下馬執其手泣曰今日相遇豈非天邪賜衣服車馬署敬上將軍悉免降者以配之其將孔萇寇定陵害兗州刺史田徽烏丸薄盛執渤海太守劉旣率戶五千降于勒劉聰授勒侍中征東大將軍餘如故拜其母王氏爲上黨國太夫人妻劉氏上黨國夫人章綬首飾一同王妃段末柸弟亾歸遼西勒大怒所經令尉皆殺之烏丸審廣漸裳郝襲背王浚密遣使降于勒勒厚加撫納司冀漸寧人始租賦立太學簡明經善書吏署爲文學掾選將佐子弟三百人教之勒母王氏死潛窆山谷莫詳其所既而備九命之禮虛葬于襄國城南勒謂張賓曰鄴魏之舊都吾將營建旣風俗殷雜須賢望以綏之誰可任也賓曰晉故東萊太守南陽趙彭忠亮篤敏有佐時良幹將軍若任之必能允副神規勒於是徵彭署爲魏郡太守彭至入泣而辭曰臣往策名晉室食其祿矣犬馬戀主竊不敢忘誠知晉之宗廟鞠爲茂草亦猶洪川東逝往而不還明公應符受命可謂攀龍之會但受人之榮復事二姓臣志所不爲恐亦明公之所不許若賜臣餘年全臣一介之願者明公大造之惠也勒默然張賓進曰自將軍神旗所經衣冠之士靡不變節未有能以大義進退者至如此賢以將軍爲高祖自擬爲四公所謂君臣相知此亦足成將軍不世之高何必吏之勒大悅曰右侯之言得孤心矣於是賜安車駟馬養以卿祿辟其子明爲參軍勒以石虎爲魏郡太守鎮鄴三臺虎篡奪之萌兆于此矣時王浚署置百官奢縱淫虐勒有吞并之意欲先遣使以觀察之議者僉曰宜如羊祜與陸抗書相聞時張賓有疾勒就而謀之賓曰王浚假三部之力稱制南面雖曰晉藩實懷僭逆之志必思協英雄圖濟事業將軍威聲震于海內去就爲存亾所在爲輕重浚之欲將軍猶楚之招韓信也今權譎遣使無誠款之形脫生猜疑圖之兆露後雖奇略無所設也夫立大事者必先爲之卑當稱藩推奉尙恐未信羊陸之事臣未見其可勒曰右侯之計是也乃遣其舍人王子春董肇等多齎珍寶奉表推崇浚爲天子曰勒本小胡出自戎裔值晉綱弛御海內饑亂流離屯厄竄命冀州其相帥合以救性命今晉祚淪夷遠播吳會中原無主蒼生無繫伏惟明公殿下州鄉貴望四海所宗爲帝王者非公復誰勒所以捐軀命興義兵誅暴亂者正爲明公驅除爾伏願殿下應天順時踐登皇阼勒奉戴明公如天地父母明公當察勒微心慈眄如子也亦遣棗嵩書而厚賂之浚謂子春等曰石公一時英武據趙舊都成鼎峙之勢何爲稱藩于孤其可信乎子春對曰石將軍英才儁拔士馬雄盛實如聖旨仰惟明公州鄉貴

望累葉重光出鎭藩嶽威聲播于八表固以胡越欽風戎夷歌德豈惟區區小府而敢不斂袵神闕者乎昔陳嬰豈其鄙王而不王韓信薄帝而不帝者哉但以知帝王不可以智力爭故也石將軍之擬明公猶陰精之比太陽江河之比洪海爾項籍子陽覆車不遠是石將軍之明鑒明公亦何怪乎且自古誠胡人而爲名臣者實有之帝王則未之有也石將軍非所以惡帝王而讓明公也顧取之不爲天人之所許耳願公勿疑浚大悅封子春等爲列侯遣使報勒答以方物浚司馬游統時鎭范陽陰叛浚馳使降于勒勒斬其使送于浚以表誠實浚雖不罪統彌信勒之忠誠無復疑矣子春等與王浚使至勒命匿勁卒精甲虛府羸師以示之北面拜使而受浚書浚遺勒麈尾勒僞不敢執懸之于壁朝夕拜之云我不得見王公見王公所賜如見公也復遣董肇奉表于浚期親詣幽州奉上尊號亦修牋于棗嵩乞并州牧廣平公以見必信之誠也勒將圖浚引子春問之子春曰幽州自去歲大水人不粒食浚積粟百萬不能贍恤刑政苛酷賦役殷煩賊害賢良誅斥諫士下不堪命流叛略盡鮮卑烏丸離貳于外棗嵩田矯貪暴于內人情沮擾甲士羸弊而浚猶置立臺閣布列百官自言漢高魏武不足並也又幽州謠怪特甚聞者莫不爲之寒心浚意氣自若曾無懼容此亾期之至也勒撫几笑曰王彭祖眞可擒也浚使達幽州具陳勒形勢寡弱款誠無二浚大悅以爲信然勒纂兵戒期將襲浚而懼劉琨及鮮卑烏丸爲其後患沈吟未發張賓進曰夫襲敵國當出其不意軍嚴經日不行豈顧有三方之慮乎勒曰然爲之柰何賓曰彭祖之據幽州唯仗三部今皆離叛還爲寇讐此則外無聲援以抗我也幽州饑儉人皆蔬食衆叛親離甲旅寡弱此則內無彊兵以禦我也若大軍在郊必土崩瓦解今三方未諳將軍便能懸軍千里以征幽州也輕軍往返不出二旬就使三方有動勢足旋趾宜應機電發勿後時也且劉琨王浚雖同名晉藩其實仇敵若修牋于琨送質請和琨必欣于得我喜于浚滅終不救浚而襲我也勒曰吾所未了右侯已了復何疑哉於是輕騎襲幽州以火宵行至栢人殺主簿游綸以其兄統在范陽懼聲軍計故也遣張慮奉牋于劉琨陳已過深重求討浚以自效琨既素疾浚乃檄諸州郡說勒知命思愆收累年之咎求拔幽都效善將來今聽所請受任通和軍達易水浚督護孫緯馳遣白浚將引軍距勒游統禁之浚將佐咸請出擊勒浚怒曰石公來正欲奉戴我也敢言擊者斬乃命設饗以待之勒晨至薊叱門者開門疑有伏兵先驅牛羊數千頭聲言上禮實欲塡諸街巷使兵不得發浚乃懼或坐或起勒升其聽事命甲士執浚立之于前使徐光讓浚曰君位冠元台爵列上公據幽都驍悍之國跨全燕突騎之鄉手握彊兵坐觀京師傾覆不救天子而欲自尊又專任姧暴殺害忠良肆情恣欲毒徧燕壤自貽于此非爲天也使其將王洛生驛送浚襄國市斬之於是分遣流人各還桑梓擢荀綽裴憲資給車服數朱碩棗嵩田矯等以賄亂政責游統以不忠于浚皆斬之遷烏丸審廣漸裳郝襲靳市等于襄國焚燒浚宮殿以晉尙書劉翰爲寧朔將軍行幽州刺史戍薊置守宰而還遣其東曹掾傅遘兼左長史封王浚首獻捷于劉聰勒既還襄國劉翰叛勒奔段匹磾襄國大饑穀二升直銀一斤肉一斤直銀一兩劉聰以平幽州之勳乃遣其使人柳純持節署勒大都督陝東諸軍事驃騎大將軍東單于侍中使持節開府校尉二州牧公如故加金鉦黃鉞前後鼓吹二部增封十二郡勒固辭受二郡而已勒封左長史張敬等十一人爲伯子侯文武進位有差勒將支雄攻劉演於廩邱爲演所敗演遣其將韓弘潘良襲頓邱斬勒所署太守邵攀支雄追擊弘等害潘良于廩邱劉琨遣樂平太守焦球攻勒常山斬其太守邢泰琨司馬溫嶠西討山胡勒將逯明要之敗嶠于潞城勒以幽冀漸平始下州郡閱實人戶戶貲二匹租二斛勒將陳午以浚儀叛于勒逯明攻甯黑于茌平降之因破東燕酸棗而還徙降人二萬餘戶于襄國勒使其將葛薄寇濮陽陷之害太守韓弘劉聰遣其使人范龕持節策命勒賜以弓矢加崇爲陝東伯得專征伐拜封刺史將軍守宰列侯歲盡集上署其長子興爲上黨國世子加翼軍將軍爲驃騎副貳劉琨遣王旦攻中山逐勒所署太守秦固勒將劉勔距旦敗之執旦于望都關勒襲邵續于樂陵續盡衆逆戰大敗而還章武人王眘起兵于科斗壘擾亂勒河閒渤海諸郡勒以揚武張夷爲河閒太守參軍臨深爲渤海太守各率步騎三千以鎭靜之使長樂太守程遐屯于昌亭爲之聲勢徙平原烏丸展廣劉哆等部落三萬餘戶于襄國使石虎襲乞活王平于梁城敗績而歸又攻劉演于廩邱支雄逯明擊甯黑于東武陽陷之黑赴河而死徙其衆萬餘于襄國邵續使文鴦救演虎退止盧關津避之文鴦弗能進屯于景亭兗豫豪右張平等起兵救演虎夜棄營設伏于外揚聲將歸河北平等以爲信然入于空營虎迴擊敗之遂陷廩邱演奔

文鴦軍獲演弟啟送于襄國演卽劉琨之兄子也勒以琨撫存其母德之賜啟田宅令儒官授其經時大蝗中山常山尤甚中山丁零翟鼠叛勒攻中山常山勒率騎討之獲其母妻而還鼠保于胥關遂奔代郡勒攻樂平太守韓據于坫城劉琨遣將軍姬澹率眾十餘萬討勒琨次廣牧爲澹聲援勒將距之或諫曰澹兵馬精盛其鋒不可當宜深溝高壘以挫其銳攻守勢異必獲萬全勒曰澹眾大遠來體疲力竭犬羊烏合號令不齊可一戰而擒之何彊之有寇已垂至胡可捨去大軍一動豈易中還若澹乘我之退顧乃無暇焉得深溝高壘乎此爲不戰而自滅亾之道立斬諫者以孔萇爲前鋒都督令三軍後出者斬設疑兵於山上分爲二伏勒輕騎與澹戰僞收眾而北澹縱兵追之勒前後伏發夾擊澹軍大敗獲鎧馬萬匹澹奔代郡據奔劉琨琨長史李弘以并州降于勒琨遂奔于段匹磾勒遷陽曲樂平戶于襄國置守宰而還孔萇追姬澹于桑乾勒遣兼左長史張敷獻捷于劉聰勒之征樂平也其南和令趙領招合廣川平原勃海數千戶叛勒奔于邵續河間刑嘏累徵不至亦聚眾數百以叛勒巡下冀州諸縣以右司馬程遐爲寧朔將軍監冀州七郡諸軍事勒姊夫廣威張越與諸將蒱博勒親臨觀之越戲言忤勒勒大怒叱力士折其脛而殺之孔萇攻代郡澹死之時司冀并兗州流人數萬戶在于遼西迭相招引人不安業孔萇等攻馬嚴馮䐗久而不克勒問計于張賓賓對曰馮䐗等本非明公之深仇遼西流人悉有戀本之思今宜班師息甲差選良守任之以龔遂之事不拘常制奉宣仁澤奮揚威武幽冀之寇可翹足而靜遼西流人可指望而至勒曰右侯之計是也召萇等歸署武遂令李回爲易北督護振武將軍高陽太守馬嚴士眾多李潛軍人回先爲潛府長史素服回威德多叛嚴歸之嚴以部眾離貳懼奔于幽州溺水而死馮䐗率眾降于勒回移居易京流人降者歲常數千勒甚嘉之封回弋陽子邑三百戶加賓封一千戶進賓位前將軍固辭不受河朔大蝗初穿地而生二旬則化狀若蠶七八日而臥四日蛻而飛彌亘百草唯不食三豆及麻并冀尤甚石虎濟自長壽津寇梁國害內史荀闓劉琨與段匹磾涉復辰疾六眷段末柸等會于固安將謀討勒勒使參軍王續齎金寶遺末柸以間之末柸既思有以報勒恩又忻於厚賂乃說辰眷等引還琨匹磾亦退如薊城邵續使兄子濟攻勒勃海虜三千餘人而還劉聰將趙固以洛陽歸順恐勒襲之遣參軍高少奉書推崇勒請師討聰勒以大義讓之固深恨恚與郭默攻掠河內汲郡段末柸殺鮮卑單于截附眞立忽跋鄰爲單于段匹磾自幽州攻末柸末柸逆擊敗之匹磾奔還幽州因害太尉劉琨琨將佐相繼降勒末柸遣弟騎督擊匹磾于幽州匹磾率其部眾數千將奔邵續勒將石越要之于鹽山大敗之匹磾退保幽州越中流矢死勒爲之屏樂三月贈平南將軍初曹嶷據有青州既叛劉聰南稟王命以建鄴懸遠勢援不接懼勒襲之故遣通和勒授嶷東州大將軍青州牧封琅邪公劉聰疾甚驛召勒爲大將軍錄尚書事受遺詔輔政勒固辭乃止聰又遣其使人持節署勒大將軍持節鉞都督侍中校尉二州牧公如故增封十郡勒不受聰死其子粲襲僞位其大將軍靳準殺粲於平陽勒命張敬率騎五千爲前鋒以討準勒統精銳五萬繼之據襄陵北原羌羯降者四萬餘落準數挑戰勒堅壁以挫之劉曜自長安屯于蒲阪曜復僭號署勒大司馬大將軍加九錫增封十郡并前十三郡進爵趙公勒攻準于平陽小城平陽大尹周置等率雜戶六千降于勒巴帥及諸羌羯降者十餘萬落徙之司州諸縣準使卜泰送乘輿服御請和勒與劉曜競有招懷之計乃送泰于曜使知城內無歸曜之意以挫其軍勢曜潛與泰結盟使還平陽宣慰諸屠各勒疑泰與曜有謀欲斬泰以速降之諸將皆曰今斬卜泰準必不復降就令泰宣漢要盟於城中使相率誅靳準準必懼而速降矣勒久乃從諸將議遣之泰入平陽與準將喬泰馬忠等起兵攻準殺之推靳明爲盟主遣泰及卜元奉傳國六璽送于劉曜勒大怒遣令史羊升使平陽責明殺準之狀明怒斬升勒怒甚進軍攻明明出戰勒擊敗之枕尸二里明築城門堅守不復出戰勒遣其左長史王修獻捷于劉曜晉彭城內史周堅害沛內史周默以彭沛降于勒石虎率幽冀州兵會勒攻平陽劉曜遣征東劉暢救明勒命舍師于蒲上靳明率平陽之眾奔于劉曜曜西奔粟邑勒焚平陽宮室使裴憲石會修復淵聰二墓收劉粲已下百餘尸葬之徙渾儀樂器于襄國劉曜又遣其使人郭汜等持節署勒太宰領大將軍進爵趙王增封七郡并前二十郡出入警蹕冕十有二旒乘金根車駕六馬如曹公輔漢故事夫人爲王后世子爲王太子勒舍人曹平樂因使留仕於曜言於曜曰大司馬遣王修等來外表至虔內覘大駕彊弱謀待修之返將輕襲乘輿時曜勢實殘弊懼修宣之曜大怒追汜等還斬修于粟邑停太宰之授劉茂逃歸言王修死故勒大怒誅平樂三族

贈修太常又知停殊禮之授怒甚下令曰孤兄弟之奉劉家人臣之道過矣若微孤兄弟豈能南面稱朕哉根基既立便欲相圖天不助惡使假手靳準孤惟事君之體當資舜求瞽瞍之義故復推崇令主齊好如初何圖長惡不悛殺奉誠之使帝王之起復何常邪趙王趙帝孤自取之名號大小豈其所節邪於是置太醫尙方御府諸令命參軍鼂讚成正陽門俄而門崩勒大怒斬讚既怒刑倉卒尋亦悔之賜以棺服贈大鴻臚平西將軍祖逖攻陳川于蓬關石虎救川逖退屯梁國虎使揚武左伏肅攻之勒增置宣文宣教崇儒崇訓十餘小學于襄國四門簡將佐豪右子弟百餘人以教之且備擊柝之衛置挈壺署鑄豐貨錢河西鮮卑日六延叛于勒石虎討之敗延于朔方斬首二萬級俘三萬餘人獲牛馬十餘萬孔萇討平幽州諸郡時叚匹磾部衆饑散棄其妻子匹磾奔邵續曹嶷遣使來聘獻其方物請以河爲斷桃豹至蓬關祖逖退如淮南徙陳川部衆五千餘戶于廣宗石虎與張敬張賓及諸將佐百餘人勸勒稱尊號勒下書曰孤猥以寡德忝荷崇寵夙夜戰惶如臨深薄豈可假尊竊號取譏四方昔周文以三分之貳猶服事殷朝小白居一匡之盛而尊崇周室況國家道隆殷周孤德卑二伯哉其亟止斯議勿復紛紜自今敢言刑茲無赦乃止勒又下書曰今大亂之後律令滋煩其採集律令之要爲施行條制於是命法曹令史貫志造辛亥制度五千文施行十餘歲乃用律令晉太山太守徐龕叛降于勒石虎及張敬張賓左右司馬張屈六程遐文武等一百二十九人上疏稱頌功德請依劉備在蜀魏王在鄴故事以河內魏汲頓邱平原清河鉅鹿常山中山長樂樂平十一郡并前趙國廣平陽平章武勃海河間上黨定襄范陽漁陽武邑燕國樂陵十三郡合二十四郡戶二十九萬爲趙國封內依舊改爲內史準禹貢魏武復冀州之境南至盟津西達龍門東至于河北至于塞垣以大單于鎭撫百蠻罷并朔司三州通置部司以監之伏願欽若昊天垂副羣望也勒西面而讓者五南面而讓者四百寮皆叩頭固辭勒乃許之太興二年勒僞稱趙王赦殊死已下均百姓田租之半賜孝悌力田死義之孤帛各有差孤老鰥寡穀人三石大酺七日依春秋列國漢初侯王每世稱元改稱趙王元年始建社稷立宗廟營東西宮署從事中郎裴憲參軍續咸庾景爲律學祭酒任播崔濬爲史學祭酒中壘支雄游擊王陽並領門臣祭酒專明胡人辭訟以張離張良劉羣劉謨等爲門生主書司典胡人出內重其禁法不得侮易衣冠華族號胡爲國人遣使循行州郡勸課農桑加張賓大執法專總朝政位冠寮首署石虎爲單于元輔都督禁衞諸軍事署前將軍李寒領司兵勳教國子擊刺戰射之法命記室佐明楷程機撰上黨國記中大夫傅彪賈蒲江軌撰大將軍起居注參軍石泰石同石謙孔隆撰大單于志自是朝會常以天子禮樂饗其羣下威儀冠冕從容可觀矣羣臣議請論功勒曰自孤起軍十六年于茲矣文武將士從孤征伐者莫不蒙犯矢石備嘗艱阻其在葛陂之役厥功尤著宜爲賞之先也若身見存爵封輕重隨功位爲差死事之孤賞加一等庶足以慰答存亾申孤之心也又下書禁國人不聽報嫂及在喪婚娶其燒葬令如本俗孔萇攻邵續別營十一皆下之續尋爲石虎所獲送于襄國劉曜將尹安宋始據洛陽降于勒晉徐州刺史蔡豹敗徐龕于檀邱龕遣使詣勒陳討豹之計勒遣將王步都爲龕前鋒使張敬率騎繼之敬達東平龕疑敬之襲已也斬步都三百餘人復降于晉勒大怒命張敬據其襟要以守之大雨霖中山常山尤甚滹沲汎溢衝陷山谷巨松僵拔浮于滹沲東至渤海原隰之閒皆如山積孔萇攻陷文鴦十餘營萇不設備鴦夜擊之大敗而歸勒始制軒懸之樂八佾之舞爲金根大輅黃屋左纛天子車旗禮樂備矣使石虎率步騎四萬討徐龕龕遣長史劉霄詣勒乞降送妻子爲質納之時蔡豹屯于譙城虎攻豹豹夜遁虎引軍城封邱而旋徙朝臣掾屬已上十族者三百戶于襄國崇仁里置公族大夫以領之勒宮殿及諸門始就制法令甚嚴諱胡尤峻有醉胡乘馬突入止車門勒大怒謂宮門小執法馮翥曰夫人君爲令尙望威行天下況宮闕之閒乎向馳馬入門爲是何人而不彈白邪翥惶懼忘諱對曰向有醉胡乘馬馳入甚呵禦之而不可與語勒笑曰胡人正自難與言恕而不罪使石虎擊託候部掘咄哪於岍北大破之俘獲牛馬二十餘萬勒淸定五品以張賓領選復續定九品署張班爲左執法郎孟卓爲右執法郎典定士族副選舉之任令羣寮及州郡歲各舉秀才至孝廉淸賢良直言武勇之士各一人置都部從事各一部一州秩二千石職準丞相司直勒下令曰去年水出巨材所在山積將皇天欲孤繕修宮宇也其擬洛陽之太極起建德殿遣從事中郎任汪帥使工匠五千採木以供之黎陽人陳武妻一產三男一女武攜其妻子詣襄國上書自陳勒下書以爲二儀諧暢和氣所致賜其乳婢一口穀一百石雜綵四十疋石

虎攻段匹磾於厭次孔萇討匹磾部內諸城陷之匹磾勢窮乃率其臣下輿櫬出降虎送之襄國勒署匹磾爲冠軍將軍以其弟文鴦亞將衞麟爲左右中郎將皆金章紫綬散諸流人三萬餘戸復其本業置守宰以撫之於是冀并幽州遼西巴西諸屯結皆陷於勒時晉征北將軍祖逖據譙將平中原逖善於撫納自河以南多背勒歸順勒憚之不敢爲寇乃下書曰祖逖屢爲邊患逖北州士望也儻有首邱之思其下幽州修祖氏墳墓爲置守冢二家冀逖如趙佗感恩輟其寇暴逖聞之甚悅遣參軍王愉使於勒贈以方物修結和好勒厚賓其使遣左常侍董樹報聘以馬百匹金五十斤答之自是兗豫乂安人得休息矣從事中郎劉奧坐營建德殿井木斜縮斬於殿中勒悔之贈太常建德校尉王和掘得員石銘曰律權石重四鈞同律度量衡有新氏造議者未詳或以爲瑞參軍續咸曰王莽時物也其時兵亂之後典度堙滅遂命下禮官爲準程定式又得一鼎容四斗中有大錢三十文曰百當千千當萬鼎銘十三字篆書不可曉藏之於永豐倉因此令公私行錢而人情不樂乃出公絹市錢限中絹疋一千二百下絹八百然百姓私買中絹四千下絹二千巧利者賤買私錢貴賣於官坐死者十數人而錢終不行勒徙洛陽銅馬翁仲二於襄國列之永豐門祖逖牙門童建害新蔡內史周密遣使降於勒勒斬之送首於祖逖曰天下之惡一也叛臣逃吏吾之深仇將軍之惡猶吾惡也逖遣使報謝自是兗豫閒壘壁叛者逖皆不納二州之人率多兩屬矣勒令武鄉耆舊赴襄國既至勒親與鄉老齒坐歡飲語及平生初勒與李陽鄰居歲常爭麻池迭相毆擊至是謂

父老曰李陽壯士也何以不來漚麻是布衣之恨孤方崇信於天下寧讐匹夫乎乃使召陽既至勒與酣謔引陽臂笑曰孤往日厭卿老拳卿亦飽孤毒手因賜甲第一區拜參軍都尉令曰武鄉吾之豐沛萬歲之後魂靈當歸之其復之三世勒以百姓始復業資儲未豐於是重制禁釀郊祀宗廟皆以醴酒行之數年無復釀者尋署石虎爲車騎將軍率騎三萬討鮮卑鬱粥於離石俘獲及牛馬十餘萬鬱粥奔烏丸悉降其衆城先是勒世子興死至是立子弘爲世子領中領軍遣石虎統中外精卒四萬討徐龕龕堅守不戰於是築室返耕列長圍以守之晉鎭北將軍劉隗降於勒拜鎭南將軍封列侯石虎攻陷徐龕送之襄國勒囊盛於百尺樓自上撲殺之令步都等妻子刳而食之坑龕降卒三千晉兗州刺史劉遐懼自鄒山退屯於下邳琅邪內史孫默以琅邪叛降於勒徐兗閒壘壁多送任請降皆就拜守宰淸河張披爲程遐長史遐甚委昵之張賓舉爲別駕引參政事遐疾披去己又惡賓之權盛勒世子弘即遐之甥也自以有援欲收威重於朝乃使弘之母譖之曰張披與張賓爲遊俠門客日百餘乘物望皆歸之非社稷之利也宜除披以使國家勒然之至是披取急召不時至因此遂殺之賓知遐之閒已遂弗敢請無幾以遐爲右長史總執朝政自是朝臣莫不震懼赴於程氏矣時祖逖卒勒始侵寇邊戍勒征虜石他敗王師於酇西執將軍衞榮而歸征北將軍祖約懼退如壽春勒境內大疫死者十二三乃罷徽文殿作遣其將王陽屯於豫州有闚闞之志於是兵難日尋梁鄭之閒騷然矣又遣石虎統中外步騎四萬討曹嶷先是嶷議欲徙海中保根余山

會疾疫甚計未及就虎進兵圍廣固東萊太守劉巴長廣太守呂披皆以郡降以石他爲征東將軍擊羌胡於河西左軍石挺濟師於廣固曹嶷降送於襄國勒害之坑其衆三萬虎將盡殺嶷衆其青州刺史劉徵曰今留徵使牧人也無人焉牧徵將歸矣虎乃留男女七百口配徵鎭廣固青州諸郡縣壘壁盡陷勒司州刺史石生攻晉揚武將軍郭誦于陽翟不克進寇襄城俘獲千餘而還勒以參軍樊坦淸貧擢授章武內史既而入辭勒見坦衣冠弊壞大驚曰樊參軍何貧之甚也坦性誠朴率然而對曰頃遭羯賊無道資財蕩盡勒笑曰羯賊乃爾暴掠邪今當相償耳坦大懼叩頭泣謝勒曰孤律自防俗士不關卿輩老書生也賜車馬衣服裝錢三百萬以勵貪俗勒將兵都尉石瞻寇下邳敗晉將軍劉長遂寇蘭陵又敗彭城內史劉續東莞太守竺珍東海太守蕭誕以郡叛降於勒勒親臨大小學考諸學生經義尤高者賞帛有差勒雅好文學雖在軍旅常令儒生讀史書而聽之每以其意論古帝王善惡朝賢儒士聽者莫不歸美焉嘗使人讀漢書聞酈食其勸立六國後大驚曰此法當失何得遂成天下至留侯諫乃曰賴有此耳其天姿英達如此勒徵徐揚州兵會石瞻於下邳劉遐懼又自下邳奔於泗汭石生攻劉曜河南太守尹平於新安斬之克壘壁十餘降掠五千餘戸而歸自是劉石禍結兵戈日交河東弘農閒百姓無聊矣以右常侍霍皓爲勸課大夫與典農使者朱表典勸都尉陸充等循行州郡核定戸籍勸課農桑農桑最修者賜爵五大夫使石生自延壽關出寇許潁俘獲萬餘降者二萬生遂攻陷康城晉將軍郭誦追生生大敗死者千餘生收散

卒屯於康城勒汲郡內史石聰聞生敗馳救之進攻郭默俘獲男女二千餘人石聰攻敗晉將李矩郭默等勒將狩於近郊主簿程琅諫曰劉馬刺客離布如林變起倉卒帝王亦一夫之敵耳孫策之禍可不慮乎且枯木朽株蠹能爲害馳騁之弊今古戒之勒勃然曰吾幹力自可足能裁量但知卿文書事不須白此輩也是日逐獸馬觸木而死勒亦幾殆乃曰不用忠臣言吾之過也乃賜琅朝服錦絹爵關內侯於是朝臣謁見忠言競進矣晉都尉魯潛叛以許昌降於勒石瞻攻陷晉兗州刺史檀斌于鄒山斌死之勒西夷中郎將王騰襲殺并州刺史崔琨上黨內史王昚以并州叛於勒先是石虎攻劉曜將劉岳于石梁至是石梁潰執岳送襄國虎又攻王騰于并州斬之李矩以劉岳之敗也懼自滎陽遁歸矩長史崔宣率矩眾二千降于勒於是盡有司兗之地徐豫濱淮諸郡縣皆降之勒命徙洛陽晷影于襄國列之單于庭銘佐命功臣三十九人于石函置于建德前殿立桑梓苑于襄國勒嘗夜微行檢察營衛齎繒帛金銀以賂門者求出永昌門門候王假欲收捕之從者至乃止旦召假以爲振忠都尉爵關內侯勒如苑鄉召記室參軍徐光光醉不至以光物情所湊常不平之因此發怒退爲牙門勒自苑鄉如鄴徐光侍直慍然攘袂振紛仰視不顧勒因而惡之讓光曰何負卿而敢怏怏邪於是幽光并其妻子於獄勒旣將營鄴宮又欲以其世子弘爲鎮密與程遐謀之石虎自以勳效之重仗鄴爲基雅無去意及修構三臺遷其家室虎深恨遐遣左右數十人夜入遐宅姦其妻女掠衣物而去勒以弘鎮鄴配禁兵萬人車騎所統五十四營悉配之以驍騎領門臣祭酒王陽專統六夷以輔之石聰攻壽春不克遂寇逡遒阜陵殺掠五千餘人京師大震濟岷太守劉闓將軍張闓等叛害下邳內史夏嘉以下邳降于石生石瞻攻河南太守王羡于邾陷之龍驤將軍王國叛以南郡降于勒晉彭城內史劉續復據蘭陵石城石瞻攻陷之勒令州郡有墳發掘不掩覆者推劾之骸骨暴露者縣爲備棺衾之具以牙門將王波爲記室參軍典定九流始立秀孝試經之制茌平令師懽獲黑兎獻之於勒程遐等以爲勒龍飛革命之祥於晉以水承金兎陰精之獸元爲水色此示殿下宜速副天人之望也於是大赦以咸和三年改年曰太和石堪攻晉豫州刺史祖約于壽春屯師淮上晉龍驤將軍王國以南郡叛降于堪南陽都尉董幼叛率襄陽之眾又降于堪祖約諸將佐皆陰遣使附于勒石聰與堪濟淮陷壽春祖約奔歷陽壽春百姓陷于聰者二萬餘戶劉曜敗石虎于高侯遂圍洛陽勒滎陽太守尹矩野王太守張進等皆降之襄國大震勒將親救洛陽左右長史司馬郭敖程遐等固諫曰劉曜乘勝雄盛難與爭鋒金墉糧豐攻之未可卒拔曜懸軍千里勢不支久不可親動動無萬全大業去矣勒大怒按劍叱遐等出於是赦徐光召而謂之曰劉曜乘高侯之勢圍守洛陽庸人之情皆謂其鋒不可當也然曜帶甲十萬攻一城而百日不剋師老卒殆以我初鋭擊之可一戰而擒若洛陽不守曜必送死冀州自河已北席卷南向吾事去矣程遐等不欲吾親行卿以爲何如光對曰劉曜乘高侯之勢而不能進臨襄國更守金墉此其無能爲也懸軍三時亾攻戰之利若鸞旗親駕必望旌奔敗定天下之計在今一舉今此機會所謂天授授而弗應禍之攸集勒笑曰光之言是也佛圖澄亦謂勒曰大軍若出必擒劉曜勒尤悅使內外戒嚴有諫者斬命石堪石聰及豫州刺史桃豹等各統見眾會滎陽使石虎進據石門以左衛石邃都督中軍事勒統步騎四萬赴金墉濟自大堨先是流澌風猛軍至冰泮清和濟畢流澌大至勒以爲神靈之助也命曰靈昌津勒顧謂徐光曰曜盛兵成皋關上計也阻洛水其次也坐守洛陽者成擒也諸軍集于成皋步卒六萬騎二萬七千勒見曜無守軍大悅舉手指天又自指額曰天也乃卷甲銜枚詭道兼路出于鞏訾之間知曜陳其軍十餘萬于城西彌悅謂左右曰可以賀我矣勒統步騎四萬入自宣陽門升故太極前殿虎率步卒三萬自城北而西攻其中軍石堪石聰等各以精騎八千自城西而北擊其前鋒大戰於西陽門勒躬貫甲冑出自閶闔夾擊之曜軍大潰石堪執曜送之以徇於軍斬首五萬餘級枕尸於金谷勒下令曰所欲擒者一人耳今已獲之其敕將士抑鋒止銳縱其歸命之路乃旋師使征東石邃等帥騎衛曜而北及是祖約舉兵敗降于勒勒使王波讓之曰卿逆極勢窮方來歸命吾朝豈逋逃之藪邪而卿敢有靦面目也示之以前後檄書乃赦之劉曜子熙等去長安奔于上邽遣石虎討之勒巡行冀州諸郡引見高年孝悌力田文學之士班賜穀帛有差令遠近牧守宣言屬城諸所欲言靡有隱諱使知區區之朝虛渴讜言也虎克上邽遣主簿趙封送傳國玉璽金璽太子玉璽各一于勒虎進攻集木且羌于河西克之俘獲數萬秦隴悉平涼州牧張駿大懼遣使稱藩貢方物于勒徙氐羌十五萬落于司冀州勒羣臣議以勒功業旣

隆祥符並萃宜時革徽號以答乾坤之望於是石虎等奉皇帝璽綬上尊號于勒勒弗許羣臣固請勒乃以咸和五年僭號趙天王行皇帝事尊其祖邪曰宣王父周曰元王立其妻劉氏爲王后世子弘爲太子署其子宏爲持節散騎常侍都督中外諸軍事驃騎大將軍大單于封秦王左衛將軍斌太原王小子恢爲輔國將軍南陽王中山公虎爲太尉守尚書令中山王石生河東王石堪彭城王以虎子邃爲冀州刺史封齊王加散騎常侍武衛將軍宣左將軍挺侍中梁王署左長史郭敖爲尚書左僕射右長史程遐爲右僕射領吏部尚書左司馬夔安右司馬郭殷從事中郎李鳳前郎中令裴憲爲尚書署參軍事徐光爲中書令領祕書監論功封爵開國郡公文武二十一人侯二十四人縣公二十六人侯二十二人其餘文武各有差侍中任播等參議以趙承金爲水德旗幟尚元牲牡尚白子社丑臘勒從之勒下書曰自今有疑難大事八坐及委丞郎齎詣東堂詮詳平決其有軍國要務須啟有令僕尚書隨局入陳勿避寒暑昏夜也勒以祖約不忠於本朝誅之及其諸子姪親屬百餘人羣臣固請勒宜即尊號勒乃僭即皇帝位大赦境內改元曰建平自襄國都臨漳追尊其高祖曰順皇曾祖曰威皇祖曰宣皇父曰世宗元皇帝妣曰元昭皇太后文武封進各有差立其妻劉氏爲皇后又定昭儀夫人位視上公貴嬪貴人視列侯員各一人三英九華視伯淑媛淑儀視子容華美人視男務簡賢淑不限員數勒荆州監軍郭敬南蠻校尉董幼寇襄陽勒驛敕敬退屯樊城戒之使偃藏旗幟寂若無人彼若使人觀察則告之曰自愛堅守後七八日大騎將至相策不復得走矣敬使人浴馬於津周而復始晝夜不絕偵諜還告南中郎將周撫撫以爲勒軍大至懼而奔武昌敬入襄陽軍無私掠百姓安之晉平北將軍魏該弟遐等率該部衆自石城降于敬敬毀襄陽遷其百姓于沔北城樊城以戍之秦州休屠王羌叛于勒刺史臨深遣司馬管光帥州軍討之爲羌所敗隴右大擾氐羌悉叛勒遣石生進據隴城王羌兄子擢與羌有仇生乃賂擢與掎擊之羌敗奔涼州徙秦州夷豪五千餘戶于雍州勒下書曰自今諸有處法悉依科令吾所忿戮怒發中旨者若德位已高不宜訓罰或服勤死事之孤邂逅罹譴門下皆各列奏之吾當思擇而行也堂陽人陳豬妻一產三男賜其衣帛廩食乳婢一口復三歲勿事時高句麗肅愼致其楛矢宇文屋孤並獻名馬于勒涼州牧張駿遣長史馬詵奉圖送高昌于寘鄯善大宛使獻其方物晉荆州牧陶侃遣[illegible]史王敷聘于勒致江南之珍寶奇獸秦州送白虎白鹿荆州送白雉白兎濟陰木連理甘露降苑鄉勒以休瑞並臻遐方慕義赦三歲刑已下均百姓去年逋調特赦涼州殊死涼州計吏皆拜郎中賜絹十疋緜十斤勒南郊有白氣自壇屬天勒大悅還宮赦四歲刑遣使封張駿武威郡公食涼州諸郡勒親耕籍田還宮赦五歲刑賜其公卿已下金帛有差勒以日蝕避正殿三日令羣公卿士各上封事禁州郡諸祠堂非正典者皆除之其能興雲致雨有益於百姓者郡縣更爲立祠堂殖嘉樹準嶽瀆已下爲差等勒將營鄴宮廷尉續咸上書切諫勒大怒曰不斬此老臣朕宮不得成也敕御史收之中書令徐光進曰陛下天資聰睿超邁唐虞而更不欲聞忠臣之言豈夏癸商辛之君邪其言可用用之不可用故當容之奈何一旦以直言而斬列卿乎勒歎曰爲人君不得自專如是豈不識此言之忠乎向戲之耳人家有百疋資尚欲市別宅況有天下之富萬乘之尊乎終當繕之耳且敕停作成吾直臣之氣也因賜咸絹百疋稻百斛又下書令公卿百寮歲薦賢良方正直言秀異至孝廉清各一人荅策上第者拜議郎中第中郎下第郎中其舉人得遞相薦引廣招賢之路起明堂辟雍靈臺于襄國城西時大雨霖中山西北暴水流漂巨木百餘萬根集于堂陽勒大悅謂公卿曰諸卿知不此非爲災也天意欲吾營鄴都耳於是令少府任汪都水使者張漸等監營鄴宮勒親授規模蜀梓潼建平漢固三郡蠻巴降于勒勒以成周土中漢晉舊京復欲有移都之意乃命洛陽爲南都置行臺治書侍御史于洛陽勒因饗高句麗宇文屋孤使酒酣謂徐光曰朕方自古開基何等主也對曰陛下神武籌略邁于高皇雄藝卓犖超絕魏祖自三王已來無可比也其軒轅之亞乎勒笑曰人豈不自知卿言亦以太過朕若逢高皇當北面而事之與韓彭競鞭而爭先耳脫遇光武當並驅于中原未知鹿死誰手大丈夫行事當礌礌落落如日月皎然終不能如曹孟德司馬仲達父子欺他孤兒寡婦狐媚以取天下也朕當在二劉之間耳軒轅豈所擬乎其羣臣皆頓首稱萬歲晉將軍趙允攻克馬頭石堪遣將軍韓雍救之至則無及遂寇南沙海虞俘獲五千餘人初郭敬之退據樊城也王師復戍襄陽至是敬又攻陷之留戍而歸暴風大雨震電建德殿端門襄國市西門殺五人雹起西河界山大如雞子平地三尺洿下丈餘行人禽獸死者萬數歷太原樂平

武鄉趙郡廣平鉅鹿千餘里樹木摧折禾稼蕩然勒正服于東堂以問徐光曰歷代已來有斯災幾也光對曰周漢魏晉皆有之雖天地之常事然明主未始不為變所以敬天之怒也去年禁寒食介推帝鄉之神也歷代所尊或者以為未宜替也一人吁嗟王道尚為之虧況羣人怨憾而不怒動上帝乎縱不能令天下同爾介山左右晉文之所封也宜任百姓奉之勒下書曰寒食既并州之舊風朕生其俗不能異也前者外議以子推諸侯之臣王者不應為忌故從其議儻或由之而致斯災乎子推雖朕鄉之神非法食者亦不得亂也尚書其促檢舊典定議以聞有司奏以子推歷代攸尊請普復寒食更為殖嘉樹立祠堂給戶奉祀勒黃門郎韋謏駁曰按春秋藏冰天道陰氣發泄為雹自子推已前雹者復何所致此自陰陽乖錯所為耳且子推賢者曷為暴害如此求之冥趣必不然矣今雖為冰室懼所藏之冰不在固陰沍寒之地多皆川池之側氣泄為雹也以子推忠賢令縣介之間奉之為允於天下則不通矣勒從之於是遷冰室於重陰凝寒之所并州復寒食如初勒令其太子省可尚書奏事使中常侍嚴震參綜可否征伐刑斷大事乃呈之自 震威權之盛過于主相矣石虎之門可設雀羅虎愈怏怏不悅郭敬南掠江西晉南中郎將桓宣承其虛攻樊城取城中之衆而去敬旋師救樊追戰于涅水敬前軍大敗宣亦死傷大半盡收所掠而止宣遂南取襄陽留軍戍之勒如鄴臨石虎第謂之曰功力不可並興待宮殿成後當為王起第勿以卑小悒悒也虎免冠拜謝勒曰與王共有天下何所謝也有流星大如象尾足蛇形自北極西南流五十餘丈光明燭地墜于河聲聞九百餘里黑龍見鄴井中勒觀龍有喜色朝其羣臣于鄴命郡國立學官每郡置博士祭酒二人弟子百五十人三考修成顯升台府於是擢拜太學生五人為佐著作郎錄述時事時大旱勒親臨廷尉錄囚徒五歲刑已下皆輕決遣之重者賜酒食聽沐浴一須秋論還未及宮澍雨大降勒如其澧水宮因疾甚而還召石虎與太子弘中常侍嚴震等侍疾禁中虎矯命絕弘震及內外羣臣親戚勒疾之增損莫有知者詐召石宏石堪還襄國勒疾小瘳見宏驚曰秦王何故來邪使王藩鎮正備今日有呼者邪自來也有呼者誅之虎大懼曰秦王思慕暫還耳今謹遣之數日復問之虎曰奉詔即遣今已半路矣更諭宏在外遂不遣之廣阿蝗虎密遣其子邃率騎三千遊于蝗所熒惑入昴星隕于鄴東北六十里初赤黑黃雲如幕長數十疋交錯聲如雷震墜地氣熱如火塵起連天時有耕者往視之土猶燃沸見有一石方尺餘青色而輕擊之音如磬勒疾甚遺令三日而葬內外百寮既葬除服無禁婚娶祭祀飲酒食肉征鎮牧守不得輒離所司以奔喪斂以時服載以常車無藏金寶無內器玩大雅沖幼恐非能構荷朕志中山已下其各司所典無違朕命大雅與斌宜善相維持司馬氏汝等之殷鑒其務於敦穆也中山王深可三思周霍勿為將來口實以咸和七年死時年六十在位十五年夜瘞山谷莫知其所備文物虛葬號高平陵僞諡明皇帝廟號高祖

弘字大雅勒之第二子也幼有孝行以恭謙自守受經於杜嘏誦律於續咸勒曰今世非承平不可專以文業教也於是使劉徵任播授以兵書王陽教之擊刺立為世子領中領軍尋署衛將軍使領開府辟召後鎮鄴勒僭位立為太子虛襟愛士好為文詠其所親暱莫非儒素勒謂徐光曰大雅愔愔殊不似將家子光曰漢祖以馬上取天下孝文以元默守之聖人之後必世勝殘天之道也勒大悅光因曰皇太子仁孝溫恭中山王雄暴多詐陛下一旦不諱臣恐社稷必危宜漸奪中山威權使太子早參朝政勒納之程遐又言於勒曰中山王勇武權智羣臣莫有及者觀其志也自陛下之外視之蔑如兼荷專征歲久威振內外性又不仁殘忍無賴其諸子並長皆豫兵權陛下在自當無他恐其怏怏不可輔少主也宜早除之以便大計勒曰今天下未平兵難未已大雅沖幼宜任彊輔中山佐命功臣親同魯衛方委以伊霍之任何至如卿言也卿當恐輔幼主之日不得獨擅帝舅之權故耳吾亦當參卿於顧命勿為過懼也遐泣曰臣所言者至公陛下以私賜距豈明主開襟納說忠臣必盡之義乎中山雖為皇太后所養非陛下天屬不可以親義期也仗陛下神規微建鷹犬之効陛下酬其父子以恩榮亦以足矣魏任司馬懿父子終於鼎祚淪移以此而觀中山豈將來有益者乎臣因緣多幸託瓜葛於東宮臣而不竭言於陛下而誰言之陛下若不除中山臣已見社稷不復血食矣勒不聽遐退告徐光曰主上向言如是太子必危將若之何光曰中山常切齒於吾二人恐非但國危亦為家禍當為安國寧家之計不可坐而受禍也光復承間言於勒曰陛下廓平八州帝有海內而神色不悅者何也勒曰吳蜀未平書軌不一司馬家猶不絕於丹陽恐後之人將以吾為不應符籙每一思之不覺見於神色光曰臣以陛下為憂

腹心之患而何暇更憂四支乎何則魏承漢運爲正朔帝王劉備雖紹興巴蜀亦不可謂漢不滅也吳雖跨江東豈有虧魏美陛下既苞括二都爲中國帝王彼司馬家兒復何異元德李氏亦猶孫權符籙不在陛下竟欲安歸此四支之輕患耳中山王藉陛下指授神略天下皆言其英武亞於陛下兼其殘暴多姦見利忘義無伊霍之忠父子爵位之重勢傾王室觀其耿耿常有不滿之心近於東宮曲讌有輕皇太子之色陛下隱忍容之臣恐陛下萬年之後宗廟必生荆棘此心腹之重疾也惟陛下圖之勒默然而竟不從及勒死虎執弘使臨軒命收程遐徐光下廷尉召其子邃率兵入宿衞文武靡不奔散弘大懼讓位于虎虎曰君薨而世子立臣安敢亂之弘泣而固讓虎怒曰若其不堪天下自當有大議何足豫論遂以咸和七年逼立之改年曰延熙文武百寮進位一等誅程遐徐光弘策拜虎爲丞相魏王大單于加九錫以魏郡等十三郡爲邑摠攝百揆虎僞固讓久乃受命赦其境內殊死已下立虎妻鄭氏爲魏王后子邃爲魏太子加使持節侍中大都督中外諸軍事大將軍錄尚書事宣爲使持節車騎大將軍冀州刺史封河閒王韜爲前鋒將軍司隷校尉封樂安王遵齊王鑒代王苞樂平王徙太原王斌爲章武王勒文武舊臣皆補左右丞相閑任虎府寮舊昵悉署臺省禁要命太子宮曰崇訓宮勒妻劉氏已下皆徙居之簡其美淑及勒車馬珍寶服御之上者皆入于己署鎮軍夔安領左僕射尚書郭殷爲右僕射劉氏謂石堪曰皇祚之滅不復久矣王將何以圖之堪曰先帝舊臣皆已斥外衆旅不復由人宮殿之內無所措籌臣請出奔兗州據廩邱挾南陽王爲盟主宣太后詔於諸牧守征鎮令各率義兵同討桀逆蔑不濟也劉氏曰事急矣便可速發恐事淹變生堪許諾微服輕騎襲兗州失期不克遂南奔譙城虎遣其將郭太等追擊之獲堪于城父送襄國炙而殺之徵石恢還于襄國劉氏謀泄虎殺之尊弘母程氏爲皇太后時石生鎮關中石朗鎮洛陽皆起兵于二鎮虎留子邃守襄國統步騎七萬攻朗于金墉金墉潰獲朗刖而斬之進師攻長安以石挺爲前鋒大都督生遣將軍郭權率鮮卑涉璝部衆二萬爲前鋒距之生統大軍繼發次蒲阪前鋒及挺大戰潼關敗績挺及丞相左長史劉隗皆戰死虎退奔澠池枕尸三百餘里鮮卑密通于虎背生而擊之生時停蒲阪不知挺之死也懼單馬奔長安郭權乃復收衆三千與越騎校尉石廣相持于渭汭生遂去長安潛于雞頭山將軍蔣英固守長安虎聞生之奔也進師入關進攻長安旬餘拔之斬蔣英等分遣諸將屯于汧徙雍秦州華戎十餘萬戶于關東生部下斬生于雞頭山虎還襄國大赦諷弘命己建魏臺一如魏輔漢故事郭權以生敗據上邽以歸順詔以權爲鎮西將軍秦州刺史於是京兆新平扶風馮翊北地皆應之弘鎮西石廣與權戰敗績虎遣郭敖及其子斌等率步騎四萬討之次于華陰上邽豪族害權以降徙秦州三萬餘戶于青并二州諸郡南氐楊難敵等送任通和長安陳良夫奔于黑羌招誘北羌四角王薄句大等擾北地馮翊與石斌相持石韜等率騎掎句大之後與斌夾擊敗之句大奔于馬蘭山郭敖等懸軍追北爲羌所敗死者十七八斌等收軍還于三城虎聞而大怒遣使殺郭敖石宏有怨言虎幽之弘齎璽綬親詣虎諭禪位意虎曰天下人自當有議何爲自論此也弘還宮對其母流涕曰先帝眞無復遺矣俄而虎遣丞相郭殷持節入廢弘爲海陽王弘安步就車容色自若謂羣臣曰不堪纂承大統顧慚羣后此亦天命去矣又何言百官莫不流涕宮人慟哭咸康元年幽弘及程氏并宏恢于崇訓宮尋殺之在位二年時年二十二

石虎字季龍勒之從子也祖曰匐邪父曰寇覓勒父朱幼而子虎故或稱勒弟焉年六七歲有善相者曰此兒貌奇有壯骨貴不可言永興中與勒相失後劉琨送勒母王及虎于葛陂時年十七矣性殘忍好馳獵游蕩無度尤善彈數彈人軍中以爲毒患勒白王將殺之王曰快牛爲犢子時多能破車汝當小忍之年十八稍折節身長七尺五寸趫捷便弓馬勇冠當時將佐親戚莫不敬憚勒深嘉之拜征虜將軍爲聘將軍郭榮妹爲妻虎惑優僮鄭櫻桃而殺郭氏更納淸河崔氏女櫻桃又譖而殺之所爲酷虐軍中有勇幹策略與己侔者輒方便害之前後所殺甚衆至於降城陷壘不復斷別善惡坑斬士女尠有遺類勒雖屢加責誘而行意自若然御衆嚴而不煩莫敢犯者指授攻討所向無前故勒寵之信任彌隆仗以專征之任勒之居襄國署爲魏郡太守鎮鄴三臺後封繁陽侯勒即大單于趙王位署爲單于元輔都督禁衞諸軍事遷侍中開府進封中山公及勒僭號授太尉守尚書令進封爲王邑萬戶虎自以勳高一時謂勒即位之後大單于必在已而更以授其子弘虎深恨之私謂其子邃曰主上自都襄國以來端拱指授而以吾躬當矢石二十餘年南擒劉岳北走索頭東平齊魯西定秦雍尅殄十有三州成大趙之業者我也大

單于之望實在于我而授黃吻婢兒每一憶此令人不復能寢食待主上晏駕之後不足復留種也咸康元年虎廢勒子弘羣臣已下勸其稱尊號虎下書曰王室多難海陽自棄四海業重故俛從推逼朕聞道合乾坤者稱皇德協人神者稱帝皇帝之號非所敢聞且可稱居攝趙天王以副天人之望於是赦其境內改年曰建武以夔安爲侍中太尉守尚書令郭殷爲司空韓晞爲尚書左僕射魏槩馮莫張崇曹顯爲尚書申鍾爲侍中郎闓爲光祿大夫王波爲中書令文武封拜各有差立其子邃爲太子虎以讖文天子當從東北來於是備法駕行自信都而還以應之分襄陶之柳鄉立停駕縣虎徐州從事朱縱殺刺史郭祥以彭城歸順虎遣將王朗擊之縱奔淮南虎荒游廢政多所營繕使邃省可尚書奏事選牧守祀郊廟唯征伐刑斷乃親覽之觀雀臺崩殺典匠少府任汪復使修之倍於常度虎自率衆南寇歷陽臨江而旋京師大震遣其征虜石遇寇中廬遂圍平北將軍桓宣于襄陽輔國將軍毛寶南中郎將王國征西司馬王愆期等率荊州之衆救之屯于章山遇攻守二旬軍中饑疫而還虎以租入殷廣轉輸勞煩令中倉歲入百萬斛餘皆儲之水次晉將軍淳于安攻其琅邪費縣俘獲而歸石邃保母劉芝初以巫術進既養邃遂有深寵通賄賂豫言論權傾朝廷親貴多出其門遂封芝爲宜城君虎下書令刑贖之家得以錢代財帛無錢聽以穀麥皆隨時價輸水次倉冀州八郡雨雹大傷秋稼下書深自咎責遣御史所在發水次倉麥以給秋種尤甚之處差復一年虎將遷于鄴尚書請太常告廟虎曰古者將有大事必告宗廟而不列社稷尚書可詳議以問公卿乃請使太尉告社稷從之及入鄴宮澍雨周洽虎大悅赦殊死已下尚方令解飛作司南車成虎以其構思精微賜爵關內侯賞賜甚厚始制散騎常侍已上得乘軺軒王公郊祀乘副車駕四馬龍旂八旒朔望朝會郎乘軺軒時羌薄句大猶保險未賓遣其子章武王斌帥精騎二萬并秦雍二州兵以討之虎如長樂衛國有田疇不闢桑業不修者貶其守宰而還咸康二年使牙門將張彌徙洛陽鍾虡九龍翁仲銅駝飛廉于鄴鍾一沒於河募浮沒三百人入河繫以竹絙牛百頭鹿櫨引之乃出造萬斛舟以渡之以四輪纏輞車轍廣四尺深二尺運至鄴虎大悅赦二歲刑賚百官穀帛百姓爵一級下書曰三載考績黜陟幽明斯則先王之令典政道之通塞魏始建九品之制三年一清定之雖未盡弘美亦搢紳之清律人倫之明鏡從爾以來遵用無改先帝創臨天下黃紙再定至於選舉銓爲首格自不清定三載于茲主者其更銓論務揚清激濁使九流咸允也吏部選舉可依晉氏九班選制永爲揆法選畢經中書門下宣示三省然後行之其著此詔書于令銓衡不奉行者御史彈坐以聞索頭郁鞠率衆三萬降于虎署鞠等十三人親通趙王皆封列侯散其部衆于冀青等六州時衆役煩興軍旅不息加以久旱穀貴金一斤直米二斗百姓嗷然無生賴矣又納解飛之說於鄴正南投石於河以起飛橋功費數千億萬而橋竟不成役夫饑甚乃止使令長率丁壯隨山澤采橡捕魚以濟老弱而復爲權豪所奪人無所得焉又料殷富之家配饑人以食之公卿已下出穀以助振給姦吏因之侵割無已雖有貸贍之名而無其實改直盪爲龍騰冠以絳幘於襄國起太武殿於鄴造東西宮至是皆就太武殿基高二丈八尺以文石綷之下穿伏室置衛士五百人於其中東西七十五步南北六十五步皆漆瓦金璫銀楹金柱珠簾玉壁窮極伎巧又起靈風臺九殿于顯陽殿後選士庶之女以充之後庭服綺縠玩珍奇者萬餘人內置女官十有八等教宮人星占及馬步射置女太史于靈臺仰觀災祥以考外太史之虛實又置女鼓吹羽儀雜伎工巧皆與外侔禁郡國不得私學星讖敢有犯者誅左校令成公遐造庭燎于崇杠之末高十餘丈上盤置燎下盤置人絙繳上下虎試而悅之其太保夔安等文武五百九人勸虎稱尊號安等方入而庭燎油灌下盤死者七人虎惡之大怒斬成公遐于閶闔門於是依殷周之制以咸康三年僭稱大趙天王即位于南郊大赦殊死已下追尊祖訇邪武皇帝父寇覓爲太宗孝皇帝立其鄭氏爲天王皇后以子邃爲天王皇太子親王皆貶封郡公藩王爲縣侯百官封署各有差太原徙人五百餘戶叛入黑羌武鄉長城徙人韓彊獲元玉璽方四寸七分龜紐金文詣鄴獻之拜彊騎都尉復其一門夔安等又勸進曰臣等謹案大趙水德元龜者水之精也玉者石之寶也分之數以象七政寸之紀以準四極昊天成命不可久違輒下史官擇吉日具禮儀謹昧死上皇帝尊號虎下書曰過相褒美猥見推逼覽增恧然非所望也其亟止茲議今東作告始自非京城內外皆不得表慶中書令王波上元璽頌以美之虎以石弘時造此璽彊遇而獻之遂自總百揆之後荒酒淫色驕恣無道或盤游于田懸管而入或夜出于宮臣家淫其妻妾粧飾宮人美淑者斬首洗血置於盤上傳共視之又

內諸比丘尼有姿色者與其交褻而殺之合牛羊肉煑而食之亦賜左右欲以識其味也河閒公宣樂安公韜有寵於虎遂疾之如仇虎荒耽內游威刑失度遂以事爲可呈呈之虎恚曰此小事何足呈也時有所不聞復怒曰何以不呈誚責杖捶月至再三遂甚恨私謂常從無窮長生中庶子李顏等曰官家難稱吾欲行冒頓之事卿從我乎顏等伏不敢對遂稱疾不省事率宮臣文武五百餘騎宴于李顏別舍謂顏等曰我欲至冀州殺石宣有不從者斬行數里騎皆逃散李顏叩頭固諫遂亦昏醉而歸遂母鄭氏聞之私遣中人責遂遂怒殺其使虎聞遂有疾遣所親任女尚書察之遂呼前與語抽劍擊之虎大怒收李顏等詰問顏具言始末誅顏等三十餘人幽遂于東宮既而赦之引見太武東堂遂朝而不謝俄而便出虎遣使謂遂曰太子應入朝中宮何以便去遂徑出不顧虎大怒廢遂爲庶人其夜殺遂及妻張氏并男女二十六人同埋於一棺之中誅其宮臣支黨二百餘人廢鄭氏爲東海太妃立其子宣爲天王皇太子宣母杜昭儀爲天王皇后安定人侯子光弱冠美姿儀自稱佛太子從大秦國來當王小秦國易姓名爲李子楊游于鄠縣爰赤眉家頗見其妖狀事微有驗赤眉敬信之妻以二女轉相扇惑京兆樊經竺龍嚴諶謝樂子等聚眾數千人於杜南山子楊稱大黃帝建元曰龍興赤眉與經爲左右丞相龍諶爲左右大司馬樂子爲大將軍鎭西石廣擊斬之子楊頸無血十餘日而面色無異於生虎將伐遼西鮮卑段遼募有勇力者三萬人皆拜龍騰中郎遼遣從弟屈雲襲幽州刺史李孟退奔易京虎以桃豹爲橫海將軍王華爲渡遼將軍統舟

師十萬出漂渝津支雄爲龍驤大將軍姚弋仲爲冠軍將軍統步騎十萬爲前鋒以伐段遼虎眾次金臺支雄長驅入薊遼漁陽太守馬鮑代相張牧北平相陽裕上谷相侯龕等四十餘城並率眾降于虎支雄攻安次斬其部大夫那樓奇遼懼棄令支奔于密雲山遼左右長史劉羣盧諶司馬崔悅等封其府庫遣使請降虎遣將軍郭太麻秋等輕騎二萬追遼及之戰于密雲獲其母妻斬級三千遼單馬竄險遣子乞特眞送表及名馬虎納之乃遷其戶二萬餘于雍司兗豫四州之地諸有才行者皆擢敘之先是北單于乙回爲鮮卑敦那所逐既平遼西遣其將李穆擊那破之復立乙回而還虎入遼宮論功封賞各有差初慕容皝與段遼有隙遣使稱藩于虎陳遼宜伐請盡眾來會及軍至令支皝師不出虎將伐之天竺佛圖澄進曰燕福德之國未可加兵虎作色曰以此攻城何城不克以此眾戰誰能禦之區區小豎何所逃也太史令趙攬固諫曰燕地歲星所守行師無功必受其禍虎怒鞭之黜爲肥如長進師攻棘城旬餘不克皝遣子恪帥胡騎二千晨出挑戰諸門皆若有師出者四面如雲虎大驚棄甲而遁於是召趙攬復爲太史令虎旋自令支過易京惡其固而毀之還謁石勒墓朝其羣臣於襄國建德前殿復從征文武有差至鄴設飲至之禮賜浮偏於丞郎虎謀代昌黎遣渡遼曹伏將靑州之眾渡海戍蹋頓城無水而還因戍于海島運穀三百萬斛以給之又以船三百艘運穀三十萬斛詣高句麗使典農中郎將王典率眾萬餘屯田于海濱又令靑州造船千艘使石宣率步騎二萬擊朔方鮮卑斛摩頭破之斬首四萬餘級冀州八郡大蝗司隸請坐守

宰虎曰此政之失和朕之不德而欲委咎守宰豈禹湯」罪己之義邪司隸不進讜言佐朕不逮而歸咎無辜所以重吾之責可白衣領司隸加其子司徒韜金鉦黃鉞鑾輅九旒先是使襄城公涉歸上庸公日歸率眾戍長安二歸告鎭西石廣私樹恩澤潛謀不軌虎大怒追廣至而殺之段遼於密雲山遣使詐降虎信之使征東麻秋百里郊迎敕秋曰受降如待敵將軍愼之遼又遣使降于慕容皝曰胡貪而無謀吾今請降求迎彼終不疑也若伏重軍以要之可以得志皝遣子恪伏兵於密雲麻秋統眾三萬迎遼爲恪所襲死者十六七秋步遁而歸虎聞之驚怒方食吐餔乃削秋官爵下書令諸郡國立五經博士初勒置大小學博士至是復置國子博士助教虎以吏部選舉斥外耆德而勢門童幼多爲美官免郎中魏奐爲庶人以其太子宣爲大單于建太子旌旗以夔安爲征討大都督統五將步騎七萬寇荊揚北鄙石閔敗王師于沔陰將軍蔡懷死之宣將朱保又敗王師于白石將軍鄭豹談元郝莊隨相蔡熊皆遇害虎將張賀度攻陷邾城敗晉將毛寶于邾西死者萬餘人夔安進據胡亭晉將軍黃沖歷陽太守鄭進皆降之安於是掠七萬戶而還時豪戚侵恣賄託公行虎患之擢殿中御史李巨爲御史中丞特親任之自此百僚震懾州郡肅然虎曰朕聞良臣如猛虎高步通衢而豺狼避路信矣哉鎭遠王擢表雍秦二州望族自東徙已來遂在戍役之例既衣冠華胄宜蒙優免從之自是皇甫胡梁韋杜牛辛等十有七姓蠲其兵貫一同舊族隨才銓敘思欲分還桑梓者聽之其非此等不得爲例以其撫軍李農爲使持節監遼西北平諸軍事征東將軍營州

牧鎮令支于時大旱白虹經天虎下書曰朕在位六載不能上和乾象下濟黎元以致星虹之變其令百僚各上封事解西山之禁蒲葦魚鹽除歲供之外皆無所問公侯卿牧不得規占山澤奪百姓之利又下書曰前以豐國澠池二冶初建徙刑徒配之權救時務而主者循爲恆法致起怨聲自今罪犯流徙皆當申奏不得輒配也京獄見囚非手殺人一皆原遣其日澍雨虎將討慕容皝令司冀青徐幽并雍兼復之家五丁取三四丁取二合鄴城舊軍滿五十萬具船萬艘自河通海運穀豆千一百萬斛于安樂城以備征軍之調徙遼西北平漁陽萬餘戶于兗豫雍洛四州之地虎僭位之後有所調用皆選司擬官經令僕而後奏行不得其人案以爲令僕之負尚書及郎不坐至是吏部尚書劉眞以爲失銓考之體而言之虎責怒主者加眞光祿大夫金章紫綬虎如宛陽大閱於曜武場慕容皝襲幽冀略三萬餘家而去幽州刺史石光坐懊弱徵還賜徵士辛謐几杖衣服穀五百斛勑平原爲起甲第先是李壽將李宏自晉奔于虎壽致書請之題曰趙王石君虎不悅付外議之多有異同中書監王波議曰今李宏以死自誓若得反魂蜀漢當鳩率宗族混同王化若遣而果也則不煩一旅之師而坐定梁益就有進退豈在逃命一夫壽既號竝日月跨僭一方今若制詔或敢酬反則取誚戎裔宜書答之幷贈以楛矢使壽知我遐方必臻也於是遣宏備物以酬之以石韜爲太尉與太子宣迭日省可尚書奏事自幽州東至白狼大興屯田張駿憚虎之盛遣其別駕馬詵朝之虎初大悅及覽其表辭頗蹇傲虎大怒將斬詵侍中石璞進曰爲陛下之患者丹陽也區區河右焉能爲有無今斬馬詵必征張駿則南討之師勢分爲二建鄴君臣延其數年之命矣勝之不爲武弗克爲四夷所笑不如因而厚之彼若改圖謝罪率其臣職者則我又何求迷而不悟討之未後也虎乃止李宏既至蜀漢李壽欲誇其境內下令云羯使來庭獻其楛矢虎聞之怒甚黜王波以白衣守中書監虎志在窮兵以其國內少馬乃禁畜私馬匿者腰斬收百姓馬四萬餘匹以入于公兼盛興宮室於鄴起臺觀四十餘所營長安洛陽二宮作者四十餘萬人又敕河南四州具南師之備幷朔秦雍嚴西討之資青冀幽州三五發卒諸州造甲者五十萬人兼公侯牧宰競興私利百姓失業十室而七船夫十七萬人爲水所沒猛虎所害三分而一貝邱人李弘因衆心之怨自言姓名應讖遂連結姦黨署置百僚事發誅之連坐者數千家虎畋獵無度晨出夜歸又多微行躬察作役之所侍中韋謏入諫其辭切直虎省而善之賜以穀帛而興繕滋繁遊察自若右僕射張離領五兵尚書專總兵要而欲求媚于石宣因說之曰今諸公侯吏兵過限宜漸削弱以盛儲威宣素疾石韜之寵甚說其言乃使離奏奪諸公府吏秦燕義陽樂平四公聽置吏一百九十七人帳下兵二百人自此已下三分置一餘兵五萬悉配東宮於是諸公咸怨爲大釁之漸矣遣征北張舉自鴈門討索頭郁鞠克之制征士五人車一乘牛二頭米各十五斛絹十疋調不辦者以斬論將以圖江表於是百姓窮窘鬻子以充軍制猶不能赴自經于道路死者相望而求發無已會青州言濟南平陵城北石虎一夜中忽移在城東南善石溝上有狼狐千餘迹隨之迹皆成路虎大悅曰虎者朕也自平陵城北而東南者天意將使朕平蕩江南之徵也天命不可違其敕諸州兵明年悉集朕當親董六軍以副成路之祥羣臣皆賀上皇德頌者一百七十時祆怪尤多石然于泰山八日而滅東海有大石自立旁有血流鄴西山石閒血流出長十餘步廣二尺餘太武殿畫古賢悉變爲胡旬餘頭悉縮入肩中虎大惡之佛圖澄對之流涕虛遠劉寧攻武都狄道陷之使石宣討鮮卑斛穀提大破之斬首三萬級中謁者令申扁有寵於虎而宣亦昵之扁聰辯明斷專綜機密之任虎既不省奏案宣荒酒內遊石韜沈湎好獵生殺除拜皆扁所決於是權傾內外刺史二千石多出其門九卿已下望塵而拜唯侍中鄭系王謨常侍盧諶崔約等十餘人與之抗禮虎又取州郡吏馬一萬四千餘匹以配曜武關將馬主皆復一年鎮北宇文歸執送段遼之子蘭降于虎獻駿馬萬疋虎以平西張伏都爲使持節都督征討諸軍事帥步騎三萬擊涼州旣濟河與張駿將謝艾大戰于河西伏都敗績虎雖昏虐無道而頗慕經學遣國子博士詣洛陽寫石經校中經于祕書國子祭酒聶熊注穀梁春秋列于學官燕公石斌淫湎荒獵常懸管而入征北張賀度以邊防宜警每裁諫之斌怒辱賀度虎聞之大怒杖斌一百遣主書禮儀持節監之斌行意自若儀持法呵禁斌怒殺之欲殺賀度賀度嚴衞馳白之虎遣尚書張離持節帥騎追斌鞭之三百免官歸第誅其親任十餘人建元初虎饗羣臣于太武前殿有白鴈百餘集于馬道南虎命射之無所獲既將討三方諸州兵至者百餘萬太史令趙攬私於虎曰白鴈集殿庭宮室將空不宜行也虎納之臨宣武觀大閱而解嚴以燕公斌爲

使持節侍中大司馬錄尚書事置左右戎昭曜武將軍位在左右衞上東宮置左右統將軍位在四率上置上中光祿大夫在左右光祿上置鎮衞將軍在車騎將軍上時石宣淫虐日甚而莫敢以告領軍王朗言之於虎曰今隆冬雪寒而皇太子使人斫伐宮材引於漳水功役數萬士衆吁嗟陛下宜因游觀而罷之也虎如其言既而宣知朗所爲怒欲殺之而無因會熒惑守房趙攬承宣旨言於虎曰昴者趙之分也熒惑所在其主惡之房爲天子此殃不小宜以貴臣姓王者當之虎曰誰可當者攬久而對曰無復貴於王領軍也虎既惜朗且猜之曰更言其次攬曰其次唯中書監王波耳虎乃下書追波前議遣李宏及苔楛矢之愆腰斬之及其四子投于漳水以厭熒惑之變尋愍波之無罪追贈司空封其孫爲侯平北尹農攻慕容皝凡城不克而還黜農爲庶人時白虹出自太社經鳳陽門東南連天十餘刻乃滅虎下書切責台輔百司令各上封事指陳變眚極言無隱於是閉鳳陽門唯元日乃開立二時于靈昌津祠天及五郊李壽以建寧上庸漢固巴徵梓潼五郡降于虎先是虎起河橋於靈昌津采石爲中濟石無大小下輒隨流用功五百餘萬而不成虎遣使致祭沈璧于河俄而所沈璧流于渚上地震水波騰上津所殿觀莫不傾壞壓死者百餘人虎恚甚斬工匠而止作焉命石宣石韜生殺拜除皆迭日省決不復啟也司徒申鍾諫曰慶賞刑威后皇攸執名器至重不可以假人皆以防姦杜漸以示軌儀太子國之儲貳朝夕視膳而不及政也庶人邃往以聞政致敗殷鑒不遠宜革而弗遵且二政分權尠不及禍周有子頹之釁鄭有叔段之難此皆由寵之不道所以亂國害親惟陛下覽之虎不從太子詹事孫珍問侍中崔約曰吾患目疾何方療之約素狎珍戲之曰溺中則愈珍曰目何可溺約曰卿目晼晼正耐溺中珍恨之以白宣宣諸子中最胡狀目深聞之大怒誅約父子珍有寵于宣頗豫朝政自誅約之後公卿已下憚之側目虎子義陽公鑒時鎮關中役煩賦重失關右之和其友李松勸鑒文武有長髮者拔爲冠纓餘以給宮人長史取髮白之虎大怒以其右僕射張離爲征西左長史龍驤將軍雍州刺史以察之信然徵鑒還鄴收松下廷尉以石苞代鎮長安發雍洛秦并州十六萬人城長安未央宮虎性既好獵其後體重不能跨鞍乃造獵車千乘轅長三丈高一丈八尺置高一丈七尺格獸車四十乘立三級行樓二層於其上剋期將校獵自靈昌津南至滎陽東極陽都使御史監察其中禽獸有犯者罪至大辟御史因之擅作威福百姓有美女好牛馬者求之不得便誣以犯獸論死者百餘家海岱河濟閒人無寧志矣又發諸州二十六萬人修洛陽宮發百姓牛二萬餘頭配朔州牧官增置女官二十四等東宮十二等諸公侯七十餘國皆爲置女官九等先是大發百姓女二十已下十三已上三萬餘人爲三等之第以分配之郡縣要媚其旨務於美淑奪人婦者九千餘人百姓妻有美色豪勢因而脅之率多自殺石宣及諸公又私令采發者亦垂一萬總會鄴宮虎臨軒簡第諸女大悅封使者十二人皆爲列侯自初發至鄴諸殺其夫及奪而遣之縊死者三千餘人荆楚揚徐閒流叛略盡宰守坐不能綏懷下獄誅者五十餘人金紫光祿大夫逯明因侍切諫虎大怒遣龍騰拉而殺之自是朝臣杜口相招爲祿仕而已虎常以女騎一千爲鹵簿皆著紫綸巾熟錦袴金銀鏤帶五文織成鞾游于戲馬觀觀上安詔書五色紙在木鳳之口鹿盧迴轉狀若飛翔焉遣涼州刺史麻秋等伐張重華尚書朱軌與中黃門嚴生不協會大雨霖道路陷滯不通生因而譖軌不修道又訕謗朝政虎遂殺之於是立私論之條偶語之律聽吏告其君奴告其主威刑日濫公卿已下朝會以目吉凶之問自此而絕軌之囚也冠軍蒲洪上疏爲之申理且乞止長安洛陽作徒及休宮女辭旨訐直虎省之不悅憚其彊但寢而不納弗之罪也乃停二京作役焉永和三年虎親耕籍田于其桑梓苑其妻杜氏祠先蠶于近郊遂如襄國謁勒墓以中書監石寧爲征西將軍率并司州兵二萬餘人爲麻秋等後繼張重華將宋秦等率戶二萬來降河湟閒氐羌十餘萬落與張璩相首尾麻秋憚之不進重華金城太守張沖又以郡降石寧麻秋尋次曲柳劉寧王擢進攻始興武街重華將楊康等與寧戰于沙阜寧敗績乃引還金城王擢克武街執重華護軍曹權胡宣徙七千餘戶于雍州虎又以孫伏都爲征西將軍與麻秋率步騎三萬長驅濟河且城長最重華大懼遣將謝艾逆擊敗之秋退歸金城勒及虎並貪而無禮既王有十州之城金帛珠玉及外國珍奇異貨不可勝紀而猶以爲不足曩代帝王及先賢陵墓靡不發掘而取其寶貨焉邯鄲城西石子堈上有趙簡子墓至是虎令發之初得炭深丈餘次得木版厚一尺積版厚八尺乃及泉其水清冷非常作絞車以牛皮囊汲之月餘而水不盡不可發而止又使掘秦始皇冢取銅柱鑄以爲器時沙門吳進言于虎曰胡運將衰晉當復興宜

苦役晉人以厭其氣虎於是使尚書張羣發近郡男女十六萬車十萬乘運土築華林苑及長牆于鄴北廣長數十里趙攬申鍾石璞等上疏陳天文錯亂蒼生凋弊及因引見又面諫辭旨甚切虎大怒曰牆朝成夕沒吾無恨矣乃促張羣以燭夜作起三觀四門三門通漳水皆爲鐵扉暴風大雨死者數萬人揚州送黃鵠雛五頭長一丈聲聞十餘里泛之于元武池郡國前後送蒼麟十六白鹿七虎命司虞張曷柱調之以駕芝蓋列于充庭之乘鑿北城引水于華林園城崩壓死者百餘人命石宣祈于山川因而游獵乘大輅羽葆華蓋建天子旌旗十有六軍戎卒十八萬出自金明門虎從其後宮升陵霄觀望之笑曰我家父子如是自非天崩地陷當復何愁但抱子弄孫日爲樂耳宣既馳逐無厭所在陳列行宮四面各以百里爲度驅圍禽獸皆暮集其所文武跪立圍守重行烽炬星羅光燭如晝命勁騎百餘馳射其中宣與嬖姬顯德美人乘輦觀之嬉娛忘反獸殫乃止其有禽獸奔逸當之者坐有爵者奪馬步驅一日無爵者鞭之一百峻制嚴刑文武戰慄士卒饑凍而死者萬有餘人宣弓馬衣食皆號爲御有亂其閒者以冒禁罪罪之所過三州十五郡資儲靡有孑遺虎復命石韜亦如之出自并州游于秦晉宣素惡韜寵是行也嫉之彌甚宦者趙生得幸于宣而無寵于韜微勸宣除之於是相圖之計起矣麻秋又襲張重華將張瓘於河峽敗之斬首三千餘級枹罕護軍李逵率眾七千降于虎自河已南氐羌皆降石韜起堂于太尉府號曰宣光殿梁長九丈宣視而大怒斬匠截梁而去韜怒增之十丈宣聞之恚甚謂所幸楊杯牟成曰韜凶豎悖逆敢違我如是汝能殺之者吾入西宮當盡以韜之國邑分封汝等韜既死主上必親臨喪因行大事蔑不濟矣杯等許諾時東南有黃黑雲大如數畝稍分爲三狀若匹布東西經天色黑而青酉時貫日日沒後分爲七道每相去數十丈閒有白雲如角鱗子時乃滅韜素解天文見而惡之顧謂左右曰此變不小當有刺客起于京師不知誰定當之是夜韜讌其寮屬于東明觀樂奏酒酣愀然長歎曰人居世無常別易會難各付一杯開意爲吾飲食必醉知後會復何期而不飲乎因泫然流涕左右莫不歔欷因宿于佛精舍宣使楊杯牟成趙生等緣獼猴梯而入殺韜置其刀箭而去旦宣奏之虎哀驚氣絕久之方蘇將出臨之其司空李農諫曰害秦公者恐在蕭牆之內慮生非常不可以出虎乃止嚴兵發哀于太武殿宣乘素車從千人臨韜喪不哭直言呵呵使舉衾看尸大笑而去收大將軍記室參軍鄭靖尹武等將委之以罪虎疑宣之害韜也謀召之懼其不入乃僞言其母哀過危惙宣不虞已之見疑也入朝中宮因而止之建興人史科告稱韜死夜宿東宮長上楊杯家杯夜與五人從外來相與語曰大事已定但願大家老壽吾等何患不富貴語訖便入科寢闇中杯不見也科尋出逃匿俄而杯與二人出求科不得杯曰宿客聞人向語當殺之斷口舌今而得去作大事矣科踰牆獲免虎馳使收之獲楊杯牟皮趙生等杯皮尋皆亾去執趙生而詰之生具首服虎悲怒彌甚幽宣於席庫以鐵環穿其頷而鏁之作數斗木槽和羹飯以豬狗法食之取害韜刀箭舐其血哀號震動宮殿積柴鄴北樹摽於其上摽末置鹿盧穿之以繩倚梯柴積送宣於摽所使韜所親宦者郝稚劉霸拔其髮抽其舌牽之登梯上於柴積郝稚以繩貫其頷鹿盧絞上劉霸斷其手足斫眼潰腹如韜之傷四面縱火煙炎際天虎從昭儀已下數千登中臺以觀之火滅取灰分置諸門交道中殺其妻子九人宣小子年數歲虎甚愛之抱之而泣兒曰非兒罪虎欲赦之其大臣不聽遂於抱中取而戮之兒猶挽虎衣而大叫時人莫不爲之流涕虎因此發病又誅其四率已下三百人宦者五十人皆車裂節解棄之漳水洿其東宮養豬牛東宮衛士十餘萬人皆讁戍涼州先是散騎常侍趙攬言於虎曰中宮將有變宜防之及宣之殺韜也虎疑其知而不告亦誅之廢宣母杜氏爲庶人貴嬪柳氏尚書耆之女也以才色特幸坐其二兒有寵于宣亦殺之虎追其姿色復納耆少女于華林園虎議立太子其太尉張舉進曰燕公斌彭城公遵並有武藝文德陛下神齒已衰四海未一請擇二公而樹之初戎昭張豺之破上邽也獲劉曜幼女年十二有殊色虎得而嬖之生子世封齊公至是豺以虎年長多疾規立世爲嗣劉當爲太后已得輔政說虎曰陛下再立儲宮皆出自倡賤是以禍亂相尋今宜擇母貴子孝者立之虎曰卿且勿言吾知太子處矣又議于東堂虎曰吾欲以純灰三斛洗吾腹腸穢惡故生凶子兒年二十餘便欲殺公今世方十歲比其二十吾已老矣於是與張舉李農定議勑公卿上書請立世大司農曹莫不署名虎使張豺問其故莫頓首曰天下業重不宜立少是以不敢署也虎曰莫忠臣也然未達朕意張舉李農知吾心矣其令諭之遂立世爲皇太子劉氏爲皇后虎召太常條攸光祿勳杜嘏謂之曰煩卿傅太子實希改轍吾之相託卿宜

明之署攸太傅撮爲少傅虎時疾瘳以永和五年僭即皇帝位于南郊大赦境內建元曰太寧百官增位一等諸子進爵郡王以尚書張良爲右僕射故東宮謫卒高力等萬餘人當戍涼州行達雍城既不在赦例又勑雍州刺史張茂送之茂皆奪其馬令步推鹿車致糧戍所高力督定陽梁犢等因眾心之怨謀起兵東還陰令胡人頡獨鹿微告戍者戍者皆踊抃大呼梁犢乃自稱晉征東大將軍率眾攻陷下辨逼張茂爲大都督大司馬載以軺車安西劉寧自安定擊之大敗而還秦雍閒城戍無不摧陷斬二千石長史長驅而東高力等皆多力善射一當十餘人雖無兵甲所在掠百姓大斧施一丈柯攻戰若神所向崩潰戍卒皆隨之比至長安眾已十萬其樂平王石苞時鎮長安盡銳距之一戰而敗犢遂東出潼關進如洛川虎以李農爲大都督行大將軍事統衛軍張賀度征西張良征虜石閔等率步騎十萬討之戰于新安農師不利又戰于洛陽農師又敗乃退壁成皐犢東掠滎陽陳留諸郡虎大懼以燕王石斌爲大都督中外諸軍事率精騎一萬統姚弋仲苻洪等擊犢于滎陽東大破之斬犢首而還討其餘黨盡滅之俄而晉將軍王龕拔其沛郡始平人馬勖起兵於洛氏葛谷自稱將軍石苞攻滅之誅三千餘家時熒惑犯積尸又犯昴月及熒惑北犯河鼓未幾虎疾甚以石遵爲大將軍鎮關右石斌爲丞相錄尚書事張豺爲鎮衛大將軍領軍將軍吏部尚書並受遺輔政劉氏懼斌之輔政也害世與張豺謀誅之斌時在襄國乃遣使詐斌曰主上患已漸損王須獵者可小停也斌性好酒耽獵遂游畋縱飲劉氏矯命稱斌無忠孝之心免斌官以王歸第使張豺弟雄率龍騰五百人守之石遵自幽州至鄴勑朝堂受拜配禁兵三萬遣之遵慟泣而去是日虎疾小瘳問曰遵至未左右答言久已去矣虎曰恨不見之虎臨於西閤龍騰將軍中郎二百餘人列拜于前虎曰何所求也皆言聖躬不和宜令燕王入宿衛典兵馬或言乞爲皇太子虎不知斌之廢也責曰燕王不在內邪呼來左右言王酒病不能入虎曰促持輦迎之當付其璽綬亦竟無行者尋惛眩而入張豺使弟雄等矯虎命殺斌劉氏又矯命以豺爲太保都督中外諸軍錄尚書事加千兵百騎一依霍光輔漢故事侍中徐統歎曰禍將作矣吾無爲豫之乃仰藥而死俄而虎亦死虎始以咸康元年僭位至此太和六年凡在位十五歲於是世即僞位尊劉氏爲皇太后臨朝進張豺爲丞相豺請石遵石鑒爲左右丞相以慰其心劉氏從之豺與張舉謀誅李農而舉與農素善以豺謀告之農懼率騎百餘奔廣宗率乞活數萬家保于上白劉氏使張舉等統宿衛精卒圍之豺以張離爲鎮軍大將軍監中外諸軍事司隸校尉爲已之副鄴中羣盜大起迭相劫掠石遵聞虎之死屯于河內姚弋仲苻洪石閔劉寧及武衛王鸞寧西王午石榮王鐵立義將軍段勤等既平秦洛班師而歸遇遵于李城說遵曰殿下長而且賢先帝亦有意于殿下矣但以末年惛惑爲張豺所誤今上白相持未下京師宿衛空虛若聲張豺之罪鼓行而討之孰不倒戈開門而迎殿下者邪遵從之洛州刺史劉國等亦率洛陽之眾至于李城遵檄至鄴張豺大懼馳召上白之軍遵次于蕩陰戎卒九萬石閔爲前鋒豺將出距之耆舊羯士皆曰天子兒來奔喪吾當出迎之不能爲張豺戍也踰城而出豺斬之不能止張離率龍騰二千斬關迎遵劉氏懼引張豺入對之悲哭曰先帝梓宮未殯而禍難繁興今皇嗣沖幼託之于將軍將軍何以匡濟邪加遵重官可以弭不豺惶怖失守無復籌計但言唯唯劉氏以遵爲丞相領大司馬大都督中外諸軍錄尚書事加黃鉞九錫增封十郡委以阿衡之任遵至安陽亭張豺懼而出迎遵命執之於是貫甲曜兵入自鳳陽門升于太武前殿擗踴盡哀退如東閤斬張豺于平樂市夷其三族假劉氏令曰嗣子幼沖先帝私恩所授皇業至重非所克堪其以遵嗣位遵僞讓至于再三羣臣敦勸乃受之僭即尊位于太武前殿大赦殊死已下罷上白圍封世爲譙王邑萬戶待以不臣之禮廢劉氏爲太妃尋皆殺之世凡立三十三日於是李農歸請罪遵復其位待之如初尊其母鄭氏爲皇太后其妻張氏爲皇后以石斌子衍爲皇太子石鑒爲侍中石沖爲太保石苞爲大司馬石琨爲大將軍石閔爲中外諸軍事輔國大將軍錄尚書事輔政暴風拔樹震雷雨雹大如盂升太武暉華殿災諸門觀閣蕩然其乘輿服御燒者大半光燄照天金石皆盡火月餘乃滅雨血周遍鄴城石沖時鎮于薊聞遵殺世而自立乃謂其寮佐曰世受先帝之命遵輒廢殺罪逆莫大其勑內外戒嚴孤將親討之於是留寧北沐堅戍幽州帥眾五萬自薊討遵傳檄燕趙所在雲集比及常山眾十餘萬次于苑鄉遇遵赦書謂左右曰吾弟一也死者不可復追何爲復相殘乎吾將歸矣其將陳暹進曰彭城篡弒自尊爲罪大矣王雖北旆臣將南轅平京師擒彭城然後奉迎大駕沖從之遵馳遣王擢以書喻沖沖弗聽遵假石閔黃鉞金鉦與李農等

率精卒十萬討之戰于平棘沖師大敗獲沖于元氏賜死坑其士卒三萬餘人始龔虎號其墓爲顯原陵僞諡武皇帝廟號太祖遵揚州刺史王浹以淮南歸順晉西中郎將陳逵進據壽春征北將軍褚裒帥師伐遵次于下邳遵以李農爲南討大都督率騎二萬來距裒不能進退屯廣陵陳逵聞之懼遂焚壽春積聚毁城而還石苞時鎮長安謀帥關中之衆攻鄴左長史石光司馬曹曜等固諫苞怒誅光等百餘人苞性貪而無謀雍州豪右知其無成竝遣使告晉梁州刺史司馬勳勳於是率衆赴之壁于懸鉤去長安二百餘里使治中劉煥攻京兆太守劉秀離斬之三輔豪右多殺其令長擁三十餘壁有衆五萬以應勳苞輟攻鄴之謀使麻秋姚國等率騎距勳遵遣車騎王朗率精騎二萬外以討勳爲名因劫苞送之于鄴勳又爲朗所距釋懸鉤拔宛城殺遵南陽太守袁景而還初遵之發李城也謂石閔曰努力事成以爾爲儲貳既而立衍閔甚失望自以勳高一時規專朝政遵忌而不能任閔既爲都督總內外兵權乃懷撫殿中將士及故東宮高力萬餘人皆奏爲殿中員外將軍爵關外侯賜以宮女樹已之恩遵弗之猜也而更題名善惡以挫抑之衆咸怨矣而又納中書令孟準左衛將軍王鸞之計頗疑憚於閔稍奪兵權閔益有恨色準等咸勸誅之遵召石鑒等入議于其太后鄭氏之前皆請誅之鄭氏曰李城廻師無棘奴豈有今日小驕縱之不可便殺也鑒出遣宦者楊環馳以告閔閔遂劫李農及右衛王基密謀廢遵使將軍蘇亥周成率甲士三十執遵于如意觀遵時方與婦人彈碁問成等曰反者誰也成曰義陽王鑒當立遵曰我尚如是汝等立鑒復能幾時乃殺之于琨華殿誅鄭氏及其太子衍上光祿張斐中書令孟準左衛王鸞等遵凡在位一百八十三日鑒乃僭位大赦殊死已下以石閔爲大將軍封武德王李農爲大司馬竝錄尚書事郎闓爲司空秦州刺史劉羣爲尚書左僕射侍中盧諶爲中書監鑒使石苞及中書令李松殿中將軍張才等夜誅閔農於琨華殿不克禁中擾亂鑒恐閔爲變僞若不知者夜斬松才於西中華門幷誅石苞時石祗在襄國與姚弋仲苻洪等通和連兵檄誅閔農鑒遣石琨爲大都督與張舉及侍中呼延盛率步騎七萬分討祗等中領軍石成侍中石啟前河東太守石暉謀誅閔農閔農殺之龍驤孫伏都劉銖等結羯士三千伏于胡天亦欲誅閔等時鑒在中臺伏都率三十餘人將升臺挾鑒以攻之鑒見伏都毁閣道臨問其故伏都曰李農等反已在東掖門臣嚴率衛士謹先啟知鑒曰卿是功臣好爲官陳力朕從臺觀卿勿慮無報也於是伏都及銖率衆攻閔農不克屯於鳳陽門閔農率衆數千毁金明門而入鑒懼閔之誅已也馳招閔農開門內之謂曰孫伏都反卿宜速討之閔農攻斬伏都等自鳳陽至琨華橫尸相枕流血成渠宣令內外六夷敢稱兵杖者斬之胡人或斬關或踰城而出者不可勝數使尚書王簡少府王鬱帥衆數千守鑒于御龍觀懸食給之令城內曰與官同心者住不同心者各任所之勑城門不復相禁於是趙人百里內悉入城胡羯去者塡門閔知胡之不爲已用也班令內外趙人斬一胡首送鳳陽門者文官進位三等武職悉拜牙門一日之中斬首數萬閔躬率趙人誅諸胡羯無貴賤男女少長皆斬之死者二十餘萬尸諸城外悉爲野犬豺狼所食屯據四方者所在承閔書誅之于時高鼻多須至有濫死者半太宰趙鹿太尉張舉中軍張春光祿石岳撫軍石寧武衛張季及諸公侯卿校龍騰等萬餘人出奔襄國石琨奔據冀州撫軍張沈屯滏口張賀度據石瀆建義段勤據黎陽寧南楊羣屯桑壁劉國據陽城段龕據陳留姚弋仲據混橋苻洪據枋頭衆各數萬王朗麻秋自長安奔于洛陽秋承閔書誅朗部胡千餘朗奔于襄國麻秋帥衆奔于苻洪石琨及張舉王朗率衆七萬伐鄴石閔率衆千餘距之城北閔執兩刃矛馳騎擊之皆應鋒摧潰斬級三千琨等大敗遂歸于冀州閔與李農率騎三萬討張賀度于石瀆鑒密遣宦者齎書召張沈等使承虛襲鄴宦者以告閔農閔農馳還廢鑒殺之誅虎孫三十八人盡殪石氏鑒在位一百三日虎小男混永和八年將妻妾數人奔京師勑收付廷尉俄而斬之於建康市虎十三子五人爲冉閔所殺八人自相殘害混至此又死初讖言滅石者陵尋而石閔徙封蘭陵公虎惡之改蘭陵爲武興郡至是終爲閔所滅始勒以成帝咸和三年僭立二主四子凡二十三年以穆帝永和五年滅

張賓字孟孫趙郡中丘人也父瑤中山太守賓少好學博涉經史不爲章句闊達有大節常謂昆弟曰吾自言知算鑒識不後子房但不遇高祖耳爲中丘王帳下都督非其好也病免及永嘉大亂石勒爲劉淵輔漢將軍與諸將下山東賓謂所親曰吾歷觀諸將多矣獨胡將軍可與共成大事乃提劒軍門大呼請見勒亦未之奇也後漸進規模乃異之引爲謀主機不虛發算無遺策成勒之基業皆賓之勳也又爲右長史大執法封濮陽

侯任遇優顯寵冠當時而謙虛敬慎開襟下士士無賢愚造之者莫不得盡其情爲肅清百寮屏絕私昵入則格言出則歸美勒甚重之每朝常爲之正容貌飭辭令呼曰右侯而不名之勒朝莫與爲比也及卒勒親臨哭之哀慟左右贈散騎常侍右光祿大夫儀同三司謚曰景將葬送于正陽門望之流涕顧左右曰天欲不成吾事邪何奪吾右侯之早也程遐代爲右長史勒每與遐議有所不合輒歎曰右侯捨我去令我與此輩共事豈非酷乎因流涕彌日

魏

冉閔字永曾小字棘奴虎之養孫也父瞻字弘武本姓冉名良魏郡內黃人也其先漢黎陽騎都督累世牙門勒破陳午獲瞻時年十二命虎子之驍猛多力攻戰無前歷位左積射將軍西華侯閔幼而果銳虎撫之如孫及長身長八尺善謀策勇力絕人拜建節將軍徙封修成侯歷位北中郎將游擊將軍虎之敗於昌黎閔軍獨全由此功名大顯及敗梁犢之後威聲彌振胡夏宿將莫不憚之永和六年殺石鑒其司徒申鍾司空郎闓等四十八人上尊號于閔閔固讓李農農以死固請於是僭即皇帝位于南郊大赦改元曰永興國號大魏復姓冉氏追尊其祖隆元皇帝考瞻烈祖高皇帝尊母王氏爲皇太后立妻董氏爲皇后子智爲皇太子以李農爲太宰領太尉錄尚書事封齊王農諸子皆封爲縣公封其子允明裕皆爲王文武進位三等封爵有差遣使者持節赦諸屯結皆不從石祗閔鑒死僭稱尊號于襄國諸六夷據州郡擁兵者皆應之閔遣使臨江告晉曰胡逆亂中原今已誅之若能共討者可遣軍來也朝廷不荅閔誅李農及其三子幷尚書令王謨侍中王衍中常侍嚴震趙昇等晉廬江太守袁眞攻其合肥執南蠻校尉桑坦遷其百姓而還石祗遣其相國石琨率衆十萬伐鄴進據邯鄲祗鎭南劉國自繁陽會琨閔大敗琨于邯鄲死者萬餘劉國還屯繁陽苻健自枋頭入關張賀度段勤與劉國靳豚會于昌城將攻鄴閔遣尚書左僕射劉羣爲行臺都督使其將王泰崔通周成等帥步騎十二萬次于黃城閔躬統精卒八萬繼之戰于蒼亭賀度等大敗死者二萬八千追斬靳豚于陰安鄉盡俘其衆振旅而歸戎卒三十餘萬旌旗鍾鼓緜亙百餘里雖石氏之盛無以過之閔至自蒼亭行飲至之禮清定九流準才授任儒學後門多蒙顯進于時翕然方之爲魏晉之初閔率步騎十萬攻石祗于襄國署其子太原王允爲大單于驃騎大將軍以降胡一千配爲麾下光祿大夫韋謏啟諫甚切閔覽之大怒誅謏及其子孫閔攻襄國百餘日爲土山地道築室反耕祗大懼去皇帝之號稱趙王遣使詣慕容儁姚弋仲以乞師會石琨自冀州援祗弋仲復遣其子襄率騎三萬八千至自灄頭儁遣將軍悅綰率甲卒三萬自龍城三方勁卒合十餘萬閔遣車騎胡睦距襄于長蘆將軍孫威候琨于黃邱皆爲敵所敗士卒略盡睦威單騎而還琨等軍且至冉閔將出擊之衞將軍王泰諫曰窮寇固迷希望外援今彊救雲集欲吾出戰腹背擊我宜固壘勿出觀勢而動以挫其謀今陛下親戎如失萬全大事去矣請愼無出臣請率諸將爲陛下滅之閔將從之道士法饒進曰太白經昴當殺胡王一戰百尅不可失也閔攘袂大言曰吾戰決矣敢諫者斬於是盡衆出戰姚襄悅綰石琨等三面攻之祗衝其後閔師大敗閔潛于襄國行宮與十餘騎奔鄴降胡栗特康等執冉允及左僕射劉琦等送于祗盡殺之司空石璞尚書令徐機車騎胡睦侍中李琳中書監盧諶少府王鬱尚書劉欽劉休等及諸將士死者十餘萬人於是人物殲矣賊盜蜂起司冀大饑人相食自虎末年而閔盡散倉庫以樹私恩與羌胡相攻無月不戰青雍幽荊州徙戶及諸氐羌胡蠻數百餘萬各還本土道路交錯互相殺掠且饑疫死亡其能達者十有二三諸夏紛亂無復農者閔悔之誅法饒父子支解之贈韋謏大司徒石祗使劉顯帥衆七萬攻鄴時閔潛還莫有知者內外兇兇皆謂閔已沒矣射聲校尉張艾勸閔親郊以安衆心閔從之訛言乃止劉顯次于明光宮去鄴二十三里閔懼召衞將軍王泰議之泰恚其謀之不從辭以瘡甚閔親臨問之固稱疾篤閔怒還宮顧謂左右曰巴奴乃公豈假汝爲命邪要將先滅羣胡卻斬王泰於是盡衆而戰大敗顯軍追奔及于陽平斬首三萬餘級顯懼密使請降求殺祗爲效閔振旅而歸會有告王泰招集秦人將奔關中閔怒誅泰夷其三族劉顯集殺祗及其太宰趙鹿等十餘人傳首于鄴送質請命驃騎石寧奔于柏人閔命焚祗首于通衢閔兗州刺史劉啟以鄄城歸順劉顯復率衆伐鄴閔擊敗之還稱尊號于襄國閔徐州刺史周成兗州刺史魏統豫州牧冉遇荊州刺史樂弘皆以城歸順平南高崇征虜呂護執洛州刺史鄭系以三河歸順慕容恪攻陷中山殺閔寧北白同幽州刺史劉準降于慕容儁時有雲黃赤色起東北長百餘丈一白鳥從雲間西南去占者惡之劉顯率衆伐常山太守蘇亥告難于閔閔留其大將軍蔣

幹等輔其太子智守鄴親率騎八千救之顒所署大司馬清河王寧以棗彊降于閔收其餘眾擊顒敗之追奔及于襄國顒大將曹伏駒開門爲應遂入襄國誅顒及其公卿已下百餘人焚襄國宮室遷其百姓于鄴顒領軍范路帥眾千餘斬關奔于枋頭時慕容儁已克幽薊略地至于冀州閔帥騎距之與慕容恪相遇於魏昌城閔大將軍董閏車騎張溫言於閔曰鮮卑乘勝氣勁不可當也請避之以溢其氣然後濟師以擊之可以捷也閔怒曰吾成師以出將平幽州斬慕容儁今遇恪而避之人將侮我矣乃與恪遇十戰皆敗之恪乃以鐵鎖連馬簡善射鮮卑勇而無剛者五千方陣而前閔所乘赤馬曰朱龍日行千里左杖雙刃矛右執鉤戟順風擊之斬鮮卑三百餘級俄而燕騎大至圍之數周閔眾寡不敵躍馬潰圍東走行二十餘里馬無故而死爲恪所擒及董閏張溫等送之于薊儁立閔而問之曰汝奴僕下才何自妄稱天子閔曰天下大亂爾曹夷狄人面獸心尚欲篡逆我一時英雄何爲不可作帝王邪儁怒鞭之三百送于龍城告廆皝廟遣慕容評率眾圍鄴劉寧及弟崇帥胡騎三千奔于晉陽蘇亥棄常山奔于新興鄴中饑人相食虎時宮人被食略盡冉智尚幼蔣幹遣侍中繆嵩詹事劉猗奉表歸順且乞師于晉濮陽太守戴施自倉垣次于棘津止猗不聽進責其傳國璽猗使嵩還鄴復命幹沈吟未決施乃率壯士百餘人入鄴助守三臺譎之曰且出璽付我今凶寇在外道路不通未敢送也須得璽當馳白天子耳天子聞璽已在吾處信卿至誠必遣軍糧厚相救餉幹以爲然乃出璽付之施宣言使督護何融迎糧陰令懷璽送于京師長水校尉馬顒龍驤田香開門降評施融蔣幹懸縋而下奔于倉垣評送閔妻董氏太子智太尉申鍾司空條攸中書監聶熊司隸校尉籍羆中書令李垣及諸王公卿士于薊尚書令王簡左僕射張乾右僕射郎肅自殺儁送閔既至龍城斬于遏陘山山左右七里草木悉枯蝗蟲大起五月不雨至于十二月儁遣使者祀之諡曰武悼天王其日大雪是歲太和八年也

通志卷一百八十七

通志卷一百八十八

宋右迪功郎鄭樵漁仲撰

載記第三

前燕

慕容廆　皝　儁　暐　裴嶷　高瞻　慕容翰　陽裕　韓恆　李產子績　慕容恪　陽騖　皇甫眞

慕容廆字奕洛瓌昌黎棘城鮮卑人也其先有熊氏之苗裔世居北夷邑于紫蒙之野號曰東胡其後與匈奴竝盛控弦之士二十餘萬風俗官號與匈奴略同秦漢之際爲匈奴所敗分保鮮卑山因以爲號曾祖莫護跋魏初率其諸部入居遼西從司馬懿伐公孫氏有功拜率義王始建國於棘城之北時燕代多冠步搖冠莫護跋見而好之乃斂髮襲冠諸部因呼之爲步搖其後音訛遂爲慕容焉或云慕二儀之德繼三光之容遂以慕容爲氏祖木延左賢王父涉歸以全柳城之功進拜鮮卑單于遷邑於遼東北於是漸慕諸夏之風矣廆幼而魁岸美姿貌身長八尺雄傑有大度安北將軍張華雅有知人之鑒廆童冠時往謁華甚歎異謂曰君至長必爲命世之器匡難濟時者也因以所服簪幘遺廆結殷勤而別涉歸死其弟耐篡位將謀殺廆廆亡潛以避禍後國人殺耐迎廆立之初涉歸有憾於宇文鮮卑廆將脩先君之怨表請討之武帝弗許廆怒入寇遼西殺略甚衆帝遣幽州諸軍討廆戰于肥如廆衆大敗自後復掠昌黎每歲不絕又率衆東伐扶餘扶餘王依慮自殺廆夷其國城驅萬餘人而歸東夷校尉何龕遣督護賈沈將迎立依慮之子爲王廆遣其將孫丁率騎邀之沈力戰斬丁遂復扶餘之國廆謀於其衆曰吾先公以來世奉中國且華裔理殊彊弱固別豈能與晉競乎何爲不和以害吾百姓邪乃遣使來降帝嘉之拜爲鮮卑都督廆致敬於東夷府巾衣詣門抗士大夫之禮何龕嚴兵引見廆乃改服戎衣而入人問其故廆曰士人不以禮賓復何爲哉龕聞而慙之彌加敬憚時東胡宇文鮮卑段部以廆威德日廣懼有吞倂之計因爲寇掠往來不絕廆卑辭厚幣以撫之太康十年廆又遷于徒河之青山廆以大棘城卽帝顓頊之墟也元康四年乃移居之教以農桑法制同於上國永寧中燕垂大水廆開倉振給幽方獲濟天子聞而嘉之褒賜命服太安初宇文莫圭遣弟屈雲寇邊城雲別帥大素延攻掠諸部廆親擊敗之素延怒率衆十萬圍棘城衆咸懼人無距志廆曰素延雖犬羊蟻聚然軍無法制已在吾計矣諸君但爲力戰無所憂也乃躬貫甲冑馳出擊之素延大敗追奔百里俘斬萬餘人永嘉初廆自稱鮮卑大單于遼東太守龐本以私憾殺東夷校尉李臻附塞鮮卑素連木津等託爲臻報讐實欲因而爲亂遂攻陷諸縣殺掠士庶太守袁謙頻戰失利校尉封釋懼而請和連歲寇掠百姓失業流亡歸附者日月相繼廆子翰言於廆曰求諸侯莫如勤王自古有爲之君靡不仗此以成事業者也今連津跋扈王師覆敗蒼生屠膾豈甚此乎豎子外以龐本爲名內實幸而爲寇封使君以誅本請和而毒害滋深遼東傾沒垂已二周中原兵亂州師屢敗勤王仗義今其時也單于宜明九伐之威救倒懸之命數連津之罪合義兵以誅之上則興復遼邦下則幷吞二部忠義彰於本朝私利歸于我國此則吾鴻漸之始也終可以得志於諸侯廆從之是日率騎討連津大敗斬之二部悉降徙之棘城立遼東郡而歸懷帝蒙塵于平陽王浚承制以廆爲散騎常侍冠軍將軍前鋒大都督大單于廆不受建興中愍帝遣使拜廆鎭軍將軍昌黎遼東二國公建武初元帝承制拜廆假節散騎常侍都督遼左雜夷流人諸軍事龍驤將軍大單于昌黎公廆讓而不受征虜將軍魯昌說廆曰今兩京傾沒天子蒙塵琅邪承制江東實人命所繫明公雄據海朔跨總一方而諸部猶怙衆稱兵未遵道化者蓋以官非王命又自以爲彊今宜通使琅邪勸承大統然後敷宣帝命以伐有罪誰敢不從廆善之乃遣其長史王濟浮海勸進及帝卽尊位遣謁者陶遼重申前命授廆將軍單于廆固辭公封時二京傾覆幽冀淪陷廆刑政脩明虛懷引納流亡士庶多襁負歸之廆乃立郡以統流人冀州人爲冀陽郡豫州人爲成周郡青州人爲營邱郡幷州人爲唐國郡於是推舉賢才委以庶政以河東裴嶷代郡魯昌北平陽耽爲謀主北海逢羨廣平游邃北平西方虔渤海封抽西河宋奭河東裴開爲股肱渤海封奕平原宋該安定皇甫岌蘭陵繆愷以文章才儁任居樞要會稽朱左車泰山胡毋翼魯國孔纂以舊德清重引爲賓友平原劉讚儒學該通引爲東庠祭酒其世子皝率國胄東脩受業焉廆覽政之暇親臨聽之於是路有頌聲禮讓興矣時平州刺史東夷校尉崔毖自以爲南州士望意存懷集而流亡者莫有赴之毖意廆拘留乃陰結高句驪及宇文段國等謀滅廆以分其地太興初三國伐廆廆曰彼信崔毖虛說邀一時之利烏合而來耳既無統一莫相歸伏吾今破之必矣然彼軍初合其鋒甚

銳幸我速戰若逆擊之落其計矣靖以待之必懷疑貳迭相猜防一則疑吾與𢦏譎而覆之二則自疑三國之中與吾有韓魏之謀者待其人情沮惑然後取之必矣於是三國攻棘城廆閉門不戰遣使送牛酒以犒宇文大言於眾曰崔毖昨有使至於是二國果疑宇文同於廆也引兵而歸宇文悉獨官曰二國雖歸吾當獨兼其國何用人為盡眾逼城連營三十里廆簡銳士配皝推鋒於前翰領精騎為奇兵從旁出直衝其營廆方陣而進悉獨官自恃其眾不設備見廆軍之至方率兵距之前鋒始交翰已入其營縱火焚之其眾皆震擾不知所為遂大敗悉獨官僅以身免盡俘其眾於其營候獲皇帝玉璽三紐遣長史裴嶷送于建鄴崔毖懼廆之仇己也使兄子燾僞賀廆會三國使亦至請和曰非我本意崔平州教我耳廆將燾示以攻圍之處臨之以兵曰汝叔父教二國滅我何以詐來賀我乎燾懼首服廆乃遣燾歸說毖曰降者上策走者下策也以兵隨之毖與數十騎棄家室奔于高句麗廆悉降其眾徙燾及高瞻等于棘城待以賓禮明年高句麗寇遼東廆遣眾擊敗之裴嶷至自建鄴帝遣使者拜廆監平州諸軍事安北將軍平州刺史增邑二千戶尋加使持節都督幽州東夷諸軍事車騎將軍平州牧進封遼東郡公邑一萬戶常侍單于竝如故丹書鐵券承制海東命備官司置平州守宰段末波初統其國而不脩備廆遣皝襲之入令支收其名馬寶物而還石勒遣使通和廆距之送其使於建鄴勒怒遣宇文乞得龜擊廆廆遣皝距之以裴嶷為右部都督率索頭為右翼命其少子仁自平郭趣伯林為左翼攻乞得龜克之悉虜其眾乘勝拔其國城收其資用億計徙其人數萬戶以歸成帝即位加廆侍中位特進咸和五年又加開府儀同三司固辭不受廆嘗從容言曰獄者人命之所懸也不可以不慎賢人君子國家之基也不可以不敬稼穡者國之本也不可以不急酒色便佞亂德之甚也不可以不戒乃著家令數千言以申其旨遣使與太尉陶侃牋申布忠懇詞旨可觀使者遭風沒海其後廆更寫前牋并齎其東夷校尉封抽行遼東相韓矯等三十餘人疏上侃府欲進廆為燕王行大將軍事侃報抽等書其略曰車騎將軍憂國忘身貢篚載路羯賊求和執使送之西討段國北伐塞外遠綏索頭荒服以獻惟北部未賓屢遣征伐又知東方官號高下齊班進無統攝之權退無等差之降欲進車騎為燕王一二具之夫功成進爵古之成制也車騎雖未能為官摧勒然忠義竭誠今騰牋上聽可不遲速當任天臺也朝議未定八年廆卒乃止時年六十五在位四十九年帝遣使者策贈大將軍開府儀同三司謚曰襄及儁僭號僞謚武宣皇帝

慕容皝字元真廆第三子也龍顏版齒身長七尺八寸雄毅多權略尚經術達天文廆為遼東公立為世子建武初拜為冠軍將軍左賢王封望平侯率眾征討累有功太寧末拜平北將軍進封朝鮮公廆卒嗣位以平北將軍行平州刺史督攝部內尋而宇文乞得龜為別部逸豆歸所逐奔死于外皝率騎討之逸豆歸懼而請和遂築榆陰安晉二城而還初皝庶兄建威翰驍武有雄才素為皝所忌母弟征虜仁廣武昭竝有寵於廆皝亦不平之及廆卒竝懼不自容至此翰出奔段遼仁勸昭舉兵廢皝皝殺昭遣使按檢仁之虛實遇仁於險瀆仁知事發殺皝使東歸平郭皝遣其弟建武幼司馬佟壽等討之仁盡眾距戰幼等大敗皆沒於仁襄平令王冰將軍孫機以遼東叛于皝東夷校尉封抽護軍乙逸遼東相韓矯元菟太守高詡等棄城奔還仁於是盡有遼左之地自稱車騎將軍平州刺史遼東公宇文歸段遼及鮮卑諸部竝為之援咸和九年皝遣其司馬封奕攻鮮卑木堤于白狼揚威淑虞攻烏丸悉羅侯於平堈皆斬之材官劉佩攻乙連不克段遼遂寇徒河皝將張萌逆擊敗之遼弟蘭與翰寇柳城都尉石琮擊敗之旬餘蘭翰復圍柳城皝遣寧遠慕容汗及封奕等救之皝戒汗曰賊眾氣銳難與爭鋒宜顧萬全慎勿輕進必須兵集陣整然後擊之汗性驍鋭遣千餘騎為前鋒而進封奕止之汗不從為蘭所敗死者大半蘭復攻柳城為飛梯地道圍守二旬石琮躬勒將士出擊敗之斬首千五百級蘭乃遁歸是歲成帝遣謁者徐孟閭邱幸等持節拜皝鎮軍大將軍平州刺史大單于遼東公持節都督承制封拜一如廆故事皝自征遼東克襄平仁所署居就令劉程以城降新昌人張衡執縣宰以降於是斬仁所置守宰分徙遼東大姓於棘城置和陽武次西樂三縣而歸咸康初遣封奕襲宇文別部涉奕于大獲而還涉奕于率騎追戰于渾水又敗之皝將乘海討仁羣下咸諫以海道危阻宜從陸路皝曰舊海水無淩自仁反已來凍合者三矣昔漢光武因滹沲之冰以濟大業天其或者欲吾乘此而克之乎吾計決矣有沮謀者斬乃率三軍從昌黎踐淩而往仁不虞皝之至也軍去平郭七里候騎乃告仁狼狽出戰為皝所擒振旅而還立籍田於朝陽門東置官司以主之段遼遣其將李詠夜襲

興國遇雨引還都尉張萌追擊擒訴段蘭擁衆數萬屯于曲水亭將攻柳城宇文歸入寇安晉爲蘭聲援皝以步騎五萬擊之師次柳城蘭歸皆遁遣封奕率輕騎追擊敗之收其軍實館穀二旬而還謂諸將曰二虜恥無功而歸必復重至宜於柳城左右設伏以待之遣封奕率騎潛于馬兜山諸道俄而遼騎果至奕夾擊大敗之斬其將榮保遣兼長史劉斌郎中令陽景送徐孟等歸于京師使其世子儁伐段遼諸城封奕攻宇文別部皆大捷而歸立納諫之木以開讜言之路後徙昌黎郡築好城於乙連東使將軍蘭勃戍之以逼乙連又城曲水以爲勃援乙連饑甚段遼輸之粟蘭勃要擊獲之遼遣將屈雲攻興國與皝將慕容遵大戰於五官水上雲敗斬之盡俘其衆封奕等以皝任重位輕宜稱燕王皝於是以咸康三年僭即王位赦其境內以封奕爲國相韓壽爲司馬裴開陽騖王寓李洪杜羣宋該劉瞻石琮皇甫眞陽協宋晃平熙張泓等竝爲列卿將帥起文昌殿乘金根車駕六馬出入稱警蹕以其妻段氏爲王后世子儁爲太子皆如魏武晉文輔政故事皝以段遼屢爲邊患遣將軍宋回稱藩于石虎請師討遼虎於是總衆而至皝率諸軍攻遼令支以北諸城遼遣其將段蘭來距大戰敗之斬級數千掠五千餘戶而歸虎至徐無遼奔密雲山虎進入令支怒皝之不會師也進軍擊之至于棘城戎卒數十萬四面進攻郡縣諸部叛應虎者三十六城相持旬餘左右勸皝降皝曰孤方取天下何乃降人乎遣子恪等率騎二千晨出擊之虎諸軍驚擾棄甲而遁恪乘勝追之斬獲三萬餘級築戍凡城而還段遼遣使詐降於石虎請兵應接虎遣其將麻秋率衆迎遼恪伏精騎七千於密雲山大敗之獲其司馬陽裕將軍單于亮擁段遼及其部衆以歸帝又遣使拜爲征北大將軍幽州牧領平州刺史加散騎常侍增邑萬戶持節都督單于公如故皝前軍帥慕容評敗虎將石成等于遼西斬其將呼延晃張支掠千餘戶以歸段遼謀叛皝誅之虎又使石成入攻凡城不克進陷廣城皝雖稱燕王未有朝命乃遣其長史劉祥獻捷京師兼言權假之意并請大舉討平中原又聞庾亮薨弟冰翼皆爲將相乃表言不宜崇顯舅氏又與冰書戒以負乘之累冰見表及書甚懼以其絕遠非所能制遂與何充等奏聽皝稱燕王其年皝伐高句麗王釗乞盟而還明年釗遣其世子朝於皝初段遼之敗也建威翰奔于宇文歸自以威名夙振終不保全乃陽狂恣酒被髮歌呼歸信而不禁故得周游自任至於山川形便攻戰要路莫不練之皝遣商人王車陰使察翰翰見車無言撫膺而已車還以白皝曰翰欲來也乃遣車遺翰弓矢翰乃竊歸駿馬攜其二子而還皝將圖石氏從容謂諸將曰石虎自以安樂諸城守防嚴重城之南北必不設備今若詭路出其不意冀之北土盡可破也於是率騎二萬出蠮螉塞長驅至於薊城進渡武遂津入于高陽所過焚燒積聚掠徙幽冀三萬餘戶使陽裕唐柱等築龍城構宮廟改柳城爲龍城縣於是成帝使兼大鴻臚郭希持節拜皝侍中大都督河北諸軍事大將軍燕王其餘官皆如故封諸功臣百餘人咸康七年皝遷都龍城率勁卒四萬入自南陜以伐宇文高句麗又使翰及子垂爲前鋒遣長史王寓等勒衆萬五千從北置而進高句麗王釗謂皝軍之從北路也乃遣其弟武統精銳五萬攻北置躬率羸卒以防南陜翰與釗戰于木底大敗之乘勝遂入丸都釗單馬而遁皝掘釗父利墓載其尸并其母妻珍寶掠男女五萬餘口焚其宮室毀丸都而歸明年釗遣使稱臣於皝貢其方物乃歸其父尸宇文歸遣其國相莫淺渾伐皝諸將請戰皝不許渾以皝爲憚之荒酒縱獵不復設備皝曰渾奢忌已甚今則可一戰矣遣翰率騎擊之渾大敗僅以身免盡俘其衆皝躬巡郡縣勸課農桑起龍城宮闕尋又率騎二萬親伐宇文歸以翰及垂爲前鋒歸使其驍將涉奕于盡衆距翰皝馳遣謂翰曰奕于雄悍宜小避之待虜勢驕然後取也翰曰歸之精銳盡在於此今若克之歸則不勞兵而滅奕于徒有虛名其實易與耳不宜縱敵挫吾兵氣於是前戰斬奕于盡俘其衆歸遠遁漠北皝開地千餘里徙其部人五萬餘落於昌黎改涉奕于城爲威德城行飲至之禮論功行賞各有差以牧牛給貧家出于苑中公收其八二分入私有牛而無地者亦田苑中公收其七三分入私皝記室參軍封裕入諫以爲宜省罷諸苑以業流人人至而無資產者賜之以牧牛且魏晉雖道消之世猶削取百姓不至於七八持官牛者官得六分百姓得四分私牛而官田者與官中分百姓安之人皆悅樂臣猶曰非明王之道而況增於此者乎又水旱之厄堯湯所不免王者宜濬治溝澮循鄭白西門史起溉灌之法旱則泆溝爲雨水則入於溝瀆上無雲漢之憂下無昏墊之患句麗百濟及宇文段部之人皆兵勢所徙非如中國慕義而至咸有思歸之心今戶垂十萬狹湊都城恐方將爲國家深害宜分其兄弟宗屬徙于西境諸城撫之以恩檢之以法使不得散在居人知國之虛實今中

原未平資產未廣官司猥多游食者衆一夫不耕歲受其飢政之巨患莫甚於此其有經略出世才稱時求者自可隨須置之列位非此已往其耕而食蠶而衣亦天之道也殿下聖性寬明思賢若渴前者參軍王憲大夫劉明竝竭忠獻款主者責以妖妄致之於法雖殿下苞容恕其大辟然猶加黜削禁錮以此求言豈有得邪又四業者國之所資教學者有國盛事習戰務農尤其本也百工商賈猶其末耳宜量軍國所須置其員數已外歸之於農教之戰法學者三年無成亦宜還之於農不可徒充大員以塞聽儁之路皝覽諫乃下令曰君以黎元爲國黎元以穀爲命然則農者國之本也其悉罷苑囿以給百姓無田業者全無資產不能自存各賜牧牛一頭若私有餘力樂取官牛墾官田者其依魏晉舊法溝洫溉灌有益官私主者量造務盡水陸之勢中州未平兵難不息勳誠既多官僚不可以減也待克平凶醜徐更議之百工商賈數四佐與列將速定大員餘者還農學生不任訓教者亦除員錄夫人臣關言於人主至難也妖妄不經之事皆應蕩然不問擇其善者而從之王憲劉明雖其罪應禁黜亦猶孤之無大量也可悉復本官仍居諫司封生蹇蹇深得王臣之體詩不云乎無言不酬其賜錢五萬明宣內外有欲陳孤過者不拘貴賤勿有所諱時有黑龍白龍各一見于龍山皝親率羣僚觀之去龍二百餘步祭以太牢二龍交首嬉翔解角而去皝大悅還宮赦其境內號新宮曰和龍立龍翔佛寺于山上賜其大臣子弟爲官學生者號高門生立東庠于舊宮以行鄉射之禮每月臨觀考試優劣皝雅好文籍勤於講授學徒甚盛至千餘人親造太上章以代急就又著典誡十五篇以教胄子慕容恪攻高句麗南蘇克之置戍而還三年遣其世子儁與恪率騎萬七千東襲扶餘克之虜其王及部衆五萬餘口以還皝親臨東庠考試學生其經通秀異者擢充近侍以久旱丐百姓田租罷成周冀陽營邱等郡以渤海人爲興集縣河間人爲寧集縣廣平魏郡人爲興平縣東萊北海人爲育黎縣吳人爲吳縣悉隸燕國皝嘗畋于西鄙將濟河見一父老服朱衣乘白馬舉手麾皝曰此非獵所王其還也祕之不言遂濟河連日大獲後見白兎馳射之馬倒被傷乃說所見輦而還宮引儁屬以後事以永和四年死在位十五年時年五十二儁僭號追謚文明皇帝

慕容儁字宣英皝之第二子也初廆常言吾積福累仁子孫當有中原既而生儁廆曰此兒骨相不恆吾家得之矣及長身長八尺二寸姿貌魁偉博觀圖書有文武幹略皝爲燕王拜儁假節安北將軍東夷校尉左賢王燕王世子皝死永和五年僭即燕王位依春秋列國故事稱元年赦于境內是時石虎死趙魏大亂儁將圖兼幷之計以慕容恪爲輔國將軍慕容評爲輔弼將軍陽騖爲輔義將軍慕容垂爲前鋒都督建鋒將軍簡精卒二十餘萬以待期是歲穆帝使謁者陳沈拜儁爲使持節侍中大都督都督河北諸軍事幽冀幷平四州牧大將軍大單于燕王承制封拜一如廆皝故事明年儁率三軍南伐出自盧龍次于無終石虎幽州刺史王午棄城走留其將王他守薊儁攻陷其城斬他因而都之徙廣甯上谷人于徐無代郡人于凡城而還及冉閔殺石祗僭稱大號遣其使人常煒聘於儁儁引之觀下使其記室封裕詰之曰冉閔養息常才負恩篡逆有何祥應而僭稱大號煒曰天之所興其致不同猥烏紀于三王麟龍表于漢魏寡君應天馭曆能無祥乎且用兵殺罰哲王盛典湯武親行誅放而仲尼美之魏武養於宦官莫知所出衆不盈旅遂能終成大功暴胡酷亂蒼生屠膾寡君奮劍而誅除之黎元獲濟可謂功格皇天勳侔高祖恭承乾命有何不可裕曰石祗去歲使張舉請救云璽在襄國其言信不又聞閔鑄金爲己象壞而不成奈何言有天命煒曰誅胡之日在鄴者略無所遺璽何從而向襄國此求救之辭耳天之神璽實在寡君且妖孽之徒欲假奇眩衆或改作萬端以神其事寡君今已握乾符類上帝四海懸諸掌大業集于身何所求處而取信此乎鑄形之事所未聞也儁既銳信舉言又欣於閔鑄形之不成也必欲審之乃積薪置火於其側命裕等以意喻之煒神色自若抗言曰結髮已來尚不欺庸人況千乘乎巧詐虛言以救死者使臣所不爲也直道受戮死自分耳益薪速火君之大惠左右勸儁殺之儁曰古者兵交使在其間此亦人臣常事遂赦之遣慕容恪略地中山慕容評攻王午于魯口恪次唐城冉閔將白同中山太守侯龕固守不下恪留其將慕容彪攻之進討常山評次南安王午遣其將鄭生距評評逆擊斬之侯龕踰城出降恪進克中山斬白同儁軍令嚴明諸將無所犯閔章武太守賈堅率郡兵邀評戰于高城擒堅於陣斬首三千餘級是歲丁零翟鼠及冉閔將劉準等率其所部降于儁封鼠歸義王拜準左司馬時鮮卑段勤初附於儁其後復叛儁遣慕容恪及相國封奕討冉閔于安喜慕容垂討段勤于繹幕儁如中山爲二軍聲勢閔懼奔于常山恪追及於泒水閔威名素振衆咸

儁之恪謂諸將曰閔師老卒疲實爲難用如其勇而無謀一夫之敵耳雖有甲兵不足擊也吾今分軍爲三部犄角以待之閔性輕鋭又知吾軍勢非其敵必出萬死衝吾中軍吾今貫甲厚陣以俟其至諸君但厲卒從傍須其戰合夾而擊之蔑不克也及戰敗之斬首七千餘級擒閔送之斬於龍城恪屯軍呼沲閔將蘇亥遣其將金光率騎數千襲恪恪逆擊斬之亥大懼奔于幷州恪進據常山段勤懼而請降遂進攻鄴閔將蔣幹閉城距守儁又遣慕容評等率騎一萬會攻鄴是時鷰巢于儁正陽殿之西椒生三雛頂上有豎毛凡城獻異鳥五色成章儁謂羣僚曰是何祥也咸稱鷰者燕鳥也首有毛冠者言大燕龍興冠通天章甫之象也巢正陽西椒者言至尊臨軒朝萬國之徵也三子者數應三統之驗也神鳥五色言聖朝將繼五行之籙以御四海者也儁覽之大悦既而蔣幹率鋭卒五千出城挑戰慕容評等擊敗之斬首四千餘級幹單騎還鄴於是羣臣勸儁稱尊號儁答曰吾本幽漠射獵之鄉被髮左衽之俗歷數之籙寧有分邪卿等苟相褒舉以覬非望實匪寡德所宜聞也慕容恪封奕討王午于魯口降之尋而慕容評攻克鄴城送冉閔妻子僚屬及其文物于中山先是蔣幹以傳國璽送于建鄴儁欲神其事業言歷運在己乃詐云閔妻得之以獻賜號曰奉璽君因以永和八年僭即皇帝位大赦境內建元曰元璽署置百官以封奕爲太尉慕容恪爲侍中陽騖爲尚書令皇甫眞爲尚書左僕射張希爲尚書右僕射宋活爲中書監韓恒爲中書令其餘封授各有差追尊廆爲高祖武宣皇帝皝爲太祖文明皇帝時朝廷遣使詣儁儁謂使者曰汝還白汝天

子我承人乏爲中國所推已爲帝矣初石虎使人探策于華山得玉版文曰歲在申酉不絕如綫歲在壬子眞人乃見及此燕人咸以爲儁之應也改司州爲中州置司隸校尉官羣下言大燕受命上承光紀黑精之君運歷傳屬代金行之后宜行夏之時服周之冕旗幟尙黑牲牡尙元儁從之其從行文武諸藩使人及登號之日者悉增位三級泒河之師守鄴之軍下及戰士賜各有差臨陣戰亡者將士加贈二等士卒復其子孫殿中舊人皆隨才擢叙立其妻可足渾氏爲皇后世子曄爲皇太子晉寧朔將軍榮胡以彭城魯郡叛降于儁常山人李犢聚衆數千反于普壁壘儁遣慕容恪率衆討降之初冉閔既敗王午自號安國王午既死呂護復襲其號保魯口恪進討走之遣前軍悅綰追入于野王悉降其衆姚襄以梁國降于儁以慕容評爲都督秦雍益梁江揚荆徐兗豫十州河南諸軍事權鎮于洛水慕容彊爲前鋒都督都督荆徐二州緣淮諸軍事進據河南儁自和龍至薊城幽冀之人以爲東遷互相驚擾所在屯結其下請討之儁曰羣小以朕東巡故相惑耳今朕既至尋當自定然不虞之備亦不可不爲於是令內外戒嚴苻生河內太守王會黎陽太守韓高以郡歸儁晉蘭陵太守孫黑濟北太守高柱建興太守高瓮各以郡叛歸于儁初儁車騎大將軍范陽公劉寧屯據薊城降于苻氏至此率戶三千詣薊歸罪拜後將軍高句麗王釗遣使謝恩貢其方物儁以釗爲營州諸軍事征東大將軍營州刺史封樂浪公王如故初段蘭之子龕因冉閔之亂擁衆東屯廣固自號齊王稱藩于建鄴遣書抗中表之儀非儁正位儁遣慕容恪慕容塵討之恪既濟河龕

弟羆驍勇有智計言於龕曰慕容恪善用兵加其衆旅既盛恐不可抗也若頓兵城下雖復請降懼終不聽王但固守羆請率精鋭距之若其戰捷王可馳來追擊使虜匹馬無反如其敗也遽出請降不失千戶侯也龕弗從羆固請行龕怒殺之率衆三萬來距恪恪遇龕於濟水之南與戰大敗之遂斬其弟欽盡俘其衆恪進圍廣固命諸將築室反耕爲持久之計以困龕龕所署徐州刺史王騰索頭單于薛雲降于恪段龕之被圍也遣使詣建鄴請救穆帝遣北中郎將荀羨赴之憚虜彊遷延不敢進攻破陽都斬王騰以歸恪遂克廣固以龕爲伏順將軍徙鮮卑胡羯三千餘戶于薊留慕容塵鎮廣固恪振旅而歸儁太子曄死僞謚獻懷升平元年復立次子暐爲皇太子赦其境內改元曰光壽遣其撫軍慕容垂中軍慕容虔與護軍平熙等率步騎八萬討丁零敕勒于塞北大破之俘斬十餘萬級獲馬十三萬匹牛羊億餘萬初廆有駿馬曰赭白有奇相逸力石虎之伐棘城也皝將出避難欲乘之馬悲鳴蹴齧人莫能近皝曰此馬見異先朝孤常杖之濟難今不欲者蓋先君之意乎乃止虎尋退皝益奇之至是四十九歲矣而駿逸不虧儁比之於鮑氏驄命鑄銅以圖其象親爲銘贊鐫勒其旁置之薊城東掖門是歲象成而馬死匈奴單于賀賴頭率部落三萬五千降于儁拜寧西將軍中郡公處之于代郡平舒城晉泰山太守諸葛攸伐其東郡儁遣慕容恪距戰王師敗績北中郎將謝方先據梁宋懼而遁歸恪進兵入寇河南汝潁譙沛皆陷置守宰而還儁自薊城遷于鄴赦其境內繕脩宮殿復銅雀臺使昌黎遼東二郡營起廆廟范陽燕郡構皝廟以其護軍平熙

領將作大匠監造二廟焉苻堅平州刺史劉特率戶五千降于儁河間李黑聚衆千餘攻略州郡殺襄彊令衞顔儁長樂太守傅顔討斬之常山大樹自拔根下得璧七十珪七十三光色精奇有異常玉儁以爲嶽神之命遣其尚書郎段勤以太牢祀之初冉閔之僭號也石虎將李歷張平高昌等竝率其所部稱藩於儁遣子入侍既而投款建鄴結援苻堅竝受爵位羈縻自固雖貢使不絕而誠節未盡呂護之走野王也遣弟奉表謝罪於儁拜寧南將軍河內太守又上黨馮鴦自稱太守附於張平平屢言之儁以平故赦其罪以爲京兆太守護鴦亦陰通京師張平跨有新興鴈門西河太原上黨上郡之地壘壁三百餘胡晉十餘萬戶遂拜置征鎮爲鼎峙之勢儁遣其司徒慕容評討平領軍慕輿根討鴦司空陽騖討昌撫軍慕容臧攻歷并州壘壁降者百餘所以尚書右僕射悅綰爲安西將軍領護匈奴中郎將并州刺史以撫之平所署征西諸葛驤鎮北蘇象寧東喬庶鎮南石賢等率壘壁百三十八降于儁儁大悅皆復其官爵既而平率衆三千奔于平陽鴦奔于野王歷走榮陽昌奔邵陵悉降其衆儁於是復圖入寇兼欲經略關西乃令州郡校閱見丁精覈隱漏率戶留一丁餘悉發之欲使步卒滿一百五十萬期明年大集將進臨洛陽爲三方節度武邑劉貴上書極諫陳百姓凋獘召兵非法恐人不堪命有土崩之禍并陳時政不便于時者十有三事儁覽而悅之付公卿博議事多納用乃改爲三五占兵寬戎備一周悉令明年季冬赴集鄴都是歲晉將荀羨攻山茌拔之斬儁泰山太守賈堅儁青州刺史慕容塵遣司馬悅明救之羨師敗績復陷山茌儁立小學于顯賢里以教胄子封其子泓爲濟北王冲爲山中王讌羣臣於蒲池酒酣賦詩因談經史語及周太子晉潸然流涕顧謂羣臣曰昔魏武追痛倉舒孫權悼登無已孤常謂二主緣愛稱奇無大雅之體自曄亡以來孤鬢髮中白始知二主有以而然卿等言曄定何如也孤今悼之得無貽怪將來乎其司徒左長史李績對曰獻懷之在東宮臣爲中庶子既忝近侍聖質志業臣實不敢不知臣聞道備無愆其唯聖人乎先太子大德有八未見闕也儁曰卿言亦以過矣然試言之績曰至孝自天性與道合此其一也聰敏慧悟機思若流此其二也沈毅好斷理詣無幽此其三也疾諛亮物雅悅直言此其四也好學愛賢不恥下問此其五也英姿邁古藝業超時此其六也虛襟恭讓尊師重道此其七也輕財好施勤恤民隱此其八也儁泣曰卿雖褒譽然此兒若在吾死無憂也吾既不能追蹤唐虞官天下以禪有德近模二王以世傳授景茂幼冲器藝未舉卿以爲何如績曰皇太子天資岐嶷聖敬日躋而八德聞然二闕未補雅好遊田娛心絲竹所以爲損耳儁顧謂暐曰伯陽之言藥石之惠汝宜誡之因問高年疾苦孤寡不能自存者賜穀帛有差儁夜夢石虎齧其臂寤而惡之命發其墓剖棺出尸蹋而罵之曰死胡安敢夢生天子遣其御史中尉陽約數其殘酷之罪鞭之棄于漳水諸葛攸又率水陸二萬討儁入自石門屯于河渚攸部將匡超進據嶠嶅蕭館屯于新柵又遣督護徐冏率水軍三千泛舟上下爲東西聲勢儁遣慕容評傅顔等統步騎五萬戰于東阿王師敗績塞北七國賀蘭涉勒等皆降俄而儁寢疾謂慕容恪曰吾所疾惙然當恐不濟脩短命也復何所恨但二寇未除景茂冲幼慮其未堪多難吾欲遠追宋宣以社稷屬汝恪曰太子雖幼天縱聰聖必能勝殘刑措不可以亂正統也儁怒曰兄弟之閒豈虛飾也恪曰陛下若以臣堪荷天下之任者寧不能輔少主乎儁曰若汝行周公之事吾復何憂李績清方忠亮堪大任汝善遇之是時兵集鄴城盜賊互起每夜攻劫晨昏斷行於是寬常賦設奇禁賊盜有相告者賜奉車都尉捕誅賊首木穀和等百餘人乃止升平四年儁死時年四十二在位十一年僞謚景昭皇帝廟號烈祖墓號龍陵儁雅好文籍自卽位至末年講論不倦覽政之暇唯與侍臣錯綜義理凡所著述四十餘篇性嚴重慎威儀未曾以慢服臨朝雖閑居宴處亦無惰怠之色云

慕容暐字景茂儁第三子也初封中山王尋立爲太子及儁死羣臣欲立慕容恪恪辭曰國有儲君非吾節也於是立暐升平四年僭卽皇帝位大赦境內改元建熙立其母可足渾氏爲皇太后以慕容恪爲太宰錄尚書行周公事慕容評爲太傅副貳朝政慕輿根爲太師慕容垂爲河南大都督征南將軍兗州牧荊州刺史領護南蠻校尉鎮梁國孫希爲安西將軍并州刺史傅顔爲護軍將軍其餘封授各有差暐既庸弱國事皆委之於恪慕輿根自恃勳舊驕傲有無上之心忌恪之總朝權將伺隙爲亂乃言於恪曰今主上幼冲母后干政殿下宜慮楊駿諸葛元遜之變思有以自全且定天下者殿下之功也兄亡弟及先王之成制過山陵之後可廢主上爲一國王殿下踐尊位以建大燕無窮之慶恪曰公醉乎何言之悖也昔曹臧吳札竝於家難之際猶曰爲君非吾節況今儲君嗣統四海無虞宰輔受遺奈何便

有私讎公忘先帝之言乎根大懼陳謝而退恪以告慕容垂垂勸恪誅之恪曰今新遭大凶二虜伺隙山陵未建而宰輔自相誅滅恐乖遠近之望且可容忍之根與左衛慕輿干潛謀誅恪及評因而篡位入白可足渾氏及暐曰太宰太傅將謀爲亂臣請率禁兵誅之以安社稷可足渾氏將從之暐曰二公國之親穆先帝所託終應無此未必非太師將爲亂也於是使其侍中皇甫眞護軍傅顏收根等於禁中斬之大赦境內遣傅顏率騎二萬觀兵河南臨淮而還軍威甚盛初儁所署寍南將軍呂護據野王陰通京師穆帝以護爲前將軍冀州刺史儁死謀引王師襲鄴事覺暐使慕容恪等率眾五萬討之傅顏言於恪曰護窮寇假合王師既臨則上下喪氣曾不敢闚兵中路展其蜻蜋之心此則士卒懾魂敗亡之驗也殿下前以廣固天險守易攻難故爲長久之策今賊形便不與往同宜急攻之以省千金之費恪曰護老賊經變多矣觀其爲備之道未易卒平今圍之窮城樵採路絕內無蓄積外無彊援不過十旬其斃必矣何必遽殘士卒之命而趣一時之利哉吾嚴濬圍壘休養將卒以重官美貨間而離之事淹勢窮其釁易動我則未勞而寇已斃此爲兵不血刃坐以制勝也遂列長圍守之護遣其將張興率勁卒七千出戰傅顏擊斬之自三月至八月而野王潰護南奔于晉悉降其眾尋復叛歸于暐暐待之如初因遣傅顏與護率眾據河陰顏北襲勅勤大獲而還護攻洛陽中流矢而死將軍段崇收軍北渡屯于野王暐遣其寍東慕容忠攻陷滎陽又遣鎮南慕容塵寇長平時晉冠軍將軍陳祐戍洛陽遣使請救帝遣桓溫援之興寧初暐復使慕容評寇許昌懸瓠陳城竝陷之遂略汝南諸郡徙萬餘戶于幽冀暐豫州刺史孫興上疏請步卒五千先圖洛陽暐納之遣其太宰司馬悅希軍于盟津孫興分戍成皐以爲之聲援尋而陳祐率眾奔陸渾河南諸壘悉陷於希慕容恪攻陷金墉害楊威將軍沈勁以其左中郎慕容筑爲假節征虜將軍洛州刺史鎮金墉慕容垂爲都督荊揚洛徐兗豫雍益涼秦等十州諸軍事征南大將軍荊州牧配兵一萬鎮魯陽時暐境內多水旱慕容恪慕容評竝稽首歸政暐不許評恪等固請暐勅斷其讓表乃止暐鍾律郎郭欽奏議以暐承石虎水爲木德暐從之太和元年暐遣撫軍慕容厲攻晉泰山太守諸葛攸攸奔于淮南厲悉陷兗州諸郡置守宰而還慕容恪有疾深慮暐政不在巳慕容評性多猜忌大司馬之位不能允授人望乃召暐兄樂安王臧謂之曰今勁秦跋扈彊吳未賓二寇竝懷進取但患事之無由耳夫安危在得人國興在賢輔若能推才任忠和同宗盟則四海不足圖二虜豈能爲難哉吾以常才受先帝顧託之重每欲埽平關隴蕩一甌吳庶嗣成先帝遺志謝憂責于當年而疾固彌留恐此志不遂所以沒有餘恨也吳王天資英傑經略超時司馬統職兵權不可以失人吾終之後必以授之若以親疏次第不以授汝當以授沖汝等雖才識明敏然未堪多難國家安危實在于此不可昧利忘憂以致大悔也又以告評月餘而死其國中皆痛惜之先是晉南陽督護趙弘以宛降暐暐遣其南中郎將趙盤自魯陽戍宛至此晉右將軍桓豁攻宛拔之趙盤退奔魯陽豁遣輕騎追盤及於雉城大戰敗之執盤戍宛而歸苻堅將苻廋據陝降于暐時有圖書云燕馬當飲渭水堅恐暐乘釁入關大懼乃盡精銳以備華陰暐羣下議欲遣兵救廋因圖關右慕容評素無經略又受苻堅間貨沮議曰秦雖有難未易可圖朝廷雖明豈如先帝吾等經略又非太宰之匹終不能平秦也但可閉關息旅保寍疆埸足矣暐魏尹慕容德上疏乞命皇甫眞引并冀之眾徑趣蒲坂臣垂引許洛之兵馳解廋圍太傅總京都虎旅爲二軍後繼斯誠圖氐之上策也暐覽表大悅將從之評固執不許乃止苻廋知評暐之無遠略恐救師弗至乃牋於慕容垂皇甫眞曰苻堅王猛皆人傑也謀爲燕患爲日久矣今若乘機不赴恐燕之君臣將有甬東之悔垂得書私於眞曰方爲人患者必在於秦主上富於春秋未能留心政事觀太傅度略豈能抗苻堅王猛乎眞曰然繞朝有云謀之不從可如何暐僕射悅綰言於暐曰太宰政尚寬和百姓多有隱附傳曰唯有德者可以寬臨眾其次莫如猛今諸軍營戶三分共貫風教陵弊威綱不舉宜悉罷軍封以實天府之饒肅明法令以清四海暐納之綰既定制朝野震局出戶二十餘萬慕容評大不平尋賊綰殺之晉大司馬桓溫江州刺史桓沖豫州刺史袁眞率眾五萬伐暐前兗州刺史孫元起兵應之溫部將檀元攻胡陸執暐甯東慕容忠暐遣其將慕容厲與溫戰于黃墟厲師大敗單馬奔還高平太守徐翻以郡歸順溫前鋒朱序又破暐將傅顏于林渚溫軍大振次於枋頭暐懼謀奔和龍慕容垂曰不然臣請擊之若戰不捷走未晚也乃以垂爲使持節南討大都督慕容德爲征南將軍率眾五萬距溫使其散騎侍郎樂嵩乞師於苻堅堅遣將軍苟池率眾二萬出自洛陽師于潁川外爲赴援內實觀隙有兼并

之志矣慕容德屯于石門絶溫糧漕豫州刺史李邦率州兵五千斷溫餽運溫頻戰不利糧運復絶又聞堅師之至乃焚舟棄甲而退德率勁騎四千先溫至襄邑東伏於澗中與垂前後夾擊王師大敗死者三萬餘人苟池聞溫班師邀擊于譙溫衆又敗死者萬計垂既有大功威德彌振慕容評素不平之垂又言其將孫蓋等摧鋒陷銳宜論功超授評寢而不錄垂數以爲言頗與廷爭可足渾氏素惡垂毁其戰功遂與評謀殺垂垂懼奔于苻堅先是暐使其黄門侍郎梁琛聘于堅琛還言於評曰秦揚兵講武運粟陜東以琛觀之無久和之理兼吳王西奔必有覬覦之計深宜備之評曰不然秦豈可受吾叛臣而不懷和好哉琛曰鄰國相并有自來矣況今並稱大號理無俱存苻堅機明好斷納善如流王猛有王佐之才銳於進取觀其君臣相得自謂千載一時桓溫不足爲慮終爲人患者其唯王猛乎暐評不以爲虞皇甫眞又陳其事曰苻堅雖聘使相尋託輔車爲論然抗均鄰敵勢同戰國明其甘於取利無慕善之心終不能守信存和以崇久要也頃來行人累續兼師出洛川夷險要害具之耳目觀虛實以措姧圖蠭風塵而伺國隙者寇之常也又吳王外奔爲之謀主伍員之禍不可不慮洛陽并州壺關諸城並宜增兵益守以防未兆暐召評而謀之評曰秦國小力弱仗我爲援且苻堅庶幾善道終不納叛臣之言不宜輕自擾懼以動寇心也暐從之俄而堅遣其將王猛率衆伐暐攻慕容筑于金墉暐遣慕容臧率衆救之臧次滎陽猛部將梁成洛州刺史鄧羌與臧戰于石門臧師敗績死者萬餘遂相持于石門筑以救兵不至以金墉降于猛梁成又敗慕容

臧斬首三千餘級獲其將軍楊璩臧遂城新樂而還桓溫之敗也歸罪于豫州刺史袁眞眞怒以壽陽降暐暐遣其大鴻臚溫統署眞爲使持節散騎常侍都督淮南諸軍事征南大將軍領護南蠻校尉揚州刺史封宣城公未至而眞統俱卒眞黨朱輔立眞子瑾爲建威將軍豫州刺史以固壽陽時外則王師及苻堅交侵兵革不息內則暐母亂政評等貪冒政以賄成官非才舉羣下切齒焉其尚書左丞申紹上疏極陳時政之闕暐不納苻堅又使王猛楊安率衆伐暐猛攻壺關安攻晉陽暐使慕容評等率中外精卒四十餘萬距之猛安進師潞川州郡盜賊大起鄴中多怪異暐憂懼不知所爲乃召其使而問曰秦衆何如今大師既出猛等能戰否或對曰秦國小兵弱豈王師之敵景略常才又非太傅之匹不足憂也黄門侍郎梁琛中書侍郎樂嵩進曰不然兵書之義計敵能鬬當以算取之若冀敵不鬬非萬全之道也慶鄭有云秦衆雖少戰十倍我衆之多少非可問也且秦行師千里固戰是求何不戰之有乎暐不悅猛與評等相持評以猛懸軍遠入利在速戰議以持久制之猛乃遣其將郭慶率騎五千夜從間道起火高山燒評輜重火見鄴中評性貪鄙鄣固山泉賣樵鬻水積錢絹如邱陵三軍莫有鬬志暐遣其侍中蘭伊讓評曰王高祖之子也宜以宗廟社稷爲憂柰何不務撫養勳勞專以聚斂爲心乎府藏之珍貨朕豈與王愛之若寇軍冒進王持錢帛安所置也皮之不存毛將安傅錢帛可散之三軍以平寇凱旋爲先也評懼而與猛戰于潞川評師大敗死者五萬餘人評等單騎遁還猛遂長驅至鄴堅復率衆十萬會猛攻暐先是慕容桓以衆萬餘屯

于沙亭爲評等後繼聞評敗引屯內黄堅遣將鄧羌攻信都桓率鮮卑五千退保和龍散騎侍郎徐蔚等率扶餘高句麗及上黨質子五百餘人夜開城門以納堅軍暐與評等數十騎奔于昌黎堅遣郭慶追及暐于高陽堅將巨武執暐將縛之暐曰汝何小人而縛天子武曰我梁山巨武受詔縛賊何謂天子邪遂送暐于堅堅詰其奔狀暐曰狐死首邱欲歸死于先人墳墓耳堅哀而釋之令還宮率文武出降郭慶遂追評桓于和龍桓殺其鎭東慕容亮而并其衆攻其遼東太守韓稠于平州郭慶遣將軍朱嶷擊桓執而送之堅徙暐及其王公已下并鮮卑四萬餘戶于長安封暐新興侯署爲尚書堅征壽春以暐爲平南將軍別部都督淮南之敗隨堅還長安既而慕容垂攻苻丕于鄴慕容冲起兵關中暐謀殺堅以應之事發爲堅所誅時年三十五及德僭稱尊號僞謚幽皇帝始廆以武帝太康六年稱公至暐四世暐在位二十一年以海西公太和五年滅通廆皝凡八十五年

裴嶷字文冀河東聞喜人也父昶司隸校尉嶷清方有幹略累遷至中書侍郎轉給事黄門郎滎陽太守屬天下亂嶷兄武先爲元菟太守嶷遂求爲昌黎太守至郡久之武卒嶷被徵乃將武子開送喪俱南既達遼西道路梗塞乃與開投廆時諸流寓之士見廆草創並懷去就嶷首定名分爲羣士啟行廆甚悅以嶷爲長史委以軍國之謀及悉獨官寇逼城下內外騷動廆問策於嶷嶷曰悉獨官雖擁大衆軍無號令衆無部伍但當伺其無備則成擒耳廆從之遂陷寇營廆威德於此甚振將遣使獻捷於建鄴妙簡行人令嶷將命初朝廷以廆僻

在荒遠猶以邊裔之豪處之疑既使至盛言廆威略又知四海英賢並爲其用舉朝改觀焉疑將還帝試留疑以觀之疑辭曰臣世荷朝恩濯纓華省因亂流寄投迹荒遐今遭開泰得覲朝廷復賜恩詔卽留京輦於臣之私誠爲厚幸顧以皇居播遷山陵幽辱慕容龍驤將軍越在遐表乃心王室慷慨之誠義感天地方掃平中壤奉迎皇輿故遣使臣萬里表誠今若留臣必謂國家遺其僻陋孤其丹心使懷義懈怠是以徵臣區區忘身爲國貪還反命耳帝曰卿言是也乃遣疑還廆後謂羣僚曰裴長史名重中朝而降屈如此豈非天以授孤也出爲遼東相轉樂浪太守

高瞻字子前渤海蓨人也少而英爽有俊才身長八尺二寸光熙中調補尚書郎屬永嘉之亂還鄉里乃與父老議曰今皇綱不振兵革雲擾此郡沃壤憑固河海若兵荒歲儉必爲寇庭非謂圖安之所王彭祖先在幽薊據燕代之資兵彊國富可以託也諸君以爲何如衆咸善之乃與叔父隱率數千家北徙幽州既而以王浚政令無恆乃依崔毖隨毖如遼東毖之與三國謀伐廆也瞻固諫以爲不可毖不從及毖奔敗瞻隨衆降于廆廆署爲將軍瞻稱疾不起廆敬其姿器數臨候之撫其心曰君之疾在此不在餘也今天子播越四海分崩蒼生紛擾莫知所係孤思與諸君匡復帝室翦鯨豕于二京迎天子於吳會廓清八表侔勳古烈此孤之心也孤之願也君中州大族冠冕之餘宜痛心疾首枕戈待旦柰何以華夷之異有懷介然且大禹出于西羌文王生于東夷但問志略何如耳豈以殊俗不可降心乎瞻仍辭疾篤廆深不平之瞻又與宋該有隙該陰勸廆除之瞻聞其言彌不自安遂以憂死

慕容翰字元邕廆之庶長子也性雄豪多權略猨臂工射膂力過人廆甚奇之委以折衝之任行師征伐所在有功威聲大振爲遠近所憚作鎭遼東高句麗不敢爲寇善撫接愛儒學自士大夫至于卒伍莫不樂而從之及奔段遼深爲遼所敬愛柳城之敗段蘭欲乘勝深入翰慮成本國之害詭說於蘭蘭遂不進後石虎征遼皝親將三軍略令支以北遼議欲追之翰知皝躬自總戎戰必克勝乃謂遼曰今石氏向至方對大敵不宜復以小小爲事燕主自來士馬精銳兵者凶器戰有危慮若其失利何以南禦乎蘭怒曰吾前聽卿誑說致成今患不復入卿計中矣乃率衆追皝蘭果大敗翰雖處仇國因事立忠皆此類也及遼奔走翰又北投宇文歸既而逃歸歸乃遣勁騎百餘追之翰遙謂追者曰吾既思戀而歸理無反面吾之弓矢汝曹足知無爲相逼自取死也吾處汝國久恨不殺汝汝可百步豎刀吾射中者汝便宜反不中者可來前也歸騎解刀豎之翰一發便中刀環追騎乃散既至皝甚加恩禮建元二年從皝討宇文歸臨陣爲流矢所中臥病積時後疾漸愈於其家中騎馬自試或有人告翰私習騎疑爲非常皝素忌之遂賜死焉翰臨死謂使者曰翰懷疑外奔罪不容誅不能以骸骨委賊庭故歸罪有司天慈曲愍不肆之市朝今日之死翰之生也但逆胡跨據神州中原未靖翰常剋心自誓志吞醜虜上成先王遺旨下謝山海之責不圖此心不遂沒有餘恨命也柰何仰藥而死

陽裕字士倫右北平無終人也少孤兄弟皆早亡單煢獨立雖宗族無能識者惟叔父耽幼而奇之曰此兒非惟吾門之標秀乃佐時之良器也刺史和演辟爲主簿王浚領州轉治中從事忌而不能任石勒既克薊城問棗嵩曰幽州人士誰最可者嵩曰燕國劉翰德素長者北平陽裕幹事之才勒曰若如君言王公何以不任嵩曰王公由不能任所以爲明公擒也勒方任之裕乃微服潛遁時鮮卑單于段眷爲晉驃騎大將軍遼西公雅好人物虛心延裕裕謂友人成泮曰仲尼喜佛肸之召以匏瓜自喻伊尹亦稱何事非君何使非民聖賢尙如此況吾曹乎眷今召我豈徒然哉泮曰今華夏分崩九州幅裂軌迹所及易水而已欲偃蹇考槃以待大通者俟河之清也人壽幾何古人以爲白駒之歎少游有云郡掾足以蔭後況國相乎卿追蹤伊孔抑亦知機其神也裕乃應之拜郎中令中軍將軍處上卿位歷事段氏五主甚見尊重段遼與皝相攻裕諫曰臣聞親仁善鄰國之寶也慕容與國世爲婚姻且皝令德之主不宜連兵構怨凋殘百姓臣恐禍害之興將由於此願兩追前失通款如初使國家有泰山之安蒼生蒙息肩之惠遼不從出爲燕郡太守石虎克令支裕以郡降拜北平太守徵爲尚書左丞段遼之請迎於虎也裕以左丞領征東麻秋司馬秋敗裕爲軍人所執將詣皝皝素聞裕名卽命釋其囚拜郎中令遷大將軍左司馬東破高句麗北滅宇文歸皆豫其謀皝甚器重之及遷都和龍裕雅有巧思皝所制城池宮閣皆裕之規模裕雖仕皝日近寵秩在舊人之右性謙恭清儉剛簡慈篤雖歷居朝端若布衣之士士大夫流亡羈絕者莫不經營收葬存恤孤遺士無賢不肖皆傾身待之是以所在推仰初范陽盧諶每稱之曰吾及晉之清平歷觀朝士多矣忠清簡

毅篤信義烈如陽士倫者實亦未幾及死皝甚悼之時年六十一

韓恆字景山灌津人也父默以學行顯名恆少能屬文師事同郡張載載奇之曰王佐才也身長八尺一寸博覽經籍無所不通永嘉之亂避地遼東廆既逐崔毖復徙昌黎召見嘉之拜參軍事咸恐中宋該等建議以廆立功一隅勤誠王室位卑任重不足以鎭華夷宜表請大將軍燕王之號廆納之命羣寮博議咸以爲宜如該議恆駁曰自羣胡乘間人嬰荼毒諸夏蕭條無復綱紀明公忠武篤誠憂勤社稷抗節孤危之中建功萬里之外終古勤王之義未之有也夫立功者患信義不著不患名位不高故桓文有甯復一匡之功亦不先求禮命以令諸侯宜繕甲兵候機會除羣凶靖四海功成之後九錫自至且要君以求寵爵者非爲臣之義也廆不平之出爲新昌令皝爲鎭軍復參軍事遷營邱太守政化大行儁爲大將軍徵拜咨議參軍加揚烈將軍儁僭位將定五行次衆論紛紜恆時疾在龍城儁召恆以決之恆未至而羣臣議以燕宜承晉爲水德既而恆至言於儁曰趙有中原非唯人事天所命也天實與之而人奪之臣竊謂不可且大燕王迹始自於震於易震爲青龍受命之初有龍見於都邑成龍爲木德幽契之符也儁初雖難改後終從恆議儁祕書監清河聶熊聞恆言乃歎曰不有君子國何以興其韓令君之謂乎後與李產俱傅東宮從太子暐入朝儁顧左右曰此二傅一代偉人未易繼也其見重如此

李產字子喬范陽人也少剛厲有志格永嘉之亂同郡祖逖擁衆部於南土力能自固產遂往依之逖素好從横弟約有大志產微知其旨乃率子弟十數人間行還鄉里仕於石氏爲本郡太守及慕容儁南征前鋒達郡界鄉人皆勸產降產曰夫受人之祿當同其安危今若舍此節以圖存義士將謂我何衆潰始詣軍請降儁嘲之曰卿受石氏寵任衣錦本鄉何故不能立功於時而反委質乎烈士處身於世固當如是耶產泣曰誠知天命有歸非微臣所抗然犬馬爲主豈忘自效但以孤窮勢蹙致力無術僶俛歸死實非誠款儁嘉其慷慨顧謂左右曰此眞長者也乃擢用之歷位尚書性剛正好直言每至進見未嘗不論朝政之得失同輩咸憚焉儁亦敬其儒雅前後固辭年老不堪理劇轉拜太子太保謂子績曰以吾之才而致於此始者之願亦已過矣不可復以西夕之年取笑於來今也固辭而歸死於家子績績字伯陽少以風節知名清辯有辭理弱冠爲郡功曹時石虎親征段遼師次范陽百姓饑儉軍供有闕虎大怒太守惶怖避匿績進曰郡帶北裔與寇接壤疆埸之間人懷危慮聞輿駕親戎將除殘賊雖嬰兒白首咸思效命非唯爲國亦自求甯雖身膏草野猶甘爲之敢有私吝而闕軍實但比年災儉家有菜色困敝力屈無所取濟逋廢之罪情在可矜虎見績年少有壯節嘉而恕之於是太守獲免刺史王午辟爲主簿儁之南征也隨午奔魯口鄧恆謂午曰績鄉里在北父已降燕今雖在此終不爲用方爲人患午曰績於喪亂之中捐家立義情節之重有侔古烈若懷嫌害之必駭衆望恆乃止午恐績終爲恆所害乃資遣之及到儁責其背親後至績答曰臣聞豫讓報智伯仇稱于前史既官身所在何事非君陛下方弘唐虞之化臣實未謂歸之晚也儁曰此亦事主之一節耳累遷太子中庶子及暐立慕容恪欲以績爲尚書右僕射暐憾績往言不許恪屢請乃謂恪曰萬機之事委之叔父伯陽一人暐請獨裁績遂憂死

慕容恪字元恭皝之第四子也幼而謙厚沈深有大度母高氏無寵皝未之奇也年十五身長八尺七寸容貌魁傑雄毅嚴重每所言及輒經綸世務皝始異焉乃授之以兵數從皝征伐臨機多奇策使鎭遼東甚有威惠高句麗憚之不敢爲寇皝使恪與儁俱伐夫餘儁居中指授而已恪身當矢石摧鋒而進所嚮輒潰皝將終謂儁曰今中原未一方建大事恪智勇俱濟汝其委之及儁嗣位彌加親任累戰有大功封太原王拜侍中假節大都督錄尚書儁寢疾引恪與慕容評屬以後事及暐之世總攝朝權初建鄴聞儁死曰中原可圖矣桓溫曰慕容恪尚存所憂方爲大耳慕輿根之就誅也內外危懼恪容止如常神色自若出入往還一人步從或有諫之者恪曰人情懷懼且當自安以靖之吾復不安則衆何瞻仰哉於是人心稍定恪虛襟待物諮詢善道量才處任使人不踰位朝廷謹肅進止有常度雖執權政每事必諮之於評罷朝歸第則盡心色養手不釋卷其百寮有過未嘗顯之自是庶僚化德稀有犯者恪之圖洛陽也秦中大震苻堅親將以備潼關軍迴乃定恪爲將不尚威嚴專以恩信御物務於大略不以小令勞衆軍士有犯法密縱舍之捕斬賊首以令軍營內不整似可犯而防禦甚嚴終無喪敗臨終暐親臨問以後事恪曰臣聞報恩莫大薦士版築猶可而況國之懿藩吳王文武兼才管蕭之亞陛下若任之以政國其少安不然臣恐二寇必有闚闟之計言終而死

陽騖字上秋右北平無終人也父耽仕廆官至東夷校尉騖少清素好學器識沉遠起家爲平州別駕屢獻安時彊國之術事多納用廆甚奇之皝卽王位遷左長史東西征伐參謀幃幄皝臨終謂儁曰陽士秋忠幹貞固可託付大事汝善待之儁之將圖中原也騖制勝之功亞于慕容恪暐旣嗣僞位申以師傅之禮親遇日隆及爲太尉慨然而歎曰昔常林徐邈先代名臣猶以鼎足任重而終辭三事以吾虛薄何德以堪之固求罷職言甚懇至暐優答不許騖清貞謙謹老而彌篤旣以宿望舊齒自慕容恪已下莫不畢拜性儉約常乘敝車瘠馬及死無斂財

皇甫眞字楚季安定朝那人也弱冠以高才廆拜爲遼東國侍郎皝嗣位遷平州別駕時內難連年百姓勞悴眞議欲寬減歲賦休息力役不合旨免官後以破麻秋之功拜奉車都尉守遼東營邱二郡太守皆有善政及儁僭位入爲典書令後從慕容評攻拔鄴都珍貨充溢眞一無所取唯存恤人物收圖籍而已儁臨終與慕容恪等俱受顧託慕輿根將謀爲亂眞陰察知之乃言於恪請除之恪未忍顯其事俄而根謀發伏誅恪謝眞曰不從君言幾成禍敗呂護之叛恪謀於朝曰遠人不服文德以來之今護宜以恩詔降乎不宜以兵戈取也眞曰護九年之間三背王命揆其奸心凶悖未已明公方飲馬江湘勒銘劒閣況護蕞爾近畿而不梟戮宜以兵算取之不可復以文檄喻也恪從之以眞爲冠軍將軍別部都督師還拜鎭西將軍并州刺史領護匈奴中郎將徵還拜侍中光祿大夫累遷太尉侍中苻堅密謀兼并欲觀釁隙乃遣其西戎主簿郭辯潛結匈奴左賢王曹轂令轂遣使詣鄴辯因從之眞兄典仕苻堅爲散騎常侍從子奮覆並顯關西辯旣至鄴歷造公卿言於眞曰辯家爲秦所誅故寄命曹王貴兄常侍及奮覆兄弟並相知在秦眞怒曰臣無境外之交斯言何以及我君似奸人得無因緣假託乎乃白暐請窮詰之暐許不許辯還謂堅曰燕朝無綱紀實可圖之鑒機識變唯皇甫眞耳堅曰以六州之地豈無智識士一人哉眞亦泰人而燕用之固知關西多君子矣眞性清儉寡慾不營產業飲酒至石餘不亂雅好屬文凡著詩賦四十餘篇王猛入鄴眞望馬首拜之明日更見語乃卿猛猛曰昨拜今卿何恭慢之相違也眞答曰卿昨爲賊朝是國士吾拜賊而卿國士何所怪也猛大嘉之謂權翼曰皇甫眞故大器也從堅入關爲奉車都尉數歲而死

通志卷一百八十八

宋右廸功郎鄭樵漁仲撰

載記第四

前秦

苻洪 健 生 堅 丕 登 苻雄 王墮
王猛 苻融 苻朗 索泮 徐嵩

苻洪字廣世略陽臨渭氐人也其先蓋有扈之苗裔世爲西戎酋長始其家池中蒲生長五丈五節如竹形時咸謂之蒲家因以爲氏焉父懷歸部落小帥先是隴右大雨百姓苦之謠曰雨若不止洪水必起故因名曰洪好施多權略驍武善騎射屬永嘉之亂乃散千金召英傑之士訪安危變通之術宗人蒲光蒲突遂推洪爲盟主劉曜僭號長安光等逼洪歸曜拜率義侯曜敗洪西保隴山石虎將攻上邽洪又請降虎大悅拜冠軍將軍委以西方之事虎滅石生洪說虎宜徙關中豪傑及羌戎內實京師虎從之以洪爲龍驤將軍流人都督處于枋頭累有戰功封西平郡公其部下賜爵關內侯者二千餘人以洪爲關內領侯將冉閔言於虎曰苻洪雄果其諸子並非常才宜密除之虎待之愈厚及石遵卽位閔又以爲言遵乃去洪都督餘如前洪怨之乃遣使降晉後石鑒殺遵所在兵起洪有衆十餘萬永和六年帝以洪爲征北大將軍都督河北諸軍事冀州刺史廣川郡公時有說洪稱尊號者洪亦以讖文有草付應王又其孫堅背有艸付字遂改姓苻氏自稱大將軍大單于三秦王洪謂博士胡文曰孤率衆十萬居形勝之地冉閔慕容儁可指辰而殄姚襄父子尅之在吾數中孤取天下有易於漢祖初虎以麻秋鎮枹罕冉閔之亂秋歸鄴洪使子雄擊而獲之以秋爲軍師將軍秋說洪西都長安洪深然之既而秋因宴鴆洪將并其衆世子健收而斬之洪將死謂健曰所以未入關者言中州可指時而定今見困豎子中原非汝兄弟所能辦關中形勝吾亡後便可鼓行而西言終而死年六十六健僭位僞謚惠武帝

健字建業洪第三子也初母美氏夢大羆而孕之及長勇果便弓馬好施善事人甚爲石虎父子所親愛虎雖外禮苻氏心實忌之乃陰殺其諸兄而不害健也及洪死健嗣位去秦王之號稱晉爵遣使告喪于京師且聽王命時京兆杜洪竊據長安自稱晉征北將軍雍州刺史戎夏多歸之健密圖關中懼洪知之乃僞授石祗官繕宮室於枋頭課所部種麥示無西意有知而不種者健殺之以徇既而自稱晉征西大將軍都督關中諸軍事雍州刺史盡衆西行起浮橋於盟津以濟遣其弟雄率步騎五千入潼關兄子菁自軹關入河東健執菁手曰事若不捷汝死河北我死河南比及黃泉無相見也既濟焚橋自統大衆繼雄而進杜洪遣其將張先要健於潼關健逆擊破之健雖戰勝猶修牋于洪并送名馬珍寶請至長安上尊號洪曰幣重言甘誘我也乃盡召關中之衆來距健筮之遇泰之臨健曰小往大來吉亨昔往東而小今還西而大吉孰大焉是時衆星夾河西流占者以爲百姓還西之象健遂進軍次赤水遣雄略地渭北又敗張先於陰槃擒之諸城盡陷菁所至無不降者三輔略定健引兵至長安洪奔司竹健入而都之遣使獻捷京師并修好於桓溫健軍師將軍賈元碩等表健爲侍中大都督關中諸軍事大單于秦王健怒曰我官位輕重非若等所知既而潛使諷元碩等使上尊號永和七年僭稱天王大單于赦境內死罪建元皇始繕宗廟社稷置百官於長安立妻強氏爲天王皇后子萇爲天王皇太子弟雄爲丞相都督中外諸軍事車騎大將軍領雍州刺史自餘封授各有差初杜洪之奔也招晉梁州刺史司馬勳至是勳率步騎三萬入秦川健敗之於五丈原八年健僭卽皇帝位于太極前殿諸公進爲王以大單于授其子萇杜洪屯宜秋爲其將張琚所殺琚自立爲秦王置百官健率步騎二萬攻琚斬其首健至自宜秋遣雄菁率衆掠關東并援石虎豫州刺史張遇於許昌與晉鎮西將軍謝尚戰於潁水之上王師敗績雄乘勝逐北至于壘門殺傷大半遂虜遇及其衆歸于長安拜遇司空豫州刺史鎮許昌雄攻王擢於隴上擢奔涼州雄屯隴東張重華拜擢征東大將軍使與其將張弘宋修連兵伐雄雄與菁率衆擊敗之獲弘修送長安初張遇自許昌來降健納遇後母韓氏爲昭儀每於衆中謂遇曰卿吾子也遇慙恨引關中諸將欲以雍州歸順乃與健中黃門劉晃謀夜襲健事覺遇害於是孔特起池陽劉珍夏侯顯起鄠喬景起雍胡陽赤起司竹呼延毒起霸城衆數萬人並遣使詣征西桓溫中軍殷浩請救雄遣菁掠上洛郡於豐陽縣立荆州以引南金奇貨弓竿漆蠟通關市來遠商於是國用充足而異賄盈積矣十年溫率衆四萬趣長安遣別將從均口入淅川攻上洛執健荆州刺史郭敬而遣司馬勳掠西鄙健遣其子萇率雄菁等衆五萬距溫于堯柳城愁思堆溫轉戰而前次于灞上萇等退營城南健以羸兵六千固守長安小城遣精銳三萬爲游軍以距溫三輔

郡縣多降于溫健別使雄領騎七千與桓沖戰於白鹿原王師敗績又破司馬勳于子午谷初健聞溫之來也收麥清野以待之故溫眾大饑至是徙關中三千餘戶而歸及至潼關又爲萇等所敗司馬勳奔還漢中其年西虜乞沒軍邪遣子入侍健於是置來賓館於平朔門以懷遠人起靈臺於杜門與百姓約法三章薄賦卑宮垂心政事優禮耆老修尚儒學而關右稱來蘇焉新平有長人見語百姓張靖曰苻氏應天受命今當太平外面者歸中而安泰問姓名弗答俄而不見新平令以聞健以爲妖下靖獄會大雨霖河渭溢蒲津監寇登得一屐於河長七尺三寸人跡稱之指長尺餘文深一寸健歎曰覆載之中何所不有張靖所見定不虛也赦之蝗蟲大起自華澤至隴山食百草無遺牛馬相噉毛猛獸及狼食人行路斷絕健首蠲百姓租稅減膳徹懸素服避正殿初桓溫之入關也其太子萇與溫戰爲流矢所中死至是立其子生爲太子健寢疾菁勒兵入東宮將殺苻生自立時生侍健疾菁以健爲死迴攻東掖門健聞變升端門陳兵眾皆舍杖逃散執菁殺之數日健死時年三十九在位四年僞諡明皇帝廟號世宗後改曰高祖

生字長生健第三子也幼而無賴祖洪甚惡之生無一目爲兒童時洪戲之問侍者曰吾聞瞎兒一淚信乎侍者曰然生怒引佩刀自刺出血曰此亦一淚也洪大驚鞭之生曰性耐刀槊不堪鞭捶洪曰汝爲爾不已吾將以汝爲奴生曰可不如石勒也洪懼跣而掩其口謂健曰此兒狂悖宜早除之不然長大必破人家健將殺之雄止之曰兒長成自當修改何至便可如此健乃止及長力舉千鈞雄勇好殺手格猛獸走及奔馬擊刺騎射冠絕一時桓溫之來伐也生單馬入陣搴旗斬將者前後十數萇既死健以讖言三羊五眼應符故立爲太子健卒僭卽皇帝位大赦境內改年壽光時永和十二年也尊其母強氏爲皇太后立妻梁氏爲皇后以呂婆樓爲侍中左大將軍苻安領太尉苻柳爲征東大將軍并州牧鎭蒲坂苻謏爲鎭東大將軍豫州牧鎭陝城自餘封授有差初生將強懷與桓溫戰沒其子延未及封而健死會生出游懷妻樊氏於道上書論懷忠烈請封其子生怒射而殺之僞中書監胡文中書令王魚言於生曰比頻有客星孛于大角熒惑入于東井大角爲帝座東井秦之分野於占不出三年國有大喪大臣戮死願陛下遠追周文修德以禳之惠和羣臣以成康哉之美生曰皇后與朕對臨天下亦足以塞大喪之變毛太傅梁車騎梁僕射受遺輔政可謂大臣也於是殺其妻梁氏及太傅毛貴車騎尚書令梁楞左僕射梁安未幾又誅侍中丞相雷弱兒及其九子二十七孫諸羌悉叛弱兒南安羌酋也剛鯁好直言見生嬖臣趙韶董榮亂政每大言於朝故榮等譖而誅之生雖在諒闇游飲自若荒耽淫虐殺戮無道常彎弓露刃以見朝臣錘鉗鋸鑿備置左右又納董榮之言誅其司空王墮以應日蝕之災饗羣臣于太極前殿飲酣樂奏生親歌以和之命其尚書令辛牢典勸既而怒曰何不彊酒猶有坐者引弓射牢而殺之於是百僚大懼無不引滿昏醉汙服失冠蓬頭僵仆生以爲樂生聞張祚見殺元靚幼沖命其征東苻柳參軍閻負梁殊使涼州以書喻之負殊至姑臧元靚年幼其涼州牧張瓘與負殊相見負殊必欲涼州聽命瓘不從相與論難至于三四時瓘新輔政河西所在兵起懼秦師之至乃言於元靚遣使稱藩生因其所稱而授之慕容儁遣將慕輿長卿等率眾七千入自軹關攻幽州刺史張哲于裴氏堡晉將軍劉度等率眾四千攻青州刺史袁朗于盧氏生遣其前將軍苻飛距晉建節鄧羌距燕飛未至而度退羌及長卿戰于堡南大敗之獲長卿及甲首二千七百餘級姚襄率眾萬餘攻其平陽太守苻産于匈奴堡苻柳救之爲襄所敗引還蒲阪襄遂攻堡尅之殺苻産盡坑其眾遣使從生假道將還隴西生將許之苻堅諫曰姚襄人傑也今還隴西必爲深害不如誘以厚利伺隙而擊之生乃止遣使拜襄官爵襄不受斬其使者焚所送章策寇掠河東生怒命其大將軍張平討之襄乃卑辭厚幣與平結爲兄弟平更與襄通和生發三輔人營渭橋金紫光祿大夫程肱以妨農害時上疏極諫生怒殺之長安大風發屋拔樹行人顛頓宮中奔擾或稱賊至宮門晝閉五日乃止生推告賊者殺之刳而出其心左光祿大夫強平諫曰元正盛旦日有蝕之正陽神朔昏風大起兼水旱不時虎災未息此皆陛下政事乖戾所致生怒以爲妖言鑿其頂而殺之平之囚也僞衛將軍苻黃眉前將軍苻飛建節鄧羌侍讌禁中叩頭固諫以太后爲言平卽生母強氏之弟也生旣弗許強氏憂恨而死生下書曰朕受皇天之命承祖考之業君臨萬邦子愛百姓嗣統已來有何不善而謗讟之音扇滿天下殺不過千而謂刑虐行者比肩未足爲稀方當峻刑極罰復如朕何時猛虎及狼大暴晝則斷道夜則發屋惟害人而不食六畜自生立一年虎殺七百餘人百姓苦之皆聚而邑居爲害

滋甚遂廢農桑內外兇懼羣臣奏請禳災生曰野虎饑則食人飽當自止終不能累年爲患也天豈不子愛羣生而年年降罰正以百姓犯罪不已將助朕專殺而施刑教故耳但勿犯罪何爲怨天而尤人哉生如阿房遇兄與妹俱行者逼令爲非禮不從生怒殺之又讌羣臣于咸陽故城有後至者皆斬之嘗使太醫令程延合安胎藥問人參好惡并藥分多少延曰雖小小不具自可堪用生以爲譏其目鑿延目出然後斬之有司奏太白犯東井東井秦之分也太白罰星必有暴兵起於京師生曰星入井者必將渴耳何所怪乎姚襄遣姚蘭王欽盧等招動鄜城定陽北地芹川諸羌胡皆應之有衆二萬七千進據黃落生遣苻黃眉苻堅鄧羌率步騎萬五千討之襄深溝高壘固守不戰鄧羌說黃眉曰傷弓之鳥落於虛發襄頻爲桓溫張平所敗銳氣喪矣今謀固壘不戰是窮寇也襄性剛狠易以剛動若長驅鼓行直壓其壘襄必忿而出師可一戰擒也黃眉從之遣羌率騎三千軍於壘門襄怒盡銳出戰羌僞不勝引騎而退襄追之于三原羌迴騎距襄俄而黃眉與堅至大戰斬之盡俘其衆黃眉等振旅而歸黃眉雖有大功生不加旌賞每於衆中辱之黃眉怒謀殺生自立事發伏誅其王公親戚多有死者初生夢大魚食蒲又長安謠曰東海大魚化爲龍男便爲王女爲公問在何所洛門東東海苻堅封也時爲龍驤將軍第在洛門之東生不知是堅以謠夢之故誅其侍中太師錄尚書事魚遵及其七子十孫時又謠曰百里望空城鬱鬱何靑靑瞎兒不知法仰不見天星於是悉壞諸空城以禳之金紫光祿大夫牛夷懼不免禍請出鎮上洛生曰卿忠肅篤敬宜左右朕躬豈有外鎮之理改授中軍夷懼歸而自殺初生少凶暴嗜酒健臨死恐其不能保全家業誡之曰酋帥大臣若不從汝命可漸除之及卽僞位殘虐滋甚躭湎於酒無復晝夜羣臣朔望朝謁罕有見者或至暮方出臨朝輒怒惟行殺戮動連月昏醉文奏因之遂寢納姦佞之言賞罰失中左右或言陛下聖明宰世天下惟歌太平生曰媚於我也引而斬之或言陛下刑罰微過曰汝謗我也亦斬之所幸妻妾小有忤旨便殺之流其尸于渭水又遣宮人與男子裸交於殿前生剝牛羊驢馬活爓雞豚鵝三五十爲羣放之殿中或剝死囚面皮令其歌舞引羣臣觀之以爲嬉樂宗室勳舊親戚忠良殺害略盡王公在位者悉以疾告歸人情危駭道路以目既自有目疾其所諱者不足不具少無缺傷殘毀偏隻之言皆不得道左右忤旨而死者不可勝紀至於截脛刳胎拉脅鋸頸者動有千數太史令康權言於生曰昨夜三月並出孛星入於太微遂入于東井兼自去月上旬沉陰不雨迄至于今將有下人謀上之禍深願陛下修德以消之生怒以爲妖言撲而殺之生夜對侍婢曰阿法兄弟亦不可信明當除之是夜淸河王苻法夢神告之曰旦將禍集汝門惟先覺者可以免之寤而心悸會侍婢來告乃與特進梁平老强汪等率壯士數百人潛入雲龍門苻堅與呂婆樓率麾下三百餘人鼓譟繼進宿衛將士皆舍杖歸堅生猶昏寐未寤堅衆既至引生置於別室廢之爲越王俄而殺之生臨死猶飲酒數斗昏醉無所知矣時年二十三在位二年僞諡厲王

苻堅字永固一名文玉雄之子也祖洪從石虎徙鄴家于永貴里其母苟氏嘗游漳水祈子於西門豹祠其夜夢與神交因而有孕十二月而生堅焉有神光自天燭其庭背有赤文隱起成字曰艸付臣又土王咸陽臂垂過膝目有紫光洪奇而愛之名曰堅頭年七歲聰敏好施舉止不踰規矩每侍洪側輒量洪舉措取與不失機候洪每曰此兒姿貌瓌偉質性過人非常相也高平徐統有知人之鑒遇堅於路異之執其手曰苻郎此官之御街小兒敢戲於此不畏司隸縛邪堅曰司隸縛罪人不縛小兒戲也統謂左右曰此兒有霸王之相左右怪之統曰非爾所及也後又遇之統下車屏人密謂之曰苻郎骨相不恆後當大貴但僕不見如何堅曰誠如公言不敢忘德八歲請師就家學洪曰汝戎狄異類世知飮酒今乃求學邪欣而許之健之入關也夢天神遣使者朱衣赤冠命拜堅爲龍驤將軍健翌日爲壇於曲沃以授之健泣謂堅曰汝祖昔受此號今汝復爲神明所命可不勉之堅揮劍捶馬志氣感厲士卒莫不憚服焉性至孝博學多才藝有經濟大志要結英豪以圖緯世之宜王猛呂婆樓强汪梁平老等並有王佐之才爲其羽翼太原薛讚略陽權翼見而驚曰非常人也及苻生嗣僞位讚翼說堅曰今主上昏虐天下離心有德者昌無德受殃天之道也神器業重不可令他人承之願君王行湯武之事以順天人之心堅深然之納爲謀主生既殘虐無度梁平老等亟以爲言堅遂弑生以僞位讓其兄法法自以庶孽不敢當堅及母苟氏並慮衆心未服難居大位羣寮固請乃從之以升平元年僭稱大秦天王誅生倖臣董龍趙韶等二十餘人赦其境內改元曰永興追諡父雄爲文桓皇帝尊母苟氏爲皇太后妻苟氏爲皇后子宏爲皇太子兄法爲使持節侍中都

督中外諸軍事丞相錄尚書從祖侯爲太尉從兄柳爲車騎大將軍尚書令封弟融爲陽平公雙河南公子丕長樂公暉平原公熙廣平公叡鉅鹿公李威爲衛將軍尚書左僕射梁平老爲右僕射强汪爲領軍將軍仇騰爲尚書領選席寶爲丞相長史行太子詹事呂婆樓爲司隸校尉王猛薛讚爲中書侍郎權翼爲給事黃門侍郎與猛讚並掌機密追復魚遵雷弱兒毛貴王墮梁楞梁安段純辛牢等本官以禮改葬之其子孫皆隨才擢授初堅母以法長而賢又得眾心懼終爲變至此遺殺之堅性仁友與法訣於東堂慟哭嘔血贈以本官謚曰哀封其子陽爲東海公敷爲清河公於是脩廢職繼絕世禮百神課農桑立學校鰥寡孤獨高年不自存者賜穀帛有差其殊才異行孝友忠義德業可稱者令在所以聞其將張平以并州叛堅率眾討之以其建節將軍鄧羌爲前鋒率騎五千據汾上堅至銅壁平盡眾距戰爲羌所敗獲其養子蚝送之平懼乃降于堅堅赦其罪署爲右將軍蚝武賁中郎將加廣武將軍徙其所部三千餘戶于長安堅自臨晉登龍門顧謂其羣臣曰美哉山河之固婁敬有言關中四塞之國眞不虛也權翼薛讚對曰臣聞夏殷之都非不險也周秦之眾非不多也終於身竄南巢首懸白旗軀殘於犬戎國分於項籍者何也德之不修故耳吳起有言在德不在險深願陛下追蹤唐虞懷遠以德山河之固不足恃也堅大悅乃還長安賜爲父後者爵一級鰥寡高年穀帛有差丐所過田租之半是秋大旱堅減膳徹懸金玉綺繡皆散之戎士後宮悉去羅紈衣不曳地開山澤之利公私共之偃甲息兵與境內休息王猛親寵愈密朝政莫不由之特進樊世氐豪也有大勳于苻氏負氣倨傲眾辱猛曰吾輩與先帝共興事業而不豫時權君無汗馬之勞何敢專管大任是爲我耕稼而君食之乎猛曰方當使君爲宰夫安直耕稼而已世大怒曰要當懸汝頭於長安城門不爾者終不處於世也猛言之於堅堅怒曰必須殺此老氐然後百寮可整俄而世入言事堅謂猛曰吾欲以楊璧尚主璧何如人也世勃然曰楊璧臣之壻也婚已久定陛下安得令之尚主乎猛讓世曰陛下帝有海內而君敢競婚是爲二天子安有上下世怒起將擊猛左右止之世遂醜言大罵堅因此發怒命斬之於西廏諸氐紛紜競陳猛短堅恚甚慢罵或有鞭撻於殿庭者權翼進曰陛下宏達大度善馭英豪神武卓犖錄功捨過有漢祖之風然慢易之言所宜除之堅笑曰朕之過也自是公卿以下無不憚猛焉堅起明堂繕南北郊郊祀其祖洪以配天宗祀其伯健於明堂以配上帝親耕籍田其妻苟氏親蠶于近郊堅南游霸陵顧謂羣臣曰漢祖起自布衣廓平四海佐命功臣孰爲首乎權翼進曰漢書以蕭曹爲功臣之冠堅曰漢祖與項羽爭天下困於京索之間身被七十餘創通中六七父母妻子爲楚所囚平城之下七日不火食賴陳平之謀太上妻子克全免匈奴之禍二相何得獨高也雖有人狗之喻豈黃中之言乎於是酣飲極歡命羣臣賦詩大赦復改元曰甘露以王猛爲侍中中書令京兆尹其特進强德健妻之弟也昏酒豪橫爲百姓之患猛捕而殺之陳尸於市其中丞鄧羌性鯁直不撓與猛協規齊志數旬之間貴戚彊豪誅死者二十有餘人於是百寮震肅豪右屏氣路不拾遺風化大行堅歎曰吾今始知天下之有法也天子之爲尊也於是遣使巡察四方及戎夷種落州郡有高年孤寡不能自存長吏刑罰失中爲百姓所苦清修疾惡勸課農桑有便於俗篤學至孝義烈力田者皆令具條以聞時匈奴左賢王衛辰遣使降於堅遂請田內地堅許之雲中護軍賈雍遣其司馬徐斌率騎襲之因縱兵掠奪堅怒其失信悉以所獲資產歸之免雍官以白衣領護軍遣使修和示之信義辰於是入居塞內貢獻相尋烏丸獨孤鮮卑没弈于率眾數萬又降于堅堅初欲處之塞內苻融以爲虜居內地闚兵郡縣必爲他日之害不如徙之塞外以存荒服之義堅從之堅僭位五年鳳皇集于東闕大赦其境內百寮進位一級初堅之將爲赦也與王猛苻融密議於露堂悉屏左右堅親爲赦文猛融供進紙墨有一大蒼蠅入自牖間鳴聲甚大集于筆端驅而復來俄而長安街巷市里人相告曰官今大赦有司以聞堅驚謂融猛曰禁中無耳屬之理事何從泄也於是勑外窮推之咸言有一小人衣黑衣大呼於市曰官今大赦須臾不見堅歎曰其向蒼蠅乎聲狀非常吾固惡之諺曰欲人勿知莫若勿爲聲無細而弗聞事未形而必彰者其此之謂也堅廣修學官召郡國學生通一經以上充之公卿已下子孫並遣受業其有學爲通儒才堪幹事清修廉直孝悌力田者皆旌表之於是人思勸厲號稱多士盜賊止息請託路絕田疇修闢帑藏充盈典章法物靡不悉備堅親臨太學考學生經義優劣品而第之問難五經博士多不能對堅謂博士王寔曰朕一月三臨太學黜陟幽明躬親獎厲罔敢勸違庶幾周孔微言不由朕而墜漢之二武其可追乎寔對曰自劉石擾覆華戕二都鞠爲茂草儒

生罕有或存墳籍滅而莫紀經綸學廢奄若秦皇陛下神武撥亂道隆虞夏開庠序之美弘儒教之風化盛隆周埀馨千祀漢之二武焉足論哉堅自是每月一臨太學諸生競勸焉屠各張罔聚眾數千自稱大單于寇掠郡縣堅以其尚書鄧羌爲建節將軍率眾七千討平之時商人趙掇丁妃鄒瓫等皆家累千金車服之盛擬則王侯堅之諸公競進之爲國二卿黄門侍郎程憲言於堅曰趙掇等皆商販醜豎市郭小人車馬衣服僭同王者官齊君子爲藩國列卿傷風敗俗有塵盛化宜肅明典法使清濁顯分堅於是推檢引掇等爲國卿者降其爵乃下制非命士已上不得乘車馬於都城百里之內金銀錦繡工商阜隸婦女不得服之犯者棄市興甯三年堅又改元爲建元慕容暐遣其太宰慕容恪攻拔洛陽略地至于崤澠堅懼其入關親屯陝城以備之匈奴右賢王曹轂左賢王衛辰舉兵叛率眾二萬攻其杏城已南郡縣屯于馬蘭山索虜烏延等亦叛堅而通于辰轂堅率中外精銳以討之以其前將軍楊安鎮軍毛盛等爲前鋒都督轂遣弟活距戰于同官川安大敗之斬活并四千餘級轂懼而降堅徙其酋豪六千餘戶于長安進擊烏延斬之鄧羌討衛辰擒之於木根山堅自驄馬城如朔方巡撫夷狄以衛辰爲夏陽公以統其眾轂尋死分其部落貳城已西二萬餘落封其長子璽爲駱川侯貳城已東二萬餘落封其小子寅爲力川侯故號東西曹秦雍二州地震裂水泉湧出金象生毛長安大風震電壞屋殺人堅懼而愈修德政焉使王猛楊安等率眾二萬寇荆州北鄙諸郡掠漢陽萬餘戶而還羌斂岐叛堅自稱益州刺史率部落四千餘家西依張天錫

叛將李儼堅遣王猛與隴西太守姜衡南安太守邵羌討斂岐于略陽張天錫率步騎三萬擊李儼攻其大夏武始二郡尅之天錫將掌據又敗儼諸軍于葵谷儼懼遣兄子純謝罪於堅仍請救尋而猛攻破略陽斂岐奔白馬堅遣楊安與建威王撫率眾會猛以救儼猛遣邵羌追斂岐使王撫守侯和姜衡守白石猛與楊安救枹罕及天錫將楊遹戰于枹罕東猛不利邵羌擒斂岐於白馬送之長安天錫遂引師而歸儼猶憑城未出猛乃服白乘輿從數十人請與相見儼開門延之未及設備而將士續入遂虜儼而還堅以其將軍彭越爲平西將軍涼州刺史鎮枹罕以儼爲光祿勳歸安侯是歲苻雙據上邽苻柳據蒲坂叛于堅苻庾據陝城苻武據安定並應之將共伐長安堅遣使諭之各齧梨以爲信皆不受堅命阻兵自守堅遣後禁將軍楊成世左將軍毛嵩等討雙武王猛鄧羌攻蒲坂楊安張蚝攻陝城成世毛嵩爲雙武所敗堅又遣其武衛王鑒甯朔呂光等率中外精銳以討之左衛苻雅左禁竇衝率羽林騎七千繼發雙武乘勝至于榆眉鑒等擊敗之斬獲萬五千人武棄安定隨雙奔上邽鑒等攻之苻柳出挑戰猛閉壘不應柳以猛爲憚己留其世子良守蒲坂率眾二萬將攻長安長安去蒲坂百餘里鄧羌率勁騎七千夜襲敗之柳引軍還猛又盡眾邀擊悉俘其卒柳與數百騎入于蒲坂鑒等攻上邽尅之斬雙武猛又尋破蒲坂斬柳及其妻子傳首長安猛屯蒲坂遣鄧羌與王鑒等攻陷陝城尅之送庾于長安殺之太和四年晉大司馬桓溫伐慕容暐次于枋頭暐眾屢敗遣使乞師于堅請割虎牢以西之地堅亦欲與暐連橫乃遣其將苟池等率步騎

二萬救暐王師尋敗引歸池乃還是時慕容垂避害奔于堅王猛言於堅曰慕容垂燕之戚屬世雄東夏寬仁惠下恩結士庶燕趙之間咸有奉戴之意觀其才略權智無方兼其諸子明毅有幹藝人之傑也蛟龍猛虎非可馴之物不如除之堅曰吾方以義致英豪建不世之功且其初至吾告之至誠今而害之人將謂我何王師既旋慕容暐悔割虎牢之地遣使謂堅曰頃者割地行人失辭有國有家分災救患理之常也堅大怒遣王猛與建威梁成鄧羌率步騎三萬署慕容垂爲冠軍將軍以爲鄉導攻暐洛州刺史慕容筑于洛陽暐遣其將慕容臧率精卒十萬將解筑圍猛使梁成等以精銳萬人卷甲赴之大破臧於滎陽筑懼而請降猛陳師以受之留鄧羌鎮金墉猛振旅而歸太和五年又遣猛率楊安張蚝鄧羌等十將率步騎六萬伐暐堅親送猛于霸東謂曰今授卿精兵委以重任便可從壺關上黨出潞川此捷濟之機所謂疾雷不及掩耳吾當躬自率眾以繼卿後於鄴相見已敕運漕相繼但憂賊不煩後慮也猛曰臣庸劣孤生操無豪介蒙陛下恩榮內侍帷幄出總戎旅藉宗廟之靈稟陛下神算殘胡不足平也願不煩鑾輅冒犯霜露臣雖不武望剋不淹時但願速敕有司部置鮮卑之所堅大悅於是進師楊安攻晉陽猛攻壺關執暐上黨太守慕容越所經郡縣皆降于猛猛留屯騎校尉苟萇戍壺關會楊安攻晉陽爲地道遣張蚝率壯士數百人入其城中大呼斬關猛安遂入晉陽執暐并州刺史慕容莊暐遣其太傅慕容評率眾四十餘萬以救二城評憚猛不敢進屯於潞川猛留將軍毛當戍晉陽進師與評相持遣游擊郭慶以銳卒五千夜從間

道出評營後傍山起火燒其輜重火見鄴中暐懼遣使讓評催之速戰猛知評賣水鬻薪有可乘之會評又求戰乃陣於渭原而誓衆曰王景略受國厚恩任兼內外今與諸君深入賊地宜各勉進不可退也願戮力行間以報恩顧受爵明君之朝慶觴父母之室不亦美乎衆皆勇奮破釜棄糧大呼競進猛望評師之衆也惡之謂鄧羌曰今日之事非將軍莫可以捷成敗之機在斯一舉將軍其勉之羌曰若以司隸見與者公無以爲憂猛曰此非吾之所及也必以安定太守萬戶侯相處羌不悅而退俄而兵交猛召之羌寢而弗應猛馳就許之羌於是大飲帳中與張蚝徐成等跨馬運矛馳入評軍出入數四傍若無人搴旗斬將殺傷甚衆戰及日中評衆大敗俘斬五萬有餘乘勝追擊又降斬十萬於是進師圍鄴堅聞之留李威輔其太子宏守長安以苻融鎮洛陽躬率精銳十萬向鄴七日而至於安陽過舊閭引諸耆老語及祖父之事泫然流涕乃停信宿猛潛至安陽迎堅堅謂之曰昔亞夫不出軍迎漢文將軍何以臨敵而棄衆也猛曰臣每覽亞夫之事常謂前却人主以此而爲名將竊未多之臣奉陛下神算擊垂亡之虜若摧枯拉朽何足慮也監國沖幼鑾駕遠臨脫有不虞其如宗廟何堅遂攻鄴陷之慕容暐出奔高陽堅將郭慶執而送之堅入鄴宮閱其名籍凡郡百五十七縣五千五百七十九戶二百四十五萬八千九百六十九口九百九十八萬七千九百三十五諸州郡牧守及六夷渠帥盡降於堅郭慶窮追餘燼慕容評奔于高句麗慶追至遼海句麗縛評送之堅散暐宮人珍寶以賜將士論功封賞各有差以王猛爲使持節都督關東六州諸軍事車騎大將軍開府儀同三司冀州牧鎮鄴以郭慶爲持節都督幽州諸軍事揚武將軍幽州刺史鎮薊堅自鄴如枋頭讌諸父老改枋頭爲永昌縣復之終世堅至自永昌行飲至之禮歌勞止之詩以饗其羣臣赦慕容暐及其王公已下皆徙于長安封授有差堅於是行禮于辟雍祀先師孔子其太子及公侯卿大夫士之元子皆束脩釋奠焉徙關東豪傑及諸雜夷十萬戶于關中處烏丸雜類于馮翊北地丁零翟斌于新安徙陳留東阿萬戶以實靑州諸因亂流移避仇遠徙欲還舊業者悉聽之晉叛臣袁瑾固守壽春爲大司馬桓溫所圍遣使請救于堅堅遣王鑒張蚝率步騎二萬救之鑒據洛澗蚝屯八公山桓溫遣諸將夜襲鑒蚝敗之鑒蚝屯愼城初仇池氏楊世以地降於堅堅署爲平南將軍秦州刺史仇池公旣而歸順於晉世死子纂代立遂受天子爵命而絕於堅世弟統驍武得衆起兵武都與纂分爭堅遣其將苻雅楊安與益州刺史王統率步騎七萬先取仇池進圖甯益雅等次于鷲陝纂率衆五萬距雅晉梁州刺史楊亮遣督護郭寶率騎千餘救之戰于陝中爲雅等所敗纂收衆奔還雅進攻仇池楊統率武都之衆降于雅纂將楊他遣子碩密降于雅請爲內應纂懼面縛出降雅釋其縛送之長安以楊統爲平遠將軍南秦州刺史加楊安都督鎮仇池先是王猛獲張天錫將敦煌陰據及甲士五千堅旣東平六州西擒楊纂欲以德懷遠且跨威河右至是悉送所獲還涼州天錫懼而遣使謝罪稱藩堅大悅卽署天錫爲使持節散騎常侍都督河右諸軍事驃騎大將軍開府儀同三司涼州刺史西域都護西平公吐谷渾碎奚以楊纂旣降懼而遣使送馬五千匹金銀五百斤堅拜纂安遠將軍濕川侯堅嘗如鄴狩于西山旬餘樂而忘返伶人王洛叩馬諫曰臣聞千金之子坐不垂堂萬乘之主行不履危故文帝馳車袁公止轡孝武好田相如獻規陛下爲百姓父母蒼生所繫何可盤于游田以玷聖德若禍起須臾變在不測者其如宗廟何其如太后何堅曰善昔文公悟愆於虞人朕聞罪於王洛吾過也自是遂不復獵堅聞桓溫廢海西公也謂羣臣曰溫前敗灞上後敗枋頭十五年間再傾國師六十歲公舉動如此不能思愆免退以謝百姓方廢君以自悅將如四海何諺云怒其室而作色於父者其桓溫之謂乎堅以境內旱課百姓區種懼歲不登省節穀帛之費太官後宮減常度二等百寮之秩以次降之復魏晉士籍使役有常聞諸非正道典學一皆禁之堅臨太學考學生經義上第擢敘者八十三人自永嘉之亂庠序無聞及堅之僭頗留心儒學王猛整齊風俗政理稱舉學校漸興關隴淸晏百姓豐樂自長安至于諸州皆夾路樹槐柳二十里一亭四十里一驛旅行者取給於途工商貿販於道百姓歌之曰長安大街夾樹楊槐下走朱輪上有鸞栖英彥雲集誨我萌黎是歲有大風從西南來俄而晦冥恆星皆見又有赤星見于西南太史令魏延言於堅曰於占西南國亡明年必當平蜀漢堅大悅命秦梁密嚴戎備乃以王猛爲丞相以苻融爲鎮東大將軍代猛爲冀州牧融將發堅祖於霸東奏樂賦詩堅母苟氏以融少子甚愛之比發三至灞上其夕又竊如融所內外莫知是夜堅寢于前殿魏延上言天市南門屏內后妃星失明左右閽寺不見后妃移動之象堅推問知之驚曰天道與人何其不

遠遂重星官王猛至長安加都督中外諸軍事猛辭讓再三堅不許其後天鼓鳴有彗星出于尾箕長十餘丈名蚩尤旗經太微埽東井自夏及秋冬不滅太史令張孟言於堅曰彗起尾箕而埽東井此燕滅秦之象因勸堅誅慕容暐及其子弟堅不納更以暐爲尚書垂爲京兆尹冲爲平陽太守苻融聞之上疏於堅曰臣聞東胡在燕歷數彌久逮于石亂遂據華夏跨有六州南面稱帝陛下爰命六師大舉征討勞卒頻年勤而後獲本非慕義懷德歸化而今父子兄弟列官滿朝執權履職勢傾勞舊陛下親而幸之臣愚以爲猛虎不可養狼子野心往年星異災起於燕願少留意以思天戒臣據可言之地不容嘿已詩曰兄弟急難朋友好合昔劉向以肺腑之親尚能極言況於臣乎堅報之曰汝爲德未充而懷是非立善未稱而名過其實詩云德輶如毛民鮮克舉君子處高戒懼傾敗可不務乎今四海事曠兆庶未甯黎元應撫夷狄應和方將混六合以一家同有形於赤子汝其息之勿懷耿介夫天道助順修德則禳災苟求諸己何懼外患焉晉梁州刺史楊亮遣子廣襲仇池與堅將楊安戰廣敗績晉沮水諸戍皆委城奔潰亮懼而退守磐險安遂進寇漢川堅遣王統朱彤率卒二萬爲前鋒寇蜀前禁將軍毛當鷹揚將軍徐成率步騎三萬入自劍閣楊亮率巴獠萬餘距之戰于青谷王師不利亮奔固西城彤乘勝陷漢中徐成又攻二劍剋之楊安進據梓潼晉奮威將軍西蠻校尉周虓降于彤揚武將軍益州刺史周仲孫勒兵距彤等于緜竹聞堅將毛當將至成都仲孫率騎五千奔于南中安當進兵遂陷益州於是西南夷邛莋夜郎等皆歸之堅以安爲右大

將軍益州牧鎮成都毛當爲鎮西將軍梁州刺史鎮漢中姚萇爲甯州刺史領西蠻校尉王統爲南秦州刺史鎮仇池蜀人張育楊光等起兵與巴獠相應以叛於堅晉益州刺史竺瑤威遠將軍桓石虔率衆三萬據墊江育乃自號蜀王遣使歸順與巴獠酋帥張重尹萬等五萬餘人進圍成都尋而育與萬爭權擧兵相持堅遣鄧羌與楊安等擊敗之育光退屯緜竹安又敗張重尹萬于成都南重死之及首級二萬三千鄧羌復擊張育楊光于緜竹皆害之桓石虔敗姚萇于墊江萇退據五城石虔與竺瑤移屯巴東時有人於堅明光殿大呼謂堅曰甲申乙酉魚羊食人悲哉無復遺堅命執之俄而不見祕書監朱彤等因請誅鮮卑堅不從遣使巡行四方觀風俗問政道明黜陟恤孤寡不能自存者以安車蒲輪徵隱士樂陵王勸爲國子祭酒及王猛卒堅置聽訟觀於未央之南禁老莊圖讖之學中外四禁二衛四軍長上將士皆令修學課後宮置典學立內司以授于掖庭選閹人及女隸有聰識者置博士以授經遣其武衛苟萇左將軍毛盛中書令梁熙步兵校尉姚萇等率騎十三萬伐張天錫于姑臧遣尚書郎閻負梁殊銜命軍前下書徵天錫堅嚴飾鹵簿親餞萇等於城西賞行將各有差又遣其秦州刺史苟池河州刺史李辯涼州刺史王統率三州之衆以繼之閻負等到涼州天錫自以晉之列藩志在保境命斬之遣將軍馬建出距萇等俄而梁熙王統等自清石津攻其將梁濟于河會城陷之苟萇濟自石城津與梁熙等會攻纏縮城又陷之馬建懼自楊川退還清塞天錫又遣將軍掌據率衆三萬與馬建陣于洪池苟萇遣姚萇以甲卒三千挑戰諸將勸

據擊之以挫其鋒據不從天錫乃率中軍三萬次金昌萇熙聞天錫來逼急攻據建建降於萇遂攻據害之及其軍司席仂萇進軍入清塞乘高列陣天錫又遣司兵趙充哲爲前鋒率勁勇五萬與萇等戰于赤岸哲大敗天錫懼而奔還致賤請降萇至姑臧天錫乘素車白馬面縛輿櫬降于軍門萇釋縛焚櫬送之于長安諸郡縣悉降堅以梁熙爲持節西中郎將涼州刺史領護西羌校尉鎮姑臧徙豪右七千餘戶于關中五品稅百姓金銀一萬三千斤以賞軍士餘皆安堵如故堅封天錫重光縣之東甯鄉二百戶號歸義侯初萇等將征天錫堅爲其立第於長安至是而居之堅既平涼州又遣其安北將軍幽州刺史苻洛爲北討大都督率幽州兵十萬討代王涉翼犍又遣後將軍俱難與鄧羌等率步騎二十萬東出和龍西出上郡與洛會于涉翼犍庭翼犍戰敗遁于弱水苻洛逐之勢窘迫退還陰山其子翼圭縛父請降洛等振旅而還封賞有差堅以翼犍荒俗未參仁義令入太學習禮以翼圭執父不孝遷之於蜀散其部落於漢鄣邊故地立尉監行事官寮領押課之治業營生三五取丁優復三年無稅租其渠帥歲終令朝獻出入行來爲之制限堅嘗之太學召涉翼犍問曰中國以學養性而人壽考漠北噉牛羊而人不壽何也翼犍不能答又問卿種人有堪將者可召爲國家用對曰漠北人能捕六畜善馳走逐水草而已何堪爲將又問好學否對曰若不好學陛下用教臣何爲堅善其答堅以關中水旱不時議依鄭白故事發其王侯已下及豪望富室僮隸三萬人開涇水上源鑿山起隄通渠引瀆以溉岡鹵之田及春而成百姓賴其利以涼州新附復租

賦一年爲父後者賜爵一級孝悌力田爵二級孤寡高年穀帛有差女子百戶牛酒大酺三日遣其尚書令苻丕率司馬慕容暐苻萇等步騎七萬寇襄陽使楊安將樊鄧之衆爲前鋒屯騎校尉石越率精騎一萬出魯陽關慕容垂與姚萇出自南鄉苟池等與彊弩王顯將勁卒四萬從武當繼進大會漢陽師次沔北晉南中郎將朱序以丕軍無舟檝不以爲虞石越遂游馬以渡序大懼固守中城越攻陷外郛獲船百餘艘以濟軍丕率諸將進攻中城遣苟池石越毛當以衆五萬屯于江陵晉車騎將軍桓沖擁衆七萬爲序聲援憚池等不進保據上明兗州刺史彭超遣使上言於堅曰晉沛郡太守戴逯以卒數千戍彭城臣請率精銳五萬攻之願更遣重將討淮南諸城堅於是又遣其後將軍俱難率右軍毛當後禁毛盛陵江邵保等步騎七萬寇淮陰盱眙揚武彭超寇彭城梁州刺史韋鍾寇魏興攻太守吉挹于西城晉將軍毛武生率衆五萬距之與俱難等相持於淮南先是梁熙遣使西域稱揚堅之威德并以繒綵賜諸國王於是朝獻者十有餘國大宛獻天馬千里駒皆汗血朱鬣五色鳳膺麟身及諸珍異五百餘種堅曰吾思漢文之返千里馬咨嗟美詠今所獻馬其悉返之庶克念前王髣髴古人矣乃命羣臣作止馬詩而遣之示無欲也其下以爲盛德之事遠同漢文於是獻詩者四百餘人是時苻丕久圍襄陽御史中丞李柔劾丕以師老無功請徵下廷尉堅曰丕等費廣無成實宜貶戮但師已淹時不可虛然中返其特原之令以功成贖罪因遣其黃門郎韋華持節切讓丕等仍賜以劒曰來春不捷者汝可自裁不足復持面見吾也初丕之寇襄陽也將急攻之苻萇諫曰今以十倍之衆積粟如山但掠徙荆楚之人內於許洛絕其糧運使外援不接糧盡無人不攻自潰何爲促攻以傷將士之命丕從之及堅讓至衆咸疑懼莫知所爲征南主簿河東王施進曰以大將軍英秀諸將勇銳以攻小城何異洪爐燎羽毛所以緩攻欲以計制之若決一旦之機可指日而定今破襄陽上明自遁復何所疑願請一旬之期以展三軍之勢如其不捷施請爲戮首丕於是促圍攻之堅將親率衆助丕等使苻融將關東甲卒會于壽春梁熙統河西之衆以繼中軍融熙並上言以爲未可興師乃止太元四年晉兗州刺史謝元率衆數萬次于泗汭將救彭城苻丕陷襄陽執南中郎將朱序送于長安堅署爲度支尚書以其中壘梁成爲南中郎將都督荆揚州諸軍事荆州刺史領護南蠻校尉配兵一萬鎮襄陽以征南府器杖給之彭超圍彭城也置輜重于留城至是晉將謝元遣將軍何謙之高衡率衆萬餘聲趣留城超引軍赴之戴逯率彭城之衆奔于謝元超留其治中徐褒守彭城而復寇盱眙俱難既陷淮陰留邵保戍之與超會師而南晉將毛武生救魏興遣前鋒督護趙福將軍袁虞等將水軍一萬泝江而上堅南巴校尉姜宇遣將張紹仇生等水陸五千距之戰于南縣王師敗績尋而韋鍾攻陷魏興執太守吉挹毛當與王顯自襄陽而東會攻淮南彭超陷盱眙獲晉建威將軍高密內史毛璪之遂攻晉幽州刺史田洛于三阿去廣陵百里京都大震臨江列戍孝武帝遣征虜將軍謝石率水軍次于涂中右衛將軍毛安之游擊將軍河間王曇之次于堂邑謝元自廣陵救三阿毛當毛盛馳襲安之王師敗績元率衆三萬次于白馬塘俱難遣其將都顏率騎逆元戰于塘西元大敗之斬顏元進兵至三阿與難超戰超等又敗退保盱眙元進次石梁與田洛攻盱眙難超出戰復敗退屯淮陰元遣將軍何謙之督護諸葛侃率舟師乘潮而上焚淮橋又與難等合戰謙之斬其將邵保難超退師淮北難歸罪彭超斬其司馬柳渾堅聞之大怒檻車徵超下獄超自殺難免爲庶人堅以毛當爲平南將軍徐州刺史鎮彭城毛盛爲平東將軍兗州刺史鎮胡陸王顯爲平吳校尉揚州刺史戍下邳賞堂邑之功也又以苻洛爲散騎常侍持節都督益甯西南夷諸軍事征南大將軍益州牧領護西夷校尉鎮成都命從伊闕自襄陽泝漢而上洛健之兄子也雄勇多力而猛氣絕人堅深忌之故常爲邊牧洛有征伐之功而未賞及是遷也恚怒謀於衆曰孤於帝室至親也主上不能以將相任孤常擯孤於外既投之西裔復不聽過京師此必有伏計令梁成沉孤於漢水矣爲宜束手就命爲追晉陽之事以匡社稷邪諸君意如何其治中平顏妄陳祥瑞勸洛舉兵洛因攘袂大言曰孤計決矣沮謀者斬於是自稱大將軍大都督秦王署置官司以平顏爲輔國將軍幽州刺史爲其謀主分遣使者徵兵於鮮卑烏丸高句麗百濟及薛羅休忍等諸國並不從洛懼而欲止平顏曰且宜聲言受詔盡幽并之兵出自中山常山陽平公必郊迎於路因而執之進據冀州總關東之衆以圖秦雍可使百姓不覺易主而大業定矣洛從之乃率衆七萬發和龍將圖長安於是關中騷動盜賊並起堅遣使數之曰天下未一家兄弟匪他何爲而反可還和龍當以幽州永爲世封洛謂使者曰汝還白東海王幽州褊阨不

足容萬乘須還王咸陽以承高祖之業若能候駕潼關者位爲上公爵歸本國堅大怒遣其左將軍竇衝及呂光率步騎四萬討之右將軍都貴馳傳詣鄴率冀州兵二萬爲前鋒以苻融爲大都督授之節度使石越率騎一萬自東萊出石徑襲和龍海行四百餘里苻重亦盡薊城之衆會洛次于中山有衆十萬衝等與洛戰于中山大敗之執洛及其將蘭殊送于長安呂光追斬苻重於幽州石越尅和龍斬平顏及其黨與百餘人堅赦蘭殊署爲將軍徙洛于涼州徵苻融爲車騎大將軍領宗正錄尚書事洛既平堅以關東地廣人殷思所以鎮靜之引其羣臣于東堂議曰凡我族類支允彌繁今欲分三原九嵕武都汧雍十五萬戶於諸方要鎮不忘舊德爲磐石之宗於諸君之意如何皆曰此有周所以祚隆八百社稷之利也於是分四帥子弟三千戶以配苻丕鎮鄴如世封諸侯爲新券主堅送丕於灞上流涕而別諸戎子弟離其父兄者皆悲號哀慟酸感行人識者以爲喪亂流離之象於是分幽州置平州以石越爲平州刺史領護鮮卑中郎將鎮龍城大鴻臚韓允領護赤沙中郎將移烏丸府于代郡之平城中書令梁讜爲安遠將軍幽州刺史鎮薊城毛興爲鎮西將軍河州刺史鎮枹罕王騰爲鷹揚將軍并州刺史領護匈奴中郎將鎮晉陽二州各配支戶三千苻暉爲鎮東大將軍豫州牧鎮洛陽苻叡爲安東將軍雍州刺史鎮蒲坂先是高陸人穿井得龜大三尺背有八卦文堅命太卜池養之食以粟及此而死藏其骨於太廟其夜廟丞高虜夢龜謂之曰我本出將歸江南遭時不遇隕命秦庭又有人夢中謂虜曰龜三千六百歲而終終必妖興亡國之徵也

堅自平諸國之後國內殷實遂示人以侈懸珠簾于正殿以朝羣臣宮宇車乘器物服御悉以珠璣琅玕奇寶珍怪飾之尚書郎裴元略極諫堅卽命去珠簾以元略爲諫議大夫鄯善王車師前部王來朝大宛獻汗血馬肅愼貢楛矢天竺獻火浣布康居于寘及海東諸國凡六十有二王皆遣使貢其方物初堅母少寡將軍李威有辟陽之寵史官載之至是堅收起居注及著作所錄而觀之見其事慙怒乃焚其書而大檢史官將加其罪著作郎趙泉車敬等已死乃止荊州刺史都貴遣其司馬閻振中兵參軍吳仲等率衆二萬寇竟陵留輜重于管城水陸輕進桓冲遣南平太守桓石虔竟陵太守郭銓等水陸二萬距之相持月餘戰于滶水振等大敗退保管城石虔乘勝攻破之斬振及仲俘斬萬七千太元七年堅饗羣臣于前殿樂奏賦詩秦州別駕天水姜平子詩有丁字直而不曲堅問其故平子曰臣丁至剛不可以屈且曲下者不正之物未足獻也堅笑曰名不虛行因擢爲上第堅兄法子東海公陽與王猛子散騎侍郎皮謀反事洩堅問反狀陽曰禮云父母之仇不同天地臣父哀公死不以罪齊襄復九世之仇而況臣也皮曰臣父丞相有佐命之勳而臣不免貧餒所以圖富也堅流涕謂陽曰哀公之薨事不在朕卿寧不知之讓皮曰丞相臨終託卿以十具牛爲田不聞爲卿求位知子莫若父何斯言之徵也皆赦不誅徙陽于高昌皮于朔方之北苻融以位忝宗正不能肅遏姦萌上疏請待罪私藩堅不許將以融爲司徒融固辭堅銳意荊揚將謀入寇乃改授融征南大將軍開府儀同三司新平郡獻玉器初堅卽僞位新平王彫陳說圖讖堅大悅以彫爲太史令嘗言於堅曰謹按讖云古月之末亂中州洪水大起健西流惟有雄子定八州此卽三祖陛下之聖諱也又曰當有草付臣又土滅東燕破白虜氏在中華在表按圖讖之文陛下當滅燕平六州願徙汧隴諸氏于京師三秦大戶置之于邊地以應圖讖之言堅訪之王猛猛以彫爲左道惑衆勸堅誅之彫臨刑上疏曰臣以趙建武四年從京兆劉湛學明於圖記謂臣曰新平地古顓頊之墟里名曰雞閭記云此里應出帝王寶器其名曰延壽寶鼎顓頊有云河上先生爲吾隱之于咸陽西北吾之孫有草付臣又土應之湛又云吾嘗齋於室中夜有流星大如半月落於此地斯蓋是乎願陛下誌之平七州之後出于壬午之年至是而新平人得之以獻器銘篆書文題之法一爲天王二爲王后三爲三公四爲諸侯五爲伯子男六爲卿大夫七爲元士自此已下考載文記列帝王名臣自天子王后內外次序上應天文象紫宮布列依玉牒版辭不違帝王之數從上元人皇起至中元窮于下元天地一變盡三元而止堅以彫言有徵追贈光祿大夫幽州蝗廣袤千里堅遣其散騎常侍劉蘭持節爲使者發青冀幽并百姓討之以苻郎爲使持節都督青徐兗三州諸軍事鎮東將軍青州刺史以諫議大夫裴元略爲陵江將軍西夷校尉巴西梓潼二郡太守密授規模令與王撫備舟師于蜀將以入寇車師前部王彌寘鄯善王休密馱朝于堅堅賜以朝服引見西堂寘等觀其宮宇壯麗儀衞嚴肅甚懼因請年年貢獻堅以西域路遙不許令三年一貢九年一朝以爲永制寘等請曰大宛諸國雖通貢獻然誠節未純請乞依漢置都護故事若王師出關請爲鄉導堅於

是以驍騎呂光爲持節都督西討諸軍事與陵江將軍姜飛輕車將軍彭晃等配兵七萬以討定西域苻融以虛耗中國投兵萬里之外得其人不可役得其地不可耕固諫以爲不可堅曰二漢力不能制匈奴猶出師西域今匈奴既平易若摧朽雖勞師遠役可傳檄而定化被崑山垂芳千載不亦美哉朝臣又屢諫皆不納晉將軍朱綽焚踐沔北屯田掠六百餘戶而還堅引羣臣會議曰吾統承大業垂二十載芟夷逋穢四方略定惟東南一隅未賓王化吾每思天下不一未嘗不臨食輟餔今欲起天下兵以討之略計兵仗精卒可有九十七萬吾將躬先啓行薄伐南夷於諸卿意如何祕書監朱彤曰陛下應天順時恭行天罰嘯咤則五嶽摧覆呼吸則江海絕流若一舉百萬必有征無戰晉主自當銜璧輿櫬啓顙軍門若迷而弗悟必逃死江海猛將追之卽可賜命南巢中州之人還之桑梓然後迴駕岱宗告成封禪起白雲於中壇受萬歲於中嶽爾則終古一時書契未有堅大悅曰吾之志也左僕射權翼進曰臣以爲晉未可伐夫以紂之無道天下離心八百諸侯不謀而至武王猶曰彼有人焉迴師止旆三仁誅放然後奮戈牧野今晉道雖微未聞喪德君臣和睦上下同心謝安桓冲江表偉才可謂晉有人焉臣聞師克在和今晉和矣未可圖也堅默然久之曰諸君各言其志太子左衞率石越對曰吳人恃險偏隅不賓王命陛下親御六師問罪衡越誠合人神四海之望但今歲鎭星守斗牛福德在吳懸象無差弗可犯也且晉中宗藩王耳夷夏之情咸共推之遺愛猶在於人昌明其孫也國有長江之險朝無昏貳之釁臣愚以爲利用修德未宜動師孔子曰

遠人不服修文德以來之願保境養兵伺其虛隙堅曰吾聞武王伐紂逆歲犯星天道幽遠未可知也昔夫差威陵上國而爲勾踐所滅仲謀澤洽全吳孫皓因三代之業龍驤一呼君臣面縛雖有長江其能固乎以吾之衆旅投鞭於江足斷其流越曰臣聞紂爲無道天下患之夫差淫虐孫皓昏暴衆叛親離所以敗也今晉雖無德未有斯罪深願厲兵積粟以待天時羣臣各有異同庭議者久之堅曰所謂築室于道沮計萬端吾當內斷於心矣羣臣出後獨留苻融議之堅曰自古大事定策者一兩人而已羣議紛紜徒亂人意吾當與汝決之融曰歲鎭在斗牛吳越之福不可以伐一也晉主休明朝臣用命不可以伐二也我數戰兵疲將倦有憚敵之意不可以伐三也諸言不可者策之上也願陛下納之堅作色曰汝復如此天下之事吾當誰與言之今有衆百萬資仗如山吾雖未稱令主亦不爲闇劣以累捷之威擊垂亡之寇何不剋之有乎吾終不以賊遺子孫爲宗廟社稷之憂也融泣曰吳之不可伐昭然虛勞大舉必無功而反臣之所憂非此而已陛下寵育鮮卑羌羯布諸畿甸舊人族類斥徙遐方今傾國而去如有風塵之變者其如宗廟何監國以弱卒數萬留守京師鮮卑羌羯攢聚如林此皆國之賊也我之仇也臣恐非但徒返而已亦未必萬全臣智識愚淺誠不足採王景略一時奇士陛下每擬之孔明其臨終之言不可忘也堅不納游于東苑命沙門道安同輦權翼諫曰臣聞天子法駕侍中陪乘清道而行進止有度三代末主或虧大倫適一時之情書惡來世故班姬辭輦垂美無窮道安毀形賤士不宜參穢神輿堅作色曰安公道冥至境德爲時

尊朕舉天下之重未足以易之非公與輦之榮此乃朕之顯也命翼扶安升輦顧謂安曰朕將與公南遊吳越整六師而巡狩謁虞陵于疑嶺瞻禹穴于會稽泛長江臨滄海不亦樂乎安曰陛下應天御世居中土而制四維逍遙順時以適聖躬動則鳴鑾清道止則神棲無爲端拱而化與堯舜比隆何爲勞身于馳騎口倦于經略櫛風沐雨蒙塵野次乎且東南區區地下氣厲虞舜游而不返大禹適而弗歸何足以上勞神駕下困蒼生詩云惠此中國以綏四方苟文德足以懷遠可不煩寸兵而坐賓百越堅曰非爲地不廣人不足也但思混一六合以濟蒼生天生蒸庶樹之君者所以除煩去亂安得憚勞朕既大運所鍾將簡天心以行天罰高辛有熊泉之役唐堯有丹水之師此皆著之前典昭之後王誠如公言帝王無省方之文乎且朕此行也以義舉耳使流度衣冠之冑還其墟壤復其桑梓止爲濟難銓才不欲窮兵極武安曰若鑾駕必欲親動猶不願遠涉江淮可暫幸洛陽明授勝略馳紙檄于丹陽開其改迷之路如其不庭伐之可也堅不納先是羣臣以堅信重道安謂安曰主上欲有事於東南公何不爲蒼生致一言也故安因此而諫苻融及尚書原紹石越等上書面諫前後數十堅終不從堅少子中山公詵有寵于堅又諫曰臣聞季梁在隨楚人憚之宮奇在虞晉不闚兵國有人焉故也及謀之不用而亡不淹歲前車之覆軌後車之明鑒陽平公國之謀主而陛下違之晉有謝安桓沖而陛下伐之是行也臣竊惑焉堅曰國有元龜可以決大謀朝有公卿可以定進否孺子言焉將爲戮也所司奏劉蘭討蝗幽州經秋冬不滅請徵下廷尉詔獄堅曰災降

自天非人力所能除也此自朕之政違所致蘭何罪焉明年呂光發長安堅送于建章宮謂光曰西戎荒俗非禮義之邦羈縻之道服而赦之示以中國之威導以王化之法勿極武窮兵過深殘掠加鄯善王休密馱使持節散騎常侍都督西域諸軍事甯西將軍車師前部王彌窴使持節平西將軍西域都護率其國兵爲光鄉導是年益州西南夷海東諸國皆遣使貢其方物堅南游灞上從容謂羣臣曰軒轅大聖也其仁若天其智若神猶隨不順者從而征之居無常所以兵爲衞故能日月所照風雨所至莫不率從今天下垂平惟東南未殄朕忝荷大業巨責攸歸豈敢優游卒歲不建大同之業每思桓溫之寇也江東不可不滅今有勁卒百萬文武如林鼓行而摧遺晉若商風之隕秋籜朝廷內外皆言不可吾實未解所由晉武若信朝士之言而不征吳者天下何由一軌吾計決矣不復與諸卿議也太子宏進曰吳今得歲不可伐也且晉主無罪人爲之用謝安桓沖兄弟皆一方之儁才君臣戮力阻險長江未可圖也但可厲兵積粟以待暴主一舉而滅之今若動而無功則威名損於外資財竭於內是故聖王之行師也內斷必誠然後用之彼若憑長江以固守徙江北百姓於江南增城清野杜門不戰我已疲矣彼未引弓士下氣癘不可久留陛下將若之何堅曰往年車騎滅燕亦犯歲而捷之天道幽遠非汝所知也昔始皇之滅六國其王豈皆暴乎且內斷於心久矣舉必剋之何爲無功吾方命蠻夷以攻其內精甲勁兵以攻其外內外如此安有不剋道安曰太子之言是也願陛下納之堅弗從冠軍慕容垂言於堅曰陛下德侔軒唐功高湯武威澤被于八表遠夷重譯而歸司馬昌明因餘燼之資敢距王命是而不誅法將安措孫氏跨僭江東終并於晉其勢然也臣聞小不敵大弱不御彊況大秦之應符陛下之聖武彊兵百萬韓白盈朝而令其偷魂假號以賊虜遺子孫哉詩云築室于道謀是用不潰于成陛下內斷神謀足矣不煩廣訪朝臣以亂聖慮昔晉武之平吳也言可者張杜數賢而已若採羣臣之言豈能建百世之功諺云憑天俟時時已至矣其可已乎堅大悅曰與吾定天下者其惟卿耳賜帛五百匹彗星埽東井自堅之建元十七年四月長安有水影遠觀若水視地則見人至是則止堅惡之上林竹死洛陽地陷晉車騎將軍桓冲率眾十萬伐堅遂攻襄陽遣前將軍劉波冠軍桓石虔振威桓石民攻沔北諸城輔國楊亮伐蜀攻拔伍城進攻涪城龍驤胡彬攻下蔡鷹揚郭銓攻武當冲別將攻萬歲城拔之堅大怒遣其子征南叡及冠軍慕容垂左衞毛當率步騎五萬救襄陽揚武張崇救武當後將軍張蚝步兵校尉姚萇救涪城叡次新野垂次鄧城王師敗張崇于武當掠二千餘戶而歸叡遣垂及驍騎石越爲前鋒次于沔水垂越夜命三軍人持十炬火繫炬於樹枝光照十數里中冲懼退還上明張蚝出斜谷楊亮亦引兵退歸堅下書悉發諸州公私馬人十丁遣一兵門在灼然者爲崇文義從良家子年二十已下武藝驍勇富室材雄者皆拜羽林郎下書期剋捷之日以帝爲尚書左僕射謝安爲吏部尚書桓冲爲侍中並立第以待之良家子至者三萬餘騎其秦州主簿金城趙盛之爲建威將軍少年都統遣征南苻融驃騎張蚝撫軍苻方衞軍梁成平南慕容暐冠軍慕容垂率步騎二十五萬爲前鋒堅發長安戎卒六十餘萬騎二十七萬前後千里旗鼓相望堅至項城涼州之兵始達咸陽蜀漢之軍順流而下幽冀之眾至于彭城東西萬里水陸齊進運漕萬艘自河入石門達于汝潁融等攻陷壽春執晉平虜將軍徐元喜安豐太守王先垂攻陷鄖城害晉將軍王太邱梁成與其揚州刺史王顯弋陽太守王詠等率眾五萬屯于洛澗柵淮以遏東軍成頻敗王師晉遣都督謝石徐州刺史謝元豫州刺史桓伊輔國謝琰等水陸七萬相繼距融去洛澗二十五里憚成不進龍驤將軍胡彬先保硤石爲融所逼糧盡詐揚沙以示融軍潛遣使告石等曰今賊盛糧盡恐不見大軍融軍人獲而送之融乃馳使白堅曰賊少易俘但懼其越逸宜速進眾軍擒賊帥堅大悅恐石等遁也捨大軍于項城以輕騎八千兼道赴之令軍人曰敢言吾至壽春者拔舌故石等弗知晉龍驤將軍劉牢之率勁卒五千夜襲梁成壘剋之斬成及王顯王詠等十將士卒死者萬五千謝石等以既敗梁成水陸繼進堅與苻融登城而望王師見部陣齊整將士精銳又北望八公山上草木皆類人形顧謂融曰此亦勍敵也何謂少乎憮然有懼色初朝廷聞堅入寇會稽王道子以威儀鼓吹求助於鍾山之神奉以相國之號及堅之見草木狀人若有力焉堅遣其尚書朱序說石等以眾盛欲脅而降之序詭謂石曰若秦百萬之眾皆至則莫可敵也及其眾軍未集宜在速戰若挫其前鋒可以得志石聞堅在壽春也懼謀不戰以疲之謝琰勸從序言遣使請戰許之時張蚝敗謝石于肥南謝元謝琰勤卒數萬陣以待之蚝乃退列陣逼肥水王師不得渡遣使謂融曰君懸軍深入置陣逼

水此持久之計豈欲戰者乎若小退師令將士周旋僕與君公緩轡而觀之不亦美乎融於是麾軍却陣欲因其濟水覆而取之軍遂奔退制之不可止融馳騎略陣馬倒被殺軍遂大敗王師乘勝追擊至于靑岡死者相枕堅爲流矢所中單騎遁還於淮北饑甚人有進壺飧豚髀者堅食之大悅曰昔公孫豆粥何以加也命賜帛十疋緜十斤辭曰臣聞白龍厭天池之樂而見困豫且陛下目所覩也耳所聞也今蒙塵之難豈自天乎且妄施不爲惠妄受不爲忠陛下臣之父也安有子養而求報哉弗顧而退堅大慙顧謂其夫人張氏曰朕若用朝臣之言豈見今日之事邪當何面目復臨天下乎潸然流涕而去聞風聲鶴唳皆疑晉師之至其僕射張天錫尙書朱序及徐元喜等皆歸順初諺言堅不出項羣臣勸堅停項爲六軍聲鎭堅不從故敗諸軍悉潰惟慕容垂一軍獨全堅以千餘騎赴之垂子寶勸垂殺堅垂不從乃以兵屬堅初慕容暐屯鄖城姜成等守漳口晉隨郡太守夏侯澄攻姜成斬之暐棄其衆奔還堅收離集散比至洛陽衆十餘萬百官威儀軍容粗備未及關而垂有貳志說堅請巡撫燕岱并求拜墓堅許之權翼固諫以爲不可堅不從尋懼垂爲變悔之遣驍騎石越率卒三千戍鄴驃騎張蚝率羽林五千戍并州留兵四千配鎭軍毛當戍洛陽堅至自淮南次于長安東之行宮哭苻融而後入告罪于其太廟赦殊死已下文武增位一級厲兵勸農存卹孤老諸士卒不返者皆復其家終世贈融大司馬諡曰哀公衞軍從事中郎丁零翟斌反于河南長樂公苻丕遣慕容垂及苻飛龍討之垂南結丁零殺飛龍盡坑其衆豫州牧平原公苻暉遣毛當擊翟斌爲斌所敗當死之垂子農亡奔列人招集羣盜衆至萬數千丕遣石越擊之爲農所敗越死之垂引丁零烏丸之衆二十餘萬爲飛梯地道以攻鄴城慕容暐弟燕故濟北王泓先爲北地長史聞垂攻鄴亡命奔關東收諸馬牧鮮卑衆至數千還屯華陰慕容暐乃潛使諸弟及宗人起兵于外堅遣將軍強永率騎擊之爲泓所敗泓衆遂盛自稱使持節大都督陝西諸軍事大將軍雍州牧濟北王推叔父垂爲丞相都督陝東諸軍事領大司馬冀州牧吳王堅謂權翼曰吾不從卿言鮮卑至是關東之地吾不復與之爭將若泓何翼曰寇不可長慕容垂正可據關東爲亂不暇近逼今暐及宗族種類盡在京師鮮卑之衆布於畿甸實社稷之元憂宜遣重將討之堅乃以廣平公苻熙爲使持節都督雍州雜戎諸軍事鎭東大將軍雍州刺史鎭蒲坂徵苻叡爲都督中外諸軍事衞大將軍司隷校尉錄尙書事配兵五萬以左將軍竇衝爲長史龍驤姚萇爲司馬討泓于華澤平陽太守慕容沖起兵河東有衆二萬進攻蒲坂堅命竇衝討之苻叡勇果輕敵不恤士衆泓聞其至也懼率衆將奔關東叡馳兵要之姚萇諫曰鮮卑有思歸之心宜驅令出關不可遏也叡弗從戰于華澤叡敗績被殺堅大怒萇懼誅遂叛竇衝擊慕容沖于河東大破之沖率騎八千奔于泓軍泓衆至十餘萬遣使謂堅曰秦爲無道滅我社稷今天誘其衷使秦師傾敗將欲興復大燕吳王已定關東可速資備大駕奉送家兄皇帝并宗室功臣之家泓當率關中燕人翼衞皇帝還返鄴都與秦以虎牢爲界分王天下永爲鄰好不復爲秦之患也鉅鹿公輕戇銳進爲亂兵所害非泓之意堅大怒召慕容暐責之曰卿父子干紀僭亂乖逆人神朕應天行罰盡兵勢而得卿卿非改迷歸善而合宗蒙宥兄弟布列上將納言雖曰破滅其實若歸奈何因王師小敗便猖悖若此垂爲長蛇於關東泓沖稱兵內侮泓書如此卿欲去者朕當相資卿之宗族可謂人面獸心殆不可以國士期也暐叩頭流血泣涕陳謝堅久之曰書云父子兄弟無相及也卿之忠誠實簡朕心此自三豎之罪非卿之過復其位而待之如初命暐以書招喻垂及泓沖使息兵還長安恕其反叛之咎而暐密遣使者謂泓曰今秦數已終長安怪異特甚當不復能久立吾旣籠中之人必無還理昔不能保守宗廟致令傾喪若斯吾罪人也不足復顧吾之存亡社稷不輕勉建大業以興復爲務可以吳王爲相國中山王爲太宰領大司馬汝可爲大將軍領司徒承制封拜聽吾死問汝便卽尊位泓於是進向長安改年曰燕興是時鬼夜哭三旬而止堅率步騎二萬討姚萇于北地次于趙氏塢使護軍楊壁游騎三千斷其奔路右軍徐成左軍竇衝鎭軍毛盛等屢戰敗之仍斷其運水之路馮翊游欽因淮南之敗聚衆數千保據頻陽遣軍運水及粟以饋姚萇楊壁盡獲之萇軍渴甚遣其弟鎭北尹買率勁卒二萬決堰竇衝率衆敗其軍于鸛雀渠斬尹及首級萬三千萇衆危懼人有渴死者俄而降雨於萇營營中水三尺周營百步之外寸餘而已於是萇軍大振堅方食去梜怒曰天其無心何故降澤賊營萇又東引慕容泓爲援泓謀臣高置宿勤崇等以泓德望後沖且持法苛峻乃殺泓立沖爲皇太弟承制行事自相署置姚萇留其弟征虜緒守楊渠川大營率衆七萬來攻堅堅遣楊壁等擊之爲萇

所敗獲楊壁毛盛徐成及前軍齊午等數十人皆禮而遣之苻暉率洛陽陝城之衆七萬歸于長安益州刺史王廣遣將軍王蚝率蜀漢之衆來赴難堅聞慕容冲去長安二百餘里引師而歸使撫軍苻方戍驪山拜苻暉使持節散騎常侍都督中外諸軍事車騎大將軍司隸校尉錄尚書配兵五萬距冲河間公苻琳爲中軍大將軍爲暉後繼冲乃令婦人乘牛爲衆揭竿爲旗揚土爲塵督厲其衆晨攻暉營于城西暉出距戰冲揚塵鼓譟暉師敗績堅又以尚書姜宇爲前將軍與苻琳率衆三萬擊冲于灞上爲冲所敗宇死之琳中流矢冲遂據阿房城初堅之滅燕冲姊僞清河公主年十四有殊色堅納之寵冠後庭冲年十二亦有龍陽之姿堅又幸之姊弟專寵宮人莫進長安歌之曰一雌復一雄雙飛入紫宮咸懼爲亂王猛切諫堅乃出冲長安又謠曰鳳皇鳳皇止阿房堅以鳳皇非梧桐不棲非竹實不食乃植桐竹數十萬株于阿房城以待之冲小字鳳皇至是終爲堅賊入止阿房城焉晉西中郎將桓石虔進據魯陽遣河南太守高茂北戍洛陽晉冠軍謝元次于下邳徐州刺史趙遷棄彭城奔還元前鋒張願追遷及于碭山轉戰而免元進據彭城時呂光討平西域三十六國所獲珍寶以萬萬計堅下書以光爲使持節散騎常侍都督玉門以西諸軍事安西將軍西域校尉進封順鄉侯增邑一千戶劉牢之伐兗州堅刺史張崇棄鄄城奔于慕容垂牢之遣將軍劉襲追崇戰于河南斬其東平太守楊光而退牢之遂據鄄城慕容冲進逼長安堅登城觀之歎曰此虜何從出也其彊若斯大言責冲曰爾輩羣奴正可牧牛羊何爲送死冲曰奴則奴矣既厭奴苦復欲取爾見代堅遣使送錦袍一領遺冲稱詔曰古人兵交使在其間卿遠來草創得無勞乎今送一袍以明本懷朕於卿恩分如何而於一朝忽爲此變冲命詹事答之亦稱皇太弟有令孤今心在天下豈顧一袍小惠茍能知命便可君臣束手早送皇帝自當寬貸苻氏以酬曩好終不使既往之施獨美於前堅大怒曰吾不用王景略陽平公之言使白虜敢至於此苻丕在鄴糧竭馬無草削松木而食之會丁零叛慕容垂垂引師去鄴始具西問知苻叡等喪敗長安危逼乃遣其陽平太守邵興率騎一千將北引重合侯苻謨高邑侯苻亮阜城侯苻定于常山固安侯苻鑒中山太守王充于中山以爲已援垂遣將軍張崇要興獲之于襄國南又遣其參軍封孚西引張蚝并州刺史王騰于晉陽毛騰以衆寡不赴丕進退路窮乃謀於羣寮司馬楊膺唱歸順之計丕猶未從會晉遣濟北太守丁匡據碻磝濟陽太守郭滿據滑臺將軍劉肱劉襲次于河北丕遣將軍桑據距之爲王師所敗襲等進攻黎陽剋之丕懼乃遣從弟就與參軍焦逵請救于謝元丕書稱假途求糧還赴國難須軍援既接以鄴與之若西路不通長安陷沒請率所領保守鄴城乃羈縻一方文降而已逵與參軍姜讓密謂楊膺曰今禍難如此京師阻隔吉凶莫審密邇寇讐三軍罄絕傾危之甚朝不及夕觀公豪氣不除非救世之主旣不能竭盡誠款速致糧援方設兩端必無成也今日之殆疾於轉機不容虛設徒成反覆宜正書爲表以結殷勤若王師之至必當致身如其不從可逼縛與之茍不義服一人力耳古人行權甯濟爲功況君侯累葉載德顯祖初著名於晉朝今復建崇勳偉功業相繼于載一時不可失也膺素輕丕自以力能逼之乃改書而遣逵等并遣濟南毛蠲毛鮮等分房爲任於晉堅遣鴻臚郝稚徵處士王嘉于到獸山旣至堅每日召嘉與道安於外殿動靖諮問之慕容暐入見東堂稽首謝曰弟冲不識義方孤背國恩臣罪應萬死陛下垂天地之容臣蒙更生之惠臣二子昨婚明當三日愚欲暫屈鑾駕幸臣私第堅許之暐出嘉曰椎蘆作蘧蒢不成文章會天大雨不得殺羊堅與羣臣莫之能解是夜大雨晨不果出初暐之遣諸弟起兵於外也堅防守甚嚴謀應之而無因時鮮卑在城者猶有千餘人暐乃密結鮮卑之衆謀伏兵請堅因而殺之令其豪帥悉羅騰屈突鐵侯等潛告之曰官今使侯外鎮聽舊人悉隨可於某日會集某處鮮卑信之北部人突賢與其妹別妹爲左將軍竇衝小妻聞以告衝請留其兄衝馳入白堅堅大驚召騰問之騰具首服堅乃誅暐父子及其宗族城內鮮卑無少長及婦女皆殺之慕容垂復圍鄴城焦逵旣至朝延果欲徵丕任子然後出師逵固陳丕款誠無貳并宜楊膺之意乃遣劉牢之等率衆二萬水陸運漕救鄴時長安大饑人相食諸將歸而吐肉以飴妻子慕容冲僭稱尊號于阿房改年更始堅與冲戰各有勝負嘗爲冲軍所圍殿中上將軍鄧邁左中郎將鄧綏尚書郎鄧瓊相謂曰吾門世荷榮寵先君建殊功於國家不可不立忠效節以成先君之志且不死君難者非丈夫也於是與毛長樂等蒙虎皮奮矛而擊冲軍冲軍潰堅獲免嘉其忠勇並拜五校加三品將軍賜爵關內侯冲又遣其尚書令高蓋率衆夜襲長安攻陷南門入于南城左將軍竇衝前禁將軍李辯等擊敗之斬首千八百級分其

尸而食之堅尋敗冲于城西追奔至于阿房諸將請乘勝入城堅懼爲冲所獲乃擊金以止軍是時劉牢之至枋頭征東參軍徐義宦人孟豐告苻丕楊膺姜讓等謀反丕收膺讓戮之牢之以丕自相屠戮盤桓不進苻暉屢爲冲所敗堅讓之曰汝吾之子也擁大衆屢爲白虜小兒所摧何用生爲暉憤恚自殺關中保壁三千餘所推平遠將軍馮翊趙敖爲統主相率結盟遣兵糧助堅左將軍苟池右將軍俱石子率騎五千與冲爭麥戰于驪山爲冲所敗池死之石子奔鄴堅大怒復遣領軍楊定率左右精騎二千五百擊冲大敗之俘掠鮮卑萬餘而還堅怒悉坑之定果勇善戰冲深憚之遂穿馬埳以自固劉牢之至鄴慕容垂北如新城鄴中饑甚丕率鄴城之衆就晉穀于枋頭牢之入屯鄴城慕容垂軍人饑甚多奔中山幽冀人相食初關東謠曰幽州𡙇生當滅若不滅百姓絕𡙇垂之本名與丕相持經年百姓死幾絕先是姚萇攻新平新平太守苟輔將降之郡人遼西太守馮傑蓮勺令馮羽等諫曰天下喪亂忠臣乃見昔田單守一城而存齊今秦之所有猶連州累鎮郡國百城臣子之於君父盡心焉盡力焉死而後已豈宜貳哉輔大悅於是憑城固守萇爲土山地道輔亦爲之或戰山峰萇衆死者萬有餘人輔乃詐降萇將入覺之引衆而退輔馳出擊之斬獲萬計至是糧竭矢盡外救不至萇遣使謂輔曰吾方以義取天下豈讐忠臣乎卿但率見衆男女還長安吾須此城置鎮輔以爲然率男女萬五千口出城萇圍而阬之男女無遺初石虎末清河崔悅爲新平相爲郡人所殺悅子液後仕堅爲尚書郎自表父讐不同天地請還冀州堅愍之禁錮新平人缺其城角以恥之新平酋望深以爲慙故相率距萇以立忠義時有羣鳥數萬翔鳴于長安城上其聲甚悲占者以爲鬭羽不終年有甲兵入城之象冲率衆登城堅身貫甲冑督戰距之飛矢滿身血流被體時雖兵寇危逼馮翊諸堡壁猶有負糧冒難而至者多爲賊所殺堅謂之曰聞來者率不善達誠是忠臣赴難之義當今寇難殷繁非一人之力所能濟也庶明靈有照禍極災返善報誠順爲國自愛蓄糧厲甲端聽師期不可徒喪無成相隨虎口三輔人爲冲所略者咸遣使告堅請放火以爲內應堅曰哀諸卿忠誠之意也何復已已但時運圮喪恐無益於國空使諸卿坐自夷滅吾所不忍也且吾精兵若虎利器如霜而衄於烏合疲鈍之賊豈非天也宜善思之衆固請曰臣等不愛性命投身爲國若上天有靈單誠或冀一濟沒無遺恨矣堅遣騎七百應之而冲營放火者爲風焰所燒其能免者十有一二堅甚痛之身爲設祭而招之曰有忠有靈來就此庭歸汝先父勿爲妖形歔欷流涕悲不自勝衆咸相謂曰至尊慈恩如此吾等有死無移冲毒暴關中人皆流散道路斷絕千里無煙堅以甘松護軍仇騰爲馮翊太守加輔國將軍與破虜將軍蜀人蘭犢慰勉馮翊諸縣之衆咸曰與陛下同死共生誓無有貳每夜有人周城大呼曰楊定健兒應屬我宮殿臺觀應坐我父子同出不共汝且尋而不見人跡城中有書曰古苻傳賈錄載帝出五將久長得先是又謠曰堅入五將山長得堅大信之告其太子宏曰脫如此言天或導余今留汝兼總戎政勿與賊爭利吾當出隴收兵運糧以給汝天其或者正訓予也於是遣衛將軍楊定擊冲于城西爲冲所擒堅彌懼付宏以後事將中山公詵張夫人率騎數百出如五將宣告州郡期以孟冬救長安宏尋將母妻宗室男女數千騎出奔百寮逃散慕容冲入據長安縱兵大掠死者不可勝計初秦之未亂也關中土然無火而煙氣大起方數十里中月餘不滅堅每臨聽訟觀令百姓有怨者舉煙于城北觀而錄之長安爲之語曰欲得必存當舉煙又爲謠曰長鞘馬鞭擊左股太歲南行當復虜秦人呼鮮卑爲白虜慕容垂之起於關東歲在癸未堅之分氐戶於諸鎮也趙整因侍援琴而歌曰阿得脂阿得脂博勞舅父是仇綏尾長翼短不能飛遠徙種人留鮮卑一旦緩急語阿誰堅笑而不納至是整言驗矣堅至五將山姚萇遣將軍吳忠圍之堅衆奔散獨侍御十數人而已神色自若坐而待之召宰人進食俄而忠至執堅以歸新平幽之于別室萇求傳國璽於堅曰萇次膺符歷可以爲惠堅瞋目叱之曰小羌乃敢干逼天子豈以傳國璽授汝羌也圖緯符命何所依據五胡次序無汝羌名違天不祥其能久乎璽已送晉不可得也萇又遣尹緯說堅求爲堯舜禪代之事堅責緯曰禪代者聖賢之事姚萇叛賊奈何擬之古人堅既不許萇以禪代屬而求死萇乃縊堅于新平佛寺中時年四十八中山公詵及張夫人並自殺是歲太元十年也宏之奔也歸其南秦州刺史楊璧于下辯璧距之乃奔武氏豪張熙假道歸順朝廷處宏于江州宏歷位輔國將軍桓元纂位以宏爲梁州刺史義熙初以謀叛被誅初堅彊盛之時國有童謠云河水清復清苻詔死新城堅聞而惡之每征伐戒軍候云地有名新者避之時又童謠云阿堅連牽三十年若後欲敗當在江淮間堅在位二十七年因壽春

之敗其國大亂後二年竟死於新平佛寺咸應謠言矣丕僭號僞追謚堅曰世祖宣昭皇帝

苻丕字永敘堅之長庶子也少而聰慧好學博綜經史堅與言將略嘉之命鄧羌教以兵法文武才幹亞于苻融爲將善收士卒情出鎭于鄴東夏安之堅敗歸長安丕爲慕容垂所逼自鄴奔枋頭堅之死也丕復入鄴城將收兵趙魏西赴長安會幽州刺史王永平州刺史苻沖頻爲垂將平規等所敗乃遣昌黎太守宋敞焚燒和龍薊城宮室率衆三萬進屯壺關遣使招丕丕乃去鄴率男女六萬餘口進如潞川驃騎張蚝幷州刺史王騰迎之入據晉陽始知堅死問舉哀于晉陽三軍縞素王永留苻沖守壺關率騎一萬會丕勸稱尊號丕從之乃以太元十年僭卽皇帝位于晉陽南立堅行廟大赦境內改元曰太安置百官以張蚝爲侍中司空封上黨郡公王永爲使持節侍中都督中外諸軍事車騎大將軍尙書令進封淸河公王騰爲散騎常侍中軍大將軍司隸校尉陽平郡公苻沖爲左光祿大夫尙書左僕射西平王俱石子爲衞將軍濮陽公楊輔爲尙書左僕射濟陽公王亮爲護軍將軍彭城公强益耳梁暢爲侍中徐義爲吏部尙書並封縣公自餘封授各有差是時安西呂光自西域還師至于宜禾堅涼州刺史梁熙謀閉境距之高昌太守楊翰言於熙曰呂光新定西國兵彊氣鋭其鋒不可當也度其事意必有異圖且今關中擾亂京師存亡未知自河已西迄于流沙地方萬里帶甲十萬鼎峙之勢實在今日若光出流沙其執難測高梧谷口水險之要宜先守之而奪其水彼既窮渴自然投戈如其以遠不守伊吾之關亦可距也若度此二要雖有子房之策難爲計矣地有所必爭眞此機也熙弗從美水令犍爲張統說熙曰主上傾國南討覆敗而還慕容垂擅兵河北泓沖寇逼京師丁零雜虜跋扈關洛州郡姦豪所在風扇王綱弛絕人懷利已今呂光迴師將軍何以抗也熙曰誠深憂之未知計之所出統曰光雄果勇毅明略絕人今以蕩西域之威擁歸師之鋭鋒若猛火之盛於原弗可敵也將軍世受殊恩忠誠夙著立勳王室宜在於今行唐公洛上之從弟勇冠一時爲將軍計者莫若奉爲盟主以攝衆望推忠義以總率羣豪則光無異心也資其精鋭東兼毛興連王統楊璧集四州之衆埽兇逆於諸夏寧帝室於關中此桓文之舉也熙又不從殺洛于西海以子允爲鷹揚將軍率衆五萬距光于酒泉敦煌太守姚靜晉昌太守李純以郡降光允及光戰于安彌爲光所敗武威太守彭濟執熙迎光光殺之建威西郡太守索泮奮威督洪池已南諸軍事酒泉太守宋皓等並爲光所殺堅尙書令魏昌公苻纂自關中來奔拜太尉進封東海王以中山太守王兗爲平東將軍平州刺史阜城侯苻定爲征東將軍冀州牧高城侯苻紹爲鎭東將軍督冀州諸軍事重合侯苻謨爲征西將軍幽州牧高邑侯苻亮爲鎭北大將軍督幽平二州諸軍事並進爵郡公定紹據信都謨亮先據常山慕容垂之圍鄴城也並降于垂聞丕稱尊號遣使謝罪王兗固守博陵與垂相持左將軍竇衝秦州刺史王統河州刺史毛興益州刺史王廣南秦州刺史楊璧衞將軍楊定並據隴右遣使招丕請討姚萇丕大悅以定爲驃騎大將軍雍州牧衞爲征西大將軍梁州牧統鎭西大將軍興車騎大將軍璧征南大將軍並開府儀同三司加散騎常侍廣安西將軍皆進位州牧於是王永宣檄州郡迎奉乘輿戮力王室先是慕容驎攻王兗于博陵至是糧竭矢盡郡功曹張猗踰城聚衆應驎兗臨城數之曰卿秦之人也吾卿之君也起衆應賊號稱義兵何名實相違之甚卿兄往合鄉宗親逐城主天地不容爲世大戮身滅未幾卿復續之卿見爲吾吏親尋干戈競爲戎首爲爾君者不亦難乎今人可取卿一切之功甯能忘卿不忠不孝之事古人有云求忠臣必出孝子之門卿母在城不能顧之何忠義之可望惡不絕世卿之謂也不圖中州禮義之邦而卿門風若斯卿去老母如脫屣吾復何論哉既而城陷兗及固安侯苻鑒並爲驎所殺丕復以王永爲司徒錄尙書事徐義爲尙書令加右光祿大夫初王廣還自成都也奔其兄秦州刺史統及長安不守廣攻河州牧毛興于枹罕興遣建節將軍臨清伯衞平率其宗人千七百夜襲廣軍大敗之王統復遣兵助廣興於是嬰城固守既而襲王廣敗之廣亡奔秦州爲隴西鮮卑匹蘭所執送詣姚萇興既敗王廣謀伐王統于上邽枹罕諸氐皆窘於兵革而疲不堪命乃殺興推衞平爲使持節安西將軍河州刺史遣使請命刁雲殺慕容忠乃推慕容永爲使持節大都督中外諸軍事大將軍大單于雍秦梁涼四州牧錄尙書事河東王稱藩于垂征東苻定鎭東苻紹征北苻謨鎭北苻亮皆降于慕容垂丕又進王永爲左丞相苻纂爲大司馬張蚝爲太尉王騰爲驃騎大將軍儀同三司徐義爲司空苻沖爲車騎大將軍尙書令儀同三司俱石子爲衞大將軍尙書左僕射領官皆如故永又檄州郡同討垂萇期以孟冬上旬會大駕於臨晉於是天水姜延

馮翊寇明河東王昭新平張晏京兆杜敏扶風馬郎建忠高平牧官都尉王敏等咸承檄起兵各有衆數萬遣使應丕皆就拜將軍郡守封列侯冠軍鄧景擁衆五十據彭池與竇衝爲首尾擊萇平涼太守金熙安定北部都尉鮮卑沒奕于率鄯善王胡員吒護羌中郎將梁苻奴等與萇左將軍姚方城鎮遠强京戰于孫邱谷大敗之枹罕諸氐以衛平年老不可以成事業議廢之而憚其宗彊連日不決氐有啖青者謂諸將曰大事宜定東討姚萇不可沉吟猶豫一旦事發反爲人害諸君但請衛公會集衆將青爲諸君決之衆以爲然於是大饗諸將青抽劍而前曰今天下大亂豺狼塞路吾曹今日可謂休戚是同非賢明之主莫可濟艱難也衛公朽耄不足以成大事宜反初服以避賢路狄道長苻登雖王室疏屬而志略雄明請共立之以赴大駕諸君若有不同者便下異議乃奮劍攘袂將斬貳已者衆皆從之莫敢仰視於是推登爲帥遣使於丕請命丕以登爲征西大將軍開府儀同三司南安王持節及州郡督因其所稱而授之又以徐義爲右丞相丕留王騰守晉陽楊輔戍壺關率衆四萬進據平陽王統以秦州降姚萇慕容永以丕至平陽恐不自固乃遣使求假道還東丕弗許遣王永及苻纂攻之以俱石子爲前鋒都督與慕容永戰于襄陵王永大敗永及石子皆死之初苻纂之奔丕也部下壯士三千餘人丕猜而忌之及永之敗懼爲纂所殺率騎數千南奔東垣晉揚威將軍馮該自陝要擊敗之斬丕首執其太子甯長樂王壽送于京師朝廷赦而不誅歸之於苻宏徐義爲慕容永所獲械埋其足將殺之義誦觀世音經至夜中土開械脫於重禁之中若有人導之者遂奔楊佺期佺期以爲洛陽令苻纂及弟師奴率丕餘衆數萬奔據杏城苻登稱尊號僞謚丕爲哀平皇帝丕之臣佐皆沒慕容永永乃進據上黨之長子僭稱大號改元曰中興丕在位二年而敗

登字文高堅之族孫也父敞健之世爲太尉司馬隴東太守建節將軍後爲苻生所殺堅卽僞位追贈右將軍涼州刺史以登兄同成嗣毛興之鎮上邽以爲長史登少而雄勇有壯氣麤險不修細行故堅弗之奇也長而折節謹厚頗覽書傳拜殿上將軍稍遷羽林監揚武將軍長安令坐事黜爲狄道長及關中亂去縣歸毛興同成言於興請以登爲司馬常在營部登度量不羣好爲奇略同成常謂之曰汝聞不在其位不謀其政無數干時將爲博識者不許吾非疾汝恐或不喜人妄豫耳自是可止汝後得政自可專意時人聞同成言多以爲疾登而抑蔽之登乃屏迹不妄交游與有事則召之戲謂之曰小司馬可坐評事登出言輒析理中興內服焉然敬憚而不能委任後姚萇作亂遣其弟碩德率衆伐毛興相持久之興將死告同成曰與卿累年共擊逆羌事終不尅何恨之深可以後事付卿小弟司馬殄碩德者必此人也卿可換攝司馬事登既代衛平遂專統征伐是時歲旱衆饑道殣相望登每戰殺賊名爲熟食謂軍人曰汝等朝戰暮便飽肉何憂於饑士衆從之噉死人肉輒飽健能鬭姚萇聞之急召碩德曰汝不來必爲苻登所食盡碩德於是下隴奔萇及丕敗丕尚書寇遺奉丕子渤海王懿濟北王昶自杏城奔登登乃具丕死問於是爲丕發喪行服三軍縞素登請立懿爲主衆咸曰渤海王雖先帝之子然年在幼沖未堪多難國亂而立長君春秋之義也三虜跨僭寇旅殷彊豺狼梟鏡舉目而是自古厄運之極莫甚於斯大王挺劍西州鳳翔秦隴偏師暫接姚萇奔潰一戰之功可謂光格天地宜龍驤虎奮拯拔舊京以社稷宗廟爲先不可顧曹臧吳札一介微節以失圖運之機不建中興之業也登於是以太元十一年僭卽皇帝位大赦境內改元曰太初立堅神主于軍中載以輜軿羽葆青蓋車建黃旗虎賁之士三百人以衛之將戰必告凡欲所爲啓主而後行繕甲纂兵將引師而東乃告堅神主曰維曾孫皇帝臣登以太皇帝之靈恭踐寶位昔五將之難賊羌肆害于聖躬實登之罪也今合義旅衆餘五萬精甲勁兵足以立功年穀豐穰足以資贍卽日星言電邁直造賊庭奮不顧命隕越爲期庶上報皇帝酷冤下雪臣子大恥惟帝之靈降監厥誠因歔欷流涕將士莫不悲慟皆刻鉾鎧爲死休字示以戰死爲志每戰以長矟鉤刃爲方圓大陣知有厚薄從中分配故人自爲戰所向無前初長安之將敗也堅中壘將軍徐嵩屯騎校尉胡空各聚衆五千據險築堡以自固而受姚萇官爵及萇之害堅嵩等以王禮葬堅于二堡之間至是各率衆降登拜嵩鎮軍將軍雍州刺史空輔國將軍京兆尹登復改葬堅以天子之禮又僭立其妻毛氏爲皇后弟懿爲皇太弟遣使拜苻纂爲使持節侍中都督中外諸軍事太師領大司馬進封魯王纂弟師奴爲撫軍大將軍并州牧朔方公纂怒謂使者曰渤海王世祖之孫先帝之子南安王何由不立而自尊乎纂長史王旅諫曰南安已立理無中改賊虜未平不可宗室之中自爲仇敵願大王遠蹤光武推聖公之義梟二虜之後徐更圖之纂乃受命於是貳

縣虜帥彭沛穀屠各董成張龍世新平羌雷惡地等盡應之有衆十餘萬纂遣師奴攻上郡羌酋金大黑金洛生大黑等逆戰大敗之斬首五千八百登以竇衝爲車騎大將軍南秦州牧楊定爲大將軍益州牧楊壁爲司空梁州牧苻纂敗姚碩德于涇陽姚萇自陰密距纂纂退屯敷陸竇衝攻萇汧雍二城尅之斬其將軍姚元平張略等又與萇戰于汧東爲萇所敗登次于瓦亭萇攻彭沛穀堡陷之沛穀奔杏城萇還陰密登征虜馮翊太守蘭犢率衆二萬自頻陽入于和甯與苻纂首尾將圖長安師奴勸其兄纂稱尊號纂不從乃殺纂自立爲秦公蘭犢絕之皆爲姚萇所敗登進據胡空堡戎夏歸之者十有餘萬姚萇遣其將軍姚方城攻陷徐嵩壘嵩被殺悉阬戎士登率衆下隴入朝那姚萇據武都相持累戰互有勝負登軍中大饑收葚以供兵士立其子崇爲皇太子弁爲南安王尙爲北海王姚萇退還安定登就食新平留其大軍于胡空堡率騎萬餘圍萇營四面大哭哀聲動人萇惡之乃命三軍哭以應登登乃引退萇以登頻戰輙勝謂堅有神驗亦於軍中立堅神主請曰往年新平之禍非萇之罪臣兄襄從陝北渡假路求西狐死首邱欲暫見鄉里陛下與苻眉要路距擊不遂而沒襄勅臣行殺非臣之罪苻登陛下末族尙欲復讐臣爲兄報恥於情理何負昔陛下假臣龍驤之號謂臣曰朕以龍驤建業卿其勉之明詔昭然言猶在耳陛下雖過世爲神豈假手于苻登而圖臣忘前征時言邪今爲陛下立神象可歸休於此勿計臣過聽臣至誠登進師攻萇旣而升樓謂萇曰自古及今安有殺君而反立神象請福望有益乎大呼曰弑君賊姚萇出來吾與汝決

之何爲枉害無辜萇懼而不應萇自立堅神象戰未有利軍中每夜驚恐乃嚴鼓斬象首以送登登將軍竇洛竇于等謀反發覺出奔于萇登進討彭池不尅攻彌姐營及繁川諸堡皆尅之萇連戰屢敗乃遣其中軍姚崇襲大界登引師要之大敗崇于安丘俘斬二萬五千進攻萇將吴忠唐匡于平涼尅之以尙書苻碩原爲前禁將軍滅羌校尉戍平涼登進據苟頭原以逼安定萇率騎三萬夜襲大界營陷之殺登妻毛氏及其子弁尙擒名將數十人驅掠男女五萬餘口而去登收合餘兵退據胡空堡遣使齎書加竇衝大司馬驃騎將軍前鋒大都督都督隴東諸軍事楊定左丞相上大將軍都督中外諸軍事楊壁大將軍都督隴右諸軍事遣衝率見衆爲先驅自繁川趣長安登率衆從新平逕據新豐之千戶固使定率隴上諸軍爲其後繼壁留守仇池又命其并州刺史楊政冀州刺史楊楷率所統大會長安萇遣其將軍王破虜略地秦州楊定及破虜戰於清水之格奴坂大敗之登攻張龍世于鴦泉堡姚萇救之登引退萇密遣其將任瓮宗度詐爲內應遣使招登許開門納之登以爲然雷惡地馳謂登曰姚萇多計略善御人必爲姦變願深宜詳慮登乃止萇聞惡地之詣登也謂諸將曰此羌多姦智今其詣登事必無成登聞萇懸門以待之大驚謂左右曰雷征東其殆聖乎微此公朕幾爲豎子所誤萇攻陷新羅堡萇扶風太守齊益男奔登登將軍路柴强武等並以衆降於萇登攻萇將張業生于隴東萇救之不尅而退登將軍魏褐飛攻姚當成于杏城爲萇所殺馮翊郭質起兵廣鄉以應登宣檄三輔聲萇罪惡期共殄滅衆咸然之唯鄭縣人苟曜不從聚衆

數千應姚萇登以質爲平東將軍馮翊太守質遣部將伐曜大敗而歸質乃東引楊楷以爲聲援又與曜戰于鄭東爲曜所敗遂歸于萇萇以爲將軍質衆皆潰散登自雍攻萇將金溫于范氏堡尅之遂渡渭水攻萇京兆太守韋范于段氏堡不尅進據曲牢苟曜有衆一萬據逆方堡密應登登去曲牢繁川次于馬頭原萇率騎來距大戰敗之斬其尙書吴忠進攻新平萇率衆救之登引退復攻安定爲萇所敗據路承堡是時萇疾病見苻堅爲祟登聞之秣馬厲兵告堅神主曰曾孫登自受任執戈幾將一紀未嘗不爲上天錫祐皇鑒垂矜所在必尅賊旅冰摧今太皇帝之靈降災疾于逆羌以形類推之醜虜必將不振登當因其隕斃順行天誅拯復梓宮謝罪清廟於是大赦境內百寮進位二等與萇將姚崇爭麥于清水累爲崇所敗進逼安定去城九十餘里萇疾小瘳率衆距登登去營逆萇萇遣其將姚熙隆別攻登營登懼退還萇夜引軍過登營三十餘里以躡登後旦而候人告曰賊諸營已空不知所向登驚曰此爲何人去令我不知來令我不覺謂其將死忽然復來朕與此羌同世何其厄哉遂罷師還雍以竇衝爲右丞相尋而衝叛自稱秦王建年號登攻之于野人堡衝請救於姚萇萇遣其太子興攻胡空堡以救之登引兵還赴胡空堡衝遂與萇連和至是萇死登聞之喜曰姚興小兒吾將折杖以笞之於是大赦盡衆而東攻屠各姚奴帛蒲二堡尅之自甘泉向關中興追登不及數十里登從六陌趣廢橋興將尹緯據橋以待之登爭水不得衆渴死者十二三與緯大戰爲緯所敗其夜衆潰登單馬奔雍初登之東也留其弟司徒廣守雍太子崇守胡空堡

廣崇閩登敗出奔衆散登至無所歸遂奔平涼收集遺衆入馬毛山興率衆攻之登遣子汝陰王宗質于隴西鮮卑乞伏乾歸結婚請援乾歸遣騎二萬救登登引軍出迎與興戰于山南爲興所敗登被殺在位九年時年五十二崇奔于湟中僭稱尊號改元延初僞謚登曰高皇帝廟號太宗崇爲乾歸所逐崇定皆死始健以穆帝永和七年僭立至登五世凡四十有四歲以孝武帝太元十九年滅

苻雄字元才洪之季子也少善兵書而多謀略好施下士便弓馬有政術健僭位爲佐命元勳權侔人主而謙恭奉法健常曰元才吾姬旦也及卒健哭之歐血曰天不欲吾定四海邪何奪元才之速也子堅見前載記

王墮字安生京兆霸城人也博學有雄才明天文圖緯苻洪征梁犢以墮爲司馬謂洪曰讖言苻氏應王公其人也洪深然之及爲宰相著匪躬之稱健常歎曰天下輦宮皆如王令君者陰陽曷不和乎甚敬重之性剛峻疾惡雅好直言疾董榮彊國如仇讐每於朝見之際略不與言人謂之曰董尚書貴幸一時公宜降意墮曰董龍是何雞狗而令國士與之言乎榮聞而慙恨遂勸生誅之及刑榮謂墮曰君今復敢數董龍作雞狗乎墮瞋目而叱之龍榮之小字也

王猛字景略北海劇人也家于魏郡少貧賤以鬻畚爲業嘗貨畚於洛陽乃有一人貴買其畚而云無直自言家去此無遠可隨我取直猛利其貴而從之行不覺遠忽至深山見一父老須髮皓然踞胡牀而坐左右十許人有一人引猛進拜之父老曰王公何緣拜也乃十倍償畚直遣人送之猛既出顧視乃嵩高山也猛瓌姿雋偉博學好兵書謹重嚴毅氣度雄遠細事不干其慮自不參其神契略不與交通是以浮華之士咸輕而笑之猛悠然自得不以屑懷少游於鄴都時人罕能識也惟徐統見而奇之召爲功曹遁而不應遂隱于華陰山懷佐世之志希龍顏之主斂翼待時候風雲而後動桓溫入關猛被褐而詣之一面談當世之事捫蝨而言旁若無人溫察而異之問曰吾奉天子之命率銳師十萬杖義討逆爲百姓除殘賊而三秦豪桀未有至者何也猛曰公不遠數千里深入寇境長安咫尺不渡灞水百姓未見公心故也所以不至溫默然無以酬之溫之將還賜猛車馬拜高官督護請與俱南猛還山諮師師曰卿與桓溫豈並世哉在此自可富貴何爲遠乎猛乃止苻堅將有大志聞猛名遣呂婆樓招之一見便若平生語及廢興大事異符同契若元德之遇孔明也及堅僭位以猛爲中書侍郎時始平多枋頭西歸之人豪右縱橫劫盜充斥乃轉猛爲始平令猛下車明法峻刑澄察善惡禁勒彊豪鞭殺一吏百姓上書訟之有司劾奏檻車徵下廷尉詔獄堅親問之曰爲政之體德化爲先莅任未幾而殺戮無數何其酷也猛曰臣聞宰寧國以禮治亂邦以法陛下不以臣不才任臣以劇邑謹爲明君翦除凶猾始殺一姦餘尚萬數若以臣不能窮殘盡暴肅清軌法者敢不甘心鼎鑊以謝孤負酷政之刑臣實未敢受之堅謂羣臣曰王景略固是夷吾子產之儔也於是赦之遷尚書左丞咸陽內史京兆尹未幾除吏部尚書太子詹事又遷尚書左僕射輔國將軍司隸校尉加騎都尉居中宿衞時猛年三十六歲中五遷權傾內外宗戚舊臣皆害其寵尚書仇騰丞相長史席寶數譖毀之堅大怒黜騰爲甘松護軍寶白衣領長史爾後上下咸服莫有敢言頃之遷尚書令太子太傅加散騎常侍猛頻表累讓堅竟不許又轉司徒錄尚書事餘如故猛辭以無功不拜後率諸軍討慕容暐軍禁嚴明師無私犯猛之未至鄴也劫盜公行及猛之至遠近帖然燕人安之軍還以功進封清河郡侯賜以美妾五人上女妓十二人中女妓三十八人馬百疋車十乘猛上疏固辭不受時既留鎮冀州堅遣猛於六州之內聽以便宜從事簡召英儁以補關東守宰授訖言臺除正居數月上疏請以東夏事從授親賢及悉停六州處分府選便宜事堅不許遣其侍中梁讜詣鄴喻旨猛乃視事如前俄入爲丞相中書監尚書令太子太傅司隸校尉持節常侍將軍侯如故稍加都督中外諸軍事猛表讓久之堅不許其後數年復授司徒猛復上疏固辭堅竟不從猛乃受命軍國內外萬機之務事無巨細莫不歸之猛宰政公平流放尸素拔幽滯顯賢才外修兵革內崇儒學勸課農桑教以廉恥無罪而不刑無才而不任庶績咸熙百揆時敍於是兵彊國富垂及升平猛之力也堅常從容謂猛曰卿夙夜匪懈憂勤萬機若文王得太公吾將優游以卒歲猛曰不圖陛下知臣之過臣何足以擬古人堅曰以吾觀之太公豈能過也常勅其太子宏長樂公丕等曰汝事王公如事我也其見重如此廣平麻思流寄關右因母亡歸葬請還冀州猛謂思曰便可速裝是暮已符鄉發遣及始出關郡縣已被符管攝其令行禁整事無留滯皆此類也性剛明清肅於善惡尤分微時一餐之惠睚眦之忿靡不報焉時論頗以此少之其年寢疾堅親祈南北郊宗廟社稷分遣侍臣禱河嶽

諸祀靡不周備猛疾未瘳乃大赦其境內殊死已下猛疾甚因上疏謝恩并言時政多所弘益堅覽之流涕悲慟左右及疾篤堅親臨省病問以後事猛曰晉雖僻陋吳越乃正朔相承親仁善鄰國之寶也臣沒之後願不以晉爲圖鮮卑羌虜我之仇也終爲人患宜漸除之以便社稷言終而死時年五十一堅哭之慟比斂三臨謂太子宏曰天不欲使吾平一六合邪何奪吾景略之速也贈侍中丞相餘如故給東園溫明秘器帛三千匹穀萬石謁者僕射監護喪事葬禮一依漢大將軍霍光故事諡曰武侯朝野巷哭三日

苻融字博休堅之季弟也少而岐嶷夙成魁偉美姿度健之世封安樂王融上疏固辭健深奇之曰且成吾兒箕山之操乃止苻生愛其器貌常侍左右未弱冠便有台輔之望長而令譽彌高爲朝野所屬堅僭號拜侍中尋除中軍將軍融聰辯明慧下筆成章至於談元論道雖道安無以出之耳聞則誦過目不忘時人擬之王粲嘗著浮圖賦壯麗清贍世咸珍之未有升高不賦臨喪不誄朱彤趙整等推其妙速旅力雄勇騎射擊刺百夫之敵也銓綜內外刑政修理進才理滯王景略之流也尤善斷獄姦無所容故爲堅所委任後爲司隸校尉京兆人董豐游學三年而返過宿妻家是夜妻爲賊所殺妻兄疑豐殺之送豐有司豐不堪楚掠誣引殺妻融察而疑之問曰汝行往還頗有怪異及卜筮與不豐曰初將發夜夢乘馬南渡水返而北渡復自北而南馬停水中鞭策不去俯而視之見兩日在于水下馬左白而濕右黑而燥寤而心悸竊以爲不祥還之夜復夢如初問之筮者筮者云憂獄訟遠三枕避三沐既至妻爲具沐夜授豐枕豐記筮者之言皆不從之妻乃自沐枕枕而寢融曰吾知之矣周易坎爲水馬爲離夢乘馬南渡旋北而南者從坎之離三爻同變變而成離離爲中女坎爲中男兩日二夫之象坎爲執法吏吏詰其夫婦人被流血而死坎二陰一陽離二陽一陰相承易位離下坎上既濟文王遇之囚牖里有禮而生無禮而死馬左而濕濕水也左水右馬馮字也兩日昌字也其馮昌殺之乎於是推檢獲昌而詰之昌具首服曰本與妻謀殺董豐期以新沐枕枕爲驗是以誤中婦人在冀州有老母遇劫於路母揚聲唱盜行人爲母逐之既擒劫者劫者反誣行人爲盜時日垂暮母及路人莫知孰是乃俱送之融見而笑曰此易知耳可二人並走先出鳳陽門者非盜既而還入融正色謂後出者曰汝眞是盜何以誣人其發姦擿伏皆此類也所在盜賊止息路不拾遺堅及朝臣雅皆歎服州郡疑獄莫不折之於融融觀色察形無不盡其情狀雖鎭關東朝之大事靡不馳駟與融議之性至孝初届冀州遣使參問其母動止或日有再三堅以爲煩月聽一使後上疏請還侍養堅遣使慰喻不許久之徵拜侍中中書監都督中外諸軍事車騎大將軍司隸校尉太子太傅領宗正錄尚書事俄轉司徒融苦讓不受融爲將善謀略好施愛士專方征伐必有殊功堅既有意荆揚時慕容垂姚萇等常說堅以平吳封禪之事堅謂江東可平寢不暇旦融每諫曰知足不辱知止不殆窮兵極武未有不亡且國家戎族也正朔會不歸人江東雖不絕如綖然天之所相終不可滅堅曰帝王歷數豈有常哉惟德之所授耳汝所以不如吾者正病此不達變通大運劉禪可非漢之遺祚然終爲中國之所并吾將任汝以天下之事奈何事事折吾沮壞大謀汝尙如此況於衆乎堅之將入寇也融又切諫曰陛下聽信鮮卑羌虜諂諛之言採納良家少年利口之說臣恐非但無成亦大事去矣垂萇皆我之仇敵思聞風塵之變冀因之以逞其凶德少年等皆富足子弟希關軍旅苟說佞諂之言以會陛下之意不足採也堅弗納及淮南之敗垂萇之叛堅悼恨彌深

苻朗字元達堅之從兄子也性宏達神氣爽邁幼懷遠操不屑時榮堅嘗目之曰吾家千里駒也徵拜鎭東將軍青州刺史封樂安男不得已起而就官及爲方伯有若素士耽翫經籍手不釋卷每談虛語元不覺日之將夕登涉山水不知老之將至在任甚有稱績後晉遣淮陰太守高素伐青州朗遣使詣謝元於彭城求降元表朗許之詔加員外散騎侍郎既至揚州風流邁於一時超然自得志陵萬物所與悟言不過一二人而已驃騎長史王忱江東之儁秀聞而詣之朗稱疾不見沙門釋法汰問朗曰見王吏部兄弟未朗曰吏部爲誰非人面而狗心狗面而人心兄弟者乎王忱醜而才慧國寶美貌而才劣於弟故朗云然汰悵然自失其忤物侮人皆此類也謝安常設讌請之朝士盈坐並机褥壺席朗每事欲誇之唾則令小兒跪而張口既唾而含出頃復如之坐者以爲不及之遠也又善識味鹹酢及肉皆別所由會稽王司馬道子爲朗設盛饌極江左精餚食訖問曰關中之食孰若此答曰皆好惟鹽味小生耳既問宰夫皆如其言或人殺雞以食之既進朗曰此雞棲恆半露檢之皆驗又食鵝肉知黑白之處人不信記而試之無毫釐之差時人咸以爲知味後數年王國寶譖而殺

之王忱將爲荆州刺史待殺玥而後發臨刑志色自若爲詩曰四大起何因聚散無窮已既適一生中又入一死理冥心乘和暢未覺有終始如何箕山夫奄焉處東市曠此百年期遠同嵇叔子命也歸自天委地任冥紀著苻子數十篇行於世亦老莊之流也

索泮字德林敦煌人也世爲冠族泮少而游俠及長變節好學有佐世才器張天錫輔政以泮爲冠軍記室參軍天錫卽位拜司兵歷位禁中錄事執法御掾州府肅然郡縣改迹遷羽林左監有勤幹之稱出爲中壘將軍西郡武威太守典戎校尉政務寬和戎夏懷其惠天錫甚敬之苻堅見而歎曰涼州信多君子旣而以泮河西德望拜別駕呂光旣剋姑臧泮固郡不降光攻而獲之光曰孤既平西域將赴難京師梁熙無狀絶孤歸路此朝廷之罪人卿何意阻郡固逆自同元惡泮厲色責光曰將軍受詔討叛胡可受詔亂涼州邪寡君何罪而將軍害之泮但苦力寡不能固守以報君父之讐豈如逆氏彭濟望風反叛主滅臣死禮之常也乃就刑于市神色不變弟菱有儁才仕張天錫爲執法中郎冗從右監苻堅世至伏波將軍典農都尉與泮俱被害

徐嵩字元高盛之子也少以清白著稱苻堅擧賢良爲郎中稍遷長安令貴戚子弟犯法者嵩一皆考竟請託路絶堅甚奇之謂其叔父成曰人爲長吏故當應耳此年少落落有端貳之才還守始平郡甚有威惠及壘陷姚方成執而數之嵩厲色謂方成曰汝姚萇罪應萬死主上止黄眉之斬而宥之叨據內外位爲列將無犬馬識養之誠首爲大逆汝曹羌輩豈可以人理期也何不速殺我早見先帝取姚萇於地下方成怒立斬嵩漆其首爲便器登哭之哀慟贈車騎大將軍儀同三司謚曰忠武

通志卷一百八十九

通志卷第一百九十

宋右迪功郎鄭樵漁仲撰

載記第五

後秦

姚弋仲 襄 萇 興 泓 尹緯

後蜀

李特 流 庠 雄 班 期 壽 勢

後涼

呂光 纂 隆

後秦

姚弋仲南安赤亭羌人也其先有虞氏之苗裔禹封舜少子于西戎世爲羌酋其後燒當雄於洮罕之間七世孫塡虞漢中元末寇擾西州爲楊虛侯馬武所敗徙出塞虞九世孫遷那率種人內附漢朝嘉之假冠軍將軍西羌校尉歸順王處之于南安之赤亭那元孫柯迴爲魏鎮西將軍綏戎校尉西羌都督迴生弋仲少英毅不營產業唯以收恤爲務眾皆畏而親之永嘉之亂東徙榆眉戎夏襁負隨之者數萬自稱護西羌校尉雍州刺史扶風公劉曜之平陳安也以弋仲爲平西將軍封平襄公邑之于隴上及石虎克上邽弋仲說之曰明公握兵十萬功高一時正是行權立策之日隴上多豪秦風猛勁道隆後服道汙先叛宜徙隴上豪彊虛其心腹以實畿甸虎納之啟勒以弋仲行安西將軍六夷左都督後晉豫州刺史祖約奔于勒勒禮待之弋仲上疏曰祖約殘賊晉朝逼殺太后不忠於主而陛下寵之臣恐姦亂之萌此其始矣勒善之後竟誅約勒既死虎執權思弋仲之言遂徙秦雍豪桀于關東弋仲率部眾數萬遷于清河拜奮武將軍西羌大都督封襄平縣公及虎廢石弘自立弋仲稱疾不賀虎累召之乃赴正色謂虎曰奈何把臂受託而返奪之乎虎憚其彊正而不之責遷持節十郡六夷大都督冠軍大將軍性清儉鯁直不修威儀屢獻讜言無所迴避虎甚重之朝之大議靡不參決公卿亦憚而推下之武城左尉虎寵姬之弟也嘗擾其部弋仲執尉數以迫脅之狀命左右斬之尉叩頭流血左右諫乃止其剛直不回皆此類也虎末梁犢敗李農於滎陽虎大懼馳召弋仲弋仲率其部眾八千餘人屯于南郊輕騎至鄴時虎病不時見弋仲引入領軍省賜其所食之食弋仲怒不食曰召我擊賊豈來覓食邪我不知上存亾若一見雖死無恨左右言之乃引見弋仲數虎曰兒死來愁邪乃至于疾兒小時不能使好人輔相至令相殺兒自有過責其下人太甚故反耳汝病久所立兒小若不差天下必亂當宜憂此不煩憂賊也犢等因思歸之心共爲姦盜所行殘賊此成擒耳老羌請効死前鋒使一舉而了弋仲性狷直俗無尊卑皆汝之虎恕而不責於坐授使持節侍中征西大將軍賜以鎧馬弋仲曰汝看老羌堪破賊與不於是貫鉀跨馬于庭中策馬南馳不辭而出遂滅梁犢以功加劍履上殿入朝不趨進封西平郡公冉閔之亂弋仲率眾討閔次于混橋石祗僭號于襄國以弋仲爲右丞相待以殊禮祗與閔相攻弋仲遣其子襄救祗戒襄曰汝才十倍於閔若不梟擒不須復見我也襄擊閔於常盧澤大破之而歸弋仲怒襄之不擒閔也杖之一百弋仲部曲馬何羅博學有文才張豺之輔石世也背弋仲歸豺豺以爲尙書郎豺敗復歸咸勸殺之弋仲曰今正是招才納奇之日當收其力用不足害也以爲參軍其寬恕如此弋仲有子四十二人常戒諸子曰吾本以晉室大亂石氏待吾厚故欲討其賊臣以報其德今石氏已滅中原無主自古以來未有戎狄作天子者我死汝便歸晉當竭盡臣節無爲不義之事乃遣使請降永和七年拜弋仲使持節六夷大都督都督江淮諸軍事車騎大將軍儀同三司大單于封高陵郡公八年卒時年七十三子襄之入關也爲苻生所敗弋仲之柩爲生所得生以王禮葬之于天水冀縣萇僭位追謚曰景元皇帝廟號始祖墓曰高陵置園邑五百家

襄字景國弋仲之第五子也年十七身長八尺五寸臂垂過膝雄武多才藝明察善撫納士眾愛敬之咸請爲嗣弋仲弗許百姓固請者日有千數乃授之以兵石祗僭號以襄爲使持節驃騎將軍護烏丸校尉豫州刺史新昌公晉遣使拜襄持節平北將軍并州刺史即邱縣公弋仲死襄祕不發喪率戶六萬南攻陽平元城發干皆破之殺掠三千餘家屯于碻磝津以太原王亮爲長史天水尹赤爲司馬略陽伏子成爲左部帥南安斂岐爲右部帥略陽王黑那爲前部帥強白爲後部帥太原薛讚略陽權翼爲參軍南至滎陽始發喪行服與高昌李歷戰于麻田馬中流矢死賴其弟萇以免晉處襄于譙城遣五弟爲任單騎度淮見豫州刺史謝尚于壽春尚命去仗衛幅巾以待之一面交款便若平生襄少有高名雄武冠世好學博通雅善談論英濟之稱著于南夏中軍將軍揚州刺史殷浩憚其威名乃囚襄諸弟頻遣刺客殺襄刺客皆推誠告實襄待之若舊浩潛遣將軍魏憬率五千餘人襲襄襄乃斬憬而并其眾浩愈惡

之乃使將軍劉啟守譙遷襄于梁國鎰臺表授梁國內史襄遣權翼詣浩浩曰姚平北每舉動自由豈所望也翼曰將軍輕納姦言自生疑貳愚謂猜嫌之由不在於彼浩曰姚君縱放小人盜竊吾馬王臣之體固若是乎翼曰將軍謂姚平北以威武自彊終爲難保校兵練衆將懲不恪取馬者欲以自衛耳浩曰何至是也浩遣謝萬討襄襄逆擊破之浩甚怒會聞關中有變浩率衆北伐襄乃要擊浩於山桑大敗之斬獲萬計收其資仗使兄益守山桑壘復如淮南浩遣劉啟王彬之伐山桑襄自淮南擊滅之鼓行濟淮屯于盱眙招掠流人衆至七萬分置守宰勸課農桑遣使建鄴罪狀殷浩并自陳謝流人郭敞等千餘人執晉堂邑內史劉仕降于襄朝廷大震以吏部尚書周閔爲中軍將軍緣江備守襄將佐部衆皆北人咸勸襄北還襄方軌北引自稱大將軍大單于進攻外黃爲晉邊將所敗襄收散卒而勤撫恤之於是復振乃據許昌將如河東以圖關右自許遂攻洛陽踰月不克其長史王亮諫襄曰公英略蓋天下士衆思効力命不可損威勞衆守此孤城宜還河北以弘遠略襄曰洛陽雖小山河四塞之固亦是用武之地吾欲先據洛陽然後開建大業俄而亮卒襄哭之甚慟曰天將不欲成吾事乎王亮捨我去也晉征西大將軍桓温自江陵伐襄戰于伊水北爲温所敗率麾下數千騎奔于北山其夜百姓棄妻子隨襄者五千餘人屯據陽鄉赴者又四千餘戶襄前後敗喪數矣衆知襄所在輒扶老攜幼奔馳而赴之時或傳襄創重不濟温軍所得士女莫不北望揮涕其得物情如此先是弘農楊亮歸襄襄待以客禮後奔桓温温問襄於亮亮曰神明器宇孫策之儔而雄武過之其見重如是襄尋從北屈將圖關中進屯杏城遣其從兄輔國姚蘭略地鄜城使其兄益及將軍王欽盧招集北地戎夏歸附者五萬餘戶苻生遣其將苻飛拒戰蘭敗爲飛所執襄率衆西引生又遣苻堅鄧羌等要之襄將戰沙門智通固諫襄宜厲兵收衆更思後舉襄曰二雄不俱立冀天不棄德以濟黎元吾計決矣會羌師來逼襄怒遂長驅而進戰于三原襄敗爲堅所殺時年二十七是歲晉升平元年也苻生以公禮葬之萇僭號追謚魏武王封襄孫延定爲東城侯

萇字景茂弋仲第二十四子也少聰哲多權略廓落任率不修行業諸兄皆奇之隨襄征伐每參大謀襄之寇洛陽也夢萇服袞衣升御座諸酋長皆侍立且謂將佐曰吾夢如此此兒志度不恆或能大起吾族襄之敗于麻田也馬中流矢死萇下馬以授襄襄曰汝何以自免萇曰但令兄濟豎子安敢害萇會救至俱免及襄死萇率諸弟降于苻生苻堅以萇爲揚武將軍歷左衞將軍隴東汲郡河東武都武威巴西扶風太守寧幽兗三州刺史復爲揚武將軍步兵校尉封益都侯爲堅將累有大功初萇隨楊安伐蜀嘗晝寢水旁上有神光煥然左右咸異之及苻堅寇晉以萇爲龍驤將軍督益梁州諸軍事謂萇曰朕本以龍驤建業龍驤之號未曾假人今特以相授山南之事一以委卿堅左將軍竇衝進曰王者無戲言此將不祥之徵也惟陛下察之堅默然堅既敗于淮南歸長安慕容泓起兵叛堅堅遣子叡討之以萇爲司馬爲泓所敗叡死之萇遣龍驤長史趙都詣堅謝罪堅怒殺之萇懼奔于渭北遂如馬牧西州豪族尹詳趙曜王欽盧牛雙狄廣張乾等率衆五萬餘家咸推萇爲盟主萇將距之天水尹緯說萇曰今百六之數既臻秦亡之兆已見以將軍威靈命世必能匡濟時艱故豪桀驅馳咸同推仰明公宜降心從議以副羣望不可坐觀沈溺而不拯救之萇乃從緯謀以太元九年自稱大將軍大單于萬年秦王大赦境內年號白雀稱制行事以天水尹詳南安龐演爲左右長史南安姚晃尹緯爲左右司馬天水狄伯支焦虔梁希龐魏任謙爲從事中郎姜訓閻遵爲掾屬王據焦世蔣秀尹延年牛雙張乾爲參軍王欽盧姚方城王破虜楊難尹嵩裴騎趙曜狄廣党刪等爲帥時慕容沖與苻堅相攻衆甚盛萇將西上恐沖遏之乃遣使通和以子崇爲質於沖進屯北地厲兵積粟以觀時變苻堅先徙晉人李詳等數千戶于敷陸至是降于萇北地新平安定羌胡降者十餘萬戶堅率諸將攻之不能克萇聞慕容沖攻長安議進趨之計羣下咸曰宜先據咸陽以制天下萇曰燕因懷舊之士而起兵若功成事捷咸有東歸之思安能久固秦川吾欲移兵嶺北廣收資實須秦弊燕迴然後垂拱取之兵不血刃坐定天下此卞莊得二之義也堅遣朔將軍宋方率騎三千從雲中將赴長安萇自貳縣要破之方單馬奔免其司馬田晃率衆降萇萇遣諸將攻新平克之因略地至安定嶺北諸城盡降之時苻堅爲慕容沖所逼走入五將山沖入長安堅司隸校尉權翼尚書趙遷大鴻臚皇甫覆光祿大夫薛讚扶風太守段鏗等文武數百人奔于萇萇遣驍騎將軍吳忠率騎圍堅萇如新平俄而忠執堅送之慕容沖遣其車騎大將軍高蓋率衆五萬來伐戰于新平南大破之蓋率麾下數千人來降拜散騎常侍沖既率衆東下長安空虛盧水郝

奴稱帝于長安渭北盡應之扶風王驎有眾數千堡據馬嵬奴遣弟多攻驎萇伐驎破之驎走漢中執多而進攻奴降之以太元十一年萇僭即皇帝位于長安大赦改元曰建初國號大秦改長安曰常安立妻虵氏爲皇后子興爲皇太子置百官自謂以火德承苻氏木行服色如漢氏承周故事徙安定五千餘戶于長安以弟征虜緒爲司隸校尉鎮長安萇如安定擊平涼胡金熙鮮卑没弈于大破之遂如秦州與苻堅秦州刺史王統相持天水屠各略陽羌胡應萇者二萬餘戶統懼乃降因饗將士于上邽南安人古成詵進曰臣州人殷地險儁傑如林用武之國也王秦州不能收拔賢才三分鼎足而坐玩珠玉以至于此陛下宜散秦州金帛以施六軍旌賢表善以副鄙州之望萇善之擢爲尚書郎拜弟碩德都督隴右諸軍事征西將軍秦州刺史領護東羌校尉鎮上邽萇還安定修德政布惠化省非急之費以救時弊閭閻之士有豪介之善者皆顯異之萇復如秦州爲苻登所敗語在登傳以其太子興鎮長安而與登相距登馮翊太守蘭犢與苻師奴離貳慕容永攻之犢遣使請救萇將赴救尚書令姚旻左僕射尹緯等言於萇曰苻登近在瓦亭陛下未宜輕舉萇曰登持重少決每失時機聞吾自行正當廣集兵資必不能輕軍深入兩月之間足可克此三豎吾事必矣遂師次于泥源師奴率眾來距大戰敗之盡俘其眾又擒蘭犢收其士馬萇乃掘苻堅尸鞭撻無數裸剝衣裳荐之以棘坎土而埋之慕容永征西將軍王宣率眾降萇初關西雄桀以苻氏既終萇雄略命世天下之事可一旦而定萇既與苻登相持積年數爲登所敗遠近咸懷去就之計唯征虜齊難冠軍徐洛生輔國劉郭單冠威彌姐婆觸龍驤趙惡地鎮北梁國兒等守忠不貳並留子弟守營供繼軍糧身將精卒隨萇征伐時諸營既多故號萇軍爲大營大營之號自此始也時天大雪萇下書深自責罰散後宮文綺珍寶以供戎事身食一味妻不重綵將帥死王事者加秩二等士卒戰没皆有褒贈立太學禮先賢之後敦煌索盧曜請刺苻登萇曰卿以身狥難將爲誰乎曜曰臣死之後深以友人隴西辛邃仰託萇遺之事發爲登所殺萇以邃爲騎都尉登進逼安定諸將勸萇決戰萇曰與窮寇競勝兵家之下吾將以計取之於是留其尚書令姚旻守安定夜襲登輜重于大界克之諸將咸欲因登駭亂擊之萇曰登眾雖亂怒氣猶盛未可輕也遂止萇以安定地狹且逼苻登使姚碩德鎮安定徙安定千餘家于陰密遣弟征南靖鎮之立社稷于長安百姓年七十有德行者拜爲中大夫歲賜牛酒尹緯姚晃謂古成詵曰苻登窮寇歷年未滅姦雄鴟峙所在糾扇夷夏皆貳將若之何詵曰主上權略無方信賞必罰賢能之士咸懷樂推豈慮大業不成氐賊不滅乎緯曰登窮寇未滅姦雄所在扇合吾等寧無懼乎詵曰三秦天府之國主上十分已有其八今所在可慮者苻登楊定雷惡地耳自餘瑣瑣焉足論哉然惡地地狹眾寡不足爲憂苻登藉烏合犬羊偷存假息料其勇智非至尊之匹霸王之起必有驅除然後克定大業昔漢魏之興也皆十有餘年乃能一同於海內五六年間未爲久也主上神略內明英武外發可謂無敵於天下耳取登有餘力願布德行仁招賢納士厲兵秣馬以候天機如其鴻業不成者詵請腰斬以謝明公緯言之於萇萇大悅賜詵爵關內侯雷惡地率眾降萇拜爲鎮東將軍魏褐飛自稱大將軍衝天王率氐胡數萬人攻安北姚當城於杏城雷惡地應之攻鎮東姚漢得於李潤萇議將討之羣臣咸曰陛下不憂六十里苻登乃憂六百里褐飛萇曰登非可卒殄吾城亦非登所能卒圖惡地多智非常人也南引褐飛東結董成甘言美說以成姦謀若得杏城李潤惡地據之控制遠近相爲羽翼長安東北非復吾有於是潛軍赴之萇時眾不滿二千褐飛惡地眾至數萬氐胡赴之者首尾不絕萇每見一軍至輒有喜色羣下怪而問之萇曰今同惡相濟皆來會集吾得乘勝席卷一舉而覆其巢穴東北無復餘也褐飛等以萇兵少盡眾來攻萇固壘不戰示之以弱潛遣子崇率騎數百出其不意以乘其後褐飛兵擾亂萇遣鎮遠王超平遠譚亮率步騎擊之褐飛眾大潰斬褐飛及首級萬餘惡地請降萇待之如初惡地每謂人曰吾自言智勇所施足爲一時之傑校數諸雄如吾之徒皆應跨據一方虎嘯千里遇姚公智力摧屈是吾分也惡地猛毅清肅不可干以非義嶺北諸豪皆敬憚之萇命其將當城於營處一柵孔中蒔樹一根以旌戰功歲餘問之城曰營所至小已廣之矣萇曰少來鬬戰無如此快以千六百人破三萬眾圖之事業由此克舉小乃爲奇大何足貴貳城胡曹寅王達獻馬三千匹以寅爲鎮北將軍并州刺史達鎮遠將軍金城太守萇性簡率羣下有過或面加罵辱太常權翼言於萇曰陛下弘遠自任不修小節駕馭羣雄苞羅儁異棄嫌錄善有高祖之量然輕慢之風所宜除也萇曰吾之性也吾於舜之美未有片焉漢祖之短已收其一若不聞讜言安知過也南羌竇鴦

率戶五千來降拜安西將軍萇下書有復私仇者皆誅之將吏亾滅者各隨所親以立後振給長育之鎮東苟曜據逆萬堡密引苻登萇與登戰敗於馬頭原收衆復戰姚碩德謂諸將曰上愼於輕戰每欲以計取之今戰既失利而更逼賊者必有由也萇聞而謂碩德曰登用兵遲緩不識虛實今輕兵直進逕據吾東必苟曜豎子與之連結也事久變成其禍難測所以速戰者欲使豎子謀之未就好之未深散敗其事耳進戰大敗之登退屯于郿登將金槌以新平降萇萇輕將數百騎入槌營羣下諫之萇曰槌既去苻登復欲圖我將安所歸且懷德初附推欵委質吾復以不信待之何以御物乎羣氐果有異謀槌不從而止萇如陰密攻登勅其太子興曰苟曜好姦變將爲國害聞吾還北必來見汝汝便執之苟曜果見興於長安興遣尹緯讓而誅之萇大敗登于安定東置酒高會諸將咸曰若値魏武王不令此賊至今陛下將牢太過耳萇笑曰吾不如亡兄有四身長八尺五寸臂垂過膝人望而畏之一也當十萬之衆與天下爭衡望麾而進前無橫陣二也溫古知今講論道藝駕馭英雄收羅儁異三也董率大衆履險若夷上下咸允人盡死力四也所以得建立功業策任羣賢者正望算略中一片耳羣臣咸稱萬歲萇下書令留臺諸鎮各置學官勿有所廢考試優劣隨才擢敘苻登驃騎將軍沒弈于率戶六千降拜使持節車騎將軍高平公萇寢疾遺姚碩德鎮李潤尹緯守長安召其太子興詣行營征南姚方城言於興曰今寇賊未滅上復寢疾王統苻允等皆有部曲終爲人害宜盡除之興於是誅苻允王統王廣徐成毛盛乃赴召興至萇怒曰王統兄弟是吾州里無他遠志徐成等昔在秦朝並爲名將天下小定吾方任之奈何輒便誅害令人喪氣萇下書兵吏從征伐戶在大營者世世復其家無所豫苻登與竇衝相持萇議擊之尹緯言於萇曰太子純厚之稱著於遐邇將領英略未爲遠近所知宜遣太子親行可以漸廣威武防闚闞之原萇從之戒興曰賊徒知汝轉近必相驅入堡聚而掩之無不克矣比至胡空堡衝圍自解登聞興向胡空堡引還興因襲平涼大獲而歸咸如萇策使興還鎮長安萇下書除妖謗之言及赦前姦穢有相劾舉者皆以其罪罪之晉平遠將軍護氐校尉楊佛嵩率胡蜀三千餘戶降于萇晉將楊佺期趙睦追之遣姚崇赴救大敗晉師斬趙睦以佛嵩爲鎮東將軍萇如長安至于新支堡疾篤輿疾而進夢苻堅將天官使者鬼兵數百突入營中萇懼走入宮宮人迎萇刺鬼誤中萇陰鬼相謂曰正中死處拔矛出血石餘寤而驚悸遂患陰腫醫刺之出血如夢萇遂狂言或稱臣萇殺陛下者兄襄非臣之罪願不枉臣至長安召太尉姚旻尚書左僕射尹緯右僕射姚晃尚書狄伯支等入受遺輔政萇謂興曰有毀此諸人者愼勿受之汝撫骨肉以仁接大臣以禮待物以信遇黔首以恩四者既備吾無憂矣以太元十八年死時年六十四在位八年僞謚武昭皇帝廟號太祖墓稱原陵

姚興字子略萇之長子也苻堅時爲太子舍人萇之在馬牧興自長安冐難奔萇萇立爲王太子萇出征討常留統後事及鎮長安甚有威惠與其中舍人梁喜洗馬范勗等講論經籍不以兵難廢業時人咸化之萇死興祕不發喪以其叔父緒鎮安定碩德鎮陰密弟崇守長安碩德將佐言於碩德曰公威名宿重部曲最彊今喪代之際朝廷必相猜忌非永安之道也宜奔秦州觀望事勢碩德曰太子志度寬明必無疑阻今苻登未滅而自尋干戈所謂追二袁之蹤授首與人吾死而已終不若斯及至興優禮而遣之興自稱大將軍以尹緯爲長史狄伯支爲司馬率衆伐苻登咸陽太守劉忌奴據避世堡以叛興襲忌奴擒之苻登自六陌向廢橋始平太守姚詳據馬嵬堡以距登登衆甚盛興慮詳不能遏乃自將精騎以迫登遣尹緯領步卒赴詳緯用詳計據廢橋以抗登登因急攻緯緯將出戰興馳遣狄伯支謂緯曰兵法不戰而制人者蓋爲此也苻登窮寇宜持重不可輕戰緯曰先帝登遐人情擾懼今不因思奮之方梟殄逆豎大事去矣緯敢以死爭遂與登戰大破之登衆溺死者十二三其夜大潰登奔雍興乃發喪行服太元十九年僭卽帝位于槐里大赦境內改元曰皇初遂如安定先是苻登使弟廣守雍子崇屯胡空堡聞登敗各棄守走登無所投據遂奔平涼率其餘衆入馬毛山興自安定如涇陽與登戰于山南斬登散其部衆歸復農業徙陰密三萬戶於長安分大營戶爲四置四軍以領之安南強熙鎮遠楊多叛推竇衝爲盟主所在擾亂興率諸將討之軍次武功多兒子良國殺多而降衝弟彰武與衝離貳衝奔強熙熙聞興將至率戶二千奔秦州竇衝走汧川汧川氐仇高執送之衝從弟統率其衆降于興封征虜緒爲晉王征西碩德爲隴西王征南靖等及功臣尹緯齊難楊佛嵩等並爲公侯其餘封爵各有差鮮卑薛勃於貳城爲魏軍所伐遣使請救使姚崇赴救魏師既還薛勃復叛崇伐而執之大敗其士馬而還

興追尊其庶母孫氏爲皇太后配饗太廟楊盛保仇池遣使請命拜使持節鎭南將軍仇池公鮮卑越質詰歸率戸二萬叛乞伏乾歸降于興興處之于成紀拜使持節鎭西將軍平襄公姚碩德討平涼胡金豹于洛城克之初上邽羌乳據本縣以叛自稱秦州刺史碩德進討之乳率衆降以碩德爲秦州牧領護東羌校尉鎭上邽徵乳爲尚書彊熙及略陽豪族權千城率衆三萬圍上邽碩德擊破之熙南奔仇池遂假道歸晉碩德西討千城千城降興令郡國各歲貢清行孝廉一人慕容永既爲慕容垂所滅河東太守栁恭等各阻兵自守興遣姚緒討之恭等依河距守緒不得濟鎭東薛彊先據楊氏壁引緒從龍門濟河遂入蒲坂恭勢屈請降徙新平安定新戸六千于蒲坂興母虵氏死興哀毁過禮不親庶政羣臣議請依漢魏故事既葬即吉興尚書郎李嵩上疏曰三王異制五帝殊禮孝治天下先王之同事也宜遵聖性以先道訓既葬之後應素服臨朝率先天下仁孝之舉也尹緯駮曰帝王喪制漢魏爲準嵩矯常越禮衍于軌度請付有司以專擅論既葬即吉乞依前議興曰嵩忠臣孝子有何咎乎尹僕射棄先王之典而欲遵漢魏之權制豈所望於朝賢哉其一依嵩議鮮卑薛勃叛奔嶺北上郡貳川雜胡皆應之遂圍安遠將軍姚詳於金城遣姚崇尹緯討之勃自三交趣金城崇列營掎之而租運不繼三軍大饑緯言於崇曰輔國彌姐高地建節杜成等皆諸部之豪位班三品督運稽留今三軍乏絶宜明寘刑書以懲不肅遂斬之諸部大震租入者五十餘萬興率部騎二萬親討之勃懼棄其衆奔于高平公没弈于于執而送之泣氏男姚買得欲因興葬母虵氏殺興會有告之者興未之信遣李嵩詐往買得具以告嵩嵩還以聞興乃賜買得死誅其黨與興下書禁百姓造錦繡及淫祀興率衆寇湖城晉弘農太守陶仲山華山太守董邁皆降于興遂如陝城進寇上洛陷之遣姚崇寇洛陽晉河南太守夏侯宗之固守金墉崇攻之不克乃陷栢谷徙流人西河嚴彦河東裴岐韓襲等二萬餘戸而還興下書令士卒戰亾者守宰所在埋藏之求其近親爲之立後武都氏屠飛啖鐵等殺隴東太守姚迴略三千餘家據方山以叛興遣姚紹等討之斬飛鐵遣狄伯支迎流人曹會牛壽萬餘戸于漢中興留心政事苞容廣納一言之善咸見禮異京兆杜瑾馮翊吉默始平周寶等上陳時事皆擢處美官天水姜龕東平淳于岐馮翊郭高等皆耆儒碩德經明行修各門徒數百教授長安諸生自遠而至者萬數千人興每於聽政之暇引龕等于東堂講論道藝錯綜名理涼州胡辯苻堅之末東徙洛陽講授弟子千有餘人關中後進多赴之請業興敕關尉曰諸生諮訪道義修已厲身往來出入勿拘常限於是學者咸勸儒風盛焉給事黄門侍郎古成詵中書侍郎王尚尚書郎馬岱等以文章雅正參管機密詵風韻秀舉確然不羣每以天下是非爲已任時京兆韋高慕阮籍之爲人居母喪彈琴飲酒詵聞而泣曰吾當私刃斬之以崇風教遂持劍求高高懼逃匿終身不敢見詵興遣將鎭東楊佛嵩攻陷洛陽班命郡國百姓因荒自賣爲奴婢者悉免爲良人興以日月薄蝕災眚屢見降號稱王下書令羣公卿士將牧守宰各降一等於是其太尉趙公旻等五十三人上疏諫曰伏惟陛下勳格皇天功濟四海威靈振於殊域聲教暨於遐方雖成湯之隆殷基武王之崇周業未足比諭方當廓靖江吳告成中岳豈宜過垂沖損違皇天之眷命乎興曰殷湯夏禹德冠百王然猶順守謙沖未居崇極況朕寡昧安可以處之哉乃遣旻告于社稷宗廟大赦改元弘始賜孤老鰥寡粟帛有差年七十以上加衣杖始平太守周班槐里令李彭皆以贖貨誅於是郡國肅然矣洛陽既陷自淮漢已北諸城多請降送任興下書聽祖父母昆弟得相容隱姚緒姚碩德以興降號固讓王爵興弗許京兆韋華譙郡夏侯軌始平龐眺等率襄陽流人一萬叛晉奔于興興引見東堂謂華曰晉自南遷承平已久今政化風俗何如華曰晉主雖有南面之尊無總御之實宰輔執政政出多門權去公家遂成習俗刑網峻急風俗奢宕自桓溫謝安已後未見寬猛之中興大悅拜華中書令興如河東時姚緒鎭河東興待以家人之禮下書封其先朝舊臣姚驢礑趙惡地王平馬萬載黄世等子爲五等子男命百僚舉殊才異行之士刑政有不便於時者皆除之兵部郎金城邊熙上陳軍令煩苛宜遵簡約興覽而善之乃依孫吳誓衆之法以損益之興立律學于長安召郡縣散吏以授之其通明者還之郡縣論決刑獄若州郡縣所不能決者讞之廷尉興常臨諮議堂聽斷疑獄于時號無冤滯姚緒姚碩德固讓王爵許之緒碩德威權日盛興恐姦佞小人沮惑之乃簡清正君子爲之輔佐興以司隷校尉郭撫扶風太守强超長安令魚佩槐里令彭明倉部郎王年等清勤貞白下書褒美增撫邑一百戸賜超爵關内侯佩等進位一級使碩德率隴右諸軍伐乞伏乾歸興濟軍赴之乾歸敗走降其部衆三萬六千收鎧馬六萬匹

軍無私掠百姓懷之興進如抱罕班賜王公已下偏于卒伍興之西也沒弈于密欲棄盧襲安定長史皇甫序切諫乃止于自恨失言陰欲殺序乞伏乾歸以窮蹙來降拜鎮遠將軍河州刺史歸義侯復以其部衆配之興下書將帥遭大喪非在疆埸嶮要之所皆聽奔赴及朞乃從王役臨戎遭喪聽假百日若身爲邊將家有大變交代未至敢輒去者以擅去官罪罪之遣晉將軍劉嵩等二百三十七人歸于建鄴魏人襲沒弈于于棄其部衆率數千騎與赫連勃勃奔于秦州魏軍進次瓦亭長安大震諸城閉門固守魏平陽太守貳塵入侵河東興於是練兵講武大閱于城西幹勇壯異者召入殿中引見羣臣于東堂大議伐魏羣臣咸諫以爲不可興不從司隸姚顯進曰陛下天下之鎭不宜親行可使諸將分討授以廟勝之策興曰王者正以廓土靖亂爲務吾焉得辭之興立其子泓爲皇太子大赦境內賜男子爲父後者爵一級遣姚平狄伯支等率步騎四萬伐魏姚碩德姚穆率步騎六萬伐呂隆平等軍次河東興遣其光遠党娥立節雷星建忠王多等率杏城及嶺北突騎自和寧赴援越騎校尉唐方積弩姚良國率關中勁卒爲平後繼姚緒統河東見兵爲前軍節度姚紹率洛東之兵姚詳率朔方見騎並集平望以會于興使沒弈于權鎭上邽中軍廣陵公欽權鎭洛陽姚顯及尚書令姚晃輔其太子泓入直西宮碩德至姑臧大敗呂隆之衆俘斬一萬隆將呂他等率衆二萬五千以東苑來降先是禿髮利鹿孤據西平沮渠蒙遜據張掖李暠據敦煌與呂隆相持至是皆遣使降興率戎卒四萬七千自長安赴姚平平攻魏乾城陷之遂據柴壁魏軍大至攻平截汾水以守之興至蒲坂憚而不進時碩德攻呂隆攝納夷夏分置守宰節糧積粟爲持久之計隆懼遂降碩德軍令齊整秋毫無犯祭先賢禮儒哲西平悅之姚平糧竭矢盡將麾下三十騎赴汾水而死狄伯支等十將四萬餘人皆爲魏所擒興下書軍士戰沒者皆厚加褒贈魏軍乘勝進攻蒲坂姚緒固守不戰魏乃引還興徙河西豪右萬餘戶于長安晉輔國將軍袁虔之寧朔將軍劉壽冠軍將軍高長慶龍驤將軍郭恭等貳于桓元懼而奔興興臨東堂引見謂虔之等曰桓元雖名晉臣其實晉賊其才度定何如父也能辦成大事與不虔之曰元藉世資雄據荆楚屬晉朝失政遂偷竊宰衡安忍無親多忌好殺位不才授爵以愛加無公平之度不如其父遠矣今既握朝權必行篡奪既非命世之才正可爲他人驅除耳此天以機便授之陛下願速加經略廓淸吳楚興大悅以虔之爲大司農餘皆有拜授虔之固讓請疆埸自效改授假節寧南將軍廣州刺史興立其昭儀張氏爲皇后封子懿弼洸宣諶愔璞質逵裕國兒皆爲公遣其兼大鴻臚梁斐以新平張構爲副拜禿髮傉檀車騎將軍廣武公沮渠蒙遜鎭西將軍沙州刺史西海侯李暠安西將軍高昌侯興遣鎭遠趙曜率衆二萬西屯金城建節王松忿率騎助呂隆等守姑臧松忿至魏安爲傉檀弟文眞所圍衆潰執松忿送于傉檀傉檀大怒送松忿還長安歸罪文眞深自陳謝興下書錄馬嵬戰時將吏盡擢敘之其堡戶給復二十年興性儉約車馬無金玉之飾自下化之莫不敦尚淸素然好游田頗損農要京兆杜挻以僕射齊難無匡輔之益著豐草詩以箴之馮翊相雲作德獵賦以諷焉興皆覽而善之賜以金帛然終弗能改晉順陽太守彭泉以郡降興興遣楊佛嵩率騎五千與其荆州刺史趙曜迎之遂寇陷南鄉擒建威將軍劉嵩略地至于梁國而歸又遣其兼散騎侍郎席確詣涼州徵呂隆弟超入侍隆遣之呂隆懼禿髮傉檀之逼表請內徙興遣齊難及鎭西姚詰鎭遠乞伏乾歸鎭遠趙曜等步騎四萬迎隆于河西難至姑臧以其司馬王尚行涼州刺史配兵三千鎭姑臧以將軍閻松爲倉松太守郭將爲番禾太守分戍二城徙隆及其宗室僚屬于長安沮渠蒙遜遣弟如子貢其方物王尚綏撫遺黎導以信義百姓懷其惠化翕然歸之北部鮮卑並遣使貢欵桓元遣使來聘請辛恭靖何澹之興留恭靖而遣澹之謂曰桓元不[illegible]歷運將圖篡逆天未忘晉必將有義舉以吾觀之終當傾覆卿今馳往必逢其敗相見之期遲不云遠初恭靖至長安引見興而不拜興曰朕將任卿以東南之事靖曰我寧爲國家鬼不爲羌賊臣興怒幽之別室至是恭靖亦踰牆遁歸興遣其將姚碩德姚斂成姚壽都等率衆三萬伐楊盛于仇池壽都等入自宕昌斂成從下辯而進盛遣其弟壽距成從子斌距都都逆擊擒之盡俘其衆楊壽等懼率衆請降碩德還師晉汝南太守趙策委守奔于興興如逍遙園引諸沙門于澄元堂聽鳩摩羅什演說佛經羅什通辯夏言尋覽舊經多有乖謬不與胡本相應興與羅什及沙門僧略僧遷道樹僧叡道坦僧肇曇順等八百餘人更出大品羅什持胡本興執舊經以相考校其新文異舊者皆會於理義續出諸經并諸論三百餘卷今之新經皆羅什所譯興既託意於佛道公卿已下莫不欽附沙門自遠而至者五千餘人起浮圖于永

貴里立波若臺于中宮沙門坐禪者恒有千數州郡化之事佛者十室而九矣使姚碩德及冠軍徐洛生等伐仇池又遣建武趙琨自宕昌而進遣其將斂俱寇漢中時劉裕誅桓元迎復安帝元衛將軍新安王桓謙臨原王桓怡雍州刺史桓蔚左衛將軍桓謐中書令桓允將軍何澹之等奔于興劉裕遣參軍衡凱之詣姚顯請通和顯遣吉默報之自是聘使不絕晉求南鄉諸郡興許之羣臣咸諫以爲不可興曰天下之善一也劉裕拔萃起微匡輔晉室吾何惜數郡而不成其美乎遂割南鄉順陽新野舞陰等十二郡歸于晉姚碩德等頻敗楊盛盛懼請降遣子難當及僚佐子弟數十人爲質碩德等引還署盛爲使持節散騎常侍都督益寧州諸軍事征南大將軍開府益州牧武都侯斂俱陷城固徙漢中人流人郭陶等三千餘家於關中興班告境內及在朝文武立名不得犯叔父緒及碩德之名以彰殊禮興謙恭孝友每見緒及碩德如家人之禮整服傾悚言則稱字車馬服玩必先二叔然後服其次者朝之大政必諮之而後行太史令郭麐言於興曰戊亥之歲當有孤寇起於西北宜愼其鋒起兵如流沙死者如亂麻戎馬悠悠會隴頭鮮卑烏丸居不安國家疲於奔命矣時所在有泉水涌出傳云飲則愈病後多無驗屢有妖人自稱神女戮之乃止興大閱自杜郵至于羊牧興以姚碩德來朝大赦其境內及碩德歸于秦州興送之及雍乃還禿髮傉檀獻興馬三千匹羊三萬頭興以爲忠於己乃署傉檀爲涼州刺史徵涼州刺史王尚還長安涼州人申屠英等二百餘人遣主簿胡威詣興請留尚興弗許尚既至長安坐匿呂氏宮人擅殺逃人薄末等禁止南臺

涼州別駕宗敞上疏理尚興悅敞之文赦尚之罪以爲尚書晉義熙二年平北將軍梁州督護苻宣入漢中興梁州別駕呂營漢中徐逸席難起兵應宣求救於楊盛盛遣軍臨濜口南梁州刺史王敏退守武興楊盛復通于晉興以太子泓錄尚書事慕容超司徒北地王鍾右僕射濟陽王凝高都公始皆來奔華山郡地涌沸廣袤百餘步燒生物皆熟歷五月乃止赫連勃勃殺高平公沒奕于收其衆以叛先是魏主拓跋珪送馬千匹求婚於興興許之以魏別立后遂絕婚故有柴壁之戰至是復與魏通和魏放狄伯支姚伯禽唐小方姚良國康宦還長安皆復其爵位時禿髮傉檀沮渠蒙遜迭相攻擊傉檀遂東招河州刺史西羌彭奚念奚念阻河以叛蜀譙縱遣使稱藩請桓謙欲令順流東伐劉裕興以問謙謙請行遂許之使中軍姚弼後軍斂成鎮遠乞伏乾歸等率騎三萬伐傉檀左僕射齊難等率騎二萬討勃勃吏部尚書尹昭諫曰傉檀恃遠輒敢違逆宜詔蒙遜及李暠使自相攻擊待其斃也然後取之此卞莊之舉也興不從勃勃退保河曲弼濟自金城弼部將姜紀言於弼曰今王師聲討勃勃傉檀猶豫未爲嚴防請給輕騎五千掩其城門則山澤之人皆爲吾有孤城獨立坐可克也弼不從進拔昌松長驅至姑臧傉檀嬰城固守出其兵擊弼弼敗退據西苑興又遣衛大將軍姚顯率騎二萬爲諸軍節度至高平聞弼敗繽兼道赴之撫慰河外率衆而還傉檀遣使人徐宿詣興謝罪齊難爲勃勃所擒興遣平北姚沖征虜狄伯支輔國斂曼嵬鎮東楊佛嵩率騎四萬討勃勃沖次于嶺北欲迴師襲長安伯支不從乃止懼其謀泄遂鴆殺伯支時王師伐譙縱大

敗之縱遣使乞師於興興遣平西姚賞南梁州刺史王敞率衆二萬救之王師引還縱遣使拜師仍貢其方物興遣其兼司徒韋華持節策拜縱爲大都督相國蜀王加九錫備物典策一如魏晉故事承制封拜悉如王者之儀興自平涼如朝那聞沖謀逆以其弟中最少雄武絕人猶欲隱忍容之斂成泣謂興曰沖凶險不仁每侍左右臣常寢不安席願早爲之所興曰沖何能爲也但輕害名將吾欲明其罪於四海乃下書賜沖死葬以庶人之禮晉河間王子國璠章武王子叔道來奔興謂之曰劉裕匡復晉室卿等何故來也國璠等曰裕與不逞之徒削弱王室宗門能自修立者莫不害之是避之來實非誠欵所以避死耳興嘉之以國璠爲建義將軍揚州刺史叔道爲平南將軍交州刺史賜以甲第興如貳城將討赫連勃勃遣安遠姚詳及斂曼嵬鎮軍彭白狼分督租運諸軍未集而勃勃騎大至興欲留步軍輕如嵬營衆咸惶懼羣臣固以爲不可興弗納尚書郎韋宗希旨勸興行蘭臺侍御史姜楞越次而進曰韋宗傾險不忠沮敗國計宜先腰斬以謝天下脫車駕動軫六軍駭懼人無守志取危之道也宜遣單使以徵詳等興默然右僕射韋華等諫曰若車騎輕動必不戰自潰嵬營亦未必可至惟陛下圖之興乃遣左將軍姚文宗率禁兵距戰中壘齊莫統氐兵以繼之文宗與莫皆勇果兼人以死力戰勃勃乃退留禁兵五千配姚詳守貳城興還長安譙縱遣其侍中譙良太常楊軌朝於興請大舉以寇江東遣其江州刺史桓謙梁州刺史譙道福率衆二萬東寇江陵興乃遣前將軍苟林率騎會之謙屯枝江林屯江津謙江左貴族部曲徧於荊楚晉之將士皆

有叛心荆州刺史劉道規大懼嬰城固守雍州刺史魯宗之率襄陽之衆救之道規乃留宗之守江陵率軍逆戰譙等舟師大盛兼列步騎以待之大戰支江譙敗績乘輕舸奔就苟林晉人獲而斬之苟林懼而引歸興以國用不足增關津之稅鹽竹山木皆有賦焉羣臣咸諫以爲天殖品物以養羣生王者子育萬邦不宜節約以奪其利興曰能踰關梁通利於山水者皆豪富之家吾損有餘以禪不足有何不可乃遂行之興從朝門游于文武苑及昏而還將自平朔門入前驅旣至城門校尉王滿聰被甲持杖閉門距之曰今已昏闇姦良不辨有死而已門不可開興乃迴從朝門而入且而召滿聰進位二等乞伏乾歸以衆叛攻陷金城執太守任蘭蘭厲色責乾歸以背恩違義乾歸怒而囚之蘭遂不食而死赫連勃勃遣其將胡金纂將萬餘騎攻平涼興如貳城因救平涼纂衆大潰生擒纂勃勃遣兄子提攻陷定陽執北中郎將姚廣都興將曹熾曹雲王肆佛等各將數千戶避勃勃內徙興處肆佛于湟山澤熾雲于陳倉勃勃寇隴右攻白崖堡破之遂趣清水略陽太守姚壽都委守奔秦州勃勃又收其衆而歸興自安定追之至壽渠川不及而還初天水人姜紀呂氏之叛臣阿諂姦詐好間人之親戚興子弼有寵於興紀遂傾心附之弼時爲雍州刺史鎭安定與密謀還朝令傾心事常山公顯樹黨左右至是興以弼爲尚書令侍中大將軍旣居將相虛襟引納收結朝士勢傾東宮遂有奪嫡之謀矣興以勃勃乾歸作亂西北傉檀蒙遜擅兵河右疇咨將帥之臣欲鎭撫二方隴東太守郭播言於興曰嶺北二州鎭戶皆數萬若得文武之才以綏撫之足以靖塞姦路

興曰吾每思得廉頗李牧鎭撫四方使便宜行事然任非其人恆致負敗卿試舉之播曰清絜善撫邊則平陸子王元始雄武多奇略則建威王煥賞罰必行臨敵不顧則奮武彭蚝興曰蚝令行禁止則有之非綏邊之才也始煥年少吾未知其爲人播曰廣平公弼才兼文武宜鎭督一方願陛下遠鑒前車近悟後轍興不從以其太常索稜爲太尉領隴西內史綏誘乾歸政績旣美乾歸感而歸之太史令任猗言於興曰白氣出於北方東西竟天五百里當有破軍流血乞伏乾歸遣使送所掠守宰謝罪請降興以勃勃之難權宜許之假乾歸及其子熾磐官爵姚詳時鎭杏城爲赫連勃勃所逼糧盡委守南奔大蘇勃勃要之衆散爲勃勃所執時遣衞大將軍顯迎詳詳敗遂屯杏城因令顯都督安定嶺北二鎭事潁川太守姚平都自許昌來朝言於興曰劉裕敢懷姦計屯聚芍陂有擾邊之志宜遣燒之以散其衆謀興曰裕之輕弱安敢闚吾疆埸苟有姦心其在子孫乎召其尚書楊佛嵩謂之曰吳兒不自知乃有非分之意待至孟冬當遣卿率精騎三萬焚其積聚嵩曰陛下若任臣以此役者當從肥口濟淮直趣壽春舉大衆以屯城縱輕騎以掠野使淮南蕭條兵粟俱了足令吳兒俯仰回惶神爽飛越興大悅時西胡梁國兒於平涼作壽冢每將妻妾入冢飲讌酒酣升靈牀而歌時人或譏之國兒不以爲意前後征伐屢有大功興以爲鎭北將軍封平輿男年八十餘乃死時客星入東井所在地震前後一百五十六興公卿抗表請罪興曰災譴之來咎在元首近代或歸罪三公甚無謂也公等其悉冠履復位仇池公楊盛叛擾祁山遣建威趙琨率騎五千爲前鋒立

節楊伯壽統步卒繼之前將軍姚恢左將軍姚文宗入自鷩陝鎭西秦州刺史姚嵩入羊頭陝右衞胡翼度從陰密出自汧城討盛興將輕騎五千自雍赴之與諸將軍會于隴口天水太守王松忩言於嵩曰先皇神略無方威武冠世冠軍徐洛生猛毅兼人佐命英輔再入仇池無功而還非楊盛智勇能全直是地勢然也今以趙琨之衆使君之威準之先朝實未見成功使君具悉形便何不表聞嵩不從盛率衆與琨相持伯壽畏懦弗進琨衆寡不敵爲盛所敗興斬伯壽而還嵩乃具陳松忩之言興善之乾歸爲其下人所殺子熾磐新立羣下咸勸興取之興曰乾歸先已返善吾方當懷撫因喪伐之非朕本志也以楊佛嵩都督嶺北討虜諸軍事安遠將軍雍州刺史率嶺北見兵以討赫連勃勃嵩發數日興謂羣臣曰佛嵩驍猛果銳每臨敵對寇不可制抑吾常節之配兵不過五千今衆旅旣多遇賊必敗今去已遠追之無及吾深憂之其下咸以爲不然佛嵩果爲勃勃所執絕吭而死興立昭儀齊氏爲皇后又下書以其故丞相姚緒太宰姚碩德太傅姚旻大司馬姚崇司徒尹緯等二十四人配饗於萇廟興以大臣屢喪令所司更詳臨赴之制所司白興依故事東堂發哀興不從每大臣死皆親臨之姚文宗有寵於姚泓姚弼深疾之誣文宗有怨言以侍御史廉桃生爲證興怒賜文宗死是後羣臣累足莫敢言弼之短時貳縣羌叛興遣後將軍斂成鎭軍彭白狼北中郎將姚洛都討之斂成爲羌所敗甚懼詣趙興太守姚穆歸罪穆欲送殺之成怒奔赫連勃勃興遣姚紹與姚弼率禁衞諸軍鎭撫嶺北遼東侯彌姐亭地率其部人南居陰密劫掠百姓弼收亭地

送之殺其衆七百餘人徙二千餘戸于鄭城弼寵愛方
隆所欲施行無不信納乃以嬖人尹沖爲給事黄門侍
郎唐盛爲治書侍御史左右機要皆其黨人漸欲廣樹
爪牙彌縫其闕右僕射梁喜侍中任謙京兆尹尹昭承
閒言於興曰父子之際人罕得而言然君臣亦猶父子
臣等理不容默並后匹嫡未始不傾國亂家廣平公弼
姦凶無狀潛有陵奪之志陛下寵之不道假其威權傾
險無賴之徒莫不鱗湊其側市巷諷議皆言陛下欲有
廢立之心誠如此者臣等有死而已不敢奉詔興曰安
有此乎昭等曰若無廢立之事陛下愛弼適所以禍之
願去其左右減其威權非但弼有泰山之安宗廟社稷
亦有磐石之固矣興默然興寢疾妖賊李弘反于貳原
貳原氐仇常起兵應弘興輿疾討之斬常執弘而還徙
常部人五百餘戸于許昌興疾篤其太子泓屯兵于東
華門侍疾於諮議堂姚弼潛謀爲亂招集數千人被甲
伏於其第撫軍姚紹及侍中任謙右僕射梁喜冠軍姚
讚京兆尹尹昭輔國斂曼嵬並典禁兵宿衛于內姚裕
遣使告姚懿于蒲坂并密信諸藩論弼逆狀懿流涕以
告將士曰上今寢疾臣子所宜冠履不整而廣平公弼
擁兵私第不忠於儲宮正是孤徇義亾身之日諸君皆
忠烈之士亦當同孤徇斯舉也將士無不奮怒攘袂曰
惟殿下所爲死生不敢貳於是盡赦囚徒散布帛數萬
疋以賜其將士建牙誓衆將赴長安鎮東豫州牧姚洸
起兵洛陽平西姚諶起兵於雍將以赴泓之難興疾瘳
朝其羣臣征虜劉羌泣謂興曰陛下寢疾數旬奈何忽
有斯事興曰朕過庭無訓使諸子不穆愧于四海卿等
各陳所懷以安社稷尹昭曰廣平公弼恃寵不虔阻兵
懷貳自宜寘之刑書以明典憲陛下若含忍未便加法
者且可削奪威權使散居藩國以紓闕闠之禍全天性
之恩興謂梁喜曰卿以爲何如喜曰臣之愚見如昭所
陳興以弼才兼文武未忍致法免其尚書令以將軍公
就第懿等聞興疾瘳各罷兵還鎮懿恢及弟諶等皆抗
表罪弼請致之刑法興弗許時魏遣使聘于興且請婚
興許之遣其吏部郎嚴康報聘并致方物時姚懿姚洸
姚宣姚諶來朝使姚裕言於興曰懿等今悉在外欲有
所陳興曰汝等正欲道弼事耳吾已知之裕曰弼苟有
可論陛下所宜垂聽若懿等言違大義便當肆之刑辟
奈何距之於是引見諮議堂宣流涕曰先帝以大聖起
基陛下以神武定業方隆七百之祚爲萬世之美安可
使弼謀傾社稷宜委之有司肅明刑憲臣等敢以死請
興曰吾自處之非汝等所憂先是大司農竇温司徒左
長史王弼皆有密表勸興廢立興雖不從亦不以爲責
撫軍東曹屬姜虬上疏曰廣平公弼懷姦積年謀禍有
歲傾詔羣豎爲之晝足釁成逆著取嗤戎裔文王之化
刑于寡妻聖朝之亂起自愛子今雖欲含忍其瑕掩蔽
其罪而逆黨猶繁扇惑不已弼之亂心其可革邪宜斥
散凶徒以絕禍始興以虬表示梁喜曰天下之人莫不
以吾兒爲口實將何以處之喜曰信如虬言陛下宜早
裁決興默然太子詹事王周亦虛襟引士樹黨東宮弼
惡之每規陷害周周抗志確然不爲之屈興嘉其守正
以周爲中書監晉荊州刺史司馬休之據江陵雍州刺
史魯宗之據襄陽與劉裕相攻遣使求援興遣姚成王
司馬國璠率騎八千赴之弼恨姚宣之毀已遂譖宣於
興會宣司馬權丕至長安興責丕以無匡輔之益將戮
之丕性傾巧因誣宣罪狀興大怒遂收宣于杏城下獄
而使弼將三萬人鎮秦州尹昭言於興曰廣平公與皇
太子不平握彊兵於外陛下一旦不諱恐社稷必危小
不忍以致大亂者陛下之謂也興弗納赫連勃勃攻杏
城興又遣弼救之至冠泉而杏城陷興如北地弼次于
三樹遣弼及斂曼嵬向新平興還長安姚成王至于南
陽司馬休之等爲劉裕所敗引歸休之宗之等遂與譙
王文思新蔡王道賜盌朔將軍梁州刺史馬敬輔國將
軍竟陵太守魯軌盌朔將軍南陽太守魯範奔于興勃
勃遣其將赫連建率衆寇貳縣數千騎入平涼姚恢與
建戰于五井平涼太守姚周都爲建所獲遂入新平姚
弼討之戰于龍尾堡大破之擒建送于長安初勃勃攻
彭雙方于石堡方力戰距守積年不能克至是聞建敗
引歸休之等至長安興謂之曰劉裕崇奉晉帝豈便有
關乎休之曰臣前下都琅邪王德文泣謂臣曰劉裕供
御主上刻薄奇深以事勢推之社稷之憂方未可測興
將以休之爲荊州刺史任以東南之事休之固辭請與
魯宗之等擾動襄陽淮漢乃以休之爲鎮南將軍揚州
刺史宗之等並有拜授休之將行侍御史唐盛言於興
曰符命所記司馬氏應復河洛休之既得濯鱗南翔恐
非復池中之物可以崇禮不宜放之興曰司馬氏脫如
所記留之適足爲患遂遣之楊武安鄉侯康宦驅略白
鹿原氐胡數百家奔上洛太守宋林距之商洛人黃金
等起義兵以掎宦宦乃率衆歸罪興赦之復其爵位時
白虹貫日有術人言於興曰將有不祥之事終當自消
時興藥動姚弼稱疾不朝集兵於第興聞之怒甚收其
黨殿中侍御史唐盛孫元等殺之泓言於興曰臣誠不

胥不能訓諧於弟致禍構造是非仰慙天日陛下若以臣爲社稷之憂除臣而國寧亦家之福也若垂天性之恩不忍加臣刑戮者乞聽臣守藩興慘然改容召姚讚梁喜尹昭斂曼嵬於諮議堂密謀收弼時姚紹屯兵雍城馳遣告之數日不決弼黨兇懼興慮其爲變乃收弼囚之中曹窮責黨與將殺之泓流涕固請之乃止興謂梁喜曰泓天心平和性少猜忌必能容養羣賢保全吾子於是皆赦弼黨靈臺令張泉又言於興曰熒惑入東井句絕而返未餘月復來守心王者惡之宜修仁虛已以答天譴興納之正旦興朝羣臣于太極前殿沙門賀僧慟泣不能自勝衆咸怪焉賀僧者莫知其所從來也言事皆有效驗興甚神禮之常與隱士數人豫於讌會興如華陰以泓監國入居西宮因疾篤還長安泓欲出迎其宮臣曰今主上疾篤姦臣在側廣平公每希覬非常變故難測今殿下若出進則不得見主上退有弼等之禍安所歸乎自宜深抑情禮以寧宗社泓從之乃拜迎於黃龍門樽下弼黨見興升輿咸懷危懼尹沖等先謀欲因泓出迎害之尚書姚沙彌曰若太子有備不來迎侍當奉乘輿直趣公第宿衛者聞上在此自當來奔誰與太子守乎吾等以廣平公之故陷身逆節今以乘輿南幸自當是仗義之理匪但救廣平之禍足可以申雪前愆沖等不從欲隨興入殿中作亂復未知興之存亾疑而不發興命泓錄尚書事使姚紹胡翼度典兵禁中防制內外遣斂曼嵬收弼第中甲杖內之武庫興疾轉篤興妹僞南安長公主問疾不應興少子耕兒出告其兄愔曰上已崩矣宜速決計於是愔與其屬率甲士攻端門殷中上將軍斂曼嵬勒兵距戰右衛胡翼度率禁兵閉四門愔等遣壯士登門緣屋而入及于馬道泓時侍疾于諮議堂遣斂曼嵬率殿中兵登武庫距戰太子右衛率姚和都率東宮兵入屯馬道南愔等既不得進遂燒端門興力疾臨前殿賜弼死禁兵見興喜躍貫甲赴賊賊衆駭擾和都勒東宮兵自後擊之愔等奔潰逃于驪山愔黨呂隆奔雍尹沖等奔于京師興引紹及讚梁喜尹昭斂曼嵬入內寢受遺輔政義熙十二年興死時年五十一在位二十二年僞諡文桓皇帝廟號高祖墓曰偶陵

姚泓字元子興之長子也孝友寬和而無經世之用又多疾病興將以爲嗣而疑焉久之乃立爲太子興每征伐巡遊常留總後事博學善談論尤好詩詠尚書王尚黃門郎段章尚書郎富允文以儒術侍講胡義周夏侯稚以文章遊集時尚書王敏右丞郭播以刑政過寬議欲峻制泓不許泓受經於博士淳于岐岐病泓親詣省疾拜于牀下自是公侯見師傅皆拜焉興之如平涼也馮翊人劉厥聚衆數千據萬年以叛泓遣鎮軍彭白狼率東宮禁兵討之斬厥赦其餘黨諸將咸勸泓宜廣其首級露布表言泓曰主上委吾後事使式遏寇逆吾撫御失和以長姦宄方當引咎責躬歸罪行間安敢過自矜誕以重罪責乎其弟弼有奪嫡之謀泓恩撫如初未嘗見于色姚紹每爲弼羽翼泓亦推心宗事弗以爲嫌及僭位任紹以兵權紹亦感而歸誠卒守其忠烈其明識寬裕皆此類也興既死祕而不發喪南陽公姚愔及大將軍尹元等謀爲亂泓皆誅之命其齊公姚恢殺安定太守呂超恢久乃誅之泓疑恢有陰謀恢自是懷貳陰聚兵甲焉泓發喪以義熙十二年僭卽帝位大赦殊死已下改元永和廬于諮議堂既葬乃親庶政內外百僚增位一等令文武各盡直言政有不便於時事有光益宗廟者極言勿有所諱初興徙李閏羌三千家於安定尋徙新支至是羌酋党容率所部叛還遣撫軍姚讚討之容降徙其豪右數百戶于長安餘遣還李閏北地太守毛雍據趙氏塢以叛于泓姚紹討擒之姚宣時鎮李閏未知雍敗遣部將姚佛生等來衛長安衆既發宣參軍韋宗姦諂好亂說宣曰主上初立威化未著勃勃彊盛侵害必深本朝之難未可弭也殿下居維城之任宜深慮之邢望地形險固總三方之要若能據之虛心撫禦非但克固維城亦霸王之業也宣乃率戶三萬八千棄李閏南保邢望宣既南移諸羌據李閏以叛紹進討破之宣詣紹歸罪紹怒殺之初宣在邢望泓遣姚佛生諭宣佛生遂讚成宣計紹數其罪又戮之泓下書士卒死王事贈以爵位永復其家又將封其宮臣十六人五等子男姚讚諫之乃止并州定陽貳城胡數萬落叛泓入于平陽攻立義姚成都于匈奴堡推匈奴曹弘爲大單于所在殘掠征東姚懿自蒲坂討弘戰于平陽大破之執弘送于長安徙其豪右萬五千落于雍州仇池公楊盛攻陷祁山執建節王總遂逼秦州泓遣後將軍姚平救之盛引退姚嵩與平追盛及于竹嶺姚讚率隴西太守姚秦都略陽太守王煥以禁兵赴之讚至清水嵩爲盛所敗嵩及秦都王煥皆戰死讚至秦州退還仇池先是天水冀縣石鼓鳴聲聞數百里野雉皆雊秦州地震者三十二殷殷有聲者八山崩舍壞咸以爲不祥及嵩將出羣僚固諫止之嵩曰若有不祥此乃命也安所逃乎遂及於難識者以爲秦州泓之故鄉將滅之徵

也赫連勃勃攻陷陰密執秦州刺史姚軍都坑將士五千餘人軍都瞋目厲聲數勃勃殘忍之罪不爲之屈勃勃怒而殺之勃勃旣克陰密進兵侵雍嶺北雜戸悉奔五將山征北姚恢棄安定率戸五千奔新平安定人胡儼華韜等率衆拒恢恢單騎歸長安立節彌姐成建武裴岐爲儼所殺鎭西姚諶委鎭東走勃勃遂據雍抄掠郿城姚紹及征虜尹昭鎭軍姚洽等率騎五萬討勃勃姚恢以精騎一萬繼之軍次橫水勃勃退保安定胡儼閉門距之殺鮮卑數千人據安定以降紹進兵躡勃勃戰于馬鞍坂敗之追至朝那不及而還楊盛遣兄子倦入寇長蛇平陽氐苟渴聚衆千餘據五丈原以叛遣鎭遠姚萬恢武姚難討之爲渴所敗姚諶討渴擒之泓使輔國斂曼嵬前將軍姚光兒討楊倦于陳倉倦奔于散關勃勃遣兄子提南侵池陽車騎姚裕前將軍彭白狼建義蛇元距卻之壽而晉太尉劉裕總大軍伐泓次于彭城遣冠軍將軍檀道濟龍驤將軍王鎭惡入自淮肥攻滎邱項城將軍沈林子自汴入河攻倉垣泓將王苟生以滎邱降鎭惡徐州刺史姚掌以項城降道濟王師遂入潁口所至多降服惟新蔡太守董遵固守不降道濟攻破之縛遵而致諸軍門遵厲色曰古之王者伐國待士以禮君奈何以不義行師待國士以非禮乎道濟怒殺之姚紹聞王師之至還長安言於泓曰晉師已過許昌豫州安定孤遠卒難救衞宜遷諸鎭戸內實京畿可得精兵十萬足以橫行天下假使二寇交侵無深害也如其不爾晉侵豫州勃勃寇安定其將若之何事機已至宜在速決其左僕射梁喜曰齊公恢雄勇有威名爲嶺北所憚鎭人已與勃勃深仇理應守死無貳勃勃終不能棄安定遠寇京畿若無安定虜馬必及於郿雍今關中兵馬足距晉師豈可未有憂危先自削損也泓從之吏部郎懿橫密言於泓曰齊公恢於廣平之難有忠勳於陛下自陛下龍飛紹統未有殊賞以答其意今外則致之死地內則不豫朝權安定人自以孤危逼寇欲思南遷者十室而九若擁精兵四萬鼓行而向京師得不爲社稷之累乎宜徵還朝廷以慰其心泓曰恢若懷不逞之心徵之適所以速禍耳又不從王師至城皐征南姚洸時鎭洛陽馳使請救泓遣越騎校尉閻生率騎三千以赴之武衞姚益男將步卒一萬助守洛陽又遣征東并州牧姚懿南屯陝津爲之聲援洸部將趙元說洸曰今寇逼已深百姓駭懼衆寡勢殊難以應敵宜攝諸戍兵士固守金墉以待京師之援不可出戰如脫不捷大事去矣金墉旣固師無損敗吳寇終不敢越金墉而西困之於堅城之下可以坐制其弊時洸司馬姚禹潛通于道濟主簿閻恢楊虔等皆禹之黨嫉元忠誠咸共毀之固勸洸出戰洸從之乃遣元率精兵千餘南守柏谷塢廣武石無諱東戍鞏城以距王師元泣謂洸曰元受三帝重恩所守正死耳但明公不用忠臣之言爲姦孽多誤後必悔之但無及耳會陽城及城皐滎陽虎牢諸城悉降道濟等長驅而至無諱至石關奔還元與晉將毛德祖戰于柏谷以衆寡而敗被瘡十餘據地大呼元司馬騫鑒冒刃抱元而泣元曰吾瘡已重君宜速去鑒曰若將軍不濟當與俱死去將安之皆死於陣姚禹踰城奔于王師道濟進至洛陽洸懼遂降時閻生至新安益男至湖城會洛陽已沒遂留屯不進姚懿嶮薄惑於信受其司馬孫暢姦巧傾佞好亂樂禍勸懿襲長安誅姚紹廢泓自立懿納之乃引兵至陝津散穀以賜河北夷夏欲虛損國儲招引和戎諸羌樹己私惠懿左常侍張敞侍郎左雅固諫懿怒笞而殺之泓聞之召姚紹等密謀於朝堂紹曰懿性識鄙近從物推移造成此事惟當孫暢耳但馳使徵暢遣撫軍讚據陝城臣向潼關爲諸軍節度若暢奉詔而至者臣當遣懿率河東見兵共平吳寇如其逆釁已成違距詔勅者當明其罪於天下聲鼓以擊之泓曰叔父之言社稷之計也於是遣姚讚及冠軍司馬國璠建義蛇元屯陝津武衞姚驢屯潼關懿遂舉兵僭號傳檄州郡欲運匈奴堡穀以給鎭人寧東姚成都距之懿乃卑辭招誘深自結託送佩刀爲誓成都送以呈泓懿又遣驍騎王國率甲士數百攻成都成都擒國囚之遣使讓懿責以叛亂之罪乃宣告諸城勉以忠義厲兵秣馬徵發義租河東之兵無詣懿者懿深患之臨晉數千戸叛應懿姚紹濟自蒲津擊臨晉叛戸大破之懿等震懼鎭人安定郭純王奴等率衆圍懿紹入于蒲坂執懿囚之誅孫暢等泓以內外離叛王師漸逼歲旦朝羣臣于其前殿悽然流涕羣臣皆泣時征北姚恢率安定鎭戸三萬八千焚燒室宇以車爲方陣自北雍州趣長安自稱大都督建義大將軍移檄州郡欲除君側之惡揚威姜紀率衆奔之建節彭完都聞恢將至棄陰密奔還長安恢至新支姜紀說恢曰國家重將在東京師空虛公可輕兵徑襲事必克矣恢不從乃南攻郿城鎭西姚諶爲恢所敗恢軍勢彌盛長安大震泓馳使徵紹遣姚裕及輔國胡翼度屯于灃西扶風太守姚儁安夷護軍姚墨蠡建威姚娥都揚威彭蚝皆懼而降恢恢舅苟和時爲立節將軍守忠不貳泓

召而謂之曰衆人咸懷去就卿何能自安邪和曰若天縱妖賊得肆其逆節者舅甥之理不在奔馳而加親如其罪極逆銷天盈其罰者守忠執志臣之體也違親叛君臣之所恥泓善其忠恕加金章紫綬姚紹率輕騎先赴難使姚洽司馬國璠將步卒三萬赴長安恢從曲牢進屯杜成紹與恢相持于靈臺姚讚聞恢漸逼留甯朔尹雅爲弘農太守守潼關率諸軍還長安泓謝讚曰元子不能崇明德義導率羣下致禍起蕭牆變自同氣旣上負祖宗亦無顏見諸父懿始構逆滅亾恢復擁衆內叛將如之何讚曰懿等所以敢稱兵內侮者諒由臣等輕弱無防遏之方故也因攘袂大泣曰臣與大將軍不滅此賊終不持面復見陛下泓於是班賜軍士而遣之恢衆見諸軍悉集咸懼而思善其將齊黃等棄恢而降恢進軍逼紹讚自後要擊大破之殺恢及其三弟泓哭之悲慟葬以公禮至是王鎭惡至宜陽毛德祖攻弘農太守尹雅于蠡吾城衆潰德祖使騎追獲之旣而殺晉守者奔固潼關檀道濟沈林子攻拔襄邑堡建威薛帛奔河東道濟自陝北渡攻蒲坂使將軍苟卓攻匈奴堡爲泓甯東姚成都所敗泓遣姚驢救蒲坂胡翼度據潼關泓進紹太宰大將軍大都督都督中外諸軍事假黃鉞改封魯公侍中司隸宗正節錄並如故朝之大政皆往決焉紹固辭不許於是遣紹率武衛姚鸞等步騎五萬距王師于潼關姚驢與并州刺史尹昭爲表裏之勢夾攻道濟道濟深壁不戰沈林子說道濟曰今蒲坂城堅池濬非可卒克攻之傷衆守之引日不如棄之先事潼關潼關天岨形勝之地鎭惡孤軍勢危力寡若使姚紹據之則難圖矣如克潼關紹可不戰而服道濟從之乃棄蒲坂南向潼關姚讚率禁兵七千自渭北而東進據蒲津劉裕使沈田子及傅弘之率衆萬餘人入上洛所在多委城鎭奔長安田子等進及青泥姚紹方陣而前以距道濟道濟固壘不戰紹乃攻其西營不克遂以大衆逼之道濟率王敬沈林子等逆衝紹軍將士驚散引還定城紹留姚鸞守險絕道濟糧道時裕別將姚珍入自子午竇霸入自洛谷衆各數千人泓遣姚萬距霸姚彊距珍姚鸞遣將尹雅與道濟司馬徐琰戰于潼關南爲琰所獲送之劉裕裕以雅前叛欲殺之雅曰前活本在望外今死甯不甘心明公將以大義平天下豈可使秦無守信之臣乎裕嘉而勉之泓遣給事黃門侍郎姚和都屯于堯柳以備田子姚紹謂諸將曰道濟等遠來送死衆旅不多嬰壘自固者正欲曠日持久以待繼援耳吾欲分軍遝據閿鄉以絕其糧運不至一月道濟之首可懸之麾下矣濟等既沒裕計自沮諸將咸以爲然其將胡翼度曰軍勢宜集不可以分若偏師不利人心駭懼胡可以戰紹乃止薛帛據河曲以叛紹分道置諸軍爲犄角之勢遣輔國胡翼度據東原武衛姚鸞營于大路與晉軍相接沈林子簡精銳銜枚夜襲之鸞衆潰戰死士卒死者九千餘人姚讚屯于河上遣恢武姚難運蒲坂穀以給其軍至杏城爲王師所敗時泓遣姚諶守堯柳姚和都討薛帛于河東聞王師要難乃兼道赴救未至而難敗因破裕裨將于河曲遂屯蒲坂姚讚爲林子所敗單馬奔定城紹遣左長史姚洽及姚墨蠡等率騎三千屯于河北之九原欲絕道濟諸縣租輸洽辭曰夫小敵之堅大敵之擒今兵衆單弱而遠在河外雖明公神武然鞭短勢殊恐無所及紹不聽沈林子率衆八千要洽於河上洽戰死衆皆沒紹聞洽等敗忿恚發病託姚讚以後事使姚難屯關西紹嘔血而死泓以晉師之逼遣使乞師于魏魏遣司徒南平公托拔嵩正直將軍安平公乙旃眷進據河內游擊將軍王洛生屯于河東爲泓聲援劉裕次于陝城遣沈林子率精兵萬餘越山開道會沈田子等于青泥將攻堯柳泓使姚裕率步騎八千距之泓躬將大衆繼發裕爲田子所敗泓退次于灞上關中郡縣多潛通于王師劉裕至潼關遣將軍朱超石徐猗之會薛帛于河北以攻蒲坂姚讚距裕于關西姚難屯于杏城裕遣王鎭惡王敬等自秋社西渡渭以逼難軍鎭東姚璞及姚和都擊敗猗之等於蒲坂猗之遇害超石棄其衆奔于潼關姚讚遣司馬休之及司馬國璠自軹關向河內引魏軍以躡裕後姚難旣爲鎭惡所逼引師而西時大霖雨渭水汎溢讚等不得北渡鎭惡水陸兼進追及姚難泓自灞上還軍次于石橋以援之讚退屯鄭城鎭北姚彊率郡人數千與姚難陣于涇上以距鎭惡鎭惡遣毛德祖擊彊大敗彊戰死難遁還長安劉裕進據鄭城泓使姚裕尚書龐純屯兵宮中姚洸屯于灃西尚書姚白瓜徙四軍雜戶入長安姚丕守渭橋胡翼度屯石積姚讚屯霸東泓軍于逍遙園鎭惡夾渭進兵破姚丕于渭橋泓自逍遙園赴之逼水地狹因丕之敗遂相踐而退姚諶及前軍姚烈左衛姚寶安散騎王帛建武姚進揚威姚蚝尚書右丞孫元等皆死於陣泓單馬還宮鎭惡入自平朔門泓與姚裕等數百騎出奔于石橋讚聞泓之敗也召將士告之衆皆以刀擊地攘袂大泣胡翼度先與劉裕陰通是日棄衆奔裕讚夜率諸軍將會泓于石橋王師已固諸門

護軍不得入衆皆驚散泓計無所出謀欲降于裕其子佛念年十一謂泓曰晉人將逞其欲終必不全願自裁決泓憮然不答佛念遂登宮牆自投而死泓將妻子詣壘門而降讚率宗室子弟百餘人亦降于裕裕盡殺之餘宗遷于江南送泓于建康市斬之時年三十在位二年建康百里之內草木皆燋死焉姚萇以孝武太元九年僭位至泓三世以安帝義熙十三年而滅凡三十二年

尹緯字景亮天水人也少有大志不營產業身長八尺腰帶十圍魁梧有爽氣每覽書傳至宰相立勳之際常輟書而歎苻堅以尹赤之降姚襄諸尹皆禁錮不仕緯晚乃爲吏部令史風志豪邁郎皆憚之堅末年妖星見于東井緯知堅將滅喜甚向天再拜既而流涕長歎友人略陽桓識怪而問之緯曰天時如此正是霸王龍飛之秋吾徒杖策之日然知已難遭恐不得展吾才志是以欣懼交懷及姚萇奔馬牧緯與尹詳龐演等扇動羣豪推萇爲盟主遂爲佐命元功萇既敗苻堅遣緯說堅求禪代之事堅問緯曰卿於朕何官緯曰尚書令史堅歎曰卿宰相才也王景略之儔而朕不知卿亡也不亦宜乎緯性剛簡清亮慕張子布之爲人馮翊段鏗性傾巧萇愛其博識引爲侍中緯固諫以爲不可萇不從緯屢衆中辱鏗鏗心不平之萇聞而謂緯曰卿性不好學何爲憎學者緯曰臣不憎學憎鏗不正耳萇因曰卿好不自知每比蕭何眞何如也緯曰漢祖與蕭何俱起布衣是以相貴陛下起貴中是以賤臣萇曰卿實不及胡爲不知也緯曰陛下何如漢祖萇曰朕實不如漢祖卿遠蕭何故不如甚也緯曰漢祖所以勝陛下者以能遠段鏗之徒故耳萇默然乃出鏗爲北地太守萇死緯與姚興滅苻登成興之業皆緯之力也歷輔國將軍司隸校尉尚書左右僕射清河侯緯友人隴西牛壽率漢中流人歸興謂緯曰足下平生自謂時明也才足以立功立事道消也則追二疏朱雲發其狂直不能如胡廣之徒汙隆隨俗今遇其時矣正是垂名竹素之日可不勉歟緯曰吾之所庶幾如是但未能委宰衡於夷吾識韓信於羇旅以斯爲愧耳立功立事竊謂未負昔言興聞而謂緯曰君之與壽言也何其誕哉立功立事自謂何如古人緯曰臣實未愧古人何則遇時來之運則輔翼太祖建八百之基及陛下龍飛之始蕩滅苻登盪清秦雍生極端右死饗廟庭古之君子正當爾耳興大悅及死興甚悼之贈司徒謚曰史成侯

後蜀

李特字元休巴蜀宕渠人其先廩君之苗裔也昔武落鍾離山崩有石穴二所其一赤如丹一黑如漆有人出於赤穴者名曰務相姓巴氏有出於黑穴者凡四姓曰曎氏樊氏柏氏鄭氏五姓俱出皆爭爲神於是相與以劒刺穴屋能著者以爲廩君四姓莫著而務相之劒懸焉又以土爲船彫畫之而浮水中曰若其船浮存者以爲廩君務相船又獨浮於是遂稱廩君乘其土船將其徒卒當夷水而下至于鹽陽鹽陽水神女子止廩君曰此魚鹽所有地又廣大與君俱生可止無行廩君曰我當爲君求廩地不能止也鹽神夜從廩君宿旦輒去爲飛蟲諸神皆從其飛蔽日晝昏廩君欲殺之不可別又不知天地東西如此者十日廩君乃以青縷遺鹽神曰嬰此即宜之與汝俱生弗宜將去汝鹽神受而嬰之廩君立碭石之上望膺有青縷者跪而射之中鹽神鹽神死羣神與俱飛者皆去天乃開朗廩君復乘土船下及夷城夷城石岸曲泉水亦曲廩君望如穴狀歎曰我新從穴中出今又入此奈何岸即爲崩廣三丈餘而階陛相乘廩君登之岸上有平石方一丈長五尺廩君休其上投策計算皆著石焉因立城其旁而居之其後種類遂繁秦并天下以爲黔中郡薄賦斂之口歲出錢四十巴人呼賦爲賨因謂之賨人焉及漢高祖爲漢王募賨人平定三秦既而求還鄉里高祖以其功復同豐沛不供賦稅更名其地爲巴郡土有鹽鐵丹漆之饒俗性剽勇又善歌舞高祖愛其舞詔樂府習之今巴渝舞是也漢末張魯居漢中以鬼道教百姓賨人敬信巫覡多往奉之值天下大亂自巴西之宕渠遷于漢中楊車坂抄掠行旅百姓患之號爲楊車巴魏武帝克漢中特祖將五百餘家歸之魏武帝拜爲將軍遷于略陽北土復號之爲巴氐特父慕爲東羌獵將特少仕州郡見異當時身長八尺雄武善騎射沉毅有大度元康中氐齊萬年反關西擾亂頻歲大饑百姓乃流移就穀相與入漢川者數萬家特隨流人將入于蜀至劍閣箕踞太息顧眄險阻曰劉禪有如此之地而面縛於人豈非庸才邪同夷者閻式趙肅李遠任回等咸歎異之初流人既至漢中上書求寄食巴蜀朝議不許遣侍御史李苾持節慰勞且監察之不令入劍閣苾至漢中受流人貨賂反爲表曰流人十萬餘口非漢中一郡所能振贍東下荊州水湍迅險又無舟船蜀有倉儲人復豐稔宜令就食朝廷從之由是散在益梁不可禁止永康元年詔徵益州刺史趙廞爲大長秋以成都內史耿滕代廞廞遂謀叛

潛有劉氏割據之志乃傾倉廩振施流人以收衆心特之黨類皆巴西人與廞同郡率多勇壯廞厚遇之以爲爪牙故特等聚衆專爲冦盜蜀人患之滕密上表以爲流人剛剽而蜀人愞弱客主不能相制必爲亂階宜使移還其本若致之險地將恐秦雍之禍萃於梁益必貽聖朝西顧之憂廞聞而惡之時益州文武千餘人已往迎滕滕率衆入州廞遣衆逆滕戰于西門滕敗死之廞自稱大都督大將軍益州牧特弟庠與兄弟及妹夫李含任回上官惇扶風李攀始平費佗氐苻成隗伯等以四千騎歸廞廞以庠爲威冦將軍使斷北道庠素東羌良將曉軍法不用麾幟舉矛爲行伍斬部下不用命者三人部陣肅然廞惡其齊整欲殺之而未言長史杜淑司馬張粲言於廞曰傳云五大不在邊將軍起兵始爾便遣李庠握彊兵於外愚竊惑焉且非我族類其心必異倒戈授人竊以爲不可願將軍圖之廞斂容曰卿言正當吾意可謂起予者商此天使卿等成吾事也會庠在門請見廞廞大悅引庠見之庠欲觀廞意旨再拜進曰今中國大亂無復綱維晉室當不可復興也明公道格天地德被區宇湯武之事實在於今宜應天時順人心拯百姓於塗炭使物情知所歸則天下可定非但庸蜀而已廞怒曰此豈人臣所宜言令淑等議之於是淑等上庠大逆不道廞乃殺之及其子姪宗族三十餘人廞慮特等爲難遣人喻之曰庠非所宜言罪應至死不及兄弟以庠尸還特復以特兄弟爲督將以安其衆牙門將許弇求爲巴東監軍杜淑張粲固執不許弇怒於廞閣下手刃殺淑粲淑粲左右又殺弇皆廞腹心也特兄弟既以怨廞引兵歸緜竹廞恐朝廷討己遣長史費遠犍爲太守李苾督護常俊督萬餘人斷北道次緜竹之石亭特密收合得七千餘人夜襲遠軍遠大潰因放火燒之死者十八九進攻成都廞聞兵至驚懼不知所爲李苾張徵等夜斬關走出文武盡散廞獨與妻子乘小船走至廣都爲下人朱竺所殺特至成都縱兵大掠害西夷護軍姜發殺廞長史袁治及廞所置守長遣其牙門王角李基詣洛陽陳廞之罪狀先是惠帝以涼州刺史羅尚爲平西將軍領護西夷校尉益州刺史督牙門將王敦上庸都尉義歆蜀郡太守徐儉廣漢太守辛冉等凡七十餘人入蜀特等聞尚來甚懼使其弟驤於道奉迎并貢寶物尚甚悅以驤爲騎督特及弟流復以牛酒勞尚於緜竹王敦辛冉並說尚曰特等流人專爲盜賊急宜梟除可因會斬之尚不納冉先與特有舊因謂特曰故人相逢不吉當凶矣特深自猜懼尋有符下秦雍州凡流人入漢川者皆下所在召還特兄輔素留鄉里託言迎家既至蜀謂特曰中國方亂不足復還特以爲然乃有雄據巴蜀之意朝廷以討趙廞功拜特宣威將軍封長樂鄉侯流爲奮威將軍武陽侯璽書下益州條列六郡流人與特協同討廞者將加封賞會辛冉以非次見徵不願應召又欲以滅廞爲已功乃寢朝命不以實上衆咸怨之羅尚遣從事催遣流人限七月上道辛冉性貪暴欲殺流人首領取其資貨乃移檄發遣又令梓潼太守張演於諸要施關搜索寶貨特等固請求至秋收流人布在梁益爲人傭力及聞州郡逼遣人人愁怨不知所爲又知特兄弟頻請求停皆感而恃之且雨水將降年穀未登流人無以爲行資遂相與詣特特乃結大營於緜竹以處流人移冉求自寬冉大怒遣人分牓通逵購募特兄弟許以重賞特見大懼悉取以歸與驤改其購云能送六郡之豪李任閻趙楊上官及氐叟侯王一首賞百疋流人既不樂移咸往歸特騁馬屬鞬同聲雲集旬月間衆過二萬流亦聚衆數千特乃分爲二營特居北營流居東營特遣閻式詣羅尚求申期式既至見冉營柵衝要謀掠流人歎曰無寇而城讎必保焉今而速之亂將作矣又知冉及李苾意不可迴乃辭尚還緜竹尚謂式曰子且以吾意告諸流人今聽寬矣式曰明公惑於姦說恐無寬理弱而不可輕者百姓也今促之不以理衆怒難犯恐爲禍不淺尚曰然吾不欺子子其行矣式至緜竹言於特曰尚雖云爾然未可必信也何者尚威刑不立冉等各擁彊兵一旦爲變亦非尚所能制深宜爲備特納之冉苾相與謀曰羅侯貪而無斷日復一日流人得展姦計李特兄弟並有雄才吾屬將爲豎子虜矣宜爲決計不足復問之乃遣廣漢都尉曾元牙門張顯劉並等潛率步騎三萬襲特營羅尚聞之亦遣督護田佐助元特素知之乃繕甲厲兵戒嚴以待之元等至特安卧不動待其衆半入發伏擊之殺傷者甚衆害田佐曾元張顯傳首以示尚冉尚謂將佐曰此虜成去矣而廣漢不用吾言以張賊勢今將若之何於是六郡流人推特爲主特命六郡人部曲督李含上邽令任臧始昌令閻式諫議大夫李攀陳倉令李武陰平令李遠將兵都尉楊褒等上書請依梁統奉竇融故事推特行鎭北大將軍承制封拜其弟流行鎭東將軍以相鎭統於是進兵攻冉於廣漢冉衆出戰特每破之尚遣李苾及費遠率衆救冉憚特不敢進冉智力既窮出奔江陽特入據廣漢以李超爲太守進兵攻

尙於成都閻式遺尙書責其信用讒構欲討流人又陳特兄弟立功王室以寧益土尙覽書知特等將有大志嬰城固守求救於梁寧二州於是特自稱使持節大都督鎭北大將軍承制封拜一依竇融在河西故事兄輔爲驃騎將軍弟驤爲驍騎將軍長子始爲武威將軍次子蕩爲鎭軍將軍少子雄爲前將軍李含爲西夷校尉古子國離任回李恭上官晶李攀費佗等爲將帥任臧上官惇楊褒楊珪王達麴歆等爲爪牙李遠李博夕斌嚴檉上官琦李濤王懷等爲僚屬閻式爲謀主何巨趙肅爲腹心時羅尙貪殘爲百姓患而特與蜀人約法三章施捨振貸禮賢拔滯軍政肅然百姓爲之謠曰李特尙可羅尙殺我尙頻爲特所敗乃阻長圍緣水作營自都安至犍爲百里與特相距河間王顒遣督護衙博廣漢太守張徵討特南夷校尉李毅又遣兵五千助尙尙遣督護張龜軍繁城三道攻特特命蕩雄襲博特躬擊張龜龜衆大敗蕩又與博接戰連日博亦敗績死者大半蕩追博至漢德博走葭萌蕩進寇巴西巴西郡丞毛植五官襄珍以郡降蕩蕩撫恤初附百姓安之蕩進攻葭萌博又遠遁其衆盡降于蕩太安元年特自稱益州牧都督梁益二州諸軍事大將軍大都督改年建初赦其境內於是進攻張徵徵依高據險與特相持連日時特與蕩分爲二營徵候特營空虛遣步兵循山攻之特逆戰不利山險窘逼衆不知所爲羅準任道皆勸引退特量蕩必來故不許徵衆至稍多山道至狹唯可一二人行蕩軍不得前謂其司馬王辛曰父在深寇中是我死日也乃衣重鎧持長矛大呼直前推鋒必死殺十餘人徵衆來相救蕩軍皆殊死戰徵軍遂潰特議欲釋徵還涪蕩與王辛進曰徵軍連戰士卒傷殘智勇俱竭宜因其弊遂擒之若舍而寬之徵養病收亾餘衆更合圖之未易也特從之復進攻徵徵潰圍走蕩水陸追之遂害徵生擒徵子存以徵喪還之以騫碩爲德陽太守碩略地至巴郡之墊江特之攻張徵也使李驤與李攀任回李恭屯軍毗橋以備羅尙尙遣軍挑戰驤等破之尙又遣數千人出戰驤又陷破之大獲器甲攻燒其門流進次成都之北尙遣將張興僞降於驤以覘虛實時驤軍不過二千人興夜歸白尙尙遣精勇萬人銜枚隨興夜襲驤營李攀逆戰死驤及將士奔于流柵與流并力迴攻尙軍尙軍亂敗還者十一二晉梁州刺史許雄遣軍攻特特陷破之進擊破尙水上軍遂寇成都蜀郡太守徐儉以小城降特以李璜爲蜀郡太守以撫之羅尙據大城自守流進屯江西尙懼遣使求和是時蜀人危懼並結村堡請命于特特遣人安撫之益州從事任明說尙曰特既凶逆侵暴百姓又分人散衆在諸村堡驕怠無備是天亾之也可告諸村密尅期日內外擊之破之必矣尙從之明先僞降特特問城中虛實明曰米穀已欲盡但有貨帛耳因求省家特許之明潛說諸村諸村悉聽命還報尙尙許如期出軍諸村亦許一時赴會二年惠帝遣荆州刺史宋岱建平太守孫阜救尙阜已次德陽特遣蕩督李璜助任臧距阜尙遣大衆奄襲特營連戰二日衆少不敵特軍大敗收合餘卒引趣新繁尙軍引還特復追之轉戰三十餘里尙出大軍逆戰特軍敗績斬特及李輔李遠皆焚尸傳首洛陽在位二年其子雄僭稱王追謚特景王及僭號追尊曰景皇帝廟號始祖

李流字元通特第四弟也少好學便弓馬東羌校尉何攀稱流有賁育之勇舉爲東羌督及避地益州刺史趙廞器異之廞之使庠合部衆也流亦招鄉里子弟得數千人庠爲廞所殺流從特安慰流人破常俊於緜竹平趙廞於成都朝廷論功拜奮威將軍封武陽侯特之承制也以流爲鎭東將軍居東營號爲東督護特常使流督銳衆與羅尙相持特之陷成都小城使六郡流人分口入城壯勇督領村堡流言於特曰殿下神武已克小城然山藪未集糧仗不多宜錄州郡大姓子弟以爲質任送付廣漢縶之二營收集猛銳嚴爲防衞又書與特司馬上官惇深陳納降若待敵之義特不納特既死蜀人多叛流人大懼流與兄子蕩雄收遺衆還赤祖流保東營蕩雄保北營流自稱大將軍大都督益州牧時宋岱水軍三萬次于墊江前鋒孫阜破德陽獲特所置守將騫碩太守任臧等退屯涪陵縣羅尙遣督護常深軍毗橋牙門左氾黃訇何沖三道攻北營流身率蕩雄攻深柵克之深士衆星散追至成都尙閉門自守蕩馳馬追擊犨倚矛被傷死流以特蕩並死而岱阜又至甚懼太守李含又勸流降流將從之雄與李驤迭諫不納流遣子世及含子胡質於阜軍胡兄含子離聞父欲降自梓潼馳還欲諫不及退與雄謀襲阜軍曰若功成事濟約與君三年迭爲主雄曰今計可定二翁不從將若之何離曰今當制之若不可制便行大事翁雖是君叔勢不得已老父在君夫復何言雄大喜乃攻尙軍尙保大城雄渡江害汶山太守陳圖遂入郫城流移營據之三蜀百姓並保險結塢城邑皆空流野無所略士衆饑困涪陵人范長生率千餘家依青城山尙參軍涪陵徐轝

求爲汶山太守欲要結長生等與尙犄角討流尙不許雖怨之求使江西遂降于流說長生等使資給流軍糧長生從之故流軍復振流素重雄有長者之德每云興吾家者必此人也勑諸子尊奉之流疾篤謂諸將曰驍騎高明仁愛識斷多奇固足以濟大事然前軍英雄殆天所相可共受事於前軍以爲成都王遂死時年五十六諸將共立雄爲主雄僭號追諡流秦文王

李庠字元序特第三弟也少以烈氣聞仕郡督郵主簿皆有當官之稱元康四年察孝廉不就後以善騎射舉良將亦不就州以庠才兼文武舉秀異固以疾辭州郡不聽以其名上聞中護軍切徵不得已而應之拜中軍騎督弓馬便捷膂力過人時論方之文鴦以洛陽方亂稱疾去官性在任俠好濟人之難州黨爭附之與六郡流人避難梁益道路有饑病者庠常營護隱恤振施窮之大收衆心至蜀趙廞深器之與論兵法無不稱善每謂所親曰李元序蓋亦一時之關張也及將有異志委以心膂之任乃表庠爲部曲督使招合六郡壯勇至萬餘人以討叛羌功表庠爲威寇將軍假赤幢曲蓋封陽泉亭侯賜錢百萬馬五千匹破殺之日六郡士庶莫不流涕時年五十五

李雄字仲儁特第三子也母羅氏夢雙虹自門升天一虹中斷既而生蕩後羅氏因汲水忽然如寐又夢大蛇繞其身遂有孕十四月而生雄常言吾二子若有先亾在者必大貴蕩竟前死雄身長八尺三寸美容貌少以烈氣聞每周旋鄉里識達之士皆器重之有劉化者道術士也每謂人曰關隴之士皆當南移李氏子中惟仲儁有奇表終爲人主特起兵於蜀承制以雄爲前將軍流死雄自稱大都督大將軍益州牧都於郫城羅尙遣將攻雄雄擊走之李驤攻犍爲斷尙運道尙軍大餒攻之又急遂留牙門羅特固守尙委城夜遁特開門納雄遂克成都于時雄軍饑甚乃率衆就穀於郪掘野芋而食之蜀人流散東下江陽南入七郡雄以西山范長生巖居穴處求道養志欲迎立爲君而臣之長生固辭雄乃深自挹損不敢稱制事無巨細皆決于李國李離兄弟國等事雄彌謹諸將固請雄卽尊位以永興元年僭稱成都王赦其境內建元爲建興除晉法約法七章以其叔父驤爲太傅兄始爲太保折衝李離爲太尉建威李雲爲司徒翊軍李璜爲司空材官李國爲太宰其餘拜授各有差追尊其曾祖武曰巴郡桓公祖慕隴西襄王父特成都景王母羅氏曰王太后范長生自山西乘素輿詣成都雄迎之于門執版延坐拜丞相尊曰范賢長生勸雄稱尊號雄於是僭卽帝位赦其境內改年曰太武追尊父特曰景帝廟號始祖母羅氏爲太后加范長生爲天地太師封西山侯復其部曲不豫軍征租稅一入其家雄時建國草創素無法式諸將恃恩各爭班位其尙書令閻式上疏曰夫爲國制法勳尙仍舊漢晉故事惟太尉大司馬執兵太傅太保父兄之官論道之職司徒司空掌五教九土之差秦置丞相總領萬機漢武之末越以大將軍統政今國業初建凡百未備諸公大將班位有差降而競請施置不與典故相應宜立制度以爲楷式雄從之遣李國李雲等率衆二萬寇漢中梁州刺史張殷奔于長安國等陷南鄭盡徙漢中人於蜀先是南土頻歲饑疫死者十萬計南夷校尉李毅固守不降雄誘建寧夷使討之毅病卒城陷殺壯士三千餘人送婦女千口於成都時李離據梓潼其部將羅羕張金苟等殺離及閻式以梓潼歸于羅尙尙遣其將向奮屯安漢之宜福以逼雄雄率衆攻奮不克時李國鎭巴西其帳下文碩又殺國以巴西降尙雄乃引歸遣其將張寶襲梓潼陷之會羅尙卒巴郡亂李驤攻涪又陷之執梓潼太守譙登遂乘勝進軍討文碩害之雄大悅赦其境內改元曰玉衡雄母羅氏死雄信巫覡之言多有忌諱至欲不葬其司空趙肅諫雄乃從之雄欲申三年之禮羣臣固諫雄弗許李驤等固請雄遂起釋服親政是時南得漢嘉涪陵遠人繼至雄於是下寬大之令降附者皆假復除虛已愛人授用皆得其才益州遂定僞立其妻任氏爲皇后氐王楊難敵兄弟爲劉曜所破奔葭萌遣子入質隴西賊帥陳安又附之遣李驤征越嶲太守李釗降驤進軍由小會攻寧州刺史王遜遜使其將姚岳悉衆距戰驤軍不利又遇霖雨驤引軍還爭濟瀘水士衆多死釗到成都雄待遇甚厚朝廷儀式喪紀之禮皆決於釗楊難敵之奔葭萌也雄安北李稚厚撫之縱其兄弟還武都難敵遂恃險多爲不法稚請討之雄遣中領軍琀及將軍樂次費佗李乾等由白水橋攻下辯征東李壽督琀弟玝攻陰平難敵遣軍距之壽不得進而琀稚長驅至武街難敵遣兵斷其歸道四面攻之獲琀稚死者數千人琀稚雄兄蕩之子也雄深悼之不食者數日言則流涕深自咎責焉其後將立蕩子班爲太子雄有子十餘人羣臣咸欲立雄所生雄曰起兵之初舉手扞頭本不希帝王之業也値天下喪亂晉氏播蕩羣情義舉志濟塗炭而諸君遂見推逼處王公之上本之基業功由先帝吾兄適統丕祚所歸恢懿明

敵殆天所命大事垂克薨于戎陣班姿性仁孝好學夙成必為名器李驤與司徒王達諫曰先王樹冢適者所以防篡奪之萌不可不慎吳子捨其子而立其弟所以有專諸之禍宋宣不立與夷而立穆公卒有宋督之變猶子之言豈若子也深願陛下思之雄不從竟立班驤退而流涕曰亂自此始矣張駿遣使遺雄書勸去尊號稱藩於晉雄復書謙挹駿重其言使聘相繼巴郡嘗告急云有東軍雄曰吾常慮石勒跋扈侵逼瑯邪以為耿耿不圖乃能舉兵使人欣然雄之雅譚多如此頻雄以中原喪亂乃頻遣使朝貢與晉穆帝分天下張駿領秦梁先是遣傅穎假道于蜀通表京師雄弗許駿又遣治中從事張淳稱藩于蜀託以假道雄與淳言我乃祖乃父亦是晉臣瑯邪若能中興大晉於中夏亦當率眾輔之淳還通表京師天子嘉之語具張駿傳中時李驤死以其子壽為大將軍西夷校尉督征南費黑征東任祀攻陷巴東太守楊謙退保建平壽別遣費黑寇建平晉巴東監軍毋丘奧退保宜都雄遣李壽攻朱提以費黑卬攀為前鋒又遣鎮南任回征木落分寧州之援寧州刺史尹奉降遂有南中之地雄於是赦其境內使班討平寧州夷以班為撫軍咸和八年雄生瘍於頭六日死時年六十一在位三十年偽諡武帝廟曰太宗墓號安都陵雄性寬厚簡刑約法甚有名稱氐苻成文隗既降復叛手傷雄母及其來也咸釋其罪厚加待納由是夷夏安之威震西土時海內大亂而蜀獨無事故歸之者相尋雄乃興學校置史官聽覽之暇手不釋卷其賦男丁歲穀三斛女丁半之戶調絹不過數丈綿數兩事少役稀百姓富實閭門不閉無相侵盜然雄意在招致遠方國用不足故諸將每進金銀珍寶多有以得官者丞相楊褒諫曰陛下為天下主當網羅四海何有以官買金邪雄遜辭謝之後雄嘗酒醉而推中書令杖太官令褒進曰天子穆穆諸侯皇皇安有天子而為酗也雄即捨之雄無事小出褒於後持矛馳馬過雄雄怪問之對曰夫統天下之重如臣乘惡馬而持矛也急之則慮自傷緩之則懼其失是以馬馳而不制也雄寤即還雄為國無威儀官無祿秩班序不別君子小人服章不殊行軍無號令用兵無部隊戰勝不相讓敗不相救攻城破邑動以虜獲為先此其所以失也

班字世文初署平南將軍後立為太子班謙虛博納敬愛儒賢自何點李釗班皆師之又引名士王嘏及隴西董融天水文夔等以為賓友每謂融等曰觀周景王太子晉魏太子丕吳太子孫登文章鑒識超然卓絕未嘗不有慚色何古賢之高朗後人之莫逮也為性汎愛動修軌度時諸李子弟皆尚奢靡而班常戒厲之每朝有大議雄輒令豫之班以古者墾田均平貧富獲所今貴者廣占荒田貧者種殖無地富者以己所餘而賣之此豈王者大均之義乎雄納之及雄寢疾班晝夜侍側雄少數攻戰多被傷夷至是疾甚痕皆膿潰雄子越等惡而遠之班為吮膿殊無難色每嘗藥流涕不脫衣冠其孝誠如此雄死嗣偽位以李壽錄尚書事輔政班居中執喪禮政事皆委壽及司徒何點尚書令王瓌等越時鎮江陽以班非雄所生意甚不平至此奔喪與其弟期密計圖之李玝勸班遣越還江陽以期為梁州刺史鎮葭萌班以未葬不忍遣推誠居厚心無纖介時有白氣二道帶天太史令韓豹奏宮中有陰謀兵氣戒在親戚班不悟咸和九年班因夜哭越殺班於殯宮時年四十七在位一年遂立雄之子期嗣位焉

期字世運雄第四子也聰慧好學弱冠能屬文輕財好施虛心招納初為建威將軍雄令諸子及宗室子弟以恩信合眾多者不至數百而期獨致千餘人其所表薦雄多納之故長史列署頗出其門既殺班欲立越為主越以期雄妻任氏所養又多才藝乃讓位於期於是僭即皇帝位大赦境內改元玉恆誅班弟都使李壽伐都弟玝於涪玝棄城降晉封壽漢王拜梁州刺史東羌校尉中護軍錄尚書事封兄越建寧王拜相國大將軍錄尚書事立妻閻氏為皇后以其衛將軍尹奉為右丞相驃騎將軍尚書令王瓌為司徒期自以謀大事既果輕諸舊臣外則信任尚書令景騫尚書姚華田褒褒無他才藝雄時勸立期故寵待甚厚內則信宦豎許涪等國之刑政希復關之卿相褒賞威刑皆決數人而已於是綱維紊矣乃誣其尚書僕射武陵公李載謀反下獄死先是晉建威將軍司馬勳屯漢中期遣李壽攻而陷之遂置守宰戍南鄭雄子霸保並不病而死皆云期鴆殺之於是大臣懷懼人不自安天雨大魚於宮中其色黃又宮中豕犬交期多所誅夷籍沒婦女資財以實後庭內外兇兇道路以目諫者獲罪人懷苟免期又鴆殺其安北李攸攸壽之養弟也於是與越及景騫田褒姚華謀襲壽等欲因燒市橋而發兵期又累遣中常侍許涪至壽所伺其動靜及殺攸壽大懼又疑許涪往來之數也乃率步騎一萬自涪向成都表稱景騫田褒亂政興晉陽之甲以除君側之惡以李奕為先登壽到成都期越不虞其至素不設備壽遂取其城屯兵宮門期遣侍

中勞壽壽奏相國建寗王越尚書令河南公景騫尚書田褒姚華中常侍許涪征西將軍李遐及將軍李西等皆懷姦亂政謀傾社稷大逆不道罪合誅滅期從之於是殺越騫等壽矯任氏令廢期爲邛都縣公幽之別宮期歎曰天下主乃當爲小縣公不如死也咸康三年自縊而死時年二十五在位三年諡曰幽公及葬賜鸞輅九旒餘如王禮雄之子皆爲壽所殺

壽字武考驤之子也敏而好學雅量豁然少尚禮容異於李氏諸子雄奇其才以爲足荷重任拜前將軍督巴西軍事遷征東將軍時年十九聘處士譙秀以爲賓客盡其讜言在巴西威惠甚著驤死遷大將軍大都督侍中封扶風公錄尚書事征寗州攻圍百餘日悉平諸郡雄大悅封建寗王雄死受遺輔政期立改封漢王食梁州五郡領梁州刺史壽威名遠振深爲李越景騫等所憚壽深憂之代李玝屯涪每應期朝覲常自陳邊疆寇警不可曠鎭故得不朝壽又見期越兄弟十餘人年方壯大而並有彊兵懼不自全乃數聘禮巴西龔壯壯雖不應聘數往見壽時岷山崩江水竭壽惡之每問壯以自安之術壯以特殺其父及叔欲假手報仇未有其由因說壽曰節下若能捨小從大以危易安則開國裂土長爲諸侯名高桓文勳流百代矣壽從之陰與長史略陽羅恒巴西解思明共謀據成都稱藩歸順乃誓文武得數千人襲成都克之縱兵虜掠至乃姦略雄女及李氏諸婦多所殘害數日乃定恒與思明及李弈王利等勸壽稱鎭西將軍益州牧成都王稱藩於晉而任調與司馬蔡興侍中李豔及張烈等勸壽自立壽命筮之占者曰可數年天子調喜曰一日尚爲足而況數年乎思明曰數年天子孰與百世諸侯壽曰朝聞道夕死可矣任侯之言策之上也遂以咸康四年僭卽僞位赦其境內改元爲漢興以董皎爲相國羅恒馬當爲股肱李弈任調李閎爲爪牙解思明爲謀主以安車束帛聘龔壯爲太師壯固辭特聽縞巾素帶居師友之位拔擢幽滯處之顯列追尊父驤爲獻帝母昝氏爲太后立妻閻氏爲皇后世子勢爲太子有告廣漢太守李乾與大臣通謀欲廢壽者壽令其子廣與大臣盟于前殿徙乾漢嘉太守大風暴雨震其端門壽深自悔責命羣司極盡忠言勿拘忌諱遣其散騎常侍王嘏中常侍王廣聘於石虎先是虎遺壽書欲連橫入寇約分天下壽大悅乃大修船艦嚴兵繕甲吏卒皆備糇糧以其尚書令馬當爲六軍都督假節鉞營東場大閱軍士七萬餘人舟師泝江而上過成都鼓譟盈江壽登城觀之其羣臣咸曰我國小衆寡吳會嶮遠圖之未易解思明又切諫懇至壽於是命羣臣議其利害龔壯諫曰陛下與胡通孰如與晉通胡豺狼國也晉旣滅不得不北面事之若與之爭天下則彊弱勢異此虞虢之成範已然之明戒願陛下熟慮之羣臣以壯之言爲然叩頭泣諫壽乃止士衆咸稱萬歲遣其鎭東大將軍李弈征牂柯太守謝恕保城距守者積日不拔會弈糧盡引還壽以其太子勢領大將軍錄尚書事壽承雄寬儉新行纂奪因循雄政未遑其志欲會李閎王嘏從鄴還盛稱虎威彊宮觀美麗鄴中殷實壽又聞虎虐用刑法王遜亦以殺罰御下並能控制邦域壽心欣慕人有小過輒殺以立威又以郊甸未實都邑空虛工匠器械事未充盈乃徙傍郡戶三丁已上以實成都興尚方御府發州郡工巧以充之廣修宮室引水入城務於奢侈又廣太學起讌殿百姓疲於使役呼嗟滿道思亂者十室而九矣其左僕射蔡興切諫壽以爲誹謗誅之右僕射李嶷數以直言忤旨壽積忿非一託以他罪下獄殺之壽疾篤常見李期蔡興爲祟八年壽死時年四十四在位五年僞諡昭文帝廟曰中宗墓曰安昌陵壽初爲王好學愛士庶幾善道每覽良將賢相建功立事者未嘗不反覆誦之故能征伐四克闢國千里雄旣垂心於上壽亦盡誠於下號爲賢相及卽僞位之後改立宗廟以父驤爲漢始祖廟特雄爲大成廟又下書言與期越別族凡諸制度皆有改易公卿以下率用已之僚佐雄時舊臣及六郡士人皆見廢黜壽初病思明等復議奉王室壽不從李演自越嶲上書勸壽歸正返本釋帝稱王壽怒殺之以威龔壯思明等壯作詩七篇託言應璩以諷壽壽報曰省詩知意若今人所作賢哲之話言也古人所作死鬼之常辭耳動慕漢武魏明之所爲恥聞父兄時事上書者不得言先世政化自以已勝之也

勢字子仁壽之長子也初壽妻閻氏無子驤殺李鳳爲壽納鳳女生勢期愛勢姿貌拜翊軍將軍漢王世子勢身長七尺九寸腰帶十四圍善於俯仰時人異之壽死勢嗣僞位赦其境內改元曰太和尊母閻氏爲太后妻李氏爲皇后太史令韓皓奏熒惑守心以宗廟禮廢勢命羣臣議之其相國董皎侍中王嘏等以爲景武昌業獻文承基至親不遠無宜疎絕勢更令祭特雄同號曰漢王勢弟大將軍漢王廣以勢無子求爲太弟勢弗許馬當解思明以勢兄弟不多若有所廢則益孤危固勸許之勢疑當等與廣有謀遣其太保李弈襲廣於涪城

命董皎收馬當思明斬之夷其三族貶廣爲臨邛侯廣自殺思明有計謀彊諫諍馬當甚得人心自此之後無復紀綱及諫諍者李弈自晉壽舉兵反之蜀人多有從者衆至數萬勢登城距戰弈單騎突門門者射而殺之衆乃潰散勢既誅弈大赦境內改年嘉寧初蜀土無獠至此始從山而出北至犍爲梓潼布在山谷十餘萬落不可禁制大爲百姓之患勢既驕吝而性愛財色常殺人而取其妻荒淫不恤國事夷獠叛亂軍守離缺境宇日蹙加之荒儉性多忌害誅殘大臣刑獄濫加人懷危懼斥外父祖臣佐親任左右小人羣小因行威福又常居內少見公卿史官屢陳災譴乃加董皎太師以名位優之實欲與分災眚大司馬桓溫率水軍伐勢溫次青衣勢大發軍距守又遣李福與昝堅等數千人從山陽趨合水距溫謂溫從步道而上諸將皆欲設伏於江南以待王師昝堅不從率諸軍從江北鴛鴦碕渡向犍爲而溫從山陽出江南昝堅到犍爲方知與溫異道乃廻從沙頭津北渡及堅至溫已造成都之十里陌昝堅衆自潰溫至城下縱火燒其大城諸門勢衆惶懼無復固志其中書監王嘏散騎常侍常璩等勸勢降勢以問侍中馮孚孚言昔吳漢征蜀盡誅公孫氏今晉下書不赦諸李雖降恐無全理勢乃夜出東門與昝堅走至晉壽然後送降文於溫曰僞嘉寧二年三月十七日略陽李勢叩頭死罪伏惟大將軍節下先人播流恃險因釁竊有汶蜀勢以闇弱復統末緒偷安荏苒未能改圖猥煩朱軒踐冒險阻將士狂愚干犯天威仰慙俯愧精魂飛散甘受斧鑕以釁軍鼓伏惟大晉天網恢弘澤及四海恩過陽日逼迫倉卒自投草野即日到白水城謹遣私署散騎常侍王幼奉牋以聞并勅州郡投戈釋杖窮池之魚待命漏刻勢尋輿櫬面縛軍門溫解其縛焚其櫬遷勢及弟福從兄權親族十餘人于建康封勢歸義侯升平五年死于建康在位五年而敗始李特以惠帝太安元年起兵至此六世凡四十六年以穆帝永和三年滅

後涼

呂光字世明略陽氐人也其先呂文和漢文帝初自沛避難徙焉世爲酋豪父婆樓佐命苻堅官至太尉光生于枋頭夜有神光之異故以光爲名年十歲與諸童兒游戲邑里爲戰陣之法儔類咸推爲主部分詳平羣童歎服不樂讀書唯好鷹馬及長身長八尺四寸目重瞳子左肘有肉印沉毅凝重寬簡有大量喜怒不形于色時人莫之識也唯王猛異之曰此非常人言之苻堅舉賢良除美陽令夷夏愛服遷鷹揚將軍從堅征張平戰于銅壁刺平養子蚝中之自是威名大著苻雙反于秦州堅將楊成世爲雙將苟興所敗光與王鑒討之鑒欲速戰光曰興初破成世姦氣漸張宜持重以待其弊興乘勝輕來糧竭必退退而擊之可以破也二旬而興退諸將不知所爲光曰揆其姦計必攻榆眉若得榆眉據城斷路資儲復贍非國之利也宜速進師若興攻城尤須赴救如其奔也彼糧既盡可以滅之鑒從焉果敗興軍從王猛滅慕容暐封都亭侯苻重之鎮洛陽以光爲長史及重謀反苻堅聞之曰呂光忠孝方正必不同也馳使命光檻重送之尋入爲太子右率甚見敬重蜀人李焉聚衆二萬攻逼益州堅以光爲破虜將軍率兵討滅之遷步兵校尉苻洛反光又擊平之拜驍騎將軍堅既平山東士馬彊盛遂有圖西域之志乃授光使持節都督西討諸軍事率將軍姜飛彭晃杜進康盛等總兵七萬鐵騎五千以討西域以隴西董方馮翊郭抱武威賈虔弘農楊穎爲四府佐將堅太子宏執光手曰君器相非常必有大福宜深保愛行至高昌聞堅寇晉光欲更須後命部將杜進曰節下受任金方赴機宜速有何不了而更留乎光乃進及流沙三百餘里無水將士失色光曰吾聞李廣利精誠元感飛泉涌出吾等豈獨無感致乎皇天必將有濟諸君不足憂也俄而大雨平地三尺進兵至焉耆其王泥流率其旁國請降龜茲王帛純距光光軍其城南五里爲一營深溝高壘廣設疑兵以木爲人被之以甲羅之壘上帛純驅徙城外人入于城中附庸侯王各嬰城自守至是光左臂內脈起成字文曰巨霸營外夜有一黑物大如斷堤搖動有頭角目光若電及明而雲霧四周遂不復見旦視其處南北五里東西三十餘步鱗甲隱地之所昭然猶在光笑曰黑龍也俄而雲起西北暴雨滅其跡杜進言於光曰龍者神獸人君利見之象易曰見龍在田德施普也斯誠明將軍道合靈和德符幽顯願將軍勉之以成大慶光有喜色又進攻龜茲城夜夢金象飛越城外光曰此謂佛神去之胡必亾矣光攻城既急帛純乃傾國財寶請救獪胡獪胡弟吶龍侯將馗率騎二十餘萬并引溫宿尉須等國王合七十餘萬以救之胡便弓馬善矛矟鎧如連鏁射不可入以革索爲羂策馬擲人多有中者衆甚憚之諸將咸欲每營結陣案兵以距之光曰彼衆我寡營又相遠勢分力散非良策也於是遷營相接陣爲句鏁之法精騎爲游軍彌縫其闕戰于城西大敗之斬萬

餘級帛純收其珍寶而走王侯降者三十餘國光入其城大饗將士賦詩言志見其宮室壯麗命參軍京兆段業著龜茲宮賦以譏之胡人奢侈厚於養生家有蒲桃酒或至千斛經十年不敗士卒淪沒酒藏者相繼矣諸國憚光威名貢款屬路乃立帛純弟震爲王以安之光撫寧西域威恩甚著桀黠胡王昔所未賓者不遠萬里皆來歸附上漢所賜節傳光皆表而易之堅聞光平西域以爲使持節散騎常侍都督玉門已西諸軍事安西將軍西域校尉道絕不通光既平龜茲有留焉之志時始獲鳩摩羅什羅什勸光東還有福地可居光於是大饗文武博議進止眾咸請還光從之以駝二萬餘頭致外國珍寶及奇伎異戲殊禽怪獸千有餘品駿馬萬餘匹而苻堅高昌太守楊翰說其涼州刺史梁熙距守高桐伊吾二關熙不從光至高昌翰以郡迎降初光聞翰之說惡之又聞苻堅喪敗長安危逼謀欲停師杜進諫曰梁熙文雅有餘機鑒不足終不能納善從說也願不足憂之聞其上下未同宜在速進進而不捷請受過言之誅光從之及至玉門梁熙傳檄責光擅命還師遣子允與振威姚皓別駕衛翰率眾五萬距光于酒泉光報檄涼州責熙無赴難之誠數其遏歸師之罪遣彭晃杜進姜飛等爲前鋒擊允大敗之允輕將麾下數百騎東奔杜進追擒之於是四山胡夷皆來款附武威太守彭濟執熙請降光入姑臧自領涼州刺史護羌校尉表杜進爲輔國將軍武威太守封武始侯自餘封拜各有差光主簿尉祐姦佞傾薄人也見棄前朝與彭濟同謀執梁熙光深見寵任乃譖誅南安姚皓天水尹景等名士十餘人遠近頗以此離貳光尋擢祐爲寧遠將軍金城

太守祐次允吾襲據外城以叛祐從弟隨據鸇陰以應之光遣其將魏眞討隨隨敗奔祐光將姜飛又擊敗祐眾祐奔據興城扇動百姓夷夏多從之飛司馬張象參軍郭雅謀殺飛應祐發覺逃奔初苻堅之敗張天錫南奔其世子大豫爲長水校尉王穆所匿及堅還長安穆將大豫奔禿髮思復鞬思復鞬送之魏安是月魏安人焦松齊肅張濟等起兵數千迎大豫於揟次陷昌松郡光遣其將杜進討之爲大豫所敗大豫遂進逼姑臧求決勝負王穆諫曰呂光糧豐城固甲兵精銳逼之非利不如席卷嶺西厲兵積粟東向而爭不及朞年可以平也大豫不從乃遣穆求救於嶺西諸郡建康太守李隰祁連都尉嚴純及閻襲起兵應之大豫進屯城西王穆率眾三萬及思復鞬子奚于等陣于城南光出擊破之斬奚于等二萬餘級光謂諸將曰大豫若用王穆之言恐未可平也諸將曰大豫豈不及此邪皇天欲贊成明公八百之業故令大豫迷於良算耳光大悅賜金帛有差大豫自西郡詣臨洮驅略百姓五千餘戶保據俱城光將彭晃徐炅攻破之大豫奔廣武穆奔建康廣武人執大豫送之斬于姑臧市光至是始聞苻堅爲姚萇所害奮怒哀號三軍縞素大臨于城南僞謚堅曰文昭皇帝長吏百石已上服斬縗三月庶人哭泣三日光於是大赦境內建元曰太安自稱使持節侍中中外大都督督隴右河西諸軍事大將軍領護匈奴中郎將涼州牧酒泉公王穆襲據酒泉自稱大將軍涼州牧時穀價踊貴斗直五百人相食死者大半光西平太守康寧自稱匈奴正阻兵以叛光屢遣討之不捷初光之定河西也杜進有力焉以爲輔國將軍武威太守既居都尹權高

一時出入羽儀與光相亞光甥石聰至自關中光曰中州人言吾政化何如聰曰止知有杜進耳實不聞有舅光默然因此誅進光後讌羣僚酒酣語及政事時刑法峻重參軍段業進曰嚴刑重憲非明王之義也光曰商鞅之法至峻而兼諸侯吳起之術無親而荆蠻以霸何也業曰明公受天眷命方君臨四海景行堯舜猶懼有弊柰何欲以商申之末法臨道義之神州豈此州士女所望於明公哉光改容謝之於是下令責躬乃崇寬簡之政其將徐炅與張掖太守彭晃謀叛光遣師討炅炅奔晃晃東結康寧西通王穆光遣將討之諸將咸曰今康寧在南阻兵伺隙若大駕西行寧必乘虛出于嶺左晃穆未平康寧復至進退狼狽勢必大危光曰事勢實如卿言今而不往當坐待其來晃穆共相脣齒寧又同惡相救東西交至城外非吾之有若是大事去矣今晃叛逆始爾寧穆與之情契未密及其倉卒取之爲易且隆替命也卿勿復言光於是自率步騎三萬倍道兼行既至攻之二旬晃將寇顗斬關納光於是誅彭晃王穆以其黨索嘏爲敦煌太守既而忌其威名率眾攻嘏光聞之謂諸將曰二虜相攻此成擒也光將攻之眾咸以爲不可光曰取亂侮亡武之善經不可以累征之勞而失永逸之舉率步騎二萬攻酒泉克之進次涼興穆引師東還路中眾散穆單騎奔騂馬騂馬令郭文斬首送之是時麟見金澤縣百獸從之光以爲己瑞以孝武太元十四年僭即三河王位置百官自丞郎已下赦其境內年號麟嘉光妻石氏子紹弟德世至自仇池光迎于城東大饗羣臣遣其子左將軍他虎賁中郎將纂討北虜匹勤于三巖山大破之立妻石氏爲王妃子紹爲世

子議其羣臣于內苑新堂太廟新成追尊其高祖爲敬公曾祖爲恭公祖爲宣公父爲景昭王母曰昭烈妃其中書侍郎楊穎上疏請依三代故事追尊呂望爲始祖永爲不遷之廟光從之是歲張掖督郵傅曜考覈屬縣而丘池令尹興殺之投諸空井曜見夢於光曰臣張掖郡小吏案校諸縣而丘池令尹興贓狀狼籍懼臣言之殺臣投於南亭空井中臣衣服形狀如是光寤而猶見久之乃滅遣使覆之如夢光怒殺興著作郎段業以光未能揚清激濁使賢愚殊貫因療疾于天梯山作表志詩九歎七諷十六篇以諷焉光覽而悅之南羌彭奚念入攻白土郡尉孫峙退奔興城光遣其南中郎將呂方及其弟右將軍呂寶振威楊範彊弩竇苟討乞伏乾歸于金城方屯河北寶進師濟河爲乾歸所敗寶死之虎賁呂纂彊弩竇苟率步騎五千南討彭奚念戰于盤夷大敗而歸光親討乾歸奚念遣纂及楊武楊軌建忠沮渠羅仇建武梁恭軍于左南奚念大懼於白土津累石爲堤以水自固遣精兵一萬距守河津光遣將軍王寶潛趣上津夜度湟河光濟自石堤攻克枹罕奚念單騎奔甘松光振旅而旋初光徙西海郡人於諸郡至是謠曰朔馬心何悲念舊中心勞燕雀何徘徊意欲還故巢頃之遂相扇動復徙之于西河樂都羣議以高昌雖在西垂地居形勝外接胡虜易生翻覆宜遣子弟鎮之光以子覆爲使持節鎮西將軍都督玉門已西諸軍事西域大都護鎮高昌命大臣子弟隨之光於是以太元二十一年僭卽天王位大赦境內改元龍飛立世子紹爲太子諸子弟爲公侯者二十人中書令王詳爲尚書左僕射段業等五人爲尚書乾歸從弟軻彈來奔光下書

曰乾歸狼子野心前後反覆朕方東清秦趙勒銘會稽豈令豎子鴟峙洮南且其兄弟內相離間可乘之機勿過今也其敕中外戒嚴朕當親討光於是次于長最使呂纂率楊軌竇苟等步騎三萬攻金城乾歸率衆二萬救之光遣其將王寶徐炅率騎五千邀之乾歸懼而不進光又遣其將梁恭金石生以甲卒萬餘出陽武下峽與秦州刺史沒弈干攻其東光弟天水公延以枹罕之衆攻臨洮武始河關皆克之呂纂克金城擒乾歸金城太守衞鞬鞬瞋目謂光曰我寧守節斷頭不爲降虜也光義而免之乾歸因大震泣歎曰死中求生正在今日也乃縱反間稱乾歸衆潰東奔成紀呂延信之引師輕進延司馬耿稚諫曰乾歸雄勇過人權略難測破王廣克楊定皆羸師以誘之雖藏爾小國亦不可輕也困獸猶鬬況乾歸而可望風自散乎且告者視高而色動必爲姦計而今宜部陣而前步騎相接徐待諸軍大集可一舉滅之延不從與乾歸相遇戰敗死之耿稚及將軍姜顯收集散卒屯于枹罕光還于姑臧光荒耄信讒殺尚書沮渠羅仇三河太守沮渠麴粥羅仇弟子蒙遜叛光殺中田護軍馬遼攻陷臨松郡屯兵金山大爲百姓之患蒙遜從兄男成先爲將軍守晉昌聞蒙遜起兵逃奔貲虜扇動諸夷衆至數千進攻福祿建安寧戎護軍趙策擊敗之男成退屯樂涫呂纂敗蒙遜于忽谷酒泉太守壘澄率將軍趙策趙陵步騎萬餘討男成于樂涫戰敗澄策死之男成退攻建康說太守段業曰呂氏政衰權臣擅命刑罰失中人不堪役一州之地叛者連城瓦解之形昭然在目百姓嗷然無所宗附府君豈可以蓋世之才而立忠於垂亾之世男成等既唱大義欲屈

府君撫臨鄙州使塗炭之餘蒙來蘇之惠業不從相持二旬而外救不至郡人高逵史惠等言於業曰今孤城獨立臺無救援府君雖心過田單而地非卽墨宜思高算轉禍爲福業先與光侍中房晷僕射王詳不平慮不自容乃許之男成等推業爲大都督龍驤大將軍涼州牧建康公光命呂纂討業沮渠蒙遜進屯臨洮爲業聲勢戰于合離纂師大敗光散騎常侍太常郭黁明天文善占候謂王詳曰於天文涼之分野將有大兵主上老病太子沖闇纂等凶武一旦不諱必有難作以吾二人久居內要常有不善之言恐禍及人深宜慮之田胡王氣乞機部衆最彊二苑之人多其故衆吾今與公唱義推機爲主則二苑之衆盡我有也克城之後徐更圖之詳以爲然夜燒光洪範門二苑之衆皆附之詳爲內應事發光誅之黁遂據東苑以叛光馳使召纂諸將勸纂曰業聞師迴必躡軍後若潛師夜還庶無後患矣纂曰業雖憑城阻衆無雄略之才若夜潛還張其姦志乃遣使告業曰郭黁作亂吾今還都卿能決者可出戰於是引還業不敢出纂司馬楊統謂其從兄桓曰郭黁明善天文起兵其當有以京城之外非復朝廷之有纂今還都復何所補統請除纂勒兵推兄爲盟主西襲呂弘據張掖以號令諸郡亦千載一時也桓怒曰吾聞臣子之事君親有隕無二吾未有包胥存救之効豈可安榮其祿亂增其難乎呂宗若敗吾爲弘演矣統懼至番禾遂奔郭黁黁遣軍邀纂于白石纂大敗光西安太守石元良率步騎五千赴難與纂擊黁軍破之遂入于姑臧黁之叛也得光孫八人于東苑及軍敗恚甚悉投之于鋒刃之上枝分節解飲血盟衆衆皆掩目不忍視之黁悠

然自若黁推後將軍楊軌爲盟主軌自稱大將軍涼州牧西平公呂纂擊黁將王斐于城西大破之自是黁勢漸衰光遣楊軌書責以大義軌不答率步騎二萬北赴郭黁至姑臧壘於城北軌以士馬之盛議欲大決成敗黁每以天文裁之呂弘爲段業所逼光遣呂纂迎之軌謀於眾曰呂弘精兵一萬若與光合則敵彊我弱養獸不討將爲後患遂率兵邀纂纂擊敗之郭黁聞軌敗東走魏安遂奔于乞伏乾歸楊軌聞黁走南奔廉川光疾甚立其太子紹爲天王自號太上皇帝以呂纂爲太尉呂弘爲司徒謂紹曰吾疾病唯增恐將不濟三寇闚闞迭伺國隙吾終之後使纂統六軍弘管朝政汝恭己無爲委重二兄庶可以濟若內相猜貳釁起蕭墻則晉趙之變旦夕至矣又謂纂弘曰永業才非撥亂直以正嫡有常猥居元首今外有彊寇人心未寧汝兄弟緝穆則貽厥萬世若內自相圖則禍不旋踵纂弘泣曰不敢有二心光以安帝隆安三年死時年六十三在位十年僞諡懿武皇帝廟號太祖纂號高陵

纂字永緒光之庶長子也少便弓馬好鷹犬苻堅時入太學不好讀書唯以交結公侯聲樂爲務及堅亂西奔上邽轉至姑臧拜虎賁中郎將封太原公光死呂紹祕不發喪纂排閤入哭盡哀而出紹懼爲纂所害以位讓之曰兄功高年長宜承大統願兄勿疑纂曰臣雖年長陛下國之冢嫡不可以私愛而亂大倫紹固以讓纂纂不許之及紹嗣僞位呂超言於紹曰纂統戎積年威震內外臨喪不哀步高視遠觀其舉止亂常恐成大變宜早除之以安社稷紹曰先帝顧命音猶在耳兄弟至親豈有此乎吾弱年而荷大任方賴二兄以寧家國縱其圖我我視死如歸終不忍有此意也卿慎勿過言超曰纂威名素盛安忍無親今不圖之後必噬臍矣紹曰吾每念袁尚兄弟未嘗不痛心忘寢食寧坐而死豈忍行之超曰聖人稱知機其神陛下臨機不斷臣見大事去矣既而纂見紹於湛露堂超執刀侍紹目纂請收之紹弗許初光欲立弘爲世子會聞紹在仇池乃止弘由是有憾於紹遣尚書姜紀密告纂曰先帝登遐主上闇弱兄總攝內外威恩被于遐邇輒欲遠追廢昌邑之義以兄爲中宗何如纂於是夜率壯士數百踰北城攻廣夏門弘率東苑之眾斫洪範門左衞齊從守融明觀逆問之曰誰也眾曰太原公從曰國有大故主上新立太原公行不由道夜入禁城將爲亂邪因抽劍直前斫纂中額纂左右擒之纂曰義士也勿殺紹遣虎賁中郎將呂開率其禁兵距戰於端門驍騎呂超率卒二千赴之眾素憚纂悉皆潰散纂入自青角門升於謙光殿紹登紫閣自殺呂超出奔廣武纂憚弘兵彊勸弘即位弘曰自以紹弟也而承大統眾心不順是以違先帝遺勑慙負黃泉今復越兄而立何面目以視息世間大兄長且賢威名振于二賊宜速即大位以安國家纂以隆安四年遂僭即天王位大赦境內改元爲咸寧諡紹爲隱王以弘爲使持節侍中大都督都督中外諸軍事大司馬車騎大將軍司隸校尉錄尚書事改封番禾郡公其餘封拜各有差纂謂齊從曰卿前斫我一何甚也從泣曰隱王先帝所立陛下雖應天順時而微心未達唯恐陛下不死何謂甚也纂嘉其忠善遇之纂遣使謂征東呂方曰超實忠臣義勇可嘉但不識經國大體權變之宜方賴其忠節誕濟世難可以此意諭之超上疏陳謝纂復其爵位呂弘自以功名崇重恐不爲纂所容纂亦深忌之弘遂起兵東苑劫尹文楊桓以爲謀主請宗燮俱行燮曰老臣受先帝大恩位爲列棘不能隕身授命死有餘罪而復從殿下親爲戎首者豈天地所容乎且智不能謀眾不足恃將焉用之弘曰君爲義士我爲亂臣乃率兵攻纂纂遣其將焦辨擊弘弘眾潰出奔廣武纂縱兵大掠以東苑婦女賞軍弘之妻子亦爲士卒所辱纂笑謂羣臣曰今日之戰何如其侍中房晷對曰天禍涼室釁起戚藩先帝始崩隱王幽逼山陵甫訖大司馬驚疑肆逆京邑交兵友于接刃雖弘自取夷滅亦由陛下無棠棣之義宜考己責躬以謝百姓而反縱兵大掠幽辱士女釁自由弘百姓何罪且弘妻陛下之弟婦也弘女陛下之姪女也奈何使無賴小人辱爲婢妾天地神明豈忍見此遂歔欷悲泣纂改容謝之召弘妻及男女于東宮厚撫之呂方執弘繫獄馳使告纂纂遣力士康龍拉殺之是月立其妻楊氏爲皇后以楊氏父桓爲散騎常侍尚書左僕射涼都尹封金城侯纂將伐禿髮利鹿孤中書令楊穎諫曰夫起師動眾必參之天人苟非其時聖賢所不爲禿髮利鹿孤上下用命國未有釁不可以伐宜繕甲養銳勸課農殖待可乘之機然後一舉蕩滅比年多事公私罄竭不深根固本恐爲患將來願抑赫斯之怒思萬全之算纂不從度浩亹河爲鹿孤弟傉檀所敗遂西襲張掖姜紀諫曰方今盛夏百姓廢農所利既少所喪者多若師至嶺西虜必乘虛寇抄都下宜且迴師以爲後圖纂曰虜無大志聞朕西征正可自固耳今速襲之可以得志遂圍張掖略地建康聞傉檀寇姑臧乃還即序胡安據盜發張駿墓見駿貌如生得

眞珠簏琉璃榼白玉樽赤玉簫紫玉笛珊瑚鞭馬腦鍾水陸奇珍不可勝紀纂誅安據黨五十餘家遣使弔祭駿并繕修其墓道士句摩羅耆婆言於纂曰潛龍屢出豕犬見妖將有下人謀上之禍宜增修德政以答天戒纂納之耆婆卽羅什之別名也纂游田無度荒耽酒色其太常楊穎切諫纂曰朕之罪也不有貞亮之士誰匡邪僻之君然昏虐自任終不能改常與左右因醉馳獵於坑澗之間殿中侍御史王回中書侍郎王儒復叩馬以諫纂不納纂番禾太守呂超擅伐鮮卑思盤思盤遣弟乞珍訴超於纂纂召超將盤入朝超至姑臧大懼自結於殿中監杜尚纂見超怒曰卿恃兄弟桓桓欲欺吾也要當斬卿然後天下可定超頓首不敢纂因引超及其諸臣讌于內殿呂隆屢勸纂酒已至昏醉乘步輓車將超等游于內至琨華堂東閤車不得過纂親將竇川駱騰倚劒於壁推車過閤超取劒擊纂纂下車擒超超刺纂洞胸奔于宣德堂川騰與超格戰超殺之纂妻楊氏命禁兵討超杜尚約兵舍仗將軍魏益多入斬纂首以徇曰纂違先帝之命殺害太子荒耽酒獵昵近小人輕害忠良以百姓爲草芥番禾太守超以骨肉之親懼社稷顚覆已除之矣上以安宗廟下爲太子報仇凡我士庶同茲休慶僞巴西公呂他隴西公呂緯時在北城或說緯曰超陵天逆上士眾不附明公以懿弟之親投戈而起姜紀焦辨在南城楊桓田誠在東苑皆我之黨也何慮不濟緯乃嚴兵謂他曰隆超弑逆所宜擊之昔田恆之亂孔子鄰國之臣猶抗言于哀公況今蕭牆有難而可坐觀乎他將從之他妻梁氏止之曰緯超俱兄弟之子何爲舍超助緯而爲禍首乎他謂緯曰超事已立據武庫擁精兵圖之爲難且吾老矣無能爲也超聞而登城告他曰纂信讒言將滅超兄弟超以身命之切且懼社稷覆亡故出萬死之計爲國家唱義叔父當有以亮之超弟邈有寵於緯說緯曰纂殘國破家誅戮兄弟隆超此舉應天人之心正欲尊立明公耳先帝之子明公爲長四海顒顒人無異議隆超雖不達臧否終不以孽代宗更圖異望也願公勿疑緯信之與隆超結盟單馬入城超執而殺之初纂嘗與鳩摩羅什棊殺羅什子曰斫胡奴頭羅什曰不斫胡奴頭胡奴斫人頭超小字胡奴竟以殺纂纂在位三年以元興元年死隆旣篡位僞謚纂靈皇帝墓號白石陵

隆字永基光弟寶之子也美姿貌善騎射光末拜北部護軍稍歷顯位有聲稱超旣殺纂讓位於隆隆有難色超曰今猶乘龍上天豈可中下隆以安帝元興元年遂僭卽天王位超先以番禾得小鼎以爲神瑞大赦改元爲神鼎追尊父寶爲文皇帝母衞氏爲皇太后妻楊氏爲皇后以弟超有佐命之勳拜使持節侍中都督中外諸軍事輔國大將軍司隸校尉錄尚書事封安定公隆多殺豪望以立威名內外囂然人不自固魏安人焦朗遣使說姚興將姚碩德曰呂氏因秦之亂制命此州自武皇棄世諸子競尋干戈德刑不恤殘暴是先饑饉流亾死者大半唯泣訴昊天而精誠無感伏惟明公道邁前賢任尊分陝宜兼弱攻昧經略此方救生靈之沉溺布徽政于玉門纂奪之際爲功不難遣妻子爲質碩德遂率眾至姑臧其部將姚國方言於碩德曰今懸師三千後無繼援師之難也宜曜勁鋒示其威武彼以我遠來必決死距戰可一舉而平碩德從之呂超出戰大敗遁還隆收集離散嬰城固守時熒惑犯帝座有羣雀鬬于太廟死者數萬東人多謀外叛將軍魏益多又唱動羣心乃謀殺隆超事發誅之死者三百餘家於是羣臣表求與姚興通好隆弗許呂超諫曰通塞有時艱泰相襲孫權屈身於魏譙周勸主迎降豈非大丈夫哉勢屈故也天錫承七世之資樹恩百載虎旅十萬謀臣盈朝秦師臨境識者導以見機而復諫自專社稷爲墟前鑒不遠我之元龜也何惜尺書單使不以危易安且令卑辭以退敵然後內脩德政廢興由人未損大略隆曰吾雖常人屬當家國之重不能嗣守成基保安社稷以太祖之業委之於人何面目見先帝於地下超曰應龍以屈伸爲靈大人以知機爲美今連兵積歲資儲內盡彊寇外逼百姓嗷然無餬口之寄假使張陳韓白亦無如之何陛下宜思權變大綱割區區常慮苟卜世有期不在和好若天命去矣宗族可全隆從之乃請降碩德表隆爲使持節鎭西大將軍涼州刺史建康公於是遣母弟愛子文武舊臣慕容筑楊穎史難閻松等五十餘家質于長安碩德乃還姚興謀臣皆曰隆藉伯父餘資制命河外今雖饑窘尙能自支若將來豐贍終非國有涼州險絕世難先違道淸後順不如因其饑弊而取之興乃遣使來觀虛實沮渠蒙遜又伐隆隆擊敗之蒙遜請和結盟留穀萬餘斛以振饑人姑臧穀價踊貴斗直錢五千文人相食餓死者十餘萬口城門晝閉樵採路絕百姓請出城乞爲夷虜奴婢者日有數百隆懼沮動人情盡坑之於是積尸盈于衢路禿髮傉檀及蒙遜頻來伐之隆以二寇之逼也遣超率騎二百多齎珍寶請迎于姚興興乃遣其將齊難等步騎四萬迎之難至姑臧

隆素車白馬迎于道旁使呂允告光廟曰陛下往運神略開建西夏德被蒼生威振遐裔枝嗣不臧迭相篡弒二虜交逼將歸東京謹與陛下奉訣於此歔欷慟泣酸感興軍隆率戶一萬隨難東遷至長安興以隆爲散騎常侍公如故超爲安定太守文武三十餘人皆擢敘之其後隆坐與子弼謀反爲興所誅呂光以孝武太元十二年定涼州十五年僭立至隆凡十有三載以安帝元興三年滅

通志卷一百九十

宋右廸功郎鄭樵漁仲撰

載記第六

後燕

慕容垂　寶　盛　熙　高雲

西秦

乞伏國仁　乾歸　熾磐　慕末

北燕

馮跋　弘　馮素弗

後燕

慕容垂字道明皝之第五子也少岐嶷有器度身長七尺七寸手垂過膝皝甚寵之常目而謂諸弟曰此兒闊達好奇終能破人家或能成人家故名霸字道業恩遇踰于世子儁故儁不能平之以滅宇文之功封都鄉侯石虎來伐既還猶有兼并之志遣將鄧恆率衆數萬屯于樂安營攻取之備垂戍徒河與恆相持恆憚而不敢侵垂少好畋游因獵墜馬折齒慕容儁僭即王位改名缺外以慕郤缺爲名內實惡而改之尋以讖記之文乃去夬以垂爲名焉石虎之死也趙魏亂垂謂儁曰時來易失赴機在速兼弱攻昧今其時矣儁以新遭大喪不許慕輿根言於儁曰王子之言千載一時不可失也儁乃從之以垂爲前鋒都督儁既尅幽州將坑降卒垂諫曰弔伐之義先代常典今方平中原宜綏懷以德坑戮之刑不可爲王師之先聲儁從之及儁僭稱尊號封垂吳王徙鎭信都以侍中右禁將軍錄留臺事大收東北之和又爲征南將軍荆兗二州牧有聲于梁楚之南再爲司隸僞王公已下莫不累迹時慕容暐嗣僞位慕容恪爲太宰恪甚重垂常謂暐曰吳王將相之才十倍於臣先帝以長幼之次以臣先之臣死之後願陛下委政吳王可謂親賢兼舉及敗桓溫于枋頭威名大振慕容評深忌惡之乃謀誅垂垂懼禍及已與世子全奔于苻堅自恪卒後堅密有圖暐之謀憚垂威名而未發及聞其至堅大悅郊迎執手禮之甚重堅相王猛惡垂雄畧勸堅殺之堅不從以爲冠軍將軍封賓都侯食華陰之五百戶王猛伐洛引全爲參軍猛乃令人詭傳垂語於全曰吾已東還汝可爲計也全信之乃奔暐猛表全叛狀垂懼而東奔及藍田爲追騎所獲堅引見東堂慰勉之曰卿國家失和委身投朕賢子志不忘本猶懷首丘書不云乎父父子子無相及也卿何爲過懼而狼狽若斯也於是復垂爵位恩待如初及堅擒暐垂隨堅入鄴收集諸子對之悲慟見其故吏有不悅之色前郎中令高弼私於垂曰大王以命世之姿遭無妄之運迍邅棲伏艱亦至矣天啓嘉會靈命蹔遷此乃鴻漸之始龍變之初深願仁慈有以慰之且夫高世之畧必懷遺俗之規方圖綱漏吞舟以弘苞養之義收納舊臣之胄以成爲山之功奈何以一怒捐之竊爲大王不取垂深納之垂在堅朝歷位京兆尹進封泉州侯所在征伐皆有大功堅之敗於淮南也垂軍獨全堅以千餘騎奔垂垂世子寶言於垂曰家國傾喪皇綱廢弛至尊明命著之圖籙當隆中興之業建少康之功但時來之運未至故韜光俟奮耳今天厭亂德凶衆土崩可謂乾啓神機授之于我千載一時今其會也宜恭承皇天之意因而取之且夫立大功者不顧小節行大仁者不念小惠秦既蕩覆二京竊辱神器仇恥之深莫甚於此願不以意氣微恩而忘社稷之重五木之祥今其至矣垂曰汝言是也然彼以赤心投命若何害之苟天所棄圖之多便且縱令北還更待其釁既不負宿心可以義取天下垂弟德進曰夫鄰國相吞有自來矣秦彊而并燕秦弱而圖之此爲執仇雪辱豈所謂負宿心也昔鄧祁侯不納三甥之言終爲楚所滅吳王夫差違子胥之諫取禍句踐前事之不忘後事之師表也願不棄湯武之成蹤追韓信之敗迹乘彼土崩恭行天罰斬逆氐復宗祀建中興繼洪烈天下大機弗宜失也若釋數萬之衆授干將之柄是卻天時而待後害非至計也語曰當斷不斷反受其亂願兄無疑垂曰吾昔爲太傅所不容投身於秦主又爲王猛所譖復見昭亮國士之禮每深執德萬分未一如使秦運必窮曆數歸我者授首之便何慮無之關西之帝會非吾有自當有擾之者吾可端拱而定關東君子不怙亂不爲禍先且可觀之乃以兵屬堅初寶在長安與韓黃李根等因讌摴蒱寶危坐整容誓之曰世云摴蒱有神豈虛言哉若富貴可期頻得三盧於是三擲盡盧寶拜而受賜故云五木之祥堅至澠池垂請至鄴展拜陵墓因張國威刑以安戎狄堅許之權翼諫曰垂爪牙名將所謂今之韓白世豪東夏志不爲人用頃以避禍歸誠非慕德而至列土干城未可以滿其志冠軍之號豈足以稱其心且垂猶鷹也饑則附人飽便高颺遇風塵之會必有陵霄之志惟宜急其羈靽不可任其所欲堅不從遣其將李蠻閔亮尹國率衆三千送垂又遣石越戍鄴張蚝戍并州時堅子丕先在鄴及垂至丕館之于鄴西垂具說淮南敗狀會堅將苻暉告丁零翟斌聚衆謀逼洛陽丕謂垂曰翟斌兄弟因王師小失敢

肆凶悖子母之軍殆難爲敵非冠軍英畧莫可以滅也
欲相煩一行可乎垂曰下官殿下之鷹犬敢不惟命是
聽於是大賜金帛一無所受惟請舊田園丕許之配垂
兵二千遣其將苻飛龍率氐騎一千爲垂之副丕戒飛
龍曰卿王室肺腑年秩雖卑其實帥也垂爲三軍之統
卿爲謀垂之主用兵制勝之權防微杜貳之畧委之於
卿卿其勉之垂請入鄴城拜廟丕弗許乃潛服而入亭
吏禁之垂怒斬吏燒亭而去石越言於丕曰垂之在燕
破國亂家及投命聖朝蒙超常之遇忽敢輕侮方鎮殺
吏焚亭反形已露終爲亂階將老兵疲可襲而取之矣
丕曰淮南之敗衆散親離而垂侍衛聖躬誠不可忘越
曰垂既不忠於燕其肯盡忠於我乎且其亡虜也主上
寵同功舊不能銘澤誓忠而首謀爲亂今不擊之必爲
後害丕不從越退而告人曰公父子好存小人不顧天
下大計吾屬終當爲鮮卑虜矣垂至河內殺飛龍悉誅
氐兵召募遠近衆至三萬濟河焚橋令曰吾本外假秦
聲內規興復亂法者軍有常刑奉命者賞不踰日天下
既定封爵有差不相負也翟斌聞垂之將濟河也遣使
推垂爲盟主垂距之曰吾父子寄命秦朝危而獲濟荷
主上不世之恩蒙更生之惠雖曰君臣義深父子豈可
因其小隙便懷二三吾本救豫州不赴君等何爲斯議
而及於我垂進欲襲據洛陽故見苻暉以臣節退又未
審斌之誠款故以此言距之垂至洛陽暉閉門距守不
與垂通斌又遣長史河南郭通說垂乃許之斌率衆會
垂勸稱尊號垂曰新興侯國之正統孤之君也若以諸
君之力得平關東當以大義喻秦奉迎返正無土自尊
非孤心也謀于衆曰洛陽四面受敵北阻大河至於控

馭燕趙非形勝之便不如北取鄴都據之而制天下衆
咸以爲然乃引師而東遣建威將軍王騰起浮橋于石
門初垂之發鄴中子農及兄子楷紹弟之宙爲苻丕所
留及誅飛龍遣田生密告農等使起兵趙魏以相應於
是農宙奔列人楷紹奔辟陽衆咸應之農西招庫辱官
偉于上黨東引乞特歸于東阿各率衆數萬赴之衆至
十餘萬丕遣石越討農爲農所敗斬越於陣垂引兵至
滎陽以太元八年自稱大都督燕王承制行事建元曰
燕元令稱統府府置四佐王公以下稱臣凡所封拜一
如王者以翟斌爲建義大將軍封河南王翟檀爲柱國
大將軍弘農王弟德爲車騎大將軍范陽王兄子楷征
西大將軍太原王衆至二十餘萬濟自石門長驅攻鄴
農楷紹宙等率衆會垂立子寶爲燕王太子封功臣爲
公侯伯子男者百餘人苻丕乃遣侍郎姜讓謂垂曰往
歲大駕失據君保衛鑾輿勤王誠義邁蹤前烈宜述修
前規終忠貞之節柰何棄崇山之功爲此過舉過貴能
改先賢之嘉事也深宜詳思悟猶未晚垂謂讓曰孤受
主上不世之恩故欲安全長樂公使盡衆赴京師然後
修復家國之業與秦永爲鄰好何故闇於機運不以鄴
見歸也大義滅親况於意氣之顧公若迷而不返者孤
亦欲窮兵勢耳今事已然恐單馬乞命不可得也讓厲
色責垂曰將軍不容於家國投命於聖朝燕之尺土將
軍豈有分乎主上與將軍風殊類別臭味不同奇將軍
於一見託將軍以斷金寵踰宗舊任齊懿藩自古君臣
冥契之重豈甚此耶方付將軍以六尺之孤萬里之命
柰何王師小敗便有二圖夫師起無名終則弗成天之
所廢人不能支將軍起無名之師而欲興天所廢竊未

見其可長樂公主上之元子聲德邁於唐衛居陝東之
任爲朝廷維城其可束手輸將軍以百城之地大夫死
王事國君死社稷將軍欲裂冠毀冕拔本塞源者自可
任將軍兵勢何復多云但念將軍以七十之年懸首白
旗高世之忠忽爲逆鬼竊爲將軍痛之垂默然左右勸
垂殺之垂曰古者兵交使在其間犬各吠非其主何所
問也乃遣讓歸垂上表於苻堅曰臣才非古人致禍起
蕭牆身要時難歸命聖朝陛下恩深周漢猥叨微顧之
遇位爲列將爵忝通侯誓在戮力輸誠常懼不及去夏
桓冲送死一擬雲消廻討鄖城俘馘萬計斯誠陛下神
算之奇頗亦愚臣忘死之效方將飲馬桂洲懸旌閩會
不圖天助亂德大駕班師陛下單馬奔臣臣奉衛匪貳
豈陛下聖明鑒臣單心皇天后土實亦知之臣奉詔北
巡受制長樂然丕外失衆心內多猜忌令臣野次外庭
不聽謁廟丁零逆豎寇逼豫州丕迫臣單赴限以師程
惟給弊卒二千盡無兵杖復令飛龍潛爲刺客及至洛
陽平原公暉復不信納臣竊惟進無淮陰功高之慮退
無李廣失利之愆懼有青蠅交亂白黑丁零夷夏以臣
忠而見疑乃推臣爲盟主臣受託善始不遂令終泣望
西京揮涕即邁軍次石門所在雲赴雖復周武之會於
孟津漢祖之集於垓下不期之衆實有甚焉欲令長樂
公盡衆赴難以禮發遣而不固守匹夫之志不達變通
之理臣息農收集故營以備不虞而石越傾鄴城之衆
輕相掩襲兵陣未交越已隕首臣既單車懸軫歸者如
雲斯實天符非臣之力且鄴者臣國舊都應即惠及然
後西向受制永守東藩上成陛下遇臣之意下全愚臣
感報之誠今進師圍鄴并喻丕以天時人事而丕不察

機運杜門自守時出挑戰鋒戈屢交恆恐飛矢誤中以傷陛下天性之念臣之此誠未簡神聽輒遏兵止銳不敢窮攻夫運有推移去來常事惟陛下察之堅報曰朕以不德忝承靈命君臨萬邦三十年矣遐方幽裔莫不來庭惟東南一隅敢違王命朕爰奮六師恭行天罰而元機不弔王師敗績賴卿忠誠之至輔翼朕躬社稷之不隕卿之力也詩云中心藏之何日忘之方任卿以元相爵卿以郡侯庶弘濟艱難敬酬勳烈何圖伯夷忽毀冰操柳惠倏爲淫夫覽表惋然有慚朝士卿既不容於本朝匹馬而投命朕則寵卿以將位禮卿以上賓任同舊臣爵齊勳輔獻血斷金披心相付謂卿食椹懷音保之偕老豈意畜水覆舟養虎返害悔之噬臍將何所及誕言駭衆誇擬非常周武之事豈卿庸人所可論哉失籠之鳥非羅所羈脫網之鯨豈罟所制翹陸任懷何煩聞也念卿垂老老而爲賊生爲叛臣死爲逆鬼侏張幽顯布壽存亡中原士女何痛如之朕之歷運興喪豈復由卿但長樂平原以未立之年遇卿於兩都慮其經畧未稱朕心所恨者此焉而已垂攻拔鄴郛丕固守中城垂塹而圍之分遣老弱於魏郡肥鄉築新興城以置輜重壅漳水以灌之翟斌潛諷丁零及西人請斌爲尚書令垂訪之羣僚其安東將軍封衡厲色曰馬能千里不免羈靮明畜生不可以人御也斌戎狄小人遭時際會兄弟封王自驩兜已來未有此禍忽履盈忘止復有斯求魂爽錯亂必死不出年也垂猶隱忍容之令曰翟王之功宜居上輔但臺既未建此官不可便置待六合廓清更當議之斌怒密應苻丕潛使丁零決防潰水事洩垂誅之斌兄子眞率其部衆北走邯鄲引兵向鄴欲與丕爲內外之勢垂令其太子寶冠軍慕容隆擊破之眞自邯鄲北走又使慕容楷率騎追之戰于下邑爲眞所敗眞遂屯于承營垂謂諸將曰苻丕窮寇必守死不降丁零叛擾乃我腹心之患吾欲還師新城開其逸路進以謝秦王疇昔之恩退以嚴擊眞之備於是引師去鄴北屯新城慕容農進攻翟嵩于黃泥破之垂謂其范陽王德曰苻丕吾縱之不能去方引晉師規固鄴都不可置也進師又攻鄴開其西奔之路垂將有北都中山之意農率衆數萬迎之羣僚聞慕容暐爲苻堅所殺勸垂僭位垂以慕容沖稱號關中不許晉龍驤將軍劉牢之率衆救苻丕至鄴垂逆戰敗績遂徹鄴圍退屯新城垂自新城北走牢之追垂連戰皆敗又戰于五橋澤王師敗績德及隆引兵要之于五丈橋牢之馳馬跳五丈澗會苻丕救至而免翟眞去承營從屯行唐眞司馬鮮于乞殺眞盡誅翟氏自稱趙王營人攻殺乞迎立眞從弟成爲王眞子遼奔黎陽高句驪寇遼東垂平北慕容佐遣司馬郝景率衆救之爲高句驪所敗遼東元菟遂沒建節將軍徐巖叛于武邑驅掠四千餘人北走幽州垂馳勑其將平規曰但固守勿戰比破丁零吾當自討之規違命距戰爲巖所敗巖乘勝入薊掠千餘戶而去所過寇暴遂據令支翟成長史鮮于得斬成而降垂入行唐悉坑其衆苻丕棄鄴城奔于并州慕容農攻尅令支斬徐巖兄弟進伐高句驪復遼東元菟二郡還屯龍城垂定都中山羣僚勸卽尊號具典儀修郊燎之禮垂從之以太元十一年僭卽位赦其境內改元曰建興置百官繕宗廟社稷立寶爲太子以其左長史庫辱官偉右長史段崇龍驤張崇中山尹封衡爲吏部尚書慕容德爲侍中都督中外諸軍事領司隸校尉撫軍慕容麟爲衞大將軍其餘拜受有差追尊母蘭氏爲文昭皇后遷皝后段氏以蘭氏配饗博士劉詳董謐議以堯母妣位第三不以貴陵姜嫄明聖王之道以至公爲先垂不從遣其征西慕容楷衞軍慕容麟鎭南慕容紹征虜慕容宙等攻苻堅冀州牧苻定鎭東苻紹幽州牧苻謨鎭北苻亮楷與定等喻以禍福定等悉降垂留其太子寶守中山率諸將南攻翟遼以楷爲前鋒都督遼之部衆皆燕趙人咸曰太原王之子吾之父母相率歸附遼懼遣使請降垂至黎陽遼肉袒謝罪垂厚撫之爲其太子寶起承華觀以寶錄尚書政事巨細皆委之垂總大綱而已立其夫人段氏爲皇后又以寶領侍中大單于驃騎大將軍幽州牧建留臺于龍城以高陽王慕容隆錄留臺尚書事時慕容暐及諸宗室爲苻堅所害者並招魂葬之淸河太守賀耕聚衆定陵以叛南應翟遼慕容農討斬之毀定陵城進師入鄴以鄴城廣難固築鳳陽門大道之東爲隔城其尚書婁會上䟽請以吏遭大喪聽終三年之制垂不從翟遼死子釗代立攻逼鄴城慕容農擊走之垂引師伐釗于滑臺次于黎陽津釗於南岸距守諸將惡其兵精咸諫不宜濟河垂笑曰豎子何能爲吾今爲卿等殺之遂徙營就西津爲牛皮船百餘艘載疑兵列杖溯流而上釗先以大衆備黎陽見垂向西津乃棄營西距垂潛遣其桂林王慕容鎭驍騎慕容國於黎陽津夜濟壁于河南釗聞而奔還士衆疲渴走歸滑臺釗攜妻子率數百騎北趣白鹿山農追擊盡擒其衆釗單騎奔長子釗所統七郡戶三萬八千皆安堵如故徙徐州流人七千餘戶于黎陽於是議征長子諸將

咸諫以慕容永未有釁連歲征役士卒疲怠請俟他年垂將從之及聞慕容德之策笑曰吾計決矣且吾投老扣囊底智足以尅之不復留逆賊以累子孫也乃發步騎七萬遣其丹陽王慕容瓚龍驤張崇攻永弟支于晉陽永遣其將刁雲慕容鍾率衆五萬屯潞州垂遣慕容楷出自滏口慕容農入自壺關垂頓于鄴之西南月餘不進永謂垂詭道伐之乃攝諸軍還杜太行軹關垂進師入自天井關至于壺壁永率精卒五萬來距阻河曲以自固馳使請戰垂列陣于壺壁之南農楷分爲二翼慕容國伏千兵于深澗與永大戰垂引軍僞退永追奔數里國發伏兵馳斷其後楷農夾擊之永師大敗斬首八千餘級永奔還長子慕容瓚攻尅晉陽垂進圍長子永將賈韜等潛爲內應垂進軍入城永奔北門爲前驅所獲於是數而戮之并其所署公卿刁雲等三十餘人永所統新舊八郡戶七萬六千八百及乘輿服御伎樂珍寶悉獲之於是品物具矣使慕容農畧地河南攻廩丘陽城皆尅之太山琅邪諸郡皆委城奔潰農進師臨海置守宰而還垂告捷于龍城之廟遣其太子寶及農與慕容麟等率衆八萬伐魏慕容德慕容紹以步騎一萬八千爲寶後繼魏聞寶將至徙往河西寶進師臨河懼不敢濟還次參合忽有大風黑氣狀若隄防或高或下臨覆軍上沙門支曇猛言於寶曰風氣暴迅魏軍將至之候宜遣兵禦之寶笑而不納曇猛固以爲言乃遣麟率騎三萬爲後殿以禦非常麟以曇猛言爲虛縱騎游獵俄而黃霧四塞日月晦冥是夜魏師大至三軍奔潰寶與德等數千騎奔免士衆還者十一二紹死之初寶至幽州所乘車軸無故自折術士靳安以爲大凶固勸寶還寶怒不從故及於敗寶恨參合之敗屢言魏有可乘之機慕容德亦曰魏人狃于參合之役有陵太子之心宜及聖畧摧其銳志垂從之留德守中山自率大衆出參合鑿山開道次于獵嶺遣寶與農出天門征北慕容隆征西慕容盛踰青山襲魏陳留公泥于平城陷之收其衆三萬餘人而還垂至參合見往年戰處積骸如山設弔祭之禮死者父兄一時號哭軍中皆慟垂慚憤歐血因而寢疾乘馬輿而進過平城北三十里疾篤築燕昌城而還寶等至雲中聞垂疾皆引歸及垂至於平城或有叛者奔告魏曰垂病已亡輿尸在軍魏又聞參合大哭以爲信然乃進兵追之知平城已陷而退還館陰山垂至上谷之沮陽以太元二十一年死時年七十一凡在位十三年遺令曰方今禍難尚殷喪禮一從簡易朝終夕殯事訖成服三日之後釋服從政彊寇伺隙祕勿發喪至京然後舉哀行服寶等遵行之僞謚成武皇帝廟號世祖墓曰宣平陵

慕容寶字道祐垂之第四子也少輕果無志操好人佞已苻堅時爲太子洗馬萬年令堅淮肥之役以寶爲陵江將軍及爲太子砥礪自修敦崇儒學工談論善屬文曲事垂左右小臣以求美譽垂之朝士翕然稱之垂亦以爲克保家業甚賢之垂死其年寶嗣僞位大赦境內改元爲永康以其太尉庫辱官偉爲太師左光祿大夫段崇爲太保其餘拜授各有差遵垂遺令校閱戶口罷諸軍營分屬郡縣定士族舊籍明其官儀而法峻政嚴上下離德百姓思亂者十室而九焉初垂以寶冢嗣未建每憂之寶庶子清河公會多材藝有雄畧垂深奇之及寶之北伐使會代攝官事總錄禮遇一同太子所以見定旨也垂之伐魏以龍城舊都宗廟所在復使會鎮幽州委以東北之重高選僚屬以崇威望臨死顧命以會爲寶嗣而寶寵愛少子濮陽公策意不在會寶庶長子長樂公盛自以同生年長耻會先之乃盛稱策宜爲儲貳而非毀會焉寶大悅乃訪其趙王麟高陽王隆麟等咸希旨贊成之寶遂與麟等定計立策毋段氏爲皇后策爲皇太子盛會進爵爲王策字道符年十一美姿貌而惷弱不慧魏伐并州驃騎李農逆戰敗績還于晉陽司馬慕輿嵩閉門距之農率騎數千奔歸中山行及潞川爲魏追軍所及餘騎盡沒單馬遁還寶引羣臣于東堂議之中山尹苻謨曰魏軍彊盛千里轉鬭乘勝而來勇氣兼倍若逸騎平原形勢彌盛殆難爲敵宜杜險距之中書令睦邃曰魏軍多騎師行剽銳馬上齎糧不過旬日宜令郡縣聚千家爲一堡深溝高壘清野待之至無所掠資食無出不過六旬自然窮退尚書封懿曰今魏師十萬天下之勍敵也百姓雖欲營聚不足自固是則聚糧集兵以資彊寇且動衆心示之以弱阻關距戰計之上也慕容麟曰魏今乘勝氣銳其鋒不可當宜自完守設備待其弊而乘之於是修城積粟爲持久之備魏攻中山不尅進據博陵魯口諸將望風奔退郡縣悉降于魏寶聞魏有內難乃盡衆出距步卒十二萬騎三萬七千次于曲陽柏津魏軍進至新梁寶憚魏師之銳乃遣征北隆夜襲魏軍敗績而還魏軍方軌而至對營相持上下兇懼三軍奪氣農麟勸寶還中山乃引歸魏軍追擊之寶農等棄大軍率騎二萬奔還時大風雪凍死者相枕於道寶恐爲魏軍所及命去袍杖戎器寸刃無返魏軍進攻中山屯於芳林園其夜尚書慕容皓

謀殺寶立慕容麟皓妻兄蘇泥告之寶使慕容隆收皓
皓與同謀數十人斬關奔魏麟懼不自安以兵刧左衛
將軍北地王精謀率禁旅弑寶精以義距之麟怒殺精
出奔丁零初寶聞魏之來伐也使慕容會率幽并之衆
赴中山麟既叛寶恐其逆奪會軍將遣兵迎之麟侍郎
段平子自丁零奔還說麟招集丁零軍衆甚盛謀襲會
軍東據龍城寶與其太子策及農隆等萬餘騎迎會於
薊以開封公慕容詳守中山會傾身誘納繕甲厲兵步
騎二萬列陣而進迎寶薊南寶分其兵給農隆遣西河
公庫辱官驥率衆三千助守中山會以策爲太子有恨
色寶以告農隆俱曰會一年少專任方事習驕所致豈
有他也臣當以禮責之幽平之士皆懷會恩得不樂去
之戚請曰清河王天資神功權略過人臣等與之誓同
生死感王恩澤皆勇氣自倍願陛下與皇太子諸王止
駕薊宮使王與臣等進解京師之圍然後奉迎車駕寶
左右皆害其勇略譖而不許衆咸有怨言左右勸寶殺
會侍御史仇尼歸聞而告會曰左右密謀如是主上將
從之大王所恃唯父母也父已異圖所仗者兵也兵已
去手進退路窮恐無自全之理盍誅二王廢太子大王
自處東宮兼領將相以匡社稷會不從寶謂農隆曰觀
會爲變事當必然宜早殺之不爾恐成大禍農曰寇賊
內侮中州紛亂會鎮撫舊都安衆寧境及京師有難萬
里星赴威名之重可以振服戎狄又逆跡未彰宜且隱
忍今社稷之危若綴旒然復內相誅戮有損威望寶曰
會逆心已成而王等仁慈不欲去之恐一旦釁發必先
害諸父然後及吾事敗之後當思朕言農等固諫乃止
會聞之彌懼奔于廣都黃榆谷會遣仇尼歸等率壯士
二十餘人分襲農隆隆是夜見殺農中重創既而會歸
于寶寶意在誅會誘而安之潛使左衛慕容騰斬會不
能傷復奔其衆於是勒兵攻寶寶率數百騎馳如龍城
會率衆追之遣使請誅左右佞臣并求太子寶弗許會
圍龍城侍御郎高雲夜率敢死士百餘人襲會敗之衆
悉逃散單馬奔還中山乃踰圍而入爲慕容詳所殺詳
僭稱尊號置百官改年號荒酒淫奢殺戮無度誅其王
公以下五百餘人內外震局莫敢忤視城中大饑公卿
餓死者數十人麟率丁零之衆入中山斬詳及其親黨
三百餘人復僭稱尊號中山饑甚麟出據新市與魏師
戰于義臺麟軍敗績魏師遂入中山麟乃奔鄴慕容德
遣侍郎李延勸寶南伐寶大悅慕容盛切諫以爲兵疲
師老魏新平中原宜養兵觀釁更俟他年寶將從之撫
軍慕輿騰進曰今衆旅已集宜乘新定之機以成進取
之功人可使由之而難與圖始惟當獨決聖慮不足廣
採異同以沮亂軍議也寶曰吾計決矣敢諫者斬寶發
龍城以慕輿騰爲前軍大司馬慕容農爲中軍寶爲後
軍步騎三萬次于乙連長上段速骨宋赤眉因衆軍之
憚役也殺司空樂浪王宙逼立高陽王崇寶單騎奔農
仍引軍討速骨衆咸憚征幸亂投杖奔之騰衆亦潰寶
農馳還龍城蘭汗潛與速骨通謀速骨進師攻城農爲
蘭汗所誘潛出赴賊爲速骨所殺衆皆奔散寶與慕容
盛慕輿騰等南奔蘭汗奉太子策承制遣使迎寶及于
薊城寶欲還北盛等咸以汗之忠款虛實未明今單馬
而還汗有貳志者悔之無及寶從之乃自薊而南至黎
陽聞慕容德稱制懼而退遣慕輿騰招集散兵于鉅鹿
慕容盛結豪桀于冀州段儀段溫收部曲于內黃衆皆
響會尅期將集會蘭汗遣左將軍蘇超迎寶寶以汗垂
之季舅盛又汗之壻也必謂忠欵無貳乃還至龍城汗
引寶入于外邸弑之時年四十四在位三年卽隆安三
年也汗又殺其太子策及王公卿士百餘人汗自稱大
都督大將軍大單于昌黎王盛僭位僞謚寶惠愍皇帝
廟號烈宗號之遷于龍城也植松爲社主及秦滅燕大
風吹拔之後數年社處忽有桑二根生焉先是遼川無
桑及廆通于晉求種江南平州桑悉由吳來廆終而垂
以吳王中興寶之將敗大風又拔其一

盛字道運寶之庶長子也少沉敏多謀畧苻堅誅慕容
氏盛潛奔于沖及沖稱尊號有自得之志賞罰不均政
令不明盛年十二謂叔父柔曰今中山王智不先衆才
不出下恩未施人先自驕大以盛觀之鮮不覆敗俄而
沖爲段木延所殺盛隨慕容永東如長子謂柔曰今崎
嶇於鋒刃之間在疑忌之際愚則爲人所猜智則危甚
巢幕當如鴻鵠高飛一舉萬里不可坐待罟網也於是
與柔及弟會閒行東歸于慕容垂遇盜陝中盛曰我六
尺之軀入水不溺在火不焦汝欲當吾鋒乎試豎爾手
中箭百步我若中之宜愼爾命如其不中當東身相授
盜乃豎箭盛一發中之盜曰郞貴人之子故相試耳資
而遣之歲餘永誅儁垂之子孫男女無遺盛既至垂問
以西事畫地成圖垂笑曰昔魏武撫明帝之首遂乃侯
之祖之愛孫有自來矣於是封長樂公驍勇剛毅有伯
父全之風烈寶卽僞位進爵爲王寶自龍城南伐盛留
統後事及段速骨作亂馳出迎衞寶幾爲速骨所獲賴
盛以免盛屢進奇策於寶寶不能從是以屢敗寶既如
龍城盛留在後寶爲蘭汗所殺盛馳進赴哀將軍張眞

固諫以爲不可盛曰我今投命告以哀窮汗性愚近必顧念婚姻不忍害我旬月之間足展吾志遂入赴喪汗妻乙氏泣涕請盛汗亦哀之遣其子穆迎盛舍之宮內親敬如舊汗兄提弟難勸汗殺盛汗不從慕容奇汗之外孫也汗亦宥之奇入見盛遂相與謀盛遣奇起兵于外衆至數千汗遣蘭提討奇提驕佷淫荒事汗無禮盛因間之於汗曰奇小兒也未能辦此必內有應之者提素驕不可委以大衆汗因發怒收提誅之遣其撫軍仇尼慕率衆討奇汗兄弟見提之誅莫不危懼皆阻兵背汗襲敗慕軍汗大懼遣其子穆率衆討之穆謂汗曰慕容盛我之仇也奇今起逆盛必應之兼內有蕭墻之難不宜養心復之疾汗將誅盛引見察之盛妻以告於是僞稱疾篤不復出入汗乃止有李旱衛雙劉志張豪張眞者皆盛之舊暱蘭穆引爲腹心旱等屢入見盛潛結大謀會穆討蘭難等斬之大饗將士汗穆皆醉盛夜因如廁袒而踰牆入于東宮與李旱等誅穆衆皆踴呼進攻汗斬之汗二子魯公和陳公楊分屯令支白狼遣李旱張眞襲誅之於是內外帖然士女咸悅盛謙損自卑不稱尊號其年以長樂王稱制赦其境內改元曰建平諸王降爵爲公文武各復舊位初慕容奇聚衆于建安將討蘭汗百姓翕然從之汗遣兄子全討奇奇擊滅之進屯乙連盛既誅汗命奇罷兵奇遂與丁零嚴生烏丸王龍之阻兵叛盛引軍至橫溝去龍城十里盛出兵擊敗之執奇而還斬龍生等百餘人盛於是僭卽尊位大赦殊死已下追尊伯考獻莊太子全爲獻莊皇帝尊寶后段氏爲皇太后全妃丁氏爲獻莊皇后謚太子策爲獻哀太子盛幽州刺史慕容豪尚書左僕射張通昌黎尹張順謀叛盛皆誅之改年爲長樂有犯罪者十日一自決之無撾捶之罰而獄情多實高句驪王安遣使貢方物有雀素身綠首集于端門栖翔東園二旬而去改東園爲白雀園盛好爲奇詭之論嘗聽詩歌周公之事顧謂羣臣曰周公輔成王不能以至誠感上下誅兄弟以杜流言猶擅美經傳歌德於管弦不如吾太宰桓王輔少主勳道之茂乃命中書更爲燕頌桓王慕容恪也又引中書令常忠尚書陽璆祕書監郞敷于東堂論難言周公權詐未爲忠聖伊尹挾智藏仁成君之惡辭語不經故畧之遼西太守李朗在郡十年威制境內盛疑之累徵不赴以母在龍城未敢顯叛乃陰引魏軍將爲自安之計因表請發兵以距寇盛曰此必詐也召其使而詰之果驗盡滅其族遣輔國將軍李旱率騎討之師次建安召旱旋師朗聞其家彼誅也擁二千餘戶以自固及聞旱中路而還謂有內變不復爲備留其子養守令支躬迎魏師于北平旱候知之襲剋令支遣廣威孟廣平率騎追朗及于無終斬之初盛之追旱還也羣臣莫知其故旱既斬朗盛謂羣臣曰前以追旱還者正爲此耳朗新爲叛逆必忌官威一則鳩合同類劫害良善二則亡竄山澤未可卒平故非意而還以盈怠其志卒然掩之必剋之理也羣臣皆曰非所及也李旱自遼西還聞盛殺其將衞雙懼棄軍奔走既而歸罪復其爵位盛謂侍中孫勍曰旱總三軍之任荷專征之重不能杖節死綏無故逃亡考之軍正不赦之罪也然當先帝之避難衆情離異骨肉忘其親股肱失其節旱以刑餘之體効力盡命忠款之至精貫白日朕故錄其忘身之功免其邱山之罪耳盛去皇帝之號稱庶人大王魏襲幽州執刺史盧溥而去遣孟廣平援之無及盛率衆二萬伐高句驪襲其新城南蘇皆剋之散其積聚徙其五千餘戶于遼西盛引見百僚于東堂考詳器藝超拔十有二人命百司舉文武之士才堪佐世者各一人立其子遼西公定爲太子大赦殊死已下讌其羣臣于新昌殿盛曰諸卿各言其志朕將覽之七兵尚書丁信年十五盛之舅子也進曰在上不驕高而不危臣之願也盛笑曰丁尚書年少安得長者之言乎盛以威嚴馭下驕暴少親多所猜忌故信言及之盛討庫莫奚大虜獲而還左將軍慕容國與殿中將軍秦輿段讚等謀率禁兵襲盛事覺誅之死者五百餘人前將軍思悔侯段璣與子興瓚子泰等因衆心動搖夜於禁中鼓譟大呼盛聞變率左右出戰衆皆披潰俄而有一賊從闇中擊傷盛遂輦升前殿申約禁衞召叔父河間公熙屬以後事熙未至而盛死時年二十九在位三年僞謚昭武皇帝墓號興平陵廟號中宗盛幼而羈賤流漂長則遭家多難夷險安危備嘗之矣懲寶闇而不斷遂峻極威刑纖介之嫌莫不裁之於未萌防之於未兆於是上下振局人不自安雖忠誠親戚亦皆離貳舊臣靡不夷滅安忍無親所以卒於不免是歲隆安五年也

熙字道文垂之少子也初封河間王段速骨之難諸王多被其害熙素爲高陽王崇所親愛故得免焉蘭汗之簒也以熙爲遼東公備宗祀之義盛初卽位降爵爲公拜都督中外諸軍事驃騎大將軍尚書左僕射領中領軍從征高句驪契丹皆勇冠諸將盛曰叔父雄果英壯有世祖之風但弘畧不如耳及盛死其太后丁氏以國多難宜立長君羣望皆在平原公元而丁氏意在於熙

遂廢太子定迎熙入宮羣臣勸進熙以讓元元固以讓熙熙遂僭卽尊位誅其大臣段璣秦興等並夷三族元以嫌疑賜死元字道光寶之第四子也赦殊死已下改年曰光始改北燕臺爲大單于臺置左右輔位次尚書初熙烝于丁氏故爲所立及寵幸苻貴人丁氏怨恚呪詛與兄子七兵尚書信謀廢熙熙聞之大怒逼丁氏令自殺葬以后禮誅丁信熙狩于北原石城令高和殺司隸校尉張顯閉門距熙熙率騎馳返和衆皆投杖熙入誅之於是引見州郡及單于八部耆舊于東宮問以疾苦大築龍騰苑廣袤十餘里役徒二萬人起景雲山于苑內基廣三百步峯高十七丈又起逍遙宮甘露殿連房數百觀閣相交鑿天河渠引水入宮又爲其昭儀苻氏鑿曲光海淸涼池季夏盛暑士卒不得休息暍死者大半熙游于城南止大柳樹下若有人呼曰大王且止熙惡之伐其樹乃有蛇長丈餘從樹中而出立其貴嬪苻氏爲皇后赦殊死已下熙北襲契丹大破之昭儀苻氏死僞謚愍皇后贈苻謨太宰謚文獻公二苻並美而豔好微行游讌熙弗之禁也請謁必從刑賞大政無不由之初昭儀有疾龍城人王溫稱能療之未幾而卒熙忿其妄也立於公車門支解溫而焚之其后好游田熙從之北登白鹿山東過靑嶺南臨滄海百姓苦之士卒爲豺狼所害及凍死者五千餘人矣會高句驪寇燕郡殺畧百餘人熙伐高句驪以苻氏從爲衝車地道以攻遼東熙曰待剗平寇城朕當與后乘輦而入不聽將士先登於是城內嚴備攻之不能下會大雨雪士卒多死乃引歸擬鄴之鳳陽門作弘光門累級三層熙與苻氏襲契丹憚其衆盛將還苻氏弗聽遂棄輜重輕襲高句驪周行三千餘里士馬疲凍死者屬路攻木底城不剋而還盡殺寶諸子大城肥如及宿軍以仇尼倪爲鎭東大將軍營州刺史鎭宿軍上庸公懿爲鎭西將軍幽州刺史鎭令支尚書劉木爲鎭南大將軍冀州刺史鎭肥如爲苻氏起承華殿高承光一倍負土於北門土與穀同價典軍杜靜載棺詣闕上書極諫熙大怒斬之苻氏嘗季夏思凍魚膾仲冬須生地黃皆下有司切責不得加以大辟其虐也如此苻氏死熙悲號躃踊若喪考妣擁其尸而撫之曰體已就冷命遂斷矣於是僵仆氣絶久而乃蘇大斂旣訖復啓其棺而與交接服斬縗食粥制百僚於宮內哭臨令沙門素服使有司案撿哭者有淚以爲忠孝無則罪之於是羣臣震懼莫不含辛以爲淚焉慕容隆妻張氏熙之嫂也美姿容有巧思熙將以爲苻氏之殉欲以罪殺之乃毁其襚韡中有弊氈遂賜死三女叩頭求哀熙不許制公卿已下至于百姓率戶營墓費殫府藏下錮三泉周輪數里內則圖畫尚書八座之象熙曰善爲之朕將隨后入此陵識者以爲不祥其右僕射韋璆等並懼爲殉沐浴而待死焉號苻氏墓曰徽平陵熙被髮徒跣步從苻氏喪轜車高大毁北門而出長老竊相謂曰慕容氏自毁其門將不久也衞中將軍馮跋左衞將軍張興先皆坐事亡奔以熙政之虐也與跋從兄萬泥等二十一人結盟推慕容雲爲主發尚方徒五千餘人閉門距守中黃門趙洛生奔告之熙曰此鼠盜耳朕還當誅之乃收髮貫甲馳還赴難夜至龍城攻北門不剋遂敗走入龍騰苑微服隱于林中爲人所執雲得而殺之及其諸子同殯城北時年二十三在位六年雲葬之于苻氏墓僞謚昭文皇帝垂以孝武帝太元八年僭立至熙四世凡二十四年以安帝義熙二年滅初童謠曰一束藁兩頭然禿頭小兒來滅燕藁字上有草下有禾兩頭然則禾草俱盡而成高字雲父名拔小字禿頭三子而雲季也熙竟爲雲所滅如謠言焉

高雲字子雨寶之養子也祖父和高句驪之支庶自云高陽氏之苗裔故以高爲氏焉雲沈深有局量厚重希言時人咸以爲愚唯馮跋奇其志度而友之寶之爲太子雲以武藝給事侍東宮拜侍御郎襲敗慕容會軍寶子之賜姓慕容氏封夕陽公熙之葬苻氏也馮跋詣雲告之以謀雲懼曰吾嬰疾歷年卿等所知願更圖之跋逼之曰慕容世衰河閒虐暴惑妖淫之女而逆亂天常百姓不堪其害思亂者十室九爲此天亡之時也公自高氏名家何能爲他養子機運難邀千歲一時公焉得辭也扶之而出雲曰吾疾苦日久廢絶世務卿今與建大事謬見推逼所以徘徊非爲身也實惟否德不足以濟元元故耳跋等彊之雲遂卽天王位復姓高氏大赦境內殊死已下改元曰正始國號大燕署馮跋侍中都督中外諸軍事征北大將軍開府儀同三司錄尚書事武邑公封伯子男鄉亭侯者五十餘人士卒賜穀帛有差熙之羣官復其爵位立妻李氏爲天王后子彭爲太子越騎校尉慕輿良謀叛雲誅之雲臨東堂幸臣離班桃仁懷劒執紙而入稱有所啓拔劒擊雲雲以几距班桃仁進而弑之馮跋遷雲尸于東宮僞謚惠懿皇帝雲自以無功德而爲豪桀所推常內懷懼故寵養壯士以爲腹心離班桃仁等專典禁衞委之以爪牙之任賞賜日至數千萬衣食臥起皆與之同終以此致敗云

西秦

乞伏國仁隴西鮮卑人也在昔有如弗斯出連叱盧三部自漠北南出大陰山遇一巨蟲於路狀若神龜大如陵阜乃殺馬而祭之祝曰若善神也便開路惡神也遂塞不通俄而不見乃有一小兒在焉時又有乞伏部有老父無子者請養爲子衆咸許之老父欣然自以有所依憑字之曰紇干紇干者夏言依倚也年十歲驍勇善騎射彎弓五百斤四部服其雄武推爲統主號之曰乞伏可汗託鐸莫何託鐸者言非神非人之稱也其後有祐鄰者卽國仁五世祖也泰始初率戶五千遷于夏緣部衆稍盛鮮卑鹿結七萬餘落屯于高平川與祐鄰迭相攻擊鹿結敗南奔略陽祐鄰盡并其衆因居高平川祐鄰死子結權立徙于牽屯結權死子利那立擊鮮卑吐賴于烏樹山討尉遲渴權于大非川收衆三萬餘落利那死弟祁埿立祁埿死利那子述延立討鮮卑莫侯于苑川大破之降其衆二萬餘落因居苑川以叔父軻埿爲師傅委以國政斯引烏埿爲左輔將軍鎭蔡園川出連高胡爲右輔將軍鎭至便川叱盧那胡爲率義將軍鎭牽屯山述延死子傉大寒立會石勒滅劉曜懼而遷于麥田無孤山大寒死子司繁立始遷于度堅山尋爲苻堅將王統所襲部衆叛降於統司繁歎謂左右曰智不距敵德不撫衆劒騎未交而本根已敗見衆分散勢亦難全若奔諸部必不我容吾將爲呼韓邪之計矣乃詣統降于堅堅大悅署爲南單于留之長安以司繁叔父吐雷爲勇士護軍撫其部衆俄而鮮卑勃寒侵斥隴右堅以司繁爲使持節都督討西胡諸軍事鎭西將軍以討之勃寒懼而請降司繁遂鎭勇士川甚有威惠司繁卒國仁代鎭及堅興壽春之役徵爲前將軍領先鋒騎會國仁叔父步頽叛於隴西堅遣國仁還討之步頽聞而大悅迎國仁於路國仁置酒高會攘袂大言曰苻氏往因趙石之亂遂妄竊名號窮兵極武跨僭八州疆宇旣寧宜綏以德方虛廣威聲勤心遠畧騷動蒼黎疲弊中國違天怒人將何以濟且物極以虧禍盈而覆者天之道也以吾量之是役也難以免矣當與諸君成一方之業及堅敗歸乃招集諸部有不附者討而并之衆至十餘萬及堅爲姚萇所殺國仁謂其豪帥曰苻氏以高世之姿而困於烏合之衆可謂天也夫守常迷運先達恥之見機而作英豪之舉吾雖薄德藉累世之資豈可覩時來之運而不作乎以孝武太元十年自稱大都督大將軍大單于領秦河二州牧建元曰建義以其將乙旃音埿爲左相屋引出支爲右相獨孤匹蹄爲左輔武羣勇士爲右輔弟乾歸爲上將軍自餘拜授各有差置武城武陽安固武始漢陽天水畧陽灄川甘松匡朋白馬苑川十二郡築勇士城以居之鮮卑匹蘭率衆五千降明年南安祕宜及諸羌虜來擊國仁四面而至國仁謂諸將曰先人有奪人之心不可坐待其至宜抑威餌敵羸師以張之軍法所謂怒我而怠寇也於是勒衆五千襲其不意大敗之祕宜奔還南安尋與其弟莫侯悌率衆三萬餘戶降於國仁各拜將軍刺史苻登遣使者署國仁使持節大都督雜夷諸軍事大將軍大單于苑川王國仁率騎三萬襲鮮卑大人密貴裕苟提倫等三部于六泉高平鮮卑沒弈于東胡金熙連兵來襲相遇于渴渾川大戰敗之斬級二千獲馬五千匹沒弈于及熙奔還三部震懼率衆迎降署密貴建義將軍六泉侯裕苟建忠將軍鳴泉侯提倫建節將軍鳴泉侯國仁建威將軍叱盧烏孤跋擁衆叛保牽屯山國仁率騎七千討之斬其部將叱羅侯降者千餘戶跋大懼遂降復其官位因討鮮卑越質叱黎于平襄大破之獲其子詰歸弟子復半及部落五千餘人而還太元十三年國仁死在位四年僞謚宣烈王廟號烈祖

乾歸國仁弟也雄武英傑沈雅有度量國仁之死也其羣臣咸以國仁子公府沖幼宜立長君乃推乾歸爲大都督大將軍大單于河南王赦其境內改元曰太初立其妻邊氏爲王后以出連乞都爲丞相鎭南將軍南梁州刺史悌眷爲御史大夫自餘封拜各有差遂遷于金城太元十四年苻登遣使署乾歸大將軍大單于金城王南羌獨如率衆七千降之休官阿敦侯年二部各擁五千餘落據牽屯山爲其邊害乾歸討破之悉降其衆於是聲振邊服吐谷渾大人視連遣使貢方物鮮卑豆留犍叱豆渾及南邱鹿結并休官曷呼奴盧水尉地拔並率衆降于乾歸皆署其官爵隴西太守越質詰歸以平襄叛自稱建國將軍右賢王乾歸擊敗之詰歸東奔隴山旣而擁衆來降乾歸妻以宗女署立義將軍苻登將沒弈于遣使結好以二子爲質請討鮮卑大兜國乾歸乃與沒弈于攻大兜於安陽城大兜退固鳴蟬堡乾歸攻陷之遂還金城爲呂光弟寶所攻敗於鳴雀峽退屯青岸寶進追乾歸使其將彭奚念斷其歸路躬貫甲冑連戰敗之寶及將士投河死者萬餘人苻登遣使署乾歸假黃鉞大都督隴右河西諸軍事左丞相大將軍河南王領秦梁益涼沙五州牧加九錫之禮時登爲姚興所逼遣使請兵進封乾歸梁王命置官司納其妹東

平長公主爲梁王后乾歸遣其前將軍乞伏益州冠軍翟瑥率騎二萬救之會登爲興所殺乃還師氐王楊定率步騎四萬伐之乾歸謂諸將曰楊定以勇虐聚衆窮兵逞欲兵猶火也不戢將自焚定之此役殆天以之資我於是遣其涼州牧乞伏軻殫秦州牧乞伏益州立義將軍詰歸距之定敗益州於平川軻殫詰歸引衆而退翟瑥奮劒責軻殫等以不赴救之罪軻殫懼率騎赴之益州詰歸亦勒衆而進大敗定斬定及首虜萬七千級於是盡有隴西巴西之地太元十七年赦其境內殊死已下署其長子熾磐領尚書令左長史邊芮爲尚書左僕射右長史祕宜爲右僕射翟瑥爲吏部尚書翟勍爲主客尚書杜宣爲兵部尚書王松壽爲民部尚書樊謙爲三公尚書方弘麴景爲侍中自餘拜授一如魏武晉文故事猶稱大單于大將軍楊定之死也天水羌乳襲據上邽至是遣乞伏益州討之益州狃於累勝不爲備爲乳所敗諸將請罪乾歸引過歸已皆赦之索虜禿髮如苟率戶二萬降之乾歸妻以宗女呂光率衆十萬將伐乾歸左輔密貴周左衛莫者羖羝勸乾歸遣愛子以退光師乾歸從之乃稱藩於光遣子勑勃爲質既而悔之遂誅周等乞伏軻殫與乞伏益州不平奔于呂光光又伐之咸勸其東奔成紀乾歸不從謂諸將曰昔曹孟德敗袁本初於官渡陸伯言摧劉元德於白帝皆以權略取之豈在衆乎光雖舉全州之軍而無經遠之算不足憚也且其精卒盡在呂延延雖勇而愚易以奇策制之延軍若敗光亦遁還乘勝追奔可以得志衆咸曰非所及也隆安元年光遣其子纂伐乾歸使呂延爲前鋒乾歸泣謂衆曰今事勢窮蹙逃命無所死中求生正在

今日涼軍雖四面而至然相去遼遠山河既阻力不周接敗其一軍而衆軍自退乃縱反間稱秦王乾歸衆潰東奔成紀延信之引師輕進果爲乾歸所敗遂斬之禿髮烏孤遣使來結和親使乞伏益州攻剋支陽鸇武允吾三城俘獲萬餘人而還又遣益州與武衛慕容允冠軍翟瑥率騎二萬伐吐谷渾視羆至于度周川大破之視羆遁堡白蘭山遣使謝罪貢其方物以子宕豈爲質鮮卑疊掘河內率戶五千自魏降乾歸乾歸所居南景門崩惡之遂遷于苑川姚興將姚碩德率衆五萬伐之入自南安峽乾歸次于隴西以距碩德興潛師繼發乾歸聞興將至謂諸將曰吾自開建以來屢摧勍敵乘機藉算舉無遺策今姚興盡中國之師軍勢甚盛山川阻狹無縱騎之地宜引師平川伺其殆而擊之存亡之機在斯一舉卿等勠力勉之若梟翦姚興關中之地盡吾有也於是遣其衞軍慕容允率中軍二萬遷于栢陽鎮軍羅敦將外軍四萬遷于侯辰谷乾歸自率輕騎數千候興軍勢俄而大風昏霧遂與中軍相失爲興追騎所逼入于外軍旦而交戰爲興所敗乾歸遁還苑川遂走金城與諸豪帥大哭而別乃率騎數百馳至允吾禿髮利鹿孤遣弟傉檀迎乾歸處之於晉興南羌梁弋等遣使招之乾歸將叛謀洩利鹿孤遣弟吐雷屯于捫天嶺乾歸懼爲利鹿孤所害謂其子熾磐曰吾不能負荷大業致茲顚覆以利鹿孤義兼姻好冀存脣齒之援方乃忘義背親謀人父子忌吾威名勢不全立姚與方盛吾將歸之若其俱去必爲追騎所及今送汝兄弟乃汝母爲質彼必不疑吾既在秦終不害汝於是送熾磐兄弟於西平乾歸遂奔長安姚興見而大悅署乾歸持節都

督河南諸軍事鎮遠將軍河州刺史歸義侯遣乾歸還鎮苑川盡以部衆配之乾歸既至苑川以邊芮爲長史王松壽爲司馬公卿大將已下悉降號爲偏裨元興元年熾磐自西平奔長安姚興以爲振忠將軍興晉太守尋遣使者加乾歸散騎常侍左賢王遣隨興將齊難迎呂隆于河西討叛羌党龍頭于滋川攻楊盛將苻帛于皮氏堡並剋之又破吐谷渾將大孩俘獲萬餘人而還尋復率衆攻楊盛將楊玉于西陽堡剋之既而苑川地震裂生毛狐雉入于寢內乾歸甚惡之姚興慮乾歸終爲西州之患因其朝也與留署主客尚書以熾磐爲建武將軍行西夷校尉監攝其衆熾磐以長安兵亂將始乃招結諸部二萬七千築城于嵻峎山以據之熾磐攻剋枹罕遣使告之乾歸奔還苑川鮮卑悅大堅有衆五千自龍馬苑降乾歸乾歸遂如枹罕留熾磐鎮之乾歸收衆三萬遷于度堅山羣下勸乾歸稱王乾歸以寡弱弗許固請乃從之義熙三年僭稱秦王赦其境內改元更始置百官公卿已下皆復本位遣熾磐討諭薄地延師次煩于地延率衆出降署爲尚書徙其部落于苑川又遣隴西羌昌何攻剋姚興金城郡以其驍騎乞伏務和爲東金城太守乾歸復都苑川又攻剋興畧陽南安隴西諸郡徙二萬五千戶於苑川枹罕姚興力未能西討恐更爲邊害遣使署乾歸使持節散騎常侍都督隴西嶺北匈奴雜胡諸軍事征西大將軍河州牧大單于河南王乾歸方圖河右權宜受之遂稱藩於興遣熾磐與其次子中軍審虔率騎一萬伐禿髮傉檀師濟河敗傉檀太子武臺于嶺南獲牛馬十餘萬而還又攻剋興別將姚龍于伯陽堡王憬于永洛城徙四千餘戶於苑

川三千餘戶于譚郊乾歸率步騎三萬征西羌彭利髮于枹罕師次于奴葵谷利髮棄其部衆南奔乾歸遣其將公府追及于淸水斬之乾歸入枹罕收羌戶一萬三千因率騎二萬討吐谷渾支統阿若干于赤水大破降之乾歸畋于五谿有梟集于其手甚惡之六年爲兄子公府所弒并其諸子十餘人公府奔固大夏熾磐與乾歸弟廣武智達陽武木弈于討之公府走達等追擒于嵻崀南山并其四子轘之於譚郊葬乾歸于枹罕僞諡武元王在位二十四年

熾磐乾歸長子也性勇果英毅臨機能斷權略過人初乾歸爲姚興所敗熾磐質於禿髮利鹿孤後自南平逃而投興興以爲振忠將軍興晉太守又拜建武將軍行西夷校尉留其衆鎭苑川及乾歸返政復立熾磐爲太子領冠軍大將軍都督中外諸軍錄尙書事後乾歸稱藩于姚興興遣使署熾磐假節鎭西將軍左賢王平昌公尋進號撫軍大將軍乾歸死義熙六年熾磐襲僞位大赦改元曰永康署翟勍爲相國麴景爲御史大夫叚暉爲中尉弟延祚爲禁中錄事樊謙爲司直罷尙書令僕射尙書六卿侍中散騎常侍黃門郞官置中左右常侍侍郞各三人義熙九年遣其龍驤乞伏智達平東王松壽討吐谷渾樹洛干於澆河大破之獲其將呼那烏提虜三千餘戶而還又遣其鎭東曇達與松壽率騎一萬東討破休官權小郞呂破胡于白石川虜其男女萬餘口進據白石城休官降者萬餘人後顯親休官權小成呂奴迦等叛保白坑曇達謂將士曰昔伯珪憑險卒有滅宗之禍韓約肆暴終受覆族之誅今小成等逆命白坑宜在除滅王者之師有征無戰粵爾輿人戮力勉之衆咸拔劒大呼於是進攻白坑斬小成奴迦及首級四千七百隴右休官悉降遣安北烏地延冠軍翟紹討吐谷渾別統句旁于泣勤川大破之俘獲甚衆熾磐率諸將討吐谷渾別統支旁于長柳川掘達于渴渾川皆破之前後俘獲男女二萬八千僭立十年有雲五色起于南山熾磐以爲巳瑞大悅謂羣臣曰吾今年應有所定王業成矣於是繕甲整兵以待四方之隙聞禿髮傉檀西征乙弗投劒而起曰可以行矣率步騎二萬襲樂都禿髮武臺憑城距守熾磐攻之一旬而剋遂入樂都論功行賞各有差遣平遠犍虔率騎五千追傉檀從武臺與其文武及百姓萬餘戶于枹罕傉檀遂降署爲驃騎大將軍左南公隨傉檀文武依才銓擢之熾磐既兼傉檀兵彊地廣置百官立其妻禿髮氏爲王后十一年熾磐攻剋沮渠蒙遜河湟太守沮渠漢平以其左衛匹達爲河湟太守因討降乙弗窟乾而還遣其將曇達王松壽等討南羌彌姐康薄于赤水降之熾磐攻瀮川師次沓中沮渠蒙遜率衆攻石泉以救之熾磐聞而引還遣曇達與其將出連虔率騎五千赴之蒙遜聞曇達至引歸遣使聘于熾磐遂結和親又遣曇達王松壽等率騎一萬伐姚艾于上邽曇達進據蒲水艾距戰大敗之艾奔上邽曇達進屯大利破黃石大羌二戍徙五千餘戶于枹罕令其安東木弈于率騎七千討吐谷渾樹洛于于塞上破其弟阿柴於堯扞川俘獲五千餘口而還洛于奔保白蘭山而死熾磐聞而喜曰此虜矯矯所謂有豕白蹢往歲曇達東征姚艾敗走今木弈于西討黠虜遠逃境宇稍淸姦凶方殄股肱惟良吾無患矣於是以曇達爲左丞相其子元基爲右丞相麴景爲尙書令翟紹爲左僕射遣曇達元基東討姚艾降之至是乙弗鮮卑烏地延率戶二萬降於熾磐署爲建義將軍地延尋死弟他子立以子軻蘭質于西平他子從弟提孤等率戶五千以西遷叛于熾磐涼州刺史出連虔遣使喻之提孤等歸降熾磐以提孤姦猾終爲邊患稅其部中戎馬六萬匹後二歲而提孤等扇動部落西奔出塞他子率戶五千入居西平先是姚艾叛降蒙遜蒙遜率衆迎之艾叔父儁言於衆曰秦王寬仁有雅度自可安土事之何爲從涼主西遷衆咸以爲然相率逐艾推儁爲主遣使請降熾磐大悅徵儁爲侍中中書監征南將軍封隴西公邑一千戶使征西孔子討吐谷渾覔地于弱水南大破之覔地率衆六千降於熾磐署爲弱水護軍遣其左衛匹達建威梯君等討彭利和于瀮川大破之利和單騎奔仇池獲其妻子徙羌豪三千戶于枹罕瀮川羌三萬餘戶皆安堵如故元熙元年立其第二子慕末爲太子領撫軍大將軍都督中外諸軍事大赦境內改元曰建弘其臣佐等多所封授熾磐在位七年而宋氏受禪以宋元嘉五年死

慕末卽位改年永弘立其妻梁氏爲王后子萬載爲王太子初尙書隴西辛進嘗隨熾磐遊後園進彈鳥丸誤傷慕末母面至是慕末誅進五族二十七人慕末弟殊羅烝熾磐左夫人禿髮氏慕末知而禁之殊羅與叔父什寅謀殺慕末使禿髮氏盜門鑰鑰誤門不開門者以告慕末收其黨盡殺之欲鞭什寅什寅曰我負汝死不負汝鞭慕末怒刳其腹投屍於河什寅母弟曰養及去列頗有怨言又殺之政刑酷濫內外崩離部人多叛元嘉七年慕末爲赫連定所攻遣其中書侍郞王愷從事

中郎烏訥闐間道請迎於魏太武太武許以安定以西平涼以東封之慕末乃焚城邑毀寶器率戶萬五千至高田谷爲赫連定所拒遂保南安其故地皆入于吐谷渾魏人遣師迎之慕末衞將軍吉毗固諫以爲不宜內徙慕末從之八年赫連定遣其叔父北平公韋伐率衆萬人攻南安城內大饑人相食侍中出連輔政等奔赫連定師慕末窮蹙輿櫬出降韋伐送于上邽慕末太子司直焦楷奔廣甯泣謂其父遺曰大人荷國寵靈居藩鎮重任今本朝顚覆豈得不帥見衆唱大義以殄寇讐遺曰今主上已陷賊庭吾非愛死而忘義顧以大兵追之是趣絕其命也不如擇王族之賢者奉以爲主而伐之庶有濟也楷乃築壇誓衆二旬之間衆至萬餘人會遺病卒楷不能獨舉事亡奔河西赫連定遂殺慕末夷其族慕末在位四年始國仁以晉孝武太元十年僭位至慕末四世凡四十有七載而滅

北燕

馮跋字文起長樂信都人也小字乞直伐其先畢萬之後畢萬之子孫有食采馮鄉者因以氏焉永嘉之亂跋祖父和避地上黨父安雄武有器量慕容永時爲將軍永滅跋東徙和龍家于長谷幼而懿重少言寬仁有大度飲酒一石不亂三弟皆任俠不脩行業惟跋恭愼勤於家產父母器之所居上每有雲氣若樓闕時咸異之嘗夜見天門開神光赫然燭於庭內及慕容寶僭號署中衞將軍初跋弟素弗與從兄万泥及諸少年游于水濱有一金龍浮水而下素弗謂万泥曰頗有見不万泥等皆曰無所見也乃取龍而示之咸以爲非常之瑞慕容熙聞而求焉素弗祕之熙怒及即僞位密欲誅跋兄弟其後跋又犯熙禁懼禍乃與其諸弟逃于山澤每夜獨行猛虎常爲避路時賦役繁數人不堪命跋兄弟謀曰熙今昏虐兼忌吾兄弟既還首無路不可坐受誅滅當及時而起立王侯之業事若不成死其晚乎遂與万泥等二十二人結謀跋與二弟乘車使婦人御潛入龍城匿于北部司馬孫護之室遂殺熙立高雲爲主雲署跋爲使持節侍中都督中外諸軍事征北大將軍開府儀同三司錄尚書事武邑公跋讌羣僚忽有血流其左臂跋惡之從事中郎王垂因說符命之應跋戒其勿言雲爲其幸臣離班桃仁所殺跋升洪光門以觀變帳下督張泰李桑謂跋曰此豎勢何所至請爲公斬之於是奮劒而下桑斬班于西門泰殺仁于庭中衆推跋爲主跋曰范陽公素弗才畧不恒志於靖亂埽淸凶桀皆公勳也素弗辭曰臣聞父兄之有天下傳之於子弟未聞子弟藉父兄之業而先之今鴻基未建危甚綴旒天工無曠業係大兄願上順皇天之命下副元元之心羣臣固請乃許之於是以晉義熙五年乃僭稱天王于昌黎而不徙舊號即國曰燕赦其境內建元曰太平分遣使者巡行郡國觀察風俗追尊祖和爲元皇帝父安爲宣皇帝尊母張氏爲太后立妻孫氏爲王后子永爲太子署弟素弗爲侍中車騎大將軍錄尚書事弘爲侍中征東大將軍尚書右僕射汲郡公從兄万泥爲驃騎大將軍幽平二州牧務銀提爲上大將軍遼東太守孫護爲侍中尚書令陽平公張興爲衞將軍尚書左僕射永寧公郭生爲鎭東大將軍領右衞將軍陳留公從兄子乳陳爲鎭西大將軍并青二州牧上谷公姚昭爲鎭南大將軍司隸校尉上黨公馬弗勤爲吏部尚書廣宗公王難爲侍中撫軍將軍潁川公自餘拜授文武進位各有差尋而万泥抗表請代跋不許仍加開府儀同三司明年跋以禮葬高雲及其妻子立雲廟于韮町置園邑二十家四時供薦初跋之立也万泥乳陳自以親而有大功謂當入爲公輔跋以二藩任重因而弗徵並有憾焉乳陳性麤獷勇氣過人密遣告万泥曰乳陳有至謀願與叔父圖之万泥遂奔白狼阻兵以叛跋遣馮弘與將軍張興將步騎二萬討之弘遣使喩万泥万泥欲降乳陳按劒怒曰大丈夫死生有命決之于今何謂降也遂剋期出戰是夜乳陳遣壯士千餘人來斫營衆火俱起伏兵邀擊俘斬無遺乳陳等懼而出降弘皆斬之署素弗爲大司馬改封遼西公馮弘爲驃騎大將軍改封中山公跋下書悉除前朝苛政令守宰無得侵害百姓蘭臺都官明加澄察初慕容熙之敗也工人李訓竊寶而逃貲至巨萬行貨於馬弗勤弗勤以訓爲方畧令既而失志之士書之於闕下碑馮素弗言之於跋請免弗勤官仍推罪之跋曰大臣無忠清之節貨財公行於朝雖由吾不明所置弗勤宜肆諸朝市以正刑憲但大業草創彜倫未敘弗勤拔自寒微未有君子之志其特原之李訓小人汙辱朝士可東市考竟於是上下肅然請賕路絕蠕蠕勇斛律遣使求跋女僞樂浪公主獻馬三千匹跋許之遣其游擊秦都率騎二千送其女歸于蠕蠕庫莫奚虞出庫眞率三千餘落請交市獻馬千匹許之處之於營丘分遣使者巡行郡國孤老久疾不能自存者賑穀帛有差孝弟力田閨門和順者皆褒顯之昌黎郝越營丘張買成周刁溫建德何纂以賢良皆擢敘之遣其太常丞劉軒徙北部人五百戶于長谷爲祖父園

邑以其太子永領大單于置四輔跋勵意農桑勤心政事乃下書省傜薄賦惰農者戮之力田者褒賞命尚書紀達爲之條制每遣守宰必親見東堂問爲政事之要令極言無隱以觀其志於是朝野競勸焉河間人褚匡請迎跋舊邦宗族跋許之署匡游擊將軍中書侍郎厚加資遣匡尋與跋從兄買從弟睹自長樂率五千餘戶來奔署買爲衞尉封城陽伯睹爲太常高城伯契丹庫莫奚降署其大人爲歸善王跋又下書督人植桑柘及禁境內厚葬申勑有司令奉行之魏使耿貳至其國跋怒其不稱臣留貳不遣是時井竭三日而復其尚書令孫護里有犬與豕交護見而惡之召太史令閔尚筮之尚曰犬豕異類而交違性失本其於洪範爲犬禍將悖亂失眾以至敗亡明公位極冢宰遐邇具瞻諸弟並封列侯貴傾王室妖見里庭不爲他也願公戒滿盈之失脩尚恭儉則妖怪可消永享元吉護默然不悅昌黎尹孫伯仁護弟叱支叱支弟乙拔等俱有才力以驍勇聞跋之立也並冀開府而跋未之許也由是有怨言每於朝饗之際常拔劒擊柱曰興建大業有功力焉而滯於散將豈是漢祖河山之義乎跋怒誅之進護左光祿大夫開府儀同三司錄尚書事以慰之護自三弟誅後常怏怏有不悅之色跋怒酖之尋而遼東太守務銀提自以功在孫護張興之右而出爲邊郡抗表有恨言密謀外叛跋怒殺之跋下書營建太學以長樂劉軒營邱張熾成周翟崇爲博士郎中簡二千石巳下子弟年十五巳上教之跋弟丕先是因亂投於高句驪跋迎致之至龍城以爲左僕射常山公蝚蠕斛律爲其弟大但所逐盡室奔跋乃館之于遼東郡待之以客禮跋納其女爲昭儀時三月不雨至于夏五月斛律上書請還塞北跋遣單于前輔萬陵率騎三百送之陵憚遠至黑山殺斛律而還晉青州刺史申永遣使浮海來聘跋乃使其中書郎李扶報之蝚蠕大但遣使獻馬三千匹羊萬口義熙十三年和龍城有赤氣蔽天自寅至申跋太史令張穆以爲兵氣勸跋還魏使奉職貢跋不從魏明元詔征東大將軍長孫道生討之跋嬰城固守道生不剋而還跋境地震山崩洪光門鸛雀折又地震右寢壞跋問閔尚曰比年屢有地動之變卿可明言其故尚曰地陰也主百姓震有左右比震皆向右臣懼百姓將西移跋曰吾亦甚慮之分遣使者巡行郡國問民所疾苦孤老不能自存者賜以帛穀有差跋立十二年而宋氏受禪元嘉七年跋有疾跋長子永前死立次子翼爲太子至是跋薨而臨軒命翼攝國事勒兵聽政以備非常跋妾宋夫人規立其子受居深忌翼謂之曰上疾將瘳柰何遽欲代父乎翼性仁弱遂還東宮日三往省疾宋夫人矯絕內外遣閹寺傳問而已翼及跋諸子大臣並不得省疾唯中給事朝禍獨得出入專掌禁衞慮宋夫人遂成其謀乃言於中山公弘弘與壯士數十人被甲入禁中宿衞皆不戰而散宋夫人命閉東閤弘家僮踰閤而入射殺女御數人跋驚遂而死弘遂卽僞天王位太子翼帥東宮兵出戰而散兵皆潰去弘遂殺翼及跋諸子百餘人跋在位二十二年弘立僞謚文成皇帝廟號太祖墓曰長谷陵

弘字文通跋之少弟也跋立授侍中征西大將軍尚書右僕射汲郡公遷驃騎大將軍改封中山公領中領軍內掌禁衞外總朝政歷位司徒既殺翼自立乃與宋氏通和明年改年大興立其夫人慕容氏爲王后元嘉九年秋魏太武親討之石城太守李崇等十郡降魏發其民三萬穿圍塹以守和龍弘嬰城固守八月弘使數萬人出戰魏擊破之攻羌胡固帶方建德冀陽郡皆拔之九月太武引兵西還徙成周營邱遼東樂浪帶方元菟六郡民三萬家於幽州弘尚書郭淵勸弘送款獻女於魏乞爲附庸保守宗廟弘曰負釁在前結忿已深降附取死不如守志更圖所適初弘元妻王氏生子崇封長樂公崇於兄弟最長及卽位立慕容氏爲后而王氏不得立至是復立慕容氏子王仁爲太子黜崇使鎭肥如崇母弟廣平公朗及樂陵公邈相與亡奔遼西說崇降魏會魏主使給事中王德陳示成敗崇遣邈如魏請舉郡降魏主封崇遼西王錄其國尚書事遼西十郡承制假授文官尚書武官征虜已下弘聞之遣其將封羽率衆圍崇魏主詔永昌王健督諸軍救之封羽又以九城降魏徙其人三千餘家而還十一年弘遣其尚書高顒稱藩請罪于魏乞以季女充掖庭魏主許之徵其子王仁入朝弘不遣其散騎常侍劉訓諫弘弘大怒殺之復遣使詣建康稱藩奉貢文帝封弘爲燕王江南謂之黃龍國魏主又詔樂平王丕等討弘弘日就蹙削上下危懼太常楊峭復勸弘速遣王仁入侍弘不聽乃密遣其臣陽伊求迎於高麗十三年魏遣平東將軍娥清安西將軍古弼討弘攻白狼城克之高麗王璉遣將葛居盧等率衆數萬隨陽伊迎弘弘尚書令郭生因民之憚遷開城門納魏兵魏人疑之不入生遂勒兵攻弘弘引高麗兵入與生戰殺之高麗兵因大掠城中夏五月弘帥龍城見戶東徙方軌而進前後八十里焚宮殿火一旬

不滅弘之出城也古弼部將高苟子帥騎欲追之弼醉拔刀止之故弘得逸去魏主聞之怒檻車徵弼及娥清至平城皆黜為門卒先是弘國有狠夜繞城羣嘷如是終歲又有鼠集於城西闐滿數里西行至水則在前者銜馬尾迭相齧尾如度宿軍地然一旬而滅厲地生蛆月餘乃止和龍城生白毛一尺二寸其妖異如此弘至遼東高麗王璉遣使勞之曰龍城王馮君爰適野次士馬勞乎弘慙怒稱制荅讓之高麗乃處之於平郭尋徙北豐弘素侮高麗政刑賞罰猶如其國高麗乃奪其侍人質任其太子王仁弘怨忿之遣使求迎于宋十五年魏主徵弘於高麗高麗乃殺弘於北豐并其子孫十餘人偽諡曰燕昭成皇帝始跋以晉安帝義熙五年僭號至弘三世凡二十有八載而滅弘子朗邈子熙在魏外戚傳

馮素弗跋之長弟也慷慨有大志姿貌魁偉雄傑不羣任俠放蕩不脩小節故時人未之奇惟王齊異焉曰撥亂才也惟交結時豪為務不以產業經懷弱冠自詣慕容熙尚書左丞韓業請婚業怒而距之復求尚書郎高邵女邵亦弗許南宮令成藻豪俊有高名素弗造焉藻命門者勿納素弗遜入與藻對坐旁若無人談飲連日藻始奇之曰吾遠求騏驥不知近在東鄰何識子之晚也當世俠士莫不歸之及熙僭號為侍御郎小帳下督跋之偽業素弗所建也及為宰輔謙虛恭慎非禮不動雖廝養之賤皆與之抗禮車服屋宇務於儉約脩己率下百僚憚之初為京尹及鎮營邱百姓歌之嘗謂韓業曰君前既不顧今將自取何如業拜而陳謝素弗曰既往之事豈復與君計之然待業彌厚好存亡繼絕申拔舊門問侍中陽哲曰秦趙勳臣子弟今何在乎哲曰皆在中州惟桃豹孫鮮在焉素弗召為左常侍論者歸其有宰衡之度跋之七年死跋哭之慟比葬七臨之

通志卷一百九十一

通志卷一百九十二

宋右迪功郎鄭樵漁仲撰

載記第七

南涼

禿髮烏孤　利鹿孤　傉檀

南燕

慕容德　超　慕容鍾　封孚

北涼

沮渠蒙遜　牧犍

南涼

禿髮烏孤河西鮮卑人也其先與後魏同出八世祖匹孤率其部自塞北遷于河西其地東至麥田牽屯西至濕羅南至澆河北接大漠匹孤卒子壽闐立初壽闐之在孕母胡掖氏因寢而產於被中鮮卑謂被爲禿髮因而氏焉壽闐卒孫樹機能立壯果多謀略泰始中殺秦州刺史胡烈於萬斛堆敗涼州刺史蘇愉于金山盡有涼州之地武帝爲之旰食後爲馬隆所敗部下殺之以降從弟務凡直死孫推斥立死子思復鞬立部眾稍盛烏孤卽思復鞬之子也及嗣位務農桑修鄰好呂光遣使署爲假節冠軍大將軍河西鮮卑大都統廣武縣侯烏孤謂諸將曰呂氏遠來假授當可受不眾咸曰吾士眾不少何故屬人烏狐將從之其將石眞若留曰今本根未固理宜隨時光德刑修明境內無虞若致死於我者大小不敵後雖悔之無所及也不如受而遵養之以待其釁烏孤乃受之烏孤討乙弗折掘二部大破之遣其將石亦干築廉川堡以都之烏孤登廉川大山泣而不言石亦干進曰臣聞主憂臣辱主辱臣死大王所爲不樂者將非呂光乎光年已衰老師徒屢敗今我以士馬之盛保據大川乃可以一擊百光何足懼也烏孤曰光之衰老亦吾所知但我祖宗以德懷遠殊俗憚威盧陵契汗萬里委順及吾承業諸部背叛邇既乖違遠何以附所以泣耳其將苻渾曰大王何不振旅誓眾以討冥罪烏孤從之大破諸部呂光封烏孤廣武郡公又討息云鮮卑大破之光又遣使署烏孤征南大將軍益州牧左賢王烏孤謂使者曰呂王昔以專征之威遂有此州不能以德柔遠惠安黎庶諸子貪淫三甥肆暴郡縣土崩下無生賴吾安可違天下之心受不義之爵帝王之起豈有常哉無道則滅有德則昌吾將順天人之望爲天下之主留其鼓吹羽儀謝其使而遣之隆安元年自稱大都督大將軍大單于西平王赦其境內年號太初曜兵廣武攻克金城光遣將軍竇苟來伐戰于街亭大敗之降光樂都湟河澆河三郡嶺南羌胡數萬落皆附之光將楊軌王乞基率戶數千來奔烏孤更稱武威王後三歲徙于樂都署弟利鹿孤爲驃騎大將軍西平公鎭安夷傉檀爲車騎大將軍廣武公鎭西平以楊軌爲賓客金石生時連珍四夷之豪儁陰訓郭倖西州之德望楊統楊貞衞殷麴丞明郭黃郭奮史暠鹿嵩文武之秀傑梁昶韓疋張昶郭韶中州之才令金樹薛翹趙振王忠趙晁蘇霸秦雍之世門皆內居顯位外宰郡縣官方授才咸得其所烏孤從容謂其羣下曰隴右區區數郡地耳因其兵亂分裂遂至十餘乾歸擅命河南段業阻兵張掖虐氏假息偷據姑臧吾藉父兄遺烈思廓清西夏兼弱攻昧三者何先楊統進曰乾歸本我所部終必歸服段業儒生才非經世權臣擅命制不由已千里伐人糧運懸絕且與我鄰好許以分災其患乘其危弊非義舉也呂光衰老嗣紹沖闇二子纂弘雖頗有文武而內相猜忌若天威臨之必應鋒瓦解宜遣車騎鎭浩亹鎭北據廉川乘虛迭出多方以誤之救右則擊其左救左則擊其右使纂疲於奔命人不得安其農業兼弱攻昧於是乎在不出二年可以坐定姑臧姑臧既拔二寇不待兵戈自然服矣烏孤然之遂陰有吞并之志段業爲呂纂所侵遣利鹿孤救之纂懼燒氏池張掖穀麥而還以利鹿孤爲涼州牧鎭西平追傉檀入錄府國事是歲烏孤因酒墜馬傷脅笑曰幾使呂光父子大喜俄而患甚顧謂羣下曰方難未靜宜立長君言終而死在王位三年僞謚武王廟號烈祖弟利鹿孤立

利鹿孤以隆安三年卽僞位赦其境內殊死已下又徙居于西平使記室監麴梁明聘于段業業曰貴主先王創業啓運功高先世宜爲國之太祖有子何以不立梁明曰有子羌奴先王之命也業曰昔成王弱齡周召作宰漢昭八歲金霍夾輔雖嗣子沖幼而二叔休明左提右挈不亦可乎梁明曰宋宣能以國讓春秋美之孫伯符委事仲謀終開有吳之業且兄終弟及殷湯之制也亦聖人之格言萬代之通式何必允已爲是紹兄爲非業曰美哉使乎之義也利鹿孤聞呂光死遣其將金樹蘇翹率騎五千屯于昌松漠口既逾年赦其境內改元曰建和二千石長吏清高有惠化者皆封亭侯關內侯呂纂來伐使傉檀距之纂士卒精銳進度三堆三軍擾懼傉檀下馬據胡牀而坐士眾心乃始安與纂戰敗之斬二千餘級纂西擊段業傉檀率騎一萬乘虛襲姑臧纂弟緯守南北城以自固傉檀置酒于朱明門上鳴鐘

鼓以饗將士耀兵于青陽門虜八千餘戶而歸乞伏乾歸爲姚興所敗率騎數百來奔處之晉興待以上賓之禮乾歸遣子謙等質于西平鎮北將軍俱延言於利鹿孤曰乾歸本我之屬國妄自尊立理窮歸命非有款誠若奔東秦必引師西侵非我利也宜徙於乙弗之間防其越逸之路利鹿孤曰吾方弘信義以收天下之心乾歸投誠而徙之四海將謂我不可以誠信託也俄而乾歸果奔于姚興利鹿孤謂延曰不用卿言乾歸果叛卿爲吾行也延追乾歸至河不及而還利鹿孤立二年龍見于長寧麒麟游于綏羌於是羣臣勸進以隆安五年僭稱河西王其將鍮勿崘進曰昔我先君肇自幽朔被髮左袵無冠冕之儀遷徙不常無城邑之制用能中公天下威振殊境今建大號誠順天心然寧居樂土非貽厥之規倉府粟帛生敵人之志且首兵始號事必無成陳勝項籍前鑒不遠宜置晉人於諸城勸課農桑以供軍國之用我則習戰法以誅未賓若東西有變長算以縻之如其敵彊於我徙而以避其鋒不亦善乎利鹿孤然其言於是率師伐呂隆大敗之獲其右僕射楊桓傉檀謂之曰安寢危邦不思擇木老爲囚虜豈曰智也桓曰受呂氏厚恩位忝端貳雖洪水滔天猶欲濟彼俱溺實恥爲叛臣以見明主傉檀曰卿忠臣也以爲左司馬祠部郎中史暠謂利鹿孤曰古之王者行師以全軍爲上破國次之拯溺救焚東征西怨今不以綏寧爲先唯以徙戶爲務安土重遷故有離叛所以斬將克城土不加廣今取士拔才必先弓馬文章學藝爲無用之條非所以來遠人垂不朽也孔子曰不學禮無以立宜建學校開庠序選耆德碩儒以訓胄子利鹿孤善之於是以田元沖趙誕爲博士祭酒以教胄子時利鹿孤雖僭位尚臣姚興楊桓兄經佐命姚萇早死興聞桓有德望徵之利鹿孤不敢留爲之流涕而遣之利鹿孤又遣傉檀攻呂隆昌松太守孟禕于顯美克之傉檀執禕而數以不降之罪禕曰夫能忠於彼者必亦忠於此禕受呂氏厚恩受藩屏之任明公至而歸命執事謂何傉檀大說釋其縛待以客禮徙顯美麗軒二千餘戶而歸嘉偉忠烈拜左司馬禕請曰爲人守而不全復忝顯任竊所未安如得明公之恩俾就戮於姑臧死且不朽傉檀義而許之呂隆爲沮渠蒙遜所伐遣使乞師利鹿孤引羣下議之尚書左丞婆衍崘曰二寇相殘適足爲吾取之資不宜救也傉檀曰姑臧河西一都之會不可使蒙遜據之宜在速救利鹿孤曰車騎之言吾之心也遂遣傉檀率騎一萬救之至昌松而蒙遜已退傉檀徙涼澤段冢五百餘家而歸利鹿孤寢疾令曰內外多虞國機務廣其令車騎嗣業以成先王之志在位三年而死葬于西平之東僞謚曰康王弟傉檀嗣

傉檀少機警有才略其父奇之謂諸子曰傉檀明識幹藝非汝等輩也是以諸兄不以授子欲傳之於傉檀及利鹿孤即位垂拱而已軍國大事皆以委之以元興元年僭號涼王遷于樂都改元曰弘昌初乞伏乾歸之在晉興也以世子熾磐爲質後熾磐逃歸爲追騎所執利鹿孤命殺之傉檀曰臣子逃歸君父振古通義故魏武善關羽之奔秦昭恕頃襄之逝熾磐雖逃叛孝心可嘉宜垂全宥以弘海岳之量乃赦之至是熾磐又奔允街傉檀歸其妻子姚興遣使拜傉檀車騎將軍廣武公傉檀大城樂都姚興遣將齊難率眾迎呂隆於姑臧傉檀攝昌松魏安二戍以避之興涼州刺史王尚遣主簿宗敞來聘敞父燮呂光時自湟河太守入爲尚書郎見傉檀于廣武執其手曰君神爽宏拔逸氣陵雲命世之傑也必當克清世難恨吾年老不及見耳以敞兄弟託君至是傉檀謂敞曰孤以常才謬爲尊先君所見稱每自恐有累大人水鏡之明及忝家業竊有懷君子詩云中心藏之何日忘之不圖今日得見卿也敞曰大王仁侔魏祖存念先人雖朱暉眄張堪之孤叔向撫汝齊之子無以加也酒酣語及平生傉檀曰卿魯子敬之儔恨不與卿共成大業耳傉檀以姚興之盛又密圖姑臧乃去其年號罷尚書丞郎官遣參軍關尚聘于興興謂尚曰車騎投誠獻款爲國藩屏擅興兵眾輒造大城爲臣之道固若是乎尚曰王侯設險以自固先王之制也所以安人衞眾豫備不虞車騎僻在遐藩密邇勍寇南則逆羌未賓西則蒙遜跋扈蓋爲國家重門之防不圖陛下忽以爲嫌興笑曰卿言是也傉檀遣其將文支討南羌西虜大破之上表姚興求涼州不許加傉檀散騎常侍增邑二千戶傉檀於是率師伐沮渠蒙遜次于氐池蒙遜嬰城固守芟其禾苗至于赤泉而還獻興馬三千匹羊三萬頭興乃署傉檀爲使持節都督河右諸軍事車騎大將軍領護匈奴中郎將涼州刺史常侍公如故鎮姑臧傉檀率步騎三萬次于五澗興涼州刺史王尚遣辛晁孟禕彭敏出迎尚出自淸陽門鎮南文支入自涼風門宗敞以別駕送尚還長安傉檀曰吾得涼州三千餘家情之所寄唯卿一人柰何捨我去乎敞曰今送舊君所以忠於殿下傉檀曰吾今新牧貴州懷遠安邇之略爲之若何敞曰涼土雖弊形勝之地道由人弘實在

殿下段懿孟禕武威之宿望辛晁彭敏秦隴之冠冕裴敏馬輔中州之令族張昶涼國之舊允張穆邊憲文齊楊班梁崧趙昌武同飛羽以大王之神略撫之以威信農戰並修文致兼設可以從橫於天下河右豈足定乎傉檀大悅賜敞馬二十匹於是大饗文武於謙光殿班賜金馬各有差遣西曹從事史暠聘于姚興興謂暠曰車騎坐定涼州衣錦本國其德我乎暠曰車騎積德河西少播英問王威未接投誠萬里陛下宜方任才量功授職彝倫之常何德之有興曰朕不以州授車騎者車騎何從得之暠曰使河西雲擾呂氏顛狽者實由車騎兄弟傾其根本陛下雖鴻羅遐被涼州猶在天網之外故征西以周召之重力屈姑臧齊難以王旅之盛勢挫張掖王尚孤城獨守外逼羣狄陛下不連兵十年殫竭中國涼州未易取也今以虛名假人內收大利乃知妙筭自天聖與道合雖云遷授蓋亦時宜興悅其言拜騎都尉傉檀讌羣寮于宣德堂仰視而歎曰古人言作者不居居者不作信矣孟禕曰張文王築城苑繕宮廟爲貽厥之資萬世之業秦師濟河灑然瓦解梁熙據全州之地擁十萬之眾軍敗於酒泉身死於彭濟呂氏以排山之勢王有西夏率土崩離銜璧秦雍寬饒有言富貴無常忽輒易人此堂之建年垂百載十有二年唯信順可以久安仁義可以永固願大王勉之傉檀曰非君無以聞讜言也傉檀雖受制於姚興然車服禮章一如王者以宗敞爲太府主簿錄記室事傉檀僞游澆河襲徙西平湟河諸羌三萬餘戶于武興番禾武威昌松四郡徵集戎夏之兵五萬餘人大閱於方亭遂伐沮渠蒙遜入西陜蒙遜率眾來距戰於均石爲蒙遜所敗傉檀率騎二萬運穀四萬石以給西郡蒙遜攻西郡陷之其後傉檀又與赫連勃勃戰於陽武爲勃勃所敗將佐死者十餘人傉檀與數騎奔南山幾爲追騎所得傉檀懼東西寇至徙三百里內百姓入於姑臧國中駭怨屠各成七兒因百姓之擾也率其屬三百人叛傉檀於北城推梁貴爲盟主貴閉門不應一夜眾至數千殿中都尉張猛大言於眾曰主上陽武之敗蓋恃眾故也責躬悔過明君之義諸君何故從此小人作不義之事殿內虎旅正爾相尋目前之危悔將無及眾聞之咸散七兒奔晏然殿中騎將白路等追斬之軍諮祭酒梁裒輔國司馬邊憲等七人謀反傉檀悉誅之姚興以傉檀外有陽武之敗內有邊梁之亂遣其尚書郎韋宗來觀釁傉檀與宗論六國從橫之規三家戰爭之略遠言天命廢興近陳人事成敗機變無窮辭致清辯宗出而歎曰命世大才經綸名教者不必華宗夏士撥煩理亂澄氣濟世者亦未必八索九邱五經之外冠冕之表復自有人車騎神機秀發信一代之偉人由余日磾豈足爲多也宗還長安言於興曰涼州雖殘弊之後風化未頹傉檀權詐多方憑山河之固未可圖也興曰勃勃以烏合之眾尚能破之吾以天下之兵何足克也宗曰形移勢變終始殊途陵人者易敗自守者難攻陽武之役傉檀以輕勃勃致敗今以大軍臨之必自固求全臣竊料羣臣無傉檀匹也雖以天威臨之未見其利興不從乃遣其將姚弼及歛成等率步騎三萬來伐又使其將姚顯爲弼等後繼遺傉檀書云遣尚書左僕射齊難討勃勃懼其西逸故令弼等於河西邀之傉檀以爲然遂不設備弼眾至漠口昌松太守蘇霸嬰城固守弼喻霸令降霸曰汝違負盟誓伐委順之藩天地有靈將不祐汝吾寧爲涼鬼何降之有城陷斬霸弼至姑臧屯於西苑州人王鍾宋鍾王娥等密爲內應候人執其使送之傉檀欲誅其元首前軍伊力延侯曰今彊敵在外內有姦豎兵交勢蹙禍難不輕宜悉坑之以安內外傉檀從之殺五千餘人以婦女爲軍賞命諸郡縣悉驅牛羊於野歛成縱兵虜掠傉檀遣其鎮北俱延鎮軍敬歸等十將率騎分擊大敗之斬首七千餘級姚弼固壘不出傉檀攻之未克乃斷水上流欲以持久斃之會雨甚堰壞弼軍乃振姚顯聞弼敗兼道赴之軍勢甚盛遣射將孟欽等五人挑戰于涼風門弦未及發材官將軍宋益等馳擊斬之顯乃委罪歛成遣使謝傉檀引師而歸傉檀於是僭即涼王位赦其境內改年爲嘉平置百官立夫人折掘氏爲王后世子虎臺爲太子錄尚書事左長史趙鼂右長史郭倖爲尚書左右僕射鎮北俱延爲太尉鎮軍敬歸爲司隸校尉自餘封署各有差遣其左將軍枯木駙馬都尉胡康伐沮渠蒙遜掠臨松人千餘戶而還蒙遜大怒率騎五千至於顯美方亭破車蓋鮮卑而還俱延又伐蒙遜大敗而歸傉檀將親率眾伐蒙遜趙鼂及太史令景保諫曰今太白未出歲星在西宜以自守難以伐人傉檀怒以爲沮眾保復切諫傉檀遂鏁保而行曰有功當殺汝以徇無功封汝百戶侯既而蒙遜率眾來距戰于窮泉傉檀大敗單馬奔還景保爲蒙遜所擒讓之曰卿明於天文爲彼國所任違天犯順智安在乎保曰臣匪爲無智但言而不從蒙遜曰昔漢祖困於平城以婁敬爲功袁紹敗於官渡而田豐爲戮卿策同二子貴主未可量也卿必有婁敬之賞者吾今放卿但恐有田豐

之禍耳保曰寡君雖才非漢祖猶不同本初正可不得封侯豈慮禍也蒙遜乃免之至姑臧傉檀謝之曰卿孤之蓍龜也而不能從之孤之深罪封保安亭侯蒙遜進圍姑臧百姓懲東苑之戮悉皆驚散疊掘麥田車蓋諸部盡降於蒙遜傉檀遣使請和蒙遜許之乃遣司隷校尉敬歸及子他爲質歸至胡坑逃還他爲追兵所執蒙遜徙其衆八千餘戶而歸右衛折掘奇鎭據石驢山以叛傉檀懼爲蒙遜所滅又慮奇鎭克嶺南乃遷於樂都留大司農成公緒守姑臧傉檀始出城焦諶王侯等閉門作難收合三千餘家保據南城諶推焦朗爲大都督龍驤大將軍諶爲涼州刺史降於蒙遜鎭軍敬歸討奇鎭於石驢山戰敗死之蒙遜因克姑臧之威來伐傉檀遣其安北段苟左將軍雲連乘虛出番禾以襲其後徙三千餘家於西平蒙遜圍樂都三旬不克遣使謂傉檀曰若以寵子爲質我當還師傉檀曰去否任卿兵勢卿違盟無信何質以供蒙遜怒築室返耕爲持久之計羣臣固請乃以子安周爲質蒙遜引歸吐谷渾樹洛干率衆來伐傉檀遣其太子虎臺距之爲洛干所敗傉檀又將伐蒙遜邯川護軍孟愷諫曰蒙遜初幷姑臧兇勢甚盛宜固守伺隙不可妄動不從五道俱進至番禾苕藋掠五千餘戶其將屈右進曰陛下轉戰千里前無完陣徙戶資財盈溢衢路宜倍道旋師早度峻險蒙遜善於用兵士衆習戰若輕軍卒至出吾慮表大敵外逼徙戶內攻危之道也衛尉伊力延曰我軍勢方盛將士勇氣自倍彼徒我騎勢不相及若倍道旋師必捐棄資財示人以弱非計也屈右出而告其諸弟曰吾言不用天命也此吾兄弟死地俄而昏霧風雨蒙遜軍大至傉檀敗績而還蒙遜進圍樂都傉檀嬰城固守以子染干爲質蒙遜乃歸久之遣安西紇勃耀兵西境蒙遜侵西平徙戶掠牛馬而還邯川護軍孟愷表鎭南湟河太守文支荒酒愎諫不恤政事傉檀召文支而讓之文支頓首陳謝邯川人衛章等謀殺孟愷南啓乞伏熾磐郭越止之密以告愷愷誘章等飲酒殺四十餘人愷懼熾磐軍之至馳告文支文支遣將軍匹珍赴之熾磐軍到城聞珍將至引歸蒙遜又攻樂都二旬不克而還鎭南文支以湟河降蒙遜徙五千餘戶於姑臧蒙遜又來伐傉檀以太尉俱延爲質蒙遜乃引還傉檀議欲西征乙弗孟愷切諫弗聽謂其太子虎臺曰今不種多年內外俱窘事宜西行以拯此弊蒙遜近去不能卒來旦夕所慮唯在熾磐彼名微衆寡易以討禦吾不過一月自足周旋汝謹守樂都無使失墜傉檀乃率騎七千襲乙弗大破之獲牛馬羊四十餘萬熾磐乘虛來襲撫軍從事中郞尉肅言於虎臺曰今外城廣大難以固守宜聚國人於內城肅等率諸晉人距戰於外如或不捷猶有萬全虎臺曰小賊蕞爾旦夕當走卿何慮之過也虎臺懼晉人有二心也乃召豪望有勇謀者閉之於內孟愷泣曰熾磐不道人神同憤愷等進則荷恩重還退顧妻子之累豈有二乎今事已急矣人思自効有何猜邪虎臺曰吾豈不知子忠實懼餘人脫生意表以君等安之耳一旬而城潰安西樊尼自西平奔告傉檀傉檀謂衆曰今樂郡爲熾磐所陷男夫盡殺婦女賞軍雖欲歸還無所赴也卿等能與吾籍乙弗之資取契汗以贖妻子者是所望也不爾歸熾磐便爲奴僕矣豈忍見妻子在他懷抱中遂引師而西衆多逃返遣鎭北段苟追之苟亦不還於是將士皆散唯中軍紇勃後軍洛肱安西樊尼散騎侍郞陰利鹿在焉傉檀曰蒙遜熾磐昔皆委質於吾今而歸之不亦鄙哉四海之廣匹夫無所容其身何其痛也蒙遜與吾名齊年比熾磐姻好少年俱其所忌勢皆不濟與其聚而同死不如分而或全樊尼長兄之子宗部所寄吾衆在北者戶垂一萬蒙遜方招懷遐邇存亡繼絕汝其西也紇勃洛肱亦與尼俱吾年老矣所適不容竄見妻子而死遂歸熾磐唯陰利鹿隨之傉檀謂利鹿曰去危就安人之常也吾親屬皆散卿何獨留利鹿曰臣老母在家方寸實亂但忠孝之義不俱全雖不能西哭沮渠申包胥之誠東感秦援展毛遂之操負羈靮而侍陛下者臣之分也惟願開弘遠猷審進止之算傉檀歎曰知人固未易人亦未易知大臣親戚皆棄我去終始不虧者唯卿一人歲寒不彫見之於卿傉檀至西平熾磐遣使郊迎待以上賓之禮初樂都之潰也諸城皆降於熾磐傉檀將尉賢政固守浩亹不下熾磐呼之曰樂都已潰卿妻子皆在吾間孤城獨守何所爲也賢政曰受涼王厚恩爲國家藩屏雖知樂都已陷妻子爲擒先歸獲賞後順受誅然不知主上存亡未敢歸命妻子小事豈足動懷昔羅憲待命晉文亮之文聘後來魏武不責邀一時之榮忘委付之重竊用恥焉大王亦安用之哉熾磐乃遣虎臺手書喻政政曰汝爲國儲不能盡節面縛於人棄父負君虧萬世之業賢政義士豈如汝乎既而聞傉檀至左南乃降熾磐以傉檀爲驃騎大將軍封左南公歲餘爲熾磐所鴆左右勸傉檀解藥傉檀曰吾病豈宜療邪遂死時年五十一在位十三年僞謚景王虎臺後亦爲熾磐所殺傉檀少子保周獵於破

羌俱延子覆龍鹿孤孫副周烏孤孫承鉢皆奔沮渠蒙遜久之歸魏魏以保周爲張掖王覆龍酒泉公破羌西平公副周永平公承鉢昌松公烏孤以安帝隆安元年僭立至傉檀三世凡十八年以安帝義熙十年滅

南燕

慕容德字元明皝之少子也母公孫氏夢日入臍中晝寢而生德年未弱冠身長八尺二寸姿貌雄偉額有日角偃月重文博觀羣書性清慎多才藝慕容儁之僭立也封爲梁公歷幽州刺史左衛將軍及暐嗣位改封范陽王稍遷魏尹加散騎常侍俄而苻堅將苻雙據陝以叛堅將苻柳起兵抱罕將應之德勸暐乘釁討堅辭旨慷慨識者言其有遠略暐竟不能用德兄垂甚壯之因共論軍國大謀言必切至垂謂之曰汝器識長進非復吳下阿蒙也枋頭之役德以征南將軍與垂擊敗晉師及垂奔苻堅德坐免職後遇暐敗徙於長安苻堅以爲張掖太守數歲免歸及堅以兵臨江拜德爲奮威將軍堅之敗也堅與張夫人相失慕容暐將護致之德正色謂暐曰昔楚莊滅陳納巫臣之諫而棄夏姬此不祥之人惑亂人主戎事不邇女器秦之敗師當由於此宜掩目而過柰何將衛之也暐不從德馳馬而去之還次滎陽言於暐曰昔句踐捿於會稽終獲吳國聖人相時而動百舉百全天將悔禍故使秦師喪敗宜乘其獘以復社稷暐不納乃從垂如鄴及垂稱燕王以德爲車騎大將軍復封范陽王居中鎮衛參斷政事久之遷司徒於時慕容永據長子有眾十萬垂議討之羣臣咸以爲疑獨德議與垂合遂以滅永垂臨終戒其子寶以鄴城委德寶既嗣位以德爲使持節都督冀兗青徐荆豫六州諸軍事特進車騎大將軍冀州牧領南蠻校尉鎮鄴罷留臺以都督專總南夏魏將拓拔章攻鄴德遣南安王慕容青等夜擊敗之魏師退次新城青等請擊之別駕韓諄進曰古人先決勝廟堂然後攻戰今魏不可擊者四燕不宜動者三魏懸軍遠入利在野戰一不可擊也深入近畿頓兵死地二不可擊也前鋒既敗後陣方固三不可擊也彼眾我寡四不可擊也官軍自戰其地一不宜動動而不勝眾心難固二不宜動城隍未修敵來無備三不宜動此皆兵家所忌不如深溝高壘以逸待勞彼千里饋糧野無所掠久則三軍靡資攻則眾旅多斃師老釁生詳而圖之可以捷矣德曰韓別駕之言良平之策也於是召青還師魏又遣遼西公賀賴盧率騎與章圍鄴德遣其參軍劉藻請救於姚興且參毋兄之問而興師不至眾大懼德於是親饗戰士厚加撫接人感其恩皆樂爲致命會章盧內相乘爭各引軍潛遁章司馬丁建率眾來降言章師老可以敗之德遣將追破章軍人心始固時魏師入中山慕容寶出奔於薊慕容詳又僭號會劉藻自姚興而至興太史令高魯遣其甥王景暉隨藻送玉璽一紐并圖讖祕文曰有德者昌無德者亡德受天命柔而復剛又有謠曰大風蓬勃揚塵埃八井三刀卒起來四海鼎沸中山頹惟有惡人據三臺於是德之羣臣議以慕容詳僭號中山魏師盛於冀州未審寶之存亡因勸德卽尊號德不從會慕容達自龍城奔鄴稱寶猶存羣議乃止尋而寶以德爲丞相領冀州牧承制南夏德兄子麟自義臺奔鄴因說德曰中山既沒魏必乘勝攻鄴雖糧儲素積而城大難固且人情沮動不可以戰及魏軍未至擁眾南渡就魯陽王和據滑臺而聚兵積穀伺隙而動計之上也魏雖拔中山勢不久留不過驅掠而返人不樂徙理自生變然後振威以援之魏則內外受敵使戀舊之士有所依憑廣開恩信招集遺黎可一舉而取之先是慕容和亦勸德南徙於是許之隆安二年乃率戶四萬車二萬七千乘自鄴將徙於滑臺遇風船沒魏軍垂至眾懼議欲退保黎陽其夕流澌凍合是夜濟師旦魏師至而冰泮若有神焉遂改黎陽津爲天橋津及至滑臺景星見於尾箕漳水得白玉狀若璽於是德依燕元故事稱元年大赦境內殊死已下置百官以慕容麟爲司空領尚書令慕容法爲中軍將軍慕輿拔爲尚書左僕射丁通爲尚書右僕射自餘封授各有差初河間有麟見慕容麟以爲己瑞及此潛謀爲亂事覺賜死其夏魏將賀賴盧率眾附之至是慕容寶自龍城南奔至黎陽遣其中黃門令趙思召慕容鍾來迎鍾本首議勸德稱尊號聞而惡之執思付獄馳使白狀德謂其下曰卿等前以社稷大計勸吾攝政吾亦以嗣帝奔亡人神曠主故權順羣議以繫眾望今天方悔禍嗣帝得還吾將具駕奉迎謝罪行闕然後角巾私第卿等以爲何如其黃門侍郎張華進曰夫爭奪之世非雄才不振從橫之時豈懦夫能濟陛下若蹈匹婦之仁捨天授之業威權一去則身首不保何退讓之有乎德曰吾以古人逆取順守其道未足所以中路徘徊悵然未決耳慕輿護請馳問寶虛實德流涕而遣之乃率壯士數百隨思而北因謀殺寶初寶遣思之後知德攝位懼而北奔護至無所見執思而還德以思閑習典故將任之思曰昔關羽見重曹公猶不忘先王之恩思雖刑餘賤隸荷國寵靈犬馬有心而況人乎

乞還就上以明微節德固留之思怒曰周室衰微晉鄭
夾輔漢有七國之難實賴梁王殿下親則叔父位則上
台不能率先羣后以匡王室而幸根本之傾爲趙倫之
事思雖無申胥哭秦之效猶慕君賓不生莽世德怒斬
之晉南陽太守閭邱羨寧朔將軍鄧啟方率眾二萬來
伐師次管城德遣其中軍慕容法撫軍慕容和等距之
王師敗績德怒法不窮追晉師斬其撫軍司馬斬瓌初
苻登既爲姚興所滅登弟廣率部落降於德拜冠軍將
軍處之乞活堡會熒惑守東井或言秦當復興者廣乃
自稱秦王敗德將慕容鍾時德始都滑臺介於晉魏之
間地無十城眾不過數萬及鍾喪師反側之徒多歸於
廣德乃留慕容和守滑臺親率眾討廣斬之初寶之至
黎陽也和長史李辯勸和納之和不從辯懼謀洩乃引
晉軍至管城冀德親率師於後作亂會德不出愈不自
安及德此行也辯又勸和反和不從辯怒殺和以滑臺
降於魏時將士家悉在城內德將攻之韓範言於德曰
魏師已入城據國成資客主之勢翻然復異人情既危
不可以戰宜先據一方爲關中之基然後畜力而圖之
計之上也德乃止德右衛將軍慕容雲斬李辯率將士
家累二萬餘人而出三軍慶悅德謀於眾曰苻廣雖平
而撫軍失據進有彊敵退無所託計將安出張華進曰
彭城阻帶山川楚之舊都地嶮人殷可攻而據之以爲
基本慕容鍾慕輿護封逞韓諄等固勸攻滑臺潘聰曰
滑臺四通八達非帝王之居且北通大魏西接彊秦此
二國者未可以高枕而待之彭城土曠人稀地平無嶮
晉之舊鎮必距王師又密邇江淮水路通浚秋夏霖潦
十里爲湖且水戰國之所短吳之所長今雖克之非久

安之計也青齊沃壤號曰東秦土方二千戶餘十萬四
塞之固負海之饒可謂用武之國三齊英傑蓄志以待
孰不思得明主以立尺寸之功廣固者曹嶷之所營山
川阻峻足爲帝王之都宜遣辯士馳說於前大兵繼進
於後辟閭渾昔負國恩必翻然向化如其守迷不順大
軍臨之自然瓦解既據之後閉關養銳伺隙而動此亦
二漢之有關中河內也德猶豫未決沙門朗公素知占
候德因訪其所適朗曰敬覽三策潘尚書之議可謂興
拜之術矣今歲初長星起於奎婁遂掃虛危而虛危齊
之分野除舊布新之象宜先定舊魯巡撫琅邪待秋風
戒節然後北轉臨齊天之道也德大悅引師而南兗州
北鄙諸縣悉降置守宰以撫之存問高年軍無私掠百
姓安之牛酒屬路德遣使喻齊郡太守辟閭渾渾不從
遣慕容鍾率步騎二萬擊之德進據琅邪徐兗之士附
者十餘萬自琅邪而北迎者四萬餘人德進寇莒城守
將任安委城而遁以潘聰鎮莒城鍾傳檄青州諸郡開
曉禍福令有能斬送渾者賞同佐命渾聞德軍將至徙
八千餘家入廣固諸郡皆承檄降於德渾懼將妻子奔
於魏德遣射聲校尉劉綱追斬於莒城渾參軍張瑛嘗
與渾作檄辭多不遜及此德擒而讓之瑛神色自若徐
對曰渾之有臣猶韓信之有蒯通通遇漢祖而蒙恕臣
遭陛下而嬰戮比之古人竊爲不幸防風之誅臣實甘
之但恐堯舜之化未弘於四海耳德初善其言後竟殺
之德遂入廣固四年僭即皇帝位於南郊大赦改元爲
建平設行廟於宮南遣使奉策告成焉進慕容鍾爲司
徒慕輿拔爲司空封孚爲左僕射慕輿護爲右僕射遣
其度支尚書封愷中書侍郎封逞觀省風俗所在大饗

將士以其妻段氏爲皇后建立學官簡公卿已下子弟
及二品士門二百人爲太學生後因讌其羣臣酒酣笑
而言曰朕雖寡薄恭己南面而朝諸侯在上不驕夕惕
於位可方自古何等主也其青州刺史鞠仲曰陛下中
興之聖后少康光武之儔也德顧命左右賜仲帛千匹
仲以賜多爲讓德曰卿知調朕朕不知調卿乎卿飾對
非實故亦以虛言相賞賞不謬加何足謝也韓範進曰
臣聞天子無戲言忠臣無妄對今日之論上下相欺可
謂君臣俱失德大悅賜範絹五十匹自是昌言競進朝
多直士矣德母兄先在長安遣平原人杜弘如長安問
存否弘曰臣至長安若不奉太后動止便即西如張掖
以死爲效臣父雄年踰六十未沾榮貴乞本縣之祿以
申烏鳥之情張華進曰杜弘未行而求祿要利情深不
可使也德曰吾方散所輕之財招所重之死況爲親尋
而可吝乎且弘爲君迎親爲父求祿雖外如要利而實
忠孝乃以雄爲平原令弘至張掖爲盜所殺德聞而悲
之厚撫其妻子明年德如齊城登營邱望晏嬰冢顧謂
左右曰禮大夫不逼城葬平仲古之賢人達禮者也而
生居近市死葬近城豈有意乎青州秀才晏謨對曰孔
子稱臣先人平仲賢則賢矣豈不知高其梁豐其禮蓋
政在家門故儉以矯世存居湫隘卒豈擇地而葬乎所
至於今日荒草頽墳氣消煙滅永言千載能不依然遂
答曰武王封比干之墓漢祖祭信陵之墳皆留心賢哲
每懷往事陛下慈深二主澤被九泉若使彼而有知寧
不銜荷矣先是妖賊王始聚眾於泰山自稱太平皇帝
號其父爲太上皇兄爲征東將軍弟征西將軍慕容鎮
討擒之斬於都市臨刑或問其父及兄弟所在始答曰

太上皇帝蒙塵於外征東征西亂兵所害惟朕一身獨無聊賴其妻怒之曰止坐此口以至於此柰何復爾始曰皇后自古豈有不破之家不亡之國邪行刑者以刀鐶築之仰視曰崩即崩矣終不改帝號德聞而哂之時桓元將行篡逆誅不附已者冀州刺史劉軌襄城太守司馬休之征虜將軍劉敬宣廣陵相高雅之江都長張誕並內不自安皆奔於德於是德中書侍郎韓範上疏請乘晉亂奄有吳會德下令王公詳議茲事其下咸以桓元新得志未可圖乃止於是講武於城西步兵三十七萬車一萬七千乘鐵騎五萬三千周亘山澤旌旗彌漫鉦鼓之聲振動天地德登高望之顧謂劉軌高雅之曰昔郤克忿齊子胥怨楚終能暢其剛烈名流千載卿等既知投身有道當使無慙昔人也雅之等頓首答曰幸蒙陛下天覆之恩大造之澤存亡繼絕實在聖時雖以不遠門者猶冀悟平生意也遂以謨從至漢城陽景王廟讌庶老於申池北登社首山東望鼎足因目牛山而歎曰古無不死愴然有終焉之志遂問謨以齊之山川邱陵賢哲舊事謨歷對詳辯畫地成圖德深嘉之拜尚書郎立冶於商山置鹽官於烏常澤以廣軍國之用德故吏趙融自長安來始具母兄凶問德號慟吐血因而寢疾其司隸校尉慕容達因此謀反遣牙門皇璆率衆攻端門殿中師侯赤眉開門應之中黃門孫進扶德踰城隱於進舍段宏等聞宮中有變勒兵屯四門德入宮誅赤眉等達懼而奔魏慕容法及魏師戰於濟北之標榆谷魏師敗績其尚書韓諱上疏言百姓因秦晉之弊迭相蔭冒或百室合戶或千戶共籍公避課役擅為姦宄宜隱實黎萌正其編貫庶益軍國兵資之用德納之遣其車騎將軍慕容鎮率騎三千緣邊嚴防備百姓逃竄以諱為使持節散騎常侍行臺尚書巡郡縣隱實得蔭戶五萬八千諱公廉正直所在野次人不擾焉德大集諸生親臨策試既而饗宴乘高遠矚顧謂其尚書魯邃曰齊魯固多君子當昔全盛之時梓慎巴生淯于鄒田之徒蔭修檐臨清沼馳朱輪佩長劍恣非馬之雄辭奮談天之逸辯指麾則紅紫成章俛仰則邱陵生韻則萬隕何以上報俄聞桓元敗德以慕容鎮為前鋒慕容鍾為大都督配以步卒二萬騎五千剋期將發而德寢疾於是罷兵初德迎其兄子超於長安及是而至德夜夢其父曰汝既無子何不早立超為太子不爾惡人生心寤而告其妻曰先帝神明所勑觀此夢意吾將死矣乃下書以超為皇太子大赦境內子為父後者人爵二級其月死即義熙元年也時年七十乃夜為十餘棺分出四門潛葬山谷竟不知其尸之所在在位五年偽諡獻武皇帝

超字祖明德兄北海王納之子苻堅破鄴以納為廣武太守數歲去官家於張掖德之南征留金刀而去及垂起兵山東苻昌收納及德諸子皆誅之納母公孫氏以耄獲免納妻段氏方娠未決囚之於郡獄獄掾呼延平德之故吏也嘗有死罪德免之至是將公孫及段氏逃於羌中而生超焉年十歲而公孫氏卒臨終授超以金刀曰若天下太平汝得東歸可以此刀還汝叔也平又將超母子奔於呂光及呂隆降於姚興超又隨涼州人徙於長安超母謂超曰吾母子全濟呼延氏之力平今雖死吾欲為汝納其女以答厚意於是娶之超自以諸父在東恐為姚氏所錄乃陽狂行乞秦人賤之惟姚紹見而異焉勸興拘以爵位召見與語超深自晦匿興大鄙之謂紹曰諺云妍皮不裹癡骨妄語耳由是得去來無禁德遣使迎之超不告母妻乃歸及至廣固呈以金刀具宣祖母臨終之言德撫之號慟超身長八尺腰帶九圍精彩秀發容止可觀德甚加禮遇始名之曰超封北海王拜侍中驃騎大將軍司隸校尉開府置佐吏德無子欲以超為嗣故為超起第於萬春門內朝夕觀之超亦深達德旨入則盡歡承奉出則傾身下士於是內外稱美焉頃之立為太子及德死以義熙元年僭嗣偽位大赦境內改元曰太上尊德妻段氏為皇太后以慕容鍾都督中外諸軍錄尚書事慕容法為征南都督徐兗揚南兗四州諸軍事慕容鎮加開府儀同三司尚書令封孚為太尉麴仲為司空潘聰為左光祿大夫封嵩為尚書左僕射自餘封拜各有差後又以鍾為青州牧段宏為徐州刺史公孫五樓為武衞將軍領屯騎校尉內參政事封孚言於超曰臣聞五大不在邊五細不在庭鍾國之宗臣社稷所賴宏外戚懿望親賢具瞻正應參翼百揆不宜遠鎮方外今鍾等出藩五樓內輔臣竊未安超新即位害鍾等權逼以問五樓五樓欲專斷朝政不欲鍾等在內屢有間言孚說竟不行鍾宏俱有不平之色相謂曰黃犬之皮恐當終補狐裘也五樓聞之嫌隙漸構初超自長安行至梁父慕容法時為兗州鎮南長史悅壽還謂法曰向見北海王子天資弘雅神爽高邁始知天族多奇玉林皆寶法曰昔成方遂詐稱衞太子人莫辯之此復天族乎超聞而恚恨形於言色法亦怒處之外館由是結憾及德死法又不奔喪超遣使讓焉法常懼禍至因此遂與慕容鍾段宏等謀反超知

而徵之鍾稱疾不赴於是收其黨侍中慕容統右衞慕容根散騎常侍段封誅之車裂僕射封嵩於東門之外西中郎將封融奔於魏超尋遣慕容鎭等攻青州慕容昱等攻徐州慕容凝韓範攻梁父昱等攻莒城拔之徐州刺史段宏奔於魏封融又集羣盜襲石塞城殺鎭西大將軍餘鬱青土震恐人懷異議慕容凝謀殺韓範將襲廣固範知而攻之凝奔梁父範并其衆攻梁父克之凝奔姚興慕容法出奔於魏慕容鎭克青州鍾殺其妻子爲地道而出單馬奔姚興於時超不恤政事畋游是好百姓苦之其僕射韓諄切諫不納超議復肉刑九等之選羣下議多不同乃止超母妻旣先在長安爲姚興所拘責超稱藩求太樂諸伎若不可使送吳口千人超下書遣羣臣詳議左僕射段暉議曰太上囚楚高祖不迴今陛下嗣守社稷不宜以私親之故而降統天之尊又太樂諸伎皆是前世伶人不可與彼使移風易俗宜掠吳口與之尙書張華曰若侵掠吳邊必成鄰怨此旣能往彼亦能來兵連禍結非國之福也昔孫權重黎庶之命屈己以臣魏惠施惜愛子之頭捨志以尊齊況陛下慈德在秦方寸崩亂宜暫降大號以申至孝之情權變之道典謨所許韓範智能迴物辯足傾人昔與姚興俱爲秦太子中舍人可遣將命降號修和所謂屈於一人之下申於萬人之上也超大悅曰張尙書得吾心矣使範聘於興及至長安興謂範曰封愷前來燕王與朕抗禮及卿至也欵然而附爲依春秋以小事大之義爲當專以孝敬爲母屈也範曰昔周爵五等公侯異品小大之禮因而生焉今陛下命世龍興光宅西秦本朝主上承祖宗遺烈定鼎東齊中分天曜南面並帝通聘結好義尙謙沖便至矜誕苟折行人殊似吳晉爭盟滕薛競長恐傷大秦堂堂之盛有損皇燕巍巍之美彼我俱失竊未安之興怒曰若如卿言便是非爲大小而來範曰雖由大小之義亦緣寡君純孝過於重華願陛下體敬親之道霈然垂愍興曰吾久不見賈生自謂過之今不及矣於是爲範設舊交之禮申敘平生謂範曰燕王在此朕亦見之風表乃可於機辯未也範曰大辯若訥聖人美之況爾日龍潛鳳戢和光同塵若使負日月而行則無繼天之業矣興笑曰可謂使乎延譽者也範承間逞說姚興大悅賜範千金許以超母妻還之慕容凝自梁父奔於姚興言於興曰燕王稱藩本非推德權爲母屈耳古之帝王尙興師徵質豈可虛還其母乎母若一還必不復臣也宜先制其送伎然後歸之興意乃變遣使聘於超超遣其僕射張華給事中宗正元入長安送太樂伎一百二十人於姚興興大悅延華入讌酒酣樂作興黃門侍郎尹雅謂華曰昔殷之將亡樂師歸周今皇秦道盛燕樂來庭廢興之兆見於此矣華曰自古帝王爲道不同權譎之理會於功成故老子曰將欲取之必先與之今總章西入必由余東歸禍福之驗此其兆乎興怒曰昔齊楚競辯二國連師卿小國之臣何敢抗衡朝士華遜辭曰奉使之始實願交歡上國上國旣遺小國之臣辱及寡君社稷臣亦何心而不仰酬興善之於是還超母妻義熙三年追尊其父爲穆皇帝立其母段氏爲皇太后妻呼延氏爲皇后祀南郊將登壇有獸大如馬狀類鼠而色赤集於圓丘之側俄而不知所在須臾大風暴起天地晝昏其行宮羽儀皆振裂超懼密問其太史令成公綏對曰陛下信用姦臣誅戮賢良賦斂繁多事役殷苦所致也超懼而大赦譴責公孫五樓等俄而復之是歲廣固地震天齊水湧井水溢汶水竭河濟凍合而澠水不冰超正旦朝羣臣於東陽殿聞樂作歎音佾不備悔送伎於姚興遂議入寇其領軍韓諄諫曰先帝以舊京傾沒戢翼三齊苟時運未可上智輟謀今陛下嗣守成規宜閉關養士以待賊釁不可結怨南鄰廣樹仇隟超曰我計已定不與卿言於是遣其將斛穀提公孫歸等率騎寇宿豫陷之執陽平太守劉千載濟陰太守徐阮大掠而去簡男女二千五百付太樂教之時公孫五樓爲侍中尙書領左衞將軍專總朝政兄歸爲冠軍常山公叔父頹爲武衞興樂公五樓宗親皆夾輔左右王公內外無不憚之超論宿豫之功封斛穀提等並爲郡縣公慕容鎭諫曰臣聞懸賞待勳非功不侯今公孫歸結禍延兵殘賊百姓陛下封之得無不可乎夫忠言逆耳非親不發臣雖庸朽忝國戚藩輒盡愚欵惟陛下圖之超怒不答自是百僚杜口莫敢開言尙書都令史王儼諂事五樓還尙書郎出爲濟南太守入爲尙書左丞時人爲之語曰欲得侯事五樓又遣公孫歸等率騎五千入寇濟南執太守趙元略男女千餘人而去劉裕率師將討之超引見羣臣於東陽殿議距王師公孫五樓曰吳兵輕果所利在戰初鋒勇銳不可爭也宜據大峴使不得入曠日延時沮其銳氣可徐簡精騎二千循海而南絕其糧運別勑段暉率兗州之軍緣山東下腹背擊之上策也各命守宰依險自固校其資儲之外餘悉焚蕩芟除粟苗使敵無所資堅壁淸野以待其釁中策也縱賊入峴出城逆戰下策也超曰京都殷盛戶口衆多非可一時入守靑苗布野非可卒

芟設使芟苗城守以全性命朕所不能今據五州之彊帶山河之固戰車萬乘鐵馬萬羣縱令過峴至於平地徐以精騎踐之此成擒也賀賴盧苦諫不從退謂五樓曰上不用吾計亡無日矣慕容鎮曰若如聖旨必須平原用馬爲便宜出峴逆戰戰而不勝猶可退守不宜縱敵入峴自貽窘逼昔成安君不守井陘之關終屈於韓信諸葛瞻不據束馬之嶮卒擒於鄧艾臣以爲天時不如地利阻守大峴策之上也超不從鎮出謂韓諄曰主上旣不能芟苗守嶮又不肯徙人逃寇酷似劉璋矣今年國滅吾必死之卿等中華之士復爲文身矣超聞而大怒收鎮下獄乃攝莒梁父二戍修城隍簡士馬畜銳以待之其夏王師次東莞超遣其左軍段暉輔國賀賴盧等六將步騎五萬進據臨朐俄而王師度峴超懼率卒四萬就暉等於臨朐謂公孫五樓曰宜進據川源晉軍至而失水亦不能戰矣五樓馳騎據之劉裕前驅將軍孟龍符已至川源五樓戰敗而返裕遣諮議參軍檀韶率銳卒攻破臨朐超大懼單騎奔段暉於城南暉衆又戰敗裕軍人斬暉超又奔還廣固徙郭內人入保小城使其尚書郎張綱乞師於姚興赦慕容鎮進錄尚書都督中外諸軍事引見羣臣謝之曰朕嗣奉成業不能委賢任善而專固自由覆水不收悔將何及智士遑謀必在事危忠臣立節亦在臨難諸君其勉思六奇共濟艱運鎮進曰百姓之心係於一人陛下旣躬率六軍身先奔敗羣臣解心士庶喪氣內外之情不可復恃如聞西秦自有內難恐不暇分兵救人正當更決一戰以爭天命今散卒還者猶有數萬可悉出金帛宮女餌令一戰天若相我足以破賊如其不濟死尚爲美不可閉門坐受圍擊司徒慕容惠曰不然今晉軍乘勝有陵人之氣敗軍之將何以禦之秦雖與勃勃相持不足爲患且二國連衡勢成脣齒今有寇難秦必救我但自古乞援不遣大臣則不致重兵是以趙隸三請楚師不出平原一使援至從成尚書令韓範德望具瞻燕秦所重宜遣乞援以濟時艱於是遣範與王蒲乞師於姚興未幾裕師圍城四面皆合人有竊告裕軍曰若得張綱爲攻具者城乃可得耳是月綱自長安歸遂奔於裕裕令綱周城大呼曰勃勃大破秦軍無兵相救超怒伏弩射之乃退右僕射張華中丞封愷並爲裕軍所獲裕令華愷與超書勸令早降超乃遣裕書請爲藩臣以大峴爲界并獻馬千匹以通和好裕弗許江南繼兵相尋而至尚書張俊自長安還又降於裕說裕曰今燕人所以固守者外仗韓範冀得秦援範既時望又與姚興舊昵若勃勃敗後秦必救燕宜密信誘範陷以重利範來則燕人絕望自然降矣裕從之表範爲散騎常侍遺範書以招之時姚興乃遣其將姚強率步騎一萬隨範就其將姚紹於洛陽并兵來援會赫連勃勃大破秦軍興追強還長安範歎曰天其滅燕乎會得裕書遂降於裕裕謂範曰卿欲立申包胥之功何以虛還也範曰自亡祖司空世荷燕寵故泣血秦庭冀匡禍難屬西朝多故丹誠無效可謂天喪獘邑而贊明公智者見幾而作敢不至乎翌日裕將範循城由是人情離駭無復固志裕謂範曰卿宜至城下告以禍福範曰雖蒙殊寵猶未忍謀燕裕嘉而不彊左右勸超誅範家以止後叛超知敗在旦夕又弟諱盡忠無貳故不罪焉是歲東萊雨血廣固城門鬼夜哭明年朔旦超登天門朝羣臣於城上殺馬以饗將士文武皆有遷授超幸姬魏夫人從超登城見王師之盛握超手而相對泣韓諄諫曰陛下遭百六之會正是勉彊之秋而反對女子悲泣何其鄙也超拭目謝之其尚書令董銳勸超出降超大怒繫之於獄於是賀賴盧公孫五樓爲地道出戰王師不利河間人元文說裕曰昔趙攻曹嶷望氣者以爲澠水帶城非可攻拔若塞五龍口城必自陷石虎從之而嶷請降後慕容恪之圍段龕亦如之而龕降降後無幾又震開之今舊基猶在可塞之裕從其言至是城中男女患腳弱病者大半超輦而升城尚書悅壽言於超曰天地不仁助寇爲虐戰士尩病日就凋隕守困窮城息望外援天時人事亦可知矣苟曆運有終堯舜降位轉禍爲福聖達以先宜追許鄭之蹤以存宗廟之重超歎曰廢興命也吾寍奮劍決死不能銜璧求生於是張綱爲裕造衝車覆以版屋蒙之以皮并設諸奇巧城上火石弓矢無所施用又爲飛樓懸梯木幔之屬遙臨城上超大怒懸其母而支解之城中出降者相繼裕四面進攻殺傷甚衆悅壽遂開門以納王師超與左右數十騎出亡爲裕軍所執裕數之以不降之狀超神色自若一無所言惟以母託裕將劉敬宣而已裕送建康市斬之時年二十六在位六年始德以安帝隆安四年僭立至超二世凡十一年以義熙六年滅

慕容鍾字道明德從弟也少有識量喜怒不形於色機神秀發言論清辯至於臨難對敵智勇兼濟累進奇策德用之頗中由是政無大小皆以委之遂爲佐命元勳從公孫五樓規挾威權慮鍾抑已因勸超誅之鍾遂謀反事敗奔於姚興興拜始平太守歸義侯

封孚字處道渤海蓚人也祖悛振威將軍父放慕容暐之世吏部尚書孚幼而聰敏和裕有士君子之稱寶僭位累遷吏部尚書及蘭汗之篡南奔辟閭渾渾表爲渤海太守德至莒城孚出降德曰朕平青州不以爲慶喜於得卿也常外總機事內參密謀雖位任崇重謙虛博納甚有大臣之體及超嗣位政出權嬖多違舊章軌憲日頹殘虐滋甚孚屢盡匡救超不能納也後臨軒謂孚曰朕於百王可方誰孚對曰桀紂之主超大慙怒孚徐步而出不爲改容司空鞠仲失色謂孚曰與天子言何其亢厲宜應還謝孚曰行年七十墓木已拱惟求死所耳竟不謝以超三年死於家時年七十一文筆多傳于世

北涼

沮渠蒙遜臨松盧水胡人也其先世爲匈奴左沮渠遂以官爲氏焉蒙遜博涉羣史頗曉天文雄傑有英略滑稽善權變梁熙呂光皆奇而憚之故常游飲自晦會伯父羅仇麴粥從呂光征河南光前軍大敗麴粥言於兄羅仇曰主上荒耄驕縱諸子朋黨相傾讒人側目今軍敗將死正是智勇見猜之日可不懼乎吾兄弟素爲所憚與其經死溝瀆豈若勒眾向西平出苕藋奮臂大呼涼州不足定也羅仇曰理如汝言但吾家累世忠孝爲一方所歸寧人負我無我負人俄而皆爲光所殺宗姻諸部會葬者萬餘人蒙遜哭謂眾曰昔漢祚中微吾之乃祖翼奬竇融保寧河右呂王昏耄荒虐無道豈可不上繼先祖安時之志使二父有恨黃泉眾咸稱萬歲遂斬光中田護軍馬遂臨松令井祥以盟一旬之間眾至萬餘屯據金山與從兄男成推光建康太守段業爲使持節大都督龍驤大將軍涼州牧建康公改呂光龍飛二年爲神璽元年業以蒙遜爲張掖太守男成爲輔國將軍委以軍國之任業將使蒙遜攻西郡眾咸疑之蒙遜曰此郡據嶺之要不可不取業曰卿言是也遂遣之蒙遜引水灌城城潰執太守呂純以歸於是王德以晉昌孟敏以敦煌降業業封蒙遜臨池侯呂弘去張掖將東走業議欲擊之蒙遜諫曰歸師勿遏窮寇弗追此兵家之戒也不如縱之以爲後圖業曰一日縱敵悔將無及遂率眾追之爲弘所敗業賴蒙遜而免歎曰孤不能用子房之言以至於此業築西安城以其將臧莫孩爲太守蒙遜曰莫孩勇而無謀知進忘退所謂爲之築冢非築城也業不從俄而爲呂纂所敗蒙遜懼業不能容己每匿智以避之業僭稱涼王以蒙遜爲尚書左丞梁中庸爲右丞呂光遣其二子紹纂伐業業請救於禿髮烏孤烏孤遣其弟鹿孤及楊軌救業紹以業等軍盛欲從三門關挾山而東纂曰挾山示弱取敗之道不如結陣衝之彼必憚我而不戰也紹乃引軍而南業將擊之蒙遜諫曰楊軌恃虜騎之彊有窺覦之志紹纂兵在死地必決戰求生不戰則有泰山之安戰則有累卵之危業曰卿言是也乃按兵不戰紹亦難之各引兵歸業憚蒙遜雄武微欲遠之乃以蒙遜從叔益生爲酒泉太守蒙遜爲臨池太守業門下侍郎馬權儁爽有逸氣武略過人業以權代蒙遜爲張掖太守甚見稱重每輕陵蒙遜蒙遜亦憚而惡之乃譖之於業曰天下不足慮惟當憂馬權耳業遂殺之蒙遜謂男成曰段業愚闇非濟亂之才信讒愛佞無鑒斷之明所憚惟索嗣馬權今皆死矣蒙遜欲除業以奉兄何如男成曰業羈旅孤飄我所建立有吾兄弟猶魚之有水人既親我背之不祥乃止蒙遜既爲業所憚內不自安請爲西安太守業亦以蒙遜有大志懼爲朝夕之變乃許焉蒙遜期與男成同祭蘭門山密遣司馬許咸告業曰男成欲謀叛許以取假日作逆若求祭蘭門山臣言驗矣至期日果然業收男成令自殺男成曰蒙遜欲謀叛先已告臣臣以兄弟之故隱忍不言以臣今在恐部人不從與臣剋期祭山返相誣告臣若朝死蒙遜必夕發乞詐言臣死說臣罪惡蒙遜必作逆臣投袂討之事無不捷業不從蒙遜聞男成死泣告眾曰男成忠於段公枉見屠害諸君能爲報仇乎且州土兵亂似非業所能濟吾所以初奉之者以之爲陳吳耳而信讒多忌枉害忠良豈可安枕卧觀使百姓離於塗炭男成素有恩信眾皆憤泣而從之比至氏池眾逾一萬鎮軍臧莫孩率部眾附之羌胡多起兵響應蒙遜壁於侯塢業先疑其右將軍田昂幽之於內至是謝而赦之使與武衞梁中庸等攻蒙遜業將王豐孫言於業曰西平諸田世有反者昂貌恭而心很志大而情險不可信也業曰吾疑之久矣但非昂無可以討遜豐孫言既不從昂至侯塢率騎五百歸於蒙遜蒙遜至張掖昂兄子承愛斬關內之業左右皆散蒙遜大呼曰鎮西何在軍人曰在此業曰孤單飄一已爲貴門所推可見匄餘命投身嶺南庶得東還與妻子相見蒙遜遂斬之業京兆人也博涉史傳有尺牘之才爲杜進記室從征塞表儒素長者無他權略威禁不行羣下擅命尤信卜筮讖記巫覡徵祥故爲姦佞所誤隆安五年梁中庸房晷田昂等推蒙遜爲使持節大都督大將軍涼州牧張掖公赦其境內改元永安署從兄伏奴爲鎮軍

將軍張掖太守和平侯弟挐爲建忠將軍都谷侯田昻爲鎭南將軍西郡太守臧莫孩爲輔國將軍房晷梁中庸爲左右長史張騭謝正禮爲左右司馬擢任賢才文武咸悅時姚興遣將姚碩德攻呂隆於姑臧蒙遜遣從事中郞李典聘於興以通和好蒙遜以呂隆旣降於興酒泉涼寧二郡叛降李暠乃遣建忠挐牧府長史張潛見碩德於姑臧請軍迎接率郡人東遷碩德大悅拜潛張掖太守挐建康太守潛勸蒙遜東遷挐私於蒙遜曰呂氏猶存姑臧未拔碩德糧竭將還不能久也何故違離桑梓受制於人輔國莫孩曰建忠之言是也蒙遜乃斬張潛因下書蠲省百條專功南畝明設科條務盡地利時梁中庸爲西郡太守西奔李暠蒙遜聞之笑曰吾與中庸義深一體而不信我但自負耳孤豈恨之乃盡歸其妻孥蒙遜下令求言令內外羣僚各搜揚賢儁廣進芻蕘以聞遣輔國臧莫孩襲山北虜大破之姚興遣將齊難率衆四萬迎呂隆隆勸難伐蒙遜難從之莫孩敗其前軍難乃結盟而還蒙遜伯父中田護軍親信臨松太守孔篤並驕奢侵害百姓苦之蒙遜曰亂吾國者二伯父也何以綱紀百姓乎皆令自殺蒙遜襲狄洛磐於番禾不剋遷其五百餘戶而還姚興遣使人梁斐張構等拜蒙遜鎭西大將軍沙州刺史西海侯時興亦拜禿髮傉檀爲車騎將軍封廣武公蒙遜聞之不悅謂斐等曰傉檀上公之位而遜爲侯者何也構對曰傉檀輕狡不仁欵誠未著聖朝所以加其重爵者褒其歸善卽敘之義耳將軍忠貫白日勳高一時當入諧鼎味匡贊帝室安可以不信待也聖朝爵必稱功官不越德如尹緯姚晃佐命初基齊難徐洛元勳驍將並位纔二品爵止侯伯將軍何以先之乎竇融殷勤固讓不欲居舊臣之右未解將軍忽有此問蒙遜曰朝廷何不卽以張掖見封乃更遠封西海邪構曰張掖規畫之內將軍已自有之所以遠授西海者蓋欲遠大將軍之國耳蒙遜大悅乃受拜時地震山崩折木太史令劉梁言於蒙遜曰辛酉金也地動於金金動刻木大軍東行無前之徵時張掖城每有光色蒙遜曰王氣將成百戰百勝之象也遂攻禿髮西郡太守楊統於日勒統降拜爲右長史寵踰功舊張掖太守句呼勒出奔西涼以從弟成都爲金山太守羅仇子也鄯爲西郡太守麴粥子也句呼勒自西涼奔還待之如初蒙遜率騎二萬東征次於丹嶺北虜大人思盤率部落三千降之時木連理生于永安蒙遜率步騎三萬伐禿髮傉檀次於西郡大風從西北來氣有五色俄而晝昏至顯美徙數千戶而還傉檀追及蒙遜於窮泉蒙遜將擊之諸將皆曰賊已安營弗可犯也蒙遜曰傉檀謂吾遠來疲獘必輕而無備及其壘壁未成可以一鼓而滅進擊敗之乘勝至於姑臧夷夏降者萬數千戶傉檀懼請和許之而歸及傉檀南奔樂都魏安人焦朗據姑臧自立蒙遜率步騎三萬攻朗剋而宥之饗文武將士於謙光殿班賜金馬有差以敦煌張穆將通經史才藻淸贍擢拜中書侍郞委以機密之任以其弟挐爲護羌校尉秦州刺史封安平侯鎭姑臧句餘而挐死又以從祖益子爲鎭京將軍護羌校尉秦州刺史鎭姑臧俄而蒙遜遷於姑臧以義熙八年僭卽河西王位大赦境內改元元始置官僚如呂光爲三河王故事繕宮殿起城門諸觀立其子政德爲世子加鎭衞大將軍錄尚書事傉檀來伐蒙遜敗之於若厚塢傉檀湟河太守文支據湟州護軍成宜侯率衆降之署文支鎭東大將軍廣武太守振武侯成宜侯爲振威將軍湟州太守以殿中將軍王建爲湟河太守蒙遜西如苕藋遣冠軍伏恩率騎一萬襲卑和烏啼二虜大破之俘二千餘落而還蒙遜寢於新臺閹人王懷祖擊蒙遜傷足其妻孟氏擒斬之夷其三族蒙遜母車氏疾篤蒙遜升南景門散錢以賜百姓下書大赦殊死已下俄而車氏死蒙遜遣其將運糧於湟河自率衆攻剋乞伏熾磐廣武郡以運糧不繼自廣武如湟河度浩亹熾磐遣將乞伏魋尼寅距蒙遜蒙遜擊斬之熾磐又遣將王衡折斐麴景等率騎一萬據勒姐嶺蒙遜且戰且前大破之擒折斐等七百餘人麴景奔還蒙遜以弟漢平爲折衝將軍湟河太守乃引還晉益州刺史朱齡石遣使來聘蒙遜遣舍人黃迅報聘益州因表朝廷願率河西戎卒爲晉右翼前驅以圖剋復熾磐率衆三萬襲湟河漢平力戰固守遣司馬隗仁夜出擊熾磐斬級數百熾磐將引退光遣老弱漢平長史焦昶將軍段景密信招熾磐熾磐復進攻漢平漢平納昶景之說面縛出降仁勒壯士百餘據南門樓上三日不下衆寡不敵爲熾磐所擒熾磐怒命斬之段暉諫曰仁臨難履危奮不顧命忠也宜宥之以厲事君熾磐乃執之而歸在熾磐所五年暉又爲之固請乃得還姑臧及至蒙遜執其手曰卿孤之蘇武也以爲高昌太守爲政有威惠之稱然頗以愛財爲失蒙遜西祀金山遣沮渠廣宗率騎一萬襲烏啼虜大捷而還蒙遜西至苕藋遣前將軍沮渠成都將騎五千襲卑和虜蒙遜率中軍三萬繼之卑和虜率衆迎降遂循海而西至鹽池祀西王母寺寺中有元石神圖命其

中書侍郎張穆賦焉銘之於寺前遂如金山而歸蒙遜下書曰頃自春炎旱害及時苗碧原靑野倏爲枯壤將刑政失中下有寃獄乎役繁賦重上天所譴乎內省多缺孤之罪也書不云乎百姓有過罪予一人可大赦殊死已下翌日而澍雨大降蒙遜聞劉裕滅姚泓怒甚門下校郞劉祥言事於蒙遜蒙遜曰汝聞劉裕入關敢研研然也遂殺之其峻暴如是顧謂左右曰古之行師不犯歲鎭所在姚氏舜後軒轅之苗裔也今鎭星在軒轅而裕滅之亦不能久守關中蒙遜爲李歆敗於解支澗復收散卒欲戰前將軍成都諫曰臣聞高祖有彭城之敗終成大業宜旋師以爲後圖蒙遜從之城建康而歸其羣下上書言朝士多違憲制不遵典章或公文御案而在家臥署或事無可否望空而過至令黜陟無紀駁議不聞宜肅振綱維申修舊則蒙遜納之命征南姚艾尙書左丞房晷撰朝堂制行之旬日百僚振肅太史令張衍言於蒙遜曰今歲臨澤城西當有破兵蒙遜乃遣其世子政德屯兵若厚塢蒙遜西至白岸謂張衍曰吾今年當有所定但太歲在申月又建申未可西行且當南巡要其歸會主而勿客以順天心計在臨機愼勿露也遂攻浩亹而蛇盤於帳前蒙遜笑曰前一爲騰蛇今盤在吾帳天意欲吾迴師先定酒泉燒攻具而還次於川巖聞李歆徵兵欲攻張掖蒙遜曰入吾計矣但恐聞吾迴軍不敢前也兵事尙權乃露布西境稱得浩亹將進軍黃谷歆聞而大悅進入都瀆澗蒙遜潛軍逆之敗歆於壞城遂進克酒泉百姓安堵如故軍無私焉以子牧犍爲酒泉太守歆之舊臣皆隨才擢敘蒙遜旣克酒泉於是西域諸國皆詣蒙遜朝貢稱臣蒙遜僭立九年而宋氏受禪蒙遜旣稱藩於晉宋景平初遂受宋命爲都督涼秦河沙四州諸軍事驃騎大將軍涼州牧河西王是歲遣其世子政德擊柔然兵敗見殺遂立次子興國爲世子元嘉三年改年承元明年遣世子興國攻秦爲秦王慕末所禽復立興國母弟菩提爲世子蒙遜嘗遣使求書於宋文帝並給之又就司徒王弘求搜神記弘亦與之八年復遣其尙書郞宗舒左常侍高猛稱臣朝貢於魏繼遣其子安周內侍八年魏太武遣兼太常李順持節拜蒙遜爲假節加侍中都督涼州西域羌戎諸軍事太傅行征西大將軍涼州牧涼王王七郡置將相羣卿百官建天子旌旗出入警蹕如漢初諸侯王故事使司徒崔浩爲册書以褒賞之蒙遜復改年爲義和元嘉十年夏四月蒙遜死時年六十六蒙遜在位三十三年僞謚武宣王廟號太祖

牧犍亦曰茂虔蒙遜諸子也蒙遜滅西涼使鎭酒泉後徙敦煌太守牧犍聰頴好學和雅有度量蒙遜病甚國人議以世子菩提幼弱廢之立牧犍爲世子加中外大都督大將軍錄尙書事至是遂襲僞位改年永和遣使告命於魏先是魏太武遣李順迎蒙遜女爲夫人會蒙遜死牧犍受蒙遜遺意送妹於代太武拜爲昭儀復遣李順拜牧犍爲使持節侍中都督涼沙河三州西域羌戎諸軍事車騎將軍開府儀同三司領護西戎校尉涼州刺史河西王牧犍上表乞安平一號太武不許元嘉十一年牧犍復奉表於宋宋亦册命爲涼州刺史河西王牧犍尙魏太武妹武威公主遣其相宋繇表謝獻馬五百匹黃金百斤繇又表請公主及牧犍母妃后定號太武命其臣議之皆曰母以子貴妻從夫爵牧犍母宜稱河西國太后公主於其國稱王后於京師則稱公主太武從之牧犍遣建節將軍沮渠旁周朝魏太武遣侍中古弼尙書李順賜牧犍侍臣衣服有差并徵其世子封壇入侍牧犍遣封壇朝於平城先是牧犍淫於其嫂李氏兄弟三人傳嬖之李與牧犍姊共毒公主太武遣醫乘傳救公主得愈太武徵李氏牧犍不遣厚送居於酒泉十六年魏使者自西域還至武威牧犍左右有告使者曰我君承蠕蠕可汗妄言云去歲魏天子自來伐我士馬疫死大敗而還我君大喜宣言於國使者還以聞太武遣尙書賀多羅使涼州觀虛實賀多羅還亦言牧犍雖外修臣禮內實乖悖是歲夏六月太武親討牧犍命公卿爲書數其十二罪且曰若親帥羣臣迎拜馬首上策也六軍旣臨面縛輿櫬其次也若守迷不悟身死族滅爲世大戮宜思厥中自求多福七月太武至上郡屬國城以安遠將軍源賀爲鄕導牧犍聞魏師濟河用其左丞姚定國計不肯出迎求救於蠕蠕遣其弟征南大將軍董來將萬餘人出戰望風奔潰太武至姑臧遣使諭牧犍出降牧犍聞蠕蠕欲入魏邊冀幸太武東還遂嬰城固守太武分軍圍之源賀引兵招慰諸部鮮卑下三萬餘落故太武得專攻姑臧無復外慮旣而牧犍兄子祖踰城出降太武具知城中情實因急攻之牧犍兄子萬年復率麾下來降九月姑臧城潰牧犍率其文武五千人面縛請降太武釋而禮之收其城內戶口二十餘萬使張掖王禿髮保周及龍驤將軍穆羆與源賀分徇諸部雜胡降者又數十萬擊取張掖樂都酒泉武威皆置將守之徙牧犍宗族及吏民三萬戶於平城初牧犍卽位之三年有老父投書於敦煌東門求之不

獲書曰涼王三十年若七年牧犍以問奉常張慎慎對曰昔虢之將亡神降於莘願陛下崇德修政以享三十年之祚若盤於遊田荒於酒色臣恐七年將有大變牧犍不悅又有人於震電所得石丹書曰河西河西三十年破帶石樂七年帶石青山名在姑臧南舊有神祀傍泥陷不通董來曰祀豈有知乎遂毀祀伐木通道而行至是果七年而滅始蒙遜以晉安帝隆安五年僭立至牧犍二世三十九年而滅太武克姑臧猶以妹壻待牧犍其母死以王太妃禮葬焉又爲蒙遜置守冢三十家牧犍至平城太武授征西大將軍河西王如故當姑臧之未破也牧犍使人斫開庫取金銀珠玉及珍奇器物不更封閉百姓因之入盜巨細蕩盡有司求賊不得元嘉二十四年其所親人及守藏者告之乃窮竟其事搜其家中悉得所藏器物又告牧犍父子多畜毒藥前後隱竊殺人乃有百數姊妹皆爲左道朋行淫佚曾無媿顏又蒙遜在時有罽賓沙門曇無讖者東入鄯善自云能使鬼物療病令婦人多子與鄯善王妹曼頭陀林淫通發覺亡奔涼州蒙遜寵之號曰聖人曇無讖以男女交接術教授婦女蒙遜諸女子婦皆往受法太武聞諸行人言曇無讖術乃召之蒙遜不遣乃發露其事拷訊殺之至是告者亦言太武追記其事遂賜昭儀沮渠氏死誅其宗族唯萬年及祖以前降得免是歲又有人告牧犍與故臣交通謀反太武詔司徒崔浩就公主第賜牧犍死牧犍與主訣良久乃自裁太武葬以王禮謚曰哀及公主死詔與牧犍合葬公主無男有女以國甥得襲母爵爲武威公主蒙遜子季義爲魏東雍州刺史後與河東薛安都謀逆召至平城使其兄弟扼殺之萬年以先降故封張掖王祖廣武公後亦坐謀逆賜死牧犍弟樂安太守安周當牧犍之敗奔于吐谷渾太武遣鎮南將軍奚眷討之牧犍弟酒泉太守無諱奔晉昌太武使弋陽公元絜守酒泉無諱圍酒泉陷之又圍張掖不能克退保臨松太武以詔諭之時永昌王健鎮涼州無諱使其中尉詣健求奉酒泉及送絜還朝太武於是拜無諱征西大將軍涼州牧酒泉王尋以無諱謀規叛亂復遣奚眷討酒泉克之無諱遂謀渡流沙遣安周西擊鄯善鄯善欲降會魏使者勸令拒守安周不能克退保東城既而鄯善王比龍西奔且末其世子乃從安周鄯善大亂無諱遂渡流沙士卒渴死者大半因據鄯善先是高昌太守闞爽爲敦煌公李寶舅唐契所攻閉無諱至鄯善使人詐降欲令無諱與唐契相擊留安周住鄯善從焉耆東北趣高昌會蠕蠕殺唐契爽遂拒無諱無諱將衞興奴遂屠其城爽奔蠕蠕無諱復據高昌元嘉二十一年夏無諱病死安周立後爲蠕蠕所并沮渠氏遂絕

通志卷一百九十二

通志卷一百九十三

宋右廸功郎鄭樵漁仲撰

載記卷第八

西涼

李暠　歆

夏

赫連勃勃　昌　定

後梁

蕭詧　巋　琮　巖　岌　岑　瓛　蔡大寶　王操　魏益德　尹正　甄元成　岑善方　宗如周　袁敞

西涼

李暠字元盛小字長生隴西成紀人姓李氏漢前將軍廣之十六世孫也廣曾祖仲翔漢初爲將軍討叛羌于素昌素昌卽狄道也衆寡不敵死之仲翔子伯考奔喪因葬于狄道之東川遂家焉世爲西州右姓高祖雍曾祖柔仕晉並歷位郡守祖弇仕張軌爲武衞將軍安世亭侯父昶幼有令名早卒遺腹生暠少而好學性沈敏寬和美器度通涉經史尤善文義及長頗習武藝誦孫吳兵法嘗與呂光太史令郭黁及其同母弟宋繇同宿黁起謂繇曰君當位極人臣李君有國土之分家有騧草馬生白額駒此其時也呂光末京兆段業自稱涼州牧以敦煌太守趙郡孟敏爲沙州刺史署暠效穀令敏尋卒敦煌護軍馮翊郭謙沙州治中敦煌索仙等以暠溫毅有惠政推爲寧朔將軍敦煌太守暠初難之會宋繇仕於業告歸敦煌言於暠曰兄忘郭黁之言邪白額駒今已生矣暠乃從之尋進號冠軍稱藩于業業以暠爲安西將軍敦煌太守領護西胡校尉及業僭稱涼王其右衞將軍索嗣構暠於業乃以嗣爲敦煌太守率騎五百而西未至二十里移暠使迎己暠驚疑將出迎之效穀令張邈及宋繇止之曰呂氏政衰段業闇弱正是英豪有爲之日將軍處一國成資奈何束手於人索嗣自以本邦謂人情附己不虞將軍卒能距之可一戰而擒矣宋繇亦曰大丈夫已爲世所推今日便授首於嗣豈不爲天下笑乎大兄英姿挺傑有雄霸之風張王之業不足繼也暠曰吾少無風雲之志因官至此不圖此郡士人忽爾見推向言出迎者未知士大夫之意故也因遣繇覘嗣繇見嗣嗤以甘言還謂暠曰嗣志驕兵弱易擒耳於是遣其二子歆讓與邈繇及司馬尹建興等逆戰破之嗣奔還張掖暠素與嗣善結爲刎頸交反爲所構故深恨之乃罪狀嗣於段業業將沮渠男成又惡嗣亦勸業除之業乃殺嗣遣使謝暠分敦煌之涼興烏澤晉昌之宜禾三縣爲涼興郡進暠持節都督涼興已西諸軍事鎭西將軍領護西夷校尉時有赤氣起于暠後園龍跡見于小城隆安四年晉昌太守唐瑤移檄六郡推暠爲大都督大將軍涼州領秦涼二州牧護羌校尉暠乃赦其境內建年爲庚子追尊祖弇曰涼景公父昶涼簡公以唐瑤爲征東將軍郭謙爲軍諮祭酒索仙爲左長史張邈爲右長史尹建興爲左司馬張體順爲右司馬張條爲牧府左長史令狐溢爲右長史張林爲太府主簿宋繇張謖爲從事中郎繇加折衝將軍謖加揚武將軍索承明爲牧府右司馬令狐遷爲武衞將軍晉興太守氾德瑜爲寧遠將軍西郡太守張靖爲折衝將軍河湟太守索順爲威遠將軍西平太守趙開爲騂馬護軍大夏太守索慈爲廣武太守陰亮爲西安太守令狐赫爲武威太守索術爲武興太守以招懷東夏又遣宋繇東伐涼興并擊玉門已西諸城皆下之遂屯玉門陽關廣田積穀爲東伐之資初呂光之稱王也遣使市六璽玉於于闐至是玉至敦煌納之郡府仍於南門外臨水起堂名曰靖恭之堂以議朝政閱武事圖讚自古聖帝明王忠臣孝子烈士貞女暠親爲序頌以明鑒戒之義當時文武羣寮亦皆圖焉有白雀翔于靖恭堂暠觀之大悅又立泮宮增高門學生五百人起嘉納堂於後園以圖讚所志義熙元年暠改元爲建初遣舍人黃始梁興間行奉表詣建康稱藩求稟正朔暠謂羣僚曰昔河右分崩羣豪競起吾以寡德爲衆賢所推何嘗不忘寢與食思濟黎庶故前遣母弟繇董率雲騎東殄不庭軍之所至莫不賓下今惟蒙遜鴟跱一城自張掖已東晉之遺黎雖爲戎虜所制至於向義思風過於殷人之望西伯大業須定不可安寢吾將遷都酒泉漸逼寇穴諸君以爲何如張邈贊成其議暠大悅曰二人同心其利斷金張長史與孤同矣夫復何疑乃以張體順爲寧遠將軍建康太守鎭樂涫徵宋繇爲右將軍領敦煌護軍與其子敦煌太守讓鎭敦煌遂遷居于酒泉初暠之西也留女敬愛養於外祖尹文文既東遷暠從姑梁褒之母養之其後禿髮傉檀假道於北山鮮卑遣褒送敬愛于酒泉并通和好暠遣使報聘贈以方物暠親率騎二萬略地至于建康鄯善前部王遣使貢其方物沮渠蒙遜來侵至于建康掠三千餘戶而歸暠大怒率騎追之及于彌安大敗之盡收所略之戶初苻堅建元之末徙江漢之人萬餘戶于敦煌中州之人有田疇不

闕者亦徙七千餘戶郭黁之寇武威武威張掖已東人西奔敦煌晉昌者數千戶及暠東遷皆徙之于酒泉分南人五千戶置會稽郡中州人五千戶置廣夏郡餘萬三千戶分置武威武興張掖三郡築城於敦煌南子亭以威南虜又以前表未報復遣沙門法泉間行奉表建康顯竭誠盡節爲國輸力暠既遷酒泉乃敦勸稼穡羣寮以年穀頻登百姓樂業請勒銘酒泉暠許之於是使儒林祭酒劉彥明爲文刻石頌德既而蒙遜每年侵寇不止暠志在以德撫其境內但與通和立盟弗之校也是時白狼白菟白雀白雉白鳩皆棲其園囿其羣下以爲白祥金精所誕皆應時邕而至又有神光甘露連理嘉禾衆瑞請史官記其事暠從之尋而蒙遜背盟來侵暠遣世子歆要擊敗之獲其將沮渠百年暠乃修敦煌舊塞東西二圍以防北虜之患築敦煌舊塞西南二圍以威南虜暠以緯世之量當呂氏之末爲羣雄所奉遂啓霸圖兵無血刃坐定千里謂張氏之業指期可成河西十郡歲月而一既而禿髮傉檀入據姑臧沮渠蒙遜基宇稍廣於是慨然著述志賦以自見詞多不載暠寢疾顧命宋繇曰吾少離荼毒百艱備嘗於喪亂之際遂爲此方所推才弱智淺不能一同河右今氣力惙然當不復起矣死者大理吾不悲之所恨志不申耳居元首之位者宜深誡危殆之機吾終之後世子猶卿子也善相輔導述吾平生勿令居人之上專驕自任軍國之宜委之於卿無使籌略乖衷失成敗之要十三年死時年六十七國人上謚曰武昭王墓曰建世陵廟號太祖暠世子譚早卒第二子歆嗣

歆字士業暠死時府寮奉爲大都督大將軍涼公領涼州牧護羌校尉大赦境內改年爲嘉興尊母尹氏爲太后以宋繇爲武衞將軍廣夏太守軍諮祭酒錄三府事索仙爲征虜將軍張掖太守沮渠蒙遜遣其張掖太守沮渠廣宗詐降誘歆歆遣武衞溫宜等赴之親勒大軍爲之後繼蒙遜率衆三萬設伏于蓼泉歆聞引兵還爲蒙遜所逼歆親貫甲先登大敗之追奔百餘里俘斬七千餘級明年蒙遜又伐歆歆將出距之左長史張體順固諫乃止蒙遜大芟秋稼而還是歲朝廷以歆爲持節都督七郡諸軍事鎮西大將軍護羌校尉酒泉公歆用刑頗嚴又繕築不止從事中郎張顯上疏諫曰入歲已來陰陽失序屢有賊風暴雨犯傷和氣今區域三分勢不久並并兼之本實在農戰懷遠之略事歸寬簡而更繁刑峻法宮室是務人力凋殘百姓愁悴致災之咎實此之由主簿氾稱又上疏諫曰臣聞天之子愛人后殷勤至矣故政之不修則垂災譴以誡之改者雖危必昌宋景是也其不改者雖安必亡虢公是也元年三月癸卯敦煌謙德堂陷八月效穀地裂二年元日昏霧四塞四月日赤無光二旬乃復十一月狐上南門今茲春夏地頻五震六月隕星于建康臣雖學不稽古敏謝仲舒頗亦聞道於先師且行年五十有九請爲殿下略言耳目之所聞見不復能遠論書傳之事也乃者咸安之初西平地裂狐入謙光殿前俄而秦師奄至都城不守梁熙既爲涼州藉秦氏兵亂規有全涼之地外不撫百姓內多聚斂建元十九年姑臧南門崩隕石於閑豫堂二十年而呂光東反子敗於前身戮於後段業因羣胡創亂遂稱制此方三年之中地震五十餘所既而先王龍興瓜州蒙遜敗之張掖此皆目前之成事亦殿下之所聞知效穀先王鴻漸之始謙德即尊之室基陷地裂大凶之徵也日者太陽之精中國之象赤而無光中國將爲胡夷之所陵滅諺曰野獸入家主人將去今狐上南門亦災之大也又狐者胡也天意若曰將有胡人居于此城南面而居者也昔春秋之世星隕于宋襄公卒爲楚所擒地者至陰胡夷之象當靜而動反亂天常天意若曰胡夷將震動中國中國若不修德將有宋襄之禍臣願殿下親仁善鄰養威觀釁罷宮室之務止游畋之娛後宮嬪妃諸弟子女躬受分田身勸蠶績以清儉素德爲榮息茲奢靡之費庶可以弭災止變不然將恐宗廟之危必不出紀歆並不納歆立四年而宋受禪歆將謀東伐張體順切諫乃止歆聞蒙遜南伐禿髮傉檀命中外戒嚴將攻張掖尹氏固諫不聽宋繇又固諫歆並不從繇退而歎曰大事去矣吾見師之出不見師之還也歆遂率步騎三萬東伐次于都瀆澗蒙遜自浩亹來距戰于懷城爲蒙遜所敗左右勸歆還酒泉歆曰吾違太后明誨遠取敗辱不殺此胡復何面目以見母也勒衆復戰敗于蓼泉爲蒙遜所害歆諸弟酒泉太守翻新城太守預領羽林右監密左將軍眺右將軍亮等西奔敦煌蒙遜遂入于酒泉歆之未敗也有大蛇從南門而入至于恭德殿前有雙雉飛出宮內通街大樹上有烏鵲爭巢鵲爲烏所殺又有敦煌父老令狐熾夢白頭公衣帢而謂熾曰南風動吹長木胡桐椎不中轂言訖忽然不見歆小字桐椎至是而亡翻及弟敦煌太守恂與諸子等棄敦煌奔于北山蒙遜以索嗣子元緒行敦煌太守元緒麤嶮好殺大失人和郡人宋承張弘以恂在郡有惠政密信招恂恂率數十騎入于敦煌元緒東奔

涼與宋承等推恂為冠軍將軍涼州刺史蒙遜遣世子德政率眾攻恂恂閉門不戰蒙遜自率眾二萬攻之三面起堤以水灌城恂遣壯士一千連版為橋潛欲決堤蒙遜勒兵逆戰屠其城歆子重耳脫身奔于江左仕于宋後歸魏為恆農太守蒙遜徙翻子寶等于姑臧歲餘北奔伊吾後歸于魏獨尹氏及諸女死於伊吾焉以安帝隆安四年僭立至宋高祖永初二年滅凡二十二年二世三主

夏

赫連勃勃字屈丐匈奴右賢王去卑之後而劉淵之族也曾祖虎劉聰世以宗室封樓煩公拜安北將軍監鮮卑諸軍事丁零中郎將雄據肆盧川為代王猗盧所敗遂出塞表祖豹子招集種落復為諸部之雄石虎遣使就拜為平北將軍左賢王丁零單于父衞辰入居塞內苻堅以為西單于督攝河西諸虜屯于代來城及堅國亂遂有朔方之地控弦之士三萬八千後魏師伐之衞辰令其子力俟提距戰為魏所敗魏人乘勝濟河克代來執衞辰殺之勃勃乃奔于叱干部叱干他斗伏送勃勃於魏他斗伏兄子阿利先戍大洛川聞將送勃勃馳諫曰鳥雀投人尚宜濟免況勃勃國破家亡歸命於我縱不能容猶宜任其所奔今執而送之深非仁者之舉他斗伏懼為魏所責弗從阿利潛遣勁勇篡勃勃於路送於姚興高平公沒弈于弈于以女妻之勃勃身長八尺五寸腰帶十圍性辯慧美風儀興見而奇之深加禮敬拜驍騎將軍加奉車都尉常參軍國大議寵遇踰於勳舊興弟邕言於興曰勃勃天性不仁難以親近陛下寵遇太甚臣竊惑之興曰勃勃有濟世之才吾方收其藝用與之其平天下有何不可乃以勃勃為安遠將軍封陽川侯使助沒弈于鎮高平以三城朔方雜夷及衞辰部眾三萬配之使為伐魏偵候姚邕固諫以為不可興曰卿何以知其性氣邕曰勃勃奉上慢御眾殘貪暴無親輕為去就寵之踰分終為邊害興乃止頃之以勃勃為持節安北將軍五原公配以三交五部鮮卑及雜虜二萬餘落鎮朔方時河西鮮卑杜崘獻馬八千匹于姚興濟河至大城勃勃留之召其眾三萬餘人偽獵高平川襲殺沒弈于而并其眾眾至數萬義熙二年僭稱天王大單于赦其境內建元曰龍昇署置百官自以匈奴夏后氏之苗裔也國稱大夏以其長兄右地代為丞相代公次兄力俟提為大將軍魏公叱干阿利為御史大夫梁公弟阿利羅引為征南將軍司隸校尉若門為尚書令叱以鞬為征西將軍尚書左僕射乙斗為征北將軍尚書右僕射自餘以次授任其年討鮮卑薛于等三部破之降眾萬數千進討姚興三城已北諸戍斬其將楊丕姚石生等諸將諫以固險不從又復言於勃勃曰陛下將欲經營宇內南取長安宜先固根本使人心有所憑繫然後大業可成高平險固山川沃饒可以都也勃勃曰卿徒知其一未知其二吾大業草創眾旅未多姚興亦一時之雄關中未可圖也且其諸鎮用命我若專固一城彼必并力於我眾非其敵亡可立待吾以雲騎風馳出其不意救前則擊其後救後則擊其前使彼疲於奔命我則游食自若不及十年嶺北河東盡我有也待姚興死後徐取長安姚泓凡弱小兒擒之方略已在吾計中矣昔軒轅氏亦遷居無常二十餘年豈獨我乎於是侵掠嶺北嶺北諸城門不晝啓興歎曰吾不用黃兒之言以至於此黃兒姚邕小字也勃勃初僭號求婚於禿髮傉檀傉檀弗許勃勃怒率騎二萬伐之自楊非至于支陽三百餘里殺傷萬餘人驅掠二萬七千口牛馬羊數十萬而還傉檀率眾追之其將焦朗謂傉檀曰勃勃天姿雄驁御軍齊肅未可輕也今因抄掠之資率思歸之士人自為戰難與爭鋒不如從溫圍北渡趣萬斛堆阻水結營制其咽喉百戰百勝之術也傉檀將賀連怒曰勃勃以死亡之餘率烏合之眾犯順結禍幸有大功今牛羊塞路財寶若山窘弊之餘人懷貪競不能督厲士眾以抗我也我以大軍臨之必土崩魚潰今引軍避之示敵以弱我眾氣銳宜在速追傉檀曰吾追計決矣敢諫者斬勃勃聞而大喜乃於陽武下陝鑿凌理車以塞路傉檀遣善射者射之中勃勃左臂勃勃乃勒眾逆擊大敗之追奔八十餘里殺傷萬計斬其大將十餘人以為京觀號髑髏臺還于嶺北勃勃與姚興將張佛生戰于青石原又敗之俘斬五千七百人興遣將齊難率眾二萬來伐勃勃退如河曲難以去勃勃既遠縱兵掠野勃勃潛軍覆之俘獲七千餘人收其戎馬兵仗難引軍而退勃勃復追擊于木城拔之擒難俘其將士萬有三千戎馬萬匹嶺北夷夏降附者數萬計勃勃於是拜置守宰以撫之勃勃又率騎二萬入高岡及于五井掠平涼雜胡七千餘戶以配後軍進屯依力川姚興來伐至三城勃勃候興諸軍未集率騎擊之興大懼遣其將姚文宗距戰勃勃偽退設伏以待之興遣其將姚榆生等追之伏兵夾擊皆擒之興將王奚聚羌胡三千餘戶于敕奇堡勃勃進攻之奚驍悍有膂力短兵接戰勃勃之眾多為所傷於是堰斷其水堡人窘迫執

奚出降勃勃謂奚曰卿忠臣也朕方與卿共平天下奚曰若蒙大恩速死爲惠乃與所親數十人自刎而死勃勃又攻興將金洛生于黃石固彌姐豪地于我羅城皆拔之徙七千餘家於大城以其丞相右地代領幽州牧以鎭之遣其尚書金纂率騎一萬攻平涼姚興來救纂爲興所敗死之勃勃兄子左將軍羅提率步騎一萬攻興將姚廣都于定陽克之坑將士四千餘人以女弱爲軍賞拜廣都爲太常勃勃又攻興將姚壽都于淸水城壽都奔上邽徙其人萬六千家于大城是歲齊難姚廣都謀叛皆誅之姚興將姚詳棄三城南奔大蘇勃勃遣其將平東鹿弈于要擊之執詳盡俘其眾詳至勃勃數而斬之其年勃勃率騎三萬攻安定與姚興將楊佛嵩戰于青石北原敗之降其眾四萬五千獲戎馬二萬匹進攻姚興將党智隆于東鄉降之署智隆光祿勳徙其三千餘戶于貳城姚興鎭北參軍王買德來奔勃勃謂買德曰朕大禹之後世居幽朔祖宗重暉常與漢魏爲敵國中世不競受制於人逮朕不肖不能紹隆先構國破家亡流離漂虜今將應運而興復大禹之業卿以爲何如買德曰自皇晉失統神器南移羣雄岳峙人懷問鼎況陛下奕葉載德重光朔野神武超於漢皇聖略邁於魏祖而不於天啓之機建成大業乎今秦政雖衰藩鎭猶固深願蓄力待時詳而後舉勃勃善之拜爲軍師中郞將乃赦其境內改元爲鳳翔以叱干阿利領將作大匠發嶺北夷夏十萬人於朔方水北黑水之南營起都城勃勃自言朕方統一天下君臨萬邦可以統萬爲都城名阿利性尤工巧然殘忍刻暴乃蒸土築城錐入一寸卽殺作者而并築之勃勃以爲忠故委以營繕之任又造五兵之器精銳尤甚既成呈之工匠必有死者射甲不入卽斬弓人如其入也便斬鎧匠又造百鍊剛刀爲龍雀大環號曰大夏龍雀銘其背曰古之利器吳楚湛盧大夏龍雀名冠神都可以懷遠可以柔邇如風靡草威服九區世甚珍之復鑄銅爲大鼓飛廉翁仲銅駝龍虎之屬皆以黃金飾之列於宮殿之前凡殺工匠數千以是器物莫不精麗於是議討乞伏熾磐王買德諫曰明王之行師也軌物以德不以暴且熾磐我之與國新遭大喪今若伐之豈所謂乘理而動上感靈和之義乎苟恃眾力因人喪難匹夫猶恥爲之而況萬乘哉勃勃曰甚善微卿朕安聞此言其年下書曰朕之皇祖自北遷幽朔姓改姒氏音殊中國故從母氏爲劉子而從母之姓非禮也古人氏族無常或以因生爲氏或以王父之名朕將以義易之帝王者係天爲子是爲徽赫實與天連今改姓曰赫連氏庶協皇天之意永享無疆大慶係天之尊不可令支庶同之其非正統皆以鐵伐爲氏庶朕宗族子孫剛銳如鐵皆堪伐人立其妻梁氏爲王后子璝爲太子封子延爲陽平公昌太原公倫酒泉公定平原公滿河南公安中山公又攻姚興將姚逵于杏城二旬克之執逵及其將姚大用姚安和姚利僕尹敵等坑戰士二萬人遣其御史中丞烏洛孤盟於沮渠蒙遜以結和好蒙遜遣其將沮渠漢平報之勃勃聞姚泓將姚嵩與氐王楊盛相持率騎四萬襲上邽未至而嵩爲盛所殺勃勃攻上邽二旬克之殺泓秦州刺史姚平都及將士五千人毀城而去進攻陰密又殺興將姚良子及將士萬餘人以其子昌爲使持節前將軍雍州刺史鎭陰密泓將姚恢棄安定奔于長安安定人胡儼華韜率戶五萬據安定降于勃勃以儼爲侍中韜爲尙書留鎭東羊苟兒鎭之配以鮮卑五千進攻泓將姚諶于雍城諶奔長安勃勃進師次郿城泓遣其將姚紹來距勃勃退如安定胡儼等襲殺苟兒以城降泓勃勃引歸杏城笑謂羣臣曰劉裕伐秦水陸兼進且裕有高世之略姚泓豈能自固吾驗以天時人事必當克之又其兄弟內叛安可以距人裕既克長安利在速返正可留子弟及諸將守關中待裕發軫吾取之若拾芥耳不足復勞吾士焉於是秣馬厲兵休養士卒尋進據安定姚泓嶺北鎭戍郡縣悉降勃勃於是盡有嶺北之地俄而劉裕滅泓入于長安遣使遺勃勃書請通和好約爲兄弟勃勃命其中書侍郞皇甫徽爲文而陰誦之召裕使前口授舍人爲書封以答裕裕覽其文而奇之使者又言勃勃容儀瓌偉英武絕人裕歎曰吾所不如也既而勃勃還統萬裕留子義眞鎭長安而還勃勃聞之大悅謂王買德曰朕將進圖長安卿試言取之方略買德曰劉裕滅秦所謂以亂平亂未有德政以濟蒼生關中形勝之地而以弱才小兒守之非經遠之規也狼狽而返者欲速成篡事耳無暇有意於中原陛下以順伐逆義貫幽顯百姓以君命望陛下義旗之至以日爲歲矣青泥上洛南師之衝要宜置游兵斷其去來之路然後杜潼關塞崤陝絕其水陸之道陛下聲檄長安申布恩澤三輔父老皆壺漿以迎王師矣義眞獨坐空城逃竄無所一旬之閒必面縛麾下所謂兵不血刃不戰而自定也勃勃善之以子璝都督前鋒諸軍事領撫軍大將軍率騎二萬南伐長安前將軍赫連昌屯兵潼關以買德爲撫軍右長史南斷青泥勃勃率大軍繼發璝至渭

陽降者屬路義眞遣龍驤將軍沈田子率衆逆戰不利而退屯劉迴堡田子與義眞司馬王鎭惡不平因鎭惡出城遂殺之義眞又殺田子於是悉召外軍入于城中閉門距守關中郡縣悉降璝夜襲長安不克勃勃進據咸陽長安樵採路絕劉裕聞之大懼乃召義眞東鎭洛陽以朱齡石爲雍州刺史守長安義眞大掠而東至於灞上百姓遂逐齡石而迎勃勃入于長安璝率衆三萬追擊義眞王師敗績義眞單馬而遁買德獲晉寧朔將軍傅弘之輔國將軍蒯恩義眞司馬毛修之於青泥積人頭以爲京觀於是勃勃大饗將士于長安舉觴謂王買德曰卿往日之言一周而果效可謂算無遺策矣雖宗廟社稷之靈亦卿謀猷之力也此鳩所集非卿而誰於是拜買德都官尚書加冠軍將軍封河陽侯赫連昌攻齡石及龍驤將軍王敬於潼關之曹公故壘克之執齡石及敬送于長安羣臣乃勸進勃勃曰朕無撥亂之才不能弘濟兆庶自枕戈寢甲十有二年而四海未同遺寇尚熾不知何以謝責當年垂之來葉將明揚仄陋以王位讓之然後歸老朔方琴書卒歲皇帝之號豈薄德所膺羣臣固請乃許之於是爲壇於灞上僭卽皇帝位赦其境內改元爲昌武遣其將叱奴侯提率步騎二萬攻晉并州刺史毛德祖于蒲坂德祖奔于洛陽以侯提爲并州刺史鎭蒲坂勃勃歸于長安徵隱士京兆韋祖思既至而恭懼過禮勃勃怒曰吾以國士徵汝柰何以非類處吾汝昔不拜姚興何獨拜我我今未死汝猶不以我爲帝王吾死之後汝輩弄筆當置吾何地遂殺之羣臣勸都長安勃勃曰朕豈不知長安累帝舊都有山河四塞之固但荆吳僻遠勢不能爲人之患東魏與我同壤境去北京裁數百餘里若都長安北京恐有不守之憂朕在統萬彼終不敢濟河諸卿適未見此耳其下咸曰非所及也乃於長安置南臺以璝領大將軍雍州牧錄南臺尚書事勃勃還統萬以宮殿大成於是赦其境內又改元曰眞興時元嘉元年也因刻石都南命其秘書監胡義周撰辭頌美功德名其南門曰朝宋門東門曰招魏門西門曰服涼門北門曰平朔門追尊其高祖訓兒曰元皇帝曾祖武曰景皇帝祖豹子曰宣皇帝父衞辰曰桓皇帝廟號太祖毋苻氏曰桓文皇后勃勃將廢太子璝而立少子酒泉公倫璝知之是歲以兵攻倫倫拒之敗死倫兄太原公昌襲璝殺之并其衆歸于統萬勃勃大悅立昌爲太子勃勃性凶暴好殺無順守之規常居城上置弓劒於側有所嫌忿便手自殺之羣臣忤視者毀其目笑者決其脣諫者謂之誹謗先截其舌而後斬之夷夏囂然人無生賴勃勃僭立十四年而宋氏受禪以宋元嘉二年八月死僞謚武烈皇帝廟號世祖陵曰嘉平

昌字還國一名折勃勃之第二子也始封太原公授雍州刺史鎭陰密以襲殺太子璝得爲嗣旣僭立改年承元魏太武聞勃勃死關中亂遂遣司空奚斤襲蒲坂中兵將軍周幾襲陝自將襲統萬行至君子津會天暴寒冰合率輕騎一萬八千濟河襲昌方燕羣臣聞魏師奄至上下驚擾太武次於黑水去城三十餘里昌出戰太武馳往擊之昌退走入城門未及閉魏將豆代田乘勝帥衆入其西宮焚其西門宮門閉代田踰垣而出明日魏分軍四掠殺獲數萬太武謂諸將曰統萬未可得也他年當與卿等取之乃徙其民萬餘家而還昌遣其弟平原公定與奚斤相持於長安元嘉四年五月太武復西伐至拔鄰出築城捨輜重以輕騎三萬倍道先行羣臣咸諫曰統萬城堅非一日可拔今輕軍討之進不可克退無所資不若步軍攻具一時俱往太武曰夫用兵之術攻城最下必不得已然後用之今以步兵攻具皆進彼必懼而堅守若攻不時拔食盡兵疲外無所掠非計之得也不如以輕騎直抵其城彼見步兵未至意必寬弛吾羸形以誘之若得一戰則成禽矣吾軍去家二千餘里復有黃河之難所謂置之死地而後生也以是決戰則有餘攻城則不足遂行次于黑水分軍伏於夾谷而以少衆至其城下昌將狄子玉來降言昌聞有魏師追其弟定曰統萬城堅未易攻拔待我禽奚斤然後徐往內外擊之蔑不濟矣故昌堅守以待之太武患之乃退軍城北示昌以弱遣永昌王健及宗正蛾清等分騎五千西掠居人會軍士負罪亡入昌城言魏軍糧盡士卒食菜輜重在後步兵未至擊之爲便昌信其言引衆出城步騎三萬司徒長孫翰等咸言昌步騎難犯宜避其鋒太武曰遠來求賊唯恐不出今避而不擊彼奮我弱非計也遂收衆僞北引而疲之昌以爲退鼓譟而前舒陣爲翼行五六里大武衝之昌陣不動稍前行會有風雨從東南來揚沙晦冥宦者趙倪曰今風雨從賊上來我向彼背天不助人願攝陣避之太常崔浩叱之曰是何言也吾千里制勝一日之中豈得變易賊貪進不已後軍已絕宜隱軍分出奄擊不意風道在人豈有常也太武善之乃分騎爲左右隊以掎之太武馬蹶而墜幾爲昌兵所獲宗室拓跋齊以身捍蔽太武騰馬得上身中流矢奮擊不輟昌衆大潰魏師乘勝逐昌至

城北昌遂奔上邽太武微服逐奔者入其城城中人覺之諸門悉閉太武與拓跋齊等入其宮中得裙繫之槊上乘之而上僅乃得免明日入城獲昌王公卿校及婦女以萬數馬三千匹牛羊數千萬頭府庫珍寶車旗器物不可勝計初勃勃性豪侈築統萬城高十仞基厚三十步上廣十步宮牆高五仞其堅可以厲刀斧臺榭壯大皆雕鏤圖畫被以繡綺太武曰蕞爾國而用民如此欲不亡得乎奚斤追昌至雍不及而還赫連定聞統萬破亦奔昌於上邽太武還平城以常山王素鎮統萬留太僕邱堆與娥清使助奚斤擊昌五年太武復使將軍尉建攻上邽昌退屯平涼奚斤進軍安定與邱堆娥清軍合斤以馬疫糧少深壘自固遣堆行督租爲昌所襲堆敗還城昌乘勝日夜鈔掠不得芻牧諸將患之監軍侍御史安頡請斤決戰斤以馬少爲辭頡曰昌狷而無謀好勇而輕每自出挑戰衆皆識之今斂諸將所乘馬可得二百匹頡請募死士擊之昌可禽也斤猶難之頡乃陰與尉建選騎以待旣而昌果來攻城頡出應之昌自出搏戰軍士爭赴之昌敗走頡追禽之太武使侍中古弼迎昌至平城舍之西宮門內給以乘輿之副又以妹始平公主妻之假昌常忠將軍賜爵會稽公又封爲秦王後以元嘉十一年叛魏西走爲候將格殺之魏人并誅其羣弟

定小字直獀勃勃之第五子也始封平原公昌立進爵爲王定凶暴無賴昌之被禽也定收其餘衆奔還平涼僭即僞位改年勝光奚斤以昌爲偏裨所禽深恥之乃捨輜重齎三日糧追定於平涼娥清欲循水而往斤不從自北道邀其走路定軍將遁會魏小將有罪亡歸定告以魏軍食少無水定乃分兵夾擊之魏兵大潰斤淸皆爲所禽邱堆棄輜重奔還於是定復取長安定嘗登陰槃山望其本國泣曰先帝以朕承大業者豈有今日之事乎使天假朕年當與卿諸人建季興之業俄而羣狐百數鳴於其側定命射之無所獲惡之曰所見亦大不臧咄咄天道復何言哉定遣使求和於宋約合兵滅魏遙分河北自恒山以東屬宋以西屬夏元嘉七年魏太武自襲平涼使將軍古弼等將兵趣安定定自安定北救平涼與弼遇弼僞退以誘之定追之太武使高車馳擊之定大敗走鶉觚原魏軍圍之斷其水草人馬饑渴定引衆下原魏軍擊之定衆大潰定中重創單騎走收餘衆西保上邽魏兵遂取安定太武還臨平涼克之復取長安八年定遣其叔父韋伐攻秦主乞伏慕末於南安以慕末歸殺之是歲定畏魏人之逼擁秦民十餘萬口自治城濟河欲擊北涼王沮渠蒙遜而奪其地吐谷渾王慕璝遣騎三萬乘其半濟邀擊之執定以歸明年吐谷渾送定于魏魏人殺之始勃勃以晉安帝義熙三年僭號至定二世三主凡二十有五年而滅

後梁

蕭詧字理孫蘭陵人梁武帝之孫昭明太子統之第三子也幼好學善屬文尤長佛義特爲武帝嘉賞梁普通中封曲江縣公及昭明太子薨封詧岳陽郡王位東揚州刺史領會稽太守初昭明卒武帝捨詧兄弟而立簡文內常愧之故寵亞諸子以會稽人物殷阜一都之會故有此授以慰其心詧旣以其昆季不得爲嗣常懷不平又以武帝衰老朝多秕政有敗亡之漸遂蓄聚財貨交通賓客招募輕俠折節下之其勇敢者多歸附焉左右遂至數千人皆厚加資給大同元年除西中郎將雍州刺史都督五州諸軍事寧蠻校尉詧以襄陽形勝之地又武帝創基之所時平足以樹根本時亂足以圖霸功遂務修刑政太清二年武帝以詧兄河東王譽爲湘州刺史徙湘州刺史張纘爲雍州纘恃才輕譽州府迎候有闕譽深銜之遂託疾不與相見後聞侯景作亂頗陵蹙纘纘構譽及詧於梁元帝元帝令其世子方等及王僧辯相繼攻譽譽告急於詧詧聞之大怒及元帝將援建業令所部諸州並發兵赴都詧遣府司馬劉方貴領兵爲前軍出漢口及將發元帝又使諮議參軍劉瑴召詧自行詧不從而方貴潛與元帝相知剋期襲詧未及發會詧以他事召方貴方貴懼謀泄遂據樊城拒命詧遣軍攻之元帝乃厚師遣張纘若將述職而密援方貴纘次大隄而樊城已陷詧禽方貴兄弟黨與並斬之詧時以譽危急乃留諮議參軍蔡大寶守襄陽率衆伐江陵以救之元帝大懼乃遣參軍庾奐謂詧曰以姪伐叔逆順安在詧曰家兄無辜屢被攻圍七父若顧先恩豈應若是如能退兵湘水吾便旋旆襄陽時攻柵不剋會大雨暴至平地四尺衆頗離心軍主杜岸岸弟幼安及其兄子龕以其屬降於江陵詧乃遁歸襄陽器械輜重多沒於健水詧恐不能自固乃遣蔡大寶求附庸于西魏時西魏大統十五年也西魏丞相宇文泰令其東閤祭酒榮權使焉是歲元帝令柳仲禮圖襄陽詧乃遣妃王氏及世子嶚爲質請救宇文泰令榮權報命仍遣開府楊忠爲援十六年忠禽仲禮平漢東西魏命詧發喪嗣位詧辭乃使假散騎常侍鄭孝穆及榮權策命詧爲梁王乃於襄陽置百官承制封拜十七年留尚書僕

射蔡大寶守雍部而朝于長安宇文泰謂曰王之來此頗由榮權乃召權見詧泰曰權吉士也寡人與之從事未嘗見失信詧曰榮權常道二國之言無私故詧今者得歸誠魏闕耳魏恭帝元年宇文泰命柱國于謹伐江陵詧以兵會之及江陵平泰命詧主梁嗣居江陵東城資以江陵一州之地其襄陽所統盡入於魏詧乃稱皇帝於其國年號大定追尊其父統爲昭明皇帝廟號高宗統妃蔡氏爲昭德皇后又尊其所生母龔氏爲皇太后立妻王氏爲皇后子巋爲皇太子其慶賞刑威官方制度並同王者唯上疏則稱臣奉魏正朔至於爵命其下亦依梁氏之舊其戎章勳級則又兼用柱國等官又追贈叔父邵陵王綸太宰謚曰壯武贈兄河東王譽丞相謚曰武桓宇文泰仍置江陵防主統兵居於西城名曰武植泰外云助詧備禦內實防詧初江陵滅元帝將王琳據湘州志圖匡復及詧立琳乃遣其將潘純陁侯方兒來寇詧禦之純陁等退歸夏口詧之四年詧遣其大將軍王操略取王琳之長沙武陵南平等郡五年王琳又遣其將雷文柔襲陷監利郡太守大有死之尋而琳與陳人相持稱蕃乞師於詧詧許之師未出而琳軍敗附於齊是歲其太子巋朝于長安六年四月大雨震其前殿崩壓三百餘人七年冬有鵩鳥鳴于寢殿八年二月詧終于前殿時年四十四是歲周保定二年也八月葬于平陵謚曰宣皇帝廟號中宗詧少有大志不拘小節雖多猜忌而知人善任使撫將士有恩能得其死力性不飲酒安於儉素事母以孝聞又不好聲色尤惡見婦人雖相去數步亦云遥聞其臭經御婦人之衣更不再著並皆棄之一幸姬媵病卧累旬又惡見人髮白事之者必方便避之攜輿者冬月必須裹頭夏月則加蓮葉帽其在東揚州頗放誕省覽簿領好爲戲弄之言以此獲譏於世及江陵平宿將尹德毅謂詧曰臣聞人主之行與匹夫不同匹夫者飾小行競小廉以取名譽人主者定天下安社稷以成大功今魏虜貪惏罔顧弔伐之義俘囚士庶並充軍實然此等戚屬咸在江東悠悠之人可門到戶說既塗炭至此咸謂殿下爲之殿下既殺人父兄孤人子弟人盡讎也又誰與爲國但魏之精銳盡萃於此犒師之禮非無故事若殿下爲設享會固請于謹等爲歡彼無我虞當相率而至預伏武士因而斃之攜江陵百姓而安之文武官僚隨材銓授魏人攝息未敢送死僧辯之徒折簡可致然後朝服濟江入踐皇極纘堯復禹萬世一時詧謂德毅曰卿此策非不善也然魏人待我甚厚未可背德若遽爲卿計則鄧祁侯所謂人將不食吾餘既而闔城長幼被虜入關又失襄陽之地詧恨乃曰不用德毅之言以至於是又見邑居殘毀干戈日用恥其威略不振常懷憂憤乃著愍時賦以見志焉居常怏怏每誦老馬伏櫪志在千里烈士暮年壯心不已未嘗不盱衡扼歎吒者久之遂以憂憤發背而死詧篤好文義所著文集十五卷內典華嚴槃若法華金光明義疏三十六卷並行於世周武帝又命其太子巋嗣位年號天保

巋字仁遠詧之第三子也機辯有文學善於撫御能得其下之歡心嗣位之元年尊其祖母龔太后曰太皇太后嫡母王皇后曰皇太后所生曹貴嬪曰皇太妃其年五月太皇太后薨謚曰元太后九月太妃又薨謚曰孝皇太妃二年其皇太后薨謚曰宣靜皇后五年陳湘州刺史華皎巴州刺史戴僧朔並來附皎送其子元響爲質於巋仍請兵伐陳巋上言其狀周武詔衞公直督荆州總管權景宣大將軍元定等赴之巋亦遣其柱國王操率水軍二萬會皎於巴陵既而與陳將吳明徹等戰於沌口直軍不利元定遂沒巋大將軍李廣等亦爲陳人所虜長沙巴陵並陷於陳衞公直乃歸咎於巋之柱國殷亮巋雖以退敗不獨咎亮然不敢違命遂誅之吳明徹乘勝攻克巋河東郡獲其守將許孝敬明年明徹進寇江陵引江水灌城巋出頓紀南以避其銳江陵副總管高琳與其尚書僕射王操拒守巋馬軍主馬武吉徹等擊明徹明徹退保公安巋乃還江陵巋之八年陳又遣其司空章昭達來寇江陵總管陸騰及巋之將士擊走之昭達又寇竟陵之青泥巋令其大將軍許世武赴援大爲昭達所破初華皎戴僧朔從衞公直與陳人戰率其麾下數百人歸於巋巋以皎爲司空封江夏郡公僧朔爲車騎將軍封吳興縣侯巋之十年皎將來朝至襄陽請衞公直曰梁主既臣江南諸郡人少國貧朝廷興亡繼絕理宜資贍豈使齊桓楚莊獨擅救衞復陳之美望借數州以裨梁國直然之乃遣使言狀于周武帝許之詔以基平鄀三州歸之於巋及周平齊巋朝於鄴帝雖以禮接之然未之重也巋知之後因宴承間乃陳其父荷文帝拯救之恩并敘二國艱虞脣齒掎角之事辭理辯暢因泣涕交流帝亦爲之歔欷自是大加賞異禮遇日隆後帝復與之宴齊氏故臣叱列長叉亦預焉帝指謂巋曰是登陴罵朕者也巋曰長叉未能輔桀翻敢吠堯帝大笑及酒酣帝又命琵琶自彈之仍謂巋曰當爲梁王盡歡巋乃起請舞帝曰王乃能爲朕舞乎

歸曰陛下旣親撫五紘臣何敢不同百獸帝大悅賜雜綵萬段良馬數十匹并賜齊後主妓妾及帝所乘五百里駿馬以遺之及隋文帝執政尉遲迥王謙司馬消難等各起兵時巋將帥皆密請興師與迥等爲連衡之勢進可以盡節於周氏退可以席卷山南巋以爲不可俄而消難奔陳迥等相次破滅隋文帝旣踐極恩禮彌厚遣使賜金五百兩銀千兩布帛萬疋馬五百匹開皇二年隋文帝備禮納巋女爲晉王妃又欲以其子瑒尙蘭陵公主由是罷江陵總管巋專制其國四年入朝長安帝甚敬待之詔巋位在王公之上巋被服端麗進退閑雅天子矚目百僚傾慕帝賜巋縑萬疋珍玩稱是及還親執其手謂之曰梁主久滯荆楚未復舊都朕當振旅長江相送旋反歸拜謝而歸五年五月寢疾臨終上表奉辭并獻所服金裝劒帝覽而嗟悼巋在位二十三年梁之臣子葬之顯陵謚曰孝明皇帝廟號世宗巋孝悌慈仁有君人之量四時祭享未嘗不悲慕流涕性尤儉約御下有方境內安之所著文集及孝經周易義記及大小乘幽微並行於世文帝又命其太子琮嗣位

琮字溫文性倜儻不羈博學有文義兼善弓馬遣人伏地持帖琮奔馬射之十發十中持帖者亦不懼初封東陽王尋立爲梁太子及嗣位帝賜以璽書敦勉之又賜梁之大臣璽書誡勉之時琮年號廣運有識者曰運之爲字軍走也吾君將奔走乎其年琮遣大將軍戚昕以舟師襲陳公安不克而還文帝徵琮叔父岑入朝拜大將軍封懷義公因留不遣復置江陵總管以監之琮所署大將軍許世武密以城召陳將宜黃侯陳紀謀泄琮誅之後二歲文帝徵琮入朝琮率臣下二百餘人入長安江陵父老莫不隕涕曰吾君其不反矣文帝以琮來朝遣武鄉公崔弘度將兵戍之軍至鄀州琮叔父巖及弟瓛等懼弘度掩襲之遂引陳人至城下虜居民而叛於是廢梁國文帝遣左僕射高熲安集之曲赦江陵死罪給復十年梁二主各給守墓十戶拜琮柱國賜爵莒國公自詧初即位歲在乙亥至是歲在丁未凡三十三載而亡琮至煬帝嗣位甚見親重拜內史令改封梁公琮之宗族緦麻以上並得隨才擢用於是諸蕭昆弟布列朝廷琮性澹雅不以職務自嬰退朝縱酒而已內史令楊約與琮同列帝令約宣旨誡勵約復以私情諭之琮曰琮若復事事則何異公哉約笑而退約兄素時爲尙書令見琮嫁從父妹於鉗耳氏謂曰公帝王之族何乃適妹鉗耳氏琮曰前已嫁妹於侯莫陳氏此復何疑素曰鉗耳羌也侯莫陳虜也何得相比琮曰以羌異虜未之前聞素慙而止琮雖羈旅見北間豪貴無所降下常與賀若弼深友弼旣誅復有童謠曰蕭蕭亦復起帝由是忌之遂廢於家卒贈左光祿大夫子鉉位襄城太守復以琮弟子鉅爲梁公鉅小名曰藏煬帝甚昵之以爲千牛與宇文皛出入宮掖伺察內外帝每有遊宴鉅未嘗不從遂於宮中多行淫穢江都之變爲宇文化及所殺詧之居帝位百寮追謚長子嶚爲孝惠太子次子巖封安平王岌東平王岑河間王後改封吳郡王琮弟瓛義興王瑑晉陵王璟臨海王珣南海王瑒義安王以蔡大寶爲股肱王操爲腹心魏益德尹正薛暉許孝敬薛宣爲爪牙甄元成劉盈岑善方傅淮褚珪蔡大業典眾務張綰以舊齒處顯位沈重以儒學蒙厚禮自餘多所獎拔咸盡其器能及巋纂業親賢並用將相則華皎殷亮劉忠義宗室則蕭欣蕭翼人望則蕭確謝溫柳洋王湜徐岳外戚則王洋王誦殷璉文章則劉孝勝范廸沈居游君公柳信言政事則袁敞柳莊蔡延壽甄翊皇甫玆故能保其疆土而和其人焉今載詧子嶚等及蔡大寶以下尤著者附于左其在梁陳隋已有傳及歸諸子未任職者則不兼錄

嶚字道遠詧之長子也母曰宣靜皇后詧之爲梁王立爲世子尋病卒及詧稱帝追謚焉

巖字義遠詧第五子也性仁厚善撫接歷尙書令太尉太傅入陳授東揚州刺史及陳亡百姓推巖爲主爲總管宇文述所破伏法於長安

岌詧第六子也性淯和位至侍中中衛將軍巋之五年卒贈司空謚曰孝

岑字智遠詧第八子也位至太尉性簡貴御下嚴整及琮嗣位自以望重屬尊頗有不法故隋文徵入朝拜大將軍封懷義郡公

瓛字欽文巋第三子也幼有令譽能屬文位荆州刺史頗有能名崔弘度兵至鄀州瓛懼與其叔父巖奔陳陳主以爲侍中吳州刺史甚得物情三吳父老皆曰吾君之子陳亡吳人推之爲主吳人見梁武簡文及詧巋等兄弟中並第三而踐尊位瓛自以巋第三子深自矜負有謝異者頗知廢興梁陳之際言無不驗江左人甚敬信之及陳主被禽異奔瓛由是益爲眾所歸宇文述之討瓛也瓛遣王褒守吳州自將拒述遣兵別道襲褒褒衣道士服棄城而遁瓛敗將左右數人逃于太湖匿于人家被執送長安斬之璟仕隋尙衣奉御瑒衛尉卿秘書監陶邱侯璹內史侍郎河池太守

蔡大寶字敬位濟陽考城人祖履齊尚書祠部郎父黠梁尚書儀曹郎南兗州别駕大寶少孤而篤學不倦善屬文初以明經對策第一解褐武陵王國左常侍嘗以書干僕射徐勉勉甚賞異乃令與其子遊處所有墳籍盡以給之遂博覽羣書學無不綜詧初出第勉仍薦大寶爲侍讀兼掌記室尋除尚書儀曹郎詧出鎮會稽大寶諮選曹求諮議不得以爲記室大寶攘臂而出曰不爲孫秀非人也詧涖襄陽還諮議參軍謀謨皆自大寶出及梁元帝與河東王譽構隙詧令大寶使江陵以觀之元帝素知大寶見之甚悦乃示所製元覽賦令注解焉三日而畢元帝大嗟賞之贈遺甚厚大寶還白詧云湘東必有異圖禍亂將作不可下援臺城詧納之及詧於江陵稱帝爲侍中尚書令參掌選事進位柱國軍師將軍封安豐縣侯歸嗣位册授司空中書監中權大將軍領吏部尚書固讓司空許之加特進歸之三年卒及葬歸三臨其喪贈司徒進爵爲公謚曰文凱配食詧廟庭大寶性嚴整有智謀雅達政事文辭贍速詧之章表書記教令詔册並大寶專掌之詧推心委任以爲謀主時人以詧之有大寶猶劉先主之有孔明焉所著文集三十卷及尚書義疏並行於世有四子次子延壽有器識博涉經籍尤善當世之務尚詧女宣城公主歷中書郎尚書左丞吏部郎御史中丞從琮入隋授開府儀同三司祕書丞終於成州刺史大寶弟大業字敬道有至行位散騎常侍衛尉卿都官尚書太常卿卒贈金紫光祿大夫謚曰僖有五子允恭最知名位太子舍人梁滅入陳爲尚書庫部郎陳亡仕隋起居舍人

王操字子高其先太原晉陽人詧母龔氏之外弟也性敦厚有籌略初爲詧外兵參軍親任亞於蔡大寶及詧稱帝歷五兵尚書郢州刺史進位柱國封新康縣侯歸嗣位授鎮右將軍尚書僕射及吳明徹爲寇歸出頓紀南操撫循將士莫不用命明徹既退江陵獲全操之力也遷侍中中衛將軍尚書令開府儀同三司領荆州刺史操既位居朝右每日挹損深得當時之譽卒歸舉哀於朝堂流涕曰天不使吾平蕩江表何奪吾賢相之速也及葬親祖於瓦官門贈司空進爵爲公謚曰康節有七子次子衡最知名有才學位中書黄門侍郎

魏益德襄陽人也有材幹膽勇過人詧稱帝進位柱國封上黄縣侯卒贈司空謚曰忠壯進爵爲公歸之五年以益德配食詧廟庭

尹正其先天水人詧涖雍州正爲其府中兵參軍禽張纘獲杜岸皆正之力詧稱帝除護軍將軍位柱國封新野縣侯卒贈開府儀同三司謚曰剛歸之五年以正配食詧廟庭子德毅多權略位大將軍後以見疑賜死

甄元成字敬平中山人博達經史善屬文少爲簡文所知以錄事參軍隨詧鎮襄陽轉中記室參軍頗參政事以江陵甲兵殷盛遂懷貳心密書與元帝具申誠款或有得其書送於詧詧深信佛法常願不殺誦法華經人元成素誦法華經遂以此獲免詧後見之常曰甄公好得法華經力後位吏部尚書有文集二十卷子詡少沈敏閑習政事歷中書舍人尚書右丞從琮入隋授開府儀同三司終於太府少卿

岑善方字思義南陽棘陽人祖惠甫給事中父昶散騎侍郎善方有器局博綜經史[illegible]刑獄參軍隨詧至襄陽詧初請内附以善方兼記室充使往來凡數十反魏恭帝二年封長寧縣公及詧稱帝位散騎侍郎起部尚書善方性清慎有當世幹能故詧委以機密卒贈太常卿謚曰敬所著文集十卷有七子並有操行之元之利之象最知名之元太子舍人早卒之利仕隋位零陵郡丞之象仕隋尚書虞部員外侍郎邵陵上宜渭南鄠四縣令

宗如周南陽人有才學以府僚隨詧後至度支尚書如周面狹長詧以法華經云聞經隨喜面不狹長嘗戲之曰卿何爲謗經如周踧踖自陳不謗詧又謂之如初如周懼出告蔡大寶大寶知其旨笑謂之曰君當不謗餘經正應不信法華耳如周乃悟又嘗有人訴事於如周謂爲經作如州官也乃曰某有屈滯故來訴如州官如周曰爾何小人敢呼我名其人慙謝曰秖言如周官作如州不知如周官名如周早知如周官名如州則不敢喚如周官作如州如周乃笑曰令卿自責見侮反深衆咸服其寬雅

袁敞陳郡人祖昂司空父仕俊安成内史敞少有識量博涉文史以吏部郎使詣周時主者以敞班在陳使之後敞固不從命曰昔陳之祖父乃梁諸侯下吏盜有江東今周朝宗萬國招攜以禮若使梁之行人在陳之後便恐彝倫失序豈使臣之所望焉王者不能屈遂以狀奏周武帝善之乃詔敞與陳使異日而進使還以稱旨遷侍中轉左戸尚書從琮入隋授開府儀同三司終於譙州刺史

通志卷一百九十四

宋右迪功郎鄭樵漁仲撰

四夷傳第一

東夷

東夷序略　朝鮮　濊(音穢)　馬韓　辰韓　弁韓
弁辰　百濟(附扶餘國附牟羅)　新羅　倭　夫餘　高句麗
東沃沮(北沃沮附 沃七余反)　挹婁　勿吉(又曰靺鞨)　扶桑(女國附)
文身(大漢附)　流求　閩粵

東夷序略

王制云東方曰夷夷者柢也言仁而好生萬物柢地而出故天性柔順易以道御至有君子不死之國焉(山海經曰君子國衣冠帶劍食獸使二文虎在旁外國圖曰去琅邪三萬里山海經曰不死人在交脛東其爲人黑色壽不死竝在東方也)夷有九種曰畎夷于夷方夷黑夷白夷赤夷玄夷風夷陽夷故孔子欲居九夷也九夷率皆土著喜飲酒歌舞或冠弁衣錦器用俎豆所謂中國失禮求之四夷者也昔堯命羲仲宅嵎夷曰暘谷蓋日之所出也夏后氏太康失德夷人始畔自少康已後世服王化遂賓於王門獻其樂舞桀爲暴虐諸侯內侵殷湯革命伐而定之至于仲丁藍夷作寇自是或服或畔三百餘年武乙衰敝東夷寖盛遂分遷淮岱漸居中土及武王滅紂肅慎來獻石砮楛矢管蔡畔周乃招誘夷狄周公征之遂定東夷康王之時肅慎復至後徐夷僭號乃率九夷以伐宗周西至河上穆王畏其方熾乃分東方諸侯命徐偃王主之偃王處潢池東地方五百里行仁義陸地而朝者三十有六國穆王後得驥騄之乘乃使造父御以告楚令伐徐一日而至於是楚文王大舉兵而滅之偃王仁而無權不忍鬭其人故致於敗乃北走彭城武原縣東山下百姓隨之者以萬數因名其山爲徐山厲王無道淮夷入寇王命虢仲征之不克宣王復命召公伐而平之及幽王淫亂四夷交侵至齊桓修霸攘而卻焉及楚靈會申亦來豫盟後越遷琅邪與其征戰遂陵暴諸夏侵滅小邦秦并六國其淮泗夷皆散爲民戶陳涉起兵天下崩潰燕人衛滿避地朝鮮因王其國百有餘歲武帝滅之於是東夷始通上京王莽篡位貊人寇邊建武之初復來朝貢時遼東太守祭彤威讋北方聲行海表於是濊貊倭韓萬里朝獻故章和已後使聘流通逮永初多難始入寇鈔桓靈失政漸滋蔓焉漢末公孫氏據遼東五十年魏晉又得其地其三韓之地在海島之上朝鮮之東南百濟新羅魏晉以後分王韓地新羅在百濟之東南倭又在其東南隔越大海夫餘在高麗之北挹婁之南其倭及夫餘自後漢百濟新羅自魏歷代朝貢中國不絕而百濟至唐顯慶中始爲蘇定方所滅高麗本朝鮮地漢武置縣屬樂浪郡時甚微弱東漢以後累代皆受中國封爵所都平壤城則故朝鮮國王險城也後魏周齊漸以彊盛隋文帝時寇遼西漢王諒帥兵討之至遼水遭癘疫而返煬帝三度親征初渡遼水敗績再行次遼水會楊元感反奔退又往將達涿郡屬天下賊起及饑饉旋師唐貞觀中太宗親征遼破之高宗總章初英國公李勣遂滅其國古之肅慎疑即魏時挹婁自周初貢楛矢石砮至魏常道鄉公末東晉元帝初及石虎時竝皆獻之後魏以後曰勿吉國唐則曰靺鞨焉大抵東夷書文與華夏竝同其閩越之地秦平天下以爲郡及秦亂其帥又自稱王於故地武帝元封初樓船將軍楊僕滅其國遷其人於江淮閒而虛其地自後雖人庶復集遂爲郡縣矣

朝鮮

朝鮮周封殷太師之國太師教以禮義田蠶作八條之教無門戶之閉而人不爲盜其後四十餘代至戰國時朝鮮亦僭稱王始全燕時嘗略屬焉爲置吏築障塞秦滅燕屬遼東外徼及秦亂中國人往避地者數萬口漢興爲其遠難守復修遼東故塞至浿水爲界(浿水在樂浪縣音普蓋反)屬燕燕王盧綰反入匈奴燕人衛滿亾命聚黨千餘人椎結蠻夷服而東走出塞渡浿水居秦故空地上下障稍役屬眞番朝鮮蠻夷及故燕齊亾在者王之都王險(地名也)會孝惠高后時天下初定遼東太守卽約滿爲外臣保塞外蠻夷毋使盜邊蠻夷君長欲入見天子勿得禁止以聞上許之以故滿得以兵威財物侵降其旁小邑眞番臨屯皆來服屬方數千里傳子至孫右渠所誘漢亾人滋多又未嘗入見眞番辰國欲上書見天子又雍閼弗通元封二年漢使涉何譙諭右渠終不肯奉詔何去至界臨浿水使馭刺殺送何者朝鮮裨王長郎卽渡水馳入塞遂歸報天子曰殺朝鮮將上爲其名美弗詰拜何爲遼東東部都尉朝鮮怨何發兵襲攻殺何天子募罪人擊朝鮮其秋遣樓船將軍楊僕從齊浮勃海兵五萬左將軍荀彘出遼東誅右渠右渠發兵距險左將軍卒多率遼東士兵先縱敗散多還走坐法斬樓船將齊兵七千人先至王險右渠城守窺知樓船軍少卽出擊樓船樓船軍敗走將軍僕失其衆遁山中十餘日稍求收散卒復聚左將軍擊朝鮮浿水西軍未能破天子爲兩將未有利乃使衛山因兵威往諭右渠右渠見使者頓首謝願降恐將詐殺臣今見使節請服降遣太

子入謝獻馬五千匹及餽軍糧人衆萬餘持兵方渡浿水使者及左將軍疑其爲變謂太子已服降遂令人無持兵太子亦疑使者左將軍詐之遂不渡浿水復引歸山報天子誅山左將軍破浿水上軍乃前至城下圍其西北樓船亦往會居城南右渠遂堅城守數月未能下左將軍素侍中幸將燕代卒悍乘勝軍多驕樓船將齊卒入海已多敗亾其先與右渠戰困辱亾卒卒皆恐將心慙其圍右渠常持和節左將軍急擊之朝鮮大臣乃陰閒使人私約降樓船往來言尚未肯決左將軍素與樓船期戰樓船欲就其約不會左將軍亦使人求閒隙降下朝鮮不肯心附樓船以故兩將不相得左將軍心意樓船前有失軍罪今與朝鮮和善而又不降疑其有反計未敢發天子曰將卒不能制乃使衞山諭降右渠不能顓決與左將軍相誤卒阻約今兩將圍城又乖異以故久不決使故濟南太守公孫遂往正之有便宜得以從事遂至左將軍曰朝鮮當下久矣不下者樓船數期不會具以素所意告遂曰今如此不取恐爲大害非獨樓船又且與朝鮮共滅吾軍遂亦以爲然而以節召樓船將軍入左將軍軍計事即令左將軍麾下執縛樓船將軍并其軍以報天子許遂左將軍已并兩軍即急擊朝鮮相路人相韓陶尼谿相參將軍王唊（相路人一人相韓陶一人尼谿相參一人將軍王唊一人唊音頰）相與謀曰始欲降樓船樓船今執獨左將軍并將戰益急恐不能與王又不肯降陶唊路人皆亾降漢路人道死元封三年夏尼谿相參乃使人殺朝鮮王右渠來降王險城未下故右渠大臣成已又反復攻吏左將軍使右渠子長降相路人子最告諭其民誅成已故遂定朝鮮爲眞番臨屯樂浪玄菟四郡封參爲澅清侯（澅音獲）陶爲秋苴侯（苴千余反）唊爲平州侯長爲幾侯最以父死頗有功爲沮陽侯左將軍徵至坐爭功相嫉妬乖計棄市樓船將軍亦坐兵至列口當待左將軍擅先縱失亾當誅贖爲庶人朝鮮自內屬以後風俗稍薄法禁亦寖多至於六十餘條

濊

濊北與高句麗（力之反）沃沮南與辰韓接東窮大海西至樂浪濊及沃沮句麗本皆朝鮮之地也漢武帝元朔五年濊君南閭等畔朝鮮王右渠率二十八萬口詣遼東內屬武帝以其地爲蒼海郡數年乃罷元封三年漢滅朝鮮分置樂浪臨屯玄菟眞番四郡昭帝始元五年罷臨屯眞番以并樂浪玄菟玄菟復徙居句麗自單單大嶺已東沃沮濊貊悉屬樂浪後以境土廣遠復分領東七縣置樂浪東部都尉後漢建武六年省都尉官悉封其渠帥爲縣侯皆歲時朝賀無大君長自漢以來其官有侯邑君三老統主下戸其耆舊自謂與高麗同種言語法俗大抵相類其人性愚慤少嗜欲不請匄男女皆衣曲領男子繫銀花廣數寸以爲飾不以珠玉爲寶其俗重山川山川各有部分不得妄相干涉同姓不婚多所忌諱疾病死亾即棄舊宅更作新居知種麻養蠶作綿布曉候星宿豫知年歲豐約常用十月祭天晝夜飲酒歌舞名之爲舞天又祠虎以爲神其邑落有侵犯者輒相罰責生口牛馬名之爲責禍殺人者償死少寇盜能步戰作矛長三丈或數人共持之樂浪檀弓出其地又多文豹有果下馬（高三尺乘之可行果樹下）其海出班魚皮漢桓帝時常獻之魏齊王正始六年樂浪太守劉茂帶方太守弓遵以領東濊屬句麗興師伐之不耐濊侯等舉邑降後二年詣闕朝貢詔更拜不耐濊王居處雜在民閒四時詣樂浪帶方二郡朝謁有軍征賦調如中華人焉

馬韓

韓在帶方之南東西以海爲限南與倭接方可四千里有三種一曰馬韓二曰辰韓三曰弁韓辰韓者古之辰國也馬韓在其西其民土著種植知蠶桑作綿布各有長帥大者自名爲臣智其次爲邑借散在山海閒無城郭有爰襄國牟水國桑外國小石索國大石索國優休牟涿國臣濆沽國伯濟國速盧不斯國日華國古誕者國古離國怒藍國月支國咨離牟盧國素謂乾國古爰國莫盧國卑離國占卑離國臣釁國支侵國狗盧國卑彌國監奚卑離國古蒲國致利鞠國冉路國兒林國駟盧國內卑離國感奚國萬盧國辟卑離國臼斯烏旦國一離國不彌國支半國狗素國捷盧國牟盧卑離國臣蘇塗國莫盧國古臘國臨素半國臣雲新國如來卑離國楚山塗卑離國一難國狗奚國不雲國不斯濆邪國爰池國乾馬國楚離國凡五十餘國大國萬餘家小國數千家總十餘萬戸辰王治月支國臣智或加優呼臣雲遣支報安邪踧支濆臣離兒不例拘邪秦支廉之號其官有魏率善邑君歸義侯中郎將都尉伯長侯後旣僭號稱王爲燕亾人衞滿所攻奪將其左右宮人走入海居韓地自號韓王其後絕滅今韓人猶有奉其祭祀者漢時屬樂浪郡四時朝謁桓靈之末韓濊彊盛郡縣不能制民多流入韓國建安中公孫康分屯有縣以南荒地爲帶方郡遣公孫模張敞等收集遺民興兵伐韓濊舊民稍出是後倭韓遂屬帶方魏景初中明帝密遣帶方太守劉昕樂浪太守鮮于嗣越海定二郡諸韓國

臣智加賜邑君印綬其次與邑長其俗好衣幘下戶詣郡朝謁皆假衣幘自服印綬衣幘千有餘人部從事吳林以樂浪本統韓國分割辰韓八國以與樂浪吏譯轉有異同臣濆沽韓忿攻帶方郡崎離營時太守弓遵樂浪太守劉茂興兵伐之遵戰死二郡遂滅韓其俗少綱紀國邑雖有主帥邑落雜居不能善相制御無跪拜之禮居處作草屋土室形如冢其戶在上舉家共在中無長幼男女之別其葬有棺無槨不知乘牛馬牛馬盡於送死以瓔珠爲財寶或以綴衣爲飾或以縣頸垂耳不以金銀錦繡爲珍其人性彊勇魁頭露紒身衣布袍足履革蹻其國中有所作爲及官家使築城郭諸年少勇健者皆鑿脊皮以大繩貫之又以丈許木鍤之通日讙呼作力不以爲痛既以勸作且以爲健常以五月下種訖祭鬼神羣聚歌舞飲酒晝夜無休其舞數十人俱起相隨踏地低昂手足相應節奏有似鐸舞十月農功畢亦復如之信鬼神國邑各立一人主祭天神名之天君又諸國各有別邑名之爲蘇塗立大木懸鈴鼓事鬼神諸逃亾至其中皆不還之好作賊其立蘇塗之義有似西域浮屠而所行善惡有異其北方近郡諸國差曉禮俗其遠處直如囚徒奴婢相聚無他珍寶禽獸草木略與中國同出大栗大如梨又出細尾雞其尾皆長五尺餘其男子時或有文身又有州胡在馬韓之西海中大島上其人差短小言語不與韓同皆髡頭如鮮卑但衣韋好養牛及豬其衣有上無下略如裸勢乘船市買往來出韓後漢建武二十一年韓人廉斯人蘇馬諟等詣樂浪貢獻（廉斯邑名也諟音是）光武封蘇馬諟爲漢廉斯邑君使屬樂浪郡四時朝謁晉武帝太康元年二年其王頻遣使入貢方物七年八年十年又頻至太熙元年詣東夷校尉何龕上獻咸寧三年復來明年又請內附（晉史載禆離等十國云禆離國在肅愼西北馬行可二百日領戶二萬養雲國去禆離馬行又五十日領戶一萬寇莫汗國去養雲國又百日行領戶五萬餘一羣國去莫汗又百五十日計去肅愼五萬餘里其風俗土壤並未詳泰始三年各遣小部獻其方物至太熙初復有牟奴國帥逸芝惟離模盧國帥沙支臣芝于離末利國帥加牟臣芝蒲都國帥因末繩余國帥馬路沙樓國帥釤加各遣正副使詣東夷校尉何龕歸化）

辰韓

辰韓在馬韓之東其耆老相傳自言古之亾人避秦役來適韓國馬韓割其東界地與之有城柵其言語不與馬韓同名國爲邦弓爲弧賊爲寇行酒爲行觴相呼皆爲徒有似秦人非但燕齊之名物也名樂浪人爲阿殘東方人名我爲阿謂樂浪人本其殘餘人今有名之爲秦韓者始有六國稍分爲十二國

弁韓

弁韓亦十二國又有諸小別邑各有渠帥大者名臣智其次有險側次有樊濊次有殺奚次有邑借有已祇國不斯國弁辰彌離彌凍國弁辰接塗國勤耆國難彌離彌凍國弁辰古資彌凍國弁辰古淳是國冉奚國弁辰半路國弁樂奴國軍彌國弁軍彌國弁辰彌烏邪馬國如湛國弁辰甘路國戶路國州鮮國馬延國弁辰狗邪國弁辰走漕馬國弁辰安邪國馬邪國弁辰瀆盧國斯盧國優由國弁辰韓合二十四國大國四五千家小國六七百家總四五萬戶其十二國屬辰王辰王常用馬韓人作之世世相繼辰王不得自立爲王土地肥美宜種五穀及稻曉蠶桑作縑布乘駕牛馬嫁娶禮俗男女有別以大鳥羽送死其意欲使死者飛揚國出鐵韓濊倭皆從取之諸市買皆用鐵如中國用錢又以供給二郡俗喜歌舞飲酒有瑟其形似筑彈之亦有音曲兒生便以石壓其頭欲其褊今辰韓人皆褊頭男女近倭亦文身便步戰兵仗與馬韓同其俗行者相逢皆住讓路晉武帝太康元年其王遣使獻方物二年復來朝貢七年又來

弁辰

弁辰與辰韓雜居亦有城郭衣服居處與辰韓同言語法俗相似祠祭鬼神有異施竈皆在戶西其瀆盧國與倭接界十二國亦有王其人形皆大衣服潔淸長髮亦作廣幅細布法俗特嚴峻

百濟（耽牟羅國附）

百濟卽後漢末夫餘王尉仇台之後初以百家濟海因號百濟晉時高句麗既略有遼東百濟亦據有遼西晉平二郡（今柳城北平之間）自晉以後并吞諸國據有馬韓故地其國東西四百里南北九百里南接新羅北拒高麗千餘里西限大海處小海之南其都曰居拔城亦曰固麻城其外更有五方中方曰古沙城東方曰得安城南方曰久知下城西方曰刀先城北方曰熊津城王姓餘氏號於羅瑕百姓號爲鞬吉支夏言竝王也王妻號於陸夏言妃也官有十六品左率五人一品達率三十人二品恩率三品德率四品扞率五品柰率六品巳上冠飾銀花將德七品紫帶施德八品皁帶固德九品赤帶季德十品靑帶對德十一品文督十二品皆黃帶武督十三品佐軍十四品振武十五品剋虞十六品皆白帶恩率以下官無常員各有部司分掌衆務內官有前內部穀內部內掠部外掠部馬部刀部功德部藥部木部法部後宮部外官有司軍部司徒部司空部司寇部點口

部客部外舍部綢部百官部市部長吏三年一代都下有方分爲五部曰上部前部中部下部後部部有里巷士庶居焉部統兵五百人五方各有方領一人以達率爲之方佐貳之方有十郡郡有將三人以德率爲之統兵一千二百人以下七百人已上城之內外人庶及餘小城皆分隸焉其人雜有新羅高麗倭等亦有中國人其飲食衣服略與高麗同若朝拜祭祀其冠兩廂加翅戎事則否拜謁之禮以兩手據地爲禮婦人不加粉黛女辮髮垂後已出嫁則分爲兩道盤於頭上衣似袍而袖微大兵有弓箭刀矟俗重騎射兼愛墳史而秀異者頗解屬文能吏事又知醫藥蓍龜與相術陰陽五行法有僧尼多寺塔而無道士有鼓角箜篌箏竽篪笛之樂投壺摴蒱弄珠握槊等雜戲尤高弈碁行宋元嘉曆以建寅月爲歲首賦稅以布絹絲麻及米等量歲豐儉差等輸之其刑罰反叛退軍及殺人者斬盜者流其贓兩倍徵之婦犯姦沒入夫家爲婢婚娶之禮略同華俗父母及夫死者三年居服餘親則葬訖除之土田溼氣候溫暖其五穀雜果菜蔬及酒醴餚饌之屬多同於內地唯無駝騾驢羊鵝鴨等國西南海中有三島出黃漆樹似小榎樹而大六月取汁漆器物若黃金其光奪目國中大姓有八曰族沙氏燕氏劦氏（劦音俠）解氏眞氏國氏木氏苩氏（苩音白）其王每以四仲月祭天及五帝之神立其始祖仇台之廟於國城歲四祠之國西南人島居者十五所皆有城邑晉義熙十二年以百濟王餘腆爲使持節都督百濟諸軍事鎭東將軍百濟王宋武帝踐阼進號鎭東大將軍少帝景初二年腆遣長史張威詣建康貢獻元嘉二年文帝詔兼謁者閭邱恩子兼副謁者丁敬子等往宣旨慰勞其後每遣使入貢七年百濟王餘毗復修貢職以腆爵號授之二十七年毗上書獻方物私假臺使馮野夫西河太守表求易林式占腰弩帝並與之毗死子慶代立孝武大明初遣使求除授詔許之一年慶表言行冠軍將軍右賢王餘紀等十一人忠勤並求顯進朝旨並加優授明帝泰始七年又遣使貢獻後魏延興二年慶復遣其冠軍將軍駙馬都尉弗斯侯長史餘禮龍驤將軍帶方太守司馬張茂等納貢代都且上表曰臣與高麗源出夫餘先世之時篤崇舊款其祖釗輕廢鄰好陵踐臣境臣祖須整旅電邁梟斬釗首自爾以來莫敢南顧自馮氏數終餘燼奔竄醜類漸盛遂見侵陵構怨連禍三十餘載若天慈曲矜遠及無外速遣一將來救臣國當奉送鄙女執埽後宮并遣子弟牧圉外廐尺壤匹夫不敢自有法庚戌年臣西界海中見尸十餘并得衣器鞍勒辨驗非是高麗之物後聞乃是王來國人遠降臣國長蛇隔路以阻于海今上所得鞍一以爲實據魏主以其僻遠冒險入獻禮遇優厚遣使者邵安與其使俱還詔曰得表聞之無恙卿與高麗不睦致被陵犯苟能順義守之以仁亦何憂於寇讎也前所遣使浮海以撫方外之國從來積年往而不反存亾達否未能審悉卿所送鞍比校舊乘非高麗之物不可以疑似之事以生必然之過經略權要已具別旨又詔曰高麗稱藩先朝供職日久於彼雖有自昔之釁於國未有犯令之愆卿使命始通便求致伐尋討事會理亦未周所獻錦布海物雖不悉達明卿至心今賜雜物如別又詔高麗王璉護送安等至其國璉稱昔與餘慶有讐不令東過安等於是皆還明年使安等從東萊浮海賜餘慶璽書襃其誠節安等至海濱遇風飄蕩竟不達而反慶死子牟都立都死子牟太立齊永明中授牟太大都督百濟諸軍事鎭東大將軍百濟王梁天監元年進號征東將軍尋爲高麗所破衰弱累年遷居南韓地普通二年王餘隆始復遣使奉表稱累破高麗今始與通好其年武帝詔隆爲使持節都督百濟諸軍事寧東大將軍百濟王五年隆死詔復以其子明爲持節都督百濟諸軍事綏東將軍百濟王中大通六年大同七年累遣使來貢并請涅槃等經義毛詩博士并工匠畫師等並給之太清三年侯景犯順百濟使至見城闕荒毀並號慟涕泣侯景怒囚執之景平乃得還國侯景陷建鄴之明年東魏靜帝禪位于齊百濟又通使于鄴齊武平初後主以百濟王餘昌爲使持節侍中車騎大將軍帶方郡公王如故三年又以昌爲持節都督東青州諸軍事東青州刺史周建德六年齊滅昌使奉表通周宣政元年又遣使入獻隋開皇初昌仍修歲貢文帝拜昌上開府帶方郡公百濟王平陳之歲戰船漂至海東耽牟羅國其船得還經于百濟昌資送之甚厚并遣使奉表賀平陳文帝善之下詔曰彼國懸隔來往至難自今以後不須頻年入貢使者舞蹈而去八年昌使其長吏王辯那來獻方物屬興遼東之役仍奉表請爲軍導帝下詔厚其使而遣之高麗頗知其事兵侵其境昌死子餘璋立大業三年璋遣使燕文進朝貢其年又遣使王孝隣入獻請討高麗煬帝許之命覘高麗動靜然璋內與高麗通和挾詐以窺中國七年帝親征高麗璋使其臣國智牟來請軍期帝大悅厚加賞賜遣尚書起部郎席律詣百濟與相知明年六軍渡遼璋亦嚴兵於

境聲言助軍實持兩端尋與新羅有隙每相戰爭十年復遣使朝貢後天下亂使命遂絕其南海行三月有耽牟羅國南北千餘里東西數百里土多麞鹿附庸於百濟西行三日至貊國千餘里云

新羅

新羅魏時新盧國也其先本辰韓種辰韓始有六國稍分爲十二新羅則其一也（初曰新盧宋時曰新羅或曰斯盧）其國在百濟東南五百餘里（亦在高麗東南兼有漢時樂浪郡之地）東濱大海魏將毋丘儉討高麗破之高麗奔沃沮其後復歸故國留者遂爲新羅焉故其人雜有華夏高麗百濟之屬兼有沃沮韓濊之地其王本百濟人自海逃入新羅遂王其國初附屬於百濟後因百濟伐高麗人不堪戎役相率歸之遂致彊盛因襲伽羅任那諸國滅之其西北界大牙出高麗百濟之間先是其國小不能自通使聘苻堅時其王樓寒遣使衞頭朝貢堅曰卿言海東之事與古不同何也對曰亦猶中國時代變革名號改易今焉得同梁武帝普通二年王姓慕名泰始使人隨百濟獻方物其俗呼城曰健牟羅其邑在內曰啄評（啄呼外反）在外曰邑勒亦中國之言郡縣也國有六啄評五十二邑勒土地肥美宜植五穀多桑麻果菜鳥獸物產略與華同至隋開皇十四年遣使來貢其王姓金名眞平（隋東蕃風俗記云金姓相承三十餘葉）文帝拜爲上開府樂浪郡公新羅王（其王至唐時亦姓金梁史云姓慕未詳中間更變之由）其官有十七等其一曰伊罰干貴如國相次伊尺干次迎干次破彌干次大阿尺干次阿尺干次乙吉干次沙咄干（咄都沒反）次及伏干次大奈摩干次奈摩次大舍次小舍次吉土次大烏次小烏次造位外有郡縣（梁史又云其國官名有子賁旱支壹旱支齊旱支謁旱支壹吉支奇貝旱支又云其冠曰遺子禮襦曰尉解袴曰柯半靴曰洗）文字甲兵同於中國選人壯健者悉入軍烽戍邏俱有屯管部伍風俗刑政衣服略與高麗百濟同每月旦相賀王設燕會班賚羣官其日拜日月神主八月十五日設樂令官人射賞以馬布其有大事則聚官詳議定之服色尙畫素婦人辮髮繞頭以雜綵及珠爲飾婚嫁禮唯酒食而已輕重隨其貧富新婦之夕婦先拜舅姑次拜大兄次拜夫死有棺斂送葬起墳陵王及父母妻子喪居服一年大業以來歲遣朝貢新羅地多山險雖與百濟構隙百濟亦不能圖之也唐貞觀二十三年其王金春秋來朝拜爲特進請改章服以從華制

倭

倭自後漢時通焉在帶方東南大海之中依山島爲國邑舊百餘國自漢孝武滅朝鮮使驛通於漢者三十許國國皆稱王世世傳統自帶方郡至倭循海岸水行歷韓國乍南乍東到其北岸拘邪韓國七千餘里始度一海千餘里至對馬國其大官曰卑狗副曰卑奴毋離所居絕島方可四百餘里土地山險多深林道路如禽鹿徑有千餘戶無良田食海物自活乘船南北市糴又南度一海千餘里名曰瀚海至一大國官亦曰卑狗副曰卑奴毋離方可三百里多竹木叢林有三千許家差有田地耕田猶不足食亦南北市糴又度一海千餘里至末盧國有四千餘戶濱山海居草木茂盛行不見前人好捕魚水無深淺皆沈沒取之東南陸行五百里到伊都國官曰爾支副曰泄謨觚柄渠觚有千餘戶世有王皆統屬於倭國郡使往來常所駐東南至奴國百里官曰兕馬觚副曰卑奴毋離有二萬餘戶東行至不彌國百里官曰多模副曰卑奴毋離有千餘家南至投馬國水行二十日官曰彌彌副曰彌彌那利可五萬餘戶南至邪馬臺卽倭國之所都也（邪馬臺亦曰邪靡堆音之訛也）水行十日陸行一月官有伊支馬次曰彌馬升次曰彌馬獲支次曰奴佳鞮可七萬餘戶自倭國以北其戶數道里可得略載其餘旁國遠絕不可得詳次有斯馬國次有巳百支國次有伊邪國次有都支國次有彌奴國次有好古都國次有不呼國次有姐奴國次有對蘇國次有蘇奴國次有呼邑國次有華奴蘇奴國次有鬼國次有爲吾國次有鬼奴國次有邪馬國次有躬臣國次有巴利國次有支惟國次有烏奴國次有奴國此倭國境界所盡其南有狗奴國其官有狗古智卑狗不屬倭國自郡至邪馬臺二千餘里計其方向當在會稽東治之東與儋耳相近男子皆黥面文身露紒以木綿帕頭其衣橫幅但結束相連略無縫婦人被髮屈紒作衣如單被穿其中央貫頭衣之皆徒跣有室屋父母兄弟臥息異處以朱丹塗其身體如中國用粉也食飲用籩豆手食其死有棺無槨封土作冢始死停喪十餘日當時不食肉喪主哭泣他人就歌舞飲酒已葬舉家詣水中澡浴以如練沐其行來度海詣中國恆使一人不梳頭不去蟣蝨衣服垢汚不食肉不近婦人如喪人名之爲持衰若行者吉善共顧以生口財物若有疾病遭暴害便欲殺之謂其持衰不謹其有所舉事云爲輒灼骨爲卜以占吉凶如中國鑽龜法視火坼之兆而知之其會同坐起父子男女無別人性嗜酒見大人致敬但搏手以當跪拜國人多壽考或百歲或八九十大姓皆四五婦下戶或二三婦婦人不淫不妬忌婚嫁不娶同姓男女相悅者

即爲婚配婦入夫家必先跨火乃與夫相見國多珍物有青玉眞珠有如意寶珠其色青大如雞子夜則有光云魚眼睛也其山有丹其木有柟梓豫章櫟櫪椵櫨烏號楓香其竹篠簳桃支有薑橘椒蘘荷不知以爲滋味有黑雉有獸如牛名曰山鼠又有大蛇吞此獸蛇皮堅不可斫其上孔乍開乍閉時或有光射中之即死無牛馬虎豹羊鵲氣候溫暖草木冬青土地膏腴水多陸少種禾稻紵麻蠶桑緝績冬夏皆食生菜兵有弓矢刀矟弩䂎斧戚漆皮爲甲矢鏃用鐵或用骨樂有五絃琴笛戲有碁博握槊摴蒱王所都無城郭內官有十二等一曰大德次小德次大仁次小仁次大義次小義次大禮次小禮次大智次小智次大信次小信員無定數有軍尼百二十人猶中國牧宰八十戶置一伊尼翼如今里長也十伊尼翼屬一軍尼其刑法殭盜及姦皆死盜者計贓酬物無財者沒身爲奴自餘輕重或流或杖每訊冤獄不承引者以木壓膝或張殭弓以弦鋸其項或置小石於沸湯中令所競者探之云理曲者即手爛或置蛇缶中令取之云曲者即螫手人頗恬靜罕爭訟少寇盜頗敬佛法始無文字唯刻木結繩後於百濟求得佛經方有文字尤信巫覡每至正月一日必射戲飲酒其餘節與華略同漢建武中遣使入朝自稱大夫安帝時又遣朝貢謂之倭奴靈帝光和中其國亂遞相攻伐歷年無主有女子名卑彌呼能以鬼道惑衆國人共立爲王年長矣無夫壻有男弟佐之治國自爲王以來少有見者以婢千人自侍唯有男子一人給飲食傳辭令居處宮室樓觀甚設常有人持兵守衛魏景初三年公孫淵誅後卑彌呼始遣其大夫難升米牛利等詣帶方郡求詣天子朝獻太守劉夏遣吏將送詣京師明帝詔賜卑彌呼爲親魏倭王假金印紫綬以難升米爲率善中郎將牛利爲率善校尉假銀印青綬是歲明帝崩齊王芳立明年改元正始太守弓遵遣建中校尉梯儁等奉詔書印綬詣倭國拜假卑彌呼爵命并齎詔賜金帛錦罽刀鏡等物卑彌呼因使上表答謝四年卑彌呼復遣其大夫伊聲耆掖邪狗等八人上獻方物詔拜掖邪狗等率善中郎將各假印綬六年又詔賜難升米黃幢付帶方郡假授八年太守王頎到官卑彌呼與狗奴國王卑彌弓呼交兵遣其臣載斯烏越等詣郡說相攻擊狀郡遣塞曹掾史張政等因齎詔書黃幢拜假難升米爲檄告諭之卑彌呼已死大作冢徑百餘步殉葬奴婢百餘人更立男子爲王國中不服更相誅殺當時殺千餘人復立卑彌呼宗女臺與爲王國中乃定臺與時年十三政等以檄告諭臺與臺與遣率善中郎將掖邪狗等二十人送政等還因詣臺修其歲貢晉泰始初復遣使朝獻臺與死其國復立男王安帝時有倭王讚者通表江左宋武帝永初二年詔曰倭讚遠誠宜甄可賜除授文帝元嘉二年讚又遣其司馬曹達奉表獻方物讚死弟珍立遣使入貢自稱使持節都督倭百濟新羅任那秦韓慕韓六國諸軍事安東大將軍倭國王表求除正詔除安東將軍倭國王珍又求除正倭隋等十三人平西征虜冠軍輔國將軍等號詔並聽之二十年倭國王濟遣使奉獻復以爲安東將軍倭國王二十八年加使持節都督倭新羅任那加羅秦韓慕韓六國諸軍事安東將軍如故并除所上三十三人職濟死子興遣使貢獻孝武大明六年詔授興安東將軍倭國王興死弟武立自稱使持節都督倭百濟新羅任那加羅秦韓慕韓七國諸軍事安東大將軍倭國王順帝昇明二年遣使上表言自昔祖禰躬擐甲冑跋涉山川不遑寧處東征毛人五十五國西服衆夷六十一國陵平海北九十五國王道融泰廓土遐畿累葉朝宗不愆于歲道逕百濟裝飾船舫而句驪無道圖欲見吞臣亡考濟亡兄興並欲大舉問罪不幸奄喪父兄使垂成之功不獲一簣今欲練兵申父兄之志竊自假開府儀同三司其餘咸各假授以勸忠節詔除武使持節都督倭新羅任那加羅秦韓慕韓六國諸軍事安東大將軍倭王齊建元中除武持節都督倭新羅任那加羅秦韓慕韓六國諸軍事鎭東大將軍梁武即位進號征東大將軍自是迄于陳世使命不絕隋時倭王姓阿每字多利思比孤號阿輩雞彌阿輩雞彌華言天兒也王妻號雞彌沒官名太子爲利歌彌多弗利開皇二十年多利思比孤遣使詣闕上令所司訪其風俗使者言倭王以天爲兄以日爲弟天明時出聽政跏趺坐日出便停理務云委我弟文帝曰此大無義理訓令改之大業三年多利思比孤復遣使朝貢使者云聞海西菩薩天子重興佛法故遣朝拜兼有沙門數十人來學竺乾道國書曰日出處天子致書日沒處天子無恙云云煬帝覽之不悅謂鴻臚卿曰蠻夷書有無禮者勿復以聞明年帝遣文林郎裴清使其國渡百濟行至竹島南望耽羅國經都斯麻國迥在大海中又東至一支國又至竹斯國又東至秦王國其人同於華夏以爲夷洲疑不能明也又經十餘國達於海岸自竹斯國以來皆附庸於倭倭王遣小德阿輩臺從數百人設儀仗鳴鼓角來迎後十日又遣大禮歌多

毗從二百餘騎郊勞既至彼都其王與清相見設燕饗以遣復令使者隨清來貢方物先時其王冠服仍其國俗至是始賜與衣冠乃以綵錦爲冠飾襞皆施襆(音僕)綴以金玉云唐貞觀五年遣新州刺史高仁表持節撫之浮海數月方至仁表無綏撫之才與其王爭禮不宣朝命而還倭國之南復有侏儒國人長三四尺又南有黑齒國裸國船行可一年至使驛所傳極於此矣

夫餘

夫餘後漢通焉國在玄菟北千里南與高句麗東與挹婁西與鮮卑接北有弱水地方二千里初北夷索離國王出行(索或作櫜音度洛反)其侍兒於後姙身王還欲殺之侍兒曰前見天上有氣大如雞子來降我因以有身王囚之後遂生男令置於豕牢豕以口氣噓之不死復徙於馬闌(闌郎欄也)馬亦如之王以爲神乃聽母收養名曰東明東明長而善射王忌其猛復欲殺之東明奔走南至淹㴲水(今高麗中有蓋斯水疑此水是也)以弓擊水魚鼈皆聚浮水上東明乘之得度因至夫餘而王之夫餘地多山陵廣澤於東夷之域最爲平敞其民土著當漢魏時有戶八萬土地宜五穀不生五果其人麤大性彊勇謹厚不寇鈔王以圓柵爲城有宮室倉庫牢獄官名以六畜稱之有馬加牛加豬加狗加犬使犬使者使者邑落有豪民名下戶皆爲奴僕諸加別主四出道大者主數千家小者數百家食飲皆用俎豆會同拜爵洗爵揖讓升降以臘月祭天國中大會連日飲食歌舞名曰迎鼓於是時斷刑獄解囚徒在國衣尚白白布大袂袍袴履革鞜出國則尚繒繡錦罽大人加狐狸狖白黑貂之裘以金銀飾帽譯人傳辭皆跪手據地竊語用刑嚴急殺人者死沒其家人爲奴婢竊盜一責十二男女淫婦人妬皆殺之尤憎妬婦既殺復尸之國南山上至腐爛女家欲得輸牛馬乃與之兄死妻嫂與匈奴同俗其國善養牲出名馬赤玉貂狖美珠珠大者如酸棗以弓矢刀矛爲兵家家自有鎧仗行道晝夜無老幼皆歌通日聲不絕有軍事亦祭天殺牛觀蹄以占吉凶蹄解者爲凶合者爲吉有敵諸加自戰下戶俱擔糧飲食之其死夏月皆用冰殺人殉葬多者至百數厚葬有槨無棺(其居喪男女皆純白婦人著布面衣去環珮大抵與中國同也)其王葬則用玉匣漢朝常豫以玉匣付玄菟郡王死則迎取以葬焉(公孫淵誅後玄菟庫猶有玉匣一具魏晉時夫餘庫有玉璧珪瓚數代之物傳世以爲寶又有印文言濊王之印國有故城名濊城蓋本濊地故世藏其印也)建武二十五年夫餘王遣使奉貢光武厚答報之於是使命歲通安帝永初五年夫餘王始將步騎七八千人寇鈔樂浪殺傷吏民後復歸附永寧元年乃遣嗣子尉仇台詣闕貢獻天子賜尉仇台印綬金綵順帝永和初其王來朝京師帝作黃門鼓吹角觝戲以遣之桓帝延熹四年遣使朝獻永康元年王夫台將二萬餘人寇玄菟玄菟太守公孫域擊破之斬首千餘級靈帝熹平三年復奉章貢獻夫餘本屬玄菟漢末公孫度雄張海東威服外夷王尉仇台求屬遼東時高句麗鮮卑盛彊度以夫餘在二虜之間以宗女妻尉仇台冀得其力尉仇台死王位居立位居死王麻余立魏世歲歲朝貢麻余死子依慮立時年六歲晉武帝時頻獻方物太康六年爲慕容廆所襲破依慮自殺子弟走保沃沮武帝詔求其後爲之復國且以護東夷校尉鮮于嬰不救夫餘使至敗亾詔免嬰官以何龕代之明年夫餘王依羅遣使詣龕求率見人還復舊國仍請援龕上列遣督郵賈沈以兵送之廆又要之於路沈與戰大破之廆衆退依羅得復國自後頻爲廆掠其種人賣於中國帝愍之又發詔以官物贖還下司冀二司禁市夫餘之口自後無聞

高句麗

高句麗後漢時通焉其先出於夫餘夫餘王嘗得河伯女因閉於室內爲日所照引身避日日影逐之既而有孕生一卵大如五升夫餘王棄之與犬犬不食與豕豕不食棄於路牛馬避之棄於野衆鳥以毛茹之王剖之不能破遂還其母母以物裹置暖處有一男破而出及長字之曰朱蒙其俗言朱蒙者善射也夫餘人以朱蒙非人所生請除之王不聽命之養馬朱蒙私試知有善惡駿者減食令瘦駑者善養令肥夫餘王以肥者自乘以瘦者給朱蒙後狩于田以朱蒙善射給之一矢朱蒙雖一矢殪獸甚多夫餘之臣又謀殺之其母以告朱蒙朱蒙乃與焉違等二人東南走中道遇一大水欲濟無梁夫餘人追之甚急朱蒙告水曰我是日子河伯外孫今追兵垂及如何得濟於是魚鼈爲之成橋朱蒙得度魚鼈乃解追騎不度朱蒙遂至普述水遇見三人一著麻衣一著衲衣一著水藻衣與朱蒙至紇升骨城遂居焉號曰高句麗因以高爲氏其地在遼東之東千里南與朝鮮濊貊東與沃沮北與夫餘接地方二千里多大山深谷無原澤人隨山谷以爲居食澗水無良田力作不足以自資故其俗節於飲食而好治宮室句麗既夫餘別種故言語法則多同而跪拜曳一腳行步皆走凡有五族有消奴部絕奴部順奴部灌奴部桂婁部(唐時高麗五部一曰內部一名黃部即桂婁部也二曰北部一名後部即絕奴部也三曰東部一名左部即順奴部也四曰南部一名前部即灌奴部也五曰西部一名右部即消奴部也)本消奴部爲王稍微

弱後桂婁部代之其官有相加對盧沛者古雛大加（古雛大加掌賓客之官如中國鴻臚也）主簿優台使者皁衣先人孝武帝滅朝鮮以高句麗爲縣使屬玄菟賜以衣幘朝服鼓吹伎人常從玄菟郡受之後稍驕恣不復詣郡但於東界築小城以受之遂名其城爲幘溝漊（高麗謂城爲溝漊言於此城受漢衣幘故呼爲幘溝漊也）其置官有對盧則不置沛者有沛者則不置對盧王之宗族其大加皆稱古雛加消奴部本國主後雖不爲王適統大人得稱古雛加亦得立宗廟祠靈星社稷絕奴部世與王婚加古雛之號諸大加亦自置使者皁衣先人名皆達於王如卿大夫之家臣會同坐起不得與王家使者皁衣先人同列其國中大家不佃作坐食者萬餘口下戶遠擔米糧魚鹽供給之其民喜歌舞國中邑落暮夜男女羣聚相就歌戲無大倉庫家家自有小倉名之爲桴京其人潔清自憙好祠社稷鬼神零星（漢書音義曰龍星左角曰天田則農祥也辰見祀以牛號曰零星風俗通曰辰之神爲靈星以辰日祀於東方也）以十月祭天國人大會名曰東盟其國東有大穴號隧神亦以十月迎而祭之其公會衣服皆錦繡金銀以爲飾大加主簿皆著幘如冠幘而無後其小加著折風形如弁無牢獄有罪諸加評議便殺之沒入妻子爲奴婢其俗作婚姻言語已定女家作小屋於大屋後名壻屋壻暮至女家戶外自名拜跪乞得就女宿如是者再三女父母乃聽使就小屋中宿傍頓錢帛至生子已長大乃將婦歸家其俗淫男女已嫁娶便稍作送終之衣厚葬金銀財幣盡於送死積石爲封列種松柏父母及夫喪其服制同於華夏兄弟則限以三月兵器有甲弩弓箭戟稍矛鋋樂有五絃琴箏篳篥橫吹簫鼓之屬賦稅則絹布及粟隨其所有量貧富等差輸之其馬皆小便登山國人有氣力習戰鬭沃沮東濊皆屬焉句麗一名貊有別種依小水爲居因名曰小水貊出好弓所謂貊弓是也（魏氏春秋曰遼東郡西安平縣北有小水南流入海句驪別種因名之小水貊）王莽初發高句麗兵以伐匈奴不欲行彊迫遣之皆亾出塞爲寇盜遼西大尹田譚追擊之爲所殺州郡歸咎於句麗侯騶嚴尤奏言貊人犯法罪不起於騶且宜安慰今猥被之大罪恐其遂反莽不聽詔尤擊之尤誘期句麗侯騶至而斬之傳送其首詣長安莽大說布告天下更名高句麗王爲下高麗侯於是貊人寇邊愈甚建武八年高句麗遣使朝貢光武復其王號二十三年冬句麗蠶支落大加戴升等萬餘口詣樂浪內屬二十五年春句麗寇右北平漁陽上谷太原而遼東太守祭彤以恩信招之皆復款塞後句麗王宮生而開目能視國人惡之及長勇壯數犯邊境和帝元興元年春復入遼東寇掠六縣太守耿夔擊破之斬其渠帥安帝永初五年宮遣使貢獻求屬玄菟元初五年復與濊貊寇玄菟攻華麗城（華麗縣屬樂浪郡也）建光元年春幽州刺史馮煥玄菟太守姚光遼東太守蔡諷等將兵出塞擊之捕斬濊貊渠帥獲兵馬財物宮乃遣嗣子遂成將二千餘人逆光等遣使詐降光等信之遂成因據險阨以遮大軍而潛遣三千人攻玄菟遼東焚城郭殺傷二千餘人於是發廣陽漁陽右北平涿郡屬國三千餘騎同救之而貊人已去夏復與遼東鮮卑八千餘人攻遼隊（縣名屬遼東郡也）殺略吏民蔡諷等追擊於新昌戰歿功曹耿耗兵曹掾龍端兵馬掾公孫酺以身扞諷俱歿於陣死者百餘人焉宮遂率馬韓濊貊數千騎圍玄菟夫餘王遣子尉仇台將二萬餘人與州郡并力破之斬首五百餘級是歲宮死子遂成立姚光上言欲因其喪發兵擊之議者皆以爲可許尚書陳忠曰宮前桀黠光不能討死而擊之非義也宜遣弔問因責讓前罪赦不加誅取其後善安帝從之明年遂成還漢生口詣玄菟降遂成死子伯固立其後濊貊率服東垂少事順帝陽嘉元年置玄菟郡屯田六部質桓之間復犯遼東西安平殺帶方令（郡國志西安平帶方縣並屬遼東郡）掠得樂浪太守妻子建寧二年玄菟太守耿臨討之斬首數百級伯固降服乞屬玄菟云公孫度之雄海東也伯固遣大加優台主簿先人等助度擊富山賊破之伯固死有二子長子拔奇小子伊夷模拔奇不肖國人共立伊夷模爲王自伯固時數寇遼東又受亾胡五百餘家獻帝建安中公孫康出軍擊之破其國焚燒邑落拔奇怨爲兄而不得立與消奴加各將下戶三萬餘口詣康降還住沸流水降胡亦叛伊夷模伊夷模更作新國於丸都山下拔奇遂往遼東有子留句麗國古雛加駮位居是也其後復擊玄菟玄菟與遼東合擊大破之伊夷模無子淫灌奴部生子名位宮伊夷模死立以爲王國人以其曾祖名宮生能開目視人長而凶虐國見殘破今王生墮地亦能開目視人必亦如其酷暴國中以爲患句麗謂相似爲位以似其祖故名之爲位宮焉位宮有勇力便鞍馬善獵射魏明帝景初二年太尉司馬懿率眾討公孫淵位宮遣主簿大加將數千人助軍齊王正始三年位宮寇西安平五年幽州刺史毋邱儉將萬人出玄菟討之戰於沸流位宮敗走儉追至赬峴懸車束馬登丸都山屠其所都斬首虜萬餘級六年儉復討之位宮輕將諸加奔沃沮山儉使玄菟太守追之絕沃沮千餘里到肅慎南界刻石紀功又刊丸

都山銘不耐城而還其後復通中國晉永嘉之亂鮮卑慕容廆據昌黎大棘城晉授廆北平州刺史位宮玄孫乙弗利頻寇遼東廆不能制乙弗利死子釗立慕容廆子皝伐之入自南陝戰於木底大破釗軍追至九都釗單馬奔竄皝掘釗父墓掠其母妻珍寶男女五萬餘口焚其室毀九都城而去釗後爲百濟所殺及晉孝武帝太元十年句麗攻遼東玄菟郡後燕慕容垂遣其弟農伐句麗復二郡垂子寶以句麗王安爲平州牧封遼東帶方二國王始置長史司馬參軍官後略有遼東郡安帝義熙九年高麗王璉遣長史高翼奉表獻赭白馬詔以璉爲使持節都督營州諸軍事征東將軍樂浪公句麗王宋武帝踐阼加璉鎮東大將軍餘如故三年加璉散騎常侍增督平州諸軍事少帝景平二年璉遣長史馬婁等來獻方物詔遣謁者朱邵伯王邵子等慰勞之後魏太武初璉復遣使者詣安東府通表代都并請國諱太祖嘉其誠款詔下帝系名諱於其國使員外李敖拜璉爲都督遼海諸軍事征東將軍領東夷中郎將遼東郡公高句麗王自後貢使相尋宋文帝元嘉十三年魏太武滅燕燕主馮弘奔句麗北豐城表求迎接文帝遣將軍王白駒趙次興迎之并令句麗資遣璉不欲弘南乃遣其將軍漱高仇等襲弘殺之白駒等率所領七千餘人生禽漱殺仇等二人璉以白駒等專殺遣使執送之文帝以遠國不欲違其意下白駒等獄既而原之是歲太武亦遣散騎常侍封撥詔璉生送弘璉既殺弘太武怒將討之樂平王丕等議待後舉乃止明年文帝欲侵魏詔璉送馬璉獻八百匹於宋孝武孝建二年璉遣長史董騰奉表慰國哀再周并獻方物大明二年又獻肅慎楛矢石砮七年詔進璉爲車騎大將軍開府儀同三司餘官如故明帝泰始初後廢帝元徽中使命不絕魏文明太后時以獻文六宮未備敕璉令薦其女璉表稱女已出適求以弟女應旨太后遣近臣送幣至境璉復上書妄稱女死太后惡其矯拒詔切責之將問罪焉會獻文殂乃止孝文時璉貢獻踰前其報賜亦稍加益時光州於海中得璉遣詣齊使餘奴等送闕孝文詔責曰蕭道成親弒其君竊號江左朕方欲興滅國於舊邦繼絕世於劉氏而卿乃越境外衛交通篡賊守藩之節當如是邪太和十五年璉死年百餘歲孝文冊贈車騎大將軍太傅遼東郡公高句麗王謚曰康又遣大鴻臚拜璉孫雲使持節都督遼海諸軍事征東將軍領護東夷校尉中郎將遼東郡公高句麗王賜衣冠服物車旗之飾又詔雲遣世子入朝雲上書辭以子疾遣其從叔升于隨使詣闕貢獻帝嚴責之自此歲致方物於魏然亦間使建鄴齊武帝永明中高麗使至服窮袴冠折風中書郎王融戲之曰服之不衷身之災也頭上定是何物答曰此即古弁之遺像也廢帝隆昌中以雲爲使持節散騎常侍都督營平二州征東大將軍樂浪公高麗王魏雖知其兩屬然不欲顯鬧之也梁武帝即位進雲車騎大將軍天監七年詔爲撫軍大將軍開府儀同三司持節常侍都督王並如故十一年十五年累遣使貢獻十七年雲死時魏孝明帝神龜元年也靈太后冊贈雲車騎大將軍領護東夷校尉遼東郡公高麗王又拜其世子安爲鎮東將軍領護東夷校尉遼東郡公高麗王梁普通元年武帝以安纂襲封爵持節都督營平二州諸軍事寧東將軍是歲魏光州又於海中執得梁所授安爵命及衣冠劍佩并使人江法盛等送京師靈太后亦不深責之也安在位九年卒子延立遣使修貢於梁梁武以延襲爵中大通四年六年大同元年七年各獻方物延在位二十三年卒延之初立也魏室大亂至永熙初始得通使孝武詔加延使持節散騎常侍車騎大將軍領護東夷校尉遼東郡公高句麗王東魏天平中詔加延侍中車騎將軍餘如故延卒子成立訖於武定已來其貢使無歲不至大統十二年遣使至西魏朝貢及齊受東魏禪之歲遣使朝貢于齊齊文宣加成使持節侍中驃騎大將軍領東夷校尉遼東郡公高麗王如故天保三年文宣至營州使博陵崔柳使于高麗求魏末流人敕柳曰若不從者以便宜從事及至不見許柳張目叱之奮拳擊成墜於牀下成左右雀息不敢動乃謝服柳以五千戶反命成死子湯立乾明元年齊廢帝以湯爲使持節領東夷校尉遼東郡公高麗王周建德六年湯遣使至周武帝以湯爲上開府儀同大將軍遼東郡公遼東王隋文帝受禪湯遣使詣闕進授大將軍改封高麗王湯所遣使人云其國自東晉以後徙居平壤城卽漢樂浪郡王險城亦曰長安城隨山屈曲南臨浿水城內唯積倉儲器械寇至方入固守王別爲宮於其側不恒居之其外復有國內城及漢城亦別都也國中呼爲三京復有遼東玄菟等數十城皆置官司以相統攝其地後漢時方二千里至魏及南北朝時漸狹纔千餘里至隋時漸大東西六千里又云其建官與前世不同見官有九等其一曰吐捽才役反舊名大對盧總知國事次曰太大兄次鬱折之悅反華言主簿次小大夫人使者次皁衣頭大兄東夷相傳所謂皁衣先人者也以前五官掌機密謀政事徵發兵馬選授官爵次

大使者次大兄次收位使者次上位使者次小兄次諸兄次過節次不過節次先人又有古雛加掌賓客以大夫使者爲之又有國子博士太學博士舍人通事典書客皆以小兄以上爲之又其諸大城置傉(內屋反)薩比都督諸城置處閭近支比刺史亦謂之道使其武官曰大模達比衛將軍以皁衣頭大兄以上爲之次末客比中郎將以太兄以上爲之其次領千人以下各有差等國中書籍有五經三史三國志晉陽秋玉篇字統字林之屬及隋平陳後湯大懼陳兵積穀爲守拒之策開皇十七年文帝賜璽書責湯雖稱藩附誠節未純謂其驅逼靺鞨禁錮契丹殺害邊人志圖不軌湯得書惶恐將表陳謝會病卒子元嗣立文帝使拜元爲上開府儀同三司襲爵遼東公賜服一襲元奉表謝恩并賀祥瑞因請王爵帝優爵爲王明年元率靺鞨萬餘騎寇遼西營州總管韋世沖擊走之帝大怒命漢王諒爲元帥總水陸討之下詔黜其爵位時餽運不繼六軍乏食師出臨渝關復遇疾疫王師不振及次遼水元亦惶懼遣使謝罪上表稱遼東糞土臣元云云上於是罷兵待之如初元亦歲遣朝貢煬帝嗣位天下全盛高昌王突厥啟民可汗竝親詣闕貢獻於是徵元入朝元懼蕃禮頗闕大業七年帝將討元罪車駕度遼水止營於遼東地分道出師各頓兵於其城下高麗出戰多不利皆嬰城固守帝令諸軍攻之又敕諸將高麗若降即宜撫納不得縱兵城將陷賊輒言請降諸將奉旨不敢赴機先令馳奏比報至賊守禦亦備復出拒戰如此者再三帝不悟由是食盡師老轉輸不繼諸軍敗績還者千餘人而已是行也唯於遼水西拔賊武厲邏置遼東郡及通定鎮而還九年帝復親征敕諸軍以便宜從事諸將分道攻城賊勢日蹙會楊元感作亂反書至帝大懼即日六軍竝還兵部侍郎斛斯政亾入高麗高麗具知事實盡銳來追殿軍多敗十年又發天下兵會盜賊蜂起所在阻絕軍多失期少至遼水又屬饑饉六軍遞相掠奪復多疾疫自黃龍以東骸骨相屬止泊之處軍人皆積屍以禦風雨死者十八九高麗亦困弊於守禦遣使乞降因送斛斯政以贖罪帝許之頓於懷遠鎮受其降款仍以俘囚軍實歸于京師以高麗使親告太廟因拘留之仍徵元入朝元竟不至帝更圖後舉會天下喪亂遂不復行隋末元死其異母弟建武嗣立唐武德初再遣使入朝太宗平突厥禽頡利威加海表建武懼遣使上封域圖詔遣廣州司馬長孫師臨瘞隋戰士遺骴毀高麗所立京觀建武恐中國加兵乃築長城千里東北首扶餘西南屬之海久之遣其太子桓權入貢方物其後建武爲其東部大人蓋蘇文所殺而立建武之弟子藏爲王貞觀十八年太宗命刑部尚書張亮爲平壤道行軍大總管自萊州泛海趣平壤又以特進李勣爲遼東道行軍大總管趣遼東討蓋蘇文明年六飛親征渡遼拔數城而還高宗總章初遣司空李勣伐高麗破平壤城時蓋蘇文已死禽其王高藏及蓋蘇文之子男建等平其國下城百七十戶六十九萬七千咸亨初其餘類有酋長劍牟岑者率叛人立高藏外孫安舜爲王詔左衛大將軍高偘討平之自是餘衆不能自保散投新羅靺鞨等國其土地盡入于靺鞨高氏君長遂絕

東沃沮 北沃沮附

東沃沮後漢通焉其國在高句麗蓋馬大山之東(蓋馬縣名)屬玄菟郡東濱大海北與挹婁夫餘南與濊貊接其地形東西狹南北長可折方千里無大君王世世邑落各有長帥其言語與句麗大同時或小異漢初燕亾人衛滿王朝鮮時沃沮皆屬焉孝武帝元封二年伐朝鮮殺滿孫右渠分其地爲四郡以沃沮城爲玄菟郡後爲夷貊所侵徙郡句麗西北所謂玄菟故府是也沃沮還屬樂浪漢以土地廣遠在單單大嶺之東分置東部都尉治不耐城別主領東七縣時沃沮亦皆爲縣東漢光武六年省邊郡都尉東部都尉由此罷其後皆以其縣中渠帥爲縣侯不耐華麗沃沮諸縣皆爲侯國夷狄更相侵伐唯不耐濊侯後漢末猶置功曹主簿諸曹皆以濊民作之沃沮諸邑落渠帥皆自稱三老則故縣國之制也國小逼於大國之間遂臣屬句麗句麗復置其國中大人爲使者使相主領又使大加統之責其租稅貊布魚鹽海中食物千里擔負致之又送其美女以爲婢妾遇之如奴僕其土地肥美背山向海宜五穀善田種人性質直彊勇便持矛步戰食飲居處衣服禮節有似句麗其葬作大木槨長十餘丈開一頭作戶新死者皆假埋之才使覆形皮肉盡乃取骨置槨中舉家皆共一槨刻木如生形隨死者爲數又有瓦鑑置米其中編縣之於槨戶邊毋丘儉討高麗王位宮位宮奔沃沮儉遂進師擊之沃沮邑落皆爲所破斬獲首虜三千餘級位宮奔北沃沮北沃沮一名置溝婁去南沃沮八百餘里其南北沃沮皆與挹婁接挹婁喜乘船寇鈔北沃沮畏之夏月恆在山巖深穴中爲守備冬月冰凍船道不通乃下居村落玄菟太守王頎追討位宮盡其東界問其耆老海東復有人否耆老言國人常乘船捕魚遭風見吹數十

日東得一島上有人言語不相曉其俗常以七月取童女沈海又言有一國亦在海中純女無男人或傳其國有神井女子窺之輒孕又說得一布衣從海中浮出其身如中國人衣其兩袖長三丈又得一破船隨波在海岸邊有一人項中復有面生得之與語不相通不食而死其城皆在沃沮東大海中

挹婁

挹婁魏時通焉即古肅慎之國也在夫餘東北千餘里東濱大海南與北沃沮接不知其北所極土地多山險其人形似夫餘而言語不與句麗夫餘同有五穀麻布出赤玉好貂無君長其邑落各有大人無文墨以言語爲約處於山林之間土氣極寒常爲穴居以深爲貴大家至接九梯好養豕食其肉衣其皮冬以豕膏塗身厚數分以禦風寒無井竈作瓦鬲受四五升以食坐則箕踞以足挾肉而啖之得凍肉坐其上令暖土無鹽鐵燒木作灰灌取汁而食之俗皆編髮裸袒以布作襜徑尺餘蔽其前後其人不潔作溷於中圜之而居將嫁娶男以毛羽插女頭女和則持歸然後致禮聘之婦貞而女淫貴壯而賤老死者其日即葬之於野交木作槨殺豬積其上以爲死者之糧性凶悍以無憂哀相尙父母死男女不哭泣哭者謂之不壯相盜竊無多少皆殺之雖野處而不相犯有石砮皮骨之甲其國東北有山出石其利入鐵將取之必先祈神人衆雖少而多勇力處山險又善射發必中人目弓長四尺力如弩矢用楛長一尺八寸青石爲鏃鏃皆施毒中人即死鄰國畏其弓矢卒不能服也便乘船好寇盜鄰國患之東夷飮食類皆用俎豆唯挹婁獨無法俗最無綱紀者也周武王時獻其楛矢及周公輔成王復遣使入貢自漢巳來臣屬夫餘夫餘責其租稅太重魏文帝黃初中叛之陳留王景元末來貢楛矢石砮弓甲貂皮之屬詔賜其王傉雞錦罽綿帛晉武帝元康初復來貢獻元帝中興又詣江左貢其石砮至成帝時通貢於石虎四年方達於鄴虎問其使人由何而至答曰每候牛馬向西南臥者三年矣是知有大國所在故來焉

勿吉 一曰靺鞨

勿吉後魏通焉在高句麗北一曰靺鞨邑落各自有長不相總一其人勁悍於東夷最彊言語獨異常輕豆莫婁等諸國諸國亦患之去洛陽五千里自和龍北二百餘里有善玉山山北行十三日至祁黎山又北行七日至洛環水水廣里餘又北行十五日至太兵魯水又東北行十八日到其國國有大水闊三里餘名速末水其部類凡有七種其一號粟末部與高麗接勝兵數千多驍武每寇高麗其二汨咄部在粟末北勝兵七千其三安車骨部在汨咄東北其四拂涅部在汨咄東其五號室部在拂涅東其六黑水部在安車西北其七白山部在粟末東南勝兵並不過三千而黑水部尤爲勁健自拂涅以東矢皆石鏃即古肅慎地也東夷中爲彊國所居多依山水渠帥曰大莫拂瞞咄國南有從太山者華言太皇俗甚敬畏之人不得山上溲汙行經山者以物盛去上有熊羆豹狼皆不害人亦不敢殺地卑溼築土如隄鑿穴以居開口向上以梯出入其國無牛有馬車則步推相與偶耕土多粟麥穄菜則有葵水氣鹹生鹽於木皮之上亦有鹽池其畜多豬無羊嚼米爲酒飮之亦醉婚嫁婦人服布裙男子衣豬犬皮裘頭插虎豹尾俗以溺洗手面於諸夷最爲不潔初婚之夕男就女家既成禮而後歸其妻外淫人有告其夫夫輒殺妻殺之而悔必殺告者由是姦淫事終不發人皆善射以射獵爲業角弓長三尺箭長尺二寸常以七八月造毒藥傅矢以射禽獸中者立死煑毒藥氣亦能殺人其父母春夏死立埋之冢上作屋令不雨溼若秋冬死以其尸捕貂貂食其肉多得之後魏孝文延興中其王遣乙力支朝獻太和初又貢馬五百匹乙力支稱初發其國乘船泝難河西上至大沵河沵音麗沉船於水南出陸行度洛孤水從契丹西界達和龍自云其國先破高麗十落密共百濟謀從水道并力取高麗遣乙力支奉使大國謀其可否詔敕三國同是藩附宜共和順勿相侵擾乙力支乃還從其來道取得本船汎達其國九年復遣使侯尼支來朝明年復入貢其旁有大莫盧國覆鍾國莫多回國庫婁國素和國具弗伏國匹黎爾國拔大何國郁羽陵國庫直眞國魯婁國羽眞侯國前後各遣使朝獻太和十三年勿吉復遣使貢楛矢方物於京師十七年又遣使人婆非等五百餘人朝貢景明四年復遣使侯力歸朝貢自此迄于正光貢使相尋爾後中國紛擾頗或不至東魏及齊閒有朝焉隋開皇初靺鞨國有使來獻謂即勿吉也勿吉靺鞨其音相近文帝詔其使曰朕聞彼土人勇今來實副朕懷朕視爾等如子爾宜敬朕如父對曰臣等僻處一方聞內國有聖人故來朝拜既親奉聖顏願長爲奴僕其國西北與契丹接每相劫掠後因其使來文帝誡之使勿相攻擊使者謝罪文帝因厚勞之令宴飮於前使者與其徒皆起舞曲折多戰鬭之容上顧謂侍臣曰天地間乃有此物常作用兵意然其國與

隋懸隔唯粟末白山爲近煬帝初與高麗戰頻敗其衆渠帥突地稽率其部來降拜右光祿大夫居之柳城與邊人來往悅中國風俗請被冠帶帝嘉之賜以錦綺而褒寵之及遼東之役突地稽率其徒以從每有戰功賞賜甚厚十三年從幸江都尋放還柳城李密遣兵邀之僅而得免至高陽沒於王須拔未幾遁歸于羅藝唐初靺鞨頻遣使貢獻詳攷傳記挹婁勿吉靺鞨皆肅愼氏之後裔云

扶桑 女國附

扶桑南齊時聞焉廢帝永元初其國有沙門慧深來至荆州說云扶桑在大漢國東二萬餘里地在中國之東其土多扶桑木故以爲名扶桑葉似桐初生如筍國人食之實如梨而赤績其皮爲布以爲衣亦以爲錦作版屋無城郭有文字以扶桑皮爲紙無兵甲不攻戰其國法有南北獄若有犯輕罪者入南獄重罪者入北獄有赦則放南獄不赦北獄在北獄者男女相配生男八歲爲奴生女九歲爲婢犯罪之身至死不出貴人有罪國人大會坐罪人於地對之宴飲分訣若死別焉以灰繞之其一重則一身屏退二重則及子孫三重者則及七世名國王爲乙祁貴人第一者爲對盧第二者爲小對盧第三者爲納咄沙國王出行有鼓角導從其衣色隨年更改甲乙年青丙丁年赤戊巳年黃庚辛年白壬癸年黑有牛角甚長以角載物至勝二十斛有馬車牛車鹿車國人養鹿如中國畜牛以乳爲酪有赤梨經年不壞多蒲桃其地無鐵有銅不貴金銀市無租估其婚娶法則壻往女家門外作屋晨夕灑埽經年而女不悅卽驅之相悅乃成婚婚禮大抵與中國同親喪七日不食祖父母喪五日不食兄弟伯叔姑姊妹三日不食設坐爲神像朝夕拜奠不制衰絰嗣王立三年不親國事其俗舊無佛法宋孝武大明二年罽賓國嘗有比邱五人游行其國流通佛法經像教令出家風俗遂改慧深又云扶桑東千餘里有女國容貌端正色甚潔白身體有毛髮長委地至二三月競入水則妊娠六七月產子女人胷前無乳項後生毛根白毛中有汁以乳子百日能行三四年則成人矣見人驚避偏畏丈夫食鹹草如禽獸鹹草葉如邪蒿而氣香味鹹梁天監六年有晉安人度海爲風所飄至一島登岸有人居止則如中國而言語不可曉男則人身狗頭其聲如吠其食有小豆其衣如布粲土爲牆其形圓其戶如竇云

文身 大漢附

文身梁時通焉在倭國東北七千餘里人體有文如獸其額上有三文文大直者貴文小曲者賤土俗歡樂物豐而賤行客不齎糧有屋宇無城郭國王所居飾以金銀珍麗繞屋爲塹廣一丈實以水銀雨則流于水銀之上市用珍寶又有大漢國在文身東五千餘里無兵戈不攻戰風俗竝與文身同而言語異

流求

流求隋時通焉其國居海島當建安郡東水行五日而至土多山洞其王姓歡斯氏名渴剌兜不知其由來有國數焉彼土人呼之爲可老羊妻曰多拔荼所居曰波羅檀洞塹柵三重環以流水樹棘爲藩王所居舍其大一十六間雕刻禽獸多鬬鏤樹似橘而葉密條纖如髮之下垂國有四五帥統諸洞洞有小王往往有村村有鳥了帥竝以善戰者爲之自相樹立主一村之事男女皆以白紵繩纏髮從項後盤繞至額其男子用鳥羽爲冠裝以珠貝飾以赤毛形製不同婦人以羅紋白布爲帽其形方正織鬬鏤皮并雜毛以爲衣製裁不一綴毛垂羅爲飾雜色相間下垂小貝其聲如佩綴璫施釧懸珠於頸織藤爲笠飾以毛羽有刀矟弓箭劍鈹之屬其處少鐵刀皆薄小多以骨角輔助之編紵爲甲或用熊豹皮王乘木獸令左右舁之而導從不過十數人小王乘机鏤爲獸形國人好相攻擊人皆驍健善走難死耐瘡諸洞各爲部隊不相救助兩軍相當勇者三五人出前跳譟交言相罵因相擊射如其不勝一軍皆走遣人致謝卽共和解收取鬬死者聚而食之仍以髑髏將向王所王則賜之以冠便爲隊帥無賦斂有事則均稅用刑亦無常準皆臨事科決犯罪皆斷於鳥了帥不伏則上請於王王令臣下共議定之獄無枷鎖唯用繩縛決死刑以鐵錐大如筯長尺餘鑽頂殺之輕罪用杖俗無文字望月虧盈以紀時節草木榮枯以爲年歲人深目長鼻類於胡亦有小慧無君臣上下之節拜伏之禮父子同牀而寢男子拔去髭須身上有毛處皆除去婦人以墨黥手爲蟲蛇之文嫁娶以酒肴珠貝爲聘或男女相悅便相配偶婦人產乳必食子衣產後以火自炙令汗出五日便平復以木槽中暴海水爲鹽木汁爲酢米麴爲酒其味甚薄食皆用手遇得異味先進尊者凡有宴會執酒者必待呼名而後飲上王酒者亦呼王名後銜杯共飲頗同突厥歌呼蹋蹏一人唱衆人和音頗哀怨扶女子上膊搖手而舞其死者氣將絕轝至庭前親賓哭泣相弔浴其屍以布帛縛纏之裹以葦席櫬土而殯上不起墳子爲父者數月不食肉其南境風俗少異

人有死者邑里共食之有熊豺狼尤多豬雞無羊牛驢馬厥田良沃先以火燒而引水灌之持一鍤以石爲刃長尺餘闊數寸而墾之宜稻粱禾黍麻豆赤豆胡黑豆等木有楓栝樟松楩柟枌梓竹藤果藥同於江表風土氣候與嶺南相類俗事山海之神祭以肴酒戰鬬殺人便將所殺人祭其神或依茂樹起小屋或懸髑髏於樹上以箭射之或累石繫幡以爲神主王之所居壁下多聚髑髏以爲佳人閒門戶上必安獸頭骨角隋大業元年海師何蠻等每春秋二時天清風靜東望依稀似有煙霧之氣亦不知幾千里煬帝令羽騎尉朱寬入海求訪異俗得何蠻言遂與蠻俱往因到流求國言不通掠一人而反明年復令寬慰撫之不從寬取其布甲而歸時倭國使來朝見之曰此夷邪久國人所用也帝遣虎賁郎將陳稜朝請大夫張鎮州率兵自義安（今潮陽郡）浮海擊之至高華嶼又東行二日至鼊鼊嶼又一日便至流求初稜將南方諸國人從軍有崑崙人頗解其語遣喻降之流求不聽拒逆官軍稜擊走之進至其都頻戰皆敗毀其宮室虜其男女數千人而還自是遂絶

閩粵

閩粵王無諸及粵東海王搖其先皆粵王句踐之後也姓騶氏秦并天下廢爲君長以其地爲閩中郡及諸侯畔秦無諸搖率粵歸番陽令吳芮所謂番君者也（吳芮號也番音蒲何反）從諸侯滅秦當是時項羽主命不王也（主號命諸侯不王無諸搖等也）以故不佐楚漢擊項籍無諸搖粵人佐漢漢五年復立無諸爲閩粵王王閩中故地都冶（地名即侯官縣是也冶音弋者反）孝惠三年舉高帝時粵功曰閩君搖功多其民便附迺立搖爲東海王都東甌世號曰東甌王后數世孝景三年吳王濞反欲從閩粵（招粵令從也）閩粵未肯行獨東甌從及吳破東甌受漢購殺吳王丹徒以故得不誅吳王子駒亾走閩粵怨東甌殺其父常勸閩粵擊東甌建元三年閩粵發兵圍東甌東甌使人告急天子天子問太尉田蚡蚡對曰粵人相攻擊固其常不足以煩中國往救也中大夫嚴助詰蚡言當救天子遣助發會稽郡兵浮海救之漢兵未至閩粵引兵去東粵請舉國徙中國乃悉與衆處江淮之間六年閩粵擊南粵南粵守天子約不敢擅發兵而以聞上遣大行王恢出豫章大司農韓安國出會稽皆爲將軍兵未踰嶺閩粵王郢發兵距險其弟餘善與宗族謀曰王以擅發兵不請故天子兵來誅漢兵衆彊即幸勝之後來益多滅國乃止今殺王以謝天子天子罷兵固國完不聽乃力戰不勝即亾入海皆曰善即鏦殺王（鏦初江反）使使奉其頭致大行大行曰所爲來者誅王王頭至不戰而殞利莫大焉迺以便宜案兵告大司農軍而使使奉王頭馳報天子詔罷兩將軍兵曰郢等首惡獨無諸孫繇君丑不與謀（繇邑號也繇音搖與讀曰䌛）乃使中郎將立丑爲粵繇王奉閩粵祭祀餘善以殺郢威行國中民多屬竊自立爲王繇王不能制上聞之爲餘善不足復興師曰餘善首誅郢師得不勞因立餘善爲東粵王與繇王竝處至元鼎五年南粵反餘善上書請以卒八千從樓船擊呂嘉等兵至揭陽以海風波爲解不行持兩端陰使南粵及漢破番禺樓船將軍僕上書願請兵擊東粵上以士卒勞倦不許罷兵令諸校留屯豫章梅嶺待命明年秋餘善聞樓船請誅之漢兵留境且往迺遂發兵距漢道號將軍騶力等爲吞漢將軍入白沙武林梅嶺殺漢三校尉是時漢使大司農張成故山州侯齒將屯（齒城陽王恭子也舊封山州侯）不敢擊卻就便處皆坐畏懦誅餘善刻武帝璽自立詐其民爲妄言上遣橫海將軍韓說出句章（說讀曰悅句章會稽之縣）浮海從東方往樓船將軍僕出武林（楊僕也）中尉王溫舒出梅嶺粵侯爲戈船下瀨將軍出如邪白沙元封元年冬咸入東粵東粵素發兵距險使徇北將軍守武林敗樓船將軍數校尉殺長吏樓船軍卒錢唐棲終古斬徇北將軍（錢唐會稽縣也棲姓終古名也棲音袁）爲語兒侯（越中地也今吳南亭是語字或作御或作禦其音皆同）自兵未往故粵衍侯吳陽前在漢漢使歸諭餘善不聽及橫海將軍至陽以其邑七百人反攻粵軍於漢陽及故粵建成侯敖與繇王居股謀俱殺餘善以其衆降橫海將軍封居股爲東成侯萬戶封敖爲開陵侯封陽爲卯石侯橫海將軍說爲按道侯橫海校尉福爲繚嫈侯（繚音遼嫈音於耕反）福者城陽王子故爲海常侯坐法失爵從軍亾功以宗室故侯及東粵將多軍（多軍名）漢兵至棄軍降封爲無錫侯故甌駱將左黃同斬西于王爲下鄜侯（鄜音邪）於是天子曰東粵陿多阻閩粵悍數反覆詔軍吏皆將其民徙江淮之間東粵地遂虛

宋右迪功郞鄭樵漁仲撰

四夷傳第二

西戎上

西羌序略　羌無弋　湟中月氏胡　氐　蔥茈羌　吐谷渾　乙弗敵　契翰可蘭女王國附　宕昌　鄧至　党項　白蘭　吐蕃

西羌序略

西羌之本出自三苗姜姓之別也其國近南岳及舜流四凶徙之三危（三危山在今沙州敦煌縣之東南其山有三峯故云三危也）河關之西南羌地是也（河關屬金城郡）濱於賜支至乎河首緜地千里賜支者禹貢所謂析支者也南接蜀漢徼外蠻夷西北接鄯善車師諸國所居無常依隨水草地少五穀以產牧爲業其俗氏族無定或以父名母姓爲種號十二世後相與婚姻父沒則妻後母兄亾則納釐嫂故國無鰥寡種類繁熾不立君臣無相長一彊則分種爲酋豪弱則爲人附落更相鈔暴以力爲雄殺人償死無他禁令其兵長在山谷短於平地不得持久而果於觸突以戰死爲吉利病終爲不祥堪耐寒苦同之禽獸雖婦人產子亦不避風雪性堅剛勇猛得西方金行之氣焉王政脩則賓服德教失則寇亂昔夏后氏太康失國四夷背叛及后相卽位乃征畎夷七年然後來賓至于后泄始加爵命由是服從后桀之亂畎夷入居邠岐之閒成湯旣興伐而攘之及殷室中衰諸夷皆叛至于武丁征西羌鬼方三年乃克之及武乙暴虐犬戎寇邊周古公踰梁山而避于岐下及子季歷遂伐西落鬼戎太丁之時季歷復伐燕京之戎戎人大敗周師（太丁武丁子也竹書紀年曰太丁二年周人伐燕京之戎周師大敗也）後二年周人克余無之戎於是太丁命季歷爲牧師（季歷文王之父也竹書紀年曰太丁四年周人伐余無之戎克之周王季命爲殷牧師也）自是之後更伐始呼翳徒之戎皆克之（竹書紀年曰太丁七年周人伐始呼之戎克之十一年周人伐翳徒之戎捷其三大夫也）及文王爲西伯西有昆夷之患北有獫狁之難遂攘夷狄而戍之莫不賓服乃率西戎征殷之叛國以事紂及武王伐商羌髳率師會于牧野至穆王時戎狄不貢王乃西征犬戎獲其五王又得四白鹿四白狼以歸王遂遷戎于太原夷王衰弱荒服不朝乃命虢公率六師伐太原之戎至于俞泉獲馬千匹厲王無道戎狄寇掠乃入犬丘殺秦仲之族王命伐戎不克及宣王立四年使秦仲伐戎爲戎所殺王乃召秦仲子莊公與兵七千人伐戎破之由是少卻後二十七年王遣兵伐太原戎不克後五年三伐條戎奔戎王師敗績後二年晉人敗北戎于汾隰戎人滅姜侯之邑明年王征申戎破之後十年幽王命伯士伐六濟之戎軍敗伯士死焉其年戎圍犬丘虜秦襄公之兄伯父時幽王昏虐四夷交侵遂廢申后而立褒姒申侯怒與戎寇周殺幽王於酈山周乃東遷洛邑秦襄公攻戎救周後二年邢侯大破北戎及平王之末周遂陵遲戎逼諸夏自隴山以東及乎伊洛往往有戎於是渭首有狄獂邽冀之戎（狄卽狄道獂卽獂道邽卽上邽冀卽冀縣也）涇北有義渠之戎（義渠縣屬北地郡也）洛川有大荔之戎（大荔古戎國秦獲之改曰臨晉今同州城是也）渭南有驪戎伊洛閒有楊拒泉臯之戎（杜預注左傳云楊拒戎邑也）潁首以西有蠻氏之戎（左傳曰單浮餘圍蠻氏杜預注云梁南有霍陽山皆蠻子之邑也）春秋時閒在中國與諸夏盟會魯莊公伐秦取邽冀戎後十餘年晉滅驪戎是時伊洛戎彊東侵曹魯後十九年遂入王城於是秦晉伐戎以救周後二年又寇京師齊桓公徵諸侯戍周後九年陸渾戎自瓜州遷于伊川（瓜州今瓜州也）允姓戎遷于渭汭（允姓陰戎之祖與三苗俱放三危見左傳）東及轘轅在河南山北者號曰陰戎陰戎之種遂以滋廣（左傳哀公四年蠻子赤奔晉陰地杜預注曰陰地河南山北自上雒以東至陸渾）晉文公欲修霸業乃賂戎狄通道以匡王室秦穆公得戎人由余遂霸西戎開地千里及晉悼公又使魏絳和諸戎復修霸業是時楚晉彊盛威服諸戎陸渾伊洛陰戎事晉而蠻氏從楚後陸渾叛晉晉令荀吳滅之後四十四年楚執蠻氏而盡囚其人是時義渠大荔最彊築城數十皆自稱王至周貞王八年秦厲公滅大荔取其地趙亦滅代戎卽北戎也韓魏復共稍并伊洛陰戎滅之其遺脫者皆逃走西踰汧隴自是中國無戎寇唯餘義渠種焉至貞王二十五年秦伐義渠虜其王後十四年義渠侵秦至渭陰後百許年義渠敗秦師于洛後四年義渠國亂秦惠王遣庶長操將兵定之義渠遂臣於秦後八年秦伐義渠取郁郅後二年義渠敗秦師于李伯（李伯地名未詳）明年秦伐義渠取徒涇二十五城（徒涇縣名屬西河郡）及昭王立義渠王朝秦遂與昭王母宣太后通生二子至赧王四十三年宣太后誘殺義渠王於甘泉宮因起兵滅之始置隴西北地上郡焉戎本無君長夏后氏末及殷周之際或從侯伯征伐有功天子爵之以爲藩服春秋時陸渾蠻氏戎稱子戰國世大荔義渠稱王及其衰亾餘種皆反舊爲酋豪云始皇兵務東向故得繁息秦平天下蒙恬西逐諸羌出塞漢初尙微弱景帝時研種求徙於狄道安故武帝又西逐渡河湟初開河西置四郡其後先零種圍枹罕漢兵擊平之始置護羌校尉至宣帝代又寇金城趙充國立屯田且討且招降者三萬餘人置金城

屬國以處之自後賓服後漢光武建武中初寇金城馬援討破降之徙七千口於三輔和帝以後又反叛豪滇零稱天子南入益州（今漢川漢中等郡）東犯趙魏寇及雍城（今河內郡北故城也）十餘年然後破散順帝永和中又叛漢將馬賢戰歿後段熲窮討及靈帝末方始平定自光武以後匈奴少事唯西羌屢梗焉魏晉二代時亂關隴不至大傷害永嘉以後吐谷渾興焉吐谷渾本遼東鮮卑晉時數百戶附于陰山屬晉亂遂吞并諸羌而有其地至其孫葉延遂爲彊國後魏末其主夸呂自號可汗建官多效中國洎隋煬帝遣觀王雄大破之其王伏允遠遁收其地列置郡縣鎮戍後轉衰弱唐初吐蕃始興焉其帥後魏末爲臨松郡丞故其主有贊府之號高宗時遂滅吐谷渾盡有其地將軍薛仁貴等大敗於大非川儀鳳中中書令李敬元又敗績於青海武太后長壽初始遣兵擊吐蕃復取龜茲于闐疎勒碎葉四鎮自後更歷中睿玄肅代德順憲穆敬文武十有二世大爲邊患至宣宗大中末始破散焉

羌無弋

羌無弋爰劍者秦厲公時爲秦所拘執以爲奴隸不知爰劍何戎之別也後得亡歸而秦人追之急藏於巖穴中得免羌人云爰劍初藏穴中秦人焚之有景象如虎爲其蔽火得以不死既出又與劓女遇於野（劓截鼻也）遂成夫婦女恥其狀被髮覆面羌人因以爲俗遂俱亡入三河閒（三河即黃河賜支河湟河也）諸羌見爰劍被焚不死怪其神共畏事之推以爲豪河湟閒少五穀多禽獸以射獵爲事（湟水出金城郡臨羌縣）爰劍教之田畜遂見敬信廬落種人依之者日益眾羌人謂奴爲無弋以爰劍嘗爲奴隸故因名之其後世世爲豪至爰劍曾孫忍時秦獻公初立欲復穆公之迹兵臨渭首滅狄䝠戎（䝠音丸）忍季父卬畏秦之威將其種人附落而南出賜支曲河西數千里與眾羌絕遠不復交通其後子孫分別各自爲種任隨所之或爲犛牛種越巂羌是也或爲白馬種廣漢羌是也或爲參狼種武都羌是也忍及弟舞獨留湟中並多娶妻婦忍生九子爲九種舞生十七子爲十七種羌之興盛從此起矣及忍子研立時秦孝公雄彊威服羌戎孝公使太子駟率戎狄九十二國朝周顯王研至豪健故羌中號其後爲研種及秦始皇時務并六國以諸侯爲事兵不西行故種人得以繁息秦既兼天下使蒙恬將兵略地西逐諸戎北卻眾狄築長城以界之眾羌不復南度至于漢興匈奴冒頓兵彊破東胡走月氏威震百蠻臣服諸羌景帝時研種留何率種人來守隴西塞於是徙留何等於狄道安故至臨洮氐道羌道縣（氐音都兮反五縣並屬隴西郡）及武帝征伐四夷開地廣境北卻匈奴西逐諸羌乃度河湟築令居塞（令居縣屬金城郡令音零）初開河西列置四郡（酒泉武威張掖敦煌也）通道玉門隔絕羌胡使南北不得交關於是障塞亭燧出長城外數千里時先零羌與封養牢姐種解仇結盟（姐音紫）與匈奴通合兵十餘萬共攻令居安故遂圍枹罕（安故縣屬隴西郡枹罕縣屬金城郡枹音鈇）漢遣將軍李息郎中令徐自爲將兵十萬人擊平之始置護羌校尉持節統領焉羌乃去湟中依西海鹽池左右（金城郡臨羌縣有鹽池也）漢遂因山爲塞河西地空稍徙人以實之至宣帝時遣光祿大夫義渠安國（義渠姓也）覘行諸羌其先零種豪言願得度湟水逐人所不田處以爲畜牧安國以事奏聞後將軍趙充國以爲不可聽後因緣前言遂度湟水郡縣不能禁至元康三年先零乃與諸羌大共盟誓將欲寇邊帝聞復使安國將兵觀之安國至召先零豪四十餘人斬之因放兵擊其種斬首千餘級於是諸羌怨怒遂寇金城乃遣趙充國與諸將將兵六萬人擊破平之至研十三世孫燒當立元帝時彡姐等七種羌寇隴西（彡音先廉反又所廉反姐音紫）遣右將軍馮奉世擊破降之從爰劍種五世至研研最豪健自後以研爲種號十三世至燒當復豪健其子孫更以燒當爲種號自彡姐羌降之後數十年四夷賓服邊塞無事至王莽輔政欲燿威德以懷遠爲名乃令譯諷旨諸羌使共獻西海之地初開以爲郡築五縣邊海亭燧相望焉滇良者燒當之元孫也時王莽末四夷內侵及莽敗眾羌遂還據西海爲寇更始赤眉之際羌遂放縱寇金城隴西隗囂雖擁兵而不能討之乃就慰納因發其眾與漢相拒建武九年隗囂死司徒掾班彪上言今涼州部皆有降羌羌胡被髮左衽而與漢人雜處習俗既異言語不通數爲小吏黠人所見侵奪窮恚無聊故致反叛夫蠻夷寇亂皆爲此也舊制益州部置蠻夷騎都尉幽州部置領烏桓校尉涼州部置護羌校尉皆持節領護理其怨結歲時循行問所疾苦又數遣使驛通動靜使塞外羌夷爲吏耳目州郡因此可得儆備今宜復如舊以明威防光武從之即以牛邯爲護羌校尉持節如舊及邯卒而職省十年先零豪與諸種相結復寇金城隴西遣中郎將來歙等擊之大破事已具歙傳十一年夏先零種復寇臨洮隴西太守馬援破降之後悉歸服徙置天水隴西扶風三郡明年武都參狼羌反援又破降之事已具援傳自燒當至滇良世居河北大允谷種小人貧而先零卑湳並皆彊富數侵

犯之（滇音乃戁反）滇良父子積見陵易憤怒而素有恩信於種中於是集會附落及諸雜種乃從大榆入掩擊先零卑湳大破之殺三千人掠取財畜奪居其地大榆中由是始彊滇良子滇吾立中元元年武都參狼羌反殺掠吏民太守與戰不勝隴西太守劉盱遣從事辛都監軍掾李苞將五千人赴武都與羌戰斬其酋豪首虜千餘人時武都兵亦更破之斬首千餘級餘悉降時滇吾附落轉盛常雄諸羌每欲侵邊者滇吾轉教以方略為渠帥二年秋燒當羌滇吾與弟滇岸率步騎五千寇隴西塞劉盱遣兵於枹罕擊之不能尅又戰於允街（允音鈆街音階縣名屬金城郡）為羌所敗殺五百餘人於是守塞諸羌皆復相率為寇遣謁者張鴻領諸郡兵擊之戰于允吾唐谷（允音鈆吾音牙縣名屬金城郡唐谷之故城在今鄯州湟水縣西也）軍敗鴻及隴西長史田颯皆沒又天水兵為牢姐種所敗於白石死者千餘人（白石縣名屬金城郡有白石山）時燒何豪有婦人比銅鉗者年百餘歲多智算為種人所信向皆從取計策時為盧水胡所擊比銅鉗乃將其衆來依郡縣種人頗有犯法者臨羌長收繫比銅鉗而誅殺其種六七百人顯宗憐之乃下詔曰昔桓公伐戎而無仁惠故春秋貶曰齊人今國家無德恩不及遠羸弱何辜而當并命夫長平之暴非帝者之功咎由太守長吏妄加殘戮比銅鉗尚生者所在致醫藥養視令招其種人若欲歸故地者厚遣送之其小種若束手自詣欲効功者皆除其罪若有謀逆為吏所捕而獄狀未斷悉以賜有功者永平元年復遣中郎將竇固捕虜將軍馬武等擊滇吾於西邯大破之事已具武等傳滇吾遠引去餘悉散降徙七千口置三輔以謁者竇林領護羌校尉居狄道林為諸羌所信而滇岸遂

詣林降林為下吏所欺謬奏上滇岸以為大豪承制封為歸義侯加號漢大都尉明年滇吾復降林復奏其第一豪與俱詣闕獻見帝怪一種兩豪疑其非實以事詰林林辭窘乃偽對曰滇岸即滇吾隴西語不正耳帝窮驗知之怒而免林官會涼州刺史又奏林贓罪遂下獄死謁者郭襄代領校尉事到隴西聞涼州羌盛還詣闕抵罪於是復省校尉官滇吾子東吾立以父降漢乃入居塞內謹愿自守而諸弟迷吾等數為寇盜肅宗建初元年安夷縣吏略妻卑湳種羌婦吏為其夫所殺安夷長宗延追之出塞（安夷縣名屬金城郡）種人恐見誅遂共殺延而與勒姐及吾良三種相結為寇隴西太守孫純遣從事李睦及金城兵會和羅谷與卑湳等戰斬首虜數百人復拜故度遼將軍吳棠領護羌校尉居安夷二年夏迷吾遂與諸衆聚兵欲叛出塞金城太守郝崇追之戰於荔谷崇兵大敗崇輕騎得脫死者二千餘人於是諸種及屬國盧水胡悉與相應吳棠不能制坐徵免武威太守傅育代為校尉移居臨羌迷吾又與封養種豪布橋等五萬餘人共寇隴西漢陽於是遣行車騎將軍馬防長水校尉耿恭副討破之於是臨洮索西迷吾等悉降防乃築索西城（故城在今洮州）徙隴西南部都尉戍之悉復諸亭候至元和三年迷吾復與弟號吾諸雜種反叛秋號吾先輕入寇隴西界郡督烽掾李章追之生得號吾將詣郡號吾曰獨殺我無損於羌誠得生歸必悉罷兵不復犯塞隴西太守張紆權宜放遣羌即為解散各歸故地迷吾退居河北歸義城傅育不欲失信伐之乃募人鬬諸羌胡羌胡不肯遂復叛出塞更依迷吾章和元年育上請發隴西張掖酒泉各五千人諸郡太守將之育

自領漢陽金城五千人合二萬兵與諸郡尅期擊之令隴西兵據河南張掖酒泉兵遮其西並未及會育軍獨進迷吾聞之徙廬落去育選精騎三千窮追之夜至建威南三兜谷去虜數里須旦擊之不設備迷吾乃伏兵三百人夜突育營營中驚壞散走育下馬手戰殺十餘人而死死者八百八十人及諸郡兵到羌遂引去育北地人也顯宗初為臨羌長與捕虜將軍馬武等擊羌滇吾功冠諸軍及在武威威聲聞於匈奴食祿數十年秩奉盡贍給知友妻子不免操井臼肅宗下詔追褒美之封其子毅為明進侯七百戶以隴西太守張紆代為校尉將萬人屯臨羌迷吾既殺傅育狃忕邊利（狃忕慣習也狃音女九反忕音時制反）章和元年復與諸種步騎七千人入金城塞張紆遣從事司馬防將千餘騎及金城兵會戰於木乘谷迷吾兵敗走因譯使欲降紆納之遂將衆人詣臨羌縣紆設兵大會施毒酒中羌飲醉紆因自擊伏兵起誅殺酋豪八百餘人斬迷吾等五人頭以祭育冢復放兵擊在山谷閒者斬首四百餘人得生口二千餘人迷吾子迷唐及其種人向塞號哭與燒何當煎當闐等相結以子女及金銀聘納諸種解仇交質將五千人寇隴西塞太守寇盱與戰於白石迷唐不利引還大小榆谷北招屬國諸胡會集附落種衆熾盛張紆不能討永元元年紆坐徵以張掖太守鄧訓代為校尉稍以賞賂離閒之由是諸種少解東吾子東號立是時號吾將其種人降校尉鄧訓遣兵擊迷唐迷唐去大小榆谷徙居頗巖谷和帝永元四年訓病卒蜀郡太守聶尚代為校尉尚見前人累征不尅欲以文德服之乃遣譯使招呼迷唐使還居大小榆谷迷唐既還遣祖母卑缺詣尚尚自送

至塞下爲設祖道令譯田汜等五人護送至廬落迷唐因而反叛遂與諸種共生屠裂汜等以血盟詛復寇金城塞五年尙坐徵免居延都尉貫友代爲校尉友以迷唐難用德懷終於叛亂乃遣譯使搆離諸種誘以財貨由是解散友乃遣兵出塞攻迷唐於大小榆谷獲首虜八百餘人收麥數萬斛遂夾逢留大河築城塢作大航造河橋欲度兵擊迷唐迷唐乃率部落遠依賜支河曲至八年友病卒漢陽太守史充代爲校尉充至遂發湟中羌胡出塞擊迷唐而羌迎敗充兵殺數百人明年充坐徵代郡太守吳祉代爲校尉其秋迷唐率八千人寇隴西殺數百人乘勝深入脅塞內諸種羌共爲寇盜衆羌復悉與相應合步騎三萬人擊破隴西兵殺大夏長（大夏縣名屬隴西郡）遣行征西將軍劉尙越騎校尉趙代副將北軍五營黎陽雍營三輔積射及邊兵羌胡三萬人討之尙屯狄道代屯枹罕遣司馬寇盱監諸郡兵四面竝會迷唐懼弃老弱奔入臨洮南尙等追至高山迷唐窮逼率其精彊大戰肝斬虜千餘人得牛馬羊萬餘頭迷唐引去漢兵死傷亦多不能復追乃還入塞明年尙代竝坐畏懦徵下獄免謁者王信領尙營屯枹罕謁者耿譚領代營屯白石譚乃設購賞諸種頗來內附迷唐恐乃請降信譚遂受降罷兵遣迷唐詣闕其餘種人不滿二千饑窘不立入居金城和帝令迷唐將其種人還大小榆谷迷唐以爲漢作河橋兵來無常故地不可復居辭以種人饑餓不肯遠出吳祉等乃多賜迷唐金帛令糴穀市畜促使出塞種人更懷猜驚十二年遂復背叛乃脅將湟中諸胡寇鈔而去王信耿譚吳祉皆坐徵以酒泉太守周鮪代爲校尉明年迷唐復還賜支河曲初累姐附漢迷唐怨之遂擊殺其酋豪由是與諸種爲讎黨援益疎其秋迷唐復將兵向塞周鮪與金城太守侯霸及諸郡兵屬國湟中月氏諸胡隴西牢姐羌合三萬人出塞至允川與迷唐戰周鮪還營自守唯侯霸兵陷陳斬首四百餘級羌衆折傷種人瓦解降者六千餘口分徙漢陽安定隴西迷唐遂弱其種衆不滿千人遠踰賜支河首依發羌居明年周鮪坐畏懦徵侯霸代爲校尉安定降羌燒何種脅諸羌數百人反叛郡兵擊滅之悉沒入弱口爲奴婢時西海及大小榆谷左右無復羌寇隃麋相曹鳳上言（隃麋縣名屬右扶風）西戎爲害前世所患臣不能紀古且以近事言之自建武以來其犯法者常從燒當種起所以然者以其居大小榆谷土地肥美又近塞內諸種易以爲非難以攻伐南得鍾存以廣其衆北阻大河因以爲固又有西海魚鹽之利緣山濱水以廣田畜故能彊大常雄諸種恃其拳勇招誘羌胡今者衰困黨援壞沮親屬離叛餘勝兵者不過數百逃亡棲竄遠依發羌臣愚以爲宜及此時建復西海郡縣規固二榆廣設屯田隔塞羌胡交關之路遏絕狂狡窺欲之源又殖穀富邊省委輸之役國家可以無西方之憂於是拜鳳爲金城西部都尉將徙士屯龍耆（龍耆即龍支也今鄯州縣）後金城長史上官鴻上開置歸義建威屯田二十七部侯霸復上置東西邯屯田五部（邯水名邯分流左右今在廓州）增留逢二部帝皆從之列屯夾河合三十四部其功垂立至永初中諸羌叛乃罷迷唐失衆病死有一子來降戶不滿數千東號子麻奴立初隨父降居安定時諸降羌布在郡縣皆爲吏民豪右所徭役積以愁怨安帝永初元年夏遣騎都尉王弘發金城隴西漢陽羌數百千騎征西域弘逼促發遣羣羌懼遠屯不還行到酒泉多有散叛諸郡各發兵徼遮或覆其廬落於是勒姐當煎大豪東岸等愈驚遂同時奔潰麻奴兄弟因此遂與種人俱西出塞先零別種滇零與鍾羌諸種大爲寇掠斷隴道時羌歸附既久無復器甲或持竹竿木枝以代戈矛或負板案以爲楯或執銅鏡以象兵郡縣畏懦不能制冬遣車騎將軍鄧騭征西校尉任尙副將五營及三河三輔汝南南陽潁川太原上黨兵合五萬人屯漢陽明年春諸郡兵未及至鍾羌數千人先擊敗騭軍於冀西殺千餘人校尉侯霸坐衆羌反叛徵免以西域都護段禧代爲校尉其冬騭使任尙及從事中郞司馬鈞率諸郡兵與滇零等數萬人戰於平襄（縣名屬漢陽郡）尙軍大敗死者八千餘人於是滇零等自稱天子於北地招集武都參狼上郡西河諸雜種衆遂大盛東犯趙魏南入益州殺漢中太守董炳遂寇鈔三輔斷隴道湟中諸縣粟石萬錢百姓死亡不可勝數朝廷不能制而轉運難劇遂詔騭還師留任尙屯漢陽爲諸軍節度朝廷以鄧太后故迎拜騭爲大將軍封任尙樂亭侯食邑三百戶三年春復遣騎都尉任仁督諸郡屯兵救三輔仁戰每不利衆羌乘勝漢兵數挫當煎勒姐種攻沒破羌縣鍾羌又沒臨洮縣生得隴西南部都尉明年春滇零遣人寇褒中（縣名屬漢中郡）燔燒郵亭大掠百姓於是漢中太守鄭勤移屯褒中軍營久出無功有廢農桑乃詔任尙將吏兵還屯長安罷遣南陽潁川汝南吏士置京兆虎牙都尉於長安扶風都尉於雍如西京三輔都尉故事（西京左輔都尉都高陵右輔都尉都郿也）時羌復攻褒中鄭勤欲擊之主簿段崇諫以爲虜乘勝鋒不可當宜堅守待之勤不從出戰大敗死者三千餘

人段崇及門下史王宗原展以身捍刃與勤俱死於是徙金城郡居襄武（襄武縣名屬隴西郡）任仁戰累敗而兵士放縱檻車徵詣廷尉詔獄死段禧病卒復以前校尉侯霸代之遂移居張掖五年春任尚坐無功徵免羌遂入寇河東至河內百姓相驚多奔南度河使北軍中候朱寵將五營士屯孟津詔魏郡趙國常山中山繕作塢候六百一十六所羌既轉盛而二千石令長多內郡人並無守戰意皆爭上徙郡縣以避寇難朝廷從之遂移隴西徙襄武（縣名屬隴西郡）安定徙美陽（縣名屬右扶風）北地徙池陽（縣名屬左馮翊）上郡徙衙（縣名屬馮翊衙音牙）百姓戀土不樂去舊遂乃刈其禾稼發徹室屋夷營壁破積聚時連旱蝗饑荒而驅蹙劫略流離分散隨道死亡或弃捐老弱或為人僕妾喪其太半復以任尚為侍御史擊衆羌於上黨羊頭山破之（羊頭山在上黨郡穀遠縣）誘殺降者二百餘人乃罷孟津屯其秋漢陽人杜琦及弟季貢同郡王信等與羌通謀聚衆入上邽城琦自稱安漢將軍於是詔購募得琦首者封列侯賜錢百萬羌胡斬琦者賜金百斤銀二百斤漢陽太守趙博遣刺客杜習刺殺琦封習討姦侯賜錢百萬而杜季貢王信等將其衆據樗泉營侍御史唐喜領諸郡兵討破之斬王信等六百餘級沒入妻子五百餘人收金錢綵帛一億已上杜季貢亡從滇零六年任尚復坐徵免滇零死子零昌代立年尚幼少同種狼莫為其計策以杜季貢為將軍別居丁奚城七年夏騎都尉馬賢與侯霸掩擊零昌別部牢羌於安定首虜千人得驢騾駱駝馬牛羊二萬餘頭以畀得者元初元年春遣兵屯河內通谷衝要三十三所皆作塢壁設鳴鼓零昌遣兵寇雍城又號多與當煎勒姐大豪共脅諸種分兵鈔掠武都漢中巴郡板楯蠻將兵救之漢中五官掾程信率壯士與蠻共擊破之號多退走還斷隴道與零昌通謀侯霸馬賢將湟中吏民及降羌胡於枹罕擊之斬首二百餘級涼州刺史皮楊擊羌於狄道大敗死者八百餘人楊坐徵免侯霸病卒漢陽太守龐參代為校尉參以恩信招誘之二年春號多等率衆七千餘人詣參降遣詣闕賜號多侯印綬遣之參始還居令居通河西道而零昌種衆復分寇益州遣中郎將尹就將南陽兵因發益部諸郡屯兵擊零昌黨呂叔都等至秋蜀人陳省羅橫應募刺殺叔都皆封侯賜錢又使屯騎校尉班雄屯三輔遣左馮翊司馬鈞行征西將軍督右扶風仲光安定太守杜恢北地太守盛包京兆虎牙都尉耿溥右扶風都尉皇甫旗等合八千餘人又龐參將羌胡兵七千餘人與鈞分道並北擊零昌參兵至勇士東為杜季貢所敗（勇士縣名屬天水郡）於是引退鈞等獨進攻拔丁奚城大剋獲杜季貢率衆偽逃鈞令光恢包等收羌禾稼光等違鈞節度散兵深入羌乃設伏要擊之鈞在城中怒而不救光並沒死者三千餘人鈞乃遁還坐徵自殺龐參以失期軍敗抵罪以馬賢代領校尉事後遣任尚為中郎將將羽林緹騎五營子弟三千五百人代班雄屯三輔尚臨行懷令虞詡說尚曰使君頻奉國命討逐寇賊三州屯兵二十餘萬人弃農桑疲苦徭役而未有功效勞費日滋若此出不克誠為使君危之尚曰憂惶久矣不知所如詡曰兵法弱不攻彊走不逐飛自然之勢也今虜皆馬騎日行數百里來如風雨去如絶弦以步追之勢不相及所以曠而無功也為使君計者莫如罷諸郡兵各令出錢數千二十人共市一馬如此可捨甲冑馳輕兵以萬騎之衆逐數千之虜追尾掩截（尾猶蹤也）其道自窮便人利事大功立矣尚大喜即上言用其計乃遣輕騎鈔擊杜季貢於丁奚城斬首四百餘級獲牛馬羊數千頭明年夏度遼將軍鄧遵率南單于及左鹿蠡王須沈萬騎擊零昌於靈州（縣名屬北地郡）斬首八百餘級封須沈為破虜侯金印紫綬賜金帛各有差任尚遣兵擊破先零羌於丁奚城秋築馮翊北界候塢五百所任尚又遣假司馬募陷陳士擊零昌於北地殺其妻子得牛馬羊二萬頭燒其廬落斬首七百餘級得僭號文書及所沒諸將印綬四年春尚遣當闐種羌榆鬼等五人刺殺杜季貢封榆鬼為破羌侯其夏尹就以不能定益州坐徵抵罪以益州刺史張喬領尹就軍屯招誘叛羌稍稍降散秋任尚復募效功種號封刺殺零昌封號封為羌王冬任尚將諸郡兵與馬賢並進北地擊狼莫賢先至安定青石岸狼莫逆擊敗之會尚兵到高平（縣名屬安定郡）因合勢俱進狼莫等引退乃轉營逼之至北地相持六十餘日戰於富平河上大破之（富平縣屬北地郡）斬首五千級還得所掠人男女千餘人牛馬驢羊駱駝十餘萬頭狼莫逃走於是西河虔人種羌萬一千口詣鄧遵降五年鄧遵募上郡全無種羌雕何等刺殺狼莫賜雕何為羌侯封遵武陽侯三千戶遵以太后從弟故爵封優大任尚與遵爭功又詐增首級受賕枉法贓千萬已上檻車徵弃市沒入田廬奴婢財物自零昌狼莫死後諸羌瓦解三輔益州無復寇儆自羌叛十餘年間兵連師老不暫寧息軍旅之費轉運委輸用二百四十餘億府帑空竭延及內郡邊民死者不可勝數并涼二州遂至虛耗六年春勒姐種與隴西種羌號良等通謀欲反馬賢逆擊之於

安故斬號良及種人數百級皆降散永寧元年春上郡沈種羌五千餘人復寇張掖其夏馬賢將萬人擊之初戰失利死者數百人明日復戰破之斬首千八百級獲生口千餘人馬牛羊萬數餘虜悉降時當煎種大豪饑五等以賢兵在張掖乃乘虛寇金城賢還軍追之出塞斬首數千級而還燒當燒何種聞賢軍還率三千餘人復寇張掖殺長吏初饑五同種大豪盧怱忍良等千餘戶別留允街而首施兩端建光元年春馬賢率兵召盧怱斬之因放兵擊其種人斬獲首虜二千餘人掠馬牛羊十萬頭忍良等皆亾出塞璽書封賢安亭侯食邑千戶忍良等以麻奴兄弟本燒當世嫡而賢撫恤不至常有怨心秋遂相結共脅將諸種步騎三千人寇湟中攻金城諸縣賢將先零種赴擊之戰於牧苑兵敗死四百餘人麻奴等又敗武威張掖郡兵於令居因脅將先零沈氏諸種四千餘戶緣山西走寇武威賢追到鸞鳥招引之（鸞鳥縣名屬武威郡鸞音爵）諸種降者數千麻奴南還湟中延光元年春賢追到湟中麻奴出塞渡河賢復追擊戰破之種衆散遁詣涼州刺史宗漢降麻奴等孤弱饑困其年冬將種衆三千餘戶詣漢陽太守耿种降安帝假金印紫綬賜金銀綵繒各有差是歲虔人種羌與上郡胡反攻穀羅城度遼將軍耿夔將諸郡兵及烏桓騎赴擊破之三年秋隴西郡始還狄道焉麻奴弟犀苦立順帝永建元年隴西鍾羌反校尉馬賢將七千餘人擊之戰於臨洮斬首千餘級皆率種人降進封賢都鄉侯自是涼州無事至四年尚書僕射虞詡上疏曰臣聞子孫以奉祖爲孝君上以安民爲明此高宗周宣所以上配湯武也禹貢雍州之域厥田惟上且沃野千里穀稼殷積又有龜茲鹽池以爲民利（上郡龜茲縣有鹽官即雍州之域也）水草豐美土宜產牧牛馬銜尾羣羊塞道北阻山河乘阸據險因渠以漑水舂河漕用功省少而軍糧饒足故孝武皇帝及光武築朔方開西河置上郡皆爲此也而遭元元无妄之災衆羌內潰郡縣兵荒二十餘年夫棄沃壤之饒損自然之財不可謂利離河山之阻守無險之處難以爲固今三郡未復園陵單外而公卿選儒容頭過身張解設難但計所費不圖其安宜開聖德考行所長書奏帝乃復三郡使謁者郭璜督促徙者各歸舊縣繕城郭置候驛既而激河浚渠爲屯田省內郡費歲一億計遂令安定北地上郡及隴西金城常儲穀粟令周數年馬賢以犀苦兄弟數背叛因繫質於令居（令音零）其冬賢坐徵免右扶風韓皓代爲校尉明年犀苦詣皓自言求歸故地皓復不遣因轉湟中屯田置兩河間以逼羣羌皓復坐徵張掖太守馬續代爲校尉兩河間羌以屯田近之恐必見圖乃解仇詛盟各自儆備續欲先示恩信乃上移屯田還湟中羌意乃安至陽嘉元年以湟中地廣更增置屯田五部并爲十部二年夏復置隴西南部都尉如舊制三年鍾羌良封等復寇隴西漢陽詔拜前校尉馬賢爲謁者鎮撫諸種馬續遣兵擊良封斬首數百級四年馬賢以發隴西吏士及羌胡兵擊殺良封斬首千八百級獲馬牛羊五萬餘頭良封親屬並詣賢降賢復進擊鍾羌且昌且昌等率諸種十餘萬詣涼州刺史降永和元年馬續遷度遼將軍復以馬賢代爲校尉初武都塞上白馬羌攻破屯官反叛連年二年春廣漢屬國都尉擊破之斬首六百餘級馬賢又擊斬其渠帥饑指累祖等三百級於是隴右復平明年冬燒當種那離等三千餘騎寇金城塞馬賢將兵赴擊斬首四百餘級獲馬千四百匹那離等復西招羌胡殺傷吏民四年馬賢將湟中義從兵及羌胡萬餘騎掩擊那離等斬之獲首虜千二百餘級得馬騾羊十萬餘頭徵賢爲弘農太守以來機爲并州刺史劉秉爲涼州刺史並當之職大將軍梁商謂機等曰戎狄荒服蠻夷要服言其荒忽無常而統領之道亦無常法臨事制宜畧依其俗今三君素性疾惡欲分明白黑孔子曰人而不仁疾之已甚亂也況戎狄乎其務安羌胡防其大故忍其小過機等天性虐刻遂不能從到州之日多所擾發五年夏且凍傅難種羌等遂反叛攻金城與西塞及湟中雜種羌胡大寇三輔殺害長吏機秉並坐徵於是發京師近郡及諸州兵討之拜馬賢爲征西將軍以騎都尉耿叔副將左右羽林五校士及諸州郡兵十萬人屯漢陽又於扶風漢陽隴道作塢壁三百所置屯兵以保聚百姓且凍分遣種人寇武都燒隴關掠苑馬六年春馬賢將五六千騎擊之到射姑山（射音夜）賢軍敗賢及二子皆戰沒順帝愍之賜布三千匹穀千斛封賢孫光爲舞陽亭侯租入歲百萬遣侍御史督錄征西營兵存恤死傷於是東西羌遂大合鞏唐種三千餘騎寇隴西又燒園陵掠關中殺傷長吏郃陽令任頵追擊戰死（郃陽同州縣也頵於筠反）遣中郎將龐浚募勇士千五百人頓美陽爲涼州援武威太守趙沖追擊鞏唐羌斬首四百餘級得馬牛羊驢萬八千餘頭羌二千餘人降詔沖督河西四郡兵爲節度罕種羌千餘寇北地北地太守賈福與趙沖擊之不利秋諸種八九千騎寇武威涼部震恐於是復徙安定居扶風北地居馮翊遣行車騎將軍執金吾張喬將左右羽林

五校士及河內南陽汝南兵萬五千屯三輔漢安元年以趙沖爲護羌校尉沖招懷叛羌罕衆乃率邑落五千餘戶詣沖降於是罷張喬軍屯唯燒何種三千餘落據參䜌北界(參䜌縣名屬安定郡䜌力全反)三年夏趙沖與漢陽太守張貢掩擊之斬首千五百級得牛羊驢十八萬頭冬沖擊諸種斬首四千餘級詔沖一子爲郎沖復追擊於阿陽斬首八百級(阿陽縣屬漢陽郡)於是諸種前後三萬餘戶詣涼州刺史降建康元年春護羌從事馬元遂爲諸羌所誘將羌衆亾出塞領護羌校尉衛瑤追擊元等斬首八百餘級得牛馬羊二十餘萬頭趙沖復追叛羌到建威鸇陰河(鸇陰縣名屬安定郡)軍度竟所將降胡六百餘人叛走沖將數百人追之遇羌伏兵與戰歿沖雖身死而前後多所斬獲羌由是衰耗永嘉元年封沖子愷義陽亭侯以漢陽太守張貢代爲校尉左馮翊梁竝稍以恩信招誘之於是離湳狐奴等五萬餘戶詣竝降隴右復平竝大將軍冀之宗人封爲鄠侯邑二千戶自永和羌叛至于是歲十餘年間費用八十餘億諸將多斷盜牢稟私自潤入皆以珍寶貨賂左右上下放縱不恤軍事士卒不得其死者白骨　於野桓帝建和二年白馬羌寇廣漢屬國殺長吏是時西羌及湟中胡復畔爲寇益州刺史率板楯蠻討破之斬首招降二十萬人永壽元年校尉張貢卒以前南陽太守第五訪代爲校尉甚有威惠西垂無事延熹二年訪卒以中郎將段熲代爲校尉時燒當八種寇隴右熲擊大破之四年零吾復與先零及上郡沈氐牢姐諸種并力寇并涼及三輔會段熲坐事徵以濟南相胡閎代爲校尉閎無威略羌遂陸梁覆沒營隝寇患轉盛中郎將皇甫規擊破之五年沈氐諸種復寇張掖酒泉皇甫規招之皆降事已具規傳鳥吾種復寇漢陽隴西金城諸郡兵共擊破之各還降附至冬滇那等五六千人復攻武威張掖酒泉燒民廬舍六年隴西太守孫羌擊破之斬首溺死三千餘人胡閎疾復以段熲爲校尉永康元年東羌岸尾等脅同種連寇三輔中郎將張奐追破斬之事已具奐傳當煎羌寇武威破羌將軍段熲復破滅之餘悉降散事已具熲傳靈帝建寧三年燒當羌奉使貢獻中平元年北地降羌先零種因黃巾大亂乃與漢中羌義從胡北宮伯玉等反寇隴右事已具董卓傳興平元年馮翊降羌反寇諸縣郭汜樊稠擊破之斬首數千級自爰劍後子孫支分凡百五十種其九種在賜支河首以西及在蜀漢徼北前史不載口數唯參狼在武都勝兵數千人其五十二種衰少不能自立分散爲附落或絕滅無後或引而遠去其八十九種唯鍾最彊勝兵十餘萬其餘大者萬餘人小者數千人更相鈔盜盛衰無常無慮順帝時勝兵合可二十萬人(無慮猶都凡也)發羌唐旄等絕遠未嘗往來氂牛白馬羌在蜀漢其種別名號皆不可紀知也建武十三年廣漢塞外白馬羌豪樓登等率種五千餘戶內屬光武封樓登爲歸義君長至和帝永元六年蜀郡徼外大牂夷種羌豪造頭等率種人五十餘萬口內屬拜造頭爲邑君長賜印綬至安帝永初元年蜀郡徼外羌龍橋等六種萬七千二百八十口內屬明年蜀郡徼外羌薄申等八種三萬六千九百口復舉土內屬冬廣漢塞外參狼種羌二千四百口復來內屬桓帝建和二年白馬羌千餘人寇廣漢屬國殺長吏益州刺史率板楯蠻討破之

湟中月氏胡

湟中月氏胡其先大月氏之別也舊在張掖酒泉地月氏王爲匈奴冒頓所殺餘種分散西踰葱嶺其羸弱者南入山阻依諸羌居止遂與共婚姻及漢驃騎將軍霍去病破匈奴取西河地開湟中於是月氏來降與漢人錯居雖依附縣官而首施兩端其從漢兵戰鬬隨勢彊弱被服飲食言語略與羌同亦以父名母姓爲種其大種有七勝兵合九千餘人分在湟中及令居又數百戶在張掖號曰義從胡靈帝中平初與北宮伯玉等反殺護羌校尉泠徵金城太守陳懿遂寇亂隴右焉

氐

氐者西戎之別種號曰白馬三代之際蓋自有君長而世一朝見故詩稱自彼氐羌莫敢不來享莫敢不來王者是也秦漢以來世居岐隴以南漢川以西自立豪帥漢孝武帝遣中郎將郭昌衛廣滅之元鼎六年開分廣漢西部合爲武都郡排其種人分竄山谷或在上祿(今同谷郡)或在汧隴左右其種非一或號青氐或號白氐或稱蚺氐此蓋中國人即其服色而名之也各有侯王受中國封拜土地險阻有麻田出漆蜜銅鐵椒蠟氐人勇戇貪貨死利數爲邊寇郡縣討之則依固自守其俗語不與中國及羌胡同各自有姓如中國之姓其衣服尚青俗能織布善田種畜羊豕牛馬驢騾婚姻備六禮知書疏多知中國語由與中國錯居故也元封三年氐人反遣兵討破之分徙酒泉郡昭帝元鳳初氐人復叛遣大鴻臚田廣明將三輔太常徒討破之至後漢初氐人悉附隴蜀及隗囂滅其酋豪乃背公孫述降漢隴西太守馬援上復其王侯君長賜以印綬後囂族人隗茂反攻殺武都太守氐豪齊鍾留爲種類所敬信威服諸豪與

郡丞孔奮擊茂破斬之其後亦時寇盜郡縣不足爲患獻帝建安中有楊腾者爲部落大師腾子駒勇健多計略始徙據仇池仇池地方百頃四面斗絶高七里餘蟠道三十六回其上有豐水泉煑土成鹽民用富實駒於仇池上平地立宫室果園倉庫其地東接秦嶺西接宕昌八百里南去漢中四百里北至岐州三百里本戸十萬後稍破散駒後有千萬者魏拜爲百頃氏王諸氏在魏武時或臣或叛魏武命夏侯淵討之因從武都之種於秦川以禦蜀千萬之孫曰飛龍漸復彊盛晉武帝假飛龍平西將軍還居略陽（楊氏與苻氏同出略陽略陽地今天水郡隴城縣也）飛龍無子養外甥令狐茂搜爲子惠帝元康初避齊萬年之亂率部落還保百頃自號輔國將軍右賢王羣氏推以爲主關中人士流移者多依之愍帝以爲驃騎將軍左賢王茂搜死子難敵統位與弟堅頭分部曲難敵自號左賢王屯下辨堅頭號右賢王屯河池難敵死子毅立自號使持節龍驤將軍左賢王下辨公以堅頭子盤爲使持節冠軍將軍右賢王河池公臣晉晉以毅爲征南將軍久之毅族兄初襲殺毅并有其衆自立爲仇池公臣於石虎後稱藩於晉穆帝永和十年改初爲天水公十一年毅小弟宋奴使姑子梁三王因侍直手刃殺初初子國率左右誅三王及宋奴復自立爲仇池公桓温表國爲秦州刺史國子安爲武都太守十二年國從叔俊復殺國自立國子安叛苻生殺俊復稱藩於晉安子世自立爲仇池公晉廢帝太和三年以世爲秦州刺史弟統爲武都太守世死統廢世子纂自立纂黨襲殺統立纂爲仇池公遣使詣建康簡文帝以纂爲秦州刺史晉咸安元年苻堅遣其將楊安苻雅等討纂克之徙其人於關中空百頃之地宋奴之死也二子佛奴佛狗逃奔苻堅堅以女妻佛奴子定拜爲尚書領軍苻堅之敗於淮南關中擾亂定盡力奉堅堅死乃率衆奔隴右徙居歷城去仇池百二十里置倉儲於百頃招合夷夏得千餘家自稱龍驤將軍仇池公稱藩於晉孝武帝即以其自號假之後以爲秦州刺史後魏道武登國四年遂有秦州之地號隴西王後與乞伏乾歸戰兵敗爲乾歸所殺無子佛狗子盛先爲監國守仇池後乃統事自號征西將軍秦州刺史仇池公謚定爲武王分諸氏羌爲二十部護軍各爲鎭戍不置郡縣遂有漢中之地仍稱藩于晉天興初遣使朝貢道武詔以盛爲征南大將軍仇池王隔礙姚興不得歲通貢使盛以兄子撫爲平南將軍梁州刺史守漢中宋永初中武帝封盛爲武都王盛死私謚曰惠文王子元統位元字黄眉號征西大將軍開府儀同三司秦州刺史武都王雖稱藩於宋仍奉晉永熙之號後始用宋元嘉正朔初盛謂元曰吾年已老當終爲晉臣汝善事宋帝故元奉焉元善於待士爲流舊所懷魏太武帝始光四年遣大鴻臚公孫軌拜元爲征南大將軍督梁州刺史南秦王元上表請比內藩許之元死私謚孝昭王子保宗統位初元臨終謂弟難當曰今境埸未寧方須撫慰保宗沖昧吾授卿國事其無墜先勳難當固辭請立保宗以輔之保宗既立難當妻姚氏謂難當曰國難宜立長君今反事孺子非久計也難當從之廢保宗而自立稱藩于宋難當拜保宗爲鎭南將軍鎭石昌以次子順爲鎭東將軍秦州刺史守上邽保宗謀襲難當事泄被繫時宋梁州刺史甄法護刑政不治宋文帝遣刺史蕭思話代任難當以思話未至遣將舉兵襲梁州法護委鎭奔洋州難當遂有漢中之地尋而思話使其司馬蕭道成先驅進討所向克捷遂平梁州難當因又附宋保宗後得釋難當遣鎭薫亭保宗與其兄保顯歸魏太武拜保宗征南大將軍秦州牧武都王尚公主保顯爲鎭西將軍晉壽公後遣大鴻臚崔頤拜難當爲征南大將軍儀同三司領護西羌校尉秦梁二州牧南秦王難當後自立爲大秦王號年曰建義立妻爲王后世子爲太子備置百官然猶貢獻於宋不絶尋而其國大旱多災異乃降大秦王復爲武都王太延初難當移鎭上邽太武遣車騎大將軍樂平王丕等督河西高平諸軍討之取上邽又詔諭難當奉詔攝守尋而傾國南寇規有蜀土襲宋益州攻涪城又伐巴西獲雍州流人七十餘家還于仇池宋文帝怒遣將裴方明等伐之難當爲方明所敗棄仇池與千餘騎奔上邽太武遣中山王辰迎之赴行宫方明既克仇池以保宗弟保熾守之魏河間公齊擊保熾走之先是太武詔保宗鎭上邽又詔鎭駱谷復其本國保宗弟文德先逃氐中乃説保宗令叛事泄齊執保宗送京師詔難當殺之氐羌立文德屯于濁水文德自號征西將軍秦河梁三州牧仇池公求援於宋宋封文德爲武都王遣偏將房亮之等助之齊逆擊禽亮之文德奔守葭蘆武都陰平氐多歸之太武詔淮陽公皮豹子等率諸軍討文德文德走漢中豹子等收其妻子僚屬資糧及保宗妻公主送代京賜死初公主勸保宗反人問曰背父母之邦若何公主曰禮婦人外成因夫而榮事立據守一方我亦一國之母豈比小縣之主以此得罪文成時拜難當營州刺史還爲外都大官卒謚曰忠子和隨父歸

魏別賜爵仇池公子德子襲難當爵早卒子小眼襲爵降爲公拜天水太守卒子大眼別有傳小眼子公熙襲爵孝明帝正光中尚書右丞張普惠爲行臺送租於南秦東益普惠啟公熙俱行至南秦以氐反不得進遣公熙先慰諭氐東益州刺史魏子建以公熙險薄密令訪察公熙果有潛謀將爲叛亂子建仍報普惠令其攝錄普惠急追公熙公熙竟不肯赴東出漢中普惠表列其事公熙大行賄賂終得免罪後爲假節別將與都督元志同守岐州爲秦賊莫折天生所虜死於秦州文德後自漢中入統汧隴遂有陰平武興之地後爲宋荆州刺史劉義宣所殺保宗之執也子元和奔宋宋以爲武都白水太守元和據城歸魏文成嘉之拜征南大將軍武都王內徙京師元和從叔僧嗣復自稱武都王於葭蘆僧嗣死從弟文度自立爲武興王遣使歸魏獻文授文度武興鎮將既而文度復叛孝文初遣征西將軍皮歡憙攻葭蘆破之斬文度首文度弟文弘自立爲武都王遣使奉表謝罪貢其方物孝文納之文弘遣子苟奴入侍拜文弘都督南秦州刺史征西將軍西戎校尉武都王文弘死從子後起統位孝文以文弘爵授之文弘子集始爲白水太守後起死以集始爲征西將軍武都王集始復朝于魏拜都督南秦州刺史安南大將軍領護南蠻校尉漢中郡侯武興王賜以車旗戎馬錦綵繒纊尋還武興進號鎮南將軍加督寍湘五州諸軍事後仇池鎮將楊靈珍襲破武興集始遂入于齊宣武景明初集始降魏還授爵位歸守武興死子紹先立拜都督南秦州刺史征虜將軍漢中郡公武興王贈集始車騎大將軍開府儀同三司謚安王紹先年幼委事二叔集起集義夏侯道遷以漢中歸魏也梁白馬戍主尹天保率衆圍之道遷求援於集起集義二人貪保邊蕃不欲救之唯集起弟集朗心願立功率衆破天保全漢川集朗之力也集義見梁益既定恐武興不得久爲外藩遂扇動諸氐推紹先僭稱大號集起集義並稱王外引梁爲援安西將軍邢巒遣建武將軍傅豎眼攻武興克之執紹先送于京師遂滅其國以爲武興鎮後復改鎮爲東益州前後鎮將唐法樂刺史杜纂邢豹以威惠失衷氐豪仇石柱等相率反叛朝廷以西南爲憂正光中詔魏子建爲刺史以恩信招撫風化大行遠近款附如內地焉後唐永代子建爲州未幾氐人悉反永棄城東走自此復爲氐地魏末天下亂紹先奔還武興復自立爲王周文定秦隴紹先稱藩送妻子爲質大統元年紹先請以其女妻周文奏於魏帝許之紹先死子辟邪立四年南岐州氐苻壽反攻陷武都自號太白王詔大都督侯莫陳順與渭州刺史長孫澄討降之九年清水氐酋李鼠仁據地作亂氐帥梁道顯叛攻南由周文遣典籤趙昶慰諭之鼠仁等相繼歸附十一年於武興置東益州以辟邪爲刺史十五年安夷氐復叛趙昶時爲郡守收首逆者二十餘人斬之乃定於是以昶行南秦州事氐帥蓋闊等作亂據北谷其黨西結宕昌羌獠甘其推蓋闊爲主昶分道遣使宣示禍福然後出兵討之禽蓋闊散其餘黨興州叛氐復侵逼南岐州刺史叱羅協遣使告急昶赴救又大破之先是氐酋楊法深據陰平自稱王亦盛之苗裔也魏孝昌中舉衆內附自是職貢不絕廢帝元年以法深爲黎州刺史二年楊辟邪據州反羣氐復與同逆詔叱羅協與趙昶討平之周文乃以大將軍宇文貴爲大都督興州刺史貴威名先著羣氐頗畏服之來歲楊法深從尉遲迥平蜀軍回法深尋與其宗人楊崇集陳侳各擁其衆遞相攻討趙昶時督成武沙三州諸軍事遣使和解之法深等從命乃分其部落更置州郡以處之恭帝末武興氐反圍利州鳳州固道氐魏天王等亦聚衆響應大將軍豆盧寍討之周明帝時興州人段吒及下辨柏樹二縣人反相率破蘭皐戍氐酋姜多復率廚中氐屬攻陷落聚羣以應之趙昶討平二縣幷斬段吒而陰平葭蘆氐復往屯聚與廚中相應昶乃簡精騎出其不意徑入廚中至大竹坪連破七柵誅其渠帥二郡並降及昶還廚中生氐復爲寇掠昶又遣儀同劉崇義宇文琦入廚中討之於是羣氐並平及王謙舉兵沙氐帥開府楊永安又據州應謙大將軍達奚儒討平之

蔥茈羌 茈音紫

蔥茈羌月氏之餘種從婼羌西至蔥嶺數千里乃其地也又有白馬羌黃牛羌皆其種類各有酋豪北與諸國接不知其道里廣狹傳聞黃牛羌婦人孕身六月而生南與白馬羌鄰此三羌皆魏時聞焉

吐谷渾

吐谷渾本鮮卑徒河涉歸子也涉歸一名奕洛韓有二子庶長曰吐谷渾少曰若洛廆涉歸死若洛廆代統部落是爲慕容氏涉歸之在也分戶千七百以隸吐谷渾與若洛廆爲二部二部馬鬬相傷若洛廆怒遣人謂吐谷渾曰先公處分與兄異部何不相遠離而令馬鬬吐谷渾曰馬食草飲水春氣發動所以鬬鬬在馬而怒及人乖別甚易今當去汝萬里之外矣於是遂行若洛

廆悔之遺其長史那樓馮及父時耆舊追還之吐谷渾曰我乃祖以來樹德遼右先公之世卜筮之言云有二子當享福祚竝流子孫我是卑庶理無兩大今因馬而别殆天所啟乎諸君試驅馬令東馬若還東我當相隨歸矣樓馮遣從者二千騎擁馬東出數百步馬輒悲鳴西走如是者十餘輩樓馮跪而言曰此非人事也遂止鮮卑謂兄爲阿干廆追思之作阿干之歌歲暮窮思常歌之吐谷渾謂其部落曰我兄弟俱當享國若洛廆及曾元裁百餘年耳我元孫已後庶其昌乎於是乃西附陰山屬晉永嘉之亂始度隴而西其後子孫據有西零已西甘松之界極乎白蘭數千里然有城郭而不居隨逐水草廬帳而居西北諸雜種謂之爲阿貲虜（貲即移反）或號爲野虜吐谷渾年七十二卒有子六十人長子吐延嗣吐延身長七尺八寸雄姿魁傑羌虜憚之號曰項羽性俶儻不羣常慷慨謂其下曰大丈夫生不在中國當高光之世與韓彭吳鄧竝驅中原定天下雌雄使名垂竹帛而潛竄窮山隔在殊俗不聞禮教於上京不得策名於天府生混麋鹿之羣死作氈裘之鬼雖偷視日月獨不愧於心乎性猜忍而負其智不能恤下爲羌酋姜聰所刺劍猶在其身謂其將紇拔泥曰豎子刺吾吾之過也上負先公下愧士女吾死之後善相葉延速保白蘭言終而卒在位十三年有子十二人長子葉延嗣葉延時年十歲痛其父爲姜聰所害每旦縛草爲姜聰之象哭而射之中之則號泣不中則瞋目大呼其母謂曰姜聰諸將已屠膾之矣汝何爲如此葉延泣曰誠知射草人不益於先讎聊申罔極之志耳性至孝母病五日不食葉延亦不食長而沈毅好問天地造化帝王年曆司馬薄洛鄰曰臣等不學實未審三皇何父之子五帝誰母所生延曰自羲皇以來符命元象昭然著見而卿等面牆何其鄙哉語曰夏蟲不知冬冰良不虛也又曰禮云公孫之子得以王父字爲氏吾祖始自昌黎光宅於此今以吐谷渾爲氏尊祖之義也在位二十三年卒年三十二有子四人長子辟奚嗣辟奚性仁厚初聞苻堅之盛遣使獻馬五十匹金銀五百斤堅大悅拜爲安遠將軍時辟奚三弟皆專恣長史鍾惡地恐爲國害謂司馬乞宿雲曰昔鄭莊公秦昭王以一弟之寵宗祀幾傾況今三孽竝驕必爲社稷之患吾與公忝當元輔若獲保首領以沒于地先君有問其將何辭吾今誅之矣宿雲請白辟奚惡地曰吾王無斷不可以告於是因羣下入覲遂執三弟而誅之辟奚自投于牀惡地等奔而扶之曰臣昨夢先王告臣云三弟將爲逆亂汝速除之臣謹奉先王之命矣辟奚素友愛因恍惚成疾謂世子視連曰吾禍滅同生何以見之於地下國事大小汝宜攝之吾餘年殘命寄食而已遂以憂卒在位二十五年時年四十二有子六人視連嗣視連既立通聘於乞伏乾歸乾歸拜爲白蘭王視連幼廉慎有至性以父憂卒不知政事不飲酒遊田七年矣鍾惡地進曰夫人君者以德御世以威齊衆養以五味娛以聲色此四者聖帝明王之所先也而公皆略之昔晉昭公儉嗇而喪徐偃王仁義而亾然則仁義所以存身亦所以亾已經國者德禮也濟世者刑法也二者或差則綱維失緒明公奕葉重光恩結西夏雖仁孝發於天然猶宜憲章周孔不可使刑德委而不建視連泣曰先王追友于之痛悲憤升遐孤雖纂業尸存而已聲色遊娛豈所安也綱維刑禮付之將來臨終謂其子視羆曰我高祖吐谷渾公常言子孫必有興者永爲中國之西蕃慶流百世吾已不及汝亦不見當在汝之子孫輩耳在位十五年而卒有二子長曰視羆少曰烏紇堤視羆性英果有雄略嘗從容謂博士金城騫苞曰易云動靜有常剛柔斷矣先王以仁宰世不任威刑所以剛柔靡斷取輕鄰敵當仁不讓豈宜拱默者乎今將秣馬厲兵爭衡中國先生以爲何如苞曰大王之言高世之略秦隴英豪所願聞也於是虛襟撫納衆赴如歸乞伏乾歸遣使拜爲使持節都督龍涸已西諸軍事沙州牧白蘭王視羆不受謂使者曰自晉道不綱姦雄競逐劉石虐亂秦燕跋扈河南王處形勢之地宜當糾合義兵以懲不順奈何私相假署擬僭羣凶寡人承五祖之休烈控弦之士二萬方欲掃氛秦隴清彼沙涼然後飲馬涇渭戮問鼎之豎以一泥丸封東關閉燕趙之路迎天子於西京以盡遐蕃之節終不能如季孟子陽妄自尊大爲吾白河南王何不立勳帝世策名王府建當年之功流芳來葉邪乾歸大怒然憚其彊初猶結好後竟遣衆擊之視羆大敗退保白蘭在位十一年年三十三卒子樹洛干年小傳位於烏紇堤烏紇堤一名大孩性懦弱耽酒淫色不恤國事乞伏乾歸之失國入長安也烏紇堤屢鈔其境乾歸歸國率騎討之烏紇堤大敗亾失萬餘口保于南涼遂卒於胡國在位八年時年三十五視羆之子樹洛干立樹洛干九歲而孤其母念氏聰慧有姿色烏紇堤妻之有寵遂專國事洛干十歲便自稱世子年十六嗣立率所部數千家奔歸莫何川自稱大都督車騎大將軍大單于吐谷渾王化行所部衆庶樂業號爲戊寅可汗沙彊雜

種莫不歸附乃宣言曰孤先祖避地於此暨孤七世思與羣賢共康休緒今士馬桓桓控弦百萬孤將振威涼益稱霸西戎觀兵三秦遠朝天子諸君以爲何如衆咸曰此盛德之事也願大王自努乞伏乾歸甚忌之率騎二萬攻之於赤水樹洛干大敗遂降乾歸乾歸拜爲平狄將軍赤水都護又以其弟吐護眞爲捕虜將軍層城都尉其後屢爲乞伏熾磐所破又保白蘭慙憤發病而卒在位九年時年二十四熾磐聞其死喜曰此虜矯矯所謂有豕白蹢也有子四人世子拾虔不得嗣樹洛干弟阿豺立阿豺自號驃騎將軍沙州刺史部内有黄沙周圍數百里不生草木因號沙州阿豺兼幷羌氐號爲彊國嘗升西彊山觀墊江源問於羣僚曰此水東流更有何名由何郡國入何水也其長史曾和曰此水經仇池過晉壽出宕渠始號墊江至巴郡入江度廣陵會於海阿豺曰水尙知歸吾雖塞表小國而獨無所歸乎遂遣使通宋獻其方物宋少帝封阿豺爲澆河公未及拜受文帝元嘉三年又加除命阿豺復將遣使朝貢會暴病卒阿豺之臨命也召其子弟悉至告之曰先公車騎舍其子拾虔以大業屬我吾豈敢忘先公之業而私於緯代其以慕璝繼事阿豺有子二十人緯代其長也阿豺又命諸子各獻一箭取一箭授其母弟慕利延使折之慕利延折之又取十九箭使折之慕利延不能折阿豺乃諭之曰汝曹知之乎孤則易折衆則難摧努力一心然後社稷可固言終而卒慕璝立先是宋所授阿豺命竟未至慕璝復奉表通宋文帝授慕璝隴西公慕璝亦有才略招集秦涼亾業之人及羌戎雜夷衆至五六百落南通蜀漢北交涼州赫連部衆轉盛太武時慕璝始遣其侍郎謝大寧奉表歸魏尋討禽赫連定送之京師太武嘉之遣使者冊拜慕璝爲大將軍西秦王慕璝恃功多有表請太武不從於是貢獻頗簡仍復通使于宋文帝進封慕璝爲隴西王太延二年慕璝卒弟慕利延立詔遣使冊諡慕璝曰惠王復拜慕利延鎭西大將軍儀同三司改封西平王以慕璝子元緒爲撫軍將軍時慕利延又通宋宋封爲河南王太武征涼州慕利延懼遂率其部人西遁沙漠太武以慕利延兄有禽赫連定之功遣使宣諭之乃還後慕利延遣使表謝書奏乃下詔襃獎之慕利延兄子緯代懼慕利延害己與使者謀欲自歸慕利延覺而殺之緯代弟叱力延等八人逃歸于代請兵討慕利延太武拜叱力延歸義王詔晉王伏羅率諸將討之軍至大母橋慕利延兄子拾寅走河西伏羅遣將追擊之斬首五千餘級慕利延走白蘭慕利延從弟伏念長史鵁鳩黎部大崇娥等率衆一萬三千落歸降後復遣征西將軍高涼王那等討之於白蘭慕利延遂入于闐國殺其王死者數萬人南破罽賓遣使通宋求援獻烏丸帽女國金酒器胡王金釧等物宋文帝賜以牽車七年遂還舊土慕利延死樹洛干子拾寅立始邑於伏羅川其居止出入竊擬王者拾寅奉修職貢受魏正朔又受宋封爵號河南王太武遣使拜爲鎭西大將軍沙州刺史西平王後拾寅自恃險遠頗不恭命通使于宋獻善馬四角羊宋明帝加之官號文成時定陽侯曹安表拾寅今保白蘭多有金銀牛馬若擊之可以大獲議者咸以先帝忿拾寅兄弟不穆使晉王伏羅高涼王那再征之竟無多克拾寅雖復遠遁軍亦疲勞今在白蘭不犯王塞不爲人患非國家之所急也若遣使招慰必求爲臣妾可不勞而定也王者之於四荒羈縻而已何必屠其國而有其地安曰臣昔爲澆河戍將與之相近明其意勢若分軍出其左右拾寅必走保南山不過十日牛馬草盡人無所食衆必潰叛可一舉而安也從之詔陽平王新成建安王穆六頭等出南道南郡公李惠給事中公孫拔及安出北道以討之拾寅走南山諸軍濟河追之時軍中多病諸將議賊已遠遁軍容已振今驅疲病之卒要難冀之功不亦過乎衆以爲然乃引還獲駝馬二十餘萬獻文復詔上黨王長孫觀等率州郡兵討拾寅軍至曼頭山拾寅逆戰觀等縱兵擊敗之拾寅宵遁於是思悔引罪遣別駕康盤龍奉表朝貢獻文幽之不報其使拾寅部落大饑屢寇澆河詔平西將軍廣川公皮歡憙率敦煌枹罕高平諸軍爲前鋒司空上黨王長孫觀爲大都督以討之觀等軍入拾寅境芻其秋稼拾寅窘怖遣子詣軍表求改過觀等以聞獻文以重勞將士乃下詔切責之徵其任子拾寅遣其子斤入侍獻文尋遣斤還拾寅後復擾掠邊人遣其將良利守洮陽洮陽枹罕所統也枹罕鎭將西郡公楊鍾葵貽拾寅書以責之拾寅表曰奉詔聽臣還舊土故遣良利守洮陽若不追前恩求令洮陽貢其方物辭旨懇切獻文許之自是歲脩職貢太和五年拾寅死子度易侯立遣其侍郎時眞貢方物幷上表稱嗣事後度易侯伐宕昌詔讓之賜錦綵一百二十匹喩令悛改所掠宕昌口累部送時還度易侯竝奉詔度易侯卒子伏連籌立孝文欲令入朝表稱疾病輒脩洮陽泥和城而置戍焉文明太后崩使人告凶伏連籌拜命不恭有司請伐之孝文不許羣臣以其受詔不敬不宜納所獻

帝曰拜受失禮乃可加以詰責所獻土毛乃是臣子常道杜棄所獻便是絕之縱欲改悔其路無由矣詔曰朕在哀疚之中未存征討而去春枹罕表取彼洮陽埿和二城此既邊將之常即便聽許及偏師致討二戍望風請降執訊二千餘人又得婦女九百口今詔枹罕所得俘虜可悉還之伏連籌乃遣世子賀魯頭朝于京師禮錫有加拜伏連籌使持節都督西垂諸軍事征西將軍領護西戎中郎將西海郡開國公吐谷渾王麾旗章綬之飾皆備給之後遣兼員外散騎常侍張禮使於伏連籌伏連籌謂禮曰昔與宕昌通和恆見稱大王已則自名今忽名僕將拘執此使命偏將往問其意禮曰君與宕昌竝爲魏藩而以小禮私忿輒有興動殊違臣節使人當發之日宰輔以爲君若返迷知罪則克保藩業脫若守愚不改則禍難將至伏連籌嘿然久之及孝文崩遣使赴哀盡其誠敬伏連籌內脩職貢外并戎狄塞表之中號爲彊富準擬天朝樹置官司稱制諸國以自誇大宣武初詔責之曰涼州表送卿報宕昌梁彌邕與卿竝爲邊附語其國則鄰蕃論其位則同列而稱書爲表名報爲旨有司以國常刑殷勤請討朕慮險遠多虞輕相構惑故先宣此意善自三思伏連籌上表自申辭誠懇至終宣武世至于正光奇禽異獸西南重寶無歲不至後秦州城人莫折念生反河西路絕涼州城人万于菩提等東應念生囚刺史宋穎穎密遣求援於伏連籌伏連籌親率大眾救之遂獲保全自爾以後關徼不通貢獻遂絕伏連籌卒子夸呂立始自號爲可汗居伏俟城在青海西十五里雖有城郭而不居恆處穹廬隨水草畜牧其地東西三千里南北千餘里官有王公僕射尚書及郎中將軍長史司馬之號頗識文字夸呂椎髻毦珠以皁爲帽坐金師子牀號其妻爲恪尊衣織成裙披錦大袍辮髮於後首戴金花冠其俗丈夫衣服略同於華夏多以羅冪爲冠亦以繒爲帽婦人皆貫珠貝束髮以多爲貴兵器有弓刀甲矟國無常賦有所須則稅富室商人以充用焉其刑罰殺人及盜馬死餘則徵物以贖罪亦量事決杖刑人必以氈蒙頭持石從高擊之父兄死妻後母及嫂等與突厥俗同至于婚娶貧不能備財者輒盜女去死者亦皆埋殯其服制葬訖則除之性貪婪忍於殺害好射獵以肉酪爲糧亦知種田有大麥粟豆然其北界氣候多寒唯得蕪菁大麥故其俗貧多富少青海周回千餘里海內有小山每冬冰合後以良牝馬置此山至來春收之馬皆有孕所生得駒號爲龍種多有駿異吐谷渾嘗得波斯草馬放入海因生驄駒能日行千里世傳青海驄者也土出犛牛蜀馬多鸚鵡饒銅鐵朱砂夸呂是時兼有鄯善且末之地東魏興和中齊神武作相招懷荒遠蠕蠕既附於東魏夸呂亦遣使致敬神武喻以大義徵其朝貢夸呂乃遣使人趙吐骨眞假道蠕蠕頻至鄴都又薦其從妹以爲嬪御靜帝納之遣員外散騎常侍傅靈檦使於其國夸呂因而請婚靜帝以濟南王匡孫女爲廣樂公主妻之此後朝貢不絕西魏大統初周文遣儀同潘濬喻以逆順之理於是夸呂再遣使獻能儛馬及羊牛等然寇鈔不已緣邊多被其害廢帝二年周文勒大兵至姑臧夸呂震懼使貢方物是歲夸呂又通使於齊涼州刺史史寧覘知其還襲之於州西赤泉獲其僕射乞伏觸狀將軍翟潘密及商胡二百四十人駝驢六百頭雜綵絲絹以萬計恭帝三年史寧又與突厥木杆可汗襲擊夸呂破之虜其妻子獲其珍物及雜畜周明帝武成初夸呂復寇涼州刺史是云寶戰沒賀蘭祥宇文貴率兵討之夸呂遣其廣定王鍾留王拒戰祥等破之二王遁走遂拔其洮陽埿和二城置洮州而還保定中夸呂前後三輩遣使來獻建德五年其國大亂武帝詔皇太子征之軍至伏俟城夸呂遁走虜其餘眾而還明年又再遣使奉獻宣政初其趙王他婁屯來降自是朝獻遂絕及隋開皇初夸呂侵弘州文帝命上柱國元諧率步騎數萬擊之夸呂悉發國中兵自曼頭至於樹敦甲騎不絕其所署河西總管定城王鍾利房及其太子可博汗前後拒戰諧頻破之夸呂大懼率親兵遠遁其名王十三人召率部落而降上以其高寧王移茲裒素得眾心拜大將軍封河南王以統降眾自餘官賞各有差未幾夸呂復來寇邊州刺史皮子信拒戰死之汶州總管梁遠以銳卒擊之乃奔退俄而又寇廓州州兵擊走之夸呂在位百年屢因喜怒廢殺太子其後太子懼殺謀執夸呂而降請兵於邊吏邊吏以聞詔不許太子謀泄爲夸呂所殺復立少子嵬王訶爲太子六年嵬王訶復懼誅謀歸國請兵迎接上拒其使嵬王乃止八年其名王拓拔木彌請以千餘家歸化上復不納是歲河南王移茲裒死文帝令其弟樹歸襲統其眾平陳之後夸呂懼移兵及之逃遁險遠不復爲寇矣十一年夸呂卒子世伏立世伏使其兄子無素奉表稱藩并獻方物請以女備後庭詔不許十二年遣刑部尚書宇文弼撫慰之十六年以光化公主妻世伏明年其國大亂國人殺世伏立其弟伏允爲主伏允遣使陳廢立事并謝專命且請依俗尚公主

詔從之自是朝貢歲至而常訪國家消息上甚惡之煬帝即位伏允遣子順來朝時鐵勒犯塞帝遣將軍馮孝慈出敦煌禦之戰不利鐵勒遣使謝罪請降帝遣黃門侍郎裴矩撫慰之諷令擊吐谷渾以自效鐵勒即勒兵襲破吐谷渾伏允東走保西平境帝復令觀王雄出澆河許公宇文述出西平掩之大破其眾伏允遁逃於山谷間其故地皆空自西平臨羌以西且末以東祁連以南東西四千里南北二千里皆爲隋有置郡縣鎭戍發天下輕罪徙居之於是留順不之遣伏允無以自資率其徒數千騎客於党項帝立順爲主送出玉門令統餘眾以其大寶王泥洛周爲輔至西平其部下殺洛周順不果入而還大業末天下亂伏允復其故地屢寇河右郡縣不能制唐貞觀中李靖侯君集破滅之伏允遠遁爲左右所殺其子大寧王順歸降於是重建其國封順爲西平郡王仍加趉巨屈反胡呂烏甘豆可汗之號旋又爲其下所殺十年立順子諾曷鉢爲河源郡王主其國自爾衰弱而吐蕃彊盛高宗時爲其破滅諾曷鉢以餘眾復來降朝廷於靈州之境置安樂州以諾曷鉢爲刺史其故地並沒于吐蕃後又封其渠帥慕容宣超爲青海王武太后令朝臣議所在安置宣超爲

乙弗敵 契翰 可蘭 女王國附

乙弗敵後魏時聞焉在吐谷渾北國有屈海周迴千餘里眾有萬落風俗與吐谷渾同然不識五穀唯食魚及蘇子蘇子狀若中國枸杞子或赤或黑西有契翰一部風俗亦同特多很白蘭山西北又有可蘭國風俗亦同目不識五色耳不聽五聲蠻夷中之醜類也土無所出直大養羣畜戶落亦有萬餘人懦弱不知鬬戰忽見異人舉國狂奔性如野獸體輕工走不可得逐白蘭西南一千五百里隔大嶺又渡四十里海有女王國人庶萬餘落風俗土著宜桑麻五穀以女爲王因號焉譯使不至傳聞如此云

宕昌

宕昌羌後魏時興焉亦三苗之允周時與庸蜀微盧等八國從武王滅殷與漢先零燒當罕幵諸部姓別自立酋帥皆有地分不相統攝宕昌即其一也俗皆土著居有屋宇其屋織犛牛尾及羖羊毛覆之國無法令又無徭賦唯戰伐之時乃相屯聚不然則各事生業不相往來皆衣裘褐牧養犛牛羊豕以供其食父子伯叔兄弟死者即以繼母世叔母及嫂弟婦等爲妻俗無文字但候草木榮落記其歲時三年一相聚殺牛羊以祭天俗重虎皮以之送死有梁懃者世爲酋帥得羌豪心乃自稱爲王懃孫彌忽太武初遣子彌黃奉表求內附太武嘉之遣使拜彌忽爲宕昌王賜彌黃爵甘松侯忽與其祖懃在宋孝武世皆遣使獻方物彌忽死孫虎子立其地自仇池以西東西千里席水以南南北八百里席水在今天水上邽縣地多山阜眾二萬餘落世脩職貢頗爲吐谷渾所斷絕虎子死子彌治立虎子弟羊子先奔吐谷渾吐谷渾遣兵送羊子欲奪彌治位彌治求救於魏獻文詔武都鎭將宇文生救之羊子退走彌治死子彌機立遣其司馬利住奉表入貢氐楊文度之叛圍武都彌機遣其二兄率眾救武都破走之孝文時遣使子橋表貢朱砂雌黃白石膽各百斤自此後歲以爲常後孝文遣鴻臚劉歸謁者張察拜彌機征南大將軍西戎校尉梁益二州牧河南公宕昌王彌機死子彌博立梁天監四年彌博通問江表獻甘草當歸等物武帝詔以爲使持節都督河涼二州諸軍事安西將軍東羌校尉河涼二州刺史隴西公宕昌王佩以金章彌博死子彌泰立大同七年梁武復冊授以父之爵位自後兩魏分隔孝武永熙末種人企定爲王引吐谷渾入寇金城郡企定死弟彌定立寇石門戍屢爲邊患周武帝保定末令大將軍田弘討滅之以其地爲宕州

鄧至

鄧至羌之別種也後魏時興焉有像舒治者世爲白水酋帥因地名爲號自稱爲鄧至王其地自亭街以東平武以西汶嶺以北宕昌以南土風習俗亦與宕昌同宋文帝時王像屈耽遣使獻馬於江左其後像舒彭奉表求附於魏孝文帝拜龍驤將軍甘松縣子鄧至王梁天監中亦受江左爵命西魏恭帝初其王檐桁因亂來奔周文遣兵送還自後無聞

党項

党項羌居古析支之地漢西羌之別種其種有宕昌白蘭皆自稱爲獼猴種魏晉以降西羌微弱自宕昌鄧至滅後而党項始彊東接臨洮西平西拒葉護南雜春桑迷桑等羌北連吐谷渾南北數千里處山谷間每姓別爲部落大者五千餘騎小者千餘騎不相統一有細封氏費聽氏往利氏頗超氏野辭氏房當氏米禽氏拓跋氏最爲彊族俗皆土著有屋宇織犛牛尾及羖羊毛覆之男女並衣裘褐披大氈俗尚武無法令賦役各爲生業有戰陣則屯聚無事不相往來好爲竊盜常相陵劫尤重復讎讎人未得必蓬頭垢面跣足蔬食要斬讎人而後復常氣候多風寒土無五穀民不知耕稼養犛牛馬驢羊豕以供食

五月草始生八月霜雪降求大麥於他界醞以爲酒妻其庶母及伯叔母兄嫂弟婦淫穢蒸報諸夷中爲甚然不婚同姓三年一聚會殺牛羊以祭天其人多壽年至百五六十歲八十以上死者始爲令終親戚不哭下此者則云夭枉共悲哭之有琵琶橫吹擊缶爲節無文字但候草木以記歲時魏周之際數來擾邊隋文帝爲相時中原多故因此大爲寇掠蔣公梁睿旣平王謙請因還師討之開皇初有千餘家歸化五年拓跋寧叢等各率衆詣旭州內附授寧叢大將軍其部下除拜各有差十六年復寇會州詔發隴西兵討之大破其衆於是相率西降遣子弟入謝帝謂之曰還語爾父兄人生須有定居乃乍還乍走不羞鄉里邪自是朝貢不絕唐貞觀三年南會州都督府鄭元璹遣使招諭其酋長細封步賴舉部內屬身自入朝列其地爲軌州拜步賴爲刺史期後諸部相次內附列其地爲崌奉巖遠四州各拜首領爲刺史焉

白蘭

白蘭羌之別種後周時興焉東北接吐谷渾西至叱利摸徒南界鄀鄂風俗物產與宕昌同周武帝保定元年遣使獻犀甲鐵鎧

吐蕃

吐蕃在吐谷渾西南不知有國之所由或云禿髮利鹿孤有子樊尼其主傉檀爲乞伏熾盤所滅樊尼率餘種依沮渠蒙遜其後子孫西魏時爲臨松郡丞與主簿皆得衆心因魏末中華擾亂招撫羣羌日以彊大遂改姓窣（悉骨反）教野以爲郡丞故因號其主曰贊府貴臣曰主簿又或云始祖贊普自言天神所生號鶻堤悉補野因以爲姓（窣教野與悉補野音訛其實一也或云本姓弃蘇農）其國出鄯善城五百里過烏海入吐谷渾部落彌多彌蘇毗及白蘭等國至吐蕃界其國風雨雷雹每隔日有之盛夏節氣如中國暮春之月山有積雪地有冷瘴令人氣急不甚爲害其俗重漢繒而貴瑟瑟男女用爲首飾其君長或在跋布川或居邏娑川有小城而不居坐大氈帳張大拂廬其下可容數百人兵衛極嚴而衙府甚狹俗養牛羊取乳酪供食兼取毛爲褐而衣焉不食驢馬肉以麥爲麨人死殺牛馬以徇取牛馬積累於墓上其墓正方累石爲之狀若平頭屋其臣與君自爲友號曰共命人其數不過五人君死之日共命皆日夜縱酒葬日於腳下針血血盡乃死便以徇葬又有親信人用刀當腦縫鋸亦有將四尺木大如指刺兩肋下死者十有四五亦徇葬焉設官父死子代絕嗣卽近親襲焉非其種類輒不相伏其官章飾有五等一謂瑟瑟二謂金三謂金飾銀上四謂銀五謂熟銅各以方圓三寸褐上裝之安膊前以辨貴賤法令嚴肅兵器有弓刀楯矟甲冑每戰前隊皆死後隊方進人馬俱披鎖子甲其制甚精周體皆遍唯開兩眼非勁弓利刃之所能傷也其戰必下馬列行而陣死則遞收之終不肯退槍細而長於中國者弓矢弱而甲堅人皆用劍不戰亦負劍而行其驛以鐵箭爲契其箭長七寸若急驛膊前加著一銀鶻有草名速古苙葉長二寸狀若針莖有鼠尾長於常鼠其國禁殺者加其罪有可跋海去赤嶺百里方圓七十里東南流入蠻與蠻西二河合流而東號曰淺鼻水又東南出會川爲瀘水焉自赤嶺至邏娑川絕無大樹木唯有楊柳人以爲資置大論以統國事無文字刻木結繩爲約徵兵用金箭寇至舉燧與其臣下一年一小盟三年一大盟以麥麩爲歲首其國都號爲邏娑城用法嚴整議事則自下而起因人所利而行之此其所以能彊且久也重壯賤老母拜於子重兵死惡病終以累代戰沒者爲甲門臨陣奔北者懸狐尾於其首表其似狐之怯其贊普弃贊雄霸西域隋開皇中其主論贊索弄贊都牂柯西疋播城已五十年矣國界西南與婆羅門接自唐初已有勝兵數十萬號爲彊國男女皆辮髮氈裘以赭塗面無器物以手奉酒而飲之屈木令圓以皮作底就中而食俗多金及小馬党項白蘭諸郡及吐谷渾西域諸國咸畏懼之至其主弃蘇農弄贊貞觀中以宗室女封文成公主降于吐蕃贊普命禮部尙書江夏王道宗送之弄贊親迎于河源見王人執子壻禮甚謹弄贊死孫乞黎拔布立乞黎拔布幼小大相祿東贊攝國事東贊有子曰欽陵竝有才略相繼秉政破有諸羌遂霸西戎乞黎拔布死子器弩悉弄立欽陵復擅政諸夷盡臣服之其地東與松茂嶲接南極婆羅門西取四鎭北詆突厥幅員萬里漢魏諸戎所未有也器弩悉弄死子乞黎蘇籠臘贊立死子乞立贊立死弟嗣立死子可黎可足立死弟達磨立可黎可足立幾三十年病不事事委任大臣達磨嗜酒好畋獵政益衰達磨死無子立其妃綝氏子曰乞胡離始三歲時試宗會昌二年也其國於是離畔至于懿宗咸通末遂衰絕焉乞胡離君臣不知所終吐蕃自弄贊以後中國世受其患逮唐中葉盡盜河湟薄王畿爲東境犯京師掠近輔殘馘華人謀臣虓將圖覦合籌莫之能制及夫後代自底衰亂而唐室亦不競矣

通志卷一百九十五

通志卷一百九十六

宋右迪功郎鄭樵漁仲撰

四夷傳第三

西戎下

西域序略　婼羌　鄯善　且末　小宛　精絕
戎盧　扜彌　渠勒　于闐　皮山　烏秅
西夜　蒲犂　依耐　無雷　難兜　罽賓　烏
弋山離　條支　安息　大月氏大夏附　小月氏
康居　米國　史國　曹國　何國　烏那遏
穆國　大宛　桃槐　休循　天竺　莎車　疏
勒　尉頭　烏孫　姑墨　溫宿　龜茲烏壘渠犂附
尉犂　危須　焉耆　烏貪訾離　卑陸　卑陸
後國　郁立師　單桓　蒲類　蒲類後國　移
支　西且彌　東且彌　劫國　狐胡　山國
車師　滑國阿跋檀胡密丹周古柯白題附　車離　高附　大
秦　奄蔡　小人　軒渠　三童　澤散　驢分
堅昆　呼得　丁令　短人　師子　嚈噠
波斯　伏盧尼　悅般　朱俱波　渴槃陁　鉢
和　波知　賒彌　烏萇　乾陀　阿鉤羌　副
貨　疊伏羅　拔豆　者至拔　迷密　悉萬斤
忸密　石國　女國　撥汗　吐火羅　劫國
陁羅伊羅　越底延　大食

西域序略

西域以漢孝武時始通本三十六國其後稍分至五十餘皆在匈奴之西烏孫之南南北有大山中央有河東西六千餘里南北千餘里東則接漢阸以玉門陽關西則限以葱嶺其南山東出金城與漢南山屬焉其河有兩源一出葱嶺一出于闐于闐在南山下其河北流與葱嶺河合東注蒲昌海蒲昌海一名鹽澤者也去玉門陽關三百餘里廣袤三百里其水亭居冬夏不增減皆以爲潛行地下南出於積石爲中國河云自玉門陽關出西域有兩道從鄯善傍南山北陂河西行至莎車爲南道陂河循河也陂音彼義反南道西踰葱嶺則出大月氏安息自車師前王庭隨北山陂河西行至疏勒爲北道北道西踰葱嶺則出大宛康居奄蔡焉耆西域諸國大率土著有城郭田畜與匈奴烏孫異俗故皆役屬匈奴匈奴西邊日逐王置僮僕都尉使領西域常居焉耆危須尉犂閒賦稅諸國取富給焉自周衰戎狄錯居涇渭之北及秦始皇攘卻戎狄築長城界中國然西不過臨洮漢興至于孝武征四夷廣威德而張騫始開西域之迹其後驃騎將軍擊破匈奴右地降渾邪休屠王遂空其地始築令居以西初置酒泉郡後稍發徙民充實之分置武威張掖敦煌列四郡據兩關焉自貳師將軍伐大宛之後西域震懼多遣使來貢獻漢使西域者益得職於是自敦煌西至鹽澤往往起亭而輪臺渠犂皆有田卒數百人置使者校尉領護以給使外國者至宣帝時遣衛司馬使護鄯善以西數國及破姑師未盡殄分以爲車師前後王及山北六國時漢獨護南道未能盡并北道也然匈奴不自安矣其後日逐王畔單于將衆來降護鄯善以西使者鄭吉迎之既至漢封日逐王爲歸德侯吉爲安遠侯是歲神爵三年也乃因使吉并護北道故號曰都護都護之起自吉置矣僮僕都尉由此能匈奴益弱不得近西域於是徙屯田於北胥鞬披莎車之地屯田校尉始屬都護都護督察烏孫康居諸外國動靜有變以聞可安輯安輯之可擊擊之都護治烏壘城去陽關二千七百三十八里與渠犂田官相近土地肥饒於西域爲中故都護治焉至元帝時復置戊己校尉屯田車師前王庭是時匈奴東蒲類王茲力支將人衆千七百餘人降都護都護乃分車師後王之地爲烏貪訾離地以處之自宣元後單于稱蕃臣西域服從其土地山川戶數道里無不翔實凡國自譯長城長君監吏大祿百長千長都尉且渠當戶將相至侯王皆佩漢印綬凡三百七十六人而康居大月氏安息罽賓烏弋之屬皆以絕遠不在數中其來貢獻則與相報不督錄總領也初漢通西域有二道自元始以後有三道焉自玉門關出西經婼羌轉西越葱嶺經縣度入大月氏爲南道自玉門關西出發都護井迴三隴沙北頭經居盧倉從沙西北過龍堆到故樓蘭轉西詣龜茲至葱嶺爲中道自玉門關西北出經橫阬辟三隴沙及龍堆出五船皆到車師界戊已校尉所治高昌轉西與中道合龜茲新道與初道異矣王莽篡位貶易侯王由是西域怨叛與中國遂絕竝復役屬匈奴匈奴斂稅重刻諸國不堪命建武初皆遣使求內屬願請都護光武以天下初定未遑外事竟不許之會匈奴衰弱莎車王賢誅滅諸國賢死之後遂更相攻伐小宛精絕戎盧且末爲鄯善所并渠勒皮山爲于闐所統悉有其地郁立單桓狐胡烏貪訾離爲車師所滅後其國竝復立永平中北匈奴乃脅諸國共寇河西郡縣城門晝閉十六年明帝乃命將北征匈奴取伊吾盧地置宜禾都尉以屯田遂通西域于闐諸國皆遣子入侍西域自絕六十五載乃復通焉明年始置都護戊巳校尉及明帝崩焉耆龜茲攻沒都護

陳睦悉覆其衆匈奴車師圍戊巳校尉建初元年春酒泉太守段彭大破車師於交河城章帝不欲疲弊中國以事夷狄乃迎還戊巳校尉不復遣都護二年復罷屯田伊吾匈奴因遣兵守伊吾地時軍司馬班超留于闐綏集諸國和帝永元元年大將軍竇憲大破匈奴二年憲因遣副校尉閻槃將二千餘騎掩擊伊吾破之三年班超遂定西域因以超爲都護居龜茲復置戊巳校尉領兵五百人居車師前部高昌壁又置戊部候居車師後部候城相去五百里自敦煌西出玉門陽關涉鄯善北通伊吾千餘里自伊吾北通車師前部高昌壁千二百里自高昌壁北通後部金蒲城五百里此其西域之門戶也故戊己校尉更互屯焉伊吾地宜五穀桑麻蒲萄其北又有柳中皆膏腴之地故漢常與匈奴爭車師伊吾以控制西域焉六年班超復擊破焉耆於是五十餘國悉納質內屬其條支安息諸國至于海瀕四萬里外皆重譯貢獻九年班超遣掾甘英窮臨西海而還皆前世所不至山經所未詳莫不備其風土傳其珍怪焉於是遠國蒙奇兜勒皆來歸服遣使貢獻及孝和晏駕西域背畔安帝永初元年頻攻圍都護任尚段禧等朝廷以其遠險難相應赴詔罷都護自此遂棄西域北匈奴卽復收屬諸國共爲邊寇十餘歲敦煌太守曹宗患其暴害元初六年乃上遣行長史索班將千餘人屯伊吾以招撫之於是車師前王友鄯善王來降數月北匈奴復率車師後部王共攻没班等遂擊走其前王鄯善逼急求救於曹宗因此請出兵擊匈奴報索班之恥復欲進取西域鄧太后不許但令置護西域副校尉居敦煌復部營兵三百人羈縻而已其後北匈奴連與車師入寇河西朝廷不能禁議者曰欲閉玉門陽關以絕其患延光二年敦煌太守張璫上書陳三策以爲北匈奴呼衍王常展轉蒲類秦海之閒專制西域共爲寇掠今以酒泉屬國吏士二千餘人集昆侖塞先擊呼衍王絕其根本因發鄯善兵五千人脅車師後部此上計也若不能出兵可置軍司馬將士五百人四郡供其犂牛穀食出據柳中此中計也如又不能則宜棄交河城收鄯善等悉使入塞此下計也朝廷下其議尚書陳忠上疏曰臣聞八蠻之寇莫甚北狄漢興高祖窘平城之圍太宗屈供奉之恥故孝武憤怒深惟久長之計命遣虎臣浮河絕漠窮破北庭當斯之役黔首隕於狼望之北財幣糜於盧山之壑府庫單竭杼柚空虛算至舟車貲及六畜夫豈不懷慮久故也遂開河西四郡以隔絕南羌收三十六國斷匈奴右臂是以單于孤特鼠竄遠藏至於宣元之世遂備蕃臣關徼不通羽檄不行由此察之戎狄可以威服難以化狎西域內附日久區區東望扣關者數矣此其不樂匈奴慕漢之效也今北匈奴已破車師勢必南攻鄯善棄而不救則諸國從矣若然則匈奴財賄益增膽勢益殖威臨南羌與之交連如此河西四郡危矣河西之危不救則百倍之役興不訾之費發矣議者但念西域絕遠卹之煩費不見先世苦心勤勞之意也方今邊境守禦之具不精內郡武衛之備不修敦煌孤危遠來告急復不輔助內無以慰勞吏民外無以威示百蠻蹙國減土經有明誡臣以爲敦煌宜置校尉案舊增四郡屯兵以西撫諸國庶足折衝萬里震怖匈奴帝納之乃以班勇爲西域長史將弛刑士五百人西屯柳中勇遂破平車師自建武至于延光西域三絕三通順帝永建二年勇復擊降焉耆於是龜茲疏勒于闐莎車等七國皆來服從而烏孫葱嶺巳西遂絕六年帝以伊吾舊膏腴之地傍近西域匈奴資之以爲鈔暴復令開設屯田如永元時事置伊吾司馬一人自陽嘉以後朝威稍損諸國驕放轉相陵伐元嘉二年長史王敬爲于闐所没永興元年車師後王復反攻屯營雖有降首曾莫懲革自此寖以疏慢矣自魏及晉中原多故西域朝貢不過三數國焉後魏道武初有司以西戎貢賦不至奏依漢氏故事請通西域帝曰漢氏不保境安民遠開西域使中國疲弊今若通之前弊復加於百姓矣不從歷明元世竟不招致太延中西域龜茲疏勒烏孫悅般渴槃陁鄯善焉耆車師粟特諸國始遣使來獻太武以西域漢世雖通有求則卑辭而來無欲則驕慢王命此其自知絕遠大兵不可加故也若報使往來終無所益欲不遣使羣臣以九國不憚險遠來貢方物當與其進不可豫抑後來乃從之於是始遣行人王恩生等西使恩生出流沙爲蠕蠕所執不果遂又遣散騎侍郎董琬等多齎錦帛出鄯善招撫九國厚賜之初琬等受詔便道之國可往赴之琬過九國北行至烏孫其王得魏賜拜受甚悅謂琬等曰傳聞破落那者舌皆思魏德欲稱臣致貢但患其路無由耳今使君等既到此可往二國副其夙誠琬於是自向破落那遣使者舌烏孫王爲發導譯達二國琬等宣詔慰賜之琬等東還烏孫破落那之屬遣使與琬俱來貢獻者十有六國自後繼至不闕于歲國使亦數十輩矣琬等至京師具言凡所經見及傳聞傍國云自漢武時五十餘國後稍相并至太延中爲十六國分其地爲四域自葱嶺以東流沙以西爲一域葱嶺以西海曲以東爲一域者舌以南月氏以北爲一域兩海之閒水澤以南爲一域內諸小渠長蓋以百數其出西域本有

二道後更爲四道出自玉門渡流沙北行二千里至鄯善爲一道自玉門渡流沙北行二千二百里至車師爲一道從莎車西行一百里至葱嶺葱嶺西一千三百里至伽倍爲一道自莎車西南五百里葱嶺西南一千三百里至波路爲一道焉自琬所不傳而更有朝貢者紀其名不能具國俗也東西魏時中國方擾及於齊周不聞有事西域故二代書竝不立記錄隋開皇仁壽之閒尚未云經略煬帝時乃遣侍御史韋節司隷從事杜行滿使於西國至罽賓得馬瑙盃王舍城得佛經史國得十舞女師子皮火鼠毛而還帝復令聞喜公裴矩於武威張掖閒往來以引致之其有君長者四十四國矩因其使者入朝啗以厚利令其轉相諷諭大業中相率來朝者四十餘國帝因置西戎校尉以應接之尋屬中國大亂朝貢遂絕時事失書所可存錄者二十國又魏世有來者隋時或不至焉隋時又有商胡雜居伊吾地勝兵千餘人附於鐵勒人甚驍悍土地良沃大業末內屬置伊吾郡隋室不綱臣於突厥唐貞觀四年以頡利破滅遂舉其屬七城來降因列其地爲西伊州同於編戶至武太后時武威總管王孝傑大破吐蕃復龜茲于闐疏勒碎葉四鎮自是諸國朝貢侔於前代矣神龍以後黑衣大食彊盛漸并諸國至于西海分兵鎮守焉今總輯西域諸戎起漢孝武訖于隋凡百餘國列爲此編云

婼羌（婼音而遮反）

婼羌漢時通焉出陽關至近者曰婼羌其王號去胡來王（言去胡戎來附漢也）去陽關千八百里去長安六千三百里辟在西南不當孔道西與且末接隨畜牧逐水草不田作仰鄯善且末穀山有鐵自作兵兵有矛服刀劍甲西北至鄯善乃當道云

鄯善

鄯善本名樓蘭王治扜泥城（扜一胡反）去陽關千六百里去長安六千一百里西北去都護治所千七百八十五里至山國千三百六十五里西北至車師千八百九十里地沙鹵少田寄田仰穀旁國（寄於地國種田又旁糴旁國之穀也仰音牛向反）國出玉多葭葦檉柳胡桐白草民隨畜牧逐水草有驢馬多橐它能作兵與婼羌同初武帝感張騫之言甘心欲通大宛諸國使者相望於道一歲中多至十餘輩樓蘭姑師當道苦之攻劫漢使王恢等又數爲匈奴耳目令其兵遮漢使漢使多言其國有城邑兵弱易擊於是武帝遣從票侯趙破奴將屬國騎及郡兵數萬擊姑師王恢數爲樓蘭所苦上令恢佐破奴將兵破奴與輕騎七百人先至虜樓蘭王遂破姑師因暴兵威以動烏孫大宛之屬還封破奴爲浞野侯恢爲浩侯（浩音昊）於是漢列亭障至玉門矣樓蘭既降服貢獻匈奴聞發兵擊之於是樓蘭遣一子質匈奴一子質漢後貳師軍擊大宛匈奴欲遮之貳師兵盛不敢當即遣騎因樓蘭候漢使後過者欲絕勿通時漢軍正任文將兵屯玉門關爲貳師後距捕得生口知狀以聞上詔文便道引兵捕樓蘭王將詣闕簿責王對曰小國在大國閒不兩屬無以自安願徙國入居漢地上直其言遣歸國亦因使候伺匈奴匈奴自是不甚親信樓蘭征和元年樓蘭王死國人來請質子在漢者欲立之質子常坐漢法下蠶室宮刑故不遣報曰侍子天子愛之不能遣其更立其次當立者樓蘭更立王漢復責其質子亦遣一子質匈奴後王又死匈奴先聞之遣質子歸得立爲王漢遣使詔新王令入朝天子將加厚賞樓蘭王後妻故繼母也謂王曰先王遣兩子質漢皆不還奈何欲往朝乎王用其計謝使曰新立國未定願待後年入見天子然樓蘭國最在東垂近漢當白龍堆乏水草常主發導負水擔糧送迎漢使又數爲吏卒所寇懲艾不便與漢通後復爲匈奴反閒數遮殺漢使其弟尉屠耆降漢具言狀元鳳四年大將軍霍光白遣平樂監傅介子往刺其王介子輕將勇敢士齎金幣揚言以賜外國爲名既至樓蘭詐其王欲賜之王喜與介子飲醉將其王屏語壯士二人從後刺殺之貴人左右皆散走介子告諭以王負漢罪天子遣我誅王當更立王弟尉屠耆在漢者漢兵方至毋敢動自令滅國矣介子遂斬王嘗歸首馳傳詣闕縣首北闕下封介子爲義陽侯乃立尉屠耆爲王更名其國爲鄯善爲刻印章賜以宮女爲夫人備車騎輜重丞相將軍百官送至橫門外（橫音光）祖而遣之王自請天子曰身在漢久今歸單弱而前王有子在恐爲所殺國中有伊循城其地肥美願漢遣一將屯田積穀令臣得依其威重於是漢遣司馬一人吏士四十人田伊循以鎮撫之其後更置都尉伊循官置始此矣鄯善當漢道衝西通且末七百二十里自且末以往皆種五穀土地草木畜產作兵略與漢同自後少通中國後魏太延初鄯善王遣其弟素延耆入侍及太武平涼州沮渠牧犍弟無諱走保敦煌無諱謀渡流沙遣其弟安周擊鄯善鄯善王比龍西奔且末而且末役屬之鄯善人別立王其後魏遣使使西域道出其國國人頗剽劫之令不得通太武怒詔散騎常侍成周公萬度歸乘傳發涼州兵討之度歸到敦煌留輜重率輕騎五千渡流沙至其境其王眞

達而縛出降度歸釋縛留軍屯守與眞達詣京師太武拜交趾公韓杖爲假節征西將軍領護西戎校尉鄯善王以鎮撫之賦役其民比之郡縣

且末

且末國漢時通焉王治且末城去長安六千八百二十里西北至都護治所二千二百五十八里北接尉犂丁零東與白提西與波斯精絶接南至小宛可三日行地有蒲萄諸果人皆翦髮著氈帽小袖衣爲衫則開頸而縫前多牛羊騾驢後魏太武太平眞君三年鄯善王比龍避沮渠無諱之難率國人之半奔且末爲且末所役屬梁武帝普通五年其王安末深盤遣使貢獻江左謂之末國（梁史云即且末）西魏大統八年王兄鄯善米率衆內附自後無聞其國西北有流沙數百里夏月有熱風爲行旅之患風之欲至老駝先知即鳴而聚立埋口鼻於沙人每以爲候即將氈擁蔽其鼻口其風迅駛斯須過盡若不防者必至危斃

小宛

小宛漢時通焉王治扜零城去長安七千二百一十里西北至都護治所二千五百五十八里東與婼羌接辟南不當道

精絶

精絶漢時通焉王治精絶城去長安八千八百二十里北至都護治所二千七百二十三里南至戎盧國四日行地阸陿西通扜彌四百六十里

戎盧

戎盧漢時通焉王治卑品城去長安八千三百里東北至都護治所二千八百五十八里東與小宛南與婼羌西與渠勒接辟南不當道

扜彌

扜彌漢時通焉其王治扜彌城去長安九千二百八十里東北至都護治所三千五百五十三里南與渠勒東北與龜茲西北與姑墨接西通于闐三百九十里後漢改其國曰拘彌居寧彌城亦曰寧彌城國順帝永建四年于闐王放前殺拘彌王興自立其子爲拘彌王而遣使者貢獻於漢敦煌太守徐由上求討之帝赦于闐罪令歸拘彌國放前不肯陽嘉元年徐由遣疏勒王臣槃發二萬人擊于闐破之斬首數百級放兵大掠更立興宗人成國爲拘彌王而還靈帝熹平四年于闐王安國攻拘彌大破之殺其王死者甚衆戊已校尉西域長史各發兵輔立拘彌侍子定興爲王時人衆纔有千口

渠勒

渠勒漢時通焉王治鞬都城（鞬居言反）去長安九千九百五十里東北至都護治所三千八百五十二里東與戎盧西與婼羌北與扜彌接

于闐

于闐漢時通焉王治西城去長安九千六百七十里東北至都護治所三千九百四十七里南與婼羌接北與姑墨接西通皮山三百八十里于闐之西水皆西流注西海其東水東流注鹽澤（即蒲昌海）國有阿耨達山據漢書河源出焉（名首拔河亦名樹拔河或云即黃河也北流七百里入計戍水一名計式水即葱嶺南河同入鹽澤或云阿耨達即崑崙山）地多水潦沙石氣候溫土宜五穀桑麻多蒲萄有水名玉河出玉石山亦多美玉焉大率物産與龜茲同其俗無禮義多盜賊淫縱偏信佛道寺塔僧尼甚衆後漢建武末莎車王賢彊盛攻并于闐徙其王俞林爲驪歸王明帝永平中于闐將休莫霸反莎車自立爲于闐王休莫霸死兄子廣德立後遂滅莎車其國轉盛從精絶西北至疏勒十三國皆服從而鄯善王亦始彊盛自是南道自葱嶺以東唯此三國爲大順帝永建六年于闐王放前遣子詣闕貢獻元嘉元年長史趙評在于闐病癰死評子迎喪道經拘彌拘彌王成國與于闐王建素有隙乃語評子云于闐王令胡醫持毒藥著創中故致死耳評子信之還入塞以告敦煌太守馬達明年以王敬代爲長史達令敬隱覈其事敬先過拘彌成國復說云于闐國人欲以我爲王今可因此罪誅建于闐必服矣敬貪立功名且受成國之說前到于闐設供具請建而陰圖之或以敬謀告建建不信曰我無罪王長史何爲欲殺我旦日建從官屬數十人詣敬坐定建起行酒敬叱左右執之吏士並無殺建意官屬悉得突走時成國主簿秦牧隨敬在會持刀出曰大事已定何爲復疑即前斬建于闐侯將輸僰等遂會兵攻敬敬持建頭上樓宣告曰天子使我誅建耳于闐侯將遂焚營舍燒殺吏士上樓斬敬懸首於市輸僰欲自立爲王國人殺之而立建子安國馬達聞之欲將諸郡兵出塞擊于闐桓帝不聽徵達還而以宋亮爲敦煌太守亮到開募于闐令自斬輸僰時輸僰死已經月乃斷死人頭送敦煌而不言其狀亮後知其詐而竟不能出兵于闐恃此遂驕後魏世于闐國使來云其國見在且末西北葱嶺之北二百餘里東去鄯善千五百里南去女國三千里去朱俱波千里北去龜茲千四百里去代九千八百里疑即漢時舊治也云其國西五百里有比摩寺俗傳老子化胡成佛之所也（老子西行至此地白日升天與

摯胡辭訣言我暫游天上尋當下生其後出天竺國化爲胡王太子自稱曰佛其王戴錦帽金鼠冠妻戴金花王髮不令人見俗言若見王髮其年卽儉王所居加以朱畫其人相見必跪跪則一膝至地書則以木爲筆札以玉爲印國人得書先戴於首而後開封自高車以西諸國人多深目高鼻唯此國貌不甚胡頗類華夏太武太平眞君中詔高涼王那擊吐谷渾慕利延慕利延懼驅其部落渡流沙那進軍急追之慕利延遂西入于于闐殺其王死者甚衆獻文末蠕蠕冦于闐于闐患之遣其臣素目伽上表求援帝以爲遠不及事慰勞遣之許爲後舉先是魏使者韓羊皮使波所波斯王嘗遣使獻馴象道經于闐爲其王秋仁所留託有寇鈔故不遣羊皮言狀帝怒遣羊皮奉詔責讓之自後每使朝獻梁天監九年輸誠江左致其方物十三年十八年與夫大同初各有獻納周建德三年入貢名馬隋煬帝世表章不絕唐貞觀中仍遣使朝焉于闐在唐時其王姓尉遲蕃內幷有漢戎盧扜彌渠勒皮山精絕五國之地其國自漢孝武以來中國詔令書冊符節悉得傳以相付敬而存之

皮山

皮山漢時通焉王治皮山城去長安萬五千里東北至都護治所四千二百九十二里西南至烏秅國上一加反下直加反千三百四十里南與天篤接北至姑墨千四百五十里西南當罽賓烏弋山離西北通莎車三百八十里

烏秅

烏秅漢時通焉王治烏秅城去長安九千九百五十里東北至都護治所四千八百九十二里北與子合蒲犂西與難兜接山居田石閒有白草累石爲室民接手飲自高山下谿澗中飲水故接連其手如猨之爲出小步馬小細也細步言其能踝足卽今所爲百步千跡者也有驢無牛其西則有縣度山石谿谷不通以繩相引而度去陽關五千八百八十八里去都護治所五千二百里其國至後魏時又謂之權於摩國云

西夜

西夜漢時通焉亦號子合王治呼犍谷去長安萬二百五十里東北至都護治所五千四十六里東與皮山西南與烏秅北與莎車西與蒲犂接蒲犂及依耐無雷國皆西夜類也西夜與胡異其種類羌氏行國言不土著也隨畜牧逐水草往來而子合土地出玉石按後漢史云西夜國一名漂沙去洛陽萬四千四百里地生白草有毒人煎以爲藥傅箭鏃所中卽死漢書中誤云西夜子合是一國今各有主子合國居呼犍谷去疏勒千里

蒲犂

蒲犂漢時通焉王治蒲犂谷去長安九千五百五十里東北至都護治所五千三百九十六里東至莎車五百四十里北至疏勒五百五十里南與西夜子合接西至無雷五百四十里寄田莎車種俗與子合同

依耐

依耐漢時通焉王治去長安萬一百五十里東北至都護治所二千七百三十里至莎車五百四十里至無雷五百四十里北至疏勒六百五十里南與子合接俗相與同少穀寄田疏勒莎車

無雷

無雷漢時通焉王治盧城去長安九千九百五十里東北至都護治所二千四百六十五里南至蒲犂五百四十里南與烏秅北與捐毒西與大月氏接衣服類烏孫俗與子合同

難兜

難兜漢時通焉王治去長安萬一百五十里東北至都護治所二千八百五十里西至無雷三百四十里西南至罽賓三百三十里南與婼羌北與休循西與大月氏接按婼羌小國最近陽關去長安六千里耳在都護之東而此渠勒于闐難兜之類去長安且萬里東北行數千里乃至都護安得與婼羌接必誤種五穀蒲萄諸果有銀銅鐵作兵與諸國同屬罽賓

罽賓

罽賓漢時通焉其王治循鮮城去長安萬二千二百里不屬都護戶口勝兵多大國也東北至都護治所六千八百四十里東至烏秅國二千二百五十里東北至難兜國九日行西北與大月氏西南與烏弋山離接昔匈奴破大月氏大月氏西君大夏而塞王南君罽賓君謂爲之君也塞先得反塞種分散往往爲數國自疏勒以西北休循捐毒之屬皆故塞種也罽賓地平溫和有目宿雜草奇木檀櫰梓竹漆種五穀蒲萄諸果糞治園田地下溼生稻冬食生菜其民巧雕文刻鏤治宮室織罽刺文繡好治食有金銀銅錫以爲器市列市有列肆亦如中國也以金銀爲錢文爲騎馬幕爲人面錢文面作騎馬形漫面作人面目也出封牛水牛象大狗沐猴孔爵封牛項上隆起者也郭義恭廣志云罽賓大狗大如驢赤色數里搖耗以呼之沐猴卽獼猴也珠璣珊瑚虎魄璧流離魏略云大秦國出赤白黑黃青綠縹紺紅紫十種流離此蓋自然之物采澤光潤踰於衆玉其色不恆今俗所用皆銷治石汁加以衆藥灌而爲之尤虛脆不貞實非眞物他畜與諸國同自武帝始通罽賓自以絕遠漢兵不能至其王烏頭勞數剽殺漢使烏頭勞死子代立遣使奉獻漢使關都尉文忠送其使王復欲害忠忠覺之迺與容屈王子陰末赴共合謀攻罽賓殺其王立陰末赴爲罽賓王授印綬後軍候趙德使罽賓與陰末赴

相失陰末赴鏁琅當德（琅當長鏁也若今之禁繫人鏁矣琅音郎）殺副已下七十餘人遣使者上書謝孝元帝以絕域不錄放其使者於縣度絕而不通成帝時復遣使獻謝罪漢欲遣使者報送其使杜欽說大將軍王鳳曰前罽賓王陰末赴本漢所立後卒畔逆夫德莫大於有國子民罪莫大於執殺使者所以不報恩不懼誅者自知絕遠兵不至也有求則卑辭無欲則嬌嫚終不可懷服凡中國所以為通厚蠻夷愿快其求者為壤比而為寇也今懸度之阸非罽賓所能越也其鄉慕不足以安西域雖不附不能危城郭前親逆節惡暴西域故絕而不通今悔過來而無親屬貴人奉獻者皆行賈賤人欲通貨市買以獻為名故煩使者送至縣度恐失實見欺凡遣使送客者欲為防護寇害也起皮山南更不屬漢之國四五斥候七百餘人五夜分擊刀斗自守尚時為所侵盜驢畜負糧須諸國稟食得以自贍國或貧小不能食或桀黠不肯給擁彊漢之節餧山谷之間乞匄無所得離一二旬則人畜棄捐曠野而不反又歷大頭痛小頭痛之山赤土身熱之阪令人身熱無色頭痛嘔吐驢畜盡然又有三池盤石阪道陿者尺六七寸長者徑三十里臨崢嶸不測之深行者騎步相持繩索相引二千餘里乃到縣度畜隊阬谷未半盡靡碎人墮勢不得相收視險阻危害不可勝言聖王分九州制五服務盛內不求外今遣使者承至尊之命送蠻夷之賈勞吏士之眾涉危難之路罷弊所恃以事無用非久長計也使者業已受節可至皮山而還於是鳳白從欽言罽賓實利賞賜賈市其使卒數年而壹至自後無聞至後魏始通之其使人云其國今都善見城在波路西南去代一萬四千二百里居在四山中其地東西八百里南北三百里其風土物產皆如前史所云至隋時謂之漕國在蔥嶺之西南（隋史曰即漢時罽賓國）其王姓昭武康國之族屬也勝兵萬餘人國法嚴整殺人及盜賊皆死其俗淫祀蔥嶺山有順天神者儀制極華以金鍱為屋以銀為地祠前有一魚脊骨其孔中通馬騎出入國王戴金牛頭冠坐金馬座土多稻粟豆麥饒象馬封牛金銀鑌鐵氍毹朱砂青黛安息青木等香石蜜黑鹽阿魏沒藥白附子北去帆延七百里東去劫國六百里東去瓜州六千六百里大業中遣使貢方物唐貞觀十年其國遣使又稱罽賓獻俱物頭花丹紫相間其香遠聞

烏弋山離

烏弋山離漢時通焉去長安萬二千二百里不屬都護戶口勝兵多大國也東北至都護治所六十日行東與罽賓北與撲挑（挑或作桃）西與犂靬條支接行可百餘日乃到烏弋地暑熱莽平其草木畜產五穀果菜飲食宮室市列錢貨兵器金珠之屬皆與罽賓同而有桃拔師子犀牛（桃拔一名符拔似鹿長毛一角者或為天鹿兩角者或為辟邪師子似虎正黃有頓耏尾端茸毛大如斗爾雅亦謂之狻猊狻音酸猊音倪頓而占反耏音而）俗重妄殺其錢獨文為人頭幕為騎馬以金銀飾杖（杖謂所持兵器也）絕遠漢使希至自玉門陽關出南道歷鄯善而南行至烏弋山離南道極矣轉北而東復馬行六十日餘至安息（烏弋東漢時改稱為排持）

條支

條支漢時通焉去陽關二萬二千一百里在蔥嶺之西城在山之上周迴四十餘里臨西海水曲環其南及東北三面路絕唯西北隅通陸道土地暑溼田宜稻出封牛孔雀有大鳥卵如甕人眾甚多往往有小君長安息役屬之以為外國（外國如言外蕃也）善眩安息長老傳聞條支有弱水西王母亦未嘗見也自條支乘水西行可百餘日近日所入云

安息

安息漢時通焉王治番兜城去長安萬一千六百里在蔥嶺之西大宛之西可數千里不屬都護北與康居東與烏弋山離西與條支接土地風氣物類民俗與烏弋罽賓同亦以銀為錢文獨面為王面幕為夫人面王死輒更鑄錢有大鳥爵（大爵頸及膺身蹄似橐駝色蒼頭高八九尺張翅丈餘食大麥）其屬小大數百城地方數千里最大國也臨嬀水商賈車船行旁國書革旁行為書記（今西方胡國及南方林邑之徒書皆橫行不直下也革謂皮之不柔者）武帝始遣使至安息王令將二萬騎迎於東界去王都數千里行比至過數十城人民相屬因發使隨漢使者來觀漢地以大鳥卵及犂靬眩人獻於漢天子大說後漢章帝章和元年遣使獻師子符拔符拔形似麟而無角和帝永元九年都護班超遣掾甘英使大秦抵條支臨大海欲度而安息西界船人謂英曰海水廣大往來者逢善風三月乃得度若遇遲風亦有二歲者故入海人皆齎三歲糧海中善使人悲懷思土故數有死亡者若漢使不戀父母妻子者可入英聞之乃止十二年安息王滿屈復獻師子及條支大鳥時謂之安息雀自安息西行三千四百里至阿蠻國從阿蠻西行三千六百里至斯賓國從斯賓南行度河又西南至于羅國九百六十里安息西界極矣自此南乘海乃通大秦其土多海西珍奇異物後魏時安息嘗通焉使人云其國見都蔚搜城去代二萬一千五百里周武帝天和二年遣使貢獻隋時稱為安國（隋史云即漢時安息國也）王姓

昭武與康國同族字設力妻康國王女也煬帝即位遣司隸從事杜行滿使西域至其國得五色鹽而返云其國見都在那密水南城有五重環以流水宮殿皆平頭王坐金駝座高七八尺每聽政與妻相對大臣三人評理國事風俗同於康居唯妻其姊妹及母子遞相禽獸此爲異也國西百餘里有畢國可千餘家無君長安國統之大業五年遣使入貢

大月氏（大夏附）

大月氏漢時通焉治監氏城（東漢作藍氏城）去長安萬一千六百里不屬都護東至都護治所四千七百四十里西至安息四十九日行南與罽賓接土地風氣物類所有民俗錢貨與安息同出一封橐駝（脊上有一封也封言其隆高若封土也今俗呼爲封牛）大月氏本行國也隨畜移徙與匈奴同俗控弦十餘萬故彊輕匈奴本居敦煌祁連間至冒頓單于攻破月氏而老上單于殺月氏以其頭爲飲器月氏乃遠去過大宛西擊大夏而臣之都嬀水北爲王庭其餘小衆不能去者保南山羌號小月氏大夏本無大君長城邑往往置小長民弱畏戰故月氏徙來皆臣畜之共稟漢使者大夏之俗土著有城屋與大宛同人衆多可萬餘有市列販賈諸物月氏之遷於大夏也分其地爲五翖侯（翖即翕字）一曰休密翖侯治和墨城去都護二千八百四十一里去陽關七千八百二里二曰雙靡翖侯治雙靡城去都護三千七百四十一里去陽關七千八百八十二里三曰貴霜翖侯治護澡城去都護五千九百四十里去陽關七千九百八十二里四曰肸頓翖侯治薄茅城去都護五千九百六十二里去陽關八千二百二里五曰高附翖侯治高附城去都護六千四十一里去陽關九千二百八十里凡五翖侯皆屬大月氏後百餘歲貴霜翖侯邱就卻攻滅四翖侯自立爲王國號貴霜王侵安息取高附地又滅濮達罽賓悉有其國邱就卻年八十餘死子閻膏珍代爲王復滅天竺置將一人監領之自此之後最爲富盛諸國稱之皆曰貴霜王漢本其故號言大月氏云自後無聞至後魏時其國數爲蠕蠕所侵遂西徙都薄羅城去弗敵沙二千一百里（弗敵沙在藍氏城東）後其王寄多羅勇武遂興師越大山南侵北天竺自乾陁羅以北五國盡役屬之國人乘四輪車或四牛六牛八牛輓之在車大小而已太武時其國人商販至代都自云能鑄石爲五色瑠璃於是採礦於山中鑄之既成光澤乃美於西方來者乃詔爲行殿容百餘人光色映徹觀者見之莫不驚駭以爲神明所作自此國中瑠璃遂賤人不復珍之（元中記曰馬碯出大月氏又有牛名爲日及今日取其肉明日瘡愈宋膺異物志云月氏國有羊尾重十斤割之供食尋生如故）

小月氏

小月氏治富樓沙城其王本大月氏寄多羅子也寄多羅爲蠕蠕所逐西徙後令其子守此城因號小月氏焉在波路西南（後魏史云去代萬六千六百里）先居西平張掖之間（並今郡）被服頗與羌同其俗以金銀錢爲貨隨畜牧移徙亦類匈奴

康居

康居漢時通焉其王冬治樂越匿地到卑闐城去長安萬二千三百里不屬都護至越匿地馬行七日至王夏所居蕃內九千一百四里東至都護治所五千五百五十里與大月氏同俗東羈事匈奴宣帝時匈奴乖亂五單于並爭漢擁立呼韓邪單于而郅支單于怨望殺漢使者西阻康居其後都護甘延壽副校尉陳湯發戊己校尉西域諸國兵至康居誅滅郅支單于語在甘延壽陳湯傳是歲元帝建昭三年也至成帝時康居遣子侍漢貢獻然自以絕遠獨驕慢不肯與諸國相望都護郭舜數上言本匈奴盛時非以兼有烏孫康居故也及其稱臣妾非以失二國也漢雖皆受其質子然三國內相輸遺交通如故亦相候伺見便則發合不能相親信離不能相臣役以今言之結配烏孫竟未有益反爲中國生事然烏孫既結在前今與匈奴俱稱臣義不可距而康居驕黠訖不肯拜使者都護吏至其國坐之烏孫諸使下王及貴人先飲食已乃飲啗都護吏故爲無所省以夸旁國以此度之何故遣子入侍其欲賈市爲好辭之詐也匈奴百蠻大國今事漢甚備聞康居不拜且使單于有自下之意宜歸其侍子絕勿復使以章漢家不通無禮之國敦煌酒泉小郡及南道八國給使者往來人馬驢橐駝食皆苦之空罷耗所過送迎驕黠絕遠之國非至計也漢爲其新通重致遠人終羈縻而未絕其康居西北可二千里有奄蔡國控弦者十餘萬大與康居同俗臨大澤無崖蓋北海云康居有小王五一曰蘇䪥王治蘇䪥城去都護五千七百七十六里去陽關八千二十五里二曰附墨王治附墨城去都護五千七百六十七里去陽關八千二十五里三曰窳（音庾）匿王治窳匿城去都護五千二百六十六里去陽關七千五百二十五里四曰罽王治罽城去都護六千二百九十六里去陽關八千五百五十五里五曰奧（音郁）鞬王治奧鞬城去都護六千九百六里去陽關八千三百五十五里凡五王屬康居漢以後無聞或名號改易或遷徙吞并

非所詳也至晉武帝太始中其王那鼻遣使獻善馬使人云其國在大宛西北可二千里與粟弋伊列鄰接王所居號蘇薤城則前史所稱康居五小王之一者所居也云其人貌衣服略同大宛地和暖饒桐柳蒲萄多牛羊出好馬後魏太武大延中遣使朝貢其國稱爲耆舌（後魏史云即漢康居國也）隋大業中遣使入獻又稱爲康國使人云其國遷徙不恆居故地自漢以來相承不絕其王本姓溫月氏人也舊居祈連山北昭武因被匈奴所破西踰葱嶺遂有國支庶各分王故康國左右所謂米國史國曹國何國安國小安國那色波國烏那遏國穆國凡九國皆其種類並以昭武爲姓示不忘本也王字世夫畢爲人寬厚甚得衆心其妻突厥達頭可汗女也都於薩寶水上阿祿迪城有大臣三人共掌國事有胡律置於妖祠將決罰則取而斷之重者族次罪者死賊盜截其足國立祖廟以六月祭之諸國皆來助祭王索髮冠七寶金花冠衣綾羅錦繡白疊其妻有髻幪以帛巾丈夫翦髮錦袍名爲彊國西域諸國皆歸之人皆深目高鼻多鬚髯善於商賈諸夷交易多湊其國有大小鼓琵琶五絃箜篌笛婚姻喪制與突厥同俗奉佛爲胡書氣候溫宜五穀勸治園蔬樹木滋茂出馬駞騾封牛黃金硇砂甘松香阿薩那香瑟瑟麞皮氍毹錦疊多蒲萄酒富家或致千石連年不敗韋節西蕃記云康居人並善賈男年五歲則令學書少解則遣學賈以得利多爲善其人好音聲以六月爲歲首至此日王及人庶並服新衣翦髮鬢在國城東林下七日馬射至欲罷日置一金錢於帖上射中者則得一日爲王俗事天神崇敬甚重云神兒七月死失骸骨事神之人每至其月俱著黑疊衣徒跣撫胷號哭涕淚交流丈夫婦女三五百人散在草野求天兒骸骨七日便止國城外別有二百餘戶專知喪事別築一院院內養狗每有人死即往取屍令狗食之肉盡收骸骨埋殯無棺槨唐貞觀二十一年其國獻黃桃大如鵝卵其色如金亦呼爲金桃（杜還經行記云康國在米國西南二百餘里一名薩末建土沃人富國小有神祠名拔諸國事者本出此）

米國

米國隋時都那密水西舊康居之地王姓昭武康國王之支庶字閉拙都城方二里勝兵數百人西北去蘇對沙那國五百里西南去史國二百里東去瓜州六千四百里大業中頻貢方物

史國

史國隋時都獨莫水南十里舊康居之地王姓昭武字狄遮亦康國王之支庶也都城方二里勝兵千餘人俗同康國北去康國二百四十里南去吐火羅五百里西去那色波國二百里北去米國二百里東去瓜州六千五百里大業中始通中國後漸彊盛乃創建乞史城爲數十里郭邑二萬家唐貞觀中遣使來貢

曹國

曹國隋時都那密水南數里舊康居故地國無主康國王令子烏建領之都城方三里勝兵千餘人國中有得悉神自西海以東諸國並敬事之其神有金人破羅國人丈有五尺高大相稱每日以駞五頭馬十匹羊百口祭之常有千人食之不盡東南去康國百里西去何國百五十里東去瓜州六千六百里大業中遣使貢方物

何國

何國隋時都那密水南數里舊康居地王姓昭武亦康國王之族屬字敦都城方二里勝兵者千人國城樓北壁畫華夏天子西壁畫波斯拂菻（力甚反）諸國王東壁畫突厥婆羅門諸國王其王坐金羊座東去曹國百五十里西去小安國三百里東去瓜州六千七百五十里風俗與康國同大業中及唐武德貞觀中皆遣使來貢

烏那遏

烏那遏隋時都烏滸水西舊安息之地王姓昭武亦康國王種類字佛食都城方二里勝兵二百人王坐金羊座東北去安國四百里西北去穆國二百餘里東去瓜州七千五百里大業中遣使貢方物

穆國

穆國隋時都烏滸河之西小安息之故地與烏那遏爲鄰其王姓昭武國中出金銀雜寶白象水牛犛牛蒲萄五果土宜五穀

大宛

大宛漢時通焉王治貴山城去長安萬二千五百五十里其國都東至都護治所四千三十一里北至康居卑闐城千五百一十里西南至大月氏六百九十里北與康居南與大月氏接土地風氣物類民俗與大月氏安息同大宛左右以蒲萄爲酒富人藏酒至萬餘石久者至數十歲不敗俗耆酒馬耆目宿宛別邑七十餘城多善馬馬汗血言其先天馬子也（言大宛國有高山其上有馬不可得因取五色母馬置其下與集生駒皆汗血因號曰天馬子云）張騫始爲武帝言之上遣使者持千金及金馬以請宛善馬宛王以漢絕遠大兵不能至愛其寶馬不肯與漢使妄言（謂詈辱宛主）宛遂攻殺漢使取其財物於是天子遣貳師將軍李廣利將兵前後十餘萬人伐宛連四年宛人斬其王毋寡首獻馬三千

匹漢軍乃還詔在貳師傳貳師既斬宛王更立貴人素遇漢善者名昧蔡爲宛王(昧音秣蔡音千曷反)後歲餘宛貴人以爲昧蔡謅使我國遇屠相與共殺昧蔡立毋寡弟蟬封爲王遣子入侍質於漢漢因使使賂賜鎭撫之又發使十餘輩抵宛西諸國求奇物因風諭以伐宛之威宛王蟬封與漢約歲獻天馬二匹漢使采蒲萄目宿種歸天子以天馬多又外國使來衆益種蒲萄目宿離宮館旁極望焉自宛以西至安息國雖頗異言然大同自相曉知也其人皆深目多須顏善賈市爭分銖貴女子女子所言丈夫乃決正其俗娶婦先以金同心指鐶爲聘又以三婢試之不男者絶婚姦淫有子皆卑其母與人馬不調墜死者馬主出斂具其地無絲漆不知鑄鐵器及漢使亾卒降教鑄作他兵器得漢黃白金輒以爲器不用爲幣也後漢明帝時宛又獻汗血馬至後魏文成帝和平六年孝文帝太和三年竝遣使獻馬隋時有蘇對沙那國云卽漢大宛也(宋膺異物志大宛馬有肉角數寸或有解人語及知音舞與鼓節相應者隋西域圖記云其馬騮馬烏馬多赤耳黃馬赤馬多黑耳唯耳色別白餘毛色與常馬不異又云王姓蘇色匿字底失槃陁積代承襲不絶案今王卽底失槃陁之後也)

桃槐

桃槐漢時通焉其國去長安萬一千八百里

休循

休循漢時通焉王治鳥飛谷在蔥嶺西去長安萬二百一十里東至都護治所三千一百二十一里至捐毒衍敦谷二百六十里西北至大宛國九百二十里西至大月氏千六百一十里民俗衣服類烏孫因畜隨水草本故塞種也

天竺

天竺後漢通焉卽漢時捐毒國也(按漢史捐毒傳云捐毒國王治衍敦谷去長安九千八百六十里其東至都護治所二千八百六十一里至疏勒南與蔥嶺屬無人民西上蔥嶺則休循也西北至大宛千三百里北與烏孫接衣服類烏孫隨水草依蔥嶺本塞種也按漢史所云則其國甚小自改稱天竺以後則爲大國天竺亦曰身毒一名摩伽陁一名婆羅門在蔥嶺之南去月氏東南數千里地方三萬餘里其中分爲五天竺一曰中天竺二曰東天竺三曰南天竺四曰西天竺五曰北天竺地各數千里城邑數百南天竺際大海北天竺距雪山四周有山爲壁南面一谷通爲國門東天竺東際大海與扶南林邑接但隔小海而已西天竺與罽賓波斯接中天竺按四天竺據四天竺之閒國各有王)從月氏高附以西南至西海東至磐越國皆天竺之地天竺有別城數百城置長有別國數十國置王雖各小異而俱名天竺(扶南傳云舍衞國隸屬天竺伽尸國一名波羅奈國亦名波羅奈斯國竺法維佛記云波羅奈國在伽維羅越國南千四百八十里釋法盛歷國傳云其國有稱割牛其牛黑色角細長可四尺餘十日一割或不至十日一割便因病或致死人服牛血皆老壽國人皆壽五百歲牛壽亦等於人亦屬天竺國)都臨恆河一名迦毗黎河河本名新淘源出崑崙分爲五泒總爲恆河其水甘美下有眞鹽色正白如水精有靈鷲山胡語曰耆闍崛山山是青石頭如鷲鳥(竺法維佛國記云在摩竭提國南亦天竺屬國也)其國人土著與月氏同而卑濕暑熱人畏戰弱於月氏其時皆臣屬月氏月氏殺其王置將統其人俗修浮圖道不殺生不飮酒和帝時天竺數遣使貢獻後西域反畔遂絶桓帝延熹二年四年頻從日南徼外來獻世傳明帝夢見金人長大頂有光明以問羣臣或曰西方有神名曰佛其形長丈六尺而黃金色帝於是遣使天竺問佛道法遂於中國圖畫形象焉楚王英始信其術中國因此頗有奉其道者後桓帝好神數事浮屠老子百姓稍有奉者後至轉盛魏晉世絶不復通唯吳時扶南王范旃遣親人蘇勿使其國從扶南發拘利口循海大灣中正西北入歷灣邊數國可一年餘到天竺江口逆水行七十里乃至焉天竺王驚曰海濱極遠猶有此人乎卽令觀視其國內仍遣其臣陳宋等二人以月氏馬四匹報旃勿積四年方至其時吳遣中郎康泰使扶南及見陳宋等具問天竺土俗云本國佛道所由興也人民敦厖土地饒沃王號茂論所都城郭水泉分流繞于渠塹下注大江其宮殿皆雕文鏤刻街曲市里屋舍樓觀鐘鼓音樂服飾香華水陸流通百賈交會器玩珍瑋恣心所欲左右嘉維舍衞葉波等十六大國去天竺或二三千里共尊奉之以爲天地之中宋文帝元嘉五年有迦毗黎國王月愛遣使奉表獻金剛指鐶摩勒金環諸寶物赤白鸚鵡各一明帝泰始二年又遣貢獻以其使主竺扶大竺阿珍竝爲建威將軍元嘉十八年有蘇摩黎國王那羅跋摩遣使獻方物孝武孝建二年有斤陁利國王釋婆羅那鄰陁遣長史竺留陀及多獻金銀寶器後廢帝元徽初有婆黎國遣使貢獻凡此諸國皆天竺之屬也梁武帝天監初天竺王屈多遣長史竺羅達奉獻瑠璃唾壺雜香吉貝等物後魏宣武時南天竺遣使獻駿馬云其國出師子貂豹㹇(胡昆反)槖駞犀象有火齊如雲母而色紫別之則薄如蟬翼積之則如紗縠之重沓有金剛似紫石英百鍊不銷可以切玉瑇瑁金銅鐵鉛錫金縷織成金罽白疊毾㲪(音塔登)又有旃檀鬱金等物甘蔗諸果石蜜胡椒薑黑鹽西與大秦安息交市海中或至扶南交趾貿易多珊瑚珠璣琅玕俗無簿籍以齒貝爲貨尤工幻化丈夫致敬極者舐足摩踵而致其辭家有奇樂倡妓其王與大臣多服錦罽王爲螺髻於頂餘髮翦之使短丈夫翦髮穿耳垂璫俗皆徒跣衣重白色法於戰鬬有弓箭甲矟亦有飛梯地道木牛流馬之法有文字善天文算歷之術其人皆學悉曇

章書云是梵天法書於貝多樹葉以記事隋煬帝通西域遣裴矩應接西蕃諸國多有至者唯天竺不通帝以為恨唐武德中其國大亂中天竺王尸羅逸多練兵聚衆所向無敵象不解鞍人不釋甲居六歲而東西南北四天竺國之君皆北面臣之尸羅逸多姓乞利咥氏或云姓刹利氏貞觀十年沙門元奘至其國將梵本經論六百餘部而歸初尸羅逸多問元奘曰爾國有聖人出作秦王破陣樂試爲我言其人元奘乃言太宗神聖功德故尸羅逸多奉表二十二年右衛率府長史王元冊奉使天竺會尸羅逸多死國大亂其臣那伏帝阿羅那順自立乃發兵拒元冊元冊遁抵于吐蕃之西南以書徵鄰國之兵吐蕃發精銳千二百人泥婆羅國發七千餘騎來赴元冊與其副將師仁率二國之兵進至茶鎛和羅城即中天竺之所居也連戰大破之斬首三千餘級赴水溺死者且萬人獲其王妃及王子等虜男女萬三千人牛馬三萬餘匹於是天竺震懾城邑聚落降者五百八十餘所遂俘阿羅那順以還晉宋時浮圖經云臨倪國其王生浮圖太子也父曰屑頭耶母曰莫耶浮圖身體色黃髮青如黛始莫耶夢白象始孕及生從母左脇出生而有髻墮地能行七步此國在天竺域天竺又有神人名沙律昔漢哀帝元壽元年博士景匿受大月氏使王使伊存口授浮圖經國以象乘入也伊蒲塞桑門比邱皆弟子號也浮圖所載與老子化胡經相出入蓋皆爲老子西出關過西域之天竺教胡爲浮圖從屬弟子號各有二十九不能詳載故略之諸家記天竺事多取諸僧法明道安之流所記錄大率怪誕不經不復悉纂集也

莎車

莎車漢時通焉王治莎車城去長安九千九百五十里東北至漢都護治所四千七百四十六里西至疏勒五百六十里西南至蒲犂七百四十里有鐵山出青玉宣帝時烏孫公主小子萬年莎車王愛之莎車王無子死死時萬年在漢莎車國人計欲自託於漢又欲得烏孫心即上書請萬年爲莎車王漢許之遣使者奚充國送萬年萬年初立暴惡國人不說莎車王弟呼屠徵殺萬年幷漢使者自立爲王約諸國背漢會衛候馮奉世使送大宛客即以便宜發諸國兵擊殺之更立它昆弟子爲莎車王還拜奉世爲光祿大夫是歲元康元年也王莽之亂匈奴單于略有西域唯莎車王延最彊不肯附屬延在元帝時常爲侍子長於京師慕樂中國亦復參其典法常勑諸子當世奉漢家不可負也天鳳五年延死謚忠武王子康代立光武初康率傍國拒匈奴擁衛故都護吏士妻子千餘口檄書河西問中國動靜自陳思慕漢家建武五年河西大將軍竇融乃承制立康爲莎車建功懷德王西域大都尉五十五國皆屬焉九年康死謚宣成王弟賢代立攻破拘彌西夜國皆殺其王而立其兄康兩子爲拘彌西夜王十四年賢與鄯善王安並遣使詣闕貢獻於是西域始通葱嶺以東諸國皆屬賢十七年賢復遣使奉獻請都護天子以問大司空竇融以爲賢父子兄弟相約事漢款誠又至宜加號位以鎮安之帝乃因其使賜賢西域都護印綬及車旗黃金錦繡敦煌太守裴遵上言夷狄不可假以大權又令諸國失望詔書收還都護印綬更賜賢以漢大將軍印綬其使不肯易遵迫奪之賢由是始恨而猶詐稱大都護移書諸國諸國悉服屬焉號賢爲單于賢浸以驕橫重求賦稅數攻龜茲諸國諸國愁懼二十一年冬車師前王鄯善焉耆等十八國俱遣子入侍獻其珍寶及得見皆流涕稽首願得都護天子以中國初定北邊未服皆還其侍子厚賞賜之是時賢自負兵彊欲幷兼西域攻擊益甚諸國聞都護不出而侍子皆還大憂恐乃與敦煌太守檄願留侍子以示莎車言侍子見留都護尋出冀且息其兵裴遵以狀聞天子許之二十二年賢知都護不至遂遺鄯善王安書令絕通漢道安不納而殺其使賢大怒發兵攻鄯善安迎戰兵敗亡入山中賢殺略千餘人而去其冬賢復攻殺龜茲王遂兼其國鄯善焉耆諸國侍子久留敦煌愁思皆亡歸鄯善王上書願復遣子入侍更請都護都護不出誠迫於匈奴天子報曰今使者大兵未能得出如諸國力不從心東西南北自在也於是鄯善車師復附匈奴而賢益橫嬀塞王自以國遠遂殺賢使者賢擊滅之立其國貴人駟鞬爲嬀塞王賢又自立其子則羅爲龜茲王賢以則羅年少乃分龜茲爲烏壘國徙駟鞬爲烏壘王又更以貴人爲嬀塞王數歲龜茲國人共殺則羅駟鞬而遣使匈奴更請立王匈奴立龜茲貴人身毒爲龜茲王龜茲由是屬匈奴賢以大宛貢稅減少自將諸國兵數萬人攻大宛大宛王延留迎降賢因將還國徙拘彌王橋塞提爲大宛王而康居數攻之橋塞提在國歲餘亡歸賢復以爲拘彌王而遣延留還大宛使貢獻如常賢又徙于闐王俞林爲驪歸王立其弟位侍爲于闐王歲餘賢疑諸國欲畔召位侍及拘彌姑墨子合王盡殺之不復置王但遣將鎮守其國位侍子戎亡降漢封爲守節侯莎車將君得在于闐暴虐百姓患之明帝永平三年其大人都末出城見野豕欲射之豕乃言曰無射我我乃爲汝殺君得都末因此即與其兄弟共殺君得而大人休莫霸復與漢人韓融等殺都末兄弟自立爲于闐王復與拘彌國人攻殺莎車將在皮山者引兵歸於是賢遣其太子

國相將諸國兵二萬人擊休莫霸霸迎與戰莎車兵敗走殺萬餘人賢復發諸國數萬人自將擊休莫霸霸復破之斬殺過半賢脫身走歸國休莫霸進圍莎車中流矢死兵乃退于闐國相蘇楡勒等共立休莫霸兄子廣德爲王匈奴與龜茲諸國共攻莎車不能下廣德承莎車之敝使弟輔國侯仁將兵攻賢賢連被兵革乃遣使與廣德和先是廣德父拘在莎車數歲於是賢歸其父而以女妻之結爲兄弟廣德引兵去明年莎車相且運等（且音子余反）患賢驕暴密謀反城降于闐（反音番）于闐王廣德乃發諸國兵三萬人攻莎車賢城守使使謂廣德曰我歸汝父與汝婦汝來擊我何爲廣德曰王我婦父也久不相見願各從兩人會城外結盟賢以問且運且運曰廣德女壻至親宜出見之賢乃輕出廣德遂執賢而且運等因內于闐兵虜賢妻子而并其國鎖賢將歸歲餘殺之匈奴聞廣德滅莎車遣五將發焉耆尉犂龜茲十五國兵三萬餘人圍于闐廣德乞降以其太子爲質約歲給罽絮冬匈奴復遣兵將賢質子不居徵立爲莎車王廣德又攻殺之更立其弟齊黎爲莎車王章帝元和三年時長史班超發諸國兵擊莎車大破之由是遂降漢事具班超傳自後無聞後魏時有渠莎國云故莎車也

疏勒

疏勒漢時通焉王治疏勒城去長安九千三百五十里東至都護治所二千二百一十里南至莎車五百六十里西當大月氏大宛康居道土多稻粟菽麥銅鐵綿錦雌黃後漢明帝永平十六年龜茲王建攻殺疏勒王成自以龜茲左侯兜題爲疏勒王冬漢遣軍司馬班超劫縛兜題而立成之兄子忠爲疏勒王忠後反畔超擊斬之事具超傳安帝元初中疏勒王安國以舅臣磐有罪徙於月氏月氏王親愛之後安國死無子母持國政與國人共立臣磐同產弟子遺腹爲疏勒王臣磐聞之請月氏王曰安國無子種人微弱若立母氏我乃遺腹之叔父也我當爲王月氏乃遣兵送還疏勒國人素敬愛臣磐又畏憚月氏卽共奪遺腹印綬迎臣磐立爲王更以遺腹爲磐槀城侯後莎車連叛于闐屬疏勒疏勒以彊故得與龜茲于闐爲敵國焉順帝永建二年臣磐遣使朝獻帝拜臣磐爲漢大都尉兄子臣勳爲守國司馬五年臣磐遣侍子與大宛莎車使俱詣闕陽嘉二年臣磐復獻師子封牛至靈帝建寧元年疏勒王與漢大都尉於獵中爲其季父和得所射殺和得自立爲王三年涼州刺史孟佗遣從事任涉將敦煌兵五百人與戊巳司馬曹寬西域長史張晏將焉耆龜茲車師前後部合三萬餘人討疏勒攻楨中城四十餘日不能下引去其後疏勒王連相殺害朝廷亦不能禁後魏文成末其王遣使送釋迦牟尼佛袈裟一長二丈餘帝以審是佛衣應有靈異遂命火焚之經日不然觀者悚駭使人云其國見都在姑默西白山南百餘里去代一萬一千二百五十里南有河西帶葱嶺葱嶺亦名雪山在國西北百餘里河原所自出東去龜茲千五百里西去撥汗（撥汗一作判汗）千里南去朱俱波八九百里東北至突厥牙帳千餘里東南去瓜州四千六百里疑卽漢疏勒舊城也其國內有大城十二小城數十王戴金師子冠國人手足皆六指產子非六指者則不育隋煬帝世復通焉唐貞觀中仍遣使朝貢國王在唐時姓裴并有漢時莎車捐毒休循三國之地侍子常在京師（杜還經行記云拔汗那國在怛邏斯南千里東隔山去疏勒二千餘里西去石國千餘里城有數十兵有數萬唐天寶十年嫁和義公主於此國土有波羅林林下有毬場又有野鼠遍滿于谷偏宜蒲萄䭸羅果香棗桃李從此國之西海盡居土室衣羊皮疊布男子婦人皆著鞾婦女不飾鉛粉以青黛塗眼而已䭸音諦）

尉頭

尉頭漢時通焉王治尉頭谷去長安八千六百五十里東至都護治所千四百一十一里南與疏勒接山道不通西至捐毒千三百一十四里徑道馬行二日田畜隨水草衣服類烏孫

烏孫

烏孫漢時通焉大昆彌治赤谷城（烏孫於西域諸戎其形最異今之胡人靑眼赤鬚狀類彌猴者本其種也其國謂王曰昆彌亦曰昆莫）去長安八千九百里東至都護治所千七百二十一里西至康居蕃內地五千里地莽平多雨雪山多松樠（其心似松武元反）不田作種樹隨畜逐水草與匈奴同俗國多馬富人至四五千匹民剛忿貪狠無信多寇盗最爲彊國故服匈奴後盛大取羈屬不肯往朝會東與匈奴西北與康居西與大宛南與城郭諸國相接本塞地也大月氏西破走塞王塞王南越懸度大月氏居其地後烏孫昆莫擊破大月氏大月氏徙西臣大夏而烏孫昆莫居之故烏孫民有塞種大月氏種云始張騫言烏孫本與大月氏共在敦煌間今烏孫雖彊大可厚賂招令東居故地妻以公主與爲昆弟以制匈奴語在張騫傳武帝卽令騫齎金幣往昆莫見騫如單于禮騫大慙謂曰天子致賜王不拜則還賜昆莫起拜其他如故初昆莫有十餘子中子大祿彊善將將衆萬餘騎別居大祿兄太子太子有子曰岑陬（岑音仕林反陬音子侯反）太子蚤死謂昆莫曰必以岑陬爲太子昆莫

哀許之大祿怒迺收其昆弟將眾畔謀攻岑陬昆莫與岑陬萬餘騎令別居昆莫亦自有萬餘騎以自備國分爲三大總羈屬昆莫騫既致賜諭指曰烏孫能東居故地則漢遣公主爲夫人結約爲昆弟共距匈奴不足破也烏孫遠漢未知其大小又近匈奴服屬日久其大臣皆不欲徙昆莫年老國分不能專制迺發使送騫因獻馬數十匹報謝其使見漢人眾富厚歸其國其國後迺益重漢匈奴聞其與漢通怒欲擊之又漢使烏孫乃出其南抵大宛月氏相屬不絕烏孫於是恐使使獻馬願得尚漢公主爲昆弟天子問羣臣議許曰必先內聘然後遣女烏孫以馬千匹聘漢元封中遣江都王建女細君爲公主以妻焉賜乘輿服御物爲備官屬宦官侍御數百人贈送甚盛烏孫昆莫以爲右夫人匈奴亦遣女妻昆莫昆莫以爲左夫人公主至其國自治宮室居歲時一再與昆莫會置酒飲食以幣帛賜王左右貴人昆莫年老語言不通公主悲愁自爲作歌曰吾家嫁我兮天一方遠託異國兮烏孫王穹廬爲室兮旃爲牆以肉爲食兮酪爲漿（食謂飯音飤）居常土思兮心內傷願爲黃鵠兮歸故鄉天子聞而憐之閒歲遣使者持帷帳錦繡給遺焉昆莫年老欲使其孫岑陬尚公主公主不聽上書言狀天子報曰從其國俗欲與烏孫共滅胡岑陬遂妻公主昆莫死岑陬代立岑陬者官號也名軍須靡昆莫王號也名獵驕靡後書昆彌云（昆莫本是王號而其人名獵驕靡故書云昆彌昆取昆莫彌取驕靡彌靡音有輕重耳蓋本一也後遂以昆彌爲王號也）岑陬尚江都公主生一女少夫公主死漢復以楚王戊之孫解憂爲公主妻岑陬岑陬胡婦子泥靡尚小岑陬且死以國與季父大祿子翁歸靡曰泥靡大以國歸之翁歸靡既立號肥

王復尚楚主解憂生三男兩女長男曰元貴靡次曰萬年爲莎車王次曰大樂爲左大將長女弟史爲龜茲王絳賓妻小女素光爲若呼翎侯妻昭帝時公主上書言匈奴發騎田車師車師與匈奴爲一共侵烏孫唯天子幸救之漢養士馬議欲擊匈奴會昭帝崩宣帝初即位公主及昆彌皆遣使上書言匈奴復連發大兵侵擊烏孫取車延惡師地收人民去使使謂烏孫趣持公主來欲隔絕漢昆彌願發國半精兵自給人馬五萬騎盡力擊匈奴唯天子出兵以救公主昆彌漢兵大發十五萬騎五將軍分道竝出語在匈奴傳遣校尉常惠使持節護烏孫兵昆彌自將翎侯以下五萬騎從西方入至右谷蠡王庭獲單于父行及嫂居次名王犁汙都尉千長騎將以下四萬級馬牛羊驢橐駝七十餘萬頭烏孫皆自取所虜獲還封惠爲長羅侯是歲本始三年也漢遣惠持金幣賜烏孫貴人有功者元康二年烏孫昆彌因惠上書願以漢外孫元貴靡爲嗣得令復尚漢公主結婚重親畔絕匈奴願聘馬驘各千匹詔下公卿議大鴻臚蕭望之以爲烏孫絕域變故難保不可許上美烏孫新立大功又重絕故業遣使者至烏孫先迎取聘昆彌及太子左右大將軍都尉皆遣使凡三百餘人入漢迎取少主上迺以烏孫主解憂弟子相夫爲公主置官屬侍御百餘人舍上林中學烏孫言天子自臨平樂觀會匈奴使者外國君長大角抵設樂而遣之使長羅侯光祿大夫惠爲副凡持節者四人送少主至敦煌未出塞聞烏孫昆彌翁歸靡死烏孫貴人共從本約立岑陬子泥靡代爲昆彌號狂王惠上書願留少主敦煌惠馳至烏孫責讓不立元貴靡爲昆彌還迎少主事下公卿望

之復以爲烏孫持兩端難結約前公主在烏孫四十餘年恩愛不親密邊竟未得安此已事之驗也今少主以元貴靡不立而還信無負於夷狄中國之福也少主不止繇役將興其原起此天子從之徵還少主狂王復尚楚主解憂生一男鴟靡不與主和又暴惡失眾漢使衞司馬魏和意副候任昌送侍子公主言狂王爲烏孫所患苦易誅也遂謀置酒會罷使士拔劍擊之劍旁下狂王傷上馬馳去其子細沈瘦（瘦音搜）會兵圍和意昌及公主於赤谷城數月都護鄭吉發諸國兵救之迺解去漢遣中郎將張遵持醫藥治狂王賜金二十斤采繒因收和意昌係瑣從尉犁檻車至長安斬之車騎將軍長史張翁留驗公主與使者謀殺狂王狀主不服叩頭謝張翁捽主頭罵詈（捽持其頭音材兀反）王上書翁還坐死副使季都別將醫養視狂王狂王從十餘騎送之都還坐眾狂王當誅見便不發下蠶室初肥王翁歸靡胡婦子烏就屠狂王傷時驚與諸翎侯俱去居北山中揚言母家匈奴兵來故眾歸之後遂襲殺狂王自立爲昆彌漢遣破羌將軍辛武賢將兵萬五千至敦煌遣使者案行表穿卑鞮侯井以西欲通渠轉穀積居廬舍以討之初楚主侍者馮嫽（音子嫽者慧也故以爲名）能史書習事嘗持漢節爲公主使行賞賜於城郭諸國敬信之號曰馮夫人爲烏孫右大將妻右大將與烏就屠相愛都護鄭吉使馮夫人說烏就屠以漢兵方出必見滅不如降烏就屠恐曰願得小號宣帝徵馮夫人自問狀遣謁者竺次期門甘延壽爲副送馮夫人馮夫人錦車持節詔烏就屠詣長羅侯赤谷城立元貴靡爲大昆彌烏就屠爲小昆彌皆賜印綬破羌將軍不出塞還後烏就屠不盡歸諸翎侯民眾漢

復遣長羅侯惠將三校屯赤谷因爲分別其人民地界大昆彌戶六萬餘小昆彌戶四萬餘然衆心皆附小昆彌元貴靡鴟靡皆病死公主上書言年老土思願得歸骸骨葬漢地天子閔而迎之公主與烏孫男女三人俱來至京師是歲甘露三年也時年且七十賜以公主田宅奴婢奉養甚厚朝見儀比公主後二歲卒三孫因留守墳墓云元貴靡子星靡代爲大昆彌弱馮夫人上書願使烏孫鎭撫星靡漢遣吏卒百人送焉都護韓宣奏烏孫大吏大祿大監皆可以賜金印紫綬以尊輔大昆彌漢許之後都護韓宣復奏星靡怯弱可免更以季父左大將樂大爲昆彌漢不許後段會宗爲都護招還亾畔安定之星靡死子雌栗靡代小昆彌烏就屠死子拊離代立爲弟日貳所殺漢遣使者立拊離子安日爲小昆彌日貳亾阻康居漢徙已校屯姑墨欲候便討爲安日使貴人姑莫匿等三人詐亾從日貳刺殺之都護廉褒賜姑莫匿等金人二十斤繒三百匹後安日爲降民所殺漢立其弟末振將代時大昆彌雌栗靡健翖侯皆畏服之告民牧馬畜無使入牧國中大安和翕歸靡時（勝於翁歸靡時也）少昆彌末振將恐爲所并使貴人烏日領詐降刺殺雌栗靡漢欲以兵討之而未能遣中郎將段會宗持金幣與都護圖方略立雌栗靡季父公主孫伊秩靡爲大昆彌漢沒入小昆彌侍子在京師者久之大昆彌翖侯難栖殺末振將末振將兄安日子安犂靡代爲小昆彌（末振將之兄名安日安日之子名安犂靡）漢恨不自責誅末振將復使段會宗即斬其太子番邱（番音盤）還賜爵關內侯是歲元延二年也會宗以翖侯難栖殺末振將雖不指爲漢合於討賊奏以爲堅守都尉責大祿大吏大監以雌栗靡見殺狀奪金印紫綬更與銅墨云末振將弟卑爰疐（疐音竹二反）本共謀殺大昆彌將衆八萬餘口北附康居謀欲藉兵（藉借也）兼并兩昆彌兩昆彌畏之親倚都護哀帝元壽二年大昆彌伊秩靡與單于並入朝漢以爲榮至元始中卑爰疐殺烏日領以自效漢封爲歸義侯兩昆彌皆弱卑爰疐侵陵都護孫建襲殺之自烏孫分立兩昆彌後漢用憂勞且無寧歲其後無聞至後魏時其國數爲蠕蠕所侵西徙葱嶺山中無城郭隨畜牧逐水草太武太延三年遣使者董琬等使其國後每朝貢云

姑墨

姑墨漢時通焉王治南城去長安八千一百五十里東至都護治所二千二十一里（一作千二十里一作二千二十里）南至于闐馬行十五日北與烏孫接出銅鐵雌黃東通龜茲六百七十里王莽時姑墨王丞殺溫宿國王幷其國後魏時役屬龜茲

溫宿

溫宿漢時通焉王治溫宿城去長安八千三百五十里東至都護治所二千三百八十里西至尉頭三百里北至烏孫赤谷六百一十里土地物類所有與鄯善諸國同東通姑墨二百七十里至後魏時役屬龜茲

龜茲（烏壘渠犂附）

龜茲國漢時通焉王治延城去長安七千四百八十里南與精絕東南與且末西南與扜彌北與烏孫西與姑墨接能鑄冶俗有城郭其城三重中有佛塔廟千所人以田種畜牧爲業男女皆翦髮垂項王宮壯麗煥若神居東至都護治所烏壘城三百五十里烏壘都尉一人戶百一十與都護同治其南三百三十里至渠犂城渠犂都尉一人戶百三十東北與尉犂東南與且末南與精絕接西有河至龜茲五百八十里自武帝初通西域置校尉屯田渠犂是時軍旅連出師行三十二年海內虛耗征和中貳師將軍李廣利以軍降匈奴上旣悔遠征而搜粟都尉桑弘羊與丞相御史奏言故輪臺東捷枝渠犂皆故國地廣饒水草有溉田五千頃以上處溫和田美可益通溝渠種五穀與中國同時熟其旁國少錐刀貴黃金采繒可以易穀食宜給足不可乏宜遣屯田卒詣故輪臺以東置校尉三人分護各舉圖地形通利溝渠務使以時益種五穀張掖酒泉遣騎假司馬爲斥候屬校尉事有便宜因騎置以聞田一歲有積穀募民壯健有累重敢徙者詣田所就畜積爲本業益墾溉田稍築列亭連城而西以威西國輔烏孫爲便臣謹遣徵事臣昌分部行邊嚴勑大守都尉明逢火選士馬謹斥候蓄茭草願陛下遣使使西國以安其意武帝下詔深陳旣往之悔曰前有司奏欲益民賦三十助邊用（三十者每口轉增三十錢）是重困老弱孤獨也而今又請遣卒田輪臺輪臺西於車師千餘里前開陵侯擊車師時危須尉犂樓蘭六國子弟在京師者皆先歸發畜食迎漢軍又自發兵凡數萬人王各自將共圍車師降其王諸國兵便罷力不能復至道上食漢軍（食音嗣）漢軍破城食至多然士自載不足以竟師彊者盡食畜產羸者道死數千人朕發酒泉驢槖駝負食出玉門迎軍吏卒起張掖不甚遠然尚廝留甚衆曩者朕之不明以軍候弘上書匈奴縳馬前後足置城下馳言秦人我匄若馬（謂中國爲秦人習故言也匄乞與也若汝也乞音氣）又漢使者久留不還故興師遣貳師將軍

欲以爲使者威重也古者卿大夫與謀參以蓍龜不吉、不行乃者以縛馬書徧視丞相御史二千石諸大夫郞爲文學者乃至郡屬國都尉成忠趙破奴等皆以匈奴自縛其馬不祥甚哉或以爲欲以見彊夫不足者視人有餘易之卦得大過爻在九五匈奴困敗公車方士太史治星望氣及太卜龜蓍皆以爲吉匈奴必破時不可再得也又曰北伐行將於鬴山必克卦諸將貳師最吉以故朕乃親發貳師下鬴山詔之必毋深入今計謀卦兆皆反繆重合侯得匈奴候者言聞漢軍當來匈奴使巫埋羊牛所出諸道及水上以詛軍單于遺天子馬裘常使巫祝之縛馬者詛軍事也又卜漢軍一將不吉匈奴常言漢極大然不能饑渴（能音耐）失一狼走千羊乃者貳師敗軍事死略離散悲痛常在朕心今請遠田輪臺欲起亭隧是擾勞天下非所以優民也今朕不忍聞大鴻臚等又議欲募囚徒送匈奴使者明封侯之賞以報忿五伯所弗能爲也且匈奴得漢降者常提掖搜索問以所聞（搜索者恐其或私齎文書也）今邊塞未正闌出不禁障候長吏使卒獵獸以皮肉爲利卒苦而烽火乏失亦上集不得後降者來若捕生口虜乃知之當今務在於禁苛暴止擅賦力本農修馬復令以補缺毋乏武備而已郡國二千石各上進畜馬方略補邊狀與計對由是不復出軍而封丞相車千秋爲富民侯以明休息富養民也初貳師將軍李廣利擊大宛還過扜彌扜彌遣太子賴丹質龜茲廣利責龜茲曰外國皆臣屬於漢龜茲何以得受扜彌質卽將賴丹入至京師昭帝乃用桑弘羊前議以扜彌太子賴丹爲校尉將軍田輪臺輪臺與渠犂地皆相連也龜茲貴人姑翼謂其王曰賴丹本臣屬吾國今佩漢印綬來征吾國而田必爲害王卽殺賴丹而上書謝漢漢未能征宣帝時長羅侯常惠使烏孫還便宜發諸國兵合五萬人攻龜茲責以前殺校尉賴丹龜茲王謝曰乃我先王時爲貴人姑翼所誤我無罪執姑翼詣惠惠斬之時烏孫公主遣女來至京師學鼓琴漢遣樂奉送公主過龜茲龜茲前遣人至烏孫求公主女未還會女過龜茲龜茲王留不遣復使報公主主許之後公主上書願令女比宗室入朝而龜茲王絳賓亦愛其夫人上書言得尚漢外孫爲昆弟願與公主女俱入朝元康元年遂來朝賀王及夫人皆賜印綬夫人號稱公主賜以車騎旗鼓歌吹數十人綺繡雜繒奇珍凡數千萬留且一年厚贈送之後數來朝賀樂漢衣服制度歸其國治宮室作徼道周衛出入傳呼撞鐘鼓如漢家儀外國胡人皆曰驢非驢馬非馬若龜茲王所謂贏也絳賓死其子丞德自謂漢外孫成哀帝時往來尤數漢遇之亦甚親密自西域敗沒遂不復通建武以降或臣或叛互見諸戎傳中晉武太康中其王遣子入侍惠懷末以中國擾亂就貢方物於張重華苻堅時堅命其將呂光率衆七萬伐之其王白純距境不降光進軍討平之後魏太武太延中嘗遣使入貢梁普通二年其王尼瑞摩珠那勝奉表逹于建康唐貞觀二十三年將軍阿史那社爾伐龜茲虜其王如歸立嗣子素稽爲王安西都護府治其城焉龜茲之在唐世則幷有漢時姑墨溫宿尉頭三國之地云

尉犂

尉犂漢時通焉王治尉犂城去長安六千七百五十里西至都護治所三百里南與鄯善且末接

危須

危須漢時通焉王治危須城去長安七千二百九十里西至都護治所五百里至焉耆百里

焉耆

焉耆漢時通焉王治員渠城去長安七千三百里西南至都護治所四百里南去尉犂百里北與烏孫接東去交河城九百里西去龜茲九百里皆沙磧其國近海水多魚鹽蒲葦之利四面有大山道險阸易守海水曲入四山之內周匝其城三十餘里後漢明帝永平中有戶萬五千與龜茲共攻沒都護陳睦校尉郭恂殺吏士二千餘人至永元六年都護班超發諸國兵討焉耆危須尉犂山國遂斬焉耆尉犂二王首傳送京師縣蠻夷邸超乃立焉耆左侯元孟爲王尉犂危須山國皆更立其王至安帝時西域皆叛延光中超子勇爲西域長史復討定諸國元孟與尉犂危須不降永建二年勇與敦煌太守張朗擊破之元孟乃遣子詣闕貢獻晉武帝太康中其王龍安遣子入侍安夫人獪胡之女妊身十二月剖脅生子曰會立之爲世子會少而勇傑安病篤謂會曰我嘗爲龜茲王白山所辱不忘於心汝能雪之乃吾子也及會立襲滅白山遂據其國遣子熙歸本國爲王會有膽氣籌略遂霸西胡葱嶺以東莫不率服其俗丈夫翦髮婦人衣襦著大袴婚姻同於華夏兵有弓刀甲矟死亾者皆焚而後葬其服制滿七日則除之俗事天神尤崇信佛道氣候寒土田良沃穀有稻粟菽麥畜有駞馬牛羊養蠶不以爲絲唯取綿纊俗尚蒲萄酒兼愛音樂會之據龜茲也恃勇輕率嘗出宿于外爲龜茲國人羅雲所殺其後張駿遣沙州刺史楊宣率衆疆理西

域宣以部將張植爲前鋒所向風靡軍次焉耆熙距戰於賁崙城爲植所敗植進屯鐵門未至十餘里熙又率衆先要之於遮留谷植將至或曰漢祖畏於柏人岑彭死於彭亾今谷名遮留殆將有伏植單騎嘗之果有伏發植馳擊敗之進據尉犂熙率其羣下四萬人肉袒降于宣呂光討西域復降于光及光僭位姑臧熙又遣子入侍後魏太武世嘗遣成周公萬度歸討焉耆其王鳩尸畢那衆大潰單騎走入山中度歸進屠其城先是四部諸戎皆降服焉耆焉耆爲國斗絶一隅充實日久魏獲其珍奇異玩殊方譎詭難名之物不可勝計橐駞馬牛雜畜殆至巨萬至後周武帝保定四年其王遣使獻名馬隋煬帝大業中其王龍突騎遣貢方物唐貞觀六年又遣使奉獻突騎姓王當是龍安之後或未可知焉耆之在唐世盡并有漢時尉犂危須山國三國之地并鄯善之北界矣

烏貪訾離

烏貪訾離漢時通焉王治于婁谷去長安萬三百三十里東與單桓南與且彌西與烏孫接

卑陸

卑陸漢時通焉王治天山東接乾當谷去長安八千六百八十里西南至都護治所千二百八十七里

卑陸後國

卑陸後國王治番渠類谷番音步潘反去長安八千七百一十里其地東與郁立師北與匈奴西與劫國南與車師接

郁立師

郁立師漢時通焉王治內咄谷咄丁忽反去長安八千八百三十里東與車師後城長西與卑陸北與匈奴接

單桓

單桓漢時通焉王治單桓城去長安八千八百七十里

蒲類

蒲類漢時通焉王治天山西疏榆谷去長安八千三百六十里西南至都護治所千三百八十七里人廬帳而居逐水草頗知田作有牛馬駱駝羊畜能作弓矢國出好馬蒲類本大國也前西域屬匈奴而其王得罪單于單于怒徙蒲類萬六千餘口內之匈奴右部阿惡地因號曰阿惡國南去車師後部馬行九十餘日人口貧羸逃亾山谷閒故留爲國云

蒲類後國

蒲類後國去長安八千六百三十里

移支

移支後漢時通焉王居蒲類地其人勇猛敢戰以寇鈔爲事皆被髮隨畜逐水草不知田作所出皆與蒲類同

西且彌

西且彌漢時通焉王治天山東于大谷去長安八千六百七十里西南至都護治所千四百八十七里

東且彌

東且彌漢時通焉王治天山東兌虛谷去長安八千二百五十里西南至都護治所千五百八十七里人廬帳而居逐水草頗田作其所出有亦與蒲類同所居無常

劫國

劫國漢時通焉王治天山東丹渠谷去長安八千五百七十里西南至都護治所千四百八十七里

狐胡

狐胡漢時通焉王治車師柳谷去長安八千二百里西至都護治所千一百四十七里至焉耆七百七十里

山國

山國漢時通焉去長安七千一百七十里西至尉犂二百四十里西北至焉耆百六十里西至危須二百六十里東南與鄯善且末接山出鐵民山居寄田糴穀於焉耆龜茲

車師

車師前王後王並漢時通焉前王國一曰前部治交河城今交河郡水分流繞城下故以爲號去長安八千一百五十里西南至都護治所千八百七里西域長史及戊巳校尉並治於此去敦煌十三日行其地東西三百里南北五百里四面多大山後王治務塗國唐北庭府蒲類縣也去長安八千九百五十里西南至都護治所千二百三十七里北與匈奴接又有車師後城長國武帝天漢二年以匈奴降者介和王爲開陵侯將樓蘭國兵始擊車師匈奴遣右賢王將數萬騎救之漢兵不利引去征和四年遣重合侯馬通將四萬騎擊匈奴道過車師復遣開陵侯將樓蘭尉犂危須凡六國兵別擊車師勿令得遮重合侯諸國共圍車師車師王降服臣屬漢昭帝時匈奴復使四千騎田車師宣帝卽位遣祈連將軍田廣明等五將軍將兵擊匈奴車師田者驚去車師復通於漢匈奴怒召其太子軍宿欲以爲質軍宿焉耆外孫不欲質匈奴亾走焉耆車師王更立子烏貴爲太子及烏貴立爲王與匈奴結婚姻教匈奴遮漢道通烏孫者地節二年漢遣侍郎鄭吉校尉司馬憙許吏反將免刑罪人田渠犂積穀欲以攻車師至秋收穀吉憙發城郭諸國兵萬餘

人自與所將田士千五百人共擊車師攻交河城破之王尙在其北石城中未得會軍食盡吉等且罷兵歸渠犂田秋收畢復發兵攻車師王於石城王聞漢兵且至北走匈奴求救匈奴未爲發兵王來還與貴人蘇猶議欲降漢恐不見弟蘇猶教王擊匈奴邊國小蒲類斬首略其人民以降吉車師旁小金附國隨漢軍後盜車師車師王復自請擊破金附匈奴聞車師降漢發兵攻車師吉憙引兵北迎之匈奴不敢前吉憙卽留一候與卒二十人留守王吉等引兵歸渠犂車師王恐匈奴兵復至而見殺之也乃輕騎奔烏孫吉卽迎其妻子置渠犂東奏事至酒泉有詔還田渠犂及車師益積穀以安西國侵匈奴吉還傳送車師王妻子詣長安賞賜甚厚每朝會四夷常尊顯以示之於是吉始使吏卒三百人別田車師得降者言單于大臣皆曰車師地肥美近匈奴使漢得之多田積穀必害人國不可不爭也果遣騎來擊田者吉乃與校尉盡將渠犂田士千五百人往田匈奴益復遣騎來漢田卒少不能當保車師城中匈奴將卽其城下謂吉曰單于爭此地不可田也圍城數日乃解後常數千騎往來守車師吉上書言車師去渠犂千餘里閒以河山北近匈奴漢兵在渠犂者勢不能相救願益田卒公卿議以爲道遠煩費可且罷車師田者詔遣長羅侯常惠將張掖酒泉騎出車師北千餘里揚威武車師旁胡騎引去吉乃得出歸渠犂凡三校尉屯田車師王之走烏孫也烏孫留不遣遣使上書願留車師王備國有急可從西道以擊匈奴漢許之於是漢召故車師太子軍宿在焉耆者立以爲王盡徙車師國民令居渠犂遂以車師故地與匈奴車師王得近漢田官與匈奴絕亦安樂親漢後漢使侍郎殷廣德責烏孫求車師王烏孫遣其貴人將詣闕賜第與其妻子居是歲元康四年也其後置戊已校尉屯田居車師故地元始中車師後王國有新道出五船北通玉門關往來差近戊已校尉徐普欲開以省道里半避白龍堆之阸車師後王姑句音鉤以道當爲拄置拄竹羽反言新道當出於後王國漢使往來後王主爲之供億拄置猶儲偫也心不便也地又頗與匈奴南將軍地接普欲分明其界然後奏之召姑句使證之不肯繫之姑句數以牛羊賕吏求出不得姑句家矛端生火其妻股紫陬謂姑句曰矛端生火此兵氣也利以用兵前車師前王已爲都護司馬所殺今久繫必死不如降匈奴卽馳突出高昌壁入匈奴又去胡來王唐兜國比大種赤水羌比近也音頻寢反數相寇不勝告急都護但欽欽不以時救助唐兜困急怨欽東守玉門關玉門關不納卽將妻子人民千餘人亡降匈奴匈奴受之而遣使上書言狀是時新都侯王莽秉政遣中郎將王昌等使匈奴告單于西域內屬不當得受單于謝罪執二王以付使者莽使中郎王萌待西域惡都奴界上逢受單于遣使送因請其罪使者以聞莽不聽詔下會西域諸國王陳軍斬姑句唐兜以示之至莽篡位建國二年以廣新公甄豐爲右伯當出西域車師後王須置離聞之與其右將股鞮左將尸泥支謀曰聞甄公爲西域太伯當出故事給使者牛羊穀芻茭導譯前五威將過所給使尙未能備今太伯復出國益貧恐不能稱欲亡入匈奴戊已校尉刁護聞之召置離驗問辭服乃械置都護但欽在所埒婁城置離人民知其不還皆哭而送之至欽則斬置離置離兄輔國侯狐蘭支將置離衆二千餘人驅畜產舉國亡降匈奴是時莽易單于璽單于恨怒遂受狐蘭支降遣兵與共擊車師後城長傷都護司馬及狐蘭支兵復還入匈奴時戊已校尉刁護病遣史陳良屯桓且谷備匈奴寇且子余反史終帶取糧食司馬丞韓元領諸壁右曲候任商領諸壘相與謀曰西域諸國頗背叛匈奴欲大侵要死可殺校尉將人衆降匈奴卽將數千騎至校尉府脅諸亭令燔積薪分告諸壁曰匈奴十萬騎來入吏士皆持兵後者斬得三四百人去校尉府數里止晨火爇古然字校尉開門擊鼓收吏士良等隨入遂殺校尉刁護及子男四人諸昆弟子男獨遺婦女小兒止留戊已校尉城遣人與匈奴南將軍相聞南將軍以二千騎迎良等良等盡脅略戊已校尉吏士男女二千餘人入匈奴單于以良帶爲烏賁都尉賁音奔後三歲單于死弟烏絫單于咸立復與莽和親莽遣使者多齎金幣賂單于購求陳良終帶等單于盡收四人及手殺刁護者芝音妻子以下二十七人皆械檻車付使者到長安莽皆燒殺之其後莽復欺詐單于和親遂絕匈奴大擊北邊而西域亦瓦解焉耆國近匈奴先叛殺都護但欽莽不能討天鳳三年乃遣五威將王駿西域都護李崇將戊已校尉出西域諸國皆郊迎送兵穀焉耆詐降而聚兵自備駿等將莎車龜茲兵七千餘人分爲數部入焉耆焉耆伏兵要遮駿及姑墨尉犂危須國兵爲反閒還共襲擊駿等皆殺之唯戊已校尉郭欽別將兵後至焉耆焉耆兵未還欽擊殺其老弱引兵還莽封欽爲剼胡子剼子小反李崇收餘士還保龜茲數年莽死崇遂沒西域因絕東漢建武二十一年車師後王與鄯善焉耆等國遣子入侍光武遣還之乃附屬匈奴明帝永平十六年漢取伊

吾盧通西域車師始復內屬匈奴遣兵擊之復降匈奴和帝永元二年大將軍竇憲破北匈奴車師震慴前後王各遣子奉貢入侍竝賜印綬金帛八年戊已校尉索頵欲廢後部王涿鞮立破虜侯細致涿鞮忿前王尉卑大賣巳因反擊尉卑大獲其妻子明年漢遣將兵長史王林發涼州六郡兵及羌胡二萬餘人以討涿鞮獲首虜千餘人涿鞮入北匈奴漢軍追擊斬之立涿鞮弟農奇爲王至永寧元年後王軍就及毋沙麻反畔殺後部司馬及敦煌行事至安帝延光四年長史班勇擊軍就大破斬之順帝永建元年勇率後王農奇子加特奴及八滑等發精兵擊北匈奴呼衍王破之勇於是上立加特奴爲後王八滑爲後部親漢侯陽嘉三年夏車師後部司馬率加特奴等千五百人掩擊北匈奴於閶吾陸谷獲其母及季母殺掠甚衆四年春呼衍王率兵侵後部帝以車師接近北匈奴爲西域蔽扞乃令敦煌太守發諸國兵及玉門關候伊吾司馬合六千三百騎救之掩擊呼衍王於勒山漢軍不利秋呼衍王復將二千人攻後部破之桓帝元嘉元年呼衍王將三千餘騎寇伊吾伊吾司馬毛愷與戰于蒲類海東吏士悉爲所沒呼衍王遂攻伊吾屯城夏遣敦煌太守司馬達將敦煌酒泉張掖屬國吏兵四千餘人救之出塞至蒲類海呼衍王聞而引去漢軍無功而還永興元年車師後部王阿羅多與戊部候嚴皓不相得遂忿戾反畔攻圍漢屯田且固城殺傷吏士後部侯炭遮領餘人畔阿羅多詣漢吏降阿羅多迫急將其母妻從百餘騎亾走北匈奴中敦煌太守宋亮上立後部故王軍就質子卑君爲後部王後阿羅多復從匈奴中還與卑君爭國頗收其國人戊校尉閻詳慮其招引北匈奴將亂西域乃開信告示許復爲王阿羅多乃詣詳降於是收奪所賜卑君印綬更立阿羅多爲王仍將卑君還敦煌以後部人三百帳別屬役之食其稅帳者猶中華之戶數也自後無聞至魏時賜其王壹多羅守魏侍中號大都尉晉世以交河城爲高昌郡蓋因其地高敞人庶蕃盛立名或云昔漢武帝遣兵西討師旅頓弊者因住焉有漢時高昌壘故也張軌呂光沮渠蒙遜在河西皆置太守以統之其國人面貌類高麗男女辮髮垂之於背皆著長身小袖袍縵襠袴女子頭髮辮而不垂著錦纈纓珞環釧其地高燥多石磧氣候溫暖與益州相似穀麥再熟宜蠶多五果有草名爲羊刺其上生蜜而味甚佳地產赤鹽其色如朱復有白鹽其形如玉高昌人取以爲枕貢之中國多蒲萄酒俗事天神兼信佛法國中羊馬牧在隱僻處以避外寇非貴人不知其所又有草實如繭中絲如細纑名爲白疊子國人取以爲布交市用焉其國北有赤石山山北七十里有貪汗山夏有積雪此山之北鐵勒界也從武威西北有捷路度沙磧千餘里四面茫然無有蹊徑欲往者不可准記唯以人畜骸骨及駝糞爲驗路中或聞歌哭之聲行人尋之多致亾失蓋魑魅魍魎也故商旅往來多取伊吾路後魏太武時有闞爽者自爲高昌太守太延中遣散騎侍郎王恩生等使高昌爲蠕蠕所執太平眞君中爽爲沮渠無諱所襲奪據之爽拔其衆三分之一欲奔蠕蠕保焉耆東界後八年爽子車夷落在焉耆上表朝廷求賑救太武詔開焉耆倉以給之無諱死弟安周立文成和平元年其地爲蠕蠕所并蠕蠕以闞伯周爲高昌王高昌稱王自此始也孝文太和初伯周死子義成立歲餘爲從兄首歸所殺自立爲高昌王五年高車主阿伏至羅殺首歸兄弟以敦煌人張孟明爲王後爲國人所殺立馬儒爲王以鞏顧禮麴嘉爲左右長史二十一年儒遣司馬王體元奉表朝貢請師迎接求舉國內徙孝文納之遣明威將軍韓安保率騎千餘赴之割伊吾地五百里使儒居之至羊榛水儒遣嘉禮率步騎一千五百迎安保去高昌四百里而安保不至禮等還高昌安保亦還伊吾安保遣使與韓興安等十二人使高昌儒復遣顧禮將其世子義舒迎安保至自棘城去高昌百六十里而高昌舊人情戀本土不願東遷相與殺儒而立麴嘉爲王嘉字靈鳳金城榆中人既立臣于蠕蠕那蓋顧禮與義舒隨安保至洛陽及蠕蠕主伏圖爲高車所敗嘉又臣高車初前部胡人悉爲高車所徙入於焉耆又爲嚈噠所殺國人分散衆不自立請王於嘉嘉遣其第二子爲焉耆王由是始大益爲國人所服永平元年嘉遣其兄子私署左衛將軍田地太守孝亮朝京師仍求內徙乞軍迎援於是遣龍驤將軍孟威發涼州兵三千人迎至伊吾失期而反於後十餘遣使獻珠像白黑貂裘名馬鹽枕等欵誠備至唯賜優旨卒不重迎三年嘉遣使朝貢宣武又遣孟威宣詔勞之延昌中以嘉爲持節平西將軍瓜州刺史泰臨縣開國伯私署王如故熙平初遣使朝獻詔曰卿地隔關山境接荒漠頻請朝援徙國內遷雖來誠可嘉卽於理未帖何者彼之甿庶是漢魏遺黎自晉氏不綱因難播越成家立國世積已久惡徙重遷人懷戀舊今若動之恐異同之變爰在肘腋不得便如來表也神龜元年冬孝亮復表求援內徙朝廷不許正光元年明帝遣員外將軍趙義等使於嘉嘉朝貢不絕又遣使奉表自以邊

遐不習典誥求借五經諸史幷請國子助教劉㸌以爲博士明帝許之嘉死贈鎭西將軍涼州刺史子堅立於後關中賊亂使命遂絕普泰初堅遣使朝貢除平西將軍瓜州刺史泰臨縣伯王如故又加衞將軍孝武永熙中特除儀同三司進爲郡公梁大同中堅嘗遣使獻鳴鹽枕蒲萄良馬氍毹等物於江左其使人云本國有朝烏旦旦集於王之殿前爲行列不畏人日出然後散去云周武帝武成初堅復遣使獻方物武帝保定元年又遣使來貢其國周時有一十六城至隋世乃增其二都城周迴一千八百四十步於坐堂畫魯哀公問政於孔子之像官有令尹一人比中夏相國次有公二人皆王子也一爲交河公一爲田地公次有左右衞次有八長史曰吏部祠部庫部倉部主客禮部戶部兵部等長史也次有五將軍曰建武威遠陵江殿中伏波等將軍也次有八司馬長史之副也次有侍郎校郎主簿從事階位相次分掌諸事次有省事專掌導引其大事則決於王小事則世子及二公隨狀斷決評章錄記事訖卽除籍書之外無久掌文案官人雖有列位並無曹府唯每旦集於牙門評議眾事諸城各有戶曹水曹田曹每城遣司馬侍郎相監檢校名爲城令兵器有弓箭刀楯文字亦同華夏兼用胡書有毛詩論語孝經置學官弟子以相教授雖習讀之而皆爲胡語賦稅則計田輸銀錢無者輸麻布其刑法風俗婚姻喪葬與中國小異而大同隋開皇十年突厥破其四城有二千人來歸中國堅死子伯雅立其大母本突厥可汗女其父死突厥令依其俗伯雅不從者久之突厥逼之不得已而從煬帝卽位引置諸蕃大業四年遣使貢獻帝待其使甚厚明年伯雅來朝因從擊高麗還尙宗室女華容公主八年冬歸蕃下令國中皆解辮削袵帝聞而嘉之下詔襃美賜冠帶衣履仍班製造之式然伯雅先臣鐵勒鐵勒恆遣重臣在高昌有商胡來往則稅之送于鐵勒雖有此令取說中華竟畏鐵勒不敢改也自是歲令貢其方物唐武德中遣使獻狗雌雄各一高六寸長尺餘性甚慧能牽馬銜燭云本出拂菻國其後不供職貢貞觀四年其王文泰來朝伯雅之子後與西突厥連結諸國朝貢者皆道出高昌文泰皆擁絕之至十三年太宗謂其使曰高昌數年來朝貢脫略我使人至彼文泰云鷹飛于天雉竄于蒿貓游于堂鼠安于穴各得其所豈不活邪明年當發兵以擊汝國十四年八月交河道行軍大總管侯君集平高昌國下其郡三縣五城三十二戶八千四十六口萬七千七百三十馬四千三百疋太宗以其地爲西州以交河城爲交河縣始昌城爲天山縣田地城爲柳中縣東鎭城爲蒲昌縣高昌城爲高昌縣初西突厥遣其葉護屯兵於可汗浮圖城與高昌爲影響至是懼而來降以其地爲庭州幷置蒲類縣每歲調內地更發千人鎭遏焉黃門侍郎褚遂良上疏以爲勞師動眾虛內事外作無益害有益不若擇高昌可立者而立之使負戴漢恩長爲蕃翰不從

滑國　阿跋檀　周古柯　胡密丹　白題附

滑國車師之別種也後漢時通焉順帝永建初八滑從班勇擊北匈奴有功漢以八滑爲後部親漢侯自魏晉以來不通中國梁武帝天監十五年其王厭帶夷栗陁始遣使獻方物普通初復獻黃師子白貂裘波斯錦等物後魏之居代都滑猶爲小國屬蠕蠕後稍彊大征其旁國波斯渴槃陁罽賓焉耆龜茲疏勒姑墨于闐句般等國開地千里土地溫暖多山川少樹木有五穀國人以麪及羊爲糧其獸有師子兩腳駱野驢有角人皆善騎射著小袖長袍用金玉爲帶女人披裘頭上刻木爲角長六寸以金銀飾之少女子兄弟共妻無城郭以氈屋爲居東向開戶其王坐金牀隨太歲轉與妻並坐接客無文字以木爲契與旁國通則使旁國胡爲胡書羊皮爲紙無職官事天神火神每日則出戶祀神而後食其跪一拜而止葬以木爲槨父母死其子截一耳葬訖卽吉其言語待河南人譯然後通有阿跋檀周古柯胡密丹等國並滑旁小國也凡滑旁之國衣服容貌皆與滑同普通初皆遣使隨滑使來貢方物又有白題國在滑國東去滑六日行西極波斯土地出粟麥瓜果食物略與滑同其王姓支字史稽毅其先蓋匈奴之別種也漢灌嬰與匈奴戰斬白題騎一人是也普通三年亦遣使朝獻江左云

車離

車離後漢時通焉居沙奇城一名禮惟持一名沛隸王在天竺東南三千餘里大國也其土氣物類與天竺同別城數十皆稱王其人怯弱大月氏伐之遂臣服焉其地東西南北方數千里人皆長八尺乘象駱駝往來鄰國有寇乘象以戰

高附

高附後漢時通焉在大月氏西南亦大國也其俗似天竺而弱易服善賈販內富於財所屬無常天竺罽賓安息三國彊卽得之弱則失之後漢史云先未嘗屬月氏漢書以爲五翖侯之數恐誤葢高附後屬安息及月氏破安息始得高附

大秦

大秦後漢時通焉一名犂靬以在海西亦云海西國其地東西南北各數千里有四百餘城小國役屬者數十其地平夷人居星布列置郵亭皆堊塈之有松柏諸木百草人俗力田作多種樹蠶桑皆髡頭而衣文繡乘輜軿白蓋小車出入擊鼓建旌旗幡幟王治安都以石爲城郭周圜百餘里城中有五宮相去各十里宮室皆以水精爲柱食器亦然其王日游一宮聽事五日而後徧常使一人持囊隨王車人有言事者卽以書投囊中王至宮發省理其枉直各有官曹文書置三十六將皆會議國事其王無有常人皆簡立賢者國中災異及風雨不時輒廢而更立受放者甘黜不怨其人民皆長大平正有類中國故謂之大秦土多金銀奇寶有夜光璧明月珠駭雞犀抱朴子云通天犀有白理如綫者以盛米置羣雞中雞欲往啄米至輒驚故南人名爲駭雞也大貝木難木難出金翅鳥口中結沫所成碧色珠也土人珍之車渠馬瑙虎魄珊瑚大秦西南漲海中可七八百里有珊瑚洲水底有磐石珊瑚生其上土人常乘大舶載鐵網令水工沒入視之可下網乃下初生白漸漸似苗甲拆歷一歲許出網目間變作黃色支格交錯高極三四尺大者圍尺餘三年乃赤好從沒視之知可採便以鐵鈔發其根乃以索繫網使人於舶上絞車舉出還國理截恣意所作若失時不舉便蠹敗瑠璃琅玕朱丹青碧刺金縷繡織成金縷罽雜色綾作黃金塗火浣布又有織成細布言用水羊毳野蠶繭所作其𣰽毹毾㲪罽帳之屬采色皆鮮於海東諸國所出也又常利得中國縑素解以爲胡綾紺紋又合會諸香煎其汁以爲蘇合其獸有神龜白馬朱鬣瑇瑁元熊赤螭辟毒鼠等又西海有賓養之者似狗多力獷惡北附庸小邑有羊羔自然生於土中候其欲萌築牆環之恐爲獸所食也其臍與地連割之絕則死擊物驚之乃驚鳴遂絕逐水草無羣有幻人額上爲炎爐手中作江湖舉足而珠玉自墮開口則旛毦亂出國貨以金銀爲錢銀錢十當金錢一安息天竺人與之交市於海中其利百倍其人質直市無二價穀食常賤國用富饒鄰國使到其界者乘驛詣王都至則給以金錢塗經大海海水鹹苦不可食商客往來皆齎三歲糧是以至者希少漢都護班超遣掾甘英使其國入海船人恐之以未必能達英遂止不往語具安息傳中大秦王常欲通使於漢而安息欲以漢繒綵與之交市故遮閡不得自達至桓帝延熹九年大秦王安敦遣使自日南徼外獻象牙犀角瑇瑁始一通焉其所表貢並無珍異疑傳者過焉晉武帝太康中其王遣使貢獻或云其國西有弱水流沙近西王母所居處幾於日所入也漢書云從條支西行二百餘日近日所入則與今書異矣前世漢使皆自烏弋以還莫有至條支者也又云從安息陸道繞海北行出海西至大秦人庶連屬十里一亭三十里一置終無盜賊寇警而道多猛虎師子遮害行旅不百餘人齎兵器輒爲所食又言有飛橋數百里可度海北諸國所生奇異玉石諸物譎怪多不經故不記云外國圖曰從隅巨北有國亦名曰大秦其國人長大無有五六尺者杜還經行記云拂菻國在苦國西隔山數千里亦曰大秦其人顏色紅白男子悉著素衣婦人皆服珠錦好飲酒尚乾餅多工巧善織絡或有俘在諸國者守死不改鄉風琉璃妙者天下莫比王城方八十里四面境土各數千里勝兵約有百萬常與大食國相通西枕西海南枕南海北枕可薩突厥西海中有市客主和同我往則彼去彼來則我歸賣者陳之於前買者酬之於後皆以其直置諸物旁待領直然後收物名曰鬼市又聞西有女國感水而生又摩鄰國在秋薩羅國西南渡大磧行二千里至其國其人黑其俗獷少米麥無草木馬食乾魚人食鶻莽鶻莽卽波斯棗也瘴癘特甚諸國陸行之所經山胡則一種法有數等法有大食法有大秦法有尋尋法其尋尋蒸報於諸夷中最甚當食不語其大食法者以弟子親戚而作判典縱有過不至相累不食猪狗驢馬等肉不拜國王父母之尊不信鬼神祀天而已其俗每七日一假不買賣不出納唯飲酒謔浪終日其上人善醫眼及痢或未病先見或開腦出蟲

奄蔡

奄蔡漢時通焉一名粟弋西與大秦東南二千里與康居接去陽關八千餘里控弦十餘萬與康居同俗而屬康居出名馬牛羊蒲萄衆果其土水美故蒲萄酒特有名焉又有嚴國在奄蔡北屬康居出鼠皮以輸之奄蔡其國至後漢時改名阿蘭聊居於地城土氣溫和多楨松白草後魏時稱爲粟特國國人云其國見居㦁嶺之西故奄蔡地也一名溫那沙居於大澤在康居西北去代一萬六千里北距安息五千里附庸小國四百餘城土出大禾高丈餘子如胡豆先是匈奴殺其王而有其地至今王忽倪已三世矣粟特國商人先多詣姑臧販貿及太武平涼州幷見虜掠文成初忽倪遣使請贖所獲商人詔聽焉自後每使朝貢周保定四年復遣使致其方物

小人

小人在大秦之南軀纔三尺其耕稼之時懼爲鶴所食大秦每衞助之小人竭其珍以酬報

軒渠

軒渠其國多九色鳥青口綠頸紫翼紅膺紺頂丹足碧耳緗背元尾亦名九尾鳥亦名錦鳳其青多紅少謂之繡鸞常從弱水西來或云是王母之使也其國幣貨同三童國也

三童

三童在軒渠國西南千里人皆眼有三精珠或有四舌者能爲一種聲亦能俱語常貨多用蕉越犀象作金幣率效國王之面亦效王后之面若丈夫交易則用國王

之面王死則更鑄

澤散

澤散魏時聞焉屬大秦其治在海中央北至驢分水行半歲風疾時一月到最與安息城谷相近西南詣大秦都不知里數

驢分

驢分魏時聞焉屬大秦其治去大秦都二千里從驢分城西之大秦度海飛橋長二百四十里發海西道西南繞海道直西行至焉

堅昆

堅昆魏時聞焉在康居西勝兵三萬人隨水草畜牧多貂有好馬也

呼得

呼得魏時聞焉在蔥嶺北烏孫西北康居東北勝兵萬餘人隨畜牧出好馬亦多貂

丁令

丁令魏時聞焉在康居北勝兵六萬人隨畜牧出名鼠皮白子青昆子皮此上三國堅昆中央俱去匈奴單于庭安習水七千里南至車師六國五千里西南去康居界二千里西去康居王治所八千里或以爲此丁令則匈奴北丁令也而此丁令在烏孫西似其種別也又匈奴北有屈射國有隔昆國有新犂國明此之南自復有丁令非烏孫西丁令也烏孫長老言北丁令有馬脛國其人聲音似鴈鶩從膝以上至頭人也膝以下生毛而馬蹄不騎馬而走疾於馬勇健敢戰

短人

短人魏時聞焉在康居西北男女皆長三尺人衆甚多去奄蔡諸國甚遠康居長老傳聞嘗有商旅行北方迷惑失道而到斯國國中甚多眞珠夜光明月珠見者不知名此國號言以意商度此國去康居可萬餘里（突厥本末記云突厥窟北馬行一日有短人國長者不踰三尺亦有二尺者頭少毛髮若羊胞之狀突厥呼爲羊胞頭國其傍無他種種類相侵俗無寇盜但有大鳥高七八尺常伺短人啄而食之短人皆持弓矢以爲之備案此亦在西北即魏略云短人國是也）

師子

師子東晉時通焉天竺旁國也在西海之中延袤二千餘里多出奇寶其地和適無冬夏之異五穀隨人所種不須時節其國舊無人止有鬼神有龍居之諸國商賈來共市易鬼神不見其形但出珍寶明其所堪價商人依價取之諸國人聞其土樂因此競至或有停住者遂成大國能馴養神師子遂以爲名風俗與婆羅門同而尤敬佛法安帝義熙初遣使獻玉佛像高四尺二寸玉色潔潤形制殊特殆非人工歷晉宋代在建康瓦棺官寺（先有徵士戴安道手制佛像五軀及顧長康畫維摩詰并玉像時人謂爲三絕至齊東昏遂毀玉像前截臂次取身爲嬖妾潘貴妃作釵釧時咸歎惜之建康即今丹陽郡江寧縣）宋文帝元嘉五年十二年其王剎利摩訶南各遣使貢獻梁武帝大通元年後王迦葉迦羅訶黎邪亦使使貢獻（杜還記云師子國亦曰新檀又曰婆羅門即南天竺也國之北人盡胡貌秋夏炎旱國之南人盡獠面四時霖雨從此始有佛法寺舍人皆儋耳布裹腰）

嚈噠

嚈噠大月氏之種類也亦曰高車之別種其源出於塞北自金山而南在于闐之西都烏滸水南二百餘里去長安一萬一百里其王都拔底延城蓋王舍城也其城方十里餘多寺塔皆飾以金風俗與突厥略同其俗兄弟共一妻夫無兄弟者妻戴一角帽若有兄弟者依其多少之數更加帽角焉衣服類胡加以纓絡頭皆翦髮其語與蠕蠕高車及諸胡不同衆可有十萬無城邑依隨水草以氈爲屋夏遷涼土冬逐暖處分其諸妻各在別所相去或二百三百里其王巡歷而行每月一處冬寒之時三月不徙王位不必傳子子弟堪者死便受之其國無車有輿多駝馬用刑嚴急偷盜無多少皆要斬盜一責十死者富家累石爲藏貧者掘地而埋隨身諸物皆置冢內其人凶悍能鬬戰西域康居于闐疏勒安息及諸小國三十許皆役屬之號爲大國與蠕蠕婚姻自魏太安以後每遣使朝貢正光末遣貢師子一至高平遇万俟醜奴反因留之醜奴平送京師永熙以後朝獻遂絕初熙平中明帝遣伏子統宋雲沙門法力等使西域訪求佛經時有沙門慧生者亦與俱行正光中還慧生所經諸國不能知其本末及山川里數蓋舉其略云至大統十二年遣使獻其方物廢帝二年周明帝二年並遣使來獻後爲突厥所破部落分散職貢遂絕隋大業中又遣使朝貢方物其國去漕國千五百里東至瓜州六千五百里

波斯

波斯後魏時通焉在達曷水之西都宿利城（後周史云蘇利城隋史云蘇藺城記錄音訛其實一也）去代二萬四千二百二十八里西去海數百里東南去穆國四千餘里西北至拂菻四千五百里即條支之故地也王姓波斯大月氏之別種其先有波斯匿王其子孫以王父字爲氏因以爲國號焉所都城方十里戶十餘萬有河經其城中南流城西十五里有土山周迴高大其勢連接甚遠中有鷲鳥噉羊土人極以爲患其王坐金羊座戴金花冠衣錦袍織成帔

飾以異珠寶物其俗丈夫翦髮戴白皮帽貫頭衫兩厢近下開之亦有巾帔緣以織成婦人服大衫披大帔其髮前爲髻後披之飾以金銀花仍貫五色珠絡之於膊王於其國內別有小牙十餘所猶中國之離宮也每年四月出游處之十月仍還王即位以後擇諸子之內賢者密書其名封之於庫諸子及大臣皆莫之知也王死衆乃發書視之其封內有名者即立之爲王餘子各出就邊任兄弟更不相見也國人號王曰醫囋（才割切）妃曰陟率王之諸子曰殺野大官有摸胡壇掌國內獄訟泥弗汗掌庫藏開禁地掌文書及衆務次有遏羅訶地掌王之內事薛波教掌四方兵馬其下皆有屬官分統其事兵有甲矟圓排劍弩弓箭戰則乘象其刑法重罪懸諸竿上射殺之次則繫獄新王立乃釋之輕罪則劓刖若髡若翦半髮又繫牌於項以爲恥辱犯彊盜繫之終身姦貴人妻者男子流婦人割其耳鼻賦稅則准地輸銀錢俗事火神天神文字與胡書異多以姊妹爲妻妾自餘婚配亦不擇尊卑諸夷之中最爲醜穢百姓女子年十歲以上有姿貌者王收養之有功勳者即以分賜死者多棄於山一月著服城外有人別居唯知喪葬之事號爲不淨人若入城市則搖鈴以自別以六月爲歲首尤重七月七日十二月一日其日人庶以上各相命召設會作樂以極歡娛又每年正月二十日各祭其先死者氣候溫熱家自藏冰其地多砂磧引水灌溉其五穀及禽獸與中國略同唯無稻及黍土出名馬及駞富室至有數千頭又出白象獅子多艮犬有大鳥形如橐駞有兩翼飛而不能高食草與肉亦能噉火有大鳥卵其寶貝則有眞珠頗棃珊瑚琉璃馬碯水精瑟瑟金銀鍮石金剛火齊銅錫鑌鐵朱砂水銀錦疊細布氍毹毾㲪護那越諸布金縷織成赤麖皮其香藥則有薫陸鬱金蘇合青木等香胡椒蓽撥石蜜千年棗香附子訶梨勒無食子鹽綠雌黃又有優鉢曇花鮮華可愛地有鹹池國以饒富神龜中其王遣使上書貢方物云大國天子天之所生願日出處常爲漢中天子波斯王居和多千萬敬拜朝廷嘉納之自此每使朝獻西魏恭帝二年其王又遣使朝貢隋煬帝時遣雲騎尉李昱使通波斯其國致貢隨昱入朝突厥不能至其國頗羈縻之隋大業中亦遣使來唐貞觀二十一年其國獻理䝟蛇形類鼠而色青身長八九寸能入穴取鼠（杜還記云自被大食滅至天寶末已百餘年矣）

伏盧尼

伏盧尼後魏時通焉都伏盧尼城在波斯國北去代二萬七千三百二十里累石爲城東有大河南流中有鳥其形似人亦有如橐駞馬者皆有翼常居水中出水便死城北有云尼山出銀珊瑚琥珀多師子

悅般

悅般後漢時通焉在烏孫西北其先匈奴單于之部落也爲漢車騎將軍竇憲所逐北單于度金微山西走康居其羸弱不能去者住龜茲北地方數千里衆可二十餘萬涼州人猶謂之單于王其風俗言語似高車而其人淸潔做胡俗翦髮齊眉以醍醐塗之昱昱然光澤日三澡漱然後飲食其國南界有火山山旁石皆燋鎔灑地數十里乃凝堅人取以爲藥即石流黃也與蠕蠕結好其王嘗將數千人入蠕蠕國欲與蠕蠕主大檀相見入其界百餘里見其部人不浣衣不絆髮不洗手婦人口舐器物王謂其從臣曰汝曹誑我將我入此狗國中乃馳還大檀遣騎追之不及自是相仇讎數相攻討太武太平眞君九年遣使朝獻并送幻人稱能割人喉脈令斷擊人頭令骨陷皆血出淋漓或數升或盈斗以草藥內其口中令嚼咽之須臾血止養瘡一月復常又無痕瘢太武乃取死罪囚試之皆驗云中國諸名山皆有此草乃使人受其術而厚遇之又言其國有大術者蠕蠕來鈔掠術人能作霖雨盲風大雪及行潦蠕蠕凍死亾者十二三是歲再遣使朝貢求與官軍東西合擊蠕蠕太武嘉其意命中外諸軍戒嚴以淮南王他爲前鋒襲蠕蠕仍詔有司以其鼓舞之節施於樂府自後每使朝貢

朱俱波

朱俱波後魏時通焉亦名朱居槃國漢子合國也今并有漢之西夜蒲犂依耐得若四國之地在于闐國西千餘里其西至渴槃國南至女國三千里北至疎勒九百里南至葱嶺二百里其王本疏勒國人（魏略西戎傳曰西夜幷屬疏勒）宣武永平中朱居槃國遣使朝貢其人言語與于闐相似其閒小異人貌多同華夏亦類疏勒唐武德以後亦頻遣使朝貢

渴槃陁

渴槃陁後魏時通焉亦名漢陁國亦名渴羅陁國治葱嶺東在朱俱波西河經其國東北流有高山夏積霜雪附於嚈噠西至護密國其南至縣度山無定界北至疏勒國界西北至判汗國其王本疏勒人累代相承以居此國有戶二千餘縣度山在國西南四百里縣度者谿谷不通以繩相引而度其間四百里往往有棧道因以

爲名今按縣度與葱嶺遞邐相屬鄯置所絕道阻且長故行人由之莫能分別然法顯宋雲所經實縣度山也又有頭痛山在國西南向罽賓歷大頭痛小頭痛之山赤土身熱之阪宋膺異物志云大頭痛小頭痛山皆在渠搜之東疎勒之西經之者身熱頭痛夏月不可行有至死者雖冬月可行尚使人嘔吐有毒藥氣之所爲也冬月藥氣枯歇故可行其葱嶺俗號極疑山今按葱嶺周環其國衣服人貌音語與于闐相似其閒多有異者書與婆羅門同國中咸事佛人山居勁健雜人多而胡少有音樂兵器有甲矟弓刀國法殺人劫賊者死自餘懲罰有差其雜稅輸之婚姻有同疎勒王坐金人牀死者埋殯七日爲孝太武帝太延三年朝獻於後不絕梁大同初復通江左獻其方物梁史稱渴槃陁國于闐西之小國也西隣滑國南接罽賓北連沙勒國都在山谷中城周回四十餘里國有十二城人衣吉貝布著長身小袖袍小口袴地宜小麥資以爲糧多牛馬駱駝羊等出好氈時王姓沙葛氏云

鉢和

鉢和後魏時通焉在渴槃陁西其土尤寒人畜同居穴地而處又有大雪山望若銀峰其人唯食餅飲麥酒服氈裘有二道一道西行向嚈噠一道西南趣烏萇亦爲嚈噠所統

波知

波知後魏時通焉在鉢和西南土狹人貧依託山谷其王不能總攝有三池傳云大池有龍王次者有龍婦小者有龍子行人經之設祭乃得過不則多有風雷之困

賒彌

賒彌後魏時聞焉在波知之南山不信佛法專事諸神亦附嚈噠東有鉢盧國路嶮緣鐵鎖而度下不見底熙平中遣使宋雲等使其國竟不能達

烏萇

烏萇後魏時通焉在賒彌南北有葱嶺南至天竺婆羅門土多林果引水灌田宜稻麥俗信佛多諸寺塔人有爭訟則服之以藥曲者發狂直者無恙爲法不殺犯死罪唯徙於靈山西南有檀特山山上立寺以驢數頭運食山　無人控御自知來往也

乾陀

乾陀後魏時通焉在烏萇西本名業波爲嚈噠所破因改焉其王本勑勤人臨國已三世矣好攻戰與罽賓鬭三年不罷人怨苦之有鬭象七百頭十人乘一象皆執兵仗象鼻縛刀以戰所都城東南七里有佛塔高七十丈周三百步卽謂雀離佛圖也

阿鈎羌

阿鈎羌後魏時通焉在莎車西南去代一萬三千里國西有縣度山土有五穀諸果市用錢爲貨居止立宮室有兵器土出金珠

副貨

副貨後魏時通焉去代一萬七千里東至阿富使且國西至沒誰國中閒相去一千里南有連山不知名北至奇沙國相去一千五百里國中有副貨城周匝七十里宜五穀蒲萄有馬駞騾國王有黃金殿殿下有金駞七頭各高三尺其王遣使朝貢

疊伏羅

疊伏羅後魏時通焉去代三萬一千里國中有勿悉城城北有鹽奇水西流有白象并有阿末黎木皮中織作布土宜五穀宣武時其國王伏陁末多遣使獻方物自是每使朝貢

拔豆

拔豆後魏時通焉去代五萬一千里東至多勿當國西至旃那國中閒相去七百五十里南至罽陵伽國北至弗那伏且國中閒相去九百里亦康國王之種類也字阿濫密都城方三里勝兵二千人東北去安國五百里東去烏那遏二百餘里西去波斯國四千餘里東去瓜州七百里隋大業中遣使貢方物

者至拔

者至拔後魏時通焉都者至拔城在疏勒西去代一萬一千六百二十里其國東有潘賀那山出美鐵及師子

迷密

迷密後魏時通焉在者至拔西去代一萬二千一百里太武正平元年遣使獻一峰黑駞其國東有都縕山出金玉亦多鐵

悉萬斤

悉萬斤後魏時通焉都悉萬斤城在迷密西去代一萬二千七百二十里其國南有伽色那山出師子每使朝貢

忸密

忸密後魏時通焉在悉萬斤西去代二萬二千八百二十八里

石國

石國隋時通焉居於藥殺水都拓折城方十餘里本漢大宛北鄙之地東與北至西突厥界西至波臘國界西南康居界南至率都沙那國界王姓石名湼國城之東南立屋置座於中正月六日七月十五日以王父母

燒餘之骨金甕盛之置于牀上巡繞而行散以花香雜果王率臣下設祭焉禮終王與夫人出就別帳臣下以次列坐而饗土有粟麥多良馬南去撥汗六百里東南去瓜州六千里其俗善戰曾貳於突厥射匱可汗擊滅之令特勤甸職攝其國事甸職後以隋大業五年遣使朝貢後不復至唐貞觀八年復遣使云杜還經行記云其國城一名赭支一名大宛天寶中鎮西節度使高仙芝禽其王及妻子歸京師國中有二水一名眞珠河一名質河並西北流土地平敞多果實出好犬良馬又云碎葉國從安西西北千餘里有敎達嶺南是大唐北界嶺北是突厥騎施南界西南至葱嶺二千餘里其水嶺南流者盡過中國而歸東海嶺北流者盡經胡境而入北海又北行數日度雪嶺其海在山中春夏常雨雪故曰雪海中有細道道旁往往有水孔嵌空萬仞輒墮者莫知所在敎達嶺北行千餘里至碎葉川其川東頭有熱海茲地寒而不凍故曰熱海又有碎葉城天寶七年北庭節度使王正見薄伐城壁摧毀邑居零落昔交河公主所居之地建大雲寺猶存其川西接石國約長千餘里川中有異姓部落有異姓突厥各有兵馬數萬城堡閒雜日尋干戈凡是農人皆擐甲冑專相虜掠以爲奴婢其川西頭有城名曰怛邏斯石國人鎮即天寶十年高仙芝軍敗之地從此至西海以東自三月至九月天無雲雨皆以雪水種田宜大麥小麥稻禾豌豆畢豆飲蒲萄酒麋酒醋乳

女國

女國隋時通焉在葱嶺之南其國代以女爲國王王姓蘇毗字末羯在位二十年女王之夫號爲金聚不知政事國內丈夫唯以征伐爲事山上爲城方五六里人有萬家王居九層之樓侍女數百人五日一聽朝復有小女王共理國政其俗貴婦人輕丈夫而性不妬忌男女皆以彩色塗面一日之內或數度變改之男子皆被髮婦人辮髮而縈之以皮爲鞋課稅無常其王死若無女嗣位國人乃調斂金錢得數百萬還於死王之族買女而立之其地五男三女女貴男賤婦人爲吏職男子爲軍士女子貴者則多有侍男男子不得有侍女雖賤庶之女盡爲家長有數夫焉生子皆從母姓氣候多寒以射獵爲業出鍮石朱砂麝香犛牛駿馬蜀馬尤多鹽常將鹽向天竺興販其利數倍亦數與天竺及党項戰爭其女王死國中貴人剝取皮以金屑和骨肉置於瓶內而埋之經一年又以其皮內於鐵器埋之俗事阿修羅神又有樹神歲初以人祭或用獼猴祭畢入山祝之有鳥如雌雉來集于掌上破其腹視之有衆粟則年豐砂石則有灾謂之鳥卜開皇六年遣使朝貢後遂絕

撥汗

撥汗隋時通焉都葱嶺之西五百餘里古渠搜國也王姓昭武字阿利柒都城方四里勝兵數千人王坐金羊座妻戴金花西去蘇對沙那國五百里北去石國五百里東北去突厥可二千餘里東去瓜州五千里大業中遣使貢方物

吐火羅

吐火羅隋時通焉一名土壑宜後魏時吐呼羅國也魏史稱吐呼羅云去代一萬二千里東至范陽國西至悉萬斤國中間相去二千里南有連山不知名北至波斯國中間相去一萬里治薄提城城周匝六十里城南有西流大水名漢樓河土宜五穀有好馬驢騾其王曾遣使朝貢吐火羅之爲吐呼囉音語訛舛或當然也隋史載吐火羅都葱嶺之西五百里在烏滸河南即嬀水也與挹怛雜居勝兵十萬人皆習戰俗奉佛多男子少婦人故兄弟通室婦人五夫則首飾戴五角十夫戴十角男子無兄弟者則與他人結爲昆弟方始得妻不然終身無婦矣生子屬其長兄被服文字與于闐略同城北有頗梨山南崖穴中有神馬國人每牧馬於其側時產名駒皆汗血馬其北界則漢時大宛之地南去曹國千七百里東去瓜州六千七百里大業中遣使來貢唐初屬西突厥高宗永徽初遣使獻大鳥高七尺其色元足如駝鼓翅而行日三百里能噉鐵夷俗謂爲駝馬龍朔元年吐火羅置州縣使王名遠進西域圖記幷請于闐以西波斯以東十六國分置都督府及州八十縣一百軍府百二十六仍於吐火羅國立碑以紀聖德帝從之

劫國

劫國隋時聞焉在葱嶺中西與南俱與賒彌國界接西北至挹怛國去長安萬二千里有戶數萬氣候熱有稻麥粟豆羊馬出洛沙青黛婚姻同突厥死亡棄於山唐武德二年遣使貢寶帶金鎖頗黎水精盃各一頗黎四百九十枚大者如棗小者如酸棗

陁羅伊羅

陁羅伊羅隋時聞焉在烏茶國北大雪山坡上緣梯登山接七百梯方到其國

越底延

越底延國隋時聞焉治辛頭河北南至婆羅門國三千里西至賒彌國千餘里東北至瓜州五千四百里其王婆羅門種類戶數萬有弓矢刀矟皮甲國法不殺人重罪流輕者杖國無課稅其俗事佛書同婆羅門王及庶人翦髮衣錦袍不開縫貧者衣白疊婦人爲髻衣裙衫帔長巾俗清潔氣候溫多稻有羊馬多牛出鍮石訶梨勒石蜜䵂反細麨

大食

大食唐永徽中遣使貢獻云其國在波斯之西或云初有波斯胡人若有神助得刀殺人因招附諸胡有胡人十一來據次第摩首受記爲王此後衆漸歸附遂滅波

斯又破拂菻及婆羅門城所當無敵兵衆有四十二萬有國以來三十四年矣初王巳死次傳第一摩首者今王卽是第三其王姓大食其國男人鼻大而長瘦黑多鬚鬢似婆羅門女人端麗亦有文學與波斯不同出駝馬驢騾羖羊等土多砂石不堪耕種無五穀唯食駝象等肉破波斯拂菻始有米麵敬事天神又云其王常遣人乘船將衣糧入海經涉八年未及西岸於海中見一方石石上有樹枝赤葉青樹上總生小兒長六七寸見人不語而皆能笑動其手腳頭著樹枝人摘取入手卽乾黑其使得一枝還今在大食王處杜還經行記云一名亞俱羅其大食王號暮門都此處其士女瓌偉長大衣服鮮潔容止閑麗女子出門必擁蔽其面無問貴賤一日五時禮天食肉作齋以殺生爲功德繫銀帶佩銀刀斷飲酒禁音樂人相爭不至毆擊又有禮堂容數萬人每七日王出禮拜登高座爲衆說法曰人生甚難天道不易姦非劫竊細行謾言安己危人欺貧虐賤有一於此罪莫大焉凡有征戰爲敵所戮必得生天殺其敵人獲福無量率土稟化從之如流法唯從寬葬惟從儉郛郭之內鄽閈之中天地所生無物不有四方輻湊萬貨豐賤錦繡珠貝滿市肆駝馬驢騾充街巷刻密石爲盧舍有似中國寶轝每至節日將獻貴人琉璃器皿鍮石瓶鉢蓋不可算數粳米白麵不異中華其果有蒲桃人千年棗其蔓菁根大如斗而圓味甚美餘菜亦與諸國同蒲萄大者如雞子香油貴者有二一名耶塞漫一名沒匊女甲反師香草貴者有二一名查塞菶蒲孔反一名蔾蘆茇綾絹機杼金銀匠畫匠漢匠起作畫者京兆人樊淑劉泚織絡者河東人樂瓌呂禮又以橐駝駕車其馬俗云西海濱龍與馬交所產也腹肚小腳腕長善者日走千里其駝小而緊背有孤峯良者日馳千里又有駝鳥高四尺以上腳似駝蹄頸項勝得人騎行五六里其卵大如二升又有薺樹實如夏棗堪作油食除瘴其氣候溫土地無冰雪人多瘧痢一年之內十中五死今呑滅四五十國皆爲所役屬多分其兵鎮守其境盡於西海焉又云末祿國在亞梅國西南七百餘里胡姓末者茲土人也其城方十五里用鐵爲城門城中有盆池又有兩所佛寺其境東西百四十里南北百八十里村柵連接樹木交映四面合匝總是流沙南有大河流入其境分渠數百溉灌一川其土沃饒其人淨潔牆宇高厚市鄽平正木旣雕刻土亦繪畫又有細軟疊布羔羊皮裘估其上者直銀錢數百果有紅桃白㮈遏白黃李瓜大者名尋支十餘人飡一顆輒足越瓜長四尺以上菜有蔓菁蘿蔔長蔥顆蔥芸薹胡芹葛藍軍達迴香薤瓠盧尤多蒲萄又有黃牛野馬水鴨石雞其俗以五月爲歲每歲以畫缸相獻有打毬節鞦韆節其大食東道使鎮於此從此至西海以來大食波斯參雜居止其俗禮天下食自死肉及宿肉以香油塗髮又云苦國在大食西界周迴數千里造屋兼瓦壘石爲壁米穀殊賤有大川東流入亞俱羅商客羅此羅彼往來相繼人多魁梧衣裳寬大有似儒服其苦國有五節度有兵馬一萬以上北接可薩突厥可薩北又有突厥足似牛蹄好噉人肉

通志卷一百九十六

通志卷第一百九十七

宋右迪功郎鄭樵漁仲撰

四夷傳第四

南蠻上

南蠻序略　巴郡南郡蠻　板楯蠻　獠　南平獠　東謝蠻　西趙蠻　牂柯蠻　兗州蠻　西爨蠻　昆彌蠻　尾濮　木綿濮　文面濮　折腰濮　赤口濮附　黑僰濮　松外諸蠻　西南夷序略　夜郎　滇(音顛)　邛都　莋都(莋音才各反)　冉駹(駹音尨)　哀牢(撣國僬僥夷附)

附國

南蠻序略

昔高辛氏有犬戎之寇帝患其侵暴而征伐不克乃訪募有能得犬戎之將吳將軍頭者購金千鎰邑萬家又妻以少女時帝有畜狗其毛五色名曰槃瓠(魏略曰高辛氏有老婦患耳挑之得物大如繭老婦盛於瓠中覆之以槃俄頃化為犬其文五色因名曰槃瓠)令既下槃瓠遂銜人頭造闕下羣臣怪而診之乃吳將軍首也帝大喜而計槃瓠不可妻以女又無封爵之道議欲有報而未知所宜女聞之以為帝皇下令不可違信因請行帝不得已乃以女配槃瓠槃瓠得女負而走入南武山石室中所處險絕人跡不至(今辰州盧溪縣西有武山黃閔武陵記曰山高可萬仞山半有槃瓠石室可容數萬人中有石牀槃瓠行跡今案山窟前有石羊石獸古跡甚多崖石窟大如三間屋遙見一石似狗形相傳為槃瓠象)於是女解去衣裳為僕鑒之結著獨力之衣(僕鑒獨力未詳或改鑒字為豎者妄也結音髻)帝悲思之遣使尋求輒遇風雨震晦使者不得進經三年生子一十二人六男六女槃瓠死後自相夫妻織績木皮染以草實好五色衣服製裁皆有尾形(干寶晉紀曰武陵長沙廬江郡夷槃瓠之後雜處五谿之內憑山阻險每每為害常揉雜魚肉叩槽而號以祭槃瓠俗稱赤髀橫裙即其子孫也)其母後歸以狀白帝於是帝使迎致諸子衣裳斑蘭語言侏離(侏離蠻夷語聲)好入山壑不樂平曠帝順其意賜以名山廣澤其後滋蔓號曰蠻夷外癡內黠安土重舊以先父有功母帝之女田作賈販無關梁符傳租稅之賦(優寵之故蠲其賦役也荊州記曰沅陵縣居西口有上就武陽二鄉唯此是槃瓠子孫狗種也二鄉在武溪之北)有邑君長皆賜印綬冠用獺皮名渠帥曰精夫相呼為姎徒(說文曰姎女人自稱姎我也音烏朗反此已上並見風俗通也)今長沙武陵蠻是也其在唐虞與之要質故曰要服夏商之時漸為邊患逮於周世黨衆彌盛宣王中興乃命方叔南伐蠻方詩人所謂蠻荊來威者也又曰蠢爾蠻荊大邦為讎明其黨衆繁多是以抗敵諸夏也平王東遷蠻遂侵暴上國晉文侯輔政乃率蔡共侯擊破之至楚武王時蠻與羅子共敗楚師殺其將屈瑕莊王初立民饑兵弱復為所寇楚師既振然後乃服自是遂屬於楚鄢陵之役蠻與其王合兵擊晉及吳起相悼王南并蠻越遂有洞庭蒼梧秦昭王使白起伐楚略取蠻夷始置黔中郡漢興改為武陵(黔中故城在今辰州沅陵縣西)歲令大人輸布一匹小口二丈是謂賨布(說文曰南蠻賦也賨音牂東反)雖時為寇盜而不足為郡國患光武中興武陵蠻夷特盛建武二十三年精夫相單程等據其險隘大寇郡縣遣武威將軍劉尚發南郡長沙武陵兵萬餘人乘船泝沅水入武谿擊之(沅水出牂柯故且蘭東北經辰州潭州岳州經洞庭湖入江也)尚輕敵入險山深水疾舟船不得上蠻人知尚糧少入遠又不曉道徑遂屯聚守險尚食盡引還蠻緣路徼戰尚軍大敗悉為所沒二十四年相單程等下攻臨沅遣謁者李嵩中山太守馬成擊之不能克明年春遣伏波將軍馬援中郎將劉匡馬武孫永等將兵至臨沅擊破之單程等饑困乞降會援病卒謁者宗均聽悉受降為置吏司羣蠻遂平肅宗初武陵澧中蠻陳從等反叛入零陽蠻界(零陽縣屬武陵)其冬零陽蠻五里精夫為郡擊破從從等皆降三年冬漊中蠻覃兒健等復反(漊水名源出澧州崇義縣也)攻燒零陽作唐孱陵界中(作唐縣屬武陵郡孱陵縣故城今荊州公安縣西南孱音仕顏反)明年春發荊州七郡及汝南潁川弛刑徒吏士五千餘人拒守零陽募充中五里蠻精夫不叛者四千人擊澧中賊(充縣屬武陵郡充音衝)五年春覃兒健等請降不許郡因進兵與戰於宏下大破之斬兒健首餘皆棄營走還漊中復遣乞降乃受之於是罷武陵屯兵賞賜各有差和帝永元四年冬漊中澧中蠻潭戎等反燔燒郵亭殺略吏民郡兵擊破降之安帝元初二年澧中蠻以郡縣徭稅失平懷怨恨遂結充中諸種二千人攻城殺長吏州郡募五里蠻六亭追擊破之皆散降賜五里六亭渠帥金帛各有差明年秋漊中澧中蠻四千人並為盜賊又零陵蠻羊孫陳湯等千餘人(零陵縣屬武陵郡也)著赤幘稱將軍燒官寺抄掠百姓州郡募善蠻討平之順帝永和元年武陵太守上書以蠻夷率服可比漢人增其租賦議者皆以為可尚書令虞詡獨奏曰自古聖王不臣異俗非德不能及威不能加知其獸心貪婪難率以禮是故羈縻而綏撫之附則受而不逆叛則棄而不追先帝舊典貢稅多少所由來久矣今猥增之必有怨叛計其所得不償所費必有後悔帝不從其冬澧中漊中蠻果爭貢布非舊約遂殺鄉吏舉種反叛明年春蠻二萬人圍充城八千人寇夷道遣武陵太守李進討破之斬首數百級餘皆降服進乃簡選良吏得其情和在郡九年梁太后臨朝下詔增進秩二千石賜錢二十萬桓帝元嘉元年秋武陵蠻詹山等四千餘人反叛拘執縣

令屯結深山至永興元年太守應奉以恩信招誘皆悉降散永壽三年十一月長沙蠻反叛屯益陽至延熹三年秋遂抄掠郡界衆至萬餘人殺傷長吏又零陵蠻入長沙冬武陵蠻六千餘人寇江陵荆州刺史劉度謁者馬睦南郡太守李肅皆奔走肅主簿胡爽扣馬首諫曰蠻夷見郡無儆備故敢乘閒而進明府爲國大臣連城十里舉旗鳴鼓應聲十萬奈何委符守之重而爲逋逃之人乎肅拔刃向爽曰掾促去太守今急何暇此計爽抱馬固諫肅遂殺爽而走帝聞之徵肅棄市度睦減死一等復爽門閭拜家一人爲郎於是以右校令度尚爲荆州刺史討長沙賊平之又遣車騎將軍馮緄討武陵蠻並皆降散軍還賊復寇桂陽太守廖祈奔走武陵蠻亦更攻其郡太守陳奉率吏民擊破之斬首三千餘級降者二千餘人至靈帝中平三年武陵蠻復叛寇郡界州郡擊破之東晉時沔中蠻因劉石亂後漸徙於陸渾以南偏于邑落宋齊以後荆雍二州(荆州江陵郡　雍州襄陽郡)各置校尉以撫寧之羣酋蠻帥互受南北朝封爵至後魏末暴患滋甚僭稱侯王屯據峽路斷絕行旅周武帝遣開府陸騰破平之又有別種蠻曰獠往代出自梁益閒自漢中達于邛莋李勢時始出巴西渠川廣漢陽安資中犍爲梓潼布滿山谷十餘萬落爲梁益大患及後周平梁益遂從賦役頗同華人然天性暴亂撫御少失擾動隨之唐世兵威遠被其黔中蠻曰東謝西趙者自昔不爲王臣皆置羈縻州使相攝領自是南蠻昆彌諸濮及松外諸蠻往往皆稽服焉

巴郡南郡蠻

巴郡南郡蠻本有五姓巴氏樊氏瞫氏(音審)相氏鄭氏皆出於武落鍾離山(世本曰廩君之先故出巫誕也)其山有赤黑二穴巴氏之子生於赤穴四姓之子皆生黑穴未有君長俱事鬼神乃共擲劒於石穴約能中者奉以爲君巴氏子務相乃獨中之衆皆歎又令各乘土船約能浮者當以爲君餘姓悉沈唯務相獨浮因共立之是爲廩君乃乘土船從夷水至鹽陽(荆州圖經曰副夷縣西有溫泉古老相傳此泉元出鹽今水有鹽氣縣西一獨山有石穴有二大石並立穴中相去可一丈俗名爲陰陽石陰石常濕陽石常燥盛弘之荆州記曰昔廩君浮夷水射鹽神於陽石之上案今施州清江縣水一名鹽水源出清江縣西都亭山水經云夷水出巴郡魚復縣注云水色清照十丈分沙石蜀人見澄清因名清江)鹽水有神女謂廩君曰此地廣大魚鹽所出願留共居廩君不許鹽神暮輒來取宿旦即化爲蟲與諸蟲羣飛掩蔽日光天地晦冥積十餘日廩君思其便因射殺之天乃開明(世本曰廩君使人操青縷以遺鹽神曰嬰此即相宜乃與女俱不宜將去鹽神受縷而嬰之廩君即立陽石上膺青縷而射之中鹽神鹽神死天乃大開明也)廩君於是君乎夷城四姓皆臣之廩君死魂魄世爲白虎巴氏以虎飲人血遂以人祠焉及秦惠王并巴中以巴氏爲蠻夷君長世尚秦女其民爵比不更有罪得以爵除其君長歲出賦二千一十六錢三歲一出義賦千八百錢其民戶出幏布八丈二尺雞羽三十鍭(說文幏南郡蠻夷布也音公亞反毛詩四鍭既鈞儀禮一矢乘一乘鄭元注曰鍭猶候也候物而射之也三十鍭一百二十矢俗本幏作蒙鍭作鏃者並誤也)漢興南郡太守靳彊請一依秦時故事至建武二十三年南郡潳山蠻雷遷等始反叛(潳音屠)寇掠百姓遣武威將軍劉尚將萬餘人討破之徙其種人七千餘口置江夏界中今沔中蠻是也和帝永元十三年巫蠻許聖等(巫縣屬南郡)以郡收稅不均懷怨恨遂屯聚反叛明年夏遣使者督荆州諸郡兵萬餘人討之聖等依憑岨隘久不破諸軍乃分道並進或自巴郡魚復數路攻之蠻乃散走斬其渠帥乘勝追之大破聖等聖等乞降復悉徙置江夏靈帝建寧二年江夏蠻叛州郡討平之光和三年江夏蠻復反與廬江賊黃穰相連結十餘萬人攻沒四縣寇患累年廬江太守陸康討破之餘悉降散

板楯蠻

板楯蠻夷者秦昭襄王時有一白虎常從羣虎數遊秦蜀巴漢之境傷害千餘人昭王乃重募國中有能殺虎者賞邑萬家金百鎰時有巴郡閬中夷人能作白竹之弩乃登樓射殺白虎(華陽國志曰巴夷廖仲等射殺之也)昭王嘉之而以其夷人不欲加封乃刻石盟要復夷人頃田不租十妻不筭(優寵之故一戶免其一頃田之稅雖有十妻不輸口筭之錢)傷人者論殺人得以倓錢贖死(何承天纂文曰倓蠻夷贖罪貨也音徒濫反)盟曰秦犯夷輸黃龍一雙夷犯秦輸清酒一鍾夷人安之至漢高祖爲漢王發夷人還伐三秦秦地既定乃遣還巴中復其渠帥羅朴督鄂度夕龔七姓不輸租賦餘戶乃歲入賨錢口四十世號爲板楯蠻夷閬中有渝水其人多居水左右天性勁勇初爲漢前鋒數陷陳俗喜歌舞高祖觀之曰此武王伐紂之歌也乃命樂人習之所謂巴渝舞也遂世世服從至於東漢郡守常率以征伐桓帝之世板楯數反太守蜀郡趙溫以恩信降服之靈帝光和三年巴郡板楯復叛寇掠三蜀及漢中諸郡靈帝遣御史中丞蕭瑗督益州兵討之連年不能克帝欲大發兵乃問益州計吏考以征討方略漢中上計程包對曰板楯七姓射殺白虎立功先世復爲義人其人勇猛善於兵戰昔永初中羌入漢川郡縣破壞得板楯救之羌死敗殆盡故號爲神兵羌人畏忌傳語種輩勿復南行至建和二年羌復大入實賴板楯連摧破之前車騎將軍馮緄

南征武陵雖受丹陽精兵之銳（丹陽楚也南郡枝江有丹陽故城）亦倚板楯以成其功近益州郡亂太守李顒亦以板楯討而平之忠功如此本無惡心長吏鄉亭更賦至重僕役箠楚過於奴虜亦有嫁妻賣子或乃至自剄割雖陳冤州郡而牧守不為通理闕庭悠遠不能自聞含怨呼天叩心窮谷愁苦賦役因羅酷刑故邑落相聚以致叛戾非有謀王僭號以圖不軌今但選明能牧守自然安集不煩征伐也帝從其言遣太守曹謙宣詔赦之即皆降伏至中平五年巴州郡黃巾賊起板楯蠻夷因此復叛寇掠城邑遣西園上軍別部司馬趙瑾討平之及漢末天下大亂自巴西之宕渠遷於漢中楊車坂抄掠行旅號為楊車巴氏魏武克漢中李特之祖將五百家歸之魏武又遷於略陽北復號之為巴氏蜀後主建興十一年涪陵屬國人夷反車騎將軍鄧芝往討皆破平之其沔中蠻至晉世劉石之亂漸得北遷陸渾以南滿於山谷宛洛蕭條郡邑邱墟矣後魏道武定中山聲教被於河表泰恆八年蠻王褔安率渠帥數千朝於代都求留質子太武始光中拜安侍子豹為安遠將軍江州刺史順陽公是時羣蠻亦復臣屬江左宋因晉舊於荊州置南蠻校尉雍州置甯蠻校尉以領之蠻人順附者輸穀數斛無餘雜調而宋人賦役嚴苦貧者不復堪命多逃入蠻無徭役彊者又不供官稅結黨連羣動有數百千人州郡力弱則起為盜賊種類稍多戶口不可知也文帝元嘉十八年天門（今澧陽郡地）漊中令宋矯之徭賦過重蠻不堪命蠻田向求等為寇破漊中虜略百姓荊州刺史衡陽王義季遣兵討破之二十年南郡臨沮當陽蠻反縛臨沮令傅僟荊州刺史南譙王義宣遣兵討破之初

雍州刺史劉道產善撫諸蠻前後不附者皆引出平土多緣沔為居及道產亾蠻又反叛至孝武出為雍州羣蠻斷道臺遣太子步兵校尉沈慶之連年討蠻所向皆平孝武即位後大明中西陽蠻與諸蠻并叛沈慶之率江雍荊河州諸軍討之僅定明帝順帝世暴亂尤甚荊州為之虛敝齊高帝時武陵蠻田思飄武帝時黔陽蠻田豆渠湘州蠻陳雙羞寇掠州郡其後雍司州蠻北通於魏頗為侵擾永明中除郢州蠻帥田駟路為試守北遂安左郡太守田驪王為試守宜人左郡太守田何代為試守新平左郡太守以慰安之先是魏文成興光中蠻王文武龍請降魏拜為南雍州刺史魯陽侯孝文延興中大陽蠻酋桓誕擁漢水以北滍葉以南八萬餘落遣使內屬孝文拜誕征南將軍東荊州刺史襄陽王聽自選郡縣誕字天生晉僞楚桓元之子也元之敗也西奔至枚迴洲被殺誕時年數歲流竄大陽蠻中遂習其俗及長多智謀為羣蠻所歸誕既內屬居朗陵太和四年王師南伐誕請為前驅乃授使持節南征西道大都督討義陽不果而還十年移居潁陽十六年依例降王為公十七年加征南將軍中道大都督征竟陵遇遷洛師停是時齊征虜將軍夏閤將軍蠻酋田益宗率部曲四千餘戶內屬襄陽酋雷婆思等十一人率戶千餘內徙求居大和川詔給廩食後開南陽全有沔北之地蠻人安堵不為寇賊十八年誕入朝賞遇隆厚卒謚曰剛子暉字道進位龍驤將軍東荊州刺史襲爵景明初大陽蠻酋田育邱等二萬八千戶內附詔置四郡十八縣暉卒贈冠軍將軍三年魯陽蠻魯北鷰等聚眾攻逼潁詔左衛將軍李崇討平之徙萬餘家於河北諸州及六

鎮尋叛南走所在追討比及河殺之皆盡四年東荊州蠻素安反僭帝號正始元年素安弟秀安復反李崇楊大眼悉討平之二年梁沔東太守田清喜擁七郡三十一縣戶萬九千遣使內附乞師討梁其雍州以東石城以西五百餘里水陸援路請率部曲斷之四年梁永寍太守文雲生六部自漢東遣使歸附初東荊州表太守桓叔興前後招慰大陽蠻歸附者一萬七百戶請置郡十六縣五十詔前鎮東府長史酈道元檢行置之叔興即暉弟也延昌元年拜南荊州刺史居安昌隸於東荊州三年梁遣兵討江沔諸蠻百姓擾動蠻自相督率二萬餘人頻請統帥於叔興以為聲勢叔興給一統帥并威儀為之節度蠻人遂安其年梁荊州刺史蕭藻遣其將蔡令孫等三將寇南荊之西南沿襄沔上下討掠諸蠻蠻酋龍驤將軍樊石廉叛梁請援於叔興叔興遣將與石廉督集蠻夏二萬餘人擊走之斬令孫等三將藻又遣其新陽太守邵道林於沔水之南石城東北立清水戍為抄掠之基叔興遣諸蠻破之四年叔興上表請不隸東荊州許之梁人每有寇抄叔興必摧破之正光中叔興擁所部南叛蠻酋成龍彊率戶數千內附拜刺史蠻帥田牛生率戶二千內徙揚州拜為郡守梁義州刺史邊城王文僧明鐵騎將軍邊城太守田官德等率戶萬餘舉州內屬拜僧明平南將軍西豫州刺史封開封侯官德龍驤將軍義州刺史自餘封授各有差僧明官德並入朝蠻出山至邊城建安者八九千戶義州尋為梁將裴邃所陷梁定州刺史田超秀亦遣使求附請援歷年朝廷恐輕致邊役未之許會超秀死其部曲遂相率內附其後六鎮秦隴所在反叛二荊西郢蠻大擾

動斷三鵶路殺都督寇盇至於襄城汝水百姓多被其害梁遣將圍廣陵楚城諸蠻並爲前驅自汝水以南恣其暴掠連年攻討散而復合其暴滋甚又有冉氏向氏田氏者陬落尤盛餘則大者萬家小者千戶更相崇署僭稱王侯屯據三峽斷遏水路荊蜀行人至有假道者周文略定伊瀍聲教南被諸蠻畏服靡然向風矣大統五年蔡陽蠻王魯超明內屬授南雍州刺史仍世襲焉十一年蠻酋梅勒特來貢其方物尋而蠻帥杜青和及江漢諸蠻擾動大將軍楊忠擊破之其後杜青和自稱巴西州刺史又附朝廷因其所稱而授之杜青和後遂反攻圍東梁州其唐州蠻田魯嘉亦叛自號豫州伯王雄權景宣等前後討平之廢帝初蠻酋樊舍舉落內附以爲督淮北三州諸軍事淮州刺史淮安郡公于謹等平江陵諸蠻騷動詔豆盧寧蔡祐等討破之恭帝二年蠻酋宜人王田興彥北荊州刺史梅季昌等相繼款附以興彥季昌並爲開府儀同三司加季昌洛州刺史賜爵石臺縣公其後巴蜀西人譙淹扇動羣蠻以附梁蠻帥向鎭侯向白虎等應之向五子王又攻陷信州田烏度田唐等抄斷江路文子榮復據荊州之政陽郡自稱江州刺史并鄰州刺史蒲微亦舉兵逆命詔田弘賀若敦潘和李遷哲等討破之周武成初文州蠻反州軍討定之尋而冉令賢向五子王等又攻陷白帝殺開府楊長華遂相率作亂前後遣開府元契剛等總兵出討雖頗翦其族類而元惡未除天和元年詔開府陸騰督王亮司馬裔等討之騰水陸俱進次於湯口先遣喻之而令賢方浚城池嚴設扞禦遣其長子西黎次子南王領其支屬於江南險要之地置立十城遠結涔陽蠻爲其聲援令賢率其卒固守水邏城騰乃總集將帥謀進趣咸欲先取水邏然後經略江南騰言於衆曰令賢內恃水邏金湯之險外託涔陽輔車之援兼復資糧充實器械精新以我懸軍攻其嚴壘脫一戰不克更成其氣不如頓軍湯口先取江南翦其毛羽然後遊軍水邏此制勝之計也衆皆然之乃遣開府王亮率衆渡江旬日攻拔其八城凶黨奔散獲賊帥冉承公并生口三千人降其部衆一千戶遂簡募驍勇數道分攻水邏路經石壁城極其險峻四面壁立故以名焉唯有一小路緣梯而上蠻蜑以爲峭絕非兵衆所行騰被甲先登衆軍繼進備經危阻累日乃得舊路騰先任隆州總管雅知其路蠻帥冉伯犂冉安西與令賢有隙騰乃招誘伯犂等結爲父子又多遺錢帛伯犂等悅遂爲鄉導水邏側又有石勝城者亦號險要令賢使其兄龍眞據之騰又密告龍眞云若平水邏使其代令賢處之龍眞大悅遣其子詣騰騰厚加禮接賜以金帛蠻貪利既深仍請立効乃謂騰曰欲翻所據城恐人力寡少騰許以三百兵助之既而遣二千人銜枚夜進龍眞力不能禦遂平石勝城晨至水邏蠻衆大潰斬首萬餘級令賢遁走追而獲之司馬裔又別下其二十餘城獲蠻帥并三公等騰乃積其骸骨於水邏城側爲京觀後蠻蜑望見輒大哭自此狠戾之心輟矣時向五子王據石墨城令其子寶勝據雙城水邏平後頻遣喻之而五子王猶不從命騰又遣王亮屯牢坪司馬裔屯雙城以圖之騰慮雙城孤峭攻未可拔賊若委城遁散又難追討乃令諸軍周迴立柵遏其走路賊乃大駭於是縱兵擊破之禽五子王於石墨獲寶勝於雙城悉斬諸向首領生禽萬餘口信州舊居白帝騰更於劉備故宮城南八陣之北臨江岸築城移置信州又以巫縣信陵秭歸並築城置防以爲襟帶焉天和六年蠻渠冉祖憙冉龍驤又反詔大將軍趙誾討平之自此羣蠻懾息不復爲寇矣

獠

獠者蓋南蠻之別種自漢中達於邛筰川洞之間所在皆有種類甚多散居山谷略無氏族之別又無名字所生男女唯以長幼次第呼之其丈夫稱阿謩阿段婦人阿夷阿等之類皆語之次第稱謂也依樹積木以居其上名曰干蘭干蘭大小隨其家口之數往往推一長者爲王亦不遠相統攝父死則子繼若中國之貴族也獠王各有鼓角一雙使其子弟自吹擊之好相殺害多仇怨不敢遠行能卧水底持刀刺魚其口嚼食並鼻飲死者豎棺而埋之性同禽獸至於忿怒父子不相避唯手有兵刃者先殺之若殺其父走避於外求得一狗以謝其母然後敢歸母得狗謝不復嫌恨若報怨相攻擊必殺而食之平常劫掠賣取猪狗而已親戚比隣指授相賣被賣者號哭不服逃竄避之乃將買人捕逐若亾叛獲便縛之但經被縛者卽服爲賤隸不敢稱良矣亾失兒女一哭便止不復追思惟執楯持矛不識弓矢用竹爲簧羣聚鼓之以爲音節能爲細布色至鮮淨大狗一頭買一生口其俗畏鬼神尤尚淫祀所殺之人美鬢髯者乃剝其面皮籠之以竹及燥號之曰鬼鼓舞祀之以求福利至有賣其昆季妻孥盡者乃自賣以供祭焉鑄銅爲器大口寬腹名曰銅爨既薄且輕易於熱食李勢在蜀時諸獠始出巴西渠川廣漢陽安資中犍爲梓潼布在山谷十餘萬落攻破郡縣爲梁益之患勢爲晉將

桓溫所代內外受敵所以亾也自是蜀漢衰弱力不能制其後土人東流山險之地多空獠遂挾山傍谷與夏人參居頗輸租賦在深山者仍不爲編戶梁益二州歲伐獠以裨潤公私頗藉爲利後魏宣武正始中梁漢中太守夏侯道遷舉州內附宣武遣尙書邢巒爲梁益二州刺史以鎭之近夏人者安堵樂業在山谷者不敢爲寇後以羊祉爲梁州傅豎眼爲益州祉性酷虐不得物情梁輔國將軍范季旭與獠王趙淸荆率衆屯孝子谷祉遣統軍魏明擊走之後梁寧朔將軍姜白復擁夷獠入屯南城梁州人王法慶與之通謀衆屯於固門川祉遣征虜將軍討破之豎眼施恩布信大得獠和後以元法僧代傅豎眼爲益州法僧在任貪殘獠遂反叛勾引梁軍圍逼晉壽朝廷憂之以豎眼先得物情復令乘傳往撫獠聞豎眼至莫不欣然拜迎道路於是而定及元恆元子眞相繼爲梁州並無德績諸獠甚苦之後朝廷以梁益二州控攝險遠乃立巴州以統諸獠後以巴酋嚴始欣爲刺史又立隆城鎭所綰獠二十萬戶所謂北獠也歲輸租布又與外人交通貿易巴州生獠並皆不順其諸頭王每於時節謁見刺史而已明帝孝昌初諸獠以始欣貪暴相率反叛攻圍巴州山南行臺魏子建勉諭之卽時散罷自是獠與諸頭王相率詣行臺者接踵子建厚勞來之始欣見中國多事又失獠心慮獲罪譴時南梁州刺史陰子春扇惑邊陲始欣謀將南叛始欣族子愷時爲隆城鎭將密知之嚴設邏候遂禽梁使人并封始欣詔書鐵券刀劒衣冠之屬表送行臺子建乃啟以鎭爲南梁州愷爲刺史發使執始欣囚於南鄭遇子建見代梁州刺史傅豎眼仍爲行臺豎眼久病其子敬紹納始欣重賂使得還州始欣乃起衆攻愷屠滅之據城南叛梁將蕭玩率衆援接時梁益二州並遣將討之攻陷巴州執始欣大破玩軍遂斬玩以傅疊表爲刺史後元羅爲梁州以州入梁自此遂絕及周文平梁益之後令在所撫慰其與華人雜居者亦頗從賦役然天性暴亂旋致擾動每歲命隨近州鎭出兵討之獲其生口以充賤隸謂之爲壓獠焉復有商旅往來者亦資以爲貨公卿達於人庶之家有獠口者多矣恭帝三年陵州木籠獠反詔開府陸騰討破之周保定二年鐵山獠又反抄斷江路陸騰又攻拔其三城天和三年梁州恆稜獠叛總管長史趙文表討之軍次巴州文表欲率衆徑進軍吏等曰此獠旅拒日久部衆高彊宜分兵四面攻之以離其勢今若大軍直進不遣奇兵恐并力於我未可制勝文表曰往者既不能制今須別爲進趣若四面遣兵則獠降路絕理當相率以死拒戰如從一道則吾得示威恩遣人以理曉諭爲惡者討之歸善者撫之善惡既分易爲經略事有通變奈何欲遵前轍也文表遂以此意遍令軍中時有從軍熟獠多與桓稜親識卽以實報之恆稜獠相與聚議猶豫之間文表軍已至其界獠中先有二路一路稍平一路極險俄有生獠酋帥數人來見文表曰我恐官軍不悉山川請爲鄉導文表謂之曰此路寬平不須導引卿但先去好慰喻子弟也乃遣之文表謂其衆曰向者獠帥謂吾從寬路而行必當設伏險要若從險路出其不虞獠衆自離散矣於是勒兵從險道進其有不通之處卽平之乘高而望果見其伏兵獠既失計爭攜妻子退保險要文表頓軍大蓬山下示以禍福遂相率來降文表皆撫慰之仍徵其租稅無敢動者後除文表爲蓬州刺史又大得人和建德初李暉爲蓬梁總管諸獠亦望風從附然其種類滋蔓保據巖壑依山走險若履平地雖屢加兵弗可窮討性又無知殆同禽獸諸夷之中最難以道義招懷者也

南平獠

南平獠東距智州南屬渝州西接南州北接涪州部落四千餘戶多瘴癘山有毒草沙蝨蝮蛇人樓居梯而上名爲干欄婦人横布三幅穿中貫其首號曰通裙美髮髻垂於後竹筒三寸斜穿其耳貴者飾以珠璫俗女多男少婦人任役昏法女先以貨求男貧者無以嫁則賣爲婢男子左衽露髮徒跣其王姓朱氏號劒荔王唐貞觀三年遣使入朝以其地隸渝州

東謝蠻

東謝蠻渠帥姓謝氏居黔州西三百里南距守宮獠西連夷子地方千里宜五穀爲畬田歲一易之衆處山巢居汲流以飲無賦稅刻木爲契見貴人執鞭而拜賞有功者以牛馬銅鼓犯小罪則杖大事殺之盜物者倍償婚姻以牛酒爲聘女歸夫家夫慚澀旬日乃出會聚銅鼓吹角俗椎髻韜以絳垂於後坐必蹲踞常帶刀劒男子服衫襖大口袴以帶斜繋右肩以螺殼虎豹猨狖犬羊皮爲飾有謝氏世爲酋長部落尊畏之其族不育女自以姓高不可以嫁人貞觀三年其酋元深入朝冠烏皮若注旄以金銀絡額被毛帔韋行縢著履帝以其地爲應州隸欽州都督府

西趙蠻

西趙蠻在東謝之南並南蠻別種其界東至夷子西至昆明南至西洱河山洞深阻莫知里數南北十八日行

東西二十三日行其風俗與東謝同趙氏代爲酋長有萬餘戶不臣中國黔州豪帥田康諷之唐貞觀中首領趙酋摩遣使入朝後率所部內附詔以酋摩爲刺史

牂柯蠻

牂柯渠帥姓謝氏舊臣中國世爲本土牧守隋亂遂絕唐貞觀中其酋遣使修貢勝兵數萬遂列其地爲牂州

充州蠻

充州牂柯別部與牂柯隣境勝兵二萬（今黔中郡羈縻州）唐貞觀中朝貢列其地爲充州

西爨蠻

西爨者南蠻之渠帥梁時通焉自云本河東安邑人七世祖晉南寧太守中國亂遂王蠻中梁元帝時南寧州刺史徐文盛徵詣荆州有爨瓚者據其地延袤二千餘里土多駿馬犀象明珠既死子震翫分統其眾隋開皇初遣使朝貢命韋世沖以兵戍之置恭州協州昆州未幾叛史萬歲擊之至西洱河滇池而還震翫懼而入朝文帝誅之諸子沒爲奴唐高祖卽位以其子弘達爲昆州刺史奉父喪歸而益州刺史段倫遣俞大施至南甯治共範川誘諸部皆納款貢方物太宗遣將擊西爨開青蛉弄棟爲縣

昆彌蠻

昆彌一曰昆明在爨之西以西洱河爲境卽葉榆河也距長安九千里土歊濕宜秔稻人辮首左衽與突厥同隨水草畜牧夏處高山冬入深谷俗尙戰死惡病亾勝兵數萬漢武得其地入益州部其後復絕諸葛亮定南中亦所不至唐武德中巂州治中吉偉使南寧至其國諭使朝貢因求內屬發兵戍守自是歲與牂柯使偕來

尾濮

尾濮漢魏以後在興古郡（今雲南郡地）西南千五百里徼外其人有尾長三四寸欲坐輒先穿地爲穴以安其尾尾折便死居木上食人俗又噉其老者唯識母而不識父其俗有賓客殺老者以供廚故賓婚有老者必泣其地有稷及陸稻多鹽井饒犀象有弓矢革鎧以赤猍猴皮垂錫珠翡翠爲冠幘按木濮卽尾濮也（又扶南土俗傳云拘利東有蒲羅人皆有尾長五六寸其俗食人按其地並在西南蒲羅蓋尾濮之地名）

木綿濮

木綿濮產木綿特異生房甚繁房中綿其大如拳

文面濮（折腰濮赤口濮附）

文面濮其俗劖面以青畫之（劖音讒）又有折腰濮其俗生子必折其腰又有赤口濮在永昌南其俗折其齒劖其脣使赤又裸露無衣服

黑僰濮

黑僰濮在永昌西南山居耐勤苦其衣服婦人以一幅布爲裙或以貫頭丈夫以瀫皮爲衣其境出白蹄牛犀象琥珀金桐華布又諸濮之域皆出楛矢（爾雅日南至於濮鉛周書王會卜人丹沙注云卜人西南之蠻丹沙所出今按卜人蓋濮人也）

松外諸蠻

松外諸蠻數十百部大者五六百戶小者二三百凡數十姓趙楊李董爲貴族皆擅山川不能相君長有城郭文字頗知陰陽歷數自夜郎滇池以西皆莊蹻之裔有稻麥粟豆絲麻薤蒜桃李以十二月爲歲首布幅廣七寸正月蠶生二月熟男子氈革爲帔女衣絁布裙衫髻盤如髽飯用竹筲摶而噉之象杯貯羹如雞彝徒跣有舟無車死則坎地殯舍之左屋三年乃葬以蠡蚌封棺父母喪斬衰布衣不櫛者四五年近者二三年爲人所殺者子以麻括髮墨面衣不緝居喪婚嫁不廢亦弗避同姓壻不親迎富室娶妻納金銀牛羊酒女所齎亦如之有罪者樹一長木擊鼓集眾其下彊盜殺之富者貰死燒屋奪其田盜者倍九而償贓姦淫則彊族輸金銀請和而棄其妻處女嫠婦不坐凡相殺必報力不能則其部助攻之祭祀殺牛馬親聯畢會助以告酒多至數百人唐貞觀中數叛亂太宗遣武候將軍梁建方發蜀十二州兵討之首領雙舍拒戰敗走殺獲十餘萬建方諭降者七十餘部戶千萬署首領蒙和爲縣令以撫之

西南夷序略

南夷君長以十數夜郎最大（後爲牂柯郡）其西靡莫之屬以十數滇最大（地有滇池因名滇音顚）自滇以北君長以十數邛都最大（今之邛州本其地）此皆椎結耕田有邑聚其外西自桐師以東北至葉榆（葉榆澤名後爲縣屬益州郡）名爲巂昆明（巂今之巂州昆明又在其西南卽今之南寧州諸爨所居是其地也巂音髓）編髮（編音步典反）隨畜移徙亾常處亾君長地方可數千里自巂以東北君長以十數徙莋都最大（徙及莋都二國也徙後爲徙縣屬蜀郡莋都後爲沈黎郡徙音斯莋音材各反）自莋以東北君長以十數冉駹最大（今茂州翼州首領多姓冉者本皆冉駹也駹音尨）其俗或土著或移徙在蜀之西自駹以東君長以十數白馬最大皆氐類也此皆巴蜀西南外蠻夷也始楚威王時使將軍莊蹻將兵循江上略巴黔中以西（黔中卽今黔州是其地本巴人也）莊蹻者楚莊王苗裔也（蹻音屈略反）至滇池方三百里（益州滇池縣其澤在西北澤下流淺狹狀如倒流故曰滇池）旁平地肥饒數千里以兵威定屬楚欲歸報會秦擊奪楚巴黔中郡道塞不通因乃以其眾王滇變服從其俗以長之秦時嘗破略通五尺道（其處險阨故道才廣五尺）諸此國頗置吏

焉十餘歲秦滅及漢興皆棄此國而關蜀故徼西南之徼猶北方塞也徼音工釣反巴蜀民或竊出商賈取其莋馬僰僮旄牛以此巴蜀殷富建元六年大行王恢擊東粵東粵殺王郢以報恢因兵威使番陽令番音婆唐蒙風曉南粵風音諷南粵食蒙枸醬枸音矩子形如桑椹緣木而生味辛蜀人取其實爲醬以爲珍味也食音飼蒙問所從來曰道西北牂柯江江廣數里出番禺城下番音潘禺音愚蒙歸至長安問蜀賈人獨蜀出枸醬多持竊出市夜郎夜郎者臨牂柯江江廣百餘步足以行船南粵以財物役屬夜郎西至桐師然亦不能臣使也蒙上書說上曰南粵王黃屋左纛地東西萬餘里名爲外臣實一州主今以長沙豫章往水道多絕難行竊聞夜郎所有精兵可得十萬浮船牂柯出不意此制粵一奇也誠以漢之彊巴蜀之饒通夜郎道爲置吏甚易上許之乃拜蒙中郎將將千人食重萬餘人從巴莋關入遂見夜郎侯多同多同其侯名也厚賜諭以威德約爲置吏使其子爲令比之於漢縣也夜郎旁小邑皆貪漢繒帛以爲漢道險終不能有也乃且聽蒙約還報乃以爲犍爲郡發巴蜀卒治道自僰道指牂柯江蜀人司馬相如亦言西夷邛莋可置郡使相如以中郎將往諭皆如南夷爲置一都尉十餘縣屬蜀當是時巴蜀四郡通西南夷道載轉相饟數歲道不通士罷餓餧離暑溼死者甚衆西南夷又數反發兵興擊耗費亾功上患之使公孫弘往視問焉還報言其不便及弘爲御史大夫時方築朔方據河逐胡弘等因言西南夷爲害可且罷專力事匈奴上許之罷西夷獨置南夷兩縣一都尉稍令犍爲自保就及元狩元年博望侯張騫言使大夏時見蜀布邛竹杖問所從來曰從東南身毒國可數千里得蜀賈人市或聞邛西可二千里有身毒國騫因盛言大夏在漢西南慕中國患匈奴隔其道誠通蜀身毒國道便近又亾害於是天子乃令王然于柏始昌呂越人等十餘輩閒出西南夷指求身毒國至滇滇王當羌乃留爲求道四歲餘皆閉昆明莫能通滇王與漢使言漢孰與我大及夜郎侯亦然各自以一州王不知漢廣大使者還因盛言滇大國足事親附天子注意焉及至南粵反上使馳義侯因犍爲發南夷兵且蘭君且子餘反恐遠行旁國虜其老弱乃與其衆反殺使者及犍爲太守漢乃發巴蜀罪人當擊南粵者八校尉擊之會越已破漢八校尉不下中郎郭昌衞廣引兵還行誅隔滇道者且蘭斬首數萬遂平南夷爲牂柯郡夜郎始倚南粵南粵已滅還誅反者夜郎遂入朝上以爲夜郎王南粵破後及漢誅且蘭邛君并殺莋侯冉駹皆震恐請臣置吏以邛都爲粵巂郡莋都爲沈黎郡冉駹爲文山郡廣漢西白馬爲武都郡使王然于以粵破及誅南夷兵威風諭滇王入朝滇王者其衆數萬人其旁東北勞深靡莫皆同姓相杖未肯聽勞莫數侵犯使者吏卒元封二年天子發巴蜀兵擊滅勞深靡莫以兵臨滇滇王始首善以故弗誅滇王離西夷舉國降離西夷謂東嚮事漢請置吏入朝於是以爲益州郡賜滇王王印復長其民西南夷君長以百入獨夜郎滇受王印滇小邑也最寵焉後二十三歲孝昭始元元年益州廉頭姑繒民反殺長吏牂柯談指同並等二十四邑凡三萬餘人皆反反並音伴遣水衡都尉發蜀郡犍爲犇命萬餘人擊牂柯大破之後二歲姑繒葉榆復反遣水衡都尉呂辟胡將郡兵擊之辟胡不進蠻夷遂殺益州太守乘勝與辟胡戰上戰及溺死者四千餘人明年復遣軍正王平與大鴻臚田廣明等並進大破益州斬首捕虜五萬餘級獲畜產十餘萬上曰鉤町侯亾波率其邑君長人民擊反者鉤音劬町音定斬首捕虜有功其立亾波爲鉤町王大鴻臚廣明賜爵關內侯食邑三百戶後閒歲武都氐人反遣執金吾馬適建龍頟侯韓增與大鴻臚廣明將兵擊之至成帝河平中夜郎王興與鉤町王禹漏卧侯俞漏卧夷邑名後爲縣俞音踰更舉兵相攻牂柯太守請發兵誅興等議者以爲道遠不可擊乃遣太中大夫蜀郡張匡持節和解興等不從命刻木象漢吏立道旁射之杜欽說大將軍王鳳曰太中大夫匡使和解蠻夷王侯王侯受詔已復相攻輕易漢使不憚國威其效可見恐議者選耎復守和解選耎怯不前之意也選音息兗反耎音人兗反太守察動靜有變乃以聞如此則復曠一時王侯得收獵其衆申固其謀黨助衆多各不勝忿必相殄滅自知罪成狂犯守尉言起狂悖殺守尉也遠藏溫暑毒草之地雖有孫吳將賁育士若入水火往必焦沒知勇亾所施屯田守之費不可勝量宜因其罪惡未成未疑漢家加誅陰勑旁郡守尉練士馬大司農豫調穀積要害處選任職太守往以秋涼時入誅其王侯尤不軌者卽以爲不毛之地亾用之民聖王不以勞中國宜罷郡放棄其民絕其王侯勿復通如以先帝所立累世之功不可墮壞亦宜因其萌芽早斷絕之及已成形然後戰師則萬姓被害大將軍鳳於是薦金城司馬陳立拜爲牂柯太守立者臨邛人前爲連然長不韋令皆益州縣也蠻夷畏之及至牂柯諭告夜郎王興興不從命立請誅之未報乃從吏數十人出行縣行音下更反至興國且同亭且音子余反召興興將數千人往至亭從邑君數十人入見立立數責因斷頭數音所具反邑君曰將軍誅

亾狀爲民除害願出曉士衆以興頭示之皆釋兵降鈎町王禹漏卧侯俞震恐入粟千斛牛羊勞吏士立還歸郡興妻父翁指與興子邪務收餘兵迫脅旁二十二邑反至冬立奏募諸夷與都尉長史分將攻翁指等翁指據阸爲壘立使奇兵絶其饟道縱反閒以誘其衆都尉萬年曰兵久不決費不可共（共讀曰供）引兵獨進敗走趨立營立怒叱戲下令格之都尉復還戰立引兵救之時天大旱立攻絶其水道蠻夷共斬翁指持首出降立已平定西夷徵詣京師會巴郡有盜賊復以立爲巴郡太守秩中二千石居賜爵左庶長徙爲天水太守勸民農桑爲天下最賜金四十斤入爲左曹衛將軍護軍都尉卒官王莽篡位改漢制貶鈎町王以爲侯王邯怨恨（邯其王名）（邯音酣也）牂柯大尹周欽詐殺邯邯弟承攻殺欽州郡擊之不能服三邊蠻夷愁擾盡反復殺益州大尹程隆莽遣平蠻將軍馮茂發巴蜀犍爲吏士賦斂取足於民以擊益州出入三年疾疫死者什七巴蜀騷動莽徵茂還誅之更遣寧始將軍廉丹與庸部牧史熊（莽改益州爲庸部）大發天水隴西騎士廣漢巴蜀犍爲吏民十萬人轉輸者合三十萬人擊之始至頗斬首數千其後軍糧前後不相及士卒饑疫三歲餘死者數萬而粵巂蠻夷任貴亦殺太守枚根自立爲邛穀王（枚根太守之姓名）會莽敗漢興誅貴復其舊號建武以後西南夷夜郎滇地邛筰冉駹諸國悉皆臣屬如先漢時又有哀牢焦僥樿國諸夷自昔不通中國者亦奉職貢有以見漢德之大也其在隋世則復有所謂附國者距蜀郡西北二千餘里大業中遣使入貢蓋亦西南夷云

夜郎

夜郎漢時通焉初夜郎有女子浣於遯水有三節大竹流入足閒聞其中有號聲剖竹視之得一男兒歸而養之及長有才武自立爲夜郎侯以竹爲姓武帝元鼎六年平南夷爲牂柯郡夜郎侯迎降賜其王印綬後遂殺之夷獠咸以竹王非血氣所生甚重之求爲立後牂柯太守吳霸以聞天子乃封其三子爲侯死配食其父今夜郎縣有竹王三郎神是也（前書地理志曰夜郎有遯水東至廣鬱華陽國志云遯水通鬱林有三郎皆有靈響又云竹王所捐破竹於野成竹林今王祠有竹林是也王嘗從人止大石上令作羹從者曰無水王以劍擊石出水今竹王水是也按漢書夜郎侯降封王不言殺之至成帝時猶謂之夜郎王獨范史云竹王被殺後封其子爲侯與班史牴牾今兩存之）初楚頃襄王之時遣將莊豪從沅水伐夜郎軍至且蘭椓船於岸而步戰既滅夜郎因留王滇池以且蘭有椓船牂柯處乃改其名爲牂柯（牂柯繫船杙也按史記及漢書皆云楚威王時使莊蹻略巴黔以西至滇池欲歸會秦奪楚巴黔中郡因以其衆王滇後十餘歲秦滅又按楚自威王後懷王立三十年至頃襄王之二十二年秦昭襄王遣兵攻楚取巫黔中郡地後漢史則云頃襄王時莊豪王滇豪即蹻也若莊蹻自威王時將兵略地屬秦陷巫黔中郡道塞不通凡經五十二年豈得如此淹久或恐史記誤謬班固循習而書范曄所記詳攷爲正又按莊蹻王滇後十五年頃襄王卒考烈王立二十五年幽王立十年王負芻立五年而楚滅後十五年而秦亾凡七十年何故云蹻之王滇後十餘歲而秦亾斯又未之詳也蹻音渠略反）牂柯地多雨潦俗好巫鬼禁忌寡畜產又無蠶桑故其郡最貧鈎町縣有桄榔木可以爲麪百姓資之（臨海異物志曰桄榔外皮有毛似栟櫚而散生其木剛作鋘鋤利如鐵中石更利唯中焦根乃致敗耳皮中有似擣稻米片似麥麪中作餅餌廣志曰桄榔樹大四五圍長五六丈洪直旁無枝條其顛生葉不過數十似椶葉破其木肌堅難傷入數寸得麪赤黃密緻可食也）公孫述時大姓龍傅尹董氏與郡攻曹謝暹保境爲漢乃遣使從番禺江奉貢光武嘉之並加褒賞桓帝時郡人尹珍自以生於荒裔不知禮義乃從汝南許慎應奉受詩書圖緯學成還鄉里教授於是南域始有學焉珍官至荊州刺史（尹珍字道眞毋斂縣人也）

滇國

滇王者莊蹻之後也元封三年武帝平之以其地爲益州郡割牂柯越巂各數縣配之後數年復并昆明地皆以屬之此郡有池周回二百餘里水源深廣而末更淺狹有似倒流故謂之滇池河土平敞多出鸚鵡孔雀有鹽池田漁之饒金銀畜產之富人俗豪忕（忕奢侈也）居官者皆富及累世及王莽政亂益州郡夷棟蠶若豆等起兵殺郡守越巂姑復夷人大牟亦皆叛殺略吏民莽遣寧始將軍廉丹發巴蜀吏民及轉兵穀卒徒十餘萬擊之吏士饑疫連年不能克而還以廣漢文齊爲太守造起波池開通溉灌墾田二千餘頃率厲兵馬修障塞降集羣夷甚得其和及公孫述據益州文齊固守拒險述拘其妻子許以封侯齊終不降聞光武即位乃閒道遣使自聞蜀平徵爲鎮遠將軍封成義侯於道卒詔爲起祠堂郡人立廟祀之建武十八年夷渠帥棟蠶與姑復楪榆梇棟連然滇池建伶昆明諸種反叛殺長吏益州太守繁勝與戰而敗退保朱提（縣屬犍爲郡朱音殊提音匙）十九年遣武威將軍劉尚等發廣漢犍爲蜀郡人及朱提夷合萬三千人擊之尚軍遂渡瀘水入益州界（瀘水一名若水出旄牛徼外經朱提至僰道入江在今巂州南特有瘴氣三月四月經之必死五月以後行者得無害故諸葛亮表云五月渡瀘言其艱苦也）羣夷聞大兵至皆棄壘奔走尚獲其羸弱穀畜二十年進兵與棟蠶等帥連戰數月皆破之明年四月追至不韋（孫盛蜀譜曰初秦徙呂不韋子弟宗族於蜀漢武帝開西南夷置郡縣徙呂氏以充之因置不韋縣華陽國志曰武帝通博南山置不韋縣徙南越相呂嘉宗族實之因名不韋以章其先人惡行也）斬棟蠶帥凡首虜七千餘人得生口五千七百人馬三千匹牛羊三萬餘頭諸夷悉平肅宗元和中蜀郡王追爲太守政化尤異有神馬四匹出滇池河中甘露降白

烏見始興起學校漸遷其俗靈帝熹平五年諸夷反叛執太守雍陟遣御史中丞朱龜討之不能克朝議以為郡在邊外蠻夷喜叛勞師遠役不如棄之太尉掾巴郡李顒建策討伐乃拜顒益州太守與刺史龐芝發板楯蠻擊破平之還得雍陟顒卒後夷人復叛以廣漢景毅為太守討定之毅有惠政為夷人所懷蜀後主建興二年丞相諸葛亮率眾南征四郡平之改益州郡為建寧分建寧永昌為雲南郡又分建寧牂柯為興古郡焉

邛都

邛都夷漢武帝所開以為邛都縣無幾而地陷為汙澤因名為邛池南人以為邛河（在今嶲州越嶲縣東南南中八郡志曰邛河縱廣岸二十里深百餘丈多大魚長一二丈頭特大遙視如戴鐵釜狀李膺益州記云邛都縣下有一老姥家貧孤獨每食有小蛇頭上戴角在牀間姥憐而飴之後稍長大遂長丈餘令有駿馬蛇遂吸殺之令因大忿姥限責出蛇姥云在牀下令即掘地愈深愈大而無所見令又遷怒殺姥蛇乃感人以靈言嗔令何殺我母當為母報讎此後每夜輒聞若雷若風四十許日百姓相見咸驚語汝頭那忽戴魚是夜方四十里與城一時俱陷為湖土人謂之為陷河唯姥宅無恙訖今猶存漁人採捕必依止宿每有風浪輒居宅側恬靜無佗風靜水清猶見城郭樓櫓畟然今水淺時彼土人沒水取得舊木堅貞光黑如漆有好事人以為枕相贈畟音測）後復反叛元鼎六年漢兵自越嶲水伐之以為越嶲郡（嶲水源出今嶲州邛都縣西南嶲山下前書地里志曰言其越嶲水以章郡故名焉）其土地平原有稻田青蛉縣禺同山有碧雞金馬光景時時出見（禺同山在今褒州揚波縣王褒碧雞頌曰持節使王褒謹拜南崖敬移金精神馬縹碧之雞處南之荒深谿回谷非土之鄉歸來歸來漢德無疆廉乎唐虞澤配三皇華陽國志曰碧雞光景人多見之前書音義曰金形似馬碧形似雞也）俗多游蕩而喜謳歌與牂柯相類豪帥放縱難得制御王莽時郡守枚根調邛人長貴以為軍候（漢書長貴作任貴）更始二年長貴率種人攻殺枚根自立為邛穀王領太守事又降於公孫述述敗光武封長貴為邛穀王建武十四年長貴遣使上三年計天子即授越嶲太守印綬十九年武威將軍劉尚擊益州夷路由越嶲長貴聞之疑尚既定南邊威法必行已不得自放縱即聚兵起營臺招呼諸君長多釀毒酒欲先以勞軍因襲擊尚尚知其謀即分兵先據邛都遂掩長貴誅之徙其家屬於成都永平元年姑復夷復叛益州刺史發兵討之斬其渠帥傳首京師後太守巴郡張翕政化清平得夷人和在郡十七年卒夷人愛慕如喪父母蘇祈叟二百餘人（蘇祈縣屬越嶲郡）齎牛羊送喪至翕本縣安漢（安漢縣屬巴郡）起墳祭祀詔書嘉美為立祠堂安帝元初三年郡徼外夷大羊等八種戶三萬一千口十六萬七千六百二十慕義內屬時郡縣賦斂煩數五年以卷夷大牛種封離等反畔殺遂久令（遂久故縣在今靡州界）明年永昌益州及蜀郡夷皆叛應之眾遂十餘萬破壞二十餘縣殺長吏燔燒邑郭剽掠百姓骸骨委積千里無人詔益州刺史張喬選堪能從事討之喬乃遣從事楊竦將兵至楪榆擊之賊盛未敢進先以詔書告示三郡密徵求武士重其購賞乃進軍與封離等戰大破之斬首三萬餘級獲生口五百八資財四千餘萬悉以賞軍士封離等惶怖斬其同謀渠帥詣竦乞降竦厚加慰納其餘三十六種皆來降附竦因奏長吏姦猾侵犯蠻夷者九十人皆減死州中論功未及上會竦病創卒張喬深痛惜之乃刻石勒銘圖畫其像天子以張翕有遺愛乃拜其子湍為太守夷人懽喜奉迎道路曰郎君儀貌類我府君後湍頗失眾心有欲叛者諸夷耆老相曉語曰當為先府君故遂以得安後順桓間廣漢馮顥為太守尤多異迹云

莋都

莋都夷者漢孝武帝所開以為莋都縣其人皆被髮左衽言語多好譬類居處略與汶山夷同土出長年神藥仙人山圖所居焉（劉向神仙傳曰山圖隴西人好乘馬馬蹋折腳山中道士教服地黃當歸羌活元參服一年不嗜食病愈身輕追道士問之自云五岳使我之名山採藥能隨吾汝便不死山圖追隨入不復見六十餘年一旦歸來行母服於家聞朞年復去莫知所之也）元鼎六年以為沈黎郡至天漢四年并蜀為西部置兩都尉一居旄牛主徼外夷一居青衣主漢人永平中益州刺史梁國朱輔好立功名慷慨有大略在州數歲宣示漢德威懷遠夷自汶山以西前世所不至正朔所未知白狼槃木唐菆等百餘國戶百三十餘萬口六百萬以上舉種奉貢稱為臣僕輔上疏曰臣聞詩云彼徂矣岐有夷之行傳曰岐道雖僻而人不遠詩人誦詠以為符驗今白狼王唐菆等慕化歸義作詩三章路經邛來大山零高坂（山海經曰崍山江水出焉郭璞曰中江所出也華陽國志曰邛來山本名邛莋故邛人莋人界也巖阻峻回曲折乃至山上凝冰夏結冬則劇寒王陽行部至此而退者也有長貧若採入渡之難陽母闕峻並坂名）峭危峻險百倍岐道繈負老幼若歸慈母遠夷之語辭意難正草木異種鳥獸殊類有犍為郡掾田恭與之習狎頗曉其言輒令訊其風俗譯其辭語令遣從事史李陵與恭護送詣闕并上其樂詩昔在聖帝舞四夷之樂今之所上庶備其一帝嘉之事下史官錄其歌焉（東觀記載其歌并重譯訓詁為華言今范史所載者是也今錄東觀夷語以為此注）遠夷樂德歌詩曰大漢是治（提官隗搆）與天合意（魏冒踰檔）吏譯平端（罔譯劉脾）不從我來（旁莫支留）聞風向化（徵衣隨旅）所見奇異（知唐桑艾）多賜繒布（邪毗𦄂𦄂）甘美酒食（推潭僕遠）昌樂肉飛（拓拒蘇便）屈申悉備（局後仍離）蠻夷貧薄（僂讓龍洞）無所報嗣（莫支度由）願主長壽（陽雒僧鱗）子孫昌熾（莫稚角存）遠夷慕德歌詩曰蠻夷所處（屢讓被尼）日入之部（且交陵悟）慕義向化（繩動隨旅）歸日出主（路且揀雒）聖德深恩（聖德渡諾）與人富厚（魏菌度洗）冬多霜雪（綜邪流藩）夏多和雨（莋邪尋螺）寒溫時適（藐潯瀘灕）部人多有（菌補邪推）

涉危歷險（辟危歸險）不遠萬里（莫受萬柳）去俗歸德（術疊附德）心歸慈母（仍路孳摸）遠夷懷德歌曰荒服之外（荒服之儀）土地墝埆（犂籍憐憐）食肉衣皮（阻蘇邪犂）不見鹽穀（莫碭麤沐）吏譯傳風（罔譯傳微）大漢安樂（是漢夜拒）攜負歸仁（蹤優路仁）觸冒險陝（雷折險龍）高山岐峻（倫狼藏幢）緣崖磻石（扶路側祿）木薄發家（息落服淫）百宿到洛（理歷髭雒）父子同賜（捕茞菌毗）懷抱匹帛（懷稾匹漏）傳告種人（傳室呼敕）長願臣僕（陵陽臣僕）肅宗初輔坐事免是時郡尉府舍皆有雕飾畫山神海靈奇禽異獸以眩燿之夷人益畏憚焉和帝永元十二年旄牛徼外白狼樓薄蠻夷王唐繒等遂率種人十七萬口歸義內屬詔賜金印紫綬小豪錢帛各有差安帝永初元年蜀郡三襄種夷與徼外汙衍種并兵三千餘人反叛攻蠶陵城殺長吏二年青衣道夷邑長令田（令姓田名）與徼外三種夷三十一萬口齎黃金旄牛毦（顧野王曰毦結毛爲飾也卽今馬及弓槊上纓毦也）舉土內屬安帝增令田爵號爲奉通邑君延光二年春旄牛夷叛攻零關（郡國志零關道屬越巂郡）殺長吏益州刺史張喬與西部都尉擊破之於是分置蜀郡屬國都尉領四縣如太守桓帝永壽二年蜀郡夷叛殺略吏民延熹二年蜀郡三襄夷寇蠶陵殺長吏四年犍爲屬國夷寇郡界益州刺史山昱擊破之斬首千四百級餘皆解散靈帝時以蜀郡屬國爲漢嘉郡

冉駹

冉駹夷漢武帝所開元鼎六年以爲汶山郡至地節三年夷人以立郡賦重宣帝乃省并蜀郡爲北部都尉其山有六夷七羌九氐各有部落其王侯頗知文書而法嚴重貴婦人黨母族死則燒其尸土氣多寒在盛夏冰猶不釋故夷人冬則避寒入蜀爲傭夏則違暑反其衆邑皆依山居止累石爲室高者至十餘丈爲邛籠（案今彼土夷人呼爲碉也）又上地剛鹵不生穀粟麻菽唯以麥爲資而宜畜牧有旄牛無角一名童牛肉重千斤毛可爲毦出名馬有靈羊可療毒（本草經曰麢羊角味鹹無毒主療青盲蠱毒去惡鬼安心氣彊筋骨也）又有食藥鹿鹿麑有胎者其腸中糞亦療毒疾又有五角羊麝香輕毛毼雞牲牲（郭璞注山海經曰毼雞似雉而大青色有毛角鬭敢死乃止）其人能作旄氈班罽青頓毞毲羊羧之屬（青頓毲羧並未詳字書無此二字周書伊尹爲四方獻令曰正西昆侖狗國鬼親枳已闟耳貫胷雕題離邱漆齒請令以丹青白旄紕罽龍角神龜爲獻湯曰善何承天纂文曰紙氏罽也音卑疑反毞卽紕也）特多雜藥地有鹹土煮以爲鹽麢羊牛馬食之皆肥（麢郎麢狼也異物志狀似鹿而角觸前向人林樹掛角故常在平淺草中肉肥脆香美逐入林則搏之皮可作履韤角正四據南人因以爲牀音子兮反）其西又有三河槃于虜北有黃石北地盧水胡其表乃爲徼外靈帝時復分蜀郡北部爲汶山郡蜀後主建興十年汶山平康夷反姜維討破之

哀牢夷（撣國及僬僥夷並附）

哀牢夷後漢時通焉其先有婦人名沙壹居于牢山嘗捕魚水中觸沈木若有感因懷妊十月產子男十人後沈木化爲龍出水上沙壹忽聞龍語曰若爲我生子今悉何在九子見龍驚走獨小子不能去背龍而坐龍因舐之其母鳥語謂坐爲九謂坐爲隆因名子曰九隆及後長大諸兄以九隆能爲父所舐而黠遂共推以爲王後牢山下有一夫一婦復生十女九隆兄弟皆娶以爲妻後漸相滋長種人皆刻畫其身象龍文衣著尾九隆死世世相繼（哀牢傳曰九龍代代相傳不可得數至於禁高乃可記知禁高死子吸代吸死子建非代建非死子哀牢代哀牢死子桑藕代桑藕死子柳承代柳承死子柳貌代柳貌死子扈栗代）乃分置小王往往邑居散在谿谷絕域荒外建武二十五年其王賢栗遣兵乘箄船（箄音排縛竹木爲箄以當船）南下江漢擊附塞夷鹿茤（音多）鹿茤人弱爲所禽獲於是震雷疾雨南風飄起水爲逆流翻涌二百餘里箄船沈沒哀牢之衆溺死數千人賢栗復遣其六王將萬人以攻鹿茤鹿茤王與戰殺其六王哀牢耆老共埋六王夜虎復出其尸而食之餘衆驚怖引去賢栗惶恐謂其耆老曰我曹入邊塞自古有之今攻鹿茤輒被天誅中國其有聖帝乎天祐助之何其明也二十七年賢栗等遂率種人戶二千七百七十口萬七千六百五十九詣越巂太守鄭鴻降求內屬光武封賢栗等爲君長自是歲來朝貢永平十二年哀牢王柳貌遣子率種人內屬其稱邑王者七十七人戶五萬一千八百九十口五十五萬三千七百一十一西南去洛陽七千里顯宗以其地置哀牢博南二縣割益州郡西部都尉可領六縣（古今注曰永平十年置益州西部都尉居巂唐續漢志六縣謂不韋巂唐比蘇楪榆邪龍雲南也）合爲永昌郡始通博南山度蘭倉水（華陽國志曰博南縣西山高三十里越之渡蘭倉水也）行者苦之歌曰漢德廣開不賓度博南越蘭津度蘭倉爲他人哀牢皆穿鼻儋耳其渠帥自謂王者耳皆下肩三寸庶人則至肩而已土地沃美宜五穀蠶桑知染采文繡罽毲帛疊（杜薄傳云其國女子織作白疊花布）蘭干細布（華陽國志曰蘭干獠言紵）織成文章如綾錦有梧桐木華績以爲布（廣志曰梧桐有白者剽國有桐木其花木白毳取其毳淹漬緝織以爲布也）幅廣五尺絜白不受垢汙先以覆亡人然後服之其竹節相去一丈名曰濮竹出銅鐵鉛錫金銀光珠（華陽國志曰蘭倉水有金沙洗取融爲金有光珠穴博物志曰光珠卽江珠也）虎魄水精瑠璃軻蟲蚌珠孔雀翡翠犀象猩猩貊獸（酈道元水經注曰猩猩形若狗而人面頭顏端正善與人言音聲妙麗如婦人對語聞之無不酸楚南中志曰猩猩在山谷中行無常語百數爲羣土人以酒若糟設於路又喜屩子土人織草爲屩數十兩相連結猩猩在山谷見酒及屩知其設張者卽知張者先祖名字乃呼其名而罵云奴欲張我捨之而去去而又還相呼試共嘗酒初嘗少許又取屩子著之若進酒三升便大醉人出收之屩子相連不得去執還內牢土人欲取者到牢邊語云猩猩汝可自

相推肥者出之既擇竟相對而泣即左思賦云猩猩啼而就禽者也昔有人以猩猩餉封溪令令問餉何物猩猩自於籠中曰但有酒及僕耳無他飲食南中八郡志曰狛大如驢狀頗似熊多力食鐵所觸無不拉廣志曰狛色蒼白其度溫煖雲南縣有神鹿兩頭能食毒草先是西部都尉廣漢鄭純爲政清潔化行夷貊君長感慕皆獻土珍頌德美天子嘉之卽以爲永昌太守純與哀牢夷人約邑豪歲輸布貫頭衣二領鹽一斛以爲常賦夷俗安之純自爲都尉太守十年卒官建初元年哀牢王類牢與守令忿爭遂殺守令而反叛攻越嶲唐城太守王尋奔楪榆哀牢三千餘人攻博南燔燒民舍肅宗募發越嶲益州永昌夷漢九千人討之明年春邪龍縣邪龍縣屬永昌昆明夷鹵承等應募率種人與諸部兵擊類牢於博南大破斬之傳首洛陽賜鹵承帛萬匹封爲破虜傍邑侯永元六年郡徼外郭忍乙王莫延慕義遣使譯獻犀牛大象九年徼外蠻及撣國王雍由調撣音擅東觀作擅字遣重譯奉國珍寶和帝賜金印紫綬小君長皆加印綬錢帛永初元年徼外焦僥種夷陸類等三千餘口舉種內附獻象牙水牛封牛永寧元年撣國王雍由調復遣使者詣闕朝賀獻樂及幻人能變化吐火自支解易牛馬頭又善跳丸數乃至千自言我海西人海西卽大秦也撣國西南通大秦明年元會安帝作樂於庭封雍由調爲漢大都尉賜印綬金銀綵繒各有差也

附國

附國隋時通焉在蜀郡西北二千餘里卽漢之西南夷也有嘉良夷卽其東部所居種姓自相率領土俗與附國同言語少殊不能統一其人並無姓氏附國王字宜縉其國南北八百里東西千五百里無城柵近川谷傍山險俗好復讎故壘石爲磦與巢同以避其患其磦高至十餘丈下至五六丈每級以木隔之基方三四步磦上方二三步狀似浮圖於下致級開小門從內上通夜必關閉以防賊盜國有重罪者罰牛人皆輕捷便擊劍漆皮爲牟甲弓長六尺竹爲箭妻其羣母及嫂兒弟父兄亦納其妻好歌舞鼓簧吹長角有死者無服制置屍高牀之上沐浴衣服以牟甲覆以獸皮子孫不哭帶甲舞劍而呼云我父爲鬼所取我欲報寃殺鬼自餘親戚哭三聲而止婦人哭必兩手掩面死家殺牛親屬以猪酒相遺共飲噉而瘞之死後十年方始大葬必集親賓殺馬動至數十匹立木爲祖父神而事之其俗以皮爲帽形圓如鉢或戴羃䍦衣多毼皮裘全剝牛腳皮爲靴項繫鐵鏁手貫鐵釧王與酋帥金爲首飾胷前縣一金花徑三寸其土高氣候涼多風少雨土宜小麥青稞山出金銀銅多白雉水有嘉魚長四尺而鱗細大業四年其王遣使素福等八人入朝明年又遣其弟子宜林率嘉良夷六十人朝貢欲獻良馬以路險不通請開山道修職貢物煬帝以勞民不許嘉良有水闊六七十丈附國有水闊百餘丈並南流用皮爲舟而濟附國有薄緣夷風俗亦同西有女國其東北連山緜亘數千里接於党項往往有羌大小左封昔衛葛延白狗向人望族林臺春桑利豆迷桑婢藥大硤白蘭北利摸徒那鄂當迷渠步桑悟千碉並在深山窮谷無大君長其風俗略同於党項或役屬吐谷渾或附國大業中朝貢緣西南邊置諸道總管以管之

通志卷一百九十七終

宋右迪功郎鄭樵漁仲撰

四夷傳第五

南蠻下

嶺南序畧　南粵　海南序畧　黄支　哥羅
林邑　扶南　頓遜　毗騫　千陁利　狠牙修
婆利　槃槃　赤土　眞臘　羅刹　投和
丹丹　邊斗　杜薄　薄剌　敎㷊　火山　無
論

嶺南序畧

五嶺之南漲海之北三代以前是爲荒服當周成王時周公居攝六年制禮作樂天下和平南荒有越裳國以三象重譯而獻白雉曰道路悠遠山川阻深音使不通故重譯而朝成王以歸周公公曰德不加焉則君子不饗其質政不施焉則君子不臣其人吾何以獲此賜也其使請曰吾受命吾國之黄耇曰久矣天之無烈風雷雨意者中國有聖人乎有則盍往朝之周公乃歸之於王稱先王之神致以薦于宗廟周德既衰於是稍絕及楚子稱霸朝貢百粵秦并天下威服蠻夷始開嶺外置南海桂林象郡漢興尉佗自立爲南粵王傳國五世至武帝元鼎五年遂滅之以其地爲儋耳珠崖南海蒼梧鬱林合浦交趾九眞日南九郡置刺史治交趾郡領焉交趾者禮稱南方曰蠻雕題交趾是也（題額也雕題謂刻其額以丹青涅之）交趾之西有噉人國生首子輒解而食之謂之宜弟味旨則以遺其君君喜而賞其父取妻美則讓其兄今烏滸人實然（萬震南州異物志曰烏滸在廣州之南交趾之北其土人恒出道間伺候行旅輒出擊之利得人食之不貪其財貨並以其肉爲肴俎又取其髑髏破之以飲酒以人掌趾爲珍異以食老也其）

珠崖儋耳二郡在海洲上東西千里南北五百里其渠帥貴長耳皆穿而縋之垂肩三寸武帝末珠崖太守會稽孫幸調廣幅布獻之蠻不堪役遂攻郡殺幸幸子豹合率善人還復破之自領郡事討擊餘黨連年乃平制詔卽以豹爲珠崖太守威政大行獻命歲至然中國貪其珍賂漸相侵侮故率歲一反元帝初元三年遂罷之凡立郡六十五城遞王莽輔政元始二年日南之南黄支國來獻犀牛凡交趾所統雖置郡縣而言語重譯乃通人如禽獸長幼無别項髻徒跣（爲髻於項上也）以布貫耳而著之後頗徙中國罪人使雜居其閒乃稍知言語漸見禮化光武中興錫光爲交趾任延守九眞於是教其耕稼制爲冠履初設媒聘始知姻娶建立學校導之禮義建武十二年九眞徼外蠻里張游（里蠻之别號今呼爲俚人）率種人慕化內屬封爲歸漢里君明年南粵徼外蠻夷獻白雉白兎至十六年交趾女子徵側及其妹徵貳反攻郡徵側者麊泠縣雒將之女也（麊音莫支反泠音零）嫁爲朱鳶（鳶音馬）人詩索妻甚雄勇交趾太守蘇定以法繩之側忿故反於是九眞日南合浦蠻里皆應之凡畧六十五城自立爲王交趾刺史及諸太守僅得自守光武乃詔長沙合浦交趾具車船修道橋通障谿儲糧穀十八年遣伏波將軍馬援樓船將軍段志發長沙桂陽零陵蒼梧兵萬餘人討之明年夏四月援破交趾斬徵側徵貳等餘皆降散進擊九眞賊都陽等破降之徙其渠帥三百餘口於零陵於是嶺表悉平肅宗元和元年日南徼外蠻夷究不事人（究不事人蠻夷别號也）邑豪獻生犀白雉和帝永元十二年夏四月日南象林蠻夷二千餘人寇掠百姓燔燒官寺郡縣發兵討擊斬其渠帥餘衆乃降於是置象林將兵

長史以防其患安帝永初元年九眞徼外夜郎蠻夷舉土內屬開境千八百四十里元初二年蒼梧蠻夷反叛明年遂招誘鬱林合浦蠻漢數千人攻蒼梧郡鄧太后遣侍御史任逴（逴音卓）奉詔赦之賊皆降散延光元年九眞徼外蠻貢獻內屬三年日南徼外蠻復來內屬順帝永建六年日南徼外葉調王便遣使貢獻帝賜調便金印紫綬永和二年日南象林徼外蠻夷區憐等數千人攻象林縣燒城寺殺長史交趾刺史樊演發交趾九眞二郡兵萬餘人救之兵士憚遠役遂反攻其府二郡雖擊破反者而賊勢轉盛會侍御史賈昌使在日南卽與州郡并力討之不利遂爲所攻圍歲餘而兵穀不繼帝以爲憂明年召公卿百官及四府掾屬問其方畧皆議遣大將發荆揚兗豫四萬人赴之大將軍從事中郎李固駮曰若荆揚無事發之可也今二州盜賊槃結不散武陵南郡蠻夷未輯長沙桂陽數被徵發如復擾動必更生患其不可一也又兗豫之人卒被徵發遠赴萬里無有還期詔書迫促必致叛亾其不可二也南州水土温暑加有瘴氣致死亾者十必四五其不可三也遠涉萬里士卒疲勞比至嶺南不復堪鬭其不可四也軍行三十里爲程而去日南九千餘里三百日乃到計人稟五升（古升小故曰五升也）用米六十萬斛不計將吏驢馬之食但負甲自致費便若此其不可五也設軍到所在死亾必衆既不足禦敵當復更發此爲刻割心腹以補四支其不可六也九眞日南相去千里發其吏民猶尚不堪況乃苦四州之卒以赴萬里之艱哉其不可七也前中郎將尹就討益州叛羌益州諺曰虜來尚可尹來殺我後就徵還以兵付刺史張喬喬因其將吏旬月之間破殄

寇虜此發將無益之效州郡可任之驗也宜更選有勇畧仁惠任將帥者以爲刺史太守悉使其往交阯今日南兵單無穀守旣不足戰又不能可一切徙其吏民北依交阯事靜之後乃命歸本還募蠻夷使自相攻轉輸金帛以爲其資有能反閒致頭首者許以封侯列土之賞故幷州刺史長沙祝良性多勇決又南陽張喬前在益州有破虜之功皆可任用昔太宗就加魏尚爲雲中守哀帝卽拜龔舍爲太山太守宜卽拜良等便道之官四府悉從固議卽拜祝良爲九眞太守張喬爲交阯刺史喬至開示慰誘並皆降散良到九眞單車入賊中施設方畧招以威信降者數萬人皆爲良築起府寺由是嶺外復平建康元年日南蠻夷千餘人復攻燒縣邑遂扇動九眞與相連結交阯刺史九江夏方開恩招誘賊皆降服時梁太后臨朝美方之功遷爲桂陽太守桓帝永壽三年居風令貪暴無度縣人朱達等及蠻夷相聚攻殺縣令衆至四五千人進攻九眞九眞太守兒式戰死兒音五奚反詔賜錢六十萬拜子二人爲郎遣九眞都尉魏朗討破之斬首二千級渠帥屯據日南衆轉彊盛延熹三年詔復拜夏方爲交阯刺史方威惠素著日南宿賊聞之二萬餘人相率詣方降靈帝建寧三年鬱林太守谷永以恩信招降烏滸人十餘萬內屬皆受冠帶開置七縣熹平二年冬十二月日南徼外國重譯貢獻光和元年交阯合浦烏滸蠻反叛招誘九眞日南合數萬人攻沒郡縣四年刺史朱儁擊破之六年日南徼外國復來貢獻自是以後或臣或畔壙地廣遠竟難馴服焉

南粵

南粵王趙佗眞定人也佗音徒何反秦幷天下畧定揚粵置桂林南海象郡以適徙民與粵雜處十三歲至二世時南海尉任囂病且死召龍川令趙佗語曰聞陳勝等作亂豪傑叛秦相立南海辟遠恐盜兵侵此吾欲興兵絕新道自備待諸侯變會疾甚且番禺負山險阻南北東西數千里頗有中國人相輔此亦一州之主可爲國郡中長吏無足與謀者故召公告之卽被佗書行南海尉事囂死佗卽移檄告橫浦陽山湟谿關曰盜兵且至急絕道聚兵自守因稍以法誅秦所置吏以其黨爲守假秦已滅佗卽擊幷桂林象郡自立爲南粵武王高帝已定天下爲中國勞苦故釋佗不誅十一年遣陸賈立佗爲南粵王與剖符通使使和輯百粵毋爲南邊害與長沙接境高后時有司請禁粵關市鐵器佗曰高皇帝立我通使物今高后聽讒臣別異蠻夷隔絕器物此必長沙王計欲倚中國擊滅南海幷王之自爲功也於是佗乃自尊號爲南武帝發兵攻長沙邊敗數縣焉高后遣將軍隆慮侯竈擊之周竈也慮音廬會暑濕士卒大疫兵不能踰嶺歲餘高后崩卽罷兵佗因此以兵威財物賂遺閩粵西甌駱役屬焉東西萬餘里迺乘黃屋左纛稱制與中國侔文帝元年初鎭撫天下使告諸侯四夷從代來卽位意諭盛德焉迺爲佗親冢在眞定置守邑歲時奉祀召其從昆弟尊官厚賜寵之詔丞相平舉可使粵者平言陸賈先帝時使粵上召賈爲大中大夫謁者一人爲副使賜佗書曰皇帝謹問南粵王甚苦心勞意朕高皇帝側室之子棄外奉北藩于代道里遼遠壅蔽樸愚未嘗致書高皇帝棄羣臣孝惠皇帝卽世高后自臨事不幸有疾日進不衰以故誖暴乎治諸呂爲變故亂法不能獨制迺取他姓子爲孝惠皇帝嗣賴宗廟之靈功臣之力誅之已畢朕以王侯吏不釋之故不得不立今卽位乃者聞王遺將軍隆慮侯書求親昆弟請罷長沙兩將軍朕以王書罷將軍博陽侯親昆弟在眞定者已遣人存問修治先人冢前日聞王發兵於邊爲寇災不止當其時長沙苦之南郡尤甚雖王之國庸獨利乎必多殺士卒傷良將吏寡人之妻孤人之子獨人父母得一亾十朕不忍爲也朕欲定地犬牙相入者以問吏吏曰高皇帝所以介長沙土也朕不得擅變焉吏曰得王之地不足以爲大得王之財不足以爲富服嶺以南王自治之雖然王之號爲帝兩帝並立亾一乘之使以通其道是爭也爭而不讓仁者不爲也願與王分棄前患終今以來通使如故故使賈馳諭告王朕意王亦受之毋爲寇災矣上褚五十衣中褚三十衣下褚二十衣遺王以緜裝衣曰褚願王聽樂娛憂存問鄰國陸賈至佗恐頓首謝願奉明詔長爲藩臣奉貢職於是下令國中曰吾聞兩雄不俱立兩賢不並世漢皇帝賢天子自今以來去帝制黃屋左纛因爲書稱蠻夷大長老夫臣佗昧死再拜上書皇帝陛下老夫故粵吏也高皇帝幸賜臣佗璽以爲南粵王使爲外臣時內貢職孝惠皇帝卽位義不忍絕所以賜老夫者甚厚高后自臨用事近細士信讒臣別異蠻夷出令曰毋予蠻夷外粵金鐵田器馬牛羊卽予予牡毋予牝老夫處辟馬牛羊齒已長自以祭祀不修有死罪使內史藩中尉高御史平凡三輩上書謝過皆不反又風聞老夫父母墳墓已壞削兄弟宗族已誅論吏相與議曰今內不得振於漢外又亾以自高異故更號爲帝自帝其國非敢有害於天下也高皇后聞之大怒削去南粵之籍使使不通老夫竊疑長沙王讒

臣故敢發兵以伐其邊且南方卑濕蠻夷中西有西甌其衆半羸南面稱王東有閩粵其衆數千人亦稱王西北有長沙其半蠻夷亦稱王老夫故敢妄竊帝號聊以自娛老夫身定百邑之地東西南北數千里帶甲百萬有餘然北面而臣事漢何也不敢背先人之故老夫處粵四十九年于今抱孫焉然夙興夜寐寢不安席食不甘味目不視靡曼之色耳不聽鐘鼓之音者以不得事漢也今陛下幸哀憐復故號通使漢如故老夫死骨不腐改號不敢爲帝矣謹北面因使者獻白璧一雙翠鳥犀角十紫貝五百桂蠹一器（桂蠹桂樹中蝎蟲也漢舊常以薦陵廟）生翠四十雙孔雀二雙昧死再拜以聞皇帝陛下陸賈還報文帝大悅遂至孝景時稱臣遣使入朝請（請才性反）然其居國竊如故號其使天子稱王朝命如諸侯至武帝建元四年佗孫胡爲南粵王立三年閩粵王郢興兵南擊其邊邑粵使人上書曰兩粵俱爲藩臣毋擅興兵相攻擊今東粵擅興兵侵臣臣不敢興兵唯天子詔之於是天子多南粵義守職約爲興師遣兩將軍往討閩粵兵未踰嶺粵王弟餘善殺郢以降於是罷兵天子使嚴助往諭意南粵王胡頓首曰天子乃興兵誅閩粵死亾以報德遣太子嬰齊入宿衛謂助曰國新被寇使者行矣胡方日夜裝入見天子助去後其大臣諫胡曰漢興兵誅郢亦行以驚動南粵且先王言事天子期毋失禮要之不可以休好語入見入見則不得復歸亾國之勢也於是胡稱病竟不入見後十餘歲胡實病甚太子嬰齊請歸胡薨諡曰文王嬰齊嗣立即藏其先武帝文帝璽嬰齊在長安時取邯鄲摎氏女（摎音居蚪反）生子興及即位上書請立摎氏女爲后興爲嗣漢數使使者風諭嬰齊

猶尚樂擅殺生自恣懼入見要以用漢法比內諸侯固稱病遂不入見遣子次公入宿衛嬰齊薨諡爲明王太子興嗣立其母爲太后太后自未爲嬰齊妻時常與霸陵人安國少季通（姓安國字少季）及嬰齊薨後元鼎四年漢使安國少季諭王王太后入朝令辯士諫大夫終軍等宣其辭勇士魏臣等輔其決衛尉路博德將兵屯桂陽待使者王年少太后中國人安國少季往復與私通國人頗知之多不附太后太后恐亂起亦欲倚漢威勸王及幸臣求內屬即因使者上書請比內諸侯三歲壹朝除邊關於是天子許之賜其丞相呂嘉銀印及內史中尉太傅印餘得自置除其故黥劓刑用漢法諸使者留鎮撫之王王太后飭治行裝重資爲入朝具相呂嘉年長矣相三王宗族官貴爲長吏七十餘人男盡尚王女女盡嫁王子弟宗室及蒼梧秦王有連其居國中甚重粵人信之多爲耳目者得衆心愈於王王之上書數諫止王王不聽有畔心數稱病不見漢使者使者注意嘉勢未能誅王王太后亦恐嘉等先事發欲介使者權謀誅嘉等置酒請使者大臣皆侍坐飲嘉弟爲將將卒居宮外酒行太后謂嘉南粵內屬國之利而相君苦不便者何也以激怒使者使者狐疑相持遂不敢發嘉見耳目非是即趨出太后怒欲鏦嘉以矛（鏦音窻）王止太后嘉遂出介弟兵就舍稱病不肯見王及使者乃陰謀作亂王素亾意誅嘉嘉知之以故數月不發太后獨欲誅嘉等力又不能天子聞之罪使者怯亾決又以爲王王太后已附漢獨呂嘉爲亂不足以興兵欲使莊參以二千人往參曰以好往數人足矣以武往二千人亾足以爲也辭不可天子罷參兵郟壯士故濟北相韓千秋奮曰以

區區粵又有王應獨呂嘉爲害願得勇士三百人必斬嘉以報於是天子遣千秋與王太后弟摎樂將二千人往入粵境呂嘉乃遂反下令國中曰王年少太后中國人又與使者亂專欲內屬又持先王寶入獻天子以自媚多從人行至長安虜賣以爲僮奴自脫一時利亾顧趙氏社稷爲萬世慮之意乃與其弟將卒攻殺太后王盡殺漢使者遣人告蒼梧秦王及其諸郡縣立明王長男粵妻子術陽侯建德爲王而韓千秋兵之入也破數小邑其後粵直開道給食未至番禺四十里粵以兵擊千秋等滅之使人函封漢使節置塞上好爲謾辭謝罪（謾音莫連反）發兵守要害處於是天子曰韓千秋雖亾成功亦軍鋒之冠封其子延年爲成安侯摎樂其姊爲王太后首願屬漢封其子廣德爲龔侯（龔古龍字）乃赦天下曰天子微弱諸侯力政譏臣不討賊呂嘉建德等反自立晏如令粵人及江淮以南樓船十萬師往討之元鼎五年秋衛尉路博德爲伏波將軍出桂陽下湟水主爵都尉楊僕爲樓船將軍出豫章下橫浦故歸義粵侯二人爲戈船下瀨將軍出零陵或下離水或抵蒼梧使馳義侯因巴蜀罪人發夜郎兵下牂柯江咸會番禺六年冬樓船將軍將精卒先陷尋陿破石門得粵船粟因推而前挫粵鋒以數萬人待伏波將軍伏波將軍將罪人道遠後期與樓船會乃有千餘人遂俱進樓船居前至番禺建德嘉皆城守樓船自擇便處居東南面伏波居西北面會暮樓船攻敗粵人縱火燒城粵素聞伏波莫不知其兵多少伏波乃爲營遣使招降者賜印綬復縱令相招樓船力攻燒敵反敺而入伏波營中（敺與驅同）遲旦（遲音治）城中皆降伏波呂嘉建德以夜與其屬數百人亾入海

伏波又問降者知嘉所之遣人追故其校司馬蘇弘得建德為海常侯粵郎都稽得嘉為臨蔡侯蒼梧王趙光與粵王同姓聞漢兵至降為隨桃侯及粵揭陽令史定降漢為安道侯揭音揭南海縣粵將畢取以軍降為繚侯粵將姓畢名取也繚屬南陽音來彫反粵桂林監居翁桂林部監也姓居名翁諭告甌駱四十餘萬口降為湘城侯戈船下瀨將軍兵及馳義侯所發夜郎兵未下南粵已平遂以其地為儋耳珠崖南海蒼梧鬱林合浦交趾九眞日南九郡伏波將軍益封樓船將軍以推鋒陷堅為將梁侯自尉佗王凡五世九十三歲而亾

海南序畧

海南諸國漢時通焉大抵在交州南及西南居大海中洲上相去或三五百里三五千里遠者二三萬里乘船舉帆道里不可詳知外國諸書雖言里數又非定實也其西與諸胡國接元鼎中遣伏波將軍路博德開百粵置日南郡其徼外諸國自武帝以來皆獻見後漢桓帝時大秦天竺皆由此道遣使貢獻及吳孫權遣宣化從事朱應中郎康泰使諸國其所經及傳聞則有百數十國因立記傳晉代通中國者蓋尠及宋齊至者有十餘國自梁武隋煬諸國使至踰於前代唐貞觀以後聲教遠被舊時所未通者重譯而至又多於梁隋焉其無異聞亦不復更記

黃支

黃支漢時通焉在合浦日南之南三萬里其俗畧與珠崖相類自武帝以來常獻見有明珠玉璧琉璃奇石異物大珠至圍二寸以下而最圓者置之平地終日不停

哥羅

哥羅漢時聞焉在槃槃東南亦曰哥羅富沙羅國云其王姓矢利婆羅名米失鉢羅其所治城累石為之城有樓闕門有禁衛宮室覆之以草國有州二十四而無縣庭列儀仗有纛以孔雀羽飾焉兵器有弓箭刀矟皮甲征伐皆乘象一隊有象百頭每象有百人衛之象鞍有鉤欄之中有四人一人執矟一人執弓矢一人執殳一人執刀賦稅人出銀一銖國無蠶絲麻紵唯出吉貝布畜有牛少馬其俗非有官者不得上髮裹頭又嫁娶初問婚唯以檳榔為禮多者至二百盤成婚之時唯以黃金為財多者至三百兩婦人嫁訖則從夫姓音樂有琵琶橫笛銅鈸鐵鼓簧吹蠡擊鼓死亾則焚尸盛以金罌沈之大海

林邑

林邑本漢日南郡象林縣古越裳界也伏波將軍馬援開南境置此縣其地從廣可六百里城去海百二十里去日南界四百餘里北接九德郡其南界水步道二百餘里有西圖夷亦稱王馬援所植二銅柱表漢家界處也馬援北還留十餘戶於銅柱處至隋有三百餘戶悉姓馬土人以為流寓號曰馬流人銅柱尋沒馬流人常識其處林邑國記馬援樹兩銅柱於象林南界與西屠國分漢之南境又云銅柱山周十里形如倚蓋西跨重巖東臨大海屈璆道里記又云林邑大浦口有五銅柱焉其國有金山石皆赤色其中生金金夜則出飛狀如螢火又出玳瑁貝齒吉貝沈木香吉貝者樹名也其華成時如鵝毳抽其緒紡之以作布與紵布不殊亦染成五色織為班布沈木香者土人斫斷積以歲年朽爛而心節獨在置水中則沈故名曰沈香次浮者棧香也又出猩猩獸多琥珀珀門淪入地千歲為伏苓又千歲為琥珀又云楓脂為之琥珀在地其上及傍不生草木深者或八九尺大如斛削去皮為初如桃膠凝成乃堅其金寶物產大抵與交趾同以塼為城蜃灰塗之居處為閣名曰干闌皆開北戶以向日或東西無定尊官有二其一曰西那婆帝其二曰薩婆地歌其屬官三等其一曰倫多姓次歌論致帝次乙地伽蘭外官分為二百餘部其長官曰弗羅次曰阿倫如牧宰之差也書樹葉為紙施椰葉為席男女皆以橫幅吉貝繞腰以下謂之干漫亦曰都漫穿耳貫小鐶貴者著革履賤者跣行自林邑扶南諸國皆然也其王戴金花冠形如章甫加纓絡如佛像之飾出則乘象吹螺擊鼓罩吉貝繖以吉貝為旛旗國不設刑法有罪者則使象蹋殺之林邑浦外有不勞山罪人亦送此山令其自死其大姓號婆羅門嫁娶必用八月女先求男由貴男而賤女也同姓還相婚姻使婆羅門引壻見婦握手相付呪曰吉利吉利然後成禮人性凶悍果於戰鬬有弓箭刀槊以竹為弩傳毒於矢樂有琴笛琵琶五絃頗與中國同每擊鼓以警眾吹蠡以節戎其人深目高鼻髮拳色黑以幅巾纏身冬月衣袍婦女椎髻四時暄暖無霜雪王死七日而葬有官者三日庶人一日皆以函盛屍鼓舞導從轝至水次積薪焚之收其餘骨王則內金甖中沈之於海有官者以銅沈之海口庶人以瓦送之於江男女截髮隨喪至水次盡哀而止其寡婦孤居散髮至老人皆奉釋法文字同於天竺王事竺乾道鑄金銀人像大十圍後漢末大亂象林縣功曹姓區有子曰連殺縣令自號為王子孫相承數世其後王無嗣外甥范熊代立熊死子逸代立晉武帝太康中始來貢獻咸康二年范逸死奴文篡位文本日南西卷縣夷帥范椎奴也嘗牧牛澗中獲二鱧魚化而為鐵因以鑄刀

刀成文對大石嶂而呪之曰鯉魚變化治成雙刀石嶂破者當王此國進斫石嶂如斷芻藁文心異之范椎嘗使之商估往來見上國制度至林邑遂敎范逸作宮室城邑及兵車器械逸甚愛信之使爲將文乃譖逸諸子或徙或奔及逸死無嗣文僞於隣國迓逸子置毒於漿中殺之遂脅國人自立以逸妻妾置之高樓從己者納之不從者絕其食於是乃攻大岐界小岐界式僕徐狼屈都乾魯扶單等諸國并之有眾四五萬人遣使通表建業其書皆胡字時交州刺史姜莊使所親韓戢謝擢前後監日南都戢擢並貪殘諸夷患之穆帝永和三年臺遣夏侯覽爲太守侵刻尤甚林邑素無田貪日南地肥沃常欲略有之至是因人之怨襲殺覽以其屍祭天留日南三年乃還林邑交州刺史朱蕃後遣督護劉雄戍日南文復滅之進寇九德郡殺害吏民遣使告蕃願以日南北境橫山爲界蕃不許文歸林邑尋復屯日南文死子佛立猶屯日南征西將軍桓温遣督護滕畯九真太守灌邃討之追至林邑佛乃請降孝武帝寧康中遣使貢獻至義熙中每歲來寇日南九真九德等諸郡殺傷甚眾交州遂致虛弱而林邑亦用疲敝佛死子胡達立上疏貢金盤椀及金鉦等物胡達死子須達立須達死子敵真立其弟敵鎧攜其母出奔敵真追恨不能容其母與弟捨國而之天竺禪位於其甥國相藏驎固諫不從其甥立而殺藏驎藏驎子又攻殺之而立敵鎧同母異父弟曰文敵文敵復爲扶南王子當根純所殺大臣范諸農平其亂自立爲王諸農死子陽邁立陽邁初在孕其母夢生兒有人以金席藉之其色光麗夷人謂金之精者爲陽邁若中國云紫磨者因以爲名宋永初二年遣使貢方物武帝以陽邁爲林邑王陽邁死子咄立慕其父復曰陽邁元嘉初陽邁侵暴日南九德諸郡交州刺史杜弘文建牙欲討之聞有代乃止八年又寇九德郡入四會浦口交州刺史阮彌之遣隊主桓道生帥兵赴討攻區粟城不克乃引還十二年十五年十六年十八年每遣使入獻獻既陋薄而寇盜不已文帝忿其違慠二十三年使交州刺史檀和之振武將軍宗愨伐之和之遣司馬蕭景憲爲前鋒陽邁聞之懼欲輸金一萬斤銀十萬斤銅三十萬斤還所略日南戶口其大臣𤪊僧達諫止之乃遣太師范扶龍戍其北界區粟城景憲攻城克之乘勝即克林邑陽邁父子並挺身逃奔獲其珍異皆是未名之寶又銷其金人得黃金數十萬斤和之後坐事免官病卒見胡神爲祟云孝武孝建二年林邑又遣長史范龍跋奉使貢獻除龍跋揚武將軍大明二年林邑王范神成又遣長史范流奉表獻金銀器香布諸物明帝泰豫元年又遣使獻方物齊永明中范文贊累遣使貢獻梁天監九年文贊死子天凱奉獻白獼猴詔加持節都督緣海諸軍事威南將軍林邑王天凱死子弼毳跋摩立奉表貢獻普通七年王高戍勝凱遣使獻方物詔以爲持節都督緣海諸軍事綏南將軍林邑王大通元年又遣使貢獻二年行林邑王高戍律陁羅跋摩遣使貢獻詔以爲持節都督緣海諸軍綏南將軍林邑王六年又遣使貢方物自是迄于陳氏使命弗絕隋文帝平陳後遣人通表中國既而職貢不至時天下無事朝臣多言林邑多奇寶者仁壽末上遣大將軍劉方爲驩州道行軍總管率欽州刺史甯長真驩州刺史李暈開府秦雄步騎萬餘及犯罪者數千人擊之其王梵志乘巨象而戰方軍不利方乃多掘土坑草覆其上因以兵挑之方與戰僞北梵志逐之其象多陷轉相驚駭軍遂亂方縱兵擊大破之遂棄城而走方入其都獲其廟主十八枚皆鑄金爲之蓋其有國十八葉矣方既平其國班師而歸故地遂空梵志收合遺民別建國邑遣使謝罪唐貞觀中其王范頭利死國人立頭利之女爲王女王獨任國中不寧大臣可倫翁定乃立頭利之姑子諸葛地者爲王以女王妻之其國乃定諸葛地既立遣其使可倫因地盤獻火珠狀如水精日正午以珠承影取艾衣之而火輒見云得之於羅剎國焉

扶南

扶南在日南郡之南海西大灣中去日南可七千里在林邑西南三千餘里城去海五百里有大江廣十里從西流東入海其國廣輪三千餘里土地洿下而平博氣候風俗大較與林邑同地出金銀銅錫沈木香象犀孔翠五色鸚鵡又出金鋼可以刻玉狀似紫石英其所生乃在百丈水底盤石上如鍾乳人没水取之竟日乃出以鐵椎鎚之而不傷鐵反自損然以羚羊角扣之渙然冰泮又有老鵰入海化爲玳可以截作馬勒謂之珂國有城邑宮室王居重閣以木柵爲城海邊生大若葉長八九尺編其葉以覆屋國人亦爲閣居爲船長八九丈廣纔六七尺頭尾似魚人皆醜黑拳髮文身裸體徒跣以耕種爲務一歲種三歲獲又好雕文刻鏤食器多以銀爲之所居不穿井數十家共一池汲引之俗事天神以銅爲像二面者四手四面者八手手各有所持或小兒或鳥獸或日月其王出入乘象嬪侍亦然王坐則偏

踞翹膝垂左膝至地以白疊敷前設金盃香爐於其上國俗居喪則剃除鬚髮死者有四葬水葬則投之江流火葬則焚爲灰燼土葬則瘞埋之鳥葬則棄之山野人性貪吝男女恣其奔隨國法無牢獄有訟者先齋三日乃燒斧極赤令訟者捧行七步又以金鐶或雞子投沸湯中令探取之若無實者手卽爛有理者則否又於城溝養鰐魚門外圈猛獸有罪者輙以餧猛獸及鰐魚魚獸不食爲無罪三日乃放之鰐魚大者長三丈餘狀如鼉有四足喙長六七尺兩邊有齒利如刀劒常食魚或得麞鹿及人亦皆噉之蒼梧以南及外國皆有之其先世以女子爲王有女王字柳葉年少壯健有似男子其南有激國人名混潰者善事鬼神夢神賜之弓乘賈人舶入海混潰晨起詣神廟果得弓遂依夢乘船入海入扶南外邑柳葉人衆見外國船至欲劫取之混潰引弓射其船穿度一面矢及侍者柳葉大懼舉衆降於混潰混潰納以爲妻惡其裸露乃令柳葉穿疊布貫其首焉混潰據扶南生七子分王七邑其後王混盤況以詐力閒諸邑令相疑阻因舉兵攻并之混盤況年九十餘死立中子盤盤以國事委其大將范蔓盤盤立三年死國人共舉蔓爲王蔓勇健有權畧復以兵威攻伐旁國咸服屬之自號扶南大王乃作大船窮漲海開國十餘闢地五六千里次當伐金鄰國蔓遇疾遣太子金生代行蔓姊子旃因篡蔓自立遣人詐金生而殺之蔓死時有乳下兒名長逃在民閒至年二十乃結國中壯士襲殺旃旃大將范尋又攻殺長而代立吳時遣中郎康泰宣化從事朱應使於尋國國人猶裸唯婦人著貫頭衫泰應謂曰國中實佳但人褻露可怪耳尋始令國中男子著橫幅橫幅今干縵也大家乃截錦爲之貧者用布晉武帝太康中尋始遣使貢獻穆帝升平元年有竺旃檀稱王奉表獻馴象詔以勞費停之其後王憍陳如本天竺婆羅門也有神語曰應王扶南憍陳如心悅南至盤盤扶南人聞之舉國欣戴迎而立焉復改制度用天竺法憍陳如死後王持梨陁跋摩宋元嘉中頻遣使貢方物齊永明中王憍陳如闍邪跋摩遣使入獻梁天監初跋摩復表送珊瑚佛像并珍異物詔授安南將軍扶南王自是累遣使入貢十二年跋摩死庶子留陁跋摩殺其嫡弟自立十六年遣使竺當抱老奉表貢獻十八年復表送天竺旃檀瑞象婆羅樹葉并火齊珠鬱金蘇合等香普通元年中大通二年大同九年累遣獻方物三年復獻生犀又言其國有佛髮長一丈二尺詔遣沙門釋曇寶隨使往迎之隋時其國王姓古龍遣使至長安唐武德後亦頻入貢貞觀中又獻白頭國二人於洛陽云白頭國在扶南之西參半之西南男女生皆素首身又凝白居山洞之中四面巖險故人莫至與參半國相接

頓遜

頓遜梁時聞焉一曰典遜在海崎山上地方千里城去海十里有五王並羈屬扶南北去扶南可三千餘里其國之東界通交州其西界接天竺安息徼外諸國賈人多至其國交易焉所以然者頓遜迴入海中千餘里漲海無涯岸賈船未嘗得逕過也其市東西交會日有萬餘人珍物寶貨無種不有又有酒樹似安石榴採其花汁停甕中數日成酒地出藿香插枝便生葉如都梁以裛衣國有區撥等花十餘種冬夏不衰日載數十車貨之其花燥更芬馥亦末爲粉以傅身焉其俗特多鳥葬人將死者親賓歌舞送於郭外有鳥口如鵝似鸚鵡而紅色飛來萬許家人避之鳥食肉盡乃去燒其骨沈於海中以爲上行人也云必生天鳥若迴翔不食其人乃自悲傷自以爲已有穢乃更就火葬以爲次行人也若不能生入火又不被鳥食以爲下行人也

毗騫

毗騫梁時聞焉在頓遜之外大海洲中去扶南八千里傳其王身長丈二尺頭長三尺自古不死莫知其年王神聖國中人善惡及將來事王皆知之是以無敢欺者南方號曰長頭王國俗有室屋衣服噉秔米其人言語小異扶南有山出金金露生石上無央限也國法刑人並於王前噉其肉國內不受估客有往者亦殺而噉之是以商旅不敢至王常樓居不血食不事鬼神其子孫生死如常人唯王不死扶南王數使與書相報答贈遺人食器如圓盤又如瓦堀名爲多羅受五升又如椀者受一升王亦能作天竺書書可三千言說其宿命所出與佛經相似並論善事又傳扶南東界卽大漲海海中有大洲洲上有諸薄國國中有馬五洲復東行漲海千餘里至自然火洲其上有樹生火中洲左近人剝取其皮紡織作布極細得數尺以爲手中與蕉麻無異而色微青黑若小垢涴則投火中復更精潔或作燈炷用之不盡

干陁利

干陁利宋時通焉在南海洲上其俗與林邑扶南畧同出班布吉貝檳榔檳榔特精好爲諸國之最宋孝武世王釋婆羅那鄰陁遣長史竺留陁獻金銀寶器梁天監

元年其王瞿曇跋陁羅夢一僧謂曰江表有聖人汝當遣使奉禮則土地豐樂不然則境內不得自安陁羅未之信也既而又夢此僧云汝既不信我當與汝往觀乃於夢中至建鄴拜覲天子既覺心異之陁羅本工畫乃寫夢中所見武帝容質仍遣使并畫工奉表獻玉盤等物使人模寫帝形回校本畫無少異焉後陁羅死子毗針邪跋摩立十七年遣長史毗員跋摩貢金芙蓉雜香藥等普通初復獻方物自後無聞

狼牙脩

狼牙脩梁時通焉在南海中其界東西三十日行南北二十日行北去廣州二萬四千里土氣物產與扶南畧同偏多棧沈婆律等香其俗男女皆袒而被髮以吉貝爲千縵其王及貴臣乃加雲霞布以覆髀以金繩爲絡帶金環貫耳女子則披布以纓絡繞身其國累磚爲城重門樓閣王出乘象有幡毦旗鼓罩白蓋兵衞甚設國人說立國以來四百餘年後嗣衰弱王族有賢者國人歸向之王聞乃加囚執其鎖無故自脫王以爲神不敢加害但逐出境遂奔天竺天竺以爲賢妻以長女俄而狼牙脩王死大臣迎還爲王二十餘年死子婆伽達多立天監十四年遣使阿撤多奉表

婆利

婆利梁時通焉在廣州東南海中洲上自交阯浮海南過赤土丹丹國乃至其國去廣州二月日行國界東西五十日行南北二十日行有百三十六聚土氣暑熱如中國之盛夏穀一歲再熟草木常榮海出文螺紫貝有石名蚶貝羅初採之柔軟刻削爲物暴乾之遂大硬海出珊瑚有鳥名舍利解人語其國人皆黑色穿耳附璫披吉貝如帊及爲都漫王乃用斑絲者以纓絡繞身頭著金長冠高尺餘形如弁綴以七寶之飾帶金裝劒偏坐金高座以銀鐙支足侍女皆爲金花雜寶之飾或持白毦拂及孔雀扇王出以象駕輿輿以雜香爲之施羽蓋珠簾其導從吹螺擊鼓國人善投輪刃其大如鏡中有竅外鋒如鋸遠以投人無不中者其餘兵器與中國畧同俗類眞臘物產同於林邑其殺人及盜截其手姦者鎖其足期年而止祭祀必以月晦用盤貯酒肴浮之流水每十一月必設大祭王姓憍陳如自古未通中國問其先及年數不能記自言白淨王夫人是其國女梁天監十六年遣使奉表獻金席等普通三年其王頻伽復遣使珠智獻白鸚鵡青蟲兜鍪琉璃器吉貝螺杯雜香藥等數十種隋大業中又遣使入貢其王姓刹利耶伽名護濫那婆官曰獨訶耶拏次曰獨訶氏拏唐貞觀中亦遣使朝獻云

槃槃

槃槃宋時通焉在南海大洲中北與林邑隔小海自交州船行四十日至其國其王曰楊栗翨（音翅）栗翨以上曰楊德武連以上無得而紀百姓多緣水而居國無城皆豎木爲柵王坐金龍牀每坐諸大人皆兩手交抱肩而跽（暨几反）又其國多有婆羅門自天竺來就王乞財物王甚重之其大臣曰勃郎索濫次曰崑崙帝也次曰崑崙敦和（胡卧反）次曰崑崙敦帝索甘且其言崑崙與古龍聲相近故或有謂爲古龍者其在外城曰那延猶中夏刺史縣令其矢多以石爲鏃矟則以鐵爲刃有僧尼寺十所僧尼讀佛經皆肉食而不飲酒亦有道士寺一所道士不食酒肉讀阿脩羅王經其國不甚重之俗皆呼僧爲比丘呼道士爲貪宋元嘉孝建大明中並遣使貢獻梁中大通元年其王奉表送佛牙及畫塔并獻沈檀等香數十種六年復遣使送菩提國舍利及畫塔菩提樹葉詹糖等香隋大業中亦朝貢於長安

赤土

赤土隋時通焉扶南之別種也在南海中直崖州之南水行百餘日而達所都土色多赤因以爲號東波羅剌國西婆羅娑國南訶羅旦國北拒大海地方數千里其王姓瞿曇氏名利富多塞不知有國近遠稱其父釋王位出家爲道傳位於利富多塞在位十六年矣有三妻並鄰國女也居僧祇城有門三重相去各百許步每門圖畫菩薩飛仙之像懸金花鈴毦婦人數十人或奏樂或捧金花又飾四婦人容飾如佛塔邊金剛力士之狀夾門而立門外者持兵仗門內者執白拂夾道垂素網綴花王宮諸屋悉是重閣北戶北面而坐三重之榻衣朝霞布冠金花冠垂雜寶纓絡四女子立侍左右兵衞百餘人王榻後作一木龕以金銀五香木雜鈿之龕後懸一金光焰夾榻又樹二金鏡鏡前並陳金甕甕前各有金香爐當前置一金伏牛前樹一寶蓋蓋左右皆有寶扇婆羅門等數百人東西重行相向而坐其官薩陁迦羅一人陁拏（女除反）達叉二人迦利密迦三人共掌政事俱羅末帝一人掌刑法每城置那邪迦一人鉢帝十人其俗皆穿耳剪髮無跪拜之禮以香油塗身敬佛尤甚婆羅門婦人作髻於項後男女通以朝霞朝雲雜色布爲衣豪富之室恣意華靡唯金鎖非王賜不得服用每婚嫁擇吉日女家先期五日作樂飲酒父執女手以授壻七日乃配既娶即分財別居唯少子與父居父母

兄弟死則剔髮素服就水上構竹爲棚棚內積薪以屍置上燒香建旛吹蠡擊鼓以送火焚薪遂落於水貴賤皆同唯國王燒訖收灰貯以金瓶藏於廟屋氣候冬夏常溫雨多霽少種植無時特宜稻穄白豆黑麻自餘物產多同於交阯以甘蔗作酒雜以紫瓜根酒色黃赤味頗香美復以椰漿爲酒亦皆適口又有雙六雞卜之戲

隋煬帝時募能通絕域者大業三年屯田主事常駿虞部主事王君政等請使赤土帝大悅遣齎物五千段以賜赤土王其年十月駿等自南海郡乘舟晝夜二旬每日遇便風至焦石山而過東南泊陵迦鉢拔多洲西與林邑相對上有神祠焉又南行至師子石自是島嶼連接又行二三日西望見狼牙脩國之山於是南達雞籠島至於赤土之界其王遣婆羅門鳩摩羅以舶三十艘來迎吹蠡擊鼓以樂隋使進金鎖纜船月餘至其都王遣其子那邪迦請與駿等禮見先遣人送金盤貯香花并鏡鑷金合二枚貯香油金瓶八枚貯香水白疊布四條以供使者盥洗其日那邪迦又將象二頭持孔雀蓋以迎使人并致金盤金花以藉詔函男女百人奏蠡鼓婆羅門二人導路至王宮駿等奉詔書上閣王以下皆坐宣詔訖引駿等坐奏天竺樂事畢駿等還館又遣婆羅門就館送食以草葉爲盤其大方丈因謂駿曰今是大國臣非復赤土國王矣後數日請駿等入宴儀衛導從如初見之禮王前設兩牀牀上並設草葉盤方一丈五尺上有黃白紫赤四色之餅牛羊魚鼈猪瑇瑁之肉百餘品延駿升牀從者於地布席各以金鍾置酒女樂迭奏禮遺甚厚尋遣那邪迦隨駿等貢方物并獻金芙蓉冠龍腦香以鑄金爲多羅葉隱起成文以爲表金函封之令婆羅門以香花奏蠡鼓而送之既入海見綠魚羣飛水上浮海十餘日至林邑東南並（步浪反）山而行其海水色黃氣腥舟行一日不絕舟人云大魚糞也循海北岸達於交阯駿以六年春與那邪迦於弘農謁帝帝大悅授駿等執戟都尉那邪迦等官賞各有差

眞臘

眞臘隋時通焉在林邑西南本扶南之屬國也去日南郡舟行六十日而至南接車渠國西有朱江國其王姓刹利名質多斯那自其祖漸以彊盛至質多斯那遂兼扶南而有之質多斯那死子伊奢那先代立居伊奢那城郭下二萬餘家城中有一大堂是其王聽政之所總大城三十所城有數千家各有部帥官名與林邑同其王三日一聽朝坐五香七寶牀上施寶帳以文木爲竿象牙金鈿爲壁狀如小屋懸金光焰有同於赤土前有金香案命二人侍側王著朝霞吉貝縵絡腰腹下垂至脛頭戴金寶花冠被眞珠纓絡足履革屣耳懸金璫常服白疊以象牙爲屩若露髮則不加纓絡臣下服制大抵相類有五大臣一曰孤落支二曰相高憑三曰婆何多陵四曰舍摩陵五曰髯羅婁及諸小臣朝於王者輒於階下三稽首王呼上階則跪以兩手抱膊遶王環坐議政事訖跪伏而去階庭門閣侍衛有千餘人被甲持仗其國與參半朱江二國和親數與林邑陁桓二國爭戰其人行止皆持兵杖若有攻伐因而用之其俗非王正妻子不得爲嗣王初立日所有兄弟並刑殘之或去其一指或劓其鼻皆別處供給不得仕進人形小而色黑婦人亦有白者悉拳髮垂耳性氣捷勁居處器物頗類赤土以右手爲淨左手爲穢每旦澡洗以楊枝淨齒讀誦經咒又澡洒乃食食罷還用楊枝淨齒又讀經咒飲食多酥酪沙糖秔粟米餅飲食之時先取雜肉羹與飯相和手摶而食之婚嫁者男女二家各八日不出晝夜燃燈不息男婚禮畢即與父母分財別居父母死小兒未婚者以餘財與之若婚畢財物入官喪葬兒女皆十日不食剔髮而喪僧尼道士親故皆來聚會作音樂送之以五香木燒屍收灰以金銀瓶盛送大水之內貧者或用瓦而以五彩畫之亦有不焚屍送之山中任野獸食之其國北多山阜南有水澤地氣尤熱無霜雪饒瘴癘毒蠚宜粱稻少黍粟果菜與日南九眞相類異者有婆羅那娑樹無花葉似柹實似冬瓜菴羅花葉似棗實似李毗野樹花似木瓜葉似杏實似楮婆田羅樹花葉實並似棗而小異歌畢佗樹花似林檎葉似榆而厚大實似李其大如升自餘多同九眞海中有魚名建同四足無鱗鼻如象吸水上噴高五六十尺有浮胡魚形似魱觜如鸚鵡有八足多大魚半身出觀之如山每五六月中毒氣流行即以白猪白牛羊於城西門外祠之不然五穀不登畜多死人疾疫近都有陵迦鉢婆山上有神祠每以兵二千人守衛之城東有神名婆利多祭用人肉其王年例殺人以夜祠禱亦有守衛者千人其敬鬼如此多奉佛法尤信道士佛及道士並立像於館隋大業中遣使貢獻煬帝禮之甚厚唐武德六年亦奉表貢方物

羅刹

羅刹隋時通焉在婆利之東其人極陋朱髮黑身獸牙鷹爪時與林邑人作市輒以夜晝日則掩其面煬帝大業三年遣使常駿等使赤土經其國焉

投和

投和隋時聞焉在南海大洲中眞臘之南自廣州西南水行百日至其國王姓投和羅名脯邪迄遙治數城覆屋以瓦並爲閣而居屋壁皆彩畫之城內皆王宮室城外人居可萬餘家王宿衛百餘人每臨朝則衣朝霞冠金冠耳挂金鐺頸挂金涎衣足履寶裝皮履官屬有朝請將軍總知國政又有參軍功曹主簿城局金威將軍贊治贊府等官分治文武又有州及郡縣州有參軍郡有金威將軍縣有城局其爲長官初至各選官僚助治政事刑法盜賊重者死輕者穿耳及鼻并鑽鬢私鑄銀錢者截腕國無賦稅俱隨意貢奉無多少之限多以農商爲業國人乘象及馬一國之中馬不過千匹又無鞍轡唯以繩穿頰爲之節制音樂則吹蠡擊鼓死喪則祠祀哭泣又焚屍以甖盛之沈於水中若父母之喪則截髮爲孝其國市六所貿易皆用銀錢小如榆莢有佛道有學校文字與中夏不同訊其耆老云王無始名齊杖摩其屋以草覆之王所坐榻圓如佛塔以金飾之門皆東開坐亦東向唐貞觀中遣使奉表以金函盛之又獻金榼金釭寶帶犀象海物數十品

丹丹

丹丹隋時聞焉在羅摩羅國西北振州東南（振州與珠崖同島上）王姓刹利名尸陵迦治所可二萬餘家亦置州縣以相統領王每晨夕二時臨朝其大臣八人號曰八座並以婆羅門爲之王每以香粉塗身冠通天冠挂雜寶瓔珞身衣朝霞足履皮履近則乘輿遠則馭象其攻伐則吹蠡擊鼓兼有幡旗其刑法盜賊無多少皆殺之土出金銀白檀蘇方木檳榔其穀唯稻畜有沙牛羖羊猪雞鵝鵝麞鹿鳥有越鳥孔雀果蓏有蒲萄石榴瓜瓠菱蓮柰有葱蒜蔓菁

邊斗

邊斗（一云班斗）都昆（一云都軍）拘利（一云九稚）比嵩皆隋時聞焉自扶南渡金隣大灣南有三千里有此四國其農作與金隣同其人多白色都昆出好棧香藿香及流黃其藿香樹生千歲根本甚大伐之四五年木皆朽敗惟中節堅固芬香獨存取以爲香

杜薄

杜薄隋時聞焉在扶南東漲海中直渡海數十日而至其國人貌白皙皆有衣服國有稻田女子作白疊華布地出金銀鐵以金爲錢出雞舌香可含不入衣服雞舌之爲木也氣辛而厲人與禽獸不能近故未有識其樹者華熟自零隨水而出人方得之杜薄洲有十餘國城皆稱王

薄刺

薄刺隋時聞焉在拘利南海灣中其人色黑而齒白眼赤男女並無衣服

敦焚

敦焚抱朴子云敦焚洲在南海中薰綠水膠所出膠如楓脂不可多得所以然者正患狤𤞧（上音詰下音屈）獸害人不敢到其地狤𤞧大者重十斤狀如水獺其頭身及他處了無毛唯從鼻上以竟脊至尾上有毛廣一寸許青毛長三四分其無毛處則如韋囊人張捕得之斬刺不傷積薪烈火東縛之投諸火中薪盡而此獸不焦須以大杖打之皮不傷而骨碎都盡乃死耳

火山

火山隋時聞焉去諸薄東五千里國中山有火雖雨不息火中有白鼠扶南土俗傳云火洲在馬五洲之東可千餘里春月霖雨雨止則火然洲上林木得雨則皮黑得火則皮白諸左右洲人以春月取其木皮績以爲布或作燈炷布若小穢投之火中便潔又有加營國在諸薄國西有山周三百里從四月火生正月火滅火然則草木葉落如中國寒時人以三月至此山取木皮績爲火浣布

無論

無論隋時聞焉在扶南西二千餘里其國有大道左右夾種枇杷樹及諸華果人行其下常有元陰十里一亭亭皆有井俗食麥飯飲蒲萄酒酒如膠若飲即以水和之味甚甘美

通志卷一百九十八終

通志卷一百九十九

宋右迪功郎鄭樵漁仲撰

四夷傳第六

北國上

北國序略　匈奴（南匈奴附）

序略

北國之先皆軒轅氏之苗裔世居朔漠稟北方嚴肅之氣故其人天資剛勁憙殺伐習攻戰世與中國爲敵在唐虞時則有山戎夏時則有葷粥（音育）殷時則有鬼方周時則有獫狁（上音險下音允）夏道衰公劉失其稷官邑于豳（今豳州也）其後三百有餘歲狄人攻太王亶父亶父亾走于岐下豳人從亶父而邑焉以作周邦及文王爲西伯西有昆夷之患北有玁狁之難遂命將出師而伐之莫不賓服武王滅商放逐戎狄于涇洛以北使以時入貢名曰荒服穆王時周室衰王伐犬戎而荒服遂不至懿王時王室愈微戎狄交侵暴虐中國中國被其害詩人疾而歌之曰靡室靡家玁狁之故豈不日戒玁狁孔棘至懿王曾孫宣王大興師以征之詩人美大其功曰薄伐玁狁至于太原出車彭彭城彼朔方是時戎狄復賓服稱中興焉幽王遭驪山之禍身死國破戎狄縱橫（上子用反下胡孟反）不復可制東遷後六十有五年而山戎越燕伐齊齊釐公與戰于齊郊後四十四年又伐燕齊桓公救燕敗走之後二十餘年戎狄遂至雒邑伐周襄王王出居于鄭初襄王欲伐鄭故取狄女爲后與狄共伐鄭已而黜狄后狄后怨而襄王繼母曰惠后有子帶欲立之惠后與狄后及子帶謀爲內應開戎狄戎狄以故得入破逐襄王而立子帶爲王於是戎狄或居於陸渾東至于衛侵盜尤甚周襄王居外四年乃使使告急于晉晉文公初立欲修霸業興兵伐狄逐子帶迎襄王入于雒邑而文公遂以兵威攘戎狄使居西河圁洛之閒（圁音嚚字本作圁音銀今銀州銀水是也）號赤狄白狄先時晉北已有林胡樓煩之戎燕北有東胡山戎各立君長不相統壹後百有餘年晉悼公使魏絳和諸戎翟戎翟皆朝于晉後百餘年當安王時晉卿趙襄子踰句注而破之（句注山名在鴈門郡句音鉤）以臨胡貊（莫伯反）趙氏後與韓魏氏共滅智伯分其地而有之則趙有代句注以北而魏有西河上郡以與戎狄界邊先是有義渠戎入居西河上郡開築城郭以自守而秦稍蠶食之至惠王時拔義渠二十五城惠王又伐魏魏盡入西河上郡于秦惠王遂伐滅義渠秦既并有隴西北地上郡乃築長城以拒胡而趙武靈亦變胡服習騎射北破林胡樓煩自代竝陰山下至高闕爲塞（高闕在九原郡西北竝步浪反）而置雲中鴈門郡其後燕將秦開爲質於胡胡甚信之歸而襲破東胡東胡卻千餘里（與荆軻刺秦王舞陽者開之孫也）燕亦築長城自造陽至襄平（造陽在上谷界襄平即遼東所治也）置上谷漁陽右北平遼西遼東郡以距胡當是時諸胡中匈奴爲最彊中國冠帶之國七而三國邊於匈奴李牧之爲趙將也匈奴不敢入於趙邊秦滅六國始皇帝使蒙恬將數十萬衆北擊胡悉收河南地（今洛交安化郡地也）因河爲塞築四十四縣城臨河徙適戍以充之而通直道自九原至雲陽因邊山險塹谿谷可繕者繕之起臨洮至遼東萬餘里又渡河據陽山北假中（北假地名）及秦亂劉項相持未遑邊備單于頭曼稍渡河南復其故地至冒頓世（冒音墨頓音狄）匈奴益張圍漢高帝於白登（今雲中郡東南）帝因其徼之說以宗女爲公主妻之文帝亦通和親其後復大入蕭關（今平涼郡蕭關縣）燒回中宮（今扶風郡界）帝置細柳棘門霸上三軍以備之又納晁錯說募人實邊故終景帝世無大患武帝因王恢議誘單于入塞不尅自爾侵盜尤甚衛青霍去病累歲窮討匈奴於是盡徙漠北矣是時漢境至于陰山乃自關河以西置酒泉等郡隔絕羌胡遂通西域宣帝時五單于爭立其國大亂呼韓邪單于南移近塞朝漢爲藩臣郅支單于遠遁康居竟爲甘延壽誅滅成帝時呼韓邪單于又來朝上書願保塞上谷以西至敦煌請罷備邊塞吏卒以休天子人民及王莽輔政易單于璽曰章改號匈奴單于爲恭奴善于單于復大寇盜莽又改號爲降奴服于發兵屯戍議滿三十萬十道窮追分裂其國竟不得志後漢建武末其國饑疫分爲南北單于其南單于款塞願爲藩蔽扞禦北狄入居雲中後又移居美稷（今西河郡）廷臣請遂滅北匈奴光武務欲息民不許和帝時北單于卒爲竇憲破滅安帝世南單于屢被鮮卑侵掠靈獻之際轉又挫傷魏武遂分爲五部置於西河離石諸郡（今太原西河昌化郡之閒）劉淵則左賢王之孫而南匈奴種微矣烏桓在漢武帝世霍去病擊匈奴左地因徙於上谷漁陽之閒爲漢偵察匈奴動靜始置護烏桓校尉監統之至東都時種類大盛光武納班彪之策又置校尉監領獻帝以後寇掠轉甚遂爲魏武所滅桓靈之際鮮卑復盛全有匈奴土宇至光和中其帥爭立國亂而檀石槐之種爲小種鮮卑軻比能所滅比能繼亦離散而諸部大人慕容拓跋宇文更盛焉蠕蠕自拓跋初徙雲中即有種落其後盡據匈奴故地其主杜崘始號可汗魏氏世受其患明帝熙平以後其國始亂東西魏時突厥暴興蠕蠕不能自立奔於西魏卒被誅滅突

厥既盛又盡有蠕蠕故地北齊後周爭結婚媾傾府藏事之至大邏便與沙鉢略爲仇大邏便西據烏孫舊地號西突厥遂分爲二焉西突厥頡亦彊盛其後羣酋互相攻滅因而傳繼離合不恆終唐中葉而後破散北突厥自隋開皇中國內叛亂其主染干入朝于隋并徙種落於朔州及夏勝二州之間朔今馬邑郡夏今朔方郡勝今榆林郡煬帝親幸其部其後染干之子始畢可汗圍帝於鴈門僅而得免後因隋室崩離華人奔湊轉更彊盛唐貞觀初頡利可汗徑至渭橋卒爲太宗所滅自三代以還北狄盛衰可略而紀其小國時有侵擾不爲大害者則不錄焉唯契丹當武后世亦寇亂幽薊王師屢出始克平定其部落世受唐室爵命然叛服無有常時縣延至于五季竟竊大號與中國抗衡云

匈奴

匈奴其先夏后氏之苗裔曰湻維世居北邊隨水草畜牧而轉移其畜之所多則馬牛羊其奇畜則橐佗驢驘駃騠騊駼驒奚橐佗言能負橐囊而馱物也驘驢種而馬生也駃騠俊馬也生七日而超其母騊駼馬類也生北海驒奚駏驢類也佗音徒何反駃音決騠音提騊音桃駼音塗驒音顚逐水草遷徙無城郭常居耕田之業然亦各有分地無文書以言語爲約束兒能騎羊引弓射鳥鼠少長則射狐兔肉食士力能彎弓盡爲甲騎其俗寬則隨畜田獵禽獸爲生業急則人習戰攻以侵伐其天性也其長兵則弓矢短兵則刀鋋鋋音蟬利則進不利則退不羞遁走苟利所在不知禮義自君王以下咸食畜肉衣其皮革被旃裘壯者食肥美老者飲食其餘貴壯健賤老弱父死妻其後母兄弟死皆取其妻妻之其俗有名不諱而無字當戰國時國始大與燕趙秦三國爲隣秦并天下始皇帝使蒙恬將數十萬衆北擊匈奴悉奪其河南地竝河爲塞因邊山險壍谿谷築長城起臨洮至遼東萬餘里以拒匈奴是時東胡彊而月氏盛氏音支匈奴單于曰頭曼曼音莫安反頭曼不勝秦北徙十有餘年而蒙恬死諸侯畔秦中國擾亂諸秦所徙適邊者皆復去於是匈奴得寬復稍度河南與中國界於故塞單于有子名冒頓既立爲太子後有愛閼氏生少子閼氏匈奴皇后號閼音於連反氏音支頭曼欲廢冒頓而立少子乃使冒頓質於月氏冒頓既質而頭曼急攻月氏月氏欲殺冒頓冒頓盜其善馬騎亾歸頭曼以爲壯令將萬騎冒頓乃作鳴鏑習勒其騎射令曰鳴鏑所射而不悉射者斬行獵射有不射鳴鏑所射輒斬之已而冒頓復以鳴鏑自射善馬左右或莫敢射冒頓立斬之居頃之復以鳴鏑自射其愛妻左右或頗恐不敢射復斬之頃之冒頓出獵以鳴鏑射單于善馬左右皆射之於是冒頓知其左右可用從其父單于頭曼獵以鳴鏑射頭曼其左右皆隨鳴鏑而射殺頭曼盡誅其後母與弟及大臣不聽從者於是冒頓自立爲單于冒頓既立時東胡彊聞冒頓殺父自立乃使使謂冒頓曰欲得頭曼時號千里馬冒頓問羣臣皆曰此匈奴寶馬也勿予冒頓曰奈何與人鄰國愛一馬乎遂與之頃之東胡以爲冒頓畏之使使謂冒頓曰欲得單于一閼氏冒頓復問左右左右皆怒曰東胡無道乃求閼氏請擊之冒頓曰奈何與人鄰國愛一女子乎遂取所愛閼氏予東胡東胡王愈驕西侵東胡與匈奴中間棄地莫居千餘里各居其邊爲甌脫甌脫者境上候望之處作土室若今之伏宿舍甌侯反脫士括反東胡使使謂冒頓曰匈奴所與我界甌脫外棄地匈奴不能至也吾欲有之冒頓問羣臣或曰此棄地予之於是冒頓大怒曰地者國之本也奈何予人諸言予者皆斬之冒頓上馬令國中有後者斬遂東襲擊東胡東胡初輕冒頓不爲備及冒頓以兵至大破東胡王虜其民衆畜產既歸西擊走月氏南并樓煩白羊河南王悉復收秦所使蒙恬所擊匈奴地者與漢關故河南塞至朝䣙膚施遂侵燕代是時漢方與項羽相距中國罷於兵革以故冒頓得自彊控弦之士三十餘萬自湻維以至頭曼千有餘歲時大時小別散分離尚矣其世傳不可得而次然至冒頓而匈奴最彊大盡服從北夷而南與諸夏爲敵國其世姓官號可得而記云單于姓攣鞮氏攣音力全反鞮音丁奚反後書言單于姓虛連題其國稱之曰撐犂孤塗單于撐音大庚反匈奴謂天爲撐犂謂子爲孤塗單于者廣大之貌也言其象天單于然也置左右賢王左右谷蠡谷音鹿蠡音盧奚反左右大將左右大都尉左右大當戶左右骨都侯匈奴謂賢曰屠耆故常以太子爲左屠耆王自左右賢王以下至當戶大者萬餘騎小者數千凡二十四長號曰萬騎後書言其大臣貴者左賢王次左谷蠡王次右賢王次右谷蠡王謂之四角次左右日逐王次左右溫禺鞮王次左右漸將王是爲六角皆單于子弟次第當爲單于者也異姓大臣左右骨都侯次左右尸逐骨都侯其餘日逐且渠當戶諸官號各以權力優劣部衆多少爲高下次第焉其大臣皆世官呼衍氏蘭氏其後有須卜氏此三姓其貴種也後書復言有邱林氏凡四姓爲國中名族常與婚姻呼衍氏爲左蘭氏須卜氏爲右主斷獄聽訟平決輕重口白單于無文書簿領呼衍氏即今鮮卑姓呼延者也諸左王將居東方直上谷以東接穢貉朝鮮右王將居西方直上郡以西接氐羌而單于庭直抵雲中各有分地逐水草移徙而左右賢王谷蠡最大左右骨都侯輔政諸二十四長亦各自置千長百長什長裨小王相都尉當戶且渠之屬且音子余反歲正月諸長少會單于庭祠五月大會龍城祭其先天

地鬼神（後書言匈奴俗歲有三龍祠常以正月五月九月戊日祭天神因會諸部議國事走馬及橐佗爲樂）秋馬肥大會蹛林課校人畜計（蹛音帶又音多蹛者繞林木而祭也秋社八月中之祭無林木者乃竪柳枝衆騎馳遶三周乃止計者人畜之數）其法拔刃尺者死坐盜者沒入其家有罪小者軋（軋謂輾轢其骨節若今之厭踝者也軋音於黠反輾音女展反）大者死獄久者不滿十日一國之囚不過數人而單于朝出營拜日之始生夕拜月其坐長左而北向（以左爲尊）日上戊己其送死有棺槨金銀衣裘而無封樹喪服近幸臣妾從死者多至數十百人舉事常隨月盛壯以攻戰月虧則退兵其攻戰斬首虜賜一卮酒而所得鹵獲因以予之得人以爲奴婢故其戰人人自爲趨利善爲誘兵以包敵故其逐利如鳥之集其困敗瓦解雲散矣戰而扶轝死者盡得死者家財後北服渾窳屈射丁零隔昆龍新犂之國（五小國也渾音胡昆反窳音弋主反犂音犂）於是匈奴貴人大臣皆服以冒頓爲賢是時漢初定徙韓王信於代都馬邑匈奴大攻圍馬邑韓信降匈奴匈奴得信因引兵南踰句注攻太原至晉陽下高帝自將兵往擊之會天大寒雨雪卒之墮指者十二三於是冒頓陽敗走誘漢兵漢兵逐擊冒頓冒頓匿其精兵見其羸弱於是漢悉兵多步兵三十二萬北逐之高帝先至平城步兵未盡到冒頓縱精兵三十餘萬騎圍高帝於白登七日漢兵中外不得相救餉匈奴騎其西方盡白東方盡駹北方盡驪南方盡騂馬（駹青馬也驪深黑色騂赤馬也駹音尨騂息營反）高帝乃使使厚遺閼氏閼氏乃謂冒頓曰兩主不相困今得漢地單于終非能居之且漢王有神單于察之冒頓與韓信將王黃趙利期而兵久不來疑其與漢有謀亦取閼氏之言乃開圍一角於是高皇帝令士皆持滿傅矢外鄉從解圍直出得與大軍合而冒頓遂引兵去漢

亦引兵罷使劉敬結和親之約是後韓信爲匈奴將及趙利王黃等數背約侵盜代鴈門雲中居無幾何陳豨反與韓信合謀擊代漢使樊噲往擊之復收代鴈門雲中郡縣不出塞是時匈奴以漢將數率衆往降故冒頓常往來侵盜代地於是高祖患之乃使劉敬奉宗室女翁主爲單于閼氏歲奉匈奴絮繒酒食物各有數約爲兄弟以和親冒頓乃少止後燕王盧綰復反率其黨且萬人降匈奴往來苦上谷以東終高祖世孝惠高后時冒頓寖驕乃爲書使使遺高后曰孤僨之君（僨音方問反）生於沮澤之中長於平野牛馬之域數至邊境願游中國陛下獨立孤僨獨居兩主不樂無以自虞願以所有易其所無高后大怒召丞相平及樊噲季布等議斬其使者發兵擊之樊噲曰臣願得十萬衆橫行匈奴中問季布布曰噲可斬也前陳豨反於代漢兵三十二萬噲爲上將軍時匈奴圍高帝於平城噲不能解圍天下歌之曰平城之下亦誠苦七日不食不能彀弩（彀音工豆反）今歌吟之聲未絕而瘡痍者甫起而噲欲搖動天下妄言以十萬衆橫行是面謾也且夷狄譬如禽獸得其善言不足喜惡言不足怒也高后曰善令大謁者張澤報書曰單于不忘弊邑賜之以書弊邑恐懼退日自圖年老氣衰髮齒墮落行步失度單于過聽不足以自汙弊邑無罪宜在見赦竊有御車二乘馬二駟以奉常駕冒頓得書復使使來謝曰未嘗聞中國禮義陛下幸而赦之因獻馬遂和親至孝文即位復脩和親其三年夏匈奴右賢王入居河南地爲寇於是文帝下詔曰漢與匈奴約爲兄弟無侵害邊境所以輸遺匈奴甚厚今右賢王離其國將衆居河南地非常故往來入塞捕殺吏卒敺侵

上郡保塞蠻夷令不得居其故（敺與驅同）陵轢邊吏入盜甚驁無道非約也其發邊吏車騎八萬詣高奴遣丞相灌嬰將擊右賢王右賢王走出塞文帝幸太原是時濟北王反文帝歸罷丞相擊胡之兵其明年單于遺漢書曰天所立匈奴大單于敬問皇帝無恙前時皇帝言和親事稱書意合驩漢邊吏侵侮右賢王右賢王不請聽後義盧侯難支等計與漢吏相恨絕二主之約離昆弟之親皇帝讓書再至發使以書報不來漢使不至漢以其故不和鄰國不附今以少吏之敗約故罰右賢王使至西方求月氏擊之以天之福吏卒良馬力彊以滅夷月氏盡斬殺降下定之樓蘭烏孫呼揭及其旁二十六國皆已爲匈奴諸引弓之民并爲一家北州以定願寢兵休士養馬除前事復故約以安邊民以應古始使少者得成其長老者得安其處世世平樂未得皇帝之志故使郎中係虖淺奉書請（虖音火故反）獻橐佗一騎馬二駕二駟皇帝即不欲匈奴近塞則且詔吏民遠舍使者至即遣之六月中來至新望之地書至漢議擊與和親孰便公卿皆曰單于新破月氏乘勝不可擊也且得匈奴地澤鹵非可居也和親甚便漢許之孝文前六年遺匈奴書曰皇帝敬問匈奴大單于無恙使係虖淺遺朕書云願寢兵休士除前事復故約以安邊民世世平樂朕甚嘉之此古聖王之志也漢與匈奴約爲兄弟所以遺單于甚厚背約離兄弟之親者常在匈奴然右賢王事已在赦前勿深誅單于若稱書意明告諸吏使無負約有信敬如單于書使者言單于自將并國有功甚苦兵事服繡袷綺衣長襦錦袍各一（服者天子所自服也袷者衣無絮也繡袷綺衣以繡爲表綺爲裏也袷音工治反）比疏一（辮髮之飾也以金爲之比音頻寐反疏字或作余）黃

金飭具帶一黃金犀毗一（犀毗胡帶之鉤也亦曰鮮卑亦曰師比總一物也語有輕重耳）繡十疋錦二十疋赤綈綠繒各四十疋使中大夫意謁者令肩遺單于後頃之冒頓死子稽粥立（稽音雞粥音育）號曰老上單于老上稽粥單于初立文帝復遣宗人女翁主爲單于閼氏使宦者燕人中行說傅翁主（中行姓說名也行音胡郎反說音悅）說不欲行漢彊使之說曰必我也爲漢患者中行說既至因降單于單于愛幸之初單于好漢繒絮食物中行說曰匈奴人眾不能當漢之一郡然所以彊之者以衣食異無卬於漢（卬音牛向反）今單于變俗好漢物漢物不過什二則匈奴盡歸於漢矣其得漢絮繒以馳草棘中衣袴皆裂弊以視不如旃裘堅善也得漢食物皆去之以視不如重酪之便美也（重乳汁也重音竹用反字本作湩其音則同）於是說教單于左右疏記以計識其人眾畜牧（識音式志反）漢遺單于書以尺一牘辭曰皇帝敬問匈奴大單于無恙所以遺物及言語云云中行說令單于以尺二寸牘及印封皆令廣長大倨驁其辭曰天地所生日月所置匈奴大單于敬問漢皇帝無恙所以遺物言語亦云云漢使或言匈奴俗賤老中行說窮漢使曰而漢俗屯戍從軍當發者其親豈不自奪溫厚肥美齎送飲食行者乎（飲音於禁反食音嗣下同）漢使者曰然說曰匈奴明以攻戰爲事老弱不能鬬故以其肥美飲食壯健以自衛如此父子各得相保何以言匈奴輕老也漢使曰匈奴父子同穹廬臥父死妻其後母兄弟死盡妻其妻無冠帶之節闕庭之禮中行說曰匈奴之俗食畜肉飲其汁衣其皮畜食草飲水隨時轉移故其急則人習騎射寬則人樂無事約束徑易行君臣簡可久一國之政猶一體也父兄死則妻其妻惡種姓之失也故匈奴雖亂必立宗種今中國雖陽不取其父兄之妻親屬益疏則相殺至制易姓皆從此類也且禮義之敝上下交怨而室屋之極生力屈焉夫力耕桑以求衣食築城郭以自備故其民急則不習戰攻緩則罷於作業嗟土室之人顧無喋喋佔佔冠固何當（嗟者嘆愍之言也喋喋利口也佔佔衣裳貌也漢人且當思念無爲喋喋佔佔耳雖自謂著冠何所當益也喋音牒佔音昌沾反）自是之後漢使欲辯論者中行說輒曰漢使毋多言顧漢所輸匈奴繒絮米糱令其量中必善美而已（中去聲）何以言爲乎且所給備善則已不備善而苦惡則候秋熟以騎馳蹂乃稼穡也日夜教單于候利害處孝文十四年匈奴單于十四萬騎入朝那蕭關殺北地都尉卬虜人民畜產甚多遂至彭陽使騎入燒回中宮候騎至雍甘泉於是文帝以中尉周舍郎中令張武爲將軍發車千乘十萬騎軍長安旁以備胡寇而拜昌侯盧卿爲上郡將軍甯侯魏遬爲北地將軍隆慮侯周竈爲隴西將軍（慮音廬）東陽侯張相如爲大將軍成侯董赤爲將軍大發車騎往擊胡單于留塞內月餘漢逐出塞卽還不能有所殺匈奴日以驕歲入邊殺略人民甚眾雲中遼東最甚郡萬餘人漢甚苦之乃使使遺匈奴書單于亦使當戶報謝復言和親事孝文後二年使使遺匈奴書曰皇帝敬問匈奴大單于無恙使當戶且渠雕渠難郎中韓遼遺朕馬二匹已至敬受（當戶且渠者一人爲一官雕渠難者其姓名也）先帝制長城以北引弓之國受令單于長城以內冠帶之室朕亦制之使萬民耕織射獵衣食父子毋離臣主相安俱無暴虐今聞渫惡民貪降其趨背義絕約忘萬民之命離兩主之驩然其事已在前矣書云二國已和親兩主驩說寢兵休卒養馬世世昌樂翕然更始朕甚嘉之聖者日新改作更始使老者得息幼者得長各保其首領而終其天年朕與單于俱由此道順天卹民世世相傳施之無窮天下莫不咸嘉漢與匈奴鄰國之國匈奴處北地寒殺氣早降故詔吏遺單于秫糵金帛絲絮他物歲有數今天下大安萬民熙熙獨朕與單于爲之父母朕追念前事薄物細故謀臣計失皆不足以離昆弟之驩朕聞天不頗覆地不偏載朕與單于皆捐細故俱蹈大道墮壞前惡以圖長久使萬國之民若一家子元元萬民下及魚鼈上及飛鳥跂行喙息蠕動之類莫不就安利避危殆故來者不止天之道也俱去前事朕釋逃虜民單于毋言章尼等（皆單于降漢者）朕聞古之帝王約分明而不食言單于留志天下大安和親之後漢過不先單于其察之單于旣約和親於是制詔御史匈奴大單于遺朕書和親已定亡人不足以益眾廣地匈奴無入塞漢無出塞犯令約者殺之可以久親後無咎俱便朕已許其布告天下使明知之後四年老上單于死子軍臣單于立而中行說復事之漢復與匈奴和親軍臣單于立歲餘匈奴復絕和親大入上郡雲中各三萬騎所殺略甚眾於是漢使三將軍軍屯北地代屯句注趙屯飛狐口緣邊亦各堅守以備胡寇又置三將軍軍長安西細柳渭北棘門霸上以備胡胡騎入代句注邊烽火通於甘泉長安數月漢兵至邊匈奴亦遠塞漢兵亦罷後歲餘文帝崩景帝立而趙王遂乃陰使於匈奴吳楚反欲與趙合謀入邊漢圍破趙匈奴亦止自是後景帝復與匈奴和親通關市給遺單于遣翁主如故約終景帝世時時小入盜邊無大寇武帝卽位明和親約束厚遇關市饒給之匈奴自單于以下皆親漢往來長城下漢使馬邑人聶翁壹（姓聶名壹翁者）

老人之稱也閒闌出物與匈奴交易陽爲賣馬邑城以誘單于單于信之而貪馬邑財物乃以十萬騎入武州塞漢伏兵三十餘萬馬邑旁御史大夫韓安國爲護軍將軍護四將軍以伏單于單于既入漢塞未至馬邑百餘里見畜布野而無人牧者怪之乃攻亭時鴈門尉史行徼見寇保此亭單于得欲刺之尉史知漢謀乃下具告單于單于大驚曰吾固疑之乃引兵還出曰吾得尉史天也以尉史爲天王漢兵約單于入馬邑而縱兵單于不至以故無所得將軍王恢部出代擊胡輜重聞單于還兵多不敢出漢以恢本建造兵謀而不進誅恢自是後匈奴絕和親攻當路塞往往入盜於邊不可勝數然匈奴貪尚樂關市耆漢財物耆讀曰嗜漢亦通關市不絕以中之自馬邑軍後五歲之秋漢使四將各萬騎擊胡關市下將軍衞青出上谷至龍城得胡首虜七百人公孫賀出雲中無所得公孫敖出代郡爲胡所敗七年李廣出鴈門爲胡所敗匈奴生得廣廣道亾歸漢囚敖廣敖廣贖爲庶人其冬匈奴數千人盜邊漁陽尤甚漢使將軍韓安國屯漁陽備胡其明年秋匈奴二萬騎入漢殺遼西太守略二千餘人又敗漁陽太守軍千餘人圍將軍安國安國時千餘騎亦且盡會燕救至匈奴乃去又入鴈門殺略千餘人於是漢使將軍衞青將三萬騎出鴈門李息出代郡擊胡得首虜七千其明年衞青復出雲中以西至隴西擊胡之樓煩白羊至於河南得胡首虜數千羊百餘萬於是漢遂取河南地築朔方復繕故秦時蒙恬所爲塞因河而爲固漢亦棄上谷之斗辟縣造陽地以予胡斗絕也縣之斗曲入匈奴界者其中造陽地也辟讀曰僻是歲元朔二年也其後冬軍臣單于死其弟左谷蠡王伊稺斜自立爲單于攻敗軍臣單于太子於單於單亾降漢漢封於單爲陟安侯數月死伊稺斜單于既立其夏匈奴數萬騎入代郡殺太守共友共音龔略千餘人秋又入鴈門殺略千餘人其明年又入代郡定襄上郡各三萬騎殺略數千人匈奴右賢王怨漢奪其河南地而築朔方數盜寇邊又入河南侵擾朔方殺略吏民甚衆其明年春漢遣衞青將六將軍十餘萬人出朔方高闕右賢王以漢兵不能至飲酒醉漢兵出塞六七百里夜圍右賢王右賢王大驚脫身逃走精騎往往隨後去漢將軍得右賢王人衆男女萬五千人裨小王十餘人其秋匈奴萬騎入代郡殺都尉朱央略千餘人其明年春漢復遣大將軍衞青將六將軍十餘萬騎仍再出定襄數百里擊匈奴得首虜前後萬九千餘級而漢亦亾兩將軍三千餘騎右將軍建得以身脫而前將軍翕侯趙信兵不利降匈奴趙信者故胡小王降漢漢封爲翕侯以前將軍與右將軍并軍介獨遇單于兵故盡沒單于既得翕侯以爲自次王用其姊妻之與謀漢信教單于益北絕幕以誘罷漢兵徼極而取之毋近塞單于從之其明年胡數萬騎入上谷殺數百人明年春漢使驃騎將軍去病將萬騎出隴西過焉耆焉音於堅反耆音支山千餘里得胡首虜八千餘級得休屠王祭天金人匈奴祭天處本在雲陽甘泉山下秦奪其地後徙之休屠王右地故休屠右祭天金人蓋天神之主即今佛像是其遺法屠音除其夏驃騎將軍復與合騎侯數萬騎出隴西北地二千里過居延攻祁連山得胡首虜三萬餘級裨小王以下十餘人是時匈奴亦來入代郡鴈門殺略數百人漢使博望侯及李將軍廣出右北平擊匈奴左賢王左賢王圍李廣廣軍四千人死者過半殺虜亦過當會博望侯軍救至李將軍得脫盡亾其軍合騎侯從驃騎將軍期及博望侯皆當死贖爲庶人其秋單于怒昆邪王休屠王居西方昆音下門反爲漢所殺虜數萬人欲召誅之昆邪休屠王恐謀降漢漢使驃騎將軍迎之昆邪王殺休屠王并將其衆降漢凡四萬餘人號十萬於是漢已得昆邪則隴西北地河西益少胡寇徙關東貧民處所奪匈奴河南地新秦中以實之而減北地以西戍卒半明年春匈奴入右北平定襄各數萬騎殺略千餘人其年春漢謀以爲翕侯信爲單于計居幕北以爲漢兵不能至乃粟馬發十萬騎私負從馬凡十四萬匹糧重不與焉令大將軍青驃騎將軍去病中分軍大將軍出定襄驃騎將軍出代咸約絕幕擊匈奴單于聞之遠其輜重以精兵待於幕北與漢大將軍接戰一日會暮大風起漢兵縱左右翼圍單于單于自度戰不能與漢兵遂獨與壯騎數百潰漢圍西北遁走漢兵夜追之不得行捕斬首虜凡萬九千級北至寘顏山趙信城而還趙信所作因以名城寘音徒千反單于之走其兵往往與漢軍相亂而隨單于單于久不與其大衆相得右谷蠡王以爲單于死乃自立爲單于眞單于復得其衆右谷蠡王乃去號復其故位驃騎之出代二千餘里與左王接戰漢兵得胡首虜凡七萬餘人左王將皆遁走驃騎封於狼居胥山禪姑衍臨瀚海而還是後匈奴遠遁而幕南無王庭漢度河自朔方以西至令居令音零往往通渠置田官吏卒五六萬人稍蠶食地接匈奴以北初漢兩將大出圍單于所殺虜八九萬而漢士物故者亦萬數漢馬死者十餘萬匹匈奴雖病遠去而漢馬亦少無以復往單于用趙信計遣使好辭請和親天子下其議或言和親或言遂臣之丞相長史任敞

曰匈奴新困宜使爲外臣朝請於邊漢使敞使於單于單于聞敞計大怒留之不遣先是漢亦有所降匈奴使者單于亦輒留漢使相當漢方復收士馬會驃騎將軍去病死於是漢久不北擊胡數歲伊穉斜單于立十三年死子烏維立爲單于是歲元鼎三年也烏維單于立而漢武帝始出巡狩郡縣其後漢方南誅兩越不擊匈奴匈奴亦不入邊烏維立三年漢已滅兩越遣故太僕公孫賀將萬五千騎出九原二千餘里至浮苴井苴音子餘反從票侯趙破奴萬餘騎出令居數千里至匈奴河水皆不見匈奴一人而還是時天子巡邊親至朔方勒兵十八萬騎以見武節而使郭吉風告單于既至匈奴匈奴主客問所使郭吉卑辭好言曰吾見單于而口言單于見吉吉曰南越王頭已縣於漢北闕下今單于即能前與漢戰天子自將兵待邊即不能亟南面而臣於漢何但遠走亾匿於幕北寒苦無水草之地爲語卒單于大怒立斬主客見者而留郭吉不歸遷辱之北海上而單于終不肯爲寇於漢邊休養士馬習射獵數使使好辭甘言求和親漢使王烏等闚匈奴匈奴法漢使不去節不以墨黥其面不得入穹廬王烏北地人習胡俗去其節黥面入廬單于愛之陽許之曰吾爲遣其太子入質於漢以求和親漢使楊信使於匈奴是時漢東拔濊貉朝鮮以爲郡濊與穢同或亦作薉而西置酒泉郡以隔絕胡與羌通之路又西通月氏大夏以翁主妻烏孫王以分匈奴西方之援國又北益廣田至眩雷爲塞而匈奴終不敢以爲言是歲翕侯信死漢用事者以匈奴已弱可臣從也楊信爲人剛直屈彊素非貴臣也單于不親欲召入不肯去節乃坐穹廬外見楊信楊信說單于曰即欲和親以單于太子爲質於漢單于曰非故約故約漢常遣翁主給繒絮食物有品以和親而匈奴亦不復擾邊今乃欲反古令吾太子爲質無幾矣匈奴俗見漢使非中貴人其儒生以爲欲說折其辭辯少年以爲欲刺折其氣每漢兵入匈奴匈奴輒報償漢留匈奴使匈奴亦留漢使必得當乃止楊信既歸漢使王烏等如匈奴匈奴亦讇以甘言欲多得漢財物給王烏曰吾欲入漢見天子面相結爲兄弟王烏歸報漢漢爲單于築邸于長安匈奴曰非得漢貴人使吾不與誠語匈奴使其貴人至漢病服藥欲愈之不幸而死漢使路充國佩二千石印綬使送其喪厚幣直數千金單于以爲漢殺吾貴使乃留路充國不歸諸所言者單于特空給王烏殊無意入漢遣太子來質於是匈奴數使奇兵侵犯漢邊漢乃拜郭昌爲拔胡將軍及浞野侯屯朔方以東備胡浞野侯趙破奴也浞音仕角反烏維單于立十歲死子詹師廬立號爲兒單于是歲元封六年也自是後單于益西北左方兵直雲中右方兵直酒泉敦煌兒單于立漢使兩使一人弔單于一人弔右賢王欲以乖其國使者入匈奴匈奴悉將致單于單于怒而悉留漢使漢使留匈奴前後十餘輩而匈奴使來漢亦輒留之相當是歲漢使貳師將軍西伐大宛而令因杅將軍築受降城杅音于其冬匈奴大雨雪畜多饑寒死而單于年少好殺伐國中不安左大都尉欲殺單于使人閒告漢曰我欲殺單于降漢漢遠漢即來兵近我我即發初漢聞此言故築受降城猶以爲遠其明年春漢使浞野侯破奴將二萬騎出朔方北二千餘里期至浚稽山而還浚音俊稽音雞浞野侯既至期左大都尉欲發而覺單于誅之發兵擊浞野侯浞野侯行捕首虜數千人還未至受降城四百里匈奴八萬騎圍之浞野侯夜出自求水匈奴生得浞野侯因急擊其軍軍吏畏亾將而誅莫相勸而歸軍遂沒於匈奴單于大喜遂遣兵攻受降城不能下乃侵入邊而去明年單于欲自攻受降城未到病死兒單于立三歲而死子少匈奴乃立其季父烏維單于弟右賢王句黎湖爲單于句音鉤是歲太初三年也句黎湖單于立漢使光祿徐自爲出五原塞數百里遠者千里築城障列亭至盧朐而使游擊將軍韓說長平侯衞伉屯其旁使彊弩都尉路博德築居延澤上其秋匈奴大入雲中定襄五原朔方殺略數千人敗數二千石而去行壞光祿所築亭障又使右賢王入酒泉張掖略數千人會任文擊救盡復失其所得而去聞貳師將軍破大宛斬其王還單于欲遮之不敢其冬病死句黎湖單于立一歲死其弟左大都尉且鞮侯立爲單于且音子餘反鞮音丁奚反漢既誅大宛威震大國天子竟欲遂困胡乃下詔曰高皇帝遺朕平城之憂高后時單于書絕悖逆昔齊襄公復九世之讐春秋大之是歲太初四年也且鞮侯單于初立恐漢襲之盡歸漢使之不降者路充國等於漢單于乃自謂我兒子安敢望漢天子漢天子我丈人行丈人尊者之稱行音胡浪反漢遣中郎將蘇武厚幣賂遺單于單于益驕禮甚倨非漢所望也明年浞野侯破奴得亾歸漢其明年漢使貳師將軍三萬騎出酒泉擊右賢王於天山得首虜萬餘級而還匈奴大圍貳師幾不脫漢兵物故什六七漢又使因杅將軍會西河與彊弩都尉會涿邪山亾所得使騎都尉李陵將步兵五千人出居延北千餘里與單于會合戰陵所殺傷萬餘人兵食盡欲歸單于圍陵陵降匈奴其兵得

脫歸漢者四百人單于乃貴陵以其女妻之後二歲漢使貳師將軍六萬騎步兵七萬出朔方彊弩都尉路博德將萬餘人與貳師會游擊將軍說步兵三萬人出五原因杅將軍敖將騎萬步兵三萬人出鴈門匈奴聞悉遠其累重於余吾水北而單于以十萬待水南與貳師接戰貳師解而引歸與單于連鬬十餘日游擊無所得因杅與左賢王戰不利引歸明年且鞮侯單于死立五年長子左賢王立爲狐鹿姑單于是歲太始元年也初且鞮侯兩子長爲左賢王次爲左大將病且死言立左賢王左賢王未至貴人以爲有病更立左大將爲單于左賢王聞之不敢進左大將使人召左賢王而讓位焉左賢王辭以病左大將不聽謂曰卽不幸死傳之於我左賢王許之遂立爲狐鹿姑單于狐鹿姑單于立以左大將爲左賢王數年病死其子先賢撣不得代（撣音廛）更以爲日逐王日逐王者賤於左賢王單于自以其子爲左賢王單于旣立六年而匈奴入上谷五原殺略吏民其年匈奴復入五原酒泉殺兩部都尉於是漢遣貳師將軍七萬人出五原御史大夫商邱成將三萬餘人出西河重合侯莽通將四萬騎出酒泉千餘里單于聞漢兵大出悉遣其輜重徙趙信城北邸郅居水（郅音之日反）左賢王驅其人民度余吾水六七百里居兜銜山單于自將精兵左安侯度姑且水（且子余反）御史大夫軍至追邪徑無所見還匈奴使大將與李陵將三萬餘騎追漢軍至浚稽山合轉戰九日漢兵陷陳卻敵殺傷虜甚眾至蒲奴水虜不利還去重合侯軍至天山匈奴使大將偃渠與左右呼知王將二萬餘騎要漢兵見漢兵彊引去重合侯無所得失是時漢恐車師兵遮重合侯乃遣開陵侯將兵別圍車師盡得其王民眾而還貳師將軍出塞匈奴右大都尉與衛律將五千騎要擊漢軍於夫羊句山狹（句音鉤）貳師遣屬國胡騎二千與戰虜兵壞散死傷者數百人漢軍乘勝追北至范夫人城（本漢將築此城將亡其妻率餘眾完保之因以爲名范氏能詛胡者）匈奴奔走莫敢距敵會貳師妻子坐巫蠱收聞之憂懼其掾胡亞夫亦避罪從軍說貳師曰夫人室家皆在吏若還不稱意適與獄會郅居以北可復得見乎貳師由是狐疑欲深入要功遂北至郅居水上虜已去貳師遣護軍將二萬騎度郅居之水一日逢左賢王左大將將二萬騎與漢軍合戰一日漢軍殺左大將虜死傷甚眾軍長史與決眭都尉煇渠侯謀（本匈奴官也功臣表歸義侯僕多子雷以屬國都尉擊匈奴封煇渠侯煇渠魯陽縣也眭音息隨反煇音輝）曰將軍懷異心欲危眾求功恐必敗謀共執貳師貳師聞之斬長史引兵還至速邪烏燕然山（速邪烏地名燕然山在其中）單于知漢軍勞倦自將五萬騎遮擊貳師相殺傷甚眾夜塹漢軍前深數尺從後急擊之軍大敗亂貳師降單于素知其漢大將貴臣以女妻之尊寵在衛律上其明年單于遣使遺漢書曰南有大漢北有彊胡胡者天之驕子也不爲小禮以自煩今欲與漢開大關取漢女爲妻歲給遺我糵酒萬石稷米五千斛雜繒萬疋他如故約則邊不相盜矣漢遣使者報送其使單于使左右難漢使者曰漢禮義國也貳師道前太子發兵反何也使者曰然乃丞相私與太子爭鬭太子發兵欲誅丞相丞相誣之故誅丞相此子弄父兵罪笞小過耳孰與冒頓單于身殺其父代立常妻後母禽獸行也單于留使者三歲乃得還貳師在匈奴歲餘衛律害其寵會母閼氏病律飭胡巫言先單于怒曰胡故時祠兵常言得貳師以社今何故不用於是收貳師貳師罵曰我死必滅匈奴遂屠貳師以祠會連雨雪數月畜產死人民疫病穀稼不熟單于恐爲貳師立祠室自貳師沒後漢新失大將軍士卒數萬人不復出兵三歲武帝崩前此者漢兵深入窮追二十餘年匈奴孕重墮殰（孕重懷任者也墮落也殰敗也音讀）罷極苦之（罷讀曰疲）自單于以下常有欲和親計後三年單于欲求和親會病死初單于有異母弟爲左大都尉賢國人鄉之母閼氏恐單于不立子而立左大都尉也乃私使殺之左大都尉同母兄怨遂不肯復會單于庭又單于病且死謂諸貴人我子少不能治國立弟右谷蠡王及單于死衛律等與顓渠閼氏謀匿單于死詐撟單于令（撟與矯同）與貴人飲盟更立子左谷蠡王爲壺衍鞮單于是歲始元二年也壺衍鞮單于旣立風謂漢使者言欲和親左賢王右谷蠡王以不得立怨望率其眾欲南歸漢恐不能自致卽脅盧屠王欲與西降烏孫謀擊匈奴盧屠王告之單于使人驗問右谷蠡王不服反以其罪罪盧屠王國人皆寃之於是二王去居其所未嘗肯會龍城後二年秋匈奴入代殺都尉單于年少初立母閼氏不正國內乖離常恐漢兵襲之於是衛律爲單于謀穿井築城治樓以藏穀與秦人守之（秦時有人亡入匈奴者今其子孫猶號秦人）漢兵至無奈我何卽穿井數百伐材數千或曰胡人不能守城是遺漢糧也衛律於是止乃更謀歸漢使不降者蘇武馬宏等馬宏者前副光祿大夫王忠使西域爲匈奴所遮忠戰死馬宏生得亦不肯降故匈奴歸此二人欲以通善意是時單于立三歲矣明年匈奴發左右部二萬騎爲四隊竝入邊爲寇漢兵追之斬首獲虜九千人生得甌脫王漢無所失亡匈奴見甌脫王在漢

恐以爲道擊之卽西北遠去不敢南逐水草發人民屯甌脫明年復遣九千騎屯受降城以備漢北橋余吾令可度以備奔走是時衞律已死衞律在時常言和親之利匈奴不信及死後兵數困國益貧單于弟左谷蠡王思衞律言欲和親而恐漢不聽故不肯先言常使左右風漢使者然其侵盜益希遇漢使愈厚欲以漸致和親漢亦羈縻之其後左谷蠡王死明年單于使犂汙王窺邊言酒泉張掖兵益弱出兵試擊冀可復得其地時漢先得降者聞其計天子詔邊警備後無幾右賢王犂汙王四千騎分三隊入日勒屋蘭番和（番音盤）張掖太守屬國都尉發兵擊大破之得脫者數百人屬國千長義渠王騎士射殺犂汙王賜黃金二百斤馬二百匹因封爲犂汙王屬國都尉郭忠封安成侯自是後匈奴不敢入張掖其明年匈奴三千餘騎入五原略殺數千人後數萬騎南旁塞獵（旁音步浪反）行攻塞外亭障略取吏民去是時漢邊郡烽火候望精明匈奴爲邊寇者少利希復犯塞漢復得匈奴降者言烏桓嘗發先單于冢匈奴怨之方發二萬騎擊烏桓大將軍霍光欲發兵邀擊之以問護軍都尉趙充國充國以爲烏桓數犯塞今匈奴擊之於漢便又匈奴希寇盜北邊幸無事蠻夷自相攻擊而發兵要之招寇生事非計也光更問中郞將范明友明友言可擊於是拜明友爲度遼將軍將二萬騎出遼東匈奴聞漢兵至引去初光誡明友兵不空出卽後匈奴遂擊烏桓烏桓時新中匈奴兵明友旣後匈奴因乘烏桓敝擊之斬首六千餘級獲三王首還封爲平陵侯匈奴繇是恐不能出兵卽使使之烏孫求欲得漢公主擊烏孫取車延惡師地烏孫公主上書下公卿議救未決

昭帝崩宣帝卽位烏孫昆彌復上書言連爲匈奴所侵削昆彌願發國半精兵人馬五萬匹盡力擊匈奴唯天子出兵哀救公主本始二年漢大發關東輕銳士選郡國吏三百石伉健習騎射者皆從軍遣御史大夫田廣明爲祁連將軍四萬餘騎出西河度遼將軍范明友三萬餘騎出張掖前將軍韓增三萬餘騎出雲中後將軍趙充國爲蒲類將軍三萬餘騎出酒泉雲中太守田順爲虎牙將軍三萬餘騎出五原凡五將軍兵十餘萬騎出塞各二千餘里及校尉常惠使護發兵烏孫西域昆彌自將翕侯以下五萬餘騎從西方入與五將軍兵凡二十餘萬衆匈奴聞漢兵大出老弱奔走敺畜產遠遁逃是以五將少所得度遼將軍出塞千二百餘里至蒲離候水斬首捕虜七百餘級鹵獲馬牛羊萬餘前將軍出塞千二百餘里至烏員（員音云）斬首捕虜至候山百餘級鹵馬牛羊二千餘蒲類將軍兵當與烏孫合擊匈奴蒲類澤烏孫先期至而去漢兵不與相及蒲類將軍出塞千八百餘里西去候山斬首捕虜得單于使者蒲陰王以下三百餘級鹵馬牛羊七千餘聞虜已引去皆不至期還天子薄其過寬而不罪祁連將軍出塞千六百里至雞秩山斬首捕虜十九級獲牛馬羊百餘逢漢使匈奴還者冉弘等言雞秩山西有虜衆祁連卽戒弘使言無虜欲還兵御史屬公孫益壽諫以爲不可祁連不聽遂引兵還虎牙將軍出塞八百餘里至丹余吾水上卽止兵不進斬首捕虜千九百餘級鹵馬牛羊七萬餘引兵還上以虎牙將軍不至期詐增鹵獲而祁連知虜在前逗遛不進皆下吏自殺擢公孫益壽爲侍御史校尉常惠與烏孫兵至右谷蠡庭獲單于父行及嫂居次名王犂汙都尉千長將以下三萬九千餘級虜馬牛羊驢贏橐駝七千餘萬漢封惠爲長羅侯然匈奴民衆死傷而去者及畜產遠移死亡不可勝數於是匈奴遂衰耗怨烏孫其冬單于自將數萬騎擊烏孫頗得老弱欲還會天大雨雪一日深丈餘人馬畜產凍死還者不能什一於是丁令乘弱攻其北（令音零）烏桓入其東烏孫擊其西凡三國所殺數萬級馬數萬匹牛羊甚衆又重以餓死人民死者什三畜產什五匈奴大虛弱諸國羈屬者皆瓦解攻盜不能理其後漢出三千騎爲三道竝入匈奴捕虜得數千人還匈奴終不敢取當茲欲鄉和親而邊境少事矣壺衍鞮單于立十七年死弟左賢王立爲虛閭權渠單于是歲地節二年也虛閭權渠單于立以右大將女爲大閼氏而黜前單于所幸顓渠閼氏顓渠閼氏父左大且渠怨望是時匈奴不能爲邊寇於是漢罷外城以休百姓單于聞之喜召貴人謀欲與漢和親左大且渠心害其事曰前漢使來兵隨其後今亦效漢發兵先使使者入乃自請與呼盧訾王各將萬騎南旁塞獵相逢俱入（訾音子移反）行未到會三騎亡降漢言匈奴欲爲寇於是天子詔發邊騎屯要害處使大將軍監治衆等四人將五千騎分三隊出塞各數百里捕得虜各數十人而還時匈奴亡其三騎不敢入卽引去是歲也匈奴饑人民畜產死十六七又發兩屯各萬騎以備漢其秋匈奴前所得西嗕居左地者（嗕音奴獨反）其君長以下數千人皆驅畜產行與甌脫戰所殺傷甚衆遂南降漢其明年西域城郭共擊匈奴取車師國得其王及人衆而去單于復以車師王昆弟兜莫爲車師王收其餘民東徙不敢居故地而漢益遣屯士分田車師地以實

之其明年匈奴怨諸國共擊車師遣左右大將各萬餘騎屯田右地欲以侵迫烏孫西域後二歲匈奴遣左右奧鞬各六千騎(奧音郁鞬音居言反)與左大將再擊漢之田車師城者不能下其明年丁令比三歲入盜匈奴殺略人民數千驅馬畜去匈奴遣萬餘騎往擊之無所得其明年單于將十餘萬騎旁塞獵欲入邊寇未至會其民題除渠堂亡降漢言狀漢以爲言兵鹿奚盧侯而遣後將軍趙充國將兵四萬餘騎屯緣邊九郡備虜月餘單于病歐血因不敢入還去即罷兵乃使題王都犂胡次等入漢請和親未報會單于死是歲神爵二年也虛閭權渠單于立九年死自始立而黜顓渠閼氏顓渠閼氏即與右賢王私通右賢王會龍城而去顓渠閼氏語以單于病甚且勿遠後數日單于死郝宿王刑未央使人召諸王未至(郝音火各反)顓渠閼氏與其弟左大且渠都隆奇謀立右賢王屠耆堂爲握衍朐鞮單于握衍朐鞮單于者代父爲右賢王(朐音劬)烏維單于耳孫也握衍朐鞮單于立復修和親遣弟伊酋若王勝之入漢獻見單于初立凶惡盡殺虛閭權渠時用事貴人刑未央等而任用顓渠閼氏弟都隆奇又盡免虛閭權渠子弟近親而自以其子弟代之虛閭權渠單于子稽侯狦既不得立(狦音先安反)亡歸妻父烏禪幕(禪音蟬)烏禪幕者本烏孫康居間小國數見侵暴率其眾數千人降匈奴狐鹿姑單于以其弟子日逐王姊妻之使長其眾居右地日逐王先賢撣其父左賢王當爲單于讓狐鹿姑單于狐鹿姑許立之國人以故頗言日逐王當爲單于日逐王素與握衍朐鞮單于有隙即率其眾數萬騎歸漢漢封日逐王爲歸德侯單于更立其從兄薄胥堂爲日逐王明年單于又殺先賢撣兩弟烏禪幕請之不聽心恚其後左奧鞬王死單于自立其小子爲奧鞬王留庭奧鞬貴人共立故奧鞬王子爲王與俱東徙單于遣右丞相將萬騎往擊之失亡數千人不勝時單于已立三歲暴虐殺伐國中不附及太子左賢王數讒左地貴人左地貴人皆怨其明年烏桓擊匈奴東邊姑夕王頗得人民單于怒姑夕王恐即與烏禪幕及左地貴人共立稽侯狦爲呼韓邪單于發左地兵四五萬人西擊握衍朐鞮單于至姑且水北(且音子余反)未戰握衍朐鞮單于兵敗走使人報其弟右賢王曰匈奴共攻我若肯發兵助我乎右賢王曰若不愛人殺昆弟諸貴人各自死若處無來汙我握衍朐鞮單于恚自殺左大且渠都隆奇亡之右賢王所其民盡降呼韓邪單于是歲神爵四年也握衍朐鞮立三年而敗呼韓邪單于歸庭數月罷兵使各歸故地乃收其兄呼屠吾斯在民間者立爲左谷蠡王使人告右賢貴人欲令殺右賢王其冬都隆奇與右賢王共立日逐王薄胥堂爲屠耆單于發兵數萬人東襲呼韓邪單于呼韓邪單于兵敗走屠耆單于還以其長子都塗吾西爲左谷蠡王少子姑瞀樓頭爲右谷蠡王(瞀音莫構反)留居單于庭明年秋屠耆單于使日逐王先賢撣兄右奧鞬王與烏藉都尉各二萬騎屯東方以備呼韓邪單于是時西方呼揭王來與唯犂當戶謀(揭音邱例反唯音弋癸反)共讒右賢王言欲自立爲烏藉單于屠耆單于殺右賢王父子後知其冤復殺唯犂當戶於是呼揭王恐遂畔去自立爲呼揭單于右奧鞬王聞之即自立爲車犂單于烏藉都尉亦自立爲烏藉單于凡五單于屠耆單于自將兵東擊車犂單于使都隆奇擊烏藉烏藉車犂皆敗西北走與呼揭單于兵合爲四萬人烏藉呼揭皆去單于號共并力尊輔車犂單于屠耆單于聞之使左大將都尉將四萬騎分屯東方以備呼韓邪單于自將四萬騎西擊車犂單于車犂單于敗西北走屠耆單于即引西南留闟敦地(闟音蹋敦音頓又音對)其明年呼韓邪單于遣其弟右谷蠡王等西擊屠耆單于屯兵殺略萬餘人屠耆單于聞之即自將六萬騎擊呼韓邪單于行千里未至嗕姑地(嗕音乃穀反)逢呼韓邪單于兵可四萬人合擊屠耆單于兵敗自殺都隆奇乃與屠耆少子右谷蠡王姑瞀樓頭亡歸漢車犂單于東降呼韓邪單于呼韓邪單于左大將烏厲屈與父呼遬累烏厲溫敦(呼遬累者其官號也遬古速字累音力追反)皆見匈奴亂率其眾數萬人南降漢封烏厲屈爲新城侯烏厲溫敦爲義陽侯是時李陵子復立烏藉都尉爲單于呼韓邪單于捕斬之遂復都單于庭然眾裁數萬人屠耆單于從弟休旬王將所主五六百騎擊殺左大且渠并其兵至右地自立爲閏振單于在西邊其後呼韓邪單于兄左賢王呼屠吾斯亦自立爲郅支骨都侯單于在東邊其後二年閏振單于率其眾東擊郅支單于郅支單于與戰殺之并其兵遂進攻呼韓邪呼韓邪破走郅支都單于庭呼韓邪單于之敗也左伊秩訾王爲呼韓邪計勸令稱臣入朝事漢從漢求助如此匈奴乃定呼韓邪議問諸大臣皆曰不可匈奴之俗本上氣力而下服役以馬上戰鬬爲國故有威名於百蠻戰死壯士所有也今兄弟爭國不在兄則在弟雖死猶有威名子孫常長諸國漢雖彊猶不能兼并匈奴奈何亂先古之制臣事於漢卑辱先單于爲諸國所笑雖如是而安何以復長百蠻左伊訾曰不然彊弱有時今漢方

盛烏孫城郭諸國皆爲臣妾自且鞮侯單于以來匈奴日削不能取復雖屈彊於此未嘗一日安也今事漢則安存不事則危亾計何以過此諸大人相難久之呼韓邪從其計引衆南近塞遣子右賢王銖婁渠堂婁音力俱反入侍郅支單于亦遣子右大將駒于利受入侍是歲甘露元年也明年呼韓邪單于款五原塞願朝三年正月漢遣車騎都尉韓昌迎發過所七郡郡二千騎爲陳道上所過之郡每爲發兵陳列於道以爲寵衛也單于正月朝天子于甘泉宮漢寵以殊禮位在諸侯王上贊謁稱臣而不名賜以冠帶衣裳黃金璽盭綬盭古戾字戾草名也以戾染綬亦諸侯王之制也玉具劍摽首鐔衛盡用玉爲之也鐔劍口旁橫出者也衛劍鼻也鐔音淫衛字本作璏其音同耳佩刀弓一張矢四發發猶於也四發則四矢也棨戟十棨戟有衣之戟也安車一乘鞍勒一具馬十五匹黃金二十斤錢二十萬衣被七十七襲襲猶副也錦繡綺縠雜帛八千疋絮六千斤禮畢使使者道單于先行宿長平上自甘泉宿池陽宮上登長平詔單于毋謁其左右當戶之羣臣皆得列觀及諸蠻夷君長王侯數萬咸迎於渭橋下夾道陳上登渭橋咸稱萬歲單于就邸留月餘遣歸國單于自請願留光祿塞下徐自爲所築者也有急保受降城漢遣長樂衛尉高昌侯董忠車騎都尉韓昌將騎萬六千又發邊郡士馬以千數送單于出朔方雞鹿塞在朔方窳渾縣西北詔忠等留衛單于助誅不服又轉邊穀米糒糒乾飯也音備前後三萬四千斛給贍其食是歲郅支單于亦遣使奉獻漢遇之甚厚明年兩單于俱遣使朝獻漢待呼韓邪使有加明年呼韓邪單于復入朝禮賜如初加衣百一十襲錦帛九千疋絮八千斤以有屯兵故不復發騎爲送始郅支單于以爲呼韓邪降漢兵弱不能復自還卽引其衆西欲攻定右地又屠耆單于小弟本侍呼韓邪亦亾之右地收兩兄餘兵得數千人自立爲伊利目單于道逢郅支合戰郅支殺之并其兵五萬餘人聞漢出兵穀助呼韓邪卽遂留居右地自度力不能定匈奴乃益西近烏孫欲與并力遣使見小昆彌烏就屠烏就屠見呼韓邪爲漢所擁郅支亾虜欲攻之以稱漢稱音尺孕反乃殺郅支使持頭送都護在所發八千騎迎郅支郅支見烏孫兵多其使又不返勒兵逢擊烏孫破之卽北擊烏揭烏揭降發其兵西破堅昆北降丁令并三國數遣兵擊烏孫常勝之堅昆東去單于庭七千里南去車師五千里郅支留都之元帝初卽位呼韓邪單于復上書言民衆困乏漢詔雲中五原郡轉穀二萬斛以給焉郅支單于自以道遠又怨漢擁護呼韓邪遣使上書求侍子漢遣谷吉送之郅支殺吉漢不知吉音問而匈奴降者言聞甌脫皆殺之呼韓邪單于使來漢輒薄責之甚急明年漢遣車騎都尉韓昌光祿大夫張猛送呼韓邪單于侍子求問吉等因赦其罪勿令自疑昌猛見單于民衆盛塞下禽獸盡單于足以自衛不畏郅支聞其大臣多勸單于北歸者恐北去後難約束昌猛卽與爲盟約曰自今以來漢與匈奴合爲一家世世毋得相詐相攻有竊盜者相報行其誅償其物有寇發兵相助漢與匈奴敢先背約者受天不祥令其世世子孫盡如盟昌猛與單于及大臣俱登匈奴諸水東山刑白馬單于以徑路刀金留犂撓酒徑路匈奴寶刀也金契金也留犂飯匕也撓和也契金著酒中撓攪飲之契刻也撓音呼高反以老上單于所破月氏王頭爲飲器者共飲血盟昌猛還奏事公卿議者以爲單于保塞爲藩雖欲北去猶不能爲危害昌猛擅以漢國世世子孫與夷狄詛盟令單于得以惡言上告于天羞國家傷威重不可行宜遣使往告祠天與解盟昌猛奉使無狀罪至不道上薄其過有詔昌猛以贖論勿解盟其後呼韓邪竟北歸庭人衆稍稍歸之國中遂定郅支既殺使者自知負漢又聞呼韓邪益彊恐見襲擊欲遠去會康居王數爲烏孫所困與諸翕侯計以爲匈奴大國烏孫素服屬之今郅支單于困阸在外可迎置東邊使合兵取烏孫以立之長無匈奴憂矣卽使使至堅昆通語郅支郅支素恐又怨烏孫聞康居計大說遂與相結引兵而西康居亦遣貴人橐佗驢馬數千匹迎郅支郅支人衆中寒道死餘財三千人到康居其後都護甘延壽與副陳湯發兵卽康居誅斬郅支郅支既誅呼韓邪單于且喜且懼上書言曰常願謁見天子誠以郅支在西方恐其與烏孫俱來擊臣以故未得至漢今郅支已伏誅願入朝見竟寧元年單于復入朝禮賜如初加衣服錦帛絮皆倍於黃龍時單于自言願壻漢氏以自親元帝以後宮良家子王嬙字昭君賜單于單于驩喜上書願保塞上谷以西至敦煌傳之無窮請罷邊備塞吏卒以休天子人民天子令下有司議議者皆以爲便郎中令侯應習邊事以爲不可許上問狀應曰周秦以來匈奴暴桀寇侵邊境漢興尤被其害臣聞北邊塞至遼東外有陰山東西千餘里草木茂盛多禽獸本冒頓單于依阻其中治作弓矢來出爲寇是其苑囿也至孝武世出師征伐斥奪此地攘之於幕北建塞徼起亭隧築外城設屯戍以守之然後邊境得用少安幕北地平少草木多大沙匈奴來寇少所隱蔽從塞以南徑深山谷往來差難邊長老言匈奴失陰山之後過之未嘗不哭也如罷備塞戍卒示夷狄之大利不可

一也今聖德廣被天覆匈奴匈奴得蒙全活之恩稽首來臣夫夷狄之情困則卑順彊則驕逆天性然也前以罷外城省亭隧今裁足以候望通烽火而已古者安不忘危不可復罷二也中國有禮義之教刑罰之誅愚民猶尚犯禁又況單于能必其衆不犯約哉三也自中國尚建關梁以制諸侯所以絕臣下之覬欲也設塞徼置屯戍非獨爲匈奴而已亦爲諸屬國降民本故匈奴之人恐其思舊逃亡四也近西羌保塞與漢人交通吏民貪利侵盜其畜產妻子以此怨恨起而背叛世世不絕今罷乘塞則生嫚易分爭之漸五也往者從軍多沒不還者子孫貧困一旦亡出從其親戚六也又邊人奴婢愁苦欲亡者多曰聞匈奴中樂無柰候望急何然時有亡出塞者七也盜賊桀黠羣輩犯法如其窘急亡走北出則不可制八也起塞以來百有餘年非皆以上垣也或因山巖石木柴僵落谿谷水門稍稍平之卒徒築治功費久遠不可勝計臣恐議者不深慮其終始欲以一切省繇戍十年之外百歲之內卒有他變障塞破壞亭隧滅絕當更發屯繕治累世之功不可卒復九也如罷戍卒省候望單于自以保塞守御必深德漢請求無已小失其意則不可測開夷狄之隙虧中國之固十也非所以永持至安威制百蠻之長策也對奏天子有詔勿議罷邊塞事使車騎將軍口諭單于曰單于尙書願罷北邊吏士屯戍子孫世世保塞單于鄉慕禮義所以爲民計者甚厚此長久之策也朕甚嘉之中國四方皆有關梁障塞非獨以備塞外也亦以防中國姦邪放縱出爲寇害故明法度以專衆心也敬諭單于之意朕無疑焉爲單于怪其不罷故使大司馬車騎將軍嘉曉單于

嘉許也單于謝曰愚不知大計天子幸使大臣告語甚厚初左伊秩訾爲呼韓邪畫計歸漢竟以安定其後或讒伊秩訾自伐其功常鞅鞅呼韓邪疑之左伊秩訾懼誅將其衆千餘人降漢漢以爲關內侯食邑二百戶令佩其王印綬及竟寧中呼韓邪來朝與伊秩訾相見謝曰王爲我計甚厚令匈奴至今安寧王之力也德豈可忘我失王意使王去不復顧留皆我過也今欲白天子請王歸庭伊秩訾曰單于賴天命自歸於漢得以安寧單于神靈天子之祐也我安得力既已降漢又復歸匈奴是兩心也願爲單于侍使於漢不敢聽命單于固請不能得而歸王昭君號寧胡閼氏生一男伊屠智牙師爲右日逐王呼韓邪立二十八年建始二年死始呼韓邪嬖左伊秩訾兄呼衍王女二人長女顓渠閼氏生二子長曰且莫車且音子余反次曰囊知牙斯少女爲大閼氏生四子長曰雕陶莫皋次曰且麋胥且音子余反皆長於且莫車少子咸樂二人皆小於囊知牙斯又他閼氏子十餘人顓渠閼氏貴且莫車愛呼韓邪病且死欲立且莫車其母顓渠閼氏曰匈奴亂十餘年不絕如髮賴蒙漢力故得復安今平定未久人民創艾戰鬭創初亮反艾讀曰乂且莫車年少百姓未附恐復危國我與大閼氏一家共子不如立雕陶莫皋大閼氏曰且莫車雖少大臣共持國事今舍貴立賤後世必亂單于卒從顓渠閼氏計立雕陶莫皋約令傳國與弟呼韓邪死雕陶莫皋立爲復株絫若鞮單于絫音力追反復株絫若鞮單于立遣子右致盧兒王醯諧屠奴侯入侍以且麋胥爲左賢王且莫車爲右谷蠡王囊知牙斯爲右賢王復株絫單于復妻王昭君生二女長女爲須卜居次小女爲當于居次須卜當于皆匈奴之貴族居次者女之號若漢言公主也河平元年單于遣右皋林王伊邪莫演等奉獻朝正月既罷遣使者送至蒲阪伊邪莫演言欲降即不受我我自殺終不敢還歸使者以聞下公卿議議者或言宜如故事受其降光祿大夫谷永議郎杜欽以爲漢興匈奴數爲邊害故設金爵之賞以待降者今單于屈體稱臣列爲北藩遣使朝賀無有二心漢家接之宜異於往時今既享單于聘貢之質而更受其逋逃之臣是貪一夫之得而失一國之心擁有罪之臣而絕慕義之君也假令單于初立欲委身中國未知利害私使伊邪莫演詐降以卜吉凶受之虧德沮善令單于自疏不親邊吏或者設爲反間欲因而生隙受之適合其策使得歸曲而直責此誠邊竟安危之原師旅動靜之首不可不詳也不如勿受以昭日月之信抑詐諼之謀懷附親之心便對奏天子從之遣中郎將王舜往問降狀伊邪莫演曰我病狂妄言耳遣去歸到官位如故不肯令見漢使明年單于上書願朝河平四年正月遂入朝加錦繡繒帛二萬疋絮二萬斤他如竟寧時復株絫單于立十歲鴻嘉元年死弟且麋胥立爲搜諧若鞮單于搜諧若鞮單于立遣子左祝都韓王朐留斯侯入侍朐音許于反以且莫車爲左賢王搜諧單于立八歲元延元年爲朝二年發行未入塞病死弟且莫車立爲車牙若鞮單于車牙單于立遣子右於涂仇撣王烏夷當入侍涂音徒撣音廛以囊知牙斯爲左賢王車牙單于立四歲綏和元年死弟囊知牙斯立爲烏珠留若鞮單于烏珠留單于立以第二閼氏子樂爲左賢王以第五閼氏子輿爲右賢王此第二閼氏即上所謂大閼氏也第五閼氏亦呼韓邪之閼氏樂輿二人皆烏珠留之弟遣子右股奴王烏鞮牙斯入侍漢遣中郎將夏侯藩副

校尉韓容使匈奴時帝舅大司馬驃騎將軍王根領尚書事或說根曰匈奴有斗入漢地直張掖郡（斗絶也直當也）生奇材木箭竿就羽（就大鵰也黃頭赤目其羽可爲箭竿音工旱反）如得之於邊甚饒國家有廣地之實將軍顯功垂於無窮根爲上言其利上直欲從單于求之爲有不得傷命損威根卽但以上指曉藩令從藩所說而求之藩至匈奴以語次說單于曰竊見匈奴斗入漢地直張掖郡漢三都尉居塞上士卒數百人寒苦候望久勞單于宜上獻此地直斷閉之省兩都尉士卒數百人以復天子厚恩其報必大單于曰此天子詔語邪將從使者所求也藩曰詔旨也然藩亦爲單于畫善計耳單于曰孝宣孝元皇帝哀憐父呼韓邪單于從長城以北匈奴有之此溫偶駼王所居地也（偶音五口反駼音塗下同）未曉其形狀所生請遣使問之藩容歸漢後復使匈奴至則求地單于曰父兄傳五世漢不求此地至知獨求何也已問溫偶駼王匈奴西邊諸侯作穹廬及車皆仰此山材木且先父地不敢失也藩還遷爲太原太守單于遣使上書以藩求地狀聞詔報單于曰藩擅稱詔從單于求地法當死更大赦二今徙藩爲濟南太守不令當匈奴明年侍子死歸葬復遣子左於駼仇撣王稽留昆入侍至哀帝建平二年烏孫庶子卑援疐（援音爰疐音竹二反）翕侯人衆入匈奴西界寇盜牛畜頗殺其民單于聞之遣左大當戶烏夷泠（泠音零）將五千騎擊烏孫殺數百人略千餘人毆牛畜去卑援疐恐遣子趨逯（逯音錄）爲質匈奴單于受以狀聞漢遣中郎將丁野林副校尉公乘音使匈奴責讓單于告令遣還卑援疐質子單于受詔遣歸建平四年單于上書願朝五年時哀帝被疾或言匈奴從上游來厭人（游猶流也河水從西北來故曰上游也厭音一涉反）自黃龍竟寧時單于朝中國輒有大故上由是難之以問公卿亦以爲虛費府帑可且勿許單于使辭去未發黃門郎揚雄上書諫曰臣聞六經之治貴於未亂兵家之勝貴於未戰二者皆微然而大事之本不可不察也今單于上書求朝國家不許而辭之臣愚以爲漢與匈奴從此隙矣匈奴本北地之狄五帝所不能臣三王所不能制其不可使隙甚明臣不敢遠稱請引秦以來明之以秦始皇之彊蒙恬之威帶甲四十餘萬然而不敢窺西河乃築長城以界之會漢初興以高祖之威靈三十萬衆困於平城士或七日不食時奇譎之士石畫之臣甚衆（石言堅固如石也畫計策也）卒其以所脫者世莫得而言也（謂自免之計其事醜惡故不傳）又高皇后嘗忿匈奴羣臣廷議樊噲請以十萬衆橫行匈奴中季布曰噲可斬也妄阿順指於是大臣權書遺之然後匈奴之結解中國之憂平及孝文時匈奴侵暴北邊候騎至雍甘泉京師大駭發三將軍屯細柳棘門霸上以備之數月乃罷孝武卽位設馬邑之權欲誘匈奴使韓安國將三十萬衆徼於便墬（徼要也工堯反墬古地字）匈奴覺之而去徒費財勞師一虜不可得見況單于之面乎其後深惟社稷之計規恢萬載之策乃大興師數十萬使衛青霍去病操兵前後十餘年於是浮西河絕大幕破寘顏襲王庭窮極其地追奔逐北封狼居胥山禪於姑衍以臨瀚海虜名王貴人以百數自是之後匈奴震怖益求和親然而未肯稱臣也且夫前世豈樂傾無量之費役無罪之人快心於狼望之北哉以爲不壹勞者不久佚不暫費者不永寧是以忍百萬之師以摧餓虎之喙運府庫之財塡盧山之壑而不悔也至本始之初匈奴有桀心欲掠烏孫侵公主乃發五將之師十五萬騎獵其南而長羅侯以烏孫五萬騎震其西皆至質而還時鮮有所獲徒奮揚威武明漢兵若雷風耳雖空行空反尙誅兩將軍故北狄不服中國不得高枕安寢也逮至元康神爵之間大化神明鴻恩博洽而匈奴內亂五單于爭立日逐呼韓邪攜國歸死扶伏稱臣然尙羈縻之計不專制自此之後欲朝者不距不欲者不彊何者外國天性忿鷙形容魁健負力怙氣難化以善易肆以惡其彊難屈其和難得故未服之時勞師遠攻傾國殫貨伏尸流血破堅拔敵如彼之難也既服之後慰薦撫循交接賂遺威儀俯仰如此之備也往時嘗屠大宛之城蹈烏桓之壘探姑繒之壁藉蕩姐之場（羌屬也姐音紫）艾朝鮮之旃拔兩越之旗近不過旬月之役遠不離二時之勞固已犂其庭掃其閭郡縣而置之雲徹席卷後無餘菑（古災字）唯北狄爲不然眞中國之堅敵也三垂比之懸矣前世重之玆甚未易可輕也今單于歸義懷款誠之心欲離其庭陳見於前此乃上世之遺策神靈之所想望國家雖費不得已者也奈何距以來厭之辭疏以無日之期消往昔之恩開將來之隙夫款而隙之使有恨心負前言緣往辭歸怨於漢因以自絕終無北面之心威之不可諭之不能焉得而不爲大憂乎夫明者視於無形聰者聽於無聲誠先於未然卽蒙恬樊噲不復施棘門細柳不復備馬邑之策安所設衛霍之功何得用五將之威安所震不然壹有隙之後雖智者勞心於內辯者轂擊於外猶不若未然之時也且往者圖西域制車師置城郭都護三十六國費歲以大萬計者豈爲康居烏孫能踰白龍堆而寇西邊哉乃以制匈奴故也夫百年勞之一日失之費十

而愛一臣竊爲國不安也唯陛下少留意於未亂未戰以遏邊萌之禍書奏天子悟焉召還匈奴使者更報單于書而許之賜雄帛五十疋黃金十斤單于未發會病復遣使願朝明年故事單于朝從名王以下及從者二百餘人單于又上書言蒙天子神靈人民盛壯願從者五百人入朝以明天子盛德上皆許之元壽二年單于來朝上以太歲厭勝所在舍之上林苑蒲陶宮告之以加敬於單于單于知之加賜衣三百七十襲錦繡繒帛三萬疋絮三萬斤他如河平時既罷遣中郎將韓況送單于單于出塞到休屯井北度車田盧水道里回遠（回音胡對反）況等乏食單于乃給其糧失期不還五十餘日初上遣稽留昆隨單于去到國復遣稽留昆同母兄右大且方與婦入侍（且音子余反）還歸復遣且方同母兄左日逐王都與婦入侍是時漢平帝幼太皇太后稱制新都侯王莽秉政欲說太后以威德至盛異於前乃風單于令遣王昭君女須卜居次云入侍太后所以賞賜之甚厚會西域車師後王句姑（句音鉤）去胡來王唐兜皆怨恨都護校尉將妻子人民亡降匈奴單于受置右谷蠡地遣使上書言狀曰臣謹已受詔遣中郎將韓隆王昌副校尉甄阜侍中謁者帛敞長水校尉王歙使匈奴告單于曰西域內屬不當得受今遣之單于曰孝宣孝元皇帝哀憐爲作約束自長城以南天子有之長城以北單于有之有犯塞輒以狀聞有降者不得受臣知父呼韓邪單于蒙無量之恩死遺言曰有從中國來降者勿受輒送至塞以報天子厚恩此外國也得受之使者曰匈奴骨肉相攻國幾絕蒙中國大恩危亡復續妻子完安累世相繼宜有以報厚恩單于叩頭謝罪執二虜還付使者詔使中郎將王萌待西域惡都奴界上逆受單于遣使送到國因請其罪使者以聞有詔勿聽會西域諸國王斬以示之乃造設四條中國人亡入匈奴者烏孫亡降匈奴者西域諸國佩中國印綬降匈奴者烏桓降匈奴者皆不得受遣中郎將王駿王昌副校尉甄阜王尋使匈奴班四條與單于雜函封付單于令奉行因收故宣帝所爲約束封函還時莽奏令中國不得有二名因使使者以風單于宜上書慕化爲一名漢必加厚賞單于從之上書言幸得備藩臣竊樂太平聖制臣故名囊知牙斯今謹更名曰知莽大說白太后遣使者答諭厚賞賜焉漢既班四條後護烏桓使者告烏桓民毋得復與匈奴皮布稅匈奴以故事遣使者責烏桓稅匈奴人民婦女欲賈販者皆隨往焉烏桓距曰奉天子詔條不當予匈奴稅匈奴使怒收烏桓酋豪縛到懸之酋豪昆弟怒共殺匈奴使及其官屬收略婦女馬牛單于聞之遣使發左賢王兵入烏桓責殺使者因攻擊之烏桓分散或走上山或東保塞匈奴頗殺人民敺婦女弱小且千人去置左地告烏桓曰持馬畜皮布來贖之烏桓見略者親屬二千餘人持財畜往贖匈奴受留不遣王莽之簒也建國元年遣五威將王駿率甄阜王颯陳饒帛敞丁業六人多齎金帛重遺單于諭曉以受命代漢狀因易單于故印文曰匈奴單于璽莽更曰新匈奴單于章（新者莽自係其國號）將率既至授單于印紱詔令上故印紱單于再拜受詔譯前欲解取故印紱單于舉掖授之左姑夕侯蘇從旁謂單于曰止不見新印文宜且勿與單于止不肯與請使者坐穹廬單于欲前爲壽五威將曰故印紱當以時上單于曰諾復舉掖授譯蘇復曰未見印文且勿與單于曰印文何由變更遂解故印紱奉上將率受著新紱不解視印飲食至夜乃罷右率陳饒謂諸將率曰鄉者姑夕侯疑印文幾令單于不與人如令視印見其變改必求故印此非辭說所能距也既得而復失之辱命莫大焉不如椎破故印以絕禍根將率猶豫莫有應者饒燕士勇悍即引斧椎壞之明日單于果遣右骨都侯當白將率曰漢賜單于印言璽不言章又無漢字諸王已下迺有漢言章今印去璽加新與臣下無別願得故印將率示以故印謂曰新室順天制作故印隨將率所自爲破壞單于宜承天命奉新室之制當還白單于知已無可奈何又多得賂遺即遣弟右賢王輿奉馬牛隨將率入謝因上書求故印將率還到左犂汙王咸所居地見烏桓民多以問咸咸具言狀將率曰前封四條不得受烏桓降者亟還之咸曰請密與單于相聞得語歸之單于使咸報曰當從塞內還之邪從塞外還之邪將率不敢顓決以聞詔報從塞外還之單于始用夏侯藩求地有距漢語後以求稅烏桓不得因寇略其人民釁由此生重以印文改易故怨恨乃遣右大且渠蒲呼盧訾等十餘人將兵衆萬騎以護送烏桓爲名勒兵朔方塞下朔方太守以聞明年西域車師後王須置離謀降匈奴都護但欽誅斬之置離兄狐蘭支將人衆二千餘人敺畜產舉國亡降匈奴單于受之狐蘭支與匈奴共入寇車師殺後城長傷都護司馬復還入匈奴時戊己校尉史陳良終帶司馬丞韓元右曲候任商等見西域頗背畔聞匈奴欲大侵恐并死即謀劫略吏卒數百人共殺戊己校尉刁護遣人與匈奴南犂汙王南將軍相聞匈奴南將軍一千騎入西域迎良等良

等盡脅略戊己校尉吏士男女二千餘人入匈奴元商留南將軍所良帶徑至單于庭人眾則置零吾水上田居單于號良帶曰烏桓二將軍留居單于所數呼與飲食西域都護但欽上書言匈奴南將軍右伊秩訾將人眾寇擊諸國莽於是大分匈奴為十五單于遣中郎將藺苞副校尉戴級將兵萬騎多齎珍寶至雲中塞下招誘呼韓邪單于諸子欲以次拜之使譯出塞誘呼右犁汙王咸咸子登助三人至則脅拜咸為孝單于賜安室鼓吹各一黃金千斤雜繒千疋戲戟十戲戟有旗之戟戲音許宜反又音麾拜助為順單于賜黃金五百斤傳送助登長安莽封苞為宣威公拜為虎牙將軍封級為揚威公拜為虎賁將軍單于聞之怒曰先單于受漢宣帝恩不可負也今天子非宣帝子孫何以得立遣左骨都侯右伊秩訾王呼盧訾及左賢王樂將兵入雲中益壽塞大殺吏民是歲建國三年也是後單于歷告左右部都尉諸邊王入塞寇盜大輩萬餘中輩數千少者數百殺鴈門朔方太守都尉略吏民畜產不可勝數緣邊虛耗莽新即位怙府庫之富欲立威乃拜十二部將率發郡國勇士武庫精兵各有所屯守轉委輸於邊議滿三十萬眾齎三百日糧同時十道竝出窮追匈奴內之于丁令因分其地立呼韓邪十五子莽將嚴尤諫曰臣聞匈奴為害所從來久矣未聞上世有必征之者也後世三家周秦漢征之然皆未有得上策者也周得中策漢得下策秦無策焉當周宣王時獫狁內侵至于涇陽命將征之盡境而還其視戎狄之侵譬猶蚊蝱之螫敺之而已故天下稱明是為中策漢武帝選將練兵約齎輕糧深入遠戍雖有克獲之功胡輒報之兵連禍結三十餘年中國罷耗

匈奴亦創艾而天下稱武是為下策秦始皇不忍小恥而輕民力築長城之固延袤萬里轉輸之行起於負海疆境既完中國內竭以喪社稷是為無策今天下遭陽九之阸比年饑饉西北邊尤甚發三十萬眾具三百日糧東援海岱南取江淮然後乃備計其道里一年尚未集合兵先至者聚居暴露師老械弊執不可用此一難也邊既空虛不能奉軍糧內調郡國不相及屬此二難也計一人三百日食用糒十八斛非牛力不能勝牛又當自齎食加二十斛重矣胡地沙鹵多乏水草以往事揆之軍出未滿百日牛必物故且盡餘糧尚多人不能負此三難也胡地秋冬甚寒春夏甚風多齎鬴鍑薪炭重不可勝鬴古釜字鍑釜之大口者也鍑音富食糒飲水以歷四時師有疾疫之憂是故前世伐胡不過百日非不欲久執力不能此四難也輜重自隨則輕銳者少不得疾行虜徐遁逃執不能及幸而逢虜又累輜重如遇險阻銜尾相隨虜要遮前後危殆不測此五難也大用民力功不可必立臣伏憂之今既發兵宜縱先至者令臣尤等深入霆擊且以創艾胡虜莽不聽尤言轉兵穀如故天下騷動咸既受莽孝單于之號馳出塞歸庭具以見脅狀白單于單于更以為於粟置支侯匈奴賤官也後助病死莽以登代助為順單于厭難將軍陳欽震狄將軍王巡屯雲中葛邪塞是時匈奴數為邊寇殺將率吏士略人民敺畜產去甚眾捕得虜生口驗問皆曰孝單于咸子角數為寇兩將以聞四年莽會諸蠻夷斬子登于長安市初北邊自宣帝以來數世不見煙火之警人民熾盛牛馬布野及莽撓亂匈奴與之搆難撓擾也音火高反邊民死亡係獲又十二部兵久屯而不出吏士罷弊數年之間北

邊虛空野有暴骨矣烏珠留單于立二十一歲建國五年死匈奴用事大臣右骨都侯須卜當即王昭君女伊墨居次云之壻也云常欲與中國和親又素與咸厚善見咸前後為莽所拜故遂越輿而立咸為烏累若鞮單于累音力追反烏累單于咸立以弟輿為左谷蠡王烏珠留單于子蘇屠胡本為左賢王以弟屠耆閼氏子盧渾為右賢王烏珠留單于在時左賢王數死以為其號不祥更易命左賢王曰護于護于之尊最貴次當為單于故烏珠留單于授其長子以為護于欲傳以國咸怨烏珠留貶賤己號不欲傳國及立貶護于為左屠耆王云當遂勸咸和親天鳳元年云當遣人之西河虎猛制虜塞下告塞吏曰欲見和親侯和親侯王歙者王昭君兄子也中部都尉以聞莽遣歙歙弟騎都尉展德侯颯使匈奴賀單于初立賜黃金衣被繒帛紿言侍子登在因購求陳良終帶等單于盡收四人及手殺校尉刁護賊芝音妻子以下二十七人皆械檻付使者遣右廚唯姑夕王富等四十人送歙颯莽作焚如之刑燒殺陳良等罷諸將率屯兵但置游擊都尉單于貪莽賂遺故外不失漢故事然內利寇掠又使還知子登前死怨恨寇虜從左地入不絕使者問單于輒曰烏桓與匈奴無狀黠民共入為寇入塞譬如中國有盜賊耳咸初立持國威信尚淺盡力禁止不敢有二心天鳳二年五月莽復遣歙與五威將王咸率伏黯丁業等六人使送右廚唯姑夕王因奉歸前所斬侍子登及諸貴人從者喪皆載以常車至塞下單于遣云當子男大且渠奢等至塞迎咸等至多遺單于金珍因諭說改其號號匈奴曰恭奴單于曰善于賜印綬封骨都侯當為後安公當子男奢為後

安侯單于貪莽金幣故曲聽之然寇盜如故咸歙又以陳良等購金付云當令自差與之十二月還入塞莽大喜賜歙錢二百萬悉封黯等單于咸立五歲天鳳五年死弟左賢王輿立爲呼都而尸道皋若鞮單于匈奴謂孝曰若鞮自呼韓邪後與漢親密見漢謚帝爲孝慕之故皆爲若鞮呼都而尸單于輿既立貪利賞賜遣大且渠奢與云女弟當戶居次子醯櫝王俱奉獻至長安莽遣和親侯歙與奢等俱至制虜塞下與云當會因以兵迫脅將至長安云當小男從塞下得脫歸匈奴當至長安莽以爲須卜單于欲出大兵以輔立之兵調度亦不合而匈奴愈怒竝入北邊北邊由是壞敗會當病死莽以其庶女陸逯任妻後安公奢（陸逯邑也莽改公主曰任奢本爲侯莽以女妻之故進爲公逯音錄任音壬）所以尊寵之甚厚終爲欲出兵立之者會漢兵誅莽云奢亦死更始二年冬漢遣中郎將歸德侯颯大司馬護軍陳遵使匈奴授單于漢舊制璽綬王侯以下印綬因送云當餘親屬貴人從者單于輿驕謂遵颯曰匈奴本與漢爲兄弟匈奴中亂孝宣皇帝輔立呼韓邪單于故稱臣以尊漢今漢亦大亂爲王莽所篡匈奴亦出兵擊莽空其邊境令天下騷動思漢莽卒以敗而漢復興亦我力也當復尊我遵與相牚距（牚音丑庚反）單于終持此言其明年夏還會赤眉入長安更始敗光武初方平諸夏未遑外事至六年始令劉颯使匈奴匈奴亦遣使來獻漢復令中郎將韓統報命賂遺金帛以通舊好而單于益騁傲帝容忍待之故使命常通先是漁陽太守彭寵以建武初畔亂與單于共連兵因復立安定人盧芳爲漢帝使入居五原自是匈奴數與芳共侵北邊九年帝遣大司馬吳漢等擊之經歲無功而匈奴轉盛鈔暴日增十三年遂寇河東州郡不能禁於是漸徙幽并邊人於常山關居庸關已東匈奴左部遂復轉居塞內朝廷患之增緣邊兵郡數千人大築亭候修烽火設重賞購求盧芳於匈奴匈奴貪得漢財物乃遣芳還降望得其賞而芳以自歸爲功不稱匈奴所遣單于復恥言其計故賞遂不行由是大恨入寇尤深二十年遂至上黨扶風天水二十一年冬復寇上谷中山殺略甚眾北邊無復寧歲初單于弟右谷蠡王伊屠知牙斯以次當爲左賢王左賢王有傳國之漸單于欲傳其子遂殺知牙斯知牙斯者王昭君之子也于時單于兄烏珠留單于子比爲右薁鞬日逐王部領南邊及烏桓見知牙斯被誅出怨言曰以兄弟言之右谷蠡王次當立以子言之我前單于長子我當立遂內懷猜懼庭會稀闊單于疑之乃遣兩骨都侯監領比所部兵二十二年單于輿死子左賢王烏達鞮侯立爲單于復死弟左賢王蒲奴立爲單于比不得立既懷憤恨而匈奴中連年旱蝗赤地數千里草木盡枯人畜饑疫死耗太半單于畏漢承其敝乃遣使詣漁陽求和親於是遣中郎將李茂報命而比密遣漢人郭衡奉匈奴地圖二十二年詣西河太守求內附兩骨都侯頗覺其意會五月龍祠因白單于言薁鞬日逐夙來欲爲不善若不誅且亂國時比弟漸將王在單于帳下聞之馳以報比比懼遂歛所主南邊八郡眾四五萬人待兩骨都侯還欲殺之骨都侯且到知其謀皆輕騎亾去以告單于單于遣萬騎擊之見比眾盛不敢進而還二十四年春八部大人共議立比爲呼韓邪單于以其大父嘗依漢得安故欲襲其號於是款五原塞願永爲藩蔽扞禦北虜帝用五官中郎將耿國議乃許之其冬比自立爲呼韓邪單于復號醯落尸逐鞮單于（單于自復株絫以下皆稱若鞮自比以下直稱鞮也）匈奴自是始分爲南北單于二十五年春南單于遣弟左賢王莫將兵萬餘人擊北單于弟薁鞬左賢王生獲之又破北單于帳下并得其眾合萬餘人馬七千匹牛羊萬頭北單于震怖卻地千里初帝造戰車可駕數牛上作樓櫓置於塞上以拒匈奴時人見者或相謂曰讖言漢九世當卻北狄地千里豈謂此邪及是果拓地焉北部薁鞬骨都侯與右骨都侯率眾三萬餘人來歸南單于南單于復遣使詣闕奉藩稱臣獻國珍寶求使者監護遣侍子脩舊約二十六年遣中郎將段郴副校尉王郁使南單于亾其庭去五原西部塞八十里單于乃延迎使者曰單于當伏拜受詔單于顧望有頃乃伏稱臣拜訖令譯曉使者曰單于新立誠慙於左右願使者眾中無相屈折也骨都侯見皆泣下郴等反命詔乃聽南單于入居雲中遣使上書獻橐佗二頭文馬十匹夏南單于所獲北虜薁鞬左賢王將其眾及南部五骨都侯合三萬餘人畔歸去北庭三百餘里共立薁鞬左賢王爲單于月餘日更相攻擊五骨都侯皆死左賢王遂自殺諸骨都侯子各擁兵自守秋南單于遣子入侍奉奏詣闕詔賜單于冠帶衣裳黃金璽盭緺綬（盭音戾注已前見緺古蛙反紫青色也）安車羽蓋華藻駕駟寶劍刀箭黑節三駙馬二黃金錦繡繒布萬疋絮萬斤樂器鼓車棨戟甲兵飲食什器又轉河東米糒三萬五千斛牛羊三萬六千頭以贍給之令中郎將置安集掾史將弛刑五千人持兵弩隨單于所處參辭訟察動靜單于歲盡輒遣奉奏送侍子入朝中郎將從事一人將領詣闕漢遣謁者送前侍子

還單于庭交會道路元正朝賀拜祠陵廟畢漢乃遣單于使令謁者將送賜綵繒千疋錦四端金十斤太官御食醬及橙橘龍眼荔支賜單于母及諸閼氏單于子及左右賢王左右谷蠡王骨都侯有功善者繒綵合萬疋歲以爲常冬前畔五骨都侯子復將其衆三千人歸南部北單于使騎追擊悉獲其衆南單于遣兵拒之逆戰不利於是復詔單于徙居西河美稷因使中郎將段郴及副校尉王郁留西河擁護之爲設官府從事史掾史令西河長史歲將騎二千弛刑五百人助中郎將衞護單于冬屯夏罷自後以爲常及悉復緣邊八郡南單于旣居西河亦列置諸部王助爲扞成使韓氏骨都侯屯北地右賢王屯朔方當于骨都侯屯五原呼衍骨都侯屯雲中郎氏骨都侯屯定襄左南將軍屯鴈門栗籍骨都侯屯代郡皆領部衆爲郡縣偵羅耳目（偵音丑政反羅音力賀反偵羅猶探候也）北單于惶恐頗還所略漢人以示善意鈔兵每到南部下還過亭候輒謝曰自擊亾虜薁鞬日逐耳非敢犯漢人也二十七年北單于遂遣使詣武威求和親天子召公卿廷議不決皇太子言曰南單于新附北虜懼於見伐故傾耳而聽爭欲歸義耳今未能出兵而反交通北虜臣恐南單于將有志北虜降者且不復來矣帝然之告武威太守勿受其使二十八年北匈奴復使詣闕貢馬及裘更乞和親并請音樂又求率西域諸國胡客與俱獻見帝下三府議酬答之宜司徒掾班彪奏曰臣見孝宣皇帝勑邊守尉曰匈奴大國多變詐交接得其情則卻敵折衝應對入其數則反爲輕欺今北匈奴見南單于來附懼謀其國故數求和親又遠驅牛馬與漢合市重遣名王多所貢獻斯皆外示富彊以相欺誕也臣見其獻益重知其國益虛歸親愈數爲懼愈多然今旣未獲助南亦不宜絕北羈縻之義禮無不答謂可頗加賞賜略與所獻相當明加曉告以前世呼韓邪郅支行事報答之辭令必有適今立藁草并上曰單于不忘漢恩追念先祖舊約欲修和親以輔身安國計議甚高爲單于嘉之往者匈奴數有乖亂呼韓邪郅支自相讐隙竝蒙孝宣皇帝垂恩救護故各遣侍子稱藩保塞其後郅支忿戾自絕皇澤而呼韓邪附親忠孝彌著及漢滅郅支遂保國傳嗣子孫相繼今南單于擕衆而南欵塞歸命自以呼韓嫡長次第當立而侵奪失職猜疑相背數請兵將歸埽北庭策謀紛紜無所不至惟念斯言不可獨讀又以北單于比年貢獻欲修和親故拒而未許將以成單于忠孝之義漢秉威信總率萬國日月所照皆爲臣妾殊俗百蠻義無親疎服順者褒賞畔逆者誅罰善惡之效呼韓邪郅支是也今單于欲修和親欵誠已達何嫌而欲率西域諸國俱來獻見西域國屬匈奴與屬漢何異單于數連兵亂國內虛耗貢物裁以通禮何必獻馬裘今齎雜繒五百疋弓鞬韇丸一矢四發遺單于又賜獻馬左骨都侯右谷蠡王雜繒各四百疋斬馬劍各一單于前言先帝時所賜呼韓邪竽瑟空侯皆敗願復裁賜念單于國尚未安方厲武節以戰攻爲務竽瑟之用不如良弓利劍故未以齎朕不愛小物於單于便宜所欲遣驛以聞帝悉納從之二十九年賜南單于羊數萬頭三十一年北匈奴復遣使如前乃璽書報答賜以綵繒不遣使者單于比立九年死中郎將段郴將兵赴弔祭以酒米分兵衞護之弟左賢王莫立爲邱浮尤鞮單于帝遣使者齎璽書鎮慰拜授璽綬遣冠幘絳單衣三襲童子佩刀緄帶各一（緄織成帶也音古本反）又賜繒綵四千疋令賞賜諸王骨都侯巳下其後單于死弔祭慰賜以此爲常邱浮尤鞮單于莫中元元年立一年死弟汗立爲伊伐於慮鞮單于汗中元一年立永平二年北匈奴護于邱率衆千餘人來降南部單于汗立二年死單于比之子適以永平二年立爲醯僮尸逐侯鞮單于永平五年冬北匈奴六七千騎入于五原塞遂寇雲中至原陽南單于擊卻之西河長史馬襄赴援虜乃引去單于適立四年死單于莫子蘇立是爲邱除車林鞮單于數月復死單于適之弟長立爲胡邪尸逐侯鞮單于長以永平六年立時北匈奴猶盛數寇邊朝廷以爲憂會北單于欲合市遣使求和親顯宗冀其交通不復爲寇乃許之八年遣越騎司馬鄭衆北使報命而南部須卜骨都侯等知漢與北虜交使懷嫌怨欲畔密因北使令遣兵迎之鄭衆出塞疑有異伺候果得須卜使人乃上言宜更置大將以防二虜交通由是始置度遼營以中郎將吳棠行度遼將軍事副校尉來苗左校尉閻章右校尉張國將黎陽虎牙營士屯五原曼栢又遣騎都尉秦彭將兵屯美稷其年秋北虜果遣二千騎候望朔方作馬革船欲度迎南部畔者以漢有備乃引去復數寇鈔邊郡焚燒城邑殺略甚衆河西城門晝閉帝患之十六年乃大發緣邊兵遣諸將四道出塞北征匈奴南單于遣左賢王信隨太僕祭肜及吳棠出朔方高闕攻皋林溫禺犢王於涿邪山虜聞漢兵來悉度幕北去肜棠坐不至涿邪山免以騎都尉來苗行度遼將軍其年北匈奴入雲中遂至漁陽太守廉范擊卻之詔遣使者高弘發三郡兵追之無所得建初元年來

苗還濟陰太守以征西大將軍耿秉行度遼將軍時皐林溫禺犢王復將衆居涿邪山南單于聞知遣輕騎與緣邊郡及烏桓兵出塞擊之斬首數百級降者三四千人其年南部苦蝗大飢肅宗稟給其貧人三萬餘口七年耿秉遷執金吾以張掖太守鄧鴻行度遼將軍八年北匈奴三木樓訾大人稽留斯等率三萬八千人馬二萬匹牛羊十餘萬款五原塞降元和元年武威太守孟雲上言北單于復願與吏民合市詔書聽雲遣驛使迎呼慰納之北單于乃遣大且渠伊莫訾王等驅牛馬萬餘頭來與漢賈客交易諸王大人或前至所在郡縣為設官邸賞賜待遇之南單于聞乃遣輕騎出上郡遮略生口鈔掠牛馬驅還入塞二年正月北匈奴大人車利涿兵等亾來入塞凡七十三輩時北虜衰耗黨衆離畔南部攻其前丁零寇其後鮮卑擊其左西域侵其右不復自立乃遠引而去單于長立二十三年死單于抒之子宣立為伊屠於閭鞮單于宣元和二年立其歲單于遣兵千餘人獵至涿邪山與北虜溫禺犢王卒遇（卒音七忽反）因戰獲其首級而還冬孟雲上言北虜以前和親而南部復往鈔掠北單于謂漢欺之謀欲犯塞謂宜還南所掠生口以慰安其意肅宗從太僕袁安議許之乃下詔曰昔獫狁獯鬻之敵中國其所由來尚矣往者雖有和親之名終無絲髮之效墝埆之人屢嬰塗炭父戰於前子死於後弱女乘於亭障孤兒號於道路老母寡妻設位祭飲泣淚想望歸魂於沙漠之表豈不哀哉傳曰江海所以能長百川者以其下之也少加屈下尚何足病況今與匈奴君臣分定辭順約明貢獻累至豈宜違信自受其曲其勑度遼及領中郎將龐奮倍雇南部所得生口以還北虜其南部斬首獲生計功受賞如常科於是南單于復令薁鞬日逐王師子將輕騎數千出塞掩擊北虜復斬獲千人北虜衆以南部為漢所厚又聞取降者歲數千人章和元年鮮卑入左地擊北匈奴大破之斬優留單于取其匈奴皮而還北庭大亂屈蘭儲卑胡都須等五十八部口二十萬勝兵八千人詣雲中五原朔方北地降單于宣立三年死單于長之弟屯屠何立為休蘭尸逐侯鞮單于屯屠何以章和二年立時北虜大亂加以飢蝗降者前後而至南單于將并北庭會肅宗崩竇太后臨朝其年七月單于上言臣累世蒙恩不可勝數孝章皇帝聖恩遠慮遂欲見成就故令烏桓鮮卑討北虜斬單于首級破壞其國今所新降虛渠等詣臣自言去歲三月中發虜北庭北單于創艾南兵又畏丁令鮮卑遁逃遠去依安侯河西今年七月骨都侯等復共立單于母兄右賢王為單于其人以兄弟爭立並各離散臣與諸王骨都侯及新降渠帥雜議方略皆曰宜及北虜分爭出兵討伐破北成南并為一國令漢家長無北念又今月八日新降右須日逐鮮堂輕從虜庭遠來詣臣言北虜諸部多欲內顧但恥自發遣故未有至者若出兵奔擊必有響應今年不往恐復并壹臣伏念先父歸漢以來被蒙覆載嚴塞明候大臣擁護積四十年臣等生長漢地開口仰食歲時賞賜動輒億萬雖垂拱安枕慙無報效之地願發國中及諸部故胡新降精兵遣左谷蠡王師子左呼衍日逐王須訾將萬騎出朔方左賢王安國右大且渠王交勒蘇將萬騎出居延期十二月同會虜地臣將餘兵萬人屯五原朔方塞以為拒守臣素愚淺又兵衆單少不足以防內外願遣執金吾耿秉度遼將軍鄧鴻及西河雲中五原朔方上郡太守并力而北令北地安定太守各屯要害冀因聖帝威神一舉平定臣國成敗要在今年已勑諸部嚴兵馬訖九月龍祠悉集河上唯陛下裁哀省察太后以示耿秉秉上言昔武帝殫極天下欲臣虜匈奴未遇天時事遂無成宣帝之世會呼韓來降故邊人獲安中外為一生人休息六十餘年及王莽篡位變更其號耗擾不止單于乃畔光武受命復懷納之緣邊壞郡得以還復烏桓鮮卑咸脅歸義威鎮四夷其效如此今幸遇天授北虜分爭以夷伐夷國家之利宜可聽許秉因自陳受恩分當出命效用太后從之永元元年以秉為征西將軍與車騎將軍竇憲率騎八千與度遼兵及南單于衆三萬騎出朔方擊北虜大破之北單于奔走斬捕首虜二十餘萬事具竇憲傳二年春鄧鴻遷大鴻臚以定襄太守皇甫稜行度遼將軍南單于復上書求滅北庭於是遣左谷蠡王師子等將左右部八千騎出雞鹿塞中郎將耿譚遣從事將護之至涿邪山乃留輜重分為二部各引輕兵兩道襲之左部北過西海至河雲北右部從匈奴河水西繞天山南度甘微河二軍俱會夜圍北單于單于大驚率精兵千餘合戰單于被創墮馬復上將輕騎數十遁走僅而免脫得其玉璽獲閼氏及男女五人斬首八千級生虜數千口而還是時南部連剋獲納降黨衆最盛領戶三萬四千口二十三萬七千三百勝兵五萬一百七十故從事中郎將置從事二人耿譚以新降者多上增從事十二人三年北單于復為右校尉耿夔所破逃亾不知所在其弟右谷蠡王於除鞬自立為單于將右溫禺鞬王骨都侯已下衆數千人止

蒲類海遣使款塞大將軍竇憲上書立於除鞬爲北單于朝廷從之四年遣耿夔即授璽綬賜玉劍四具羽蓋一駟使中郎將任尚持節衛護屯伊吾如南單于故事方欲輔歸北庭會竇憲被誅五年於除鞬自畔還北帝遣將兵長史王輔以千餘騎與任尚共追誘將還斬之破滅其衆單于屯屠何立六年死單于宣弟安國以永元五年立爲單于安國初爲左賢王而無稱譽左谷蠡王師子素勇黠多知前單于宣及屯屠何皆愛其氣決故數遣將兵出塞掩擊北庭還受賞賜天子亦加殊異是以國中盡敬師子而不附安國安國由是疾師子欲殺之其諸新降胡初在塞外數爲師子所驅掠皆多怨之安國由是委計降者與同謀議安國既立爲單于師子以次轉爲左賢王覺單于與新降者有謀乃別居五原界單于每會龍祠議事師子輒稱病不往皇甫稜知之亦擁護不遣單于懷憤益甚六年春皇甫稜免以執金吾朱徽行度遼將軍時單于與中郎將杜崇不相平乃上書告崇崇諷西河太守令斷單于章無由自聞而崇因與朱徽上言南單于安國疏遠故胡親近新降欲殺左賢王師子及左臺且渠劉利等又右部降者謀共迫脅安國起兵背畔請西河上郡安定爲之儆備和帝下公卿議皆以爲蠻夷反覆雖難測知然大兵聚會必未敢搖動今宜遣有方略使者之單于庭與杜崇朱徽及西河太守幷力觀其動靜如無他變可令崇等就安國會其左右大臣責其部衆橫暴爲邊害者共平罪誅若不從命令爲權時方略事畢之後裁行客賜言以主客之禮裁量賜物不多與也亦足以威示百蠻帝從之於是徽崇遂發兵造其庭安國夜聞漢軍至大驚棄帳而去因舉兵及將新降者欲誅師子師子先知乃悉將廬落入曼柏城安國追到城下門閉不得入朱徽遣吏曉譬和之安國不聽城既不下乃引兵屯五原崇徽因發諸郡騎追赴之急衆皆大恐安國舅骨都侯喜爲等慮并被誅乃格殺安國安國立一年單于適之子師子立爲亭獨尸逐侯鞮單于師子以永元六年立師子新立降胡五六百人夜襲其帳安集掾王恬將衛護士與戰破之於是新降胡遂相驚動十五部二十餘萬人皆反畔脅立前單于屠屯何子薁鞬日逐王逢侯爲單于遂殺略吏民燔燒郵亭廬帳將車重向朔方欲度幕北於是遣行車騎將軍鄧鴻越騎校尉馮柱行度遼將軍朱徽將左右羽林北軍五校士及郡國積射緣邊兵烏桓校尉任尚將烏桓鮮卑合四萬人討之時南單于及中郎將杜崇屯牧師城逢侯將萬騎攻圍之未下冬鄧鴻等至美稷逢侯乃乘冰度隘向滿夷谷南單于遣子將萬騎及杜崇所領四千騎與鄧鴻等追擊逢侯於大城塞斬首三千餘級得生口及降者萬餘人馮柱復分兵追擊其別部斬首四千餘級任尚率鮮卑大都護蘇拔廆胡罪反烏桓大人勿柯八千騎要擊逢侯於滿夷谷復大破之前後凡斬首萬七千餘級逢侯遂率衆出塞漢兵不能追七年正月軍還馮柱將虎牙營留屯五原罷遣鮮卑烏桓羌胡兵封蘇拔廆爲率衆王又賜金帛鄧鴻還京師坐逗留失利下獄死後帝知朱徽杜崇失胡和又禁其上書以致反畔皆徵下獄死以鴈門太守龐奮行度遼將軍逢侯於塞外分爲二部自領右部屯涿邪山下左部屯朔方西北相去數百里八年冬左部胡自相疑畔還入朔方塞龐奮迎受慰納之其勝兵四千人弱小萬餘口悉降以分處北邊諸郡南單于以其右溫禺犢王烏居戰烏居戰乃右禺犢王名也始與安國同謀欲考問之烏居戰將數千人遂復反畔出塞外山谷閒爲吏民害秋龐奮馮柱與諸郡兵擊烏居戰其衆降於是徙烏居戰衆及諸還降者二萬餘人於安定北地馮柱還遷將作大匠逢侯部衆飢窮又爲鮮卑所擊無所歸竄逃去塞者駱驛不絕單于師子立四年死單于長之子檀立爲萬氏尸逐鞮單于檀以永元十年立十二年龐奮遷河南尹以朔方太守王彪行度遼將軍南單于比歲遣兵擊逢侯多所虜獲收還生口前後以千數逢侯轉困迫十六年北單于遣使詣闕貢獻願和親修呼韓邪故約和帝以其舊禮不備未許之而厚加賞賜不答其使元興元年重遣使詣敦煌貢獻辭以國貧未能備禮願請大使當遣子入侍時鄧太后臨朝亦不答其使但加賜而已永初三年夏漢人韓琮隨南單于入朝既還說南單于云關東水潦人民飢餓死盡可擊也單于信其言遂起兵反畔攻中郎將耿种於美稷秋王彪卒冬遣行車騎將軍何熙副中郎將龐雄擊之四年春單于遣千餘騎寇常山中山以西域校尉梁慬行度遼將軍與遼東太守耿夔擊破之單于見諸軍並進大恐怖顧讓韓琮曰汝言漢人死盡今是何等人也乃遣使乞降許之單于脫帽徒跣對龐雄等拜陳道死罪於是赦之遇待如初乃還所鈔漢民男女及羌所略轉賣及匈奴中者合萬餘人五年梁慬免以雲中太守耿夔行度遼將軍元初元年夔免以烏桓校尉鄧遵爲度遼將軍遵皇太后之從弟故始爲眞將軍焉四年逢侯爲鮮卑所破部衆分散皆歸北虜五年春逢侯將百餘騎亾還詣朔方塞降鄧遵

奏徙逢侯於潁川郡建光元年鄧遵免復以耿夔代爲度遼將軍時鮮卑寇畔夔與溫禺犢王呼尤徽將新降者連年出塞討擊鮮卑還復各令屯列衝要而耿夔徵發煩劇新降皆悉恨謀畔單于檀立二十七年死弟拔立爲烏稽侯尸逐鞮單于拔以延元三年立是歲耿夔復免以太原太守法度爲度遼將軍時新附一部大人阿族等反畔脅呼尤徽欲與俱去呼尤徽曰我老矣受漢家恩寧死不能相隨衆欲殺之有救者得免阿族等遂將妻子輜重亾去中郎將馬翼遣兵與胡騎追擊破之斬首及自投河死者殆盡獲馬牛羊萬頭冬法度卒四年漢陽太守傅衆代爲度遼將軍其冬衆復卒永建元年以遼東太守龐參代爲度遼將軍先是朔方以西障塞多不脩復鮮卑因此數寇南部殺漸將王單于憂恐上書求復障塞順帝從之乃遣黎陽營兵出屯中山北界增置緣邊諸郡兵列屯塞下教習戰射單于拔立四年死弟休利立爲去特若尸逐鞮單于休利以永建三年立四年龐參遷大鴻臚以東平相宋漢代爲度遼將軍陽嘉二年漢遷太僕以烏桓校尉耿曄代爲度遼將軍永和元年曄病徵以護羌校尉馬續代爲度遼將軍五年夏南匈奴左部句龍王吾斯車紐等背畔率三千餘騎寇西河因復招誘右賢王合七八千騎圍美稷殺朔方代郡長吏馬續與中郎將梁竝烏桓校尉王元發緣邊兵及烏桓鮮卑羌胡合二萬餘人掩擊破之吾斯等遂更屯聚攻沒城邑天子遣使責讓單于開以恩義令相招降單于本不預謀乃脫帽避帳詣竝謝罪竝以病徵五原太守陳龜代爲中郎將龜以單于不能制下逼迫之單于及其弟左賢王皆自殺單于休利立十三年龜又欲徙單于近親於內郡而降者遂更狐疑龜坐下獄死大將軍梁商以羌胡新反黨衆初合難以兵服宜用招降乃上表曰匈奴寇畔自知罪極窮鳥困獸皆知救死況種類繁熾不可殫盡今轉運日增三軍疲苦虛內給外非中國之利宜令度遼將軍馬續深溝高壁以恩信招降宣示購賞明其期約如此則醜類可服國家無事矣帝從之乃詔續招降畔虜商又移書續等曰中國安寧忘戰日久良騎野合交鋒接矢決勝當時戎狄之所長中國之所短也彊弩乘城堅營固守以待其衰中國之所長而戎狄之所短也宜務先所長以觀其變設購開賞宜示反悔勿貪小功以亂大謀續及諸郡竝各遵行於是右賢王部抑鞮等萬三千口詣續降秋句龍吾斯等立句龍王車紐爲單于東引烏桓西收羌戎及諸胡等數萬人攻破京兆虎牙營殺上郡都尉及軍司馬遂寇略幷涼幽冀四州乃徙西河治離石上郡治夏陽朔方治五原冬遣中郎將張耽將幽州烏桓諸郡營兵擊畔虜車紐等戰於馬邑斬首三千級獲生口及兵器牛羊甚衆車紐等將諸豪帥骨都侯乞降而吾斯猶率其部曲與烏桓寇鈔六年春馬續率鮮卑五千騎到穀城擊之斬首數百級張耽性勇銳而善撫士卒軍中皆爲用命遂緄索相懸上通天山大破烏桓悉斬其渠帥還得漢民獲其畜產財物夏馬續復免以城門校尉吳武代爲度遼將軍漢安元年秋吾斯與薁鞬臺耆且渠伯德等復略幷部呼蘭若尸逐就單于兜樓儲先在京師漢安二年立之天子臨軒大鴻臚持節拜授璽綬引上殿賜青蓋馬駟鼓安車駙馬騎玉具刀劍什物給綵布二千疋賜單于閼氏以下金錦錯雜具輧車馬二乘遣行中郎將持節護送單于歸南庭詔太常大鴻臚與國侍子於廣陽城門外祖會饗賜作樂角抵百戲順帝幸胡桃宮臨觀之冬中郎將馬寔募刺殺句龍吾斯送首洛陽建康元年進擊餘黨斬首千二百級烏桓七十萬餘口皆詣寔降車重牛羊不可勝數單于兜樓儲立五年死伊陵尸逐就單于居車兒建和元年立至永壽元年匈奴左薁鞬臺耆且渠伯德等復畔寇鈔美稷安定屬國都尉張奐擊破降之延熹元年南單于諸部竝畔遂與烏桓鮮卑寇緣邊九部以張奐爲北中郎將討之單于諸部悉降奐以單于不能統理國事乃拘之上立左谷蠡王桓帝詔曰春秋大居正居車兒一心向化何罪而黜其遣還單于居車兒立二十五年死子某以熹平元年立爲屠特若尸逐就單于（凡言某者史失其名故稱曰某）六年單于與中郎將臧旻出鴈門擊鮮卑檀石槐大敗而還是歲單于死子呼徵立爲單于呼徵光和元年立二年中郎將張脩與單于不相能脩擅斬之更立右賢王羌渠爲單于脩以不先請而擅誅殺檻車徵詣廷尉抵罪單于羌渠光和二年立中平四年前中山太守張純反畔遂率鮮卑寇邊郡靈帝詔發南匈奴兵配幽州牧劉虞討之單于遣左賢王將騎詣幽州國人恐單于發兵無已五年右部醯落與休屠各胡白馬銅等十餘萬人反攻殺單于單于羌渠立十年子右賢王於扶羅立爲持至尸逐侯單于（於扶羅乃前趙劉淵之祖劉淵乃亂晉之首）於扶羅以中平五年立國人殺其父者遂畔共立須卜骨都侯爲單于而於扶羅詣闕自訟會靈帝崩天下大亂單于將數千騎與白波賊合兵寇河內諸郡時民皆保聚鈔略無所得而兵遂挫傷復欲歸國國人不受

乃止河東河東平陽也於扶羅國於此須卜骨都侯爲單于一年而死南庭遂虛其位以老王行國事單于於扶羅立七年死弟呼廚泉立爲單于呼廚泉興平二年立以兄被逐不得歸國數爲鮮卑所鈔建安元年獻帝自長安東歸右賢王去卑與白波賊帥韓暹等侍衛天子擊拒李傕郭汜及車駕還洛陽又從遷許然後歸國謂歸河東平陽二十一年單于來朝魏武爲丞相因留單于於鄴而遣去卑歸監其國歲給單于綿絹錢穀如列侯子孫襲號分其衆爲五部部中立其貴者爲帥選漢人爲司馬以監督之魏世之末復改帥爲都尉其左部都尉所統可萬餘落居于太原故茲氏縣右都尉可六千餘落居祈縣南部都尉可三千餘落居蒲子縣北部都尉可四千餘落居新興縣中部都尉可六千餘落居太陵縣北部匈奴雖分居五部然皆家于晉陽汾澗之間晉初塞外匈奴大水塞泥黑難等二萬餘落歸化武帝復納之使居河西故宜陽城下後復與晉人雜居由是平陽西河太原新興上黨樂平諸郡靡不有焉泰始七年單于猛叛之孔邪城武帝遣婁侯何楨持節討之楨素有志略以猛衆凶悍非少兵所制乃潛誘猛左部督李恪殺猛於是匈奴震服積年不敢復反其後稍因忿恨殺害長史漸爲邊患侍御史西河郭欽上疏曰戎狄彊獷歷古爲患魏初人寡西北諸郡皆爲戎居今雖服從若百年之後有風塵之警胡騎自平陽上黨不三日而至孟津北地西河太原馮翊安定上郡盡爲狄庭矣宜及平吳之威謀臣猛將之略出北地西河安定復上郡實馮翊於平陽已北諸縣募取死罪徙三河三魏見士四萬家以充之裔不亂華漸徙平陽弘農魏郡京兆上黨雜胡峻四夷出入之防明先王荒服之制萬世之長策也帝不納至太康五年復有匈奴胡太阿厚率其部落二萬九千三百人歸化七年又有匈奴胡都大博及萎莎胡等各率種類大小凡十餘萬口詣雍州刺史扶風王駿降附明年匈奴都督大豆得一育鞠等復率其種落大小萬一千五百口牛二萬二千頭羊十萬五千口車廬什物不可勝紀來降幷貢其方物帝竝撫納之按晉史云匈奴以部落爲種類其入居塞者有屠各種鮮支種寇頭種烏譚種赤勒種捍蛭種黑狼種赤沙種鬱鞞種萎莎種禿童種勃茂種羌渠種賀賴種鍾跂種大樓種雍屈種眞樹種力羯種凡十九種皆有部落不相錯雜屠各最豪貴故得爲單于統領諸種其國號有左賢王右賢王左奕蠡王右奕蠡王左於陸王右於陸王左漸尚王右漸尚王左朔方王右朔方王左獨鹿王右獨鹿王左顯祿王右顯祿王左安樂王右安樂王凡十六等皆用單于親子弟也其左賢王最貴唯太子得居之其四姓有呼延氏卜氏蘭氏喬氏而呼延氏最貴則有左日逐右日逐世爲輔相卜氏則有左沮渠右沮渠蘭氏則有左當戶右當戶喬氏則有左都侯右都侯又有車陽沮渠餘地諸雜號猶中國百官也其國人有綦毋氏勒氏皆勇健好反叛武帝時有騎督綦毋俔邪伐吳有功遷赤沙都尉惠帝元康中匈奴郝散攻上黨殺長吏入守上郡明年散弟度元又率馮翊北地羌胡攻破二郡自此以後匈奴種類蕃聚難以驅逼而於扶羅之孫淵遂吞噬神州邱墟帝室云

通志卷一百九十九

宋右迪功郎鄭樵漁仲撰

四夷傳第七

北國下

烏桓 鮮卑 軻比能 宇文莫槐 徒河段務勿塵附 蠕蠕 高車 稽胡 突厥 西突厥 鐵勒
庫莫奚 契丹 室韋 地豆于 烏洛侯
驅度寐 霫 拔悉彌

烏桓

烏桓者本東胡也漢初匈奴冒頓滅其國餘類保烏桓山因以爲號焉俗善騎射弋獵禽獸爲事隨水草放牧居無常處以穹廬爲舍東開向日食肉飲酪以毛毳爲衣貴少而賤老其性悍塞怒則殺父兄而終不害其母以母有族類父兄無相仇報故也有勇健能理決闘訟者推爲大人無世業相繼邑落各有小帥數百千落自爲一部大人有所召呼則刻木爲信雖無文字而部衆不敢違犯氏姓無常以大人健者名字爲姓大人以下各自畜牧營產不相徭役其嫁娶則先略女通情或半歲百日然後送牛馬羊畜以爲聘幣壻隨妻還家妻家無尊卑旦旦拜之而不拜其父母爲妻家僕役一二年間妻家厚遣送女居處財物一皆爲辦其俗妻後母報寡嫂死則歸其故夫計謀從用婦人唯闘戰之事乃自決之父子男女相對踞蹲以髡頭爲輕便婦人至嫁時乃養髮分爲髻著句決飾以金碧猶中國有簂步搖簂音吉悔反字或作幗婦人首飾也續漢輿服志曰公卿列侯夫人紺繒幗釋名云皇后首飾上有垂珠步則搖之也婦人能刺韋作文繡織氀毼氀音力于反毼音胡達反男子能作弓矢鞍勒勒馬銜也鍛金鐵爲兵器其土地宜穄及東牆東牆似蓬草實如穄子至十月而熟見鳥獸孳乳以別四節俗貴兵死斂屍以棺有哭泣之哀至葬則歌舞相送肥養一犬以彩繩纓牽并取死者所乘馬衣物皆燒而送之言以屬累犬屬音之欲反累音力瑞反使護死者神靈歸赤山赤山在遼東西北數千里如中國人死者魂神歸岱山也博物志曰太山天帝孫也主召人魂東方萬物始生故知人生命敬鬼神祠天地日月星辰山川及先大人有健名者祠用牛羊畢皆燒之其約法違大人言者罪至死若相賊殺者令部落自相報不止詣大人告之聽出馬牛羊以贖死其自殺父兄則無罪若亡畔爲大人所捕者邑落不得受之皆徙逐於雍狂之地沙漠之中其上多蝮蛇在丁令西南烏孫東北焉丁令匈奴別種也令音零烏桓自爲冒頓所破衆遂孤弱常臣伏匈奴歲輸牛馬羊皮過時不具輒沒其妻子及漢武帝遣驃騎將軍霍去病擊破匈奴左地因徙烏桓於上谷漁陽右北平遼東五郡塞外爲漢偵察匈奴動靜其大人歲一朝見於是始置護烏桓校尉秩二千石擁節監領之使不得與匈奴交通昭帝時烏桓漸彊乃發匈奴單于冢墓以報冒頓之怨匈奴大怒乃東擊破烏桓大將軍霍光聞之因遣度遼將軍范明友將二萬騎出遼東邀匈奴而虜已引去明友乘烏桓新敗遂進擊之斬首六千餘級獲其三王首而還由是烏桓復寇幽州明友輒破之宣帝時乃稍保塞降附及王莽簒位欲擊匈奴興十二部軍使東城將嚴尤領烏桓丁令兵屯代郡皆質其妻子於郡縣烏桓不便水土懼久屯不休數求謁去莽不肯遣遂自亡畔還爲抄盜而諸郡盡殺其質由是結怨於莽匈奴因誘其豪帥以爲吏餘者皆羈縻屬之光武初烏桓與匈奴連兵爲寇代郡以東尤被其害居止近塞朝發穹廬暮至城郭五郡民庶家受其辜至於郡縣損壞百姓流亡其在上谷塞外白山者最爲彊富建武二十一年遣伏波將軍馬援將三千騎出五阮關掩擊之關在代郡烏桓逆知悉相率逃之追斬百級而還烏桓復尾擊援後援遂晨夜奔歸比入塞馬死者千餘匹二十二年匈奴國亂烏桓乘弱擊破之匈奴轉北徙數千里漢南地空帝乃以幣帛賂烏桓二十五年遼西烏桓大人郝旦等九百二十二人率衆向化詣闕朝貢獻奴婢牛馬及弓虎豹貂皮是時四夷朝賀絡驛而至天子乃命大會勞饗賜以珍寶烏桓或願留宿衛於是封其渠帥爲侯王君長者八十一人皆居塞內布於緣邊諸郡令招來種人給其衣食遂爲漢偵候助擊匈奴鮮卑時司徒班彪上言烏桓天性輕黠好爲寇賊若久放縱而無總領者必復侵掠居民但委主降掾吏蓋當時權置也下兵馬掾亦同恐非所能制臣愚以爲宜復置烏桓校尉誠有益於附集省國家之邊慮帝從之於是始復置校尉於上谷甯城甯城縣名開營府并領鮮卑賞賜質子歲時互市焉及明章和三世皆保塞無事安帝永初三年夏漁陽烏桓與右北平胡千餘寇代郡上谷秋鴈門烏桓率衆王無何與鮮卑大人邱倫等及南匈奴骨都侯合七千騎寇五原與太守戰於九原高渠谷九原縣屬五原郡漢兵大敗殺郡長吏方遣車騎將軍何熙度遼將軍梁慬等擊大破之無何乞降鮮卑走還塞外是後烏桓稍復親附拜其大人戎末廆爲漢都尉廆音胡罪反順帝陽嘉四年冬烏桓寇雲中遮截道上商賈車牛千餘兩度遼將軍耿曅率二千餘人追擊不利又戰於沙南斬首五百級沙南縣屬雲中郡有蘭池城烏桓遂圍曅於蘭

池城於是發積射士二千人度遼營千人配上郡屯以討烏桓烏桓乃退永和五年烏桓大人阿堅羌渠等與南匈奴左部句龍吾斯反畔中郎將張耽擊破斬之餘衆悉降桓帝永壽中朔方烏桓與休屠屠各並畔中郎將張奐擊平之延熹九年夏烏桓復與鮮卑及南匈奴鮮卑寇緣邊九部俱反張奐討之皆出塞去靈帝初烏桓大人上谷有難樓者衆九千餘落遼西有邱力居者衆五千餘落皆自稱王又遼東蘇僕延衆千餘落自稱峭王峭音七笑反右北平烏延衆八百餘落自稱汗魯王並勇健而多計策中平四年前中山太守張純畔入邱力居衆中自號彌天安定王遂爲諸郡烏桓元帥寇掠青徐幽冀四州五年以劉虞爲幽州牧虞購募斬純首北州乃定獻帝初平中邱力居死子樓班年少從子蹋頓有武略代王蹋音大蠟反總攝三郡衆皆從其號令建安初冀州牧袁紹與前將軍公孫瓚相持不決蹋頓遣使詣紹求和親遂遣兵助擊瓚破之紹矯制賜蹋頓難樓蘇僕延烏桓延烏等皆以單于印綬後難樓蘇僕延率其部衆奉樓班爲單于蹋頓爲王然蹋頓猶秉計策廣陽人閻柔少沒烏桓鮮卑中爲其種人所歸信柔乃因鮮卑殺烏桓校尉邢舉而代之袁紹因寵慰柔以安北邊及紹子尚敗奔蹋頓時幽冀吏民奔烏桓者十萬餘戶尚欲憑其兵力復圖中國會曹操平河北閻柔率鮮卑烏桓歸附操卽以柔爲校尉建安十二年曹操自征烏桓大破蹋頓於柳城斬之首虜二十餘萬人袁尚與樓班烏延等皆走遼東遼東太守公孫康並斬送之其餘衆萬餘落悉徙中國云西晉王浚爲幽州牧有烏桓單于審登前燕慕容雋時有烏桓單于薛雲後燕慕容盛時有烏桓渠帥莫賀咄科敎並其別種然皆微弱不足云矣

鮮卑

鮮卑者亦東胡之支也別依鮮卑山故因號焉其言語習俗與烏桓同唯婚姻先髡頭以季春月大會於饒樂水上水在今營州北飲讌畢然後配合又禽獸異於中國者野馬原羊角端牛以角爲弓俗謂之角端弓者郭璞注爾雅曰原羊似吳羊而大角出西方前書音義曰端角似牛角可爲弓又有貂豽鼲子皮毛柔蝡豽音女滑反鼲音胡昆反貂鼲並鼠屬豽狗屬也故天下以爲名裘漢初亦爲冒頓所破遠竄遼東塞外與烏桓相接未嘗通中國焉光武初匈奴彊盛率鮮卑與烏桓寇抄北邊殺略吏民無有寧歲建武二十一年鮮卑與匈奴入遼東遼東太守祭肜擊破之斬獲殆盡由是震怖及南單于附漢北虜孤弱二十五年鮮卑始通驛使其後都護偏何等詣祭肜求自效功因令擊北匈奴左伊育訾部斬首二千餘級其後偏何連歲出兵擊北虜還輒持首級詣遼東受賞賜三十年鮮卑大人於仇賁滿頭等率種人詣闕朝賀慕義內屬帝封於仇賁爲王滿頭爲侯時漁陽赤山烏桓歆志賁等數寇上谷永平元年祭肜復賂偏何擊歆志賁破斬之於是鮮卑大人皆求歸附並詣遼東受賞賜青徐二州給錢歲二億七十萬爲常明章二帝保塞無事和帝永元中大將軍竇憲遣右校尉耿夔擊破北匈奴北單于逃走鮮卑因北轉徙據其地匈奴餘種留者尚有十餘萬落皆自號鮮卑鮮卑由此漸盛九年遼東鮮卑攻肥如縣肥如縣故城在今平州也太守祭參坐沮敗下獄死十三年遼東鮮卑寇右北平因入漁陽太守擊破之延平元年鮮卑復寇漁陽漁陽太守張顯率數百人出塞追之兵馬掾嚴授諫曰前道險阻賊勢難量宜且結營先令輕騎偵視之顯意甚銳怒欲斬之因復進兵遇虜伏發士卒悉走唯授力戰身被十創手殺數人而死顯中流矢主簿衛福功曹徐咸皆自投赴顯俱歿於陣鄧太后策書褒歎賜顯錢六十萬以家三人爲郎授福咸各錢十萬除一子爲郎安帝永初中鮮卑大人燕荔陽詣闕朝賀鄧太后賜燕荔陽王印綬赤車參駕令止烏桓校尉所居寧城下通胡市因築南北兩部質館築館以受降質鮮卑邑落百二十部各遣入質是後或降或畔與匈奴烏桓更相攻擊元初二年秋遼東鮮卑圍無慮縣無慮縣屬遼東郡也州郡合兵固保淸野鮮卑無所得復攻扶黎營殺長吏扶黎縣屬遼東國故城在今營州東南四年遼西鮮卑連休等遂燒塞門寇百姓烏桓大人於秩居等與連休有宿怨共郡兵奔擊大破之斬首千三百級悉獲其生口牛馬財物五年秋代郡鮮卑萬餘騎遂穿塞入寇分攻城邑燒宮寺殺長吏而去乃發緣邊甲卒黎陽營兵屯上谷以備之冬鮮卑入上谷攻居庸關復發緣邊諸郡黎陽營兵積射士步卒二萬人屯列衝要六年秋鮮卑入馬城塞殺長吏馬城縣名屬代郡也度遼將軍鄧遵發積射士三千人及中郎將馬續率南單于與遼西右北平兵馬會出塞追擊大破之獲生口及牛羊財物甚衆又發積射士三千人馬三千匹詣度遼營屯守永寧元年遼西鮮卑大人烏倫其至鞬率詣鄧遵降奉貢獻詔封烏倫爲率衆王其至鞬爲率衆侯賜綵繒各有差建光元年秋其至鞬復叛寇居庸雲中太守成嚴擊之兵敗散曹掾穆以身捍嚴與俱戰歿鮮卑於是圍烏桓校尉徐常於馬城度遼將軍耿夔與幽州刺史龐參發廣陽漁陽涿郡甲卒分爲兩道救之常夜得潛出與夔等幷力並進攻賊圍解之鮮卑既累殺郡守膽意轉盛控弦數萬

騎延光元年冬復寇鴈門定襄遂攻太原掠殺百姓二年冬其至鞬自將萬餘騎入東領候分爲數道攻南匈奴於蔓柏（縣名屬五原郡也）莫鞬日逐王戰死殺千餘人三年秋復寇高柳擊破南匈奴殺漸將王順帝永建元年秋鮮卑其至鞬寇代郡太守李超戰死明年春中郎將張國遣從事將南單于兵步騎萬餘人出塞擊破之獲其資重二千餘種時遼東鮮卑六千餘騎亦寇遼東元菟烏桓校尉耿曅發緣邊諸郡兵及烏桓率衆王出塞擊之斬首數百級大獲其生口牛馬什物鮮卑乃率種衆三萬人詣遼東乞降三年四年鮮卑頻寇漁陽朔方六年秋耿曅遣司馬將胡兵數千人出塞擊破之冬漁陽太守又遣烏桓兵擊之斬首八百級獲牛馬生口烏桓豪人扶漱官勇健（漱音所救反）每與鮮卑戰輒陷敵詔賜號率衆君陽嘉元年冬耿曅遣烏桓親漢都尉戎末魔率衆王侯咄歸等出塞抄擊鮮卑大斬獲而還賜咄歸等已下爲率衆王侯長賜綵繒各有差鮮卑後寇遼東屬國於是曅乃移屯遼東無慮城拒之二年春匈奴中郎將趙稠遣從事將南匈奴骨都侯夫沈等出塞擊鮮卑破之斬獲甚衆詔賜夫沈金印紫綬及縑綵各有差秋鮮卑穿塞入馬城代郡太守擊之不能克後其至鞬死鮮卑寇盜差稀桓帝時鮮卑檀石槐者其父投鹿侯初從匈奴軍三年其妻在家生子投鹿侯歸怪欲殺其妻言嘗晝行聞雷震仰天視而雹入其口因吞之遂姙身十月而產此子必有奇異且宜長視投鹿侯不聽遂棄之妻私語家令收養焉名檀石槐年十四五勇健有智略異部大人抄取其外家牛羊檀石槐單騎追擊之所向無前悉還得所亾者由是部落畏服乃施法禁平曲直無敢犯者遂推以爲大人檀石槐乃立庭於彈汗山歠仇水上（歠音昌悅反）去高柳北三百餘里兵馬甚盛東西部大人皆歸焉因南抄緣邊北拒丁零東卻夫餘西擊烏孫盡據匈奴故地東西四千餘里網羅山川水澤鹽池永壽二年秋檀石槐遂將三四千騎寇雲中延熹元年鮮卑寇邊冬使匈奴中郎將張奐率南單于出塞擊之斬首二百級二年復入鴈門殺數百人大抄掠而去六年夏千餘騎寇遼東屬國九年夏遂分騎數萬人入緣邊九部竝殺掠吏民於是復遣張奐擊之鮮卑乃出塞去朝廷積患之而不能制遂遣使持印綬封檀石槐爲王欲與和親檀石槐不肯受而寇抄滋甚乃自分其地爲三部從右北平東至遼東接夫餘濊貊二十餘邑爲東部從右北平以西至上谷十餘邑爲中部從上谷以西至敦煌烏孫二十餘邑爲西部各置大人主領之皆屬檀石槐靈帝立幽并涼三州緣邊諸部無歲不被鮮卑寇抄殺略不可勝數熹平三年冬鮮卑入北地太守夏育率休屠屠各追擊破之遷育爲護烏桓校尉五年鮮卑寇幽州六年夏鮮卑寇三邊秋夏育上言鮮卑寇邊自春以來三十餘發請徵幽州諸郡兵出塞擊之一冬二春必能禽滅朝廷未許先是護羌校尉田晏坐事論刑被原欲立功自效乃請中常侍王甫求得爲將因此議遣兵與育并力討賊帝乃拜晏爲破鮮卑中郎將大臣多有不同乃召百官議朝堂議郎蔡邕上議曰自匈奴北遁鮮卑彊盛據其故地稱兵十萬加以關塞不嚴禁網多漏精金良鐵皆爲賊有漢人逋逃爲之謀主夫邊垂之患手足之蚧搔中國之困胷背之瘭疽也（蚧音介搔新到反埤蒼曰瘭必燒反杜氏注左傳曰疽惡瘡也）方今郡縣盜賊尚不能禁況醜虜而可服乎昔高祖忍平城之恥呂后棄慢書之垢方之於今何者爲甚天設沙漠秦築長城漢起塞垣所以別內外異殊俗也苟無蹙國內侮之患則可矣豈與蟲螘狄寇計往來哉雖或破之豈可殄盡而方令本朝爲之旰食乎夫卹人救急雖成郡列縣尚猶棄之況障塞之外未嘗爲人居者乎備邊之術李牧善其宜保塞之論嚴尤申其要遺業猶在文章尙存循二子之策守先帝之規臣曰可矣帝不從遂遣夏育出高柳田晏出雲中匈奴中郎將臧旻率南單于出鴈門各將萬騎三道出塞二千餘里檀石槐命三部大人各帥衆逆戰育等大敗喪其節傳輜重各將數千騎奔還死者十七八三將檻車徵下獄贖爲庶人冬鮮卑寇遼西光和元年冬又寇酒泉緣邊莫不被毒種衆日多田畜射獵不足給食檀石槐乃自徇行見烏侯秦水廣從數百里水停不流（從子用反）其中有魚不能得之聞倭人善網捕於是東擊倭人國得千餘家徙置秦水上捕魚以助糧食光和中檀石槐死時年四十五子和連代立和連才力不及父亦數爲寇抄性貪淫斷法不平衆畔者且半後出攻北地廉人善弩射者（廉縣名屬北地郡）射中和連卽死其子騫曼年小兄子魁頭立後騫曼長大與魁頭爭國衆遂離散魁頭死弟步度根立衆稍衰弱中兄扶羅韓亦別擁衆數萬爲大人建安中曹操定幽州步度根與軻比能等因烏桓校尉閻柔上貢獻後代郡烏桓能臣氐等叛求屬扶羅韓扶羅韓將萬餘騎迎之到桑乾氐等議以爲扶羅韓部威禁寬緩恐不見濟更遣人呼軻比能比能卽將萬餘騎到當共盟誓比能便於會上殺扶羅韓扶羅韓子泄歸泥及部衆悉屬比能比能自以殺泄

歸泥父特又善遇之步度根由是怨比能魏文帝踐阼田豫爲烏桓校尉持節并護鮮卑屯昌平步度根遣使獻馬帝拜爲王後數與軻比能更相攻擊步度根力不能抗將其衆萬餘落保太原鴈門郡步度根乃使人招呼泄歸泥曰汝父爲比能所殺不念報讐反屬怨家今雖厚待汝是欲殺汝計也不如還我我與汝是骨肉至親豈與讐等由是歸泥將其部落逃歸步度根比能追之弗及黃初五年步度根詣闕貢獻厚加賞賜是後一心守邊不爲寇害而軻比能衆遂彊盛明帝卽位務欲綏和戎狄以息征伐羈縻兩部而已青龍元年比能誘步度根深結和親於是步度根將泄歸泥及部衆悉保比能寇鈔并州殺略吏民帝遣驍騎將軍秦朗征之歸泥叛比能將其部衆降拜歸義王賜幢麾曲蓋鼓吹居并州如故步度根爲比能所殺

軻比能

軻比能本小種鮮卑以勇健斷法平端不貪財物衆推以爲大人部落近塞自袁紹據河北中國人多亾叛歸之教作兵器鎧楯頗學文字故其勒御部衆擬則中國出入弋獵建立旌麾以鼓節爲進退建安中因烏桓校尉閻柔上貢獻魏武西征關中田銀反河間比能將二千餘騎隨柔擊破銀後代郡烏丸反比能復助爲寇害魏武以鄢陵侯彰爲驍騎將軍北征大破之比能走出塞後復通貢獻延康初比能遣使獻馬魏文帝亦立比能爲附義王黃初二年比能出諸魏人在鮮卑者五百餘家還居代郡明年比能帥部落大人小子代郡烏丸修武盧等三千餘騎驅牛馬十餘萬口交市遣魏人千餘家居上谷後與東部鮮卑大人素利及步度根三部爭鬬更相攻擊校尉田豫和合之使不得相侵五年比能復擊素利豫率輕騎徑進掎其後比能使別小帥瑣奴拒豫豫進討破走之由是懷貳乃與輔國將軍鮮于輔書曰夷狄不識文字故校尉閻柔保我於天子我與素利爲讐往年攻擊之而田校尉助素利我臨陣使瑣奴往聞使君來卽便引軍退步度根數數鈔盜又殺我弟而誣我以鈔盜我夷狄雖不知禮義兄弟子孫受天子印綬牛馬尙知美水草況我有人心邪將軍當保明於天子輔得書以聞帝復使豫招納安慰比能衆遂彊盛控弦十餘萬騎每鈔掠得財物均平分付一決目前終無所私故得衆死力餘部大人皆敬憚之然猶未能及檀石槐也太和二年豫遣譯夏舍詣比能女壻鬱築鞬部舍爲鞬所殺其秋豫將西部鮮卑蒲頭泄歸泥出塞討鬱築鞬大破之還至馬城比能自將三萬騎圍豫七日上谷太守閻志柔之弟也素爲鮮卑所信志往解喻卽解圍去後幽州刺史王雄并領校尉撫以恩信比能數款塞詣州貢獻至青龍元年比能誘納步度根使叛并州與結和親自勒萬騎迎其累重於子將并州刺史畢軌遣將軍蘇尙董弼等擊之比能遣陘將騎與尙等會戰於樓煩臨陣害尙弼至三年中雄遣勇士韓龍刺殺比能更立其弟素利彌加厥機皆爲大人在遼西右北平漁陽塞外道遠初不爲邊患然其種衆多於比能也其後諸子爭立衆遂離散諸部大人慕容托跋更盛焉

宇文莫槐

宇文莫槐出於遼東塞外其先南單于之遠屬也世爲東部大人其語與鮮卑頗異人皆翦髮而留其頂上以爲首飾長過數寸則截短之婦女被長襦及足而無裳焉秋收烏頭爲毒藥以射禽獸莫槐虐用其人爲部下所殺更立其弟普撥爲大人普撥死子邱不勤立娶代王鬱律女邱不勤死子莫廆立莫廆遣弟屈雲攻慕容廆慕容廆擊破之又遣別部素延伐慕容廆於棘城復爲慕容廆所破時莫廆部衆彊盛自稱單于塞外諸部咸憚之莫廆死子遜昵延立率衆攻慕容廆於棘城廆子翰先戍於外遜昵延謂其衆曰翰素果勇必爲人患宜先取之棘城不足憂也乃分騎數千襲翰翰聞之使人詐爲段末波使者逆謂遜昵延曰翰數爲吾患久思除之今聞來討甚善當戒嚴相待宜兼路早赴翰設伏待之遜昵延以爲信然長驅不備至於伏所爲翰所敗翰馳使告廆乘勝遂進及晨而至廆亦盡銳應之遜昵延率衆逆戰前鋒始交而翰已入其營縱火燎之衆乃大潰遜昵延單馬奔還悉俘其衆遜昵延父子世雄漠北又先得玉璽三紐自言爲天所相每自誇大及此敗也乃卑辭厚幣遣使朝貢于代王什翼犍什翼犍嘉之以女妻焉遜昵延死子乞得龜立復伐慕容廆廆拒之乞得龜屯保澆水固壘不戰遣其兄悉跋堆襲廆子仁于栢林仁逆擊斬悉跋堆廆又攻乞得龜克之乞得龜單騎夜奔悉虜其衆乘勝長驅入其國城收資財億計徙部人數萬戶以歸先是海出大龜枯死於平郭至是而乞得龜敗別部人逸豆歸殺乞得龜而自立與慕容皝迭相攻擊遣其國相莫渾伐皝而莫渾荒酒縱獵爲皝所破死者萬餘人其後皝伐逸豆歸逸豆歸拒之爲皝所敗殺其驍將涉亦干逸豆歸遠遁漠北遂奔高麗皝徙其部衆五千餘落於昌黎自是散滅後周宇文氏

之源蓋出於此

徒河段 務勿塵附

徒河段就六眷出於遼西其伯祖日陸眷因亂被賣爲漁陽烏丸大人庫辱官家奴諸大人集會幽州皆持唾壺唯庫辱官獨無乃唾日陸眷口中日陸眷因咽之西向拜天曰願使主君之智慧祿相盡移入我腹中其後漁陽大饑庫辱官以日陸眷爲健使將人衆詣遼西逐食招誘亾叛遂至彊盛日陸眷死弟乞珍代立乞珍死子務勿塵代立卽就六眷父也據遼西之地而臣於晉其所統三萬餘家控弦上馬四五萬騎晉惠帝時幽州刺史王浚以段氏數爲已用深德之乃封務勿塵爲遼西公假大單于印綬浚使務勿塵率萬餘騎伐石勒於恆山封龍山下大破之務勿塵死就六眷立就六眷與弟匹磾從弟末波等率五萬餘騎圍石勒於襄國勒登城望之見將士皆釋仗寢臥無警備之意勒因其懈怠選募勇健穿城突出直衝末波生禽之置之座上與飲宴盡歡約爲父子盟誓而遣之末波既得免就六眷等遂攝軍而還不復報浚歸于遼西自此以後末波常不敢南向溲爲人間其故末波曰吾父在南其感勒不害己也如此就六眷死其子幼弱匹磾與劉琨世子羣奔喪匹磾陰卷甲而往欲殺其叔羽鱗及末波而奪其國末波等知之遣軍逆擊匹磾劉羣爲末波所獲匹磾走還薊懼琨禽己請琨宴會因執而害之匹磾既殺劉琨與羽鱗末波自相攻擊部衆乖離欲擁其衆徙保上谷阻軍都之險以距末波等代王鬱律聞之陰嚴精騎將擊之匹磾恐懼南奔樂陵後石勒遣石虎擊段文鴦于樂陵破之生禽文鴦匹磾遂率其屬及諸塢壁降于石勒末波自稱幽州刺史於遼西末波死國人因立陸眷弟護遼爲主代王翳槐假護遼驃騎大將軍幽州刺史大單于北平公弟鬱蘭撫軍將軍冀州刺史勃海公石虎後敗護遼於遼西護遼奔於平岡山遂投慕容皝皝殺之鬱蘭奔于石虎虎以所徙鮮卑五千人配之使屯令支鬱蘭死子龕代之及冉閔之亂龕率衆南移遂據齊地慕容儁使其弟恪帥衆伐龕於廣固儁壽其目而殺之阬其徒三千餘人

蠕蠕

蠕蠕而兗反姓郁久閭托䟦力微之在北荒也部騎掠得一奴髮始齊眉忘其本名力微字之曰木骨閭者夷言首秃也木骨閭與郁久閭聲相近故其後子孫因以爲氏爲木骨閭既壯免奴爲騎卒代王猗盧時有所攻討木骨閭坐後期當斬亾匿廣漠谿谷之間收合逋逃得百餘人而長之木骨閭死子車鹿會雄健得衆心始有部落自號柔然部後以爲國號魏太武以其無知狀類於蟲故改其號曰蠕蠕宋齊謂之芮芮隋史亦曰芮芮木骨閭六代孫曰社崙兇狡有權略魏道武之與秦王姚興搆怨也遣兵攻其屬國沒弈于黜弗素古延社崙方睦於秦遣將救之大敗遠遁漠北侵高車深入其地遂吞并諸部凶勢益振北徙弱洛水始立軍法千人爲一軍軍置將一人百人爲幢幢置帥一人攻戰先登者賜以虜獲畏懦者以石擊其首殺之是時西北有匈奴餘種最爲富彊復爲社崙所并其境土西則焉耆之北東則朝鮮故地之西北則渡沙漠窮瀚海南則臨大磧其常所會庭則敦煌張掖之北社崙乃自號爲邱豆伐可汗是歲晉安帝元興元年也可汗之號始於此邱豆伐猶言駕馭開張也可汗猶言皇帝也蠕蠕之俗君及大臣因其行能卽爲稱謚既死之後不復追稱社崙自是屢擾魏邊明元永興二年社崙圍魏師於牛川明元率衆救之大敗社崙社崙走死其弟斛律立斛律五年將嫁女於燕兄子步鹿眞謂諸大臣曰斛律將以汝等女爲媵大臣恐逆執斛律與女皆送於燕而立步鹿眞爲可汗社崙季父之子曰大檀領別部得衆心或告步鹿眞云國人欲立大檀步鹿眞發兵襲之兵敗見殺而大檀遂自立爲紇升蓋可汗斛律至和龍燕王馮跋待以客禮斛律請還跋遣其將萬淩帥騎送之淩憚遠役殺之而還大檀立遂侵魏明元擊之大檀走魏兵追之遇大雪士卒凍死墮指者什二三太武始光二年大舉伐蠕蠕五道竝進軍至漠南舍輜重輕騎齎十五日糧度漠擊之蠕蠕大驚絕迹北走神䴥二年太武復伐蠕蠕率輕騎兼馬襲至栗水大檀先不設備遂燒廬舍西遁部衆四散太武分軍搜討東西五千里南北二千里俘斬甚衆高車諸部乘勢鈔掠蠕蠕種類前後降魏者三十餘萬落獲戎馬百餘萬匹畜產車廬無慮數百萬太武循弱水西行至涿邪山諸將慮有伏兵勸太武還兵還至黑山得蠕蠕降人云可汗被病以車自載入南山民畜窘聚方八十里無人統領相去百八十里追兵不至乃徐西去若復前行二日則盡滅之矣太武深悔之大檀因憤悒而卒子吳提立號勑連可汗吳提四年遣使朝獻先是北鄙候騎獲吳提南偏邏者二十餘人太武賜之衣服遣歸吳提上下感德故朝貢焉帝厚賓其使而遣之延和三年以吳提尙西海公主又遣使者納吳提妹爲夫人又進爲左昭儀吳提遣其兄禿鹿傀及左右數百人來朝獻

馮二千匹帝大悅班賜甚厚至太延二年乃絕和犯塞四年車駕幸五原遂征之樂平王丕河東公賀多羅督十五將出東道永昌王健宜都王穆壽督十五將出西道車駕出中道至浚稽山分中道復爲二道陳留王崇從大澤向涿邪山車駕從浚稽北向天山西登子阜刻石記行不見蠕蠕而還時漠北大旱無水草軍馬多死五年車駕西伐沮渠牧犍宜都王穆壽輔景穆居守長樂王嵇敬建寧王崇二萬人鎮漠南以備蠕蠕吳提果犯塞穆壽素不設備賊至七介山京邑大駭爭奔中城司空長孫道生拒之於吐頹山吳提之寇也留其兄乞列歸與北鎮諸軍相守敬崇等破乞列歸于陰山之北獲乞列歸乞列歸歎曰沮渠陷我也又獲其伯父他吾無鹿胡及其將帥五百人斬首萬餘級吳提聞而遁走道生追之至于漠南而還太平眞君四年車駕幸漠南分軍爲四道樂安王範建寧王崇各統十五將出東道樂平王丕督十五將出西道車駕出中道中山王辰領十五將爲中軍後繼車駕至鹿渾谷與賊相遇吳提遁走追至頞根河擊破之車駕至石水而還五年復幸漠南欲襲吳提吳提遠遁乃止吳提死子吐賀眞立號處可汗十年正月車駕北伐高昌王那出東道略陽王羯兒出西道車駕與景穆自中道出涿邪山吐賀眞別部帥爾綿他拔等率千餘家來降是時軍行數千里吐賀眞新立恐懼遠遁九月車駕北伐高昌王那出東道略陽王羯兒出中道與諸軍期會於地弗池吐賀眞悉國精銳軍資甚盛圍那數十重那掘長圍堅守相持數日吐賀眞數挑戰不利以那眾少而固疑大軍將至解圍走遁那引軍追之九日九夜吐賀眞益懼棄輜重踰穹隆嶺遁那收其輜重引軍還與車駕會於廣澤略陽王羯兒盡收其人戶畜產百餘萬自是吐賀眞遂單弱遠竄邊疆息警矣文成太安四年車駕北征騎十萬車十五萬兩旌旗千里遂度大漠吐賀眞遠遁其莫弗烏朱駕頹率眾數千落來降自太武征伐之後意存休息蠕蠕亦怖威北竄不敢復南和平五年吐賀眞死子予成立號受羅部眞可汗自稱永康元年率部眾侵塞北鎮游軍大破其眾獻文皇興四年予成犯塞車駕北討京兆王子推東陽公元丕督諸軍出西道任城王雲等督軍出東道汝陰王賜濟南公羅烏拔督軍爲前鋒隴西王源賀督諸軍爲後繼諸將會車駕于女水之濱獻文選精兵五千人挑戰多設奇兵以惑之虜眾奔潰逐北三千餘里斬首五萬級降者萬餘人戎馬器械不可稱計旬有九日往返六千餘里改女水曰武川爲孝文延興五年予成求通婚聘有司以予成數犯邊塞絕其使發兵討之帝曰蠕蠕譬若禽獸貪而亾義朕要當以信誠待物不可抑絕之也予成既悔前非遣使請和求結姻援安可孤其欵意乃詔報曰所論婚事今始一反尋覽事理未允厥中夫男而下女爻象所明初婚之吉敦崇禮聘君子所以重人倫之本不敬其初令終難矣予成每懷譎詐及見詔書乃中止太和元年遣莫何去汾比拔等來獻貢馬貂裘比拔等稱伏聞天朝珍寶華麗甚積來一觀之乃勑有司出御府珍玩金玉文繡器物御廄文馬奇禽異獸及人間所宜用者列之京肆令其歷觀焉比拔見之自相謂曰大國富麗一生所未見也二年又遣比拔等朝貢尋復請婚焉孝文志在招納許之予成雖歲貢不絕而欵約不著婚事亦停九年予成死子豆崙立號伏古敦可汗自稱太平元年豆崙性殘暴好殺其名臣豎堊石洛候以忠言諫之又勸與魏通和勿侵中國豆崙怒誣石洛候謀反殺之夷其三族十六年孝文遣陽平王頤左僕射陸叡並爲都督領軍斛律桓等十二將七萬騎討豆崙豆崙部內高車阿伏至羅率眾十餘萬西走自立爲主豆崙與叔父那蓋爲二道追之豆崙出自浚稽山北而西那蓋出自金山豆崙頻爲阿伏至羅所敗那蓋累有勝捷國人咸以那蓋爲天所助欲推那蓋爲主那蓋不從眾彊之那蓋曰我爲臣不可焉能爲主眾乃殺豆崙母子以尸示那蓋那蓋乃襲位那蓋號候其伏代庫者可汗自稱太安元年那蓋死子伏圖立號他汗可汗自稱始平元年宣武正始三年伏圖遣使紇奚勿六跋朝獻請求通和宣武不報其使詔有司勑勿六跋曰蠕蠕遠祖社崙是大魏叛臣往者包容暫時通使今蠕蠕衰微有損疇日大魏之德方隆周漢跨據中原指淸入表正以江南未平權寬北略通和之事未容相許若脩蕃禮款誠昭著者當不孤爾也永平元年伏圖又遣勿六跋奉函書一封并獻貂裘宣武不納依前諭遣伏圖西征高車爲高平王彌俄突所殺子醜奴立號豆羅伏跋豆伐可汗自稱建昌元年永平四年九月醜奴遣沙門洪宣奉獻珠像延昌三年冬宣武遣驍騎將軍馬義舒使於醜奴未發而崩事遂停寢醜奴壯健善用兵四年遣使俟斤尉比建朝貢孝明熙平元年西攻高車大破之禽其主彌俄突殺之盡幷叛者國復彊盛二年又遣使俟斤尉比建紇奚勿六跋鞏顧禮等朝貢神龜元年明帝臨顯陽殿引顧禮等二十人於殿下遣中書舍人徐紇宣詔讓以蠕蠕藩

禮不備之意初豆崙之死也那蓋爲主伏圖納豆崙之妻侯呂陵氏生醜奴阿那瓌等六人醜奴立後忽亾一子字祖惠求募不能得有尼引副升牟妻曰豆渾地萬年二十許爲醫巫假託神鬼先嘗爲醜奴所信出入去來乃言此兒今在天上我能呼得醜奴母子欣悅後歲仲秋在大澤中施帳屋齋潔七日祈請天神經一宿祖惠忽在帳中自云恆在天上醜奴母子抱之悲喜大會國人號地萬爲聖女納爲可賀敦授夫副升牟爵位賜牛馬羊三千頭地萬旣挾左道亦略有姿色醜奴甚加重愛信用其言亂其國政如是積歲祖惠年長其母問之祖惠言我恆在地萬家不曾上天言天上者地萬教也其母具以狀告醜奴醜奴言地萬懸鑒遠事不可不信勿用讒言也旣而地萬恐懼譖祖惠於醜奴醜奴陰殺之正光初醜奴母遣莫何去汾李具列等絞殺地萬醜奴怒欲誅具列等又阿至羅侵醜奴醜奴擊之軍敗還爲母與其大臣所殺立醜奴弟阿那瓌爲主阿那瓌立經十日其族兄侯力發示發率衆數萬以伐阿那瓌阿那瓌戰敗將弟乙居伐輕騎南走歸魏阿那瓌母侯呂陵氏及其二弟尋爲示發所殺而阿那瓌未之知也阿那瓌至明帝臨顯陽殿引見勞問阿那瓌執所啟再拜殿下陳懇失國歸命之由辭旨哀苦上憐之尋封阿那瓌爲朔方郡公蠕蠕王賜以衣冕加之軺蓋侍從儀衞同于戚藩頃之明帝以阿那瓌國無定主欲令還往綏集詔羣臣議之朝論意有同異或言聽還或言不可領軍元乂爲宰相阿那瓌私以金百斤餽之遂得歸國阿那瓌請辭帝臨西堂賵賜甚厚詔侍中崔光黃門元纂郭外勞遣阿那瓌來奔之後其從父兄侯力發婆羅

門率數萬人入討示發破之示發走奔地豆于爲地豆于所殺衆推婆羅門爲主號彌偶可社句可汗時安北將軍懷朔鎮將楊鈞表傳聞蠕蠕已自立君乃阿那瓌同堂兄弟夷人獸心已相君長恐未肯郊迎其失國之主輕往虛反徒損國威自非廣加兵衆無以資其北入帝詔舊經蠕蠕使者牒云具仁往喻婆羅門迎阿那瓌復藩之意婆羅門殊自驕慢無遜避之心責具仁禮敬具仁執節不屈婆羅門遣大官莫何去汾俟斤邱升頭等六人將二千騎隨具仁迎阿那瓌具仁還鎮與阿那瓌商確事勢阿那瓌慮不敢入表求還京會婆羅門爲高車所逐率部落千餘詣涼州降附於是蠕蠕數萬衆相率來迎阿那瓌還國阿那瓌啟乞給賜精兵一萬資送詔遣散騎常侍王遵業馳驛宣旨慰諭阿那瓌并賜申賚時婆羅門亦自懷朔鎮奉表規望乞軍并請阿那瓌歸藩錄尚書事高陽王雍尚書令李崇等奏稱漢立南北單于使之相維爲國藩翰今阿那瓌婆羅門旣竝向此宜兩存之以準漢制臣等參議以爲懷朔鎮北土名若結山吐若奚泉及敦煌北西海郡皆漢晉舊鄣二處寬平原野彌漫宜置阿那瓌於西吐奚若泉置婆羅門於西海郡各令總率部落收聚離散其爵號及資給亦宜爲之裁處蓋阿那瓌所居既是境外宜少優遣以示恩惠令沃野懷朔武川鎮各選二百人軍主監率給其糧仗送至前所仍於彼爲之營搆功就聽還諸於北來在婆羅門前投化者令州鎮上佐準程給糧送付阿那瓌阿那瓌草創先無儲積請給近州麻子乾飯二千斛官驅運送婆羅門居於西海旣是境內資廩不得同之阿那瓌新造藩屏請各遣使持節先詣慰喻并委經

略明帝從之詔安西將軍廷尉元洪超兼尚書行臺詣敦煌安置婆羅門婆羅門尋與部衆謀叛投嚈噠嚈噠三妻皆婆羅門姊妹也仍爲州軍所討禽之三年阿那瓌上表乞粟以爲田種詔給萬石四年阿那瓌衆大饑入塞寇鈔明帝詔尚書左丞元孚兼行臺尚書持節喻之孚見阿那瓌爲其所執以孚自隨驅掠良口二千并公私驛馬牛羊數十萬北遁謝孚放還詔驃騎大將軍尚書令李崇等率騎十萬討之出塞三千餘里至瀚海不及而還婆羅門至洛陽明帝臨西堂引見之五年婆羅門死於洛南之館詔贈使持節鎮西將軍秦州刺史廣牧公是歲沃野鎮人破六韓拔陵反諸鎮相應孝昌元年阿那瓌率衆討之詔遣牒云具仁齎雜物勞賜阿那瓌拜受詔命勒衆十萬從武川鎮西向沃野頻戰尅捷明帝又遣通直散騎常侍中書舍人馮儁使阿那瓌宣勞班賜有差阿那瓌部衆旣和士馬稍盛乃號勑連頭兵伐可汗遂遣郁久閭彌娥等朝貢三年復遣使人鞏鳳景等入朝此後使命繼至建義初孝莊詔阿那瓌讚拜不言名上書不稱臣太昌元年阿那瓌遣烏勾蘭樹升伐等朝貢并爲長子請尚公主明年孝武詔以范陽王誨長女琅邪公主許之未及成婚而帝入關自是東西魏競結阿那瓌爲婚好西魏文帝乃以孝武時舍人元昱女稱爲化政公主妻阿那瓌之弟塔寒又自廢其后乙弗氏納阿那瓌女爲后加以金帛誘之阿那瓌遂留東魏使元整不報信命後遂率衆渡河以廢后猶在爲言文帝不得已勑廢后自殺東魏靜帝元象元年阿那瓌掠幽州范陽南至易水又掠肆州秀容至於三堆又殺元整轉謀侵害東魏乃因阿那瓌使溫豆拔

等齊神武以阿那瓌兇狡將撫懷之乃遣其使人龍無駒北還以通溫豆拔等音問始阿那瓌殺元整亦謂溫豆拔等不存既見無駒徵懷感愧興和二年春復遣龍無駒等朝貢東魏然猶未盡誠款阿那瓌女妻文帝者遇疾死齊神武因遣相府功曹參軍張徽纂使於阿那瓌間說周文百端且言文帝之后死非其命若可汗能念舊恩得存和睦當以天子懿親公主結成婚媾阿那瓌召其大臣議之即歸誠於鄴遣其俟利莫何緣游大力等朝貢因爲其子菴羅辰請婚靜帝詔兼散騎常侍太府卿羅念兼直散騎常侍中書舍人穆景相等使於阿那瓌阿那瓌遣莫何去折豆渾十升等報聘復因求婚齊神武請以常山王隲妹樂安公主許之改封爲蘭陵郡長公主阿那瓌遣吐豆發郁久閭譬渾俟利莫何折豆渾侯煩等奉馬千匹以爲聘禮請迎公主詔兼宗正卿元壽兼太常卿孟韶等送公主自晉陽北邁資用器物神武親自經紀咸出豐渥阿那瓌遣其吐豆登郁久閭匿伏侯利阿夷普掘蒱提棄之伏等迎公主於新城之南齊神武慮阿那瓌難信又以國事加重躬送公主於樓煩之北接勞其使每皆隆厚阿那瓌大喜自是朝貢東魏相尋四年阿那瓌請以其孫女號鄰和公主妻齊神武第九子長廣公湛靜帝詔爲婚焉阿那瓌遣其吐豆登郁久閭譬掘俟利莫何游大力送女於晉陽武定四年阿那瓌有愛女號爲公主以齊神武威德日盛又請致之靜帝聞而詔神武納之阿那瓌遣其吐豆登郁久閭汗拔姻姬等送女於晉陽自此東魏邊塞無事至於武定末使貢相尋始阿那瓌初復其國盡禮朝廷明帝之後中原喪亂未能外略阿那瓌統率北方頗爲彊盛稍敢驕大禮敬頗闕遣使朝貢不復稱臣天平以來逾自踞慢汝陽王暹之爲泰州也遣其典籤齊人淳于覃使於阿那瓌遂留之親寵任事阿那瓌因入洛陽心慕中國設立官號僭擬王者遂有侍中黃門之屬以覃爲祕書監黃門郎掌其文墨覃教阿那瓌轉至不遜每奉國書與朝廷抗禮及齊受東魏禪亦歲時往來不絕天保三年阿那瓌爲突厥所破自殺其太子菴羅辰及阿那瓌從弟登注俟利登注子庫提竝擁衆奔齊其餘衆立登注次子鐵伐爲主四年齊文宣送登注及子庫提還北鐵伐尋爲契丹所殺其國人仍立登注爲主又爲大人阿富提等所殺其國人復立庫提爲主是歲復爲突厥所攻舉國奔齊文宣乃北討突厥迎納蠕蠕廢其王庫提立阿那瓌子菴羅辰爲主致之馬邑川給其廩餼繒帛親追突厥於朔方突厥請降許之而還於是蠕蠕貢獻不絕五年菴羅辰叛文宣親討大破之菴羅辰父子北遁既而復寇肆州帝自晉陽討之至恆州黃瓜堆虜散走時大軍已還帝麾下千餘騎遇蠕蠕別部數萬四面圍逼帝神色自若指畫形勢虜衆披靡遂縱兵潰圍而出虜退走追擊之伏尸二十五里獲菴羅辰妻子及生口三萬餘人是歲帝又北討蠕蠕大破之蠕蠕率部衆東徙將南侵帝帥輕騎於金川下邀擊蠕蠕蠕蠕聞而遠遁六年文宣又親討蠕蠕頓兵白道留輜重率輕騎五千追蠕蠕躬犯矢石頻大破之國人立阿那瓌叔父鄧叔子爲主是時又累爲突厥所破以西魏恭帝二年率部落千餘家奔于關中突厥既恃兵彊又藉西魏和好忌其連類依憑大國使驛相繫請盡殺以甘心焉周文遂收縛蠕蠕主以三千餘人付突厥使於長安青門外斬之中男以下免死配王公家爲奴隸云

高車

高車蓋赤狄之餘種也初號爲狄歷北方以爲勑勒諸夏以爲高車丁零焉其語略與匈奴同而時有小異或云其先匈奴甥也其種有伏氏袁紇氏斛律氏解枇氏護骨氏異氏奇斤氏俗云匈奴單于生二女姿容甚美國人皆以爲神單于曰吾有此女安可配人將以與天乃於國北無人之地築高臺置二女其上曰請天自迎之經三年其母欲迎之單于曰不可未徹之間且復一年乃有一老狼晝夜守臺嘷呼因穿臺下爲空穴經時不去其小女曰吾父處我於此欲以與天而今狼來或是神物天使之然將下就之其姊大驚曰此是畜生無乃辱父母妹不從下爲狼妻而產子後遂滋繁成國故其種人好引聲長歌又似狼嘷無都統大帥當種各有君長性麤猛黨類同心至於寇難翕然相依鬬無行陣頭別衝突乍出乍入不能堅戰其俗蹲踞褻黷無所忌避婚姻用牛馬納聘以多爲榮結言既定男黨營車闌馬令女黨恣取上馬袒而乘之馬主立闌外振手驚馬不墜者即取之墜則更取數滿乃止俗無穀不作酒迎婦之日男女相將持馬酪熟肉節解主人延賓亦無行位穹廬前叢坐宴飲終日復留其宿明日將婦歸既而夫黨復入女家馬群選取良馬父母兄弟雖惜終無言者頗諱取寡婦而優憐之其畜產自有記識雖闌縱在野終無妄取俗不潔淨喜置震霆每震則叫呼射天而棄之移去至來歲秋馬肥復相率候於震所埋羖羊然火拔刀女巫祝說如中國祓除而羣隊馳馬旋繞百帀

乃止人持一束柳桋回豎之以孔酪灌焉婦人以皮裹羊骸戴之首上縈屈髮鬢而綴之有似軒冕其死亾葬送掘地作坎坐尸於中張臂引弓佩刀挾矟無異於生而露坎不掩時有震死及疫癘則爲之祈福若安全無他則爲報賽多殺雜畜燒骨以燎走馬繞旋多者數百帀男女無大小皆集會平吉之人則歌舞作樂死喪之家則悲吟哭泣其遷徙隨水草衣皮食肉牛羊畜產盡與蠕蠕同唯車輪高大輻數至多爲異後徙於鹿渾海西北百餘里部落彊大常與蠕蠕爲敵亦每侵盜于魏魏道武襲之大破其諸部後道武復度弱洛水西行至鹿渾海停駕簡輕騎西北行百餘里襲破之虜獲生口牛馬羊二十餘萬復討其餘種於狠山大破之車駕巡分命諸將爲東西二道道武親勒六軍從中道自駮髯水西北徇略其部諸軍同時雲合破其雜種三千餘落衞王儀別督諸將從西北絕漠千餘里復破其遺迸七部於是高車大懼諸部震駭道武自牛川南引大校獵以高車爲圍騎徒遮列周七百餘里聚雜獸於其中因驅至平城即以高車衆起鹿苑南因臺陰北距長城東包白登之西山尋而高車姪利曷莫弗敕力犍率其九百餘落內附拜敕力犍爲揚威將軍置司馬參軍賜穀二萬斛後高車解批莫弗幡豆建復率其部三十餘落內附亦拜爲揚遠將軍置司馬參軍賜衣服歲給廩食蠕蠕社崙破敗之後收拾部落轉徙廣漠之北侵入高車之地斛律部帥倍侯利患之曰社崙新集兵貧馬少易與耳乃舉衆掩擊入其國部高車昧利不顧後患分其廬室妻其婦女安息寢臥不起社崙登高望見乃招集亾散得千人晨掩殺之走而脫者十二三倍侯利遂奔魏賜爵孟都公侯利質直勇健過人奮戈陷陣有異於衆北方之人畏之嬰兒啼者語曰倍侯利來便止處女歌謠云求良夫當如倍侯其服衆如此善用五十蓍筮吉凶每中故得親幸賞賜豐厚命其少子曷堂內侍及倍侯利卒道武悼惜葬以魏禮謚曰忠壯王後詔將軍伊謂帥二萬騎北襲高車餘種袁紇烏頻破之道武時分散諸部唯高車以類麤獷不任役使故得別爲部落後太武征蠕蠕破之而還至漠南高車東部在巳尼陂人畜甚衆去官軍千餘里將遣左僕射安原等討之司徒長孫翰尚書令劉潔等諫太武不聽乃遣原等并發新附高車合萬騎至于巳尼陂高車諸部望軍而降者數十萬落獲馬牛羊亦百餘萬皆徙置漠南千里之地高車遂水草畜牧蕃息數年之後漸加粒食歲致貢獻由是國家馬及牛羊遂至于賤氈皮委積文成時五部高車合聚祭天衆至數萬大會走馬殺牲游繞歌吟忻忻其俗稱自前世以來無盛於此會車駕臨幸莫不忻悅後孝文召高車之衆隨車駕南討高車不願南行遂推表紇樹者爲主相率北叛蹂踐金陵都督宇文福追討大敗而還又詔平北將軍江陽王繼爲都督討之繼先遣人慰勞樹者樹者入蠕蠕尋悔相率而降高車之族又有十二姓一曰泣伏利氏二曰吐盧氏三曰乙旃氏四曰大連氏五曰窟賀氏六曰達薄干氏七曰阿崙氏八曰莫允氏九曰俟分氏十曰副伏羅氏十一曰乞袁氏十二曰右升沛氏先是副伏羅部爲蠕蠕所役屬豆崙之世蠕蠕亂離國部分散副伏羅阿伏至羅與從弟窮奇俱統領軍高車之衆十餘萬落太和十一年豆崙犯塞阿伏至羅等固諫不從怒率所部之衆西叛至前部西北自立爲王國人號之曰候婁匐勒猶魏言大天子也窮奇號候倍猶魏言儲主也二人和穆分部而立阿伏至羅居北窮奇在南豆崙追討之頻爲阿伏至羅所敗乃引衆東徙十四年阿伏至羅遣商胡越者至京師以二箭奉貢云蠕蠕爲天子之賊臣諫之不從遂叛來此而自豎立當爲天子討蠕蠕孝文未之信也遣使者于提往觀虛實阿伏至羅與窮奇遣使者薄頡隨提來朝貢其方物詔員外散騎侍郎可足渾長生復與于提使高車各賜繡袴褶一具雜綵百疋窮奇後爲嚈噠所殺虜其子彌俄突等其衆分散或來奔附或投蠕蠕詔遣宣威將軍羽林監孟威撫納降人置之高平鎮阿伏至羅長子蒸阿伏至羅餘妻謀害阿伏至羅阿伏至羅殺之阿伏至羅又殘暴大失衆心衆共殺之立其宗人跋利延爲主歲餘嚈噠伐高車將納彌俄突國人殺跋利延迎彌俄突而立之彌俄突既立復遣朝貢又奉表獻金方一銀方一金杖二馬七匹駝十頭詔使者慕容坦賜彌俄突雜綵六十匹宣武嘉其忠誠詔慰諭之彌俄突尋與蠕蠕主伏圖戰於蒲類海北爲伏圖所敗西走三百餘里伏圖次於伊吾北山先是高昌王趜嘉表求內徙宣武遣孟威迎之至伊吾蠕蠕見威軍怖而遁走彌俄突聞其離駭追擊大破之殺伏圖於蒲類海北割其髮送於孟威又遣使獻龍馬五匹金銀貂皮及諸方物詔東城子于亮報之賜樂器一部樂工八十人赤紬十疋雜綵六十疋彌俄突遣其莫何去汾屋引吐賀眞貢其方物明帝初彌俄突與蠕蠕主醜奴戰敗被禽醜奴繫其兩腳於駑馬之上頓曳殺之漆其頭爲飲器其部衆悉入嚈噠經數年嚈噠聽彌俄突弟伊

匐還國伊匐既復國遣使奉表於是詔遣使者谷偕等拜爲鎭西將軍西海郡開國公高車王伊匐復大破蠕蠕蠕蠕主婆羅門走投涼州正光中伊匐遣使朝貢因乞朱畫步挽一乘并幔褥鞦韆一副纖扇各一枚青曲蓋五枚赤漆扇五枚鼓角十枚詔給之伊匐後與蠕蠕戰敗歸其弟越居殺伊匐而自立天平中越居復爲蠕蠕所破伊匐子比適復殺越居而自立興和中比適又爲蠕蠕所破越居子去賓自蠕蠕奔東魏齊神武欲招納遠人上言封去賓爲高車王拜安北將軍肆州刺史既而病死初道武時有吐突隣部在女水上常與解如部相爲脣齒不供職貢登國三年道武親西征渡弱洛水復西行趣其國至女水上討解如部落破之明年春盡略徙其部落畜産而還又有紇突隣部與紇奚部世同部落而各有大人長帥擁集種類常爲寇於意辛山登國五年道武勒衆親討焉慕容驎率師來會大破之紇突隣大人屋地鞬紇奚大人庫寒等皆舉部歸降皇始二年車駕伐中山軍於柏肆慕容寶夜來攻營軍人驚走還於國路由并州遂反將攻晉陽并州刺史元延討平之紇突隣部帥匿物尼紇奚部帥叱奴根等復聚黨反於陰館南安公元順討之不尅死者數千人道武聞之遣安遠將軍庫兵還討匿物尼等皆殄之又有侯呂隣部衆萬餘口常依嶮畜牧登國中其大人叱伐爲寇於苦水河八年夏道武大破之并禽其別帥焉古延等又有薛于部常屯衆於三城之間及滅衛辰後其部帥太悉伏望軍歸順道武撫安之車駕還衛辰子屈丐奔其部道武聞之使使詔太悉伏執送之太悉伏出屈丐以示使者曰今窮而見投寧與俱亾何忍送之遂不遣道武大怒車駕親討之會太悉伏先出擊曹覆寅官軍乘虛遂屠其城獲太悉伏妻子珍寶徙其人而還太悉伏來赴不及遂奔姚興未幾亾歸嶺北上郡以西諸鮮卑雜胡聞而皆應之天賜五年屈丐蠶劫掠總服之及平統萬薛于種類皆得爲編戶矣而率屯山鮮卑別種破多蘭部相傳主其部落至木易于有武壯力勇劫掠左右西及金城東侵安定數年閒諸種患之天興四年遣常山王遵討之攻於高平木易于將數千騎棄國遁走盡徙其人於京師餘種分迸其後爲赫連屈丐所滅又黜弗素古延等諸部天興五年材官將軍和突率六千騎襲而獲之又越勤倍泥部永興五年轉牧跋那山西明元遣奚斤討破之徙其人而還

稽胡

稽胡一曰步落稽蓋匈奴別種劉淵五部之苗裔也或云山戎赤狄之後自離石以西安定以東方七八百里居山谷閒種落繁熾其俗土著亦知種田地少桑蠶多衣麻布其丈夫衣服及死亾殯葬與中夏略同婦人則多貫蜃貝以爲耳頸之飾與華人錯居其渠帥頗識文字言語類夷狄因譯乃通蹲踞無禮貪而忍害俗好淫穢女子尤甚將嫁之夕方與淫者敘離夫氏聞之以多爲貴既嫁頗亦防閑方犯姦者隨事懲罰又兄弟死者皆納其妻雖分統郡縣列於編戶然輕其徭賦有異華人山谷阻深者又未盡役屬而兇悍恃險數爲寇害後魏明帝孝昌中有劉蠡升者居雲陽谷自稱天子立年號署百官屬魏氏亂力不能討蠡升遂分遣部衆鈔掠汾晉之閒略無寧歲神武遷鄴後始密圖之乃僞許以女妻蠡升太子蠡升遂遣子詣鄴齊神武厚禮之緩以婚期蠡升既恃和親不爲之備西魏大統元年齊神武襲之蠡升率輕騎出外徵兵爲其北部王所殺送首於神武其衆復立蠡升第三子南海王爲主神武滅之獲其僞主及其弟西海王并皇后夫人王公以下四百餘人歸於鄴其居河西者多恃險不賓時周文方與神武爭衡未遑經略乃遣黃門侍郎楊檦就安撫之五年黑水部衆先叛七年別帥夏州刺史劉平伏又據上郡反自是北山諸部連歲寇暴周文前後遣于謹侯莫陳崇李弼等相繼討平之周武成初延州稽胡郝阿保狼皮率其種人附於齊氏阿保自署丞相狼皮署柱國并與其別部劉桑德共爲影響柱國豆盧寧督諸軍擊破之二年狼皮等餘黨復叛詔大將軍韓果討破之保定中離石生胡數寇汾北敷州刺史韋孝寬於險要處築城置兵糧以遏其路及大將軍楊忠與突厥伐齊稽胡等復懷旅拒不供糧餼忠乃詐其酋帥云與突厥迴兵討之酋帥等懼乃相率供饋焉其後丹州綏州等部內諸胡與蒲州別率郝三郎等又頻年逆命復詔達奚震辛威于寶等前後窮討散其種落天和二年延州總管宇文盛率衆城銀州稽胡白郁久同喬是羅等欲邀襲盛盛竝討斬之又破其別帥爲喬三勿同等五年開府劉雄出綏州巡檢北邊川路稽胡白郎喬素勿同等渡河逆戰雄復破之建德五年武帝敗齊師於晉州乘勝逐北齊人所棄甲仗未暇收斂稽胡乘閒竊出竝盜而有之乃立蠡升孫沒鐸爲主號聖武皇帝年曰太平武帝定東夏將討之議欲窮巢穴齊王憲以爲種類既多又山谷阻絕王師一舉未可盡除且當翦其魁率餘加慰撫帝然之乃以憲爲行軍元帥行軍總管趙王招譙王

儉滕王逌等討之憲軍次馬邑乃分道俱進沒鐸遣其黨天柱守河東又遣其大帥穆支據河西規欲分守險要掎角憲軍憲命譙王儉擊破之斬獲千餘級趙王招又禽沒鐸衆盡降宣政元年汾胡帥劉受羅干復反趙王盛督諸軍討禽之自是離散

突厥

突厥其先居西海之右獨爲部落蓋匈奴之別種也姓阿史那氏後爲隣國所破盡滅其族有一兒年且十餘歲兵人見其小不忍殺之乃刖足斷其臂棄草澤中有牝狼每啣肉食之（食音嗣）及長與狼交合遂有孕焉隣國聞此兒尚在重遣人殺之使者見兒在狼側幷欲殺狼於時若有神物投此兒及狼於西海之東落高昌國西北山山有洞穴穴內有平壤茂草周迴數百里四面俱山狼匿其中遂生十男十男長外託妻孕其後各爲一姓阿史那卽其一也最賢子孫蕃育漸至數百家經數世有阿賢設者率部落出於穴中臣於蠕蠕至大葉護種類稍彊當魏之末有伊利可汗以兵擊鐵勒大敗之降五萬餘家復襲破蠕蠕部落遂盛伊利卒弟阿逸可汗立又破蠕蠕阿逸病且卒捨其子攝圖立其弟叔稱爲木杆可汗或云突厥本平涼雜胡姓阿史那氏魏太武滅沮渠氏阿史那以五百家奔蠕蠕世居金山之陽爲蠕蠕鐵工金山形似兜鍪俗呼兜鍪爲突厥因以爲號又曰突厥之先出於索國在匈奴之北其部落大人曰阿謗步兄弟七十人其一曰伊質泥師都狼所生也阿謗步等性竝愚癡國遂被滅泥師都旣別感異氣能徵召風雨娶二妻云是夏神冬神之女一孕而生四男其一變爲白鴻其一國於阿輔水劍水之間號爲契骨其一國於處折水其一居跋斯處折施山卽其大兒也山上有阿謗步種類竝多寒露大兒爲出火溫養之咸得全濟遂共奉大兒爲主號爲突厥卽訥都六設也都六有十妻所生子皆以母族爲姓阿史那是其小妻之子也都六死十母子內擇立一人乃相率於大樹下共爲約曰向樹跳躍能最高者卽推立之阿史那子年幼而跳最高諸子遂奉以爲主號阿賢設此說雖殊然狼種也阿賢設之後曰土門始至塞上市繒絮願通中國西魏大統十一年周文作相遣酒泉胡安諾槃陁使其國國人皆相慶曰今大國使至吾國將興乎明年土門遂遣使獻方物時鐵勒將伐蠕蠕土門率所部邀擊之盡降其衆五萬餘落恃其彊盛乃求婚於蠕蠕蠕蠕主阿那瓌大怒使人詈辱之曰爾是我鍛奴何敢發是言也土門亦怒殺其使者遂與之絕而求婚於魏周文許其使以魏長樂公主妻之魏文帝崩土門遣使來弔贈馬二百匹廢帝初土門發兵擊蠕蠕大破之於懷荒北阿那瓌自殺其子菴羅辰奔齊餘衆復立阿那瓌叔父鄧叔子爲主土門遂自號伊利可汗猶古之單于也號其妻爲可賀敦亦猶古之閼氏也其子弟謂之特勒別部領兵者謂之設其大官屈律啜次阿波次頡利發吐屯次俟斤其初國貴賤官號凡有十等或以形體或以老少或以顏色鬚髮或以酒肉或以獸名其勇健者謂之始波羅亦呼爲英賀弗肥麤者謂之大羅大羅便酒器也似角而麤短體貌似之故以爲號此官特貴唯其子弟爲之又謂老爲哥利故有哥利達官謂馬爲賀蘭故有賀蘭蘇尼闕蘇尼掌兵之官也謂黑色者爲珂羅便故有珂羅啜官甚高耆年者爲之謂髮爲索葛故有索葛吐屯此如州郡官也謂酒爲匐你熱汗熱汗掌監察非違釐整班次謂肉爲安禪故有安禪具泥具泥掌家事如國官也有時置附隣可汗附隣猳名也取其貪殺爲稱亦有可汗位在葉護位下者或有居家大姓相呼爲遺可汗者突厥呼屋爲遺言屋可汗也土門亦與齊通使往來土門死子科羅立科羅號乙息記可汗科羅破蠕蠕鄧叔子於沃野北賴山病且死捨其子攝圖而立其弟俟斤是爲木杆可汗俟斤一名燕尹面廣尺餘其色赤甚眼若瑠璃剛暴而多智務於征伐乃率兵擊鄧叔子破之叔子以其餘燼奔西魏俟斤又西破嚈噠東走契丹北幷契骨威服塞外諸國其地東自遼海以西至西海萬里南自沙漠以北至北海五六千里皆屬焉抗衡中國後與魏伐齊至幷州其俗被髮左衽穹廬氊帳隨逐水草遷徙以畜牧射獵爲事食肉飲酪身衣裘褐賤老貴壯寡廉恥無禮義猶古之匈奴其主初立近侍重臣等舁之以氊隨日轉九回每回臣下皆拜拜訖乃扶令乘馬以帛絞其頸使纔不至絕然後釋而急問之曰能作幾年可汗乎其主旣神情瞀亂不能詳定多少臣下等隨其所言以驗脩短之數其後大官有葉護次特勒次俟利發次吐屯發及餘小官凡二十八等皆世爲之兵器有角弓鳴鏑甲矟刀劍佩飾則兼有伏突旗纛之上施金狼頭侍衛之士謂之附離夏言亦狼也蓋本狼生志不忘舊馬善騎射性殘忍無文字其徵發兵馬及諸稅雜畜刻木爲數幷一金鏃箭蠟封印之以爲信契候月將滿轉爲寇抄其刑法反叛殺人及姦人之婦盜馬絆者皆死淫者割勢而腰斬之姦人女者重責財物卽以其女妻之鬬傷人者隨輕重輸物傷

目者償以女無女則輸婦損折支體者輸馬盜馬及雜物者各十餘倍徵之死者停屍於帳子孫及親屬男女各殺羊馬陳於帳前祭之繞帳走馬七帀詣帳門以刀剺面且哭血淚俱流如此者七度乃止擇日取亾者所乘馬及經服用之物併屍俱焚之收其餘灰待時而葬春夏死者候草木黃落秋冬死者候華茂然後坎而瘞之葬日親屬設祭及走馬剺面如初死之儀表爲塋立屋中圖畫死者儀形及其生時所戰陳狀嘗殺一人則立一石有至千百者又以祭之羊馬頭盡懸之於標上是日也男女咸盛服飾會於葬所男有悅愛於女者歸卽遣人聘問其父母多不違也父兄伯叔死子弟及姪等妻其從母世叔母嫂唯尊者不得下淫移徙無恆而各有地分可汗恆處於都斤山牙帳東開葢敬日之所出也每歲率諸貴人祭其先窟又以五月中旬集他人以水拜祭天神於都斤西五百里有高山迴出上無草樹謂爲教登凝黎夏言地神也其書字類胡而不知年曆唯以草青爲記男子好摴蒱女子蹋鞠飲馬酪取醉歌呼相對敬鬼信巫重兵死恥病亾大抵與匈奴同俗俟斤部衆既盛乃遣使請誅鄧叔子等於魏周文收叔子已下千人付其使者殺之於青門外俟斤遂襲擊吐谷渾破之周明帝二年俟斤遣使來獻武帝保定初又遣三輩貢其方物時與齊人交爭戎車歲動故連結之以爲外援初魏恭帝世俟斤許進女於周文契未定而周文殂尋而俟斤又以他女許武帝未及結納齊人亦遣求婚俟斤貪其厚幣將悔之至是武帝詔遣涼州刺史楊荐武伯王慶等往結之慶等至諭以信義俟斤遂絕齊使而定婚焉仍請舉國東伐於是詔隋公楊忠伐齊忠軍度陘嶺俟斤以大衆來會明年正月攻齊主於晉陽不剋俟斤縱兵大掠而歸是歲俟斤復遣使來獻更請東伐詔楊忠出沃野晉公護趣洛陽以應之會護戰不利俟斤引還五年詔陳公純大司徒宇文貴神武公竇毅南安公楊荐往逆女天和二年俟斤又遣使奉獻陳公純等至俟斤復貳於齊會有風雷之變乃許純等以后歸四年又遣使貢獻俟斤死復捨其子大邏便而立其弟是爲他鉢可汗他鉢以攝圖爲爾伏可汗統其東面又以其弟褥但可汗子爲步離可汗居西方自俟斤以來其國富彊有凌轢中夏之志朝廷與之和親歲給繒絮錦綵十萬段突厥在京師者又待以優禮衣錦食肉常有千數齊人懼其寇掠亦傾府藏以給之他鉢益驕傲謂其徒屬曰但使我在南兩兒孝順何患貧也建德二年他鉢遣使獻馬及齊滅齊定州刺史范陽王高紹義自馬邑奔之他鉢立紹義爲齊帝召集所部云爲之復讐宣政元年他鉢遂入寇幽州柱國劉雄拒戰兵敗死之武帝親總六軍將北伐會帝崩班師是冬也他鉢復寇邊圍酒泉大掠而去大象初他鉢復請和親帝策趙王招女爲千金公主以嫁之幷遣執紹義送闕他鉢不許仍寇幷州二年始遣使奉獻且逆公主而獨留紹義不遣帝又令亳州總管賀若誼往諭之始送紹義他鉢病且卒謂其子菴邏曰吾聞親莫過於父子吾兄不親其子委位於我我死汝當避大邏便及卒國中將立大邏便以其母賤衆不服菴邏實貴突厥素重之攝圖最後至謂國人曰若立菴邏者我當率兄弟以事之如立大邏便我必守境利刃長矛以相待也攝圖長而且雄國人莫敢拒竟立菴邏爲嗣大邏便不得立心不服菴邏每遣人詈辱之菴邏不能制因以國讓攝圖國中相與議曰四可汗子攝圖最賢因迎立之號伊利俱盧設莫何始波羅可汗一號沙鉢略居都斤山菴邏降居獨洛水稱第三可汗大邏便乃謂沙鉢略曰我與爾俱可汗子各承父後爾今極尊我獨無位何也沙鉢略惡之以爲阿波可汗還領所部沙鉢略勇而得衆北夷皆附之隋文帝受禪待之甚薄北夷大怨會營州刺史高寶寧作亂沙鉢略與之合軍攻陷臨渝鎮上勅緣邊修堡障峻長城以備之沙鉢略復倚周千金公主公主傷宗祀絕滅勤沙鉢略悉衆入寇控弦之士四十餘萬上令柱國馮昱屯乙弗泊蘭州總管叱李崇屯幽州行軍總管達奚長儒據周槃皆爲所敗於是沙鉢略縱兵自木硤石門兩道來寇武威天水安定金城上郡弘化延安六畜咸盡上詔河間王弘上柱國豆盧勣竇榮定左僕射高熲右僕射虞慶則竝爲元帥出塞擊之沙鉢略率阿波貪汗二可汗來拒戰皆敗走時突厥饑不行食粉骨爲糧又多災疫死者極衆既而沙鉢略以阿波驍悍忌之因其先歸襲擊其大部大破之殺阿波母阿波還無所歸西奔達頭可汗達頭者名玷厥沙鉢略之從父也舊爲西面可汗達頭以兵資阿波使率而東其部落歸之者將十萬騎遂與沙鉢略相攻貪汗可汗者素睦於阿波沙鉢略奪其衆而廢之貪汗又亾奔達頭沙鉢略從弟地勤察別統部落與沙鉢略有隙後以衆叛歸阿波連兵不已各遣詣闕請和求援上皆不許會千金公主上書請爲一子之例文帝遣開府徐平和使於沙鉢略晉王廣時鎭幷州請因其釁乘之上不許沙鉢略遣使致書曰辰年九月十日從天生大突厥

天下賢聖天子伊利俱盧設莫何始波羅可汗致書大隋皇帝使人開府徐平和至辱告言語具聞也皇帝是婦父即是翁此是女夫即是兒例兩境雖殊情義是一今重疊親舊子子孫孫乃至萬世不斷上天爲證終不違負此國所有羊馬都是皇帝畜生彼有繒綵都是此物彼此不異也文帝報書曰大隋天子貽書大突厥伊利俱盧設莫何沙鉢略可汗得書知大有好心向此也既是沙鉢略婦翁今日看沙鉢略共兒子不異既以親舊厚意常使之外今特别遣大臣虞慶則往彼看女復看沙鉢略也沙鉢略陳兵列其寶物坐見慶則稱病不能起且曰我祖父以來不向人拜慶則責而論之千金公主私謂慶則曰可汗豺狼性過與爭將齧人副使長孫晟說諭之沙鉢略屈乃頓顙受璽書以戴於首既而大慙其羣下因相聚慟哭慶則又遣稱臣沙鉢略謂其屬曰何名爲臣報曰隋國臣猶此稱奴沙鉢略曰得作大隋天子奴虞僕射之力也贈慶則馬千匹以從妹妻之時沙鉢略既爲達頭所困又東畏契丹遣使告急請將部落度漠南寄白道川內有詔許之晉王廣以兵援之給以衣食賜以車馬鼓吹沙鉢略因西擊阿波禽之而阿拔國部落乘虛掠其妻子官軍爲擊阿拔破之所獲悉與沙鉢略沙鉢略大喜乃立約以磧爲界因上表曰大突厥伊利俱盧設莫何始波羅可汗臣攝圖言大使尚書右僕射虞慶則至伏奉詔書兼宣慈旨仰惟恩信之篤愈久愈明徒知負荷不能答謝突厥自天置以來五十餘載保有沙漠自王蕃隅地過萬里士馬億數恒力兼戎夷抗禮華夏在於戎狄莫與爲比頃者氣候清和風雲順序意以華夏其有大聖興焉伏惟大聖皇帝眞皇帝也豈敢阻兵恃險偷竊名號今便感慕淳風歸心有道雖復南瞻魏闕山川悠遠北面之禮不敢廢失當今侍子入朝神馬歲貢朝夕恭承惟命是視謹遣第七兒臣窟合眞等奉表以聞文帝下詔曰沙鉢略往雖與和猶是二國今作君臣便成一體已勅有司肅告郊廟宜傳頒天下咸使知聞自是詔答諸事並不稱其名以異之其妻可賀敦周千金公主賜姓楊氏編之屬籍改封大義公主策拜窟合眞爲柱國封安國公宴於內殿引見皇后賞勞甚厚沙鉢略大悅於是歲時貢獻不絕七年正月沙鉢略遣其子入貢方物因請獵於恒代之間詔許之仍遣使人賜其酒食沙鉢略率部落再拜受賜沙鉢略一日手殺鹿十八頭齎尾舌以獻還至紫河鎮其牙帳爲火所燒沙鉢略惡之月餘而卒初攝圖以其子雍虞閭性懦遺令立其弟葉護處羅侯雍虞閭遣使迎處羅侯將立之處羅侯曰我突厥自木杆可汗來多以弟代兄以庶奪嫡失先祖之法不相敬畏汝當嗣位我不憚拜汝也雍虞閭又遣使謂處羅侯曰叔與我父共根連體我是枝葉寧有我作主令根本反同枝葉顧叔勿疑相讓者五六處羅侯竟立是爲葉護可汗遣使上表言狀上賜之鼓吹幡旗處羅侯長頤僂背眉目疏朗勇而有謀以隋所賜旗鼓西征阿波敵人以爲得隋兵所助卽來降附遂禽阿波既而上書請阿波死生之命上下其議左僕射高熲進曰骨肉相殘教之蠹也宜存養以示寬大上曰善後處羅侯又西征中流矢卒其衆奉雍虞閭爲主是爲頡伽施多那都藍可汗雍虞閭遣使詣闕賜物三千段每歲遣使朝貢時有流人楊欽亡入突厥中謬云彭國公劉昶與宇文氏謀反正令大義公主發兵擾邊都藍執欽以聞并貢勃布魚膠其弟欽羽設部落强盛都藍忌而擊之斬首於陣其年遣其母弟褥但特勒獻于闐玉杖上拜褥但爲柱國康國公明年突厥部落大人相率遣使貢馬萬匹羊二萬口駝牛各五百頭尋遣請緣邊置市與中國貿易詔許之平陳後上以陳叔寶屏風賜大義公主主心恒不平因書屏風爲詩敘陳亡以自寄其辭悽怨上聞而惡之禮賜益薄公主復與西突厥泥利可汗連結上恐其爲變將圖之會主與所從胡私通因發其事下詔廢之恐都藍不從遣奇章公牛弘將美妓四人以啗之時沙鉢略子曰染干號突利可汗居北方遣使求婚上令裴矩謂曰當殺大義公主方許婚突利以爲然復譖之都藍因發怒遂殺公主於帳都藍因與突利可汗有隙數相征伐上和解之各引兵去十七年突利遣使來逆女上舍之太常教習六禮妻以宗女義安公主欲離間諸狄故特厚其禮遣近臣牛弘蘇威斛律孝卿相繼爲使突厥前後遣使入朝三百七十輩突利本居北方以尚主故南徙度斤舊鎮錫賚優厚雍虞閭怒曰我大可汗也反不如染干於是朝貢遂絕數爲邊患十八年詔蜀王秀出靈州道擊之明年又遣漢王諒爲元帥左僕射高熲率將軍王察上柱國趙仲卿並出朔州道右僕射楊素率柱國李徹韓僧壽出靈州道柱國燕榮出幽州道以擊之雍虞閭與玷厥舉兵攻染干盡殺其兄弟子女遂渡河入蔚州染干夜以五騎與隋使長孫晟歸朝上令染干與雍虞閭使者因頭特勒相辯詰染干辭直上乃厚待之雍虞閭弟都速六棄其妻子與突利歸朝上嘉之敕染干與都速六樗蒱稍稍輸以寶物用歸其

心六月高熲楊素擊玷厥大破之拜染干爲意利珍豆啟民可汗華言意智健也啟民上表謝恩上於朔州築大利城以居之時義安公主已卒上以宗女義成公主妻之部落歸者甚衆雍虞閭又擊之上復令入塞雍虞閭侵掠不已遂遷於河南在夏勝二州間發徒掘塹數百里東西距河盡爲啟民畜牧地於是遣越國公楊素出靈州行軍總管韓僧壽出慶州太平公史萬歲出燕州大將軍姚辯出河州以擊都藍師未出塞而都藍爲其麾下所殺達頭自立爲步伽可汗其國大亂遣太平公史萬歲出朔州以擊之遇達頭於太斤山虜不戰而遁尋遣其子俟利伐從磧東攻啟民上又發兵助啟民守要路俟利伐退走入磧啟民上表陳謝仁壽元年代州總管韓洪爲虜敗於恆安詔楊素爲雲州道行軍元帥率啟民北征斛薛等諸姓初附於啟民至是而叛素軍河北逢突厥阿勿思力俟斤等南渡掠啟民男女雜畜而去素率上大將軍梁默追之大破俟斤悉得人畜以歸啟民素又遣柱國張定和領軍大將軍劉昇別路邀擊並多斬獲而還兵既渡河賊復掠啟民部落素率驃騎范貴於窟結谷東南復破之是歲泥利可汗及葉護俱被鐵勒所敗步伽尋亦大亂奚霫五部內徙步伽奔吐谷渾啟民遂有其衆遣使朝貢大業三年煬帝幸榆林啟民及義成公主來朝于行宮前後獻馬三千匹帝大悅賜帛萬三千段啟民及義成公主上表乞依大國服飾法用一同華夏帝下其議公卿請依所奏帝以爲不可詔從其國俗帝法駕御千人大帳享啟民及其部落酋長三千五百人賜物三千段其下各有差復下詔褒寵之賜路車乘馬鼓吹幡旗贊拜不名位在諸王侯上帝親巡雲中泝金河而東北幸啟民所居啟民奉觴上壽跪伏甚恭帝大悅賜啟民及主金甕各一及衣服被褥錦綵特勒以下各有差先是高麗私通使於啟民所啟民不敢隱境外之交是日持高麗使以見敕令牛弘宣旨謂曰朕以啟民誠心奉國故親至其所明年當往涿郡爾回日語高麗王宜早來朝使人甚懼啟民乃扈從入塞至定襄詔令歸蕃明年朝於東都禮賜益厚是歲啟民疾卒立其子吐吉是爲始畢可汗吐吉表請尚公主詔從其俗十一年來朝於東郡其年車駕避暑汾陽宮八月始畢率其種落入寇圍帝於鴈門援兵方至始畢引去由是朝貢遂絕明年復寇馬邑唐公李淵擊走之隋末亂離中國人歸之者無數遂大彊盛薛舉竇建德王世充劉武周梁師都李軌高開道之徒雖僭尊號皆稱臣受其可汗之號使者往來相望於道東自契丹西盡吐谷渾高昌諸國皆臣屬之控弦百萬戎狄之盛近代未之有也唐兵起太原劉文靜聘其國引以爲援始畢遣特勒康利獻馬千匹會于絳郡又遣二千騎助軍從平京城高祖受隋禪賞賜不可勝紀始畢尋卒其子什鉢苾（音弼）年幼不任立立其弟俟利弗設是爲處羅可汗又以隋義成公主爲妻先是隋煬帝蕭后及齊王暕之子正道陷于竇建德處羅遣使迎之至于牙所立正道爲隋帝隋末中國人在北者悉隸之行隋正朔置百官居于定襄城有徒衆萬餘俄而處羅卒義成公主以其子奧射醜弱廢不立之遂立處羅之弟吐苾是爲頡利可汗仍以義成公主爲妻頡利承父兄之資兵馬彊盛憑陵唐室卒爲太宗所滅云

西突厥

西突厥者木杆可汗之子大邏便也初木杆與沙鉢略可汗有隙因分爲二（大邏便即阿波可汗）其國居烏孫之故地東至突厥國西至雷翥海南至疏勒北至瀚海在京師西北七千里自焉耆國西北七日行至其南庭自南庭又正北八日行至其北庭鐵勒龜茲及西域諸國皆歸附之其人雜有都陸及弩失畢葛邏祿處月處密伊吾等諸種風俗大抵與突厥同唯言語微異其官有葉護有設有特勤常以可汗子弟及宗族爲之又有乙斤屈利啜閻洪達頡利發吐屯俟斤等官皆代襲其位大邏便既爲處羅可汗所擒其國立鞅素特勒之子是爲泥利可汗至其子達漫號泥撅處羅可汗（即大邏便之種落與北突厥處羅可汗號同非一人也）其母向氏本中國人生達漫而泥利卒而向氏又嫁其弟婆實特勒隋開皇末婆實與向氏詣長安遇達頭之亂遂留京師每舍之鴻臚寺處羅可汗居無常處然多在烏孫故地立小可汗分統所部一在石國以制諸胡一居龜茲北其地名應婆每五月八月相聚祭神歲遣重臣向其先代所居之窟而致祭焉當大業初處羅可汗撫御無道其國多叛與鐵勒屢相攻大爲鐵勒所敗時黃門侍郎裴矩在敦煌引致西域聞其國亂復知處羅思其母因奏之煬帝遣司朝謁者崔君肅慰諭之處羅甚踞受詔不肯起君肅謂處羅曰突厥本一國也中分爲二自相仇敵每歲交兵積十年而莫能相滅者明知啟民與處羅國其勢敵耳今啟民與其部落兵且百萬入臣天子甚有丹誠者何也但以切恨可汗而不能獨制故卑事天子以借漢兵連二大國欲破滅可汗耳百官兆庶咸請許之天子弗違師出有日顧可汗母向氏本中國人歸在京師處于賓館聞天子之

詔慍可汗之誠旦夕守闕哭甚悲哀是以天子憐焉爲其設策向夫人又匍匐謝罪因請發使以召可汗令入內屬乞恩於啟民天子從之遣使到此可汗若稱藩拜詔國乃永安而母得延壽不然者則向夫人爲誑天子必當取戮而傳首虜庭發大隋之兵資北蕃之衆左提右挈以擊可汗死亡則無日矣奈何惜兩拜之禮剿慈母之命悋一句稱臣喪匈奴之國也處羅聞之矍然而起流涕再拜跪受詔書君肅又說處羅曰啟民內附先帝嘉之賞賜極厚故致兵彊國富今可汗後附與之爭寵須深結於天子自表至誠既以遠地未得朝覲宜立一功以明臣節處羅曰如何君肅曰吐谷渾者啟民少子莫賀咄設之母家也今天子又以義成公主妻啟民啟民畏天子之威而與之絕吐谷渾亦因憾漢職貢不修可汗若請誅之天子必許漢擊其內可汗攻其外破之必矣然後身自入朝道路無阻因見老母不亦可乎處羅大喜遂遣使朝貢大業六年帝將西討吐谷渾遣侍御韋節召處羅會於大斗拔谷其國人不從處羅謝使者辭以他故適會其酋長射匱使來求婚裴矩因奏曰處羅不朝自恃彊大臣請以計弱之分裂其國則易制也射匱者都六之子達頭之孫（達頭舊爲西面可汗初與沙鉢略有隙遂分爲別部因東可汗雍虞閭死後自立爲步伽可汗達頭死後其孫射匱微弱不得爲可汗）代爲可汗君臨西面今聞其失職附隸於處羅故遣使來以結援耳願厚禮其使拜爲大可汗突厥勢分兩從我矣帝從之遂召其使者言處羅不順之意稱射匱有好心吾得立爲大可汗令發兵誅處羅然後當爲婚也帝取桃竹白羽箭一枚以賜射匱因謂之曰此事宜速疾如箭也使者反路經處羅處羅愛箭將留之使者譎而得免射匱聞而大喜興兵襲之處羅大敗棄妻子將左右數千騎東走遁於高昌東保時羅漫山高昌王麴伯雅上狀帝遣裴矩將向氏親要左右往曉喻之遂入朝詔留其累弱萬餘口令其弟闕達設牧畜於會寧郡處羅至長安煬帝留不遣後從征高麗賜號爲曷薩那可汗賞賜甚厚十年以信義公主嫁焉賜錦綵袍千具綵萬匹帝將爲之復國以遼東之役故未遑也每從行幸遇江都之亂從宇文化及至河北化及敗唐已革命歸于京師封歸義郡王初處羅與始畢可汗有隙及是始畢遣使請殺之高祖重違始畢意乃引處羅於內殿與縱酒既而送至中書門下省縱北突厥使殺之闕達設初居於會寧有部落三千餘騎至隋末自稱闕可汗武德初遣使內附詔厚加撫勞尋爲李軌所滅自曷薩那可汗之入隋也射匱悉有其地國人立之爲可汗射匱復開土宇東至金山西臨西海自玉門以西諸國皆役屬之遂與北突厥爲敵乃建庭於龜茲北三彌山尋卒弟統葉護可汗代立統葉護可汗勇而有謀善攻戰遂北并鐵勒西拒波斯南接罽賓悉歸之控弦數十萬霸有西域據舊烏孫之地又移庭於石國北千里其西域諸國王悉授頡利發并遣吐屯一人監統之督其征賦西戎之盛未之有也自統葉護之後其種類互相攻滅因而傳禪或離或合終唐中葉然後破散云

鐵勒

鐵勒之先匈奴之苗裔也種類最多自西海之東依山據谷往往不絕獨洛河北有僕骨同羅韋紇拔也古覆羅竝號俟斤蒙陳吐如紇斯結渾斛薛等諸姓勝兵可二萬伊吾以西焉耆之北傍白山則有契弊薄落職乙咥蘇婆那曷烏讙紇骨也咥於尼讙等勝兵可二萬金山西南有薛延陁咥勒兒十槃達契等萬餘兵康國北傍阿得水則有訶咥曷截撥忽比干具海曷比悉阿蹉蘇拔也末謁達等有三萬許兵傍嶷海東西有蘇路羯三索咽蔑促薛忽等諸姓八千餘兵拂菻東則有恩屈阿蘭北褥九離伏嗢昏等近二萬人北海南則都波等雖姓氏各別總謂爲鐵勒竝無君長分屬東西兩突厥居無恆所隨水草流移人性凶忍善於騎射貪婪尤甚以寇抄爲生近西邊者頗爲藝植多牛而少馬自突厥有國東西征討皆資其用以制北荒十六國慕容垂時塞北後魏末河西竝云有敕勒鐵勒蓋敕勒之音訛也隋開皇末晉王廣北征納啟民破步伽可汗鐵勒於是分散大業元年突厥處羅可汗擊鐵勒諸部厚稅斂其物又猜忌薛延陁等恐爲變遂集其魁帥數百人誅之由是一時反叛拒處羅遂立俟利發俟斤契弊歌楞爲易勿眞莫何可汗居貪汗山復立薛延陀內俟斤字也咥爲小可汗處羅既敗莫何可汗始大莫何勇毅絕倫甚得衆心爲隣國所憚伊吾高昌焉耆諸國悉附之其俗大抵與突厥同唯丈夫婚畢便就妻家待產乳男女然後歸舍死者殯埋之此其異也三年遣使貢方物自是不絕云

庫莫奚

庫莫奚闕於後魏及後周其先東部鮮卑宇文之別種也初爲慕容廆所破遺落者竄匿松漠之間其俗甚不潔而善射獵好爲寇鈔邊郡頗罹其害後魏登國三年道武親自出討至弱水南大破之獲其馬牛羊豕十餘萬魏氏南遷未遑征討種類漸盛及獻文文成之世歲

致名馬文皮孝文初遣使朝貢太和四年輒入塞內辭以畏地豆于鈔掠詔切責之二十年入寇安州時營燕幽三州兵擊走之後復款附每求入塞交易宣武許之自是歲常朝獻至于齊世不絕與契丹密壤每相攻擊突厥之興也嘗臣屬之眾旣繁顆遂分爲五部一曰辱紇主二曰莫賀弗三曰契箇四曰木昆五曰室得治饒樂水北卽鮮卑故地（一名如洛瓌水蓋饒樂之訛也）每部置俟斤一人爲其帥隨逐水草頗同突厥有阿會氏五部中最爲彊盛諸部歸之至隋代始去庫莫獨稱曰奚唐貞觀中酋長可度者內附太宗爲置饒樂都督府拜可度者爲使持節六州諸軍事饒樂都督樓煩縣公賜姓李氏以所統五部爲五州各以酋豪爲刺史其後歷唐數世叛服不常懿宗時契丹彊大奚不敢與亢舉部服屬之契丹政苛奚不堪命其別部分保嬀州北山遂爲東西奚云

契丹

契丹之先與庫莫奚異種而同類竝爲慕容氏所破俱竄於松漠之間後魏登國中爲道武所破遂逃併與庫莫奚分背經數十年稍滋蔓有部落遂於和龍之北數百里專爲寇鈔邊郡苦之大武太平眞君以來始貢名馬獻文時使莫弗紇何辰來獻得班饗於諸國之末於是東北羣狄悉萬丹部阿大何部伏弗郁部羽陵部日連部匹絜部黎部吐六干部各從契丹以其名馬文皮入貢故諸部歲得交市於和龍密雲之間而常貢亦且不絕太和三年高句麗與蠕蠕謀欲取地豆于地分之契丹懼其侵軼其莫賀弗勿于率其部落車三千乘眾萬餘口驅雜畜求內附止於白狼水東自宣武孝明世訖于齊氏受禪使命相尋天保四年契丹犯塞文宣親戎北討至平州遂西趣長塹詔司徒潘相樂帥精騎五千自東道趣青山復詔安德王韓軌帥精騎四千東趣斷契丹走路帝躬踰山嶺奮擊大破之虜十餘萬口雜畜數十萬頭相樂又於青山大破契丹別部所虜生口皆分置諸州其後復爲突厥所逼又以萬家寄於高麗其俗與靺鞨同好爲寇暴父母死而悲哭者以爲不壯但以其屍置於山樹之上經三年然後收其骨而焚之因酹酒而祝之曰冬月時向陽食夏月時向陰食若我射獵時令我多得猪鹿其無禮頑嚚於諸夷最甚隋開皇四年酋帥莫賀弗來謁五年悉其眾款塞文帝納之聽居其故地其後契丹別部出伏等四千餘家背突厥來降文帝方與突厥和好重失遠人之情悉令給糧還本敕突厥撫納之固辭不去由是部落漸眾遂北逐水草當遼西正北二百里依託紇臣水而居東西亘五百里南北三百里分爲十部兵多者三千少者千餘逐寒暑隨水草畜牧有戰伐則酋帥相與議之興兵動眾合如符契突厥沙鉢略可汗使吐屯潘垤統之契丹殺潘垤而遁大業七年遣使獻其方物唐初其君長頻至京師貞觀中酋帥窟哥率其部內屬太宗以契丹部爲松漠都督府拜窟哥爲持節十州諸軍事松漠都督封無極男賜姓李氏武后世窟哥之孫盡忠與其將孫萬榮大爲寇亂王師數出始克殄滅自是唐室世授契丹爵命或出降公主以慰安之其在開元天寶閒遣使朝獻者無慮二十輩至德寶應時再修職貢大曆中十三貞元閒三元和中七大和開成閒凡四然天子惡其反覆不親信之也會昌二年爲回紇所破始復內附咸通中其王習爾之再遣使入朝部落寖盛習爾之死族人欽德嗣光啓初天下盜起北疆多故欽德乘亂侵掠奚室韋諸部盡役屬之欽德末年政不競諸部離貳初契丹有八部皆號大人內推一人爲主法常三歲一代有耶律阿保機者自怙其彊不肯受代七部劫之不得已傳之夾第者自帥種落居古漢城別爲一部後稍以兵擊滅七部北侵室韋女眞西取突厥故地東北諸夷皆懾服之遂稱帝改年後唐天成中卒子德光代立陷晉平二州晉祖起幷州藉其兵勢割幽薊瀛莫涿檀順新嬀儒武雲應寰朔蔚十六州以報之後改稱爲大遼云

室韋

室韋後魏末通焉其國在勿吉北千里去洛陽六千里室或爲失蓋契丹之類其南者爲契丹在北者號爲室韋路出和龍北千餘里入契丹國又北行十日至啜水又北行三日有善水又北行三日有犢子山其山高大周回三百餘里又北行三百里有大水名曰屈利又北行三日至刃水又北行五日到其國有大水從北來廣四里餘名捺水國人音語與庫莫奚豆莫婁國同地宜粟麥及穄又多貂皮夏則城居冬逐水草丈夫索髮用角弓其箭尤長婦女束髮作叉手髻其國少竊盜盜一徵三殺人者責三百匹男女悉衣白鹿皮襦袴有麴釀酒俗愛赤珠爲婦人飾穿掛於頸以多爲貴女不得此乃至不嫁東魏武定二年始遣使張烏豆伐等來獻方物迄齊世朝聘不絕其後分爲五部不相總一所謂南室韋北室韋深末怛室韋大室韋竝無君長人眾貪弱突厥沙鉢略可汗常以吐屯潘垤統領之南室韋在契丹北三千里土地卑溼至夏則移向北貸敎欠對二山多草木饒禽獸又多蚊蚋人皆巢居以避其患漸分爲

二十五部每部有餘莫弗瞞咄猶酋長也死則子弟代之絕嗣則擇賢豪而立之其衣服與契丹同乘牛車以蘧蒢為屋如突厥氊車之狀渡水則束薪為栰或有以皮為舟者馬則織草為韉結繩為轡寢則屈木為室以蘧蒢覆上移則載行以豬皮為席編木為籍婦女皆抱膝而坐地力薄田收甚微無羊少馬多豬牛與靺鞨同俗婚嫁之法二家相許竟輒盜婦將去然後送牛馬為聘更將婦歸家待有娠乃相隨還舍婦人不再嫁以為死人之妻難以與居部落共為大棚人死則置之棚上居喪三年唯四哭其國無鐵取給於高麗自南室韋北行十一日至北室韋分為九部落繞吐紇山而居其部落渠帥號乞引莫賀咄每部有莫何弗三人以貳之氣候最寒雪深沒馬冬則入山居土穴牛畜多凍死饒麞鹿以射獵為務食肉衣皮鑿冰沒水中而網取魚鼈地多積雪懼陷阬穽騎木而行偺即止俗皆捕貂為業冠以狐貂衣以魚皮又北行千里至鉢室韋依胡布山而往人眾多於北室韋不知為幾部落用樺皮蓋屋其餘同北室韋從北室韋西南四日行至深末怛室韋因水為號冬月穴居以避太陰之氣又西北數千里至大室韋徑路險阻言語不通尤多貂皮青鼠北室韋時遣使貢獻餘無至者隋開皇大業間並來朝貢唐時所聞則又分為數部焉有謂嶺西室韋山北室韋黃頭室韋大如者室韋小如者室韋婆萵室韋訥北室韋駱丹室韋悉處柳城郡之東北近者三千五百里遠者六千二百里貞觀五年始獻豐貂後再入貢長壽二年叛將軍李多祚擊定之景龍元年修貢如初開元天寶間十大曆間十一朝獻貞元四年寇振武明年遣使謝罪太和開三大中間一朝獻咸通時大酋怛列通表至京師以非顯夷史略其事云

地豆于

地豆于後魏時通焉在室韋西千餘里多牛羊出名馬皮為衣服無五穀唯食肉酪魏延興二年遣使朝貢至太和六年貢使不絕十四年頻來犯塞孝文詔征西大將軍陽平王頤擊走之自後歲朝京師迄武定末貢使相尋及齊受禪亦來朝貢

烏洛侯

烏洛侯後魏時通焉在地豆于北去代都四千五百餘里其地下溼多霧氣而寒民冬則穿地為室夏則隨原阜畜牧多豕有穀麥無大君長部落莫弗皆世為之其俗繩髮皮服以珠為飾人尚勇不為姦竊故慢藏野積而無寇盜好射獵樂有箜篌木槽革面而施九絃其國西北有完水東北流合於難水其小水皆注於難水東入于海又西北二十日行有于巳尼大水所謂北海也魏太武太平眞君四年來朝稱其國西北有魏先帝舊墟石室南北九十步東西四十步高七十尺室有神靈人多祈請太武遣中書侍郎李敞告祭焉刻祝文於石室之壁而還唐貞觀六年遣使朝貢云烏羅渾國亦謂之烏護皆烏洛侯音之訛也東與靺鞨南與契丹北與烏丸為隣風俗與靺鞨同

驅度寐

驅度寐隋時聞焉在室韋之北其人甚長而衣短不索髮皆裹頭居土窟中唯有豬更無諸畜人輕捷一跳三丈餘又能立浮臥浮履水沒腰與陸走不別數乘大船至北室韋鈔掠無甲冑以石為矢鏃

霫 先立反

霫匈奴之別種隋時通焉與靺鞨為隣治黃水北亦鮮卑故地勝兵萬餘人習俗與突厥略同亦臣于頡利其渠帥號為俟斤唐貞觀中遣渠帥內附

拔悉彌

拔悉彌一名弊利國隋時聞焉在北庭北海南結骨東南依山散居去敦煌九千餘里有渠帥無王號戶二千餘其人雄健能射獵國多雪恒以木為馬雪上逐鹿其狀似楯而頭高其下以馬皮順毛衣之令毛著雪而滑如著屐屐縛之足下若下阪走過奔鹿若平地履雪即以杖刺地而走如船焉上阪即手持之而登每獵得鹿將家室就而食之盡更移處其所居即以樺皮為舍丈夫翦髮樺皮為帽

通志卷二百

欽定通志考證上

卷一 三皇紀

黃帝軒轅氏案語少典娶于有蟜氏生黃帝炎帝刊本脫炎帝二字據國語增　又蚩尤冢在東平壽張闞鄉居民常以十月祠之刊本祠訛食今改

卷二 五帝紀

帝舜有虞氏集五瑞案集尙書舜典作輯

卷三上 三王紀

夏帝太康紀案語羿焉彃日刊本彃訛彈據楚詞改

帝相紀案語羿棄其賢臣武羅伯因而用寒浞刊本因訛困據左傳改

帝太庚紀太庚子小甲立注小甲太庚弟刊本庚訛丁據史記及竹書紀年改

卷三下

周成王紀召公營洛邑方千七百二十丈郛方十七里案十七里竹書紀年箋注作七十里汲冢周書作七百里俱與此異

宣王紀子幽王宮涅立刊本涅訛湼據史記改

幽王紀伯陽甫曰夫天地之氣不失其序刊本不訛下據史記改

靈王紀靈王冢在河南城西南柏亭刊本柏訛相據史記注及後漢書郡國志改

卷四 秦紀

穆公紀於是岐下食善馬者三百人刊本脫善字據史記增

簡公紀簡公昭子之弟刊本子訛公據史記改

昭襄王紀穰伯冉復相刊本冉訛免據史記改

始皇帝紀更爲書賜扶蘇蒙恬數以罪賜死刊本恬下衍罪字據史記刪

卷五上 漢前紀

秦軍復振守濮陽環水注環音宦刊本宦訛官據漢書高帝紀注改

高帝元年羽使卒三萬人從漢王楚與諸侯之慕從者數萬人刊本慕訛募據史記改

三年七月有星孛于大角刊本脫于字據漢書增

卷五下

孝文皇帝二年與王興居去來者亦赦之刊本居下衍居字據史記及漢書刪

孝武皇帝元狩六年六月詔遣博士大等六人刊本大訛人據漢書改

元鼎四年立后土祠于汾陰脽土刊本脽訛睢據漢書改

五年歸義越侯嚴爲戈船將軍刊本脫侯字據漢書增

征和三年殺兩都尉刊本兩訛南據漢書改

孝宣皇帝本始元年賜右扶風德典屬國武廷尉光宗、正德大鴻臚賢詹事畸刊本畸訛時案漢書顏師古注作居宜切今據改

孝成皇帝河平二年封舅譚商立根逢時皆爲列侯刊本脫譚字據漢書增

鴻嘉二年六月中立山憲王孫雲客爲廣德王刊本脫客字據漢書增

四年冬廣漢鄭躬等黨與寖廣刊本寖訛賓據漢書及顏師古注改

卷六上 後漢紀

顯宗孝明皇帝紀中二千石下至黃綬貶秩贖論者悉皆復秩還贖刊本脫復字據後漢書增

肅宗孝章皇帝紀遣酒泉太守段彭救戊巳校尉耿恭刊本救訛敕據漢書改

孝和皇帝永元元年十月令郡國弛刑輸作軍營刊本軍訛宮據後漢書改

孝安皇帝永初六年正月詔越巂置長利高望始昌三苑刊本利訛吏據漢書改

卷六下

孝順皇帝永建四年是歲分會稽爲吳郡刊本郡訛都據後漢書改

孝桓皇帝延熹七年祠湖陽新野公主刊本脫祠湖陽新野五字據後漢書增

孝獻皇帝初平四年六月下邳賊闕宣自稱天子刊本闕訛關據漢書及魏文帝紀改

興平二年楊奉董承引白波帥胡才李樂韓暹及匈奴左賢王去卑率師奉迎刊本去卑訛士卑據漢書改

卷七 魏紀

文皇帝黃初三年賜天下男子爵人一級刊本子訛女今改

五年將吏士民犯五歲刑以下皆原除之刊本士訛死據魏志改

卷八 蜀紀

後主十六年大將軍費禕爲魏降人郭循所殺于漢壽案循魏志作修

卷十下 晉紀

康皇帝紀帝徒行至閶闔門升素輿至于陵所刊本脫

至字據晉書增
穆皇帝永和二年二月以左光祿大夫蔡謨領司徒錄
尚書六條事刊本司徒訛尙書據晉書改
升平元年三月壬申親釋奠于中堂刊本中堂二字互
倒據晉書改
廢帝紀右賢王曹轂率衆二萬侵苻堅杏城刊本脫苻
堅二字　又梁州刺史司馬勳反自稱成都王刊本
成都訛瑯琊據晉書改
簡文皇帝咸安二年六月遣使拜百濟王餘句爲鎭東
將軍刊本東訛軍據晉書改
孝武皇帝太元九年平陽太守慕容沖起兵背堅刊本
沖訛起據晉書改
安皇帝隆安二年於是遣太常殷茂喩仲堪及元元等
走于尋陽刊本脫遣字又上元字訛桓並據晉書增
改
卷十一　宋紀
高祖武皇帝義熙四年先是帝遣冠軍劉敬宣伐蜀刊
本脫冠字先訛初並據晉書增改
六年帝次山陽聞敗卷甲與數千人造江上偵問知賊
尙未至刊本江訛淮偵訛徵今增
永初元年諸流徙之家並聽還本土刊本脫土字據宋
書增
世祖孝武皇帝孝建三年正月立皇弟休範爲順陽郡
王刊本順訛潁據宋書改
大明五年加尙書令柳元景左光祿大夫刊本柳訛
楊據宋書改
太宗明皇帝泰始二年廣州刺史袁曇案袁曇宋書作
袁曇遠
卷十二　南齊紀
太祖高皇帝建元元年降死罪以下刑并申前赦恩百
日刊本并申訛非由據齊書改
四年井中得一木簡長一尺廣二寸刊本寸訛分　又
會稽南山李斯刻秦望之封也刊本封訛風並據齊
書祥瑞志改　又鳳鳥戢翼朔旦鳴案祥瑞志作鳳
鳥舒翼翔且鳴　又滎陽郡人丑千案丑千祥瑞志
作伊午下同
卷十三　梁紀
高祖武皇帝中興元年請東昏燒南岸邑屋刊本岸訛
崖據南史改
中大通五年以尙書右僕射何敬容爲左僕射刊本何
訛王據南史改
太宗簡文皇帝大寶二年豫章王棟郎位使害新興王
大莊于京口刊本京訛宗據南史改
卷十四　陳紀
高祖武皇帝永定九年封皇兄子長城縣侯蒨爲臨川
郡王刊本蒨訛衞據陳書改
廢帝紀九月辛酉刊本九訛八辛酉訛庚戌據陳書通
鑑及本書年譜改
後主貞明二年四月有羣鼠無數渡淮至於青塘兩岸
刊本脫渡字據陳書增
卷十五上　後魏紀
太祖道武皇帝天興元年徙山東六州人吏及徒河高
麗雜夷三十六萬刊本雜訛新萬訛署據魏書改
六年九月規渡灅南面夏屋山背黃瓜堆刊本脫面字
據魏書增
卷十五下
高祖孝文皇帝延興二年討安城王刊本討訛封據北
史改
太和十九年詔諸州牧考屬官爲三等之科刊本等訛
年據北史改
二十年詔介山之邑聽爲寒食自餘禁斷刊本餘訛無
據北史改
卷十六　北齊紀
高祖神武皇帝紀后呼榮求救賴榮遽下取之刊本遽
訛透據北齊書改
顯祖文宣皇帝天保三年蠕蠕主阿那壤殺從弟登注
俟利刊本利訛刑據北齊書改
七年四月儀同三司綦廝討魯陽蠻大破之刊本魯訛
智據北史及北齊書改
後主天統二年封仁光爲淮南王刊本光訛元據北史
及北齊書改
卷十七　後周紀
五年詔侍中叱列長文使于周案文北齊書作又
太祖文皇帝大統四年遂進軍瀍東刊本瀍訛灑據北
史及通鑑改
十五年十一月進圍仲禮長史馬岫於安陸刊本岫訛
岵據北史及本書改
靜皇帝紀封皇弟衍弟葉王刊本衍訛術葉訛菜據北
史通鑑及通考改
卷十八　隋紀
高祖文皇帝紀可汗更入并州刊本脫州字據北史增

煬皇帝大業五年制民間鐵叉搭鉤穳刃之類刊本脫鉤字據隋書及北史增

十二年東海人杜伏威刊本脫伏威二字據北史增

恭帝義寧二年朝議大夫沈光同謀討賊刊本脫光字據隋書及通鑑增

卷十九 后妃傳

前漢史良娣傳丹左將軍刊本左訛大據漢書外戚傳及史丹本傳改

後漢馬皇后傳儀狀膚髮上中以上刊本下上字訛下據後漢書后妃紀改

和熹鄧皇后傳永初元年刊本初訛元案明監本後漢書后妃傳作永平考永平係明帝年號永元係和帝年號皆與此無涉今據安帝紀改

蜀先主穆皇后傳兄吳懿刊本懿沿晉諱作壹今據華陽國志改餘並同

卷二十

晉宣穆張皇后傳其後柏夫人有寵刊本柏訛相據晉書改

孝武文李太后傳始簡文帝爲會稽王有三子俱夭刊本俱訛係據晉書改

宋武敬臧皇后傳還永陵平鄉君刊本永陵二字互倒據宋書改

武帝張夫人傳生少帝及義興恭長公主刊本恭訛泰據宋史及南史改

陳後主沈皇后傳植以奇樹雜以花藥刊本藥訛藥據南史改

後魏后妃傳序寶林二十員刊本二十下衍四字據北史刪

景穆恭皇后傳又文成乳母常氏刊本脫常氏二字據北史增

宣武高皇后傳文昭皇后弟偃之女也刊本偃訛優據北史改

北齊後主穆皇后傳陸陰結待以監撫之任不可無主刊本待訛符據北史改

卷二十一 年譜

夏扃注不降之弟刊本弟訛子據史記夏本紀及世表改

商昌若刊本昌訛昭 又冥刊本冥訛宜 又太庚注沃丁之弟刊本弟訛子並據史記及世表改

周定王注瑜匡王弟刊本弟訛子據史記周本紀及通鑑前編改

春秋魯哀公十三年注與吳會黃池刊本脫黃字據左傳增

卷二十二

七國趙襄子元年注封伯魯子周爲代成君刊本周訛同據史記趙世家改

燕釐公三十年注敗齊師于林營刊本營訛孤據六國表改

韓昭侯二年注魏取我朱刊本朱訛宋據六國表改

六年注取陵觀廩丘案廩韓世家作邢此同六國表

周赧王元年注宋衷曰赧溢也刊本衷訛牢 又皇甫謐曰名誕刊本誕訛懿並據六國表及周本紀注改

前漢孝元皇帝初元元年刊本元訛平據漢書改

二年注冬十二月前將軍蕭望之自殺刊本脫二字據漢書增

孝哀皇帝建平二年注尊共皇太后傅氏爲帝太太后刊本帝下脫一太字據漢書哀帝紀增

後漢世祖光武皇帝建武十二年注黃龍見于東河刊本河訛門據漢書及本書帝紀改

孝靈皇帝光和二年注洛陽女子生兒兩頭四臂刊本脫兩頭四臂四字據帝紀增

卷二十三

晉孝懷皇帝永嘉三年注有白氣如帶刊本帶訛騰據本書帝紀改

卷二十四

南北朝宋世祖孝武皇帝注尊所生母淑媛爲皇太后刊本淑媛訛倢伃據帝紀及后妃傳改

魏孝文皇帝太和二十年十二月刊本十二訛入據魏書通鑑及本書帝紀改

世宗宣武皇帝延昌二年十月恆肆地震刊本恆訛雨據通鑑及北魏帝紀改

周武帝保定元年注以少傅尉綱爲大司空刊本尉下衍遲字後天和六年同據周紀及通鑑刪

卷二十五 氏族

總目以郡國爲氏鄖刊本鄖訛鄖據漢書地理志改

以名爲氏顓頊刊本頊沿宋諱作玉今改

以官爲氏亓官刊本亓訛并今改

諸方複姓鳧臾刊本臾訛叟據爾雅疏改

卷二十六

周異姓國陳氏注當周之興刊本興訛與今改

薛氏注東莞蘗氏刊本蘗訛薛今改

周不得姓之國弦氏注江黃道柏之姻刊本柏訛相據左傳改

卷二十七

崔氏注襄二十五年刊本五訛三據春秋改

卷二十八

籍氏注昭公十五年刊本公下衍二字據春秋傳删

卷二十九

去聲姓𥡴語後漢太尉陳球碑陰刊本尉訛守據後漢書改

卷三十一　六書

象形山川之形瓜注徐鍇曰刊本鍇訛錯據說文改

艸木之形桑注桑之未落刊本未訛木今改

卷三十二

會意拜注揚雄說拜从兩手下刊本揚雄訛楊容拜訛文並據說文改

圭注从重土刊本从訛以據說文改

卷三十三

諧聲黌注學舍刊本學訛李今改

矣注語已辭也刊本辭訛爲據說文改

卷三十四

假借噍之爲噍注志微噍殺之音刊本殺訛役據禮記改

卷三十八　天文

東方角宿平星二星在庫樓北刊本二訛一今改

亢宿陽門二星在庫樓東北刊本脫二星二字今增

氐宿在氐南騎官之下都騎之將也刊本下訛上都騎訛馬今改

房宿下第一星上將也刊本一訛四今改

箕星歌其前一黑是糠皮明則歲豐暗爲饑刊本脫明則歲豐暗爲饑七字今增

北方斗宿北二星杓天府庭也刊本脫杓字今增

危宿歌墓旁兩星名蓋屋刊本名訛能今改

室宿歌東西兩下多難論刊本東訛壁兩下訛四星今改

壁宿歌霹靂五星橫著行上公兩黑壁下藏刊本脫土公兩黑壁下藏七字今增

西方奎宿天溷七星在外屏南天之廁也天策天溷與外屏一十五星皆不明刊本脫天策句十四字今增

南方張宿歌數星倚在大微旁刊本倚訛欹今改

卷三十九

十二次度數營室東壁安定入營室一度刊本安定二字互倒今改

卷四十　地理

歷代封畛宋豫治汝南刊本豫訛荆據宋書州郡志改

後魏主攻盱眙注今臨淮郡縣刊本臨淮訛淮陽據宋史地理志改

唐貞觀初分爲十道八曰江南道刊本南訛西據唐六典改

卷四十一　都邑

伏犧都陳注周武王封舜之後于此刊本封訛後今改

十六國都案內缺後趙及蜀止十四國

卷四十三　禮略

吉禮孔子祠注何休范甯等二十一賢猶霑從祠刊本一訛二案貞觀二十一年制稱二十一人兼卜子夏數之也此處子夏已列十哲則止二十一賢矣今改

卷四十四

軍禮時儺注踐夔魖與罔象刊本踐訛殘據文選東京賦改

卷四十五

凶禮大喪及山陵制旒之制長三仞刊本仞訛刀今改

卷四十八　器服

輦輿制復制小輿小行幸則乘之刊本幸訛辛今改

卷四十九　樂略

白紵歌曲注古辭云刊本辭訛爲今改

杜秋娘注皇子封漳王刊本漳訛章據唐書改

雜體五雜組曲刊本組訛俎今改

卷五十二　職官

給事中注掌理六經及諸文誥刊本誥訛語今改

卷五十三

僕射注成帝建始四年初置尚書五人刊本四訛元據漢書帝紀改

郎官總序侍郎闕則攝其曹事刊本攝訛離據通典改

令史序請郞補千石刊本郞訛郎　又文案煩屑注若其不密萬里追徵刊本若其不訛辛苦甚據隋書劉炫傳改　又立州不過十二府案二劉炫傳作三與此異　又其所具寮則長官自辟刊本寮訛察又大小之官悉由吏部刊本官訛事並據劉炫傳改　又官不省案劉炫傳官下有事字

吏部尚書注又以吏兵尚書權位尤美刊本吏兵訛兵部據通典改

家語漢延康元年刊本漢訛魏案延康係獻帝年號今

改
侍郎注六品以下官刊本品訛部據通典改
司封郎中注故光武以馮勤爲郎中給事尚書刊本尚書訛郎中據後漢書及通典改
司勳郎中注掌六鄉賞地之法刊本鄉訛卿據周禮改
考功郎中注漢元帝時刊本元訛明據漢書京房傳改

卷五十四

監察侍御史注晉志云刊本晉訛宋據晉書職官志改
國子監四門博士注周四郊之虞庠也刊本四訛西據祭義注改

卷五十五

將軍總序魏獻子始有將軍稱注獻子爲中軍帥刊本中訛將據昭二十八年左傳注改
東宮官序必立太傅少傅以養之刊本養訛資據禮記改
案語有中常侍高梵乘衣車來載太子太子太傅杜喬憂懼不能止刊本脱高梵二字又杜喬訛高褒並據後漢書种暠傳增改　又乃遣喬詣臺啟白得中奉敕刊本喬訛褒奉訛決並據通鑑改

卷五十六

歷代王侯封爵嗣王之庶子爲鄉侯案鄉魏志作亭　又公之庶子爲亭伯刊本伯訛侯據魏志改
郡佐總論郡尉注又置屬國都尉刊本都訛郡據百官公卿表改

卷五十七

武散官驃騎將軍注有驃騎時吏丁牧周栩刊本栩訛相據漢書東平憲王蒼傳改

卷五十八　選舉

十萬以上歲舉孝廉一人注推校當時戶口一歲所貢不過二百餘人刊本戶口下衍二字今刪　又宋初年月多少隨部議制刊本部訛羣據通典改　又左衞將軍謝莊上表曰九流之雜刊本雜訛難今改　又得官者不必皆待名行刊本行訛列　又其在僻陋者則闕而不置刊本僻訛選並據通典改　又自今以後諸授勳官者並不得回授文官職事刊本回訛因據隋書改　又通文律者然後試策刊本通訛議據唐書帝紀改　又斷木爲人戴方版於項注版方三寸五分案三通典作二　又詞美者得不拘限而授職爲刊本美訛義　又貞觀中京師穀貴刊本脱中字今並改增

卷五十九

雜議論上孝宣愛良吏有章劾事留中刊本章訛常據漢書改　又丞相王嘉薦儒者公孫光及能吏蕭咸薛修等刊本修訛循據漢書王嘉傳改　又今諸郡縣之職吏部務取廉平今直刊本務訛慕正改　又考功員外郎王師旦知貢舉刊本旦沿唐諱作明下同又脱貢字　據唐書選舉志及張昌齡傳改增　又經學時務等比雜色人三分不居其一刊本三訛二今改　又請令曹司試判訖簡爲四等注有義行者爲一等給送兵部者爲第二等刊本義訛具給訛合並據通典改　又矯飾行能刊本能訛之　又明經讀書勤苦既口問義又誦疏文刊本既訛其今並改
選人條例舉人出身以後當宜習法刊本脱舉字今增
雜議論下昔李膺周舉爲刺史刊本膺訛應舉訛乘據後漢書改　又謹詳度古制刊本詳下衍案字據通典刪
選舉雜議第二條至而授職何嘗賓貢刊本嘗訛常今改
五品以上兼察舉選用之不公者注諸京師官長及觀察使刺史刊本及訛入今改
學校州縣學生徒有差注中縣三十員下縣二十員案六典中縣二十五人下縣二十人通考中縣中下縣各三十五員下縣二十員與此互異

卷六十　刑法

丞相王嘉等便以數年之閒虧除先帝舊約刊本虧訛戲今改　又司徒鮑昱撰嫁娶詞訟九百六卷雖大體異篇實相採入刊本採訛探據通典改　又至於五等封爵除刑若釁永郎甄創刊本郎訛既今改
晉劉頌上言因赦解結權而行之刊本因訛四今改
周官司寇有三刺三宥之法刊本有訛曰　又鳳閣舍人崔融上議未若回救贖之錢物刊本未訛永今並改

卷六十一　食貨

田制皆于領所州縣界內給刊本所訛側　又以上者不得過六斗刊本上訛土今並改
賦稅詔曰穀賤傷農其令以菽粟當今年賦刊本令訛年據漢書改　又絲絹八尺絲綿三兩案絲通典俱作綿後同　又其地稅約得千二百四十餘萬石注今亦准此計數刊本數訛約　又其時錢穀之司唯務割剝注分命黜陟使往諸道收戶口錢穀名數刊

本黜陟訛出職並據通典改

丁中重斂則多養羸而國貧刊本羸訛羸案管子以正戸籍謂之養羸今據改

卷六十二

錢幣除盜鑄錢令使民放鑄刊本使訛便據漢書食貨志改

漕運若引渭穿渠度可三月而罷此損漕省卒刊本卒訛半據史記河渠書及漢書溝洫志改　又越度大河計車五十乘刊本車訛奉今改　又儻遇水旱便即貴乏刊本即訛則據唐書改　又悉納河陰倉刊本陰訛險　又候水漲涸刊本漲涸訛調浮並據通典改

鹽鐵茶令宜依舊置使者監賣刊本脱依字今增

鬻爵唐鄭叔清奏承前諸使下詔納錢物刊本詔訛召今改

榷酤賣酒斗四錢刊本賣訛費據漢書帝紀改　又及糟麯灰炭注麯才代反刊本代訛伐今改

算緡非吏比者刊本吏訛更據史記平準書改

雜税令郡國無斂今年馬口錢注所謂租及六畜刊本脱及字又畜訛書並據漢書注增改　又齊武帝時王敬則以功力有餘悉課斂爲錢刊本課訛評據齊書改　又若甲分毀壞則年一修改乙限堅完則終歲無役刊本乙訛一今改　又注遣御史康雲間出江淮陶稅案稅通典作鋭

平糴高宗永徽二年九月頒新格刊本格訛各今改

卷六十三　藝文

經類周易十卷注王又元刊本又訛文據唐書藝文志改

周易口訣六卷注史之證案崇文總目無之字

洪範外傳十卷案傳唐書藝文志作注

草木鳥獸蟲魚疏二卷注吳陸璣刊本璣訛機據崇文總目改

左傳引帖斷義七卷案斷義崇文總目作新義

卷六十四

禮類儀禮義疏二卷案隋書經籍志疏下有見字

小學類始學篇十二卷刊本卷訛篇據隋書經籍志及唐書藝文志改

卷六十八

營陣吳孫子三十二壘經一卷案下三字隋志作二

天象石氏星簿經贊一卷案唐書作石氏星經簿讚此仍隋志

五行類堪餘曆注一卷案隋一卷唐二卷餘俱作輿

卷六十九

藝術類象經又一卷注何妥注刊本妥訛安據隋書經籍志改

醫方類黃帝素問經九卷注全元起注案起唐志及隋志俱作越

本草衍義二十卷注寇崇奭撰刊本寇訛冠今改

删繁方十卷注謝士泰撰案士泰隋志作士秦唐志作士太　又鄭注藥方一卷注唐志鄭撰案今本唐書無鄭撰二字

文類後漢郎中籍順集一卷案籍唐志作蘇

魏司徒鍾會集十卷刊本鍾會訛鐘會今改

晉鄭袤集二卷案袤唐志作褒

卷七十

唐崔櫓無機集四卷案機唐志作幾

軍書總戎集十卷注自戰國至隋唐三十卷刊本唐訛舊今改

卷七十四　災祥

客星注五年貞六月丁卯客星如三升椀出貫索西南案後漢書五年上有光和二字光和在中平之前此誤爲中平時事故不著年號且列于中和二年之後

風注其後晨迎氣東郊刊本東訛黄據後漢書五行志改

卷七十五　昆蟲草木

序是故衛宏序詩刊本故訛致今改

艾爾雅曰氷臺刊本脱艾字今增　又蕣葵日天葵案此當自爲一條此誤併爲一

蘼蕪諺云去家千里莫食蘼蕪枸杞刊本枸訛狗今改

宜男草朝生暮落刊本生訛致今改

卷七十六

竹鄭堅中案鄭爾雅作鄰

木槿曰櫬曰日及刊本脱日字據爾雅郭注增

蓬蘽其鋪地蔓生者曰地莓爾雅云藨者地莓也案藨爾雅作藨

蚷蚓螼蚓蜸蠶刊本蜸訛豎據爾雅改

蜻蜓虰蛵負勞刊本虰訛盯據爾雅改

穀蠹蛄螿強蛘刊本蛘訛蚌據爾雅改

鳳凰晨鳴曰發明刊本明訛鳴據宋書符瑞志改

貙字林云刊本脱字字據爾雅注增

貒說文云猶貜屬也刊本脱文字據爾雅注增

鼠廣雅謂之鼷鼠刊本鼷訛鷄據廣雅及本草改
羊吳羊牡曰羒刊本牡訛牝據爾雅郭注改
卷七十七下　周同姓世家
晉必得蕭桐姪子爲質刊本桐訛同案下文既作蕭桐
則此處不應從春秋傳作同今據史記改
曹令軍中無入釐負羈之宗族刊本釐訛僖據史記改
鄭公子子孔使尉止殺子駟而代之刊本公下脫一子
字今增
魏入朝而爲臣刊本朝訛韓今改
韓公戮而勝楚遂與公乘楚施山川而歸刊本施訛弛
案史記正義施猶設也今據改
卷七十八上　宗室
前漢吳王濞傳吳有章郡刊本有下衍豫字據宋祁注
刪
楚元王交傳竊惟春秋災異以效今事案效漢書作救
又物盛必有非常之變先見爲其人徵象刊本徵
訛徽今改
淮南厲王長傳奉以二千石所當得案史記所下有不
字此仍監本漢書　又尉奇等往捕伍開章長匿不
與故中尉簡忌謀殺以閉口案簡漢書作蕳師古曰
嚴助傳作間字音同耳或有作簡者非也蓋後人所
改　又立厲王三子王淮南王故地三分之案漢書
淮南下無王字　又淮南王安爲人好書鼓琴刊本
琴訛瑟據漢書改
卷七十八下
燕剌王旦傳賜燕王錢二十萬案二十漢書作三千據
下文益封萬三千戸則二十萬之數殊不稱當以監
本漢書爲正
卷七十九
魏曹眞傳亦知範剛毅刊本毅訛殺據魏畧改
任城威王彰傳卿新有功刊本新訛親據魏志改
吳孫翊傳建安八年刊本安下衍十字案傳末時建安
九年也則十字是衍文今據吳志刪　又翊妻徐氏
購募追捕刊本購訛構今改
孫和傳少以母王氏有寵刊本脫氏字今增
卷八十上
晉彭城穆王權傳騰出後叔父悌案晉書無悌字　又
永興初惤令劉根起兵東萊刊本惤訛惤案說文惤
從中弦聲漢地理志東萊郡惤縣師古注音堅今據
改
范陽康王綏傳彭城王權季弟也刊本城訛越據晉書
改
濟南惠王遂傳退屯於女媧堡刊本媧訛蝸據晉書改
梁孝王彤傳陳留蔡充刊本充訛克據晉書改下同
惠帝愍懷太子遹傳于是使太保衛瓘息庭刊本瓘下
衍之字據晉書刪
卷八十下
汝南文成王亮傳永興初率眾依東海王越刊本脫眾
字據晉書增
卷八十一
宋臨川烈武王道規傳引爲佐史刊本史訛吏今改
廬陵孝獻王義眞傳使左右剔母舫函道施巳船而取
其勝者刊本母訛每今改
彭城王義康傳烏程令盛曇泰刊本曇訛雲據南史改
又遣中書舍人嚴龐齎藥賜死案龐宋書作龍此
依南史改
江夏文獻王義恭傳國官三冬不得既登國殿案三冬
宋書及南史俱作正冬
元凶劭傳立司隸校尉以殷仲素補之案殷仲素南史
及宋書俱作殷沖據傳後云僞司隸校尉殷沖則此
處誤也　又魯秀等募勇士百人攻大航刊本航訛
舫據南史改下同
豫章王子尙傳北州治中從事刊本治訛從據宋書改
卷八十二
南齊始安貞王道生傳建武元年案元齊書作二
始安王遙光傳東昏召尙書令徐孝嗣屯衛宮城案南
史及齊書俱無此句
安陸昭王緬傳竟陵王子良與之書刊本竟訛景據南
史改
新吳侯景先傳以景先領軍主刊本生訛王今改
臨汝侯坦之傳帝于宮中及出後堂維狡獪刊本堂訛
常　又官有何事一旦便欲廢之刊本官訛言並據
南史改
豫章文獻王嶷傳攸之責賧千萬駒三百萬頭嶷發氣
死案南史及齊書俱作攸之責賧千萬頭嶷輸五百
萬發氣死　又給班劍二十八刊本二十訛十一
又義陽武陵天門南平郡四界刊本陵訛鄰並據齊
書改　又敕荊州刺史隨王子隆請罪不刊本隆訛
降今改　又宮人畢至登桐臺刊本桐訛相據齊書
改　又書成百餘卷表奏之刊本奏訛奉今改
武陵昭王曅傳居止附身所須而已刊本止訛上今改

又枓中菘菜鮑魚而已案鮑南史作鮿史記貨殖
、傳注鮑魚即今之鮿魚
鄱陽王鏘傳排墻叫噪而入刊本排訛挑據南史改
始興簡王鑑傳吾意常不同刊本同訛周據南史改
江夏王鋒傳高常使學鳳尾諾刊本諾訛詔據南史改
竟陵文宣王子良傳宋元嘉中刊本嘉訛喜據南史改
又及朝貴辭翰皆發教撰錄刊本翰下有者字今
刪　又嘗著西京雜記六十卷刊本雜訛新據南史
改
鄱陽王寶夤傳與其兄遐糾率鄉義刊本糾訛記據魏
書改
卷八十三上
梁吳平侯景傳終於治書侍御史刊本沿唐諱刪治字
今增後並同　又景初到州省除參迎刊本參訛三
今改　又左右嘗將羹至胸前翻之刊本至訛正據
南史改　又謚曰恭子柰子南史作侯
長沙宣武王懿傳詔既承旨撰著多所實錄案所南史
作非與此異
臨川靜惠王宏傳屯朱雀航刊本航訛舫　又衆中叱
罵刊本叱訛託今改
南平元襄王偉傳偉取襄鄉寺銅佛毀以爲錢案鄉南
史作陽
鄱陽忠烈王恢傳範亦驍敢自理武帝恕焉刊本恕訛
怒今改
卷八十三下
昭明太子統傳鐃歌輟奏刊本輟訛輒據南史改
豫章王綜傳太傳卿祖暅刊本府訛舟據南史改

南康簡王績傳爲魏師所敗刊本敗訛侵今改　又問
事之所起刊本起訛被據南史改
邵陵攜王綸傳尤工尺牘刊本尤訛猶今改　又以血
書壁刊本壁訛歷據南史改　又賊使貝袍案袍南
史作砲
武陵王紀傳椎床聲聞于下刊本椎訛推今改
卷八十四下
後魏南安王楨傳累表請軍刊本表訛拜據魏書及北
史改　又榮之入洛也刊本榮訛業據魏書改
卷八十五上
北齊趙郡王琛傳長史宋欽道刊本宋訛永據北齊書
及北史改
陽州公永樂傳尋爲南營州刺史刊本脫南字據北齊
書及北史增
平秦王歸彥傳先是冀州長史刊本長訛刺據北齊書
及北史改
彭城景思王浟傳封長樂郡公刊本脫封字據北齊書
及北史增　又有隰沃縣主簿張達刊本沃訛汲今
改
廣甯王孝珩傳畫一蒼龍案龍北齊書及北史作鷹與
此異
南陽王綽傳以五月五日辰時生刊本辰訛丙據北齊
書及北史改
淮南王仁光傳詔與蕭琮陳叔寶修其本宗祭祀州本
琮訛琛據北齊書及北史改
卷八十五下
後周邵惠公顥傳武成元年刊本元訛九據後周書及

北史改
齊煬王憲傳齊人復據高壁及洛女砦刊本脫砦字據
後周書及北史增
隋滕穆王瓚傳呼術者王姿問之案姿隋書及北史作
琛與此異
衛昭王爽傳高平虞慶則等刊本慶訛世據隋書及北
史改
河間王弘傳懸賞千金之購刊本賞訛當據北史改
房陵王勇傳又東宮宿衛之侍官以上刊本宿訛宮據
隋書改
庶人諒傳薛粹爲絳州刊本脫薛字據隋書及北史增
卷八十六　周異姓世家
齊無知自立爲齊君刊本君訛公據史記改
宋曰急常寒若曰蒙常風若刊本脫曰蒙常風若五字
又楚共王拔宋之彭城刊本拔訛伐並據史記增
改
楚以弟熊嚴爲後刊本脫爲後二字據史記增
卷八十七
越齊威王使人說越王曰刊本說訛詔據史記改
趙靈公立十四年刊本脫四字據史記增　又程嬰謂
公孫杵臼曰刊本謂訛請　又於是趙北有代南并
知氏刊本知訛和　又禮者所以便事也刊本脫此
一句並據國策及史記改增
卷八十八　列傳
孔子傳踐土之會實召周天子刊本脫踐土之三字據
史記增
宓不齊傳少孔子四十九歲案四十九家語作三十與

此異

商瞿傳少孔子二十九歲刊本脫九字據史記增

梁鱣傳字叔魚刊本魚訛思據家語及史記改

韓非傳爲說難書甚具刊本具訛易　又以此相持刊本持訛時並據史記改

卷八十九

周劉康公傳其何事不徹刊本何訛作據國語改

單襄公傳本見而草木節解刊本脫草字　又言義必及利刊本利訛制　又言勇必及制刊本制訛利並據國語增改

太子晉傳聽言昭德刊本昭訛以據國語改

魯季文子傳七年吳伐郯刊本脫七年二字據春秋左傳增

季桓子傳自虞以上爲陶唐氏刊本自下衍唐字　又處不辟汙刊本汙訛行並訛左傳刪改

卷九十

晉胥臣傳不敢以禮致之歡之故也刊本歡訛懼　又二帝用師以相濟也刊本濟訛擠　又泉原以資之刊本原訛貨　又眾而順嘉也故曰亨刊本脫故曰亨三字並據國語增改　又詢于八虞而諮于虢刊本諮訛詔據國語改

智武子荀罃傳晉士莊子爲載書刊本晉訛鄭據左傳改

欒武子書傳及晉悼十二年刊本悼訛平據國語改

卷九十一

鄭公孫僑傳祓禳於四方刊本四訛西據左傳改

衛甯莊子傳國不可得也刊本得訛待據左傳改

蘧瑗傳則鈇御毀首碎胷刊本鈇訛決據莊子改

卷九十二

齊管敬仲傳戎車待游車之裂刊本裂訛覇　又里退而修軌刊本脫此一句並據國語改增　又山澤各致其時刊本山上衍不字　又輕罪贖以鞼楯一戟刊本鞼訛韝並據國語刪改

晏平仲傳以平其心成其政也刊本政訛聲據左傳改

崔武子傳不以兵甲刊本甲訛車據左傳改

楚沈諸梁傳其展也足以復之其周也足以蓋之刊本脫其周也一句　又夫誰無疾眚刊本誰訛唯並據國語增改

延陵季子傳曰美哉蕩乎刊本複衍蕩字據左傳刪

卷九十三

戰國田單傳與其生而無義刊本脫無字據史記增

魯仲連傳好奇偉俶儻之畫策刊本偉訛律據史記改　又則臣見公之不能得也刊本脫不字據戰國策及史記增

蘇秦傳秦攻趙則韓守宜陽刊本趙訛魏據國策及史記改　又韓北有鞏洛成皋之固刊本脫洛字據史記增

張儀傳不親於楚則楚攻其南刊本脫則字據史記增

商鞅傳各以率受上爵刊本率訛卒　又則恐僕貪位貪名也刊本脫貪位二字並據史記改增

甘茂傳且王前嘗用召滑於越刊本越訛趙據國策及史記改

卷九十四

孟嘗君傳買肥牛刊本脫買字據史記增

春申君傳絕楚魏之脊案魏史記作趙　又其於禁王之爲帝有餘矣刊本帝訛楚今改　又而李園女弟刊本脫女字據史記及上文增

屈原傳然終無可奈何刊本終訛後據史記改

李斯傳爲之柰何刊本柰訛禁據史記改

蒙恬傳可謂知意矣刊本謂訛得據史記改

卷九十五

前漢魏豹傳傳豹詣滎陽刊本詣訛諸據漢書改

盧綰傳嘗告過趙刊本告訛言據漢書改

卷九十六

曹參傳即召除爲丞相史刊本史訛吏據史記及漢書改

張良傳沛公自雒陽南出轘轅刊本陽下衍西字據史記及漢書刪

王陵傳問天下一歲錢穀出入幾何刊本脫一字據史記及漢書增

周勃傳攻蒙虞刊本蒙訛繭據史記及漢書地理志改　又定代郡九縣刊本定代訛陳武據史記及漢書改　又皆非惠帝子刊本皆非二字互倒據漢書改

申屠嘉傳踧踖廉謹注踧踖持謹之貌刊本整訛忍據及史記漢書注改

卷九十七

息夫躬傳躬寵乃與中郎右師譚刊本右訛之據漢書改

衛綰傳恐文帝謂豫有二心事太子也案此二句係史記及漢書注刊本攙入正文誤

賈誼傳夫禍之與福何異糾纆刊本纆訛纏據史記及

漢書改　又爲之穲衣絲履刊本絲訛緣據漢書改
袁盎傳而誅諸呂存劉氏刊本誅訛諫據漢書改
鼂錯傳郎有險阻以此當之刊本當訛通　又十連一
邑刊本連訛里並據漢書改
鄒陽傳兵加胡越刊本兵訛其據漢書及文選改　又
是時景帝少弟梁孝王貴盛亦待士刊本待訛得據
漢書改　又夫王奢樊於期非新於齊秦而故於燕
魏也刊本魏訛趙據漢書及文選改
卷九十八上
灌夫傳與長孺共一禿翁注禿翁言舉無官位版綬也
刊本綬訛授據漢書注改
卷九十八下
司馬相如傳其山則盤紆岪鬱刊本岪訛茀　又華楓
枰櫨刊本楓訛風並據漢書及文選改　又步騎之
所蹂若刊本脫步字據文選增　又故遣中郎將往
賓之刊本賓訛賓　又終則遺顯號於後世刊本脫
後字　又且因宣其使指令百姓皆知天子意刊本
指訛詣　又蹝蹤輵轕容以骫麗兮刊本脫容字
又而修理地祇刊本地訛以並據史記及漢書改
張湯傳使吏捕案湯左田信等刊本捕訛部據漢書改
卷九十九
總目鴙敞子惲刊本子訛弟據漢書改
張騫傳大夏去漢萬二千里刊本萬訛南據漢書改
又南方閉巂注先蘂反刊本蘂訛桀據漢書注改
又西擊塞王注塞西域國名也刊本域訛城　又遣
人使貳師約曰刊本脫約字並據漢書增改
嚴助傳近者親附刊本親訛新據漢書改

吾邱壽王傳天祚有德刊本有訛不據漢書改
王褒傳故有圖空之隆刊本圖訛圖據漢書及文選改
楊王孫傳進醫藥刊本進下衍近字據漢書刪
卷一百
霍光傳敢有毀者坐之刊本毀者訛譖光者據漢書本
傳改　又光遣宗正劉德刊本脫光字　又趙平爲
散騎都尉刊本脫一騎字並據漢書增
金日磾傳武帝元狩中刊本狩訛始據漢書本傳及武
帝本紀改　又上召岑拜爲郎刊本脫郎字　又徵
爲大司徒司直京兆尹刊本徒訛馬並據漢書增改
趙充國傳以六郡良家子注金城隴天西水北地上郡
刊本天水訛北地據漢書改　又兵難隃度刊本隃
下衍遙字案漢書顏注曰隃讀作遙此蓋因注文誤
入者今刪　又望見大軍欲渡湟水道阸狹刊本阸
訛沅　又糴二百萬斛穀刊本二訛三並據漢書改
傳介子傳介子至龜兹復責其王刊本脫介子至龜兹
五字據漢書增
常惠傳發龜兹東國二萬人案一漢書作二
陳湯傳屠五重城刊本五訛三　又不察周書之意而
忘帷蓋之施刊本蓋訛幄據漢書改
段會宗傳郎誅末振將太子番丘刊本丘訛兵據漢書
改
朱雲傳一色成體謂之純刊本純訛醕據漢書改
平當傳災害不生刊本生訛成據漢書改
貢禹傳攻山取銅鐵刊本鐵訛錢據漢書改　又然嘉
其質直之意刊本意訛愚據漢書改
兩龔傳勝字君賓舍字君倩刊本賓訛裳據漢書改

鮑宣傳守東州丞刊本東訛東據漢書本傳及地理志
改　又位皆列三公刊本三訛二據漢書改
卷一百一
韋賢傳孟作詩諷諫刊本脫詩字據漢書增
魏相傳諸上書者皆爲二封刊本二訛三　又元鼎二
年刊本二訛三據漢書改
丙吉傳視遇甚有恩惠刊本視訛親據漢書改　又瑣
錄未已案漢書無瑣錄二字　又嘗從祠高廟刊本
祠訛事　又孝宣皇帝時臣上書言狀刊本脫孝宣
二字並據漢書改增
趙廣漢傳尉史禹刊本史訛史案漢書文穎注曰尉史
尉部史也禹其名今據改
張敞傳田完有功於齊皆疇其官邑刊本官邑訛膚
又吏追捕有功效者刊本脫者字並據漢書改增
王尊傳御史大夫忠奏尊暴虐刊本忠訛中據漢書改
蓋寬饒傳惟謹愼爲得久刊本久訛又據漢書改
鄭崇傳又以重賢貴寵過度刊本董訛重今改
京房傳道人當逐死刊本逐訛遂　又欲令主上求書
入朝得佐助房刊本佐訛任並據漢書改
李尋傳任以大職刊本大訛天據漢書改
卷一百二上
蕭望之傳擴所受監臧刊本擴訛讓據漢書改
馮奉世傳永光二年刊本光訛元　又進退恂恂刊本
進退訛進進並據漢書改
孔光傳匡衡舉光方正爲諫大夫刊本諫下衍議字據
漢書刪
史丹傳丹爲人知足刊本知足互倒據漢書改

朱博傳封列侯皆增秩如丞相刋本皆字訛在封字上據漢書改

翟方進傳爲棄去宦家者以避害刋本以上衍可字據漢書刪

卷一百二下

杜鄴傳思承始初事稽諸古刋本訛事稽諸古以收帝怨據漢書改

揚雄傳先是蜀有司馬相如刋本是下衍時字　又鸞鳳紛其御䙴刋本御訛衛　又破穹廬腦沙幕刋本沙幕二字互倒並據漢書刪改

卷一百三

王莽傳敢爲激發之行刋本激發二字互倒據漢書改　又中壘校尉曰軍正刋本脫壘校二字案劉攽曰中尉廢久安得更名當是中壘校尉今據增　又率土之濱刋本濱訛賓據漢書改

欽定通志考證卷上

欽定通志考證中

卷一百四

後漢劉永傳帝聞之大怒乃自將討萌刊本乃譌曰據後漢書改

盧芳傳期於奉承宗廟刊本承譌成據後漢書改

卷一百五

李通傳君狀貌非凡刊本狀譌壯據後漢書改

來歙傳哀帝時爲諫大夫刊本諫下衍議字據後漢書刪

岑彭傳諸軍徑將大兵上轘轅刊本大兵二字互倒據後漢書改

卷一百六

耿弇傳置戊已校尉刊本置譌救據後漢書改

銚期傳誠不願陛下微行數出刊本微行數出譌數得微出據後漢書改

祭遵傳而蜀警備增固刊本備增二字互倒據後漢書改

景丹傳景將軍北州大將是其人也刊本大將下衍軍字據後漢書刪　又徙封余吾侯刊本吾譌吳據漢書地理志改

馬武傳右輔都尉陳刊本輔譌護據後漢書改

竇融傳詔右扶風修理融父墳塋刊本脫右字據後漢書增　又遂臨私渠北鞮海案北毛本後漢書作比　又遷屯騎都尉刊本都譌校據後漢書改

馬援傳常爲食客居門下刊本脫居字　又異則中以刑法刊本以譌爲並據後漢書改

卷一百七上

卓茂傳初茂與同縣孔休刊本縣譌郡據後漢書改

魯恭傳所以助微陰也刊本微譌爲　又不得相讓相讓則道不明刊本脫下相讓二字並據後漢書改增

卷一百七下

馮衍傳義其誰爲刊本其譌無　又舒家在上黨邑悉繫之刊本繫譌擊並據後漢書改

郅惲傳以萬人爲憂刊本爲譌惟據後漢書改

楊厚傳吾綈袠中有先祖所傳祕記刊本袠譌袠據後漢書改

郎顗傳賢德不用刊本賢譌欲據後漢書改　又所謂大網疏小網數刊本網並譌綱　又言神在戌亥刊本脫亥字並據後漢書改增

卷一百八

杜詩傳猶假兵符以救趙圍刊本兵譌虎據後漢書改

樊宏傳十八年帝南祠章陵刊本脫十字據後漢書增

陰識傳別降新野淯楊杜衍冠軍胡陽刊本淯譌涓　又豐亦狷急刊本亦譌以並據後漢書改

朱浮傳今軍資未充故須麥耳刊本耳譌矣據後漢書改

梁統傳臘責我所愛刊本愛譌受　又平政成化也刊本政譌叉　又成化二字互倒　又瞻望車騎刊本瞻譌猶　又皆先輸上第於冀刊本脫先字並據後漢書改增

張純傳遷長樂衛尉刊本衛譌校　又章奏不能叙心刊本叙譌款並據後漢書改

曹褒傳所以救世俗刊本救譌收　又雖與圖始刊本始譌治並據後漢書改

鄭玄傳乃西入關刊本西入二字互倒　又不爲羣弟所容刊本脫不字並據後漢書改增

鄭興傳使撰條例訓詁刊本訓譌傳　又而不以時定刊本定譌用　又願陛下上思唐虞下覽齊晉刊本下下字譌正　又今陛下高明而臣下惶促刊本惶譌懊並據後漢書改　又厥上疏諫曰刊本厥譌與今改

賈逵傳乃詔諸儒各選高才生刊本複衍各字據後漢書刪

張霸傳童謡曰棄我戟捐我矛刊本捐譌損據後漢書改

桓榮傳時顯宗爲皇太子刊本顯譌憲　又二十八年大會百官刊本二譌三並據後漢書改

丁鴻傳賜狂不識駿刊本賜譌陵據後漢書改

卷一百九上

度尙傳封烏程東鄉侯刊本程譌桓據後漢書本傳並注改

班彪傳據楚漢列國時事刊本楚譌秦　又懸象暗而恆文乖刊本懸譌元並據後漢書改

第五倫傳左轉高唐令刊本脫左字據後漢書增

宋均傳圍武威將軍劉尙刊本武威二字互倒　又乃矯制刊本制譌詐並據後漢書改

朱暉傳復遣家承致禮刊本承譌臣據後漢書改　又太守阮況嘗欲市暉婢刊本婢譌牛據東觀漢記改　又博選耆儒宿德與參政事刊本政譌故據後漢書改

何敞傳辟太尉宋由府刊本尉譌府據後漢書改

卷一百九下

胡廣傳其餘所著詩賦銘頌箴弔及諸解詁凡二十三篇案三後漢書作二

袁安傳吏案之急迫刊本迫訛逼據後漢書改　又弘字紹甫案紹後漢書作邵

韓棱傳弓高侯頹當之後也刊本當訛高據後漢書改

郭躬傳起自孤宦刊本宦訛官據後漢書改

陳寵傳沛國洨人注洨戸交反刊本戸訛尸今改　又常盡三冬之月刊本常訛當　又未滿三月皆勿徭刊本徭訛徑　又多設儲跱刊本設訛投並據後漢書改

班超傳超欲因此叵平諸國刊本叵訛區　又約期俱至焉耆而覘先有畀刊本脫先字並據後漢書改增

梁慬傳以大司農何熙行車騎將軍事刊本脫事字據後漢書增

卷一百十

應奉傳亦無寬降刊本無訛爲據後漢書改　又七世通顯刊本世訛典今改

徐璆傳并送前所假汝南東海二郡印綬刊本二郡訛郡郡據後漢書改

黃憲傳良不見叔度不自以爲不及刊本脫上不字據後漢書增

楊震傳易曰無攸遂刊本攸訛由今改

張晧傳而綱獨埋其車輪于洛陽都亭刊本都訛郡據後漢書改

卷一百十一上

劉陶傳掃清萬里刊本掃訛民今改　又推三家尚書及古文是正文字七百餘事案七百後漢書作二百

謝弼傳解除禁網刊本網訛錮據後漢書改

虞詡傳議者咸同刊本議訛譏　又知其傾國刊本其訛共並據後漢書改

傅燮傳嗆可斬也刊本也訛矣據漢書改

臧洪傳中平末棄官還家刊本脫末字據後漢書增

張衡傳故智者面而不思刊本智訛盆　又庸織絡於四裔兮刊本裔訛商並據後漢書改

馬融傳稀有曠絕刊本稀訛晞　又觀宿麥勸收藏刊本脫勸字並據後漢書改增　又寥豁鬱決刊本寥訛寒據後漢書改

卷一百十一下

蔡邕傳昔劉向奏曰刊本昔訛者　又齋詔申旨誘臣使言刊本使訛所　又封高陽鄉侯刊本脫鄉字並據後漢書改增　又卓於是改乘皂蓋車刊本蓋車訛車駕據後漢書改

左雄傳永和三年卒刊本三訛二據後漢書改

黃瓊傳斯則可矣刊本可訛知　又乃奏增孝悌及能從政者爲四科刊本奏訛詔並據後漢書改

荀淑傳淑兄子昱刊本脫子字　又今漢承秦法刊本脫法字　又視事三日刊本日訛月　又夫俗亂則道荒刊本俗亂二字互倒・又先豐人財以定其志刊本財訛則並據後漢書增改　又不隕其業刊本業下衍矣字據後漢書刪

卷一百十二

李固傳其列在官牒者刊本列訛例官訛宦並據後漢書改

皇甫規傳河南尹不疑刊本尹下衍傳字案此乃梁不疑非傳不疑也今據後漢書刪

張奐傳故始爲弘農人焉刊本始訛是據後漢書改

陳蕃傳或死徙非所刊本脫死字據後漢書改

范氏黨錮論不隱豪強刊本隱訛爲據後漢書改

李膺傳後以阿附宦官致位太尉刊本尉訛守據後漢書改

羊陟傳太尉張顥刊本顥訛顯據後漢書改

岑晊傳既而遇赦晊竟誅之刊本脫晊竟誅之四字據後漢書增

賈彪傳補新息長刊本脫補字據後漢書增

卷一百十三上

荀融傳因辭病自絕刊本病訛並　又但郎土埋藏而已刊本郎土二字訛塈並據後漢書改

竇武傳尚書郞張陵嬀皓范康案范後漢書竇武傳作苑

何進傳博徵智謀之士龐紀何顒刊本龐訛寵　又皆詣進謝罪刊本罪訛曰　又至是發露然後得免者刊本脫後字並據後漢書改增

皇甫嵩傳角先以病死刊本角訛粱據後漢書皇甫嵩傳及通鑑改

董卓傳既無老謀又無壯事刊本事訛士　又歌呼而還刊本歌呼二字互倒並據後漢書改

卷一百十三下

劉虞傳假節督幽并青冀刊本青訛司據漢書地理志改

陶謙傳西討邊章案邊章魏志作韓遂又考吳志邊章

韓遂爲亂司空銜命致討請謙爲參軍事然則此與魏志蓋互舉也

賁紹傳長揖而去刋本長訛橫據魏志改　又追至界橋刋本界橋二字互倒據後漢書改

卷一百十四

魏夏侯淵傳還圍祁山刋本祁訛析據後漢書改

荀彧傳永漢元年舉孝廉案永漢元年後漢書作中平六年與此異

荀攸傳此桓文之舉也刋本文訛公據魏志改

卷一百十五上

鍾繇傳鍾繇字元常刋本繇下衍者字　又乃明習律令刋本乃訛使並據魏志删改

程昱傳兖州尙未安集刋本尙未訛未普據魏志改

卷一百十五下

杜畿傳郡中奇其年少而有大志也刋本志訛意　又於是遂拜畿爲河東太守刋本遂訛追並據魏志改

卷一百十六

李通傳封建功侯刋本功訛公據魏志改

衞覬傳勖字元茂刋本元訛加據本傳及文選注改

衞臻傳後爲漢黄門侍郎刋本脱漢字據魏志增

楊俊傳黄初二年刋本二訛三據魏志改

趙儼傳儼善必賞刋本必訛見據魏志改

卷一百十七

高柔傳以所告之弊弊之刋本脱一弊字據魏志增

楊阜傳舉賢良方正敦樸之士刋本樸訛禮據魏志改

滿寵傳遣長史督三千人案三千人魏志滿寵傳作二軍

牽招傳於是野居晏閉刋本閉訛閑據魏志改

郭淮傳淮奏請徙居安定之高平刋本定訛平據魏志改

鄧艾傳聞緒軍卻刋本緒訛諸據魏志改

鍾會傳其論道附會文辭不如何晏刋本附訛屬據魏志改

卷一百十八上

蜀諸葛亮傳亮遣陳式攻武都陰平刋本式訛戒　又刑政雖峻而無怨者刋本政訛故並據蜀志改

劉封傳合房陵上庸西城爲新城郡以達領新城太守案蜀志劉封傳無爲新城郡四字

卷一百十八下

許慈傳承喪亂之餘歷紀學業衰廢案蜀志無之餘二字

來敏傳父豔爲漢司空刋本空訛馬據本傳及注改

王平傳初平同郡漢昌句注句音古侯切刋本古訛答今改

姜維傳狄道長李簡舉城降刋本脱狄道二字據蜀志增

卷一百十九

吳士燮傳黄武五年刋本五訛九案黄武無九年今據吳志本傳改

諸葛瑾傳至於御將自古少有比之於操萬不及也刋本御將二字互倒又之下衍丕之二字並據吳志改删

周瑜傳時曹操兵威甚盛下書責權質任子刋本脱質字據吳志增

蔣欽傳以涇拘昭陽爲奉邑案涇三國志作經

陳武傳北屯章阬刋本阬訛阮據吳志改

淩統傳後烈有罪免刋本脱免字據吳志增

卷一百二十

呂範傳攻璜於海西梟其大將陳牧刋本海西梟訛西島斬據吳志改

朱桓傳桓愈恚恨刋本恨訛退據吳志改

虞翻傳年十二刋本二訛三據吳志本傳注改　又亦欲因此令翻得釋也刋本翻訛還據吳志改

張溫傳行人之義受命不受辭也刋本不下脱受字據吳志增

駱統傳其姊仁愛有行寡居無子刋本居訛歸據吳志改

陸瑁傳願陛下抑威住計刋本住訛任據吳志改

陸遜傳以爲帳下右部督刋本脱部字　又嘗鄰威德樂自傾盡刋本盡訛盡　又所以不聽諸君擊班者刋本脱諸字並據吳志改增　又此乃守國之末事刋本守國訛書傳據吳志改

賀齊傳子建及弟景皆有令名爲佳將案建吳志作達

周魴傳悔叛還者皆自原罪刋本還訛降據吳志改　又校尉都尉印各三百紐案三吳志作二

諸葛恪傳可得甲士四萬刋本士訛十據吳志改

賀邵傳從中郎將爲散騎中常侍案吳志無將字

卷一百二十二

晉魏舒傳牀帳簟褥百副刋本百訛自據晉書本傳改

高光傳光於其際守道全貞刋本全貞二字互倒　又密與太傅參軍美賾刋本賾訛頤並據晉書本傳改

王渾傳唯當任正道而求忠貞耳刊本正訛王據晉書本傳改

王濬傳至秣陵受王渾節度刊本脫此八字　又便當順流長騖刊本騖訛鶩並據晉書傳增改

山濤傳濤再居選職刊本居訛起　又明惠有才智刊本惠訛悉並據晉書本傳改

王戎傳藉宮中之勢刊本宮中二字互倒　又衍以太尉爲太傅軍司刊本司訛事　又武陵內史武察爲其郡吏所害刊本吏訛夷　又廣疑與甘卓同謀刊本脫謀字並據晉書本傳改增

鄭袤傳袤與河南尹王肅刊本脫尹字據晉書及魏志增

盧欽傳給追鋒軺臥車名一乘刊本脫給字據晉書本傳增

華表傳鄉人任讓輕薄無行刊本鄉訛卿據晉書本傳改

卷一百二十三

劉毅傳臣之喜慶刊本喜訛善　又不能上佐天子刊本子訛日並據晉書本傳改

和嶠傳永康初刊本康訛平據晉書本傳改

崔洪傳高祖崔寔刊本寔訛實據晉書及後漢書改

何攀傳攀拜表證晏不反故晏冤理得申刊本故訛考據晉書本傳改

劉頌傳帝以頌持法失理刊本持訛折據晉書本傳改

李重傳蓋以諸侯之軌既滅刊本滅訛減據晉書本傳改

傅玄傳後參安東將軍軍事刊本將訛衛　又所居稱職刊本職訛積　又各一其業而殊其務刊本殊訛知　又夫家足食刊本脫食字並據晉書本傳改增　又若果能精其防制刊本果訛未　又自爲居天下之安刊本脫居字並據晉書本傳改增　又亦自殿下所見刊本見訛具　又以此賞之刊本賞訛責並據晉書本傳改

阮籍傳及文帝輔政刊本帝訛武　又籍子渾有父風不飾小節刊本飾訛餘　又大將軍王敦命爲主簿刊本脫命字並據晉書本傳改增

嵇康傳恬靜寡慾刊本靜訛情據晉書本傳改　又故知堯舜之居世絫居文選作君此與晉書同今仍之　又禹不逼伯成子高刊本脫伯字據晉書及文選增　又恃愛肆姐刊本姐訛狙據晉書音義及文選改　又神氣晏如刊本氣訛意據晉書及文選改

向秀傳歷世才士衆才晉書作方　又呂心曠而放刊本而訛野據晉書本傳改

謝鯤傳有黃衣人呼鯤字令開戶鯤便於窗中度手牽之胛斷刊本胛訛脾據晉書音義改　又乃優游寄遇刊本遇訛通據晉書本傳改

秦秀傳自非功不如太宰刊本脫不字　又始封無後如太宰刊本脫無字並據晉書賈充傳及通鑑增

卷一百二十四上

束晳傳令監司精察一人刊本監訛嚴　又又昔魏氏徙三郡人在陽平頓丘界今者繁盛刊本盛訛甚　又卦下易經一篇似說卦而異刊本似訛以並據晉書本傳改

陸機傳於是羣雄蜂駭刊本蜂訛鋒據晉書及文選改　又奇偉則虞翻陸績張溫張惇刊本脫張溫二字此蓋沿晉書之誤今據文選改　又丁奉離斐以武毅稱刊本離上衍鍾字據文選刪又案離吳志丁奉傳作黎此與晉書及文選同今仍之　又范陽盧志問機曰陸遜陸抗於君遠近刊本脫陸遜二字據晉書本傳改　又爲利圖物刊本利訛吏據文選改　又頼以機參大將軍軍事刊本脫一軍字　又隨才授用刊本授訛受並據晉書改

潘岳傳森奉璋以階列兮刊本階訛偕據文選改　又既仕宦不達刊本宦訛官據晉書改　又稱多則吾豈敢刊本則訛者據文選改　又異絫同機刊本機訛歸據文選及注改

張載傳百籟羣鳴聾其山刊本聾訛籠據文選改　又柔條夕勁密葉晨稀刊本晨訛最據晉書及文選改

卷一百二十四下

江統傳自西徂東刊本徂訛征　又是以士農工商四業不雜刊本士訛仕　又加右軍將軍刊本脫上軍字並據晉書本傳改增　又征西將軍庾亮請爲羽林將軍刊本羽林將軍訛儒林參軍據宋本晉書改

孫楚傳恐俞跗見其已死刊本跗訛附據晉書及史記改　又高情遠致刊本遠致二字互倒　又自古今帝王之都刊本古今二字互倒　又貧者殖其財怯者充其勇刊本充訛先並據晉書改

馬隆傳加授護東羌校尉刊本脫護字據晉書本傳增

陶璜傳其見在者二千四百二十人刊本脫十字據晉書本傳增

吾彥傳時將軍薛珝刊本珝訛翊據晉書本傳改

周處傳乃與振威將軍盧播刊本盧訛虞據晉書本傳及梁王肜傳改　又蕟吒吳曾何不舉手刊本舉訛與據晉書本傳改
周訪傳與李矩郭默相結刊本矩訛知據晉書本傳及李矩傳改　又復除仲孫監益豫梁州之三郡刊本豫訛州據晉書改

卷一百二十五

解系傳改葬加弔祭焉刊本脫改葬二字據晉書本傳增
李含傳少有才幹刊本才訛武據晉書本傳改
張方傳惠帝遣左將軍皇甫商距之刊本脫皇甫二字據晉書本傳增
閻鼎傳太傅參軍騶捷劉蔚刊本蔚訛蒼據晉書本傳改
索靖傳靖在臺積年刊本脫靖字據晉書本傳增
周浚傳子嵩狷直果俠刊本俠訛狹據晉書本傳改
成公簡傳遷鎮東將軍刊本脫遷字據晉書本傳增
苟晞傳兗州要衝刊本衝訛衡據晉書本傳改
華軼傳大府受命令屯彭澤刊本大訛天命訛分並據晉書本傳改
劉琨傳八士奔迸者多歸於琨刊本迸訛逆據晉書本傳改
祖逖傳嘗置酒大會刊本置訛致據晉書本傳改
郭默傳留芝而緩其救刊本芝訛之據晉書本傳改
王導傳導少有風鑒刊本脫導字　又司空劉寔刊本寔訛實　又豈區區國臣所可擬議刊本可訛以並據晉書本傳增改

卷一百二十六

劉弘傳然萬事有機刊本萬訛方　又臣以不武刊本以不二字互倒　又羅尚遣使告急請糧弘移書贈給刊本給訛急並據晉書本傳改
陶侃傳武庫令楊慶進侃於廣案楊晉書本傳作黃　又侃即遣兵逼蒙刊本侃訛促　又若無陶侯便失荊州矣刊本侯訛使　又諸將皆請乘勝擊溫邵刊本乘訛承並據晉書本傳改　又俗散騎常侍案常侍晉書本傳作侍郎
溫嶠傳由是鳳謀不行刊本由訛猶據晉書本傳改
郗鑒傳惟恃冢突一戰刊本恃訛是據晉書本傳改
又恢遣建武將軍辛恭靖救洛陽刊本靖訛靜據晉書改
紀瞻傳特天所授刊本授訛受　又朝廷稱其忠亮雅正刊本亮訛量　又咸藉其高義刊本義訛遠並據晉書本傳改
賀循傳循自以臥疾私門刊本循訛猶　又潁川世數過七宜在迭毀刊本毀字訛在宜下　又懷帝之入復毀潁川刊本入復二字互倒並據晉書本傳改
戴若思傳詔追若思還鎮京都刊本詔訛詣據晉書本傳改
周顗傳弟嵩刊本嵩訛暠據晉書改
應詹傳諸葛仁林案仁晉書本傳作成　又賜爵永鄉侯案永晉書本傳作潁
甘卓傳亦各便求西還刊本還訛遷據晉書本傳改
卞壼傳沒無所託地刊本地訛也據晉書本傳改
鍾雅傳徵拜散騎常侍案常侍晉書本傳作侍郎

卷一百二十七

熊遠傳風俗偽薄刊本偽訛爲據晉書本傳改
郭璞傳坎爲法象刊本象訛家據晉書本傳及上文改　又璞臨刑時年四十九刊本時年句訛在下句追贈弘農太守下據晉書本傳改
葛洪傳嶽表補東官太守刊本官訛宮據晉書本傳及地理志改　又嶽乃以洪兄子望爲記室參軍刊本兄訛元據晉書本傳改
庾亮傳時人皆憚其方嚴刊本嚴訛儼　又又假亮節都督東征諸軍事刊本脫節字並據晉書本傳改增　又表除重役六十餘事刊本重訛眾　又歷監梁雍二州軍事刊本二訛三　又冀一安穩刊本穩訛隱並據晉書本傳改　又除振威將軍西陽太守案晉書本傳作除振威將軍鄱陽太守轉建威將軍西陽太守與此異
桓彝傳彝尋出石頭刊本頭訛跪　又逐堅兗州刺史張崇刊本脫逐字並據晉書本傳改增　又進爵作庾侯刊本進訛追據晉書本傳改　又建威將軍劉懷肅刊本懷訛德據晉書本傳及劉毅傳改
王湛傳俄授都督徐兗青三州刺史案晉書本傳作俄授都督徐兗青三州諸軍事北中郎將徐兗二州刺史與此異　又致書與太子母陳淑媛刊本媛訛瑗　又並以才器各居名藩刊本脫以字並據晉書本傳改增
荀崧傳向見荀監子清虛明理刊本子訛於昄訛名據晉書本傳改
范汪傳改革舊制不拘常憲刊本憲訛處據晉書本傳

改
張憑傳祖鎭蒼梧太守刊本脫梧字據晉書本傳增
卷一百二十八
王舒傳留藻守錢唐刊本脫守字據晉書增
王廙傳豫章太守助廙擊曾曾眾潰刊本脫一曾字據
晉書增
何充傳供給沙門以百數刊本給訛結據晉書改
蔡謨傳北取堅壁刊本堅訛生據晉書改
殷浩傳故將得官而夢尸刊本脫得字據晉書增
孔愉傳東還會稽刊本還訛遷　又又令驍將李閎刊
本又訛及　又於是遷吳興內史封晉陵男刊本陵
訛安　又宜博納朝臣刊本納訛約並據晉書改
陶回傳司徒王導引爲從事中郎刊本徒訛空據晉書
改
謝安傳自幼有公輔之望刊本幼訛然　又以總統功
進拜太保刊本脫功字並據晉書改增　又東山之
志始末不渝刊本渝訛愉據晉書改
卷一百二十九上
王羲之傳宜更虛已求賢刊本脫賢字　又常恐死亾
無日憂及宗祀刊本死訛斯祀訛社　又甚欲希風
數子刊本岦訛其　又以君邁往不屑之韻而俯同
羣辟刊本辟訛碎並據晉書本傳增改　又璞爲之
筮遇泰之大畜刊本脫之大畜三字據晉書本傳增
朱伺傳領竟陵內史刊本脫領字據晉書本傳增
毛寶傳從溫平蜀刊本從訛後　又俄而季之述等皆
病刊本等訛之　又時延祖爲始康太守刊本延訛
延　又尋遷督司雍并三州諸軍事刊本遷訛還並
據晉書本傳改
朱序傳又表求故荆州刺史桓石生刊本脫刺史二字
據晉書本傳增
司馬彪傳高陽王睦之長子也刊本王睦二字互倒據
晉書本傳改
卷一百二十九下
庾預傳近或聞諸君以預入仕刊本仕訛寺據晉書本
傳改
習鑿齒傳生平所未見刊本平訛年據晉書本傳改
江逌傳然則神必有號祀必有儀刊本儀訛義據晉書
本傳改
殷覬傳洫職清明刊本明訛名　又將與兵內伐刊本
脫兵字並據晉書本傳改增
王雅傳時王珣兒婚刊本珣訛恂據晉書本傳及王珣
傳改
劉毅傳列艦於中流以防越逸刊本防訛放據晉書本
傳改　又宗之又破僞將溫楷刊本溫訛桓據晉書
本傳及桓振傳改　又參軍茅遼案茅晉書本傳作
羊　又眾知裕至莫有鬭心刊本脫莫有鬭心四字
　又裕惡之因案五木久之刊本脫裕惡之三字並
據晉書本傳增
魏詠之傳桓歆寇歷陽刊本歆訛欽據晉書本傳改
卷一百三十一
宋劉穆之傳與顏竣書曰刊本竣訛峻據宋書及南史
改
徐羨之傳河東太守沈林子等刊本東訛中　又行至
西明門外刊本脫明字蓋沿南史之誤今並據宋書
改增
傅亮傳以佐命功封建城縣公刊本城訛成據宋書及
南史改
王鎭惡傳闕弓甚弱刊本闕訛閧　又想勉建大功刊
本想訛相並據宋書改　又退屯留困堡案留困宋
書作劉回南史作劉因
朱齡石傳龍驤將軍朱牧等案牧宋書作林南史作枚
　又一稍輒洞貫三四人刊本洞訛動據宋書及南
史改
沈田子傳林子連破之刊本子訛氏據宋書改
傅弘之傳雍州治中從事史刊本脫治字據宋書增
胡藩傳尋除正員外鄱陽太守刊本陽訛縣據宋書及
南史改
卷一百三十二
趙倫之傳子伯符少好弓馬輒身貫甲冑刊本輒訛輕
據宋書及南史改
張薦傳質與胡崇之毛熙祚三營刊本祚訛作據宋書
改
謝靈運傳時元嘉十年刊本十下衍四字據宋書南史
及通鑑刪
卷一百三十三
王裕之傳徐州治中從事史刊本脫治字據宋書增
王准之傳年五十六卒刊本五訛二六訛九據宋書改
垣護之傳略陽桓道人也刊本桓訛垣據宋書改
袁湛傳梁史有傳刊本史訛世今改
孔靖傳祖愉晉車騎將軍刊本愉訛瑜據宋書南史及
晉書改

殷景仁傳□不談義而深達理刊本義訛議　又特進右光祿大夫領始興王師刊本脫領字並據宋書及南史改增

卷一百三十四

蔡廓傳故廓言署紙尾也刊本署訛書據宋書及南史改　又珍孫子景元案元宋書及南史並作先

何尙之傳爲郡孔惠宣刊本脫宣字　又考課以知能否刊本脫知字並據宋書及南史增

張裕傳初裕曾祖澄刊本澄訛登　又及司空南譙王義宣起義刊本譙訛燕　又孝武帝孝建元年刊本孝建元年訛建元二年並據宋書及南史改　又永光三年徙會稽太守刊本脫永光二字蓋沿南史之訛今據宋書增

張邵傳祗果不動刊本祗訛韶據宋書及南史改

范泰傳欲徧作諸志刊本志訛贊據宋書及南史改

鄭鮮之傳庾左丞則終身不著袷刊本袷訛恰據宋書改

卷一百三十五

顏延之傳北中郞府主簿刊本府訛將　又封建城縣侯刊本城訛成並據宋書及南史改　又遣中書舍人戴明寶案明寶南史作實明

庾登之傳晦雖恨而常優容之刊本容訛答　又論虞秀之作黃門刊本脫之作二字並據宋書及南史改增　又就道錫索嫁女具及祠器刊本祠訛銅　又選令史章龍向臣說刊本章訛韋　又言實得嫁女具刊本脫具字並據宋書及南史增

羊欣傳甚得適性刊本適性二字互倒據宋書改

卷一百三十六

沈慶之傳衞吏五十人刊本吏訛史據宋書及南史改

沈攸之傳求補白丁隊主刊本丁訛下　又若有耕夫漁父夜相呵叱刊本父訛婦並據宋書及南史改　又梁州刺史晃伯年按晃宋書作范

劉勔傳彭城安上里人也刊本脫安字據南史增

魯爽傳近係南雲傾屬東日刊本近訛延　又爽親戲而飮酒過醉刊本過訛遇並據宋書改

薛安都傳任榛大抵在任城界刊本抵訛城據宋書及南史改

鄧琬傳泰始二年刊本二訛三據宋書及南史改

吳喜傳不當爲將刊本當訛嘗據宋書及南史改

卷一百三十七

齊王儉傳應接銓序刊本接訛投據南齊書及南史改

王晏傳鷟清幹有餘然不諳百氏刊本諳訛暗據南齊書改

張敬兒傳使小兒輩歌曰刊本小訛千據南齊書改

王敬則傳焚其舟艦刊本焚訛禁據南齊書改

戴僧靜傳令忽遣車西上刊本令訛官據南齊書改

垣崇祖傳豈非小勞而大利耶刊本利訛制據南齊書改

卷一百三十八

總目范柏年刊本柏訛百據本傳改

劉悛傳詔以與運隆替刊本與訛興又敢不以實仰答刊本仰訛迎並據南齊書改　又時瑯琊王鋼爲功曹案鋼南齊書作詡　又引爲錄事典筆翰刊本脫典字據南齊書增

崔祖思傳王景興以淅米見誚刊本淅訛浙蓋沿南史之誤今據南齊書改　又位徐州刺史刊本位訛立據南史改

胡諧之傳祖廉之治書侍御史刊本脫治字據南齊書增

虞玩之傳俱以應對有席上之美刊本脫有字據南齊書及南史增

劉休傳尙書右丞羅彥遠案羅南史作勞

蕭惠基傳思莊思遲巧於圍碁刊本下思字訛戲據南齊書改

江謐傳宋明帝爲豫州刊本豫訛兖據南齊書及宋書改

謝超宗傳議策秀才考格刊本脫才字考訛孝　又總明學士劉融何法冏刊本冏訛圖並據南齊書增改　又超宗門生王永先刊本脫先字　又永先於獄自盡刊本自盡訛盡之並據南齊書增改

沈沖傳被憲者多結怨刊本憲訛惡據南齊書改

袁彖傳宇緯才案緯南齊書作偉

陸澄傳言舊例無左丞糾中丞之義刊本義訛儀據南史改　又其義安在刊本義訛事　又易體微遠豈可專據小王依舊存鄭高同來說刊本同訛尙　又以此書明百行之首實人倫所先刊本倫訛論並據南齊書及南史改

陸慧曉傳時中書舍人狄當見幸案狄南齊書及南史並作秋　又而其中參差變動刊本中訛才據南齊書及南史改

孔稚圭傳江左相承用晉世張斐杜預注律二十卷刊

本斐訛裴據南齊書南史及隋書經籍志唐書藝文志改

江斅傳父恁著作佐郎刊本恁訛任據南齊書改

蔡約傳約脫武冠解劍刊本脫訛旣據南齊書改

顧憲之傳非苟逼儆以納稅也刊本逼訛通據南齊書改

卷一百三十九

梁書景宗傳以見錢百萬欲埤義宗刊本埤訛堉據南史改

夏侯詳傳武帝嘉納焉刊本嘉訛加據梁書及南史改　又與魏將河間王琛刊本琛訛深據南史及魏書改

馮道根傳不如棄船於鄧城刊本脫棄字據梁書及南史增

康絢傳率二十戸取五丁以築之刊本十訛千　又深十九丈五尺刊本尺訛寸並據梁書及南史改

卷一百四十

范雲傳雲性篤睦刊本睦訛時據南史改

韋叡傳獨以廉聞刊本獨訛猶據南史改

王志傳志從父兄瞻字思範刊本範訛饒據梁書及南史改　又劉孺見之擊節不已刊本孺訛摛據南史改

卷一百四十一

孔休源傳止有赤蒼米飯刊本止訛正據梁書及南史改

裴子野傳或勸言諸有司可無咎刊本諸訛請據梁書改　又敕子野爲移魏文刊本移訛後據南史改

劉顯傳時年十八歲案南史無十字　又引爲少傅五官掾刊本脫掾字據梁書改

明山賓傳所著吉禮儀注一百二十四卷案一百梁書南史及隋書經籍志作二百

袁昂傳遷吳郡太守刊本郡訛都據梁書及南史改

庾華傳父深之刊本深訛琛據梁書及南史改

庾於陵傳弟肩吾子愼之案愼之梁書作子愼此與南史同　又師裴則蔑絕其所長刊本蔑訛義　又每欲論之無可與語刊本語訛晤並據梁書及南史改

王僧孺傳下帷無倦升高有屬刊本升訛并據梁書及南史改

陸倕傳子纘早慧刊本纘訛瓚　又爲童子郎刊本郎訛師並據梁書及南史改

到沆傳收拔賢俊刊本拔訛援據梁書及南史改

陸杲傳廣州刺史刊本脫刺史二字　又當時稱其舅甥日下無對刊本日訛目據梁書及南史改

卷一百四十二

徐勉傳同官咸取則焉刊本同訛司據南史改　又難可輕褻衣裾刊本褻訛弊　又卽宗伯所掌典禮刊本典訛曲　又學士汾住郡中刊本住訛任並據梁書及南史改　又乃撰爲流別起居注六百卷案六百卷南史作六百六十卷此與梁書同

何敬容傳惟子貢更也之譬刊本子貢訛士貞　又宋司空倘之刊本空訛馬並據梁書及南史改　又是稱淸貴刊本淸貴訛貴賞據梁書改

范岫傳侍皇太子給扶刊本皇訛中據梁書及南史改

傅岐傳以和言問之刊本脫言字據梁書及南史增

江革傳延明知不可屈刊本脫屈字據梁書及南史增

陳慶之傳以慶之爲武威將軍刊本武威二字互倒據南史改

賀瑒傳以瑒兼五經博士刊本五訛三據梁書及南史改

王神念傳卒於侯景軍中刊本脫軍字　又人之興廢亦復何常刊本復訛得常訛如並據梁書及南史增

杜崱傳封華容縣侯刊本容訛陽據梁書及南史改

王琳傳身徑上江陵陳謝刊本徑訛輕據南史改　又練兵於泉浦案泉南史作白水

張彪傳少亾命在若耶山刊本耶訛邸據南史改

卷一百四十三

侯景傳許放之還刊本放訛彼　又鵶仁錄送其使刊本送其訛州縣並據南史改　又景攻歷陽太守莊鐵遣弟昕夜斫景營案昕梁書及南史並作均　又司州刺史柳仲禮刊本柳訛李據梁書及南史改　又於是羊鵶仁柳仲禮刊本仲禮訛敬理據梁書南史及下文改　又莫不衣羅綺刊本衣訛依據南史改

卷一百四十四

陳杜僧明傳廣州刺史新渝侯蕭映刊本渝訛喩據陳書及南史改

周文育傳秦據墟口城案墟陳書作壖此與南史同　又余孝頃有艘艖百餘乘在上牢刊本上訛主據陳書及南史改

侯安都傳列營漸進刊本列訛引　又安都引船入堰

樓艦與興城等放拍碎其樓雉刊本上樓字訛揆又脫雉字並據陳書及南史增改

歐陽頠傳攻始興內史蕭紹基刊本紹訛昭據陳書改　又吳明徹傳授南兗州刺史刊本南訛東據陳書改　又乘水勢以退軍刊本退訛追據南史及陳書改

沈恪傳永定三年刊本三訛二據陳書及南史改

錢道戢傳封永安縣侯案安南史作嘉

周靈傳封赤土亭王案陳書及南史無土字

魯悉達傳悉達兩受之刊本受訛授據陳書及南史改

蕭摩訶傳封綏建郡公案建陳書作違此與南史同

任忠傳仍剋其東西二城刊本二訛一　又遷平南將軍南豫州刺史刊本南訛西並據陳書及南史改

韓子高傳光大元年刊本元訛二據陳書南史及華皎傳改

王猛傳時廣州刺史臨汝侯方慶刊本慶訛廢據南史改

卷一百四十五

沈眾傳字仲師吳與武康人刊本師訛與又與康二字互訛並據陳書及南史改

蔡景歷傳至於士流官宦刊本官宦二字互倒據陳書及南史改

劉師傳豈容凡百士庶悉皆服重刊本皆訛此日據陳書改

虞荔傳其有疑議就以決之但朔望朘修而已刊本朔望訛旦夕據陳書及南史改

顧野王傳國史紀傳二百卷刊本紀訛記今改

姚察傳侍晉王昭讀刊本昭訛侍據陳書及南史改

周弘正傳河東裴子野刊本東訛南據陳書及南史改

陸繕傳見回文碑銘援筆擬之案碑陳書作研此與南史同

熊曇朗傳曇朗外示服從陰欲圖瑱刊本示訛不據陳書及南史改

周迪傳夏則紫紗袜腹刊本腹訛腹據陳書及南史改

留異傳文帝遣左衛將軍沈恪刊本恪訛路據陳書及南史改下同

卷一百五十上

後魏楊播傳榮將為還計刊本還訛遷　又播弟椿本字仲考刊本仲訛伯並據魏書及北史改　又有漬貨者刊本漬訛濁據魏書改　又遁弟逸字遵道刊本字訛子據魏書及北史改

劉芳傳宮闕府寺刊本寺訛事據魏書及北史改　又南郊火帝炎帝七里刊本脫炎帝二字蓋沿北史之誤今據魏書增　又北郊水帝顓頊六里刊本里下衍郊字　又縣邑令長得祠刊本得訛侍並據魏書及北史刪改　又田主各以其野之所宜木刊本野訛社據周禮改　又土主生萬物刊本土主二字互倒據魏書及北史改　又徐州人地錄三十卷案三魏書及北史作二

常爽傳除錄事參軍刊本錄訛給　又特給車牛四乘刊本車牛二字互倒並據魏書及北史改

郭祚傳祚與黃門宋弁刊本脫祚與二字　又準限而判三應升退刊本升訛外　又都督雍州刺史刊本雍訛揚並據魏書及北史改

邢巒傳甚見顧遇刊本見訛有據魏書及北史改

李崇傳及靈珍偷據白水刊本偷訛踰　又田道龍寇邊城刊本道訛進並據魏書及北史改　又使持節鎮東大將軍案東魏書及北史作軍

卷一百五十下

崔光傳表光宜還史任於是詔光還領著作還特進以奉迎明帝功刊本脫此二十三字　又朝昇夕進豈拘一階半級哉刊本進訛退　又謹於吏案之暇草構此書刊本吏訛文並據魏書及北史增改　又草成九十二卷案二魏書及北史作五　又子懋字德林刊本林訛寍據魏書及北史改

崔亮傳使人曾中無怵迫之念今遂忘本卿能記之不刊本人字訛在卿字下　又水淺不可為浮橋汎長無恆刊本汎訛況　又浮出長木數十根刊本出訛至並據魏書及北史改　又尋徙居京城西南二百餘里舊陰館之西刊本陰訛除據魏書改

裴叔業傳席法友等刊本法訛汝　又譚讎險好殺刊本譚訛謂並據魏書及北史改

張讜傳六世祖弘晉長秋卿父華刊本卿父二字互倒據魏書及北史改

劉藻傳帝大笑曰刊本笑訛嘆據魏書及北史改

傅豎眼傳益州人追隨戀泣者數百里刊本泣訛位據魏書及北史改

路恃慶傳累遷定州河間王琛長史刊本琛訛深據魏書改

房亮傳弟詮悅等刊本詮訛銓據魏書及北史改

潘永基傳父靈乾案乾魏書作虬此與北史同

魏釗傳臣請間入城內刊本間訛閭據北史改

魏季景傳遂居柏人西山刊本柏訛相據北史改

卷一百五十一

孫紹傳或投仗強豪刊本仗訛杖據魏書及北史改

又若令依古高祖之法復須升降刊本升訛外據北史改

成淹傳於時宮殿初構刊本殿訛極據魏書及北史改

張燿傳案燿魏書作焜

陽尼傳吾昔未仕不曾羨人今日失官與本何異刊本官訛宦　又除前軍將軍刊本前下脫軍字據魏書及北史改增

賈思伯傳自以儒素爲業刊本儒素爲業訛作儒業爲素　又且蔡邕論明堂之制云刊本且訛其　又其孝經援神契刊本孝訛五並據魏書及北史改　又衰至便驕刊本驕訛憍據魏書北史及世說改

祖瑩傳遂誤持同房生趙郡李孝怡曲禮卷上座刊本脫孝字　又昔流共工于幽州北裔之地刊本地訛北並據南北二史增改

尒朱榮傳忽見一人持世隆首去奚氏驚就視刊本就視二字互倒　又令僕不上省刊本上訛出　又將奴送入省中聽事東閤內刊本閤訛闕並據北史改

斛斯椿傳謚曰景北史作景莊

辛雄傳辟爲左曹攝田曹事刊本攝訛撫據魏書改

高恭之傳恭之字道穆刊本之訛者　又道穆兄謙之字道讓刊本讓訛驤　又謙之乃僞枷一囚立于馬市刊本一下衍人字又囚訛因並據南北二史改刪

又復鑄大錢一當千刊本千訛十據南北二史改

山偉傳妻子不免飄泊士友嘆愍之刊本友訛交據南北二史改

欽定通志考證卷中

欽定通志考證下

卷一百五十二

北齊蔡儁傳封烏洛縣男刊本烏訛爲據北史及北齊書改

慕容紹宗傳暴風從東北來舟纜斷飄艦刊本艦訛纜據北史改

高乾傳亦恐巢傾卵破夫復何言刊本復訛欲　又若早用司空策豈有今日之舉刊本早訛昂並據北史及北齊書改　又洛州刺史泉仚刊本仚訛企據北史及魏書改

厙狄干傳曾祖越豆眷刊本眷訛養據北史魏書及北齊書改

傅伏傳又有代人高寶甯案寶北齊書作保

卷一百五十三

崔暹傳言邢邵宜任府僚刊本任訛在據北齊書改

司馬子如傳於是世隆還逼京城刊本逼訛通據北齊書改

楊愔傳名以定體刊本體訛禮據北史改

李稚廉傳案稚北齊書及北史俱作㓜

王昕傳今爲宴適刊本適訛通據北齊書改　又欲執子才當先執我刊本才訛方今改　又便是可惜刊本便訛療　又帝尋發怒刊本尋訛正並據北齊書及北史改

卷一百五十四

平鑒傳平鑒字明達刊本達訛遠據北史及北齊書改　又後卒於都官尚書刊本都訛郡今改

唐邕傳頻勑楊遵彥更除一人刊本遵彥二字互倒今改

祖珽傳珽欲奏爲官茂乃逃去刊本乃訛引據北史改

崔劼傳食文登縣幹刊本脫食字據北史增

卷一百五十五

魏收傳翩翩遂逝刊本遂訛逐據北史改　又打從叔季景出六百斛米刊本斛米訛斗番據北史及北齊書改

卷一百五十六

後周李賢傳可並預宴案北史宴下有賜字　又從征竇泰刊本泰訛奉今改

李弼傳隴西成紀人案北周書作遼東襄人此與北史同

王盟傳進爵蔡郡公案蔡郡公北史及周書並作長樂郡公

竇熾傳恭帝元年刊本年訛帝今改

王羆傳以羆受顧官刊本受訛授據北史改

卷一百五十七

陸騰傳涪陵郡守藺休祖案藺周書及北史並作藺

蘇綽傳克捐厥華即厥實刊本捐訛損據北史及周書改

韋叔裕傳勿違吾志也刊本志訛言據北史及周書改

韋瑱傳恭帝二年刊本二訛三據北史改

柳虯傳府庫倉儲刊本脫庫字據北史改

長孫紹遠傳紹遠字士師案北史及周書無士字

崔宣猷傳始利沙與諸州刊本沙訛涉據北史及周書改

崔士謙傳與弟訦特相友愛案訦北史作說

鄭偉傳及在江陵乃專戮副防主杞賓王刊本王訛工據北史及周書改

司馬消難傳陸卬崔瞻等皆游其門刊本瞻訛贍據北史及周書改

卷一百五十八

赫連達傳無以恩信人皆悅附刊本脫附字據北史增

泉仚傳賜爵臨洮縣伯刊本洮訛洮　又輿豪右結託刊本託訛訖並據北史改

崔彥穆傳仍與鄉郡王元洪威攻潁州案洪周書作洪

令狐整傳豐州舊不居人民刊本人民訛民中據周書改

卷一百五十九

賀若敦傳從太宰元天穆討邢杲刊本杲訛果今改

韓褒傳歷事三帝刊本脫褒字據北史增

徐招傳高平金鄉人案北史無金字

孟信傳未幾舉爲太子少師刊本師訛卿據北史改

卷一百六十

隋高熲傳曾祖暠刊本祖訛孫今改

牛弘傳至肅宗親臨講肄刊本肄訛肆今改

四分修之一刊本分訛方　又三三相重刊本上三字訛二並據北史改　又屋圓楣徑二百一十六尺刊本楣下衍四字據隋書及北史刪

楊素傳官至諫議大夫案諫議北史作朝議隋書作朝請

李穆傳其在斯乎刊本其訛所今改　又開皇初授象城府刊本授訛受據隋書改

長孫覽傳左勳衛車騎將軍刊本衛訛將據隋書及北

史改

卷一百六十一

宇文忻傳便是其義類例不同刊本脫其字蓋沿北史之誤今據隋書增　又內堂正壇高三尺刊本壇訛牆據隋書及北史改

元胄傳歷豫亳浙三州刊本浙訛淅據北史改

達奚長孺傳歷甯鄜二州刺史刊本鄜訛鄘據北史改

史萬歲傳萬歲令左右倒其碑而進渡西洱河刊本洱訛弭今改

劉方傳拜左武衞將軍刊本脫軍字據隋書及北史增

裴矩傳于闐之北刊本北訛地　又風行所及刊本行訛化並據北史改　又寡婦未及嫁女刊本女上衍婦字據隋書及北史改

卷一百六十二

柳裘傳轉御飾大夫刊本飾訛史案此周宣帝所制官今據隋書及北史改

王劭傳不能至於善也刊本不訛至蓋沿北史之誤今據隋書改

趙芬傳父諒周秦州刺史刊本脫州字據隋書及北史增

李安傳羊千口刊本千訛十據隋書及北史改

韋世康傳蕃人畏懼莫敢仰視刊本敢訛不據隋書改

卷一百六十三

段文振傳刖領行軍總管刊本領訛鎮據隋書及北史改

來護兒傳蕭山公李寬刊本訛蒲陽守孝寛據隋書及北史改

周羅睺傳都督南州諸軍事刊本南州訛西川據隋書及北史改

周法尚傳謂長史崔君肅曰刊本肅訛書據隋書改

陸知命傳歷太學博士南嶽正刊本嶽訛獄據隋書及北史改　又爲東曨道受降使者刊本曨訛朧據隋書本傳及地里志改

柳彧傳盡室并孥刊本孥訛奴據隋書及北史改

榮毗傳仕周爲內史下士刊本史訛吏據隋書及北史改

郎茂傳陰自結納刊本自訛有據隋書及北史改

李孝貞傳除給事黃門侍郎刊本句下衍待詔黃門侍郎六字據隋書及北史刪

崔仲方傳雖恃九江五湖之險刊本脫五湖二字據隋書及北史增

卷一百六十四

李駒駼傳趙郡高邑人也刊本郡訛邑據北史改

盧思道傳孝徵每日刊本孝訛李據上文改

王誼傳奏誼有不遜之言刊本言訛名據隋書及北史改

麥鐵杖傳悉割其鼻刊本其訛兵據隋書及北史改

王世充傳士卒皆勸刊本勸訛勸據隋書及北史改

段達傳襲爵襄垣縣公刊本垣訛陽案襄陽非北周地今據隋書及北史改　又來簿上春刊本來訛外據隋書及北史改

卷一百六十五外戚傳

晉褚裒傳軍次代陂刊本代訛伐　又還鎮京口刊本京訛江並據晉書改

王遐傳務存進達刊本達訛退據晉書改

後魏馮熙傳建佛圖精舍刊本脫佛字據北史增

吾季著于春秋刊本季訛孝據北史及魏書改

密勑宕昌公王遇刊本王訛主又脫遇字並據魏書改增

乙弗繪傳位開府儀同三司刊本脫位字據北史增

北齊胡長仁傳令史欲詣都坐者刊本都訛郡據北齊書及北史改　又重加贈諡刊本脫諡字據北齊書增

隋高祖外家呂氏傳乃命高熲厚加供給刊本熲訛穎今改

卷一百六十六忠義傳

魏龐淯傳淯字子異案異魏志作冀

晉嵇紹傳常欲崇趙武之諡刊本崇訛棄據晉書改

宋袁粲傳封興平縣子刊本興訛與　又詔衞軍斷客刊本衞下衍將字並據宋書及南史改刪

齊張沖傳郢被圍二百餘日刊本被訛破據南史改

梁韋粲傳鞭杖案杖南史作板

後魏胡小彪傳案彪魏書作虎

隋劉子翊傳徇飾非于明世刊本徇訛苟據隋書及北史改

卷一百六十七孝友傳

後漢趙孝傳餘人皆茹草萊刊本萊訛菜據後漢書改

晉李密傳實所鑒見刊本鑒訛覽據晉書改

孫晷傳濟陽江惇刊本江訛王據晉書改

宋郭世道傳旣取賤價又以大力助之刊本賤訛錢力訛日並據宋書及南史改

齊吳欣之傳建元三年刊本元訛武據南史改
王文殊傳吳興故鄣人也刊本鄣訛郡據南史南齊書本傳及州郡志改
隋徐孝肅傳弟德備刊本德備二字互倒據隋書及北史改

卷一百六十八 獨行傳

後漢李業傳及業同郡譙信刊本及訛君據後漢書改
李充傳同食遞衣刊本食衣二字互訛據後漢書改

卷一百六十九 循吏傳

後漢王渙傳永初二年刊本初訛和據後漢書改

卷一百七十

晉鄧攸傳轉攸爲太常刊本常訛守據晉書改
宋阮長之傳宋世言善政者咸稱之刊本言善二字互倒今改
南齊王宏軌傳鄉可自防刊本鄉訛歸據南史改
梁何遠傳遠度己無贓刊本脫度字據南史增
後魏張膺傳妻樵採以自供刊本樵採二字互倒據魏書及北史改
宋世景傳黜陟賞罰刊本陟訛降據北史改　又先爲苑陵令刊本苑訛宛據魏書及北史改
明亮傳譽宣遠近刊本譽訛擧據魏書改
北齊蘇瓊傳一身獲罪且活千室刊本且訛直據北齊書及北史改　又瓊推察務在得情刊本脫情字據北史增

卷一百七十一 酷吏傳

前漢周陽由傳所愛者撓法活之刊本活訛治據漢書及史記改
楊僕傳以千夫爲吏刊本吏訛史據漢書及史記改
後漢周紆傳履霜有漸可不懲革刊本可不二字互倒據後漢書改
黃昌傳賊被獲遂流轉入蜀刊本轉訛輒據後漢書改
王吉傳郡中惴恐刊本恐訛怨據後漢書改
後魏李洪之傳洪之至郡刊本郡訛都　又洪之志性慷慨刊本脫性字並據魏書及北史改增
北齊宋游道傳立門名以記出入刊本門訛問據北齊書及北史改　又意識不關貌何謂醜者必無情刊本貌訛見何訛切並據北齊書改　又賢從在門外刊本門訛內據北齊書及北史改
畢義雲傳義雲在州刊本在訛入據北齊書及北史改
隋燕榮傳鞭笞左右刊本左上衍在字據北史刪

卷一百七十二 儒林傳

前漢歐陽生傳字和伯刊本和伯二字互倒據漢書改
周堪傳後爲太子太傅案太傅漢書及經典釋文並作少
張山拊傳爲城陽內史刊本城陽二字互倒據漢書及地理志經典釋文改
後漢楊倫傳北海牟融刊本牟訛字據後漢書及經典釋文改
伏恭傳字稚文刊本稚訛雅　又帝臨辟雍刊本臨訛立並據後漢書改
董鈞傳禮記四十九篇刊本脫九字據後漢書及經典釋文增

卷一百七十三

晉杜夷傳廬江灊人也刊本廬訛盧據晉書改
梁伏曼容傳拜治書侍御史刊本脫治字據梁書增
沈峻傳邵陵王綸好其學刊本其訛文據梁書改
陳沈文阿傳監江陵郡刊本陵訛陰據陳書改
沈洙傳斟酌古今之間刊本間訛聞據陳書改
鄭灼傳陸詡少習崔靈恩三禮義宗刊本脫宗字據陳書及梁書增
全緩傳位鎮南始興王府諮議參軍刊本興訛安參訛將並據陳書改
沈不害傳合二十八曲行之樂府刊本脫八字據陳書增
王元規傳不遠千里來請道者常數十百人刊本脫千里二字據陳書增

卷一百七十四

後魏劉獻之傳要以德行爲首刊本以訛之據魏書改
劉蘭傳徵蘭講書於州城南館刊本脫城字據魏書增
董徵傳徵出州入卿刊本卿訛郡據魏書改
北齊李鉉傳於講授之暇遂覽說文刊本說文訛文字　又刪正六藝經注中謬字刊本六訛文並據北齊書改
孫靈暉傳其先扶風人世居涼土刊本居訛士據北齊書改
張彫虎傳意善形惡刊本形訛功據北齊書改
後周沈重傳博覽羣書尤明詩禮刊本脫禮字據後周書增
樊深傳義綱略論并目錄三十一卷刊本脫義字案隋書舊唐書經籍志俱作七經義綱二十九卷新唐書藝文志作義綱略論三十卷今據增

卷一百七十五 文苑傳
後漢王隆傳所著詩賦銘書刋本書訛詩據後漢書改
晉庾闡傳相府記室刋本室訛至據晉書改
卷一百七十六
總目南齊高爽刋本高訛世據南齊書改
南齊檀超傳朝會輿服依蔡邕司馬彪刋本脫司字據
南齊書增
卞彬傳無與易之刋本無訛倍據南齊書改
祖沖之傳位至太府卿刋本府訛冊據南史改
後魏邢臧傳父虬刋本虬訛蚪據魏書本傳及邢巒傳
改
隋李文博傳著政道集十卷刋本脫集字據北史增
潘徽傳曲禮云主敬客刋本主訛士據北史及禮記改
卷一百七十七 隱逸傳
前漢四皓傳案語顏師古匡謬正俗刋本謬俗二字互
訛據唐書藝文志改
後漢周黨傳臣願與坐雲臺之下刋本臺訛圖據後漢
書改
井丹傳及就起刋本脫起字據漢書增
梁鴻傳志菲菲兮升降刋本志訛忘　又疾且困刋本
脫困字並據後漢書改增
魏扈累傳人與不取刋本取訛食據魏志管甯傳注改
晉范粲傳棲志窮巷刋本巷訛學據晉書改
孟陋傳陋感此言然後從吉刋本吉訛言據晉書改
郭瑀傳遂還酒泉南山赤厓閣刋本厓訛壁據晉書改
卷一百七十八
齊杜京產傳豈爲白璧所回刋本璧訛屋據南史改

沈驎士傳開門教授居成市刋本成訛城　又年過八
十耳目猶聰明刋本明訛手並據南史改
梁南嶽鄧先生傳君有仙分刋本分訛方據南史改
隋崔廓傳子賾刋本賾訛頤據隋書改
卷一百七十九 宦者傳
後魏宗愛傳都督中外諸軍事刋本外訛軍據魏書改
劉思逸傳出暢爲頓丘太守刋本頓訛潁蓋沿北史之
誤今據魏書改
北齊諸宦者傳唯以工巧矜功刋本矜訛務據北史改
卷一百八十
刺客傳戰國聶政傳終沒賢弟之名刋本名訛知據史
記改
滑稽傳淳于髡傳楩楓豫章爲題湊刋本湊訛楱據史
記改
貨殖傳前漢宣曲任氏傳唯橋桃以致馬千匹刋本桃
訛姚據漢書改
卷一百八十一 藝術傳
周扁鵲傳人之所病病疾多刋本脫多字據史記增
後漢樊英傳天子乃爲英設壇席刋本席訛帶據後漢
書改
韓說傳會稽山陰人也刋本陰訛陽據後漢書改
卷一百八十二
晉陳訓傳至時劉陶周訪皆卒刋本訪訛紡據晉書改
單道開傳於上編菅爲禪室刋本菅訛管據晉書改
卷一百八十三
後魏蔣少游傳改作金墉門樓刋本門訛金據魏書改
北齊由吾道榮傳其日道榮言之如目見刋本脫如字

據北史增
隋庾季才傳時議以季才術藝精通刋本精訛相據北
史改
卷一百八十四 佞幸傳
前漢韓嫣傳始時嫣常與上臥起刋本始訛如據漢書
改
宋徐爰傳始興王濬後軍參軍刋本興訛與上軍字訛
行並據宋書改
南齊紀僧眞傳得古錫鈇九枚刋本鈇訛趺據南齊書
改
劉係宗傳係宗啟讁役在東人丁刋本讁訛誨據南齊
書及南史改
茹法眞傳往諸刀敕家游宴刋本刀訛承據南史改
後魏王叡傳承明元年刋本承訛永據魏書及北史改
卷一百八十五
後漢南陽陰瑜妻傳比視已絕刋本視訛時據後漢書
改
隋韓覬妻于氏傳長安中號爲節婦門刋本門訛闕據
北史改
趙元楷妻崔氏傳崔因取賊刀倚樹而立刋本崔訛妻
據北史改
卷一百八十六 載記
前涼張軌記但負荷任重刋本但訛恒據晉書載記改
張駿記不可以久久則變生刋本則訛而據晉書載記
改
前趙劉淵記還說五部以赴國難刋本五訛六據晉書
載記改

劉聰記殺彌于已吾刋本吾訛營據晉書載記改

卷一百八十七

後趙石勒記苟晞假洪雍州刺史刋本苟訛荀　又百寮皆叩頭固請刋本請訛辭　又宣告屬城刋本告訛言並據晉書載記改

石虎記前以豐國澠池二冶初建刋本冶訛治　又既王有十州之地刋本地訛域並據晉書載記改

卷一百八十八

前漢慕容廆記已在吾計中矣刋本脫中字據晉書增

慕容皝記將軍鮮于亮刋本鮮訛單　又乃遣其弟統精銳五萬距北置刋本距訛攻並據晉書改

慕容儁記拜甯西將軍雲中郡公刋本脫雲字　又遣其尙書郎段勤刋本勤訛勒並據晉書增改

慕容暐記顏北虆勅勒刋本勒訛勤　又託輔車爲諭刋本諭訛論並據晉書改

皇甫眞記修文德以來之刋本脫修字據晉書增

卷一百八十九

前秦苻堅記運漕萬艘刋本運訛軍　又蚝勝以衆寡不赴刋本蚝訛毛並據晉書載記改

卷一百九十

後秦姚萇記登遲重少決刋本遲訛持　又萇命其將當成刋本成訛城　又征南姚方成言於興曰刋本成訛城並據晉書改

姚興記初上邽姜乳刋本姜訛羌據晉書及十六國春秋改　又興率步騎二萬親討之刋本步訛部據晉書改　又給事黃門侍郞古成詵刋本成訛城據晉書及十六國春秋改　又又遣其兼散騎侍郞席礭案侍郞晉書及十六國春秋並作常侍礭並作確　又徙漢中流人郭陶等刋本中下衍人字　又叔道爲平南將軍兗州刺史刋本兗訛交並據晉書及十六國春秋删改

姚泓記爲姦孽所誤刋本所訛多據晉書改

後蜀李特記巴西宕渠人刋本西訛蜀據晉書及十六國春秋改　又同移者閻式趙肅等刋本移訛夷　又尙遣大衆掩襲特營刋本掩訛奄並據晉書改

後涼呂光記光入姑臧刋本臧訛蘇據晉書及十六國春秋改

卷一百九十一

後燕慕容垂記楷與定等書刋本脫書字　又率衆五萬屯潞川刋本川訛州並據晉書改

慕容盛記與子興刋本興訛與據晉書改

慕容熙記改元曰光始刋本元訛年據晉書改

高雲記賞賜月至數千萬刋本月訛日據晉書改

西秦乞伏國仁記都督雜夷諸軍事刋本脫都督二字據晉書增

乞伏乾歸記乾歸使其將彭奚念刋本脫乾歸二字據晉書增　又天水姜乳襲據上邽刋本姜訛羌據晉書及十六國春秋改　又視羆遁保白蘭山刋本保訛堡據晉書改

卷一百九十二

南涼禿髮傉檀記十有二主刋本主訛年　又今樂都爲熾磐所陷刋本都訛郡並據晉書改

南燕慕容德記或千丁共籍刋本丁訛戸據晉書及十六國春秋改

慕容超記使至矜誕刋本使訛便據晉書及十六國春秋改

北涼沮渠蒙遜記但非昂無可以討蒙遜刋本脫蒙字　又昂等推蒙遜爲使持節大都督刋本都督二字互到並據晉書改　又弟挐爲建中將軍刋本挐訛拏據晉書及十六國春秋改　又傉檀湟河太守文支據湟川刋本川訛州據晉書改

卷一百九十三

西涼李暠記廣曾孫仲翔後漢初爲將軍刋本孫訛祖脫後字蓋沿晉書之誤今據十六國春秋改增　又推暠爲大都督大將軍涼公刋本公訛州據晉書及十六國春秋改

夏赫連勃勃記於是堰斷其水刋本堰訛揠據晉書及十六國春秋改

赫連昌記改元承光刋本光訛元據十六國春秋改

後梁蕭詧記不可門到戸說刋本脫不字據周書增

蕭巋記與陳人戰敗刋本脫敗字據周書增

蕭琮記梁二主各給守墓十戸刋本闕二字據周書補

又甄翊刋本翊訛翊據周書及甄元成傳改

卷一百九十四　四夷傳

東夷序太宗親征渡遼破之刋本脫渡字據通典增

朝鮮傳令見信節刋本信訛使　又宜令人無持兵刋本宜訛遂　又左將軍心意樓船前有失軍罪刋本意訛喜　又使故濟南太守公孫遂刋本濟訛齊並據漢書及史記改　又爲涅陽侯刋本涅訛沮據漢書朝鮮傳及功臣表改　又縱失亡多刋本脫多字據漢書及史記增

濊傳漢武帝元朔元年刋本元年訛五年據漢書武帝紀及後漢東夷傳改

馬韓傳其官有魏率善邑君刋本邑訛色據魏志改

弁韓傳以大鳥羽送死刋本鳥訛馬據魏志及通典改

百濟傳東接新羅刋本東訛南據周書改　又左平五人一品刋本平訛率　又尅虞十六品刋本虞訛虐並據隋書及周書改　又穀部肉部刋本穀下脫部字肉訛內　又綢部日官部刋本綢訛綱日訛百並據周書增改　又部有里巷刋本巷訛卷據隋書改　又尤尚奕碁刋本尚訛高據周書改　又十八年昌使其長史王辯那來獻方物刋本脫十字　又東西數百里刋本東訛南並據隋書增改

新羅傳辰韓始有六國刋本國訛年據梁書改　又新羅則其一也注初曰新盧刋本盧訛羅　又或曰斯羅刋本羅訛盧並據梁書及通典改　又新婚之夕刋本婚訛婦據隋書改

倭傳使譯通於漢者三十許國刋本譯訛驛據魏志改

高句麗傳有一男破㲉而出刋本脫㲉字據魏書及隋書增　又朱蒙乃與烏違等二人刋本烏訛焉　又有沛者則不置對盧刋本對訛沛並據魏志改　又爲下句麗侯刋本句訛高據後漢書及魏志改　又其異母弟建武嗣立刋本脫弟字據唐書增

勿吉傳在安居骨西北刋本脫骨字據隋書增　又南有徒太山者刋本徒訛從　又嚼米爲酒刋本嚼訛爵並據魏書及隋書改　又上顧謂侍臣曰刋本謂訛侍據隋書改

流求傳緝毛垂螺爲飾刋本螺訛羅　又令左右舁之而行刋本脫行字並據隋書改增　又使爲隊帥刋本使訛便　又候草木榮枯以爲年歲刋本脫候字　又釀米麴爲酒刋本脫釀字　又有熊羆豺狼刋本脫羆字並據隋書改增

卷一百九十五

西羌後序十九年刋本脫十字據後漢書及左傳增

氐傳大典初遣使朝貢刋本大訛天據晉書改　又子保宗統位刋本宗訛宋據魏書改

卷一百九十六

西域序河西之危不得不救刋本脫不得二字據後漢書增

大月氏傳民俗錢貨刋本錢訛鐵據漢書改

烏孫傳更以季父左大將樂代爲昆彌刋本代訛大據漢書改

卷一百九十七

南蠻序其毛五彩刋本彩訛色據後漢書改　又攻燒零陽作唐注在今荆州公安縣西南刋本脫在字據後漢書注增

巴郡南郡蠻傳與廬江賊黃穰相連結刋本穰訛攘據後漢書改

板楯蠻傳陸渾以南刋本渾訛澤據魏書及通典改　又蠻王梅安刋本梅訛福據魏書及北史改　又一戶輸穀數斛刋本脫一戶二字據宋書及通典增　又直閣將軍刋本直訛夏據魏書及北史改　又聚衆攻逼潁川刋本潁訛頻脫川字蓋沿北史之誤今並據魏書及通典改增　又樊城諸蠻並爲前驅刋本樊訛楚蓋沿北史之誤今據魏書改　又前後遣開府元契趙剛等刋本脫趙字　又而令賢增浚城池刋本脫增字並據周書及北史增

西爨蠻傳開青蛉弄棟爲縣刋本棟訛楝據漢書地理志改

西南夷序自巂以東北刋本脫北字　又乃發巴蜀罪人嘗擊南粵者刋本嘗訛當　又其旁東北勞深靡莫皆同姓刋本同訛百並據史記及漢書增改　又賜滇王王印刋本脫印字　又西南夷君長以百數刋本數訛入並據史記及漢書增改　又夜郎滇池刋本池訛地據漢書改

滇傳造起陂池刋本陂訛波據後漢書改

莋都傳仙人山圖所居焉注行毋服於冢間刋本冢訛家據後漢書注改

冉駹傳反其邑衆皆依山居止刋本邑衆二字互倒止訛上並據後漢書改

哀牢夷傳割益州郡西部都尉所領六縣刋本所訛可據後漢書改　又有梧桐木華注其花有白毳刋本有訛木　又猩猩注行無常路刋本路訛語並據後漢書注改

附國傳故壘石爲礫以避其患刋本患訛意　又兄弟死刋本脫死字並據隋書改增

卷一百九十八

嶺南序故率數歲一反刋本脫數字據後漢書增

南粵傳閩粵王弟餘善刋本脫閩字據史記及漢書增

林邑傳次曰可倫刋本可訛阿據隋書北史及下文改

扶南傳一歲種三歲穫刋本穫訛獲據隋書改　又有罪者輒以餧猛獸及鰐魚刋本輒訛輙　又大同元

年刊本元訛九並據梁書改
毗騫傳說其宿命所由刊本由訛出據梁書及南史改
婆利傳乃用班絲布刊本布訛者據梁書改
眞臘傳繞絡腰腹下垂至脛刊本脛訛頸據隋書及北史改　又城東有神名婆多利刊本多利二字互倒據隋書北史及通典改
投和傳王無姓刊本姓訛始據通典改　又又獻金檯金釘案釘通鑑作鎖
丹丹傳在羅摩羅國西北案羅摩羅國通典作多羅磨國
火山傳績爲火浣布刊本火浣二字互倒據通典改

卷一百九十九

北國序惠王遂伐滅義渠案惠史記及漢書作昭　又而置雲中雁門郡案郡字上史記及漢書俱有代字
匈奴傳騨奚注驅驢類也刊本駈訛騏據史記及漢書注改　又漢與匈奴鄰敵之國刊本敵訛國據史記及漢書改　又休屠王注故休屠有祭天金人刊本有訛右據史記及漢書注改　又合騎侯後驃騎將軍期刊本後訛從據史記及漢書改　又左尹秩訾曰刊本脫秩字　又所以絕臣下之覬欲也刊本欲訛故並據漢書增改　又遣中郎將藺苞案藺漢書作蘭　又使南單于立其庭刊本立訛亡　又惟念斯言不可獨聽刊本聽訛讀　又賜靑蓋駕駟刊本駕訛馬　又冦緣邊九郡刊本郡訛部並據後漢書改

卷二百

烏桓傳東域將嚴尤刊本域訛城　又漢南地空刊本漢訛漠　又時司徒掾班彪上言刊本脫掾字並據後漢書改增　又九郡俱反張奐討之刊本郡訛部奐訛冀並據後漢書及烏桓傳改　又烏桓烏延等刊本烏延二字互倒據後漢書改
鮮卑傳鮮卑因此轉徙據其地刊本此訛北　又以家二人爲郎刊本二訛三　又南北兩部質館注築館以受降質刊本質訛賀　又步騎二萬人屯列衝要刊本騎訛卒衝訛衡　又功曹楊穆刊本脫功字並據後漢書改增　又發廣陽漁陽涿郡甲卒刊本甲訛中　又投鹿侯從軍三年妻生子歸怪欲殺之刊本之訛其並據後漢書改
軻比能傳迎其累重於陘北刊本陘北訛子將　又比能遣子將騎刊本子訛陘並據魏志改
蠕蠕傳木骨閭者首秃也刊本脫木骨閭三字據魏書增　人解闇夜遁刊本夜訛走　又懷朔鎭將楊鈞刊本朔訛朝　又弁申賜賚刊本申賜二字互倒並據魏書及北史改　又旣並向化刊本化訛此據通典改　又名無結山刊本無訛后　又宜置阿那瓌於三吐若奚泉刊本若奚二字互倒並據魏書北史及通典改　又兼通直散騎常侍刊本脫通字據魏書及北史增
高車傳喜致震霆刊本致訛置據魏書及北史改　又車駕巡幸刊本脫幸字據魏書增　又亦拜爲威遠將軍刊本威訛揚　又聞高車東部在巳尼陂刊本脫聞字並據魏書及北史改增　又嘶知粒食刊本知訛加　又於是[illegible]遣使者谷楷二刊本楷訛偕並據魏書及北史改
突厥傳來朝於東都刊本都訛郡據隋書改
西突厥傳一在石國北刊本脫北字　又伏北蕃之衆刊本蕃訛畜並據隋書及北史增改
庫莫奚傳旣繁夥刊本夥訛顆據通典改
契丹傳遂逃迸與庫莫奚分背刊本迸訛從背訛皆並據魏書改
室韋傳國人音語與庫莫奚同刊本奚訛徼據魏書改　又鉢室韋深末怛室韋刊本脫鉢室韋三字怛訛恒　又從鉢室韋西南四日行至深末怛室韋刊本鉢訛北並據隋書增改
驅度寐傳不索髮皆裹頭居土窟中刊本裹訛裹據通典改

欽定通志考證卷下